V&R

Johnsons »Jahrestage«
Der Kommentar

Herausgegeben von

Holger Helbig, Klaus Kokol, Irmgard Müller,
Dietrich Spaeth (†) und Ulrich Fries

Unter Mitarbeit von

Thomas Schmidt, Birgit Funke, Thomas Geiser,
Ingeborg Gerlach und Rudolf Gerstenberg

Vandenhoeck & Ruprecht

Die Deutsche Bibliothek – CIP-Einheitsaufnahme

Johnsons »Jahrestage«, der Kommentar / hrsg. von Holger Helbig ...
Unter Mitarb. von Thomas Schmidt ... –
Göttingen : Vandenhoeck und Ruprecht, 1999
ISBN 3-525-20789-1

Gesetzt aus der Bembo 9,5/11 p von Linotype
Satz: Fotosatz Otto Gutfreund GmbH, Darmstadt

Druck und Bindung: Hubert & Co., Göttingen

Inhalt

Vorwort

> Was den Dilettantismus anlangt, so muß man sich
> klarmachen, daß allen menschlichen Betätigungen
> nur so lange eine wirkliche Lebenskraft innewohnt,
> als sie von Dilettanten ausgeübt werden.
> Egon Friedell, Kulturgeschichte der Neuzeit

Der vorliegende Kommentar ist ein Buch zum Buch von Lesern für Leser.
Sein Zustandekommen verdankt sich privatem Interesse, nicht professionel-
ler Verpflichtung. Die Grundsätze der Kommentierung ergaben sich aus der
Verständigung über die Bedürfnisse der Benutzer. Eine Vorführung, wie
Johnson auch sein Buch gelesen wünschte, gehört zum kommentierten Roman: der Praktikant Weserich lehrt eine Mecklenburger Schulklasse das genaue Lesen.[1] Er verdeutlicht seinen Schülern, daß »eine geradezu parteiische
Aufmerksamkeit für das, was man vorzeigen, nachweisen, erzählen kann«[2] zu
den Voraussetzungen einer Interpretation gehört.

Wir haben versucht, von Herrn Weserich zu lernen, und nicht nur Personen, Ereignisse und Orte nachgewiesen, sondern auch Angaben zum sozialen Milieu von Wohn- und Aufenthaltsorten gemacht; wir sind Lebensläufen
nachgegangen, die sich hinter Straßennamen verbergen, haben Umbenen-
nungen verzeichnet, Institutionen und Firmen beschrieben, fremdsprachige
Einsprengsel übersetzt und auch sonst nichts ausgelassen, das der Elf A Zwei
hätte auffallen können. Grundlegend war die Annahme, der Verfasser sei
einem bloßen Zufall aus dem Wege gegangen.[3]

Andererseits, ebenso die Eigenarten des Autors in Rechnung stellend, haben wir die Zumutung einiger Zufälle in Kauf genommen. Johnson berichtet in seiner Rede zur Verleihung des Thomas-Mann-Preises von dem Wort
freundwillig: »Dies Wort für eine Eigenschaft hakte an, als der Verfasser mit
Freunden sein erstes Buch besprach, und er wurde gefragt, ob er das wohl gefunden habe aus eigenen Stücken. Bescheiden, nach längerem Bedenken, hielt
er es am Ende für möglich. Dann fand er das Wort wieder bei Thomas Mann.«[4]

---

1 Vgl. den Eintrag 2. August, 1968 Freitag, in: Johnson, Uwe: Jahrestage. Aus dem Leben von Gesine Cresspahl, Bd. I–IV, Frankfurt am Main 1970–1983, S. 1694–1707.

2 Johnson, Uwe: Begleitumstände. Frankfurter Vorlesungen, Frankfurt am Main 1980,
S. 23.

3 Vgl. dazu Johnson, Jahrestage (Anm. 1), S. 1697.

4 Johnson, Uwe: Lübeck habe ich ständig beobachtet, in: Eberhard Fahlke (Hg.): »Ich
überlege mir die Geschichte... «, Uwe Johnson im Gespräch, Frankfurt am Main 1988,
S. 79–85, hier: S. 85.

Die Episode verdeutlicht eine wesentliche Schwierigkeit der Kommentierung, den Umgang mit literarischen Anspielungen.[5]

Mit der Umschreibung »Anspielung auf« werden literarische Intertexte erfaßt. Sie reichen von offensichtlichen Verarbeitungen bis zu weniger naheliegenden Verweisen. Um diesbezüglich zu unterscheiden, ist in einigen Fällen der Zusatz »vermutlich« hinzugefügt. Für ihre Aufnahme spricht die Annahme, die Forschung werde sich in nächster Zeit verstärkt den mit den Intertexten zusammenhängenden Fragestellungen zuwenden.

Leitend für die Kommentierung der literarischen Bezüge war ein Textverständnis, das die interpretatorischen Rechte der Leser nicht beschneidet. Auf Mutmaßungen über die Intention des Autors wurde weitgehend verzichtet. Das, so glauben wir, ist durchaus im Sinne von Johnsons *Vorschlägen zur Prüfung eines Romans*: »Mit dem Roman ist die Geschichte versprochen. Was dazu gesagt wird, sagen Sie.«[6]

Uwe Johnson hat seinem Roman die Entstehungsdaten mit der dem Titel entsprechenden Genauigkeit nachgestellt: 29. Januar 1968–17. April 1983. Der erste Band erschien 1970, der zweite ein Jahr später. 1973 wurde der dritte Band veröffentlicht, 1983 der vierte.[7]

Der Handlungszeitraum der vier Bände reicht von 1888, dem Geburtsjahr Heinrich Cresspahls, bis zum 20. August 1968, dem Tag, an dem sowjetische Truppen in Prag einmarschierten. Der grundlegenden Fiktion zufolge erzählt die Mutter der Tochter innerhalb eines Jahres in New York aus der Perspektive der Familiengeschichte von den Ereignissen der deutschen Historie.

Aus diesen Verhältnissen ergeben sich die Bezüge der Kommentierung. Die Einträge beziehen sich auf die im Roman dargestellte Zeit. Ebenso wird Johnsons Kenntnisstand beachtet, d. h., auf veränderte historische Bewertungen oder auf erst nach dem Schreibende zugänglich gewordenes Quellenmaterial, das die Darstellung als ›sachlich falsch‹ erscheinen läßt, wird eigens hingewiesen.

In einigen Fällen haben wir auch die Zeit nach dem 20. August 1968 einbezogen. Das betrifft neben den Sterbedaten historischer Persönlichkeiten vor allem die Entwicklung politischer Tendenzen, die für die Figuren des Romans von Bedeutung sind. Wir haben uns bemüht, den unterschiedlichen Kenntnisstand der Leser, der sich aus ost- und westdeutschen Lebensläufen ergibt, bei den Erläuterungen zu berücksichtigen. Im Zweifelsfall haben wir uns *für* die Kommentierung entschieden, weil das Wissen über historische Details einer erheblichen Erosion ausgesetzt scheint.

---

5 Vgl. dazu Spaeth, Dietrich: ITX – Literarische Bezüge in Uwe Johnsons *Jahrestage*. Ein Werkstattbericht, in: Johnson-Jahrbuch 5, Göttingen 1998, S. 71–102.

6 Johnson, Uwe: Vorschläge zur Prüfung eines Romans, in: Rainer Gerlach/Matthias Richter (Hg.), Uwe Johnson, Frankfurt am Main 1984, S. 30–36, hier: S. 35.

7 Vgl. Fahlke, Eberhard: Uwe Johnson: Leben und Werk, in: Raimund Fellinger (Hg.), Über Uwe Johnson, Frankfurt am Main 1992, S. 377–385.

Die Angabe der Daten erfolgt im Hinblick auf den Titel und die Struktur des Romans so genau wie möglich.[8] Lebensdaten sind grundsätzlich vollständig angegeben, soweit wir sie eruieren konnten.

Bei topographischen Angaben werden, wenn nötig, die veränderten politischen Verhältnisse berücksichtigt bzw. alte und neue Ortsnamen angegeben, um zu ermöglichen, einen Ort auf einer heutigen Karte ausfindig zu machen.

Da über einhundert Straßen New Yorks im Roman erwähnt werden, kommentieren wir nur die wichtigsten von ihnen, bzw. immer dann, wenn ihre Erwähnung eine deutliche soziale oder historische Bedeutung hat. Bundesstaaten der USA sind nicht aufgenommen.

Auf Kommentare zu Personen und Orten, die als allgemein bekannt vorausgesetzt werden können, haben wir weitgehend verzichtet. Sie treten z. T. trotzdem als Lemma auf, um ihre mehrfache Erwähnung nachzuweisen. Brecht und Hamburg sind Beispiele dafür.

Zusätzlich zu den sachbezogenen Fakten geben wir Hinweise auf Bezüge innerhalb der Fiktion, die das Lesen erleichtern sollen. Das gilt vor allem für im Text weit voneinander entfernt liegende, aber chronologisch oder inhaltlich zusammengehörige Episoden.

Häufig weist die Wiederaufnahme eines Motivs oder die Wiederholung einer Formulierung auf einen solchen Zusammenhang hin. Wir begnügen uns dann mit einem Verweis auf die betreffenden Stellen und überlassen es den Lesern, mit den so angezeigten Zusammenhängen umzugehen. Die Besonderheiten des Johnsonschen Umgangs mit Motiven sind nur in Ausnahmefällen berücksichtigt, und zwar aus Gründen des Umfangs wie auch wegen des Standes der Forschung.

Bei fiktiven Orten machen wir Angaben zur geographischen Lage, wenn der Roman deutliche Hinweise enthält bzw. ›reale Versatzstücke‹ eindeutig zu identifizieren sind. Bei fiktiven Orten, die im Register enthalten sind, ist dies im Eintrag eigens vermerkt.

Fiktive Personen werden nur dann kommentiert, wenn sie für das Gesamtwerk von Bedeutung sind. Solche Einträge enthalten Verweise auf ihr Erscheinen in Johnsons anderen Büchern. Im Sinne einer Lesehilfe haben wir außerdem einen Verweis eingefügt, wenn fiktive Figuren an weit auseinanderliegenden Stellen auftreten. Nach wie vor bietet sich hier das von Rolf Michaelis erstellte Adreßbuch als Hilfe an.

Es war nicht unsere Absicht, Johnsons Äußerungen zu seinem Werk komplett aufzunehmen. Wir haben darauf zurückgegriffen, wenn sich für eine Textstelle ein Aufschluß ergibt, ihre Bedeutung dadurch sichtbar wird. Dasselbe Kriterium gilt für die Auswahl aus den Manuskripten und Vorfassungen.

Die Zitate aus der New York Times sollen nicht nur den Ursprung von Johnsons Informationen offenlegen, sondern auch einen Einblick in seine Ar-

---

8 Vgl. dazu: Schmidt, Thomas: Uwe Johnsons Jahrestage. Ein synoptisches Kalendarium, in: Johnson-Jahrbuch 6, Göttingen 1999, S. 208–276.

beitsweise ermöglichen. Wir zitieren in der Regel so ausführlich, daß es möglich wird, einen Eindruck von den Veränderungen, den sprachlichen wie den inhaltlichen, zu gewinnen. Alle relevanten Nachrichten über politische bzw. historische Ereignisse sind nach diesem Prinzip erfaßt. Bei deutlich weniger wichtigen Vorlagen aus der New York Times geben wir oft nur den Inhalt wieder. Die Listen der in Vietnam Gefallenen, die Johnson als Vorlage dienten, sind nicht übernommen, sondern durch einen Verweis als Quelle kenntlich gemacht worden. Uns ist bewußt, daß es sich um eine Ermessensfrage und einen Kompromiß handelt. Was den einzelnen Fall betrifft, bleibt die Information unvollständig, da sich die Besonderheit der Auswahl auch aus dem ergibt, was weggelassen wurde. Unsere Entscheidungen resultieren aus der Orientierung am Leser und dem Zwang des Mediums. Wir hoffen, daß die angekündigte CD-ROM zum Roman, an der im Johnson-Archiv gearbeitet wird, für alle Neugierigen und Berufsleser hier Abhilfe schafft. Sie soll auch die von uns nicht aufgenommenen Bilder enthalten.[9]

Die Beschaffenheit der Lemmata ergibt sich ebenfalls aus den Besonderheiten von Johnsons Umgang mit den Quellen. Ihr Aufbau soll Johnsons Verfahren der Materialnutzung gerecht werden. (Diese Feinheit dürfte vor allem für die professionellen Leser und den schriftstellerischen Nachwuchs von Interesse sein.)

Der Kommentar kann und soll eine Interpretation des Romans nicht ersetzen. Trotzdem liegt ihm unvermeidlich ein interpretierendes Vorverständnis zugrunde, das in der Auswahl und Behandlung der Lemmata zum Tragen kommt. Wir haben versucht, sachlich umfassend und so vollständig zu kommentieren, daß der Kommentar als Grundlage möglichst weitreichender Interpretationen dienen kann, ohne diese bereits zu suggerieren.

Den interpretatorischen Zusammenhang müssen in jedem Fall die Benutzer selbst herstellen. So enthält zum Beispiel der Eintrag zu 1748,20 lediglich den Nachweis des an dieser Stelle verwendeten Zitats sowie einen Teil des zitierten Gedichts. Die Informationen ermöglichen es den Lesern, den Zusammenhang zwischen der Quelle und der Episode des Romans zu erkennen – Gesine erlebt, was Storm in Verse gefaßt hat –, ohne daß die weiterführende Interpretation beeinflußt würde. Der Kommentar erlaubt es, gleichermaßen Schlüsse über die emotionale Verfassung Gesines nach dem Tod von D. E., ihre Vorliebe für ein deutsches Nachrichtenmagazin, Johnsons Kenntnisse der deutschen Lyrik und seinen Umgang damit zu ziehen.

Verweise auf die Sekundärliteratur präsentieren keinen Konsens der Forschung, sondern bieten die für das Verständnis grundlegende Information; sie verdeutlichen, weshalb die Forschung die Stelle diskutiert. Die Forschungsliteratur ist keinesfalls vollständig repräsentiert, aber die angegebenen Quel-

---

9 Vgl. u. a. Forschung Frankfurt. Wissenschaftsmagazin der Johann Wolfgang Goethe-Universität Frankfurt am Main, 2/1994, S. 38–51; Die Zeit Nr. 41 vom 7. 10. 1994, S. 73; Kölner Stadtanzeiger Nr. 109 vom 11. 5. 1995, S. 11; FAZ Nr. 290 vom 13. 12. 1995.

len erlauben es, sich die Diskussion mit geringem Aufwand zu erschließen. Grundsätzlich ist der Kommentar auch ohne Einblick in die weiterführende Literatur handhabbar.

Das Verweissystem sichert ab, daß der Leser bei einer stellenbezogenen Nutzung über alle Informationen unterrichtet wird, die der Kommentar enthält. Sein Aufbau greift die von Johnson praktizierte Verweistechnik auf, mit der Zusammenhänge verschiedenster Art hergestellt werden. Aus dem Nebeneinander dieser Bezüge und thematischen Ketten ergibt sich ein dichtes Geflecht; die Bedeutung einzelner Stellen wird so in den Gesamtzusammenhang eingefügt. Solchen Verweisketten genauer nachzugehen, ihre jeweilige Beschaffenheit und Funktion zu bestimmen und sie letztlich für die Interpretation nutzbar zu machen, bleibt eine Aufgabe der Forschung.

Gleiches gilt für die Kommentierung der Wortspiele bzw. der spielerischen Übersetzungen. Hier liefert der Kommentar das Material, das für eine Interpretation der Textstelle hilfreich sein könnte.

Das vorliegende Buch ist der erste Kommentar zu den *Jahrestagen*. Er enthält offene Stellen und geht einige Kompromisse ein. Nachdem wir 1994 den Umfang der Arbeit gründlich unterschätzt hatten, sind wir nun zufrieden, das Buch im Jahr des 65. Geburtstages Uwe Johnsons vorlegen zu können.

Dem forschungsgeschichtlich frühen Veröffentlichungszeitpunkt entspricht unsere Zurückhaltung in expliziter Interpretation. Insofern bietet der Kommentar den Lesern Anregungen und den Germanisten Arbeit. In jedem Fall ist er auch als Einladung zur Mitarbeit gedacht. Uns liegt daran, Lücken zu schließen sowie Fehler und Ungenauigkeiten zu korrigieren. Jede Hilfe, Ergänzung oder Kritik, ist willkommen.

Die Herausgeber

Anfragen und Zuschriften richten Sie bitte an den Verlag oder die Herausgeber:

Vandenhoeck & Ruprecht

Dr. Holger Helbig

Frau Ruth Anderle

Universität Erlangen-Nürnberg

D-37070 Göttingen

Institut für Germanistik

Telefon: 0551/54782-0

Bismarckstraße 1 B

Fax: 0551/54782-14

D-91054 Erlangen

e-mail: germanistik@vandenhoeck-ruprecht.de

e-mail: hrhelbig@phil.uni-erlangen.de

Dank

Der *Jahrestage*-Kommentar wurde im Juli 1991 von Ulrich Fries initiiert. (Das Datum der Zeitung auf dem Titelbild erinnert daran.) Nach konzeptionellen Vorüberlegungen kam es im Dezember 1991 zu einem ersten Arbeitstreffen in Göttingen. Bis zu seinem Ausscheiden aus dem Projekt im März 1995 leitete Thomas Schmidt die Arbeit. Danach wurde gemeinschaftlich koordiniert. Die Recherchen im Uwe Johnson-Archiv und in der New York Times hat Irmgard Müller durchgeführt. Klaus Kokol recherchierte die Ereignisse des Vietnamkriegs, biographische Daten und erstellte die Register. Dietrich Spaeth betreute den Bereich der literarischen Intertexte. Für die Redaktion war Holger Helbig verantwortlich.

Im Verlag wurde der Kommentar unter dem Lektorat von Dr. Winfried Hellmann (†) und Dr. Ulrike Gießmann-Bindewald betreut. Dr. Eberhard Fahlke und Monika Gerhardt vom Uwe Johnson-Archiv, Frankfurt am Main, sind wir für ihre Unterstützung besonders verpflichtet. Dem Suhrkamp Verlag, Frankfurt am Main, danken wir für die Erlaubnis, aus noch unveröffentlichtem Material zitieren zu dürfen. Dr. Uwe Neumann, Hamburg, hat uns gestattet, die Ergebnisse seiner noch unveröffentlichten Studie über Uwe Johnson und Thomas Mann zu benutzen.

Wir möchten uns bei den nachfolgenden Personen und Institutionen für ihre Unterstützung bedanken. Ohne ihre Hilfe würde mancher Eintrag fehlen.

Amerika-Gedenkbibliothek, Berlin
Amerika Haus, Köln
Udo Andraschke, Bubenreuth
Delia Angiolini, Berlin
Dr. Bernd Auerochs, Jena
Auswärtiges Amt, Bonn
Uwe Balsus-Lange, Lübeck
Dietrich Bensel, Bremerhaven
Dr. Hartwig Bernitt, Dannenberg Elbe
Dr. Greg Bond, Berlin
Claudia Böttger, Hamburg
Karl-Heinz Böttger, Norderstedt
Jürgen Büssenschütt, Verein der deutschen Auswanderer, Bremerhaven
Bundesarchiv, Berlin
Guido Coenen, Neuss
The Coca-Cola Company, Headquarter Atlanta
Gilla Cremer, Hamburg

13

Deutsches Historisches Museum, Berlin
Deutsches Rundfunkarchiv, Frankfurt am Main
Deutsches Schiffahrtsmuseum, Bremerhaven
Dornier GmbH, Friedrichshafen
Wolfgang Düsing, Krefeld
Markus Eidt, Göttingen
Prof. Dr. Manfred Engel, Hagen
Brigitte Engelberth, Kopenhagen
Ingrid Ferguson, London
Petra Fleischmann, Jena
Helmut Frielinghaus, New York
Frau Fruhstorfer, Verwaltungsbibliothek der Stadt Neuss
Geschichtswerkstatt Herrenwyk, Lübeck
Kurt Groth, Arbeitsgemeinschaft Fünfeichen, Neubrandenburg
Kulturamt Stadt Güstrow
Dr. Jan-Christoph Hauschildt, Heinrich-Heine-Institut, Düsseldorf
Edith, Gerd und Steffen Helbig, Mühlhausen
Bernd Hellrung, Bremerhaven
Carin Hermelink, München
Sabina Hermes, Militärgeschichtliches Forschungsamt Rastatt
Hans-Jörg Höber, Burgfarrnbach
Jiří Hromádko, Eschborn
Gerald Hubmann, Johnson-Archiv, Frankfurt am Main
Imperial War Museum, London
Prof. Dr. Elmar Jansen, Berlin
Sybille Jess, Königstein
Elisabeth Johnson, Neubrandenburg
Nathali Jückstock und Frieder Kießling, Erlangen
Frau Karg, Stadtbibliothek Neuss
Kellog (Deutschland) GmbH, Bremen
Bernd Kiso, Hamburg
Herr Klesse, Verwaltungsbibliothek der Stadt Neuss
Gabriele Köhler, Heidelberg
Axel Kokol, Berlin
Hannelore Kokol, Krefeld
Anneliese und Hans-Jürgen Klug, Güstrow
Dr. Ulrich Kohli, Zürich
Stadtbibliothek Krefeld
Ina und Detlef Küller, Düsseldorf
Hartmut Kunkel, Kronshagen
Herr Lopau, Stadtarchiv Mölln
Dr. Andreas Lorenczuk, Erlangen
Archiv der Hansestadt Lübeck
Elisabeth und John Lücking-Wieczorek, St. Peter, Reading
Hans Malinowski, Jena

Mecklenburgisches Landeshauptarchiv, Schwerin
Prof. Dr. Norbert Mecklenburg, Köln
Peter Merseburger, Berlin
Klaus Peter Merta, Deutsches Historisches Museum, Berlin
Militärgeschichtliches Forschungsamt, Potsdam
Militärgeschichtliches Forschungsamt – Wehrgeschichtliches Museum,
 Rastatt
Stadtarchiv Mölln
Bernd Thure von zur Mühlen, Frankfurt
Jan Müller, London
Siegfried Müller, Pößneck
Urte Müller, Passau
Jürgen »Pamir« Nacken, Kempen
Vreni Naess, Chicago
Dr. Ursula und Prof. Dr. Bernd Naumann, Baiersdorf
Dr. Gunnar Neefe, Dresden
Prof. Dr. Peter Horst Neumann, Erlangen
Dietmar Noering, Gesellschaft der Arno-Schmidt-Leser, Wittlich-Wengerohr
Dr. Uwe Neumann, Hamburg
Niedersächsisches Landesmuseum Hannover
Dirk Oschmann, Jena
Prof. Dr. Helmut Ottenjann, Museumsdorf Cloppenburg, Cloppenburg
Radmila Paclickova, Bad Kreuznach
Rainer Paasch-Beeck, Kiel
Dr. Pauschert, Stadtbibliothek Neuss
Michael Peters, Museumsverein Helgoland, Helgoland
Dr. Helmond von Plessen, Königstein
Olga von Recum, Kronberg
Hans Wolfgang Reimer, Bremen
Anne-Grete Reiß, Göttingen
Stefan Remler, Erlangen
Public Library, Richmond, Surrey
Gunhild Rittner, Bremerhaven
Nils Roemer, New York
Dr. Ernst Rohmer, Erlangen
Firma Rosenthal, Selb/Oberfranken
Archiv der Stadt Rostock
Dr. Barbara Scheuermann, Göttingen
Frau Schilecki, Institut für Ostrecht der Universität zu Köln
Adolf Schlicht, Bayreuth
Adelheid Scholz, Leipzig
Dr. Christoph Spuler, Internationales Zeitungsmuseum Aachen
Gisela Schwalm, Lübeck
Harold Schwarz, Köln
Stadtarchiv Schwerin

Dr. Harald Seubert, Nürnberg
Prof. Dr. Peter Siedlecki, Buffalo, N. Y.
Stiftung Deutsches Kabarett Archiv, Mainz
Ursula Stock, Friedberg
Prof. Dr. Emery Snyder, New York, N. Y.
Friederike Schaible, Stuttgart, Dresden
Dr. Ingrid und Friedel Schmale, Kempen
Stadtwerke Düren
Ute Szczepaniak, Erlangen
Theodor-Fontane-Archiv, Potsdam
Thomas Tauer, Stadt Neubrandenburg, Rechts- und Versicherungsamt
Alfred Umhey, Präsident der Napoleonischen Gesellschaft, Bad Oldesloe
Universitätsarchiv Rostock
Universitätsbibliothek Düsseldorf
Universitätsbibliothek Köln
Wieslawa Wachala, Erlangen
Johannes Wachten, Jüdisches Museum Frankfurt am Main
Thomas Wenzel, Erlangen
Herr Werner, Stadtmuseum Halle (Saale)
Marike Werner, Berlin
Archiv der Hansestadt Wismar
Dr. Erdmut Wizisla, Brecht-Archiv Berlin
Christa Wolf, Berlin
Angela M. Wootton, Dept. of Printed Books, Imperial War Museum, London

The New York Times

VOL.CXL....No. 48,667

NEW YORK, SATURDAY, JULY 20, 1991

40 CENTS

New York: Today, sultry, hazy sunshine, a storm. High 101. Tonight, stifling. Low 82. Tomorrow, still hot, scattered storms. High 101. Yesterday, high 96, low 78. Details, page 24.

...ECTS NEW YORK PLAN FOR CITY COUNCIL DISTRICTS; FIN... HISPANIC VOTERS HURT

...ELECTION IN DOUBT

Justice Dept. Faults 3 of ... Seats Proposed by ... Commission

ADMIT SUBSIDIZING MANDELA'S RIVALS

GIVEN TO GROUP...

Hinweise zur Benutzung

Die Lemmata richten sich nach der Erstausgabe. Die kommentierte Stelle wird in folgender Form angegeben: Seite, Zeile; bei zwei Zeilen: »f.«; bei längeren Stellen: (von) Zeile-(bis) Zeile; bei Stellen, die über das Seitenende hinausgehen: Seite, Zeile, bis Seite, Zeile.

Es werden keine Leerzeilen gezählt, wohl aber solche Zeilen, in denen nur ein Buchstabe, die Überschrift des Tageskapitels oder eine Zahl steht, wie z. B.: A. oder I. (Die zweibändige Taschenbuchausgabe weist einige Abweichungen bei den Zeilen- und Seitenumbrüchen auf, diese sind nicht eigens vermerkt.)

Als Lemmata werden die vorgefundenen Formen verwendet, d. h. wörtliche Übernahmen aus dem Roman. Formatierungen des Romans (wie Kapitälchen, Großschreibungen) erscheinen auch im Kommentar.

Das Lemma besteht in der Regel aus dem zu kommentierenden Wort bzw. bei längeren Ausschnitten aus den ersten und letzten drei Worten und ist kursiv gesetzt.

Der Eintrag enthält neben der Sacherklärung Verweise auf weitere Stellen im Roman, die im Zusammenhang mit der kommentierten stehen. Sie sind mit »s. K.« oder »s.« angefügt. Der erste Eintrag enthält dabei jeweils alle weiteren Verweisstellen, von den folgenden wird nur auf diese erste zurückverwiesen.

Mit **s. K.** für »siehe Kommentar« wird auf Erklärungen innerhalb des Kommentars verwiesen. Wir waren bemüht, den Umfang dieses Verweissystems möglichst gering und damit praktikabel zu halten. Der erste Eintrag enthält eine möglichst weitgehende Information, kann aber unmöglich alle Bezüge der weiteren Verwendung des Lemmas abdecken, bzw. vereint unter Umständen bereits Angaben zu anderen Stellen, die nicht noch einmal im Detail aufgeführt werden. Um die Handhabung zu erleichtern, sind auch im laufenden Kommentartext Hinweise mit »s. K.« eingefügt, wenn zu einer Person oder zu einem Begriff in einem anderen Eintrag eine ergänzende bzw. erklärende Information enthalten ist.

Mit **s.** für »siehe« wird auf alle Stellen verwiesen, an denen der kommentierte Begriff (auch Synonyme), eine Person, eine Formulierung, ein Motiv o. ä. im Roman wieder vorkommt.

Innerhalb eines Tageseintrags werden wiederholt auftretende Personen, Orte, Formulierungen o. ä. nur bei der ersten Erwähnung kommentiert.

Alle Abkürzungen, die im Roman auftreten, sind im Zeilenkommentar erklärt.

Bei Zitaten aus Gedichten und Stücken wird die Quelle nur in entlegenen Fällen im Zeilenkommentar mit Seitenzahlen nachgewiesen. Statt dessen sind der Akt/die Szene bzw. der Vers angegeben, da sich die benutzten Ausgaben leicht über das Literaturverzeichnis erschließen lassen. Wurde der Kommentar einer Ausgabe herangezogen, ist die betreffende Stelle nachgewiesen. Wenn sich eine Werkausgabe in Johnsons Bibliothek befindet, ist in der Regel diese benutzt, gegebenenfalls sind später erschienene zum Vergleich herangezogen worden.

Wenn Johnson eins der aufgeführten Bücher besessen hat (und es heute im Archiv steht), wird dies im Literaturverzeichnis nachgewiesen.

Bei Zitaten aus bisher nicht veröffentlichten Manuskripten Johnsons wird seine Art der Datierung übernommen: Auf eine Zahlenangabe ohne Punkte folgt in den meisten Fällen ein Kürzel für den Ort, an dem das Manuskript entstand. Dieses Verfahren soll es erleichtern, das Material im Uwe Johnson-Archiv aufzufinden.

Englischsprachige Vorlagen werden im Original wiedergegeben, gegebenenfalls aber mit einem Kommentar versehen, der auf die Besonderheit der Johnsonschen Übersetzung hinweist. Alle anderen fremdsprachigen Stellen sind vollständig übertragen.

Die Schreibung russischer und tschechischer Namen differiert im Roman und in den Quellen erheblich. Demzufolge enthält der Kommentar unterschiedliche Schreibungen. Wo dies möglich war, haben wir uns für eine leicht lesbare Schreibung entschieden, die der Lautung möglichst nahe kommt. Bei Datierungen, die nach dem julianischen Kalender angegeben sind, steht das Datum nach dem gregorianischen in Klammern.

Die Bibel wird nach der Übersetzung Martin Luthers zitiert. Wurde auf die Zürcher oder King James Bibel zurückgegriffen, dann ist dies vermerkt.

Da verschiedene Ausgaben der *Jahrestage* erhältlich sind, die jeweils stillschweigenden Korrekturen unterzogen worden sind, werden alle von uns aufgefundenen Druckfehler sowie Abweichungen zur Erstausgabe angezeigt. Auf sachliche Fehler Johnsons wird durch [sic] aufmerksam gemacht.

Verweise auf andere Texte von Johnson und weiterführende Literatur aller Art sind mit **vgl.** angeschlossen und stehen vor **s. K.** und **s.**; die Titel werden entsprechend den Siglen des Literaturverzeichnisses abgekürzt, alle anderen Abkürzungen folgen dem Abkürzungsverzeichnis.

Das Quellenverzeichnis, in das das Siglenverzeichnis integriert ist, enthält alle benutzte Literatur. Sekundärliteratur zu Uwe Johnson ist nur erfaßt, wenn sie unmittelbar für den Kontext des Romans und seine Kommentierung bedeutsam ist.

Dem Kommentar sind Register angefügt, die Orte, Gewässer und alle anderen geographischen Begriffe sowie historische und juristische Personen (auch Zeitungen bzw. Zeitschriften) aufführen. Die Aufnahme fiktiver Personen und Orte in das Register ergab sich aus deren besonderer Bedeutung für das Gesamtwerk Uwe Johnsons oder ihrem deutlichen Bezug zur Realität. In den betreffenden Fällen enthält der erste Zeilenkommentar einen entsprechenden Verweis.

Abkürzungsverzeichnis

Abb.	Abbildung
ABC	American Broadcasting Corporation
Abk.	Abkürzung
Abs.	Absatz
AG	Aktiengesellschaft
allg.	allgemein
amerik.	amerikanisch
amerik. Engl.	amerikanisches Englisch
Anm.	Anmerkung
Art.	Artikel
ARVN	Army of the Republic of Vietnam
A. T.	Altes Testament
Ave.	Avenue
Bd.	Band
BDM	Bund Deutscher Mädchen
BRD	Bundesrepublik Deutschland
brit.	britisch
bzw.	beziehungsweise
CBS	Columbia Broadcasting System
CDU	Christlich Demokratische Union
chin.	chinesisch
CIA	Central Intelligence Agency
cm	Zentimeter
Comecon	Council for Mutual Economic Assistence
ČSR	Československá Republika
ČSSR	Československá Socialistická Republika
CSU	Christlich-Soziale Union
DAF	Deutsche Arbeitsfront
dän.	dänisch
DDP	Deutsche Demokratische Partei
DDR	Deutsche Demokratische Republik
dgl.	dergleichen
d. h.	das heißt
DM	Deutsche Mark
DNVP	Deutsch-Nationale Volkspartei
DSF	Gesellschaft für Deutsch-Sowjetische Freundschaft
dt.	deutsch
dz	Doppelzentner
ebd.	ebenda
engl.	englisch
ev.	evangelisch

FAZ	Frankfurter Allgemeine Zeitung
FBI	Federal Bureau of Investigation
FDGB	Freier Deutscher Gewerkschaftsbund
FDJ	Freie Deutsche Jugend
FDP	Freie Demokratische Partei
finn.	finnisch
frz.	französisch
g	Gramm
geb.	geboren
gegr.	gegründet
gest.	gestorben
GmbH	Gesellschaft mit beschränkter Haftung
griech.	griechisch
ha	Hektar
hebr.	hebräisch
Hg.	Herausgeber
hg.	herausgegeben
HJ	Hitlerjugend
HO	Handelsorganisation
holl.	holländisch
ital.	italienisch
Jh.	Jahrhundert
jidd.	jiddisch
jüd.	jüdisch
kath.	katholisch
KdF	Kraft durch Freude (Unterorganisation der DAF)
kg	Kilogramm
km	Kilometer
km/h	Kilometer pro Stunde
komm.	kommunistisch
KP	Kommunistische Partei
KPČ	Kommunistische Partei der Tschechoslowakei
KPD	Kommunistische Partei Deutschlands
KPdSU	Kommunistische Partei der Sowjetunion
KVP	Kasernierte Volkspolizei
KZ	Konzentrationslager
lat.	lateinisch
lateinamerik.	lateinamerikanisch
LDP	Liberal-Demokratische Partei
LDPD	Liberal-Demokratische Partei Deutschlands
LGA	Lübecker General Anzeiger
LKW	Lastkraftwagen
LPG	Landwirtschaftliche Produktionsgenossenschaft
m	Meter

marx.	marxistisch
Mio.	Millionen
MGB	Ministerstwo Gosudarstwennoj Besopastnosti
mm	Millimeter
Mrd.	Milliarden
MWD	Ministerstwo Wjenutrennich Djel
nationalsoz.	nationalsozialistisch
NATO	North Atlantic Treaty Organization
NBC	National Broadcasting Corporation
n. Chr.	nach Christus
nd.	niederdeutsch
NDP	Nationaldemokratische Partei
NDPD	Nationaldemokratische Partei Deutschlands
NKWD	Narodnij Kommissariat Wjenutrennich Djel
NN	Normal Null
NSDAP	Nationalsozialistische Deutsche Arbeiterpartei
NVA	Nationale Volksarmee
NYT	New York Times
o. ä.	oder ähnliche/s
österr.	österreichisch
poln.	polnisch
PKW	Personenkraftwagen
Prof.	Professor
RAF	Royal Air Force
rum.	rumänisch
russ.	russisch
S.	Seite
s.	siehe
SA	Sturmabteilung
SAG	Sowjetische Aktiengesellschaft
SBZ	Sowjetische Besatzungszone
schwed.	schwedisch
SEATO	South East Asia Treaty Organization
SED	Sozialistische Einheitspartei Deutschlands
slow.	slowakisch
SMA	Sowjetische Militär-Administration
SMAD	Sowjetische Militär-Administration in Deutschland
SMT	Sowjetisches Militär-Tribunal
sog.	sogenannte
sowj.	sowjetisch
soz.	sozialistisch
sozialdem.	sozialdemokratisch
span.	spanisch
SPD	Sozialdemokratische Partei Deutschlands
SS	Schutzstaffel
SSR	Sozialistische Sowjet Republik

stellv.	stellvertretende(r)
SU	Sowjetunion
t	Tonnen
tschech.	tschechisch
tschechos.	tschechoslowakisch
u. a.	unter anderem / und andere
UdSSR	Union der Sozialistischen Sowjetrepubliken
ugs.	umgangssprachlich
ung.	ungarisch
UNO	United Nations Organization
USA	United States of America
usw.	und so weiter
v. Chr.	vor Christus
VEB	Volkseigener Betrieb
vgl.	vergleiche
VP	Volkspolizei
wörtl.	wörtlich
z. B.	zum Beispiel
zit. n.	zitiert nach
ZK	Zentralkomitee
z. T.	zum Teil

Die Bücher der Bibel werden entsprechend den üblichen Gepflogenheiten abgekürzt.

BAND 1

Jahrestage – »What my title ›Jahrestage‹ tries to convey is that every present day keeps, by way of memory, days or one day in the past; in this sense the 365 days in the book are a technicality. Would this be expressed in ›Days of the year‹ also?«, Johnson an Leila Vennewitz, undatiert, in: Fahlke (1988a), S. 325.
»Es sind Tage eines Jahres im Leben einer Person Gesine Cresspahl auf der Ebene familiären, beruflichen, städtischen Alltags zu unserer Zeit, in New York. Es sind zum anderen wiederholte Tage, Jahrestage (erwarteter Massen nicht Jubiläen) aus der Vergangenheit der Person, im Mecklenburg des Grossdeutschen Reiches«, Johnson an Siegfried Unseld, 25. März 1971, in: Fahlke (1994), S. 235.

Aus dem Leben von Gesine Cresspahl – Im Untertitel »nimmt Gesine Cresspahl entweder die Stelle des grammatischen Subjekts oder die des grammatischen Objekts ein. [. . . Sie] tritt nicht alternativ als Subjekt oder Objekt des ›Lebens‹, wohl aber der Erzählung oder des Berichts darüber auf«; Schmidt (1998), S. 52.
Die inhaltlichen Deutungsmöglichkeiten sind aufgrund der sprachlichen Mehrdeutigkeit vielfältig. Dementsprechend befassen sich viele Untersuchungen auch mit Titel und Untertitel, vgl. u. a. Durzak (1973), S. 255; Gerlach (1980), S. 2 f.; Bengel (1985b), S. 316; Fries (1990a), S. 78–80, 105; Baker (1993b), S. 322; Bond (1993b), S. 95–98; Davis (1993), S. 109; Zetzsche (1994), S. 220; Müller (1995), S. 81; Schulz, B. (1995), S. 4 f.; zusammenfassend: Schmidt (1998), S. 42–53.

(ohne Datum)

»Behandeln Sie den Anfang so unnachsichtig wie möglich [. . .] alles nun Folgende muss der Anfang angekündigt haben. Die ersten Seiten sollen hohle Behältnisse vorbereiten, mit einer Wandung aus Erwartung, in die müssen die späteren Wendungen der Geschichte fallen wie in eine Fanggrube, wie der Kolben in ein Gelenk, so dass nichts hohl bleibt und doch das Spiel locker«, Johnson, Wenn Sie mich fragen, S. 55.

»Der Anfang war natürlich falsch. Im August 1967 war ich an der See, am Abend eines Tages sagte ich mir, warum denn nicht jetzt anfangen, und das war der 20. August 1967. Und ich hatte auch schon den Titel: Jahrestage. 365 Jahrestage. Ich fing damals mit der Beschreibung jener See an, die ich in New Jersey gesehen hatte, und bekam tatsächlich das erste Kapitel fertig, diesen Montag nach dem Sonntag«, Johnson, Wie es zu den *Jahrestagen* gekommen ist, S. 69; vgl. Johnson, Ein verkannter Humorist, S. 289; BU, S. 426; Bengel (1985b), S. 320; Lehner (1985), S. 111; Zimmer (1985), S. 100; Bronnen (1988), S. 258; Neumann, U. (1993), S. 42–49; Baker (1993b), S. 321 f.

7, 1–12   *Lange Wellen treiben. . . ist kabbelig gewesen* – s. 487, 2–13; 1017, 2–1020, 15; 1891, 36–39; vgl. MJ, S. 215.
Der erste Tag hat deutlich präludierenden Charakter, der durch die fehlende Datierung hervorgehoben wird. Besonders der erste Absatz ist häufig und aus den unterschiedlichsten Sichten interpretiert worden. Es ist naheliegend, intertextuelle Bezüge zu Virginia Woolfs »The Waves«, zu Äußerungen Thomas Manns und zu Marcel Prousts »Auf der Suche nach der verlorenen Zeit« anzunehmen, doch erschöpft sich die Passage darin nicht. Vielmehr eröffnet Johnson den Roman mit einem nahezu lyrischen Bild, in dem später ausgeführte Motive zusammengefaßt sind. Daher bietet es sich an, die verschiedenen Deutungen des Wassers, des Begriffs »Geheimnis« und der anthropomorphisierenden Beschreibungen als einander ergänzend zu lesen.
Alle 122 Tage (am jeweils ersten Tag des 2. und 3. Bandes sowie am Ende des 4. Bandes) wird das Motiv des Wassers plakativ wieder aufgenommen und als strukturelles Signal verwendet, das den Roman in drei Abschnitte gliedert und zugleich deren Zusammenhang verdeutlicht.
Vgl. BU, S. 425; Gerlach (1980), S. 70; Schmitz (1984), S. 112; Michaelis (1985), S. 219–226; Storz-Sahl (1988), S. 303 f.; Riordan (1989), S. 130 f.; Fries (1990a), S. 19–50; Kaiser (1995b), S. 72 f.; Neumann, U. (1996), S. 42–49; Butzer (1997); Bond (1999).

7, 13 f. *Das Dorf liegt . . . Küste New Jerseys* – New Jersey, Staat im Nordosten der USA. Auf der Höhe von New York liegt am westlichen Ufer des Hudson Jersey City; hier vermutlich Bay Head, New Jersey; vgl. Neumann, B. (1994), S. 592 f.

7, 27 *Jerichow* – Fiktive Kleinstadt, ihre Lage entspricht etwa der von Klütz im nordwestlichen Mecklenburg, dem Klützer Winkel. Einige Details des fiktiven Jerichow, so die Lage am Meer, die Kirche und die Bahnverbindung nach Grevesmühlen, entsprechen dem realen Klütz. Vgl. Johnsons Brief an seinen Lektor Walter Boehlich: »Jerichow habe ich mir aus der Bibel genommen, wenn ich nicht irre. [. . .] es ist ja aber kaum zu übersehen dass eine Stadt, die lange Zeit mächtig ist, eines Tages einer bloss symbolischen Kraftanstrengung nicht standhält: und die Mauern werden fallen hin. Statt der Trompeten könnte man auch einen Lautsprecherwagen nehmen. [. . .] Und da ich fand dass der Laut dieses Namens an der Ostsee angenehm blaugrau (etwa als Luft und Fischgeruch) auf der Zunge liegt, habe ich mir ein Jerichow aufgebaut an der Ostsee«; in: Fahlke (1994), S. 86; vgl. auch Johnsons Äußerungen über die Nicht-Identität von Jerichow und Klütz in: Zimmer (1985), S. 103; Johnsons Brief an Hansjürgen Popp vom 28. 2. 1968: »daß Jerichow ›um ein Weniges westlich von Klütz zu erwarten‹ wäre«, in: Neumann, B. (1989), S. 6; Seiler (1989), S. 91–99. Zur Lage von Jerichow: s. 1125, 6–13; 1240, 18; im Text hergestellte Beziehungen zwischen Jerichow und Klütz: s. 1243, 3 f.; 1511, 20.

7, 28–30 *Sie hat hier . . . zehn Tage geliehen* – s. 849, 16 f.

7, 33 f. *und mögen auch . . . irischer Abstammung ansehen* – Die Besitzer des Hauses, Jim und Linda O'Driscoll, sind Iren; s. 849 f.

8, 1 f. *Ge-sine Cress-pål . . . dine Hacken dål* – (nd.)
Ge-sine Cress-pahl
ich tret dir deine Hacken runter.
(Kinderneckvers).

8, 19 *an einer anderen Küste* – s. K. 80, 16.

8, 20–24 *An die Gemeindeverwaltung . . . für Ihre Mühe* – s. 382, 25–385, 28; 942, 17–945, 32.

8, 20 *Rande* – Fiktiver Ort, seine Lage entspricht etwa der von Boltenhagen, das schon im 19. Jh. ein beliebter Ferienort war, u. a. von Fritz Reuter bevorzugt; vgl. Register.

8, 35 *dem Kind das sie war* – Johnson benutzt diese oder ähnliche Redewendungen vornehmlich am Anfang und am Ende der Bände, die nach der ursprünglich geplanten Aufteilung den drei ›Lieferungen‹ (wie Johnson das nannte) entsprechen: 3. und 4. Bd. als eine ›Lieferung‹; vgl. Manuskriptfragment »18 Juni 1965: [. . .] Bhf. Friedrichstr./sie, die ich war«; s. 9, 35; 270, 20 f.; 489, 37; 888, 36; 1008, 18; 1017, 23; 1048, 22; 1097, 3, 29; 1450, 29; 1474, 9; 1743, 10; 1891, 36–39.

8,38–9,2 *Alle paar Schritte . . . nicht wieder finden* – Anspielung auf Marcel Prousts »Auf der Suche nach der verlorenen Zeit«: »Sooft ich nur rein materiell dieses gleiche Auf- und Abtreten vollzog, blieb es ergebnislos für mich; sobald es mir aber gelang, [. . .] wiederzufinden, was ich empfunden hatte, als ich in dieser Weise meine Füße aufsetzte, war mir von neuem die undeutlich aufblendende Vision ganz nahe«, Proust (1953), Bd. 7, S. 284; vgl. ebd., S. 282–285. Im Verlauf des Romans wird die Auseinandersetzung mit dem Proustschen Konzept der »mémoire involontaire« immer wieder aufgenommen; vgl. Auerochs, (1994), S. 206–211; Auerochs (1997), S. 435; Butzer (1997); zur Funktion des Niederdeutschen für den Erinnerungsprozeß vgl. Scheuermann (1998), S. 138–150; s. K. 62, 15–65, 11; 63, 29–35; 64, 9; 84, 8; 124, 23–125, 13; 339, 3–9; 519, 33 f.; 1493, 38–1495, 4; s. 816, 32–818, 8.

9,3 f. *Can you teach . . . in this country* – (engl.) Können Sie mir den Trick beibringen, Fräulein C.? Er könnte unbekannt sein in diesem Land.

9,5 f. *An der israelisch-jordanischen . . . wieder geschossen worden* – Im »News Summary and Index« der NYT vom 16. 8. 1967 wird mitgeteilt: »Jordan also reported brief exchanges of gunfire with Israeli forces along the River Jordan ceasefire line.« Vgl. auch den Artikel »Israel Sees Peril To Refugee Plan« der NYT vom 17. 8. 1967: »Jordanian notes have been circulated to the Security Council and the General Assembly [der UNO] charging that villages were being dynamited and civilians shot in the area west of the Jordan River occupied by Israeli forces. [. . .]
The Israeli note said that the charges were without foundation and that representatives of the United Nations and the International Committee of the Red Cross who were free to move through the area, could verify that they were groundless.«
Der »Sechs-Tage-Krieg« (s. K. 88, 30 f.) hatte am 14. 8. 1967 zu einem Waffenstillstand geführt.

9,6 f. *In New Haven . . . und Brandbomben werfen* – Auch nach dem Bürgerrechtsgesetz vom 22. 11. 1963, das öffentliche Diskriminierung von Farbigen verbot, kam es besonders in den Sommermonaten in vielen großen Städten der USA zu Rassenunruhen. Bei den Aufständen im Sommer 1967 in über 100 Städten, Detroit und Newark waren besonders betroffen, griff in einigen Fällen das Militär ein.
Vgl. den Artikel »Negro Bands Throw Rocks at Windows In New Haven Area« der NYT vom 20. 8. 1967: »Roving groups of young Negroes hurled rocks and bottles at store windows and at passing cars in the Hill neighborhood here for several hours tonight. Some looting was reported.
A four-story apartment house in the largely Negro area was badly damaged by a fire, in which no one was reported to have been injured.
The police said the fire had apparently been set by a fire bomb«; s. K. 11, 1–3; 13, 16–19; 16, 7–9; 29, 33; 89, 35 f.; 734, 4–13; 900, 9–904, 19; 1127, 27–33; 1306, 1; 1837, 38; s. 219, 8; 327, 35; 342, 34–39; 536, 21 f.; 552, 27; 847, 3; 850, 27–30; 900, 32; 988, 19.

New Haven: Hafenstadt am Long Island Sound, Connecticut; ein Viertel der Bevölkerung waren Schwarze.

9, 10 f.   *Jakob hätte so . . . vom Abstellgleis gelassen* – Jakob Abs, Hauptfigur aus MJ, ist Maries Vater.

9, 16–27   *Waren es Ferien . . . dem Weg haben* – s. 879, 1–12; 955, 1–956, 37.

9, 17   *Gneez* – Fiktiver Ort, seine Lage entspricht etwa der von Grevesmühlen. Auf Grevesmühlen weisen hin: die Bahnverbindungen, die Seen; anderes weist auf Güstrow: Straßennamen, das herzogliche Schloß, die Einwohnerzahlen, die Höhenzüge im Osten der Stadt. Das Gründungsjahr 1235 ist das der Stadt Malchow am See; vgl. Seiler (1988), S. 102–105; s. K. 1428, 27–1434, 17.

9, 17   *Ribnitz* – Ort an der Mündung der Recknitz in den Saaler Bodden.

9, 20 f.   *Der Fischlanddampfer im . . . fette schwarze Ente* – Nach Postkarten wie nach mündlichen Auskünften fuhren zwischen Ribnitz und Althagen weiße Dampfer als Fährschiffe. Das Fischland ist die schmale Landzunge, die den Darß und den Zingst mit dem Festland verbindet. Dort verlief die Grenze zwischen Mecklenburg und Pommern; s. K. 954, 19; Fischlanddampfer: s. 879, 5 f.

9, 22   *Saaler Bodden* – Meeresbucht östlich des Fischlands.

9, 23   *Körkwitz* – Dorf zwischen Ribnitz und Dierhagen am Südende des Saaler Boddens.

9, 24   *Düne von Neuhaus* – Dünengebiet zwischen Körkwitz und Dierhagen; s. 879, 11.

9, 25   *Althagen* – Dorf auf dem Fischland am Saaler Bodden, südlich von Ahrenshoop. Früher wohnten hier vorwiegend die Lohnarbeiter, die wohlhabenden Bauern dagegen im benachbarten Niehagen. Beide ursprünglich mecklenburgischen Dörfer wurden nach der Aufhebung der Ländergrenzen Ortsteile des ehemals zu Pommern gehörenden Ahrenshoop.

9, 27–10, 3   *Aus seinem Weg . . . Jerichow haben wollte* – s. 1750, 4–12; 1753, 3–14.

9, 29 f.   *Wendisch Burg* – Fiktive Stadt mit benachbarter Havelschleuse; das Stadtbild erinnert in manchem an Güstrow; Handlungsort in IB und KP; als mögliche topographische Orte kommen Krakow, auf das z. B. die Lage an Ober- und Untersee zutrifft, Güstrow und Wesenberg in Frage. Vgl. Seiler (1988), S. 91–99; Neumann, B. (1994), S. 171; Klemperer (1996), S. 87 f.; vgl. Register.

9, 32–36   *Klaus Niebuhr sie . . . Mädchen namens Babendererde* – Hauptfiguren aus Johnsons posthum veröffentlichtem Erstlingsroman IB; Klaus Niebuhr ist der Sohn von Martha, geb. Klünder und Peter Niebuhr. Klaus Niebuhr heiratet Ingrid Babendererde (s. K. 42, 4 f.), und beide leben später in Stuttgart (s. 1872, 5); s. K. 1848, 17–20; 1853, 25 f.; s. 41, 11 f.; 271, 29–31; 340, 19; 1145, 17 f.; 1753, 7 f.

9,35   *neun Jahre älter... das sie erinnerte* – Tatsächlich hatte Gesine Klaus Niebuhr nicht nur im Sommer 1942 in Althagen, sondern auch im Sommer 1943 in Rerik gesehen; s. 882, 10; 928, 17–932, 19.

10,2f.   *warum Cresspahl sie... Jerichow haben wollte* – s. 1752, 25–1753, 25.

10,9f.   *Die Stichbahn von... den Dörfern vorbeigeführt* – Entspricht der Bahnstrecke von Klütz nach Grevesmühlen, einschließlich der »weitbauchigen Westkurve« (s. 1429, 21 f.) und der Lage des Bahnhofs. Diese Nebenstrecke der früheren Mecklenburgischen Friedrich-Franz-Eisenbahn wurde – gegen den Widerstand der Familie von Plessen – am 6.5.1905 eröffnet. Da die Trasse nicht entlang der Landstraße nach Damshagen gelegt werden konnte, führte man sie abseits der Ortschaften durch zum Teil sumpfiges Gelände; s. K. 9, 17; s. 1428, 32–1429, 31.

10,21   *die Palisaden* – Steilhang am Hudsonufer von New Jersey; s. 441, 12; 992, 6; 1008, 3; 1028, 30; 1040, 5; 1074, 38; 1150, 33; 1191, 9; 1593, 34.

10,21f.   *Tunnel unter dem Hudson* – 1904–10 baute die Pennsylvania Railroad zwei Tunnel, einen doppelten unter dem Hudson und einen vierfachen unter dem East River, die beide zur Pennsylvania Station führen; s. K. 79, 19–35.

10,22   *Hudson* – Fluß im Staat New York, der in den Adirondack Mountains entspringt und an dessen Mündung New York entstand; benannt nach seinem Entdecker Henry Hudson (ca. 1550–1611), engl. Polarforscher. Er entdeckte 1609 bei der Suche nach einer Durchfahrt durch das nördliche Eismeer den Fluß und erforschte seinen Lauf und die dazugehörige Bucht. Er wurde von meuternden Matrosen in der Bucht ausgesetzt und blieb verschollen.

10,26   *Bauverschalungen des Pennsylvania Bahnhofs* – Bahnhof in Manhattan, zwischen 31. und 33. Straße und 7. und 8. Ave.; seit 1965 im Bau, 1968 fertiggestellt als Teil eines Komplexes, der auch den Madison Square Garden und Büros enthält; verkehrsreichster Bahnhof in Nordamerika; s. 1264, 24; 1322, 6 f.

10,27   *Flushing* – Stadtteil von Queens (s. K. 20, 28 f.) zwischen Bayside Ave., Clearview Expressway, Union Turnpike und Flushing Meadows-Corona Park; der Name stammt vom niederländischen Ort Vlissingen; seit dem 17. Jh. von Niederländern, dann Quäkern besiedelt; in den sechziger Jahren zogen vor allem Japaner, Chinesen und Koreaner nach Flushing; mit der Weltausstellung 1964/65 verlor es seinen Kleinstadtcharakter.

10,28f.   *dem blauen Gewölbe... Bahnhof Grand Central* – Grand Central Terminal ist der größte Bahnhof New Yorks für U-Bahn und Eisenbahn, in Midtown Manhattan, Park Ave./42. Straße gelegen; 1871 erbaut, 1898 und 1903–13 erweitert; Triumphbogenfassade nach antikem Vorbild zur 42. Straße hin; steht seit 1967 unter Denkmalschutz. Die Bahnhofshalle zeigt mit 2500 erleuchteten Sternen die Tierkreiszeichen (s. 60, 21 f.; 1887, 24), allerdings seitenverkehrt, so daß der östliche Sternenhimmel im Westen steht.

21. 8. 1967

10, 33–11, 1 *Aufklarendes Wetter in . . . vier Hubschrauber abgeschossen* – Nach dem Ende des
1. Indochinakrieges, in dem die frz. Kolonialmacht gegen die Vietminh-Parti-
sanen unterlag, wurde Indochina auf der Genfer Konferenz von 1954 (s. K.
939, 29 f.) in die Länder Laos, Kambodscha und Vietnam aufgeteilt; Vietnam
wurde längs des 17. Breitengrades geteilt. Im Norden etablierte sich eine
komm., chin. beeinflußte Regierung, im Süden ein von den USA gestütztes
Regime. Die Unterdrückung buddhistischer Sekten führte 1957 in Südvietnam zu einem vom Norden unterstützten Aufstand gegen die Regierung, der
sich zum 2. Indochinakrieg ausweitete, dessen Schwerpunkt zunächst in Vietnam lag. (Nachdem Richard Nixon 1968 mit dem Versprechen, den Krieg
zu beenden, die Präsidentschaftswahlen gewonnen hatte, wurden auch Laos
und Kambodscha in die Auseinandersetzungen hineingezogen.) Seit Ende der
fünfziger Jahre griffen die USA indirekt mit Militärhilfe zugunsten der südvietnamesischen Regierung ein; seit dem Tonkin-Zwischenfall 1964 (s. K.
491, 15–30) direkt mit 50 000 (1964), zuletzt mit mehr als 550 000 (1968) Soldaten. Mit den Truppen der ARVN (s. K. 674, 18) und SEATO-Verbänden aus
Australien, Neuseeland, Thailand, Südkorea und den Philippinen standen zeitweise mehr als 1, 5 Mio. Soldaten in Südvietnam. Nachschubbasen des Vietcong in Nordvietnam wurden bombardiert. Der Krieg eskalierte bis zur
Tet-Offensive (s. K. 697, 15) im Frühjahr 1968. 1969 begannen die Pariser
Vietnam-Verhandlungen, die mit dem Rückzug der USA aus Vietnam ende-
ten. Zwischen 1963 und 1970 wurden rund 72 Mio. Liter Herbizide, darun-
ter allein 40 Mio. Liter des hochgiftigen dioxinhaltigen Entlaubungsmittels
»Agent Orange« (s. 1877, 29), auf Südvietnam abgeworfen. Südlich des 17.
Breitengrades wurden 13 Mio. Tonnen Sprengstoff abgeworfen, etwa sechs-
mal soviel wie die Alliierten im gesamten 2. Weltkrieg gegen das Deutsche
Reich einsetzten. 1975 kapitulierte die Regierung Ky, und Nord- und Südvietnam wurden zur Sozialistischen Republik Vietnam vereinigt.
Vgl. den Artikel »U. S. Jets Attack Near Hanoi Again After Week Lull« der
NYT vom 21. 8. 1967: »Clearing weather in the North permitted American
pilots to attack targets near Hanoi yesterday for the first time in a week.
[. . . Ein Sprecher teilte mit] the Seventh Fleet cruiser Boston fired her eight-
inch gun at the Benthuy storage cave complex Friday, but that darkness prevented a damage assessment.
The destroyer du Pont again shelled the demilitarized zone, destroying five
buildings and a sampan in the northern half [. . .] In South Vietnam, four helicopters were shot down Saturday and Sunday and an Air Force B-57 Can-
berra twin-jet bomber crashed due to unknown forces.« Vgl. Horzen (1996),
S. 198–202; Frey (1999).

10, 34 *Hanoi* – Seit 1945 bzw. 1954 Hauptstadt der Demokratischen Republik
Vietnam (Nordvietnam), seit 1976 der Sozialistischen Republik Vietnam; war
mit 1, 1 Mio. Einwohnern nach Saigon zweitgrößte Stadt Vietnams.

11, 1–3   *Die Unruhen in . . . sind festgenommen worden* – Vgl. den Artikel »New Haven Arrests 165 In 2nd Night of Disorders« der NYT vom 21. 8. 1967: »New flames burned in two buildings damaged by fire last night and four others; 50 to 75 store windows were smashed and at least three cars were set afire in the streets. In the first night of disorders, 150 windows were broken and a number of stores looted«; vgl. Horzen (1996), S. 203 f.; s. K. 9, 6 f.

11, 4–10   *Neben dem Zeitungenstapel . . . lassen, meine Dame* – s. 13, 20–14, 18; 59, 31–34; 175, 30–39; 211, 22–28; 476, 23–30; 1035, 32–34; 1311, 11–28; 1338, 23–32; 1391, 5–13.

11, 11–15   *Die Leiche jenes . . . Zeitung kaufen wollen* – Die NYT vom 21. 8. 1967 schreibt unter der Überschrift »Body of American Missing in Prague Is Found in River«: »A body identified as that of Charles H. Jordan, an American official of a Jewish relief organization, was found today in the Vltava River in Prague. [. . .] Mr. Jordan, a 59-year-old New Yorker, was executive vice chairman and di-rector general of the American Joint Distribution Committee, which has long helped needy Jews overseas.
He vanished from his Prague hotel Wednesday night after telling his wife he was going out to buy a newspaper. [. . .]
A State Department spokesman said the United States Embassy in Prague had reported that a civilian rowing on the river found the body lodged on a wa-ter barrier downstream from the May First Bridge at 1:30 P. M.«
Der Artikel geht ausführlich auf vermutete antisemitische Hintergründe so-wie eine mögliche Verbindung zum arabisch-israelischen Krieg ein.
Charles H. Jordan (1908–16. 8. 1967), für JOINT 1941–43 Direktor der Ab-teilung Karibik und Ferner Osten; 1943–45 Soldat in der Marine; für JOINT 1948–51 Direktor der Emigrations-Abteilung in Paris; 1951–55 stellv., ab 1955 Generaldirektor der Abteilung Übersee; seit 1961 Exekutiv-Sekretär des International Council of Jewish Social and Welfare Services; s. K. 689, 14–690, 22; 1098, 6.

11, 13   *Vltava* – (tschech.) Moldau.

11, 14   *JOINT* – Kurzwort für »American Jewish Joint Distribution Committee« (A. J. J. D.C.), 1914 als Joint Distribution Committee in New York gegr., um jüd. Emigranten aus Osteuropa zu helfen; verband sich mit Organisationen der Arbeiterschaft, der orthodoxen und dt. Juden. JOINT unterstützte Ein-wanderer durch Darlehen, ermöglichte über 80 000 europäischen Juden die Flucht vor den Nazis und half 250 000 heimatlosen Juden nach 1945, eine neue Heimat zu finden. Mit der israelischen Regierung gründete und unter-stützte das Komitee seit 1949 »Malben«, eine Organisation für kranke, behin-derte und ältere Emigranten. JOINT unterhält medizinische, Schul- und Berufbildungsprogramme in Nordafrika, Iran, Frankreich und Osteuropa. In der Presse der Ostblockstaaten galt es als eine subversive zionistische Agentur, und die Ermordung Jordans wurde im Zusammenhang mit antisemitischen Aktionen in Osteuropa gesehen; s. 529, 13; 689, 18–27.

11, 16   *Lexington Avenue* – Straße in Midtown Manhattan, zwischen 3. und 4. Ave.;
s. K. 84, 24 f.; 127, 31; 324, 22; 324, 32; 1055, 24 f.; 1312, 5; 1314, 36 f.;
1315, 4 f.

11, 22   *Verbotsschrift* – Die rote Ampel zeigt die Aufschrift »Don't walk«.

11, 24   *dem blinden Bettler* – s. 1382, 25; 1391, 30 f.
Bettler: s. 27, 3; 44, 10 f.; 68, 30; 152, 23–36; 176, 9; 181, 29; 245, 3;
520, 32–521, 3; 777, 12; 1203, 14–16; 1382, 25; 1473, 11 f.; 1584, 2–6;
1618, 23–1619, 2; 1827, 19.

11, 31–34   *Mit den Augen . . . Kleider schwächer tönt* – s. 124, 23–27.

12, 4   *Ich stelle mir vor* – Zitat aus Max Frischs »Mein Name sei Gantenbein«, mit
dem auf die besondere Mischung aus Fiktion und Fakten, Erfindung und rea-
ler Geschichte, hingewiesen wird; vgl. Riordan (1989), S. 75–78; Fries
(1990a), S. 41–43; Spaeth (1990); Helbig (1995), S. 121–128; Neumann, U.
(1995), S. 139–142; s. K. 811, 6–20; s. 12, 17, 32; 16, 15; 387, 18; 451, 28 f.;
492, 23; 566, 9 f.; 582, 14; 596, 28; 610, 29; 811, 6, 17, 20; 987, 4; 1373, 23.

12, 9 f.   *Sie trägt die . . . die Haare geschoben* – s. 1712, 22–26.

12, 15   *96. Straße* – Querstraße zwischen Riverside Drive und Central Park West, ungefähr auf der Höhe der Cresspahlschen Wohnung; vgl. Register.

12, 18–22 *daß gestern nachmittag . . . Zeitung zu kaufen* – s. K. 11, 11–15.

12, 24–31 *Bis vor fünf . . . Das war 1962* – s. 118, 5–8; 304, 6–15; 464, 5 f.; 1623, 19–23;
1879, 23–28.

12, 25 f.   *vom Hauptbahnhof zum Bahnhof Střed* – Der Prager Hauptbahnhof (1901–09
erbaut) heißt *Střed*, auch Praha Hlavní; vormals und nach 1989 auch Wilso-
novo Nádraží, nach dem amerik. Präsidenten Woodrow Wilson: Prag 2, Wil-
sonova 2; ein Jugendstilbau nach einem Entwurf von Josef Fanta; s. 304, 8;
1879, 25 f.

12, 27 f.   *You American? Hlavní . . . Sta-shun. Woodrow Wilson* – (engl./tschech.) Du Ame-
rikanerin? Der Hauptbahnhof, dieser Bahnhof, früher, Wilson-Bahnhof.
Bahnhooof. Woodrow Wilson! – Thomas Woodrow Wilson (28. 12. 1856–3. 2.
1924), 1913–21 28. Präsident der USA. 1919 Friedensnobelpreis; setzte bei
den Friedensverhandlungen 1919 die Gründung des Völkerbundes und das
nationale Selbstbestimmungsrecht durch, das zu Staatengründungen wie der
der Tschechoslowakei führte; s. K. 1469, 7–9.
Der Prager Hauptbahnhof und die davor liegende Straße wurden nach ihm
benannt. Unter seinem Reliefbild an der Seitenwand des Bahnhofs stehen seine Worte: »Macht die Welt sicher für die Demokratie!«; s. K. 1807, 4; s. 304, 8;
1879, 25 f.

12, 33   *Broadway* – Der Broadway ist mit ca. 27 km die längste und älteste Straße
Manhattans. Beginnend am Battery Park verläuft er – einem alten Indianerpfad folgend – bis zur 8. Straße gerade, dann bis zur 78. Straße schräg in nord-

westlicher Richtung durch das sonst rechteckige Straßensystem Manhattans
bis in die Bronx. Im unteren Teil geprägt durch Geschäfte und Läden, ist er
im oberen Teil eher Wohngegend.

12, 34   *Riverside Drive* – Straße am nördlichen Westrand Manhattans, durch den Henry Hudson Parkway und den Riverside Park vom Hudson getrennt. Johnson
wohnte von Mai 1966 bis zum 20. 8. 1968 in Apartment 204, 243 Riverside
Drive, New York, N. Y. 10025; vgl. BU, S. 410 f.; s. K. 27, 29 f.; 275, 31 f.;
s. 145, 27 f.

13, 1–7   *Sie wohnt am . . . Fenster, Meeresbrandung vergleichbar* – s. 242, 24–33.

13, 2 f.   *Im Süden sieht . . . auf der Brücke* – Gesine sieht auf die George-Washington-
Brücke, die, von ihrer Wohnung aus gesehen, im Norden liegt; in der amerik.
Übersetzung korrigiert: »To the north, in the midst of dense clouds of leaves,
she can see the lamps on the bridge«, Anniversaries, Bd. 1, S. 7 f.; vgl. Ensberg
(1995), S. 116.
George Washington Bridge: 1931 als längste Stahlkabel-Hängebrücke der
Welt eröffnet, überspannt den Hudson im Nordwesten Manhattans zwischen
179. Straße und Fort Lee, New Jersey; 1962 wurde ein zweites, tieferes Deck
hinzugefügt; s. K. 22, 12 f.; 1334, 27 f.; s. 106, 22; 1191, 12; 1593, 34; George
Washington: s. K. 67, 6 f.

13, 7–9   *Von Jerichow zum . . . zwischen den Feldern* – Dieser Satz ist identisch mit MJ,
S. 15. Durch die wörtl. Übernahme verweist Johnson auf den Zusammenhang
der Romane: Die Personen und Ereignisse aus dem Frühwerk werden in die
JT integriert.

22. 8. 1967

13, 11 f.   *Über Festland-China . . . Marine abgeschossen worden* – Die NYT vom 22. 8. 1967
berichtet unter der Überschrift »2 U. S. Navy Jets Downed in China; One
Pilot Seized«, die Maschinen seien nach einem Bombenangriff bei Hanoi
wegen eines Gewitters und Ausfalls der Navigationsgeräte vom Kurs abgekommen und über der autonomen Region Kwangsi Chuang abgeschossen
worden. Ein Pilot wurde gefangengenommen.

13, 12 f.   *Das Kriegsministerium erklärt . . . in Viet Nam* – »The Department of Defense
announced today the names of 32 men killed in action in South Vietnam«,
NYT 22. 8. 1967.

13, 13 f.   *Das Marinekorps hat . . . dem Norden gezählt* – Vgl. den Artikel »U. S. Navy
Planes Attack Main Hanoi Power Plant« der NYT vom 22. 8. 1967: »In the
ground war, U. S. Marines killed 109 North Vietnamese during a clash with
an estimated enemy regiment 10 miles south of the demilitarized zone.«

13, 14 f.   *Die Bande im . . . ganz ehrliche Wahlen* – In Südvietnam hatten sich im Juni 1965
die Generäle Nguyen Cao Ky (geb. 9. 9. 1930) und Nguyen Van Thieu

(geb. 5. 4. 1923) an die Macht geputscht. Ky versprach in einer Rundfunkansprache ehrliche und unparteiische Wahlen für den 3. 9. 1967, in denen Thieu zum Präsidenten (bis 1975) und Ky zum Vizepräsidenten gewählt wurden, obwohl die Oppositionsparteien, die sich nicht auf einen Gegenkandidaten einigen konnten, 65 % der Stimmen erhalten hatten. Vgl. den Artikel »Ky Promises Vietnam Elections Will Be Honest« der NYT vom 22. 8. 1967: »Premier Nguyen Cao Ky vowed in a radio broadcast tonight that the national elections on Sept. 3 ›will be completely honest and impartial‹«; s. K. 10, 33–11, 1; 1265, 6–21; 1877, 30–32; s. 51, 16; 1505, 21.

13, 16–19 *Gestern in New ... Afrikaner und Puertorikaner* – Über die dritte Nacht der Unruhen heißt es in dem Artikel »Arsonists Upset New Haven Peace« der NYT vom 22. 8. 1967: »Seventy arrests last night, most of them for breach of peace, brought the three-day total to 320. [sic] Nearly all those arrested were Negroes and Puerto Ricans. [...] The Hill, which is a mile south of Yale University, was closed to vehicles and heavily patrolled by city and state policemen, wearing blue helmets and .30-caliber rifles. [...] There [Hill area], and in the Dixwell Avenue section of town, several dozen windows were reported broken last evening even though most storefronts had been boarded up after the previous nights' troubles. Some looting was reported. [...] One of the most serious fires – most of them were confined to rubbish heaps on the sidewalk – razed the Legion Bakery on Legion Avenue at 7 P. M. While firemen turned their hoses on the blaze, police fired tear-gas canisters to herd back the taunting spectators«; vgl. Horzen (1996), S. 210 f.; s. K. 9, 6 f.

13, 17 *Die Polizei trug blaue Helme* – Kennzeichen der New Yorker Polizisten, die auch Blue Boys genannt werden; s. K. 1487, 31 f.; s. 1664, 39; 1882, 26 f.

13, 20–14, 18 *Der Zeitungsstand auf ... New York Times* – s. 11, 4–10.

14, 1 *die passende Münze* – s. 59, 31–34.

14, 2 *New York Times* – Am 18. 9. 1851 durch eine Gruppe von Bankiers aus Albany, New York, gegr. Tageszeitung. Nach der Übernahme durch Adolph S. Ochs (s. K. 515, 17) am 19. 8. 1896 wurde sie schnell eine der führenden Zeitungen der Stadt vor den Blättern von Hearst und Pulitzer, da Ochs fiktionale Texte, Klatschkolumnen und Comics zugunsten von mehr lokalen Nachrichten und Informationen aus der Wirtschaft strich. Kurz nach der Jahrhundertwende verlegte die NYT ihren Sitz von 41 Park Row nach Long Acre Square, der 1905 in Times Square umbenannt wurde. 1924 bezog sie ihr neues Domizil, 229 West 43. Straße zwischen 7. und 8. Ave. Nach dem Tod von Ochs 1935 wurde sein Schwiegersohn Arthur Hays Sulzberger Hg.; ihm folgte in den frühen sechziger Jahren sein Schwiegersohn Orvil Dryfoos, der bereits 1963 starb. Sulzbergers Sohn, Arthur Ochs Sulzberger, der 1963 Hg. wurde, führte ein anderes Format ein und expandierte auch in andere Geschäftsfelder wie Zeitschriften und Rundfunk- und Fernsehstationen. Für die Berichterstattung über Vietnam erhielt die Zeitung 1964 ihren ersten Pulitzerpreis. Als James Reston im Mai 1968 Hg. wurde, unterhielt die NYT mit 1000 Auslandskorrespondenten die meisten der Welt. Die nationale Ausgabe wird an einem halben Dutzend Standorten produziert; der NYT gehören mehr als 30 andere Zeitungen; s. K. 60, 14; 78, 2; 610, 23–31.

14, 7 f.   *einer Schule im Norden* – Anspielung auf die Privatschulen in den Neuenglandstaaten (s. K. 43, 28) und eine dem britischen Englisch angenäherte Aussprache, die dort gelehrt wird; s. 254, 27; 1643, 9 f.

14, 13   *auf der 75. Schule* – Eine der schulgeldfreien, städtischen Schulen; in den USA Public School genannt. Die New Yorker Schulen der Zeit waren im allgemeinen für niedriges Niveau und mangelnde Disziplin bekannt; s. 100, 35; 792, 2.

14, 20   *Fisimatenten* – Ausflüchte, Winkelzüge, Umstände (lat. visae patentes: ordnungsgemäßes Patent; später: überflüssige bürokratische Umstände, beeinflußt von mittelhochdt. visament, Zierat); s. 1495, 15.

14, 23–26   *faltet sie das . . . unten lesen kann* – »One of the things my father taught me [. . .] is how to fold a folio newspaper, a large-format newspaper like the ›Times‹, so that it could be read in close quarters on the subway in New York. It was assumed that you would read a large-format newspaper, and that you'd be sitting close to your neighbors on the subway, and you had to know how to do it«, Trow (1998), S. 48; s. K. 381, 23–382, 2.

14, 34   *Chicago* – Stadt in Illinois am Südwestufer des Michigansees; wichtiger Börsenplatz.

15, 13–17   *die Nachricht, die . . . Puddingpulver erledigen wollte* – 1965/66 wurden fast alle Universitätsstädte von Berkeley über Paris und Moskau bis Tokio von einer Protestbewegung erfaßt, die 1967/68 mit der tschechos. Reformbewegung und anderen Reformtendenzen im Ostblock sympathisierte (s. 988, 1–992, 18). Schon seit 1963/64 war es an westdt. Universitäten (ausgehend von Westberlin) zu Protestaktionen gekommen, die sich zunächst gegen die schlechten Studienbedingungen (überfüllte Universitäten, unzeitgemäße Lehrpläne) und das Demokratiedefizit der westdt. Gesellschaft richteten. Zunehmend verbanden sich die Aktionen mit der Protestbewegung gegen den amerik. Vietnamkrieg. Durch Verbindungen zu anderen oppositionellen Gruppen entwickelte sich die Studentenrevolte zur außerparlamentarischen Opposition, die mit politischen Aktionen das vermeintliche Nachrichtenmonopol des Verlegers Axel Springer (s. K. 988, 38) angriff und die Verabschiedung der Notstandsgesetze (s. K. 1138, 22) 1969 zu verhindern suchte. Höhepunkte der Ereignisse waren die Demonstrationen nach der Erschießung des Studenten Benno Ohnesorg (2. 6. 1967) und nach dem Attentat auf den Studentenführer Rudi Dutschke (11. 4. 1968; s. K. 125, 31, s. 988, 36–39). In Westberlin, wo die Studentenbewegung als »kommunistisch gesteuert« eingestuft wurde, war die Situation emotional besonders stark aufgeladen. Die Begebenheit, auf die hier angespielt wird, ist exemplarisch: Mitglieder der »Kommune I, Lebensgemeinschaft junger Maoisten«, der ein Bruder wie auch die geschiedene Frau des Schriftstellers Hans Magnus Enzensberger (s. K. 737, 30) angehörten, planten, außer Rauchbomben auch mit Schlagsahne, Joghurt und Pudding gefüllte Plastikbeutel als Geschosse zu verwenden, um den Besuch des US-Vizepräsidenten Hubert Humphrey (s. K. 180, 7) in Westberlin zu stören. Die Politische Polizei verhaftete sie vorher, da sie »Anschläge gegen das Leben und die Gesundheit« Humphreys geplant hätten. Ein Teil der Kommune I wohnte zu der Zeit in Johnsons Berliner Wohnung in der Niedstraße 14 in Berlin-Friedenau (s. K. 472, 34 f.; 594, 6 f.), die er im April 1966 H. M. Enzensberger übergeben hatte, der sie seinem jüngeren Bruder Christian überließ. Erst Günter Grass (s. K. 466, 34) gelang es, die Mitglieder der Kommune zum Ausziehen zu bewegen. Vgl. DER SPIEGEL 10. 4. 1967, S. 34; s. K. 1106, 35; 1594, 27–29; s. 1211, 33 f.

15, 31   *einer Tante* – Anspielung auf die volkstümliche Bezeichnung der »Vossischen Zeitung«. Als »Berliner Zeitung« 1617 gegr., seit 1824 täglich erscheinend, wurde sie nach dem Familiennamen des Besitzers »Vossische Zeitung« genannt, 1910 offiziell so betitelt, im Volksmund »Tante Voß«. Linksliberal orientiert, wurde ihr Erscheinen 1934 auf Befehl der Nationalsozialisten eingestellt. Die NYT wird auch »The Grey Old Lady« genannt. Johnson hat die Beschreibung der Tante auf einer Reklameseite der »New York Times« notiert, die die wohlwollende Karikatur einer alten Dame mit der Zeitung in der Hand zeigt; vgl. Durzak (1976a), S. 443; Fahlke (1991), S. 129; s. K. 610, 23–31.

23. 8. 1967

15, 35–16, 3   *Die Luftwaffe flog . . . die erste Seite* – Vgl. den Anfang des Artikels der NYT vom 23. 8. 1967 »U. S. Planes Bomb Center of Hanoi«: »In all, 132 missions were flown over North Vietnam Monday.«
Das Foto auf Seite 1 der NYT vom 23. 8. 1967 zeigt Menschen, die in unbestimmbaren Trümmerteilen herumsuchen, und trägt die Unterschrift »Wreck of U. S. Jet, Hanoi Says: Official Communist source that released picture says it shows a U. S. plane that crashed near the Soviet Embassy. The caption material did not indicate when the photograph was made.«

16, 3–6   *aber erst auf . . . fünfzehn Zeilen Lokales* – Das 1948 aus Stahlrohren und Wellblech errichtete Mandelbaumtor, bis zum 5. 6. 1967 einziger offizieller Durchgang zwischen dem israelischen und dem jordanischen Sektor Jerusalems, wurde abgerissen; vgl. den Artikel »Mandelbaum Gate, Symbol of Divided Jerusalem, Coming Down« der NYT vom 23. 8. 1967, S. 6. Unter diesem Artikel findet sich die kurze Notiz »Vietnam Casualties Listed«.

16, 7–9   *In der Nacht . . . verhafteten hundert Leute* – Vgl. den Artikel »500 Police Maintain New Haven Peace; Curfew Enforced« der NYT vom 23. 8. 1967: »By 1

A. M. today, more than 100 persons, two-thirds of them Negroes and Puerto Ricans, had been arrested and charged with breach of peace for being outdoors after the curfew. [. . .] At half a dozen road blocks in the troubled area, they stopped every passing car, and searched the trunks of many of them for weapons. Police floodlights blazed across the facades of apartment buildings from which bottles had been thrown on previous nights«; s. K. 9, 6 f.

16, 10–19 *Und wäre sie . . . der vorangegangenen Prügelei* – Das Foto auf S. 1 der NYT vom 23. 8. 1967 zeigt rechts vorn Rap Brown, den rechten Arm mit geballter Faust erhoben, und in der Menge einen Polizisten im Profil. Der nebenstehende Artikel »Rap Brown Released After Judge Reduces Bail at a Stormy Hearing« berichtet von der durch Zwischenrufe und Handgemenge der Anhänger der Black-Power-Bewegung gestörten Gerichtsverhandlung, in der der wegen Waffenbesitzes angeklagte Brown aufgrund einer herabgesetzten Kaution freigelassen wurde. Der Führer des Student Nonviolent Coordinating Committee Brown sagte: »›if he [Präsident Johnson] is worried about my rifle, wait until I get my atom bomb. [. . .] We are at war!‹ he shouted. ›We are caught behind the enemy lines and better get yourself some guns‹«; vgl. Horzen (1996), S. 225 f.

16, 10 *Foley Square* – Platz in Lower Manhattan, Kreuzung von Duane-, Lafayette-, Center- und Pearl Street; benannt nach Thomas F. Foley (1852–1925), der in diesem Stadtteil eine Bar unterhielt, ehe er Stadtrat und Sheriff des County New York wurde; Mittelpunkt des sog. Civic Centers. In unmittelbarer Nähe liegen viele Verwaltungs- und Gerichtsgebäude: N. Y. C. Police Headquarters, Municipal Building, U. S. Courthouse (Bundesgerichtshof), New York County Court House (Oberster Gerichtshof des Staates New York), New York City Criminal Court Building; s. 609, 4; 1506, 24 f.; 1645, 20.

16, 15 *Sie stellt sich vor* – s. K. 12, 4.

16, 20–18, 18 *Im August 1931 . . . Hof in Jerichow* – Anspielung auf Thomas Mann, »Die Buddenbrooks«, 3. Teil, Kapitel 5–11, als sich Tony Buddenbrook an der Travemündung verliebt. Vgl. Johnson, Lübeck habe ich ständig beobachtet, S. 80: »Bei aller Nachbarschaft, ich habe kein Wort, keinen Satz, geschweige denn einen Menschen in die Stadt Lübeck gesetzt, ohne zu wissen, daß ich mich aufhielt in einer Gegend Thomas Manns [. . .]. Besuchsweise demnach, auf der Durchreise sitzt im August 1931 der zweiundvierzigjährige Heinrich Cresspahl in einem Wirtshaus vor Travemünde«; vgl. Fries (1990a), S. 49; Mecklenburg (1990a), S. 387.

16, 39 *Reisepaß, den ich . . . später gestohlen habe* – s. 786, 16–20.

17, 1–3 *Er hatte in . . . Wasserstraßenamt, Martin Niebuhr* – In IB Onkel und Ziehvater von Klaus Niebuhr. Ebenso Figur in »Eine Reise wegwohin«, jedoch ohne Namen. Martin Niebuhr, erst Vorarbeiter beim Wasserstraßenamt, später dann Schleusenwärter auf der Havelschleuse bei Wendisch Burg, ist mit Gertrud, geb. Cresspahl, verheiratet. Selbst kinderlos, erziehen die beiden nach dem

Tod seines Bruders Peter und dessen Frau Martha, geb. Klünder (s. 928, 17–932, 17), deren Kinder Klaus und Günter Niebuhr.

17, 4   *Waren* – Stadt am Nordufer der Müritz.

17, 7   *Malchow* – Malchow am See, am Südwestzipfel des Fleesensees gelegen; slawische Siedlung, Stadtrecht seit 1235. Der alte Stadtkern auf einer Insel war bis zum Mittelalter nur mit einer Fähre zu erreichen.»Malchow im Herzogthum Schwerin, gestiftet vom Herrn Nikolaus III. zu Werle 1235, gelegen auf einer Insel im eigenen See, zählt 457 Wohnhäuser mit 1075 Haushaltungen und 4033 Einwohnern. Von diesen sind 1933 männliche, 2100 weibliche«; HNJ, S. 21; s. K. 1287, 8.

17, 9   *Vetter im Holsteinischen* – Vgl. HNJ, S. 48:»Er war da in Kost und Logis bei einem Vetter; nie hat er mich aufgefordert, den zu benutzen als Verwandtschaft, tatsächlich habe ich vergessen, wo die wohnen. Sie werden ihn behandelt haben schlechter als einen Knecht, so dass sie ihm den Lohn vorenthielten wegen der familiären Bande«; s. 984, 21 f.; 1862, 10–32.

17, 13   *Richmond* – Stadtteil an der Themse im Südwesten Londons, hieß ursprünglich Shene, wurde nach der Thronbesteigung Henry VII. umbenannt. Henry VII., der frühere Earl of Richmond (Yorkshire), ließ sich am Themseufer einen Tudorpalast bauen.

17, 15   *Manor Grove* – Straße zwischen Richmond und dem östlich angrenzenden Stadtteil Sheen, meist Doppelhäuser, bescheidene Wohngegend.

17, 19   *Kapp-Putschisten* – Kapp-Putsch: Antirepublikanischer Umsturzversuch durch rechtsradikale Kräfte 13.–17. 3. 1920; benannt nach dem deutschnationalen Politiker und Generallandschaftsdirektor Wolfgang Kapp (24. 7. 1858–12. 6. 1922). Die von ihrer bevorstehenden Auflösung bedrohten Freikorps unter Führung des Reichswehrgenerals von Lüttwitz versuchten die Regierung Bauer zu stürzen; während sich Heeresleitung und Bürgertum abwartend verhielten, riefen die Gewerkschaften zum Generalstreik auf, der den Putsch zusammenbrechen ließ; s. K. 56, 23–31.

17, 24   *chamois getönt* – (frz./dt.) gemsfarben getönt. Warmer bräunlicher Farbton des Fotopapiers.

17, 37   *Priwallfähre* – Priwall, eine Travemünde vorgelagerte Halbinsel; s. 18, 9; III,47; 1114, 16.

18, 2   *Meine Großmutter, das Schaf* – s. 33, 27–33.

18, 16   *Pötenitzer Wiek* – Mündungsbucht der Trave, hier südlich des Priwalls; Wiek: kleine, flache Bucht; Pötenitz liegt am Westufer der Travemündung.

18, 20   *Dritten Avenue* – Straße mit Geschäfts- und Bürohäusern; in dem Gebiet zwischen 42. und 34. Straße und 3. und 5. Ave. sind viele der begehrtesten Adressen in New York gelegen.

18, 24–27 *Was machen die... machen die Chinesen* – Die Kanzlei der brit. Botschaft in Peking war durch Brandstiftung zerstört und Diplomaten waren verprügelt worden. China hatte mit einem Ultimatum von 48 Stunden gefordert, drei prokomm. Zeitungen in Hongkong wieder zuzulassen und Journalisten freizulassen, die wegen Teilnahme an Aufständen angeklagt waren; vgl. NYT 23. 8. 1967; Brecht (1994), S. 116 f.; s. K. 37, 30–35; 38, 4 f.; s. 1845, 16–23.

24. 8. 1967

18, 29 f. *Über Nordvietnam sind... Kriegsflugzeuge abgeschossen worden* – Vgl. den Artikel »U. S. Bombs Fall On Hanoi Suburbs« der NYT vom 24. 8. 1967: »The United States military command said in Saigon that five American planes were shot down in North Vietnam Wednesday [...] The Hanoi radio had claimed 10 American planes downed.«

18, 31 *Bronx* – Einer der fünf Verwaltungsbezirke (boroughs) von New York City; nördlichster und einziger zum Festland gehörender Stadtteil von New York; vorwiegend Wohngegend, mit einem großen Anteil an Slumgebieten; s. K. 566, 20; 573, 18 f.; 1508, 36 f.; 1618, 36.

18, 32–19, 3 *In der Bronx... übrigen Feinden schützen* – Vgl. den Artikel »Arsenal Uncovered By Raids in Bronx; 4 Suspects Seized« der NYT vom 24. 8. 1967: »An arsenal that included an antitank gun, a submachine gun, rifles, shotguns, hand grenades, dynamite and 250,000 rounds of ammunition was uncovered here yesterday during all-night raids. Four men were arrested, at least two of them said to be members of the rightist John Birch Society. [...] The suspects were said to have tried to kill Herbert Aptheker, director of the American Institute of Marxist Studies, who is also a member of the national committee of the Communist party. [...] They were also said to have planned to bomb an antipoverty group in the Bronx – made up mainly of Negroes and Puerto Ricans – that is aided by Fordham University students.«

19, 2 *Herbert Aptheker* – Mitglied des Nationalkomitees der Komm. Partei Amerikas; vgl. NYT 24. 8. 1967.

19, 7 *Französischen Linie* – Es gab bis in die sechziger Jahre eine Schiffahrtslinie »French Line« mit einer eigenen, damals etwas heruntergekommenen Abfertigungshalle in New York. Es gab auch ein Schiff »France«, das am 28. 4. 1961 nicht New York anlief, sondern wegen des Putsches der Generäle in Algerien dorthin unterwegs war. Ende April 1961 liefen die »Bremen« (26.), die »Queen Elizabeth« (25.) und die »Queen of Bermuda« (25.) in New York ein; s. 90, 30; 1022, 31 f.; 1875, 5.

19, 15 *Kapotthut* – Kiepenhut oder Schute, seit 1800 haubenartiger Frauenhut mit einer das Gesicht umrahmenden breiten Krempe, von Bändern unter dem Kinn gehalten; s. 1212, 21; 1482, 22.

19, 16　　　　*48. Straße West* – Straße in Midtown Manhattan, südwestlich des Central Parks, teilweise verwahrloste Gegend; s. 453, 19.

19, 22 f.　　*Lieder von Uhland* – Ludwig Uhland (26. 4. 1787–13. 11. 1862), Dichter, Germanist, Politiker; Begründer der schwäbischen Dichterschule. Seine volkstümlichen Balladen und Lieder wurden vielfach vertont und gehörten zum bürgerlichen Bildungsrepertoire.

19, 38 f.　　*Gartenfenstern in Düsseldorf* – s. 1871, 24 f.

20, 11–17　　*Das Kind stand . . . der fremden Nacht* – Schräg gegenüber dem Harvardklub liegt das Hotel »The Mansfield«, 12 West 44. Straße, in dem Johnson bei seinem ersten Aufenthalt in New York im Mai 1961 zeitweise wohnte; vgl. Neumann, B. (1994), S. 381; Arndt (1997), S. 100.

20, 15　　　*Harvardklub* – 27 West 44. Straße, ein von McKim, Mead und White entworfenes neoklassizistisches Gebäude von 1894, dessen Ziegel- und Sandsteinfassade an die Architektur der Harvard University erinnert; 1865 gegr. Klub für ehemalige Studenten der Harvard University, s. K. 100, 33; 101, 15.

20, 28　　　*Manhattan* – Ältester der fünf Verwaltungsbezirke (boroughs) von New York City, auf einer von Hudson, East und Harlem River umflossenen Insel, seit 1898 zu New York gehörig, Industrie-, Handels- und Finanzzentrum. Das Wort bedeutet in der Sprache der ehemals hier ansässigen Algonquin-Indianer »hügelige Insel«.

20, 28 f.　　*Villenviertel in Queens* – Queens, einer der fünf Verwaltungsbezirke (boroughs) von New York City; größter Stadtteil New Yorks, fast so groß wie Manhattan, Bronx und Staten Island (s. K. 72, 1) zusammen; auf Long Island gelegen zwischen East River und Long Island Sound, Nassau County, Atlantik und Brooklyn (s. K. 54, 14); gemischte Bevölkerung, mehr als 30 % der Bewohner sind im Ausland geboren, der höchste Prozentsatz aller Stadtteile; die guten Wohngebiete lagen entlang des East River; s. K. 10, 27; 21, 17 f.; 79, 35 f.; 116, 33; 119, 34; 177, 16; 283, 12; 373, 30; 588, 34; 1645, 24.

20, 29 f.　　*East River* – Wasserstraße zwischen dem Long Island Sound und der Mündung des Hudson River entlang der Ostseite Manhattans; 26 km lang und zwischen 180 und 1200 m breit.

20, 30 f.　　*den Vereinten Nationen* – Die Gebäude der UNO befinden sich an Manhattans Ostseite direkt am East River zwischen 42. und 48. Straße; s. K. 322, 31; 1319, 39.

20, 33 f.　　*die einstöckige Wüstenei . . . ein Dichter sagt* – »die einstöckige Wüstenei ist [. . .] der Ausspruch eines zeitgenössischen westdt. Schriftstellers in einem Gespräch, an das er sich wahrscheinlich gar nicht mehr erinnert. Solche nicht identifizierten Dichterzitate kommen des öfteren vor und sind bloss als running joke gemeint«; Johnson an Leila Vennewitz am 7. 11. 1970, in: Fahlke (1988a), S. 320. Elisabeth Johnson hat den Dichter als Martin Walser identifiziert; s. 173, 27; 1812, 26 f.

20, 34 f.	*Flushing* – s. K. 10, 27.
21, 17 f.	*Flughafen Idlewild* – New Yorker Flughafen am Nordufer der Jamaica Bay, Queens (s. K. 20, 28 f.), am 1. 7. 1948 eröffnet, im Dezember 1963 in John F. Kennedy International Airport umbenannt.
21, 22 f.	*You bastard of a Jew* – (engl.) Du jüdisches Schwein.
21, 27–29	*Die westdeutsche Regierung . . .gar aufheben, vielleicht* – Justizminister Heinemann regte an, die theoretisch 1969 eintretende Verjährung von Mord und Völkermord unter der Naziherrschaft aufzuheben. Eine 1962 beschlossene Strafgesetzreform sollte die Verjährung bis 1979 hinausschieben. Anlaß waren das Angebot der sowj. Regierung vom 27. 7. 1967, ihre Archive zugänglich zu machen, und Berichte des Zentralbüros für Naziverbrechen in Ludwigsburg über »weiße Flecke« in ihren Nachforschungen; vgl. NYT 24. 8. 1967.
21, 30 f.	*Die leichte Artillerie . . . man einen Waffenschein* – Ursprünglich sollten keinerlei Schußwaffen über den Versandhandel erhältlich sein. Um das Gesetz durch den Kongreß zu bringen, wurde es den einzelnen Staaten freigestellt, Gewehre und Schrotflinten von dieser Regelung auszunehmen; s. K. 127, 39–128, 3; 1316, 9–13.

25. 8. 1967

21, 35	*Schnellstraße am Hudson* – Parallel zwischen Hudson River und Riverside Drive verläuft der Henry Hudson Parkway durch den Riverside Park, den er mehrfach untertunnelt; s. 54, 5 f.; 559, 19; 1189, 2; 1668, 29; Henry Hudson: s. K. 10, 22.
22, 9 f.	*ihres Stockwerks* – Gesine arbeitet im zehnten Stock der Bank, nach der amerik. Zählung (in der das Erdgeschoß als 1. Etage zählt) im elften, nach ihrer Beförderung im 16. Stock (amerik. Zählung); s. 55, 33–39; 212, 15; 476, 31; 683, 14; 714, 2 f.; 819, 20 f.; 924, 34; 1036, 27 f.; 1037, 19 f.; 1085, 9; 1133, 12.
22, 12 f.	*Busbahnhofs an der George Washington-Brücke* – Busstation am Broadway und der 178. Straße, die im Januar 1963 eröffnet wurde, um mehrere kleinere zu ersetzen; die Station ist mit der Brücke durch Rampen verbunden; s. K. 13, 2.
22, 20–29	*Ein Bundesgericht hat . . . Die Mafia telefoniert* – Vgl. den Artikel »35 Held In Theft Of $407,000 Checks« der NYT vom 25. 8. 1967: »The theft of $407,000 in blank American Express traveler's checks at Kennedy International Airport more than a year ago became known yesterday with the indictment of 25 persons, including two women. [. . .] They [die Schecks] were transported from the American Express main office in Manhattan to the Railway Express Agency terminal at Kennedy. [. . .] Somewhere between the terminal and the hangars, the checks were ›kicked off‹ the truck, Mr. Meyer said. No one has been charged with the actual theft. [. . .]

Thereafter, the indictment charged, Potenza [Vincent (Jimmy Jones)] and Mario A. Spagnuolo, 38, of 221 First Avenue, got the stolen checks for 25 cents on the dollar and sold them for 50 cents on the dollar. [...]
On July 11, John Panarello Jr., 32, of Lower Manhattan, who was named as a co-conspirator but not a defendant in the indictment, was found shot to death in a ditch outside of Monticello, N. Y. It is believed that he had been cooperating with Federal officials.«
Die NYT beruft sich auf die Aussage eines Anwaltsbüros, wonach der Diebstahl von zwei Mafia-Familien organisiert wurde. Vgl. die Anm. Fahlkes, in: Johnson, Auskünfte für eine Übersetzerin, S. 322: »Aus dem Vergleich des Artikels [...] und der Stelle in den *Jahrestagen* wird deutlich, daß Johnson die zwei Frauen, die erwähnt werden, nicht in seinen Text aufgenommen hat«; s. K. 1151, 18–1155, 14.

22, 28 *Mafia* – (ital.) Politisch und wirtschaftlich einflußreicher, mit kriminellen Mitteln arbeitender Geheimbund, im 18. Jh. in Sizilien entstanden, durch ital. Auswanderer in den USA etabliert. Bezeichnung für eine Form des organisierten Verbrechens. New York wurde von fünf Familien kontrolliert, benannt nach den Nachnamen der Anführer: Bonanno (s. K. 156, 35), Gambino (s. K. 156, 35), Genovese (s. K. 118, 22), Lucchese (s. K. 89, 27) und Profaci (s. K. 213, 35). In den frühen sechziger Jahren kämpften die Profacis und die Gallos gewaltsam um die Vorherrschaft in Brooklyn; später in der Dekade suchte der Bonanno-Clan im sog. »banana-war« ohne Erfolg seinen Einfluß auszudehnen. In der zweiten Hälfte der sechziger Jahre wurde Carlo Gambino zur führenden Figur des organisierten Verbrechens in New York; s. K. 89, 27; 118, 22; 156, 30–157, 2; 156, 35; 213, 34–214, 3; 213, 34; 213, 35; 343, 11–19; 475, 15 f.

22, 36 *vier Fuß zehn Zoll* – 1, 47 m.

22, 39–23, 1 *in Fahrenheitgraden* – Temperatureinteilung der angelsächsischen Länder; der Gefrierpunkt liegt bei +32° Fahrenheit, der Siedepunkt bei +212° Fahrenheit. Nach Gabriel Fahrenheit (24. 5. 1686–16. 9. 1736), dessen verbessertes Thermometer mit Quecksilber statt mit Weingeist gefüllt war; s. 311, 6–11; 537, 21; 751, 4; 988, 13 f.; 1421, 7–9; 1506, 35; 1542, 16; 1546, 31; 1735, 37.

23, 1 *in Gallonen, in Meilen* – Gallone: 3, 785 Liter; Meile: 1, 6093 km.

23, 7 f. *Privatschule am oberen Riverside Drive* – s. K. 100, 18–27.

23, 8 *M'ri* – s. 1024, 8.

23, 17 *dem spanischen Harlem* – Spanish Harlem; allgemein gebräuchliche Bezeichnung für »El Barrio« (das Viertel), ein Gebiet innerhalb Harlems zwischen 120. Straße, 3. Ave., 96. Straße und 5. Ave., zunächst vorwiegend von Italienern bewohnt, nach dem 2. Weltkrieg Zuzug von Lateinamerikanern; s. 1595, 3.
Harlem, das Gebiet im Nordosten Manhattans zwischen Harlem River, 5. Ave., 110. Straße (Central Park North) und Morningside und St. Nicholas Ave., wird in Black Harlem im Westen und Spanish Harlem im Osten unter-

teilt. Von den ursprünglich dort siedelnden holl. Farmern Nieuw Haarlem genannt, blieb es lange eine selbständige Stadt. Später vorwiegend von Deutschen und osteuropäischen Juden bewohnt, ab den zwanziger Jahren zogen zunehmend schwarze Familien zu. Seit den vierziger Jahren war Harlem Zentrum des Jazz und des schwarzen ökonomischen und politischen Lebens, in den sechziger Jahren wegen Kriminalität, Drogenmißbrauch und anderer sozialer Probleme im Niedergang begriffen.

23, 20 *West End Avenue* – Östliche Parallelstraße zum Riverside Drive. Nördliche Verlängerung der Eleventh Ave. zwischen der 59. und der 107. Straße, ab dort Broadway. Johnson siedelt an der West End Ave. das Hotel Marseille an; s. K. 189, 38 f.

23, 28 *Jöche* – Figur aus MJ; Eisenbahner, Freund von Jakob Abs; vgl. MJ; KP; BU; s. 121, 13–28; 388, 13–16; 1654, 32; 1871, 13; s. K. 1405, 12 f.

23, 29 *Lokomotivführerschule in Güstrow* – Es gab in Güstrow eine »Schule für Lok-Personal«, an der in verschiedenen Eisenbahnberufen ausgebildet wurde; s. 1654, 31; 1676, 25 f.

23, 29 *Güstrow* – Stadt in Mecklenburg, 35 km südlich von Rostock. Stadtrecht seit 1228, 1555–1695 Residenz der Herzöge von Mecklenburg-Güstrow; Renaissanceschloß unter Herzog Ulrich I. (1555–1603) erbaut, 1628–29 Residenz Wallensteins; Wohnort von John Brinckman (s. K. 490, 7 f.); gotischer Backsteindom aus dem 13./14. Jh. mit der Plastik »Der Schwebende« von Barlach (s. K. 1820, 22 f.), Wohnsitz Ernst Barlachs von 1910–38. Uwe Johnson lebte hier von 1946–56.

23, 38–24, 3 *Auf der zweiten … befriedigt zu lächeln* – Unterschrift zum Foto in der NYT vom 25. 8. 1967: »Double Kill in Single Action: First Lieut. David B. Waldrop points to position northeast of Hanoi on map where he shot down two MIG's Wednesday. He is the first American pilot to shoot down two MIG's in one mission.«

24, 5 f. *Long Island* – Langgestreckte Insel zwischen East River, Sund und Atlantik mit zahlreichen Villenvierteln und Ferienorten, auf deren Südspitze New Yorks östliche Stadtteile liegen.

24, 17 *Präsident Johnson* – Lyndon Baines Johnson (27. 8. 1908–22. 1. 1973), Hochschullehrer, Politiker der Demokratischen Partei, 1948 Senator der Demokraten, seit 1955 Mehrheitsführer im Senat, unter John F. Kennedy 1960 Vizepräsident, nach dessen Ermordung 1963–68 36. Präsident der USA, 1964 mit großer Mehrheit wiedergewählt; setzte Kennedys Sozial- und Bürgerrechtspolitik fort. Civil Rights Act (1964) und Voting Rights Act (1965) verbesserten die Rechtslage für die Farbigen. Unter dem Slogan »Great Society« (s. K. 1692, 23) wurden Reformen im Sozialsystem und in der Erziehung durchgesetzt, bis die Folgen des Vietnamkriegs, Rassenunruhen, Studentenproteste und die Dollarkrise die Reformpolitik zum Stillstand brachten. Wegen der innen- und außenpolitischen Probleme verzichtete Johnson auf eine erneute Präsidentschaftskandidatur. Die Einstellung des Bombenkrieges gegen Nordvietnam öffnete den Weg für spätere Friedensverhandlungen.

24, 17 *Pentagons* – Sitz des Verteidigungsministeriums der USA in Washington, benannt nach dem Grundriß des Hauptgebäudes; s. 29, 19 f.; 194, 18; 201, 24; 207, 31; 208, 2, 38; 450, 35; 552, 17; 572, 32; 700, 30; 784, 3; 902, 15; 1092, 30; 1094, 30; 1129, 4.
Kriegs- bzw. Verteidigungsministerium: s. 13, 12; 101, 29; 552, 15; 640, 2, 18; 648, 36.

24, 18 *James Fenimore Cooper* – 15. 9. 1789–14. 9. 1851, amerik. Schriftsteller, berühmt durch die »Lederstrumpf«-Erzählungen und die Schilderung des Grenzer- und Indianerlebens, gilt als der Begründer des nordamerik. historischen Romans. Er entwirft in seinen Büchern ein positives Bild der Ureinwohner Amerikas.

24, 19–21 *Mein Vater war . . . Deutsche Demokratische Republik* – s. K. 9, 10 f.; s. 463, 35–39.

24, 22 *Düsseldorf-Lohausen* – Vorort im Norden der Stadt mit Flughafen; s. 168, 9 f.; 1087, 25 f.

24, 26 *Baltischen See* – Ostsee, (engl.) Baltic Sea; s. 1017, 30; 1023, 35; 1035, 8; 1744, 36.

24, 28 f. *Fünferbus, oberhalb der 72. Straße* – Die Buslinie 5 verläuft in einer Schleife auf der 5. Ave. und der Ave. of the Americas, anschließend von der 72. Straße den Riverside Drive entlang bis zur 168. Straße; vgl. BU, S. 413: »Der Bus Nummer 5 fährt von der 96. Strasse aus nördlich an einigen Privatschulen vorbei«; s. 26, 18 f.; 263, 33; 265, 29; 408, 16; 1591, 3; 1594, 1; 1833, 15.

24, 31 *Bring our boys home* – (engl.) Bringt unsere Jungen nach Hause! In der Übersetzung von Uwe Johnson: Holt unsere Jungen nach Hause! Parole der Anti-Kriegsbewegung; s. 265, 15.

24, 33 *John Vliet Lindsay* – Geb. 24. 11. 1921, studierte an der Yale Law School, 1958 als Republikaner ins Parlament gewählt, trat 1971 zu den Demokraten über; 1965–73 Oberbürgermeister von New York. In dieser Funktion versuchte er u. a. die Verwaltung zu straffen und neue Schulbezirke zu schaffen, um die Position rassischer Minderheiten zu stärken. Den sich in seiner Amtszeit verdoppelnden Haushalt finanzierte er durch neue Steuern und Kredite, was 1975 zu einem finanziellen Zusammenbruch führte. Lindsays Popularität beruhte anfangs auch darauf, daß er ohne Schutz durch Harlem ging und mit der schwarzen Bevölkerung über ihre Nöte sprach; s. K. 275, 21–28; 725, 19–29; 847, 4–7; 1003, 9–12.

24, 34 f. *Meine Mutter fliegt . . . wir zusammen sterben* – s. 1544, 33 f.

24, 36 *John Kennedy* – John Fitzgerald Kennedy (29. 5. 1917–22. 11. 1963), Politiker der Demokratischen Partei, im 2. Weltkrieg als Seeoffizier im Pazifik; 1953–61

Senator für Massachusetts, 1961–63 35. Präsident der USA, setzte sich für eine Gesetzgebung zur Integration der Schwarzen, für ein Sozialreformwerk, Entwicklungshilfe und Entspannung zwischen den Machtblöcken ein. In seiner Regierungszeit begann der amerik. Einsatz in Vietnam. Er fiel nach offizieller Darstellung dem Mordanschlag eines Einzeltäters zum Opfer; s. K. 209, 28; 1128, 17–21.

24, 37   *Meine besten Freunde* – s. 1785, 23–25.

25, 1   *David W.* – David Williams: s. K. 436, 3 f.; s. 487, 29 f.; 1483, 15–31.

25, 4   *D. E.* – Dietrich Erichson; die Figur des D. E. erscheint bereits in den Vorfassungen von IB; vgl. auch BU, S. 74–87. U. Neumann verweist auf Parallelen in der Figurengestaltung zu Walter Faber aus Max Frischs »Homo Faber«; vgl. Neumann, U. (1992), S. 131, bes. Anm. 31.

25, 4   *Robert F. Kennedy* – Robert Francis Kennedy (20. 11. 1925–6. 6. 1968), Jurist; Bruder J. F. Kennedys, dessen Berater er während der Kuba-Krise und beim Abschluß des Atomwaffensperrvertrags 1963 war; 1961–64 Justizminister, 1964–68 Senator für New York, Kritiker von Johnsons Vietnam-Politik, setzte sich für die Verbesserung der Lebensbedingungen der armen Stadtbevölkerung ein, bewarb sich im März 1968 für die Präsidentschaftskandidatur der Demokraten, gewann die Vorwahlen in Indiana, Nebraska und Kalifornien; wurde von einem jordanischen Einwanderer erschossen; s. K. 315, 27.

25, 10–15   *Unter den nationalen . . . über zweihundert Zeilen* – In dem wesentlich mehr als 200 Zeilen umfassenden Artikel »Henry J. Kaiser, Industrialist, Dies in Honolulu at 85« der NYT vom 25. 8. 1967 heißt es u. a.: »Mr. Kaiser, one of four children of German immigrant parents, was born May 9, 1882, in Sprout Brook, N. Y. His business career began at 13, when he left school to help support his family. He took a $1.50-a-week job as a cash boy for a Utica, N. Y., dry goods store.«
Henry John Kaiser (9. 5. 1882–24. 8. 1967), amerik. Bauindustrieller (Kaiser Industries Corporation); im 2. Weltkrieg Großproduzent von Liberty-Schiffen, im Schnellverfahren billig hergestellte Standardfrachter für kriegswichtige Transporte. Die NYT schätzte sein Vermögen auf 2 Milliarden Dollar; vgl. Johnson, Ein unergründliches Schiff.

25, 26   *I saw you* – (engl.) übersetzt im Text.

26. 8. 1967

25, 30–34   *Zwei Unteroffiziere der . . . Luft außer Landes* – Vgl. den Artikel »2 G. I.s Accused of a Plot To Give Secrets to Soviet« der NYT vom 26. 8. 1967: »The Pentagon said that Sgt. 1st Cl. Ulysses C. Harris of Neptune, N. J., and S. Sgt. Leonard J. Safford of Chillum, Md., had been arrested on charges that they had conspired with Nikolai F. Popov, a first secretary at the Soviet Embassy in

Washington, and Anatoly T. Kireyev [sic], a counselor of the Soviet Mission at the United Nations. [. . .] Two Soviet diplomats named as conspirators left the country before the arrests were announced. [. . .] The Pentagon said that Mr. Popov handed the camera to Sergeant Safford on June 3 at or near the Fairfax Restaurant in Southeast Washington D. C. [. . .] On June 24, Sergeant Safford delivered unidentified documents to Mr. Popov at the Hillandale Shopping Center in Hillandale, Md.« Zwei Drittel der Dokumente waren handschriftliche Unterlagen militärischen Inhalts; vgl. NYT 1. 12. 1967; s. K. 29, 14–16; 47, 36–39; 414, 25–28; 459, 23–27.

25, 34   *Herren sind zu Luft außer Landes* – Anspielung auf den letzten Satz in Schillers »Maria Stuart«, V, 15, 9: »Der Lord läßt sich / Entschuldigen, er ist zu Schiff nach Frankreich«; s. 414, 28; 1781, 31; Schiller: s. K. 1252, 26.

25, 35–26, 2 *Bei Bombenangriffen in . . . das 660. Flugzeug* – Vgl. den Artikel »U. S. Again Bomb Near China Line« der NYT vom 26. 8. 1967: »Fighter bombers of the United States Air Force attacked a railroad yard 18 miles from the border of Communist China yesterday [. . .]
One Air Force F-105 Thunderchief was shot down by ground fire during the day [. . .] It was the 660th American plane shot down in North Vietnam and the 13th this week.«

26, 2 f.   *der Kriegsminister sagt . . . an unseren Tisch* – Nach dem Artikel »McNamara Doubts Bombing in North Can End The War« der NYT vom 26. 8. 1967 entgegnete McNamara Mitgliedern des Kongresses und militärischen Oberbefehlshabern, die den Luftkrieg ausdehnen wollten, daß dies den Krieg nicht verkürzen werde. Er sagte: »on the basis of ›past reaction‹, there was no reason to believe that North Vietnam ›can be bombed to the negotiating table‹«; s. K. 62, 2–5; 163, 12–18; 769, 7–12.
Robert Strange McNamara, geb. 9. 6. 1916, Republikaner; 1960 Präsident der Ford Motor Co.; 1961–29. 2. 1968 Verteidigungsminister; 1968–81 Präsident der Weltbank. Johnson nennt ihn – wenn nicht namentlich – fast immer den Kriegsminister; Kriegs- bzw. Verteidigungsministerium: s. 13, 12; 101, 29; 552, 15; 640, 2, 18; 648, 36.

26, 4 f.   *Die Preise sind . . . als im Juni* – Vgl. den Artikel »Inflation Trend Feared As Prices Rise In 2 Sectors« der NYT vom 26. 8. 1967: »The average house wife paid 4.6 per cent more in July than in June for fruits and vegetables and 0.4 per cent more for meats, poultry and fish.«

26, 5–7   *ein Mitglied der . . . seinen Führer erschossen* – Vgl. NYT vom 26. 8. 1967 unter der Überschrift »Rockwell, U. S. Nazi, Slain; Ex-Aide Is Held as Sniper«: »George Lincoln Rockwell, founder and leader of the American Nazi party, was killed by a sniper today while backing his car out of a parking place at a shopping center here.
An expelled party member who had been a captain in Rockwell's Storm Troopers was charged with his murder. [. . .]

According to witnesses, the Nazi leader had just left his laundry at an automatic coin laundry in the shopping complex and was leaving when the two
shots rang out. [. . .]
Rockwell stumbled out of the car at the passenger's side and fell on his back
on a swirl of soapflakes, which he had taken with him to do his laundry.«
George Lincoln Rockwell (1918–25. 8. 1967), Marinepilot, Gründer und
Vorsitzender der American Nazi Party (seit dem 1. 1. 1967 umbenannt in:
National Socialist White People's Party [NSWPP]); in Arlington von John Patler mit zwei Schüssen erschossen. Patler, ehemals Propagandist der Partei, war
im März 1967 ausgeschlossen worden. Das Pentagon entschied, daß der Soldat
zweier Weltkriege auf dem National Military Cemetery Culpeper, Virginia, begraben werden dürfe, solange seine Anhänger beim Begräbnis keine Nazi-Re-
galia trügen; vgl. auch NYT 27., 29. und 30. 8. 1967; DER SPIEGEL 28. 8. 1967,
S. 110; s. K. 29, 2–5; 29, 5–7; 29, 13 f.; 36, 6–11; 37, 2–6; 38, 5–8.

26, 11–13   *die schmale Anzeige . . . Dollar im Monat* – Vgl. BU, S. 418; dort gibt Johnson als
            Miete $ 108 an; s. 514, 6 f.

26, 32   *Burgen des Wohlstands* – Zur Variation des Motivs s. 53, 20; (97, 6); 548, 21;
            842, 15; 1055, 3.

26, 38   *Drugstore* – (amerik. Engl.) Geschäft, in dem neben Medikamenten auch Din-
            ge des täglichen Bedarfs verkauft werden.

27, 18   *97. Straße* – Querstraße zwischen Riverside Drive und Central Park West, et-
            was nördlicher als die Cresspahlsche Wohnung gelegen; s. 44, 8; 173, 24, 32;
            174, 9; 263, 33; 344, 36; 679, 19 f.; 1137, 21; 1339, 12; 1566, 9.

27, 29 f.   *Haus aus gelben . . . Band exotischer Stiermuster* – Das Eckgebäude zur 96. Straße,
            243 Riverside Drive, Apartment 204, war Johnsons New Yorker Adresse vom
            Mai 1966 bis zum 20. 8. 1968. Das Haus wurde 1914 von Herman Lee
            Meader erbaut. »A mediocre building notable only for mountain lions, rattle-
            snakes, and buffalo skulls on the frieze. They symbolize the life of the Arizonan
            cliff dwellers and serve to tie these prehistoric people to the modern cliff
            dwellers of Manhattan«, AIA Guide (1968), S. 146.
            »For the past hundred years or so, New Yorkers have been called ›cliff dwel-
            lers‹ for reasons that are obvious. The architect of this otherwise undistin-
            guished apartment house (Herman Lee Meader, 1914) displayed a keen sense
            of humor in the frieze that depicts motifs from the lives of the early Arizona
            Cliff Dwellers, with masks, buffalo skulls, mountain lions, and rattle-
            snakes. The interesting designs are more than symbolic to our contemporary
            ›cliff dwellers‹«, Wolfe (1994), S. 383. Das Haus ist abgebildet in BU, S. 412;
            vgl. auch Michaelis (1983), S. 59; Bengel (1985a), S. 353; Fahlke (1994), 183,
            299; s. K. 12, 34; 275, 31 f.; s. 145, 27 f.; 548, 34–549, 9.

28, 1–39   *Die Wohnung beginnt . . . keine Überschwemmungen geben* – Vgl. Brief an »Liebe
            Freunde«, in: Fahlke (1994), S. 178–185, in dem Johnson die schwierige Suche
            nach einer Wohnung in New York und die schließlich gefundene beschreibt.

28, 4–31   *zwei Mädchen Taschenbücher... in den Ferien* – Ingrid Bøtersen und Françoise Bertoux; s. 276, 3–15; 322, 18; 580, 28; 607, 5; 787, 10; 823, 15 f.; 1666, 10; 1753, 8 f.

29, 2–5   *das im Vordergrund... andere Nazi schoß* – Vgl. den Text zum Foto in der NYT vom 26. 8. 1967: »At Scene Of Slaying: Body of George Lincoln Rockwell lies near his car at a shopping center in Arlington, Va. Policeman on roof, rear, shows where sniper was«; s. K. 26, 5–7.

29, 5–7   »*Der Rabbi Lelyveld*«... *eine Gefahr gewesen* – Vgl. die Notiz »Called ›a Nuisance‹« der NYT vom 26. 7. 1967: »Rabbi Arthur J. Lelyveld of Cleveland, national president of the American Jewish Congress, said yesterday Rockwell was a nuisance rather than a menace to American institutions.« Arthur J. Lelyveld (6. 2. 1913–15. 4. 1996), 1966–72 Präsident des American Jewish Congress (s. K. 253, 22), danach Ehrenpräsident.

27. 8. 1967

29, 11–13   *Die Ostdeutschen an... einzigartige sozialistische Errungenschaft* – Vgl. den Artikel »5-Day Week Begun in East Germany« der NYT vom 27. 8. 1967: »East Germany put the five-day work week into effect today [...].
Their work week was cut to 43 3/4 hours, or an average of eight hours and 45 minutes for each working day [...].
Government and party agencies described the legislation, adopted in May, as a ›unique socialist achievement‹ unmatched by capitalism.«

29, 13 f.   *Die amerikanische Nazipartei... gehört der Partei* – Vgl. den Artikel »Rockwell Burial Causes a Dispute« der NYT vom 27. 8. 1967 über den Streit zwischen den Angehörigen und der Partei: »The extremist group contends that it has a ›last testament‹ from Rockwell in which he expressed that his remains be buried in Virginia and that his body be turned over to the party«; s. K. 26, 5–7.

29, 14–16   *Die Frau des... ist kein Spion* – Vgl. den Artikel »Wife Insists G. I. Could Not Be Spy« der NYT vom 27. 8. 1967: »The shaken wife of a United States Army sergeant accused of conspiring to obtain national defense information for the Soviet Union says ›it couldn't be my husband‹.
›I know it isn't my husband. He's in Korea,‹ cried Mrs. Ulysses C. Harris.« Harris war am 20. 8. 1967 in Korea verhaftet worden; s. K. 25, 30–34.

29, 16 f.   *Die New York... Vierzigstundenwoche 1938 eingeführt* – Vgl. den Artikel »5-Day Week Begun in East Germany« der NYT vom 27. 8. 1967: »In the United States the Fair Labor Standards Act of 1938 introduced a maximum work week of 40 hours for workers engaged in interstate and foreign commerce or producing goods for such commerce.«

29, 18 f.   *Und das Wetter... genug für Bombenangriffe* – Vgl. den Artikel »Vietcong Mortar Attack Kills 50 Civilians in Delta« der NYT vom 27. 8. 1967: »Meanwhile clearing weather permitted United States pilots to hit railyards and lines near Hanoi yesterday.«

29, 19 f. *das Pentagon läßt . . . in China verstecken* – Vgl. den Artikel »Hanoi Said To Use Airfields In China As MIG Sanctuary« der NYT vom 27. 8. 1967, nach dem es nicht geklärt war, ob von China aus auch Angriffe geflogen wurden; Pentagon: s. K. 24, 17.

29, 20–23 *gestern morgen überfielen . . . Blocks von hier* – Vgl. den Artikel »Anonymous Hero Helps Police Catch 5 Holdup Suspects« der NYT vom 27. 8. 1967: »The hero [. . .] was bidding good night to a young woman just before 3 A. M. near West End Avenue and 98th Street when he heard a shot and saw three men run out of the Schuyler Arms Hotel, 305 West 98th Street. [. . .] The suspects were also accused of slightly wounding John McKinnon, a clerk at the Schuyler Arms Hotel, and Rafael Micheli, a hotel guest, during the robbery that netted them $ 68 in cash.«

29, 21 *Schuyler Arms Hotel* – Benannt nach General Philip John Schuyler (10. 11. 1733–18. 11. 1804), der im amerik. Unabhängigkeitskrieg kämpfte; seine Tochter heiratete Alexander Hamilton.

29, 24 *Tochter Stalins* – Swetlana Allilujewa Stalina, geb. 1924, Stalins Lieblingskind, emigrierte im März 1967 in die USA; s. K. 36, 15–18; 72, 11–16; 73, 13–19; 76, 39–77, 5; 82, 11–17; 88, 11–15; 105, 29–34; 111, 10–13; 167, 19; 222, 7–10; 601, 2–23; 713, 20–22.

29, 26–30, 23 *Diese ungeratene Tochter . . . Stalins zu drucken* – Diese Passage hält sich eng an den Text der NYT vom 27. 8. 1967: »She was sitting in a garden chair under a black oak tree on Long Island and around her were a small group of friends and newsmen. [. . .] ›The principles of life are totally different from those which I saw in my country; I believe that such main general principles of freedom of enterprise, freedom of speech and freedom of political opinion – these principles are great, and they are really what bring people to progress.‹ [. . .] But she has read voraciously, including reports of the riots in Detroit and Newark. ›I believe that when people have freedom to do whatever they want and to express whatever they like and to have even freedom to have riots – they do it.‹ [. . .] Sitting quietly, growing more and more relaxed as she came to know the more than a dozen people around her, she talked casually, with banter and warmth. [. . .] ›I like dogs better than cats,‹ she said. ›I used to have a dog – but no more.‹

[. . .] Dominating all else in her thinking this summer has been her book. The manuscript she smuggled out of the Soviet Union is now ready to be published, called ›Twenty Letters to a Friend‹, the book will appear in a German-language edition on Sept. 21. Harper & Row will publish the American and British editions on Oct. 2. Excerpts are to appear in the New York Times and in about 90 periodicals around the world starting Sept. 10. [. . .] Do you have a bank account? asked a reporter from an Israeli paper. She giggled at the personal question. ›Yes,‹ she said, then asked: ›Do you?‹ One of the first things her American lawyers discovered was her total unfamiliarity with such capitalistic devices as writing checks. [...] ›Although I always felt a personal attachment to my father, I was never an admirer of what was called ›Stalinism‹ as a system. I believe that this system was wrong and it was not progressive. It has done more harm than progress.‹ She asked for a glass of water, ›with ice, please,‹ as she went on. [...] She spoke about her children quietly, lowering her voice and looking off into the woods beyond the oak tree. [...] ›The chief evil influence in his life was what made him leave the priesthood and become a Marxist. [...] I think a religious feeling is inborn, just as a person is born a poet.‹«

29, 26 f.   *ungeratene Tochter Etzels... auf Long Island* – Attila bedeutete ursprünglich »Väterchen«, so wurde auch Stalin genannt. Zugleich Anspielung auf den Hunnenkönig Etzel (Attila), gest. 453, dessen Reich vom Kaukasus bis nach Ungarn reichte und der 451 von den Westgoten auf den Katalaunischen Feldern geschlagen worden war. »Hun« war ein engl. Schimpfname sowohl für Stalin als auch für Deutsche; s. 601, 7 f.; 1220, 25; 1524, 19; 1716, 8.

29, 33   *die Aufstände der Neger in Detroit* – Vom 23. bis zum 27. 7. 1967 war es in Detroit zu Rassenunruhen gekommen, bei denen 43 Personen getötet, 386 verwundet und 477 Gebäude zerstört wurden. Die Unruhen hatten die Öffentlichkeit überrascht, da Detroit keine Slumgebiete hatte, eine farbige Mittelstandsschicht aufwies und ein vorbildliches Sozialsystem aufgebaut hatte; vgl. DER SPIEGEL 7. 8. 1967, S. 67–73; s. K. 9, 6 f.

30, 1   *Die Hoffnung des Heils* – Vermutlich Anspielung auf den Untertitel des Artikels der NYT vom 27. 8. 1967, auf den Johnson sich bezieht: »She Hails Freedom in US ... « und Bezug auf Swetlana Stalinas Äußerung, von Johnson in seinem Ausschnitt unterstrichen: »I think a religious feeling is inborn [...] When life is difficult and you have nobody to rely on [...] then your inner life becomes very important to you. This is how people come to religion. This is how it happened to me.«

30, 17   *die Priesterschaft aufgeben* – Stalin gehörte dem Priesterseminar in Tiflis an, von dem er 1899 wegen politischer Betätigung ausgeschlossen wurde; s. K. 63, 10.

30, 22 f.   *Buch der Tochter Stalins* – »20 Briefe an einen Freund«, am 21. 9. 1967 auf dt. bei Molden, am 2. 10. 1967 auf engl. bei Harper & Row, New York, erschienen. Die NYT veröffentlichte Auszüge daraus in zwölf Fortsetzungen, die letzte erschien am 22. 9. 1967; auch DER SPIEGEL druckte Auszüge: s. K. 167, 17–20.

28. 8. 1967

30, 27–32   *In einem Bericht... als Endsumme 355* – Vgl. den Artikel »Vietcong Attacks Kill Or Wound 355« der NYT vom 28. 8. 1967: »The heaviest attack was a 10-minute mortar and rocket assault against Cantho, the largest city in the delta. Forty-six residents were reported killed and 222, including five United States servicemen, wounded.

In another assault, at least 60 Vietnamese were killed or wounded when a battalion of Vietcong stormed into the northern provincial capital of Hoian [...] One American was reported killed and 18 wounded in the clash, while at least nine Vietcong were known killed and three captured. [...]

In other assaults, the Vietcong shelled Hue with 10 mortar rounds. One Vietnamese civilian was reported wounded. [...] The Vietcong also attacked a South Vietnamese military headquarters at Quangda and an outpost at Dienban, both near Hoian, south of Hue, killing 17 soldiers and a number of civilians and wounding 36 civilians, the Vietnamese spokesman said.

Fifty mortar rounds hit a Vietnamese regional forces camp [...] near Pleiku, in the central highlands, inflicting what the spokesman described as moderate casualties.

In other attacks, Vietcong forces assaulted a village for Vietcong defectors 27 miles southwest of Saigon, inflicting what were described as moderate casualties, and hit a Government infantry company position, 12 miles southwest of Saigon. Casualties there were described as light.

American officials in Cantho estimated that two-thirds of the 248 casualties there were women and children.«

Addiert man die in dem Artikel angegebenen Zahlen, ergibt sich eine höhere Summe.

30, 27   *Vietcong* – Abk. für Viet-Nam Cong San (»Kommunisten von Vietnam«); in der westlichen Welt Bezeichnung für die komm. geführten Guerillakämpfer im Vietnamkrieg von 1967–75. Sie kämpften seit 1957 in Süd-Vietnam. Seit 1960 in der Front National de Libération du Viêtnam du Sud (FNL) zusammengefaßt, bildeten sie 1969 in Verbindung mit Nordvietnam die Provisorische Regierung Südvietnams; s. K. 554, 28 f.; 735, 2–736, 32.

30, 29   *Cantho* – Eigentlich Can Tho; Hauptstadt der gleichnamigen Provinz am unteren Mündungsarm des Mekong; größte Stadt des Deltas und wichtigstes Handelszentrum.

30, 30   *Hoian* – Eigentlich Hoi An, ca. 30 km südöstlich von Da Nang am Südufer des Flusses Thu Bon.

30, 30   *Hue* – Huê; ehemals Phu Xuan genannte Stadt nordwestlich von Da Nang. Seit 1802 Hauptstadt des vereinigten Annam; in der Altstadt befindet sich der Kaiserpalast aus dem 19. Jh. Während der Tet-Offensive (s. K. 697, 15) im Februar 1968 wurde die Stadt vom Vietcong eingenommen und bis zum 24. 2. 1968 mehr als drei Wochen gegen Angriffe der US-Amerikaner und Südvietnamesen verteidigt, bevor sie von US-Marines in blutigen Straßenschlachten zurückerobert wurde; neben ungezählten Zivilisten wurden ca. 5000 Vietcong und Nordvietnamesen und über 500 US-Amerikaner und südvietnamesische Soldaten getötet; Artillerie- und Luftwaffenangriffe verursachten große Zerstörungen; vgl. DER SPIEGEL 19. 2. 1968, S. 119f.; 26. 2. 1968, S. 84; s.K. 735, 2–736, 32; 736, 34–737, 26.

30, 30 *Quangda* – Westlich von Hoian gelegen; Standort des südvietnamesischen Hauptquartiers.

30, 31 *Dienban* – Eigentlich Dien Ban; Ort ca. 10 km nordwestlich von Hoi An, an der Schnellstraße nach Da Nang.

30, 31 *Pleiku* – Auch Play Cu; Hauptstadt der Provinz Gia Lai im Zentralen Hochland, 1909 aus einem frz. Milizposten auf dem Hochplateau von Kontum entstanden. Das Zentrale Hochland war auf dem Höhepunkt des Vietnamkriegs Rückzugsgebiet der Befreiungsfront und Aufmarschgebiet der nordvietnamesischen Truppen. Im Tal von Ia Drang unweit der Stadt überfielen am 6. 2. 1965 nordvietnamesische Truppen den amerik. Stützpunkt, worauf Präsident Johnson Bombenangriffe auf Nordvietnam befahl (s. 1877, 25–27); 1967 und während der Tet-Offensive (s. K. 697, 15) wurden große Teile der Stadt zerstört.

30, 31 *Banmethuot* – Eigentlich Buon Ma Thuot (auch Ban Me Thuot); Hauptstadt der an Kambodscha grenzenden Provinz Dac Lac im Zentralen Hochland. Zu Beginn des 20. Jh.s aus einem frz. Milizposten entstanden.

30, 32 *Saigon* – Die ehemals befestigte Khmersiedlung am Nordrand des Mekong-Deltas kam im 17. Jh. unter die Herrschaft der Annamiten; 1887–1902 Hauptstadt des frz. Indochina; 1954–76 Hauptstadt Südvietnams; wichtigstes Industriezentrum und bedeutendster Hafen Südvietnams; nach der Wiedervereinigung mit Nordvietnam Teil des größeren Verwaltungsbezirks Thanh Phô Hô Chi Minh (Ho-Chi-Minh-Stadt); s. K. 687, 26; 1150, 36.

30, 34 f. *mit zweitausendeinhunderteinundfünfzig Einwohnern* – s. K. 1031, 24; s. 529, 24 f.

30, 36 *Lübeck* – Stadt an der Ostsee, nahe der Travemündung, mit zahlreichen Bauten der norddt. Backsteingotik; ursprünglich slawischer Fürstensitz, 1143 als Stadt gegr., seit 1226 Reichsstadt, beherrschte als Hansestadt 200 Jahre den Ostseeraum, verlor seit dem 16. Jh. an Bedeutung.

30, 36 *Wismar* – Hafenstadt in Mecklenburg an der Ostsee, gegenüber der Insel Poel, 20 km östlich von Grevesmühlen.

31, 3–6 *aus der romanischen . . . allen vier Stirnen* – Unter einem Bischofsmützenturm versteht man einen achtseitigen Turmhelm, des öfteren bei mittelalterlichen Kirchen Nordwestmecklenburgs zu finden, z. B. bei der Klützer Kirche St. Peter. Laut Fahlke (1991), S. 125 wird in den »Mecklenburgischen Monatsheften«, Jahrgang 1933, der Turm der Klützer Kirche mit einer »Bischofsmütze« verglichen. In der Kirche befinden sich mehrere Grabmäler der Familie von Plessen (s. K. 164, 24) aus dem 16. und 17. Jh. Auf dem Friedhof steht ein Gedenkstein für 16 Opfer der »Cap Arcona« und der »Thielbeck« (s. K. 1111, 36–1114, 19). Ein Foto der Kirche findet sich in Nöldechen (1991), S. 22; s. K. 504, 25–28; s. 495, 15; 1008, 12; 1032, 32.

31,7f.   *Raiffeisenkasse* – Ursprünglich landwirtschaftliche Spar- und Darlehenskasse, die später ihren Geschäftsbereich auch auf Handwerksbetriebe ausdehnte; benannt nach Friedrich Wilhelm Raiffeisen (30. 3. 1818–11. 3. 1888).

31,10   *Kattrepel* – Gleichnamige Straße im Süden der Güstrower Innenstadt, nach dem Standplatz der auch Katzen genannten mittelalterlichen Wurfmaschinen.

31,10   *Kurze Straße* – Gleichnamige Güstrower Straße westlich der Altstadt in der Nähe der Gertrudenkapelle; s. 238, 39; 350, 13; 354, 19; 544, 6f.

31,10   *die Bäk* – (nd.) Bach, als Flurname häufig in Zusammensetzungen. Vgl. Lageplan in: Johnson, Auskünfte für eine Übersetzerin, S. 347; vgl. Register.

31,20   *Ackerbürger* – Historische Bezeichnung für Stadtbürger, die in oder nahe der Stadtgemarkung über Grund und Boden verfügen und diesen – nebenerwerblich oder ausschließlich – landwirtschaftlich nutzen.

31,26f.   *Kraftwerk Herrenwyk* – Herrenwyk, nördlicher Stadtteil Lübecks (s. K. 30, 36), Industriestandort; s. K. 685, 5f.; s. 1102, 21; 1207, 33.

31,28   *der Ritterschaft* – Niedriger Adel auf dem Land. Wenn man Klütz als Vorlage für Jerichow ansieht, wären das vor allem die Familien von Plessen (s. K. 164, 24) und von Bothmer (s. K. 114, 19) gewesen, beides Familien, die in der Geschichte Mecklenburgs eine wichtige Rolle gespielt haben.

31,33f.   *grundgesetzlichen Erbvergleich von 1755* – Der vorwiegend aus Rittern und Bürgermeistern bestehende mecklenburgische Landtag schloß 1755 mit dem Herzog den Landesgrundgesetzlichen Erbvergleich, nach dem u. a. Handwerker ihr Gewerbe nur in den Städten ausüben durften. Die Regelung ist im Zusammenhang mit dem nichtstädtischen Klütz dokumentiert, für das sie verheerende Folgen gehabt hätte. Graf Bothmer sammelte Zeugenaussagen, daß seit altersher Handwerker im Ort gearbeitet hatten. Das Urteil des Land- und Hofgerichts Güstrow ist unbekannt, jedoch wurde die Ausübung des Handwerks in Klütz nicht behindert; vgl. Meyer-Scharffenberg (1962), S. 136.

32,5   *Erbgroßherzog, Stadt Hamburg* – Boltenhagens bestes Hotel hieß vor 1922 »Großherzog von Mecklenburg«, dann »Kurhaus«. In Güstrow gab es ein Hotel »Erbgroßherzog«, Am Markt 2, ein 1911–13 gebautes großes Eckhaus mit neoklassizistischen Elementen (s. K. 1430, 1–37), zeitweise »Hotel Zachow« (s. 1793, 1f.), derzeit »Hotel Stadt Güstrow« genannt. 1995 erhielt das Hotelrestaurant den ursprünglichen Namen »Erbgroßherzog« zurück. Grevesmühlen hatte ein am Markt gelegenes Hotel »Zum Großherzog«, Hindenburgstraße 6, und ein Hotel »Stadt Hamburg«, Wismarsche Straße 2. Im Roman gibt es ein Hotel »Erbgroßherzog« sowohl in Rande (s. 70, 33; 1175, 8f.; 1242, 4f.) als auch in Gneez (s. 966, 37; XII, 32f.; 1346, 11; 1347, 12; 1430, 7f., 21; unter dem Namen »Dom Offizerov«: 1431, 6; 1501, 21; 1614, 26) und ein Hotel »Stadt Hamburg« in Rande (s. 32, 5; 33, 7) und in Gneez (s. 239, 3f.; 598, 25f.; 745, 29f.; 754, 38; 918, 6; 935, 37; 936, 1; X, 42f.; 1343, 26f.; 1344, 26f.; 1375, 20; 1382, 18; 1395, 33f.; 1434, 5; 1475, 25).

Vorlage für das Hotel in Gneez war das Hotel »Deutsches Haus« Ecke Domstraße 9/Schloßplatz (heute Franz-Parr-Platz) in Güstrow. Das Güstrower Hotel »Stadt Hamburg« war beim Bau des Hotels »Erbgroßherzog« abgerissen worden.

32, 7   *Diligencen* – (aus dem Frz.) Eilpostwagen.

32, 14   *Stettin* – Stadt an der Odermündung in Pommern, heute Szczecin in Polen; s. K. 936, 19 f.

32, 27   *Ratzeburg* – Stadt etwa 50 km östlich von Hamburg, unweit der DDR-Grenze. Ernst Barlach wurde auf dem Neuen Friedhof von Ratzeburg begraben.

32, 27   *Schwerin* – Stadt am Südwestufer des Schweriner Sees, 1967: 93 000 Einwohner; Kultur- und Wirtschaftszentrum eines großen Agrargebietes; seit dem 15. Jh. Residenz der Herzöge von Mecklenburg; seit 1920 Hauptstadt des Freistaates und seit 1934 des Landes Mecklenburg; 1952 Bezirkshauptstadt.

33, 22   *Travemünde* – Nordöstlicher Stadtteil von Lübeck (s. K. 30, 36), Seebad an der Lübecker Bucht.

33, 27–33 *und ich war . . . Güstrow, du Schaf* – s. 18, 2.

33, 32   *Hageböcker Straße* – Führt in der Güstrower Innenstadt auf den Markt; s. IV, 36.

34, 4   *Franzosenschanze* – Der Name könnte auf die Besetzung Mecklenburgs durch frz. Truppen nach der Niederlage Preußens bei Jena und Auerstädt zurückgehen, als Blücher seine Restarmee durch Vorpommern und Mecklenburg führte und am 7. 11. 1806 bei Ratekau kapitulierte. Ebenso kommt die Zeit von Napoleons Rückzug nach der Niederlage in Rußland in Frage, als es wiederholt zu Kämpfen in Mecklenburg kam, z. B. am 11. 8. 1813 bei Wöbbelin nahe Schwerin. Während des Waffenstillstandes vom 4.6.–16. 8. 1813 verlief die Demarkationslinie entlang der mecklenburgischen Grenze von Lübeck durch den Ratzeburger See nach Lauenburg; s. 1433, 15 f.

34, 8   *Gräfinnenwald* – Westlich von Klütz, zwischen Goldbeck, Borkenhagen und Kalkhorst liegt der Lenorenwald; vgl. Johnson, Osterwasser; s. 86, 39; 140, 12; 524, 6 f.; 604, 32; 667, 1; 724, 12; 861, 12; 909, 12; 965, 36 f.; XIII, 43; 1241, 18; 1277, 37; 1353, 22; 1552, 27; 1568, 4; 1601, 23; 1614, 14; 1800, 22; 1834, 3 f.

34, 9 f.   *Der meiste Wind . . . Sommer und Winter* – Über die Windverteilung für Lübeck und die westliche mecklenburgische Küste schreibt Hurtig (1957), S. 122 f.: »40–50 % aller Winde stammen aus den westlichen Quadranten. [. . .] Die Winde aus den westlichen Richtungen (SW, W, NW) sind besonders in den Sommermonaten Juli/August und in den Wintermonaten Dezember/Januar ausgeprägt.«

34, 11   *Hier sind die . . . Tage im Land* – »Im Durchschnitt für Gesamtmecklenburg betragen die letzteren [trüben Tage] nicht ganz ein Drittel aller Tage des Jahres und die ersteren nicht ganz ein Zehntel. Mithin ist Mecklenburg ein relativ wolkenreiches Land, und die Sonnenscheindauer hat einen verhältnismäßig niedrigen Wert«, Hurtig (1957), S. 137, vgl. auch Tabelle 6, S. 130.

34, 12 f. *Hier regnet es . . . nicht oft vorbei –* »Die Küstenzone hebt sich als verhältnismäßig niederschlagsarm heraus. Die Jahresniederschlagsmenge bewegt sich dort zwischen 528 mm (Warnemünde, Wustrow) und 568 mm (Ahlbeck auf Usedom). [. . .] Die Regenarmut in der Küstenzone wird verschieden erklärt. Hellmann (1904) erklärt sie durch die weniger zahlreichen Gewitter- und Schauerniederschläge in unmittelbarer Nähe der kühlen See«, Hurtig (1957), S. 138 f., vgl. auch Tabelle 8, S. 132.

34, 13 f. *Die Apfelblüte ist . . . reif am 25. Juli –* Nach der Karte für den »Einzug des Vollfrühlings (Apfelblüte)« verläuft etwa durch die Gegend von Klütz die Datumslinie für den 15. Mai und für den »Einzug des Hochsommers (Winterroggenernte)« die Linie für den 25. Juli; vgl. Hurtig (1957), S. 134, Karten 27 und 28.

29. 8. 1967

34, 19 f. *Dritten Avenue, nördlich der Zweiundvierzigsten Straße –* Der im folgenden beschriebene Teil der Straße reicht etwa vom Chrysler Building (42. Straße/ 3. Ave.) bis zum sog. 919 Third Ave. Building (56. Straße); s. K. 18, 20.

35, 4–7 *Das Haus, in . . . glatter Turm aufsetzt –* Die Lage entspricht in etwa der der Büroräume des Verlags Harcourt, Brace, Jovanovich (747 Third Ave., New York, N. Y. 10024), in dessen Schulbuchabteilung Johnson ein Jahr arbeitete. In 757 Third Ave. befand sich ein Bürogebäude der Dow Chemical Bank. Später wird die Bank von Johnson mit zwei Türmen versehen; s. K. 1055, 35.

36, 6–11 *Der erschossene Nazi . . . Nazis gefallen sind –* Vgl. den Artikel »U. S. To Allow Rockwell Burial In National Military Cemetery« der NYT vom 29. 8. 1967: »The Pentagon announced that the slain American Nazi party leader, George Lincoln Rockwell, could be buried in a national cemetery but that uniformed party members could not attend the interment. [. . .] Mr. Marie Hart, president of the American Gold Star Mothers, said in Cleveland, that she believed that the mothers of American war dead ›wouldn't care to have a man of Rockwell's Nazi leanings buried in a cemetery where our sons, many of whom were killed by the Nazis, were buried‹«; s. K. 26, 5–7.

36, 11–13 *In Westfalen hat . . . ertränkt haben sollen –* Vgl. den Artikel »Trial of 4 Ex-Nazis Begins« der NYT vom 29. 8. 1967: »Four former members of the Nazi SS (elite guard) went on trial today on charges of having drowned prisoners and tortured them to death under ice-cold showers at the Mauthausen camp in Austria during World War II. The accused were Heinz Jentzsch, 50 years old; Alfons Gross, 55; Helmut Kluge, 47, and Wilhelm Stiegele.«

36, 12 *Konzentrationslager –* KZ, einer der wichtigsten Bestandteile des nationalsoz. Terrorsystems. Nach der Verordnung des Reichspräsidenten zum Schutz von

Volk und Staat vom 28. 2. 1933 (RGBl. I, S. 83) wurden politische Gegner der neuen Regierung, vor allem Kommunisten und Sozialdemokraten, in polizeiliche »Schutzhaft« genommen und vielfach in anfangs auch von der SA (s. K. 105, 19), ab Herbst 1933 allein von der SS (s. K. 46, 30) verwaltete Lager überstellt und dort ohne rechtliche Grundlage festgehalten. Folter, Totschlag, Mord waren an der Tagesordnung; Zwangsarbeit sollte zur »Umerziehung« der Häftlinge führen. Seit 1935 dienten die Lager auch der Ausschaltung anderer dem Regime mißliebiger Minderheiten. Nach Kriegsbeginn wurden die Häftlinge zunehmend in der Rüstungsindustrie eingesetzt. Neben den »Arbeitslagern« gab es seit Ende 1941 »Vernichtungslager« zur »Endlösung der Judenfrage«, in denen zwischen fünf und sechs Mio. europäischer Juden, sowj. Kriegsgefangene, außerdem Sinti und Roma, Angehörige anderer Minderheiten und Behinderte ermordet wurden. Hinzugerechnet werden müssen die Opfer von Unterernährung, Erschöpfung, Gewaltakten und pseudo-medizinischen Versuchen, für die eine Zahl von etwa 500000 angenommen wird. Bei Kriegsbeginn betrug die Zahl der Häftlinge etwa 25000, Anfang 1942 etwa 100000, im August 1944 über eine halbe Million, bis Januar 1945 750000; vgl. MJ, S. 192.

Im Roman erwähnte KZ in alphabetischer Reihenfolge:

»Arcona«: 1175, 30 f.
Auschwitz: 256, 28; 794, 16; 814, 26; 946, 2; 1136, 4; 1474, 7; 1635, 25 f.; 1786, 27; 1787, 24, 39; 1788, 27, 33.
Barth: 955, 3, 10; XVII, 11.
Bautzen: 1297, 36 f.
Bełżec: 1091, 10, 13; 1112, 4; 1179, 35.
Bergen-Belsen: 232, 22 f.; 256, 29.
(Auschwitz-) Birkenau: 256, 28.
Boizenburg: 1112, 1 f.
Buchenwald: 49, 8, 23 f.; 946, 17; 1165, 12 f.; 1297, 36.
Comthurey bei Alt-Strelitz: 968, 8–11.
Dachau: 1596, 38 f.
Flossenbürg: 107, 39.
Fuhlsbüttel: 677, 23.
Gehlenau: 1788, 2.
Maidanek: 256, 30; 1112, 4; 1165, 12 f.
Mauthausen: 36, 12; 46, 28; 243, 9; 256, 29 f.; 789, 28; 947, 7 f.; 1112, 12; 1165, 12 f.; 1167, 14; 1179, 35; 1788, 7, 17.
Mühlberg: 1297, 36 f.
Neuengamme: 946, 10; 948, 13 f.; 1111, 37 f.; 1112, 2, 12, 16.
Neustadt-Glewe: 919, 14; 968, 7; 1222, 17; 1254, 26.
Ravensbrück (Fürstenberg): 362, 19, 24; 375, 34 f.; 429, 24; 432, 5; 955, 16 f.
Reiherhorst bei Wöbbelin: 968, 8; 1112, 1 f..
Retzow bei Rechlin: 968, 7.
Rövershagen: 955, 21 f.; 968, 7 f.

Sachsenhausen: 645, 38; 769, 4; 946, 7; 948, 13 f.; 1296, 10 f.; 1297, 36 f.;
1411, 18; 1596, 38 f.; 1600, 4; 1677, 32.
Sobibór: 1112, 4.
Stutthof: 1500, 25, 26 f.
Theresienstadt: 256, 27.
Treblinka: 256, 27; 1112, 4; 1391, 21 f.; 1635, 24.

36, 12   *Mauthausen* – KZ bei Linz in Österreich vom 8. 8. 1938–5. 5. 1945; ursprünglich Außenstelle des KZs Dachau, seit März 1939 selbständiges Lager mit 62
Außenstellen. Die meisten Häftlinge arbeiteten in der Rüstungsindustrie
oder auf Baustellen. Im Außenkommando Gunskirchen wurden vorwiegend
ungar. Juden zum Bau einer Verteidigungsfestung in der Nähe Wiens eingesetzt. Bis Mai 1945 waren dort etwa 335 000 Menschen inhaftiert, etwa
114 000 fanden den Tod; s. 46, 28; 243, 9; 256, 29 f.; 789, 28; 947, 7 f.;
1112, 11 f.; 1165, 11; 1167, 14; 1179, 35; 1788, 7.

36, 13–15 *Mindestens eine Million . . . Hausfrauen sind alkoholsüchtig* – Vgl. den Artikel »A
Million U. S. Women Described as Alcoholics« der NYT vom 29. 8. 1967, des-
sen Angaben sich auf Frauen, nicht ausschließlich auf Hausfrauen beziehen.

36, 15–18 *Und diesmal ist . . . erheblichere Einkünfte vorauszusehen* – Vgl. den Artikel
»Mrs. Alliluyeva To Talk On N. E. T.« der NYT vom 29. 8. 1967: »The National Educational Television has won out over the three commercial networks to
conduct an hour-long interview with Swetlana Alliluyeva. [. . .]
Mr. Sheehan [Vizepräsident ABC-Television] estimated that Mrs. Alliluyeva
could have earned as much as $250, 000 for a series of appearances.
Mr. Wiener [Mitarbeiter des Anwaltsbüros Greenbaum, Wolff & Ernst] said,
>She could have made a fortune, but she wasn't interested«; s. K. 29, 24.

36, 20 f.   *nicht in Griechenland . . . vor dem Militär* – Wirtschaftliche Schwierigkeiten,
außen- und innenpolitische Probleme hatten in Griechenland zu einer Krisensituation geführt, in der konservative Offiziere unter Georgios Papadopoulos am 21. 4. 1967 einen Putsch auslösten, der zur Beseitigung der kon-
stitutionellen Monarchie und zur Errichtung einer Militärdiktatur führte:
Ausnahmezustand, Abschaffung der Pressefreiheit, Massenverhaftungen und
-deportationen, Konzentrationslager. Ein Gegenputsch des Königs Konstantin II. am 13. 12. 1967 mißlang; s. K. 75, 8; 75, 10; 450, 26 f.; 453, 11–13.

36, 25   *Xerox* – Xerox Corporation, 1906 gegr. amerik. Konzern für Büromaschinen,
in dem das elektrostatische Druckverfahren für Fotokopien erfunden wurde;
weltgrößter Hersteller von Kopiergeräten, jetziger Name seit 1961, Sitz in
Stamford, Conn.; s. K. 521, 31 f.

36, 29   *Mahalia Jackson liegt . . . in einem Krankenhaus* – Vgl. die Notiz »Mahalia Jackson
Enters A Hospital in West Berlin« der NYT vom 29. 8. 1967; die Sängerin litt
an einer fiebrigen Erkältung. Mahalia Jackson (26. 10. 1911–27. 1. 1972), afroamerik. Sängerin von Gospels und Spirituals.

30. 8. 1967

36, 31 f.   *Der Vietcong brach . . . befreite 800 Gefangene* – Vgl. den Artikel »Foe Invades Jail And Frees 1, 200« der NYT vom 30. 8. 1967, der von einer etwas größeren Zahl ehemaliger Insassen schreibt: »Under cover of a heavy mortar attack, Vietcong guerillas broke into a jail in the northern city of Quangngai today and released 1, 200 prisoners.«

36, 31   *Quangngai* – Eigentlich Quang Ngai; Hauptstadt der gleichnamigen Provinz südöstlich von Da Nang. Am 16. 3. 1968 ereignete sich in My Lai, ca. 14 km nördlich von Quang Ngai, ein Massaker, bei dem GIs der Charlie Kompanie mehr als 500 Bewohner töteten, in der Mehrzahl Frauen, Kinder und Greise; der Vorfall, der erst ein Jahr später bekannt wurde, machte Schlagzeilen in der Weltpresse; s. 56, 11.

37, 2–6   *Dem toten Nazi . . . wieder beim Bestatter* – Vgl. den Artikel »Army Blocks Rockwell Burial as Nazis Defy Ban on Swastikas« der NYT vom 30. 8. 1967: »George Lincoln Rockwell was denied burial at the Culpeper National Cemetery today after his American Nazi party followers refused to obey Army orders to remove their swastikas and other Nazi insignia. Rockwell's body was later returned to an Arlington funeral home«; s. K. 26, 5–7.

37, 3   *Nationalfriedhof von Culpeper* – Militärfriedhof in Virginia; s. K. 26, 5–7.

37, 16   *Telefonverwechsler* – s. 275, 29–278, 34.

37, 20   *Mahalia Jackson* – s. K. 36, 29.

37, 26   *Mit affektioniertem Gruß* – Wörtl. übersetzte veraltete engl. Schlußformel in Briefen: Affectionately yours – Herzlichst Dein/Ihr; s. 453, 1.

37, 27   *Mary Fenimore Cressp. Cooper* – s. K. 24, 18.

37, 28   *Für »Eisschrank« benutzt . . . ein britisches Slangwort* – fridge (ugs. Engl. für refrigerator, kein Slang); ice-box (amerik. Engl.); vgl. Johnson, Auskünfte für eine Übersetzerin, S. 320.

37, 28 f.   *aus Treue zu London-Südost* – Anspielung auf Michael Hamburger und seine Familie, die in Half Moon Lane, Herne Hill, SE 1, wohnten. Katharina Johnson war mit deren Tochter Claire befreundet; vgl. MHC; BU, S. 413; s. 336, 4.

37, 30–35   *Was machen die . . . einen Baseballschläger gefunden* – Die NYT vom 30. 8. 1967 berichtet von einem Angriff der Mitarbeiter der chin. »mission« (Handelsmission) in London, die, verärgert über ein parkendes, nicht als solches gekennzeichnetes Polizeiauto vor der Garage ihres Gebäudes, Polizisten mit Stöcken (»bats« – auch: Baseballschläger) und Eisenstangen angriffen. Baseball ist ein typisch amerik. Sport. Das beschriebene Foto findet sich in derselben Ausgabe der NYT; s. K. 18, 24–27.

31. 8. 1967

38, 2 *Die Vietcong setzen . . . des Landes fort* – Vgl. den Artikel »Vietcong Ambush a U. S. Battalion, 8 G. I.'s Killed« der NYT vom 31. 8. 1967: »Vietcong forces ambushed a battalion of United States army troops in the outskirts of Saigon yesterday.«

38, 3 *Die Sowjets machen . . . einen geheimen Prozeß* – Vgl. den Artikel »Soviet Trying 3 In Literary Case« der NYT vom 31. 8. 1967: »Three young intellectuals were on public trial today in an aura of secrecy enforced by about 20 husky youths.
Soviet sources said the defendants were charged with organizing a demonstration in downtown Moscow last Jan. 22 to protest the arrest of the editors of a clandestine literary magazine.
The accused were identified by these sources as Yevgeny Kushchev, Vladimir Bukovsky and Vadim Delone. Nothing is known about them, but a minor court official identified them as writers.
The case was reported being tried under Article 190 of the penal code of the Russian Republic. A section of the article provides for up to three years' imprisonment for group activities against public order. [. . .]
No Western newsman was admitted«; s. K. 133, 36; 427, 30; 731, 27–36; 731, 27 f.; 819, 2–7.

38, 4 f. *Die Chinesen ziehen . . . sagen: aus Rache* – Vgl. NYT vom 31. 8. 1967 unter »News Summary«: »In Peking, a Red Guard forced a British chargé d'affaires, Donald C. Hopsan, to bend his head by pulling his hair at a demonstration organized to protest against clashes at the Chinese diplomatic building in London on Tuesday«; s. K. 18, 24–27.

38, 5–8 *Weitere sechs Friedhöfe . . . neben der Asche* – Vgl. den Artikel »Body of Rockwell Secretly Buried« der NYT vom 31. 8. 1967: »Confirming that Rockwell had been cremated at midmorning, party leaders said his ashes were under armed guard at Nazi headquarters he formed here, just across the river from Washington [. . .].
Six other cemeteries also rejected Rockwell's body«; s. K. 26, 5–7.

38, 21 f. *eine Revolution in . . . genug Reitstunden gehabt* – Anspielung auf eine Rede Bismarcks vor dem Norddeutschen Reichstag am 11. 3. 1867: »Meine Herren, arbeiten wir rasch! Setzen wir Deutschland, so zu sagen, in den Sattel! Reiten wird es schon können.«

39, 12 *Stil des Empire* – Stilepoche der Zeit Napoleons I., ca. 1800–20; Spielart des Klassizismus in Frankreich; gekennzeichnet durch starke Einflüsse der römischen, später auch der ägyptischen Baukunst; s. 874, 6.

39, 14 *Whiskey* – Schreibweise für amerik. und irischen Whiskey.

39, 29–40, 19   *Jedoch ist diese . . . ihr nicht vertrauen* – Diese Passage ist dem Gestus von Brechts (s. K. 211, 33) Lobliedern, besonders dem »Lob des Kommunismus«, nachgebildet.

40, 16 f.   *Sie kann sich . . . vom Brigadegeneral aufwärts* – Hier wird auf einen Kommentar in der NYT vom 23. 2. 1968 über den südvietnamesischen Brigadegeneral Nguyen Ngoc Loan angespielt (s. K. 769, 20 f.). Als Polizeichef von Saigon war er für seine Brutalität bekannt. Die Fotoserie, in der festgehalten wird, wie er einen jungen Vietcong erschießt, ging um die Welt (s. K. 672, 15 f.).

1. 9. 1967

40, 21   *Der amerikanische Befehlshaber in Südvietnam* – William Childs Westmoreland, geb. 26. 3. 1914, 1964–68 Oberbefehlshaber der amerik. Truppen in Vietnam.

40, 21–24   *Der amerikanische Befehlshaber . . . Es sind 37 038* – In dem Artikel »Westmoreland Says Hanoi's Figures Lie« der NYT vom 1. 9. 1967 heißt es, daß Radio Hanoi am 17. 8. 1967 für den 4.–8. 8. 1967 im Gebiet von Govap und Hocmon 474 getötete Amerikaner meldete, nach einem Memorandum Westmorelands waren es drei. Die nordvietnamesische Nachrichtenagentur meldete am 11. 8. 1967 für die ersten sechs Monate des Jahres 110 000 getötete amerik. Soldaten, während es in dem Memorandum hieß: »U. S. losses were 4, 899 killed and 31, 941 wounded and 198 missing for a total of 37, 038«. Johnson hat die Zahlen am Rand seines Ausschnitts nachgerechnet.

40, 25–27   *An diesem Tag . . . wieder frei ist* – Der Artikel der NYT vom 1. 9. 1967 »New Divorce Law Becomes Effective In the State Today« erklärt die Veränderungen zum alten Gesetz: »The new law will replace the state's rigid divorce statue, which since 1787 has allowed only one ground for divorce – adultery. Five new grounds will be added – cruel inhuman treatment, desertion, imprisonment for three years, and two types of separation, both for a minimum of two years.«

40, 28 f.   *Du mußt nicht . . . bei mir leben* – s. 533, 27; 537, 7 f.; 683, 27–30; 815, 34; 1334, 18–21; 1519, 27 f.; 1566, 15; 1591, 10 f.; 1863, 25 f.

41, 11 f.   *Klaus Niebuhr und die Babendererde* – s. K. 9, 32–36.

41, 13–18   *er sollte von . . . Republik) dargestellt hatte* – Vgl. zur biographischen Parallele: BU, S. 64–66.

41, 18   *Juniaufstand* – Eine ernste wirtschaftliche Krise im Winter 1952/53, die im Frühjahr auch zu einer Verschlechterung der Ernährungslage führte, sollte durch die Erhöhung der Arbeitsproduktivität überwunden werden, wozu am 28. 5. 1953 die Arbeitsnormen um mindestens 10 % erhöht wurden. Das Politbüro gestand am 11. 6. 1953 eine Reihe von Fehlern ein und versprach Korrekturen (Neuregelung der Lebensmittelkartenversorgung, Rücknahme der Preiserhöhung für HO-Waren, Rückgabe von Handwerksbetrieben an Privateigentümer). Die Normerhöhungen waren nicht davon betroffen, und

vor allem gegen sie richtete sich der Streik und Protestmarsch der Berliner
Bauarbeiter der Stalinallee am 17. 6. 1953. Der Aufstand weitete sich auf andere Industriezentren aus (Frankfurt/Oder, Leipzig, das mitteldt. Braunkoh-
lenrevier um Halle); freie Wahlen wurden gefordert und in einzelnen Städten
Gefängnisse gestürmt. Es wurde der Ausnahmezustand verhängt, Volkspolizei
und sowj. Truppen mit Panzern schlugen den unkoordinierten Aufstand nieder. Die Zahl der Opfer ist schwer festzustellen, 267 Tote unter den Arbeitern, 116 auf der Seite der Volkspolizisten und Funktionäre und 16 unter den
sowj. Soldaten werden genannt; s. K. 1851, 14–1852, 15; s. 1837, 31–33.

41, 24 f.   *Eva Mau* – Erscheint bereits in IB; s. 815, 39; 1018, 27.

41, 28–36   *Gesine hatte ihn . . . Westdeutschland ausgeflogen wurde* – s. 1853, 22–1854, 6.

41, 28   *Flüchtlingslager Marienfelde* – Im amtlichen Sprachgebrauch: Notaufnahme-
                lager für Übersiedler aus der DDR; lag im Süden des Westberliner Bezirks
                Tempelhof. Hier wurden die gesetzlich geregelten Verwaltungsverfahren zur
                Aufnahme und Eingliederung von Flüchtlingen durchgeführt; s. K. 1853,
                17–20; 1854, 6.

42, 4 f.   *die junge Frau Niebuhr* – Ingrid, geb. Babendererde. In IB flieht sie mit Klaus
                Niebuhr nach Westberlin; s. K. 9, 32–36.

42, 13   *Industrial Park* – (engl.) Industriegebiet.

42, 14–18   *der DEW LINE . . . einen amerikanischen Gegenschlag* – Distant Early Warning:
                Vorgeschobene Flugwarnlinie.
                Im Zusammenhang mit der Entwicklung eines Tarnanstrichs gegen Radar-
                strahlen, der den Schutzeffekt der DEW LINE untergraben könnte, berichtet
                DER SPIEGEL vom 4. 6. 1958, S. 56: »Diese ›Distant Early Warning Line‹
                (DEW-Linie) zieht sich von Alaska bis zur Ostküste Kanadas 4800 Kilometer
                quer über das unzugängliche arktische Amerika.
                Die DEW-Linie sollte es ermöglichen, jeden Atombomber-Angriff, der über
                den Nordpol gegen Amerika vorgetragen werden würde, so rechtzeitig zu er-
                kennen, daß der amerikanischen Nation die zum Überleben notwendige Frist
                verbleibt, nämlich eine zweistündige Zeitspanne zur Einleitung der Luftab-
                wehrmaßnahmen und zur Vorbereitung des Gegenschlags.«

42, 16   *Radarstationen* – Radar, engl. Abk. für radio detection and ranging: Funker-
                mittlung und -messung; bezeichnet ein mit elektromagnetischen Wellen ar-
                beitendes Verfahren zum Orten von Flugzeugen und Schiffen; s. K. 1147, 29 f.;
                s. 331, 27 f.; 491, 25; 534, 28 f.; 640, 8; 866, 27; 1242, 24, 31; 1755, 13.

42, 16 f.   *nordatlantischen Vertrages* – NATO, North Atlantic Treaty Organization, seit
                dem 4. 4. 1949 Verteidigungsbündnis von Belgien, Dänemark, Frankreich,
                Großbritannien, Island, Italien, Kanada, Luxemburg, Niederlande, Norwegen,
                Portugal und der USA, dem die BRD seit dem 5. 5. 1955 angehört. Als Pakt
                gegen die UdSSR und zur Stütze der kriegsgeschwächten, z. T. politisch und
                ökonomisch instabilen Länder aufgebaut.

42, 23   *fünfundzwanzigtausend Dollar im Jahr* – Gesine hat dagegen lediglich Einkünfte in Höhe von $ 8000 im Jahr; s. K. 84, 14.

42, 35 f.   *Das Haus, das . . . von New Jersey* – Vgl. 7. 11. 1967; s. 1326, 28–35; 1542, 4 f.

43, 3 f.   *bevor die offene . . . Berlin gesperrt wurde* – s. K. 74, 12.

43, 15   *Trumm* – Schwerer Brocken.

43, 17   *Dear Miss Mary, quite contrary* – (engl.) Liebes Fräulein Mary, du Dickkopf,
(wörtl.: ziemlich eigensinnig); nach dem engl. Kindervers:
> Mary, Mary, quite contrary,
> How does your garden grow?
> With silver bells, and cockle shells,
> And pretty maids all in a row.
s. 166, 37; 537, 9.

43, 18   *eine Braterei* – (engl. frei übersetzt) barbecue.

43, 28   *Neu-Englands* – Bezeichnung für die sechs nordöstlichen USA-Staaten Maine,
New Hampshire, Vermont, Massachusetts, Rhode Island und Connecticut, das
Gebiet, das zuerst von Engländern besiedelt wurde.

43, 31   *St. Patrick-Kathedrale* – Im neugotischen Stil 1859–88 nach einem Entwurf des
Architekten James Renwick (1. 11. 1818–23. 6. 1895) erbaute römisch-kath.
Kirche mit 2400 Sitzplätzen; Residenz des Erzbischofs von New York; befin-
det sich auf der 5. Ave. zwischen 50. und 51. Straße.

44, 8   *97. Straße* – s. K. 27, 18.

2. 9. 1967

44, 29   *des Tages der Arbeit* – Labor Day am 4. 9. 1967; in den USA und Kanada ein gesetzlicher Feiertag am 1. Montag im September, vergleichbar dem 1. Mai in
Deutschland; s. K. 351, 31 f.; 1091, 5; s. 51, 8; 219, 24.

45, 3   *Sabbatvormittage* – (hebr.) Schabbat; jüd. Ruhe- und Feiertag (2. Mose 20, 10;
5. Mose 5, 12 ff.), an dem der Schöpfung der Welt und Gottes Ruhe am 7. Tag
gedacht wird, Symbol der Heilsvollendung. Der Sabbat beginnt zum Sonnenuntergang freitags mit Lichtanzünden und Segnung und endet zum Sonnenuntergang samstags mit dem Habdala-Ritus. Orthodoxe Juden beachten
am Sabbat strenge Verhaltensvorschriften, die ihnen jede Form von Arbeit
oder Anstrengung untersagen, wie z. B. längere Strecken zu laufen, zu schreiben, selbst zu fahren, ein Feuer anzuzünden oder zu kochen; s. K. 574, 6 f.;
585, 8–14; 791, 15–19; s. 47, 21; 175, 25; 961, 27; 1023, 17.

45, 21   *mit yours* – (dt./engl.) mit Ihrem.

45, 30 f.   *Du bleib sitzen . . . Du weißt nichts* – s. K. 980, 29–981, 10.

45, 33   *Die Toten sollen das Maul halten* – In Uwe Johnsons Essay »Über eine Haltung des Protestierens« bezeichnet diese stereotype Wendung die »unverbindlichen« Protestierer: »Die guten Leute sollen das Maul halten«; vgl. Johnson, Über eine Haltung.

46, 9 f.   *Go and play nicely* – (engl.) Geht und spielt schön!

46, 18   *aus einem ruthenischen Dorf* – Ruthenien war ein überwiegend von Ukrainern bewohntes Gebiet am Rand der Karpaten, im Grenzbereich zwischen Slowakei, Ungarn, Rumänien und Ukraine. Es gehörte bis zum 1. Weltkrieg zu Österreich-Ungarn, fiel danach an die Slowakei. Nachdem diese 1939 ein dt. Satellitenstaat geworden war, kam das Gebiet an das mit Deutschland verbündete, faschistisch dominierte Ungarn, nach dem 2. Weltkrieg zur Sowjetunion; s. 98, 23; 1167, 15.

46, 23–47, 4   *Nach ihren Eltern . . . hiernach nicht gefragt* – Die viermalige Wiederholung der Formulierung vom »nicht-fragen-können« verweist auf Gesines Scheu, ihre Bekannten oder ihren Vater nach deren schweren Erlebnissen in totalitären Systemen zu befragen; s. 344, 7–9; 595, 34; 786, 18; 789, 34; 1133, 34 f.; 1285, 21–24; (1496, 31).

46, 26   *danach können wir sie nicht fragen* – Das »wir« steht hier für die fiktive Arbeits- und Vertragsgemeinschaft des Schriftstellers Johnson mit Gesine; s. K. 230, 27 f.; s. 73, 20–78, 2; 117, 25; 256, 20 f.; 271, 9–38; 348, 10 f.; 438, 34–439, 11; 593, 28 f.; 789, 34; 1059, 1–14; 1063, 20; 1069, 19–1075, 12; 1114, 13; 1426, 32–1428, 12; 1474, 13–16; 1636, 5–1642, 21.

46, 28   *Konzentrationslager Mauthausen* – s. K. 36, 12.

46, 28 f.   *Eine von den Aufseherinnen* – s. 1786, 27–1788, 8, wo Mrs. Ferwalter von Auschwitz und einer dortigen Aufseherin berichtet.

46, 30   *SS-Wächterin* – Schutzstaffel (SS): Elite-Organisation, die 1925 zum Schutz Hitlers und der Parteiführung gegr. wurde. Sie stand seit 1929 unter dem Befehl Heinrich Himmlers; nach dem Röhm-Putsch wurde sie Hitler persönlich unterstellt. Zu ihren Aufgaben gehörten u. a.: politischer Nachrichtendienst, Staatssicherheit und politische Polizei, KZ-Bewachung; im 2. Weltkrieg: Fronteinsatz von militärisch ausgebildeten und ausgerüsteten Verbänden im Rahmen des Heeres als Waffen-SS, Massenerschießungen durch Sondereinheiten. In den Nürnberger Prozessen wurde 1946 die SS zur verbrecherischen Organisation erklärt.

46, 34   *Budweis* – Böhmische Stadt an der Moldau.

46, 35   *Putsch der Kommunisten* – Nach der Wahl zur verfassunggebenden Versammlung 1946, bei der die Kommunistische Partei 38 % erreichte, bildete sich eine Koalitionsregierung aus Kommunisten und Bürgerlichen. Der Kommunist Klement Gottwald wurde Ministerpräsident, der bürgerliche Eduard Beneš Präsident. Am 23. 2. 1948 besetzte die komm. Polizei Prag und verhaftete zahlreiche bürgerliche Politiker. Die komm. Minderheit drohte mit einem Generalstreik und zwang Beneš am 25. 2. 1948, eine Koalitionsregierung unter komm. Führung zu billigen. Die Nationalversammlung verabschiedete am 9. 5. 1948 eine neue Verfassung, in der die Prinzipien des soz. Systems verankert waren. Deshalb weigerte sich Präsident Beneš, sie zu unterschreiben und trat am 7. Juni zurück, so daß die Verfassung am 9. 6. 1948 vom Ministerpräsidenten Gottwald unterzeichnet wurde. In der Folge wurden Sozialdemokraten und Kommunisten zwangsvereinigt und die Wirtschaft nach sowj. Vorbild aufgebaut; s. K. 852, 31 f.; 1027, 34–1028, 1; 1444, 39–1445, 3; 1810, 3–6; s. 1514, 26.

46, 39   *KZ-Syndroms* – Auch: Haftfolgen, Haftschäden, Haftreaktion; Bezeichnung für die Folgeerscheinungen eines gewaltsamen Freiheitsentzugs und damit zusammenhängenden extremen Belastungen: Angstzustände, Schlafstörungen, Depressionen, Verlust des Selbstvertrauens, leichte Ermüdbarkeit, Gedächtnis- und Konzentrationsschwund gehören dazu. Als »KZ-Syndrom« bezeichnet, da das Phänomen zuerst nach dem 2. Weltkrieg an ehemaligen Häftlingen beobachtet und untersucht wurde; s. K. 1421, 18–1422, 2; s. 947, 9; 948, 1 f.; 1525, 22.

47, 12   *Oberen Westseite* – Das Gebiet etwa zwischen 125. Straße, Central Park, 59. Straße und Hudson; ursprünglich von einer sehr gemischten Bevölkerung bewohnt, zog es um die Jahrhundertwende Intellektuelle und Künstler an; heute stellenweise eine exklusive Wohngegend. Was die »Upper West Side« der 60er Jahre ausmachte, erklärt Johnson kompetent in: Johnson, Ein Teil von New York.

47, 16   *Riverside Park* – Langgestreckte Parkanlage zwischen Hudson und Riverside Drive von der 72. bis zur 125. und von der 135. bis zur 158. Straße; zweitgrößte Grünfläche Manhattans; Ende des 19. Jh.s zusammen mit der Bebauung der Upper West Side angelegt; Architekt: Fredrick Law Olmsted. Im Park stehen das Soldiers' and Sailors' Monument (s. K. 54, 1 f.), Firemen's Memorial (s. K. 1107, 36 f.) und Grant's Tomb (s. K. 548, 18 f.); s. K. 863, 13.

47, 36–39   *über die Nachricht ... Sowjets ausgesperrt haben* – Vgl. den Artikel »Moscow Expels 2 U. S. Diplomats« der NYT vom 2. 9. 1967: »Two American officials at the United States Embassy here [Moskau] were ordered out of the Soviet Union today, apparently in reprisal of the barring of two Soviet diplomats from the United States last week.
Tass, the Soviet press agency, said Richard Dabney Chapman, 36 years old, the first secretary, and Brice Keith Meeker, 45, an agricultural attaché, were guilty of ›activities incompatible with their diplomatic status.‹ [...]
The move followed the barring from the United States of two Soviet diplomats, Nikolai F. Popov, and Anatoly T. Kireyev, counselor of the Soviet Union's United Nations mission«; s. K. 25, 30–34.

48, 11   *Bundespolizei* – s. K. 300, 29.

48, 22 f.   *Sie ist eine Sport* – (engl. wörtl. übersetzt) She is a sport: Sie ist ein feiner
            Kerl.

3. 9. 1967

48, 26–31   *An einem Tag . . . der Sonnenseite halten* – Im September 1931 hatte Lisbeth Pa-
            penbrock heimlich Heinrich Cresspahl in Richmond besucht. Nach Spaeth
            (1998), S. 77 f. wird durch eine Shakespeareanspielung der Verlauf der Cress-
            pahlschen Ehe antizipiert. Die Anspielung bezieht sich auf Shakespeares (s. K.
            876, 29) »Der Kaufmann von Venedig«, V, 1: »in such a night as this«:
            Der Mond scheint hell: in solcher Nacht wie diese,
            Da linde Luft die Bäume schmeichelnd küßte
            Und sie nicht rauschen ließ, in solcher Nacht
            Erstieg wohl Troilus die Mauern Trojas,
            Und seufzte seine Seele zu den Zelten
            Der Griechen hin, wo seine Cressida
            Die Nacht im Schlummer lag.
            s. 102, 1–106, 2.

49, 7–51, 6   *Seite 1. Vom . . . für Menschenrechte gewandt* – Auf Seite 1 und 16 der NYT vom
            3. 9. 1967 findet sich der Artikel »Ilse Koch Hangs Herself In Cell«: »Bonn,
            Sept.2- Ilse Koch, the ›beast of Buchenwald‹, hanged herself in her prison cell
            at Aichach, Upper Bavaria, last night. [. . .]
            According to a spokesman of the Justice Ministry, Mrs. Koch was found hang-
            ing in a noose made from bedsheets and tied to the latch of her cell door.
            In 1947 an Allied military tribunal sentenced Mrs. Koch to hard labor for life,
            but a year later the sentence was commuted to four years imprisonment. In a
            subsequent trial before a West German criminal court, which was ordered
            after protests from victims of the Nazis, she was sentenced anew to life im-
            prisonment.
            Only last September the Bavarian Government decided in a regular review
            of her case that there was no ground for clemency. A month later the Bava-
            rian Government also turned down her request for a pension. [Sie hatte den
            Antrag mit der Mitgliedschaft ihres Ehemanns in der Waffen-SS und nicht der
            allgemeinen SS begründet.] [. . .]
            In 1962 Mrs. Koch even appealed to the European Commission on Human
            Rights, but it declared itself incompetent to judge her case. [. . .]
            At the camp the Nazis [. . .] killed 51, 372 political internees, Jews and forced
            laborers from all over Europe.
            Alone among the camp officials' wives Mrs. Koch proved to have been the
            author of countless atrocities, beating with a riding crop prisoners she en-
            countered during her morning rides through the camp, ordering others beat-
            en and killed and requiring prisoners to participate in orgies involving sadism
            and degeneracy.

She was also charged with ordering the killing of tattooed prisoners to add to her collection of lamps made from human bones and of lamp shades, gloves and book covers made of human skin. The articles had disappeared after a Nazi investigation before American troops captured the camp. [. . .]

During her trial in 1947 [. . .] the defense called as a witness for her Dr. Konrad Morgen, who had been a first lieutenant in the SS.

Under questioning, Dr. Morgen said that he had been an SS investigator, prosecutor and judge and that in 1943, on orders from high SS authorities, he had investigated Colonel Koch and his wife and written a 50-page report on them. He found Colonel Koch to have been guilty of corruption and criminality by Nazi standards. As a friend of Hitler Koch escaped penalty, but when Hitler's power waned in the last days of the war, his SS superiors had Koch shot. Dr. Morgen reported that Mrs. Koch was a wholly incurable moral degenerate. He described her as a ›perverted, nymphomaniac, hysterical power-mad demon.‹ [. . .]

During her detention, however, she became pregnant, and on that account she was sentenced to life imprisonment. Later a United States Army review board advised commutation of her sentence allegedly on the ground that the evidence was insufficient. Gen. Lucius D. Clay, the United States Military Governor in Germany, reduced her sentence to four years. [. . .]

In 1965 a retired Air Force Colonel, Stephan I. Rozakis, wrote a letter to the editor of the New York Times from Athens in which he said he was present at the Landsberg prison when Mrs. Koch was released after having served her four-year sentence.

›The mildness of her sentence was the result of her cooperation with the Allied authorities in gathering evidence for the Nuremberg trials,‹ he wrote. Ilse Koch, a plump woman with vivid green eyes and flaming red hair, was born in Dresden. Koch married her in a spectacular pagan night ceremony outdoors in 1937 when, through his friendship with Hitler, he won command of the Buchenwald camp.

The Kochs lived in a mansion a short distance from the prison compound.« Vgl. auch DER SPIEGEL 2. 1. 1967, S. 54 f. und 6. 3. 1967, S. 64.

49, 8   *Ilse Koch* – 22. 9. 1906–2. 9. 1967, Bibliothekarin, Ehefrau des Kommandanten des KZ Buchenwald Karl Koch; berüchtigt wegen ihrer sadistischen Behandlung der Gefangenen. Ihr Mann wurde 1944 von einem SS-Gericht wegen Korruption und Ausbeutung jüd. Arbeitskräfte für private Zwecke zum Tod verurteilt und hingerichtet, sie wurde am 14. 8. 1947 von einem Militärgericht der Alliierten zu lebenslänglicher Haft verurteilt (1948 in vier Jahre Gefängnis umgewandelt), bald freigelassen, 1949 wegen Ermordung dt. Staatsbürger von einem dt. Gericht zu lebenslänglicher Haft verurteilt. Der Prozeß erregte aufgrund der Enthüllungen ihrer sadistischen Taten großes Aufsehen und machte ihren Namen zum Inbegriff nationalsoz. Brutalität. Sie beging im Gefängnis Selbstmord; vgl. NYT 3. 9. 1968; vgl. auch DER SPIEGEL 14. 2. 1950, S. 12–16, und 11. 9. 1967, S. 52 (mit Foto).

49, 8   *Buchenwald* – Im Juli 1937 von der SS auf dem Ettersberg bei Weimar ange-
legtes KZ für Kriminelle und aus politischen, religiösen und »rassischen«
Gründen Verfolgte; vorwiegend männliche Häftlinge, Frauen werden erst im
Sommer 1944 erwähnt; bis 1945 etwa 238 000 Inhaftierte aus 33 Ländern. In
129 Außenkommandos arbeiteten die Häftlinge auf dem Bau, in Hütten und
Industrieanlagen, bei Sprengarbeiten und der Bombensuche, während des
Krieges besonders in der Rüstungsindustrie. Mehr als 56 000 von ihnen
kamen um. Am 11. 4. 1945 befreite die 3. US-Armee unter General Patton
das Lager. 1945–50 wurden die KZ-Baracken von der sowj. Besatzungsmacht
(NKWD; s. K. 1279, 38) als »Speziallager Nr. 2« für 28 500 Häftlinge benutzt,
von denen etwa 7000 starben; s. K. 36, 12; 1297, 36 f.; s. 49, 23 f.; 946, 17;
1165, 12 f.

49, 13   *Gut Bobzin* – Hier: fiktives Rittergut, etwa zwischen Malchow und Röbel gelegen; s. 279, 32; I, 20 f. Bobzi(e)n ist ein alter mecklenburgischer Adelsname,
und eine Familie Bobzin wohnte auf dem Gut Raukendorf bei Klütz; vgl.
VV; HNJ.

49, 23   *Hitlers* – Adolf Hitler (20. 4. 1889–30. 4. 1945), dt. Politiker österr. Herkunft;
wurde 1932 durch die Ernennung zum Regierungsrat im nationalsoz. re-
gierten Braunschweig dt. Staatsbürger. Er erfüllte so die formale Voraussetzung zur Übernahme eines öffentlichen Amtes und konnte im April an der
Reichspräsidentenwahl teilnehmen, die er gegen Hindenburg verlor. Am
30. 1. 1933 als Führer der rechtsextremen NSDAP Reichskanzler zunächst einer Koalitionsregierung; wenig später Übergang in einen Einparteienstaat mit
plebiszitär unterstützter Führerdiktatur; terroristische Unterdrückung politischer Gegner, Anwendung aller modernen Propagandamethoden. Arbeitsbe-
schaffung vor allem durch Aufrüstung und außenpolitische Erfolge bei der
Revision des Versailler Vertrags stärkten seine Stellung; systematische Vorbereitung und Auslösung eines Angriffskriegs, um »Lebensraum« in Osteuropa
zu erobern; Rassenideologie, die zur Vernichtung des europäischen Judentums führen sollte; beging nach der militärischen Niederlage Selbstmord;
s. K. 472, 3 f.

49, 27   *Would you care . . . be my wife* – (engl.) Möchten Sie nicht meine Frau werden?

50, 8 f.   *Dr. Konrad Morgen* – Geb. 1910, Jurist, zunächst aus dem Justizdienst entlassen,
später dann Korruptionsjäger und Hilfsrichter am SS- und Polizeigericht Kra-
kau; 1943 zum Reichskriminalpolizeiamt versetzt; Obersturmbannführer der
Waffen-SS und SS-Richter; leitete die Untersuchung gegen Karl Koch, 1967
Rechtsanwalt in Frankfurt/Main.

50, 14   *Karl Koch* – 2. 8. 1897–5. 4. 1945. Vor seiner Karriere in der SS war Karl Koch
Büroangestellter, Bankbeamter (wegen Unterschlagung entlassen) und Versicherungsvertreter. 1931 trat in NSDAP und SS ein, 1935–43 ausschließlich in Konzentrationslagern (Sachsenhausen, Esterwegen, Lichtenburg und
Dachau) tätig, seit 1936 SS-Obersturmbannführer und Kommandant des KZ

Sachsenhausen, seit 1937 von Buchenwald, dort November 1941 wegen Korruption und Veruntreuung von Staatsgeldern abgesetzt, 1942–43 zur Bewährung beim Aufbau des KZ Majdanek als Lagerleiter eingesetzt, im August 1943 erneut wegen der Vorfälle in Buchenwald verhaftet und im Dezember 1944 wegen Korruption, Unterschlagung und Ermordung von drei Häftlingen zur Verschleierung seiner Taten zum Tode verurteilt und in Buchenwald exekutiert.

50, 17   *Krakow* – Krakow am See, Stadt in Mecklenburg, 25 km südlich von Güstrow.

50, 18   *mit einem Rechtsanwalt, der Geld veruntreut* – s. 114, 29–33; 158, 29–159, 15; 261, 33–36.

50, 32 f.   *Landsberg* – Landsberg am Lech, Kreisstadt am mittleren Lech in Bayern; die Festung Landsberg (1160) war im 19. und 20. Jh. Haftanstalt, in der auch Adolf Hitler nach dem gescheiterten Putschversuch 1923/24 inhaftiert war und den ersten Teil von »Mein Kampf« verfaßte.

4. 9. 1967

51, 8   *Tag der Arbeit* – s. K. 44, 29.

51, 9–15   *Das sollen wir . . . auf Seite Eins* – Vgl. den Artikel »Party is Accused by Czech Writers« der NYT vom 4. 9. 1967: »More than 300 Czechoslovak intellectuals have accused the Communist party in their country of conducting a ›witch-hunt of a pronounced Fascist character‹ against ›the entire Czechoslovak writers' community‹.
The accusation was made [. . .] in a ›writers' manifesto.‹
The 1,000 word statement appealed to writers in the West, particulary those of ›leftist‹ sympathies to join in a protest campaign against restrictions on the freedom of expression of Czechoslovak writers [. . .]
The statement then appealed by name to Arthur Miller and John Steinbeck of the United States, Jean-Paul Sartre and Jacques Prévert of France, Bertrand Russell and John Osborne of Britain, Günter Grass and Heinrich Böll of West Germany, the German-born Peter Weiss, Alberto Moravia of Italy and the Soviet writers Ilya Ehrenburg [. . .], Aleksandr Solzenytsin, Yevgeny Yevtusenko und Andrei Voznesenski.«

51, 11–14   *Schriftsteller John Steinbeck . . . nicht übel gefallen* – John Ernst Steinbeck (27. 2. 1902–20. 12. 1968), amerik. Schriftsteller; reiste Ende 1966 nach Saigon, um für die Zeitung »Newsday« eine Serie von Kriegsberichten zu schreiben. Bei einem Flug mit einem Armeehubschrauber schoß er u. a. mit einem Granatwerfer. »Als ihm Sowjet-Lyriker Jewgenij Jewtuschenko letzten Sommer öffentlich zu einer Verurteilung der amerikanischen Bombenangriffe auf Nordvietnam aufforderte, antwortete der Nobelpreisträger seinem russischen Freund, er solle mit ihm gemeinsam nicht nur die ›amerikanische Hälfte‹ des

Krieges, sondern ›diesen ganzen Krieg, der von China angestiftet wurde‹ verdammen«, DER SPIEGEL 1. 9. 1967; S. 87.

51, 16–19   *Die Viet Cong ... bombardierten bei Hanoi* – Vgl. den Artikel »Terrorists Kill 26 During Voting« der NYT vom 4. 9. 1967: »The Vietcong staged a series of election day terrorist attacks and shellings today in which at least 26 South Vietnamese were killed and 82 wounded. [...]
During the day, Air Force fighter bombers attacked the Huongvi rail yard, 37 miles northeast of Hanoi, the Quangkien rail causeway, 39 miles northeast of Hanoi, and the Motrang rail bridge and yards, 39 miles northeast of the capital.«

51, 16   *Wahltag in Südvietnam* – Bei den Wahlen erhielten mit 27 % der amtierende Präsident Nguyen Van Thieu als Kandidat der Armee und der amtierende Premier Nguyen Cao Ky die meisten Stimmen; s. K. 13, 14 f.

51, 21–23   *Die New York ... unterwegs, stehende Autos* – Das Foto mit dem Text »Soldiers and Sailors Monument at Riverside Drive and 89th Street and the surrounding area appear almost uninhabitated« gehörte zu dem Artikel »Airborne Sightseers Enthralled as Smoke and Smog Also Take a Labor Day Holiday«; vgl. NYT 4. 9. 1967.

51, 24   *Näher, Arkadien, zu dir* – Verschränkung zweier Anspielungen: auf das häufig bei Begräbnissen gesungene Kirchenlied »Näher, mein Gott, zu dir« und den im 18. Jh. besonders als Grab- und Bildinschrift beliebten Spruch »Et in Arcadia ego«. Der Spruch wurde durch Landschaftsbilder von Guercino und Nicolas Poussin, wo er einen Grabhügel ziert, bekannt und ist u. a. in den Werken von J. G. Jacobi, Wieland, Herder, Goethe (steht der Erstausgabe der »Italienischen Reise« 1816 und 1817 voran), Schiller und E. T. A. Hoffmann zu finden. Der Grabspruch hat einen deutlichen Bedeutungswandel erfahren. In den frühen Deutungen wird »Auch in Arkadien bin ich zur Stelle« dem Tod als Aussage zugeschrieben. Spätere Interpretationen deuten »Auch ich war in Arkadien« im Hinblick auf den Toten, der auch einmal glücklich war. Arkadien galt in der Klassik und Romantik nach dem von Vergil ersonnenen Vorbild als Synonym für eine Idylle; der Spruch hat sich in der dt. Literatur des 18. Jh.s von der Bindung an das Grab gelöst.
»Näher, mein Gott, zu Dir« ist eine Übersetzung des engl. Liedes »Nearer, my God, to Thee«, Text: Sarah F. Adams, Melodie: Lowell Mason. Es erzählt in fünf Strophen Jakobs Traum von der Himmelsleiter (1. Mose 28, 10–22).
Nearer, my God, to Thee, nearer to Thee!
E'en tho it be across That raiseth me;
Still all my song shall be,
Nearer my God to Thee, Nearer, my God, to Thee, Nearer to Thee!
s. 151, 29.

51, 27   *großen Seen* – Die Großen Seen (Great Lakes), bestehend aus Lake Superior, Lake Michigan, Lake Huron, Lake Erie und Lake Ontario, bilden die größte zusammenhängende Binnenwasserfläche Nordamerikas; s. K. 1051, 1.

52, 8 *Fifth Avenue* – Teure Geschäfts- und Einkaufsstraße in Manhattan; s. K. 119, 20; 790, 9 f.; 1545, 18.

52, 16–21 *Hier wohnten solche... zwölf kaufte, 1913* – William Randolph Hearst (29. 4. 1863–14. 8. 1951), amerik. Zeitungsverleger, wohnte ab 1907 in den Clarendon Apartments, 137 Riverside Drive. Sein Unternehmen, das bei seinem Tod 38 Zeitungen und Zeitschriften und eine Nachrichtenagentur umfaßte, wurde von seinem Sohn und seinem Enkel weitergeführt; s. K. 513, 36.

52, 23 *Weiße, Angelsachsen, Protestanten* – Abgekürzt: WASPS – White Anglo-Saxon Protestants; ein von dem amerik. Soziologen Edward Digby Baltzell (14. 11. 1915–17. 8. 1996) popularisierter Begriff, der zwar schon 1957 nachgewiesen ist, aber erst durch Baltzells Buch »The Protestant Establishment: Aristocracy & Caste in America«, 1964, allgemein gebräuchlich wurde; s. 574, 2–5; 842, 30 f.

52, 26 f. *unteren Ostseite* – Lower East Side; Gebiet in Manhattan zwischen 14. Straße, East River, Fulton und Franklin Street, Pearl Street und Broadway; Ende des 19. Jh.s überwiegend von Juden und osteuropäischen Einwanderern bewohnt, nach dem 2. Weltkrieg zogen besonders Schwarze und Puertorikaner zu. In den sechziger Jahren war die Gegend vor allem durch Armut, Kriminalität, Drogen geprägt, es gab viele verlassene Häuser.
Im Gegensatz dazu ist die Upper East Side zwischen 96. Straße, East River, 59. Straße und 5. Ave., gegen Ende des 19. Jh.s vorwiegend von Deutschen, Iren und anderen Mitteleuropäern bewohnt, ein wohlhabender Stadtteil mit vielen Luxus-Appartementhäusern.

53, 11 f. *Witwe des Präsidenten Kennedy* – Jacqueline Lee (»Jackie«) Bouvier Kennedy (28. 7. 1929–20. 5. 1994), Studium am Vassar College und der Sorbonne, Fotoreporterin des Washington Times Herald, heiratete am 12. 9. 1953 John F. Kennedy (s. K. 24, 36), der 1963 ermordet wurde; am 20. 10. 1968 den griech. Reeder Aristoteles Onassis; arbeitete nach dessen Tod 1975 in New York als Lektorin; s. K. 434, 8–10; 1325, 18–25.

53, 14 *Gräfin Seydlitz* – Versteckter Hinweis auf die mit Johnson befreundete Politologin und Philosophin Hannah Arendt (14. 10. 1906–4. 12. 1975), die gleichfalls am Riverside Drive wohnte (Nr. 370). Johnson wollte sie in JT auftreten lassen, was sie ihm aber untersagte.
Arendt promovierte 1929 bei Karl Jaspers; emigrierte 1933 nach Frankreich; lebte seit 1940 in den USA; hatte von 1963–67 eine Professur in Chicago, seit 1967 in New York. Sie wurde vor allem durch ihre Forschungen zum Totalitarismus (»The Origins of Totalitarianism«, 1951; dt. »Elemente und Ursprünge totaler Herrschaft«, 1955) sowie ihr Buch »Eichmann in Jerusalem: A Report on the Banality of Evil«, 1963 (dt. »Eichmann in Jerusalem: Ein Bericht von der Banalität des Bösen, 1964) bekannt.
Hannah Arendt war seit 1940 mit Heinrich Blücher (1899–1970) verheira-

tet; er war 1919 der KPD beigetreten, 1933 nach Paris, 1941 nach New York emigriert und lehrte seit 1950 an der New School for Social Research, seit 1952 am Bard College Philosophie.

Die Anspielung erfolgt über den Namen ihres Mannes und die Assoziation an volkstümliche preußische Generäle: Blücher wird durch Seydlitz ersetzt. General Gebhard Leberecht Blücher, Fürst von Wahlstatt (16. 12. 1742–12. 9. 1819), besiegte die Franzosen an der Katzbach, nahm an der Völkerschlacht bei Leipzig teil und schlug mit den Alliierten Truppen 1815 Napoleon bei Waterloo. General Friedrich Wilhelm von Seydlitz (3. 2. 1721–8. 11. 1773) führte die preußische Kavallerie im Siebenjährigen Krieg, wo er entscheidend zu den Siegen bei Roßbach (1757) und Zorndorf (1758) beitrug. Sein Name steht in der preußischen Geschichte auch für verantworteten Widerspruchs- und Widerstandsgeist.

Johnson schätzte Hannah Arendt für ihre – wie er es in seinem Nachruf nannte – »Tapferkeit vor dem Freunde«; vgl. Brief an Hannah Arendt-Blücher und Heinrich Blücher vom 4. 7. 1970, in: Fahlke (1994), S. 206 f.; vgl. Johnson, Mir bleibt nur; s. K. 873, 8–874, 2; 1210, 31 f.; s. 75, 21–23; 467, 19–21; 628, 3; 648, 27; 16. 3. 1968; 1210, 20–31; 1449, 13–18; 1663, 31–35; 1739, 4 f.

53, 14 f.   *der Schriftsteller Ellison* – Ralph Waldo Ellison (1. 3. 1914–16. 4. 1994), amerik. Autor, wohnte seit 1967 am Riverside Drive; wurde bekannt durch den pikaresken Roman »Invisible Man«, 1952 (dt. »Unsichtbar«): die Frustrationen eines idealistischen jungen Schwarzen, der sich, von den Weißen nicht anerkannt, nicht »gesehen«, in ein Zimmer zurückzieht, d. h. »unsichtbar« wird, aber dort im Schreiben seine Sprache findet.

53, 20   *Denkmälern des Wohlstands* – s. K. 26, 32.

53, 28   *Mieten durch ein . . . dem Kriege eingefroren* – s. K. 575, 5 f.

54, 1 f.   *Denkmal der Soldaten und Seeleute* – Soldiers' and Sailors' Monument, ein Denkmal in Form eines 30 m hohen, runden griech. Tempels im Riverside Park auf der Höhe der 89. Straße, 1900–02 erbaut. Ein Artikel der NYT vom 4. 9. 1967, über New York aus der Luft betrachtet, auf den sich 51, 20–23 bezieht, zeigt ein Foto des Tempels; s. K. 1244, 11–13.

54, 5 f.   *Schnellstraße am Hudson* – s. K. 21, 35.

54, 11   *Hier wohnen wir* – s. 1191, 16.

5. 9. 1967

54, 13–23   *Gestern abend um . . . 14 Jahre alt* – Vgl. den Artikel »Brooklyn Killing Ignites Outburst« der NYT vom 5. 9. 1967: »Angry Negroes hurled bottles and stones at the police last night after a detective shot and killed a 14-year-old boy who has allegedly participated in a mugging of an elderly man on a Brooklyn street.

Both the detective and the slain boy, who was identified as Richard Ross of 205 Buffalo Avenue, were Negroes. [...]
For almost four hours, a six-block stretch of Ralph Avenue was sealed to traffic, but the police lifted their barricades at 10:15 P. M. as the tension appeared to subside. [...]
However, shortly after 11 P. M., 15 Molotov cocktails were hurled into the street at Ralph Avenue and Prospect Place. [...] One liquor store was looted by teen-agers who hurled stones through its plate glass windows, seized several bottles and fled.
Display windows of three stores at Pitkin Avenue near Howard Avenue were smashed but there was no report of looting.
The trouble began at about 6:30 P. M. when four policemen patrolling in an unmarked car came upon four or five Negro youths allegedly attacking a 73-year-old man. [...]
According to witnesses, one policeman seized one of the Negro youths. Another policeman [...] fired at the other fleeing boys and struck one in the back of the head«; s. K. 56, 12–18; 61, 17–20.

54, 14   *Brooklyn* – Einer von fünf Verwaltungsbezirken (boroughs) von New York City; identisch mit dem Regierungsbezirk Kings County des Staates New York; zeitweise drittgrößte Stadt der USA, seit 1898 Stadtteil von New York City mit den meisten Einwohnern, im Südwesten von Long Island gelegen, mit einer Küstenlänge von 105 km; Industrie und Hafenanlagen.

54, 22   *Molotow-Cocktails* – Mit einem Öl-Benzin-Gemisch gefüllte Flasche, die meist mit einem heraushängenden, brennenden Stück Stoff gezündet und wie eine Handgranate verwendet wird; benannt nach Wjatscheslaw Michailowitsch Molotow, eigentlich Wjatscheslaw Michailowitsch Skrjabin (9. 3. 1890–8. 11. 1986), sowj. Politiker, 1926–57 Mitglied des Politbüros, 1930–41 Vorsitzender des Rats der Volkskommissare (Ministerpräsident), 1939–49 und 1953–56 Außenminister, enger Mitarbeiter Stalins, maßgeblich an den Konferenzen von Jalta und Potsdam beteiligt, 1957 aller Ämter enthoben, 1962 aus der KPdSU ausgeschlossen.

54, 24 f.   *Die Sowjetunion hat . . . an Entwicklungsländer geliefert* – Vgl. den Artikel »Moscow Steps Up Arms Diplomacy« der NYT vom 5. 9. 1967: »According to information available here, the Soviet Union has provided $ 4-billion to $ 5-billion worth of weaponry to non-Communist developing nations since 1955.«

55, 3 f.   *Fünfstrichsymbol* – Das Logo der Bank ist wahrscheinlich von dem der Chemical Bank inspiriert: ein Rechteck, das von vier diagonalen Strichen in fünf Streifen unterteilt wird. Auch für die Geschichte der Bank, in der Gesine arbeitet, hat sich Johnson teilweise an der Chemical Bank orientiert; daß das Symbol nicht auf diese Bank anspielt, geht aus den Tageskapiteln vom 23. 2. 1968 (772, 21–23) und 25. 4. 1968 (1056, 33 f.) hervor; s. 1057, 2 f.; 1566, 12; 1734, 14.

55, 33–39   *Im zehnten Stock . . . Gedanken den elften* – s. K. 22, 9 f.

56, 3   *Dschi-sain* – Engl. Aussprache von Gesine.

6. 9. 1967

56, 6–11   *In Gefechten im . . . der Provinz Quangngai* –Vgl. den Artikel »Fighting Rages in
              Vietnam, The Bitterest in 2 Months« der NYT vom 6. 9. 1967: »Fighting con-
              tinued tonight in the Queson Valley, about 25 miles south of Danang.
              Fifty-four marines have died in the area since yesterday morning. A marine
              spokesman in Danang said that 160 North Vietnamese troops had been killed.
              [. . .]
              Military spokesman said 136 of the enemy were killed when a Vietcong raid
              on Tamky near the scene of the marines battle, was repulsed [. . .].
              A 25th Infantry Division company came under heavy machine-gun fire and
              grenade attack from about 200 enemy troops near the slopes of the 3, 000-
              foot Nuibaden Mountain northeast of the city of Tayninh. [. . .] three Amer-
              ican soldiers had been killed in the all-day fight [. . .].
              16 enemy troops were killed by helicopter gunships of the First Aviation Bri-
              gade near Cantho, in the Mekong Delta. [. . .]
              In the northern part of South Vietnam five marines were killed and 65
              wounded during artillery and sporadic ground attacks southwest of Con-
              thien. A spokesman said that 37 enemy soldiers had been killed. [. . .]
              In Quangngai Province, also in the north, an Army task force began a search-
              and-destroy operation Sunday night, a spokesman said. So far, 34 enemy
              troops have been killed, he said. One American soldier has been killed and
              nine wounded.«

56, 6   *Queson-Tal* – Benannt nach der Ortschaft Que Son, ca. 45 km südlich von Da
              Nang.

56, 8   *Tamky* – Eigentlich Tam Ky, ca. 70 km südöstlich von Da Nang.

56, 8   *Nuibaden-Gebirge* – Eigentlich Nui Ba Den (»Berg der Schwarzen Frau«);
              986 m hoher Granitberg 15 km östlich von Tay Ninh, ca. 95 km nordwestlich
              von Saigon; von alters her eine heilige Stätte. Im Vietnamkrieg als strategi-
              scher Punkt heftig umkämpft.

56, 9   *Cantho* – s. K. 30, 29.

56, 10   *Conthien* – Conthien, nordwestlich von Quang Tri in der entmilitarisierten
              Zone an der Grenze zu Nordvietnam, während des Vietnamkriegs eine klei-
              ne Basis der US-Marines, Ende 1967 von nordvietnamesischen Truppen an-
              gegriffen; die US-Air Force warf dort bei 800 Einsätzen von B-52 Bombern
              22 000 t Bomben ab; vgl. DER SPIEGEL 2. 10. 1967, S. 110 und 16. 10. 1967,
              S. 133; s. K. 133, 39–134, 2.

56, 11   *Quangngai* – s. K. 36, 31.

56, 12–18   *In Brownsville in . . . blaues Strickhemd trug* – Vgl. den Artikel »Brownsville Hit By New Disorder« der NYT vom 6. 9. 1967: »Policemen were pelted with stones and bottles for the second straight night yesterday by bands of angry Negroes milling through the streets of the Brownsville section of Brooklyn. [. . .]
Mayor Lindsay went to the Atlantic Avenue police station late last night and met with Police Commissioner Howard R. Leary and other top police and city officials.
Following the conference, the Mayor, dressed in a blue suit and blue knit sport shirt, conferred for an hour and a half with community leaders at the station house. [. . .]
Fires in trash cans and piles of rubbish lighted the dark side streets off Ralph Avenue and filled the air with the smell of smoke. [. . .]
Up to that point, the police detail in the area had been held to a bare minimum, but when the crowd had begun hurling stones, bottles and Molotov cocktails, police reinforcements quickly moved in«; s. K. 54, 13–23; 61, 17–20.

56, 12   *Brownsville* – Stadtgebiet im Südosten von Brooklyn (s. K. 54, 14) zwischen Eastern Parkway, Van Sinderen Ave., Linden Boulevard und Rockaway Boulevard; benannt nach Charles S. Brown, der dort ab 1865 ca. 250 Häuser baute, wie auch nach dem bräunlichen Sandstein, meist aus Portland, Conn., dem »brownstone«; nach dem 2. Weltkrieg, als viele Bewohner in die Vorstädte gingen und vorwiegend schwarze Bevölkerung in das Viertel zog, eine heruntergekommene Gegend.

56, 19–22   *Gestern in den . . . 1 Toter, 2 Verwundete* – Vgl. den Artikel »Man Killed, Two Wounded By ›Madman‹ in Bronx Bar« der NYT vom 6. 9. 1967: »A man walked into a Bronx tavern yesterday, shot a woman and two men, one fatally, and then escaped, the police reported.
Witnesses at the Bluebird Tavern, 2890 Buhre Avenue, said that the man ›came in like a madman,‹ fired eight shots from a .22-caliber rifle and fled without saying a word. [. . .]
The shooting occurred at 3:40 A. M.«

56, 23   *Kapp-Putsches* – s. K. 17, 19.

56, 23–31   *Baron Stephan le Fort . . . Besitzern geschickt hatte* – Peter F. A. B. A. Le Fort (16. 12. 1872–6. 4. 1954) Oberst. Le Fort hatte schon 1919 bewaffnete Sicherheitswehren aufgestellt. Vgl. Polzin (1966), S. 188: »der Junker und Rittmeister a. D. Baron le Fort, Besitzer von Boek (2622 ha)«; und S. 191: »Terror wurde nicht von den Arbeitern, sondern von den Putschisten gegen die Arbeiter angewandt, zum Beispiel von Baron le Fort auf Boek, der über die Stadt Waren den Belagerungszustand verhängte und der Bevölkerung bei Waffenbesitz mit der Todesstrafe, mit Standrecht und außerordentlichem Kriegsrecht drohte. [. . .] Als Kapp schon dem Willen der Arbeiterklasse weichen mußte, ließ Baron le Fort am 18. März die Stadt Waren mit einer Kanone beschießen. [. . .] Dieser Junker kostete fünf Warener Einwohnern das Leben, elf weitere erlitten zum Teil schwere Verletzungen. Als die Landarbeiter von den Untaten des verhaßten Mordbarons hörten, bewaffneten sich etwa 60 Mann mit Jagdflinten, Sensen und Furken und versammelten sich im Wald von Schmachthagen. Sie wollten den Arbeitern in Waren zu Hilfe eilen.«Vgl. auch: Kurstadt Waren, S. 47: »Acht Tage lang, vom 14. bis 21. März, streikten auch die Warener Arbeiter in geschlossener Front gegen die Militärdiktatur der junkerlichen Putschisten. [...] Am 18. März rückte der Baron le Fort aus Boek mit seiner Soldateska vor Waren, brachte ein Geschütz in Stellung und eröffnete mit brutaler Rücksichtslosigkeit das Feuer auf die Stadt. Noch heute ist das Einschußloch einer Granate im Rathaus zu sehen. [...] Fünf Warener Bürger, die sich zufällig in der Nähe der Einschußstelle befanden, wurden ermordet, darunter ein 17jähriges Mädel; elf erhielten schwere Verletzungen«; s. K. 17, 19.

56, 23–57, 24 *1920, während des ... die Pacht auf* – Vgl. die Darstellung der Episode in: HNJ, S. 44–46.

56, 25 *Müritz* – Mit 116, 8 km² zweitgrößter dt. See, südlich von Waren und nordwestlich von Neustrelitz.

56, 31–59, 25 *Der Gutspächter Papenbrock ... nicht drainiert hat* – s. 504, 23 f.; IV, 39–V, 12.

56, 32 *Vietsen* – Fiktives Landgut im Südosten Mecklenburgs, das Albert Papenbrock gepachtet und 1922 wieder aufgegeben hatte. Am Südende der Müritz liegt eine kleine Ortschaft namens Vietzen; s. 57, 25–37; 58, 1; 59, 9–22; 215, 15; 472, 15; 504, 23; 509, 22; 525, 25; 555, 24; 557, 30; IV, 40.

56, 32 f. *Baltikumer* – So wurde die Gruppe der insgesamt über 100 meist antirepublikanisch eingestellten Freikorpsverbände bezeichnet, die mit Billigung der Reichsregierung in den baltischen Staaten gekämpft hatten, nach Abschluß des Versailler Vertrags aber aufzulösen waren und per Reichsgesetz vom 19. 3. 1921 verboten wurden. Offiziere und Soldaten fanden vielfach Unterschlupf bei ostelbischen Grundbesitzern und bildeten ein leicht verfügbares Potential für umstürzlerische Umtriebe; Freikorps: s. 165, 18; 472, 13; 645, 2; VIII, 36.

57, 3 *Breeches* – (engl.) Reithosen.

57, 14 *Inne Döe* – (nd.) In der Tür.

57, 14–17 *Hinter dem eichenen ... Munition in Gurten* – Vgl. Polzin (1966), S. 171: »Weitere Waffen holten sich die Arbeiter aus dem Gut Warbelow des Besitzers Hans Wildfang (599 ha), der zunächst zu lügen versucht hatte, er habe keine Waffen und die Arbeiter könnten ja die ganze Wohnung durchsuchen, aber das Kinderzimmer möchten sie verschonen, um seine schlafenden Kinder nicht zu stören. Auf den Wink der Landarbeiter hin war der Arbeitertrupp jedoch bestens über dieses ›Kinderzimmer‹ informiert. Eine gründliche Untersuchung desselben förderte größere Mengen Waffen und Munition zutage«.

57, 25–59, 29   *In Vietsen hatten . . . einer solchen Familie* – Vgl. Manuskriptfragment 255–64, S. 266 f. über einen »Gutspächter im Gebiet um Waren« Fritz Jesse und seine Familie.

58, 7–9   *Als Robert siebzehn . . . seinem Bett fand* – Vgl. Manuskriptfragment 255–64, S. 266, über den Sohn des Gutspächters Fritz Jesse: »seine Schwester Ilse weckte ihn passend zum Schulanfang, damit nicht ihre Mutter das Dienstmädchen in seinem Bett fand [. . .]. Wegen Saufereien, Krach, Skandal mit bürgerlicher Jungfrauenehre musste er das Warener Gymnasium verlassen.«

58, 17   *Teterow* – Mecklenburgische Stadt, 30 km östlich von Güstrow.

58, 20   *Giv mi dat Pier* – (nd.) Gib mir das Pferd.

58, 23   *orre ick scheit* – (nd.) oder ich schieße.

58, 29 f.   *Sech dat man . . . nüms nich wüßt* – (nd.) Sag das nur nicht Muttern: sagte er. Mutter hat von nichts ewas gewußt. Nüms: eigentlich niemand, hier wohl im Sinne von kein/nichts, Mudding: liebevoller Diminutiv.

58, 33–59, 8   *Als er die . . . ein Bein abgesoffen* – s. 555, 26–37; VII, 13–35.

58, 34   *Parchim* – Mecklenburgische Stadt an der Elde, 40 km südöstlich von Schwerin.

58, 36   *Hotel Graf Moltke* – Blutstraße 10, Parchim; vgl. Grieben (1934), S. 74.

58, 39   *Goldenen Traube in der Langen Straße* – Zur Goldenen Traube, Gaststätte in der Langen Straße, Parchim; vgl. Meyers (1931a), S. 43.

59, 7   *verprölt* – (nd., mecklenburg. Platt) (ver)prölen: Unordnung schaffen, hier im übertragenen Sinne: veruntreut. In der amerik. Übersetzung heißt es: »The first thing Robert did was to sell two borrowed horses without the owner's consent«, Anniversaries, Bd. 1, S. 43; s. 555, 31–37.

59, 11   *Kornjuden* – Pejorativ für: jüd. Getreidekaufleute. »Die Mädchen stammten meist vom Lande, aus verarmten Kleinbauernfamilien. Dort waren die Getreide-, die Hopfen-, die Viehjuden gefürchtet. Sie machten die Bauern mit ihren hohen Zinssätzen zu immerwährenden Schuldnern«, Boveri (1977), S. 27.

59, 16 f.   *Perron, Dependance. Oder: Wasch-Lavoir* – (frz./dt.) hier: Freitreppe, Nebengebäude [. . .] Waschbecken; s. K. 1832, 15.

59, 19   *Treck di doch . . . up din Föt* – (nd.) Zieh dir doch was an deine Füße.

59, 20–26   *Papenbrock hat Vietsen . . . es nicht, Gesine* – Vgl. Manuskriptfragment 255–64, S. 266, wo es von dem Gutspächter Fritz Jesse heißt: »1916 starb der Alte. 1922 lief die Pacht aus und wurde nicht erneuert. Erstens war nicht drainiert worden wie abgemacht, zweitens war kein verlässlicher Inspektor zu finden. Das Vermögen wusch die Inflation weg«; s. V, 6 f.

7. 9. 1967

59, 31–34 *Der Zeitungenverkäufer auf . . . arbeiten wie heile* – s. 11, 4–10.

59, 35 f. *deren stählerner Belag . . . stärker abgetreten sind* – Druckfehler: richtig: »abgetreten ist«.

60, 10–13 *Die Regierung findet . . . Zunahme inflationärer Tendenzen* –Vgl. den Artikel »Ackley Says Rise In Economy Shows Need For New Tax« der NYT vom 7. 9. 1967: »The Administration said today that its forecast for ›a strong economic expansion‹ in the second half of this year and into 1968 had been confirmed by ›every recent piece of information.‹
But it warned at the same time that the latest economic statistics also provided an ›unwelcome but convincing indication of inflationary pressure ahead‹ and said that a tax increase would be necessary to hold the economy in check.«

60, 14 *Times Square* – Die Kreuzung von Broadway und 7. Ave. war von der Jahrhundertwende bis in die sechziger Jahre das Herz des Vergnügungs- und Theaterviertels. Ursprünglich Long Acre Square, wurde der Platz 1905 nach der New York Times benannt, die vom 31. 12. 1904 an im Times Tower im Süden des Platzes ihre Büros hatte, bis sie 1924 Redaktionsräume in 229 West 43. Straße bezog. 1966 wurde der Turm umgebaut und die ursprüngliche Terrakottaverzierung durch eine Marmorverkleidung ersetzt. Die um das Gebäude laufende Leuchtschrift der neuesten Nachrichten blieb erhalten. Im Gegensatz zu diesem Gebiet ist der »obere« Broadway eine Wohngegend; s. K. 14, 2; 75, 10 f.; 134, 8; 1227, 7.

60, 19 f. *In Detroit streiken . . . Automobilarbeiter gegen Ford* – Nachdem die am 10. 7. 1967 aufgenommenen Tarifverhandlungen zwischen Walter Reuther von der Gewerkschaft United Auto Workers und der Automobilindustrie zu keiner Einigung geführt hatten, begann mit dem Auslaufen des Tarifvertrags am 6. 9. 1967 ein Streik bei der Ford Motor Company, der 160 000 Arbeiter in 25 Städten erfaßte und erst am 26. 10. 1967 beendet wurde. Die Gewerkschaft hatte den Vorschlag der Ford Company, einen Dreijahresvertrag mit 4 % Lohnerhöhung pro Jahr, zurückgewiesen; vgl. z. B. NYT 11. 7. 1967, 6. und 7. 9. 1967, 9. 10. 1967; s. K. 62, 10–15; 90, 4 f.; s. 84, 17; 536, 22.

60, 21 f. *blaugoldenen Sternenhimmel in der Tonnenkuppel* – s. K. 10, 28 f.

61, 10 f. *Bei Danang starben . . . Amerikaner, 142 Vietnamesen* –Vgl. den Artikel »36 Marines Killed South of Danang; 142 of Enemy Dead« der NYT vom 7. 9. 1967.

61, 11 *Danang* – Eigentlich Da Nang; Stadt in Südvietnam südöstlich von Huê, US-amerik. Marine- und Luftstützpunkt im Vietnamkrieg, zeitweilig heftig umkämpft.

61, 17–20 *In Brownsville, Brooklyn . . . des East River* – Vgl. den Artikel »Brooklyn Beset By Trouble Again/Brownsville Negroes Pelt Police – 2 Fires Break Out« der

NYT vom 7. 9. 1967: »Sporadic incidents of bottle throwing erupted again last night in the tense Brownsville section of Brooklyn. [. . .]
During last night's disturbance, one grocery shop was looted and two fires broke out in quick succession«; s. K. 54, 13–23; 56, 12–18.

61, 17 f.   *Brownsville, Brooklyn* – s. K. 54, 14; 56, 12; 842, 12.

61, 20   *East River* – s. K. 20, 29 f.

61, 20–22   *Im Central Park . . . vielleicht sterben wird* – Vgl. den Artikel »Girl, 15, Is Raped In Central Park« der NYT vom 7. 9. 1967: »A 15-year-old girl was raped in Central Park early yesterday by two men who so severely stomped her 19-year-old escort that he may die, according to police.«

61, 20   *Central Park* – 341, 5 ha großer Park inmitten Manhattans, in der Tradition engl. Landschaftsgärten angelegt; mit seinen Seen, einem Zoo, Sportstadien, dem Metropolitan Museum ein beliebter Erholungsort der New Yorker.

8. 9. 1967

62, 2–5   *Der Kriegsminister erläutert . . . sich rein aus* – Vgl. den Artikel »U. S. To Construct Vietnam Barrier Near Buffer Zone« der NYT vom 8. 9. 1967: »Defense Secretary Robert S. McNamara announced a decision today to construct a barrier of barbed wire, mines and electronic devices along the northern border of South Vietnam. The barrier would be placed below the demilitarized zone. Mr. McNamara would not say how far the strip – designed to impede the flow of men and arms from North Vietnam – would extend along the 39-mile border or whether it would cross into Laos to cut the Ho Chi Minh trail«; vgl. DER SPIEGEL 18. 9. 1967, S. 120–122; s. K. 26, 2 f.

62, 6–9   *In den vier . . . Verletzten nicht eigens* – Vgl. den Artikel »Marines Repulse Bayonet Attack« der NYT vom 8. 9. 1967: »Encircled United States marines [. . .] turned back a North Vietnamese bayonet charge early today as the battle near a hamlet 32 miles south of here [Danang] entered its fourth day.
A total 114 marines have been killed and 283 wounded, a spokesman said. Enemy dead were put at 376.«

62, 6   *Danang* – s. K. 61, 11.

62, 10–15   *Dienstfertig beschreibt das . . . Straßenkämpfe und Schießereien* – Von dem Streik waren 101 Fordbetriebe mit etwa 160 000 Gewerkschaftsmitgliedern betroffen. In dem Artikel »Ford Suppliers Face Difficulties« der NYT vom 8. 9. 1967 heißt es: »Ford buys about $ 5-billion of supplies a year ranging from pencils to truck body parts from approximately 20, 000 outside companies.«
Der Artikel »Long Ford Strike Appears Likely; Both Sides Firm« vom selben Tag erinnert an die gewalttätigen Auseinandersetzungen von 1937: »The picketing around the country was generally quiet. At the sprawling Rouge-works in nearby Dearborn, Mich., for example, the scene of riots, beatings and

shootings in a Ford-union struggle three decades ago, eight or 10 men quietly picketed at each plant gate«; s. K. 60, 19 f.; s. 1307, 9 f.

62, 15–65, 11   *Vor dreißig Jahren . . . ich dagegen tun* – In der Passage wird durch verschiedene Signale auf die Behandlung der Erinnerungsproblematik in Prousts »Auf der Suche nach der verlorenen Zeit« verwiesen, vgl. besonders Proust (1953), Bd. 1, S. 68–75; vgl. Auerochs (1994), S. 216; Auerochs (1997), S. 436 f.; s. K. 8, 38–9, 2.

62, 15 f.   *Vor dreißig Jahren . . . in die Regentonne* – s. K. 615, 20–619, 7; s. 671, 18 f.; 725, 7; 784, 32; 1067, 22; 1342, 14; 1654, 21; 1843, 19 f.; 1867, 34–36.

62, 28   *Union City* – Stadtteil von Jersey City am Westufer des Hudson.

62, 31 f.   *ein männliches Gedächtnis* – (engl. Redewendung frei übersetzt) a male mind: eines Mannes Verstand. Das engl. Wort mind umfaßt viele Bedeutungen: Sinn, Gemüt; Seele; Verstand; Geist; Meinung, Ansicht; Neigung, Absicht; Erinnerung, Gedächtnis.

62, 38–63, 2   *Gesetz über Cash . . . kriegführende Nationen freigab* – Teil des amerik. dritten Neutralitätsgesetzes vom 1. 5. 1937; nach dieser Klausel durften kriegführende Staaten – mit Ausnahme »tödlicher Waffen« – alle Waren kaufen, wenn diese vor dem Verlassen amerik. Häfen durch Barzahlung in das Eigentum der Ausländer übergegangen waren (cash) und auf eigenen Schiffen abtransportiert wurden (carry).

63, 10 f.   *1937 ließ Stalin . . . seines Generalstabs hinrichten* – 1937 wurden zahlreiche hohe Offiziere (drei von fünf Marschällen, darunter Marschall Tuchadschewskij, 13 von 15 Armeebefehlshabern, 110 von 195 Divisionskommandeuren) unter der Anschuldigung, dt. und japanische Spione zu sein, verhaftet, viele von ihnen hingerichtet.

63, 10   *Stalin* – Jossif Wissarionowitsch Dschugaschwili, Stalin ist der letzte seiner vielen Decknamen und bedeutet: der Stählerne (21. 12. 1879–5. 3. 1953), sowj. Politiker; seit 1912 in der Führung der Bolschewiki, nach der Oktoberrevolution in Regierungsfunktion; ab 1922 Generalsekretär der KPdSU; nach Lenins Tod 1924 durch Ausschaltung von Konkurrenten und politischen Gegnern unumschränkter Diktator in der Sowjetunion; errichtete eine Terrorherrschaft. Nach der erfolgreichen Abwehr des dt. Überfalls 1941–45 Ausdehnung des sowj. Machtbereichs und Aufbau stalinistischer Herrschaftssysteme in den abhängigen Ländern; s. K. 30, 17; 137, 8–11; 819, 5; 1814, 36–39; 1818, 4; 1821, 13–16; 1821, 19; 1850, 30.

63, 12   *1937 hatte Hitler . . . Kriegspläne fertig ausgearbeitet* – In der sog. »Hoßbach-Niederschrift« über eine Besprechung mit den Oberbefehlshabern der Wehrmacht, dem Reichskriegs- und Reichsaußenminister sowie seinem militärischen Adjudanten Hoßbach am 10. 11. 1937 ist Hitlers Absicht festgehalten, »die deutsche Frage« durch Eroberungskriege, beginnend mit Überfällen auf die »Tschechei« und Österreich, bis spätestens 1943/45, zu lösen.

63, 13–15 *von Pete Seeger... Liste gesetzt haben* – Pete Seeger, geb. 3. 5. 1919, amerik.
Folk-Sänger; gründete die Gruppen Almanac Singers 1941, Weavers 1948;
1961 verurteilt, da er sich weigerte, die Fragen des Untersuchungsausschus-
ses für unamerik. Umtriebe zu beantworten; trotz baldiger Amnestie erhielt
er bis 1972 keine Rundfunk- und Fernsehauftritte; war als einer der ersten
mit politisch engagierten Liedern erfolgreich (»We shall overcome«, »Where
have all the flowers gone«, »Guantanamera«).
Seegers Lied »Waist Deep in the Big Muddy« (Bis zum Gürtel im schlammi-
gen Fluß) war bis 1972 verboten. Johnson setzt den im Lied beschriebenen
Vorfall in Verbindung mit einem ähnlichen Ereignis; s. K. 1877, 5–14.

Waist Deep in the Big Muddy

It was back in 1942, I was a member of a good platoon
We were on maneuvers in a-Looziana, one night by the light of the
    moon
The Captain told us to ford a river, that's how it all begun
We were knee deep in the big muddy, but the big fool said to push on.

The Sergeant said, »Sir, are you sure this is the best way back to base?«
»Sergeant, go on: I forded this river 'bout a mile above this place
It'll be a little soggy but just keep slogging, we'll soon be on dry ground«
We were waist deep in the big muddy, but the big fool said to push on.

The Sergeant said, »Sir, with all this equipment no man'll be able to
    swim!«
»Sergeant don't be a nervous Nellie,« the Captain said to him
»All we need is a litte determination, men, follow me, I'll lead on«
We were neck deep...

All at once the moon clouded over, we heard a gurgling cry
A few seconds later, the Captain's helmet was all that floated by
The Sergeant said »Turn around men, I'm in charge from now on«
And we just made it out of the big muddy with the Captain dead and
    gone.

We stripped and dived and found his body, stuck in the old quicksand
I guess he didn't know that the water was deeper than the place he'd
    once before been
Another stream had joined the big muddy 'bout a half mile from where
    we'd gone
We were lucky to escape from the big muddy when the big fool said to
    push on.

Well, I'm not gonna point any moral: I'll leave that for yourself
Maybe you're still walking and you're still talking and you'd like to keep
    your health
But every time I read the papers, that old feeling comes on, that
We're waist deep in the big muddy and the big fool says to push on.

80

Waist deep in the big muddy and the big fool says to push on.
Waist deep neck deep, soon even a tall man'll be over his head
Waist deep in the big muddy and the big fool says to push on.

Seeger sollte am 10. 9. 1967 in der Smother's Brother Comedy Hour auftreten. Die Programmdirektoren von CBS verlangten, dieses Lied vor allem wegen der letzten Strophe zu streichen. Nicht zum Kompromiß bereit, verzichtete Seeger auf den Auftritt; vgl. den Artikel »Vietnam Blues« der NYT vom 8. 10. 1967; s. K. 1072, 38 f.

63, 29–35 *Aber der vielbödige... Reproduktion nicht angelegt* – Vgl. Proust (1953), Bd. 1, S. 72: »Ich setze die Tasse nieder und wende mich meinem Geiste zu. Er muß die Wahrheit finden. Doch wie? Eine schwere Ungewißheit tritt ein, sooft der Geist sich überfordert fühlt, wenn er, der Forscher, zugleich die dunkle Landschaft ist, in der er suchen soll und so das ganze Gepäck, das er mitschleppt, keinen Wert für ihn hat«; s. K. 8, 38–9, 2.

63, 38–64, 12 *halte ihm hin... wie mit Kinderaugen* – Der Geruch von Gustafssons Fischsalat fungiert als Äquivalent für den Geschmack der Madeleine in Prousts »Auf der Suche nach der verlorenen Zeit«. Bereits die Wahl des Fischsalats deutet auf die unterschiedliche Behandlung des Themas. Vgl. z. B. Proust (1953), Bd. 1, S. 73: »Und dann mit einem Male war die Erinnerung da. Der Geschmack war der jener Madeleine, die mir am Sonntagmorgen in Combray [...] sobald ich ihr in ihrem Zimmer guten Morgen sagte, meine Tante Léonie anbot, nachdem sie sie in ihren schwarzen oder Lindenblütentee getaucht hatte.«

64, 9 *Ali Babas Parole* – Anspielung auf die in der Märchensammlung »1001 Nacht« enthaltene Geschichte »Ali Baba und die vierzig Räuber«. Mit Hilfe des Zauberspruchs »Sesam, öffne dich« verschafft sich Ali Baba Zutritt zu einer Höhle, in der ein Schatz verborgen ist. Vgl. IB, S. 9. Zu der über »1001 Nacht« vermittelten Beziehung zu Proust vgl. Butzer (1997); s. K. 8, 38–9, 2.

64, 10 *wie eine mächtige graue Katze* – Wie schon in MJ dient die Katze als Bild für die Problematik des Erinnerns; »[u]nabhängig, unbestechlich, ungehorsam« (s. 670, 34), auch für ein nicht durch Reflexion beeinträchtigtes Dasein; vgl. DBA, S. 25 f.; Johnson, Osterwasser, S. 7, 10; SV; BU, S. 23, 120, 149, 416; Berliner Stadtbahn, S. 9; Über eine Haltung, S. 96; Neumann, B. (1985); Riordan (1995); Butzer (1997).

64, 13 *Dor kann se ruich sittn gån* – (nd.) Da kann sie sich ruhig hinsetzen; identisch mit 618, 27 f.

64, 23–29 *An dem Tag... Tagtraum, Mr. Shuldiner* – s. K. 615, 20–619, 7.

64, 27 *Lisbeth ick schlå di dot* – (nd.) Lisbeth ich schlag dich tot; identisch mit 619, 6.

64, 31–65, 1 *der Zweiten Avenue... wenigstens zu stehlen* – Vgl. BU, S. 440, wo Johnson den Feinkostladen identifiziert als »Gristede«.

65, 11 *Was soll ich dagegen tun* – s. K. 1334, 8 f.

9. 9. 1967

65, 13–20   *Fast herrscht Gerechtigkeit . . . die Stadt gestülpt* – In der NYT vom 9. 9. 1967 wird eine 24stündige Überprüfung der Luftverschmutzung angekündigt, da das Wetterbüro für den nächsten Tag in der Stadt stehende Luft angekündigt hat.

65, 32   *verspakten* – (nd.) stockfleckigen, verschimmelten.

65, 32   *Ostseite* – s. K. 52, 26 f.

66, 2   *pollution* – (engl.) Umweltverschmutzung.

67, 6 f.   *George Washington* – 22. 2. 1732–14. 12. 1799, einer der Gründerväter der USA, seit 1750 Oberbefehlshaber der aufständischen Truppen der Kolonisten gegen England, das er 1781 zur Kapitulation zwang, 1789–97 1. Präsident der USA, lehnte eine erneute Wiederwahl ab und schuf damit den Grundsatz, daß kein Präsident länger als zwei Amtsperioden regieren solle.

67, 14   *Excuse me* – (engl.) Entschuldigen Sie.

67, 34 f.   *And I did . . . being a lady* – (engl.) Und ich habe mir keine Mühe gegeben, mich wie eine Dame zu benehmen.

68, 3   *Unze* – 28, 35 g.

68, 19–21   *Der Kriegsminister will . . . beratenen Entschluß halten* – Lesefehler Johnsons. Die Äußerung geht auf den Außenminister Dean Rusk zurück; vgl. den Artikel »Rusk Concedes That Red China Might Enter War« der NYT vom 9. 9. 1967, S. 1: »Secretary of State Dean Rusk said today that he could not offer any ›gold-plated guarantees‹ that Communist China would not intervene in the Vietnam war as a result of American air attacks. [. . .] He also advised China's rulers that they would be ›most ill-advised‹ to enter the war«; Dean Rusk: s. K. 109, 29–31.

68, 30 f.   *dem mit den blauen Haaren* – s. 176, 9 f.

10. 9. 1967

69, 28   *Sussex Bank of Richmond* – In den Taschenbuchausgaben berichtigt in: »Surrey Bank of Richmond«; vgl. Uwe Johnson, Auskünfte für eine Übersetzerin, in: Fahlke (1988a), S. 324.
Fiktive engl. Bank, bei der Heinrich Cresspahl ein Konto hat. Es gab eine Surrey Bank of Richmond von der Jahrhundertwende bis 1910; s. 261, 18; 308, 16; 547, 18 f.; 812, 15; 1062, 9; 1554, 34 f.; 1858, 6; 1869, 31.

69, 32   *dem deutschen Bankenkrach* – Die wirtschaftliche Lage Deutschlands verschlechterte sich im Sommer 1931 drastisch, als ausländische Gläubiger ihre kurzfristigen Kredite zurückzogen. Viele dt. Banken kamen in Zahlungsschwierigkeiten. Nach dem Zusammenbruch der zweitgrößten dt. Bank

(Darmstädter und Nationalbank, Danat) blieben alle dt. Banken für zwei Tage geschlossen; vgl. HNJ, S. 67: »In den rostocker und schweriner Zeitungen hatte er am besten die Seiten für die Wirtschaft verstanden [...] und an der Schliessung der Geldgeschäfte nach dem Zusammenbruch der Danatbank konnte ihm gefallen, dass er kein Konto in Deutschland unterhielt.«

70, 12 *Stahlhelm* – Frontsoldatenbund, 1918 gegr., stand den konservativ-nationalistischen Kräften nahe, ging 1932 zur Harzburger Front (s. K. 192, 6) über, 1933 wurden die Mitglieder unter 35 Jahren in die SA übernommen; 1935 aufgelöst.

70, 21–29 *Das war in ... ihre Schußwunden herkriegen* – Nach einem Bericht des LGA vom 31. 7. 1933, S. 9, war es in der Oesauer Gastwirtschaft von Ott in der Nacht vom 29./30. anläßlich einer nationalsoz. Veranstaltung zu einer heftigen Schlägerei zwischen SA-Leuten und Kommunisten gekommen. Die Kommunisten hätten sich im Garten der Wirtschaft versteckt, die SA sei aber gewarnt worden. »Insgesamt sind 25 Personen verletzt worden [...] wo einer – wahrscheinlich ein Kommunist von auswärts – einem Schädelbruch erlegen ist [...] Eine furchtbare Schlägerei, bei der armdicke Knüppel, Totschläger, Eisenstücke und Messer als Waffen benutzt wurden.« In einer kurzen Notiz heißt es von einem Zusammenstoß von Angehörigen der NSDAP und der KPD in Kiel am 30. 7. 1933, daß »ein Arbeiter durch einen Streifschuß leicht verletzt« wurde. Die Parteizugehörigkeit von Schütze und Opfer wird nicht erwähnt; vgl. Mecklenburg (1990a), S. 244, Mecklenburg (1990b), S. 382.

70, 21 *Itzehoe* – Stadt in Schleswig-Holstein, 40 km nordwestlich von Hamburg; s. K. 1161, 21–1162, 12.

70, 23 f. *Stielrungen* – Pfosten aus Holz oder Stahl, die bei Fuhrwerken seitlich eingesteckt werden.

70, 25 f. *Lübecker Generalanzeiger* – Als »General-Anzeiger für Lübeck und Umgebung« am 15. 7. 1882 von Charles Coleman gegr., anfangs ein zweimal wöchentlich erscheinendes Anzeigenblatt; erschien seit 1885 täglich, seit 1894: »Generalanzeiger für die freie und Hansestadt Lübeck nebst Landgebiet, Kreisherzogthum Lauenburg, Fürstenthum Ratzeburg, Fürstenthum Lübeck, Provinz Schleswig-Holstein und das westliche Mecklenburg«; seit 1899: »Lübecker General-Anzeiger«, Untertitel: Lübeckische Anzeigen. 1936 wurden 30% (1942 weitere 21%) des Familienunternehmens an die NSDAP zwangsveräußert. Seit dem 2. 4. 1942 erschien das Blatt zusammen mit dem »Lübecker Volksboten« als »Lübecker Zeitung« vorläufig sieben Mal in der Woche, Untertitel: Lübecker Volksbote Lüb. General-Anzeiger. Grund der Vereinigung war die Zerstörung des Gebäudes des »Volksboten« durch die engl. Bomben in der Nacht des 29. 3. 1942 und eine weitere Enteigung der Familienanteile. Seit 25. 10. 1942: »Lübecker Zeitung«, Untertitel: Lübecker Volksbote/ Lübecker General-Anzeiger Tageszeitung der NSDAP. Die letzte Ausgabe erschien am 2. 5. 1945. Am 3. 5. 1946 wurde den »Lübecker Nachrichten« von der brit. Militärregierung die Lizenz erteilt, die konservative Tageszeitung erschien ab 1947 täglich; seit 1950 mit dem Untertitel »Lübecker Generalanzeiger«; s. K. 198, 17–34; 198, 27; 685, 34–38; 691, 31–37; 870, 18–23; 910, 10–13.

70, 33   *Erbgroßherzog* – s. K. 32, 5.

70, 35   *Kaisers Geburtstag* – Wilhelm II., geb. am 27. 1. 1857; s. 236, 16.

71, 5   *Schönberg* – Ort westlich von Grevesmühlen, früher Hauptstadt des mecklenburgisch-strelitzschen Fürstentums Ratzeburg.

71, 15   *Rotlauf* – Durch einen Bazillus verursachte Schweinekrankheit, deren bösartige Form zum Tod führt.

71, 16 f. *Früher hätte ich abgeklingelt* – Nicht mehr gebräuchliche Redewendung. Als Telefongespräche noch handvermittelt wurden, meldete der Teilnehmer ein Gespräch an und beendete es, indem er eine Kurbel an seinem Apparat drehte, dadurch einen Induktionsstrom erzeugte und die Verbindung zur Vermittlung herstellte. Beim Drehen der Kurbel ertönte eine Klingel.

71, 21   *Nu weiten Se dat, nich* – (nd.) Nun wissen sie das, nicht?

71, 25   *Rotspon* – Frz. Rotwein, vorwiegend aus dem Bordelais, der, jung gekauft, in Lübeck oder Hamburg in Fässern reift, ehe er auf Flaschen gefüllt wird; s. 204, 11; 398, 28; 767, 22.

71, 27 f. *Er würde ja . . . zur Hochzeit einladen* – s. 112, 34–36.

72, 1   *Staten Island* – Drittgrößter und südlichster der fünf Verwaltungsbezirke (boroughs) von New York City; identisch mit dem Regierungsbezirk Richmond County des Staates New York; große Insel (155 km²) südlich von New Jersey und Manhattan an der Verbindung von Upper und Lower Bay; einziger Stadtteil ohne Brücke, Tunnel oder Subway-Verbindung zu Manhattan; eine Verbindung stellt lediglich die Staten Island Ferry dar (s. K. 90, 25); ursprünglich von Holländern und Hugenotten besiedelt. Staten Island hat aufgrund der fehlenden Verbindungswege zu New York lange Zeit seinen ländlichen Charakter bewahrt (Verrazano Narrows Bridge 1964; s. K. 118, 38); Richmondtown wurde als eine Art Freilichtmuseum restauriert; s. K. 1027, 9.

72, 2 f. *in Tottenville, später . . . der Midland Beach* – Tottenville, Wohnviertel an der Südspitze von Staten Island zwischen Arthur Kill, Mill Creek und Raritan Bay; fast ausschließlich von Weißen bewohnt; benannt nach der Familie Totten, die dort im 18. Jh. Land besaß; der erste europäische Siedler war 1678 Kapitän Christopher Billopp (s. K. 1225, 28–30).
Midland Beach: ein ebenfalls überwiegend von Weißen bewohntes Stadtviertel auf Staten Island südöstlich des Hylan Boulevard mit einem vielbesuchten Strand an der Ostküste.

72, 11–16 *einem großen Foto . . . seinen besten Jahren* – Das Foto zeigt Stalin, der seine Tochter Swetlana küßt; vgl. NYT 10. 9. 1967; s. K. 29, 24; 63, 10.

73, 4   *Vadding wi bliewn nich* – (nd.) Vater wir bleiben nicht; Vadding: Koseform
              zu Vater.

11. 9. 1967

73, 13–19   *In der gestrigen . . . eine Nase macht* – In der NYT vom 10. 9. 1967 erschien der
                erste Auszug aus Swetlana Allilujewas Autobiographie, überschrieben » The
                Death of My Father«, am 11.9. 1967 folgte der Beitrag »Life With My Father
                and Mother«, begleitet von einem Foto Stalins mit dem Text »As Stalin
                Clowned for the Camera/Stalin struck this pose at his home in 1935 as his
                chief bodyguard took this picture. This and other accompanying pictures have
                not been published in the United States«; s. K. 29, 24; 63, 10.

73, 20–78, 2   *Und wir sind . . . fit to print* – »wir«: s. K. 46, 26; 230, 27 f.

73, 28 f.   *»Neuen Deutschland«* – »Neues Deutschland«, Organ des Zentralkomitees der
                SED, erschien erstmals am 23. 4. 1946, mit 1, 1 Mio. zweitgrößte Tageszeitung
                der DDR; s. K. 1395, 9–11.

74, 3   *Herald Tribune* – »New York Herald Tribune«; als »New York Herald« 1835
              von James Gordon Bennett gegr.; verband sich 1920 mit der »New York
              Sun«, 1924 mit der »New York Tribune« (1841 von Horace Greeley gegr.)
              zur »New York Herald Tribune«; bekannt für ihre umfassende lokale Be-
              richterstattung; führte 1963 ein Sonntagsmagazin unter dem Titel »New
              York« ein. Sie war bis 1966 die einzige Morgenzeitung neben der NYT, setz-
              te auf leicht Lesbares und war weniger umfassend als die NYT, überlebte
              nur, weil derEigentümer John Hay Whitney sie großzügig unterstützte. Fu-
              sionierte 1966 mit der »World-Telegram« und »New York Journal-Ameri-
              can« zur »World-Journal Tribune«, die nach einem Jahr aufgegeben wurde;
              s. K. 516, 23–25.

74, 8 f.   *Stiefeletten aus der Via Condotti* – Bekannte Straße in Rom, die auf die Spani-
               sche Treppe führt und in der sich viele elegante Geschäfte befinden.

74, 12   *Mauer um Westberlin* – In der Nacht vom 12. zum 13. 8. 1961 sperrten sowj.
              Panzerverbände und Streitkräfte der DDR die Sektorengrenze zwischen
              Ost- und Westberlin. In der Folge wurde eine Betonsteinmauer und ein
              gestaffeltes Sperrsystem aus Zäunen, Gräben, Minenfeldern, Laufanlagen für
              Wachhunde und Beobachtungstürmen errichtet (der »Antifaschistische
              Schutzwall«). Die Bewohner der DDR und Ostberlins, von denen in den letz-
              ten Wochen vor dem Mauerbau, vor allem als Folge der fortgesetzten Kol-
              lektivierung der Landwirtschaft, immer größere Zahlen das Land verlassen
              hatten, sollten so an der Flucht gehindert werden. Westberliner durften Ost-
              berlin nicht mehr betreten, auf Flüchtlinge wurde rücksichtslos geschossen;
              s. K. 684, 2–8; 1789, 22–34; s. 43, 3 f.; 189, 1; 1212, 24; 1213, 4; 1485, 29;
              1623, 10; 1752, 4; 1878, 8 f.

74, 26 f.   *ein Skelett am Kleiderbügel* – Anspielung auf die engl. Redewendung: to have a skeleton in the wardrobe: eine Leiche im Keller haben; s. (106, 26–107, 12; 108, 24–26; 109, 1 f.); 814, 17; vgl. die Variation in: BU, S. 129 f.: »immer war der Würgegriff zu fürchten von den Armknochen jenes Skeletts, das in Frankfurt am Main in einem Aktenschrank eingesperrt war«.

75, 2–4   *wir fühlten uns . . . Literatur von Deutschland* – Die Formulierung »tragische Theorie« (statt: Theorie des Tragischen) weist vermutlich auf eine Verknüpfung zweier Anspielungen. Zum einen auf Goethe, nach dessen Theorie das Tragische »auf einem unausgleichbaren Gegensatz« beruht: Der Held fühlt sich einem sittlichen Gesetz verpflichtet und scheitert äußerlich an dem übermächtigen Schicksal. Zum anderen auf die von Georg Lukács in »Fortschritt und Reaktion in der deutschen Literatur«, 1947, vorgetragene Ansicht, die Ästhetik der dt. Klassik sei »das Ergebnis einer großen – typisch deutschen, weil im deutschen Elend begründeten – Tragödie«; vgl. Lukács (1947), S. 36. Lukács stellt zu Beginn der Schrift die idealistische Weltanschauung, die »eine vorbildliche, erträumte Welt gedanklich« vorwegnehmen will, einer »»Realpolitik«, die von einer verstiegenen und bodenlosen Phantastik erfüllt war,« gegenüber; vgl. ebd., S. 7.

75, 5–7   *Vorschlag eines Literaten . . . Rücksicht und hilfsbereit* – Anspielung auf die letzten Zeilen von Bertolt Brechts Gedicht »An die Nachgeborenen«:
        Ihr aber, wenn es soweit sein wird
        Daß der Mensch dem Menschen ein Helfer ist
        Gedenkt unsrer
        Mit Nachsicht.
In der engl. Übersetzung wird Brecht namentlich genannt: »followed Brecht's suggestion«; Anniversaries, Bd. 1, S. 55; s. K. 211, 33.

75, 8   *dem griechischen König* – Konstantin II., geb. 2. 6. 1940, versuchte, am 13.12. 1967 seinerseits, gegen die durch einen Putsch im April 1967 (s. K. 36, 20 f.) an die Macht gekommene Militärregierung zu putschen; nach dem Mißlingen des Versuchs ging er noch am selben Tag ins Exil; s. K. 450, 26 f.; 453, 11–13.

75, 10 f.   *das Orakel vom Times Square* – Anspielung auf das Orakel von Delphi, das dem letzten König von Lydien, Krösus, weissagte, er werde, wenn er Krieg führe, ein großes Reich zerstören, was sich an ihm selbst erfüllte, da er 546 v. Chr. von dem Perser Kyros II. besiegt wurde. Die NYT, deren Büro-Hochhaus an der Südseite des Times Squares stand (s. K. 14, 2; 60, 14), hatte den Putsch des griech. Militärs (s. K. 36, 20 f.) vorausgesagt.

75, 21   *Gräfin Seydlitz* – s. K. 53, 14.

75, 24 f.   *Wir müssen unser . . . auch mit Beweisen* – Anspielung auf 5. Mose 8, 3: »daß der Mensch nicht lebt vom Brot allein, sondern von allem, was aus dem Mund des Herrn geht.«

75, 31 *Cobh* − Kleiner Ort etwa 10 km östlich von Cork; bis 1922 Queenstown; s. 336, 18; vgl. Johnson, Dead Author's Identity, S. 28: »Cobh, Ireland, August 25 − In this quaint little city a new chapter is being unfolded in the life of the German author Uwe Johnson that ended last week, when this newspaper mentioned his death in a report about the heavy casualty rate among passengers in the meandering hallways at Orly airport, France.«

75, 32 *Cork* − Hafenstadt an der irischen Südküste.

76, 6 *Proprietät* − (engl.) propriety: Schicklichkeit, Angemessenheit.

76, 8 f. *Madison Avenue* − Straße in Midtown Manhattan zwischen 23. und 138. Straße; im mittleren Bereich sehr gute Geschäftsstraße, benannt nach James Madison (16. 3. 1751−28. 6. 1836), 4. Präsident der USA 1809−17; gemeinsam mit Alexander Hamilton (s. K. 1093, 10) und John Jay (s. K. 371, 20) veröffentlichte er 1787/88 die »Federalist Papers«, die die neue amerik. Verfassung auslegten und verteidigten, um deren Ratifizierung durch den Staat New York zu sichern; s. 144, 10; 257, 23; 503, 5; 642, 17; 960, 19; 1054, 38; 1086, 9; 1316, 20; 1392, 12; 1465, 25; 1642, 27; 1710, 39−1711, 1; 1887, 18.

76, 10 *Antiqua* − Aus der lat. Quadratschrift entstandene geradlinige Druckschrift; s. 237, 20; 1430, 22.

76, 10 f. *Unzio-Fraktur* − Unzio, vom lat. unciale: zollang, zeigt an, daß es sich um eine Majuskelschrift handelt. Fraktur: Eine in Deutschland im 16. Jh. geschaffene Form der gotischen Schrift mit gebrochener Linienführung und schmalem Schriftkörper; s. K. 1431, 5; s. 134, 22; 223, 34; 237, 20; 934, 27; 1354, 17; 1410, 11.

76, 19 *Was geht's sie . . . wir sie . . . goutieren* − Anspielung auf J. W. Goethe, »Wilhelm Meisters Lehrjahre« 4, 9: »Wenn ich dich liebhabe, was geht's dich an!« bzw. »Dichtung und Wahrheit«, 14. Buch: »Wenn ich dich liebe, was geht's dich an.«

76, 20 f. *ein mit 41 . . . apperzeptiv defektes Kind* − Ein Kind, dessen bewußtes Erfassen von Erlebnis-, Wahrnehmungs- und Denkinhalten unterentwickelt ist.

76, 33 f. *dialektischen und historischen Materialismus* − Der Begriff »dialektischer und historischer Materialismus« bezeichnet die philosophische Grundlage des Marxismus-Leninismus und galt als »wissenschaftliche Philosophie«. »Da er in allgemein-theoretischer Form die grundlegenden Interessen der Arbeiterklasse und der Mehrheit aller Werktätigen ausdrückt, kann er in wachsendem Maße das Denken der gesamten fortschrittlichen Menschheit in der gegenwärtigen Epoche beeinflussen«; vgl. Buhr/Kosing (1982), S. 73. Johnson spielt hier zugleich an auf Stalins Aufsatz »Über dialektischen und historischen Materialismus« vom September 1938. Stalins Doktrin war 1968 in den soz. Ländern bereits durch die Berufung auf Marx, Engels und Lenin ersetzt, wie Johnson mit den »gefühllosen Feststellungen der Geschichtsbücher« (s. 76, 25) andeutet; s. K. 463, 30 f.; 1077, 16 f.; 1676, 26−28; 1814, 36−39; s. 1365, 12; 1467, 39−1468, 1; 1834, 15 f.

76, 39   *Infantin* – (nach dem Span.) Seit dem 13. Jh. Titel für königliche Prinzessinnen in Spanien und Portugal (von lat. infans: kleines Kind).

76, 39–77, 5   *die Behauptung durchgehen . . . seiner Amtszeit hinzufügt* – Swetlana Allilujewa schrieb im ersten Beitrag im Zusammenhang mit dem Tod ihres Vaters über Beria: »He was a magnificent modern specimen of the artful courtier, the embodiment of Oriental perfidy, flattery and hypocrisy who had succeeded in confounding even my father, a man whom it was ordinarily difficult to deceive. A good deal that this monster did is now a blot on my father's name and in a good many things they were guilty together. But I haven't the slightest doubt that Beria used his cunning to trick my father into other things and laughed up his sleeve about it afterward. All the other leaders knew it.« In der Rubrik »People and Places« heißt es: »Beria, Lavrenti P.: Stalin's secret police chief (after 1938), executed by Stalin's successors in 1953«; vgl. NYT 10. 9. 1968.

77, 3 f.   *Lavrentij P. Beria* – Lawrentij Pawlowitsch Berija (29. 3. 1899–23. 12. 1953), seit 1938 Leiter der Staatssicherheit (NKWD, MWD, MGB; s. K. 1279, 38) in der UdSSR, mitverantwortlich für den Terror unter Stalin; seit 1946 Mitglied des Politbüros, 1953 gestürzt und hingerichtet.

77, 6–12   *so daß erst . . . seinem armen Kinde* – Druckfehler in allen Ausgaben: hinter »Kinde« fehlt die schließende Klammer.

77, 6 f.   *sowjetischen Landreformen von 1928–1932* – Die Kollektivierung der Landwirtschaft sollte mit technisierten Großbetrieben sowohl die Versorgung der neuen Industriestädte als auch Devisen durch Exporte sicherstellen. 1927 wurde mit dem Fünfjahrplan Lenins Programm einer langsamen Umstellung auf das Kolchossystem aufgegeben. Der erbitterte Widerstand der Bauern führte zu einem förmlichen Bürgerkrieg. Stalin erklärte 1929 die »Offensive gegen das Kulakentum« und ließ 2–3 Mio. Menschen in Zwangslager in Sibirien und den nördlichen Sumpfgebieten deportieren, was zum Zusammenbruch der Landwirtschaft führte. Die Hungersnot in den folgenden Jahren forderte noch größere Opfer.

77, 7   *Herrn Trotzki* – Lew Dawidowitsch Trotzkij, eigentlich Leib Dawidowitsch Bronstein (7. 11. 1879–21. 8. 1940), schloß sich, von der sozialdem. Bewegung kommend, den Bolschewiki an; 1917–27 Mitglied des ZK der KPdSU; Organisator der Roten Armee; nach Lenins Tod im Machtkampf mit Stalin unterlegen; Verlust der Ämter, Ausweisung aus der Sowjetunion; Exil in Mexiko, dort vom sowj. Geheimdienst ermordet; s. K. 857, 8 f.

77, 9   *Winston S. Churchill* – Winston Leonard Spencer Churchill (30. 11. 1874–24. 1. 1965), brit. Politiker und Schriftsteller; 1940–45 Premier- und Verteidigungsminister; bezog 1942 die Sowjetunion in die Anti-Hitler-Allianz ein; mehrfach mit Stalin zusammengetroffen; 1953 Nobelpreis für Literatur.

77, 10 f.   *»das Schlimmste was . . . hab machen müssen«* – Bei der ersten Begegnung zwischen Churchill und Stalin in Moskau im August 1942 betonte Stalin in einem längeren Gespräch, daß die Kollektivierung der Landwirtschaft ihm mehr »Schwierigkeiten« bereitet habe als der jetzige Krieg. Um eine Hungersnot zu vermeiden, habe die Landwirtschaft mechanisiert werden müssen, und nur in Kolchosen hätte man die Technik durchsetzen können. Wenn ein Bauer einen Traktor angeboten bekomme, frage er erst seine Frau und dann die Hirten und verzichte dann lieber auf eine Änderung: »›The Collective Farm policy was a terrible struggle... Ten million,‹ he said, holding up his hands. ›It was fearful. Four years it lasted. It was absolutely necessary for Russia, if we were to avoid periodic famines, to plough the land with tractors... It was all very bad and difficult – but necessary‹«; vgl. Churchill (1948), Bd. 4, S. 498.

77, 18 f.   *Münzenpose* – Das Foto zeigt ihren Kopf in typischer Paßfotostellung; vgl. NYT 10. 9. 1967.

77, 33–38   *Unser Respekt gilt... roten Ubahnwagen fertig* – Vgl. den Leserbrief mit der Überschrift »Our Dirty Subways« in der NYT vom 11. 9. 1967: »To the Editor: Sanitation Commissioner Samuel J. Kearing deserves New York's thanks if he keeps his attractive white sanitation trucks clean as he has promised.
If he can do it, why can't the Transit Authority keep its red trains red? [...]
William S. Greenawalt Brooklyn, Aug. 25, 1967.«

78, 2   *fit to print* – (engl.) zum Druck geeignet. Der Wahlspruch »All the News that's Fit to Print« stammt von Adolph Simon Ochs, der sich mit diesem Prinzip von der Boulevardpresse, besonders von William Randolph Hearsts vielgekauftem »Journal«, absetzen wollte und verlangte, seine Zeitung müsse von der ganzen Familie gelesen werden können. Er war mit dem Slogan nicht zufrieden, doch ein noch 1896 ausgeschriebener Wettbewerb brachte kein besseres Ergebnis. Der Satz erscheint seit 1897 auf der Titelseite, ebenso in einer Leuchtreklame über dem Madison Square. Der NYT-gemäße Sprachgebrauch wird in einem »Style Book« genau festgehalten, und die Leser werden über Änderungen informiert; s. K. 14, 2; 212, 32 f.; 515, 17; 649, 12 f.; s. 176, 26–177, 7.

12. 9. 1967

78, 4–8   *Wenn: gibt Swetlana... halbe Familie umzubringen* – Es heißt in den Auszügen aus dem Buch der Allilujewa: »Beria, who seems to have had a diabolic link with all our family and who wiped out a good half of its members. Had it not been for the mysterious support of my father, who Beria cunningly won over, Kirov and Ordzhonikidze and all the others who knew the Transcaucasus and knew about the Civil War there would have blocked his advance. They, of course, were the very ones he destroyed first, as soon as he had a chance«; NYT 12. 9. 1967; Allilujewa: s. K. 29, 24; Berija: s. K. 77, 3 f.

78, 9–13   *Das sowjetische Parlamentspräsidium . . . ihre Heimat zurück* – Vgl. den Artikel
»Half-Million Tatars Cleared of Nazi-Ties« der NYT vom 12. 9. 1967: »Twenty-three years after they were rounded up at gunpoint and herded into exile
in Central Asia, half a million Crimean Tartars have been exonerated of a wartime accusation that the entire population collaborated with the Nazi invad-
ers.«
Fünf andere Minoritäten aus dem nördlichen Kaukasus waren vom gleichen
Vorwurf befreit worden und durften seit 1957 in ihre alte Heimat zurückkehren. 1965 waren die 1,5 Mio. Wolgadeutschen rehabilitiert worden. »Like
the Germans, the Crimean Tartars, though free of exile restrictions, will not
recover their former homeland.« Bei den Deportationen der Krimtataren sollen 45 % des Turkvolkes umgekommen sein.

78, 21   *des Vizedirektors de Rosny* – Der Name bezieht sich auf eine historische Persönlichkeit: Maximilian de Béthune, Baron de Rosny, 1606 Herzog von Sul-
ly (13. 12. 1560–22. 12. 1641), Mitkämpfer, Berater und später Finanzminister
Henry IV. von Frankreich. De Rosny ist eine der wichtigsten Nebenfiguren
in Heinrich Manns Romanen »Die Jugend des Königs Henry Quatre« und
»Die Vollendung des Königs Henry Quatre«.
»de Rosny hiess dieser andere Vizepräsident. So hatte Mrs. Cresspahl es verlangt. Der Name sollte eine Camouflage sein, aber eine von solcher Art, dass
die Tarnung auffiel«, BU, S. 421. Zugleich könnte mit dem Namen auf das
tschech. »hrozný«: schrecklich, angespielt sein; s. 1738, 23–29; 1746, 4–23.

79, 19–35   *des Osttunnels entgegen . . . irdischen Besitzes gemahnen* – Entlang des Long Island
Expressway liegen viele Friedhöfe; zur Entwicklung des »Unterwelt«-Motivs:
s. K. 82, 9; 119, 9 f.; 291, 26; s. 419, 18; 1875, 35–1876, 3; 1887, 29. Zum Zusammenhang zwischen Fliegen und Tod: s. 117, 23–119, 10; 1766, 29–35;
1887, 27–31; vgl. ZA, S. 132 f.; RK, S. 12, 15; Bond (1996), S. 77–79.

79, 22   *East River* – s. K. 20, 29 f.

79, 35 f.   *Flugplatz La Guardia* – Im Norden von Queens (s. K. 20, 28 f.) am East River
gelegen; am 2. 12. 1939 als North Beach Airport eröffnet; kurz danach benannt nach Fiorello (Raffaele Henry) La Guardia (11. 12. 1882–20. 9. 1947),
Bürgermeister von New York 1933–45, 1946 Leiter der UNO-Flüchtlings-
hilfe UNRRA; s. K. 1005, 11; 1738, 9 f.

80, 16   *Gefällt dir das . . . dir ein anderes* – Die als Motiv verwendete Formulierung verbindet mehrere Episoden und Themen; s. 8, 19; 364, 29 f.; 464, 10; 490, 6;
719, 19; 895, 2 f.; 1007, 23–26; nach Schmitz (1984), Anm. 125, S. 125 vgl.
auch DBA, S. 42.

81, 8   *bückichte* – (nd.) gebückte; s. 1813, 26.

81, 20   *Na, Häuptling* – (engl. wörtl. übersetzt) Well, chief.

81, 36   *Lehrerstreiks* – Seit dem 12. 9. 1967 wurde in den Schulen New Yorks gestreikt,
die Gewerkschaften forderten einen neuen Tarifvertrag, Mitspracherecht und

kleinere Klassen; vgl. z. B. den Artikel »Teachers Tie Up City's Schools;
400 000 Pupils Miss Opening Day« der NYT vom 13. 9. 1967; s. K. 88, 21 f.;
125, 27 f.; 128, 5–9; s. 84, 18; 90, 4 f.; 92, 28–30; 100, 7–11; 119, 33–36;
536, 22 f.

82, 9   *Und fahr zur Hölle, Arthur* – s. K. 79, 19–35. Auch Übersetzung der engl. Redewendung: Go to hell: Scher dich zum Teufel.

13. 9. 1967

82, 11–17   *Die New York . . . warum dies geschah . . .* – Das Foto mit dem Text »[unleserlich]
Car: Svetlana poses in front of a ZIS limousine. Photograph was made in
1941« gehörte zum Beitrag »Father and His Grandchildren«. Die Auslas-
sungszeichen stehen für die etwas genaueren Erinnerungen der Swetlana
Allilujewa: »In 1942 a great many people in camps were shot, though they
might have been sentenced only to exile, hard labor and long prison terms.
I've no idea why this happened, whether it was the way the war was going or
whether Beria had simply made up his mind to get rid of those who knew
about his crimes and had no trouble talking my father into it«; NYT 13. 9.
1967; vgl. Auerochs (1994), S. 234; s. K. 29, 24.

82, 15   *SIS-Limousine* – (russ.) Sojus Imeni Stalina: Stalin-Werk, später in SIL, Lenin-
Werk, umbenannt. Die großen Limousinen dieses Typs wurden fast ausschließlich von hohen sowj. Funktionären benutzt.

82, 19–21   *Frank Sinatra frech . . . auch zwei Zähne . . .* – Vgl. den Artikel »Sinatra, In Brawl,
Loses Two Teeth In Las Vegas Hotel« der NYT vom 13. 9. 1967: »Frank Sina-
tra was punched so hard he lost two teeth and got a bruised lip in a one-punch
fight with a vice president of the Sands Hotel here Sunday.« Nachdem das
Sands Hotel Sinatras Kredit nicht verlängern wollte, beschimpfte der Sänger
den Manager und bewarf ihn mit Kartoffelchips, woraufhin der 250 Pfund
schwere Mann ihn zu Boden schlug.
Francis Albert Sinatra (12. 12. 1915–14. 5. 1998), amerik. Sänger und Filmschauspieler.

82, 22–24   *Der Bundesrichter Dudley . . . des 14. Verfassungszusatzes* – Vgl. den Artikel
»Transit Body Told Antiwar Ad Poster Must Be Accepted« der NYT vom
13. 9. 1967: »The Transit Authority must accept advertising posters opposing
the war in Vietnam, unless they would seriously endanger safety in the subways, Federal Judge Dudley B. Bonsal ruled yesterday.
Judge Bonsal said refusal to accept the advertising posters was a violation of
the constitutional right of free speech. [. . .] The student group [Mitglieder der
Students for a Democratic Society; s. K. 1093, 13–15] contended that the refusal had been due to the controversial and unpopular nature of the views expressed, thus depriving the students of their right to free speech guaranteed
by the First and 14th Amendments.«

82, 22   *Bundesrichter Dudley B. Bonsal* – Dudley Baldwin Bonsal, geb. 6. 10. 1906, seit 1961 Bundesrichter für den Southern District of New York.

82, 24   *des 14. Verfassungszusatzes* – Die »amendments« (engl. Berichtigungen) sind ergänzende oder abändernde Artikel zur Verfassung der USA vom 17. 9. 1787 (in Kraft seit dem 4. 3. 1789), sowie zu den Verfassungen der Einzelstaaten. Die Amendments werden chronologisch an den ursprünglichen Verfassungstext angehängt, im Gegensatz zur Praxis der meisten europäischen Staaten, die den ursprünglichen Verfassungstext durch den neuen ersetzen. Abschnitt 1 des 14. Amendments von 1868 lautet: »Alle Personen, die in den Vereinigten Staaten geboren oder eingebürgert sind und ihrer Gesetzeshoheit unterstehen, sind Bürger der Vereinigten Staaten und des Einzelstaates, in dem sie ihren Wohnsitz haben. Keiner der Einzelstaaten darf Gesetze erlassen oder durchführen, die die Vorrechte oder Freiheiten von Bürgern der Vereinigten Staaten beschränken, und kein Staat darf irgend jemandem ohne ordentliches Gerichtsverfahren nach Recht und Gesetz Leben, Freiheit oder Eigentum nehmen oder irgend jemandem innerhalb seines Hoheitsbereiches den gleichen Schutz durch das Gesetz versagen.« Johnson nimmt nur den 14. Verfassungszusatz in den Text auf, obwohl sich das Urteil wohl vor allem auf den 1. Verfassungszusatz stützte: »Der Kongreß darf kein Gesetz erlassen, das die Einführung einer Staatsreligion zum Gegenstand hat, die freie Religionsausübung verbietet, die Rede- oder Pressefreiheit oder das Recht des Volkes einschränkt, sich friedlich zu versammeln und die Regierung durch Petition um Abstellung von Mißständen zu ersuchen«; s. 1166, 8.

83, 18   *die Uhr, die Amerika aufweckt* – In der Grand Central Station befindet sich die größte in einem Innenraum angebrachte Uhr der Welt.

84, 14   *achttausend Dollar im Jahr* – Der Gegenwert eines US-$ betrug am 13. 9. 1967 nach dem an der Frankfurter Börse amtlich notierten Devisenkurs (Geld) 3, 9966 DM. Danach beträgt Gesines Jahresverdienst 1967 31 972 DM. Johnson gibt unter Berufung auf das nationale Büro für Arbeitsstatistik als Bedarf einer vierköpfigen Familie für ein Leben ohne Luxus in New York im Jahr 1966 einen Betrag in Höhe von 10 195 Dollar an (s. K. 220, 27–33); im Jahre 1967 verdiente ein Industrie-Arbeiter in den USA durchschnittlich 5975 Dollar, eine Angestellte im Handel 4109 Dollar. Verglichen damit verdient Gesine als Fremdsprachenkorrespondentin in der Bank recht gut. Johnson gibt an mehreren Stellen Hinweise auf die Kosten der Lebensführung der beiden Cresspahls in New York; s. K. 42, 23; s. 26, 13; 101, 10 f.; 304, 24 f.; 489, 3 f.; 528, 6–529, 8; 630, 1; 1239, 6–36; 1257, 26–29; 1302, 10; 1407, 8 f; vgl. Kokol (1998).

84, 17   *die Arbeiter gegen Ford* – s. K. 60, 19 f.

84, 17 f. *die Eisenbahner gegen … Long Island Railroad* – Im größten Eisenbahnstreik der USA seit 1946 vom 16.–19. 7. 1967 wurden höhere Löhne für zwei Jahre gefordert; s. 90, 4 f.; 1468, 33 f.

Long Island Rail-Road: Eisenbahn mit vorwiegend Personenverkehr zu östlich von New York City liegenden Zielen; die erste Linie wurde am 18. 4.
1836 eröffnet; Long Island: s. K. 24, 5 f.

84, 18   *die Lehrer gegen die Stadt* – s. K. 81, 36.

84, 20 f.   *damit sie Maries . . . Anstellung bezahlen kann* – s. K. 100, 18–37.

84, 24 f.   *Waldorf Astoria Towers* – Das Waldorf-Astoria Hotel, 301 Park Ave., 1931 erbaut, das einen Block zwischen Park und Lexington Ave., 49. und 50. Straße
füllt, ist ein traditionsreiches Luxushotel, in einigen Räumen im Stil des 1.
Waldorf-Astoria an der 5. Ave. gehalten, das 1929 dem Empire State Building
weichen mußte. Das Hotel mit 1410 Gästezimmern einschließlich der 106
Tower-Suiten wird von den beiden 42 Stockwerke hohen Waldorf Towers
überragt. Die Waldorfs: Familie mit langer Tradition in New York; s. K.
1468, 13; s. 877, 38; 1053, 16; 1315, 3; 1470, 36.

14. 9. 1967

85, 12–18   *Lieut. Col. William Rockety . . . Mut – oder verrückt –* Vgl. den Artikel »Enemy
Near Demilitarized Zone Raids Marine Outpost and Shells 3 Others« der
NYT vom 14. 9. 1967: »But the day's only action occurred during the night,
before the general advance began. Dug in around Dongson, a hamlet, two
companies of a Marine battalion commanded by Lieut. Col. William Rockety
was [sic] attacked by 100 North Vietnamese regulars.
›One North Vietnamese was really courageous – or crazy,‹ Colonel Rockety
said in an interview after the battle. ›He snaked alone through our lines to our
mortar positions. He killed two marines before the platoon sergeant got him
with a shotgun.‹«

85, 13   *Dongson* – Siedlung bei Conthien, an der Südgrenze der Entmilitarisierten
Zone, nördliche Zentralküste.

85, 19–23   *Die Verschärfung des . . . Zuwachses an Arbeitsmöglichkeiten* – Vgl. den Artikel
»Million Jobs Created by Intensification of War« der NYT vom 14. 9. 1967:
»The intensification of the Vietnam war created more than one million jobs
in the United States in the last two years [. . .]
The sharp rise in employment because of the military build-up amounted to
some 23 per cent of the total increase of more than four million jobs in the
United States economy since 1965 [. . .] ›New construction and shipbuilding
were the only ones to show a decline in estimated employment generated by
defense expenditures.‹«

85, 29–86, 4 *Mit sechzehn Jahren . . . Anfang des Jahrhunderts* – s. 217, 6–22; 726, 28–728, 4;
1283, 26–28; 1284, 35 f.; 1286, 27–37; 1751, 19 f.; vgl. die Darstellung der Episode in: HNJ, S. 24 f. Beide Male schließt sich daran eine Reflexion über das
Gedächtnis an. – Die Enkelin des Meisters (S. 85, 36) ist Gesine Redebrecht.

86, 39 *Gräfinnenwald* – s. K. 34, 8.

87, 6 *Dawes-Plan* – Von dem amerik. Finanzpolitiker und Bankier Charles Gates Dawes (27. 8. 1865–23. 4. 1951) 1924 ausgearbeiteter Plan, der die dt. Reparationszahlungen nach dem 1. Weltkrieg regeln sollte; 1928 gescheitert und durch den Young-Plan (1930–32) ersetzt. Es verwundert, daß die Nazis, deren Propaganda sich auch gegen die Reparationsforderungen der ehemaligen Kriegsgegner richtete, nicht den aktuellen Zahlungsvertrag diskutierten.

87, 6 f. *die Reichstagswahl vom vorigen September* – Am 14. 9. 1930 hatte die NSDAP ihren Stimmenanteil von 2, 6 % (0, 810 Mio. Stimmen, 12 von 491 Mandaten) bei der Wahl am 20. 5. 1928 auf 18, 3 % (6, 409 Mio. Stimmen, 107 von 577 Mandaten) erhöhen können; zu weiteren Wahlergebnissen: s. K. 159, 18 f.; 216, 19; 223, 24–36; 348, 35; 390, 31–33.

87, 7 f. *Kniesenack* – In Güstrow gebrautes dunkles Bier mit hohem Alkoholgehalt, um 1500 als »Knesenac« erstmals erwähnt; auch Fürstenbier genannt, was auf den slawischen Ursprung des Namens zurückgehen soll; vgl. Pechel (1928), der berichtet, das Bier »feierte erst auf dem Umwege über die Literatur eine – allerdings glänzende – Auferstehung«; ebd., S. 598; das Bier ist auch verzeichnet in: Sonderheft (1934), S. 277; s. 214, 33 f.; 655, 34.

87, 11 *Peter Wulfs* – Druckfehler in allen Ausgaben, richtig: Wulffs.

87, 14 f. *Ladage & Oelke* – Exklusives Hamburger Bekleidungsgeschäft in den Alsterarkaden, damals ausschließlich für Herren.

87, 21 *Ein Protestant. Protestanten* – s. 776, 4 f. Die Wiederaufnahme signalisiert ›Anfang und Ende‹, verbindet die Episode vom Kennenlernen Cresspahls und Lisbeths mit dem Bericht von ihrem Tod und dient zugleich ihrer Charakterisierung.

87, 30–34 *Die kommt nicht . . . die Augen offen* – s. 106, 1 f.; 705, 1 f.

87, 32 *Feldstraße* – Straße in Jerichow. Die Güstrower Feldstraße führt westlich der Innenstadt auf den Ulrichplatz, wo Johnson gewohnt hat; s. 363, 4; 757, 15; 1042, 34; 1625, 35.

87, 35 *Auf den Rehbergen* – Im Südwesten des Darß gibt es »Rehberge«; vgl. MJ, S. 166: »hüt gaon wi uppe Rehbarg laotn Drachn stign«; S. 295: »Wo bist du gewesen‹ fragte sie. [. . .] ›Meine Liebe‹ sagte Jakob: ›auf den Rehbergen, Drachen steigen lassen, und du warst auch mit‹. Es war aber die Wahrheit, und nun erinnerten ihre offenen Augen in dem undeutlichen Licht ihn an das Drachensteigen auf den Rehbergen.«

87, 37–88, 10 *Eine hat ihn . . . gut mit Kindern* – Vgl. die Version der Episode in: HNJ, S. 70: »Peter Wulff, Gastwirt vom Kruge; der hat ihn noch gewarnt vor Lisbeths Zahmheit in der Mecklenburgischen Landeskirche«.

88, 5 *Dievenow* – Östlicher Mündungsarm der Oder, der sich zum Camminer Bodden erweitert. In Kamien Pomorski an der Dievenow ist Johnson geboren.

Vgl. Johnsons Brief an Rolf Italiaander vom 29. 11. 1979 in: Fahlke (1994), S. 11:»Die Orte des Aufwachsens aus dem Gedächtnis verlieren, das hiesse ja die Dievenow vergessen, die für ein Kind zu breite Schlange Wassers mit ihren niedrigen schwarzen Booten, den glucksenden Fischkästen, dem wildwüchsigen Bruch und den federnden Wiesen an ihren Ufern. Sie bleibt, wie die Peene, die bei Karnin weissen Sand auswäscht, fein wie für Sanduhren, wie die Nebel, die an der Güstrower Bahnhofsbrücke den Blättersträhnen der Trauerweiden zu trinken gibt. Unverzichtbar und jeweils aufs Neue zu leben ist der Tag, der aufwachte an der Bützower Schleuse, seinen Mittag hielt inmitten der Ebenen von Schwaan und den Abend beging auf den wiegenden Querwellen des alten Hafens von Rostock. Alle Flüsse sind aufgehoben in ihrer Zeit, und alle nach ihnen, vom badischen Rhein bis zum Hudson der Walfänger, wozu sind sie denn da? zu erinnern an die Flüsse von ehemals.«

88, 11–15 *Stalins Tochter und . . . tut dergleichen heutzutage* – Vgl. den Artikel »How My Mother Killed Herself« der NYT vom 14. 9. 1967: »People were a lot more honest and emotional in those days. If they didn't like life the way it was, they shot themselves. Who does that kind of thing now?«; s. K. 29, 24.

15. 9. 1967

88, 19 f. *In der letzten . . . am Krieg gestorben* – Unter der Überschrift »U. S. Troops Kill 134 of Enemy in Delta Sweep« der NYT vom 15. 9. 1967 heißt es: »During the week, 242 Americans died, as did 250 South Vietnamese soldiers and 23 from other allied units, according to a weekly summary issued today by the American military spokesman said [sic], only North Vietnamese and Vietcong deaths were reported as 2, 103, twice as many as in the previous week.« In Johnsons Addition sind die amerik. Toten vergessen worden.

88, 20 f. *Gestern bestritten die . . . im Arbeitslager mißhandeln* – Vgl. den Artikel »Soviet Is Said to Report Writer Is Not Mistreated« der NYT vom 15. 9. 1967: »A Soviet investigating commission was reported today to have rejected charges that Yuli M. Daniel, a Russian writer, was being mistreated at a labor camp. Sources said that the commission had been set up after Mrs. Daniel wrote to the Soviet leaders complaining about her husband's treatment«.
Julij Markowitsch Daniel (15. 11. 1925–30. 12. 1988), jüd.-russ. Lehrer, Schriftsteller und Übersetzer, veröffentlichte unter dem Pseudonym Nikolai Arschak im Ausland. Am 12. 9. 1965 verhaftet, wegen »antisowj. Propaganda« am 12. 2. 1966 gleichzeitig mit Sinjawskij zu fünf Jahren verschärfter Haft in einer »Arbeitsbesserungskolonie« verurteilt. Daniel protestierte wiederholt mit Hungerstreiks, wurde am 12. 9. 1970 entlassen und nach Kaluga verbannt; s. K. 133, 36; 246, 28; 427, 30; 521, 11; 731, 27–36; 731, 27 f.

88, 21 f. *Die Lehrer der . . . Schulen streiken weiter* – Vgl. den Artikel »City Halts Talks Teachers; Both Sides Dig In« der NYT vom 15. 9. 1967; s. K. 81, 36.

88, 22–24   *Südkorea will einen . . . seiner Nordgrenze errichten* –Vgl. unter »News Summary«
der NYT vom 15. 9. 1967: »The Government of South Korea disclosed that
it was considering a plan to build, with United States help, a barrier of barbed wire and electronic equipment to prevent infiltration from the North.«

88, 24–26   *Jan Szymczak aus . . . zwar ab heute* –Vgl. unter »Public Notices« der NYT vom
15. 9. 1967: »JAN SZYMCZAK, 147 North, 4th Street, Brooklyn, N. Y., US
citizen, is looking for his wife Alina Boguslava Szymczak [. . .] The above person came to USA February 17, 1967 from Poland. ID Card No. A-14–865-
284. Further I am not responsible for the debts she made or will be made.«

88, 27 f.   *der milliardenfache Revolutionsgewinner Tschombe* – Moise Kapenda Tschombe
(10. 11. 1919–29. 6. 1969), kongolesischer Politiker; maßgeblich an Unruhen,
Bürgerkriegen und Separationsbestrebungen beteiligt; erklärte 1960 die reiche Bergbauprovinz Katanga für selbständig und war deren Präsident bis
1963; 1964/65 Ministerpräsident der Zentralregierung; nach seiner Entlassung 1965 im Exil in Spanien; im März 1967 in Abwesenheit wegen Hochverrats zum Tode verurteilt, im Juni 1967 auf dem Flug von Palma de Mal-
lorca nach Algerien entführt; dort in der Haft gestorben, obwohl das
algerische Oberste Gericht die Auslieferung an den Kongo angeordnet hatte; vgl. DER SPIEGEL 10. 7. 1967, S. 68.

88, 30 f.   *der 33. militärische Konflikt* – Sechs-Tage-Krieg: Als auf Drängen des ägyptischen Präsidenten Nasser 1967 die UNO-Truppen Israel verließen, sperrte
er die Zufahrt nach Eilat und ließ mit Unterstützung Jordaniens und Sy-
riens Truppen an Israels Grenzen aufziehen. In einem Präventivschlag vom
5.–11. 6. 1967 besetzte Israel die Sinaihalbinsel, den Gazastreifen, die Golan-
höhen und Ostjerusalem; s. K. 9, 5 f.; s. 188, 34; 1306, 9; 1876, 18.

89, 8   *Siegesparade auf dem Riverside Drive* – Anläßlich des Sechs-Tage-Krieges; s. K.
88, 30 f.

89, 11   *Kossygin* – Alexej Nikolajewitsch Kossygin (21. 2. 1904–18. 12. 1980), 1964
Nachfolger Chruschtschows als Vorsitzender des Ministerrats, wurde zunehmend von Breschnew verdrängt. Kossygin hielt sich vom 18.–26. 6. 1967 anläßlich einer außerordentlichen Sitzung der UNO-Vollversammlung in New
York auf. Er war überraschend am Ankunftstag das letzte Stück der 3. Ave.
von der 55. Straße Ost bis zur Sowjetischen Mission in der 67. Straße Ost
(Nr. 136) zu Fuß gegangen und zwar von 5.44 bis 5.50 Uhr morgens »schneller als im Militärschritt«. Bei der Stadtbesichtigung am 19. Juni war er nicht entlang der 3. Ave. gefahren worden; vgl. NYT 19. 6. 1967; s. K. 1226, 26–1227, 8.

89, 15   *Niagara-Fälle* –Wasserfälle des Niagara River zwischen Erie- und Ontariosee;
auf US-amerik. Seite 51 m hoch und 350 m breit, auf kanadischer Seite 49 m
hoch und 790 m breit.

89, 15 f.   *Nikita Sergejewitsch Chruschtschow* – 17. 4. 1894–11. 9. 1971, 1953 1. Sekretär
des ZK der KPdSU, 1958 Vorsitzender des Ministerrats; leitete auf dem XX.

Parteitag 1956 in einer Geheimrede die Entstalinisierung ein und damit eine Einschränkung der Macht der Staatsorgane; widersprüchliche Politik: Einmarsch sowj. Truppen in Ungarn 1956, »Tauwetter« in der Kulturpolitik bis 1963, danach wieder Reglementierung; Koexistenzpolitik stand im Gegensatz zum Berlin-Ultimatum und der Kuba-Krise; nach wirtschaftlichen Mißerfolgen 1964 abgesetzt; s. K. 1128, 17–21.

89, 22 f.   *In sechs Monaten . . . um 17 % angestiegen* – Vgl. den Artikel der NYT vom 15. 9. 1967 »F. B. I. Finds Crime Up By 17 % in 6 Months«.

89, 23   *täglich zwei Morden in New York* – s. 1663, 29 f.

89, 27   *Dreifinger-Brown* – Eigentlich Thomas Gaetano Lucchese, »Three Finger Brown« (1899–13. 7. 1967), New Yorker Mafioso; kam 1911 aus Palermo in die USA. Er wurde 1953 Nachfolger des eines natürlichen Todes gestorbenen Tom Gagliano und begründete die »Lucchese-Familie«; s. K. 22, 28.

89, 27–29   *Dreifinger-Brown, ein . . . Trauergäste am Grabe* – Vgl. den Artikel »Close Watch kept On Lucchese Friends« der NYT vom 15. 7. 1967: [14.7.] »Law enforcement officials kept a close watch today on the funeral home where visitors have been paying their respects to Thomas Gaetano Lucchese, a Mafia leader also known as Three Finger Brown, who died yesterday.« In der NYT vom 16. 7. 1967 werden als Trauergäste u. a. Joseph Colombo, Anthony Corallo, John Dioguardi, Joseph Gallo und Carlo Gambino genannt.

89, 31 f.   *die Polizei in . . . mittlerweile 32 365 Mann* – Nach dem Artikel »Lindsay Opposes Adding To Police« der NYT vom 1. 12. 1967 unterhielt New York zu diesem Zeitpunkt 28 228 Polizisten.

89, 35 f.   *Bürgerkrieg in New Jersey* – In Newark (s. K. 110, 9) kam es besonders in der zweiten Julihälfte 1967 zu schweren Rassenunruhen; s. K. 9, 6 f.; s. 327, 35; 900, 32; 988, 19.

89, 38 f.   *Anita mit der Kneipe* – Anita Gantlik, Gesines Schulfreundin aus Gneez, führte eine Kneipe am Henriettenplatz in Westberlin, von wo aus sie Menschen aus der DDR half, in die BRD zu fliehen. Vgl. Johnson, Eine Kneipe geht verloren; vgl. Register.

90, 2 f.   *Die Luftwaffe verliert . . . weiß nicht wie* – Die NYT vom 18. 7. 1967 berichtet unter der Überschrift »›Mini-Mines‹ Found on Florida Beach Blind Airman«, daß mehrere hundert Soldaten am Strand zwischen Santa Rosa Island und Choctawhatchee Bay etwa 6000 kleine Minen aufsammelten, die aus einem Kanister aus einem Flugzeug über dem Golf von Mexico gefallen waren. Angeblich seien die zu Warnzwecken benutzen Minen ungefährlich, doch erblindete ein Soldat bei der Aktion. Die Herkunft des bei einem Trainingsflug verlorenen Kanisters war bekannt, aber: »They also found a 260-pound fragmentation bomb and disarmed it. A military spokesman said the origin of the bomb was unknown.«

90, 4 f.   *Eisenbahnen, Telefongesellschaften, Autofabriken, Schulen wurden bestreikt* – Eisenbahnerstreik: s. K. 84, 17 f.

Telefonstreik: Nachdem ein Münzeinsammler in Bedford-Stuyvesant erschossen worden war, begann am 31. 7. 1967 ein wilder Streik der für Reparatur und Service der Münztelephone zuständigen Angestellten. Sie forderten für bestimmte Bezirke eine Begleitperson. Als sich am 7. 8. 1967 andere Angestellte dem Streik anschlossen, wurden die Forderungen akzeptiert und der Streik, der den normalen Telefonverkehr nicht beeinflußt hatte, am 9. 8. 1967 beendet; vgl. NYT vom 8. und 9. 8. 1967.
Streik in der Automobilindustrie: s. K. 60, 19 f.
Lehrerstreik: s. K. 81, 36.

90, 6–8   *In Viet Nam . . . mehr davon bestellt* – Nach Angabe der NYT vom 1. 9. 1967 fielen in der vorhergegangenen Woche 125 Amerikaner und 101 Südvietnamesen. Die in Vietnam stationierten Truppen wurden um 5000 auf 462 000 erhöht. General Westmoreland: s. K. 40, 21.

90, 8–10   *Die Gesetzgeber lachen . . . in den Slums* – Eine Gesetzesvorlage, $ 40 Mio. zur Rattenbekämpfung in den Slums auszugeben, wurde abgelehnt: »There were chuckles and guffaws as opponents suggested that the new program would create ›a rat bureaucracy‹ and ›rat patronage‹ and ›a high commissioner of rats‹«; NYT 21. 7. 1967; s. 843, 28–30.

90, 10   *De Gaulle verspricht Quebec die Freiheit* – Charles de Gaulle (22. 11. 1890–9. 11. 1970), frz. General und Politiker; im 2. Weltkrieg Chef des Widerstands und der Exil-Regierung; nach der Befreiung Frankreichs Minister-, später Staatspräsident. Bei einem Staatsbesuch in Kanada unterstützte er die Unabhängigkeitsbestrebungen in der frz. sprechenden Provinz Quebec, indem er am 26. 7. 1967 in Montreal ausrief: »Es lebe Quebec, es lebe das freie Quebec, es lebe Französisch-Kanada, es lebe Frankreich« und anschließend die frz. Nationalhymne anstimmte; vgl. NYT 26. 7. 1967; DER SPIEGEL 31. 7. 1967, S. 72; s. K. 554, 29–31; 572, 34–36; 1191, 18–20.

90, 10–12   *Immer wieder fotografieren . . . Rückseite des Mondes* – Der amerik. Lunar Orbiter 5 umkreiste den Mond.

90, 12   *Krupp* – Alfried Krupp von Bohlen und Halbach (13. 8. 1907–30. 7. 1967), bis 1945 Alleininhaber des größten dt. Rüstungskonzerns; 1948 Verurteilung wegen »Plünderung und Sklavenarbeit«, 1951 Revision des Urteils.

90, 12   *Ilse Koch* – s. K. 49, 7–51, 6; 49, 8.

90, 13–15   *Einer der Erfinder . . . Stuttgart zu sehen* – Albert Widmann, SS-Major, leitender Chemiker des Reichssicherheitshauptamtes; beteiligt am Entwurf und Test mobiler Gaskammern, verurteilt zu 6 ½ Jahren wegen Beihilfe zum Mord von mehr als 4000 Juden und geistig Behinderten; vgl. NYT 14. 9. 1967; DER SPIEGEL 27. 3. 1967, S. 36; s. K. 92, 34–36.

16. 9. 1967

90, 25   *South Ferry* – Staten Island Ferry, verkehrte seit 1713 mit Segelschiffen von der Südspitze Manhattans nach Staten Island (s. K. 72, 1). Den regulären Fährbetrieb eröffnete Cornelius Vanderbilt 1817 mit Dampfschiffen. Die Fähre fuhr zu den Hauptverkehrszeiten viertelstündlich, tagsüber halbstündlich, nachts jede volle Stunde. Sie brauchte für eine Strecke 20–30 Minuten und kostete nur fünf Cents pro Fahrt.

90, 27   *Battery* – Südspitze Manhattans; die Bezeichnung rührt von einer Befestigungsanlage her, die Anfang des 19. Jh.s angesichts drohender Auseinandersetzungen mit Frankreich und England errichtet wurde; später wurde daraus eine Parkanlage; s. K. 209, 22.

90, 30   *»France«* – s. K. 19, 7.

91, 7   *Chambers Street* – U-Bahnhof im südlichen Manhattan mit Umsteigemöglichkeit für den Brooklyn-Express; s. 369, 25.

92, 15 f.   *amerikanischen Soldaten in der Dominikanischen Republik* – Nachdem der Diktator Cabral am 24. 4. 1965 durch einen Militärputsch gestürzt worden war, plädierten die revoltierenden Militärs teils für eine Diktatur, teils für eine Demokratie unter dem 1962 gewählten Juan Bosch. In die nachfolgenden militärischen Auseinandersetzungen griffen seit dem 24. 4. 1965 Truppen der USA und seit September die der Organisation Amerikanischer Staaten ein. Die sogenannte Johnson-Doktrin ersetzte das bisher in der Lateinamerikapolitik der USA vertretene Prinzip der Nichteinmischung durch das Recht, der Errichtung eines weiteren komm. Staates neben Kuba mit allen Mitteln entgegenzutreten.

92, 25–28   *Einem schwarzen Moslem . . . die Verhandlung störten* – Vgl. den Artikel »Muslim Gagged and Handcuffed For Disrupting Trial in Brooklyn« der NYT vom 16. 9. 1967: »Robert 35X Smith, a Black Muslim on trial for the attempted murder of three detectives, was gagged and handcuffed yesterday after disrupting the court's proceedings.
Justice Hyman Barshay acted swiftly after Smith had risen to protest that ›this trial is too speedy.‹«

92, 25   *schwarzen Moslem* – (engl. wörtl. übersetzt) Black Muslim; Black Muslims, religiöse Bewegung der Schwarzen in den USA (bis 1976 »The Lost-Found Nation of Islam«, später »World Community of Islam in the West«, seit 1980 »American Muslims Mission«); gegr. 1930 von W. D. Fard, der sich für eine Verkörperung Allahs hielt und u. a. die Auffassung vertrat, alle Schwarzen seien von Natur aus Muslime und alle Weißen Teufel. Die Schwarzen sollten sich daher durch Gründung eines eigenen Staates von ihnen lösen. Zu den bekanntesten Anhängern der Black Muslims gehören Malcolm X (s. K. 1308, 4) und der Boxer Cassius Clay, der sich seit seinem Beitritt Muhammad Ali nennt.

92, 28–30   *Zwei von den . . . für einberufbar erklärt* – Vgl. den Artikel »Attendance Dips Again In Schools« der NYT vom 16. 9. 1967: »Lee Olshan, union chapter chairman at Public School 178, Dean Street and Saratoga Avenue, Brooklyn, said that two of the teachers who were backing the union, Lawrence Feldman and Leonard Rosenthal, had received notices from their draft boards asking them to show why they should not be classified 1-A.
Both teachers had had 2-A deferments until June, 1968, Mr. Olshan declared, voicing the suspicion that ›blackmail, harassment‹ were the reasons for the notices«; s. K. 81, 36.

92, 30–33   *Einem gemeinen Soldaten . . . von Philadelphia geführt* – Vgl. den Artikel »Soldier Is Arrested for Refusing to Go to Vietnam« der NYT vom 16. 9. 1967: »Oakland, Calif., Sept. 15 (UPI) – An Army private who says his war is being fought in the ghettos of Philadelphia was arrested today for refusing to board a troop plane to Vietnam. [. . .]
Army officers, giving him a chance to change his mind, ordered him to stand in the quadrangle until the plane left Travis [Air Base] for Vietnam – then locked him in the stockade where he faces 11 years at hard labor and a dishonorable discharge.«

92, 33   *Philadelphia* – Industrie- und Hafenstadt im Südosten des Bundesstaates Pennsylvania; erste Hauptstadt und fünftgrößte Stadt der USA; s. K. 272, 29.

92, 33 f.   *Der Befehlshaber der . . . hat sich vergiftet* – Muhammad Abd Al Hakim Amer (Amir) (11. 12. 1919–4. 10. 1967), Feldmarschall; nahm 1952 an dem Offiziersputsch gegen König Farouk teil; Oberbefehlshaber im Sinai-Krieg; bis zum 9. 6. 1967, als er wegen der Niederlage im »Sechs-Tage-Krieg« (s. K. 88, 30 f.) abgesetzt wurde, Vizepräsident, stellv. Oberbefehlshaber der Armee und designierter Nachfolger Nassers; unternahm danach mehrere Selbstmordversuche; seit dem 6. 9. 1967 verhaftet; vgl. den Artikel »Cairo Reports Suicide of Amer, Ex-Nasser Aide« der NYT vom 16. 9. 1967.

92, 34–36   *Der deutsche Chemiker . . . Stuttgart freigelassen worden* – Unter der Bedingung, daß er $ 1000 für ein Heim für geistig und körperlich behinderte Kinder spende, wurde Widmann die verbrachte Haft von 3 ½ Jahren und 13 Monaten Untersuchungshaft anerkannt und die restliche Zeit ausgesetzt; vgl. den Artikel »Convicted Ex-Nazi Freed In Stuttgart« der NYT vom 16. 9. 1967; s. K. 90, 13–15.

93, 1   *South Brooklyn* – Heute nicht mehr gebräuchlicher Ausdruck für die Stadtteile Red Hook, Carroll Gardens und Park Slope.

93, 3   *Narrows* – Mündung des Hudson River in den Atlantischen Ozean zwischen Brooklyn (s. K. 54, 14) und Staten Island (s. K. 72, 1), überbrückt von der Verrazano Narrows Bridge (s. K. 118, 38).

93, 3 f.   *Governor's Island* – Insel in der Upper Bay; ca. 1 km südöstlich der Spitze Manhattans; 1524 von Giovanni da Verrazano entdeckt, später von Holländern besiedelt; militärisches Sperrgebiet, zunächst von der US-Army, seit 30. 6. 1966 von der US-Coast Guard genutzt.

93, 4   *Baracken* – (engl. wörtl. übersetzt) barracks: Kasernen.

93, 9   *East River* – s. K. 20, 29 f.

93, 9 f.   *Thank you very . . . for taking me* – (engl.) Dankeschön, daß du mich mitgenommen hast.

93, 14   *Travemünde* – s. K. 33, 22.

93, 16 f.   *We were very . . . on the ferry* – (engl.)
         Wir waren sehr müde, wir waren sehr fröhlich.
         Wir sind die ganze Nacht auf der Fähre hin- und hergefahren.
Anfangszeilen des Gedichts »El Recuerdo« von Edna St. Vincent Millay (s. K. 588, 25). Diese ersten zwei Verse sind auch in dem »AIA Guide to New York« (S. 588) enthalten, den Johnson benutzte; vgl. Fahlke (1991) S. 138–142; s. K. 588, 21–26; 1454, 27–37; 1455, 13 f.

17. 9. 1967

93, 19–32   *Gestern mittag war . . . nach der Polizei* – Vgl. den Artikel »London Police Free Russian From Soviet Plane« der NYT vom 17. 9. 1967: »British Policemen surrounded a Soviet airliner this afternoon and took off a struggling young Russian physicist. [. . .]
The Russian was being pulled aboard the airliner at Heathrow Airport. The police, acting on a tip, rushed squad cars to the runway to prevent the plane's departure.
About a dozen airport policemen and Special Branch officers of Scotland Yard took the man from the plane [. . .] a Home Office spokesman said that the young man had not seemed very coherent [. . .].
The Home Office spokesman identified the man as Vladimir Tkachenko. [. . .] Scotland Yard reported that it had been informed that a man ›had been seen in the Bayswater Road being taken against his will by four men‹ into a car.
›He was allegedly dragged into the car shouting for police,‹ the Yard said. [. . .] Witnesses [. . .] said a tug-of-war had taken place between the police and the crew.
A Soviet Embassy official said Mr. Tkachenko had been in England for eight months taking a postgraduate degree at Birmingham University.«
Unter der Überschrift »Breakdown, Russians Say« der NYT vom gleichen Tag heißt es: »Soviet Embassy officials told a British reporter that Mr. Tkachenko had had a nervous breakdown and was on his way back to the Soviet Union for treatment. [. . .]
A doctor gave Mr. Tkachenko an injection«; s. K. 99, 26–29.
Bayswater Road, eine verkehrsreiche Straße, verläuft nördlich des Hyde Park.

93, 23   *Aeroflot* – 1923 gegr. staatliche Luftverkehrsgesellschaft der UdSSR mit Sitz in Moskau.

93, 26   *Birmingham* – Bedeutende Industriestadt in Mittelengland mit zwei Universitäten.

94, 4 f.   *Gaswerks von Richmond* – Direkt neben Manor Grove, wo sich Cresspahls Haus befand, stand ein großer Gasbehälter; s. K. 148, 6–12; 193, 4 f.; s. 103, 19; 129, 38; 148, 5; 334, 28–335, 3; 375, 27.

94, 17   *Esq.* – (engl.) Abk. von »esquire«: Herr; dem Namen nachgestellte Anrede im Geschäftsverkehr, kein Titel; s. 352, 6; 379, 11; 813, 10; II, 46.

94, 19   *Uxbridge* – Bis 1964 selbständige Industriestadt am Nordwestrand von London.

94, 25   *Burse, Dunaway & Salomon* – Fiktive Anwaltskanzlei; neben den engl. Wörtern »purse« (dt. Geldbeutel) und »done away« (dt. weggeschafft) klingt auch das »salomonische Urteil« nach 1. Kön 3, 16 an; vgl. Register.

94, 31 f. *annoncierten Burse, Dunaway... and Twickenham Times* – Am 2. und 12. Mai 1928 erschien in dieser Zeitung unter der Rubrik »Business Premises to let« das Angebot: »Large workshop to let, ground floor, 17 Orchard road Richmond, near Gasworks«. Orchard Road ist eine Sackgasse in unmittelbarer Nähe von Manor Grove.

94, 32   *Richmond and Twickenham Times* – Wochenzeitung für die Stadtteile Richmond, Twickenham und Kew im Südwesten Londons, die sich als Journal für Lokalnachrichten, Gesellschaft, Kunst und Literatur bezeichnet; 1873 gegr.
An folgenden Stellen hat Johnson Artikel dieser Zeitung als Vorlage benutzt: s. K. (94, 31 f.); 129, 26–28; 130, 25; 144, 39; 148, 6–12; 148, 24; 148, 35; 149, 13–15; 180, 35; 180, 39–181, 8; 181, 12; 181, 13; 181, 16–23; 181, 23 f.; 181, 31–36; 191, 15–28; 192, 32 f.; 192, 39–193, 3; 193, 4 f.; 193, 30–33; 333, 23.

94, 35   *Dorking* – Kleine Stadt im Süden von London.

94, 36 f. *Short's »Greyhound« in der George Street* – Ehemalige Gastwirtschaft »Zum Windhund« (1685 als Wirtshaus gegr., Gebäude von 1730) in der George Street, einer Geschäftsstraße im Zentrum von Richmond; s. 130, 10; 181, 32; 182, 23 f.; 333, 25.

95, 4 f.   *Friedhof Sheen* – North Sheen Cemetery, großer Friedhof nordöstlich von Richmond.

95, 14   *Bahnhof Paddington* – Im Nordwesten Londons; s. 1703, 39.

95, 21   *Dartmouth* – Engl. Hafenstadt am Ärmelkanal, Devon.

95, 24   *»Michelinberg«* – Verballhornte engl. Aussprache von Mecklenburg; s. II, 43.

95, 38 f.   *Dann ließ er . . . Elizabeth Trowbridge entwerfen* – Vgl. die Darstellung in: HNJ,
              S. 63 f.; 66 f.

96, 4   *Kingston-on-Hull* – Engl. Hafenstadt an der Ostküste, etwa 280 km nördlich
              von London, Zielhafen von Fährschiffen aus Hamburg.

96, 5   *King's Cross* – Im Norden Londons gelegener Bahnhof, Ausgangspunkt für
              die Strecken in den Nordosten Englands.

96, 18 f.   *Betn scheef / hett . . . leeve Gott leev* – (nd. Redensart)
              Bißchen schief
              hat der liebe Gott lieb.

18. 9. 1967

96, 27   *des Astor Hotels* – Hochhaus-Hotel am Times Square, 7. Ave./44–45. Straße
              West, das im September 1967 abgerissen wurde; vgl. NYT 18. 9. 1967 und
              24. 2. 1968.

97, 2   *Amsterdam Avenue* – Fortsetzung der 10. Ave. nördlich der 57. Straße;
              s. 239, 39; 367, 21; 386, 13 f.; 393, 23; 492, 15; 576, 17; 842, 34; 1070, 11.

97, 2   *Verdipark* – Kleiner Park mit einem Denkmal für Giuseppe Verdi; als belieb-
              ter Treffpunkt von Drogensüchtigen auch Needles Park (s. K. 576, 15 f.) ge-
              nannt.

97, 29   *Ladenkirchen* – (engl. wörtl. übersetzt) Store front churches: Bezeichnung für
              kleine Gemeinderäume, hauptsächlich der Baptisten, Episkopalen und ande-
              rer protestantischer Kirchen; s. 791, 30 f.

97, 32 f.   *Ostseite* – s. K. 52, 26 f.

98, 20   *Novoje Slovo* – (russ.) Neues Wort, eigentlich Novoje Russkoje Slovo, unab-
              hängige, illustrierte, russischsprachige Tageszeitung in den USA; 1910 als
              Russkoje Slovo gegründet, 1920 umbenannt; publizierte als einflußreichste
              russischsprachige Zeitung in Amerika Material, das in der Sowjetunion nicht
              veröffentlicht werden konnte.

98, 23   *ruthenischen Dörfern* – s. K. 46, 18.

98, 34–99, 6 *Die New York . . . erlebt: Steve Kelly* – Vgl. den Artikel »Closing of Automat On
              72d Street Ends An Era for Elderly« der NYT vom 18. 9. 1967: »Last night,
              frail, uncertain voices sang ›Should auld acquaintance be forgot . . . ‹ [. . .]
              ›I've come here for 15 years, every evening,‹ said Ida Bess. ›Every evening.‹
              ›Fifteen years?‹ interrupted Rose Katz. ›Thirty years I'm eating here. [. . .]‹
              ›The lease expired,‹ explained Steve Kelly, the youthful manager. ›It's too bad,
              I've never seen such faithful customers.‹«

98, 37   *Should auld accqaintance be forgot* – (engl.) Sollten alte Freunde vergessen wer-
              den; Anfang des schottischen Volkslieds »Auld lang syne«; die zweite und drit-

te Strophe stammen von Robert Burns; es wird gewöhnlich auf Abschieds-
partys oder am Ende eines Abends gesungen:
>Should auld acquaintance be forgot
And never brought to mind
Should auld acquaintance be forgot
And days of auld lang syne.
Druckfehler in allen Ausgaben, richtig: acquaintance.

99, 7–11   *Auf einem anderen . . . New York Times* – Vgl. zwei Fotos der NYT vom 18. 9.
1967 mit dem Begleittext »An old woman is assisted by a fellow refugee, left,
and a South Korean marine at a shore point about 70 miles south of Danang.
Refugees fled area of heavy fighting in fishing boats. At right, another marine
carries her to higher ground«; Da Nang: s. K. 61, 11.

19. 9. 1967

99, 15 f.   *in einer Kirche . . . Mutter gestiftet war* – Riverside Church, 490 Riverside Drive
zwischen 120. und 122. Straße, interkonfessionelle Kirche der Baptisten mit
2500 Sitzplätzen, nach dem Vorbild von Chartres, 1930 vollendet; John Davison Rockefeller jr. (28. 10. 1874–12. 5. 1960) finanzierte den Bau und
schenkte der Kirche zum Gedenken an seine Mutter ein Glockenspiel, deshalb auch Rockefeller Church genannt. Martin Luther King hielt hier am
4. 4. 1967 seine berühmte Rede gegen den Vietnamkrieg »Declaration of
Independence from the War in Vietnam«; s. K. 115, 33; 638, 8; 1397, 12;
s. 549, 11 f.; 573, 25 f.

99, 26–29   *Die Briten haben . . . an Benehmen vor* – Vgl. den Artikel »British Turn Young
Physicist Back to Russians at His Request« der NYT vom 19. 9. 1967: »The
Soviet physicist who was forcibly removed from a Soviet airliner by British
policemen Saturday was turned back to the Soviet Embassy today. [. . .]
But the Foreign Office stuck by its charge that the conduct of Soviet officials
in handling the affair had been ›outrageous.‹ And the Russians replied that the
British Government's action in removing the physicist from a departing So-
viet TU-104 jetliner left much to be desired. [. . .]
The two countries were in agreement on one point: the 25-year-old physicist was a sick man«; s. K. 93, 19–32.

100, 7–11   *Streiks wie diesem . . . gegen aufsässige Kinder* – s. K. 81, 36.

100, 11–17   *Sollte in einer . . . wirst du sterben* – Bei dem Lehrerstreik ging es u. a. um eine
Vertretung von Schwarzen und Puertoricanern bei den Verhandlungen zwi-
schen Schulaufsicht und Gewerkschaft. 12 Mitglieder von Brooklyn CORE
(Congress of Racial Equality: Kongreß für Rassengleichheit) wurden nach
einem Sitzstreik in den Büroräumen einer Schulbehörde verhaftet. Die Episode ist dem Artikel »12 Are Arrested At School Sit-In« der NYT vom 19. 9.
1967 entnommen: Der Streifenpolizist John Clarke berichtete, er sei mit

einem einen Meter hohen Aschenbecher auf den Kopf geschlagen worden. »When Patrolman Clarke was led from the floor with his head bandaged, some of the women demonstrators shouted: ›I hope you die‹«.

100, 18–37   *Gut genug für . . . er fliegt auf* – Vorbild für Maries Schule war die St. Hilda's and St. Hugh's School, eine 1949 gegr. Privatschule, die Kindergarten, Vorschule und die Klassen 1–12 umfaßte und von Episkopalischen Schwestern geleitet wurde. Die Protestant Episcopal Church spaltete sich 1776 von der Church of England ab. Im Hechinger (1968), S. 203 f., heißt es: »St. Hilda's and St. Hugh's School, 621 West 113 Street, New York [...] The Rev. Mother Ruth, headmistress [...] Tuition: Grades 1 to 12 $ 800 to 925 [...] Additional annual fees include $ 200 for meals, varying amounts for uniform, and $ 300 for after-school playgroup [...] Facilities: A new 7 storey, airconditioned building has recently been completed. Playing fields in Riverside Park are used [...] Students are mainly from middle-income families, with college potential and no emotional or disciplinary problems. About one-third come from the Morningside Heights area. Affiliation: Episcopal [...] Curriculum: [...] German«; s. 1108, 12–18; 1257, 26–29.

100, 25   *unvermischten Wissenschaft* – (engl. wörtl. übersetzt) pure science: reine/theoretische (Natur-)wissenschaft.

100, 32–34   *mit einem Zeugnis . . . den ausgenommenen Universitäten* – Hechinger (1968), S. 204, über St. Hilda's and St. Hugh's: »College admission/About 98 per cent of graduates enter college. In recent years, the following colleges have accepted the greatest number of graduates: Columbia, Barnard, Hunter, New York University, Pembroke, Wesleyan, University of Pennsylvania, Duke, Bryn Mawr, Boston University, Cornell and Smith.«

100, 33 f.   *bei den ausgenommenen Universitäten* – Wortspiel über (engl.) exclusive und der lat. Herkunft dieses Wortes: excludere: ausschließen, ausnehmen. Die »exklusiven« Universitäten werden in den USA »Ivy League« genannt, eine Anspielung auf ihre meist efeuumrankten älteren Gebäude. Bei der aus acht Universitäten bestehenden Ivy League handelt es sich eigentlich um einen 1956 erfolgten Zusammenschluß zu gemeinsamen American Football Liga; dazu gehören Brown, Columbia, Cornell, Dartmouth College, Harvard, Princeton, University of Pennsylvania und Yale; s. K. 101, 15; 321, 22 f.

100, 35   *Public School Nummer 75* – (engl.-dt.) staatliche Schule Nummer 75; s. K. 14, 13.

101, 1–4   *Die Ostdeutschen sagen . . . mit euch verhandeln* – Vgl. den Artikel »East Germans Ask Talks With Bonn in Relations« der NYT vom 19. 9. 1967: »By Philipp Shabecoff. Special to New York Times. Bonn, Sept. 18 – Premier Willi Stoph of East Germany in a letter to Chancellor Kurt Georg Kiesinger, called today for immediate negotiations to normalize relations between the two Germanys. [...]«
The draft calls for normal governmental contacts and negotiated settlements

in trade, economy, transportation, communicational and postal services. The draft treaty says that this will only be possible when West Germany overcomes its problems of ›militarism, neoNazism and monopoly power.‹« Als Voraussetzung forderte die DDR Anerkennung der gegenwärtigen Grenzen, Verzicht auf Atomwaffen, Halbierung der Rüstungsausgaben und Anerkennung Westberlins als eine unabhängige politische Einheit.

101, 9   *Park Avenue* – Straße östlich des Central Parks, bekannt für Bürohochhäuser, Hotels und Luxusapartments, eine der besten Adressen in Manhattan; s. K. 563, 27 f.

101, 10 f.   *ein Besuch fünfzehn . . . Blutzählung vierzig Dollar* – s. K. 84, 14.

101, 15   *Harvard* – Harvard University; älteste und berühmteste amerik. Universität, 1636 in Cambrigde bei Boston, Mass., gegründet, benannt nach dem Theologen John Harvard (November 1607–14. 9. 1638), der dem College seine Bücherei und die Hälfte seines Vermögens stiftete; s. K. 20, 15; 100, 33 f.

101, 28   *(AP)* – Abk. für Associated Press; Nachrichtendienst, der 1848 von sechs New Yorker Zeitungen gegr. wurde: »Sun«, »New York Herald«, »Courier and Enquirer«, »Journal of Commerce«, »New York Tribune« und »New York Express«; heute einer der größten der Welt mit Zentrale im Rockefeller Center.

101, 33   *Oceanside, Long Island* – Stadt nördlich der Middle Bay an der Südküste Long Islands (s. K. 24, 5 f.).

101, 35   *Plattsburgh* – Stadt am Lake Champlain im Norden des Staates New York.

20. 9. 1967

102, 3   *Leslie Danzmann* – s. 941, 30–945, 32.

102, 4   *Graal* – Ostseebad Graal-Müritz, nordöstlich von Rostock.

102, 11   *des Kurhauses Strandperle* – Graal, Kaiser-Wilhelm-Straße 6. Johnson besaß eine Postkarte des damals besten Hotels von Graal; vgl. Meyers (1931b), S. 59.

102, 13 f.   *Moorhof, Wallensteins Lager, Gespensterwald, Forsthaus Markgrafenheide* – Moorhof: Im Moorgebiet zwischen Graal-Müritz und Dierhagen südwestlich des Heiligen Sees gelegen.
Wallensteins Lager: Wegkreuzung in der Rostocker Heide, etwa in der Mitte zwischen Graal-Müritz und Hinrichshagen. Nach der Überlieferung sollen die Höhen Reste einer Lagerumwallung sein, die aber nur von einer kleineren Wallensteinschen Truppe stammen könnten, da Wallenstein den Schwaaner Warnowgang benutzte. Titel des ersten Teils von Schillers Wallenstein-Trilogie.
Wallenstein: Albrecht Wenzel Eusebius von Wallenstein (24. 9. 1583–25. 2. 1634), Herzog von Friedland, Fürst von Sagan, Herzog von Mecklenburg;

böhmischer Großgrundbesitzer, Politiker und Feldherr; besetzte im Verlaufe des Dreißigjährigen Krieges 1627 Mecklenburg und wurde dafür vom Kaiser 1628 mit dem Herzogtum Mecklenburg belehnt; residierte 1628/29 in Güstrow; s. 1436, 9.

Gespensterwald: Gebiet westlich von Graal-Müritz am Nordende des Großen Moors beim Heiligen See mit durch Küstenwinde geformten Kiefern und Wacholderbäumen.

Forsthaus Markgrafenheide: Ausflugslokal an der Stelle eines früheren Jägerhäuschens, zwischen Graal-Müritz und dem südlicheren Küstenort Markgrafenheide gelegen.

Alle Ausflugsziele, außer Wallensteins Lager, werden in Meyers (1931a), S. 60 f. genannt.

102, 24	*Rostock* – Stadt ca. 12 km vor der Mündung der Warnow in die Ostsee; Überseehafen, Werften und Schiffsindustrie; von 1952 bis 1954 hat Johnson in Rostock gewohnt und studiert.
102, 25	*in Bützow sah . . . In Bad Kleinen* – Mecklenburger Städte auf der Strecke von Rostock nach Hamburg.
102, 26	*Berliner Tageblatt* – 1872 von Rudolph Mosse als Lokalblatt gegr.; entwickelte sich zu einer auch außerhalb Berlins verbreiteten Tageszeitung mit demokratischer Grundhaltung; Chefredakteure waren u. a. Artur Levysohn und Theodor Wolf; am 31. 1. 1939 eingestellt; s. K. 712, 36–713, 2.
102, 37	*Croydon* – Stadt, später Stadtteil im Südosten Londons mit dem Hauptflughafen bis zum Ende des 2. Weltkriegs.
103, 2–4	*New Star and . . . Hill (acht Schilling* – Großes Hotel an der nordwestlichen Einfahrt zum Richmond Park mit Blick über die Themse; später umbenannt in Petersham Hotel. Der Name »Neues Stern- und Hosenband-Hotel« geht auf einen alten Landgasthof auf dem Gipfel des Richmond Hill zurück. »New Star and Garter Hotel, Richmond Hill, 50 Z., v. 7/6 [7 Schillinge 6 Pence] an«, Griebens (1931), S. 192.
103, 17	*Salomon* – s. K. 94, 25.
103, 19	*Gaswerkschornsteine* – s. K. 94, 4 f.
104, 10	*zu Schmidt in der Charlotte Street* – Ehemals bekanntes dt. Restaurant in Soho, galt zeitweilig als »Mensa« der Dozenten der London University.
104, 16 f.	*Black Horse in . . . Das White Horse* – In Dorking, Surrey, ist das »White Horse« ein beliebtes Ausflugsziel, während seit 1769 in Sheen Road, unweit von Manor Grove, wo Cresspahl seine Tischlerei hatte, das Wirtshaus »Black Horse« steht. Johnson verwechselte das und gestand es seiner Übersetzerin Leila Vennewitz ein; vgl. Johnson, Auskünfte für eine Übersetzerin, S. 327.
104, 16	*Dorking* – s. K. 94, 35.

104, 37   *Parish Church* – Gemeindekirche St. Mary Magdalene, Paradise Road, eine gotische Backsteinkirche aus der Zeit Henry VII.; s. 334, 11.

105, 8–14   *Und darum zum ... aus seinen Gründen* – s. 238, 4–7.

105, 8 f.   *Reformationstag* – 31. 10., Festtag der ev. Kirche zum Gedenken an Luthers Thesenanschlag 1517; vgl. HNJ, S. 71, 85; s. 111, 25; 112, 29; 114, 5; 238, 5; 319, 32; 720, 28; 721, 5.

105, 19   *Verbot der S. A.* – Sturmabteilung (SA), uniformierte Kampftruppe der NSDAP, 1920 gegr.; ursprüngliche Aufgabe: Versammlungsschutz; gewalttätige Auseinandersetzungen mit politischen Gegnern, 1933 vorübergehend als Hilfspolizei eingesetzt. Am 13. 4. 1932 waren während der Kanzlerschaft Brünings sämtliche militärähnlichen Organisationen der NSDAP verboten worden (RGBl. I, S. 175). Der Nachfolger Brünings, von Papen, hob am 16. 6. 1932 das Verbot auf.

105, 25   *Vadding* – (nd.) Koseform zu Vater.

105, 28   *Mier givt dat nu nich* – (nd.) Mehr gibt es jetzt nicht.

105, 30–34   *Es war Mai ... was du willst* – Stalins Reaktion auf den Wunsch seiner Tochter (s. K. 29, 24), den Juden Grigorij Morsow, einen Studenten am Institut für Internationale Beziehungen, zu heiraten. »It was May. Flowers were in bloom outside the dacha. ›So you want to get married, do you?‹ he remarked. For a long time he stared at the trees and said nothing. ›Yes, it's spring‹, he remarked all of a sudden. ›To hell with you. Do as you like‹«, NYT 20. 9. 1967.

106, 1 f.   *Ich wollte vorher ... Bett, mein ich* – s. 705, 1 f.; vgl. HNJ, S. 95–98; »Als sie nach Hause kamen, bat sie ihn in ihr Bett«, ebd., S. 97.

21. 9. 1967

106, 16–107, 3   *an einem solchen ... Tod zu leben* – Vgl. den Artikel »Mummified Bodies Are Found In Trunk« der NYT vom 21. 9. 1968: »The mummified bodies of three infants, all of whom apparently died in the nineteen-twenties, were found in a steamer trunk yesterday.
The bodies were found in the basement of 812 West 181st Street by John Hartnett, the building superintendent [...]. Among the 30 steamer trunks in the basement were two with tags reading ›Property of Anne Solomon.‹
The police said she was the wife of Jacob Solomon, 67 years old, who has lived in the building since 1935. [...]
Mr. Hartnett told the police that after Mr. Solomon had disclaimed knowledge of the two trunks, he opened them. One was empty. In the other he found the three bodies. They were wrapped in roofing tar-paper and newspapers – so tightly and so preserved that Assistant Medical Examiner Paul Hermann described them as ›mummified‹.

The newspapers in which the three bodies were wrapped were The Evening Sun of Jan. 20, 1920, The Evening World of March 4, 1922, and The Evening Journal of Oct., 1923.
Mr. Solomon told the police that his wife, Anne, who died in 1954 when she was 48 years old, had been a domestic in White Plains before he married her in 1933.«

106, 18 f. *an der 181. Straße. . . . Fort Washington Avenue* – Nördlich der George Washington Bridge in Washington Heights, eine vorwiegend von Schwarzen, Puertorikanern, Dominikanern und Kubanern bewohnte Gegend.

106, 22 *George Washington Bridge* – s. K. 13, 2.

106, 34 *White Plains* – Stadt in New York State, nördlich von New York, vorwiegend von Weißen bewohnt.

107, 5 *Daily News* – (engl.) Tägliche Nachrichten; gegr. 1919 von Joseph Medill Patterson; Sitz in New York City; konservative Tageszeitung mit der größten Auflage in den USA, mit großem Bildanteil.

107, 27 *Grafenwöhr* – Stadt in der Oberpfalz; nach dem 2. Weltkrieg bedeutender Stützpunkt der Besatzungstruppen, später des NATO-Kontingents der USA in der BRD.

107, 39 *Flossenbürg* – Gemeinde bei Neustadt an der Waldnaab in der Oberpfalz. Seit 3. 5. 1938 befand sich dort ein KZ für männliche »Asoziale« und »kriminell vorbelastete Häftlinge«; weibliche Häftlinge seit dem 14. 3. 1943. Flossenbürg unterstanden 97 Außenkommandos, etliche davon in Granitsteinbrüchen. Von den 96 716 registrierten Häftlingen wurden etwa 30 000 ermordet. Am 23. 4. 1945 wurde das Lager von amerik. Truppen befreit; s. K. 36, 12.

108, 13 *am 4. Juli* – Amerik. Nationalfeiertag; am 4. 7. 1776 wurde die Erklärung angenommen, in der die brit. Kolonien ihre Unabhängigkeit vom Mutterland verkündeten; s. K. 1166, 6–8.

108, 14 *Clay-Allee* – Ausfallstraße im Bezirk Zehlendorf in Richtung Potsdam. An ihr lagen Hauptquartier und Kasernen der amerik. Truppen in Berlin. Benannt wurde sie nach dem General Lucius D. Clay (23. 4. 1897–16. 4. 1978), der als Militärgouverneur der amerik. Besatzungstruppen Inspirator der Luftbrücke war, welche die über die Westsektoren Berlins verhängte sowj. Blockade (24. 6. 1948–12. 5. 1949) brach; s. K. 1148, 11 f.

109, 1 f. *Puedes estar segura . . . hay cementerio particular* – (span.) Du kannst sicher sein. In unserem Haus gibt es keinen privaten Friedhof; s. 106, 17–107, 3; 108, 24–26.

22. 9. 1967

109, 16 *wie das Getränk* – Gibson: Martini (trockener Vermouth mit Gin oder Wodka) mit einer kleinen Zwiebel im Glas.

109, 27 *Biltmore* – Hotel Biltmore, zwischen Madison und Vanderbilt Ave./East 43. und 44. Straße; 1913 von der New York Central Railroad erbaut; Treppen und Aufzüge hatten eine Verbindung zur Fußgängerebene des Grand Central Terminal; 1981 abgerissen; s. 110, 26.

109, 27 *Greenwich, Connecticut* – Ort am Long Island Sound im südlichsten Teil Connecticuts.

109, 29–31 *Der Außenminister hat . . . Nam beworben hat* – Die einzige Tochter Dean Rusks, Margaret Elizabeth Rusk, heiratete Guy Gibson Smith, 2. Leutnant der Luftwaffenreserve, der damit rechnete, nach Vietnam versetzt zu werden; vgl. NYT 22. 9. 1967.
Dean Rusk (9. 2. 1909–20. 12. 1994), Rechts- und Staatswissenschaftler, Politiker der Demokraten; nach diversen Posten im Verteidigungs- und Außenministerium 1952–60 Präsident der Rockefeller Foundation, 1961–69 Außenminister der USA unter J. F. Kennedy und L. B. Johnson; s. K. 68, 19.

110, 9 *Newark* – Newark ist Wirtschaftszentrum und größte Stadt New Jerseys; überwiegend von Schwarzen bewohnt; westlich von New York gelegen; s. K. 89, 35 f.; Flughafen: s. K. 325, 10 f.

110, 10 *San Francisco* – Stadt in Kalifornien, wichtigster Finanz- und Handelsplatz an der Westküste der USA; s. K. 558, 9; 1858, 35.

110, 17 f. *Seit 1961 sind . . . in Kampfhandlungen gefallen* – Vgl. den Artikel »Haiphong Bombed 3d Time in 6 Days« der NYT vom 22. 9. 1967: »This increased the totals [die Toten der letzten Woche] to 13, 365 Americans killed in action and 83, 443 wounded since records were first kept in 1961.«

110, 24 *Danang, oder Danghoi* – Da Nang lag 1967 in Südvietnam (s. K. 61, 11), der Fischereihafen Dong Hoi in Nordvietnam, an der mit 50 km schmalsten Stelle Vietnams, ca. 160 km nordwestlich von Huê.

110, 29 *Sprite* – Markenname eines Limonadengetränks; s. 167, 28.

111, 8 f. *Es war ein . . . Ich bin entzückt* – (engl. wörtl. übersetzt) It was a pleasure. I'm delighted.

111, 10–13 *Heute will uns . . . jemals vergessen werden* – Vgl. den Artikel »How My Nurse Sustained me« der NYT vom 22. 9. 1967, in dem Swetlana Allilujewa (s. K. 29, 24) von ihrem Kindermädchen Alexandra Andrejewa Bychkowa erzählt, die sich 30 Jahre um sie und ihre Kinder gekümmert hat. Sie beendet ihre Erinnerungen mit der Frage: »Can what is good ever be forgotten?«

23. 9. 1967

111, 15–25 *10 Eier kosteten . . . genierliche Singen, bestellt* – s. 761, 33–762, 6; 1828, 19–21.

111, 25 *Reformationstag* – s. K. 105, 8 f.

111, 33–112, 8 *Ick kann mi . . . Blaumnpott treckn mötn* – (nd.)
Ich kann mir nicht helfen, ich finde mich hübsch: sagte die Katze und spiegelt sich im Brunnen.
Dann fiel sie rein.
Und du hast sie gestoßen!
Seide auf dem Leib, und keine Ehre. Der Krieg ist dreizehn Jahre vorbei, und sie geht nach England.
Wer lang hat, läßt lang hängen.
Dem werden wir es kürzer schneiden!
Ottje Stoffregen ist schon besoffen.
Die Myrte hätte sie im Blumentopf ziehen müssen.
Nach mecklenburgischer Volksüberlieferung sollte die Myrte von einem anderen gepflanzt werden, weil man sich sonst einen Baum aufs Grab pflanzt. Wer lang hat . . .: Redensart: Wem es gut geht, der zeigt es auch. Seide auf dem Leib und keine Ehre: nd. Redensart; s. 775, 17 f.

112, 7 *Ottje Stoffregen is all dun* – s. 762, 32.

112, 9–24 *der Familie, die . . . Papenbrock mit allen* – Vermutlich Anspielung auf Fontanes »Frau Jenny Treibel« (Anfang 9. Kapitel): »[. . .] über dem Schmidtschen Hause lag eine starke Verstimmung; Corinna grollte mit Marcell, weil er mit ihr grollte [. . .] und die gute Schmolke wiederum grollte mit Corinna wegen ihres Grollens mit Marcell«; vgl. Fontane (1962), Bd. 4, S. 390; Mecklenburg (1982), S. 277, Anm. 79; s. 767, 7–768, 9; Fontane: s. K. 1694, 38 f.; »Frau Jenny Treibel«: s. K. 1706, 34 f.

112, 20 f. *Krakow* – s. K. 50, 17.

112, 29 f. *Rostocker Anzeiger* – Konnte nicht nachgewiesen werden.

112, 34 *Lukas 9, 62* – Die Lukas-Stelle beschreibt die Konsequenzen der Jesusnachfolge; hier: die unbedingte Ausrichtung auf die Zukunft; vgl. Paasch-Beeck (1997), S. 83.

112, 34–36 *er hatte zwar . . . als Gästen bestanden* – s. 71, 27 f.

113, 7 f. *Dat dau ick . . . sühst du dat* – (nd.) Das tu ich für dich, Cresspahl. Für dich tu ich das. Aber siehst du das?; s. K. 765, 1 f.

113, 17 *Ladage & Oelke* – s. K. 87, 14 f.

113, 29 *Peter Niebuhr* – Vgl. zu der Figur auch: Johnson, Marthas Ferien.

114, 19 *Verwandte der Bothmers* – Die Bothmers gehörten zum niedersächsischen Uradel und waren nach dem Nordischen Krieg (1700–21) nach Mecklenburg gekommen; vgl. Nöldechen (1991), S. 26–36; s. K. XIV, 3–6.

114, 29 f. *Rechtsanwalt aus Krakow* – s. 50, 18.

114, 32 f. *ausgestoßen aus der Mecklenburgischen Anwaltskammer* – s. XV, 37–44.

115, 14 *Hotel Reichshof* – Damals gutbürgerliches Hotel hinter dem Hamburger Hauptbahnhof.

115, 17–21 *Der Agitator Che . . . und Kragen verliert* – Auf einer Konferenz der Außenminister der OAS zeigte ein bolivianischer Vertreter ein Dia, das Che Guevara darstellen sollte. Da sein Aufenthaltsort seit längerem unbekannt war, wurde spekuliert, ob er nicht nach Kuba geflüchtet sei. Das Foto in der NYT vom 23. 9. 1967 trug die Unterschrift: »This photograph shown to the Organization of American States was reportedly taken in the southeastern Bolivian jungle. The man in the center is said to be Ernesto Che Guevara, the Cuban guerilla leader, with his head shaved.« Guevara ist auf dem Foto nicht zu erkennen.

115, 17 *Che Guevara* – Ernesto Guevara Serna (14. 6. 1928–9. 10. 1967), der Rufname »Che« (span.: He du!) geht auf diesen von ihm häufig gebrauchten Ausdruck zurück. Der argentinische Arzt und Guerillaführer kämpfte mit Fidel Castro gegen den Diktator Batista, war 1961–65 Industrieminister in Kuba und unterstützte mit kubanischen Kämpfern von April 1965 bis Anfang 1966 die kongolesische Befreiungsarmee unter Soumaliot. Seit November 1966 hielt er sich in Bolivien auf, um dort die indianische Bevölkerung zu organisieren, was ihm nicht gelang. Er wurde von der bolivianischen Armee mit Unterstützung amerik. Geheimdienste gesucht. Che Guevara wurde zur Kultfigur der linken Jugendbewegung der westlichen Welt; s. K. 161, 14–16; 163, 6–11; 166, 12–16; 292, 9 f.; 296, 22 f.; 404, 21–405, 7; 406, 12–14; 427, 24–29; 536, 30–34; 827, 17–19.

24. 9. 1967

115, 23–
116, 24 *»Die Deutschamerikaner marschierten . . . von Polen ist.«* – »German-Americans March Here With Yodeling, Pretty Frauleins – There was yodeling in Fifth Avenue and in Yorkville yesterday afternoon as the German-Americans held their annual Steuben Parade for the 10th time.
There were also beer steins in all sizes, pretty girls of the New York Turn Verein turning cartwheels and elderly members of the German War Veterans Association displaying World War I Iron Crosses.
And there was Governor Rockefeller, shaking every hand in a 10-foot radius on the reviewing stand on Fifth Avenue and 69th Street, slapping the backs of visitors from West Germany, applauding every passing lederhosen group and pinning a blue cornflower, the parade symbol, on the lapel of State Attorney Louis J. Lefkowitz. [. . .]
As usual during ethnic and other Fifth Avenue parades, East Side traffic was disrupted for hours. In addition to Fifth Avenue, the transverse roads crossing Central Park were temporarily closed to all vehicles except buses.

One of the about 40 floats in the two-hour parade carried a large portrait of the late Chancellor, Dr. Konrad Adenauer. ›Architect of German-American Cooperation.‹ The display was sponsored by the New York Staatszeitung [sic] und Herold, a German language daily. [. . .]
Many German-American associations that took part in yesterday's parade carry on the traditions and costumes of areas that never belonged to Germany, like Transylvania (a part of Rumania) or Gottschee (the Yugoslav Kocevje), or were severed from Germany after World War II, like Silesia, now a part of Poland«, NYT 24. 9. 1967.

115, 26   *Yorkville* – Um 1850 ein Dorf 2, 5 km außerhalb der Stadt, etwa an der Stelle der 86. Straße und 3. Ave., hauptsächlich von Deutschen bewohnt; heute ein Gebiet auf der Upper West Side von Manhattan zwischen 96. Straße, East River, 72. Straße und Central Park. In den frühen zwanziger Jahren waren Iren, Deutsche, Ungarn, Juden, Tschechen, Slowaken und Italiener die vorherrschenden Bevölkerungsgruppen; insbesondere auf der 86. Straße befanden sich viele dt. Geschäfte, Restaurants und Bäckereien. Nach dem 2. Weltkrieg begann das Viertel seinen dt. Charakter zu verlieren.

115, 27   *Steuben-Parade* – Die am 3. Sonnabend im September abgehaltene Parade zwischen 5. Ave./67. Straße und 86. Straße ist ein folkloristisches Fest der Deutschamerikaner. Friedrich Wilhelm von Steuben (17. 9. 1730–28. 11. 1794) war preußischer Hauptmann, Adjutant Friedrichs II., General unter Washington, Organisator und Ausbilder der amerik. Armee im Unabhängigkeitskrieg; s. K. 1166, 6–8.

115, 31   *Eiserne Kreuze des Ersten Weltkrieges* – Eisernes Kreuz (EK); dt. Kriegsauszeichnung für alle Dienstgrade, gestiftet am 10. 3. 1813 in Breslau von König Friedrich Wilhelm III. von Preußen während der Befreiungskriege; das EK wurde am 1. 9. 1939 von Hitler für den 2. Weltkrieg erneuert; s. 359, 30 f.; 579, 28; 587, 2; 605, 30; 911, 31 f. 918, 11; 1146, 39.

115, 33   *Gouverneur Rockefeller* – Nelson Aldrich Rockefeller (8. 7. 1908–26. 1. 1979), Politiker der Republikaner, Enkel des Gründers der Standard Oil Company, 1958–73 Gouverneur des Staates New York, 1973–77 Vizepräsident der USA; s. K. 99, 15 f.; 424, 1 f.; 638, 8; 1397, 12.

116, 4   *Louis J. Lefkowitz* – Louis Jacob Lefkowitz, geb. 3. 7. 1904, Republikaner, Mitglied des American Jewish Congress (s. K. 253, 22); New York State Attorney seit 1957.

116, 7   *Ostseite* – s. K. 52, 26 f.

116, 12 f.   *Dr. Konrad Adenauer* – 5. 1. 1876–19. 4. 1967, Politiker (Zentrum, CDU), 1933 als Oberbürgermeister von Köln amtsenthoben, 1944 zeitweilig inhaftiert, seit 1950 Vorsitzender der CDU, 1949–63 Bundeskanzler; betrieb unter Verzicht auf eine aktive gesamtdt. Politik die politische und militärische Integration der BRD in den westlichen Machtblock, stellte den völkerrechtlichen

»Alleinvertretungsanspruch« der BRD auf; vgl. BU, S. 343–368; s. K. 1684, 8–10; 1721, 3 f.; 1731, 1–5; 1864, 15–17.

116, 15 *New York Staats Zeitung und Herold* – Richtig: New York Staats-Zeitung und Herold. Deutschsprachige Tageszeitung mit Sitz in Queens, 1853 gegr., erschien 1934–75 täglich außer sonntags.

116, 21 *Transsylvanien* – Dt.: Siebenbürgen; seit dem 12. Jh. von dt. Kolonisten (Siebenbürger Sachsen) besiedelter Teil des heutigen Rumänien.

116, 21 f. *Gottschee (das jugoslavische Kocevje)* – Gebiet in Unterkrain in Slowenien; seit der Besiedlung durch dt. Bauern im frühen 14. Jh. bis 1941 eine dt. Sprachinsel; Hauptort ist Kocevje.

116, 25 *© by the ... York Times Company* – (engl.) Copyright der New York Times Company. Der Nachweis der Rechte kennzeichnet eine möglichst wortgetreue Übersetzung durch Johnson oder ein wörtl. Zitat; s. 117, 20, 23; 120, 9; 404, 20; 405, 8, 27; 406, 10; 440, 31; 552, 14, 22; 554, 25; 736, 33; 737, 27; 738, 7; 904, 20; 1151, 17; 1155, 15; 1226, 25; 1506, 8; 1550, 26; 1685, 21.

116, 26– *»KLEIDERHÄNDLER ERSCHLAGEN IM ... aus Israel zurückgekehrt«* – »Clothier
117, 18 Found Slain in Store – Queens Man Shot to Death Near Waterfront Here – A survivor of a German concentration camp who had befriended sailors of many nations in his waterfront haberdashery here was found shot to death in the store.«
The victim, Max Hahn, 64 years old, of 63–60 102d Street, Rego Park, Queens, was found on the floor of the store at 680 127th Avenue near 51st Street with two bullets in his chest. His feet and hands had been tied by his assailant who apparently had attempted to rob him, the police said. [...]
Apparently the gunman killed Mr. Hahn after he had tied him up, shooting him twice in the chest at close range. Mr. Hahn's pockets had been turned inside out, but the police said they did not think that the killer had found any money.
Most of Mr. Hahn's customers were members of crews from the ships that docked in the Hudson River along the avenue. Mr. Hahn, a native of Poland, would stand in the doorway of the store or sit outside it and josh with the seamen as they walked by his store. His wife, Ida, helped out in the store, which was open six days a week usually from 8 A. M. to 11 P. M.
Their son returned about two months ago from Israel where he had been attending college, according to Mr. Suskind«, NYT 24. 9. 1967.

116, 33 *Rego Park, Queens* – Gebiet im östlichen zentralen Queens (s. K. 20, 28 f.) zwischen Queens, Yellowstone und Woodhaven Boulevard; benannt nach der Real Good Construction Company, die das Gebiet in den zwanziger Jahren mit Einfamilien-Reihenhäusern, Mehrfamilien-Häusern und Appartementhäusern bebaute; zunächst vorwiegend von Iren, Deutschen und Italienern bewohnt.

117, 21 f. »*Gestern ist der . . . 38 Minuten ein. . . .*« – Aus einer kurzen Notiz der NYT vom 24. 9. 1967: »Fall arrived briskly and brightly yesterday. The official change-over in seasons occurred at 1:38 P. M.«

25. 9. 1967

117, 25 *Wieso: fragt er . . . fragen wir uns* – »wir«: s. K. 46, 26; 230, 27 f.

118, 5–8 *Das muß im . . . in Ostdeutschland gereist* – s. K. 12, 24–31.

118, 9 *Minneapolis* – Stadt in Minnesota beiderseits des oberen Mississippi, mit ca. 370 000 Einwohnern; Verkehrsknotenpunkt und Endpunkt der Schiffahrt auf dem Mississippi.

118, 17 *Bloody Marys* – Cocktail aus Wodka, Tomatensaft und Pfeffer; s. 573, 10; 876, 19; 877, 33.

118, 22 f. *In Mailand wohnte . . . Nachbar von Karsch* – Genovese hielt sich von 1937–46 in Italien auf, Karsch ist vermutlich 1921 geboren, wurde im 2. Weltkrieg eingezogen. Ihre Nachbarschaft ist etwas unwahrscheinlich.

118, 22 *Vito Genovese* – 27. 11. 1897–14. 2. 1969, »Don Vitone«, der einflußreichste Mafiaboß in den USA. Er kam 1912 nach New York und arbeitete sich an die Spitze der »Familie« von Salvatore Lucania (alias Charles »Lucky« Luciano) vor. Genovese war einer der vier Killer, die den »Familien-Chef« Joseph Masseria am 15. 4. 1931 in Coney Island erschossen. Nachdem er bereits 1924 und 1925 zweimal wegen Mordes angeklagt, aber nicht verurteilt worden war, ging er 1937 nach Italien, um einer Mordanklage als Auftraggeber des Mordes an Ferdinand »The Shadow« Boccia (19. 9. 1934) zu entgehen (Ernest Rupolo s. K. 156, 37 war einer der Mörder). Man nimmt an, daß Genovese ital. Faschisten Geld aus den USA beschafft und auch mit amerik. Behörden Geschäfte gemacht hat. 1945 wurde er ausgeliefert, konnte aber nicht verurteilt werden, weil der Hauptzeuge Peter »Spatz« La Tempa am 16. 1. 1945 in der Haft vergiftet aufgefunden worden war. Genovese übernahm als einer der Drahtzieher der Ermordung Albert Anastasias am 25. 10. 1957 die Führung des New Yorker Syndikats. 1959 wurde er im Zusammenhang mit Drogengeschäften verhaftet und am 17. 4. 1959 zu 15 Jahren Gefängnis verurteilt. Er starb 1969 im Gefängniskrankenhaus von Springfield, Montana. Über ihn erschienen 1967/68 mehrfach Artikel im Zusammenhang mit der Hafenkriminalität und der Mafia in New Jersey in der NYT; vgl. Gude Hohensinner (1998), ein Foto von Vito Genovese auf S. 298; s. K. 22, 28.

118, 23 *Karsch* – Hauptfigur aus DBA, KP; vgl. Johnson, Eine Reise wegwohin. In Martin Walsers »Das Einhorn« tritt unter dem Namen Karsch eine Figur auf, für die Johnson das Vorbild war. Vgl. Walser (1966), S. 40, 54; s. K. 331, 29; 977, 30–36; 1657, 16 f.; vgl. Register.

118, 23   *Foshay-Turm* – 821 Marquette Ave., erstes Hochhaus in Minneapolis, 1929 im Art déco-Stil gebaut; 1967/68 das höchste Gebäude der Stadt; vermutlich benannt nach dem Pädagogen James A. Foshay (25. 11. 1856–14. 1. 1914).

118, 26–28   *Je vous assure . . . buts anti-communistes* – (frz.) Ich versichere Ihnen, daß Ihre Ausweise nicht für antikommunistische Zwecke benutzt werden.

118, 38   *Verrazanobrücke* – Am 21. 11. 1964 eingeweihte, doppelstöckige Hängebrücke über die Verrazano Narrows (s. K. 93, 3) zwischen Long Island (s. K. 24, 5 f.) und Staten Island (s. K. 72, 1), benannt nach dem Florentiner Giovanni da Verrazano (auch: Verrazzano; geb. um 1485 – gest. um 1528), der 1524 als Erster die später nach Henry Hudson benannte Bucht erkundete; s. 983, 14 f.; 1074, 36; 1223, 38; 1547, 2 f.; 1661, 33; 1662, 26.

118, 39   *Empire State Building* – 5. Ave., zwischen 33. und 34. Straße; 1929–31 im Art déco-Stil erbaut, mit 380,75 m bis 1973 höchstes Gebäude der Welt. Am Mast wurde eine Anlegevorrichtung für Luftschiffe errichtet, was sich als zu risikoträchtig erwies; sie wurde 1953 durch eine 60 m hohe Fernsehantenne ersetzt; s. K. 408, 2.

119, 1   *Coney Island* – Landfest gewordene Insel im Süden Brooklyns zwischen Coney Island Creek, Belt Parkway, Ocean Parkway, dem Atlantik und Norton's Point; benannt nach holl. »konijn«: Kaninchen; beliebter Erholungsort mit mehreren Stränden und früher mehreren Vergnügungsparks.

119, 10   *Hades* – Unterwelt in der griech. Mythologie; s. K. 79, 19–35.

119, 12   *First Avenue* – Straße parallel zum East River, an der u. a. das Hauptgebäude der Vereinten Nationen liegt; s. 160, 21.

119, 20   *1040 Fifth Avenue* – Etwas nördlich gegenüber dem Metropolitan Museum of Art gelegen, zwischen East 85. und East 86. Street; s. K. 52, 8.

119, 20 f.   *Witwe des ermordeten Präsidenten Kennedy* – s. K. 53, 11 f.

119, 33   *DON'T CHANGE THE . . . OF THE ALARM* – (engl.) Verstell nicht die Weckzeit.

119, 33–36   *Denn da mag . . . ist morgen Privatschule* – s. K. 81, 36.

119, 34   *Stadion Singer Bowl in Queens* – In Flushing Meadows gelegenes Stadion; Queens: s. K. 20, 28 f.

119, 37 f.   *die Seufzerspalte lesen . . . Unterhalt nicht auf* – Unter der Rubrik »Public Notices and Commercial Notices«, die Johnson häufig mit ausgeschnitten hat – aber nicht in der Ausgabe vom 25. 9. 1967 – finden sich regelmäßig ähnlich formulierte Bekanntmachungen, z. B. am 27. 9. 1967: »My wife [. . .] having left my bed and board, on Aug. 15, I hereby will no longer be responsible for any debts contracted by her«.

26. 9. 1967

120, 4–9   »*Obwohl für die . . . noch aushalten kann.‹*« – Aus einer kurzen Notiz der NYT vom 26. 9. 1967: »Despite the forecast of milder days ahead, there was a feeling of autumn in the air. And it wasn't entirely welcome.
›It looks like fall is really here,‹ said a gas station proprietor in Upper Montclair. ›I don't know how many more winters I can stand.‹«

120, 9   © – s. K. 116, 25.

120, 16   *spillerigen* – (nd.) mager, dürr; s. 537, 28 f.; 1509, 29; 1558, 20.

120, 25   *Kern* – Tischler in Gneez; vgl. Johnson, Geschenksendung, keine Handelsware, S. 25; s. 1235, 26; 1434, 30.

121, 7   *Be seeing you* – (engl.) Bis bald.

121, 12   *Amerika ist mir . . . weit zum Denken* – s. 1875, 15 f.

121, 13–28 *Wenn Jöche aufwacht . . . will er säen* – s. K. 23, 28.

121, 18 f. *Heitweckenmarkt* – (nd.) Heißweckenmarkt. Nach dem Grossherzoglichen Mecklenburg-Schwerinschen und Mecklenburg-Strelitzschen Kalender 1899, Wismar, Rostock und Ludwigslust, fand am 14.2. in Malchow ein Krammarkt statt. Heitwecken sind ein Hefegebäck, das zum Fastnachtsdienstag in Mecklenburg gebacken wurde. Johnson besaß einige Jahrgänge des Kalenders von 1881–1941. Am 28. 1. 1971 schrieb er an seine Übersetzerin Leila Vennewitz (Brief im Johnson-Archiv): »»Man schneidet von den süssen Semmeln einen runden Deckel ab, streicht an denselben Butter, gibt ein Stückchen Butter in die etwas ausgehöhlten Semmeln sowie eine Mischung von gereinigten Korinthen, gehackten Mandeln und Zucker, deckt den Deckel darüber und legt die so gefüllten Semmeln auf Teller in eine heisse Röhre oder einen heissen Ofen und lässt dieselben kross werden.‹«

121, 20   *Vöeunsöbentich is nauch* – (nd.) Vierundsiebzig ist genug; s. 1875, 15 f.

27. 9. 1967

121, 30–122, 2 *Am Montag wurde . . . Bus in Harlem* – Vgl. den Artikel »Police Will Ride Buses In Harlem« der NYT vom 27. 9. 1967: »Teams of plainclothes men and policewomen will ride some Harlem buses in an attempt to catch two young holdup men [. . .].
The first incident occurred at 5:15 P. M. a week ago yesterday. [. . .]
The latest occurred Monday, again during the evening rush hour, when the two [. . .] escaped with $ 28.80. [. . .]
Francis Murphy [. . .] the driver of the bus, was slashed on the throat. He was taken to Metropolitan Hospital, where he was given seven stitches and was sent home. [. . .]

About 20 passengers fled during the holdup, shortly after 6 P. M., without notifying the police or coming to Mr. Murphy's aid.
The assailants were said to be between the ages of 18 and 20, and both were light-skinned Negroes. [...]
Both times, the two boarded the bus during the rush hour and one put a knife to the driver's throat while the other grabbed the change money.«

122, 3–5   *Die Ostdeutschen wollen . . . halbe Million Dollar* – Vgl. den Artikel »U. S. Scores Hanoi on P. O. W. Films« der NYT vom 27. 9. 1967: »United States television industry sources reported that the East German film agency Deutsche Film Agentur, had been trying to market several hours of film footage of captured American airmen at an asking price of $ 500, 000.«
Der vierteilige Film »Piloten im Pyjama« von Heynowski und Scheumann, 1967/68, enthält Interviews mit amerik. Soldaten in nordvietnamesischer Gefangenschaft und übt Kritik am Vietnamkrieg.

122, 11   *Brixton* – Arbeiterwohnviertel im Süden Londons, südlich von Waterloo und östlich von Richmond.

122, 16–20   *Mrs. Jones sagte . . . ein getrenntes Glaubensbekenntnis* – Zwar hätte Lisbeth die ähnlich klingenden Wörter face (Gesicht) und faith (Glaube) verwechseln können, aber Mrs. Jones hätte nicht: What an apart face! gesagt, da im Englischen »apart« – »abgesondert« bedeutet.

122, 34   *John Galsworthy* – 14. 8. 1867–31. 1. 1933, engl. Erzähler und Dramatiker; realistische Schilderungen der engl. Gesellschaft, besonders des wohlhabenden Bürgertums, Nobelpreis 1932; »Die Forsyte Saga« (1906–21).

122, 34   *Sir Thomas Beecham* – 29. 4. 1879–8. 3. 1961, engl. Dirigent; gründete 1928 das London Symphony Orchestra, 1946 das Royal Philharmonic Orchestra.

122, 37–39   *Frieda Ihlefelds Hauskochbuch . . . Schwerin i. M.* – Hauskochbuch. Eine Sammlung erprobter Kochrezepte für gute und zugleich sparsame Küche, mit besonderer Berücksichtigung der Resteverwertung, herausgegeben von Frieda Ihlefeld, Schwerin ⁹1920; Johnson besaß ein Exemplar; vgl. Fahlke (1991), S. 104; s. K. 533, 24–26; 535, 2 f.; 535, 29–31; (1251, 6–12); 1689, 30–35.

123, 9 f.   *Sixpence . . . Penny* – (engl.) Sechspfennigmünze . . . Pfennig.

123, 35   *Parliament Street* – Südliches Ende von Whitehall mit großen viktorianischen Regierungsgebäuden.

124, 4–6   *im Union Jack . . . schrägem Patrickskreuz sitzt* – Flagge des Vereinigten Königreichs; »Union« seit der Vereinigung von England und Schottland 1606, in der das Georgskreuz für England, das Andreaskreuz für Schottland und das St. Patrickskreuz für Irland übereinandergelegt sind; »Jack« nach dem »jackstaff«, dem Flaggenmast der Schiffe; s. 993, 17.

124, 6 f.   *Westminister Abbey* – Richtig: Westminster Abbey; Druckfehler in allen Ausgaben; seit William I. Krönungskirche der engl. Könige.

124, 7   *St. Margaret* – Neben Westminster Abbey gelegene gotische Kirche aus dem 11. oder 12. Jh.; 1524 umgebaut; offizielle Kirche des Unterhauses.

124, 7   *Poppy-Friedhöfe* – poppy: (engl.) Mohnblume; Mohnblumenkränze werden am Heldengedenktag im November (Remembrance Day) an Kriegerdenkmälern niedergelegt und Papiermohnblumen von vielen Engländern am Revers getragen, die an die Mohnblumen auf den Schlachtfeldern Flanderns im 1. Weltkrieg erinnern sollen. Poppy Day ist der Kriegstrauertag; s. K. 147, 20–33; 282, 12.

124, 17   *war sie es nicht zufrieden* – Veraltete Wendung: ihr war es nicht recht. Vermutlich Übernahme einer auch von Thomas Mann gebrauchten Wendung; u. a. »Klaus Heinrich war es zufrieden«, Mann (1974), Bd. II, S. 246; und im »Zauberberg«: »Hans Castorp war es zufrieden«, ebd., Bd. III, S. 936, 973; s. 423, 13 f.; 707, 5; 1185, 19; 1207, 8; 1531, 31; 1596, 9; 1815, 7 f.; 1871, 29 f.

28. 9. 1967

124, 23–27 *Morgens, in der . . . Tür wegkippen lasse* – s. 11, 31–34.

124, 23–   *Morgens, in der . . . Tricks der Erinnerung* – Zum Bezug der Passage auf die Be-
125, 13   handlung der Erinnerungsproblematik bei Proust vgl. Auerochs (1997), S. 439 f.: »Erinnerung‹ und ›Gedächtnis‹ scheinen in dieser Passage geradezu antithetisch gebraucht zu werden. Die Erinnerung ist die unwillkürliche Erinnerung Prousts, das Gedächtnis ist das bewußte Gedächtnis, das es besser weiß als die Erinnerung und sie darum korrigieren kann«; ebd., S. 440; s. K. 8, 38–9, 2.

125, 9   *Morgen vor vierzehn Jahren* – Gesine hat den Tag nicht in Wendisch Burg verleben können, weil sie schon in den Westen gegangen war. Die »falsche« Erinnerung korrespondiert mit dem später erwähnten Tagtraum.

125, 10   *Tag, der so nicht war* – s. 249, 26–250, 9; 513, 34; 956, 37; (1474, 13).

29. 9. 1967

125, 21–24 *Im ersten Blatt . . . Franklingesellschaft geschossen wurde* – s. K. 125, 34–127, 3.

125, 27   *die Luftkämpfe über Hanoi* – Vgl. den Artikel »Aircraft Defense Built Up in Hanoi« der NYT vom 29. 9. 1967, der von neun Zusammenstößen am zweiten Tag der Luftangriffe berichtet.

125, 27 f. *Abstimmung der Lehrer . . . mit der Stadt* – Vgl. den Artikel »Teachers Ratify School Contract; Classes on Today« der NYT vom 29. 9. 1967 über das Ende des 14tägigen Streiks, in dem die Lehrer höhere Gehälter und bestimmte Zuwendungen sowie mehr Mitspracherechte durchsetzten; s. K. 81, 36.

125, 28–30   *daß die Regierung . . . Zeitschrift geklaut hat* – Der renommierten und liberalen Zeitschrift »Literární noviny«, bisher vom tschechos. Schriftstellerverband herausgegeben, wurde vorgeworfen, ein Organ oppositioneller politischer Ansichten geworden zu sein, sie sollte jetzt vom Ministerium für Erziehung und Kultur übernommen werden. Die Redaktionsmitglieder Ludvik Vaculík, Ivan Klíma und R. S. Liehm wurden aus der Partei ausgeschlossen; Vaculík: s. K. 183, 28; Klíma: s. K. 183, 29; Liehm: s. K. 183, 28.

125, 30–33   *der linke Flügel . . . kein klassischer Marxist* – Vgl. den Artikel »Student Radicals Worry Berliners« der NYT vom 29. 9. 1967, der zuerst eine maoistische »Horror Commune« als radikale Gruppierung der Studenten nennt und fortfährt: »The other group is the left wing of the League of German Socialist Students. Its leader, a 27-year-old student named Rudi Dutschke, is sometimes called ›Red Rud‹ or ›Revolutionary Rudy‹, but he is no classic Marxist.«

125, 30 f.   *Sozialistischen Studentenbundes* – Sozialistischer Deutscher Studentenbund (SDS); 1946 als Studentenverband der SPD gegr. Hochschulverband, von dem sich 1960 der Sozialdemokratische Hochschulbund abspaltete, nachdem der SDS sich immer stärker marxistisch orientiert hatte; verstand sich als Speerspitze einer neuen Linken und der außerparlamentarischen Opposition; löste sich 1969 auf.

125, 31   *Rudi Dutschke* – 7. 3. 1940–24. 12. 1979, einer der Führer der dt. Studentenbewegung 1965–68, Mitglied des Sozialistischen Deutschen Studentenbundes (SDS), forderte radikale demokratische Reformen, Basisdemokratie und Sozialismus; 1968 von Josef Bachmann bei einem Mordanschlag schwer verletzt; s. K. 980, 14–25; 989, 1 f.; 989, 9 f.

125, 34–127, 3   *Vorn auf dem . . . tief im Überlegen* – Vgl. den Artikel »Two Midtown Bandits Ricochet and Retreat When Bullets Fly« der NYT vom 29. 9. 1967 auf Seite 49, der 1. Seite des Lokalteils: »From inept start to ignominious finish, two would-be robbers bungled a holdup attempt at a Lexington Avenue savings and loan office yesterday.
Conspicuously, they strode into the lobby of the Franklin Society Federal Savings & Loan Office at 441 Lexington Avenue, empty paper bags under their arms, narrow-brimmed hats pulled low toward their noses.
In their nervousness they hit a guard, Joseph Bongiorno, over the head with a ›blunt object‹ when he questioned them, and when they fled as another guard started shooting, one of the two tried to tug open a door that only opened outward.
When the second thief finally figured out that the door opened outward, he dashed after his companion, and both vanished into the heavy crowds on Lexington Avenue.
In their excitement, the two dropped their hats and the paper bags, in which, presumably, they had intended to carry away their loot. [. . .]
It was about 10 A. M. when the two men stepped from the crowded Lexing-

ton Avenue sidewalk near 44th Street into the quiet office. About 10 customers were inside.
As Joseph Bongiorno, 47 years old, a uniformed guard, walked over to the two odd-looking ›customers,‹ one struck him on the head. Mr. Bongiorno fell, and the two men turned toward the counter. One of them had a pistol in his hand. He pointed it at the office manager, David Winne, who had stepped forward. Some of the tellers screamed and threw themselves to the floor behind the counter.
Then John Fitzpatrick, a plainclothes guard, started to shoot at the two thugs. He was behind the counter, and they did not appear to know from what direction the shots were coming from.
In panic, they fled. [. . .]
Three shots were fired. One made a hole in the front window. [. . .]
By this time, a big crowd had gathered outside.«

126, 1–3 *»Die Kugeln fliegen . . . rikoschettieren und retirieren.«* – Die Überschrift des Artikels beschreibt das Verhalten der Verbrecher mit einem Verb, das eigentlich nur für die Flugbahn von Kugeln verwendet wird: to ricochet: abprallen und Richtung ändern; to retreat: sich zurückziehen, fliehen.

127, 1–3 *Unterhalb des Lochs . . . tief im Überlegen* – Die hier geschilderte Situation beruht auf einem Foto, das – vom Kassenraum aufgenommen – die durch das Fenster starrenden Neugierigen zeigt.

127, 10 f. *Von dem Tisch . . . fallen die Brosamen* – Anspielung auf Matth 15, 27: »Brosamen, die von des Herrn Tische fallen.« bzw. Luk 16, 21: »Brosamen, die von des Reichen Tische fallen.«

127, 27 *Wall Street* – Wall Street Journal, tägliche Börsenzeitung aus New York mit regionalen Ausgaben in den ganzen USA; einflußreiche und auflagenstärkste Tageszeitung mit Finanz- und Handelsnachrichten; 1882 als »Customer's Afternoon Letter« von Charles Henry Dow (1851–1902), Edward Jones (1856–1920) und Charles Bergtresser (Dow Jones & Co.) gegr., ab 1889 unter dem heutigen Namen geführt; brachte bis zur Weltwirtschaftskrise nur Handelsnachrichten, erweiterte ihr Spektrum nach dem 2. Weltkrieg und in den sechziger Jahren.

127, 27 *Letzte* – (engl. wörtl. übersetzt) the latest (news): die neuste(n) (Nachrichten/Ausgabe).

127, 31 *Graybar Building* – 420 Lexington Ave. (s. K. 11, 16), war bei der Fertigstellung 1927 das größte Bürohaus der Welt; einer der drei Eingänge dient als Zugang zum Grand Central Terminal.

127, 35 *Wall Street* – Eine der bekanntesten Straßen New Yorks im Süden Manhattans zwischen Broadway und East River, benannt nach einem hölzernen Schutzwall, den die Niederländer unter Gouverneur Pieter Stuyvesant gegen Indianerüberfälle errichteten. Wall Street wird wegen des dort liegenden Sitzes der Börse (New York Stock Exchange, 20 Broad Street, Ecke Wall Street) meist synonym für Finanzmarkt verwendet; s. 1050, 34;   1051, 26; 1053, 17, 37 f.; 1055, 33 f.

127, 39–128, 3 *Um sein Schußwaffengesetz . . . immer Revolver sein* – Vgl. den Artikel »Johnson Retreats on Gun Curbs In Effort to Win Passage of Bill« der NYT vom 29. 9. 1967: »President Johnson has agreed to weaken his gun control bill so as to improve its chances of getting through Congress.

The proposed change would permit states to exempt themselves from the ban against the mail order sale of rifles and shotguns.«

Der ursprüngliche Entwurf sah ein Verkaufsverbot für alle Schußwaffen im Versandhandel vor; s. K. 21, 30 f.

30. 9. 1967

128, 5–9 *Ganz ohne Zwischenfälle . . . jedoch irischer Abstammung* – Vgl. den Artikel »Schools Resume; Attendance Off« der NYT vom 30. 9. 1967: »The only sign of hostility was related by Isidor Gordon, principal of P. S. 137, 121 Saratoga Avenue, Brooklyn.

As a woman teacher was entering the school, he said, someone in a passing car yelled, ›Dirty Jew!‹

›She happens to be Irish,‹ Mr. Gordon added«; s. K. 81, 36.

128, 9 *Für eine Million Aktien gestohlen* – Vgl. »News Summary« der NYT vom 30. 9. 1967: »The theft of $ 1-million worth of negotiable securities from a Wall Street bank earlier this month was revealed and a suspect arrested.«

128, 10 *15 ostdeutsche Zuchthausjahre für amerikanischen Fotografen* – Peter Feinauer, ein amerik. Fotograf aus Providence, Rhode Island, der in Westberlin an der Akademie der Künste studiert hatte, war am 7. 10. 1966 verhaftet und als Spion der CIA und Fluchthelfer angeklagt worden. Seine Aufnahmen von den Grenzbefestigungen seien für NBC und westdt. Institutionen bestimmt gewesen; vgl. NYT 30. 9. 1967: »Feinauer [. . .] was convicted in a secret tiral [sic] of spying for the Central Intelligence Agency and sentenced to 15 years in prison.« Die US-Regierung protestierte gegen die Verurteilung von Feinauer und Ronald Wiedenhoeft (Weidenhoeft laut NYT vom 6. 10. 1967; s. K. 1281, 15–20) und bestritt, daß sie in ihrem Auftrag gearbeitet hätten; vgl. NYT 6. 10. 1967.

128, 11 f. *Die westdeutsche Regierung . . . ihn nicht gelesen* – Vgl. den Artikel »Kiesinger Offers High-Level Talks to East Germans« der NYT vom 30. 9. 1967: [29.9.] »Chancellor Kurt Georg Kiesinger declared today that his Government was ready to conduct direct negotiations with East Germany at a high official level to help alleviate the misery of German partition.

In a letter delivered today to Premier Willi Stoph of East Germany, the West German leader said that the state secretary of his federal chancellory was ready to begin the negotiations either in Bonn or in East Berlin. [. . .]

Mr. Kiesinger's message to East Germany was in reply to a letter he received from Mr. Stoph Sept. 18. In that letter Mr. Stoph proposed a treaty to establish normal relations between the two Germanys.

The proposed treaty, among other things, would have Bonn recognize the existence of East Germany, accept the Oder-Neisse border between Germany and Poland as permanent and recognize West Berlin as an independent ›third German state.‹

In his answer, Mr. Kiesinger did not once mention the treaty.«

Bundeskanzler Kiesinger bot Verhandlungen auf Staatssekretärebene für pragmatische Zusammenarbeit und Erleichterungen für die Bürger an, während die ostdt. Regierung einen Vertrag über normale Beziehungen zwischen den Staaten, Anerkennung der bestehenden Grenzen und des Status quo in Europa vorgeschlagen hatte, was einer Anerkennung der DDR durch die BRD gleichgekommen wäre.

128, 16 f.   *Graal / Ostsee* – s. K. 102, 4.

128, 18   *Bain Marie* – Kochtopf zum Garen und Warmhalten im Wasserbad.

129, 9–13   *Auch Straßenkinder, eine . . . ehesten für Mädchen* – Als Vorlage könnte der Leserbrief »Kew Gardens Charges« in der »Richmond and Twickenham Times« vom 13. 8. 1932, S. 7, gedient haben: »I was near the main gate of the gardens yesterday and watched a number of working-class families coming towards the gate, bringing with them baskets of sandwiches, books, &c., and expecting to spend the day in congenial surroundings. When they got to the gate they found there a notice reading, ›Admission 6d.‹ To pay 6d. for themselves, plus 6d. for each child they had with them – plus, in many cases, money for a pram – was out of the question. They had to turn away disappointed and the children, deprived of the pleasure they thought was before them, felt suddenly tired and ›snappy‹.«

129, 11 f.   *Botanischen Gartens von Kew* – Kew Gardens (Royal Botanic Gardens) nördlich Richmonds am östlichen Themseufer; 1759 aus dem Zusammenschluß von privaten und königlichen Parks geschaffener Botanischer Garten von Weltruf, in dem 44 000 Pflanzen (ein Sechstel aller bisher bekannten Arten, darunter 13 bereits in der freien Natur ausgestorbene und über 1000 bedrohte Arten) kultiviert werden. Der südliche Eingang befindet sich nur wenige Minuten von der Manor Road entfernt.

129, 13   *Salomon* – s. K. 94, 25.

129, 17 f.   *Zentral-Bücherei am Green* – Green (engl.): Dorfwiese, Anger. Große Grünfläche zwischen Schloß und Stadt Richmond. In Richmond liegt die städtische Bücherei am Little Green; s. 333, 7.

129, 19   *High Church, Low Church, Broad Church* – Richtungen innerhalb der anglikanischen Staatskirche. Anhänger der High Church betonen Hierarchie und Autorität des Klerus, die Sakramente und Ritualien; die gemäßigt liberalen Christen der Broad Church orientieren sich an der rationalistischen kritischen Theorie des 19. Jh.s; für Mitglieder der Low Church stehen persönliche Frömmigkeit, Bibelauslegung, tätiges Christentum und soziale Aktivitäten im Vordergrund.

129, 26–28   *die Kongregationalisten, die ... und die Presbyterianer* – Kongregationalisten, Baptisten, Methodisten und Presbyterianer gehören protestantischen Kirchen an, die seit dem 17. Jh. in England entstanden, als sich die Anglikanische Kirche zwar von Rom trennte, sich aber in Ritus und Dogma an dem kath. Vorbild orientierte.

Alle diese Kirchen sind calvinistisch geprägt und betonen die Selbständigkeit der Einzelgemeinde. Den Kongregationalisten ist die Bibel die einzige Grundlage der Lehre und Gottesverehrung. Die Baptisten lehnen die Kindertaufe ab, taufen durch Untertauchen und versuchen einen toleranten Glauben in bewußter Tätigkeit zu beweisen. Die Methodisten, 1739 gegr. von John und Charles Wesley, trennten sich erst 1795 von der Church of England, bejahen eine Vielfältigkeit bei der Gestaltung des religösen Lebens, das Erlösung von Schuld und Sühne erstreben soll. Auch die Presbyterianer praktizieren eine freie Form der Gottesverehrung, sie sind besonders in Schottland verbreitet.

Die Sekte der Spiritualisten entstand um 1848 in den USA. Sie glauben an ein Weiterleben der Menschen nach dem Tode und an eine Kommunikation mit den Geistern der Toten.

Die »Christliche Wissenschaft« geht auf »Christian Science«, eine Erlösungslehre von Mary Baker-Eddy zurück, die 1879 die »Church of Christ, Scientist« gründete, um das Urchristentum und dessen verlorene Aspekte der Heilung wiederzubeleben. Nach dieser Lehre ist Gott Geist, gut und die alleinige Wirklichkeit, alles andere ist eine unwirkliche Täuschung. Werde dies einmal durchschaut, fielen alle Auswirkungen des Unwirklichen wie Sünde, Krankheit und Tod von selbst vom Menschen ab. Alle genannten Gemeinden veröffentlichten in den dreißiger Jahren regelmäßig ihre Gottesdienstzeiten in der »Richmond and Twickenham Times«.

129, 38   *Gaswerk* – s. K. 94, 4 f.

130, 9   *von Richmond den Park* – Mit 660 ha Englands größter Stadtpark, östlich von Richmond gelegen; von Charles I. 1637 als Jagdgehege mit einer Mauer versehen, seit 1785 ist der königliche Park öffentlich zugänglich, wird wegen der Dam- und Rotwildherden bei Dunkelheit geschlossen; s. K. 861, 6–8.

130, 10   *George Street* – s. K. 94, 36 f.

130, 11   *East Surreys* – Nach der Grafschaft Surrey benanntes regionales Regiment, das 1959 mit den Royal Surreys vereinigt wurde.

130, 12   *Eisbahn an der Richmond Bridge* – Überdachte Eishalle am Südufer der Themse.

130, 21   *Kaution* – Zur Verhinderung von Mißbrauch des Wahlsystems müssen Kandidaten für das Unterhaus eine bestimmte Summe hinterlegen, die sie zurückerhalten, wenn sie mindestens 12, 5 % der abgegebenen Stimmen erhalten.

130, 21 f.   *Premierminister MacDonald* – James Ramsay MacDonald (12. 10. 1866–9. 11. 1937), Ministerpräsident der brit. Labour-Regierungen 1924 und 1929 und – gegen die Mehrheit der eigenen Partei – einer nationalen Koalitionsregierung 1931–35.

130, 22 f.   *Labour Party* – Brit. Arbeiterpartei; tritt nach dem Zusammenschluß unterschiedlicher Gruppierungen seit 1906 unter diesem Namen auf, erster Parteichef war MacDonald. Setzte nach überzeugendem Wahlsieg 1945–51 ihr Programm eines demokratischen Sozialismus in praktische Politik um: Verstaatlichung von Schlüsselindustrien, Reform des Bildungswesens, Aufbau des Sozialstaates; s. 142, 29; 513, 28.

130, 25   *Original Maids of Honour Restaurant* – Im Herbst 1932 erschien in der »Richmond and Twickenham Times« regelmäßig eine Anzeige des »Restaurant for your Lunch and Dinner Party«, in der für ein (detailliert aufgeführtes) Menü für 3 Schilling geworben wurde. Das Restaurant befand sich in Richmond, 3 Hill Street. Sein Name ist von Maids of Honours (engl.: Hofdamen) abgeleitet, einem Blätterteiggebäck mit einer Art Sahnequarkfüllung.

130, 35   *West Central 1* – Dies ist ein Postbezirk, kein einzelnes Postamt; umfaßt etwa den Bereich Westminster.

131, 1 f.   *Herbert Wehmke* – s. 365, 20–23; vgl. HNJ, S. 105: »Inzwischen war auch eine Kondolation angekommen von einem Kapitän zur See Herbert Wehmke, ›ehemals Fähnrich zur See‹.«

1. 10. 1967

133, 21 f.   *fünf amerikanische Pfund* – Das amerik. Pfund hat 453, 59 g.

133, 29–31   *Gouverneur Romney hat . . . der offenen Rebellion* – Vgl. den Artikel »Urban Rebellion Feared By Romney« der NYT vom 1. 10. 1967: »Gov. George Romney ended his 19-day tour of the nation's urban slums today with a warning that he had found the cities on the brink of open rebellion.«
George Wilcken Romney (8. 7. 1907–26. 7. 1995), Republikaner; 1963–69 Gouverneur von Michigan, später in der Metall- und Automobilindustrie tätig.

133, 31–35   *Der Psychologe Dr. . . . keinerlei Fortschritt aufweisen* – Vgl. den Artikel »Dr. Clark Says Negro Officials May Become Targets of Riots« der NYT vom 1. 10. 1967 über Clarks Rede auf einer nationalen Konferenz von gewählten Vertretern der schwarzen Bevölkerung: »He said the ghetto Negro of today was cynical, bitter, hostile and frustrated at the lack of progress in jobs, housing, schools and other problems of the slums.«
Prof. Dr. Kenneth Bancroft Clark, geb. 24. 7. 1914, erster Schwarzer in der Fakultät des City College of New York; Psychologieprofessor an der Columbia University und in Berkeley, Präsident des Metropolitan Applied Research Center of New York City.

133, 36   *einem ihrer Schriftsteller* – Alexandr Iljitsch Ginsburg, geb. 1936 (nach anderen
Quellen 1938), jüd.-russ. Journalist; gab 1959/60 Gedichte im Samisdat her-
aus, 1960 erstmals verhaftet und zu zwei Jahren Arbeitslager wegen Fälschung
von Dokumenten verurteilt; 1964 wegen Besitzes antisowj. Literatur verhaftet; protestierte 1965 in einem Brief an Kossygin gegen die Verhaftung von
Sinjawskij und Daniel und brachte 1967 ein Weißbuch zu diesem Fall in Umlauf, aus dem Auszüge in einer literarischen Emigrantenzeitschrift in der BRD
erschienen. Die NYT vom 1. 10. 1967 berichtete, daß Ginsburg und vier andere junge Sowjetbürger seit Januar ohne Prozeß verhaftet seien. Ginsburg
wurde im Januar 1968 zu fünf Jahren Arbeitslager verurteilt; am 18. 8. 1970
entlassen und nach Tarusa verbannt. 1976 Gründungsmitglied der Helsinki-
Gruppe in Moskau, wurde er 1977 erneut verhaftet, 1978 verurteilt und 1979
gegen russ. Spione ausgetauscht; vgl. den Artikel »A Key Figure In Literary
Unrest May Be Put on Trial« der NYT vom 1. 10. 1967; s. K. 88, 20 f.; 246, 28;
427, 30; 521, 11; 731, 27–36; 731, 27 f.; 731, 28.

133, 39–134, 2   *In der Schlacht ... man wird »weggeblasen«* – In dem Artikel »At Embattled
Conthien, the Marines Dig Deeper« der NYT vom 1. 10. 1967 heißt es: »The
marines who occupy this combat outpost have a grimly expressive phrase for
what happens to a man who is killed by a closely bursting NV shell. They say
he is ›blown away‹«; Conthien: s. K. 56, 10.

134, 3–8   *Vorsitzende und Vertrauensleute ... 229 West 41. Straße* – Vgl. den Artikel »Employes of Times Seek More Police In the 43d St. Area« der NYT vom 1. 10.
1967: »Chairmen and shop stewards representing seven craft unions at The
New York Times appealed yesterday to city, state and Federal officials for increased police protection in the Times Square area. ›Our people cannot walk
the streets of New York without constant fear of bodily harm,‹ a union officer said in a telegram. [...]
C. Raymond Hulsart, general director of personnel and industrial relations for
The Times [...] said that lighting and police protection outside The Times
building at 229 West 43d Street had been improved.«

134, 8   *229 West 41. Straße* – Richtig: 229 West 43. Straße. In allen Manuskripten steht
43. Straße, während in der Druckkopie handschriftlich in 41. Straße verändert wurde; s. K. 60, 14; s. 1227, 7.

2. 10. 1967

134, 21   *Dej Bůh štěstí* – (tschech.) Gott gebe (dir) Glück; s. 137, 27.

134, 22   *Fraktur* – s. K. 76, 10 f.

134, 23 f.   *»U Svatého Václava«* – (tschech.) Zum Heiligen Wenzel. Vorbild war vermutlich das Restaurant »Vasata«, 335 East 75. Straße, das 1995 geschlossen wurde; vgl. Neumann, B. (1994), S. 584 f.; s. 303, 22; 466, 22; 1662, 32.

134, 24 f.   *Ostseite* – s. K. 52, 26 f.

135, 20–22   *Als die Sowjetunion . . . an sich zog* – Durch den Nichtangriffspakt zwischen
dem Deutschen Reich und der Sowjetunion bekam Hitler freie Hand für den
Angriff auf Polen. Als Gegenleistung wurde der Sowjetunion die Inbesitznahme Ostpolens zugestanden.

136, 13   *Die Geschichte vom Heiligen Wenzel* – Wenzel I., der Heilige (um 903–28.9.935,
von seinem Bruder Boleslaw I. ermordet), aus dem Geschlecht der
Přemysliden, böhmischer Nationalheiliger, förderte die Christianisierung
und den Aufbau eines frühfeudalen Staates.

136, 26 f.   *Was sagen Sie . . . Wahlen gewonnen haben* – Die Nationaldemokratische Partei
Deutschlands (NPD), am 28. 11. 1964 als eine Sammlungsbewegung rechts-
extremer Kräfte gegr., befürwortete den Alleinvertretungsanspruch der BRD,
die Notstandsgesetze und eine Lösung der Bundeswehr aus der NATO und
forderte eine Revision der Ergebnisse des 2. Weltkriegs, u. a. die Annexion der
Sudetengebiete und von Teilen Österreichs und Südtirols. Sie zog in mehrere Landtage ein, zuerst am 6. 11. 1966 in Hessen (7, 9 %) und am 20. 11. 1966
in Bayern (7, 4 %); am 23. 4. 1967 in Rheinland-Pfalz (6, 9 %) und Schleswig-
Holstein (5, 8 %), am 4. 6. 1967 in Niedersachsen (7 %), am 1. 10. 1967 in Bremen (8, 9 %) und am 28. 4. 1968 in Baden-Württemberg (9, 8 %), scheiterte
jedoch in den Bundestagswahlen 1969 (4, 3 %) und verlor bis 1972 alle Land-
tagsmandate; s. K. 422, 1–8; 1091, 18–34.

137, 2   *freundwillige* – Anspielung auf Thomas Mann, vgl. Johnson, Lübeck habe ich
ständig beobachtet, S. 85: »[. . .] für sie darf er ja nur einen ›freundwilligen‹
Kopf haben. Dies Wort für eine Eigenschaft hakte an, als der Verfasser mit
Freunden sein erstes Buch besprach, und er wurde gefragt, ob er das wohl gefunden habe aus eigenen Stücken. Bescheiden, nach längerem Bedenken, hielt
er es am Ende für möglich. Dann fand er das Wort wieder bei Thomas Mann.«
Thomas Mann verwendet es in »Königliche Hoheit«; vgl. Mann (1974),
Bd. II, S. 120. Sowohl als Adjektiv wie als Nomen findet es sich wiederholt in
seinen Briefen wie auch in seinem Tagebuch; vgl. Mann (1961), Bd. I, S. 203;
Bd. II, 331, 442; Bd. II, S. 90, 178; Mann (1979), Bd. 2, S. 77; Bd. 10, S. 90;
s. 549, 20; 706, 26; 730, 5.

137, 8–11   *»(Reuters) Die Zeitung . . . Rede zu halten.«* – »Bonn, West Germany, Oct 1
(Reuters) The newspaper Bild am Sonntag said today that Stalin's eldest son
was shot by the Nazis in 1944 after refusing to make an anti-Soviet speech to
Russian workers at an armament's factory in Berlin.« Nach dem Bericht des
SS-Feldwebels Walter Usslepp habe Jakow Dschugaschwili gesagt: »I am to
tell you that Stalin and the Soviet Union are Kaput, that Hitler is great, but I
tell you Stalin is great and Hitler is kaput.« NYT 2. 10. 1967.
Nach Aussage des Iren Thomas Joseph Cushing, eines Mithäftlings in einer
Art Prominentenbaracke des KZ Sachsenhausen, war, kurz bevor Jakow
Dschugaschwili in den elektrischen Zaun gelaufen sei, über einen Lautspre-

cher auf russ. eine Mitteilung Stalins gebracht worden: Hitler habe keine russ. Kriegsgefangenen, sondern nur russ. Verräter, auch habe er keinen Sohn Jakow; vgl. DER SPIEGEL 25. 3. 1968, S. 92–95.

Jakow Dschugaschwili (1907–14. 4. 1943), Stalins ältester Sohn aus erster Ehe, ergab sich als Kommandeur einer Batterie des 14. Haubitzenartillerieregiments am 16. 7. 1941 bei Witebsk, weigerte sich, als Kriegsgefangener mit der Wehrmacht zusammenzuarbeiten und warf sich gegen den Stacheldraht im KZ Sachsenhausen, um die Wachen zum Schießen zu veranlassen. Stalin kannte ein dt. Flugblatt, das seinen Sohn zwischen zwei dt. Offizieren zeigte und die Rotarmisten aufforderte, sich zu ergeben, da Kriegsgefangene gut behandelt würden. Nach Aussage von Swetlana Allilujewa hatte Stalin das dt. Angebot, ihn gegen in Rußland verhaftete dt. Militärs, so z. B. gegen den Stalingrad-Verlierer Generalfeldmarschall F. Paulus, zu tauschen, abgelehnt; vgl. NYT 18. 9. 1967; DER SPIEGEL 25. 9. 1967, S. 110; 26. 2. 1968, S. 74–76; Wolkogonow (1989), S. 587; s. K. 769, 2–5; Stalin: s. K. 30, 17; 63, 10.

3. 10. 1967

137, 34 *drei Gräber à 20 Mark* – s. 503, 17–24.

137, 35–138, 4 *Aus Saigon berichtet . . . in Flammen setzten* – Vgl. den Artikel »B-52's Make Two Raids« der NYT vom 3. 10. 1967: »B-52's dropped tons of bombs last night and in two raids today in North Vietnam and inside the demilitarized zone, attacking gun positions and troop concentrations north of the Marine outpost of Conthien.

A United States spokesman presented an unusual report of effectiveness of recent B-52 attacks, noting that the big bombers had produced 110 secondary explosions in seven raids between Sept. 26 and 29. [. . .]

In one raid, two miles westnorthwest of Conthien, the bombs produced 44 secondary explosions and three large fires, which left the entire area in flames.«

137, 36 *Bomber vom Typ B 52* – B-52 Stratofortress, von Boeing 1954–62 in 744 Exemplaren für das Strategic Air Command produzierter, schwerer, achtstrahliger Bomber; ursprünglich für den Abwurf von Atombomben konstruiert, später dann zur Verwendung im Vietnamkrieg in mehreren Versionen umgebaut; die B-52 flogen 1965–72 Einsätze gegen Süd- und Nordvietnam, vorwiegend von Andersen Air Base auf Guam und U-Tapao Air Base in Thailand; s. 1877, 28.

Boeing Company: größtes Unternehmen der US-Luftfahrtindustrie; 1916 von William Edward Boeing (1. 10. 1881–28. 9. 1956) als Pacific Aero Products Company gegründet; später mehrmals umformiert und umbenannt.

138, 2 *Conthien* – s. K. 56, 10.

138, 14–17   *Auf Istrien wurde . . . 100 000 Juden (geschätzt)* – Nach dem Artikel »Yugoslavs Hunt An Eichmann Aide« der NYT vom 3. 10. 1967 war Rajakowitsch nicht verhaftet worden: »The Yugoslav police were searching today for Erich Rajakovic, who was said to have been an aide to Adolf Eichmann. His extradition is being sought by the Netherlands on the ground that he helped to deport 100,000 Dutch Jews.

The Dutch Justice Ministry said tonight that Rajakovic had been arrested in Yugoslavia, but a police official at Koper, a small Adriatic port near the Italian border, said later that he had not been arrested.«

138, 14   *Erich Rajakowitsch* – Geb. 1905, österr. Jurist, SS-Obersturmbannführer, ehrenamtlicher juristischer Mitarbeiter Adolf Eichmanns bei den Zentralstellen für jüd. Auswanderung, nahm am Einmarsch in Polen mit einer Einsatzgruppe des SD teil, 1941–43 Mitarbeiter der Sicherheitspolizei in Den Haag für »Judenangelegenheiten«; 1963 zu 2 ½ Jahren Gefängnis verurteilt; s. K. 141, 3–7.

138, 25–   *Die New York . . . in der Drehe* – Die NYT veröffentlichte anläßlich des 50. Jah-
139, 17   restags der Oktoberrevolution eine Serie »Rule in Russia 1917–1967« von Harrison E. Salisbury, in der es am 3. 10. 1967 über Poskrebyshew heißt: »General Poskrebyshev, it became known recently, died only in the autumn of 1966 after a lingering illness that had confined him for several years to the Kremlin Hospital. [. . .]

›His memory was absolutely infallible.‹ [Galina Serebriakowa, Frau des ersten sowj. Botschafters in London, die ihn interviewte und selbst 20 Jahre in Arbeitslagern verbracht hatte.] [. . .] General Poskrebyshev had been married to a fine woman, a long-term member of the party. Stalin had her shot. General Poskrebyshew never raised a finger in protest. [. . .] He told with relish a story about Lavrentia P. Beria, the chief of the secret police. Once General Poskrebyshev asked Beria whether a certain prominent Communist now ›sat.‹ (The Russian phrase for being in jail is ›to sit.‹) Beria laughed. No, he said. He isn't sitting anymore. He's lying flat on the floor. When General Poskrebyshev told the story he, too, roared with laughter.

Mrs. Serebryakova asked General Poskrebyshev about a friend who had vanished. Was it possible, she asked, that he had been poisoned? Mr. Poskrebyshev screwed up his face: What year did it happen? She thought it was in 1937 or 1938. [. . .]

›Must have been shot,‹ General Poskrebyshev said. ›We didn't start using poison until 1940 or thereabouts«; s. K. 190, 25–31.

138, 25 f.   *zu Ehren der sowjetischen Revolution* – Oktoberrevolution in Rußland, die nach altem Kalender vom 24.–26.10., nach neuem Kalender vom 6.–8. 11. 1917 stattgefunden hat; s. K. 190, 25–31; 240, 20–25.

138, 27   *Beria* – s. K. 77, 3 f.

138, 27 f.   *Alexander N. Poskrebyshew* – Aleksandr Nikolajewitsch Poskrebyschew (1891–1966), Privatsekretär Stalins; seit 1922 im ZK, seit 1928 Gehilfe Stalins,

Deputierter des Obersten Sowjet 1939–56 Mitglied des ZK der KPdSU; während des Krieges zum Generalmajor ernannt. Bekannt für sein phänomenales Gedächtnis, war er für Stalin von unschätzbarem Wert, nach einigen Quellen in die meisten der in dieser Zeit verübten Verbrechen verwickelt (vom Mord an Ordschonikidse bis zu den Ärzte-Prozessen); fiel 1952 in Ungnade und entkam durch Stalins Tod einem Prozeß, überlebte die anschließenden Säuberungen und lebte zurückgezogen; vgl. Wolkogonow (1989), S. 813.

138, 38   *starb seinen eigenen Tod* – Anspielung auf einen Vers aus Rilkes »Stundenbuch«: »O Herr, gib jedem seinen eigenen Tod.«

138, 39   *Kreml* – Architektonischer Mittelpunkt Moskaus aus dem späten 15. und 16. Jh.; eigentlich Bezeichnung für den befestigten, burgartigen Stadtkern russ. Städte im Mittelalter, die als Verteidigungszentrum die Hauptbauten von Kirche und Verwaltung enthielten; s. 1331, 36; 1354, 28; 1556, 37; 1680, 25.

139, 10   *Nylon* – Amerik. Kunstwort, eingetragenes Warenzeichen für die 1938 entwickelte erste vollsynthetische Faser, eine aus Hexamethylendiamin und Adipinsäure hergestellte Polyamidfaser, die sich durch hohe Reiß- und Scheuerfestigkeit auszeichnet; in der DDR bis die sechziger Jahre Mangelware; s. K. 1618, 13; 1772, 28; s. 1267, 34.

139, 19   *Herald Square* – An der Kreuzung von 6. Ave., 34. Straße und Broadway; benannt nach dem »New York Herald«, der hier zwischen 1893 und 1920 seinen Sitz hatte; hier liegt u. a. Macy's, »das größte Kaufhaus der Welt«; s. K. 74, 3; 343, 5; s. 1300, 31; 1338, 34 f.

139, 22   *amtliche Bescheinigungen über Desinfektion* – Der nichtkommerzielle Warenverkehr in die und aus der DDR wurde durch stets wechselnde Verbote und Beschränkungen eingeengt. Seit den sechziger Jahren durfte getragene Kleidung in Geschenkpaketen nur mit einer Desinfektionsbescheinigung eines Gesundheitsamtes in die DDR geschickt werden, woraufhin die westdt. Behörden die entsprechenden Bestätigungen formlos aushändigten.

139, 30–36   *In Darmstadt wurde . . . als 36 Stunden* – Das Sonderkommando 4a (SK 4a) unter der Führung von Paul Blobel gehörte zu den Einsatztruppen Heydrichs, dem Chef der Sicherheitspolizei, die unter dem Vorwand, das Hinterland der Front zu sichern, mit der Ausrottung der jüd. Bevölkerung begannen und Massenexekutionen durchführten.
Die 150 Angehörigen des Mordkommandos hatten schon vor Babij Jar 80 000 Menschen, davon 70 000 Juden, umgebracht. Die Juden von Kiew wurden mit der Anordnung, sich zur Umsiedlung einzufinden, am 29./30. 9. 1941 in die Schlucht am Dnjepr getrieben. In 36 Stunden erschoß das Sonderkommando 33 771 jüd. Männer, Frauen und Kinder; anschließend wurden die Ränder der Schlucht gesprengt. Paul Blobel wurde vom Landsberger Kriegsverbrechergericht zum Tode verurteilt und gehenkt; vgl. DER SPIEGEL 2. 10. 1967, S. 36–38.

Vgl. den Artikel »Babi Yar Trial Opens« der NYT vom 3. 10. 1967: »Eleven former SS men went on trial today on charges of participation in the 1941 massacre at Babi Yar.
In late September of that year, the Jews of Kiev, in the Soviet Union, were rounded up, led to the edge of a deep ravine called Babi Yar and shot to death by special troops of the Nazi elite guard. A total of 33,771 men, women and children perished, their bodies falling in great stacks in the ravine. The operation, which was later extended to non-Jews, took less than 36 hours. [...]
The indictment charges them with participation or complicity in a total of 80 000 murders, 70 000 of the victims Jewish, in the Soviet Union during 1941.
The accused were members of the Sonderkommando 4A, a special troop given the task of ›purifying‹ Russian soil of Jews after Hitler invaded the Soviet Union. In late June 1941, the 150 men began their work at the Soviet-Polish border and cut a bloody swath that ended on the steppes along the Don River«; s. K. 718, 12–35.

139, 33   *Kiew* – 1968 Hauptstadt der Ukrainischen SSR.

140, 3–6   *Im Juli waren ... 58 vom Hundert* – Vgl. den Artikel »Harris Poll Shows A Decline to 58 % In Support for War« der NYT vom 3. 10. 1967: »Fifty-eight per cent of the American public now supports the Vietnam war, a drop from 72 per cent in July and 61 per cent in August.«

140, 7–13 *Amalie Creutz, die ... Gräfinnenwald vergewaltigt hatten* – Zum Ausmaß der Vergewaltigungen dt. Frauen durch sowj. Soldaten in der SBZ, zu Gegenmaßnahmen der SMAD, zur Behandlung der epidemisch auftretenden Geschlechtskrankheiten, zur Frage der Abtreibung und zur Haltung der SED zu diesem Komplex vgl. Naimark (1997), S. 91–179; s. K. 1208, 1–4; 1613, 25 f.; 1615, 24 f.; s. 1834, 3 f.

140, 12   *Gräfinnenwald* – s. K. 34, 8.

140, 30 f. *Wenn de Sünn ... all int Düstern* – (nd.) Wenn die Sonne vom Himmel fiele, säßen wir alle im Dunkeln; mecklenburgische Redewendung; vgl. Raabe (1854), S. 75.

4. 10. 1967

140, 33–141, 2 *Heute mit dem ... des Jahres 5728* – Vgl. den Artikel »Jews to Mark Start of High Holy Days At Sundown Today« der NYT vom 4. 10. 1967: »Rosh ha-Shanah, the Jewish New Year, begins today at sundown.
In the Jewish calendar, the coming year will be 5728. For Reform Jews, the holiday will last until sundown tomorrow, and for Conservative and Orthodox Jews, it will last until sundown Friday. [...]

Alternate side-of-the-street parking regulations will be suspended tomorrow and Friday.«

140, 34   *Rosch Ha-Scha'nah* – Jüd. Neujahrsfest, das an keinen historischen Gedenktag, sondern an die Erschaffung der Welt erinnern soll; am ersten Tag des Monats Tischri gefeiert. An diesem Tag hält Gott Gericht über die Menschen, trägt ihre Taten in das Buch des Lebens ein oder verwirft sie; danach folgen zehn Bußtage, am letzen, dem Sühnetag Jom Kippur am zehnten Tischri, ist das Schicksal der Menschen besiegelt; vgl. de Vries (1994), S. 80 f.; s. K. 169, 1; s. 146, 24.

141, 3–7   *Rajakovitsch ist sicher... mit strategischen Gütern* – Vgl. den Artikel »Aide to Eichmann Is Back In Austria« der NYT vom 4. 10. 1967. Rajakowitsch verstand die Warnung der jugoslawischen Polizei, seinen Urlaubsort nicht zu verlassen, als drohende Verhaftung und reiste zurück nach Österreich, von wo er, da er dort schon eine Strafe abgedient hatte, nicht ausgeliefert werden konnte. Seine Auslieferung wurde von den Niederlanden verlangt, da er 100 000 Holländer in KZs geschickt habe. »Until his arrest in 1963 Rajakovitsch had carried on a prosperous export business, which, according to Simon Wiesenthal, involved supplying Communist countries with strategic goods. Rajakovitsch denies this and has taken legal action against Mr. Wiesenthal's ›The Murderers Among Us,‹ which contains the allegations«; s. K. 138, 14.

141, 8–13   *Nach der Analyse... Land vorgehen wollen* – Vgl. den Artikel »Myrdal Warns U. S. To Aid Poor Whites As Well as Negroes« der NYT vom 4. 10. 1967 über dessen Rede anläßlich des 50. Jahrestags des »Institute of Planners«: »He made a tentative personal estimate that any proper answer would take ›trillions of dollars and at least one generation.‹«

141, 8   *Gunnar Myrdal* – Karl Gunnar Myrdal (6. 12. 1898–17. 5. 1987), schwed. Wirtschaftswissenschaftler und Politiker, seit 1966 Präsident des Stockholmer Internationalen Instituts für Friedensforschung.

141, 16 f.   *National Unemployed Workers Movement* – (engl.) Nationale Arbeitslosenbewegung.

141, 21   *Charing Cross* – Straße, die auf den Trafalgar Square führt, dem traditionellen Platz für Kundgebungen.

142, 18   *Verspätung der mecklenburgischen Seele* – Spielt vermutlich auf einen Otto von Bismarck zugeschriebenen Ausspruch an; vgl. HNJ, S. 10: »Im Falle eines Weltunterganges plante von Bismarck nach Mecklenburg zu übersiedeln, weil dort alles dreihundert Jahre später eintreffe.«

142, 29   *Labour Party* – s. K. 130, 22 f.

5. 10. 1967

143, 26 *Indianersommer* – (engl. wörtl. übersetzt) Indian summer: Altweibersommer.

143, 27–30 *Hier eine Nachricht... Spiel gewesen sein* – Vgl. den Artikel »Cardinals Take Series Opener, 2–1« der NYT vom 5. 10. 1967: »The first game of the World Series, won today by the St. Louis Cardinals from the Boston Red Sox, 2–1, turned out to be more soporific than terrific.« St. Louis Cardinals und Boston Red Sox sind amerik. Baseballmannschaften.

143, 28 *St. Louis* – Großstadt am Mississippi im mittleren Westen der USA (Bundesstaat Missouri).

143, 28 *Boston* – Hauptstadt des Bundesstaates Massachusetts auf einer Halbinsel an der Boston Bay im Nordosten der USA; Zentrum der amerik. Seeschiffahrt und des Schiffbaus; s. K. 394, 37.

143, 29 *Fenway Park* – Baseballstadion in Boston, südwestlich des Stadtzentrums gelegen. Das 1912 errichtete Stadion ist das kleinste und eines der ältesten Stadien der Major League, Heimstadion der Red Sox.

143, 32 f. *als Großmutter den Großvater nahm* – Anspielung auf den Anfang des Gedichts »Das Großvaterlied« von A. F. E. Langbein, 1813:

> Als der Großvater die Großmutter nahm,
> da wußte man nichts von Mamsell und Madam.
> Die züchtige Jungfrau, das häusliche Weib,
> die waren echt deutsch noch an Seel' und Leib.

Ebenfalls von Günter Grass in der »Blechtrommel« aufgenommen; vgl. Neumann, U. (1992), S. 97.

143, 34–144, 2 *Sie sitzt am... macht, deinen Ossenkopp* – Anspielung auf Wilhelm Raabes »Alte Nester«: »Vierschrötig sitzt er heute vor mir da, mit beiden Ellenbogen auf dem Tische das mecklenburgische Wappen zur Darstellung bringend«; vgl. Raabe (1966), Bd. 14, S. 76; von Johnson in seiner Raabe-Preis Rede zitiert, vgl. Fahlke (1988a), S. 74; Jückstock (1999), S. 161 f.
Seit dem 13. Jh. findet sich ein Stierkopf mit und ohne Krone im Landes- und in vielen Stadtwappen Mecklenburgs. Er geht auf slawische Zeiten zurück; das alte slawische Land hieß Ture (slawisch: Auerochs). Im vollständigen Landeswappen umgaben sechs Felder für die einzelnen Fürstentümer und Herrschaften den Stierkopf im Mittelschild; s. K. 1837, 25–30; s. 1643, 17 f.; 1744, 35 f.

144, 7 *Mein Erzählen kommt... wie ein Knochenmann* – Vgl. Johnsons Brief an Ella Mohr vom 31. 10. 1967: »Von dieser Erinnerung habe ich [...] nur das Skelett [...] also die Geschichtsbuecher und Statistiken«, Fahlke (1994), S. 200.

144, 9 *Institut zur Pflege des britischen Brauchtums* – Dieses Institut gibt es nicht in New York; Johnson schrieb dazu an seine Übersetzerin: »I am loath to admit that this institution exists only in my book«; vgl. Johnson, Auskünfte für eine Übersetzerin, S. 328; Helbig (1995), S. 126 f.

144, 10	*Madison Avenue* – s. K. 76, 8 f.

144, 11   *Todesfesthalle* – Nach Frank E. Campbell benannte Leichenhalle, die vor allem für die Begräbnisse von Filmstars und Politikern benutzt wird, East 83. Straße/Madison Ave.

144, 22 f.   *Richmond and Twickenham Times* – s. K. 94, 32.

144, 31   *»Kellogg's corn flakes«* – Ein Getreideprodukt auf der Grundlage gerösteter Maisflocken, das von den Brüdern John Harvey und William Keith Kellogg 1898 in einem Sanatorium mit streng vegetarischer Diätkost in Battle Creek, Michigan, entwickelt wurde. Die 1906 von William Keith Kellogg gegr. Firma Kellogg's wurde zum größten Cerealienhersteller der Welt.

144, 34   *Junkers & Ruh* – Richtig: Junker & Ruh; 1870 gegr. Aktiengesellschaft mit Sitz in Karlsruhe, die Kochgeräte und Apparate aller Art für Großanlagen und Haushalt, Heizöfen, Warmwasserhitzer, Maschinen für die Schuhindustrie, Maschinenteile, Metallwaren und verwandte Erzeugnisse herstellte und vertrieb. 1962 in eine GmbH umgewandelt. Bekannt waren vor allem die Gasherde, die Junker & Ruh herstellte. Ein Foto eines solchen Herdes in Ingeborg Bachmanns römischer Wohnung befindet sich in: Johnson, Good Morning, Mrs. Bachmann, S. 60 f.

144, 34   *Siemens* – Werner von Siemens (13. 12. 1816–6. 12. 1892), Ingenieur und Unternehmer; gründete 1847 zusammen mit J. G. Halske die Telegraphen-Bau-Anstalt von Siemens & Halske, machte grundlegende Erfindungen auf dem Gebiet der Elektrotechnik, besonders der Starkstromtechnik, und erfand den Dynamo. Sein dritter Sohn Carl Friedrich von Siemens (5. 9. 1872–9. 9. 1941) führte die Siemens & Schuckertwerke AG zur Weltgeltung.

144, 34   *Linde* – Carl Paul Gottfried von Linde (11. 6. 1842–16. 11. 1934), Ingenieur und Unternehmer, entwickelte eine mit Ammoniak als Kältemittel arbeitende Kältemaschine, gründete 1879 die Gesellschaft für Linde's Eismaschinen; die Firma Linde wurde vor allem durch ihre Kühlschränke bekannt.

144, 34   *Du Pont* – Die von Nachfahren frz. Hugenotten 1802 bei Wilmington, Delaware, gegr. Pulverfabrik entwickelte sich als E. I. du Pont de Nemours & Co. zum größten Chemiekonzern der Welt. Nach 1945 war du Pont auch in der Atomforschung tätig und betrieb im Auftrag der amerik. Regierung ein Werk zur Herstellung von spaltbarem Kernmaterial. Mitglieder der Familie sind als Politiker und Offiziere bekannt geworden und übten einen großen Einfluß auf Wirtschaft, Politik und Kultur in Delaware aus; s. K. 146, 2–9.

144, 34 f.   *General Motors* – General Motors Corp., 1908 gegr.; Sitz in Detroit, Michigan; eines der größten Unternehmen der Welt, das hauptsächlich Personen- und Lastkraftwagen herstellt, aber auch Bau- und Landwirtschaftsmaschinen sowie Großmotoren.

144, 39   *Gosling & Sons* – Die »Richmond and Twickenham Times« führte 1932/33 regelmäßig auf der Titelseite eine Anzeige des Geschäfts für Möbel, Teppiche, Vorhänge und Bettwäsche in der Hill Street; s. 333, 23.

145, 15–20   *der Bericht über... mehr sprechen konnte* – Vgl. den Artikel »Hanoi Official Says Bombing of School Killed 33 Children« der NYT vom 5. 10. 1967: »Education Minister Nguyen Van Huyen said at a news conference today that American planes had dropped antipersonnel bombs on a North Vietnamese school Sept. 27, killing 33 and injuring 28. [...] A nurse led in two tiny children who were reported to have been wounded in the raid. One, a boy, was unable to speak because of extensive wounds in the face.«

145, 17   *tiny* – (engl.) sehr klein.

145, 27 f.   *Apartment 204... Telefon 212–749 28 57* – s. K. 12, 34; 27, 29 f.; 166, 26–30; 275, 31 f.; s. 499, 7; 549, 4; 631, 22 f.; 1544, 24 f.; 1665, 5.

145, 31 f.   *Wenn de annern... Du de Best* – (nd. Redewendung) Wenn die anderen nicht zu Hause sind, bist du der Beste.

145, 35   *Yastrzemski* – Carl Michael Yastrzemski, geb. 22. 8. 1939, 1961–83 Spieler der Boston Red Sox; »Most Valuable Player« der American League 1967.

6. 10. 1967

146, 2–9   *Gestern in Miami... unfreundlich von ihnen* – Vgl. den Artikel »Five Bind du Ponts, Loot Miami Estate« der NYT vom 6. 10. 1967: »Five masked gunmen invaded the waterfront estate of Willis Harrington du Pont early today and escaped with cash, jewels and two coin-collections that Mr. du Pont valued at $ 1.5 million. The bandits bound, with neckties, Mr. du Pont; his wife, Miren; their 4-year-old son, Victor, and two servants. The intruders spent two and a half hours of leisurely looting the 33-room home. [...] Mr. du Pont [...] said the robbers ›tied us up and threatened us, as I suppose all robbers do, but they didn't treat us roughly.‹ [...] At one point Mr. du Pont complained that a spot on his leg itched, one of the men scratched it. When the du Ponts said they were cold, a bandit pulled a blanket over them.« Über das Anwesen an der Biscayne Bay heißt es »a five-acre estate in Coconut Grove«. Willis Harrington du Pont: Geschäftsmann; Sohn des Präsidenten von E. I. du Pont de Nemours & Co., Lammot du Pont. Ihm wurden vor allem alte Münzen, darunter ein Teil der Prinz-Michailowitsch-Münzsammlung gestohlen; s. K. 144, 34.

146, 10–28   *Bei uns, im... tun«: sagt sie* – Unter »News Summary« der NYT vom 6. 10. 1967 heißt es: »Thieves had a busy day in Florida and New York [...] On Wall Street [...] the Stock Exchange reported that $ 1.7-million in negotiable securities had been stolen or lost.«

146, 11–25   *Bei uns, in... gefegt von Menschen* – Vgl. den Artikel »Money Order Put To A Literal Test« der NYT vom 6. 10. 1967: »An armed holdup man forced a Western Union branch manager in Brooklyn yesterday to write out a $ 12, 500 money order and kept him captive while a confederate made two trips to a nearby bank to get the cash.

The incident occurred shortly after 10 A.M. in the business section of Brownsville. Detectives characterized it as a ›well planned job,‹ noting that because of the Jewish New Year many stores were closed and the neighborhood was unusually quiet and deserted.
The manager, Anthony Fiore, 52 years old, was alone in the storefront office at 2471 Atlantic Avenue, near East New York Avenue. A slender, welldressed man with a dark fedora and sunglasses walked to the counter and pulled an automatic pistol from his coat.
Aiming the weapon at Mr. Fiore's head, he told the manager to write out a draft for the money. [Der Manager wird in Handschellen in eine Toilette gesperrt.]
The second man walked about five blocks to the branch office of the Manufacturers Hanover Trust Company at 2590 Atlantic Avenue. A teller noticed the large amount and referred the man to Martin J. Morgenthaler, an assistant manager.
Mr. Morgenthaler saw that the draft had not been endorsed by the Western Union representative and told the man it could not be cashed.
The confederate smiled, and replied:
›Okay, I'll go back and get it signed.‹
In a matter of minutes he returned with the note with Mr. Fiore's signature. Mr. Morgenthaler still was not satisfied and made a telephone call to the Western Union. [...]
At the Western Union office the armed bandit had guessed that a telephone call would come from the bank. He had removed the handcuffs from Mr. Fiore and sat him at his desk. When the telephone rang, the thief put the bore of the automatic to the manager's temple.
Mr. Fiore told the bank it was all right to cash the order and then was again put in the bathroom.
At the bank the teller had [sic] sufficient till cash to pay the full amount and several tellers pooled their totals.
In the meantime, the ›client‹ [...] continued smiling and said: ›Please hurry up. I'll take it in any kind of bills.‹
One female bank employe said he [...] had ›beautiful teeth and a big fat face.‹«

146, 12 *Telegrafengesellschaft Western Union* – 1851 als New York and Mississippi Valley Printing Telegraph Company gegr., 1855 in Western Union Telegraph Company umbenannt; wuchs sehr schnell durch Vereinbarungen mit mehreren Eisenbahngesellschaften, später durch Exklusiv-Vereinbarungen mit Associated Press. Bereits ab 1871 bot Western Union auch Finanzdienste an, insbesondere Geldtransfers.

146, 13 *Brownsville, Brooklyn* – s. K. 54, 14; 56, 12; 842, 12.

146, 18 *girieren* – Banktechnischer Begriff: durch Indossament einen Wechsel oder Scheck auf eine andere Person übertragen; in Umlauf setzen.

146, 24 *Neujahrsfest der Juden* – s. K. 140, 34.

147, 6   *Sterbeort der Großen Elisabeth* – Elisabeth I. von England (7. 9. 1533–24. 3. 1603), starb im Richmond Palace. Der Bau des letzten, zwischen Themseufer und Green gelegenen Schlosses wurde von Henry VII. 1499 begonnen; der Palast verfiel im 17. Jh.; nur Torgebäude und Wardrobe Court des Tudorschlosses sind erhalten; s. K. 182, 3–8; 333, 8.

147, 12–18   *Richmond Bridge, Tausende… krummes Pflasterbrett darüber* – Klassizistische Brücke zwischen St. Margaret's und Richmond, 1774–77 nach Entwürfen von Kenton Couse und James Paine gebaut. Das Kopfsteinpflaster wurde 1937 bei der Erweiterung der Brücke entfernt; s. K. 181, 16–23.

147, 12   *Tausende* – Druckfehler in allen Ausgaben, richtig: tausende.

147, 13   *J. M. W. Turner* – Joseph Mallord William Turner (23. 4. 1775–19. 12. 1851), engl. Landschaftsmaler; entwickelte aus der Aquarelltechnik einen den Impressionismus vorbereitenden Stil. Turner malte mehrere Ansichten von Richmond Hill; das Aquarell von Richmond Hill und Brücke (1831) befindet sich im Britischen Museum.

147, 15   *den fürstlichen Bauten im östlichen Twickenham* – Der Stadtteil Twickenham liegt südlich von Richmond. Hier befinden sich: Marble Hill House: eine klassizistische Villa, die George II. 1724–29 für seine Geliebte Henrietta Howard bauen ließ; Orleans House: 1710 erbaut, 1800–14 und 1815–18 Exilsitz von Louis Philippe, Herzog von Orléans, seit 1927 ist nur noch der achteckige barocke Saalbau erhalten; York House: Manor House aus dem späten 17. Jh., bekanntester Bewohner war Henry Hyde, Graf von Clarendon, Lordkanzler zur Zeit Charles II., Hydes Tochter heiratete James II. Weniger fürstlich, aber als eines der ersten neogotischen Bauwerke kunstgeschichtlich wichtig, ist Strawberry Hill (1748–66), der Landsitz von Horace Walpole.

147, 18   *Pflasterbrett* – Druckfehler in allen Ausgaben, richtig: Pflasterbett.

147, 20–33   *sie ging fast… Hirschen und Rehen* – Der Park Richmond Hill heißt eigentlich Terrace Gardens und ist eine parkartige Anlage am Steilhang über der Themse auf dem Grundstück des abgebrochenen Buccleuch House. Der Weg über Queen's Road wäre für Lisbeth auch der näherliegende gewesen. Hill Rise führt in die Ortsmitte, Queen's Road nach Sheen, also auch zu Manor Grove. In der Poppy Factory, südlich von Hill Rise gelegen, fertigen Kriegsinvaliden Papiermohnblumen an, als Anstecker für den Remembrance Day, den Gedenktag der Kriegsgefallenen. Der Blick von Richmond Hill nach Südwesten steht unter Denkmalschutz; vgl. Müller (1988); s. K. 124, 7; s. 333, 30.

147, 23 f.   *Thatched Cottage* – (engl.) übersetzt im Text, wörtl.: kleines strohgedecktes Haus. Im Bericht der »Thames Valley Times« vom 25. 5. 1887 über die Eröffnung der Terrace Gardens wird ein »thatched summer house« erwähnt.

147, 30   *Schloß von Windsor* – Windsor Castle, als Kronbesitz einer der Wohnsitze des herrschenden Monarchen; geht auf eine normannische Gründung um 1070 zurück, heutiger Bau vorwiegend spätgotisch. Da das Schloß auf einer Anhöhe steht, ist es bei gutem Wetter von Richmond Hill aus zu sehen.

147,30   *die Höhen von Berkshire* – Ausläufer der North Downs in der Grafschaft Berkshire im Südwesten Londons.

147,31   *Berg von St. Anne* – Anhöhe im Nordwesten von Chertsey, einem Ort südlich von Windsor.

147,31   *Schweinerücken* – Hog's Head, langgestreckte Erhebung zwischen Guildford und Farnham, beliebtes Ausflugsziel.

147,32   *Bushey Park* – Meist: Bushy Park. Südlich von Richmond gelegener großer Wildpark, ehemals Teil des riesigen Parkgeländes von Hampton Court, das Kardinal Wolsey anlegen ließ.

148,5   *Gaswerk* – s. K. 94, 4 f.

148,6–12   *mit dem Gasometer... den widerlichen Anblick* – Vgl. die Rubrik »Across the Walnuts and the Wine« der »Richmond and Twickenham Times« vom 13. 8. 1932, S. 7. Johnson verändert den Inhalt des Artikels, der zugibt, daß es in einer besseren Wohngegend längst Proteste gegeben hätte, den Mißstand aber der Stadtverwaltung anlastet: » The Gasholder Again [...] Nothing is apparently done to alter its neglected appearance. Perhaps it is due to the fact that it is not in a part of Richmond where the residents were likely to object, but we can imagine what would happen if instead of being down-town, the holder was in a spot where it spoilt the carefully preserved view from the Hill. What an uprising there would be then! Wherever the gasholder is, it should not be allowed to become shabby, and some attempt should be made to see that it is noticed but not seen quite so blatantly.«

148,10   *Richmond and Twickenham Times* – s. K. 94, 32.

148,24   *Antiquariat Hiscoke* – Buchhandlung in Richmond, 22 Hill Street, bestand noch 1968; inserierte regelmäßig in den dreißiger Jahren in der »Richmond and Twickenham Times«.

148,25   *King James-Bibel* – Engl. Bibelübersetzung von 1611, von König James I. (19. 6. 1566–27. 3. 1625) in Auftrag gegeben, mit geringen Veränderungen bis 1961 gültig, auch »Authorized Version« genannt; s. K. 182, 7–9; s. 654, 32.

148,35   *königliche Pferde-Schau* – In einem Bericht in der »Richmond and Twickenham Times« vom 11. 6. 1932, S. 11, mit einem großen Foto von der »Royal Horse Show« wird das sonnige Wetter erwähnt.

149,13–15   *Bei einem Sturm... und tropischem Regen* – Vgl. den Artikel »Sun Soaked« der »Richmond and Twickenham Times« vom 13. 8. 1932, S. 7: »Richmond and Twickenham seem to have escaped the worst effects of the storm which broke over London in the early hours of yesterday morning, although two houses in Barnes were struck by lightning [...] The rain was of almost tropical density«.

7. 10. 1967

150, 5 *benannt nach den zähen Pferden* – Mustang, Modell der Firma Ford; s. 959, 36; 974, 5–25; 1008, 27.

150, 7–11 *Cross Bronx Expressway . . . New England Thruway* – Der Weg führt von der George Washington Bridge in westöstlicher Richtung durch Manhattan und die Bronx, über dem St. Raymond's Cemetery biegt der Bruckner Expressway nach Norden ab und mündet in den New England Thruway. Thruway (amerik. Engl.): Schnellstraße.

150, 18 *Wenn ich mir . . . bei dir machte* – Redensart; etwas vortäuschen, um sich beliebt zu machen, sich einzuschmeicheln; abgeleitet von dem Grimmschen Märchen vom Wolf und den sieben Geißlein, in dem der Wolf mit der kreidebeschmierten Pfote Harmlosigkeit vortäuscht; vgl. HNJ, S. 97; s. 835, 1 f.; 1855, 8.

150, 24 *New Rochelle, Larchmont, Mamaroneck* – Orte in Upstate New York.

150, 26 *in den Greyhoundbussen* – Überlandbusse der größten Busgesellschaft der USA; greyhound (engl.): Windhund.

151, 7 *Im Hanover Trust* – Wortspiel: »Manufacturer's Hanover Trust« war eine große amerik. Bank, die allgemein nur »Hanover Trust« oder »Many Hany« genannt wurde, sie fusionierte später mit der »Chemical Bank«; s. K. 53, 14.

151, 15 *Für wenn ich tot bin* – s. 385, 32; 688, 36; 1538, 9 f.

151, 17 *Harlemfluß* – Harlem River, eine schiffbare, gezeitenabhängige Meerenge von etwa 13 km zwischen Manhattan und der Bronx; verbindet den East River mit dem Spuyten Duyvil Creek und dem Hudson.

151, 18 *George Washington-Brücke* – Hier ist die Brücke von der 181. Straße in Harlem über den Harlem River und mehrere Stadtautobahnen zur University Ave. in Bronx gemeint, die 1889 zu Ehren des 100jährigen Jubiläums der Amtseinführung von George Washington in »Washington Bridge« umbenannt wurde; vorher Harlem River and Manhattan Bridge, drittälteste noch stehende Brücke in New York City; s. K. 67, 6 f.

151, 29 *das arkadische Bild* – s. K. 51, 24.

151, 30 *von Bridgeport, vor New Haven* – Städte am Long Island Sound, Conn.; New Haven: s. K. 9, 6 f.

151, 36 f. *Imbißpavillons Howard Johnsons* – Howard Brennan Johnson, geb. 23. 8. 1932; Mitte des Jahres 1966 betrieb die Howard Johnson Company 770 Restaurants und 265 Motels; vor allem für ihre Eisdielen bekannt; auch HoJo's genannt.

152, 3 f. *sowjetische Kernphysiker Boris Dotsenko* – Geb. 15. 10. 1936, kam mit einem Austauschprogramm der Universitäten Alberta und Kiew nach Kanada und bat dort um eine permanente Aufenthaltserlaubnis. In der Nachricht der NYT vom 6. 10. 1967 verweigerte er die Auskunft nach zurückgelassenen Familienangehörigen, am 8. 10. 1967 heißt es in der Zwischenüberschrift der NYT »but Asks Divorce From Wife«.

152, 4   *Kiew* – s. K. 139, 33.

152, 8–13   *Earl H. Duncan . . . der Sohn geheißen* – Vgl. den Artikel »Father of Dead G. I. Rejects Johnson's Sympathy Letter« der NYT vom 7. 10. 1967: »Bolivar, Mo., Oct. 6 (UPI) – A father, destressed over his son's death in Vietnam, called President Johnson's letter of sympathy ›unacceptable‹ today and returned it to Washington.
The father, Earl H. Duncan of Bolivar, wrote in the accompanying letter that the President had ›defaulted in major obligations and responsibilities to the American people.‹
He also said the President's conduct of the war in Vietnam had caused the ›unnecessary loss of lives of young American men, not to mention the thousands of crippled and maimed.‹
Mr. Duncan's son, Pfc. James R. Duncan, was killed Sept. 2.«; s. 160, 27–31.

152, 23–30   *»Er« liest Marie . . . beim Ausatmen aufwölbten«* – Ein Artikel der NYT vom 7. 10. 1967 mit der Überschrift »Two-Man Teams to Offer Help to Bowery Derelicts« berichtet von dem »Manhattan Bowery Project«, das, von vielerlei Seiten finanziell unterstützt, auf freiwilliger Basis kranken Stadtstreichern medizinische Hilfe anbieten will. Johnson übersetzt den Anfang: »He lay on his back on the sidewalk, eyes closed, legs sprawled, hair matted, face scarred. The only signs of life were the trickle of blood from the gash in the forehead, and his lips, which every five or six seconds puffed out as he exhaled.«

152, 32   *Bowery* – Ca. 1, 6 km lange Straße im Südosten Manhattans zwischen Chatham Square und Cooper Square, einem alten Indianerpfad folgend; der Name ist von holl. boweri: Farm abgeleitet; zu der Zeit als Treffpunkt von Obdachlosen und Trinkern bekannt.

153, 4   *Mary Cooper* – s. K. 24, 18.

153, 8   *Geburtsort Emily Dickinsons* – Emily Dickinson, amerik. Lyrikerin (10. 12. 1830–15. 5. 1886), hat ihren Geburtsort Amherst, Mass., nie verlassen. Ihre bis auf wenige Ausnahmen postum veröffentlichten Gedichte behandeln in präziser Sprache grundlegende Themen menschlicher Erfahrung.

8. 10. 1967

153, 24   *diese Fleurys* – Bezieht sich vermutlich z. T. auf Michael und Anna Hamburger und ihre drei Kinder, die im Oktober 1966 in einem Haus in South Hadley, Mass., wohnten; vgl. Hamburger (1985).

154, 2 f.   *der Ostsee, der bottnischen* — Bottnischer Meerbusen, Teil der Ostsee zwischen Finnland und Schweden; s. 1807, 1.

154, 14   *Kaskinen* — Finn. Hafenstadt am Bottnischen Meer, auch Kaskö genannt.

154, 17   *St. Louis* — s. K. 143, 28.

155, 18–
156, 18   *toi avec ton.. amis à Paris* — (frz.)

     du mit deiner europäischen Seele, oder gar einer russischen, wer weiß. Wenn ich euch schon reden höre, ihr anderen! Und das Bad? ein Schlachtfeld, auf dem an jedem neuen Tag die Unordnung siegt, Kinderdreck, wo man auch hintritt

     sag das nicht, Frédéric

     Du brauchst deine turkestanische Seele nur, um mich von den Kindern zu trennen. Mit dir, auf finnisch, sprechen sie über alles, mit mir auf englisch, über sehr wenig

     sag das nicht, Frédéric

     dein verdammter Hang zum Leiden, deine schlecht verborgene Ehemüdigkeit, alles unverständlich, das sind doch bloß Vorwürfe

     sag das nicht, Frédéric

     und das heißt, meine Arbeit nicht zu verstehen. Meine Arbeit hat nichts gemein mit euren lächerlichen Simultanübersetzungen, es geht darum, die Kunst zu erhalten! wovon ich offensichtlich nichts verstehe

     sag das nicht, Frédéric

     eure europäischen Manieren, eure Erfahrungen, eure europäische Art! und das alles nur wegen des bißchen Kriegs, den ihr gesehen habt. Nicht die in Vietnam gestorbenen Amerikaner tun euch leid, sondern die Vietnamesen! Rückzug aus Vietnam, bedingungsloser Frieden: Das ist eine so absolute, so dogmatische Forderung, von einer so infantilen Moral, eine Vorstellung ohne jede Sachkenntnis!

     du verzeihst uns, Gesine

     da gibt es nichts zu verzeihen. Deswegen hast du sie kommen lassen, diese Europäerin, noch eine, damit sie erzählen kann, wie der Große Amerikanische Gorilla seine Frau behandelt. Bleiben Sie, gehen Sie nicht, Mrs. Cresspahl! Ich werde Ihnen sagen, warum Sie mich anöden. Sie kommen in unser Land mit Hintergedanken. Da, wo wir alle unsere Verantwortung gemeinsam tragen, verharren Sie in einem absoluten moralischen Gewissen, und Sie zeigen es durch Ihren verfluchten Stolz, für den selbst mein bestes Französisch nicht gut genug ist. Ich erlaube mir, Sie daran zu erinnern, daß ich zwei Jahre in Paris gelebt habe, ich habe Freunde in Paris

155, 24   *âme touranienne* — Turkestanische Seele: bezieht sich auf die Zugehörigkeit von Annies Muttersprache zur finnisch-ugrischen Sprachengruppe.

156, 10   *le Gros Gorille Américain* — Vermutlich Anspielung auf den Film »King Kong und die weiße Frau« von Merian C. Cooper und Ernest B. Schoedsack, 1932.

156, 19–23   *Die Marine-Infanterie . . . zu sehr abnahm* – Vgl. den Artikel »Marines Will Stop Giving Purple Heart For Minor Wounds« der NYT vom 8. 10. 1967: »The United States Marines have decided to stop giving the Purple Heart medal for minor wounds in order to halt a drain of manpower from the Vietnam war.
A marine fighting in the northern section of South Vietnam is eligible to leave Vietnam altogether after he receives his third Purple Heart.«

156, 24–26   *Die hauptsächlichen Krankheitsprobleme . . . Kinderlähmung und Eingeweideparasiten* – Vgl. den Artikel »Vietnamese Medicine II« der NYT vom 8. 10. 1967: »Major disease problems are tuberculosis, cholera, typhoid, plague, malaria, poliomyelitis and intestinal parasites.«

156, 27   *Kernphysiker Dotsenko* – s. K. 152, 3 f.

156, 30–157, 2   *Und zum Feiertag . . . Jamaica gefischt wurde* – Vgl. den Artikel »Mafia Increasing Investments in Business on L. I.« der NYT vom 8. 10. 1967: »The directors of organized crime on Long Island, whose gambling operations have been crimped by crackdowns on two huge bookmaking rings in the last year, are increasing their investments in several legitimate businesses.
Organizational changes are in the making also in the Mafia groups in Long Island because of the recent death of Thomas (Three-Finger Brown) Lucchese. [. . .]
Franzese is to go on trial Oct. 16 in Queens on first degree murder charge in the gangland execution of Ernest (The Hawk) Rupolo. [. . .]
Rupolo's slashed body, with one eye shot out, was found in Jamaica Bay on Aug. 24, 1964, hands bound and concrete blocks tied to his legs.«

156, 34   *Dreifinger-Brown* – s. K. 89, 27.

156, 35   *Carlo Gambino* – 1906–1976, New Yorker Mafioso; Namensgeber des Gambino-Clans; kam 1921 illegal in die USA, rückte Ende 1957 nach dem Mord an Albert Anastasia mit Vito Genoveses Billigung an die Spitze der größten New Yorker »Familie«; nach Vito Genoveses Tod 1969 die überragende Figur der New Yorker Mafia; langjähriger Partner von SGC Associates, einer Firma zur Verbesserung der Beziehungen zwischen Arbeitnehmern und -gebern; Vorbild für den von Francis Ford Coppola verfilmten Roman Mario Puzos »Der Pate«; s. K. 22, 28.

156, 35   *Johnny Dio* – John Ignazio »Johnny Dio« Dioguardio, geb. 1913, Mafioso; wurde als Nachfolger Luccheses betrachtet, mehrfach wegen Schutzgelderpressung, Erpressung und Überfall angeklagt; s. K. 22, 28.

156, 35   *Joe die Banane* – Joseph »Joe Bananas« Bonanno; New Yorker Mafioso; als engster Vertrauter von Salvatore Maranzano wurde er nach dessen Ermordung am 10. 9. 1931 Oberhaupt der dann nach ihm benannten »Bonanno-Familie«. Weil er gemeinsam mit Joe Magliocco (Nachfolger des Mafia-Boß von Staten Island, Joe Profaci) ein Komplott geschmiedet hatte, das die Liquidierung von Carlo Gambino und Thomas Lucchese vorsah, wurde er am 21. 10. 1964 auf der Park Ave. gekidnappt und 19 Monate lang gefangengehalten, schließlich nach Arizona »verbannt«. Um seine Nachfolge tobte 1964–69 ein »banana war« genannter blutiger Streit; s. K. 22, 28; 1422, 3–6.

156, 36   *Eddie Spielzeug* – Edward »Eddie Toy« DeCurtis; Mafioso; Mitglied der Genovese-Familie; Besitzer des Nachtclubs »Magic Touch« auf Long Island, angeklagt, ein Bordell zu führen und gegen die Alkoholgesetze verstoßen zu haben.

156, 36   *Tückischer Vivian* – John »Vicious Vivian« Vignini; Mafioso des Genovese-Clans, stand unter der gleichen Anklage wie Edward DeCurtis.

156, 36–157, 2   *Söhnchen Franzese, der . . . Jamaica gefischt wurde* – John »Sonny« Franzese aus Herricks, geb. 1921, New Yorker Mafiaboß des Colombo-Clans; Spitzname: »big loan shark«, investierte Geld in legale Geschäfte, darunter Motels und Bars in Nassau und Suffolk; im Oktober 1967 vor einem Prozeß wegen einer Serie von Banküberfällen und der Ermordung Rupolos gegen Kaution freigelassen; s. K. 297, 4–11; 393, 19–22; 409, 4–14; 414, 29–36; 460, 11–24; 467, 18.

156, 37   *Habicht Rupolo* – Ernest »The Hawk« Rupolo, gest. 24. 8. 1964. Rupolo war 1934 zusammen mit Willie Gallo von Vito Genovese als Killer von Ferdinand »The Shadow« Boccia (ermordet am 19. 9. 1934) angeheuert worden. Anschließend sollte Rupolo auch Gallo ermorden, der jedoch – nur leicht am Kopf verwundet – bei der Polizei auspackte. »Anfang November 1934 wurde Rupolo wegen der Gallo-Affäre vor Gericht gestellt und auch Genovese und Miranda in dieser Angelegenheit verhaftet. [. . .] Rupolo erhielt neun bis zwanzig Jahre Sing-Sing. Genovese und Miranda [. . .] gingen frei, weil weder Gallo noch Rupolo den Nerv hatten, sie als Auftraggeber zu benennen. Doch von nun an lebte Genovese auf einem Vulkan. [. . .] Und in der Tat begann Rupolo zu singen. Die Brooklyner Mordkommission kramte den bereits in die Rubrik ›ungelöst‹ eingereihten Boccia-Mord wieder hervor. [. . .] Als Genovese merkte, daß auch die Staatsanwaltschaft [. . .] ernsthaft nach Zeugen Ausschau hielt, erkannte er die Zeichen der Zeit und schiffte sich nach Italien ein«, Gude Hohensinner (1998), S. 274. Nach neun Jahren Haft wurde Rupolo auf Bewährung aus der Haft entlassen, begann über Einzelheiten des Mordes an Boccia auszusagen, was am 7. 8. 1944 zu einem Haftbefehl gegen Vito Genovese führte, der daraufhin Ende Mai 1945 von Italien an die USA ausgeliefert wurde; s. K. 22, 28; 460, 11–24.

157, 2   *Bucht von Jamaica* – Jamaica Bay, ca. 50 km² große Bucht zwischen Brooklyn und Queens; Teil der Gateway National Recreation Area; vorwiegend grasbewachsenes Marschland mit vielen kleinen Inseln; gegen den Atlantik durch die Rockaway Halbinsel abgeschirmt.

157, 3 f.   *Vito Genovese* – s. K. 118, 22.

9. 10. 1967

157, 19–29   *Als gestern morgen . . . Bescheidwisser, den Könner* – Unter der Überschrift »Girl, Youth Slain in ›Village‹ Cellar« berichtet die NYT vom 9. 10. 1967: »A teen-aged girl from a wealthy Connecticut family and a tattooed 21-year-old hip-pie were found beaten to death yesterday in the basement of a slum tenement in the East Village. [. . .]
In the East Village last night many hippies said they knew the slain youth as ›Groovy‹. They said he was known as a cheap source of LSD, marijuana and barbiturates used by hippies. [. . .] Both victims were nude and lying on their stomachs, about four feet apart, on the concrete floor near the furnaces of the shabby five-storey dwelling of 169 Avenue B between 10th and 11th streets. [. . .]
The deaths were reported to the police by Fred Wright, a 31-year-old handy-man who sleeps on a cot in the front part of the basement.« Vgl. auch DER SPIEGEL 23. 10. 1967, S. 202–205 mit Foto von Linda Fitzpatrick auf S. 203; s. K. 165, 22–37; 180, 2–21; s. 160, 6–15; 186, 11–22.

157, 20   *Avenue B* – Kurze Ave. im East Village (Südosten Manhattans); s. 160, 11, 20.

157, 25   *Hippies* – Von dem engl. Adjektiv hip: auf dem laufenden sein; auch Blumen-kinder genannt; zumeist jugendliche Anhänger der in den USA entstandenen Protestbewegung gegen Normen der Wohlstands- und Leistungsgesellschaft (1965–68); erstrebten das Ideal einer friedlichen, natürlichen Gemeinschaft; befürworteten Bewußtseinserweiterung durch Drogen; s. K. 165, 22–37; s. 1128, 33.

157, 26   *East Village* – Stadtteil im Südosten Manhattans zwischen 14. Straße, Ave. D, Houston Street, Bowery und 3. Ave., von Künstlern und Intellektuellen be-vorzugt, als Greenwich Village zu teuer wurde.

157, 28   *L. S. D.* – Lysergsäurediäthylamid ($C_{20}H_{25}NO_3$), Rauschgift (Halluzinogen), bewirkt schizophrenieartige psychotische Zustände mit akustischen Halluzi-nationen; s. 160, 8; 180, 3; 348, 1; 394, 34.

157, 28   *Marihuana* – Rauschgift aus dem Harz einer Hanfart mit Cannabinol ($C_{21}H_{26}O_2$) als rauscherzeugendem Bestandteil; s. 208, 14; 292, 12.

157, 28   *Groovy* – (engl. Slang) Klasse!; s. 165, 34.

157, 30–35   *Auf einem anderen . . . die Nackensehnen gerissen* – Vgl. Foto in der NYT vom 9. 10. 1967 mit der Bildunterschrift: »A captured American, Hanoi says: Com-munist press agency that released this photo identified the pilot as Air Force Lieut. Gelrad Santo Venanzi, downed Sept. 17 near Hanoi. Confirmation from military sources could not be obtained yesterday.«

158, 20   *Obersekretär Knever* – In Band 1 und 3 Knever, in Band 2 und 4 Knewer ge-schrieben.

158, 24	*Krakow* – s. K. 50, 17.
158, 29– **159, 15**	*Die stellte sich . . . erkennt ein Kind* – s. 50, 18.
158, 36	*Kurhotel Krasemann am See* –Vgl. Grieben (1938), S. 42: »Kurhotel Krasemann am See, 22 B. [etten], P. [reis] 4–5½ M, gzj. [ganzjährig]«.
159, 2	*die Ziegelei niedergebrannt* – Eine Vorlage könnte der Brand der Goldberger Ziegelei gewesen sein; vgl. Neumann, B. (1994), S. 591; s. 401, 11 f.; 418, 5 f.; 473, 25 f.
159, 9	*Hindenburglichter* – Flache runde Wachslichter, die in den Schützengräben des 1. Weltkriegs benutzt wurden, da sie nur schwaches Licht abgaben; s. 159, 14 f.; 261, 35. Benannt nach Paul von Beneckendorff und von Hindenburg (2. 10. 1847– 2. 8. 1934), Generalfeldmarschall; 1914–16 Oberbefehlshaber Ost; 1916–19 Chef des Generalstabs; 1925–34 Reichspräsident.
159, 17	*handsam* – (veraltet) umgänglich, verträglich.
159, 18 f.	*Verlust an Stimmen . . . Reichtagswahl am 6. November* – Am 6. 11. 1932 gewann die NSDAP 33, 1 % (11, 737 Mio. Stimmen, 196 von 584 Mandaten), am 31. 7. 1932 hatte sie noch 37, 3 % (13, 745 Mio. Stimmen, 230 von 608 Mandaten) erreicht; s. K. 87, 6 f. Druckfehler in allen Ausgaben, richtig: Reichstagswahl.
159, 25	*Kröpelin* – Kleiner Ort zwischen Neubukow und Bad Doberan; im Volksmund »Alte Schusterstadt« genannt; vgl. Sonderheft (1934), S. 277 f.
159, 27	*Bundes Deutscher Mädchen* – B. D. M., eigentlich: Bund Deutscher Mädel; Organisation der Hitlerjugend für Mädchen von 14 bis 18 Jahren; s. K. 164, 33.
159, 31	*Richmond Park* – s. K. 130, 9.
160, 1–3	*In diesem Jahr . . . Deutschen Reiches erlangt* – s. K. 49, 23.

10. 10. 1967

160, 5–161, 28	*Mrs. Cresspahl ist . . . hat sie meistens* – Telefon- und Bürogespräche, von deren Teilnehmern nur Amanda Williams und Naomi Prince (160, 34; 161, 32) zu identifizieren sind; vgl. Gerlach (1998), S. 103–106; Spaeth (1998), S. 79 f.
160, 6–15	*Die Polizei hat . . . das nicht hilft* – s. K. 157, 19–29.
160, 8	*L. S. D.* – s. K. 157, 28.
160, 13	*Greenwich* – s. K. 109, 27.
160, 21	*an der Ersten* – s. K. 119, 12; die First Ave. liegt zwei Straßen westlich von der Ave. B (s. K. 157, 20).

160, 25   *Obere Ostseite* – s. K. 52, 26 f.

160, 27–31 *Earl H. Duncan . . . seines Sohns zurück* – s. K. 152, 8–13.

161, 14–16 *Erinnern Sie sich . . . Times, beim Kriegführen* – Ein Foto in der NYT vom 10. 10.
                1967 zeigt einen bewaffneten jungen Mann und trägt die Unterschrift: »This
                photo issued by Bolivia, is said to show Ernesto Che Guevara in the field«;
                s. K. 115, 17.

161, 25   *Mao* – Mao Tse-tung (26. 12. 1893–9. 9. 1976), chin. Politiker; 1927 Anfüh-
                rer eines Bauernaufstandes in Hunan, seit 1928 Führer der komm. Parti-
                sanen- und Rätebewegung, 1935 in das Politbüro, 1945 zum Vorsitzenden
                des ZK und des Politbüros gewählt. Nach dem Sieg im 2. Bürgerkrieg
                1945–49 proklamierte er am 1. 10. 1949 in Peking die Volksrepublik China;
                1954–59 Staatsoberhaupt, danach von allen Staatsämtern zurückgetreten.
                Mit der »Großen Proletarischen Kulturrevolution« (1966–69) versuchte er,
                durch Mobilisierung des revolutionären Bewußtseins, Ausschaltung pragma-
                tisch orientierter Politiker sowie Kampf gegen Bürokratisierung, Tradition
                und Verwestlichung, machtpolitischen Einfluß zurückzugewinnen. 1969 als
                Parteiführer wiedergewählt, seit 1971 grundsätzliche Revision seiner Poli-
                tik.

162, 14   *Bourbon* – Amerik. Whiskey; s. 1264, 6.

11. 10. 1967

163, 6–11   *An diesem Morgen . . . nicht mehr wehren* – Vgl. NYT 11. 10. 1967; DER SPIE-
                GEL 16. 10. 1967, S. 148, und 25. 12. 1967, S. 31 (dort auch das beschriebene
                Foto); s. K. 115, 17.

163, 12   *Der Staatssekretär für die Verteidigung* – Robert S. McNamara; s. K. 26, 2 f.

163, 12–18 *Der Staatssekretär für . . . aus Missouri (Demokrat)* – In einem Artikel der NYT
                vom 11. 10. 1967 »M'Namara Doubts Rise in G. I. Losses if Bombing is Cut«
                heißt es: »So sceptical was Mr. McNamara about the military effectiveness of
                the bombing that Senator Stuart Symington, Democrat of Missouri, finally
                asked toward the end of the day-long testimony: ›Why don't we stop all the
                bombings up North and save all American lives lost in the North and just con-
                tinue to lose American lives in the South?‹«

163, 25   *Gadebusch* – Kleinstadt zwischen Ratzeburg und Schwerin.

163, 28–34 *als die Kommunisten . . . Gefühl für Würde* – Die KPD unterstützte im Preußi-
                schen Landtag und beim Berliner Verkehrsstreik 1932 die NSDAP, um den
                Rivalen SPD zu schwächen.

164, 12   *D. N. V. P.* – Deutschnationale Volkspartei, 1918–33, eine konservative, natio-
                nale und antisemitische Partei, die die Wiederherstellung der Monarchie

erstrebte und die Weimarer Verfassung ablehnte; verbündete sich mit der NSDAP in der Harzburger Front (s. K. 192, 6), 1933 Regierungskoalition; Vorsitzender Hugenberg (s. K. 225, 19 f.); wurde am 14. 7. 1933 durch das »Gesetz gegen die Neubildung von Parteien« (RGBl. I, S. 479) verboten.

164, 24   *von Plessen* – Das Rittergeschlecht von Plessen hat vom 13. bis zum Anfang des 18. Jh.s den Klützer Winkel beherrscht. Die Familie erklärte auch Klütz zu ihrem Eigentum, ohne das durch Urkunden nachweisen zu können. Ihr Stammsitz lag in Damshagen, wo sie bis 1945 wohnte. Seit 1319 ist sie als Besitzer der Plessenburg südwestlich von Klütz nachweisbar, die sie samt einigen Dörfern 1723 an Graf Bothmer verkaufte. Eine Linie wurde 1740 in den Reichsgrafenstand erhoben. Ein Henning von Plessen besaß Güter in Kurzen- und Langen-Trechow bei Güstrow und war Gauwirtschaftsberater der NSDAP.

164, 27   *Nazipartei* – Nationalsozialistische Deutsche Arbeiterpartei (NSDAP), 1920–45, aus der »Deutschen Arbeiterpartei« entstanden. Die 25 Thesen des Parteiprogramms von 1920 enthielten sowohl das zukünftige Regierungsprogramm als auch später aufgegebene soziale Forderungen: Großdeutsches Reich, Ablehnung der Versailler Verträge, kein Staatsbürgerrecht für Juden, Bodenreform, Recht und Pflicht auf Arbeit, Verstaatlichung der Trusts, Gewinnbeteiligung der Arbeitnehmer, allg. Wehrpflicht, Verbot »zersetzender« Kunst, Zentralgewalt. Trotz Ausbau der Parteiorganisation (SA, SS, HJ) anfangs keine Erfolge bei den Wahlen, Zuwachs erst nach der Weltwirtschaftskrise, seit 14. 7. 1933 einzige legale Partei, beherrschte den Staatsapparat sowie alle Gebiete des öffentlichen und wirtschaftlichen Lebens; s. K. 496, 8; 558, 38.

164, 33   *Hitlerjugend* – Abk.: HJ; Jugendorganisation der NSDAP, war wie folgt gegliedert: Deutsches Jungvolk und Deutsche Jungmädel (10–14), Hitler-Jugend (14–18) und Bund Deutscher Mädel (14–17), nur für Mädchen: BDM-Werk Glaube und Schönheit (17–21). Die HJ 1926 als Nachwuchsorganisation der SA gegr.; das Gesetz über die Hitlerjugend vom 1. 12. 1936 (RGBl. I, S. 993) faßte die gesamte dt. Jugend in der HJ zusammen. Nichtmitgliedschaft zog Repressalien nach sich, seit 1939 war die Mitgliedschaft Pflicht. Ziel der Erziehung waren sportliche, wehrtüchtige, gehorsame, nationalsoz. denkende Jugendliche. Sondereinsätze bei Sammlungen aller Art, der Ernte oder als Luftwaffe- und Marinehelfer erhöhten die Bedeutung der HJ für die Kriegswirtschaft; s. K. 497, 19 f.; 936, 6; 1146, 13; 1609, 10; Jungmädel: s. 964, 2; B. D. M.: s. K. 159, 27.

164, 37 f.   *Wer schwängert, soll auch schwören* – s. 1695, 31 f.

165, 3   *Ortsgruppe* – Die Ortsgruppe war die unterste Organisationseinheit der NSDAP; s. 356, 13; 413, 5; 474, 15 f.; 496, 7; 532, 18; 591, 28; 663, 7; 666, 34; 703, 26; 738, 16; 742, 5; 1126, 34 f.

165, 4   *N. S. D. A. P.* – Nationalsozialistische Deutsche Arbeiterpartei; s. K. 164, 27.

165, 16 f.   *Faschisten nennen die . . . ist ihr Hauptquartier* – Sir Oswald Ernald Mosley
(16. 11. 1896–2. 12. 1980), 1926–31 Mitglied der Labour Party, gründete 1932
die »British Union of Fascists«, 1940–43 inhaftiert, seit 1948 in der Führung
der rechtsradikalen Bewegung »Union Movement«. Chelsea ist ein zentraler
Stadtteil von London am nördlichen Themseufer; s. 251, 39; 352, 33 f.;
376, 16 f.

165, 18   *Freikorps* – s. K. 56, 32 f.

165, 20 f.   *Kennst du eine . . . schreiben wir uns* – Johnson teilte Leila Vennewitz mit, es
handele sich um eine Anspielung auf ein Gedicht von Gregory Corso: »Drop
me a line: this alludes to a poem of Gregory Corso which I do not remember. Anyway, it should be something of a joke, like: ›drop me a line, so you'll
get a letter of mine.‹«, Johnson, Auskünfte für eine Übersetzerin, S. 331. Vermutlich verwechselte Johnson Gregory Corso mit Robert Creeley, auf dessen Gedicht »The Conspiracy« er in »Twenty-five years with Jake, a. k. a. Bierwisch« anspielt. Dort finden sich die Verse:
    You send me your poems
    I'll send you mine
    [. . .]
    I will send a picture too
    if you will send me one of you.
Vgl. Johnson, Twenty-five years, S. 106, 172; HNJ, S. 71: »›Schreib mal, dann
schreiben wir uns.‹ So Cresspahl an Peter Wulff, die hatten einander was zu
sagen.«

165, 20   *Kröpelin* – s. K. 159, 25.

165, 22–37   *Die New York . . . Mädchen, genannt Gespenst* – Befragt wurden Anwohner im
Gebiet Ave. A und 10. Straße, wo vor kurzem ein Doppelmord stattgefunden
hatte (s. K. 157, 19–29) und Spannungen zwischen den Hippie-Bewohnern
und ihren Nachbarn bestanden. Unter der Überschrift »The East Village: A
Changing Scene for Hippies« der NYT vom 11. 10. 1967 heißt es: »›This
scene is getting increasingly violent,‹ said a tall young man with wire-rimmed
glasses. ›The love thing is dead; the flower thing is dead.‹ [. . .]
›The hippies really bug us,‹ said a young Negro on East 11th Street: ›because
we know they can come down here and play their games for a while and then
escape. And we can't, man.‹ [. . .]
›They're saying drop out of society, and that's not where it's at for our guys –
they want in,‹ said a young Negro former gang leader, who now works with
local youths. [. . .]
James Hutchinson, known as Groovy, was one of its [der Szene-Kultur in East
Village] integral parts.
[. . .] a girl called Ghost was saying [. . . über Groovy] ›He would have been
dead in four years anyway,‹ she went on. ›He was on meth, and you know
what they say – ›speed kills.‹ But he didn't care. He was beautiful.«« East Village: s. K. 157, 26; Hippies: s. K. 157, 25; Groovy: s. K. 157, 28.

165, 35 *meth* – Methedrin, Methamphetamin, anregende Droge, in der Medizin als Stimulans des Nervensystems, gegen Depression und Fettsucht eingesetzt; s. 180, 20; 186, 13.

165, 36 *Geschwindigkeit* – (engl. Slang, wörtl. übersetzt) speed: für Amphetamine.

12. 10. 1967

166, 1 *Kolumbustag* – Am 12. 10. 1492 landete Christoph Kolumbus (1451–20. 5. 1506) auf der Suche nach dem westlichen Seeweg nach Indien vermutlich auf Watling's Island (Bahamas); der Tag wird in New York mit einer großen Parade gefeiert.

166, 12–16 *Die New York . . . gerade durchs Herz* – Vgl. den Artikel »Medical Report Indicates Delay in Guevara's Death« der NYT vom 12. 10. 1967: »La Paz, Bolivia, Oct. 13 – A medical report indicated today that Ernesto Che Guevara was slain at least 24 hours after his capture in the southeastern jungle on Sunday. [. . .] According to Dr. Moises Abraham, who prepared the military medical report on the guerilla's death, the body had seven bullet wounds. They included mortal wounds in both lungs and a shot directly through the heart.« Mit diesen Wunden habe Guevara nicht länger als fünf Minuten leben können, was der Aussage des bolivianischen Oberbefehlshabers General Candia widerspreche, nach der Guevara einen Tag nach seiner Gefangennahme gestorben sei; s. K. 115, 17.

166, 12 *La Paz* – Regierungssitz Boliviens.

166, 17–20 *Die Sowjetunion hat . . . für Waffenkäufe ersuchen* – Vgl. den Artikel »Eshkol Declares U. A. R.'s Rearming Is 80 % Complete« der NYT vom 12. 10. 1967: »Premier Levi Eshkol said today that the Soviet Union had replaced 80 per cent of the planes, tanks and artillery the United Arab Republic lost during the six-day war in June. [. . .]
›It has made our position more precarious and made it all the more important that the Western powers permit us to buy the weapons we need to defend ourselves.‹«
Nach dem Artikel »U. S. Sees No Peril in Cairo Build-Up« vom selben Tag vermuteten amerik. Spezialisten, daß ⅔ der Flugzeuge und ⅕ der Panzer von der Sowjetunion ersetzt wurden.

166, 21 *Phonopost* – Amerik. Engl. für auf Band gesprochene Briefe. Der Begriff findet sich auch in Günter Eichs Text »Späne« (aus »Maulwürfe«, 1968): »Nur die Zwecke kommen dir als Phonopost mit verminderter Portogebühr«; vgl. Eich (1991), Bd. 1, S. 334.

166, 26–30 *Telefonnummer* SIX AUKS . . . *Papagei- und Krabbentaucher* – Wortspiel aufgrund der gleichklingenden Aussprache der Telefonnummer SIX AUKS (s. 275, 32–276, 1; 326, 10) und six alks (engl.: sechs Alke); Alke sind regenpfeiferähnliche

Vögel der Nordozeane, die genannten Vögel gehören alle zu dieser Gruppe. Telefonnummern bestanden in New York zu der Zeit aus Buchstaben und Zahlen, aus den Buchstaben war das Stadtviertel zu erkennen; s. 145, 27 f.

166, 30   *Gruß zuvor* – In früherer Zeit wurde in Anlehnung an den lat. Gebrauch die Grußformel in Briefen an den Anfang gesetzt; s. 1541, 34; 1579, 20.

166, 37   *Dear Mary. Nicht contrary* – (engl.) Liebe Marie. Nicht eigensinnig. Anspielung auf einen engl. Kinderreim: s. K. 43, 17.

166, 38 f.   *in Kopenhagen ging . . . in euer Hotel* – s. K. 1088, 29 f.

167, 2 f.   *nicht Hilton sondern Sheraton Boston* – Beide Häuser gehören zu amerik. Hotelketten der gehobenen Klasse und liegen in Boston unweit des Hynes Convention Centers und des Christian Science Komplexes. Das Hilton Back Bay, 40 Dalton Street, war mit 335 Zimmern eher klein, verglichen mit dem Sheraton Boston Hotel & Towers, Prudential Center, das mit 1 300 Zimmern das größte Hotel Neuenglands war. Die oberen vier Etagen des 29 stöckigen Towers waren besonders luxuriös eingerichtet, von dort aus hatte man einen weiten Blick über Boston.

167, 3–7   *ein Westdeutscher ein . . . weit die Staatsgeheimnisse* – Konnte nicht nachgewiesen werden.

167, 7 f.   *es ist etwas faul* – Anspielung auf Shakespeares (s. K. 876, 29) »Hamlet« (I, 4): »Etwas ist faul im Staate Dänemark«.

167, 9   *Kastrup* – Stadtteil und Flughafen im Süden von Kopenhagen.

167, 12 f.   *der Kommunismus ist . . . vorlegen verlange danach* – Anspielung auf Bertolt Brechts (s. K. 211, 33) Gedicht »Lob des Kommunismus«:

> Er ist vernünftig, jeder versteht ihn. Er ist leicht.
> Du bist doch kein Ausbeuter, du kannst ihn begreifen.
> Er ist gut für dich, erkundige dich nach ihm.
> Die Dummköpfe nennen ihn dumm, und die Schmutzigen nennen ihn
>   schmutzig.
> Er ist gegen den Schmutz und gegen die Dummheit.
> Die Ausbeuter nennen ihn ein Verbrechen
> Wir aber wissen:
> Er ist das Ende der Verbrechen.
> Er ist keine Tollheit, sondern
> Das Ende der Tollheit.
> Er ist nicht das Chaos
> Sondern die Ordnung.
> Er ist das Einfache
> Das schwer zu machen ist.

Zitiert nach Brecht (1961), S. 227. In dieser Fassung war das Gedicht in der DDR der 50er und 60er Jahre bekannt; zu weiteren Fassungen vgl. Brecht (1988), Bd. 3, S. 285 f., 495; Bd. 11, S. 234.

167, 17–20   *In dem westdeutschen . . . so Memoiren nennt* – Wie die NYT veröffentlichte auch DER SPIEGEL Auszüge aus den Memoiren von S. Stalina (s. K. 30, 22); vgl. DER SPIEGEL 28. 8., 4., 11., 18., 25. 9. und 2. 10. 1967.
DER SPIEGEL, 1946 von brit. Presseoffizieren in Hannover gegr. politische Wochenzeitschrift; ursprünglicher Titel »Diese Woche«; ab 1947 vom Herausgeber Rudolf Augstein unter neuem Titel weitergeführt; seit 1952 Sitz in Hamburg.

167, 19   *unsere dowe alte Tante Hallelujah* – dowe: (nd.) doof, dumm, blöd; Wortspiel: Hallelujah – Allilujewa, Stalins Tochter, s. K. 29, 24.

167, 20   *Abhörskandale* – Konnte nicht nachgewiesen werden.

167, 20 f.   *ist Westberlin noch zu retten* – Rudolf Augstein hatte am 7. 9. 1967 an der Hamburger Universität einen Vortrag »Ist der Staat noch zu retten?« gehalten; vgl. DER SPIEGEL 18. 9. 1967, S. 17–24.

167, 28   *Sprite* – s. K. 110, 29.

167, 33   *caran d'ache* – Das russ. Wort für Bleistift wurde von dem Markennamen einer Schweizer Firma abgeleitet. Vgl. Johnson, Auskünfte für eine Übersetzerin, S. 349, wo er das zweite Auftreten des Wortes erklärt: »Das ist der Bleistift, oder einer von den Bleistiften, die Prof. Erichson einmal der Marie aus Zürich mitgebracht hat. Damals war schon davon die Rede, dass die Russen das Wort für den Bleistift als Lautwert übernahmen: karandash; daran will Mrs. Cresspahl nun Erichson erinnern«; s. 1332, 30.

167, 34 f.   *als sie den Bleistift erfanden* – Ironische Anspielung auf die in der DDR vielfach verbreiteten Behauptungen für angeblich russische Erfindungen; s. K. 1332, 35; s. 1863, 29 f.

167, 35   *s karandaschem* – (russ.) mit dem Bleistift.

167, 37   *di Karsch* – (ital.) von Karsch; s. K. 118, 23.

167, 38 f.   *deutschen Konzerns Quandt . . . abgestürzt bei Turiw* [Nordpol] – Quandt-Gruppe; von Günther Quandt, seinen Söhnen und Enkeln geschaffenes Konglomerat von Beteiligungsgesellschaften, dazu gehörten u. a. Mauser-Werke AG, Karlsruhe AG, Beteiligungen bei Daimler Benz, Wintershall und Varta. Die Familie besaß auch Ländereien in Mecklenburg. Der Verunglückte war Harald Quandt, (1. 11. 1921–22. 9. 1967); vgl. DER SPIEGEL 25. 9. 1967, S. 190 und 2. 10. 1967, S. 33–36; s. K. 425, 39.

168, 5–11   *In einem Leserbrief . . . Stadt der Lokalpresse* – Vgl. Leserbrief von Hans Siebert in: DER SPIEGEL 9. 10. 1967, S. 22 f.; Düsseldorf als die Stadt der Lokalpresse ist dort nicht aufgeführt.

168, 9 f.   *Perle der Weltflughäfen* – Düsseldorf-Lohausen; s. K. 24, 22.

168, 12–21   *Öffentliche Empörung in . . . Sonst keine Staatsgeheimnisse* – Vgl. DER SPIEGEL 2. 10. 1967, S. 144: »Seit 81 Jahren lagert in einem Panzerschrank in Atlanta

(Bundesstaat Georgia) ein süßes Geheimnis: das Rezept für Coca-Cola. Nun
will der Mailänder Weinhändler Sam Henry Friedman den Safe knacken. Als
Einbruchswerkzeug dient dem Italiener mit dem amerikanischen Namen das
nationale Gesetz Nummer 283 vom 30. April 1962, demzufolge ›Lebensmittel und konfektionierte Getränke‹ auch ›eine Aufzählung der Ingredienzen‹
enthalten müssen. [...] Nur der Chefchemiker in Atlanta und ein weiterer
hochbezahlter Experte kennen die genaue Analyse. Sie dürfen niemals
zusammen in einem Flugzeug oder in einem Auto reisen. Diese Order soll
verhindern, daß bei einem Unglücksfall beide Geheimnisträger ums Leben
kommen und der globale Coca-Cola-Quell (80 Millionen Flaschen täglich)
versiegt. [...] Beamte der Lebensmittelüberwachung reisten in die Coca-
Cola-Fabrik in Pescara und ließen sich Proben des in dickbäuchigen Mini-
flaschen lagernden Konzentrats aushändigen. Derzeit untersuchen Lebens-
mittelchemiker den Sirup in Roms ›Istituto Superiore di Sanità‹ auf
Giftstoffe. [...] Als 1958 in der Bundesrepublik das neue Lebensmittelgesetz
verabschiedet wurde, nach dem alle Fremdstoffe in Nahrungsmitteln und Ge-
tränken auf der Verpackung oder Speisekarte genau angegeben werden müssen, erhoben die Cola-Hersteller Einspruch. [...] Coca-Cola erhielt eine Aus-
nahmegenehmigung.«

168, 16   *Atlanta* – Seit 1868 Hauptstadt des Bundesstaates Georgia; 1837 unter dem
Namen Terminus gegr., 1845 in Atlanta umbenannt; wichtigstes Industrie-,
Handels- und Verkehrszentrum in Georgia. Hauptsitz von Coca Cola.

168, 23   *DC-9* – Zweistrahliges, ab 1965 in verschiedenen Versionen gebautes Mittel-
strecken-Verkehrsflugzeug der Douglas Aircraft Co. Inc. DC steht für Douglas
Commercial; s. K. 336, 33; 1708, 3; 1855, 31.
Douglas Aircraft Company Incorporated, von Donald Wills Douglas 1920 in
Santa Monica, Calif., gegr. Flugzeugwerft; am 28. 4. 1967 fusioniert mit der
McDonnel Corp.

168, 27   *Red Sox* – s. K. 143, 27–30.

168, 27 f.   *absteigend Kurs Athen* – s. 1742, 39–1743, 2.

168, 30   *Missingsch* – Vermutl. Verschmelzung von »misensch« (nd. für meißnisch, d. h.
hochdt.) und »messingsch« (aus Messing bestehend); nd. Sprachform, die der
hochdt. Schriftsprache angenähert ist. Hoch- und Plattdeutsch gemischt.

168, 31   *muß mal gebürstet werden* – (engl. Redewendung wörtl. übersetzt) to brush up
something: etwas wieder auffrischen.

13. 10. 1967

169, 1   *Yom Kippur* – Sühnetag, Versöhnungstag; höchster Festtag des jüd. Volkes; der
inneren Einkehr und Prüfung gewidmet; beendet als letzter der »Zehn Bußtage« den Anfang des jüd. Jahres mit 24stündigem strengem Fasten, Sabbatruhe

und Gebet in der Synagoge. Ein Tag beginnt nach jüd. Brauch zu Sonnenuntergang; vgl. 3. Mose 16, 31; deVries (1994), S. 84 f.; s. K. 140, 34; 172, 27 f.

169, 2–17 *Schon lange führen . . . SIND ZU VERMIETEN* – Vgl. den Artikel »›Flout Envy‹ Means ›Ad Space Available‹« der NYT vom 13. 10. 1967: »Decry complacency.‹ [. . .] These and 25 other slogans have been shining out from large lighted signs atop the new Transit Authority buses [. . .]. ›They are designed quite frankly as fillers,‹ says Sheldon Harris, national advertising manager of Metro Transit Advertising [. . .] ›The new buses were delivered so quickly [. . .] that we weren't able to sell space fast enough.‹« Ein Foto zeigt neben dem Bild eines Lämmchens die Aufschrift »be kind . . . be gentle«; s. 206, 22–26; 219, 23; 471, 21 f.; 1845, 15; 1855, 37; 1875, 12.

169, 18–24 *Nach dem innigen . . . in der Politik* – Unter der Überschrift »Rusk Says Stake In Vietnam War Is U. S. Security« heißt es in der NYT vom 13. 10. 1967: »Secretary of State Dean Rusk [. . .] warned today that for the United States to abandon its treaty pledges to South Vietnam and the rest of Southeast Asia would subject this country to mortal danger.« Ein weiterer Artikel über eine Pressekonferenz zitiert Rusk: »Rusk asserted today that he was not ›intimidated‹ by intellectuals who criticized the war in Vietnam [. . .] and remarked, ›As friends used to say of Einstein, he was a genius in mathematical physics, an amateur in music and a baby in politics.‹«; Dean Rusk: s. K. 109, 29–31.

169, 22 *Einstein* – Albert Einstein (14. 3. 1879–18. 4. 1955), dt.-jüd. Physiker; Prof. für theoretische Physik in Zürich und Prag; 1914 Mitglied der Preußischen Akademie der Wissenschaften, 1917 Direktor des Kaiser-Wilhelm-Instituts für Physik in Berlin. Wegen seiner pazifistischen und soz. Auffassungen war Einstein in den zwanziger und dreißiger Jahren zunehmend antisemitischen Angriffen ausgesetzt. Er emigrierte 1932 in die USA; seit 1940 amerik. Staatsbürger. Ab 1933 lehrte und forschte er am Princeton Institute for Advanced Studies. Seine Arbeit zur speziellen und allgemeinen Relativitätstheorie und die Erklärung des äußeren Photoeffekts durch Einführung der Lichtquanten (1905, wofür er 1921 den Nobelpreis erhielt) revolutionierten die Grundlagen der Physik. 1939 empfahl er F. D. Roosevelt die Entwicklung der Atombombe, um entsprechenden Bemühungen Nazideutschlands zuvorzukommen. Er setzte sich nach 1945 nachdrücklich für den Abbau der nuklearen Waffen ein; s. K. 1148, 31 f.

169, 25 f. *Die Sowjetunion hat . . . auf 16 700 000 000 Rubel* – Vgl. den Artikel »Soviet Broadens Military Draft« der NYT vom 13. 10. 1967: »Earlier today the Supreme Soviet adopted a budget for 1968 that increased military spending by 15 per cent, from 14.5-billion rubels ($16-billion) to 16.7-billion rubels.«

169, 28–33 *einen Ausschnitt aus . . . ein Ende setzen* – Wulff las die prophetischen Voraussagen in der Rubrik »Notes of the Day« des »News Chronicle« vom 6. 1. 1933, S. 1: »If present auspices do not prove deceptive, 1933 will be a cheerful year for Germany. Reasonable Germans now talk of the political and economic crises in terms of the past tense. They are convinced that before the year now opening closes there will be a return to political peace and a very definite economic recovery. The facts of Germany's present situation would seem to justify this optimism. That the political position has strikingly improved during recent weeks is beyond all question. Hitler's onslaught upon the Constitution has been warded off and twilight is settling over the Nazi movement. The Nazi movement is politically discredited and financially bankrupt. The Brown Army – surely the absurdest semi-military organization known in history – are to be seen begging at street corners, and in better-class districts thrusting their collection boxes under the chins of those Jews whose expulsion from Germany was the first item upon Hitler's programme.

We may expect to hear the death-rattle of Hitlerism as an effective revolutionary party during the coming weeks. Hitler himself will resort to political maneuvers to avert the impending smash, but since he dare not face another General Election he must come, sooner or later, to terms with General von Schleicher, leaving him the prisoner of Germany's soldier Chancellor.

At the other extreme of German politics are the Communists, a more dangerous party than the Nazis, because more intelligent and championing a comprehensible programme. During recent months the Reds have grown disquieteningly, and now for the first time 100 in the Reichstag. But in Germany as elsewhere Communism thrives upon trade depression, and any trade revival would automatically involve it in disaster. Therefore the anticipated economic improvement of 1933 should put an end to the Red menace in Germany, if indeed one ever existed in a country so extremely hostile to revolutionary methods.«

169, 29 *News Chronicle* – Engl. Tageszeitung, am 21. 1. 1846 als »Daily News« gegr.; erschien nach Zusammenlegung mit dem »Morning Leader« (gegr. 23. 5. 1892) seit dem 13. 12. 1912 unter dem Titel »Daily News and Leader«; nach weiteren Fusionen seit dem 2. 6. 1930 unter dem Titel »News Chronicle«, seit der Zusammenlegung mit dem »Daily Dispatch« 1955 als »News Chronicle and Daily Dispatch«; liberale, nicht parteigebundene Zeitung, mit Features und Sport als Schwerpunkten.

170, 10 *Sozialdemokratischen Partei* – Sozialdemokratische Partei Deutschlands (SPD); 1869 von Wilhelm Liebknecht und August Bebel gegr., schloß sich 1875 mit dem Allgemeinen Deutschen Arbeiterverein zur Sozialistischen Arbeiterpartei Deutschlands zusammen; nahm nach der Illegalität während des Sozialistengesetzes den Namen SPD an; stimmenstärkste Partei im Reichstag; stimmte am 4. 8. 1914 für die Kriegskredite; 1917 spaltete sich der soz. Flügel mit der USPD und der komm. mit dem Spartakusbund ab; trotz Stimmenmehrheit in den zwanziger Jahren nur an wenigen Regierungen beteiligt, außer in Preußen; im Juni 1933 zwangsweise aufgelöst.

Neugründung am 15. 6. 1945 in Berlin; in ihrem Gründungsaufruf forderten Grotewohl, Fechner und Gniffke einen demokratischen Staat und eine soz. Wirtschaft. Sie traten für eine einheitliche Arbeiterpartei ein, während jede

Zusammenarbeit mit der KPD von Schumacher, dem Vorsitzenden der in den Westzonen gegr. SPD, strikt abgelehnt wurde.

Auf dem 40. Parteitag der SPD (Ost) wurde am 21./22. 4. 1946 die Vereinigung mit der KPD zur Sozialistischen Einheitspartei Deutschlands beschlossen (s. K. XII,43).

Die SPD (West) stand anfangs in scharfer Opposition zur Außen-, Wirtschafts- und Militärpolitik der CDU-Regierung Adenauers; im »Godesberger Programm« 1959 Abkehr von marxistischen Grundsätzen, Zustimmung zur Westintegration und zur freien Marktwirtschaft, Wandel zur Volkspartei statt Klassenpartei; 1966–69 große Koalition mit der CDU/CSU; s. K. 173, 4; 348, 39; 352, 1 f.; 366, 6–10; 447, 9; 677, 32–36; 677, 33; 677, 36; XII, 9 f.; XII, 37; XII, 38 f.; XII, 43; 1162, 28; 1361, 10 f.; 1477, 28; 1716, 31; 1819, 16; 1863, 39–1864, 4.

170, 26– **171, 12**	*Die Westfront kam... in Deutschland. Riesenschlagzeilen* – Nach Mecklenburg (1997), S. 389, hat Johnson dies den auf Seite zwei des LGA wiedergegebenen ausländischen Pressestimmen entnommen; vgl. LGA 3. 1. 1933.
170, 26 f.	*Daily Express* – 1900 gegr. Tageszeitung, konservativ und auf Popularität bedacht, gehört United Newspapers.
170, 30	*August Jäger* – Konnte nicht nachgewiesen werden.
170, 31 f.	*im April 1915 bei Langemarck* –Vom 22.4.– 25. 5. 1915 fand die zweite Schlacht bei Ypern statt, in deren Verlauf einer der ersten Gasangriffe geführt wurde. Langemarck liegt nördlich von Ypern; s. K. 171, 19–25; s. 562, 30; XII,4.
171, 3 f.	*General Plummer* – Herbert Charles Onslow, 1.Viscount of Plumer [sic] (13. 3. 1857–16. 7. 1932), kommandierte vom 8.1.–8. 5. 1915 das 5. Armeekorps; 1916 zum General, 1919 zum Feldmarschall ernannt; November 1917 – Dezember 1918 Kommandeur verschiedener Expeditionary Forces, Dezember 1918 – April 1919 der Rheinarmee; 1925–28 Hochkommissar für Palästina.
171, 7 f.	*War Office* – (engl.) Verteidigungsministerium.
171, 19–25	*Studenten von Langemarck... mal mit Langemarck* – Der verlustreiche Angriff (22./23. 10. 1914) dt. Kriegsfreiwilliger während der ersten Schlacht bei Ypern (19.10.–22. 11. 1914) wurde zum Mythos der »Helden von Langemarck« aufgebaut.
171, 26	*Tag der Reichsgründung* – Preußen und die ihm verbündeten dt. Staaten (Bayern, Baden, Hessen, Württemberg) schlossen sich nach ihrem Sieg über Frankreich zum Deutschen Reich zusammen. Am 18. 1. 1871 wurde der König von Preußen im Spiegelsaal von Versailles als Wilhelm I. zum Kaiser proklamiert; s. 236, 16; XII,6 f.
171, 31	*Vereinigung Stahlhelm* – s. K. 70, 12.
172, 4 f.	*Kröpelin* – s. K. 159, 25.
172, 5	*B. D. M.* – s. K. 159, 27.

172, 6   *Gut Beckhorst* – Fiktives Landgut, Sitz des Barons Rammin, später sowj. Gut; s. 356, 39–357, 1; 358, 11; 360, 5–13; 1103, 11–37; 1143, 22; 1185, 7 f.; 1220, 4; 1273, 20; 1275, 4.

172, 7 f. *in der einstweilen verbotenen Uniform* – s. K. 105, 19.

172, 9   *Brink* – (nd. veraltet) Dorfplatz, Anger.

172, 16–26 *Hätten wir gestern . . . eine Frage an* – In dem Artikel »Holdup Gang Uses a Gas Spray To Stun Victims in 52d St. Cafe« der NYT vom 13. 10. 1967 heißt es: »Six armed men and a woman held up a midtown cafe yesterday morning, taking $3, 150 and then escaping after spraying four customers and seven employes with an incapacitating gas. Detectives of the West 54th Street police station said that after pocketing the money – $ 2, 800 from the cash registers and $ 350 from the customers – some of the holdup men drew black cans from their pockets and sprayed over the heads of the victims. [. . .] As the robbers fled, the victims quickly felt dizzy and began gasping for air. [. . .] The robbers, all described as Negroes in their late 20s, walked into the 52d Street Cafe [. . .] brandishing a sawed-off shotgun, pistols and a knife. [. . .] The reactions of the 11 victims to the gas bore similarities to the effect of the gas called Mace, which is used by some police departments, but not New York's, for riot control. [. . .] Mace comes in black aerosol containers similar to a hair spray.« Die angedeutete Frage kann allenfalls aus dem Schlußsatz gelesen werden: »Mace is sold only to the police and military services.«

172, 27 f. *sitzen die Juden . . . Synagogen und Tempeln* – Im Artikel »Jews Will Observe Yom Kippur Tonight« in der NYT vom 13. 10. 1967 heißt es: »Yom Kippur, the Day of Atonement, the most sacred event on the religious Hebrew calendar, begins at sundown tonight. In temples and synagogues the Jews will observe the High Holy Day with prayers, fasting and a repraisal of their behavior. The service begins with the chanting of the ›Kol Nidre‹ (All Vows), a prayer for forgiveness.«
Johnson ändert den Text an entscheidender Stelle ab: Das neutrale »observe« (begehen) wird zu »sitzen [. . .] und knien« konkretisiert. Die Bearbeitung ist bedeutsam, weil die Juden niemals in der Synagoge knien – außer während des Abschnitts »Alenu« des Mußfagebets, das nur zweimal im Jahr, zu Rosch Ha-Scha'nah und eben zu Yom Kippur, gebetet wird. Der jüd. Jahresanfang ist »ausgezeichnet vor allen anderen Festen dadurch, daß hier und nur hier der Jude kniet«; Rosenzweig (1988), S. 359; vgl. Schmidt (1998), S. 228–333.

172, 29 f. *»Kol Nidre« beginnt . . . Bitte um Vergebung* – »Kol Nidre« sind die Anfangsworte einer Erklärung, die vor dem eigentlichen Abendgebet dreimal wiederholt wird; sie geben der Andacht ihren Namen. Dieses jüd. Gebet steht mit der in ihm ausgedrückten Umsicht und religiösen Weisheit der Juden, sich auch von das Leben zerstörenden Schwüren gegenüber Gott lossagen zu können, in scharfem Kontrast zu Lisbeth Cresspahls kategorischer Bindung an die protestantische Moral und deren Institution, die Kirche.

Die Übersetzung des aramäischen Textes lautet: »Alle Gelübde, Entsagungen, Bannungen, Entziehungen, Kasteiungen und Gelöbnisse unter jedem Namen, auch alle Schwüre, so wir gelobt, geschworen, gebannt und entsagt haben, haben werden – von diesem Versöhnungstage bis zum Versöhnungstage, der zu unserem Wohle herankommen möge – bereuen wir hiermit allesamt; sie alle seien aufgelöst, ungültig, unbündig, aufgehoben und vernichtet, ohne Verbindlichkeit und ohne Bestand. Unsere Gelübde seien keine Gelöbnisse; was wir entsagt, sollen keine Entsagungen, und was wir beschworen, keine Schwüre sein«; de Vries (1994), S. 98 f.

172, 35   *Goyim* – (hebr.) Abwertend für Ungläubige, Nichtjuden; s. K. 501, 28; s. 791, 9.

14. 10. 1967

173, 2–13   *Auf der ersten ... hiesigen Aufenthalt angenehm* – Das Foto zeigte die Politiker im Bundestag. Anlaß des Artikels war ein Gespräch zwischen dem sowj. Botschafter in Bonn Tsarapkin und Außenminister Brandt über die sowj. Initiative für eine Gewaltverzichtserklärung zwischen BRD und DDR. »Germany was divided after a series of decisions by the Allies at London and Jalta in World War II«; NYT 14. 10. 1967.

173, 4   *Willy Brandt* – Eigentlich Herbert Frahm (18. 12. 1913–8. 10. 1992), SPD-Politiker, 1933 nach Norwegen emigriert, 1957–66 Regierender Bürgermeister von Westberlin, 1964–87 Vorsitzender der SPD, 1966–69 Außenminister und Vizekanzler einer Koalitionsregierung mit der CDU, 1969–74 Bundeskanzler einer Koalitionsregierung mit der FDP, förderte die Entspannungspolitik, 1971 Friedensnobelpreis; s. K. 1873, 37–1874, 2.

173, 5 f.   *Chef der so genannten Christlichen Demokraten* – Kurt Georg Kiesinger (6. 4. 1904–9. 3. 1988), dt. Politiker; Mitglied der NSDAP 1933–45; 1940–45 wissenschaftlicher Mitarbeiter im Auswärtigen Amt, 1967–71 Vorsitzender der CDU, 1966–69 Bundeskanzler einer Koalitionsregierung von CDU und SPD; s. K. 253, 11–14; 1091, 18–34; 1091, 24; 1496, 22–26; 1496, 30; 1497, 1–3; 1497, 6–12; 1876, 29–31.

173, 6   *Christlichen Demokraten* – Christlich Demokratische Union (CDU): 1945 als christliche, überkonfessionelle Partei gegr., Betonung der Grundwerte der Freiheit, Gerechtigkeit und Solidarität; von 1949–69 in der Bundesregierung, maßgeblich an der politischen Entwicklung der BRD beteiligt. Ihr antikapitalistisches Nachkriegsprogramm wurde 1949 durch Erhards Konzept der »sozialen Marktwirtschaft« abgelöst, 1953 Bekenntnis zur Integration in das westliche Bündnissystem; s. K. 554, 32–34; s. 788, 30 f.; 809, 21; 1240, 20; zur CDU (Ost): s. K. 1162, 28 f.

173, 24   *97. Straße* – s. K. 27, 18.

173, 27 f.	*eine am Ende . . . ein Dichter sagt* – Vgl. das Foto 96. Straße/Broadway mit Uwe Johnson vor diesem Lampenmast, in: Bengel (1985a), S. 352; s. K. 20, 33 f. Die Anspielung konnte nicht nachgewiesen werden.
174, 29	*in einem von diesen Hotels* – Entlang der Nordwestseite des Central Parks stehen einige exklusive Hotel-Residenzen, Appartementhäuser mit Hotelservice, wie das Majestic (55 Central Park West), das Dakota (1 West 72. Straße), die San Remo Apartments (145–46 Central Park West) oder das Eldorado (300 Central Park West); s. 548, 21–24.
175, 1	*Hartcourt Arms* – (engl.) Wappen von Hartcourt.
175, 14	*Nachrichtenmagazin* – s. K. 167, 17–20.
175, 25	*Sabbat* – s. K. 45, 3.
175, 30–39	*Zu dem Mann . . . ins Gedächtnis gerufen* – s. 11, 4–10.
176, 4 f.	*Hosenbund bis dicht unter die Brustwarzen* – Vgl. Manuskriptfragment 227 (im Johnson-Archiv): »NYC/5 Aug 1966/GC/Moment des Todes . . ./ Ein alter Herr, der auf der Washington Bridge auf seinen Bus wartet, Kaffee trinkend. Der Hosenbund sitzt ihm nicht weit von den Brustwarzen. Meinem Vater waere der Hosenbund ziemlich weit die Brust hinauf gegangen«; s. 1890, 30.
176, 9	*Bettler mit den blauschwarzen Haaren* – s. 68, 30 f.
176, 11	*»Gute Eßgeschäft«* – Das Spezialitätengeschäft hieß Charlie's Good Eats; s. 178, 28; 211, 15; 658, 16; 970, 17 f.; 1545, 31; 1583, 17; 1708, 5.
176, 15 f.	*Dreidecker-Sandwiches* – (engl. wörtl. übersetzt) triple decker sandwiches; drei Lagen Weißbrot mit jeweils Belag dazwischen; s. K. 1847, 19.

15. 10. 1967

176, 26–177, 7	*All the news . . . Versprechen am Kopf* – s. K. 78, 2.
176, 36–177, 7	*mit der Überschrift . . . Versprechen am Kopf* – Die NYT vom 15. 10. 1967 zitiert den Herausgeber des »Worker«: »›We think we are objective because we admit our orientation,‹ says Carl Winter. ›Those who claim to be objective and deny their orientation are really camouflaging.‹ [. . .] The latest circulation report says The Worker has 3, 664 mail subscriptions, 10, 554 sales through dealers, carriers, street vendors and counters.« Der Artikel vermerkt, daß kaum über die komm. Partei der USA geschrieben werde, daß aber der Parteisekretär Gus Hall anläßlich eines Glückwunsches zum 18. Jahrestag der Volksrepublik China versichert habe, die Marxisten-Leninisten »will surely find the way to overcome all present barriers for further advancement along the road of social progress and peace.«
177, 1	*Worker* – Zeitung der Kommunistischen Partei der USA; 1922 als Wochenblatt gegr.; erschien 1924–58 als »Daily Worker« täglich, 1958–68 als »The

Worker« dienstags und sonnabends, seit Ende 1968 täglich als »The Daily World«; vgl. Fahlke (1991), S. 133.

177, 3   *All the News . . . Fits the Line* – Übersetzt im Text 177, 4 f.; s. K. 78, 2.

177, 8–13   *In einer Bar . . . Newark gegangen sein* – Der Artikel »3 Men Shot to Death In a Newark Tavern« der NYT vom 15. 10. 1967 beschreibt sehr ausführlich, was über Verbrechen und Personen bekannt ist, nennt aber kein Motiv. Da der Streik der Dockarbeiter wegen Differenzen zwischen Dienstaltersvorrechten ausgebrochen war, ist eine »Verteilung der Gewinne« kaum annehmbar.
»A tavern owner and two brothers, one of them a hiring boss on the Newark docks, were shot to death in a barroom on a normally quiet street here early today. [. . .] Mr. Martello was co-owner of the bar, the Club 309, at 309 Lafayette Street, where the shooting took place. [. . .]
Although the police declined to discuss any motive for the crime, the shooting immediately raised speculation that they [sic] might be connected with a wildcat strike by longshoremen in Port Newark during the week. [. . .]
Dr. Edwin Albano, the Essex County Medical Examiner, said that an autopsy showed that each man had been shot at close range. [. . .]
Capt. Vincent P. Fitzsimmons of the Newark police said that ›apparently the victims had been drinking with their killers‹ [. . .].
Presumably robbery was not a motive in the slayings, as the police reported that nearly $500 in cash was found on the bodies of the three victims.«

177, 14–17   *Ein fünfundsechzigjähriger Mann . . . den Rücken gebunden* – »A man about 65 years old was found dead – his throat cut and his hands bound behind his back with wire – after a minor fire last night in an apartment house at 66–20 Wetherole Street in Forest Hills, Queens. The police identified the dead man as Charles W. Taggs and said the fire in his apartment appeared to have been set deliberately. The police said Mr. Tagg's throat had been ›cut from ear to ear‹«, NYT 15. 10. 1967.

177, 16   *Forest Hills, Queens* – Stadtteil von Queens (s. K. 20, 28 f.) zwischen Long Island Expressway, Flushing Meadows-Corona Park, Union Turnpike und Junction Boulevard; benannt nach seiner Nähe zu Forest Park; vorwiegend von jüd. und ital. Mittelklasse bewohnt.

177, 18 f.   *Westdeutsche Studenten haben . . . politische Meinung auszudrücken* – Unter der Überschrift »German Students Burn Right-Wing Newspapers« wird von einem »bonfire« aus Springer-Publikationen in Waischenfeld in Nordbayern berichtet und an die Bücherverbrennungen unter den Nazis erinnert. »The fire was part of a campaign mounted by students and some publicists to ›dispossess Springer‹. The idea was originally launched two years ago by Walter Ulbricht, the East German Communist chief. [. . .] The campaign of the leftist students enjoys varying degrees of support from intellectuals, including the ›Gruppe 47,‹ a mixed bag of poets and novelists who live the life of good burghers while occasionally voicing political protests on subjects such as Vietnam.

At their annual meeting at Waischenfeld this week most of the group 47 writers adopted a resolution vowing that they would not publish any of their books in Springer papers. They avoided the bonfire.«

177, 20–23   *Heinrich Schneider, 53 . . . in Wuppertal erhängt* – Vgl. den Artikel »Former Nazi, on Trial, Hangs Himself in Prison« der NYT vom 15. 10. 1967: »Heinrich Schneider, 53 years old, a former Nazi policeman accused of burning 800 Polish Jews to death in a synagogue in Bialystok, hanged himself in his prison cell in Wuppertal last night.
Schneider, a clerk, was one of four chief defendants in a trial of 14 wartime policemen. According to the indictment, the other accused men helped Schneider drive the Jews into the synagogue, lock the doors and pour gasoline through the windows. They then threw hand grenades at the victims, according to the indictment.
The massacre took place in 1941.«

177, 21   *bialystoker Synagoge* – Białystok: Stadt im Nordwesten Polens, bis 1941 unter sowj. Verwaltung, 1941–45 zum Deutschen Reich gehörig; s. 921, 16 f.

177, 36   *Wippwapps* – Nachbildung von: seesaw: (engl.) Wippe.

178, 27–
179, 22   *»Ich sehe aus . . . es im Krieg«* – Zur Interpretation des Aufsatzes von Marie vgl. Wagner (1986); Zetzsche (1994), S. 228–230; s. 312, 37–313, 21; 1332, 36 f.

178, 28   *Guten Eß Geschäfts* – s. K. 176, 11.

179, 24   *You did too* – (engl.) Hast du auch gesagt.

179, 33   *Magdalene* – Druckfehler in allen Ausgaben, richtig: Magdalena.

16. 10. 1967

180, 2–21   *Nicht nur die . . . Kind, sagt er* – Unter der Überschrift »The Two Worlds of Linda Fitzpatrick: Greenwich, Conn., and Greenwich Village« der NYT vom 16. 10. 1967 heißt es: »When Linda saw Susan [Robinson, eine Bekannte Lindas] on Oct. 1 she told her she had met two warlocks, or male witches, in California [. . .]. ›Linda told me several times she was a witch. [. . .] She said one of the warlocks took her mind apart and scattered it all over the room and then put it together again. Ever since, she said, she felt the warlock owned her.‹ [. . .]
The warlock, who called himself ›Pepsi‹, is in his late 20's [. . .].
›My buddy and I ran into Linda in a club in Indianapolis called the Glory Hole,‹ Pepsi said. ›We took Linda along. You could see right away she was a real meth monster – That's my name for a speed freak [. . .].
She was a good kid, if she hadn't been so freaked out on meth.‹«
Für den Artikel bekam der Journalist Jay Anthony Lukas (25. 4. 1933–5. 6. 1997) den Pulitzerpreis 1968; s. K. 157, 19–29.

180, 3   *L. S. D.* – s. K. 157, 28.

180, 4   *East Village* – s. K. 157, 26.

180, 5–7   *Auf der ersten . . . Nam abgeschossenen Flugzeug* – Vgl. Foto und Artikel »U. S. Loses 3 Jets In Raids On North/Toll Put at 701 Planes« in der NYT vom 16. 10. 1967.

180, 7 f.   *neben der Angst . . . der Chinesischen Drohung* – Vgl. den Artikel »Chinese Communist Peril Emphasized by Humphrey« der NYT vom 16. 10. 1967: »Vice President Humphrey said today that American security was at stake in Asia and that ›the threat to world peace is militant, aggressive Asian Communism, with its headquarters in Peking, China.‹«

180, 7   *Vizepräsidenten* – Hubert Horatio Humphrey (27. 5. 1911–13. 1. 1978), amerik. Politiker; 1949–64 Senator; Mitbegründer und Vorsitzender der »Americans for Democratic Action« (s. K. 1130, 35), einer 1947 gegr. liberalen Interessengruppe; Sprecher des linken Flügels der Demokratischen Partei; 1965–69 Vizepräsident; unterlag als Präsidentschaftskandidat 1968 Richard M. Nixon; s. K. 15, 13–17.

180, 20   *Methedrin-Dämon* – s. K. 165, 35.

180, 22   *Cresspahl war sich nichts vermutend gewesen* – Vgl. Johnson, *Tonio Kröger* las ich als erstes, S. 77: »Allerdings, wenn ich in einem meiner Bücher eine Wendung zitiere wie ›er war sich nichts vermutend gewesen‹, kann ich in Rezensionen lesen, ich hätte einen ›unsagbar knorpeligen Satz‹ konstruiert oder sei in ›stelzendes Altertümeln‹ geraten.« In seiner Rede zur Verleihung des Thomas-Mann-Preises spielt Johnson auf die Quelle (»Königliche Hoheit«) an, wenn er mitteilt: »Als ich von Ihrer Entscheidung erfuhr, ging es mir wie Herrn Dr. Sammet: Ich war mir ihrer durchaus ›nicht vermutend gewesen.‹« Johnson, Lübeck habe ich ständig beobachtet, S. 79; vgl. auch BU, S. 428 f.: »wobei ich zu beachten bitte, dass Heinrich Cresspahl eine Mitgliedschaft in der N. S. D. A. P. durch einen von der Erzählung gemeldeten Trick vermeidet und dass die Wendung ›sich vermutend sein‹ zurückgeht auf das niederdeutsche ›moden sin‹, in die Hochsprache eingeführt durch Thomas Mann«; vgl. Mann (1974), Bd. II, S. 14; s. 215, 32 f.; 318, 13.

180, 28–31   *oewe dat's'n full-time job . . . Orre nich* – (nd./engl.) aber das ist ja eine Vollzeit-Beschäftigung (. . .) Oder nicht – ?

180, 34   *Royalty Kinema* – Damaliger Name des Kinos in Richmond, 72 Hill Street.

180, 34 f.   *Buster Keaton* – Joseph Francis (»Buster«) Keaton (4. 10. 1895 [nach einigen Quellen 1896] –1. 2. 1966), amerik. Schauspieler und Regisseur; Komiker des Stummfilms, berühmt wegen seines »gefrorenen Gesichts«, da er auch in den skurrilsten Szenen nicht lachte.

180, 35   *»Speak Easily«* – Der Film lief vom 26.–31. 12. 1932, die Inhaltsangabe ist aus der »Richmond and Twickenham Times« vom 24. 12. 1932, S. 4 übernommen: »Plenty of fun is promised for Christmas week, the feature film being ›Speak Easily‹, with Buster Keaton and Jimmy (›Schnozzle‹) Durante as laughter-makers-in-chief. Buster poses as a university lecturer on Greek mythology, and later becomes manager of a musical comedy. Thelma Todd is the heroine«; vgl. Müller (1988).

180, 39–181, 8 *zum Weihnachtsfest des . . . Post nachschicken mußte* – Anglo-German Circle: (engl.) Deutsch-englischer Klub. Dieser Verein veranstaltete Vorträge und gesellige Zusammenkünfte, um Kenntnis und Verständnis zwischen den Ländern zu fördern. Vgl. den Artikel »Anglo-German's Party« der »Richmond and Twickenham Times« vom 24. 12. 1938: »The Christmas meeting, at the Station Hotel, of the Richmond Anglo-German Circle, was a great success and a merry gathering assembled under the glow of the candles of the Christmas tree. [. . .] The meeting opened with the singing of the delightful, well-known German carols »Stille Nacht, Heilige Nacht«, and »O Tannenbaum« [. . .]. At the end of her speech, Mrs. Allen [die Vorsitzende] made a surprise announcement that Father Christmas had become a member. To loud applause, Father Christmas appeared, bowed under the weight of a large sack, from which he personally handed a present to everybody«; s. 191, 14–28.

181, 12 *Eingemeindung von Ham* – Das südlich von Richmond gelegene Ham wurde im Dezember 1932 auf die Gemeinden Kingston und Richmond aufgeteilt; vgl. »Richmond and Twickenham Times« 24. 12. 1932.

181, 13 *des Bürgermeisters Reid* – Alexander Reid wurde in der »Richmond and Twickenham Times« vom 15. 10. 1932 als neuer Bürgermeister vorgestellt.

181, 16–23 *Arbeiten an der . . . den Wasserspiegel verlegten* – Berichte über die Reparaturen finden sich im Januar und Februar 1933 in der »Richmond and Twickenham Times«, so am 7. 1. 1933: »From the fact that a diver has been continually engaged at the foundation of Old Richmond Bridge, on the Middlesex side of the river, for some weeks, and that he is now busy laying bags of concrete at the foundation of the pier of the Middlesex arch it may be assumed that the scour of the heavy stream sent down from the upper river by the Thames Conservancy is having its effect on the ancient, but still stalwart structure. [. . .] Even when the diver is out of sight on the bed of the river, the labours of the men at the airpump, the watchfulness of the men at the air and life lines, and the movements of the men who lower the bags of concrete to the under-water worker seem to exercise a strange fascination, and the small fry of the neighbourhood have developed much skill in balancing on the parapet of the bridge«; s. K. 147, 12–18.

181, 23 f. *Der Dezember 1932 . . . mit viel Sonnenschein* – Vgl. »Richmond and Twickenham Times« 7. 1. 1933.

181, 29 f. *God bless you, dearie* – (engl.) Gott segne Sie, meine Liebe.

181, 31–36 *Kaufhaus Wright Brothers . . . Nummer Richmond 3601* – Vgl. die halbseitige Anzeige des Kaufhauses über Umbau und Ausverkauf in der »Richmond and Twickenham Times« vom 24. 12. 1933: »Amazing Bargains – Everything for Ladies and Children's Wear – On Completion of the Re-Building and Alterations of the Building above it will be Equipped with Electric Lifts and a Tea Room for the Convenience of our Customers. Richmond 3601.« Das Kaufhaus befand sich in der George Street zwischen Brewers Lane und Church Walk, die verschlungenen Initialen W B sind noch in den zwei Giebelfeldern erhalten; George Street: s. K. 94, 36 f.

182, 3–8   *den Überresten des . . . James VI. von Schottland* – Die Beschreibung vom Tod Elizabeth I. stammt aus Courlander (1953), S. 48: »Carey [Sir Robert Carey] is stated to have received a ring, dropped by his sister, Lady Scrope, from the window of the apartment over the Archway; this was a prearranged signal to tell him that the Queen was dead and that he could ride to Scotland and be the first to carry the news to James VI.«; Richmond Palace: s. K. 147, 6.

182, 7–9   *James VI. von Schottland . . . Liederjan zu nennen* – James VI. von Schottland (19. 6. 1566–27. 3. 1625), Sohn von Mary Stuart und Henry Stuart, Lord Darnley; wurde als James I. König von England 1603–25, gab die Übersetzung der »King James Bible« in Auftrag; bekannt für seine Eitelkeit, homosexuelle Neigung und Verschwendungssucht; s. K. 148, 25; s. 654, 32.

182, 34   *Moxon, Salt & Co* – Londoner Verschiffungsagentur.

182, 35   *Regent Street* – Straße im Zentrum Londons, von Piccadilly Circus nach Norden führend, mit bekannten Bekleidungsgeschäften und -häusern; s. K. 342, 5.

183, 8 f.   *Würdest du es . . . sein in Richmond* – (engl. wörtl. übersetzt) Would you rather prefer to be born in Richmond?

17. 10. 1967

183, 16–19   *MÄDCHEN SAGEN JA . . . Einziehung zum Kriegsdienst* – Vgl. den Artikel »Antiwar Demonstrations Held Outside Draft Boards Across U. S.« der NYT vom 17. 10. 1967: »Signs urged refusal to accept draft calls. Including one that said: ›Girls say yes to men who say no.‹«

183, 19–21   *Die Marine hat . . . eigene Stellungen bombardiert* – Vgl. den Artikel »U. S. Bomb Kills 3 Marines; Jet Error the 2d in 3 Days« der NYT vom 17. 10. 1967.

183, 22–28   *In Prag hat . . . wütet gegen Schriftsteller* – Vgl. den Artikel »Czechs Pressing Curb on Writers« der NYT vom 17. 10. 1967: »Prague sources said that Mr. Hendrych regarded the reining in of dissident writers as a personal cause after his own daughter, Zdena, got involved in a political scandal earlier this year.
Last winter Zdena Hendrych, who is in her early 20's, had an affair with a 31-year-old writer named Jan Benes, it is reported. To please him she is said to have stolen a Central Committee document from her father's desk and given it to Mr. Benes, who then helped to smuggle it out to a Czechoslovak émigré organization in Paris.
Mr. Benes was caught and sentenced last summer to five years in prison.«
Jiří Hendrych (28. 12. 1913–16. 5. 1979), 1934–39 komm. Journalist und

Funktionär in Böhmen, 1940–45 im KZ Mauthausen, 1945–52 ZK-Mitglied und Leiter der Abteilung für Ideologische Arbeit im ZK der KPČ, 1954–4. 3. 1968 ZK-Sekretär für ideologische Fragen; 2. Vorsitzender der KPČ. Hendrych soll nach dem Diebstahl seiner Tochter einen Herzanfall erlitten haben; s. K. 827, 21–27.

183, 24   *Jan Beneš* – Geb. 26. 3. 1936, tschech. Schriftsteller; wurde in dem Prozeß zu fünf Jahren Haft verurteilt.

183, 28   *Vaculik* – Ludvík Vaculík, eigentlich Lubomír Vaculík; geb. 23. 7. 1926; tschech. Schriftsteller, übte auf dem IV. Schriftstellerkongreß 1967 scharfe Kritik an der Parteipolitik und der Parteiführung, 1967 aus der Partei ausgeschlossen, 1968 rehabilitiert. Sehr aktiv in der Reformbewegung des Prager Frühlings, den er im »Manifest der 2000 Worte« 1968 programmatisch verteidigte. Nach 1968 erneut Ausschluß aus der Partei sowie Berufs- und Publikationsverbot. Mitinitiator der Bürgerrechtsbewegung »Charta 77«; s. K. 125, 28–30.

183, 28   *Liehm* – Antonín Jaroslaw Liehm, geb. 2. 3. 1924, Studium der Politik- und Sozialwissenschaft, nach 1949 Journalist, Filmkritiker, seit 1960 Mitarbeiter der »Literární noviny«, 1968 emigriert; s. K. 125, 28–30.

183, 29   *Klíma* – Ivan Klíma, geb. 14. 9. 1931, tschech. Schriftsteller; verglich 1966 auf dem Schriftstellerkongreß die Freiheit unter der österr. Herrschaft mit der seiner Zeit; gesellschaftskritische Werke mit mystischem Einschlag, 1971 Publikationsverbot; s. K. 125, 28–30.

183, 29   *Kundera* – Milan Kundera, geb. 1. 4. 1929, tschech. Schriftsteller; gehörte neben Vaculík, Klíma, Liehm und Procházka zu den Wortführern des Schriftstellerkongresses 1967, zog 1975 nach Paris; gesellschaftskritische Romane, tragikomische und satirische Prosa, die Konflikte zwischen privater und gesellschaftlicher Existenz behandelt.

183, 29   *Prochazka* – Jan Procházka (4. 2. 1929–20. 2. 1971), tschech. Schriftsteller; Romane, Erzählungen, Filmskripte, Jugendbücher. Deutete in einem Artikel über Masaryk (s. K. 1165, 21) an, daß die Präsidenten vor dem Krieg besser gewesen seien; 1969 aus der KP ausgeschlossen.

183, 32 f.   *Tovarishtsh Stalin skasal . . . inschenerami tshelovetsheskich dush* – (russ.) Genosse Stalin hat gesagt, daß wir die Ingenieure der menschlichen Seelen sein sollen. Stalin hatte in einem Gespräch mit Gorki am 26. 10. 1932 die sowj. Schriftsteller als »Ingenieure der menschlichen Seele« bezeichnet; die Wendung wurde im Zusammenhang mit der Entstehung des Begriffs des Sozialistischen Realismus benutzt. Besonders in der Nachkriegszeit galt diese Formel Andrej A. Schdanow, der sich selbst als »Chefingenieur« verstand, als Rechtfertigung für eine diktatorische Kulturpolitik, in der sich dogmenfrei gebende Wissenschaftsdisziplinen gemaßregelt wurden und es zu »Säuberungsaktionen« kam; Stalin: s. K. 63, 10.

184, 3   *Dreimal Dänisch* – Danish pastry: (engl.) Blätterteiggebäck.

184, 3	*Dschisain* – Engl. Aussprache von Gesine.
185, 6 f.	*mittlerweise* – Druckfehler in allen Ausgaben, richtig: mittlerweile.
185, 17–19	*Den Herrn, der... einen Büroanzug gekleidet* – Selbstporträt; vgl. Neumann, B. (1994), S. 572 f.
185, 27 f.	*einen ausgefallenen guten Morgen* – (engl. wörtl. übersetzt) an exceedingly good morning.
185, 31	*Take it easy* – Übersetzt im Text 185, 30.
186, 11–22	*Heute spricht er... dahin! sagt er* – s. K. 157, 19–29.
186, 13	*Methamphetaminhydrochlorid* – s. K. 165, 35.

18. 10. 1967

187, 24	*Sukkoth* – Laubhüttenfest, jüd. Freudenfest zur Erinnerung an den Auszug aus Ägypten und die Wanderung durch die Wüste bis zum Einzug ins Gelobte Land; wird durch die Laubhütte (Sukka) symbolisiert, deren wichtigster Bestandteil das Dach ist, durch das der Himmel scheint; es beginnt am 15. Tischri, fünf Tage nach Yom Kippur (s. K. 169, 1); vgl. 3. Mose 23, 33–43; de Vries (1994), S. 103 f.; zur Beziehung zwischen dem Fest und Anitas Brief vgl. Schmidt (1998), S. 238–247.
187, 26–29	*»damit eure Nachkommen... Herr, euer Gott)«* – Vgl. Zürcher Bibel, 3. Mose 23, 43.
187, 30	*Anita Rotekreuz* – Anspielung auf Anita Gantliks Beteiligung als Fluchthelferin und ihren Spitznamen »rode Stütz«; s. K. 89, 38 f.; vgl. Neumann, B. (1994), S. 747 f.
188, 1–3	*Schon sechs Jahre... habe sie nicht* – Anspielung auf Hannah Arendt. Vgl. Johnson, Mir bleibt nur, S. 76: »Einmal durfte ich sie in einem überwiegend jüdischen Teil New Yorks spazieren führen, da erklärte sie mir an den Passanten deren gesellschaftliche Stellung und Beschäftigung (mit Wohnorten) vor der Emigration aus Deutschland; zuversichtlich wäre ich bereit gewesen zu einer Stichprobe. Das fiel ihr schwer zu begreifen: dass einer ausserstande ist, Jüdisches am Gesicht zu erkennen«; vgl. Neumann, B. (1992); s. K. 53, 14.
188, 3 f.	*ostdeutsche Grenzpolizei* – s. K. 1269, 9 f.
188, 27	*»The Airtight Cage« von Joseph P. Lyford* – A Study of New York's West Side, New York, Evanstown 1966, Untersuchung der Selbstisolation des Stadtteils durch Armut, Überbevölkerung, Rassenkonflikte und Gewalt.
188, 34	*Junikrieg* – s. K. 88, 30 f.
189, 1	*Bau der Mauer* – s. K. 74, 12.

189, 14	*Dietbert B.* – Dietbert Ballhusen, Hauptfigur aus ZA; vgl. BU, S. 407.
189, 20	*Schiet* – (nd.) Scheiße.
189, 22 f.	*im Stil von . . . zu den Selbstkosten* – Die Kneipe, die als Treffpunkt der Flucht-helfer diente, befand sich am Henriettenplatz in Westberlin; vgl. Johnson, Eine Kneipe geht verloren; BU, S. 255–265; s. K. 89, 38 f.
189, 26 f.	*Überführung aus dem Lande Ägypten* – Anspielung auf den Auszug der Israeli-ten aus Ägypten; vgl. 2. Mose.
189, 38 f.	*Hotel Marseille* – Fiktives Hotel an der West End Ave. mit Schwimmbad und Bar; s. K. 23, 20; 487, 20; vgl. Register.
190, 10	*Minneapolis* – s. K. 118, 9.
190, 14	*Sincerely yours* – Engl. Grußformel am Briefende, etwa: Mit freundlichen Grüßen; s. 690, 32; 818, 38; 866, 39.

19. 10. 1967

190, 25–31	*Die New York . . . es belegen könne* – Die »Prawda« vom 18. 10. 1967 hatte die Artikelserie der NYT über 50 Jahre sowj. Herrschaft (s. K. 138, 25–139, 17), in denen der Traum der Revolution zerfallen und durch einen Staatskapita-lismus ersetzt worden sei, als »Lügen und Verleumdungen« bezeichnet. Vgl. den Artikel »Pravda Assails Times Series on Soviet« der NYT vom 19. 10. 1967: »Mr. Salisbury wrote: ›[. . .] But exploitation of man by man, as in Lenin's dream, had not ended. Instead, there had arisen an exploitation by the world's greatest employer, the Soviet state, with party, courts, secret police, army, press, unions and propaganda to enforce its dictate.‹ Pravda retorted: ›With what evidence does he back up these and similar assertions? With none, of course, because it is impossible to back them up.‹«
190, 26	*der Bolschewistischen Revolution zum 50. Jahrestag* – s. K. 138, 25 f.
190, 29	*Prawda* – (russ.) Wahrheit; sowj. Tageszeitung; gegr. 1912 in Petersburg als le-gale, dem bolschewistischen Flügel der russ. Sozialdemokratie nahestehende Arbeiterzeitung; 1917 neu gegr., erschien nach der Oktoberrevolution 1918 in Moskau als Organ des ZK der KPdSU; der Erscheinungstag der ersten Nummer (5. 5. 1912) wurde seit 1922 in der UdSSR als »Tag der Presse« ge-feiert; 1959 mit einer Auflage von fünf Mio. in der UdSSR.
190, 32–36	*Ein Schnapshändler in . . . in den Unterleib* – Vgl. den Artikel »Brooklyn Boy Shot As Father Routs 3 In Holdup Attempt« der NYT vom 19. 10. 1967: »The po-lice of the Gates Avenue station house said a bullet from a .22 caliber revolv-er fired by 35-year-old Clyde Cheek ripped into the left thigh and was re-flected into the abdomen of his son, Philan, who had been watching television in his father's liquor store at 419 Putnam Avenue when the holdup began. Three men, one of them armed, entered the store and ordered Mr. Cheek

[...] to hand over his cash. Instead, he seized a pistol and began shooting just as one of the bandits seized the child to cover a retreat.«

191, 1–5   *Was gingen Cresspahl... der versammelten Rechten* – Der LGA vom 1.2. 1933 berichtet über den Aufmarsch der Nationalsozialisten und des Stahlhelms, an dem Hitler und Hindenburg gemeinsam teilgenommen hatten und zitiert die Überschriften der Londoner »Morning Post« (»Historische Szenen in Berlin«) und des »Daily Telegraph« (»Siegesnacht in Berlin«).

191, 6   *Börse ruhig, Mark... anziehend gegen Pfund* – Der LGA vom 1.2. 1933 schreibt nichts über das Verhältnis von Mark und Pfund, aber: »Die Währung bleibt stabil.«

191, 8–12   *mitten in einer... den entlegenen Buchten* – Berichte über die Kältewelle Ende Januar/Anfang Februar 1933 finden sich täglich im LGA, z. B. wird am 2. 2. 1933 von einem Wetterumschwung berichtet, er sei auf das »Zurückweichen des unser Wetter bestimmenden russischen Winterhochs zurückzuführen, dieses Druckmaximum, in dessen Bereich wir die vergangene Frostperiode erlebten«.

191, 10   *Dassower See* – Östliche Ausbuchtung der Travemündung; entlang des Ufers des Dassower Sees verlief die Grenze zwischen der DDR und der BRD, der See gehörte zum Westen; vgl. MJ, S. 187: »Chef..., der fährt aber genau bis an die Grenze, wissen Sie, das ist das mit dem See, wo das Ufer noch uns gehört, und das Wasser ist westdeutsch...«.

191, 15–28   *Anglo-German Circle... die vernünftige Richtung* – Vgl. den Artikel »Germany And The World« der »Richmond and Twickenham Times« vom 4. 2. 1933, S. 9. Von Dewall erklärte, die dt. Nachkriegspolitik habe drei Aspekte: die Erfüllung des Versailler Vertrags, die Befreiung der besetzten Gebiete und die Revision des Friedensvertrages. Cresspahl bezieht sich auf den letzten Punkt: »The great wish of the Germans was to attain equality of rights with other nations and the desire not to be looked upon as a minor power. They wished they had the right to arm themselves to a certain extent, and pointed to unarmed China, which was at the mercy of heavily armed Japan as an example. Germany was surrounded by nations armed to the teeth and claimed that she should be allowed to arm if others did not disarm considerably. [...] Dr. Jackson asked Mr. von Dewall to say what had impressed him most in England. To this Mr. von Dewall replied whereas Germany had produced an entirely new type of people since the war, whose faces had even changed, the absolute unalteredness of the English had impressed him very greatly. In Germany conventions and traditions had been thrown overboard, but the conservatism of the English made them cling to their established form of government and customs, and if the English were slow to take a step and pondered long before so doing, it was invariably in the right direction when eventually taken«; vgl. Müller (1988), S. 251; s. K. 180, 39–181, 8.

191, 17 f.   *Herr von Dewall* – Wolf von Dewall (25. 5. 1882–12. 7. 1959), außenpolitischer Redakteur der »Frankfurter Zeitung«, 1904–14 Korrespondent in China,

1914–19 in der Schweiz, 1932–39 in London, 1939–40 in Ankara. Sein Buch »Der Kampf um den Frieden, Deutschland – Frankreich in der europäischen Politik«, Frankfurt am Main 1929, gehörte zu den 1933 verbrannten Büchern. Er galt als besonnen und als Mann der Mitte. Er bedauerte, daß seine Zeitung in England nicht mehr ernstgenommen werde, da sie nur noch Stimme der Regierung sei. Nach dem 2. Weltkrieg ließ er sich in Stuttgart nieder und beriet die Redaktion der Zeitschrift »Die Gegenwart«; vgl. Gillessem (1986).

191, 39–192, 2   *Am 31. Januar . . . Militärs errichten wollen* – Der LGA vom 1. 2. 1933 berichtet unter der Überschrift »Tatarennachrichten über einen Staatsstreich«: »Um die Sensationslust des englischen Publikums über die Ereignisse in Deutschland zu befriedigen, bringt der ›Daily Express‹ aus Berlin in großer Aufmachung eine Meldung über einen angeblichen militärischen Staatsstreich, den General Schleicher nach seinem Rücktritt zur Errichtung der Diktatur in Deutschland ausführen wollte.«

191, 39–192, 9   *Am 31. Januar . . . der Reichstag aufgelöst* – Hindenburg berief Hitler am 30. 1. 1933 zum Reichskanzler für eine Koalitionsregierung aus NSDAP und DNVP, was das Ende des Präsidialkabinetts unter dem Reichswehrminister Schleicher bedeutete. Hitler veranlaßte den Reichspräsidenten zur Auflösung des Reichstags, weil er sich von Neuwahlen die absolute Mehrheit für seine Koalition versprach. Vgl. »Verordnung des Reichspräsidenten über die Auflösung des Reichstags« vom 1. 2. 1933 (RGBl. I, S. 45); LGA 1. 2. 1933, S. 2; Mecklenburg (1990b), S. 382, Anm. 34.

191, 39   *Daily Express* – s. K. 170, 26 f.

192, 6   *Harzburger Front* – Ein Zusammenschluß der NSDAP (s. K. 164, 27), DNVP (s. K. 164, 12) und anderer rechter Verbände gegen die Regierung Brüning; 1932 zerbrochen, als die Deutschnationalen die Wahl Hitlers zum Reichspräsidenten nicht unterstützten.

192, 7   *K. P. D.* – Kommunistische Partei Deutschlands; am 1. 1. 1919 aus dem Zusammenschluß von Spartakusbund und den »Bremer Linksradikalen« hervorgegangen. Das auf dem Gründungsparteitag (30. 12. 1918–1. 1. 1919) verabschiedete Programm basierte auf einem Entwurf von Rosa Luxemburg und setzte sich die Bildung einer einheitlichen soz. Republik mit einer soz. Gesellschaftsordnung und einer Räteverfassung zum Ziel. Durch die Ermordung von Rosa Luxemburg und Karl Liebknecht am 15. 1. 1919 verlor die KPD ihre bedeutendsten Theoretiker. 1920 schloß sie sich nach der Spaltung der USPD mit deren linkem Flügel zusammen und wurde so zu einer Massenpartei und einem Machtfaktor in der Weimarer Republik. Ab 1925 leitete Ernst Thälmann (s. K. 198, 4) das ZK der Partei. In den Jahren 1929–34 erklärte sie die Sozialdemokraten als »Sozialfaschisten« zum Hauptfeind ihrer Politik und verhinderte damit die Zusammenarbeit mit der SPD und den anderen demokratischen Parteien zur Abwehr des Nationalsozialismus (s. K. 198, 8). Bei den Reichtagswahlen vom November 1932 gewann sie 16,9 % der Stimmen.

Nach dem Verbot aller Parteien durch das »Gesetz gegen die Neubildung von Parteien« vom 14. 7. 1933 (RGBl. I, S. 479) nach dem Reichstagsbrand ging sie in die Illegalität. 1935 wurde Wilhelm Pieck (s. K. 1458, 26–28) Vorsitzender der Partei im Moskauer Exil; KPD nach 1945: s. K. 1182, 21.

192, 24   *T. P.* – Bedeutung ungeklärt.

192, 32 f.   *In Richmond gab . . . Gaststätten mit Ausschankgenehmigung* – Vgl. den Artikel »Another Half-Hour/Nearly 60 Public Houses to Close Later« der »Richmond and Twickenham Times« vom 4. 2. 1933, S. 9.

192, 39–193, 3   *über die Tiraden . . . eine halbe Stunde* – Vgl. den Artikel »Another Half-Hour« der »Richmond and Twickenham Times« vom 4. 2. 1933: »Fifty-six public houses will be affected by the decision of Richmond Licensing Magistrate yesterday morning to alter the closing hours from 10 o'clock to 10. 30 p. m. [. . .] The first objector to the extension was Miss Foster Newton, a social worker in Richmond for 50 years.«

193, 4 f.   *die Schließung des Gaswerks* – Unter der Überschrift »Richmond Gasworks Surprise/Big Reduction in Staff« heißt es in der »Richmond and Twickenham Times« vom 4. 2. 1933, S. 9: »Employees of Richmond Gasworks have been told this week that the gas-making plant will be closing down in two or three weeks' time. Those who can get other employment have been advised to do so. [. . .] The gasholder, including the monster which now is such a notorious landmark for miles around, would still be used for storage [. . .]. The closing of the work does not necessarily mean that the men will become unemployed in view of the many extensions of the company in other parts of the London area«; s. K. 94, 4 f.

193, 10 f.   *Petersham Road* – Die frühere Landstraße führt vom Ham Common bis zum Fuß des Richmond Hill und ist von einer Vielzahl von Pubs gesäumt – und eine gehörige Strecke von der Manor Grove entfernt. Cresspahl hatte allein an dieser Straße die Wahl zwischen den Pubs White Swan, Fox and Goose, Fox and Duck, Dysart Arms, White Rose of York und Three Pidgeons.

193, 13   *Victoria-Bahnhof* – Londoner Bahnhof für die Strecke nach Dover, wo die Fähren nach Oostende und Boulogne anlegen. Lisbeth hätte eigentlich von Liverpool Street Station nach Harwich fahren müssen, um eine Fähre nach Hamburg zu bekommen; s. 331, 12 f.; 787, 23.

193, 30–33   *eine Ansichtenkarte. Sie . . . im Wasser aushielten* – In dem Artikel »Richmond Bridge« der »Richmond and Twickenham Times« vom 7. 1. 1933, S. 9, wird der Architekt Hardy-Syms zitiert: »›There is nothing unusual in that‹, he said, ›for elm and oak will last for hundreds of years so long as it is submerged.‹« Und in der gleichen Ausgabe heißt es in einem Leserbrief: »For 156 years it has stood the test of time and tide and new forms of locomotion on the roads.«

193, 34 f.   *Dr. Salomon* – s. K. 94, 25.

20. 10. 1967

194, 6–8   *Die letztwöchigen Verluste . . . 1. Januar 1961* – Die Zahlen sind der Liste der Gefallenen in der NYT vom 20. 10. 1967 entnommen.

194, 9–15   *Die Studenten des . . . nach ihm geeignet* – Bei der Demonstration am Brooklyn
College in Flatbush wurden 40 Studenten und zwei Fakultätsmitglieder verhaftet. Das Foto in der NYT vom 20. 10. 1967 trägt die Unterschrift: »Object
To Presence Of Navy Recruiters: Brooklyn college students shuffle with policemen on a driveway behind Boylan Hall. They were trying to block [sic]
path of patrol wagon carrying students arrested in an earlier clash«; Brooklyn:
s. K. 54, 14.

194, 16–19 *Für das Wochenende . . . 82. Luftlandedivision eingetroffen* – Vgl. den Artikel
»Troops Flown In For Capital Rally« der NYT vom 20. 10. 1967: »The Government today issued a permit for the planned anti-war protest demonstration here this weekend and began flying paratroop units of the Army's crack
82d Airborne Division into Washington to enforce the permit's terms«; s. K.
201, 22–24; 206, 30–207, 33.

194, 17   *Washington, D. C.* – Abk. für District of Columbia, dem Kongreß unmittelbar
unterstehender Verwaltungsbezirk am linken Ufer des unteren Potomac
River; 1791 als neutrales, zu keinem Bundesstaat gehörendes Territorium in
Form eines Quadrats mit etwa 16 km Seitenlänge geschaffen, heute identisch
mit der Stadt Washington.

194, 18   *Pentagons* – s. K. 24, 17.

195, 28   *Vorstadt St. Lorenz Nord* – Lübecker Arbeiterviertel, nordwestlich von der Innenstadt gelegen.

195, 30   *Grenzschlachthofs* – Zwischen der Schwartauer Allee und dem Wallhafen der
Trave liegen mehrere Schlachthöfe.

196, 2   *Hindenburghaus* – »Kriegsverbandshaus Hindenburg«, Am Burgfeld 6/7, in der
Nähe des Hindenburgplatzes, als Heim des Landeskriegerverbands und des
»Stahlhelm« 1925 eingeweiht; Hindenburg: s. K. 159, 9.

196, 5   *Schwartauer Allee* – Vom Hauptbahnhof nach Norden führende Straße.

196, 11   *Ebertplatz* – Zwischen neuem Bahnhof und Holstentor, 1933 in Lindenplatz
umbenannt.
Friedrich Ebert (4. 2. 1871–28. 2. 1925), Sattler, SPD-Politiker; seit 1905 im
Parteivorstand der SPD, seit 1913 Mit-Parteivorsitzender; vertrat während
des 1. Weltkriegs die Politik des »Burgfriedens«; auf innere Reformen ausge-
richtet, nahm er die Abspaltung der linken USPD in Kauf. Als Reichspräsi-
dent von 1919–25 bemühte er sich, die Weimarer Republik zu stabilisieren
und die Rätebewegung zu begrenzen, was ihm Angriffe von rechts und links
eintrug.

196, 12   *an den Puppen vorbei* – Die Puppenbrücke, 1774–76 errichtet, zeigt sieben lebensgroße allegorische Sandsteinfiguren.

196, 14   *Bismarck* – Denkmal, 1903 von Hans Hundrieser geschaffen. Als Cresspahl von Bismarck keine Antwort bekam, muß das Denkmal noch auf seinem früheren Platz vor dem alten Bahnhof der Lübeck-Büchen-Bahn, auf der Halbinsel nördlich vom Holstentor, gestanden haben; heutiger Standort am Lindenplatz.
Otto Fürst von Bismarck-Schönhausen (1. 4. 1815–30. 7. 1898), Jurist, Landwirt und preußisch-dt. Staatsmann, 1862–71 preußischer Ministerpräsident und Außenminister. Unter seiner Leitung errang Preußen die Vorrangstellung im Deutschen Bund (s. K. 1166, 32 f.) und wurde zur entscheidenen Kraft bei der Reichsgründung »von oben« (s. K. 171, 26; 1141, 28 f.; 1150, 5 f.). Als Reichskanzler von 1871–90 sicherte er durch ein auf Ausgleich bedachtes Bündnissystem die Position des neuen Kaiserreichs in Europa. Innenpolitisch bekämpfte er im »Kulturkampf« den politischen Einfluß der kath. Kirche wie durch die »Sozialistengesetze« die Arbeiterbewegung, konnte jedoch das Wachstum weder des Zentrums noch der SPD eindämmen. Die Einführung der Sozialversicherung gehört zu seinen positiven Leistungen, während der Ausschluß der Parteien von der Regierungsverantwortung die Ausbildung parlamentarischer und demokratischer Traditionen verhinderte. Der »Eiserne Kanzler« genoß im Bürgertum allgemeines Ansehen; s. K. 38, 21 f.; 142, 17.

196, 15   *Holstentor* – Gotisches Backsteintor von 1478 zwischen Stadtgraben und Obertrave, Westtor der Altstadt.

196, 21 f.   *Weiße Wochen* – Traditioneller Ausverkauf für Bett- und Tischwäsche; vgl. LGA vom Februar 1933; Mecklenburg (1990b), S. 383.

196, 30   *Königstraße* – Straße, die wegen ihrer vielen klassizistischen Putzfassaden, die älteren Häusern vorgeblendet wurden, bekannt ist; s. 614, 6.

197, 8   *Alten Friedhof* – Vermutlich der »Allgemeine Gottesacker«, später Burgtorfriedhof, im Stadtteil St. Gertrud zwischen der damaligen Israelsdorfer Allee und Sandberg.

197, 21   *Israelsdorfer Allee* – Ausfallstraße nach Norden, umbenannt in Travemünder Allee.

197, 21   *Klingenberg* – Platz und Straßenkreuzung in der Lübecker Innenstadt südlich des Markts.

197, 22   *Kronsforder Allee* – Vom Mühlentorplatz südöstlich der Altstadtinsel nach Südwesten aus Lübeck hinausführend, stadtnah, ehemals größere Bürgerhäuser; s. 677, 20.

197, 25   *Marlene Dietrich* – Eigentlich Maria Magdalena von Losch (27. 12. 1901–6. 5. 1992), dt.-amerik. Schauspielerin und Sängerin, wurde berühmt durch ihre Rolle als Varietésängerin Lola-Lola in »Der blaue Engel« (1930, Regie: J. von Sternberg); 1939 amerik. Staatsbürgerin; wirkte in 37 Filmen mit. Während des 2. Weltkriegs bekam sie den höchsten zivilen Orden der USA für ihr Engagement bei der Truppenbetreuung der Alliierten in Europa und Nordafrika. Sie wohnte von 1951–72 in New York, 933 Park Ave.

197, 27 »F. P. I *antwortet nicht*« – Dt. Film, Uraufführung 22. 12. 1932; Regie: Karl Hartl; Buch: Walter Reisch, Curt Siodmak, nach dem Roman von Curt Siodmak; mit Hans Albers, Sybille Schmitz, Paul Hartmann, Peter Lorre, Hermann Speelmanns; Abenteuerfilm über Pioniere des technischen Fortschritts (schwimmender Flugplatz, Superflugzeugträger), Saboteure und eine Frau zwischen zwei Männern.

198, 2 f. *Landtagsabgeordneten der K. P. D. . . . auf der Flucht* – Der Grund für die Flucht der KPD-Abgeordneten war die Verordnung des Reichspräsidenten zum Schutz von Volk und Staat vom 28. 2. 1933 (RGBl. I, S. 83) – heute als »Reichstagsbrandverordnung« bekannt –, die Hindenburg am Tag nach dem Reichstagsbrand unterzeichnete. Ermächtigungsgrundlage für diese Verordnung war das Notverordnungsrecht nach Art. 48 Abs. 2 der Weimarer Reichsverfassung. Durch die ausdrücklich »zur Abwehr kommunistischer staatsgefährdender Gewaltakte« erlassene Verordnung wurden praktisch alle politischen Grundrechte außer Kraft gesetzt. Sie ermöglichte es – eine Woche vor der anstehenden Wahl – 4000 Funktionäre der KPD und viele der SPD zu verhaften und praktisch sämtliche Zeitungen dieser Parteien zu verbieten. Ein großer Teil der Widerstandskämpfer ist aufgrund dieser Verordnung hingerichtet worden, sie blieb bis 1945 in Kraft; vgl. Kokol (1995), S. 303.

198, 2 *Warncke* – Hans (Johannes) Warnke [sic] (15. 8. 1896–9. 1. 1984), Dachdecker, komm. dt. Politiker; 1914–18 SPD, 1918 USPD, 1920 KPD; Teilnahme an der Niederschlagung des Kapp-Putsches; 1920–31 Stadtverordneter in Güstrow; 1924–33 Mitglied des Landtags Mecklenburg-Schwerin; ab 1933 wegen antifaschistischer Tätigkeit mehrmals zu Gefängnis verurteilt; 1939–45 KZ Sachsenhausen; 1945 Oberbürgermeister von Stadt und Kreis Güstrow; 1945–46 1. Vizepräsident und 1946–49 Innenminister von Mecklenburg-Vorpommern; 1949–52 Staatssekretär im Innenministerium; 1950–63 Mitglied der Volkskammer. Als Verantwortlicher für die Umstellung der Länder auf die neuen Bezirke und Kreise, die zu einem allgemeinen Chaos in der Verwaltung, Pannen bei der Ernteablieferung und Lebensmittelknappheit führte, erhielt er 1952 einen »Bewährungsauftrag« und wurde Vorsitzender des Rats des Bezirks Rostock (bis 1959). Außerdem warf ihm Staatssicherheitschef Wilhelm Zaisser vor, die Behörden hätten bei der Evakuierung des Grenzstreifens versagt. 1959–64 Direktor des Rostocker Hafenamts.

Aus seiner Lebensbeschreibung von Herbert Mühlstädt »Hans Warnke. Ein Kommunist«, Rostock 1972, hat Johnson mehrere Episoden und Fakten für den Landrat Schumann übernommen; s. K. 1375, 35–37; 1376, 6–18; 1376, 35–39; 1377, 9–12; 1377, 15–17; 1377, 23–29; 1378, 13–16; 1379, 23–35; 1380, 9–13; 1380, 19–35; 1381, 14–18; 1381, 18–24; 1382, 8–11; vgl. DER SPIEGEL 6. 8. 1952, S. 9–11.

198, 2 f.   *Schröder* – Willi Schröder (9. 2. 1897–27. 10. 1944), zunächst Mitglied der USPD; 1924 wegen »Hochverrats« zu vier Jahren Zuchthaus verurteilt; 1929–33 Mitglied der KPD; 1929 und 1932 mecklenburgischer Landtagsabgeordneter der KPD; 1927–33 im Rostocker Stadtparlament; Leiter des Rotfrontkämpferbundes, führend in der Rostocker Nachfolgeorganisation »Bildungsverein«, 1933 verhaftet, am 2. 4. 1935 in einem Hochverratsprozeß zu drei Jahren Zuchthaus verurteilt und in Bützow-Dreibergen inhaftiert; 1937 ins KZ Sachsenhausen überführt und 1944 dort gestorben.

198, 3   *Quandt* – Bernhard Quandt, geb. 14. 4. 1903, Eisendreher, Politiker der KPD; arbeitete in Waren, 1920 Mitglied der SPD; seit 1923 Mitglied der KPD, seit 1932 in der Bezirksleitung; 1932–33 im Landtag von Mecklenburg-Schwerin, 1933 wegen Brandstiftung in Brüel zu drei Jahren Gefängnis verurteilt, 1937 zur Zeit des Besuchs von Mussolini aus »Sicherheitsgründen« verhaftet; 1939–45 in den KZ Sachsenhausen und Dachau; 1945 1. Kreissekretär der KPD in Güstrow, Landrat des Kreises Güstrow, 1946–52 im Landtag von Mecklenburg, 1948–52 Minister für Land- und Forstwirtschaft in Mecklenburg, 1951–52 Ministerpräsident von Mecklenburg, 1953–54 und 1958–90 Abgeordneter der Volkskammer, 1958–3. 12. 1989 Mitglied des ZK der SED, 1973–90 Mitglied des Staatsrats.

198, 3   *Schuldt* – Johann Wilhelm Hermann Schuldt (23. 6. 1896–30. 1. 1980), 1920 USPD, später KPD; 1930–33 Mitglied des Reichstags und der Bezirksleitung der KPD; nach 1933 illegale Tätigkeit in Güstrow, für seine Ergreifung wurden 10 000 RM ausgesetzt; 1934 Emigration nach Prag, 1935 in die Sowjetunion; 1937–39 Teilnahme am Spanischen Bürgerkrieg; übernahm im Herbst 1938 die Emigrationsleitung der KPD in Dänemark. Er wurde am 1. 6. 1940 verhaftet, am 11. 11. 1941 zu sieben Jahren Zuchthaus verurteilt; in Bützow-Dreibergen, Bremen und Waldheim inhaftiert; nach 1945 bei der Volkspolizei; 1952–60 Sekretär für Landwirtschaft der SED-Bezirksleitung Rostock, Vorsitzender der Bezirksparteikontrollkommission.

198, 4   *Ernst Thälmann* – 16. 4. 1886–18. 8. 1944, Transportarbeiter, seit 1903 Sozialdemokrat, wechselte im 1. Weltkrieg zur USPD, 1919 deren Vorsitzender, 1920 Beitritt zur KPD, 1924 Mitglied des Reichstags und Führer des Rotfrontkämpferbundes; seit 1925 Vorsitzender der KPD, ordnete die Partei der sowj. Politik unter, kandidierte 1925 und 1932 bei der Reichspräsidentenwahl, 1933 verhaftet, ohne Prozeß in verschiedenen Gefängnissen festgehalten, 1944 im KZ Buchenwald erschossen. In der DDR als »Teddy« Thälmann als Vorbild gefeiert; s. K. 202, 2–7.

198, 8   *»Sozialfaschisten«* – Bezeichnung der dt. Kommunisten für Sozialdemokraten, die sie als Handlanger des Kapitalismus bekämpften, seit Stalin sie 1924 Zwillingsbrüder genannt hatte: »Die Sozialdemokratie ist objektiv der gemäßigte Flügel des Faschismus«. Diese These verhinderte eine Einheitsfront der linken Parteien gegen Hitler; s. K. 677, 33; s. 1361, 28.

198,16   *Ratzeburger Allee* – Große, vom Mühlentor nach Südosten führende Straße.

198,17–34   *Lübecker General-Anzeiger... N. S. D. A. P.-Kreisleitung davon* – Der LGA berichtet von dem Vorfall täglich vom 2.–5. und 7.–9. 2. 1933. Am 2. 2. 1933 wird (unter der Zwischenüberschrift »Dr. Leber an der Bluttat beteiligt«) von der Ermordung Rudolf Brügmanns durch Willi Rath berichtet, Julius Leber habe sich am Vorabend durch »aufhetzerische Rufe sehr hervorgetan«. Es folgt der Polizei- und der NSDAP-Bericht über das Ereignis. Aus letzterem stammt die Behauptung: »und Leber schrie Rath zu: Stich zu! Stich zu!«. Am 8. 2. 1933 erscheint ein Beitrag zur Trauerfeier für Brügmann vom 7. 2. 1933, und am 9. 2. 1933 druckt der LGA wiederum Polizei- und NSDAP-Bericht über das Begräbnis, wobei der letztere den ersteren eher zu bestätigen scheint. Ein zweiter Polizeibericht bringt Vorwürfe gegen die Nationalsozialisten, gegen die die Kripo ermitteln werde. Beim Begräbnis, auf dem Gauleiter Hildebrandt (s. K. 360, 31) gesprochen hatte, hatten NS-Leute Schlägereien begonnen; Lübecker General-Anzeiger: s. K. 70, 25 f.; NSDAP: s. K. 164, 27.

198,19   *Julius Leber* – 16. 11. 1891–5. 1. 1945, Volkswirt und Journalist; 1921–33 Chefredakteur des »Lübecker Volksboten«; 1924–33 Mitglied des Reichstags, SPD. Am Abend des 31. 1. 1933 veranstalteten NSDAP, SA, SS, Stahlhelm und der Landeskriegerverband einen Fackelzug zu Ehren der Ernennung Hitlers zum Reichskanzler, bei dem es zu schweren Zusammenstößen zwischen der sie beschützenden Polizei und den Mitgliedern des Reichsbanners und der Antifaschistischen Aktion kam. In den Morgenstunden des 1. 2. 1933 wurde Leber von einer Gruppe bewaffneter SA in der Lübecker Großen Burgstraße überfallen und am Kopf schwer verletzt, dabei stach sein Reichsbanner-Leibwächter Willi Rath, vermutlich in Notwehr, den SA-Marinesturmmann Rudolf Brügmann nieder, der diesen Verletzungen erlag. Unter Mißachtung seiner Immunität als Mitglied des Reichtags wurde Leber verhaftet, was zu großen Demonstrationen der »Eisernen Front« am 14. und 19. 2. 1933 führte. Rath wurde zu einem Jahr, Leber als »geistiger Urheber« zu 18 Monaten Gefängnis verurteilt, anschließend von 1935–37 in den KZ Esterwege und Sachsenhausen festgehalten. Führend in der Widerstandsbewegung, wurde er 1944 erneut verhaftet und 1945 in Plötzensee hingerichtet.

198,20   *Großen Burgstraße* – Straße in der Altstadt, die auf das Burgtor im Norden der Altstadtinsel zuführt.

198,21   *Brüggmann* – Rudolf Brügmann (7. 5. 1909–1. 2. 1933), Schreibung im LGA bis zum 4. 2. 1933 »Brüggmann«, danach, wie auch in den Todesanzeigen, heißt es »Brügmann«.

198,27   *Charles Coleman* – Charles Coleman MacGregor of Inneregny (1853–18. 9. 1936), Verleger des LGA; gründete 1882 den »General-Anzeiger für Lübeck und Umgebung« als Anzeigenblatt, das er zur am weitesten verbreiteten norddt. Provinzzeitung aufbaute. 1894 gründete er einen Fachverlag für Metallhandwerk, der später auch andere Zeitschriften und Bücher herausgab.

»Colemans Kleine Biographien«, die Männer der Weltgeschichte präsentierten, wurden äußerst populär; s. K. 70, 25 f.

198, 30 *Mussolini* – Benito Mussolini (29. 7. 1883–28. 4. 1945), ital. Politiker; gründete 1919 die Fasci di Combattimento, die er 1921 zur faschistischen Partei umformte, erzwang 1922 deren Regierungsbeteiligung und seine Ernennung zum Ministerpräsidenten. Er herrschte seit 1925 in einer Einparteiendiktatur und ernannte sich zum »Duce« (Führer). Durch die Beseitigung der Arbeitslosigkeit fand er viele Anhänger; der »Stahlpakt« von 1939 brachte ihn in Abhängigkeit von Hitler. Mit dem Eintritt Italiens in den 2. Weltkrieg übernahm er den Oberbefehl über die Truppen. Nach den Niederlagen in Afrika und Griechenland 1943 wurde er zum Rückzug veranlaßt und verhaftet, aber von den Deutschen wieder befreit. Eine von ihm gegr. Republik in Norditalien bestand nicht lange; er wurde von Partisanen gefangengenommen und erschossen.

198, 34 f. *Die Schimpferei klang . . . nach enttäuschter Hoffnung* – »Der Bericht bezeichnet es weiter als ein [sic] Fehlgriff der Polizei, daß Dr. Leber morgens gegen 5 Uhr wieder entlassen wurde. Wenn der Lübecker Polizeisenator nicht sofort mit aller Energie gegen den Mordhetzer vorgehe, werde man ein sofortiges Eingreifen des Reichsinnenministers fordern«, Schluß des NSDAP-Berichts, LGA 2. 2. 1933.

198, 38 f. *seine Entfernung von . . . S. P. D. seit 1922* – Vgl. HNJ, S. 50: »Irgend wann in dieser Zeit [Herbst 1923] gab Cresspahl den Sozialdemokraten sein Mitgliedsbuch zurück; nach seiner Anschuldigung gegen den Parteitag von 1922 könnte es gelegen haben an dem, was wir in der Schule gelernt hatten als den so schädlichen Zentrismus«; s. 375, 31–33; XII,7–11; 1163, 25–31; SPD: s. K. 170, 10.

198, 39 *Beckergrube* – Straße in der Lübecker Innenstadt, von der Stadttrave nach Osten führend.

199, 12 *Johannisstraße* – In der Lübecker Innenstadt zwischen Breite Straße und Kanalstraße gelegen; wurde in Dr.-Julius-Leber-Straße umbenannt.

199, 19 *des Reichsbanners* – Reichsbanner Schwarz-Rot-Gold, 1924 vom Sozialdemokraten Hörsing gegr., betont verfassungstreuer Verband, stellte zeitweise besondere »Schutzformationen« gegen den Rechtsradikalismus auf, 1933 verboten; s. 225, 7.

199, 26 *Reichsbank* – An der Königstraße, gegenüber der Katharinenkirche gelegen.

199, 30–32 *am Schüsselbuden vorbei . . . Georgs des Fünften* – Straße in der Lübecker Altstadt zwischen Mengstraße und Holstenstraße, an der die Marienkirche und der Markt liegen; Nr. 17 wurde später die Hauptpost; s. 686, 35; 693, 24; 785, 7 f.

199, 31 f. *Seiner Großbritannischen Majestät Georgs des Fünften* – George V., König von England (3. 6. 1865–20. 1. 1936), regierte 1910–36, seit 1911 Kaiser von Indien, nannte 1917 unter dem Einfluß deutschfeindlicher Stimmung das

Königshaus von »Hanover« in »Windsor« um; beschränkte sich auf repräsentative Pflichten; s. K. 654, 20 f.; 655, 36 f.

199, 34   *Salzspeichern* – Drei alte Lagerhäuser am Westufer des Stadtgrabens südlich der Puppenbrücke.

199, 38   *Ratzeburg* – s. K. 32, 27.

199, 38   *Wakenitz* – Abfluß des Ratzeburger Sees, mündet in Lübeck in die Trave.

200, 25 f.   *swinplietsch* – (nd.) gerissen, pfiffig, schlau.

200, 33 f.   *Holsteinisches Artillerie-Regiment 24 zu Güstrow, 2. Batterie* – 1887 wurden der Stab der III. Abteilung und die 7. und 8. Batterie des Holsteinischen Feldartillerie-Regiments Nr. 24 nach Güstrow verlegt, 1891 folgten die 4. bis 6. Batterie; vgl. Lenski (1936); HNJ, S. 26: »Das Holsteinische Artillerie-Regiment Nr. 24 lag mit fünf Batterien in Güstrow und mit einer in Neustrelitz (das war die ›Salutbatterie‹)«; ebd. S. 26 f.; 33 f.; s. K. 1343, 24; s. I, 22 f.

201, 9   *Dor sitt ein'* – (nd.) Da sitzt einer.

201, 12   *Nu sup'ck mi dål* – (nd.) Jetzt besauf' ich mich.

21. 10. 1967

201, 15   *21. Oktober, 9167* – Druckfehler in allen Ausgaben.

201, 16–20   *Ein westlicher Korrespondent . . . als normal beschrieben* – Vgl. den Artikel »Haiphong Damage is Termed Heavy« der NYT vom 21. 10. 1967: »The United States air assaults on transport facilities inland from Haiphong docks has caused enormous damage to the city and its outskirts since it began 50 days ago. [. . .] A correspondent who witnessed three raids, seven bombing waves, eight alerts and numerous isolated flights over the area Wednesday was told that the day was normal.«

201, 17   *Haiphong (Viet Nam)* – Von den Franzosen gegr. Industrie- und Hafenstadt am Golf von Tonkin; drittgrößte Stadt Vietnams. Während des Vietnamkriegs stark bombardiert.

201, 20 f.   *Zehntausende Chinesen arbeiten . . . ihrem eigenen Land* – Nach dem Artikel »Hanoi Is Termed Adamant on Terms for Talks« der NYT vom 21. 10. 1967 konnten die Transportwege trotz der Luftangriffe auf Haiphong und Straßen und Brücken der Umgebung fast normal genutzt werden: »The rail link with China is still functioning, although service is occasionally halted for a day or two. Tens of thousands of Chinese are working along this line and elsewhere, keeping rail and road communications open and repairing bridges.«

201, 22–24   *Die New York Times . . . Pentagon besetzt werden* – Vgl. den Artikel »Thousands Reach Capitol To Protest Vietnam War« der NYT vom 21. 10. 1967: »Late to-

night the route march from the staging area at the Lincoln Memorial to the Pentagon was in dispute. [...]
They [die Organisatoren des Marsches] said the assigned route known as Boundary Channel Drive was the least desirable of three possibilities under the best conditions, and that construction, excavations, and fencing created a bottleneck and safety hazards. The march leaders preferred Washington Boulevard or Jefferson Davis Highway. [...]
These members [des Organisationskomitees der Protestgruppe] warned explicitly that ›there will be serious attempts by some of our people to reach the Pentagon steps‹ – an area forbidden [sic] the demonstrators in the permit.«
Am 21. 10. 1967 gab eine Gruppe von bekannten Bürgern, unter ihnen Dr. Benjamin Spock (s. K. 836, 14), Marcus Raskin, Mitchell Goodman, Michael Ferber und der Pfarrer William Sloane Coffin, im Justizministerium in Washington D. C. ein Paket mit über 1000 Einberufungsbescheiden ab. Bei der am selben Tag stattfindenden Demonstration gegen den Vietnamkrieg vor dem Pentagon, an der ca. 100 000 Menschen teilnahmen, kam es zu erheblichen Auseinandersetzungen mit Militärpolizei und US-Truppen; vgl. auch DER SPIEGEL 30. 10. 1967, S. 143 f.; s. K. 194, 16–19; 206, 30–207, 33.

201, 24   *Pentagon* – s. K. 24, 17.

201, 24–26   *Protestaktionen werden erwartet . . . Bonn und Kopenhagen* – Vgl. den Artikel »Protests Abroad To Back U. S. Rally« der NYT vom 21. 10. 1967.

201, 26–35   *In Mississippi wurden . . . New York Times* – Die Ermordeten Michael Schwerner, ein weißer Angestellter des Kongresses für Rassengleichheit, Andrew Goodman, ein weißer Student, und James E. Chaney, ein schwarzer Stukkateur, hatten die Brandstiftung der Kirche einer farbigen Gemeinde untersucht. Von der Jury, die ausschließlich aus Weißen bestand, wurden sieben Angeklagte freigesprochen, über drei konnte keine Übereinstimmung erreicht werden. Vgl. den Artikel »Mississippi Jury Convicts 7 of 18 In Rights Killings« der NYT vom 21. 10. 1967: »A Federal Court jury of white Mississippians convicted seven men today for participating in a Ku Klux Klan conspiracy to murder three young civil rights workers in 1964.
Guilty verdicts were returned against Cecil R. Price, 29 years old, the chief deputy sheriff of Neshoba County [...].
Two of those convicted [...] were [...] jailed without bond. [...] The five other men were continued in $5,000 personal bonds and released. [...]
They [die drei Bürgerrechtler] disappeared June 21, 1964, after driving to Neshoba County from Meridian to investigate the burning of a negro church. Price arrested them and placed them in the county jail that afternoon. [...]
The Government found that Price held the three until a Klan lynching party could be assembled, then released them, recaptured them on the highway and turned them over to the gunmen for execution.
The bodies were found Aug. 4, 1964, buried about 15 feet beneath the earthen dam of a small farm pond in Neshoba County. Prosecution witnesses told

how the three had been buried in a common grave and covered with the aid of a bulldozer.« Als Ergänzung zu diesem Artikel finden sich auf Seite 18 Fotos und knappe Lebensläufe der sieben Verurteilten; s. K. 1128, 34 f.

201, 30   *Ku Klux Klan* – 1866 gegr., besonders in den Südstaaten verbreitete Geheimgesellschaft, deren Kennzeichen Flammenkreuze und schwarze, später weiße Kutten und spitze Kapuzen waren; 1871 durch den Ku-Klux-Klan-Act verboten, 1915 wiedergegründet; mit Terror und Gewalt (über 3600 Fälle von Lynchjustiz zwischen 1884 und 1917) für die »white supremacy« (weiße Vorherrschaft) kämpfende Vereinigung, der zeitweilig bis zu fünf Mio. Amerikaner angehörten; agitierte in den sechziger Jahren vornehmlich gegen die Rassenintegration; s. 316, 12 f.

202, 2–7   *am 3. März 1933 . . . Lützowstraße in Berlin* – Für Ernst Thälmann war eine illegale Unterkunft außerhalb Berlins gefunden worden, von der er am 5. 3. 1933 ins Ausland gebracht werden sollte. Daß führende Genossen einen direkten Kontakt mit ihm suchten und dies der Kassierer einer Gartenkolonie verriet, führte zu seiner Verhaftung am 3. 3. 1933 in der Lützowstraße 9 in Berlin. Er kam am 23. 3. 1933 ins Untersuchungsgefängnis Alt-Moabit und wurde mehrfach im Columbia-Haus gefoltert; vgl. Heer (1975), S. 119; s. K. 198, 4.

203, 6   *Comptoir* – (frz.) Kontor; s. VI, 38; 1047, 29; 1123, 28 f.; 1409, 4.

203, 32   *Mudding* – (nd.) Kose- und Verkleinerungsform von Mutter.

203, 35–38   *Edith brachte ihre . . . hinterlassen. Ausgerechnet Edith* – s. 209, 31–34.

204, 11   *Rotspon* – s. K. 71, 25.

204, 15   *Na, alter Schwede* – Freundschaftliche Anrede; seit dem 17. Jh. gebräuchlich, damals bezogen auf die vom Großen Kurfürsten für seine Armee angeworbenen altgedienten schwed. Soldaten; s. 353, 35; 513, 5–9; 524, 31; 525, 13 f.

205, 20   *Stahlhelm* – s. K. 70, 12.

205, 26–37   *und der Gesang . . . es nicht liefern* – Anfang eines 1820 geschriebenen Liedes von Ferdinand Maßmann (15. 8. 1797–2. 8. 1874), Germanist, Schüler Jahns, Mitbegründer des dt. Turnsports, der 1817 als Burschenschafter am Wartburgfest teilnahm. Nach 1945 in Rundfunksendern der westlichen Besatzungszonen zum Sendeschluß anstelle der Nationalhymne gespielt:

> Ich hab mich ergeben
> Mit Herz und mit Hand
> Dir Land voll Lieb' und Leben
> Mein deutsches [sic] Vaterland.

> Mein Herz ist entglommen,
> Dir treu zugewandt,
> Du Land der Frei'n und Frommen,
> Du herrlich Herrmannsland!

>Will halten und glauben
>An Gott fromm und frei!
>Will, Vaterland, dir bleiben
>Auf ewig fest und treu!

205, 34 f. *Owright* – Lautsprachliche Schreibung von all right (engl.): in Ordnung.

205, 35 f. *Wir werden uns . . . Stein, kein Bein* – Anspielung auf das Gelübde des Liedes und die Redensart »Stein und Bein schwören«, die auf den mittelalterlichen Brauch, auf den steinernen Altar und die Reliquien der Heiligen zu schwören, zurückgeht; s. 1677, 4.

206, 22 *Welcome a Stranger* – (engl.) übersetzt im Text 206, 25 f.; s. K. 169, 2–17.

22. 10. 1967

206, 30– *Warum warst du . . . ist es nicht* – Nach der Demonstration am 21. 1. 1967 kam-
207, 33 pierten Tausende vor dem Pentagon. In der Nacht fand eine spontane Mas-
senverbrennung von Einberufungsbescheiden vor dem Gebäude statt, bei der
es bald zu Auseinandersetzungen mit Militärpolizei und von Bundessheriffs
geführten US-Truppen kam; s. K. 194, 16–19; 201, 22–24.

207, 3 *Dos Passos* – John Roderigo Dos Passos (14. 1. 1896–28. 9. 1970), in Chicago
geb. amerik. Schriftsteller portugiesischer Abstammung; nach dem 1. Weltkrieg soz. Kritik an der Gesellschaft; vom Kommunismus enttäuscht, zunehmend konservative Einstellung; wandte in seiner Roman-Trilogie »USA« und
in »Manhattan Transfer« die vom Film übernommene Technik der Montage
zur gegenseitigen Erhellung verschiedener Wirklichkeitsbereiche an; 1932
wohnte er 214 Riverside Drive; vgl. Durzak (1976a).

207, 4 *Baran und Sweezy, Monopolkapital* – Paul Alexander Baran (1910–1964) und
Paul M. Sweezy: Monopoly Capital, 1966; dt. Monopolkapital. Ein Essay über
die amerikanische Wirtschafts- und Gesellschaftsordnung, Frankfurt am Main
1967. (Beide Ausgaben in Johnsons Bibliothek). Das marxistische Standard-
werk über die USA war aufgrund seines unorthodoxen neomarxistischen An-
satzes bei der westdt. Linken sehr verbreitet. Da der klassische Marxismus sich
nur auf den Wettbewerbskapitalismus bezogen habe, könne er den Monopolkapitalismus nicht erklären. Das steigende Surplus des Monopolkapitalismus
widerspreche der früheren These von der sinkenden Profitrate. Mit der Ab-
sorption dieses Surplus im System wird sowohl dessen Machtstruktur erklärt
als auch seine Irrationalität begründet.
In dem Buch wird die Politik des Präsidenten nicht ausdrücklich erwähnt.
Das Regierungssystem wird theoretisch als ein bürgerlich-demokratisches
verstanden, praktisch herrsche eine kleine Geldoligarchie. Da die Organisie-
rung und Erhaltung der Parteien und die Durchführung der Wahlkampagnen
soviel Geld kosteten, das im Monopolkapitalismus nur von den großen Ka-

pitalgesellschaften kommen könne, seien sie die »Hauptquellen der politischen Macht«; vgl. Baran/Sweezy (1967), S. 152–156; Mecklenburg (1992a); s. 796, 15.

207, 13   *Publicity* – (engl.) Werbung, Öffentlichkeit.

207, 15–21 *Wir wissen ja . . . Schreien verzerrten Mund* – Die NYT vom 22. 10. 1967 zeigt zwei Fotos zu dem Artikel »Guards Repulse War Protestors At The Pentagon«: Eines zeigt im Vordergrund zwei Polizisten, die sich über einen am Boden Liegenden beugen, zwei helle Knüppel sind deutlich erkennbar. Bildunterschrift: »U. S. marshalls clubbing antiwar demonstrators who tried to storm the Pentagon yesterday.« Auf dem anderen Foto zeigt ein junger Mann mit Sonnenbrille und Lippenbärtchen, den Mund aufgerissen, aber nicht »verzerrt«, mit der Hand auf den Fotografen. Unterschrift: »Demonstrators shouting at a military policeman at barrier.«

207, 30–33 *die von Militärpolizei . . . auf den Treppen* – Vgl. den Artikel »Guards Repulse War Protesters At the Pentagon« der NYT vom 22. 10. 1967: »The protesters twice breached the lines of deputy Federal marshals backed by soldiers armed with bayonet-tipped rifles. But they were quickly driven back by the rifle butts of the soldiers and the marshals' nightsticks. [. . .] There were no reports of serious injuries but the Pentagon steps were spattered with blood.«; Pentagon: s. K. 24, 17.

208, 1–3   *Der Schriftsteller Norman . . . Mißachtung« einer Polizeisperre* – Vgl. den Artikel »Guards Repulse War Protesters At The Pentagon« der NYT vom 22. 10. 1967: »Also arrested was Norman Mailer, the novelist, who was seized for technical violation of a police line«. Vgl. TIME vom 27. 10. 1967, wo ausführlich der Auftritt des betrunkenen und randalierenden Schriftstellers geschildert wird. Norman Mailer, geb. 31. 1. 1923, amerik. Schriftsteller; gesellschaftskritische Themen, wurde berühmt durch die drastische Schilderung des Krieges in »The Naked and the Dead«, 1948 (dt. »Die Nackten und die Toten«, 1950), kandidierte 1969 für das Amt des Bürgermeisters von New York; propagierte zu dieser Zeit die »Ein-Mann-Revolution«; im Gegensatz zu Steinbeck (s. K. 51, 11–14) protestierte er in spektakulären Auftritten gegen den Vietnamkrieg; vgl. »Why are we in Vietnam«, 1967 von Mailer hg.; s. K. 212, 23–39.

208, 4   *Brooklyn Heights* – Kleines, vornehmes Wohngebiet im Nordwesten Brooklyns, der erste »Historic District« von New York City (seit 1965).

208, 9   *Dich störte die . . . Cong im Marschzug* – Vgl. den Artikel »Guard Repulse War Protesters At The Pentagon« der NYT vom 22. 10. 1967: »Blue and red flags with a yellow flag in the middle, identified by some as Vietcong emblems, were carried on poles by some of these demonstrators.«

208, 14   *Marihuana* – s. K. 157, 28.

208, 28   *jemand über Dreißig* – Anspielung auf den Slogan der amerik. Studenten »Don't trust anybody over thirty!«: Trau keinem über dreißig!

Vgl. Überschrift eines Artikel der NYT vom 22. 10. 1967: »Only a Minority at Protest Are Older Than 30«; s. 443, 36; 514, 19; 989, 14; 1592, 15 f.

208, 37–209, 6   *Die schöne Vertraulichkeit ... by the Riverside* – Hier wird auf zwei Artikel der NYT vom 22. 10. 1967 zurückgegriffen: Vgl. »Guards Repulse War Protesters At The Pentagon«: »As darkness fell, the demonstrators settled down to what some said would be an all-night vigil. They made little bonfires with their posters on the Pentagon Mall and steps.« Unter der Überschrift »All-Night Scene at Pentagon: Beards, Bayonets and Bonfires« heißt es: »A pungent air of smoke and lingering tear gas hung over the Pentagon Mall. [...] They began to sing ›Down by the Riverside‹, and as their young voices rose the soldiers took their bayonets from their rifles and fastened them to their waists.« »Down by the Riverside«: Ein Spiritual, das in den sechziger Jahren mit verändertem Text zum Protestsong der Antikriegsbewegung wurde.

209, 21–30   *die kleine Kundgebung ... in Viet Nam* – Vgl. den Artikel »Thousands March Here To Back G. I. s« der NYT vom 23. 10. 1967 über vom Nationalkomitee für Verantwortungsvollen Patriotismus (Responsible Patriotism) organisierte Demonstrationen und eine Nachtwache im Battery Park vom 21. zum 22. 10. 1967, die die in Vietnam kämpfenden Amerikaner unterstützen und allgemeinen Respekt vor dem Gesetz (law and order) fordern sollten: »Sizeable crowds turned out in the brisk, sunny autumn weather, lining parade routes and attending rallies including one that marked the end of a 31-hour vigil in Manhattan's Battery Park. [...]
Throughout the metropolitan area many motorists were again driving with their headlights on in daytime, a way of showing their support suggested by the promotors of the demonstrations. [...]
As on Saturday, bus drivers and cabbies participated prominently in the headlight display. A few police cars, too, were observed with their lights burning.«

209, 22   *Battery Park* – Der Battery Park liegt an der westlichen Südspitze Manhattans an einem alten Fort; s. K. 90, 27.

209, 28   *Tod von John F. Kennedy* – Am 22. 11. 1963 in Dallas, Texas, ermordet. Die Warren-Kommission zur Aufklärung des Mordes erklärte Lee Harvey Oswald (s. K. 960, 3) zum alleinigen Attentäter; ein Sonderausschuß des Kongresses (1977–79) sprach von zwei Schützen und der Wahrscheinlichkeit einer Verschwörung; der Verdacht einer Mittäterschaft von CIA, FBI oder Fidel Castro wurde zurückgewiesen; s. K. 24, 36.

209, 31–34   *Öwe dat's'n Fele ... dat fiewte Kint* – (nd.)
Aber das ist ein Fehler, der sich gibt.
Das sagte Edith auch. Da kriegte sie das fünfte Kind.
Nd. Redewendung; s. 203, 35–38.

210, 9–17   *Mrs. Ernest Hemingway ... Telefon zu sprechen* – Vgl. den Artikel »Widow of Hemingway Protests Use of His Letters« der NYT vom 22. 10. 1967: »Mrs.

Ernest Hemingway protested yesterday to the Times of London for the use of extracts of some unpublished letters by her late husband. [...]
The letters were understood to have been written between 1950 and 1956 to Adriana Ivancich, a young Italian woman who says that she was the basis of a character that Hemingway created in his romantic novel ›Across the River and Into the Trees.‹ [...]
Adriana Ivancich, who is now Countess Rex and lives in Milan [...]. Nobody answered the telephone at the Rex home in Milan yesterday.«
Adriana Ivancich hatte 1965 in der ital. Zeitschrift »Epoca« unter der Überschrift »Ich bin Hemingways Renata« erklärt, so wie die adlige Heldin dem herzkranken Krieger die letzten Tage seines Lebens verschönt habe, so habe sie Hemingway über eine Schreibkrise hinweghelfen können. Mrs. Mary Hemingway berief sich bei ihrem Protest auf den Wunsch ihres Mannes, daß keiner seiner Briefe veröffentlicht werden dürfe; vgl. DER SPIEGEL 4. 12. 1967, S. 204–206.

210, 13   *Hemingway* – Ernest Miller Hemingway (21. 7. 1899–2. 7. 1961, Selbstmord), amerik. Schriftsteller; Kriegsberichterstatter im Spanischen Bürgerkrieg, verlieh dem Lebensüberdruß der »lost generation« Ausdruck; wurde 1929 mit »In einem anderen Land« berühmt, »Fiesta«, 1926, »Wem die Stunde schlägt«, 1940 (s. K. 801, 17 f.; 1475, 32–34), »Über den Fluß und in die Wälder«, 1950, Nobelpreis 1954; Johnson zitiert ihn am Ende von MJ sowie in: BU, S. 19–23, 25, 141. Vgl. Liska (1997), S. 25; s. K. 1307, 12.

23. 10. 1967

211, 9   *Emily Dickinson* – s. K. 153, 8.

211, 15   *Guten Eßgeschäfts* – s. K. 176, 11.

211, 22–28   *Der alte Mann* ... SPIEGEL *schon geliefert* – s. 11, 4–10.

211, 28   DER SPIEGEL – s. K. 167, 17–20.

211, 33   *Gedicht von Brecht* – Vermutlich der Alabama-Song, dessen letzte Strophe lautet:

> Oh, show us the way to the next little dollar
> Oh, don't ask why, oh, don't ask why
> For we must find the next little dollar
> For if we don't find the next little dollar
> I tell you we must die! I tell you we must die!

In Brechts »Der Aufstieg und Fall der Stadt Mahagonny« wird der Song in der 2. Szene von Prostituierten gesungen.

211, 33   *Brecht* – Bertolt Brecht (10. 2. 1898–14. 8. 1956), dt. Dichter. Johnson hat sich kontinuierlich mit Brechts ästhetischen und politischen Positionen auseinandergesetzt, er zitiert Brecht auch in IB, MJ und DBA. 1965 hat er einen Band aus dem Nachlaß Brechts herausgegeben: »Me-Ti. Buch der Wendungen. Fragmente 1933–1956«. In den JT wird aus folgenden Werken Brechts zitiert oder auf sie angespielt: »Lob des Kommunismus« (s. K. 39, 29–40, 19; 167, 12 f.); »Das Buch Me-Ti« (s. K. 45, 33); »An die Nachgeborenen« (s. K. 75, 5–7; 375, 13–25); »Alabama Song« (s. K. 211, 33); »Geschichten vom Herrn Keuner« (s. K. 449, 37 f.); »Mahagonnygesang Nr. 3 (s. K. 453, 26; 459, 6–21); »Furcht und Elend des Dritten Reiches« (s. K. 596, 22–606, 32); »Die unwürdige Greisin« (s. K. 608, 33; 1526, 38); »Die Nachtlager« (s. K. 709, 7 f.; 709, 10–25); »Und was bekam des Soldaten Weib« (s. K. 886, 16 f.); »Aufstieg und Fall der Stadt Mahagonny« (s. K. 1364, 12–15); »Im Dickicht der Städte« (s. K. 1366, 13); »Orges Wunschliste« (s. K. 1533, 17); »Friedenslied« (s. K. 1595, 13–16); »Resolution der Kommunarden« (s. K. 1693, 6); »Deutsche Kriegsfibel« (s. K. 1777, 22 f.); »Die Erziehung der Hirse« (s. K. 1818, 10–22 und 34–37); »Herrnburger Bericht« (s. K. 1819, 2); »Über Stefan George« (s. K. 1820, 10 f.); »Einheitsfrontlied« (s. K. 1839, 12 f.); »O Falladah, die du hangest« (s. K. 1844, 11); s. K. 340, 32 f.; 348, 18; 884, 35; 1820, 1; 1820, 3 f.; 1826, 25–27.

212, 14 *Attjé* – (Anglisierte Form des frz. »Adieu«) Auf Wiedersehen; s. 699, 37; 1746, 34.

212, 15 *in den elften Stock* – s. K. 22, 9 f.

212, 23–39 *Die Demonstration in . . . war das demnach* – Vgl. die »New Analysis« von James Reston unter der Überschrift »Everyone is a Loser« der NYT vom 23. 10. 1967: »This was a sad and brooding city tonight because everybody seemed to have lost in the antiwar siege of the Pentagon this weekend. [. . .]
The leading officials of the Government were troubled by the spectacle of so tumultous a protest against their policy in Vietnam and by the repercussions of this demonstration on their relations abroad. [. . .]
Even the pugnacious young activists who battled the marshals and soldiers at the Pentagon were not satisfied at the end, for they had not won support for ending the war or defeating President Johnson, but may very well have done the opposite.
The personal vilification of President Johnson alone was almost enough to retrieve his declining fortunes at the polls. ›LBJ the Butcher,‹ read one sign. ›Johnson's War in Vietnam Makes America Puke,‹ said another. ›Beat Army,‹ said a third. [. . .]
Many of the signs carried by a small number of the militants, and many of the lines in the theatrical performances put on by the hippies, are too obscene to print.
[. . .] the differences among the protesters soon became apparent. Most of them apparently acted like middleclass Saturday night drunks caught in a misdemeanour [. . .].
Norman Mailer was there and, of course, was visibly and dramatically himself [. . .].

A confusion of objectives among the large coalition of protesting groups led to much of the trouble. [...]
Thus, the demonstration seemed to lack purpose because the purposes of the elements were totally different. [...]
Nevertheless, some of the leading idealists among the antiwar demonstrators here feel that the Administration itself was responsible for some of the violence. [...]
They [die militanten Demonstranten] said quite plainly that they were not interested in ›dignified‹ confrontations at Justice but in militant confrontations with soldiers at the Defense Department. In short, they wanted a battle and they got it.«
LBJ: gebräuchliche Abk. für Lyndon Baines Johnson: s. K. 24, 17.

212, 32 f. *too obscene to print* – (engl.) übersetzt im Text; s. K. 78, 2.

212, 35 *Norman Mailer* – s. K. 208, 1–3.

213, 1–3 *Die Sowjets wüßten ... Sicherheitsdienst gedient hätte* – Vgl. den Artikel »Tass Denies That Defector Belonged to Secret Police« der NYT vom 23. 2. 1967: »The Soviet Union denied as a hoax today a State Department report last week that a lieutenant colonel in the Soviet secret police had defected to the United States.
Tass, the official Soviet news agency, denied that the defector, identified by the State Department as Lieut. Col. Yevgeny Y. Runge, ever served in the Soviet army or Soviet security forces. It did not comment further.«

213, 2 *Jewgenij J. Runge* – Geb. 8. 3. 1928, Wolgadeutscher; gegen Kriegsende als Zwangsarbeiter in Deutschland; nach dem Krieg Armeedolmetscher, seit 1949 im sowj. Geheimdienst, Oberstleutnant; unter dem Namen Willi Kurt Gast einer der erfolgreichsten Spione. Sein Pseudonym wurde von einer realen Familie aus Duninowo in Pommern übernommen. Auf die frz. Botschaft in Bonn angesetzt, später auf das Außenministerium, wo ihm Heinz Sütterlin zugeordnet wurde, der auf ostdt. Befehl eine Angestellte des Ministeriums heiratete und so die Pläne der NATO-Alliierten für Krisenfälle kopieren lassen konnte. Runge erfuhr im Sommer 1967, daß sein Sohn in Moskau bleiben sollte, während er auf einen neuen englischsprachigen Posten transferiert werden sollte. Vermutlich lief er deshalb am 10. 10. 1967 in Berlin zu den Amerikanern über, worüber die NYT am 16. 10. 1967 die erste Meldung brachte; s. K. 217, 33–218, 2; 221, 31–222, 2; s. 279, 14–21.

213, 8 *»Shorty«* – (engl.) Kurzer, Kleiner.

213, 9–20 *hielt uns ein ... des Times Square* – Von der Lexington Ave. am Grand Central/42. Straße bis zum Times Square braucht man nur der 42. Straße vier Blocks in westlicher Richtung zu folgen; bereits die nächste U-Bahn Station ist Times Square; eine Strecke, die sich bequem zu Fuß gehen läßt.

24. 10. 1967

213, 34–214, 3 *Nun hat Albert . . . bei einem Pferdewettenmogeleitrick* – Albert Gallos Aufstand gegen den Mafiaboß Joseph Profaci war inzwischen zugunsten von Joseph Colombo entschieden worden. Vgl. den Artikel »A. Gallo Arrested In Coercion Case« der NYT vom 24. 10. 1967: »Albert (Kid Blast) Gallo, who has been identified as a member of the Mafia in Brooklyn and another man were arrested by the Nassau County district attorney's office today on charges relating to a ticket-cashing scheme at Roosevelt Raceway. [. . .] Gallo, who is 37 years old, and Musumeci were arrested about 7 A. M. at their homes in Brooklyn.« Gallo und Musumeci wurde vorgeworfen, Steuern auf die Wettgewinne hinterzogen zu haben; Musumeci: s. K. 343, 13.

213, 34 *Albert Gallo (»Baby Knall«)* – Albert Gallo (»Kid Blast«), geb. 1940, hatte mit seinem Bruder Joseph (»Crazy Joey«) und anderen Clan-Angehörigen eine Rebellion gegen den Mafiaboß Joseph Profaci angeführt; vgl. NYT 24. 10. 1967.

213, 35 *Joseph Colombo* – Joseph A. Colombo, New Yorker Mafioso; wurde 1964 vom Syndikat zum Chef des Profaci-Clans ernannt, nachdem er ein Komplott, die New Yorker Familienoberhäupter zu liquidieren, an das Syndikat verraten hatte. Weil er mit der von ihm 1969 gegr. »Italian-American Civil Rights League« zuviel »Aufmerksamkeit auf die italo-amerikanische Unterwelt« gelenkt hatte, wurde er »zum Abschuß freigegeben«, vgl. Gude Hohensinner (1998), S. 379. Er starb 1971 an den Folgen eines Mordanschlags s. K. 22, 28.

214, 4–20 *Leo Held, 39 . . . es wohl überleben* – Vgl. den Artikel »Berserk Gunman Kills 6 Friends« der NYT vom 24. 10. 1967: »A crazed laboratory technician opened fire with two pistols in a crowded papermill here today, beginning a one-and-a-half-hour shooting spree that left six dead and six wounded.
It took a score of policemen, taking careful aim, to shoot both guns from his hands and take him alive, though critically wounded.
The police, family and friends, all at a loss to explain what made Leo Held go berserk, said that until the 39-year-old father of four strode into the Hammermill Paper Company plant here with guns blazing he was known to all as ›a quiet peaceful man devoted to his family‹.
The police said Held shot five dead and wounded four others in the plant. Then he killed a sixth man and wounded two more in a trail of gunfire that took him to his home in Loganton, 17 miles southeast of Lock Haven.
An avid hunter and a good shot, he apparently knew his targets and went for them, the police said. With icy calm Held used a .38 caliber revolver and a .44 caliber Magnum [. . .].
The shooting, which began shortly after 8 A. M. lasted just a few minutes. Then Held, a 21-year employe of the Hammermill plant, quickly turned and walked out of the main door [. . .]. The six-foot 200-pounder's next move gave the police what they thought was their first clue to a motive. The be-

spectacled, baldish former board member climbed into his station wagon at the plant and drove to Lock Haven Airport.

There he sought out Mrs. Geraldine Ramp, a neighbor in Loganton. He found her at the switchboard. It was then about 8:15 [...]. He fired several times into the office and managed to hit Mrs. Ramp twice [...].

The sixth victim was Floyd Quiggle, 27, a Loganton neighbor who was slain in bed. The police said Held apparently [...] shot Mr. Quiggle dead and wounded his wife as they lay asleep. An investigation by Capt. John Grey of the state police indicated that Held stayed a while at the Quiggle home, taking weapons and ammunition from Mr. Quiggle's guncases. [...]

Mr. Lugg [District Attorney] said Held had had neither a mental problem nor a police record and was regarded as ›a respected citizen.‹ [...]

Though Held's condition was critical, a doctor said, ›I think he'll make it.‹« Loganton ist ein kleiner Ort nördlich von Harrisburg; vgl. DER SPIEGEL 30. 10. 1967, S. 164; s. K. 219, 28–33; 222, 11–13.

214, 21–26   *Als gestern nachmittag... mehr einen Krach* –Vgl. den Artikel »Boy, 6, Kills Father As His Parents Argue« der NYT vom 24.10. 1967: »A 6-year-old boy, disturbed by an argument by his parents yesterday afternoon, went to a closet, got a .22-caliber rifle, loaded it, and killed his father [...]. At the height of the argument [...] the Smiths' oldest child, Randy, 6 [...] shot him just below the right shoulder.«

214, 33 f.   *Kniesenack* – s. K. 87, 7 f.

214, 35   *Richtenberger* – Kümmelschnaps aus der Kleinstadt Richtenberg in Mecklenburg; s. 512, 7; 526, 2; 1569, 9; 1690, 6; 1833, 36 f.

215, 15   *Vietsen* – s. K. 56, 32.

215, 32 f.   *Cresspahl war sich nichts vermutend* – s. K. 180, 22.

216, 19   *den neuesten Zahlen von der Reichstagswahl* – Bei der Wahl am Sonntag, dem 5. 3. 1933, erhielt die NSDAP 43, 9 % (17, 277 Mio. Stimmen, 288 von 647 Mandaten); s. K. 87, 6 f.

216, 35   *Luise* – Druckfehler in allen Ausgaben, Lisbeths Mutter heißt Louise.

217, 5   *Gesine Henriette* – Gesines Urgroßmutter hieß Henriette von Heintz; vgl. dagegen die Namensgebung in MJ, S. 13: »Gesine (Rufname unterstrichen) Lisbeth Cresspahl. [...] Lisbeth hat die Mutter geheissen. [...] Also Gesine Lisbeth«; s. (59, 13–17; 167, 27); 250, 25; 298, 26; 536, 15; 1350, 29.

217, 6–22   *Du bist das... Kann ich, Gesine* – s. K. 85, 29–86, 4.

217, 18   *Die Olsch* – (nd.) Die Alte.

217, 23–31   *In der Monterey... harte Saftflaschen: Luftpost* – In dem Artikel »City Is Fighting a Losing Battle Against Garbage Strewn Streets« der NYT vom 23. 10. 1967 heißt es: »In block after block of tenement slums, garbage rains unchecked from windows, roofs and doorways. [...] Peter Harper, the janitor at 2015 Monterey Avenue in the South Bronx, built himself a garbage shelter – a reinforced metal roof – over the back door leading into the building's courtyard. ›Before, I'd get hit with something everytime I went in or out,‹ he said.«

25. 10. 1967

217, 33–218, 2 *Die Sowjets sind ... einen skrupellosen Verbrecher* – Vgl. den Artikel »Soviet Motives Assayed« der NYT vom 25. 10. 1967: »Intelligence sources said that the Soviet espionage apparatus had employed ›a clever trick‹ at a news conference in East Berlin today.
A spokesman for the East German Security Ministry termed Colonel Runge an ›unscrupulous criminal called Eugen Runge,‹ who, the spokesman said, returned to East Germany last March with his wife and 7-year old son using the alias ›Willi Gast‹«; s. K. 213, 2.

218, 4 *John Smith* – Unter der Überschrift »Russians Say an Ex-C. I. A. Man Who Spied in India Has Defected« der NYT vom 25. 10. 1967 heißt es: »An American who identified himself as a former agent to the Central Intelligence Agency has reported today to have defected to the Soviet Union«. In der »Literaturnaja Gasjeta« waren Auszüge aus einem Buch John Discoe Smiths erschienen, in denen er beschrieb, wie er als Angehöriger der USA-Botschaft in Delhi von der CIA angeworben worden sei. Mordanschläge und Vorbereitungen zum Sturz der indischen Regierung hätten zu seinen Aufgaben gehört, auch bezeichnete er mehrere amerik. Diplomaten in Delhi und führende indische Militärs als Agenten. Die USA sahen darin eine Reaktion der UdSSR auf das Aufsehen wegen deren Überläufer Jewgenij Runge. Sie behaupteten, Smith sei als Kommunikationstechniker im Auswärtigen Dienst angestellt gewesen, aber 1960 als krankhaft paranoid entlassen worden; vgl. auch NYT vom 5. 12. 1967; s. K. 213, 2; 296, 33–297, 3; 409, 4–14; 409, 4–6.

218, 13 *gefärbt* – (engl. wörtl. übersetzt) coloured: Farbige(r). Als der Begriff »blacks«, der »Negroes« ersetzt hatte, auch als pejorativ empfunden wurde, wurde er durch »coloureds« ersetzt, da er alle Nicht-Weißen einschloß; s. 247, 7; 249, 30; 344, 32; 435, 22; 443, 25; 772, 31; 887, 17, 31; 888, 5 f.; 1811, 34 f.

218, 19 *Lincoln-Oberschule* – Abraham Lincoln (12. 2. 1809– 15. 4. 1865), amerik. Politiker der Republikaner; 1860–65 Präsident; der Austritt der Südstaaten aus der Union nach seiner Wahl führte zum Sezessionskrieg. Anfangs in der Sklavenfrage zurückhaltend, proklamierte er 1862 nach militärischen Erfolgen der Nordstaaten die Abschaffung der Sklaverei; starb an den Folgen des Attentats eines Rassenfanatikers.

218, 19 *Washington (D. C.)* – s. K. 194, 17.

218, 27 f. *Magdalene* – Druckfehler in allen Ausgaben, richtig: Magdalena.

219,7–11	*Der Dramatiker LeRoi . . . wurden Handschellen angelegt* – Vgl. den Artikel »LeRoi Jones in Manacles After Outburst in Jersey Court« der NYT vom 25.10.1967: »LeRoi Jones, on trial on charges of having a weapon in Newark riots, was taken in handcuffs from the courtroom and sent to jail today after denouncing the judge and an all-white panel of prospective jurors as ›my oppressors.‹ [...] Mr. Jones is on trial with two other defendants [...] on charges of having two revolvers in Mr. Jones's automobile during the Newark riots early in the morning of July 14.«; Aufstand in Newark: s. K. 89,35f.
219,7	*LeRoi Jones* – Nannte sich später Imamu Amiri Baraka, geb. 7.10.1934, amerik. Dramatiker und Lyriker, gehörte der Boheme der »beats« an, aktiver Vertreter der schwarzen Protestbewegung; forderte schwarzen Separatismus und Nationalismus, Befürworter der »direkten Aktion«; s. 552,24–554,24.
219,8	*Juli-Unruhen* – s. K. 9,6f.; 29,33.
219,23	*Welcome a Stranger* – (engl.) Heiße einen Fremden willkommen; s. K. 169, 2–17.
219,24	*Labor Day* – s. K. 44,29.
219,28–33	*Als der Pastor . . . hatte benutzen wollen* – Vgl. den Artikel »Portrait of a Killer: A Quiet Man Who Thought He Was Being Persecuted« der NYT vom 25.10.1967: »Uptown, the Rev. Stephen McKittrick of St. Paul's Lutheran Church, heard the news on his car radio. He ran into his house and armed himself with a recent birthday present from his wife, an over-and-under shotgun that he hoped to use during the wild turkey season«; s. K. 214,4–20.
220,16	*Ich sehe nicht heimlich fern* – s. 972,33f.; 1027,3; 1302,2–12.
220,27–33	*Vor sieben Jahren . . . 71% mehr* – Vgl. den Artikel »Cost of Living Soars Here« der NYT vom 25.10.1967: »The cost of a ›moderate‹ living for a New York area family of four was $10,195 last year – the highest in the continental United States – the United States Bureau of Labor Statistics reported today. [...] The four-person family in this area spent $5,970 to maintain a ›moderate‹ existence, as it was defined in 1959. The 1966 figure – $10,195 – indicated an increase of 71 per cent, but this overstates the case. In 1959 the bureau did not count home ownership as part of a ›moderate‹ standard of living. In 1966, reflecting higher standards, it did.«
221,16	*Halloween* – Abend des 31.10., ursprünglich »All Hallows Eve«, Vorabend von Allerheiligen. Nach keltischen Vorstellungen gehen in dieser Nacht, dem Vorabend ihres Neujahrs, Geister und Dämonen um, die durch Feuer ferngehalten werden sollen. Besonders Mädchen versuchten in dieser Nacht mit Hilfe magischer Rituale, ihren Zukünftigen zu erkennen; heute in den USA als Kostümfest mit Lagerfeuern begangen, Kinder ziehen mit ausgehöhlten Kürbissen, die zu Gesichtern geschnitten sind, umher; s. K. 247,17f.; s. 247,31–249,16.

26. 10. 1967

221, 31–222, 2   *Die Soujets können... aus, echte Fotokopien* – Vgl. den Artikel »Bonn Experts Say Defector Was One of Soviet's Ablest Agents« der NYT vom 26. 10. 1967: »Photocopies of more than a dozen of Colonel Runge's passes, identity cards and documents were shown today. [. . .] Last Sunday Tass, the official Soviet press agency, said in a dispatch from Moscow, that the Runge story was ›invented,‹ ›a lie from beginning to end,‹ and ›a stupid joke.‹ Yesterday the East German Interior Ministry called a news conference to declare that ›Eugen Runge‹ was an East German citizen with a ›criminal record‹ who disappeared with his familiy Oct. 10.«; s. K. 213, 2.

221, 33   *dowen* – (nd.) doofen.

222, 3–6   *Dr. Gallup hat... halb so viele* – Vgl. den Artikel »Survey Finds 46 % Regret Role in Vietnam« der NYT vom 26. 10. 1967: »The feeling in this country that the United States made a mistake in sending troops to fight in Vietnam has almost doubled since August, 1965, according to a survey by the Gallup Poll«; s. K. 240, 15–19; 283, 6–9; 938, 15–18.

222, 3   *Dr. Gallup* – George Horace Gallup (18. 11. 1901–27. 7. 1984), amerik. Meinungsforscher; gründete 1935 das American Institute of Public Opinion (Gallup Institute) zur Erforschung der öffentlichen Meinung mittels Methoden der Statistik und der Repräsentativumfrage. In wöchentlichen Befragungen werden Ansichten über politische, soziale und wirtschaftliche Angelegenheiten erforscht.

222, 7–10   *Die Stalina hat... für sich behalten* – Swetlana Allilujewa (s. K. 29, 24) spendete aus den Einkünften ihres Buches, die man auf $ 2, 5 Mio. schätzte, $ 340 000 für wohltätige Zwecke, $ 50 000 für die Tolstoi-Stiftung, $ 5000 für einen Fonds zur Unterstützung russ. Schriftsteller, $ 5000 für eine russ. Literaturzeitschrift und $ 250 000 für den Bau und Unterhalt eines Krankenhauses in dem indischen Dorf Kalankankar, der Heimat ihres Ehemanns; vgl. NYT 26. 10. 1967.

222, 11–13   *Der Amokläufer von... Hingerichtete, 6 Verwundete* – Vgl. den Artikel »Killer of Six Dies, Silent on Reasons For Shooting Spree« der NYT vom 26. 10. 1967: »Lock Haven, Pa., Oct. 25 – Leo Held died today mumbling incoherently and taking with him the reason for his slaughter of six persons and the wounding of six others«; s. K. 214, 4–20.

222, 36   *Koemflasche* – Koem oder Köm (nd.), ursprünglich Kümmelschnaps, heute jeder klare Branntwein; (s. K. 214, 35); s. 262, 19; 512, 7; 655, 34; 921, 7; 1870, 32 f.

222, 38   *Dummes Zeug* – s. K. 299, 13.

223, 22   *Stahlhelm* – s. K. 70, 12.

223, 24–36   *Die Zeitung trug . . . jubelte das Blatt* – Der »Lübecker Generalanzeiger« erschien montags nicht, dafür sonntags. Wegen der Reichstagswahl aber war eine Extraausgabe am Montag, dem 6. 3. 1933, mit der Nummer 55a zwischen der sonst üblichen fortlaufenden Numerierung erschienen. In dieser Ausgabe stehen fast ausschließlich Wahlberichte, die Titelzeile lautet »Gewaltiger Sieg des nationalen Deutschland«.
Die Schlagzeile »Lübeck ist nicht mehr rot!« ist der Titel der Dienstagsausgabe vom 7. 3. 1933. Vier SPD-Senatoren und ein Senator der Deutschen Volkspartei waren aufgrund des Reichstagswahlergebnisses zurückgetreten; s. K. 87, 6 f.

223, 27   *Reichstagswahl* – Hitler hatte nach der Machtübernahme die Auflösung des Reichstags erwirkt, mit Hilfe Hindenburgs wurde das Parlament am 1. 2. 1933 für sieben Wochen ausgeschaltet, am 5. 3. 1933 erfolgten Neuwahlen, die der NSDAP 43, 9 % erbrachten, im Bündnis mit den Deutschnationalen (8 %) erreichte sie die knappe absolute Mehrheit; s. K. 87, 6 f.

223, 34   *Fraktur* – s. K. 76, 10 f.

224, 11   *Universität Leipzig* – Am 9. 9. 1409 anerkannt und am 2.12. desselben Jahres eröffnet. Uwe Johnson studierte 1954–56 Germanistik an der Karl-Marx-Universität und legte hier seine Diplomprüfung ab.

224, 36–39   *Seine Kollegen im . . . zu tun hatte* – Sie kamen damit einer späteren Entwicklung zuvor, denn durch das »Vorläufige Gesetz zur Gleichschaltung der Länder mit dem Reich« vom 31. März 1933 (RGBl. I, S. 153) wurden die Landtage und Bürgerschaften aufgelöst und nach den Stimmenzahlen der Reichstagswahl vom 5. März 1933 neu gebildet; vgl. Kokol (1995), S. 304.

225, 7   *Reichsbanner* – s. K. 199, 19.

225, 19 f.   *Hugenbergpartei* – D. N. V. P.: s. K. 164, 12; Alfred Hugenberg (19. 6. 1865–12. 3. 1951), dt. Wirtschaftsführer und Politiker; 1891 Mitbegründer des Alldeutschen Verbandes; 1909–18 Vorsitzender des Direktoriums der Firma Krupp; führte in der DNVP zunächst den rechten Flügel; 1919 Mitglied der Nationalversammlung, 1920–45 Mitglied des Reichstages; 1928 Parteivorsitzender der DNVP; von Januar bis Juni 1933 Reichsernährungsminister; s. K. 366, 6–10.

226, 13   *Holl din Muul, Gesine* – (nd.) Halt deinen Mund, Gesine; zur leitmotivischen Funktion der Wendung vgl. Scheuermann (1998), S. 153–159; s. 448, 36; 980, 2–4; 1414, 21; 1571, 5–31.

27. 10. 1967

226, 15–34   *ist der Tag . . . ist der Beweis* – In der Wochenzeitschrift »Science« vom 27. 10. 1967 beschrieben S. Glucksburg und L. J. King ein Experiment, in dem die Zusammenhänge zwischen unangenehmen Empfindungen und Erinnern und Vergessen untersucht wurden (»Motivated Forgetting Mediated by Implicit Verbal Chaining: A Laboratory Analog of Repression«), wobei sie betonten, daß ihre Ergebnisse nur unter bestimmten Bedingungen gültig seien und keine Verallgemeinerungen erlaubten. Die NYT vom 27. 10. 1967 bezieht sich in ihrem Artikel »Pain Or Pleasure Tied to Memory/Test Indicates One Tends to Forget the Distasteful« auf diesen Aufsatz: »For years it has been widely believed that one tends to forget things that are associated with unpleasant experiences, but no one could prove it. Now two researchers at Princeton University report having done so.

In today's issue of Science journal of the American Association for the Advancement of Science, they tell of two series of experiments with students, which, they believe, provide ›unambiguous‹ evidence for the phenomenon. The second series of tests was carried out to conform results obtained in the first. In both cases the unpleasantness was the administration of electric shock. The subjects of the first test were 16 undergraduates at Princeton University. All volunteered, but were not told the objective of the study.

First, they were taught a language of 10 ›nonsense syllables‹ of three letters and given English-word equivalents for each of these syllables. For example CEF was taught as the code syllable for ›stem‹ and DAX for ›memory.‹ Then, they were presented successively with another 10 English words on a second list. Unknown to the subjects was the fact that each of these 10 words was subtly associated with one of the words of the first list.

But for teaching and subsequent testing, the words and ›nonsense syllables‹ were presented on a slide projector screen. But during the presentation of the second list, an electric shock was administered to the hand of each volunteer when some of the English words of this list were displayed.

Finally, the subjects were tested to see how many of the original syllable English word associations they remembered. It turned out that they tended to forget those associations linked to shock experience more readily than they forgot words that were not linked to shock experience.«

Johnsons Ausschnitt dieses Artikels ist mit sehr vielen Anmerkungen versehen. Zur Überzeichnung der Ergebnisse des Princetoner Experiments und der nicht immer präzisen Wiedergabe der NYT vgl. Alber (1990), S. 53–58; vgl. auch Johnson, Auskünfte für eine Übersetzerin, S. 323 f.

Ein ähnliches Experiment wurde, unter umgekehrten Vorzeichen, 1964 von Hans Magnus Enzensberger in »Reflexionen vor einem Glaskasten« diskutiert; vgl. Enzensberger (1964), S. 26–28; s. 230, 18–235, 11.

226, 19   *Princeton* – 1746 von Presbyterianern als College gegr.; seit 1896 private Universität, die zu den angesehensten der USA zählt; s. K. 100, 33.

227, 21 f.   *Welches Vergessen ist . . . à la Chicago* – Vermutlich wird hier auf Vergessen durch Verdrängung im Sinne Freuds, auf diskretes Verschweigen und die Auslöschung möglicher Erinnerung durch Killermethoden der Mafia angespielt.

228, 34   *Semantik* – Lehre von der Bedeutung der Zeichen, besonders von Wörtern und Sätzen; s. 231, 11; 1779, 20 f.

229, 9 f.   *Funktionsmodell feinster behavioristischer Provenienz* – Behaviorismus: Richtung
der Verhaltenspsychologie, die das Verhalten als motorische Reaktion auf
aktuelle Reizwirkungen und frühere Erfahrungen erklärt; behauptet, daß das
Milieu die Lebensweise weitgehend bestimmt.

229, 32 f.   *Damit ich euch . . . so große Zähne* – Anspielung auf Grimms Märchen »Rotkäppchen«; s. K. 1748, 6 f.; 1877, 30.

28. 10. 1967

229, 35–230, 6 *Über Hanoi wurde . . . meldet seine Gefangennahme* – Über Korvettenkapitän
John Sydney McCain III., Sohn des Oberbefehlshabers der US Marine in
Europa, Admiral John Sidney McCain jr., heißt es in dem Artikel »Adm.
McCain's Son, Forrestal Survivor, is Missing in Raid« der NYT vom 28. 10.
1967: »He remarked later that after seeing ›what the bombs and napalm did
to the people on a ship, I'm not so sure that I want to drop any more of that
stuff on North Vietnam.‹ But he did go back, and the North Vietnamese have
broadcast an account of his capture.«

229, 36–230, 1 *Brand des Flugzeugträgers »Forrestal«* – Am 1. 10. 1955 in Dienst gestellter Flugzeugträger (CVA-59), der erste der »Super-Träger«, Länge: 316, 7 m, Breite:
76, 8 m, Höhe des Flugdecks: 20, 1 m, Besatzung im Krieg: 442 Offiziere,
4678 Mann. Der Flugzeugträger wurde benannt nach James Vincent Forrestal
(15. 2. 1892–22. 5. 1949, Selbstmord), Verteidigungsminister 1947–49.
Am 29. 7. 1967 brach wegen eines Defekts in der Treibstoffzufuhr eines Flug-
zeuges ein Brand aus, bei dem 134 Tote, 64 Verwundete zu beklagen waren;
26 Flugzeuge wurden zerstört und 31 schwer beschädigt; vgl. Terzibaschitsch
(1978), S. 246 f., 324, 332; DER SPIEGEL 7. 8. 1967, S. 73 f.

230, 2   *Napalm* – Kunstwort aus Naphthensäure und Palmitinsäure; Gemisch aus
Aluminiumsalzen der Naphthensäuren und Fettsäuren; das Pulver bildet mit
Kohlenwasserstoffen, wie z. B. Benzin, zähe Gele, die zur Füllung von Brandbomben verwendet werden und sich beim Aufschlag der Bombe entzünden,
wobei sie Temperaturen von über 2000° Celsius entwickeln. Die USA setzten Napalm schon im 2. Weltkrieg, vor allem aber im Vietnamkrieg ein;
s. 382, 4–12; 424, 4–7; 519, 36–520, 12; 1406, 5; 1882, 30 f.

230, 7–12   *Die Sowjets besitzen . . . das Geschäft nicht* – Vgl. den Artikel »Britain Rejects
Soviet Bid For Prisoner Exchange« der NYT vom 28. 10. 1967: »Britain told
the Soviet Union she would not exchange two captured Soviet spies for a
Briton held in Russia, the Foreign Office said today.
It said Moscow has made it clear it wanted to exchange Gerald Brooke for
Helen and Peter Kroger, both sentenced to 20 years in prison 1961 for pass-
ing British naval secrets to the Soviet Union.
Mr. Brooke was convicted for anti-Soviet activities in 1965 and sentenced by
a Moscow court to a year in prison and four years in a labor camp.«

Morris und Lorna Cohen waren mit kanadischen Pässen als Helen und Peter Kroger 1954 nach Ruislip im Westen Londons gezogen, wo Morris als Experte für antiquarische Bücher einen erfolgreichen Versandhandel aufbaute; vgl. Seth (1965), S. 287–289.

230, 13–17 *In jenem Studentenheim... Die kam davon* – Vgl. den Artikel »New Co-Ed Assault Reported At Pratt« der NYT vom 28. 10. 1967: »A young woman was assaulted yesterday afternoon in the same Pratt Institute graduate students' dormitory where one co-ed was raped and another robbed Thursday night. The latest incident occurred at about 3:10 P.M.; when a 21-year-old graduate student returned to her first-floor apartment at 161 Emerson Place, just outside Pratt Institute's grounds in downtown Brooklyn.
A man who had accosted her in the hall pushed her into her apartment and put a wire around her neck, the police said. The woman fought him off and fled the apartment.«

230, 18–
233, 17 *DAX, befreundet mit... CEF herleben konnte* – Der Begriff GRANNY wird weder in »Science« noch in der NYT erwähnt, sondern greift auf den Vortag zurück; s. K. 226, 15–34.

230, 18 MEMORY – (engl.) Erinnerung.

230, 18 GRANNY – (engl.) Koseform von Großmutter.

230, 27 f. *Schreib mir zehn... mich, Genosse Schriftsteller* – Anrede und Auftreten des Schriftstellers Johnson in dem Roman »Jahrestage«: s. K. 46, 26; s. 253, 17–257, 13; 838, 30 f.; 1039, 12; 1075, 10; 1426, 32–1428, 12; 1474, 13–16; 1636, 5–1642, 21; 1638, 19; 1657, 20; 1766, 23 f.; 1822, 7–10; 1853, 18.

230, 29 *Plisch, Plum, Schmulchen, Schievelbeiner* – Figuren aus Wilhelm Buschs »Plisch und Plum«: Diese zwei Hunde zerreißen u. a. dem karikiert gezeichneten Juden Schmulchen Schievelbeiner die Kleidung, woraufhin er in gebrochenem Deutsch droht, vor Gericht zu gehen, falls ihm der Verlust nicht bezahlt werde; vgl. Hye (1978), S. 78 f.; Riordan (1989), S. 117; s. K. 233, 31.

230, 29 *Roosevelt* – Franklin Delano Roosevelt (30. 1. 1882–12. 4. 1945), 1933–45 32. Präsident der USA, bekämpfte erfolgreich die Wirtschaftsdepression durch den New Deal, setzte Sozialreformen durch, gab im 2. Weltkrieg nach dem japanischen Überfall auf Pearl Harbour die Neutralität auf, versuchte durch ein Abkommen mit Stalin eine neue Weltordnung auf der Grundlage der gewonnenen Machtpositionen zu schaffen.

230, 29–
234, 38 *Churchill, bolschewistisch, Weltjudentum... der londoner City* – s. K. 77, 9.

230, 30 *Weltjudentum* – Schlagwort der Nazizeit, das eine internationale Verschwörung gegen Deutschland und besonders seine Wirtschaftsinteressen beweisen sollte.

230, 30 *Untermensch* – Nationalsoz. Bezeichnung für einen Menschen »von meist durch erbliche Belastung bedingter geistiger und sittlicher Minderwertigkeit«, in der Propaganda bevorzugt auf Juden und Russen angewandt; vgl. Brockhaus (1938); s. 232, 11; 234, 8; 1030, 10; 1068, 14; 1777, 26.

230, 39   *Princeton* – s. K. 226, 19.

231, 4   *Whiskey* – s. K. 39, 14.

231, 11   *semantischen* – s. K. 228, 34.

231, 35 f.   *und »Schievelbeiner«, wußte . . . genug von Schievelbeiner* – Druckfehler in allen Ausgaben, hinter »Schievelbeiner« gehört kein Komma.

232, 8   *die Krankheit der Kirche* – Wortspiel mit dem Namen Churchills: church: (engl.) Kirche; ill: (engl.) krank.

232, 22–25   *Das Schockmittel war . . . Lübeck laufen ließen* – Die brit. Truppen unter Lt. General Dempsey fanden in Bergen-Belsen etwa 13 000 (nach anderen Angaben 10 000) noch nicht begrabene Leichen vor. Die brit. Besatzungsmacht veröffentlichte in ihrem unentgeltlichen »Lübecker Nachrichten-Blatt Der Militärregierung« (Herausgeber No. 4 I. C. U. 21. Heeresgruppe) mehrmals Fotos aus KZs, zum ersten Mal auf der Titelseite der Nr. 5 vom 18. 5. 1945 unter der Überschrift »Die Welt des Satans« das Foto eines Leichenbergs mit dem Untertitel »Einige der zahllosen unbegrabenen Leichen im Konzentrationslager Belsen. Nach einer Erklärung des jetzigen Lagerkommandanten sind allein im Monat März 17 000 Menschen getötet worden«. Die Ausgabe Nr. 6 vom 19. 5. 1945 zeigte ein Foto mit aufgestapelten Leichen unter der Überschrift »Grauen im Walde« und dem Text »Leichen verhungerter Häftlinge in einem deutschen KZ«. Diese Fotos finden sich in mehreren Büchern in Johnsons Bibliothek, so in Eschwege (1966), S. 288; Schoenberner (1961), S. 203–207. Dort ist auch jenes Foto, auf dem ein Schaufelbagger die ausgemergelten Toten zusammenschiebt, veröffentlicht, auf das sich 851, 38–852, 1 bezieht; vgl. Mecklenburg (1990b), S. 386; Zetzsche (1994), S. 257; s. K. 851, 38–852, 1; 1084, 1.

232, 22 f.   *Konzentrationslager Bergen-Belsen* – Am 30. 4. 1943 in der Lüneburger Heide als »Austauschlager« für jüd. Häftlinge mit frz., belgischer und niederländischer Staatsangehörigkeit gegr. (Lager 2). Daneben bestand von Anfang an ein KZ für männliche Häftlinge aus Polen und der Sowjetunion (Lager 1). Das Lager für Frauen wurde am 7. 7. 1944 eröffnet, Häftlinge waren vorwiegend Jüdinnen aus Ungarn und Polen. Bergen-Belsen wurde zum Auffanglager für Evakuierungen aus den östlichen KZ, am 31. 3. 1945 zählte man 44 060 Häftlinge. Die Gesamtzahl der Opfer wird auf 50 000 geschätzt. Im Februar 1945 brach in Lager 1 Flecktyphus aus. Als die 2. brit. Armee am 15. 4. 1945 das Lager betrat, fanden sie etwa 40 000 Häftlinge, zum größten Teil poln. und ung. Juden, und 13 000 unbeerdigte Leichen. Trotz großer Anstrengungen starben von den Überlebenden bis Juni 1945 noch Tausende Menschen; s. K. 36, 12; s. 256, 29.

232, 35   *eines Professors Ertzenberger* – Weder im Professoren- noch im Vorlesungsverzeichnis der Martin-Luther-Universität Halle aufgeführt.

232, 38–233, 3 *Sie schaltete das... antifaschistisches Versprechen brach* – DER SPIEGEL vom 24. 12. 1952, S. 4, berichtet von 375 Verhaftungen in der DDR innerhalb einer Woche wegen Spionage, Sabotage, Währungsvergehen und »titoistischer Umtriebe«: »Bei etwa 40 Prozent dieser Verhafteten stand auf dem Einlieferungsschein der Vermerk ›Jude‹.«

233, 1 *Stalins Ärzteprozess vom Januar 1953* – Laut »Prawda« vom 13. 1. 1953 hatte das Ministerium für Staatssicherheit eine Verschwörung von neun Kremlärzten aufgedeckt. Um behaupten zu können, daß der Anschlag vor allem Stalin gegolten habe, wurde dessen Arzt W. Winogradow mitangeklagt. Den Ärzten, von denen die Mehrzahl jüd. Abstammung war (J. Etinger, A. Feldman, Grinstein, M. B. Kogan, M. S. Wowsi), wurden u. a. Mord an Schdanow und Scherbakow, Giftanschläge auf Generäle und hohe Sowjetfunktionäre vorgeworfen. Fünf Ärzte (J. Etinger, A. Feldman, Grinstein, M. B. Kogan, M. S. Wowsi) sollten Verbindung zur jüd. Organisation »Joint« (s. K. 11, 14) und zum amerik. Geheimdienst gehabt haben. Drei Professoren (Winogradow, M. B. Kogan, Jegorow) waren angeblich langjährige Agenten des brit. Geheimdienstes. Nur Majorow wurde keine Verbindung zum Ausland vorgeworfen. Alle wurden verhört und gefoltert. Einige legten Geständnisse ab (so sei bei Schdanow ein vorhandener Herzinfarkt verschwiegen worden, was zu einer falschen Behandlungsweise geführt habe), andere nicht. Prof. Etinger starb vermutlich während des Verhörs, andere wurden verkrüppelt und starben kurz darauf. Ein Kommuniqué aus Berijas Innenministerium vom 4. 4. 1953 entlarvte die »Ärzteverschwörung« als Schwindel, das Verfahren wurde eingestellt, die Angeklagten rehabilitiert. Unter den hierbei genannten 13 Namen waren sechs, die am 13.1. nicht als verhaftet gemeldet worden waren. Der politische Hintergrund wird verschieden gedeutet: möglicherweise Intrigen innerhalb des Büros für Staatssicherheit oder Karriereabsichten der Untersuchungsrichter. Das Kommuniqué vom 4. 4. 1953 deutet eine Intrige von Malenkow und Chruschtschow gegen Berija an. Schon im 3. Moskauer Schauprozeß im März 1938 wurde – neben der Hauptanklage gegen Nikolaj I. Bucharin als Führer einer »rechten« Opposition – mehreren jüd. Ärzten, darunter Prof. Plettnow, vorgeworfen, sie hätten Stalin vergiften wollen. Vgl. BU, S. 53 f.: »Im Januar 1953 gibt Stalin zu erkennen, dass seine Liebe zum Volk immerhin jene Gruppe ausschliesst, die auch Hitler vernichten wollte. Ein paar Sätze in der moskauer ›Prawda‹ über seine Anschuldigungen gegen jüdische Ärzte werden auffällig übernommen in die Zeitung ›Neues Deutschland‹«; vgl. DER SPIEGEL 16. 1. 1955, S. 27–34; Leonhard (1959), S. 75–79, 261 f.; s. K. 63, 10; 1850, 27; s. 1835, 27 f.; 1850, 20–23.

233, 7 *Union Square* – Zwischen East 14. und East 17. Straße, Broadway und 4./Park Ave.; der Union Square Park wurde 1831 eröffnet; früher Schnittstelle zwischen Einwandererghetto im Süden und prosperierendem Norden, Treffpunkt für politische Demonstrationen.

233, 15 SLENDER – (engl.) schlank, schmal.

233,16   *STEM* – (engl.) Stengel, Stamm.

233,28   *sprechendes Pferd* – Vgl. Johnson, Über eine Haltung, S. 95: »Die guten Leute wollen einen guten Kapitalismus, einen Verzicht auf Expansion durch Krieg, die guten Leute wollen das sprechende Pferd; was sie nicht wollen, ist der Kommunismus.«

233,31   *Wilhelm Busch* – 15. 4. 1832–9. 1. 1908, Maler, Zeichner und Dichter; Skeptiker und Pessimist unter dem Einfluß Schopenhauers und Darwins, vor allem bekannt durch humoristische und satirische Bildgeschichten mit Versen für »Fliegende Blätter«, Bloßstellung spießbürgerlicher Verlogenheit und Selbstzufriedenheit; antisemitische Äußerungen u. a. auch in seinem »Naturgeschichtlichen Alphabet«; s. K. 230, 29.

233,34–36   *Da geht Schmulchen . . . doch unsereiner. / Auweihgeschrien* – Eigentlich:
So ist Schmulchen Schievelbeiner.
(Schöner ist doch unsereiner!)

235,4f.   *Stadt namens Schivelbein* – Kleiner Ort an der Rega bei Koszalin (Köslin).

235,5   *Pommern* – Zwischen Ostsee, Westpreußen, Brandenburg und Mecklenburg gelegen; vom Unterlauf der Oder in Hinter- und Vorpommern (mit den Inseln Rügen, Usedom und Wollin) geteilt. Einst slawisches Herzogtum, das 1648 aufgeteilt wurde: Vorpommern kam an Schweden, Hinterpommern an Brandenburg. Erst 1720 (der schwed. Besitz 1815) wurde Pommern preußische Provinz, der 1938 Posen-Westpreußen angegliedert wurde. Nach 1945 kam Vorpommern bis westlich von Stettin zur DDR, das andere Gebiet zu Polen. Der Name geht auf das slawische Pomorje: Küstenland zurück.

235,6   *»Schmulchen« ein Prophet und Richter Israels* – Schmul, gebräuchlicher Scherzname für Juden, nach der jüd. Aussprache für Samuel: Schmuel; Samuel als Prophet: 1. Sam 9–10; 15; 19, 18–24; als Richter: 1. Sam 7, 15–17; 8, 1–3; 12, 1–5.

29. 10. 1967

235,15–25   *Gestern, gegen Mittag . . . lange nicht klar* – Vgl. den Artikel »Antiwar Dramas Staged In Streets« der NYT vom 29.10. 1967: »In many areas off the city yesterday bystanders were handed guns, confronted with an alleged member of the Vietcong and instructed to ›shoot‹ him. [. . .]
Gritli Kux, a 20-year-old German dancer who has been in the city for only three weeks, was walking on East 53d Street toward Fifth Avenue at noon with her sister when she was suddenly given a red plastic water pistol, thrust into a circle of actors and told to shoot a young boy who was supposed to be a member of the Vietcong.
She winced, glanced about quickly, looked bewildered and thrust her pistol out straight at the boy and squeezed the trigger. The boy fell back and

sprawled on the pavement [...]. The actors mingled with the onlookers and disappeared. Miss Kux said she did not know what was happening. ›Of course, I was surprised,‹ she gasped. She reflected ›that everything which is shown against war, to remember, is always good.‹«

236, 16	*Tag der Reichsgründung* – s. K. 171, 26.
236, 16	*Kaisers Geburtstag* – s. K. 70, 35.

236, 16 f. *Schlacht bei Tannenberg* – Im 1. Weltkrieg wurde bei Tannenberg in Ostpreußen vom 23. bis 31. 8. 1914 die zahlenmäßig überlegene Narew-Armee unter Samsonow von der 8. dt. Armee unter Hindenburg und Ludendorff eingeschlossen und vernichtet; als eine der wenigen siegreichen Vernichtungsschlachten des Krieges wurde sie besonders gefeiert. (Bei Tannenberg hatte am 15. 7. 1410 ein poln.-litauisches Heer den Deutschen Orden besiegt.); s. K. 245, 11.

236, 20 f. »*Trägheit des Herzens*« – Begriff der Moraltheologie: akedeia: Gleichgültigkeit, Trägheit aus Überdruß am religiösen Leben, als eine Lähmung des Willens zum Guten (zugleich als Ausdruck tiefer Hoffnungslosigkeit), die schließlich zu vollkommener Passivität führt. In der moraltheologischen Tradition gilt sie als Wurzel- oder Hauptsünde, aus der andere Fehlhaltungen hervorgehen. Auch Untertitel des Romans »Caspar Hauser«, 1908, von Jakob Wassermann (10. 3. 1873–1. 1. 1934).

236, 31 »*Grip tau – Holl wiss*« – (nd.) Greif zu – Halt fest.

237, 5 *Freifrau von Plessen* – s. K. 164, 24.

237, 20 *Frakturbuchstaben (statt Antiqua)* – s. K. 76, 10; 76, 10 f.

237, 34 *Salbaderei* – (Frömmelnde) Schwätzerei.

238, 4–7 *Und einmal hatten ... katholischen Kirche demonstrierte* – s. 105, 8–14.

238, 5 *Reformationsfest* – s. K. 105, 8 f.

238, 31 *regiert werden wollte ... nicht von ihnen* – Anspielung auf einen Brief Fontanes an Philipp zu Eulenburg vom 21. 11. 1880 anläßlich einer Antisemitismus-Debatte im preußischen Abgeordnetenhaus: »Ich liebe die Juden, ziehe sie dem Wendo-Germanischen eigentlich vor – denn es ist bis dato mit letztrem nicht allzuviel – aber *regiert* will ich nicht von den Juden sein.« Fontane (1980), Bd. 3, S. 112. Thomas Mann zitiert diesen Satz gegen Ende von »Der alte Fontane«; vgl. Th. Mann (1974), Bd. IX, S. 31.

238, 38 *Taunebaum* – Druckfehler in allen Ausgaben, richtig: Tannebaum.

238, 39 *Kurzen Straße* – s. K. 31, 10.

239, 3 f. *Hotel Stadt Hamburg* – s. K. 32, 5.

239, 17 f. *Staemmlers Gesetzentwurf zur Rassenscheidung* – Martin Staemmler (23. 10. 1890–6. 7. 1974), 1933 Prof. für Rassenhygiene in Leipzig, später in Kiel und

Breslau; von seinem Buch »Rassenpflege im völkischen Staat«, 1933, gab es mehrere Nachdrucke. Staemmler sieht es nicht als wissenschaftliche Abhandlung, sondern als Anleitung zur Rassenpolitik. Er propagiert als Rassenpflege Fruchtbarkeit, mindestens vier Kinder pro Familie, argumentiert gegen »jüdische Vermischung« und macht Vorschläge zur Ausscheidung der Minderwertigen. Dem Staat komme die Aufgabe des Züchters zu, rassisch Minderwertige sollten nicht getötet, sondern unfruchtbar gemacht werden.

239, 18 f. *Vorfahrenforschung (siehe den . . . im Buch Lukas* – Den Evangelisten ging es darum, Jesus als den wahren Messias im Gegensatz zu anderen zeitgenössischen Prätendenten zu beweisen, deshalb mußten die Prophezeiungen des Alten Testaments auf ihn bezogen werden, nach denen der Messias aus dem Hause David kommen wird: Matthäus führt den Stammbaum bis auf Abraham, Lukas bis auf Adam zurück; vgl. Matth 1, 1–17; Luk 3, 23–39.

239, 31 *Pastors, Brüshaver* – Ein Martin Brüsehafer war in der ersten Hälfte des 20. Jh.s Pastor in Klütz. Er wird als musikalisch und mit scharfem Verstand beschrieben. Obwohl er nicht aus Klütz stammte, sammelte er Überlieferungen und Sagen und schrieb Zeitungsartikel über die Klützer; vgl. Meyer-Scharfenberg (1962), S. 166.

239, 37–240, 4 *Kirche des Heiligen . . . des Unvollendeten Johannes* – St. John the Divine, die Episkopalkirche von New York; größte Kirche in den USA; Amsterdam Ave. und West 112. Straße; Baubeginn 1892 nach romanischen Entwürfen, 1916 im gotischen Stil weitergebaut; die 1941 durch den Krieg unterbrochenen Arbeiten wurden 1979 wieder aufgenommen; s. 573, 25.

239, 39 *Amsterdam Avenue* – s. K. 97, 2.

240, 4 f. *Horace W. B. Donegan* – Horace William Baden Donegan (17. 5. 1900–11. 11. 1991), seit 1910 in den USA, 1919 naturalisiert, 1950–72 Bischof von New York.

30. 10. 1967

240, 15–19 *Mr. George Gallup . . . wär es recht* – Vgl. den Artikel »Two Vietnam Plans Are Backed In Poll« der NYT vom 30. 10. 1967: »Most Americans favor two plans dealing with the Vietnam conflict, according to a survey by George Gallup published in yesterdays's Washington Post.
The plans are:
1. To turn the war over to the South Vietnamese by stages.
2. To turn the entire problem over to the United Nations. [. . .]
On the first plan [. . .] 71 per cent approved, 20 per cent disapproved and 9 per cent had no opinion«; s. K. 222, 3–6; Dr. Gallup: s. K. 222, 3.

240, 20–25 *Gestern in Ostberlin . . . Atomexplosion verseuchten Gebieten* – Vgl. den Artikel »Forces Paraded In East Berlin« der NYT vom 30. 10. 1967 über die Militär-

paraden anläßlich des 50. Jahrestags der Oktoberrevolution: »Soviet and East German troops paraded today in the heart of East Berlin and in other East German cities to demonstrate the power of Communist forces in Central Europe 50 years after the Bolshevik Revolution. [...]
The Soviet and East German Armies paraded tanks, heavy artillery and ground-to-ground rockets, as well as missiles for use against tanks and aircraft. The East German military official who acted as commentator at the live television showing said that the Russian tanks were ›capable of operating in areas contaminated through nuclear explosions.‹«

240, 32   *ABC* – American Broadcasting Companies (ABC), hier: eine der drei großen amerik. Fernsehstationen, die Teil der Capital Cities/ABC Inc., eines amerik. Rundfunk- und Verlagsunternehmens ist. Radio Corporation of America (RCA) gründete 1926 ein 2. nationales Rundfunkunternehmen, die National-al Broadcasting Company (NBC), auch »Blue Line« genannt, 1943 kaufte Edward J. Noble sie auf und nannte sie 1944 ABC Inc.; s. K. 601, 14; 1309, 37 f.

241, 19   *Flaschenhals* – (engl. wörtl. übersetzt) bottleneck: Engpaß.

241, 32   *nickelnen 5 Cent* – Die Münze aus Nickel heißt amerik. ugs. auch »nickel«.

241, 39   *Da hast du, meine Liebe* – (engl. fast wörtl. übersetzt) There you are, my dear. – Hier, bitte.

242, 18 f.   *Manchem* – Druckfehler in allen Ausgaben, richtig: manchem.

242, 24–33   *In der späten . . . aus der Wahrnehmung* – s. 13, 1–7.

242, 26   *Doppler-Effekt* – Nach Christian Doppler (29. 11. 1803–17. 3. 1853) benannt, österr. Physiker und Mathematiker. Eine Erscheinung, die bei allen Wellen-vorgängen beobachtet werden kann: Wenn Quelle (Schall, Licht u. a.) und Beobachter sich relativ zueinander bewegen, wird die Frequenz beeinflußt, z. B. ist der Ton einer pfeifenden Lokomotive beim Herankommen höher als danach, wenn sich die Tonquelle entfernt; s. 1145, 2.

31. 10. 1967

243, 6–10   *In Köln wurden . . . 120 000 Menschen umkamen* – Vgl. den Artikel »Two Ex-SS Men Sentenced For Crimes at Mauthausen« der NYT vom 31. 10. 1967: »Cologne, Germany, Oct. 31 [. . .] The court found Carl Schulze, 65 years old, a former lieutenant and director of the camp's political department, guilty of having aided in murder in nine cases.
Anton Streitwieser, 51, former SS second lieutenant and chief of the Vienna subcamp, was found guilty of participation in murder in three cases and of having inflicted bodily harm leading to subsequent death in two cases. Schulze was sentenced to 15 years in prison and Streitwieser to life, both at hard labor.

The Mauthausen camp inmates were mainly members of the intelligentsia in the Nazi-occupied countries. According to estimates, 120000 people died in Mauthausen and its 26 subcamps in Austria.«

243, 9 *Mauthausen* – s. K. 36, 12.

243, 11–13 *Das Bild der . . . auf Seite 3* – Vgl. das Foto in der NYT vom 31. 10. 1967 mit dem Bildtext: »Pleads With U.S. Soldiers: A woman in a small village near Tamky, 350 miles north northeast of Saigon, begs that her home be spared. Units from the First Cavalry Division (Airmobile) had used helicopters to view the village, and saw Vietcong guerillas in the place. Four of the Vietcong were killed in the action that followed.«

243, 14 f. *In Sing Sing . . . Lehrplan aufgenommen werden* – Vgl. den Artikel »Computer Course Due At Sing Sing« der NYT vom 31. 10. 1967.

243, 14 *Sing Sing* – 1825 gebautes Gefängnis des Staates New York, in dem ca. 50 km nördlich von New York City am östlichen Hudsonufer gelegenen Ort Ossining, der bis 1901 Sing Sing hieß; s. 1330, 29; 1813, 5.

243, 22 f. *Die Spatzen ließen . . . sie gesorgt war* – Anspielung auf Matth 10, 29 (oder 24, 29): »Kauft man nicht zwei Sperlinge um einen Pfennig? Dennoch fällt keiner auf die Erde ohne euren Vater«; s. K. 775, 25 f.; s. 1612, 14–16.

243, 27 *Dat treckt sick trecht* – (nd.) Das zieht sich zurecht. Übertragen für: Das kommt schon in Ordnung.

243, 36 *Gut bei Sach* – s. 402, 17; 418, 35; (473, 34); 547, 31; 890, 5 f.

245, 7 *Winterhilfe* – Winterhilfswerk; im Winter 1930/31 von den Verbänden der freien Wohlfahrtspflege gegr. zur Unterstützung von Arbeitslosen und anderen Bedürftigen durch Geld- und Sachspenden, die in der Bevölkerung gesammelt wurden.
Am 13. 9. 1933 unterstellte Goebbels das Winterhilfswerk der Nationalsoz. Volkswohlfahrt. Durch Gesetz vom 1. 12. 1936 (RGBl. I, S. 995) erlangte das Winterhilfswerk eigene Rechtsfähigkeit. Die Verweigerung einer Spende (Lohn- und Gehaltsabzüge, Geld- und Sachspenden bei Straßensammlungen und Opfersonntagen, Kauf von Abzeichen) konnte sich nachteilig für die Betroffenen auswirken; vgl. Eitner (1991); s. K. 759, 34; 857, 37 f.

245, 11 *Stahlhelm und Tannenbergbund* – Stahlhelm: s. K. 70, 12.
Tannenbergbund: Dachorganisation der völkischen Wehr- und Jugendverbände, 1925 gegr., Schirmherr General Ludendorff, zunehmend antichristlich und antisemitisch, 1933 verboten; s. K. 236, 16 f.

245, 14 *Märzwahlen* – s. K. 216, 19.

246, 3 f. *Mittwochmorgen haben wir . . . Tode geprügelt haben* – s. 260, 8–17; 511, 31; 761, 3; 813, 25; VIII, 46 f.; 1481, 9 f.

1. 11. 1967

246, 23–28 *Die Verwalter der . . . zwei ungehorsame Schriftsteller* – Vgl. den Artikel »Soviet Decrees Amnesty; 2 Writers Are Excluded« der NYT vom 1. 11. 1967 über eine Amnestie anläßlich des 50. Jahrestags der Oktoberrevolution: »The Soviet Government decreed today a sweeping amnesty under which many thousands of persons in prisons or labor camps will be released or have their remaining terms cut to half.
Excluded from the amnesty are Andrei D. Sinyavsky and Yuli M. Daniel, the Soviet writers convicted early in 1966 of anti-Soviet propaganda in satirical works published abroad. [. . .]
The amnesty, which takes effect immediately, was decreed as an act of ›socialist humanism‹ the Supreme Soviet's presidium said [. . .].
Persons serving up to five years are freed under the amnesty if they are war invalids or decorated battle veterans, women with children up to the age of 17, pregnant women, persons up to 16 at the time the crime was committed, men over 60 and women over 55 or persons whose circumstances involved negligence.«

246, 28 *zwei ungehorsame Schriftsteller* – J. M. Daniel (s. K. 88, 20 f.) und A. D. Sinjawskij; verurteilt wegen »antisowjetischer Propaganda«; die »Schwere« ihrer »Verbrechen« habe eine Berücksichtigung im Zusammenhang mit der Amnestie für sowj. Strafgefangene nicht zugelassen; vgl. NYT 1. 11. 1967.
Andrej Donatowitsch Sinjawskij (8. 10. 1925–25. 2. 1997), sowj. Schriftsteller und Literaturhistoriker; arbeitete am Gorki-Literatur-Institut; veröffentlichte unter dem Pseudonym Abraham Terc gesellschaftskritische Erzählungen im westlichen Ausland; am 8. 9. 1965 verhaftet, wurde zusammen mit J. M. Daniel am 12. 2. 1966 wegen Veröffentlichung »antisowjetischer Propaganda« zu sieben Jahren Zwangsarbeit verurteilt, am 8. 6. 1971 entlassen; emigrierte 1973 nach Paris; Essays, Romane und Erzählungen, »Der Prozeß beginnt«, 1961, »Ljubimow«, 1962; s. K. 133, 36; 427, 30; 731, 27–36; 731, 27 f.; 731, 28; s. 601, 4 f.

246, 29–31 *Die Verwalter Festlandchinas . . . auf dem Wasser* – Die Volksrepublik China gab die 444. »serious warning«, da ein amerik. Kriegsschiff vor der Küste der Provinz von Fukien in chin. Gewässer gekommen sei; vgl. NYT 1. 11. 1967.

246, 32–34 *Die Verwalter der . . . 80 Monaten bisher* – Vgl. den Artikel »U. S. Boom Equals 80 Month Record« der NYT vom 1. 11. 1967: »With the ending of the month October today the United States economy equaled the longest previous recession-free period of expansion in history.«

247, 1–7 *Gestern beging eine . . . und Flaschen bombardierten* – Vgl. den Artikel »300 Youths Stone Autos in Queens« der NYT vom 1.11. 1967: »According to the police, the trouble started when a group of youths holding a Halloween party in Montefiore Cemetery upset several gravestones and began hurling eggs and stones at cars passing on Springfield Boulevard, which runs along the northwestern edge of the sprawling Jewish cemetery.

When the police went to the scene, the crowd swelled to about 300. The first radio car to arrive was pelted with rocks [...]. A call for reinforcements brought about 40 cars [...].
Four patrol cars were damaged by flying bottles or rocks.«
In dem Artikel werden die Täter ausschließlich als »Negroes« oder »youths« bezeichnet.

247, 7   *alles »Gefärbte«, wie... der Sprache will* – s. K. 218, 13.

247, 17 f.   *zu opfern oder... Opfer zu werden* – Zu Halloween ziehen in den USA verkleidete Kinder von Haus zu Haus, um mit der Drohung »trick or treat« (Bestrafung oder ein Geschenk) Geld und Süßigkeiten einzusammeln; s. K. 221, 16.

247, 31   *Halloween, All Hallows, Allerheiligen* – s. K. 221, 16.

249, 1–4   *One little, two... Halloween is here* – (engl.)
                 Eine kleine, zwei kleine, drei kleine Hexen
                 fliegen über Heuhaufen, fliegen über Gräben,
                 fliegen ohne jede Müh' zum Mond
                 hei-ho, Halloween ist da...

249, 8   *Trick or treat* – s. K. 247, 17 f.

249, 26–250, 9 *Es war nicht... nicht die Wahrheit* – s. 125, 10.

2. 11. 1967

250, 17–22   *Jedem und Allen... Abteilung Öffentliche Kundmachungen* – Unter den »Public Notices« der NYT vom 2. 11. 1967 findet sich: »Let it be known to one and all, I Elinor S. Donati, love my husband dearly, and as such hope to remain Mrs. William R. Donati for ever and ever.«

250, 23–29   *Am 11. März... Richmond, Greater London* – s. 1193, 31–34.

250, 25   *Gesine H. Cresspahl* – s. K. 217, 5.

251, 22 f.   *In Mecklenburg haben... seit vorigem Sommer* – In Mecklenburg-Strelitz wurde im März 1932 eine Koalition der Deutschnationalen und der NSDAP gebildet. Bei den Landtagswahlen am 5. 6. 1932 in Mecklenburg-Schwerin gewann die NSDAP die absolute Mehrheit, Ministerpräsident wurde Granzow.

251, 39   *Faschisten hast du auch in London* – s. K. 165, 16 f.

252, 18 f.   *Das Rot. Das... Solche kalten Farben* – Engl. Briefkästen und die Uniformröcke einiger Wachregimenter sind rot; ein helles, kaltes Blau ist beliebter Anstrich für alle Arten von Metall, so für Schiffe, Zäune, Tore.

252, 21   *John Constable* – 11. 6. 1776–31. 3. 1837, engl. Landschaftsmaler; geschult an niederländischen Vorbildern, gilt wegen der atmosphärischen Tiefe seiner Bilder als ein Vorläufer des Impressionismus.

3. 11. 1967

253, 11–14 *Der Kanzler Westdeutschlands . . . der Nazis benannt –* Vgl. den Artikel »Ex-Nazi Aide Named Bonn's Press Chief« der NYT vom 3. 11. 1967: »Chancellor Kurt Georg Kiesinger of West Germany today named an old colleague from the Foreign Ministry of Hitler's Third Reich as Government press chief.
Günther Diehl, 51 years old, will take over as head of the West German Press and Information Service at the end of the year, succeeding Karl-Günther von Hase [. . .].
Mr. Diehl, who now heads the Foreign Ministry's planning department, is an old friend of the Chancellor Kiesinger. Both served in the same section of the cultural section of Hitler's Foreign Ministry during World War II. Press accounts said Mr. Diehl joined the Nazi party in 1938. Like Kiesinger, he apparently was only a nominal member of the party but never resigned his membership«; s. K. 173, 5 f.

253, 12 *Sprecher seiner Regierung –* Günther Diehl (8. 2. 1916–25. 8. 1999), dt. Volkswirt, Journalist, Politiker (CDU) und Diplomat; seit 1938 Mitglied der NSDAP, nach eigenen Angaben nur »nominell«, aber wie Kiesinger nie ausgetreten; ab 1939 im Rundfunkrat des Auswärtigen Amtes; seit 1950 Chef vom Dienst im Bundespresseamt; 1952–56 Sprecher des Auswärtigen Amtes; 1956–60 Botschaftsrat in Chile; vom 15. 11. 1967 bis zum 22. 10. 1969 als Staatssekretär und Chef des Bundespresseamtes Regierungssprecher der BRD; neben Bruno Heck (s. K. 809, 21) der engste Berater des Bundeskanzlers Kiesinger; nach dem Ende der Großen Koalition 1970–77 Botschafter in Indien und anschließend bis zu seiner Pensionierung 1981 Botschafter in Japan; vgl. DER SPIEGEL 18. 9. 1967, S. 31 f.; s. K. 1209, 2–7.

253, 17–26 *der Schriftsteller Uwe . . . der westdeutschen Nazipartei –* Im Roosevelt Hotel, Madison Ave./45. Straße, New York, fand am 16. 1. 1967 der Vortrag »Germany – What is happening and what it means« von Dr. Joachim Prinz statt, an dem auch Uwe Johnson als Gesprächspartner teilgenommen hat. Vgl. Kaiser (1995a); Helbig (1995), S. 127 f.

253, 22 *Jewish American Congress –* (engl.) Jüdisch-Amerikanischer Kongreß, richtig: American Jewish Congress; 1916 gegr., Sitz seit 1922 in New York, politisch aktivste säkulare jüd. Organisation in den USA. Geschaffen, um dem jüd. Volk bei den Friedensverhandlungen in Versailles eine Vertretung zu geben, ging daraus eine Bürgerrechtsorganisation hervor, die sich unter demselben Namen für politische, soziale, religiöse und kulturelle Interessen der amerik. Juden einsetzte. Der AJC unterstützte die zionistische Bewegung nach dem 1. Weltkrieg, organisierte Protestdemonstrationen gegen Hitler und half europäischen Juden, vor den Nazis zu fliehen. Nach dem 2. Weltkrieg setzte er sich für die Wahrung der Bürgerrechte und soziale Gerechtigkeit in den USA ein und unterstützte früh die schwarzen Bürgerrechtsbewegungen wie die Arbeiterpartei in Israel; Sitz: 15 East 84. Street, New York.

253, 24	*Rabbi Joachim Prinz (früher Berlin Dahlem)* – Dr. Joachim Prinz (10. 5. 1902–30. 9. 1988), seit 1937 in den USA; 1952 Vizepräsident des American Jewish Congress; seit 1958 Direktor der Conference on Jewish Material Claims Against Germany; s. K. 253, 22.
253, 24	*Berlin-Dahlem* – Ortsteil des Westberliner Stadtbezirks Zehlendorf im Südwesten Berlins, am Grunewald gelegen. In Dahlem befinden sich die Freie Universität sowie zur Zeit der Romanhandlung Einrichtungen und Wohnungen der amerik. Armee; s. K. 1622, 35.
253, 26	*Wahlerfolge der westdeutschen Nazipartei* – s. K. 136, 26 f.
253, 32–254, 5	*ein Funktionär des... Weltkrieg Loopings hieß* – Johnson wurde tatsächlich auf diese Weise eingeführt; vgl. Brief vom 24. 1. 1967 an Renate Mayntz und Hann Trier, im Johnson-Archiv.
253, 34	*Philadelphia* – s. K. 92, 33.
254, 2	*koscheres Essen* – (hebr.) gutes Essen. Zu den jüd. Reinheitsgeboten zählen auch die Vorschriften für koscheres Essen, die ältesten gehen bis auf die Wanderung durch die Wüste Sinai zurück: Gegessen werden dürfen u. a. von den Säugetieren nur Wiederkäuer mit gespaltenen Hufen, nur Fische mit Flossen und Schuppen, nur bestimmte Vögel. Fleisch- und Milchprodukte müssen strikt getrennt werden, auch das Geschirr für deren Zubereitung und Verzehr; zwischen dem Verzehr von Fleisch- und Milchprodukten muß ein Abstand von mindestens vier Stunden liegen. Tiere müssen auf eine spezielle Art geschlachtet werden (Schechita), anschließend sind alle Blutreste durch Waschen und Salzen aus dem Fleisch zu entfernen; vgl. 3. Mose 11, 9, 10 (s. K. 1545, 33–35); 17, 13; 5. Mose 12, 15–24 und 14, 3–20 und die Überlieferungen des Kaschruth; de Vries (1994), S. 162–185; s. 982, 13–18; 1339, 8; 1426, 9; 1785, 27.
254, 27	*neuenglische* – s. K. 14, 7 f.; 43, 28.
254, 35	*Einem meiner Lehrer zuliebe* – Selbstzitat aus einem Festschriftenbeitrag für Hans Mayer; vgl. Johnson, Einer meiner Lehrer.
255, 5–7	*Let me begin... known as D. D. R.* – (engl.) Lassen Sie mich damit beginnen, ja sie sogar erwähnen, die Ostdeutsche Republik, auch bekannt als D. D. R.
255, 22 f.	*It wasn't meant... felt it was* – (engl.) Es war nicht als ein Schlag ins Gesicht der überlebenden Opfer gemeint, auch wenn die Welt es so empfand.
256, 2	*Charles G. Moerdler* – Charles Gerard Moerdler, geb. 15. 11. 1934, Jurist; seit 1966 im »National Board of Governors« des American Jewish Congress (s. K. 253, 22); 1967–73 »Consultant housing, urban development and real estate to Mayor New York«.
256, 20 f.	*Wer erzählt hier... du doch, Johnson* – Vgl. Günter Grass, »Örtlich betäubt«: »Wer erzählt hier, Dokter...«, Grass (1987), Bd. 4, S. 68; »wir«: s. K. 46, 26; 230, 27 f. Die Stelle wird in allen Untersuchungen zum Erzählen in den JT behandelt.

256, 22	*Dann wurde der ... der Welt gebildet* – Anspielung auf Goethe, Torquato Tasso, 1790, I, 2:

> Es bildet ein Talent sich in der Stille,
> Sich ein Charakter in dem Strom der Welt.

Vgl. Gerlach (1980), S. 152.

256, 27 — *Theresienstadt* – Terezín (tschech.), nordböhmische Stadt an der unteren Eger. Von 1941–45 unterhielt die SS hier ein Ghetto mit einer Doppelfunktion als Durchgangslager für 88 000 Juden auf dem Weg in die Vernichtungslager und zugleich als Sonderlager mit jüd. Selbstverwaltung, das Ausländern zur Täuschung vorgeführt wurde. In Theresienstadt starben 33 000 Menschen; s. K. 36, 12.

256, 27 — *Treblinka* – Vernichtungslager bei Lublin. Seit Juni 1941 bestand hier ein Strafarbeitslager, von Juli 1942 bis Oktober 1943 wurden nach poln. Schätzungen mehr als 750 000 Menschen in Gaskammern umgebracht oder erschossen. Die Leichen wurden ursprünglich in Massengräbern verscharrt, ab Frühjahr 1943 verbrannt; s. K. 36, 12; s. 1112, 4; 1391, 21 f.; 1635, 24.

256, 28 — *Birkenau. Mein Leben. Auschwitz* – Oświęcim (poln.), Stadt an der Weichsel in der Woiwodschaft Bielsko. In Stadtnähe wurde 1940 von der SS ein KZ errichtet, in dem bis 1945 in eigens aufgebauten Industriebetrieben, Hütten, Bergwerken und in der Landwirtschaft Häftlinge arbeiten mußten. Mit Stamm- und Nebenlagern umfaßte der Komplex 40 km²; 50 Außenkommandos gehörten dazu. Insgesamt waren 405 000 Häftlingsnummern vergeben worden, die Zahl der Nichtregistrierten läßt sich nicht feststellen. Ein Bestandteil des KZ, Auschwitz-Birkenau, wurde zum größten Todeslager der Nationalsozialisten ausgebaut. Unterstützt von Eichmann, ließ Lagerkommandant Rudolf Höß 1941/42 spezielle Vergasungsanlagen errichten, in denen seit September 1941 mit dem Giftgas Zyklon B Häftlinge umgebracht wurden. In den fünf Krematorien konnten gleichzeitig etwa 12 000 Menschen verbrannt werden. Opfer von Krankheiten, Exekutionen und Massenmord in den Gaskammern waren über eine Mio. Juden, Sinti und Roma, Polen und sowj. Kriegsgefangene; s. K. 36, 12; s. 794, 16; 814, 26; 946, 2; 1136, 4; 1474, 7; 1635, 25 f.; 1786, 27–1789, 2.

256, 29 — *Bergen-Belsen* – s. K. 36, 12; 232, 22 f.

256, 29 f. — *Mauthausen* – s. K. 36, 12.

256, 30 — *Maidanek* – Lublin-Majdanek wurde im Frühjahr 1941 als Kriegsgefangenenlager eingerichtet, seit dem 9. 4. 1943 offiziell in ein KZ umgewandelt. Die Gaskammern des Vernichtungslagers wurden aber schon Mitte 1942 benutzt, provisorische Gaskammern schon früher. Opfer waren vorwiegend poln. und tschechos. Juden. Arbeitsfähige Häftlinge mußten in dem SS-Unternehmen »OSTI« Sklavenarbeit leisten. In Gaskammern und durch Massenerschießungen sind in Majdanek mindestens 360 000 Menschen umgebracht worden; s. K. 36, 12; s. 1112, 4; 1165, 13.

257, 23 — *Madison Avenue* – s. K. 76, 8 f.

4. 11. 1967

258, 8–13   *Der Kriegsminister hat ... ein prächtiger Städteknacker* – Vgl. den Artikel »Soviet Reported Working On Bomb Fired From Orbit« der NYT vom 4. 11. 1967: »The Soviet Union is apparently developing a method by which a nuclear bomb could be fired at the United States from orbit, Secretary of Defense Robert S. McNamara said.
He explained that the FOBS was called a Fractional Orbital Bombardment System because the warhead would normally not make a full orbit [...] before it was fired. [...]
Asked how heavy a warhead the FOBS could carry, Mr. McNamara said it could vary from one to three megatons (the equivalent of one to three million tons of TNT). [...]
Polaris warheads were often referred to as ›city busters‹. [...]
Mr. McNamara said that once a warhead was fired, there would be only about three minutes' warning before it hit its target«; s. K. 450, 39; McNamara: s. K. 26, 2 f.

258, 12   *Trinitrotoluol* – Der meistgebrauchte Sprengstoff TNT, $C_6H_2(NO_2)_3CH_3$, verwendet in Bomben, Granaten und Torpedos.

258, 34   *Rathaus von Richmond* – Borough Hall, ein Gebäude im frz. Stil, das dem früheren Fährhafen gegenüber liegt.

260, 4   *Papenbrock sin Söhner* – (nd.) Hier soviel wie: Papenbrocks Söhnchen.

260, 8–17   *der junge Papenbrock ... nicht mit Kroppzeug* – s. 246, 3 f.

261, 18   *Surrey Bank of Richmond* – s. K. 69, 28.

261, 33–36   *Hilde Paepcke hatte ... nicht vergessen mochte* – s. 50, 18.

261, 34   *Krakow* – s. K. 50, 17.

261, 35   *Hindenburglichter* – s. K. 159, 9.

262, 7 f.   *Dascha nu bannig ... nich allns verpaßt* – (nd.) Das ist ja nun sehr schade. – Was einer nicht alles verpaßt; bannig: s. 1411, 25 f.; 1581, 18.

262, 19   *Kümmelflasche* – s. K. 222, 36.

263, 8   *Du büst doch in Inglant* – (nd.) Du bist doch in England!

263, 9 f.   *Blankenberg und Sternberg und Goldberg* – Alle drei Orte liegen an der in südöstlicher Richtung verlaufenden Eisenbahnstrecke nach Malchow am See; Blankenberg ist eine kleine Ortschaft ca. 9 km nordwestlich von Sternberg; Sternberg liegt etwa in der Mitte zwischen Schwerin und Güstrow, ca. 20 km nordöstlich von Crivitz; Goldberg am Goldberger See ca. 21 km südöstlich von Sternberg.

5. 11. 1967

263, 23–27   *Der Kriegsminister Nordvietnams . . . der Sowjetunion wahr* – Vgl. den Artikel »Hanoi Found More Dependent on Outside Aid but Master of Own Strategy« der NYT vom 5. 11. 1967: »The latest demonstration of Hanoi's independence from its benefactors was its insistence on publicly acknowledging China's support of the war effort in an article printed by the Soviet Ministry of Defense newspaper, Krasnaya Zvezda, on Oct. 21.
Reliable diplomatic sources reported that the Russians tried to get Gen. Vo Nguyen Giap, the North Vietnamese Defense Minister, to delete any reference to Chinese aid and to concentrate his praise solely on the Soviet Union. But General Giap was reported to have been adamant and the Russians relented.«
Die NYT beziffert die Unterstützung auf $1,5 Mrd. über die letzten drei Jahre.

263, 26   *Krasnaja Swesda* – (russ.) Roter Stern, Zeitung der Roten Armee; s. K. 1435, 10 f.

263, 31–
266, 37   *Sie heißt nicht . . . nirgends zu sehen* – Spaeth deutet die Passage als ironische Auseinandersetzung mit Emil Staigers Position im Züricher Literaturstreit. Klaus deutet die Figur als Stadtallegorie. Vgl. Spaeth (1994), Klaus (1999), S. 47–51.

263, 33   *97. Straße* – s. K. 27, 18.

263, 33   *Bus 5* – s. K. 24, 28 f.

265, 15   *Holt unsere Jungen nach Hause* – s. K. 24, 31.

265, 24   *Scarborough* – Engl. Seebad im Norden Yorkshires; gleichnamiger Ort am Ontario-See in Kanada.

266, 33–36   *Wenn jemals, Mrs. . . . werde Sie trösten* – s. 1668, 30–33.

6. 11. 1967

267, 2–16   *Die New York . . . Papier gedruckt sind* – Unter der Überschrift »A 2-Star Day Aboard a Carrier on Yankee Station« schreibt die NYT vom 6. 11. 1967: »At 6.30 A. M. Admiral Cousins is awakened in his large well-furnished cabin one level below the flight deck. While he is dressing and drinking a cup of tea, a watch officer brings him the messages that have arrived.
He looks up from his papers again, a soft-spoken, clear-eyed man of 52, his black hair beginning to silver, and lets his eyes rove the deck. [. . .]
Admiral Cousins settles in his white-upholstered revolving chair embroidered with two stars. He first opens the manila folder containing the top secret messages printed on red paper.

At sea he does 10-minutes of calisthenics in the morning and reads for pleasure in spare moments. Current issues of The New Yorker, The New Republic, The Atlantic, Fortnum and the news magazines are piled on his coffee table, along with yellow-backed mysteries by Georges Simenon in French.«

267, 3 f. *Flugzeugträger »Constellation«* – Am 27. 10. 1961 in Dienst gestellter Flugzeugträger (CVA-64), Länge: 326, 9 m, Breite: 76, 0 m, Höhe des Flugdecks: 19, 8 m, Besatzung im Krieg: 428 Offiziere, 4154 Mann.

267, 17–24 *Am Samstagabend in . . . Bewährung frei gewesen* – Vgl. den Artikel »Woman, 22, Slain Upstate; Paroled Rapist is Seized« der NYT vom 6. 11. 1967: »A young woman was found stabbed to death early today in a fashionable, wooded section by policemen investigating a paroled rapist's suspicious explanation of his hand wound.
The body of Kathleen Taylor, 22 years old, of nearby Wappingers Falls, was found in a parked car. Charged with first degree murder was Gary Sickler, 26, of Poughkeepsie. The police said Sickler was on parole for the 1958 rape of a Beacon girl. [. . .]
About 6 P. M. yesterday, Sickler entered a Poughkeepsie liquor store, bleeding from cuts on the hand. He asserted that he had been beaten by two men and a girl, and asked the manager to call the police. [. . .] Sickler led them to the spot where the ›assault‹ on him occurred.«

267, 17 *Poughkeepsie* – Einzige größere Stadt am Hudson nördlich von New York zwischen Manhattan und Albany; östlich des Stadtkerns liegt Vassar College (s. K. 660, 1 f.).

267, 25–31 *Der freundliche Tabakhändler . . . zu kaufen suchte* – Vgl. den Artikel »Weinstein Charged in Torture-Slaying« der NYT vom 6. 11. 1967: »Stephen Z. Weinstein was charged today with homicide in the torture-slaying of a University of Pennsylvania freshman. [. . .] John V. Green 3d, 18 [. . .] Young Green disappeared from the campus dormitory Oct. 22, telling friends that he was going to buy a pipe. His body was found Oct. 31 in a trunk floating in the Delaware River [. . .]. Weinstein, accused of drugging, beating and strangling the youth, disappeared after the body was found.« Am 5. 11. 1967 berichtete die NYT von Weinsteins Verhaftung, nachdem ihn der Besitzer einer Theaterkartenagentur wiedererkannt hatte: »Weinstein nevertheless seemed witty and urbane and he charmed students with his stories of show business.«

267, 26 *Philadelphia* – s. K. 92, 33.

267, 29 *Delaware* – Grenzfluß zwischen New Jersey und Pennsylvania, östlich der Kittatinny Mountains.

267, 34–38 *Das andere Bild . . . Kirche gewesen sind* – Das Foto in der NYT vom 6. 11. 1967 zeigt Präsident Johnson und seine Frau, ihre Tochter Lynda und Marine Captain S. Robb sowie Tochter Lucie und Patrick J. Nugent, s. K. 428, 4–7.

7. 11. 1967

268, 5–19 *Nein! Nein! Nein! . . . Leute in Mecklenburg* – s. 1888, 20.

268, 9 *Manhattans Busbahnhof* – Port Authority Bus Terminal an der Westseite der 8. Ave. zwischen 40. und 42. Straße; 1947–50 gebaut, am 15. 12. 1950 eröffnet; hier fahren die Pendler- und Überlandbusse aller großen Gesellschaften ab (Greyhound seit 1963); direkt am Rotlichtviertel gelegene Gegend, die insbesondere nachts wegen hoher Kriminalität gemieden wurde; s. K. 150, 26; s. 329, 26; 564, 7; 643, 5.

268, 11 *Lincoln-Tunnel* – 1937 eröffneter Straßentunnel unter dem Hudson zwischen West 39. Straße in Midtown Manhattan und Weehawken, New Jersey; mit 40 Mio. Fahrzeugen pro Jahr verkehrsreichster Tunnel der Welt; s. K. 218, 19; s. 1326, 34 f.

269, 2 f. *Katze auf einer Schreibmaschine* – Vgl. MJ, S. 183, wo die Katze »unter der Maschine« sitzt; zur Deutung des Motivs vgl. Riordan (1995), S. 166 ff.

269, 26 f. *Kunst- und Geschichtsdenkmäler des Großherzogthums Mecklenburg-Schwerin* – Kunst und Geschichts=Denkmäler des Grossherzogthums Mecklenburg-Schwerin, hg. von der Commission zur Erhaltung der Denkmäler, bearbeitet von Friedrich Schlie, Schwerin 1896–1902, Bd. 1–5; Johnson besaß ein Exemplar.

269, 27 f. *Professor Wossidlos gesammelte Wörter* – Richard Wossidlo (26. 1. 1859–4. 5. 1939), mecklenburgischer Volkskundler und Heimatforscher; die auf mehr als zwei Mio. Zetteln dokumentierten Feldforschungen des »mecklenburgischen Volksprofessors« bildeten die Grundlage für das von Hermann Teuchert 1926 in Greifswald begründete »Mecklenburgische Wörterbuch«.

269, 29 f. *Herrn Johannes Nichtweiß . . .* Berlin (Ost) 1954 – 10. 6. 1914–14. 6. 1958, Volksschullehrer; Studium der Geschichte und Dozent an der Arbeiter-und-Bauern-Fakultät der Berliner Humboldt-Universität; 1956 kommissarischer Direktor des Historischen Instituts der Universität Rostock. Ihm wurde vorgeworfen, bürgerlicher Ideologie anzuhängen, auch sollte er seine Frau zum Austritt aus der Kirche bewegen und belastendes Material gegen einen seiner Assistenten sammeln. Nach monatelanger Kampagne gegen ihn beging er Selbstmord; vgl. Ammer (1969), S. 57, 111.
Das erwähnte Buch mit dem Untertitel »Eine Untersuchung zur Geschichte der Bauernschaft und der 2. Leibeigenschaft in Mecklenburg bis zu Beginn des 19. Jahrhunderts«, Berlin 1954, ist seine Dissertation, von der Johnson ein Exemplar besaß. Nichtweiß unterschrieb am 15. 7. 1950 das Abiturzeugnis von Dietrich Spaeth.

269, 29 *Bauernlegen* – Einziehung des von Bauern bewirtschafteten Landes durch adlige Grundherren; war in Mecklenburg eine besonders verbreitete Praxis, die erst nach der Novemberrevolution 1918 abgeschafft wurde.

270, 7   *Herr Dr. Andrija Mohorovičić* – 23. 1. 1857–18. 12. 1936, kroatischer Seismolo-
ge; bestimmte 1909 [sic] erstmals aus der Aufzeichnung von Erdbebenwellen
die Dicke der Erdkruste; die nach ihm benannte Mohorovičić-Diskontinuität
bildet die Übergangzone zwischen Erdkruste und -mantel.

270, 9   *Moholes* – Aus dem Namen Mohorovičić, den engl. Wörtern »moles« (Maulwürfe) und »holes« (Löcher) zusammciengesetztes Wortspiel.

270, 20 f.   *dem Kind, von . . . das ich war* – s. 8, 35.

270, 33 f.   *1911 zum Wollmarkt nach Güstrow* – Im »Grossherzoglich Mecklenburg-
Schwerinschen und Mecklenburg-Strelitzschen Kalender« für 1911 heißt es
zu Güstrow: »Wollmarkt nach näherer Bestimmung, unmittelbar nach dem
Berliner«; Güstrow: s. K. 23, 29.

271, 9–38   *Diesen Schuster wollen . . . Nacht, Frau Erichson* – »wir«: s. K. 46, 26; 230, 27 f.

271, 21 f.   *Mecklenburg-Manöver der neuen Wehrmacht* – Am 16. 3. 1935 erließ die Reichsregierung das »Gesetz über den Aufbau der Wehrmacht« (RGBl. I, S. 375), mit
dem die allgemeine Wehrpflicht eingeführt wurde; dem folgte am 21. 5. 1935
das »Wehrgesetz« (RGBl. I, S. 609), das die näheren Einzelheiten regelte;
s. 468, 16; 469, 26 f. Anläßlich seines Staatsbesuchs vom 25.–29. 9. 1937 besuchte Mussolini auch Wehrmachtsmanöver in Mecklenburg; s. 599, 30–600,
19; 1411, 17; 1574, 6.

271, 22   *Mussolini* – s. K. 198, 30.

271, 28   *Stalingrad* – 1925–61 Name der russ. Stadt Wolgograd; im 2. Weltkrieg schwer
umkämpft. Seit November 1942 waren die dt. Truppen unter General Paulus
eingekesselt, ein Ausbruchsversuch wurde von Hitler verboten; am 31. 1./2. 2.
1943 kapitulierten die dt. Truppen. Es wird geschätzt, daß 42 000 Soldaten
ausgeflogen wurden und 91 000 in Gefangenschaft gerieten, von denen etwa
6000 überlebten. Die dt. Niederlage wurde zum Symbol für die Wende des
Krieges; s. K. 1181, 14.

271, 29–31   *In Wendisch Burg . . . die Lehrer-Babendererdes* – s. K. 9, 32–36; 1853, 25 f.;
s. 1145, 17 f.; 1753, 8; vgl. IB.

271, 32   *Neustrelitz* – Stadt in der Mecklenburger Seenplatte, 70 km nördlich von
Berlin. Die Siedlung Strelitz wurde 1701 Residenz der Linie Mecklenburg-
Strelitz. Um das Schloß von 1726 entstand nördlich des schon bestehenden
Ortes seit 1733 die Stadt Neustrelitz. Beide Orte wurden 1932 vereinigt; s. K.
869, 10 f.; 869, 11.

272, 10   *Börse* – New York Stock Exchange, am 8. 3. 1817 unter dem Namen New
York Stock and Exchange Board gegr.; 1863 umbenannt; seit 1865 am Standort 20 Broad Street, Ecke Wall Street; s. 768, 29; 951, 5; 957, 26 f.; 1050, 38;
1244, 32; 1245, 4.

272, 19   *das Lied von der Coca-Cola Company* – »I'd like to buy the world a coke«, Text
und Musik von B. Backer, B. Davis, R. Cook, R. Greenaway, gesungen von

Tony Bennett. Die Coca Cola-Fernsehreklame wurde leicht variiert als selbständiger Schlager erfolgreich.

> I'd like to buy the world a home
> and furnish it with love.
> Grow apple trees and honey bees
> and snow white turtle doves.
> I'd like to teach the world to sing
> (in) perfect harmony.
> I'd like to buy the world a coke
> and keep it company.
> It's the real thing
> Coke is what the world wants today.

272, 29   *Philadelphia Inquirer* – Tageszeitung, 1967 mit einer Auflage von ca. 500 000 und einer Sonntagsausgabe von 963 000. Philadelphia: s. K. 92, 33.

8. 11. 1967

272, 32–35   *Es gibt auch . . . die eigene Nation* –Vgl. den Artikel »Gavin Ends Visit To South Vietnam« der NYT vom 8. 11. 1967: »Lieut. Gen. James M. Gavin, the retired paratroop officer, who has been one of the most persistent critics of American policy in Vietnam, ended a six-day familiarization visit to the war zone today without having significantly changed his views.
General Gavin made it clear to officials with whom he talked that he remained opposed to the original United States commitment and, in some unspecified respects, to the methods used in prosecuting the conflict. [. . .]
But he said he had been distressed by the large number of civilian casualties and the condition under which they were treated – ›dirty water, frayed bandages.‹«
Gavin äußerte sich in dem Interview zurückhaltend, er wolle erst seine Notizen studieren und über die Eindrücke nachdenken. Eine Aussage, daß der Krieg »zu teuer« sei, wird nicht gemacht.

272, 33 f.   *James M. Gavin* – James Maurice Gavin (22. 3. 1907–23. 2. 1990), amerik. Generalleutnant, Kommandant der 82. Airborne Division im 2. Weltkrieg; schied 1958 überraschend aus dem Militärdienst aus und wurde Vizepräsident (1960 Präsident) von Arthur D. Little Inc.; unter John F. Kennedy 1961/62 Botschafter in Frankreich; Autor von »Airborne Warfare«, 1947.

273, 1–4   *Die Zahl der . . . Bürgern des Landes* –Vgl. den Artikel »Jobless Rate 4.3 % Up For 2d Month« der NYT vom 8. 11. 1967: »Unemployment increased significantly in October for the second straight month and reached its highest level in two years. [. . .]
The increase in the jobless rate in October from 4.1 to 4.3 per cent of the work force reflected a worsening job picture for adult men, teen-ager [sic] and Negroes. [. . .]

The sharp deterioration of unemployment in September and October brought the Negro unemployment rate to considerably more than twice the white rate – 8.8 per cent compared with 3.8 per cent.«

273, 5–8   *Herr Paul Zapp . . . bis vorgestern genügt* – Vgl. den Artikel »Nazi in Hiding Since the War Seized in Murder of Jews« der NYT vom 8. 11. 1967: »Paul Zapp, a former SS colonel accused of the mass murder of Jews in wartime Russia, has been arrested in a small Hessian town where he had been living under an assumed name since World War II. [. . .]
Zapp, 63 years old, was tracked down in Bebra, northeast of Frankfurt. [. . .]
According to the prosecutor's office, he headed an extermination squad and was responsible for the murder of at least 6,400 Jews.«

273, 13 f.   *Papenbrock hatte den . . . Tageblatt setzen lassen* – Cresspahls Mutter hieß Berta, nicht Grete; s. 279, 29, 31; 281, 3; V, 27 f.; 1283, 25 f.

274, 36   *ein schwarzer Baum voller Amseln* – Nach der Volksüberlieferung bedeuten Amseln Unglück: singt eine Amsel auf dem Hauszaun, sagt sie den Tod eines Hausbewohners an; s. K. 835, 26–32; 1808, 9 f.; s. 1532, 38–1533, 7.

9. 11. 1967

275, 14–22   *Gestern in Frankfurt . . . 20 000 griechischer Juden* – Vgl. den Artikel »Two on Trial in Frankfurt In the Death of 11,343 Jews« der NYT vom 9. 11. 1967: »Adolf Heinz Beckerle, once Hitler's envoy to Sofia, went on trial in Frankfurt today charged with aiding in the deportation of 11,343 Bulgarian Jews to death camps in wartime Poland.
Beckerle, 66 years old, is on trial with Fritz Gebhard von Hahn, a former legislation secretary in the Nazi Foreign Ministry in Berlin. Von Hahn, 56, in addition to facing the same charges as Beckerle, is accused of having ordered the deportation of 20,000 Greek Jews to Auschwitz.
Beckerle denied any guilt in the opening session [. . .]. Rather, he asserted that 40,000 Bulgarian Jews owned their survival to his diplomatic activities in Sofia.«

275, 14   *Adolf Heinz Beckerle* – 4. 2. 1902–3. 4. 1976, Diplom-Wirtschaftswissenschaftler. Beckerle war bereits 1922–23 Mitglied der NSDAP. Nach einem Südamerikaaufenthalt von April 1925 bis Mai 1926 wurde er Offiziersanwärter bei der preußischen Schutzpolizei, bevor er sein Studium 1927 mit dem Diplom abschloß. Im September 1928 trat er in die SA und wieder in die NSDAP ein, 1932 Mitglied des Landtages in Hessen, seit Juli 1932 Mitglied des Reichstages, seit dem 13. 9. 1933 Polizeipräsident von Frankfurt, 1937 SA-Obergruppenführer, am 17. 6. 1941 zum Gesandten in Bulgarien ernannt. Nach dem Einmarsch der Roten Armee wurde er im September 1944 nach Moskau gebracht und zu 25 Jahren Haft verurteilt, im Oktober 1955 vorzeitig aus der Haft in die BRD freigelassen, aus seiner Stellung als Prokurist vor der Eröffnung des Prozesses vor dem Oberlandesgericht Frankfurt entlassen. Wegen einer Erkrankung wurde das Verfahren gegen ihn 1968 eingestellt; vgl. NYT 9. 11. 1967; DER SPIEGEL 1. 1. 1968, S. 22 und 24. 6. 1968, S. 33 (Foto); s. K. 1391, 19–25.

Beckerle und von Hahn wurde vorgehalten, sie müßten, da in der Gesandtschaft die Neue Zürcher Zeitung gehalten worden sei, von der bevorstehenden Ermordung der Juden gewußt haben. Die Verteidigung berief Georg Kiesinger als Zeugen, um zu beweisen, daß selbst vom ehemaligen stellv. Leiter der rundfunkpolitischen Abteilung des NS-Außenministeriums dies als Greuelpropaganda abgetan worden sei.

Bulgarien nahm insofern eine Sonderstellung ein, als wegen des Widerstandes der Bevölkerung und des Königs keine in Bulgarien wohnenden Juden deportiert wurden, es handelte sich hier um griech. und jugoslawische Juden aus Gebieten, die Bulgarien besetzt hatte.

275, 19   *Fritz Gebhard von Hahn* – Geb. 1911, Legationssekretär im Auswärtigen Amt; ihm wurde vorgeworfen, die Deportation von 20 000 griech. Juden angeordnet zu haben. Der Prozeß erregte Aufsehen, weil sowohl Bundeskanzler Georg Kiesinger wie auch Bundestagspräsident Eugen Gerstenmaier als Zeugen aussagten; s. K. 1496, 22–26; 1497, 1–3; 1497, 6–12; 1635, 22–27.

275, 21–28   *Es ist eine . . . ihr ja nicht* – Vgl. den Kommentar der NYT vom 9. 11. 1967 »Unsponsoring the Mayor«, S. 46: »›We'll be back in a moment with more of the Mayor Lindsay show after this word from Bubbies, the new twelveounce soft drink for swingers. . . .‹

Somehow, that doesn't sound credible. Although there isn't a drink named Bubbies, there is a Mayor Lindsay – all live – here in New York. And he is about to begin a sponsored, prime-time half-hour on a local TV station. The program, from the Mayor's viewpoint, has the commendable aim of explaining the activities of the city government.

It has another aim – selling products. To avoid local conflict of interest, the sponsors would be national. Few viewers, of course, would assume that the commercial products – whether a toothpaste, automobile or stomach settler – would in any way be connected with the star of the show: But it would take a lot of chlorophyl to remove the bad taste.

It is a tribute to the Mayor's sense of public duty as well as to his personal charm that a TV station is willing to give him a Sunday evening spot regularly. As his guest appearances have proved, he is informed, witty and adroit. It is not a matter of payment – which he would turn over to charity – but of propriety.

If the Mayor's program were unsponsored, it would be quite another matter. But lending his name and office to a sponsored program is commercialism. The Mayor of New York should be nobody's hot property«; Lindsay: s. K. 24, 33.

| 275, 29– | Es ist Donnerstag... am häufigsten zuschlagen – s. 37, 16. |
| 278, 34 | |

| 275, 31 f. | etwa RIverside 9–2857... daß er 749–2857 – 749–2857 war Johnsons Tele-fonnummer von 243 Riverside Drive; vgl. Manhattan Telephone Directory 1968/69, S. 836; s. K. 12, 34; 145, 27 f.; 166, 26–30; s. 326, 10. |

| 276, 3–15 | Im Anfang hatten... Mikrofon anzubieten hatte – s. K. 28, 4–31. |

| 276, 11 | Gran Ticino – In der Thompson Street zwischen West 3. Street und Bleecker Street gab es das bekannte Restaurant Grand Ticino, 1919 eröffnet; die Thompson Street verläuft in nordsüdlicher Richtung von South Washington Square (Greenwich Village) durch Soho bis zur Canal Street. |

| 276, 12 f. | Flughäfen Kastrup... – s. K. 167, 9. |

| 276, 19 | die Leine halten – (engl. wörtl. übersetzt) hold the line: am Apparat bleiben. |

| 276, 22 | Joch – (engl. wörtl. übersetzt) yoke: für »Telefonhörer« verständlich, aber nicht idiomatisch. |

| 276, 23 | wer es ist... wer da ist – Die im Englischen übliche Frage lautet: Who is it?: Wer ist es? |

| 277, 15 | New Haven – s. K. 9, 6 f. |

| 277, 21 | Ausländerinstitut in Leipzig – Am Leipziger Herder-Institut, Lumumbastraße 4, lernten seit 1956 ausländische Studenten, vor allem aus Ländern der Dritten Welt, Deutsch als Vorbereitung auf das Studium. |

| 278, 12 | Wenn nur die... Maul halten wollten – s. K. 45, 33. |

| 278, 16 | in den U. S. A. ... 28. April 1961 – s. 1519, 2; dieselbe Angabe in: BU, S. 443. |

| 278, 20 f. | This is a non-working number – (engl.) Kein Anschluß unter dieser Nummer. |

10. 11. 1967

279, 2–9	Gestern abend war... durchstehe. Seite 1 – Vgl. den Artikel »Johnson Rebukes Vietnam Critics« der NYT vom 10. 11. 1967, S. 1 und 4: »President Johnson, speaking last night before a cheering group of Jewish trade union leaders, compared the Vietnam war to strife in the Middle East. [...]
	Mr. Johnson made his unexpected appearance at a dinner of the National Trade Union Council for Human Rights of the Jewish Labor Committee [...] at the Americana Hotel.
	To prevent any hostile demonstrations, the White House kept the President's planned trip secret until early last evening. [...]
	About 500 policemen, uniformed and plainclothes, surrounded the Ameri-can [sic] Hotel, at Seventh Avenue and 52d Street, and guarded the areas used by the President inside. Policemen were posted on roofs of buildings around

the hotel, and about 100 plainclothesmen, plus Secret Service agents, were in the third-floor ballroom, where the President spoke. [...]
An American failure in Southeast Asia would ›forfeit world stability‹ and ›risk far more terrible war in the future,‹ he [Johnson] said.«

279, 10–12 *Auf Seite 17 ... Zustand Auto fuhr* – Vgl. den Artikel »Mayor of Albany Cleared of Charge of Drunken Driving« der NYT vom 10. 11. 1967: Bei einem Bluttest wurde ein Alkoholgehalt von 0.8‰ festgestellt.

279, 10 *den Busproblemen von White Plains* – Vgl. den Artikel »Busing Criticized in White Plains« der NYT vom 10. 11. 1967: Die Aussagen des Artikel sind widersprüchlich: Einerseits sei der »learning gap« zwischen schwarzen und weißen Schülern, seitdem sie gemeinsam Schulen besuchen, geringer geworden, andererseits sei das Lernniveau der weißen Kinder unverändert geblieben, das der schwarzen aber gesunken, wenn sie mit weißen im Wettbewerb gestanden hätten.

279, 10 *White Plains* – s. K. 106, 34.

279, 12 f. *bringt die New ... Krieges, elfeinhalb Zeilen* – Vgl. die Notiz »War Casualties Identified« der NYT vom 10. 11. 1967 über 33 in Vietnam Gefallene.

279, 14–21 *Das Wichtigste auf ... fehlt die Postadresse* – Vgl. das Foto auf S. 1 der NYT vom 10. 11. 1967 mit dem Text: »West German Passport issued to Lieut. Co. Yevgeny Y. Runge, under the name of Willi Gast, given his occupation as ›Kaufmann‹, or merchant. The eyes were blackened out by Government authorities to insure his anonymity«, zugehörig zu dem Artikel »Defection of a Soviet Spy Viewed in U. S. as Windfall«: Ein Organigramm des Aufbaus des KGB führt neben Abteilungen wie »Geographical areas«, »Disinformation«, »Illegals« als letzte Abteilung »Bloody business' Rodin, alias Nikolai B. Korovin«. Vgl. ebenfalls den Artikel »Soviet Intelligence Structure Outlined« vom selben Tag; s. K. 213, 2.

279, 20 *Rodin, alias Nikolai B. Korovin* – Nikolai Borissowitsch Rodin, geb. 1922, 1947–53 und 1955–58 KGB-Spion in Großbritannien; Schlüsselfigur im sog. »Cambridge-Spionagefall«, in den Kim Philby, Donald Maclean, Guy Burgess, Anthony Blunt und John Cairncross verwickelt waren.

279, 27 *Müritz* – s. K. 56, 25.

279, 29 *Berta Niemann* – s. K. 273, 13 f.

279, 32 *dem Gut des Dorfes* – s. K. 49, 13.

280, 2 *von Haase* – Mecklenburgische Adelsfamilie seit 1889 mit Grundbesitz im heutigen Kreis Gadebusch; vgl. HNJ, S. 13–21; s. 692, 12; 1283, 29; (1352, 22 f.; 1371, 26).

280, 20 *gekreuzten Pferdeköpfe* – Die gekreuzten Windbretter an der Firsteindeckung der Giebelseite sind bei niedersächsischen und mecklenburgischen Häusern häufig als Pferdeköpfe geschnitzt. Sie sind ein erst nach 1850 nachweisbares Zierelement.

281, 37 *Meininger in der Langen Straße* – Das Gasthaus lag in der Langen Straße 50; vgl. Meyers Reisebücher (1931).

11. 11. 1967

282, 12 *Tag der Kriegsveteranen* – In den USA ist »Veterans Day« am 11.11. ein gesetzlicher Feiertag, an dem der Toten der zwei Weltkriege gedacht wird. Vor 1945 wurde er »Armistice Day« genannt, in England wird er als »Remembrance Day« an dem Sonntag, der dem 11.11. am nächsten liegt, begangen; s. K. 124, 7; 147, 20–33.

282, 24 *Dr. Pompa* – (ital.) ironisch: Dr. Pomp.

282, 25 f. *fehlt vor dem . . . ihre Schriftstücke entwerten* – Vgl. Felix Dahn, »Ein Kampf um Rom«, S. 184, wo ein byzantinischer Beamter die Täuschungspraktik, die hier aber nicht von Narses, sondern einem anderen Feldherrn praktiziert wird, erläutert: »Vor jenem Brief an Belisar steht ein kleiner Punkt: der bedeutet ihm: all das Geschriebene ist nicht ernst gemeint, ist nichtig. Ja, ja, man lernt, man lernt die Schreibkunst in Byzanz.«
Narses (478–573), aus Armenien stammender Feldherr und hoher Beamter des oströmischen Kaisers Justinian; zerstörte 552 das Ostgotenreich; s. K. 534, 29–31; s. 944, 29 f.

283, 3–5 *Die Regierung will . . . Viet Nam schickt* – Vgl. den Artikel »Thais to Get U.S. Missiles; To Send 10,000 to Vietnam« der NYT vom 11.11.1967: »The United States is preparing to provide Thailand with air defense missiles as part of an agreement that would send 10,000 more Thai troops to South Vietnam. [Ein Bataillon sollte mit Boden-Luft-Raketen vom Typ Hawk ausgerüstet werden.] [...] No official estimate was given of the Hawk missiles, but there have been reports that put the cost of the new aid at $ 50-million.«

283, 6–9 *Dr. Gallup hat . . . Viet Nam sind* – Vgl. den Artikel »A Gallup Poll Finds 59 % of Americans Would Continue War« der NYT vom 11.11. 1967; s. K. 222, 3–6; Dr. Gallup: s. K. 222, 3.

283, 10–18 *Gestern abend wollten . . . innerhalb der Unterwelt* – Vgl. den Artikel »Submachine-Gunner Slays 3 in Queens Restaurant« der NYT vom 11.11.1967: »A squat, bespectacled killer firing an automatic weapon with calm deliberation shot three men to death last night as they gathered for a meal of veal parmigiana and white wine in an Italian-American restaurant in the Ridgewood section of Queens.
Sprawled face down on the floor of the Cypress Garden restaurant at 205 Cypress Avenue [...] were two brothers, Thomas and James D'Angelo, and Frank (Frankie the 500) Telleri. [...]«

There was immediate speculation that the killings were an outgrowth of gangland friction. [...]

As the police reconstructed the killing, the gunman, wearing a black fedora and black raincoat, entered the restaurant through a rear door [...].

Pulling his weapon, some type of machine gun, from under his coat, the killer unleashed a spray of 20 to 25 rounds [sic] of what was believed to be a .45-caliber bullets.«

283, 12 *Ridgewood, Queens* – Gebiet in Brooklyn und Queens (s. K. 20, 28 f.) zwischen Metropolitan Ave., den Linien der Long Island Railroad und der Conrail, Central- und Flushing Ave.; der Name geht zurück auf engl. Siedler aus dem frühen 18. Jh., die das Gebiet wegen der dichten Bewaldung »Rich Wood« nannten; Ende des 19. Jh.s hauptsächlich von Deutschen bewohnt; nach dem 2. Weltkrieg zogen viele Rumänen, Italiener und Slowenen zu.

283, 35 *Ti voglio bene* – (ital.) Ich hab dich lieb.

284, 17 f. *Vito Genovese* – s. K. 118, 22.

284, 18 *Der Sohn in Hamburg* – Vgl. Johnson, Eine Reise wegwohin, S. 31: »Es wunderte ihn, wie selten er das Kind sah, das er seiner Frau gelassen hatte bei der Scheidung, obwohl er vor sechs Jahren um diese Besuche lächerlich unvernünftig gekämpft hatte; er versuchte den Jungen mit übertriebenen Geschenken einzuholen, vergaß dann aber Verabredungen mit ihm.«

285, 21–23 *den geklauten Kreditkarten . . . kurzem gestrickt haben* – 2000 blanko Diners Cards waren mit der Namenliste der Mitglieder und einer Prägemaschine gestohlen worden; die geprägten Karten wurden zusammen mit gefälschten Identitätspapieren verkauft; vgl. NYT 11. 11. 1967; s. K. 608, 24.

285, 22 f. *die Gallos in . . . und die Gambinos* – s. K. 156, 30–157, 2; 156, 35; 213, 34.

286, 6 *vergesslich* – Druckfehler in allen Ausgaben, richtig: vergeßlich.

286, 13 *I hate him* – (engl.) Ich hasse ihn!

12. 11. 1967

286, 16 *Es kommt auf . . . Tag nicht an* – Mit diesem Satz macht Johnson auf zwei Verstöße gegen von ihm selbst aufgestellte Prinzipien für die Abfassung seines Romans aufmerksam: gegen das Jahrestag-Prinzip, denn Lisbeths Todestag vor 29 Jahren war bereits der 10. November, und gegen die Vereinbarung mit seiner fiktiven Person Gesine, wonach nur Ereignisse ihres Lebens und Bewußtseins und das auch nur mit ihrer Genehmigung Eingang in den Roman finden dürfen. Am 12. 11. 1967 war Johnsons Schwägerin Jutta Maria Schmidt in seiner Berliner Wohnung bei einem Zimmerbrand ums Leben gekommen; Todesursache: Ersticken im Rauch, so wie er es dann der Romanfigur widerfahren läßt; vgl. Riordan (1989), S. 123, 229.

286, 35 f.   *Wir machen die . . . träumen den Flug* – Anspielung auf Paul Celans »Todesfuge«,
in der es heißt:
>   Schwarze Milch der Frühe wir trinken sie abends
>   wir trinken sie mittags und morgens wir trinken sie nachts
>   wir trinken und trinken
>   wir schaufeln ein Grab in den Lüften
>   da liegt man nicht eng.

13. 11. 1967

287, 15   *Das Gerücht von der Ermordung Francos* – In Spanien gab es seit dem Frühjahr
1967 Unruhen unter Arbeitern und Studenten. Die Regierung machte
komm. Gruppen dafür verantwortlich und ließ, gerade im November, viele
Kommunisten verhaften; vgl. NYT 13. 11. 1967.

287, 15   *Francos* – Francisco Franco y Bahamonde (4. 12. 1892–20. 11. 1975), General,
Führer der Putschisten im Spanischen Bürgerkrieg, nach deren Sieg 1939–75
diktatorischer Staatschef auf Lebenszeit; hielt Spanien aus dem 2. Weltkrieg,
ließ es 1947 zur Monarchie erklären; s. K. 497, 9 f.; 811, 33–36.

289, 17   *fino a un certo punto* – (ital.) bis zu einem gewissen Punkt.

289, 18   *St. Paul* – Hauptstadt von Minnesota.

289, 26   *Bleeker* – Druckfehler in allen Ausgaben, richtig: Bleecker; in Greenwich Village.

290, 25–28   *Pfarrer in Williamsburg . . . zu Gange sei* – Reverend Cotesworth Pinckney
Lewis hatte in der episkopalischen Pfarrkirche von Bruton, Williamsburg, Virginia, seine Predigt unterbrochen und war auf Vietnam eingegangen: »We
wonder if some logical straightforward explanation might be given without
endangering whatever military or political advantages we now enjoy«; NYT
13. 11. 1967.

291, 18–22   *Mrs. Williams und . . . Ostseite zur Westseite* – Mrs. Williams wohnt in Greenwich Village im Süden Manhattans, Gesine westlich des Central Parks.

291, 21   *Dorf Greenwich* – Greenwich Village; zwischen 14. Straße, 4. Ave. und Bowery,
Hudson und Houston Street gelegen, früher Zentrum der New Yorker
Boheme, wo u. a. Henry James und Dos Passos wohnten.

291, 22   *Ostseite* – s. K. 52, 26 f.

291, 26   *East River* – s. K. 20, 29 f.

291, 26   *Tor zur Hölle* – Anspielung auf Dante Alighieris »Göttliche Komödie«, 1. Teil,
3. Gesang: Höllentor. Feiglinge. Acheron; s. K. 79, 19–35.

14. 11. 1967

292, 2–8 *Senator Robert F. ... Verhandlungen nichts wissen* – Unter der Überschrift »Bunker Predicts Saigon Rural Gain« berichtet die NYT vom 14. 11. 1967, daß der amerik. Botschafter in Südvietnam Ellsworth Bunker von deutlichen Fortschritten in Südvietnam gesprochen habe, die er in mehreren lokalen Wahlen, größerer Unterstützung in kleineren Dörfern, Verbesserungen in der südvietnamesischen Armee und verminderter Rekrutierung beim Vietcong sah. »This Administration view is challenged by Senator Robert F. Kennedy, Democrat of New York, in an article in the Nov. 28 [sic] issue of the magazine ›Look‹. ›Despite the killing and destruction,‹ Senator Kennedy writes, ›we are in no better position now than we were a year ago – we will not be in any better position a year from now.‹
He charged that the Administration led on by ›a false scent of victory,‹ cast away ›what may well have been the last best chance to go to the negotiating table‹ during the winter of 1966–67.
George Christian, White House press secretary said in reply that the Administration had passed up no chance for negotiation.«
Neben einem größeren Einsatz der Südvietnamesen an der entmilitarisierten Zone und einer internationalen Kontrolle nach dem Bombenstop lautete R. Kennedys letzte Forderung: »In his view, the South Vietnamese Government should, as a first step, begin its own discussions with the National Liberation Front, the political arm of the Vietcong.«

292, 9 f. *Che Guevara, Reisender... auch sein Tagebuch* – Vgl. den Artikel »Bolivian Court Gets Diary Attributed to Guevara« der NYT vom 14. 11. 1967: »Bolivian military authorities reported that they had seized the diary last month when Mr. Guevara was captured in a clash between guerillas and army troops.« Im Prozeß gegen Régis Debray, den frz. marxistischen Schriftsteller und Mitkämpfer Che Guevaras, wurden Auszüge aus dem Tagebuch als Beweis verlesen, daß Debray in Europa Unterstützung für die Guerillas organisieren sollte; s. K. 115, 17.

292, 11–14 *Gestern hat die... 785 West End Avenue* – Vgl. den Artikel »Marijuana Worth $250,000 Seized Here; 4 Men Held« der NYT vom 14. 11. 1967: »Four men were seized yesterday as they loaded what the police said was $250,000 worth of marijuana into a station wagon in front of 785 West End Avenue.«

292, 12 *Marihuana* – s. K. 157, 28.

293, 27 *Söhner* – (nd.) Sohn.

293, 31 f. *mit seiner Deutschnationalen... der neuen Regierung* – Die NSDAP mußte nach der Reichstagswahl am 5. 3. 1933 mit der DNVP eine Koalition bilden, um eine Mehrheit zu erreichen; s. K. 164, 12; 216, 19.

293, 35–37 *dem Zollassistenten Sass ... beleidigt haben sollte* – Aufgrund der Namensgleichheit könnte folgender Fall als Vorlage gedient haben: »Am 7. Juli 1933 verhaftete beispielsweise die Polizei, wie faschistische Zeitungen berichteten, auf

Veranlassung eines SA-Führers im Dorf Pleetz bei Friedland die Landarbeiter Erich Ebert und Otto Saß. Beide hatten die Nazis als braune Pest bezeichnet. Sie kamen in ein Konzentrationslager«, Der antifaschistische Widerstand (1970), S. 114.

293, 37–39 *dem kommunistischen Schneidergesellen . . . gefunden worden war* – Nach der Verordnung des Reichspräsidenten zur Abwehr heimtückischer Angriffe gegen die Regierung der nationalen Erhebung vom 21. 3. 1933 (RGBl. I, S. 135) war der Besitz einer Uniform der SA oder SS strafbar, wenn der Besitzer nicht Mitglied des Verbandes oder sonstwie zum Besitz befugt war; s. K. 600, 30–33.

293, 39–294, 2 *die Beflaggung aller . . . März angeordnet hatte* – Mit dem Erlaß des Reichspräsidenten über die vorläufige Regelung der Flaggenhissung vom 12. 3. 1933 (RGBl. I, S. 103) wurde bestimmt, daß bis zur endgültigen Regelung der Reichsfarben (nach Art. 3 der Weimarer Reichsverfassung: schwarz-rot-gold) die zur Ehrung der Gefallenen am 12. 3. 1933 gehißten schwarz–weiß–roten Fahnen mit der Hakenkreuzfahne gemeinsam zu hissen waren. »Diese Flaggen verbinden die ruhmreiche Vergangenheit des Deutschen Reichs und die kraftvolle Wiedergeburt der Deutschen Nation«. Laut Anordnung des Reichsinnenministers waren »sämtliche öffentlichen Gebäude des Reiches von morgen, Montag, ab auf die Dauer von drei Tagen in den vom Reichspräsidenten anbefohlenen beiden Fahnen zu flaggen«.

294, 11 *siebente Reichsregierung binnen eines Jahres* – Diese Angabe stimmt nicht (es sei denn, Kabinettsumbildungen sind mitgezählt worden): Bis zum Mai 1932 stellte eine von Brüning geführte Koalition die Regierung, danach regierten Präsidialkabinette unter v. Papen (1. 6.–17. 11. 1932), v. Schleicher (3. 12. 1932–28. 1. 1933) und Hitler (ab 30. 1. 1933).

294, 27–31 *In der Nacht . . . in die Schläfe* – Dr. Wilhelm Spiegel (22. 6. 1876–13. 3. 1933), ein bekannter Strafverteidiger, seit 1911 für die SPD im Rat der Stadt Kiel, stellv. Vorsitzender der jüd. Gemeinde, Stadtverordnetenvorsteher und Mitglied des preußischen Staatsrats; kandidierte bei den auf den 12. 3. 1933 angesetzten Wahlen zum Kieler Stadtparlament. Er wurde von zwei Männern in seinem Haus in Düsterbrook erschossen. Der Verdacht fiel auf SA oder SS, weil Spiegel in einem Prozeß die Schleswig-Holsteinische Volkszeitung gegen die NSDAP vertreten hatte. Die Zeitung hatte in der Ausgabe vom 18. 3. 1932 behauptet, Hitler bereite einen Bürgerkrieg vor. Im Verfahren erzwang Spiegel die Vorladung von Ernst Röhm, der am 9. 7. 1932 vor dem Landgericht Kiel aussagte. Nach der Ermordung Spiegels ließ die in den Wahlen siegreiche NSDAP alle prominenten Führer der Linksparteien in »Schutzhaft« nehmen.
Die Einzelheiten der Ermordung sind dem LGA vom 14. 3. 1933, S. 14, entnommen: »Der Kieler Rechtsanwalt Dr. Spiegel wurde in der vergangenen Nacht von bisher unbekannten Tätern erschossen. Spiegel wurde gegen 2 Uhr nachts durch Läuten der Türglocke aus dem Schlafe geweckt. Als seine

Frau fragte, wer dort sei, wurde ihr geantwortet, es sei Polizei da, die eine Haussuchung vornehmen müsse.

Als dann Dr. Spiegel im Schlafanzug die Tür öffnete, standen draußen zwei Männer, von denen einer einen Revolverschuß auf den Rechtsanwalt abgab. Spiegel wurde in der Schläfe getroffen und so schwer verletzt, daß er noch auf dem Transport in die Kieler Klinik starb. Die Täter sind entkommen.« In einer »parteiamtlichen« Presseerklärung der NSDAP (LGA 14. 3. 1933) heißt es, daß »der der SPD. angehörende jüdische Rechtsanwalt Spiegel von unbekannten Tätern in seiner Wohnung erschossen« worden sei. Die KPD habe in Flugblättern die NSDAP der Tat beschuldigt, wahr sei »daß die Tat von der KPD. ausgeführt wurde, einerseits um der SPD. einen weiteren Schlag zu versetzen und andererseits, um gegen die NSDAP. einen weiteren Anlaß zur Hetze zu haben«; vgl. Mecklenburg (1990b), S. 391.

294, 28 *Kiel* – Sitz der der Johnsonforschung unentbehrlichen Holzhandlung Fries; s. K. 1240, 19.

295, 8–15 *Elli Wagenführ von . . . vom Spülbecken fort* – s. K. 1641, 19–27.

295, 18 *Warncke* – s. K. 198, 2.

295, 18 *Neustrelitz* – s. K. 271, 32.

295, 18–20 *Die Ortsgruppe der . . . freien Stücken aufgelöst* – In Krakow am See gab es von 1933–45 keine illegale Parteiorganisation der KPD.

295, 19 *Krakow am See* – s. K. 50, 17.

295, 24 *Dor hett ein Ul sätn* – (nd. Redewendung) wörtl.: Da hat eine Eule gesessen!, übertragen: Daraus wird nichts. Da ist etwas schiefgegangen! Nach der Überlieferung macht eine Eule den Platz, wo sie sich niederläßt, zu einer Unglück bringenden Stelle; vgl. MJ, S. 211; s. 1467, 20.

296, 1 *dass* – Druckfehler in allen Ausgaben, richtig: daß; obwohl Johnson diese Schreibweise in anderen Werken zum Teil benutzt hat, findet sie sich sonst an keiner Stelle der »Jahrestage«.

296, 13–15 *Dat's nich üm . . . gaud: secht he* – (nd. Redewendung) Das ist nicht um meinetwillen: sagt der Wolf. Aber so ein Schaf schmeckt doch gut: sagt er.

15. 11. 1967

296, 22 f. *Was also wollte . . . zweites Viet Nam* – Unter der Überschrift »Guevara Documents Detail Plan for ›2d Vietnam‹« berichtet die NYT vom 15. 11. 1967, daß sich aus Guevaras Tagebuch Rückschlüsse auf die Mitarbeit von Debray an den Strategien der Guerilleros ziehen ließen; s. K. 115, 17.

296, 24–32 *Den etwa 3000 . . . wie die Tiere* – In dem Artikel »War Foes Clash With Police Here As Rusk Speaks« der NYT vom 15. 11. 1967, S. 1, neben einem vier-

spaltigen Foto der Demonstration heißt es: »Riotous bands of antiwar demonstrators, frustrated by the heavy police reinforcements from any effective
harassment of a speech by Secretary of the State Dean Rusk at the New York
Hilton, milled through the Times Square area last night [...].
Peeling off from a throng of 3, 000 people protesting the presence of Mr. Rusk
at a Foreign Policy Association dinner [...] crowds of youths made forays into the theater district. [...] About 200 youths, many wearing motorcycle and
football helmets, linked hands and blocked traffic at several intersections on
the avenue between 51st and 44th Streets.
Policemen on motor scooters drove into the line, dispersing the youths.
›You want to be treated like animals, we'll treat you like animals,‹ said one
policeman.«
Rusk wiederholte in seiner Rede das amerik. Angebot an Vietnam zu bedin-
gungslosen Verhandlungen.

296, 24 f.   *Hotel Hilton* – 1335 6. Ave., zwischen 53. und 54. Straße; 2200 Zimmer.

296, 28   *die berühmte Spalte 8* – Die NYT brachte und bringt ihre wichtigste Nachricht
stets in Spalte 8, der rechten äußeren Spalte der aufgeschlagenen Zeitung, den
zweitwichtigsten Bericht in Spalte 1 links oben. Nur in Ausnahmefällen, wie
bei der Ermordung Robert Kennedys, werden Schlagzeilen über die ganze
Seite gesetzt.

296, 33–297, 3 *Die Sowjetunion läßt ... vielleicht tatsächlich Smith* – Vgl. den Artikel »U. S. Defector in Soviet Accuses C. I. A. on India« der NYT vom 15. 11. 1967: »A self-
styled agent of the United States Central Intelligence Agency who has defected to the Soviet Union charged today that America sought to organize a
military overthrow of the nonaligned government of Prime Minister Jawaharlal Nehru. The accusation was contained in an excerpt from a book written by the defector, John Smith«; s. K. 218, 4.
Der »andere« ist der engl. Doppelagent Harold Philby, bis 1955 beim brit. Geheimdienst, zeitweilig als Chef der antisowj. Abteilung, 1963 nach Moskau
geflohen. Über das Interview mit Roy Blackman vom »Daily Express« in
Moskau schreibt die NYT vom 15. 11. 1967 unter der Überschrift »Philby, in
Interview, Says He Would Spy For Russians Again«: »Asked by Mr. Blackman
what he missed of English life, Philby said that he missed beer and oysters, an
occasional afternoon at the soccer matches and some friends.« Er fügte hinzu, daß er u. a. weder brit. Eisenbahnen, die Beaverbrook Presse noch die stei-
genden Lebenshaltungskosten und den Orden des British Empire vermisse;
s. K. 218, 4.

297, 4–11   *In Queens stand ... eine Holztäfelung aufweist* – Vgl. den Artikel »Mistrial Ruled
in Franzese Case« der NYT vom 15. 11. 1967: »Justice Albert H. Bosch de-
clared a mistrial yesterday in the case of John (Sonny) Franzese and three
others charged in the State Supreme Court with murder.
The judge, presiding in the trial in Queens, granted the defense motion for a
mistrial because several jurors had acknowledged having read a newspaper

article mentioning previous bank-robbery convictions of three of the defendants. [...]
The four defendants are accused of first-degree murder in the 1964 slaying of Ernest (The Hawk) Rupolo. [...] The 47-year old Franzese [...] was relaxed as the judge declared the mistrial. His wife, Tina, blew him a kiss from her seat in the third row of the paneled courtroom«; s. K. 156, 36–157, 2; Rupolo: s. K. 156, 37.

297, 6–8 *Der Prozeß mußte ... Angeklagten gelesen hatten* – Durch die Zeitungslektüre über den Prozeß war die im Rechtssystem der USA geforderte unbedingte Unvoreingenommenheit der Geschworenen gegenüber dem Angeklagten nicht mehr gewährleistet. Diese Auflage wird von den Anwälten oft zugunsten ihres Mandanten ausgenutzt.

298, 16–18 *By thee have ... continually of thee* – (engl.) Auf dich habe ich mich verlassen vom Mutterleibe an; du hast mich aus meiner Mutter Leibe gezogen. Dich rühme ich immerdar. (Der Psalm trägt die Überschrift: Bitte um Gottes Hilfe im Alter.) Engl. Zitat aus: The Holy Bible, Oxford 1865, ohne Seitenzahl (King James Bible aus Johnsons Bibliothek). Die Schreibweise folgt der King James Bibel, die im Urtext fehlende Worte kursiv setzt.

298, 22 *Mein Fuß* – (engl. Redewendung wörtl. übersetzt) My foot!: So'n Quatsch!

298, 26 *Gesine Henriette C.* – s. K. 217, 5.

299, 13 *Dumm Tüch* – (nd.) Dummes Zeug; s. (222, 38); 604, 36; 615, (17), 18; 645, 31; (XVI, 40); 1171, 36 f.; 1292, 39; 1630, 26; 1815, 13.

16. 11. 1967

300, 29 *F. B. I.* – Federal Bureau of Investigation, am 26. 7. 1908 mit zehn Secret Service Agenten unter der Bezeichnung »Bureau of Investigation« gegr., 1935 umbenannt, Bundeskriminalpolizei der USA, die dem Justizminister untersteht; verantwortlich für Spionageabwehr, Staatsschutz, Schutz des Präsidenten, Aufklärung von Verstößen gegen das Bundesstrafrecht; Bundespolizei: s. 48, 11; 394, 17; Bundeskriminalamt: s. 970, 12; 975, 2–5; 1152, 27; 1881, 22; Bundesnachrichtendienst: s. 901, 4.

300, 26–32 *Auch Mr. Josiah ... ihn fragen wollten* – Vgl. den Artikel »New Book on Warren Report Argues 3 Men, Probably Excluding Oswald, Joined in Killing Kennedy« der NYT vom 16. 11. 1967: Josiah Thompson, Philosophie-Dozent am Haverford College, geht in seinem Buch »Six Seconds in Dallas« von vier Schüssen aus drei verschiedenen Richtungen aus, während der Warren-Report drei Schüsse aus einer Richtung annahm. »He [Thompson] had been visited by agents of the Federal Bureau of Investigation. ›They informed me,‹ he said, ›that anything I said might be held against me, so I decided not to say anything. They went away, and I still don't know what they wanted to question me about.‹«

300, 33–301, 1   *Die Nordvietnamesen haben . . . in Flammen steht* – Vgl. den Artikel »Foe's Shells Set Dakto Base Afire« der NYT vom 16. 11. 1967: »Three times the North Vietnamese pounded the military complex in the Central Highlands, blasting the airfield, destroying two C-130 transport planes and damaging a third, blowing up an ammunition dump and forcing the evacuation of a nearby military camp. [. . .]
›The whole valley appeared to be in flames,‹ a correspondent said from the scene.«
DER SPIEGEL vom 20. 11. 1967, S. 116, berichtet von »der erbittertsten Schlacht des Vietnamkrieges, die seit mehr als zwei Wochen im annamitischen Hochland, nahe der Grenze zu Laos und Kambodscha tobt. [. . .] Pausenlos berennen sie den wichtigen US-Stützpunkt Dak To an der Nationalstraße 14. [. . .] Die Kommunisten verloren dabei über tausend Tote im Granatfeuer der US-Artillerie und im Bombenhagel der B-52, die allein bei einem Einsatz über Dak To 75 000 Kilo Bomben abwarfen. [. . .] Bis zum letzten Wochenende hatten auch die Amerikaner fast 200 Tote und etwa tausend Verwundete im Kampf um die Infanteriefestung verloren. Und der Feind war immer noch so nah, daß er mit Granatwerfern drei große C-130-Transportflugzeuge auf dem Flugfeld von Dak To zerstören und das Munitionsdepot in die Luft jagen konnte, so daß die Amerikaner einen Teil des Forts aufgeben mußten.« Dakto Air Base lag nördlich von Pleiku; s. K. 321, 29; 335, 16.

301, 1 f.   *Der Amerikanische Oberbefehlshaber . . . sehr, sehr ermutigend* – Vgl. den Artikel »War gains Called Very Encouraging By Westmoreland« der NYT vom 16. 11. 1967 über General William C. Westmorelands Berichterstattung bei Präsident Johnson in Washington. Er beurteilte die Situation als »very, very encouraging.«
DER SPIEGEL 27. 11. 1967, S. 137: »Gleich nach seiner Landung auf dem Flughafen von Washington verkündete der General: ›In den vier Jahren, die ich in Vietnam bin, war ich noch nie so zuversichtlich wie heute. Die Lage ist sehr ermutigend‹«; s. K. 321, 29; 335, 16.

301, 3–6   *Die New York . . . anderen uns nicht* – In der Ausgabe vom 14. 11. 1967 hatte die NYT Außenminister Dean Rusk (s. K. 109, 29–31) falsch zitiert. Die berichtigte Version in der NYT vom 16. 11. 1967 (»A Paraphrase of Rusk In Times Was in Error«) lautete: »Those who are concerned about escalation should know that we have tried over and over again, through diplomacy and through practical actions on the ground, to start the process of de-escalation – only to face a categorical rejection from the other side.«

301, 8   *Ostseite* – s. K. 52, 26 f.

301, 8   *East River* – s. K. 20, 29 f.

301, 33   *Kreslil* – (tschech.) einer, der gezeichnet ist, oder: einer, der sich selbst zeichnet; s. 302, 34; 303, 8–304, 24; 619, 17; 661, 3; 790, 13; 923, 20–927, 21; 1003, 29; 1133, 5–1135, 5.

302, 36	*České Budějovice* – s. K. 46, 34.
303, 12 f.	*aus jenem böhmischen... Schaf getrieben hat* – Die Anzugstoffe aus heimischer Produktion bestanden vorwiegend aus Zellwolle.
303, 22	*Restaurant zum Heiligen Wenzel* – s. K. 134, 23 f.
303, 22	cs – Druckfehler in allen Ausgaben; richtig: es.
303, 38 f.	*naše domy jsou daleko od nádraží* – (tschech.) übersetzt im Text 303, 38.
304, 1 f.	*tato česká slova* – (tschech.) diese tschechischen Wörter.
304, 4–6	*bei der Geschichte... und er zog* – Russ. Märchen »Das kleine Rübchen« (russ. rebka): Obwohl nacheinander die ganze Familie hinzukommt, um die Rübe mit vereinten Kräften herauszuziehen, gelingt dies erst, als eine Maus sich der Reihe anschließt; vgl. Afanasjew (1985), Bd. 1, S. 90 f.
304, 6	*tjeshil, tjeshil, a nje vytjeshil* – (russ., verballhornte Form) er zog und zog und konnte sie [die Rübe] nicht herausziehen.
304, 6–15	*in Prag hielt... ganze lange Nacht* – s. 12, 24–31.
304, 8	*Wilsonovo nádraží* – (tschech.) Wilson-Bahnhof; s. K. 12, 25 f.
304, 9 f.	*»ptejte se tam«* – (tschech., ugs., ungebräuchliche Form) Fragen Sie dort!
304, 10	*»zeptejte se tam«* – (tschech., schriftsprachl., gebräuchliche Form) Fragen Sie dort.
304, 21 f.	*ich habe mich... von Blachs Bildern* – Dr. Jonas Blach, Figur aus MJ; vgl. auch BU, S. 121, 407; s. 464, 22.
304, 24 f.	*holt Kreslil mich... für zehn Dollar* – s. K. 84, 14.

17. 11. 1967

304, 30–33	*Er ist es... auf freiem Fuß* – Vgl. den Artikel »Panama Suspect Is Not Nazi« der NYT vom 17. 11. 1967: »The chief of Panama's National Department of Investigation disclosed today that the man he has been holding since Monday at the request of West Germany is not the former Nazi Gestapo chief, Heinrich Müller. [...] the man's fingerprints matched those of Francis W. Keith, a United States citizen who first reached Panama on May 1, 1942.« Vgl. NYT 16. 11. 1967: Der in Panama eingebürgerte Francis Willard Keith »who has been earning a meagre living selling combs, wine, second-hand clothes and other objects.« Heinrich Müller, geb. 28. 4. 1900, zuletzt am 29. 4. 1945 im Bunker der Reichskanzlei gesehen, verschollen; seit 1919 im Polizeidienst, 1933 Chef des Staatspolizeiamts, 1939 Leiter des Amts IV der Gestapo im Reichssicherheitshauptamt, war verantwortlich für Überwachung und Bekämpfung der

inneren Staatsfeinde, Einweisungen in KZ, Vernichtung der Juden; vgl. DER SPIEGEL 20. 11. 1967, S. 148–150.

304, 33   *Geheimer Staatspolizei* – Die Geheime Staatspolizei (Gestapo), ein Dienstzweig der Sicherheitspolizei, hatte die Aufgabe, alle staatsgefährdenden Bestrebungen im Reich zu bekämpfen, sie wurde vom Reichsführer der SS, seit 1933/34 Heinrich Himmler, und dem Chef der Polizei geleitet; ihre Verfügungen unterlagen weder dem allgemeinen Polizeirecht noch den Verwaltungsgerichten; s. K. 532, 10; 591, 6; 862, 4 f.; VIII, 11.

304, 34–305, 2   *Auf der dritten . . . einen Prozeß hält* – Vgl. das Foto in der NYT vom 17. 11. 1967, S. 3, mit der Unterschrift »Mafia Members On Trial: The gymnasium of school in Catanzaro, Italy. Defendants sit inside a steel cage.«
Nach den Angaben des dazugehörigen Artikels »Italy, Trying 121, Seeks to Smash Mafia« steckten weniger als die Hälfte der 121 Angeklagten während der Verhandlung hinter Gittern: »52 of the 121 defendants were led, manacled, into the 75-foot-long cage constructed of steel tubing along the left side of the converted gymnasium.
The others, a police officer explained, were either still at large – 30 of them – on bail or in the cases of 33 others, ›sick‹ or merely refusing, as Italian law allows, to be present.«

305, 4–310, 37   *Avenarius Kollmorgen war . . . den Keller, Avenarius* – Aufbau, Figurenkonstellation und Inszenierung der Unterredung sind ein szenisches Pastiche des 8. Kapitels des Vierten Teils von Thomas Manns »Buddenbrooks«, in dem Kesselmeyer teilnehmender Beobachter der Auseinandersetzung zwischen Johann Buddenbrook und dessen Schwiegersohn Grünlich ist; vgl. Pokay (1983), S. 83.

305, 6   *von der Entsagung des Alters* – Vgl. Johnson, Auskünfte für eine Übersetzerin, S. 329: »›Seneca‹ – was kann das sein? Sollten wir das erklären – oder weglassen?
[Antwort:] Das ist Seneca der Jüngere, 4 B. C.–65 A. D. Vielleicht möchten Sie ergänzen und schreiben: Kollmorgen got up from Seneca's ›De tranquillitate animi‹ and marched to the kitchen etc.«
Das Thema des Alterns und des Genusses, insbesondere des Weins, finden sich auch in Senecas 12. Brief an Lucilius; vgl. Kinzel (1998).
Lucius Annaeus Seneca (4 v. Chr.– 65 n. Chr.), römischer Dichter, Philosoph, Erzieher Neros, später wegen angeblicher Verschwörung zum Selbstmord genötigt, mahnte als Stoiker zu Tugend, Milde und Mitleid. Er galt auch als Fachmann für Weinbau.

305, 8 f.   *Im Inneren wünschte . . . gelassen zu werden* – Kollmorgens Verhalten ähnelt dem Ideal des stoischen Weisen: »Sich selbst ist der Weise genug, er birgt sich in sich selbst, ist mit sich allein«; vgl. Senecas 9. Brief an Lucilius; Kinzel (1998).

305, 11–13   *über einen Vornamen . . . Berühmtheit geführt hatten* – 1. Ferdinand Avenarius (20. 12. 1856–22. 9. 1923), Schriftsteller, der durch Zeitschriften und einen Verein die Heimatdichtung und den Geschmack breiter Kreise fördern wollte. 2. Richard Avenarius (19. 11. 1843–18. 8. 1896), Philosoph; stritt den Unterschied zwischen innerer und äußerer Erfahrung des Individuums ab, Lenin wandte sich gegen seinen positivistischen Empiriokritizismus.

305, 14 *Richard Wagner zum Großvater zu haben* – Anspielung auf die germanischen Vornamen in der Familie Richard Wagners: Siegfried, Wieland, Winifred, Wolfgang.
Richard Wagner (22. 5. 1813–13. 2. 1883) Komponist und Textbuchdichter, der seine Stoffe im Mittelalter oder in den Heldensagen fand. Er bemühte sich um eine Wiederbelebung und Ästhetisierung der germanischen Mythologie.

306, 14 *Seneca* – s. K. 305, 6.

308, 1 *Dor hefft wi nicks von* – (nd.) Davon haben wir nichts.

308, 12 f. *So wo dat . . . kann de Wint* – (nd.) So wie das hängt und rutscht, das kann der Wind (umschmeißen).

308, 16 *Surrey Bank of Richmond* – s. K. 69, 28.

309, 33 *Denn rädn wi von min Gelt* – (nd.) Dann reden wir von meinem Geld.

310, 34 *Pommard* – Wein aus Burgund.

18. 11. 1967

311, 4 *Neuengland* – s. K. 43, 28.

311, 6–11 *vierziger Graden Fahrenheit . . . Es ist kalt* – 4–10° Celsius; s. K. 22, 39–23, 1.

311, 26 *Liberty Island* – Kleine Insel vor der Südspitze Manhattans, auf der die Freiheitsstatue steht.

311, 28 f. *Statue der Freiheit* – »Statue of Liberty Enlightening the World«, auf Liberty Island in der Upper Bay, ein Geschenk des frz. Volkes zur Erinnerung an den gemeinsamen Kampf im amerik. Unabhängigkeitskrieg (s. K. 1166, 6–8), am 28. 10. 1886 übergeben; von F.-A. Bartholdi geschaffen, das Innengerüst ist von Gustave Eiffel; s. K. 371, 29 f.; s. 586, 8–10; 1329, 3–8; 1718, 29–31.

311, 29 *Frédéric-Auguste Bartholdi* – 2. 4. 1834–4. 10. 1904, frz. Bildhauer; schuf monumentale Denkmäler und Brunnen, 1886 die Freiheitsstatue im New Yorker Hafen. Das Gesicht der Figur soll einem von Ary Scheffer gemalten Porträt der Mutter Bartholdis nachgebildet sein.

312, 37–
313, 21 *In einer Geschichtsstunde . . . Wohlbefinden dieses Kindes* – s. K. 178, 27–179, 22; s. 493, 4–6.

313, 23 *you are too biased* – (engl.) du bist zu voreingenommen?

314, 37–39 *Es war so . . . war meine Freude* – (engl. wörtl. übersetzt) It was such a pleasure to talk to you, Mrs. Cresspahl. – Not at all, the pleasure was mine.

315, 8–10   *Nimm das Kind . . . Gesine. London. Kopenhagen* – Vgl. die Manuskriptfassung
TS JT 4, 1. Fassung, S. 438 (im Johnson-Archiv):
»Nu kümmt Jakob.
Nimm das Kind da raus. Dublin.
Ich hab geschrieben nach Irland. Sie haben da nicht Arbeit für mich, Jakob.
Kopenhagen«; s. K. 1541, 24–31.

315, 27   *Bugs Bunny for President* – (engl.) Wählt Bugs Bunny zum Präsidenten. (Slogan
in Robert F. Kennedys Wahlkampf.) – Der Hase Bugs Bunny ist eine bekannte
Zeichentrickfigur aus Warner-Brothers-Filmen. Robert Kennedy hatte aufgrund seiner etwas vorstehenden Zähne den Spitznamen Bugs Bunny; s. K.
25, 4.

315, 34–316, 2 *Die New York . . . Der wahre Johnson* – Vgl. die drei Fotos in der NYT vom
18. 11. 1967 mit dem Text: »President Johnson at his news conference yesterday. His manner led many people to phone White House in praise.
With a microphone concealed in his coat, the President could leave lectern.
Sometimes he gestured and frowned. He waved his arms. His voice ranged
from angry volume to modest gentleness. This, some said, was ›the real Johnson.‹«
Vgl. auch den dazugehörigen Artikel »A New Presidential Style: That was ›the
Real Johnson,‹ His Old Friends Say«: »Wearing a portable microphone under
his coat, the President stepped out from behind the podium and walked up
and down in front of the camera like a revival preacher.
He waved his arms, chopped the air, drew imaginary lines with his fingers,
clutched his glasses, scowled, laughed and ran his voice through a range of
sound from high-volume anger to quiet, self-deprecating gentleness.«

316, 2–4   *Über die Kritiker . . . säßen im Glashaus* – Vgl. »Transcript of the President's News
Conference on Foreign and Domestic Matters« in der NYT vom 18. 11. 1967:
Johnson war von den Medien angeklagt worden, seine Kritiker als unpatrio-
tisch bezeichnet zu haben: »No, I haven't called anyone unpatriotic. I haven't
said anything that would indicate that. I think the wicked fleeth when no one
pursueth sometimes. I do think that some people are irresponsible and make
untrue statements and ought to be cautious and careful when they're dealing
with a problem involving their men at the front.« (Der Gottlose flieht, auch
wenn niemand ihn jagt; der Gerechte aber ist furchtlos wie ein junger Löwe;
Spr 28, 1).

19. 11. 1967

316, 6 f.   *die Abwertung des Pfund Sterling* – Am 18. 11. 1967 um 21.30 Uhr MEZ wurde das Pfund Sterling um 14, 3 % abgewertet; vgl. DER SPIEGEL 27. 11. 1967,
S. 148–161. Vgl. den Artikel »Britain Devalues Pound To $ 2.40 To Avert A
New Economic Crisis; Severe Restraints Are Imposed« der NYT vom 19. 11.
1967; s. K. 321, 14–24; 330, 19–21.

316, 8–18	*In Oceanside auf... ersten vernünftigen Gebot* – Vgl. den Artikel »L. I. Negro Homeowner Offers To Sell House After Bombing« der NYT vom 19. 11. 1967: »One of this community's few Negro homeowners today offered to sell his $50,000 residence ›at the first reasonable offer‹ because of a bomb hurled through his dining room window. [...] Mr. Revander, a real estate broker in Queens [...]. ›There have been rocks thrown at my door, chimney and window‹, he said. ›I found beer cans strewn on the lawn in the morning. Two years ago a cross was burned on my lawn. [...] Mr. Revander, whose house with a swimming pool in the back is situated at 463 Chelsea Road [...] ›I didn't mind the hostility,‹ he added, ›but now I'm afraid for my children.‹ [...] She [Frau Revander] went into an adjoining bedroom and brought out her 20-day-old daughter Bernice and said that ›she would have been killed if it exploded.‹ Mrs. Revander said that her husband and her 3-year-old son were standing near a television when the bomb landed on a rug of the dining room a few feet away.«

316, 8	*Oceanside auf Long Island* – s. K. 101, 33.
316, 12 f.	*ein Kreuz darauf verbrannt* – s. K. 201, 30.
318, 13	*er war sich nicht vermutend* – s. K. 180, 22.
319, 2	*Kröpelin* – s. K. 159, 25.
319, 32	*Reformationstag* – s. K. 105, 8 f.
319, 38	*Du füerst* – (nd.) Du fährst.
321, 5 f.	*Nu hest din . . . Tied hem, Hinrich* – (nd.) Nun hast du deinen Willen, Lisbeth. Nun sollst du deinen alle Zeit haben, Heinrich.

20. 11. 1967

321, 14–24	*Um den Dollar . . . ihre Währung abgewertet* – Vgl. »News Summary and Index« der NYT vom 20. 11. 1967: »In a move designed to protect the dollar in the wake of Britain's devaluation of the pound the Federal Reserve System yesterday announced the increase in the discount rate to 4.5 per cent. The discount rate, which is the amount commercial banks pay to borrow money from the Federal Reserve System, is one of the basic interest rates in the economy, and its increase is expected to raise the cost of money to borrowers throughout the country. [...] Spain devalued her currency by 14.3 per cent«. Vgl. auch den Artikel »Federal Reserve Rate Up; 6 In Common Market Move to Back A Loan To Britain« der NYT vom 20. 11. 1967; s. K. 316, 6 f.

321, 15   *Bundesreservebank* – Federal Reserve Bank of New York. Als eine der zwölf Banken des Federal Reserve System am 16. 11. 1914 eröffnet, hat die Bank die Aufgabe, die Währung zu kontrollieren, kommerzielle Kredite zu diskontieren und andere zum System gehörende Banken zu beaufsichtigen; seit 1922 hat sie ihren Sitz 33 Library Street. In ihren Kellern werden 40 % der Goldreserven der Welt für 80 Länder aufbewahrt, mehr als im legendären Fort Knox.

321, 22 f.   *Dafür haben wir . . . Columbia-Universität belegt* – Eine der ältesten und größten Universitäten der USA, 1754 als King's College in Morningside Heights gegr., private Universität, der zweitgrößte Immobilienbesitzer von New York. Gesine könnte allenfalls auf das angegliederte Barnard College gegangen sein, da auf der Columbia University erst seit 1983 Studentinnen zugelassen werden. Das Barnard College, ein selbständiger Campus westlich von Columbia, wurde 1889 speziell für Studentinnen gegr. und nach Frederick A. P. Barnard, einem der ersten Verfechter der Gleichberechtigung in der Hochschulausbildung, benannt; s. K. 100, 33 f.; 1092, 4; 1092, 7–1093, 24; 1096, 7; 1129, 9; 1134, 10–25.

321, 27–32   *Generalmajor William R. Peers . . . aus der Luft* – Vgl. den Artikel »Generals Ponder Foe's Dakto Aims« der NYT vom 20. 11. 1967: »›There's no use fighting him man to man,‹ said Maj. Gen. William R. Peers, commander of the Fourth Infantry Division. ›You make a contact and let him have it with air and artillery.‹ [. . .]
The three American commanders were talking about the North Vietnamese regiments that have been fighting in the hills above the Central Highlands stronghold of Dakto since Nov. 3.«

321, 29   *Kämpfen um Dakto im Mittleren Hochland* – In der Dschungel-Region rund um Dak To, nördlich von Pleiku, wurde im November 1967 als Auftakt zu der bevorstehenden Tet-Offensive etwa 22 Tage heftig gekämpft, wobei die US-Air Force rund 300 Einsätze mit B-52 Bombern und 2000 mit Kampfbombern flog; vgl. auch DER SPIEGEL 20. 11. 1967, S. 116; s. K. 300, 33–301, 2; 335, 16.

322, 18   *Dänin* – s. K. 28, 4–31.

322, 31   *U. N. O* – Abk. für engl.: United Nations Organization: Vereinte Nationen; s. K. 20, 30 f.

324, 9   *Töchting* – (nd.) Kose- und Verkleinerungsform von Tochter.

324, 21   *des blauen Kuppelgewölbes* – s. K. 10, 28 f.

324, 22   *General Electric-Ecke* – Nordöstliche Ecke der Halle; das General Electric Building (s. K. 1315, 4 f.) steht 570 Lexington Ave. (s. K. 11, 16), Ecke 51. Straße. General Electric Co., entstanden 1892 durch Fusion der Edison Electric Co. und der Thomson-Houston Electric Co., ist der größte Elektrokonzern der Welt mit Sitz in New York.

324, 25   *Gebäude der PanAmerican* – 200 Park Ave. Ab 1962 wurde Grand Central Station mit dem damals größten Bürogebäude der Welt (230 000 m² Bürofläche) überbaut; Entwurf: Walter Gropius, Emery Roth & Sons, Pietro Belluschi; 1964 eröffnet und von der PanAm genutzt.
Pan American Airways, 1927 gegr.; die damals dominierende amerik. internationale Fluglinie.

324, 29–31   *Auf dem flachen . . . des Hubschraubers verstreuten* – Auf dem Dach des PanAm Gebäudes befand sich ein Hubschrauberlandeplatz. Nach einigen Kontroversen gab es ab dem 22. 12. 1965 einen Helikopter-Service zum John F. Kennedy-Flughafen, der jedoch 1968 wegen Unwirtschaftlichkeit wieder eingestellt wurde; s. K. 324, 25; 327, 2; s. 396, 1 f.; 1883, 21 f.

324, 32   *Kopf des Chrysler-Gebäudes* – Lexington Ave. (s. K. 11, 16)/42. Straße, 1930 von William van Alen (1882–1954) im Stil des Art déco erbaut; 319 m, für kurze Zeit der höchste Wolkenkratzer; die 60 m hohe, helmartige Stahlspitze könnte mit ihren sich verkleinernden halbrunden Ringen an Zwiebelschalen erinnern; meist werden sie mit Radkappen von Autos verglichen.

325, 10 f.   *Flughafen Newark* – Der Flughafen von Newark (s. K. 110, 9) liegt im Süden des Stadtzentrums an der Newark Bay.

325, 19–21   *Ich möchte es . . . ausgesprochen ist, D. E.* – s. 815, 5–35; 1091, 1–4; vgl. MHC, S. 98: »Dies Wort hat sie für sich gestrichen.«

325, 22   *S. A. S.* – (engl.) Abk. für die skandinavische Fluglinie Scandinavian Airlines System mit Sitz in Stockholm.

325, 31 f.   *»wo wir immer tanken«* – s. 342, 21 f.; 343, 24 f.

326, 9   *Baffin Island* – Große Insel westlich Grönlands, der Hudson Bay vorgelagert. An der Baffin Bay lag der amerik. Luftstützpunkt Thule Air Base; s. K. 534, 28 f.; 671, 32 f.

326, 10   *Nummer SIX AUKS* – s. K. 166, 26–30.

327, 1   *Jamaica Bay* – s. K. 157, 2.

327, 2   *Luftbahnhof der Westseite* – Helikopter-Service der New York Helicopter Airways am Hudson auf der Höhe der 34. Straße.

327, 5   *Bentley* – Engl. Automarke der Luxusklasse; s. 327, 18; 341, 21; 343, 29; 1334, 31; 1339, 1; 1549, 22.

327, 7 f.   *Elizabeth, New Jersey* – Stadt in New Jersey, etwa 15 km südlich von Newark.

327, 11   *Passaic* – Stadt in New Jersey, 15 km nördlich von Newark.

327, 11   *East Orange* – Stadt in New Jersey, 5 km nordwestlich von Newark.

327, 24   *Roselle Park* – Westlicher Stadtteil von Elizabeth, New Jersey.

327, 35 *Im Aufstandsviertel von Newark* – s. K. 9, 6 f.; 89, 35 f.

327, 38 *»fast kid«* – (engl.) Ein Kind, das ganz schön was drauf hat. – Auf Frauen bezogen bedeutet »fast« leichtlebig, flott.

328, 17 *young lady* – (engl.) junge Frau; s. 465, 24, 30; 734, 31; 1123, 2; 1472, 19.

329, 26 *Busbahnhof in Manhattan* – s. K. 268, 9.

329, 37 *Gloucester Road* – Straße im zentral gelegenen Stadtteil Kensington, an der viele Hotels liegen.

330, 12 *Dr. Pompas* – s. K. 282, 24.

330, 15–17 *Jetzt rückt die . . . es 200 Millionen* –Vgl. den Artikel »And Now There Are 200 Million of US« der NYT vom 21. 11. 1967: »More than 500 spectators, crowded into the Commerce Department lobby for the ceremony, saw the clock record the figure at 11:3 A. M. [. . .] The Census Bureau clock that recorded the 200 million population figure consists of dials that compute the average birth, death, immigration and emigration rates. The result is a net gain of one citizen every 14.5 seconds«; s. K. 330, 24–31.

21. 11. 1967

330, 19–21 *Die New York . . . und geordneten Verhalten* –Vgl. den Artikel »Stock Prices Sag, But Then Recover« der NYT vom 21. 11. 1967: »The financial markets of the United States responded to Britain's devaluation of the pound and increases in key central bank interest rates with a remarkably cool and orderly performance; s. K. 316, 6 f.

330, 21 f. *Die größte Bank Chicagos* – Continental Illinois National Bank and Trust Company.

330, 24–31 *Gestern war es . . . Millionen Festlandschinesen hin* –Vgl. den Artikel »And Now There Are 200 Million of Us« der NYT vom 21. 11. 1967, der von einer Fehlermarge von 5,7 Mio. statt Prozent berichtet: »some authorities figure the nation hit the 200-million population mark more than two years ago [. . .] the Census Bureau has uncovered evidence that it undercounted the population in the 1960 census by at least 5.7 million. Most of those missed were nonwhite urban dwellers with no fixed address or living in illegal residences, the agency said, and the Negro-population in 1960 may have been undercounted by 9.5 per cent. [. . .]
The clock had been scheduled to record 200 million citizens at 11 A. M., but officials slowed the count by three minutes to make sure Mr. Johnson would be on hand at the right moment. [. . .] Three other nations have passed the 200 million figure in population. They are mainland China, with about 790 million; India, more than 500 million, and the Soviet Union, nearly 240 million«; s. K. 330, 15–17.

330, 32	*der Tag von Potsdam* – Am 21. 3. 1933 wurde mit einem Festakt in der Garnisonskirche der am 5. 3. 1933 neu gewählte Reichstag konstituiert, wobei der Reichstag durch den Reichspräsidenten Hindenburg begrüßt wurde, Hitler die Regierungserklärung verlas, Kränze an den Särgen Friedrich II. und Friedrich Wilhelm I. von Preußen niedergelegt wurden und eine Parade der Reichswehr, der Polizei, der SA, des »Stahlhelms« und der Kriegerverbände stattfand. Mit der Wahl von Ort und Datum – am 21. 3. 1871 hatte Bismarck den 1. Reichstag des neu gegr. Deutschen Reichs eröffnet – usurpierten die neuen Machthaber die preußisch-dt. Tradition.
330, 34	*Feldmarschall* – Hindenburg: s. K. 159, 9.
331, 12 f.	*Bahnhof Victoria* – s. K. 193, 13.
331, 27 f.	*Brüsseler Radarkongreß* – Radar: s. K. 42, 16.
331, 29	*Anselm Kristlein* – Figur aus mehreren Romanen Martin Walsers, »Halbzeit«, 1960, »Das Einhorn«, 1966, »Der Sturz«, 1973; s. K. 118, 23; s. 874, 29–877, 34; 1423, 4; 1663, 25; 1710, 22–1712, 38.
331, 34	*die Königin war zu Hause* – Der Aufenthalt der Königin in der Stadt wird durch eine Fahne auf Buckingham Palace angezeigt.
331, 35	*Linie District* – District Line, Linie der Londoner Untergrundbahn, deren südwestliche Endstation Richmond ist; s. 334, 27.
332, 7	*Barclay* – Barclays Bank, eine der größten engl. Banken mit Niederlassungen in der ganzen Welt; um 1690 als Privatbank gegr., 1917–82 unter dem Namen Barclays Bank Ltd; Sitz: 54 Lombard Street, London; s. K. 696, 29–33.
332, 7	*Midland* – Midland Bank; große engl. Bank; als The Birmingham and Midland Bank 1836 gegr., nach mehreren Zusammenschlüssen 1923–99 Midland Bank Ltd.; Sitz: 23–32 Poultry, London; s. K. 696, 29–33.
332, 10–12	*Ravenscourt Park, Stamford . . . zurück nach Upminster* – Wie nicht anders zu erwarten, sind dies alle Stationen der District Line zwischen Hammersmith und Richmond; Upminster ist die Endstation in nordwestlicher Richtung.
332, 17–19	*Eisenbahnbrücke auf den . . . sparsamen alten Steinhütten* – Cresspahl läuft einen kleinen Umweg durch die Geschäftsstraße The Quadrant, Waterloo Place ist ein schmaler Durchgang mit sehr kleinen Häuschen.
332, 24	*Altersheim von William Hickey* – Der 1782 gest. William Hickey war seit 1699 Tenant (Pächter) des Royal Manor und besaß einige der besten Grundstücke auf dem Richmond Hill. Er bestimmte, daß nach dem Tod seiner nächsten Verwandten sein Erbe den Armen der Kirchgemeinde zukommen sollte. 1825 ließ die Gemeinde von dem angewachsenen Nachlaß die »Almshouses« in der Sheen Road bauen. Die in Frauen- und Männerwohnungen getrennten Reihen kleiner Häuschen, um Kapelle und Innenhof gruppiert, waren zur Zeit des Besuchs in Richmond noch Altersheim. Es ist fraglich, ob Lisbeth sich dort wohlgefühlt hätte; zwar wurden seit 1911 auch Nicht-Anglikaner auf-

genommen, aber der Pflichtgottesdienst wurde nach wie vor nach der Liturgie von 1662 abgehalten.

332, 24 f. *Manor Road* – Verlängerung der Queen's Road nach Norden, südlich der Bahnlinie mit Wohnhäusern bebaut, nördlich der Bahn gewerblich genutzt. Manor Grove ist eine nach Osten abzweigende Seitenstraße.

332, 31 f. *hinter Stacheldraht gesetzt* – Wie im 1. Weltkrieg wurden 1939/40 »enemy aliens« interniert: Flüchtlinge aus Deutschland, Österreich und der Tschechoslowakei. Die »enemy aliens« wurden überprüft und unterteilt: Klasse A war zu internieren, Klasse B durfte sich nicht frei in England bewegen, und Klasse C blieb ungehindert frei. Von 73 800 Überprüften wurden anfangs weniger als 1 % interniert, im Frühsommer 1940 etwa 30 000, die meisten auf der Isle of Man, auch in Kempton Park bei London. 1940 wurden in mehreren Phasen fast alle bisher freien dt. und österr. Männer interniert. Etliche wurden auf eigenen Wunsch nach Australien oder Kanada deportiert, viele 1941 wieder entlassen, weitere 1942; vgl. Calder (1969).

333, 7 *Green* – s. K. 129, 17 f.

333, 7 f. *Maids of Honour Row* – (engl.) »Hofdamenreihe«: vier Häuser im »Georgian style« aus dem 18. Jh. neben dem ehemaligen Richmond Palace, für die Hofdamen von Sophie Dorothea, der Frau George I., gebaut.

333, 8 *Alten Palast* – Richmond Palace, auch Old Palace genannt; s. K. 147, 6.

333, 8 *Ham House* – Elisabethanisches Landhaus, am Ostufer der Themse, südlich von Richmond, 1610 erbaut, Ende des 17. Jh.s erweitert, seitdem unverändert.

333, 13 f. *Restaurant im Tower . . . an der Brücke* – Neoklassizistisches Haus an der Nordwestseite der Richmond Bridge mit einem Turm im »Italianate style«, 1856 gebaut. Das Restaurant wurde von Irmgard Müller für größere Familienfeiern bevorzugt (zuletzt 1989).

333, 16 *Promenade* – Cholmondeley Walk, beliebter Spazierweg am Nordufer der Themse; dort findet das in MHC aufgeschriebene Gespräch mit Marie statt; vgl. MHC, S. 90; s. 342, 2.

333, 21 *Arbeit eines Tauchers* – s. K. 181, 16–23; 193, 30–33.

333, 23 *Kaufhaus Gosling* – s. K. 144, 39.

333, 23 *King Street* – Schmale Straße in Richmond, die von der George Street nach Norden abzweigt.

333, 24 *Gebrüder Wright* – s. K. 181, 31–36.

333, 25 *Shorts Greyhound-Restaurant* – s. K. 94, 36 f.

333, 30 *Hill Street* – Führt von Richmond Bridge auf den Richmond Hill; s. K. 147, 20–33.

333, 33	*Castle-Restaurants* – Der Name geht auf ein 1888 abgerissenes Hotel an der Whittaker Avenue und dem Themseufer zurück, dessen Säle noch als Gaststätte genutzt wurden.
333, 37 f.	*in einem Laden . . . Street und Kirchweg* – 1966 befand sich in 2–4 Paradise Street »Richmond Curios«, ein Antiquitätengeschäft, das auch ein Puppenhaus angeboten haben könnte.
334, 11	*Parish Church* – s. K. 104, 37.
334, 21–24	*Vor den Gleisen . . . wie eine Falle* – Schranke über die Manor Road.
334, 26	*in dem Dreieck Bodens* – Diese Fußgängerbrücke war nicht nachzuweisen, aber von dem steinernen Fußgängerübergang westlich der Manor Road ist (war in den achtziger Jahren) das von den Schienensträngen gebildete Dreieck und die in dem Winkel liegende Holzfirma zu sehen; vgl. Müller (1988), S. 269; s. K. 1866, 9–11.
334, 27	*Southern* – Southern Railway, damalige Bezeichnung des Eisenbahnnetzes von British Rail für das Gebiet Südost; südlich der Manor Road verlaufen Eisenbahn- und U-Bahngleise parallel bis Richmond.
334, 28–335, 3	*gegenüber der Gasanstalt . . . ihn inzwischen angestrichen* – s. K. 94, 4 f.
334, 30 f.	*Baltic Timber Company* – Das Gebäude der Baltischen Bauholz-Gesellschaft stand dort bis 1990 (in den achtziger Jahren unter dem Namen des Bau- und Holzhandels Jewson); vgl. Gaines (1992), S. 78.
334, 36	*»Railway Cottage«* – (engl.) Eisenbahnerhäuschen. Eines stand auf der Ostseite, drei befanden sich auf der Westseite (der Tischlereiseite) der Manor Road.
335, 4	*Friedhof Sheen* – s. K. 95, 4 f.

22. 11. 1967

335, 12–15	*Der Oberbefehlshaber der . . . »im klassischen Sinne«* – Vgl. den Artikel »Westmoreland Says Ranks Of Vietcong Thin Steadily« der NYT vom 22. 11. 1967: »Gen. William C. Westmoreland asserted today that the strength of Vietcong guerilla forces in South Vietnam was ›declining at a steady rate,‹ [. . .]. But he did not forecast a ›military victory in the classic sense.‹«
335, 12 f.	*General William C. Westmoreland* – s. K. 40, 21.
335, 15–17	*in der Schlacht . . . Nordvietnamesen (geschätzt:) 1181* – Vgl. den Artikel »U. S. Troops Take Top Of Hill 875; Defy Fierce Fire« der NYT vom 22. 11. 1967: »Over-all American casualties since the fighting in the highlands broke out Nov. 3 were reported unofficially at 239 killed and 522 wounded. [. . .] The North Vietnamese have suffered 1,181 killed, according to estimates and a count of enemy dead.«

335,16   *Schlacht um die... 875 bei Dakto* – Die US-Streitkräfte bezeichneten Geländerhebungen ohne Namen nach ihrer Höhe in Metern über NN. Die Höhe 875 lag westsüdwestlich von Dak To nahe der von den Nordvietnamesen besetzten »Base Area 609« im Länderdreieck Kambodscha, Laos und Südvietnam. Es gelang den US-Streitkräften schließlich, die Höhe zu nehmen.
DER SPIEGEL vom 27.11.1967, S.137, berichtete: »Im annamitischen Hochland nahe Dak To versuchten amerikanische und südvietnamesische Fallschirmjäger immer wieder, den wichtigen Hügel 875 zu stürmen. Immer wieder wurden sie zurückgeschlagen. [...] Erst nach fünf Tagen erreichten die GIs die Höhe 875. Gesamtverluste: rund 300 US-Soldaten.«
Vgl. auch DER SPIEGEL vom 11.12.1967, S.118: »Allein das fünftägige Ringen um die Höhe 875 bei Dak To kostete sie [die Amerikaner] über 150 Tote und über 500 Verwundete. Aber eine Woche nachdem sie den Berg gestürmt hatten, räumten ihn die Eroberer wieder. Denn der Feind war längst verschwunden – nach Kambodscha.«
Bei den Kämpfen im November 1967 um die Höhe 875 und benachbarte Höhen in der »Base Area 609« wurden 287 Männer der 173rd Airborne Brigade und der 4th Infantry Division getötet und mehr als 1000 verwundet. Nach dem Rückzug der Nordvietnamesen räumten auch die US-Streitkräfte die Höhen wieder; vgl. Sheehan (1990), S.755; s. K.300, 33–301, 1; 321, 29.

335,18–22   *Und Mr. George... Weltkrieges gemacht hat* – Vgl. den Artikel »Father Disowns His Son For Defying the Draft« der NYT vom 22.11.1967, in dem »disown« im Sinne von »verstoßen«, statt »enterben« zu verstehen ist: »Tulsa, Okla., Nov. 21 (UPI) – A father of a draftage son has condemned antiwar activity and, he said, has congratulated the local draft board for canceling the student deferment of his son, who turned in his draft card to the Justice Department.
George Stroup Jr. commented yesterday after he had learned about the canceling of the deferment of his son, George Stroup 3d, a Yale Divinity School student.
Mr. Stroup said that his son was no longer welcome at home and he would prefer that the youth changed his name.
›I don't think anyone should take opposition to the country,‹ said Mr. Stroup, who was a fighter pilot in World War II.«

335,23–29   *Im Osten von... an die Wand* – Vgl. den Artikel »Hippie Mother Held in Slaying Of Son, 2« der NYT vom 22.11.1967: »The body of a 2-year-old boy, his heart cut out and a soft drink bottle inserted in the cavity, was found in an east Denver hippie house today [...].
The child's 24-year-old mother, her hands and the knees of her blue jeans stained with blood, was held under guard at Denver General Hospital. Attendants said that she appeared to be under the influence of drugs. She would not talk, they said, but only stared at the wall. [...]
Provo House was established by a hippie group during the fall. [...] Provo, it was said, was chosen as a name because the group's intent was to provoke the Establishment«; vgl. auch DER SPIEGEL 4.12.1967, S.193.

335, 23	*Denver* – Hauptstadt von Colorado.
335, 35	*»Regenbogen«* – Rainbow Room, 30 Rockefeller Plaza im Rockefeller Center (s. K. 424, 1), in der 65. Etage des 70stöckigen, heutigen General Electric Building (früher RCA Building); im Oktober 1934 eröffnet, mit einer sehr guten Aussicht auf die Skyline und einer sich drehenden Tanzfläche, wurde es jahrzehntelang für das eleganteste Restaurant der Stadt gehalten.
336, 1 f.	*Restaurant des Fernmeldeturms* – Der Londoner Post Office Tower in der Cleveland Street (zwischen Regent's Park und Oxford Street) wurde 1964 vollendet. Er ist 177 m hoch und hat ein sich drehendes Restaurant in 165 m Höhe.
336, 4	*mit ihren Freunden in Süd-London* – s. K. 37, 28 f.
336, 6	*Brouwersgracht* – Westlich des Hauptbahnhofs in der Nähe des Holzhafens gelegen.
336, 10 f.	*ein Hotel in . . . des Stephen Green* – Shelbourne Hotel, 2 St. Stephen's Green, galt zur Zeit der Romanhandlung als Dublins elegantestes Hotel, später dem Trust House Konzern zugehörig.
336, 18	*Cork nach Cobh* – s. K. 75, 31; 75, 32.
336, 19	*Lee* – Fluß, der bei Cork ins Meer mündet.
336, 24 f.	*»which provides a . . . of romantic beauty«* – (engl.) der ein Bild romantischer Schönheit bietet. Vgl. Johnson, Dead Author's Identity, S. 37: »Cobh is in the county of Cork, Ireland. It is connected to the city of Cork by a railway service along the river Lee which provides a scene of romantic beauty.«
336, 25	*Limerick* – Stadt im Südwesten Irlands am Fluß Shannon; der Flughafen Shannon liegt etwa 25 km westlich der Stadt.
336, 26	*Kilkee* – Kleine Hafenstadt an der Atlantikküste, County Clare, bekannt für einen feinen Sandstrand; vgl. MHC, S. 109: »Von Birmingham wäre es nicht weit zur Fähre nach Dun Laoghaire (das Haus in Kilkee).«
336, 33	*D. C.–8* – Die vierstrahlige DC-8 gehörte zu den ersten Langstrecken-Verkehrsflugzeugen mit Düsenantrieb; geringfügig größer, ansonsten nahezu identisch mit der Boeing 707 (s. K. 1309, 21); von der amerik. Douglas Aircraft Co. Inc. 1958–72 produziert; s. K. 168, 23; s. 341, 17; 1708, 3.
336, 39	*In Richmond in der Hauptpost* – 1966 in 70 George Street.
337, 31	*Duggerna-Felsen* – Duggerna Rocks, bizarre Klippenlandschaft um eine hufeisenförmige Bucht mit bis zu 100 m langen und 20 m hohen Höhlen und Spalten.
338, 5	*New-found-out* – (engl.) Neu entdeckt.
338, 7 f.	*»Intrinsic«* – (engl.) wörtl.: innewohnend, wesentlich; vgl. Clare County, S. 31.

338, 8   *Look-Out* – (engl.) Ausblick, Aussichtspunkt; hier der westlich von Kilkee gelegene Look Out Hill, 60m, zu dem ein Weg entlang der Klippen führt.

338, 17   *County Clare* – Irische Grafschaft an der Westküste.

338, 19–22   *So (und ich ... den oberen Stockwerken* – s. 1593, 22–1594, 20.

339, 3–9   *Er hat seine ... er nicht mehr* – Der Abschnitt gehört auch zur Auseinandersetzung mit Prousts Behandlung der Erinnerung; vgl. Proust (1953), Bd. 1, S. 69: »Natürlich hätte ich, danach befragt, angeben können, daß Combray noch aus anderen Dingen bestanden habe und zu anderen Stunden dagewesen sei. Aber da alles, was ich mir davon hätte ins Gedächtnis rufen können, mir dann nur durch bewußtes, durch intellektuelles Erinnern gekommen wäre und da die auf diese Weise vermittelte Kunde von der Vergangenheit ihr Wesen nicht erfaßt, hätte ich niemals Lust gehabt, an das übrige Combray zu denken. Alles das war in Wirklichkeit tot für mich«; vgl. Butzer (1997); s. K. 8, 38–9, 2; s. 816, 32–818, 8.

339, 30 f.   *exempli gratia* – (lat.) wörtl.: dank dem Beispiel; als Abkürzung »e. g.« im Englischen für »z. B.« gebräuchlich.

340, 7   *Klaus Fuchs* – 29. 12. 1911–28. 1. 1988, dt. Kernphysiker; seit 1932 Mitglied der KPD, 1933 nach Großbritannien emigriert, 1943–46 in Los Alamos an der Entwicklung der Atombombe beteiligt, 1946 Leiter der theoretischen Abteilung des brit. Atomforschungszentrum Harwell; 1948 als Spion für die UdSSR enttarnt, 1950 zu 14 Jahren Haft verurteilt, 1959 begnadigt. Übersiedlung in die DDR, 1959–74 am Zentralinstitut für Kernforschung der DDR in Rossendorf und in der Akademie der Wissenschaften tätig, 1967 im ZK der SED. Fuchs erklärte seine Spionagetätigkeit mit Gewissenskonflikten; s. 1717, 18 f.

340, 19   *Ingrid Babendererde* – s. K. 9, 32–36.

340, 24   *nach etwas Drittem* – Der »dritte Weg«: Schlagwort der fünfziger und sechziger Jahre; in der Philosophie bezogen auf Camus' nonkonformistische Absage an die totalitären Systeme und auf die Verweigerung, die Fronten des kalten Kriegs zu akzeptieren; politisch insbesondere die Suche nach einer Synthese von humanem Sozialismus und Demokratie, d. h. der Überwindung der stalinistischen Parteidiktatur.

340, 27 f.   *die Memoiren unter ... Straflager geschrieben haben* – Johnsons Interesse an diesem Thema zeigt sich z. B. darin, daß er die Berichte von Susanne Leonhard: »Gestohlenes Leben. Schicksal einer politischen Emigrantin in der Sowjetunion«, Herford ⁵1968, und von Margarete Buber-Neumann: »Als Gefangene bei Stalin und Hitler«, Berlin ³1982 (zuerst 1949 erschienen), besaß.

340, 29   *Carola Neher* – 2. 11. 1900 oder 1905-28. 6. 1942; Schauspielerin, für die Brecht die Rolle der Polly in der »Dreigroschenoper« und die Hauptrolle in »Die heilige Johanna der Schlachthöfe« schrieb; verheiratet mit Klabund; 1933 als Staatsfeindin ausgebürgert; emigrierte mit ihrem zweiten Mann Anatol

Becker nach Prag, später nach Moskau. Anatol Becker wurde angeklagt, er habe am 1. Mai 1936 Stalin und Woroschilow auf dem Roten Platz ermorden wollen, und erschossen. Carola Neher, die sich geweigert hatte, als Agentin nach Deutschland zu gehen, wurde am 25. 6. 1936 als »trotzkistische Agentin« verhaftet und am 16. 7. 1937 zu zehn Jahren Gefängnis verurteilt. Ihr Sohn Georg kam in ein Kinderheim. Nach Kriegsbeginn nach Sibirien verlegt, erkrankte sie auf dem Transport an Typhus und starb im Lager von Sol-Ilezk im Gebiet von Orenburg. Brecht wurde wiederholt vorgeworfen, daß er sich nicht für sie verwendet habe. Tatsächlich hat er im Mai 1937 über den bei den Sowjets angesehenen Schriftsteller Lion Feuchtwanger versucht, auf ihr Schicksal Einfluß zu nehmen; s. K. 340, 32 f.; 819, 5.

340, 32 f. *gewissen Schweigen des Dichters Brecht* – Im Mai 1937 bittet Brecht Lion Feuchtwanger brieflich, sich beim »Sekretariat Stalins« nach dem Verbleib Carola Nehers zu erkundigen und etwas für sie zu tun. Er bezeichnet ihre Verhaftung als Fehlgriff und fügt hinzu: »Es wäre mir allerdings recht, wenn Sie diese meine Bitte ganz vertraulich behandelten, da ich weder ein Mißtrauen gegen die Praxis der Union säen noch irgendwelchen Leuten Gelegenheit geben will, solches zu behaupten.« In seinem Arbeitsjournal vermerkt Brecht unter »januar 39«: »niemand [weiß] etwas von der neher, die in prag im auftrag ihres mannes trotzkistische geschäfte abgewickelt haben soll.« Aus einem Gedicht über diesen Fall, das erst seit 1993 gedruckt vorliegt, hatte Brecht 1956 einige Verse für »Bertolt Brechts Lieder und Gedichte« zu folgender Strophe verwandt:

Rat an die Schauspielerin C. N.
Erfrische dich, Freundin
An dem Wasser aus dem Kupferkessel mit den Eisstücken
– Öffne die Augen unter dem Wasser, wasch sie –
Trockne dich ab mit dem rauhen Tuch und lies
Vom Blatt an der Wand die schwierigsten Zeilen der Rolle,
Wisse, das tust du für dich und tue es vorbildlich.

Im 1937 geschriebenen, aber unpubliziert gebliebenen Gedicht »Das Waschen«, dem ebenfalls die Abkürzung »C. N.« voransteht, lautet die zweite Strophe:

Jetzt höre ich, du sollst im Gefängnis sein.
Die Briefe, die ich für dich schrieb
Blieben unbeantwortet. Die Freunde, die ich für dich anging
Schweigen. Ich kann nichts für dich tun. Wie
Mag dein Morgen sein? Wirst du noch etwas tun für dich?
Hoffnungsvoll und verantwortlich
Mit guten Bewegungen, vorbildlichen?

Vgl. Brecht (1983), Bd. 1, S. 308–310; Brecht (1977), S. 23, Brecht (1988), Bd. 14, S. 360 f.; s. K. 211, 33.

340, 34 f. *Prof. Dr. Dr. Harry Wittenberg* – Konnte nicht nachgewiesen werden; vgl. MHC, S. 109: »Nördlich könnte ich nach Birmingham (Harry Wittenberg)«; s. 1686, 16.

341, 14	*stellt seinen Beaujolais kalt* – In der Gegend von Beaujeu, im Bergland zwischen Loire und Saône, angebauter Burgunderwein, den kaltzustellen bestraft werden sollte; s. 1087, 21; 1833, 35.
341, 21	*Bentley* – s. K. 327, 5.
341, 35	*social life* – (engl.) gesellschaftliches Leben, im Sinne von Einladungen, Parties, Besuchen.
342, 2	*Themsepromenade* – s. K. 333, 16.
342, 5	*Regent Street* – Hier befinden sich mehrere exklusive Textilgeschäfte; s. K. 182, 35.
342, 21 f.	*»wo wir immer tanken«* – s. 325, 31 f.
342, 22	*Happy Thanksgiving* – Thanksgiving Day ist das Erntedankfest in den USA und Kanada, vom Gouverneur W. Bradford 1621 als Dank für die erste Ernte der Siedler eingeführt; am 4. Donnerstag im November begangen; s. 343, 3; 375, 12.
342, 26	*»Amen«* – (hebr.) Gewiß, es steht fest; Anerkennungs- und Gebetsschlußfloskel; s. 764, 6, 21.
342, 26	*»over and out«* – (engl.) wörtl.: vorbei und aus: Floskel, um im Funkverkehr das Ende eines Gesprächs anzuzeigen.
342, 34–39	*Die Regierung gibt . . . diesen Zweck bereitgestellt* – s. K. 9, 6 f.; 201, 22–24; 206, 30–207, 33; 207, 15–21; 212, 23–39.

23. 11. 1967

343, 3	*Thanksgiving Day* – s. K. 342, 22.
343, 5	*Kaufhaus Macy seine Parade* – R. H. Macy, allgemein bekannt als Macy's, 1858 von Rowland H. Macy als kleiner Laden an der 6. Ave. gegr., 1888 von Isidor und Nathan Straus übernommen. 1902 wurde ein Kaufhaus am Broadway/34. Straße West eröffnet; nennt sich größtes Kaufhaus der Welt; veranstaltet und bezahlt jährlich die Thanksgiving Parade.
343, 6	*Central Park West* – Wegen der unverbaubaren Aussicht auf den Central Park eine der teuersten Adressen New Yorks; s. K. 174, 29; s. 548, 21; 574, 25, 27; 1071, 3; 1073, 17.
343, 6	*Herald Square* – s. K. 139, 19.
343, 11–19	*Die Mafia war . . . unterlassen zu haben* – Vgl. den Artikel »$11-Million Ring For Bets Raided« der NYT vom 23. 11. 1967: »A $11-million-a-year bookmaking ring controlled by the Mafia and protected by the Gallo gang was smashed yesterday by Internal Revenue Service agents, according to United States Attorney Robert M. Morgenthau.

He said the Brooklyn based ring accepted bets on every type of sporting event in the New York area and was headed by Joseph (Butch) Musumeci, one of six men who were arrested. Musumeci was released yesterday in $5000 bail by Federal Judge John F. X. McGohev on an indictment charging failure to purchase the $50 Federal gambling tax stamp. [...] Tax agents raided the alleged ring's headquarters in a ground floor apartment at 1901 West Seventh Street, Brooklyn. Mr. Morgenthau [sic!] and Mottas the two Nicolas brothers were arrested in the wire room, where bets were telephonically recorded.«

343, 13   »Butch«, Joseph Musumeci – Geb. 1920, Mafioso, Mitglied der Colombo-Familie, leitete angeblich den verbotenen Wettbetrieb. Er war am 23. 10. 1967 wegen Wettbetrugs verhaftet worden und wurde jetzt gegen eine Kaution von $5,000 freigelassen; vgl. NYT 23. 11. 1967; s. K. 213, 34–214, 3.

343, 14   »Baby Knall«, Albert Gallo – s. K. 213, 34–214, 3; 213, 34.

343, 19f.   Flughafen von Newark – s. K. 325, 10f.

343, 24f.   »wo wir immer tanken« – s. 325, 21 f.; 342, 21 f.

343, 29   Bentley – s. K. 327, 5.

344, 7–9   wir fragten sie . . . des Jahres 1933 – s. K. 46, 23–47, 4.

344, 32   eine »Gefärbte« – s. K. 218, 13.

344, 35   Delikatessenläden – Feinkostläden heißen in den USA »delicatessens«; die ersten solcher Läden traten Mitte des 19. Jh.s auf und offerierten europäische Spezialitäten, vor allem aus Deutschland. Später nahm ihre Zahl stark zu, sie verkauften alle Arten von Lebensmitteln; s. 521, 35 f.; 851, 29; 1323, 24; 1392, 33.

344, 36   97. Straße – s. K. 27, 18.

345, 20   Truthahnbraten – Truthahn ist das traditionelle Gericht zu Thanksgiving.

345, 32   Teebrett – (amerik. Engl. wörtl. übersetzt) tea tray: Tablett.

346, 36   103. Straße West – Obere Westseite von Manhattan, nördlich der Cresspahlschen Wohnung; s. 705, 7 f.; 773, 13.

347, 17–19   »Ein Fallschirmjäger, verwundet . . . aus Viet Nam – Vgl. den Artikel »Dakto Hill Falls to U. S. Soldiers in Bitter Fighting Near Cambodian Border« der NYT vom 23. 11. 1967: »The attack faltered, then stopped. One paratrooper, wounded, fell across the nozzle of his flamethrower, and was set afire.«

24. 11. 1967

347, 23 f.   Der Dollar kriegt . . . wie die Verrückten – Vgl. den Artikel »Gold-Buying Wave Swells, Battering Dollar in Europe« der NYT vom 24. 11. 1967: »London, Nov. 23 – The United States dollar was battered again today as another huge wave of buying broke over the London gold market. [. . .]

Paris, Nov. 23 – Gold centers on the Continent did a record business today, with the Bank of France supplying some of the demand for ingots in the Paris market.«

347, 24–31   *Übrigens schätzt die . . . mit den Bidets* –Vgl. den Artikel »The Made-in-U. S. Label Blankets Western Europe« der NYT vom 24. 11. 1967: »From the Iberian Peninsula to Scandinavia and from the British Isles to Italy, Western Europe is becoming Americanized in its consumer habits. [. . .]
This process of everyday Americanization in Western Europe is directly related to the mounting influx of United States private capital – an estimated $ 10-billion in new investments since 1958 – and management. [. . .]
The American visiting Europe does go home with new ideas and they may range from the sudden discovery that a Chateau Mouton Rothschild wine or Spanish Riscal merits being served in an American home to the notion that there may be something to be said for the European obsession with bidets.«

347, 29   *Château Mouton Rothschild . . . des spanischen Riscal* – Mouton-Rothschild: nach dem in Pauillac gelegenen Schloß der Rothschilds benannter Bordeaux von überragender Fülle. Riscal: Inbegriff des Rioja; Marquis de Riscal gründete 1860 das erste Weingut im Rioja; dem Bordeaux ähnliche, leichtere, elegante Weine. Beides sehr teure Weine.

347, 32–35   *Nachdem die U. S. A. . . . . stationärer Behandlung bedurften* –Vgl. den Artikel »Last Of Foe Quit Hill Near Dakto« der NYT vom 24. 11. 1967: »American losses in Vietnam since Jan. 1 1961, now stand at 14,846 and 93,227 wounded, of whom 49,312 required hospitalization.«

347, 32   *Höhe 875* – s. K. 321, 29; 335, 16.

348, 1–6   *Zum ersten Mal . . . der Schwangerschaft entnommen* –Vgl. den Artikel »First Birth Defect Attributed to Use Of LSD by Mother« der NYT vom 24. 11. 1967: »The first documented case of a baby born with birth defects after her mother had taken LSD during pregnancy was reported today.
[. . .] the baby, born in Iowa last summer, had a severely deformed right leg – shorter than her left and attached to her hip at an odd angle. Her right foot is also short and has only three toes.
The report said that the 19-year-old mother had taken enough LSD, the hallucinatory drug, on four occasions during pregnancy to ›go on a trip‹, or have hallucinations.«

348, 1   *L. S. D.* – s. K. 157, 28.

348, 7–10   *Die Zypernkrise ist . . . türkischen Truppentransportern gesetzt* – Vgl. die Artikel »Vance Seeks Turks on Peace Mission; Flies to Athens« und »U. S. Dependents Leaving Cyprus« der NYT vom 24. 11. 1967, beide Spalte 8, und die Fotos mit den Texten »Greek armored vehicles move toward the eastern frontier. Athens warned Turkey against invading Cyprus« sowie »In Turkey, troops assigned to guard the border are ferried across strait of Bosporus to Istanbul's European side«.

348, 7   *Zypernkrise* – Bürgerkriegsartige Auseinandersetzungen zwischen griech. und türkischen Zyprioten, die im Dezember 1967 zur Gründung einer »Provisorischen türkisch-zypriotischen Verwaltung« führten, aus der in der Folge der nur von der Türkei völkerrechtlich anerkannte Staat »Türkische Republik Nordzypern« wurde. Damit war die Teilung der Insel praktisch festgeschrieben; vgl. DER SPIEGEL 27. 11. 1967, S. 162–164; 4. 12. 1967, S. 154 f.

348, 10 f.   *Offenbar sollen wir . . . der Sache befassen* – »wir«: s. K. 46, 26; 230, 27 f.

348, 18   *Seit er in den Städten war* – Anspielung auf ein typisches Brecht-Wort, z. B.: »Ich, Bertolt Brecht, in die Asphaltstädte verschlagen« (»Ich, Bertolt Brecht, bin aus den schwarzen Wäldern.«); »Meine Mutter trug mich in die Städte hinein« (»Vom armen B. B.«) »In die Städte kam ich zur Zeit der Unordnung« (»An die Nachgeborenen«).

348, 27   *Straffreiheit für Verbrechen der Nazis* – Die »Verordnung des Reichspräsidenten über die Gewährung von Straffreiheit« vom 21. 3. 1933 (RGBl. I, S. 134) betraf alle Taten, »die im Kampfe für die nationale Erhebung des Deutschen Volkes« begangen worden waren, das schloß auch Brandstiftung, schwere Körperverletzung und Mord ein; alle Strafen wurden erlassen, anhängige Verfahren eingestellt, neue nicht eingeleitet.

348, 28 f.   *die Todesstrafe für . . . der hitlerschen Privatarmee* – Um die Todesstrafe verhängen zu können, mußte es sich nach § 2 Abs. 2 der »Verordnung zur Abwehr heimtückischer Angriffe gegen die Regierung der nationalen Erhebung« vom 21. 3. 1933 (RGBl. I, S. 135) um einen besonders schweren Fall handeln und die Tat in der Absicht begangen worden sein, »einen Aufruhr oder in der Bevölkerung Angst oder Schrecken zu erregen oder dem Deutschen Reich außenpolitische Schwierigkeiten zu bereiten«.

348, 29   *der hitlerschen Privatarmee* – D. h. der verschiedenen paramilitärischen Formationen der NSDAP, hauptsächlich der SA und der SS; s. K. 46, 30; 105, 19; 591, 6.

348, 30   *Sondergerichte* – Nach der »Verordnung der Reichsregierung über die Bildung von Sondergerichten« vom 21. 3. 1933 (RGBl. I, S. 136) gebildete Strafgerichte, die abweichend von der ansonsten geltenden Strafprozeßordnung ohne mündliche Verhandlung über den Haftbefehl, ohne gerichtliche Voruntersuchung, ohne Beschluß über die Eröffnung des Hauptverfahrens, mit der Möglichkeit, Beweiserhebungen abzulehnen, und ohne Vernehmungen ins Protokoll aufnehmen zu müssen, verhandeln konnten. Gegen die Urteile dieser Gerichte gab es keine Rechtsmittel.

348, 30   *Hindenburg* – s. K. 159, 9.

348, 35   *Märzwahlen* – Bei den Wahlen zum Reichstag am 5. 3. 1933 erhielten bei einer Wahlbeteiligung von 88, 8 % die SPD 18, 3 % (7, 181 Mio. Stimmen, 120 von 647 Mandaten), die KPD 12, 3 % (4, 848 Mio. Stimmen, 81 Mandate) und das Zentrum 11, 2 % (4, 425 Mio. Stimmen, 74 Mandate). Die NSDAP mit

43, 9% (17, 277 Mio. Stimmen, 288 Mandate) konnte nur in einer Koalition mit der DNVP 8, 0% (3, 136 Mio. Stimmen, 52 Mandate) 51, 9% der Stimmen und zusammen 340 Sitze erreichen und hatte somit die für eine Verfassungsänderung erforderliche Zwei-Drittel-Mehrheit verfehlt; s. K. 87, 6 f.

348, 39   *»Gesetz zur Behebung . . . Volk und Reich«* – Das Gesetz vom 24. 3. 1933 (RGBl. I, S. 141) ist als »Ermächtigungsgesetz« in die Geschichte eingegangen; es ermächtigte die Reichsregierung statt des Parlamentes, Gesetze – auch verfassungsändernde – zu erlassen. Die Weimarer Verfassung wurde praktisch außer Kraft gesetzt und die Trennung von gesetzgebender und ausführender Gewalt aufgehoben. Von den 538 anwesenden Abgeordneten votierten nur die der SPD geschlossen mit 94 Stimmen gegen das Gesetz; die übrigen 444 Abgeordneten aller anderen Parteien waren für die Annahme. Alle 81 komm. Abgeordneten fehlten bei der Abstimmung, weil sie - ebenso wie 26 Sozialdemokraten - entweder verhaftet oder untergetaucht waren. Zunächst auf vier Jahre befristet, wurde die Geltung des Gesetzes 1937 formal durch änderndes Gesetz und 1943 mit »Führererlaß« zeitlich unbegrenzt verlängert; s. 390, 7 f.; 1864, 6–9.

349, 4 f.   *er begann also . . . Auflösung der Länder* – Das »Vorläufige Gesetz zur Gleichschaltung der Länder mit dem Reich« vom 31. 3. 1933 (RGBl. I, S. 153) löste alle Landtage und kommunalen Selbstverwaltungen auf und setzte sie entsprechend dem Reichstagswahlergebnis neu zusammen, wobei die auf die KPD entfallenden Sitze nicht mehr zugeteilt wurden. Erst das »Gesetz über den Neuaufbau des Reiches« vom 30. 1. 1934 (RGBl. I, S. 75) löste die Länder auch staatsrechtlich auf. – Die Formulierung weist auf die spätere Bildung der Bezirke in der DDR hin (s. K. 1837, 10–14).

349, 5 f.   *ab sofort Hinrichtungen . . . dem Strick vollstreckt* – § 2 des »Gesetzes über Verhängung und Vollzug der Todesstrafe« vom 29. 3. 1933 (RGBl. I, S. 151) sah vor, daß jemand, der wegen eines gegen die öffentliche Sicherheit gerichteten Verbrechens zum Tode verurteilt worden war, auf Anordnung der Regierung des Reichs oder des Landes, durch deren Behörden das Urteil zu vollstrecken war, gehängt werden konnte.

349, 9   *von insgesamt zwei Liedern* – Das Deutschlandlied »Deutschland, Deutschland über alles«, Text: Hoffmann von Fallersleben, 1841, Melodie nach dem Kaiserquartett von Joseph Haydn, wurde 1922 zur Nationalhymne erklärt. Seit 1933 wurde es mit dem Horst-Wessel-Lied »Die Fahne [ursprünglich: Die Fahnen] hoch! Die Reihen fest geschlossen!«, Text: Horst Wessel, Melodie nach einem alten Berliner Leierkasten- bzw. Soldatenlied, gekoppelt. Beide Hymnen wurden 1945 von den Alliierten verboten.

Die Fahne hoch! Die Reihen dicht geschlossen!
S. A. marschiert mit ruhig festem Schritt!
Kam'raden, die Rotfront und Reaktion erschossen,
marschiern im Geist in unsern Reihen mit!

Die Straße frei den braunen Bataillonen!
Die Straße frei dem Sturmabteilungsmann!
Es schaun aufs Hakenkreuz voll Hoffnung schon Millionen.
Der Tag für Freiheit und für Brot bricht an.

Zum letzten Mal wird Sturmalarm geblasen!
Zum Kampfe stehn wir alle schon bereit.
Bald flattern Hitlerfahnen über allen Straßen,
die Knechtschaft dauert nur noch kurze Zeit!
s. 704, 10 f.; 935, 11.

349, 10–12   *Funktionär der S. A. . . . für Deutschland ließ* – Horst-Ludwig Wessel (9. 10. 1907–23. 2. 1930), SA-Sturmführer, seit 1926 Mitglied der NSDAP. Wessel stammte aus einem stark monarchistisch geprägten Elternhaus, in dem u. a. Feldmarschall Hindenburg verkehrte. Sein Vater war der ev. Pfarrer der Berliner Nicolaikirche. Der Hintergrund für das Attentat ist unklar. Seine Berliner Vermieterin, Witwe eines KPD-Mitglieds, hatte sich über ihn bei der KPD beschwert. Daraufhin gingen mehrere Mitglieder des illegalen Rotfrontkämpfer-Bundes in seine Wohnung, um ihm eine »proletarische Abreibung« zu verpassen. Wessel starb an den Folgen eines Schusses, den Ali Hohler, ein zu der Gruppe gehörender, vielfach vorbestrafter Zuhälter auf ihn abgegeben hatte. Während die KPD versuchte, jede Verbindung zu vertuschen (sie half dem Mörder zunächst, mit falschen Papieren ins Ausland zu fliehen) und die Sache als Streit unter Zuhältern hinzustellen (Wessel war mit einer Prostituierten verlobt), wurde Horst Wessel von Goebbels zum Märtyrer für die nationalsoz. Sache stilisiert; (s. 721, 37 f.; 722, 19, 26).

349, 13–15   *Dies waren die . . . Fall seiner Rückkehr* – s. 350, 24–27; 352, 2–5; 1847, 21–23; 1849, 6–8; 1852, 26–28.

350, 5 f.   *Gesetz zur Wiederherstellung des Berufsbeamtentums* – Das Gesetz vom 7. 4. 1933 (RGBl. I, S. 175), das nach § 15 auch auf Angestellte und Arbeiter sinngemäße Anwendung fand, diente zur Entfernung von rassisch und politisch unerwünschten Angehörigen des Öffentlichen Dienstes. § 3 Absatz 1: »Beamte, die nicht arischer Abstammung sind, sind in den Ruhestand (§§ 8 ff.) zu versetzen [. . .]«; Absatz 2: »Abs. 1 gilt nicht für Beamte, [. . .] die im Weltkrieg an der Front für das Deutsche Reich oder seine Verbündeten gekämpft haben«; vgl. Kokol (1995); s. 359, 18–30; 1181, 10–12.

350, 6–8   *und Anderes, um . . . nicht betroffen schien* – Die Vorschriften betrafen Rechtsanwälte, Patentanwälte und Ärzte: Nach dem »Gesetz über die Zulassung zur Rechtsanwaltschaft« vom 7. April 1933 (RGBl. I, S. 188) konnte die Zulassung der Rechtsanwälte nichtarischer Abstammung bis zum 30. 9. 1933 zurückgenommen werden; nach dem »Gesetz, betreffend die Zulassung zur Patentanwaltschaft und zur Rechtsanwaltschaft« vom 22. April 1933 (RGBl. I, S. 217) konnten nichtarische Patentanwälte bis zum 30. 9. 1933 in der beim Reichspatentamt geführten Liste gelöscht werden; nach der »Verordnung über die Zulassung von Ärzten zur Tätigkeit bei den Krankenkassen« vom 22. April 1933 (RGBl. I, S. 222) verloren nichtarische Ärzte die Kassenzulassung. Die Nazis vertrieben die Juden systematisch zunächst aus den Berufen, die einer staatlichen Reglementierung unterworfen waren. Spätere Vorschriften, insbesondere die zahlreichen Verordnungen zum »Reichsbürgergesetz« vom 15. 9. 1935 (RGBl. I, S. 1146), richteten sich ebenfalls gegen Berufsausübung durch Juden; s. K. 712, 1–5.

350, 8 f. *Tag Aller Narren* – (engl. wörtl. übersetzt) All Fools' Day: 1. April.

350, 9 f. *Posten ihrer Privatarmee . . . die jüdischen Geschäfte* – Aktionskomitees der NSDAP organisierten am 1. 4. 1933 den ersten Boykott jüd. Geschäfte, Ärzte, Rechtsanwälte und Zeitungen; s. K. 105, 19; s. 355, 25; 358, 39–359, 1; 425, 24; 529, 28.

350, 13 *Kurzen Straße* – s. K. 31, 10.

350, 28 *Brixton* – s. K. 122, 11.

351, 2 *Pub* – (engl.) Wirtshaus, Kneipe.

351, 31 f. *»Tag der nationalen Arbeit«* – Das »Gesetz über die Einführung eines Feiertags der nationalen Arbeit« vom 10. 4. 1933 (RGBl. I, S. 191) erklärte den 1. Mai zum bezahlten Feiertag; er wurde fortan unter großem propagandistischen Aufwand unter diesem Namen begangen; s. K. 44, 29.

351, 34 f. *»Deutsche Arbeitsfront«* – DAF, der NSDAP angeschlossener Verband, gegr. am 10. 5. 1933, nachdem am 2. 5. 1933 die Gewerkschaften abgeschafft, ihre Gelder beschlagnahmt und ihre Funktionäre in Schutzhaft genommen worden waren; alle Arbeitgeber und -nehmer mußten der DAF angehören, die fast die Hälfte der Bevölkerung umfaßte; unter ihrem Führer Robert Ley (s. K. 470, 4) widmete sie sich vor allem der politischen Schulung, der Steigerung der Arbeitsfähigkeit und der sozialen Betreuung ihrer Mitglieder; über Tariffragen bestimmten »Treuhänder der Arbeit«, Beamte, die dem Reichsarbeitsministerium unterstanden; vgl. »Gesetz über Treuhänder der Arbeit« vom 19. 5. 1933 (RGBl. I, S. 285), »Gesetz zur Ordnung der nationalen Arbeit« vom 20. 1. 1934 (RGBl. I, S. 45).

352, 1 f. *am 22. Mai . . . ihre Partei verboten* – Die SPD wurde erst am 21./22. 6. 1933 durch Reichsinnenminister Frick verboten, da sie sich nicht eindeutig von ihrem »hochverräterischen« Exilvorstand distanziert habe. Das gesetzliche Verbot erfolgte erst durch das »Gesetz gegen die Neubildung von Parteien« vom 14. 7. 1933 (RGBl. I, S. 479). Das falsche Datum hat Johnson einer DDR-Publikation entnommen, der »Geschichte der deutschen Arbeiterbewegung in 15 Kapiteln«, Bd. 10, S. 35; s. K. 390, 10 f.

352, 6 *Esq.* – s. K. 94, 17.

352, 33 f. *den Mosley verkenne . . . der britischen Faschisten* – s. K. 165, 16 f.

352, 38 f. *Burse, Dunaway & Salomon* – s. K. 94, 25.

25. 11. 1967

353, 9–12 *Heute meldet uns . . . 80. Geburtstag markierte* – Vgl. die Notiz »Marshal von
Manstein is 80« der NYT vom 25. 11. 1967: »Hirschenhausen, West Germany,
Nov. 24 (UPI) – Field Marshal Eric von Manstein, who planned Germany's
1940 blitzkrieg against France, marked his 80th birthday today.«

353, 10 *Eric von Manstein* – Eigentlich Erich von Lewinski (24. 11. 1887–9. 6. 1973),
dt. Generalfeldmarschall, der 1940 Stabschef der Heeresgruppe Rundstedt
war, die die von ihm geplante entscheidende Operation im Frankreich-Feld-
zug durchführte; vgl. BU, S. 113: »1955 hatte der Athenäum-Verlag in Bonn
ein Buch herausgebracht, das trug den Titel ›Verlorene Siege‹ und war verfasst
von einem Erich von Lewinski genannt Manstein; 664 Seiten, mit Tafeln. Für
das Jahr 1958 war vom selben Autor zu erwarten: ›Aus einem Soldatenleben
1887–1939‹. Bleibe im Lande und suche nach Anzeigen«.

353, 14–16 *Ein Ehepaar in . . . des angekündigten Sohnes* – Vgl. den Artikel »›Dead‹ Soldier
Reunited With Family« der NYT vom 25. 11. 1967: »Chico, Calif., Nov. 24
(AP) – A Chico couple reported today that a coffin believed to contain the
body of their son killed in Vietnam had arrived at the Oakland Army Base
carrying the body of another man.«

353, 17–24 *Gestern mittag gingen . . . bei A & P kauften* – Vgl. den Artikel »Legislators, Shopping in Harlem, Confirm Consumers' Complaints« der NYT vom 25. 11.
1967: Ein Congress-Komitee untersuchte Vorwürfe, daß in Slumgegenden
Preise für Lebensmittel höher und die Qualität niedriger seien als in besseren
Wohngebieten. »Representative Benjamin S. Rosenthal, Democrat of Queens
[. . .] and Representative Ogden R. Reid, Republican of Westchester, decided
to go shopping at lunchtime and see for themselves.
They walked 11 blocks through East Harlem to the first supermarket, an
A & P Food Store at 119th Street [. . .].
They found soft ice cream, frozen food that had been allowed to thaw,
opened packages and cans with more than one price stamped on them. [. . .]
Mrs. Linda Linton, who had joined the impromptu marketing expedition,
challenged the butcher.
›Suppose this meat isn't sold today what do you do with it?‹ she asked.
›If it's resaleable, we trim it up or reduce it or we rewrap it,‹ he said.
›What ticket do you put on it?‹
›The code of the day we wrap it‹. [. . .]
All five stores in Bedford-Stuyvesant showed increases the day after payday
[der Sozialunterstützung]. [. . .]
They [Vertreter von A & P, Key Food Stores und Waldbaum] cited human
error again and again for the confusion about prices«.

353, 24 *A & P* – Great Atlantic and Pacific Tea Company, 1859 gegr.; bis 1965 die
größte amerik. Supermarktkette; 1979 von der dt. Tengelmann Gruppe gekauft.

353, 35   *alten Schweden* – s. K. 204, 15.

353, 35–354, 1   *Richmond. Bushey Park* – s. K. 147, 32.

354, 1 f.   *Se sünd jung... dor wat ut* – (nd.) Sie sind jung, Frau Cresspahl. Machen Sie was draus; jung Fru: s. K. 1633, 32 f.

354, 19   *Kurzen Straße* – s. K. 31, 10.

355, 19 f.   *Nach Maß wür... noch bede låtn* – (nd.) Nach Maß würde dir das noch besser stehen.

355, 25   *Judenboykotts* – s. K. 350, 9 f.

355, 30   *Krakow* – s. K. 50, 17.

356, 13   *Ortsgruppe* – s. K. 165, 3.

356, 39–357, 1   *Gut Beckhorst* – s. K. 172, 6.

358, 35 f.   *Familie Plessen* – s. K. 164, 24.

359, 18–30   *Gesetz zur Wiederherstellung... Verbündeten gekämpft haben* – s. K. 350, 5 f.

359, 19   *Reichsbahn* – Am 1. 4. 1920 durch Übernahme der Eisenbahnen der dt. Länder als einheitliches staatliches Eisenbahnunternehmen gegr.; 1924 in Zusammenhang mit den Reparationszahlungen in Deutsche Reichsbahn-Gesellschaft umgebildet, 1937 wieder als Sondervermögen des Reichs als Deutsche Reichsbahn geführt; s. K. 1076, 24.

359, 30 f.   *Eisernes Kreuz* – s. K. 115, 31.

360, 14   *S. A.-Sturm* – Bezeichnung für eine Einheit der SA, die beim Militär einer Kompanie entsprach; s. K. 105, 19.

360, 25 f.   *Niederländischen Hof* – Schwerin, Alexandrinenstraße 12/13; vgl. Grieben (1934), S. 63.

360, 28   *in der Traube* – Zur Traube, Schwerin, Schusterstraße 2/4; vgl. Grieben (1934), S. 63.

360, 31   *Reichsstatthalter Hildebrandt* – Friedrich Karl Hildebrandt (19. 9. 1898–5. 11. 1948), Land- und Eisenbahnarbeiter, 1925 Gauleiter der NSDAP für Mecklenburg, 1924–26 und 1929–33 im Landtag von Mecklenburg-Schwerin; 1930–45 Mitglied des Reichstags; 1933 Reichsstatthalter in Mecklenburg, 1934–37 für Mecklenburg und Lübeck, 1937–45 für Mecklenburg; 1947 vor dem Militärgericht in Dachau wegen Kriegsverbrechen verurteilt und in Landsberg hingerichtet. Reichsstatthalter gab es seit dem »Zweiten Gesetz zur Gleichschaltung der Länder mit dem Reich« vom 7. 4. 1933 (RGBl. I, S. 173, 736); durch das »Gesetz über den Neuaufbau des Reiches« vom 30. 1. 1934 (RGBl. I, S. 75) wurden sie der Dienstaufsicht des Reichsministers des Innern unterstellt, durch das »Reichsstatthaltergesetz« vom 30. 1. 1935 (RGBl. I, S. 65) wurden sie die ständigen Vertreter der Reichsregierung in ihrem Amtsbezirk;

in Sonderheft (1934), S. 270 f. gibt es einen Eintrag »Hildebrandt, Reichsstatthalter und Gauleiter«; s. K. 533, 12 f.; 909, 29–33; 1777, 28–33; 1777, 29.

360, 31 f. *das gute Land Mecklenburg* – s. 1777, 31.

361, 10 *Hotel Zur Burg* – Eine Vorlage konnte nicht nachgewiesen werden.

361, 39 *Gauleitung* – Gau bezeichnet eine Gebietseinheit innerhalb der NSDAP-Or-
ganisationen; (s. K. 448, 20); s. 376, 25 f.; 426, 4; 445, 12; 555, 13; 591, 38;
719, 20, 31; 857, 28 f.; 1777, 30.

362, 19 *Fürstenberg an der Havel* – Stadt in Mecklenburg, etwa 70 km nördlich von
Berlin. Im Ortsteil Ravensbrück befand sich seit dem 15. 5. 1939 das größte
KZ für Frauen, am 8. 4. 1941 wurde auch ein Männerlager errichtet. Insgesamt wurden 107 753 weibliche und 20 086 männliche Häftlinge registriert,
von denen etwa 96 000 ermordet wurden. Dem KZ-Hauptlager waren 45
Außenkommandos unterstellt, eines in Fürstenberg, dessen Häftlinge bei
Gleisbau- und anderen Bauarbeiten eingesetzt wurden. Ende April 1945 wurde das Lager evakuiert, die Rote Armee fand am 29./30. 4. 1945 noch 3500
kranke Frauen und Männer vor; s. K. 36, 12.

362, 29–32 *Nu sech doch . . . grab dich keins* – (nd./missingsch)
Nun sag doch mal, Methfessel.
Kannst du schweigen, Frieda?
Bin doch deine Frau. Wie ein Grab.
Dann grab dir keins.

363, 4 *Feldstraße* – s. 87, 32.

364, 29 f. *in einem anderen Land* – s. K. 80, 16.

365, 3 f. *jenes Unrecht war . . . Obrigkeit, also rechtens* –Vgl. Röm 13, 1–2: »Jedermann sei
Untertan der Obrigkeit, die Gewalt über ihn hat. Denn es ist keine Obrig-
keit ohne von Gott; wo aber Obrigkeit ist, die ist von Gott verordnet. Wer
sich nun der Obrigkeit widersetzt, der widerstrebt Gottes Ordnung; die aber
widerstreben, werden über sich ein Urteil empfangen«; vgl. Paasch-Beeck
(1997), S. 89; s. K. 1525, 20 f.

365, 10 *Arbeitsfront* – s. K. 351, 34 f.

365, 20–23 *Als sie dem . . . würde, Funken sprühend* – s. K. 131, 1 f.

366, 6–10 *Die Büros der . . . der Regierung aus* – Am 21. 6. 1933 begann die »Köpenicker
Blutwoche« mit Verhaftungen, Mißhandlungen und Ermordungen politischer
Gegner durch die SA. Am gleichen Tag verbot der Reichsjugendführer mehrere nationalistische Jugendverbände, darunter die »Kampfringe der deutschnationalen Front«. Der »Stahlhelm«, der Kampfbund der DNVP, unterstellte
sich Hitler. Geschäftsstellen der DNVP wurden besetzt, so wurde am 29. 3. das
Berliner Büro des Vorsitzenden der Reichstagsfraktion der DNVP, Oberfoh-
ren, durchsucht, am 30. 3. seine Kieler Wohnung; vgl. Gaertringen (1968),
S. 252. Am 27. 6. 1933 löste sich die DNVP selbst auf, ihr Vorsitzender Hu-

genberg erklärte seinen Rücktritt als Reichsminister und wurde am 29.6. vom Reichspräsidenten entlassen. Am 22.6. forderte der Reichsinnenminister die Länderregierungen auf, nach dem »Ermächtigungsgesetz« gegen die SPD als »staats- und volksfeindliche Partei« vorzugehen. Eine Neubildung der Parteien war nach dem »Gesetz gegen die Neubildung von Parteien« vom 14.7.1933 (RGBl. I, S. 479) nicht mehr möglich; vgl. Bracher/Schulz/Sauer (1962), S. 211–213; s.K. 352, 1f.; Hugenberg: s.K. 225, 19f.; DNVP: s.K. 164, 12; SPD: s.K. 170, 10.

366, 6 f.   *Deutschnationalen Volkspartei* – s.K. 164, 12.

366, 20–22   *in der Dahme... Stelling gewesen, totgeschlagen* – Johannes Stelling (12.5. 1877–22.6.1933), 1919–20 SPD-Innenminister von Mecklenburg-Schwerin, 1921–24 Ministerpräsident, 1919–33 Mitglied des Reichstags. Er wurde am 19.6.1933 in den sich neu konstituierenden Vorstand der SPD gewählt, da der alte SPD-Vorstand am 2.6.1933 seinen Sitz nach Prag verlegt hatte. Er gehörte zu den etwa 70 Mordopfern der »Köpenicker Blutwoche«. Am 22.6. 1933 wurde Stelling nachts von SA-Leuten in seinem Haus überfallen und verschleppt. Nach zwei Wochen wurde die verstümmelte Leiche in der Dahme bei Grünau gefunden. Johnson bezieht sich auf einen Augenzeugenbericht: »Das Wasser der Dahme schwemmte nach wenigen Tagen nahe der Grünauer Fähre mehrere Säcke mit Toten an. Unter ihnen wurden der frühere Ministerpräsident von Mecklenburg Schwerin, Johannes Stelling, der Reichsbannerführer Paul von Essen und der Kommunist Pokern identifiziert«, in: Leber/Brandt/Bracher (1959), S. 12. Der Fundort der Leiche war nach jüngerer Darstellung der Finow-Kanal; vgl. Overesch/Saal (1991); Grünau: s.K. 1728, 4.

367, 7   *Liernt n ümme wat tau* – (nd.) Man lernt immer was dazu.

367, 17   *Travemünde* – s.K. 33, 22.

26. 11. 1967

367, 19–24 *Gestern morgen ging... Lehrer werden wollen* – Vgl. den Artikel »Stroller Is Slain On The West Side« der NYT vom 26. 11. 1967: »A 22-year-old New Jersey student strolling on the West Side with some college friends was stabbed to death early yesterday after he and his companions refused to give cigarettes to a group of youths.
The slaying of James Looby of Bayonne, [...] took place at 70th Street and Amsterdam Avenue.
[...] Mr. Looby, a senior who was studying elementary education at Jersey State College in preparation for a teaching career [...] the second group was accosted by three youths who ranged in age from 18 to 20.
They asked Mr. Looby for cigarettes. He replied that he did not smoke and had no cigarettes. [...] the third struck Mr. Looby in the stomach. [...]«

A six-inch paring knife was found several yards from the scene of the stabbing.«

367, 20   *Bayonne in New Jersey* – Stadt südlich von Jersey City.

367, 21   *Amsterdam Avenue* – s. K. 97, 2.

368, 2   *Zeichenmünze* – Wortspiel mit verschiedenen Bedeutungen des engl. Wortes »token«: 1. Zeichen, Anzeichen, 2. Münzen mit minderem metallenen Wert. Zuerst im 17. Jh. in England eingesetzt, als kleinere Münzen zum Wechseln fehlten; heute münzenartige Marken; in New York Bezeichnung für die Münze, mit der in U-Bahn und Bussen bezahlt wird; s. 60, 1; 242, 2; 476, 21; 889, 7; 1382, 35 f.; 1806, 35.

369, 25   *Chambers Street* – s. K. 91, 7.

369, 28   *IND, BMT, IRT* – New Yorks U-Bahnnetz war ursprünglich im Besitz dieser drei Privatgesellschaften. BMT: Brooklyn-Manhattan Transit, gegr., 1911; IRT: Interborough Rapid Transit, 1902 gegr., am 27. 10. 1904 eröffnet, älteste der drei Gesellschaften; IND: Independent Subway System, 1932 gegr., 1940 schlossen sich alle drei Gesellschaften zu einem System zusammen. IRT fährt auf der Ostseite Manhattans, IND und Westside IRT befahren die Westseite.

369, 34   *Siebenten Avenue* – Westliche Parallelstraße der Ave. of the Americas; s. 514, 12; 851, 28; 1059, 5; 1264, 26.

370, 20   *»Schreiten Sie beschwingt!«* – Freie Übersetzung von 370, 26.

370, 24–28   *Walk, don't run . . . on track 3* – (engl.)
Gehen Sie, rennen Sie nicht!
Hinzufallen ist kein Vergnügen.
Gehen Sie zügig, meine Damen und Herren!
Achten Sie darauf, wo Sie hintreten!
Auf Gleis drei wird gleich ein Zug einfahren.
s. K. 1745, 17 f.

370, 34   *ich, for one* – (dt. / engl.) ich, meinerseits.

370, 36 f.   *neun Leben hätten wie eine Katze* – (engl. Redewendung) A cat has got nine lives.

371, 6–8   *I call my . . . of a bitch* – (engl.) Ich rede meinen Bankpräsidenten mit Henry an. Wie redest du deinen an? – Ich nenne ihn ein Arschloch und einen Hurensohn. (»call« bedeutet sowohl »jemanden ansprechen« als auch »benennen«.)

371, 11   *Union Dime Savings-Bank* – 1859 als Dime Savings Bank of Brooklyn gegr., konzentrierte sich, dem Namen entsprechend, auf Privat- statt auf Geschäftskunden. (Dime ist die amerik. 10-Cent-Münze.) New Yorker Hauptniederlassung: Ave. of the Americas/40. Straße. In Johnsons Bibliothek befindet sich ein U-Bahnplan New Yorks, den die Bank als Werbung hg. hatte; vgl. Fahlke (1994), S. 202.

371, 20 *Straße Jay in Brooklyn* – Um Jay Street kreuzen sich sieben U-Bahnlinien; die Straße ist benannt nach John Jay (12. 1. 1745–17. 5. 1829), amerik. Politiker, 1789–95 erster Oberster Bundesrichter der USA, 1795–1801 Gouverneur von New York; Brooklyn: s. K. 54, 14.

371, 27 *Edgewater* – Stadt nördlich von New Jersey City am Hudson, direkt gegenüber der Upper Westside von Manhattan.

371, 29 f. *die Statue namens... einem spitzzackigen Adventsstern* – Der unterste Sockel der Freiheitsstatue hat die Form eines zehnzackigen Sterns; s. K. 311, 28 f.

371, 31 *Battery Park* – s. K. 90, 27; 209, 22.

372, 17 *DeKalb Avenue* – U-Bahnstation im Nordosten Brooklyns.

372, 23 *Brighton* – Brighton Beach, Gebiet im südwestlichen Brooklyn zwischen Manhattan Beach und Coney Island, begrenzt durch Neptune Ave., Corbin Place, Atlantik und Ocean Parkway; 1878 nach dem engl. Seebad Brighton benannt; vor allem von Juden bewohnt; der eigentliche Strand liegt im Osten des Gebiets.

372, 26 *Columbus Circle* – Großer, verkehrsreicher Platz an der Südwestecke des Central Parks; Kreuzung von Broadway, Central Park West/8. Ave. und 59. Straße/Central Park South; so benannt, nachdem 1892 eine 24 m hohe, an Columbus erinnernde Marmorsäule dort aufgestellt worden war; die von Gaetano Russo gestaltete Statue wurde erst 1894 auf die Spitze der Säule gesetzt; s. K. 166, 1; s. 971, 12.

372, 27 *Rockaway* – Lange, schmale Halbinsel in Süden von Queens auf Long Island zwischen dem Rockaway Inlet, Nassau County und dem Atlantik im Süden und Westen, mit einem ca. 6 km langen Strand und mehreren Parks.

373, 27 *Flushing* – s. K. 10, 27.

373, 30 *Queens Plaza* – Schnittpunkt von vier U-Bahnlinien im Osten von Queens (s. K. 20, 28 f.), südlich von Long Island City; s. 520, 26 f.

374, 18 *Grand Concourse* – Straße im Südosten der Bronx, nördlich der 138. Straße; Schnittpunkt von drei U-Bahnlinien.

27. 11. 1967

374, 33–375, 2 *In Westdeutschland ist... und elfeinhalb Zeilen* –Vgl. die Notiz »New German Party Formed« der NYT vom 27. 11. 1967: »Fifteen men, mostly small businessmen, announced today the founding of a political party to be called the Liberal-Social party. Their program calls for West Germany to quit the Atlantic alliance, for a plebiscite on recognizing East Germany and for abolishing incomes not earned by work.«

374, 34 f. *Nordatlantischen Vertrages* – s. K. 42, 16 f.

375, 3 f.　*Der Botschafter der . . . Nam werde mißverstanden* – Vgl. den Artikel »Bunker Says War Is Misunderstood« der NYT vom 27. 11. 1967: Nach Bunkers Ansicht sei Südvietnam viel intensiver involviert, als in den amerik. Medien angenommen werde.

375, 5–10　*Gestern morgen in . . . Johnsons Schrank übersehen* – Vgl. den Artikel »Rape Suspect Shot By Victim's Husband« der NYT vom 27. 11. 1967: »An intruder raped a Bronx woman in her apartment after forcing her to tie up her husband. [. . .]
The police identified the intruder as James Dennis, 35 years old, of 1043 Clay Avenue, the Bronx, and said he forced his way into the forth-floor apartment of Wilbur Johnson, 55, of 1361 Boston Road [. . .].
He ransacked the apartment, [. . .] taking $159 in cash, several pieces of jewelry and some clothing [. . .] and left the apartment.
Mrs. Johnson untied her husband, who grabbed a shotgun from a closet and ran to a fire escape in time to see Dennis leaving the building. Mr. Johnson called to Dennis, who turned to look up and was shot.«

375, 12　*Thanksgiving* – s. K. 342, 22.

375, 13–25　*Aber in Richmond . . . im Sommer 1933* – Die Episode variiert das durch Bertolt Brechts (s. K. 211, 33) Gedicht »An die Nachgeborenen« zum Topos gewordene Motiv des Baumes:
　　　Was sind das für Zeiten, wo
　　　Ein Gespräch über Bäume fast ein Verbrechen ist
　　　Weil es ein Schweigen über so viele Untaten einschließt!

375, 27　*Gaswerk* – s. K. 94, 4 f.

375, 29 f.　*Hett dei Kau . . . hei gaut is* – (nd. Redewendung) Hat die Kuh den Schwanz verloren, dann merkt sie erst, wozu er gut ist.

375, 31–33　*wollten nicht hören . . . mehr gezahlt hatte* – s. K. 198, 38 f.

375, 34 f.　*»Konzentrationslager« bei Fürstenberg* – s. K. 36, 12; 362, 19.

375, 38 f.　*der Kinderarzt Posner . . . am 8. Juli* – Konnte nicht nachgewiesen werden.

376, 1　*»weil er Jude war«* – Diese Wendung könnte sowohl auf Herschel Grynszpans Begründung für seine Tat zurückgehen (s. K. 719, 1) wie auf die David Frankfurters für sein Attentat auf Wilhelm Gustloff (s. K. 496, 31 f.) als auch auf ein Zitat aus Rudolf Franks »Ahnen und Enkel« verweisen, das Viktor Klemperer in »LTI« zitiert. In Franks Roman erklären nach Burma ausgewanderte Juden mit diesem Satz ihr selbstgewähltes Exil; vgl. Klemperer (1996), S. 211; s. 652, 11 f.

376, 16 f.　*British Union of Fascists* – s. K. 165, 16 f.

376, 17　*Irish Republican Army* – IRA, 1919 gegr. militärischer Verband, der vorwiegend mit terroristischen Mitteln die Unabhängigkeit Irlands erreichen will; ein Teil ging 1921 in der Armee des Freistaates Irland auf, ein anderer in den Untergrund, um gegen den Verbleib Nordirlands bei Großbritannien zu kämpfen.

376, 20 f. *Bahnstation von North Sheen* – An der Strecke der Southern Railway nach Waterloo, direkt südlich der Straße Manor Grove gelegen; s. K. II, 23 f.

376, 25 f. *Gauführung* – s. K. 361, 39.

376, 31 *Möl* – (nd.) Unordnung.

377, 7 f. *anders als sein . . . die Fremde nicht* – Susemihl geht auf den wendischen Namen Susomil zurück: der die Fremde liebt; vgl. Bahlow (1972).

377, 22 f. *Ick hev dat . . . vestå Se nich* – (nd.) Ich habe es versucht. Aber nein. Ich verstehe Sie nicht.

377, 28–30 *Wech mit Schåden . . . Wech, mit Schådn* – (nd.)
Weg mit Schaden.
War doch dein Schaden, Cresspahl.
Sag ich doch: Weg, mit Schaden.

378, 16 *Burse, Dunaway und Salomon* – s. K. 94, 25.

379, 11 *Esq.* – s. K. 94, 17.

380, 20–22 *Gesetz zur Verhütung . . . vorstellig werden konnte* – Erlassen am 14. 7. 1933, sah das »Gesetz zur Verhütung erbkranken Nachwuchses« (RGBl. I, S. 529) im Fall bestimmter, als vererbbar angesehener Krankheiten die Sterilisation vor, und nicht, wie Johnson schreibt, die Kastration. Auch beamtete Ärzte oder Leiter von Kranken-, Heil- oder Strafanstalten konnten den Antrag für ihre Insassen stellen.

380, 28 *Seven Sisters Road* – Lange Straße im Nordwesten Londons zwischen Finsbury Park und Stamford Hill, Arbeiterwohnviertel.

381, 3–18 *Mrs. Trowbridge hatte . . . Wieso ein Kind* – s. II, 4–10; vgl. die Darstellung der Epidsode in: HNJ, S. 84.

381, 10 f. *Bristol* – Hafenstadt in Südwestengland.

28. 11. 1967

381, 23–382, 2 *Die New York . . . New York Times* – Die Bildunterschriften lauteten: »Pink, QB, green, RR – couldn't you just let well enough alone?« »Well, I got them on their way. Now, to get home, I take the –« »De Kalb Avenue? What did I do wrong to get here?« Vgl. auch den dazugehörigen Artikel der NYT 28. 11. 1967: »New Subway Routings Give Riders (and Motormen) a Day of Adventure«: »Mr. Gilhooley [Vertreter der Transportbehörde] [. . .] offered a first observation that rush-hour congestion on the Brighton express for Manhattan yesterday morning had been reduced to 105 and 110 riders a car.

This, he said, compared with the jamming of 212 into a car before the change and ›a comfort level of 180.‹ He defined comfort level as ›when a man standing can read The New York Times.‹«; s. K. 14, 23–26.

382, 3–16   *Gestern hat ein...* »*Aus der Geschichte.*« – Unter der Überschrift »Dow Aide Defends Sale of Napalm« schreibt die NYT vom 28. 11. 1967: »A representative of the Dow Chemical Company said in a campus debate yesterday that the war in Vietnam was not, ›on the whole,‹ a moral question and that the use of napalm there was justified because the war was justified.

The representative, Dean Wakefield, spoke before several hundred students in an auditorium on the Washington Heights campus of New York University. [...]

In his opening remarks Mr. Wakefield reiterated a recent policy statement by Dow:

›The United States is involved in Vietnam, and as long as we are involved we believe in fulfilling our responsibilty to this national commitment of a democratic society. [...]‹

Napalm is a jellied gasoline that burns rapidly and is particularly effective in fighting guerillas in bunkers. Mr. Wakefield noted that [sic] was very simple to produce and could be made by the Army if Dow refused to make it. [...]

He was asked what he thought about the Krupp family, which had made munitions for Nazi Germany. ›The Krupps were bad people,‹ Mr. Wakefield replied.

A faculty member then asked him to define ›what standards you apply in making moral judgements on companies.‹ Mr. Wakefield replied that he drew his moral standards ›from history.‹«

Dean Wakefield war bei Dow Chemical verantwortlich für Öffentlichkeitsarbeit für den Fernen Osten.

382, 3   *Dow Chemical* – Einer der größten amerik. Chemiekonzerne mit Sitz in Midland, Michigan, 1897 gegr.; s. 424, 4, 8.

382, 4   *Washington Heights* – Hier: Campus der New York University.

382, 4   *Napalm* – s. K. 230, 2.

382, 12   *Familie der Krupps* – s. K. 90, 12.

382, 25–27   *Die Post besteht... mit einem Buch* – Anspielung auf Christian Morgensterns Gedicht »Palmström«:

Palmström steht an einem Teiche
und entfaltet groß ein rotes Taschentuch:
Auf dem Tuch ist eine Eiche
dargestellt, sowie ein Mensch mit einem Buch.

s. 941, 25–27.

Die Post der DDR war für ihre großformatigen Sondermarken bekannt, aber mit diesen Motiven hat es bis 1968 keine Marke gegeben.

382, 27   *Jerichow ohne w* – s. K. 385, 22 f.

382, 28   *Dort habe ich zehn Jahre gelebt* – Gesine hat von 1933 bis zum Herbst 1952 dort
                 gelebt; s. 490, 6 f.: »Dort habe ich gelebt, für zwanzig Jahre«; s. 1844, 34–1845,
                 11. Zehn Jahre hat Johnson in Güstrow gelebt, 1946–56.

382, 30–   *»SEEBAD DER WERKTÄTIGEN . . . Gneez. Gemeinde Rande.«* – Der Brief ist eine
385, 21   Persiflage auf die ideologischen Klischees der DDR und den formelhaften
                 Umgang damit; s. K. 8, 20; s. 8, 20–24; 942, 31–945, 32.

383, 22 f.   *auf deutschen Boden* – Der falsche Kasus steht im Manuskript. Anspielung auf
                 die unzureichenden Grammatikkenntnisse der Funktionäre.

383, 23 f.   *sozialistischen Staate deutscher Nation* – Diese Formulierung entsprach der Un-
                 terscheidung zwischen Staatsangehörigkeit (DDR) und Nationalität (deutsch)
                 und ermöglichte es, zugleich vom Erbe der »progressiven deutschen Kräfte«
                 und einem Neuanfang zu sprechen.

383, 36 f.   *Überbau* – Entsprechend der Theorie des historischen Materialismus die Be-
                 zeichnung für die Gesamtheit der politischen, juristischen, moralischen, welt-
                 anschaulichen Verhältnisse einer Gesellschaft. (Der Komplementärbegriff »Ba-
                 sis« bezeichnet die materiellen Verhältnisse.)

384, 20 f.   *bisher höchste Lebensform* – Der Sozialismus wurde als eine (erste) Entwick-
                 lungsphase einer »Gesellschaftsformation« betrachtet, der gesetzmäßig der
                 Kommunismus folgen werde.

384, 27 f.   *These von der . . . durch das Sein* – Der Lehrsatz lautete: Das gesellschaftliche
                 Sein bestimmt das Bewußtsein. Bewußtsein wurde als Widerspiegelung der
                 objektiven Realität definiert; es war somit immer gesellschaftlich determi-
                 niert. Die zuvor angeführte Psychologie spielte bei der Begriffsbestimmung
                 keine Rolle.

384, 31   *Faschismus* – 1. Herrschaft und Herrschaftssystem Mussolinis (s. K. 198, 30) in
                 Italien 1922–45. 2. Sammelbegriff für diktatorische Bewegungen, Parteien
                 und Herrschaftssysteme mit nationalistischen, antiliberalen und antimarxisti-
                 schen Zielen. 3. Nach komm. Interpretation: Politische Strömung und Herr-
                 schaftsform der reaktionärsten Teile der monopolistischen Bourgeoisie und
                 des Junkertums, die sich in der allgemeinen Krise des Kapitalismus ent-
                 wickelte; gekennzeichnet durch Antikommunismus, Rassenhetze und Theo-
                 rien, die die Unterdrückung der Volksmassen und den Aggressionskrieg recht-
                 fertigen; Ausdruck der Unfähigkeit der Bourgeoisie, den Widerstand der
                 Volksmassen gegen die Ausbeutergesellschaft mit formaldemokratischen Mit-
                 teln zu unterdrücken.

385, 3   *Zionismus* – Eine Richtung des modernen Judentums, die gegen Ende des
                 19. Jh.s religiöse Endzeitstimmung in eine politische Ideologie umdeutete
                 und die Zerstreuung der Juden mit der Neukonstituierung als Volk in Palä-
                 stina zu beenden suchte; vorangetrieben von Theodor Herzls Buch »Der Ju-
                 denstaat«, 1896, und mehreren Zionistenkongressen. Mit der Balfour-Dekla-

ration vom 2. 11. 1917 begann die Verwirklichung, die mit dem Abzug der brit. Truppen zum Ende des Palästina-Mandats und der Proklamation des Staates Israel ihren Abschluß fand. Neben den politischen wurden auch kulturelle Ziele, wie die Wiederbelebung des Hebräischen als Nationalsprache, angestrebt; s. 449, 29.

385, 10–14   *Zum Schluß machen . . . Republik entbunden sind* – Erst mit Wirkung vom 17. 10. 1972 wurde durch das »Gesetz zur Regelung von Fragen der Staatsbürgerschaft« vom 16. 10. 1972 (GBl. I, S. 265) Flüchtlingen ihre DDR-Staatsbürgerschaft aberkannt; der Staatsratserlaß vom 21. 8. 1964 (GBl. I, S. 128) hatte allen vor dem 13. 8. 1961 Geflüchteten Straffreiheit zugesichert, aber bezeichnete sie noch als »Bürger der DDR«.

385, 22 f.   *»I wish she were in Jericho!«* – (engl.) übersetzt im Text 385, 25–28.

385, 25–28   *Wer im Englischen . . . der Pfeffer wächst* – s. K. 464, 10.

29. 11. 1967

385, 32   *»für wenn ich tot bin«* – s. 151, 15.

385, 35 f.   *I read the . . . today: / Oh boy* – (engl.) Ich habe heute die Times gelesen, Junge, Junge. Anspielung auf den Anfang des Beatles-Songs »A day in the life« von der LP »Sgt. Pepper's Lonely Hearts Club Band«: »I read the news today, oh boy«; s. 523, 2 f.

386, 3–7   *Wenn man Eisenhower . . . der Seite ziehen* – Vgl. den Artikel »Eisenhower Backs U.S. Land Forays In North Vietnam« der NYT vom 29. 11. 1967 über ein Interview des CBS mit Dwight Eisenhower und dem Armeegeneral Omar N. Bradley: »Former President Dwight D. Eisenhower said in a televised interview broadcast last night that the United States should consider land forays into North Vietnam and, if necessary, into neutral Laos and Cambodia as well. [. . .] ›Now we don't want to invade North Vietnam and destroy it, but they are right down in the DMZ [demilitarized zone] and right north of it and now it seems to me if we wanted to put on an operation that would get this menace eliminated I think this wouldn't be invading – then this would be removing a thorn in our sides.‹«
Sollte der Feind nach Kambodscha oder Laos ausweichen, würde er [Eisenhower] ihn verfolgen, man könne bei der Respektierung von Grenzen auf der Landkarte auch zu weit gehen.
Eisenhower: Dwight David Eisenhower (14. 10. 1890–28. 3. 1969), 1942 Oberbefehlshaber der amerik. Truppen in Europa, ab 1943 der alliierten Invasionsstreitkräfte; 1948–53 Präsident der Columbia University; 1950–52 NATO-Oberbefehlshaber; 1953–61 34. Präsident der USA; beendete 1953 den Korea-Krieg, proklamierte den Anspruch, im Mittleren Osten auch ohne Kriegserklärung militärisch intervenieren zu können, wenn er amerik. Inter-

essen bedroht sähe (Eisenhower-Doktrin). Beginn des amerik. Einsatzes in Vietnam, förderte Wiederbewaffnung der BRD; s. K. 565, 28.

386, 8–14   *»Binnen einer Stunde . . . oder fast ausgestorben.«* – Vgl. den Artikel »West Side Story: Fear After Dark« der NYT vom 29. 11. 1967: »Within an hour of sundown the first tremors of trepidation rise in the West 60s, 70s and 80s. Stores are closing by 7 P. M. and within two hours such thoroughfares as Riverside Drive and Columbus and Amsterdam Avenues are only fitfully alive or almost deserted.«

386, 13 f.   *Avenuen Columbus und Amsterdam* – Columbus Ave.: Fortsetzung der 9. Ave. nördlich der 57. Straße; s. 492, 15; 842, 34. Amsterdam Ave.: s. K. 97, 2.

386, 17   *ti-aitch* – Engl. Lautbezeichnung der Buchstaben »th«.

386, 18   *»Removing a thorn in our sides«* – (engl.) übersetzt im Text 386, 6 f.

386, 19–21   *Im Herbst 1956 . . . nicht ihre Lage* – Sie war mit Fotoapparat und Pistole zur Zeit des Ungarn-Aufstandes im Oktober in die DDR eingereist; vgl. MJ; s. K. 1866, 18–1868, 3.

386, 27–29   *von den Sprüchen . . . haben sprechen können* – Hier wird sowohl auf die von Richard Wossidlo gesammelten Tiergeschichten (Bd. 2 der »Mecklenburgischen Volksüberlieferungen«, »Die Tiere im Mund des Volkes«, Wismar 1899) angespielt als auch auf nd. Spruchsammlungen, z. B. die von H. F. W. Raabe [Raabe (1954)].

386, 28   *»sä de Jung«* – (nd.) sagte der Junge.

386, 30–33   *Geschichte von dem . . . es schwer hatte* – Anspielung auf und Zitat aus »De Jung'« in: Wossidlow (1982), S. 238–244. »Wenn 'ck man ierst leg', säd' de Jung' un set in 't Bedd: Kumm, Moder, stöt mi üm«, ebd., S. 243.

386, 32   *»Stöt mi üm«* – (nd.) Stoß mich um.

386, 34 f.   *Deine Vorfahren haben . . . nicht schreiben können* – Vgl. HNJ, S. 8. In dem Fragment wird offengelassen, ob Cresspahls Eltern lesen konnten.

387, 5   *George Washington* – s. K. 67, 6 f.

387, 6   *Do you like . . . sagtest: Yes ma'am* – (engl.) Magst du ihn? . . . Ja.

387, 8   *Watch your language* – (engl.) So etwas sagt man nicht.

387, 17   *Ratzeburg* – s. K. 32, 27.

387, 24 f.   *Sie hat sich – . . . mit sich gemacht* – s. 747, 17–750, 10.

387, 31–35   *Vielleicht macht das . . . ganz anderen Leuten* – s. K. 1539, 14.

388, 12   *Wolfgang Bartsch* – Figur aus MJ; Eisenbahner, Dispatcher, Kollege von Jakob Abs auf demselben Stellwerk.

388, 13–16   *Jöche soll bloß . . . Da siehst du* – s. K. 23, 28.

30. 11. 1967

388, 29–31   *Die nordvietnamesische Armee . . . ihren Gunsten ausgegangen* – Vgl. den Artikel »Hanoi Foresees Fierce Fighting« der NYT vom 30. 11. 1967: »The newspaper [die nordvietnamesische Armeezeitung] said that the recent battle of Dakto in the Central Highlands was one of the ›opening victories‹ of an offensive by the North Vietnamese.«

388, 29 f.   *Schlacht um Dakto* – s. K. 321, 29.

388, 32–389, 8   *Bisher machte die . . . tut sie überdies* – Vgl. den Artikel »Mafia Buys Clubs For Homosexuals« der NYT vom 30. 11. 1967: »The Mafia is selling off some of its concealed investments in bars catering for homosexuals and is reinvesting the money in private clubs that are immune from routine police inspection and State Liquor Authority control.
[. . .] plainclothes policemen who have got past the front door of a few private clubs to check on reports of illegal liquor sales have been ejected bodily when they failed to pass a recognition test. [. . .]
More than a year ago, however, the liquor authority ruled that it was no violation of the state liquor law for a bartender to serve a known homosexual. [. . .]
The competition has led some underworld operators to turn to the private clubs, where profits are greater and official supervision is almost impossible. [. . .]
They buy a ›straight bar‹ that is losing money, redecorate it and bring in a couple of tame homos to lure the others. When it starts making money they sell it. It's a quick-buck operation.«

388, 36   *Abweichler* – (engl. wörtl. übersetzt) »male deviates and lesbians«; vgl. NYT 30. 11. 1967.

389, 9–18   *er kam nach . . . im Inland fördert* – Teilweise Zitate aus § 1 Nr. 4 des »Gesetzes zur Gewährleistung des Rechtsfriedens« vom 13. 10. 1933 (RGBl. I, S. 723). Cresspahls Besitz einer Londoner Druckschrift, die nach damaligem Verständnis nach § 3 der »Verordnung des Reichspräsidenten zur Abwehr heimtückischer Angriffe gegen die Regierung der nationalen Erhebung« vom 21. 3. 1933 (RGBl. I, S. 135) eine strafbare Lügenmeldung dargestellt haben dürfte, wäre vermutlich eher nach § 2 Nr. 3 des Gesetzes mit Zuchthaus bis zu fünf Jahren geahndet worden, wenn ihm die absichtliche Verbreitung hätte nachgewiesen werden können.

389, 20–22   *der londoner Gegenprozeß . . . des Deutschen Reichstags* – In der Nacht vom 27. zum 28. 2. 1933 brannte der Deutsche Reichstag ab. In einem Schauprozeß vor dem Reichsgericht in Leipzig lasteten die Nazis die Brandstiftung einer komm. Verschwörung an und nutzten dies zur Verhaftung aller politisch mißliebigen Personen und zu einer Einschränkung von Grundrechten wie Versammlungs- und Pressefreiheit (vgl. »Verordnung des Reichspräsidenten zum

Schutz von Volk und Staat« vom 28. 2. 1933 [RGBl. I, S. 83]; später »Reichstagsbrandverordnung« genannt). Die Hintergründe des Brandes konnten nie
eindeutig geklärt werden; wahrscheinlich wurde er von dem holl. Kommunisten van der Lubbe gelegt.
Auf Initiative des ehemaligen komm. Reichtagsabgeordneten Willi Münzenberg wurde ein »Weltkomitee für die Opfer des Hitlerfaschismus« gegr., das
einen »Unterausschuß zur Aufklärung des Reichstagsbrandes« bildete. Eine
internationale Kommission aus Juristen und technischen Sachverständigen
traf sich zu diesem Zweck vom 14.9.–20. 12. 1933 in den Räumen der Londoner Law Society; vgl. Tobias (1962).

389, 27–30   *Ich har man . . . ok. Weitstu doch –* (nd.)
Ich hatte man bloß vergessen daß ich das hatte, Gesine.
Hättest du gesagt, nicht, Cresspahl.
Mir haben die Leute geglaubt und die Polizisten und Nachbars
Katze auch. Weißt du doch.

390, 7 f.   *Nun half es . . . Hitlers gestimmt hatte –* s. K. 348, 39; SPD: s. K. 170, 10.

390, 10 f.   *der Ausschluß sämtlicher . . . aus dem Vorstand –* Diese tendenziös fehlerhafte Angabe stammt aus einer DDR-Quelle: »Auf einer Konferenz am 19. Juni 1933
wurden auf Betreiben Paul Löbes alle jüdischen Mitglieder aus dem Parteivorstand hinausgewählt«, in: Geschichte der deutschen Arbeiterbewegung
(1969), Bd. 10, S. 35. Da die jüd. Vorstandsmitglieder alle emigriert waren,
konnten sie nicht gewählt werden; vgl. HNJ, S. 83 und 179 f.; s. K. 352, 1 f.

390, 27 f.   *Right you are . . . hest dat sülben –* (engl./nd.) Recht hast du, Gesine. Und du
kennst das nicht bloß von mir. Du hast das selber.

390, 31–33   *in der Volksabstimmung . . . aus dem Völkerbund –* Der scheinheilige, eine Frie-
denspolitik proklamierende »Aufruf der Reichsregierung an das Deutsche
Volk« (RGBl. I, S. 730), in dem es hieß, Frankreich verhindere die Gleichberechtigung Deutschlands auf militärischem Gebiet, wurde gleichzeitig mit
der Auflösung des Reichstags am 14. 10. 1933 beschlossen; Deutschland verließ am 14. 10. 1933 die Genfer Abrüstungskonferenz und trat am 19. 10. 1933
aus dem Völkerbund aus. Die Abstimmung über den Aufruf und Neuwahlen
fanden am 12. 11. 1933 statt. Form und Inhalt der Stimmzettel wurden mehrfach geändert, um ein für die Reichsregierung optimales Ergebnis zu erzielen. In dem Plebiszit stimmten 93 % der Deutschen dem Austritt zu; s. K.
87, 6 f.; 391, 11 f.

391, 6   *Heinrich Himmler –* 7. 10. 1900–23. 5. 1945, Landwirt; trat 1925 der NSDAP
und der »Schutzstaffel« bei, seit 1929 Reichsführer der SS, die er als persönliches Machtinstrument nutzte, seit 1934 Reichsleiter der NSDAP und Hitler
unmittelbar unterstellt, 1936 Chef der Polizei, die er in enger Bindung an die
SS neu aufbaute; 1939 beauftragt, als »Reichskommissar für die Festigung
deutschen Volkstums« die Umsiedlung von Auslandsdeutschen durchzuführen; 1943 Innenminister, organisierte den Terror der Gestapo, die Mas-

sentötungen der Juden und den zerstörerischen Widerstand vor der Kapitulation; 1945 in Nürnberg angeklagt, beging er Selbstmord.

391, 7 *Künnstu nich åhnn* – (nd.) Konntest du nicht ahnen.

391, 9 f. *Verdreifachung der Reichswehr* – Am 24. 10. 1933 forderte Hitler im Berliner Sportpalast die volle Gleichberechtigung Deutschlands entweder durch Abrüstung der übrigen Mächte oder durch Aufrüstung Deutschlands, das eine Reichswehr von 300 000 Mann benötige. Am 8. 4. 1935 enthüllte Hitler in der ersten seiner sog. Samstagsüberraschungen, daß Deutschland eine neue Luftwaffe besaß, und eine Woche später, daß er das Heer von 100 000 auf 550 000 Soldaten ausbauen wolle.

391, 10 f. *»Arbeitsschlacht«* – Nationalsoz. Propagandabegriff für Maßnahmen zur Wiederbelebung der Wirtschaft und der Bekämpfung der Arbeitslosigkeit. Dazu gehörten das 1. und das 2. »Gesetz zur Verminderung der Arbeitslosigkeit« vom 1. 6. 1933 (RGBl. I, S. 323) und vom 21. 9. 1933 (RGBl. I, S. 651) und der Beginn der Arbeiten an der Reichsautobahn am 23. 9. 1933.

391, 11 f. *Im Oktober verließ... die genfer Abrüstungskonferenz* – Hitler, der selbst einen Deutschland gegenüber großzügigen Rüstungsbegrenzungsplan vermeiden wollte, stellte unakzeptable Forderungen: Waffengleichheit genüge nicht, ohne jede Kontrolle müsse Deutschland nach eigenem Ermessen einen wirklichen Gleichstand herbeiführen können. Da aber Frankreich und England, vom Wiederaufleben des dt. Nationalismus beunruhigt, ein erneutes Wettrüsten vermeiden wollten und eine Bewährungszeit für Deutschland nötig erachteten, kündigte Hitler am 14. 10. 1933 die Teilnahme an der Genfer Konferenz auf; s. K. 390, 31–33.

391, 13 *Sanktionen des Völkerbundes* – Der Reichswehrminister ordnete am 25. 10. 1933 in einer geheimen Weisung für den Fall von militärischen Sanktionen der Westmächte »ohne Rücksicht auf militärische Erfolgsaussicht örtlich bewaffneten Widerstand« an; vgl. Overesch/Saal (1991); Overesch (1991).

391, 22 f. *mochten einen Rochus... die Juden haben* – (Rotwelsch bzw. jiddisch) auf jemanden zornig sein; von jiddisch »rochus«, »rauches« für »Ärger«, »Zorn«.

391, 28–392, 5 *Glöv ick nich... nich vel dacht* – (nd.)
Glaub ich nicht.
Wenn einer vom Rathaus kommt, ist er nicht bloß klüger. Er ist reinweg ein besserer Mensch, der versteht die anderen nicht mehr. Wo sitzt du denn, Gesine? Kannst du deinen Krieg nicht sehen? Warum gehst du nicht weg, damit du keine Schuld kriegst? Du kennst das nun doch wie das ist mit den Kindern. Was sagt Marie, wenn sie es gemerkt hat?
Daß die Toten das Maul halten täten.
Ist es dir nicht genug daß sie tot sind?
Wenn ich nichts sagen soll, was redest du?
Ich wollte dir nicht Angst machen, Gesine.

Du willst das man bloß nicht sagen.

Sag du es.

Du hattest deine Frau in Deutschland, und sonst hast du dir nicht viel gedacht.

Sonst hab ich mir nicht viel gedacht.

391, 35   *Dat de Dodn ... Mul holln dedn* – s. K. 45, 33.

392, 23–28 *Jen dou vode ... oči měla podzimkové* – (tschech.)

Halten Sie nur Abstand von mir.

Die Liebe ging an mir vorbei.

[...]

Sie hatte herbstliche Kleider

und herbstliche Haare

und herbstliche Augen.

1. 12. 1967

393, 12–15 *Die New York ... Lande gefallen sind* – Vgl. den Artikel »War Dead From This Area Are Identified by Pentagon« der NYT vom 1. 12. 1967.

393, 16–18 *Vom abgelösten Kommandeur ... »um zu leben«* – Vgl. die Kurznachricht der NYT vom 1. 12. 1967: »Adm. John J. Hyland took command of the Pacific Fleet today in a ceremony aboard the aircraft carrier Kitty Hawk. He relieved Adm. Roy L. Johnson, who is retiring and going to Virginia to live.«

393, 16 f. *Admiral Roy L. Johnson* – Roy Lee Johnson, geb. 18. 3. 1906, 1931 kommandierender Offizier der Air Group 2, 1955/56 auf USS Forrestal, 1967 Commander-in-Chief der US Pacific Fleet (CINCPAC-FLT).

393, 19–22 *John Franzese, »das ... glaubwürdig zu sein* – Vgl. den Artikel »Accuser Adamant in Franzese Trial« der NYT vom 1. 12. 1967: »The defense in the trial of John (Sonny) Franzese and three associates, accused of a gangland murder, attacked a chief state witness yesterday as too criminal to be credible.« Die Aussage von Charles Zaher, der Verbrechen aller nur erdenklichen Art eingestanden hatte, belastete Franzese, der eine Beteiligung an der Ermordung Rupolos zugegeben hatte; s. K. 156, 36–157, 2.

393, 23–29 *Bei uns, an ... die Stadt wachsen* – Vgl. den Artikel »Razing of a Tawdry Hotel to Help West 70's Area« der NYT vom 1. 12. 1967: »A rundown hotel at Amsterdam Avenue and 71st Street, around which narcotics addicts, pimps, prostitutes and other disreputable persons often loiter at night, will be torn down to make way for a luxury apartment house more than 30 stories high.

The sale yesterday of the hotel, the Sherman Square, dramatized the efforts by adventurous real-estate men and spirited young couples, to drive out elements responsible for recent muggings and other crimes in the West Sixties, Seventies and Eighties. [...]

›The small, sleazy elements will leave the area when their haunts are torn down,‹ he [Hyman R. Shapiro, der Käufer des Hotels] said, ›and a new atmosphere will grow. This is the only way the city can grow.‹« Amsterdam Avenue: s. K. 97, 2.

393, 24

Sherman Square – Benannt nach dem amerik. General William Tecumseh Sherman (8. 2. 1820–14. 2. 1891), 1869–84 Oberbefehlshaber der US-Armee; s. K. 1019, 35.

394, 2 f.

die Bank des Heiligen Geistes – Banco di Santo Spirito S. p. A., die Bank des Vatikans; gegr. 1605; 18 Piazza del Parlamento, 00186 Rom.

394, 12–395, 23

Bevor Karsch nach . . . es sich versieht – Es ist nur recht und billig, daß Karsch seinen Kollegen Bill Davidson anführt, denn alle Informationen in seinem Artikel, außer – wie erwähnt – der Lebenslauf der Eltern des Mafiabosses von New England, stehen auch in Davidsons Artikel »The Mafia: How It Bleeds New England« in der »Saturday Evening Post« vom 18. 11. 1967, S. 27–31. Z. B. »On warm afternoons, however, Patriarca occasionally sits on the doorstep of the NU-Brite Cleansers to take the afternoon sun. He wears a white sweater, smokes a huge cigar«; ebd., S. 30.

394, 13

Neu-England – s. K. 43, 28.

394, 15 f.

Saturday Evening Post – Beliebtes amerik. wöchentliches Unterhaltungsmagazin; 1821 gegr.; lange Zeit unter der Redaktion von G. H. Lorimer (1897–1936); 1969 eingestellt.

394, 17

Bundespolizei – s. K. 300, 29.

394, 21

Raymond Loreda Patriarca – Geb. 1908, Mafiaboß von New England; verurteilt wegen Kidnappings, Gefängnisausbruchs, Einbruchs, Ehebruchs, Diebstahls, bewaffneten Raubüberfalls, Alkoholschmuggels, unerlaubten Waffenbesitzes, Mädchenhandels. Er wurde lange Zeit vom FBI überwacht, aber gute Verbindungen zu Politikern und Behörden schienen ihn zu schützen. Er wurde angeklagt, den Mord von W. Marfeo in einem Restaurant in Providence im Juni 1966 organisiert zu haben, aber gegen Kaution freigelassen; vgl. NYT 9. 3. 1967 und 26. 3. 1967.

394, 34

L. S. D. – s. K. 157, 28.

394, 37

Hafen von Boston – Im Hafen von Boston fand die sog. »Boston Tea Party« statt, bei der als Indianer verkleidete Mitglieder der Geheimorganisation »Sons of Liberty« am 16. 12. 1773 aus Protest gegen die engl. Zollpolitik eine Ladung Tee aus England über Bord des Schiffes in den Hafen warfen. Damit kündigte sich der Unabhängigkeitskrieg an; Boston: s. K. 143, 28.

394, 37 f.

das Schiff »Constitution« . . . der amerikanischen Verfassung – Die Fregatte aus dem Krieg gegen Großbritannien von 1812–15 ist heute ein Museum; sie trägt den Namen der amerik. Verfassung: »The Constitution of the United States of America«, und wird auch »Old Ironsides« genannt.

395, 13   *omertà* – (ital.) Schweigepflicht.

395, 24   *Cambridge* – Ort nördlich von Boston, Mass.

395, 26   *Literaturnaja Gasjeta* – (russ.) Literaturzeitung mit dem Untertitel: »Freie Tribüne der Schriftsteller«; hg. vom Schriftstellerverband der UdSSR. 1929 als Blatt der »Föderation der Vereinigung der sowjetischen Künstler« (FOSP) gegr., ging es nach der Gründung des sowj. Schriftstellerverbandes (1934) auf diesen über. 1947 wurde daraus eine literarische und allgemeinpolitische Zeitung, die zweimal, seit 1950 dreimal pro Woche erschien. Seit 1967 erscheint nur noch eine Ausgabe pro Woche; viel gelesen, da sie zur Zeit der UdSSR auch Auszüge aus Werken moderner westlicher Autoren veröffentlichte, die sonst nicht erhältlich waren; vgl. Torke (1993).

395, 36   *Providence* – Hauptstadt des USA-Bundesstaates Rhode Island.

396, 1 f.   *»Copter Club« auf . . . Haus der PanAmerican* – s. K. 324, 25; 324, 29–31.

396, 28   *Tunnellinie* – P. A. T. H. (Port Authority Trans-Hudson), 1962 gegr., eine Tochtergesellschaft der Port Authority of New York and New Jersey; Schnelltransport System, das Stationen in New Jersey (Newark und Hoboken) mit Midtown und Lower Manhattan verbindet; PATH benutzt eine Linie, die zwischen 1874 und 1909 gebaut und früher von der Hudson and Manhattan Railroad benutzt wurde; sie führt unter dem Hudson hindurch nach New York.

396, 32   *Hinterzimmer eines Friseursalons* – Der Ort könnte von Davidsons Artikel in der Saturday Evening Post (s. K. 394, 12–395, 23) angeregt sein, wo berichtet wird, daß ein Mafioso aus Providence einen Mafia-»underboss« in einem Friseurstuhl erschoß.

397, 13   *A tua disposizione* – (ital.) Zu deiner Verfügung. s. 456, 26; 1832, 23.

397, 13   *Fanta Giro* – Anspielung auf das ital. Märchen »Fanta Ghirò« von Gherardo Nerucci (1828–1906), aus seiner 1880 veröffentlichten Sammlung »Sechzig montalesische Märchen«. Die als Mann verkleidete Prinzessin Fanta Ghirò will für ihren kranken Vater in die Schlacht ziehen, aber der feindliche Prinz ahnt ihr wahres Geschlecht und verliebt sich in sie. Es gelingt ihm aber nicht, sie zu überlisten, so daß sie sich als Frau zu erkennen geben muß. Unter einem Vorwand flieht sie von seinem Hofe, er reist ihr nach, sie heiraten, und der Krieg fällt aus; s. 456, 26; 1832, 23.

2. 12. 1967

397, 16–24 *Das Tribunal des . . . Gerichtshofes zu Roskilde* – Vgl. den Artikel »Russell ›Tribunal‹ Finds U. S. Guilty of War Crimes« der NYT vom 2. 12. 1967: »The Russell tribunal, meeting at Roskilde [. . .] found the United States guilty on all charges, including genocide, the use of forbidden weapons, maltreatment and killing of prisoners, violence and forced movement of prisoners.

It also found the Americans guilty of aggression against Laos and Cambodia.« Das dazugehörige Foto zeigt u. a. Jean-Paul Sartre.

397, 16   *Tribunal des Lord Russell* – Bertrand Russell (18. 5. 1872–2. 2. 1970), engl. Mathematiker, Philosoph, Sozialkritiker, als Pazifist Gegner der Atomkriegsbewaffnung; im Russell-Tribunal untersuchten Wissenschaftler, Intellektuelle und Journalisten Verletzungen des Menschen- und Völkerrechts.

397, 23   *Jean-Paul Sartre* – 21. 6. 1905–15. 4. 1980, frz. Philosoph und Schriftsteller, Begründer des frz. Existenzialismus; aufbauend auf Hegel, Marx, Husserl vertrat er einen neuen Humanismus in einer Welt ohne Gott, in der der Einzelne in totaler Verantwortung gegenüber der Gesamtheit steht und »zur Freiheit verurteilt« ist; gehörte der Widerstandsbewegung gegen die Deutschen an, stand dem Kommunismus nahe. In seiner Verurteilung des sowj. Einmarsches in Ungarn 1956 finden sich entschuldigende Gründe für das Vorgehen der Sowjetunion. Er solidarisierte sich in den sechziger Jahren mit der Studentenbewegung; s. K. 397, 23–28; 398, 4; 1820, 11; 1820, 13; 1834, 16 f.

397, 23–28   *Jean-Paul Sartre . . . zu einem Mitschuldigen* – Aufgrund des Vietnamkrieges lehnte Jean-Paul Sartre es im März 1965 ab, in die USA zu reisen und dort eine Vorlesungsreihe über Flaubert und Philosophie zu halten.

398, 4   *Sartre las damals . . . »schlecht, aber eifrig«* – Die Übersetzerin Leila Vennewitz teilt ihrem Autor mit: »I found the reference to Sartre: it is in ›La Force de l'âge‹ and runs (p. 151): ›Sartre lisait les journaux: mal, mais assidûment. J'y mettais moins de conscience.‹ The last sentence (not referred to by you) gave me the clue I needed, as ›eifrig‹ was the word that had been bothering me«; Johnson, Auskünfte für eine Übersetzerin, S. 336; vgl. auch den Brief von Leila Vennewitz an Johnson vom 28. 7. 1971, im Johnson-Archiv.

398, 28   *Rotspon* – s. K. 71, 25.

398, 29   *die kleinen Stunden* – (engl. wörtl. übersetzt) the small hours: zwischen Mitternacht und Morgen.

399, 10–12   *Wat is di . . . man werre richtich* – (nd.)
        Was ist dir, Lisbeth.
        Was soll mir sein, Cresspahl.
        Sei mal wieder richtig (gut).

399, 34   *Reichsnährstand* – Unter den Nazis gebildete Körperschaft der dt. Landwirtschaft, um die Erzeugung lenken und die Preise festsetzen zu können; 1949 aufgelöst; s. K. 570, 30; 607, 30 f.; 1840, 28 f.

399, 35   *Erbhof* – Nach dem »Reichserbhofgesetz« vom 29. 9. 1933 (RGBl. I, S. 685), durch das ca. 35 % der land- und forstwirtschaftlich genutzten Besitzungen im »Deutschen Reich« zu Erbhöfen erklärt wurden, war ein Erbhof unbelastbar, unveräußerlich und mußte ungeteilt auf den Anerben übergehen. Ein Erbhof mußte mindestens eine Ackernahrung und durfte höchstens 125 ha groß sein. Eigentümer eines Erbhofes konnte nur ein Bauer sein, der dt. Reichsangehörigkeit besaß bzw. »deutschen oder stammesgleichen Blutes« war; s. K. 1840, 28 f.

399, 35   *Winterhilfswerk* – s. K. 245, 7.

400, 13 f. *Johannes Stelling* – s. K. 366, 20–22.

400, 20–22 *Dieser Hitler hatte . . . Revolution bekannt gegeben* – Falsche Datierung, es handelt sich um eine Rede Hitlers vor den Reichsstatthaltern vom 6. Juli [sic] 1933, in der er ankündigte, daß die vom linken NSDAP-Flügel erwartete ›zweite‹ soziale Revolution nicht stattfinden werde. Im Interesse einer effektiven Arbeit der Wirtschaft dürften hier keine Veränderungen mehr stattfinden. Hitler distanzierte sich somit vom NSDAP-Programm von 1920, in Wirtschaftskreisen wurde diese Botschaft positiv aufgenommen; vgl. Domarus (1973), S. 286 f.; s. K. 261, 11–16.

401, 1   *nicht wie im März* – s. 261, 33–262, 10.

401, 25   *Ackerbürgern* – s. K. 31, 20.

402, 17   *Gut bei Sach* – s. 243, 36.

3. 12. 1967

402, 30–34 DAS ZITAT DES . . . *der Polizei kam* – »QUOTATION OF THE DAY: ›Cardinal Francis J. Spellman, Archbishop of New York, has passed away on this day at St. Vincent's Hospital at 11:45 A. M. May he rest in peace.‹ – Message sent over the Police Department teletype«, NYT 3. 12. 1967.

402, 30   *Kardinal Francis J. Spellman* – Francis Joseph Spellman (4. 5. 1889–2. 12. 1967), amerik. römisch-kath. Theologe; 1939 sechster Erzbischof der Erzdiözese New York; seit 18. 2. 1946 Kardinal, setzte sich besonders für Erziehung und soziale Wohltätigkeit ein. Seine Forderung nach staatlicher Hilfe für Konfessionsschulen brachte ihn in Gegnerschaft zu Eleanor Roosevelt. Er traf sich schon in den fünfziger Jahren in New York mit dem Katholiken Ngo Dinh Diem, dem späteren Premierminister von Südvietnam, und war seither ein unkritischer Befürworter der amerik. Intervention in Vietnam. Er wurde von der Sowjetunion verdächtigt, über Ribbentrop und den vatikanischen Botschafter von Weizäcker Informationen über die Alliierten an Deutschland weitergeleitet zu haben. Seine zahlreichen Veröffentlichungen machten ihn bekannt; vgl. DER SPIEGEL 10. 4. 1948, S. 1; s. K. 582, 35 f.

402, 36–403, 3 *Der Sprecher sagte . . . Truppen zu machen* – »The spokesman said that the Cardinal earlier had been feeling fine and had even discussed the possibility of going off again to Vietnam for Christmas visits to American troops there«, NYT 3. 12. 1967 unter »News Summary and Index«.

403, 5–404, 15 *Mauerstein und Mörtel . . . Sieg unvorstellbar ist* – Unter der Überschrift »Francis J. Spellman: New York Archbishop and Dean of American Cardinals« heißt es in der NYT vom 3. 12. 1967: »The Cardinal's brick and mortar, valued at more than a half-billion dollars, was spread over an archdiocese of 4,717 square miles. This includes Staten Island, Manhattan and the Bronx in New York City plus Westchester, Putnam, Dutchess, Orange, Rockland, Sullivan and Ulster Counties. [...]

The Cardinal traveled hundreds of thousands of miles, many of them as the head of the Military Ordinariate. This was, in effect, a second archdiocese that extended all over the world, wherever American troops were stationed. Beginning with World War II, the Cardinal visited training camps, fleets at sea, air forces at their bases, fighting fronts. [...]

The Cardinal was a gregarious man, at home with a great variety of persons. This characteristic puzzled some of his friends, who could not understand how he could enjoy, seemingly equally, the company of a serious intellectual and that of a fun-loving, yacht-owning lawyer. [...]

He enjoyed listening to songs, Irish ballads in particular. A favorite was ›Danny Boy,‹ and a monsignor on his staff, possessed of a good tenor, was often called upon to sing it and other sentimental lilts. [...]

But what was memorable amid the opulence of the Cardinal's garb was his face. It was round, benign, shining, almost cherubic. The forehead was high, the ears large, the nose a mite pointed, and the dark blue eyes peering through old-fashioned rimless spectacles, were steady. The face conveyed a sense of cheerfulness that even long hours of ceremony rarely seemed to dull. [...]

His father had a dry wit. ›Son,‹ he used to tell the boy, ›always associate with people smarter than yourself, and you will have no difficulty finding them.‹ [...] But any thought that the Cardinal might have eschewed controversy was dispelled when he traveled to South Vietnam at Christmas time. Addressing American troops, he asserted: ›This war in Vietnam is, I believe, a war for civilization.‹ He went on to say that ›less than victory is unconceivable.‹«

403, 5   *Mauerstein und Mörtel* – Die Formulierung der NYT »brick and mortar« bezieht sich auf den von Kardinal Spellman geförderten Bau von Kirchen, Schulen und Krankenhäuser des Erzbistums New York, das u. a. Staten Island, Manhattan und die Bronx umfaßt.

403, 10   *Orange* – s. K. 327, 11.

403, 28   ›*Danny Boy*‹ – Irisches Volkslied, auch: »Londonderry Air« genannt, inoffizielle irische Nationalhymne.

    Oh Danny Boy, the pipes, the pipes are calling
    from glen to glen and down the mountain side
    the summer's gone and all the roses falling
    'tis you, 'tis you must go and I must bide...

404, 17–19   *Der Präsident erinnerte... Menschen und Nationen* – Unter der Überschrift »President Leads Tribute« heißt es in der NYT vom 3. 12. 1967: »The President, recalling the Cardinal's visits to South Vietnam at Christmas, said that his ›grace of goodness touched all manner of men and nations.‹«

404, 20   © *by the ... York Times Company* – s. K. 116, 25.

404, 21–405, 7 »*WETTBEWERB DER VERLEGER ... 125 000 Dollar an.*« – Auszüge aus dem Artikel »Publishers Competing for the Rights to Che Guevara's Diaries« aus der NYT vom 3. 12. 1967: »Ernesto Che Guevara, the Latin-American revolutionary who published only one book during his lifetime, has posthumously become the center of a literary struggle.
Since the Bolivian Government announced on Oct. 9 Mr. Guevara's death and the capture of his campaign diaries, a number of American and European publishers have been competing for international rights to the documents. [...]
Negotiations for world rights to Mr. Guevara's Bolivian diary are under way between Magnum Photos Inc. and the Bolivian Government. The Government claims ownership of the manuscript on the ground that the diary is a ›captured war document.‹ [...]
Magnum, a cooperative of internationally known news photographers, began the talks six weeks ago in La Paz on behalf of a consortium that includes the New York Times. The price offered for the diary was reported by reliable sources to be about $ 125,000«; Guevara: s. K. 115, 17; Tagebücher: s. K. 292, 9 f.; 296, 22 f.

405, 4   *La Paz* – s. K. 166, 12.

405, 9–26   »*EIN REPORTER AUS ... Erdboden gleichgemacht werden.*« – Johnson übersetzt wörtlich einen Auszug des Artikels »Manila Newsreporter Finds Regime in Hanoi is Fatalistic in the War« aus der NYT vom 3. 12. 1967 und übernimmt kommentarlos einen Druckfehler: »At cock's crow every weekday, factory and office workers in Hanoi assemble in courtyards for 15 minutes of calisthenics.
This ritual is one of the war, which, according to offi–is bracing its people for what their leaders call the supreme sacrifice of a long war.
There ist little question that the North Vietnamese have conditioned themselves for such a way, which, according to official Hanoi predictions, may last 10–20 years.
Planners in Hanoi tend toward the most pessimistic and fatalistic estimates. When North Vietnamese leaders talk about a ›protected war‹, they take into account the complete leveling of their cities, including the capital and the nearby port of Haiphong.«
In dem Artikel fehlte eine Zeile, es sollte heißen: »according to officials ... «: laut den Funktionären. Wie J. Joyce, der Fehler des frz. Setzers in den Text des »Ulysses« übernommen hat, übernimmt auch Johnson an mehreren Stellen Druckfehler der Vorlagen; s. 453, 7 f.; 466, 34.

405, 25   *Hafen Haiphong* – s. K. 201, 17.

405, 28–406, 9 »*ZWANZIGSTES JAHRHUNDERT AUF ... Parfüm und Blumen.*« – In einem Artikel »THE 20TH CENTURY MAKES FINAL RUN» in der NYT vom 3. 12. 1967

heißt es: »The Twentieth Century Limited, known to railroad buffs for 65 years as the world's greatest train, pulled out of Grand Central Terminal for the last time last night. There was no fanfare and the train was only half full. [...] At exactly 6 P.M., Herbert P. Stevens, a brakeman, signaled the highball, and the historic train slid down Track 34. ›It won't be the same,‹ he said. ›I've been with the line for 42 years, and with this train for 10. We'll all miss it.‹ Among the passengers there was a sprinkling of mink stoles and sparkle. Older men and women who rode the Twentieth Century in its heyday were a little sad. As usual, carnations were given to the men boarding the train, and perfume and flowers to the women.«
The Twentieth Century Limited, Luxuszug der New York Central Railroad, der seit dem 15. 6. 1902 zwischen Boston und New York nach Chicago verkehrte, wurde am 2. 12. 1967 eingestellt; s. 437, 22 f.

405, 35 f.   *gab Herbert P. Stevens, ein Bremser das Signal* – Druckfehler in allen Ausgaben, hinter »Bremser« fehlt ein Komma.

4. 12. 1967

406, 12–14   *Als der Agitator . . . nach Valle Grande* – Vgl. den Artikel »Guevara's Execution in a Schoolhouse Recounted« der NYT vom 4. 12. 1967: »Ernesto Che Guevara, the Latin-American revolutionary leader, was machine-gunned to death on Oct. 9 by a Bolivian army executioner in a two-room schoolhouse in the nearby mountain hamlet of La Higuera. [...] Mr. Guevara's body was lashed to the landing sled of a helicopter and flown to Valle Grande.« Valle Grande liegt am Ostrand der bolivianischen Anden, südwestlich von Santa Cruz de la Sierra; s. K. 115, 17.

406, 15 f.   *Der Kardinal, der . . . New York Times* – Das Foto auf der Titelseite der NYT vom 4. 12. 1967 zeigt das Kopfende der Bahre und umstehende Trauernde: »The bier of Cardinal Spellman at St. Patrick's Cathedral. Patrolman gestures to mourners to proceed past coffin«; Spellman: s. K. 402, 30; Kathedrale des Heiligen Patrick: s. K. 43, 31.

408, 2   *die in das . . . Building gerissene Ecke* – Am 28. 7. 1945 überflog ein Bomber des Typs B-25 [nicht B-35; s. 1084, 35] mit einer Geschwindigkeit von mehr als 300 h/km in 350 m Höhe, halb so tief wie erlaubt, Manhattan und rammte um 9.25 Uhr die Nordseite des Empire State Building. Das Unglück forderte 14 Todesopfer und 26 Verletzte. Weil es an einem Samstag geschah, waren die meisten Büros leer; s. K. 118, 39; s. 1084, 35.

408, 16   *Bus Nummer 5* – s. K. 24, 28 f.

408, 22   *Flushingbahn* – s. K. 10, 27; s. 522, 21; 1766, 30.

408, 31–33   *Bahnsteige der IRT . . . Bahnsteige der IND* – s. K. 369, 28.

408, 34 f.   *Bekleidungsgewerbe in den dreißiger Straßen* – Das Gebiet entlang der 7. Ave. von der 23. bis 40. Straße heißt »Garment District«, angeblich das größte Textilzentrum der Welt sowohl für Design wie für Herstellung.

5. 12. 1967

409, 4–6   Überläufer der U. S. A. . . . als ein Paranoiker – Smith hatte als Kommunikationstechniker für den Foreign Service der U. S. A. in New Delhi und Wien gearbeitet, nach amerik. Darstellung wurde er 1959 auf psychiatrisches Anraten aufgrund seiner paranoiden Verdächtigungen zurückgeschickt und ihm eine Kündigung nahegelegt. Im Sommer 1960 verließ er seine Familie. Im Scheidungsprozeß sagte seine Frau aus, daß er sie als CIA-Agentin verdächtigt habe, die ihn überwachen und vergiften wolle; s. K. 218, 4.

409, 4–14   Überläufer der U. S. A. . . . Madrid wieder auf – Artikel-Überschriften der NYT vom 5. 12. 1967:
»U. S. Defector in Moscow Is Pictured as a Paranoid in Wife's Testimony in Florida Divorce Case«; S. 12 (s. K. 218, 4; 409, 4–6).
»Enemy Battalion Smashed in Trap« (235 Vietcong wurden von der Allied Riverine Force im Mekongdelta geschlagen); S. 1.
»Week of Protest Against the Draft Started by Antiwar Groups«; S. 24.
»School Head Turns In Son on $81,000 Bank Theft«; S. 41.
»Fires Kill 9th Child In City In 36 Hours«; S. 40.
»Brooklyn Druggist Is Killed In Robbery«; S. 95.
»Franzese Trial Is Told About Deal for a Witness« (Der überführte Bankräuber John »Blue Boy« Cordero erhielt wöchentlich $50 Unterhalt für seine Frau zugesprochen); S. 39 (s. K. 156, 36157, 2).
»Madrid Students Resume Rioting« (Die Proteste anläßlich Francos 75. Geburtstags richteten sich gegen Repressalien der Regierung, die kurz zuvor 60 Studenten hatte verhaften lassen, darunter die Nichte Federico Garcia Lorcas, eine US-Bürgerin.); S. 11.

409, 28 f.   *die Cresspahlsche Ehe . . . Hand und Handschuh* – (engl. Redewendung wörtl. übersetzt) to be hand in glove with someone: ein Herz und eine Seele sein.

410, 23 f.   *Georg der Fünfte* – s. K. 199, 31 f.

413, 5   *Ortsgruppenleiter* – s. K. 165, 3.

413, 6 f.   *daß Papenbrock Papenbrock ist. Und bleibt* – s. K. 1359, 35.

413, 24   *Kleie-am-Fuß* – Kliefoth: (nordd.) Kleienfuß, Spottname für Müller.

413, 27   *Gymnasium* – Neben dem Dom, Am Wall 6, liegt das Güstrower Gymnasium, das Johnson von 1948 bis 1952 besuchte; früher Realgymnasium, seit 1934 nach John Brinckman (s. K. 490, 7 f.) benannt (s. K. 1018, 10 f.); vgl. IB; Nöldechen (1991), S. 46; Klug (1995), S. 68; s. 445, 22; 895, 27; 918, 7; 1346, 13; 1434, 2; 1569, 33.

413, 32   *Hünemörder* – Nach B. Neumann war der Vater von Johnsons Schulkamera-
           din Brigitte Stüwe Vorbild für diese Figur; vgl. Neumann, B. (1994), S. 110,
           802; s. XIII, 13–18; 1780, 38–1781, 30.

6. 12. 1967

414, 10–18   *Die New York ... York Times finden* –Vgl. das Foto in der NYT vom 6. 12. 1967
              mit dem Text: »Protest in Low Manhattan: Opponents of the war in Vietnam
              sitting on sidewalk in the vicinity of the induction center at 389 Whitehall
              Street. A police officer warned them, and later some were placed under ar-
              rest.«

414, 19–24   *In Springfield in ... er ausgeführt wurde* –Vgl. den Artikel »Three Lawyers Say
              Convict Told Them Of Plot on Kennedy« der NYT vom 6. 12. 1967: »Spring-
              field, Mo., Dec. 5 (AP) – Three lawyers said today that a former United States
              Secret Service agent [...] had told them that the agency had known be-
              fore President Kennedy's assassination that an attempt to kill him had been
              planned.
              An attorney representing the former agent, Abraham W. Bolden, 32 years old,
              asserted that his client had told him he had been sent to prison after having
              been refused permission to tell the Warren commission about the alleged in-
              formation.«

414, 25–28   *25 Jahre Zwangsarbeit ... lange außer Landes* –Vgl. den Artikel »G. I. Gets 25
              Years After Plea of Guilty As Spy for Soviet« der NYT vom 6. 12. 1967: »A
              seven-member court-martial sentenced S/Sgt. Leonard J. Safford today to 25
              years at hard labor and a dishonorable discharge after he pleaded guilty to
              charges of espionage and larceny. [...]
              He admitted receiving $ 1,000 from a man pointed our later to him as Niko-
              lai Fedorovich Popov, who since has left the United States after serving as First
              Secretary at the Russian Embassy in Washington.« Der Verbindungsmann
              Popow arbeitete nicht bei der UNO, sondern war 1. Sekretär an der Sowj.
              Botschaft in New York; vgl. auch NYT 26. 8. 1967; s. K. 25, 30–34; 25, 34.

414, 29–36   *Das Gericht in ... letzten Stichen abmurksten* –Vgl. den Artikel »Eyewitness Tells
              of 1964 Murder« der NYT vom 6. 12. 1967: »The witness, Richard Parks, a
              27-year-old convict, was the third bank robber and former associate of the
              four defendants to give testimony against them in the State Supreme Court
              trial in Queens.
              Parks said he was an unsuspected eyewitness when three of the defendants,
              but not Franzese, loaded the body of Ernest (The Hawk) Rupolo, an under-
              world informer, into a car trunk.
              He related that his job was to leave the car in the middle of the night in the
              rear parking lot of the Skyway Motel near Kennedy International Airport
              [...] he saw them transfer Rupolo, still alive, from the trunk of their car.

As Parks told it, the defendants – Florio, William David (Red) Crabbe, and
Thomas Matteo – were transferring Rupolo when there was a scream from
the victim, ›No!... No!‹
[...] Crabbe then seized a knife and plunged it ›three or four times into the
chest‹ of Rupolo«; s. K. 156, 30–157, 2; 156, 36–157, 2.

414, 31   *Jamaica-Bucht* – s. K. 157, 2.

415, 3   *Walnußbäumen* – Vermutlich Aufnahme eines Details aus Texten von Thomas
Mann. Tonio Kröger liebt seinen Walnußbaum; vgl. Th. Mann (1974), Bd. VIII,
S. 274. Ein »alter knorriger Walnußbaum« erscheint im »Kleinen Herrn Friedemann« (ebd., S. 78, 83) und in den »Buddenbrooks« (ebd., Bd. I, S. 428, 431,
653); zur leitmotivischen Funktion vgl. Riordan (1995), S. 165 ff.; s. K.
1644, 33; s. 475, 5; 539, 10; 747, 13; 1001, 35; 1081, 13; 1084, 15; 1117, 11;
1139, 33; 1140, 3; 1266, 26; 1478, 25 f.

416, 8–11   *Menich Man lude... wol wenen mochte* – (nd.)
                   Gar mancher Mann laut singt,
                   Wenn man die Braut ihm bringt.
                   Wüßte er, was man ihm brachte,
                   Daß er dann wohl weinen möchte.
Dieser Spruch steht im Hochzeitszimmer des Lübecker Rathauses.
Die falsche Schreibweise (richtig: synghet) hat Johnson vermutlich über-
nommen aus: Enns (1969), S. 92 f. Vgl. auch Johnson, Lübeck habe ich
ständig beobachtet, S. 80 f., wo es über den (diesmal richtig geschriebenen)
Spruch und Cresspahl heißt: »es ist denn ein Lübecker Spruch, der für sein
Unglück steht«; vgl. HNJ, S. 68, wo der Spruch ebenfalls verwendet wird;
Mecklenburg (1996), S. 177.

416, 17   *Dicktenhobel- und Abrichthobelmaschine* – Eine Dicktenhobelmaschine (oder
Dickte) stellt planparallele Flächen in bestimmtem Abstand her. Eine Abrichthobelmaschine bringt durch Hobeln windschief verzogene Bretter in
exakte Form mit parallelen Flächen und rechtwinkligen Kanten; s. 657, 7;
1570, 11.

417, 3   *Bützow* – s. K. 102, 25.

418, 17   *zacher* – Nebenform zu zäh, eingeschrumpelt.

418, 35   *Gut bei Sach* – s. 243, 36.

7. 12. 1967

419, 8   *Pius* – (lat.) der Fromme, auch: gottesfürchtig; pflichtgetreu; liebevoll, an-
hänglich, zärtlich, treu; gottgefällig, heilig, rein, rechtmäßig; vgl. Register.

419, 10 f.   *aus dem Pacht- und Leihabkommen* – Das amerik. Pacht- und Leihabkommen
(Lend-Lease-Act) vom 11. 3. 1941 erteilte dem Präsidenten die Generaler-

mächtigung, kriegswichtige Waren, Waffen und Güter an jene Nationen zu verkaufen, zu verleihen (lend) oder zu verpachten (lease), deren Verteidigung von vitalem Interesse für die Verteidigung der USA war. Roosevelt hatte daraufhin erklärt, die Verteidigung praktisch des gesamten brit. Empire (Großbritannien, Australien, Burma, Indien, Kanada, Neuseeland, Südafrika, Südrhodesien) sowie von Ägypten, China, Griechenland, Jugoslawien, der Türkei und der Sowjetunion sei von vitalem Interesse für die Verteidigung der USA. Das Gesetz ermöglichte Hilfslieferungen an die Alliierten, vorwiegend militärische Unterstützung für die Sowjetunion und Großbritannien, nachdem letzeres zahlungsunfähig geworden war. Bis zum 31. 5. 1945 lieferte die USA an die Sowjetunion 15 000 Flugzeuge, 13 000 Panzer, 427 000 Lastwagen, 50 000 Jeeps, zwei Mio. t Stahl und 420 000 t Aluminium; vgl. Boelcke (1969), S. 175; s. 1727, 18 f.

419, 10 f. *Studebaker* – Die von Clement Studebaker (1831–1901) und seinem Bruder 1852 gegr. Firma stellte zuerst Kutschen, seit 1902 auch Autos her. Bekannt wurden der »Champion«, ein ab 1939 gebautes Modell, und der nach seinem Konstrukteur benannte »Lowey«, der ab 1953 gebaut wurde. 1954 fusionierte Studebaker mit Packard, stellte aber noch bis 1966 Autos mit dem alten Firmennamen her.

419, 16 *Barth* – Stadt am Bodden, südlich der Halbinsel Darß und Zingst; s. 955, 9, 18; zum gleichnamigen KZ: s. K. 36, 12.

419, 18 *Tunnel unter dem Hudson* – s. K. 79, 19–35.

419, 18 f. *Flughafen Newark* – s. K. 325, 10 f.

419, 21 TRANSALL ILJUSCHIN – Zusammensetzung aus dem Transportflugzeug Transall C-160, einer dt.-frz. Gemeinschaftsproduktion aus den sechziger Jahren und einem sowj. Flugzeug, benannt nach dem Flugzeugkonstrukteur Sergej Wladimirowitsch Iljuschin (30. 3. 1894–9. 2. 1977), der Kampfflugzeuge und Verkehrsmaschinen für mittlere und lange Strecken entwarf.

8. 12. 1967

419, 36 *Dschi-sain* – Engl. Aussprache von Gesine.

420, 17–24 *In der New . . . zum Krieg zuwegegebracht* – Vgl. den Artikel »Helicopter Flies President To Central Park Meadow« der NYT vom 8. 12. 1967: »Tight security measures [. . .] were employed yesterday when President Johnson came to New York for the funeral of Cardinal Spellman.
Tensions over antidraft demonstrations obliged the city police and the Secret Service to take unusual measures. The President arrived in secrecy at Floyd Bennett Naval Air Base in Brooklyn, and was shuttled to the Sheep Meadow in Central Park by helicopter.
This travel plan exposed the President to only a one-mile motorcade through

the city streets. And when he departed, immediately after the conclusion of the 90-minute funeral service at St. Patrick's Cathedral, he took the added precaution of using the cathedral's rear door«; vgl. DER SPIEGEL 18. 12. 1967, S. 92.

420, 18   *den toten Kardinal* – s. K. 402, 30.

420, 19   *Marineflugfeld Floyd Bennet* – Richtig: Floyd Bennett Field, im Südosten Brooklyns an der Jamaica Bay, war 1930 der erste städtische Flughafen in New York City, benannt nach dem Piloten, der 1926 Admiral Richard Evelyn Byrd (1888–1957) über den Nordpol flog. Nach der Eröffnung des günstiger gelegenen La Guardia Airfield 1939 wurde er 1942 an die Navy verkauft.

420, 20   *Schafswiese im Central Park* – Sheep Meadow, eine neun Hektar große Wiese im südlichen Teil des Central Park zwischen 66. und 69. Straße; ursprünglich »The Green« genannt. Auf ihr wurde 1864–1934 an dem Ort, auf dem heute die »Tavern on the Green« steht, eine Schafherde gehalten; in den sechziger Jahren verwandelten Versammlungen und Konzerte große Teile in eine Staubwüste; s. K. 61, 20; s. 1074, 10 f.; 1075, 14.

420, 26   *paraphieren* – Einen ausgehandelten Text vorläufig mit den Namenszeichen abzeichnen.

421, 25 f. *Zwei Kranichkräne* – Wortspiel mit der doppelten Bedeutung von crane (engl.) 1. Kran, 2. Kranich.

421, 33   *harten Hüten* – (engl. wörtl. übersetzt) hard hats: Schutzhelme.

422, 1–8   *eine Nazipartei, und ... nicht falsch auffasse* – Die rechtsextremistische Nationaldemokratische Partei unter ihrem Vorsitzenden Adolf von Thadden hatte eine »Schutzgemeinschaft gegen Meinungsterror« gegründet, nachdem sie auf öffentlichen Versammlungen angegriffen worden war. Von Thadden sprach von gemeinsamem Blut, gemeinsamer Sprache und Geschichte als wesentlichen Elementen des dt. Volkes; s. K. 136, 26 f.

422, 8   *common blood* – (engl.) hier: gemeinsames/gemeinschaftliches Blut; es könnte aber ebenso »gemeines, gewöhnliches Blut« im Gegensatz zu »adligem Blut« bedeuten; s. K. 426, 7.

422, 13–16 *was wir in ... die Sekunde machte* – Ungeklärt.

422, 38–423, 2 *Gestern nacht ist ... heil oder kaputt* – Vgl. den Artikel »Blast Injures 8 At Postal Branch« der NYT vom 8. 12. 1967: »A carton addressed to Cuba exploded last night in the Morgan branch of the post office at Ninth Avenue and 29th Street, injuring at least eight persons, shattering windows and demolishing parcels. [...]
No one was reported seriously injured in last night's blast, which shook the fourth floor of the six-story building at 341 Ninth Avenue where foreign mail is handled«; s. K. 460, 8–10; 467, 13–15

423, 9   *Unteren Ostseite* – s. K. 52, 26 f.

423, 10–13   *Die New York . . . oder nicht fertig* – Vgl. das Foto in der NYT vom 8. 12. 1967 mit dem Text »The main arena of the new Madison Square Garden, which seats 20,000. Larger air-conditioning ducts for removal of smoke were designed with family patronage in mind.«

423, 11   *Madison Square Garden* – 31. und 33. Straße/7. und 8. Ave.; für den 1963 begonnenen, 1968 fertiggestellten weitläufigen Sport-, Freizeit- und Bürokomplex wurde die alte Pennsylvania Station abgerissen; in der großen Arena mit 20 344 Sitzplätzen finden u. a. die Spiele der New York Rangers, Knicks und Yankees statt; der erste der vier an wechselnden Standorten errichteten Madison Square Garden stand an der 26. Straße und Madison Ave.

423, 13 f.   *ich bin es sehr zufrieden* – s. K. 124, 17.

9. 12. 1967

423, 25–31   *Der frühere stellvertretende . . . einer freien Gesellschaft* – Vgl. News Summary der NYT vom 9. 12. 1967: »In a speech in New York former Vice President Richard M. Nixon suggested that the struggle against racial injustice was more important than the war in Vietnam. ›The war in Asia is a limited one with limited means and limited goals,‹ he said. ›The war at home is a war for survival of a free society.‹«

423, 25   *Richard M. Nixon* – Richard Milhous Nixon (9. 1. 1913–22. 4. 1994), amerik. Politiker, Republikaner; 1951 Senator für Kalifornien, 1953–61 Vizepräsident der USA, 1969–74 37. Präsident der USA, beendete den Vietnamkrieg; mußte zurücktreten, weil Beauftragte des republikanischen Wahlkomitees im Hauptquartier der Demokraten im Watergate-Hotel Abhörgeräte installiert hatten, und er abstritt, davon gewußt zu haben, was nicht der Wahrheit entsprach; s. K. 1128, 17–21; 1877, 35 f.; 1877, 38 f.

423, 30   *hett he secht* – (nd.) hat er gesagt.

423, 33–36   *Wer einen Soldaten . . . nichts, wegen Weihnachten* – Vgl. die Notiz »Tapes to G. I.s Abroad« der NYT vom 9. 12. 1967: »The Red Cross is offering families with servicemen overseas the opportunity to send them free tape-recorded personal Christmas messages.
The tapes will carry a three-minute message [. . .]. Recordings can be made at Red Cross headquarters, 150 Amsterdam Avenue [. . .]. Appointments can be made by calling 362-0600.«

424, 1–12   *Am Irving Place . . . dem bunten Weihnachtsbaum* – Vgl. den Artikel »Draft Foes Clash With Police Here« der NYT vom 9. 12. 1967: »An attempt by antidraft demonstrators to create widespread disruption in midtown was repelled yesterday by the police.

First, a column of protesters was broken up in a wild melee in Irving Place, and then several groups that had moved uptown to congregate in Times Square and Rockefeller Center were rounded up. [...]
After the incident at Irving Place, the demonstrators move to nearly [sic] Union Square where they rallied round the flagpole and debated the next move. [...]
Some speakers suggested picketing the armed forces recruiting booth in Times Square; others saw a better target in Dow Chemical Company offices at 45 Rockefeller Plaza. Dow makes napalm. [Einige Demonstranten gehen zum Times Square.]
Another sizeable group turned up at Rockefeller Plaza, where the target was Dow Chemical. Under the giant Christmas tree, more than 75 demonstrators were weeded out of crowds of shoppers and tourists and hustled into police vans.«

424, 1 f.   *Am Irving Place... der Rockefeller Plaza* – Irving Place, Straße östlich des Union Square auf der Höhe der 16. Straße East; heißt nach dem amerik. Schriftsteller Washington Irving (3. 4. 1783–28. 11. 1859). Irving, der mit James Fenimore Cooper die sog. »Knickerbocker School« gründete, benannt nach dem Pseudonym, unter dem er 1809 die humoristische »Historische Geschichte New Yorks« veröffentlicht hatte, wurde bekannt durch »Rip van Winkle« (1820).
Das Rockefeller Center, zwischen 47./52. Straße gelegen, wurde ab 1929 auf Veranlassung von John Davison Rockefeller jr. (28. 1. 1874–12. 5. 1960) errichtet; der Komplex mit zahlreichen Art déco-Elementen besteht aus 19 Hochhäusern (das höchste ist das RCA Building, jetzt General Electric Building), Plazas mit Geschäften und der Radio City Music Hall; s. 440, 1; 502, 15, 17 f.

424, 4   *Napalm* – s. K. 230, 2.

424, 4   *Dow Chemical* – s. K. 382, 3.

424, 5   *Persilschein* – Ugs. Redewendung aus der Nachkriegszeit, in Anspielung auf ein Waschmittel der Firma Henkel (»Persil wäscht reiner«), für ein Entlastungszeugnis im Entnazifizierungsverfahren. Bei Ammer (1969), S. 121, findet sich ein Formular für eine »Unbedenklichkeits-Erklärung« vom 22. 7. 1947: »Die Angaben des Herrn [...], nicht Mitglied der NSDAP gewesen zu sein, erscheinen uns glaubhaft, zumal eine eidesstattliche Versicherung diesbezüglich abgegeben wurde. Es bestehen Unsererseits [sic] keine politischen Bedenken gegen die Bewerbung um einen Stutienplatz [sic] an der Universität Jena. Herr [...] hat seine demokratische Einstellung durch die Mitgliedschaft zur F. D. J. und F. D. G. B. zum Ausdruck gebracht. Antifablock Plaue«; s. 1527, 26.

424, 10   *»herausgejätet«* – (engl. wörtl. übersetzt); s. K. 424, 1–12.

425, 24   *Judenboykott* – s. K. 350, 9 f.

425, 32–37   *daß Hitlers S. A. . . . bestätigt worden war* – »Den Pastoren wurde am 2. Februar 1934 gestattet, bei Festgottesdiensten und anderen gottesdienstlichen Veranstaltungen, die von der NS-Bewegung getragen wurden, im Braunhemd oder in ihrer Dienstuniform zu amtieren, wenn sie der SA oder SS angehörten«, Beste (1975), S. 82. Erst 1937 wurde Pfarrern die Zugehörigkeit zur SA untersagt.

425, 36   *z. b. V.* – Zur besonderen Verwendung.

425, 38–426, 2   *im April 1933 . . . polizeilicher Bedeckung übernahm* – Am 22. 4. 1933 wurde Rittmeister a. D. Walter Bohm durch Ministerpräsident Granzow »zum Zwecke der Gleichschaltung des Kirchenregiments mit dem Regiment in Staat und Reich« zum Staatskommissar für die Landeskirche ernannt und Landesbischof D. Rendtorff abgesetzt. Begründet wurde dieser Schritt mit der mangelnden Begeisterung der Kirche für die nationale Sache. Aufgrund heftiger Proteste der ev. Kirche, der Artikel 137 der Reichsverfassung eine selbständige Verwaltung ihrer Angelegenheiten garantierte, wurde diese Ernennung am 24. 4. 1933 zurückgezogen und D. Rendtorff am gleichen Tag wieder eingesetzt; vgl. Rüppel (1969), S. 61. Der »Oberkirchenrat« ist identisch mit Landesbischof D. Rendtorff.

425, 39   *Ministerpräsident Granzow* – Walter Granzow (13. 8. 1887–3. 12. 1952), 1931 Landesgaufachberater in Mecklenburg-Lübeck, 1932–33 Ministerpräsident von Mecklenburg-Schwerin, 1933 Unterrichtsminister, 1933–45 Präsident der Deutschen Rentenbank, Mitglied des Reichstags; 1945–48 interniert, danach Wirtschaftsberater und Vertreter. Granzow war Mitbesitzer des Gutes Severin bei Parchim, wo Goebbels 1932 Granzows Schwester, die ehemalige Frau des Industriellen Quandt, heiratete. Hitler war Trauzeuge; (Quandt: s. K. 167, 38 f.).

426, 3   *Landesbischof Rendtorff aus dem Amt gedrängt* – D. Heinrich Rendtorff (9. 4. 1888–18. 4. 1960), 1926–30 und 1945–59 Professor der Theologie in Kiel, 1930–34 Landesbischof von Mecklenburg-Schwerin, 1934–45 Pfarrer in Stettin. Rendtorff trat nach seiner kurzfristigen Amtsentlassung im April 1933 am 2. 5. 1933 in die NSDAP, aber nicht in die Gemeinschaft Deutscher Christen, ein und legte in der »Mecklenburgischen Zeitung« vom 12. 5. 1933 ein öffentliches Bekenntnis zum Nationalsozialismus ab. Nach der neuen Kirchenverfassung vom September 1933 mußte er fast alle seine Rechte als Bischof an den Landeskirchenführer abtreten, am 6. 1. 1934 legte er sein Amt als Bischof nieder; vgl. Beste (1975), S. 50–55; s. K. 425, 38–426, 2.

426, 4 f.   *Gauleiter der »Deutschen Christen«, Schultz* – Walther Schultz (20. 8. 1900–26. 6. 1957), 1928 Pastor in Babendiek, 1933 Landeskirchenführer, 1934 Landesbischof von Mecklenburg-Schwerin, 1945 in den Ruhestand versetzt; 1948 Pastor in Schnakenburg. Das »Erste Kirchengesetz vom 30. September 1933 zur Vorbereitung eines Neubaues der Landeskirche« führte das Amt des Landeskirchenführers ein und übertrug auf ihn Befugnisse wie die Einsetzung von

Pfarrern, die vorher bei anderen Gremien gelegen hatten; vgl. Beste (1975), S. 56–62; Gau: s. K. 361, 39.

426, 4 f.   »*Deutschen Christen*« – Ev. Kirchenbewegung, stark von der bündischen Bewegung beeinflußt, suchte eine auf Glauben und neuartigem Kultus beruhende Reich-Gottes-Bewegung aufzubauen. Sie hatte sich seit 1932, von dem Berliner Pfarrer Joachim Hossenfelder (Parteigenosse seit 1929) geführt, unter dem Einfluß der NSDAP vor allem in Preußen entwickelt, wo sie Veränderungen in Organisation, Verkündigung nach nationalsoz. Grundsätzen und die Abschaffung des Alten Testaments erstrebte sowie den Arierparagraphen für Kirche und Pfarrer und eine zentralisierte ev. Reichskirche forderte. Sie gewann Einfluß in Führungsstellen der Landeskirchen, hatte aber wenig Unterstützung bei Pfarrern und Gemeinden.

426, 5   *so thüringisch erzogen* – In Thüringen hatte sich mit der »Nationalkirchlichen Bewegung Deutscher Christen« unter der Führung Prof. Grundmanns eine besonders radikale Variante der »Deutschen Christen« entwickelt.

426, 5–7   *statt mit Wasser... im Kopf hatte* – Im Sommer 1938 war der Entwurf einer neuen Gottesdienstordnung vorgestellt worden, den Walther Lehmke von der Bekennenden Kirche in einem Aufsatz ablehnte, denn »das heilige Abendmahl werde mit einer neu erdachten Spende gefeiert, bei der ›Brot und Wein‹ als ›der Erde Brot und der Erde Wein‹ dargereicht würde«; vgl. Beste (1975), S. 203.

426, 7   *Blut und Boden* – NS-Propaganda-Formel, die den Rassemythos und gleichzeitig das Recht auf ein der Rasse als Lebensraum zugeordnetes Gebiet bezeichnete.

426, 7–10   *beim Abendmahl berief... der faschistischen Bewegung* – Schultz hielt am 18. 3. 1937 in Lübeck einen Vortrag zu »Volk und Vaterland«, in dem er den ev. Pastoren vorwarf, sie seien der einzige Stand, der in der Volksgemeinschaft zum großen Teil versagt habe: »Die wahren Märtyrer der Kirche seien nicht die angeblich Verfolgten. Die säßen ganz anderswo. Für die bete niemand im Ausland. Diese Leute seien Anhänger der NSDAP«; vgl. Beste (1975), S. 185 f.

426, 15 f.   *Niemöllers Pfarrernotbund* – 1933 von Martin Niemöller gegr. ev. Pfarrerbruderschaft, die sich seit 1934 zur Bewegung der Bekennenden Kirche entwickelte. Den Rechtsanspruch der Reichskirche verneinend, leistete sie den den Nationalsozialisten angepaßten »Deutschen Christen« Widerstand und lehnte den Arierparagraphen im Bereich der Kirche und die Vernachlässigung des Alten Testaments ab; Amtsenthebungen und Verhaftungen von Pfarrern und Laien waren die Folge; s. 645, 1–38; 805, 3–20; XIV, 10.
Martin Niemöller (14. 1. 1892–6. 3. 1984), ev. Theologe, Symbolfigur der »Bekennenden Kirche« und des Widerstands gegen den Nationalsozialismus; seit Anfang 1934 aktiv im Widerstand tätig, wurde im Juli 1937 verhaftet, am 2. 3. 1938 von einem Sondergericht zu sieben Monaten Gefängnis und einer Geldstrafe von 2000 Reichsmark verurteilt »für Mißbrauch der Kanzel«, beim

Verlassen des Saales in »Schutzhaft« genommen und für sieben Jahre nach Sachsenhausen und Dachau gebracht. Als Präsident der Ev. Kirche in Hessen und Nassau, 1947–64, und einer der Präsidenten des Ökumenischen Rats, 1961–68, kritisierte er auch die Politik der Bundesregierung sowie die atomare Rüstung; s. K. 426, 16 f.; 645, 1–12; 645, 14 f.; 645, 16–19; 645, 20–29; 645, 39–646, 3; 1612, 29–33; s. 805, 3–20.

426, 16 f.   *man müsse Gott . . . als den Menschen* – Vgl. Apg 5, 29: »Man muß Gott mehr gehorchen als den Menschen.« Hier Schlußsatz einer Kanzelabkündigung, die weitgehend von Martin Niemöller als Antwort auf den Erlaß des Reichsbischofs (»Maulkorberlaß«) vom 4. 1. 1934 verfaßt worden war. Im Pfarrernotbund bestätigten die Mitglieder durch ihre Unterschrift: »Ich verpflichte mich, mein Amt als Diener des Worts auszurichten allein in der Bindung an die Heilige Schrift und an die Bekenntnisse der Reformation als die rechte Auslegung der Heiligen Schrift«; vgl. Zipfel (1965), S. 40; Paasch-Beeck (1997), S. 88.

426, 22–24   *Der Furcht so . . . Heil dir S. A.* – Aus einer Ansprache von Goebbels an die SA, Datum und Ort unbekannt, vermutlich 1932: »Ihr sollt dem Leben gegenübertreten als Eroberer, nicht als Verteidiger. Der Furcht so fern, dem Tod so nah – heil Dir SA! Das steht auf Euren Fahnen geschrieben«; vgl. Goebbels (1971), S. 58. Der Spruch ist als Motto einem Artikel über den Röhm-Putsch in DER SPIEGEL vom 15. 5. 1957, S. 20–29, vorangesetzt; s. K. 105, 19.

427, 3   *Ein Volk, ein . . . Führer, ein Theater* – Persiflage des Propagandaspruchs »Ein Volk, ein Reich, ein Führer«, der seit dem Wahlkampf 1933 verbreitet wurde und der in der Version »Ein Volk, ein Reich, eine Kirche« auch den Deutschen Christen diente.

10. 12. 1967

427, 19–23   *Die Zeitungen von . . . New York Times* – Vgl. den Artikel »Vietcong Report the Allies Lost 40,000 in 2 Months« der NYT vom 10. 12. 1967: »Hanoi's newspapers reported today that forces of the National Liberation Front killed, wounded or captured 40,000 troops in October and November.
The paper, citing the Vietcong Liberation press agency, said 20,000 of the casualties were Americans or troops serving in the armies of America's allies. The rest were reported to be South Vietnamese Government soldiers.«

427, 24–29   *Die Verleger haben . . . neue Lage erwägt* – Unter der Überschrift »Talks Bog Down On Guevara Diary« berichtet die NYT vom 10. 11. 1967, daß Magnum Photos Inc., ein Genossenschaftsverband von Zeitungsphotographen, die Verhandlungen mit der bolivianischen Regierung, die die Tagebücher als Kriegsbeute betrachtete, abgebrochen habe, da man aufgrund möglicher Ansprüche von Guevaras Familie die Erbfrage und damit das Copyright nicht geklärt sehe. (Nach internationalem Recht gehören Tagebücher zum Vermögen, auf das die nächste Familie Anspruch hat. Guevara hatte die kubanische Staatsangehörigkeit angenommen, Kuba aber erkennt dieses internationale Recht nicht an.) Man nimmt an, daß Magnum der bolivianischen Forderung von $ 125 000 am nächsten gekommen sei. Magnum hatte u. a. der NYT die Zeitungsrechte angeboten: »The NYT said yesterday that it was ›reviewing the new situation‹«; s. K. 115, 17.

427, 30–428, 3   *In der nächsten . . . zu fünf Jahren* – Vgl. den Artikel »Four Dissidents Face Trial in Moscow on Anti-Soviet Propaganda Charge« der NYT vom 10. 12. 1967: »Four young members of Moscow's literary underground are expected to go on trial next week, probably, Monday charged with ›agitation or propaganda carried out with the purpose of subverting or weakening the Soviet regime.‹ [...]
Article 70, under which the four are to be tried, deals with state crimes, which are grave offenses against Soviet authority. It prescribes sentences ranging from six months to seven years and exile from two to five years.«
Alexandr Ginsburg wurde wegen seines »Weißbuchs« über den Prozeß gegen Andrej Sinjawskij und Juli M. Daniel angeklagt.
Ein zweiter Prozeß lief gegen Juri Galanskow, Aleksej Dobrowolskij und Vera Laschkowa wegen der Herausgabe und Verbreitung der literarischen Zeitschrift »Phoenix 1966«, in der der Sinjawskij/Daniel-Prozeß verurteilt worden war.

427, 30   *vier Schriftsteller* – Alexandr Ginsburg: s. K. 133, 36.
Jurij Timofejewitsch Galanskow (19. 6. 1939–4. 11. 1972), Lyriker, Hg. von Gedichten und der Untergrund-Zeitschrift »Phoenix 66«; 1961 verhaftet und für mehrere Monate in eine Heilanstalt gebracht; demonstrierte im Juni 1966 vor der Moskauer US-Botschaft gegen die amerik. Invasion in der Dominikanischen Republik; im März 1966 erneut in einer psychiatrischen Anstalt. Zusammen mit Dobrowolskij griff er in einem offenen Brief Michail Scholochow an, der den Prozeß gegen Daniel und Sinjawskij verteidigt hatte; unterstützte Ginsburg bei der Edition des Weißbuches zum Fall Sinjawskij/Daniel. Am 19. 1. 1967 verhaftet, wegen Verletzung von Währungsvorschriften zusammen mit Ginsburg zu sieben Jahren strengem Arbeitslager verurteilt, trat im Lager mehrmals in Hungerstreik, starb im Lagerkrankenhaus nach einer Operation.
Alexej A. Dobrowolskij, geb. 1938, Buchbinder, Lyriker; 1958 verhaftet und wegen antisowj. Propaganda zu drei Jahren Arbeitslager verurteilt, am 23. 5. 1963 entlassen; am 23. 3. 1964 erneut verhaftet, für geisteskrank erklärt und bis 1965 in eine Heilanstalt überführt. Im März 1966 wegen seiner Proteste gegen eine Rehabilitierung Stalins verhaftet und 1967 wieder für geisteskrank erklärt. In dem Prozeß vom Juni 1968 wurde er wegen antisowj. Propaganda angeklagt, er bekannte sich schuldig, sagte gegen Galanskow aus und wurde zu zwei Jahren strengem Arbeitslager verurteilt, 1969 entlassen. Er schrieb Artikel für »Phoenix«, u. a. den Essay »Die Unabhängigkeit von Wissen und Glauben«.

Vera Iosifowna Laschkowa, geb. 1944, Laborassistentin und Mitarbeiterin von »Phoenix 66«; am 17. 1. 1967 verhaftet, wegen ihrer Kritik an dem Prozeß gegen Daniel und Sinjawskij und wegen antisowj. Propaganda nach Artikel 70 des sowj. Strafgesetzbuches zu einem Jahr Freiheitsentzug verurteilt, am 17. 1. 1968 entlassen.
Vgl. DER SPIEGEL 15. 1. 1968, S. 76–81 und 25. 3. 1968, S. 152; Boer/Driessen/Verhaar (1982); s. K. 88, 20 f.; 246, 28; 521, 11; 601, 2–23; 608, 26; 731, 27–36; 731, 27 f.; 731, 28; 819, 2–7; s. 601, 4 f.; 731, 30.

428, 4–7   *Es hat jemand . . . für Viet Nam* – Vgl. den Artikel »Lynda Johnson Is Wed in White House« der NYT vom 10. 12. 1967: »Lynda Bird Johnson was married to Charles Spittal Robb today in a ceremony at the White House.
The power and majesty of the Presidency, the beauty of the White House, and the knowledge that the bridegroom, a Marine captain, would soon go off to war heightened both the splendor and poignancy of the wedding. [. . .] The 28-year-old bridegroom will go to Vietnam in four months«; vgl. auch DER SPIEGEL 18. 12. 1967, S. 92; s. K. 267, 34–38.

428, 5   *Linda* – Richtig: Lynda, Druckfehler in allen Ausgaben.

428, 9–12   *Und Allen M. Johnson . . . Betty Johnson nämlich* – Vgl. unter »Public Notices« in der NYT vom 10. 12. 1967: »I, Allen M. Johnson, will no longer be responsible for any debts contracted by my wife, Betty Johnson. Allen M. Johnson, 54-09 Almeda Ave., Arverne, N. Y.«

428, 30   *Biedermeier* – Hier: Stilmöbel aus der Zeit von 1815–48; s. 626, 6 f.

429, 24   *Fürstenberg* – s. K. 36, 12; 362, 19.

430, 26 f.   *Nationalsozialistischen Studentenbundes* – NSDStB; 1926 gegr.; sollte die Führerorganisation der Studentenschaft sein, Mitgliedschaft in der NSDAP war Pflicht.

431, 15   *Rex* – (lat.) König; vermutlich Anspielung auf den Hund Prinz aus Günter Grass' »Hundejahre«; s. K. 1849, 19–32; s. 654, 9–12; 656, 29–36; 665, 14–39; 666, 5; 671, 20; 1267, 28–30; 1527, 33–36; 1672, 8.

432, 1   *Salmonella dublin* – Krankheitserregende Darmbakterien.

432, 32–34   *Und wat wier . . . ganze S.Å. nich* – (nd.)
Und was war das für ein Kerl!
Das rote rote Gesicht, und die hellen Haare. Wohlgenährt.
So blond wie er ist die ganze SA nicht.

433, 33   *Wistu spårn* – (nd.) Willst du sparen?

434, 2   *Gedenkt der Bedürftigen* – s. 434, 4, 15 f.; 444, 6, 9, 15 f.; 451, 7; 453, 16 f.; 460, 7; 467, 9 f., 21; 1549, 36.

11. 12. 1967

434, 8–10 *Das eine, von . . . Demokraten essen ging* – Vgl. den Artikel »Mrs. Kennedy Aids State Democrats« der NYT vom 11. 12. 1967: »Mrs. John F. Kennedy emerged from political seclusion last night, appearing at the $ 500-a-plate ›Salute to the Empire State‹ dinner of the Democratic State Committee at the Plaza Hotel.« Das beistehende Foto trug den Text: »Former Gov. W. Averell Harriman escorted Mrs. John F. Kennedy to Democratic State Committee dinner last night«; Witwe des Präsidenten Kennedy: s. K. 53, 11 f.

434, 9 *Hotel Plaza* – Plaza Hotel, New Yorks renommiertestes Luxushotel, 768 5. Ave., zwischen 58. und 59. Straße an der Grand Army Plaza (Südostecke des Central Park); am 1. 10. 1890 eröffnet, 1905 abgerissen und 1907 an derselben Stelle neu errichtet; s. 535, 21.

434, 11–15 *Das andere präsentiert . . . Festes im Fernsehen* – In der NYT vom 11. 12. 1967 konnte kein entsprechendes Foto gefunden werden.

434, 11 f. *Lynda Johnson* – s. K. 428, 4–7.

434, 15 f. *Gedenkt der Bedürftigen* – s. 434, 2.

434, 17–24 *Das dritte ist . . . oftmals keiner Heizung* – Die Bildunterschrift lautete: »Many New Yorkers, such as this Puerto Rican mother and her child, face a long, cold winter with little hope, little money, and oftentimes no heat«; NYT 11. 12. 1967.

435, 10 *togetherness* – (engl.) übersetzt im Text.

435, 22 *»Gefärbten«* – s. K. 218, 13.

436, 3 f. *David Double-U* – David Williams; »double u«: engl. Lautbezeichnung für »W«; s. 25, 1.

437, 5 f. *die in diesem Lande kaukasische heißen* – (amerik. Engl.) caucasian: von weißer Hautfarbe; s. 1120, 14, 1227, 37.

437, 22 f. *»Zwanzigstes Jahrhundert, platzkartenpflichtig«* – s. K. 405, 28–406, 9.

437, 26 f. *»junkie«* – (engl.) übersetzt im Text, abgeleitet von »junk«: Abfall.

438, 34– *Wir hätten Edmondo . . . anderthalb Jahre gekannt* – »wir«: s. K. 46, 26; 230, 27 f.
439, 11

12. 12. 1967

439, 32– *»DAS STRAHLEN DER . . . für einen Moment . . . «* – Vgl. den Artikel »THE GLOW
440, 30 OF CHRISTMASTIDE LIGHTS CITY« der NYT vom 12. 12. 1967: »In Manhattan, happy throngs of children and adults are drawn to the newly lightened Christmas tree in Rockefeller Center and to the spectacular window displays that line the midtown area's sleek streets.

Lord & Taylor's windows are an animated phantasmagoria of scenes from Christmas in Vienna, with tiny figurines dancing in Schoenbrunn Palace, a conductor and a diva performing in the Vienna Opera House of a century ago, the door of St. Stephen's Cathedral opening and closing, and the children romping and bell ringers playing in an Alpine village.

The windows of B. Altman are a cornucopia of great art drawn from the Metropolitan Museum and depicting photographic slides, the themes of joy, beauty, the festive board, children, treasures and pageant.

Saks Fifth Avenue, which for years has ushered in the Christmas season with a display of choir boys and organ pipes, this year has emblazoned its facade with a tall Christmas tree. [...]

It is quiet and warm in a Columbia Street Florist Shop at 200 West 231st Street. In the back of the small store, a woman prepares red Christmas candles for sale, putting little ribbons on them and setting them in their bright green bases. The busy time lies ahead, says Nick Dennis, the store manager.

›It's a little early yet,‹ he explains, pointing to Dec. 15 on a calendar. ›That's when business picks up.‹ Outside the night has turned cold and the lights twinkle everywhere in the city and for a moment, at least, the grinding noise and the hectic pace are softened and subdued by the season.«

440, 1	*Rockefeller Center* – s. K. 424, 1.

440, 4	*Lord & Taylor* – 5. Ave./39. Straße, gutes Textilkaufhaus, vorwiegend amerik. Erzeugnisse; 1826 von Samuel Lord und George Washington Taylor gegr.; nach 1945 weltweit führender Anbieter amerik. Mode-Designs mit inzwischen mehr als 50 Filialen in 15 Staaten.

440, 11	*B. Altman* – 5. Ave./34. Straße, gutes Kaufhaus für Damenbekleidung, auch bekannt für Accessoires, Wäsche und Haushaltswaren; im April 1865 von Benjamin Altman als kleines Geschäft 39 3. Ave. gegr., zwischenzeitlich auch 625 6. Ave.

440, 12	*Metropolitan Museum* – Metropolitan Museum of Art, 5. Ave. zwischen 80. und 84. Straße im Nordosten des Central Parks gelegen, 1870 gegr., zwischen 1880 und 1926 erbaut und mehrfach erweitert; mit über 3, 3 Mio. Kunstwerken aus aller Welt gehört es zu den größten Museen der Welt; s. K. 1692, 15–17; 1692, 17 f.

440, 15	*Saks Fifth Avenue* – Andrew Saks (1847–1912) gründete 1902 an der Ecke 5. Ave./50. Straße dieses exklusive Textilkaufhaus.

440, 31	© *by the . . . York Times Company* – s. K. 116, 25.

441, 12	*Palisaden von New Jersey* – s. K. 10, 21.

441, 13	*daß England nicht zu Europa gehört* – Im brit. Engl. wird »Europe« häufig gleichbedeutend mit »continent« verwendet.

441, 29 f. *Insel Orr in Maine* – Orrs Island, Maine, Insel in der Casco Bay nordwestlich von Portland; vgl. MHC, S. 104: »Und das Camp war auf Orr in Maine! Auf einer Insel.«

441, 30 *Green Acres* – Gebiet auf Long Island, etwa 5 km nordöstlich des John F. Kennedy Airports, nördlich des Flusses Valley Stream.

441, 36 *De Leng hett de Last* – (nd.) übersetzt im Text 441, 34 f.

441, 39 *Das sagst du nicht* – (engl. wörtl. übersetzt) You don't say so: Das ist nicht wahr.

442, 9–36 *Und dies machst . . . ich ihn habe* – s. 520, 30 f.; 538, 7–32.

442, 12 f. *Außer Sicht ist das* – (amerik. Slang wörtl. übersetzt) Out of sight, that is: Das hat keinen Zweck.

442, 25 f. *Es ist nicht . . . ist zu Neujahr* – Zur Deutung des Hauses als Gedächtnisort vgl. Schmidt (1994); Schmidt (1998), S. 248–269; s. 538, 15 f.

443, 25 *»gefärbte«* – s. K. 218, 13.

443, 36 *Don't trust anybody over thirty* – (engl.) Trau keinem über dreißig; s. K. 208, 28.

13. 12. 1967

444, 2–6 *Im fiskalischen Jahr . . . dir das aus* – Vgl. den Artikel »Draft Convictions At the Highest Rate Since World War II« der NYT vom 13. 12. 1967: »Figures from the Administration Office of the United States Courts showed that 748 persons were convicted during the fiscal year that ended last June 30. [. . .] In 1944, with 11,5 million under arms, there were 4,609 convictions.« 1944: 0,04 % Kriegsdienstverweigerer, 1966/67: 0,14 %.

444, 6 VERGISS NICHT DIE BEDÜRFTIGEN – »Do Not Forget the Neediest« oder »Remember The Neediest« stand unter allen erwähnten Artikeln dieses Tages; s. 434, 2.

444, 7–9 *Die Viet Cong . . . da zu Besuch* – Vgl. den Artikel »Percy Tells of 25 Minutes Under Vietcong Fire« der NYT vom 13. 12. 1967: »A helicopter quickly carried Mrs. Charles H. Percy to safety while her husband, the Senator from Illinois, and other civilians in his party were under Vietcong mortar and small-arms fire today at a hamlet five miles from the Cambodian border. [. . .] The Vietcong massacred some 200 mountain tribe people, mostly women and children, and abducted at least 500 during an attack on the hamlet [Dakson, 145 km nordwestlich von Saigon] last Tuesday.«

444, 8 *Senator Percy von Illinois* – Charles Harting Percy, geb. 27. 9. 1919, Bankier, u. a. auch Direktor der Chase Manhattan Bank; 1967–85 Senator für Illinois.

444, 10–15 *Auch hat die . . . das überlegene Gesellschaftssystem* – Vgl. den Artikel »East Germans Prospering, but Bitter Over Isolation« der NYT vom 13. 12. 1967: »But

if growing affluence has installed a certain self-confidence into many people,
the regime itself seems as jittery as ever. If anything, the insecurity of the
Government has increased [...].
The burden of the regime's feeling of insecurity is carried by the people. Their
Government apparently does not trust them enough to allow them to read
Western newspapers or to obtain most Western books. Above all, it does not
trust them with freedom to travel to the West. [...]
›I believe in this system – I am a good Communist,‹ said a young union offi-
cial in Rostock. ›I don't see, though, why I shouldn't be permitted to spend
my three-week vacation in West Germany. [...]
Most East Germans assumed as a matter of course that their Government was
the least liberal among all socialist countries. [...]
Even young people who chafe at the restrictions seem to feel that Communism is the superior social system.«

444, 24 *And he had . . . his way there –* (engl.) Er hatte sich da eingerichtet. – Der nächste Absatz beginnt mit einer Variante der wörtlichen Übersetzung: Er hatte
dort seinen Weg gefunden.

445, 3–10 *Willi Böttcher, dem . . . Böttchers Sohn mißfallen –* Bernd Neumann nennt die
beiden Figuren »epische Varianten« für den Barlach-Mitarbeiter Friedrich
Schult und seinen Sohn Friedrich-Ernst Schult (»Lütten Schult«), der das
Barlach-Werke-Verzeichnis aufstellte. Johnson hat Friedrich-Ernst Schult
mehrmals in Lübeck um Auskünfte über das Tischlerhandwerk gebeten; vgl.
Neumann, B. (1994), S. 815.

445, 12 *Gaujugendführung –* s. K. 361, 39.

445, 19 *Söhner –* (nd.) Sohn.

445, 21 *»Christlichen Pfadfindern« –* Ev. Teil der »Deutschen Pfadfinder«, einer 1909
gegr. Jugendorganisation, die nach 1920 unter dem Einfluß der Jugendbewegung stand; Vorbild waren die 1909 von Lord Baden-Powell gegr. »Boy
Scouts«, die Gemeinschaftsgeist und eine naturgemäße Lebensführung fördern wollten.

445, 30 f. *Als der Österreicher . . . hatte erschießen lassen –* Ernst Röhm, der Führer der SA,
hoffte, daß die SA als Volksmiliz in die Wehrmacht übernommen werde. Da-
durch sah Hitler seine Position als Nachfolger Hindenburgs im Oberbefehl
über das Heer und damit als alleiniger Führer gefährdet. Die Führung der
Reichswehr fürchtete durch eine Verstärkung der militärischen Ausbildung
der SA um ihre Machtposition. Unter dem Vorwand eines Putsches ließ Hitler am 30. 6. 1934 mehrere hohe SA-Führer verhaften, darunter Röhm und
andere politische Widersacher, deren Treffen zum »Röhm-Putsch« hochge-
spielt wurde, und ohne gerichtliches Urteil hinrichten. Das »Gesetz über
Maßnahmen der Staatsnotwehr« vom 3. 7. 1934 (RGBl. I, S. 529) legalisierte
die Aktion nachträglich; SA: s. K. 105, 19; Röhm: s. K. 472, 36 f.

446, 15 f.   *Bündischen Jugnt* – Bündische Jugend, national ausgerichtete Gruppierung innerhalb der Jugendbewegung, die seit 1900 eine neue Lebensweise, z. B. in Wanderungen, Lagerleben und Pflege der Volkstraditionen, suchte; s. K. 629, 4.

446, 17   *Dat seih ick* – (nd.) Das sehe ich.

446, 30   *bannige Wut* – (nd.) riesige Wut.

446, 37   *Nordischen List* – s. 474, 35 f.; 496, 23 f.; 667, 16.

447, 9   *S. A. J.* – Sozialistische Arbeiter-Jugend, 1922 gegr., der SPD verbunden, setzte sich für die soziale und politische Gleichberechtigung der Arbeiterjugend ein; zusammen mit der SPD am 22. 6. 1933 verboten; SPD: s. K. 170, 10.

447, 17   *Rosengarten* – Eine gleichnamige Parkanlage liegt in Güstrow südöstlich des Bahnhofs; s. K. 1570, 1; s. 1430, 11; 1432, 5; 1622, 16; 1802, 25.

448, 3   *»Deutschen Arbeitsfront«* – s. K. 351, 34 f.

448, 20   *Gauheimstättenamt* – Die Heimstättenbewegung hatte seit den achtziger Jahren des 19. Jh.s versucht, die Landflucht zu begrenzen und die Lebensbedingungen der Arbeiter zu verbessern, indem öffentliche Körperschaften Grund- und Wohneigentum an Minderbemittelte zu niedrigen Preisen abgaben. Das Reichsheimstättengesetz vom 25. 11. 1937 unterschied zwischen Wohn- und Wirtschaftsheimstätten; Gau: s. K. 361, 39.

448, 27   *Nu weitst Bescheit* – (nd.) Nun weißt du Bescheid.

448, 36   *Holl din Muul . . . Holl din Muul* – (nd.) Halt deinen Mund, Gesine. Halt deinen Mund; s. 226, 13.

14. 12. 1967

449, 6 f.   *den Paß von Henri R. Faure* – s. 187, 31–190, 23.

449, 14   *Richard the Fourth* – (engl.) Richard der Vierte. William Shakespeare (s. K. 876, 29) schrieb zwar als eines seiner ersten Werke »Richard III.«, und 1595 erschien »Richard II.«. Ein Richard IV. hat bislang noch nicht auf dem engl. Thron gesessen.

449, 29   *»Zionisten«* – Zionismus: s. K. 385, 3.

449, 37 f.   *drei Ausgänge hatte . . . Vorschrift des Dichters* – Anspielung auf Bertolt Brechts (s. K. 211, 33) »Herr Keuner in einer fremden Behausung«: »Ich bin für die Gerechtigkeit; da ist es gut, wenn meine Wohnung mehr als einen Ausgang hat«; vgl. BU, S. 155: »Für einen Schriftsteller gilt die Regel: Deine Wohnung habe drei Ausgänge, drei Türen aus Stahl«; vgl. MJ, S. 203: »Das Zimmer mit der Schreibmaschine hatte drei Ausgänge«; s. 1470, 20.

450, 3 *Gedächtniskirche* – Von der im 2. Weltkrieg zerstörten Kaiser-Wilhelm-Ge-dächtniskirche am Kurfürstendamm in Berlin wurde die Ruine des Turmes als Kriegsdenkmal neben der neuerrichteten Kirche stehengelassen. Der Turm mit seiner sehr beschädigten, abgebrochenen Spitze wurde im Berliner Volksmund »der hohle Zahn« genannt.

450, 11–13 *Marie erinnert sich . . . und eurer Klingel* – s. 1874, 28–30.

450, 18 *das Nachtgebet der Fische* – Anspielung auf Christian Morgensterns »Fisches Nachtgesang«:

–

v v

– – – usw.

450, 19 *exempli gratia* – s. K. 339, 30 f.

450, 22 f. *I have to . . . all the motions* – (engl.) Ich muß schon den ganzen Rummel mit-machen.

450, 23 f. *Hier wurde gestern . . . ein Dichter berichtet* – Ungeklärt.

450, 26 f. *der junge Mann . . . außer Landes ging* – Vgl. den Artikel »Greek King Flees to Rome With Family After Failing To Overthrow The Junta« der NYT vom 14. 12. 1967. König Konstantin von Griechenland hatte am 13. 12. 1967 ver-geblich versucht, die Militärjunta unter Papadopoulos zu stürzen, und muß-te nach Italien flüchten; vgl. DER SPIEGEL 18. 12. 1967, S. 88–91; 25. 12. 1967, S. 79 f.; s. K. 36, 20 f.

450, 32–34 *die Control Data . . . benutzt werden wird* – Vgl. den Artikel »Computer Sale Ap-proved by United States« der NYT vom 14. 12. 1967: »A spokesman for the Control Data Corporation said yesterday that his company had sold the 1604 computer directly to the Warnow Shipyards. The deal was made ›with full knowledge and cooperation of the Export Control Office of the Department of Commerce,‹ he said. The spokesman added that the machine was being used for the design and construction of commercial vessels.«

450, 33 *Warnow-Werft in Rostock* – Eigentlich vorwiegend in Warnemünde bei Ro-stock; nach Vermessung und Tragfähigkeit der dort gebauten Schiffe größte Werft der DDR, die vor allem Hochseefracht- und Containerschiffe herstellte.

450, 35–39 *das Pentagon hat . . . orbital bombing system* – Vgl. den Artikel »Missile To Bomb City After City Planned By U. S.« der NYT 14. 12. 1967: »A spacecraft that can drop off thermonuclear war heads city by city as it flies over enemy ter-ritory is being developed by the United States, a top Defense Department of-ficial said tonight.

John F. Foster, Jr., Director of Defense Research and Engineering [. . .] re-ferred to the craft as a ›space bus.‹

[. . .] it was intended ›to counter the Soviet deployment of additional ballistic missiles and defense against our ballistic missiles.‹ [. . .]

There was some speculation here tonight that the Pentagon is offering the new vehicle as its own ›terror weapon‹ to counter talk of the fractional orbital system«; Pentagon: s. K. 24, 17.

450, 35 »*Busbombe*« – (engl. frei übersetzt) »space bus«: Weltraumbus; von einer Rakete in Umlauf gebracht, kann das Raumschiff eine Vielzahl individueller Waffenträger mit thermonuklearen Sprengköpfen befördern; vgl. NYT 14. 12. 1967.

450, 39 *F. O. B. S., fractional orbital bombing system* – (engl.) Partielles orbitales Bombensystem, d. h. Weltraumraketen werden in eine erdnahe Umlaufbahn von 140–160 km geschickt, was ihnen erlaubt, oberhalb des konventionellen Radarwarnsystems zu bleiben; s. K. 258, 8–13.

451, 1–3 *Die Arbeitslosenziffer ist... Streiks hereingefallen ist* – Vgl. den Artikel »Jobless Rate Dips to 3,9%; Drop Sharpest Since 1961« der NYT vom 14. 12. 1967: »The Labor Department reported today that unemployment, after the usual adjustment for seasonal factors, fell to 3,9% of the labor force last month from 4,3% in October.
[...] the improved unemployment situation in November reflected the end of strikes, chiefly in the automobile industry, and a generally strong pace of economic activity.«

451, 3 f. *In der Stadt... Drogen herum organisieren* – Vgl. den Artikel »100,000 Addicts Reported in City« der NYT vom 14. 12. 1967: »There are perhaps 200,000 New York City residents organizing their lives around the use of drugs, and 100,000 of them are narcotics addicts, the city's narcotics control chief said yesterday.«

451, 4–6 *und drei Geheimpolizisten... verkauft zu haben* – Vgl. den Artikel »Hogan To Screen Narcotics Cases Of 3 Detectives« der NYT vom 14. 12. 1967: »District Attorney Frank S. Hogan ordered yesterday a review of all pending cases investigated by the three city detectives indicted for selling narcotics to peddlers«, s. K. 453, 14–16.

451, 7 Vᴇʀɢɪss ɴɪᴄʜᴛ ᴅɪᴇ Bᴇᴅ̈ᴜʀꜰᴛɪɢᴇɴ – s. 434, 2.

451, 24 *I've got NEWS for you* – (engl.) Ich hab' Neuigkeiten für Sie!

451, 28 f. *stelle ich es mir so vor* – s. K. 12, 4.

452, 13 *Postmann* – (engl. wörtl. übersetzt) postman: Postbote.

452, 23–25 *mit einer gewirkten... Beruf wörtlich nimmt* – Die Aufschrift auf dem Uniformärmel lautet »Carrier«: (engl.) Träger, Bote.

452, 26 *was Herodot über sie geäußert hat* – Das General Post Office in New York, 8. Ave./31.–33. Straße, ist das größte Postamt der USA. Auf dem Fries des neoklassizistischen Gebäudes ist ein leicht verändertes Herodot-Zitat eingemeißelt: Neither snow nor rain, nor heat nor gloom of nights stays these couriers from the swift completion of their appointed rounds. – Weder Schnee noch Regen, weder Hitze noch die Düsternis der Nacht halten diese Boten davon ab, ihre festgelegten Strecken zügig zu erledigen; übersetzt im Text 818, 31–33. Herodot (um 485–425 v. Chr.), griech. Geschichtsschreiber, Zitat aus dem 8. Buch der Geschichte, Kapitel 8.

453, 1   *deine wohlaffektionierte* – s. K. 37, 26.

453, 3   *Amt Grand Central* – Postamt in der Grand Central Station; s. 1739, 15.

15. 12. 1967

453, 7 f.   *»Wost Important Target«* – Most Important Target: (engl.) Das wichtigste Ziel. Johnson übernimmt den Druckfehler in einer Zwischenüberschrift der NYT vom 15. 12. 1967. Die Longbien-Brücke über den Roten Fluß, 3 km vom Zentrum Hanois entfernt und wichtigste Bahn- und Straßenverbindung nach China, war seit August 1967 mehrmals bombadiert und wieder aufgebaut worden; vgl. den Artikel »U. S. Pilots Resume Hanoi Area Strikes«: »Wost Important Target Air Force sources have indicated that they would regard it as a stroke of good fortune if the bridge, perhaps the single most important target in North Vietnam, was knocked out again in the first attempt«; s. K. 460, 3 f.

453, 11–13   *Und den griechischen ... zu einem Vetter* – Vgl. den Artikel »Junta In Greece Firmly In Power After Coup Fails« der NYT vom 15. 12. 1967: »In Rome King Constantine left the Greek Embassy after a 15-hour stay and went to the villa of Prince Henry of Hesse, a distant cousin«; s. K. 36, 20 f.

453, 14–16   *Diese Rauschgiftdetektive sollen ... Dollar bestohlen haben* – Vgl. den Artikel »$2,783 Theft From Suspect Is Laid to Two Narcotics Detectives« der NYT vom 15. 12. 1967: »Two city narcotics detectives, one of whom was indicted this week by a Federal Grand Jury on charges of selling drugs, were charged in a civil lawsuit yesterday with stealing $2,783 from a suspect during a narcotics raid«; s. K. 451, 4–6.

453, 16 f.   GEDENKE DER BEDÜRFTIGEN – s. 434, 2.

453, 19–31   *Sah Seine Ehren ... man auch behalten* – Unter der Überschrift »Mayor Tosses Litter Back at the Litterer« schreibt die NYT vom 15. 12. 1967: »A bit of litter came flying out of a truck driver's cabin in midtown yesterday. Almost before it hit the ground, a man in a station wagon just behind the truck was running to pick it up and throw it back at the litterer.
›Finders keepers, Mr. Mayor,‹ said a passer-by who recognized the litter-retriever. Mayor Lindsey stared up to the truck on 48th Street near Fifth Avenue, and flung the litter – an empty cardboard cigarette-box – at three men inside the cab. ›I'm the Mayor,‹ he said angrily. ›I'm trying to keep the city clean. You ought to be ashamed of yourselves.‹ ›Yes, sir,‹ said the men in the truck.

Mr. Lindsay recalled later the three men were so stunned that they almost tipped their hats.«
Vgl. Manuskriptfragment 121–67 hbw; S. 177 (im Johnson-Archiv): »In der subway zeigt ein Plakat einen kleinen Mann mit Besen, der von einer bruellenden weissen Woge bedroht wird. ›30 Tonnen Abfall werden taeglich auf der subway zurueckgelassen‹ (30 metrische und eine halbe). (Wenn long tons gemeint sind.)
A drop in the Basket helps keep New York clean. Litter is a hazard here. A cleaner New York is up to you: auf den Wagen des Sanitation Dept.
Katharina bekommt von einer Nachbarin im Bus einen Bonbon geschenkt, nimmt ihn schweigend, isst ihn schweigend, reicht der Dame schweigend das Bewickelpapier zurueck. Im Supermarket hebt sie Lollipopzellophan vom Fussboden auf, das ihr entfallen war. Gutmuetiger Kommentar einer aelteren Kundin: Shel [sic] helps keep New York clean.«

453, 19   *48. Straße* – s. K. 19, 16.

453, 23 f.   *Ich versuche die Stadt sauberzuhalten* – s. 534, 16 f.; 537, 10; 709, 34; 1071, 22 f.; 1150, 9; 1322, 11; 1643, 33; 1756, 16.

453, 26   *Yes sir: sagten ... Männer im Lastwagen* – Anspielung auf Bertolt Brechts (s. K. 211, 33) Mahagonnygesang Nr. 3, in dem sich am Ende der ersten vier Strophen (und vor dem Refrain) die Zeile »Ja, sagten die Männer von Mahagonny« wiederholt. Die Parallelstelle ist ein wörtl. Zitat aus der NYT vom 15. 12. 1967; s. K. 459, 5–21.

453, 30   *Finders keepers* – (engl.) übersetzt im Text 453, 30 f.

454, 1 f.   *Weather: Mostly fair ... tonight and tomorrow* – (engl.) Wetter: Heute, heute abend und morgen meist schön, windig und kälter.

454, 12 f.   *Frankfurter Allgemeine Zeitung* – Frankfurter Allgemeine Zeitung für Deutschland, Abk. FAZ, 1949 gegr. Tageszeitung, einzige dt. Tageszeitung mit nahezu gleichmäßiger Verbreitung im gesamten Bundesgebiet, führend als Tageszeitung in wirtschaftspolitischen Nachrichten und Kommentaren.

455, 15–   *Und der Bär ... deine Muttersprache. Deutsch* – Alan A. Milnes Kinderbuch er-
456, 18   zählt von den Abenteuern des Jungen Christopher Robin und seinen Freunden, den Tieren, zu denen der Bär Pooh gehört, der auch eine Art bürgerliches Pseudonym, Edward Sanders, trägt. Der Reiz des Buches besteht u. a. in seinen Wortspielen; vgl. Milne (1939); s. K. 1484, 29 f.; s. 1486, 28–34; 1487, 12.

455, 16 f.   *in a forest all by himself* – (engl.) ganz allein in einem Wald. Zitat aus Milnes »Winnie-the-Pooh«. Johnson besaß die engl. Tauchnitzausgabe, Leipzig 1939, S. 16: »Once upon a time, a very long time ago now, about last Friday, Winnie the Pooh lived in a forest all by himself under the name of Sanders.«

455, 21 f.   *kühl wie eine Gurke* – (engl. Redewendung wörtl. übersetzt) cool as a cucumber: sehr gelassen.

455, 28   *Milne, Alan Alexander* – 18. 10. 1882–31. 1. 1956, engl. Schriftsteller; 1906–14 Mitherausgeber des »Punch«, schrieb Romane und Komödien, wurde vor allem durch seine Kinderbücher bekannt. »Winnie-the-Pooh«, 1926, (dt. »Pu der Bär«, 1928) und der Folgeband »The House at Pooh Corner«, 1928, (dt. »Wiedersehen mit Pu«, 1953) wurden ein außerordentlicher Erfolg.

455, 34   *Anyway, it's a . . . as of now* – (engl.) Wie auch immer, das gilt als Regel, ab jetzt.

456, 6 f.   *nom de guerre* – (frz.) Tarnname.

456, 26   *A tua disposizione* – s. K. 397, 13.

456, 26   *Fanta Giro* – s. K. 397, 13.

457, 30   *Es ist nicht ein fairer contest* – (dt./engl.) übersetzt im Text, engl. Wortstellung.

458, 5 f.   *Möchtest du ein Löwe sein* – s. K. 805, 6 f.; s. 473, 31; 829, 2 f.

459, 4   *Whiskey* – s. K. 39, 14.

459, 5–21   *Yes sir: sagten . . . Männer von Mahagonny* – Die erste Zeile stellt die Verbindung zu 453, 26 her, daran schließen sich Ausschnitte aus Bertolt Brechts (s. K. 211, 33) Mahagonnygesang Nr. 3 an: im Gedicht jeweils Vorlage und Variation.

16. 12. 1967

459, 23–27   *Heute ist ein . . . aller Welt aus* – Vgl. den Artikel »Army Sergeant Gets 7-Year Term« der NYT vom 16. 12. 1967: »An Army sergeant convicted by a court-martial of conspiring to commit espionage was sentenced today to seven years at hard labor and a dishonorable discharge. Sgt. 1st. Cl. Ulysses L. Harris, 37 years old, of Neptune, N. J., could have received 10 years. He was convicted yesterday.
Harris and S. Sgt. Leonard I. Safford were accused of conspiring to commit espionage with two Soviet diplomats«; s. K. 25, 30–34.

459, 27–30   *Und in Italien . . . 10 Jahre Zuchthaus* – Vgl. die Notiz »Parachutist and 2 Others Sentenced in Italy as Spies« der NYT vom 16. 12. 1967: »Giorgio Rinaldi, noted Italian parachutist, was sentenced today to 15 years in prison on charges of having spied for the Soviet Union.
His wife, Angela Maria, 52 years old, and Armando Girard, 40, were sentenced to 11 and 10 years, respectively.« Girard war an der ital. Grenze mit 219 Rollen Mikrofilm über amerik. Militärbasen in Spanien verhaftet worden.

460, 3 f.   *Bei Hanoi will . . . dritten angeknackt haben* – Vgl. den Artikel »Another Key Span At Hanoi Bombed« der NYT vom 16. 12. 1967: »Air Force pilots reported that the north end of the five-span bridge over the canal had been heavily damaged and that they had hit both approaches and the central span.« Es handelte sich um die Straßen- und Eisenbahnbrücke über den Canal des Rapides bei Hanoi; s. K. 453, 7 f.

460, 4–6   *Und der Komiker . . . in Viet Nam* – Vgl. die Notiz »Bob Hope Off for Vietnam« der NYT vom 16. 12. 1967: »Bob Hope took off today from Los Angeles International Airport for his annual Christmas tour of overseas military bases, including those in South Vietnam.«

460, 5   *Bob Hope* – Eigentlich Leslie Townes Hope, geb. 29. 5. 1903, amerik. Filmschauspieler brit. Herkunft; wurde durch seinen trockenen Humor in zahlreichen Komödien bekannt, in denen er häufig mit Bing Crosby zusammenarbeitete; trat seit den sechziger Jahren auch als Entertainer in Radio und Fernsehen auf.

460, 6 f.   *Kardinal Spellman* – s. K. 402, 30.

460, 7   *VERGISS NICHT DIE BEDÜRFTIGEN* – s. 434, 2.

460, 8–10   *Im Postamt Morgan . . . Weihnachtspakete tonnenweise zerstört* – Vgl. den Artikel »Postal Annex Swept By Fire, 1,800 Flee« der NYT vom 16. 12. 1967: »A spectacular fire [. . .] raged through one of the city's major postal stations last night, destroying tons of Christmas mail.
Some 1,800 to 2,000 postal employes were safely evacuated from the Morgan station in Manhattan after the fierce, fast moving blaze broke out on a basement conveyor belt around 9.30 P. M. [. . .]
Morgan station is primarily devoted to handling foreign mail. [. . .]
Within half an hour after the fire began, the structure – six stories high on its 10th Avenue side and 10 stories high on the Ninth Avenue side – was gorged with flame«; s. K. 422, 38–423, 2.

460, 11–24   *Und mit Söhnchen . . . Weihnachtsfeiertage, Mrs. Franzese* – Die NYT vom 16. 12. 1967 schreibt unter der Überschrift: »Franzese and 3 Others Acquitted on 1964 Murder«: »A State Supreme Court jury early today acquitted John (Sonny) Franzese and three associates accused of a 1964 gangland murder. [. . .]
Franzese's trim, blond wife, who had waited outside during the reading of the verdict, sobbed with emotion and relief. [. . .]
They [die Angeklagten] were accused of the murder of Ernest (The Hawk) Rupolo, a one-eyed selfstyled underworld trigger man who turned informer. Rupolo was shot six times and stabbed 17 times. His body, tied to 160-pound concrete blocks, was thrown into Jamaica Bay but eventually floated to the surface.
Florio [einer der Angeklagten] said as he left the courthouse last night: ›I would say that justice was performed here tonight.‹
The long last day of the 13-day trail [sic] was marked by last-minute accusations by a surprise defense witness. He was Walter Sher, a convicted murderer brought to the courtroom from his cell at Sing Sing to testify that another man, John Rapacki, had admitted the murder to him. Rapacki and Sher were in prison together for a brief period last year.
Sher caused a reopening of the trial after both sides had rested because of a letter he wrote to Judge Bosch. [. . .]

Sher said that in 1966 Rapacki told him Rupolo had swindled him out of his share of the $ 13, 000 proceeds of a bank robbery committed by the two. [...] Yesterday he said that the Governor was commuting his sentence to life imprisonment.

Rapacki, when called back to the stand, denied the charge, calling out sharply: ›That's a lie and I can prove it.‹«; Franzese: s. K. 156, 30–157, 2; 156, 36–157, 2; Rupolo: s. K. 156, 37.

460, 17   *Jamaica-Bucht* – s. K. 157, 2.

460, 18   *Gouverneur* – s. K. 115, 33.

461, 16   *Long Island-Sund* – Meeresenge zwischen dem Festland und Long Island; s. K. 24, 5 f.

461, 39–462, 1   *Nachbildungen von Comic Strips und Lebensmittelreklame* – Anspielung auf die Bilder von Roy Lichtenstein (Comic Strips), Andy Warhol (z. B. Campbell's Tomato Soup) und Tom Wesselmann, die führenden Vertreter der Pop-Art.

462, 19–21   *warum Mrs. de Rosny... ihre Räume wandelnd* – s. 917, 20 f.; 1053, 28–36; 1467, 2.

462, 25 f.   *Schraubenzieher* – (engl. wörtl. übersetzt) screwdriver: Cocktail aus Wodka und Orangensaft.

462, 37   *Herr Kouba* – Prof. Ing. Dr. Sc. Karel Kouba, geb. 26. 3. 1927, tschech. Ökonom.

462, 37 f.   *Mirovaja Ekonomika i Meshdunarodneje Otnoshenija* – (russ.) Weltwirtschaft und internationale Beziehungen. Seit Juli 1957 erscheinende Monatszeitschrift des Instituts für Weltwirtschaft und internationale Beziehungen der Akademie der Wissenschaften der UdSSR, die sich vor allem den Problemen des staatsmonopolistischen Kapitalismus und der sowj. Außenpolitik widmet.

463, 11–13   *bei Karl Blessing... there's a Blessing* – (engl. Wortspiel) Was für ein Segen, daß es einen Blessing gibt. Karl Blessing (5. 2. 1900–25. 4. 1971), 1958–69 Präsident der Deutschen Bundesbank. Der Ausspruch, zitiert im SPIEGEL, stammt von US-Schatzminister Henry Fowler, der Blessing lobte, nachdem die Deutsche Bundesbank nach einer Pfund-Abwertung einen Absturz des Dollars Ende November 1967 mit Stützungskäufen verhinderte; vgl. DER SPIEGEL 4. 12. 1967, S. 152.

463, 18   *solenn* – Hier: feierlich, festlich.

463, 30 f.   *Grundzüge der marxistischen Dialektik* – Die marxistische Dialektik ist ein wesentlicher Bestandteil der marxistisch-leninistischen Philosophie. Sie wird in eine objektive, auf die allgemeinen Entwicklungen der Welt bezogene, und eine subjektive, auf die Widerspiegelung dieser Entwicklung im Denken und Handeln der Menschen bezogene, Form unterteilt. Ihr Wesen ist durch die drei Grundgesetze der Dialektik festgelegt (s. K. 1676, 26–28). Diesen Gesetzen zufolge entwickelt sich die Gesellschaft zwangsläufig zum Kommunismus hin; vgl. Buhr/Klaus (1971); s. K. 76, 33 f.

463, 35   *You are ever . . . Mr. Vice President* – (engl.) Sie denken wirklich an alles, Herr Vizepräsident.

463, 35–39   *Bei dieser Gelegenheit . . . Marie ist enttäuscht* – s. 24, 19–21.

463, 38   *Lissabon* – s. K. 24, 20.

464, 5 f.   *daß ich durch . . . zu mir gehörte* – s. 12, 24–31.

464, 10   *wo ein anderer Pfeffer wächst* – Hier werden zwei Motive zusammengeführt; s. K. 80, 16; s. 385, 22–28.

464, 18   *N. A. T. O.* – s. K. 42, 16 f.

464, 18 f.   *im Wald bei Mönchengladbach* – Im Hardter Wald im Ortsteil Rheindahlen der Stadt Mönchengladbach im Westen Nordrhein-Westfalens wurden 1952–54 auf einem 400 ha großen Gelände die »Joint Headquarters (JHQ)« errichtet, bestehend aus fünf Hauptquartieren: zwei der NATO (Armeegruppe Nord NORTHAG und die Zweite Alliierte Taktische Luftflotte TWOATAF) sowie die der Britischen Rheinarmee (British Army of the Rhine), der Britischen Luftstreitkräfte in Deutschland (Royal Air Force Germany) und des Territorialkommandos Nord der Bundeswehr; vgl. MJ, S. 10; (s. K. 490, 7 f.;) s. 682, 6 f.; 1753, 39–1754, 1; 1866, 3–5, 32; 1870, 6 f.

464, 22   *Dr. Blach* – s. K. 304, 21 f.

464, 23   *Hauptmann Rohlfs* – Figur aus MJ, dort auch unter den Namen Fabian, Mesewinkel, Kowalke, Seemann; vgl. BU, S. 407; s. 1866, 30–32; 1870, 35–38; 1890, 23 f.

464, 28 f.   *für den Fischzug . . . osteuropäischen Kreditmarkt vorhat* – Wegen der katastrophalen Wirtschaftslage der ČSSR, dem einzigen Land des Comecon mit abnehmendem Bruttosozialprodukt, waren Beratungskommissionen unter dem Vorsitz von Ota Šik, dem Direktor des ökonomischen Instituts der Akademie der Wissenschaften, eingesetzt worden. Als Abhilfe wurde 1966 die Abkehr von dem zentralistischen Wirtschaftsmodell, Dezentralisierung und Eigeninitiative auf unterer Ebene empfohlen. Dies sei ohne politische Demokratisierung nicht möglich. Die Regierung Novotný sträubte sich zunächst dagegen, aber auf dem 13. Parteitag der KPČ 1966 wurden diese Forderung und mehr Autonomie für die einzelnen Nationalitäten gebilligt.

465, 12   *We* – (engl.) Wir.

465, 24   *young lady* – (engl.) junge Frau.

465, 30–32   *I'll tell you . . . jump 50 points* – (engl.) Ich werde es dir/Ihnen sagen, mein Fräulein. Wenn Herr Johnson die Niederlage in Vietnam bekanntgäbe und die Abschreibung unserer Verluste, würde der Markt um 50 Punkte ansteigen.

465, 34 f.	*my dear Mary ... too. Believe me* – (engl.) meine liebe Marie. Auch Banker haben menschliche Gefühle. Glaub mir; s. 734, 32; 1831, 24; 1841, 29 f.; 1862, 35 f.; 1869, 38 f.
466, 8	*We all are ... a pleasant Christmas* – (engl.) Wir alle wünschen Ihnen schöne Weihnachten.
466, 22	*Heiligen Wenzel* – s. K. 134, 23 f.
466, 27 f.	*A real secret ... doesn't know of* – (engl.) Ein richtiges Geheimnis? sagt sie. – Du meinst ein Geheimnis, von dem nicht einmal die New York Times weiß?

17. 12. 1967

466, 31–467, 9 *Entweder liegt es ... für sie trifft* –Vgl. den Artikel »Cultural Thaw Fails to Penetrate East Germany« der NYT vom 17. 12. 1967, der feststellt, daß es in der DDR weder ein kulturelles Tauwetter noch kritische Künstler (wie in anderen Ostblockländern) gebe, und vor allem auf den Erfolg des Stücks »Der Drachen« von Jewgenij Schwarz eingeht: »The East German Cultural Ministry is selective about the foreign literature it will allow into the country. It will permit the work of West Germany's Heinrich Böll to be distributed, but not the work of West Germany's Günther Glass [sic]. It will publish Hemingway but not Pasternak.
Hans-Dietrich Dahnke, a professor of German literature at Humboldt University and a member of the Communist party, offered an explanation of East Germany's standards. ›We are seeking the strong, subjective development of the individual in a Socialist society,‹ he told an American visitor. ›It is true that our people are not given the chance for a direct confrontation with the non-humanist culture of capitalism. But people cannot see everything that is printed in any case. It is better when the party makes the selection for them.‹«

466, 34 *Günther Glass* – Günter Grass, geb. 16. 10. 1927, dt.-poln. Herkunft; studierte Bildhauerei; begann seine literarische Laufbahn mit selbstillustrierten Nonsense-Gedichten, es folgten zeitkritische Romane und Erzählungen über die Zeit des Nationalsozialismus und die BRD; »Die Blechtrommel«, 1959, machte ihn bekannt; aktive Teilnahme am Wahlkampf der SPD in den sechziger Jahren; mit Uwe Johnson befreundet, sie waren in der Niedstraße in Berlin-Friedenau (s. K. 472, 34 f.) Nachbarn; s. K. 15, 13–17; 594, 6 f.
In den JT finden sich vermutlich auf folgende Werke Anspielungen: »Örtlich betäubt« (s. K. 256, 20 f.), »Hundejahre« (s. K. 431, 15), »Die Blechtrommel« (s. K. 1830, 21–16).

466, 36–467, 1 *mit der Familie ... Jerome D. Salinger* – Jerome David Salinger, geb. 1. 1. 1919, aufgewachsen in New York am oberen Riverside Drive; amerik. Schriftsteller, der mit dem Roman »The Catcher in the Rye«, 1951 (dt. »Der Fänger im Roggen«, 1964), bekannt wurde, in dem ein Halbwüchsiger von seinen

Schwierigkeiten mit den Werten der Erwachsenenwelt erzählt. Seine Erzählungen um die »Glass Family«, fast alle in der Zeitschrift »New Yorker« erschienen, sind vom Zen-Buddhismus beeinflußt.

467, 5 *Hans-Dietrich Dahnke* – Geb. 4. 5. 1929, Prof. für dt. Sprache und Literatur, Humboldt-Universität Berlin, veröffentlichte u. a. »Geschichte der deutschen Literatur von 1789–1806« und Beiträge zu Fritz Reuter.

467, 6 *Humboldt-Universität* – 1810 als Friedrich-Wilhelm-Universität unter der Mitwirkung von Wilhelm von Humboldt gegr.; 1945 geschlossen; am 29. 1. 1946 als Humboldt-Universität im sowj. Sektor von Berlin eröffnet. 1948 zog ein Teil des Lehrkörpers und der Studenten aus und gründete in Dahlem die Freie Universität Berlin.
Wilhelm Freiherr von Humboldt (22. 6. 1767–8. 4. 1835), dt. Philosoph, Sprachforscher und preußischer Staatsmann; 1794–97 Privatgelehrter in Jena; 1802–08 preußischer Ministerresident in Rom; 1809–10 Direktor für Kultus und Unterricht im Innenministerium; ab 1810 Gesandter in Wien; ab 1817 in London; ab 1819 wieder Minister.

467, 9 f. *Vergiss nicht die Bedürftigen* – s. 434, 2.

467, 11 *Und die Luftwaffe . . . was sie hat* – Vgl. den Artikel »Hanoi Area Hit 3d Day In A Row« der NYT vom 17. 12. 1967: »American pilots took advantage of continuing good weather over North Vietnam today to hit rail and road targets in the Hanoi area for the third consecutive day.«

467, 11–13 *sogar Mitglieder des . . . Regierung in Saigon* – Vgl. den Artikel »Saigon Criticized On Land Reform« der NYT vom 17. 12. 1967: »The chief authors of a still-secret Congressional report sharply criticizing the pace of land reform in South Vietnam asserted today that the Vietcong had distributed five times as much as the Saigon Government had.«

467, 13–15 *im ausgebrannten Postamt . . . in bar gefunden* – Vgl. den Artikel »Post Office Acts to Avert Tie Ups in Wake of Fire« der NYT vom 17. 12. 1967: »As investigators hunted clues yesterday to the cause of the fire, postal workers began sifting through the burned and damaged mail, which included many Christmas gifts. Among the packages they found was one containing $ 44,000 in cash«; s. K. 422, 38–423, 2.

467, 15 f. *die Einbrecher der . . . in die Vororte* – Vgl. den Artikel »Suburbs Draw City's Burglars; Change in Police Gun Law Seen« der NYT vom 17. 12. 1967.

467, 16 f. *womöglich entsteht Schnupfen . . . aus psychischer Depression* – Vgl. den Artikel »Colds Clue Found By Psychoanalyst« der NYT vom 17. 12. 1967: »Common colds could be caused by depression and not by viruses, a psychoanalyst told the full meeting of the American Psychoanalytical Association here yesterday.«

467, 18 *Söhnchen Franzese ist . . . bei seiner Tina* – Vgl. den Artikel »3 In Murder Trial Quickly Released« der NYT vom 17. 12. 1967: »Franzese and two associates who were acquitted of a 1964 gangland murder by a Queens jury at 12:45 A.M. yesterday were released soon afterwards«; s. K. 156, 36–157, 2.

467, 19–21   *Hannah Arendt hat . . . ist absolut falsch* – Vgl. den Artikel »Violence as a Weapon of Dissent Is Debated at Forum in ›Village‹« der NYT vom 17. 12. 1967: »To oppose the government in the United States with violence is absolutely wrong,‹ Dr. Hannah Arendt told an audience of about 100 in a West Side loft. ›I am also concerned about what Vietnam is doing to our country, but whatever you may say, we don't have terror or concentration camps or any of the coercive conditions that would justify a course of violence.‹« Man solle die enorme Macht des friedlichen Widerstandes nicht unterschätzen. Auf einer Podiumsdiskussion über die Legitimation der Gewalt war dies Hannah Arendts Antwort an Tom Hayden, der die Gewalt während der Rassenunruhen in Newark im letzten Sommer verteidigt hatte.
An dem Gespräch nahmen u. a. Noam Chomsky und Robert Lowell teil, im Publikum saßen u. a. Susan Sontag, Eric Bentley und Norman Mailer; s. K. 53, 14.

468, 8   *Gesllschaft* – Druckfehler in allen Ausgaben, richtig: Gesellschaft.

468, 16   *Reichswehr, die jetzt Wehrmacht hieß* – s. K. 271, 21 f.

468, 24 f.   *Raiffeisenkasse* – s. K. 31, 7 f.

468, 26   *Dat sechst du . . . sech dat nich* – (nd.) Das sagst du, Böttcher. Ich sag das nicht.

468, 34   *Mâkt wi, Böttcher. Schön Dank ook* – (nd.) Machen wir, Böttcher. Schönen Dank auch.

469, 8   *Nu geit dat los* – (nd.) Nun geht das los.

470, 4   *Deutsche Arbeitsfront* – s. K. 351, 34 f.

470, 4   *Ley* – Robert Ley (15. 2. 1890–25. 10. 1945), Chemiker, Gauleiter im Rheinland, Reichsorganisationsleiter, Führer der Deutschen Arbeitsfront; sollte als einer der Hauptkriegsverbrecher vor Gericht gestellt werden, beging in der Haft Selbstmord.

470, 18   *Heeresbauamt in der Eisenbahnstraße* – Das Güstrower Heeresbauamt befand sich in der Eisenbahnstraße 11/12, diese Straße führt über die Nebel (Güstrow–Bützow-Kanal) zum Bahnhofsvorplatz und hieß auch einmal Adolf-Hitler-Straße; s. K. 1430, 1–37; s. 1430, 16–18; 1431, 31; 1613, 21.

470, 28   *ick kann di nich helpn* – (nd.) ich kann dir nicht helfen.

470, 33   *Wistu nâ Inglant* – (nd.) Willst du nach England?

18. 12. 1967

471, 14   *Georgs des Fünften* – s. K. 199, 31 f.

471, 17–19   *die Engländer behilflich . . . britischen zu verstärken* – Einerseits forderte England ein Abrüstungsabkommen mit Deutschland, obwohl es selbst weiter aufrüstete, andererseits schloß es am 18. 6. 1935 mit Deutschland ein Flottenabkommen, das den Deutschen 35 % der Kapazität der engl. Kriegsflotte – mehr als die dt. Werften bauen konnten – und Parität bei den U-Booten zusicherte.

471, 21 f.   *Und er hätte . . . mehr willkommen geglaubt* – s. K. 169, 2–17.

471, 35   *die beiden Mecklenburg* – 1621 wurde das Land in die Herzogtümer Mecklenburg-Schwerin und Mecklenburg-Güstrow geteilt. Nach dem Erlöschen der Güstrower Linie (1695) wurden im Hamburger Vergleich (1701) die Herzogtümer Mecklenburg-Schwerin und Mecklenburg-Strelitz geschaffen. Letzteres verfügte über die Herrschaft Stargard (s. K. 1186, 13 f.) im Osten und das Fürstentum Ratzeburg im Westen. Landstände, Landtage und Gerichte blieben gesamtmecklenburgisch. 1866/67 traten beide dem Norddeutschen Bund, 1871 dem Deutschen Reich bei. Seit der Novemberrevolution 1918 gab es zwei Freistaaten mit einer demokratischen Verfassung, die am 1. 1. 1934 zu einem Land des Deutschen Reiches, gleichzeitig zu einem Gau der NSDAP unter dem Reichsstatthalter Hildebrandt (s. K. 360, 31) vereinigt wurden; s. 1144, 25 f.

472, 1 f.   *die Wiedereingliederung des Saarlandes* – Das Saarland stand bis zum 1. 3. 1935 unter frz. Kontrolle; in einer Abstimmung gemäß einer Bestimmung des Versailler Vertrags entschied sich die Bevölkerung mit großer Mehrheit für die Wiedereingliederung ins Deutsche Reich.

472, 3 f.   *Es blieb natürlich . . . als Schriftsteller bezeichnete* – Hitler hatte vor dem Regierungsantritt als Beruf auf seinen Steuererklärungen »Schriftsteller« angegeben; s. K. 49, 23.

472, 8–19   *Wie konnte Papenbrock . . . auch die letzte* – s. K. 17, 19; 366, 20–22.

472, 9   *Papenbrockpartei* – s. K. 164, 12.

472, 13   *Freikorps* – s. K. 56, 32 f.

472, 15   *Vietsen* – s. K. 56, 32.

472, 21– 474, 36   *Und Arthur Semig . . . eine gegrabene Grube* – Zur Übernahme der Erzähltechnik aus J. P. Hebels Kalendergeschichte »Unverhofftes Wiedersehen« vgl. Bond (1991), S. 318.; s. K. 501, 18 f.

472, 22–29   *Zwar durfte er . . . Schändung schützen müssen* – Die Nürnberger Gesetze vom 15. 9. 1935 stellten alle Juden unter Ausnahmerecht. Das »Gesetz zum Schutze des deutschen Blutes und der deutschen Ehre« (RGBl. I, S. 1146) verbot in § 1 »Eheschließungen zwischen Juden und Staatsangehörigen deutschen oder artverwandten Blutes«; nach § 3 durften Juden »weibliche Staatsangehörige deutschen oder artverwandten Blutes unter 45 Jahren in ihrem Haushalt nicht beschäftigen«; nach § 4 war ihnen »das Hissen der Reichs- und Nationalflagge und das Zeigen der Reichsfarben verboten«, dagegen »das Zeigen der jüdischen Farben gestattet«. Das »Reichsbürgergesetz« vom 15. 9. 1935 (RGBl. I, S. 1146) erklärte in § 2 nur »Staatsangehörige deutschen und artverwandten Blutes« zu Reichsbürgern.

472, 33 f. *Unteroffiziersschule Eiche bei Potsdam* – Die erste Unteroffiziersschule des Heeres wurde erst am 14. 5. 1938 bei Potsdam eröffnet; s. 607, 29; 729, 1; IX,31.

472, 34 f. *Berlin-Friedenau* – Ende des 19. Jahrhunderts als Dorf gegr., zentraler und ruhiger Stadtteil im Süden Berlins, Bezirk Schöneberg, mit vielen großbürgerlichen Häusern der Jahrhundertwende; vgl. Fahlke (1999), S. 47, Anm. 65; s. K. 15, 13–17; 466, 34; 594, 6 f.

472, 36 *Kirow* – Sergej Mironowitsch Kirow (15. bzw. 27. 3. 1886–1. 12. 1934), »rechte Hand« Stalins; Parteisekretär Leningrads seit 1926, im Politbüro des ZK der KPdSU seit 1930, ab 1934 Sekretär des ZK der KPdSU, sehr populär; seine Ermordung wurde als Werk von »Parteifeinden« hingestellt; näher liegt die Vermutung, daß Stalin den potentiellen Rivalen ausschalten wollte, wobei eine Kettenreaktion von Verhaftungen und Hinrichtungen ausgelöst wurde.

472, 36 f. *wie Hitler seinen Röhm* – Ernst Röhm (28. 11. 1887–1. 7. 1934), Berufsoffizier, 1920–23 im Wehrkreiskommando München, verlor diese Stellung aufgrund seiner Teilnahme an Hitlers Putsch, trennte sich vorübergehend von Hitler, seit 1931 Führer der SA; am 30. 6. 1934 verhaftet; ohne Verfahren in seiner Zelle im Gefängnis Stadelheim erschossen; s. K. 105, 19; 445, 30 f.; s. 531, 34–36.

473, 2–5 *auch die U. S. A. . . . in den Völkerbund* – Die UdSSR wurde 1933 von den USA diplomatisch anerkannt und am 18. 9. 1934 mit den Gegenstimmen der Schweiz, Hollands und Portugals in den Völkerbund aufgenommen.

473, 9 f. *die Schleuse bei Wendisch Burg* – Nach Seiler die Havelschleuse am südlichen Ausgang des Woblitz-Sees, wo die Havel in den Kammerkanal geführt wird. Schleusensprengungen sind nicht nachzuweisen und hätten im flachen Mecklenburg auch wenig Schaden angerichtet; vgl. Seiler (1988), S. 96; s. 728, 12–23; 740, 12; 765, 28; 861, 30; 928, 18; 976, 5–979, 30; IX,45; 1146, 16.

473, 31 *Möchtest du ein Löwe sein* – s. 458, 5 f.

473, 34 *gut bei Sach* – s. 243, 36.

473, 39–474, 1 *Landesbischof Schultz* – s. K. 426, 4 f.

474, 7 *Schonen* – Südlichste Provinz Schwedens.

474, 12 f. *Die Plessens* – s. K. 164, 24.

474, 13 *die Bothmers* – s. K. 114, 19.

474, 15 f. *Ortsgruppenleiter* – s. K. 165, 3.

474, 30 f. *seine S. A. von . . . Schweinehunden gereinigt hatte* – s. K. 105, 19; 472, 36 f.

474, 35 f.	*eine Nordische List* – s. 446, 37.
475, 5	*Walnußbäumen* – s. K. 415, 3.
475, 10	*Holl di an'n . . . Himmel is hoch* – (nd.) Halt dich am Zaun, der Himmel ist hoch. (übertragen: Sei zufrieden mit dem, was du hast.)

19. 12. 1967

475, 12–27	*Oh was kann . . . uns dazu Ratschläge* – Vgl. die Artikel »U.S. Charges Former Water Chief Profited In Reservoir Deal« der NYT vom 19. 12. 1967, S. 1 und 52: »James L. Marcus, who resigned as a city commissioner last Tuesday and Antonio (Tony Ducks) Corallo, whom the Federal Bureau of Investigation described as a mafia leader, were arrested yesterday on Federal charges of taking kickbacks on an $ 835,000 city contract. A Federal Grand jury returned an indictment yesterday charging that Mr. Marcus, former Commissioner of Water Supply, Gas and Electricity, had received $ 16,000 of a $ 40,000 kickback on a contract to refurbish the Jerome Park Reservoir in the Bronx.« Vgl. auch folgende Artikel: »Marcus, Ex-Lindsay Aide, Held With Corallo, A Mafia Leader, In Kickbacks On City Contract«, S. 1 und 52; »An Odd Group Held As Plotters in Case«, S. 1 und 53; »Bosses and Bambozzlers: A Glimpse at City's Corruption Over the Last Century«, S.53; vgl. auch den Kommentar »Perspective on a Scandal«, S.46: »Roughly 300,000 persons work for the City of New York. About 200,000 of them are employed in some 100 departments and agencies that report directly to the Mayor's office, the remainder in such related agencies as Transit and Education. Hundreds of millions of dollars are spent by the city annually to maintain its services for the eight million. But throughout the present administration, and for that matter during the Wagner administration too, major municipal scandal have been almost unknown. Given the history of New York in the twenties and early thirties, the record has in the past few years been remarkably good. [. . .] The facts in the Marcus case, which may indeed be ugly, must come out, but they should be tarnished neither by politically motivated exaggeration nor by hasty judgement«; s. K. 608, 23 f.
475, 15 f.	*Antonio Corallo, »Toni Duckdich«* – Anthony »Tony Ducks« Corallo; New Yorker Mafioso; wird am 13. 1. 1987 als Chef des Lucchese-Clans wegen Bildung einer kriminellen Vereinigung zu 100 Jahren Gefängnis verurteilt; s. K. 22, 28.
476, 2	*Nice apartment you have here* – (engl.) 'Ne schöne Wohnung hast du da.
476, 21	*Ubahnmünze* – s. K. 368, 2.
476, 23–30	*Der Alte am . . . Schlucken gegeben haben* – s. 11, 4–10.
476, 24 f.	*Don't you want . . . just came up* – (engl.) Wollen Sie nicht Ihren DER SPIEGEL? Er ist gerade eingetroffen.

476, 25	DER SPIEGEL – s. K. 167, 17–20.
476, 28	*Nice day* – (engl.) Schöner Tag.
476, 31	*im elften Stockwerk* – s. K. 22, 9 f.
477, 10	*Pot Roast* – (engl.) übersetzt im Text 477, 6.
478, 6	*That takes care of that* – (engl.) übersetzt im Text.
478, 9 f.	*Mrs. Cresspahl, für die ich gelte* – s. K. 8, 35.
478, 11	*Gesine, die ich bin für Marie* – s. K. 8, 35.

BAND 2

20. 12. 1967

487, 2–13 Das Wasser ist ... durch halbblindes Zwielicht – s. K. 7, 1–12.

487, 15 Beautiful header – (engl.) Wunderschöner Kopfsprung.

487, 16 Dschi-sain – s. K. 56, 3.

487, 18 A curious header – (engl.) Ein komischer Kopfsprung.

487, 20 Mediterranean Swimming Club – (engl.) Mittelmeer-Schwimmklub; im Hotel Marseille (s. K. 189, 38 f.); s. 190, 4; 489, 34; 541, 30; 573, 4; 581, 1 f.; 615, 23; 669, 33; 708, 15 f.; 847, 27 f.; 862, 19; 1067, 33 f.; 1137, 6 f.; 1322, 39; 1536, 33.

487, 29 f. David Williams – s. 25, 1.

488, 1 f. ins geheurere Element – Anspielung auf Friedrich Schillers (s. K. 1252, 26) »Das Lied von der Glocke« Vers 165–168:
> Durch die volkbelebten Gassen
> wälzt den ungeheuren Brand!
> Denn die Elemente hassen
> das Gebild aus Menschenhand.

488, 32–36 Dort oben hat ... Vater von Pamela – s. 1708, 39–1709, 4.

489, 3 f. sechzig Dollar Jahresgebühr – s. K. 84, 14.

489, 26 From a Slavian country – (engl.) Aus einem slawischen Land.

489, 32 Neemtlich, wenn das ein' Diern wird – (nd.) Nämlich, wenn das ein Mädchen wird.

489, 37 das Kind das ich war – s. K. 8, 35.

490, 6 an einer anderen Küste – s. K. 80, 16.

490, 7 f. Denn sittst vilicht ... son'n amerikanschen Wald – (nd.) Dann sitzt du vielleicht, verraten und verkauft, in so einem amerikanischen Wald. Zitat aus John Brinckmans »Fastelabendsprärig för Jehann, dei nah Amerika furt will«, in: Brinckman (1903), Bd. 1, S. 105–109, hier S. 107. Das 20strophige Gedicht wurde 1855 vom mecklenburgischen Patriotischen Verein als Flugblatt verteilt, um die Landsleute vom Auswandern nach Amerika abzuhalten. John Frédéric Brinckman (3. 7. 1814–20. 9. 1870) wanderte nach Nordamerika aus, kehrte nach zwei Jahren desillusioniert zurück; Lehrer an der Güstrower Realschule, schrieb plattdt. Epik und Lyrik; dasselbe Zitat in: HNJ, S. 11; vgl. MJ; Scheuermann (1998), S. 318–325; s. K. 413, 27; 1753, 39–1754, 1. In den JT finden sich außerdem Zitate aus folgenden Werken Brinckmans:

»Kasper-Ohm un ick« (s. K. 504, 12); »Uns Herrgott up Reisen« (s. K. 1293, 2); »Schaulmeister Bors« (s. K. 1460, 13 f.).

491, 13   *Quite a header* – (engl.) Ein toller Kopfsprung.

21. 12. 1967

491, 15–30   *Im Senatsausschuß für . . . Ernst zu machen* – Mit der Begründung, nordvietnamesische Torpedoboote hätten am 2. und 4. 8. 1964 im Golf von Tonkin außerhalb der Hoheitsgewässer zwei amerik. Zerstörer angegriffen, ließ sich Präsident Johnson vom Kongreß Sonderrechte genehmigen, die, als Tonkin Gulf Resolution bekannt geworden, einen verstärkten Einsatz, d. h. Bombardierungen, in Vietnam und somit den offenen Eingriff der USA in das Kriegsgeschehen in Vietnam autorisierten. Vor dem von Senator Fulbright geführten Untersuchungsausschuß des Senats wurde bekannt, daß ein Entwurf der Resolution schon vorher ausgearbeitet worden war. Während der Angriff auf den Zerstörer »Maddox« am 2. 8. 1964 durch drei nordvietnamesische Torpedoboote 25 Meilen vor der nordvietnamesischen Küste als Tatbestand angesehen wurde, gab es widersprüchliche Angaben über die Angriffe von drei bis sechs nordvietnamesischen Torpedobooten auf die US-Schiffe »Maddox« und »Turner Joy« am 4. 8. 1964. Im Juni 1970 widerrief der Senat die Resolution, da der Zwischenfall und ein möglicher Spionageauftrag der Schiffe nicht geklärt werden konnten.
Vgl. den Artikel »Senators Seeking More Data on '64 Tonkin Gulf Incidents« der NYT vom 21. 12. 1967: »Some members of the Senate Foreign Relations Committee, skeptical of Administration accounts, are quietly inquiring into the details of the Gulf of Tonkin incidents in 1964. [. . .]
For example, the committee recently received a letter from a former naval officer asserting that the President, Mr. McNamara and the Joint Chiefs of Staff had given ›false information‹ to Congress in their report that the two destroyers were attacked on the second incident.
The letter was from John W. White from Cheshire, Conn., a former lieutenant (jg.). [. . .] Mr. White was serving on the Pine Island, a seaplane tender that he said was the first United States ship ›to enter the war zone in response to the ›attack‹ upon the destroyers Maddox and Turner Joy.‹
In his letter to the newspaper [The New Haven Register] Mr. White said: ›I recall clearly the confusing radio messages sent at that time by the destroyers – confusing because the destroyers themselves were not certain they were being attacked.‹ [Mr. White berief sich in seiner Aussage, daß keine Torpedos abgeschossen worden seien, auf ein Gespräch mit dem »Chief Sonarman« der »Maddox« sechs Monate nach dem Vorfall. Dagegen äußerte ein Sprecher des Verteidigungsministeriums:]
›The sonarman on duty aboard the Maddox,‹ he said, ›reported numerous signals identified as incoming torpedos.‹

He said that other evidence of an attack on Aug. 4 included the following:
– Radar tracking of fast small craft closing in on the destroyers.
– Sightings of the small craft lit by aircraft flares and illuminating flares.
– Sighting of antiaircraft fire from the craft aimed at American planes overhead.
The spokesman also said aircraft had sighted the wakes of small craft near the destroyers«; vgl. DER SPIEGEL 4. 3. 1968, S. 94–97; s. K. 494, 21–26; 572, 32–34; 623, 19–27; 623, 21 f.; 648, 30–38; 662, 25–32; 674, 9–13; 769, 7–12; 776, 18–22; 783, 34–784, 2; s. 1877, 18–23.

491, 25   *Radar* – s. K. 42, 16.

491, 29 f.   *Ermächtigung des Präsidenten . . . Krieg Ernst zu machen* – Am 7. 8. 1964 beschloß das Repräsentantenhaus mit 416: 0 und der Senat mit 88: 2 (gegen die Stimmen der Senatoren Ernest Gruening (Alaska) und Wayne Morse (Oregon)) die »Gulf of Tonkin Resolution«, die dem Präsidenten L. B. Johnson im Krieg in Südostasien praktisch freie Hand gab. Die entscheidenden Sätze lauteten: »That the Congress approves and supports the determination of the President as Commander in Chief, to take all necessary measures to repel any armed attack against the forces of the United States and to prevent further aggression. [. . .] Consonant with the Constitution of the United States and the Charter of the United Nations and in accordance with its obligations under the Southeast Asia Collective Defensive Treaty, the United States is, therefore, prepared, as the President determines, to take all necessary steps, including the use of armed force, to assist any member or protocol state of the Southeast Asia Collective Defensive Treaty requesting assistance in defense for its freedom.« Die Resolution wurde am 24. 6. 1970 vom Senat mit 81: 10 Stimmen zurückgezogen.

492, 15   *Avenuen Amsterdam und Columbus* – Amsterdam Ave.: s. K. 97, 2; Columbus Ave.: s. K. 386, 13 f.

492, 23   *Sie könnte sich nicht vorstellen* – s. K. 12, 4.

493, 4–6   *mit einer Lehrerin . . . Kampfhandlungen in Südostasien* – s. 312, 37–313, 21.

493, 11–13   *wünschen dunkelhäutigen Bürgern . . . der eigenen Adresse* – s. 731, 20–24.

493, 15   *Georgetown* – Die Georgetown University wurde 1789 als »Academy of George-Town« gegr.; älteste kath. Universität der USA; heute zu Washington gehörig.

493, 16   *Harvard* – s. K. 101, 15.

493, 17   *Allen, Burns, Elman & Carpenter* – Anwaltsbüro; s. 1158, 12 f.; 1423, 7–31; 1710, 34.

493, 27–38   *Es ist ein . . . seinen Job abjagen* – Vgl. »Excerpts From Interview With President Johnson by Three Television Networks« der NYT vom 20. 12. 1967: »What effect do you think the candidacy of Senator McCarthy and the position of Senator Kennedy will have on the Democratic party?

A. I don't know what effect the Kennedy-McCarthy movement is having in the country. I am not privileged to all the conversations that may have taken place.
I just observe they have had some meetings and some discussions. I do know the interest of both of them in the Presidency and the ambition of both of them. I see that reflected from time to time.«
Vgl. auch den Kommentar »In the Nation: Johnson on Television« der NYT vom 21. 12. 1967: »Johnson might also have chosen, at the Christmas season, to bring a little of the spirit of peace on earth, goodwill toward men into the bitter political atmosphere of this torn country. [. . .]
Johnson's political skill was most apparent when he mentioned something he called the ›Kennedy-McCarthy movement.‹ That deadly hyphen likened Senator Kennedy of New York more closely than he probably likes to the various peace groups and to Senator McCarthy's open insurgency. In the next breath the President, as if in sorrow rather than anger, pictured both as unduly ambitious men who merely coveted his job«; Robert Kennedy: s. K. 25, 4.
Eugene Joseph McCarthy, geb. 29. 3. 1916, Prof. für Wirtschaft; 1940–42 bei der Military Intelligence Division des Kriegsministeriums, engagierte sich für die Reform der Democratic-Farmer-Labor Party unter Hubert Humphrey; 1946–48 im Kongreß, wo er sich für den Ausbau der Sozialgesetzgebung (höheren Mindestlohn, Wohnungsbau) und Bildung einsetzte; 1958–70 Senator für Minnesota, arbeitete im Komitee für Probleme der Arbeitslosen und versuchte, den Einfluß der CIA auf die Außenpolitik zu begrenzen; widersetzte sich Johnsons Vietnampolitik und plädierte für eine Verhandlungslösung und den Rückzug der amerik. Truppen aus Südostasien, argumentierte gegen die Tonkin Gulf Resolution; 1967 Präsidentschaftskandidat der Demokraten, lag im März 1968 ungefähr gleich mit Johnson in den Vorwahlen, verlor aber die Nominierung an Humphrey; zog sich 1969 aus dem Senat zurück, um in Maryland einen Lehrstuhl für Poesie anzunehmen; s. K. 1129, 25.

22. 12. 1967

494, 16–20   Die New York . . . Uhr morgens begann – Vgl. den Artikel »Balmy Weather To Greet Winter« der NYT vom 22. 12. 1967: »Winter will arrive officially today at 8:17 A.M., according to the astronomers of the American Museum-Hayden Planetarium. The day will be the shortest one of the year ›in the sense that the sun in the Northern Hemisphere will be above the horizon for the shortest period of time,‹ they said.«

494, 21–26   Und sie meldet . . . 1964 fertig hatte – Vgl. den Artikel »Draft Resolution Ready Before Tonkin Incidents« der NYT vom 22. 12. 1967: »The Senate Foreign Relations Committee made public today testimony confirming that the Administration prepared contingent drafts of the Southeast Asia Resolution before attacks by North Vietnamese torpedo boats on American destroyers in August, 1964. [...] The wake of the torpedo, as it passed from stern to bow, some 300 feet off the port side of the Turner Joy, according to the Pentagon report, was seen by four crew members on lookout aboard the destroyer.« William P. Bundy, Assistant Secretary of State for East Asia Affairs, hatte vor dem Senate Foreign Relations Committee zugegeben, daß es vor dem August 1964 »contingent drafts« einer Resolution gegeben habe; s. K. 491, 15–30.

495, 1   *Apologies are in order* – (engl.) Entschuldigungen werden angenommen.

495, 4   *Versógelieke* – Leila Vennewitz an Johnson am 3. 7. 1972: »wie ist es mit: 'Scuse me? (Aber in Wirklichkeit I'm just guessing. Nur 'scuse me ist bei uns ein sehr kindlicher Ausdruck.« Johnson unterstrich – sein Ausdruck der Zustimmung –: »'Scuse me« und »sehr kindlicher Ausdruck«.
Im Text mit unterschiedlichen Schreibweisen:
»Versógelieke«: 495, 4.5; 498, 36; 1566, 4;
»Vesógelieke«: 1646, 18 f.; 1713, 5; 1838, 1;
»Vesógelike«: 1369, 9.

495, 15   *Kirche mit Bischofsmütze* – s. K. 31, 3–6.

495, 17 f.   *Karstadts* – Karstadt AG, 1920 gegr. Warenhauskonzern mit Sitz in Essen; s. 685, 38; 876, 24; 1183, 28; 1772, 17.

495, 36   *»Mariengabe«* – Dieser fiktive Flugplatz hat zwei Vorlagen: das westlich von Klütz gelegene militärische Sperrgebiet bei Tarnewitz und den Namen des Flugplatzes der Rostocker Heinkel-Werke »Marienehe«, der auf einem Gut dieses Namens errichtet wurde; vgl. Seiler (1988), S. 105; Nöldechen (1991), S. 79–84; Nöldechen (1997), S. 198; MHC, S. 95; vgl. Register.

496, 5   *olympischen Spiele in Kiel* – Die IX. Olympischen Spiele fanden vom 2. 6.–16. 8. 1936 in Berlin statt, die Segelwettkämpfe wurden in Kiel abgehalten.

496, 5   *Kiel* – s. K. 294, 28.

496, 6   *Vierjahresplan* – Bezeichnung für Maßnahmen nationalsoz. Wirtschaftsplanung, erstmals 1933, dann 1936 auf dem »Reichsparteitag« in Nürnberg verkündet; vgl. »Verordnung zur Durchführung des Vierjahresplanes« vom 18. 10. 1936 (RGBl. I, S. 887). Wichtigste Ziele waren: massive Aufrüstung sowie eine weitgehende Selbstversorgung mit Rohstoffen; s. V, 22.

496, 7   *Ortsgruppenleiter* – s. K. 165, 3.

496, 8   *Staatspartei* – Seit dem 14. 7. 1933 war als einzige Partei die NSDAP zugelassen; s. K. 164, 27; s. 597, 14.

496, 19 f.   *»unserer Rache für Versailles«* – Nach dem Friedensvertrag von Versailles vom 28. 6. 1919 mußte Deutschland Gebiete an der Nord-, Ost- und Westgrenze abtreten, auf sämtliche Kolonien verzichten und – gerechtfertigt durch den Kriegsschuld-Artikel – Reparationen zahlen. Der Vertrag stieß in Deutschland über alle Parteien hinweg auf Protest. Insbesondere die rechtsgerichteten Parteien sahen in ihm eine Kapitulation der Weimarer Koalition und einen Verrat an der deutschen Nation; s. K. 896, 3–6.

496, 23 f. *»nordischen List«* – s. 446, 37.

496, 31 f. *Attentat auf den schweizerischen Landesgruppenleiter Gustloff* – Wilhelm Gustloff (30. 10. 1895–4. 2. 1936), 1921 Mitglied des Deutsch-völkischen Schutz- und Trutzbundes, seit 1929 in der NSDAP, seit 1932 Landesgruppenleiter der Auslandsorganisation der NSDAP in der Schweiz, wurde am 4. 2. 1936 von dem jugoslawischen Medizinstudenten David Frankfurter (s. K. 721, 7–9) in Davos aus Protest gegen die Behandlung der Juden in Deutschland erschossen. (»Ich habe die Tat begangen, weil ich Jude bin.«)
Gustloff wurde in Schwerin in Anwesenheit Hitlers beigesetzt. 1937 wurde eines der KdF-Schiffe nach ihm benannt, das 1945 als Flüchtlingstransporter in der Ostsee von sowj. U-Booten torpediert wurde, wobei 5384 Menschen ums Leben kamen; s. K. 376, 1.

497, 8–12 *Pastor Brüshavers Sohn . . . noch fertig werden* – s. 562, 11–13.

497, 9 f. *flog in Spanien . . . der legalen Regierung* – Im Spanischen Bürgerkrieg unterstützten Deutschland und Italien Franco mit Luft- und Landstreitkräften, die Sowjetunion und die »Internationalen Brigaden« die Republikaner; die Westmächte verfolgten eine Politik der Nichteinmischung. Franco gelang es, das Land zu teilen, am 28. 3. 1939 besetzte er Madrid und die Republik kapitulierte; s. K. 811, 33–36.

497, 18 *Deutsche Arbeitsfront* – s. K. 351, 34 f.

497, 19 f. *gab Heine Klaproth . . . in der Hitlerjugend* – Hitlerjugend: s. K. 164, 33.
Nach § 12 Abs. 2 der »Zweiten Durchführungsverordnung zum Gesetz über die Hitler-Jugend (Jugenddienstverordnung)« vom 25. 3. 1939 (RGBl. I, S. 710) wurde »mit Gefängnis und Geldstrafe oder mit einer dieser Strafen bestraft, wer böswillig einen Jugendlichen vom Dienst in der Hitler-Jugend abhält oder abzuhalten versucht«; vgl. »Gesetz über die Hitlerjugend« vom 1. 12. 1936 (RGBl. I, S. 993). Darin stand nichts über eine Freistellung von der Arbeit.

497, 33 *Heinrich du rœdst uns dot* – (nd.) Heinrich du redest uns tot (redest uns um Kopf und Kragen)!

497, 35 f. *Schiet avlådn* – (nd.) Scheiße abladen; s. 861, 35.

498, 34 f. *'t would suit me fine* – (engl.) wär mir gerade recht.

498, 37–499, 5 *Was haben wir . . . Straße zu holen* – Vgl. den Artikel »Aliens Told to Register Addresses in January« der NYT vom 22. 12. 1967: »Aliens must register their addresses with the Federal Government during January.
[. . .] registration forms would be available at all post offices and immigration service offices.

[...] wilful failure to comply with the registration requirements could subject an alien to ›serious penalties,‹ including jail or deportation.«

499, 4f. *unserem Postamt in der 105. Straße* – Das Postamt Cathedral Station befindet sich in der 104. Straße; vgl. Johnson, Büchner-Preis-Rede, S. 63: »Er genierte sich erheblich. Zweimal hatte er sein Geschriebenes gedruckt gelesen, zweimal hatte er dabei Hilfe gehabt, noch nicht die fünfte Durchsicht hatte zu Tage gebracht, daß das Postamt Cathedral Station, benutzt vom Verfasser wie von seinen Personen, in der 104. Straße steht. Nicht in der 105. Wie denn auch in der 105., wir hätten doch mit unseren Bücherpaketen einen Block weiter gehen müssen! Ungefähr 4500 Meilen entfernt, in Memmingen, im bayerischen Schwaben, lief der Fehler durch die Druckmaschinen, unerreichbar, säuberlich aufbewahrt für das schlechte Gewissen des Verfassers. Er hatte der Erinnerung einmal zu oft getraut.«

23. 12. 1967

499, 7 *243 Riverside Drive, New York, N. Y. 10025* – s. K. 12, 34

499, 12 *vier Fuß elf Zoll* – 1,50 m.

499, 31 *Serendipity* – (engl.) Eine Begabung, zufällig Entdeckungen zu machen. Das Wort geht auf Horace Walpole zurück, der damit die Eigenschaft der Helden seiner Erzählung »The Three Princes of Serendip« bezeichnete. Serendip war der alte engl. Name für Ceylon; vgl. Fahlke (1989).

499, 32f. *I scorn the action* – (engl.) Diese Arbeit schätze ich gar nicht.

499, 34 *I stand corrected* – (engl.) Ich gebe zu, mich getäuscht zu haben; s. K. 536, 14.

500, 21–26 *Die Reichen an ... der Neger beginnt* – Vgl. Hepburn (1966), S. 60: »The traffic lanes on either side are divided by park areas, extensively landscaped by changing exhibits of flowers and trees. During the Christmas season the landscaped areas for fifty blocks are filled with lighted Christmas trees, providing one of New York's most fascinating Yuletide nighttime sights.«

500, 22f. *»außerhalb der Stadt liegenden Quellen«* – Herkunft des Zitats ungeklärt.

500, 27 *Kükendraht* – (engl. wörtl. übersetzt) chicken wire: feiner Maschendraht; s. 1809, 38.

500, 31–33 *Stechpalmenzweige schon adoptiert ... wir Stechpalme. Holly* – Traditionelle Weihnachtsdekoration in England und Nordamerika, beliebtes Motiv auf Karten und in der Werbung; holly: (engl.) übersetzt im Text.

501, 7 *dispenser of gifts* – (engl.) Verteiler der Geschenke.

501, 8f. *He has a ... bowlful of jelly* – (engl.)
Er hat ein breites Gesicht und einen kleinen runden Bauch, wenn er lacht, wackelt der wie eine Schüssel voller Wackelpudding.

501, 13–18 *Chanukah zu feiern . . . Antiochus dem Vierten* – Chanukka, (hebr.) Einweihung (Lichterfest). Das Geschlecht der Makkabäer, auch Hasmonäer genannt, führte unter Judas Makkabäus von 167–147 v. Chr. einen Aufstand an, der u. a. durch die Maßnahmen des syrischen Königs Antiochos IV. Epiphanes (gest. 164 v. Chr.) zur Verhinderung der jüd. Gottesverehrung in Jerusalem provoziert worden war. Im Jahre 163 v. Chr., am 25. Tag des Monats Kislew, zog die siegreiche Armee der Makkabäer in Jerusalem ein. Der Tempel wurde gereinigt und neu geweiht. Der Sieg gilt dem jüd. Volk als Behauptung und Sicherung der eigenen kulturellen Identität; vgl. 1. Makk 4, 36–59; de Vries (1994), S. 111–114; zur Rolle des jüd. Festes im Roman vgl. Schmidt (1998), S. 248.

501, 16 *bis zum 2. Adar* – Chanukka wird acht Tage lang bis zum 2./3. Tag des Monats Tewet gefeiert; Adar folgt erst zwei Monate später.

501, 18 f. *dem geneigten Hausfreund gewißlich bekannt* – Anspielung auf J. P. Hebels »Der Rheinländische Hausfreund«; vgl. Bond (1991); Fahlke (1994), S. 238; s. K. 472, 20–474, 36; s. 554, 27–34; 1703, 23–1704, 5.

501, 23 *bekommen die Kinder etwas geschenkt* – Chanukka wurde ursprünglich ohne Geschenke begangen, später wurde der Brauch des Schenkens vom Weihnachtsfest übernommen.

501, 25 *Menorah* – Die siebenarmige Menorah ist das religiöse und nationale Symbol des Judentums. Der Chanukka-Leuchter trägt neun Kerzen, wobei jeden Abend eine Kerze angezündet wird, die neunte dient nur zum Anzünden.

501, 28 *wir bleiben die Gois für sie* – Eigentlich goyim, (neuhebr.) Nichtjuden; s. K. 172, 35; s. 791, 9.

502, 8–503, 16 *Heute nachmittag sind . . . die unbedachte Wortwahl* – Vgl. den Artikel »300 in Crowded Midtown Areas Demonstrate Against the War« der NYT vom 24. 12. 1967: »Three hundred youths demonstrators protested against the war in Vietnam on Fifth Avenue near Rockefeller Center early yesterday afternoon and later swarmed around other crowded midtown areas.
They mingled with hurried – and often bewildered – last-day Christmas shoppers [. . .].
›This is a fire violation,‹ a policeman shouted through a bullhorn at protesters who were pressing against a glass door in the entrance lobby [des Kaufhauses Saks]. ›Get out!‹ [. . .]
The organizers, who called themselves Santa's Helpers, staged a demonstration in Grand Central Terminal on Tuesday afternoon when they released pigeons and balloons on the terminal's concourse. [. . .]
The Police Department did not disclose the number of men on duty in the area, but reporters estimated that more than 300 uniformed men were deployed. [. . .]
Guards in olive uniforms watched the access to the Rockefeller Center mall, which is private property.

Many passers-by were unsympathetic toward the demonstrators, most of whom were longhaired and unconventionally dressed. ›Take a bath,‹ several shoppers growled.

[...] a four-man Salvation Army band kept playing carols, and at the edge of a sidewalk a chubby Volunteers of America Santa Claus bowed to talk to a little girl while her parents snapped a photo. [...]

The main body of the peace demonstrators, about 100 youngsters, were led by a tall man with wavy blond hair who carried an American flag and a sign in red, white and blue, reading ›Kill.‹ The flagbearer, who also spearheaded the attempt to invade Saks, identified himself as Jerry Gentsch [...].

Speaking to reporters yesterday, Mr. Davidoff [Assistent des Bürgermeisters Lindsay] praised the way the police were handling the situation.«

502, 15   *Rockefeller Center* – s. K. 424, 1.

502, 16   *Morgentabak* – Early Morning Pipe von Dunhill. Johnsons handschriftlicher Zusatz zu Leila Vennewitz' Frage vom 3. 7. 1972: »Early Morning tobacco«; vgl. Brief im Johnson-Archiv; Neumann, B. (1994), S. 484; Fahlke (1999), S. 35.

502, 20   *bullhorns* – (amerik. Engl.) Megaphone.

502, 38   *KILL* – (engl.) Tötet.

502, 39   *Warenhaus Saks* – s. K. 440, 15.

503, 5   *Madison Avenue* – s. K. 76, 8 f.

503, 14   *a pig* – (engl.) übersetzt im Text.

503, 17–24   *Verzeihen Sie, wenn ... um so mehr* – s. 137, 34.

503, 21   *Emmi Creutz* – Sonst Emmy Creutz geschrieben.

503, 26   *otium cum dignitate* – (lat.) Muße mit Würde. In der Bedeutung: behagliche Ruhe, verbunden mit angesehener Stellung; Cicero, Rede pro Sestio, 45, 98.

24. 12. 1967

503, 29–33   *Gleich unter der ... Orden anpinnt: links* – Vgl. das Foto der NYT vom 24. 12. 1967 mit der Unterschrift: »In South Vietnam: President Johnson pinning medals on American soldiers yesterday at Camranh Bay, a huge base in eastern part of country. Then he flew to Pakistan.«

503, 32   *Camranh-Bucht* – In der Bucht von Cam Ranh an der Südlichen Zentralküste befand sich von 1964–73 die größte der vier Marine-Basen der US-Amerikaner (neben Da Nang, Nha Trang und Qui Nhon). Dort wurden Fahrrinnen für Flugzeugträger ausgebaggert und riesige Hafenanlagen mit Fertigteilen aus den USA gebaut.

503, 33–35   *Wie Präsident Johnson . . . Lächelfalten gehängt: rechts* – Vgl. das Foto in der NYT
                   vom 24. 12. 1967 mit der Unterschrift: »In Italy: The President with Pope Paul
                   VI at the Vatican yesterday. They discussed the war in Vietnam, with which the
                   Pontiff has shown familiarity as well as concern.«

504, 1–4   *Als Zitat des . . . Frieden zu bringen.* – »Quotation of the Day« der NYT vom
                   24. 12. 1967: »›We are ready at any moment to substitute the word and the
                   vote for the knife and the grenade in bringing a honorable peace to Vietnam.‹
                   President Johnson on leaving the Vatican«; Votum: (lat.) eigentlich: (feierliches)
                   Gelübde, hier nach vote (engl.): Wahl, Wahlstimme.

504, 8–508, 34 *Uns' Lisbeth. »Fröln . . . Falschem gebracht hat«* – Zur Deutung der Gesprächs-
                   form vgl. Gerlach (1998), S. 112–114.

504, 9   *Fru* – (nd.) Frau.

504, 10 f.   *mochten die doch . . . für den Namen* – Vermutlich Anspielung auf Tony Budden-
                   brooks ostentativen Familienstolz in Thomas Manns Roman.

504, 12   *Respekt för't Hus* – (nd.) Respekt vor dem Hause. Zitat aus John Brinckmans
                   »Kasper-Ohm un ick«, wo es eine stehende Wendung von Kasper-Ohm ist
                   und als Überschrift des 3. Kapitels erscheint; vgl. Brinckman (1903), Bd. 2,
                   S. 48 und 105; s. K. 490, 7 f.

504, 23 f.   *Gutspacht, die er . . . Müritz aufgegeben hatte* – s. 56, 31–59, 25.

504, 23   *Vietsen* – s. K. 56, 32.

504, 24   *Müritz* – s. K. 56, 25.

504, 25–28   *jene zweite Zeile . . . für wert hielt* – Sieht man Klütz hier als Vorlage an, bezieht
                   sich der Satz wahrscheinlich auf Griebens (1922), es kommen jedoch auch
                   andere Reiseführer in Frage. Über die Kirche St. Marien in Klütz steht in
                   Griebens (1922) nichts, in Grieben (1934), S. 92, eine Zeile: »Schöne alte
                   Pfarrkirche, 13. Jahrh. im romanisch-gotischen Übergangsstil.« Meyers
                   (1931), S. 85, enthält etwa drei Zeilen: »Die Kirche, ein Ziegelbau im Über-
                   gangsstil, stammt aus der Mitte des 13. Jahrh.; das Chorgestühl (um 1400)
                   zeigt lebensvoll geschnitzte Köpfe an den Armlehnen und Heiligenbilder an
                   den Seitenwänden.« In Baedeker (1922) stehen über die Kirche zwei Zeilen:
                   »Kirche (Mitte des XIII. Jahrh.) besitzt einen viergiebeligen frühgot. Westturm
                   und Chorgestühl aus der Wende des XV. Jahrhunderts«; s. K. 31, 3–6.

504, 31   *Ståtsch* – (nd.) Stattlich.

505, 1   *Søhner* – (nd.) Sohn.

505, 1   *mucksch* – (nd.) mürrisch; s. 571, 12; 1750, 22.

505, 14 f.   *Wardt wi woll Lisbeth seggn* – (nd.) Werden wir wohl Lisbeth sagen.

505, 20   *Kann Es* – Cannes, früher mondänes Seebad an der frz. Côte d'Azur.

506, 11 f.   *der angehaltenen Inflation ... Schwärme von Rentenmark* – Die Einführung der Rentenmark am 15. 11. 1923 beendete die Inflation. Sie war 1923/24 die Übergangswährung zwischen entwerteter Goldmark und Reichsmark und durch auf Gold laufende Rentenbriefe gedeckt. Papenbrock hat Haus und Grundstücke noch mit der entwerteten Mark bezahlt; s. K. 556, 13.

507, 1   *Lauenburgischen* – Ehemaliges Herzogtum um Ratzeburg; s. 998, 28; 1000, 33; 1283, 2.

508, 1 f.   *Rik Lüd ehr ... an den Mann* – (nd.) Reicher Leute Töchter und armer Leute Kälber kommen bald an den Mann.

508, 23   *Vertükscht* – (nd.) Verärgert, beleidigt.

25. 12. 1967

509, 22   *Vietsen* – s. K. 56, 32.

510, 4   *man tau; man tau* – (nd.) nur zu! bzw. nun aber los!; s. 1172, 4; 1173, 26.

510, 22   *»blagen Düvel«* – (nd.) blauer Teufel; s. 1000, 21.

511, 26 f.   *Damit könnte sie ... Papenbrock »ausgekauft« hatte* – s. 416, 15–20.

511, 31   *Voss in Rande* – s. 246, 3 f.

511, 34 f.   *es soll aber ... die Bibel sagt* – Vgl. 1. Mose 3, 16: »aber er soll dein Herr sein«; Eph 5, 22–23: »Die Frauen seien untertan ihren Männern als dem Herrn. Der Mann ist des Weibes Haupt.«

512, 1 f.   *Aber sagt nicht ... Schuldner nachlassen soll* – Vgl. z. B. Luk 7, 41; 16, 5; Matth 18, 27.

512, 7   *Richtenberger Kümmel* – s. K. 214, 35; 222, 36.

512, 9 f.   *Ihre Schuld war ... auf der Bibel* – Anspielung auf die Verse Matth 19, 5–6, die bei ev. Trauungen verlesen werden: »Darum wird ein Mensch Vater und Mutter verlassen und an seinem Weibe hangen, und werden die zwei ein Fleisch sein‹? So sind sie nun nicht mehr zwei, sondern ein Fleisch.«

512, 19   *Zwar lasse Gott ... sich nicht handeln* – Es gibt keine Bibelstelle dieses Inhalts; vielleicht Anlehnung an »Gott läßt sich nicht spotten«, Gal 6, 7.

512, 24 f.   *neuen Krieg der Deutschen* – Im März 1935 wurde die allgemeine Wehrpflicht entgegen den Bestimmungen des Versailler Vertrags eingeführt; s. K. 271, 21 f.

513, 5   *alter Schwede* – s. K. 204, 15.

513, 12   *Godet Niejår* – (nd.) Gutes Neujahr; s. 537, 18; 1690, 12–15.

26. 12. 1967

513, 16 f. *Die Luftwaffe bombardiert . . . Norden Viet Nams* – Vgl. den Artikel »Allied Cease-Fire Ends in Vietnam; Bombing Resumes« der NYT vom 26. 12. 1967.

513, 17 f. *Feuer auf einem . . . Frachter im Hafen* – Vgl. den Artikel »3 Dead 19 Injured In Ship Fire Here After Crew Party« der NYT vom 26. 12. 1967: »Hours after Norwegian seamen held a rollicking Christmas Eve party aboard their freighter in the Hudson River, fire roared through their quarters, killing three crew members and injuring 19 others.«

513, 18 f. *Der Freistaat Bayern . . . Brückenkopf gegenüber Osteuropa* – Vgl. den Artikel »Bavaria Building Trade With East« der NYT vom 26. 12. 1967: »Bavaria, under Minister-President Alfons Goppel, is making its own contribution toward the West German Government's policy of normalizing relations with the Communist countries in Eastern Europe.
In a recent interview, Mr. Goppel said he considered Bavaria to be ›a bridgehead to East Europe.‹«; s. 519, 1 f.

513, 19 f. *Peking schweigt sich . . . über seine Atomexplosion* – Vgl. den Artikel »Peking Is Silent On Atomic Blast« der NYT vom 26. 12. 1967: »The Peking radio said today that Communist China had carried out six nuclear tests since 1964, but it said nothing about a low-power explosion that the United States Atomic Energy Commission said it had detected yesterday.«

513, 20–23 *Bürgermeister Lindsay bereut . . . Kanäle bringen kann* – Vgl. den Artikel »Lindsay To Raise Numbers On Patrol By 40%« der NYT vom 26. 12. 1967 über das Programm, das der Bürgermeister zu Anfang seines 3. Amtsjahres vorstellte: »For almost two hours Mr. Lindsay discussed the triumphs and troubles of his first two years in office and his hopes for the third. [. . .]
A ›Shirley Temple for President‹ poster and drawings by his children make the small room look like the den of a moderately successful businessman, though few such dens would be likely to have a 24-button console telephone, a police radio and a hidden television camera that allows someone in the den to appear live on six New York channels.«

513, 28 *Daily Herald* – 1912 als Tageszeitung der Labour Party gegr., 1964 eingestellt; erscheint seitdem als »Sun«, eine der »Bild-Zeitung« vergleichbare Tageszeitung.

513, 28 *Labour Party* – s. K. 130, 22 f.

513, 30 *Manchester Guardian* – 1821 als Wochenblatt gegr., erscheint täglich seit 1855; einzige große überregionale Tageszeitung, die ursprünglich nicht in London herausgegeben wurde; seit 1955 unter dem Namen »The Guardian« mit den Verlagsorten London und Manchester. Von Anfang an unabhängig und liberal orientiert; wurde das »non-konformistische Gewissen Großbritanniens« genannt. Nicht nur Cresspahl, auch Johnson gehörte zu ihren Lesern; vgl. Johnson, Insel-Geschichten, S. 65.

513, 32 f.	*den Volksboten* – »Lübecker Volksbote«, Tageszeitung der SPD, deren Chefredakteur von 1921–33 Julius Leber war; s. K. 198, 19.
513, 34	*Marie, es war nicht so* – s. 125, 10.
513, 35	*News* – »New York Daily News«, Tageszeitung mit sehr hoher Auflage, Skandalblatt; 1919 als »Illustrated Daily News« von Joseph Medill Patterson gegr.
513, 36	*Journal-American, das World-Telegram & Sun* – »New York Journal-American«, seit 1937 von Clarence J. Shearn hg. Tageszeitung. Shearn versuchte, durch Zusammenfassung der drei William Randolph Hearst (s. K. 52, 16–21) gehörenden Zeitungen »American«, »Evening Journal« und »Mirror« dessen Imperium vor dem Bankrott zu bewahren. Trotz ihrer Popularität ging die Auflage in den frühen sechziger Jahren zurück; die Zeitung fusionierte mit der »New York Herald Tribune« und »New York World-Telegram & Sun« 1966 zur »World-Journal Tribune«, die jedoch binnen eines Jahres ihr Erscheinen einstellte; s. 516, 23–25. »World-Telegram & Sun«: Die Tageszeitung »The Sun« wurde 1950 mit der »New York World-Telegram« vereint, die aus der »New York World« hervorgegangen war.
513, 36	*Post* – »New York Post«; am 16. 11. 1801 von Alexander Hamilton als »Evening Post« gegr. Tageszeitung, damals anti-Jefferson orientiert; unter dem Eigner Jakob Schiff für ihre jüd.-liberale Einstellung bekannt; 1967 die einzig verbliebene Nachmittagszeitung in New York City.
513, 37	*Herald Tribune* – s. K. 74, 3.
513, 37	*Wall Street Journal* – s. K. 127, 27.
513, 37–514, 1	*Long Island Press* – »Long Island Southampton Press«, Wochenzeitung, erschien donnerstags, 1967 Auflage von 4000.
514, 3	*Richard Nixon* – s. K. 423, 25.
514, 6 f.	*Mit der New … unsere Wohnung gefunden* – s. K. 26, 11–13.
514, 19	*über die Dreißig* – s. K. 208, 28.
514, 32 f.	*was eine Verfehlung … Übertretung des Gesetzes* – Weder das amerik. noch das dt. Strafrecht unterscheiden nach diesen drei Kategorien. Das dt. Strafrecht kennt die Unterscheidung zwischen Verbrechen, die im Strafmaß mit mindestens einem Jahr Freiheitsstrafe bewehrt sind, und (kleineren) Vergehen. Das amerik. Strafrecht unterscheidet »felonies«, »misdemeanors« und »petty misdemeanors«. Die in drei Untergruppen unterteilten »felonies« sind schwere Verbrechen, wie Mord, Vergewaltigung, Brandstiftung, Raub und Totschlag, und können mit Zuchthaus bestraft werden. »Misdemeanors«, in zwei Stufen unterteilt, sind Vergehen wie Nötigung, Ehrverletzung und Sachentziehung, die kürzere Haftstrafen nach sich ziehen. »Petty misdemeanors«, auch »petty offences« oder »violations« sind Übertre-

tungen wie z. B. Verkehrsdelikte, die vorwiegend mit Geldstrafen abgegolten werden.

514, 34 f. *was der Buchstabe ... gegen die Polizei* – Der 4. Verfassungszusatz über »Searches and Seizures« lautet: »The right of the people to be secure in their persons, houses, papers, and effects, against unreasonable searches and seizures, shall not be violated, and no warrants shall issue, but upon probable cause, supported by oath or affirmation, and particularly describing the place to be searched, and the persons or things to be seized«, USCA (1987), S. 6.

514, 34 *der Buchstabe des Gesetzes* – (engl. Redewendung wörtl. übersetzt) the letter of the law: nach dem Wortlaut des Gesetzes.

514, 37 *die Nummer 4230 ... der Ermordung Lincolns* – Ein Faksimile dieser Nachricht in der angegebenen Nummer der Zeitung findet sich in Berger (1951), S. 34.

514, 37 *Ermordung Lincolns* – s. K. 218, 19.

515, 7 *Erdbeben in San Francisco 1906* – Die Stadt wurde am 18. 4. 1906 durch Erdbeben und Feuer verwüstet, die NYT berichtete darüber am 19. 4. 1906; San Francisco: s. K. 110, 10.

515, 7 f. *Untergang der Titanic 1912* – Der engl. Schnelldampfer stieß auf seiner ersten Fahrt am 14. 4. 1912 um 23.39 Uhr auf einen Eisberg und sank; mit 1517 Todesopfern das bis dahin schwerste Schiffsunglück in Friedenszeiten. Während andere New Yorker Blätter von der Rettung der meisten Passagiere berichteten, war die NYT die einzige Zeitung, die das Ausmaß der Katastrophe erkannte und am 15. 4. 1912 mit der Überschrift »Titanic sinking in Mid-Ocean; Hit Great Iceberg« erschien; vgl. Berger (1951), S. 195.

515, 8–11 *die zehn Seiten ... sein als nötig* – Die erste Atombombe wurde am 6. 8. 1945 von einem amerik. Bomber über Hiroshima abgeworfen; es gab über 80 000 Tote und 100 000 Verletzte, weitere 200 000 Menschen starben an den Spätfolgen.
Bei Fischer (1966), S. 114, heißt es: »In der Ausgabe vom 7. August 1945 berichtete die ›New York Times‹ auf zehn der achtunddreißig Druckseiten umfassenden Ausgabe über den Abwurf der ersten Atombombe auf Hiroshima: es war ein Versuch ›einer Berichterstattung über ein neues Zeitalter‹.« Der Nachsatz über das »Eigenlob« der NYT bezieht sich vermutlich auf Fischers Zitat aus Berger (1951), S. XII; s. K. 1600, 22–25; 1873, 15 f.

515, 12 f. *die Kandidatur von ... als eine »Katastrophe«* – »Als 1964 Barry Goldwater zum republikanischen Präsidentschaftskandidaten nominiert worden war, sprach die ›New York Times‹ von einer ›Katastrophe‹, was ›gleichbedeutend mit einer Kriegserklärung an den Kandidaten der Republikanischen Partei‹ war und ›die Zustimmung aller liberalen, klardenkenden Amerikaner‹ fand««, Fischer (1966), S. 115.
Barry Morris Goldwater (1. 10. 1909–29. 5. 1998), amerik. Politiker; extrem konservativer Republikaner, 1953–65 und 1969–86 Senator von Arizona,

Gegner von Kennedys Entspannungspolitik, wurde als Präsidentschaftskandidat von Lyndon B. Johnson deutlich geschlagen.

515, 13–15   *drei oder vier . . . ihre acht Spalten* – »Nach der Ermordung Präsident Kennedys führte sie vom 23. bis 26. November 1963 ›achtspaltige – also ganzseitige – Überschriften, was bei der ›New York Times‹ sehr selten vorkommt‹, da sie sich stets darum bemüht, ›die Nachrichten in richtige Proportionen zueinander zu setzen‹; nur höchst selten hält sie große Überschriften für gerechtfertigt«, Fischer (1966), S. 116.

515, 14   *Ermordung John Kennedys* – s. K. 24, 26.

515, 17   *Adolph Ochs* – Adolph Simon Ochs (12. 3. 1858–8. 4. 1935), Sohn dt.-jüd. Immigranten; amerik. Zeitungsverleger; erwarb am 19. 8. 1896 für $ 75 000 die verschuldete »New York Times«, die bereits kurz nach seiner Übernahme zur mächtigsten Zeitung der Stadt und zu einer der einflußreichsten Amerikas und der Welt wurde. Der Wahlspruch »All the news that's fit to print« (s. K. 78, 2) stammt von Ochs und wurde am 25. 10. 1896 erstmals gedruckt, erscheint seit dem 10. 2. 1897 im Zeitungskopf. Ochs löste 1898 die finanziellen Probleme des Blattes durch eine Preissenkung von 3 Cent auf 1 Cent, legte die NYT 1900–02 mit »Times« und »Public Ledger« zusammen; das Blatt ist 1999 noch im Besitz der Nachkommen von Adolph Ochs; s. K. 14, 2; 610, 23–31.

515, 20–23   *»TO GIVE THE . . . OR INTEREST INVOLVED«* – (engl.)
Die Nachrichten unparteiisch mitzuteilen,
ohne Furcht oder Bevorzugung,
ohne Ansehen irgendeiner Partei,
Sekte oder betroffener Interessen.

515, 24–26   *Das sind die . . . Grabe getragen wurde* – »Als Ochs [der Gründer Adolph Simon Ochs] zu Grabe getragen wurde, flaggte New York City halbmast«, Fischer (1966), S. 112 f. Der »Neffe« ist hier als Bezug zur »Tante Times« zu sehen.

515, 26 f.   *das ist ihr . . . »ehrenvollen menschlichen Einrichtung«* – »Wir haben alle Anstrengungen unternommen, ›die NYT‹ zu einer ehrenvollen menschlichen Einrichtung werden zu lassen.‹« Dieser Ausspruch von Adolph Ochs ist aus Fischer (1966), S. 111, übernommen, der wiederum Berger (1951), S. 14, zitiert.

515, 30   *die Streiks von 1962 und 1965* – Die Drucker der NYT streikten vom Dezember 1962 bis zum 6. 4. 1963 über 114 Tage. Die Zeitung verbreitete in der Zeit viermal stündlich Nachrichten über ihre eigene Rundfunkstation und nutzte das Fernsehen für Kommentare und Kritiken.
Der Zeitungsstreik vom 19. 9. bis 11. 10. 1965 begann bei der NYT, als die Gewerkschaft der redaktionellen und kaufmännischen Angestellten »Newspaper Guild« Schutz der Arbeitsplätze vor Automatisierung, Mitspracherecht bei arbeitssparenden Maßnahmen, Organisationspflicht aller Arbeitnehmer und Lohn- und Pensionserhöhungen forderte. Solidaritätsaktionen legten das

ganze New Yorker Zeitungswesen still, bis die NYT versprach, keinen Arbeitsplatz wegen Automatisierung zu streichen. Die erste Sonntagsausgabe
nach dem Streik war mit 946 Seiten die umfangreichste Zeitung aller Zeiten.

515, 32   *Social Register* – (engl.) hier: zur »Gesellschaft« gehörend.

515, 36–516, 1   *Wenn sie, niemals . . . von Kennedy aus* – Die NYT hatte Dewey (Republikaner)
gegen Truman, Eisenhower (Republikaner) gegen Stevenson, J. F. Kennedy
(Demokrat) gegen Nixon und später L. B. Johnson (Demokrat) gegen Goldwater unterstützt. Darauf angesprochen, erklärte der Chefredakteur der NYT
Theodore Bernstein in einem Interview mit Hans Steinitz: »Die Times ist
nicht eine Zeitung der Demokraten, sondern sie ist dafür bekannt, daß sie
eine unabhängige demokratische Zeitung ist. [. . .] Wir unterstützen eben die
Kandidaten-Programme, die wir im einzelnen Fall für die besseren halten –
je nachdem«; vgl. Wiegenstein/Raddatz (1964), S. 188 f.

516, 5   *sein eigenes Buch nicht geschrieben* – Richard Reeves, wie auch andere, behauptete in dem Artikel »The Men Around Bobby« im NYT Magazine vom 12. 1.
1967, daß Kennedys Buch »The Enemy Within« über seine Arbeit gegen Korruption in den Gewerkschaften weitgehend von dem Journalisten Seigenthaler geschrieben worden sei. Seigenthaler stritt dies im NYT Magazine vom
26. 2. 1967 ab. »This [die Autorschaft] Seigenthaler flatly denies, and considering the style, the book may well have been mostly Bobby's handiwork«; vgl.
Lasky (1968), S. 141.
Auch Kennedys letztes Buch »To Seek a Newer World« (dt. Suche nach einer
neuen Welt, 1968), eine Sammlung von sechs, vorwiegend von Ghostwritern
geschriebenen Essays, wurde als »Abschreiben der Kongreß-Akten« bezeichnet, für das Kennedy einen sechsstelligen Vorschuß erhalten habe.
Die NYT hatte schon 1964 Kennedy kritisch gegenübergestanden, als er sich
als Senatskandidat in New York aufstellen ließ – und die Wahl gewann. John
B. Oakes bezweifelte in seinem Leitartikel »But does New York Need Him«
in der NYT vom 22. 8. 1964 Kennedys Eignung und Berechtigung als Kandidat, da er keinen Wohnsitz in New York hatte: »Why he has any claim in New
York to rescue him from non-office is a mystery«; vgl. Lasky (1968), S. 236.

516, 20   *News* – (engl.) Nachrichten.

516, 23–25   *über den Tod . . . durch eine Konkurrentin* – s. K. 74, 3; 513, 36.

516, 32 f.   *Wir zeigen den . . . um die Katze* – (engl. Redewendung wörtl. übersetzt) to see
which way the cat jumps: sehen, wie der Hase läuft. »›Beide Seiten‹ einer
Begebenheit darzustellen, war von jeher die wichtigste Arbeitsregel des Blattes. Die ›New York Times‹ polemisierte nie und scheute sich lange Zeit in geradezu pedantischer Manier, die Öffentlichkeit für oder gegen eine These zu
gewinnen. Sulzberger: ›Wir zeigen den Lesern, wie die Katze springt. Die Öffentlichkeit kümmert sich dann um die Katze.‹«, DER SPIEGEL 26. 10. 1960,
S. 63; s. K. 515, 17; A. H. Sulzberger: s. K. 610, 23–31.

517, 6 f.   *nehmt alles nur in allem* – Zitat aus Shakespeares (s. K. 876, 29) »Hamlet«, I,2:
Er war ein Mann, nehmt alles nur in allem,
ich werde nimmer seinesgleichen sehen.

517, 15 f.   *Der Mann des Tages* – Vgl. die regelmäßige Rubrik der NYT »Man In The News.«

517, 22 f.   *Untere Ostseite* – s. K. 52, 26 f.

517, 24   *White Plains* – s. K. 106, 34.

517, 24   *Fremder, kommst du nach* – Anspielung auf Schillers (s. K. 1252, 26) Gedicht »Der Spaziergang« (ursprünglich unter dem Titel »Elegie«), Vers 97 f., in dem die von Herodot überlieferte Inschrift des Denkmals an den Thermopylen wiedergegeben wird. Die Spartaner unter Leonidas wurden dort 480 v. Chr. von den Persern vernichtend geschlagen.
Wanderer, kommst du nach Sparta, verkünde dorten, du habest
Uns hier liegen gesehn, wie das Gesetz es befahl.
Auch Titelgeschichte einer Kurzgeschichtensammlung von Heinrich Böll, »Wanderer, kommst du nach Spa«, in: Böll (1963), S. 330–340; s. K. 1429, 19 f.; s. 1698, 27 f.

517, 27   *Williamsburg* – Stadtteil im nordwestlichen Brooklyn zwischen 7. Ave., Brooklyn-Queens Expressway, der Grenze zu Queens, Flushing Ave. und East River; um 1800 nach dem Landvermesser Jonathan Williams benannt. Zunächst von Deutschen, Österreichern und Iren bewohnt, zogen nach Eröffnung der Williamsburg Bridge im Dezember 1903 viele arme osteuropäische Juden von der Lower East Side zu; es entwickelten sich Enklaven von Litauern, Polen, orthodoxen Russen und auch Italienern; während der Nazizeit zogen viele jüd. Flüchtlinge in die Gegend, ab 1950 viele Puertorikaner. Der Bau des Brooklyn-Queens Expressway 1957 teilte das Gebiet und zerstörte mehr als 2200 billige Wohnungen.

517, 27   *Bedford-Stuyvesant* – Stadtteil im zentralen Norden Brooklyns zwischen Flushing Ave., Broadway, Saratoga Ave. und Atlantic Ave. (vor 1977 nach Süden bis zum Eastern Parkway); heute das Viertel mit dem größten Anteil an schwarzer Bevölkerung in New York City; meist als Slum angesehen, obwohl der größte Teil der Häuser aus »brownstones« (s. K. 842, 12) und Ziegelhäusern aus den zwanziger Jahren besteht.

518, 19   *Sie erspart mir den astrologischen Quatsch* – Die NYT brachte auf Anordnung Arthur Hays Sulzbergers keine Horoskope.

518, 21   *1896 in einem genfer Pensionat* – Der Verleger Adolph Ochs erhob zur Maxime, daß die NYT von der ganzen Familie gelesen werden könne: »Die ›Times‹, so verkündete er, kann ohne Gefahr von einem vierzehnjährigen Mädchen gelesen werden«; vgl. DER SPIEGEL 11. 4. 1966, S. 117; s. K. 515, 17.

518, 26–28   *Die altmodische, ja . . . Aber nicht: Andererseits* – »Denn die ›New York Times‹ ist in der Regel unattraktiv aufgemacht; sie druckt etwa grundsätzlich keine Karikaturen. Der jetzige Herausgeber Arthur Hays Sulzberger, der das Blatt 1935 von seinem Schwiegervater Adolph S. Ochs übernahm, begründet diese Besonderheit plausibel: ›Eine Karikatur kann nicht sagen: ›Aber andererseits‹.‹« DER SPIEGEL 26. 10. 1960, S. 63. (In der Sonntagsausgabe der NYT werden Karikaturen anderer Blätter abgedruckt.)

518, 34 f. *den Völkischen Beobachter* – Parteizeitung der NSDAP, die 1920 die Tageszeitung »Münchener Beobachter« kaufte und umbenannte; sie erschien zunächst wöchentlich, ab Februar 1923 täglich.

518, 35 *Tägliche Rundschau* – Erste nach der Kapitulation 1945 gegr. dt. Tageszeitung, hg. ursprünglich von der GlawPURKKA (Politische Hauptverwaltung der Roten Arbeiter- und Bauern-Armee) der 1. Weißrussischen Front, später von der SMAD (s. K. 1059, 18 f.); erschien 15. 5. 1945–55; vgl. Naimark (1997), S. 29; s. K. 1354, 1.

518, 36 *Junge Welt* – Organ des Zentralrats der Freien Deutschen Jugend, 1947 gegr., auflagenstärkste Tageszeitung der DDR.

518, 36 *Neues Deutschland* – s. K. 73, 28 f.

518, 36 f. *Frankfurter Allgemeine* – s. K. 454, 12 f.

518, 37 *Rheinische Post* – Christlich-demokratische Tageszeitung, Düsseldorf, 1946 gegr.

519, 2–4 *Sie erinnert mich . . . uns verlangen wird* – Vgl. die Notiz »Mail Rate Reminder« der NYT vom 26. 12. 1967: »Postmaster General Lawrence F. O'Brien reminded mail users today that domestic postal rates that go into effect Jan. 7 would also apply to most mail for Canada and Mexico.
The new rates for surface letters to Canada and Mexico will be six cents an ounce. Cards to the two countries will cost five cents and airmail rates will go up to 10 cents an ounce from eight cents.«

519, 4–7 *Und ob ich . . . Widerspruch in sich* – Vgl. den Artikel »Christmas Brings Melancholy Joys To Dakto Bunker« der NYT vom 26. 12. 1967: »›Christmas and war,‹ Specialist 4 Mike Marcks, a 20-year old medic, said as he stood shivering outside a mess tent. ›A contradiction in terms.‹«

519, 7–10 *Schließlich verschweigt sie . . . Tag« verbracht hat* – Vgl. den Artikel »A ›Wonderful, Wonderful Day‹ for the Johnsons« der NYT vom 26. 12. 1967: »President Johnson spent his first Christmas in the White House [. . .]. He said he had received more presents than he could count on ›a wonderful, wonderful day.‹«

519, 11 f. *wasch mir die Hände* – Auch Anspielung auf die Redewendung: seine Hände in Unschuld waschen, nach Matth 27, 24. Als Pilatus die nach einer Kreuzigung rufende Volksmenge sah: »nahm er Wasser und wusch die Hände vor dem Volk und sprach: Ich bin unschuldig an seinem Blut«; ähnlich Psalm 73, 13: »Soll es denn sonst sein, daß ich mein Herz rein hielt und meine Hände in Unschuld wasche?«

27. 12. 1967

519, 13   *kinderglut* – (engl.) »Kinderschwemme«. In New York Bezeichnung für den schulfreien Mittwoch zwischen Weihnachten und Neujahr, an dem die Kinder traditionellerweise Matinee-Vorstellungen der Theater und andere Vergnügungen besuchen.

519, 17–24   *Verwandtschaft mit dem . . . und will nicht* – Nur im Schriftbild wird die Anspielung auf das dt. »Glut« deutlich, das an Lisbeths Todesart und an die von ihr angenommene Schuld durch den Bezug auf den Jahrestag des Holy Innocents' Day, den Gedenktag an den Kindermord von Bethlehem durch König Herodes (engl. Massacre of the Innocents), erinnert; vgl. Matth 2, 16.
Die NYT vom 28. 12. 1967 berichtet in dem Artikel »Children Engulf Midtown Traffic« über das von den Kindern verursachte Verkehrschaos: »It was the annual kinderglut, a phenomenon that occurs on the Wednesday between Christmas and New Year's. It was matinee day and the children were free of school.«
Ein weiterer Artikel »Matinee Day, Plus Youngsters, Snarls Holiday Traffic in the City« erwähnt eine Vorstellung »The Ceremony of Innocence« am American Place Theater.
Fortführung des Feuermotivs: s. 519, 36–520, 12.

519, 28–33   *winterlichen Vormittag am . . . in der Luft* – Die Passage könnte sich auf einen Besuch bei Martin Walser beziehen, der 1957–68 in Friedrichshafen am Bodensee wohnte. Der 2501 m hohe Säntis, ein Gipfel der Appenzeller Alpen in der Nordostschweiz, ist von dort bei guter Sicht zu sehen.

519, 33 f.   *Der Moment der . . . Vergangenes wie Jetzt* – Vgl. Proust (1953), Bd. 7, S. 290: »Diese Ursache aber erriet ich nunmehr, wenn ich untereinander jene verschiedenen beseligenden Eindrücke verglich, die das gemeinsam hatten, daß ich sie zugleich im gegenwärtigen Augenblick und in einem entfernten erlebte, bis schließlich die Vergangenheit auf die Gegenwart übergriff und ich selbst sofort nicht mehr unsicher war, in welcher von beiden ich mich befand; in der Tat war es so, daß das Wesen, das damals in mir jenen Eindruck verspürt hatte, ihn jetzt in dem wiederfand, was es an Gemeinsamem zwischen einem Tage von ehemals und dem heutigen gab, was daran außerhalb der Zeit gelegen war; es war ein Wesen, das nur dann in Erscheinung trat, wenn es auf Grund einer solchen Identität zwischen Gegenwart und Vergangenheit sich in dem einzigen Lebenselement befand, in dem es existieren und die Essenz der Dinge genießen konnte, das heißt außerhalb der Zeit«; s. K. 8, 38–9, 2.

519, 36– 520, 12   *Die New York . . . seine moralischen Aspekte* – Vgl. den Artikel »Napalm Inventor Discounts ›Guilt‹« der NYT vom 27. 12. 1967: »Dr. Louis Frederick Fieser, who led a team of Harvard University scientists in the development of napalm during World War II, says he feels free of any ›guilt.‹
Napalm, a jellied gasoline compound used in incendiary bombs and flame-

throwers, has been denounced in some quarters as an immoral weapon that
has caused suffering among civilians in Vietnam.
›You don't know what's coming,‹ Dr. Fieser said in an interview. [...] ›I dis-
tinguish between developing a munition of some kind and using it,‹ he declared. ›You can't blame the outfit that put out the rifle that killed the President. I'd do it again, if called upon, in defense of the country.‹
Dr. Fieser (pronounced Feeser) Sheldon Emery Professor of Organic Chemistry Emeritus of Harvard, retired from his teaching duties last June after more
than 30 years in the chemistry department.« Im Zusammenhang mit einer
studentischen Protestdemonstration gegen einen Vertreter der Dow Chemical Co. im Oktober 1967 (s. K. 382, 3–16) im gleichen Gebäude, in dem Dr.
Fieser weiterhin im Labor arbeitete, und gegen ihn gerichteten Anklagen wegen seiner Napalm-Forschung sagte er: »I don't know enough about the situation in Vietnam [...]. Just because I played a role in the technological development of napalm doesn't mean I'm any more qualified to comment on
the moral aspects of it.‹
Dr. Fieser and five Harvard associates, working under a contract with the National Defense Research Committee, began work on napalm in the fall of
1941 and completed the major part of it by mid-1942«; Napalm: s. K. 230, 2;
Harvard: s. K. 101, 15.

520, 3   *Louis Frederick Fieser* – 7. 4. 1899–25. 7. 1977, amerik. Chemiker; Prof. in Harvard 1937–67.

520, 26 f.   *Queens Plaza* – s. K. 373, 30.

520, 27   *Macy* – s. K. 343, 5.

520, 28   *Lesney of Britain, Limited* – Hersteller von modellgetreuen Spielzeugautos, die
Firma wurde von »matchbox« übernommen; s. K. 1592, 5 f.; s. 1338, 34.

521, 10   *am 26. September 1967* – Der 26. September (1962) ist im Roman der Todestag Heinrich Cresspahls, er entspricht historisch dem vermutlichen Todestag
Walter Benjamins (1940).

521, 10–16   *Herr Gostev vom ... sich das vorstellen* – Vgl. die Auszüge aus dem Gedächtnis-
protokoll Pawel Litwinows (»Excerpts From Letter by Russian Dissident and
From Plea During Trial«) in der NYT vom 27. 12. 1967: »On Sept. 26, 1967,
I was summoned by the Committee of State Security [K. G. B.] to appear
before Gostev, an official of the K. G. B.« Litwinow behauptete, daß sich der
Schriftsteller Wladimir Bukowskij entgegen der Darstellung in der sowj. Presse
nicht schuldig bekannt habe. »Gostev: Well, you will learn what he did when
he is put on trial. He will be acquitted if he is innocent. Could you possibly
think that now, in the 50th year of Soviet power, a Soviet court could make a
wrong decision?«; vgl. DER SPIEGEL 15. 1. 1968, S. 81; s. K. 731, 33–36.

521, 11   *K. G. B.* – (russ.) Abk. für Komitet Gosudarstwennoj Besopasnosti: Komitee
für Staatssicherheit. Die sowj. Staatssicherheitsbehörde wurde am 20. 12. 1917
unter dem Namen Tscheka (Tschreswytschainaja Kommissija: Außerordent-

liche Kommission) gegr., 1922 in GPU (Gosudarstwennoje Polititscheskoje Uprawlenie: Staatliche politische Verwaltung) und 1923 in OGPU (Vereinigte GPU) umbenannt. 1934 wurde sie mit dem NKWD (Narodnij Kommissariat Wjenutrennich Djel: Volkskommissariat für Innere Angelegenheiten; s. K. 1279, 38) vereinigt. Das NKWD bereitete die Prozesse der Tschistka (s. K. 819, 5) vor und führte die Hinrichtungen durch, bis zu fünf Jahren Zwangsarbeit konnte es in Geheimverfahren selbst verhängen. Mit der Umbenennung der Volkskommissariate in Ministerien wurde 1946 das neu benannte MGB (Ministerstwo Gosudarstwennoj Besopasti: Staatssicherheitsministerium; s. K. 1284, 3) vom MWD (Ministerstwo Wjenutrennich Djel: Innenministerium; s. K. 1790, 33) abgetrennt. Nach Stalins Tod wurden im März 1953 beide wieder im MWD zusammengefaßt, um nach der Berija-Affäre 1954 wieder in MWD und KGB aufgegliedert zu werden. Das KGB durfte keine Urteile fällen, erhielt aber Ende der fünfziger Jahre erweiterte Befugnisse zur Vorbereitung von Prozessen.

521, 11   *Pavel M. Litvinow* – Pawel Michailowitsch Litwinow, geb. 1940, sowj. Physiker, Enkel Maxim M. Litwinows, des sowj. Außenministers von 1930–39, mit einer Tochter von Lew Kopelew verheiratet. Litwinow schickte Auszüge einer Mitschrift des Prozesses gegen den Schriftsteller Wladimir Bukowskij an vier sowj. Zeitungen und die komm. Zeitungen Frankreichs und Italiens, die sie alle nicht veröffentlichten. Bukowskij war am 1. 9. 1967 wegen Teilnahme an einer Demonstration in Moskau verurteilt worden und hatte vor Gericht vehement das Recht auf öffentliche Demonstrationen verteidigt. Litwinow verbreitete im Untergrund Dokumente über die Protestdemonstration auf dem Moskauer Puschkinplatz vom 22. 2. 1967 und veröffentlichte Materialien in der NYT vom 27. 12. 1967 und in DER SPIEGEL vom 15. 1. 1968, S. 78. Er verlor deswegen und wegen seines Engagements für Ginsburg, Galanskow und Dobrowolskij seine Stellung als Physiker am Institut für Chemische Präzisionstechnologie. Zusammen mit Daniels Frau prangerte er die Ungesetzlichkeit des Verfahrens an und verlangte die Bestrafung der Schuldigen (vgl. NYT 13. 1. 1968). Er demonstrierte mit sechs anderen am 25. 8. 1968 auf dem Roten Platz in Moskau gegen die Okkupation der ČSSR und wurde daraufhin zu fünf Jahren Exil in der Burjartischen Sowjetrepublik verurteilt; 1972 entlassen, verließ er die UdSSR am 18. 3. 1974 und emigrierte in die USA; vgl. auch den Prozeßbericht in: DER SPIEGEL 21. 10. 1968, S. 132 f.; s. K. 88, 20 f.; 133, 36; 246, 28; 427, 30; 608, 25–28.

521, 22   *Deutsche Bank* – 1870 gegr., größte dt. private Kreditbank mit Sitz in Frankfurt/Main.

521, 22 f.   *Bank des Heiligen Geistes* – s. K. 394, 2 f.

521, 23 f.   *Giovanni Agnelli* – Geb. 12. 3. 1921, ital. Unternehmer; Enkel des Firmengründers der FIAT-Werke, seit 1963 Geschäftsführer, baute die Automobilfirma zu einem diversifizierten Technologiekonzern aus, dem auch Versicherungs-, Finanzierungs- und Immobiliengesellschaften angehören.

521, 28 f.   *I'd be delighted* – (engl.) Es wäre mir ein Vergnügen.

521, 31 f.   *der hilft heute Xerox kaufen* – Im Mai 1967 wurde eine Fusion von Xerox und Univoc dementiert; s. K. 36, 25.

521, 35 f.   *Tausend Delikatessen* – s. K. 344, 35.

522, 1 f.   *Denn nicht Vergiften . . . ist Erschießen, Erschießen* – Anspielung auf Goethes »Faust I«, Vers 2949: »Das ist des Landes nicht der Brauch.«

522, 3–7   *Dear Sirs: We . . . below . . . Dear Sirs* – (engl.) Sehr geehrte Herren, hiermit gewähren wir unseren UNWIDERRUFLICHEN Kreditrahmen zu Ihren Gunsten, der durch Ihre Wechsel mit einem Zahlungsziel von 90 (neunzig) Tagen nach Sicht für jede Summe, die jedoch ca. US \$ 80 000 nicht überschreitet, gezogen werden kann, bei gleichzeitiger Vorlage einer Rechnung, die die Ware wie folgt beschreibt . . . Meine Herren.

522, 9   *There is a message for you* – (engl.) Für Sie ist eine Nachricht gekommen.

522, 18–20   GOOD EVENING! *It's . . .* NEW YORK *here* – (engl.) Guten Abend! Ein herrlicher Abend! Ein herrlicher Abend für eine Zeitung! Hier gibt's die neueste Zeitung von New York!

522, 21   *Flushingbahn* – Flushing: s. K. 10, 27.

522, 28–31   *Amsterdam, dei grote . . . sall dat betålen* – (nd.)
        Amsterdam, die große Stadt,
        Ist gebaut auf Pfählen,
        Wenn die nun mal umfällt,
        Wer soll das bezahlen?
Vgl. Raabe (1854), S. 104.

523, 2 f.   *eine Schallplatte von . . . an das Leben* – Die Allgemeinheit der Angabe hat einen ironischen Beiklang, wahrscheinlich wird auf »Eleanor Rigby« von den Beatles (Text und Musik: Lennon/McCartney) angespielt: »All the lonely people, where do they all come from? / All the lonely people, where do they all belong?« Die Platte »Revolver« mit diesem Lied befand sich in Johnsons Besitz; vgl. Seelig (1999), S. 15; s. K. 385, 35 f.

523, 5   *It's a* PERFect *. . . to be* FEVERish – (engl.) übersetzt im Text; s. 519, 25.

28. 12. 1967

523, 8–15   *In Prag hört . . . für ein kleines* – Vgl. den Artikel »Novotny Resignation Offer To Czech Party Is Reported« der NYT vom 28. 12. 1967, S. 5: »Frankfurt, West Germany, Thursday, Dec. 28 – The newspaper Frankfurter Allgemeine reported today that President Antonin Novotny had offered to reign [sic] his post as head of the Czechoslovak Communist party but that a split in the party was preventing selection of a successor.

[...] Reliable sources were quoted as having said that Mr. Novotny made the resignation offer last week at a plenary session of the party's Central Committee in Prague. The report added that he had engaged in self-criticism at the meeting.«

523, 9 f.   *Antonín Novotný* – 10. 12. 1904–28. 1. 1975, Maschinenschlosser, tschechos. Politiker; 1941–45 im KZ, seit 1953 1. Sekretär der KPČ; 1957–68 Staatspräsident. Auf der ZK-Sitzung vom 18. 12. 1967 stimmte die Mehrheit für die Ablösung Novotnýs von seinem Posten als 1. Sekretär des ZK. Nachdem Breschnew zuvor erfolglos versucht hatte, Novotný zu stützen, und Anfang Januar 1968 ein Versuch Novotnýs, durch einen Militärputsch an der Macht zu bleiben, mißlungen war, wurde er am 5. 1. 1968 durch Alexander Dubček (s. K. 554, 36) als 1. Sekretär des ZK der KPČ abgelöst. Am 22. 3. 1968 trat er als Staatspräsident zurück, sein Nachfolger wurde Ludvík Svoboda; am 8. 4. 1968 Abwahl als Vorsitzender der Nationalen Front; s. K. 541, 2–15; 831, 1–11; 927, 23–34; 1340, 28.

523, 12 f.   *Kommunistischen Partei der Tschechen und Slowaken* – K.P.Č.; gegr. 14.–16. 5. 1921, unter Klement Gottwald (s. K. 1810, 3–6) ab 1929 »bolschewisiert«, 1938–45 in der Illegalität, 1945 Eintritt in die Regierung, seit 1948 – mit den Sozialdemokraten vereinigt – allein an der Macht.

524, 1   *Gadebusch* – s. K. 163, 25.

524, 2   *Rehna* – Stadt an der Radegast, südwestlich von Grevesmühlen.

524, 6 f.   *Gräfinnenwald* – s. K. 34, 8.

524, 15–17   *Ganz allein wull... se ja alltied* – (nd.)
                Ganz allein wollte sie es ihm zeigen.
                [...]
                Bißchen fromm war sie ja schon immer.

524, 31   *»alten Schweden«* – s. K. 204, 15.

524, 32   *Schonen* – s. K. 474, 7.

524, 34 f.   *Oxenstjerna* – Axel Gustavsson Graf Oxenstierna (6. 7. 1583–7. 9. 1654) führte als Reichskanzler unter Gustav Adolf Verfassungs- und Verwaltungsreformen durch; seine Politik ermöglichte die schwed. Intervention im Dreißigjährigen Krieg und begründete die Vormachtstellung Schwedens in Nordeuropa. In Mecklenburg waren die schwed. Truppen besonders 1631 und 1636 in Kämpfe verwickelt.

524, 35 f.   *den Winkel* – Die Gegend um Klütz heißt »Klützer Winkel«.

525, 4   *Goldfasanenuniform* – Spöttische Bezeichnung für die mit goldenen Litzen und roten Kragenspiegeln ausgestattete Uniform der Amtswalter: hauptamtliche Funktionäre der NSDAP sowie Parteimitglieder in Verwaltung und sonstigen Staatsämtern; s. K. 532, 9 f.; s. 1777, 37.

525, 4 f.   *Reichsstatthalter Hildebrandt* – s. K. 360, 31.

525, 24   *Crivitz* – Ort 20 km östlich von Schwerin, an der Straße nach Parchim.

525, 25   *Vietsen* – s. K. 56, 32.

525, 39–526, 3 *Saß abends in . . . Brett wie bereitgestellt* –Vgl. HNJ, S. 88: »1935, das Jahr, in dem Cresspahl tief abrutscht ins Saufen, bis 1938 wird er fast jeden Abend einen-dreiviertel Liter Schnaps trinken, allein in der Küche.«

526, 2   *Richtenberger* – s. K. 214, 35.

526, 21–23   *wegen dieses Paulus . . . kein Weib berühre* – Anspielung auf 1. Kor 7, 1–2: »Es ist dem Menschen gut, daß er kein Weib berühre«; vgl. Paasch-Beeck (1997), S. 98 f.

527, 22 f.   *nicht lebenswerten Stellen in der Bibel* – s. K. 643, 14 f.

527, 26 f.   *Geburtsdatum des anderen . . . wollen. Mai 1932* – Das letzte Abendessen mit Mrs. Trowbridge fand Ende September 1931 statt; s. 96, 6 f.; 381, 3–18.

528, 1–4   *Bed, Kinning, bed . . . up sine Hürn* – (nd.)
                    Bet, Kinder, bet.
                    Morgen kommt der Schwed.
                    Morgen kommt der Oxenstern,
                    Nimmt dich hoch auf seine Hörn'.
                    Kindervers aus dem Dreißigjährigen Krieg.

29. 12. 1967

528, 6–529, 8   *Bei Maxie's Gemüsegeschäft . . . Import-Cervelat 8 oz. 1.00* – s. K. 84, 14.

528, 7   *lb.* – pound: 453,59 g.

528, 14   *Wrukken* – (nd.) Rüben; s. 1772, 22; 1797, 22 f.

528, 20   *qt.* – 1 quart (American): 0,9464 l.

528, 21   *oz.* – 1 ounce: 28,35 g.

528, 24   *fl.* – 1 fluid ounce: 0,0284 l.

528, 33   *ft.* – feet, 1 foot: 0,3048 m.

528, 34   *pt.* – pint (American): 0,4732 l.

30. 12. 1967

529, 11–21   *Das Ministerium für . . . Menschen reduziert hat* –Vgl. den Artikel »Poland Now Bars Aid To Her Jews« der NYT vom 30. 12. 1967: »But the committee [Joint Distribution Committee] will cease all its activities on behalf of Poland's Jewish community at the end of the year, in accordance with a decision with the Polish Ministry of Health and Social Welfare.

The ministry thanked the committee for its generosity in a letter dated last August, two months after Poland broke diplomatic relations with Israel. [...] The letter said that such aid was no longer needed now, that Poland had sufficiently recovered from the Nazi devastation during World War II, which among other things, reduced the Jewish population in Poland from 3,5 million people to perhaps 30,000 today.

As a result, the committee's annual contribution of about $ 500,000 will no longer buy the old-age pensioners fruit, or provide job training, or pay pensions to Jews or several hundred Polish Roman Catholic families whose members helped save Jews during the Nazi occupation.«

529, 13	JOINT – s. K. 11, 14.
529, 22–533, 22	*1937 war Cresspahl . . . Na, du Klattenpüker* – Zur Deutung der Gesprächsform vgl. Gerlach (1998), S. 114 f.
529, 24 f.	*inzwischen zweitausendvierhundertneunzig* – s. 30, 34 f.
529, 28	*der 1. April 1933* – s. K. 350, 9 f.
530, 38	*Krakow* – s. K. 50, 17.
531, 7	*Heeresintendantur* – Dem Kriegsministerium unterstellte Behörde zur Verwaltung des Heereshaushalts (Kassen, Unterkunft, Bekleidung).
531, 10	*Podejuch* – Ort südöstlich von Stettin, heute Vorort.
531, 13	*Sœhner* – (nd.) Sohn.
531, 18 f.	*Adolf Hitler etwas geschworen hatte* – Ursprünglich ein wilhelminisches Soldatenlied: »Dem Kaiser Wilhelm haben wir's geschworen«, erhielt es seine bekannteste Fassung als Arbeiterkampflied (Textautor unbekannt) kurz nach der Ermordung von Rosa Luxemburg und Karl Liebknecht 1919 und wurde von den Nazis erneut umgedichtet.

Auf, auf zum Kampf!
Zum Kampf sind wir geboren.
Auf, auf zum Kampf!
Zum Kampf sind wir bereit!
Dem Karl Liebknecht haben wir's geschworen,
der Rosa Luxemburg reichen wir die Hand.
Hitler: s. K. 49, 23.

531, 19–21	*Wollte zu Cresspahls . . . die Kirche kommen* – s. 112, 16–18.
531, 21	*Reise nach Übersee* – s. 319, 38–320, 38; 473, 14 f.
531, 34–36	*Womöglich konnte er . . . die tollen Hunde* – s. K. 445, 30 f.; 472, 36 f.
532, 1	*Kröpelin* – s. K. 159, 25.

532, 6 f.   *der hatte sich finden lassen* – s. 558, 25 f.

532, 9 f.   *»Amtswalter«-Uniform* – Von 1933–45 verstand man unter einem Amtswalter den Träger eines Amts in den von der NSDAP betreuten Organisationen; vgl. Klemperer (1996), S. 252; s. K. 525, 4.

532, 10   *die schwarze der Geheimpolizei* – Schwarze Uniform trug nur die SS, eine Mitgliedschaft in Gestapo und SS war möglich; s. K. 46, 30; 304, 33.

532, 12 f.   *Ick kenn em . . . wier de dot* – (nd.) Ich kenne ihn nicht; das ist nicht für uns; für mich war der tot.

532, 18   *Ortsgruppenleiter* – s. K. 165, 3.

532, 26   *Müritz* – s. K. 56, 25.

532, 30   *Klattenpüker* – (nd.) Klattenpussler; Klatt ist unreine, verklebte Wolle, Klattenpüker ist also einer, der die Verfilzungen im Vlies der Schafe entwirrt oder herausschneidet. Spottname für Tuchmacher, im übertragenen Sinne jemand, der seine Sache sehr genau nimmt, bis zur Verschrobenheit; vgl. MJ, S. 23, die Anspielung, daß »das Geschling sehr unentwirrbar und überall voller Kletten schien«; s. 533, 22; 712, 24; 891, 37; 893, 6.

533, 2   *Besetzung des Rheinlandes* – Am 7. 3. 1936 marschierten dt. Truppen in das entmilitarisierte Rheinland ein und brachen damit die Verträge von Versailles und Locarno.

533, 5 f.   *Besuche des Lordsiegelbewahrers Lord Londonderry* – Charles Stewart Henry Vane-Tempest-Stewart, 7. Marquess of Londonderry (13. 5. 1878–11. 2. 1949), 1921 Privy Councillor für Nordirland, 1921–26 Erziehungsminister und Führer des Senats in Nordirland; 1931–35 Secretary of State for Air; 1935 Lord Privy Seal (Lordsiegelbewahrer) und damit gleichzeitig Leader of the House of Lords. Lord Londonderry unterstützte Chamberlain in dem Versuch, sich mit der nationalsoz. Regierung zu verständigen, gleichzeitig verstärkte er die brit. Luftwaffe für den Kriegsfall. 1936 trug Hitler ihm und Arnold J. Toynbee seine Pläne eines dt.-japanischen Bündnisses gegen die Sowjetunion vor, von Großbritannien erwartete er Stillhalten in Ostasien. Zu Londonderrys Haltung gegenüber Deutschland vgl. sein Buch »Ourselves and Germany«, 1938.

533, 6   *Lloyd George* – David Lloyd George, Earl of Dwyfor (17. 1. 1863–26. 3. 1945), Premierminister von 1916–22, war mit dem Wahlspruch »Hang the Kaiser« in den Wahlkampf gegangen; zwischen 1906 und 1922 beherrschende Figur der brit. Politik; setzte 1919 im Versailler Friedensvertrag einige Milderungen zugunsten Deutschlands durch; besuchte am 5. 9. 1936 Hitler auf dem Obersalzberg und pries ihn öffentlich als einen »großen Mann« mit einer Vision.

533, 6 f.   *Marquess of Lothian* – Philipp Henry Kerr, 11. Marquess of Lothian (18. 4. 1882–12. 12. 1940), brit. liberaler Politiker; Zeitungshg. in Südafrika, 1921–22 Direktor von United Newspapers; außenpolitischer Ratgeber von Lloyd George seit 1916; seit 1939 brit. Botschafter in den USA. Er besprach am

29. 1. 1935 inoffiziell mit Hitler ein Abkommen über Flottenstärken, besuchte Hitler nochmals am 4. 5. 1937; äußerte auf die frz. Bitte um Unterstützung bei der Besetzung des Rheinlands: »The Germans, after all, are only going into their own back garden«, Shirer (1959), S. 362.

533, 9 f.   *ihrer Queen Mary . . . blauen Bandes wegen* – Dem engl. Schnelldampfer »Queen Mary« gelang es im August 1935 nicht, das »Blaue Band« für die schnellste Atlantiküberquerung zu gewinnen, das damals im Besitz der frz. »Normandie« war.

533, 12 f.   *Gesetz über den . . . des Deutschen Reiches* – Mit dem »Gesetz über den Neuaufbau [sic] des Reichs« vom 30. 1. 1934 (RGBl. I, S. 75) wurden in Art. 1 die Volksvertretungen der Länder aufgehoben und in Art. 2 Abs. 2 die Landesregierungen der Reichsregierung unterstellt. Nach Art. 4 war die Reichsregierung befugt, neues Verfassungsrecht zu setzen. An die Stelle des bundesstaatlichen Charakters des Reiches trat so ein zentralistisch organisierter Einheitsstaat, der durch die Partei kontrolliert wurde. Der Paß der Weimarer Republik wurde durch den des Deutschen Reiches ersetzt.

31. 12. 1967

533, 24–26   *Schmorbraten. Das Fleisch . . . und Nelkenpfeffer ein* – Zitat aus Ihlefeld (1920), S. 52; s. K. 122, 37–39.

533, 27   *Ein Leben in . . . es nicht lernen* – s. 40, 28 f.

533, 30   *professor of physics & chemistry* – (engl.) Professor für Physik und Chemie.

534, 16 f.   *was ich lediglich . . . New York reinzuhalten* – Dt. Version von »to keep New York City clean«; s. 453, 23 f.

534, 24   *Dear* – (engl.) Lieber . . . (Anrede).

534, 28 f.   *den grönländischen Radarzentren . . . U. S. Air Force* – Grönland war 1967 noch dän. Kolonie. Im 2. Weltkrieg war Thule Air Base (Dundas) an der Westküste Grönlands nahe der Baffin Bay, etwa 200 km vom heutigen Ort Thule entfernt, als Luftstützpunkt errichtet worden; diente der U. S. Luftwaffe als Notlandeplatz und Horchposten; seit 1951 von den USA zu einer großen Basis ausgebaut. Daß bei Thule 48 nukleare Sprengköpfe lagerten, wurde erst beim Absturz eines B-52 Bombers im Januar 1968 bekannt; s. K. 326, 9; 671, 32 f.; Radar: s. K. 42, 16.

534, 29   *Air Force* – (engl.) Luftwaffe.

534, 29–31   *heutzutage in Thule . . . Geschichte der Goten* – Vgl. Felix Dahns »Ein Kampf um Rom«, wo die Überlebenden der von dem oströmischen Feldherrn Narses (s. K. 282, 26) 553 besiegten Ostgoten freien Abzug erhalten und von einer Wikingerflotte nach Thule gebracht werden.

535, 2 f.   *Man kehrt es . . . siedendes Wasser darauf* – Zitat aus Ihlefeld (1952), S. 52; direkte Fortsetzung zu 533, 24–26 (eigentlich: »und kehrt es . . . «); s. K. 122, 37–39.

535, 7   *Thonet* – Michael Thonet (2. 7. 1796–3. 3. 1871), dt. Fabrikant; die in einem von ihm entwickelten Holzbiegeverfahren hergestellten Stühle sind weltberühmt.

535, 7   *Morris* – William Morris (24. 3. 1834–3. 10. 1896), engl. Maler, Architekt, Designer und Schriftsteller; gehörte zum Kreis der Präraffaeliten. Der industriellen Fertigung auch aus sozialen Gründen abgeneigt, trat er für eine Erneuerung der Kunst aus dem Geist solider Handwerklichkeit ein, gründete Werkstätten für Tapeten, Fliesen, Möbel und Hausgerät. Der Morris-Stuhl ist ein Lehnstuhl, dessen Arm- und verstellbare Rückenlehne lose Polster tragen. Seine Form basiert auf dem traditionellen sog. Sussex-Stuhl. Entworfen von Philipp Webb 1861 und seit 1866 von Morris & Co. hergestellt, wurde er vor allem in Amerika so populär, daß er seinen Weg bis in einen Song Bing Crosbys fand; vgl. Thompson (1991), S. 82 f.

535, 12–15   *eines »Polizeischlosses«, einer . . . ausreichenden Schutz hält* – s. 1663, 8–1668, 33.

535, 21   *Plaza Hotel* – s. K. 434, 9.

535, 28   *Dat glöwn wi so* – (nd.) Das glauben wir auch so.

535, 29–31   *man tut ein . . . miteinander zweieinhalb Stunden* – Zitat aus Ihlefeld (1920); S. 52 f.; Fortsetzung zu 535, 2 f., s. K. 122, 37–39.

536, 11   *Bugs Bunny* – s. K. 25, 4; 315, 27.

536, 14   *I stand corrected* – (engl.) Ich gebe zu, mich getäuscht zu haben; s. K. 499, 34.

536, 15   *Marie Henriette Cresspahl* – s. K. 217, 5.

536, 15   *at that* – (engl.) hier: übrigens.

536, 17 f.   *Die verbrannten Astronauten . . . Sowjetunion im April* – Am 27. 1. 1967 kamen beim Start eines Apollo-Raumschiffes auf Cape Kennedy die Astronauten Chaffee, Grissom und White durch einen Brand in der Kapsel ums Leben. Bei der Landung von Sojus I am 24. 4. 1967 verunglückte der Kosmonaut Kosmarow tödlich.

536, 21 f.   *Die Aufstände der . . . Städten im Sommer* – s. K. 9, 6 f.

536, 22   *die Streiks bei Ford* – s. K. 60, 19 f.

536, 22 f.   *in den Schulen von New York* – s. K. 81, 36.

536, 24 f.   *»nackenfern« oder »halsfern«* – Sowohl »Hals« wie auch »Nacken« heißen im Engl. »neck«.

536, 30–34   *Daß Niemand anders . . . der Bolivianer geohrfeigt* – Die NYT vom 31. 12. 1967 berichtet in dem Artikel »Debray Is Quoted On A C. I. A. Episode«, daß ein

Brief des frz. Philosophen Régis Debray, der für seine Beteiligung an Guevaras Guerillakampf zu 30 Jahren Haft in Bolivien verurteilt worden war, in der Februarausgabe der Zeitschrift »Evergreen« erscheinen werde: »In the letter, entitled ›A Message to My Friends,‹ Mr. Debray said he was at the point of being shot by Bolivian army officers soon after the capture in the village of Muyupampa in southeastern Bolivia, last April when several Spanish-speaking men, whom he identified as C. I. A. agents, intervened.

›The gentlemen from the C. I. A. called a halt to such shenanigans, summoned a doctor and at first treated me with utmost courtesy,‹ the 27-year old marxist ideologist and writer said. [...] Administration officials in Washington have refused to comment on reports that the C. I. A. and United States anti-guerilla specialists had assisted the Bolivian army in the apprehension and questioning of Mr. Debray. [...] ›By its arrival,‹ he added, the C. I. A. may well have saved my life! I was then in very bad shape, at the end of my rope and the excitement of the officers who were venting their anger at me [...] had reached its peak, since they were amusing themselves at that point by shooting at me.‹ [...]

The January issue of Atlas, a monthly digest of the foreign press, carries a similar report of Franco Pierini of L'Europeo of Milan, asserting that Mr. Guevara was shot by a Bolivian officer on Oct. 9 after he had slapped Col. Andres Selnich during an interrogation.«

In DER SPIEGEL vom 22. 4. 1968, S. 130, heißt es über seine Ermordung: »Guevera richtete sich auf. Er blieb auch stehen, als Terán ihm befahl, sich hinzusetzen. Mit vier Schüssen tötete der Sergeant den Revolutionär.«

Régis Debray war nach eigener Aussage als Journalist nach Bolivien gekommen und trennte sich von den Partisanen, nachdem er gesehen hatte, daß die Bauern sich nicht dem Aufstand anschließen würden. Bolivianische Soldaten verhafteten ihn am 20. 4. 1968. Da ihm im Prozeß, der weltweit Aufsehen erregte, terroristische Aktionen nicht eindeutig nachgewiesen werden konnten, wird vermutet, daß die bolivianische Armee eine ähnliche Niederlage bei Guevara vermeiden wollte und seine Erschießung anordnete.

Vgl. auch die Auszüge aus Jean Lartéguy, »Guerillas oder der vierte Tod des Che Guevara«, die DER SPIEGEL in einer Serie abdruckte: 29. 7. 1968, S. 54–65; 5. 8. 1968, S. 40–58; 12. 8. 1968, S. 46–60; 19. 8. 1968, S. 50–64; 26. 8. 1968, S. 64–72; s. K. 115, 17.

536, 30   *C. I. A.* – (engl.) Central Intelligence Agency, Geheimdienstorganisation der USA, gegr. 18. 9. 1947, aus dem Office of Strategic Services (s. K. 1686, 8) der Kriegsjahre hervorgegangen, operiert vorwiegend im Ausland.

536, 36   *New Year's resolutions* – (engl.) Die guten Vorsätze für das neue Jahr.

537, 7 f.   *Indem ihr mich . . . Wieder ein Wunsch* – s. 40, 28 f.

537, 9   *dear Mary, quite contrary* – (engl.) hier: liebe Marie, ganz im Gegenteil; s. K. 43, 17.

537, 10 f.   *Which I undertook . . . City clean. Right* – (engl.) Was ich nur getan habe, um zu helfen, New York sauber zu halten. Richtig; s. K. 453, 23 f.

537, 11–14   *Tau de Tid . . . Jår einmal mihr* – (nd.) Zu der Zeit, als das Wünschen noch half, da war eine Frau, die hatte sonst alles, war frisch und gesund . . .
– So hängt sie nun in der Marienkirche in Lübeck und ist so klein wie eine Maus und bewegt sich jedes Jahr einmal mehr.
Anfang und Ende einer Sage, nach Raabe (1854), S. 15: »Ewig Leben. Tau dei Tid, as dat Wünschen noch helpen ded, da wir da 'ne Fru, dei har sonst Alls, wat ehr Hart begehr, wir frisch un gesund, möcht giern äten un drinken un har Geld un Gaud vullupp. Gaud makt Äwermauth un so wünscht sei sick, ewig tau leben. Dat güng ok heil gaud; as sei äwest dei Hunnert tau faten har, da kröpp sei ümmer mihr tausam un dat nehm mit dei Tid so tau, dat sei nich mihr gahn und stahn, nich mihr äten un drinken, nich leben un nich sterben künn. Dei Lüd müßten ehr kihren un wennen un wat tau äten geben, as wenn sei 'n lütt Kind wir. Sei kröp äwest ümmer mihr tausam un et nicks mihr un drink nicks mihr. Da dachten dei Lüd, dat wir am besten, wenn sei vör dei Faut wegkem; wil äwest noch Leben in ehr wir, so kregen sei sei in 'n Glas un hängten sei in die Kirch up. So hengt sei nu inne Marienkirch tau Lübeck un is si lütt as ne Mus un bewegt sich noch alle Jahr einmal mihr.«

537, 16   *What a stupid thing to wish* – (engl.) Was für ein dummer Wunsch!

537, 18   *Godet Niejår* – (nd.) Ein gutes Neues Jahr; s. 513, 12.

537, 19   *A happy New Year* – (engl.) Ein glückliches Neues Jahr!

1. 1. 1968

537, 21   *Drei Zoll Schnee. 24 Grad Fahrenheit* – Vgl. den Artikel »World Bids Adieu To a Violent Year; City Gets Snowfall« der NYT vom 1. 1. 1968: »When the Weather Bureau said expectations were for up to four inches of snow, 200 sanding and salting trucks were dispatched.« Vgl. den Artikel »New Year's Cold Start Keeps Man Inside« der NYT vom 2. 1. 1968: »In midtown Manhattan, the temperature dropped from 33 degrees shortly after midnight to 24 degrees at 9 A. M.«

537, 21   *Drei Zoll* – Ca. 7, 5 cm.

537, 21   *24 Grad Fahrenheit* – Ca. –3° Celsius; s. K. 22, 39–23, 1.

537, 25–33   *Tatsächlich zeigt ein . . . Unterschrift »Central Park«* – Das Foto in der NYT vom 1. 1. 1968 zeigt die Personen von hinten und trägt die Unterschrift: »Sunday in New York: Passers-by on a flight of steps in Central Park leave their footprints in the snow. The picture was taken along Central Park South, near Sixth Avenue«; vgl. Foto in: Fahlke (1991), S. 135.

537, 28 f.   *spillerigem* – (nd.) mager, dürr; s. K. 120, 16.

538, 3–6   *Zum Jahreswechsel läßt . . . aber nicht tut* – Vgl. den Artikel »World Bids Adieu To a Violent Year; City Gets Snowfall« der NYT vom 1.1.1968, nach dem Rev. Norman Vincent Peale, Präsident des Protestant Council of the City of New York, sagte: »I think there is no doubt that religion will be a failure in 1968 as it was in 1967 [. . .]. There are so many things it doesn't do that it should do and so terribly much that needs to be accomplished – that it has a considerable failure pattern.«

538, 15 f.   *Es werde ein . . . ich nichts wisse* – s. K. 442, 25 f.

539, 5   *Gehrung* – Schräge beim Zuschnitt von Brettern, die zu einem Rahmen zusammengefügt werden sollen.

539, 10   *Walnußbäume* – s. K. 415, 3.

540, 25   *at that* – (engl.) was das betrifft; s. 536, 15.

2. 1. 1968

541, 2–15   *Am 8. Dezember . . . die Sorgen anderer* – Vgl. den Artikel »Slovaks and Intellectuals Given Concessions by Czech President« der NYT vom 2.1.1968: »In December, antagonism to Mr. Novotny spread into the 10-member Presidium of the ruling Communist party where, at one point, there were eight men demanding his resignation from all his offices.
According to authoritive Czech sources, Mr. Novotny's position was saved by the personal intervention of Leonid I. Brezhnev, chief of the Soviet Communist party, who made a sudden trip to Prague Dec. 8 to stall the ouster of Mr. Novotny. [. . .]
In his annual New Year's address, the 63-year-old President declared that ›over-all economic development of the republic must not overshadow the important task of the precedence of the development of Slovakia, which does not yet equal the level of the Bohemian [Czech] lands.‹ [. . .]
President Novotny's concession to the Czech intellectuals came in a passage in which he said that everything progressive, including ideas originating in the West, would be permitted in Czechoslovakia as long as they proved useful.
›I do not mean only in the economy, engineering and science,‹ he added, ›but also in the progressive culture and art.‹«; Novotný: s. K. 523, 9 f.

541, 2   *Leonid Breschnev* – Leonid Iljitsch Breschnew (19.12.1906–10.11.1982), sowj. Agrartechniker, Hütteningenieur, Politiker; von Chruschtschow gefördert; 1956 Sekretär des ZK der KPdSU, 1957 Mitglied des Politbüros, 1960–64 Vorsitzender des Präsidiums des Obersten Sowjets; 1964 am Sturz Chruschtschows beteiligt, wurde dessen Nachfolger als 1. Sekretär des ZK; brachte Reformen zum Stillstand, stabilisierte das Regime, erreichte durch Aufrüstung strategischen Gleichstand mit den USA; betrieb zunächst Entspannungspolitik; veranlaßte 1968 die Besetzung der ČSSR. Nach ihm ist die Breschnew-Doktrin von der beschränkten Souveränität soz. Länder zur nachträglichen Rechtfertigung der Intervention benannt; s. K. 1374, 2–18; 1415, 34–36.

541, 16 f. *Nach wie vor . . . unter Null angefroren* –Vgl. NYT vom 2. 1. 1968: »In midtown Manhattan, the temperature dropped from 33 degrees shortly after midnight to 24 degrees at 9 A. M., 22 degrees at 3 P. M. and 16 degrees at 6 P. M.« -4° Celsius entsprechen etwa 25° Fahrenheit.

541, 30 *Schwimmbades* – s. K. 487, 20.

542, 11–13 *Weil ein Mann . . . Artikel 130 Strafgesetzbuch* –Vgl. Artikel 130 des Strafrechts von New York: »§ 130.16 Sex offenses, corroboration
A person shall not be convicted of consensual sodomy, or an attempt to commit the same, or of any offense defined in this article of which lack of consent is an element but results solely from incapacity to consent because of the victim's mental defect, or mental incapacity, or an attempt to commit the same, solely on the testimony of the victim, unsupported by other evidence tending to:
(a) Establish that an attempt was made to engage the victim in sexual intercourse, deviate sexual intercourse, or sexual contact, as the case may be, at the time of occurrence; and
(b) Connect the defendant with the commission of the offense or attempted offense.«, McKinney's Consolidated Laws (1989).

543, 12 *Bushwick* – Gebiet im Nordosten von Brooklyn, zwischen Flushing Ave., Queens County, Conway Street und dem Broadway gelegen; in den sechziger Jahren überwiegend von Schwarzen und Puertorikanern bewohnt.

3. 1. 1968

543, 25–35 *In der Dunkelheit . . . Deckung bringen wollten* –Vgl. den Artikel »G.I.s Kill 348 in Repelling Foe's Attack During Truce« der NYT vom 3. 1. 1968: »In the early-morning darkness today, enemy forces attacked United States air base Danang with about 30 rounds of 122-mm rocket fire, wrecking an F-4 Phantom fighter-bomber.
Three other planes were damaged in the 11-minute attack on the base. Military spokesmen said that three Air Force personnel and one marine were wounded and that about a dozen other servicemen were hurt as they ran for cover.«

543, 27 *Danang* – s. K. 61, 11.

543, 28 f. *Kampfbomber vom Typ F 4 Phantom* –Von der amerik. McDonnell Aircraft Corporation (nach Fusion McDonnell-Douglas Corporation; s. K. 168, 23) ab 1958 über mehr als 30 Jahre gebautes, zweistrahliges Kampfflugzeug, ursprünglich als Marineabfangjäger ausgelegt, später jedoch Multifunktions-Flugzeug für Navy und Marine Corps, ab 1963 auch der Air Force. Schon im Korea-Krieg eingesetzt, wurden während des Vietnamkriegs ständig neue Varianten eingeführt.

McDonnel Aircraft Corp., am 6. 7. 1939 von James Smith McDonnel gegr. Flugzeugfirma, die hauptsächlich Jagd-, Versuchs- und Aufklärungsflugzeuge baut.

544, 6 f.   *Kurzen Straße* – s. K. 31, 10.

544, 19   *den verlorenen Ostgebieten* – Nach dem Versailler Vertrag wurden die Provinzen Posen, Westpreußen, Teile von Oberschlesien, Teile von Ostpreußen und Hinterpommern (poln. Korridor) an Polen, das Memelgebiet (1923 von Litauen annektiert) an die Alliierten abgetreten.

544, 22   *griesen Gegend* – Region um Ludwigslust im südwestlichen Mecklenburg mit kargen Sandböden und Sümpfen; gries: (nd.) ungeklärt, ob von »grau« (für die Farbe des Bodens) oder »arm, karg« hergeleitet. In den »Mecklenburgischen Monatsheften« findet sich ein eigener Eintrag für »Griese Gegend«: »Stille, Einheitlichkeit, herbe, ernste Geschlossenheit, dabei aber von ruhiger, strenger Schönheit für die, die in ihrer Wesenseinstellung den Schlüssel besitzen zu dieser echt mecklenburgischen Landschaft [...]. Die Griese Gegend, gelegen etwa zwischen Elbe und Berlin-Hamburger Bahnstrecke, hat am längsten ihre Eigenart gewahrt. Von den Rittern gemieden, blieb sie Kleinbauernland. Karg ist der Boden, genügsam der Mensch. Weite Wälder breiten sich aus, die Heiterkeit eines Sees blieb versagt«, Sonderheft (1934), S. 269; s. XIV, 30; 1192, 38; 1193, 11; 1614, 15.

544, 23   *Ludwigslust* – Stadt 30 km südlich von Schwerin, 1764–1837 herzogliche Residenz von Mecklenburg-Schwerin.

544, 37 f.   *Avenarius Kalter Morgen* – Kollmorgen könnte sowohl kalter Morgen als auch Kohlmorgen bedeuten.

545, 12 f.   *für den Semig ... etwas erledigt hatte* – s. 356, 23–357, 8.

545, 19   *Naglinskyn* – Druckfehler in allen Ausgaben, richtig: Naglinsky.

545, 33–39   *Papenbrock wollte nicht ... Sicherheit in Lübeck* – s. 584, 1–4.

546, 27–31   *Is Friedrichsen döfft ... n Juden is* – (nd.)
Ist Friedrichsen getauft?
Nein.
Steht es noch dran?
Steht noch auf seinem Schild: Dr. iur.
Schreibt das an, daß er ein Jude ist.

547, 18 f.   *Surrey Bank of Richmond* – s. K. 69, 28.

547, 31   *Good bi Sach* – (nd.) übersetzt im Text; s. 243, 36.

4. 1. 1968

548, 2–4 *Noch im Frühjahr... Park, den Hudsonfluß* – s. 26, 9–28, 39.

548, 14 f. *vom Hause des ehrenwerten Charles M. Schwab* – Das ursprüngliche Schwab House befand sich am Riverside Drive zwischen West 73. und 74. Straße, 1902–06 nach Plänen von Maurice Hebert erbaut, nahm die Villa einen ganzen Block ein: »The enormous Schwab residence was not only freestanding, but it occupied, with its surrounding gardens, an entire city block [...]. Completed in 1906, it was demolished in 1948 and replaced by another Schwab House, this time a 16-story red brick human hive of a type more familiar to New Yorkers [...]. Unfortunately the mansion was not to survive«, AIA Guide (1968), S. 299.
Charles Michael Schwab (18. 2. 1862–18. 9. 1939), amerik. Unternehmer in der Stahlindustrie; Präsident der Carnegie Steel Company und der United States Steel Corporation; gründete die Bethlehem Steel Company, die sich zu einem der größten Stahlproduzenten der USA entwickelte.

548, 15 f. *der seinem Carnegie... Panzerplatten betrügen half* – Andrew Carnegie (25. 11. 1835–11. 8. 1919), amerik. Industrieller, in Schottland geboren, kam 1848 mit seinen Eltern nach den USA; Gründer der Carnegie Steel Corporation, die er 1901 an U. S.-Steel verkaufte, deren Präsident Schwab wurde. Carnegie war für seine wohltätigen Stiftungen bekannt, etwa 350 Mio. Dollar, u. a. für die Carnegie Hall, das Carnegie-Mellon Museum und eine Anzahl von Bibliotheken; er war aber auch berüchtigt für die harten Arbeitsbedingungen in seinen Werken, wo er als einer der ersten gezielt ausländische Arbeiter anwarb, um die Löhne zu drücken.
Der Panzerplattenskandal: Als 1885 die USA mit dem Aufbau einer Panzerflotte begannen und bei Carnegie und den Bethlehem-Stahlwerken Panzerplatten kauften, kam es zu einer offiziellen Untersuchung, weil Carnegie vorher billiger an die russ. Regierung verkauft hatte und weil bei einem Profit von angeblich 23 % die Platten von mangelhafter Qualität waren. Der Schlußbericht der Untersuchungskommission des Kongresses befand: »Die Bemühungen der Gesellschaft und ihrer Geschäftsführer Cline, Coney und Schwab, die Inspektoren zu betrügen, die Probeplatten zu fälschen usw. haben Ihrer Kommission zur Genüge bewiesen, daß die Lieferungen den Verträgen nicht entsprechen. Der schamlose Charakter der Schwindeleien, an denen diese Männer sich beteiligt haben, und die Verachtung des Anstands und der Wahrheit, den sie bei der Zeugnisablegung vor Ihrer Kommission bewiesen haben, machen sie des Vertrauens unwürdig.« Keiner der Geschäftsführer wurde entlassen, Schwab wurde einige Jahre später zum Präsidenten der Carnegie Steel Corporation ernannt; vgl. Myers (1923), S. 727 f.

548, 16–18 *bis zur Gruft... Staaten, Ulysses Grant* – Grant's Tomb, das Grab von Grant und seiner Frau, befindet sich am nördlichen Ende des Riverside Park, West 122. Straße. Das 1891–97 von John H. Duncan erbaute Mausoleum im klassischen

Stil, das durch Spenden finanziert wurde, soll das Grabmal von König Mausolos in Halikarnassos zum Vorbild haben; es wurde am 27. 4. 1897 von Präsident William McKinley eingeweiht; 1959 zum »National Shrine« erklärt.

548, 18 f. *Ulysses Grant, der . . . Siege im Bürgerkrieg* – Ulysses Simpson Grant, eigentlich: Hiram Ulysses Grant (27. 4. 1822–23. 7. 1885), nahm nach Absolvierung der Militärakademie West Point an der Invasion in Mexiko 1845 teil; nicht erfolgreich im Berufsleben, meldete er sich bei Ausbruch des Bürgerkriegs zur Armee zurück; nach dem Sieg bei Chattanooga 1863 Oberbefehlshaber der Unionstruppen im Westen des Landes; zwang 1865 die Armee der Südstaaten zur Kapitulation. Obwohl vorher kaum an Politik interessiert, wurde er als Kandidat der radikalen Republikaner 1869 18. Präsident der USA und trotz wirtschaftlichen Niedergangs und Regierungsskandalen 1872 wiedergewählt. Mittellos bei Ende seiner Amtszeit am 3. 3. 1877, wurde Grant eine Zeitlang von Freunden unterstützt, da ihm ein Generalsgehalt abgelehnt wurde (im März 1885 gewährt). Um seine Familie zu unterhalten, schrieb er seine »Personal Memoirs«. Er schloß das Manuskript am 19. 7. 1885 ab und starb vier Tage später an Zungenwurzelkrebs. Die Memoiren wurden ein großer Erfolg und sicherten seiner Witwe den Lebensunterhalt.

548, 19 *Bürgerkrieg* – 1861–65, auch Sezessionskrieg genannt, da die Südstaaten aus der Union austraten, um mögliche Maßnahmen gegen die Sklaverei, die in den Nordstaaten 1863 abgeschafft wurde, zu unterlaufen. Trotz der Unterstützung des Südens durch Frankreich und England siegten die Nordstaaten aufgrund ihrer wirtschaftlichen Überlegenheit; s. K. 1307, 4; s. 842, 14; 1307, 27.

548, 21 *Wohlstandsburgen* – s. K. 26, 32.

548, 21–24 *Wohlstandsburgen von Central . . . nach Taxis pfeifen* – s. K. 174, 29.

548, 34–549, 9 *lederfarben gelbe Haus . . . wie für Tote* – s. K. 27, 29 f.

549, 4 *Denn das Haus . . . seiner Nummer, 243* – s. K. 145, 27 f.

549, 8 *des Pueblostammes* – Puebloindianer: Sammelbegriff für seßhafte, von Landwirtschaft lebende Indianerstämme in Colorado, Arizona und New Mexiko, die in burgartigen, stufenförmig übereinandergebauten Häusern aus Lehmziegeln wohnen, die nur über Leitern erreichbar sind. Die Puebloindianer haben trotz jahrhundertelanger Diskriminierung zahlreiche Bräuche bewahrt.

549, 11 f. *Rockefellerkirche, genannt Riverside* – s. K. 99, 15 f.

549, 23 *Konversationslexikon* – In Meyers (1889), Bd. 1, S. 474, ist ein Puebloindianer auf einer Bildtafel links unten in der Ecke abgebildet.

549, 24 *Cliff Dwellers* – (engl.) übersetzt im Text 549, 6.

549, 33 f. *casas grandes* – (span.) große Häuser.

550, 17   *Honest Injun* – Phonetische Schreibweise einer Slang-Aussprache für: honest Indian: (engl.) übersetzt im Text.

551, 4   *Vanishing Americans* – (engl.) übersetzt im Text.

551, 17   *Sitting Bull* – Wörtl. engl.: sitzender Stier; eigentlich Tatanka Yotanka (um 1831–15. 12. 1890), Sioux-Häuptling; Führer des letzten indianischen Freiheitskampfes 1869–76, in dem ein US-Kavallerieregiment am Fluß Little Big Horn 1876 vernichtend geschlagen wurde. Er floh 1877 nach Kanada, wurde trotz Amnestieversprechens 1881 bei seiner Rückkehr in die USA interniert; reiste später mit der »Buffalo Bill Wildwest Show« durch die USA und Kanada. Im Zusammenhang mit den Unruhen vor Ausbruch der Schlacht am Wounded Knee wurde er verhaftet und, als er sich widersetzte, von einem Indianerpolizisten erschossen.

5. 1. 1968

551, 26–35   *Die wöchentliche Zählung . . . Getöteten auf 15 997* – Vgl. den Artikel »Foe's Loss at 359 In Queson Battle« der NYT vom 5. 1. 1968: »The weekly summary of casualties listed 185 Americans, 227 South Vietnamese and 37 other allied servicemen killed in action last week. [. . .]
American and other non-Vietnamese forces reported killing a total of 623 enemy soldiers; the total reported killed by the South Vietnamese was 815. [. . .]
American losses through Dec. 30 brought the death toll for 1967 to 9,353 and the total killed in the war to 15,997.«

552, 1–13   *»In einem 90minütigen . . . und 18 Raketenwerfer.«* – Unter der Überschrift »Foe's Loss at 359 In Queson Battle« heißt es in der NYT vom 5. 1. 1968: »Six members of a 25th Infantry Division were killed and 13 wounded yesterday in a 90-minute skirmish only 14 miles from Saigon. A few hours later 4 other Americans were killed and 21 wounded when their positions were mistakenly bombed by American and Vietnamese planes.
The 25th Division again raised, to 382, the enemy death toll from its battle Monday 60 miles north of Saigon. Troops searching the jungle near the artillery base that elements of the Vietcong 271st and 272nd Regiments tried to overrun found 75 automatic rifles, 11 light machine guns and 18 rocket launchers.«

552, 14   *(c) by the . . . York Times Company* – s. K. 116, 25.

552, 15–21   *»Das Verteidigungsministerium wird . . . 1, Spalte 4.)«* – Unter der Kurzfassung auf der Titelseite »Major Events of the Day« der NYT vom 5. 1. 1968 steht: »The Defense Department will continue selling great quantities of arms abroad to fight the gold drain. Pentagon sources said that the sales were expected to reach a combined total of a least $4,5 billion to $4,6 billion over this at the next two fiscal years. [1:4]«

552, 17   *Pentagons* – s. K. 24, 17.

552, 23–   »*Newark, 4. Januar . . . will be filed.*« – Vgl. den Artikel »LeRoi Jones Jailed for
554, 24   2½ to 3 Years On Gun Charge« der NYT vom 5. 1. 1968: »Newark, Jan. 4.-
LeRoi Jones, the militant Negro writer, was sentenced today to two and a half
to three years in the New Jersey State Penitentiary and fined $ 1,000 for ille-
gal possession of two revolvers during the Newark riots last summer.
The sentence was virtually the maximum – it could have been three years –
and allows no probation.
It was handed down by Essex County Judge Leon W. Kapp after he said one
could suspect that the 34-year-old poet and playwright was ›a participant in
formulating a plot‹ to burn Newark on the night he was arrested.
The riots, in which 28 persons died, lasted five days. [. . .]
The judge indicated that he based the severity of Jones's punishment to large
extent on a poem published last month in ›Evergreen Review,‹ a monthly
magazine. He read the poem in the courtroom this morning, substituting the
word ›Blank‹ for what he terms ›obscenities.‹
Addressed to the ›Black People‹ the poem, as read by the judge, listed the mer-
chandise in some of the city's larger department stores and in the smaller
›joosh enterprises‹ and continued in part:

> All the stores will open if
> you will say the magic words.
> The magic words are: Up
> against the wall mother blank
> this is a stickup! Or: Smash
> the window at night (these are
> magic actions) smash the win-
> dows daytime, anytime, together,
> let's smash the windows drag
> the blank from in there. No
> money down. No time to pay.
> Just take what you want. The
> magic dance in the street. Run
> up and down Broad Street
> niggers, take the blank you
> want. Take their lives if
> need be, but get what you
> want, what you need.

Dressed in a striped African tunic and wearing a small red cap at the back of
his head, Jones stood with his hands behind his back and laughed frequently
while Judge Kapp read the poem.
Several times, however, he interrupted the sentencing statement.
When the judge said, ›You are sick and require medical attention,‹ Jones replied: ›Not as sick as you are.‹
And when the judge noted that the prisoner, who has been free on $ 25,000

bail, had failed to appear several times for recommended examinations by the county psychiatrist, the writer interrupted: ›Who needs treatment himself.‹
After Irvin B. Booker, Jones's lawyer, had appealed for a probationary sentence and a nominal fine, the playwright was permitted to make a statement. He rose and told the judge:
›You are not a righteous person, and you don't represent Almighty God. You represent a crumbling structure . . . ‹
›Sit down!‹ shouted the judge, loudly rapping his gavel.
At one point, after the sentences had been pronounced a tall, slender Negro teen-ager among the spectators rose to protest. When he failed to respond quickly enough to an order to sit down, he was ushered out of court by several attendants.
›They're going to beat him,‹ cried Mrs. Sylvia Jones, the writer's wife. Mrs. Jones, who was holding their 7-month-old baby, was taken from the room.
As Jones was being led from the courtroom, he called back over his shoulder, ›The black people will judge me.‹ [. . .]
Both Mr. Booker and Israel Mischel, the lawyer for McCroy and Wyna, said, that an appeal to the Appellate Division of the State Superior Court would [sic] be filed.«
LeRoi Jones wurde zu 2½ bis 3 Jahren Gefängnis wegen illegalen Waffenbesitzes verurteilt.
Johnson übersetzt den Text fast wörtlich, er läßt drei Absätze über zwei Mitangeklagte und zwei Zeilen des Gedichts aus.

552, 27   *Aufstände in New Jersey* – s. K. 9, 6 f.

553, 3 f.   *Monatszeitschrift Evergreen Review* – Anspruchsvolle Zeitschrift für internationale moderne Literatur, Hg. Barney Rosset, die u. a. Texte von Beckett, Dery, Grass veröffentlichte.

553, 8   ›*Schwarzes Volk!*‹ – Titel des Gedichts von LeRoi Jones, »Black People!«; s. K. 553, 12–27.

553, 12–27   *Alle Geschäfte werden . . . was ihr braucht* – LeRoi Jones' politisches Gedicht »Black People!« stand im Dezemberheft 1967 der »Evergreen Review« (Vol. 11, Nr. 50, S. 49). Johnson benutzt für seine Übersetzung die Fassung der NYT vom 5. 1. 1968 und läßt zwei Zeilen aus. Die NYT hatte außer einem veränderten Zeilenbruch einige obszöne Begriffe – not fit to print – durch das Wort »blank« (engl.) »leer, unbeschrieben« im Sinne von »Leerstelle« ersetzt. Der entsprechende Text in der »Evergreen Review« lautete:
»All the stores will open if you will say the magic
words. The magic words are: Up against the wall mother fucker
this is a stickup! Or: Smash the window at night (these are
magic actions) smash the windows daytime, anytime, together,
let's smash the windows drag the shit from in there. No money down. No
time to pay. Just take what you want. The
magic dance in the street. Run up and down Broad Street niggers, take the

shit you want. Take their lives if need be, but get what you want, what you need.«

553, 16   *This is a stickup* – (amerik. Slang) Das ist ein Überfall!

554, 24   *. . . will be filed* – (engl.) hier: wird eingelegt werden.

6. 1. 1968

554, 27 f.   *Senator Kennedy ist . . . gar nicht zufrieden* – Vgl. den Artikel »Kennedy Deplores Nation's ›Betrayal‹ of Indian Education« der NYT vom 6. 1. 1968 über einen Besuch des Senators im Sherman Institute in Riverside, Kalifornien, einem Internat für 800 indianische Schüler, wo er den veralteten Lehrplan kritisierte, der nicht auf heutige Berufsmöglichkeiten vorbereite.

554, 28 f.   *die Viet Cong . . . 3820 Zivilisten umgebracht* – Vgl. den Artikel »Vietcong Slaying of Civilians in '67 Put at 3,820« der NYT vom 6. 1. 1968, wonach mehr als doppelt so viele Zivilisten wie 1966 umgekommen seien; s. K. 30, 27.

554, 29–31   *Präsident de Gaulle . . . nicht beleidigen wollen* – Vgl. den Artikel »De Gaulle Assures Rabbi He Intended No Insult to Jews« der NYT vom 6. 1. 1968: »President de Gaulle has assured the Grand Rabbi of France that it was far from his intention to insult the Jews when he called them an ›elite people, sure of itself and domineering.‹ [. . .] The statement, made in a news conference about six weeks ago, has been widely interpreted as anti-Semitic. But the President insisted [. . .] that he meant the remark to be deserved praise of the accomplishments of the Jewish people«; vgl. auch NYT 10. 1. 1968; DER SPIEGEL 1. 1. 1968, S. 56 f.; s. K. 572, 34–36; de Gaulle: s. K. 90, 10.

554, 31   *im Hotel Alamac . . . hat es gebrannt* – Vgl. den Artikel »Smoke From A Fire In Hotel Injures 13« der NYT vom 6. 1. 1968. Hotel Alamac: 154, 71. Street West/Ecke Broadway. Das Hotel wurde vom Roten Kreuz bevorzugt zur Unterbringung von Feuergeschädigten benutzt.

554, 32–34   *die christdemokratische Partei . . . über Nord-Viet Nam* – Vgl. den Artikel »Bonn Socialists Call Upon U.S. To End North Vietnam Bombing« der NYT vom 6. 1. 1968: »West Germany's Social Democratic party, the junior partner in Bonn's coalition Government, called on the United States today to end its bombing in North Vietnam. [. . .]
A spokesman for Chancellor Kurt-Georg Kiesinger's Christian Democratic party, the other member of the coalition, attacked the Social Democratic declaration almost as soon as it was issued.«
Die SPD hatte an die USA appelliert, als eine Voraussetzung für Friedensverhandlungen die Bombardierungen Nordvietnams einzustellen, da sie nicht an eine militärische Lösung glaubte. Damit schloß sie sich dem UNO-Generalsekretär U Thant an; CDU: s. K. 173, 6; SPD: s. K. 170, 10.

554, 35–555, 2   *Antonín Novotný ist ... hat es ausgerechnet* – Vgl. unter »News Summary« der NYT vom 6. 1. 1968: »Antonin Novotny has been supplanted as First Secretary of the Czechoslovak Communist Party by a member of the Slovak minority. Alexander Dubcek has become the first Slovak to acquire supreme power in a land that has been dominated by the Bohemian-Moravian majority for a ›thousand years‹.«

554, 36   *Alexander Dubček* – 27. 11. 1921–7. 11. 1992, slow. Maschinenschlosser; 1925–38 in der UdSSR, im August 1944 Teilnahme am Aufstand gegen die von Jozef Tiso geführte autoritäre Regierung der »Slowakischen Republik« und die dort stehenden dt. Truppen; 1960–62 Sekretär des slow. ZK, 1963–68 1. Sekretär des ZK der Slow. Komm. Partei. Forderte im Oktober 1967 den Rücktritt Novotnýs (s. K. 523, 9 f.), am 5. 1. 1968 zum 1. Sekretär des ZK der KPČ ernannt, war einer der führenden Vertreter der tschechos. Reformpolitik, die in der Nacht vom 20. zum 21. 8. 1968 durch die militärische Intervention der Warschauer-Pakt-Staaten (mit Ausnahme Rumäniens) beendet wurde. Er wurde zur Symbolfigur des Prager Frühlings, am 17. 4. 1969 aller Ämter enthoben, 1970 aus der Partei ausgeschlossen, während der »sanften Revolution« 1989 rehabilitiert; s. K. 789, 33 f.; 909, 2–7; 1366, 15–20. Zum »Prager Frühling« in den JT: vgl. Fischer (1994), S. 53–104.

555, 7   *Reichsstatthalter Hildebrandt* – s. K. 360, 31.

555, 13   *Gauleitung* – s. K. 361, 39.

555, 20 f.   *Robert, der im ... aus Parchim weglief* – s. 59, 4–10.

555, 20 f.   *Parchim* – s. K. 58, 34.

555, 24   *Vietsen* – s. K. 56, 32.

555, 26–37   *Zu putzig, daß ... noch zu zahlen* – s. 58, 33–59, 8.

555, 32   *Remontepferde* – Junge, noch ungerittene Pferde.

556, 8 f.   *Nu segg doch ... nu nich schrewen* – (nd.) Nun sag doch bloß mal, Röbbing. Warum hast du nicht geschrieben?

556, 13   *goldenen Mark* – Die Goldmark war von 1919–23 die Rechnungseinheit im Deutschen Reich, definiert als der 1395. Teil des Pfundes Feingold. Es gab, neben dem Papiergeld, 5- und 10-Mark-Stücke mit Goldanteil, bis dann zur Bekämpfung der Inflation am 15. 11. 1923 die Rentenmark als Hilfswährung eingeführt wurde; s. K. 506, 11 f.

556, 14   *Gängeviertel* – Im 18. Jh. in der Hamburger Neustadt erbaute, eng bevölkerte Wohnviertel. Der Name leitet sich von den charakteristischen Gängen zwischen den eng stehenden Häusern und Höfen ab. Diese Arbeiterviertel wurden nach der Cholera-Epidemie von 1892 stückweise abgerissen, um Kontorhäusern Platz zu machen. In den dreißiger Jahren war das letzte Gängeviertel eine Hochburg der KPD und Schauplatz sozialer Unruhen; s. VII,29.

556, 17   *geb. U. aus G-w* – Geb. Utecht aus Güstrow; s. 33, 32 f.

557, 7   *Wist de Jack . . . Kumm man ran* – (nd.) Willst du die Jacke voll haben? Komm her!

557, 19   *Porto Alegre, Paranaguá, Santos* – Brasilianische Hafenstädte: Porto Alegre, am Rio Grande in Südbrasilien; Paranaguá, kleinerer Ort östlich von Curitibá, Paraná; Santos, südlich von São Paulo.

557, 28 f.   *Salvador, auch als Bahia bekannt* – Hafenstadt und Industriezentrum in Nordostbrasilien.

557, 33   *Colón* – Hafenstadt an der karibischen Seite des Panamakanals.

558, 3   *Canal Street in New Orleans* – Vier Blocks vom Mississippi entfernt, bildet sie die Westgrenze des French Quarters (Vergnügungsviertel); eine der breitesten amerik. Straßen mit zwei Bus- und acht Autospuren; s. 1845, 27; 1846, 32; 1847, 16.

558, 6   *Golden Gate Bridge* – 2,8 km lange Hängebrücke über die San Francisco Bay, 1937 fertiggestellt.

558, 9   *San Francisco Bay* – Bucht vor San Francisco, von der Golden Gate Bridge überspannt; s. K. 1051, 16 f.; San Francisco: s. K. 110, 10.

558, 16   *uns liebn Mudding* – (nd.) unserer lieben Mutter.

558, 18   *Hoboken* – Stadt am Westufer des Hudsons in New Jersey, gegenüber der Südspitze von Manhattan, bis in die fünfziger Jahre von dt. Einwanderern geprägt.

558, 19   *Depression* – (engl.) hier: Weltwirtschaftskrise von 1929 an; s. 560, 19; 660, 2.

558, 22   *Long Island City* – Nordwestlicher Stadtteil von Queens zwischen East River, Hazen Street, 49. Straße, New Cavalry Cemetery und Newton Creek; am stärksten industrialisierter Teil von Queens; s. 1037, 31; Long Island: s. K. 24, 5 f.

558, 28   *Just on a technicality. You know* – (engl.) nicht ganz idiomatisch für »Nur eine Formsache. Wißt ihr.«

558, 34   *Neuen Reichskanzlei* – Amtssitz des Führers und Reichskanzlers in Berlin in der Wilhelmstraße, durch Albert Speer erbaut, am 9. 1. 1939 [sic] eingeweiht. 16 m unter dem Gebäude wurde im Krieg in zwei Ebenen ein »Führerbunker« errichtet, in dessen Räumen Hitler Selbstmord beging. Die Reichskanzlei wurde in den letzten Kriegstagen schwer beschädigt, und die Ruinen wurden später gesprengt.

558, 38   *Auslandsorganisation der N. S. D. A. P.* – Zusammenschluß aller reichsdt. Nationalsozialisten im Ausland und in der Seefahrt; seit 1933 von Gauleiter E. M. Bohle geleitet. Die 4. Reichstagung begann am 2. 9. 1936 mit 5000 zumeist aus Lateinamerika angereisten Teilnehmern; s. K. 164, 27; s. 600, 23 f.; VIII, 9.

7. 1. 1968

559, 19	*Henry Hudsons Autobahn* – s. K. 21, 35.
559, 33	*Hoboken* – s. K. 558, 18.
560, 18 f.	*Essgeschäft »in den . . . Straßen am Broadway«* – s. 558, 22–24.
560, 19	*In the Depression* – (engl.) Zur Zeit der Wirtschaftskrise! s. K. 558, 19.
561, 23	*thank you for the apologies* – (engl.) danke für die Entschuldigungen.
561, 25	*Lowising* – (nd.) Luischen; s. 1632, 25.
561, 26	*No comment* – (engl.) Kein Kommentar.
561, 29	*Comments on Lisbeth* – (engl.) Kommentare zu Lisbeth?
561, 33 f.	*Schädelschrumpfer* – (engl. wörtl. übersetzt) head shrinkers; shrink: ugs. für Psychiater oder Psychoanalytiker; s. 1538, 31; 1857, 4; 1858, 33.
562, 2 f.	*Der mir die . . . Haus ausgesägt hat* – s. 538, 11–14.
562, 8–10	*Hi, Mr. Faure . . . on the steps* – (engl.) – Hallo, Herr Faure. Frau Faure. – Oh gewiß. Es ist ein herrlicher Wintertag. – Passen Sie auf die Stufen auf.
562, 11–13	*Brüshaver kannst du . . . aus Spanien zurückbekommen* – s. 497, 9–11.
562, 14	*Sorry* – (engl.) Tut mir leid.
562, 17	*those professionals* – (engl.) diese Akademiker/Fachleute.
562, 19	*Beautiful language, Miss Cresspahl* – (engl.) Eine schöne Sprache, Fräulein Cresspahl!
562, 23 f.	*I do take . . . I mean it* – (engl.) Ich nehme es zurück, und ich meine das ehrlich.
562, 28	*Bajonettangriff zu Ehren eines kaiserlichen Geburtstages* – Das sog. Unternehmen »Michael«, eine dt. Offensive in der Picardie zwischen Arras und La Fère, begann am 21. 3. 1918, zeigte nur kurzzeitig Anfangserfolge. (Kaiser Wilhelm I.: 22. 3. 1797–9. 3. 1888.) Als Artillerist wäre Cresspahl grundsätzlich hinter der ersten Linie eingesetzt worden und hätte vielleicht seine Kanone gegen durchgebrochene Angreifer verteidigen müssen, aber kaum an einem Sturmangriff teilgenommen.
562, 30	*Gasangriff bei Langemarck* – s. K. 170, 31 f.
563, 10	*holländische Münze* – Der US–dime (10 cents) ähnelt dem holl. kwaartje (25 holl. cents).
563, 23 f.	*an den ungleichmäßig . . . vielleicht doch erkannt* – s. K. 10, 22.

563, 27 f.	*Park Avenue, wo . . . ihren Staat machen* – 460 Park Ave. ist die Anschrift eines der Konsulate der BRD; s. K. 101, 9.

8. 1. 1968

563, 33–35	*»Und die Anwohner . . . Periode des Winters.«* – Vgl. den Artikel »City Is Shivering Under Arctic Ice« der NYT vom 8. 1. 1968: »[. . .] and residents of Riverside Drive found the Hudson River glutted with more ice floes than they had seen in many years at this time of the winter.«
564, 6	*Windhundbus* – s. K. 150, 26.
564, 7	*Busbahnhof* – s. K. 268, 9.
564, 34	*Thoreaus* – Henry David Thoreau (12. 7. 1817–6. 5. 1862), amerik. Schriftsteller; radikaler Nonkonformist und Individualist (»Civil Disobedience«, 1849/1866; dt. »Über die Pflicht zum Ungehorsam gegen den Staat«, 1959); gehörte zur Gruppe der Transzendentalisten; kritisierte die Ideale der bürgerlichen Gesellschaft und trat für die Sklavenbefreiung ein; lebte zwei Jahre in einer selbstgebauten Hütte am Walden Pond. Sein Hauptwerk »Walden, or Life in the Woods«, 1854 (dt. »Walden oder Leben in den Wäldern«, 1967), beschreibt seine Selbstfindung durch eine naturnahe Lebensweise.
565, 5	*Plymouth Union* – Vermutlich in der Nähe von Plymouth, Vt., einer kleinen Stadt in den Green Mountains, südwestlich von Woodstock.
565, 16	*Glad to please you* – (engl.) Freut mich, dir einen Gefallen zu tun.
565, 28	*Theorie vom Domino* – Von Dwight D. Eisenhower 1954 als Begründung für das Eingreifen der USA in den Indochina-Krieg aufgestellt: Der Sieg des Kommunismus in einem Staat, insbesondere in Südostasien, würde den Fall des nächsten Staates nach sich ziehen, was durch militärische Intervention zu verhindern sei.
565, 32	*dem siebten Gebot* – Du sollst nicht stehlen.
566, 9 f.	*ich aber mir etwas vorstellen* – s. K. 12, 4.
566, 20	*Zoo in der Bronx* – Einer der größten Zoos der Welt, bekannt wegen seiner vielen Freigehege; East Tremont Ave./Boston Road; Bronx: s. K. 18, 31.
567, 4 f.	*United Nations* – (engl.) Vereinte Nationen (UN); s. K. 20, 30 f.
567, 7 f.	*Kaskinen, oder Kaskö* – s. K. 154, 14.

9. 1. 1968

567, 18–23	*In der kalten . . . Blut hingeschickt wird* – Vgl. den Artikel »A Rise In Deaths Is Linked To Flu« der NYT vom 9. 1. 1968, der von einem Anstieg von 75 %

spricht: »A city health official said yesterday that 165 persons had died of pneumonia in the week that ended Jan. 5, an increase of about 75 per cent over the normal high for this time of the year. [...]
A shortage of blood in the metropolitan area, partly attributable to the influenza epidemic, was reported yesterday by the New York Blood Center and the New York and New Jersey Red Cross. [...]
Charles Gellman, executive director of Jewish Memorial Hospital, said that the situation was ›certainly critical‹ and could ›really get desperate.‹ He said that ›the Vietnam war doesn't help either, because there is a lot of blood sent there.‹«; Jewish Memorial Hospital: (engl.) Jüdisches Gedenk-Krankenhaus.

567, 24–29   *Der Spielplatz zwischen... nahe Souida getötet* – Vgl. den Artikel »Playground Named for G. I. Who Was Killed in Vietnam« der NYT vom 9. 1. 1968: »The playground where he used to play basketball as a teen-ager was named yesterday after John A. Seravalli, an Army corporal who was killed last Feb. 28 in Vietnam. [...] the playground bounded by Hudson, Gansevoort, West Fourth and Horatio Streets [...]. Corporal Seravalli entered the Army on May 26.«

567, 29   *Souida* – Dorf in Südvietnam nordwestlich von Tay Ninh, unweit der Westgrenze.

568, 28   *Döskopp* – (nd.) Dummkopf.

569, 2   *De Jung will sick vesteckn* – (nd.) Der Junge will sich verstecken.

569, 14   *Kröpelin* – s. K. 159, 25.

569, 25   *Brabbeln* – (nd.) Murmeln; s. K. 1817, 8.

570, 9   *Wehrlich* – Fiktiver Ort; vgl. Register.

570, 30   *Landesbauernschaft* – Der Reichsnährstand (s. K. 399, 34) war in Landesbauernschaften unterteilt, die im allgemeinen dem Gebiet der Länder oder preußischen Provinzen entsprachen. Der Landesbauernführer war in seinem Gebiet für ausreichende Versorgung durch die Landwirtschaft, die Durchführung der Marktordnung und des Erbhofgesetzes sowie bei Umlegungsverfahren (z. B. beim Bau der Autobahnen) verantwortlich; s. 571, 8 f.; IX, 13 f.; (XIV, 1 f.).

570, 33   *Leonia* – Konnte nicht nachgewiesen werden.

570, 36   *Wunsch vom März 1933* – s. 318, 14–320, 38.

570, 37 f.   *Aereboes Handbuch der Landwirtschaft* – Friedrich Aereboe (23. 7. 1865–2. 8. 1942), Agrarwissenschaftler, »Handbuch der Landwirtschaft« in 5 Bänden, 1929/30.

571, 12   *mucksch* – (nd.) mürrisch; s. 505, 1.

571, 16–31   *Im September bekam... was beim Reichsarbeitsdienst* – Im Manuskriptfragment vom 10. Februar 1965, S. 247, wird dieses Erlebnis Louise Papenbrock zugeschrieben: »fuhr 1933 im Postauto von Güstrow nach Teterow. Sie hörte Bruchteile eines Gesprächs zwischen dem Lehrer Lübke und dem Maurer Schmook. Die fanden nicht recht, dass der neue Bürgermeister T. immerhin früher, als er noch Tischler war, dicke Brühe gehabt hatte mit dem Juden Seeligmann [s. 603, 14–16], von dem Darlehen bezog etc. Dies Gespräch zitierte sie in der Familie als Reiseerlebnis.

Am Anfang der Woche wurde sie von Beamten der Kriminalpolizei aufgesucht und zur Vernehmung wegen der Äusserungen von Schmook und Lübke mitgegenommen [sic]. [...] Lübke war ihr egal, aber Maurer Schmook immerhin ein ›alter ehrlicher Sozi‹ und sie sprach ihn an. Dat wir jo'ne düre Unnerhollunk. Er hatte dreihundert Mark zahlen müssen. [s. 606, 24 und 34 f.] Er: Ja wenn die Eichlertochter man zur Verhandlung komm wie. De har mi fix ruträtn, hefck ümme secht.« [s. 615, 9 f.]

571, 24–26   *Mecklenburgische Christliche Hauskalender... des 5. Kapitels* – Der Kalender wurde vom Mecklenburgischen Landesverein für Innere Mission e. V. Schwerin hg. Er enthielt außer den täglichen Bibelsprüchen, den Sonnen- und Mondzeiten, Marktdaten, einen Trächtigkeitskalender und kurze erbauliche Geschichten. Johnson besaß den Jahrgang 1937. Der Bibelspruch aus dem Römerbrief für Montag, den 6. 9. 1937, findet sich auf S. 20. Röm 5, 1–5: »Nun wir denn sind gerecht geworden durch den Glauben, so haben wir Frieden mit Gott durch unsern Herrn Jesus Christus, durch welchen wir im Glauben den Zugang haben zu dieser Gnade, darin wir stehen, und rühmen uns der Hoffnung der zukünftigen Herrlichkeit, die Gott geben wird. Nicht allein aber das, sondern wir rühmen uns auch der Trübsale, weil wir wissen, daß Trübsal Geduld bringt; Geduld aber bringt Bewährung; Bewährung aber bringt Hoffnung; Hoffnung aber läßt nicht zuschanden werden, denn die Liebe Gottes ist ausgegossen in unser Herz durch den Heiligen Geist, welcher uns gegeben ist.« Die Bibel enthält nur einen Brief von Paulus an die Römer; vgl. HNJ, S. 91: »*Dass die Trübsal Geduld wird, die Geduld aber Bewährung, die Bewährung aber Hoffnung*«; Paasch-Beeck (1997), S. 100 f.; s. 579, 9; 604, 16–605, 6.

571, 31   *Reichsarbeitsdienst* – RAD, durch das »Reichsarbeitsdienstgesetz« vom 26. 6. 1935 (RGBl. I, S. 769) zur Pflicht erhoben, 6 Monate für männliche, seit 1939 auch für weibliche Jugendliche; die »Arbeitsmänner« und »-maiden« wurden im Straßen- und Deichbau eingesetzt und vormilitärisch ausgebildet.

571, 32 f.   *Ackerbürger* – s. K. 31, 20.

571, 35   *Große Friedländer Wiese* – Großes, heute entwässertes Gebiet zwischen Friedland bei Neubrandenburg und Ückermunde.

572, 8   *Lisbeth har dat hürt* – (nd.) Lisbeth hatte das gehört!

10. 1. 1968

572, 32–34   *daß das Pentagon . . . Rücken decken will* – Vgl. den Artikel »Tonkin Evidence Outlined By U. S.« mit der Zwischenüberschrift »Pentagon Asserts Reprisal Was Delayed Until Attack on Ships Was Verified« der NYT vom 10. 1. 1968: »The Defense Department said today that, before it ordered retaliatory air strikes against North Vietnam in 1964 the Administration had verified that two American destroyers had been attacked in the Gulf of Tonkin«; s. K. 24, 17; 491, 15–30.

572, 34–36   *daß de Gaulle . . . sicher und herrisch* – Vgl. NYT 10. 1. 1968: »The French Government published a statement by President de Gaulle asserting that he meant to compliment the Jews when he called them an ›élite people, sure of itself and domineering‹. The President's statement was contained in a letter to former Premier Ben-Gurion of Israel, who had written the President that he had been ›saddened and disturbed‹ by his remarks«; s. K. 554, 29–31.

573, 4   *Schwimmbad* – s. K. 487, 20.

573, 10   *Bloody Mary* – s. K. 118, 17.

573, 17   *Greenwich Village* – s. K. 291, 21.

573, 18 f.   *Riverdale, in der Bronx* – Gebiet im Nordwesten der Bronx, zwischen Westchester County, 239. Straße und dem Hudson, nördlich und westlich des Henry Hudson Parkway; insbesondere vor dem 2. Weltkrieg bessere Wohngegend, in die während der fünfziger und sechziger Jahre zunehmend Firmen ihren Sitz verlegten; Bronx: s. K. 18, 31.

573, 21 f.   *Morningside Heights* – Teil der Upper West Side von Manhattan zwischen 125. Straße, Morningside Park, 110. Straße und Hudson; das Viertel wird dominiert von der Columbia University. In der vorwiegend von Weißen bewohnten Gegend lebten viele orthodoxe Juden, aber auch Schwarze, Puertorikaner und andere Lateinamerikaner; darunter viele Studenten und Fakultätsmitglieder der Universität.

573, 25   *Kirche des Unfertigen Johannes* – s. K. 239, 37–240, 4.

573, 25 f.   *die von Rockefeller, genannt Riverside* – s. K. 99, 15 f.

573, 26 f.   *Krankenhaus des Heiligen Lukas* – St. Luke's Hospital, 1858 gegr., seit 1896 an der Ecke 113. Straße und Amsterdam Ave., Harlem; fusionierte 1979 mit dem Roosevelt Hospital zum St. Luke's-Roosevelt Hospital; s. 628, 2; 629, 2; 630, 16 f.; 1884, 33 f.

573, 28   *Matthäi am Letzten* – Das Ende; das Evangelium des Matthäus schließt mit den Worten: »bis an der Welt Ende«.

573, 28–30   *Die Gegend südlich . . . Oper und Philharmonie* – Dort befindet sich das Lincoln Center for the Performing Arts, 62./65. Straße, Baubeginn 1959. Zu dem Kulturzentrum gehört das Metropolitan Opera House von 1966, Broadway/63. Straße, und das New York State Theatre, Sitz der New York City Opera und des New York City Ballet, weiter das Vivian Beaumont Theatre und die Juillard School of Music. Die Philharmonic Hall, 1973 in Avery Fisher Hall umbenannt, ist seit 1962 die Konzerthalle des New York Philharmonic Orchestra. Es residierte vorher in der Carnegie Hall, 156 West 57. Straße, einer Konzerthalle für Klassik, Pop und Jazz; s. 1767, 28 f.

573, 30 f. *hält die Ubahn ... tatsächlich neugebauten Bahnhof* – 66. Straße, Lincoln Center.

574, 2–5 *eine weißhäutige Gegend ... von angelsächsischen Protestanten* – s. K. 52, 23.

574, 6 f. *Da sind gewiß ... Sabbat Wäsche waschen* – Nach den Regeln der orthodoxen Juden ist am Sabbat jegliche Arbeit und Anstrengung verboten; Sabbat: s. K. 45, 3.

574, 10–12 *aus Rapid City ... aus South Dakota* – Stadt im Südwesten von Süd-Dakota, mittlerer Westen.

574, 25 *Central Park West* – s. K. 343, 6.

574, 38 *dazwischen* – Druckfehler in allen Ausgaben, richtig: da zwischen.

574, 39–575, 1 *seitlichen Zahlenstraßen* – In Manhattan verlaufen die numerierten »Streets« in westöstlicher, die »Avenues« in nordsüdlicher Richtung.

575, 5 f. *vor dem 1. Februar ... Mieten gestoppt sind* – Die 1943 eingeführten Mietpreisbegrenzungen wurden unter Bürgermeister William O'Dwyer nach dem Krieg beibehalten und seitdem mehrmals angepaßt. »He [O'Dwyer] decided that the wartime rent controls drawn up in 1943, should be expanded. Although often controversial and amended incessantly over the decades. [...] It should be remembered that the metropolis has always been largely a rental market: in 1948, for example, 76 percent of its residents lived in apartments. Thus it is hardly surprising that the rent control system institutionalized by the Mayor became the most sacred of sacred cows«, AIA Guide (1968), S. 252; s. 53, 28.

575, 23–32 *zwei Miethäuser in ... sicher aufbewahren können* – s. 1023, 17–22.

575, 38 f. *Fluß, den Henry ... zum Verhungern aussetzte* – s. K. 10, 22.

576, 2–13 *Sie sollten es ... Leuten ohne Nachbarschaft* – Vgl. Text zu Szene 3 des Fernsehfilms »Summer in the City« (gesendet vom SFB am 6. 2. 1969): »Von oben gesehen/Dies, die 96. Straße am Broadway, ist die ungefähre Mitte des Viertels Upper West Side [gestrichen: das seinen Namen verloren hat]. Die holländischen Siedler erinnerten sich noch an eine europäische Landschaft und gaben der Gegend am Fluß den Namen Bloemendaal, ein Tal der Blumen. Bloomingdale, vor der amerikanischen Revolution noch eine ländliche Gegend, Bauernhäuser und Feriensitze zwischen Äckern und Feldern, wuchs nach dem Bürgerkrieg zu als ein Wohnviertel für weisse angelsächsische Protestanten, durch das dann Welle nach Welle von Zuwanderern zog, Iren, Juden, Neger, Puertorikaner, Japaner, und aus dem wechselnden Nebeneinander ist nicht eine Gemeinde geworden, denn die nationalen Gruppen geben ihre Sprache und Kultur nicht leicht auf, und sie gelten auf dem Arbeitsmarkt nicht gleich. [gestrichen: Die Bewohner dieses Viertels nennen es ›the area‹, das Gebiet, als sei es doch nur eine zufällige Versammlung von Leuten und Häusern, eine Gegend aus zu grossen Unterschieden, und zu dem Namen Bloemendaal, zu dem Tal der Blumen, passen die Verhältnisse immer noch nicht.]«; Typoskript im Johnson-Archiv; s. K. 845, 36 f.; 1618, 23–1619, 2.

576, 9   *Bloomingdale* – Bis zur Mitte des 19. Jh. gebräuchliche Bezeichnung für die Upper West Side von Manhattan; benannt nach dem holl. Ort »Bloemendal« westlich von Haarlem.

576, 11   *area* – (engl.) übersetzt im Text.

576, 14–16   *Park im Broadway . . . nach den Injektionsnadeln* – Verdipark: s. K. 97, 2; Broadway: s. K. 12, 33.

576, 15 f.   *Needles Park* – (engl.) Park der Nadeln.

576, 17   *Amsterdam Avenue* – s. K. 97, 2.

11. 1. 1968

577, 2 f.   *dem fortgesetzten Bericht über die Kältetoten* – Der Artikel der NYT vom 11. 1. 1968 »City Deaths Rise with Flu Epidemic« führt die höchste Todesrate seit 20 Jahren sowohl auf die Kälte als auch auf eine Grippeepidemie zurück.

577, 4–7   *eine Aufnahme aus . . . Hudson hinuntergeschwommen sind* – Vgl. Foto in der NYT vom 11. 1. 1968, S. 29, mit der Unterschrift: »Braving The Icy Waters: A tug boat off Battery Park in lower Manhattan making its way past large chunks of ice that floated down the Hudson River yesterday afternoon. The view is toward the Jersey shore.«

579, 9   *den Römern fünf, 1–5* – s. K. 571, 25 f.

579, 23   *auslaberten über Kackbraune* – Anspielung auf die braunen Uniformen der SA; s. K. 105, 19.

579, 28   *Eisernen Kreuzes* – s. K. 115, 31.

579, 31–   *Es war Ende . . . eins. Nich so* – s. 586, 34–587, 8.
580, 20

579, 39   *Lübecker Bucht* – Südwestlicher Teil der Mecklenburger Bucht der Ostsee, reicht ca. 30 km tief in das Landesinnere.

579, 39–580, 1   *16 Meter-Linie* – Durch Bojen gekennzeichnete Abgrenzung der Badezone.

580, 19 f.   *Dau dat nich . . . eins. Nich so* – (nd.)
Tu das nicht noch mal, Lisbeth!
Nein, Cresspahl. Das tu ich nicht noch mal. Nicht so.

12. 1. 1968

580, 28   *am Sekretär der Dänin* – s. K. 28, 4–31.

581, 1 f.   *Schwimmbad des Marseille* – s. K. 487, 20.

581, 6   *WQXR* – 1936 von Elliot Sanger und John V. L. Hogan gegr. Radiosender, der als erster in den USA ausschließlich klassische Musik spielte; 1944 von der NYT gekauft, die den Anteil an Nachrichten und Informationssendungen ausweitete; sendete auf FM 96, 3 und AM 1560; s. K. 1319, 16–29.

582, 14   *du magst es dir nicht vorstellen* – s. K. 12, 4.

582, 35 f.   *Palais des Kardinals Spellmann* – Residenz des Erzbischofs 452 Madison Ave. Druckfehler in allen Ausgaben, richtig: Spellman; s. K. 402, 30.

583, 14   *Students for Peace* – (engl.) Studenten für den Frieden. Es gab in der Zeit eine Vielzahl ähnlicher Organisationen in den USA, wie Students for a Democratic Society oder Women Strike for Peace.

584, 1–4   *»Papenbrock wollte nicht . . . sich wenig hielt.«* – s. 545, 33–39.

13. 1. 1968

Vgl. das Faksimile von Johnsons Notiz zu diesem Tag in: Fahlke (1991), S. 141.

585, 3   *Battery* – s. K. 90, 27.

585, 8–14   *Wie oft vergißt . . . an diesem Tag* – Nach den Regeln der orthodoxen Juden ist Reisen und Laufen über größere Entfernungen am Sabbat verboten; s. K. 45, 3.

586, 7   *Ellis Island* – Kleine Insel gegenüber dem Battery Park vor der Südspitze Manhattans, von 1890 bis 1924 Kontroll- und Quarantänestation für 16 Mio. Einwanderer (71 % aller Einwanderer in die USA).

586, 8–10   *die Statue Freiheit . . . von sich weghält* – s. K. 311, 28 f.

586, 15   *Jersey City* – Stadt am Westufer des Hudson, gegenüber dem Südende von Manhattan.

586, 16   *Bayonne* – s. K. 367, 20.

586, 20–27   *Die New York . . . schusslige alte Dame* – In dem Artikel »Soviet Tanks Go to Aid Of Woman Having Baby« der NYT vom 13. 1. 1968 heißt es: »Three Soviet tanks, moving through large snowdrifts, paved the way to a clinic today for a pregnant East German woman.
A fourth tank carried the woman, a farmer's wife, from Beidersdorf to a clinic at Wismar, where she gave birth to a healthy boy. [. . .]
In the northern areas of Macklenburg [sic], near the Baltic Coast, snow piled

up as high as seven to nine feet, cutting off villages and townships«; vgl. Faksimile in: Fahlke (1991), S. 140.

586, 34–587, 8 *Du läßt etwas . . . die anderen zurück* – s. 579, 31–580, 20.

586, 37 *etwas, das willst . . . mir nicht erzählen* – s. 616, 16–618, 39.

587, 2 *Eisernen Kreuz* – s. K. 115, 31.

587, 9 *St. George* – Hafen der South Ferry im Norden von Staten Island (s. K. 72, 1) an der Upper Bay, zwischen Tompkinsville und New Brighton; die am dichtesten besiedelte Gegend von Staten Island; bis 1880 Teil von New Brighton, soll es nach George Law, einem Eisenbahn- und Fährschiff-Investor, auf dessen Land der Fährhafen gebaut wurde, umbenannt worden sein.

587, 24–31 *Ungeheuer jene »Hunnen« . . . auf eintausend Jahre* – Aus einer Rede Wilhelm II. am 27. 7. 1900 in Bremerhaven zu dt. Truppen, die zur Niederschlagung des Boxeraufstandes nach China entsandt wurden: »Pardon wird nicht gegeben, Gefangene werden nicht gemacht. Wer Euch in die Hände fällt, sei Euch verfallen! Wie vor 1000 Jahren die Hunnen unter ihrem König Etzel sich einen Namen gemacht, der sie noch jetzt [. . .] gewaltig erscheinen läßt, so möge der Name Deutscher in China auf 1000 Jahre durch Euch in einer Weise bestätigt werden, daß niemals wieder ein Chinese es wagt, einen Deutschen auch nur scheel anzusehen!«; Johann (1966), S. 91.

587, 34 *Becken an der Whitehall Street* – Hafen der South Ferry an der Südspitze Manhattans.

587, 38 *gottverballhornten* – Hier: euphemistisch für »gottverdammt«; »verballhornt« bedeutet eigentlich »sprachlich verschlechtert«, nach dem Lübecker Buchdrucker John Ballhorn (1531–1599), dessen Ausgabe des Lübecker Stadtrechts von 1586 sehr fehlerhaft war.

588, 5 *Heißen Hund* – (engl. wörtl. übersetzt) hot dog: Bockwurst im Brötchen. Angeblich hat 1906 ein amerik. Werbegraphiker das Würstchen im Brötchen als Hund gezeichnet; s. 725, 24; 983, 21; 1339, 12 f.

588, 13 *als ich den Kopfsprung gelernt hatte* – s. 487, 32.

588, 21–26 *We were very . . . Edna St. Vincent Millay* – (engl.)
– Wir waren sehr müde,
– wir waren sehr fröhlich,
– wir waren die ganze Nacht
– auf der Fähre hin- und hergefahren.
s. K. 93, 16 f.

588, 25 *Edna St. Vincent Millay* – 22. 2. 1892–19. 10. 1950, amerik. Dichterin, die mit ihrem 2. Gedichtband »A Few Figs from Thistles«, 1920, aus dem auch »El Recuerdo« stammt, als romantische, aber auch zynische und gewagte Autorin bekannt wurde; s. K. 93, 16 f.

14. 1. 1968

588, 28–36 *In Queens, am... Waffengesetz in Haft* – Die NYT vom 14. 1. 1968 berichtet unter der Überschrift »Holdup Man Killed With Borrowed Gun«: »A Queens grocer ducked out the back door during a holdup attempt last night, borrowed a pistol from a nearby hardware store owner and then shot and killed the holdup man.

The police said the grocer, 47-year-old Gaetano Gargiulo, slipped out when the holdup man pointed a pistol at his son, Gaetano Jr., 15, and a customer in his store at 114–523 Farmers Boulevard in St. Albans shortly before 7 P.M. With the borrowed pistol, Mr. Gaetano confronted the holdup man, and fired once, the police said, killing him instantly. The victim was identified as Nellice Cox, 25, of 109–82 203d Street, Hollis.

Mr. Gaetano was charged with violating the Weapons Law and was held overnight.«

588, 34 *Hollis* – Mittelklasse-Wohngebiet mit vorwiegend Einfamilienhäusern in der Mitte von Queens (s. K. 20, 28 f.) zwischen Grand Central Parkway, Francis Lewis Boulevard, Hollis Ave. und 184. Straße.

589, 8 *Fretwust genierte sich... für den Namen* – (nd.) Freßwurst.

589, 12 *Arbeitsdienstmädchen* – s. K. 571, 31.

589, 31 f. DEPO, *der Mecklenburgischen Depositen- und Wechselbank* – Von dieser Bank, die in mehreren Städten Filialen hatte, finden sich regelmäßig Anzeigen im »Grossherzoglich Mecklenburg-Schwerinschen und Mecklenburg-Strelitzschen Kalender« der zwanziger und dreißiger Jahre, den Johnson gesammelt hat.

589, 39 *R. A. D.-Führer* – Reichsarbeitsdienst: s. K. 571, 31.

590, 8 *Büdner* – (nd.) Landarbeiter. Ein Büdner oder Häusler besaß als Eigentum nur ein Stück Gartenland und war auf Taglohn oder gewerbliche Tätigkeit angewiesen.

590, 27 *Ackerbürgerei* – s. K. 31, 20.

591, 6 *die Schwarzen* – Schwarze Uniform trug die SS (s. K. 348, 29). Hier ist entweder der Sicherheitsdienst (SD) gemeint, eine Untergliederung der SS, der als politischer Nachrichtendienst der NSDAP, ab 1936 als offizieller Nachrichtendienst des Reichs arbeitete, oder die Sicherheitspolizei, ebenfalls der SS zugehörig, für die die Geheime Staatspolizei (Gestapo, s. K. 304, 33) tätig war. Beide Organisationen trugen keine schwarzen SS-Uniformen.

591, 28 *Ortsgruppenleiter* – s. K. 165, 3.

591, 38 *Gau* – s. K. 361, 39.

15. 1. 1968

592, 27–34 *Du wolltest doch . . . Schachtdeckel machten: Pop* – Vgl. den Artikel »A 35° Thaw Halts 9-Day City Freeze« der NYT vom 15. 1. 1968: »driving rain and gusts of wind up to 25 miles an hour made most of the day miserable [. . .]. Manhole covers throughout the city popped as salt that had been sprinkled on the streets during the recent snowfalls became mixed with rainwater, seeped into cable shafts and, serving as a conduct for electric current, caused short circuits and occasionally set off gas explosions.«

593, 19 *Bratislava* – Hauptstadt der Slowakei; s. K. 651, 38.

593, 28 f. *wir würden es . . . wir nicht gesehen* – »wir«: s. K. 46, 26; 230, 27 f.

593, 33 *gjud* – Aussprache von »gut« in einer Mischung aus Berliner Dialekt und engl. »good«.

593, 35 *Charité* – (frz.) Barmherzigkeit; Name des Krankenhauses der Humboldt-Universität in Berlin.

593, 35 f. *»in dem Krankenhaus . . . der Reinickendorfer Straße«* – Rudolf-Virchow-Krankenhaus im Berliner Bezirk Wedding.

593, 36 *Friedrich Wilhelm-Platz* – Platz im Zentrum von Friedenau, auf dem die Kirche »Zum Guten Hirten« steht.

593, 37 *Friedenau* – s. K. 472, 34 f.

594, 1 *was a charming . . . at that time* – (engl.) das war damals eine bezaubernde Gegend, um dort zu wohnen.

594, 6 f. *Niedstraße* – Straße in Friedenau, die zum Friedrich-Wilhelm-Platz führt. Johnson wohnte von 1959 bis zur Übersiedlung nach New York im April 1966 in einer Atelierwohnung in der Niedstraße 14. Danach überließ er sie Hans Magnus Enzensberger, dessen jüngerer Bruder mit einer Kommune bis zum April 1967 darin wohnte. Johnson gab diese Wohnung auf, nachdem seine Schwägerin Jutta Schmidt dort am 12. 11. 1967 bei einem Brand ums Leben gekommen war; vgl. BU, S. 165, wo die Adresse nicht genannt wird; vgl. Neumann, B. (1994), S. 561, 612–16; s. K. 15, 13–17; 988, 10; 1594, 27–29.

594, 7 *Schmargendorfer Straße* – Südliche Parallelstraße zur Niedstraße.

594, 8 *Handjery* – Die Handjerystraße in Friedenau beim Friedrich-Wilhelm-Platz, benannt nach dem Teltower Landrat Prinz Handjery, durch dessen Vermittlung Friedenau 1894 selbständige Landgemeinde wurde.

594, 16 f. *Untergrundbahn durch den Platz gebaut wird* – Bei der Verlängerung der U-Bahn-Linie 9 zwischen Pankow und Steglitz wurde 1971 die Station Friedrich-Wilhelm-Platz eröffnet.

594, 18	*Kirche* – »Zum Guten Hirten«, Friedenau, 1891–93 als neugotische Backsteinkirche mit Skulpturenschmuck unter dem Patronat der Kaiserin erbaut; s. K. 929, 17 f.
594, 25 f.	*Auguste Viktoria von Schleswig-Holstein-Sonderburg-Augustenburg* – Auguste Viktoria Luise Feodora Jenny von Schleswig-Holstein-Sonderburg-Augustenburg (22. 10. 1858–11. 4. 1921), letzte dt. Kaiserin; s. K. 936, 19 f.; s. XV, 6–13.
594, 26	*Doflein* – Architekt der am 10. 11. 1893 in Gegenwart der Kaiserin geweihten Kirche »Zum Guten Hirten« in Friedenau; vgl. Winz (1964), S. 138.
594, 35 f.	*who, as a landlady, was* – (engl.) die war als Wirtin.
594, 38 f.	*Bon gelebt* – (frz./dt.) veraltet für: gut gelebt; s. VII, 29.
595, 7	*Charlottenburg* – Stadtbezirk im Berliner Westen.
595, 8 f.	*mit Cannes zufrieden . . . Familie von Lassewitz* – s. 505, 18–20.
595, 34	*du brauchst ihn nicht zu fragen* – s. K. 46, 23–47, 4.
596, 6 f.	*das ausgebrannte Haus . . . wieder aufgebaut wird* – s. 178, 27–179, 22; 313, 3–8.
596, 7	*Siehaben* – Druckfehler in allen Taschenbuchausgaben und der gebundenen Ausgabe von 1983, richtig: Sie haben.

16. 1. 1968

596, 18	*Taxis, deren Fahrer streiken* – Vgl. den Artikel »Cabbies Staging One-Day Walkout« der NYT vom 16. 1. 1968.
596, 22– 606, 32	*Herr Dr. Walther . . . Lappalien angenommen hätten* – Das Dilemma des Richters und die angeblichen Geschäftsbeziehungen zwischen einem Juden und einem Deutschen weisen Parallelen zur VI. Szene, »Rechtsfindung«, in Bertolt Brechts »Furcht und Elend des Dritten Reiches« auf; vgl. Mecklenburg (1982), S. 279.
596, 28	*So stelle ich mir das vor* – s. K. 12, 4.
596, 35 f.	*mecklenburgischen Reichsstatthalters* – s. K. 360, 31.
597, 11	*O. L. G.* – Oberlandesgericht.
597, 14	*Staatspartei* – s. K. 164, 27; 496, 8.
597, 16	*D. N. V. P.* – s. K. 164, 12.
597, 16	*»Deutsche Tageszeitung«* – Berliner Zeitung, am 1. 9. 1894 gegr., am 30. 4. 1934 durch die Nationalsozialisten eingestellt.
597, 17	*»Mecklenburgischen Beobachter«* – Es gab keine Zeitung dieses Titels; vermutlich parallel zum »Niederdeutschen Beobachter« (s. K. 948, 35 f.) gebildet.

597, 34	*Reichsarbeitsdienst* – s. K. 571, 31.
597, 39–598, 4	*Dr. Ing. Zentner . . . Wunden gefordert hatte* – Eine Quelle für die Episode konnte nicht nachgewiesen werden.
598, 25 f.	*Hotel Stadt Hamburg* – s. K. 32, 5.
598, 26	*Hypertonie* – Blutdruckerhöhung.
598, 35 f.	*im Dunkeln tappen* – Druckfehler in allen Ausgaben, richtig: im dunkeln tappen.
599, 17	*Horch* – Automarke für Wagen der Oberklasse; das Zwickauer Werk wurde 1932 mit Audi, Wanderer, DKW und den Zschopauer Motorenwerken zur Auto-Union, Chemnitz, zusammengeschlossen.
599, 23 f.	*Gustloffstraße* – s. K. 496, 31 f.
599, 30– 600, 19	*vom Mecklenburg-Manöver . . . mit gehorsamem Gelächter* – s. K. 271, 21 f.
600, 10–14	*den Anblick Mussolinis . . . Lande etwas geworden* – Während des Staatsbesuchs des ital. Duce vom 25. 9.–29. 9. 1937 nahmen die beiden Diktatoren am 26. 9. an den Manövern in Mecklenburg teil; vgl. Mecklenburgischer Voss un Haas-Kalender, Wismar 1939, S. 43 f.; Mussolini: s. K. 198, 30.
600, 15	*Krakower See* – Krakow: s. K. 50, 17.
600, 23 f.	*Auslandsorganisation der N. S. D. A. P.* – s. K. 164, 27; 558, 38.
600, 30–33	*Gesetz gegen heimtückische . . . Monaten, oder Geldstrafe* – Artikel 1 § 1 Abs. 1 des »Gesetzes gegen heimtückische Angriffe auf Staat und Partei und zum Schutze der Parteiuniformen« vom 20. 12. 1934 (RGBl. I, S. 1269) lautete: »Wer vorsätzlich eine unwahre oder gröblich entstellte Behauptung tatsächlicher Art aufstellt oder verbreitet, die geeignet ist, das Wohl des Reichs oder das Ansehen der Reichsregierung oder das der Nationalsozialistischen Deutschen Arbeiterpartei zu schädigen, wird, soweit nicht in anderen Vorschriften eine schwerere Strafe angedroht ist, mit Gefängnis bis zu zwei Jahren und, wenn er die Behauptung öffentlich aufstellt oder verbreitet, mit Gefängnis nicht unter drei Monaten bestraft.« Abs. 2 lautete: »Wer die Tat grob fahrlässig begeht, wird mit Gefängnis bis zu drei Monaten oder mit Geldstrafe bestraft«; s. K. 293, 37–39; s. 602, 32.

17. 1. 1968

601, 1	*Wednesday* – (engl.) Mittwoch. An folgenden Tagen wird der Wochentag in engl. Sprache angegeben: 6. 7.; 13. 7.; 20. 7.; 26. 7.; 29. 7.; 4. 8.; 6. 8.; 7. 8.; 9. 8.; 16. 8.; 17. 8. und 18. 8.
601, 2–23	*Die Tochter Stalins . . . hat ja recht* – Unter der Überschrift »Mrs. Alliluyeva Calls Trial of 4 In Soviet a ›Mockery of Justice‹« der NYT vom 17. 1. 1967 heißt es:

»Mrs. Svetlana Alliluyeva said last night that the Moscow trial of four persons accused of anti-Soviet activity was ›a wild mockery of justice.‹
The daughter of Stalin appealed to Americans not to ›remain silent in the face of suppression of fundamental human rights wherever it takes place.‹
›We must give all possible support to those who remain honest and brave under unbearable conditions and have enough strength to fight,‹ Mrs. Alliluyeva said.
She commented on the trial last week of four young dissidents, and the earlier trial of two writers, in an interview with Marvin Kalb of C. B. S. News.«
Die NYT veröffentlichte am gleichen Tag eine Erklärung von Swetlana Allilujewa, in der sie zur Solidarität mit den sowj. Dissidenten aufruft und aus einem Aufruf von Pawel Litwinow und Larissa Daniel zitiert. In bezug auf die »sozialistische Gesetzlichkeit« heißt es: »The Soviet law has been violated; the basic democratic freedoms of the citizens were ignored and the sentence was predetermined by the Government and secret police«; s. K. 29, 24.

601, 3   *Princeton* – s. K. 226, 19.

601, 4 f.   *Verurteilung von vier jungen Moskauern* – s. K. 427, 30.

601, 7 f.   *Väterchens* – s. K. 29, 26 f.

601, 14   *Columbia Broadcasting System* – Eine der drei größten amerik. Rundfunk- und Fernsehstationen (Abk.: CBS), gegr. im Januar 1927 als United Independent Broadcasters; bereits im September 1927 umbenannt; Sitz in New York; s. K. 627, 6; 1310, 15.

601, 15   *Dial-A-Flower* – (engl.) telefonischer Blumenservice.

601, 20   *Tochter von Isaak Babel* – Isaak Emmanuilowitsch Babel (13. 7. 1894–27. 1. 1940 oder 17. 3. 1941), russ. Schriftsteller, Sohn eines jüd. Kaufmanns, seit 1937 politisch verfolgt, u. a. wegen seiner detailgetreuen Schilderung des poln. Krieges von 1920 in »Konarmija«, 1926, (dt. Budjonnys Reiterarmee, 1926), wurde 1939 verhaftet und nach der Verurteilung hingerichtet. Isaak Babel hatte zwei Töchter: aus erster Ehe Natalie Babel, aus zweiter Ehe Natascha Babel.

601, 20 f. *Witwe von Ossip Mandelstam* – Nadeschda Jakowlewna (Khazina) Mandelstam (31. 10. 1899–24. 12. 1980), Lehrerin; lernte Mandelstam 1918 kennen, ging mit ihm 1934 in die Verbannung, rettete bei seiner Verhaftung 1938 seine Manuskripte. 1964 schrieb sie ihre Erinnerungen »Das Jahrhundert der Wölfe«, die zuerst im Samisdat vertrieben und 1970 in Westeuropa veröffentlicht wurden.
Ossip Emiljowitsch Mandelstam (15. 1. 1891–27. 12. 1938 [?]), russ. Lyriker; Sohn einer jüd. Kaufmannsfamilie, seit 1924 diffamiert, 1934 wegen eines Spottgedichtes über Stalin verhaftet und zu drei Jahren Verbannung verurteilt, 1938 zu fünf Jahren Zwangsarbeit wegen »konterrevolutionärer Tätigkeit« verurteilt und vermutlich in einem Durchgangslager bei Wladiwostok an Erschöpfung gestorben; vgl. Mandelstam (1971).

601, 26   *Theo Swantenius, der Jurist* – Eine Quelle für die Person konnte nicht nachgewiesen werden.

602, 27   *Dr. Joseph Goebbels* – 29. 10. 1897–1. 5. 1945, dt. Journalist und Politiker; 1925
Mitglied der NSDAP, 1926 Gauleiter von Berlin, seit 1928 Mitglied des
Reichstags; 1930 Reichspropagandaleiter der Partei; Vertrauter Hitlers. Ab
1933 Reichsminister für Volksaufklärung und Propaganda und Präsident der
Reichskulturkammer; sorgte für Gleichschaltung der Medien und des Kul-
turlebens; proklamierte 1943 den »totalen Krieg«; neben Hitler der erfolg-
reichste Redner der NSDAP und einer der Hauptverantwortlichen der NS-
Verbrechen; beging mit seiner Familie Selbstmord.
Es ist unwahrscheinlich, daß anläßlich Goebbels' Geburtstag Unterricht aus-
fiel.

602, 27–29   *Einen Tag vorher ... Rotterdam ergehen dürfen* – Erasmus von Rotterdam hat einen Tag vor Goebbels Geburtstag. Im »Mecklenburgisch Christlichen Haus-
kalender« von 1937, hg. vom Mecklenburgischen Landesverein für Innere
Mission e. V., Schwerin 1937, finden sich im tabellarischen Kalender auf S. 22
diese aufeinanderfolgenden Geburtstage, für Erasmus mit dem Geburtsjahr
1466. Johnson besaß ein Exemplar dieses Jahrgangs.

602, 28   *Erasmus von Rotterdam* – 28. 10. 1466 oder 1469–12. 7. 1536, niederländischer
Humanist und Theologe, trat für geistige Unabhängigkeit und Freiheit der
Erkenntnis ein, wandte sich gegen Scholastik, Dogmatismus sowie Autorität
und Machteinflüsse der Kirche. Sein »Lob der Torheit«, 1509, preist Mensch-
lichkeit und natürliches Selbstgefühl, wobei die Verkehrtheit der Welt satirisch
als Tugend gelobt, Schwächen und Laster als Narrheit dargestellt werden.

602, 32   *»Heimtückegesetz«* – s. K. 600, 30–33.

603, 15 f.   *Schetz is Griem ... was bei'n Reichsaabeitssiens* – (missingsch) Jetzt ist Griem
Oberfeldmeister oder so etwas beim Reichsarbeitsdienst; Reichsarbeitsdienst:
s. K. 571, 31.

604, 1   *Ackerbürgerzeiten* – s. K. 31, 20.

604, 16 f.   *Mecklenburgische Christliche Hauskalender* – s. K. 571, 24 f.

604, 17 f.   *Matthäus 10, Vers 34 bis 42* – Die Angabe steht im Kalender auf S. 22;
s. 604, 19–605, 6.

604, 19 f.   *Think not that ... but a sword* – (engl.) Ihr sollt nicht wähnen, daß ich gekommen sei, Frieden zu bringen. Ich bin nicht gekommen, Frieden zu bringen,
sondern das Schwert. Matth 10, 34; engl. Text nach der King James Bibel.

604, 22–25   *He that loveth ... worthy of me* – (engl.) Wer Vater oder Mutter mehr liebt
als mich, der ist mein nicht wert; und wer Sohn oder Tochter mehr liebt als
mich, der ist mein nicht wert. Matth 10, 37; engl. Text nach der King James
Bibel.

604, 27 f.   *And he that . . . shall find it* – (engl.) Und wer sein Leben verliert um meinetwillen, der wird's finden. Matth 10, 39; engl. Text nach der King James Bibel.

604, 31   *Wehrlich* – s. K. 570, 9.

604, 32   *Gräfinnenwald* – s. K. 34, 8.

604, 33 f.   *And he that . . . that sent me* – (engl.) Und wer mich aufnimmt, der nimmt den auf, der mich gesandt hat. Matth 10, 40; engl. Text nach der King James Bibel.

604, 36   *dumm Tüch* – (nd.) dummes Zeug; s. K. 299, 13.

605, 1–3   *And he that . . . righteous man's reward* – (engl.) Wer einen Gerechten aufnimmt, darum daß er ein Gerechter ist, der wird eines Gerechten Lohn empfangen. Matth 10, 41; engl. Text nach der King James Bibel.

605, 4–6   *And whosoever shall . . . cold water only* – (engl.) Und wer einen dieser Geringen nur mit einem Becher kalten Wassers tränkt . . . Matth 10, 42; engl. Text und Kursivsetzung nach der King James Bibel. (Die Fortsetzung lautet: darum daß er ein Jünger ist, wahrlich, ich sage euch: es wird ihm nicht unbelohnt bleiben.)

605, 30   *Eisernes Kreuz* – s. K. 115, 31.

606, 34   *Dat wier je ne düre Ünnerhollunk* – (nd.) Das war ja eine teure Unterhaltung.

607, 2   *Nicks föe ungaud, Fru Cresspahl* – (nd.) Nichts für ungut, Frau Cresspahl!

607, 5   *Zimmer der Schweizerin* – s. K. 28, 4–31.

607, 29   *Unteroffiziersschule in Eiche* – s. K. 472, 33 f.

607, 30 f.   *Reichsnährstandsführer Eugen Darré* – Richtig: Richard Walther Darré (14. 7. 1895–5. 9. 1953), dt. Agrarpolitiker; Gründer und Leiter der agrarpolitischen Abteilung der Reichsleitung der NSDAP seit 1930, setzte sich für eine »völkische« Bauernpolitik ein: »Das Bauerntum als Lebensquell der nordischen Rasse«, 1929. Er prägte den Begriff »Blut und Boden«: »Neuadel aus Blut und Boden«, 1930; 1933–42 Reichsernährungsminister und als Reichsbauernführer der Leiter des Reichsnährstands; 1949 zu sieben Jahren Haft verurteilt, 1950 entlassen; s. K. 399, 34; 1840, 28 f.

608, 6   *Feunden* – Druckfehler in allen Taschenbuchausgaben und der gebundenen Ausgabe von 1983, richtig: Freunden.

18. 1. 1968

608, 12 f.   *Heilversuche am britischen Pfund* – Vgl. den Artikel der NYT vom 18. 1. 1967, S. 1 und 4, »British Taxes to Rise Soon To Curb Private Spending«: Der Finanzminister Roy Jenkins hatte im Unterhaus Steuererhöhungen angekündigt, um die Ausgaben zu beschränken. Der Pfundkurs reagierte darauf mit einem leichten Anstieg.

608, 13   *die Golddeckung des Dollar* – Vgl. den Artikel der NYT vom 18. 1. 1967, S. 1
und 17, »Congress Asked To End Gold Cover«: Präsident Johnson hatte vom
Kongreß die Aufhebung der Golddeckung des Dollars gefordert. Bislang
mußten 25 % der Geldnoten durch Gold gedeckt sein, was $ 10,7 Mrd. der
Gesamtmenge von $ 12 Mrd. der freien Verfügung entzog.

608, 14 f. *den guten Willen . . . Gunsten der Neger* – Vgl. den Artikel der NYT vom 18. 1.
1967, S. 1 und 29, »Church Council Bids Court Bar Bias by Big Housing
Developers«, nach dem der National Council of Churches vom Obersten Gericht verlangt hatte, Rassendiskriminierung durch Wohnungsbaufirmen gesetzlich zu verbieten.

608, 15 f. *in welch selbem . . . übertroffen werden will* – Henry Ford II. (4. 9. 1917–29. 9.
1987), alleiniger Besitzer der von seinem Großvater gegr. Ford Motor Com-
pany, hatte seinen Vorarbeitern einen Brief geschickt und sie um »aktive Unterstützung« der Farbigen gebeten. Obwohl nach dem Artikel der NYT vom
18. 1. 1968, S. 28, »Ford Urges Aides To Help Negroes« weder Schwarze noch
andere ethnische Gruppen erwähnt worden seien, sei die Bedeutung klar gewesen.

608, 17–20 *die Rede Präsident . . . jeder Prüfung gewachsen* – Vgl. das Transkript der »State of
the Union Message to Congress and Nation« in der NYT vom 18. 1. 1967,
S. 1 und 18, in der Präsident Johnson feststellte, daß Nordvietnam die amerik.
Bedingungen für einen Bombenstop und Gespräche noch nicht erfüllt habe.
Der Schluß auf S. 18 lautete: »So this, my friends, is the state of our Union:
seeking, building, tested many times this past year, and always equal in the
test.«

608, 20–22 *daß Prinz Sihanouk . . . als »zynisch« zitiert* – Vgl. den Artikel »Sihanouk Charges U. S. Reneges on Border Accord« der NYT vom 18. 1. 1967, S. 1 und 18:
Bei einem Dinner zu Ehren von Präsident Tito in Pnom Penh klagte Sihanouk die USA an: »cynically disregarding its promises and of proclaiming its
right to carry out military operations inside Cambodia«. Der Wortbruch bezog sich auf die Ankündigung der USA, sich das Recht zu nehmen, auch in
Kambodscha militärische Operationen durchzuführen.
Prinz Samdech Preah Norodom Sihanouk, geb. 31. 10. 1922, kambodschani-
scher Politiker; 1941–55 und seit 1993 König von Kambodscha; 1955 Ministerpräsident, 1960 Staatspräsident.

608, 23 f. *Mafia-Skandal in den Städtischen Wasserwerken* – Vgl. den Artikel der NYT vom
18. 1. 1967, S. 1 und 45, »Marcus and Itkin Called By Hogan In New Bribe
Case«. Mehreren Mitarbeitern der Wasserwerke und einem Rechtsanwalt der
Gewerkschaft wurde Bestechung vorgeworfen; s. K. 475, 12–27.

608, 24   *ertappte Steuerbeamte* – Vgl. den Artikel »22 U. S. Tax Agents Among 227 Seized
On Bribe Charges« der NYT vom 18. 1. 1967, S. 1 und 43. 22 Mitarbeiter
des Internal Revenue Service, vier ehemalige Mitarbeiter und ein Buchhalter wurden angeklagt, einen Steuerinspektor bestochen zu haben.

608, 24   *geklaute Kreditkarten* – Vgl. den Artikel der NYT vom 18. 1. 1967, S. 1 und 49, »Stolen Credit Cards Costly to Bank Here«. Die First National City Bank rechnete mit Verlusten von Hunderttausenden von Dollars; s. K. 285, 21–23.

608, 24 f.   *die Rauschgiftrazzia in ... Universität Stony Brook* – Vgl. den Artikel »L. I. Narcotics Raid Nets 33 On Campus« der NYT vom 18. 1. 1967, S. 1 und 43. Bei einem Einsatz von 198 Polizisten auf dem Campus des State University Center wurden 33 Personen, davon 25 Studenten, wegen Verstoßes gegen die Drogengesetze verhaftet.

608, 25   *Universität Stony Brook* – State University of New York in Stony Brook; 1960 gegr., an der Nordküste von Long Island, County Suffolk.

608, 25–28   *gleichsam tröstend weist ... Physiker arbeiten darf* – Vgl. den Artikel »Litvinov Grandson Loses School Post« der NYT vom 18. 1. 1967, S. 1 und 10: Der Physiker Pawel Litwinow hatte als Assistent den niedrigsten Rang am Institut für Chemische Präzisionstechnologie bekleidet, ihm wurde Nichteinhaltung der Arbeitsdiszplin vorgeworfen; s. K. 521, 11.

608, 33   *Solch würdige Greisin* – Anspielung auf Bertolt Brechts (s. K. 211, 33) Erzählung »Die unwürdige Greisin«; s. 1526, 38.

609, 2–612, 11   *Gestern nachmittag hat ... die Hearings weiter* – Der Text bezieht sich auf folgende Passagen aus dem Artikel »News Media Charged With Giving False Image of Minorities« der NYT vom 18. 1. 1968, S. 28: »A Federal commission studying discrimination against Negro and Puerto Rican white collar workers charged yesterday that the communications industry was giving Americans ›a false image of the society in which they live.‹
Because of a ›near total absence‹ of minority groups from any but ›stereotyped roles‹ in television programs and commercials and in periodical and newspaper advertising, the industry also was accused of giving Negroes and Puerto Ricans ›a distorted view of themselves.‹ [...]
Mr. Markham [Charles B. Markham, director of research and reports for the commission] said, ›these employers have a place of awesome influence in the nation, and it is they who can most readily establish the intellectual climate for significant social changes.‹ [...]
Mr. Markham also asserted that the role in nondiscriminatory hiring of the communications industry was more serious that [sic] in other businesses ›because they are the opinion and taste-makers in a grave period of our national history.‹ [...]
In New York, Negroes make up 18 per cent of the population and Puerto Ricans 10 per cent. [...]
After Mr. Arnold [Leonard Arnold, personnel manager of the New York Post] testified that his newspaper had 24 Negro and Puerto Rican white collar employes out of a total force of 450 persons, Mr. Steiner [Daniel Steiner, general counsel of the commission] asked: ›Does it bother The New York Post as a

basically liberal newspaper that there is virtually a segregated press in New York City?‹

›Any type of segregation bothers The New York Post,‹ Mr. Arnold replied.

Mr. Arnold told the commission that The Post had four Negro reporters out of 53 and had no Negro editors. [...]

Samuel C. Jackson, a member of the commission, said he was ›shocked‹ by what he termed the under-utilization of Negroes and Puerto Ricans in the newspaper industry.

›It really demonstrates why we have riots and explosions of despair in the cities,‹ he said. [...]

Later in the day, the commission was critical of the New York Times after representatives of the newspaper testified that there were three Negro reporters out of 200 in its employ. The reference was to reporters at the New York office of The Times. [...]

›We are not proud that only about 7 per cent of our white collar employes are from the minorities upon which these hearings are focused,‹ he [John H. Mortimer, general director of personnel and industrial relations for The Times] said. ›But the percentage is improving. A year ago it was 6 per cent.‹

Clifford L. Alexander Jr., chairman of the commission, asked Mr. Mortimer if he didn't want to retract part of his prepared statement that described The Times as trying to ›practise what we preach‹ in the field of equal opportunity.

›No, I don't want to,‹ said Mr. Mortimer.

Mr. Alexander than [sic] asked if The New York Times was a leader in the newspaper field.

›Possibly,‹ replied Mr. Mortimer.

›That's a good deal of modesty,‹ Mr. Alexander continued. ›I would hope that your leadership would extend itself in the field of equal employment.‹

Mr. Mortimer told the commission that The Times was continuing to make progress in the hiring of minorities and was ›vigorously attacking the problem.‹ [...] During the day, the commission heard testimony from other representatives of the communications industry, including Andrew Helskell, chairman of the board of Time Inc. [...]

William C. Fitts, vice president of employe relations at the Columbia Broadcasting System, told the commission that the broadcaster had employed Negroes in all types of executive positions and that special efforts had been made to seek more qualified Negro workers.

He said, however, that C. B. S. had not made enough efforts to find Spanish-speaking employes.

Other representatives who testified at the hearing came from the American Broadcasting companies; Doubleday & Co., book publishers; the J. Walter Thompson, advertising, and the Grey Advertising Company.

Meantime, the commission noted in a report that it had found evidence that few opportunities existed for Jews as high-level business executives in New York City. [...]

The report showed that although 25 per cent of the city population is Jewish,

only 4.5 per cent of the 2, 104 officers of 38 major corporations were Jews. Among the concerns with low numbers of Jewish executives were banks, insurance companies, shipping concerns and law firms.
The hearings will conclude today.«
Johnson verzichtet bei der Übersetzung des Urteils des Kommissionsvorsitzenden Alexander, »a good deal of modesty«: außerordentlich bescheiden, auf den ironischen Beiklang.

609, 4   *Foley Square* – s. K. 16, 10.

609, 16 f.   *in weniger als gar keiner Zeit* – (engl. wörtl. übersetzt) in less than no time; Zitat aus Lewis Carrolls »Alice in Wonderland«; vgl. Carroll (1954), S. 96; s. K. 875, 16 f.; 1106, 2–20; s. 914, 21; 1106, 16; 1106, 18–28.

609, 29 f.   *New York Post* – s. K. 513, 36.

609, 30   *Kaustisch* – Hier: (engl. aus der NYT übernommen) sarkastisch.

610, 6–17   *Wer da der . . . $ 20,–. 100 000,– Dollar* – Unter der Überschrift »Nation's Police Arming for Riots« berichtet die NYT vom 18. 1. 1968 über Bestellungen für die im Sommer erwarteten Unruhen. Überall wünschten die Auftraggeber nicht genannt zu werden. Bei J. Tom Moore in Memphis waren zehn gepanzerte Fahrzeuge und bei Smith & Wesson in Springfield, Mass., Handfeuerwaffen, Handschellen und Tränengas bestellt worden. Die Lieferung eines Kampfhubschraubers wurde vom Hersteller abgelehnt. Die Chemikalie »Bananenschale« wurde vorläufig nur getestet: »A number of departments have been testing such futuristic offensives as [. . .] a chemical called ›banana peel‹ because it makes the streets so slippery it is difficult to walk – let alone riot.«

610, 9   *Philadelphia* – s. K. 92, 33.

610, 9   *Atlanta* – s. K. 168, 16.

610, 9 f.   *Waffenfabriken in Memphis, in Springfield* – Sowohl J. Tom Moore and Sons in Memphis, Tennessee, einer der größten Hersteller von gepanzerten Fahrzeugen, als auch Smith & Wesson, Springfield, bekannt für Gewehre, Pistolen und Tränengasgeräte, bestätigten größere Aufträge, ohne ihre Auftraggeber nennen zu wollen.
Memphis: größte Stadt in Tennessee; Springfield: Stadt in Massachusetts.

610, 23–31   *einer alten Dame . . . geborene Ochs-Hays-Sulzberger* – Die »alte Dame« bezieht sich hier sowohl auf die Anrede »Tante Times« als auch auf Iphigenie Ochs-Sulzberger, die Tochter des Zeitungsgründers Adolph Simon Ochs, die 1968 zu den Gesellschaftern des Blattes gehörte. Adolph Ochs wurde von seinem Schwiegersohn Arthur Hays Sulzberger (12. 9. 1891–11. 12. 1968) als Hg. abgelöst, dessen Amt wiederum dessen Schwiegersohn Orvil E. Dryfoos und seit 1963 Sulzbergers Sohn Arthur Ochs Sulzberger übernahm; vgl. DER SPIEGEL 11. 4. 1966, S. 110–128; s. K. 14, 2; 515, 17.

610, 29   *Da stellen wir . . . ein Schweigen vor* – s. K. 12, 4.

611, 32	*Time Magazine* – Im März 1923 von Henry L. Luce und Briton Hadden in New York gegr., erstes wirklich erfolgreiches amerik. Nachrichtenmagazin; erschien in einer US-Auflage (4, 6 Mio.) und mehreren internationalen Auflagen.
611, 32 f.	*Columbia Broadcasting* – s. K. 601, 14.
611, 33	*American Broadcasting* – s. K. 240, 32.
611, 33 f.	*Doubleday & Co.* – Verlag, 1897 von Frank Nelson Doubleday (8. 10. 1862–30. 1. 1934) als Doubleday & McClure Company gegr., 1946 in Doubleday & Co. umbenannt; zu dieser Zeit der größte Buchverlag in den USA.
611, 34	*J. Walter Thompson* – Amerik. Werbeagentur, eine der größten der Welt, bekannt für ihre innovative humorvolle Werbung. Unter dem Namen Carlton & Smith 1864 als eine der ersten Werbeagenturen der Welt gegr., 1878 von J. Walter Thompson, einem der Mitarbeiter, gekauft, seit 1896 J. Walter Thompson Co. genannt.
611, 35	*Grey Advertising* – (engl.) Werbeagentur Grey; 1917 von Larry Valenstein als »Grey Studios« gegr., seit 1925 Aktiengesellschaft unter dem Namen »Grey Advertising«; eine der ersten Gesellschaften, die Aufträge von jüd. Firmen annahm.
612, 7 f.	*Sprichst du vom ... von deinen Splittern* – Anspielung auf Matth 7, 3: »Was siehst du aber den Splitter in deines Bruders Auge und wirst nicht gewahr des Balkens in deinem Auge?«
612, 11	*Hearings* – (engl.) Voruntersuchungen vor einem Ausschuß.

19. 1. 1968

612, 33– **613, 13**	*50 Damen waren ... was verfehlt worden* – Vgl. den Artikel »Eartha Kitt Denounces War Policy to Mrs. Johnson« der NYT vom 19. 1. 1968: »About 50 white and Negro women invited to the White House to discuss President Johnson's proposals to combat crime in the streets sat at their table in silence as Miss Kitt, a Negro, spoke out against the war and high taxes. ›You send the best of this country off to be shot and maimed,‹ she said. ›They rebel in the street. They will take pot and they will get high. They don't want to go to school because they're going to be snatched from their mothers to be shot in Vietnam.‹ A pale Mrs. Johnson later rose and looked directly at Miss Kitt [...]. ›Because there is a war on [...] that still doesn't give us a free ticket not to try to work for better things such as against crime in the streets, better education and better health for our people,‹ Mrs. Johnson said, her voice trembling and tears welling in her eyes. [...] She [E. Kitt] said she had not walked the streets of ghettos as crusaders as the other guests had, but ›I have lived in the gutters.‹ ›I'm sorry,‹ Mrs. Johnson replied. ›I cannot understand the things that you do.

I have not lived with the background that you have. [. . .]‹ Miss Kitt said she thought that the speakers had ›missed out on something‹ that she had learned while working in the racially troubled Watts section of Los Angeles.« Eartha Kitt: geb. 26. 1. 1928, amerik. Jazzsängerin, Schauspielerin und Tänzerin; aufgrund ihrer Rolle als Cat Woman in der Batman-Serie von 1966 in den USA sehr bekannt; s. K. 622, 34–623, 6; 627, 2–9; 636, 3–12; 641, 22–26.

613, 6   *Frau des Präsidenten* – Claudia Alta »Ladybird« Johnson, geb. 22. 12. 1912.

613, 17 f.   *Jerichow, darin über . . . gerechnet das Vieh* – Anspielung auf die biblische Geschichte vom Propheten Jona, 4, 11, die endet: »und mich sollte nicht jammern Ninive, eine so große Stadt, in der mehr als hundertzwanzigtausend Menschen sind, die nicht wissen, was rechts oder links ist, dazu auch viele Tiere?« In Johnsons Adaption der Geschichte lautet der Satz: »Warum jammert dich nicht der großen Stadt Ninive, in der über hundertzwanzigtausend Menschen sind, die zwischen links und rechts noch nicht unterscheiden können, dazu die Menge Vieh«; vgl. Johnson, Jonas zum Beispiel, S. 84.

614, 4   *Holstenhauses* – Das Haus stand in der Holstenstraße, zwischen Holstentor und Kohlmarkt an der Stelle der späteren Karstadt-Filiale.

614, 6   *Königstraße* – s. K. 196, 30.

614, 6 f.   *Mengstraße* – Straße in der Altstadt mit mehreren Renaissance-Giebelhäusern; am bekanntesten ist Nr. 4, das barocke »Buddenbrookhaus«, das 1841–91 der Familie Mann gehörte und in dem Heinrich und Thomas Mann aufwuchsen. Es wurde bei der Bombardierung am 28./29. 3. 1942 bis auf die Fassade zerstört, später wieder aufgebaut.
Die Mengstraße war den Lübeckern auch als Ort für sozialpolitische Auseinandersetzungen bekannt: An der Ecke Mengstraße/Schüsselbuden 2 befand sich das »Braune Haus« der NSDAP, das auch als Kaserne für SS und SA diente, gegenüber lag das Arbeitsamt mit der Stempelstelle, im Hof desselben Hauses war die Volksküche untergebracht, und das Büro der ARSO (Arbeitsgemeinschaft Revolutionärer Sozialpolitischer Organisationen) lag in der Mengstraße 42. Aufgrund dieser Nachbarschaft war es hier vor 1933 häufig zu Schlägereien zwischen Nationalsozialisten, Arbeitslosen und Antifaschisten gekommen.

614, 7   *Schrangen* – Kurze Straße in der Altstadt zwischen Breite Straße und Königstraße in der Nähe des Rathauses.

615, 2   *Dreibergen bei Bützow* – Dorf nordwestlich von Bützow, heute Vorort mit einem großen, 1894 erbauten, festungsähnlichen Zuchthaus. Dreibergen-Bützow war für seine unmenschlichen Haftbedingungen berüchtigt. In der eigenen Hinrichtungsstätte wurden bis zum 25. 4. 1945 über 700 Antifaschisten getötet; s. K. 102, 25.

615, 5–7   *dat de Zylinder . . . lett he nich* – (nd.) daß der Zylinder ein feiner stattlicher Hut ist, aber wer ihn nicht gewöhnt ist, dem steht er nicht.

615, 9 f.   *Cresspahl sin Fru . . . het mi ruträtn* – (nd.) Cresspahls Frau hat mich fix rausgerissen. Lisbeth Cresspahl hat mich rausgerissen.

615, 18   *Dumm Tüch* – (nd.) Dummes Zeug; s. K. 299, 13.

615, 20–619, 7   *Und nun die . . . kein Helpn mihr* – Zur Verknüpfung der Erinnerungs- und Todesproblematik vgl. Butzer (1997); s. 62, 15 f.; 64, 23–29.

615, 23   *Mediterranian Swimming Club* – s. K. 487, 20; Druckfehler in allen Ausgaben, richtig: Mediterranean.

615, 29   *What is a water butt, anyway* – (engl.) Was ist überhaupt eine Regentonne?

616, 21   *Krampe* – U-förmige Eisenklammer mit spitzen Enden.

616, 26–28   *damit die Schwalben . . . Balken bauen konnten* – Vgl. IB, S. 233: »Der Flur war ganz laut von jungen Vogelstimmen; an einem Deckenbalken hatten Schwalben ein Nest gebaut. Sie bewohnten es seit [. . .] unvordenklichen Zeiten, und niemals hatten Niebuhrs das zerbrochene Fensterglas über der Hintertür ersetzt: die Schwalben mussten immerhin hinein und hinaus kommen dürfen.«

618, 27 f.   *Vadding de Katt . . . ruich sittn gån* – (nd.) Vater die Katze! (. . .) Da kann sie ruhig sitzen; s. 64, 13; Vadding: (nd.) Koseform zu Vater; s. K. 73, 4.
Vgl. Manuskriptfragment Oct 4, 1966, im Johnson-Archiv: »Momente, einen Tropfenfall lang. In Jerichow. Der Holzkasten am Herd. Cresspahl dein Grossvater beschimpft die Katze. Sie soll sich aus dem Holzkasten scheren. Sie haette sich in der Tat was einreissen koennen. Gleich kommt sie unter den Kacheltisch und legt sich ueber das rauhe schwarze Leder seiner beiden Holzpantoffeln. Das Kind fragt. Ich habe gefragt. – Dor kann se ruhich sittn gån: sagte er, und vergewisserte sich mit Aufblicken, dass das Kind ihn begriffen hatte.«

618, 35   *»Wer sein Kind liebt«, Marie, der* – »Wer sein Kind liebt, der züchtigt es.« Sprichwörtliche Erziehungsregel nach Spr 13, 24: »Wer die Rute spart, der haßt seinen Sohn; wer ihn lieb hat, der züchtigt ihn beizeiten.« Vgl. auch Jesus Sirach 30, 1; HNJ, S. 95: »*Wer aber sein Kind liebhat, der züchtiget es und errettet seine Seele von der Hölle*«; s. K. 791, 23 f.

619, 6–7   *Lisbeth ick schlå . . . kein Helpn mihr* – (nd.)
Lisbeth ich schlag dich tot.
Schlag mich tot Heinrich. Mir ist nicht mehr zu helfen.
s. 64, 27.

20. 1. 1968

619, 10   *»Nüchs«* – (nd.) Nichts.

619, 14   *Československo je také velmi krásné* – (tschech.) Die Tschechoslowakei ist auch sehr schön.

619, 17	*Kreslil* – s. K. 301, 33.
619, 25 f.	*den 4. Fünfjahrplan der Č.S. S. R.* – 1966 in Kraft gesetzt; im Gegensatz zu den früheren Fünfjahrplänen wurde nur ein unverbindliches Zielprogramm für die Wirtschaft mit einer Wachstumsrate von 2,9 % in der Landwirtschaft und 5,5 % in der Industrie vorgesehen. Die Wirtschaft sollte statt durch detaillierte Weisungen zentraler Instanzen durch indirekte wirtschaftspolitische Mittel und Marktmechanismen beeinflußt werden. Die tschechos. Wirtschaft war in dieser Zeit stark von der UdSSR abhängig, 37 % des Exports gingen in die UdSSR.
619, 28 f.	*Státní Banka Československá* – (tschech.) Die Staatliche Bank der Tschechoslowakei.
620, 4	*Foreign Sales* – (engl.) Außenhandelsabteilung (der Bank); s. 700, 12; 714, 9, 28; 716, 29; 819, 39–820, 1; 822, 3.
620, 22	*Mission: Impossible* – (engl.) Auftrag nicht ausführbar. In dieser Schreibweise Titel einer überaus erfolgreichen Serie von Agenten-Thrillern der CBS, die von 1966–73 produziert wurde (dt. »Cobra, übernehmen Sie«). Die gleichnamige Titelmusik von Lalo Schifrin wurde so populär, daß sie einige Zeit in den US-Charts stand.
620, 34 f.	*weather conditions providing* – (engl.) wenn das Wetter mitspielt.
620, 37– 621, 34	*Daß die K. P. Č. . . . wie es war* – Die NYT vom 20. 1. 1968 schreibt unter der Überschrift »Comrades, Your Leader« über verschiedene tschechos. aktuelle Probleme: Zum einen habe die KPČ beschlossen, daß Dubček nicht mehr so anonym bleiben solle wie die früheren Funktionäre: »Czechoslovakians have not been used to such personal publicity, which is part of the party's effort to democratize and humanize itself.« Die Bürger aber bewege am meisten das ungelöste Wohnungsproblem: »Recently the ordinary man's interest and what optimists call the new political climate coincided when the National Assembly declined to vote a new housing law. A specialized committee suggested that even this law did not go far enough. The discussions turn on the growing realization that ridiculously low rents result in dilapidation.« Ausführlich wird ein Fernsehprogramm über die Familie Petschek kommentiert: »The greatest unanswered question in Prague this week is why the Government-controlled television network devoted a full hour to a documentary on the Petschek family. The Petscheks were, from the end of the 19th century until the late nineteen-thirties, the equivalent of the Rockefellers here. They sold most of their interests – their fortune was based on mining and banking – and went to the United States just before the Nazis took over in 1938. What interested Czechoslovaks was the matter-of-fact manner in which this family of capitalists was treated. Gone apparently are the days when the Petchecks [sic] were described as robber barons.

Although the documentary did assert that the Petscheks were not overly concerned with the lives of their workers, the general tone bordered on awe.
Over and over again the documentary noted that the Petscheks were never
victims of any of the European stockmarket crashes.
For many viewers the documentary provided a sense of the history of their
nation, which this year celebrates the 500th anniversary of its founding and
the 20th anniversary of the Communist takeover.
Adding to the mood were shots of a half dozen houses the Petschek family
owned. Three today serve as diplomatic residences for the Russian, American
and Chinese Embassies, while the Petschek bank now houses the Foreign
Trade Ministry, having served as the Gestapo headquarters during the Nazi
occupation.«

620, 37   *K. P. Č.* – s. K. 523, 12 f.

621, 14 f.   *Familie Petschek* – Tschech. Industriellenfamilie; der Gründer Moses Ben Israel
               (1822–1888) zog von Pečky (daher der Name der Familie) zunächst nach Ko-
               lin; seine Söhne Isidor (1854–1919), Julius (1856–1932) und Ignaz Petschek
               (1857–1934) besaßen Kohlebergwerke in Deutschland und der Tschechoslo-
               wakei, Isidor und Julius eine Bank. Hauptsitz der Familie Julius Petschek war
               Prag, der von Ignaz Petschek war Aussig an der Elbe; beide Familien kon-
               kurrierten miteinander. Nach dem Tod von Julius besaßen insgesamt sieben
               Familien die Prager Gruppe. Mit den Verhandlungen über die »Arisierung«
               ihres Vermögens wurde für den dt. Besitz Friedrich Flick, für den tsche-
               chos. Besitz die Dresdner Bank beauftragt; während die »Julius Petschek Fa-
               milien« ihr Vermögen noch verkaufen konnten und im Juli 1938 nach Eng-
               land, später in die USA übersiedelten, wurde die Familie von Ignaz Petschek
               wegen angeblicher Steuerschulden in Höhe von 300 Mio. Reichsmark ent-
               schädigungslos enteignet; die »Hermann Göring Werke« gründeten die Firma
               Subag, um beide Gruppen zusammenzufassen; das Prager Stadtpalais in der
               Nähe des Wenzelsplatzes war später das Hauptquartier der Gestapo; s. K.
               621, 19–22.

621, 16   *Die Rockefellers* – Rockefeller: s. K. 99, 15 f.; 115, 33; 424, 1 f.; 638, 8;
               1397, 12.

621, 19–22   *das Jahr 1938 . . . in die U. S. A.* – Die Familie von Julius Petschek verkaufte
               ihre in Deutschland liegenden Bergwerke mit Vertrag vom 21. 5. 1938 für
               4, 75 Mio. Dollar, die tschech. für etwa 70 Mio. Kronen.

621, 31–33   *Die Petschekbank, die . . . dann zum Außenhandelsministerium* – s. K. 621, 14 f.

621, 36   *Češi a Slováci jsou bratři.* – (tschech.) Tschechen und Slowaken sind Brüder.

622, 7 f.   *Není to pěkné . . . vskutku velmi pěkné* – (tschech.) Ist das nicht ein schönes
               Kind? Ja, es ist in der Tat sehr schön.

622, 24   *Hotel Alcron* – Štěpánská 40, Prag 1, renommiertes Spitzenhotel in der Nähe
               des Wenzelsplatzes.

622, 34–623, 6 *Die New York . . . Mitleid begriffen werden* – Vgl. den Kommentar »From the Heart of Eartha Kitt« der NYT vom 20. 1. 1968: »Eartha Kitt's rude confrontation with the First Lady at a White House luncheon the other day did not add significantly to the national dialogue on juvenile delinquency, the war, taxes, poverty or race. [. . .] To her great credit, Mrs. Johnson candidly replied: ›I am sorry. I cannot understand the things that you do. I have not lived with the background that you have.‹ This is the heart of the matter. White people have not experienced the hurts and humiliations at the hands of whites that are the lingering heritage of hundreds of millions of people of color around the world. [. . .] When those old wounds are reopened, sometimes by the most innocent act or word of a wellmeaning white, all the accumulated venom of the ages pours out. It may be and often is misdirected. It may be and often is rude and irrational. It may be self-destructive. But it is there and it must be faced – not with scorn or anger or bitterness, but with compassionable understanding«; s. K. 612, 33–613, 13.

622, 35 *Mrs. Johnson* – s. K. 613, 6.

21. 1. 1968

623, 10–18 *Die New York Times . . . genießbarer zu machen* –Vgl. die ganzseitige Anzeige der NYT vom 21. 1. 1968, deren Überschrift »1967 saw the end of a period. And some other accomplishments« auf die doppelte Bedeutung des Wortes »period« (hier: Periode, Punkt) anspielt: »Last February, the period after the words ›The New York Times‹ on top of the front page was dropped. It had survived since the first issue, 117 years ago.
It wasn't the $41.28 in yearly ink costs that erased the period. It disappeared as part of a continuing program to make The Times easier to read and enjoy. [. . .]
In 1967, The Times brought readers another much-discussed book with Russia the setting: the memoirs of Svetlana Alliluyeva, daughter of Stalin. [. . .]
In May The Times bought the Microfilming Corporation of America.«
In einer eingeschlossenen Statistik heißt es:
»Average size of weekday paper, 1967: 80 pages
Average size of Sunday paper, 1967: 558 pages«.

623, 19–27 *Nicht einmal ist . . . noch nicht überzeugt* – Vgl. den Artikel »Move to Counter Fulbright's Tonkin Investigation Cites Secret Intelligence« der NYT vom 21. 1. 1968: »Shortly before Christmas, it was learned, the Administration sent Paul H. Nitze, the deputy secretary of defense, to Capitol Hill with the mission of persuading Senator Fulbright to call off the inquiry by the Senate Foreign Relations Committee staff into the Tonkin incidents. [. . .]
Mr. Nitze was understood to have argued that the Administration had conclusive proof that North Vietnam had ordered a deliberate attack against the destroyers Maddox and Turner Joy on the night of Aug. 4, 1964, in the Gulf

of Tonkin. [Fulbright plante, in den nächsten Tagen dem Kongreß eine offizielle Untersuchung vorzuschlagen. Die Verfügung über »special intelligence« war vom Verteidigungsministerium weder bestritten noch bestätigt worden.] In any event, it was apparent that Senator Fulbright did not find the intelligence information persuasive«; s. K. 491, 15–30.

623, 21   *stellvertretenden Staatssekretär für Verteidigung* – Paul Henry Nitze, geb. 16. 1. 1907, amerik. Bankier, Diplomat und Politiker; bis 1928 Studium der Wirtschafts- und Finanzwissenschaften in Harvard, 1929–40 Bankhaus Dillon, Read & Co. in New York, zuletzt als Vizepräsident, (1938–39 Präsident eines eigenen Bankhauses), ab 1940 in der Roosevelt-Administration, 1944 Vorsitzender der Überwachungsstelle für strategische Bomberkriegführung, 1946–48 stellvertretender Direktor des Amtes für internationale Handelspolitik, ab Juni 1948 Stellvertreter des Außenministers für Wirtschaftsfragen, 1950 Direktor für politische Planung im Außenministerium, ab Dezember 1960 Staatssekretär für internationale Angelegenheiten im Verteidigungsministerium, 1963–67 Marineminister, 1967–69 stellvertretender Verteidigungsminister [sic], 1969–74 Chefunterhändler in den SALT-Abrüstungsverhandlungen, 1981 Unterhändler bei den Verhandlungen zur Begrenzung der nuklearen Mittelstreckenwaffen in Europa.

623, 21 f.   *Senator Fulbright* – James William Fulbright (9. 4. 1905–9. 2. 1995), amerik. Jurist und Politiker; 1945–74 Senator für die Demokraten; Vorsitzender des außenpolitischen Ausschusses, der auch den Tonkin-Zwischenfall untersuchte; Kritiker der Vietnam-Politik. Die Regierung behauptete, sie habe nordvietnamesische Radiosignale abgefangen, die den Angriff auf die amerik. Zerstörer beweisen würden, und forderte deshalb die Absetzung der Untersuchung; vgl. NYT 21. 1. 1968; s. K. 491, 15–30.

625, 35–37   *daß Jürgen Wullenweber . . . 29. September 1537* – Eigentlich: Jürgen Wullenwever (um 1492–24. 9. 1537 [sic]); 1533–35 Bürgermeister von Lübeck; durch außenpolitische und militärische Abenteuer Verlust des Lübecker Einflusses im Ostseeraum zugunsten Schwedens und Dänemarks; von seinen aristokratischen Feinden gefangen und enthauptet. Im LGA erschien vom 17. 9.–27. 10. 1937 in 34 Fortsetzungen H. D. Uhlenbuschs Roman »Jürgen Wullenwewer – Die Tragödie einer deutschen Idee«.

625, 37–39   *20. Dezember 1712 . . . Dänen gewonnen hatten* – Schlacht im Nordischen Krieg, 1700–21, um die Vorherrschaft der Ostseeländer, in dem Dänemark mit Polen, Rußland und Sachsen gegen Schweden kämpfte. Der Krieg wurde durch den Streit der dän. und gottorfschen regierenden Linien in den Herzogtümern Schleswig und Holstein ausgelöst, die bis 1864 zu Dänemark gehörten.

625, 38   *Gadebusch* – s. K. 163, 25.

626, 6 f.   *Biedermeier* – s. K. 428, 30.

22. 1. 1968

627, 2–9   *Die New York . . . hab ich getan* – Vgl. die Notiz »Miss Kitt Gives View« der NYT vom 22. 1. 1968: »Eartha Kitt said today that she had no intention of criticizing the United States in remarks she made at a White House luncheon last week. As to whether her statements to Mrs. Johnson and guests was a breach of etiquette, the sinnger [sic] said for a taped interview broadcast by radio station WEEI: ›I don't know why. I am very surprised. I raised my hand and was called on to explain my views. That's what I did.‹«; s. K. 612, 33–613, 13; Gattin des Präsidenten: s. K. 613, 6.

627, 6   *WEEI* – Bostoner Radiosender, am 29. 9. 1924 gegr., gehört zu CBS, sendete vorwiegend Informationen, Interviews und Sportberichte; s. K. 601, 14.

627, 10–14   *18 Tote der . . . als Freiwild gilt* – Vgl. den Artikel »18 Marines Killed As Enemy Shells Camp Near Laos/25 Vietnamese Found Dead After Attacks Near Stronghold at Khesahn« [sic] der NYT vom 22. 1. 1968: »The hill, known by the number 861, its height in metres, was one of three, forming a triangle, that the marines wrested from the North Vietnamese in a series of battles in April and May of last year. [...] A military spokesman reported that 21 South Vietnamese woodcutters were killed and 21 wounded Friday in an attack by American artillery and tactical aircraft in Tayninh Province, about 60 miles northwest of Saigon.
The spokesman said that the woodcutters were working in a fire-free zone in violation of Vietnamese army regulation. The zones were marked as enemy territory and anyone in them is regarded as a fair target.«

627, 11   *Höhe 861 bei Khesahn* – Sechs Bergdörfer bildeten die Festung Khe Sanh im Nordwesten Vietnams, nahe der Grenze zu Laos. Bereits Ende April/Anfang Mai 1967 hatte es dort zweieinhalb Wochen lang schwere Kämpfe um die Höhen 861, 881 Nord und 881 Süd nordwestlich des von den Marines angelegten Flugfeldes gegeben, bei denen 155 Marines getötet und 425 verwundet worden waren. Seit der Nacht vom 20. auf den 21. 1. 1968 wurde Khe Sanh im Vorfeld der Tet-Offensive wieder intensiv von den Nordvietnamesen mit Artillerie, Raketen und Mörsern beschossen. Die Amerikaner mußten schwere Verluste hinnehmen und erwarteten dort eine Entscheidungsschlacht wie Jahre zuvor die Franzosen bei Dien Bien Phu. Nachdem die Nordvietnamesen die Belagerung Anfang April aufgegeben hatten, wurde die Festung, die an sich keinen großen strategischen Wert besaß, am 28. 6. 1968 von US-Marines evakuiert. Der Ort Khe Sanh lag 3 km südlich der Festung; vgl. DER SPIEGEL 12. 2. 1968, S. 28; 26. 2. 1968, S. 84–88; 4. 3. 1968, S. 92 f.; Sheehan (1990), S. 643–649, 703–707; s. K. 627, 10–14; 640, 22–26; 690, 34 f.; 700, 28–701, 25; 725, 11–13; 836, 8–12; 1473, 19–36.

627, 26   *Greenwich, Conn.* – s. K. 109, 27.

627, 37   *M. D.* – (lat.) Medicinae Doctor, engl. Titel eines promovierten Arztes.

628, 2	*Krankenhaus St. Lukas* – s. K. 573, 26 f.
628, 3	*Gräfin Seydlitz* – s. K. 53, 14.
628, 7	*Midland Beach* – s. K. 72, 2 f.
629, 4	*Wandervogel* – Erste Gruppenbildung (1901) der Jugendbewegung, die für jugendgemäße und naturnahe Lebensweise eintrat, Volkstanz, Volksmusik und Laienspiel pflegte; wurde Teil der Bündischen Jugend (s. K. 446, 15 f.), im Juni 1933 aufgelöst.
629, 6	*summa cum laude* – (lat.) mit höchstem Lob, beste Bewertung der Doktorprüfung.
630, 1	*kostete zehn Dollar* – s. K. 84, 14.
630, 29	*adhesive* – (engl.) haftend; adhesive plaster: Heftpflaster.

23. 1. 1968

631, 5–27	*Sind Sie die ... Herbert H. Hayes* – s. 914, 18 f.; 1358, 22 f.
631, 6 f.	*Crassfawn* – Anspielung auf die Ausspracheprobleme der Amerikaner mit dem fremden Namen, wobei in »Crassfawn« die Bedeutung: »blöde Kuh« mitklingt; s. K. 847, 33; s. 631, 22, 28; 848, 2; 988, 2; 1878, 27.
631, 8	*Flensburg* – Stadt in Schleswig-Holstein, unweit der dän. Grenze an der Flensburger Förde.
631, 13	*Putbus* – Kleine Stadt im Südosten der Insel Rügen.
631, 17	*Königsberg* – Hauptstadt der Provinz Ostpreußen, nach dem 2. Weltkrieg als Kaliningrad zu Rußland gehörig; s. 1144, 34.
631, 21	*ein überblicktes Bild* – (engl. wörtl. übersetzt) to survey: überblicken, prüfen.
631, 22	*Mrs. Cressawe* – s. K. 631, 6 f.
631, 22 f.	*Apartment 204, 243 Riverside* – s. K. 145, 27 f.
631, 28	*Mrs. Crissauer* – s. K. 631, 6 f.
631, 32	*Podejuch* – s. K. 531, 10.
632, 12	*Schweriner Sees* – Der Schweriner See liegt auf der Ostseite der Stadt Schwerin; 63 km² groß und bis zu 54 m tief; durch einen künstlich errichteten Straßendamm etwa in der Mitte wird der in Nord-Süd-Richtung langgestreckte See in den nördlichen Außensee und den südlichen Binnensee geteilt.
632, 13 f.	*Insel Lieps* – Im Norden des Schweriner Sees gelegen.
632, 39	*Warnow* – Fluß in Mecklenburg, entspringt nördlich von Parchim, mündet bei Rostock in die Ostsee.

633, 3   *Bützow* – s. K. 102, 25.

633, 8   *Neustrelitz* – s. K. 271, 32.

633, 11   *Priemer* – Ausgedehnte Waldung östlich von Güstrow.

633, 12   *Heereszeugamt Nord* – Der Heeresfeldzeugmeisterei unterstand die Verwaltung, Instandsetzung und Ergänzung von Waffen, Munition und Gerät; Heereszeugamt Stettin: s. 839, 14.

633, 16   *Hohen Holzes* – Wald bei Teterow, zwischen Güstrow und Malchin.

633, 17   *Teterow* – s. K. 58, 17.

633, 18   *Anschluß Österreichs* – Wirtschaftliche Probleme seit der Weltwirtschaftskrise und Parlamentskrisen brachten den österr. Nationalsozialisten viele Anhänger; Kanzler Schuschnigg versuchte, die Politik der Parlaments- und Verfassungsreform des ermordeten Dollfuß, der NSDAP, SS und SA verboten hatte, fortzusetzen, mußte aber sein Amt am 11. 3. 1938 dem Nationalsozialisten Seyß-Inquart überlassen. Am 12. 3. 1938 marschierten dt. Truppen in Österreich ein. Am 13. 3. 1938 wurde der Anschluß an das Deutsche Reich mit Seyß-Inquart als Reichsstatthalter vollzogen; s. K. 651, 9–652, 1; 652, 1.

633, 20–22   *von dem Hecht . . . finden zu können* – Die Parallelgeschichte zu den Streichen der Schildbürger ist als Nachtrag zu einem Beitrag über Teterow eingerückt in: Mecklenburgische Monatshefte 11, Juli 1935, S. 379: »Zwei Fischer hatten einst einen sehr großen und schönen Hecht im Teterower See gefangen. Da in 14 Tagen ein großes Ratsfest gefeiert werden sollte, kamen sie überein, den prachtvollen Hecht dafür aufzuheben. Um ihn frisch zu halten, wußten sie sich einen vorzüglichen Rat: sie banden ihm eine Glocke um den Hals und setzten ihn wieder in den See. In das Boot aber schnitten sie eine Kerbe, um die Stelle wieder zu finden, wo sie ihn ins Wasser gesetzt hatten. Dann fuhren sie vergnügt davon. Sie haben ihn später lange gesucht . . . Heute aber steht er auf dem Marktbrunnen.«

633, 24   *Malchin* – Stadt zwischen Teterow und Stavenhagen, etwa 25 km nördlich von Waren.

633, 26   *Leuschentiner Forst* – Waldgebiet südlich des Kummerower Sees.

633, 29   *Neubrandenburg* – Stadt an der Tollense in Mecklenburg, bekannt für ihre alten Wehranlagen, gotischen Backsteintore und Kirchen, wurde im 2. Weltkrieg schwer zerstört. 1856–63 lebte Fritz Reuter hier, der die Stadt in »Dorchläuchting« als »Nigenbramborg« (s. 1633, 29) beschrieb; s. K. 1287, 25; 1288, 23 f.

633, 32   *Pasewalk an der Uecker* – Stadt 60 km östlich von Neubrandenburg.

633, 33 f.   *Grambow und Stöwen* – Bis 1945 vorpommersche Dörfer an der genannten Bahnlinie, Grambow ist heute letzte Bahnstation vor der poln. Grenze; Stöwen, (poln.) Stobno in der Woiwodschaft Pomorze, die erste auf der poln. Seite.

633, 35 f. *greifenhagener Strecke* – Greifenhagen, (poln.) Gryfino: 20 km südlich von Szczecin.

633, 39 *Hinrich, nu wullt . . . to Brust næmen* – (nd.) Heinrich, nun wollen wir einen zur Brust nehmen.

634, 9 *Heeresintendantur* – s. K. 531, 7.

634, 10 f. *harstdunichdacht* – (nd.) hättest du nicht gedacht!

634, 12 *möstduseggn* – (nd.) mußt du sagen!

634, 15 f. *Wat hest du glöwt* – (nd.) Was hast du geglaubt?

635, 2 *Buchheide* – Kleiner Ort südlich von Podejuch.

635, 15 f. *Stettin im Terrassenhotel* – Eigentlich Terrassenrestaurant, am Fuß der Haken-terrasse unweit des westlichen Oderufers; vgl. Baedekers Norddeutschland (1936), S. 65; s. 1083, 26.

636, 1 f. *Nicht leicht die . . . Tante Times mißfiel* – Die Anspielung konnte nicht nachge-wiesen werden.

636, 3–12 *Wiederum hat Eartha . . . Präsidenten trösten sollen* – Vgl. den Artikel »Miss Kitt Defends Remarks on War; Denies Rudeness« der NYT vom 23. 1. 1968: »Eartha Kitt defended today her remarks made at a White House luncheon last Thursday when she likened juvenile delinquency in the streets to the war in Vietnam. She asked, ›How can the truth be construed as rudeness?‹ [. . .] Miss Kitt's assertion that the war was the basic problem brought tears to Mrs. Johnson's eyes. [. . .]
›But as a citizen of my country – thank heavens there is a country left that has the guts to let the people say what they think – as an actress, a Negro, who-ever, I am entitled to my opinion, particularly when it is asked of me.‹ Miss Kitt said that the telegrams and telephone calls and mail she received since the incident in Washington, are ›100 per cent in agreement with me. [. . .]‹
The White House reported today it had received 1,900 letters commenting on Miss Kitt's statement.
There was no exact division announced on the letters. However, the pattern was said to follow that of the telephone calls and telegrams already catalogued. Most of these were said to deplore Miss Kitt's conduct and to express indig-nation about it to Mrs. Lyndon B. Johnson«; s. K. 612, 33–613, 13.

636, 4 *Frau von Johnson* – s. K. 613, 6.

24. 1. 1968

636, 32 f. *Mrs Cresspahl* – Druckfehler in allen Ausgaben, richtig: Mrs. Cresspahl.

637, 36–638, 9 *Henry Cabot Lodge . . . Zusammenhang genannt worden* – Die Äußerung konnte nicht nachgewiesen werden.

637, 36   *Henry Cabot Lodge* – 5. 7. 1902–27. 2. 1985, amerik. Journalist und Politiker, Republikaner; 1963–64 und 1965–67 Botschafter in Südvietnam.

638, 6   *E. C. A. F. E.* – (engl.) Economic Commission for Asia and the Far East, übersetzt im Text 638, 2 f.

638, 8   *David Rockefellers* – David Rockefeller, geb. 12. 6. 1915, Sohn von John D. Rockefeller Jr., war 1961–69 Präsident und von 1969–81 Aufsichtsratsvorsitzender der Chase Manhattan Bank; Förderer des Museum of Modern Art; s. K. 99, 15 f.; 115, 33; 424, 1 f.; 1397, 12.

638, 32   *C. I. A.* – s. K. 536, 30.

639, 9   *mall* – (nd.) blöde.

639, 9   *undelikat* – (engl. wörtl. übersetzt) indelicate: taktlos.

639, 36–
640, 21   *Das elektronische Netz . . . haben das abzuwarten* – Uwe Johnson verwendet hier Informationen aus drei verschiedenen Artikeln der NYT vom 24. 1. 1968. Vgl. den Artikel »North Korea Seizes Navy Ship, Holds 83 On Board As U. S. Spies; Enterprise Is Ordered to Area«, S. 1 und 14: »North Korea patrol boats seized a United States navy intelligence ship off Wonsan Bay today and took the vessel and her 83 crew members into the North Korean port. [Urteil einer nordkoreanischen Radiostation:] ›an armed spy boat of the United States imperialist aggressor force‹ [. . .].
According to the Defense Department, the Pueblo is a 906-ton vessel that carries highly secret electronics equipment designed to intercept radar and other electronic signals and gather information for intelligence. [. . .]
The details given by the Pentagon on the ship's position [. . .] would have put her about 20 miles from the peninsula that forms the northern arm of Wonsan Bay [. . .]. Some military sources said the ship had been closer than 25 mi-les to the coast. [. . .] At the Panmunjom meeting, Rear Adm. John V. Smith [. . .] said the Pueblo was 16 nautical miles – more than 18 statute miles – from the Coast. [. . .] Mr. Closkey [Vertreter des State Department] said he could state ›categorically‹ that the Pueblo had remained outside the 12-mile limit at all times.«
Die fünf Fragen sind über den Kommentar der NYT vom 24. 1. 1968, S. 14, »Perplexing Questions« verteilt: »Why were jet fighters not rushed to the scene to protect the outgunned vessel? [. . .] Why did the captain not try to immobilize or even scuttle the ship rather than permit the seizure? [. . .] Why did the ship apparently offer no resistance, at least long enough for a decision to be made to send for help and for that help to arrive? [. . .] Was the Pueblo being operated by the Navy for the supersecret National Security Agency or for itself? [. . .] Why did the Pueblo not carry heavier weapons or, lacking a capability for effective self defense, why was a destroyer escort not maintained in the vicinity?«
Die Interpretation des Pentagons findet sich in dem Beitrag »Seized Ship Part of Worldwide Intelligence Net«, S. 15: »One report today said that the De-

fense Department had identified the Pueblo as an environmental research ship. In a technically complex world where radio, radar and satellite communications play a vital role in warfare, ›environment‹ often means the electronic surroundings, rather than more tangible phenomena«; s. K. 642, 1–5.

640, 8   *Radars* – s. K. 42, 16.

640, 18   *Panmunjon* – P'anmunjom, Ort nördlich von Seoul am 38. Breitengrad an der Demarkationslinie zu Nordkorea, in dem am 27. 7. 1953 der Waffenstillstand geschlossen wurde, der den Koreakrieg beendete; seit 1976 geteilte Stadt.

640, 22–26   *Womöglich sind die . . . für die Toten* – Vgl. den Artikel »5, 000 Men Massed at Khesanh By U. S.«: »More than 5, 000 United States marines have been concentrated at Khesanh amid indications that one of the major battles of the Vietnam war may be in the offing. [Unter den Versorgungsmaterialien befanden sich vier große Holzkisten.] The crates contained 4, 000 pounds of bodybags – rubberized, zippered sacks for transporting the dead.«
Die im Vietnam-Krieg gefallenen Amerikaner wurden in die Heimat geflogen und dort beigesetzt; Khe Sanh: s. K. 627, 11.

640, 24 f.   *»Körpertüten«* – (engl. wörtl. übersetzt) body bags; s. 1768, 16–19.

25. 1. 1968

640, 29–34   *Zwar war es . . . für sich behalten* – Die NYT berichtete am 25. 1. 1968 unter der Überschrift »A Spaceship Ruse Bared By Russians«: »A Soviet space scientist disclosed today that songs by a 110-member folk music choir were mirthfully chosen in 1961 for spaceship radio tests to avoid arousing rumors in the West that the Russians had put a man in orbit.« Dies geschah kurz vor Gagarins Flug. Die Wissenschaftler forderten, eine menschliche Stimme zu testen, fürchteten aber, eine Einzelstimme würde als erfolgreiche bemannte Raumfahrt interpretiert werden. »Then we decided we would record the Pyatnisky Choir since it was unlikely that Western reporters would go so far as to proclaim that the Russians had put an entire choir into orbit. The report from Moscow did recall a standing joke of the early space days, when the Soviet Union regularly launched much larger satellites than the United States which said that someday the Russians would put the entire Leningrad philharmonic into orbit for the propaganda advantage to be gained.«

641, 7–11   *Der Gemeine Robert . . . noch das Bezahlen* – Vgl. den Artikel »G. I. Guilty of Disobeying; He Volunteers for Vietnam« der NYT vom 25. 1. 1968: »A young soldier who had refused to wear his Army uniform was given a quick court-martial today, sentenced, fined and returned to active duty after volunteering for Vietnam service.
Pvt. Robert W. Meares, 19 years old, of Fayetteville, N. C., the reluctant sol-

dier, pleaded guilty to willful disobedience. The court-martial sentenced him to confinement at hard labor for four months and assessed a fine of $68 a month for four months.

But the confinement sentence was suspended [...]. He must pay the fine.«

641,7   *N. C.* – North Carolina, Bundesstaat im Osten der USA.

641,22–26   *Gestern wurde die... gab keine Antwort* – Vgl. den Artikel »First Lady Ignores Antiwar Pickets« in der NYT vom 25. 1. 1968 über einen Besuch der Frau des Präsidenten im Woman's National Democratic Club: »Aware that a group of anti-Vietnam demonstrators were on the scene, Mrs. Johnson nevertheless chose to arrive at the front door of the club. When she stepped out of the limousine two of the placard carriers held up signs reading: ›We support Eartha Kitt‹ and ›Hell no, don't go‹. The First Lady pulled her mink coat around her, threw her head back and made no response«; s. K. 612, 33–613, 13.

641,22   *Frau des Präsidenten* – s. K. 613, 6.

642,1–5   *Das Moskauer Außenministerium... etwa als Gedächtnishilfe* – Vgl. den Artikel »North Korea and Russia Rebuff U. S. Effort To Free Seized Ship« der NYT vom 25. 1. 1968: »Ambassador Llewellyn Thompson was reported to have been greeted with an immediate and negative response from the Soviet Deputy Foreign Minister, Vasily V. Kuznetsov, in Moscow yesterday when he urged the Russians to act.

Officials reported that the Soviet diplomat did not even accept the U. S. message for consideration by the Kremlin, he rejected it on the spot«; s. K. 639, 36–640, 21.

642,4   *Wassili V. Kusnetzow* – Wassilij Wassiljewitsch Kusnetzow (13. 2. 1901–5. 6. 1990), 1944–53 Generalsekretär der sowj. Gewerkschaft, 1950–53 im Präsidium des Obersten Sowjets der UdSSR, im Präsidium des ZK der KPdSU seit 1952, 1953–55 Botschafter in China; 1955–77 1. stellv. Außenminister. Nach dem Einmarsch der Warschauer-Pakt-Staaten in Prag 1968 allein verantwortlich für die sowj. Politik in der ČSSR.

642,16–21   *Eine junge Frau... in den Slums* – Vgl. den Artikel »Police Called Lax in Two Muggings«: »The young woman [...] said the mugger approached her after she had stepped into her building's vestibule and started to open her mailbox. ›He came in and held a knife at my throat and said, ›Don't make a sound.‹ He didn't have a chance to say another word. I just screamed and screamed and screamed.‹ [...] As he ran after the mugger, Mr. McNichol [der Portier] said, he kept blowing his large brass whistle. [...] The young woman victim [...] said she was especially upset because ›If the police don't help a citizen here, what do they do in the slums?‹«

642,17   *Fünften und Madison Avenue* – s. K. 52, 8; 76, 8 f.

643,1–3   *Und was sollen... Männer fotografieren kann* – Ein »Photo Salon Workshop« 123 West 28. Street warb mit dem Bild eines Mädchens, auf dem ihr Kopf und ihre nackten Schultern zu sehen waren: »In our salon, make your own salon figure studies, create your own pinup, use your own film and camera or ours. Experts guide you. Group rates, gorgeous models«; vgl. NYT 25. 1. 1968; s. K. 518, 21.

643, 3   *Männer* – Fehler in der gebundenen Ausgabe, in den nachfolgenden korrigiert in »Mädchen«. Der Fehler geht auf Johnson zurück, der den letzten Satz des Tageseintrags handschriftlich in die 1. Manuskriptfassung eingefügt hat, in die 2. Manuskriptfassung dann maschinenschriftlich übernommen. Johnson hat die Stelle in seinem gebundenen Exemplar handschriftlich berichtigt.

26. 1. 1968

643, 5–11   *Gestern abend, im . . . befreite das Mädchen* – Nach dem Artikel »Man Held in Rape Attempt in Depot« der NYT vom 26. 1. 1968 benutzte der Angreifer keine Waffe: »The plain clothes policewoman chased and subdued a 6-foot, 175-pound suspect last night minutes after an attempted rape on a stairwell of the Port Authority Bus Terminal.
[. . .] the victim – a 19-year old coed [. . .].
The girl, according to the police, was thrown down on the landing of the well-lighted staircase running from the main floor to the suburban level in the northwest corner of the terminal.
The attacker strode to the terrified girl with his hands in his pockets, as though concealing a pistol, and warned her ›If you scream, I'll blow your head off.‹ [. . .]
Several persons nearby made no move to interfere [. . .].
However, a man identfied as William Williams of Bayonne, N. J., thrust the attacker aside and shouted for the police.«

643, 5   *Busbahnhof* – s. K. 268, 9.

643, 14 f.   *wonach die Heilige . . . den Selbstmord verbiete* – Bei den Juden war Selbstmord verpönt, es sei denn, man tötete sich, um nicht in Feindeshand zu fallen. Im Alten Testament ist nur der Selbstmord des Verräters Ahithophel nicht durch Kriegsumstände entschuldigt. Die Ächtung des Selbstmords im Christentum geht auf Augustinus zurück; s. K. 646, 21; 646, 23; 646, 24; 646, 27; 756, 22 f.; s. 527, 22 f.; 646, 15; 757, 26; 759, 1.

643, 31–33   *In der Gemeinde . . . für andere aufschrieb* – s. 760, 23 f.

644, 1   *Judica* – 2. Sonntag vor Ostern, nach dem Anfang seines Introitus, Ps 43, 1, benannt.

644, 2–4   *Evangelium des Johannes 8 . . . die Wahrheit sagte* – Das Lektionar sah für den 3. 4. 1938 als Evangeliumslesung die Verse 46–59 des 8. Kapitels aus dem Johannesevangelium vor; s. 1760, 34 f.; 1839, 22 f.

644, 11 f. *siehe Vers 40, 41* – Joh 8, 40–41: »Nun aber sucht ihr mich zu töten, einen solchen Menschen, der ich euch die Wahrheit gesagt habe. Das hat Abraham nicht getan. Ihr tut eures Vaters Werke. Da sprachen sie zu ihm: Wir sind nicht unehelich geboren, wir haben einen Vater, Gott.«

644, 15 *Lalendorf* – Ortschaft 14 km westlich von Teterow.

644, 36 *Palmarum* – Sonntag vor Ostern; s. K. 1604, 24.

645, 1–12 *einen Pfarrer Niemöller . . . die Rippen stieß* – Nach den Vereinbarungen über den Waffenstillstand vom 11. 11. 1918 wurden die meisten Einheiten der dt. Kriegsflotte zur Internierung in Häfen der Alliierten überführt. Niemöller (s. K. 426, 15 f.) war entgegen dem Befehl der sozialdem. Regierung nach der dt. Kapitulation am 30. 11. 1918 mit wehender Flagge in den Kieler Kriegshafen eingelaufen. So weigerte er sich auch, sein U-Boot vertragsgemäß an die Engländer zu übergeben und seinen Offiziersdolch abzulegen. In dem Prozeß gegen ihn (7. 2.–2. 3. 1938) begründete er, er habe schließlich jederzeit in der Lage sein müssen, einem Matrosen, Arbeiter oder »verhetzten Sozialdemokraten«, der ihn anpöbelte, »sofort einen Dolch zwischen die Rippen zu stoßen«; vgl. Zentner (1983), S. 133; vgl. auch Niemöller (1934).

645, 2 *Freikorpskämpfer* – s. K. 56, 32 f.

645, 5 *kieler* – Kiel: s. K. 294, 28.

645, 14 f. *einen Kaiserlichen Offizier zu Festung verurteilten* – Niemöller wurde zu sieben Monaten Festungshaft, die durch die Untersuchungshaft verbüßt waren, und zu 2000 Mark Strafe verurteilt. Er verließ den Gerichtssaal als freier Mann und wurde sofort von der Gestapo festgenommen und ohne Urteil ins KZ Sachsenhausen gebracht.

645, 16–19 *Niemöller sich berief . . . etwas händlerisch aus* – Niemöller hatte von einem Bekannten im Auswärtigen Amt von dem Austritt aus dem Völkerbund erfahren und schickte noch in der Nacht zum 14. 10. 1933 ein Glückwunschtelegramm an Hitler; vgl. Zentner (1983), S. 133.

645, 18 *Austritt aus dem Völkerbund* – s. K. 390, 31–33.

645, 20–29 *Daß die Juden . . . und schweren Ärgernis* – Laut dem von Rosenberg für Hitler angefertigten Bericht über den Prozeß sagte Niemöller: »Die Juden seien ihm unsympathisch und fremd. Daß Jesus ein Jude sei, sei ihm ein peinliches Ärgernis«; vgl. Zentner (1983), S. 134.

645, 31 *Dumm Tüch* – (nd.) Dummes Zeug; s. K. 299, 13.

645, 35 *Captatio benevolentiae* – (lat.) Gewinnen des Wohlwollens (für eine Argumentation); Begriff aus der Rhetorik.

645, 38 *Konzentrationslager Sachsenhausen* – In der Nähe der Stadt Oranienburg nordöstlich von Berlin am 12. 7. 1936 für männliche Häftlinge errichtet; weibliche Häftlinge werden erst im März 1945 erwähnt. 140 000 registrierte Häftlinge, vermutlich rund 200 000 insgesamt, von denen über 100 000 umkamen; 74 Außenkommandos, die in der Industrie, für Bauarbeiten, Dienstleistungen für SS-Dienststellen, bei der Bombensuche, der Rohstoffsammlung und bei Ausbesserungen für die Reichsbahn eingesetzt wurden. 25 000 Häftlinge wurden am 20./21. 4. 1945 von Sachsenhausen und Ravensbrück auf einen Todesmarsch durch Mecklenburg mit dem Ziel Raben-Steinfurt geschickt, auf dem über 6000 starben. 1945–50 »Speziallager Nr. 7« des NKWD, größtes Internierungslager für politische Gefangene der sowj. Besatzungsmacht und der DDR. Etwa 60 000 Gefangene, von denen rund 13 000 die Haft nicht überlebten; s. K. 36, 12; s. 769, 4; 946, 7; 948, 13 f.; 1296, 10 f.; 1297, 36 f.; 1411, 18; 1596, 38; 1600, 4; 1677, 32.

645, 39–646, 3 *Diese Maßnahme ist . . . der Leute Verderben* – Fast wörtl. Zitat aus der Kanzelabkündigung der Vorläufigen Leitung der Deutschen Evangelischen Kirche zum 13. 3. 1938, das zwei Bibelverse enthält: Ps 94, 15: »Recht muß doch Recht bleiben« und Spr 14, 34: »Gerechtigkeit erhöht ein Volk; aber die Sünde ist der Leute Verderben«; vgl. Paasch-Beeck (1997), S. 90 f.

646, 7 *Quasimodogenitur* – Richtig: Quasimodogeniti (lat.), gleich wie die Neugeborenen; Name des 1. Sonntags nach Ostern, nach den Anfangsworten seines Introitus genannt (1. Petr 2, 2); hier: er wird geboren, statt der Pluralform.

646, 7–12 *20. Kapitel im . . . Glauben bereit war* – Im 20. Kapitel des Johannesevangeliums wird erzählt, wie Maria Magdalena und Maria am Ostermorgen das Grab Jesu leer vorfinden. Maria begegnet dem Auferstandenen, er tritt unter die Jünger und läßt Thomas die Finger auf seine Wundmale legen.
Für diesen Sonntag sah das Lektionar für 1938 die Lesung aus dem Johannesevangelium 8, 19–31 vor. Die Geschichte vom ungläubigen Thomas steht in den Versen 24–31 des 20. Kapitels. Der berühmte Ausspruch »Noli me tangere« aber ist nicht an Maria, die Mutter Jesu, sondern an Maria Magdalena gerichtet; vgl. Paasch-Beeck (1997), S. 85.

646, 19 *Samson* – Richt 16, 29–30.

646, 21 *Abimelech* – Richt 9, 50–57: Bei der Erstürmung einer Burg wurde Abimelech tödlich durch einen Mühlstein verletzt, den eine Frau auf ihn geworfen hatte. Um nicht durch die Hand einer Frau zu sterben, bat er seinen Waffenträger, ihn zu töten.

646, 23 *Ahithophel* – 2. Sam 15–17: Ahithophel war ein Ratgeber König Davids, der sich mit Absalom verbündete. Als die Verschwörer seinen Rat, wie David zu überwältigen sei, nicht annahmen, zog er in seine Heimatstadt Silo und erhängte sich.

646, 23 *Judas* – Matth 27, 5: Judas, der Jesus an die Hohenpriester für 30 Silberlinge verraten hatte, bereute seine Tat, er warf das Geld in den Tempel und erhängte sich. Ahithophel und Judas suchen beide den Tod durch Erhängen nach einem Verrat.

646, 24   *Apostelgeschichte 16, 27* – Ein Kerkermeister wollte sich selbst töten, da er glaubte, bei einem Erdbeben seien alle Gefangenen entflohen. Paulus verhinderte dies, indem er ihm versicherte, sie seien alle dageblieben.

646, 24   *Offenbarung 9, 6* – Verheißung, daß aus allen Brunnen Rauch steigen werde und aus dem Rauch Heuschrecken flögen, die die Menschen wie Skorpione quälen würden. »Und in jenen Tagen werden die Menschen den Tod suchen und nicht finden, werden begehren zu sterben, und der Tod wird vor ihnen fliehen.«

646, 24   *Simri* – 1. Kön 16, 9–20: Simri erschlug Ela, den König von Juda, und dessen ganze Familie und machte sich selbst zum König. Als das Volk von Israel seine Stadt belagerte, verbrannte er sich im Burgturm des Königshauses.

646, 27   *neun Stellen* – Außer den genannten sieben Personen: König Saul stürzte sich, schwer verwundet, in das eigene Schwert. Sein Waffenträger, der sich geweigert hatte, Saul zu töten, nahm sich selbst das Leben, als er seinen Herrn sterben sah; vgl. 1. Sam 31, 4–5. Auch in dem apokryphen 2. Makkabäerbuch 14, 41–46 wird vom Selbstmord eines Rasi berichtet.

646, 36 f.   *Wenn Einer daun ... as hei deit* – (nd.)
  Wenn einer tut, was er tut,
  Dann kann er nicht mehr tun, als er tut.
Schlußverse der Vorbemerkung in Fritz Reuters Gedichtsammlung »Läuschen un Rimels« (s. K. 1296, 35), Neue Folge 1858:
  De irst, de geiht,
  Dit is de tweit';
  Will wünschen, dat de't og noch deiht.
  Un wenn hei't dauhn deiht, kann hei gahn,
  Ick heww an ehm dat Minig dahn.
  Wenn einer dauhn deit, wat hei deiht,
  Denn kann hei nich mihr dauhn, as hei deiht.
Ebenso Schluß eines Läuschen dieses 2. Teils und Motto auf der Titelseite des »Voß un Haas-Kalenders«; dasselbe Zitat in: HNJ, S. 8.

27. 1. 1968

647, 5–648, 29   *Es ist ihr ... fragt die Times* – In einer ganzseitigen Anzeige in der NYT am 21. 1. 1968 heißt es unter einem dreiviertelseitigen Foto von Redakteuren: »You see here a curious assortment of people. Copy editors. Curious not in the funny senses. Nosey. They ask questions. Sometimes they drive reporters crazy with questions. But because they do – these and the rest of the 75 copy editors on its staff – they make the New York Times just about the most useful newspaper you can read.
Questions. A copy editor starts the minute he picks up a piece of copy. Is this name spelled right? Is that figure correct? Is this the right date? Shouldn't

there be a phrase here explaining this fact? Is the meaning of this statement clear? Wasn't someone else involved?
Questions. Copy editors go a little batty themselves trying to get all the facts sorted out, all the questions answered. They do this because they have the funny idea that they're not copy editors. They think that they're you. They're asking the questions they imagine you'd ask. But they ask them before you even think of them so that you won't think of them.
Questions. When they've got the answers to every question they figure you might ask, and maybe even some sneaky ones they think up themselves, they write a headline for the story. The headline tells you what the story is all about. If you're pressed for time, you can get the gist of the story from the headline, read the story later, meantime you know what's up.
Questions. Answers. That's what a copy editor's life is all about. No by-lines to gloat over. No public glory to bask in. Only an inner satisfaction to soothe the ulcer. The satisfaction that when you've read the story in the New York Times, your every question will have been answered«; vgl. Alber (1990), S. 91–93.

647, 20 f.	*Zeitung Statesman* – Auf dem Foto liegt eine Zeitung im Papierkorb, deren Titelzug »Statesman« erkennbar ist. Es handelt sich vermutlich um die 1875 gegr. englischsprachige Tageszeitung »Statesman« aus Calcutta.
647, 23	*komisch nicht im . . . Sinne des Wortes* – curious (engl.) bedeutet sowohl »komisch« als auch »neugierig«.
648, 27	*Gräfin Seydlitz* – s. K. 53, 14.
648, 30–38	*Warum sie so . . . Innern des Blattes* – Es heißt in dem Artikel »Fulbright Reports Violation In Tonkin Incident of 1964« der NYT vom 27. 1. 1968 (auf S. 2 und samt Überschrift 30 Zeilen umfassend): »Senator J. W. Fulbright said tonight that American ships involved in the Gulf of Tonkin incident had been spying and at least once had violated the territorial water of North Vietnam«; s. K. 491, 15–30; Fulbright: s. K. 623, 21 f.
649, 1–7	*Noch eine. Warum . . . sie geheißen haben* – Die 13 Zeilen auf S. 2 der NYT vom 27. 1. 1967 schließen die Überschrift »U. S. Identifies War Dead« ein.
649, 4	*Ridgwood* – s. K. 283, 12; Druckfehler in allen Ausgaben, richtig: Ridgewood.
649, 6	*Trenton* – Stadt im Süden von New Jersey.
649, 12 f.	*Any questions? Fit to print?* – (engl.) Irgendwelche Fragen? Zum Druck geeignet? Anspielung auf das Motto der NYT: s. K. 78, 2.

28. 1. 1968

649, 15–18	*John Ramaglia in . . . (201) HU 5–6291* – Vgl. unter »Public Notices And Commercial Notices« der NYT vom 28. 1. 1968: »Need the help of an atty – mat-

ter of life or death. Phone is tapped – John Ramaglia 211, North 6 St, Newark, N. J., (201) HU 5–6291.«

649, 15 *Newark* – s. K. 325, 10 f.

649, 20 *Fangliste* – Die Überwachung der Briefpost wiederholt sich in der DDR; s. K. 1636, 39; s. 942, 10; 943, 24; 944, 5; 1727, 36; vgl. MJ, S. 32.

649, 32 *Berthold Knewer* – In Band 1 und 3 Knever, in Band 2 und 4 Knewer geschrieben; s. K. 158, 20.

649, 36 *Berlin-Lichtenberg* – Stadtbezirk im Osten, Arbeiterwohnviertel und ausgedehntes Industriegebiet.

651, 9–652, 1 *12. März 1938 ... die österreichische Volksabstimmung* – Der österr. Bundeskanzler Schuschnigg rief am 10. 3. 1938 zu einer Volksabstimmung für den 13. 3. 1938 über die Unabhängigkeit Österreichs auf. Darauf erzwangen einige nationalsoz. Regierungsmitglieder, unterstützt von Berlin, den Rücktritt Schuschniggs und riefen am 12. 3. nach militärischer Hilfe des Deutschen Reiches. Am gleichen Tag rückten dt. Truppen in Österreich ein, am 18. 3. setzte Hitler Wahlen für den Großdeutschen Reichstag und eine Volksabstimmung über den Anschluß Österreichs an das Deutsche Reich für den 10. 4. 1938 an; s. K. 633, 18.

651, 28 f. *Galsworthy* – s. K. 122, 34.

651, 38 *Preßburg* – Dt. Name für Bratislava, s. K. 593, 19.

652, 1 *Vertrag von Saint Germain* – Der am 10. 9. 1919 in St. Germain-en-Laye unterzeichnete Friedensvertrag mit Österreich verbot den Namen »Deutsch-Österreich« sowie den Anschluß an das Deutsche Reich. Am 13. 3. 1938 wird dennoch die (widerrechtliche) Eingliederung Österreichs in das Deutsche Reich als »freiwilliger Anschluß an das Deutsche Reich« von der österr. Regierung erklärt; s. K. 633, 18.

652, 11 f. *weil »wir Juden sind«* – s. K. 376, 1.

29. 1. 1968

652, 27–32 *In zehn Monaten ... und 371 Autodiebstähle* – Vgl. NYT vom 29. 1. 1968 unter der Überschrift »Six Precincts in Slums Produce Third of City's Violent Crimes«: »Along its western and eastern boundaries, Riverside Drive and Central Park West, live a large number of middle and upper class families. [...] Despite a major police effort to reduce crime in the area by making a major increase in the number of patrolmen and supervising officers in the area, the people living there reported 14 murders, 37 rapes, 552 robberies, 447 felonious assaults, 2, 200 burglaries, 1, 875 grand larcenies and 371 car thefts in 10 months.«

654, 2 *Quite, Mr. Smith. Oh, quite* – (engl.) Ganz recht, Herr Smith. Ganz recht.

654, 3 f.   *einen Gartenpfad vermutet* – (engl. Redewendung wörtl. übersetzt) to lead someone up the garden path: jemanden irreführen.

654, 9–12   *Cresspahl fütterte inzwischen . . . nur in Pflege* – s. K. 431, 15.

654, 20 f.   *Huldigungsfahrt Georgs V. . . . 14. Juni 1935* – Die Huldigungsfahrt fand anläßlich seines 25jährigen Jubiläums (»Silver Jubilee«) statt; s. K. 199, 31 f.

654, 32   *Bibel von King James* – s. K. 148, 25.

655, 34   *»Kümmel«* – s. K. 222, 36.

655, 34   *»Kniesenack«* – s. K. 87, 7 f.

655, 36 f.   *Tod Georgs V. . . . 1936 in Sandringham* – Obwohl Georg V. sich nie um Popularität bemüht hatte, wurde sein Tod am 20. 1. 1936, vermutlich infolge seiner langen Regierungszeit, allgemein sehr betrauert. Sandringham House in Norfolk ist eines der Landschlösser der königlichen Familie; s. K. 199, 31 f.

656, 12–16   *daß Georg VI. . . . mit seinem Stottern* – Georg VI. (14. 12. 1895–6. 2. 1952), König von Großbritannien und bis 1948 Kaiser von Indien; nach der Abdankung seines Bruders Edward VIII. am 24. 5. 1937 wurde er als zweiter Sohn Georg V. gekrönt; sein Auftreten während der dt. Bombenangriffe auf London im 2. Weltkrieg steigerte seine Popularität. Sein ausgeprägtes Stottern wird von einigen Biographen auf die von seinem Vater befohlenen Versuche zurückgeführt, ihm seine Linkshändigkeit abzugewöhnen; s. K. 810, 13–16; 1870, 8 f.; s. 859, 10–12.

656, 14   *Brickendrop* – Engl. Spottname für Ribbentrop, nach der Redewendung: to drop a brick: ins Fettnäpfchen treten.
Joachim von Ribbentrop (30. 4. 1893–16. 10. 1946, hingerichtet), seit 1932 in der NSDAP, schloß als Sonderbotschafter 1935 das brit.-dt. Flottenabkommen; August 1936–Februar 1938 Botschafter in London, 1938–45 Außenminister. Urteil des engl. Historikers William L. Shirer: »incompetent and lazy, vain as a peacock, arrogant and without humour, Ribbentrop was the worst possible choice for such a post as Goering realized«, Shirer (1959), S. 368.

656, 19   *Daily Worker* – 1930 gegr.; Zeitung der engl. komm. Partei; später umbenannt in »Morning Star«.

656, 21   *»Professor Mamlock«* – Schauspiel von Friedrich Wolf, das 1938 in der UdSSR verfilmt wurde. Ein jüd. Arzt versucht, sich aus aller Politik herauszuhalten, und verbietet seinem Sohn, sich dem komm. Widerstand anzuschließen. Um nicht ein entwürdigendes Protokoll unterschreiben zu müssen, erschießt er sich, erkennt aber, daß er den »neuen Weg« hätte gehen müssen.

656, 22 f.   *Annemarie von Bismarck* – Ann-Mari, Fürstin von Bismarck, geb. Tengbom (26. 7. 1907–22. 9. 1999), verheiratet mit Otto Fürst von Bismarck, Enkel des Reichsgründers, der 1933–37 Botschaftsrat in London war. Aus der Ehe gingen die Kinder Mari Ann, geb. 27. 9. 1929, und Ferdinand, geb. 22. 11. 1930, hervor.

656, 23   *Sandwich* – Engl. Seebad in Kent, südlich von Margate.

656, 28   *sieben Pfarrern Mecklenburgs* – Vermutlich meint Johnson hier den Prozeß vom 11.–15. 6. 1934, der vor dem Sondergericht Schwerin gegen sieben Pastoren stattfand, die ein Rundschreiben zur Sammlung der Bekenntnisbewegung geschrieben hatten bzw. in der Jungreformatorischen Bewegung führend waren. Ihnen wurde u. a. Ungehorsam gegen das Gesetz und Verbreitung entstellender Behauptungen über Eingriffe des Staates in die Kirche vorgeworfen. Verhandelt wurde gegen Lic. Gottfried Holtz, Viktor Wittrock, Hans Werner Ohse, Hans-Christian Berg, Walter Pagels, Henning Fahrenheim und Johannes Schwartzkopf, einige wurden freigesprochen, andere zu Geldstrafen und Haft verurteilt, Höchststrafe 6 Monate; vgl. Beste (1975), S. 83–87. Diese Seiten fehlen in Johnsons Exemplar.

657, 7   *Dicktenhobelmaschine* – s. K. 416, 17.

657, 19   *Č. S. R.* – (tschech.) Abk. für: Československá Republika: Tschechoslowakische Republik; gegr. am 28. 10. 1918.

657, 19   *Teilmobilmachung* – Als Antwort auf die sich verstärkenden Drohungen von Deutschland und als Demonstration der Bereitschaft zur Gegenwehr ordnete die tschechos. Regierung am 20. 5. 1938 die Teilmobilmachung ihrer Streitkräfte an; s. K. 663, 1 f.

657, 20   *bei seiner Kompanie* – Die allgemeine Wehrpflicht wurde in Großbritannien erst ein Jahr später, am 26. 5. 1939, eingeführt; im Mai 1938 hätte sich Mr. Smith nur freiwillig verpflichten können.

657, 21 f.   *seine Regierung ihr . . . hätte halten wollen* – Im Gegensatz zu Frankreich bestanden im Mai 1938 für Großbritannien keine anderen vertraglichen Verpflichtungen als die sich aus der Mitgliedschaft im Völkerbund bzw. der Unterzeichnung der Friedensverträge von 1919 ergebenden. Erst nach der Abtretung des Sudetenlandes im Münchener Abkommen vom 29. 9. 1938 gewährleistete Großbritannien mit den anderen Unterzeichnern die Unverletzlichkeit der neuen Grenzen der ČSR, unterließ aber ein Eingreifen, als Hitler im März 1939 durch die Besetzung des Landes das Abkommen brach; Sudetenkrise: s. K. 663, 1 f.

30. 1. 1968

658, 16   *Charlies Gutes Eßgeschäft* – s. K. 176, 11.

660, 1 f.   *Universität Vassar* – 1861 gegr., sehr angesehene Universität für Mädchen in Poughkeepsie, N.Y (s. K. 267, 17). Das College förderte als eines der ersten die musikalische und sportliche Ausbildung. Edna St. Vincent Millay (s. K. 588, 25) hat dort studiert.

660, 2   *Depression* – s. K. 558, 19.

660, 15   *Denver* – s. K. 335, 23.

660, 17   *in Richtung Pueblo . . . Greenland nach links* – Pueblo liegt etwa 150 km südlich
                 von Denver; Greenland konnte nicht nachgewiesen werden.

660, 33   *Vokshod* – (russ.) Aufgang, Aufstieg; richtig: vos-chod; hier: Name einer Bank.

660, 34   *Moskau Narodni* – (russ.) Volks-, hier: Moskauer Volksbank.

660, 34 f.   *Banque Commerciale pour l'Europe du Nord* – (frz.) Handelsbank für Nordeu-
                 ropa.

661, 2–11   *Er hat von . . . sind, nahezu siegesgewiß* – s. 680, 31–34; 681, 6–683, 18;
                 793, 24–35.

661, 3   *Kreslil* – s. K. 301, 33.

662, 16–18   *Marie, nimmt ihren . . . vergeßlichen Ansatz hinterher* – s. 487, 34–488, 11.

31. 1. 1968

662, 25–32   *Die New York . . . fremden Gewässer hinüberwechselten* – Nach dem Artikel »Ton-
                 kin Inquiry by Fulbright to Call McNamara« in der NYT vom 31. 1. 1968
                 forderte das Senate Foreign Relations Committee, dessen Vorsitzender Ful-
                 bright war, die Befragung des Verteidigungsministers. »Fulbright [. . .] who
                 went to considerable length not to say anything that would indicate the com-
                 mittee was questioning the Administration's integrity in its accounts of the
                 Tonking incidents. [. . .] Senator McCarthy said [. . .] that the committee
                 wanted to find out if the destroyers were on ›a routine mission in internation-
                 al waters,‹ as was repeatedly reported by Mr. McNamara«; s. K. 491, 15–30;
                 623, 21 f.

662, 34–36   *amerikanische Truppen ihre . . . Cong besetzt war* – In einer Offensive des Vietcong
                 zu Beginn des neuen Mondjahres wurden u. a. das US-vietnamesische Haupt-
                 quartier, der Flugstützpunkt Tan Son Nhat (s. K. 698, 2–7; 698, 7), der Prä-
                 sidentenpalast, Radio Saigon und die amerik. Botschaft in Saigon angegrif-
                 fen. Nach sechs Stunden konnten mit Hilfe von Hubschraubereinsätzen
                 die Besetzer der Botschaft vertrieben werden; vgl. NYT 31. 1. 1968; s. K. 10,
                 33–11, 1.

663, 1 f.   *Sudetendiebstahls* – Hitler hatte die Absicht, die Tschechoslowakei zu zerschla-
                 gen, und nutzte dazu die Spannungen zwischen der dt. Volksgruppe und der
                 tschechos. Regierung. Er ermunterte Konrad Henlein (s. K. 667, 15), den
                 Vorsitzenden der Sudetendeutschen Partei, zu gezielten Provokationen und
                 erneuten Forderungen an die Prager Regierung. Auf dem Parteitag der
                 NSDAP vom 12. 9. 1938 forderte Hitler ultimativ die Abtretung des Sude-
                 tenlandes und versicherte gleichzeitig, daß er keine weiteren territorialen
                 Forderungen in Europa habe. Nachdem die tschechos. Regierung die von

Hitler geforderte Volksabstimmung abgelehnt hatte, stellte Henlein ein »Freikorps« auf und löste einen Aufstand aus, der niedergeschlagen wurde. In einer Kette von Verhandlungen, vor allem mit dem vor einem Krieg zurückschreckenden engl. Premier Chamberlain (s. K. 1857, 21), setzte Hitler seine Forderung nach der Abtretung des Sudetenlandes durch. Auf der »Münchener Konferenz« vom 28./29. 9. 1938 beschlossen Hitler, Mussolini, Chamberlain und Daladier ohne Beteiligung der Tschechoslowakei den Anschluß des sudetendt. Gebietes an das Deutsche Reich. England und Frankreich unterzeichneten eine Garantie für die verbleibende Tschechoslowakei, Deutschland und England gaben wechselseitige Nichtangriffserklärungen ab. Am 14. 3. 1939 begannen dt. Truppen mit der Besetzung der »Rest-Tschechei«, die zum »Protektorat Böhmen und Mähren« erklärt wurde; s. K. 657, 21; 667, 32–34; 781, 37; 856, 28; 1857, 19–25; s. 667, 14–39; 834, 21–23; 895, 32 f.; 1400, 37; 1451, 2; 1457, 27; 1585, 2 f.

663, 7   *Ortsgruppenführer* – s. K. 165, 3.

663, 24   *Pg.* – Abk. für Parteigenosse.

663, 33–35   *Da war Jansens . . . von deren Freunden* – s. K. 1. 5. 1968.

663, 36–39   *Aufnahmegesuch in die . . . für sich selbst* – s. 418, 28–30.

665, 7–13   *Friedrich, wie von . . . zu nichts kommt* – Anspielung auf »Die Geschichte vom bösen Friedrich«, der einen Hund peitscht, und »Die Geschichte vom Zappel-Philipp«, zwei Gedichte aus »Struwwelpeter«, 1847, von Heinrich Hoffmann (1809–1894), Arzt und Schriftsteller.
Der Friedrich, der Friedrich,
der war ein arger Wüterich . . .

665, 14–39   *Als die Semigs . . . in Pflege gewesen* – s. K. 431, 15.

665, 37   *Grunewald* – Nadelholzforst im Südwesten Berlins am Ostufer der Havel; (auch) an den nördlichen Grunewald angrenzender Stadtteil im Bezirk Wilmersdorf, exklusive Wohngegend.

666, 14   *Fahne mit dem indischen Glückssymbol* – Swastika (Sanskrit) »heilbringendes Glückszeichen«. Die Swastika oder das Hakenkreuz ist ein uraltes Symbol: eine Kreuzform mit rechtwinklig geknickten Enden. Es wird als Sinnbild der Sonne oder als zwei sich kreuzende Blitze gedeutet; in Europa und Asien, besonders in Indien, bekannt. Die Nationalsozialisten übernahmen es von antisemitischen Organisationen als Partei-Emblem; die Hakenkreuzfahne war von 1935–45 die Fahne des Deutschen Reichs.

667, 1   *Gräfinnenwald* – s. K. 34, 8.

667, 3   *Friedrich der Große* – Friedrich II. von Preußen (24. 1. 1712–17. 8. 1786), König von Preußen 1740–86; Vertreter des aufgeklärten Absolutismus: ein Fürst habe der erste Diener seines Staates zu sein; begründete durch drei siegreiche Kriege Preußens Großmachtstellung in Europa. Sein legendärer Name wurde später von Chauvinisten propagandistisch mißbraucht; s. K. 1433, 14 f.; 1497, 33 f.; s. 1699, 38 f.

667, 15   *Henleinputsch* – Konrad Henlein (6. 5. 1898–10. 5. 1945), Mitbegründer der Sudetendeutschen Heimatfront (später: Sudetendeutsche Partei); 1939 Gauleiter und Reichsstatthalter des Reichsgaus Sudetenland; beging Selbstmord in alliierter Haft; zum Putsch: s. K. 663, 1 f.

667, 16   *»nordische List«* – s. 446, 37.

667, 20–24   *Hitlers Rede im . . . Forderungen nicht dachte* – Am 26. 9. 1938 erklärte Hitler in einer Rede im Berliner Sportpalast: »Und nun steht vor uns das letzte Problem, das gelöst werden muß und gelöst werden wird! Es ist die letzte territoriale Forderung, die ich Europa zu stellen habe, aber es ist die Forderung, von der ich nicht abgehe, und die ich, so Gott will, erfüllen werde. [. . .] Wir wollen gar keine Tschechen!«; vgl. Domarus (1965), S. 931; s. 834, 21–25.

667, 32–34   *die Polen von . . . hatten besetzen dürfen* – Nach dem Münchener Abkommen wurden die überwiegend von Deutschen bewohnten Randgebiete (Sudetengau) an das Deutsche Reich, ein Teil der Slowakei an Ungarn, das Gebiet um Teschen an Polen abgetreten; s. K. 663, 1 f.

667, 39   *Münchener Abkommen* – s. K. 663, 1 f.

1. 2. 1968

668, 32–
669, 10   *Mrs. Anne Deirdre . . . mit den Einkäufen* – Vgl. den Artikel »Mother Slain in Apparent Rape, With Baby in a Carriage Nearby« der NYT vom 1. 2. 1968:
»A young mother, the wife of a fourth-year medical student, was slain yesterday apparently after being raped in her apartment in a sedate middle-class neighborhood in Brooklyn.
The victim, Mrs. Anne Deirdre Curtis [. . .] was found sprawled across a bed in her two-and-a-half-room apartment at 297 Lenox Road by her husband, a 27-year-old student [. . .] the attack on Mrs. Curtis, a slender woman 5 feet 1 inches [sic] tall with green eyes and straight dark hair, took place sometime between 4 P. M. and 5:30 P. M. and only minutes after she had returned with her baby from a shopping trip. [. . .]
At 4 P. M. a neighbor met Mrs. Curtis and the baby, who was in a carriage, on the street near the Curtis home. A bag of groceries was in the carriage.
At 5:30 P. M., Mr. Curtis returned to the apartment. When he entered, he saw the baby still clad in her outdoor garments, lying in the baby carriage near the door. The groceries were still in the carriage.
In the bedroom, Mr. Curtis found his wife of less than a year lying on the bed clad only in a blouse and bra. A towel was wrapped round her neck and her wrists bore marks indicating to the police that they had been bound before she was attacked. The bed was showered with bits of broken glass and a broken clock lay nearby, suggesting that Mrs. Curtis had put up a fierce struggle.«

2. 2. 1968

669,11   *Groundhog Day* – (amerik. Engl.) Murmeltier-Tag. Mit dt. Siedlern nach Amerika gebrachter Volksglauben, nach dem es noch sechs Wochen winterlich bleibt, wenn an diesem Tag die Sonne scheint. Denn wenn das Murmeltier, in der dt. Version der Dachs, am 2.2. von seinem Winterschlaf erwacht und seinen Schatten sieht, erschrickt es und kehrt für sechs Wochen in seinen Bau zurück.

669,12–15   *Voss un Haas-Kalender... wieder zu Loche* – (nd.) Fuchs-und-Hase-Kalender, früher: »Grossherzoglich Mecklenburg-Schwerinscher und Mecklenburg Strelitzscher Kalender«, seit den dreißiger Jahren: »Mecklenburgischer Voß un Haas-Kalender«; beliebter Volkskalender, der, benannt nach den Fabeltieren Fuchs und Hase auf dem Titelblatt, bei Hinstorff, Wismar, erschien. Johnson besaß mit wenigen Ausnahmen die Jahrgänge von 1881–1925 und die Jahrgänge 1939 und 1941. Der Spruch findet sich in Jahrgang 1939, S. 6.

669,13   *Lichtmeß* – Mariä Lichtmeß, kath. Fest 40 Tage nach Weihnachten anläßlich der Reinigung Marias und der Weihe Jesu im Tempel; schon im 5. Jh. ein Prozessionsfest mit Lichtern, in dem ein Lichterfest der römischen Göttin Proserpina umgedeutet wurde; vgl. Luk 2,32.

669,16   *Punxsutawney* – Kleiner Ort südlich des Eriesees, Pennsylvania. Der Brauch, die Murmeltiere zu beobachten, wird hier noch besonders gepflegt; vgl. Schulz, B. (1995), S. 103.

669,16 f.   *Quarrysville* – Sehr kleiner Ort in Connecticut.

669,33   *Mediterranian Swimming Club* – Druckfehler in allen Taschenbuchausgaben und der gebundenen Ausgabe von 1983, richtig: Mediterranean; s. K. 487,20.

671,3 f.   *Was Cresspahl 1951... im Jahr 1938* – s. 10,2 f.; 631,31–35; 1753,1–5.

671,17   *Right* – (engl.) Richtig.

671,18 f.   *Regentonne* – /– *Mordversuch* – s. 62,15 f.

671,20   *Der Hund Rex* – s. K. 431,15

671,24   *Jewish Museum* – (engl.) Jüdisches Museum, gegr. 1904; seit 1947 im Stadtpalais des Bankiers Felix Moritz Warburg (14.1.1871–20.10.1937), 1109 5. Ave. (an der 92. Straße); größte Einrichtung dieser Art in der Welt; die ständige Ausstellung präsentiert mehr als 27000 Gemälde, Skulpturen, Zeichnungen, Fotografien, Artefakte und zeremonielle Objekte aus 4000 Jahren jüd. Kultur.

671,32 f.   *Aber das Flugzeug... bei Grönland verlor* – Ein Flugzeug vom Typ B 52 stürzte mit vier nicht scharf gemachten Wasserstoffbomben an Bord am 21.1.1968 vor der Küste Grönlands durch eine Eisdecke ins Eismeer. Nach Aussage des Verteidigungsministeriums hatte keine Gefahr einer nuklearen Explosion bestanden. Die Explosionskraft jeder Bombe hätte 1,1 Mio. t TNT entsprochen;

vgl. NYT vom 23.1. bis Mitte Februar 1968; DER SPIEGEL 29. 1. 1968, S. 135 und 5. 2. 1968, S. 89–92. In der Folge dieses Absturzes wurde publik, daß das angeblich atomwaffenfreie Dänemark Sprengköpfe auf dem Territorium seiner Kolonie geduldet hatte; s. K. 326, 9; 534, 28 f.

671, 32 f.   *Air Force* – (engl.) Luftwaffe.

671, 34   *Podejuch* – s. K. 531, 10.

671, 37   *Peenemünde* – Ort an der Nordwestspitze der Insel Usedom, 1935–45 Fabrikationsstätte und Versuchsgelände für Raketengeschosse; vorwiegend V-Waffen, die als ›Vergeltungswaffen‹ für Luftangriffe auf dt. Städte vor allem gegen London eingesetzt wurden. Erster erfolgreicher Raketenstart am 3. 10. 1942. Aufgrund der Bombardements der Alliierten, besonders schwer war der von dt. Widerstandskämpfern unterstützte Angriff vom 17./18. 8. 1942, mußte die Produktion teilweise in das Außenlager Dora des KZ Buchenwald bei Nordhausen ausgelagert werden. Dadurch verzögerte sich der erste Einsatz einer V-Waffe bis zum 4. 6. 1944; s. K. 963, 9; 1416, 28; 1416, 34 f.

672, 11 f.   *Welche Bilder? Von . . . dem Haus trägt* – Vgl. das Foto auf S. 1 der NYT vom 2. 2. 1968 (direkt unter dem von der Verhaftung des Vietcong-Offiziers, s. K. 672, 16–26) mit der Unterschrift: »His Family Slain By Vietcong: A South Vietnamese officer carries the body of one of his children from his home. Terrorists overran the base of his unit in Saigon, beheaded an officer and killed women and children.«

672, 15 f.   *Die Ermordung. Ich . . . in drei Phasen* – Die Bildserie, aus der besonders das zweite Foto vielfach veröffentlicht wurde, fotografierte Eddie Adams von Associated Press, der dafür den Pulitzerpreis für Sport News Photography erhielt. Die Fotos erschienen am 22. 2. 1967 auf der Titelseite der »Washington Post«, das erste Foto der Serie auf S. 1 der NYT, die ganze Serie auf S. 12; NBC zeigte sie innerhalb der Sendung des »Huntley-Brinkley-Reports«; vgl. Baker (1993b), S. 323–325; s. K. 40, 16 f.; 672, 16–26; 672, 28–38; 673, 1–10; 674, 16–19; 769, 20 f.; 794, 20–29; s. 680, 12–15.

672, 16–26   *Auf dem ersten . . . sich gehabt. Eins* – Das Foto in der NYT vom 2. 2. 1968 trug die Unterschrift: »Prisoner: Man in checked shirt, who had been identified as a Vietcong officer, is guarded by a marine after being captured near the An Quang pagoda in Saigon. He was carrying a pistol when captured.«

672, 28–38   *Überschrift: »Die Hinrichtung« . . . des Geschosses«. Zwei* – Das Foto trug in der NYT vom 2. 2. 1968 die Unterschrift: »Execution: Brig. Gen. Nguyen Ngoc Loan, South Vietnam's national police chief kills the prisoner with a single round from his revolver. The prisoner's face shows the impact of the bullet. He had been turned over to General Loan after his capture.«
Angeblich gehörte der Vietcong zu einem Todeskommando und hatte kurz zuvor einen Familienangehörigen von Loan erschossen; vgl. Amrose (1989), S. 135.

672, 31 *Nguyen Ngoc Loan* – 1930 oder 1931–16. (?)7. 1998.

673, 1–10 *Das Opfer liegt . . . ja übergeben worden* – Die Bildunterschrift in der NYT vom 2. 2. 1968 lautete: »Death: The body of the prisoner sprawls in the street as General Loan holsters his revolver. The general said: ›They killed many Americans and many of our people.‹«

3. 2. 1968

4. 2. 1968

674, 9–13 *Der Ausschuß des . . . Nord-Viet Nam bekam* – Vgl. den Artikel »Tonkin Ship Cited Sonar Difficulty« der NYT vom 4. 2. 1968: »A Senate Foreign Relations Committee staff study has disclosed that the destroyer Maddox encountered technical difficulties with its sonar shortly before detecting a torpedo attack by North Vietnamese PT boats in the Gulf of Tonkin«; s. K. 491, 15–30; 623, 21 f.

674, 13–16 *In der neuen . . . zum Viet Cong* – Vgl. den Artikel »Vietcong Holding Position On Edge Of Saigon Airport« der NYT vom 4. 2. 1968, Zwischenüberschrift: »Dead Put at 376 Americans, 738 South Vietnamese and 14,997 of Foe«: »with 4,156 people detained as suspected Vietcong.«

674, 16–19 *Der Soldat, der . . . Name nicht bekannt* – Vgl. den Artikel »Ky says Saigon Regime Will Arm Loyal Civilians« der NYT vom 6. 2. 1968: »He [Vizepräsident Ky] identified the prisoner who was shot dead by Brig. Gen. Nguyen Ngoc Loan [. . .] as ›a very high-ranking Vietcong officer.‹ The Vice President would not give his name«; s. K. 672, 15 f.

674, 18 *A. R. V. N.* – Army of the Republic of Vietnam (Süd).

674, 28 *Bad Schwartau* – Stadt nördlich von Lübeck.

675, 10 *Diese durch und durch verluderten Engländer* – Diese Formulierung stammt nach Auskunft Eberhard Fahlkes aus dem Briefwechsel Johnsons mit Klaus Baumgärtner.
In der nationalsoz. Propaganda waren wenig schmeichelhafte Bezeichnungen für die Engländer gang und gäbe, Hitler spricht u. a. von »verlogenen Subjekten« und »Geisteskranken und ständig Betrunkenen«; s. 813, 39–814, 1; 859, 17 f.; 1115, 18 f.; 1207, 31 f.; MJ, S. 264, 266.

675, 11–14 *von der londoner . . . zu Gunsten Deutschlands* – Der LGA vom 15. 10. 1938 zitiert unter der Überschrift »London begrüßt die Einigung« die Londoner »Times«: Es sei nötig, »endlich einmal energisch gegen die seit Tagen von Linkskreisen kolportierten Behauptungen aufzutreten, daß die jetzt gezogene Grenze zwischen Deutschland und der Tschechoslowakei über das Münchener Abkommen weit, und zwar zugunsten Deutschlands, hinausginge und weite Gebiete Deutschland einverleibt worden seien«. Weiterhin heißt es, die Grenze entspreche dem Vertrag und sei ethnographisch.

Die »Times« verteidigte in mehreren Artikeln die Arbeit der Botschafterkommission, die die im Münchener Abkommen festgelegten Grenzen präzisieren sollte, so z.B. am 14.10.1933 unter der Überschrift »Czech-German-Frontier«: »Foreign criticisms of the work of the Ambassador's Commission are not understood here. The Commission was required by the Munich Treaty to determine the predominantly German areas which should be occupied by German troops between October 1 and 10.«

Vgl. auch den Artikel »Redrawing A Frontier« vom selben Tag: »The fear so widely entertained during the last few days that the principle of self-determination, accepted at Munich, was being made to work wholly against Czechoslovakia arose probably from the fact that the maps brought back from Munich had marked upon them for immediate occupation by the German Army only four small areas which were entirely, or almost entirely, German, and it was left to the Commission of Ambassadors to determine the remaining, or fifth, area, which could be called ›predominantly German.‹ This area was in fact the greatest of the five, and therefore brought the amount of territory to be transferred approximately up to the amount originally claimed by the Reich.«

675,13   *Č. S. R.* – s. K. 657, 19.

675,13   *Münchener Abkommen* – s. K. 663, 1 f.

675,15   *Sühst, Heinrich* – (nd.) Siehst du, Heinrich?

675,17–20   *von zwei Landesverrätern . . . ausländischen Nachrichtendienst verkauft* – Unter der Überschrift »Zwei Landesverräter hingerichtet« heißt es im LGA vom 15.10. 1938: »Berlin, 14. Oktober (Drahtmeldung) Die Justizpressestelle Berlin teilt mit: Heute wurden die durch das Reichskriegsgericht zum Tode verurteilten Landesverräter Franz Backes aus Trier und Joseph Baranek aus Ratibor hingerichtet. Backes war aus Geldgier und Vergnügungssucht zu einem gefährlichen Spion geworden. Baranek hatte sich aus Gewissenslosigkeit und Gewinnsucht dem Nachrichtendienst einer ausländischen Macht verkauft. Beide Verurteilte hatten ihr verbrecherisches Handwerk bedenken- und hemmungslos über einen längeren Zeitraum hin ausgeübt. Sie haben nunmehr ihren Verrat mit dem Tode büßen müssen.«

675,21 f.   *der Sonntag mit . . . mit mäßigen Winden* – »Allgemeine Vorhersage für Sonntag: Schwache bis mäßige Winde aus Westen bis Süden, morgens dunstig, teilweise auch neblig, sonst vielfach heiter und trocken, tagsüber milde«, LGA 16.10. 1938.

675,23   *Winterhilfswerk* – Im LGA finden sich Artikel »DAF sammelt für das Winterhilfswerk« (15.10. 1938) und »DHJ [Deutsche Hitlerjugend] sammelt fürs Winterhilfswerk« (16.10. 1938); s. K. 245, 7.

675, 25 f. *die Francotruppen bombardierten den Bahnhof Tarragona –* »Bilbao, 15. Oktober [...] Nationale Kriegsflugzeuge haben militärische Anlagen in Barcelona und ebenso das Bahnhofsgebäude von Tarragona mit Bomben belegt«, vgl. LGA 16. 10. 1938.
Nach dem Militärputsch im Juli 1936 gelang es Franco (s. K. 287, 15), Andalusien, Galizien, Leon und Aragon in seine Gewalt zu bekommen, während die Republikaner die östliche Landeshälfte behaupteten. Die Hafenstadt Tarragona liegt in Nordostspanien. Spanischer Bürgerkrieg: s. K. 497, 9 f.

675, 26–30 *die Rede ging... in der Zeitung –* Am Montag, dem 17.10. 1938, erschien kein LGA, aber in der Sonderausgabe vom 16. 10. 1938 heißt es: »Unbekannte Tote geborgen. Preetz, 15. Oktober. Im Postsee, 200 Meter südlich des Bahnkörpers, wurde bei Sieversdorf von Fischern eine Leiche gesichtet. Die Polizei wurde sofort benachrichtigt und gemeinsam die Bergung vorgenommen. Die Tote ist eine Witwe von etwa 50 Jahren. Sie hat einen schwarz-grau melierten Bubikopf und ist von starker Figur. Ausweispapiere hatte die Tote nicht bei sich. Sie trug einen doppelten Trauring mit den Inschriften M. Puck 1.1.19, W. Delfs 1.1.19. Man vermutet daher, daß es sich um eine Frau Puck handelt. Die Tote trug ein schwarzes Kleid, schwarze Strümpfe, schwarzen Schlüpfer und schwarze Schuhe. Volksgenossen, die über die Personalien der Frau Auskunft geben können, werden um Meldung beim Gendarmeriebeamten gebeten.«

676, 1–4 *Kümmst du to... Gesine. Ick kâm –* (nd.)
Kommst du zu mir, wenn du zurück bist?
Und wenn es nun mitten in der Nacht ist?
Brauchst mir nichts mitzubringen. Aber kommst du?
Ich komme, Gesine. Ich komme.

676, 5–678, 39 *Anna Niederdahl war... Mutter hergeliehen hatte –* s. 198, 39–199, 10.

676, 18 *Breslau –* Hauptstadt der ehemaligen preußischen Provinz Schlesien, nach dem 2. Weltkrieg als Wrocław zu Polen gehörig.

676, 23 f. *Niendorf –* Fischerdorf nördlich von Travemünde, östlich von Timmendorfer Strand an der Lübecker Bucht.

676, 36 f. *Vegœtn ward't nich... nu, Tante Anna –* (nd.) Vergessen wird nicht. Du nicht und was du getan hast. Dann bedanken wir uns nun, Tante Anna.

677, 20 *Kronsforder Allee –* s. K. 197, 22.

677, 23 *Konzentrationslager Fuhlsbüttel –* Hamburg-Fuhlsbüttel war eines der »frühen« oder »wilden« KZ, die durch die örtlichen SA-, SS- oder Polizeistellen errichtet wurden. Das Männerlager bestand vom 4. 9. 1933–3. 2. 1937, das Frauenlager vom 15. 7. 1935–3. 2. 1937. Vom 1. 1. 1943–8. 5. 1945 bestand ein Außenlager des KZ Neuengamme für männliche Häftlinge, die vorwiegend auf Baustellen und beim Panzergräbenbau eingesetzt wurden; s. K. 36, 12.

677, 32–36 *Die stockholmer Gruppe . . . noch einmal abgewiesen* – Das sozialdem. Emigrationszentrum in Stockholm entwickelte zusammen mit der Gruppe »Neu Beginnen« eine Konzeption, nach der gleichzeitig eine Einheitsfront mit der KPD wie auch eine breite Volksfront errichtet werden sollte. Diese Vorstellungen wurden vom Emigrationsvorstand der SPD, der im Juni nach Paris übersiedelt war, abgelehnt. Im August 1938 hatte die KPD an alle Sozialdemokraten einen Appell zur Aktionseinheit gerichtet. Im Aufruf vom 14. 9. 1938 wiederholte der Vorstand seinen alleinigen Führungsanspruch in der dt. Sozialdemokratie, da er die letzte von den Mitgliedern gewählte Körperschaft sei. Vgl. Geschichte der deutschen Arbeiterbewegung (1969), S. 208; SPD: s. K. 170, 10.

677, 33 *Aktionseinheit* – In den letzten Jahren der Weimarer Republik hatten KPD und SPD eine Zusammenarbeit kategorisch abgelehnt; seit 1930 nahmen die Auseinandersetzungen an Heftigkeit zu. 1931 hatte die KPD in Aktionseinheit mit der NSDAP einen Volksentscheid gegen die sozialdem. Regierung Preußens angestrengt (vgl. HNJ, S. 67 f.). Die SPD bekämpfte NSDAP und KPD mit der Parole »Weder Hitler-Knechte noch Stalin-Sklaven«; die KPD bezeichnete die Führer der SPD als »Sozialfaschisten«, die noch gefährlicher als die Nationalsozialisten seien. Erst 1935 beschloß die KPD, ihre bisherige Abgrenzungspolitik aufzugeben zugunsten einer Volksfrontpolitik, die alle antifaschistischen Kräfte umfassen sollte; s. K. 198, 8; s. 1163, 36; SPD: s. K. 170, 10.

677, 36 *Aufruf vom 14. September* – Aufruf der Exil-SPD, Sopade, vom 14. 9. 1939 »An das deutsche Volk« mit der Forderung, Hitler zu stürzen, um den wegen der Sudetenkrise drohenden Krieg zu verhindern; s. K. 663, 1 f.; 667, 15; SPD: s. K. 170, 10.

678, 14 *Hinrich, nu hev di nich* – (nd.) Heinrich, nun hab dich nicht.

678, 26–28 *Dann wurde ihm . . . Streit unter Zeugen* – s. 765, 11–14; XII, 19–47; XVI, 27; 1180, 12–23.

678, 28 f. *was aber Bienmüller . . . ihm geschaffen werden* – Möglicher Bezug zu XI, 43–45; XVI, 27–31.

5. 2. 1968

679, 13 f. *von Füchsen, die . . . gute Nacht wünschen* – Anspielung auf die Redewendung: Wo Fuchs und Hase sich gute Nacht sagen.

679, 14 *Beidendorf* – s. K. 586, 28.

679, 18–22 *in der gestrigen . . . in der Stadtreinigung* – Vgl. Foto zum Artikel »Refuse Piling Up As Strike Goes On« der NYT vom 4. 2. 1968 mit der Unterschrift: »Piling Up: Trash and garbage on West 97th Street, uncollected in sanitation strike.«

679, 19 f.   *97. Straße* – s. K. 27, 18.

680, 12–15   *De Rosny hat . . . von Mrs. Cresspahl* – s. K. 672, 15 f.

680, 20 f.   *So sagt es . . . in einer Fernsehrezension* – Die NYT vom 5. 2. 1968 brachte viele Fotos von verwundeten und toten Soldaten beider Seiten und von den Leiden der Zivilbevölkerung. Sie kommentierte einen Fernsehfilm über den Angriff auf Saigon: »Only time will sort out whether the Vietcong scored a psychological victory. But when the viewer could see for himself the consequences of the Vietcong attack on the civilian population, Washington's contentions that the Vietcong's efforts had failed did not narrow the credibility gap.«

680, 28   *präokkupiert* – Hier von (engl.) preoccupied: (ganz) in Anspruch genommen (sein); sich intensiv damit beschäftigen.

680, 31 f.   *daß die Katze . . . dem Sack habe* – Anspielung auf die Redewendung »die Katze aus dem Sack lassen«; s. 681, 24.

681, 36 f.   *Council for Mutual Economic Assistance* – (engl.) Rat für gegenseitige Wirtschaftshilfe (RGW), auch Comecon, gegr. am 25. 1. 1949 als wirtschaftlicher Zusammenschluß der Ostblockstaaten; Gründungsmitglieder: UdSSR, Polen, Bulgarien, Ungarn, Rumänien und Tschechoslowakei; koordinierte seit 1960 die Wirtschaftsplanung aller Partner; vgl. MHC, in: Fahlke (1988a), S. 106.

682, 6 f.   *Was ist dir . . . in Mönchen-Gladbach warst* – s. K. 464, 18 f.

682, 6   *N. A. T. O.* – s. K. 42, 16 f.

682, 10   *Frankfurter Allgemeinen Zeitung* – s. K. 454, 12 f.

682, 39   *Oh no. Not again* – (engl.) Oh nein. Nicht schon wieder.

683, 2   *Jedes Wort, du wirst es aufessen* – (engl. wörtl. übersetzt) to eat one's words: zurücknehmen, was man gesagt hat.

683, 7   *Brussels* – Engl. Schreibweise für Brüssel. Hier: Exklusives New Yorker Restaurant in einem alten Herrenhaus, 115 East 54. Street; bekannt für seine frz. Küche und belgische Spezialitäten; s. 1120, 23; 1466, 38.

683, 8 f.   *Waterzooi de Volaille à la Gantoise* – (holl. und frz.) Huhn in Gemüsesuppe nach Genter Art.

683, 11   *Selle d'Agneau . . . à la Sarladaise* – (frz.) Gebratener Lammsattel nach Sarladaiser Art (nach Sarlat-la-Canéda, einer Stadt im Périgord Noir), richtig: Rôti.

683, 14   *um zwei Stockwerke befördert* – s. K. 22, 9 f.

683, 27–30   *Einverstanden. Und wenn . . . Wette? / Ein Einvernehmen* – s. 40, 28 f.

683, 33 f.   *Moetst mi næmn . . . kein Winter nich* – (nd.)
Mußt mich nehmen wie ich bin.
Unkraut vergeht nicht: so kalt ist kein Winter.

6. 2. 1968

684, 2–8   *einen Millionär, der... D. D. R. arbeiten wollte* – Hannsheinz Porst, geb. 8. 11.
1922, Besitzer eines Photoversandhandels; wurde Opfer zweier DDR-Geheimdienste, als ihn der Militärische Abschirmdienst aufgrund interner Differenzen mit dem staatlichen Geheimdienst auffliegen ließ; im Oktober 1967
verhaftet und wegen Verrat angeklagt.
Vgl. den Artikel »A Millionaire Spy Describes Activity« der NYT vom 6. 2.
1968: »A West German millionaire, Hannsheinz Porst, suspected of spying for
East Germany, was a victim of rivalry between two East German Intelligence
services, it was disclosed today.
Mr. Porst, 45-year-old self-styled Marxist and the owner of a large mail-order house in photo equipment, said in an interview published by Der Spiegel, that he was simultanously a member of the West German Free Democratic
party and the East German Communist party, and that he had met several
times with Communist intelligence officials in East Berlin. [...]
Today the newspaper Die Welt said the arrest had been prompted by a tip from
the East German military intelligence service because Mr. Porst refused to
work for it. Instead he maintained contact with a rival agency, the State Security Service.
In the interview in Der Spiegel, Mr. Porst said he had wanted to keep a hole
in the wall dividing Germany«; vgl. DER SPIEGEL 5. 2. 1968, S. 21–31 (30);
auch 6. 11. 1967, S. 68–74 und 29. 1. 1968, S. 27; Trennmauer durch Deutschland: s. K. 74, 12.

684, 8   *Staatssicherheitsdienst der D. D. R.* – Die Provisorische Volkskammer beschloß
am 8. 2. 1950 das Gesetz über die Bildung des Ministeriums für Staatssicherheit (M. f. S.), in dem die seit dem 1. 12. 1947 geheim und unter Leitung der
Deutschen Verwaltung des Innern (s. K. 1627, 38) wirkenden politischen
Abteilungen der Polizei (K 5: s. K. 1597, 2) zusammengefaßt wurden. Der dem
M. f. S. unterstehende politische Staatssicherheitsdienst (SSD; ugs. Stasi) konnte
sich über alle verfassungsmäßigen Rechte von Einzelpersonen hinwegsetzen.

684, 9–12   *In Warschau soll... Nachrichten« verbreitet habe* – Vgl. den Artikel »Satirist's Trial Opens in Warsaw« der NYT vom 6. 2. 1968: »Lawyers for the author of an
operetta allegedly satirizing prominent Poles, from Wladyslaw Gomulka, the
Communist party leader, to Stefan Cardinal Wyszynski, the Roman Catholic
primate, today challenged a Warsaw court's right to try him under a Catchall
law enacted in the Stalinist period.
The lawyers asserted that the author Janusz Szpotanski, could not be tried because his operatta [sic], titled ›Cisi i Gegacze‹ (›The Quiet and the Honkers‹),
did not fall under the competence of Article 23 of the so-called small penal
code.
That code was enacted in 1946 and provides for at least three years' imprisonment for disseminating ›false information‹ [sic] or other material deemed
detrimental to state interests. [...]

The defense lawyers also went through the ritual effort to prevent closed-door proceedings, which are often declared in cases involving intellectual criticism of the regime«; vgl. auch NYT vom 20. 2. 1968; s. K. 769, 5–7.

684, 20– **685, 20**   *Cresspahl fuhr einkaufen . . . Vorratskammer gefunden hatte* – Die Vorratskäufe Cresspahls sind denen von Düring aus Arno Schmidts »Aus dem Leben eines Fauns« sowohl hinsichtlich »Bedachtsamkeit und Methodik« als auch der Auswahl der Vorräte auffallend ähnlich; vgl. Sangmeister (1992), S. 9.

684, 38 f.   *Alteisensammlung, die am 19. Oktober* – Um die Versorgung der dt. Wirtschaft mit Rohstoffen zu verbessern, wurden besonders von den Jugendorganisationen regelmäßig Altmetall, Lumpen und Knochen gesammelt.
Im LGA vom 19. 10. 1938 findet sich eine Meldung aus Burg/Fehmarn: »Die Alteisensammlung wurde am Sonntag von den Formationen der Partei durchgeführt. Das Ergebnis war überraschend gut. [. . .] Insgesamt wurden 10 Lastwagen mit Alteisen gefüllt.«

685, 5 f.   *Bombe auf das Kraftwerk Lübeck-Herrenwyk* – Bei einem Bombenangriff auf das Hochofenwerk und das Kraftwerk am 16. 7. 1942 wurde das Kesselhaus des Kraftwerks getroffen. Die Explosion der Kessel zerstörte das Transformatorhaus; Kraftwerk Lübeck-Herrenwyk: s. K. 31, 26 f.

685, 27 f.   *Arbeitsdienstmädchen* – s. K. 571, 31.

685, 34–38   *an den Sonntagen . . . Karstadt, Sekuritglas allesamt* – Einen Anzeigenteil von 16 Seiten hat der LGA im Herbst 1938 nur am 30.10.; von den erwähnten Firmen annoncieren hier Junker & Ruh und Karstadt. Inserate für die anderen Marken sind über den Zeitraum vom 11.9. bis zum 13.11. zu finden; s. K. 70, 25 f.

685, 36   *Underberg* – Magenbitter. Die am 17. 6. 1846 unter dem Namen H. Underberg-Albrecht von Hubert Underberg (14. 10. 1817–30. 12. 1891) gegr. Firma stellte einen Magenbitter aus Kräutern her, die sie aus 43 Ländern bezog; zunächst unter dem Namen »Boonekamp of Maagbitter« vertrieben, wurde der Name nach diversen Rechtsstreiten mit Nachahmern 1916 in »Underberg« geändert.

685, 36 f.   *Mercedes-Schreibmaschinen* – Mercedes Büromaschinenwerke AG, 1906 in Berlin gegr.; seit 1927 Sitz in Zella-Mehlis.

685, 37   *Attika-Zigaretten* – Richtig: Atikah. Reklame für die »meistgerauchte 5 Pf.-Cigarette« findet sich regelmäßig im LGA, z. B. auch am 23. 10. 1938.

685, 37 f.   *Junker & Ruh-Gasherde* – s. K. 144, 34.

685, 38   *Karstadt* – s. K. 495, 17 f.

685, 38   *Sekuritglas* – Einscheibensicherheitsglas, das nicht springt, sondern in kleine, nicht scharfkantige Teile zerfällt.

686, 19 f.   *Dies waren die . . . in Lübeck liefen* – Die Angaben sind dem LGA vom 15. und 16. 10. 1938 entnommen; vgl. Mecklenburg (1990b), S. 382.

686, 21　　*Mazurka, mit Pola Negri* – Dt. Film, Uraufführung 14. 11. 1938; Regie: Willi Forst; mit Pola Negri, Albrecht Schoenhals, Paul Hartmann; Liebes- und Rachetragödie.
Pola Negri: eigentlich Barbara Apolonia Chalupiec (3. 1. 1897– 1. 8. 1987), spielte 1935–38 in sechs dt. Tonfilmen mit.

686, 22　　*Verwehte Spuren, mit Kristina Söderbaum* – Dt. Film, Uraufführung 26. 8. 1938; Regie: Veit Harlan; Drehbuch: Thea v. Harbou, Veit Harlan, Felix Lützkendorf; mit Kristina Söderbaum und Friedrich Kayßler. Problemfilm über eine Tochter, die bei der Suche nach ihrer verschwundenen Mutter deren Lebensgeschichte aufdeckt.
Kristina Söderbaum, geb. 5. 9. 1912, dt. Schauspielerin schwed. Herkunft, mit Veit Harlan verheiratet, spielte von 1936–45 in elf dt. Filmen mit; s. K. 1558, 2 f.

686, 23　　*13 Stühle, mit . . . und Hans Moser* – Dt. Film, Uraufführung 16. 9. 1938; Regie: E. W. Emo; mit Hans Moser (6. 8. 1880–18. 6. 1964) und Heinz Rühmann (7. 3. 1902–3. 10. 1994); Filmlustspiel über die Jagd nach einer Erbschaft.

686, 24　　*Die kleine Sünderin . . . und Paul Dahlke* – Liebeskomödie, Terra Film; weitere Darsteller: Günther Lüders, Ernst Waldow, Viktoria von Ballasko, Rudolf Platte (12. 2. 1904–18. 12. 1984), Paul Viktor Ernst Dahlke (12. 4. 1904–24. 11. 1984). Vgl. LGA 15. 10. 1938: »Junge Frauen, junge Männer und was sich da tut, wir betrachten es voll Spannung und mit Humor. Es ist aufregend und komisch zugleich. Zum Schluß siegt die Liebe.«

686, 26　　*Ein Mädchen geht . . . mit Elisabeth Flickenschildt* – Dt. Film, Uraufführung 30. 9. 1938; Regie: Werner Hochbaum, mit Elisabeth Flickenschildt (16. 3. 1905–26. 10. 1977), Roma Bahn, Günther Lüders; sentimentales Frauendrama aus dem Hafenmilieu.

686, 27　　*Die Dschungelprinzessin* – Amerik. Film, Originaltitel: Jungle Princess; 1936; Regie: William (Wilhelm) Thiele; Buch: Cyril Hume, Gerald Geraghty, Gouverneur Morris, nach einer Vorlage von Max Marcin; mit Dorothy Lamour, Ray Milland, Akim Tamiroff, Lynne Overman, Molly Lamont, Hugh Buckler, Ray Mala; Abenteuer- und Liebesfilm, der damals wegen der Liebe zwischen einem Weißen und einem malaiischen Mädchen an ein Tabu-Thema rührte. Vgl. LGA 15. 10. 1938: »2 Stunden Witz und Sensation. Bitterböse Bubenstreiche und Abenteuer im dunkelsten Afrika.«

686, 28　　*Petermann ist dagegen, mit Fita Benkhoff* – Dt. Film, Uraufführung 14. 1. 1938; Regie: Frank Wysbar, nach einem Lustpiel von August Hinrichs; mit Ernst Waldow; Fita Benkhoff, eigentlich Elfriede Benkhoff (1. 11. 1907–26. 10. 1967); Komödie, in der der Buchhalter Petermann eine »KdF«-Fahrt mit einem Schiff nach Norwegen gewinnt; Bekehrung eines Eigenbrötlers zum »Volksgenossen«.

686, 29　　*Ich tanze nur . . . mit Clark Gable* – Amerik. Film, Originaltitel: Dancing Lady; Uraufführung 12. 10. 1934; Regie: Robert Z. Leonard; Buch: Allen Rivkin,

P. J. Wolfson, nach einem Roman von James Warner Bellah; mit Clark Gable (1. 2. 1901–16. 11. 1960), dem Typ des charmanten Draufgängers, berühmt durch »Vom Winde verweht«, Joan Crawford, Fred Astaire, Robert Benchley und den »Three Stooges«; musikalische Komödie.

686, 35   *Schüsselbuden* – s. K. 199, 30–32.

7. 2. 1968

687, 18   *dear Mary, dorogaja Marija* – (engl., russ.) Liebe Marie.

687, 24–31   *Du warst beschäftigt . . . dicker Rauch aufsteigt* – Auf dem Foto in der NYT vom 7. 2. 1968 von der zweiten Woche der Belagerung Saigons sind zwei Personen, Haufen von Schutt und im Hintergrund Rauch zu erkennen. Die Bildunterschrift lautet: »Destruction In Saigon: A view of Colon, the Chinese section in the southern part of Saigon, after fires, bombing and street fighting between the Vietcong guerillas and the allied forces destroyed whole blocks in the area.«

687, 26   *Chinesenviertels von Saigon* – Das Chinesenviertel im südlichen Saigon (s. K. 30, 32) heißt richtig Cho Lon (cho: Markt, lon: groß); s. 687, 37.

687, 34–688, 5   *Das andere Bild . . . Vaters retten wollen* – Vgl. Foto in der NYT vom 7. 2. 1968 mit dem Text: »Fire Fighters: Children in Colon district of Saigon forming a bucket brigade yesterday to put out fire in what remains of father's machine shop, leveled by air strike.«

688, 6–21   *Das dritte nennt . . . Straße eine Szene* – Vgl. Foto in der NYT vom 7. 2. 1968 mit dem Text: »Street Scene in Hue during recent heavy fighting. Two Vietnamese lie dead near a hand-drawn cart, and the third, upper right, lies in road behind jeep as tank look for foe.«

688, 22–29   *Das vierte ist . . . Marine, ausdrücklich versichert* – Vgl. Foto in der NYT vom 7. 2. 1968 mit dem Text: »Civilian Casualties lie in the hallway of a hospital in Mytho, South Vietnam. A quarter of the city's buildings was said to be destroyed. A physician reported 1,500 civilians in his hospital and an antibiotics shortage.« Vgl. den Artikel »Civilian Wounded Jam Hospital; Boy Scouts Carrying Stretchers« der NYT vom 7. 2. 1968 über das General Hospital in Danang, das mit einer Kapazität für 260 Kranke 1000 Patienten aufnehmen mußte: »The patients are placed two and three to a bed or on stretchers on the floor between the beds. Many stretchers have been placed on outside porches under shelters hung to keep off the hot sun. Other stretchers have been placed in the mess hall and in storage rooms. [. . .]
Yeoman 2d. Cl. Jim Morris of South Pine, N. C. pointed out one ward, mostly empty, in a complex of hospital buildings several blocks from the main facility. ›This one is for patients who can afford to pay for treatment,‹ he said.«

688, 36   *»für wenn ich tot bin«* – s. 151, 15.

689, 12   *Remagen* – Stadt am Rhein, südlich von Bonn.

689, 14–   *So hättest du . . . warum und wozu* –Vgl. den Artikel »Czechs Give Data On Jor-
690, 22   dan's Death« der NYT vom 7. 2. 1968: »The Czechoslovak Government has
given the United States a further report on the circumstances surrounding the
mysterious death in Prague last August of Charles H. Jordan, a prominent figure in Jewish refugee aid efforts.
The report leaves unanswered the key questions asked since his disappearance:
Was he killed and, if so, by whom?
[. . .] the Czechs had labeled their report an interim report and that they had
given every indication that further information would be provided as it was
collected. [. . .]
He [Jordan] disappeared in Prague last Aug. 16. His body was found in the
Vlatava River four days later.
The Czech report states formally that he died of suffocation from drowning
and that there were no signs of ›major trauma‹ on his body that would sug-
gest a violent assault previous to death.
He is said to have died between 11 P.M. and midnight on the 16th, and his
body is said to have fallen into the river from a certain point on the First of
May Bridge in downtown Prague. This was ascertained, the Czechs said, by
lengthy tests of river currents using a dummy of Mr. Jordan's size and weight.
Pictures of the scene and drawings of the river currents are attached to the
report [. . .].
Suicide has been ruled out by persons in this country and abroad who knew
Mr. Jordan closely. [. . .]
Reliable sources have related the experience of a Belgian scientist invited to
a Communist East European country – not Czechoslovakia – shortly after
Mr. Jordan's death. After his return to Belgium, the scientist, a Jew, said that
he had been followed constantly during his visit.
When he complained to the authorities of the country, he was quietly told
that he was being followed for his own protection and that [. . .] ›Soviet agents
will not do to you what they did to Jordan.‹
That is one persistent belief among Mr. Jordan's associates – that he was killed
by representatives of the Soviet security police, the K. G. B.
Another rumor in Prague is that his death was the work of Arab agents [. . .].
A further twist came Dec. 10, when a Swiss pathologist retained by the Joint
Distribution Committee to conduct an autopsy was found dead in a snowy
forest near Zürich.
The pathologist, Prof. Ernst Hardmeier, was found frozen to death several
hundred yards from his locked automobile. [. . .] But it is known that he had
not completed the examination of minor evidence relating to the case«; s. K.
11, 11–15.

689, 18   *A. J. J. D. C.* – s. K. 11, 14.

689, 25   *K. G. B.* – s. K. 521, 11.

689, 32   *Č. S. R.* – s. K. 657, 19.

690, 32   *Sincerely yours* – s. K. 190, 14.

8. 2. 1968

690, 34–36   *Das von den . . . Typ P. T.–76 überrannt* – Vgl. den Artikel »Allied Post Falls To Tank Assault Near Buffer Zone« der NYT vom 8. 2. 1968: »The American-led camp at Langvei, near the heavily defended United States Marine strong-hold at Khesanh, fell today after it had been assaulted by Soviet-made tanks.« Vgl. auch den Artikel »Latest Soviet Tanks Used By Enemy Near Khesanh« der NYT vom 8. 2. 1968: »United States officials disclosed tonight that North Vietnamese forces had employed Soviet-made light tanks of the latest design in their attack on the allied camp at Langvei, near the border of Laos.
Nine PT-76 tanks were said to have been used in the assault last night on the camp [. . .].
The PT-76 is a light amphibious tank, the only one of its kind in operational use today, military sources said.«

690, 34 f.   *Langvei bei Khesan* – 1962–68 Special Forces Camp wenige Meilen südwest-lich von Khe Sanh nahe der Grenze zu Laos; wurde am 6. 2. 1968 angegrif-fen; in der Nacht zum 7. zwangen die Angriffe mit schwerer Artillerie, Flam-menwerfern, Mörsern und – zum ersten Mal in Südvietnam auch mit sowj. PT-76 Panzern – die US-, ARVN- und verbündeten Truppen zum Rückzug auf Khe Sanh. Bei der vernichtenden Niederlage wurden von den fast 500 CIDG-Soldaten (Civilian Irregular Defense Group) im Lager 316 getötet oder vermißt, während von 24 Amerikanern zehn getötet und elf verwundet wurden. Hunderte, vielleicht sogar Tausende Kämpfer verbündeter irregulä-rer Truppen wurden ebenfalls getötet. Von den Überlebenden, die sich zum alten Ort Lang Vei gerettet hatten, wurden einige, entgegen offiziellen Anga-ben jedoch nicht alle, am Morgen des 8. 2. mit Helikoptern evakuiert; vgl. DER SPIEGEL 12. 2. 1968, S. 21–28 und 19. 2. 1968, S. 118.
Khesan: Druckfehler in allen Ausgaben, richtig: Khe Sanh: s. K. 627, 11.

690, 36   *Straßenkämpfe in Hue* – s. K. 30, 30.

690, 36–691, 3   *Die Stadt Bentre . . . eines U. S.-Majors* – Vgl. die Notiz »Major Describes Move« der NYT vom 8. 2. 1968: »>It became necessary to destroy the town to save it,< a U.S. major said today.«
Ben Tre ist Hauptstadt der gleichnamigen Provinz im Mekong-Delta südlich von Saigon. Als wegen des Tet-Festes, des Mond-Neujahrs, viele südvietna-mesische Soldaten auf Urlaub waren, hatte der Vietcong erfolgreich die Stadt angegriffen und sie 40 Stunden kontrolliert. Mit den zu Hilfe gerufenen ame-rik. Soldaten kam es zu heftigen Gefechten in der Innenstadt; s. K. 867, 9–15.

691, 3–7 *Und Hauptmann Bacel . . . in der Welt* – Vgl. den Artikel »Marine Squad Rides to Battle on Motorcycles« der NYT vom 8. 2. 1968: »›The American military is the damnedest military in the world,‹ said the captain [Bacel Winstead], who is a United States Army adviser to South Vietnamese troops.
Down the street came a squad of marines zipping off to battle on red, blue and yellow Honda motorcycles they had ›liberated‹ from recaptured middle-class homes.«

691, 8 *Dassow* – Ort am westlichen Zipfel des Dassower Sees, 12 km östlich von Lübeck, gehörte seit 1945 zur SBZ bzw. DDR; s. K. 191, 10; 1297, 8.

691, 20 *Winterhilfswerk* – s. K. 245, 7.

691, 22 *Ick hev all een* – (nd.) Ich hab schon eine; vgl. Thomas Mann, Buddenbrooks: »Ji heww ja schon een!«, Mann (1974), Bd. I, S. 193.

691, 26–30 *So machte sie . . . beim Parteigenossen Lichtwark* – s. 1062, 32–34.

691, 31–37 *Lübecker General-Anzeiger . . . Nummernplakette überm Herzen* – Der Bericht über »Londons Messenger Boys« im LGA vom 23. 10. 1938, S. 13, besteht vorwiegend aus Fotos. Die 1890 gegr. »District Messenger Co Ltd.« stellte Jungen zwischen 14 und 22 Jahren für alle erdenklichen Dienste zur Verfügung; vgl. Mecklenburg (1990b), S. 385; s. K. 70, 25 f.

691, 33 *messenger-boys* – (engl.) übersetzt im Text.

692, 12 *von Haases* – s. K. 280, 2.

692, 15–17 *den Fahnenstangenschaft zu . . . Vorgarten angesägt hatten* – s. XII, 28 f.; 1180, 18 f.

692, 31 *Podejuch* – s. K. 531, 10.

693, 24 *Schüsselbuden* – s. K. 199, 30–32.

694, 8 *Ick wull dat nich daun* – (nd.) Ich wollte das nicht tun.

695, 1 *Dank di ook, Dochte* – (nd.) Dank dir auch, Tochter.

695, 5 *Ick vegæt di dat* – (nd.) übersetzt im Text; im Sinne von: ich vergesse und vergebe dir das; s. 830, 26 f.; 1455, 22 f.

9. 2. 1968

695, 19 *Nachrichtenmagazin Time* – s. K. 611, 32.

695, 21 *Hast du die Zeit* – Wortspiel mit dem (wörtl. übersetzten) Titel des amerik. Nachrichtenmagazins TIME (s. K. 611, 32) und der wörtl. Übersetzung: Have you got the time: (engl.) Weißt du, wie spät es ist?

695, 22 *Dschi-sain* – Engl. Aussprache von Gesine.

695, 26–696, 3 *Farbfotografien über zwei . . . ein gewöhnliches Kriegsbild* – Die Fotos befinden sich in TIME vom 9. 2. 1968, S. 21–23. Eins davon ist von Dick Swanson, Fotograf der Zeitschrift LIFE, einer amerik. Wochenzeitschrift, November 1936 – Dezember 1972, die für ihre Fotos und Aktualität der Berichterstattung bekannt war; ab Oktober 1978 als monatliches Magazin wiederbelebt. Das hier beschriebene Foto trägt den Text: »U. S. Ambassador Ellsworth Bunker inspects bodies of Viet Cong on Embassy grounds.«

695, 30 *Botschafter Bunker* – Ellsworth Bunker (11. 5. 1894–27. 9. 1984), 1951 amerik. Botschafter in Argentinien, 1952–53 in Italien, 1956–61 in Indien, 1967–73 in Südvietnam; 1954–56 Präsident des Amerikanischen Roten Kreuzes.

696, 29–33 *die Banken Barclay ... ist auch dabei* – Vgl. den Artikel »Barclays and Lloyds Plan a Bank Merger« der NYT vom 9. 2. 1968: »A merger that would produce the fourth largest bank in the world was announced today to a startled London financial community. Barclays Bank and Lloyds Bank proposed to combine, and then to take on Martins Bank.«

696, 30 *Barclay und Lloyds* – Barclay: s. K. 332, 7; Lloyds Bank, brit. Bank, 1765 als Taylor & Lloyds gegr.; ab 1853 Lloyds & Company, 1865 Fusion mit J. L. Moillet & Sons und Umwandlung in eine Aktiengesellschaft unter dem Namen Lloyds Banking Group Limited, übernahm seitdem mehr als 50 andere Banken; seit 1889 Lloyds Bank.

696, 33 *Martins Bank* – Brit. Bank, 1891 gegr., 1918 mit der Bank of Liverpool zur Bank of Liverpool and Martin's Limited zusammengeschlossen, seit 1928 unter dem alten Namen Martins Bank, wurde am 1. 11. 1968 in Barclays Bank integriert.

697, 6–10 *Aber wenn mitten ... ist wie Tinte* – Vgl. Foto in TIME vom 9.2. 1968 mit dem Text: »In aftermath of other Cong raids in Saigon U.S. dead are loaded onto armored vehicle.«

697, 6 f. *Government Issues* – (amerik. Engl.) Soldaten, G. I.'s; s. 698, 2; 699, 6.

697, 15–17 *Daß die Tet-Offensive ... zu gewinnen ist* – Vgl. den Artikel »War-Ending Victory Seen As Aim of Enemy's Drive« der NYT vom 9. 2. 1968: »In the view of United States officials and military commanders there is increasing evidence that the Vietcong expected their Lunar New Year's offensive to bring the war to a decision and victorious conclusion. [...] For this reason and others, there was a tendency to believe that the entire offensive had a largely psychological motive and was meant mainly to teach Washington, Saigon and the world a dramatic lesson in Vietcong power.«

697, 15 *Tet-Offensive* – Offensive des Vietcong und nordvietnamesischer Truppen, die in der Nacht vom 29./30. 1. 1968 begann (benannt nach dem buddhistischen Neujahrsfest). Während der Tet-Offensive wurden 34 Provinz-, 64 Distrikthauptstädte, zahlreiche militärische Einrichtungen und alle autonomen Städte Südvietnams angegriffen. Die Städte Hue, Quang Tri und mehrere Orte im »sicheren« Mekong-Delta (u. a. Bentre) wurden erobert, und sogar die amerik. Botschaft in Saigon wurde angegriffen. Umfang und Intensität der

Offensive kam für die Amerikaner überraschend und wäre ohne Unterstützung der Zivilbevölkerung nicht möglich gewesen. Dem Vietcong gelang es dadurch erstmals, den Krieg auch in die bis dahin als »sicher« geltenden Städte zu bringen. Obwohl die Offensive nicht, wie vom Vietcong erhofft, zu einem allgemeinen Aufstand und damit zu einer Niederlage des Regimes in Saigon führte, kontrollierte dieser anschließend in weitem Umfang das Land außerhalb der Städte. Auf Druck der amerik. Öffentlichkeit kam es daraufhin zu einem Einlenken der US-Amerikaner; vgl. DER SPIEGEL 5.2.1968, S. 80–82; 12.2.1968, S. 21–28; s. K. 1877, 32 f.

697,21f. *Bugs Bunny of New York* – s. K. 25, 4; 315, 27.

697,23f. *Der Senator von . . . militärischen Sieg abgestritten* – Vgl. die Nachrichtenzusammenfassung »Kennedy Asserts U.S. Cannot Win« der NYT vom 9.2.1968: »Sen. Robert F. Kennedy of New York mounted the most sweeping and detailed indictment of the war and of the Administration yet heard from any leading figure in either party. In a speech in Chicago, he denied ›any prospect‹ of a military victory in Vietnam.«

698,2–7 *Na daß so . . . am Flughafen Tansonnhut* – Foto aus einer Farbbeilage von TIME vom 9.2.1968 mit der Unterschrift: »With brusque urgency of men under fire, G.I.'s drag body of fallen comrade out of range of Viet Cong attack in Saigon's airport area«; s. K. 662, 34–36.

698,7 *Flughafen Tansonnhut* – Tan Son Nhat Air Base, etwa 7 km außerhalb des Zentrums von Saigon; während des Vietnamkriegs einer der Flughäfen mit den meisten Starts der Welt.

698,30 *Ausgabe der Zeit* – Gemeint ist das (wörtl. übersetzte) amerik. Nachrichtenmagazin TIME; s. K. 611, 32.

699,5–12 *John Stewart einen . . . mit der Kamera* – John Stewart war Fotograf für TIME. Die zwei Fotos trugen die Unterschrift: »Wounded and armed only with a pistol, G.I. glares at the enemy, seconds later (below), he collapses as buddy comes to his aid«; vgl. TIME 9.2.1968.

699,37 *Attjé* – s. K. 212, 14.

699,38 *Take care* – (engl.) Paß auf dich auf; s. 478, 6.

700,1 *ausgemehrt* – (ugs. ostmitteldt.) sich ausmären: aufhören zu trödeln.

700,2 *As of now* – (engl.) Von jetzt ab.

700,12 *Foreign Sales* – s. K. 620, 4.

700,23 *Dschi-sain* – Engl. Aussprache von Gesine.

10. 2. 1968

700, 28–
701, 25

Eugene J. McCarthy . . . Verzögerung herbeigeschafft werden – Die Passage bezieht sich auf zwei NYT-Artikel vom 10. 2. 1968 über den möglichen Einsatz atomarer Waffen in Vietnam. In dem Text »White House Disputes McCarthy on Atom Arms« geht es um die Verteidigung von Regierung und Verteidigungsministerium gegenüber McCarthys Verdächtigungen: »The White House and the Pentagon described as false and ridiculous today speculation that the military had sought nuclear weapons for use in Vietnam and was stockpiling them there.

Specifically the White House described as ›false‹ and ›unfair to the armed forces‹ a statement, attributed to Senator Eugene J. McCarthy, that tactical weapons had been requested for the war. Mr. McCarthy, a Minnesota Democrat, said that he had not made such a statement.

George Christian, the White House press secretary, was asked whether President Johnson had received a request from the Joint Chiefs of Staff to authorize the use of nuclear weapons if it became necessary.

He said that Mr. Johnson had considered no such decision. [. . .] Today in Miami he disputed a published account that quoted him as saying in Boston yesterday that a request had been made for tactical nuclear weapons for use in Vietnam and that he expected a renewed demand for them.

Mr. McCarthy told a reporter that he had been asked about such rumors and that he had replied:

›It wouldn't surprise me if some generals had been asking for nuclear weapons.‹ [. . .] A tape recording of the Boston interview made by station WBZ-TV showed this exchange between a reporter and Mr. McCarthy:

Questioner: ›Are you at all concerned that if there is a repetition of the events in Vietnam of the last week that there will be a demand for use of tactical nuclear weapons?‹

Mr. McCarthy: ›Well, I expected that there would be a demand for the use of tactical nuclear weapons by someone. (Pause) As a matter of fact, there have been some demands for their use already [. . .].‹ In a separate development, The St. Louis Post-Despatch said in an article from Washington that reports persisted that the ›United States has stockpiled tactical nuclear weapons in South Vietnam for use if the Communists threaten to overrun the allied forces at Khesanh.‹ [. . .] High United States military officials asked about the Post-Dispatch account described it as ridiculous. They said it would be utterly foolish for the United States to stockpile nuclear weapons in such an unstable environment as Vietnam.

If the United States ever wanted to use atomic weapons, these officials said, the devices could be taken in with little delay.«

Darauf folgt ein Artikel mit der Überschrift »Query by Fulbright«: »Senator J. W. Fulbright asked Secretary of State Dean Rusk today if he had any information about a report that United States tactical nuclear weapons might have been introduced into South Vietnam.

The Arkansas Democrat, chairman of the Senate Foreign Relations Committee, sent Mr. Rusk a letter in which he said his inquiry arose from a closed committee discussion of a report that a specialist on such weapons went to South Vietnam last weekend.
The committee staff inquired of the Joint Atomic Energy Committee and was told there was no substance to the report, an aide said«; s. K. 731, 4–8.

700, 30   *Pentagon* – s. K. 24, 17.

701, 11   *J. W. Fulbright* – s. K. 623, 21 f.

701, 12   *Außenminister* – Dean Rusk: s. K. 109, 29–31.

701, 17   *St. Louis Post-Dispatch* – 1878 gegr. Tageszeitung, Verleger Pulitzer, hatte 1967 wochentags eine Auflage von 360 000 und sonntags von 585 000; St. Louis: s. K. 143, 28.

701, 20   *Khesanh* – s. K. 627, 11.

701, 26–
704, 14   *Am 26. Oktober... bei den Jerichowern* – s. 1141, 4.

702, 16   *Knesebeck* – Fiktive Bahnstation zwischen Jerichow und Gneez.

702, 19   *Hohenfriedberger* – Angeblich von Friedrich II. nach der Schlacht von Hohenfriedberg, 1745, komponiert, als er im 2. Schlesischen Krieg die Österreicher und Sachsen besiegte.

702, 26   *B. D. M.* – Bund Deutscher Mädel; s. K. 159, 27; 164, 33.

702, 35   *die Blauen* – Die Luftwaffe trug blaugraue Uniformen.

702, 36 f.   *N. S.-Reichskriegerbund* – Dachverband der Soldatenvereine der alten dt. Armee und der neuen Wehrmacht; 1938 aus dem Deutschen Reichskriegerbund Kyffhäuser hervorgegangen; unterstand General Reinhard als Reichskriegerführer.

703, 14   *Nationalpreisträgers Heinckel* – Ernst Heinrich Heinkel [sic] (24. 1. 1888–30. 1. 1958), dt. Flugzeugkonstrukteur; gründete 1922 die Heinkel-Flugzeugwerke in Travemünde; 1935 Neubau der Ernst-Heinkel-Flugzeugwerke AG in Rostock, in denen 1938 das erste Raketenflugzeug (He 176) und 1939 das erste Strahlflugzeug (He 178) entwickelt wurden. Ein weiteres Werk befand sich in Oranienburg. Heinkel erhielt am 6. 9. 1938 auf dem 10. Reichsparteitag der NSDAP in Nürnberg einen Nationalpreis für Kunst und Wissenschaft. In den Rostocker Heinkelwerken arbeiteten 1942 mehr als 5000 Zwangsarbeiter und Kriegsgefangene; s. K. 832, 26; 832, 28 f.
In den gebundenen Ausgaben bis 1980 Druckfehler im Namen »Heinkel«.

703, 17   *Heinckel* – Druckfehler in allen Ausgaben, richtig: Heinkel.

703, 17–19   *Unt wenn nu... Vock ehebn will* – (missingsch) Und wenn nun ein ehrloser Feind die Waffe gegen das deutsche Volk erheben will.

703,19	*Denn veziehn wie* – (missingsch) Dann verziehen wir.
703,20	*Gaa nich um ignoriern* – (missingsch) wörtl.: Gar nicht ignorieren; gemeint ist: gar nicht darum kümmern.
703,21	*Denn sagn wie* – (missingsch) Dann sagen wir.
703,22	*basedowkranker* – An einer Überfunktion der Schilddrüse leidend, wobei hervortretende Augen, Kropf und Übererregbarkeit auftreten können; benannt nach dem Arzt Karl Adolf v. Basedow (1799–1854).
703,26	*Ortsgruppe* – s. K. 165, 3.
704,10 f.	*der beiden Nationalhymnen* – s. K. 349, 9.
705,1 f.	*Ich wollte noch . . . ist, mein ich* – s. K. 106, 1 f.

11. 2. 1968

705,3	*Febraur* – Druckfehler in der gebundenen Ausgabe von 1983 und allen Taschenbuchausgaben, richtig: Februar.
705,6–11	*Wir haben das . . . schreienden Kriechling umstanden* – s. 1885, 19–24.
705,7 f.	*103. Straße* – s. K. 346, 36.
707,5	*war es nicht zufrieden* – s. K. 124, 17.
708,11 f.	*Francine war es . . . gelassen zu werden* – s. 732, 17 f.
708,15 f.	*Mediterranian Swimming Pool* – Richtig: Mediterranean; so in der zweibändigen Taschenbuchausgabe; Druckfehler in allen anderen Ausgaben; s. K. 487, 20.
708,30–35	*ein Bild auf . . . Evakuationshelikoptern Ausschau haltend* – Die Unterschrift zu dem Foto aus Hue lautete: »Solace: Chaplain comforts a wounded US marine awaiting evacuation from city of Hue«; vgl. NYT 11. 2. 1968. Schlechte Wetterbedingungen erschwerten die Evakuierung durch Hubschrauber, die Landverbindung war abgeschnitten.
708,32	*Danang* – s. K. 61, 11.
709,7 f.	*Einem der Klassiker . . . einem Buche behandelt* – Anspielung auf und zugleich Quellenhinweis für Bertolt Brechts (s. K. 211, 33) nachfolgend zitiertes Gedicht »Die Nachtlager«.
709,10–25	*Ich höre, daß . . . dadurch nicht verkürzt* – Erste und dritte Strophe des Gedichts »Die Nachtlager« von Bertolt Brecht; s. 734, 27 f.
709,32	*though I am . . . stranger here myself* – (engl.) obwohl ich hier auch ein Fremder bin.
709,34	*was ich nur . . . sauber zu halten* – s. 453, 23 f.

710, 1   *»Magasin du Nord«* – Bekanntes Kaufhaus in Kopenhagen.

710, 1 f.   *»Kongens Nytorv«* – Königlicher Neumarkt, Platz im Zentrum Kopenhagens.

710, 2   *»København«* – (dän.) Kopenhagen; s. 1735, 13 f.; 1885, 11.

12. 2. 1968

710, 9–32   *Eine Nacht im . . . (Lübecker General-Anzeiger.)* – Die Angaben zu den Filmen
sind dem LGA vom 30. 10. 1938 entnommen; Lübecker General-Anzeiger:
s. K. 70, 25 f.

710, 9   *Eine Nacht im . . . mit Marika Rökk* – Dt. Film, Uraufführung 14. 9. 1938;
Regie: Georg Jacoby; musikalische Komödie mit Albert Florath, Viktor Staal
und Marika Rökk, eigentlich Ilona Rökk, geb. 3. 11. 1913, Tänzerin, Schauspielerin und Sängerin ung. Herkunft, die ihre Karriere in der Bundesrepublik fortsetzen konnte.

710, 10   *Der Tag nach . . . und Hans Söhnker* – Dt. Film, Uraufführung 2. 9. 1938; Regie:
Paul Verhoeven; mit Johannes Riemann, Luise Ullrich (31. 10. 1910–21. 1.
1985), Hans Söhnker (11. 10. 1903–20. 4. 1981); Filmlustspiel.

710, 12   *Geheimzeichen L–B–17, mit Willy Birgel* – Dt. Film, Uraufführung 9. 8. 1938;
Regie: Viktor Tourjansky; mit Wilhelm Maria (»Willy«) Birgel (19. 9. 1891–
29. 12. 1973), Hilde Weissner, Bernhard Minetti, René Deltgen; Agentenkol-
portage: Entlarvung von Umstürzlern und Verrätern in hohen Stellungen.

710, 13   *Fracht von Baltimore, mit Hilde Weißner* – Dt. Film, Uraufführung 14. 10. 1938;
Regie: Hans Hinrich; mit Hilde Weissner, eigentlich Hildegard Weissbrodt,
geb. 1909, die 1939–45 in 26 Filmen mitspielte; Attila Hörbiger, Paul We-
stermeier; Abenteuer- und Liebesfilm.
Baltimore: eine der bedeutendsten Hafenstädte der USA im Norden Mary-
lands an der Chesapeake Bay, ca. 60 km nordöstlich von Washington; 1729
gegr. auf einem Gelände des Lord Baltimore.

710, 14   *Premiere, mit Zarah Leander* – Österr. Film, Uraufführung 25. 2. 1937; Regie:
Géza von Bolváry; mit Attila Hörbiger, Theo Lingen; Ausstattungsrevue, erster deutschsprachiger Film Zarah Leanders.
Zarah Leander (15. 3. 1907–23. 6. 1981), schwed. Schauspielerin und Sängerin, die in den dreißiger Jahren bei der UFA vor allem mit tragischen Rollen
sehr erfolgreich war. Sie floh 1943 nach Schweden, wobei die Bombardements auf Berlin ebenso wie Goebbels' Nachstellungen eine Rolle gespielt
haben sollen; s. K. 1585, 13 f.

710, 15   *Rote Orchideen, mit Olga Tschechova* – Dt. Film, Uraufführung 8. 9. 1938; Regie: Nunzio Malasomma/Walter Janssen; mit Olga Tschechova (26. 4. 1897–
9. 3. 1980), Albrecht Schoenhals, Camilla Horn, Ursula Herking, Paul We-
stermeier; Agenten-, Abenteuer- und Liebesfilm.

710, 16   *Zwischen Haß und ... mit Barbara Stanwyck* – Dt. Titel des amerik. Films »His Brother's Wife«; Metro Goldwyn Mayer 1936; Regie: W. S. Van Dyke; Drehbuch: Leon Gordon und John Meehan, nach einer Geschichte von George Auerbach; mit Robert Taylor, Barbara Stanwyck, eigentlich Barbara Ruby Stevens (16. 7. 1907–20. 1. 1990); Dreiecksgeschichte, in der sich ein Mannequin in einen Wissenschaftler verliebt, zunächst aber dessen Bruder heiratet und, nachdem sie sich einen Fiebervirus selbst injiziert hat, von dem Wissenschaftler vor dem Tod gerettet wird.

710, 19–32   *»Rote Orchideen sind ... wie immer apart.«* – Zitat aus der Besprechung von »Rote Orchideen« im LGA vom 30. 10. 1938, S. 29; vgl. Mecklenburg (1990b), S. 382.

710, 30   *Camilla Horn* – 25. 4. 1903–14. 8. 1996, dt. Schauspielerin; wurde als Gretchen in F. W. Murnaus Verfilmung des »Faust« (1925) bekannt; 1927–29 in Hollywood; 1930–41 in einer Vielzahl von Filmen in Deutschland. 1941–43 Filme in Italien, nachdem sie bei den Nazis in Ungnade gefallen war. Spielte in der Nachkriegszeit noch in einigen Filmen, ohne an alte Erfolge anknüpfen zu können.

710, 31 f.   *Ursula Herking* – 28. 1. 1912–17. 11. 1974, dt. Schauspielerin, die ab 1934 vorwiegend Kabarett spielte.

710, 33   *Nebel in London* – Der LGA vom 27. 10. 1938 berichtete vom ersten Nebel des Herbstes am 26.10. und den in der Folge aufgetretenen Schiffs- und Zugverspätungen.

711, 26   *Hankau* – Stadt an der Mündung des Hankiang in den Jangtsekiang, zu Wuhan gehörig. Japan hatte dort 1937 mit einem Überfall den Japanisch-Chinesischen Krieg begonnen.

712, 1–5   *die Juden aus ... ihnen auch genommen* – Nach § 1 der »Fünften Verordnung zum Reichsbürgergesetz« vom 27. 9. 1938 (RGBl. I, S. 1403, 1439) war Juden der Beruf des Rechtsanwalts verschlossen. Jüd. Rechtsanwälte schieden im alten Reichsgebiet zum 30. 11. 1938 aus der Rechtsanwaltschaft aus. Nach § 8 konnte die Justizverwaltung zur rechtlichen Beratung und Vertretung von Juden »jüdische Konsulenten« zulassen.
Nach Artikel I Abs. 1 der »Verordnung über die Zulassung von Ärzten zur Tätigkeit bei den Krankenkassen« vom 22. 4. 1933 (RGBl. I, S. 222) durften Juden keine Kassenärzte mehr sein. Nach § 1 der »Vierten Verordnung zum Reichsbürgergesetz« vom 25. 7. 1938 (RGBl. I, S. 969) erloschen die Bestallungen (Approbationen) jüd. Ärzte am 30. 9. 1938. Nach § 2 konnte die Ausübung des Ärzteberufes widerruflich und unter Auflagen gestattet werden. Nach § 3 war es Juden verboten, die Heilkunde auszuüben. Juden, denen eine Genehmigung nach § 2 erteilt war, durften – abgesehen von ihrer Frau und ihren ehelichen Kindern – nur Juden behandeln; s. K. 350, 6–8; vgl. LGA 28. 10. 1938 (unter der Überschrift »Keine jüdischen Rechtsanwälte mehr«), S. 6; vgl. Mecklenburg (1990b), S. 385 f.

712, 12 *Pumpenleder* – Synonym zu »Pumpenzug«: kleine Scheibe aus Leder, die zu einer Wasserpumpe gehört.

712, 15 f. *Nicht nur glänzen … bleiben länger schön* – Direkt unter dem Artikel über das Ausscheiden jüd. Rechtsanwälte findet sich im LGA vom 28. 10. 1938 die Reklame: »Nicht nur glänzen, leben müssen die Schuhe […]. Mit Erdal halten Schuhe länger und bleiben länger schön.«

712, 23 *dor kümmt ein* – (nd.) da kommt einer.

712, 24 *Klattenpüker* – (nd.) Klettenpussler; s. K. 532, 30.

712, 29 *Am 27. Oktober starb Ernst Barlach* – Ernst Barlach (2. 1. 1870–24. 10. 1938, nicht am 27. 10., an diesem Tag erschien der Nachruf im LGA); dt. Bildhauer, Graphiker und Dichter. Barlach lebte von 1909 bis zu seinem Tod in Güstrow, obwohl seine Mitbürger ihn als Künstler nicht anerkannten und an seinem Privatleben Anstoß nahmen. Barlach füllte seine Skizzenbücher mit Figuren der Güstrower und hielt ihre Gespräche in seinem »Güstrower Tagebuch« fest. Er lehrte in der Zeit an der Preußischen Akademie in Berlin (mit einem Atelier in Berlin-Friedenau) und als Professor in Dresden. Nach Diffamierungen wegen seiner kritischen Gefallenen-Denkmäler zog er sich 1926 ganz nach Güstrow zurück, seit 1931 arbeitete er in dem Atelierhaus am Heidberg und wohnte im Nebenhaus. Nach Postzensur und Besuchsverbot wurde ihm der Austritt aus der Akademie nahegelegt, 1937 gehörten seine Werke zur »entarteten Kunst«. Uwe Johnson schrieb 1956 seine Diplomarbeit bei Hans Mayer über Barlachs Romanfragment »Der gestohlene Mond«, in dem der Held sich mitschuldig macht, weil er sich gegen Untaten nicht deutlich genug abgrenzt. Ein Exemplar von Barlachs »Schlafendes Bauernpaar« in Böttgerstein befand sich in Johnsons Besitz (Original im Rostocker Museum). Ein Foto der Plastik mit falscher Bildunterschrift in Unseld (1991), S. 69; s. K. 712, 34 f.; 712, 36–713, 2; 1558, 4 f.; 1820, 22 f.; 1820, 23; 1820, 23 f.; 1820, 27; 1820, 31; 1821, 5–20; 1821, 12 f.

712, 33 f. *Alfred Rosenberg* – 12. 1. 1893–16. 10. 1946, hingerichtet, Architekt, nationalsoz. Politiker; 1923 und 1925–38 Chefredakteur, 1938–45 Hg. des »Völkischen Beobachters« (s. K. 518, 34 f.); seit 1934 »Beauftragter des Führers für die Überwachung der gesamten geistigen und weltanschaulichen Schulung und Erziehung der NSDAP«. Sein Buch »Der Mythus des 20. Jahrhunderts«, 1930, lieferte dem Nationalsozialismus eine scheinwissenschaftliche Begründung seiner völkischen und antichristlichen Weltanschauung. In einer machtpolitisch begründeten Auseinandersetzung mit Goebbels um die Richtung der Kunstpolitik denunzierte er Barlach massiv.

712, 34 f. *die Figuren Barlachs … ihre Katharinenkirche getan* – 1930 hatte die Lübecker Kirche Barlach einen Auftrag für neun (sechzehn nach ersten Plänen) überlebensgroße Figuren in Klinker für das Sockelgeschoß der Westfassade der Katharinenkirche erteilt. Drei aus »Die Gemeinschaft der Heiligen« waren 1930–32 fertiggestellt (Der Bettler, Singender Klosterschüler, Frau im Wind);

die Aufstellung der Figuren wurde von Kulturfunktionären verhindert und erfolgte erst 1947 in den drei linken Nischen. Der geplante Zyklus wurde 1949 mit sechs weiteren Figuren von Gerhard Marcks vollendet; s. K. 712, 29. Katharinenkirche: gotische Basilika von 1300–60, ehemals zum Franziskanerkloster zugehörig, seit der Reformation profan genutzt. Gottesdienste 1942 nach dem Luftangriff auf Lübeck wieder aufgenommen, später als Museum genutzt.

712, 36–713, 2 *Der Lübecker General-Anzeiger... mit Gott gerungen* – Der LGA vom 27. 10. 1938 zitiert auf S. 6 das »Berliner Tageblatt« (Datum nicht angegeben): »Im Alter von 68 Jahren ist nach längerer Krankheit der Dichter und Bildhauer Ernst Barlach in einem Rostocker Krankenhaus gestorben. Mit ihm ging, so schreibt das ›Berliner Tageblatt‹, eine der umstrittenen Gestalten des künstlerischen Lebens der jüngsten Vergangenheit dahin, ein Mann, der als Dichter wie als Plastiker umkämpft war wie wenige seiner Zeitgenossen. Der Bildhauer Barlach gehörte in die Generation des Jugendstils, dessen Spuren man bis zuletzt in seinem Werk begegnete, obwohl er immer wieder den Weg aus dem Dekorativen ins Metaphorische suchte. Der Dichter Barlach schlug sich ebenso mit den Mächten selber statt mit ihren Sinnbildern herum, rang mehr um als mit Gott und suchte in heißem Bemühen die Form, über die die Krisen seines persönlichen Lebens auch zu andern sprechen konnten. Er war für seine Zeit ein Problem und ist es bis zu seinem Tode dem neuen Geschlecht, das andere Wege ging als er, geblieben«; vgl. Mecklenburg (1990b), S. 384; Berliner Tageblatt: s. K. 102, 26.

713, 7 f. *Wenn du in... Büntzel kenn ick* – (nd.)
Wenn du in Güstrow warst, hast du ihn gesehen?
Nein, Lisbeth. Büntzel kenne ich.

713, 8–13 *Friedrich Büntzel, Lisbeth... auf Tischlermeister Büntzel* – Nach Aussage von Friedrich-Ernst Schult (s. K. 445, 3–9) gab es in Güstrow einen Tischler Büntzel, mit dem Barlach in Verbindung stand, wohl auch im Sinne dieser Episode.

713, 16 f. *eine schlimme Zeit... Erde leicht ist* – Anspielung auf den Schluß von Gottfried Benns Gedicht »Was schlimm ist«, 6. Strophe:
Am schlimmsten:
nicht im Sommer sterben,
wenn alles hell ist
und die Erde für Spaten leicht.
Vgl. auch das Zitat aus Gottfried Benns Gedicht »Eure Etüden« (s. K. 1828, 16); vgl. HNJ, S. 97: »Sie hatte vom Oktober gesprochen als einer schlechten Zeit zum Sterben«; s. 762, 38.

13. 2. 1968

713, 20–22 *Der sowjetische Schriftstellerverband . . . von Jossif W. Stalin* – Vgl. den Artikel »Sol-zhenitsyn Again Defies Soviet Writers' Union« der NYT vom 13. 2. 1968. Nachdem Solschenizyns Roman »Krebsstation« nicht wie versprochen in Fortsetzungen in der Zeitschrift »Nowy Mir« erscheinen sollte, hatte der Autor sich beim Schriftstellerverband wegen der bestehenden Zensur beschwert: »Union officials met with Mr. Solzhenitsyn on Sept. 22, denounced him for aiding ›the enemies of the Soviet Union‹ and compared him with Svetlana Alliluyeva, Stalin's daughter«; S. Allilujewa: s. K. 29, 24.

713, 20 f. *Alexander I. Solshenyzin* – Alexander Issajewitsch Solschenizyn, geb. 11. 12. 1918, russ. Schriftsteller, 1945 verhaftet, bis 1953 in Straf- und Sonderlagern, bis 1956 in »ewiger Verbannung« in Mittelasien, dann im Zuge des »Tauwetters« (vorübergehend) rehabilitiert. Seine Werke durften nach 1962 in der UdSSR nicht erscheinen. 1969 aus dem sowj. Schriftstellerverband ausgeschlossen, 1970 Nobelpreis, 1974 des Landes verwiesen. Die Erzählung »Ein Tag im Leben des Iwan Denissowitsch«, 1962, war das erste Werk über die Straflager unter Stalin.

713, 23 f. *Und mit wem . . . Mit Abraham Lincoln* – Vgl. den Artikel »President Honors Lincoln and Likens Their War Ordeals« der NYT vom 13. 2. 1968: »Sad, but steady – always convinced of his cause – he stuck it out,‹ ›Mr. Johnson said of President Abraham Lincoln. ›Sad, but steady, so will we,‹ he added«; Lincoln: s. K. 218, 19.

713, 25–31 *Auch die New . . . Nam. Sie vergleicht* – Der Vergleich wurde von einem der Gewerkschafter der Stadtreinigung gebraucht: »the contract dispute could become a ›world war or a bush fire‹ depending on what the city does«; vgl. NYT 13. 2. 1968.

714, 2 f. *das sechzehnte Stockwerk* – s. K. 22, 9 f.

714, 9 *Foreign Sales* – s. K. 620, 4.

714, 16 *sechs Quadratyard* – Etwa 5 Quadratmeter.

715, 11 *Es sagt hier so* – (engl. wörtl. übersetzt) It says so here.

715, 23–25 *Denn Mrs. Cresspahl . . . Tasche eines Kostüms* – s. 779, 33 f.

716, 27 *beim blutigen Jesus* – (engl. wörtl. übersetzt) bloody Jesus!; Slang für: verdammt noch mal!

717, 23 f. *weiße Pumps* – s. 1563, 37.

718, 4 *deal* – (engl.) Handel, hier: Übereinkunft.

14. 2. 1968

718, 11   *14. Februar, 1968* – Hier fehlt in allen Ausgaben die sonst übliche Bezeichnung des Tages: Mittwoch.

718, 12–35   *In Darmstadt, in . . . nicht sehr aufregen* –Vgl. den Artikel »At Babi Yar Trial Only 4 Spectators« der NYT vom 14. 2. 1968: »Like the court house warder, the German public is not much interested in this trial of 11 former members of the SS [. . .] charged with complicity in the murder of 70,000 people in the Soviet Union during a few months in 1941, including the slaughter of more than 30,000 Jews in 36 hours at a ravine called Babi Yar. [. . .] When the shooting stopped, the walls of the ravine were dynamited and the rubble was shoveled over the bodies of the men, women and children who lay within it. Some were still alive when buried. [. . .] At today's session witnesses were questioned as usual by a row of black-robed judges sitting on a high bench in a small dingy courtroom. The rows of seats reserved for spectators or the press contained only four persons. The eleven defendants sat along the side walls. Some of them looked interested in the testimony, others looked bored or abstracted. One dapperly dressed former SS man maintained a faintly amused expression. None seemed worried or distressed as they listened to the evidence. [. . .] Then the presiding judge said that a previous witness had testified that an SS man with the same name as the policeman's had been a specialist in killing little children in the Ukraine. The witness had said that the man had strung children up by their legs, shot them in the head with a pistol and thrown them in a prepared ditch. ›No, it is a mistake, an error,‹ said the witness, almost shouting. ›It wasn't me! It must be a mistake!‹ Bernd-Rüdiger Uhse, one of the prosecution attorneys, finds the lack of emotion at the trial completely understandable. ›After all, the events we are talking about took place 26 years ago,‹ he said. ›If you see a car accident today and look at the bloody victims, you are horrified. But if you talk about the same accident five years later you will not get very upset about it««; s. K. 139, 30–36.

718, 14   *Kiev* – s. K. 139, 33.

719, 1–6   *Anfang November 1938 . . . seinen Willen auszudrücken* – Die Titelseite des LGA vom 8. 11. 1938 trug die Überschrift: »Grynszpan: ›Ich bedaure, daß er nicht tot ist!‹« Vom Rath verstarb am 9.11. an den Folgen des Attentats vom 7.11.; vgl. Mecklenburg (1990b), S. 382.

719, 1   *Herschel Grynszpan* – 28. 3. 1921–1942, verschollen; schoß am 7. 11. 1938 auf Ernst vom Rath. Die Nazis nahmen den Mord zum Vorwand, um zwei Tage später die Reichskristallnacht zu inszenieren. Vom Rath war kein Antisemit und war wegen antinazistischer Gesinnung von der Gestapo überwacht worden. Grynszpan konnte sich einer Verhaftung zunächst entziehen und im freien Teil Frankreichs untertauchen, wurde jedoch im Juni 1940 von den Nazis verhaftet. Der Plan eines Schauprozesses gegen ihn wurde fallengelassen; er gilt seitdem als verschollen; s. K. 780, 14.

719, 2 f.   *deutschen Botschaftsattaché vom Rath* – Ernst vom Rath (3. 6. 1909–9. 11. 1938), dt. Diplomat, seit Oktober 1936 Legationssekretär an der dt. Botschaft in Paris, wurde am 7. 11. 1938 von Herschel Grynszpan angeschossen und starb zwei Tage später an den Schußverletzungen. Das Attentat galt eigentlich dem dt. Botschafter.

719, 8   *Orson Welles* – George Orson Welles (6. 5. 1915–10. 10. 1985), amerik. Filmschauspieler und -regisseur. Sein am 30. 10. 1938 gesendetes Hörspiel »Krieg der Welten« (nach dem gleichnamigen Roman von H. G. Wells) über einen Meteoriteneinschlag und eine Invasion von Marsmenschen wurde von vielen als ein Tatsachenbericht aufgefaßt und verursachte in New York eine große Panik.

719, 8   *C. B. S.* – s. K. 601, 14.

719, 16   *Princeton* – s. K. 226, 19.

719, 19   *In dem anderen Land* – s. K. 80, 16.

719, 20   *Gaufilmstelle* – s. K. 361, 39.

719, 22   *»Schwert des Friedens«* – Konnte nicht nachgewiesen werden.

719, 22   *»Juden ohne Maske«* – Konnte nicht nachgewiesen werden.

719, 35 f.   *»die verheerende Wirkung . . . auf unsere Kultur«* – Das Zitat konnte nicht nachgewiesen werden.

720, 13–16   *Taufe Edda Görings . . . hatte schenken müssen* – Edda Göring, geb. 2. 6. 1938, war die Tochter aus Görings zweiter Ehe (mit Emmy Sonnemann). 1968 war der 15 Jahre dauernde Prozeß um das auf $ 50 000 geschätzte Bild noch nicht entschieden; vgl. NYT 24. 1. 1968; LGA 6. 11. 1938 mit zwei Fotos, S. 2; Mecklenburg (1990b), S. 382; s. K. 895, 17 f.; 1123, 11–16.

720, 28   *das Heilige Fest der Reformation* – s. K. 105, 8 f.

720, 31–33   *es sei im . . . Leben getrachtet worden* – Vgl. den Leitartikel des LGA vom 8. 11. 1938 über das Attentat auf vom Rath: »Im nationalsozialistischen Deutschland ist wohl der unerträglich gewordene jüdische Einfluß beseitigt, aber keinem Juden ist dabei ein Haar gekrümmt worden, geschweige denn nach dem Leben getrachtet worden.«

720, 34   *Rechtsanwalt Spiegel in Kiel* – s. K. 294, 27–31.

720, 34   *Kiel* – s. K. 294, 28.

721, 7–9   *als David Frankfurter . . . Gustloff erschossen hatte* – David Frankfurter (9. 7. 1909–19. 7. 1982), Sohn eines Rabbiners, Medizinstudent aus Jugoslawien, wurde, nachdem er den Schweizer Nazi Wilhelm Gustloff am 4. 2. 1936 erschossen hatte (s. K. 496, 31 f.), in der Schweiz zu 18 Jahren Gefängnis verurteilt, von denen er neun Jahre absaß. 1945 begnadigt, aber für immer aus der Schweiz verbannt, ging er nach Israel und veröffentlichte seine Erfahrungen in »Vengeance«, 1948; arbeitete für das israelische Verteidigungsministerium.

721, 11   *Büntzel* – s. K. 713, 8–13.

721, 32   *Schauburg* – Das Güstrower Kino »Schauburg« befindet sich nach wie vor in der Eisenbahnstraße 16 (s. K. 470, 18).

721, 33   *»Verwehte Spuren«, mit jener Kristina Söderbaum* – s. K. 686, 22.

721, 33–35   *»Verwehte Spuren«, mit . . . Vorprogramm »Festliches Nürnberg«* – Vgl. die Anzeige des »Capitol« im LGA vom 4. und 6. 11. 1938; vgl. Mecklenburg (1990b), S. 382.

721, 34   *Capitol* – Die genannten Filme liefen im Lübecker »Capitol«. Auch Güstrow hatte ein Kino »Capitol«, das sich am Markt im Hintergebäude des Hotels »Erbgroßherzog« befand. Es erscheint im Roman unter dem Namen »Renaissance-Lichtspiele«: s. K. 1430, 14 f.

721, 34   *»Helden in Spanien«* – Dt.-span. Koproduktion, 1938, nationalistischer antikomm. Propagandafilm über den Spanischen Bürgerkrieg; der Film wurde mit einem halben Jahr Verspätung am 9. 6. 1939 zugelassen, da Hitler Änderungen verlangt hatte. Mit der dt.-russ. Annäherung verschwand der Film aus den Kinos und wurde erst ab Juni 1941 wieder gezeigt. Vgl. LGA 4. 11. 1938: »Der große dokumentarische Film von dem Befreiungskampf des nationalen Spaniens. 3 Kameramänner ließen in treuer Pflichterfüllung in den vordersten Kampflinien ihr Leben. Das Bildmaterial der rotspanischen Seite fiel Francos Truppen bei ihrem Vormarsch in die Hände. Für Jugendliche kein Zutritt.«

721, 35   *»Festliches Nürnberg«* – Vermutlich über den Parteitag der NSDAP vom 5.–10. 9. 1935; vgl. LGA 4. 11. 1938.

721, 37   *Die Gneezer Synagoge* – In Güstrow stand eine 1829 errichtete klassizistische Synagoge im Stadtzentrum (Krönchenhagen zwischen Nr. 12 und 15), die in der Nacht zum 10. 11. 1938 von der SA und SS niedergebrannt wurde; der Platz wurde danach eingeebnet.

721, 37 f.   *Horst-Wessel-Straße . . . zum Bahnhof führte* – Die Lage von »Capitol«, Synagoge und Bahnhof würden auf Güstrow zutreffen, wenn der Pferdemarkt nach Horst Wessel umbenannt worden wäre. Die Güstrower Horst-Wessel-Straße befand sich aber am damaligen Stadtrand und war das östliche Ende der Weinbergstraße zwischen Plauer Straße und Bürgermeister-Dahse-Straße; Horst Wessel: s. K. 349, 10–12; s. 722, 19, 26.

722, 19   *Joseph Hirschfeld* – Konnte nicht nachgewiesen werden.

723, 12   *Hier geit he . . . geit he hen* – (nd.) Hier geht er hin, da geht er hin. Zitat aus Fritz Reuters Gedicht »De Wedd«. Zwei Betrüger wetten mit einem Bäckermeister, daß er nicht eine Viertelstunde einen Perpendikel beobachten und pausenlos obigen Spruch dazu aufsagen könne; währenddessen machen sie sich mit dem Wetteinsatz davon; vgl. Reuter (1990), Bd. 2, S. 56–60.

723, 13 f. *Das kost jo ... verprügelt sin' Jungen* – (nd. Redewendung) Das kostet ja kein Geld, sagt der Bauer, und verprügelt seinen Jungen.

723, 25 f. *Nu geit de ... ehr tau Boen* – (nd. Redewendung) Nun geht die Reise los, sagte die Maus, da lief die Katze mit ihr auf den Boden.

724, 12 *Gräfinnenwald* – s. K. 34, 8.

725, 7 *Wassertonnengeschichte* – s. 62, 15 f.

15. 2. 1968

725, 11–13 *Die Frage war ... Nicht in Khesanh* – Vgl. den Artikel »Wheeler Doubts Khesanh Will Need Atom Weapons« der NYT vom 15. 2. 1968: »I do not think that nuclear weapons will be required to defend Khesanh.‹«

725, 12 f. *General Earle G. Wheeler, Chef des Generalstabes* – Earle Gilmore Wheeler (13. 1. 1908–18. 12. 1975), amerik. General; im 2. Weltkrieg Stabschef der 63. Infanterie-Division; 1962–64 Stabschef der US-Army; ab 1962 stellv. Kommandeur des US-European Command; 1964 bis zu seiner Pensionierung 1970 Vorsitzender der Vereinigten Stabschefs (Chairman of the Joint Chiefs of Staff); Träger des Großen Verdienstkreuzes der BRD.

725, 13 *Khesanh* – s. K. 627, 11.

725, 15–18 *Drei ostdeutsche Mädchen ... Westdeutschen schuld sein* – Vgl. den Artikel »Cold War Flares at Games Over Heated Sled Runners« der NYT vom 15. 2. 1968: »The disqualification of three East German girls from the Winter Olympics created a political argument today, with the East German officials blaming the West Germans for the disqualifications. The girls were expelled yesterday for warming the runners of their luges (sleds) before racing. The charge was denied by the East German team manager, Manfred Ewald, who said he was ›convinced that the Bonn government and West German sport officials are responsible for these maneuvres against us.‹«

725, 19–29 *Und wiederum haut ... ein quälendes Geräusch* – Vgl. den Kommentar der NYT vom 15. 2. 1968 unter der Überschrift »Subway Commercial«: »A media research director has suggested to Mayor Lindsay that the city's subway loudspeakers announce not only station stops and transfer information but also that they carry short commercials. The Mayor, incredibly, is said to be giving the suggestion serious consideration.
A sample: ›Times Square. Change for BMT and IND. And stop at Nedick's for an orange drink and a hot dog.‹ Those riding the subway have to endure quite a lot as it is. – Aside from invading the privacy of a captive audience, the proposed commercials would intensify the cacaphony of clank, screech and grind

under the ground. The idea of a bellowing commercial to buy an orange drink would be, in a word, the last straw«; s. K. 1003, 9–12; Lindsay: s. K. 24, 33.

725, 23   *B. M. T. und I. N. D.* – s. K. 369, 28.

725, 24   *Heißen Hund* – (engl. wörtl. übersetzt) hot dog; s. K. 588, 5.

725, 30–34   *Blankenberg und Sternberg . . . Malchow am See* – s. K. 263, 9 f.

725, 31   *Karow* – Dorf nördlich des Plauer Sees.

725, 36–726, 1 *Gasthof Habben* – Bahnhofswirtschaft von Karow; vgl. Grieben (1938), S. 42.

726, 3 f.   *Mahn & Ohlerich* – Rostocker Bierbrauerei AG, von der zweimal in den »Mecklenburgischen Monatsheften« berichtet wird; vgl. Schmidt (1926); Roth (1934).

726, 10   *Se will't nich seggn* – (nd.) Sie will es nicht sagen.

726, 21–27   *Dat is min . . . Lat dat bliwn* – (nd.)
        Das ist mein Vater und Mutter.
        Können die da nicht raus?
        Die sind da eingesperrt für alle Zeiten, Gesine.
        Mutti sagt die Toten kommen frei.
        Nicht hier, Gesine. Nicht bei uns.
        Ich glaub, ich werde nicht tot.
        Das ist recht, Gesine. Laß das bleiben.

726, 28–727, 4 *Gesine Redebrecht hieß . . . 49 Jahre alt* – s. 85, 29–86, 4.

726, 33–36   *Hotel am Malchower . . . Kinderbett vier Mark* – Vgl. Grieben (1934): »Bühring's Hotel am See von 2 ¼–3 ½ M.«

727, 14–28   *Du süppst, Hinrich . . . di man sülbn* – (nd.)
        Du säufst, Heinrich.
        Ich sauf, Gesine.
        Peter Zabel war nicht schlecht.
        Ich habe nicht gehört, daß er schlecht war.
        Dich sollte ich ja nicht nehmen.
        Wir waren ja Kinder.
        Warum bist du bloß nicht in England geblieben, Heinrich!
        Meine Frau wollte das so.
        Ist sie eine gute Frau?
        Sie ist eine gute Frau, Gesine.
        Ist das Kind ihrs? Sie sieht nicht nach dir aus.
        Das schlägt nach mir, glaub ich.
        Und nun säufst du, Heinrich.
        Kann ich dir helfen?
        Nein, Heinrich. Hilf dir man selbst.

728, 5 f.   *Trau keinem Fuchs . . . bei seinem Eid* – Titel eines Kinderbuchs von (der damals 18jährigen) Elvira Bauer, Stürmer Verlag, Nürnberg 1936. Auf verhetzende

Weise wird die Vertreibung der Juden aus einer Stadt dargestellt, die naiv-kindgerechten Bilder sind plakativ judenfeindlich; auf dem Buchrücken ist aufgedruckt:»Ohne Lösung der Judenfrage keine Erlösung der Menschheit«.

728, 7–729, 13 *Nach Wendisch Burg . . . dem Land gekriegt* – Vgl. IB; Johnson, Eine Reise weg-wohin.

728, 8 *Neustrelitz* – s. K. 271, 32.

728, 12 *Havelschleuse Wend. Burg* – s. K. 473, 9 f.

728, 27 *H-Jolle* – Kleines, teilweise gedecktes Schwertboot, das durch Luftkästen und Auftriebskörper gegen Sinken gesichert ist; s. 1146, 15; 1753, 6.

729, 1 *Unteroffiziersschule Eiche* – s. K. 472, 33 f.

729, 2 *Darrés Reichsnährstand* – s. K. 399, 34; 607, 30 f.

729, 5 *Min Jung* – (nd.) Mein Junge.

729, 19 *zu einer anderen übergelaufen* – Die NSDAP war seit dem 14. 7. 1933 die einzi-ge zugelassene Partei; s. K. 164, 27; s. 472, 34; IX,29–43.

729, 22–26 *die Frau, die . . . kennen gelernt hatte* – Zur Figurenkonstellation um Martha Klünder vgl. Johnson, Marthas Ferien; HNJ, S. 82, 92, 109.

729, 30 *seine Seite von der Griemschen Sache* – s. 607, 24–608, 7; IX,33–37.

16. 2. 1968

730, 16–20 *Die durchschnittliche Industriearbeiterin . . . falsch übersetzt hat* – Vgl. den Artikel »Statistics of Czech Women« der NYT vom 16. 2. 1968: »The average woman industrial worker in Czechoslovakia is 5 feet, 3½ inches tall, weighs 139 pounds and has a bust measurement of 35 inches, a survey showed. The offi-cial press agency CTK said the statistics would help industrial designers build machines better fitted to workers.«

730, 30 *togetherness* – (engl.) Zusammengehörigkeit; s. 435, 10.

731, 4–8 *Der Außenminister Rusk . . . Kernwaffen erwogen wird* – Vgl. den Artikel »Ful-bright Query Attacked By Rusk« der NYT vom 16. 2. 1968: »Secretary of State Dean Rusk has suggested that Senator J. W. Fulbright, chairman of the Senate Foreign Relations Committee, did a disservice to the country by rais-ing questions about the possible use of nuclear weapons in Vietnam. [. . .] The Rusk letter, however, did not directly answer the question whether there were any plans to deploy tactical weapons in Vietnam«; s. K. 700, 28–701, 25.

731, 4 *Außenminister Rusk* – s. K. 109, 29–31.

731, 4 *J. W. Fulbright* – s. K. 491, 15–30; 623, 21 f.

731, 20–24   *Du redest wie . . . gewachsenen Hausgemeinschaft beginnen* – s. 493, 11–13.

731, 27–36   *Vierundzwanzig sowjetische Schriftsteller . . . sich das vorstellen* – Vgl. den Artikel »22 [sic] Russian Writers Ask New Trial For 4« der NYT vom 16. 2. 1968: »Twenty-two writers have joined demands for a new trial of four dissidents convicted last month of anti-Soviet activity.
The writers condemned the trial procedures and asserted that they evoked ›gloomy recollections‹ of Stalinist trials in the nineteen-thirties.
Among the signers of the protest, according to a copy obtained today, were Konstantin Paustovsky, 75 years old, Vasily Aksyonov, 35, Veniamin Koverin, 65, and Pavel Antokolsky, 71.
The one-page typewritten document was addressed to Pemier [sic] Aleksei N. Kosygin, Leonid I. Brezhnev, the Soviet party chief, President Nikolai V. Podgorny and Roman A. Rudenko, the chief prosecutor. The four defendants were Aleksandr Ginzburg, Yuri Galanskov, Aleksei Dobrovolsky and Miss Vera Lushkova. The three men were sentenced to labor camps. Miss Lushkova has been released.«

731, 27 f.   *Konstantin Paustowsky* – Konstantin Georgijewitsch Paustowskij (31. 5. 1892–14. 7. 1968), russ. Schriftsteller, dessen Hauptwerk, der Romanzyklus »Powjest o schisnij«, 1945–63 (dt. »Erzählung vom Leben«), ihm in den fünfziger Jahren zu internationalem Ruhm verhalf; setzte sich für die Rehabilitierung verfolgter und politisch angegriffener Schriftsteller ein (I. Babel, M. Bulgakow, A. Sinjawskij, J. Daniel, A. Ginsburg); s. K. 88, 20 f.; 133, 36; 246, 28; 427, 30; 731, 28.

731, 28   *Wassili Aksionow* – Geb. 20. 8. 1932, russ. Schriftsteller; Sohn von Jewgenia Ginsburg (1906–1977); begann nach dem Medizinstudium 1959 zu schreiben; unterzeichnete mit Paustowskij, Kaverin und Antokolskij ein Protestschreiben gegen den Prozeß gegen A. Ginsburg, J. Galanskow, A. Dobrowolskij und Vera Laschkowa; 1980 emigriert; s. K. 133, 36; 427, 30; 731, 27 f.

731, 30   *Alexander Ginzburg* – s. K. 133, 36.

731, 33–36   *Könnten Sie unter . . . sich das vorstellen* – Identisch mit 521, 12–15; s. K. 521, 10–16.

732, 27–34   *Viet Cong, die . . . Vermißten oder Gefangenen* – Unter der Überschrift »U. S. Marines Gain 200 Yards In Day At Hue's Citadel« informiert die NYT vom 16. 2. 1968 über Kampfhandlungen und Verlustzahlen: »American losses on combat since 1961 rose to 17, 696 dead and 109, 922 wounded and about 1, 000 missing or captured«; Hue: s. K. 30, 30.

732, 34–37   *Die Militärbehörden geben . . . der zutreffenden Befunde* – Vgl. den Artikel »Pentagon Steps Up Fight on Drug Use in Vietnam« der NYT vom 16. 2. 1968: »Figures show that 549 investigations into the use, possession and sale of marijuana by servicemen in Vietnam were conducted during the last 6 months in 1967, compared with 503 during all of 1966 and only 43 during 1965.«

734, 4–13   *Die Armee hat . . . Für diesen Sommer* – Vgl. den Artikel »Army Stockpiling Riot Equipment« der NYT vom 16. 2. 1968: »The Army is stockpiling riot control equipment in strategically located depots across the country. [. . .] their planning had been extensive as diverse, ranging from obtaining maps of subways, sewer, water and electrical systems in potential trouble spots [. . .]. ›That's our Special Weapons and Tactics team, which breaks into four-man groups – a rifle man whose weapon has telescopic sights, a spotter and two officers with shotguns and hand guns to provide cover fire.‹«; s. K. 9, 6 f.

734, 9   *Nationalgarde* – US-Miliz, von den einzelnen Staaten rekrutiert und finanziert, z. T. von der Bundesregierung unterstützt und ausgestattet, kann als Teil der US-Armee eingesetzt werden; s. 900, 16; 901, 3; 902, 11 f., 13, 33; 959, 11; 1423, 30.

734, 27 f.   *Warum willst du . . . als ein Nachtlager* – s. K. 709, 10–25.

734, 31   *young lady* – (engl.) junge Frau; s. 328, 17.

734, 32   *Bankers have human . . . too. Believe me* – (engl.) Auch Banker haben menschliche Gefühle. Glaub mir; s. K. 465, 34 f.

17. 2. 1968

735, 1–788, 20   *17. Februar, 1968 . . . zu? / Noch nicht* – Zur erzählerischen Besonderheit der Tage vom 17. bis zum 27. Februar vgl. Fries (1990a), S. 63–66: »Gesines Erinnerungsfähigkeit [gerät] an eine Grenze, als sie mit ihrer Vergangenheitserzählung (gemeint ist die mündliche, die sie Marie erzählt) zeitlich beim Tod ihrer Mutter angelangt ist. Sie ist außerstande, zusammenhängend davon zu berichten, und flüchtet sich in ein Fieber. Nicht Marie, sehr wohl aber der Leser erhält eine Darstellung der Vorgänge im Zusammenhang mit Lisbeths Tod.« Wie sonst auch erzählt der Genosse Schriftsteller, resp. der Erzähler, weiter, »allerdings in einer Art und Weise, die dem Umstand Rechnung trägt, daß Gesines Alltagsroutine gestört ist«; ebd., S. 63 f.

735, 2–736, 32   *»Flüchtlinge finden keine . . . es wird aufhören!‹«* – »Refugees Find Hue Provides No Haven By THOMAS A. JOHNSON Special to the New York Times HUE, South Vietnam, Feb. 16 – When the Vietcong's Lunar New Year offensive started here 17 days ago thousands of South Vietnamese refugees fled to Hue university on the south side of the Huong River for safety.
Today, there are more than 16,000 people cramped in the three main university buildings, about half of this city's new refugee population, and safety is nowhere in sight.
Several refugees have been killed and many wounded during artillery, rocket, and mortar duels between the enemy forces, along the southern end of the city's historic Citadel, and American forces directly across the river.
›Several South Vietnamese leaving the university have been shot by snipers

just a few blocks away,‹ one American doctor said. A Vietcong sniper, posing
as a refugee, and firing at American soldiers from a university window was
shot to death yesterday by South Vietnamese policemen, also posing as refugees.

And this morning, tear-gas fumes dropped on North Vietnamese and Vietcong positions in the Citadel, drifted across the river to choke and irritate the
refugees huddled in family groups in scores of university rooms.

The duels across the river continued sporadically all day. Several started when
enemy gunners fired on naval landing craft ferrying supplies along the river
to United States marines fighting in the Citadel. At other times, it was American artillery, jet fighter-bombers, or the 5-inch Naval shells from a ship off-
shore that caused enemy forces to retaliate at the only target within their
reach.

After most of the duels, refugees can be seen carrying a wounded friend or
relative to an aid station.

One man rushed to a concrete wall on the university grounds to watch a duel
about 2 P. M. today. As soon as he crouched there, an enemy mortar exploded
about 20 yards away and the man fell to the ground, blood running down the
side of his face. He got up and ran quickly to a university building, almost
knocking down a woman who carried a limp and bleeding child. [...]

The health, sanitation and food situations have changed for the better during
recent days. American and South Vietnamese medical teams have inoculated
12,000 people against typhoid and cholera and have set up a permanent station to continue the inoculation. At least two cases of cholera have been reported here.

Work crews have cleaned up the hospital and have dug up latrines on the university ground. Tons of rice, vegetables and frozen sides of porks are distributed from each of the buildings.

But this improved situation has its own problems, an angry American civilian
official pointed out. ›They're selling the rice,‹ Dr. Herbert A. Froewys [sic],
the deputy chief medical officer for the pacification program here, complained yesterday. ›The rice was sent to feed these people – they're selling it.‹
The doctor hurrying through the compound, refused to tell just who was selling the rice. But he shouted: ›It's going to stop! Believe me, it's going to stop!‹«
NYT 17. 2. 1968; Hue: s. K. 30, 30; Viet Cong: s. K. 30, 27.

736, 33   © by the ... York Times Company – s. K. 116, 25.

736, 34–   »BERICHTE VON DREI ... drei tot waren.« – »3 Dead Enemy Soldiers Reported
737, 26   Chained to Gun – Allied Officers in Hue Assert the Bodies Were Discovered
When School Was Taken

HUE, South Vietnam, Feb. 16 (Reuters) – Allied officers said today that three
North Vietnamese soldiers had been found here, chained to a machine gun
and left to die defending their position.

The three men were shackled around the ankles to the stock of a Chinese-
made light machine gun. They held their position with other enemy troops

for two days in a school until they were overrun yesterday by the South Vietnamese Fifth Marine Battalion.
The allied officers said the chained men were all privates. The men were barefoot and their bodies riddled with bullet holes.
›They were little men, same size as me,‹ a South Vietnamese marine only 5 feet tall said.
Maj. Paul Carlsen of San Clemente, Calif., an adviser with the South Vietnamese marines, said the chain binding the men to their gun was like a heavy dog chain and had links about half-an-inch wide.
The Machine gun, which has a circular magazine and is commonly used by both North Vietnamese and Vietcong troops, can be operated by one man. It was apparently intended that after the first man was killed the two others would operate the gun until all three were dead.«, NYT 17. 2. 1968.

737, 28–738, 6 »*Deutscher Dichter preist ... ganzen Welt aufzuzwingen.*« − »GERMAN POET HAILS ›JOY‹ OF LIFE IN CUBA – MIDDLETOWN, Conn., Feb. 16 (AP) The German poet, Hans Magnus Enzensberger, has left a fellowship at Wesleyan University with a blast at United States foreign policy and praise for Cuba, where he said he wants to live.
Mr. Enzensberger took off from New York City today for California and a trip around the world, according to a friend on the Wesleyan campus.
The 38-year-old poet told a university audience this week that a three-week visit to Cuba had convinced him the Cuban people have ›a sense of joy, meaningful [sic] and significance. He viewed United States foreign policy as an attempt to impose the will of the United States on smaller countries throughout the world«, NYT 17. 2. 1968.
Johnson hat diesen Artikel mit der Maschine abgeschrieben und aufbewahrt, er hatte den Fehler in Enzensbergers Aussage (das Adjektiv »meaningful« statt des Substantivs »meaning«) angestrichen und mit »checked« vermerkt, um ihn dann wörtlich und grammatisch unsinnig zu übersetzen; AP: s. K. 101, 28.

737, 30 *Hans Magnus Enzensberger* – Geb. 11. 11. 1929, dt. Schriftsteller, Rundfunkredakteur, Lektor, Übersetzer, 1965–75 Hg. der Zeitschrift »Kursbuch«, 1980–82 der Zeitschrift »Transatlantik«. Provozierte mit seinen Gedichten die restaurative Gesellschaft der Adenauerzeit. Der radikale Protest gegen die bürgerliche Gesellschaft wandelte sich später zu Desillusionierung und Skepsis gegenüber den Ideologien. Daß sein Engagement gegen den amerik. Vietnamkrieg nach Johnsons Meinung nur verbal blieb, trennte ihn Mitte der sechziger Jahre von seinem einstigen Weggefährten. Zudem beeinträchtigten die Auseinandersetzungen um die Kommune I in Johnsons Berliner Wohnung das Klima. Schon im Juni 1967 hatte sich Johnson in seinem Essay »Über eine Haltung des Protestierens« (Kursbuch 9) von einem seiner Meinung nach scheinradikalen, unverbindlichen Engagement distanziert und gefordert, wer protestiere, müsse mit seiner gesamten Lebensweise für seine Überzeugung einstehen; s. K. 15, 13–17; 594, 6 f.; 737, 28–738, 6; 769, 12–14; 794, 36.

737, 31   *Universität Wesleyan* – 1831 von der Methodist Episcopal Church gegr., inzwischen unabhängiges Liberal Arts College in Middletown, Conn. Unterhält seit 1958 ein Center for Advanced Studies. John Wesley (17. 6. 1703–2. 3. 1791), begründete eine Erweckungsbewegung innerhalb der Anglikanischen Kirche, aus der die Methodisten hervorgingen.

18. 2. 1968

738, 16   *Ortsgruppenführer* – s. K. 165, 3.

740, 12   *Schleuse* – s. K. 473, 9 f.

740, 14 f.   *Was gestern abend . . . ganzen Reich war* – In der Nacht vom 9. auf den 10. 11. 1938, der sog. »Reichskristallnacht« (gleichzeitig der 15. Jahrestag des gescheiterten Hitlerputsches von 1923, der wiederum am fünften Jahrestag der Novemberrevolution stattfand), wurden nach NS-Berichten 267 Synagogen zerstört, über 8000 jüd. Geschäfte und Wohnungen geplündert und demoliert, mehr als 26 000 jüd. Bürger in KZ verschleppt und 91 getötet. Diese Zahlen findet man auch heute noch in den Nachschlagewerken. Neuere Forschungen haben dagegen die Zahl von über 2000 zerstörten Synagogen und Gebetsräumen ergeben. Während des Pogroms und in den Folgetagen wurden etwa 800 Personen ermordet, erlagen ihren Verletzungen oder schieden durch Selbsttötung aus dem Leben. Als Anlaß für dieses Pogrom wurde das Attentat auf einen Sekretär der dt. Botschaft in Paris durch den poln. Juden Grynszpan (s. K. 719, 1) ausgegeben. Im Anschluß an die Gedenkfeier zum Putsch von 1923 empfahl Goebbels den Parteiführern, »spontane« Vergeltungsaktionen des »Volkszorns« zu organisieren, die dann unter Anleitung der Propagandaämter durchgeführt wurden. Da man die Schuld an den Ausschreitungen den Opfern zuschob, wurde durch § 1 der »Verordnung über eine Sühneleistung der Juden deutscher Staatsangehörigkeit« vom 12. 11. 1938 (RGBl. I, S. 1579) den »Juden deutscher Staatsangehörigkeit in ihrer Gesamtheit« eine »Kontribution« von einer Milliarde Reichsmark auferlegt, mit der »Verordnung zur Ausschaltung der Juden aus dem deutschen Wirtschaftsleben« vom 12. 11. 1938 (RGBl. I, S. 1580) Juden der Betrieb von Handwerk und Geschäften verboten und mit der »Verordnung über den Einsatz des jüdischen Vermögens« vom 3. 12. 1938 (RGBl. I, S. 1709) die Enteignung ihrer Vermögen eingeleitet; vgl. Schmidt (1998), S. 211–213; s. K. 780, 27; s. 780, 14.

740, 20   *Marie Sara Tannebaum* – Nach § 2 der »Zweiten Verordnung zur Durchführung des Gesetzes über die Änderung von Familiennamen und Vornamen« vom 17. 8. 1938 (RGBl. I, S. 1044) mußten Juden, soweit sie andere Vornamen führten, als sie nach § 1 der Verordnung Juden beigelegt werden durften, vom 1. 1. 1939 an zusätzlich einen weiteren Vornamen annehmen, und zwar männliche Personen den Vornamen Israel, weibliche Personen den Vornamen Sara.

740, 28   *Reichsnährstand* – s. K. 399, 34; 607, 30 f.

19. 2. 1968

745, 2–15 *Ein Opfer, das . . . unter den Brettern* – Fotoserie in der NYT vom 19. 2. 1968, die Bildunterschriften lauteten: 1. »A seriously wounded Vietcong suspect, Ngo Van Tranh, being offered water yesterday morning by a South Vietnamese marine in Saigon. The suspect, wounded after the start of the new Vietcong assault on Saigon, said he had been taken from his home in Thuduc, northeast of Saigon, night before by Vietcong and forced to carry ammunition.« 2. »The suspect is then questioned and threatened by another South Vietnamese marine.« 3. »A third South Vietnamese first knifed the prisoner, then killed him with a rifle-burst.«

745, 6 *Thuduc* – Thu Duc ist die nordöstlich gelegene der fünf Städte im Militärdistrikt rund um Saigon (neben Binh Hoa, Thanh My Tay, Phu Nuan und Go Vap).

745, 12 f. *Associated Press* – s. K. 101, 28.

745, 29 f. *Hotels Stadt Hamburg* – s. K. 32, 5.

746, 7–9 *Todesanzeigen nach Timmendorf . . . Schwerin, Berlin, Lübeck* – Die Adressaten in den Orten sind: Timmendorf: ungeklärt; Wismar: Horst Papenbrock; Wendisch Burg: Martin Niebuhr; Schwerin: Robert Papenbrock; Berlin: Peter Niebuhr; Lübeck: Erwin Plath; London: Mr. Smith, Tischlergeselle in Cresspahls Werkstatt in Richmond.

746, 7 f. *Timmendorf* – Ort an der Westküste von Poel.

746, 37 *W und L* – Autokennzeichen der Luftwaffe.

747, 13 *Walnußbäume* – s. K. 415, 3.

747, 32 *Pflichtjahrmädchen* – Seit Januar 1938 waren alle ledigen weiblichen Jugendlichen bis zu 25 Jahren gezwungen, als eine Art Äquivalent zur Wehrpflicht ein Pflichtjahr in der Haus- oder Landwirtschaft abzuleisten.

20. 2. 1968

751, 4 *Fahrenheit* – s. K. 22, 39–23, 1.

751, 11 *D'y'wanna drink some* – (engl.) Was zu trinken?

751, 13–15 *I do not . . . not. I'm Francine* – (engl.)
– Ich verstehe Sie nicht, Frau Cresspahl.
– Du bist nicht Marie.
– Natürlich nicht. Ich bin Francine.

751, 30–33 *Ich kann kochen, . . . him, Gesine. Rumpelstilzchen* – Anspielung auf das Grimmsche Märchen »Rumpelstilzchen«; s. K. 1828, 33–35.

| 751, 31–33 | *And there will . . . Of him, Gesine* – (engl.) Und das wird mein Ende sein. – Seines, Gesine. s. K. 1828, 34 f. |

751, 31–33   *And there will . . . Of him, Gesine* – (engl.) Und das wird mein Ende sein. – Seines, Gesine.
s. K. 1828, 34 f.

751, 35   *Tuesday* – (engl.) Dienstag.

752, 21   *Bayonne* – s. K. 367, 20.

752, 28–38   *In Brooklyn ist . . . Feuer in Brooklyn* – Bei dem Brand eines vierstöckigen Hauses, 894 Madison Street, Bedford-Stuyvesant, Brooklyn, starben ein Mann und seine dreijährige Tochter; vgl. NYT 19.2.1968; Bedford-Stuyvesant: s. K. 517, 27.

21. 2. 1968

754, 38   *Hotels Stadt Hamburg* – s. K. 32, 5.

754, 38   *39. Psalm* – Bittruf angesichts der menschlichen Vergänglichkeit; s. K. 763, 22; 763, 23–25; 763, 25 f.; 763, 26–28; 763, 28–31; 763, 31 f.; s. 763, 19–32.

755, 9   *Und es wird dir nichts mangeln* – Anspielung auf den 23. Psalm: »Der Herr ist mein Hirte, / mir wird nichts mangeln.«

755, 10   *Votum* – (lat.) (feierliches) Gelübde, hier: Teil des Gottesdienstes, in dem ein freies Versprechen zur Leistung eines sittlichen Werkes gegeben wird; eigentlich nur zu Taufe oder Konfirmation üblich; s. 763, 15.

755, 10   *Lektion* – Schriftlesung des Evangeliums, Bestandteil jeden Gottesdienstes; s. 763, 20.

755, 11–13   *drei Handlungen mehr . . . Landeskirche Selbstmördern gewährte* – Nach den Vorschriften der Mecklenburgischen Landeskirche waren dies Bibellesung, Einsegnung und Schlußsegen; vgl. HNJ, S. 98: »Beerdigung, bei der Brüshaver Lisbeth alles gab, was Cresspahl für sie bestellt hatte: Votum, Lektion, Gebet, Vaterunser, Einsegnung, Segen, drei Handlungen mehr als die Mecklenburgische Landeskirche für Selbstmörder erlaubte«; vgl. DBA, S. 194: »Wenn einer sich umgebracht habe, dürfe er nicht christlich begraben werden. Es habe aber ein regelmäßiges Begräbnis stattgefunden, und wo er liegt ist nicht die Selbstmörderecke«; s. 763, 15–764, 36.

756, 20 f.   *Weil ich ein gläubiger Nationalsozialist bin* – s. 1597, 12 f.

756, 22 f.   *Die Bibel verbietet . . . ausdrücklich den Selbstmord* – s. K. 643, 14 f. Nach Paasch-Beeck (1997), S. 105–113, ist in Brüshavers Überlegungen das Kapitel »Der Selbstmord« aus Bonhoeffers »Ethik«, 1949, als Vorlage zu erkennen.

756, 29   *22. Sonntag nach Trinitatis* – Hier: 18.11.1938; Trinitatis (lat.) Dreifaltigkeitsfest, 1. Sonntag nach Pfingsten; s. 759, 33.

757, 15   *Feldstraße* – s. 87, 32.

759, 34   *Eintopfsonntag* – Alle Haushalte sollten sich seit Oktober 1933 einmal monatlich zu einem preiswerten Sonntagsgericht verpflichten und das damit ge-
sparte Geld der »Winterhilfe« spenden, einer mit großem propagandistischem
Aufwand alljährlich betriebenen Kampagne zur Unterstützung Bedürftiger.
Der LGA brachte im Herbst 1938 wiederholt Artikel zum Eintopfsonntag, so
am 18.11. über die Höhe des Sammelergebnisses, am 6.11. Rezepte, am 9.11.
die Aufforderung, die ursprüngliche Spende von 5 auf 10 Pfennig zu erhöhen;
s. K. 399, 35; 857, 37 f.; s. 675, 23.

760, 1   *Brüshaver fing an mit Matthäus 18* – Für den 22. Sonntag nach Trinitatis 1938
sah das Lektionar die Lesung der Verse 23–35 aus dem 18. Kapitel vor. Brüshaver geht auf die Verse 1–22 ein; vgl. Paasch-Beeck (1997), S. 85 f.

760, 1–6   *Matthäus 18, mit . . . Tiefen der See* – Matth 18, 3–6: »Wenn ihr nicht umkeh-
ret und werdet wie die Kinder, so werdet ihr nicht ins Himmelreich kommen. Wer nun sich selbst erniedrigt wie dies Kind, der ist der Größte im Himmelreich. Und wer ein solches Kind aufnimmt in meinem Namen, der nimmt
mich auf. Wer aber Ärgernis gibt einem dieser Kleinen, die an mich glauben,
dem wäre besser, daß ein Mühlstein an seinen Hals gehängt und er ersäuft
würde im Meer, wo es am tiefsten ist«; s. K. 1053, 8.

760, 6–8   *Brüshaver ließ die . . . der es bewirkt* – Vgl. Matth 18, 7–9: »Weh der Welt der Ärgernisse halben! Es muß ja Ärgernis kommen; doch weh dem Menschen,
durch welchen Ärgernis kommt!«

760, 8–12   *Dann kam die . . . sollst du vergeben* – Vgl. Matth 18, 12–13 und 21–22 (Das
Gleichnis vom verlorenen Schaf): »Was meint ihr? Wenn irgendein Mensch
hundert Schafe hätte und eins unter ihnen sich verirrte: läßt er nicht die
neunundneunzig auf den Bergen, geht hin und sucht das verirrte? [. . .] Da
trat Petrus zu ihm und sprach: Herr, wie oft muß ich denn meinem Bruder,
der an mir gesündigt, vergeben? Ist's genug siebenmal? Jesus sprach zu ihm:
Ich sage dir: nicht siebenmal, sondern siebenzigmal siebenmal.«
In den Manuskriptfassungen und in der Erstausgabe von 1971: »sieben mal
sieben Male«, in Johnsons Exemplar der Erstausgabe in seiner Handschrift
korrigiert.

760, 13–   *Dann hielt er . . . mehr vertrauen können* – s. K. 805, 5.
761, 15

760, 23 f.   *für den einen . . . Geheimen Staatspolizei trug* – s. 643, 31–33.

761, 3   *Voss* – s. 246, 3 f.

761, 23   *Weil er nun . . . falsch zu leben* – Aufnahme eines auf Theodor W. Adornos »Mi-
nima Moralia«, 1969, zurückgehenden Satzes: »Es gibt kein richtiges Leben
im falschen«; Adorno (1969), S. 42; vgl. SV, S. 66: »Denn im Moment der Erkenntnis, daß man ihm ein richtiges Leben vorgespielt habe inmitten eines
falschen [. . .]«; Fries (1990a), S. 162; s. (154, 19 f.); 889, 12–15.

761, 29–31   *Glöw du uns . . . uns man, Gesine –* (nd.)
              Glaub du uns nur.
              Man muß die Leute sprechen lassen, die Gänse können es nicht.
              Glaub du uns nur, Gesine.

22. 2. 1968

761, 33–762, 6 *Die Petrikirche zu . . . genierliche Singen bestellt –* s. 111, 15–25.

762, 7   *Ohlsson in Lübeck –* Bekannte Lübecker Glockengießerei; vgl. LGA 16. 10.
              1937, S. 5.

762, 29–32   *Uns' Lisbeth. / Kiek . . . is all dun –* (nd.)
              Unsere Lisbeth.
              Sieh das Kind.
              Es ist nichts so ungesund wie das Kranksein.
              Ottje Stoffregen ist schon besoffen.

762, 32   *Ottje Stoffregen is all dun –* s. 112, 7.

762, 36 f.   *Arm un Bein . . . mütt Holt sien –* (nd.) Arme und Beine kann man nicht ans
              Feuer legen; es muß Holz sein.

762, 38   *Im November sterben . . . möcht ich nicht –* s. K. 713, 16 f.

763, 1   *Nävelmånd –* (nd.) Nebelmond.

763, 15   *Votum –* s. K. 755, 10.

763, 19–32   *Im 39. Psalm . . . be no more –* s. K. 754, 38.

763, 20   *Lektion –* s. K. 755, 10.

763, 22   *dem 4. Vers –* Vgl. Ps 39, 5: »Herr, lehre mich doch,/ daß es ein Ende mit mir
              haben muß/ und mein Leben ein Ziel hat und ich davon muß.« Die um eins
              verschobene Zählung der Verse stammt aus der Version der King James Bibel,
              die den Vorspruch nicht als 1. Vers mitzählt.

763, 23–25   *Cresspahl hatte davor . . . und das Fieber –* Ps 39, 2–4: »Ich habe mir vorgenom-
              men: Ich will mich hüten,/ daß ich nicht sündige mit meiner Zunge;/ ich
              will meinem Mund einen Zaum anlegen,/ solange ich den Gottlosen vor mir
              sehen muß./ Ich bin verstummt und still und schweige fern der Freude/ und
              muß mein Leid in mich fressen./ Mein Herz ist entbrannt in meinem Lei-
              be;/ wenn ich daran denke, brennt es wie Feuer.«

763, 25 f.   *Von Vers 4 . . . bis Vers 8 –* Ps 39, 6–9: »[. . .] Siehe, meine Tage sind eine Hand-
              breit bei dir,/ und mein Leben ist wie nichts vor dir./ WIE GAR NICHTS
              SIND ALLE MENSCHEN,/ DIE DOCH SO SICHER LEBEN! SELA./ Sie ge-
              hen daher wie ein Schatten/ und machen sich viel vergebliche Unruhe;/ sie
              sammeln und wissen nicht,/ wer es einbringen wird.‹/ Nun, Herr, wessen soll

ich mich trösten?/ Ich hoffe auf dich./ Errette mich aus aller meiner Sünde/ und laß mich nicht den Narren zum Spott werden.«

763, 26–28 *danach fehlte Lisbeths... von Gottes Schlägen* – Ps 39, 10–11: »Ich will schweigen und meinen Mund nicht auftun;/ denn du hast es getan./ Wende Deine Plage von mir;/ ich vergehe, weil deine Hand nach mir greift.«

763, 28–31 *Höre mein Gebet... alle meine Väter* – Ps 39, 13; die Formulierung »dein Pilgrim und dein Bürger« ist Luthers ursprüngliche Fassung: »Denn ich bin beide dein Pilgerim/vnd dein Bürger/wie alle meine Veter«, Heilige Schrifft Deudsch.

763, 31 f. *O spare me... be no more* – (engl.) Laß ab von mir, daß ich mich erquicke,/ ehe ich dahinfahre und nicht mehr bin. Ps 39, 14 in der Version der King James Bibel.

764, 6 *Amen* – s. K. 342, 26.

764, 11–16 *von der Erde... sich untertänig machen* – Die aus dem »Common Book of Prayers« übernommene Bestattungsformel lautet: »Erde zu Erde, Staub zu Staub, in sicherer und gewisser Hoffnung der Auferstehung zum ewigen Leben, durch unseren Herrn Jesus Christus, welcher unseren richtigen Leib verwandeln wird, daß er ähnlich werde seinem verklärten Leib«; vgl. Merkel (1980), Bd. 5, S. 749.

764, 13 *Jesum Christum (zweifelhafte Deklination)* – Im Lat. Akkusativ: per Jesum Christum, als antiquierte Form im Deutschen zuweilen erhalten, korrekt ist: durch Jesus Christus.

764, 17 *Emanationstheorie* – Philosophische Lehre, nach der die Welt nicht geschaffen wurde, sondern aus der Fülle des höchsten Seins »ausströmt«; damit wird die Kluft zwischen Gott und der Welt überbrückt.

764, 18 f. *In der Einsegnung... Person Einzahl angeredet* – Der Segen wird sonst in der 2. Person Plural gesprochen: Der Herr segne euch und behüte euch...

764, 35 f. *un wenn dat... sick de Snut* – (nd.) und wenn es sein soll, fällt einer auf den Rücken und bricht sich die Nase.

765, 1 f. *Dat dau ick... sühst du dat* – (nd.) Das tu ich für dich, Lisbeth. Für dich tu ich das. Aber siehst du das?; s. K. 113, 7 f.

765, 9 *Dat harr se nich verdeint* – (nd.) Das hatte sie nicht verdient.

765, 11–14 *Nun mußte Wulff... nicht einmal sah* – s. 678, 26–28.

765, 17 *You know* – (engl.) Wissen Sie...

765, 18 *I do* – (engl.) Ja, ich weiß.

765, 28 *Schleuse* – s. K. 473, 9 f.

766, 24 f. *in die Erde gesperrt* – s. 726, 23.

767, 7–768, 9 *Papenbrock hatte es . . . hatte es niemand* – s. K. 112, 9–24.

767, 22 *Rotspon* – s. K. 71, 25.

767, 30 *Podejuch* – s. K. 531, 10.

767, 32 *lauter fremden Lübeckern . . . einer Erwin Plath* – s. 1160, 33 f.

768, 26 *Office* – (engl.) Büro.

768, 29 *Washingtons Geburtstag* – s. K. 67, 6 f.

768, 29 *Börse* – s. K. 272, 10.

23. 2. 1968

769, 2–5 *Um Stalin Schmerz . . . auf eigenes Verlangen* – Vgl. den Artikel »U.S. Tells How Stalin's Son Died in a Nazi Camp« der NYT vom 19. 2. 1968: »The State Department made public today documents disclosing that Joseph Stalin's oldest son, Yakov, was shot to death in a German prison camp in the spring of 1943 after pleading with a guard to shoot him.
The documents [. . .] were kept secret to spare Stalin pain. [. . .]
Yakov was put in a special compound for important prisoners at the Sachsenhausen concentration camp. [Nach einem Streit unter den Gefangenen, einem Neffen Molotows und vier Briten, weigerte sich Jakow Dschugaschwili in seine Baracke zurückzukehren und bat einen SS-Mann mehrfach, ihn zu erschießen. Darauf berührte er den elektrisch geladenen Draht der ›Todeszone‹, anscheinend ohne Folgen.] ›I [Konrad Harfich, SS-Wache] kept calling to him to take off. Before he touched the wire, he stood there, right leg to the back, chest out, and called: ›Guard, don't be cowardly!‹
›As he touched the wire, I shot, as is the order‹«; s. K. 137, 8–11.

769, 4 *Lager Sachsenhausen* – s. K. 36, 12; 645, 38.

769, 5–7 *Janusz Szpotanski in . . . auch (25 Dollar)* – Vgl. den Artikel »Satirist In Poland Gets A 3-Year Term« der NYT vom 20. 2. 1968: »Janusz Szpotanski, 35 years old, was sentenced to three years in prison today for writing a satiric operetta that a court ruled could damage ›the prestige of state authorities‹ in Poland. The operetta has never been published. [. . .]
Mr. Szpotanski also was fined 600 zlotys«; s. K. 684, 9–12.

769, 7–12 *Der Kriegsminister McNamara . . . tat es nicht* – Die NYT vom 22. 2. 1968 berichtet unter der Überschrift »Fulbright Says McNamara Deceives Public on Tonkin«, daß Fulbright (s. K. 623, 21 f.) McNamara (s. K. 26.2 f.) vor dem Senate Foreign Relations Committee vorgeworfen habe, Informationen, die den Angriff auf die amerik. Schiffe im August 1964 im Golf von Tonking zweifelhaft erscheinen lassen, unterdrückt zu haben: »In his statement yesterday, Mr. McNamara based his case largely on this intelligence information, which he described as being of ›a highly classified and unimpeachable nature.‹

This information, he said, showed that North Vietnamese naval forces had been ordered to attack the two destroyers and then that the North Vietnamese PT boats reported that they were involved in an engagement and had lost two boats«; s. K. 491, 15–30.

769, 12–14   *In Cuba wird . . . des Dichters Enzensberger* – Nach einer Meldung von Radio Cuba sollte für mehrere Monate die bisherige Ausgabe von Milchrationen an 13- bis 65-jährige aufgehoben werden. Als Grund wurde Dürre angegeben. Johnson hatte seinem Ausschnitt handschriftlich angefügt: »HME's liebstes Getränk«; vgl. NYT 22. 2. 1968; s. K. 737, 30.

769, 14 f.   *Breshnew half in . . . des Umsturzes feiern* – Vgl. den Artikel »Red Leaders Gather In Prague For Fete« der NYT vom 22. 2. 1968. Die Parteichefs mit Breschnew an der Spitze nahmen vom 21.–23. 2. 1968 in Prag an den Feiern zum 20. Jahrestag der Februarereignisse von 1948 teil und übten erstmals Kritik an den Reformansätzen in der ČSSR; Breschnew: s. K. 541, 2.

769, 15–17   *150 000 marschierten in . . . 10 000 gegen sie* – Vgl. den Artikel »150,000 In Berlin Back U. S. In Rally« der NYT vom 22. 2. 1968: »A crowd of more than 150, 000 West Berliners rallied today on the John F. Kennedy Square in front of the City Hall in a show of solidarity with the United States at a time of turmoil over the Vietnam war.
The demonstration was called by the city Government, the major parties and labor unions in response to an anti-American demonstration last Sunday at which 10, 000 leftist students and their supporters marched through the city.«

769, 17 f.   *In der sowjetischen . . . eine Bombe hochgegangen* – Am Morgen des 21. 2. 1968 war im Erdgeschoß der Botschaft eine Bombe explodiert, die niemand verletzte. Über Art und Herkunft der Bombe war zu dem Zeitpunkt nichts bekannt; vgl. NYT 22. 2. 1967: »Soviet Embassy Bombed; Johnson Orders Inquiry.«

769, 18–20   *gestern war es . . . minus 10 Celsius* – Vgl. den Artikel »Cold Winds Whip Holiday Marchers« der NYT vom 23. 2. 1968: »At times when icy gusts of wind burst into the avenue [. . .].
The temperature came within two degrees of establishing a record low for the date when the mercury dropped to 10 degrees at 3:40 A. M.«

769, 20 f.   *die Times nennt . . . Ngoc Loan umstritten* – In der kurzen Notiz »Gen. Loan Off to Hue To Question Suspects« der NYT vom 23. 2. 1968 heißt es: »Brig. Gen Nguyen Ngoc Loan, the controversial chief of police, in South Vietnam, left Saigon tonight to ›re-establish security‹ in his native city of Hue«; s. K. 40, 16 f.; 672, 15 f.

769, 29   *allegedly* – (engl.) übersetzt im Text.

770, 26 f.   *Dann konnte sie . . . was sie hat* – s. 264, 36–38.

771, 8 f.   *Wenn tein melkn . . . wardt dat nicks* – (nd.) Wenn zehn melken, muß einer an der Bank stehen und mit den Eimern klappern; sonst wird das nichts. Vgl. MJ, S. 90: »Jonas (Herr Dr. Blach) schwieg sich aus. Nach dem Mittagessen in der

Küche hing Cresspahl ihm eine Schürze um den Hals wegen seines guten Anzugs ausdrücklich und stellte ihn auf neben Jakob, der das gute Geschirr abwusch, und erklärte für sich selbst dat ein de inne Eck steit un mit de Emmes klappit mie wiert is as tein de arbeidn: was Gesine fünfzehnjährig gesagt hatte, da stand sie an der Eimerbank und wies ihren Vater an wie er die Tracht zu halten habe beim Wasserholen.«

771, 15 f.   *von't Burrjacken kümmt't Piesacken* – (nd.) Aus harmlosem Knuffen entsteht schnell eine ernsthafte Keilerei. – Sowas kommt von Sowas. »Die Jacke ausfegen, ausklopfen, prügeln, das ist das Bedeutungsumfeld von ›burrjacken‹«, Fahlke (1992), S. 311 f.; piesacken: peinigen.

771, 22   *Bayonne* – s. K. 367, 20.

772, 22 f.   *Dann ist es . . . nicht die Chemical* – Chemical Bank; 1824 als Tochterfirma der Medikamente und Chemikalien herstellenden New York Chemical Manufacturing Company gegr.; das Hauptgebäude befindet sich an der Ecke 47. Straße/Park Ave.; s. K. 151, 7; 1314, 39.

772, 31   *gefärbt* – s. K. 218, 13.

773, 13   *103. Straße* – s. K. 346, 36.

773, 16   *dear Mary* – (engl.) übersetzt im Text.

773, 33   *My dear Mary* – (engl.) übersetzt im Text 773, 16.

774, 29 f.   *beim blutigen Jesus* – (engl. wörtl. übersetzt) bloody Jesus!; Slang für: verdammt noch mal!

24. 2. 1968

775, 2–5   *Eine Anzeige an . . . Telefon IN 1–6565* – Vgl. unter »Public Notices« der NYT vom 24. 2. 1968: »Louis Levinson, age 75, brother of Sam, Isidore, Tillie and Pearl Levinson, wants to be contacted by some member of family. Sanford Silverstein, atty. IN 1–6565.«

775, 17 f.   *Ick kann mi . . . finn mi hüpsch* – (nd.) Ich kann mir nicht helfen, ich finde mich hübsch; s. 111, 33–112, 8.

775, 20 f.   *Finnsti tau hüpsch* – (nd.) Findest du dich gar zu hübsch? s. 111, 33–112, 8.

775, 21   *Even if I say so* – (engl.) Selbst wenn ich es sage.

775, 22   *Schnittlauch auf allen Suppen* – Norddt. Redewendung: auf allen Hochzeiten tanzen, oder: Hans Dampf in allen Gassen sein.

775, 25 f.   *Gott, der die . . . vom Dach fallen* – Kontamination mehrerer Anspielungen. Zum einen wird das Lied »Der Gott, der Eisen wachsen ließ« aktualisiert:
> Der Gott, der Eisen wachsen ließ, der wollte keine Knechte,
> Drum gab er Eisen, Schwert und Spieß dem Mann in seine Rechte.

Text: Ernst Moritz Arndt, 1812, Musik: A. Methfessel 1818. Zum anderen wird auf die vielfach in der Literatur abgewandelte Stelle aus Matth 10, 29 (bzw. Lk 12, 37) verwiesen: »Kauft man nicht zwei Sperlinge um einen Pfennig? Dennoch fällt deren keiner auf die Erde ohne euren Vater.« Ein (spielerischer) Bezug besteht auch zu 243, 22 f. und der Redewendung »Der Spatz in der Hand ist besser als die Taube auf dem Dach«, die in MJ als Motiv verwendet wird; vgl. Sangmeister (1992), S. 8 f.; s. 1612, 14–16.

775, 33 f.   *You know, I . . . get at them* – (engl.) Du weißt, ich habe Geheimnisse in meinem Kopf, aber ich kenne sie nicht. Nur mein Kopf kann an sie herankommen.

776, 4 f.   *Eine Protestantin.* »*Protestanten . . . was vordringlich ist.*« – s. K. 87, 21.

25. 2. 1968

776, 18–22   *Viele Senatoren im . . . Nennt ihn derelict* – Verteidigungsminister McNamara hatte am 20. 2. 1968 vor dem Ausschuß den Befehl für die ersten Luftangriffe auf Nordvietnam nach dem Zwischenfall im Golf von Tonkin (s. K. 491, 15–30) verteidigt. Johnson bezieht sich auf den Artikel »Nine Senators Feel U. S. Overreacted on Tonkin« der NYT vom 25. 2. 1968, in dem »derelict« in einer Zwischenüberschrift erscheint, das Wort geht aber auf ein Urteil Fulbrights (s. K. 623, 21 f.) zurück: »J. W. Fulbright, chairman of the committee, plainly indicated he thought Mr. McNamara had treaded close to deception on Aug. 6 1964, in not informing the committee that the destroyers Maddox and Turner Joy had been on an intelligence mission.
McNamara Called Derelict
He also felt that the Secretary had been derelict in not telling the committee of the intercepts of North Vietnamese radio messages that were regarded as conclusive evidence of the second attack, of the messages to the Maddox seeking clarification of what had happened even after the retaliatory strike had been ordered and of the American direction of the South Vietnamese PT-boat attacks on North Vietnam.«

776, 22–   *Nennt ihn derelict . . . Bettler, Stadtstreicher, derelicts* – Johnson hat als Vorlage für
777, 13   das Spiel mit den Bedeutungen bzw. möglichen dt. Übersetzungen Langenscheidt (1963) und Webster's (1971) benutzt.

776, 22   *derelict* – (engl.) »adjektivisch: 1. (meist jur.) aufgegeben, verlassen, herrenlos, 2. besonders Amerikan. nachlässig, untreu; derelict to duty: pflichtvergessen«, Langenscheidt (1963); vgl. Schulz, B. (1996).

776, 31–34   *derelict, das Land . . . das Meer zurückläßt* – »1. abandoned esp. by the owner or occupant, 2. a tract of land left dry by the sea or other body of water receding from its former bed«, Webster's (1971).

776, 34 f.   *das verlandete Gewässer, das aufgegebene Wrack* – »4. mar. (treibendes) Wrack, 5. jur. trockengelegtes Land, verlandete Strecke«, Langenscheidt (1963).

776, 35	*das verrottete Haus* – »a house now d. beyond redemption«, Webster's (1971).
776, 35	*das herrenlose Gut* – »jur. herrenloses Gut«, Langenscheidt (1963).
776, 35 f.	*die nicht abgeholte Fundsache* – »a thing voluntarily abandoned or wilfully cast away by its owner with the intention of not retaking it«, Webster's (1971).
777, 6	*Dereliction* – (engl.) »1. schuldhafte Vernachlässigung od. Versäumnis (von Pflichten etc.): ~ of duty: Pflichtversäumnis, -vergessenheit, 2. Dereliktion, Besitzaufgabe, Preisgabe, 3. Verlassen, Aufgeben, 4. Verlassenheit, 5. Versagen (von Fähigkeiten), 6. jur. a) Verlandung, b) s. derelict«, Langenscheidt (1963).
777, 7–13	*den Delinquenten, den . . . Bettler, Stadtstreicher, derelicts* – (engl.) »6. aufgegebener od. hoffnungslos heruntergekommener Mensch, 7. bes. Am. Pflichtvergessene(r)«, Langenscheidt (1963). »a person abandoned or forgotten: one that is not a responsible or acceptable member of society«, Webster's (1971).
777, 12	*Bowery* – s. K. 152, 32.
777, 25 f.	*Baumgärtner, Sie sind daran* – Vermutlich spielt der Name auf den Linguisten Klaus Baumgärtner an, einen Freund Johnsons aus der Leipziger Studentenzeit.
777, 32	*Abwehr* – Sammelbegriff für die militärischen Nachrichtendienste, offiziell: Amt Ausland/A im Oberkommando der Wehrmacht, unter der Leitung von Admiral Canaris; Zentrum des militärischen Widerstands gegen Hitler bis zur Eingliederung des Amts in das Reichssicherheitshauptamt der SS im Februar 1944; s. 893, 31; 918, 10; 1455, 13; 1859, 5 f.
778, 1	*Universität Greifswald* – Greifswald: Hafenstadt am Südufer des Ryck südöstlich von Stralsund am Greifswalder Bodden; die Universität wurde 1456 gegr.
778, 14 f.	*»Der goldene Käfer« . . . Edgar Allan Poe* – »The Gold Bug«, kriminalistische Kurzgeschichte von Edgar Allan Poe (19. 1. 1809–7. 10. 1849), 1843 in seinen »Tales of Ratiocination« erschienen, die ihn zum Begründer dieser Gattung machten. Der Erzähler besucht auf einer Insel seinen Freund Legrand, der mit Hilfe eines goldglänzenden Käfers den Piratenschatz des Kapitän Kidd entdeckt hat. Im nachhinein erklärt Legrand, daß er durch phantastische Zufälle und eine von ihm entzifferte Geheimschrift die Lage des Schatzes ermitteln konnte. Die Spannung liegt in dem Kunstgriff, Vorgänge, die dem Ich-Erzähler und dem Leser irrational erscheinen, rational aufzuklären; s. K. 1578, 1.
778, 15 f.	*»Ist der Krieg unvermeidlich?«* – Im Februar 1946 hatte Stalin in einer Rede die Ansicht vertreten, daß ein Krieg unvermeidlich sei, solange ein kapitalistisches System existiere. Die Rede erschien in der Zeitschrift »Bolschewik« 3/1946; vgl. Rauch (1977), S. 464.
778, 26	*hallenser Universität* – Martin-Luther-Universität (Halle/Saale); 1694 gegr., wurde mit C. Thomasius, C. v. Wolff, A. H. Francke ein Zentrum der dt. Aufklärung und des Pietismus.

778, 29 f. *Neuen Geist der Neuen Schule* – Die erste Verordnung zur Demokratisierung der Schule erschien am 22. 5. 1946 in Sachsen, am 31. 5. 1946 folgte das Gesetz zur Demokratisierung der deutschen Schule. § 2 »Die schulische Erziehung ist ausschließlich Angelegenheit des Staates«, Deuerlein (1971), S. 60. Mit der Ergänzung vom 1. 9. 1946 wurde das einheitliche Schulsystem der »demokratischen Einheitsschule« mit einer Schulpflicht von acht Jahren, die alle Schüler gemeinsam in der »Grundschule« verbrachten, eingeführt. Daran schlossen sich drei Jahre Berufsschule oder vier Jahre Oberschule (bis zum Abitur) an. Dieses System galt bis 1965. »Die neue demokratische Schule soll die Jugend zu selbständig denkenden und verantwortungsbewußt handelnden Menschen erziehen, die fähig und bereit sind, sich voll in den Dienst der Gemeinschaft des Volkes zu stellen. Sie gibt jedem, ›ohne Unterschied des Besitzes, des Glaubens oder seiner Abstammung, die seinen Neigungen und Fähigkeiten entsprechende vollwertige Ausbildung.‹«; vgl. SBZ (1958), S. 35–37; s. K. 1251, 15–26; 1573, 13 f.; s. V, 34; 1334, 2; 1576, 4; 1658, 14; 1703, 7; 1760, 12; 1777, 13; 1824, 22.

778, 31–779, 7 *Professor Ertzenberger hätte . . . Das muß weg* – s. K. 232, 35.

778, 36 *Tackle. Shackle* – (engl.) tackle: nautisch: das Takel, die Talje; als Verb: angreifen, sich stürzen auf.
shackle: Kette, Fessel; nautisch: Schäkel; als Verb: in Ketten legen, anketten. In beiden Fällen wird der »k-Laut« mit dem »l« verbunden: [tækl].

779, 17 *»either«* – (engl.) entweder, beide; im amerik. Engl. [i:], im brit. Engl. [ei] ausgesprochen.

779, 18 *»fast«* – (engl.) schnell; im amerik. Engl. [æ], im brit. Engl. [a:] ausgesprochen.

779, 19 *arts als hearts* – (engl.) übersetzt im Text; die Aussprache unterscheidet sich durch das im amerik. Engl. gesprochene [r].

779, 20 *Neuengland* – s. K. 43, 28.

779, 22 *buck* – (brit. Engl.) Bock; (amerik. Engl.) auch: Dollar.

779, 33 f. *der dem puertorikanischen . . . ausreichte als »Persönliches«* – s. 715, 23–25.

779, 34 f. *THE CUSTARD APPLE . . . O THE SWEET-SOP* – (engl.) übersetzt im Text. Druckfehler in allen Ausgaben, richtig: the fruit of the sweet-sop.

779, 34–780, 8 *THE CUSTARD APPLE . . . von einander wissen* – Nach Webster's (1971) bezeichnet »custard apple« eine Frucht verschiedener Bäume der amerik. Annona-Gattung, den Baum selbst oder eine Papaya-Sorte. »Sweetsop« ist ein anderes Wort für den gleichen tropischen Baum (Annona squamosa), seine dickschaligen Früchte mit einem süßen, weichen Fruchtfleisch werden auch »anon«, »custard apple« und »sugar apple« genannt. »Sop« bedeutet Eingeweichtes, Durchweichtes, Matsch.
»Custard« ist im heutigen Sprachgebrauch Eierpudding, Eierschnee aber »beaten egg white«. Das Wort »custard« kommt von dem mittelengl. »cus-

tarde«, auch »crustade«, das einen »pie«, ein Gericht mit einer Teigdecke, also etwas Pastetenartiges bezeichnete und auf das altprovenzalische »croustado« zurückgeht.

Das assoziative Bindemittel mit Hilfe der Etymologie und der Küche sind die Eier und die Süße; vgl. Schulz, B. (1996), S. 85 f.

26. 2. 1968

780, 14   *Reichskristallnacht* – s. K. 740, 14 f.

780, 16   *Washingtons Geburtstag* – s. K. 67, 6 f.

780, 22 f.   *Eine Milliarde Mark als Strafe* – s. K. 740, 14.

780, 23   *In die Schulen... sie nicht mehr* – Aus dem Erlaß des Reichserziehungsministers vom 15. 11. 1938, der wegen des Anschlags Herschel Grynszpans auf Ernst vom Rath zustande kam: »Nach der ruchlosen Mordtat von Paris kann es keinem deutschen Lehrer und keiner deutschen Lehrerin mehr zugemutet werden, an jüdische Schüler Unterricht zu erteilen. Auch versteht es sich von selbst, daß es für deutsche Schülerinnen und Schüler unerträglich ist, mit Juden in einem Klassenraum zu sitzen. Die Rassentrennung im Schulwesen ist zwar in den letzten Jahren im allgemeinen bereits durchgeführt, doch ist ein Restbestand jüdischer Schüler [...] übriggeblieben [...]. Vorbehaltlich weiterer gesetzlicher Regelung wird daher mit sofortiger Wirkung angeordnet: Juden ist der Besuch deutscher Schulen nicht gestattet. Sie dürfen nur jüdische Schulen besuchen. Soweit es noch nicht geschehen sein sollte, sind alle zur Zeit eine deutsche Schule besuchenden jüdischen Schüler und Schülerinnen sofort zu entlassen.«

Nach § 1 Abs. 1 der »Zehnten Verordnung zum Reichsbürgergesetz« vom 4. 7. 1939 (RGBl. I, S. 1097) wurden die Juden in einer Reichsvereinigung zusammengeschlossen, die für die Beschulung der Juden zu sorgen hatte. Schulen, die nicht von der Reichsvereinigung unterhalten wurden, durften sie nicht besuchen.

780, 23 f.   *Die Pensionen waren weg* – Hatte das »Gesetz zur Wiederherstellung des Berufsbeamtentums« vom 7. 4. 1933 (RGBl. I, S. 175) – zumindest seinem Wortlaut nach – in § 3 Abs. 2 noch die jüd. Beamten von der Versetzung in den Ruhestand ausgenommen, die »bereits seit dem 1. August 1914 Beamte gewesen sind oder die im Weltkrieg an der Front für das Deutsche Reich oder für seine Verbündeten gekämpft haben oder deren Väter oder Söhne im Weltkrieg gefallen sind«, so wurden schon nach § 4 Abs. 2 Satz 1 der »Ersten Verordnung zum Reichsbürgergesetz« vom 14. 11. 1935 (RGBl. I, S. 1333) unterschiedslos alle jüd. Beamten mit Ablauf des 31. 12. 1935 in den Ruhestand versetzt.

Von den nach dem Gesetz von 1933 bereits in Ruhestand versetzten Beamten hatten nur diejenigen nach § 8 des Gesetzes einen Anspruch auf Ruhegehalt, die bereits eine zehnjährige Dienstzeit vollendet hatten; von den nach der Verordnung von 1935 in den Ruhestand Versetzten nach § 4 Abs. 2 Satz 2 nur die Beamten, die »im Weltkrieg für das Deutsche Reich oder seine Verbündeten gekämpft haben«. Alle anderen hatten keinerlei Anspruch auf Ruhegehalt.

Nach § 2 der »Siebenten Verordnung zum Reichsbürgergesetz« vom 5. 12. 1938 (RGBl. I, S. 1751) wurde das Ruhegehalt der jüd. Beamten, die mit Ablauf des 31. 12. 1935 in den Ruhestand getreten waren, nach dem Stande vom 31. 12. 1935 neu festgesetzt und mit Wirkung vom 1. 1. 1939 an Stelle der bisher gewährten Bezüge gezahlt; vgl. Hilberg (1990), Bd. 2, S. 495 f.

780, 24 *Die Versicherungen galten nicht* – Nach § 1 der »Verordnung zur Wiederherstellung des Straßenbildes bei jüdischen Gewerbebetrieben« vom 12. 11. 1938 (RGBl. I, S. 1581) waren alle Schäden, »welche durch die Empörung des Volkes über die Hetze des internationalen Judentums gegen das nationalsozialistische Deutschland am 8., 9. und 10. November 1938 an jüdischen Gewerbebetrieben und Wohnungen entstanden sind, [...] von dem jüdischen Inhaber oder jüdischen Gewerbetreibenden sofort zu beseitigen.« Nach § 2 Abs. 2 der Verordnung wurden Versicherungsansprüche von Juden dt. Staatsangehörigkeit zugunsten des Reichs beschlagnahmt.

780, 27 *Und war Reichskristallnacht ein Regierungswort* – Der Begriff wurde nicht von den Nazis geprägt, trat erst nach Kriegsende auf, vermutlich Berliner Volksmund; s. K. 740, 14 f.

780, 33 *Strandhotel von Rande* – Boltenhagen hatte ein Strandhotel Qualmann; vgl. Grieben (1938), S. 128.

781, 2 *»Die roten Fahnen brennen im Wind«* – Lied der HJ, Text: Walter Jansen, Melodie: Georg Blumensaat.

Die roten Fahnen brennen im Wind
und mit ihnen brennt unser Herz.
Und alle, die mit uns gezogen sind,
wollen nie mehr zurück.

Wenn unsre Lieder verklungen sind,
ist die Welt so still wie mein Herz.
Und alle, die mit uns gezogen sind,
können nie mehr zurück.

Unsre Fahrt ist nie zu Ende gebracht,
sie geht bis ans Ende der Welt.
Wir wissen den Tag und wir kennen die Nacht
und kommen nie mehr zurück.

781, 3 *B. D. M.* – Bund Deutscher Mädel; s. K. 159, 27; 164, 33.

781, 14 *N. S.-Frauenschaft* – Als Zusammenschluß mehrerer nationalsoz. und nationaler Frauenverbände im Oktober 1931 gegr., 1935 der NSDAP angegliedert.

Sie war verantwortlich für die »volkserzieherische Arbeit auf dem Gebiet der hausfraulichen, volksmütterlichen und kulturellen Aufgaben der deutschen Frau«; Brockhaus (1941).

781, 37 *neuen deutschen Grenzen* – Die Grenzen einschließlich Österreichs und des von der Tschechoslowakei abgepreßten Sudetenlandes; s. K. 663, 1 f.

782, 23 *»Wir treten zum Beten«* – Ursprünglich ein Dankgebet für die niederländischen Siege gegen Spanien 1597, anonym, aus der Sammlung des Adrianus Valerius, 1600.

> Wir treten zum Beten vor Gott, den Gerechten,
> Er waltet und haltet ein strenges Gericht.

In den 30er Jahren in folgender Fassung verbreitet:

> Wir treten zum Beten vor Gott, den Herren,
> ihn droben zu loben mit Herz und Mund:
> und machet groß seins lieben Namens Ehren,
> der jetzo unsern Feind warf auf den Grund!
>
> Zu Ehren des Herren tut all euch zeigen,
> ein Wunder besunder geschehen ist!
> Tu dich, o Mensch, vor deinem Gott neigen,
> ein jeder tue Recht ohn falsche List!
>
> Der Böse, Arglose zu Fall zu bringen,
> schleicht grollend und brüllend, dem Löwen gleich,
> und suchet, wen er grausam mag verschlingen,
> wem er versetzen mag den Todesstreich.
>
> Wacht, kämpfet und dämpfet die bösen Gedanken,
> mit Schande in Bande der Sünd nicht fallt!
> Eur frommer Sinn der bringt den Feind zum Wanken,
> wär auch sein Reich nochmal so stark umwallt.

Hensel (1933), S. 46.

783, 3 f. *der Hoheitsadler hatte . . . als der gewöhnliche* – Das Hoheitszeichen war ein Adler mit geöffneten Flügeln, der ein von einem Eichenkranz umgebenes Hakenkreuz in den Fängen hält. Während sonst der Adler stilisiert mit symmetrischen, gerade ausgestreckten Flügeln dargestellt wurde, war der Adler der Luftwaffe im Flug mit geschwungenen Flügeln und heruntergestrecktem Kopf abgebildet.

783, 4 *ganz anderen Schick* – Hier: Aussehen, Stil.

27. 2. 1968

783, 34–784, 2 *Das Weiße Haus . . . noch immer nicht* – Vgl. die Notiz »President's View« der NYT vom 27. 2. 1968: »The White House said today that President Johnson was satisfied Congress had been given the full facts when it approved the Tonkin Gulf resolution.«

In dem vorausgehenden Artikel »Fulbright Called Wrong On Tonkin« gibt Fulbright zu, er habe sich mit der Anklage, der Kongreß sei nicht bei der Formulierung des Resolutionstextes hinzugezogen worden, getäuscht, doch er beharrt darauf, daß die »intelligence-gathering operations«, also die Spionagetätigkeiten, der zwei Zerstörer dem Kongreß verheimlicht worden seien; s. K. 491, 15–30.

784, 1   *Senator Fulbright* – s. K. 491, 15–30; 623, 21 f.

784, 3–5   *Das Pentagon hat . . . betroffen sein werde* – Vgl. die Notiz »Pentagon Defines Terms« der NYT vom 27. 2. 1968: »A Pentagon spokesman said today that the censorship policy announced in Saigon would have no effect on the Defense Department's daily casualty lists and weekly updatings of killed and wounded totals.« Es hieß, daß eine Beschränkung der Kriegsberichterstattung vonnöten sei, um der feindlichen Seite nicht in die Hände zu spielen.

784, 3   *Pentagon* – s. K. 24, 17.

784, 6–13   *Louis Schein, Immobilienmakler . . . er Ardito kennt* – Vgl. den Artikel »Realty Man Balks At Loan Inquiry« der NYT vom 27. 2. 1968: »Louis Schein, a Bronx real estate man, has refused to tell a grand jury if he was either threatened with death or beaten up by a reputed Mafia leader who had allegedly lent him $ 5,000. [. . .] If he still refuses to answer the grand jury's questions, he faces possible contempt charges. [. . .] The grand jury is trying to determine Mr. Schein's alleged relationship to John (Buster) Ardito, said to be a major power in the Mafia family of Vito Genovese, and Sam Appuzzo, identified as a meat market owner and confederate of Ardito's. [. . .] he refused to tell the grand jury if he either knew or had borrowed money from Ardito or Appuzzo.«

784, 10   *Vito Genovese* – s. K. 118, 22.

784, 25   *Hamburg-Amerikanischen Packetfahrt-Actien-Gesellschaft* – Abk. Hapag; 1847 in Hamburg gegr., transatlantische Schiffahrtslinie, die ab 1848 einen monatlichen Dienst zwischen Hamburg und New York mit Zwischenstationen in Cherbourg und Southampton anbot; zu ihrer Zeit die größte Dampfschiffahrts-Gesellschaft der Welt.

784, 27   *Southampton und Cherbourg* – Engl. bzw. frz. Hafenstadt am Ärmelkanal.

784, 29–31   *Der Fahrpreis für . . . New York bezahlt* – Die billigste Überfahrt kostete damals 25 Dollar, was die Bereitschaft auszuwandern erheblich förderte; die durchschnittliche Zahl der Passagiere pro Jahr betrug 34 466 in den sechziger, 90 889 in den achtziger und 60 041 in den neunziger Jahren des vorigen Jahrhunderts.

784, 32   *Wassertonnengeschichte* – s. 62, 15 f.

785, 7 f.   *britisches Konsulat war. Auf dem Schüsselbuden* – s. K. 199, 30–32.

785, 11   *Große Mönchenstraße* – Im Zentrum Rostocks, zwischen Rathaus und Unterwarnow.

785, 14   *Gedser* – Ortsteil der Gemeinde Sydfalster auf der Halbinsel Gedser Odde an der Südspitze der dän. Ostseeinsel Falster; bedeutender Fährhafen.

785, 23   *Warnemünde-Gedser* – Fährverbindung nach Dänemark; s. 1398, 20 f.; 1775, 6 f. Warnemünde: seit 1323, als die Stadt Rostock Fürst Heinrich von Mecklenburg das Fischerdorf an der Mündung der Warnow in die Ostsee abkaufte, Ortsteil von Rostock.

785, 26   *auf dem Qui vive* – (frz.) auf der Hut sein.

785, 36   *Eine South Ferry! Eine North Ferry* – (dt./engl.) Eine Südfähre! Eine Nordfähre!; South Ferry: s. K. 90, 25.

786, 16–20   *Den der Republik . . . worden; dies nicht* – s. 16, 39.

786, 18   *ich mochte ihn . . . Krieg nicht fragen* – s. K. 46, 23–47, 4.

786, 36   *Esbjerg* – Dän. Hafenstadt an der Westküste von Jütland.

786, 37   *Déjà-vu* – (frz.) Schon einmal gesehen/erlebt.

786, 37–   *Déjà-vu . . . déjà-vu* – Vgl. Ernst Blochs Aufsatz »Bilder des Déjà vu«; Bloch
787, 20   (1969), Bd. 9, S. 232–241.

787, 1 f.   *Brücke an der Middelfart* – Zwischen Jütland und der Insel Fünen; auch gleichnamiger Ort an der Nordwestküste von Fünen.

787, 2   *Harwich* – Engl. Hafenstadt in Essex mit einer Fährverbindung nach Esbjerg.

787, 10   *Ingrid Bøtersen* – s. K. 28, 4–31.

787, 10   *Klampenborg* – Stadtteil im Norden von Kopenhagen, entlang des Nørre Strandvejs am Øresund bis Helsingør.

787, 16   *Nyhavn in Kopenhagen* – Kopenhagener Stadtteil.

787, 17   *Amaliegade* – Straße in Kopenhagen, an der die Amalienborg liegt, die Winterresidenz des dän. Königshauses.

787, 18   *Freiheitsmuseum im Churchillpark* – Frihedsmuseet, Museet for Danmarks Frihedskamp 1940–45, auch »Widerstandsmuseum« genannt, zeigt den dän. Freiheitskampf gegen die dt. Besetzung 1940–45; s. K. 1116, 24 f.

787, 18 f.   *Flughafen Kastrup* – s. K. 167, 9.

787, 23   *Victoriabahnhof* – s. K. 193, 13.

787, 23 f.   *in Glasgow auf . . . Seite des Clyde* – Das Stadtzentrum nördlich des Clyde wird weitgehend von viktorianischen Fassaden bestimmt.

787, 39–788, 1   *Reetdachhaus mit Fledermausfenstern* – Halbkreisförmige Dachfenster in gerundeten Gauben; s. 880, 14 f.; 1262, 20.

28. 2. 1968

788, 22–36   *Immer noch haben . . . der westdeutschen Politik* – Vgl. den Artikel »Dispute On Lubke [sic] Embroils Parties« der NYT vom 28. 2. 1968: »The charges against the 73-year-old head of state were first raised by the East German regime on the basis of documents purportedly originating in 1944. [. . .]
On Jan. 20 the illustrated magazine Stern published an affidavit from the American graphologist J. Howard Haring, who compared the 1944 ›Lübke signatures‹ on the concentration camp plans with verified contemporary signatures. Mr. Haring asserted that the signatures were all by the same man. [. . .]
Three weeks ago a Bonn student broke into the university rector's office and scribbled an expression for ›concentration camp builder‹ after Dr. Lübke's name on an honor roll. He and another student involved were expelled. [. . .]
Today the press agency of the Christian Democratic Union party, to which both the Chancellor and the President belong, rallied to Dr. Lübke's defense. [. . .]
›One knows that there are strong forces in the Free Democratic party – Nannen is an F. D. P. man that together with the Social Democrats would love to elect a new federal President today and thereby burden the Grand Coalition and switch the tracks for the next coalition.‹ [. . .]
Dr. Lübke has maintained silence on the charges. He was quoted by the news magazine Spiegel as having confided to a friend last week: ›I firmly believe that I signed no concentration camp plans. But I could not swear to it under oath today‹«; vgl. DER SPIEGEL 4. 3. 1968, S. 21–26 und 11. 3. 1968, S. 23–34.
Heinrich Lübke (14. 10. 1894–6. 4. 1972), Vermessungs- und Kulturingenieur, 1939–45 Mitarbeiter, später stellv. Leiter des Architektenbüros Schlempp, das für die Planung und Leitung kriegswichtiger Bauten dienstverpflichtet wurde, 1953–59 Bundesminister für Ernährung und Landwirtschaft (CDU), 1959–69 Bundespräsident. Ihm wurde vorgeworfen, er habe während der NS-Zeit Baupläne für KZ entworfen. Von den Bundesbehörden wurden die Dokumente, die ihnen nur als Kopien vorlagen, als gefälscht abgelehnt. Nach dem Zusammenbruch der DDR stellte sich heraus, daß das diesen Vorwürfen zugrundeliegende Material vom Staatssicherheitsdienst der DDR gefälscht und westdt. Medien zugespielt worden war; s. K. 794, 20–29; 809, 16–24.

788, 30   *der Universität* – Die Universität Bonn wurde am 18. 10. 1818 vom preußischen König Friedrich Wilhelm III. gegr.

788, 30 f.   *Christlich-Demokratische Union* – s. K. 173, 6.

789, 28   *Mauthausen* – s. K. 36, 12.

789, 30   *Tschechisch Budweis* – s. K. 46, 34.

789, 31   *den verlorenen Zipfel Slowakei* – Die Karpato-Ukraine und die Bukowina kamen nach 1945 zur Sowjetunion.

789, 33 f.	*bevor sie ihren Aufstand machten, 1944* – Am 24. 8. 1944 gingen die Partisanenkämpfe gegen die autoritäre Tiso-Regierung bei Banská Bystrica und später auch gegen die dt. Schutzmacht in einen slow. Nationalaufstand über, der Ende Oktober niedergeschlagen wurde; s. K. 554, 36.
789, 34	*Wir dürfen danach nicht fragen* – s. K. 46, 23–47, 4; »wir«: s. K. 46, 26; 230, 27 f.
790, 9 f.	*Saks Fifth Avenue* – Saks: s. K. 440, 15; Fifth Ave.: s. K. 52, 8.
790, 13	*Kreslil* – s. K. 301, 33.
791, 9	*Gois* – s. K. 172, 35; 501, 28.
791, 15–19	*Am Sonnabend ist . . . Rebecca nicht baden* – Nach den Regeln der orthodoxen Juden ist am Sabbat jegliche Arbeit und Anstrengung verboten, damit auch das Feueranzünden; s. K. 45, 3.
791, 23 f.	*nach finsteren Prinzipien des Alten Testaments* – Spr 19, 18: »Züchtige deinen Sohn, solange Hoffnung da ist, aber laß dich nicht hinreißen, ihn zu töten«; vgl. auch Spr 13, 24; s. K. 618, 35.
791, 30 f.	*hier auch Gottesdienste . . . Läden am Broadway* – s. K. 97, 29.
792, 2	*P. S. 75* – s. K. 14, 13.
792, 11–17	*Mrs. Ferwalter war . . . Weile angenehm verstellt* – s. 1168, 38 f.
792, 11–14	*in einem Film . . . Ende wurde geheiratet* – »The Sound of Music« (dt. »Meine Lieder, meine Träume«), USA 1965, Regie: Robert Wise; mit Julie Andrews; nach einem Broadway Musical; beruht auf der Geschichte der Trapp-Familie, mit berauschenden Bergpanoramen und einer heimeligen Auffassung von Familie und Religion. Die Naziszenen wurden für den Export nach Deutschland weitgehend herausgeschnitten.
792, 22 f.	*Or have you given up, reelly* – (engl.) Oder haben Sie wirklich aufgegeben? Die Schreibung »reelly«, statt »really«, weist auf Mrs. Ferwalters ungenaue Aussprache hin.
793, 32	*Č. S. R.* – s. K. 657, 19.

29. 2. 1968

794, 12	*Hilton-Hotel* – s. K. 167, 2; 296, 24 f.
794, 14	*Klaus Harpprecht* – Geb. 11. 4. 1927, dt. Journalist; 1967–71 Mitherausgeber des »Monat«; Amerikakorrespondent des Zweiten Deutschen Fernsehens. Johnson gab Harpprecht in Washington am 1. 6. 1965 (am Ende seiner zweiten Reise in die USA) ein Interview; vgl. Neumann, B. (1994), S. 544.
794, 16	*Auschwitz* – s. K. 36, 12; 256, 28.

794, 20–29   *Ist der Tag . . . die Jugend »brutalisieren«* – Vgl. den Artikel »Lubke [sic] Will Answer Nazi Camp Charges« der NYT vom 29. 2. 1968: »Bonn, Feb. 28 – Pre-
sident Heinrich Lübke of West Germany told the Cabinet today he would
publicly defend himself against charges that he helped build concentration
camps during World War II. [. . .]
The issue arose anew after Stern, a mass-circulation illustrated magazine, revived the charges.
An issue of Stern, that did not contain the articles attacking the President was
banned.
The reason given for the banning was a series of pictures of Gen. Nguyen
Ngoc Loan executing a Vietcong suspect in Saigon and a serialization of ›The
Naked Ape‹ by Desmond Norris [sic], an anthropologist.
The Family Ministry said that the photographs would tend to ›brutalize‹
youth and the book, linking animal and human behaviour, would bring out
›animalistic‹ tendencies.«
Da die Fotos der Exekution auch in anderen Zeitungen erschienen, wurde
das Verbot als Racheakt für die Angriffe auf Lübke verstanden; Fotoserie: s. K.
40, 16 f.; 672, 15 f.; Lübke: s. K. 788, 22–36; 809, 16–24.

794, 35   *New York Review of Books* – Vierzehntäglich erscheinende literarische Zeitschrift, 1963 während des Zeitungsstreiks gegr., galt als deutlich links; entwickelte sich zu einem sachlichen Journal, offen für verschiedene politische
Standpunkte.

794, 36   *»Über das Verlassen Amerikas«* – »On Leaving America«, offener Brief an den
Präsidenten der Wesleyan University, Edwin D. Etherington, in: New York
Review of Books, 29. 2. 1968, S. 31 f. Johnson verwendet die engl. Fassung
von Enzensbergers Text; vgl. Fries (1990a), S. 168, Anm. 66.
»Ich habe jene Mrs. Cresspahl nicht davon abbringen können, Einfälle zu be-
kommen anlässlich des Offenen Briefes (On Leaving America), den Hans Ma-
gnus Enzensberger im Januar 1968 an die Linke der U.S.A. gerichtet hat, sie
über ihre eigene Lage und das eigene Land aufzuklären«, Johnson an Max
Frisch, Brief vom 10. 8. 1971, in: Fahlke (1999), S. 33.
Enzensberger, der im Sozialismus Fidel Castros zunächst einen positiven
Ansatz sah, siedelte 1968 für einige Zeit nach Kuba über. Von seiner zuneh-
menden Desillusionierung zeugt nicht nur sein Bericht über den desolaten
Zustand der kubanischen komm. Partei (»Bildnis einer Partei« in »Kursbuch«
18/1969), sondern auch seine Versdichtung »Untergang der Titanic«, 1975, in
der die Korruption und der Machtmißbrauch angeprangert werden; s. K.
15, 13–17; 737, 30; s. 769, 14; 850, 36; 1340, 14.

795, 3–803, 20   *Herr Enzensberger hat . . . 1968«. »Yours faithfully.«* – Vollständiger Text von Enzensbergers Brief: »On Leaving America«. Die nicht im Roman paraphrasier-
ten Stellen sind in eckige Klammern gesetzt.
»Mr. Edwin D. Etherington, President, Wesleyan University Middletown,
Conn.

Dear Mr. President,

[I hereby ask you to accept my resignation as a Fellow of the Center for Advanced Studies at Wesleyan University. At the same time, I wish to thank you as best I can, for the hospitality which you have shown me during my stay here. The very least I owe to you, to the faculty, and to the students is an account of my reasons for leaving Wesleyan.]

Let me begin with a few elementary considerations. I believe the class which rules the United States of America, and the government which implements its policies, to be the most dangerous body of men on earth. [In one way or another, and to a different degree, this class is a threat to anybody who is not part of it. It is waging an undeclared war against more than a billion people; its weapons range from saturation bombing to the most delicate techniques of persuasion; its aim is to establish its political, economic, and military predominance over every other power in the world. Its mortal enemy is revolutionary change.]

Many Americans are deeply troubled by the state of their nation. [They reject the war which is being waged in their name against the people of Vietnam. They look for ways and means to end the latent civil war in the ghettos of American cities.] But most of them still hold on to the idea that these crises are unfortunate accidents, due to faulty management and lack of understanding: tragical errors on the part of an otherwise peaceful, sane, and well-intentioned world power.

To this interpretation I cannot agree. [The Vietnam war is not an isolated phenomenon. It is the most visible outcome and, at the same time, the bloodiest test case of a coherent international policy which applies to five continents.] The ruling class of the United States has taken sides in the armed struggles of Guatemala and Indonesia, of Laos and Bolivia, of Korea and Colombia, of the Philippines and Venezuela, of the Congo and of the Dominican Republic. This is not an exhaustive list. Many other countries are governed with American support, by oppression, corruption, and starvation. Nobody can feel safe and secure any more, not in Europe, and not even in the United States itself. There is nothing surprising and original about the simple truth I am stating here. I have no space to qualify and differentiate it in any scientific way. Others, many of them American scholars like Baran and Horowitz, Huberman and Sweezy, Zinn and Chomsky, have done so at great length. From what I could gather here, the academic community does not think much of their work. It has been called old-fashioned, boring, and rhetorical; the outgrowth of a paranoid imagination or simply communist propaganda. These defense mechanisms are part of the Western intellectual's standard equipment. Since I have frequently met with them here, I take the liberty of examining them more closely.

The first argument is really a matter of semantics. Our society has seen fit to be permissive about the old taboos of language. Nobody is shocked any more by the ancient and indispensable four-letter-words. At the same time, a new crop of words has been banished, by common consent, from polite society:

445

words like *exploitation* and *imperialism*. They have acquired a touch of obscenity. [Political scientists have taken to paraphrases and circumlocution which sound like the neurotic euphemisms of the Victorians. Some sociologists have gone so far as to deny the very existence of a ruling class.] Obviously, it is easier to abolish the word *exploitation* than the thing it designates; but then, to do away with the term is not to do away with the problem.

A second defense device is using psychology as a shield. [I have been told that it is sick and paranoid to conceive of a powerful set of people who are a danger to the rest of the world. This amounts to saying that instead of listening to his arguments it is better to watch the patient. Now it is not an easy thing to defend yourself against amateur psychiatrics. I shall limit myself to a few essential points. I do not imagine a conspiracy, since there is no need for such a thing. A social class, and especially a ruling class, is not held together by secret bonds, but by common and glaringly evident self-interest. I do not fabricate monsters.] Everybody knows that bank presidents, generals, and military industrialists do not look like comic-strip demons: they are well-mannered, nice gentlemen, possibly lovers of chamber music with a philanthropic bent of mind. There was no lack of such kind people even in the Germany of the Thirties. Their moral insanity does not derive from their individual character, but from their social function.

Finally, there is a political defense mechanism operating with the assertion that all of the things which I submit are just communist propaganda. [I have no reason to fear this time-honored indictment. It is inaccurate, vague, and irrational.] First of all, the word Communism, used as a singular, has become rather meaningless. It covers a wide variety of conflicting ideas; some of them are even mutually exclusive. Furthermore, my opinion of American foreign policy is shared by Greek liberals and Latin American archbishops, by Norwegian peasants and French industrialists; people who are not generally thought of as being in the vanguard of ›Communism.‹

The fact is that most Americans have no idea of what they and their country look like to the outside world. I have seen the glance that follows them: tourists in the streets of Mexico, soldiers on leave in Far Eastern cities, businessmen in Italy or Sweden. The same glance is cast on your embassies, your destroyers, your billboards all over the world. It is a terrible look, because it makes no distinctions and no allowances. I will tell you why I recognize this look. It is because I am a German. It is because I have felt it on myself.

If you try to analyze it, you will find a blend of distrust and resentment, fear and envy, contempt and outright hate. It hits your President, for whom there is hardly a capital left in the world where he can show his face in public; but it also hits the kind old lady across the aisle on the flight from Delhi to Benares. It is an indiscriminate, a manichaean look. I do not like it. I do not share your President's belief in collective graft and in collective guilt: [›Don't forget,‹ he told his soldiers in Korea, ›there are only 2000 million of us in the world of three billion. They want what we've got, and we're not going to give it to them.‹] Now it is perfectly true that we all take some share in the pillage of the Third World. Economists like Dobb and Bettelheim, Jalée and Robinson have shown ample evidence for the contention that the poor countries, which we are underdeveloping, subsidize our economies. But surely Mr. Johnson is overstating his case when he implies that the American people are but a single, solid corporate giant fighting for its loot. There is more to admire in America than meets Mr. Johnson's eye. I find little in Europe that could compare with the fight put up by people in SNCC, SDS, and in Resist. And I may add that I resent the air of moral superiority which many Europeans nowadays affect with respect to the United States. They seem to regard it as a personal merit that their own empires have been shattered. This, of course, is hypocritical nonsense.

However, there is such a thing as a political responsibility for what your own country is doing to the rest of the world, as the Germans found out at their cost after both World Wars. In more than one way, the state of your Union reminds me of my own country's state in the middle Thirties. Before you reject this comparison, I ask you to reflect that nobody had heard or thought of gas chambers at that time; that respectable statesmen visited Berlin and shook hands with the Chancellor of the Reich; and that most people refused to believe that Germany had set out to dominate the world. Of course, everybody could see that there was a lot of racial discrimination and persecution going on; the armament budget went up at an alarming rate; and there was a growing involvement in the war against the Spanish revolution.

But here my analogy breaks down. For not only do our present masters wield a destructive power of which the Nazis could never dream; they have also reached a degree of subtlety and sophistication unheard of in the crude old days. Verbal opposition is today in danger of becoming a harmless spectator sport, licensed, well-regulated and, up to a point, even encouraged by the powerful. [The universities have become a favorite playground for this ambiguous game.] Of course, only a dogmatic of the most abominable sort could argue that censorship and open repression would be preferable to the precarious and deceptive freedom which we are now enjoying. [But, on the other hand, only a fool can ignore that this very freedom has created new alibis, pitfalls, and dilemmas for those who oppose the system.] It took me three months to discover that the advantages which you gave me would end up by disarming me; that in accepting your invitation and your grant, I had lost my credibility, and that the mere fact of my being here on these terms would devalue whatever I might have to say. ›To judge an intellectual it is not enough to examine his ideas; it is the relation between his ideas and his acts which counts.‹ This piece of advice, offered by Régis Debray, has some bearing on my present situation. To make it clear that I mean what I say I have to put an end to it.

It is a necessary, but hardly a sufficient thing to do. For it is one thing to study imperialism in comfort, and quite another thing to confront it where it shows a less benevolent face. I have just returned from a trip to Cuba. I saw the agents of the CIA in the airport of Mexico City taking pictures of every passenger leaving for Havana; [I saw the silhouettes of American warships off the Cu-

ban coast; I saw the traces of the American invasion at the Bay of Pigs;] I saw
the heritage of an imperialist economy and the scars it left on the body and
on the mind of a small country; [I saw the daily siege which forces the Cu-
bans to import every single spoon they use from Czechoslovakia and every
single gallon of gasoline from the Soviet Union, because the United States has
been trying for seven years to starve them into surrender.]
I have made up my mind to go to Cuba and to work there for a substantial
period of time. This is hardly a sacrifice on my part; I just feel that I can learn
more from the Cuban people and be of greater use to them than I could ever
be to the students of Wesleyan University.
This letter is a meagre way of thanking you for your hospitality, and I very
much regret that it is all I have to offer in return for three peaceful months. I
realize, of course, that my case is, by itself, of no importance or interest to the
outside world. However, the questions which it raises do not concern me
alone. Let me therefore try to answer them, as best I can, in public.
Yours faithfully,
Hans Magnus Enzensberger
January 31, 1968.«

795, 3 f.	*Wesleyan University* – s. K. 737, 31.
795, 10	*The most dangerous . . . men on earth* – (engl.) übersetzt im Text; s. 797, 16 f.
795, 11	*Paul Goodman* – Paul Goodman (9. 9. 1911–2. 8. 1972), amerik. Autor, der sich für Bürgerungehorsam und antiautoritäre Erziehung einsetzte, wurde in den sechziger Jahren mit »Growing Up Absurd« bekannt, besonders bei der Jugend populär; schrieb auch Gedichte, Kurzgeschichten und Dramen.
795, 13	*Body of men* – (engl.) Gruppe von Menschen.
795, 21	*Mr. Gallup* – s. K. 222, 3.
796, 6	»*Kursbuch*« – Literarisch–politische Zeitschrift, die die Meinungsbildung der dt. Linken stark beeinflußte. 1965–75 von H. M. Enzensberger hg. Zu den Autoren der ersten Hefte gehörten Jürgen Becker, Samuel Beckett, Fidel Castro, H. M. Enzensberger, Gisela Elsner, Frantz Fanon, Carlos Fuentes, Emilio Gadda, Lars Gustafsson, Uwe Johnson, Martin Walser, Peter Weiss. Schwerpunkte waren die revolutionären Bewegungen der »Dritten Welt«, die Studentenbewegung von 1968, die dt. Frage und Wissenschaftsgebiete wie der Strukturalismus und die Mathematik. 1968 wurden Literatur und Schriftsteller wegen ihrer Wirkungslosigkeit angegriffen und der Tod der bürgerlichen Literatur proklamiert. Johnson veröffentlichte hier: »Eine Kneipe geht verloren« (1/1965), »Über eine Haltung des Protestierens« (9/1967), »Ein Brief aus New York« (10/1967); s. K. 737, 30.
796, 15	*Baran und Sweezy* – s. K. 207, 4.
796, 22 f.	*Wörter mit den vier Buchstaben* – (engl. wörtl. übersetzt) four letter words: unanständige Wörter.

796, 23	*fuck und shit und piss* – (engl. Slang) ficken und scheißen und pissen.
797, 16 f.	*the most dangerous . . . men on earth* – s. K. 795, 10.
797, 29	*Wie isses nu bloß möglich* – (nd.) Wie ist es nur möglich!
797, 38	*General Motors* – s. K. 144, 34 f.
797, 38	*I. B. M.* – Abk. für International Business Machines Corporation; am 16. 6. 1911 als Computing-Tabulating-Recording Company in New York registriert; seit 1964 Sitz in Armonk, N. Y.
798, 12 f.	*Die Toten halten zuverlässig das Maul* – s. K. 45, 33.
799, 10	*manichäischer* – Manichäismus; gnostische Erlösungsreligion der Spätantike und des frühen Mittelalters, gegr. von dem Perser Mani (14. 4. 216–26. 2. 277), basiert auf dem Dualismus von Licht und Dunkel (Gut und Böse).
800, 38	*Kebse* – Konkubine, Nebenfrau.
801, 5 f.	*Krieg gegen die spanische Revolution* – Spanischer Bürgerkrieg (17./18. 7. 1936–1. 4. 1939); Deutschland und Italien unterstützten die gegen die Republik putschenden Militärs unter General Franco (s. K. 287, 15), die Sowjetunion die legale Regierung; die Westmächte verfolgten eine Politik der Nicht-Einmischung; s. K. 497, 9 f.; s. 801, 19; 833, 14 f.; 878, 13 f.
801, 17 f.	*und Einer sah . . . darüber zu schreiben* – Ernest Hemingway: »For Whom the Bell Tolls«, 1940, (dt. »Wem die Stunde schlägt«, 1941); s. K. 210, 13.
801, 39	*Conn.* – Connecticut, US-Bundesstaat im Nordwesten.
802, 12 f.	*ja, Bauer, das . . . ganz was anderes* – Zitat aus Karl Wilhelm Ramlers (1725–1798) Fabel »Der Junker und der Bauer« nach Michael Richeys Fabel »Duo cum facint idem, non est idem.« (lat.: Wenn zwei dasselbe tun, ist es nicht dasselbe.); vgl. Ramler (1783), Bd. 1, S. 45.
802, 14	*C. I. A.* – s. K. 536, 30.
802, 33 f.	*Die Verwandlung des . . . auf offener Bühne* – Anspielung auf den Titel von Peter Weiss' Theaterstück: »Die Verfolgung und Ermordung Jean Paul Marats, dargestellt durch die Schauspielgruppe des Hospizes zu Charenton unter Anleitung des Herrn de Sade«, Versdrama, 1964. Selbst in einer Heilanstalt interniert, inszeniert Marquis de Sade mit den Insassen Marats Ermordung durch Charlotte Corday als Spiel im Spiel, wobei die im Mittelpunkt stehende Auseinandersetzung zwischen dem Revolutionär Marat, der verfrüht leninistische Standpunkte vertritt, und dem nihilistischen Individualisten de Sade unentschieden bleibt.
803, 20	*»Yours faithfully.«* – (engl.) übersetzt im Text. Die Schlußfloskel ist nicht korrekt, »yours faithfully« wird im allgemeinen dann verwendet, wenn der Name des Angeschriebenen nicht bekannt ist.
803, 36	*Solche guten Leute* – s. K. 45, 33.

1. 3. 1968

804, 9–34 *Mr. Greene hat . . . nicht äußern will* – Unter der Überschrift »7 Holdups Force Jeweler to Quit« schreibt die NYT vom 1. 3. 1968: »Twenty years ago [. . .] Benjamin Greene borrowed some money from his brother and opened a tiny jewelry store on Lexington Avenue between 81st and 82nd Streets. [. . .] Because he had been the victim of seven holdups and one burglary during the last five years, his insurance was canceled and Mr. Greene decided to close his shop. [. . .] the slight, blue-eyed 59-year-old jeweler [. . .]. The police declined to comment on the subject. [. . .] ›Years ago,‹ the agent said, ›the hardest thing to find was customers. Now, the hardest thing to find are underwriters.‹«

804, 23 *Ruhla* – Ort im Thüringer Wald mit bekannter Uhrenfabrik der DDR.

805, 5 *Daniels Bußgebet* – Daniel 9, 4–19, besonders 9, 4–7: »Ach Herr, du großer und heiliger Gott, der du Bund und Gnade bewahrt hast denen, die dich lieben und deine Gebote halten! Wir haben gesündigt, Unrecht getan, sind gottlos gewesen und abtrünnig geworden; wir sind von deinen Geboten und Rechten abgewichen. Wir gehorchten nicht deinen Knechten, den Propheten, die in deinem Namen zu unsern Königen, Fürsten, Vätern und zu allem Volk des Landes redeten. Du, Herr, bist gerecht, wir aber müssen uns alle heute schämen.«
Daniel bezieht sich auf eine Prophezeiung des Jeremias (Jer 25, 11), daß Jerusalem 70 Jahre wüst liegen werde. Das Königreich Juda war 587 v. Chr. von den Babyloniern zerstört worden, und viele Juden lebten wie der Prophet Daniel im Exil; s. 760, 13–761, 15.

805, 6 f. *es gehe der . . . ein brüllender Löwe* – 1. Petr 5, 8: »Seid nüchtern und wachet; denn euer Widersacher, der Teufel, geht umher wie ein brüllender Löwe und sucht, welchen er verschlinge.« Diese Stelle war als Evangeliumslesung für den 3. Sonntag nach Trinitatis (3. 7. 1938) vorgesehen.

805, 11 *Schutzhaft* – Politisch motivierte Vorbeugehaft, in Deutschland bereits im 1. Weltkrieg angewandt; s. K. 36, 12; s. 1574, 5.

805, 19 *Landesbruderrat* – Organ innerhalb der Bekennenden Kirche (s. K. 426, 15 f.), dem die wichtigsten Aufgaben der Kirchenleitung übertragen wurden.

805, 25 *Deutsche Glaubensbewegung* – s. K. 426, 4 f.

805, 38 *Jakobikirche* – Im 2. Weltkrieg zerstörte gotische Kirche am Hopfenmarkt, dem jetzigen Universitätsplatz; s. 880, 1 f.

806, 31 *Luther* – Martin Luther (10. 11. 1483–18. 2. 1546), dt. Theologe und Reformator. Das 1530 von Melanchthon und ihm verfaßte Augsburger Bekenntnis bildete die Grundlage des Luthertums. Seine Bibelübersetzungen prägten die entstehende dt. Hochsprache.
Die Nationalsozialisten stellten Luther als den »großen deutschen Befreier«

und einen politischen Revolutionär dar, der das dt. religiöse Denken aus der römischen Überlieferung gelöst, durch die Zerstörung der mittelalterlichen Einheit von Kirche und Staat dem Staat sein Eigenrecht zurückgegeben und einen dt. Volkskaiser gefordert habe. »Erdennähe des Bauernsohnes« und »Geistigkeit des Gelehrten« hätten sich in ihm verbunden; vgl. Brockhaus (1941); s. K. 1851, 12 f.

806, 31   *Bismarck* – s. K. 196, 14.

806, 31   *Hindenburg* – s. K. 159, 9.

806, 34   *Überfall in der . . . im Jahre 1638* – Da sich Mölln seit 1359 in Lübecker Pfand-herrschaft befand, bot diese Zugehörigkeit einen gewissen Schutz vor den Kriegseinwirkungen, im Gegensatz zu dem benachbarten Ratzeburg, für das 1638 das schlimmste Kriegsjahr wurde. Jedoch wurde am 26. 8. 1638 die Wa-che in dem südlich von Mölln gelegenen Woltersdorf von Dragonern und »Krabaten« (alte Form für Kroaten) überfallen. Für eine antisemitische Deu-tung dieses Ereignisses gibt es keinen Hinweis; vgl. v. Rundstedt (1929), S. 151 f.

806, 38   *das Buch Richter* – Im Buch Richter werden Einzelheiten des dörflichen Le-bens geschildert, die für die Zeit von 1200–1000 v. Chr. typisch waren.

808, 33 f.   *Is dit Ehr Hus* – (nd.) Ist dies Ihr Haus?

809, 5   *Du måkst di* – (nd.) Du machst dich.

809, 9   *Michaelis* – 29. September, Tag des Heiligen Michael; früher Termin für Ar-beitsantritt und Kündigungen, Dienst- und Mietzinsen.

2. 3. 1968

809, 16–24   *Gestern ist der . . . Anhänger Hitlers gewesen* – Vgl. den Artikel »Lubke [sic] Re-pudiates Concentration Camp Charge« der NYT vom 2. 3. 1968: »President Heinrich Lübke went on television and radio tonight to repudiate charges that he has participated in building German concentration camps during World War II. [. . .]

›I am now said to have signed blueprints for forced labor quarters. Naturally, after nearly a quarter of a century gone by, I cannot remember every paper I signed.

›It was not part of my duties to sign blueprints for wooden barracks. Nor do I recall ever having given such signatures.

›Let me sum up. Neither the building group nor the Schlempp Bureau ever designed or otherwise processed any installation of a concentration or con-vict camp type.‹ [. . .]

Bruno Heck, General Secretary of the Christian Democratic Union, assailed the chief accuser of the President, Henri Nannen, editor of the mass circula-tion magazine Stern, who is close to the Free Democrats. Mr. Heck remarked that Mr. Nannen was poorly qualified to attack Mr. Lübke, asserting that the editor had been an impassioned Hitler follower during the Nazi period«; s. K. 788, 22–36.

809, 21   *Der Generalsekretär der Christlichen Demokraten* – Bruno Heck (20. 1. 1917–16. 9. 1989), seit 1952 Bundesgeschäftsführer der CDU, 1957–76 Mitglied des Deutschen Bundestages, 1961–62 parlamentarischer Geschäftsführer der CDU-Fraktion, vom 14. 12. 1962 bis zu seinem Rücktritt am 2. 10. 1968 Bundesfamilienminister; vom 23. 5. 1967 bis zum 5. 10. 1971 Generalsekretär der CDU; CDU: s. K. 173, 6.

810, 13–16   *half penny mit . . . das Prägejahr. / 1940* – (engl.) kupferne Halbpfennigmünze; s. 859, 10–12; 986, 25 f.; 1870, 7 f.; George VI.: s. K. 656, 12–16.

811, 6–20   *so daß ich . . . mir auch vor* – Variation und Wiederholung der Formulierung aus Frischs »Mein Name sei Gantenbein« signalisieren, daß sich die Passage auch als fiktionsinterner Kommentar zum Erzählen in den »Jahrestagen« lesen läßt; vgl. Helbig (1995), S. 119–124; s. K. 12, 4.

811, 33–36   *dem Sieg Francos . . . Volksfront mitgemacht hatte* – Der »Nichteinmischungsausschuß« der europäischen Mächte und die von ihm geleitete Land- und Seekontrolle zur Verhinderung ausländischer Waffenlieferungen hatten nur geringe Wirkung; s. K. 287, 15; 497, 9 f.

811, 36   *Volksfront* – Eine Zusammenarbeit von Kommunisten mit allen antifaschistischen Kräften; von der Komintern 1935 für die komm. Parteien für verbindlich erklärt; Volksfrontregierungen bestanden in Frankreich 1936/37 und 1938, in Spanien 1936–39; s. K. 198, 8; s. 1380, 6, 31.

812, 1–11   *Gesetz über die . . . schon 1931 erlassen* – Die »Bekanntmachung des Gesetzes über die Devisenbewirtschaftung und der Durchführungsverordnung zum Gesetz über die Devisenbewirtschaftung« vom 4. 2. 1935 (RGBl. I, S. 105) faßte die bis dahin geltenden Vorschriften der »Verordnung über die Devisenbewirtschaftung« vom 23. 5. 1932 (RGBl. I, S. 231) und mehrere Durchführungs- und Änderungsverordnungen zusammen.
Bereits nach der »Verordnung des Reichspräsidenten gegen die Kapital- und Steuerflucht« vom 18. 7. 1931 (RGBl. I, S. 373) waren natürliche Personen, die im Inland ihren Wohnsitz oder gewöhnlichen Aufenthalt hatten, binnen einer von der Reichsregierung zu bestimmenden Frist verpflichtet, Forderungen in ausländischer Währung der Reichsbank anzubieten und ihr auf Verlangen zu verkaufen und zu übertragen. Wer den Vorschriften vorsätzlich zuwiderhandelte, konnte in besonders schweren Fällen mit Zuchthaus bis zu zehn Jahren bestraft werden. Dies bezog sich jedoch nicht auf solche Personen, die - wie Cresspahl - ihren Wohnsitz oder gewöhnlichen Aufenthalt im Ausland hatten.
Erst die »Durchführungsverordnung zur Verordnung über die Devisenbewirtschaftung« vom 23. 5. 1932 (RGBl. I, S. 238) führte in § 2 eine solche Verpflichtung für natürliche Personen ein, die im Inland einen Wohnsitz be-

gründeten oder ihren gewöhnlichen Aufenthalt nahmen. Wer sich bei Eintritt der Verpflichtung im Ausland befand, hatte sie spätestens einen Monat nach Rückkehr aus dem Ausland zu erfüllen. Ein Verstoß konnte mit bis zu zehn Jahren Zuchthaus bestraft werden.
Cresspahl hätte spätestens Ende Dezember 1933 – und nicht erst 1935 – sein Guthaben bei der Surrey Bank of Richmond der zuständigen Stelle angeben und auf Verlangen verkaufen und übertragen müssen.

812,14	*Dr. Salomon* – s. K. 94, 25.
812,15	*Surrey Bank of Richmond* – s. K. 69, 28.
812,38	*Bristol* – s. K. 381, 10 f.
813,10	*Esq.* – s. K. 94, 17.
813,25	*Voss in Rande* – s. 246, 3 f.
813,39–814,1	*die Engländer noch . . . und durch verludert* – s. K. 675, 10.
814,17	*ein Skelett im Wandschrank* – s. K. 74, 26 f.

3. 3. 1968

814,25–28 *Die Westdeutschen haben . . . freigelassen, wegen Krankheit* – Vgl. den Artikel »West Germans Free Auschwitz Aide, 71« der NYT vom 3.3.1968: »Robert Mulka, assistant commandant of Auschwitz, the extermination camp, has been freed from prison for health reasons.
Hans Grossman, a prosecutor, said Mulka, who was 71 years old, was released two days ago because he was ill.
Mulka was convicted Aug. 19, 1965, of helping in 3,000 murders at Auschwitz and was sentenced to 14 years in prison. He had been imprisoned in Kassel, 100 miles north of Frankfurt.«

814,25 *Robert Mulka* – Geb. 1897, am 19. 8. 1965 zu 14 Jahren Gefängnis verurteilt. Der seit 1963 laufende Prozeß gegen »Robert Mulka und andere« (gegen 17 Verantwortliche des KZ Auschwitz) hatte als Prozeß zur historischen Klärung der Schuldfrage internationale Beachtung gefunden. Peter Weiss nahm ihn als Vorlage für sein Oratorium »Die Ermittlung«. Vgl. DER SPIEGEL 25. 8. 1965, S. 39 und 9. 6. 1965, S. 90; vgl. auch: Naumann (1968); s. K. 1474, 7.

814,26 *Konzentrationslager Auschwitz* – s. K. 36, 12; 256, 28.

814,29 *New Haven* – s. K. 9, 6 f.

814,30 *Church Street und . . . Campus der Universität* – Gemeint ist die Yale University (s. K. 100, 33 f.), drittälteste Universität der USA, 1701 gegr., seit 1718 nach ihrem Förderer Elihu Yale (1649–1721) benannt. Das New Haven College erhielt erst 1970 Universitätsstatus. Die Church Street liegt in der Nähe der Universität.

814, 34   *Lieben G. C.* – Spaßhaft altertümelnd; die schwache Deklination des Adjektivs war als Anredeform im 18. Jh. gebräuchlich, z. B. in Schillers »Lied an die Freunde«: »Lieben Freunde, es gab schönre Zeiten«; vgl. BU, 83; s. 866, 11.

815, 5–35   *Ich werde das . . . ich meine Wünschen* – s. K. 325, 19–21.

815, 10   *lubēre, libēre* – (lat.) belieben, gefallen.

815, 12   *I'd love to* – (engl.) Ich würde gern.

815, 34   *Du sollst nicht . . . mit mir leben* – s. 40, 28 f.

815, 39   *Eva Mau* – s. 41, 24 f.

815, 39   *Kothildes* – Druckfehler in allen Ausgaben, richtig: Klothildes.

816, 16 f.   *Misdroy* – Ostseebad an der Nordküste der Insel Wollin nördlich der Odermündung.

816, 32–818, 8   *ich verfüge über . . . Nähe davon sein* – s. K. 8, 38–9, 2; 339, 3–9.

818, 3 f.   *der hieß Schietmul . . . andere hieß Peter* –Vgl. Manuskriptfragment 10–1269 bfs, S. 56, im Johnson-Archiv:
»E
Regenmäntel aus Kiew 1942/43
in Riga ist auch die Ostsee: Schlange im Wald
Einer hiess Schietmul, der andere Peter
Einmal hat sie abgeschrieben
Zug fuhr über Firste (Schwerin-Stettin)«; s. 866, 7 f.; 956, 8–16.
Nach Barbara Scheuermann werden mit Schietmul und Peter sowohl die Katzen der Paepckes benannt als auch das Motiv der »Katze Erinnerung« aufgerufen; vgl. Scheuermann (1998), S. 340.

818, 3   *Schietmul* – (nd.) Scheißmaul; s. 866, 8.

818, 29   *Scandinavian Airlines* – s. K. 325, 22.

818, 31–37   *Weder Schnee noch . . . Zentralpostamtes meißeln lassen* – s. K. 452, 26.

818, 33   *Herodot* – s. K. 452, 26.

818, 34   *zu den Stützen der Gesellschaft* – Anspielung auf das Schauspiel Henrik Ibsens »Die Stützen der Gesellschaft«, 1877.

818, 38   *Sincerely yours* – s. K. 190, 14.

4. 3. 1968

819, 2–7   *Wenn wir vier . . . von Staats wegen* –Vgl. den Artikel »Soviet Trial Of 4 Likened To Purges« der NYT vom 4. 3. 1968: »The controversial trial of four Russians in January on charges of anti-Soviet activities was defended here today as

being as justified as the purge trials in the nineteen-thirties that liquidated the
›Trotskyite opposition‹ to Stalin.
The ominous comparison was made in an article in Pravda«; s. K. 427, 30.

819, 5   *die Säuberungen in den dreißiger Jahren* – Die »Große Tschistka« in der Sowjetunion 1935–39: Parteiausschluß, Einkerkerung, Verbannung, Ermordung der
ideologischen und politischen Gegner Stalins, die der Sabotage, des Hochverrats und der Verschwörung angeklagt wurden. Zu den Opfern gehörten
vor allem die ältere Generation der Bolschewiki, viele Generäle, fast alle So-
wjetbotschafter sowie viele in die UdSSR emigrierte dt. Kommunisten.
Durch Sippenhaft und Denunziationen nahmen die »Säuberungen« die Form
des Massenterrors an. Die Verluste waren so groß, daß der Parteiapparat zu-
sammenzubrechen drohte. Höhepunkt bildeten die Schauprozesse 1936–38
gegen Sinowjew, Kamenew und Bucharin. 1956 wurden die Opfer der
Tschistka von Chruschtschow rehabilitiert, bis Breschnew 1968 diese Entsta-
linisierungsmaßnahmen größtenteils rückgängig machte. Verläßliche Zahlen
der Opfer existieren nicht, 1989 sprach der sowj. Historiker Roj Medwedjew
von 40 Mio. Menschen, die von den Repressalien betroffen waren, etwa 15
Mio. seien liquidiert worden. Andere russische Historiker berechnen die Be-
völkerungsverluste zwischen 1927 und 1939 auf 12 Mio., die Opfer der Hungersnot eingerechnet; s. K. 63, 10 f.; s. 1377, 39–1378, 1.

819, 8–11   *Manchmal scheint es . . . eine »Anerkennung Westdeutschlands«* – Vgl. den Artikel
»Anti-Bonn Policy Is Eased in Prague« der NYT vom 3. 3. 1968: »Czecho-
slovakia and West Germany exchanged trade missions after Mr. Novotny's fall
from power. Some Czechs may hope that West Germany may provide long-
term credits to help ease the difficulties of the current economic reform in
Czechoslovakia. The price, the Czechs feel, is recognition of West Germany.«
Nach dem Alleinvertretungsanspruch der Hallstein-Doktrin hätte die Anerkennung Westdeutschlands einen Abbruch der diplomatischen Beziehungen
zur DDR erfordert, da sich die BRD als einzige Rechtsnachfolgerin des Deutschen Reichs allein berechtigt sah, diplomatische Vertretungen im Ausland zu
unterhalten.

819, 20 f.   *das elfte Stockwerk . . . die Nummer 16* – s. K. 22, 9 f.

819, 39–820, 1   *Foreign Sales* – s. K. 620, 4.

821, 36   *I. B. M. 72* – Johnsons letzte Schreibmaschine war eine IBM-Büroschreibma-
schine (ohne Typenbezeichnung); s. K. 797, 38.

822, 9   *ein Schriftsteller aus der Schweiz* – Jürg Federspiel, dem Johnson seine Stelle bei
Harcourt, Brace, Jovanovich und die Wohnung am Riverside Drive vermit-
telt hatte; vgl. Durzak (1995), S. 98.
Jürg Federspiel, geb. 28. 6. 1931, Journalist und Schriftsteller; Essays, Novellen, Erzählungen, Gedichte; u. a. »Museum des Hasses. Tage in Manhattan«,
1969.

822, 30   *Take care* – (engl.) Grußformel: Paß auf dich auf; hier förmlich übersetzt im
                Text; s. 478, 6.

5. 3. 1968

822, 34–823, 5   *Heute heißt es . . . noch einmal nach* – Vgl. den Artikel »$12-Million Plot Foiled
                At Chase« der NYT vom 5. 3. 1968: »A scheme to steal almost $12-million
                from the Chase Manhattan Bank came within one word of success, United
                States Attorney Robert M. Morgenthau said yesterday.
                A fraudulent cable from Chase to a Swiss bank, he said, requested the trans-
                fer of the money in dollars, if the request had been for Swiss francs [. . .] the
                Swiss bank might not have become suspicious and cabled Chase for confir-
                mation. [. . .]
                Mr. Morgenthau said that the defendants had prepared a forged and fraudu-
                lent cable authorization form that directed the wire department of the Chase
                Manhattan to instruct the Union Bank of Switzerland in Zurich to charge
                the Chase account $11, 870, 924 and to credit this amount to the Exchange
                and Investment Bank.«

822, 34 f.   *Chase Manhattan Bank* – Chase Manhattan Bank National Association, eine
                der größten Depositenbanken der USA, 1955 aus dem Zusammenschluß der
                Chase National Bank of the City of New York (gegr. 1877) und der Bank of
                the Manhattan Company (gegr. 1799) entstanden.

823, 13–   *Wenn die Stadt . . . hinterher, unwidersprochen fluchend* – Johnson bezieht sich hier
827, 11   – an Stalins Todestag – z. T. wörtl. auf Berichte über die Forschungen von
                Dr. Halla Brown und Dr. Harry S. Bernton über Küchenschaben als Allergie-
                Erreger in DER SPIEGEL vom 27. 11. 1967, S. 212–214, und im NYT Maga-
                zine vom 21. 1. 1968 (»It's always the Year of the Roach«).

823, 15 f.   *Wir hatten unsere . . . und einer Schweizerin* – s. K. 28, 4–31.

823, 22   *war eine Schabe ein Werkzeug gewesen* – Scharfkantiges Werkzeug der Böttcher
                und Tischler zum Ausgleichen von Unebenheiten.

823, 26–29   *Denn sie können . . . kaum getan gewesen* – »Asthma und Hautausschläge, so be-
                richteten die Washingtoner Allergie-Experten Dr. Halla Brown und Dr. Harry
                S. Bernton jüngst in dem amerikanischen Fachblatt ›Southern Medical Jour-
                nal‹, können durch Absonderungen der Deutschen und der Amerikanischen
                Schabe sowie der Küchenschabe (Blatta orientalis) hervorgerufen werden.
                [. . .] Die New Yorker Ärztin Dr. Mary F. Lerner hatte von einem Patienten
                berichtet, der ein Kakerlaken-Versteck aufstöberte und die Schädlingskolonie
                zertrat. Zwei Tage später begann der Mann unter juckendem Hautausschlag
                zu leiden. Der Juckreiz verschwand erst, als der Patient seine mit Schabenre-
                sten verunreinigten Schuhe und Kleidungsstücke wegwarf«, DER SPIEGEL
                27. 11. 1967, S. 212 f.

823, 30–33   *Der Luftzug, den . . . das Biest weggehuscht* – »Most likely, the warning will be picked up by tiny hairs on their bodies which bend with a breath of air. The typical sequence: shoe descends, hairs bend, message reaches the roach's powerful back legs (without any stopover in the brain), roach scoots, shoe reaches floor«, NYT Magazine 21. 1. 1968.

824, 10–21   *von dem sackartigen . . . auf die Flügel* – »The roach starts life in a peapod-like capsule known as oötheca [. . .]. The baby roaches pop out of their eggs, then out of the oötheca (which splits along its seam) and molt – all within a matter of 10 minutes. They emerge as nymphs, complete miniature adults except that they are white in colour, lack wings and must wait a bit before they can mate«, NYT Magazine 21. 1. 1968.

824, 38   *Die meist vorkommende . . . hieß Deutsche Schabe* – »The German roach, a half-inch long specimen who is the most numerous of the roaches in New York City«, NYT Magazine 21. 1. 1968; s. K. 826, 20–30.

825, 16 f.   *daß die Viecher . . . etwa den Ratten* – »Eine erstaunliche Deutung für die in Jahrmillionen bewährte Überlebenstüchtigkeit der Kakerlaken gab vergangenen Monat der amerikanische Insektenforscher Dr. Robert T. Yamamoto: Er verwies auf die ungewöhnliche Reihenfolge, nach der die Schaben lebenswichtige Betätigungen einschätzen.
Eine Ratte beispielsweise, so erläuterte Yamamoto, denke immer zuerst ans Saufen, dann ans Fressen, dann erst an die Fortpflanzung. Ein Kakerlak hingegen, sei er noch so durstig oder hungrig, würde stets ›dem Sex den Vorzug geben‹ (Yamamoto)«, DER SPIEGEL 27. 11. 1967, S. 214.

825, 19–28   *Es wurden Schauergeschichten . . . funktioniert, ein Weltrekord* – »[. . .] a fashionable Manhattan matron who says, ›I loathe them.‹ She adds, by way of illustration: ›I was sitting in a darkened room in a Mexican hotel, a few weeks ago, watching some home movies and fingering a brooch on my chest. I realized I hadn't worn a brooch.‹ [. . .] They have, for example, an escape mechanism second to none: within 0,003 seconds of the receipt of a warning signal, they are off and running«, NYT Magazine 21. 1. 1968.

826, 20–30   *Die Schabe ist . . . sie sind da* – »The roach is the oldest extant winged insect, dating back more than 300 million years to carboniferous time, the Coal Age. [. . .] This means, for example, that the roach will eat virtually nothing and learn to like it.
The roach also enjoys glue [. . .]. The most puissant weapon in the roach's adaptive arsenal is his ability to breed. The German roach, a half-inch long specimen who is the most numerous of the roaches in New York City, can produce hundreds of offspring. This knack, plus the German's short (five-month) life cycle, has sent scientists and exterminators scrambling for new insecticides every decade or so. [. . .] He lives to eat and breed, not necessarily in that order«, NYT Magazine 21. 1. 1968.

6. 3. 1968

827, 17–19 *Auf die Frage . . . Nutzen als tot* – Vgl. den Artikel »Guevara Spoke With C. I. A. Man For Two Hours Before His Death« der NYT vom 6. 3. 1968. Über Che Guevaras Tod hatte es nie einen offiziellen Bericht gegeben, zuerst hieß es, er sei bei einem Zusammenstoß mit der bolivianischen Armee umgekommen. Später war von seinem Tod fünf, sieben bzw. 15 Stunden nach seiner Verhaftung die Rede. Nach Recherchen der frz. Journalistin Rampart war er am 8. 10. 1967 verwundet gefangen worden. »Capt. Gary Prado, commander of the ranger company that captured Mr. Guevara, described his battlefield encounter with the Argentinian-born guerilla leader.
While mortar shells boomed in the ravine, the lanky young captain faced the bearded ragged prisoner, who was resting his weight on the arms of two soldiers. The captain continued.
I said, ›Who are you?‹ and he replied: ›I'm Che Guevara. Don't kill me. I'm more valuable to you alive than dead.‹«
Guevara wurde in ein Schulhaus in La Higuera gebracht, sprach am nächsten Morgen noch zwei Stunden mit dem CIA-Agenten Eduardo Gonzalez und wurde am Abend von einem bolivianischen Sergeanten erschossen. Der Artikel enthält widersprüchliche Aussagen. Einerseits sei Gonzales gekommen, »to make sure that the revolution hero died«, andererseits heißt es, es gebe keinen Beweis, daß der CIA bei dem Entschluß, Guevara zu ermorden, eine Rolle gespielt habe; vgl. auch DER SPIEGEL 22. 4. 1968, S. 127–133; 15. 7. 1968, S. 49 f.; s. K. 115, 17.

827, 20 f. *Manches läßt sich . . . in München erzählen* – Vgl. den Artikel »New Aide a Liberal« der NYT vom 6. 3. 1968: »Munich, West Germany, March 5 (Reuters) – Josef Spacek, the new Czechoslovak ideological chief, has been First Secretary of the regional party organization in Brno, where he pursued a relatively open-minded policy on the cultural scene by tolerating criticism in the Brno journal Host du Domu, against the cultural policies of the Novotny regime.
Son of a farmer, Mr. Spacek was appointed to the Central Committee in 1966 and rose quickly.«

827, 21–27 *aber eigens aus . . . dürfen wie normale* – Vgl. den Artikel »Prague Dismisses Ideological Chief« der NYT vom 6. 3. 1968: »The new Communist leadership of Czechoslovakia announced today the dismissal of Jiri Hendrych from his influential post as secretary for ideological matters. [. . .] Mr. Hendrych incurred their [der tschechos. Intellektuellen] wrath by attacking rebellious writers and students last summer and autumn during the final months of Mr. Novotny's leadership.« Außer der Absetzung Jiří Hendrychs beschloß das ZK der KPČ am 4. 3. 1968, de facto die Zensur aufzuheben und nicht-komm. ausländische Presseerzeugnisse zuzulassen; s. K. 183, 22–28; 848, 25–33.

827, 22 *Jiří Hendrych* – s. K. 183, 22–26.

828, 5	*Du, dat segg ick min Murre* – (nd.) Du, das sag ich meiner Mutter.
828, 24	*Kürste* – (nd.) Brotkruste.
829, 2 f.	*Fragte Methfessel immer... Löwe sein wollten* – s. 458, 5 f.
829, 36 f.	*Hinrich, ein' Hunt wür't jammern* – (nd.) Heinrich, einen Hund würde es jammern.
830, 3	*Suup nich so, du* – (nd.) Sauf nicht so, du!
830, 19	*Heeresintendanturrat* – s. K. 531, 7.
830, 21 f.	*Podejuch* – s. K. 531, 10.
830, 26 f.	*Du sollst es... dir das, Cresspahl* – s. 695, 5; 1455, 22 f.

7. 3. 1968

830, 29–35 *Cuba hat ein... von selbst verstehen* –Vgl. den Artikel »U.S: Hints Trade Revival if Cuba Accepts Terms« der NYT vom 7. 3. 1968: »The United States hinted today that it might consider restoring some trade with Cuba in nonstrategic goods if she agreed to desist from ›hemisphere hooliganism.‹ [...]
Covey T. Oliver, Assistant Secretary of State for Inter-American Affairs, told a Senate Foreign Relations subcommittee that there were still two steps the Castro regime would have to take before trade could resume.
One is Cuba's severing of military ties with such powers as the Soviet Union. The other is a cessation of her efforts to subvert other hemisphere governments – a policy that Mr. Oliver, borrowing from the Soviet political lexicon termed hooliganism. [...]
Observers noted that Mr. Oliver had omitted any reference [...] to the Cuban Government's expropriation of United States Government and private property. They said that an indication that Cuba would be prepared to settle the claims had always been considered a prerequisite to any easing of the United States policy of ›economic denial.‹«

831, 1–11 *Wie die Times... Überläufers etwas abzubekommen* – Vgl. den Artikel »Czech General Who Fled to U. S. Is Linked to Plot to Aid Novotny« der NYT vom 7. 3. 1968: »Pressures to oust Antonin Novotny from his post as President of Czechoslovakia increased today with reports that a Czech general who had defected participated in an attempted coup aimed at keeping Mr. Novotny in power as Communist party leader. [...]
Until today the official case against General Sejna was limited to charges that he had misappropriated 300,000 crowns ($20000) worth of state-owned alfalfa and clover seed. [...]
He [Jan Prochazka, ein Filmtexter, in der Zeitschrift »Literární Listy«] expressed the hope that the general ›doesn't meet with a fatal accident because dead men cannot be called to account.‹«

Vgl. den Artikel »General in U. S.« der NYT vom selben Tag: »He [General Šejna] was the secretary of the Communist party unit of the Ministry of National Defense and a member of the presidium of the National Assembly. [...] General Sejna, by virtue of his position, is expected to be able to provide ›valuable intelligence‹ on the military forces of the Warsaw Treaty nations, the East European counterpart of the North Atlantic alliance, as well as information on the internal political struggle in Czechoslovakia.«
Generalmajor Jan Šejna war am 25. 2. 1968 mit seinem Sohn und einer 22jährigen Frau, die als seine Freundin wie auch als Verlobte seines Sohnes ausgegeben wurde, über die ung. Grenze gefahren und hatte in den USA um politisches Asyl gebeten; vgl. auch NYT 3. 3. und 12. 6. 1968; DER SPIEGEL 18. 3. 1968, S. 130–138; s. K. 523, 9 f.; 836, 21–24; 867, 2–8; 1340, 24–1341, 8.

831, 27   *brägenklüterig* – (nd.) wunderlich, wirr. Der Brägen, das Hirn, wird klüterig: es zerfällt.

832, 26   *HE 111 P* – Heinkel He 111 P, ab 1939 gebaute Version des bereits von der Legion Condor im Spanischen Bürgerkrieg eingesetzten Mittelstreckenbombers He 111; gegenüber der Ursprungsversion von 1935 hatte dieser zweimotorige Bomber neue Tragflächen, einen neu konstruierten Bug und eine stromlinienförmige Unterrumpfgondel für einen Bordschützen; s. K. 703, 14.

832, 28   *Transporter Ju 52* – Junkers Ju 52; zunächst als Passagier- und Transportflugzeug gebaut, wurde die dreimotorige Maschine der Allzwecktransporter der Luftwaffe; ca. 4850 Exemplare aller Versionen wurden gebaut.
Hugo Junkers (3. 2. 1859–3. 2. 1935) gründete 1895 die Firma Junkers & Co. (Gasapparate), 1919 die Junkers Flugzeugwerk-AG., 1924 die Junkers-Motorenbau GmbH; die beiden letztgenannten wurden 1936 vom Reich erworben und zusammengefaßt; s. K. 832, 29–34.

832, 28 f.   *Wasserflugzeug He 59... einen kleinen Doppeldecker* – Heinkel He 59, viersitziger, zweimotoriger Doppeldecker mit auswechselbarem Rad- und Zweischwimmerfahrwerk; seit 1930 in mehreren Varianten für verschiedene Aufgaben gebaut: Küstenaufklärung, Seenotrettung, Minenlegen sowie Bomber- und Navigationstraining; s. K. 703, 14.

832, 29–34   *die Ju 87... ein »Stuka«, Sturzkampfflugzeug* – Junkers Ju 87, im Spanischen Bürgerkrieg erprobter, zweisitziger Sturzkampfbomber; gegen Punktziele eingesetzt, erzielte die Maschine große Wirkung, war den brit. Jägern jedoch unterlegen; zwischen 1939 und 1944 wurden 4881 Ju 87 gebaut; gegen Ende des Krieges durch die leistungsfähigere Focke Wulf 190 abgelöst; s. K. 832, 28; s. 833, 13; 895, 18.

832, 37 f.   *Jerichowsirenen* – Die Sirenen des Flugzeugs Ju 87 wurden von ihrem Erfinder Ernst Udet auch »Jericho-Trompeten« genannt; vgl. Udet (1935), S. 156; Seiler (1988), S. 106, 111.

832, 39–833, 5 *Nach den Trompeten . . . Stadt ist Legende* – In Jos 6 wird erzählt, wie die Kinder Israel auf Geheiß Gottes die Stadt Jericho einnahmen, indem die Kriegsmänner sie an sechs Tagen je einmal mit Posaunenschall umkreisten, am siebten Tag aber siebenmal und mit Kriegsgeschrei verstärkt, da fielen die Mauern von selbst ein. – Die Vermutung, zur Zeit der israelischen Landnahme um 1200 v. Chr. sei Jericho schon eine verlassene Stadt gewesen, wurde in neuester Zeit durch Funde von Brandspuren im Mauerwerk aus dieser Zeit wieder in Frage gestellt.

833, 14 f. *DO 17 P . . . DO 17 F* – Dornier Do 17, zweimotoriger, mittelschwerer Fernaufklärer mit erst drei-, dann vierköpfiger Besatzung; im Spanischen Bürgerkrieg erprobt, war die Do 17 bei Ausbruch des 2. Weltkrieges das am weitesten verbreitete Flugzeug; 1940 schon veraltet und für andere Aufgaben eingesetzt.
Claude Dornier (14. 5. 1884–5. 12. 1969), dt. Flugzeugkonstrukteur, gründete 1914 bei Friedrichshafen eine Flugzeugwerft, die u. a. durch ihre Entwicklung von Flugbooten bekannt wurde. Dornier wurde führend in der Großserienproduktion von Militärflugzeugen. Als die Fertigungsstätten am Bodensee ausgelastet waren, gründete Dornier am 1. 11. 1933 die Norddeutschen Dornier-Werke GmbH in Wismar und übernahm die in Zwangsverwaltung befindliche Podeus-Fabrik in die neue Flugwerft. Hier wurden die Serien Do 11 und Do 23 gebaut; s. K. 1377, 27 f.

833, 14 f. *spanischen Bürgerkriegs* – s. K. 801, 5 f.

833, 28–31 *In London geev . . . wier dat Weckn* – (nd.) In London gab es Schlafsäle, da lag man auf der bloßen Erde. Bloß am Kopfende war ein Tau gespannt, da legte man den Kopf drauf. Morgens wurde das Seil fallen gelassen. Das war das Wecken.

833, 33 *Kattdreier* – (nd.) Katzendreier. Ein Dreier war vom 16. bis 19. Jh. eine norddt. Münze zu drei Pfennigen, deren Verhältnis zum Taler sich mit der Zeit verschlechterte; auch Bezeichnung für Boote, die größere Schiffe mit Lebensmitteln beliefern.

833, 34 *Caterer* – (engl.) Lieferfirma für Speisen und Getränke.

834, 2 *Stendal* – Kreisstadt in der Altmark, Bezirk Magdeburg; s. K. 1845, 5.

834, 8–11 *daß die Fußball-Nationalelf . . . historische Datum sein* – Das Spiel wurde im LGA vom 7. 4. 1940 angekündigt: »Mit großer Spannung sieht die deutsche Fußballgemeinde dem heutigen 15. Fußball-Länderkampf Deutschland-Ungarn im Olympia-Stadion entgegen. Wie auch die deutsche Mannschaft steht, sie hat unser Vertrauen, das sie durch größten Einsatz, äußerste Hingabe und eisernen Kampfeswillen rechtfertigen wird.« Von einem »historischen Datum« ist nicht die Rede. In derselben Ausgabe des LGA wird allerdings auf der Titelseite gemeldet: »Der Führer empfing den anläßlich der Gründung der Deutsch-Ungarischen Gesellschaft den in Berlin weilenden Präsidenten des ungarischen Abgeordnetenhauses, Herrn von Tasnadi-Nagy.«

834, 9   *Reichstrainer Sepp Herberger* – Joseph (Sepp) Herberger (28. 3. 1897–28. 4.
            1977), seit 1936 Reichsfußballtrainer, 1949–64 Bundestrainer.

834, 12   *Lübeck-Travemünde* – s. K. 33, 22.

834, 17 f. *Am Sonntag brüllten . . . das heroische 2:2* – Der LGA vom 9. 4. 1940 meldete:
            »Deutschland-Ungarn 2:2. Ein gerechtes Unentschieden vor 100 000 Zu-
            schauern« [. . .] »Die Zuschauer feuerten in der letzten Viertelstunde unsere
            Mannschaft mit allen Lungenkräften an«.

834, 21   *Č. S. R.* – s. K. 657, 19.

834, 21–25 *Protektorat Böhmen und . . . Jahrhunderts erhofft hatten* – s. K. 663, 1 f.; 667, 20–24;
            856, 28.

834, 28–30 *die Besetzung Dänemarks . . . am 9. geöffnet* – »Deutschland schlägt zu! Die deut-
            sche Wehrmacht sichert Dänemark und Norwegen gegen englisch-französi-
            sche Kriegsausweitungspläne«, LGA 10. 4. 1940; s. K. 856, 32.

834, 34   *Kiel* – s. K. 294, 28.

834, 34   *Swinemünde* – Poln. Świnoujście; Stadt auf Usedom und Wollin an der Swi-
            nemündung, Vorhafen Stettins mit Marinebasis. Seit dem 9. Jh. als slawische
            Siedlung bekannt, im 12. Jh. wichtige Zollstation, gehörte 1648 zu Schwe-
            den, 1720 zu Preußen, seit Ende des 2. Weltkriegs zu Polen.

835, 1 f.   *machte er sich . . . weißen Fuß damit* – s. K. 150, 18.

835, 4   *Blaupunktradio (mit magischem Auge)* – Radiogerät aus den Blaupunkt-Werken
            GmbH, Hildesheim, gegr. 1923. Das magische Auge war ein meist grünes
            Leuchtfeld, ein Hilfsmittel zur trennscharfen Senderwahl; s. XVII, 42 f.

835, 7   *Volksempfänger, VE 301* – Um die propagandistischen Möglichkeiten des
            Rundfunks voll nutzen zu können, wurde auf Bestreben des Propagandami-
            nisters Goebbels ein Kleinradio, mit einem Preis von 76 RM das billigste in
            Europa, entwickelt, als Gemeinschaftsgerät der Deutschen Rundfunkindu-
            strie gebaut und zur Funkausstellung in Berlin im August 1933 vorgestellt.
            Das von Otto Griessing geschaffene Gerät war ein Einkreis-Empfänger, der
            wegen seiner geringen Trennschärfe und Verstärkung vorwiegend für den
            Empfang von Ortssendern geeignet war, d. h. es konnten nur dt. Sender emp-
            fangen werden. Die Nummer 301 sollte auf den Tag der Machtergreifung am
            30. 1. 1933 hinweisen. Es gab später noch ein kleineres Modell für 35 RM;
            s. 860, 27; 895, 11; XVII, 44 f.; 1047, 4; 1063, 33 f.

835, 8 f.   *»geschaffen zur Erinnerung . . . Volkserhebung am 30. 1. 1933«* – Am 30. 1. 1933
            wurde Hitler vom Reichspräsidenten Hindenburg als Führer der Mehrheits-
            fraktion von NSDAP und DNVP zum Reichskanzler ernannt; vgl. Wulf
            (1983), S. 345.

835, 21   *Es gab Morgende* – s. 839, 25.

835, 26–32   *Geh, du schwarze . . . klein, / Da ich* – Die Fortsetzung des Gedichts lautet:
              Da ich wunderwinzig bin gesein.
              Aus »Des Knaben Wunderhorn. Alte deutsche Lieder«, gesammelt von L.
              Achim von Arnim und Clemens von Brentano; Amselmotiv: s. K. 274, 36.

8. 3. 1968

836, 6–12   *Die New York . . . die Menschen unten* – Vgl. den Artikel »The Times Gets a Lam-
              pooning at Harvard« in der NYT vom 8. 3. 1968 über einen von Harvard-
              Studenten hergestellten Raubdruck, der die NYT täuschend in Aufmachung
              und Stil kopierte. Der erwähnte Artikel trug die Überschriften: »Khesanh
              Airlift Proves Mistake, Parachutes Fail/ Marines Crushed/ Tanks, Heavy Guns
              Fall Mercilessly on Men Below.«

836, 6   *Harvard* – s. K. 101, 15.

836, 10   *Khesanh* – s. K. 627, 11.

836, 13–18   *Hafenarbeiter in New . . . ihm nicht vergessen* – Vgl. den Artikel »Longshoremen
              Refuse To Load Spock Ketch« der NYT vom 8. 3. 1968: »New York long-
              shoremen refused yesterday to load on a freighter a 35-foot ketch being
              shipped to the Virgin Islands for Dr. Benjamin A. Spock, writer of pediatrics
              and an outspoken critic of United States war policy on Vietnam. [. . .]
              Dock workers of Local 856 of the International Longshoreman's Association
              said they remembered countermarching against an antidraft demonstration in
              lower Manhattan in which Dr. Spock participated some months ago.«

836, 13   *Ketsch* – Die Ketsch (engl.: ketch) ist ein zweimastiges Segelschiff mit einem
              achteren (Besan-)Mast, der kürzer ist als der vordere und innerhalb der Was-
              serlinie steht (vor dem Ruder).

836, 14   *Dr. Benjamin Spock* – Dr. Benjamin McLane Spock (2. 5. 1903–15. 3. 1998),
              amerik. Kinderarzt und Psychoanalytiker, dessen weltweit verbreitetes Werk
              über Kleinkindererziehung »Common Sense Book of Baby and Child Care«,
              1946, statt starrer Regeln die Bedürfnisse des Säuglings in den Mittelpunkt
              stellte. Trat zusammen mit Martin Luther King für die Bürgerrechte ein, wur-
              de mehrfach verhaftet, kritisierte die amerik. Vietnampolitik, z. B. in »Dr.
              Spock on Vietnam«, 1968.

836, 21–24   *Und wenn sie . . . Luzerne und Klee* – Vgl. den Artikel »Czechs Bid U. S. Return
              General« der NYT vom 8. 3. 1968: »Czechoslovakia asked the United States
              today to extradite a Czech general who has been linked here with an unsuc-
              cessful move to prevent the ouster of the former Communist party leader,
              Antonin Novotny. [. . .]
              The request to the United States was limited to the criminal aspects of the
              case against Maj. Gen. Jan Sejna [. . .].
              Legal experts here say the United States-Czechoslovak extradition treaty of

1925, supplemented by an annex in 1935, covers common law crimes«; s. K. 831, 1–11.

837, 17 f.   *Wenn wi di . . . de lütten Tüften* – (nd.) Wenn wir dich nicht hätten und die kleinen Kartoffeln.

837, 33–37   *hast schöne Beine . . . Beine hast du* – s. 1611, 15–17.

838, 7   *Denk an das Kind* – s. 497, 33 f.

838, 21 f.   *Obersturmbannführer* – Entsprach in den dem Militär nachgebildeten Strukturen sowohl der SA als auch der SS dem Rang eines Oberstleutnants.

838, 24 f.   *Musical Chairs* – (engl.) Gesellschaftsspiel: Reise nach Jerusalem.

838, 30 f.   *Der Schriftsteller mag . . . schön von (gestrichen)* – s. K. 230, 27 f.

838, 37   *hatten* – Druckfehler in allen Ausgaben, richtig: hatte.

839, 8 f.   *der Norddeutsche Beobachter* – Es ist keine Zeitung dieses Titels bekannt, vermutlich Analogiebildung zum »Niederdeutschen Beobachter« (s. K. 948, 35 f.), einer der Tageszeitungen der NSDAP, und zur »Norddeutschen Allgemeinen Zeitung«, Berlin.

839, 14   *Heereszeugamt* – s. K. 633, 12.

839, 25   *Es gab Abende* – s. 835, 21.

839, 25 f.   *Wie König Heinrich Rosamunden findet* – Titel des ersten Teils von Theodor Fontanes Romanzen-Zyklus »Von der schönen Rosamunde«, in: Fontane (1962), Bd. 6, S. 31. Die in vielen engl. Balladen besungene »schöne Rosamunde« war die Maitresse Henri Plantagenets, der als Henry II. König von England wurde. In Fontanes Fassung stößt der König auf der Jagd nach einer weißen Hindin auf das Schloß des alten Clifford, in dessen Tochter er sich verliebt und die er unter falschem Namen heiratet. Während Heinrich in Frankreich Krieg führt, sucht Königin Leonore als Wahrsagerin verkleidet Rosamunde auf und »weissagt« ihr, sie werde betrogen. Das Mädchen ertränkt sich. In dem nd. Gedicht »Schön Rosamund« wird Rosamund von der Königin gezwungen, Gift zu trinken; vgl. Raabe (1854), S. 222–225; Fontane: s. K. 1694, 38 f.

839, 28–35   *»Es gibt nichts . . . ein Niedrigeres aus!«* – Zitat aus Theodor Fontanes »Arthur Schopenhauer«, in: Fontane (1974), Bd. 21.2, S. 170; Johnson kannte den Text aus: Sinn und Form 13, 1961, S. 708–712; vgl. Mecklenburg (1982), S. 210; Fontane: s. K. 1694, 38 f.

839, 37   *»Schacht«* – (ugs. in Norddeutschland) 1. Stange, Stock, 2. Prügel, Hiebe.

840, 2   *»mit barftem Kopf ins Bett«* – barft: (nd.) bloß, barfuß; hier: ohne ein Streicheln; vgl. Johnson, Auskünfte für eine Übersetzerin, S. 344: »›Barft‹ is derived from ›barfuss‹, meaning in this family ›a head without (bare of) a fond stroke««; s. 884, 25; 1605, 33 f.; 1769, 27; 1890, 6 f.

840, 5–8	*Zu Roß, wir . . . in alter Zeit* – Letzte Strophe von Fontanes Ballade »Archibald Douglas«; s. 985, 26; Fontane: s. K. 1694, 38 f.
841, 10	*Grenzweg* – s. K. 9, 20; s. 953, 22, 27, 35.

9. 3. 1968

842, 7 f.	*ein Bidonville* – (frz.) Elendsviertel; wörtl.: Kanisterstadt.
842, 12	*brownstones* – (engl.) hier: New Yorker Häuser aus einem rötlichen Sandstein, zwischen 1847 und 1870 oft im »Italianate style« errichtet, heute vor allem in Harlem und Brooklyn noch zu finden; s. 851, 25; 1426, 15.
842, 14	*Bürgerkrieg* – s. K. 548, 19.
842, 15	*Abzeichen für bürgerlichen Wohlstand* – s. K. 26, 32.
842, 30 f.	*Weiße, Protestanten, Angelsachsen* – s. K. 52, 23.
842, 34	*Columbus und Amsterdam Avenue* – Columbus Ave.: s. K. 386, 13 f.; Amsterdam Ave.: s. K. 97, 2.
843, 11	*Brownsville* – s. K. 56, 12.
843, 28–30	*durch die Ratten . . . krumm lachen wollten* – s. K. 90, 8–10.
843, 30–33	*Mrs. Daphne Davis . . . Katz. Katz, komm* – Der längere Artikel »Brownsville Sinks In Decay And Fear« in der NYT vom 7. 3. 1968 beschreibt die Mißstände in dem Stadtgebiet am Nordostrand von Brooklyn, u. a.: »There is a constant battle against rats. Mr. [sic] Daphne Davis of 118 Amboy Street found her daughter playing with a rat last summer that was so big the child was calling ›Here, kitty, here kitty.‹«
843, 39	*denen die Leviten gelesen werden* – Redewendung: jemandem eine Lektion erteilen, die Meinung sagen. Nach einer Anordnung eines Metzer Bischofs aus dem 8. Jh. sollten sich Kleriker täglich eine Lesung aus dem 3. Buch Mose (Leviticus) anhören, das Regeln für Priester und die aus dem Stamme Levi kommenden Hilfsgeistlichen enthält; s. K. 187, 26–29; s. 1599, 35.
844, 20 f.	*Rennen der Ratten* – (engl. wörtl. übersetzt) rat race: ›Hetzjagd‹ des Lebens, harter Konkurrenzkampf.
844, 35–845, 1	*»Das Negerkind hat . . . Arbeit zu sein.«* – Harris Wofford, der für die Civil Rights Commission gearbeitet hatte, lieferte Kennedy dieses statistische Material, das er sowohl in der ersten Fernsehdebatte mit Nixon am 1. 9. 1960 (s. K. 1128, 17–21) als auch in seiner Civil Rights Message im Februar 1963 und in der Ansprache an die Nation vom Juni 1963 verwendete. An zwei Stellen weicht Johnson von der Vorlage ab, vermutlich Lesefehler, da sie in der amerik. Übersetzung korrigiert sind. »The Negro baby born in America today, regardless of the section of the nation in which he is born, has about one-

half as much chance of completing high school as a white baby born in the same place on the same day, one-third as much chance of completing college, one-third [sic] as much chance of becoming a professional man, twice [sic] as much chance of becoming unemployed, about one-seventh as much chance of earning $10,000 a year, a life expectancy which is seven years shorter, and the prospects of earning only half as much.« Vgl. Sorensen (1966), S. 530.
In der amerik. Übersetzung wird der Originaltext verwendet; vgl. Johnson, Anniversaries, Bd. II, S. 51; Ensberg (1995), S. 116.

845, 2   *einer Wahlreise* – In der amerik. Übersetzung korrigiert in »in a TV address in 1963«; vgl. Johnson, Anniversaries, Bd. II, S. 51; Ensberg (1995), S. 116.

845, 22   *sie »fallen heraus«* – (amerik. Engl. wörtl. übersetzt) to fall out: vor dem Abschlußexamen (mit 18) die Schule verlassen.

845, 36   *Kommunistische Partei Amerikas* – Am 15. 5. 1921 vereinigten sich die 1919 gegr. Communist Labor Party und Communist Party zur Workers Party, 1929 in Communist Party of America umbenannt (1944–45 Communist Political Association). Die von der KPdSU abhängige Partei hatte von 1924–40 Präsidentschaftskandidaten aufgestellt, seit 1956 für kein nationales Amt mehr kandidiert. Restriktive Gesetzgebung (Gesetz zur Gewährleistung der nationalen Sicherheit, 1947; McCarran-Gesetz zur Gewährleistung der inneren Sicherheit, 1950) schränkte den Einfluß der Partei ein. Der Communist Control Act vom 24. 8. 1954 nahm ihr Rechte, Privilegien und Immunitäten einer legalen Körperschaft. Bereits 1961/62 war ein Prozeß gegen die Partei angestrengt worden, der erst im Juli 1967 eingestellt wurde. Mitgliederzahlen wurden nicht veröffentlicht, für 1968 werden nicht mehr als 10 000 geschätzt.

845, 36 f.   *Die Kommunistische Partei . . . findet nicht statt* – In Johnsons Text zu Szene 9 des Fernsehfilms »Summer in the City« (gesendet vom SFB am 6. 2. 1969) findet sich der gleiche Satz als Kommentar zu einem Straßenfest eines Wohnblocks in einer Slumgegend der Upper West Side von Manhattan: »Veranstalter dieses Festes ist eine Partei für Frieden und Freiheit, nicht etwa die Kommunistische Partei. Die Kommunistische Partei findet nicht statt«; vgl. Typoskript im Johnson-Archiv; s. K. 1618, 23–1619, 2.

845, 38–846, 9   *Versuchen die Bewohner . . . Öffentliches errichten wird* – »We pulled a rent strike about a year ago,‹ said Mrs. Ella Thomas, who moved to Brownsville four years ago from Alabama. ›But as soon as the landlord saw he couldn't get anymore money out of us he disappeared. We all had to move out, and now the building is abandoned.‹ Many of the buildings are still owned by the original landlords, who pay enough taxes to forestall foreclosure and hope the city will eventually condemn the property to public use«; vgl. den Artikel »Brownsville Sinks In Decay And Fear«, NYT 7. 3. 1968.

846, 4   *Zeughäuser* – (engl. frei übersetzt) armories: Waffenlager. Zeitweise wurden Obdachlose in die »armories« der National Guard eingewiesen. Die NYT vom 21. 2. 1968 berichtete über etwa 100 Personen, die während der Wintermonate im »armory« der 369. Infantry National Guard an der 5. Ave./West 142. Street lebten.

846, 37   *Bowery* – s. K. 152, 32.

847, 3   *die kommenden Aufstände* – s. K. 9, 6 f.

847, 4–7   *Seine Ehren der ... nennt er Bombsville* – »There are signs that Brownsville is no longer completely ignored. Mayor Lindsay, who calls the area Bombsville, recently held a cabinet meeting on the subject and often mentions it in speeches«; vgl. den Artikel »Brownsville Sinks In Decay And Fear«, NYT 7. 3. 1968; Lindsay: s. K. 24, 33.

847, 8 f.   *Mrs. Cresspahl and ... slumming this afternoon* – (engl.) Frau Cresspahl und ihre Tochter gingen heute nachmittag in den Slums spazieren.

847, 27 f.   *Mediterranian Swimming Pool* – s. K. 487, 20; Druckfehler in der gebundenen Ausgabe von 1983 und allen Taschenbuchausgaben, richtig: Mediterranean.

847, 33   *Crisspaw* – Annähernd engl. Aussprache der dt. Schreibweise, wobei der Name auch ›Knusperpfote‹ bedeuten könnte; s. K. 631, 6 f.; s. 848, 2.

848, 25–33   *Seit die neue ... eine Blutrache sein* – Vgl. den Artikel »Czech Television Tries to Slow Campaign Against Novotny« der NYT vom 9. 3. 1968: »A Czechoslovak television commentator tried tonight to slow the growing public campaign to oust Antonin Novotny from his ceremonial post as President of the republic and warned against ›settling old accounts on the basis of emotions.‹ It was not immediately clear whether the plea for moderation was dictated by the new Communist leadership or by television officials. [...]
Mr. Dubcek is said to be against any vendetta against members of the old guard he recently removed on the ground that Czechoslovak Communism is sufficiently mature not to indulge in the kind of purges that have marked leadership changes in other Communist countries«; s. K. 827, 21–27.

10. 3. 1968

849, 2–4   *In Prag durfte ... von den Kommunisten* – Vgl. den Artikel »Role for Parties Urged In Prague« der NYT vom 10. 3. 1968: Die Sozialistische Partei hatte in einer Resolution ein Mehrparteiensystem gefordert, worauf die Führer der KPČ sich über eine Einseitigkeit in der Diskussion beschwerten. »Ignoring this complaint, a radio commentator, Milan Weiner, said the nation's future must be decided by the entire population, not just Communists.«

849, 4–7   *Die Kommunisten treffen ... .so firm war* – Vgl. den Artikel »Prague Leader Urges Novotny to Go to the People« der NYT vom 11. 3. 1968: »The spirited public debate between defenders and opponents of President Novotny and the old guard took place at many of the 67 [sic] regional and local Communist party conferences held throughout the country this weekend.«

849, 7–11   *Unter den Funktionären . . . eine Aussicht hätte –* Vgl. den Artikel »Czech Events Worry East Germans« der NYT vom 10. 3. 1968: »'They are worried sick, not only about our new policies, but also about losing trade,‹ said a Prague technical journalist.« Als Beispiele werden die mögliche Einfuhr westdt. Farbfernsehgeräte und die Benutzung des Hamburger statt des Rostocker Hafens erwähnt.

849, 11–13   *In Warschau sind . . . und dessen gleichen –* Vgl. den Artikel »Warsaw Students Battle Policemen 2d Day in a Row« der NYT vom 10. 3. 1968: »Among the slogans the students shouted were ›More democracy!‹ ›Down with censorship!‹ ›Gestapo!‹ ›Down with the lying press!‹ and ›Down with Moczar!‹ Gen. Mieczyslaw Moczar is the Interior Monister [sic] and chief of the secret police«; s. K. 862, 4f.; 863, 23–29; 878, 18–24; 904, 27–30.

849, 16 f.   *Sie lassen einen . . . New Jersey mieten –* s. 7, 28–30.

849, 25   *Greenwich Village –* s. K. 291, 21.

850, 24   *Whiskey –* s. K. 39, 14.

850, 27–30   *Jim hielt für . . . Hautfarbe, eingewiesen werden –* s. K. 9, 6 f.

850, 28   *detention camps –* (engl.) übersetzt im Text 850, 29.

850, 34   *Nixon –* s. K. 423, 25.

850, 35   *Rockefeller –* s. K. 115, 33.

850, 36   *Hans Magnus Enzensberger –* s. K. 737, 30.

850, 37   *Nauplion –* Hafenstadt auf dem östlichen Peloponnes.

851, 2   *Himmler –* s. K. 391, 6.

851, 4   *»Dschi-sain« –* Engl. Aussprache von Gesine.

851, 23   *»Nacht und Nebel« –* »Nuit et brouillard«, 1955, frz. Film über Auschwitz, Regie: Alain Resnais, Musik: Hanns Eisler (dt. Untertitel von Paul Celan). Mit Farbaufnahmen der Ruinen nach dem Krieg und schwarzweißem Archivmaterial aus der Nazizeit werden Folter und Terror dokumentiert und wird vor der Gefahr einer Wiederholung gewarnt.

851, 25   *brownstones –* s. K. 842, 12.

851, 29   *Delikatessenläden –* s. K. 344, 35.

851, 38–852, 1   *Wieder das gefürchtete . . . schiebt und schaufelt –* Foto einer Aufnahmeserie, die die brit. Armee im April 1945 im KZ Bergen-Belsen machte: Mit einem Bulldozer werden Leichen in ein Massengrab geschoben; vgl. Schoenberner (1961); s. K. 232, 22–25.

852, 6 f.   *The Place Where . . . Is Holy Ground –* (engl.) Der Ort, wo wir zusammenkommen, um das Höchste zu suchen, ist heilig.

11. 3. 1968

852, 15–17   *Die Zahl für . . . an jedem Tag* – Vgl. den Artikel »Castro's Problem: Matching Promises With Cuba's Economic Performances« der NYT vom 11.3. 1968: »The Cuban leader ruffles the Russians with his cries for immediate armed revolution in Latin America, but the Soviet Union has too much at stake in Cuba as a ›Socialist showcase‹ to turn off its aid, which amounts to more than $150-million a year.«

852, 18 f.   *Nach der Meinung . . . Viet Nam verloren* – Am 10.3. 1968 hatte die NYT den Plan General Westmorelands, 206 000 zusätzliche Soldaten nach Vietnam zu schicken, aufgedeckt, was einen öffentlichen Protest auslöste. Der Sender NBC berichtete im Rahmen der bekannten politischen Kommentarsendung »Huntley-Brinkley-Report« darüber; s. 878, 8–11.

852, 18   *N. B. C.* – National Broadcasting Company, amerik. Fernsehsender; 1926 in New York als erster landesweiter Rundfunksender gegr., im Besitz der Radio Corporation of America (RCA).

852, 19–21   *Nach der Meinung . . . Nam nicht schaffen* – Vgl. den Artikel »Newsweek Critical Of Johnson On War« der NYT vom 11. 3. 1968 über den Leitartikel des Nachrichtenmagazins vom Vortag: »After three years of gradual escalation,‹ the editorial says, ›President Johnson's strategy for Vietnam has run into a dead end. Only the chronic optimist can now see the ›light at the end of the tunnel‹ that used to illuminate the rhetoric of the military briefing officers.‹«

852, 22–853, 2   *Es sieht aus . . . Gefängnis gehalten werden* – Vgl. den Artikel »Prague Leader Urges Novotny to Go to the People« der NYT vom 11. 3. 1968: »The leader of the Communist party of Prague, Martin Vaculik, urged President Antonin Novotny today to appear before the Czechoslovak people and ask for an expression of confidence. [. . .]
In a major departure from tradition, most of the party meetings [regionale Parteikonferenzen, s. K. 849, 4–7] held secret ballots and elected new slates of officers for the party units involved. [. . .]
Outside Lany, 20 miles away, 3,000 Czechoslovaks, most of them students from Prague universities and high schools, turned a memorial meeting for Jan Masaryk into a demonstration for the rebirth of Czechoslovak democracy.
The students gathered at Masaryk's grave on the 20th anniversary of the day that he jumped or was pushed from the window of an apartment in the palace where he resided as Foreign Minister. [. . .]
In the trade-union newspaper Prace the rector of Charles University here, Dr. Oldrich Stary, a noted neurologist and psychologist, declared that many people in Czechoslovakia suffered from split personalities caused by fear and by a system in which people were manipulated as though they were cogs in a machine. [. . .]
The president of the Supreme Court, Dr. Josef Litera, announced that his court planned to proceed with needed rehabilitations. He reported that the

errors of justice made from 1955 to now had not been corrected yet, thus confirming a statement over Czechoslovak television last week that innocent people were still in jail.«

852, 20   *Newsweek* – 1933 gegr. wöchentlich erscheinendes internationales Nachrichtenmagazin; für objektive Berichterstattung bekannt; gehört seit 1961 zur Washington Post Company; die Redaktion hat ihren Sitz 444 Madison Ave.

852, 26   *Zeitung der Gewerkschaften* – Práce; s. K. 1446, 16–18.

852, 27   *Neurologe und Psychologe Dr. Starý* – Dr. Oldrich Starý (15. 6. 1914–14. 1. 1983), seit 1960 Arzt der Neurologischen Klinik und Dozent an der Karls-Universität Prag.

852, 31 f.   *Jan Masaryk* – 14. 9. 1886–10. 3. 1948, tschechos. Politiker; Sohn des ersten Staatspräsidenten der ČSR, Tomáš G. Masaryk (s. K. 1165, 21); 1925–39 Gesandter in London; 1940 Außenminister der Londoner Exilregierung, 1945–48 parteiloser Außenminister der ČSR, blieb bei dem komm. Staatsstreich im März 1948 im Amt, unterstützte in einer Rede am 5. 3. 1948 das Bündnis mit der Sowjetunion, hoffte aber, die nationale Selbständigkeit des Landes erhalten zu können. Er wurde am 10. 3. tot unter dem Fenster seiner Dienstwohnung im Čzernín-Palast gefunden, die Todesursache wurde nie eindeutig geklärt. Der Bericht des Polizeiarztes Teply, der Monate später, wie es hieß, an Vergiftung starb, wurde nie veröffentlicht. Es gab Gerüchte von Einschußwunden und einem verhinderten Fluchtversuch in den Westen. Nach Feststellungen des brit. Geheimdienstes war Masaryk in seiner Wohnung ermordet worden, nach der tschechos. Version war es Selbstmord oder ein Unglücksfall; s. K. 1027, 34–1028, 1.

852, 34 f.   *Präsident des Obersten Gerichtshofs* – Dr. Josef Litera, geb. 1. 5. 1918, 1960 stellv. Minister für Justiz; von 1963–68 Präsident des Obersten Gerichtshofs der ČSSR.

853, 9   *Podejuch* – s. K. 531, 10.

854, 32 f.   *Wenn man einen . . . es zu Ende* – Element sowohl der dt. als auch der ostjüd. volkskulturellen Überlieferung. »H.[exe]nkranz. H.[exe]n bilden durch Zauber eine verderbenbringende Verschlingung der Federn in den Betten. H.n machen diese Kränze nicht immer auf einmal, denn man findet angefangene Kränze. Ist der Kranz geschlossen, kann kein Mensch, der in dem Bette schläft, gedeihen. Kranke können nicht genesen, Gesunde werden krank, bis man die Ursache entdeckt und die Kränze auf dem Kreuzwege verbrennt«, Bächthold-Stäubli (1987), Bd. 3, Sp. 1877. Zwischen Kranz und Tod besteht im Volksglauben ein enger inhaltlicher Zusammenhang; vgl. Höhn (1913), S. 311.

855, 2 f.   *in Schick* – (norddt.) in Ordnung.

12. 3. 1968

856, 28   *Als die deutschen . . . 1939 Prag besetzten* – Nachdem im Oktober 1938 der »Sudetengau« zu Deutschland gekommen war und am 14. 3. 1939 die Slowakische Volkspartei, von den dt. Faschisten unterstützt, einen slow. Staat ausgerufen hatte, besetzten dt. Truppen am 15. 3. 1939 das noch verbliebene Gebiet der Tschechoslowakei und erklärten es zum Protektorat Böhmen und Mähren. Damit war das Münchener Abkommen gebrochen, ohne daß die westlichen Signatarmächte wirksam intervenierten; s. K. 663, 1 f.

856, 31   *überfielen die Deutschen Polen* – Polen hatte im April 1939 mit Großbritannien und im August 1939 mit Frankreich Garantie- und Bündnisabkommen abgeschlossen; am 1. 9. 1939 fielen dt. Truppen in Polen ein, worauf Frankreich und England am 3. 9. 1939 Deutschland den Krieg erklärten.

856, 32   *Dänemark, Norwegen* – Dänemark hatte am 31. 5. 1939 einen Nichtangriffspakt mit Deutschland abgeschlossen. Um einer bereits angelaufenen Invasion der Westalliierten in Norwegen zuvorzukommen, landeten dt. Truppen am 9. 4. 1940 in Norwegen und marschierten in Dänemark ein. Gleichzeitig forderte die Reichsregierung beide Staaten auf, sich unter den militärischen Schutz des Deutschen Reichs zu stellen. Dänemark beugte sich der Drohung unter Protest. Die Verhandlungen mit Norwegen scheiterten an der zusätzlichen Forderung nach einem deutschfreundlichen Kabinett, der Widerstand der norwegischen Streitkräfte dauerte bis in den Juni 1940; s. K. 834, 28–30.

856, 32 f.   *Belgien, die Niederlande, Frankreich* – Am 10. 5. 1940 überfielen dt. Truppen Luxemburg, Belgien und die Niederlande, um, die »Maginotlinie« umgehend, Frankreich anzugreifen. Am 14. 5. 1940 kapitulierte die niederländische, am 28. 5. die belgische Armee.
Frankreich suchte am 17. 6. um Waffenstillstand nach. Marschall Pétain unterzeichnete am 22. 6. 1940 den Waffenstillstand von Compiègne, nachdem zwei Drittel Frankreichs besetzt waren. Am 10. 7. 1940 löste sich das Parlament von Vichy selbst auf, was das Ende der Dritten Republik bedeutete.

856, 33 f.   *Im August 1940 . . . sie England kaputtzuhauen* – Eine Luftschlacht sollte die Voraussetzungen für eine dt. Landung schaffen. Trotz schwerer Angriffe vor allem auf Coventry und London wehrte die engl. Air Force die Offensive erfolgreich ab. Auch die dt. U-Boote konnten den engl. Nachschub nicht ernsthaft gefährden.

857, 1   *Bulgarien, Griechenland, Jugoslawien* – Der mißglückte Überfall Italiens auf Griechenland zwang Deutschland zum Eingreifen auf dem Balkan. Das mit Deutschland, Italien und Japan (Dreimächtepakt vom 1. 3. 1941) verbündete Bulgarien erlaubte den Aufmarsch dt. Truppen auf seinem Territorium am 2. 3. 1941. Nach dem Versuch, auch Jugoslawien in das Bündnis zu nötigen, was durch einen Staatsstreich antidt. Kräfte scheiterte, begann am 6. 4. 1941 der Angriff gegen Jugoslawien und Griechenland, der am 17.4. zur Kapitulation Jugoslawiens führte und am 30. 4. 1941 mit der Besetzung Griechenlands endete.

857, 5–7   *verloren die Staaten . . . Botschaft vertreten. Ostpolen* – Das Deutsche Reich schloß am 23. 8. 1939 mit der Sowjetunion einen Nichtangriffspakt (Hitler-Stalin-Pakt). In einem geheimen Zusatzprotokoll wurden als Preis für das sowj. Stillhalten Estland, Lettland, Bessarabien und das poln. Gebiet östlich der Flüsse Narew, Weichsel und San dem sowj. Interessengebiet zugerechnet, Litauen sollte zu Deutschland kommen. Das ostpoln. Gebiet wurde nach der Niederwerfung Polens durch Deutschland im Herbst 1939 annektiert.

857, 8   *Finnland verursachte etwas mehr Kosten* – Da die finn. Regierung sich einer Vereinnahmung des Landes durch die Sowjetunion nach dem Muster der baltischen Staaten widersetzt hatte, überfielen sowj. Streitkräfte am 30. 11. 1939 Finnland, das nach sehr verlustreichen Kämpfen im Friedensvertrag vom 2. 3. 1940 der Abtretung von größeren Gebieten zustimmen mußte.

857, 8 f.   *Am 20. August . . . Leo Trotzki ermordet* – Trotzki (s. K. 77,7) hatte am 25. 4. 1940 einen »Brief an die Arbeiter der UdSSR« veröffentlicht, in dem er Stalin als Führer einer neuen parasitären Kaste anprangerte. Als angeblicher Belgier Jacques Mornard erwarb sich der Spanier Ramon del Rio Mercador Trotzkis Vertrauen im mexikanischen Exil. Er erschlug ihn am 20. 8. 1940 in Coyoacan mit einem Eispickel. Vermutlich war die Aktion vom NKWD vorbereitet worden, obwohl Mercador, verurteilt zu zwanzig Jahren Einzelhaft, bis zum Ende behauptete, er sei ein enttäuschter Anhänger Trotzkis gewesen. Vgl. HNJ, S. 105 f.: »Stalin hatte Wahrheit gesprochen auf dem XVIII. Parteitag, Liquidationen in Massen würden vorerst ausbleiben, einen Einzelnen liess er totschlagen am 20. August 1940 in Mexico: Trotzki. Vom Mörder heisst es, er lebe da, wohin ich reise«; vgl. Wolkogonow (1989), S. 518–523.

857, 17   *Februar 1942* – Im Winter 1941/42 war nicht nur der dt. Angriff auf Moskau zum Stehen gekommen, eine Gegenoffensive der Roten Armee drängte die Front an vielen Stellen nach Westen zurück. Die dt. Verluste an Toten, Vermißten und Verwundeten von Dezember bis Februar betrugen über 250 000 Mann.

857, 20   *Rehna* – s. K. 524, 2.

857, 22   *Schönberg* – s. K. 71, 5.

857, 26   *Wintersachensammlung* – Auf Anweisung Hitlers waren keine Vorkehrungen für einen Winterfeldzug getroffen worden. Eine mit großem propagandistischem Aufwand betriebene Sammlung von warmen Kleidungsstücken diente mehr dazu, die Bevölkerung zu beruhigen, als daß sie der Truppe noch hätte nutzen können.

857, 27 f.   *»Kampfgeschwader Lützow«* – Dt. Kriegsfilm 1941, Regie: Hans Bertram. Der Name Lützow greift zurück auf die Freiheitskriege gegen Napoleon; Adolph von Lützow (18. 5. 1782–6. 12. 1834), preußischer Reiteroffizier, bildete 1813 das Lützowsche Freikorps, dem u. a. F. L. Jahn, J. von Eichendorff und K. T. Körner angehörten und das am 17. 6. 1813 in der Völkerschlacht bei Leipzig großenteils vernichtet wurde.

Kampfgeschwader: In der dt. Luftwaffe Einheit von Bomberflugzeugen, die sich in drei Gruppen zu je drei Staffeln gliederte. Zu einer Staffel gehörten neun Flugzeuge; s. 966, 2.

857, 28 f.   *Gaufilmwagen* – s. K. 361, 39.

857, 29 f.   *In Leningrad hungern sie* – Leningrad, Stadt im Newadelta am Finnischen Meerbusen, zweitgrößte Stadt der UdSSR.
Leningrad wurde vom 9. 9. 1941 bis zum Januar 1944 von dt. Truppen belagert und war 16 Monate von jeder Versorgung auf dem Landweg abgeschnitten, bis es im Januar 1943 sowj. Truppen gelang, einen schmalen Korridor freizukämpfen. Von den 3, 2 Mio. Einwohnern kamen ungefähr ein Drittel ums Leben.

857, 30   *Lemberg* – (russ. Lwow, ukrainisch Lwiw) Stadt im Westen der Ukraine, bis 1939 Hauptstadt einer poln. Woiwodschaft, 1939–41 zur Sowjetukraine gehörig, 1941–44 Hauptstadt des Distrikts Galizien. Während der dt. Besatzung wurden die meisten Juden getötet oder in KZ deportiert, die poln. Bevölkerung vertrieben.

857, 31   *Java kapituliert* – Durch den Überfall Japans auf die amerik. Flotte im Dezember 1941 wurde der Weltkrieg auf Asien ausgeweitet. Bis zum Sommer 1942 hatten die Japaner große Teile der Kolonialreiche der Alliierten erobert, am 8. 3. 1942 kapitulierten die niederländischen Truppen auf Java.

857, 31 f.   *Malta im Bombenhagel* – Auf die Insel Malta, strategisch wichtiger brit. Schiffs- und Luftwaffenstützpunkt im Mittelmeer, fielen im 2. Weltkrieg die meisten Bomben pro m^2.

857, 32   *Litwinows Ruf nach . . . verhallt in London* – Maxim Maximowitsch Litwinow, eigentlich Max M. Wallach (17. 7. 1876–31. 12. 1951), sowj. Politiker jüd. Herkunft; 1930–39 Volkskommissar des Äußeren. Ihm gelang es, die Sowjetunion diplomatisch in den Kreis der Großmächte einzugliedern; im August 1939 als exponierter Vertreter einer sowj. Zusammenarbeit mit dem Westen als Außenminister durch Molotow abgelöst; 1941–43 Botschafter in den USA. Obwohl es 1942 zu sowj.-brit. und sowj.-amerik. Bündnissen gekommen war, wurde die zweite Front erst am 6. 6. 1944 mit der Landung alliierter Truppen in der Normandie eröffnet.

857, 35 f.   *Bananen sind eine . . . Bananen verursachen Kinderlähmung* – s. 1816, 11–13.

857, 37 f.   *Reichsstraßensammlung* – Vor allem im Rahmen des Winterhilfswerks alljährlich durchgeführt, wobei Abzeichen, Anhänger u. a. verkauft wurden; s. K. 245, 7.
Im LGA vom 1. 3. 1942 wird berichtet: »Wenn 52 Millionen niedlicher bun-

ter Vögel sich über das Reich ergießen, darf man wohl schon von einer Invasion sprechen. Und diese Vögel sind meist Singvögel, sind Amseln und Gimpel, Buchfinken und Kohlmeisen, Pirole und Rotkehlchen, und so fort. Zahm wie Nachbars Hansi, der sich tagsüber sein Futter vom Tisch wegholt, nisten sich diese hübschen bunten Vöglein auf den Rock- und Mantelaufschlägen der Menschen ein und ließen sich gerne spazieren tragen. Und wer sie sah, der hatte zugleich einen fröhlichen Glanz im Auge. Man nahm sie als die Vorboten des Frühlings, der nun wohl bald mit lenzlichem Sonnenschein zu uns kommen dürfte. Ein wirklich prächtiges Winterhilfsabzeichen hatte man sich mit diesen Vöglein ausgedacht. Angehörige der SA, der SS, des NSKK [NS-Kraftfahrkorps] und des NSFK [NS-Fliegerkorps] konnten manchmal gar nicht schnell genug die Wünsche nach diesen Frühlingsboten befriedigen. Und so wird auch diese Reichsstraßensammlung wieder einen neuen Rekord aufstellen.«

858, 1   *Volksgasmasken* – Unter der Überschrift »Volksgasmasken wieder zu haben« heißt es im LGA vom 7. 3. 1942: »Die Kreisleitung der NSDAP, Hauptamt für Volkswohlfahrt, gibt bekannt, daß Volksgasmasken wieder auf Lager sind und an die Bevölkerung gegen Bezahlung abgegeben werden. Wer noch nicht in Besitz einer Volksgasmaske ist, wende sich daher an seine zuständige NSB-Gruppe.« NSB: Nationalsoz. Betriebszellen-Organisation, Teil der Dt. Arbeitsfront und Vertretung der NSDAP in Betrieben. Die Volkswohlfahrt war für die Gasmasken nicht zuständig.

858, 2   *N. S. V.* – Nationalsoz. Volkswohlfahrt, der NSDAP angeschlossener Verband, 1932 gegr.; nach einer Verfügung Hitlers vom 5. 5. 1933 zuständig für alle Fragen der Wohlfahrt und Fürsorge; 1934 mit der Inneren Mission, der Caritas und dem DRK zur »Arbeitsgemeinschaft der freien Wohlfahrtspflege« zusammengeschlossen; u. a. für das Winterhilfswerk zuständig. »Erbgesundheit« war Voraussetzung für jede Betreuung.

858, 3 f.   *Am 9. ist . . . 6. Deutschen Reichslotterie* – Der LGA berichtet am 8.[sic] 3. 1942 von der »Schlußziehung der 6. Deutschen Reichslotterie« und nennt Gewinnummern und Prämien.

858, 5–8   *Der Betrieb von . . . der Transportwege verboten* – Unter der Überschrift »An Gas muß immer gespart werden« heißt es im LGA vom 26. 3. 1942: »Die Verordnung, wonach Gasbadeöfen, Bratröhren, Wassererhitzer usw. nicht zu benutzen sind, besteht nach wie vor.« Die Sparmaßnahme wurde mit den vereisten Flüssen begründet, die den Kohletransport blockierten. Vgl. auch LGA 5. 3. 1942.

858, 8–12   *Zu der Lebensmittelzuteilung . . . unverändert 266 Gramm* – Die Rationen für die 35. Kartenperiode (6. 4.–3. 5. 1942) veröffentlichte der LGA am 20. 3. 1942: »Kinder und Jugendliche von 6–18 [sic] Jahre: Fleischration wöchentlich um 50g gekürzt (jetzt 350g).
Gesamtfettrationen der Kinder bis 14 Jahre bleiben unverändert: 266g.«

858,12f. *Die Verdunkelung gilt...und 7 Uhr* – Die Zeiten standen täglich auf der Titelseite des LGA und änderten sich der Jahreszeit entsprechend. Die angegebene Uhrzeit traf für den 3.–7.3.1942 zu.

858,13f. *Wer zum Vergnügen... mit dem K. Z.* – »Der Reichsminister für Volksaufklärung und Propaganda und der Reichsverkehrsminister geben bekannt: Die Deutsche Reichsbahn hat im Kriege für den militärischen und zivilen Bedarf Transporte in bisher noch nicht dagewesenen Ausmaßen durchzuführen. Im Hinblick auf die Vordringlichkeit dieser Aufgaben muß der zivile Reiseverkehr auf ein Mindestmaß eingeschränkt werden. Das gilt vor allem für die nun anbrechende Frühlingszeit und die bevorstehenden Ostertage. An die Bevölkerung ergeht hiermit die kategorische Aufforderung, jede nicht notwendige oder ausreichend begründete Reise unter allen Umständen zu unterlassen. Reisende, die entgegen dieser Aufforderung die mit kriegswichtigen Transporten überlastete Reichsbahn zum Vergnügen benutzen, haben Strafe, bei schweren Verstößen Überführung in ein Konzentrationslager zu gegenwärtigen. Berufsreisende, sowie Personen, welche nach der Anordnung des Staatssekretärs für Fremdenverkehr vom 26. Januar 1941 berechtigt sind, ein Heilbad oder anerkannten Erholungsplatz aufzusuchen, werden aufgefordert, die Reisen nur anzutreten, wenn sie mit einwandfreien Ausweispapieren versehen sind«, LGA 24.3.1942.

858,15 *die Polen* – Zehntausende von Kriegsgefangenen und Zwangsarbeitern, die meisten von ihnen Polen, arbeiteten in der Rüstungsindustrie und auf Gütern, um Deutsche für den Wehrdienst freizustellen. Es war verboten, mit den Zwangsarbeitern, die durch das Schild »Ost« auf der Kleidung gekennzeichnet waren, zu sprechen oder zu essen. Bei sexuellen Beziehungen zwischen Deutschen und Fremdarbeitern wurden Deutsche mit Gefängnis oder KZ bestraft, ausländische Männer meist sofort hingerichtet.

858,15–25 *Auf Gut Schwenzin... von Proseken gesehen* – Vorlage konnte nicht nachgewiesen werden.

858,25 *Proseken* – Dorf 6 km westlich von Wismar.

858,26 *Wismarschen Bucht* – Ostseebucht zwischen Wismar (s. K. 30, 36) und der Insel Poel (s. K. 886, 4f.), der westliche Teil ist die Wohlenberger Wiek (s. K. 1114, 14–18).

859,1–4 *Adolf Hitler ist... für Adolf Hitler* – Nach Erinnerungen von Zeitzeugen authentisch; Hitler: s. K. 49, 23.

859,10–12 *Der halbe Penny... Prägejahr 1940 trug* – s. K. 810, 13–16; George VI.: s. K. 656, 12–16.

859,17f. *die durch und durch verluderten Engländer* – s. K. 675, 10.

859,30 *Ein Kind zählt da gar nicht* – s. 1111, 25.

859, 31–38   *Das war bei . . . war oder nicht* – Werner Mölders (18. 3. 1913–22. 11. 1941), vielfach ausgezeichneter Jagdflieger; mit der Legion Condor in Spanien einge-
setzt, 1941 Inspekteur der Luftwaffe, stürzte auf dem Flug zur Beisetzung
Ernst Udets ab. Seit Januar 1942 verbreitete der engl. Geheimdienst einen
Brief, der vielfach für echt gehalten wurde, bis 1962 der brit. Journalist Sefton
Delmer (24. 5. 1904–5. 9. 1979) aufdeckte, daß es sich um eine Fälschung der
brit. psychologischen Kriegsführung gehandelt hatte. Der Brief kursierte in
kirchlichen Kreisen und wurde in zwei slow. Zeitungen gedruckt. Er enthielt,
von Mölders' kath. Glauben ausgehend, heftige Kritik an den Maßnahmen
gegen die Kirche, aber auch an der Staats- und Kriegsführung. Hitler setzte
eine hohe Belohnung für die Ergreifung des Verfassers aus. Der Brief lieferte
auch ein Motiv für das Gerücht, Mölders sei ermordet worden; vgl. Boelcke
(1969), S. 299 f.; Benz/Graml/Weiß (1997), S. 588.

859, 35   *Breslau* – s. K. 676, 18.

860, 14   *Rechlin* – Ort am Südostufer des Müritzsees, eine Luftwaffenerprobungsstelle
und das KZ Retzow lagen in der Nähe; vgl. Seiler (1988), S. 105; s. K. 968, 7.

860, 18   *Podejuch* – s. K. 531, 10.

860, 20–22   *die B. B. C. und . . . vier Beethovenschen Tönen* – B. B. C.: (engl.) British Broadcasting Corporation, brit. Radiosender, der auch in dt. Sprache sendete. Die
ersten Takte der 5. Symphonie Beethovens waren das Sendezeichen für die
deutschsprachigen Beiträge; s. K. 1677, 22 f.

860, 25   *Heeresintendantur* – s. K. 531, 7.

860, 27   *Empfänger* – s. K. 835, 7.

860, 35–38   *»having been unjustly . . . was no forest . . . «* – (engl.) ungerechterweise von zwei
Polizisten im Richmond Park angeklagt, war er dazu verurteilt, ein Land-
streicher zu sein, und lebte mit einem Mädchen namens Lizzie Papst an einem Bach, an dem es keinen Wald gab . . .
Verändertes Zitat aus »1066 and all that« von Sellar und Yeatman (zuerst 1930
erschienen); wo es heißt: »Having been unjustly accused by two policemen in
Richmond Park, he was condemned to be an outdoor and went and lived
with a maid who was called Marion, and a band of Merrie Men, in Green-
wood Forest, near Sherborne«, Sellar/Yeatman (1985), S. 35. Die Wortschöpfung »an outdoor« ist aus »outlaw«: ein Geächteter, Vogelfreier und »to live
outdoors«: im Freien leben gebildet worden; vgl. Johnson, Auskünfte für eine
Übersetzerin, S. 344.
Richmond liegt an der Themse, und es gibt dort keinen Wald; s. 926, 25.
Johnson verwendet die sprichwörtlich gewordene Formulierung aus dem
Titel an mehreren Stellen als Anspielung; s. K. XIII,38; s. 1084, 27; 1089, 26;
1096, 5; 1209, 10; 1304, 36; (1672, 2 f.; 1672, 39–1673, 1).

860, 35 f.   *Richmond Park* – s. K. 159, 31.

860, 37–39 *Lizzie Pope near . . . Papen und Brock* – Wortspiel mit den engl. Wörtern »pope«: Papst und »brook«: Bach.

861, 6–8 *nachts im Park . . . nach einem Handtaschenräuber* – Die Suche nach dem Handtaschenräuber ist unwahrscheinlich, da Richmond Park (s. K. 159, 31) bei Anbruch der Dämmerung abgeschlossen wird, obwohl Fußgängern auf besonderen Wunsch der Einlaß gestattet werden muß; eine Quelle konnte nicht nachgewiesen werden.

861, 12 *Gräfinnenwald* – s. K. 34, 8.

861, 14 *Outdoors* – (engl.) Draußen, im Freien.

861, 26 f. *als die Royal . . . Bombern Lübeck angriff* – Als Vergeltungsaktion für dt. Angriffe auf historische engl. Städte wurde Lübeck am 28./29. 3. 1942 als erste dt. Stadt einem brit. Flächenbombardement ausgesetzt, in dem große Teile der Stadt vor allem durch Brandbomben zerstört wurden. Eigens zu diesem Einsatz waren 100 Flugzeuge von Sizilien abgerufen worden. Hitler befahl als Vergeltung Luftangriffe auf Exeter, Bath und Canterbury; vgl. LGA 31. 3. 1942; Mecklenburg (1990b), S. 382; s. 870, 28–32.

861, 30 *Schleuse im Wald* – s. K. 473, 9 f.

861, 34 *R. A. F.* – (engl.) Royal Air Force: Königliche Luftwaffe.

861, 35 *Schiet aflådn* – (nd.) Scheiße abladen; s. 497, 35 f.

862, 4 f. *Gestapo! – Gestapo! rufen . . . auf sie einhaut* – Seit dem 8. 3. 1968 hatten die Studenten in Warschau demonstriert, am 11. 3. schlossen sich ihnen andere Jugendliche und Erwachsene an, bis es vor der Parteizentrale und dem Denkmal von Adam Mickiewicz (der Protest hatte sich auch gegen das Aufführungsverbot eines antizaristischen Stücks dieses Dichters gerichtet) zu Zusammenstößen mit der Polizei kam. Das Ministerium für Kultur wurde geplündert, die »Gestapo«-Rufe galten Milizen, die vor der Universität mit Knüppeln gegen die Demonstranten losgingen; vgl. NYT 12. 3. 1968; s. K. 849, 11–13; Gestapo: s. K. 304, 33.

13. 3. 1968

862, 6–16 *Purim / Seit die . . . für diesen Tag* – Purim, das Losfest, am 14./15. Adar, ist ein jüd. Freudenfest zum Gedenken an den vereitelten Versuch Hamans, die Juden in Persien zu vernichten. Durch die Fürsprache seiner jüd. Frau Esther verschaffte der persische König Ahasver (Xerxes I., um 519–465 v. Chr.) den im Exil lebenden Juden Gerechtigkeit; vgl. Esth; de Vries (1994), S. 123–127; Schmidt (1998), S. 222–228, 235.

862, 19 *Schwimmbad unter dem Hotel Marseille* – s. K. 487, 20; 189, 38 f.

862, 31 *Idlewild* – s. K. 21, 17 f.

862, 34   *Gefilte Fish* – (jidd./engl.) Gefüllter Fisch, traditionelles jüd. Gericht, wobei
             der Fisch mit Gemüse und saurer Sahne gefüllt und kalt serviert wird.

863, 5   *Dschi-sain* – Engl. Aussprache von Gesine.

863, 8–10   *This is work . . . be offended. / Night* – (engl.) Das ist Arbeit.
             – Du brauchst nicht beleidigt zu sein.
             – Gute Nacht.

863, 13   *Schabbes-Park* – (jidd.) Sabbat-Park, so genannt, weil es ein vorwiegend jüd.
             Wohngebiet war; s. K. 47, 16.

14. 3. 1968

863, 16–22 *An der Universität . . . Sind ja Herren* – Vgl. den Artikel »3, 500 Join Columbia
             Boycott« der NYT vom 14. 3. 1968: »More than 3,500 students and 100 fac-
             ulty members refused to attend classes at Columbia University yesterday as a
             protest against the draft and the war in Vietnam. [. . .]
             Most faculty members had announced on Tuesday that they were canceling
             their classes rather than force students to cut if they wanted to join the one-
             day boycott. [. . .]
             An administration official [. . .] remarked: ›Goodness, I've never seen so many
             of them with ties and jackets. They are being gentlemen.‹«; s. K. 81, 36.

863, 23–29 *Was fordern die . . . gegen weitere Strafverfolgung* – Vgl. den Artikel »Polish Stu-
             dents Clash With Police in 2 More Cities« der NYT vom 14. 3. 1968: »The
             resolution adopted by the students of the Polytechnic School [in Warschau]
             included the following points:
             Respect of the Constitution, especially its guarantees of freedom of speech
             and assembly.
             Release of all students arrested since the first demonstrations last Friday.
             Punishment for those who called the police onto the school grounds in vio-
             lation of the traditional right of extra-territoriality accorded institutions of
             higher learning.
             Guarantees that the school staff and professors who sympathized with the stu-
             dents would not be persecuted«; s. K. 849, 11–13; 862, 4 f.; 904, 27–30.

863, 28   *Universität* – Die Warschauer Universität wurde 1816 unter Zar Alexander I.
             (der gleichzeitig poln. König war) gegr., nach zweimaligen Schließungen
             (1830, 1869) wurde sie erst 1918 eine autonome poln. Institution. 1939 von
             den Nazis geschlossen, existierte sie als sog. Geheime Universität. In den Er-
             eignissen von 1968 spielte sie eine wesentliche Rolle; s. K. 862, 4 f.; s. 938, 9 f.

864, 1   *Schnack* – (nd.) hier: feststehende Redensart.

864, 2   *en face* – (frz.) von vorn.

865, 3   *Grimasse, für die ich dann gelte* – s. K. 8, 35.

866, 7 f.   *Ich weiß nichts . . . andere hieß Peter* – s. 818, 2–6.

866, 8   *Schietmuul* – (nd.) Scheißmaul; s. 818, 3.

866, 11   *Lieben D. E.* – s. K. 814, 34.

866, 13   *Kaskinen* – s. K. 154, 14.

866, 18–21   *»gegenrevolutionäre Kräfte« zu . . . nach »sozialpolitischen Veränderungen«* – Die
                  NYT vom 14. 3. 1968 zitiert aus einem Leitartikel des »Neuen Deutschlands«
                  vom 13. 3. 1968, in dem in Prag und Warschau konterrevolutionäre Kräfte
                  und imperialistische Gegner am Werk gesehen und gewisse Kreise in Prag kri-
                  tisiert wurden, die in Zusammenhang mit der Flucht des früheren Vertrauten
                  Novotnýs, Generalmajor Jan Šejnas in den Westen (s. K. 831, 1–11), soziale
                  und politische Veränderungen forderten. Drahomir Kolder, ein als konserva-
                  tiv beurteilter Sekretär des ZK, hatte vor einer »spontaneous democratization«
                  und einer Pogromstimmung im Land gewarnt.

866, 22   *Scandinavian Airlines* – s. K. 325, 22.

866, 27   *Radar* – s. K. 42, 16.

866, 34 f.   *Wenn sich twei . . . sin Kau werrer* – (nd.) Wenn sich zwei Diebe streiten, dann
                  kriegt ein ehrlicher Mensch seine Kuh wieder.

866, 36 f.   *einer von Hein . . . an den Galgen* – (nd. Redewendung) Hei is so eigen as Hein
                  Fink, dei süll an'n Galgen un woll nich. – Er ist so eigensinnig wie Hans Fink,
                  der sollte an den Galgen und wollte nicht; vgl. Raabe (1854), S. 8.

866, 39   *Sincerely yours* – s. K. 190, 14.

15. 3. 1968

867, 2–8   *Der stellvertretende Verteidigungsminister . . . Anteil gesprochen hatte* – Vgl. den
                  Artikel »Czech Defense Aide a Suicide; Linked to General Who Defected«
                  der NYT vom 15. 3. 1968: »Gen. Vladimir Janko, a Deputy Defense Minister
                  of Czechoslovakia, shot himself to death today.
                  The suicide was attributed by informed sources to his implication in a mili-
                  tary plot led by Maj. Gen. Jan Sejna, who defected to the United States last
                  month. [. . .]
                  According to these sources, the Deputy Defense Minister was charged with
                  the execution of the conspiracy that General Sejna was said to have prepared.
                  The sources said General Janko shot himself through the heart and head while
                  being driven in the staff car to face a commission inquiring into the case.
                  According to another version, he committed suicide in his apartment 24
                  hours after the Cabinet had discussed his involvement in the defection of
                  General Sejna.«
                  Der Tod des Generalobersts Vladimír Janko, seit 1958 stellv. Verteidigungs-
                  minister, war der erste in einer Reihe von Selbstmorden hoher Beamter und

Offiziere, die sich in der stalinistischen Ära kompromittiert hatten; vgl. auch
DER SPIEGEL 18. 3. 1968, S. 130 und 132, und 13. 5. 1968, S. 131; s. K.
523, 9 f.; 831, 1–11; 1075, 31–34.

867, 9–15 *In Bentre, jener... werden noch geprüft* – Vgl. den Artikel »Ruined Bentre,
After 45 Days, Still Awaits Saigon's Aid« der NYT vom 15. 3. 1968: »It took
45 hours of fighting with the Vietcong to destroy 45 per cent of Bentre, a city
of 34,000. Now, 45 days later, the Government has not provided one brick to
rebuild the Mekong delta community. [. . .]
United States officials estimate that about 2,500 of Bentre's 8,000 families are
homeless and living in bad conditions. [. . .]
The allotment of cement per family is 15 bags, when it arrives. [. . .]
The fighting that rolled across Bentre early in February killed 456 civilians,
according to official records. Two hundred additional applications for death
certificates are being checked. [. . .]
[Aussage eines jungen Amerikaners:] ›Someone said Bentre had to be destroyed to save it. We destroyed it; now it is time to save it.‹«; s. K.
690, 36–691, 7.

867, 9 *Mekong-Delta* – Überschwemmungsgebiet, das durch die Vielzahl der Arme
und Nebenarme des Mekong gebildet wird; südlichste Region und »Reis-
kammer« Vietnams.

867, 31 *Fritz* – s. 885, 6; 910, 2–14; XVII, 9; 1268, 12.

869, 10 f. *Olden Mochum, so... in Alt Strelitz* – Nachdem ein Feuer 1712 die Residenz
Strelitz zerstört hatte und die Bürger Hand- und Spanndienste für den Neubau verweigerten, gründete Herzog Adolf Friedrich III. von Mecklenburg
1733 eine neue Residenz – Neustrelitz. Seine »Conditiones« vom 20. 5. 1733
boten Steuervergünstigungen, Zunft- und Religionsfreiheit und lockten
auch Strelitzer an, so daß Alt-Strelitz verkümmerte. »Das Bild änderte sich erst
wieder, als der Herzog den Juden gewährte, sich in Strelitz niederzulassen.
Anfang des 19. Jahrhunderts gab es in Strelitz fast 500 jüdische Einwohner.
Allgemein besserte sich die wirtschaftliche Lage«; vgl. Kasten (1954), S. 117;
s. K. 271, 32.
Mochum könnte über das Jiddische abgeleitet auf hebr. »maqom«: Ort
zurückgehen.

869, 11 *Alt Strelitz* – Ort südöstlich von Neustrelitz; s. K. 271, 32; 968, 8–11.

870, 7 *Monsieur le Maire* – (frz.) Herr Bürgermeister.

870, 9 f. *Lebensmittel zu überhöhten Preisen verkauften* – Der LGA vom 31. 3. 1942 berichtet unter der Überschrift »Keine Milde für Verbrecher am Volksganzen.
Der Staat greift zu: Todesstrafe für Lebensmittelschieber« ausführlich über
Zuchthausstrafen und Todesurteile in Königsberg, Rostock, Berlin, Bielefeld
und Hannover.

870, 13–17   *Am 31. März . . . die britischen Kulturschänder –* Der LGA vom 31. 3. 1942 zeigte unter der Überschrift »Anklage gegen britische Kulturschänder« Fotos der zerstörten Marienkirche, des Rathauses und des Dominneren.

870, 18–23   *Am zweiten April . . . der Woche erscheinen –* Der LGA war bislang montags nicht erschienen; LGA: s. K. 70, 25 f.; Charles Coleman: s. K. 198, 27; NSDAP: s. K. 164, 27.

870, 24 f.   *Fahrkarten nach Lübeck . . . und parteiamtlichen Bescheinigung –* Die »Lübecker Zeitung« vom 3. 4. 1942 schreibt unter der Überschrift »Nur dringende Reisen nach Lübeck«: »Die Reichsbahndirektion Hamburg gibt bekannt: um in der Osterzeit eine Überfüllung der nach Lübeck fahrenden Züge zu vermeiden, werden ab sofort bis einschließlich 9. April Fahrkarten nach Lübeck nur auf dem Hamburger Hauptbahnhof ausgegeben. Die Notwendigkeit der Reise wird in jedem Falle durch eine Polizeistelle im Hbf geprüft. Die Fahrkartenausgabe Hbf gibt Fahrkarten nach Lübeck nur aufgrund einer von dieser Polizeistelle ausgestellten Bescheinigung aus.«

870, 28–32   *Nachrichten der Zeitung . . . durch Flächenbrände vernichtet –* s. K. 861, 26 f.

871, 2   *Palmsonntags –* Sonntag vor Ostern; s. 948, 9.

871, 5–18   *Am 5. April . . . ein tragisches Geschick –* Am 5. 4. 1942 erschienen die ersten Todesanzeigen, drei Seiten füllend (S. 5–8), in der »Lübecker Zeitung« nach der Bombardierung Lübecks durch engl. Flugzeuge. Eine halbseitige Annonce der Stadt zählte die Toten auf, die zuerst in einem »Massengrab« beerdigt worden waren. Zeilen 9–18 sind Zitate aus den privaten Todesanzeigen; vgl. Mecklenburg (1990b), S. 383, 385.

871, 23–25   *daß die Lübecker . . . gefangenen Besatzung wußte –* Die »Lübecker Zeitung« vom 4. 4. 1942 schreibt unter der Überschrift »13 Britenbomber abgeschossen«: »[. . .] kehrten von den in der Nacht zu Donnerstag unternommenen Luftangriffen 13 britische Bomber nicht zurück.«
Am 5. 4. 1942 heißt es unter der Überschrift »Zwölf Briten abgeschossen« über einen engl. Angriff auf belgisch-frz. Territorium an der Kanalküste: »Nach bisherigen Meldungen wurden zwölf britische Flugzeuge abgeschossen.«

871, 34   *Propagandaminister Goebbels –* s. K. 602, 27.

872, 1 f.   *Am 6. April . . . als amtlich festgestellt –* Diese Meldung stand in der »Lübecker Zeitung« vom 7. [sic] 4. 1942.

872, 7–9   *Über Coventry sind . . . auch eine Kathedrale –* Coventry, Industriestadt in den West Midlands. Die gotische Kathedrale St. Michael aus dem 12.–14. Jh. wurde total zerstört, 1954–62 unter Einbeziehung der Turmruine wieder aufgebaut; s. 872, 14; 998, 34.

872, 10   *Birmingham –* s. K. 93, 26.

872, 14   »*coventrieren*« – »Und ganz ebenso tot ist ein verwandtes Wort des letzten Weltkrieges, obwohl es, nazistisch gesprochen, für die Ewigkeit geschaffen schien
und mit allem Lärm der zusammenklingenden großdeutschen Presse und Ra-
dioverbreitung zur Welt kam: das Verbum ›coventrieren‹«; Klemperer (1996),
S. 135; vgl. ebd., S. 135 f.; s. 998, 34.

872, 24 f.   *eine von ihren Ehrenbürgerschaften* – Folke Bernadotte Graf von Wisborg (2. 1.
1895–17. 9. 1948), Neffe von König Gustav Adolf V. von Schweden; schwed.
Politiker; 1943 Vizepräsident, 1946 Präsident des Schwedischen Roten Kreuzes; verhandelte 1945 erfolgreich mit Himmler über die Freilassung von
19 000 skandinavischen KZ-Häftlingen; 1948 in Palästina von jüd. Extremi-
sten ermordet; s. K. 1112, 14 f.

872, 28   *Churchill* – s. K. 77, 9.

873, 2 f.   *Damals harr Kein . . . du hüt nich* – (nd.) Damals hatte keiner mich verstanden,
und du heute nicht.

873, 5   *Låt man, Gesine . . . is nu vöebi* – (nd.) Laß man, Gesine. Das Lügen ist nun vorbei.

16. 3. 1968

873, 8–878, 6   *die Gräfin Seydlitz . . . Mund aufmachen, Gesine* – Hannah Arendt wohnte in
New York in einem Penthouse, 370 Riverside Drive; s. K. 53, 14; 1210, 21–32.

873, 23   *Schwerin-Vorwerk* – Weder als Stadtteil noch als Straße in Schwerin bekannt.

873, 24   *schweriner Jungfernstieg* – 1894–1939 und seit 1945 Name einer Straße westlich des Hauptbahnhofs, die auf den Obotritenring führt. 1939–45 hieß die
heutige Burgseestraße, die parallel zum Schloßgarten verläuft und an der
kaum Häuser stehen, Jungfernstieg. Angespielt wird hier aber vermutlich auf
die mit vielen großen historischen Häusern bestandenen Straßen um den
Pfaffenteich, die die Schweriner in Anlehnung an den Hamburger ihren
»Jungfernstieg« nennen.

873, 33   *Cannes* – s. K. 505, 20.

874, 6   *Empire* – s. K. 39, 12.

874, 6   *Biedermeier* – s. K. 428, 30.

874, 26   *Georgie Brown* – George Alfred Brown, seit 1970 Baron of Jevington (2. 9.
1914–2. 6. 1985), engl. Politiker, stellv. Vorsitzender der Labour Party, 1966–68
Außenminister. Er trat als Außenminister am 15. 3. 1968 zurück, weil Premierminister Harold Wilson ihn nicht von der auf Bitte des amerik. Präsidenten Lyndon B. Johnson verfügten Sperre des Londoner Goldmarktes informiert hatte; vgl. DER SPIEGEL 18. 3. 1968, S. 34 f. und vom 25. 3. 1968,
S. 146.

874, 28   *Ein Kuß auf Madame de Gaulle* – Johnson spielt hier auf die Eskapaden Browns an, von denen DER SPIEGEL vom 25. 3. 1968, S. 146, berichtet: »Er
– bat Prinzessin Margaret auf einer Party um einen Kuß;
– bot der Frau eines ausländischen Botschafters bei einem Essen an: ›Shall we have an affair?‹;
– erklärte als Gast einer jüdischen Familie, daß er nicht widerstandslos in die Gaskammer gegangen wäre;
– nannte Amerikas Verteidigungsminister McNamara einen Kriegstreiber, küßte ihn aber später;
– hakte sich bei General de Gaulle ein, als sei er Madame;
– küßte Hollands Außenminister Luns zum Abschied die Hand;
– fragte einen lateinamerikanischen Botschafter, Vater von acht Kindern: ›Na, dann sind Sie wohl nie aus dem Bett gekommen?‹
Wiederholt forderten englische Zeitungen, der Kuß-Komiker solle zurücktreten, weil er dem Ansehen Englands schade«; de Gaulle: s. K. 90, 10.

874, 29 f.   *Herr Kristlein, dies . . . Norman, meet Anselm* – s. K. 331, 29.

874, 29   *Norman Podhoretz* – Norman Podhoretz, geb. 16. 1. 1930, Verleger, Hg. von Magazinen, Schriftsteller; seit 1960 Hg. von »Commentary«, 1959/60 auch der »Looking Glass Library«.

874, 29 f.   *Norman, meet Anselm* – (engl.) Norman, darf ich Ihnen Anselm vorstellen.

874, 34 f.   *mit dem Boot* – (engl. wörtl. übersetzt) by boat: mit dem Schiff.

874, 36   *How do you like America* – (engl.) Wie gefällt Ihnen Amerika?

875, 2   *Die Iren sind aber böse* – In einem Bericht über die St. Patrick's Day Parade in der NYT vom 17. 3. 1968 wird betont, wie ungewöhnlich friedlich sie dieses Jahr verlief: »Greeted by applause and, here and there, a few boos along the route up Fifth Avenue, Senator Robert F. Kennedy, a newly announced candidate for the Democratic nomination, marched [...].« – Die Familie Kennedy ist irischer Abstammung.
Zu Ehren des irischen Nationalheiligen findet am 17. März eine Parade statt; 1760 erstmals von irischen Soldaten organisiert, steht sie seit 1838 unter der Schirmherrschaft des kath. Ordens der »Hibernians«. Diese erste und größte Parade des Jahres entlang der Fünften Ave. (selbst die Linien für den Verkehr auf den Straßen werden grün gestrichen) ist ein Volksfest, das die Solidarität der irischen Gemeinschaft symbolisieren soll. Gewöhnlich sieht die Stadt danach aus »like the back seat of a taxi at a Saturday night«; s. K. 43, 31; 1132, 17.

875, 16 f.   *Lächeln, das im . . . der Cheshire-Katze* – Anspielung auf Lewis Carrolls »Alice in Wonderland«. Das Besondere an dieser Cheshire-Katze ist ihr Grinsen von Ohr zu Ohr und die Fähigkeit, Körperteil für Körperteil zu erscheinen oder zu verschwinden, so daß selbst das Grinsen allein übrigbleiben kann; s. K. 609, 16 f.; 1106, 2–20.

875, 24   *C. I. A.* – s. K. 536, 30.

875, 27   *Hoover* – John Edgar Hoover (1. 1. 1895–2. 5. 1972), 1934–72 Direktor des FBI, des amerik. Bundeskriminalamtes, das unter seiner Führung auch politische Bedeutung gewann.

875, 30   *Brownsville* – s. K. 56, 12.

876, 4   *Dallas* – Stadt in Texas, in der John F. Kennedy erschossen wurde.

876, 8–15   *Die New York . . . Unze Gold geändert* – General Westmoreland hatte weitere 206 000 Soldaten für Vietnam gefordert. Präsident Johnson versprach mehr Truppen, nannte aber keine Zahl, die NYT schätzte zwischen 35 000 und 50 000 Mann. Das Anliegen, das Engagement in Vietnam nicht weiter zu erhöhen, um den Kursverfall des Dollars aufzuhalten, kam von europäischen Bankiers: »Europe's leading central bankers, meanwhile, who from a financial standpoint, have advocated no further step-up in the Vietnam troop commitment, began a two-day meeting with Treasury Secretary Fowler and the Federal Reserve Chairman, William McChesney Martin, in Washington to discuss the world monetary crisis«; vgl. NYT 17. 3. 1968. Auf diesem Treffen wurde ein doppeltes Preissystem für Gold beschlossen, um Privatkäufe zu unterbinden; s. K. 852, 18 f; 878, 8–11.

876, 19   *Bloody Mary* – s. K. 118, 17.

876, 24   *Karstadts* – s. K. 495, 17 f.

876, 25   *Brenninkmeyers* – Besitzer des Textilkaufhauses C & A.

876, 26   *Vassar* – s. K. 660, 1 f.

876, 26 f. *We are dying . . . listen to you* – (engl.) Wir möchten Ihnen wahnsinnig gern zuhören.

876, 28 f. *Es ist die . . . nicht die Lerche* – Zitat aus Shakespeares »Romeo und Julia«, III,5: eigentlich: »Es war die Nachtigall, und nicht die Lerche«.

876, 29   *Shakespeare* – William Shakespeare (am 26. 4. 1564 getauft -23. 4. 1616), engl. Schauspieler, Theaterdirektor und Dichter; Teilhaber des Globe Theatre in London. In den JT sind Zitate aus und Anspielungen auf »Der Kaufmann von Venedig« (s. K. 48, 26–31), »Hamlet« (s. K. 167, 7 f.; 517, 6 f.; 1744, 23), »Romeo und Julia« (s. K. 876, 28 f.), »Wintermärchen« (s. K. 925, 22), »König Lear« (s. K. 1080, 20 f.), »Macbeth« (s. K. 1589, 15), »Julius Caesar« (s. K. 1691, 1 f.) und »Richard II.« (s. K. 1768, 22 f.) gefunden worden; s. K. 449, 14; 1137, 26 f.; 1137, 30 f.

877, 8–11   *Nehmen Sie das . . . Rehabilitierung gesetzt haben* – Die Nationalversammlung sprach am 14. 3. 1968 Innenminister Josef Kudrna und Generalstaatsanwalt Jan Bartuška das Mißtrauen aus. Sie wurden ihres Amtes enthoben, u. a. weil sie die Rehabilitierung von Opfern der stalinistischen Ära nicht schnell genug vorantrieben.

877, 17   *Ihr Glas bedarf einer neuen Füllung* – (engl. wörtl. übersetzt) Your glass needs filling up.

877, 25 f.   *Ist Ihnen das . . . im Central Park* – Ein Schulbus mit Vorschulkindern war in einer Senke unter einer Brücke in ein so tiefes Wasserloch geraten, daß er kurz nach der Rettung der Kinder tatsächlich fast ganz unter Wasser stand; vgl. NYT 16. 3. 1968.

877, 36   *Pavillon* – Le Pavillon, 11 East 59. Straße; erstes frz. Restaurant in New York; von Henri Soulé, dem Koch des Restaurants im frz. Pavillon der Weltausstellung von 1939/40, eröffnet.

877, 37   *Manny Wolfs Steakhaus* – Manny Wolf's Chop House, 3. Ave./49. Straße.

877, 38   *das Restaurant im Waldorf* – s. K. 84, 24 f.

17. 3. 1968

878, 8–11   *Der Präsident Johnson . . . 35 000 oder 50 000* – Vgl. den Artikel »President Ready To Cut Budget To Get Tax Rise/U. S. to Put More Men in Vietnam« der NYT vom 17. 3. 1968: »There are now about 510,000 American troops in Vietnam, and the President has authorized a level of 525,000 by next fall.« Bereits am 10. 3. 1968 hatte die NYT über General Westmorelands Vorstellungen einer strategischen Neuorientierung berichtet. Vgl. auch den Artikel »Rusk To Confront His Critics Today« der NYT vom 11. 3. 1968: »Under consideration now is a request from Gen. William C. Westmoreland, commander of United States forces in Vietnam, for 206,000 more troops, above the current authorized level of 525,000.« Am 17. 3. 1968 berichtete die NYT erstaunlich exakt über die noch geheimen Überlegungen innerhalb der Regierung. Nach den 1971 veröffentlichten »Pentagon Papers« war Präsident Johnson außer sich über das »Leck« in seinem Regierungsapparat und veranlaßte eine Untersuchung.
Andererseits hatte Präsident Johnson mit einer Kürzung des Budgets um $ 1 Mrd. den Wünschen der Bankiers entsprochen; s. K. 852, 18 f.

878, 10   *Westmoreland* – s. K. 40, 21.

878, 12–17   *In Prag haben . . . anderen Ländern kannten* – Vgl. den Artikel »Dubcek Predicts More Purges in Czechoslovakia« der NYT vom 17. 3. 1968: »The enthusiasm [für Dubček] found resounding expression today at an emotion-packed meeting here [in Prag]. About 1,200 veterans of Czechoslovak fighting units gathered in a vast downtown beer hall. It was the first time since the Communists seized power two decades ago that such a meeting had been permitted. [. . .]
Until Mr. Dubcek came to power the veterans of the International Brigade of the Spanish civil war and of units attached to the Western allies and Soviet forces in World War II had been under a cloud. In the Stalinist days they were persecuted for their international connections.«

878, 13 f.   *Spanischen Bürgerkrieg* – s. K. 801, 5 f.

878,18–24   *In Polen erklärt ... Israel ausliefern wollen* – Vgl. den Artikel »Polish Aide Calls Policy Unpopular« der NYT vom 17.3.1968: »Stanislaw Kociolek, the party's secretary for Gdansk, a Baltic seaport, told thousands of workers at a rally that ›our party has very often taken difficult and unpopular decisions.‹ But, he added, ›we are not a party for the weak.‹ [...]
As both speakers [Kociolek und der Parteifunktionär Jan Szydlak] underlined again, the party maintains that the student demonstrations were instigated by Zionists, liberal intellectuals and discredited Stalinist politicians set on pitting workers against students.« Weiterhin hieß es, Polen sei durch eine westdt.-israelische Konspiration bedroht; s. K. 849, 11–13.

878,29   *Stralsund* – Kreisstadt am Strelasund, über den 2,5 km langen Rügendamm mit der Insel Rügen verbunden.

878,31   *Ribnitz* – s. K. 9, 17.

879,1–12   *Deswegen stand das ... nicht wieder fand* – s. 9, 16–27.

879,5 f.   *Auf dem Fischlanddampfer ... fette schwarze Ente* – s. K. 9, 20 f.

879,10   *Körkwitz* – s. K. 9, 23.

879,11   *Düne von Neuhaus* – s. K. 9, 24.

879,37   *Marlene Dietrich* – s. K. 197, 25.

880,1 f.   *in Rostock gewohnt ... An der Jakobikirche* – Vom 23.–27.4.1942 führte die RAF ein Flächenbombardement auf Rostock aus, in dem 163 Menschen starben und 10 000 obdachlos wurden; s. K. 805, 38.

880,9   *Knicks* – Hecken, die die Felder einfassen, um ein Verwehen der Krume zu verhindern; vgl. IB, S. 11: »Knicks sind Buschhecken, die eigentlich den Zaun ersetzen sollen«; s. 953, 17; 1242, 26; 1551, 2; 1727, 2; 1862, 19.

880,12–16   *ein langer Ziegelkaten ... als die Schwelle* – Als dieses Haus könnten Nr. 7 oder 13 des heutigen Bernhard-Seitz-Weges in Frage kommen. Beide Büdnereien wurden als Nr. 3 und 9 1895 von Malern erworben. Nr. 9 gehörte einer Tante Elisabeth Johnsons; vgl. Neumann, B. (1994), S. 284. Allerdings kann man von dort nicht die See, sondern den Bodden sehen; s. 1489, 29 f.

880,14 f.   *Im Dach war ... Fledermausfenster (nicht zwei)* – s. K. 787, 39–788, 1.

880,22   *Bodden* – s. K. 9, 22.

880,32 f.   *Küstenbatterien* – 1935/36 bezog eine Batterie der Küstenartillerie den Standort Althagen, die bei Kriegsbeginn zur 4. Küstenartillerie-Lehrabteilung wurde. Die Stellungen und Bunker befanden sich auf dem Hohen Ufer. Der letzte Bunkertrümmer wurde 1994/95 beseitigt; vgl. Schulz, F. (1992), S. 112; s. 886, 1; 953, 7.

880,36 f.   *das schon wieder ... wie der Swinegel* – (nd.) Schweineigel. Anspielung auf Grimms Märchen von Hase und Igel; s. 978, 19; 1766, 17.

881, 11 *Zeesenboote* – (nd./slawisch) Zweimastige Fischerboote mit hohem Bugspriet zum Schleppfischen; s. 1494, 23.

881, 17 *die Nagelschen Felder* – Die Felder liegen links und rechts des Wegs zum Hohen Ufer, der zur Ostseeküste führt; nach 1945 mit Sommerhäusern von Angehörigen der Intelligenz bebaut.

881, 17–19 *ein einziges Haus . . . hatte eine Sonnenuhr* – Das »Haus Stranddorn«, das älteste Haus auf dem Hohen Ufer, 1895 von dem Maler Friedrich Grebe erbaut. Noch in den dreißiger Jahren standen auf diesem Gebiet nur drei Häuser; s. 1493, 31.

882, 1 *Büdnern* – s. K. 590, 8.

882, 2 f. *Ahrenshoop hingegen, im pommerschen Preußen* – s. K. 9, 25.

882, 4 *Hotel, benannt nach der Ostsee* – Das »Ostsee-Hotel« mit 18 Zimmern liegt in Althagen an der Hauptstraße, gegenüber dem Weg zum Hohen Ufer; vgl. Grieben (1934), S. 105; s. 882, 20; 1489, 26.

882, 5 f. *Es schrieb sich . . . einem accent circonflex* – Frz. Schreibweise: Hôtel.

882, 10 *Klaus Niebuhr* – s. K. 9, 32–36; 9, 35.

882, 11 *Friedenau* – s. K. 472, 34 f.

882, 22 *Kurhaus* – Ahrenshoop war damals kein Kurbad, aber das an der Dorfstraße gelegene »Hotel Bogeslav« hieß später »Kurhaus«; s. 1493, 3.

882, 24 *Reineke Voss* – (nd.) Reineke Fuchs, hier als Spitzname einer Person gebraucht. Der Fuchs als listiges Fabeltier kommt sowohl in der Antike als auch in der Überlieferung des Volksmunds vor. 1498 erschien in Lübeck, 1539 in Rostock eine nd. Fassung des Stoffs unter dem Titel »Reineke de vos«.

882, 24 *»Seezeichen«* – »Zum Seezeichen«, Restaurant, Café, Kolonial- und Materialwarenhandlung, Dorfstraße 22/Ecke Strandweg in Ahrenshoop; 1911 erbaut.

882, 26 f. *Malchen Saatmanns Konditorei* – »Café und Konditorei Saatmann« zwischen Hauptstraße und Fulge; vgl. Grieben (1934), S. 105; s. 1489, 26 f.

883, 4 *Mensch Ärgere Dich Nicht* – s. 916, 37.

883, 4 *Pakesi* – Vgl. Johnson, Auskünfte für eine Übersetzerin, S. 344: Leila Vennewitz informiert Johnson: »The game known as ›Parcheesi‹ (trade mark) in the U.S. is known always as ›Ludo‹ in England (not only from my own remembrance, but see Oxford Dictionary). Therefore the reference to Cresspahl playing Parcheesi in Eng. is a bit mysterious. However, I have adjusted the text very slightly, and hope you agree.« Johnson war einverstanden, er antwortete: »Thank you very much.«

883, 10 *»Home Rule«* – (engl.) Selbstregierung. Anspielung auf die Unterdrückung anderer Länder durch Großbritannien. Seit 1870 hatten irische Nationalisten, besonders Parnell und Isaac Butt, mit »Home Rule« ein eigenes Parlament

gefordert. Da Gladstones Gesetzesvorlagen (Home Rule Bill) zweimal abgelehnt wurden und Asquiths erneuter Versuch 1914 zwar angenommen, aber
wegen des Krieges sofort suspendiert wurde, kam es nie zu einem irischen
Parlament unter Großbritannien, denn 1918 forderten die Iren eine unabhängige Republik.
Im amerik. Engl. ist »Home Rule« der Ausdruck für lokale Autonomie. Die
Verfassung des Staates New York garantierte 1894 »Home Rule« zum ersten
Mal für die Stadt New York City. Die jetzt noch gültige »Home Rule« wurde als Artikel IX 1963 in die Verfassung aufgenommen und erlaubt der Stadt,
eigene Gesetze zu erlassen, und verbietet dem Staat, die Stadt in lokalen Be-
langen zu regieren.

883, 30   *Harun al-Raschid –* 786–809, abbasidischer Kalif, der in Bagdad prächtige Bauten schuf und Wissenschaft und Kunst förderte; sein Gerechtigkeitssinn wird
in »1001 Nacht« geschildert.

883, 34 f.   *Die später ihren Kapitän geheiratet hat –* Inge Niemann, auch Ille; s. 1490, 22.

884, 25   *barften Kopf –* barft: (nd.) bloß, barfuß; hier: ohne ein Streicheln; s. K. 840, 2.

884, 26–29 *Be wise then . . . will be dying –* (engl.)
              Seid deshalb klug, Kinder, solange ihr könnt,
              denn die Zeit fliegt geschwind dahin.
              Der gedankenlose Mann, der heute lacht,
              wird morgen schon sterben.
              Anspielung auf Robert Herricks Gedicht »To the Virgins, to make much of
              Time«:
              Gather ye Rose-buds while ye may,
              Old Time is still a flying:
              And this same flower that smiles to day,
              To morrow will be dying.

884, 32   *Bist'n goden Minschen, Hinrich –* (nd.) Bist ein guter Mensch, Heinrich.

884, 33   *Post in Ahrenshoop –* An der Ecke Dorfstraße/Am Strom im Süden des Ortes;
              s. 1490, 5.

884, 35   *Boddendeich –* Entlang des Saaler Boddens (s. K. 9, 22).

884, 35   *Dornenhaus –* Eines der ältesten Althäger Häuser an der Ecke Feldweg/Bern-
              hard-Seitz-Weg; vermutlich aus dem Anfang des 19. Jh.s.; ein niederdeutsches
              Hallenhaus mit am Nordende auf Kopfbändern vorgekragtem Walm. Im
              August 1950 waren Bertolt Brecht und Helene Weigel dort Feriengäste. Seit
              1945 Kindergarten und heute auch als Arztpraxis und Bibliothek genutzt;
              s. 953, 18.

884, 35 f. *an der Mühle –* Sie stand auf der Boddenseite zwischen Althagen und Ahrens-
              hoop bereits auf pommerschem Gebiet; die verfallene Mühle wurde 1969 ab-
              gerissen.

884, 36	*zur alten Schanze* – Auf dem über 14m hohen Schifferberg im Nordosten Ahrenshoops errichteten schwed.Truppen 1813 nach derVölkerschlacht bei Leipzig eine Befestigungsanlage, die die Einschiffung der schwed. Nordarmee nach Rügen decken sollte. Dieser Teil Vorpommerns gehörte damals noch zu Schweden.
885, 6	*»Fritz«* – s. 867, 31.
885, 7 f.	*He hett mi föe'n Bådegast nåmn* – (nd.) Er hat mich für einen Badegast gehalten.
885, 14–18	*Dat harr Alexander . . . nich truun mötn* – (nd.) Das hatte Alexander nicht verdient, Cresspahl. Und wenn ich es ihm gesagt hätte, hätte er das verdient, Gesine? Du hast ihm nicht getraut. Er sollte mir nicht trauen müssen.
885, 19	*In der Nacht . . . die Alliierten Hamburg* – Die Zerstörung Hamburgs durch nächtliche Flächenbombardements der RAF und Tagesangriffe amerik.Verbände auf Industrieziele erfolgte erst ein Jahr später, in der letzten Juniwoche 1943.
885, 32	*Kiew* – s. K. 139, 33.
886, 4 f.	*ob das Leuchtfeuer . . . von Poel war* – Es müßte das von Warnemünde gewesen sein; Poel: Insel in der Ostsee vor Wismar.
886, 5	*Warnemünde* – s. K. 785, 23.
886, 16 f.	*Und was bekam des Soldaten Weib* – Anspielung auf das gleichnamige Gedicht von Bertolt Brecht (s. K. 211, 33), in dem strophenweise die wichtigsten Stationen des 2. Weltkriegs behandelt werden. Und was bekam des Soldaten Weib Aus der alten Hauptstadt Prag? Aus Prag bekam sie die Stöckelschuh. Einen Gruß und dazu die Stöckelschuh Das bekam sie aus der Stadt Prag. Und was bekam des Soldaten Weib Aus Warschau am Weichselstrand? Aus Warschau bekam sie das leinene Hemd. So bunt und so fremd, ein polnisches Hemd! Das bekam sie vom Weichselstrand. Und was bekam des Soldaten Weib Aus Oslo über dem Sund? Aus Oslo bekam sie das Kräglein aus Pelz. Hoffentlich gefällt's, das Kräglein aus Pelz! Das bekam sie aus Oslo am Sund. [. . .]

Und was bekam des Soldaten Weib
Aus dem weiten Russenland?
Aus Rußland bekam sie den Witwenschleier.
Zu der Totenfeier den Witwenschleier
Das bekam sie aus Russenland.
Zitiert nach Brecht (1961), S. 90 f.; vgl. zu den Fassungen Brecht (1988), Bd. 7,
S. 253 f., 452.

886, 25   *Du dat hev ick betålt du* – (nd.) Du das hab ich bezahlt du!

886, 39   *Ick will mit . . . Næm mi mit* – (nd.) Ich will mit nach Jerichow. Nimm mich mit.

18. 3. 1968

887, 17   *ein Gefärbter* – s. 218, 13.

887, 28 f.   *My mother has multiple sclerosis* – (engl.) Meine Mutter hat Multiple Sklerose.

887, 36–888, 3   *Die Vorschrift lautet . . . Verschwendung zu unterbleiben* – Diese These wird an
vielen Stellen von Engels in »Die Lage der arbeitenden Klasse in England«
ebenso wie von Marx im ersten Band von »Das Kapital« vertreten.

888, 36   *Die, die ich war* – s. K. 8, 35.

888, 39   *in Sachsen* – Halle liegt in Sachsen-Anhalt.

889, 7   *Ubahnmünze* – s. K. 368, 2.

889, 12–15   *Wäre aber gern . . . kenne die Vorschriften* – s. K. 761, 23.

19. 3. 1968

889, 20–24   *Die Kommunisten in . . . er selbst besorgen* – Vgl. den Artikel »Novotny Backer
Defends Himself« der NYT vom 19. 3. 1968: »President Novotny, who has
resisted growing pressure to resign is reported to have asked at one point for
television time, but was refused.
The campaign against the President is sharpening and some party sources believe he may be forced out this week. The chief obstacle, apart from Mr. Novotny's apparent refusal, is, according to some of these sources, uncertainty as
to the attitudes of the armed forces, whose command structure retains many
officers believed inclined to support the President. [. . .]
If the reformist party leaders are hesitant to move against the President, the
press has not been. [. . .]
The Communist party organ, Rude Pravo, in what may be a significant omis-
sion, spoke of Mr. Novotny today without his party title of Comrade.«

889, 22   *Parteizeitung* – Rudé Právo; s. K. 1003, 20.

889, 25–30   *Robert F. Kennedy . . . neues Amerika haben* – Vgl. den Artikel »Students Cheer Kennedy In Attack on War Policy« der NYT vom 19. 3. 1968: »Senator R. Kennedy delivered a harsh attack today on President Johnsons's ›bankrupt‹ Vietnam policy before a wildly cheering college audience of 14,500 [an der Kansas State University]. He ended his speech with a plea for help and a promise – ›I will work for you and we will have a new America.‹«

890, 5 f.   *gut bei Sach* – s. 243, 36.

890, 27 f.   *Universität Erlangen* – 1743 von Markgraf Friedrich von Bayreuth als Landesuniversität gegr., ab 1769 unter Markgraf Alexander von Ansbach und Bayreuth; daher noch im selben Jahr Friedrich-Alexander-Universität benannt. Beherbergt seit 1994 die Redaktion des »Johnson-Jahrbuchs«. Ergänzungen und Verbesserungen zu diesem Kommentar werden dort entgegengenommen.

891, 29 f.   *ein versiegeltes Päckchen abgegeben* – s. 1863, 9–23.

891, 30   *3. März 1954* – Gesines 21. Geburtstag, sie wurde (damals) somit volljährig.

891, 34   *»Chers amis«* – (frz.) Liebe Freunde.

891, 37   *Klattenpüker* – (nd.) Klettenpussler; s. K. 532, 30.

892, 7   *Ic* – Stabsoffizier mit der Funktion der Feindaufklärung; s. 968, 27; XVI, 45; 1170, 33; 1205, 35.

892, 7   *Baudissin* – Wolf Stefan Traugott Graf von Baudissin (8. 5. 1907–5. 6. 1993), dt. Offizier und Militärpolitiker; beim Infanterieregiment Nr. 9 in Potsdam; im Frühjahr 1941 als Ic in Rommels Afrika-Korps; schwere Verwundung und brit. Kriegsgefangenschaft; 1951–58 führend an der Entwicklung des Reformkonzepts der Bundeswehr beteiligt (»Innere Führung«, »Staatsbürger in Uniform«).

892, 25   *porridge* – (engl.) Haferbrei.

893, 8   *Č. S. R.* – s. K. 657, 19.

893, 16   *Cannes* – s. K. 505, 20.

893, 31   *Abwehr* – s. K. 777, 32.

893, 31 f.   *nach der italienischen Besetzung der Riviera* – Italien hatte Frankreich am 10. 6. 1940 den Krieg erklärt und hielt nach dem Waffenstillstand ein Gebiet besetzt, das sich von der ital.-frz. Grenze bis zur Rhône erstreckte. Da die Besatzungsbehörden keine Judenverfolgung betrieben, waren Flüchtlinge hier bis zum Kriegsaustritt Italiens am 3. 9. 1943 sicher.

893, 36 f.   *Chamber's Encyclopaedia* – Chambers's [sic] Encyclopaedia, A Dictionary of Universal Knowledge, von den Brüdern Robert (1802–1871) und William Chambers (1800–1883) hg., 10 Bde., 1860–68 in Edinburgh erschienen.

Johnson besaß die Ausgabe von 1888–92 mit diesen Begriffen auf der angegebenen Seitenzahl in Bd. 10.

893, 37 f.   *Vetch und Veterinary Medicine* – (engl./dt.) Wicke und Tiermedizin.

20. 3. 1968

894, 12–27   *Der Angestellten Cresspahl . . . mir immerhin vorhalten* – Vgl. Johnson, Über eine Haltung des Protestierens.

21. 3. 1968

894, 29–895, 2   *Ein westdeutscher Schauspieler . . . das vorher nicht* – Vgl. den Artikel »German Actor, Denouncing U. S., Returns to East« der NYT vom 21. 3. 1968: »Wolfgang Kieling, 44 years old, a leading German stage and screen actor, crossed into East Berlin over the weekend. [. . .]
In a letter left behind with friends and made public today, he said he could no longer live in West Germany because of its ›complicity with the crimes of the American Government against the American Negro and the people of Vietnam.‹« Kieling bezeichnete die amerik. Regierung als »the most dangerous enemy of humanity in the world today«. Sein Urteil basiere auf den Erfahrungen, die er 1965 während der Aufstände in Watts gemacht habe, als er sich anläßlich der Dreharbeiten zu Hitchcocks »Torn Curtain« in Los Angeles aufhielt. Er spielte in dem Film einen ostdt. Agenten.
Wolfgang Kieling (16. 3. 1924–7. 10. 1985), lebte bis 1958 in der DDR, dann in der BRD, spendete 1965 den Goldenen Bundesfilmpreis dem Vietcong. Er erklärte, die DDR sei das »einzige deutschsprachige Land, wo ich mit Gewißheit sagen kann, daß es an den Verbrechen der amerikanischen Politik keinen Anteil hat«; vgl. Neues Deutschland 20. 3. 1968; DER SPIEGEL 25. 3. 1968, S. 199 f.

895, 2 f.   *Wenn Einem eines . . . in ein anderes* – s. K. 80, 16.

895, 4–9   *Es gibt auch . . . Kosten nicht wert* – Vgl. den Artikel »Shoup, Calling for Talks, Doubts Military Victory« der NYT vom 21. 3. 1968: »Gen. David M. Shoup, former Marine commandant, estimated today in a renewed attack on the Administration's Vietnam policy that up to 800,000 American troops would be required just to defend South Vietnamese population centers against Communist attack. [. . .]
He said that the only way the United States could achieve military victory would be by invading North Vietnam, and contended that the Vietnamese war was not worth the cost.«
David Monroe Shoup (30. 12. 1904–13. 1. 1983), 1956–58 Kommandeur der 3. Marines Division auf Okinawa; 1958–59 kommandierender General des

Rekrutierungs-Depots auf Parris Island; 1959 Chief of Staff und 1960–63 Kommandeur des US-Marines Corps.

895, 11 *Volksempfänger* – s. K. 835, 7.

895, 13 *jeder Siegesfanfare, die eine »Sondermeldung« verhieß* – Die »Sondermeldungen« im Radio wurden durch eine Tonfolge aus Franz Liszts »Revolutionsouvertüre« eingeleitet.

895, 14 *Stalingrad* – s. K. 271, 28.

895, 17 f. *die Biographie des Reichsluftmarschalls Göring* – Erich Gritzbach: Hermann Göring. Werk und Mensch, München 1938.
Hermann Göring (12. 1. 1893–15. 10. 1946), dt. Politiker, Jagdflieger im 1. Weltkrieg; enger Vertrauter Hitlers, seit 1922 Mitglied der NSDAP, Oberster SA-Führer, ab 1928 im Reichstag, 1932–45 Reichstagspräsident, ab 1933 preußischer Innenminister, später auch Ministerpräsident, hauptverantwortlich für die Errichtung der Diktatur. Göring baute die Geheime Staatspolizei (Gestapo) auf und errichtete die ersten KZ für politische Gegner. Seit 1935 Reichsminister für Luftfahrt, Reichsforst- und -jägermeister; baute die Luftwaffe auf, wurde 1938 mit dem Titel Reichsfeldmarschall deren Oberbefehlshaber; mitverantwortlich für die Fehlschläge der dt. Luftwaffe im Krieg. Er leitete auch die wirtschaftliche Kriegsvorbereitung. Während des Krieges spielte er eine entscheidende Rolle bei der Organisation der Zwangsarbeit ausländischer Arbeitskräfte und bei der Judenvernichtung; im April 1945 aus der NSDAP ausgeschlossen; im Nürnberger Kriegsverbrecherprozeß zum Tode verurteilt, beging er Selbstmord; s. K. 720, 13–16; 1123, 11–16; 1493, 17–19.

895, 18 *»Stukas«* – Curt Strohmeyer: Stukas! Erlebnis eines Fliegerkorps, hg. von Freiherr von Richthofen, Berlin (um 1940). Johnson besaß ein Exemplar; s. K. 832, 29–34.

895, 18 f. *»Mölders und seine Männer«* – Buch von Fritz v. Forell, Graz 1941, in dem der Flieger und sein Geschwader als Helden im Sinne nationalsoz. Propaganda dargestellt werden; Johnson besaß ein Exemplar; s. K. 859, 31–38.

895, 27 *Lyzeum und Gymnasium in Gneez* – Güstrow hatte ein Lyzeum »Am Wall«; s. 899, 37; 933, 29; 962, 33; 965, 33 f.; 1207, 9; 1216, 32; 1251, 17; 1451, 3 f.; 1828, 39; Gymnasium: s. K. 413, 27.

895, 32 *Sudetendeutscher* – s. K. 663, 1 f.

895, 33 *Henleinputschist* – s. K. 663, 1 f.; 667, 15.

895, 35 *Reichspropagandaminister Goebbels* – s. K. 602, 27.

896, 1 *zum deutschen Gruß der Nazis* – Beim sog. »Deutschen Gruß« oder »Hitlergruß« wurde der ausgestreckte rechte Arm bis in Augenhöhe gehoben und »Heil Hitler« gerufen, was Verehrung für den Führer und das dt. Volk bezeigen sollte. Die Nationalsozialisten gaben ihn als germanische Tradition aus; s. 1068, 24–26; 1378, 12.

896, 3–6   *Du bist ein . . . in Wersaljes angetan* – Verballhornte Aussprache von Versailles. Die Quelle des Zitats konnte nicht nachgewiesen werden. Ähnliche Sprüche waren verbreitet, so wurde in Thüringen noch 1932 täglich vor Schulbeginn gebetet: »Der Versailler Vertrag behauptet, Deutschland sei am Kriege schuld. Diese Lüge ist die Wurzel unserer Not«; s. K. 496, 19 f.

896, 7   *alte deutsche Schrift* – Ludwig Sütterlin (23. 7. 1865–20. 11. 1917) hatte sowohl für die dt. wie die lat. Schrift eine vereinfachte Schreibschrift entworfen, die beide ab 1915 an preußischen Schulen gelehrt und 1934 in allen dt. Schulen amtlich eingeführt wurden. Nach einem Erlaß des Reichserziehungsministers vom September 1941 wurde nur noch die »Normalschrift«, eine vereinfachte Version der Sütterlin-Schreibschrift für lat. Buchstaben, unterrichtet.

896, 33   *Olsching Lafrantz* – Der Name ist vermutlich von Laurentius abgeleitet. Olsching von (nd.) olsch: alt.

897, 16–19   *Da fiel ihr . . . um die Augen* – Vermutlich Anspielung auf die Beschreibung von Pribislav Hippe und Verarbeitung eines Motivs aus Thomas Manns »Der Zauberberg«: »Aber seine Augen, blaugrau oder graublau von Farbe – es war eine etwas unbestimmte und mehrdeutige Farbe, die Farbe etwa eines fernen Gebirges –, zeigten einen eigentümlichen, schmalen und genaugenommen sogar etwas schiefen Schnitt, und gleich darunter saßen die Backenknochen, vortretend und stark ausgeprägt, – eine Gesichtsbildung, die in seinem Falle durchaus nicht entstellend, sondern sogar recht ansprechend wirkte, die aber genügt hatte, ihm bei seinen Kameraden den Spitznamen ›der Kirgise‹ einzutragen.«, Mann (1974), Bd. III, S. 170.
Auch Mme. Chauchat, durch die sich Hans Castorp wiederum an Hippe erinnert fühlt, wird so beschrieben: »Zufällig blickte er ins Nebenzimmer bei diesen Worten und sah dort Frau Chauchat von vorn, ihre schmalen Augen und breiten Backenknochen« (ebd., S. 124). Die Augen von Mme. Chauchat bilden ein Leitmotiv und werden auch mehrmals als »Pribislav-Augen« (ebd., S. 247, 296, 326) bezeichnet.

897, 16 f.   *Gabriel Manfras* – Zu dessen Entwicklung vgl. IB, S. 69–72.

898, 34 f.   *»fremdstämmige Beutedeutsche«* – Volksdeutsche hießen jene Deutsche, die oder deren Vorfahren in früherer Zeit ausgewandert, jetzt im Ausland fest ansässig waren und die Staatsangehörigkeit ihrer neuen Heimat besaßen. Beutegermanen nannte man sie spöttisch, wenn sie im Zuge der Eroberungen Aufnahme als Reichsangehörige fanden; s. 919, 19 f.; 920, 11 f.; 1609, 37 f.

900, 3   *ins Rauhe Haus in Hamburg* – 1833 von J. H. Wichern in Hamburg gegr. kirchliche Anstalt zur Betreuung gefährdeter männlicher Jugendlicher.

900, 5   *aller* – (frz.) gehen.

900, 5 f. *ein Fürst im Reiche* – Vermutlich Anspielung auf die Bezeichnung für den Teufel in Joh 12, 31: »Jetzt geht das Gericht über die Welt; nun wird der Fürst dieser Welt ausgestoßen werden.« Der Ausdruck wurde durch die 3. Strophe von Martin Luthers »Ein feste Burg ist unser Gott« bekannt; s. 915, 33; 1007, 8.

900, 7 *artig geschworen* – Wortspiel mit »arisch«, s. 892, 34.

22. 3. 1968

900, 9–904, 19 »DIE ARMEE GIBT ... *und Plünderei enthalten.*« – »Army Helps Police Learn About Riots / by Homer Bigart / Special to the New York Times / Fort Gordon, Ga., March 20 – On a piney knoll some 60 city and state policemen and National Guard officers gathered yesterday to watch the testing of ›nonlethal agents‹ that may be used this summer to disperse riotous mobs in the nation's cities.
It was unseasonably warm, a lazy, hazy Georgia day more conducive to spring fever than to incendiary design.
Robins sang, coffee and cookies were served and the post band played ›The Stars and Stripes Forever‹ as the sixth class of the Civil Disobedience Orientation Course climbed out of an Army bus to begin a 20-hour course on the anatomy of a riot.
This was the setting for a weekly exercise at the Army's riot control school, an institution hurriedly conceived a few months ago to teach the grim lessons derived from the Detroit and Newark riots, and from other racial disorders of last summer.
Army Manual Revised
Each week since early February, a new class of police officers, guardsmen and occasional Secret Service or Federal Bureau of Investigation agents has completed the course, directed by the Army's Military Police School. [...]
Deadly serious, yesterday's class sat in a covered stand and awaited the demonstration. Out front of the spectators, down a gentle, sandy slope at ranges of 50, 100 and 150 yards were clumps of black silhouettes, representing mobs. These ›mobs‹ were to be assaulted with tear gas hurled at them by foot troops or sprayed on them from a helicopter.
First, the members of a class saw a squad of military policemen approach the nearest mob under a protective smoke screen. The squad, an eerie gas-masked apparition, emerged suddenly from the smoke to confront their assailants.
Next, the M. P.' s shot off smoke grenades, designed, the instructor explained, for signaling or perhaps just determine wind direction. The grenades came in reds, greens, yellows and violets. Shot off together, their smoke combined in a bilious psychedelic cloud.
Wind Direction Vital
Wind direction was important, and many in the audience kept a nervous eye

on the weather vane, knowing that two types of tear gas, so-called CS and CN, would be demonstrated next. It was recalled that on a previous occasion the stands had emptied suddenly when an errant wind sent a cloud of gas billowing up the slope.

CS is the type of tear gas now favored by the Army. It is more devastating on a mob than the gentler CN used by the civilian police.

CS, as described by the Army, ›causes an extreme burning sensation, a copious flow of tears, coughing, labored breathing and tightness of the chest, involuntary closing of the eyes, stinging on the moist skin, and sinus and nasal drip.‹ Nausea and mild vomiting may occur if a heavy concentration is used. [...]

The high point of the demonstration came when a helicopter swooped over the range, emitting a white cloud of gas that was forced down on the mobs by the downdraft of the rotor blades.

Tomorrow the class attends another outdoor show, this one involving a simulated battle between militant civil rights demonstrators and the National Guardsmen. Both the rioters and the Guardsmen are enacted by the Army's 503rd Military Police Battalion, one of the units that defended the Pentagon against the peace marchers last October.

The clash is staged in a Hollywood like mockup of a community called Riotsville, replete with the normal targets of a looting mob – a liquor store, a television and appliance shop, a sporting goods store that sells guns, and a drugstore.

›Baby‹, a firebrand militant portrayed by a 22-year-old Negro sergeant named Bob Franklin, harangues a crowd, charging police brutality. The crowd waves signs denouncing war. One sign reads ›We Shall Overcome‹. Bricks and rocks made out of rubber, but hefty enough to be realistic are thrown at the ›Mayor‹ when he tries to placate the mob.

But here comes the National Guard. Using tear gas, bayonets, an armored personnel carrier, and classic antiriot tactics, the troops prevail. ›Baby‹ is seized and taken off in the armored car, a prisoner.

The class spends the rest of the study hours in a classroom dominated by a huge table model of a city that presents in miniature not only a slum area but also a downtown district with ›skyscrapers‹, an industrial center, a port area, hospitals, schools, a city hall and critical facilities such as power stations.

The class studies problems relating to the defense of these installations, the containment of mobs and the detention of prisoners. [...]

The course examines about every conceivable device that might be used by rioters, including sewers and underground storm drains.

An instructor warns his class: ›When troops are on a slope or at the bottom of it, dangerous objects can be directed at them such as vehicles, trolleycars, carts, barrels, rocks, liquids and so forth.

›On level ground wheeled vehicles can be driven under their power towards troops, but the drivers can jump out before the vehicles reach their target. This target may be used for breaching roadblocks and barricades.

›In using fire, mobs may set fire to buildings and motor vehicles to block the

advance of troops, to create confusion and diversion or to achieve goals of property destruction, looting and sniping.
›Mobs may flood an area with gasoline or oil and ignite it as troops advance into the area.
›They may pour gasoline or oil down a slope toward the troops or drop it from buildings and ignite it.
›They may place charges of dynamite in a building, timed to explode as troops or vehicles are opposite the building, or be exploded ahead of the troops so that the rubble blocks the street.
›They may drive dogs or other animals with explosives attached to their bodies toward the troops. The charges may be exploded by remote control, fuses or a time device.‹
Troops must be trained to ignore taunts, the instructor says. Troops [...] ›must be emotionally prepared for weird mob actions, such as members of the mob screaming and rushing toward them, tearing off their own clothes or deliberately injuring or maiming themselves.‹
But the need for stringent fire discipline is stressed. Only that force necessary to control the situation is to be exercised ›in consonance with our democratic way of life and military teachings.‹
The revised Army manual expected April 1 will contain new sections on the control of arson and looting.« NYT 22.3.1968; s. K. 9, 6 f.

900, 11   *Homer Bigart* – 25.10.1907–16.4.1991, Kriegskorrespondent für die New York Herald Tribune 1942–45; seit 1955 Auslandskorrespondent für die New York Times; Pulitzer-Preis 1945 für seine Berichte über den Krieg im Pazifik.

900, 16   *Nationalgarde* – s. K. 734, 9.

900, 24 f.   *Die Sterne und die Streifen immerdar* – Anspielung auf den Refrain der Nationalhymne der USA »Stars and Stripes«, auch »The Star-Spangled Banner« genannt:

> Oh, say does the star-spangled banner yet wave
> O'er the land of the free and the home of the brave?

> Sagt an, weht das Sternenbanner noch rein
> über der Heimat der Tapfren und der Frei'n?

Text: Francis Scott Key (1.8.1779–11.1.1843), angeblich durch den Anblick der Flagge über Fort McHenry in Baltimore während der Beschießung am 13./14.9.1814 durch die Briten inspiriert; Melodie nach dem zu der Zeit populären engl. Trinklied »To Anacreon in Heaven«. Das Lied wurde während des Spanisch-Amerikanischen Krieges (1898) zur inoffiziellen Nationalhymne, seit 1916 auf Präsident Wilsons Anweisung bei militärischen Anlässen gespielt und am 3.3.1931 durch Gesetz zur Nationalhymne erklärt; s. K. 1004, 37 f.

900, 32   *Aufständen von Detroit und Newark* – s. K. 9, 6 f.

901, 10   *Yards* – 1 Yard: 0, 9144 m.

902, 15   *Pentagon* – s. K. 24, 17.

904, 20   © *by the . . . York Times Company* – s. K. 116, 25.

23. 3. 1968

904, 22–24   *Jeder Soldat, den . . . und 40 000 Dollar* – In einem Artikel der NYT vom 23. 3.
                 1968 über eine mögliche Truppenverstärkung in Vietnam heißt es: »Zwick,
                 the Director of the Budget, has testified that the cost of each additional man
                 would be $20,000 to $40,000.«

904, 27–30   *Nun steht es . . . Agitatoren« gesteuert würden* –Vgl. den Artikel »Pravda Reports
                 On Polish Unrest« der NYT vom 23. 3. 1968: »Soviet newspaper readers were
                 finally informed today of the student disorder under way in Poland for the
                 last two weeks. [. . .]
                 Mr. Gomulka's accusations that ›anti-Soviet agitators‹ were behind the disor-
                 ders appeared to settle a problem confronting the Soviet leadership on how
                 to report the disturbances.« Der Leitartikel forderte im übrigen mehr Infor-
                 mationen über internationale Ereignisse, besonders aus den komm. Bruder-
                 ländern; Pravda: s. K. 190, 29; s. K. 849, 11–13.

904, 31–33   *Antonín Novotný, da . . . von einer Pfründe* –Vgl. den Artikel »Novotny Resigns
                 Czech Presidency On Party Demand« der NYT vom 23. 3. 1968: »Along with
                 Mr. Novotny's resignation that of his son was also announced.
                 The younger Novotny, also named Antonin, had been director of a large
                 book-exporting concern, and in the campaign of recent weeks was widely
                 accused of enriching himself by virtue of his relation to the president.«

904, 33–35   *Das Parteipräsidium der . . . mit 30 000 an* –Vgl. den Artikel »Rehabilitation Plan
                 Backed« der NYT vom 23. 3. 1968: »The Communist party's Presidium
                 approved an action program today to rehabilitate 30,000 victims of Stalinism.
                 The Presidium said that it would submit to the party's Central Committee at
                 its next meeting a proposal that the committee establish a commission to
                 complete the rehabilitation of persons tried in 1952–1964.«

905, 3–12   *Es war eine . . . Begleitung sind willkommen* – Eine Vorlage für diese Bar hat sich
                 nicht auffinden lassen, aber es war sicher nicht die Algonquin Bar, 59 West 44.
                 Street, Treffpunkt von Literaten in den zwanziger und fünfziger Jahren, wie
                 es B. Neumann in seiner Johnson-Biographie vorschlägt; vgl. Neumann, B.
                 (1994), S. 584.

905, 36   *Galway* – Hafenstadt an der irischen Westküste.

906, 38   *I like your wife, Ericksen* – (engl.) übersetzt im Text 906, 27 f.

907, 1   *So do I, Wes* – (engl.) übersetzt im Text 906, 30.

907, 2   *Aer Lingus* – Irische Fluggesellschaft.

907, 9 f. *See you later... a while. Crocodile* – (engl.) Bis später. Alligator. – Bis bald. Krokodil. Auf der Wirkung des Reims beruhender Nonsense-Spruch aus dem Titel »See you later, Alligator« von Bill Haley.

908, 3   *Mix it* – (engl.) übersetzt im Text.

908, 4   *Dem Beladenen soll... Mühe erspart werden* – Anspielung auf Matth 11, 28: »Kommet her zu mir alle, die ihr mühselig und beladen seid.«

908, 10   *nutville* – (engl. Slang) übersetzt im Text.

24. 3. 1968

909, 2–7 *Zweimal haben die... Genossen zu erklären* –Vgl. den Artikel »Dubcek Has Talks With Bloc Chiefs« der NYT vom 24. 3. 1968: »Alexander Dubcek, the Czechoslovak party chief, went to East Germany today to calm fears of other leaders of the Soviet camp that his program of internal liberalization endangered Czechoslovakia's adherence to common policies. [...]
Mr. Dubcek's journey to Dresden was viewed as a conciliatory gesture to Mr. Ulbricht, who has twice received invitations to confer with Mr. Dubcek in Czechoslovakia after the change in leadership here.«
Am 23. 3. 1968 fand in Dresden ein nicht angekündigtes Treffen aller Warschauer-Pakt-Staaten außer Rumänien statt. Die Prager Führung wurde scharf kritisiert, sie habe den Reformprozeß nicht mehr unter Kontrolle. Dubček (s. K. 554, 36) rechtfertigte die tschechos. Reformpolitik und wies die Kritik, die besonders von W. Ulbricht (s. K. 993, 8) geäußert wurde, als unbegründet zurück. Die UdSSR und die DDR boten der ČSSR an, einen Kredit zu erweitern, um die diplomatische Anerkennung der BRD durch die ČSSR zu verhindern. Das Treffen endete ohne gemeinsame Erklärung; s. K. 913, 26–30; 915, 16–27.

909, 7–9 *Die sind inzwischen... sozialistischen Bruderland beschlagnahmen* –Vgl. den Artikel »Acts by East Germany« der NYT vom 24. 3. 1968: »Several Czechoslovak newspapers have been confiscated in East Germany in recent weeks and there were rumours of East German travel restrictions for Czechoslovaks.«

909, 12   *Gräfinnenwald* – s. K. 34, 8.

909, 15   *Reichspropagandaminister Goebbels* – s. K. 602, 27

909, 16 f. *»einzigartiges Hauptbuch des deutschen Sozialismus«* – Schlagzeile der Titelseite der »Lübecker Zeitung« vom 2. 10. 1942: »Hauptbuch des deutschen Sozialismus ist das Kriegswinterhilfswerk gestern von Reichsminister Dr. Goebbels bei der Erstattung des Berichtes für 1941/42 genannt worden«; Lübecker Zeitung: s. K. 70, 25 f.

909, 18–20　　*Tabak-Böhnhase wurde . . . Sieben Jahre Gefängnis* – »Der Verkäufer Eberhard Krüger aus Güstrow hatte wiederholt an Landkunden Zigaretten über Höchstpreis verkauft und mehrfach Tabakwaren gegen Eier, Speck und Butter abgegeben. Er hatte sich daher wegen Preisverstoßes und Kriegswirtschaftsvergehens vor dem Sondergericht Rostock zu verantworten. Das Urteil lautete auf sieben Monate [sic] Gefängnis«, Lübecker Zeitung 9. 10. 1942; s. XI,36–41.

909, 22 f.　　*»Wohnbedürfnis der Luftwaffe kriegswichtig«* – Quelle konnte nicht nachgewiesen werden.

909, 29–33　　*Der Reichsstatthalter über . . . Leichenfledderei schneller rund* – »Nach einer ausdrücklichen Erklärung des Gauleiters und Reichsstatthalters Hildebrandt sind – entgegen völlig grund- und haltlosen Gerüchten – nach einem Bombenangriff auf eine mecklenburgische Stadt die erforderlichen Bergungsarbeiten bereits am Montag um 8 Uhr beendet gewesen. Im Gaugebiet sind organisatorisch und technisch alle Maßnahmen getroffen, daß in jeder Gefahr ausreichend Hilfe und Unterstützung zur Verfügung steht. Die Bevölkerung wird aufgefordert, Gerüchtemacher zur Anzeige zu bringen«, Lübecker Zeitung 8. 10. 1942; Reichsstatthalter Hildebrandt: s. K. 360, 31.

910, 2　　　　*Fritz* – s. 867, 31.

910, 6　　　　*Der Fortsetzungsroman in . . . Zeitung hieß G. P. U.* – Der Roman »GPU« [sic] von Fred Hildebrand erschien in 38 Folgen vom 30.10.–6. 12. 1942 in der »Lübecker Zeitung«; Buch nach dem gleichnamigen UFA-Film von 1941. Regie: Karl Ritter, Drehbuch: Andrews Engelmann, Karl Ritter. Erzählt wird die Rettung eines dt. Soldaten aus den Händen sowj. Geheimpolizisten, die als »Untermenschen« dargestellt werden.

910, 10–13　　*und der Doppeladler . . . Kreuz mit Haken* – Seit dem 2. 4. 1942 besaß die NSDAP 51 % der Anteile des LGA. Er erschien nun mit dem »Lübecker Volksboten« zusammen als »Lübecker Zeitung«. Der Adler, das »Kreuz mit Haken« und der Zusatz »Tageszeitung der NSDAP« erschienen seit dem 25. 10. 1942 im Kopf der »Lübecker Zeitung«; s. K. 70, 25 f.

910, 29–31　　*nur für Tote . . . zu sehen gewesen* – s. 1193, 37.

910, 30　　　*Stalingrad* – s. K. 271, 28.

910, 32–911, 6　　*Sein Bruder Robert . . . wie ein Recht* – »Slata Kriwussjawa [. . .]. Sie hatte von einem deutschen Offizier ein Kind und war von diesem zu seiner in Güstrow wohnenden Mutter gebracht, da er sie nach Kriegsschluß heiraten wollte«, Beltz (1974), S. 15, 19 f.; nach Schultz-Naumann arbeitete Slata Kriwusjawa bei einem Pastor als Haushälterin; vgl. Schultz-Naumann (1989), S. 229 f.; s. K. 975, 8–34; 1185, 10 f.; 1382, 8–11; vgl. Register.

910, 32　　　*»Sonderführer«* – Eigentlich Person im Offiziersrang, die in der Wehrmacht Aufgaben von Offizieren ausführte, wenn sie dafür beruflich qualifiziert war und kein Offizier zur Verfügung stand, z. B. als Dolmetscher oder technischer Spezialist; s. 911, 11; VIII, 14, 17; 1343, 3 f.; 1481, 8.

910, 37 f.   *Ehrenkreuz der Deutschen Mutter* – Seit 1938 im Rahmen der NS-Bevölkerungspolitik an kinderreiche Mütter verliehener Orden, in Bronze für Mütter von vier oder fünf Kindern, in Silber bei sechs und sieben Kindern, in Gold bei acht und mehr Kindern. Gegenüber der Trägerin bestand Grußpflicht aller Mitglieder der Jugendorganisationen der Partei.

911, 13   *»zonder«* – (holl.) übersetzt im Text.

911, 15 f.   *Am Montag, dem . . . Stunde zurückgedreht werden* – Einführung der Winterzeit (1. 11. 1942–29. 3. 1943) zwecks Stromersparnis; vgl. Lübecker Zeitung vom 1. 11. 1942.

911, 29   *Schurrmurr* – (nd.) Abfall, Gerümpel, etwas bunt Zusammengewürfeltes; nach dem Mecklenburgischen Wörterbuch »zusammengegossenes Getränk«, im Niederländischen und Ostfriesischen »Gesindel, Pöbel, gemeines Volk«; Titel einer Erzählung von Fritz Reuter; s. 1634, 9.

911, 31 f.   *Eisernes Kreuz 1. . . . Klasse im Zweiten* – s. K. 115, 31.

912, 21–24   *»in treuer Pflichterfüllung . . . den Heldentod gefunden«* – Ähnlich lautende Todesanzeigen z. B. in der »Lübecker Zeitung« vom 1.–7. 11. 1942.

913, 1   *er braucht einen Namen nicht* – Zu Johnsons Umgang mit Personennamen s. 1606, 31 f.; 1722, 10 f.; 1751, 34; 1834, 9 f.; 1874, 24 f.

913, 8–18   *Wer hat in . . . eingeschalteten Scheinwerfern entführt* – Vgl. Manuskriptfragment 23 669 bfs, S. 82 f., im Johnson-Archiv: »1943 Prozess wegen übler Nachrede in Gneez. Hat C mit Frau Dr. Bell geschlafen? [. . .] Polizeifragen benutzen. Wer hat in der Nacht ein Mädchen gesehen, gegen 2 Uhr, das in einer Tüsche stand und heulte? Wer hat durch das Vorhangschloss im Café Leberecht zwei Männer und eine Dame am Fenstertisch im Gespräch gesehen? Wer weiss etwas über das Motorrad, das am nächsten Morgen vollständig zertrümmert vor der Polizei gefunden wurde? Wer hat einen Angehörigen der Luftwaffe bei Annäherung einer Streife ins Auto geladen und hat ihn mit ausgeschalteten Lichtern entführt? etc.) Freispruch. Es kann nach der Lebenserfahrung des Gerichts nicht daran gezweifelt werden, dass der Kläger seiner Natur nachgegeben hat.«

913, 9   *Tüsche* – (nd.) schmaler Gang zwischen zwei Häusern; s. 1181, 28; 1433, 2; 1448, 29.

913, 21   *zweieinhalb Jahre früher . . . Kollegen es taten* – Vgl. Typoskript der 1. Fassung (JT 2 1. Fsg./1X71), im Johnson-Archiv: »zweieinhalb Jahre früher als er es sonst getan hätte«. Die Änderung im Typoskript der 2. Fassung, d. h. der Druckfassung, ist in Siegfried Unselds Handschrift ausgeführt.

913, 23   *Dat bliwt allns . . . as dat is* – (nd.) Es bleibt alles so, wie es ist. – Sprichwörtliche Redewendung, in Fritz Reuters »Urgeschicht von Meckelnborg« mehr-

mals als 1. Paragraph des Landtagsabschlusses angeführt, z. B.: »Dat bliwwt all
so, as dat west is«; vgl. Reuter (1990), Bd. 7, S. 41, 51, 57; zur Funktion des Zitats vgl. Scheuermann (1998), S. 311–313; s. 1293, 2; 1730, 35.

25. 3. 1968

913, 26–30   *Was die Mitgliedsländer . . . im Lande garantieren* – Vgl. den Artikel »Communique Excerpts« der NYT vom 25. 3. 1968: »the proletariat and all working
people of Czechoslovakia would insure further progress of Socialist construction in the country«; s. K. 909, 2–7.

913, 26   *Warschauer Paktes* – Als Gegengewicht zur NATO (s. K. 42, 16 f.) wurde am
14. 5. 1955 in Warschau ein Militärbündnis der europäischen komm. Staaten
gegr., das die Teilnehmer u. a. zur Unterstellung der Streitkräfte unter einen
gemeinsamen Oberbefehl verpflichtete, zu gegenseitigem militärischem Beistand und zu Konsultationen bei Gefahr für die Sicherheit eines der Vertrags-
staaten. Der Pakt gewährte der Sowjetunion Rechte zur Stationierung ihrer
Truppen in den Mitgliedsstaaten und sicherte ihren politischen und militärischen Führungsanspruch. Er wurde am 1. 7. 1991 aufgelöst.

914, 18 f.   *Der 25. März . . . Frühling seit 1938* – s. 631, 5–27.

914, 21   *In weniger als gar keiner Zeit* – (engl. wörtl. übersetzt) in less than no time; s. K.
609, 16 f.

26. 3. 1968

915, 16–27   *Die Ostdeutschen und . . . diplomatischer Beziehungen verlangen* – Vgl. den Artikel
»Bloc Considering Credit To Czechs« der NYT vom 26. 3. 1968: »Commu-
nist sources in East Berlin said today that they believed the Soviet and East
German leaderships had suggested extending a substantial credit to Czechoslovakia to help her economy. [. . .]
The sources [. . .] said the credit suggestion was made to discourage the Czechoslovaks from seeking financial aid from West Germany. [. . .]
The Czechoslovaks have stated that they need a credit in hard currency and
that the most likely source is the West Germans. They have added that the
likely price for such aid is diplomatic recognition of the Bonn Government.
[. . .]
Czechoslovak sources said the credit topic was raised more in the form of an
ultimatum than a suggestion since it was coupled with attacks on West Germany by the East Germans and others«; s. K. 909, 2–7.

915, 31 f.   *Rats für gegenseitige Wirtschaftshilfe* – s. K. 681, 36 f.

915, 33   *In dessen Reich . . . einer der Kurfürsten* – s. K. 900, 5 f.

916, 24–26   *Es nähert sich . . . herabgeneigter Stellung vermutend* – Das Bild erinnert an Darstellung und Titel einer Graphik Paul Klees »Zwei Männer, einander in höherer Stellung vermutend, begegnen sich«, (Invention 6), September 1903, Etching on paper, Besitz Solomon R. Guggenheim (im Guggenheim-Museum, New York).
Erhart Kästner, der Johnson für den Fontane-Preis 1960 vorgeschlagen hatte und auch die Laudatio hielt, verwendet die Radierung in seinem »Zeltbuch von Tumilad« zur Charakterisierung eines Sonderlings; vgl. Kästner (1951), S. 107, 208.

916, 37   *Mensch Ärgere Dich Nicht* – s. 883, 4.

917, 20   *Scheußlich, das mit seiner Frau* – s. 462, 19–21.

27. 3. 1968

917, 34   *Stalingrad* – s. K. 271, 28.

918, 2   *Reichsarbeitsdienst* – s. K. 571, 31.

918, 6   *Hotel Stadt Hamburg* – s. K. 32, 5.

918, 7   *gneezer Gymnasium* – s. K. 413, 27.

918, 10   *Abwehr* – s. K. 777, 32.

918, 11   *Eiserne Kreuz Erster Klasse* – s. K. 115, 31.

919, 3   *Feldmeister* – Unterster Rang der mittleren Laufbahn im Reichsarbeitsdienst; s. 919, 10.

919, 7 f.   *Ludwigslust* – s. K. 544, 23.

919, 14   *Neustadt-Glewe* – Stadt 30 km südlich von Schwerin. In einem Außenlager des KZ Ravensbrück, das dort vom 1. 9. 1944 bis zum 2. 5. 1945 bestand und wo bis zu 5000 Häftlinge untergebracht waren, mußten weibliche Häftlinge Panzergräben ausheben; s. K. 36, 12; s. 968, 7; 1222, 17; 1254, 26.

919, 19–   *Wie ein Klaus . . . für sein Leben* – Vgl. Manuskriptfragment 25 669 bfs, im John-
920, 26   son-Archiv:
»1940
sass er in Bromberg und ging nachts mit einer polnischen Nachtklubsängerin aus. [. . .]
Bestätigter Verdacht auf Spionage.
– hast du ihr Militärisches.
– Ne-i. Privat.
– Wenn du das sagst, glaub ichs. [. . .]
Konk wurde trotzdem für vier Wochen in die Heimat beurlaubt. War ja eine Liebschaft gewesen.

– ich habe sie geliebt. Reicht das nicht? Soll ich nu auch noch Kopf und Kragen riskieren? (er hielt die seelische Leistung für ausreichend.)«

919, 19 *Bromberg* – Poln.: Bydgoszcz, Industriestadt im Nordwesten Polens.

919, 19 f. *Volksdeutschen* – s. K. 898, 34 f.

919, 34 *gelbe Schnur auf der rechten Schulter* – Nicht zur vorschriftsmäßigen Uniform gehörendes internes Kennzeichen von Einheiten des Feldheeres.

920, 1 *Pervitin* – Zu den Weckaminen gehörendes Aufputschmittel.

920, 3 *Schneidemühl* – Poln.: Piła, Stadt an der Netze, westlich von Bromberg.

920, 19 *schweriner Residenzcafé* – Am Markt 7.

920, 22 *Rassenschande* – Nach nationalsoz. Recht ein Verstoß gegen das »Gesetz zum Schutze des deutschen Blutes und der deutschen Ehre« vom 15. 9. 1935 (RGBl. I, S. 1146). Es verbot in § 1 Abs. 1 Eheschließungen zwischen Juden und Staatsangehörigen dt. oder artverwandten Blutes, in § 2 außerehelichen Verkehr zwischen Juden und Staatsangehörigen dt. oder artverwandten Blutes; s. 1817, 31.

920, 33 *Dauerwellen* – Das Legen von Dauerwellen war wegen zu hohen Stromverbrauchs im Krieg erst untersagt; wieder zugelassen wurde es mit der Begründung, die Fronturlauber sollten zu Hause keine ungepflegten Frauen vorfinden.

921, 7 *Kümmelflasche* – s. K. 262, 19.

921, 8 f. *Wen'ck nich schläpn... will'ck weiten, worüm* – (nd.) Wenn ich nicht schlafen kann, will ich wissen, warum.

921, 10–14 *Ick dörf gar... in de Schaul* – (nd.)
Ich darf gar nichts erzählen. Die schießen mich tot.
Mein lieber Klaus. Wir sind deine Eltern, das ist Kliefoth, das ist Cresspahl –
Nehmen Sie mir das nicht übel.
Man los, Böttcher. Wie in der Schule!

921, 16 f. *von Białystok nach Smolensk* – Białystok: s. K. 177, 21; Smolensk: Industriestadt am Dnjepr, etwa 200 km südwestlich von Moskau.

921, 21 *Schietspæl* – (nd.) Scheißspiel.

921, 34 *Hestu richtig måkt* – (nd.) Hast du richtig gemacht.

922, 1 *Schaulen* – Litauisch: Šiauliai, Stadt im Norden Litauens, 1941–45 dt. besetzt.

922, 6 *Mudding* – (nd.) Koseform von Mutter.

922, 8 *Vadding* – (nd.) Koseform von Vater.

922, 10 f. *Nu sühst du't... uns dat man* – (nd.) Nun siehst du es. Sag uns das mal.

923, 1 *Glœwen Se dat, Herr Kliefoth* – (nd.) Glauben Sie das, Herr Kliefoth?

923, 2–4 *Die SS macht . . . Heer nich?* / *Heer* – Die nach dem Krieg verbreitete Ansicht, daß die Verantwortung für Kriegsverbrechen in der Regel der SS und nicht der Wehrmacht zufiel, läßt sich nach jüngerem Forschungsstand nicht halten.

923, 8 *Hett mi ook nicks hulpn* – (nd.) Hat mir auch nichts geholfen.

923, 14–17 *Nu kleit mi . . . glœwst du dat* – (nd.)
Nun kratzt mich doch am Arsch! So dunkel war das nicht. Eine hat ausgesehen, da fehlte nicht viel, dann ist das Mädchen gerade wie Cresspahl seins gewesen!
Cresspahl, glaubst du das?

28. 3. 1968

923, 20 *Kreslils* – s. K. 301, 33.

923, 21 *Böhmisch Budweis* – s. K. 46, 34.

923, 23 *Oberen Ostseite* – s. K. 52, 26 f.

924, 34 *sechzehnten Stockwerks* – s. K. 22, 9 f.

925, 5 *Petschekbank* – s. K. 621, 31–33.

925, 18 *Obotriten* – Elb- und Ostseeslawen, ab 600 in Westmecklenburg, von Heinrich I. und Otto I. unterworfen, trotz Aufständen gegen Ottos Christianisierung. Pribislaw, Vasall Heinrich des Löwen, wurde zum Stammvater eines mecklenburgischen Herrscherhauses; s. 1704, 17; 1722, 7.

925, 22 *Böhmen am Meer* – Anspielung auf Shakespeares (s. K. 876, 29) »Wintermärchen«, III,3: »Bist du gewiß, daß unser Schiff gelandet/ An Böhmens Wüstenei'n?«
Shakespeare fand in seiner Quelle, Robert Greenes Novelle »Pandosto, the Triumph of Time«, Böhmen als Insel bezeichnet vor.
Vermutlich auch Anspielung auf Ingeborg Bachmanns Gedicht »Böhmen liegt am Meer« (1964 entstanden, 1968 veröffentlicht):
Ich will nichts mehr für mich. Ich will zugrunde gehn.
Zugrund – das heißt zum Meer, dort find ich Böhmen wieder.
Zugrund gerichtet, wach ich ruhig auf.
Von Grund auf weiß ich jetzt, und ich bin unverloren.
Vgl. Brief Johnsons an S. Unseld vom 21. 11. 1972: »Friedenau in Böhmen am Meer«; vgl. Fahlke (1994), S. 248.

925, 25 f. *Ne. Ne. Smím . . . něco ptáti?* / *Prosím* – (tschech.) Richtig: Smím se . . . :
Nein. Nein. Darf ich Sie etwas fragen?
Bitte.
Die Formulierung der Frage ist ungebräuchlich.

925, 32   *pane* – (tschech.) Herr.

925, 34 f.   *»Študáci a kantoři«* – (tschech.) übersetzt im Text.

926, 4   *Č. S. R.* – s. K. 657, 19.

926, 15   *Vyšší Brod* – Dt. Hohenfurth an der Moldau, südlich von Budweis.

926, 25   *Robin Hoods* – s. K. 860, 33.

927, 5–16   *Der Außenminister des . . . das ostdeutsche Land* – Vgl. den Artikel »Prague Pro-
                   tests To East Germany« der NYT vom 28. 3. 1968: »Foreign Minister Vaclav
                   David summoned the East German ambassador, Peter Florin, to inform him
                   of objections to the speech yesterday by a member of the East German par-
                   ty's ruling Politburo.
                   The East German ideological expert, Kurt Hager, criticized Czechoslovak de-
                   mocratization. He contended that it served the West German goal of loos-
                   ening the links between Communist countries, particularly Czechoslovakia
                   and East Germany.
                   The Czechoslovak party newspaper Rude Pravo said today that there was no
                   reason that Czechoslovakia should pursue the same policy toward West Ger-
                   many as does East Germany«; s. K. 909, 2–7.

927, 14   *Zeitung der Kommunisten in der Č. S. S. R.* – Rudé Právo; s. K. 1003, 20.

927, 20   *Ne. Ne* – (tschech.) Nein. Nein.

29. 3. 1968

927, 23–34   *Antonín Novotný mag . . . nach unten drückten* – Vom 28.3.–5.4. 1968 tagte das
                   Plenum der KPČ, Ludvík Svoboda wurde am 30. 3. in geheimer Wahl zum
                   Staatspräsidenten, d. h. zum Nachfolger Novotnýs gewählt. Novotný, Hen-
                   drých und andere Konservative wurden im Präsidium durch Reformpoliti-
                   ker wie Smrkovský ersetzt. Ein Aktionsprogramm wurde angenommen, das
                   ein neues Wahlgesetz, Rede- und Versammlungsfreiheit, Schutz vor Will-
                   kürakten der Staatssicherheitsorgane, Rehabilitierung der Opfer des Stalinis-
                   mus und wirtschaftliche Reformen vorsah. Vgl. den Artikel »Czech General
                   To Be President« der NYT vom 29. 3. 1968: »The fallen leader's arrival at the
                   plenum was his first public appearance in many weeks. He stepped out of his
                   car looking drawn and glum. In his only contact with another person, he an-
                   grily pushed out of the way a microphone held up to him by a radio news-
                   man«; s. K. 523, 9 f.; s. 932, 21–33; 937, 36–938, 8; 941, 15–21; 950, 26–34.

927, 24   *daß die Partei . . . und zwar immer* – Anspielung auf den Refrain von Louis
                   Fürnbergs Gedicht »Die Partei«, das er zum 3. Parteitag der SED 1950 ge-
                   schrieben und vertont hatte:
                        Sie hat uns alles gegeben,
                        Sonne und Wind, und sie geizte nie

und wo sie war, war das Leben
und was wir sind, sind wir durch sie.

Sie hat uns niemals verlassen,
wenn die Welt fast erfror, war uns warm.
Uns schützte die Mutter der Massen,
es trug uns ihr mächtiger Arm.

Die Partei, die Partei,
die hat immer recht,
Genossen, es bleibt dabei!
Denn wer für das Recht kämpft,
hat immer recht,
gegen Lüge und Heuchelei!

Wer das Leben beleidigt,
ist immer schlecht.
Wer die Menschheit verteidigt,
hat immer recht,
denn aus Stalinschem Geist
wächst von Lenin geschweißt
die Partei die Partei die Partei!

Sie hat uns niemals geschmeichelt.
Sank uns im Kampf aber einmal der Mut,
so hat sie uns leis nur gestreichelt:
Zagt nicht! – und gleich war uns gut.

Zählt denn auch Schmerz und Beschwerde,
wenn uns das Gute gelingt,
wenn man den Ärmsten der Erde
Freiheit und Frieden bringt?

Die Partei die Partei...

Sie hat uns alles gegeben,
Ziegel zum Bau und den großen Plan,
und sprach: jetzt baut euch das Leben!
Vorwärts Genossen! Packt an!

Hetzen Hyänen zum Kriege,
bricht euer Bau ihre Macht!
Zimmert das Haus und die Wiege!
Bauleute, seid auf der Wacht!

Die Partei die Partei...

Nach dem XX. Parteitag der KPdSU im Februar 1956 geändert: »uns führte
die Mutter der Massen [...] aus Leninschem Geist wächst, von Lenin geschweißt«; vgl. Fürnberg (1963), S. 177–179; s. K. 1839, 12 f.; 1847, 24–26;
s. 1783, 22–27, 38; 1878, 8.

927, 28–928, 4 *Von dem neuen . . . an seiner Seite* – Vgl. den Artikel »Czech General To Be President« der NYT vom 29. 3. 1968: »The Central Committee of the Czechoslovak Communist party today named Gen. Ludvik Svoboda as its candidate for the presidency of Czechoslovakia. [. . .]
The general headed Czechoslovak units fighting alongside the Russians in World War II and is considered a friend of the Soviet Union. [. . .]
He holds the St. George Cross of Czarist Russia, for service with Czechoslovak forces who separated from the Austrian army in World War I, and is a Hero of the Soviet Union and holder of the Order of Lenin for his leadership in World War II. [. . .]
As Defense Minister of Czechoslovakia, he is credited with having built the Czechoslovak army after World War II [. . .]. After serving briefly as a Deputy Premier in charge of physical culture and sports, he fell from grace during the Stalinist purges in 1951 and was demoted to head a military academy until his retirement.
In 1962, according to a story circulating here, he was working in a lowly position on a collective farm in his native Moravia when Nikita S. Khrushchev, the Soviet Premier, came to Prague. He asked to see General Svoboda, whom he had known during the war.
With some embarrassment the Novotny regime summoned the general from the farm. Mr. Khrushchev greeted him with joy and insisted that he take a seat on the presidium of the party congress that was then opening.«

927, 28 *dem neuen Präsidenten* – Ludvík Svoboda (25. 11. 1895–20. 9. 1979), führte im 1. Weltkrieg tschech. Truppen, die sich von der österr. Armee abtrennten; im 2. Weltkrieg Truppenführer tschechos. Einheiten in der UdSSR. 1945–50 Verteidigungsminister; wurde Anfang der fünfziger Jahre politisch verfolgt; nahm seit der »Tauwetterperiode« unter Chruschtschow erneut am politischen Geschehen in der ČSSR teil. Das Präsidium der Nationalversammlung der ČSSR wählte ihn zum Staatspräsidenten, d. h. zum Nachfolger Novotnýs. Den Orden »Held der Sowjetunion« erhielt er 1965.

927, 31 *Leninordens* – Von der Sowjetunion verliehener Orden (Gründungsjahr 1930); benannt nach Wladimir Iljitsch Lenin (s. K. 1165, 23).

927, 34 *Nikita Sergejewitsch Chrustshov* – s. K. 89, 15 f.

928, 4 *sitzen an seiner Seite* – Anspielung an das lutherische Glaubensbekenntnis »sitzend zur Rechten Gottes«.

928, 5–11 *Die Ernennung Ludvík . . . offenbar recht sein* – Unter der Überschrift »Soviet Denies Aim Is to Curb Czechs« in der NYT vom 29. 3. 1968 heißt es: »Pravda described the rejection of 20 years of authoritarian rule in Czechoslovakia as a process of ›activation of Communist party organizations and the state administration apparatus‹ [. . .]. The Soviet leadership appears willing to go along«.

928, 12–16 *In Memphis ist . . . Sechzehnjähriger ist tot* – Vgl. den Artikel »A Negro Is Killed In Memphis March« der NYT vom 29. 3. 1968, der von einer wesentlich

größeren Teilnehmerzahl berichtet: »A 16-year-old Negro youth was killed today in violence surrounding a massive protest march that was led through downtown Memphis by the Rev. Dr. Martin Luther King Jr.
A group of Negro youths smashed windows and looted stores as Dr. King led 6,000 demonstrators in support of the city's striking sanitation workers, most of them Negroes. [...] the police began using tear gas and Chemical Mace, an irritant, to clear the streets. A number of Negroes were affected by the gas [...] and others were beaten with riot sticks wielded by the officers«; Memphis: s. K. 610, 9 f.

928, 12 *Pastor King* – Martin Luther King (15. 1. 1929–4. 4. 1968, ermordet), schwarzer Baptistenpfarrer und Gründer der Southern Christian Leadership Conference, einer Bürgerrechtsbewegung, die gewaltlos und mit passivem Widerstand gegen die Rassenschranken anging; 1964 Friedensnobelpreis; s. K. 957, 8–960, 10; 961, 2; 962, 2; 970, 2–9; 970, 3 f.; 970, 10–15; 970, 29–971, 20; 973, 6–12; 974, 2–975, 5; 989, 1 f.; 1075, 14–22.

928, 17–932, 19 *Im Sommer 1943 . . . auf den Sarg* – s. K. 9, 35; vgl. HNJ, S. 82, 92, 109.

928, 17 *friedenauer* – Friedenau: s. K. 472, 34 f.

928, 18 *Schleuse* – s. K. 473, 9 f.

928, 22 *Rerik* – Seebad zwischen Ostsee und Salzhaff, südwestlich von Kühlungsborn; s. K. 995, 9; 928, 39–929, 3.

928, 24 *Flakartillerieschule I* – Auf der Halbinsel Wustrow gab es seit 1934 eine Flugabwehrschule, die später in Flakartillerieschule I und 1939 in Flakartillerieschule Rerik/Meckl. umbenannt wurde. Ihr gehörten eine Flak-Lehrabteilung und eine Flak-Versuchsabteilung an; s. IX,43.

928, 25 f. *Oberstleutnant Max Wachtel* – 1897–1982, Berufsoffizier; als Oberst Kommandeur des Luftwaffenversuchsplatzes Peenemünde, später Kommandeur der V 1-Raketendivision; 1950–60 Direktor des Hamburger Flughafens Fuhlsbüttel; vgl. Unser Mecklenburg, 3/1982, S. 17.

928, 33 *Neubukow* – Ort in Mecklenburg, 8 km südlich von Rerik, zwischen Rostock und Wismar, 37 km von Warnemünde.

928, 39–929, 3 *nicht nach »Rerik« . . . eine verschollene Handelsstadt* – Wustrow und Alt-Gaarz wurden am 1. 4. 1938 zur Stadt Rerik vereinigt, der Ort sollte angeblich auf den von dem dän. Wikingerkönig Göttrik 808 zerstörten Handelsplatz Reric zurückgehen. Mit großer Wahrscheinlichkeit lag die Siedlung Rerik etwa 18 km südlicher bei Groß-Strömkendorf an der Wismarer Bucht; vgl. Mecklenburgischer Voss un Haas-Kalender 1939, S. 44.

929, 15–17 *Die Kirche, mit . . . überall zu sehen* – Auf einer kleinen Anhöhe stehende Backsteinkirche aus dem 13. Jh., eines der besten Beispiele mecklenburgischer Frühgotik.

929, 17 f.   *Kirche »Zum Guten Hirten« –* Die neugotische Backsteinkirche in Berlin-Friedenau hat einen hohen, spitzen Turm; s. K. 594, 18.

929, 23   *Insel Poel –* s. K. 886, 4 f.

929, 27   *Halbinsel Wustrow –* Südlich von Rerik, vor dem Salzhaff gelegen.

930, 23   *Tessmannsdorfer Tannen –* Waldungen entlang der Mündung des Heilbachs am
Südufer des Salzhaffs.

930, 24   *Bastorfer Leuchtturm –* Auf dem Signalberg bei Bastorf, zwischen Kühlungsborn und Rerik.

930, 25   *Diedrichshäger Berg in der Kühlung –* 130 m hoher Berg bei Diedrichshagen in
der Kühlung, einer vorwiegend bewaldeten Landschaft südlich von Kühlungsborn.

930, 27–   *Der Alarm am . . . Straße lagen Erwachsene –* Bei einem Luftangriff auf die Flak-
931, 37   artillerieschule Rerik am Nachmittag des 25. 7. 1943 wurden Flugzeughal-
len, Unterkünfte und Soldatenwohnungen zerstört. Es gab Tote und Verletzte; vgl. Wentzel (1981), S. 21, 26; Wentzel (1982), S. 24.

930, 37   *Deutschen Industrie-Normen –* Vom Deutschen Institut für Normung e. V. festgelegte Normen, Abk. DIN; s. 1330, 15; 1790, 2.

931, 35   *Pirrmann, General der Flieger –* Adolf Pirmann [sic], geb. 8. 1. 1895, Berufssol-
dat; 1914–28 in der kaiserlichen bzw. Reichsmarine; am 1. 7. 1935 bei der
Luftwaffe reaktiviert; wurde im Juni 1940 Kommandeur des Flakregiments
201, am 1. 7. 1941 zum Oberst ernannt. Vom 15. 4. 1942 bis zum 10. 3. 1943
war er Kommandeur der Flakartillerieschule I, Rerik. Am 1. 6. 1944 zum
Generalmajor, am 1. 3. 1945 zum Generalleutnant befördert.

931, 39   *Kühlungsborn –* Bekanntes Ostseebad, nordöstlich von Rerik, etwa 30 km
westlich von Rostock.

932, 16 f.   *So blieb Peter . . . Erde von Wustrow –* Vgl. IB, S. 33.

30. 3. 1968

932, 21–26   *In der Č. S. S. R. . . . führt vorwärts etc. –* Vgl. den Artikel »1,000 Students
Question Dubcek at Midnight« der NYT vom 30. 3. 1968: »About 1,000 stu-
dents marched through downtown Prague and stopped outside Communist
party headquarters last night. They shouted for the head man to come down.
It was midnight, but Alexander Dubcek, the First Secretary, came. [. . .]
›What are the guarantees that the old days will not be back?‹ a student asked.
›You, yourselves are that guarantee,‹ Mr. Dubcek replied. ›You, the young. Can
the old days come back at all? There is only one path and that is forward.‹«

932, 27–33   *Dort ist es . . . der kommunistischen Machtübernahme –* Vgl. den Artikel »Czechs
Ask U. S. To Return Gold« der NYT vom 30. 3. 1968: »The Czechoslovak

Communist party newspaper asked today that the United States return 18.4 tons of gold, part of the total taken out of the country by retreating German troops toward the end of World War II. [...]
In 1948, a shipment of 6.1 tons was returned but the rest of the gold was blocked by the United States in an effort to press for compensation for property nationalized when the Czechoslovaks took power, Rude Pravo reported«; s. K. 980, 8–12; 1098, 3–9; 1098, 15 f.; 1105, 21–25; 1169, 35–1170, 11; 1368, 16–25; s. 1227, 19 f.

932, 27 *Parteizeitung* – Rudé Právo; s. K. 1003, 20.

932, 36 *auf Taubenfüßen* – (engl. Redewendung frei übersetzt) to walk pigeon-toed: über den großen Zeh (»Onkel«) laufen.

933, 9 *»John F. Kennedy«* – Eines der sechs Fährschiffe der Staten Island Ferry, für etwa 6000 Passagiere.

933, 29 *Gustav Adolf-Lyzeum von Gneez* – s. K. 895, 27.

934, 22–24 *der Spruch gestanden... und noch etwas* – Am 14. 9. 1935 verkündete Adolf Hitler vor 54000 Hitlerjungen in Nürnberg das schon in »Mein Kampf«, 1927, S. 392, verwendete und später viel zitierte Ideal: »In unseren Augen, da muß der deutsche Junge der Zukunft schlank und rank sein, flink wie Windhunde, zäh wie Leder und hart wie Kruppstahl. Wir müssen einen neuen Menschen erziehen, auf daß unser Volk nicht an den Degenerationserscheinungen der Zeit zugrunde geht.«, Domarus (1973), Bd. 1, S. 533; (Deutsches Nachrichtenbüro-Text vom 14. 9. 1935); »Völkischer Beobachter« Nr. 258 vom 15. 9. 1935); vgl. BU, S. 27: »in dem die Laufgeschwindigkeit von Halbwüchsigen gemessen wurde an der von Hunden englischen oder schottischen Ursprungs, auf die man in anderen Ländern Geld wettete«.

934, 23 *Firma Krupp* – s. K. 90, 12.

934, 27 *Fraktur* – s. K. 76, 10 f.

934, 29–33 *Ihr seid das... und muß. A. H.* – Aus einer Rede Hitlers an die Hitlerjugend, in: Ewiges Deutschland (1939), S. 119.

934, 34 *Auf Mittelachse geordnet* – s. 1354, 24; 1381, 26 f.; 1410, 24; 1861, 3; 1866, 14.

935, 11 *die beiden Nationalhymnen* – s. K. 349, 9.

935, 14 *felix communis* – Felis [sic] communis (lat.) gemeine Hauskatze. Der Fehler erscheint, angesichts der »Katze Erinnerung« und der Bedeutung von felix (lat. glücklich), nicht zufällig; was er bedeuten soll, ist ungeklärt.

935, 17 f. *die Hauskatze hat 32 Zähne* – Das menschliche Gebiß besteht im endgültigen Zustand aus 32 Zähnen, das einer Katze aus 30 [sic]: 16 im Oberkiefer und 14 im Unterkiefer; Katzen haben 24 Milchzähne, die nach ca. fünf Monaten durch das endgültige Gebiß ersetzt werden.

935, 31   *Arado-Werken* – Arado Flugzeugwerke GmbH, gegr. 1925, Sitz in Potsdam (Nowawes) mit Werken in Brandenburg, Neuendorf, Rathenow, Wittenberg, Warnemünde (etwa 4000 Mitarbeiter) und Anklam, später wegen der Luftangriffe auch in Landshut; bauten See- und Landflugzeuge, u. a. 1943 den ersten Düsenbomber Ar 234, weitere Typen waren Ar 66 C, Ar 76, Ar 196. Der Lage des Werks im Gewerbegebiet von Anklam, wo die Johnsons von 1934–44 wohnten und der Neunjährige den dem Werk geltenden Bombenangriff von 1943 erlebte, entspricht in der Topographie des Romans der Südosten von Gneez; s. K. 1416, 29 f.

935, 37   *Hotel Stadt Hamburg* – s. K. 32, 5.

936, 6   *Pimpfen* – Bezeichnung für die 10–14jährigen Jungen im nationalsoz. Jungvolk, einer Abteilung der Hitlerjugend; s. K. 164, 33.

936, 19 f.   *Kaiserin Auguste Viktoria-Schule in Stettin* – An der Elisabethstraße im Stadtzentrum; Auguste Viktoria: s. K. 594, 25 f.; Stettin: s. K. 32, 14.

936, 21   *Rügen* – Mit 926 km² Fläche größte dt. Insel mit stark durch Buchten geprägtem Umriß vor der pommerschen Ostseeküste; durch den 2, 5 km langen Rügendamm mit Stralsund verbunden.

31. 3. 1968

937, 31   *WQXR* – s. K. 581, 6.

937, 32 f.   *The News – prepared . . . New York Times* – (engl.) frei übersetzt im Text 937, 34 f.; eigentlich: aufbereitet und herausgegeben.

937, 36–938, 8   *Was für ein . . . und spricht monoton* – Unter der Überschrift »Svoboda Made President« heißt es in der NYT vom 31. 3. 1968: »Gen. Ludvik Svoboda became the President of Czechoslovakia today while his descredited predecessor, Antonin Novotny, applauded.
A solemn ceremony in the Gothic Vladislav Hall in Hradcany Castle, high above Prague, symbolized the pacific and unusual character of the Czechoslovak revolution. [. . .] Mr. Novotny looked equally stone-faced when the Assembly's president, Bohuslav Lastovicka, opened the session by announcing that it had been made necessary by Mr. Novotny's resignation. Heads throughout the vast hall, once used for jousting tournaments on horseback, turned to look at him. Mr. Dubcek put General Svoboda, the only candidate, in nomination. His eyebrows went up in what appears a perpetually surprised expression, the party leader peered over his horn-rimmed glasses and read in a rapid monotone«; s. K. 927, 23–34.

938, 1   *Vladislavsaal* – Großer Saal von 16 mal 62 m im Königspalast auf dem Hradschin; berühmt wegen seines gotischen Deckengewölbes, 1493–1502 angefertigt.

938, 2   *Hradschin* – (tschech.; zu »hrad«: Burg, Schloß) Prager Stadtteil und Burg aus dem 9. Jh.; Sitz des Regierungspräsidenten; s. 1680, 25.

938, 2   *Ludvík Svobodas* – s. K. 927, 28.

938, 9–13   *Die polnische Regierung . . . Gestapo zusammengearbeitet habe* – Vgl. den Artikel »Classes for 1,000 Closed In Warsaw« der NYT vom 31. 3. 1968: »The Polish Government closed eight departments of Warsaw University today, expelling 34 students and suspending 11. [. . .] The newspaper Kurier Polski appeared with a new denunciation of the ›Zionist campaign being launched against Poland in many countries of the world.‹
Titled ›Among the Brethren,‹ the article provides more details about an alleged Jewish Gestapo ring in the Warsaw ghetto during the Nazi occupation in World War II. The newspaper said the ring, called the Thirteen, caught Jews fleeing from the ghetto and betrayed Poles who hid Jews. It quoted documents that allegedly noted a ›rough fight for influence with their German superiors between the Thirteen and the Judenrat, the Nazi-designated Jewish self-government in the ghetto.‹«
Die Unruhen an der Universität sollten auf jüd. Einflüsse aus dem Ausland zurückgeführt werden. Die NYT erwähnt auch den Parteiausschluß des poln. Juden Ignacy Druski am 19. 3. 1968, einem Mitarbeiter des Generalstaatsanwalts.

938, 10   *warschauer Universität* – s. K. 863, 28.

938, 11 f.   *»Die Dreizehn«* – Neben einer mit Gummiknüppeln bewaffneten jüd. Polizeitruppe von zeitweise 3800 Mann gab es im Warschauer Ghetto eine jüd. Sonderpolizei, die sog. »Dreizehner«, die eng mit der Gestapo zusammenarbeiteten. Angeblich zur Korruptionsbekämpfung eingesetzt, vermittelten sie indes gefälschte Papiere, Privilegien und Sachwerte. Nutznießer der Millionengeschäfte waren vor allem Angehörige der Gestapo, der SS und des SD. Ihre jüd. Handelspartner waren die einzigen, die in den extremen Bedingungen des Ghettos ein erträgliches Leben führen konnten, andererseits verhalfen sie einigen zur Ausreise und brachten Lebensmittel ins Ghetto.

938, 13–15   *Die kölner Polizei . . . Juden in Südrußland* – Vgl. den Artikel »War Crimes Laid to German« der NYT vom 31. 3. 1968: »The prosecutor's office announced today the arrest of Theo Lipps, a 58-year-old detective on the Cologne police force, on war crime charges. The authorities said he played part in the slaughter of Jews in southern Russia during World War II.«

938, 15–18   *Die amerikanische Nation . . . zu glauben ist* – Vgl. den Artikel »Johnson Rating In Poll Hits Low« der NYT vom 31. 3. 1968: »Do you approve or disapprove of the way Mr. Johnson is handling the situation in Vietnam?‹ Disapprove Latest: 63%«; s. K. 222, 3–6; Dr. Gallup: s. K. 222, 3.

938, 18–20   *Ab heute kostet . . . einen halben Dollar* – An der rechten oberen Ecke der NYT vom 31. 3. 1968 stand: »Beginning today, the newsstand price of the Sunday edition of the New York Times metropolitan area, including Long Island, is 50c.«

938, 21–23   *Immer wieder kündigt . . . Südostasien äußern wird* – Vgl. den Artikel »Johnson To Talk To Nation Tonight On Vietnam War« der NYT vom 31.3.1968.

938, 29 f.   *Guten Abend, meine Landsleute* – Anfang der Fernsehansprache Präsident Johnsons am 31.3.1968: »Good evening, my fellow Americans. Tonight I want to speak to you of peace in Vietnam and Southeast Asia«; NYT 1.4.1968; s. 1877, 32–35.

938, 33–38   *Die ersten Eindrücke . . . Geräusch nicht vermeiden* – Uwe Johnson hatte an den Rand des ersten Ausschnitts der Fernsehansprache notiert: »Anfangseindrücke/bäuerlich/ältlich/kränklich/unbeholfen/zunehmend stotternd/alte hilflose Person/schwankende Stimme/Geräusch des Umblätterns«.

938, 39–   *Nach wenigen Minuten . . . Stärke ist unbesieglich* – »Tonight, I renew the offer I
939, 10   made last August: to stop the bombardement of North Vietnam. We ask that talks begin promptly, that they are serious talks on the substance of peace [. . .]. Tonight I have ordered our aircraft and our naval vessels to make no attacks on North Vietnam except in the area north of the demilitarized zone where the continuing enemy build-up directly threatens allied forward positions and where the movement of their troops and supplies are clearly related to that threat. [. . .] I call upon President Ho Chi Minh to respond positively, and favorably, to this new step toward peace. But if peace does not come now through negotiations, it will come when Hanoi understands that our common resolve is unshakable, and our common strength is invincible«, NYT 1.4. 1968.

939, 10–13   *Es hört sich . . . atmet er beschwerlich* – Uwe Johnsons Marginalien zu dieser Stelle: »(a) weinerlich/später häufiger/immer noch beschwerliches Atmen«.

939, 11–20   *Entschlossenheit und Stärke . . . Dollars zu schützen* – »[. . .] we have previously authorized a force level of approximately 525,000.
Some weeks ago to help meet the enemy's new offensive we sent to Vietnam about 11,000 additional Marine and airborne troops. They were deployed by air in 48 hours on an emergency basis. But the artillery and the tank and the aircraft and medical and other units that were needed to work with and support these infantry troops could not then accompany them by air on that short notice.
In order that these forces may reach maximum combat effectiveness, the Joint Chiefs of Staff have recommended to me that we should prepare to send during the next five months the support troops totalling approximately 13,500 men. [. . .]
The tentative estimate of those additional expenditures is $2.5-billion in this fiscal year and $2.6-billion in the next fiscal year.
These projected increases in expenditures for our national security will bring into sharper focus the nation's need for immediate action, action to protect

the prosperity of the American people and to protect the strength and the stability of our American dollar«, NYT 1. 4. 1968; s. K. 980, 26–28.

939, 22–25 *Wenn der Präsident . . . daß er arbeitet* – Uwe Johnsons Marginalien zu dieser Stelle: »Ein schon [unleserlich] Geräusch/dann wieder zu laut/Lautsprecher über [unleserlich]/›arbeitend‹ um den/müßigen Zuhörern/(b) eigentlich [unleserlich]/später wieder weinerlich«.

939, 26–36 *Es sei seine . . . Gebiete, Religionen, Rassen* – »But it is our fervent hope that North Vietnam, after years of fighting that has left the issue unresolved, will now cease its efforts to achieve a military victory and will join with us in moving toward the peace table. [. . .]
We think that peace can be based on the Geneva accords of 1954, under political conditions that permit the South Vietnamese – all the South Vietnamese – to chart their course free of any outside domination or interferences, from us or from anyone else. [. . .]
For 37 years in the service of our nation, first as a Congressman, as a Senator and as your Vice President, and now as your President, I have put the unity of the people first. I have put it ahead of any divisive partisanship. And in these times, as in times before, it is true that a house divided against itself by the spirit of faction, of party, of region, of religion, of race, is a house that cannot stand«, NYT 1. 4. 1968.

939, 29 f. *Genfer Abkommen von 1954* – Auf der Genfer Indochinakonferenz vom 26.4.–21. 7. 1954 wurden ein Waffenstillstand für Vietnam, Laos und Kambodscha beschlossen und für Juli 1956 freie Wahlen für Gesamtvietnam vereinbart, zu denen es jedoch nie kam; unter Vorbehalt der USA und Protest Südvietnams betonte die Abschlußkonferenz die Vorläufigkeit der militärischen Waffenruhe für Vietnam. Die Demarkationslinie zwischen dem nördlichen und südlichen Vietnam wurde am 17. Breitengrad festgelegt; s. K. 10, 33–11, 1.

940, 1–5 *Marie bekommt an . . . wünscht Gottes Segen* – »Accordingly, I shall not seek, and I will not accept, the nomination of my party for another term as your President. But let men everywhere know, however, that a strong and confident and vigilant America stands ready tonight to seek an honorable peace; and stands ready tonight to defend an honored cause, whatever the price, whatever the burden, whatever the sacrifice that duty may require.
Thank you for listening. Good night and God bless all of you«, NYT 1. 4. 1968. Hierzu hatte Uwe Johnson auf den Rand seiner Kopie notiert: »Wofür sind nun die gestorben, als der Krieg noch nicht falsch war«; s. 1877, 34 f.

1. 4. 1968

941, 4–14 *Die New York . . . den Keiner will* – Die Überschriften der NYT vom 1. 4. 1968 zu Präsident Johnsons Fernsehansprache: »Johnson Says He Won't run; Halts

North Vietnam Raids; Bids Hanoi Join Peace Moves«. Die Zeitung kommentierte die Rede in drei Artikeln, von denen Uwe Johnson zwei verwendet. Unter der Überschrift »Decisions on War Reflect Appeal of Civilian Aides« heißt es: »In his nationwide television address the President, speaking with a touch of weariness and with tearfilled eyes, used the conciliatory language of civilian advisers.« Das Folgende bezieht sich auf den Artikel »I will not Accept«: »[…] his deep instinct for political combat evidently gave way to an even deeper determination not to be rejected at either the convention or the ballot box […] if his present ›de-escalation‹ offer meets a favorable response from Hanoi, he could emerge as the President who brought peace to Vietnam and whose reelection was mandatory to nail down the terms of that peace […]. It may already be too late for this move to be accepted by the North Vietnamese and so the next move is theirs in the effort to start the wheels in motion that will end this dreadful, cruel and ugly war – the war that nobody wants«; Johnson: s. K. 24, 17.

941, 15–21 *In der Č. S. S. R. . . . Regierung und Partei* – Vgl. den Artikel »Victims Of Purge Meet In Prague« der NYT vom 1. 4. 1968: »In a hall filled to the limit on an island in the Vlatava River in the heart of Prague, 3,000 men and women who were imprisoned, tortured, and ostracized for not being Communists when the Communists seized power in Czechoslovakia met today to mourn their dead and to ask belated justice for the living and the dead.
They met with the full consent of the Interior Ministry and the Central Committee of the Communist party«; s. K. 927, 23–34.

941, 22 f. *Radio Moskau hat . . . auf das Amt* – Vgl. den Artikel »Moscow Radio Carries News« der NYT vom 1. 4. 1968: »Moscow radio today reported President Johnson's decision to call a limited halt to the bombing of North Vietnam without comment in its 9 A. M. (1 A. M. E. S. T.) news bulletin.
The radio has not so far reported his announcement that he would not run for re-election as President in this year's election.«

941, 25–27 *Unter der Post . . . Menschen mit Buch* – s. K. 382, 25–28.

941, 29 *Return to sender* – (engl.) Zurück an Absender.

941, 30–
945, 32 *»Jerichow, den siebzehnten . . . mit Ihnen meint!«* – s. 102, 3.

941, 30 *currentis* – (lat.) (des) laufenden (Jahres).

941, 34 *schier* – (nd.) hier: fett.

942, 4 *Schöneberg* – Bezirk im Westteil Berlins südlich vom Bezirk Tiergarten, zwischen Wilmersdorf und Tempelhof bzw. Kreuzberg gelegen; der nach Kreuzberg am dichtesten besiedelte Bezirk Westberlins; s. K. 1725, 36.

942, 6 *On the spur of a moment* – (engl.) spontan, ohne Überlegung; 942, 8 nimmt das Wort »spur«: Sporn, Stachel auf.

942, 10	*Fangliste* – s. 649, 20.
942, 13 f.	*Was soll ich . . . der Tasche sitzt* – Redewendung; vgl. Tucholsky (1956), S. 151: »Ick schall mi von Schap beeten laten, wenn ick'n Hund in de Tasch hebb?«; s. K. 1770, 2.
942, 17–945, 32	*Hast du einen . . . mit Ihnen meint* – s. 8, 20–24; 382, 30–385, 21.
943, 32	*Birmingham* – s. K. 93, 26.
944, 20	*Richard Sorge* – 4. 10. 1895–7. 11. 1944, Volkswirt, Journalist, seit 1920 für die KPD, seit 1925 für die Komintern tätig, seit 1929 als Spion in China und später in Japan. Dank seiner guten Beziehungen zu dt. und japanischen Stellen erfuhr er vom bevorstehenden dt. Angriff sowie, daß Japan nicht die Sowjetunion, sondern die USA angreifen werde. Seine Warnungen wurden von Stalin nicht beachtet. 1941 in Japan verhaftet, 1944 zum Tode verurteilt und hingerichtet.
944, 24	*das ginge doch übers Bohnenlied* – Redewendung aus Südwestdeutschland: Das ist unerhört und unglaublich. Basiert auf dem Bohnenlied in Fastnachtsspielen des 15. Jh.s, in dem Torheiten mit dem Refrain »nu gang mir aus den Bohnen« geschildert werden. Es hieß, wenn die Bohnen blühten, gäbe es besonders viele Narren; s. 1341, 2.
944, 29 f.	*ein Nein mit Punkt* – s. K. 282, 25 f.
944, 35	*Ludwig Krahnstöver* – Konnte nicht nachgewiesen werden.
945, 21	*Olsch* – (nd.) Alte.

2. 4. 1968

945, 34	*Justiz in Mecklenburg* – s. 1790, 10.
945, 34–950, 15	*Justiz in Mecklenburg . . . Keiner am Haken* – Als Vorlage für diesen Tageseintrag diente: Der antifaschistische Widerstand (1970).
945, 35–946, 2	*Fedor Wagner, polnischer . . . Auschwitz verschleppt. Verschollen* – »Am dritten Tage des Krieges wurde der als Vorschnitter in Groß Labenz beschäftigte Landarbeiter Fedor Wagner verhaftet, weil er zu Recht feststellte, daß nicht Polen, sondern das faschistische Deutschland den Krieg gewollt habe. Von Dreibergen-Bützow ist Fedor Wagner nach Auschwitz verschleppt und dort ermordet worden«, Der antifaschistische Widerstand (1970), S. 203.
946, 1 f.	*Zuchthaus Dreibergen-Bützow* – s. K. 615, 2.
946, 2	*Auschwitz* – s. K. 36, 12; 256, 28.
946, 3–7	*Wilhelm Zirpel, aus . . . im KZ Sachsenhausen* – »Am 27. September 1939 wurde in Malchin der mit seinem Frachtkahn im Hafen liegende Binnenschiffer

Wilhelm Zirpel aus Michelsdorf im Kreis Belzig verhaftet und am 11. Dezember 1939 zu 5 Jahren Zuchthaus verurteilt. Nach Ablauf dieser Haftzeit in Dreibergen-Bützow wurde er am 26. Januar 1945 in das KZ Sachsenhausen verschleppt. Die hohe Zuchthausstrafe verhängte man über ihn, weil er den Moskauer Rundfunk abgehört und sich in Malchin gegen den Krieg ausgesprochen hatte«, Der antifaschistische Widerstand (1970), S. 198.

946, 4   *Malchin* – s. K. 633, 24.

946, 7   *KZ Sachsenhausen* – s. K. 36, 12; 645, 38.

946, 8–11   *Johann Lehmberg aus . . . später dort ermordet* – »Zu den Angehörigen der Intelligenz, die in Rostock gegen den Krieg auftraten, gehörte der Ingenieur Johann Lehmberg. Er war bereits im November 1933 wegen Kritik am faschistischen Regime für sieben Monate ins Gefängnis geworfen worden. 1939 verhaftete ihn die Gestapo erneut. Nach Beendigung der am 22. Januar 1940 ausgesprochenen zweijährigen Zuchthausstrafe wurde er nicht entlassen, sondern in das KZ Neuengamme verschleppt, wo er ermordet worden ist. Dies geschah, weil Johann Lehmberg 1939 die Kriegsvorbereitungen, insbesondere die außerordentlich stark ausgedehnte Rüstungsproduktion, entschieden verurteilte. Zu der demagogischen faschistischen Propaganda äußerte er: ›Die großen Veranstaltungen und Umzüge sollten nur dem Volk Sand in die Augen streuen, für ihn wäre es nur großes Theater. Der Kommunismus würde nach Deutschland kommen, der Nationalsozialismus könne sich auf Dauer nicht halten‹«, Der antifaschistische Widerstand (1970), S. 205 f.

946, 10   *KZ Neuengamme* – Im September 1938 als Außenkommando des KZ Sachsenhausen für männliche Häftlinge eingerichtet; seit dem 4. 6. 1940 selbständiges KZ, in dem eine Klinkerproduktion aufgebaut wurde. Von 1938–45 waren 101 000 Häftlinge registriert, etwa 13 500 Juden, Sinti und Roma waren nicht registriert. 55 000 Personen wurden ermordet. Um den 19. 4. 1945 wurde mit der Evakuierung des Lagers begonnen, am 4. 6. 1945 wurde es von alliierten Truppen befreit; vgl. Bringmann (1981); s. K. 36, 12.

946, 12–18   *Louis Steinbrecker aus . . . starb, »an Lungenentzündung«* – »Auch den Gemüsehändler Louis Steinbrecker aus Rostock ermordeten die Faschisten. Sein Gemüsestand auf dem Rostocker Markt mußte bei Kriegsbeginn geschlossen werden, und er selbst erhielt eine Zwangsverpflichtung zu den Flugzeugwerken in Ribnitz. Am 27. Dezember 1939 ließen ihn die Faschisten wegen ›heimtückischer Äußerungen‹ verhaften und zwei Monate später zu zwei Jahren Gefängnis verurteilen. Von den Strafanstalten Dreibergen-Bützow verschleppten sie ihn in das KZ Buchenwald, wo er am 31. Juli 1942 – angeblich an Lungenentzündung – verstarb«, Der antifaschistische Widerstand (1970), S. 206.

946, 13   *Walther Bachmann-Flugzeugbau in Ribnitz* – 1923 gründete Walther Bachmann in Warnemünde die erste Land- und Seeflugschule Deutschlands, die Aero-Sport GmbH. Nach der Lockerung des Flugzeugbauverbots der Versailler

Verträge stellte Bachmann ab 1926 die Fliegerausbildung zurück und baute und reparierte Land- und Seeflugzeuge. Nachdem 1933 die Wehrmacht den Flugplatz in Warnemünde übernommen hatte, verlagerte er seinen Betrieb nach Ribnitz. Dort wurden ab Januar 1935 vor allem Heinkelflugzeuge repariert. Ende 1942 hatte der Betrieb 2375 Beschäftigte; vgl. Möller (1995).

946, 17   *KZ Buchenwald* – s. K. 36, 12; 49, 8.

946, 19–24   *Eduard Pichnitzek aus . . . Januar 1943 starb* – »Am 22. April 1940 wurde der Arbeiter Eduard Pichnitzek aus Neddemin zu drei Jahren Gefängnis verurteilt, weil er sich mit polnischen Kriegsgefangenen in ihrer Heimatsprache unterhalten und mit ihnen zusammen Bier getrunken hatte. Auf Grund der schweren Haftbedingungen zog er sich in Dreibergen-Bützow eine schwere Lungentuberkulose zu, an der er am 23. Januar 1943 verstorben ist«, Der antifaschistische Widerstand (1970), S. 214.

946, 25–28   *Karl Saul, 43 . . . zwei Jahren Zuchthaus* – »Der 43jährige Klempner Karl Saul erhielt am 4. Juni 1940 3 Jahre und seine Ehefrau, die Arbeiterin Rosa Saul, 2 Jahre Zuchthaus. Bereits 1938 nahm Karl Saul gegen die Judenverfolgung Stellung. Nach Kriegsbeginn hatte er mehrfach betont, daß Deutschland den Krieg niemals gewinnen könne. Den faschistischen Phrasen von einem ›Großdeutschland‹ trat Karl Saul am 11. Februar 1940 mit den Worten entgegen: ›Es gibt kein Großdeutschland, sondern ein Deutschland, in dem die Partei mit brutaler Gewalt regiert und das Volk niederschlägt. Dieser Staat wird nicht von langer Dauer sein«, Der antifaschistische Widerstand (1970), S. 198, vgl. ebd., S. 109.

946, 29–31   *Martha Siewert, 27 . . . Jahren Zuchthaus verurteilt* – »Für eineinhalb Jahre [sic] wurde am 17. Juni 1940 die siebenundzwanzigjährige Martha Siewert ins Zuchthaus geworfen. Sie war die Tochter eines Kleinbauern aus Teerofen bei Karow. Martha Siewert hatte den Londoner Rundfunk gehört und den Krieg, für den sie den Hitlerfaschismus verantwortlich machte, leidenschaftlich verurteilt«, Der antifaschistische Widerstand (1970), S. 202.

946, 29   *Teerofen bei Karow* – Dorf 2 km nördlich von Karow; s. K. 725, 31

946, 30   *B. B. C.* – s. K. 860, 20–22.

946, 32–36   *Hermann Kröger aus . . . Monate ins Gefängnis* – »Der Maurer Hermann Kröger aus Schwerin sprach am 12. August 1940 am Ziegelsee mit zwei Franzosen und schenkte ihnen Zigaretten. Gegenüber den Franzosen gab er zu erkennen, daß er kein Faschist sei. Er betonte, daß die Arbeiter aller Länder zusammenstehen müßten und daß ›der Kampf des gesamten Proletariats, nicht der Sieg des Kapitalismus und Imperialismus, zu einem erfolgreichen Abschluß für die Menschheit führe‹. Für diese Haltung sprach das Gericht eine Strafe von achtzehn Monaten Gefängnis aus«, Der antifaschistische Widerstand (1970), S. 218.

946, 37–39   *Harald Ringeloth, 20 . . . zwei Jahre Zuchthaus* – »Im ›Niederdeutschen Beobachter‹ wurde am 15. August 1940 unter der Überschrift ›Zuchthaus für Staatsfeind‹ darüber berichtet, daß am Vortage der 20jährige Angehörige des RAD-Lagers Grevesmühlen Harald Ringeloth zu 2 Jahren Zuchthaus verurteilt wurde. Was warfen die faschistischen Richter dem jungen Hamburger Arbeiter vor? In den Prozeßunterlagen wird darüber berichtet, daß er ›die Gemeinschaft im Reichsarbeitsdienst zu zersetzen und die Dienstfreudigkeit zu untergraben‹ suchte. Er hatte Angehörigen des Arbeitsdienstes den Zusammenhang zwischen der faschistischen Kriegspolitik und den schweren Lebensbedingungen erklärt. Als einige Jugendliche ihn fragten, wie sich denn nach seiner Meinung die Entwicklung in Deutschland hätte gestalten sollen, verwies Harald Ringeloth auf die den Interessen der Arbeiterklasse dienende Politik der KPD unter der Führung Ernst Thälmanns«, Der antifaschistische Widerstand (1970), S. 200.

946, 37   *Reichsarbeitsdienstlager* – Reichsarbeitsdienst: s. K. 571, 31.

946, 38   *Grevesmühlen* – Stadt etwa 20 km westlich von Wismar.

947, 1–4   *August Spacek, aus . . . Jahren Zuchthaus verurteilt* – »Am 2. Oktober 1940 verhängten die Nazis über den Melker August Spacek aus Elmenhorst bei Rostock eine vierjährige Zuchthausstrafe, weil er vier polnischen Arbeitern gestattete, in seiner Wohnung ausländische Sender abzuhören«, Der antifaschistische Widerstand (1970), S. 212.

947, 5–9   *Friedrich-Karl Jennewein . . . an den Haftfolgen* – »Einer von den Mecklenburger Kommunisten, die immer, auch unter den schwierigsten Bedingungen, im Sinne ihrer Partei als konsequente Kämpfer gegen Reaktion und Faschismus handelten, war der Arbeiter Friedrich-Karl Jennewein aus Güstrow. Bereits während des ersten Weltkrieges trat er gegen den imperialistischen Krieg auf. Deshalb wurde er verhaftet und zu 5 Jahren Festungshaft verurteilt. Die Novemberrevolution befreite ihn aus dem Kerker. Sein weiterer Weg führte ihn in die Leuna-Werke bei Halle. Wegen der Teilnahme an den mitteldeutschen Kämpfen 1921 brachte ihn die Weimarer Klassenjustiz erneut für 3 Jahre hinter Zuchthausmauern. 1928 kam Genosse Jennewein nach Güstrow, wo er aktiv in der KPD-Ortsgruppe mitarbeitete. Wegen seiner revolutionären Einstellung war er längere Zeit arbeitslos. Mehrfach verhafteten und mißhandelten ihn später die Faschisten wegen seiner konsequenten Haltung. Am 29. November 1940 verurteilten sie ihn zu 2 Jahren Zuchthaus. [. . .] Obwohl Jennewein an Malariaanfällen litt, wurde er nach zweijähriger Zuchthausstrafe nicht entlassen, sondern am 3. Juli 1942 in das Konzentrationslager Mauthausen verschleppt. Hier wirkte er aktiv in der illegalen Widerstandorganisation mit. Von Mauthausen wurde Genosse Jennewein in das KZ Dachau gebracht. Nach der Befreiung war seine Gesundheit infolge der jahrelangen Mißhandlungen so angegriffen, daß er bereits 1946 in Güstrow verstarb«, Der antifaschistische Widerstand (1970), S. 198–200.

947, 7 f.   *Konzentrationslager Mauthausen* – s. K. 36, 12.

947, 9   *Haftfolgen* – s. K. 46, 39.

947, 10–14   *Otto Trost, Lebensmittelhändler . . . in Dreibergen-Bützow um* – »Ebenfalls in Dreibergen-Bützow umgekommen ist am 20. Oktober 1943 der Schweriner
Lebensmittelhändler Otto Trost. Er war am 8. August 1941 zu 2½ Jahren
Zuchthaus verurteilt worden, weil er den Londoner Rundfunk abgehört und
mit den Kunden darüber gesprochen hatte«, Der antifaschistische Widerstand
(1970), S. 236.

947, 15–20   *Ein Schneider, ein . . . ist seitdem verschollen* – »Der katholische Pfarrer Fischer
berichtet über die Ankunft der ersten sowjetischen Kriegsgefangenen in
Neubrandenburg: [. . .] Einer von unserer Gruppe hat gewagt, das zu tun, was
wir eigentlich alle hätten tun müssen. Es war ein kleiner verwachsener
Schneider. Er schleppte zusammen mit seiner Frau einen Eimer Wasser aus
seinem Hause und versuchte, den Vorübergehenden einen Trunk zu reichen.
Ein Fußtritt stieß den Eimer um, ein Fluch beendete die gute Tat. Andern-
tags holte die SS den Mann und seine Frau ab. Wir haben nie wieder etwas
von ihnen gehört«, Der antifaschistische Widerstand (1970), S. 228 f.

947, 16   *Neubrandenburg* – s. K. 633, 29.

947, 21–25   *Am 9. Oktober . . . gegen ihn erkannt* – »Auf der Kröger-Werft in Warnemünde
verhafteten die Nazis am 9. Oktober 1941 den 60jährigen Bootsbauer, Mitglied der SPD, Erdmann Fünning. Gestützt auf die Nachrichten des Londoner Rundfunks, verbreitete er unter seinen Arbeitskollegen die Wahrheit über
die Verluste und die Lage an der Front. Das faschistische Gericht sprach am
21. Januar 1942 eine Strafe von 10 Jahren Zuchthaus gegen ihn aus«, Der antifaschistische Widerstand (1970), S. 223.

947, 21 f.   *Warnemünde* – s. K. 785, 23.

947, 26–29   *Paul Koob, Arbeiter . . . Jahren Gefängnis verurteilt* – »Der Arbeiter Paul Koob aus
der Munitionsfabrik in Malchow wurde am 9. Juni 1942 zu zwei Jahren Ge-
fängnis verurteilt. Er bezeichnete Hitler als einen Betrüger, der alle Verspre-
chungen den Arbeitern gegenüber nicht eingehalten habe. Das Winterhilfswerk sei nichts anderes als eine Kriegsanleihe«, Der antifaschistische
Widerstand (1970), S. 235.

947, 28   *Winterhilfswerk* – s. K. 245, 7.

947, 30–34   *Bäckermeister Köhn in . . . 1000 Mark Geldstrafe* – »Von Herbst 1942 bis Anfang
1943 verkaufte der Bäckermeister Köhn aus Rostock ungefähr tausend Brote
an polnische Zwangsarbeiter ohne Marken. Die Faschisten verurteilten ihn
deshalb zu 2 ½ Jahren Zuchthaus und 1000 Mark Geldstrafe«, Der antifaschistische Widerstand (1970), S. 256.

947, 35–948, 3   *Johann Schulz aus . . . 1945 in Zernin* – »Zu den Kommunisten, die 1943 in
Mecklenburg vor faschistischen Gerichten standen, zählt auch der in der Wis-

marer Waggonfabrik arbeitende achtundsechzigjährige Johann Schulz aus
Warin. Er war bereits im Dezember 1942 [sic] verhaftet worden. Um Johann
Schulz, der die Wahrheit über den Krieg verbreitete und die faschistischen
Verbrechen anprangerte, mundtot zu machen, wurde er am 8. März 1943 zu
5 Jahren Gefängnis verurteilt. Die Faschisten verschleppten ihn ins Zuchthaus
Dreibergen-Bützow. Hier erlebte er im Mai 1945 den Tag der Befreiung. Aber
auf Grund der jahrelangen Entbehrungen in der Haft verstarb der Einund-
siebzigjährige auf dem Wege in seine Heimat am 12. Mai 1945 in Zernin«,
Der antifaschistische Widerstand (1970), S. 256.

948, 4–10   *Am 10. November ... Lübeck, gehalten hatte* – Johnson zitiert diese Passage spä-
              ter in seiner Rede zur Verleihung des Thomas-Mann-Preises, vgl. Johnson,
              Lübeck habe ich ständig beobachtet, S. 82; Hauschild (1983), S. 337–340;
              Mecklenburg (1997), S. 391 f.

948, 9   *Palmsonntag* – s. K. 871, 2.

948, 11–17   *Walter Block, Schachtmeister ... hatten wegbringen wollen* – Die Angaben sind ent-
              nommen aus: Der antifaschistische Widerstand (1970), S. 152, 299 f.; vgl. auch
              Goguel (1972), S. 46, 48; s. K. 1111, 36–1114, 13; 1250, 10–13.

948, 15   *Lübecker Bucht* – s. K. 579, 39.

948, 18–22   *Wilam Simic, ein ... gegen ihn ausgesprochen* – »Dem im Werk [Dornier-Flug-
              zeugwerke Wismar] als Koch beschäftigten Serben, Wilam Simic, gelang es,
              hier arbeitenden sowjetischen Kriegsgefangenen Lebensmittel zukommen zu
              lassen. Deshalb wurde er am 25. Februar 1943 zu 6 Jahren Zuchthaus verur-
              teilt«, Der antifaschistische Widerstand (1970), S. 227.

948, 18 f.   *Norddeutschen Dornierwerken G. m. b. H. Wismar* – s. K. 833, 14 f.

948, 23–26   *Walter Jahn, aus ... 3 Jahre Gefängnis* – »Zu den Handwerkern, deren Unter-
              nehmen im Rahmen der totalen Kriegsführung geschlossen wurden, gehör-
              te auch der Maurermeister Walter Jahn aus Güstrow. Er war zu Bauarbeiten
              in Priemerburg dienstverpflichtet worden. Weil er hier im Juli 1943 äußerte,
              daß der Krieg mit einer Niederlage enden würde, verurteilten ihn die Fa-
              schisten zu 3 Jahren Gefängnis«, Der antifaschistische Widerstand (1970),
              S. 245.
              Das im Roman genannte Datum gehört zum Fall des Zeitungsverkäufers
              Friedrich Spiegel aus Rostock, der am 11. 10. 1943 verurteilt wurde (im vor-
              hergehenden Absatz der Quelle zu finden).

948, 24   *Priemerburg* – Heute Ortsteil im Osten von Güstrow; Priemer: s. K. 633, 11.

948, 27–32   *Theodor Korsell, Regierungsrat ... August 1943 hingerichtet* – »Am 2. September
              1943 verbreitete z. B. die faschistische Presse eine Mitteilung, wonach am 25.
              August 1943 der durch den Volksgerichtshof ›wegen Feindbegünstigung und
              Wehrkraftzersetzung‹ zum Tode verurteilte zweiundfünfzigjährige Regie-
              rungsrat Dr. Theodor Korselt [sic] aus Rostock hingerichtet wurde. Aus der
              Urteilsbegründung [...]: Theodor Korselt hatte kurz nach der Regierungs-

umbildung in Italien in der Rostocker Straßenbahn gesagt: ›So müsse es hier auch kommen, der Führer müsse zurücktreten, denn siegen könnten wir ja nicht mehr und alle wollten wir doch nicht bei lebendigem Leibe verbrennen‹«, Der antifaschistische Widerstand (1970), S. 258.

948, 28 *Sturz Mussolinis* – s. K. 198, 30; 271, 21 f.

948, 33–36 *Friedrich Schwarz aus ... hingerichtet worden war* – »Im Interesse eines baldigen Kriegsendes begrüßte der vierundfünfzigjährige Arbeiter Friedrich Schwarz aus Waren ebenfalls den Sturz Mussolinis in Italien. Er sprach darüber mit seinen Arbeitskollegen im Betrieb. Das nahmen die Faschisten zu Anlaß, ihn vor den Volksgerichtshof zu zerren und zum Tode zu verurteilen. Die Vollstreckung des Urteils wurde am 16. November 1943 in der Nazipresse mitgeteilt«, Der antifaschistische Widerstand (1970), S. 258. Der Titel der Zeitung findet sich in einer Anm. auf S. 340.

948, 35 f. *Niederdeutschen Beobachter* – Eine der regionalen Tageszeitungen der NSDAP.

948, 37–949, 2 *Wilhelm Schröder, Schwerin ... über ihn verhängt* – »Im Zusammenhang mit den Bombenangriffen auf Hamburg hatte der einundsiebzigjährige Tischlermeister Wilhelm Schröder aus Schwerin im August 1943 geäußert: ›Was, du glaubst noch an einen Sieg? Da glaube ich nicht dran und habe nie daran geglaubt.‹ Am 11. Mai 1944 erhielt er eine Gefängnisstrafe von 2 Jahren«, Der antifaschistische Widerstand (1970), S. 263.

949, 3–7 *Karl-August Grabs ... zum Tode verurteilt* – »Der vierundsechzigjährige Karl-August Grabs aus Grabow äußerte Ende 1943, daß der Krieg für Deutschland verloren sei. Deshalb wurde er am 26. Februar 1944 vor den I. Senat des Volksgerichtshofes gestellt, zum Tode verurteilt und hingerichtet«, Der antifaschistische Widerstand (1970), S. 258 f.

949, 3 *Grabow* – Stadt an der Elde, 40 km südlich von Ludwigslust.

949, 8–10 *Am 21. März ... bei Wismar erhängt* – »Im Sterberegister der Stadt Wismar ist unter der Nummer 3/33 eine Eintragung, aus der hervorgeht, daß am 21. März 1944, 11.00 Uhr, auf der Feldmark des Dorfes Stove bei Wismar der dreiundzwanzigjährige polnische Zwangsarbeiter Czeslaw Nowalkowski erhängt wurde«, Der antifaschistische Widerstand (1970), S. 279.

949, 11–16 *Otto Voth, 41 ... verbüßen in Dreibergen-Bützow* – »Am 29. März 1944 verhaftete die Gestapo den einundvierzigjährigen Bauern Otto Voth aus Zeppelin im Kreis Güstrow. Er hatte die Niederlage des faschistischen Deutschlands im Kriege als unabwendbar bezeichnet. Am 25. Januar 1945 erhielt er eine Zuchthausstrafe von 5 Jahren«, Der antifaschistische Widerstand (1970), S. 265. Eine Anm. auf S. 340 gibt als Quelle die Haftakte aus den Landesstrafanstalten Dreibergen-Bützow an.

949, 11 *Zeppelin* – Druckfehler in der Quelle, richtig: Zepelin, kleiner Ort zwischen Bützow und Güstrow.

949, 17–22 *Karl Willführ aus . . . in Pommern ermordet* – »Im September 1943 verhaftete die Gestapo in der Munitionsfabrik in Dömitz den zur Tätigkeit in der Rüstungsproduktion dienstverpflichteten Binnenschiffer Karl Willführ aus Eldena. Der Grund für die Verhaftung des Sozialdemokraten Karl Willführ bestand darin, daß er gegen Mißhandlungen sowjetischer Zwangsarbeiter aufgetreten war. [. . .] Im Jahre 1944 wurde Karl Willführ zu 3 Jahren Zuchthaus verurteilt und am 25. Januar 1945 im Zuchthaus Gollnow in Pommern ermordet«, Der antifaschistische Widerstand (1970), S. 231; Pommern: s. K. 235, 5.

949, 17 *Eldena* – Stadt an der Neuen Elde, etwa 50 km südlich von Schwerin.

949, 22 *Gollnow* – Poln.: Goleniów, Stadt 20 km westlich von Szczecin.

949, 23–25 *Ella Kähne aus . . . Ein Jahr Gefängnis* – »Ella Kähne aus Beckentin bei Grabow hatte dem sowjetischen Kriegsgefangenen Gumbar Gummilösung zur Reparatur seiner Stiefel gegeben. Deshalb mußte sie für ein Jahr ins Gefängnis«, Der antifaschistische Widerstand (1970), S. 257.

949, 26–34 *Am 30. November . . . ums Leben gebracht* – »Am 30. November 1944 wurden der polnische Arbeiter Josef Molka aus Görslow im Kreis Schwerin, der seit 1929 in Deutschland lebte, und seine drei Söhne verhaftet. Ihr ›Verbrechen‹ bestand darin, daß sie auf dem Gut lebenden polnischen Zwangsarbeitern und serbischen Kriegsgefangenen Lebensmittel gegeben und ihnen Informationen über die Lage an der Front übermittelt hatten. [. . .] Als ›belastend‹ ist über Josef Molka in den Gerichtsakten vermerkt: ›Seinen Kindern hat er immer wieder gesagt, sie sollen nicht in den Krieg gehen, um sich totschießen zu lassen. Er hat auch zu seinen Kindern und fremden Leuten geäußert, daß diejenigen in den Krieg gehen sollten, die ihn gewollt hätten.‹ [. . .] wurde er am 15. Januar 1945 zum Tode verurteilt und am 6. Februar 1945 in Dreibergen-Bützow ermordet. Seine drei Jungen erhielten zusammen eine Zuchthausstrafe von 5 Jahren«, Der antifaschistische Widerstand (1970), S. 284.

949, 35–37 *In Ziebühl bei . . . ein Kommando S. S.* – »In Ziebühl bei Bützow erschoß am 2. Mai 1945 ein SS-Kommando den Landarbeiter August Schlee, als er für die kampflose Beendigung des Krieges in seinem Heimatort eintrat«, Der antifaschistische Widerstand (1970), S. 300.

949, 35 *Bützow* – s. K. 102, 25.

949, 38–950, 3 *Marianne Grunthal aus . . . heute nach ihr* – »Am 2. Mai 1945 ließen die Faschisten in Schwerin die neunundvierzigjährige Lehrerin Marianne Grunthal erhängen, da sie, nachdem die Nachricht von Hitlers Tod bekannt geworden war, erfreut ausgerufen hatte: ›Gott sei Dank, dann ist der furchtbare Krieg endlich zu Ende.‹«, Der antifaschistische Widerstand (1970), S. 300.
Marianne Grunthal (31. 1. 1896–2. 5. 1945), 1919–43 Lehrerin in Zehdenick; jener Ausspruch wurde von den SS-Wachmannschaften, die die Gefangenen der KZ Ravensbrück und Sachsenhausen nach Westen führten, gehört; sie wurde auf dem heute nach ihr benannten Grunthalplatz in Schwerin gehängt; vgl. Grewolls (1995).

950, 4–15   *Der Hinrichtungskeller in . . . Keiner am Haken* – Ein Foto des Hinrichtungskellers im Zuchthaus Dreibergen-Bützow findet sich in: Der antifaschistische Widerstand (1970), S. 389.

3. 4. 1968

950, 18   *Flushing* – s. K. 10, 27.

950, 26–34   *In der Zeitung . . . um den Hals* – Text zum Foto in der NYT vom 3. 4. 1968: »Czech Official Found Dead: The body of Dr. Jozef Brestansky, deputy president of Czechoslovakia's Supreme Court, hanging from a tree near Babice, south of Prague, yesterday. Dr. Brestansky disappeared two days ago.«
Dr. Josef Břeštanský (28. 1. 1926–2. 4. 1968) war in Akten in Verbindung mit Rechtsbeugungen wiederholt auf den Namen Antonín Novotný gestoßen und hatte vom Innenministerium alle einschlägigen Geheimakten angefordert. Es stellte sich später heraus, daß Břeštanský selbst bei einem politischen Schauprozeß den Vorsitz geführt hatte; vgl. DER SPIEGEL 8. 4. 1968, S. 216 und 13. 5. 1968, S. 131 (Foto).

950, 31   *Bratislava* – s. K. 593, 19; 651, 38.

950, 35–951, 4   *Präsident Johnson, der . . . Meilen (322 Kilometer)* – Am 31. 3. 68 hatte Johnson versprochen, keine Luftangriffe jenseits des 20. Breitengrads fliegen zu lassen. Der erwähnte Bombenangriff auf eine Eisenbahn und eine Radarstation bei Thanh Hoa fand 200 Meilen nördlich der entmilitarisierten Zone statt. Vgl. den Artikel »Fulbright Calls Move Misleading« der NYT vom 3. 4. 1968: »After the speech, United States planes struck targets about 205 miles north of the DMZ, including a radar site at Thanhhoa, 81 miles south of Hanoi.«
Vgl. den Kommentar der NYT »Straining Credibility« vom 3. 4. 1968: »Air attacks on North Vietnam in the past two days have blown a 200-mile gap in the credibility of President Johnson's latest peace initiative.«

951, 1   *Thanhhoa* – Tanh Hoa, Hauptstadt der gleichnamigen Provinz am Golf von Tonkin ca. 150 km südlich von Hanoi.

951, 5–8   *Die Börse glaubte . . . ächzen unter Verkaufsdruck* – Vgl. den Artikel »Market Extends Rise Irregularly« der NYT vom 3. 4. 1968, dessen Zahlen von Uwe Johnsons abweichen: »The stock market extended Monday's boisterous rally yesterday as prices rose in irregular fashion in heavy trading. [. . .] volume of the New York Stock Exchange subsided from Monday's record of 17,73 million shares but still totaled 14, 52 million shares, the sixth highest in exchange history. [. . .] Investors, however, apparently were still in a buying mood as a result of President Johnsons's Sunday night announcement of a de-escalation in the Vietnam war. [. . .]
Golds stocks continued to retreat as gold prices declined again in European markets.«

951, 12–14   *Hanoi macht Gespräche . . . kriegerischer Handlungen überhaupt* – Am 4. 4. 1968 veröffentlicht die NYT Hanois Antwort auf Johnsons Ankündigung, die Bombardierungen einzustellen: »The Government of the Democratic Republic of Vietnam has stated on many occasions: Talks between the Democratic Republic of Vietnam and the United States will begin as soon as the United States has proved that it has really stopped unconditionally the bombing raids and all other acts of war against the Democratic Republic of Vietnam.«

4. 4. 1968

951, 24   *Ribnitz* – s. K. 9, 17.

951, 25   *Saaler Bodden* – s. K. 9, 22.

951, 30–32   *Vel Kinner, vel . . . inne Tasch steckt* – (nd.) Viele Kinder, viel Segen: sagte der Küster. Als er den Taufschilling in die Tasche steckte. Nd. Redewendung; ein Kirchendiener bezog kein festes Einkommen.

952, 8   *Leonia* – s. K. 570, 33.

953, 7   *die Küstenbatterien* – s. K. 880, 32 f.

953, 16   *Büdnereien* – s. K. 590, 8.

953, 17   *Knicks* – s. K. 880, 9.

953, 18   *Dornenhaus* – s. K. 884, 35.

953, 22   *Grenzweg* – s. K. 9, 20; s. 841, 10.

953, 23   *Schleetzäune* – (nd.) Schleet: aufgespaltete, dünne lange Holzstange; s. 1275, 13.

953, 25 f.   *Durchbrechen des Meeres an dieser Stelle* – Wo der heutige Grenzweg auf die Dünen trifft, schwemmte in der schweren Sturmflut von 1652 die See über die Ufer und riß einen neuen Durchlauf zum Bodden; vgl. Schulz, F. (1996), S. 8, 48.

954, 19   *Darss* – Teil der mit dem Fischland und der Halbinsel Zingst gebildeten Halbinsel zwischen Rostock und Stralsund; Naturschutzgebiet mit Wäldern, sandigen Dünenwällen und moorigen Dünentälern, das durch die Tätigkeit des Meeres starken Veränderungen unterworfen ist; s. K. 9, 20.

954, 28   *»Damm puken«* – (nd.) Damm zupfen; s. K. 1489, 38 f.

955, 1–956, 37 *Heute weiß ich . . . war nicht so* – s. 9, 16–27.

955, 3   *Konzentrationslager Barth* – Sonderlager des KZ Ravensbrück in Barth, einer Stadt am Bodden, südlich der Halbinsel Zingst. Die Häftlinge mußten in den Heinkel-Flugzeugwerken und in Peenemünde arbeiten. Das Frauenlager bestand vom 1. 8. 1943 bis 30. 4. 1945, das Männerlager vom 5. 11. 1944 an; etwa 5000 Insassen, vorwiegend Kriegsgefangene und Zwangsarbeiter; vgl. Der antifaschistische Widerstand (1970), S. 279–283; s. K. 36, 12; 419, 16.

955, 7–14 *Der tschechische Arzt . . . der Flucht erschossen* – »Dadurch, daß der tschechische Antifaschist, der Arzt Dr. R. Stejskal, eine namentliche Liste aller auf dem Friedhof in Barth und in Massengräbern beigesetzten männlichen Häftlinge geführt hat, wissen wir, daß 292 Häftlinge aus acht Nationen hier elend zugrundegegangen sind. Bekannt ist weiterhin, daß im Rostocker Krematorium die Leichen von 271 Häftlingen aus Barth verbrannt wurden. Davon sind angeblich 51 an Tuberkulose, 19 an Lungenentzündung, 49 an Unterernährung und 9 durch Selbstmord gestorben. Ein Häftling wurde gehängt, und 11 andere wurden ›auf der Flucht‹ erschossen«, Der antifaschistische Widerstand (1970), S. 280.

955, 14–17 *wenn eine Frau . . . mit Gas ermordet* – Anspielung auf das Schicksal der 19jährigen Vera Iwanowna Snissarenko, eine Zwangsarbeiterin aus der Ukraine, die, weil man ein Bild von Lenin bei ihr gefunden hatte, ins KZ Ravensbrück gebracht wurde und im Außenkommando Barth im Flugzeugwerk arbeiten sollte. »Vera weigerte sich, diese Arbeit auszuführen, weil sie nicht gewillt war, Waffen herzustellen, die der Vernichtung ihres eigenen Volkes dienten.« Auch durch Mißhandlungen ließ sie sich nicht zwingen, sie erkrankte an Tuberkulose, wurde nach Ravensbrück zurückgebracht und am 31. 3. 1945 »zur Vergasung geschickt«; vgl. Der antifaschistische Widerstand (1970), S. 283; Müller (1998), S. 213 f.

955, 21–23 *In Rövershagen war . . . A. G. arbeiten mußten* – Rövershagen liegt nordöstlich von Rostock. »Lager mit KZ-Häftlingen, die bei Heinkel arbeiteten, befanden sich u. a. in Fürstenberg, Krakow am See, Rövershagen und vor allem in Barth«, Der antifaschistische Widerstand (1970), S. 279 f.; s. K. 36, 12; 968, 5–8.

956, 8–16 *Die Geschenke, die . . . Schlange im Wald* – s. K. 818, 3 f.

956, 18 *Organisation Todt* – Benannt nach Fritz Todt (4. 9. 1891–8. 2. 1942), Bauingenieur, NSDAP-Politiker mit verschiedenen Ministerämtern; verantwortlich für den Bau der Autobahnen, 1938 mit dem Bau des »Westwalls« beauftragt, gründete 1940 zur Durchführung kriegswichtiger Aufgaben die »Organisation Todt«, eine Art Armee von Arbeitskräften. Er blieb Hitlers erster Technokrat, obwohl er seit 1941 die militärische Niederlage befürchtete.

956, 28 f. *Heeresintendantur* – s. K. 531, 7.

956, 37 *Er war nicht so* – s. 125, 10.

5. 4. 1968

957, 6   *Martin Luther King* – s. K. 928, 12.

957, 8–960, 10   *Gestern abend wurde . . . das Blut geworfen* –Vgl. den Artikel »Martin Luther King
Is Slain In Memphis« der NYT vom 5. 6. 1968: »Four thousand National
Guard troops were ordered into Memphis by Gov. Buford Ellington after the
39-year-old Nobel Prize-winning civil rights leader died.
A curfew was imposed on the shocked city of 550, 000 inhabitants, 40 per
cent of whom are Negro. [. . .]
Police Director Frank Holloman said the assassin might have been a white
man who was ›50 to 100 yards away in a flophouse.‹
Chief of Detectives W. P. Huston said a late model white Mustang was believed to have been the killer's getaway car. [. . .]
A high-powered 30.06-caliber rifle was found about a block from the scene
of the shooting, on South Main Street. ›We think it's the gun,‹ Chief Huston
said, reporting it would be turned over to the Federal Bureau of Investigation.
Dr. King was shot while he leaned over a second-floor railing outside his
room at the Lorraine Motel. He was chatting with two friends just before
starting for dinner.
One of the friends was a musician, and Dr. King had just asked him to play a
negro spiritual, ›Precious Lord, Take My Hand,‹ at a rally that was to have been
held two hours later in support of striking Memphis sanitationmen.
Paul Hess, assistant administrator at St. Joseph's Hospital, where Dr. King died
despite emergency surgery, said the minister had ›received a gunshot wound
on the right side of the neck, at the root of the neck, a gaping wound.‹
›He was pronounced dead at 7:05 P. M. Central standard time (8:05 P. M. New
York time) by staff doctors,‹ Mr. Hess said. [. . .]
Dr. King had come back to Memphis Wednesday morning to organize support once again for 1,300 sanitation workers who have been striking since
Lincoln's Birthday. Just a week ago yesterday he led a march in the strikers'
cause that ended in violence. A 16-year-old Negros [sic] was killed, 62 per-
sons were injured and 200 were arrested.
Yesterday Dr. King had been in his second-floor room – Number 306 –
throughout the day. Just about 6 P. M. he emerged, wearing a silkish-looking
black suit and white shirt.
Solomon Jones Jr., his driver, had been waiting to take him by car to the home
of the Rev. Samuel Kyles of Memphis for dinner. Mr. Jones said later he had
observed, ›It's cold outside, put your topcoat on,‹ and Dr. King had replied,
›O. K., I will.‹
Two Men in Courtyard
Dr. King, an open-faced, genial man, leaned over a green iron railing to chat
with an associate, Jesse Jackson, standing just below him in a courtyard parking lot.

›Do you know Ben?‹ Mr. Jackson asked, introducing Ben Branch of Chicago, a musician who was to play at tonight's rally.
›Yes, that's my man!‹ Dr King glowed.
The two men recalled Dr. King's asking for the playing of the spiritual. ›I really want you to play that tonight,‹ Dr. King said, enthusiastically.
The Rev. Ralph W. Abernathy, perhaps Dr. King's closest friend, was just about to come out of the motel room when the sudden loud noise burst out.
Dr. King toppled to the concrete second-floor walkway. Blood gushed from the right jaw and neck area. His necktie had been ripped off by the blast.
›He had just bent over,‹ Mr. Jackson recalled later. ›If he had been standing up, he wouldn't have been hit in the face.‹
Policemen ›All Over‹
›When I turned round,‹ Mr. Jackson went on, bitterly, ›I saw police coming from everywhere. They said, ›where did it come from?‹ And I said, ›behind you.‹ The police were coming from where the shot came.‹ [...]
Mr. Kyles said Dr. King had stood in the open ›about three minutes.‹
Mr. Jones, the driver, said that a squad car with four policemen in it drove down the street only moments before the gunshot. [...]
After the shot, Mr. Jones said, he saw a man ›with something white on his face‹ creep away from a thicket across the street.
Someone rushed up with a towel to stem the flow of Dr. King's blood. Mr. Kyles said he put a blanket over Dr. King, but ›I knew he was gone.‹ [...]
Policemen were pouring into the motel area, carrying rifles and shotguns and wearing riot helmets.
But the King aides said it seemed to be 10 or 15 minutes before a Fire Department ambulance arrived.
Dr. King was apparently still living when he reached the St. Joseph's Hospital operating room for emergency surgery. He was borne in on a stretcher, the bloody towel over his head. [...]
But the Rev. Andrew Young, executive director of Dr. King's Southern Christian Leadership Conference, recalled there had been some talk Wednesday night about possible harm to Dr. King in Memphis. [...]
Mr. Young believed that the fatal shot might have been fired from a passing car. ›It sounded like a firecracker,‹ he said.
In a nearby building, a newsman who had been watching a television program thought, however, that ›it was a tremendous blast that sounded like a bomb.‹
There were perhaps 15 persons in the motel courtyard area when Dr. King was shot, all believed to be Negroes and Dr. King's associates. [...]
The police first cordoned off an area of about five blocks around the Lorraine Motel, chosen by Dr. King for his stay here because it is Negro-owned. [...]
In Memphis, Dr. King's chief associates met in his room after he died. [...]
They had to step across a drying pool of Dr. King's blood to enter. Someone had thrown a crumpled pack of cigarettes into the blood.«

957, 8	*Memphis* – s. K. 610, 9 f.
957, 13	*Geburtstag Lincolns* – s. K. 218, 19.
957, 26 f.	*Beide Börsen haben . . . die new yorker* – s. K. 272, 10.
958, 2 f.	*»Herr du meine . . . führe meine Hand«* – »Precious Lord, take my hand« wurde zu Kings Begräbnis von Mahalia Jackson gesungen.
959, 11	*Nationalgardisten* – s. K. 734, 9.
959, 36	*Mustang-Modell* – s. K. 150, 5.
960, 3	*Oswald* – Lee Harvey Oswald (18. 10. 1939–24. 11. 1963), amerik. Marinesoldat, lebte 1959–62 in der Sowjetunion. John F. Kennedy wurde am 22. 11. 1963 tödlich verwundet, als er am Texas School Book Depository in Dallas vorbeifuhr, wo Oswald arbeitete. Oswald wurde von der Warren-Kommission 1964 als politischer Einzelgänger zum alleinigen Attentäter Kennedys erklärt, während ein Sonderausschuß des Kongresses (1977–79) zwei Schützen und eine Verschwörung für möglich hielt. Oswald gab die Tat nicht zu und wurde zwei Tage nach seiner Verhaftung von dem Nachtklubbesitzer Jack Ruby im Polizeihauptquartier von Dallas erschossen.
960, 19	*Madison Avenue* – s. K. 76, 8 f.

6. 4. 1968

961, 2	*Mrs. Martin Luther King* – Coretta Scott King, geb. 27. 4. 1927, war die erste Schwarze, die auf dem Antioch-College in Yellow Springs, Ohio, einen Pädagogikabschluß ablegte. Sie absolvierte dann eine Gesangsausbildung und trat als Konzertsängerin auf. Am 18. 5. 1953 heiratete sie M. L. King; s. K. 928, 12; 970, 2–9; 970, 3 f.; 1075, 14–22.
961, 4	*Memphis* – s. K. 610, 9 f.
961, 27	*Sabbath* – s. K. 45, 3.
962, 2	*Southern Christian Leadership Conference* – (engl.) Konferenz Christlicher Führer des Südens, von Martin Luther King gegr. Organisation. Coretta King hatte viele Konzerte zugunsten dieser Vereinigung gegeben; s. K. 928, 12.
962, 3	*Atlanta, Georgia* – s. K. 168, 16.

7. 4. 1968

962, 24	*Unruhen in Washington* – Nach der Ermordung Martin Luther Kings brachen in vielen amerik. Städten Unruhen aus. Die NYT veröffentlichte eine Fotoserie aus Washington, die Unterschriften der zwei erwähnten Fotos lauteten:

»In Northwest Area of Washington smoke rises from burning buildings on Seventh Street obscuring White House [...]« und »Buildings burned in the night are smoking ruins [...]«. Andere Aufnahmen zeigten geplünderte Geschäfte; vgl. NYT 7. 4. 1968.

962, 33   *Lyzeum zu Gneez* – s. K. 895, 27.

963, 9   *V-2-Raketen* – V 1 (Fi 103): mit einer Katapultschleuder gestartete Flügelbombe von 850 kg Sprengladung; V 2 (A 4): ballistische Flüssigkeitsrakete mit einer Sprengladung von 975 kg; großer propagandistischer Aufwand begleitete den Einsatz dieser Waffen, um den Eindruck zu erwecken, damit eine Wende des Krieges herbeiführen zu können. Die V 1 wurde oft von Flak und Jägern abgeschossen, gegen die V 2 gab es keine Abwehrmöglichkeiten, weshalb die Briten versuchten, sämtliche Abschußbasen durch Bombardements zu zerstören; s. K. 671, 37; 1416, 28; 1416, 34 f.

964, 2   *Jungmädelbund* – s. K. 159, 27; 164, 33.

964, 5   *Nè. Nu nich mihr, Gesine* – (nd.) Nein. Nun nicht mehr, Gesine.

964, 21–24   *Hamburg, Lübeck, Bre-men . . . he nich mütt* – (nd.)
Hamburg, Lübeck, Bre-men,
die brauchen sich nicht zu schä-men;
Jerichow ist viel zu klein:
da scheißt kein Teufel, wenn er nicht muß–.
Johnsons Vorlage ist das »Laternenlied«; vgl. Wossidlo (1931), Bd. 4, S. 96, Nr. 641a.
Hamburg, Lübeck, Bremen,
Ich brauch mich nicht zu schämen.
Meine Laterne ist hübsch und fein,
Darum geh ich ganz allein.
Ganz allein ist ungesund,
Meine Laterne ist kugelrund.
Johnsons Kontamination impliziert eine Anspielung auf den Spruch »Der Teufel scheißt immer auf den größten Haufen«.

965, 7   *Helmuth Felmy* – Hellmuth [sic] Felmy (28. 5. 1885–14. 12. 1965), dt. Fliegeroffizier; übernahm bei der Neugliederung der Luftwaffe am 4. 2. 1938 als Generalleutnant den Befehl über die Luftwaffengruppe 2 (Braunschweig). Nachdem am 10. 1. 1940 bei Mechelen ein Kurierflugzeug mit geheimen Einsatzbefehlen für den Angriff auf Belgien in belgische Hände gefallen war und die Invasion verschoben werden mußte, wurde er zwei Tage später von Hitler entlassen. Im Mai 1941 wieder aktiviert, war er bis zum Kriegsende in hohen Kommandostellungen in Griechenland und Jugoslawien. Im Prozeß gegen die Südostgeneräle wurde er in Nürnberg 1948 zu 15 Jahren Haft verurteilt, im Dezember 1951 freigelassen.

965, 36 f.   *Gräfinnenwald* – s. K. 34, 8.

966,2	*Kampfgeschwader* – s. K. 857, 27 f.
966,24–33	*Über die Nacht . . . britischen Terroristen entgegen* – Am 28.3.1942 wurde der »Tag der Wehrmacht« begangen. Im Bericht der »Güstrower Tageszeitung« vom 30.3.1942 sind weder das Zitat noch die erwähnten Aktivitäten enthalten. Zu diesen stets an einem Sonntag im März stattfindenden Propagandaveranstaltungen konnte die Bevölkerung militärische Einrichtungen und Vorführungen der jeweiligen Truppenteile besichtigen. Eine Vorlage für die Episode wurde nicht gefunden. In der Nacht vom 28. auf den 29.3.1942 bombardierten brit. Flugzeuge Lübeck.
966,35	*Hermann Göring-Schule* – s. K. 895, 17 f.
966,36 f.	*eines Eichenlaubträgers* – Träger des Eisernen Kreuzes mit den Zusätzen Ritterkreuz und Eichenlaub, eine besonders hohe militärische Auszeichnung, die am Hals getragen wurde.
966,37	*Hotel Erbgroßherzog* – s. K. 32, 5.
967,36	*Luftwaffenerprobungsstelle Rechlin* – s. K. 860, 14.
968,1	*Ribnitz* – s. K. 9, 17.
968,1 f.	*Walther Bachmann-Flugzeugwerke A. G.* – s. K. 946, 13.
968,5–8	*die heinckelschen Betriebsauslagerungen . . . in Neustadt-Glewe, Rövershagen* – »In Mecklenburg entstanden solch Außen- und Teillager [der KZ], u. a. in Barth, Fürstenberg, Krakow am See, Peenemünde/Karlshagen, bei Rechlin in den Dörfern Retzow und Vietzen, in Neubrandenburg, in Neustadt-Glewe, in Rövershagen [. . .]. Nach den großen Bombenangriffen auf Rostock im Jahre 1942 erfolgte auch eine Verlagerung des Heinkel-Konzerns [sic] in etwa 40 Mittel- und Kleinbetriebe. Überall kamen ausländische Kriegsgefangene und Zwangsarbeiter zum Einsatz. Ungefähr 6000 KZ-Häftlinge arbeiteten 1944/45 in den mecklenburgischen Teilbetrieben des Heinkel-Konzerns unter den menschenunwürdigsten Bedingungen«, Der antifaschistische Widerstand (1970), S. 279 f.
968,5	*heinckelschen* – Druckfehler in allen Ausgaben; richtig: heinkelschen; Heinkel: s. K. 703, 14.
968,7	*Krakow* – KZ-Außenkommando für die Heinkel Flugzeugwerke; vgl. Der antifaschistische Widerstand (1970), S. 279 f.; s. K. 50, 17.
968,7	*Retzow bei Rechlin* – Vom 1.1.1943 bis 7.5.1945 Außenkommando des KZ Ravensbrück für Frauen, die vorwiegend auf einem Flugplatz eingesetzt waren; s. K. 36, 12; Rechlin: s. K. 860, 14.
968,7	*Neustadt-Glewe* – s. K. 36, 12; 919, 14.
968,7 f.	*Rövershagen* – s. K. 955, 21–23.

968, 8   *Reiherhorst bei Wöbbelin* – Kleiner Ort westlich von Neustadt-Glewe. Vom
12. 2.–2. 5. 1945 Außen- und Evakuierungslager des KZ Neuengamme mit
etwa 12 000 Häftlingen, von denen 5000 umkamen; vgl. Der antifaschistische
Widerstand (1970), S. 299, 392 f. (Fotos); s. K. 36, 12.

968, 8–11 *Comthurey bei Alt-Strelitz . . . S. S.-Obergruppenführers Oswald Pohl* – »An der
Bahnstation Alt-Strelitz befand sich z. B. das Lager Comthurey, in dem unge-
fähr 100 männliche und 40 weibliche Häftlinge untergebracht waren, die auf
dem Gut des SS-Obergruppenführers Pohl arbeiten mußten«, Der antifaschistische Widerstand (1970), S. 279.
Alt-Strelitz: s. K. 869, 11.
Oswald Pohl (30. 6. 1892–8. 6. 1951), SS-Obergruppenführer und General
der Waffen-SS, Chef des Wirtschaftsverwaltungshauptamts der SS, dem seit
April 1942 die Verwaltung der KZ und die Verwendung der Häftlinge für die
Kriegswirtschaft unterstand; im 4. Kriegsverbrecherprozeß in Nürnberg am
3. 11. 1947 zum Tode verurteilt, 1951 in Landsberg hingerichtet; s. K. 36, 12.

968, 19   *Konzertlager* – Vgl. Klemperer (1996), S. 197: »[. . .] man war nicht im
Konzentrationslager und noch nicht in dem vereinfachten und allgemeinüb-
lichen KZ, sondern im ›Konzertlager‹«.

968, 27   *Ic* – s. K. 892, 7.

969, 26   *Breslau* – s. K. 676, 18.

8. 4. 1968

970, 2–9   *Gestern wurde die . . . Blickrichtung nicht gewohnt* – Vgl. das Foto in der NYT vom
8. 4. 1968 mit dem Begleittext: »Widow And Family: Mrs. Martin Luther
King Jr. yesterday in Atlanta with her children, from left: Yolanda, Bernice,
Martin Luther 3rd and Dexter. Funeral services will be held for the slain rights
leader tomorrow.«

970, 2   *Martin Luther King* – s. K. 928, 12.

970, 3 f. *Yolanda, Bernice, Martin Luther King III, Dexter* – Yolanda Denise, genannt
»Yoki«, geb. 17. 11. 1955; Bernice Albertine, genannt »Bunny«, geb. 28. 3.
1963; Martin Luther III, geb. 23. 10. 1957; Dexter Scott, geb. Januar 1962.

970, 10–15 *Der Generalstaatsanwalt hat . . . King seines Lebens* – Die NYT vom 8. 4. 1968
schreibt im Zusammenhang mit der Suche nach dem Mörder Martin Luther
Kings: »Murder is not a Federal crime except in special circumstances. Mr.
Clark [Attorney General] said that Federal agents were assigned to help the
investigation under a Federal law making it a crime to violate a person's civil
rights, in this instance to deprive Dr. King of his life.«

970, 12   *Bundeskriminalamt* – s. K. 300, 29.

970, 16–18 *Bei uns, auf . . . eingeschlagen und ausgeraubt* – Die NYT vom 8. 4. 1968 berichtet von Überfällen und Plünderungen Schwarzer in Geschäften, auch Textilgeschäften, in Harlem.

970, 17 f. *Charlies Gutem Eßgeschäft* – s. K. 176, 11.

9. 4. 1968

970, 29– *Heute wurde Martin . . . Uhr Mittag schlug* –Vgl. den Artikel »City Pauses Today
971, 20 For King Funeral« der NYT vom 9. 4. 1968: »Banks, schools, stores, and many institutions will close today in honor of the Rev. Dr. Martin Luther King Jr., whose funeral will be held in Atlanta. [. . .]
Leopold Stokowski will lead the American Symphony Orchestra in a concert at the Central Park Mall at 11 A. M. The Westminster Choir and the Camerata Singers will participate in the program, which will include Negro Spirituals [. . .] and works by Verdi, Beethoven and Bach. [. . .]
A group of college students led by Prof. Kenneth Clark of City College is to stage a silent vigil beginning at about 10 A. M. in front of City Hall.«

970, 29 *Martin Luther King* – s. K. 928, 12.

970, 35 *Leopold Stokowski* – Leopold Anthony Stokowski, eigentlich Antoni Stanislaw Boleslawowich (18. 4. 1882–13. 9. 1977), amerik. Dirigent poln.-irischer Abstammung; 1912–36 Leiter des Philadelphia Orchestra.

971, 3 *Deutschen Requiem* – Chor- und Orchesterwerk von Johannes Brahms, 1869; s. K. 1330, 26; s. 1876, 13.

971, 3 *Matthäuspassion* – Chor- und Orchesterwerk von Johann Sebastian Bach, 1729.

971, 4 *Ode an die Freude* – Schlußchoral aus Ludwig van Beethovens 9. Sinfonie, 1824; Text nach F. Schillers »An die Freude«.

971, 12 *Am Kolumbuskreis* – Columbus Circle, s. K. 372, 26.

971, 17 *Atlanta* – s. K. 168, 16.

972, 15 *Fünften und Lexington* – Fünfte Ave.: s. K. 52, 8; Lexington Ave.: s. K. 11, 16.

972, 25 *U. N.* – (Abk. für engl.: United Nations) Vereinte Nationen; s. K. 20, 30 f.

972, 33 f. *Wenn du jetzt . . . uns einen schenken* – s. 220, 16.

10. 4. 1968

973, 6–12 *Die Ermordung Martin . . . King ist begraben* –Vgl. folgende Artikel der NYT vom 10. 4. 1968: »Racial Violence Struck 110 Cities«; »›Closed‹ Signs Up All Over Capital«; »Dr. Martin Luther King Buried In Atlanta; A Vast Cortege Follows

Mule-Drawn Bier«: »Shuttered shops, the silent chambers of the stock
exchanges, the stilled dock and mooring places of the waterfront, empty classrooms, lowered flags, stopped trains, pealing bells and flag-draped photographs
of Dr. King in store windows, all attested to the city's [New York] formal
posture of grief«; »Negroes Crowd Jails in Chicago«: »Judges began to release
curfew violators on their own recognizance today, but the City and Cook
County jails were still crowded to nearly twice their capacity«; »Newark Has
Rash of Fires; Negro Is Killed in Trenton«; Martin Luther King: s. K. 928, 12.

973, 12–14 *die New York . . . ist verloren, aber* – Vgl. James Restons (s. K. 1096, 21–32) Kommentar »Washington: Aftermath of the Crisis« in der NYT vom 10. 4. 1968:
»The physical crisis is over in the capital for the time being, but the intellectual crisis is just beginning. Nothing of implaceable material value has been
lost, but everything deep in the mind has been shaken [. . .]. There is a sense
of events running out of control, of the bad in the American character overwhelming the good, a lot of a kind of juvenile delinquency deranging our society.«

973, 15 *Beginn der Baseballsaison* – Vgl. den Artikel »Baseball Season Opens Today With
All 20 Clubs Listed for Action« der NYT vom 10. 4. 1968.

973, 16–23 *Die kommunistische Partei . . . nicht seine Aufgabe* – Vgl. den Artikel »Czechs To
Curb Power Of Police« der NYT vom 10. 4. 1968: »The Czechoslovak Com-
munist party has taken a formal step to outlaw the police state. [. . .]
The Czechoslovak party's proposals declared that the state security organ had
the sole function of protecting the country against hostile acts from abroad.
[. . .]
Its organs [die der Staatssicherheit] may not be used to solve questions of internal policy. [. . .] Optimism over the reduced role of the secret police were
heightened by the appointment of Josef Pavel to the post of Interior Minister. He was one of the victims of the Stalinist purges and was jailed in the
Nineteen-fifties.« Am 8. 4. 1968 ernannte Staatspräsident Svoboda die neue
Regierung der ČSSR unter Leitung von Oldřich Černík; Pavel wurde zum
neuen Innenminister ernannt.
Josef Pavel (18. 9. 1908–1973), Lackierer, Politiker, General; 1936 Kommandeur der Brigade Dimitrow im Spanischen Bürgerkrieg; 1939–41 in Frankreich interniert, danach Dienst in der tschechos. Armee in England, 1948–51
Abgeordneter der Nationalversammlung; 1949 Oberst im Staatssicherheitsdienst; 1949–51 Mitglied des ZK der KPČ; 1950 stellv. Minister für nationale Sicherheit, General des staatlichen Sicherheitsdienstes; 1951 verhaftet, 1956
rehabilitiert und freigelassen; 1968 zum Innenminister ernannt, nach der Intervention abgesetzt, 1970 aus der KPČ ausgeschlossen; s. K. 1048, 33–1049,
11; 1075, 33.

973, 20–23 *Die Partei verlangt . . . nicht seine Aufgabe* – Anspielung auf das »Aktionsprogramm der KPČ« vom 5. 4. 1968, das als Diskussionsgrundlage für den 14.
Parteitag im September 1968 dienen sollte. Grundgedanke war die Verknüp-

fung von Demokratie und Sozialismus (»Sozialismus mit menschlichem Angesicht«). Der Klassenkampf in der ČSSR sei beendet, daher wirkten die Restriktionen im Umgang zwischen den verschiedenen Bevölkerungsgruppen nur hemmend. Die Spannungen zwischen Tschechen und Slowaken und den nationalen Minderheiten erzeugten unnötige Probleme. Eine Demokratie auf breiter Basis, die eine politische Willkür verhindere, werde erstrebt. Angestrebt würden Gewaltenteilung, Rechtsstaatlichkeit, Garantie der Grundrechte, Rehabilitierung der Opfer politischer Prozesse sowie Bestrafung der Verantwortlichen. Das Land solle im Warschauer Pakt verbleiben, aber mehr Selbständigkeit fordern. Die wirtschaftlichen Reformen, beschlossen auf dem 13. Parteitag, sollten in ihrer Kombination aus plan- und marktwirtschaftlichen Elementen fortgeführt werden; eine Selbstverwaltung der Arbeiter in den Betrieben wurde erwogen.

973, 28   *Heeresintendantur* – s. K. 531, 7.

11. 4. 1968

974, 2–975, 5   *Es beginnt von . . . zum Mord deuten* – Folgende Absätze aus dem Artikel »False Police Reports of Chase After Dr. King's Death« der NYT vom 11. 4. 1968 liegen hier zugrunde: »A false Memphis police report broadcast shortly after the assassination of the Rev. Dr. Martin Luther King Jr. last Thursday night has given impetus to speculation that the civil rights leader was the victim of a conspiracy.

The Federal Bureau of Investigation and the Memphis police have said for several days that the killing was done by one man.

Memphis policemen who were searching for Dr. King's killer on the night he was shot were drawn to the north side of the city 34 minutes after the shooting by a false report from ›police car 160‹ that a white Mustang automobile, believed to be the getaway car, was speeding along city streets.

Detectives have been investigating the possibility that the report was relayed by an accomplice of the killer to the central police radio in an effort to draw pursuers to north Memphis while the killer escaped across the Mississippi River into Arkansas or down U. S. Highway 55 into the State of Mississippi. [. . .] The false police report was broadcast at 6:35 P. M., a little more than a half-hour after the fatal shot was fired. At that time the police were setting up road blocks around the city.

The report said that a white Mustang was headed east in north Memphis and being chased by police car 160.

A short time before that, the police radio had broadcast an alert for a white Mustang with a radio antenna similar to those on automobiles equipped with citizen band radio receivers and transmitters.

At 6:36 P. M., the police radio reported that a blue hardtop 1966 Pontiac had joined the chase for the white Mustang.

In the next 10 minutes, several progress reports on the ›chase‹ were relayed through the headquarters radio to other police cars headed to the area.
At 6:47 P. M., the police radio broadcast a report that someone in the white Mustang was shooting at the blue Pontiac.
That ended the broadcasts about the chase.
The Commercial Appeal, a Memphis newspaper, today quoted Lieut. R. W. Bradshaw, who was assigned to police car 160 that night, as having said that he saw no white Mustang and did not chase one that night.
Lieutenant Bradshaw said today that any comment would have to come from Mr. Holloman.
A Memphis television station, WMC-TV, said tonight that a local radio equipment dealer had reported that he had been monitoring police radio calls immediately after Dr. King's shooting and had heard the calls supposedly made from police car 160.
The equipment dealer's monitor, the television station said, was of such a nature that it could not have received the calls if they had been made in the area where police car 160 was located at the time. [...]
Radio experts said that it would be difficult for someone with a citizens band radio to transmit to police headquarters as if the message were coming from a police car. It would require extensive modification of the radio and would have to be done by someone with more than ordinary knowledge, a radio expert said. [...]
Last Friday, Rolando Veloz Canales, the Mexican consul at Memphis, reported that a young man with a sharp nose had gotten a travel permit to go to Mexico the day before Dr. King was killed. The address and telephone number on the application for the permit were false.
4-Day Delay Reported
Mr. Veloz said that although this information was made available to police on Friday, the day after Dr. King was killed, the F. B. I. did not check it with him until Tuesday«; Martin Luther King: s. K. 928, 12.

974, 4   *Memphis* – s. K. 610, 9 f.

974, 5–25   *einem weißen Mustang . . . einen weißen Mustang* – s. K. 150, 5.

974, 18   *Pontiac* – Automarke der General Motors Corporation (s. K. 144, 34 f.), benannt nach einem Häuptling der Ottawa-Indianer. Pontiac (um 1720–1769, ermordet), war der Hauptorganisator des Indianerkrieges von 1763–66; s. 974, 20.

975, 2   *Bundeskriminalamt* – s. K. 300, 29.

975, 8–34   *In der Neufassung . . . von Wendisch Burg* – Die Schilderung der Übergabe der Stadt sowie des Treffens mit russ. Offizieren stimmt nur in wenigen Punkten mit den Ereignissen von Güstrow (das als Vorlage diente) überein. Da Wendisch Burg, entsprechend der Topographie des Romans, östlich von Güstrow läge, wird die Kapitulation vom 2. 5. auf den 29. 4. 1945 vorverlegt. In Gü-

strow war die kampflose Übergabe vor allem Wilhelm Beltz zu verdanken,
der bis 1938 Direktor des Güstrower Arbeitsamtes war und zum Gördeler-
Kreis gehörte. Da der Kommandant Güstrow »bis zur letzten Patrone« ver-
teidigen wollte, nahm Beltz, um die Zerstörung der Stadt zu verhindern, tele-
fonisch Kontakt mit der Roten Armee auf und ging ihr dann allein mit der
Ukrainerin Slata Kriwussjawa als Dolmetscherin bis Plaaz entgegen. Er wollte
oder konnte keine Einzelheiten über die dt. Stellungen mitteilen und lehnte
die russ. Forderung ab, mit einer großen Bürgergruppe und weißen Fahnen
den russ. Truppen entgegenzuziehen, da er befürchtete, von den Deutschen
erschossen zu werden. Sein Bericht war in den fünfziger Jahren in hektogra-
phierten Ausgaben verbreitet; vgl. Blaschke (1965); Beltz (1974); Seiler (1988),
S. 91–99; Schultz-Naumann (1989), S. 229–235; Johnsons Brief an Heinz
Lehmbäcker vom 29. 1. 1967, in: Fahlke (1994), S. 199; s. K. 910, 32–911, 6.
Die »Neufassung« könnte sich auf Hans Warnkes (des späteren Innenministers
der DDR: s. K. 198, 2) Darstellung beziehen, wonach die Kapitulation einer
Ende 1944 in Güstrow gebildeten illegalen KPD-Gruppe zu verdanken sei:
»In der letzten Phase des Krieges orientierten wir uns vor allem auf die
kampflose Übergabe der Stadt Güstrow an die Sowjetarmee. Unser Ziel war
die Sabotage aller Maßnahmen, die der Verteidigung dienten. Das gelang uns
auch weitgehend. So konnte auf Grund des Einsatzes antifaschistisch-demo-
kratischer Kräfte unter Führung von Kommunisten die Befreiung von der faschistischen Gewaltherrschaft ohne größeren Widerstand erfolgen.‹ [...] Zu
den vor der Stadt stehenden sowjetischen Truppen wurde im Auftrage der
illegalen Gruppe ein Kurier entsandt. Es gelang den Antifaschisten durchzusetzen, daß Güstrow am 2. Mai ohne Kampfhandlungen eingenommen werden konnte«, Der antifaschistische Widerstand (1970), S. 297.
In Mühlstadts Biographie Warnkes wird der Name Beltz in dem Zusammenhang nicht erwähnt, als Warnkes Mitgenossen werden Willi Fitzer und Hans
Warsczycek genannt: »Die Güstrower Antifaschisten bekommen Fernsprech-
verbindung nach Plaue, zu einem sowjetischen Offizier. Sie vereinbaren, daß
sich nachts ein Abgesandter ihrer Gruppe bei den Sowjettruppen melden
wird, und legen Erkennungszeichen fest. Der Beauftragte wird im Schutze der
Nacht durch die Stellungen des Volkssturms geschleust. Ihn begleitet Slata
Kriwussjawa, eine nach Deutschland verschleppte Sowjetbürgerin, die schon
das Telefongespräch gedolmetscht hat«, Mühlstadt (1972), S. 142.

975, 8 *Neufassung* – Auf der 7. Tagung des ZK der SED am 2. 1. 1952 erhielt Else Zaisser den Auftrag, mit einem Autorenkollektiv in zwei Jahren die dt. Vergangenheit vom marxistisch-leninistischen Standpunkt aus neu zu interpretieren.

976, 5 *Havelschleuse Wendisch Burg* – s. K. 473, 9 f.

976, 11 *Hallischen Tor* – Richtig: Halleschen Tor; am Mehringplatz in Berlin-Kreuz-
berg.

976, 11 *Alexanderplatz* – Benannt nach Zar Alexander I. Pawlowitsch (23. 12. 1777–
1. 12. 1825), anläßlich seines Berlinbesuchs 1805; seit 1801 Zar von Rußland.

Reformierte den Staatsapparat, errichtete aber ab 1815 ein reaktionäres Polizeiregime. Er setzte auf dem Wiener Kongreß die Bildung eines Königtums Polen unter russ. Herrschaft durch; s. 1705, 3.

976, 19   *strelitzer* – s. K. 271, 32.

976, 26   *Dat geit nich* – (nd.) Das geht nicht.

977, 19 f.   *Sagn Sie ruhich . . . Es sünd Baege* – (missingsch) Sagen Sie ruhig Berge. Wenn das auch mecklenburgische Berge sind. Es sind Berge!

977, 22 f.   *Bolterschleuse an der Müritz* – Am Havel-Müritz-Kanal gelegen; vgl. Seiler (1988), S. 96; s. 1376, 15.

977, 23   *Müritz* – s. K. 56, 25.

977, 30–36   *einen jungen Panzersoldaten . . . lange abstreiten, Karsch* – Vgl. Johnson, Eine Reise wegwohin, S. 52–57; s. K. 118, 23.

978, 4–19   *Sein gewöhnliches Telefon . . . hatte benutzen wollen* – Am 12. 4. 1967 schreibt Johnson an Hans Lehmbäcker: »Stattdessen habe ich mein Bier gefragt, wie viele Telefonnetze es wohl in Nazideutschland gab ausser dem gewoehnlichen, dem der Armee, dem des Geheimdienstes und dem der Bahn. Denn das Buergerkomitee in Guestrow, das eine Beschiessung der Stadt im April 1945 verhindern wollte, musste mit den Russen, die in Plaaz standen, ueber eine gewoehnliche Leitung verhandeln und haette von den Postmaedchen leicht denunziert werden koennen. Ein unabhaengiges Netz waere sicherer gewesen, und ich waere da sehr fuer die Existenz solcher Kommunikation zwischen Wasserwirtschaftsaemtern, nicht abhoerbare Gespraeche von einer Schleuse zur anderen, und ich moechte dich reinweg bitten, bei deinem naechsten Interview mit einem Wasserwirtschaftsdirektor die Rede darauf zu bringen«, in: Fahlke (1994), S. 197 f.; vgl. ebd. S. 197–199.

978, 19   *Se sünt all hier* – (nd.) Sie sind schon hier; s. K. 880, 36 f.

978, 22–32   *ein sowjetischer Offizier . . . Sowjets ihr Feindbild* – Vgl. Johnsons Brief an Heinz Lehmbäcker vom 29. 6. 1967: »Das Gespraech zwischen Guestrow und der Roten Armee in Plaaz ist historisch, wenngleich die offizielle Geschichtsschreibung der ›Schweriner Volkszeitung‹ es anders sieht; es waren naemlich ›Buergerliche‹ am Apparat«; in: Fahlke (1994), S. 199.

979, 38   *EIN/MALLEN* – (nd.) Ein Dummkopf.

980, 2–4   *Harr Cresspahl man . . . Wahrheit. Wahrheit. Schietkråm* – (nd.)
Hätte Cresspahl mal bloß das Maul gehalten.
         [. . .] kleiner Onkel.
         [. . .] Scheißkram.
s. 226, 13.

12. 4. 1968

980, 8–12   *Die Regierung will . . . nicht zu kompromittieren* –Vgl. den Artikel »U. S. Bars Approaches« der NYT vom 12. 4. 1968: »The United States is standing on the position that any initiative toward improving relations with the reformed government in Czechoslovakia must start from Prague. [. . .]
The proposal [eines einseitigen Vorgehens der USA] included the suggestion that the United States should return $20-million of the Czechoslovak Government's gold, held in the United States since the end of World War II.
The Administration opposes any initiative for the United States on the ground that they would appear as an attempt to exploit Czechoslovakia's political upheaval«; s. K. 932, 27–33.

980, 14–25   *Einer der Anführer . . . noch lernen müssen* –Vgl. den Artikel »West Berlin Gunman Wounds Leader of Left-Wing Students« der NYT vom 12. 4. 1968: »A gunman fired three shots at Rudi Dutschke on Kurfürstendamm, Berlin's main shopping street, today, critically injuring the 27-year-old left-wing student leader. [. . .]
Mr. Dutschke is a leading member of the radical Socialist League of German Students, which has advocated the overthrow of the present parliamentary system in Germany. But the student leader has frequently asserted his opposition to the use of force in Western industrial countries. ›We must convince people that a change is necessary through the force of the argument,‹ he contended. [. . .]
Mr. Dutschke's life has been threatened before. [. . .] He had no police protection«; s. K. 125, 31.

980, 14 f.   *Sozialistischen Deutschen Studentenbundes* – s. K. 125, 30 f.

980, 26–28   *Präsident Johnson hat . . . von 13500 gesprochen* – Vgl. den Artikel »U.S. Calls 24,500 Reserves; Set G.I. Ceiling At 549,500, Giving Saigon Major Role« der NYT vom 12. 4. 1968; s. K. 939, 11–20.

980, 29–
981, 10   *Zu Ostern vor . . . Deutschen) gefährden dürfen* – Nach Spaeth (1998), S. 80, vermutlich Anspielungen auf Alfred Anderschs »Sansibar oder der letzte Grund«, 1961. Von dem jüd. Mädchen Judith, die in Rerik ein Schiff nach Schweden sucht, heißt es: »ein junges, schwarzhaariges Mädchen, das einen hellen Trenchcoat anhatte«, Andersch (1961), S. 141. »Ihr werdet dreiviertel Stunden brauchen«, ebd., S. 165. »Was hat es für einen Zweck, alles aufs Spiel zu setzen, nur um sich mit diesem jungen Kerl zu unterhalten«, ebd., S. 124; Gronberg: s. 45, 30 f.

981, 1   *Schöneberg in Berlin* – s. K. 942, 4.

981, 13–22   *Für die Juden . . . Volk, dem selektierten* – Unter der Überschrift »Passover to Begin With Ritual Meal on Friday Evening« heißt es in der NYT vom 7. 4. 1968: »The week-long joyous festival of Passover, commemorating the liberation of the Israelites from Egyptian bondage more than 2,000 years ago, will start at

sundown Friday. [. . .] The youngest member of the family poses four traditional questions at the beginning of the Seder, which sets the stage for telling
the Exodus story as related in the first [sic] of the five books of Moses. [. . .]
Four cups of wine are consumed, symbolizing that when Moses, the central
figure in the Exodus story, was sent by God to deliver the Israelites from
Egypt, Moses promised four different types of redemption: release from bondage, deliverance from servitude, redemption from dependence on Egypt, and
selection as ›the people of the Lord.‹«

Das Passahfest, ursprünglich ein Hirtenfest, ist eines der wichtigsten jüd.
Familienfeste und wird vom 1. Frühlingsvollmond, 14. Nissan, abends, bis zum
22. Nissan gefeiert. An den ersten beiden Abenden der Passahwoche, dem
Seder (hebr. Ordnung), wird in einer häuslichen Feier die Haggada, eine besondere Fassung des Exodus, gesprochen, wobei die Kinder der Familie vier
rituelle Fragen nach dem Hergang der Geschichte stellen. Es werden Gerichte zubereitet, die eine symbolische Bedeutung tragen: Mazza, das unge-
säuerte Brot, erinnert an den plötzlichen Aufbruch aus Ägypten; Maror, bittere Kräuter, an die Bitterkeit der Vergangenheit; Charoseth, ein Gebäck aus
Äpfeln, Mandeln und Zimt in der Farbe von Ziegelsteinen, an die Zwangsarbeit für die Pharaonen; Salzwasser an die vergossenen Tränen, eine Lamm-
keule an die Tempelopfer, und ein gekochtes Ei steht als Symbol für neues
Leben. Man läßt die Tür für den Propheten Elia offen und stellt ein Glas Wein
für ihn bereit; vgl. 2. Mose 12; de Vries (1994), S. 132–142; Schmidt (1998),
S. 243 f.; s. K. 1786, 11.

981, 18   *Rebecca wird die vier Fragen* – »Warum unterscheidet sich diese Nacht von allen
anderen Nächten? In allen anderen Nächten können wir Gesäuertes und
Ungesäuertes essen, in dieser Nacht nur Ungesäuertes. In allen anderen
Nächten können wir allerlei Kräuter essen, in dieser Nacht nur bittere Kräuter. In allen anderen Nächten müssen wir kein einziges Mal eintunken, in
dieser Nacht zweimal (in Essig oder Salzwasser). In allen anderen Nächten
können wir frei sitzend oder angelehnt essen, in dieser Nacht sitzen wir alle
angelehnt.« Die Fragen werden üblicherweise vom jüngsten Kind gestellt; vgl.
de Vries (1994), S. 137 f.

981, 19–22   *auf die Erlösung . . . zum auserwählten Volk* – Vgl. 2. Mose 6, 6–7.

981, 22   *zum auserwählten Volk, dem selektierten* – Über die doppelte Bedeutung des
engl. Wortes »selection« (hier aus der NYT) wird auf die Selektionsprozedur
in den KZ bei der Ankunft der Transporte verwiesen.

981, 25   *Passahgeschirr* – Das Passah-Ritual schreibt vor, daß nur ungesäuertes Brot und
kein gegärtes Erzeugnis genossen werden darf. Das zu diesem Fest benutzte
Geschirr darf mit keinerlei Gesäuertem (Chametz) in Berührung gekommen
sein. Es muß sonst rituell gereinigt werden. Benutzt wird jedoch meistens ein
besonderes Geschirr nur für dieses Fest; vgl. de Vries (1994), S. 130 f.; s. 981,
28–32; 982, 16, 17.

981, 32   *Rosenthal* – 1879 durch Phillipp Rosenthal gegr. Porzellanfirma (1885–1937), ab 1897 P. Rosenthal & Co. AG; nach dem 2. Weltkrieg erhielt sein Sohn Philip Rosenthal als Wiedergutmachung für die während der Nazizeit erfolgte Enteignung seines jüd. Vaters einen Betrag von 1 Mio. DM und 11 % der Aktien der Rosenthal AG.

981, 35–37 *Service von Rosenthal... dies Geschirr »Rosenthaler«* – Das »Fischservice« genannte Modell (Nr. 18) stammt aus der Kunstabteilung Werk Selb der Firma Rosenthal, Erstausformung 1910, und wurde im Reliefdekor von Julius-V. Guldbrandsen und in der Form vom Werk Selb entworfen. Auf dem auffallend modern geformten Geschirr sind auf jedem Teil je ein oder zwei unterschiedliche Speisefische und zarte Schlingpflanzenlinien in kobaltblauer Spritztönung gemalt. Der Terrinendeckel hat einen vollplastischen Fischgriff.

982, 4 f.   *was Mrs. Ferwalter Makronen nennt* – Eigentlich: Charoset.

982, 13–18 *wieso Salz koscher... Salz koscher sein* – s. K. 254, 2.

982, 16   *»kosher for Passover«* – (engl.) koscher für Passah.

982, 31   *Everything is business* – (engl.) Alles ist Geschäft!; s. 1039, 15.

13. 4. 1968

983, 13   *Anlegestelle St. George* – s. K. 587, 9.

983, 14 f. *Verrazano-Brücke* – s. K. 118, 38.

983, 17   *Coney Island* – s. K. 119, 1.

983, 20   *Stillwell Avenue* – U-Bahnstation auf Coney Island, Surf Ave. am südlichen Ende der Stillwell Ave.; die Stillwell Ave. verläuft von Bensonhurst in südöstlicher Richtung zwischen Bay Parkway und Surf Ave.; s. 990, 13; 991, 17.

983, 21   *Heißen Hunde* – (engl. wörtl. übersetzt) hot dogs; s. K. 588, 5.

983, 23   *East River* – s. K. 20, 29 f.

984, 21 f. *mit mir ins... saß ein Vetter* – s. 17, 9.

985, 26   *»Archibald Douglas«* – Ballade von Theodor Fontane; s. K. 840, 5–8.

986, 1 f.   *Es geht alles... geht alles vorbei* – Schlager der frühen vierziger Jahre.
            Auf Posten in einsamer Nacht,
            da steht ein Soldat und hält Wacht.
            Träumt von Hanne und dem Glück,
            das zu Hause blieb zurück.
            Die Wolken am Himmel, sie zieh'n
            ja alle zur Heimat dahin,
            und der Landser denkt ganz still für sich:
            Dahin ziehe einmal auch ich.

>   Es geht alles vorüber, es geht alles vorbei!
>   Auf jeden Dezember folgt wieder ein Mai.
>   Es geht alles vorüber, es geht alles vorbei!
>   Doch zwei, die sich lieben, die bleiben sich treu!
> Text: Wallner/Feltz, Musik: Fred Raymond.
> Eines der meistgesungenen Lieder der letzten Kriegsjahre, oft in der Variante:
>   Es geht alles vorüber, es geht alles vorbei,
>   auf Abschnitt Dezember gibt's wieder ein Ei.

986, 25 f.   *Und Cresspahl zeigte . . . dem Prägejahr 1940* – s. K. 810, 13–16.

987, 4   *Das kann ich . . . ohne Umarmung vorstellen* – s. K. 12, 4.

987, 19   *Thank you for . . . of seeing us* – (engl.) übersetzt im Text.

14. 4. 1968

988, 2–992, 18   *Haben Sie Westberlin . . . das vor! – Ja* – s. K. 89, 38 f.

988, 2   *Mrs. Krissauer* – Fehlerhafte Aussprache von Cresspahl; s. K. 631, 6 f.

988, 3   *Acht-fünf, fünf-drei, fünf-* – 85 53 88 war Johnsons Berliner Telefonnummer von 1960–70, später erweitert zu 851 53 88. Sie galt zunächst für die Atelier-Mansarde in der Niedstraße 14 in Berlin-Friedenau, ab 1962 auch für die Familienwohnung in der Stierstraße 3.

988, 7 f.   *Tempelhof oder Tegel* – Berliner Flughäfen in der Stadtmitte bzw. im Nordwesten; s. K. 1698, 24.

988, 10   *friedenauer Hospiz* – Anspielung auf die Vorgänge um die »Kommune I« in Johnsons Wohnung, Niedstraße 14; s. K. 15, 13–17; 594, 6 f.; Friedenau: s. K. 472, 34 f.

988, 11   *üzen* – (nd.) verspotten, auf den Arm nehmen.

988, 13 f.   *70 Grad Fahrenheit* – 36° Celsius; s. K. 22, 39–23, 1.

988, 19   *Aufstand in Newark* – s. K. 9, 6 f.

988, 23– 990, 38   *mehrere Tausend Studenten . . . der Technischen Universität* – Unter der Überschrift »Kiesinger Warns Student Leaders; Unrest Continues« in der NYT vom 14. 4. 1968 heißt es: »In West Berlin, several thousand demonstrators blocked traffic for more than two hours. [. . .] The police, charging with water cannons and horses, routed the students half a dozen times and arrested 230«.
Vgl. den Artikel »Police in Berlin Break Up A March By 4,000 Students« der NYT vom 15. 4. 1968: »Violence reached a new peak in West Berlin today as the police broke up an Easter peace march by nearly 4,000 students in the heart of the city.
The police, backed by water cannon and troops on horseback, charged repeatedly into the demonstrators, clubbing anyone within reach.

Nearly 40 persons were arrested today, raising to more than 350 the number jailed since Thursday. [...]
The students fought back with sticks, cans of spray paint, rocks, firecrackers and apples. [...] An older man holding a wooden cross aloft stood at the head of the march. Braced by a small group of students, he stood his ground even when six powerful jets of water were trained on him. He was finally arrested [...]. At one point the police stopped their advance when a Negro appeared at the front of the student column. The police seemed reluctant to swing their clubs at the Negro while news photographers were swarming around. He was arrested shortly afterward. [...] they [auf die Freilassung ihrer Kommilitonen wartende Studenten] gathered before the building and chanted ›Ho Chi Minh!‹ [...]
The route of the peace march was along the Kurfürstendamm [...].
The East German Government, which runs Berlin's elevated railway, offered students free transportation to and from their demonstrations today. [...]
After their battle today the students returned to their headquarters at the Technical University to discuss strategy. [...]
The students charge that the conservative Springer papers stirred up hate against students and leftists that resulted in the shooting of Mr. Dutschke«; s. K. 15, 13–17.

988, 34   *HO! HO! Ho-tshi-minh* – Ho Chi Minh, eigentlich Nguyen Ai Quoc, nach anderen Quellen: Nguyen That Thanh (19. 5. 1890–3. 9. 1969), vietnamesischer Revolutionär und Politiker; Sohn eines kaiserlichen Mandarins; Mitbegründer der frz. komm. Partei 1920 und der komm. Partei Indochinas 1930; organisierte seit 1941 Guerillatruppen gegen die Japaner, die Franzosen und seit 1954 gegen Südvietnam; rief 1945 die Republik Vietnam aus und wurde deren Staatspräsident; seit der Teilung des Landes 1954 Staatspräsident von Nordvietnam. Während des Vietnamkrieges erlangte er als Führer des erfolgreichen Widerstandes gegen die materiell weit überlegenen USA fast legendären Ruhm, besonders bei Anhängern der Protestbewegung in westlichen Ländern, die seinen Namen bei Demonstrationen in der hier wiedergegebenen rhythmischen Art als Kampfruf skandierten; s. K. 10, 33–11, 1.

988, 36–39   *Geht es nicht . . . Zeitungen gemacht haben* – s. K. 125, 31.

988, 38   *Herrn Professor Dr. Springer* – Axel Cäsar Springer (2. 5. 1912–22. 9. 1985) gründete 1945 einen Buchverlag, aus dem bis 1970, als er in eine Aktiengesellschaft umgewandelt wurde, die größte Presseverlagsgruppe der BRD geworden war. Die Monopolstellung mit überregionalen und regionalen Tageszeitungen (»Bild Zeitung«, »Die Welt«, »Berliner Morgenpost«), auflagenstarken Programmzeitschriften (»Hör zu«) sowie Unterhaltungs- und Fachzeitschriften wurde von der 1968er Studentenbewegung angegriffen; vgl. BU, S. 322.

988, 39   *Der soll es . . . Zeitungen gemacht haben* – Dem Springer-Konzern wurde aufgrund seines hohen Marktanteils von 40 % der westdt. Zeitungen vorgeworfen, mit seinen rechtsorientierten Blättern wie der »Bild Zeitung« (mit einer Auflage von 4 Mio.) ein Meinungsmonopol auszunutzen.

989, 1 f.   *Die New York . . . Vorbild des Täters* – Vgl. den Artikel »Student Rampage in West Germany Follows Shooting« der NYT 13. 4. 1968: »The young West German, who shot Rudi Dutschke, said today that his murder had been prompted by the assassination of Dr. Martin Luther King«; s. K. 125, 31; 928, 12.

989, 9 f.   *Hier gibt es . . . Kraft des Arguments* – s. K. 980, 14–25.

989, 14   *Do not trust anybody over thirty* – (engl.) Traue keinem über dreißig; ein Slogan der Studentenbewegung; s. K. 208, 28; vgl. Johnson, Ich fabriziere keinen Text, S. 251.

989, 23–27   *Friedensmarsch hieß die . . . ihm rum, überarmsdick* – Das Foto von einem Mann, der ein großes Holzkreuz hochstreckt, findet sich in DER SPIEGEL 22. 4. 1968, S. 56.

989, 33 f.   *Die Polizei hat . . . Leute im Bunker* – DER SPIEGEL vom 22. 4. 1968, S. 27, berichtet von 388 Verhafteten.

990, 9–18   *Gestern abend waren . . . die Fenster ein* – Die NYT vom 15. 4. 1968 schreibt unter der Überschrift »Youths Loot Coney Island Shops and Fight Police«: »Negro youths broke a dozen windows, looted two shops and scuffled with police for an hour last night in the Coney Island section of Brooklyn.
In the aftermath of the melee, trouble spread to the Stillwell Avenue subway station and to several trains leaving Coney Island. [. . .]
Four persons injured aboard an IND [Ubahnzug] from Coney Island were taken to Policlinic Hospital. The four said they had been pummeled, knocked to the ground and robbed by a band of youths who had raced through the train and then fled at the 42nd Street station. [. . .]
The melee broke out at 8:20 P. M., when the police sought to disperse a crowd of 1,000 people at Surf and Stillwell Avenue, near Nathan's restaurant in the heart of Coney Island amusement area.
One patrolman, William Muir of the Sheepshead Bay Precinct, was hit on the back of the head with a bottle and suffered a cut that required six stitches«; Stillwell Avenue: s. K. 983, 20.

990, 9   *Coney Island* – s. K. 119, 1.

990, 10   *Nathan* – Am Strand von Coney Island befand sich »Nathan's Inc.«, der sich »the world's largest hot dog stand« nannte. In Johnsons Postkartensammlung befindet sich eine alte Karte der Take-Away-Gaststätte.

990, 23–26   *Glaubst du denn . . . die jungen Hunde* – Vgl. den Artikel »Easter Parades Crowd Fifth Ave. On A Perfect Day« der NYT vom 15. 4. 1968: »With ancient rites, the traditional parade, modern dress and an avant garde yip-out, New York celebrated Easter yesterday under warm and sunny skies [. . .].
Sartorially, the parade was marked by miniskirts on the younger women and by the debut of Nehru jackets on some of the men.

Most of the women were hatless, but some of the customary huge, elaborately festooned bonnets were in evidence.«

990, 23 f.   *Osterparade* – Easter Parade, alljährlicher großer Umzug am Ostersonntag, auf der 5. Ave. zwischen 44. und 59. Straße (vom Rockefeller Center bis zum Central Park). Die Tradition des von niemandem organisierten Umzugs entwickelte sich nach dem Bürgerkrieg aus den wöchentlichen »church parades«. Anfänglich zur Schaustellung neuer Kleidungsstücke gedacht, die das neue Leben der Siedler symbolisieren sollten, wurden etwa seit der Jahrhundertwende besonders große und extravagante Damenhüte ein Kennzeichen der Parade.

990, 24 f.   *Nehrujacken* – Einfache, hochgeschlossene Baumwolljacken mit Stehbündchen, wie sie der indische Politiker Jawaharlal Nehru (14. 11. 1889–27. 5. 1964) häufig getragen hatte; galten in den sechziger Jahren als modischer, bewußt jugendlicher Trend.

990, 37   *Teach-in* – (engl.) In den späten sechziger Jahren von Studenten veranstaltete öffentliche Diskussionen mit Hochschullehrern oder Politikern über politische Tagesfragen.

990, 37 f.   *Technischen Universität* – 1879 wurden Bau- und Gewerbeakademie zur Technischen Hochschule Berlin vereinigt, seit 1946 Technische Universität; während der Studentenrevolte 1967/68 Ausgangspunkt von politischen Aktionen.

991, 19–22   *mit der Pest . . . einen Amerikaner anstecken* – 1967 wurden in Südvietnam 5500 Pestkranke registriert; vgl. NYT 14. 4. 1968.

991, 29–31   *Wer käme wohl . . . ohne Rückfahrkarten unterhalten* – Anspielung auf die von Anita organisierte Fluchthelferorganisation; vgl. Johnson, Eine Kneipe geht verloren; s. K. 187, 30; 189, 22 f.; s. 89, 38 f.; 464, 14 f.; 1623, 10–23.

991, 38   *Das schöne Geld . . . den Atlantik stecken* – Die Telefonkabel verliefen auf dem Meeresboden.

992, 6   *Pallisaden* – s. K. 10, 21; Druckfehler in allen Ausgaben, richtig: Palisaden.

15. 4. 1968

992, 20   *5.20 p. m.* – (engl.) 17.20 Uhr.

992, 33   *rabotatj, rabotatj* – (russ.) arbeiten, arbeiten!

16. 4. 1968

993, 2–8   *Die New York . . . nicht noch ermuntern* – Vgl. den Kommentar »Student Protest in Germany« der NYT vom 16. 4. 1968: »A factor peculiar to the German stu-

dents may be a desire to atone for the Nazi period and a resentment against their fathers for permitting Hitler to happen [...]. For the most part, however, the German student revolt appears to have the same causes as its counterparts elsewhere. [...]
The real danger in the student inspired unrest is that it can be exploited by the Communists, especially by Walter Ulbricht's Stalinist regime in East Germany. Mr. Ulbricht has already tried to use the Dutschke shooting as a pretext to decree a ban in travel to West Berlin for all West German ministers.
The United States, Britain and France, responsible for the safety of free West Berlin, must make clear that any such decree is meaningless. It will help if the Soviet Union will at least refrain from encouraging the East Germans on this dangerous course.«

993, 8   *Herrn Ulbricht* – Walter Ulbricht (30. 6. 1893–1. 8. 1973), Tischler, Politiker; 1908 Mitglied der Arbeiterjugend, 1912 Mitglied der SPD, Gründungsmitglied der KPD 1919, 1923 ins ZK der KPD gewählt, 1924 Besuch der Lenin-Schule in Moskau, 1924 Mitglied des Sächsischen Landtags, 1928–33 Mitglied des Reichstags, 1929–33 im Politbüro der Partei. Er emigrierte 1933 nach Paris, Prag, 1938 nach Moskau, wo er 1939/40 während des dt.-sowj. Nichtangriffspakts für das Bündnis der SU mit Hitler eintrat. 1943 Mitbegründer des »Nationalkomitee Freies Deutschland« (s. K. 1186, 11 f.), kehrte am 29. 4. 1945 nach Deutschland zurück, maßgeblich am Aufbau der KPD und der Organisation der ersten Stadtverwaltung von Berlin beteiligt. 1946–50 stellv. Parteivorsitzender, seit 1949 Mitglied des Politbüros der SED, 1950–53 Generalsekretär der SED, 1949–60 1. stellv. Ministerpräsident, nach dem Tode Wilhelm Piecks (s. K. 1458, 26) 1960 Vorsitzender des Staatsrats und des Nationalen Verteidigungsrats; 1953–71 1. Sekretär des ZK der SED. Obwohl er am 3. 5. 1971 als Parteisekretär und Staatsratsvorsitzender von Erich Honecker abgelöst wurde, blieb er bis zu seinem Tode formell Staatsoberhaupt. Ulbricht hatte hauptverantwortlich stalinistische Politik und Strukturen in der SBZ und der DDR durchgesetzt und gehörte zu den einflußreichsten Politikern des Ostblocks; s. K. 993, 9; 1138, 30; 1262, 6–31; 1361, 10 f.; 1651, 17; 1683, 37–39; 1687, 35–1688, 1; 1714, 29–31; 1729, 38; 1755, 6–12; 1805, 33–1806, 6; 1813, 7–11; 1853, 9.

993, 9   *Gruppe Ulbricht* – Beauftragte des ZK der KPD unter der Leitung Ulbrichts, die am 30. 4. 1945 in Berlin eintrafen, um eine »antifaschistisch-demokratische Ordnung« aufzubauen, unter ihnen Fritz Erpenbeck, Richard Gyptner, Karl Maron und Otto Winzer. Sie konstituierten im Mai 1945 einen Magistrat von Groß-Berlin.

993, 17   *Union Jack* – s. K. 124, 4–6.

994, 14–17   *Am 15. Juni ... sprechen und spielen* – Montgomery hatte ursprünglich jeglichen privaten Kontakt mit der dt. Bevölkerung untersagt. Die Anordnung wurde schrittweise gelockert; das Umgangsverbot der brit. Soldaten mit der dt. Bevölkerung wurde erst am 25. 9. 1945 von Montgomery aufgehoben,

wobei Einquartierung bei dt. Familien und Ehen mit dt. Frauen weiterhin verboten waren; vgl. Donnison (1961), S. 237–239, 374.
Bernard Law Viscount Montgomery of Alamein and Hindhead (17. 11. 1887–24. 3. 1976), brit. Heerführer, besiegte das dt. Afrika-Korps unter Rommel bei Al Alamein, 1944/45 Oberbefehlshaber der brit. Heeresgruppe in Nordwesteuropa, 1945/46 Oberbefehlshaber der brit. Besatzungstruppen in Deutschland, 1951–58 stellv. Oberbefehlshaber der NATO-Streitkräfte.

994, 24   *krank an Typhus* – Im August 1945 brach in Mecklenburg-Vorpommern eine Typhus-Epidemie aus. Bis November 1945 wurden ca. 35 000 Fälle registriert, davon 2130 Todesfälle; vgl. Krüger/Finn (1991), S. 48; s. K. XIV, 3–6; s. 998, 5; 1001, 28; 1097, 4; 1589, 27–29.

994, 30–32   *jetzt lag ich . . . einem vierzehnjährigen Mädchen* – s. 1030, 18 f.

995, 4   *Warnemünde* – s. K. 785, 23.

995, 9   *Rerikriff* – Untiefe zwischen der Halbinsel Wustrow und der Insel Poel; Rerik: s. K. 928, 22.

995, 11   *Insel Poel* – s. K. 886, 4 f.

995, 12   *Timmendorf* – s. K. 746, 7 f.

995, 21   *Gedser* – s. K. 785, 14.

995, 38   *Nyköbing* – Ort an der Westküste der dän. Insel Falster.

995, 39   *Flensburg* – s. K. 631, 8.

96, 1   *Niendorf* – s. K. 676, 23 f.

996, 3   *Ringwade* – Beutelförmiges Zugnetz, das von zwei Booten zur Umschließung von Fischschwärmen kreisförmig ausgefahren wird.

996, 4   *Travemünde* – s. K. 33, 22.

996, 18   *Itzehoe* – s. K. 70, 21.

996, 24   *Kühlungsborn* – s. K. 931, 39.

996, 33   *Kascha* – (russ.) Grütze, Brei; s. K. 1217, 22 f.

997, 7   *Neubukow* – s. K. 928, 33.

997, 11 f.   *der Straße 105 . . . und nach Jerichow* – Die Landstraße 105 führt von Stralsund über Neubukow, Wismar, Grevesmühlen nach Lübeck; von Neubukow nach Klütz sind es etwa 46 km.

998, 10   *Dat wast wedde, wacht man* – (nd., hinterpommersch) Das wächst wieder, warte man; s. 1097, 31.

998, 12   *Töv man. Töv man, du* – (nd.) Warte man. Warte man, du; s. 1034, 35.

998, 15   *Und es war... Rest deines Lebens* – Vgl. HNJ, S. 118: »Im April kam Jakob in
unser Haus [...]. Ich merkte nicht gleich, dass ich warten würde auf ihn elf
Jahre und ein halbes, erkannt habe ich ihn erst eines Abends im Mai, da kam
er in die Küche mit einem Lamm um die Schultern. Wo ich nun zu Hause
bin, sagen sie: es war der erste Tag vom Rest meines Lebens«.

17. 4. 1968

998, 19–24   *In der letzten... Berlin einziehen würden* – Mit dem »Protokoll zwischen den
Vereinigten Staaten, Großbritannien und der Sowjetunion über die Besatzungszonen in Deutschland und die Verwaltung von Groß-Berlin« vom 12. 9.
1944 und dem Ergänzungsabkommen vom 14. 11. 1944 hatten sich die Alliierten auf die Zoneneinteilung in Deutschland und deren Grenzen geeinigt,
die von der Konferenz von Jalta bestätigt wurden; vgl. Berber (1968).
In Ausführung dieser Vereinbarungen übernahm die Sowjetunion am 30. 6.
1945 die vollständige Kontrolle über ihre Besatzungszone, die anglo-amerik.
Truppen zogen sich vom 1.–3. 7. 1945 aus Sachsen, Thüringen und Mecklenburg zurück und rückten in Berlin ein, die frz. Truppen folgten am 12. 8.
1945. Berlin wurde seitdem von den vier Siegermächten gemeinsam verwaltet und war in vier Sektoren geteilt, die jeweils von amerik., brit., frz. und
sowj. Truppen besetzt waren. Der sowj. Sektor umfaßte die Bezirke: Mitte,
Prenzlauer Berg, Friedrichshain, Weißensee, Pankow, Lichtenberg, Treptow,
Köpenick. Die USA besetzten Zehlendorf, Steglitz, Lichtenfelde, Schöneberg,
Kreuzberg, Tempelhof, Neukölln; Großbritannien besetzte Spandau, Tiergarten, Charlottenburg, Wilmersdorf; Frankreich besetzte Wedding und Rei-
nickendorf.
Der Termin geht auf einen Telegrammwechsel zwischen Churchill, Truman
und Stalin zurück (14., 15. und 17. 6. 1945), in dem Stalin den von Truman
vorgesehen Termin (21. 6.) ablehnte und den 1. 7. 1945 vorschlug; vgl.
Churchill (1948), Bd. 6, S. 604–609; s. K. 1211, 26; 1353, 11–14; 1620, 11;
1725, 22.

998, 28   *Lauenburgische* – s. K. 507, 1.

998, 34   *coventrierte* – s. K. 872, 14.

999, 39–   *die rüstungstechnische Hilfe... das Fliegerzentrum Lipezk* – Seit dem Berliner
1000, 2   Neutralitätsvertrag von 1926 bestanden geheime Rüstungskontakte zwischen
dem Deutschen Reich und der Sowjetunion, da Politiker und Militärs, darunter Schleicher und von Seeckt, Eroberungspläne Polens und Frankreichs
fürchteten und die Rüstungsfähigkeit des Reiches trotz des Versailler Vertrags
gewährleisten wollten. Von 1924–33 wurden am Luftwaffenstützpunkt Lipezk
am Woronesh 200 Kampfpiloten und Beobachter ausgebildet, darunter der
spätere Stabschef der Luftwaffe Hans Jeschonnek. An der Panzerschule Kasan
wurden seit 1930 30 Panzerspezialisten ausgebildet. Außerdem trainierten an

der Gaskampfschule bei Saratow von 1928 bis 1933 dt. Spezialisten. Mit der Machtübernahme Hitlers endete die Zusammenarbeit; vgl. Krummacher/ Lange (1970), S. 188–191.

1000, 21   *blage Düvel* – (nd.) blauer Teufel; s. 510, 22.

1000, 25   *Danzig* – Poln.: Gdańsk; Hafenstadt an der Westküste der Danziger Bucht.

1000, 32 f.   *als lebensunwertes Leben . . . zu Tode gespritzt* – Unter dem Tarnbegriff Euthanasie wurden seit Kriegsbeginn im nationalsoz. Staat Geisteskranke, Epileptiker und an schweren Alterskrankheiten Leidende in bestimmten Anstalten (z. B. im Zuchthaus Brandenburg) durch Gas oder Injektionen getötet. Aufgrund der Proteste Geistlicher beider Konfessionen wurde die Ermordung erwachsener Pflegeinsassen im Herbst 1941 eingestellt, die Tötung mißgebildeter und geisteskranker Kinder wurde bis Kriegsende weitergeführt. Insgesamt fielen etwa 100 000 Menschen der Mordaktion zum Opfer.

1001, 2   *Kiew* – s. K. 139, 33.

1001, 15   *Clermont-Ferrand* – Industriestadt in der Auvergne.

1001, 28   *zwei typhuskranken Kindern* – s. K. 994, 24.

1001, 35   *Walnußbäume* – s. K. 415, 3.

1002, 20 f.   *Der sowjetische Major . . . fest am Leibe* – Der ital. Filmproduzent Carlo Ponti könnte als Vorbild für K. A. Pontij gedient haben; er war untersetzt, dicklich, hatte einen kleinen, runden Kopf und kurze Gliedmaßen, er trug eine starke Brille. Vgl. BU, S. 421: »Der Name sollte eine Camouflage sein, aber eine von solcher Art, dass die Tarnung auffiel (wie sie es später sich ausbedang für den ersten sowjetischen Ortskommandanten von Jerichow, der nun heisst wie kein Russe in der ganzen schirokaja natura: K. A. Pontij)«; s. K. 1135, 20; 1523, 24 f.

1002, 27   *Burgmister* – Verballhornung von Bürgermeister; s. 1063, 19; 1067, 19; 1077, 38; 1142, 18.

18. 4. 1968

1003, 9–12   *Die New York . . . Privatsphäre« der Fahrgäste* – Vgl. die Notiz »Subway Commercials Rejected by Lindsay« der NYT vom 18. 4. 1968: »Major Lindsay rejected yesterday a proposal by a number of advertising agencies to broadcast commercials on city subways.
In turning down such proposals as a six-second commercial at each subway stop, the mayor called them an invasion of privacy that ›could not be justified as revenue.‹«; s. K. 725, 19–29; Lindsay: s. K. 24, 33.

1003, 15–23   *In der Č. S. S. R. . . . als Wahrheit auftreten* – Vgl. den Artikel »Czech Liberals and Centrists Struggle for Power« der NYT vom 18. 4. 1968: »This morning,

Rude Pravo's first edition, which circulates outside Prague, carried an editorial attacking the Central Committee and said district organizations representing 31 per cent of the party's membership were in favor of an extraordinary congress. According to party statutes, 30 per cent of the membership can summon a congress even if the Central Committee objects. When Mr. Svestka, the chief editor, arrived after attending a session of the Presidium that had just decided against an extraordinary congress, he ordered the editorial deleted from the second edition, destined for distribution in Prague.
However, the radio and television, solidly in the hands of the liberals, broadcast the first-edition editorial.«

1003, 20   *Rudé Právo* − (tschech.) Rotes Recht, Tageszeitung, Zentralorgan des ZK der KPČ; s. K. 1164, 22−33.

1003, 24−27   *Im letzten Jahr.... und beleidigende Bemerkungen* − Vgl. den Artikel »Murders Rose 14 % In City Last Year« der NYT vom 18.4.1968: »The Police Department reported that there were 746 murders in the city last year, an increase of 14.1 per cent over 1966. [...]
The 1967 figures showed, for instance, that there was a close personal relationship in 222 murders, 140 involving members of a family after domestic squabbles. [...]
Surprising, too, was the fact that most murders were committed on weekends. [...] The fewest were on Wednesdays, with 67.«

1003, 29   *Kreslil* − s. K. 301, 33.

1003, 30   *Shea Stadion* − Am 17.4.1964 eröffnetes, riesiges Stadion, 126. Straße, Ecke Roosevelt Ave. im Flushing Meadows-Corona Park in Queens; benannt nach dem Juristen William Alfred Shea (21.6.1907−2.10.1991). Shea half 1962, wieder ein Baseballteam der National League (New York Mets) nach New York City zu bekommen, nachdem die Dodgers und die Giants die Stadt 1957 verlassen hatten.

1003, 34   *Grand Central Parkway* − Autobahn durch das nördliche Queens.

1003, 35 f.   *Gott namens Rutherford* − Vermutlich George Percival Rutherford, geb. 6.3. 1896, kanadischer Investmentbanker, der 1950 die US-Staatsbürgerschaft annahm; er war 1965−67 Vorsitzender der Dominian Securities Corporation, Direktor der United Funds Canada Ltd., Canadian Bank Commerce Trust Corporation, New York City.

1003, 36   *Hotel Regency* − Exklusives Hotel, 540 Park Ave.

1004, 11   *Xerox* − s. K. 36, 25.

1004, 15 f.   *You did re-al good* − (engl.) Du warst wirklich gut.

1004, 18 f.   *You mean well, don't you* − (engl.) Sie meinen ›well‹ nicht wahr? Marie besteht auf dem grammatisch richtigen Adverb ›well‹, de Rosny spricht, vielleicht auf die Umgebung eingehend, Slang.

1004, 37 f.   *Diese Hymne endet mit einem Fragezeichen* – s. K. 900, 24 f.

1005, 2 f.   *Lies die Eintrittskarte* – Der Text auf den Karten lautete: »Notice and Warning.
You have purchased a ticket for admission to a professional baseball game and
your seat is located outside of the protected screened area. You are hereby
notified and warned of the potential risk of serious personal or bodily injury
from bats, balls, or other objects leaving the playing field and entering the un-
protected area. The person using this ticket assumes all risk of personal injury
and loss of property. The management reserves the right to revoke the license
granted by this ticket by refunding the purchase price.«

1005, 11   *La Guardia* – Der Flughafen liegt in unmittelbarer Nähe des Shea Stadions;
s. K. 79, 35 f.

1005, 15–19   *wie Baseball geregelt … Zug umlaufen kann* – Baseball wird zwischen zwei
Mannschaften von je neun Spielern gespielt. An einer Ecke des Feldes ist das
Schlagmal (home base), an den anderen drei Ecken je ein Laufmal (base). Der
Werfer (pitcher) wirft dem am Schlagmal stehenden Schläger (batter) den Ball
aus der Spielfeldmitte zu. Trifft der Schläger den Ball, so läuft er von Mal zu
Mal und mit ihm alle Spieler der Schlagpartei, die an einer Base stehen. Jeder
Schläger, der um das Feld wieder bis zum Schlagmal gelaufen ist (home run),
erzielt damit einen Punkt. Die Fangpartei versucht, die Läufer auf verschie-
dene Arten »aus« zu machen (z. B. durch Berühren mit dem Ball). Sind drei
Spieler der Schlagpartei »aus«, erhält die bisherige Fängerpartei Schlagrecht.
Sieger ist die Partei mit den meisten Läufen (runs).

1005, 26   *Willie Mays* – Willie Howard Mays Jr., geb. 6. 5. 1931, amerik. Baseballspieler;
trat 1950 den New York Giants bei, 1951–72 bei den San Francisco Giants,
1954 und 1963 zum besten Spieler der National League erklärt; hält mit 660
immer noch den dritten Platz in »Major-League Home-runs«; schrieb »My
Life in and out of Baseball«, 1966.

1005, 31   *Stickball* – (engl.) Stockball, vereinfachte Baseball-Version für Kinder.

1006, 13   *T. W. A.* – Trans World Airlines, 1928 als Transcontinental Air Transport TWA
gegr. amerik. Fluggesellschaft; unterstützte die Pläne zum Bau des Flugplatzes La Guardia; bekannt ist auch das von Eero Saarinen entworfene, 1960
fertiggestellte Terminal von TWA auf dem Kennedy Airport; damals zweitgrößte internationale Fluggesellschaft der USA.

1006, 13 f.   *Branniff mit den Ostereierfarben* – Richtig: Braniff; 1928 von Thomas Elmer
Braniff (6. 12. 1883–10. 1. 1954) und seinem Bruder Paul gegr. amerik. Fluglinie mit Sitz in Dallas, Texas; 1929 Teil der Aviation Corporation; ab 3. 11.
1930 als unabhängiges Unternehmen mit dem Namen Braniff International
reorganisiert. Die kränkelnde Fluglinie ernannte sich 1966 zur »Fun Airline«
und erreichte mit knallbunt gestrichenen Flugzeugen sowie Phantasiekostü-
men für die Stewardessen eine 40 %ige Steigerung ihrer Fluggastzahlen; vgl.
DER SPIEGEL 11. 12. 1967, S. 143 und vom 12. 2. 1968, S. 84.

1006, 14	*727* – Boeing 727, dreistrahliges, 1965–84 gebautes Mittelstrecken-Verkehrs-flugzeug, das als erstes Flugzeug von Boeing alle Triebwerke am Heck hatte; die Ursprungsversion 727–100 faßte 70–131, die ab 1967 gebaute 727–200 dagegen 163–189 Passagiere; s. K. 137, 36.
1006, 22	*Balk* – (engl.) hier: Quatsch!
1006, 22 f.	*Will doch einer ... in fünfzig Jahren* – Leila Vennewitz erkundigte sich: »›Trying to throw beyond the boundary line, and he fails.‹ Am no baseball buff – is this all right? A baseball-buff friend says it doesn't make much sense to him.« Johnson antwortet: »Then Mr. de Rosny is not really the expert he claims, or feels, to be«; vgl. Johnson, Auskünfte für eine Übersetzerin, S. 346.
1006, 36	*Giants von San Francisco* – (engl.) Riesen; San Francisco Giants, amerik. Baseballmannschaft.
1007, 7 f.	*ein Herzog im Reich des Dollars* – s. K. 900, 5 f.
1007, 23–26	*Gefällt dir das ... dir ein anderes* – s. K. 80, 16.

19. 4. 1968

1007, 28–31	*»Die Mets von ... war ein Fehler«* – Unter der Überschrift »Giants Subdue Mets, 5–3, on Mays's 3-Run Double Off Frisella in Seventh« schreibt die NYT vom 19. 4. 1968: »The New York Mets gave Willie Mays another chance with the bases loaded yesterday, and that was a mistake.«
1007, 28	*Mets* – New York Mets, 1962 formierte Baseballmannschaft, die seit 1964 im Shea Stadion in Flushing spielt; in den ersten vier Jahren relativ erfolglos. 1968 beendeten sie die Saison als neunte von zehn Mannschaften der National League.
1008, 3	*Pallisaden* – s. K. 10, 21; Druckfehler in allen Ausgaben, richtig: Palisaden.
1008, 8	*East River* – s. K. 20, 29 f.
1008, 12	*einen Bischofsmützenturm* – s. K. 31, 3–6.
1008, 18	*Sie, die ich war* – s. K. 8, 35.
1008, 27	*Mustang* – s. K. 150, 5: Marie sucht sich für eine Ausfahrt einen Mustang aus; s. 959, 36: Der Mörder Martin Luther Kings könnte in einem Mustang entkommen sein.
1008, 32	*I am keeping ... watch on you* – (engl.) Ich passe auf dich auf.
1008, 33	*Ick häud* – (nd.) übersetzt im Text.

Anhang

Über ein Gespräch mit Siegfried Unseld und das Zustandekommen des Anhangs berichtet Johnson an Max Frisch im Brief vom 10.8.1971: »Da wurde ich sehr bedenklich und gab augenblicklich nach, als er [Siegfried Unseld] von mir ein episches Register der Personen in Band I und II geschrieben haben wollte. Denn er wusste oft nicht, wer da nun wieder auftrat als Tierarzt, und wollte sich an dessen Einführung vor bloss zweihundert Seiten nicht erinnern. Ich fürchte, es wird ein Register ganz für ihn allein«, in: Fahlke (1999), S. 33 f.

I,8	*»de Dütschen«* – (nd.) die Deutschen.
I,20 f.	*Gut an der Müritz* – s. K. 49, 13.
I,21	*Müritz* – s. K. 56, 25.
I,21 f.	*Tischlerlehrling in Malchow* – vgl. HNJ, S. 19–22; s. K. 17, 7; s. 1283, 27 f.
I,22 f.	*beim Holsteinischen Artillerie-Regiment* – s. 200, 33 f.
I,24–28	*1920 im Soldatenrat . . . Kapp und Lüttwitz* – vgl. die Episode in: HNJ, S. 43–47; s. 1283, 30–32; 1286, 37–1287, 5.
I,27 f.	*Putsch von Kapp und Lüttwitz* – s. K. 17, 19.
II,7 f.	*die britischen Midlands* – Industriegebiet um die Städte Manchester, Sheffield, Leeds.
II,23 f.	*Bahnhof North Sheen* – North Sheen: Londoner Stadtteil, nordöstlich von Richmond. Cresspahls Haus in der Straße Manor Grove lag zwischen Richmond und North Sheen. Der Bahnhof North Sheen liegt direkt südlich dieser Straße; s. K. 376, 20 f.
II,31 f.	*Friedhof North Sheen* – s. K. 95, 4 f.
II,33	*Kanzlei Burse, Dunaway & Salomon* – s. K. 94, 25.
II,43	*»Michelinberg«* – s. K. 95, 24.
II,46	*Esq.* – s. K. 94, 17.
III,14	*Mecklenburgh Square* – Platz im Londoner Stadtteil Bloomsbury.
III,18	*Uxbridge* – s. K. 94, 19.
III,47	*Priwall* – s. K. 17, 37.
IV,1	*Travemünde* – s. K. 33, 22.
IV,36	*Hageböcker Straße* – s. K. 33, 32.
IV,39–V,12	*Danach sei der . . . Inflation umsteigen müssen* – s. 56, 23–59, 29.
IV,40	*Gutspacht* – s. K. 56, 32.

V,6 f.	*bei sparsamerer Drainage des Gutes* – s. K. 59, 20–26.
V,22	*Vierjahresplan* – s. K. 496, 6.
V,23	*Deutschnationalen Volkspartei* – s. K. 164, 12.
V,27 f.	*den Vornamen Grete . . . Todesanzeige gesetzt hatte* – s. K. 273, 13 f.
V,34	*Neuen Schule* – s. K. 778, 29 f.
VI,3	*Herbertstraße* – Bekannte Straße in Hamburg-St. Pauli.
VI,25	*die Macht und die Herrlichkeit* – Anspielung auf den Schluß des Vaterunser: »Denn Dein ist das Reich und die Kraft und die Herrlichkeit in Ewigkeit. Amen.« bzw. auf Hes 31, 18: »Wem bist du gleich, Pharao, mit deiner Pracht und Herrlichkeit«; s. 1350, 34; 1501, 39; 1570, 20; 1571, 36.
VI,38	*Comptoir* – s. K. 203, 6.
VII,13–35	*ROBERT PAPENBROCK. /»Robert . . . kein Briefschreiber mehr* – s. 58, 6–59, 10.
VII,23 f.	*Min Röbbing, min goden Jung* – (nd.) Mein Robert, mein guter Junge.
VII,28	*Parchim* – s. K. 58, 34.
VII,29	*lebte eine Weile bon* – s. K. 594, 38 f.
VII,29	*Gängeviertel* – s. K. 556, 14.
VIII,9	*Auslandsorganisation der N. S. D. A. P.* – s. K. 164, 27; 558, 38.
VIII,11	*S. D.* – Sicherheitsdienst des Reichsführers SS; von R. Heydrich eingerichteter Geheimdienst der NSDAP zur Überwachung gegnerischer Organisationen und parteiinterner Oppositionsgruppen; nach 1933 übernahm die Gestapo einen Teil der Aufgaben; s. K. 46, 30; 304, 33.
VIII,14	*Sonderführer* – s. K. 910, 32.
VIII,36	*illegalen Freikorps* – s. K. 56, 32 f.
VIII,46 f.	*der Ermordung von Voss in Rande* – s. 246, 3 f.
IX,13 f.	*Landesbauernschaft* – s. K. 570, 30.
IX,14	*Kröpelin* – s. K. 159, 25.
IX,16	*Stalingrad* – s. K. 271, 28.
IX,31	*Unteroffiziersschule Eiche* – s. K. 472, 33 f.
IX,32	*Reichsnährstand* – s. K. 399, 34.
IX,34	*Reichsarbeitsdienstführer* – Reichsarbeitsdienst: s. K. 571, 31.
IX,42	*Rerik* – s. K. 928, 22.
IX,43	*Flakartillerieschule I* – s. K. 928, 24.

IX,45   *Schleuse* – s. K. 473, 9 f.

X,5   *Berlin-Friedenau* – s. K. 472, 34 f.

X,42 f.   *Hotel Stadt Hamburg* – s. K. 32, 5.

XI,2   *Ackerbürgerei* – s. K. 31, 20.

XI,10 f.   *sowjetischen Sektor von Berlin* – s. K. 998, 19–24.

XI,33 f.   *Sie ham mie mid Kassed gedrouht* – (ugs.) Sie haben mir mit KZ gedroht; *KZ:* s. K. 36, 12.

XI,36–41   *Tabak-Böhnhase, D. N. V. P. . . . Räucherspeck abgegeben habe* – s. K. 909, 18–20.

XI,43–45   *ALFRED BIENMÜLLER, Huf- und Nagelschmied . . . Erklärung? / Ohne Erklärung* – s. 678, 26–29; 678, 28 f.; XVI,27–31.

XII,4   *Langemarckprozeß* – s. K. 170, 31 f.; s. 170, 29–171, 12.

XII,6 f.   *Tag der Reichsgründung* – s. K. 171, 26.

XII,7–11   *Wulff habe sich . . . Kapitalismus« gegangen war* – s. K. 198, 38 f.

XII,9 f.   *kasseler Parteitag von . . . kieler von 1927* – Auf dem Kasseler Parteitag im Oktober 1920 wurde der Verlust der Regierungsverantwortung von der SPD geradezu mit Erleichterung aufgenommen. Sie ging über zur Taktik der »Tolerierung« der bürgerlichen Regierung, zu einer Zwitterstellung zwischen halber Regierungspartei und Opposition, und versprach sich davon, nicht mit unpopulären Maßnahmen identifiziert zu werden. Das Görlitzer Programm, von Bernstein entworfen, sah die SPD als Volkspartei, die sich zu Demokratie und Sozialismus bekennt, während der Heidelberger Parteitag 1925 auf das Erfurter Programm zurückgriff und das parlamentarische Bekenntnis wieder abschwächte. Auf dem Kieler Parteitag vom 22.–27. 5. 1927 betonte Rudolf Hilferding, der spätere Reichsfinanzminister, die Rolle der parlamentarischen Demokratie. Klassenkampf sollte durch friedliche Verhandlungen und Kompromisse geführt werden. Mit der Verzahnung von Wirtschaft und staatlicher Geldpolitik sah er schon eine Übergangsgesellschaft mit soz. Zügen erreicht. Dazu heißt es in Geschichte in 15 Kapiteln (1969), S. 140: »Die Hochkonjunktur seit Mitte 1926 und der Umstand, daß die Monopolbourgeoisie ihre Herrschaft weitgehend mit den Mitteln des bürgerlichen Parlamentarismus ausübten, erleichtern es Rudolf Hilferding [. . .], die ›Theorie‹ vom ›organisierten Kapitalismus‹ weiter auszuarbeiten. Jetzt bezeichnete Rudolf Hilferding die Organisation der Produktion in den Konzernen und Trusts und die internationalen monopolistischen Zusammenschlüsse sogar als ›den prinzipiellen Ersatz des kapitalistischen Prinzips der freien Konkurrenz durch das sozialistische Prinzip planmäßiger Produktion‹«; SPD: s. K. 170, 10.

XII,14   *Dievenow* – s. K. 88, 5.

XII,19–47 *Auf Verlangen der . . . versäumt zu haben* – s. 678, 26–28.

XII,28 f.   *Wulff nächtens die . . . Haus umgesägt hatte* – s. 692, 15–17.

XII,31–33   *Blumen auf das . . . Gneez umgebracht hatten* – »Obwohl der Kapp-Putsch unter den Schlägen der Arbeiterklasse längst zusammengebrochen war, hielten die reaktionären Elemente in Grevesmühlen, die wieder die Macht besaßen, noch immer die revolutionären Arbeiter, insgesamt 30, im Pferdestall des Hotels ›Großherzog‹ gefangen«, Der antifaschistische Widerstand (1971), S. 162 f.; Friedrich Laabs: s. 1180, 15–17.

XII,32 f.   *Hotels Erbgroßherzog* – s. K. 32, 5.

XII,37   *Rolle der S. P. D. beim Panzerkreuzerbau 1928* – Die SPD unter Hermann Müller unterstützte den von der vorangegangenen bürgerlichen Regierung beschlossenen Bau des Panzerkreuzers A, einen Ersatzbau, der sich im Rahmen des Versailler Vertrags hielt. Die SPD war mit der Parole »Kinderspeisung statt Panzerkreuzer« in den Wahlkampf gezogen, nun rebellierte die Basis gegen die Kabinettsmitglieder, die sich der Parteidisziplin unterwarfen und gegen ihren eigenen Kabinettsbeschluß vom 10. 8. 1928 stimmten. Der Reichstag entschied sich am 16. 11. 1928 mit 257 : 202 Stimmen für den Kriegsschiffbau; s. 1163, 30; SPD: s. K. 170, 10.

XII,38 f.   *die sozialdemokratische Billigung . . . im Mai 1933* – Die Rumpf-SPD, die in legaler Opposition im Reichstag verblieben war, stimmte am 17. 5. 1933 einer außenpolitischen Erklärung Hitlers zu, nach der Deutschland bereit sei, einem Nichtangriffspakt beizutreten und abzurüsten, wenn die angrenzenden Nationen das Gleiche täten. Die Verschleppung der Abrüstungsverhandlungen in Genf wurde als für Deutschland nachteilig kritisiert. Der abgespaltene Prager Flügel der SPD veröffentlichte daraufhin ein Manifest, das zum Sturz Hitlers aufrief; SPD: s. K. 170, 10.

XII,43   *die Vereinigung mit . . . in die S. E. D.* – Auf dem 15. Parteitag der KPD und dem 40. der SPD wurde am 21./22. 4. 1946 die Vereinigung beider Parteien zur Sozialistischen Einheitspartei Deutschlands beschlossen. Obwohl in den KZ der Gedanke eines Zusammenschlusses der Arbeiterparteien verbreitet war, gab es in der SPD sowohl im Parteivorstand (in den drei Westzonen) als auch an der Basis eine grundsätzliche Ablehnung der Vereinigung unter stalinistischen Vorzeichen. Entsprechend gab es bei der Vorbereitung des Parteitags in der SBZ Repressalien gegen Funktionäre und Mitglieder der SPD. Von den 1055 Delegierten waren 233 Vertreter der KPD bzw. SPD aus Westdeutschland. SPD-Funktionäre in der SBZ waren Redeverboten und Verhaftungen ausgesetzt. Bei einer Urabstimmung in den Berliner Westsektoren hatten sich 82 % gegen eine Vereinigung ausgesprochen, so daß der größte Teil der SPD-Mitglieder dem Aufruf Schumachers (s. K. 1819, 16) folgte, an dem Parteitag nicht teilzunehmen. Versprochen wurde u. a. die paritätische Zusammensetzung aller Leitungen sowie die Abkehr vom »demokratischen Zentralismus« zugunsten eines »demokratischen Mitbestimmungsrechts«, ein »besonderer deutscher Weg zum Sozialismus« (s. K. 1374, 26). Das Programm sah die Vollendung der antifaschistisch-demokratischen Revolution als Voraussetzung für den Übergang zur soz. Revolution vor, aber von einer komm. Revolution wurde nicht gesprochen. Gefordert wurden Bestrafung der Kriegsverbrecher, Zerschlagung der Monopole, Bodenreform, Verstaatlichung öffentlicher Betriebe, der Banken und Versicherungen, eine zentrale Wirtschaftsplanung, die Einheit Deutschlands. Das Programm-Maximum sah die Befreiung von Ausbeutung, Armut, Arbeitslosigkeit, Kriegsbedrohungen in einer soz. Gesellschaft vor. Anfangs war eine Rücksichtnahme auf die ehemals sozialdem. Mitglieder (53 %) zu erkennen. Als gleichberechtigte Vorsitzende wurden der Kommunist Wilhelm Pieck (s. K. 1458, 26) und der Sozialdemokrat Otto Grotewohl gewählt; s. K. 1380, 4 f.; SPD: s. K. 170, 10.

XIII,13–18 *Zum Beispiel Hünemörder . . . Jansen zu ersparen* – s. K. 413, 32.

XIII,34 *Leuten in schwarzer Uniform* – s. K. 591, 6.

XIII,38 *Reichsfreiherr und all das* – Ein Reichsfreiherr war eine Person, die bis 1806 dem Kaiser und Reich unmittelbar unterstand. Und all das: (engl. Redewendung wörtl. übersetzt) and all that; auch als Anspielung auf das satirische Buch »1066 and all that« von W. C. Sellar und R. J. Yeatman zu verstehen; s. K. 860, 35–38.

XIII,43 *Gräfinnenwald* – s. K. 34, 8.

XIV,1 f. *Landesbauernführer* – s. K. 399, 34; 570, 30.

XIV,2 f. *Graf FRIEDRICH FRANZ GROTE* – Geb. 7. 10. 1901, Grundbesitzer von 3174 ha Land in Mecklenburg; Landesbauernführer Mecklenburg, Mitglied des Verwaltungsrates der Reichsnährstandsverlags GmbH in Berlin; vgl. Der antifaschistische Widerstand (1970), S. 51; Stockhorst (1967).

XIV,3 *Varchentin* – Kleiner Ort, etwa 30 km westlich von Neubrandenburg.

XIV,3–6 *HANS KASPAR VON . . . Zeit am Fleckfieber* – Johann Caspar Bothmer, der seit 1710 für den Kurfürsten von Hannover Gesandter am Londoner Hof war, baute sich 1726–32 nach dem Vorbild von Blenheim Castle ein Landschloß bei Klütz. Es war nach Kriegsende ein Typhuskrankenhaus. Die Gedenktafel im Treppenhaus nennt unter den Namen des an der Seuche gestorbenen Pflegepersonals auch den Medizinstudenten Hans (Kaspar) von Bothmer (31. 1. 1919–12. 2. 1946), einen Neffen des letzten Hausherrn. Vgl. BU, S. 29: »Hinter dem Gemeindewald steht ein Schloss, darin spukt es. Das ist der Tod, der dort vorspricht bei den Flüchtlingen; mit den Trecks aus dem Osten ist die Typhusseuche angekommen«; vgl. Nöldechen (1991), S. 26–37; s. K. 114, 19; 994, 24.

XIV,10 *Pfarrernotbundes* – s. K. 426, 15 f.

XIV,30 *griesen Gegend* – s. K. 544, 22.

XIV,30 *Ludwigslust* – s. K. 544, 23.

XV,1 f.   *bei ihrem Großherzog* – Friedrich Franz IV., Großherzog von Mecklenburg-Schwerin (9. 4. 1882–17. 11. 1945) regierte seit dem 9. 4. 1901; mußte am 14. 11. 1918 abdanken.

XV,6–13   *bei einem Besuch . . . der zu übergeben* – Kaiserin Auguste Viktoria: s. K. 594, 25 f.; vgl. Neumann, B. (1994), S. 284.

XV,9   *Hof-Juweliers H. J. Wilm zu Berlin* – Hermann Julius Wilm (1812–1907). Das Geschäft befand sich 1842–1937 in der Jerusalemer Straße 25 in Berlin-Mitte (im späteren Ostteil der Stadt). Es wurde 1950 von den nach Hamburg geflohenen Nachfahren am Ballindamm wiedereröffnet.

XV,25   *Ostseebad Graal Müritz* – s. K. 102, 4.

XV,30   *Hotel Strandperle* – s. K. 102, 11.

XV,36   *Krakow* – s. K. 50, 17.

XV,37–45   *Einmal vergaß Alexander . . . Pachten von Ziegeleien* – s. 114, 32 f.

XV,43   *Burschenschaft Leonia* – s. K. 570, 33.

XVI,7   *Heeresintendantur* – s. K. 531, 7.

XVI,11   *Podejuch* – s. K. 531, 10.

XVI,27–31   *Dennoch habe nicht . . . der Geschichte zusammenzudenken* – s. 678, 28 f.; XI,43–45.

XVI,45   *Ic* – s. K. 892, 7.

XVII,2   *B. B. C.* – s. K. 860, 20–22.

XVII,9   *»Fritz«* – s. 867, 31.

XVII,11   *Konzentrationslager Barth* – s. K. 36, 12; 955, 3.

XVII,42 f.   *Blaupunktradio* – s. K. 835, 4.

XVII,44 f.   *Empfänger des Volkes hieß. Volksempfänger* – s. K. 835, 7.

BAND 3

20. 4. 1968

1017, 2–
1020, 15
    Das Wasser ist . . . für den Nachmittag – s. K. 7, 1–12.

1017, 18
    How many lakes . . . your life now – (engl.) übersetzt im Text 1017, 16 und 1017, 32; s. 1072, 4.

1017, 23
    das Kind das ich war – s. K. 8, 35.

1017, 24
    Lübecker Bucht – s. K. 579, 39.

1017, 28 f.
    überschwemmte Wiese unter den Ozeanen – s. 1082, 36 f.

1017, 30
    Baltic Sea – (engl.) Ostsee; s. 24, 26.

1018, 10 f.
    Oberschule Fritz Reuter – Fritz Reuter (7. 11. 1810–12. 7. 1874), mecklenburgischer Mundartdichter; volkstümlich-humoristisch, kritisierte Militarismus, Adel und patriarchalische Gutsherrschaft. Er wurde 1833 als Burschenschafter verhaftet und 1836 zum Tode verurteilt, war bis 1840 in Festungshaft, wanderte dann als mittelloser Gelegenheitsarbeiter durch Deutschland, war zeitweise Privatlehrer in Treptow. Reuter begann mit nd. Scherzgedichten (»Läuschen un Rimels«, 1853–58) und Verserzählungen (»Kein Hüsung«, 1858, und »Hanne Nüte«, 1860). Zum realistischen Erzähler und Humoristen wurde er in seinen autobiographischen Prosawerken (»Ut de Franzosentid«, 1859, »Ut mine Festungstid«, 1862, »Ut mine Stromtid«, 1863/64, »Dörchläuchting«, 1866).
Lage und Einrichtung der Schule entsprechen weitgehend der John-Brinckman-Oberschule (s. K. 413, 27), die Johnson 1948–52 besuchte; s. 1577, 11; 1585, 17; 1589, 4.
In den JT sind aus folgenden Werken Reuters Anspielungen oder Zitate enthalten: »Läuschen un Rimels« (s. K. 646, 36); »De Wedd« (s. K. 723, 12); »Schurrmurr« (s. K. 911, 29); »Urgeschicht von Meckelnborg« (s. K. 913, 23; 1293, 2); »Dörchläuchting« (s. K. 1291, 37–1292, 1); »Ut mine Stromtid« (s. K. 1334, 8 f.; 1623, 1; 1632, 8; 1632, 14 f.; 1632, 31–36; 1633, 32 f.).

1018, 15
    Militärbecken – s. 489, 36.

1018, 17 f.
    dem Jungen aus der Apotheke – Vgl. MJ, S. 88 f.: »Und der, der damals da über der Apotheke wohnte, hatte sie ein Jahr lang angesehen ob sie es wohl war, ein Jahr ist lang, dann suchte er sich Gelegenheit und sagte ihr sie wär es nun. [. . .] Legte sich in den Ferien weitab der Stadt an den Strand und dachte er würde sie wohl mal zu Gesicht bekommen«; s. 1479, 27; 1752, 16.

1018, 18–21
    im Dassower See . . . Bundesrepublik Deutschland, Westen – s. K. 191, 10.

1018, 22 f.   *im Cramoner See . . . Drieberg und Cramon* – Langer, schmaler See südlich von Grevesmühlen, von der Stepenitz durchflossen, das Dorf Cramon liegt am Nord- und Drieberg am Südende; s. 1589, 39.

1018, 25   *Schweriner See* – s. K. 632, 12.

1018, 25   *Insel Lieps* – s. K. 632, 13 f.

1018, 25 f.   *Goldberger See* – s. K. 263, 9 f.

1018, 26   *Plauer See* – Großer mecklenburgischer See, westlich der Müritz; s. K. 1845, 10 f.

1018, 26   *Müritz* – s. K. 56, 25.

1018, 30–33   *Ende Mai 1953 . . . ohne einen Schmerz* – s. 1891, 3–7.

1018, 39   *Pfaffenteich-Fähre* – Personenfähre zwischen Hauptbahnhof und Innenstadt von Schwerin.

1019, 1   *Sabine Beedejahn* – Figur aus MJ; vgl. ebd., S. 29–31; 138–140; 238–240.

1019, 8   *Wannsee von Westberlin* – Im Südwesten gelegene Ausbuchtung der Havel; der gleichnamige Stadtteil gehört zum Bezirk Zehlendorf; s. K. 1850, 11 f.

1019, 10   *Krefeld* – Stadt in Nordrhein-Westfalen; etwa 25 km nordwestlich von Düsseldorf gelegen; Geburts- und Heimatstadt von Klaus Kokol. Bei der städtischen Badeanstalt, in der Gesine geschwommen sein will, kann es sich nur um das Stadtbad an der Neusser Straße handeln (das Badezentrum in Krefeld-Bockum wurde erst am 24. 5. 1967 eröffnet). Das Stadtbad wurde am 25. 4. 1890 eingeweiht, »das älteste noch erhaltene Bad aus wilhelminischer Zeit im Rheinland«. Die Grundstücks- und Baukosten für den »Jugendstilprachtbau« mit Damen- und einer etwas größeren Herrenhalle (mit 312 m² Wasserfläche die bis dahin größte im Reich) »verschlangen 918 000 Goldmark und stellten damit alles bisher im Reich dagewesene in den Schatten«; vgl. Tenbruck/Keller/Jaspers (1990). Gesine müßte in der Damenhalle geschwommen sein; Johnson wird jedoch allenfalls die Herrenhalle auf einer seiner beiden Lesereisen nach Krefeld (29. 10. 1962 und 9. 11. 1965, Lesung jeweils im Krefelder Bildungswerk) besucht haben; s. K. 1866, 9–11.

1019, 10   *Düren* – Kreisstadt in Nordrhein-Westfalen mit ca. 83 000 Einwohnern. Bei dem von Gesine besuchten Bad kann es sich nur um das City-Bad in der Bismarckstraße gehandelt haben (1998 abgerissen).

1019, 11 f.   *Winnibigoshish Lake, Lake . . . Travis, Lake Hopatcong* – Der erste See wurde in der Taschenbuchausgabe in Winnipesaukee Lake geändert. Auf die Mitteilung seiner Übersetzerin Leila Vennewitz, daß sie Lake Winnibigoshish nicht finden könne, anwortete Johnson am 26. 3. 1975, daß er Winnipesaukee Lake gemeint habe (Brief im Johnson-Archiv).
Winnipesaukee: größter See in New Hampshire; Lake Chippewa, Lake Travis: Seen in Texas; Lake Hopatcong: größter See in New Jersey.

1019, 14	*vier ungültig, einer zweifelhaft* – Ungültig: vermutlich die städtischen Badeanstalten, obwohl fünf genannt werden; zweifelhaft: die »französischen Vogesen«.
1019, 27	*corner of 96th* – (engl.) Ecke der 96. (Straße).
1019, 28 f.	*Patton Lake heißt . . . General dieses Landes* – Der See konnte nicht nachgewiesen werden. George Smith Patton (11. 11. 1885–21. 12. 1945), amerik. Panzergeneral; baute im 1. Weltkrieg das 1. US- Panzerkorps auf; im 2. Weltkrieg Kommandeur der 7. (in Sizilien 1943) und der 3. Armee, die entscheidend zu den Erfolgen an der Westfront beitrug; im Herbst 1945 als Kommandeur der 3. Armee und Gouverneur von Bayern wegen rechtsnationaler und antisemitischer Tendenzen abgesetzt.
1019, 35	*Sherman Tanks* – Amerik. mittelschwerer Panzer mit einem 75 mm Geschütz, als M 3, seit 1942 als M 4 am meisten verbreiteter Panzer der Alliierten im 2. Weltkrieg, benannt nach dem amerik. General William Tecumseh Sherman (8. 2. 1820–14. 2. 1891), 1869–84 Oberbefehlshaber der US-Armee.
1019, 37	*And you came . . . way from Mecklenburg* – (engl.) übersetzt im Text 1020, 11 f.
1020, 13	*And so you . . . in your life* – (engl.) Und so hast du den neunzehnten See in deinem Leben geschafft.

21. 4. 1968

1021, 3 f.	*Frau Abs wollte . . . unserer Nähe sterben* – Vgl. MJ; s. 1870, 35–1871, 4.
1021, 10	*»in den Westen«* – Im Volksmund der DDR hieß die BRD nur »der Westen«; s. 1621, 32 f.; 1842, 37.
1021, 11	*Hofgarten* – Ausgedehnter Park nördlich der Düsseldorfer Stadtmitte, der bis Pempelfort reicht; s. 1868, 25.
1022, 31 f.	*Schiff nach Amerika* – s. K. 19, 7.
1023, 17	*Sabbath* – s. K. 45, 3.
1023, 17–22	*Wer sorgte dafür . . . »fröhlichen Häusern« redete* – s. 575, 23–32.
1023, 32	*»my mother«* – (engl.) meine Mutter.
1023, 35	*Baltischen See* – (engl. wörtl. übersetzt) Baltic Sea: Ostsee; s. K. 24, 26.
1023, 37	*»Dschi-sain«* – Engl. Aussprache von Gesine.
1024, 8	*aus eigenem Schick* – Hier: Anspruch, Lebensart.
1024, 8	*»M'rie«* – s. 23, 8.
1024, 34 f.	*Unterschied zwischen gerechten und ungerechten Kriegen* – Aus der christlichen Ethik stammende Unterscheidung, die auf das römische Staatsdenken zurückgreift. Um den Kriegsdienst christlich zu legitimieren, verwendete

Augustinus Ciceros Unterscheidung vom gerechten und ungerechten Krieg (De officiis, I, 11, 34 ff.; De re publica 3.23.35).

Im Marxismus wird erst durch Lenin eine moralische Bewertung kriegerischer Auseinandersetzungen eingeführt: Alles was dem Proletariat als Vollstrecker der geschichtlichen Entwicklung förderlich ist, gilt als gesetzmäßig notwendig und damit gerechtfertigt, auch der Krieg; vgl. Wladimir I. Lenin, Sozialismus und Krieg, in: Lenin (1970), Bd. 21. In Stalin (1946), S. 36, der Ausgabe, die Johnson besaß, heißt das vereinfacht: »Lenin unterschied zwei Arten von Kriegen: Eroberungskriege, das heißt ungerechte Kriege, und Befreiungskriege, gerechte Kriege.«

1024, 36 f. *1811 (Aufstand der Shawness unter Tecumseh)* – Tecumseh (ca. 1768/1780–5. 10. 1813), Häuptling der Shawnees, versuchte zusammen mit seinem Bruder eine Art komm. Gemeinwesen aufzubauen und die Indianer zwischen Kanada und Florida zu vereinen. 1809 wurden den Shawnees die besten Jagdgebiete ohne Entschädigung entzogen, nach Bedrohung des Stammes durch Regierungstruppen kam es am 7. 11. 1811 zur Schlacht von Tippecanoe, in der die Indianer unterlagen. Tecumseh nahm an dieser Schlacht nicht teil. Er fiel als Brigadegeneral in brit. Diensten.

1025, 26 *Patton Lake* – s. K. 1019, 28 f.

1025, 37 f. *in Brooklyn Charlie . . . Eckcafé tot geschossen* – Vgl. den Artikel »Mafia Elder Slain in Brooklyn Sipping Drink at Soda Counter« der NYT vom 20. 4. 1968: »The reputed elder of a Brooklyn Mafia family was shot and killed yesterday morning as he sipped a strawberry malted in a corner luncheonette in Brooklyn. The victim was Cologero [sic] LoCicero, a 64-year-old former convict also known as Charlie the Sidge. At about 9 o'clock he was the only customer at Calisi's soda fountain and stationary shop at 11th Avenue and 66th Street, in the Borough Park section.«
Calogero LoCicero, auch Charlie the Sidge genannt, geb. 1904, der Brooklyner Mafia-Familie Profaci zugehörig, dessen Ermordung überraschte, da er nicht in den »Banana War« zwischen der Profaci- und der Bonanno-Familie verwickelt war.

1026, 2–4 *Im Hudson am . . . bei den Zerstörern* – Vgl. den Artikel »Throngs Pay Visit To Nato Flotilla« der NYT vom 21. 4. 1968: »The ships – a destroyer each from the United States and the Netherlands, a destroyer escort from Canada, and a frigate each from Britain and West Germany – make up the three-month-old Standing Naval Force Atlantic of the North Atlantic Treaty Organization.
The grey flotilla tied up Friday at Pier 86, at West 46th Street, for a five-day-call here.«

1026, 3 *N. A. T. O.* – s. K. 42, 16 f.

1026, 6 f. *Symbol der Atombombengegner* – Ein Kreis, in den ein auf dem Kopf stehendes Y eingefügt ist; s. 1071, 29 f.

1026, 7–12 *Aus den reichen... besseres Gewissen haben* – Vgl. den Artikel »Suburbanites Come to City and Help Clean Up Slums« der NYT vom 21. 4. 1968: »Several thousand people from such suburbs as Greenwich, Conn., and Huntington, L. I., turned out yesterday to clean and help renovate nearly 50 slum blocks in Manhattan and the South Bronx.
[...] to work with the slum dwellers in sweeping streets, hauling rubbish from rat-infested basements, painting, and cementing up cracks and holes in sidewalks and building fronts. [...] ›Why clean outside,‹ he [Anwohner Benjamin Wood] asked. ›The roaches are not living in the streets. They're living inside. You got water leaks inside and rats as big as dogs. This makes the white people feel good. All the badness is inside, and that will still be there tomorrow.‹«

1026, 22–24 *In Bonn hat... und britischen Flugzeugen* – Vgl. den Artikel »Death of ›Red Baron‹ Marked in Bonn« der NYT vom 21. 4. 1968: »Baron Manfred von Richthofen, was celebrated here [Bonn] today on the 50th anniversary of his death in a World War I aerial duel.
Von Richthofen [...] was commemorated as a hero and an outstanding human being by aviators from many lands, including United States Air Force officers from bases in Germany. [...]
All in all, the Baron lowered 80 French and British planes in barely two years.«
Von Richthofen war durch einen erfolgreichen Schlager über den Hund Snoopy aus Charles M. Schulz' Comic Strip »Peanuts«, auf den der Artikel anspielt, zu der Zeit in den USA sehr bekannt.

1026, 23 *Barons von Richthofen* – Manfred Freiherr von Richthofen (2. 5. 1892–21. 4. 1918), erfolgreichster dt. Jagdflieger im 1. Weltkrieg, gefallen in Vaux-sur-Somme); wurde nach der Farbe seines Flugzeugs der »rote Kampfflieger« und der »rote Baron« genannt; vgl. Johnson, Büchner-Preis-Rede, S. 60.

1026, 24–26 *Im Gefängnis Klingelpütz... Häftlinge gewohnheitsmäßig totgeschlagen* – Vgl. den Artikel »Prison Brutality Found in Cologne« der NYT vom 21. 4. 1968: »A parliamentary inquiry concluded recently that brutal beatings went on for years behind the time-blackened brick walls of Cologne's Klingelpütz prison and that one inmate may have died of maltreatment.
The inquiry was ordered two years ago by the North Rhine-Westphalian Parliament in Düsseldorf, after two trials of warders who had worked in the prison's hospital annex for mentally sick inmates.«

1027, 3 *ein verjährtes Versprechen* – s. 220, 16.

1027, 9 *Richmond* – Richmond County, einer der fünf Regierungsbezirke des Staates New York innerhalb von New York City, in den Grenzen identisch mit dem (Stadt-)Verwaltungsbezirk Staten Island; s. K. 72, 1.

1027, 34– *In 36 Zeilen... Brünn gefunden worden* – Vgl. den Artikel »Czech Found Dead;
1028, 1 Linked To Masaryk« der NYT vom 20. 4. 1968: »The Czechoslovak Press agency C.T.K. reported today that Maj. Bedrich Pokorny, a former Czecho-

slovak intelligence officer who investigated the death of Dr. Jan Masaryk in 1948 had been found hanged in woods near Brno three weeks ago.
Authorities here have opened inquireis [sic] into the death of Dr. Masaryk, the Foreign Minister of Czechoslovakia in 1948. [...]
Major Pokorny worked in the political office of the Interior Ministry in 1948 and took part in investigations of Dr. Masaryk's death as well as the death of Maj. Augustin Schramm. Major Schramm, a security officer at the Foreign Ministry, was reported to have been murdered by Czechoslovaks, who held him responsible for Mr. Masaryk's death.«
1948 wurde Masaryks Tod offiziell als Selbstmord dargestellt; Bedřich Pokorný wurde am 31. 3. 1968 gefunden; vgl. DER SPIEGEL 13. 5. 1968, S. 131; Jan Masaryk: s. K. 852, 31 f.

1027, 35   *Č. S. R.* – s. K. 657, 19.

1028, 1   *Brünn* – Dt. Name für Brno, größte Stadt in Mähren, Tschechien, etwa 75 km südlich von Ölmütz.

1028, 30   *Palisaden* – s. K. 10, 21.

1028, 34 f.   *By your gracious permission* – (engl.) übersetzt im Text; wörtl.: Mit Ihrer gnädigen Erlaubnis.

22. 4. 1968

1029, 12–15   *Krieg übers Wochenende... 15 weiter nördlich* – Unter der Überschrift »31 of Vietcong Force Dead In Day's Fight Near Saigon« berichtet die NYT vom 22. 4. 1968 von der Absicht, den Vietcong aus den 11 Provinzen um Saigon zu vertreiben. Das Dorf Thuduc 10 Meilen nordöstlich [sic; s. K. 745, 2–15; 745, 6] von Saigon wurde umkämpft: »At least 31 enemy soldiers were reported killed in the clash. [...] Early yesterday, 15 enemy soldiers were reported slain during an attack on the defensive position of a company from the United States 101st Airborne Division 39 miles north of Saigon.«

1029, 20 f.   *Ihre Wettervorhersage für... dieser scharfe Regen* – Vgl. »Today's Forecast« der NYT vom 22. 4. 1968: »New York City: Mostly sunny today, high in the low 70's.«

1029, 37   *Die Toten haben leicht reden* – s. K. 45, 33.

1030, 5–7   *Jerichow, all das... die Sowjets angekommen* – s. K. 998, 19–24.

1030, 10   *Untermenschen* – s. K. 230, 30.

1030, 18 f.   *Hannah Ohlerich aus Wendisch Burg* – Sonst Hanna geschrieben; s. 994, 30–32.

1030, 29–35   *der »rote Apotheker«... in einem Giebelhaus* – Die Löwen-Apotheke am Warener Neuen Markt hieß auch die »Rote Apotheke« nach dem roten Fachwerk aus dem 17. Jh.

1030, 36   *Malchin* – s. K. 633, 24.

1031, 24   *dreieinhalbtausend geschätzte Personen* – Entspricht der Einwohnerzahl von Klütz; vgl. Seiler (1988), S. 91 ff.; s. 30, 34 f.

1032, 15   *vom 2. Juli* – s. K. 998, 19–24.

1032, 16   *Travekanal* – Auch Elbe-Lübeck-Kanal; führt von Lübeck nach Süden bis Lauenburg. Der Grenzverlauf wurde später nach Osten verschoben; s. K. 1238, 3–16.

1032, 20   *wehrunwürdig* – Nach § 13 Abs. 1 Buchstabe e) des Wehrgesetzes vom 21. 5. 1935 (RGBl. I, S. 609) war wehrunwürdig und damit von der Erfüllung der Wehrpflicht ausgeschlossen, wer wegen staatsfeindlicher Betätigung gerichtlich bestraft worden war; s. 1411, 18.

1032, 32   *Bischofsmützenturm* – s. K. 31, 3–6.

1032, 38   *Vorderstädte* – Seit dem 17. Jh. Bezeichnung für Städte, die im »Engeren Ausschuß« der Mecklenburgischen Stände außer der Stadt selbst auch einen bestimmten Landkreis vertraten; Güstrow und Neubrandenburg trugen seit dem 17. Jh. die Bezeichnung »Vorderstadt«, Güstrow vertrat den Wendischen Kreis; s. K. 1291, 37–1292, 1; s. 1144, 23 f.; 1291, 39.

1033, 10 f.   *Ungeschicklichkeit der Sieger mit Fahrrädern* – Vgl. Johnson, Schultafel, S. 85 f., wo Johnson sich bedankt »für die Geschichte von dem jungen Rotarmisten in einem thüringischen Dorf, der ein Fahrrad verschenkte, weil es ihn hatte runterfallen lassen, das Biest, das tückische«; vgl. auch DBA, S. 150–152: »Auf der Landstraße fuhren manche Soldaten mit Rädern neben den müden Pferden her, sie umrundeten auch einzelne Fuhrwerke oder den ganzen Zug und waren sehr vergnügt über die Lenkbarkeit des Fahrzeugs und die schwankenden Bewegungen, zu denen es den Ungeübten veranlaßt«, ebd., S. 150 f.

1033, 30   *Wassergahn* – Im Russischen gibt es den Laut »H« nicht.

1034, 14   *All de Gerüchte . . . woll doll œwerdreewn* – (nd.) All die Gerüchte, ist wohl stark übertrieben.

1034, 26   *Mag sein, wir . . . zurück zu Schweden* – s. 1414, 15 f.; 1457, 38 f.

1034, 35   *Töw du man, du* – (nd.) Warte nur, du; s. K. 998, 12.

23. 4. 1968

1035, 2–
1036, 34   *Eben noch war . . . ist eine andere* – Zur Problematik von Erinnerung und Gewohnheit vgl. Butzer (1997).

1035, 12   *Telefonamt 753* – Bezieht sich auf die Nummer der Bank, das Amt der Privatnummer ist 749; s. 275, 31.

1035, 32–34   *Das war sie . . . der er ist* – s. 11, 4–10.

1036, 2   *Gutes Wetter über... 151 Bomber-Einsätze* – Unter der Rubrik »Summary«
heißt es in der NYT vom 23. 4. 1968: »With favorable weather conditions over
the southern area of North Vietnam United States pilots flew 151 missions,
the second largest number of attacks against the North since President Johnson curtailed the bombing more than three weeks ago.«

1036, 27 f.   *vierter und elfter... den sechzehnten Stock* – s. K. 22, 9 f.

1036, 30–32 *Wie geht es... geht es Ihnen* – (engl. fast wörtl. übersetzt) How do you do? Auf
diese höfliche Anrede ist die korrekte Antwort die Gegenfrage »How do you
do?« – Auf das ugs. »How are you?« wird eine Antwort (wie z.B. »Fine.«) erwartet.

1036, 35–   *das ist unsere... getarnt. Nicht kenntlich* – Zur Deutung der Gesprächsform vgl.
1037, 27   Gerlach (1998), S. 118–120.

1037, 1   *Dshi-sain* – Engl. Aussprache von Gesine.

1037, 6 f.   *Turm der dickbepackten Kater* – (amerik. Slang wörtl. übersetzt) well padded:
wohlhabend, betucht; topcat: ein erfolgreicher Manager, wörtlich: Oberkatze.

1037, 21   *Milwaukee* – Stadt in Wisconsin, am Michigansee gelegen.

1037, 31   *Long Island City* – s. K. 558, 22.

1037, 36–   *die Seite 12... im Druck erwähnt* –Vgl. den Artikel »Czech Political Shifts Hin-
1039, 5   der Economic Reform« der NYT vom 23. 4. 1968, S. 12. Die tschechos. Wirtschaft wird anfangs mit einem Patienten verglichen, der so von Medikamenten betäubt ist, daß er nicht mehr feststellen kann, wo es schmerzt: »In this
case, the drugs are the heavy subsidies that have been paid for 20 years to start
and run industries according to an arbitrarily set plan, without regard to
whether they were really profitable or useful.
The extent to which this has gone on is reflected in one extraordinary figure
cited by the Finance Minister, Bohumil Sucharda. Mr. Sucharda said recently
that annual subsidies, of which two-third were what he called ›first-aid‹ operations, amounted to 30 billion crowns. The official exchange rate is 7 crowns
to the dollar, but it is more meaningful to note that the 30-billion figure is 15
per cent of net national income, which is the standard measure used in Communist countries for over-all economic activity. [...]
Efforts to reform the economy have been going on for several years.
[...] the reform consists of an internal and an external element.
The latter has to do with redirecting trade toward hard-currency areas,
removing subsidies from exports and eventually establishing currency convertibility.
The internal reform consists of two principal parts.
One is freeing enterprises from central control to make them not only self-
managing but fully responsible for deciding what they shall make and how
they shall sell it.
With the enterprises, having the power to make their own decisions, and thus,

in theory, the freedom to act precisely as enterprises in the West do, the subsidies will be withdrawn.

At the same time, differential taxes, under which the unsuccessful concern has paid little and the profitable one has paid a lot, will be levelled off. [...]

From a number of reports it seems evident that a move will be made, perhaps in the next few months, to rejoin the International Monetary Fund and the International Bank for Reconstruction and Development, from which Czechoslovakia resigned in 1948. [...]

Economists have spoken of achieving full convertibility of the crown in five to seven years [...]. Reports of negotiations of loans in the West are flatly denied, but officials have conceded that there have been unofficial contacts. [...] The Czechoslovaks also intend to press for a readjustment in their relations with Comecon [...]. One sign of imbalance is the fact that they have amassed a ruble account in the Soviet Union worth more than 10 billion crowns, representing goods sold to the Russians for which there were no equivalent worthwhile purchases.«

1038,1   *Paraphe* – s. K. 420, 26.

1038,5–7   *From: Cp/To ... Re: N. Y. T.* – (engl.)
Von: Cp
An: de Rosny, Stellvertretender Generaldirektor
Betrifft: N.(ew) Y.(ork) T.(imes).

1038,22   *U. d. S. S. R.* – Abk. für: Union der Sozialistischen Sowjetrepubliken.

1038,23 f.   *Comecon* – s. K. 681, 36 f.

1038,36   *Internationalen Währungsfonds* – International Monetary Fund (IMF), autonome Sonderorganisation der UNO, am 27. 12. 1945 auf der Grundlage des Abkommens von Bretton Woods eingerichtet, um die Zusammenarbeit auf dem Gebiet der Währungspolitik zu fördern; s. K. 1050, 37.

1038,36 f.   *Internationale Bank für Wiederaufbau und Entwicklung* – International Bank for Reconstruction and Development (IBRD), sog. Weltbank; Sonderorganisation der UNO, am 27. 12. 1945 auf der Grundlage des Abkommens von Bretton Woods gegr., um die wirtschaftliche Entwicklung der Mitgliedsländer durch Erleichterung von Kapitalanlagen, Förderung von privaten Direktinvestitionen und des Außenhandels zu unterstützen; s. K. 1050, 37.

1039,12   *du Schriftsteller* – s. K. 230, 27 f.

1039,15   *business* – (engl.) geschäftlich; s. 982, 31.

1040,5   *Palisaden* – s. K. 10, 21.

24. 4. 1968

1040, 14–21 *In der Sozialistischen . . . seien an Verbrechen –* Vgl. den Artikel »Czechoslovakia Dismisses 3 High Judicial Officials« der NYT vom 24. 4. 1968: »Three high-ranking members of Czechoslovakia's judiciary were dismissed today without official explanation.
The Czechoslovak press agency said that they were Dr. Jaroslav David and Dr. Frantisek Zabransky, both deputy general prosecutors, and Col. Jan Samek, deputy prosecutor general and military prosecutor.«

1040, 22– *Die sowjetische Besatzung . . . Begleitung, schutzlos, allein –* Zur Deutung der Ge-
1048, 5 sprächsform vgl. Gerlach (1998), S. 120–122.

1040, 29– *Angefangen hatte es . . . Häftling gewesen, nich –* s. 1068, 7 f.
1041, 24

1041, 1 *Tommies –* Spitzname der engl. Soldaten.

1042, 3 *Sie hatten ihn eingesetzt –* Emil Frost gab am 10. 5. 1945 in Stralsund bekannt: »Der Militärkommandant der Stadt Stralsund hat mich mit der Wirkung vom 6. Mai 1945 als Bürgermeister eingesetzt«, Eggert (1967), S. 211; vgl. Müller (1997).

1042, 3–9 *Das Wort Einsatz . . . gefragt werden müssen –* »Könige, Präsidenten, Bischöfe, überhaupt Personen werden als Amtsvorstände eingesetzt, und die Einsetzung kann gleichfalls nur von einer Person vorgenommen werden, die hierzu eigens befugt ist. [. . .] die Vorstellung der Lücke [. . .]: das Amt ist noch nicht oder nicht mehr besetzt, in das der neue Würdenträger eingesetzt wird, ohne den erforderlichen Einsatz sind gewisse Geräte oder Kleider unvollständig oder nicht mehr brauchbar. Eine Lücke ist es auch, die auf dem Spieltisch der Einsatz des Wettenden oder des Spielenden schließt. Dann erst kann das Spiel, dort der Gebrauch, dort wiederum das Amtieren beginnen«, Sternberger/ Storz/Süßkind (1962), S. 40.

1042, 14–16 *Es war das . . . unter B. L. Montgomery –* Die 21. brit. Heeresgruppe unter Montgomery, darunter die 6. Luftlandedivision, hatte den Nordwesten Mecklenburgs besetzt. Zur Unterstützung war ihr das amerik. XVIII. Luftlandekorps zugeteilt, das die Linie von Wismar entlang des Westufers des Schweriner Sees über Ludwigslust bis nach Dömitz hielt; vgl. Henke (1996); s. K. 986, 11–15; B. L. Montgomery: s. K. 994, 14–17.

1042, 34 *Feldstraße –* s. 87, 32.

1043, 21 *Treu und Glauben –* Allgemeiner Rechtsgrundsatz, nach dem jedermann in Ausübung seiner Rechte und Erfüllung seiner Pflichten nach Treu und Glauben zu handeln hat, d. h. auch nach dem Geist und nicht nur nach dem Buchstaben des Gesetzes; s. K. 1870, 9 f.; s. 1403, 15; 1774, 24.

1044, 4 f. *Sequestrierung –* Staatlich angeordnete einstweilige Inbesitznahme oder Verwaltung.

1045, 9   *КОММАНДАНТУРА* – (russ.) Kommandantur; richtig im Russ.: Komenda-
tura.

1046, 28–32   *Befehl Nr. 2 . . . Papenbrocks Speicher abliefern* – Die Aufzählung ist identisch mit
der des Befehls Nr. II des Militärkommandanten der Stadt Stralsund vom 9. 5.
1945 nach einem Erlaß des Generalstabs der Roten Armee vom 15. 1. 1945;
dort heißt es »Radioapparate«, ein »usw.« beendet die Aufzählung; vgl. Eggert
(1967), S. 52; Müller (1997), S. 162; s. 1063, 33 f.

1046, 33 f.   *»Usw.« wurde von . . . Geschosse aller Art* – Vgl. Eggert (1967), S. 211, wo in Zusammenhang mit Befehl Nr. 1 von »Anordnungen auf Abgabe von Waffen,
Munition, Hieb- und Stichwaffen binnen drei Tagen« die Rede ist; vgl. die
dazugehörigen Dokumente auf S. 209 f., 218, 226 f., 237.

1046, 35–39   *Befehl Nummer 4 . . . von ausländischem Vermögen* – Nach dem Befehl Nr. 11 des
Obersten Chefs der SMAD vom 25. 7. 1945 waren abzugeben: »1. Alle Gold-
und Silbermünzen und -barren, alle Platinbarren. 2. Alle ausländischen
Banknoten, Münzen, Vermögensdokumente und Kostbarkeiten. 3. Alle Geldscheine, die in den früher von Deutschland besetzten Gebieten oder sonstwo
herausgegeben [. . .] worden sind«; vgl. Eggert (1967), S. 231 f., 241; s. 1061,
37–1062, 13.

1046, 37   *Raiffeisenkasse* – s. K. 31, 7 f.

1047, 4   *Volksempfängern* – s. K. 835, 7.

1047, 18 f.   *die echten russischen Rubel* – Vgl. Eggert (1967), S. 228, den Befehl Nr. 4 des
Obersten Chefs der SMAD »Zwecks Einziehung der Sowjetvaluta [. . .], die
nicht für den Umlauf außerhalb der Grenzen der UdSSR zugelassen sind«.

1047, 29   *Comptoir* – s. K. 203, 6.

1047, 29–33   *Er hatte nichts . . . ließen zur Kommandantur* – Vgl. Eggert (1967), S. 69: »Die aus
Wohnungen gesammelten Sachen füllten einen Speicher in der Schillerstraße
bis obenhin. Sie waren von den Russen beschlagnahmt. Möbel durften nur
auf Anweisung des Kommandanten beschlagnahmt werden«; vgl. auch S. 93 f.

1047, 32   *Lysol* – Handelsname einer rotbraunen, nach Phenol riechenden Seifenlö-
sung, die auch zur Desinfektion diente.

1048, 22   *Das Kind das ich war* – s. K. 8, 35.

1048, 23   *I dig you* – (engl. Slang) hier: Kapiert.

25. 4. 1968

1048, 33–
1049, 11   *Der neue Ministerpräsident . . . kurzfristigen Darlehen nämlich* – Vgl. den Artikel
»Top Czech Official Reviewing Red Rule, Says Economic Lags« der NYT
vom 25. 4. 1968: »The 46-year-old Premier [. . .] said the 14 million Czechoslovaks had ›done a good piece of work‹ since 1948.

But then he listed the failures and shortcomings. [...]
He said Czechoslovakia's per capita income was 30 to 40 per cent below that
of ›advanced capitalist countries.‹ He said that the delivery of manufactured
goods to customers often lagged ›twice to three times‹ behind delivery times
in the West and that transport, housing and retailing were also in poor shape.
[...] Concerning foreign trade Mr. Cernik said that the $ 400-million deficit
in Czechoslovakia's dealings with capitalist countries was relatively small, but
›very unpleasant and inconvenient‹ because it involved short-term loans.«
Am 24. 4. 1968 hatte Černík in der Nationalversammlung – unter Berufung
auf das Aktionsprogramm der KPČ vom 5. 4. 1968 – seine Regierungserklärung vorgelegt, in der er die Wirtschaftspolitik der Vergangenheit kritisierte und die Notwendigkeit einer Rationalisierung und Demokratisierung des
ökonomischen Systems betonte.
Oldřich Černík (27. 10. 1921–19. 10. 1994), tschechos. Politiker; 1956–60
Sekretär des ZK der KPČ; 1960–63 Minister für Brennstoffe; 1963–68 stellv.
Ministerpräsident und Vorsitzender der Staatlichen Plankommission; April
bis Dezember 1968 Ministerpräsident der ČSSR; im Gegensatz zu Dubček
nach der Invasion bereit, die sowj. Auflagen widerspruchslos zu erfüllen; im
Januar 1971 aus der KPČ ausgeschlossen; s. K. 1447, 8.

1049, 23–29   *war eine Familienbank ... er ist geblieben* – s. K. 151, 7.

1049, 33   *bratenberockt* – Bratenrock: veraltet, scherzhaft für Gehrock.

1049, 39   *Kuhjungen* – (engl. wörtl. übersetzt) cowboys.

1050, 3   *herbeikarriolenden* – Karriolen, aus dem Frz., veraltet für: umherfahren, drauf-
losfahren.

1050, 22   *im Inneren der Schleife* – Das Hauptgeschäftszentrum von Chicago (s. K. 14, 34)
heißt »loop«, Schleife; vgl. SV, S. 68: »das wacklige Klappern der Hochbahn
auf der Innenschleife von Chicago«; s. 1806, 23 f.

1050, 26 f.   *der Kuchen sollte ... doch gefressen werden* – Anspielung auf die engl. Redewendung »You can't have your cake and eat it.«: Man kann nicht alles gleichzei-
tig haben.

1050, 27   *wie so Bären das Leben betrachten* – Anspielung auf den Bären als amerik. Symbol der Baisse, dem Sinken der Kurse im Börsengeschäft, während der Bulle
für die Hausse, das Steigen der Kurswerte, steht.

1050, 34   *Wall Street* – s. K. 127, 35.

1050, 37   *Währungskonferenz von Bretton Woods* – United Nations Monetary and Financial Conference, fand 1944 in Bretton Woods, New Hampshire, statt. Dort
wurde das System entworfen, das nach dem 2. Weltkrieg die finanziellen Beziehungen zwischen verschiedenen Staaten regulierte. Führte zur Gründung
der Weltbank und des Internationalen Währungsfonds; s. K. 1038, 36;
1038, 36 f.

1050, 38   *Börse* – s. K. 272, 10.

1050, 39–   *Tschad hätten sie . . . ein Putzmittel geraten* – Republik im nördlichen Zentral-
1051, 1   afrika, eines der am wenigsten entwickelten Länder. Die frz. Kolonie wurde
                1960 selbständig und in die UNO aufgenommen. Vermutlich Anspielung auf
                den Flüssigreiniger »Jet«.

1051, 1   *Michigan-See* – Der südwestliche der Großen Seen Nordamerikas (s. K.
                51, 27), an dem die beiden Zentren Chicago und Milwaukee liegen.

1051, 7 f. *Morgan Guarantee Trust* – Tochtergesellschaft der Morgan and Co. Inc., einer
                der größten Privatbanken der USA; 1959 durch Fusion mit der Guarantee
                Trust Company of New York entstanden. Benannt nach John Pierpont Mor-
                gan (17. 4. 1837–31. 3. 1913), amerik. Bankier; er finanzierte wichtige Fir-
                menzusammenschlüsse und den Bau von Eisenbahnen; als einer der bedeu-
                tendsten Buch- und Kunstsammler seiner Zeit half er bei der Gründung des
                Metropolitan Museum of Art.

1051, 16 f. *Bucht des Goldenen Tors* – Golden Gate heißt die Meerenge zwischen Pazifik
                und San Francisco Bay, die von der Golden Gate Bridge überspannt wird; s. K.
                558, 9; s. 1827, 14.

1051, 23   *deren Namen ihm wahrscheinlich vorkam* – Druckfehler in allen Ausgaben, rich-
                tig: vorkamen.

1051, 36   *als er in . . . Bankgeschäft zu lernen* – Vgl. MHC, S. 106: »er hat nämlich das Bank-
                geschäft von der Pike an erlernt, in Singapur sagt er«.

1051, 38   *auf den weißen Hügeln* – Bezieht sich auf San Francisco; s. 1827, 17.

1052, 6   *Howard Hughes* – Howard Robard Hughes (24. 12. 1905–5. 4. 1976), amerik.
                Industrieller, Filmproduzent, Erfinder, der auch Flugzeuge konstruierte und
                Flugweltrekorde aufstellte; lebte seit 1954 völlig zurückgezogen.

1052, 11 f. *seitdem sie nicht . . . der Luft blieben* – Hughes begann 1942 die Arbeit an einem
                achtmotorigen hölzernen Flugboot, mit dem er fünf Jahre später den ersten
                und einzigen Flug über nur eine Meile unternahm.

1052, 27   *Eleanor Roosevelt* – Anna Eleanor Roosevelt (11. 10. 1884–7. 11. 1962), ame-
                rik. Journalistin und Politikerin der Demokratischen Partei; Frau von Franklin
                Delano Roosevelt; in sozialen und Frauenorganisationen tätig, 1947–51 Vor-
                sitzende der UNO-Menschenrechtskommission.

1052, 29   *Franklin Delano* – s. K. 230, 29.

1052, 32 f. *Mitten im Krieg gegen die Hunnen* – s. K. 29, 26 f.

1053, 2   *Windermere* – Es gab in Chicago zwei Hotels dieses Namens. Das »Winder-
                mere West« in Hyde Park wurde zur Weltausstellung 1892/93 gebaut, 1959
                abgerissen. Gemeint ist hier das »Windermere East« in North Chicago, 1642
                East 56th Street, zwischen Hyde Park Boulevard und Cornell Avenue. Das
                1922/23 errichtete Luxushotel, das einen ganzen Block umfaßt, war wegen

seiner vielen Hotelwohnungen als Dauerwohnsitz beliebt; u. a. bevorzugt von Eduard Beneš, Edna Ferber, Thomas Mann, Jan Masaryk; vgl. Johnson, Mir bleibt nur, S.76: »im Hotel Windermere in Chicago wurde sie [Hannah Arendt] empfangen wie eine entbehrte Königin«.

1053, 8 *Matthäus 18* – Matth 18, 1–3: »Wer ist doch der Größte im Himmelreich? Jesus rief ein Kind zu sich und stellte es mitten unter sie und sprach: ›[. . .] Wenn ihr nicht umkehrt und werdet wie die Kinder, so werdet ihr nicht ins Himmelreich kommen‹«; s. K. 760, 1–6.

1053, 8 *Frage die Gideonsbrüder* – Die Gideonsbrüder sind eine Gesellschaft zur Verbreitung der Bibel, die sie für Hotels, Schulen, Krankenhäuser und Gefängnisse bereitstellen; 1899 gegr., benannt nach Gideon aus dem Buch der Richter, Richt 6–8.

1053, 16 *Astoria Towers* – In den Taschenbuchausgaben geändert in: Waldorf Towers; s. K. 84, 24 f.

1053, 28–36 *die scheußliche Geschichte . . . schlicht nicht taugte* – s. 462, 19–21.

1054, 25 f. *im nördlichen Kalifornien . . . ein größeres Felsplateau* – Vermutlich das Gelände der Beale Air Force Base, ca. 160 km nordöstlich von San Francisco.

1054, 29 f. *In jenen Jahren . . . die Dritte Avenue* – Der letzte Teil der Hochbahn über der Dritten Ave. wurde 1955 abgerissen; Dritte Ave.: s. K. 18, 20.

1054, 38 *Avenuen Park und Madison* – Park Ave.: s. K. 101, 9; Madison Ave.: s. K. 76, 8 f.

1055, 3 *Wohlstandselefanten* – s. K. 26, 32.

1055, 10 *wurde wüst und leer* – Anspielung auf 1. Mose 1, 2 (und Jes 24, 1): »Und die Erde war wüst und leer«.

1055, 22–35 *Der Mann an . . . New York Times* – Als Vorlage könnte der Artikel der NYT vom 9. 9. 1967 gedient haben, in dem von der Erhaltung der historischen, sehr populären irischen Bar »Clarke's« innerhalb einer Plaza im Neubau eines 45stöckigen Büroblocks an der 3. Ave. berichtet wird.

1055, 24 f. *General Lexington* – Einen General Lexington hat es nicht gegeben; die Straße (s. K. 11, 16) heißt nach einem Ort in Massachusetts, der durch ein Gefecht bekannt wurde. Mit der Schlacht von Lexington und Concord am 19. 4. 1775 begann der Unabhängigkeitskrieg; s. K. 1166, 6–8; 1405, 32–35.

1055, 25 *Washington* – s. K. 67, 6 f.

1055, 35 *zwei ungeheure Türme* – Bei der ersten Erwähnung hat das Gebäude nur einen Turm; s. K. 35, 4–7.

1056, 12 *altmodischer Ackerbauname* – Vermutlich inspiriert durch die »Corn Exchange Bank Trust Corporation«, eine 1824 gegr. Bank, die 1954 von der Chemical Bank übernommen wurde, seit dem 8. 9. 1959 unter dem Namen »Chemical Bank New York Trust Company«; s. K. 55, 3 f.

1056, 25 f.	*des Kaisers neue Kleider* – Anspielung auf das gleichnamige Märchen von Hans Christian Andersen.
1056, 31	*Union Dimes Savings* – s. K. 371, 11.
1056, 33	*Chemical* – s. K. 151, 7.
1056, 37 f.	*wenn die an . . . ne Chemische Reaktion* – Spielerische Übersetzung eines Werbespruchs der Chemical Bank: »When the New York woman thinks money – her reaction is CHEMICAL«; vgl. Federspiel (1969), S. 223.
1057, 2 f.	*Fünfstrichsymbol aus den Anfangsbuchstaben des Unternehmens* – s. K. 55, 3 f.
1057, 11	*di-Aar* – Engl. Aussprache von d. R.
1058, 31	*Very good* – (engl.) Sehr gut.

26. 4. 1968

1058, 35– **1059, 13**	*Gestern, mitten auf . . . Warsaw Ghetto Square* – Vgl. den Artikel »Warsaw Jews' 1943 Uprising Against Nazis Is Honored Here« der NYT vom 26. 4. 1968: »Above the din of Times Square yesterday, Richard Tucker of the Metropolitan Opera Company lifted his tenor voice in the traditional Hebrew prayers for the dead in homage to those who perished in the Warsaw Ghetto uprising 25 years ago. About 3,000 people stood on the traffic island between 43 and 44th Streets separating Broadway and Seventh Avenue [. . .]. More than 40,000 men, women and children died after a 40-day fight against an overwhelming force of Nazi soldiers. The 25th anniversary, sponsored by the Zionist Organization of America and 54 other groups was also in memory of the six million who died in the Nazi death camps. Deputy Mayor Robert W. Sweet, on behalf of Mayor Lindsay, read a proclamation that designated the immediate area of the rally as Warsaw Ghetto Square. In the midst of the clatter of automobile and bus traffic there was a hush from the audience as Mr. Tucker, wearing the traditional Yarmulka, or skull cap, chanted the memorial service of Yiskor for those who died.« Ein Straßenschild mit diesem Namen gibt es dort nicht.
1058, 36	*Jahrestag des Aufstands im warschauer Ghetto* – Am 16. 10. 1940 hatte die dt. Besatzungsmacht angeordnet, alle 400 000 Juden Warschaus im Ghetto anzusiedeln, das seit dem Sommer 1941 von einer 16 km langen Mauer umschlossen wurde. Zwischen Juli und Oktober 1942 wurden mehr als 310 000 Menschen nach Treblinka deportiert und ermordet. Nach dem Befehl Himmlers zur endgültigen Vernichtung erhoben sich die Juden erstmals am 18. 1. 1943 mit Waffen gegen die Deportation. Am 26. 4. 1943 begannen SS-Kommandos mit Panzergeschützen den Kampf. Der Widerstand konnte erst am 16. 5. 1943 gebrochen werden, nachdem fast alle Aufständischen tot waren.

1059, 1–14 *wir haben es . . . es behalten müssen* – »wir«: s. K. 46, 26; 230, 27 f.

1059, 5 *Siebente Avenue* – s. K. 369, 34.

1059, 11 *Jarmulke* – (jidd.) auch Jarmuk oder Jarmelke: Kepi, Schables; von gläubigen Juden getragene flache Gebetskappe, deren Herkunft auf die Zeit des babylonischen Exils zurückgehen soll; s. 1391, 14 f.

1059, 11 *Yiskor* – (hebr.) auch Haskarat Néschamot, das In-Erinnerung-Bringen der Seelen, ein Gebetsabschnitt aus dem Kaddisch. Das Gebet für das Seelenheil der Verstorbenen wird von den Kindern vom Tag der Beerdigung an ein Jahr lang jeden Tag und anschließend an jedem Todestag gesprochen. Der wesentliche Teil des aramäischen Textes des Kaddisch lautet übersetzt:
»Erhoben und geheiligt werde sein großer Name in der Welt, die er nach seinem Willen erschaffen, und sein Reich erstehe in eurem Leben und in euren Tagen und dem Leben des ganzen Hauses Israel schnell und in naher Zeit, sprechet: Amen!
Sein großer Name sei gepriesen in Ewigkeit und Ewigkeit der Ewigkeiten! Gepriesen sei und gerühmt und verherrlicht und erhoben und erhöht und gefeiert und hocherhoben und gepriesen der Name des Heiligen, gelobt sei er, hoch über jedem Lob und Gesang, Verherrlichung und Trostverheißung, die je in der Welt gesprochen wurde, sprecht: Amen!«; vgl. de Vries (1994), S. 307.
Nur bei der Beerdigung selbst wird ein leicht abweichender Text gesprochen: »Erhoben und geheiligt werde sein großer Name in der Welt, die neu geschaffen werden soll, wo er die Toten zurückrufen und ihnen ewiges Leben geben wird; die Stadt Jerusalem aufbauen und seinen Tempel in ihre Mitte setzen wird, und allen fremden Götzendienst von der Erde ausrotten und die Verehrung des wahren Gottes einsetzen wird. Oh, möge der Heilige, gelobt sei sein Name, sein Reich und seinen Ruhm erstehen lassen in euren Tagen und dem Leben des ganzen Hauses Israel schnell und in naher Zeit, sprechet: Amen!«; vgl. ebd., S. 309.

1059, 18 f. *Seit Anfang Juli . . . Sowjetische Militärische Administration* – Sowjetische Militäradministration in Deutschland, S. M. A.(D.), eingesetzt am 9. 6. 1945 durch den »Befehl Nr. 1« in Berlin, bis 1949 oberste Regierungsgewalt in der SBZ; organisierte die Reparationen und leitete die politische, wirtschaftliche und gesellschaftliche Umgestaltung bis zur Gründung der DDR. Neben der Verwaltung der SBZ sollte die SMAD über den Kontrollrat auch auf ganz Deutschland Einfluß nehmen. Mit »Befehl Nr. 5« vom 9. 7. 1945 wurden die SMAD-Verwaltungen in den Ländern geschaffen und deren Chefs ernannt. Ursprünglich leitete Marschall G. K. Schukow die SMAD; vom 10. 4. 1946–29. 3. 1949 nahm General W. D. Sokolowskij (s. K. 1148, 8–14) seine Stelle ein, der von W. I. Tschuikow abgelöst wurde. Am 10. 10. 1949 übergab die SMAD ihre Verwaltungsfunktionen an die DDR; zur Kontrolle der Vier-Mächte-Beschlüsse wurde die Sowjetische Kontrollkommission gebildet, der Tschuikow und W. S. Semjonow vorstanden und die am 28. 5. 1953 durch eine Hohe Kommission der UdSSR in Deutschland unter Ernennung W. S. Semjonows zum Hohen Kommissar umgewandelt wurde. Sie bestand bis zum 20.9.1954; vgl. Eggert (1967), S.57; Foitzik (1995), S.757; Naimark (1997), S.31–35; s. K. 1409, 10f.; 1417, 9f.; 1497, 14–22; 1686, 35f.

1059, 21 *Generaloberst Fedjuninski* – Iwan Iwanowitsch Fedjuninski (30.7. 1900– 17.10. 1977), vom 9.7. 1945–46 Chef des SMAD für Mecklenburg und Oberbefehlshaber der sowj. Besatzungstruppen; 1951–54 und 1957–60 stellv. Kommandeur, 1962–65 Kommandeur der sowj. Streitkräfte in Deutschland; 1967 stellv. Verteidigungsminister und Kommandeur der Warschauer-Pakt-Truppen; s. 1780, 33 f.

1059, 22 *Generalmajor Skossyrew* – Michail Alexandrowitsch Skossyrew; Mitglied der KPdSU und zeitweilig hauptamtlicher Funktionär; 1943–45 Chef der Politischen Abteilung der 8. Gardearmee; seit dem 9.7. 1945 (bis zu seiner Entfernung 1948) stellv. Chef des SMA für Mecklenburg, hauptsächlich verantwortlich für Zivilangelegenheiten.

1059, 29–35 *Hei will dat . . . Tiden, Gesine. Nu – –* (nd.)
　　　　Er will das so.
　　　　Das kann er doch nicht tun.
　　　　Der kann.
　　　　Warum tust du es denn?
　　　　Er hat gewonnen.
　　　　Ist so gewinnen, Cresspahl?
　　　　Es sind neue Zeiten, Gesine. Nun –

1061, 10 f. *Frunse-Akademie* – Akademie des Generalstabs der Roten Armee, benannt nach Michail Wassiljewitsch Frunse (2.2. 1885–31.10. 1925), sowj. Politiker, Heerführer und Militärwissenschaftler, der 1924–25 die Rote Armee reorganisierte; seit 1924 Stabschef der Roten Armee und Leiter der Militärakademie.

1061, 13–16 *kurz vor der . . . ein ungezogenes Kind* – Vgl. die Episode in: Eggert (1967), S. 55 f., in der der sowj. Kommandant dem Bürgermeister zweimal mit Erschießung droht und die Situation sich in dem Trinkspruch »Du bist etwas frech, aber sonst ein guter Kerl!« auflöst. Vgl. ebd: »Denn immerhin habe ich einige Dutzend Erschießungsandrohungen überlebt. Ein Eingesperrtwerden für einen Tag bedeutete aus russischer Sicht nichts Ehrenrühriges. Mir [Stralsunds Oberbürgermeister Kortüm] ist es zwar nicht passiert, aber des öfteren Mitarbeitern dieser turbulenten Wochen«; s. 1062, 27; 1067, 5–11; 1100, 4 f; 1106, 3; 1216, 27–29; 1236, 32.

1061, 31–36 *Die Ehre der . . . der Stadt Jerichow* – Nach Befehl Nr. 11 der SMAD waren alle Wertsachen »den Feldämtern der Staatsbank der Sowjetischen Okkupationstruppen in Deutschland« abzugeben; vgl. Eggert (1967), S. 231.

1061, 37–
1062, 13 *verlangte nicht von . . . denn doch verloren* – s. K. 1046, 35–39.

1062, 9   *Sussex Bank of Richmond* – So auch im Manuskript; eigentlich: Surrey Bank; vgl. Johnson, Auskünfte für eine Übersetzerin, S. 324: »Surrey Bank, I am afraid«; s. K. 69, 28.

1062, 19 f.   *lübische Taler, Schwerin 1672* – Geprägte Silbermünze. Allerdings wurde die herzogliche Münze erst in der Regierungszeit Friedrich Wilhelms (1692–1713) von Dömitz nach Schwerin verlegt.

1062, 32–34   *Es war das . . . Brosche fassen lassen* – s. 691, 26–30.

1063, 1 f.   *später trat ein . . . recht. Zwei Tage* – In der gebundenen Ausgabe sind diese zwei Zeilen vertauscht.

1063, 4   *Iswini poshalujsta* – (russ.) übersetzt im Text.

1063, 5   *ne plakatj* – (russ.) übersetzt im Text.

1063, 19   *Burgmister* – s. K. 1002, 27.

1063, 25   *Karabinern 98k* – 1898 eingeführtes Gewehr der Waffenfabrik Gebr. Mauser OHG, das noch im 2. Weltkrieg benutzt wurde; s. K. 1078, 1; s. 1183, 7, 38 f.; 1270, 20; 1429, 11.

1063, 33 f.   *Cresspahl lieferte sein . . . für das Volk* – s. K. 835, 7; 1046, 28–32.

1064, 6 f.   *achtröhrigen Superhet* – Abk. für Superheterodyn-Empfänger, eine Neuerung bei der Empfangstechnik der Rundfunkgeräte, die eng benachbarte Wellenlängen genauer trennen konnte. Sie geht auf die von R. A. Fessenden 1905 vorgestellte Superheterodyn-Schaltung zurück, die von E. H. Armstrong und Lucien Levy weiterentwickelt wurde.

1064, 8–11   *Nun stand das . . . eigensinnigen Tod obendrein* – s. 509, 4–513, 12; 1031, 22 f.

1064, 19   *Leningrad* – s. K. 857, 29 f.

1064, 33 f.   *Djeti, djewuschki* – (russ.) übersetzt im Text; s. 1330, 6.

1064, 38 f.   *er erschien mit . . . im sonntäglichen Gottesdienst* – Vgl. Eggert (1967), S. 72: »Oberst Sidorow wollte auch an einem Gottesdienst teilnehmen und bat um Zeit und Kirche. Er fragte, ob er stören würde. Der Oberbürgermeister entgegnete: ›Im Gegenteil, das wird einen guten Eindruck machen, weil russische Soldaten sonst als kirchenfeindlich angesehen sind.‹«

1065, 6   *Visitation* – Die Kirchenvisitation ist ein Aufsichtsrecht der kirchlichen Obrigkeit über Geistliche und Gläubige.

1065, 20   *Liturgie* – Gesamtheit der gottesdienstlichen Handlungen innerhalb der christlichen Kirchen. In der ev. Kirche gehören Schriftlesung, Predigt, Psalmengesänge, Gemeindelieder, Danksagung und Fürbitte zu den liturgischen Elementen.

1065, 36   *Public relations* – (engl.) übersetzt im Text 1066, 4 f.

1065, 37   *smart cat* – (engl.) übersetzt im Text.

1066, 11	*Never mind* – (engl.) Macht nichts.
1066, 12 f.	*K. A. Pontijs amtliches... zum Jahr 1953* – s. K. 1729, 26 f.
1066, 20	*Vergewaltigung* – s. K. 140, 7–13.
1067, 13 f.	*großes Schild an... an die Hintertür* – s. 1080, 17 f.
1067, 16	*Off limits* – (engl.) Zutritt verboten.
1067, 22	*Wassertonnengeschichte* – s. 62, 15 f.
1067, 29	*rape* – (engl.) Vergewaltigung.
1067, 30	*I mean rape all right* – (engl.) Ja, ich meine Vergewaltigung.
1067, 31–34	*Gesine, was ist... Mrs. Carpenter nachmachen* – s. 61, 21; 541, 16–543, 23.
1067, 33 f.	*Schwimmbad unterm Hotel Marseille* – s. K. 189, 38 f.; 487, 20.
1068, 4	*Theist* – Anhänger des Theismus, einer Religionsform, die eine überweltliche und schöpferische Gottheit anerkennt, die erhaltend und lenkend auf ihre Schöpfung einwirkt.
1068, 7 f.	*Käthe Klupschs Nacht unterm Rathaus* – s. 1040, 29–1041, 24.
1068, 14	*Untermenschen* – s. K. 230, 30.
1068, 21–23	*Es war nun... Kraftfahrzeuge, auf Verdacht* – In Stralsund wurde die Grußpflicht in einer Bekanntmachung des Militärkommandanten vom 6. 5. 1945 wie auch in einem Schreiben des Oberbürgermeisters vom 10. 5. 1945 gefordert, um »ein freundschaftliches Verhältnis zwischen der Besatzung und der Bevölkerung herzustellen«. Beide Male ist allerdings von Kraftfahrzeugen nicht die Rede; vgl. Eggert (1967), S. 53, 211.
1068, 24–26	*den österreichischen Gruß... Arm gewesen? Altrömisch* – s. K. 896, 1.
1068, 33	*I like crooks* – (engl.) Ich mag Gauner.
1068, 34	*Don't you like crooks* – (engl.) Magst du keine Gauner?
1068, 39	*G'night* – (engl.) (Gute) Nacht.

27. 4. 1968

1069, 3–19	*Es ist aber... drohende Faust zeigen* – Vgl. den Artikel »6,600 In Parades For Loyalty Day« der NYT vom 28. 4. 1968: »The annual Loyalty Parade, consisting of 2,669 marchers, passed up Fifth Avenue yesterday morning through scattered crowds that stood quietly along the flag-draped avenue. It was the smallest Loyalty Day parade since the first one 20 years ago. In Brooklyn, 4,000 marchers stepped along Forth Avenue, between 66th and 86th Streets, in a second parade marking the day originally set aside to answer

leftist May Day gatherings. For the last two years the Loyalty Day parades, organized by the Veterans of Foreign Wars, have been billed as demonstrations of support for American servicemen in Vietnam and as answers to rallies calling for an end to the war.
The Fifth Avenue parade began at 11.03 A. M. as the Most Rev. Terence J. Cooke, Archbishop of the Roman Catholic Archdiocese of New York [...] led the marchers northward. [...] the marchers, many of them members of parochial school bands and youngsters from drum and bugle corps and sponsored by veterans' organizations. [...]
Mayor Lindsay [...] did not arrive until 11:55, in time to see only the last 10 minutes of the march.
This included a contingent of about 30 members of the International Longshoreman's Association. [...]
This year's parade was dedicated to the memory of the late Cardinal Spellman, one of the first and most enthusiastic supporters.«
Ein Foto, S. 72, zeigt deutlich die Einzelheiten an den Uniformen der Fahnenträger.

1069, 15 f.   *Kirchenfürsten Spellman* – s. K. 402, 30.

1069, 21–33   *Die New York... Grand Army Plaza* – Unter der Rubrik »food fashions family furnishings« und der Überschrift »Victorian Paneling and an Enlightened Civic Spirit« schreibt die NYT vom 27. 4. 1968 über das Viertel Park Slope bei Prospect Park, in dem Mittelklassefamilien relativ preiswerte »brownstone« Häuser renovieren: »the John Scanlons, at 196 Berkeley Place [sic], rent out the first floor and live on three floors of their $28,500 house. [...] A children's book editor at Coward McCann, Mr. Scanlon reports that the house was originally built in 1894 for $8,000. And the Scanlons and their daughters, Caitlin, 5 [sic], and Rebecca, 2 [sic], are the third family to inhabit it. Mrs. Scanlon, a teacher at Berkeley Institute, a private day school at 181 Lincoln Place, is setting up a cooperative nursery school.
One of their delights is the third floor bathroom with its original bathtub on claw and ball feet, the marble sink, stained-glass windows and a pull-chain toilet.«

1069, 32 f.   *196 Berkeley Square... Grand Army Plaza* – Im Osten Brooklyns, in der Nähe von Prospect Park. Prospect Park Plaza wurde 1926 zu Ehren der Unions-Armee in Grand Army Plaza umbenannt.

1069, 35–   *Parade für den... Lindsay würde kommen* – Vgl. den Artikel »160 Demonstrators
1074, 14   Are Seized, Many in Washington Sq. Clash« der NYT vom 28. 4. 1968: »An estimated total of 87,000 people, marching under banners denouncing racism and the war in Vietnam, paraded down both sides of Central Park yesterday to a rally in the Sheep Meadow. [...]
The Central Park West group stepped off at three minutes past noon behind a roar of motorcycles belonging to six members of the Magnificent Riders from Newark. [...]

In the van, guarded by 50 bodyguards [...] were [...] Pete Seeger, the folk singer, and his family [...].
The Fifth Avenue march was led by war resisters marching under a streetwide banner that spelled out ›End the War Madness... NOW!‹ [...]
High police officials, including Chief Inspector Sanford Garelik, stood in a clump north of the arch [...].
Many of the demonstrators wore football or motorcycle crash helmets. [...]
At the Central Park rally, Mayor Lindsay arrived [...] at 2:28 P. M. with his wife [...].
The Mayor said he was there because, in his opinion, ›this city and country are big enough to draw a distinction between dissent and supporting the men who are fighting in Vietnam.‹«; s. K. 1075, 14–22.

1070, 8   *Aufstand der Shawnees unter Tecumseh, 1811* – s. K. 1024, 36 f.

1070, 9   *Squaw* – (indianisch/engl.) Indianerfrau.

1070, 11   *Amsterdam Avenue* – s. K. 97, 2.

1070, 13 f. *vier Kinder, verbündet wenn nicht befreundet* –Vermutlich Paul-Erik, Mary-Anne, Claire und Richard, s. 25, 1 f.; die vier werden 1785, 23–25 bei der Aufzählung der Freunde, die Marie einladen will, nicht mehr erwähnt; vgl. MHC, S. 106: »Haben Sie hier Ihre Freunde besucht? Mary-Ann, Claire und Richard? / M. H. C. Allmählich glaub ich Ihnen, dass Sie etwas von dem Buch gelesen haben«; s. K. 37, 28 f.

1071, 3   *Central Park West* – s. K. 343, 6; 548, 21–24.

1071, 18   *die Kommunistische Partei* – s. K. 845, 36.

1071, 19   *Daily Worker* – Tageszeitung der Kommunistischen Partei der USA.

1071, 20   *das Neue Deutschland* – s. K. 73, 28 f.

1071, 22 f. *which I undertook... York City clean* – (engl.) was ich nur tat, um New York sauber zu halten; s. K. 453, 23 f.

1071, 29 f. *Zeichen der Atomwaffengegner* – s. K. 1026, 6 f.

1071, 35 f. *Gesetz und Ordnung* – (engl. Redewendung wörtl. übersetzt) law and order: Recht/Ruhe und Ordnung.

1071, 39   *Bockbretter* – (amerik. Engl. frei übersetzt) sawhorse barricades: ugs. Bezeichnung für die blauen hölzernen Straßensperren.

1072, 5–7   *daß wir nicht... Ihr mußtet mitmarschieren* – In der DDR war die Teilnahme an Aufmärschen wie zum 1. Mai oder 8. Oktober vorgeschrieben, Abwesenheit zog Repressalien nach sich.

1072, 31   *The Magnificent Riders of Newark* – (engl.) Die wunderbaren Reiter von Newark; um welche Organisation es sich handelt, konnte nicht nachgewiesen werden.

1072, 37–   *Marie erkannte auf . . . Kolonne zu gehen* – s. K. 63, 13–15.
1073, 3

1072, 38 f.   *Where have all . . . Turn, Turn, Turn* – (engl.) »Sag mir, wo die Blumen sind«;
»Hätt ich einen Hammer«; »Dreh, dreh, dreh«. Drei der bekanntesten Lieder
Pete Seegers.
Where have all the flowers gone: Text und Musik: Pete Seeger, 1959, angeb-
lich von einer Passage von Michail Scholochows Roman »Der stille Don« in-
spiriert, weitere Strophen von Joe Hickerson.

> Where have all the flowers gone?
> Long time passing.
> Where have all the flowers gone?
> Long time ago.
> Where have all the flowers gone?
> The girls have picked them ev'ry one.
> Oh, When will you ever learn?
> Oh, When will you ever learn?
>
> Where have all the young girls gone . . .
> They've taken husbands ev'ry one . . .
>
> Where have all the young men gone . . .
> They're all in uniform . . .
>
> Where have all the soldiers gone . . .
> They've gone to the graveyards ev'ry one . . .

If I had a hammer: Text: Lee Hays (während des Korea-Krieges entstanden),
Musik: Pete Seeger, 1958.

> If I had a hammer, I'd hammer in the morning,
> I'd hammer in the evening, all over the land;
> I'd hammer out danger, I'd hammer out warning,
> I'd hammer out love between my brothers and my sisters
> All – over this land.
>
> If I had a bell, I'd ring it in the morning . . .
>
> If I had a song, I'd sing it in the morning . . .
>
> Well I got a hammer, and I got a bell,
> And I got a song to sing all over this land;
> It's the hammer of justice, it's the bell of freedom,
> It's the song about love between my brothers and my sisters
> All – over this land.

Turn, turn, turn
(nach Pred 3, 1–8)

> A time to be born, a time to die;
> a time to plant, a time to reap;

a time to kill, a time to heal;
a time to love, a time to reap.
To every thing
-turn, turn, turn –
there is a season
- turn, turn, turn –
and a time to every purpose under heaven.

A time to build up, a time to break down;
a time to dance, a time to mourn;
a time to cast away stones, a time to gather stones together.

A time of love, a time of hate;
a time of war, a time of peace;
a time you may embrace, a time to refrain from embracing.

A time to gain, a time to lose;
a time to rend, a time to sew;
a time of love, a time of hate;
a time of peace, I swear it's not too late.

1073, 8   *mit synkopischem Spaß* – Der Spaß kann sowohl musikalisch synkopisch ge-wesen sein, indem die Betonung auf eine im normalen rhythmischen Ablauf unbetonte Silbe gelegt wird, oder sprachlich synkopisch, indem bei mehrsil-bigen Wörtern eine Mittelsilbe ausgelassen wird. Laut NYT vom 28. 4. 1968 wurde in Sprechchören »Peace now« und »We shall overcome« gerufen.

1073, 33   *Pepitakostüm* – Pepita: Stoff mit kleinem Hahnentrittmuster (nach einer span. Tänzerin aus der Biedermeierzeit). In einem Interview mit Barbara Bronnen am 30. 11. 1971 berichtete Johnson: »Eine Leserin hat mir einmal zu einer bestimmten Situation gesagt, Gesine trüge dort ein Kostüm aus einem Pepi-tastoff. Beim Schreiben hatte ich an den Stoff nicht gedacht und nach eini-gem Bedenken habe ich der Leserin darin recht geben müssen«, Johnson, Be-auftragt, S. 260.

1074, 10 f.   *Sheep Meadow* – s. K. 420, 20.

1074, 12   *Mrs. Martin Luther King* – Coretta King, s. K. 928, 12; 961, 2.

1074, 27   *IND, bis wir auf die I. R. T.* – s. K. 369, 28.

1074, 28   *Battery Park* – s. K. 90, 27; 209, 21 f.

1074, 36   *Verrazano-Brücke* – s. K. 118, 38.

1074, 38   *Palisaden* – s. K. 10, 21.

1075, 7   *fun of getting things done* – (engl.) Das Vergnügen/der Spaß, Sachen zu erledi-gen.

1075, 8–12   *Sie sagte etwas . . . danach nicht mehr* – Genosse Schriftsteller: s. K. 230, 27 f.

28. 4. 1968

1075, 14–22   *Die Schafwiese im . . . Langer, anhaltender Beifall* – Vgl. den Artikel »160 Demonstrators are Seized, Many in Washington Sq. Clash« der NYT vom 28. 4. 1968: »When all of the 12-acre meadow is filled, it is estimated to hold 58,080 persons. This figure was arrived at by dividing the total area – 522, 725 square feet – by the minimal space required for one person to sit down comfortably – 9 square feet. [. . .]
By 3.30 P. M., when Mrs. Martin Luther King Jr. arrived to speak in her husband's place, the Meadow was only half filled.«
Vgl. auch den Artikel »Mrs. King Reads War Decalogue« der NYT vom 28. 4. 1968: »A decalogue on Vietnam, said to have been found among the notes that the Rev. Dr. Martin Luther King Jr. was carrying when he was assassinated [. . .] was read by his widow at the antiwar rally in Central Park yesterday [. . .]. The tenth [Gebot] repeats the Biblical ›Thou shalt not kill‹«; s. K. 1069, 35–1074, 14; Coretta King: s. K. 961, 2; Martin Luther King: s. K. 928, 12.

1075, 14   *Schafwiese* – s. K. 420, 20.

1075, 14   *522, 725 Quadratfuß* – 48 551 m².

1075, 15 f.   *9 Quadratfuß* – Knapp 1 m².

1075, 17   *fünf Quadratfuß* – 0,46 m².

1075, 23–29   *Auf dem Washington . . . sie gleich mit* – Vgl. den Artikel »160 Demonstrators Are Seized, Many in Washington Sq. Clash« der NYT vom 28. 4. 1968: Aus Protest gegen die Beteiligung des Bürgermeisters Lindsay organisierten mehrere linksorientierte Gruppen eine eigene Veranstaltung: »This group mustered some 400 youths in blue jeans, windbreakers and fatigue jackets at Washington Square Park about 11 A. M. [. . .]
A police lieutenant began reading an announcement through a bullhorn: ›Attention . . . there are two authorized parades today . . . this parade is unlawful [. . .].‹
The marchers were stopped about 20 yards into the sidewalk by a ring of plainclothes policemen with their arms linked. [. . .] The crowd responded by chanting, ›The streets belong to the people.‹
Suddenly the plainclothes men began seizing the demonstrators [. . .].
Those who struggled were wrestled to the grounds. At least one such demonstrator was pinned to the pavement by six plainclothes men. As one kicked the demonstrator, another kneed him, a third hit him with a sap – a leather blackjack [. . .].
Some of the people with cameras were taken into custody, including Richard Dodge, a freelance photographer who was pushed against a truck and arrested when he attempted to photograph police loading demonstrators into a van.«

1075, 23 *Washington Square* – Platz mit einem Park zwischen der Ave. of the Americas und dem Broadway, 4.–6. Straße; hier beginnt die Fifth Ave.; s. K. 1547, 18–20.

1075, 28 *Grüne Minna* – (ugs.) Wagen der dt. Polizei zum Transport von Gefangenen oder Verhafteten; s. 1092, 13.

1075, 31–34 *Vorgestern hat in . . . Arzt gefoltert worden* – Am 26. 4. 1968 erhängte sich Dr. Josef Sommer, der in den fünfziger Jahren als Arzt im Ruzyně-Gefängnis arbeitete. Er wurde beschuldigt, politische Häftlinge mit Droge-n und anderen Druckmitteln zu Geständnissen gezwungen und Todesurkunden ermordeter Häftlinge gefälscht zu haben; vgl. NYT 28. 4. 1968; DER SPIEGEL 13. 5. 1968, S. 131; s. 1089, 13–15.

1075, 32 *unter Stalin* – Gemeint sind hier die fünfziger Jahre, in denen die ČSSR nach stalinistischem Vorbild ein umfassendes Terrorsystem aufbaute, dem sowohl ehemalige Funktionäre der nichtkomm. Parteien und Würdenträger der kath. Kirche als auch Kommunisten zum Opfer fielen. Zunehmend waren auch Bauern, Arbeiter und Intellektuelle von den Verhaftungswellen betroffen. Der Generalsekretär der tschechos. KP, Rudolf Slánský, wurde auf unmittelbare Weisung Stalins verhaftet und 1952 in einem Schauprozeß neben dem Außenminister Vladimír Clementis und neun weiteren Angeklagten wegen »Zionismus« und »Trotzkismus« am 3. 12. 1952 zum Tode verurteilt und hingerichtet; s. K. 1415, 11 f.; s. 1089, 13.

1075, 32 *Ruzyně* – Ort ca. 15 km nordwestlich von Prag, bei dem auch der gleichnamige Flughafen liegt.

1075, 33 *Josef Pavel* – s. K. 973, 16–19.

1076, 1–4 *einen »Klub für . . . Leben einführen will* – Vgl. den Artikel »Czechs Forming Nonparty Clubs« der NYT vom 28. 4. 1968: »the newly formed Club for Independent Political Thought, one of a dozen virtually unorganized but potentially significant groups that have sprung up around Czechoslovakia in the last three weeks. [. . .]
Another party, the Socialists, is also building its membership. It has published an individual program, which, though it does not differ drastically from the action program of the Communist party in most respects, is unequivocal about the need for unrestricted democratic life.«

1076, 1 f. *»Klub für unabhängiges politisches Denken«* – Im April 1968 entstand, auch auf Initiative von Mitarbeitern der Akademie der Wissenschaften, die Organisation »Klub engagierter Parteiloser«; s. K. 1210, 10.

1076, 3 *Partei der Sozialisten* – Im April 1968 formierte sich die »Sozialistische Jugend« als Jugendorganisation der Tschechoslowakischen Sozialistischen Partei.

1076, 11–29 *Er wußte, wann . . . und Februar hinein* – Die Steuerzahlungstermine und der »Säumniszuschlag von 5 v. H.« entsprechen denen von Stralsund; vgl. Eggert (1967), S. 244, 248; Müller (1997), S. 168.

1076, 22 f.   *die nicht städtischen … vor »Reichssteuern« hießen* – Grundsätzlich blieb in
Deutschland das zum Zeitpunkt der Übernahme der Regierungsgewalt
durch die Alliierten geltende Recht in Kraft. Durch die Gesetze Nr. 1 und 11
des Alliierten Kontrollrats vom 20. 9. 1945 und 30. 1. 1946 wurden einzelne,
ausdrücklich genannte Gesetze, einschließlich aller Durchführungsbestim-
mungen, Verordnungen und Erlasse aufgehoben. Dabei handelte es sich vor
allem um solche, mit denen die Nazis ihr Terrorsystem errichtet hatten oder
die gegen Grundsätze der Menschenrechte oder der Demokratie verstießen.
In der Steuergesetzgebung schrieb das Gesetz Nr. 12 des Alliierten Kontrollrats vom 11. 2. 1946 in seinem Artikel I generalklauselartig vor: »Alle deutschen Steuergesetze sind ohne Unterschied der Rasse, des Glaubens, der
Staatsangehörigkeit oder der politischen Einstellung anzuwenden. Alle gesetzlichen Bestimmungen, die mit diesem Grundsatz unvereinbar sind, werden aufgehoben; insbesondere diejenigen, die vorschreiben, daß die deutschen Steuergesetze im nationalsozialistischen Geiste zu verstehen und
auszulegen sind.«

1076, 24   *»Deutsche Reichsbahn«* – Gemäß den Beschlüssen der Konferenz von Jalta verwalteten nach Kriegsende zunächst die Besatzungsmächte das Vermögen der
Deutschen Reichsbahn. In der Bizone trug die Hauptverwaltung der Eisenbahnen (HVE) ab 12. 9. 1948 die Bezeichnung »Hauptverwaltung der Deutschen Reichsbahn im Vereinigten Wirtschaftsgebiet«, in der BRD ab 7. 9. 1949
»Hauptverwaltung der Deutschen Bundesbahn«. Die Eisenbahnen in der frz.
Zone verloren ihre Selbständigkeit erst mit dem Inkrafttreten des Bundes-
bahngesetzes am 18. 12. 1951.
In der SBZ wurde der Bahnbetrieb bereits am 11. 8. 1945 mit Befehl Nr. 8
der SMAD wieder in deutsche Verwaltung überführt. Auch die Hauptverwaltung der Deutschen Reichsbahn gehörte zur Zentralverwaltung Verkehr,
wurde am 1. 4. 1948 in »Generaldirektion Deutsche Reichsbahn« umbenannt
und später in das volkseigene Unternehmen »Deutsche Reichsbahn« überführt. Über ein Verbot der Benutzung der Bahn nach 1945 ist nichts bekannt;
vgl. Rossberg (1985), S. 741; s. K. 359, 19.

1076, 39–   *Aber die Bankkonten waren gesperrt* – In den »Richtlinien für die neu zu bil-
1077, 1   dende Landesbank Mecklenburg« heißt es unter 4.: »Alle beim Einmarsch der
Besatzungsarmee vorhandenen Kontobestände sind gesperrt; jede Verfügung
über diese alten Konten ist verboten«; vgl. Eggert (1967), S. 240; zu den Details und der Datierung vgl. ebd., S. 153 f.

1077, 16 f.   *Allmacht des dialektischen Materialismus* – Anspielung auf ein Zitat Lenins aus
»Drei Quellen und drei Bestandteile des Marxismus«: »Die Lehre von Marx
ist allmächtig, weil sie wahr ist«, Lenin (1970), Bd. 19, S. 3; s. K. 76, 33 f.;
463, 30 f.; 1814, 36 f.

1077, 26   *Nu – karascho –* (russ., eigentlich: charascho) Also gut.

1077, 38   *Burgmister* – s. K. 1002, 27.

1078, 1   *Mauser* – Im dt. Heer gebräuchliche Pistole, benannt nach ihrem Konstrukteur Paul von Mauser (27. 6. 1838–29. 5. 1914). Er begründete mit seinem
Bruder Wilhelm 1872 die Waffenfabrik Gebr. Mauser OHG, seit 1922 Mauser-Werke AG; auch der Karabiner 98k wurde von Mauser konstruiert; s. K.
1063, 25.

1078, 7–10   *Wer aber Jerichow . . . eines Jahres zurückkam* – Vgl. den Beschluß des Stralsunder
Oberbürgermeisters vom 11. 6. 1945: »Einstweilen beschlagnahmt sind die
Vermögen der Personen, die aus Stralsund geflüchtet sind, aber nicht Mitglied
der Partei waren. Falls diese Personen nicht innerhalb eines Jahres seit der
einstweiligen Beschlagnahme sich beim Gericht [. . .] gemeldet haben, wird
die Beschlagnahme eine endgültige«, Eggert (1967), S. 224.

1078, 7 f.   *8. Mai 1945* – Tag der Befreiung bzw. Kapitulation Deutschlands, offizielles
Kriegsende: 9. Mai 1945, 00.01 Uhr.

1078, 14 f.   *Die Bürgermeisterei hätte . . . waren streng verboten* – Vgl. Eggert (1967), S. 195:
»Eine Mieterhöhung erfolgte nicht«.

1078, 19 f.   *Cresspahl führte eine . . . statt der vierteljährlichen* – Vgl. die Amtliche Bekanntmachung des Präsidenten des Landes Mecklenburg-Vorpommern über »Zah-
lung der Umsatzsteuer für 1945/46«, in der es unter »2. Monatliche Umsatzsteuervorauszahlungen« heißt: »Es wird darauf hingewiesen, daß die
Umsatzsteuervorauszahlungen für die Umsätze vom 1. Oktober 1945 ab wieder monatlich zu entrichten sind«, in: Eggert (1967), S. 260 f.

1078, 27   *Ackerbürger* – s. K. 31, 20.

1079, 10–13   *Befehl, die Hundesteuer . . . wir: 150 Reichsmark* – So hoch war die Strafe auch
in Stralsund; vgl. Eggert (1967), S. 248; s. 1100, 24; 1184, 19.

1079, 14   *Körperschaftssteuer* – Nach § 1 des Körperschaftssteuergesetzes (KStG) vom
16. 10. 1934 (RGBl. I, S. 1031) waren folgende Körperschaften körper-
schaftssteuerpflichtig: »1. Kapitalgesellschaften (Aktiengesellschaften, Kom-
manditgesellschaften auf Aktien, Gesellschaften mit beschränkter Haftung,
Kolonialgesellschaften, bergrechtliche Gewerkschaften); 2. Erwerbs- und
Wirtschaftsgenossenschaften; 3. Versicherungsvereine auf Gegenseitigkeit;
4. sonstige juristische Personen des privaten Rechts; 5. nichtrechtsfähige
Vereine, Anstalten, Stiftungen und andere Zweckvermögen; 6. Betriebe ge-
werblicher Art von Körperschaften des öffentlichen Rechts.«
Nicht unter die Körperschaftssteuer fielen die von natürlichen Personen betriebenen Einzelhandels-, Gewerbe-, oder Handwerksbetriebe, die der Ein-
kommensteuer unterlagen.

1079, 16   *Raiffeisenbank* – s. K. 31, 7 f.

29. 4. 1968

1080, 17 f.   *des Tabuschildes* – s. 1067, 13 f.

1080, 20 f.   *jeder Zoll eine Spaziergängerin* – Anspielung auf Shakespeares (s. K. 876, 29) »König Lear«, IV, 6, Vers 110: »jeder Zoll ein König«.

1081, 13   *Walnußbäume* – s. K. 415, 3.

1081, 24   *Rehberge* – s. K. 87, 35.

1081, 34   *Dewjatnatzatj* – (russ.) Neunzehn.

1081, 37   *poslednij djen* – (russ.) der letzte Tag, gestern.

1081, 37 f.   *Njeujasno* – Gemeint ist wohl »njeuwjasno«: (russ.) unerklärlich, kaum erklärbar, (das ist) unklar; es könnte auch »njejasno«: unklar, heißen; vgl. MJ, S. 10.

1082, 4   *voll blauweißer Scheine, das Alliiertengeld* – Durch Befehl Nr. 92 der SMAD vom 13. 9. 1945 wurde die alliierte Besatzungsmark in Scheinen als gesetzliches Zahlungsmittel in der SBZ für alle Verpflichtungen, die auf Reichsmark lauteten, eingeführt und allen anderen in Deutschland umlaufenden Zahlungsmitteln gleichgestellt. Die Vorderseite aller Nennwerte war hellblau, die Rückseite rötlich-braun, wobei die Worte und Zahlen der Wertangabe je nach Wert in unterschiedlichen Farben gedruckt waren.

1082, 36 f.   *überschwemmte Wiese* – s. 1017, 28 f.

1083, 4   *Dievenow* – s. K. 88, 5.

1083, 5   *Insel Usedom* – 445 km² große Ostseeinsel zwischen dem Stettiner Haff im Süden und der Pommerschen Bucht im Norden.

1083, 6   *daß die Polen . . . hätten nehmen mögen* – Zum Gebiet der SMAD in Mecklenburg gehörten Mecklenburg und Vorpommern in den Grenzen von 1937, somit noch die 1946 an Polen fallenden Gebiete West-Swinemünde, Pölitz und Teile des Randowkreises. »Es fiel nach dem Befehl Nr. 5 über die Ernennung der Militäradministration für Mecklenburg die Befürchtung über die Besetzung Vorpommerns durch die Polen weg. [. . .] Eine Nachricht über den Anfall der Insel Usedom und weiterer Teile Westpommerns an Polen erwies sich als falsch«, Eggert (1967), S. 75.

1083, 9   *Wi weitn dat nich* – (nd.) Das wissen wir nicht.

1083, 11   *Podejuch* – s. K. 531, 10.

1083, 26   *Hakenterrasse* – In Stettin, s. K. 635, 15 f.

1084, 1   *Nachrichtenblatt der Britischen Militärregierung* – Seit dem 10. 5. 1945 gab die Brit. Militärregierung unregelmäßig ein »Lübecker Nachrichtenblatt Der Militärregierung« heraus, ein zweiseitiges Blatt mit dem Aufdruck »unentgeltlich«. Von Juni 1945 bis zum 28. März 1946 erschien zweimal wöchentlich eine vierseitige »Lübecker Post«; s. K. 70, 25 f.; 232, 22–25.

1084, 5	*Travekanal* – s. K. 1032, 16.
1084, 5	*Dassower See* – s. K. 191, 10.
1084, 26 f.	*Du bist frei . . . und all das* – s. K. XIII,38.
1084, 32	*Empire State Building* – s. K. 118, 39.
1084, 35	*B 35-Bomber* – Es handelte sich um einen B 25-Bomber; s. K. 408, 2; s. 1085, 5.
1085, 9	*101, nach seiner Zählung* – s. K. 22, 9 f.

30. 4. 1968

1085, 23	*Zu den goldenen Lüften* – Im Penthouse des Ankunftsgebäudes des John-F.-Kennedy International Airport gab es ein Restaurant »The Golden Door«. Vgl. Hepburn (1966), S. 173: »Big bright, smartly modern and elegant dining room, seats 400 behind glass walls overlooking airfield. International menu, Continental in type [. . .]. Expensive.«
1085, 28 f.	*Quadratfuß* – s. K. 1075, 14.
1086, 9	*Madison Avenue* – s. K. 76, 8 f.
1086, 11	*Keine weißen Schuhe* – s. 717, 22 ff.
1086, 13	*East Side Terminal* – (engl.) Östliche Abfertigungshalle.
1086, 21	*Scandinavian Airlines System* – s. K. 325, 22.
1086, 37 f.	*von Tiffany sein statt von Woolworth* – Tiffany and Co.: 727 5. Ave., exklusives Juweliergeschäft, am 21. 9. 1837 von Charles L. Tiffany (15. 2. 1812–18. 2. 1902) und John B. Young als Tiffany and Young gegr.; seit 1853 Tiffany and Company; seit 1940 am gegenwärtigen Standort; bekannt durch die Verfilmung, 1961, von Truman Capotes »Frühstück bei Tiffany«, 1958. Woolworth: weit verbreitete Ladenkette für Billigprodukte, 1879 von Frank Winfield Woolworth (13. 4. 1852–8. 4. 1919) gegr.; verkaufte über lange Zeit nur Waren zu fünf und zehn Cent.
1087, 21	*Beaujolais* – s. K. 341, 14.
1087, 25 f.	*Flugplatz bei Düsseldorf* – Düsseldorf-Lohausen: s. K. 24, 22.
1087, 30–38	*So haben wir . . . sind wir hier* – s. 19, 4–21, 26; 26, 9–13; 548, 2–5.
1087, 31 f.	*Idlewild* – s. K. 21, 17 f.
1087, 36	*Flushing, Queens, New York 56* – s. K. 10, 27.
1088, 3–5	*einmal etwas Geld . . . seine verfassungsmäßigen Rechte* – s. 321, 33–326, 22.

1088, 29 f. *Angleterre zu Kopenhagen* – »D'Angleterre«, Kongens Nytorv 34, renommiertes Hotel im Stadtzentrum, 1796 in einem adligen Stadthaus eingerichtet; s. 166, 38 f.

1089, 10 *Dein Weizen blüht* – Redewendung: Die Geschäfte gehen gut; blühender Weizen verspricht eine gute Ernte. Johnson setzt die Formulierung als Motiv ein; Baker (1993a), S. 34 ff., sieht hier eine Anspielung auf Ernst Blochs »Das Prinzip Hoffnung«; s. 1096, 4 f.,12–19; 1537, 8 f.; 1608, 11.

1089, 11– *Deine Č. S. S. R. mausert . . . Weizen für Prag* – Vgl. den Artikel »Soviet Wheat
1090, 5 Aid To Czechs Halted« der NYT vom 30. 4. 1968: »The feeling against the Soviet Union is being stirred by Moscow's decision to suspend wheat shipments to Czechoslovakia and by relevations that Stalin ordered the bloody 1951–52 purges of Czechoslovak party leaders. [. . .] It is understood that Czechoslovakia is negotiating with Canada for wheat to replace the Soviet imports.
Czechoslovak party sources said the disclosure of Soviet direction of the purges of the early nineteen-fifties could cause new pressure from Moscow. They noted that the Soviet role had been disclosed by Karol Bacilek, former Minister for National Security and a self-styled Stalinist, in an interview with Smena, a Slovak newspaper. [. . .]
The morning papers in Prague cautiously avoided the interview with Mr. Bacilek [. . .]. Mr. Dubcek and his associates have taken pains to stress friendship with the Soviet Union repeatedly in the last four months. [. . .]
On Saturday it was announced that Dr. Josef Sommer, former physician in the Ruzyne jail, where many political prisoners were detained, had hanged himself in his apartment. [. . .]
A knowledgeable Prague journalist said 26 suicides had occurred among members of the secret police during last month. Virtually all connected with press disclosures of torture and executions during the Stalinist period.«
Die Sowjetunion hatte die Aufkündigung ihrer Weizenlieferungen mit Eigenbedarf begründet; s. K. 1096, 12–19.

1089, 13 *Die von 1952* – s. K. 1075, 32.

1089, 13–15 *Aber wenn 1968 . . . doch eine Aussage* – s. 1075, 31–34.

1089, 14 *Ruzyně* – s. K. 1075, 32.

1089, 26 *Faire Prozesse und all das* – s. K. XIII,38.

1089, 29 f. *frühere Minister für Staatssicherheit* – Karol Josef Bacilek (2. 10. 1896–19. 3. 1974), Maschinenschlosser, Partei- und Regierungsfunktionär, ab Juni 1960 Abgeordneter der Nationalversammlung. Er gab bekannt, daß die Prozesse von 1952, darunter der gegen Slánský, auf Stalins ausdrücklichen Befehl geführt wurden; unter den elf damals Hingerichteten waren acht Juden.

1090, 13 *in der Grübelei . . . hängt seit Februar* – s. 681, 7–683, 35.

1091, 1–4 *Es wäre anders . . . es nicht möglich* – s. K. 325, 19–21.

1. 5. 1968

1091, 5   *1. Mai* – Maifeiertag; vgl. Johnsons Brief an A. und F. Landgraf vom 8. 5. 1980: »Für den 1. Mai drängt es mich anzumerken, dass er kaum so schlicht von der ›internationalen Arbeiterklasse‹ erfunden wurde. Immerhin handelt es sich da um ein Kulturerbe, anverwandelt aus den Frühlingsriten für die jeweilige Göttin der Fruchtbarkeit in Indien, Ägypten und im Römischen Reich (Flora wurde da vom 28. April bis zum 3. Mai gefeiert). Was die Zweite Sozialistische Internationale da im Jahre 1889 verordnete, ging ja in vielen Ländern auf nationale Tradition zurück, in England wie in Deutschland auf den Maibaum, den eure Grossväter noch umtanzt haben mögen in festlichem Gewande, immer im Kreis herum mit Grossmüttern. Deswegen mangelt es dem ›Tag der Arbeit‹ nämlich an einem ganz einheitlichen Termin: in Spanien feiern sie am 18. Juli, in Neuseeland am 22. Oktober, in Japan am 23. November und in den U. S. A. am ersten Montag im September; hier in England haben sie ihn diesmal auf den 5. Mai gelegt, einen Montag, da sonst ein überlanges Wochenende entstanden wäre«, in: Johnson, Insel-Geschichten, S. 159; vgl. HNJ, S. 83; s. K. 351, 31 f.; s. 663, 33–35; 1860, 27–34; Labor Day: s. K. 44, 29.

1091, 7 f.   *In Stuttgart hat . . . der S. S. verurteilt* – In dem Prozeß, der seit Februar 1966 lief, wurden zehn frühere Angehörige der SS verurteilt. Es handelte sich um Mitglieder des Gestapo-Hauptquartiers in Lemberg und Wachpersonal von Arbeitslagern. Der Angeklagte Ernst Epple, ein ehemaliger Unteroffizier, erhielt lebenslänglich; vgl. New York Post 30. 4. 1968.

1091, 9   *Lemberg* – s. K. 857, 30.

1091, 10   *Lager Belzec* – Belżec, poln. Dorf südöstlich von Lublin, nahe der sowj. Grenze; 1941–43 Vernichtungslager der SS; der 2. Lagerkommandant war der »Euthanasiespezialist« Wirth. Seit Februar 1942 gab es Massentötungen. Etwa 1000 Häftlinge arbeiteten in »Sonderkommandos«, eines davon mußte von Oktober 1942 bis Frühjahr 1943 die in Massengräbern verscharrten Leichen ausgraben und verbrennen. Die Gesamtzahl der Opfer wurde auf etwa 600 000 Menschen, davon 330 000 galizische Juden, geschätzt. Diese Zahl wurde von dem poln. Untersuchungskomitee Głowna Komisja Badania Zbrodni Przéciwko Narodowi Polskiemu festgestellt; vgl. Gutman (1995), Bd. 1, S. 180. Die Zahl von anderthalb Millionen ist aus der New York Post vom 30. 4. 1968 übernommen worden; s. K. 36, 12; s. 1112, 4; 1179, 35.

1091, 18–34   *In Baden und . . . es sein müssen* – Vgl. den Kommentar »West Germany's Extremists« der NYT vom 1. 5. 1968: »West Germany's left-wing students can take a fair share of blame for the fact that the extreme rightwing National Democratic party (N. P. D.) polled nearly 10 per cent of the vote in the Baden-Württemberg state election.
Before the Easter riots, which were touched off by the wounding of a leftwing student leader in Berlin, a poll showed the N. P. D. with less than 5 per cent in Baden-Württemberg. At the ballot box, the party doubled that fore-

cast and won 12 of 127 seats in the Landtag. It now has members in seven of the eleven state legislatures [. . .].

The S. P. D. is paying a stiff price for laying aside its role of opposition and protest to join Chancellor Kiesinger's Christian Democratic Union in Bonn's ›grand coalition.‹«

Vgl. auch den Artikel »Kiesinger Denies Nazism Revives« vom gleichen Tag über Kiesingers Rede im Bundestag: »But like other speakers in the debate he was moved by the success of the National Democratic party in Baden-Württemberg last Sunday. The party won 9.8 per cent of the vote [. . .]. Speaking in his most emotional vein, Mr. Kiesinger denied that the party's gain implied a rebirth of nazism«; vgl. auch NYT 29., 30. 4. 1968; NPD: s. K. 136, 26 f.

1091, 24   *Kanzler Kiesinger* – Die NYT zitiert Kiesingers Reaktion: »a serious reversal for our foreign relations«; vgl. NYT 1. 5. 1968; auch 29., 30. 4. 1968; s. K. 173, 5 f.

1091, 25   *Brandt* – s. K. 173, 4.

1091, 31 f.   *Attentat auf einen ihrer Führer* – Rudi Dutschke: s. K. 125, 31.

1092, 4   *Hier aber haben wir eine Revolution* – Vom 23.–30. April 1968 besetzten etwa 800 Studenten fünf Gebäude auf dem Campus der Columbia University. Nach stürmischen Verhandlungen wurde die Besetzung durch eine Polizeiaktion beendet, wobei es 150 Verletzte gab. Daraufhin weitete sich der Streik aus, bis zum Ende des akademischen Jahres im Juni war die Universität faktisch geschlossen. Die Besetzung löste landesweite Diskussionen und eine Nachfolgeaktion der Studenten in Denver aus; s. K. 321, 22 f.; 1092, 7–1093, 24; s. 1127, 29.

1092, 7–   *Den fünften Nachmittag . . . fragt. / Fünfzehn Dollar* – Diese Passage bezieht sich
1093, 24   auf drei Artikel der NYT vom 1. 5. 1968: Unter der Überschrift »Faculty Is Split« heißt es: »During the police raid, 720 persons were arrested – mostly for criminal trespassing [. . .].

They [die Streikenden] were countered by students wearing blue buttons proclaiming: ›Stop S. D. S.‹ – a reference to the Students for a Democratic Society, the New Left organization which, with the Afro-American Society, has spearheaded the Columbia protest. [. . .]

The demonstration began April 23 as an attack on the construction by Columbia of a controversial gymnasium in Morningside Park and as an attempt to force the university to end its affiliation with the Institute for Defense Analyses, a 12-university consortium that does military research for the Government. [. . .]

Leaders of the demonstration issued angry charges of police brutality in describing the raid on the campus that began at 2:20 A. M. [. . .]

They [die Verhafteten] were released in bonds that ranged from $ 25 to $ 500. [. . .] the bail for most of the prisoners, was raised through contributions from supporters of the demonstrators.«

Vgl. »Combat and Compassion at Columbia«: »Dr. Kirk picked his way slow-
ly among the dirty blankets, half-eaten sandwiches, comic books and tin cans
on his spattered green rug.«
Vgl. »Many Thousands in Damage Reported«: »Robert Foster, the building's
[Mathematik-Block, das am meisten beschädigte Gebäude] administrative officer, estimated the cost of repairs there – a compound of damages, replace-
ment of equipment and salaries for maintenance personnel – at between
$ 300, 000 and $ 500, 000.
In the first-floor library of the Mathematics Building demonstrators had taken
large shelves from the walls and had wedged them against the windows as barricades. [...]
In both the mathematics library and President Kirk's office, there were hundreds of cigarette burns on the carpets. [...] in President Kirk's office, [...] the
pantry, with a supply of sherry, had also been broken into. [...]
The exception was Hamilton Hall, where Negro demonstrators imposed
strict discipline. There ›sanitation teams‹ cleaned the building every morning.«

1092, 13   *Grünen Minna* – s. K. 1075, 28.

1092, 27 f.   *die Sporthalle im Morningside Park* – Einer der beiden unmittelbaren Anlässe für
die Besetzung war der Plan der Universitätsleitung, eine große Sporthalle im
Morningside Park zu bauen, einer schmalen, öffentlich genutzten Grünfläche
zwischen dem Campus und Harlem, die sich von der 110. bis zur 122. Straße
erstreckt. Die Studenten sahen darin die Fortsetzung der jahrelangen Uni-
versitätspolitik, die Interessen der umliegenden Anwohner zu ignorieren, und
warfen der Leitung rassistische Diskriminierung vor.

1092, 29   *I. D. A.* – Übersetzt im Text; der andere unmittelbare Anlaß der Besetzung
war die Zusammenarbeit der Universität mit der IDA, die bei der starken Antikriegsbewegung zunehmender Kritik ausgesetzt war.

1092, 30   *Pentagon* – s. K. 24, 17.

1092, 37 f.   *Gesine, bist du . . . Gewalt gegen Bücher* – s. 1176, 15–1177, 6; 1665, 38–1666, 9.

1093, 10   *Hamilton Hall* – Gebäude auf dem Campus der Universität, 116. Straße / Amsterdam Ave., benannt nach dem Juristen und Politiker Alexander Hamilton
(11. 1. 1755– 12. 7. 1804). Hamilton, Absolvent der Universität, war der erste
Schatzminister der USA; sein Portrait befindet sich auf den 10-Dollar-Noten;
s. K. 76, 8 f.

1093, 13–15   *Afro-Amerikanischer Bund . . . a Democratic Society* – Der Afro-Amerikanische
Bund (SAS) wandte sich vor allem gegen rassistische Verhaltensweisen.
Students for a Democratic Society: (engl.) Studenten für eine demokratische
Gesellschaft (SDS), eine in der Antikriegsbewegung aktive, relativ radikale
Gruppierung der Neuen Linken. Sie griff das Institute for Defensive Analy-
sis als Teil der Universität an.
SAS und SDS waren die beiden führenden Gruppen des Aufstandes an der

Columbia University. – In den besetzten Gebäuden waren alle Möbel zerschlagen oder zur Verbarrikadierung benutzt worden.

1093, 21   *publicity* – (engl.) hier: öffentliche Wirkung.

1093, 36–   *Baustopp für das . . . für ihre Kinder* – Vgl. den Artikel »Community Discontent
1094, 4   and an Increase in Protests Sow the Seeds of Concern at Columbia University« der NYT vom 3. 3. 1968, nach dem das Bauland gepachtet wurde: »The gymnasium is being built in Morningside Park between 113th and 114th Streets. The eight-story, $11.6 million building will be erected on a steepy rock slope in the park, which separates Columbia on Morningside Heights, from West Harlem below.
The university signed a 100-year lease with the city for the site in 1961 with the rent for the property set at $3, 500 a year.
The agreement also provided that Columbia would built a separate gymnasium for the Harlem community. Later, under community pressure, Columbia agreed to add a swimming pool to the gymnasium [. . . and] to provide athletic instruction.«

1093, 36   *Gymnasium* – (engl. wörtl. übersetzt) gymnasium: Turnhalle.

1094, 32 f.   *Massachusetts Institute of Technology* – Abk. MIT, 1861 in Cambridge gegr. private wissenschaftliche Hochschule für Ingenieurwissenschaften, gehört zu den weltweit bedeutendsten technischen Universitäten; s. K. 100, 33 f.

1096, 4 f.   *Wie gehen deine . . . Weizen aus Kanada* – s. K. 1089, 10.

1096, 5   *und all das* – s. K. XIII, 38.

1096, 7   *»Alma Mater«* – (lat.) Universität, wörtl: nährende Mutter. Hier wird auf die wörtl. Übersetzung angespielt. Vor der Low Memorial Library der Columbia Universität thront eine Statue der Weisheit von Daniel Chester French, 1903, auf deren Sockel »Alma Mater« eingraviert ist und die allgemein auch so bezeichnet wurde; s. K. 321, 22 f.

1096, 12–19   *Das Parteisekretariat der . . . nicht angekommen ist* – Vgl. den Artikel »Moscow Offering Credit To Prague« der NYT vom 1. 5. 1968: »Zdenek Mlynar, a member of the Communist party's secretariat, disclosed today that Moscow had offered Czechoslovakia a credit of $400-million in hard currency in exchange for Czechoslovak goods of the kind the Soviet Union normally buys from Western countries.
Mr. Mlynar confirmed the cancellation of the wheat shipment.
This afternoon, the Czechoslovak Press agency issued a denial of a report published in The New York Times today about the stoppage of wheat shipments, calling it a ›gross fabrication‹«; s. K. 1089, 11–1090, 5; 1097, 33 f.; 1097, 35–1098, 2.

2. 5. 1968

1096, 21–32   *Heute berichtet die . . . den Leser auszufüllen* – Turner Catledge (17. 3. 1901–27. 4. 1983), bisher Chefredakteur und für das Sonntagsressort zuständig, wurde zum Vizepräsidenten und Direktor der NYT Company ernannt, sein bisheriger Posten wurde von James Reston übernommen. James Barrett (»Scotty«) Reston (3. 11. 1909–6. 12. 1995) war seit 1939 für die NYT tätig und Gewinner von zwei Pulitzer-Preisen. Vgl. den Artikel »The Times Promotes Top Editors« der NYT vom 2. 5. 1968: »Mr. Catledge has said that during his tenure The New York Times has become ›lighter in appearance and more inviting to read‹ while retaining these aims: ›To be the accurate, objective newspaper of record. To serve adult needs by being complete in our coverage. To explain, explain and explain again – not in the sense of a primer but in order to fill in the gaps for readers‹«; vgl. auch DER SPIEGEL 13. 5. 1968, S. 140.

1097, 3   *Das Kind, das ich war* – s. K. 8, 35.

1097, 4   *Typhus* – s. K. 994, 24.

1097, 8   *Maurice* – s. 985, 32–38.

3. 5. 1968

1097, 33 f.   *Nun haben die . . . in der Tasche* – Vgl. den Artikel »Prague Would Use Soviet Loan for U. S. Industrial Licences« der NYT vom 3. 5. 1968: »Prof. Venek Sihan [tschechos. Wirtschaftsfunktionär] said the Soviet hard-currency loan of $400-million, which is now under negotiation, ›cannot meet all our requirements‹«; s. K. 1096, 12–19.

1097, 35–1098, 2   *es so schlimm . . . als überhaupt verabredet* – Vgl. den Artikel »Prague Paraders Acclaim Dubcek« der NYT 2. 5. 1968: »This was taken to be an allusion to the fact that Moscow has offered a $400-million credit in hard currency and has resumed shipping wheat to Czechoslovakia at a higher rate after a lapse during the first quarter of 1968.
C. T. K., the press ageny, reported that the Soviet Government had delivered 124, 000 tons of wheat between April 1 and 25 and that during the last nine days the shipments were larger than called for indicating that Moscow was hastening to make up for the stoppage«; s. K. 1096, 12–19.

1098, 3–9   *Die Regierung der . . . ein kommunistisches Land* – Vgl. den Artikel »U. S. Asks Prague To Renew Talks« der NYT vom 2. 5. 1968: »Prague has demanded the return of the gold, which United States forces seized from German occupation authorities in the last days of the war. The Germans had confiscated the gold from the prewar Czechoslovak Government.
In 15 years of negotiations, the United States has linked return of the mone-

tary gold with payment of claims to United States citizens for property nationalized when the Communist Government came into power in 1948.
Last November, the United States presented a proposal for settling the claims and returning the gold. [. . .]
›We are watching with interest and sympathy recent developments in Czechoslovakia, which seem to represent the wishes and needs of the Czechoslovak people,‹ Mr. McCloskey [Sprecher des Außenministeriums] said. [. . .]
The Czechoslovak gold is isolated from United States gold reserves, but officials noted the political sensitivity of all gold questions at this time of dwindling United States reserves. A move to turn any gold over to a Communist government« could look awkward in an election year«; s. K. 932, 27–33.

1098, 9–12   *ungerührt sendet Herr . . . Hilfe erwarten können* –Vgl. den Artikel »Prague Paraders Acclaim Dubcek« der NYT vom 2. 5. 1968: »Praising the Soviet Union as ›our great ally,‹ he [Dubček] went on: ›We send special greetings to the Soviet Union, whence our freedom came and from which we can expect fraternal aid.‹«

1098, 12–15   *Er wiegelt ihn . . . den U. S. A. erwerben* – Vgl. den Artikel »Prague Would Use Soviet Loan for U. S. Industrial Licences« der NYT vom 3. 5. 1968: »A senior Czechoslovak economic official indicated today that a major part of a loan from the Soviet Union would be used to purchase manufacturing licenses from the United States and other countries for improvements of domestic industries.«

1098, 15 f.   *Was allerdings das . . . und nicht annehmbar* – Vgl. den Artikel »Prague Rejects U. S. Bid« der NYT vom 3. 5. 1968: »Czechoslovakia told the United States in a note today that the American position on a 20-year Czechoslovak request for the return of gold confiscated in World War II was ›irresponsible and unacceptable.‹
The note was in reply to an invitation from Washington yesterday to resume long-stalled negotiations on the gold and other problems«; s. K. 932, 27–33.

1098, 21   *Ackerbürgern* – s. K. 31, 20.

1098, 27–31   *Jeder, der/(1.) . . . ernannt worden war* – Eine Verfügung des Stralsunder Oberbürgermeisters »zur Sicherung der Einbringung der Ernte« vom 6. 7. 1945 bestimmte, daß jeder, »1. der eine Sense besitzt, 2. der in der Lage ist, zu mähen« sich im Arbeitsamt zu melden habe; vgl. Eggert (1967), 228, auch ebd., S. 138.

1099, 38   *Knesebeck* – s. K. 702, 16.

1100, 3 f.   *fahndete in Jerichow . . . den hitleristischen Werwölfen* – Unter dem Namen »Werwolf« propagierten die Nazis in der Endphase des 2. Weltkriegs eine Untergrundbewegung, die in den schon von den Alliierten besetzten Gebieten den Kampf weiterführen sollte. In der zweiten Maihälfte 1945 wurde auf dem Darß und im Schunhäger Forst nach Werwolfgruppen gesucht; vgl. Eggert (1967), S. 54 f.; s. 1217, 7 f.

1100, 4 f. *mehrmals sollte Cresspahl erschossen werden* – s. K. 1061, 13–16.

1100, 9 f. *K. A. Pontij befahl . . . Einbringen der Ernte* – Vgl. Befehl Nr. 2 der SMA für das Land Mecklenburg vom 19. 7. 1945: »Die Einbringung der Ernte im Lande verläuft äußerst langsam. Ein großer Teil sowohl der Land- als auch der Stadtbevölkerung hilft nicht bei der Einbringung der Ernte. [. . .] Die Arbeitsämter und Bürgermeister sind zu verpflichten, den Arbeitseinsatz der arbeitsfähigen Stadtbevölkerung so zu organisieren, daß für die Dauer der Ernteeinbringung die Anforderungen jeder Wirtschaft nach Arbeitskräften voll und ganz befriedigt werden«, in: Eggert (1967), S. 229 f.

1100, 14 *Plessens* – s. K. 164, 24.

1100, 24 *die neue Steuer* – s. K. 1079, 10–13.

1100, 27 f. *nachdem er einer . . . Lebensmittelkarten mehr austeilte* – Der Befehl Nr. 2 der SMA für das Land Mecklenburg vom 19. 7. 1945 sah unter 3. vor: »Gegenüber Personen, die sich dem Ernteeinsatz entziehen, strenge Maßnahmen zu ergreifen: a) den Familien das Recht auf Erhalt von Lebensmitteln auf Lebensmittelkarten zu entziehen«; vgl. Eggert (1967), S. 230; s. K. 1196, 11; 1207, 28; 1428, 17 f.; 1493, 28 f.; 1650, 37; 1839, 2–8; 1847, 21 f.; 1848, 36–38.

1101, 27 *noviye* – (russ.) übersetzt im Text.

1102, 3–10 *Sie hatten von . . . es an Feuerung* – Vgl. die Angaben in: Eggert (1967), S. 114 (Milch, Bäckereien), 161 (Gas, Heizung): »Wenn man täglich zwei Stunden Gas ausgab, konnte man mit dem vorhandenen Kohlenvorrat noch sieben bis neun Wochen reichen.«

1102, 21 *Kraftwerk Herrenwyk* – s. K. 31, 26 f.

1102, 27– *Die Bürgermeisterei von . . . oft genug zuvor* – Vgl. die Angaben zur Versorgung
1103, 10 mit Fisch in: Eggert (1967), S. 114 f., 117, 119; vgl. Müller (1997), S. 169 f.

1103, 6 *Butten und Knurrhahn* – Plattfische und Knochenfische (Stachelflosser).

1103, 11– *Cresspahl wurde vom . . . seiner Festung Kinder* – Vgl. die Angaben zur Versorgung
1104, 14 mit Milch in: Eggert (1967), S. 114.

1103, 11–37 *des Sowjetgutes Beckhorst . . . Bürgermeister des Dorfes* – s. K. 172, 6.

1103, 25 *Propusk* – (russ.) Passierschein; s. 1174, 17; 1175, 12; 1184, 36 f.; 1500, 11 f.

1104, 4–6 *Die Kühe kamen . . . in der Bäk* – »Die Rote Armee hinderte jeden Zusammentrieb von Rindern auf dem Schlachthof, wobei gleichzeitig die Gefahr der Beschlagnahme bestand«, Eggert (1967), S. 118.

1104, 8 f. *Ende Juli hatte . . . pro Kopf gegeben* – »Der Anfall von Frischfleisch war so gering, daß kaum alle Bewohner in vier Wochen 100 Gramm Fleisch erhielten«, Eggert (1967), S. 118.

1104, 10 f.   *Cresspahl kam nicht . . . Milch pro Kind* – In Stralsund wurde für Kinder über
drei Jahre ein Viertelliter und unter drei ein halber Liter vorgesehen; vgl.
Eggert (1967), S. 111, 113.

1104, 18   *Nitshewo* – (russ.) (Das macht) nichts.

1104, 18 f.   *Shiskojedno* – (poln. in Lautschrift) wszystko jedno: (Es ist) ganz egal.

1104, 20–32   *Cresspahl ordnete für . . . mit harten Eiern* – »Man suchte die Kleinkinder dadurch
mit Eiern zu versorgen, daß jeder Hühnerhalter ein Ei in der Woche von je-
dem Huhn abliefern sollte, konnte aber den großen Umfang des Schwarz-
schlachtens nicht verhindern«, Eggert (1967), S. 118.

1105, 2–5   *Der Bedarf der . . . August 1945 verbieten* – »Alte Kartoffeln waren mit der Zeit
genügend vorhanden. Für neue wurde ein Rodeverbot erlassen«, Eggert
(1967), S. 118, vgl. auch S. 115 f., 119, 229.

1105, 21–25   *die U. S. A. verwahren . . . fordern 110 Millionen* – Die NYT vom 2. 5. 1968 berichtet in dem Artikel »U. S. Asks Prague To Renew Talks«, daß die USA die
unterbrochenen Verhandlungen über die Rückgabe jenes Goldes (»$ 20-mil-
lion of Czechoslovak gold bullion«) aufnehmen wollten, das sie in den letzten Kriegstagen den dt. Besatzungsbehörden abgenommen hatten und das
ursprünglich der tschech. Vorkriegsregierung gehört hatte. Die Verhandlungen über die Rückgabe dauerten schon 15 Jahre an, da die USA im
Austausch Kompensation für 1948 enteigneten Besitz von US-Bürgern
forderten. Gleichzeitig sollten weitere Nachforschungen über die Todesursache von Charles H. Jordan (s. K. 11, 11–15) angestellt und über die Auslieferung von General Jan Šejna (s. K. 831, 1–11) verhandelt werden. »Officials
said the amount offered by the Czechoslovaks to settle the US claims was too
small to be acceptable either to the individual and corporate claims or to
Congress.
The total has been set by the United States at about $ 110-million. The
Czechoslovak offer was $ 2-million«; s. K. 1098, 15–17; 1227, 9–22.

1105, 32–34   *Den Zivilpersonen war . . . sowjetischer Soldaten verboten* – Vgl. die Bekanntmachung des Stralsunder Bürgermeisters vom 10. 5. 1945, in der es unter 3.
heißt: »Gebrauchsgüter dürfen auch dann nicht angenommen werden, wenn
sie beispielsweise von einem zur Verteilung nicht berechtigten russischen Soldaten angeboten werden.« Ziel der Bekanntmachung war es, die Plünderungen durch sowj. Soldaten zu unterbinden; vgl. Eggert (1967), S. 211.

1106, 2–20   *wie die wildgewordene . . . ganz und gar* – Anspielung auf das Ende des VIII.
Kapitels »On the Queen's Crocket Lawn« in Lewis Carrolls »Alice in Wonderland«. Die Herzkönigin befiehlt willkürlich für jeden, der ihr nicht angenehm ist, die Hinrichtung. Die Katze von Cheshire hat die Fähigkeit, stückweise zu verschwinden oder zu erscheinen, wobei zuletzt bzw. zuerst ihr Kopf
zu sehen ist. Dabei kann ihr Grinsen losgelöst vom Kopf zu allerletzt bzw. zu
allererst erscheinen. »The executioner's argument was, that you couldn't cut

off a head unless there was a body to cut it off from: that he had never done
such a thing before, and he wasn't going to begin at his time of life.
The King's argument was, that anything that had a head could be beheaded,
and that you weren't to talk nonsense.
The Queen's argument was, that if something wasn't done about it in less than
no time she'd have everybody executed, all round«, Carroll (1954), S. 96; s. K.
609, 16 f.; 875, 16; s. 1106, 22–28.
Carroll greift auf die engl. Redewendung »to grin like a Cheshire cat« (breit
grinsen) zurück.

1106, 16   *in less than no time* – (engl. Redewendung) wörtl. übersetzt im Text; s. K.
                   609, 16 f.

1106, 17   *ward hei di dotscheiten* – (nd.) wird er dich totschießen.

4. 5. 1968

1106, 22   *Katze von Cheshire* – s. K. 875, 16 f.; 1106, 2–20.

1106, 34–   *Zum Fühstück also . . . St. Michel entlang* – Vgl. den Artikel »Sorbonne Closed
1107, 3   As Students Riot« der NYT vom 4. 5. 1968: »While battles between students
            and the police continued to erupt tonight along the Boulevard St. Michel,
            Jean Rocha, rector of the Sorbonne, announced that France's oldest and most
            prestigious university would close tomorrow for the first time in recorded
            history«; s. K. 1133, 36–1134, 2.

1106, 34   *pariser Studenten* – Im Mai 1968 brachen in Nanterre und Paris Studenten-
            unruhen aus, ein Protest gegen schlechte Ausstattungen und ein veraltetes Sy-
            stem. Von der Polizei blutig unterdrückt, nahmen die Straßenschlachten bür-
            gerkriegsähnliche Formen an. Die Sorbonne wurde das erste Mal in ihrer
            Geschichte geschlossen. Gleichzeitig streikten die Arbeiter, bis zu zehn Mil-
            lionen, und forderten statt Rüstungsausgaben ein besseres Sozialsystem. Da
            sich die gesamte politische Opposition von Linksgaullisten, Sozialisten und
            Kommunisten mit den Studenten und Arbeitern solidarisierte, veranlaßte de
            Gaulle die Auflösung der Nationalversammlung und Truppenkonzentratio-
            nen um Paris. Erst Reformen an den Universitäten und drastische Lohner-
            höhungen führten zur Beendigung der Streiks; s. K. 15, 13–17; 1155, 31–33;
            1191, 18–20; 1199, 25–29; s. 1133, 36–1134, 2.

1107, 3   *Boulevard St. Michel* – Bekannte Straße in Paris, die von Süden zur Ile de la
            Cité führt; in der Nähe der Sorbonne.

1107, 4–9   *In Prag versammeln . . . einen niedrigen Wirtschaftsstandard* – Vgl. den Artikel »Par-
            ty Is Assailed At Prague Rally« der NYT vom 4. 5. 1968: »They [die Studen-
            ten] assembled at the foot of a statue of Jan Hus, the 15th-century Czech who
            was a leader of the Reformation. [. . .]
            ›We hear we should be grateful to the Communist party,‹ one student said

with heavy irony. ›Yes, we are grateful for the present shortages in housing and transport, grateful for bad worker morale, grateful for legal insecurity, for a currency without value, for a low economic standard.‹«

1107, 4 f. *Statue von Jan Hus* – Großes Denkmal von Ladislav Saloun auf dem Altstädter Ring; zum 500. Todestag des Reformators Jan Hus am 6. 7. 1915 enthüllt. Jan Hus (um 1370–6. 7. 1415), tschech. Reformator unter dem Einfluß Wiclifs, trug als Rektor zur Tschechisierung der Universität Prag bei und schuf eine einheitliche tschech. Schriftsprache. Wegen seines Auftretens gegen Kreuzzüge und Ablaßhandel erhielt er 1411 Predigtverbot und wurde exkommuniziert, stellte sich dem Konstanzer Konzil 1414, verweigerte aber den Widerruf und wurde, obwohl ihm König Sigismund freies Geleit zugesichert hatte, ohne Geständnis verurteilt und schließlich verbrannt; s. K. 1743, 8 f.

1107, 13–16 *nach Moskau geflogen . . . von 425 Millionen* – Während ihres Aufenthaltes in Moskau, 3.–5. 5. 1968, führten Dubček und Černík Verhandlungen über Wirtschaftsfragen und einen Kredit; s. K. 1123, 5–10.

1107, 33–35 *schimpfen die Fremden . . . Baum der Bibel* – Das Mißverständnis entsteht daher, daß der Bergahorn im Engl. »sycomore maple«, meist nur kurz »sycomore«, genannt wird, und der Maulbeerfeigenbaum »sycomore fig« heißt. Sowohl die Feige wie der Maulbeerfeigenbaum werden – als wichtige Nahrungsmittel – häufig in der Bibel erwähnt; s. K. 1548, 23.

1107, 36 f. *Denkmal der Feuerwehrleute* – Firemen's Memorial, 1913 zu Ehren der ersten Feuerwehren in rosa Marmor errichtetes Monument von Attilio Piccirilli und H. van Buren Magonigle auf der Höhe der 100. Straße. Das Basrelief zeigt von Pferden gezogene Spritzen. Die Inschrift zur Straßenseite hin lautet: »To the men of the Fire department / of the city of New York / who died at the call of duty / soldiers in a war that never ends / This memorial is dedicated / by the people of a grateful city.« Zur Parkseite hin zeigt das Relief fast ausschließlich Pferde, am linken Rand sind Schaulustige zu sehen, klein im Hintergrund ein brennendes Haus. Die Aufschrift lautet: »To the heroic dead of the Fire Department«, womit aber kaum die Pferde gemeint sein dürften. »Courage and Duty guard this large pink marble monument to SOLDIERS IN A WAR THAT NEVER ENDS. Embedded in the plaza is a bronze tablet to the firehorses who also served in that ›war‹«, AIA Guide (1988), S. 304; s. 1299, 1; 1593, 8–11.

1107, 39 *in the line of duty* – (engl.) übersetzt im Text.

1108, 6 *Lajos Kossuth* – 19. 9. 1802–20. 3. 1894, ung. Politiker; Führer der Oppositionsbewegung 1847/48; veranlaßte 1849 die Unabhängigkeitserklärung des Parlaments und wurde nach der Thronenthebung der Habsburger zum Reichsverweser gewählt; mußte nach dem Zusammenbruch des Widerstands abdanken, starb, als Nationalheld verehrt, im ital. Exil. 1851/52 warb Kossuth in den USA für Unterstützung des ung. Freiheitskampfs. Er wurde auf Staten Island am 5. 12. 1851 begeistert begrüßt, am nächsten Tag vor Zehntausenden Schaulustiger am Broadway entlang gefahren und dominierte einen Monat lang die Schlagzeilen. Das Denkmal wurde am 15. 3. 1928 eingeweiht.

1108, 7   *Herbst 1956* – Die Geheimrede Chruschtschows auf dem 20. Parteitag der KPdSU im Februar 1956 führte auch in Ungarn zu einer »Entstalinisierung«. Der komm. Ministerpräsident Rákosi wurde im Oktober 1956 aller Parteiämter enthoben und die unter seinem Terrorregime bestraften Kommunisten rehabilitiert. Studenten forderten den Abzug sowj. Truppen, freie Wahlen, Pressefreiheit. Mit einer Demonstration der Studenten brach am 23. 10. 1956 in Budapest die Revolution aus. Imre Nagy bildete ein Mehrparteienkabinett, verkündete den Austritt aus dem Warschauer Pakt und versprach Liberalisierung und demokratische Freiheiten. Unter sowj. Aufsicht hatte Janos Kádár inzwischen eine »Revolutionäre Arbeiter- und Bauernregierung« aus mehrheitlich stalinistischen Mitgliedern gebildet und ließ den Aufstand von sowj. Truppen niederwerfen. Die westlichen Staaten konzentrierten sich auf die Suezkrise und kamen nicht zu Hilfe. Sondergerichte verhängten hohe Freiheitsstrafen und Todesurteile, so für Nagy. Zehntausende von Flüchtlingen verließen das Land. Die Ereignisse in Ungarn spielen eine zentrale Rolle in MJ; s. K. 1594, 12; s. 1111, 7, 15; 1538, 1 f.

1108, 12–18   *hier steht der ... die Schule Maries* – s. K. 100, 18–37.

1108, 37   *Sacksband* – Derbes, aus grobem Gewebe hergestelltes Band; s. K. 1724, 19.

1109, 15–17   *Allerbeste Verarbeitung des ... Verzargung der Balken* – Verzargung: rahmenartige Einfassung an Türen und Fenstern. Wahrscheinlich ist das Verschränken der Zinken an den Balkenenden gemeint.

1109, 34   *das Gefach* – Das Fachwerk, die durch Balken begrenzten Felder des Baus.

1109, 38 f.   *Museum of the City of New York* – 5. Ave. an der 103. Straße; 1923 gegr., ist der Geschichte der Stadt gewidmet.

1110, 1 f.   *Franzosenkammer* – Schlafraum der drei frz. Kriegsgefangenen, die bei Cresspahl wohnten und arbeiteten, s. 985, 32–38.

1110, 4   *Insel Orr* – s. K. 441, 29 f.

1110, 5   *Yessir und I'm sorry madam* – (engl./dt.) Ja, mein Herr und wie bitte, meine Dame?

1110, 9   *Holländisch-Pennsylvanien* – Teil Pennsylvaniens, der im 17. und 18. Jh. von vorwiegend dt. Siedlern, den sog. Pennsylvania Dutch, bewohnt wurde.

1110, 16   *Nicht holländisch versteigert, sondern amerikanisch* – Bei der amerik. Versteigerung zahlt nicht nur der Meistbietende, sondern sämtliche Gebote gehen in die Endsumme ein. Der zuerst Bietende setzt und zahlt das Minimalgebot, der nächste setzt und zahlt sein höheres Gebot. Diese Methode wird häufig bei Versteigerungen für wohltätige Zwecke angewendet.

5. 5. 1968

1110, 26– *Gib nun auf ... glaubt. / Ja. Deswegen* – In der NYT vom 5. 5. 1968 heißt es
1111, 28 unter der Überschrift »Soviet Army Role In Prague Is Hinted«: »Paris, 4. 5.
1968. – The evening newspaper Le Monde said today that the Soviet Army
was ready to intervene in Czechoslovakia if faithful Communists there appealed to the Soviet Union for help to safeguard socialism.
The newspaper said that according to information reaching Paris, Gen. Aleksei A. Yepishev, head of the political administration of the Soviet armed forces, said at the meeting of the Soviet Communist party April 23 that he did
not exclude the possibility that ›a group of faithful Communists‹ in Czechoslovakia might appeal to the Soviet Union and to other Socialist countries to
help safeguard socialism in their country.
General Yepishev was reported to have said that if this happened ›the Soviet
Army is ready to do its duty,‹ Le Monde reported«; s. K. 1187, 30–37.

1110, 28 *Le Monde* – (frz.) Die Welt, 1944 gegr. frz. Tageszeitung mit internationalem
Ansehen.

1110, 29 *General Yepishew* – Alexej Alexejewitsch Jepischew (19. 5. 1908–September
1985), Parteifunktionär, Diplomat, General; 1923–27 Arbeiter in der Fischin-
dustrie; seit 1929 Mitglied der KPdSU, trat 1930 in die Armee ein; 1946 Sekretär des ZK der KP der Ukraine, seit 1952 Kandidat des ZK der KPdSU,
1953–55 stellv. Minister für Staatssicherheit. Indem er nach Stalins Tod Pan-
zerdivisionen nach Moskau schickte und Beria verhaften ließ, sicherte er der
Armee die dominierende Stellung im Staat. 1954 Deputierter des Obersten
Sowjets der UdSSR, 1955–60 Botschafter in Rumänien, 1960–62 Botschafter in Jugoslawien, seit 1962 Chef der politischen Verwaltung der sowj. Streitkräfte, seit 1964 Mitglied des ZK der KPdSU.

1110, 36– *von gläubigen Kommunisten ... schützen. / Solche Altgläubigen* – Wortspiel mit
1111, 3 dem engl. »faithful« aus der NYT, das sowohl »treu, ergeben« wie auch »gläu-
big« heißt. »Altgläubige« oder »Raskolniki« bezeichnet eine russ. kirchliche
Bewegung, die die liturgischen Reformen des 17. Jahrhundert ablehnt.

1111, 7 *Ungarn einmarschiert, 1956* – s. K. 1108, 7.

1111, 10 *Publicity* – (engl.) hier: öffentliches Ansehen; s. K. 207, 13.

1111, 23 *Und Pferde kotzen* – Redewendung seit 1900; oft mit dem Zusatz: auch vor
der Apotheke. Im Sinne von: Es geschehen selbst die unwahrscheinlichsten
Dinge.

1111, 25 *»So ein Kind ... da gar nicht.«* – s. 859, 30.

1111, 30 *Karabiner* – s. K. 1063, 25

1111, 32 f. *weil sie ihm ... genug gefegt hatte* – Vgl. die Bekanntmachung des Oberbürgermeisters von Stralsund vom 14. 7. 1945: »Die Straßen werden nicht ordnungsgemäß gereinigt. Ich [...] fordere nochmals die Hausbesitzer (Hausver-

walter) und Hausgemeinschaften auf, die Straßen vor ihren Grundstücken jeden Mittwoch und Sonnabend ordnungsgemäß zu reinigen«, in: Eggert (1967), S. 229; s. 1184, 18.

1111, 36–
1114, 19   *Die Briten hatten . . . fast jeden Tag* – Brit. Flugzeuge bombardierten am 3. Mai 1945 die Lübecker Bucht. Drei der vier großen Schiffe, die sich in der Lübecker Bucht befanden, die »Cap Arcona«, die »Thielbeck« und die »Athen«, hatten Häftlinge aus dem KZ Neuengamme an Bord. Die »Cap Arcona« und die »Deutschland«, auf der sich nur die Besatzung befand, sanken. Vgl. Johnson, Lübeck habe ich ständig beobachtet, S. 82 f.; Goguel (1972); Durzak (1976a), S. 457; s. K. 31, 3–6; 1500, 25; s. 948, 11–17.

1111, 37 f.   *Konzentrationslager Neuengamme* – s. K. 36, 12; 946, 10.

1112, 1 f.   *Außenstellen Boizenburg und . . . Reiherhorst in Wöbbelin* – Zwei der 90 Außenkommandos des KZs Neuengamme. In einem Boizenburger Werk arbeiteten von August 1944 bis April 1945 weibliche Häftlinge; s. K. 36, 12; Wöbbelin: s. K. 968, 8.

1112, 4   *die Lager Majdanek, Treblinka, Bełżec und Sobibór und* – Todeslager in Polen im Distrikt Lublin.
Majdanek: s. K. 36, 12; 256, 30.
Treblinka: s. K. 36, 12; 256, 27.
Bełżec: s. K. 36, 12; 1091, 10.
Sobibór: Vernichtungslager 1942–43. Hier wurden 1942 vorwiegend Juden aus dem Gebiet Lublin ermordet. Vom November 1942 bis Oktober 1943 kamen Transporte aus Holland, Belgien, Frankreich und Weißrußland. Nach poln. Schätzungen wurden mehr als 250 000 Juden in Sobibór umgebracht.

1112, 12   *Mauthausen* – s. K. 36, 12.

1112, 14 f.   *»Konvoi der 92 Weißen Busse«* – Etwa 5000 dän. und norwegische Häftlinge konnten nach Verhandlungen zwischen dem Vorsitzenden des Schwedischen Roten Kreuzes, Folke Graf Bernadotte (s. K. 872, 24 f.), und Himmler am 21./22. 4. 1945 evakuiert werden. Himmler hatte sich Vermittlung für ein Waffenstillstandsabkommen mit den Alliierten und Garantien für die eigene Person erhofft; vgl. Goguel (1972), S. 20 f.

1112, 15   *Frøslev und Møgelkaer* – Dän. Auffanglager an der Grenze nördlich von Flensburg; vgl. Goguel (1972), S. 20.

1112, 16–
1114, 11   *In Neuengamme blieben . . . sieben und achttausend* – Die Angaben sind Goguel (1972), S. 23–30, entnommen. Heute wird geschätzt, daß von etwa 9000 eingeschifften Häftlingen 600 überlebt haben. Die Gründe für den Transport auf die Schiffe blieben ungeklärt, das Lager sollte vor den Alliierten geräumt werden, der weitere Verbleib mag auch für die SS nicht geklärt gewesen sein. Ebenso widersprechen sich Aussagen über Funksprüche der brit. Luftwaffe an die Kapitäne, weiße Flaggen zu setzen, und darüber, ob das geschehen sei; vgl. Bringmann (1981).

1112, 18–28 *Auf dem Weg . . . Roten Kreuzes begingen* – »Während dieser Zeit [der Verladung] spielten sich fürchterliche Schreckensszenen ab. Bereits der Transport von Neuengamme bis Lübeck-Außenhafen kostete über hundert [sic] Todesopfer durch Verhungern, Verweigerung jeglicher medizinischer Hilfe usw. Die Leichen wurden in der Nähe des Hafens verscharrt. ›Am Ende des Zuges lagen in vier Waggons noch unsere Kranken, die – teils im Fieberdelirium – ständig schrien,‹ berichtet Willi Lenz, ein Häftling aus Neuengamme, der für die Verpflegung der Häftlingsmassen verantwortlich war. ›Keine Pflege oder ärztliche Hilfe wurde ihnen zuteil. Ein Bild ist mir im Gedächtnis: Ein Fiebernder klettert mit unsäglicher Kraftanstrengung aus dem Wagen, bricht zusammen, rollt sich an die Kaimauer und wird vom hinzuspringenden Kierstein [SS-Sturmführer der Bewachung] einen Meter von der Kaimauer entfernt mit der Pistole erschossen. [. . .]‹
Währenddem feiern die SS-Männer im benachbarten Getreidesilo unter ständigem Gesang ihrer blutrünstigen Nazilieder gemeinsam mit Nachrichtenhelferinnen Orgien. Kisten mit bestem Kognak und der Inhalt gestohlener Rot-Kreuz-Pakete sorgen für heitere Stimmung«, Goguel (1972), S. 25 f.

1112, 32–35 *Die Thielbek hatte . . . Bucht geschleppt werden* – »Am 1. Mai wurde auch die ›Thielbek‹, entgegen den Einwendungen von Kapitän Jacobsen, auf Anweisung des Lübecker Polizeipräsidenten, der stündlich mit dem Einmarsch der Engländer rechnete, durch zwei Motorkutter die Trave hinaus in die Bucht geschleppt (das Schiff war immer noch nicht seetüchtig!)«, Goguel (1972), S. 28.

1112, 35 *Bucht* – Lübecker Bucht: s. K. 579, 39.

1113, 1–3 *Die Thielbek hatte . . . 6, 4 Meter Tiefgang* – »Die ›Thielbek‹, ein Frachtschiff der Reederei Knöhr & Burchard [sic] in Hamburg, von 2815 Bruttoregistertonnen, 105 m Länge, 14, 65 m Breite, 6, 4 m Tiefgang und 18 Mann Besatzung«, Goguel (1972), S. 23.

1113, 3–5 *Auch die Athen . . . sondern für Fracht* – »Die ›Athen‹, ein kleineres Frachtschiff«, Goguel (1972), S. 23.

1113, 5–12 *Die Cap Arcona . . . Cap Arcona eingerichtet* – »Die ›Cap Arcona‹, ein Luxus-Schnelldampfer der Hamburg-Südamerikanischen Dampfschifffahrtsgesellschaft (HSDG) von 27 560 Bruttoregistertonnen, 200 m Länge, 26 m Breite, 8, 7 m Tiefgang und einem Fassungsvermögen von 1325 Passagieren und 380 Mann Besatzung«, Goguel (1972), S. 23.

1113, 8–11 *Vor dem Krieg . . . und milder Seeluft* – »35 Tage Hamburg-Rio de Janeiro-Hamburg-Nur erste Klasse RM 1275.- [. . .] Meiden Sie einen Teil des Winters und erholen Sie sich in südlicher Sonne und milder Seeluft«; aus einer Werbeanzeige für die »Cap Arcona«, 1937; vgl. Goguel (1972), S. 124.

1113, 13 *4600 Häftlinge* – »An Bord der Schiffe befinden sich an diesem 3. Mai: 1998 Häftlinge auf der ›Athen‹, etwa 2800 auf der ›Thielbek‹ und rund 4600 auf der ›Cap Arcona‹ (das waren etwa 300 Häftlinge weniger als insgesamt auf das

Schiff verladen worden waren – die Todesrate von einer Woche Schiffsaufenthalt!), insgesamt also rund 9400 Gefangene«, Goguel (1972), S. 52.

1113, 13–18   *ganz unten die . . . Kot der Lebenden* – »Die Zustände auf den Schiffen waren grauenvoll. Es gab kaum etwas zu essen und zu trinken. Überall lagen auf der ›Cap Arcona‹ die entkräfteten Gefangenen herum. Auf dem Weg begannen sich die Leichen zu stapeln, denn täglich wurden fünfzehn bis dreißig Tote gezählt. Gegen Ende stieg die Todeskurve steil an. In einer besonders schlimmen Lage waren die Kranken: Sie hatte man unten im Schiffsbauch untergebracht, und es bestand wenig Möglichkeit, ihnen noch wirkliche Hilfe zuteil werden zu lassen, da es keine Medikamente und Verbandstoffe gab. Niemand leerte mehr die schweren Kotkübel, so daß sich ein fürchterlicher Gestank über dem Schiff ausbreitete. Die russischen Häftlinge wurden im sogenannten Bananenbunker untergebracht, einem Raum ohne Luft und Licht, über den Aleksander Machnew, einer der wenigen Überlebenden, folgendes berichtet: ›In den ersten Tagen erhielten wir nichts zu essen, nichts zu trinken. Erst am vierten Tag erhielten wir ein kleines Stückchen Brot. [. . .]‹«, Goguel (1972), S. 28 f.

1113, 25–32   *Die Freiheit kam . . . äußeren Bucht an* – »Gegen 14.30 Uhr kreuzte eine Staffel britischer Jagdbomber auf. Einige Bomber griffen die ›Athen‹ im Hafen an, die mit Flakfeuer antwortete. Nachdem das Schiff drei Treffer erhalten hatte – zwei in die Mannschaftsmesse und einen in die Flakwohnräume – stellte die ›Athen‹ das Flakfeuer ein und hißte die weiße Fahne. [. . .] Inzwischen nahmen die Bomber Kurs auf die drei anderen, draußen in der Bucht liegenden Schiffe ›Thielbek‹, ›Deutschland‹ und ›Cap Arcona‹«, Goguel (1972), S. 55; s. K. 861, 26 f.

1113, 27   *Neustadt* – Neustadt in Holstein, Stadt an der Lübecker Bucht, 30 km nördlich von Lübeck.

1113, 32–35   *Die Thielbek legte . . . achtzehn Meter tief* – »Innerhalb von zwanzig Minuten legte sich die ›Thielbek‹ auf die Seite und sank. [. . .] und da die Wassertiefe in der Gegend des Standortes der Schiffe etwa achtzehn Meter betrug, versank die ›Thielbek‹ völlig unter der Wasseroberfläche«, Goguel (1972), S. 58.

1113, 35 f.   *Die Cap Arcona . . . Kapitäns am Mast* – »Er [Heinrich Bertram, Kapitän der ›Cap Arcona‹] sagte [. . .] später aus, er habe ›bevor der Angriff auf das Schiff erfolgte, . . . persönlich sein Bettuch als weiße Fahne am Signalmast‹ gehißt«, Goguel (1972), S. 54.

1113, 36–39   *brauchte eine Stunde . . . davon über Wasser* – »Etwa eine Stunde nach Beginn des Angriffs neigte sich der Schiffsriese langsam nach Backbord. [. . .] Erst langsam, dann immer schneller legte sich das Schiff unter ohrenbetäubendem Brausen auf die Seite. [. . .] Wir erinnern uns, daß die Schiffsbreite 26 Meter, die Wassertiefe dort nur etwa achtzehn Meter betrug, so daß ein Teil des Schiffes nicht von Wasser bedeckt werden konnte«, Goguel (1972), S. 64 f.

1113, 39–
1114, 9   *Inzwischen war das . . . an der Erschöpfung* – Die ›Cap Arcona‹ war mehrmals getroffen worden und brannte sehr schnell aus. Löschversuche wurden nicht

unternommen, statt dessen bemühte sich die SS, Fluchtversuche zu verhindern. Goguels Dokumentation enthält mehrere Erinnerungsberichte voll grausamer Szenen; vgl. Goguel (1972), S. 58–66.

1114, 8 *Schüssen von den deutschen Minensuchbooten* – Die von Neustadt kommenden Minensuchboote nahmen nur SS-Leute und die Besatzung auf, auf Häftlinge wurde geschossen; vgl. Goguel (1972), S. 65.

1114, 9 *Gerettet wurden 3100 Menschen* – »Die Gesamtzahl der geretteten Häftlinge beträgt somit 3100 Menschen – von der ›Athen‹ rund 2000, ›Stutthoff‹ [sic] 700, ›Cap Arcona‹ 350, ›Thielbek‹ 50 – von denen allerdings, wie gesagt, noch viele nach der Befreiung an Erschöpfung starben. [...] 7300 Gefangene und 600 Matrosen und Bewacher kamen ums Leben«, Goguel (1972), S. 79.

1114, 11 f. *Gegen siebzehn Uhr... die Engländer Neustadt* – »Der Einmarsch der Engländer in Neustadt vollzog sich ohne irgendwelche Kampfhandlungen. [...] gegen 17 Uhr, d. h. unmittelbar nach dem Eintreffen der britischen Panzerspitzen«, Goguel (1972), S. 85.

1114, 13 *daher wußten wir es* – »wir«: s. K. 46, 26; 230, 27 f.

1114, 14–18 *Die Toten trieben... das andere Timmendorf* – Vgl. die Karte in Goguel (1972), S. 53. Die genannten Orte liegen alle an der südwestlichen Küste der Ostsee. Bliesdorf [sic] liegt zwischen Grömitz und Neustadt i. H., Pelzerhaken (s. 1116, 11; 1250, 14), wo das Cap-Arcona-Denkmal errichtet wurde, östlich vor Neustadt. Neustadt und Timmendorfer Strand rahmen die Lübecker Bucht ein. Die Travemündung weitet sich nordöstlich von Lübeck in die Pötenitzer Wiek aus, die durch den Priwall (s. K. 17, 37) zur Ostsee abgegrenzt wird. Schwansee und Redewisch sind Dörfer in der Nähe der Küste des Klützer Winkels. Rande: s. K. 8, 20, Wohlenberger Wiek: westlicher Teil der Wismarer Bucht zwischen Tarnewitz und Wieschendorfer Ort; Poel: s. K. 886, 4 f.; Timmendorf: s. K. 746, 7 f.

1114, 27 f. *ein schwarzer Klumpen im weißen Sand* – Der ehemalige Häftling Machnew berichtete von einem Gang am Strand bei Pelzerhaken: »Eine Halbinsel ragte gleich einem Erdbatzen aus dem Wasser. Hier lagen wahllos nebeneinander die vom Wasser angeschwemmten Leichen«, Goguel (1972), S. 93. Noch 1971 wurden Leichen gefunden.

1115, 1 f. *Sie war beschädigt... Brandschrumpfung, Bombensplittern, Schlägen* – Aus dem Bericht der Untersuchungskommission der Mecklenburgischen Landesregierung vom 26. 8. 1948: »Die angeschwemmten Leichen waren zum Teil sehr stark beschädigt, nach seiner Meinung entweder durch Bombensplitter oder auch durch Schußwunden. Die Leichen trugen nur teilweise Kleidung«, Goguel (1972), S. 101 f.

1115, 13 f. *Als das Massengrab... in die Luft* – Der ehemalige Häftling Machnew berichtet von einer Gedenkfeier am 6. Mai 1945 bei Pelzerhaken: »Nach Gedenkreden von Vertretern verschiedener Nationen feuerte ein Zug britischer Soldaten, die mit Captain Pratt an der Spitze erschienen waren, eine Ehrensalve über das frische Grab«, Goguel (1972), S. 93; Foto S. 127.

1115, 18 f.   *durch und durch verluderten Engländer* – s. K. 675, 10.

1116, 1 f.   *Bis 1956 haben . . . die Welt gesetzt* – Charles Webster: The Strategic Air Offensive Against Germany, 1956–1961. Das von Johnson angegebene Jahr stimmt nicht.

1116, 5   *Steife Oberlippe* – (engl. Redewendung wörtl. übersetzt) to keep a stiff upper lip: seine Gefühle verbergen, stets Haltung bewahren.

1116, 10 f.   *Auch eins in . . . Pelzerhaken bei Neustadt* – Auf dem dortigen Denkmal schreibt sich die »Thielbek« mit »ck«; s. K. 1114, 14–18.

1116, 11–15   *Und vier Jahre . . . Mengen blanker Knochen* – »Im Jahre 1949 beschloß die Reederei Knöhr & Burchard [sic] Nachf. in Hamburg, das Wrack des Schiffes zu heben und wieder reparieren zu lassen.« Es folgt eine Liste von geborgenen Leichen und Leichenteilen: »1. 13 vollständig in Fettwachs übergegangene Leichen; 2. 19 Torso; 3. 175 Schädel«; vgl. Goguel (1972), S. 105–107.

1116, 15–18   *Nennen wir das . . . vom Mai 1945* – »Nach Beendigung der Reparaturarbeiten wurde das Schiff unter dem Namen ›Reinbek‹ wieder in Dienst gestellt. Im Juli 1961 verkaufte die Reederei Knöhr & Burchard [sic] Nachf. das Schiff, das in der Folge unter dem Namen ›Magdalana‹ [sic] unter Panama-Flagge fuhr«, Goguel (1972), S. 107.

1116, 18–22   *Die Cap Arcona . . . Rio de Janeiro* – »Im März 1946 wurde das Schiff [die ›Athen‹] von der Sowjetunion übernommen und erhielt den neuen Namen ›General Brussilow‹. Aber bereits am 17. Mai 1947 übergab die Sowjetunion das Schiff an die Volksrepublik Polen, die es unter dem Namen ›Waryński‹ [sic] in Dienst stellte. Seit 1951 bediente die ›Waryński‹ die Routen Polen – Südamerika im Auftrag der Reederei Polish Linie von Gdynia über Hamburg, Recife und Rio de Janeiro nach Buenos Aires. Anders erging es der ›Cap Arcona‹. Sie war durch die Raketengeschosse derartig zerfetzt und durch den Brand so demoliert, daß sich eine Reparatur als unmöglich erwies. Das Schiff wurde daher bald nach 1950 gehoben und anschließend [. . .] verschrottet«, Goguel (1972), S. 108.

1116, 20   *General Brussilow* – Vermutlich Alexej Alexejewitsch Brussilow (31. 8. 1853– 17. 3. 1926), Kavalleriegeneral der alten russ. Armee.

1116, 21   *Waryński* – Ludwik Tadeusz Waryński [sic] (24. 9. 1856–13. 2. 1889), poln. Arbeiterführer, gründete 1876/77 in Warschau soz. Zirkel, vereinigte 1882 die Arbeiter- und Sozialistenzirkel in der Organisation »Proletariat«, der ersten revolutionären Partei der poln. Arbeiterklasse, wurde 1883 mit anderen Mitgliedern dieser Vereinigung verhaftet, 1885 zu 16 Jahren Zwangsarbeit verurteilt, starb auf der Festung Schlüsselburg.

1116, 22   *Gdynia* – Poln. Name der Stadt Gdingen im Osten der Danziger Bucht.

1116, 22–24   *Von der Cap . . . Freiheitsmuseum von Kopenhagen* – Ein Fischer hatte die Glocke
gefunden und einem ehemaligen Häftling aus Stutthof geschenkt. »Inzwi-
schen hat die Schiffsglocke der ›Cap Arcona‹ im Freiheitsmuseum in Kopenhagen einen würdigen Platz gefunden«; vgl. Goguel (1972), S. 109.

1116, 24 f.   *Freiheitsmuseum von Kopenhagen! / – Am Churchillplatz* – Richtig: Churchillpark; die Anschrift des Museums ist Churchillparken; »parken« bedeutet Park,
nicht Platz; s. K. 787, 18.

1116, 38–   *Der Herr Stadtkommandant . . . lacht. / Hest du* – Nach Uwe Johnsons Schwe-
1119, 35   ster Elke an Huef haben die Geschwister 1945 in Recknitz Ähnliches erlebt;
vgl. an Huef (1994); BU, S. 29; Pokay (1983), S. 310 ff.

1117, 11   *Walnußbaum* – s. K. 415, 3.

1117, 13–18   *Kretts hinten und . . . ein Schott nannte* – In Südwestmecklenburg ist Krett die
gebräuchliche Bezeichnung für das vordere und das hintere Verschlußbrett am
Kastenwagen. Im übrigen Gebiet bis nach Hinterpommern, woher Jakob
stammt, ist für das vordere und hintere Verschlußbrett Schott (oder auch
Schottkell) verbreitet. Nach einer Volksüberlieferung aus Ribnitz soll ein Leichenwagen weder Krett noch Schott haben; vgl. Scheuermann (1998), S. 270;
s. 1119, 30–35.

1117, 22–27   *Das war ein . . . noch lebendig aus* – Vgl. BU, S. 29: »So werden die Toten auf Ern-
tewagen ins Dorf gebracht, wie Fracht gestapelt, wie Abfall verscharrt. Ein elf-
jähriges Kind sieht von der Kirchhofmauer aus heimlich zu, da rutscht das
Bein einer jungen weiblichen Leiche für einen Augenblick aus der Zeltbahn,
bevor der Körper aufschlägt und das schmierige Tuch zurückgezogen wird
aus dem Massengrabloch.«

1118, 19–24   *Da, jedoch sehr . . . sahen plaziert aus* – »Im Zentrum des Arrangements erblickt
das Kind ein bedeutsam illuminiertes Liebespaar nach dem Muster einer ver-
kehrten ›Pieta‹, das Mädchen in den Schoß eines Jünglings gebettet«, Brecht
(1994), S. 98.

1119, 1–6   *Sie wußte, daß . . . der Toten betrogen* – Vgl. BU, S. 29: »Woher weiss ein Kind, dass
es hiernach wider den Anstand wäre, wie alle Tage zu Mittag zu essen? Kann
man von Erwachsenen lernen? Sie sagen: Hunger treibtass rain, un wennas
Schwainebratn is.«

1119, 30–35   *Und dat heit . . . lacht. / Hest du* – (nd.)
Und das heißt doch Schott, Gesine!
Krett heißt das.
Schott.
Krett.
Du hast zuerst gelacht. Hast du.

6. 5. 1968

1120, 2–10 *Gestern, zum hundertfünfzigsten... Lügen über ihn* – Vgl. den Artikel »Marx Acclaimed In West Germany« der NYT vom 6. 5. 1968: »Trier, West Germany, May 5- [...] Although his name has been anathema in West Germany, Marx was acclaimed in this ancient city near the Luxembourg border as one of Germany's greatest sons. [...]
Last night, hundreds of students picketed in the streets near the Marx house as Willy Brandt, West Germany's Vice Chancellor, Foreign Minister and chairman of the Social Democratic party, sought to enter.
The students shouted ›Social Democrats are traitors!‹ and ›Ho Chi Minh!‹ and tried to storm the house but were held back by the police.
West Germany's Social Democratic party [...] still owns the Marx house, which it bought in 1930.
East German delegates had been invited to take part in the symposium but declined. They staged a competing rally with West German Communists and old-line Socialists. [...]
Ernst Bloch, the Tübingen Professor of Philosophy who is considered the grand old man of West German Marxism, said at the symposium that many errors were committed in the name of Marx. ›Some people not only do not know anything about Marx but they tell lies about him,‹ Professor Bloch said.«

1120, 2 *Karl Marx* – 5. 5. 1818–14. 3. 1883, dt. Publizist, Philosoph und Revolutionär, Begründer des Marxismus; studierte Jura und Philosophie; 1842/43 Mitarbeiter, dann Chefredakteur der liberal-oppositionellen »Rheinischen Zeitung« in Köln. Wegen seiner Beteiligung an den politischen und ideologischen Auseinandersetzungen des Vormärz und der Revolutionen von 1848/49 mußte er 1849 Preußen verlassen und ging nach London. Mit Friedrich Engels hatte er 1848 das Programm des Bundes der Kommunisten verfaßt, das »Manifest der Kommunistischen Partei«, in dem er die proletarische Revolution als Ergebnis eines gesetzmäßig verlaufenden Geschichtsprozesses voraussagte. Seit 1864 politisch in der »Internationalen Arbeiterassoziation«, der Ersten Internationale, aktiv, deren Programm er entwarf und deren Auflösung er veranlaßte, als es zum Bruch mit den anarchistischen Anhängern Bakunins kam. Seine Ideen prägten die Programme aller komm. und soz. Parteien.
Beeinflußt von Feuerbach, war er zum philosophischen Materialismus, durch die frz. utopischen Sozialisten zum revolutionären Sozialismus gekommen. Die Gesamtheit seiner und Engels' Lehren wird als Marxismus bezeichnet: der historische Materialismus, die Kritik der politischen Ökonomie (Untersuchung der Struktur und Bewegungsgesetze der kapitalistischen Produktionsweise), der wissenschaftliche Sozialismus (Aussagen über eine zukünftige Gesellschaftsordnung und wie sie zu erreichen sei) und die materialistische Dialektik. Hauptwerke: »Zur Kritik der politischen Ökonomie«, 1859, »Das

Kapital«, 1867; s. K. 1120, 2–10; 1222, 31 f.; 1543, 34; 1636, 21 f.; 1670, 32 f.; 1676, 26–28.

1120, 4 f.   »*Ho-ho-Ho-tshi-minh*« – s. K. 988, 34.

1120, 5   *Vorsitzende der Sozialdemokratischen Partei* – Willy Brandt; s. K. 173, 4.

1120, 7   *Ernst Bloch* – 8. 7. 1885–4. 8. 1977, Philosoph; stand in den zwanziger Jahren der Kommunistischen Partei nahe, emigrierte 1933, seit 1938 in den USA, seit 1949 Professor in Leipzig, wurde mit dem Vorwurf des »Revisionismus« 1957 in Leipzig zwangsemeritiert und siedelte 1961 in die BRD über. Vom dialektischen Materialismus ausgehend, entwickelte er seine »Philosophie der Hoffnung«. Die realen Möglichkeiten konkreter Utopien ruhen in der Ontologie des »Noch-nicht-Seienden«, die die Zukunft noch in der Vergangenheit entdecken kann. Die Welt ist für ihn ein Experiment mit offenem Ausgang, die Hoffnung auf eine künftige diesseitige Aufhebung der Widersprüche findet ihren Ausdruck in der konkreten Utopie. Sein undoktrinärer, freiheitlicher Sozialismus basiert auf dem naturrechtlichen Erbe der bürgerlichen Aufklärung und den demokratischen Menschen- und Bürgerrechten der Französischen Revolution. Hauptwerk: »Das Prinzip Hoffnung«, 1955–59.

1120, 9 f.   »*Manche Leute wissen . . . Lügen über ihn.*« – Die Druckfassung von Blochs Trierer Vortrag zum 150. Geburtstag von Karl Marx, veranstaltet von der Deutschen Unesco-Kommission, beginnt mit den Sätzen: »Was man nicht weiß, macht einen nicht heiß. So haben es die Lauen auch mit Marx gehalten, tun gern dumm, auch heute noch. Die ausgesprochenen Feinde, die Nazis, wußten erst recht nichts, dafür aber Lügen, was viel schlimmer ist«, Ernst Bloch, Marx, aufrechter Gang, konkrete Utopie, in: Bloch (1969), Bd. 11, S. 445; vgl. DER SPIEGEL 29. 4. 1968, S. 78.

1120, 14   *kaukasisch* – s. K. 437, 5 f.

1120, 23   *Brussels* – s. K. 683, 7.

1123, 2   *young lady* – (engl.) junge Frau; s. 328, 17.

7. 5. 1968

1123, 5–10   *Was also hat . . . erklären zu können* – Vgl. den Artikel »Dubcek Assures Czechs« der NYT vom 7. 5. 1968: »Alexander Dubcek assured the people of Czechoslovakia tonight that the ›Soviet Union has accepted with understanding‹ the process of democratization he has initiated here as chief of the Communist party.
In an interview broadcast by Prague radio, he said he had been ›happy to explain‹ his party's new action program to the Soviet leadership [. . .].
He also asserted that the talks had reflected ›full respect of mutual rights‹«; s. K. 1107, 13–16.

1123, 11–16   *Bild von Cranach . . . seine Ansprüche aufgeben* – Um Cranachs »Madonna mit Kind« hatte es einen 15jährigen Rechtsstreit gegeben. Das Bild war von einer Treuhandgesellschaft für zwangsweise von den Nazis akquirierte Kunstobjekte verwahrt worden. Göring war für seine Kunstsammlungen bekannt, deren Objekte vorwiegend aus Kriegsbeute oder Enteignungen stammten; vgl. NYT 7. 5. 1968; s. K. 720, 13–16; Göring: s. K. 895, 17 f.

1123, 17–   *In den Augen . . . landwirtschaftlichen Kenntnissen vermittelt* – s. 1675, 17 f.
1127, 24

1123, 28 f.   *Comptoir* – s. K. 203, 6.

1124, 38   *T'is negen* – (nd.) Es ist neun.

1125, 8   *Lübecker Bucht* – s. K. 579, 39.

1125, 11   *Gut Alt Demwies* – Fiktiver Ort, südwestlich von Gneez/Grevesmühlen; s. 1125, 18, 36; 1126, 3; 1127, 22; 1279, 30; 1396, 20; 1459, 14; 1723, 23 f.; 1796, 6; 1840, 6.

1125, 12   *Ratzeburg* – s. K. 32, 27.

1125, 27   *Müritz* – s. K. 56, 25.

1125, 33   *gekascht* – (ugs.) verhaftet; s. 1880, 38.

1126, 34 f.   *Ortsgruppenführers* – s. K. 165, 3.

1127, 25   *Dat kümmt werre . . . sin Schwin Speck* – (nd.): Das kommt wieder, sagte der Bauer, und gab seinem Schwein Speck.

8. 5. 1968

1127, 27–33   *Die Stadtverwaltung ist . . . wohl fertig werden* – Vgl. den Artikel der NYT vom 8. 5. 1968: »City prepared for 10, 000 Arrests a Day in Riots«; Aufstände im Sommer: s. K. 9, 6 f.

1127, 29   *Verhaftungen an der Columbia University* – s. K. 1092, 4.

1127, 31   *Rikers Island* – Größtes Gefängnis der USA auf einer Insel im East River an der südöstlichen Ecke der Bronx, das für die brutale Behandlung der Insassen bekannt war. Die Insel war ursprünglich Eigentum der Familie Ryker, wurde 1884 von der Stadt gekauft, die dort eine Gefängnis-Farm betrieb und 1932 ein Männer-Gefängnis errichtete. Nach 1954 vergrößerte man die Insel mit angeschüttetem Boden, um die Gefängnis-Kapazität erweitern zu können; s. 1881, 19 f.

1127, 34–   *Senator Robert F. Kennedy . . . McCarthy bekam 27* – Vgl. den Artikel »The Im-
1128, 2   pact Of Indiana« der NYT vom 8. 5. 1968: »Mr. McCarthy, in his first head-to-head confrontation with Mr. Kennedy, took about 27 per cent of the Democratic vote against the New York Senator's total of 42 per cent.«

1127, 34   *Vorwahl* – In einigen amerik. Staaten werden die Präsidentschaftskandidaten
in Vorwahlen (primaries) direkt von den Wählern gewählt, in anderen wer-
den sie von Parteivertretern auf besonderen Konferenzen (state conventions
oder caucuses) bestimmt. Am Wahltag stimmen die Wähler für von der Partei
des Kandidaten ausgesuchte Wahlmänner (electoral college), die wiederum
den Präsidenten wählen; s. K. 1281, 7–9; s. 1131, 14; 1261, 38; 1299, 19 f.;
1304, 13.

1128, 3–7   *nach einer Umfrage . . . Sieg zu kaufen* – Mehr als 1 Mio. Studenten von 1450
Universitäten hatten an »Choice 68«, einer Abstimmung über Präsidentschaftskandidaten, teilgenommen, bei der McCarthy mit über 285 000 Stimmen vor Kennedy lag.

1128, 17–21   *Den Wahlkampf von . . . nicht über Küchentechnik* – John F. Kennedy (s. K. 24, 36)
gewann mit 43 Jahren als bislang jüngster Präsident am 8. 11. 1960 die Wahl
knapp vor Richard Nixon (s. K. 423, 25). Er hatte die Vorbehalte gegen seine
Unerfahrenheit in vier Fernsehdebatten Anfang September und Oktober
1960 durch geschliffene Rhetorik zerstreut.
Die in der amerik. Öffentlichkeit viel beredete »kitchen debate« geht auf ein
Zusammentreffen von Nixon und Chruschtschow (s. K. 89, 15 f.) anläßlich
einer Ausstellung im Sommer 1959 im Moskauer Sokolniki-Park zurück, wo
es in der Küche eines amerik. Modell-Arbeiterhauses zu einem spontanen
Gespräch der beiden Politiker kam. Chruschtschow behauptete damals, daß
auch sowj. Stahlarbeiter und Bauern sich so ein Haus für 14 000 Dollar leisten könnten. Weiterhin wurde über amerik. Haushaltsgeräte gesprochen, von
denen Chruschtschow viele für »zwar interessant, aber überflüssig« hielt. Bereits vor diesem Gespräch hatte Chruschtschow mehrfach die Gleichrangig-
keit seines Landes mit den USA auf allen Gebieten betont, während die Amerikaner ihren technologischen Vorsprung demonstrierten.

1128, 22–24   *auf den Fragebogen . . . denn meucheln wollten* – Einwanderer in die USA mußten eine »Declaration of Intention« unterschreiben, in der sie u. a. bestätigten:
»I am not an anarchist«. Noch nach dem Immigration and Nationality Act
vom 27. 7. 1952 (Public Law 414, 66 Statute 163) waren von Einreisevisa ausgenommen: »Anarchists and Communist Party personnel who advocate the
destruction of the U. S. government.« Dieser Punkt wurde im Immigration
and Nationality Act von 1965 fallengelassen; vgl. Miller/Miller (1996), S. 94.

1128, 24 f.   *was ein Parteirevier . . . ein Bezirkskomitee kann* – Das Parteirevier (precinct) ist
die unterste Einheit der amerik. Parteiorganisationen. Den etwa 175 000
lokalen Gruppen stehen precinct captains oder Komiteemitglieder vor, die
gewählt oder eingesetzt werden können. Die Bezirkskomitees (County Com-
mittees), von denen es etwa 3200 gibt, sind die nächsthöhere Organisations-
stufe. Sie setzen sich aus den Verantwortlichen der Parteireviere zusammen.
Ihnen übergeordnet sind noch das State Committee und als oberste Stufe das
National Committee, in dem zumindest ein Vertreter jedes Staates sitzt und
das ausschlaggebend für die Wahl des Präsidentschaftskandidaten ist.

1128, 26	*Vorgezogener Sohn* – (Amerik. engl. wörtl. übersetzt) favorite son: ein Kandidat, der bei einem Parteitag die Stimmen des Staates zusammenhält und für ein hohes Staatsamt aufgestellt wird.
1128, 33	*die Kinder nicht mehr der Blumen* – s. K. 157, 25.
1128, 34	*ballot children* – (engl.) übersetzt im Text.
1128, 34 f.	*Marsch für die . . . in Mississippi 1964* – Seit 1963 fand die u. a. von Martin Luther King geführte Bürgerrechtsbewegung Unterstützung in den Mittelschichten. Im Sommer 1964 kamen schwarze und weiße Jugendliche aus dem Norden, um der schwarzen Bevölkerung in Mississippi zu helfen, sich in den Wahllisten erfassen zu lassen, wobei es zu gewaltsamen Zusammenstößen kam (s. K. 201, 26–35). Mit langen Märschen wurde für die Gleichberechtigung der schwarzen US-Bürger demonstriert. Im Juli 1964 setzte Präsident Johnson das von John F. Kennedy eingebrachte Bürgerrechtsgesetz (Civil Rights Act) in Kraft, das im Arbeits- und Bildungsbereich, in öffentlichen Einrichtungen und bei Wahlen ein Gleichheitsgebot enthielt und Bundeskompetenzen zu dessen Durchsetzung vorsah. Die Bewegung setzte sich 1964–68 mit blutigen Unruhen und radikaleren Forderungen in den von Schwarzen bewohnten Gebieten der Großstädte fort.
1128, 38	*Vierhundert Familien* – Die Beschränkung auf 400 geht auf die Größe des Astorschen Ballsaales zurück; wer nicht eingeladen wurde, gehörte nicht zur New Yorker Gesellschaft; s. K. 1468, 13.
1128, 38	*die Neue Linke* – Bezeichnung für eine studentische Protestbewegung, die 1964 an der Universität Berkeley begann und sich vor allem gegen den Vietnamkrieg sowie die rassische und soziale Ungleichheit in den USA richtete. Als Vordenker galten ihnen der Philosoph Herbert Marcuse, der Linguist Noam Chomsky und die Schriftsteller William S. Burroughs und Allen Ginsberg.
1129, 2	*Entwicklungsdienst* – Eine unter John F. Kennedy 1961 gegr. Organisation für Entwicklungshilfe, das Peace Corps. Die Freiwilligen mußten sich für zwei Jahre verpflichten, eine Berufsausbildung haben und Kenntnisse in den jeweiligen Landessprachen erwerben. Sie sollten u. a. im Erziehungs- und Gesundheitswesen, in der Landwirtschaft oder handwerklich arbeiten.
1129, 4	*Pentagon* – s. K. 24, 17.
1129, 9	*Harvard, Radcliffe, Yale, Smith, Barnard, Columbia* – Harvard University: s. K. 20, 15; 100, 33 f.; 101, 15. Radcliffe College: zu Harvard gehörig, wurde 1879 für Frauen eröffnet. Yale University: private Hochschule in New Haven, Conn., drittälteste Universität in den USA, 1701 als Collegiate School in Killingworth bei New Haven gegr. Smith College: Northampton, Mass., 1871 aus dem Nachlaß der Sophie Smith gegr., 1875 eröffnet, größtes unabhängiges Frauencollege der Welt. Barnard College und Columbia University: s. K. 100, 33 f.; 321, 22 f.

1129, 10   *Dunbarton und Rivier* – Dunbarton College, Washington D. C., Hochschul-
                  College.
                  Rivier College, in Nashua, New Hampshire, gegr. 1933; vgl. TIME vom 22. 3.
                  1968, S. 13: »such lesser-known institutions as Dunbarton, Belknap and
                  Rivier«.

1129, 11   *den Buchstaben der Regel* – (engl. Redewendung, mit einem Wortspiel über-
                  setzt) the letter of the law: den Buchstaben des Gesetzes.

1129, 17–19   *der Papst könne . . . gleich in Divisionen* – Pierre Etienne Laval, 1940 im Kabi-
                  nett Pétains und 1942 Ministerpräsident der Vichy-Regierung, wurde bei ei-
                  nem Besuch in Moskau von Stalin nach der Stärke der frz. Truppen ausge-
                  fragt, woraufhin er bemerkte: »›Can't you do something to encourage religion
                  and the Catholics in Russia?‹ ›Oho!‹ said Stalin, ›The Pope! How many divi-
                  sions has he got?‹ Laval's answer was not reported to me«; vgl. Churchill
                  (1948), Bd. 1, S. 135.

1129, 21–23   *daß er in . . . Baseball und Hockey* – Vgl. TIME vom 22. 3. 1968, S. 12: »Gene
                  whipped through St. John's prep school and university at Collegeville in a to-
                  tal of six years instead of eight, getting A's in everything but trigonometry,
                  starring in hockey and football [sic].«

1129, 24–27   *einer der Wenigen . . . anrechnen als Tapferkeit* – Vgl. TIME vom 22. 3. 1968, S. 12:
                  »In 1952 he had the temerity to debate his namesake, Wisconsin's Senator Joe
                  McCarthy, on a radio program.«

1129, 25   *dem anderen McCarthy* – Joseph Raymond McCarthy (14. 11. 1909–2. 5.
                  1957), Politiker der Republikanischen Partei; 1947–54 Senator für Wiscon-
                  sin, 1950–54 leitete er den Senatsausschuß zur Untersuchung »unamerikani-
                  scher Umtriebe«, der nach angeblichen komm. Einflüssen auf die Regierung
                  und auf das öffentliche Leben suchte. McCarthy löste eine antikomm. und
                  antisemitische Verfolgungswelle aus, was schließlich zu seiner Absetzung führ-
                  te; s. 1303, 16–18.

1129, 28   *kein Gesetz, das seinen Namen trüge* – Vgl. TIME vom 22. 3. 1968, S. 14: »but no
                  major bill bore his name«.

1129, 30   *Maverick* – (engl.) übersetzt im Text. In dem hier mehrfach benutzten Artikel
                  aus TIME ist der Begriff in einem anderen Zusammenhang gebraucht:
                  McCarthy hatte eine liberale Diskussionsgruppe nach dem Vorbild einer ähn-
                  lichen Gruppe des Texaners Maury Maverick von 1930 gebildet, aus der sich
                  die Democratic Study Group entwickelte; sie wurden scherzhaft »McCarthy's
                  Mavericks« genannt.

1129, 32   *Adlai Stevenson* – Adlai Ewing Stevenson (5. 2. 1900–14. 7. 1965), Politiker der
                  Demokratischen Partei, Berater der amerik. Delegation auf der Gründungs-
                  konferenz der UNO, dort Vertreter der USA 1946/47. Als Gouverneur von
                  Illinois führte er 1948–52 weitreichende Reformen durch; 1952 und 1956
                  erfolgloser Präsidentschaftskandidat gegen D. D. Eisenhower. Er gilt als Weg-

bereiter der Idee der »New Frontier« J. F. Kennedys und der »Great Society« L. B. Johnsons.

1129, 34–36   *1964 ging er... wurde kräftig untergetunkt* – L. B. Johnson hatte ihm die Vize-präsidentschaft versprochen, gab sie aber dann an Hubert Humphrey. Vgl. TIME 22. 3. 1968, S. 14: »and got ducked«.

1129, 35   *L. B. J.* – s. K. 24, 17; 212, 23–39.

1130, 15–22   *sperren die unentwegt... Quartieren, züchtig getrennt* – Vgl. TIME vom 22. 3. 1968, S. 13: »To escape the hippie image, miniskirted girls went midi, and bearded boys either shaved or stayed in the back rooms, licking envelopes or compiling address lists to the accompaniment of muted Beatles music [...] housing was strictly segregated by sexes (boys in gymnasiums, girls in McCarthy supporters' homes).«

1130, 25   *law and order* – (engl. Redewendung) Recht/Ruhe und Ordnung.

1130, 28   *Abigail und Ellen Mary Michael Margaret* – Abigail McCarthy, geb. Quigley; Kinder: Ellen McCarthy, 20, Studentin an der Hochschule des Diplomati-schen Dienstes der Universität Georgetown; Mary McCarthy, 18, Studentin am Radcliffe College; Michael, 16, nannte sich »der Stumme in der Familie« (»the family mute«), da er sich als Einziger weigerte, für seinen Vater Reden zu halten; Margaret, 12, Schülerin an der kath. Stone Ridge School.

1130, 30   *seine »Geheimwaffe«* – Vgl. TIME vom 22. 3. 1968, S. 14: »whom McCarthy calls his ›secret weapon‹.«

1130, 34   *John Kenneth Galbraith* – Geb. 15. 10. 1908, amerik. Volkswirtschaftler, seit 1949 Professor für Wirtschaft in Harvard, Berater mehrerer Präsidenten, u. a. Roosevelt und Kennedy; Vertreter eines progressiven Liberalismus, der Re-formen für die kapitalistische Wirtschaft forderte, wie größeren Einfluß der Gewerkschaften und des öffentlichen Sektors, Begrenzung der Macht der Manager. Galbraith war von 1967–70 Vorsitzender der Americans for Dem-ocratic Action.

1130, 35   *Americans for Democratic Action* – Abk. ADA; 1947 als Vereinigung liberaler »Kal-ter Krieger« der Demokratischen Partei entstanden; ab Mitte der sechziger Jahre Sammelbecken der linksliberalen Demokraten, Intellektuellen und Ge-werkschafter; gab eine eigene Zeitung heraus, die »ADA World«; s. K. 180, 7; 1130, 34.

1130, 36–38   *Der Dichter Robert... würden nicht schwimmen* – Vgl. TIME vom 22. 3. 1968, S. 12: »So did Poet Robert Lowell, who told listeners that the Republicans of-fered no alternative because they cannot sink and they will not swim.« Robert Traill Spencer Lowell Jr. (1. 3. 1917–12. 9. 1977), amerik. Lyriker; stu-dierte Literatur in Harvard und am Kenyon College; konvertierte 1940 zum Katholizismus; 1943 Haftstrafe wegen Kriegsdienstverweigerung; kritisierte den Vietnamkrieg scharf. Lowells traditionsverbundene und formstrenge Ge-

dichte erreichten in den sechziger Jahren große Wirkung, besonders die beiden Bände »Life Studies«, 1959, und »For the Union Dead«, 1964.

1131, 1–6 *Paul Newman, der . . . Seite kippt, aus* – Geb. 26. 1. 1925; amerik. Theater- und
Filmschauspieler und Regisseur, spielte u. a. in »Die Katze auf dem heißen
Blechdach«, 1958, »Haie der Großstadt«, 1961. Newman hatte die Arbeiten
an »Rachel« unterbrochen, um Eugene McCarthy in New Hampshire,
Indiana und Wisconsin im Wahlkampf zu unterstützen. Er produzierte mit
Frank Perry einen Film über die Wahlkampagne in New Hampshire und
führte die Einnahmen an den Kandidaten ab, nahm im Sommer 1968 als
Gesandter Connecticuts an der Versammlung der Demokraten in Chicago
teil.
Anspielung auf die Filme »Ein Fall für Harper«, 1968, und »Man nannte ihn
Hombre«, 1967, obwohl er in ersterem einen nicht gerade edlen Detektiv
spielt; s. K. 1132, 5–7.

1131, 9 f. *hey, hey L.-B.-Jay . . . you kill today* – (engl.) Jay: Aussprache des Buchstaben »J«.
he, he, L(yndon)-B(aines)-J(ohnson)!
Wie viele Kinder hast du heute umgebracht?
s. K. 24, 17; 212, 23–39.

1131, 20 f. *er wird nicht . . . keinen vorhersehbaren Umständen* – Vgl. TIME vom 22. 3. 1968,
S. 17: »Last January 30, still refusing at that point to assist Gene McCarthy's
cause, Kennedy said: ›I have told friends and supporters who are urging me
to run that I would not oppose Lyndon Johnson under any foreseeable circumstances.‹«

1131, 31 f. *»ohne persönliche Feindschaft . . . gegen den Präsidenten«* – Robert F. Kennedy
kündigte am 16. 3. 1968 im Caucus Room des Old Senate Office Buildings
an: »I am announcing today my candidacy for the Presidency of the United
States. I do not run for the Presidency merely to oppose any man, but to pro-
pose new policies«; vgl. Lasky (1968), S. 481; TIME 22. 3. 1968, S. 11; s. K.
1304, 9 f.

1131, 36 *Patrouillenbootes P. T. 109* – Nach einer Ausbildung in Melville, Rhode Island,
fuhr J. F. Kennedy als Instrukteur, seit 1943 als Kommandant auf dem Patrol
Torpedo 109. Das Boot sank, von einem japanischen Zerstörer getroffen, am
1. 8. 1943 im Südpazifik, J. F. Kennedy konnte verletzt gerettet werden. Die
NYT hatte 1943 auf der ersten Seite über diesen Vorfall, der Kennedy zum
Kriegshelden machte, berichtet.

1131, 37 *in verfilmten Ehren* – »PT 109«, amerik. Spielfilm von 1962, Uraufführung
11. 7. 1963; dt. Titel »Patrouillenboot P. T. 109«; Regie: Leslie H. Martinson;
Buch: L. Breen, nach einem Buch von Robert J. Donovan; mit Cliff
Robertson; Kriegsfilm mit verklärender Darstellung des damaligen Präsidenten. Er schildert die Erlebnisse des Kommandanten J. F. Kennedy, nachdem
sein Boot nachts von dem japanischen Zerstörer »Amigari« in zwei Teile zer-
schnitten worden war (zwei Tote, drei Schwerverwundete). Kennedy rettete

dem verletzten Besatzungsmitglied »Pappy« McMahon unter dramatischen Umständen das Leben, indem er ihn an einem Seil hinter sich herziehend auf ein kleines Eiland schleppte. Kennedy, der mehrmals, um Hilfe zu holen, auf das offene Meer hinausschwamm, gelang es durch eine auf die Schale einer Kokosnuß geritzte Botschaft, die er einheimischen Inselbewohnern in einem Kanu übergab, Hilfe einer australischen Küstenwachstation herbeizuholen. Die elf Überlebenden wurden schließlich gerettet.

1132, 1 f.   *Frau Ethel* − Ethel Kennedy, geb. Skakel, geb. 11. 4. 1928, Robert F. Kennedys Ehefrau, war zur Zeit seiner Ermordung mit dem 11. Kind schwanger. Ihr Vater war Besitzer der Great Lakes Carbon Corporation; sie erhielt 1950 ihren College-Abschluß am Manhattan College of the Sacred Heart; im selben Jahr heiratete sie R. F. Kennedy; verlor beide Eltern 1955, einen Bruder 1966 bei Flugzeugabstürzen; s. K. 1318, 37−1319, 2.

1132, 4 f.   *wie ein hungriger . . . legitimes Erbe nennt* − Vgl. TIME vom 22. 3. 1968, S. 16: »Commented New Hampshire Attorney Eugene S. Daniell Jr.: ›It is something like trying to steal another dog's bone.‹«

1132, 5−7   *Paul Newman grummelte . . . Rücken eines anderen* − Vgl. TIME vom 22. 3. 1968, S. 16: »Growled actor Newman, ›It's a shame Kennedy chose to take a free ride on McCarthy's back‹«; s. K. 1131, 1−6.

1132, 9−12   *und ein Student . . . mit dem Kuhvogel* − Vgl. TIME vom 22. 3. 1968, S. 16: »Bobby was called a ›claim jumper‹ and a ›cowbird‹. Said a student: ›Hawks are bad enough. We don't need chickens.‹«
               Kuhvogel: Kuhreiher, Ardeola ibis: kleiner, afrikanisch-asiatischer Schreitvogel, der sich häufig an Großtiere anschließt, um die von diesen aufgescheuchten Insekten zu fressen.

1132, 15−17   *marschierte Kennedy in . . . des Hl. Patrick* − Der 17. März ist der irische Nationalfeiertag zum Gedenken an den Heiligen Patrick, Missionar und Apostel Irlands (geb. um 385 in England, gest. 461 in Nordirland). Das die Trinität veranschaulichende dreiblättrige Kleeblatt als irisches Nationalsymbol war eines seiner Attribute; St. Patrick's Day Parade: s. K. 875, 2; Robert Kennedys Teilnahme samt grüner Nelke: vgl. NYT 17. 3. 1968.

1132, 18   *»weil Amerika es besser kann«* − Konnte nicht nachgewiesen werden. (Kennedys Wahlslogan war »For a better America«.)

1132, 18 f.   *am nächsten Tag in Kansas* − Robert F. Kennedy griff auf einer Rede an der Kansas State University am 18. 3. 1968 Johnsons Vietnampolitk an; vgl. NYT 19. 3. 1968.

1132, 30−33   *Vor vierzehn Tagen . . . Stabilität der Welt* − Der Vorsitzende des Federal Reserve Board, William McChesney Martin Jr., hatte eine Weltfinanzkrise befürchtet; in dem Zusammenhang zitiert die NYT vom 24. 4. 1968 McCarthy: »Senator Eugene J. McCarthy, campaigning in New York, assailed the economic policies of the Johnson Administration and said that Mr. Johnson failed to realize that the dollar was a more important factor in the world stability than military powers.«

1132, 39   *Klammerbrett* – (engl. wörtl. übersetzt) clip board.

9. 5. 1968

1133, 6   *Kreslil* – s. K. 301, 33.

1133, 12   *sechzehnten Stockwerks* – s. K. 22, 9 f.

1133, 17   *Čeština je těžká* – (tschech.) Das Tschechische ist schwer.

1133, 23   *woher sie ihre Beschwerden hat* – s. 46, 18–47, 7.

1133, 34 f.   *wir dürfen nach... nicht noch fragen* – s. K. 46, 23–47, 4; »wir«: s. K. 46, 26; 230, 27 f.

1133, 36   *Trumans 84. Geburtstag* – Vgl. den Artikel »Truman Honored On 84th Birthday; Spends Day Quietly« der NYT vom 9. 5. 1968.
Harry S. Truman (8. 5. 1884–26. 12. 1972), 1945–53 33. amerik. Präsident (Demokrat), befahl den Abwurf der Atombomben auf Hiroshima und Nagasaki, nahm an der Potsdamer Konferenz teil; Attentatsversuch: s. K. 1308, 1; Truman-Doktrin: 1552, 19; zur Schreibung des Namens: s. K. 1686, 24–30; s. 1303, 14.

1133, 36–
1134, 2   *Die Straßenkämpfe der... nicht deutlich aus* – Vgl. den Artikel »Paris to Reopen Universities if Violence Ends« der NYT vom 9. 5. 1968; s. K. 1106, 34–1107, 3; 1106, 34.

1134, 2 f.   *Die Berichte aus... Chinesenviertel von Saigon* – Vgl. den Artikel »Enemy Steps Up Terror in Saigon« der NYT vom 9. 5. 1968: »Enemy forces stepped up their terrorist activity yesterday in Cholon, Saigon's Chinese district.«

1134, 4–6   *Die Rate der... die der rosanen* – Vgl. den Artikel »Jobless Rate 3, 5 %, Down to '53 Level« der NYT vom 9. 5. 1968: »But the jobless rate for Negroes, at 6.7 per cent, remained more than double the rate for white workers.«

1134, 6–8   *Eine Anzeige auf... an, Apparat 514* – Vgl. die Anzeige der NYT vom 9. 5. 1968 auf Seite 1: »Wanted: Former Professional Bank Robber to give advice on new film dealing with subject. Call Thomas Crown, Circle 5–600, Ext. 514 Anonymity Guaranteed.«

1134, 10–25   *Nehmen wir also... Telefon zu halten* – Vgl. den Artikel »Poll On Columbia Blames Students« der NYT vom 9. 5. 1968 über die Umfrage von Public Opinion Surveys, Inc., Princeton: »There was no breakdown on whether the persons polled were Negro or white, but the polling organization said that it presumed that most were were [sic] white simply because of the economic factor of having a telephone. [...]«

The first question asked was who was to blame for the extensive student protest on the Columbia campus last week. Fifty-five per cent blamed the students [...].
In the city itself, only 48 per cent of the persons polled blamed the students primarily. In the suburbs, 61 per cent blamed the students. Among the college trained, 52 per cent blamed the students. Among all others, 57 per cent blamed the students primarily. [Nach einer folgenden tabellarischen Aufschlüsselung geben 56 % der über 40jährigen den Studenten die Schuld. ...] Columbia's decision to call in the police was given overwhelming 7-to-1 support by the persons polled, among all groups. Eighty-three per cent of the persons polled agreed with the decision [...].
In the entire metropolitan area, 58 per cent gave a vote of confidence to police conduct, while in the suburbs 64 per cent approved«; s. K. 321, 22 f.

1134, 12   *Greater New York* – Der Ausdruck bezeichnet keinen präzis abgrenzbaren Bereich. Zu Greater New York werden neben New York City auch Westchester County (der südliche Teil des Hudson Valley) sowie die an die City angrenzenden Teile von Long Island, New Jersey und Connecticut gezählt; s. 1545, 9.

1134, 31   *Ještě dělám chyby, pane Kreslil* – (tschech.) Noch mache ich Fehler, Herr Kreslil; s. 1169, 5; 1808, 22 f.

1134, 32   *To nevadí. Ano, mluvíte poněkud pomalu* – (tschech.) Das schadet nicht. Ja, Sie sprechen ziemlich langsam.

1135, 16   »*The Fifth Horseman Is Fear*« – (engl.) Der Fünfte Reiter ist die Furcht – Originaltitel: »... a pátý jezdec je strach«, 1964, Film des Regisseurs Zbyněk Brynychs, geb. 1927, nach einer Novelle von Hana Bělohradská, Drehbuch: Ester Krumbachová; Kamera: Jan Kališ; Musik: Jiří Sternwald. Der Titel nimmt auf die vier Reiter der Apokalypse Bezug (Offb 6, 1–8).
Ein jüd. Prager Arzt bezahlt es mit seinem Leben, daß er einem schwer verwundeten Widerstandskämpfer hilft. Den Film prägt eine alptraumhafte Atmosphäre. »Enge Gassen, zwielichtige Hinterhöfe, geheimnisvolle Winkel des alten Prag sind die Landschaft der ANGST, [...] die historische Zeit [spielt] hier keine Rolle [...]. Alles was Braun [der Arzt] tut, zeigt, daß er keine Illusionen über sich hegt. Durch seine Tat versucht er sich weder von der Angst noch von der Feigheit zu befreien. Das Einzige, wovon er sich befreien will, ist der Verfall [...]. Im Spiegel von Brynychs delirierender Sicht wird das Bild des einsamen, im voraus verlorenen Kampfes des Dr. Braun zu einem Bild von der Unzerstörbarkeit des Geistes, der auch inmitten leichenhafter Verwesung lebendig bleibt«, vgl. Žalman (1968), S. 38 f.; Baker (1995), S. 148 f.; s. 1137, 23; 1138, 6 f.; 1168, 36; 1178, 17 f.

1135, 20   CARLO PONTI PRESENTS – (engl.) Carlo Ponti zeigt.
Carlo Ponti, geb. 11. 12. 1913, ital. Jurist und Filmproduzent, der u. a. mit Fellini, de Sica, Godard und Lean zusammenarbeitete; 1945–49 für Lux Films in Rom tätig, begann 1950 eine Partnerschaft mit De Laurentiis, aus der meh-

rere kommerziell sehr erfolgreiche Filme hervorgingen, da sie die Zugkraft populärer westlicher Stars mit den billigeren Produktionsbedingungen osteuropäischer Länder kombinieren konnten, darunter auch Gemeinschaftsprojekte mit der tschechos. Filmindustrie. Seit 1957 eigene Produktionen. Wurde 1964 frz. Staatsbürger, da seine Ehe mit der Filmschauspielerin Sophia Loren wegen seiner in Italien angefochtenen Scheidung dort nicht anerkannt wurde; »La Strada«, 1954, »Krieg und Frieden«, 1956, »Dr. Schiwago«, 1964; s. K. 1002, 20 f.; s. 1523, 24 f.

1135, 29   *Ano* – (tschech.) übersetzt im Text.

1136, 4   *Auschwitz* – s. K. 36, 12; 256, 28.

1137, 3   *Konec* – (tschech.) Ende.

1137, 6 f.   *Mediterranean Swimming Club* – s. K. 487, 20.

1137, 13   *N. B. C. Sixth Hour News* – (engl.) Sechs-Uhr-Nachrichten; NBC: s. K. 852, 18.

1137, 21   *97. Straße* – s. K. 27, 18.

1137, 26 f.   *jenen Leuten, die . . . Shakespeare geschrieben haben* – Anspielung auf die These einiger Philologen, Shakespeare sei nicht der Verfasser der unter seinem Namen bekannten Werke. Die Mehrheit der Forscher betrachtet die Identität des Dichters als hinreichend gesichert; Shakespeare: s. K. 876, 29.

1137, 28 f.   *von einer Dolmetscherschule* – s. K. 1858, 36 f.; s. 1889, 37.

1137, 30 f.   *alle zwölf Bände* – Shakespeares dramatische Werke nach der Übersetzung von Schlegel, Kaufmann und Voß, neu durchgesehen, teilweise umgearbeitet und mit einer Einleitung herausgegeben von Max Koch, Bd. 1–12, Stuttgart und Berlin: Cotta o. J.

1137, 32   *Bacon* – Francis Bacon, Viscount Saint Albans (22. 1. 1561–19. 4. 1626), engl. Philosoph und Staatsmann, stieg vom Advokaten zum Lordkanzler auf, gilt als Begründer des engl. Empirismus, da er die Erfahrung, gesichert durch methodische Induktion, anstelle der Spekulation setzen wollte. Im 19. Jh. wurde seine Identität mit Shakespeare behauptet, aber nicht bewiesen.

1137, 33   *Longfellow* – Henry Wadsworth Longfellow (27. 2. 1807–24. 3. 1882), amerik. Dichter der Romantik; durch seine Übersetzungen, u. a. aus dem Spanischen, Altenglischen und Deutschen, war er ein wichtiger Vermittler europäischer Literatur in den USA.

1137, 37 f.   *Oxford Dictionary of . . . Auflage von 1959* – Johnson besaß die Ausgabe der Zitatensammlung von 1959, die allerdings die 2. revidierte Auflage war und unter »horseman« – (engl.) Reiter – vier Verweise anführt.

1137, 39   *Calverleys Ode an den Tabak* – Charles Stuart Calverley, eigentlich Blayds (22. 12. 1831–17. 2. 1884), Rechtsanwalt, schrieb unter seinen Initialen C. S. C. Gedichte, Parodien und Übersetzungen. Unter dem Stichwort

»horseman« finden sich in Johnsons Ausgabe des »Oxford Book of Quotations« mehrere Auszüge aus »Ode to Tobacco«, von denen S. 121/Nr. 18 der
im Index angegebene (einzige) Eintrag zu »horseman« ist:

> Thou, who when fears attack,
> Bidst them avaunt, and Black
> Care, at the horseman's back
> Perching, unseatest;
> Sweet, when the morn is grey;
> Sweet, when they've cleared away
> Lunch; and at close of day
> Possibly sweetest.

dt.: Du, der du die Ängste verjagst,
> wenn sie angreifen,
> der du die Schwarze Sorge abwirfst,
> die auf des Reiters Rücken hockt.
> Angenehm, wenn der Morgen graut
> Angenehm, wenn der Mittagstisch geräumt
> und am Ende des Tages
> wohl am angenehmsten.

Calverley spielt hier auf eine Ode von Horaz an: »post equitem sedet atra
Cura«: (lat.) Hinter dem Reiter sitzt die schwarze Sorge; vgl. Horaz, Carmi-
na III 1, Vers 40.

10. 5. 1968

1138, 18–23   *Die Regierung der... unter dem Tarif* – »Die Berliner Außerparlamentarische
Opposition (Apo) hatte den Zug beim DDR-Verkehrsministerium vom
SDS-Mitglied Dr. Reinhard Wolff chartern lassen. [...] Die Ost-Berliner
Bahn-Verwalter gewährten dem Wolff nun sogar Anti-Bonn-Rabatt: vom
normalen Fahrpreis Berlin-Bonn-Berlin (101, 20 Mark) wurden 53, 70 Mark
erlassen«, DER SPIEGEL 13. 5. 1968, S. 31.
»Close to 800 radical students all Communists left East Berlin by special train
tonight [10.5.] for Bonn to take part in a demonstration in the West German
capital tomorrow against a proposed law that would give the Government
special rights in a case of a national emergency.
The East German Communists decided to run the express train to Bonn to
underscore their involvement with leftist student activities in West Germany«,
NYT 11. 5. 1968.
Zu dem Protestmarsch gegen die Notstandsgesetze wurden laut NYT 30 000
Teilnehmer aus der BRD erwartet.

1138, 22   *Notstandsgesetze* – Als Notstandsgesetze werden die nicht verfassungsändern-
den Gesetze bezeichnet, die in einem inneren und äußeren Notstand das
Funktionieren von Staat und Verwaltung sicherstellen sollen. Sie sind nur zum

Teil Ausführungsgesetze zur sog. Notstandsverfassung, die mit dem 17. Gesetz zur Änderung des Grundgesetzes vom 24. 7. 1968 (BGBl. I, S. 709) in die Verfassung eingefügt wurde. Mit ihnen werden die Rechte der Legislative eingeschränkt und die der Exekutive erweitert, gegebenenfalls auch auf Kosten von Grundrechten. Gewerkschaften und die Studentenbewegung protestierten heftig dagegen, da sie einen Machtmißbrauch der Regierung befürchteten, während die Regierungskoalition, CDU und SPD, die Gesetze als wichtigen Schritt zur vollen Souveränität der BRD werteten, indem mit ihnen die bisherigen Rechte der Alliierten für den Notstand erloschen. Die Protestdemonstrationen fielen in die heißeste Phase der Studentenrevolte, zeitgleich mit den Barrikadenkämpfen der Studenten und Arbeiter in Paris; s. K. 1211, 30–32; 1262, 37–1263, 21; s. 1340, 12 f.

1138, 24–29 *sie veröffentlichen per . . . Berliner Zeitung gestanden* – In dem Artikel »Soviet–Bloc Attitudes on Prague Remains in Doubt After Talks« der NYT vom 10. 5. 1968 heißt es: »An East German effort to arouse such fears was suggested today by an allegation in the East Berlin newspaper, Berliner Zeitung, that American and West German troops would enter Czechoslovakia to take part in a war film.«
Darauf bezieht sich auch die Notiz »Film Report Is Denied« vom selben Tag: »Czechoslovak diplomats denied today that American and West German troops were being used for shooting a war film in Czechoslovakia. The film ›The Bridge at Remagen‹ deals with a World War II incident on the Rhine River.«

1138, 30 *Sachwalter der D. D. R.* – Sachwalter: Fürsprecher, Verteidiger; hier: Anspielung auf Ulbrichts Vornamen Walter (s. K. 993, 8), vermutlich auch auf den Begriff »Amtswalter« (s. K. 532, 9 f.).

1138, 32 f. *Warschaupakttruppen* – s. K. 913, 26.

1138, 36– *Die Kommunisten in . . . Soldaten in Pilsen* – Unter der Überschrift »Czech Is
1139, 5 Insistent On Liberal Stand« schreibt die NYT vom 10. 5. 1968, daß der Nationalfeiertag und 23. Jahrestag der Befreiung vom Hitlerfaschismus erstmals ohne Militärparade gefeiert wurde und daß in der Zeitung »Lidova Demokracie« (s. K. 1341, 2) eingestanden wurde, daß der westliche Teil des Landes von amerik. Truppen befreit wurde: »President Svoboda said that ›the friendship and alliance between Czechoslovakia and the Soviet Union is and will remain a reliable guarantee of the security and independence of Czechoslovakia and we will never let anybody disrupt them.‹ [. . .] Earlier this week, authorities placed a wreath of flowers on the site of the destroyed monument to American soldiers in Pilsen, the farthest point of advance in Czechoslovakia by the armored spearhead of the late George S. Patton.«

1139, 5 *Plzeň* – Tschech. Name für Pilsen, Stadt in Westböhmen.

1139, 6–9 *Und die Bewegungen . . . kaum zu glauben* – In der Notiz »British Official Skeptical« der NYT vom 10. 5. 1968 heißt es: »The Foreign Office said today that

it had no confirmation of reports of Soviet troops movements meant to bring
pressure on Czechoslovakia.
A Foreign Office spokesman said he found the reports ›hard to believe.‹«

1139, 8	*Foreign Office* – (engl.) Auswärtiges Amt.
1139, 33– 1140, 4	*einen der Walnußbäume . . . eine Katze darin* – s. 1081, 12–1082, 11; vgl. Riordan (1995), S. 166.
1139, 33	*Walnußbäume* – s. K. 415, 3.
1140, 5– 1143, 30	*K. A. Pontij wünschte . . . recht leer aussehen* – »Der Kommandant Oberst Sidorow legte am 21. Juli einen Plan für einen russischen Heldenfriedhof dem Oberbürgermeister vor. Es sollten 30 Steine zur Verfügung gestellt werden für 30 Gräber. Ein Rotarmist sollte den Platz für Gräber mit feststellen helfen. Die Form der Steine wurde bestimmt. Für Soldaten waren Gedenksteine aus Granit, für Offiziere aus Marmor nach einem Muster herzustellen. Die Aufschrift hatte mit Emaillelack in Kokardenrot zu erfolgen. Am 19. Juli wurde ein Sergeant der Roten Armee auf dem zu errichtenden Friedhof beerdigt. Dafür mußten morgens um 8 Uhr fünf Arbeiter mit Picken und Spaten und ein Steinmetz einem russischen Major von der russischen Kommandantur zur Verfügung stehen«, Eggert (1967), S. 72; vgl. Baker (1995), S. 144; Müller (1997), S. 172 f.
1141, 3	*Schönberg* – s. K. 71, 5.
1141, 4	*Beim Einmarsch der Luftwaffe* – s. 701, 26–704, 14.
1141, 9	*Karasho* – (russ.) Gut.
1141, 28 f.	*vom Kriege 1870/71* – Dt.-frz. Krieg von 1870/71, der durch die Verschiebung der Machtverhältnisse in Europa zu Gunsten Preußens und die dadurch hervorgerufene Gefährdung der Vormachtstellung Frankreichs entstanden war. Die unter preußischer Führung vereinten dt. Staaten siegten, König Wilhelm I. von Preußen wurde am 18. 1. 1871 in Versailles zum Dt. Kaiser ausgerufen, und Deutschland erhob Anspruch auf einen Platz unter den Großmächten; s. K. 196, 14; 1150, 5 f.; 1166, 32 f.; 1809, 4 f.; s. 1142, 2; 1217, 2.
1141, 33–35	*Jeder in Jerichow . . . der Heldengedenkstätte vorbei* – s. 1410, 17 f.
1142, 18	*Burgmister* – s. K. 1002, 27.
1142, 19	*gerojam Krasnoi Armii* – (russ.) den Helden der Roten Armee; s. K. 1330, 19 f.; 1435, 10 f.; 1875, 1; s. 1330, 20; 1843, 5.
1143, 1	*Wwe.* – Abk. für Witwe

11. 5. 1968

1144, 21	*Jerichow* – Hier: Ort in der Altmark, 100 km westlich von Berlin; s. K. 7, 27.

1144, 23   *Genthin* – Stadt am Elbe-Havel-Kanal, 20 km südwestlich von Jerichow.

1144, 23 f.   *Vorderstadt* – s. K. 1032, 38.

1144, 25   *Dominium* – (lat.) Herrschaft.

1144, 25 f.   *Herzöge von Strelitz* – Nach dem Erlöschen der Güstrower Linie (1695) bildeten sich 1701 die Herzogtümer Mecklenburg-Schwerin und Mecklenburg-Strelitz. Letzteres verfügte über die Herrschaft Stargard (s. K. 1186, 13 f.) im Osten und das Fürstentum Ratzeburg im Westen sowie über die Komtureien Mirow und Nemerow. Landstände, Landtage und Gerichte blieben gesamtmecklenburgisch.

1144, 26   *Strelitz* – s. K. 271, 32.

1144, 34   *Strecke Königsberg-Stettin* – Königsberg: s. K. 631, 17; Stettin: s. K. 32, 14.

1144, 37 f.   *eine Hochbrücke, mit . . . Kante für Fußgänger* – Östlich der Güstrower Haltestelle Priemerburg führte eine eingleisige Brücke mit einem Fußweg über das Güterbahngelände.

1145, 2   *Doppler-Effekts* – s. K. 242, 26.

1145, 4   *Bleyle-Anzug* – Wilhelm Bleyle (7. 4. 1850–16. 2. 1915) gründete 1889 die gleichnamige Firma für Strickwaren, die erstmals industriell hergestellt wurden. Die Kinderkleidung im Matrosenstil war besonders beliebt.

1145, 17 f.   *Die Mutter vom . . . mit den Fischer-Babendererdes* – s. K. 9, 32–36; s. 271, 29–31.

1145, 36 f.   *Zinsknechtschaft* – Punkt 11 des Programms der NSDAP forderte: »Abschaffung des arbeits- und mühelosen Einkommens, Brechung der Zinsknechtschaft.« Damit sollte der Einfluß des Finanzkapitals auf Politik und Wirtschaft ausgeschaltet werden. Das »Gesetz über die Gewinnverteilung der Kapitalgesellschaften (Anleihestockgesetz)« vom 4. 12. 1934 (RGBl. I, S. 1222) schrieb in § 3 eine Begrenzung der Dividende auf 6 % vor. Nur einen Teil des Gewinns erhielten die Aktionäre ausbezahlt, der Rest wurde in Anteile von Reichsanleihen umgewandelt (vgl. § 4).

1146, 10   *Ordensburgen der Nazis* – Auf drei Ordensburgen (Krössinsee in Pommern, Vogelsang in der Eifel, Sonthofen im Allgäu) sollte der Führernachwuchs der NSDAP herangezogen werden. Aktive Parteiarbeit, körperliche Gesundheit, »rassische Eignung« und abgeleisteter Wehrdienst waren Voraussetzungen für die 25–30jährigen Anwärter, die auch verheiratet sein sollten. In drei Jahren wurden die militärisch geführten Zöglinge wissenschaftlich, sportlich und »charakterlich« ausgebildet, um danach in den hauptamtlichen Parteidienst übernommen zu werden; s. 1722, 22.

1146, 13   *Marine-H. J.* – Marine-Hitlerjugend, s. K. 164, 33.

1146, 15   *H-Jolle* – s. K. 728, 27.

1146, 16   *Schleuse* – s. K. 473, 9 f.

1146, 18   *Rottenführer* – Unterster Dienstgrad der Hitlerjugend.

1146, 20   *Mischehe, nicht privilegiert* – Ehe zwischen einem jüd. und einem arischen Partner; privilegiert hieß sie, wenn aus der Ehe Kinder hervorgegangen waren.

1146, 20   *Sternträger* – Nach § 1 Abs. 1 der »Polizeiverordnung über die Kennzeichnung der Juden« vom 1. 9. 1941 (RGBl. I, S. 547) war es Juden, die das sechste Lebensjahr vollendet hatten, verboten, sich in der Öffentlichkeit ohne einen Judenstern zu zeigen. Nach Abs. 2 Satz 1 bestand der Judenstern aus einem handtellergroßen, schwarz ausgezogenen Sechsstern aus gelbem Stoff mit der schwarzen Aufschrift »Jude«. Nach Satz 2 war er sichtbar auf der linken Brustseite des Kleidungsstücks fest aufgenäht zu tragen; s. K. 1690, 24; s. 1497, 9.

1146, 23   *Fürstenberg* – s. K. 362, 19.

1146, 24   *Oranienburgs* – Stadt nördlich von Berlin an Havel und Oder-Havel-Kanal. Das 1933 als eines der ersten KZ der Nazis angelegte Lager Oranienburg wurde 1936–45 als KZ Sachsenhausen weitergeführt; s. K. 645, 38; 1603, 2; 1659, 35 f.

1146, 26–33   *Uniform der Flieger-H. J. . . . Soldaten ihre Feldblusen* – Die »Verordnung über die Meldung von Männern und Frauen für Aufgaben der Reichsverteidigung« vom 27. 1. 1943 (RGBl. I, S. 67) betraf alle Männer vom 16. bis zum 65. und alle Frauen vom 17. bis zum 45. Lebensjahr. Am 11. 2. 1943 veröffentlichte das Deutsche Nachrichtenbüro (DNB) eine Anordnung, »daß die höheren Schüler Gelegenheit zum Einsatz als Luftwaffenhelfer erhalten sollen.« Am 15. 2. 1943 wurden die ersten Luftwaffenhelfer-Verbände aufgestellt; bis zum Kriegsende wurden etwa 120 000 Jungen der Jahrgänge 1926–28, teilweise noch 1929 erfaßt. Ihre vorschriftsmäßige Bekleidung war die leicht modifizierte Uniform der Flieger-HJ; s. K. 1148, 2 f.

1146, 39   *Eisernen Kreuz zweiter Klasse* – s. K. 115, 31.

1147, 15   *Luftschlacht um Berlin* – Vermutlich Analogiebildung zur »Luftschlacht um England« vom Herbst 1940, dem Versuch, als erste Stufe einer geplanten Invasion Großbritanniens die brit. Luftstreitmacht auszuschalten. Nach dem Mißlingen dieser Absicht griff die dt. Luftwaffe nachts engl. Städte an, insbesondere London. Anfang 1943 beschlossen die Westalliierten die systematische Bombardierung dt. Rüstungszentren. Berlin wurde durch eine Serie schwerer Nachtangriffe der RAF im August 1943 einbezogen, die im Winter fortgesetzt wurden. Seit März 1944 folgten Tagesangriffe amerik. Bomberverbände, die bis Mitte April 1945 fortgesetzt wurden.

1147, 17–19   *»Die von der . . . einen Stock verschluckt«* – Zitat nicht nachgewiesen.

1147, 20 f.   *Liberators, Typ B 24* – Consolidated (s. K. 1721, 29) B-24 »Liberator«, ab Anfang der vierziger Jahre bis 1945 in 18 188 Exemplaren aller Versionen gebauter, viermotoriger schwerer Langstreckenbomber mit 7–12 Mann Besatzung.

1147, 27	*»Oberhelfer«* – Beförderungsstufe bei den Luftwaffenhelfern.
1147, 29	*»Fu-MG«* – Funkmeßgerät.
1147, 29	*Telefunken* – 1903 gegr. Aktiengesellschaft mit Sitz in Berlin, die vor allem Funkgeräte, Radios und später auch Fernseher herstellte. 1966 in die Allgemeine Elektrizitäts-Gesellschaft (AEG AG) integriert, die daraufhin 1967 ihren Firmennamen in AEG-Telefunken AG änderte.
1147, 29 f.	*Das Wort Radar . . . Das Funkmeßgerät ortete* – Radar: s. K. 42, 16. Die Funkmeßtechnik wurde für militärische Zwecke, Ortungs- und Feuerleitsysteme in den USA und den europäischen Industrieländern in den dreißiger Jahren entwickelt. In Großbritannien erreichte Fortschritte wirkten sich bereits bei der erfolgreichen Luftverteidigung in der Schlacht um England 1940 aus. 1942/43 waren die Westalliierten den Deutschen in allen Anwendungsgebieten überlegen.
1147, 36	*hatten doch Offiziere . . . Hitler zu töten* – Eine Gruppe von Offizieren (v. Stauffenberg, Beck, v. Haeften, Olbricht, v. Quirnheim, v. Stülpnagel u. a.), die Hitlers Machtübernahme anfangs begrüßt, sich aber später von der NS-Führung abgewandt hatte, plante seit längerem einen Umsturz. Sie schleuste am 20. 7. 1944 eine Bombe in die »Wolfsschanze«, das ostpreußische Hauptquartier. Hitler überlebte den Anschlag, die am Umsturzversuch Beteiligten wurden erschossen oder zum Selbstmord gezwungen. Vgl. Johnsons Brief über den 20. Juli an Heinz Lehmbäcker vom 5. 8. 1981; in: Fahlke (1994), S. 16 f.
1148, 2 f.	*vertauschten sie ihm . . . mit den schwarzen* – Der Vorgang bezeichnet D. E.s Einberufung zur Wehrmacht. Seine Uniform als Flakhelfer hatte jedoch keine roten Kragenspiegel. Schwarze Kragenspiegel bedeuteten, daß D. E. zur Panzertruppe kommen sollte, deren schwarze Uniformen rosa umrandete schwarze Kragenspiegel mit einem silbernen Totenkopf hatten. Spaeth interpretiert den Fehler als »Signal für erhöhte Aufmerksamkeit. Deren Ziel könnte eine Erzählung Arno Schmidts sein, *Schwarze Spiegel*, in der Motive und Themen wichtig sind, die auch die Fortsetzung von Erichsons Jugenderinnerungen bestimmen: Krieg, Tod, Vergewaltigung, ein Waldhaus, Wachehalten und Lektüre«; vgl. Spaeth (1998), S. 90; s. K. 1146, 26–33.
1148, 8–14	*Sokolowski fertig war . . . dem Dritten Weltkrieg* – Wassilij Danilowitsch Sokolowskij (21. 7. 1897–10. 5. 1968), sowj. Marschall; seit Februar 1941 stellv. Generalstabschef, später Armeekorpskommandeur; 1945 Erster Stellvertreter und von März 1946 bis März 1949 Oberbefehlshaber der »Gruppe der sowj. Besatzungstruppen in Deutschland« und Oberster Chef der SMAD für militärische Angelegenheiten, Nachfolger Schukows; ab März 1949 Erster stellv. Minister für Streitkräfte (ab Februar 1950 Kriegsminister) der UdSSR; 1952–60 Generalstabschef und gleichzeitig Erster Stellvertreter des Kriegsministers (ab 1953 des Verteidigungsministers), anschließend bis zu seinem Tod Generalinspekteur im Verteidigungsministerium; 1961–68 Mitglied des Politbüros. Seine Äußerung fiel bei einem Frankreichbesuch im Februar

1968; vgl. NYT 11. 5. 1968; DER SPIEGEL 13. 5. 1968, S. 184; Foitzik (1995), S. 24.

1148, 11 f.   *berliner Blockade* – Nach der Einführung der westlichen DM in Westberlin am 23. 5. 1948 wurde in der Nacht zum 24. 5. der Eisenbahnbetrieb auf der Strecke Berlin-Helmstedt-Hannover wegen »technischer Schwierigkeiten« eingestellt, die Stromlieferung in die westlichen Sektoren von Berlin aus der SBZ und Ostberlin unterbunden, alle Transporte von Lebensmitteln nach Westberlin untersagt. Am 30. 6. 1948 sperrte die SMAD auch den Wasserstraßenverkehr nach Berlin. Als Begründung hieß es in der »Täglichen Rundschau«, die Westmächte hätten den Alliierten Kontrollrat zerstört und damit ihr Anrecht auf Verbleib in Westberlin verwirkt. Es war ein Versuch, die Gründung eines westdt. Staates zu verhindern und die Westmächte aus Westberlin zu verdrängen. Am 25. 6. 1948 beschloß der Militärgouverneur der amerik. Besatzungszone General L. D. Clay (s. K. 108, 14), die 2, 5 Mio. Westberliner durch eine Luftbrücke zu versorgen, nicht nur mit Lebensmitteln, sondern auch mit Kohle, Werkzeugen und Maschinen. Stalin bot Ende Januar 1949 ein Ende der Blockade an, wenn die Westmächte ihre Gegenblockade an den Zonengrenzen beheben würden und zu einer Viermächtekonferenz bereit seien. Das New Yorker Abkommen der Besatzungsmächte vom 4. 5. 1949 beendete die Blockade. Bis zum 12. 5. 1949 hatten amerik. und engl. Maschinen in etwa 200 000 Flügen 1, 44 Mio. t Güter nach Westberlin geflogen; vgl. SBZ (1956), S. 78 f.; s. K. 108, 14; 1559, 37–39; 1690, 19–21; s. 1528, 7–9; 1536, 14–16; 1552, 14; 1553, 23; 1626, 17–21; 1656, 23 f.

1148, 31 f.   *Albert Einsteins Bemerkungen . . . Wissenschaften von 1915* – Einsteins Arbeit zur »speziellen Relativitätstheorie« erschien 1905 in Bd. 17 der »Annalen der Physik«, 1916 erschien »Die Grundlage der allgemeinen Relativitätstheorie« in den »Annalen der Physik« 49/1916. Diese Theorien und die Erklärung des äußeren Photoeffekts durch Einführung der Lichtquanten revolutionierten die Grundlagen der Physik; s. K. 169, 22.

1150, 5 f.   *Norddeutschen Bund* – Nach der Auflösung des Deutschen Bundes 1866 unter preußischer Vorherrschaft gegr. Bundesstaat dt. Einzelstaaten nördlich der Mainlinie als vorläufiger Ersatz eines dt. Einheitsstaats, der gegen den Widerstand Frankreichs nicht durchzusetzen war. Er festigte Preußens Hegemonieanspruch und war ein Muster einer nicht-plebiszitären Einigung »von oben«. Zu Beginn des dt.-frz. Krieges 1870/71 schlossen sich die südt. Staaten dem Bund an, der am 19. 12. 1870 durch Reichstagsbeschluß den Namen Deutsches Reich annahm; s. K. 196, 14; 1141, 28 f.; 1166, 32 f.; 1809, 4 f.

1150, 9   *Which I undertook . . . York City clean* – (engl.) Was ich ausschließlich tat, um New York sauber zu halten; s. K. 453, 23 f.

1150, 33   *Palisades Park* – Palisades Interstate Park, Nationalpark am linken Hudsonufer, nordwestlich von Manhattan; dort befindet sich auch der Palisades Amusement Park; s. K. 10, 21.

1150, 36   *Ypsilon-Brücke in Saigon* – Dreigliedrige Brücke im Süden Saigons (s. K. 30, 32) über den Kinh Doi Kanal. Während der Mai-Offensive 1968 gelang es einer größeren Zahl von Vietcong, dorthin vorzudringen und das Gelände mehrere Tage zu halten; vgl. NYT 11. 5. 1968.

1150, 38   *Triboro Bridge* – Triborough Bridge führt über den East River und verbindet Manhattan mit der Bronx und Queens; s. 1310, 17.

1151, 2   *Boston* – s. K. 143, 28.

1151, 3   *Philadelphia* – s. K. 92, 33.

1151, 4   *Rockaway* – s. K. 372, 27.

12. 5. 1968

1151, 10–16   *»Das Zitat des . . . Buddhas gefeiert wurde.«* – »QUOTATION OF THE DAY ›We tried to go down one street three times and so far we've had five killed and 17 wounded in my company. I don't care whose birthday it is, we're going back to clean them out.‹ S. Sgt. Herman Strader in Saigon, where the 2,512th birthday of Buddha was celebrated yesterday«, NYT 12. 5. 1968. Unter der Rubrik »Quotation of the Day« erschienen in der NYT gelegentlich kurze Bemerkungen zu aktuellen Ereignissen.

1151, 17   *(c) by the . . . York Times Company* – s. K. 116, 25.

1151, 18–   *»Das Verbrechen blüht . . . in jeder Lieferung.«* – »Airlines and Law Enforce-
1155, 14   ment Agencies found Unable to Cope With Flourishing Crime at Kennedy By Charles Grutzner.
The flood of recent thefts, including diamonds, blue-chip stocks, palladium and other high-value cargo, at Kennedy International Airport has focused attention on the activities of organized criminals at the city's airports.
One of the cases brought the sentencing last week in Federal Court of the nephew of the reputed Mafia boss, Joseph Colombo, to two and a half years in prison as a conspirator in the cashing of $ 407,000 in American Express traveler's checks stolen at Kennedy Airport.
Twenty-three men and two women have been indicted, and all but four have pleaded guilty or have been convicted of transporting the travelers [sic] checks, which were stolen on Aug. 30, 1966. In all that time, however, no one has been arrested or indicted for the actual theft.
United States Attorney Robert M. Morgenthau has called the theft and disposal of the check here and in Las Vegas, Dallas, Baltimore, Puerto Rico, the Virgin Islands and elsewhere the work of a gang familiar with air cargo handling at the airport.
The American Express case and the other thefts have raised serious questions about the ability of existing law agencies at the airports and the airlines' private guards to provide adequate protection of high-value cargo.

In 90 reported thefts at Kennedy Airport last year, the loot amounted to $ 2, 2-million, two and a half times the 1966 total and nearly 50 times that of five years ago. The Port of New York Authority, which compiled the figures, did not include thefts of items valued at less than $ 1,000, nor did it include the $ 2,5million in non-negotiable securities stolen from Trans World Airlines last Aug. 10.

Among those sent to prison in the American Express case, besides Colombo's 34-year-old nephew, Maurice Savino, was Vincent (Jimmy Jones) Potenza, 40, who has been listed by the Federal Bureau of Investigation as a member of the Mafia ›family‹ headed by Carmine (Mr. Gribs) Tramunti, reputed successor to the late Thomas (Three-Finger Brown) Luchese [sic].

Potenza and Americo Spagnuolo, who bought the stolen checks at 25 cents on the dollar and sold them for twice that to the passers, pleaded guilty to conspiracy and took maximum prison terms rather than identify the actual thieves.

One prospective government witness, John Anthony Panarello, an ex-convict named in the indictment as a co-conspirator but not as a defendant, has been silenced by gangland guns. His body, with two bullets through his head, was found in a roadside ditch in the Catskills as his rented car burnt nearby. [. . .]

An official expression of concern over underworld influence at Kennedy came from S. I. C. Chairman Lane during the questioning of the hearing of Alvin C. Schweizer, regional director of Air Cargo, Inc., a corporation jointly set up by the airlines to hire trucking companies.

Mr. Schweizer had told of threats of labor troubles allegedly made by Harry Davidoff, an officer of Teamster Local 295, against National Airlines and Northwest Airlines when they were considering changing trucking companies.

Burglar and Extortionist

Referring to Davidoff, a convicted burglar, extortionist and bookmaker, Mr. Lane asked Mr. Schweizer: ›It seems to me that one man could tie up the whole airfreight industry in New York if he has that much control over the union – is that right?‹

›Yes, Sir, very definitely,‹ replied the witness. ›Because the drivers of the catering trucks and refueling trucks and the food processors who come onto the airport with food for the flights are either teamsters or other drivers [who] would respect any informational picket line that Local 295 or any other organization might establish.‹

There was testimony also that a negotiator for the Metropolitan Import Truckmen's Association had threatened American Airlines with a shut-down of the airport if it hired a ›non-associated‹ trucker. Mr. Lane also charged that racketeers held key positions in both the union and the trade association.

Among underworld names that came up at the airport hearings were those of convicted labor racketeer John (Johnny Dio) Dioguardi and Antonio (Tony Ducks) Corallo, identified by law enforcement agencies as members of the Tramunti Mafia ›family‹; Anthony DiLorenzo, an ex-convict described by authorities as an associate of the Vito Genovese ›family‹, and John Massiello, a reputed Genovese Mafioso and convicted smuggler.

DiLorenzo, a convicted car thief, was on the payroll of the Metropolitan Import Trucking Association for $25,000 a year as a labor consultant. Massiello was also on the same payroll as a labor consultant.

Joseph Curcio, a convicted labor racketeer and strong-arm ›enforcer‹ who once shared the same cell in Atlanta Federal Penitentiary with Joseph M. Valachi, the Mafia member who later testified against the crime organization, was on the payroll of a trucking company as a salesman. The company's president admitted during the S. I. C. hearings that Curcio had never brought in any business.

Most of the underworld influence uncovered in the air freight industry has been at the 4,900 acre Kennedy Airport, which is as big as all of Manhattan south of 42nd Street. The airport is crowded with cargo buildings and heaps of unguarded freight are piled even on the aprons of the flying field. More than 40,000 people work on the airport. [...]

Forged Papers Used

Two men drove a panel truck on Feb. 27 into the cargo area of KLM Royal Dutch Airlines, showed forged papers marked with what resembled a United States Customs seal, loaded the $508,000 shipment of the rare metal [palladium] from the Soviet Union, smiled at a guard, and drove away. The airline was unaware it had been robbed until five hours later when representatives of the real consignee arrived in an armored truck to claim the shipment.

Port Authority police contend that the robbery might have been prevented if KLM, which had been robbed three times in the last two years, had notified them when the men in the panel truck picked up the metal. Lieut. John Lefsen, in charge of the authority's cargo squad, said:

›If we'd been called in to guard the loading of the shipment, we'd have known right away there was something wrong. Engelhard [the consignee] always uses an armored truck and this was just an old, battered green truck with floorboards missing.‹

According to authorities, the thieves had known the flight numbers of the precious cargo, which had arrived in two shipments, and the exact number of items in each«, NYT 12. 5. 1968; s. K. 22, 20–29.

1151, 22 f. *Palladium* – Zu den Platinmetallen gehörendes Edelmetall, als Zahnersatz und zum Überzug silberner Gegenstände verwendet.

1151, 26– *Einer der Fälle . . . der Nähe stand* – s. K. 22, 20–29.
1153, 4

1151, 27 *Joseph Colombo* – s. K. 213, 35.

1152, 4 *Robert M. Morgenthau* – Robert Morris Morgenthau, geb. 31. 7. 1919, Rechtsanwalt; 1961–70 Bundesanwalt für den südlichen Bezirk von New York State; arbeitete eng mit Robert Kennedy bei dessen Kampagne gegen das organisierte Verbrechen zusammen.

1152,6   *Las Vegas* – Stadt in Süd-Nevada; ursprünglich Rastplatz und Mormonen-siedlung am California-Trail. Die moderne Stadt entstand erst durch den Bau der Eisenbahn 1903; bekannt vor allem als Spieler-, Heirats- und Schei-dungsparadies.

1152,6   *Dallas* – s. K. 876, 4.

1152,6   *Baltimore* – s. K. 710, 13.

1152,22 f.   *Trans World Airlines* – s. K. 1006, 13.

1152,27   *Bundeskriminalamt* – s. K. 300, 29.

1152,29 f.   *Thomas Luchese, genannt Dreifingerbrown* – Richtig: Lucchese; s. K. 89, 27.

1153,3   *Catskills* – Gebirge und Nationalpark nördlich von New York, östlich des Hudson River, beliebtes Erholungsgebiet der New Yorker.

1153,31   *American Airlines* – American Airlines Inc., 1934 als Nachfolgerin der American Airways gegr. Luftverkehrsgesellschaft in den USA mit Sitz in New York.

1153,39   *Gewerkschaftsgangsters John Dioguardi, genannt Johnny Dio* – s. K. 156, 35.

1154,1   *Antony Corallo, alias Tony Duckdich* – s. K. 475, 15 f.

1154,5   *Vito Genovese* – s. K. 118, 22.

1154,14 f.   *Joseph Valachi* – Joseph »Cago« Valachi (22. 9. 1903–3. 4. 1971), New Yorker Mafioso; wegen eines Drogendelikts im Atlanta Federal Prison als Zellen-genosse von Vito Genovese (s. K. 118, 22) inhaftiert, kam er zu der Überzeu-gung, er solle auf Befehl von Genovese von dem ebenfalls einsitzenden Joseph DiPalermo ermordet werden. Er starb, während er eine lebenslange Strafe wegen des am 22. 5. 1962 begangenen Mordes an einem Mithäftling absaß, den er mit DiPalermo verwechselt hatte. Valachi war das erste Mitglied der Mafia, das bereit war, den Schweige-Codex zu brechen. Er machte gegenüber dem US-Justizministerium und später in einer Zeugenaussage vor einem Untersuchungsausschuß des US-Senats von September bis Oktober 1963 umfangreiche Angaben über die kriminellen Aktivitäten der Mafia (u. a. ein Zeugnis von etwa 300000 Worten), die zu einer weiteren Schwächung der Mafia in New York führten. Er bestand auf der Bezeichnung »Cosa Nostra«, das Wort »Mafia« werde nur außerhalb der Organisation benutzt; verfilmt un-ter dem Titel »Die Valachi-Papiere«; Italien/Frankreich 1972; Regie: Terence Young; mit Charles Bronson als Valachi und Lino Ventura als Genovese; vgl. NYT 24. 4. 1968; s. K. 22, 28.

1154,30   *K. L. M.* – Abk. für Koninglijke Luchtvaart Maatschaapij.

1155,16–19   *Einen glücklichen Muttertag ... und kommerzielle Anzeigen* – »PUBLIC NO-TICES AND COMMERCIAL NOTICES/To Sylvia, the best mother in the world. From children Ellen, Peter, Frank and Amy«, NYT 12. 5. 1968.

13. 5. 1968

1155, 23–28   *Ein Direktor des... kapitalistisch verwalteten Nationen* – Prof. Vaclav Kotyk schrieb in »The Journal of International Affairs«, einer Zeitschrift der School of International Affairs der Columbia University, daß es Ziel der tschechos. Außenpolitk sei, kulturelle, politische und Handelsbeziehungen mit nichtkomm. Ländern zu erweitern; auch Ostblockstaaten sollten ihre eigenen nationalen Interessen verfolgen; vgl. NYT 13. 5. 1968.

1155, 29   *moskauer Konferenzen* – Am 8. 5. 1968 berieten die Parteiführer der UdSSR, Polens, Ungarns, Bulgariens und der DDR in Moskau über die Lage in der ČSSR. Die Presseorgane in diesen Ländern begannen daraufhin eine großangelegte Hetzpropaganda gegen die tschechos. Reformer.

1155, 29 f.   *Märschen der sowjetischen Panzer in Polen* – Am 8./9. 5. 1968 wurden an den tschech. Grenzen zu Polen, südlich von Krakow, und zur DDR sowj. Truppenbewegungen beobachtet; vgl. NYT 10. 5. 1968.

1155, 31–33   *In Paris hingegen ... und eine Nacht* –Vgl. den Artikel »A General Strike To Back Students Starts in France« der NYT vom 13. 5. 1968: »French labor unions, students and teachers rejected last-hour moves by the Government to appease them last night and began a 24-hour general strike at midnight«; s. K. 1106, 34–1107, 3; 1199, 25–29.

1156, 6   *Financial Times* – 1888 gegr. Londoner Tageszeitung, mit Schwerpunkt Finanz- und Wirtschaftsberichterstattung; auffällig wegen ihres rosafarbenen Papiers.

1156, 33   *NERVOUS* – (engl.) nervös. Auf den amerik. Telefonen sind die Ziffern jeweils durch drei Buchstaben ergänzt. Die Telefonnummer der Zeitansage entsprach diesem Merkwort.

1158, 12 f.   *Allen, Burns, Elman & Carpenter* – s. K. 493, 17.

14. 5. 1968

1159, 33–
1160, 2   *Der neue Wirtschaftsrat ... keine Dollar-Anleihe mehr* –Vgl. den Artikel »Czechoslovak Party Polls Populace on Democracy« der NYT vom 14. 5. 1968: »The new Economic Council, organized earlier this year met today to discuss the possibility of making the Czechoslovak crown free convertible, or exchangeable, with other world currencies. [...] A convertible crown would be acceptable among Czechoslovakia's Western trade partners for settling her debts or trade deficits. Under the present system, Czechoslovakia must settle deficit in the balance of payments in dollars or another convertible currency. [...]
Last month, Czechoslovak leaders spoke of a period of five to seven years before convertibility could be attained.«

Die nicht konvertierbaren »Binnenwährungen« der Comeconstaaten wurden oft zu überhöhten Kursen in eine Währung des »nichtsozialistischen Auslands« umgetauscht, was den Devisenmangel der soz. Staaten vergrößerte. Eine frei konvertierbare Währung hätte ein Ausscheiden aus der soz. Wirtschaftsgemeinschaft und einen schweren Affront gegen die UdSSR bedeutet; s. K. 1857, 27–30.

1160, 33 f.   *Gast bei einer Beerdigung 1938* – Plath hatte an Lisbeths Beisetzung teilgenommen; s. 767, 32.

1161, 21–   *Cresspahl kannte die . . . »Richmond-Barracks«. Wüstenratten* – »Die einrückende
1162, 12   Truppe beschlagnahmte die Gudewill-, die Waldersee- und die Gallwitz-Kaserne am oberen Langen Peter [. . .]. Die Hanseaten-Kaserne gegenüber dem Friedhof blieb zunächst noch frei, da in ihr ein Lazarett untergebracht war. [. . .] Die *Unterbringung* der laufend eintreffenden *Besatzungstruppen* in den nächsten Tagen und Wochen führte zur Beschlagnahme von immer mehr Wohnraum. [. . .] Familien mit ein bis zwei Kindern bezogen ganze Häuser. [. . .] Am 27. Mai 1945 wurde deshalb das bestgelegene Wohnviertel in Sude ostwärts der Lindenstraße rücksichtslos beschlagnahmt, 95 Häuser, meist modern eingerichtete Villen. Der Räumungsbescheid zwischen 8 und 9 Uhr enthielt den Befehl, die Häuser mit allem Inventar bis um 12 Uhr zu übergeben. Nur Schmuck und Wertsachen, Bettzeug, Kleidung und Wäsche durften mitgenommen werden. [. . .] Die Militärregierung gestattete aber, daß jedem Wohnungsinhaber *ein* Zimmer zur Unterstellung von Sachen belassen wurde und daß dieses versiegelt werden dürfte. Doch stellte sich bald heraus, daß viele dieser Räume erbrochen und beraubt worden waren. [. . .] Da der Zustrom der Ostvertriebenen in den Frühlings- und Sommermonaten 1945 besonders stark war, trieb die Wohnungsnot in der Stadt einer Katastrophe zu. Jede Bodenkammer, jeder Verschlag und jedes Verließ war mit Menschen vollgepfropft. [. . .]
Am 31. März 1955 waren [d. h. beschlagnahmt] es noch 46 Privatgrundstücke, das Hammonia-Hotel am Holzkamp, die Viehmarkthalle und die beiden Kasernen am Langen Peter.
Neben der Erfassung von Wohnraum, der in vielen Fällen gar nicht benötigt wurde und zum Ärger der Betroffenen monatelang leerstand, verfielen zeitweise die beiden Kinos, zahlreiche Hotels und Gaststätten, die Reithalle in der Gr. Paschburg, die Sportplätze und eine Menge Garagen der Beschlagnahme. Bei der späteren Freigabe stellte sich heraus, daß wertvolle Teile der Einrichtung verschwunden oder ruiniert waren.
Anfang Juni 1945 zog die erste *Dauerbesatzung*, die ›Wüstenratten-Division‹, von Nordafrika kommend, in Itzehoe ein und bezog in der Hanseaten-Kaserne Quartier, die sie ›Richmond-Barracks‹ nannte. Der Stadtteil Sude wurde zum Sperrgebiet erklärt. [. . .]
Wie rücksichtslos die Engländer in der Art der Beschlagnahme verfuhren, zeigt die Tatsache, daß die Einrichtung des Bürgermeisterzimmers – ein Schreibtisch, drei Sessel und ein Aktenbock – eines Tages abtransportiert wur-

de, so daß der Bürgermeister Dr. Delbrück in einem leeren Zimmer stand. Die Rückgabe erfolgte erst nach acht Jahren, am 1. April 1953. Außer den Beschlagnahmen durch das Besatzungsamt machten die Engländer von Zeit zu Zeit in verschiedenen Stadtteilen Razzien und nahmen das mit, was ihnen gefiel: Möbelstücke, Bilder, Rundfunkgeräte, Fotoapparate, Briefmarkensammlungen. Auch noch vorhandene deutsche Kraftwagen verfielen selbstverständlich der Beschlagnahme.
Die Engländer, die im Übermut der Sieger in der ersten Zeit sehr rücksichtslos auftreten konnten, verursachten durch das wilde Fahren mit ihren Jeeps zahlreiche Unfälle, an deren Folgen vier Männer, drei Kinder und zwei Frauen starben«, Irmisch (1960), S. 480 f.; vgl. Mecklenburg (1990a), S. 244–246; Mecklenburg (1997), S. 382; Itzehoe: s. K. 70, 21.

1161, 18   *Stör* – Fluß, der nördlich von Glücksstadt in die Elbe mündet.

1161, 26   *Sude* – Stadtteil von Itzehoe.

1162, 12   *»Richmond-Barracks«* – (engl.) Richmond Kasernen, benannt nach dem Earl of Richmond (zuletzt Charles Lennox; 1672–1723), unehelicher Sohn Karls II., bzw. den Orten Richmond in Yorkshire oder Surrey.

1162, 22 f. *Cresspahl hatte doch . . . Parteien zu gründen* – Im Befehl Nr. 2 der SMAD vom 10. 6. 1945 heißt es: »1. Im Bereich der Sowjetischen Besatzungszone in Deutschland ist die Schaffung und Tätigkeit aller antifaschistischen Parteien zu erlauben«; in: Eggert (1967), S. 223 f.

1162, 28   *Ortsgruppe der Sozialdemokraten* – Nach 1945 strebten viele frühere SPD-Mitglieder eine einheitliche Arbeiterpartei an. Da aber die Kommunisten auswichen, wurde am 15. 6. 1945 eine Sozialdemokratische Partei in der SBZ gegründet. Ihr Programm forderte einen demokratischen Staat, Verstaatlichung der Banken, Versicherungen, Bodenschätze und Energiewirtschaft, Erfassung des Großgrundbesitzes und der Großindustrie zum Wiederaufbau. Die SPD trat am 14. 7. 1945 dem Antifaschistischen Block (s. K. 1477, 28) bei und wurde am 19./20. 4. 1946 mit der KPD zur SED zwangsvereinigt (s. K. XII,43); SPD: s. K. 170, 10.

1162, 28 f. *Christlichen Union zur Demokratie* – Christlich-Demokratische Union, CDU, am 10. 7. 1945 gegr.; ursprünglich selbständige Partei, die sich für den Schutz des Eigentums einsetzte und gegen Bodenreform und Volkskongreßpolitik war. Ihre Mitglieder fand sie unter engagierten Christen, Handwerkern, Gewerbetreibenden und Bauern. Nachdem die ersten Vorsitzenden Hermes, Schreiber und Kaiser zum Rücktritt gezwungen wurden, ordnete Otto Nuschke ab 1948 die Partei der Bündnispolitik der SED unter und unterstützte mit der Konzeption »christlicher Realismus« den Aufbau des Sozialismus. Die Mitgliederzahl stieg bis zum Dezember 1947 (170 000), fiel danach stetig bis in die sechziger Jahre auf 70 000; s. 1163, 20 f.; 1357, 19 f.; 1370, 24; 1371, 12; 1372, 21; 1396, 32 f.; 1399, 12; 1418, 5; 1689, 5; 1781, 12; 1794, 13. Parallel dazu entstand die CDU in den Westzonen: s. K. 173, 6.

1163, 17	*Schiet* – (nd.) Scheiße.
1163, 25–31	*Cresspahl erinnerte sich . . . einfach den Mund* – s. K. 198, 38 f.
1163, 30	*ein Panzerkreuzer* – s. K. XII,37.
1163, 36	*Die Sache mit der Aktionseinheit* – s. K. 677, 33.
1164, 6	*Ratzeburg* – s. K. 32, 27.

1164, 22–33   *Die Zeitung Rudé . . . Partei wahrgenommen wird* – Unter der Überschrift »Czechs Score Critics in Bloc; Populace Polled on Democracy« schreibt die NYT vom 14. 5. 1968 über eine vom Institut für Politische Wissenschaft des Zentralkomitees der Partei und den Herausgebern von Rudé Pravó vorbereitete Meinungsumfrage: »Does the internal democratization of a Communist party provide sufficient guarantee of democracy? Can you speak of a democracy as being socialist when the leading role is held only by the Communist party? Should the Communist Party carry out its leadership role by devotedly promoting free progressive socialist development or by ruling over society?«

1164, 22   *Rudé Právo* – s. K. 1003, 20.

15. 5. 1968

1165, 11–20   *Die Ostdeutschen haben . . . Gedächtnis gerufen werden* – Die NYT vom 14. 5. 1968 berichtet, Radio Prag habe den Zeitungen »Neues Deutschland«, »Trybuna Ludu« und »Literaturnaja Gasjeta« Verleumdung vorgeworfen, und zitiert aus dem Leitartikel des »Neuen Deutschlands« vom 13. 5. 1968: »›The victims of German fascism from Buchenwald, Maidanek and Mauthausen [concentration camps] as well as Lidice [a Czech town razed by the Nazis] are a warning signal that should keep one from illusions about the possibilities of cooperation with German imperialism.‹ The Prague radio responded: ›If millions of dead did not rest behind these things one could describe it as downright piquant that the victims from Buchenwald, Maidanek and Mauthausen are called to mind in Berlin, of all places!‹«

1165, 12 f.   *Buchenwald, Maidanek und Mauthausen wie Lidiče* – Buchenwald: s. K. 36, 12; 49, 8. Maidanek: s. K. 36, 12; 1112, 4. Mauthausen: s. K. 36, 12. Das böhmische Dorf Lidiče wurde am 10. 6. 1942 von der SS in einer brutalen Vergeltungsaktion für die Ermordung R. Heydrichs dem Erdboden gleichgemacht. Alle Männer und einige Frauen des Dorfes wurden erschossen, die Mehrzahl der Frauen wurde in das KZ Ravensbrück transportiert.

1165, 21–23   *Heute hören wir . . . der Lenin umbringe* – Die NYT vom 15. 5. 1968 bezieht sich auf einen Artikel der sowj. Zeitung »Sowjetskaja Rossija« vom 14. 5. 1968, der sich gegen eine angebliche Heroisierung von Tomáš G. Masaryk als Kämpfer für die tschechos. Unabhängigkeit wendete. Masaryk habe 1918 Boris Sawinkow 200 000 Rubel gezahlt, damit er Lenin ermorde. Sawinkow war ein Kerenski-Anhänger, der aus dem Ausland Terroraktionen gegen die Sowjetunion organisiert hatte. Nachdem man ihn in die SU zurückgelockt hatte, wurde er am 27./28. 8. 1924 zum Tode verurteilt, die Urteilsvollstreckung wurde aufgeschoben, und er starb 1925 unter mysteriösen Umständen; s. K. 1169, 35–1170, 11.

1165, 21   *Thomas Masaryk* – Tomáš Garrigue Masaryk (7. 3. 1850–14. 9. 1937), tschech. Soziologe, Philosoph und Politiker; Mitbegründer des tschechos. Nationalrats (1916); 1918–35 Staatspräsident; s. K. 183, 29; 852, 31 f.

1165, 22   *Č. S. R.* – s. K. 657, 19.

1165, 23   *Lenin umbringe* – Wladimir Iljitsch Lenin, eigentlich Uljanow (22. 4. 1870–21. 1. 1924), russ. Politiker und Theoretiker des Sozialismus; gründete 1895 in Petersburg den »Kampfbund zur Befreiung der Arbeiterklasse«, 1897–1900 in sibirischer Verbannung, emigrierte danach nach Westeuropa. Sein Ziel, eine zentralisierte »revolutionäre« Partei (Avantgarde statt Massenpartei) zu schaffen, spaltete die Russische Sozialdemokratische Partei in Menschewiki und Bolschewiki. Nach der Oktoberrevolution war er Vorsitzender des Rats der Volkskommissare; setzte die bolschewistische Macht im folgenden Bürgerkrieg durch; bemühte sich ab 1921 um eine Stabilisierung der Wirtschaft durch die »Neue Ökonomische Politik« (s. K. 1861, 15 f.). Mit seiner Theorie des Imperialismus entwickelte er den klassischen Marxismus weiter. Seine Vorstellung von Partei und Staat (vor allem in »Staat und Revolution« dargestellt) wurde für die meisten komm. Parteien maßgebend. Lenin wurde 1918 bei einem Attentat durch die Sozialrevolutionärin Fanny Kaplan schwer verwundet; s. K. 927, 31; 1365, 28; 1394, 31–36.

1166, 6–8   *1776? und wir... ihre Unabhängigkeit erklärten* – Mit der Unabhängigkeitserklärung vom 4. 7. 1776 deklarierten die 13 nordamerik. Kolonien ihre Lösung vom brit. Mutterland. Verfasser war im wesentlichen Thomas Jefferson, der sich u. a. auf die Gedanken John Lockes und Grundsätze des Naturrechts stützte. Regierungen, so der Kerngedanke, die die natürlichen Rechte der Menschen nicht gewährleisten und nicht auf der Zustimmung der Regierten beruhen, dürfen gestürzt werden.
Im 17. Jh. waren an der Ostküste 13 Kolonien mit größtenteils brit. Einwohnern entstanden, die in die Machtkämpfe zwischen England, Frankreich und Spanien hineingezogen wurden. Der Verlust der frz. Besitztümer an England (Pariser Frieden 1767) stärkte das Selbstbewußtsein der Kolonisten, sie widersetzten sich der Steuerlast und forderten eigene Vertreter im Londoner Parlament (»no taxation without representation«). Der Einsatz brit. Truppen führte zum Unabhängigkeitskrieg (1775–83), der auch durch das Eingreifen Frankreichs und Spaniens zugunsten der Amerikaner entschieden wurde. Der Frieden von Versailles 1783 sicherte den Kolonien die Unabhängigkeit und teilte ihnen das Hinterland bis zum Mississippi zu; England behielt Kanada; s. K. 108, 13; 1055, 24 f.; 1488, 9; s. 1225, 36.

1166, 8	*Zusätze zur Verfassung* – s. K. 82, 24.
1166, 9	*General Grant* – s. K. 548, 18 f.
1166, 32 f.	*den »Deutschen Bund«* – Der auf dem Wiener Kongreß durch die Bundesakte vom 8. 6. 1815 gegr. Zusammenschluß der dt. Einzelstaaten zu einem Staatenbund. Dem Deutschen Bund gehörten als Mitglieder auch der dän. König als Herzog von Holstein und Lauenburg, der engl. König als König von Hannover und der niederländische König als Großherzog von Luxemburg und Limburg an; Preußen und Österreich nur mit den Gebieten, die bis 1806 zum alten Reich gehört hatten. Einziges Bundesorgan war die Bundesversammlung. Der Deutsche Bund (s. K. 1150, 5 f.) zerbrach 1866 am preußisch-österr. Gegensatz. Mrs. Ferwalter verwechselt den Deutschen Bund mit der Bundesrepublik Deutschland. Zu Mrs. Ferwalters Herkunft: s. K. 46, 18.
1167, 6–18	*unsere Mrs. Ferwalter . . . ausstehende Diplomatie verwiesen* – Die Praxis der dt. Wiedergutmachung gegenüber jüd. Opfern des NS-Regimes war sehr unterschiedlich: Opfern aus Ostblockstaaten wurde keine Wiedergutmachung gewährt, das sollte die DDR übernehmen, die sich aber weigerte, die Rechtsnachfolge des Deutschen Reichs anzutreten. Israel erhielt dank der 1953 mit Adenauer geschlossenen Verträge eine kollektive Wiedergutmachung, die aber dem Staat, nicht einzelnen Opfern zufiel. Als amerik. Staatsbürgerin hatte Mrs. Ferwalter Anspruch auf individuelle Wiedergutmachung.
1167, 15	*Der ruthenische Winkel* – s. K. 46, 18.
1168, 19	*Gott ferbitt* – (jidd.) Gott behüte!
1168, 36	*»The Fifth Rider Is Fear«* – (engl.) Der fünfte Reiter ist die Furcht; s. K. 1135, 16.
1168, 38 f.	*Wenn es hingegen . . . sei, mit Musik* – s. 792, 11–17.
1169, 5	*Ještě dělám chyby* – (tschech.) Noch mache ich Fehler; s. K. 1134, 31.
1169, 10	*jewropeischen* – (russ./dt.) europäischen (Verbindung des russ. Adjektivs [gesprochen: jevrospejskij] mit einer dt. Endung), wobei im Schriftbild das engl. Wort »jew« – Jude – erscheint. (Mrs. Ferwalter bietet Filterkaffee an, keinen »instant coffee«.)

16. 5. 1968

1169, 35– 1170, 11	*Die New York . . . dagegen, einen überwältigenden* – Vgl. den Kommentar der NYT vom 16. 5. 1968 »Prague's Economic Need«: »Moscow's disgraceful attack on the memory of Thomas G. Masaryk and the angry reply in the Prague press testify vividly to the worsening of Soviet-Czechoslovak relations. [. . .] The balance-of-payments problem of the United States, not to mention concentration on Vietnam, makes it unlikely that this country will play a major

role soon in helping Czechoslovakia meet its economic needs. Nevertheless the Administration could take some useful steps to demonstrate the interest and sympathy it recently expressed for the developments in Prague. It could ask Congress to extend most favored nation tariff privileges to Czechoslovakia.

And it could reverse this country's harsh position on the $20 million of Czechoslovak gold that has been denied Prague since World War II. The gold, in American hands, has been withheld from the Czech Government in an effort to force compensation for American property confiscated in 1948 and afterward. The moral case for using the gold in this way has always been weak. The political case for a reversal of attitude now is overwhelming«; s. K. 932, 27–33; 1165, 21–23; Masaryk: s. K. 1165, 21.

1170, 33	*Ic* – s. K. 892, 7.
1171, 29	*Dengeln der Sensen* – Schärfen der Sensen durch Hammerschläge.
1171, 36f.	*»dumm Tüch«* – (nd.) dummes Zeug; s. K. 299, 13.
1172, 4	*Man tau! man tau* – s. K. 510, 4.
1172, 30–1177, 10	*Vom Rathaus muß . . . näher dahin gebracht* – Kliefoths Irrfahrt bei dem Versuch, seine Frau dort zu beerdigen, wo sie geboren war, ist der Handlung von William Faulkners »As I Lay Dying«, 1930 (dt. »Als ich im Sterben lag«, 1961), nachgebildet; vgl. Strehlow (1992), S. 137.
1174, 17	*Propusk* – (russ.) Passierschein; s. K. 1103, 25.
1174, 38	*Insel Poel* – s. K. 886, 4f.
1174, 39	*Kirchdorf* – Größter Ort auf der Insel Poel in der Wismarer Bucht.
1174, 39	*Timmendorf* – s. K. 746, 7f.
1175, 8f.	*Hotels Erbgroßherzog* – s. K. 32, 5.
1176, 9f.	*sondern zwei Rotarmisten mit ihren Familien* – Ähnliche Beispiele finden sich bei Krüger/Finn (1991), S. 24f.
1176, 15–1177, 6	*Auf der Straße . . . Begraben 3. September* – s. 1092, 37f.
1176, 18f.	*Jahrbuch des Vereins . . . Geschichte und Alterthumskunde* – »Jahrbücher des Vereins für meklenburgische Geschichte und Alterthumskunde, aus den Arbeiten des Vereins«, hg. von G. C. F. Lisch, Schwerin. Johnson besaß die Jahrgänge 1843, 1849–53, 1855–56, 1862–64, 1866–67, 1871, 1877, 1879, 1881, 1886, 1896, 1917, 1925–30. Seit 1931 unter dem Titel »Mecklenburgische Jahrbücher« weitergeführt, von denen er die Bände 1931–37 besaß; s. 1458, 39.
1176, 19f.	*Schriften des Heimatbundes Mecklenburg* – »Mecklenburg. Zeitschrift des Heimatbundes Mecklenburg«, Schwerin. Uwe Johnson besaß die Jahrgänge 1906–11, 1926–28 und die Hefte 1913, 4; 1917, 1; 1919, 2; 1933, 2 und

1938, 3/4. Der am 15. 1. 1906 in Schwerin gegr. Heimatbund hatte sich den Schutz des heimischen Bodens, des Waldes, seiner Pflanzen und Tiere, der vorgeschichtlichen Altertümer, der Baudenkmäler, Geräte und Trachten und die Erforschung von Volkstum, Sprache und Sitten zur Aufgabe gemacht.

1176, 20 f.   *Gesetzessammlungen aus dem siebzehnten Jahrhundert* – In Johnsons Bibliothek befindet sich der Band »Sammlung aller für das Großherzogthum Mecklenburg-Schwerin gültigen Landes-Gesetze von den ältesten Zeiten bis zum Ende des Jahres 1834«, Bd. 4, Kirchen- und Schulgesetze, Wismar 1836.

1176, 22   *die Merianstiche* – Die Merians waren eine berühmte Familie von Kupferstechern. Gemeint sind hier wahrscheinlich die von Matthäus Merian d. Ä. (22. 9. 1593–19. 6. 1650) angefertigten und durch ihre Exaktheit berühmt gewordenen Städtebilder zu Martin Zeilers »Topographia« (1642 ff.). Matthäus Merian fertigte auch Stadtpläne an.

1176, 22 f.   *die Landkarten von Homann und Laurenberg* – Johann Baptist Homann (20. 3. 1663–1. 7. 1724), Kupferstecher, Kartograph, Verleger, der 1702 in Nürnberg den bedeutendsten dt. Kartenverlag (»Homannsche Offizin«) des 18. Jh.s gründete. Es handelte sich oft um veränderte Kopien niederländischer oder frz. Karten.
Johannes Wilhelm Lauremberg [sic] (26. 2. 1590–28. 2. 1658), aus Rostock, Dichter, Mathematiker, Historiker; Autor von historischen Karten (überwiegend des alten Griechenland), fertigte die später beschriebene Karte von Mecklenburg an; s. K. 1744, 31–1745, 2.

1176, 30–   *das Mecklenburgische Kirchengesangbuch . . . Kirchdorf gehört hatte* – Ein solches
1177, 9   Gesangbuch mit genau den beschriebenen Silberbeschlägen und -schließen befindet sich in Johnsons Bibliothek. Text des Titelblatts: »Mecklenburgisches=Kirchen=Gesangbuch Mit Herzogl. gnädigsten [sic] Special=Privilegio. Schwerin: Im Verlage der Erben des weyl. Hofbuchbinders Ebert. 1791. Das Exemplar seines Drucks kostet ungebunden mit Evangelien und Episteln 14 Schillinge Cour.« Am Ende finden sich mehrere handschriftliche Todes- und Geburtseintragungen sowie drei eingeklebte Todesanzeigen aus Zeitungen, darunter der älteste Eintrag: »Mein Sohn Friederich Gott[?] Johann ist gebohrn den 3 Apr[?] und Getauft den [?] 6. April Ann[?] 1794.« Das zweite Zitat im Roman findet sich dort ebenfalls mit veränderten Daten: »Vater ist gestorben 14 Mai. Morgen 7 Uhr 1881 Begraben 18 Mai. Geburttag 10 August 1806.« Auf der letzten Seite findet sich ein Hinweis auf die Insel Poel: »Carl August Julius Kummer den 28ten Juli 1842 verheirathet an 9ten Januar im Jahre 1880 zu Kirchdorf auf Poel.«

1177, 11–38   *In so einem . . . so kommenden November* – Marie berichtet später, »dass Dr. Kliefoth im November starb, weil er mit 82 Jahren nicht mehr ärztlichen Beistand haben wollte«; MHC, S. 108; s. 1889, 26.

1177, 18–20   *Warum muß ich . . . da wie lebendig* – Anspielung auf das Märchen von S[ch]neewittchen: »Da wollten sie es begraben, aber es sah noch so frisch aus, wie ein

	lebender Mensch, und hatte noch seine schönen roten Backen«; vgl. Grimm (1985), S. 242.
1177, 29 f.	»*Naems sick doch . . . måkn wi föftein.*« – (nd.) »Nehmen Sie sich doch zusammen; warum soll Ihr Mann nicht leben; gleich machen wir fünfzehn.« Redewendung: (15 Minuten) Pause machen; s. 1311, 4 f.
1178, 3–5	*K. A. Pontij stellte . . . Roten Armee beherberge* – Der Befehl Nr. 5 der SMAD vom 7. 8. 1945 besagte, »daß keiner aus der Ortsbevölkerung das Recht hat, ohne schriftliche Erlaubnis des Militärkommandanten Armeeangehörige übernachten zu lassen«; vgl. Eggert (1967), S. 210, 242 f.; s. 1184, 6–8; 1460, 5–7.

17. 5. 1968

1178, 17 f.	»*The Fifth Horseman Is Fear*« – s. K. 1135, 16.
1178, 20–25	»*And I saw . . . and to conquer.*« – (engl.) »Und ich sah, daß das Lamm eines der sieben Siegel auftat, und ich hörte eine der vier Gestalten sagen wie mit einer Donnerstimme: Komm! Und ich sah, und siehe, ein weißes Pferd. Und der darauf saß, hatte einen Bogen, und ihm ward gegeben eine Krone, und er zog aus sieghaft und daß er siegte«, Offb 6, 1–2 nach der King James Bible.
1178, 28–33	»*And when he . . . a great sword.*« – (engl.) »Und da es das zweite Siegel auftat, hörte ich die zweite Gestalt sagen: Komm! Und es ging heraus ein anderes Pferd, das war feuerrot. Und dem, der darauf saß, ward gegeben, den Frieden zu nehmen von der Erde und daß sie sich untereinander erwürgten, und ihm ward ein großes Schwert gegeben«, Offb 6, 3–4 nach der King James Bible.
1178, 34–36	*Pensionat Schnappauf und . . . Alexandrinenstraße von Rostock* – Das Detail beruht auf Berichten von Lotte Köhler, die das Pensionat besucht hat; vgl. Köhler (1993), S. 143, Anm. 11.
1179, 1–7	»*And when he . . . and the wine.*« – (engl.) »Und da es das dritte Siegel auftat, hörte ich die dritte Gestalt sagen: Komm! Und ich sah, und siehe, ein schwarzes Pferd. Und der darauf saß, hatte eine Waage in seiner Hand. Und ich hörte eine Stimme unter den vier Gestalten sagen: Ein Pfund Weizen um ein Silberstück und drei Pfund Gerste um ein Silberstück; aber Öl und Wein taste nicht an!«, Offb 6, 5–6 nach der King James Bible.
1179, 11–17	»*And when he . . . of the earth.*« – (engl.) »Und da es das vierte Siegel auftat, hörte ich die Stimme der vierten Gestalt sagen: Komm! Und ich sah, und siehe, ein fahles Pferd. Und der darauf saß, des Name hieß Tod, und die Hölle folgte ihm nach. Und ihnen ward Macht gegeben über den vierten Teil der Erde, zu töten mit dem Schwert und Hunger und Tod und durch die wilden Tiere auf Erden«, Offb 6, 7–8 nach der King James Bible.
1179, 35	*Mauthausen* – s. K. 36, 12.
1179, 35	*Bełżec* – s. K. 36, 12; 1091, 10.

18. 5. 1968

1180, 2–7 *Gestern wurden die ... einziges Mal gehabt* – Vgl. den Artikel »Mayors Play Out a Happy Tale of Two Cities« der NYT vom 18. 5. 1968: Promyslow war auf der Rückreise eines offiziellen Besuchs in Mexico einen Tag zu Gast bei Bürgermeister Lindsay: »›How do you deal with strikes by municipal employees in Russia?‹ said the Mayor of New York yesterday to the Mayor of Moscow. ›Strike?‹ replied Vladimir Fedorovich Promyslow, ›in 50 years of Soviet power it has not happened once.‹«
Wladimir Fedorowitsch Promyslow: geb. 15. 7. 1908, Bauingenieur; 1928 Mitglied der KPdSU; 1949–51 und 1953/54 stellv. Vorsitzender des Exekutivkomitees der Stadt Moskau; 1955–59 stellv. Vorsitzender des Stadt-Sowjets, seitdem Vorsitzender; seit 1966 im ZK der KPdSU. (1986 von Gorbatschow entlassen, weil er für die 30 Jahre, die er an der Spitze der Moskauer Stadtverwaltung stand, keine jährlichen Rechenschaftsberichte vorlegen konnte.)

1180, 12–23 *Cresspahl hatte diesen ... nicht nachsehen wollten* – s. 678, 26–28; 692, 15–17.

1180, 15–17 *jeden März die ... Laabs geschmuggelt habe* – s. K. XII, 31–33.

1180, 17 *Putsch von Kapp* – s. K. 17, 19.

1181, 9 f. *Weichen einer Reichsregierung vor der Gewalt* – Gemeint ist der Staatsstreich der Reichsregierung gegen das Land [sic] Preußen, der sogenannte »Preußenputsch«. Seit den Wahlen am 24. 4. 1932 wurde Preußen von einem SPD-Minderheitskabinett regiert, da NSDAP und KPD im Landtag die Mehrheit hatten, jede Entscheidung blockierten, aber unfähig zur Regierungsbildung waren. In dieser Situation löste der Reichskanzler v. Papen durch eine Notverordnung verfassungswidrig die preußische Staatsregierung auf. Die Ministerien wurden militärisch besetzt und die Minister unter Gewaltandrohung aus ihren Büros verwiesen.
Auf die Frage v. Papens am Morgen des 20. 7. 1933, ob er die Geschäfte freiwillig übergeben wolle, erklärte der preußische Innenminister Severing, er halte dieses Vorgehen der Reichsregierung für einen Verfassungsbruch und sehe es als Pflicht eines republikanischen Ministers an, sich nicht durch »freiwilligen Rückzug« mit dem »Makel der Desertion« zu beflecken, er weiche lediglich der Gewalt; vgl. Tormin (1973), S. 223 f.; Bracher (1978), S. 512.

1181, 10–12 *Gesetz zur Wiederherstellung des deutschen Berufsbeamtentums* – s. K. 350, 5 f.

1181, 14 *seit dem 2. Februar 1943* – Ende der Schlacht bei Stalingrad, Wende des Kriegs in der Sowjetunion; s. K. 271, 28.

1181, 24 *Suhrbier* – (nd.) Sauerbier.

1181, 28 *Tüschen* – s. K. 913, 9.

1182, 21 *K. P. D.* – Nach dem Ende des 2. Weltkriegs wurde die Kommunistische Partei Deutschlands (KPD) in allen vier Besatzungszonen zugelassen. In der SBZ schloß sie sich 1946 mit der dortigen SPD zur SED zusammen (s. K. XII, 43).

Nachdem sie in den westlichen Besatzungszonen zunächst in mehreren Landesregierungen vertreten war, verlor sie nach Gründung der BRD an Bedeutung. 1956 wurde sie vom Bundesverfassungsgericht für verfassungswidrig erklärt und aufgelöst. 1968 gründete sie sich als Deutsche Kommunistische Partei (DKP) neu. KPD vor 1945: s. K. 192, 7.

1183, 4 f.   *dem die Mitte . . . Taschenmesser herausgeschnitten war* – Die Mitte: das Hakenkreuz. Die Polizei sollte die Uniformen aus der Zeit vor 1933 erhalten; vgl. Eggert (1967), S. 80.

1183, 6–12   *Sie hatten ihren . . . Waffe zu stellen* – Die Polizei sollte Kleinkaliberwaffen erhalten, die sie auch gegen Rotarmisten einsetzen durfte; vgl. Eggert (1967), S. 80.

1183, 7   *Karabiner 98k* – s. K. 1063, 25.

1183, 18   *Memel* – Die Memel (russ. Njemen) entspringt bei Minsk in Weißrußland, durchfließt Litauen, teilt sich ca. 10 km nordwestlich von Tilsit in die beiden Mündungsarme Gilge und Ruß und mündet nördlich von Kaliningrad ins Kurische Haff.

1183, 28   *Karstadt* – s. K. 495, 17 f.

1184, 6–8   *zwei Armisten mit . . . die Straße setzen* – s. K. 1178, 35.

1184, 11–14   *Wer an seinem . . . Aushänge verbieten müssen* – In der Verfügung des Oberbürgermeisters von Stralsund vom 30. Juli 1945 heißt es unter 4.: »Das Anschlagen von Bekanntmachungen und Anzeigen öffentlicher und privater Art darf künftig nur durch die Stadtverwaltung an den von dieser dazu bestimmten Tafeln erfolgen, welche jetzt in der Innenstadt und in den Vorstädten angebracht worden sind. Zu diesem Zweck sind alle Bekanntmachungen und Anzeigen im Nachrichtenbüro der Stadtverwaltung (Rathaus, Erdgeschoß, Zimmer 14) einzureichen, von welchem sie gegen Erstattung einer Gebühr ausgehängt bzw. aufgeklebt werden. Jede andere Art der Bekanntgabe öffentlicher und privater Bekanntmachungen und Anzeigen ist strengstens untersagt«, in: Eggert (1967), S. 236.

1184, 18   *Ein unsauber gefegtes . . . so recht scharf* – s. K. 1111, 32 f.

1184, 19   *Und die Hunde . . . es nicht leicht* – s. K. 1079, 10–13.

1184, 22–25   *Da war das . . . Fell zu sehen* – Nach der »Verordnung Nr. 12 des Präsidenten der Landesverwaltung für Mecklenburg und Vorpommern im Jahre 1945« waren die Bürgermeister und Landräte für die Bestandsaufnahme zuständig. Punkt 14 forderte die Abgabe (den Verkauf) aller Felle; vgl. Eggert (1967), S. 237 f., 249.

1184, 25–28   *Die Kinder hatten . . . Biologie abgeben müssen* – Der Stralsunder Oberbürgermeister Kortüm verfügte am 30. 7. 1945, daß die »Schulbücher für Deutsch (Lesebücher und Grammatik), Geschichte, Erdkunde und Biologie« sofort in der Schule abzugeben seien; vgl. Eggert (1967), S. 236; vgl. auch ebd., S. 175.

1184, 28	*jedermann was er . . . kyrillischem Druck besaß* – Vgl. die Verfügung des Stralsunder Oberbürgermeisters vom 30. 7. 1945 unter 3.: »Die gesamte Bevölkerung wird aufgefordert, alle in ihrem Besitz befindlichen russischen Bücher in russischer Sprache [. . .] abzugeben«, in: Eggert (1967), S. 236.
1184, 30 f.	*Die Handwerksbetriebe waren . . . Materialien, Treibstoff anzumelden* – Eine Anordnung des Stralsunder Oberbürgermeisters vom 15. 8. 1945 verlangte, bis zum 16. 8. Verzeichnisse der Vorräte an »Rohstoffen, Material, Treibstoffen und Halbfabrikaten« vorzulegen; vgl. Eggert (1967), S. 243.
1184, 34–37	*Es wurde auch . . . Propusk vorzeigen konnte* – Ein Befehl der SMA für Mecklenburg und Vorpommern vom 26. 7. 1945 verlangte Passierscheine für alle Fahrzeuge im Besitz von Privatpersonen oder dt. Organisationen; vgl. Eggert (1967), S. 230 f.
1184, 36 f.	*Propusk* – (russ.) Passierschein; s. K. 1103, 25.
1185, 7 f.	*Sowjetgut Beckhorst* – s. K. 172, 6.
1185, 10 f.	*Slatas gute Dienste bei der Kreiskommandantur* – »Der russische Kommandant [von Güstrow] war Generalmajor Swornarjew. Seine Dolmetscherin wurde Slata Kriwussja [sic]. Sie hatte bei den Verhandlungen mit der sowjetischen Streitmacht zusammen mit Landrat Beltz entscheidend mitgewirkt«, Schultz-Naumann (1989), S. 236; s. K. 910, 32–911, 6.
1185, 19	*Er war es zufrieden* – s. K. 124, 17.
1185, 21	*Ackerbürgerei* – s. K. 31, 20.
1186, 10–12	*Auf dem Lande . . . in der Sowjetunion* – Nachfolger des Stralsunder Oberbürgermeisters Kortüm wurde »ein 22jähriger, der wohl die russische Sprache beherrschte, auch durch seine Mitgliedschaft im ›Nationalkomitee Freies Deutschland‹ die russische Art verstand und vielleicht auch russisch gehorchte«; vgl. Eggert (1967), S. 194.
1186, 11 f.	*Nationalkomitee Freies Deutschland* – Im 2. Weltkrieg von der sowj. Regierung gestützte Organisation dt. Kriegsgefangener, vor allem Überlebender der Schlacht von Stalingrad, und komm. Emigranten, z. B. Pieck (s. K. 1458, 26), Ulbricht (s. K. 993, 8), Ackermann (s. K. 1374, 26), Weinert, Becher. Am 12./13. 7. 1943 in Krasnogorsk gegr., verschmolz im September 1943 mit dem »Bund Deutscher Offiziere« (BdO); beide Organisationen gaben das Wochenblatt »Freies Deutschland« heraus. Durch Flugblätter, Rundfunksendungen und Lautsprecher rief das NKFD die in Rußland kämpfenden Angehörigen der Deutschen Wehrmacht zum Sturz Adolf Hitlers und der nationalsoz. Regierung auf. Nach Kriegsende erhielten zahlreiche Angehörige des NKFD, das am 2. 11. 1945 aufgelöst wurde, Schlüsselstellungen in der sowj. Besatzungszone Deutschlands, gegen andere wurde prozessiert, und sie wurden zu hohen Haftstrafen bzw. zum Tode verurteilt.

1186,13f. *Stargard/Pommern* – Heute poln. Stadt; 30 km östlich von Szczecin (Stettin); s. K. 1144, 25 f.; 1253, 30 f., 1288, 23 f.; 1288, 29.

1186, 22–34 *Von jetzt ab . . . 9. Mai 1945* – »Er [Gustav Sobottka, s. K. 1375, 37] rühmte Stalins Absicht vom 9. Mai 1945: Von jetzt ab wird über Europa die große Fahne der Freiheit der Völker und des Friedens unter den Völkern wehen«, Eggert (1967), S. 183 f.

1186, 35 f. *Zehnpunkteprogramm der K. P. D.* – Aufruf der KPD vom 11. 6. 1945 zur vollständigen Liquidierung des Hitlerregimes, zum Kampf gegen Hunger, Arbeitslosigkeit und Obdachlosigkeit, zur Herstellung demokratischer Rechte und Freiheiten, zur Enteignung von Nazifunktionären, Kriegsverbrechern und Großgrundbesitzern und zur Übergabe aller Betriebe, die öffentlichen Bedürfnissen dienen, an die Selbstverwaltungsorgane.

1187, 10f. *die Schuld des . . . Volkes am Krieg* – Vgl. Eggert (1967), S. 183, über die Rede Willi Bredels in Stralsund am 24. 5. 1945: »Bredel hob die Mitschuld des deutschen Volkes an dem Zusammenbruch hervor, nahm aber davon die Konzentrationslagerhäftlinge seit 1933 aus«; vgl. auch ebd., S. 186, die Themenliste für den Block der Antifaschisten: »1. Nicht nur Hitler, sondern das ganze deutsche Volk in seiner Gesamtheit ist schuld am Kriege«.

1187, 13–15 *Ende Juni hatte . . . August fast achttausend* – In Mecklenburg-Vorpommern betrugen die Mitgliederzahlen der KPD am 30. 6. 1945: 935, am 31. 7. 1945: 3193, am 31. 8. 1945: 7975, am 30. 9. 1945: 16225; vgl. Eggert (1967), S. 191; Krüger/Finn (1991), S. 34.

1187, 28 f. *as dei Kuckuck bi sin Gesang* – (nd.) wie der Kuckuck bei seinem Gesang.

1187, 30–37 *Gestern gegen Mittag . . . für ein Quatsch* – Vgl. den Artikel »Kosygin In Prague On Surprise Visit« der NYT vom 18. 5. 1968: »In a move that was startling in a Communist country, Miss Duna Marklickova, a fashionably turned out brunette in a powder-blue shirt, thrust a microphone in General Yepishew's face and asked her question. She wanted to know whether reports in the French newspaper Le Monde, that General Yepishew had told the Soviet party's Central Committee that the Soviet Army stood ready to move in response to a call from Prague for help, were accurate. General Yepishew, a short, plump man wearing many medals, seemed taken aback by Miss Marlickova's insistent questioning as she followed him through the crowd of military officers on his way to the airport lounge. Finally he turned to her and, with a slight smile, said in Russian ›This is a stupid thing.‹«; vgl. auch DER SPIEGEL 27. 5. 1968, S. 126; s. K. 1110, 26–1111, 28.

1187.30f. *General Alexej A. Yepishew* – s. K. 1110, 29.

19. 5. 1968

1188, 2–8   *In der Spalte . . . D. D. R. MOnument 6–4073* – Unter der Rubrik »Commercial Notices« der NYT vom 19. 5. 1968 findet sich unter einer Annonce für »EMPIRE AUTO/SHIP YOUR CAR TO LOS ANGELES/San Francisco [. . .] Call (212) 227–6334« die Ankündigung: »DR. LASZLO PINTER, member, Hungarian Mission to U. N. speaks on ›European Disarmament and the Two German States‹ at Church Center for the U. N., 777 United Nations Plaza, Friday, May 24 at 8.p. m. Sponsored by American Society for the Study of the German Democratic Republic-MO 6–4073«; s. K. 1210, 21–32.

1188, 22   *Cornelius Vanderbilt* – 27. 5. 1794–4. 1. 1877, amerik. Unternehmer; kontrollierte zeitweise die Schiffahrt auf dem Hudson; erwarb ab 1860 die New Yorker Eisenbahnlinien, veranlaßte den Bau des Grand Central Terminal.

1188, 25   *Poughkeepsie* – s. K. 267, 17.

1188, 26   *die Martins, die deLanceys, die Stryckers* – 1654 gründeten europäische Kolonisten Oostdorp, später Westchester genannt (heute östlicher Teil der Bronx). Um 1680 entstanden dort große Villen der »first families«:
Martins: konnten nicht nachgewiesen werden.
De Lanceys: wohlhabende hugenottische Kaufmannsfamilie, die 1685 nach der Aufhebung des Edikts von Nantes nach New York kam und zu der eine Reihe erfolgreicher Geschäftsleute und Politiker gehörten, u. a. Stephan de Lancey (24. 10. 1663–18. 11. 1741), Senator von New York State; James de Lancey (27. 11. 1703–30. 7. 1760), Gouverneur und Richter der brit. Kolonie von New York.
Stryckers: Francis Burdett Strycker (11. 12. 1811–14. 1. 1892), Bürgermeister von Brooklyn, Steuereinnehmer, Sheriff.

1188, 33   *Catskills* – s. K. 1153, 3.

1188, 35   *IND* – s. K. 369, 28.

1189, 2   *Henry Hudsons Autobahn* – s. K. 10, 22; 21, 35.

1189, 27 f. *Henry Bacon, dem . . . Lincoln-Denkmals in Washington* – Henry Bacon (26. 11. 1866–14. 2. 1924), amerik. Architekt, der u. a. das Gebäude der Union Dime Savings Bank in New York entwarf. Die monumentale weiße Marmorplastik des Lincoln Memorial im Vestibül des Repräsentantenhauses in Washington zeigt den Präsidenten auf einem thronähnlichen Stuhl sitzend; s. K. 218, 19.

1191, 9   *Rummelplatzes auf den Palisaden* – s. K. 10, 21; 1150, 33.

1191, 12   *Washington Bridge* – s. K. 22, 12 f.

1191, 16   *Hier leben wir* – s. 54, 11.

20. 5. 1968

1191, 18–20　　*Charles de Gaulle . . . machen, Nein. Chienlit* –Vgl. den Artikel »De Gaulle Holds Talks On Unrest; Strikes Widening« der NYT vom 20. 5. 1968: De Gaulle konferierte mit Ministern am fünften Tag der Streiks und Proteste, die fast die ganze Wirtschaft zum Stillstand gebracht hatten: »›La reforme oui, la chienlit non,‹ he told his ministers as they were consulting at the Elysée Palace. The original, or literal, meaning of ›chienlit‹ is ›soiling one's bed,‹ according to the dictionary. The figurative meaning is ›carnival‹. The fairest free translation would be ›mess‹. It was regarded as a sarcastic slap at the men and forces that defy him«; s. K. 90, 10; 1106, 34; 1203, 20–22.

1191, 20　　*Chienlit* – (frz.) Chaos, Durcheinander. Johnson spielt, seiner Vorlage folgend, auf die ursprüngliche Bedeutung der Worte (16. Jh.) an: chier en lit: ins Bett scheißen.

1191, 21–31　　*An der Manhattan . . . nur unsere Nachbarschaft* – Die NYT vom 20. 5. 1968 berichtet unter der Überschrift: »6 Teen-Agers Held In Bus Robberies On Upper West Side«: »According to the police, who were investigating at least 10 bus holdups in the last month in the vicinity of Manhattan Avenue and 119th Street, the robberies were carried out this way:
With a pretty girl standing at the bus stop to hail the bus, three or four members of a gang hid in a nearby doorway. When the bus stopped to admit the girl, the gang members – crouching down so that they could not be seen by the driver – would run along the side of the bus and hop aboard. A knife was placed at the driver's throat, and his money changer seized before the gang fled.
An unidentified driver was quoted as saying that ›the whole operation takes less than 30 seconds.‹«

1191, 22　　*Parks Morningside* – s. K. 1092, 27 f.

1192, 2–10　　*Sie hat mir . . . gehabt alle Zeit* – Zitat aus MJ, S. 18; s. 1450, 2 f.

1192, 17　　*Anklam* – Stadt an der Peene, 30 km südöstlich von Greifswald. Uwe Johnson lebte von 1934 bis 1944 in Anklam.

1192, 19　　*Dievenow* – s. K. 88, 5.

1192, 20　　*Bonnschen Hof* – Druckfehler in allen Ausgaben; richtig: Boninschen Hof.

1192, 25　　*Wollin* – Insel an der pommerschen Ostseeküste zwischen Stettiner Haff und Pommerscher Bucht.

1192, 30　　*Augustwalde* – Westlich von Stettin gelegener Ort unweit der Autobahn.

1192, 35　　*Podejuch* – s. K. 531, 10.

1192, 37　　*Neubrandenburg* – s. K. 633, 29.

1192, 38　　*griese Gegend* – s. K. 544, 22.

1192, 39	*Eldemündung* – Die Elde mündet bei Dömitz, 40 km nordwestlich von Wittenberg, in die Elbe.
1193, 12 f.	*vom Neuklosterschen Seminar* – Seminar nannte sich das 1862 von Ludwigslust nach Neukloster verlegte Lehrerseminar, das 1927 aufgelöst wurde. Gemeint ist hier die Landwirtschaftliche Schule Neukloster der dreißiger Jahre, an der Johnsons Vater ausgebildet worden war; vgl. Johnson, Ich über mich, S. 16: »[m]einen Vater, einen Absolventen des Landwirtschaftlichen Seminars Neukloster«; s. 1214, 30 f.
1193, 16	*Eldena* – s. K. 949, 17.
1193, 21	*Crivitz* – s. K. 525, 24.
1193, 22	*Hagenow* – Stadt 25 km südlich von Schwerin.
1193, 31–34	*Das Haus gehörte . . . sollte Papenbrock fragen* – s. 250, 23–29.
1193, 37	*einen toten Sohn* – s. 910, 29–31.
1194, 5	*Bonnschen Hof* – Druckfehler in allen Ausgaben; richtig: Boninschen Hof.
1195, 20	*Lehrerin aus Marienwerder* – s. 1232, 36 f.; 1234, 5 f.; 1270, 4; 1400, 32.
1195, 37– **1196, 7**	*Fru Abs! Dor . . . mi dat Metz* – (nd.) Frau Abs! Da liegt ein Pferd am Bruchweg! [. . .] Wie lange liegt das schon da. Das ist heute erst gefallen. Wer weiß das, Gesine. Ich allein. Aber wir können doch nicht Pferd essen! Du kriegst was anderes. Schweigst du still? Ich schweige still wie ein Baum. Dann gib mir das Messer.
1196, 11	*die Lebensmittelkarte verdienen* – Die Neuregelung der Lebensmittelrationen durch die SMAD vom 21. 10. 1945 galt ab 1. 11. 1945. Sie richtete sich nach der Art der Arbeit und dem Wohngebiet. Es wurden drei Ortsklassen unterschieden: 1. Berlin, Dresden, Leipzig, 2. Provinzhauptstädte und bedeutende Industriestädte, 3. übriges Gebiet. Die Bevölkerung wurde in sechs Gruppen unterteilt: 1. Schwerstarbeiter, 2. Schwerarbeiter, 3. Arbeiter, 4. Angestellte, 5. Kinder unter 15, 6. Sonstige. Einem Arbeiter in der 3. Ortsklasse standen 1050 Kalorien zu; vgl. SBZ (1956), S. 23; Krüger/Finn (1991), S. 46; s. K. 1100, 27 f.; 1207, 28 f.; 1279, 11; 1428, 17 f.; 1493, 28 f.; 1554, 35; 1650, 37; s. 1233, 7; 1251, 37.
1196, 24	*Ichthyol* – (griech.; lat.) Aus Ölschiefer mit fossilen Fischresten gewonnenes Mittel gegen Furunkel, rheumatische Beschwerden, Frostschäden u. a.
1196, 25 f.	*Kreudebrote* – Die Kreude (landschaftlich, zu Kraut): Pflaumenmus.
1197, 13	*Edwin Hoernle* – 11. 12. 1883–21. 7. 1952, Pfarrer, komm. Politiker und Pädagoge; in den zwanziger Jahren Redakteur der Zeitschriften »Das proletari-

sche Kind« und »Der junge Genosse«, 1945–49 Präsident der Dt. Zentralverwaltung für Land- und Forstwirtschaft in der SBZ, veröffentlichte 1946 »Die
Bodenreform. Ein Weg zu Demokratie und Frieden«.

1197, 15　　*Bodenreform* – Anfang September 1945 erließen die fünf Landes- und Provin-
zialverwaltungen der SBZ die gesetzlichen Verordnungen zur Durchführung
der Bodenreform. Aller Grundbesitz über 100 ha sowie der von Kriegsverbrechern und aktiven Nazis wurde entschädigungslos enteignet. Von etwa 3, 2
Mio. ha wurden 2, 17 Mio. ha an 544 079 Landarbeiter, Umsiedler und land-
arme Bauern verteilt; vgl. Lilge (1978), S. 22. 330 000 Bauern und Landarbeiter erhielten Boden; vgl. Doernberg (1969), S. 63. Die Neubauernhöfe
waren durchschnittlich 7–8 ha groß. Für das erhaltene Land mußte ein Über-
nahmebeitrag von dem Wert etwa einer Jahresernte gezahlt werden. Außerdem erhielten bestehende Betriebe Landzulagen, andere Personen Garten-
oder Pachtland. Einige Güter gingen in den Besitz der Länder über. Die
Bodenreform wurde von allen Parteien mit Ausnahme der Hermes-Schrei-
ber-Gruppe der CDU unterstützt. Die Neubauernhöfe bildeten später das
wesentliche Rekrutierungsfeld für die Kollektivierung der Landwirtschaft;
s. K. 1198, 2–6; 1353, 11–14; 1380, 15; s. 1353, 17; 1358, 4; 1401, 18; 1727, 2.

1197, 16–20　　*»daß es heute . . . solange sie leben«* – Zitat aus einer Rede Edwin Hoernles von
einer Großkundgebung der KPD in Berlin; vgl. SBZ (1956), S. 21; Hoernle
(1946), S. 5.

1197, 22　　*Bonnschen Küche* – Druckfehler in allen Ausgaben; richtig: Boninschen Küche.

1198, 2–6　　*Und das Land . . . zum Jahr 1966* – »Laut Gesetz über die Bodenreform bekommt ja der Bauer seinen Boden nicht geschenkt. Er soll pro Hektar Acker
etwa den Gegenwert einer vollen Ernte aufbringen und das in etwa 20 Jahren in einzelnen Raten«, Hoernle (1946), S. 36.

1198, 7 f.　　*550 Liter Milch . . . Eier pro Huhn* – Die Angaben finden sich in: Eggert (1967),
S. 144, 237–39.

1198, 31　　*Sühst* – (nd.) Siehst du?

21. 5. 1968

1199, 25–29　　*Erst haben die . . . sie es auch* – Vgl. den Artikel »French Reds Caught Off Guard
By the Nationwide Disturbances« der NYT vom 21. 5. 1968: »The French
Communists were apparently caught as far off guard by the student and worker protest movement as were the other established parties.« Unter der Überschrift »France Close to Paralysis As Millions of Workers Occupy Factories
and Offices« vom selben Tag heißt es: »In an oblique statement, the Politburo
of the Communist party stressed the limited nature of the workers' demands,
and denied that their movement was an insurrectional strike. Instead, it said,
is was ›tending toward the elimination of the Gaullist regime and Govern-

ment and the accession, with all the forces of the Left, of a veritable republican regime opening the way to Socialism«; vgl. auch DER SPIEGEL 27. 5. und 3. 6. 1968; s. K. 1106, 34; 1155, 31–33.

1199, 30–34 *Die polnischen hingegen . . . doch nur schaden* – Vgl. den Artikel »Gomulka Believed to Be Using Czech Crisis to His Advantage« der NYT vom 21. 5. 1968: Gomulka erklärte die Probleme der ČSSR mit ihren Nachbarn als Folge ihrer Reformen. »By stressing that ›anti-Socialist‹ forces are at work within the Communist commonwealth he has transferred his interpretation of the origin of the 10-week old Polish crisis to Czechoslovakia. [. . .]
Fears that there will be further demoralization of a confused and nervous party membership and the dangers of Czechoslovak style questioning are also considered by observers to be factors in the prudent tone of the press.«

1199, 35 f. *Die ostdeutschen haben . . . und toten Briefkästen* – Vgl. die kurze Notiz »Swedish Premier Warns Of East German Spy Ring« der NYT vom 21. 5. 1968: »Premier Tage Erlander told Parliament today that East German agents were building a spy network in Sweden.
Security policemen have found four buried radio transmittors and several mail pickup boxes around the countryside.«

1200, 1–8 *Die tschechoslowakischen haben . . . das heilende Wasser* – Der sowj. Ministerpräsident Aleksej N. Kossygin reiste unter dem Vorwand einer Kurbehandlung vom 15.–17. 5. 1968 nach Karlsbad, fuhr für einen Tag nach Prag, wo er Stabsmanöver ankündigte und eine strengere Zensur forderte; vgl. DER SPIEGEL 27. 5. 1968, S. 126. Die NYT vom 21. 5. 1968 berichtet nur von Besuchen an Karlsbader Quellen: »The Soviet leader made two trips to a watering station to drink of the famous waters. Czechoslovak television showed him tonight strolling unconcernedly through the streets of the resort«; s. K. 89, 11.

1200, 2–6 *In Prag helfen . . . Kronen entrichtet werden* – PanAm hatte schon vor zwei Jahren Flüge nach Prag aufgenommen, die kaum gebucht wurden, aber auf ein eigenes Büro verzichtet, solange die Verhandlungen noch nicht abgeschlossen waren; vgl. NYT 21. 5. 1968; Pan American Airways: s. K. 324, 25.

1200, 6 *Karlovy Vary* – (tschech.) Karlsbad, Kurort im Nordwesten Tschechiens.

1201, 16 *Estado Libre Asociado de Puerto Rico* – (span.) Freier Assoziierter Staat Puerto Rico; amtliche Bezeichnung für Puerto Rico, das nach seiner Verfassung ein Territorium der USA ohne Gliedstaateneigenschaft ist.

1201, 32 *den Yanquis* – Span. Schreibweise für Yankees: (engl.) Spitzname für Neuengländer, Nordamerikaner; s. 1202, 9.

1202, 36 *you bum! you dirty bum* – (engl.) du Gammler! du dreckiger Gammler!

22. 5. 1968

1203, 20–22   *Die New York . . . Bett seiner Nation –* Vgl. den Kommentar »Challenge to de Gaulle« der NYT vom 22. 5. 1968, der den Streik mit politischen und ökonomischen Ursachen erklärt: »French workers [. . .] are fed up with authoritarian rule after a decade of monarchical paternalism. [. . .] Two years of stagnation [. . .] have slowed down the rise in living standards, reduced housing construction and lifted unemployment to record levels«; s. K. 1191, 18–20; 1191, 20; de Gaulle: s. K. 90, 10.

1203, 22–32   *Umfassend will sie . . . Sprache noch nicht –* Vgl. den Artikel »Key U. S. Bases Shelled By Foe« der NYT vom 22. 5. 1968: »American forces use the term ›light‹ to define damage or casualties that do not affect a unit's capability to carry out its mission. Moderate losses or damages mean that the unit's capability has been impaired, and heavy losses or damages mean that the unit can no longer perform its designated function.
More than 3, 000 men are stationed at each of the three major installations that were targets of the latest attacks. Using the military scale, each installation could have lost 100 men and still report light casualties.«

1203, 33–   *Am vorigen Dienstag . . . das zum Schießen –* Die DDR hatte im Aller-Knie zwi-
1204, 11   schen Saalsdorf und Bahrdorf verschiedene nicht zusammenhängende Gebiete entlang der in einer Zickzacklinie verlaufenden Zonengrenze beansprucht. Nachdem der Zonengrenzraum durch westdt. Grenzschutz und brit. Truppen verstärkt worden war, ließ die DDR von ihrem Vorhaben ab; vgl. »Braunschweiger Zeitung« vom 13. 5. 1968.
Die NYT vom 22. 5. 1968 gibt die Erklärung des westdt. Bürgermeisters der betroffenen Gemeinde Bahrendorf wieder, daß wohl keine gewaltsame Landnahme ganz in der Nähe des VW-Werkes bei Wolfsburg beabsichtigt gewesen sei, sondern es sich eher um eine Abschreckungskampagne gehandelt habe. Auch seien mehrfach Explosionen zu hören gewesen, mit denen Zugänge durch die östlichen Minenfelder gesprengt worden seien. »›The Russians can err, too,‹ an East German colonel conceded after West German farmers had protested that it was, after all, the Russians who drew the demarcation line with British help after World War II. But Mayor Scherfise thinks that, more often than not, the line was drawn wrongly not out of error but in return for a gold watch or a few bottles of schnapps. ›In these tumultuous days after the war, anything was possible,‹ Mr. Scherfise said. He recalled that Soviet officers and some Englishmen could be bribed to leave intact the family lots that straddled the old Prussian-Brunswick border. ›After the deal was done,‹ Mr. Scherfise recalled, ›the signatories would retire to the local tavern and draw the fateful line on a beer coaster or a cigarette case – and that's the way it should remain, too.‹«

1203, 34   *Wolfsburg –* Stadt nordöstlich von Braunschweig, vor allem bekannt durch das Volkswagen-Werk.

1204, 30 f.   *auch noch den . . . der Kommandantur trugen* – In Stralsund waren bei der Volkszählung den Haushaltsvorständen Bescheinigungen ausgestellt worden, zu
denen Major Tscherkassow zwei Wochen später am 1. 6. 1945 die Anweisung
gab: Sie »erlangen volle Gültigkeit als Ausweis erst durch Abstempelung seitens der Besatzungsbehörde«; vgl. Eggert (1967), S. 214.

1205, 13–18   *drohend verbot Pontij . . . sparsam mit Genehmigungen* – Vgl. Eggert (1967),
S. 70 f.: »Die Frage der Einbürgerung brachte die Stadtverwaltung am 17. Juli
zu dem Beschluß, sie nur auf wenige Fälle zu beschränken. [. . .] Obwohl am
8. August 1945 die Landesregierung den Erlaß herausgegeben hatte, daß die
Flüchtlinge wie die ortsansässigen Einwohner zu behandeln seien, erklärte
Bürgermeister Frost, daß für Stralsund noch Einbürgerungsanträge nach den
bisher erlassenen Vorschriften gestellt werden müßten.«

1205, 26–31   *Ende August verfügte . . . aus der Stadt* – Zur erneuten Zählung der Stralsunder
Einwohner vom 29. 7.–1. 8. 1945 hieß es: »2. Zur Neueintragung erscheinen
die Familienhäupter mit den Kennkarten und sämtlichen Papieren der übrigen Familienmitglieder. 3. Alle diejenigen, die sich nicht neu eintragen lassen, werden zur Verantwortung gezogen und zwar bis zur Verhaftung und
Ausweisung aus der Stadt«; vgl. Eggert (1967), S. 233 f.

1205, 31–34   *In der gleichen . . . mit den Kriegsgesetzen* – Die Anordnung des Oberbürgermeisters von Stralsund vom 28. 7. 1945 befahl Registrierung für »alle lebenden Personen des höheren Offiziersstandes der früheren deutschen Armee
vom Majorsrang an und im Range aufwärts, ebenso alle Konstrukteure, Erfinder, leitenden und beauftragten Personen des Rüstungskommandos und
der Rüstungsinspektion, ferner wissenschaftliche Mitarbeiter, die bei der
Kriegsindustrie, dem Rüstungsausbau und der Rüstungsverwaltung beschäftigt waren«; vgl. Eggert (1967) S. 234, auch ebd., S. 209, 213.

1205, 35   *Ic* – s. K. 892, 7.

1206, 3–8   *lag es am . . . Haft wie Geldstrafe* – Der Präsident des Landes Mecklenburg-Vorpommern hatte eine allgemeine Berufserhebung für den 27.–30. 8. 1945 an-
geordnet, allerdings für Personen unter 60 bzw. 55 Jahren; vgl. Eggert (1967),
S. 247: [Es] »ist im Lande Mecklenburg-Vorpommern eine allgemeine Berufserhebung aller Personen der nachfolgenden Altersklassen durchzuführen:
1. Alle männlichen Personen, die in den Jahren 1885 bis 1931 geboren sind.
Fachkräfte mit Hochschulbildung auch der Geburtsjahre vor 1885.
2. Alle weiblichen Personen, die in den Jahren 1890 bis 1930 geboren sind.
Fachkräfte mit Hochschulbildung auch der Geburtsjahre vor 1890. [. . .]
Wer das Erhebungsblatt gar nicht oder nicht pünktlich abliefert, hat mit
Sperre seiner Lebensmittelkarten zu rechnen und kann außerdem schwer be-
straft werden.«

1206, 25–32   *Amtlich durfte nicht . . . nicht mehr zugelassen* – Eine Verordnung des Präsidenten
der Provinz Sachsen vom 23. 8. 1945 verbietet den Ausdruck »Flüchtling«, der
durch »Umsiedler« zu ersetzen sei. Auf Veranlassung der SMAD verordnete

die Zentralverwaltung für Umsiedler dies in einem Rundschreiben vom 2. 10. 1945 für alle Ländern der SBZ; vgl. SBZ (1956), S. 23; Broszat/Weber (1990), S. 242.

1207, 1 f.   *Seit dem ersten . . . Kinder endlich beschäftigt* – In Stralsund forderten ein Kommandanturbefehl vom 2. 5. 1945 und eine Bekanntmachung des Oberbürgermeisters vom 19. 9. 1945 die Kinder auf, sich für den Schulbeginn am 1. 10. 1945 anzumelden: »Der Unterricht für alle Schulen der Stadt Stralsund beginnt am Montag, dem 1. Oktober 1945, vormittags 9 Uhr«; vgl. Eggert (1967), S. 174 f., 209, 248 f.

1207, 9   *Lyzeumsklasse* – s. K. 895, 27.

1207, 15 f.   *Cresspahl bezog im . . . 20 Mark Wohnungsgeld* – Nach der Besoldungsregelung für Beamte und Angestellte des Landes Mecklenburg-Vorpommern vom 26. 7. 1945 sah die niedrigste Vergütungsgruppe RM 150 und RM 30 Wohnungsgeld vor, bei einer als möglich vorgesehenen Kürzung von 6 %; vgl. Eggert (1967), S. 77.

1207, 23–25   *Mochte er nun . . . gegen die Dieberei* – In Stralsund mußten vom 15.–20. 10. 1945 alle Fahrräder registriert werden; die Überschrift der dazugehörigen Bekanntmachung lautete: »Betrifft: Registrierung der Fahrräder«; vgl. Eggert (1967), S. 252.

1207, 28 f.   *auf Abschnitt 10 . . . Zuteilung Salz gegeben* – Auf jene Abschnitte der Lebensmittelkarten, die nur den Aufdruck »Lebensmittel« trugen, wurde zugeteilt, was gerade vorhanden war. Nach den »Lebensmittelkarten für Selbstversorger gültig vom 1. 10. bis 31. 10. 1945« der Provinz Mark Brandenburg gab es 500 g Salz auf Abschnitt 85, die »Grundkarte« für den gleichen Zeitraum teilte 500 g Salz auf Abschnitt 6 zu; s. K. 1196, 11.

1207, 31 f.   *jene durch und durch verluderten Engländer* – s. K. 675, 10.

1207, 33   *Kraftwerk Herrenwyk* – s. K. 31, 26 f.

1207, 35–37   *die letzten Reservereifen . . . Friedenspreisen getröstet worden* – Eine Stralsunder Verordnung verlangte die Ablieferung aller Fahrzeuge und Ersatzteile, einschließlich Reifen und Schläuche, bis zum 15. 11. 1945 »gegen eine angemessene Entschädigung unter Zugrundelegung des am 1. April 1945 gesetzlich gültigen Preises«; vgl. Eggert (1967), S. 257 f.

1208, 1–4   *Als Mitte Oktober . . . des Herrn Stadtkommandanten* – Am 1. 10. 1945 erließ der Oberbürgermeister von Stralsund eine Polizeiverordnung, in der es hieß: »Auf Grund des Polizeiverwaltungsgesetzes vom 1. Juni 1931 wird für den Stadtbezirk Stralsund mit Genehmigung des Stadtkommandanten folgende Polizeiordnung erlassen: § 1 Zur Bekämpfung der Geschlechtskrankheiten haben sich alle männlichen und weiblichen Personen im Alter von 16 bis 50 Jahren ärztlich untersuchen zu lassen«; vgl. Eggert (1967), S. 250 f.; s. 1614, 2 f.

1208, 5–8   *Es kamen ältere . . . Bürgermeister von Jerichow* – s. K. 140, 7–13.

1208, 10–15	*hielt nicht mehr... Unterschrift wie früher* – In der Verfügung des Stralsunder Oberbürgermeisters vom 27.7. 1945 heißt es: »Alle oben erwähnten Organisationen, Unternehmungen und Privatleute sind verpflichtet, ihren Tageskassenerlös täglich auf ihr Konto bei der Stadtbank einzuzahlen. Alle Konteneigentümer haben das Recht, über ihr Konto zur Verrechnung oder zur Abdeckung ihrer Betriebsausgaben frei zu verfügen. Die Kasse der Stadtbank wird die Operationen der Geldannahme täglich von 10 bis 22 Uhr mit Ausnahme der Sonntage durchführen«; vgl. Eggert (1967), S. 233; vgl. ebd., S. 241.
1208, 10	*Raiffeisenkasse* – s. K. 31, 7 f.
1208, 24–36	*Pontij erließ durch...Amt als Bürgermeister* – Im Befehl Nr. 6 des Militärkommandanten Oberst Sidorow vom 1. September 1945 erschien die Nachricht: »Im Interesse der Festigung der städtischen Selbstverwaltung und der Erhöhung der Arbeitsleistung in der städtischen Wirtschaft und zur Einführung einer strafferen Ordnung in der Stadt befehle ich: Der Oberbürgermeister der Stadt Stralsund, Otto Kortüm, wird mit dem 27. August 1945 von seinem Amt als Oberbürgermeister befreit«; vgl. Eggert (1967), S. 247; vgl. ebd., S. 88.

23. 5. 1968

1209, 2–7	*Der Sprecher der... ein Datum angegeben* – Vgl. den Artikel »Brandt Cites Troop Plan« der NYT vom 23.5. 1968: »Bonn, May 22 – Foreign Minister Willy Brandt told the West German Cabinet today of reported plans by the Warsaw Pact to station 10, 000 to 12, 000 special troops in Czechoslovakia. Relating this at a news conference, the Government spokesman, Günther Diehl, said [...] that West Germany regarded [...] the reports as possessing ›a high degree of probability.‹ [...] Well-informed Czechoslovak and Western sources dismissed this information as obsolete«; s. K. 1222, 24–28; 1222, 28–34; Sprecher der Regierung: s. K. 253, 12.
1209, 3	*Die sozialistischen Nachbarn der ČSSR* – Volksrepublik Ungarn, Union der sozialistischen Sowjetrepubliken, Volksrepublik Polen, Deutsche Demokratische Republik.
1209, 10	*und all das* – s. K. XIII, 38.
1209, 13	*Dr. Salomon* – s. K. 94, 25.
1209, 14–34	*Sie seien am... weit von Jerichow* – Der 23.5. 1968 war der (dt.) Vatertag; die ›kalendarische Bedeutung‹ wird in dieser Episode durch das Thema Vater-Sohn aufgenommen; vgl. Schmidt (1998), S. 185 f.; s. K. 1367, 1.
1209, 15 f.	*die britischen Midlands* – s. K. II, 7 f.
1209, 31	*Nje daleko* – (russ.) übersetzt im Text 1209, 33.

24. 5. 1968

1210, 5–14   *Das Parteipräsidium der . . . wie der Rechten* – Vgl. den Artikel »Prague Assumes
Cautious Stance« der NYT vom 24. 5. 1968: »In its attempt to restrain the
Czechoslovak press, the Presidium asked Cestmir Cisar [. . .] to meet with editors, executives and commentators today. [. . .]
Mr. Cisar said no orders were being given to the press, but that the Presidium
believed that the editors, as ›good Communists,‹ would understand that self-
censorship was needed at a time when the liberalizing process faced dangers
›both from the left and from the right.‹ [. . .]
Editors were asked to refrain from attacking the Soviet Union and from con-
centrating on past scandals of crimes attributed to agents of Stalin's secret police.
Mr. Cisar [. . .] also requested editors to end the wide publicity that had been
given to non-Communist groups, such as the K. A. N. clubs, whose initials
stand for ›Clubs of Committed Nonparty Members.‹«

1210, 10   *Klub K. A. N.* – Klub der engagierten Parteilosen (s. K. 1076, 1 f.); am
21./22. 5. 1968 lehnte das tschechos. Parteipräsidium die Gründung neuer
Parteien ab und verhinderte die Zulassung des Klubs.

1210, 21–32   *8 P. M.: Dr. Laszlo . . . der 108. Straße* – s. K. 1188, 2–8. In den Taschenbuch-
ausgaben berichtigt in 109. Straße. 370 Riverside Drive war auch die New
Yorker Anschrift Hannah Arendts (s. K. 53, 14; 873, 8–878, 6); Riverside
Drive: s. K. 12, 34.

1211, 3   *My-self* – (engl.) Ich (selbst).

1211, 11   *promissink* – (engl., falsch ausgesprochen) promising: vielversprechend.

1211, 12   *Jurópi-en* – (engl., in phonetischer Umschreibung) European: europäisch, Eu-
ropäer(in). Richtig: Die 3. Silbe ist betont.

1211, 13 f.   *alten hellenischen Sagen, mit Kreta, Europa* – Die schöne Europa wurde von
Zeus, der sich zu diesem Zweck in einen weißen Stier verwandelt hatte, auf
die Insel Kreta entführt, die Folge waren drei Söhne, darunter Minos, der
Vater der Ariadne.

1211, 15   *N. A. T. O.* – s. K. 42, 16 f.

1211, 15 f.   *Warschauer Vertrag* – s. K. 913, 26.

1211, 20   *Putsch von 1953* – Der im Juni 1952 proklamierte Aufbau des Sozialismus
führte zu einer schweren wirtschaftlichen und gesellschaftlichen Krise. Die
Normerhöhung vom 28. 5. 1953 verschärfte die Unzufriedenheit der Bevölkerung. Als die FDGB-Zeitung »Tribüne« am 16. 6. 1953 die Normerhöhung
als richtig pries, demonstrierten und streikten einige Bauarbeiter der Stalinallee, der Streik weitete sich am 17. Juni auf weitere Betriebe und Industriezentren aus. Neben der Senkung der Normen und Lebenshaltungskosten
wurden Rücktritt der Regierung und freie Wahlen gefordert. An manchen

Orten wurden Rathäuser besetzt und politische Gefangene befreit. Mittags verhängte die sowj. Besatzungsmacht den Ausnahmezustand und setzte Panzer ein, worauf der Aufstand, der keine zentrale Führung hatte, zusammenbrach; vgl. DBA, S. 261–296; BU, S. 422, 442; s. K. 1848, 34 f.; s. 1851, 15; 1854, 33.

1211, 23   *Donauföderation* – Nach dem 1. Weltkrieg geplanter Zusammenschluß der österr.-ung. Nachfolgestaaten, um diese lebensfähig zu machen und ihren Anschluß an Deutschland zu verhindern.

1211, 23   *Rapacki-Plan* – Am 2. 10. 1957 trug Adam Rapacki vor der UNO den Plan der poln. Regierung vor, eine atomwaffenfreie Zone in Mitteleuropa aus BRD, DDR, Polen, ČSSR und ursprünglich auch Ungarn zu schaffen, die von den Weltmächten garantiert werden sollte. Der Plan wurde von den NATO-Staaten abgelehnt, die eine Verschiebung des militärischen Gleichgewichts befürchteten.
Adam Rapacki (24. 12. 1909–10. 10. 1970), poln. komm. Politiker; 1956–68 Außenminister.

1211, 24   *What do we have in Germany* – (engl.) Was haben wir in Deutschland?

1211, 26   *Potsdamer Verträge* – Die als »Potsdamer Abkommen« am 2. 8. 1945 veröffentlichte »Mitteilung über die Drei-Mächte-Konferenz von Berlin« der USA, der Sowjetunion und Großbritanniens, unterzeichnet von Truman, Stalin und Attlee, in der die Besatzungspolitik der alliierten Siegermächte festgelegt wurde: u. a. die politische und wirtschaftliche Behandlung Deutschlands als wirtschaftliche Einheit, Abrüstung und Entmilitarisierung, zentrale Verwaltungsinstanzen, Höhe der Reparationsansprüche und Demontagen, Bodenreform, Verwaltung der Ostgebiete durch Polen und die UdSSR bis zum Friedensvertrag, Überführung der dt. Bevölkerung aus diesen Gebieten, Verwaltung Berlins durch den Alliierten Kontrollrat, Grenzen, Behandlung der Kriegsverbrecher. Der Referent bezieht sich auf den Punkt der völligen Abrüstung und Entmilitarisierung Deutschlands; s. K. 998, 19–24; 1353, 11–14; s. 1354, 11 f.

1211, 30   *1930 hat es ... angefangen mit 2, 2 %* – Bei der Reichstagswahl am 14. 9. 1930 gewann die NSDAP 18, 3 %, am 20. 5. 1928 waren es 2, 6 % gewesen.

1211, 30–32   *Was die Notstandsgesetze ... Beschlagnahme der Autos* – Bereits nach § 14 Abs. 1 des Gesetzes zur Sicherstellung des Verkehrs vom 24. 8. 1965 (BGBl. I, S. 927) konnten der Eigentümer, der Besitzer und Führer eines Verkehrsmittels verpflichtet werden, dieses an einen bestimmten Ort zu bringen und dort zu belassen. Das Verkehrssicherstellungsgesetz wurde zwar im Zuge der Notstandsgesetze geändert (vgl. die Neubekanntmachung vom 8. 10. 1968, BGBl. I, S. 1082), gerade die Bestimmung, auf die Johnson anspielt, bestand jedoch bereits vorher und blieb unverändert; Notstandsgesetze: s. K. 1138, 22.

1211, 33 f.   *Die Demonstrationen in ... Paris, New York* – s. K. 15, 13–17.

1211, 38   *Weschtj mira* – (russ.) übersetzt im Text.

1212, 3   *Mr. Kossygin* – s. K. 89, 11.

1212, 13 f. *Reise eines Chefkommentators . . . Fernsehen nach Böhmen* – Ludvík Svoboda
                 (s. K. 927, 28 f.) hatte drei Tage in der Slowakei Reden gehalten, um die slow.
                 Partei von ihrer Wendung zu einer konservativen Opposition abzubringen.
                 Die Slowaken fürchteten durch die Reformen einen Aufschub ihrer ökono-
                 mischen Entwicklung und Einschränkung ihrer Autonomie. Die Reisen des
                 Botschafters der DDR, Peter Florin, sowie Karl-Eduard von Schnitzlers in die
                 ČSSR wurden als Unterstützung der slow. Konservativen interpretiert; vgl.
                 NYT 23. 5. 1968; s. K. 1444, 39–1445, 1.

1212, 21   *einer Art Kapotthut* – s. K. 19, 15.

1212, 24   *die Mauer* – s. K. 74, 12.

1212, 32   *Marshall-Plan* – Am 5. 6. 1947 unterbreitete der amerik. Außenminister
                 George C. Marshall an der Harvard University Vorschläge mit dem Ziel, den
                 Wiederaufbau und die wirtschaftliche Entwicklung der europäischen Länder
                 mit Warenlieferungen, Aufträgen und z. T. nicht zurückzuzahlenden Krediten
                 zu unterstützen.
                 Der auf der Truman-Doktrin basierende Marshall-Plan wurde 1948 als Euro-
                 pean Recovery Program (Europäisches Wiederaufbauprogramm) verwirk-
                 licht und brachte einen engeren wirtschaftlichen Zusammenschluß der be-
                 teiligten Länder; s. K. 1552, 19.
                 George Catlett Marshall (31. 12. 1880–16. 10. 1959), amerik. General und Po-
                 litiker; 1939–45 Chef des Generalstabs, 1947–49 Außenminister, 1951–52
                 Verteidigungsminister, 1953 Friedensnobelpreis für den Marshall-Plan.

1213, 7 f.   *Warum kam es . . . S. E. D. in Hannover* – Im Frühjahr 1966 richtete das ZK der
                 SED insgesamt 3 »Offene Briefe« an die SPD, in denen es seine Auffassung
                 über die Lage in Deutschland vortrug, der SPD Fragen stellte und ihr ein
                 »Gremium für die offene Aussprache der Deutschen aus Ost und West« vor-
                 schlug (Briefe vom 7. 2., 25. 3., 29. 5.). In den »Offenen Antworten« der SPD
                 (vom 18. 3., 15. 4., 10. 6.) ging es u. a. um einen Redneraustausch zwischen
                 SED und SPD. Die SED hatte eine Veranstaltung in Karl-Marx-Stadt vorge-
                 schlagen, auf der Vertreter beider Parteien sprechen sollten, die SPD im Ge-
                 genzug eine Veranstaltung in Hannover. Da die Möglichkeit bestanden hätte,
                 daß die Vertreter der SED beim Betreten der BRD festgenommen werden
                 würden, weil gegen sie Anzeigen vorlagen, verabschiedete der Bundestag am
                 23. 6. 1966 das »Gesetz über eine befristete Freistellung von der deutschen
                 Gerichtsbarkeit«, das am 29. 6. verkündet wurde (BGBl. I, S. 453). Dieses Ge-
                 setz löste bei Partei- und Staatsführung der DDR schärfste Kritik aus, weil es
                 davon ausging, daß die Strafgesetze der BRD auf alle Deutschen anzuwenden
                 seien, auch wenn sie nicht im Geltungsbereich des Grundgesetzes wohnten.
                 Aufgrund dieser Rechtsauffassung der BRD, von der DDR als »Praxis des
                 Alleinvertretungsanspruchs« kritisiert, waren bereits früher SED-Funktionäre

festgenommen und abgeurteilt worden. Die DDR bezeichnete das Gesetz vom 29. 6. 1966 in einer Propagandakampagne als »Handschellengesetz«. Die Frage, woran der Redneraustausch schließlich scheiterte, ist nicht eindeutig zu beantworten. Die SED warf der Bundesregierung und der SPD vor, sich zu weigern, die von der SED für unerläßlich erachteten Voraussetzungen zu schaffen. In der BRD galt als eigentliche Ursache die Befürchtung der SED, die Redner der SPD würden mit nicht kontrollierbarem Beifall begrüßt und gefeiert; vgl. Deuerlein (1972), S. 61–70; Kleßmann (1988), S. 450–452.

1213, 13   *safe conduct* – (engl.) übersetzt im Text 1213, 14.

1213, 21 f.   *die westlichen Sektoren von Berlin* – s. K. 998, 19–24.

1213, 37   *methodistischen Sammelteller* – s. K. 129, 26–28.

25. 5. 1968

1214, 5   *Ubahnlinie I. R. T.* – s. K. 369, 28.

1214, 24   *Anklam* – s. K. 1192, 17.

1214, 30 f.   *Seminar in Neukloster* – s. K. 1193, 12 f.

1215, 25   *Machorka* – (russ.) Pfeifentabak; s. 1216, 23; 1220, 15.

1215, 26   *Wehrlich* – s. K. 570, 9.

1216, 27 f.   *daß in der . . . als Schande galt* – »Das Eingesperrtsein für einen Tag bedeutet aus russischer Sicht nichts Ehrenrühriges«, Eggert (1967), S. 56; s. K. 1061, 13–16.

1216, 32   *Lyzeum in Gneez* – s. K. 895, 27.

1216, 33–38   *die Heilig-Bluts-Schule getan . . . Judenverfolgungen von 1330* – »Im J. 1330 sollten die Juden in der Synagoge eine Hostie durchbohrt haben, schon im J. 1325 hatte sich ein ähnlicher Auftritt zu Crakow ereignet. Es ward ein peinlicher Proceß eingeleitet und in Folge dessen, die ganze Judenschaft von Güstrow verbrannt. An der Stelle der Synagoge ward zur Verehrung der durchbohrten und wiedergefundenen Hostie die Heil. Bluts-Capelle erbaut, deren Verwaltung und Versorgung durch Priester die Domherren an sich nahmen. In dem ersten großen Brande im J. 1503 brannte auch die Capelle ab, die Hostie ward aber gerettet und in den Dom versetzt. Im Jahre 1509 stiftete der Herzog Heinrich ungefähr an derselben Stelle ein Franziskaner-Kloster, die letzte größere katholische Stiftung im Lande«, Lisch (1842), Bd. 3 (Jahrgang 1844), S. 11. Nach anderen Quellen wurden die Juden vertrieben. Die Heilig-Bluts-Kapelle wurde zu einer beliebten Wallfahrtsstätte, die mit der alten Pfarrkirche am 28. 6. 1503 abbrannte. Von der Kapelle und dem 1509 gegründeten Franziskanerkloster ist nichts erhalten außer dem Straßennamen »Klosterhof« (im Norden des alten Stadtzentrums). Eine Schule befindet sich am »Heiligengeisthof« in der Nähe des Schlosses; vgl. Gehrig (1928), S. 10 f.; s. K. 1432, 31.

1217, 2   *Denkmal für 1870/71* – s. K. 1141, 28 f.

1217, 7 f.   *Jungen unter Werwolfverdacht* – s. K. 1100, 3 f.

1217, 22 f. *shtshi i kasha / pishtscha nasha* – (russ.) Kohlsuppe und Grütze, das ist unsere
Nahrung; s. K. 996, 33.

1217, 31   *otjez und durak* – (russ., dt.) übersetzt im Text.

1218, 1   *Bützow-Dreibergen* – s. K. 615, 2.

1218, 25   *Schweriner See* – s. K. 632, 12.

1218, 26   *Sowjetischen Militär-Tribunal* – Die Sowjetischen Militär-Tribunale gründeten
ihre Jurisdiktion auf die Strafregelungen der Alliierten (Moskauer Erklärung
vom 30. 10. 1943 und Londoner Abkommen vom 8. 8. 1945), das Kontrollratsgesetz Nr. 10 vom 20. 12. 1945 und die dazu ergangene Direktive Nr. 38,
nach dem die Besatzungsmächte in voller Eigenverantwortlichkeit Strafrecht
ausüben konnten, sowie auf sowj. Recht. Delikte nach dem 8. 5. 1945 wurden ausschließlich nach sowj. Strafrecht geahndet. Bis 1955 wurden nicht nur
sowj. Soldaten, sondern auch dt. Staatsangehörige angeklagt und verurteilt,
wenn Belange der Besatzungsmacht berührt schienen. Die Verfahren dauerten oft nicht mehr als 15–20 Minuten, Berufung konnte nicht eingelegt
werden. Die Regelstrafe war 25 Jahre Zwangsarbeit. 436 Todesurteile sind bekannt. Das weitere Schicksal vieler zum Tode Verurteilter und in die UdSSR
Verschleppter blieb unbekannt; vgl. Fricke (1979), S. 104–108.

1219, 18   *S. M. T.* – Abk. für Sowjetisches Militär-Tribunal; s. K. 1218, 26.

1219, 19–21 *das Gesetz Nr. 4 . . . Kraft gewesen war* – Das Gesetz Nr. 4 des Alliierten Kontrollrats vom 30. 10. 1945 kann nicht so verstanden werden. Unter der Überschrift »Umgestaltung des Deutschen Gerichtswesens« hatte das Gesetz zum
Ziel, »das deutsche Gerichtswesen auf der Grundlage des demokratischen
Prinzips, der Gesetzmäßigkeit und der Gleichheit aller Bürger vor dem
Gesetz ohne Unterschied von Rasse, Staatsangehörigkeit und Religion«
umzugestalten. Es befaßt sich in Artikel I mit der Wiederherstellung der Glie-
derung der ordentlichen Gerichtsbarkeit in Amts-, Land- und Oberlandesge-
richte, in Artikel IV mit der Amtsenthebung von Richtern und Staatsanwäl-
ten, und zwar »aller früheren Mitglieder der Nazi-Partei, die sich aktiv für
deren Tätigkeit eingesetzt haben und alle[r] anderen Personen, die an den
Strafmethoden des Hitler-Regimes direkten Anteil hatten«; vgl. Amtsblatt der
Militärregierung Deutschland Britisches Kontrollgebiet, No. 5, S. 39 f.

1219, 28–37 *Da waren ja . . . unterschrieb er nicht* – Eggert berichtet von 131 beschlagnahmten Säcken Rohkaffee, die an verschiedenen Stellen, z. T. unkontrollierbar ge-
lagert wurden: »Aber mit dem Vorrat im Offizierskasino war es anscheinend
nicht ganz ordnungsgemäß zugegangen, wenn zwei beschädigte Säcke in den
ersten Maitagen an Polizei und Beamte, fünf Säcke an Berndt-Stettin, von
denen ein Sack noch mit Erlaubnis des Staatsanwalts geliefert wurde, fünf

Säcke aber an die Bezirksleitung der KPD abgegeben wurden«, Eggert (1967), S. 122, vgl. auch ebd., S. 160.

1219, 28 *Böhnhaase* – Druckfehler in allen Ausgaben, richtig: Böhnhase.

1220, 4 *Dorf Beckhorst* – s. K. 172, 6.

1220, 12 *Uncle Joe* – (engl.) Onkel Joe, amerik. Spitzname für Josef W. Stalin; s. K. 63, 10; s. 1220, 16.

1220, 15 *Krüll* – Tabakschnitt, Shag; s. 1282, 33.

1220, 18 *Jossif Vissarionovič* – Vor- und Vatersname Stalins; s. K. 63, 10.

1220, 25 *»Väterchen«* – s. K. 29, 26 f.

1221, 30 *gneezer Brückenschule* – Der 1434, 18–21 beschriebene Weg vom Bahnhof trifft auf die 1930 als Knaben-Volksschule gebaute Hafenschule (heute Wossidlo-Schule) in Güstrow, Hafenstraße 13, zu. Johnson hat diese Schule, damals Zentralschule genannt, von der 7. Klasse für mindestens zwei Jahre besucht. Vgl. Stübe (1997), S. 42 f.: »Der Name ist gut ausgedacht, denn links und rechts von der Schule gab es in etwa gleichem Abstand jeweils eine Brücke«; s. 1436, 25; 1451, 11; 1475, 18; 1528, 25.

1222, 17 *Neustadt-Glewe* – s. K. 36, 12; 919, 14.

1222, 23 *as of May, nineteen-sixty-eight* – (engl.) vom Mai 1968 an.

1222, 24–28 *Die tschechoslowakischen Kommunisten . . . ihrem Boden erlauben* – Vgl. den Artikel »Red Troops to Hold Games on Czech Soil« der NYT vom 25. 5. 1968: »The armed forces of the Warsaw Pact will hold exercises on Czechoslovak and Polish territory next month Czechoslovakia announced tonight. [. . .] Czechoslovakia had successfully resisted proposals from the Soviet Union and other Communist neighbors to allow the stationing of 11, 000 Soviet special forces in western Bohemia and to agree to the creation of a ›military Cominform‹ political department within the Warsaw Pact«; s. K. 1209, 2–7; 1335, 10–19; 1393, 16–21; 1522, 16–32: 1572, 34–1573, 11.

1222, 26 *KOMINFORM* – Abk. für »Informationsbüro der Kommunistischen Arbeiterparteien«, im September 1947 in Polen zum Erfahrungsaustausch und zur Koordination aller komm. Parteien gegr. Tatsächlich diente es der Kontrolle ihrer Politik durch die KPdSU; im Zuge der Entstalinisierung 1956 aufgelöst.

1222, 26 *Warschauer Vertrag* – s. K. 913, 26.

1222, 28–34 *Die Ostdeutschen verwerfen . . . auf Ewigkeit. / Vorwärts* – In dem NYT-Artikel vom 25. 5. 1968 »Conservatives Supported« heißt es: »East Germany renewed its support today for the conservative Communist forces in Czechoslovakia and voiced confidence that the liberalization program of the Prague reformers would fail. ›History cannot be turned back,‹ Neues Deutschland warned. In a seperate statement, the party organ dismissed as a Bonn provocation reports that the Soviet Union and other Warsaw Pact countries planned to station 10, 000 to 12, 000 foreign soldiers on Czechoslovak territory.« Der Bericht ging auf Außenminister Willy Brandt zurück; s. K. 1209, 2–7.

1222, 31 f. »*Das Rad der . . . sich nicht zurückdrehen*« – Vereinfachung eines Zitats aus dem Kommunistischen Manifest von Karl Marx und Friedrich Engels: »Die Mittelstände, der kleine Industrielle, der kleine Kaufmann, der Handwerker [. . .] sie sind reaktionär, sie suchen das Rad der Geschichte zurückzudrehen«, Marx/Engels (1966), Bd. 3, S. 68.

26. 5. 1968

1223, 2 f. *Staten Island, Stadtbezirk und Kreis Richmond* – s. K. 72, 1; 1027, 9.

1223, 5 *einstöckigen Ziegelwüstenei* – s. K. 20, 33 f.

1223, 25 *S. I. R. R.* – Staten Island Rail Road (engl.): Staten Island-Eisenbahngesellschaft.

1223, 38 *Verrazano-Brücke* – s. K. 118, 38.

1223, 39– *Oude Dorp, Arrochar* – Oude Dorp (holl.): Altes Dorf; 1661 gegr. holl. Sied-
1224, 1 lung auf Staten Island (s. K. 72, 1) nahe der Stelle, an der heute der Ocean Boulevard beginnt; in Berichten der Dutch West India Company werden 12–14 Familien und ein Blockhaus erwähnt; von dieser Siedlung ist nichts erhalten.
Arrochar, Wohngebiet im Nordosten von Staten Island zwischen dem Staten Island Expressway, Fort Wadsworth und dem Hylan Boulevard.

1224, 3 *Arthur Kill* – Ca. 16 km langer, gezeitenabhängiger Meeresarm zwischen Staten Island und New Jersey, dessen nördliches Ende in die Newark Bay und das südliche in die Raritan Bay mündet; s. 1224, 15 f.

1224, 8 *Tottenville* – s. K. 72, 2 f.

1224, 9 *Perth Amboy* – Stadt in New Jersey, gegenüber Staten Island am Ufer des Arthur Kill.

1224, 16 *im Norden eine Stelzenbrücke* – Goethals Bridge zwischen Staten Island (s. K. 72, 1) und New Jersey; am 29. 6. 1928 eröffnet, benannt nach General George W. Goethals, dem Chefingenieur des Panama-Kanals.

1225, 4 *Berlin Wannsee* – s. K. 1019, 8.

1225, 18 *Raritan-Bucht* – Raritan Bay, an der südlichsten Grenze von New York City im Südosten von Staten Island (s. K. 72, 1); an der Mündung des Raritan River und des Arthur Kill in den Atlantik; Fluß und Bucht sind nach dem Algonquin-Wort für Flußmündung benannt; Raritan war auch der Name des auf Staten Island vor der Besiedlung durch Europäer lebenden Indianerstammes.

1225, 21 f.   *Henry Hudson* – s. K. 10, 22.

1225, 24   *Staaten Eylandt* – (holl.) Insel der (General)-Staaten; s. K. 72, 1.

1225, 25   *Herzog von York* – Der spätere engl. kath. König James II. (14. 10. 1633–5. 9. 1701), Bruder Charles II., Oberbefehlshaber der engl. Flotte während der Regierungszeit seines Bruders 1660–95; wurde wegen seiner absolutistischen Politik und Förderung der Katholiken in der »Glorreichen Revolution« 1688 abgesetzt.

1225, 28–30   *Kapitän Christopher Billopp . . . fast 15,000 Hektar* – Engl. Marineoffizier; bekam von der brit. Regierung 1675 oder 1678 nicht 47, sondern 486 ha (1200 acres; nach anderen Quellen 527 ha, 1300 acres) Land, war der erste europäische Siedler auf Staten Island (s. K. 72, 1) an der Stelle des heutigen Tottenville und betrieb ab 1709 die erste Fähre über den Arthur Kill.

1225, 31   *Didos Problem* – Dido, Gestalt der antiken Mythologie, Tochter des Königs von Tyros, mußte vor ihrem Bruder Pygmalion fliehen. Die Bewohner Nordafrikas wollten ihr nur soviel Land abtreten, wie man mit einer Stierhaut umspannen könne. Sie ließ eine Haut in 1000 feine Streifen zerschneiden und zu einem Seil flechten, so daß sie ein ausreichend großes Stück erhielt, um darauf Karthago zu gründen.

1225, 32 f.   *General Howe nach . . . von Long Island* – William Lord Howe (10. 8. 1729– 12. 7. 1814), 1776–78 Oberbefehlshaber der brit. Armee in den nordamerik. Kolonien; schlug Washington im August 1776 bei Long Island und besetzte New York; trat nach einer strategischen Fehlentscheidung, die zum amerik. Sieg bei Saratoga führte, zurück.

1225, 36   *Erklärung der Unabhängigkeit* – s. K. 1166, 6–8.

1225, 38   *Euer Mecklenburg war auch gestohlen* – s. K. 1231, 31 f.

1226, 9   *Melde* – Gartenmelde, auch span. Salat genannt, ein Gänsefußgewächs, das als Gemüse verwendet wurde; s. 1501, 9; 1554, 10.

27. 5. 1968

1226, 15–25   *Wer Ho Tshi . . . Nam Press Hanoi* – Die NYT vom 27. 5. 1968 beruft sich hier auf die Nachrichtenagentur CAP in Tokio: »President Ho Chi Minh of North Vietnam has composed a poem to thank those who remembered his 78th birthday May 19.
Hanoi's official Vietnam press agency said this is what President Ho Chi Minh wrote:
> At 78, I don't feel very old yet
> Steadily on my shoulders I still carry the country's burden.
> In their resistance, our poeple are winning tremendous victories.
> Forward! We march with our younger generations.«

1226, 15   *Ho Tshi Minh* – s. K. 988, 34.

1226, 25   © *Viet Nam Press Hanoi* – s. K. 116, 25.

1226, 26–   *Zeugnis für Alexej ... Square, den heutigen* – In dem Kommentar »After the
1227, 8   Kosygin Mission« der NYT vom 27. 5. 1968 wird Kossygin als »skilful emis-
             sionary« für eine vielschichtige und delikate Aufgabe bezeichnet. »Naturally
             quiet and retiring, Kosygin's public relations tactics are the opposite of those
             followed by his predecessor, the loud and boisterous Nikita Khrushchev. The
             Kosygin manner was therefore much better suited for calming Czechoslovak
             apprehension. Certainly it must have been reassuring for many in the coun-
             try – still worried about earlier signs and rumors suggesting planned Soviet
             intervention – to see Moscow's Premier taking the baths in Karlovy Vary and
             walking with his granddaughter.
             In his negotiations with Communist party and Government leaders, it seems
             likely, Kosygin emphasized the carrot of a large Soviet hard-currency loan,
             but neither side was unaware of the stick behind his back: the threat of mili-
             tary action. In any case, the Soviet visitor got some significant conces-
             sions. Warsaw Pact troop maneuvers will take place in Czechoslovakia this
             year; the managers of that country's communications media were instructed
             to tighten the reins on the range of permissible expression, and it was made
             publicly plain that genuine legal opposition parties will not be permitted.
             The mouthpiece of Moscow's generals, the newspaper Krasnaya Zvezda,
             growled last week that there was a connection between American subversion
             and Czechoslovakia's ›internal processes.‹ That complaint probably helps to
             explain the Kosygin decision to cut short his visit, for it makes plain that the
             Stalinist faction in Moscow is still suspicious and far from reassured by the sig-
             nificant concessions Premier Kosygin did win. Now that he is back in the
             Kremlin, Kosygin's abilities to reassure that group among his colleagues will
             be influential in shaping Czechoslovakia's – and the world's – future«; Kossy-
             gin: s. K. 89, 11.

1226, 29   *Karlovy Vary* – s. K. 1200, 6.

1227, 7   *43. Straße, westlich des Times Square* – Dort befindet sich das Gebäude der New
             York Times; s. K. 60, 14; 134, 8.

1227, 9–22   *Die Kommunisten in ... Wird es reichen* – In dem Artikel »Ex-Prisoners Get
             Czech Concession« der NYT vom 27. 5. 1968 heißt es: »Czechoslovakia's pro-
             gressive Communist regime is taking its first steps towards rehabilitation of
             40, 000 people who have served sentences in prison or concentration camps
             for political reasons in the last 20 years. It is also planning relief for about
             100, 000 who have suffered so-called administrative penalties, such as expul-
             sion from their homes for political reasons. [...] people who have had served
             their sentences for political offences barred in the past from all but manual
             labor, would now be free to resume their old occupation. [...] The proposed
             law calls for payment of 20, 000 crowns for each year spent in prison, with 25

per cent of the compensation to be paid immediately and the rest over a period of about 10 years. It was estimated that a billion crowns might be paid out by the end of 1970. The official rate of exchange of the crown is seven to the dollar although a rate of 16 is used for some purposes«; s. K. 1105, 21–25.

1227, 37   *du Kaukasierin, du rosa Kind* – s. K. 437, 5 f.

1228, 38 f.   *das Ding bewegt sich doch* – Anspielung auf den nicht belegten Ausspruch Galileo Galileis »Und sie bewegt sich doch!«, nachdem er 1633 gezwungen worden war, seiner auf Kopernikus fußenden Lehre, daß sich die Erde um die Sonne drehe, vor der Inquisition abzuschwören.

28. 5. 1968

1231, 21   *Warnemünde* – s. K. 785, 23.

1231, 31 f.   *Taten des Wendischen Königs* – Mecklenburg war bis zum 11./12. Jh. slawisch besiedelt, einer der westslawischen Stämme waren die Wenden. Im Geschichtsunterricht der SBZ und der DDR wurde die Leistung der Slawen z. T. überbetont. Mit dem König könnte Fürst Niklot, der Ahnherr des mecklenburgischen Fürstenhauses, gemeint sein; seit etwa 1125 Fürst der Obotriten, Kessiner und Ciripaner; Gegenspieler Heinrich des Löwen im Wendenkreuzzug von 1147, schlug 1151 einen Aufstand der lutizischen Kessiner und Ciripaner nieder, fiel 1160 vor der Burg Werle im Kampf gegen Heinrich den Löwen; s. 1225, 38.

1232, 4 f.   *die Grenze zum . . . 19. November geschlossen* – Das Datum konnte nicht nachgewiesen werden.

1232, 23   *jung Fru Cresspahl* – (nd.) junge Frau Cresspahl.

1232, 36 f.   *Die Lehrerin aus Marienwerder* – s. K. 1195, 20.

1233, 7   *Lebensmittelkarte als Schwerarbeiter* – s. K. 1196, 11.

1233, 16–23   *»Einzutragen sind alle . . . selbstverständlich nicht erfaßt«* – Zitate aus der Bekanntmachung zur »Personenstandsaufnahme 1. Dezember 1945« des Stralsunder Oberbürgermeisters Emil Frost vom 27. 11. 1945; vgl. Eggert (1967), S. 258.

1234, 23 f.   *Jakob war mit . . . Vorstand des Haushalts* – s. 1239, 4; 1266, 38 f.; 1400, 24 f.; 1401, 15.

1235, 25   *Spirituosen Marke Schlegel* – s. 1270, 15–17.

1235, 26   *Tischler Kern* – s. K. 120, 25.

1236, 23   *Peekschlitten* – (nd.) Kleiner flacher, für Fahrten auf dem Eis bestimmter Schlitten, der mittels einer Peek, einer langen Stange mit Eisenspitze, mit der der Fahrer den Schlitten vom Eis abstößt, fortbewegt wird.

1236, 32   *Cresspahl hatte zu . . . erschossen werden sollen* – s. K. 1061, 13–16.

1238, 3–16   *daß die Engländer . . . Briten ausgeliefert worden* – Diese Grenzbegradigung vom 13. 11. 1945 tauschte ein Gebiet direkt nördlich und östlich von Ratzeburg gegen ein Landstück weiter im Nordosten. Aus dem ehemals brit. besetzten Gebiet wurden 1761 Personen evakuiert, 278 blieben. Zur Überraschung der westlichen Behörden wurden die ehemals sowj. besetzten Dörfer mitsamt allen 687 Einwohnern und 671 Flüchtlingen übergeben – und einer durchgeführten Bodenreform. Da die Ernte vorher hatte abgeliefert werden müssen, kam es zu Versorgungsschwierigkeiten.
Bäk: Dorf nördlich von Ratzeburg; Mechow: Dorf am Mechower See nordöstlich von Ratzeburg; Ziethen: südlicher Stadtteil von Ratzeburg; Dechow: Dorf an der Südspitze des Röggeliner Sees östlich von Ratzeburg. Das südöstlich von Dechow gelegene Dorf Groß Thurow wurde bekannt, weil kein Anwohner zurückblieb: »noch unter dem Banner der Goebbelsschen Bolschewistenhetze stehend«, Bernitt (1954), S. 308.
»An die Sowjets abgegeben wurden 4714 ha, auf denen 2214 Menschen zu Hause waren.
Von den Sowjets übernommen wurden 1680 ha, auf denen 2371 Menschen lebten.
Die Menschen mit auszutauschen lag aber nicht in der Absicht der Engländer«, DER SPIEGEL 4. 3. 1953, S. 11–13, hier: S. 12; vgl. Schultz-Naumann (1989), S. 340 f.; s. 1297, 5 f.

1238, 6   *den Düwel eins* – (nd.) Teufel nochmal.

1238, 8   *Ratzeburg* – s. K. 32, 27.

1238, 13 f.   *das ganze Ostufer . . . dem Stintenburgschen Werder* – Der 15 km lange, vielfach gebuchtete Schaalsee liegt südöstlich von Ratzeburg. Werder bezeichnet eine Flußinsel oder ein zwischen stehenden Gewässern gelegenes Gebiet. Der Ort Stintenburg liegt auf einer Insel im Schaalsee, an deren Westufer die Grenze verlief und die daher zur SBZ gehörte (Die Grenze verlief durch den Schaalsee und bog an dessen Nordende scharf nach Westen ab.); s. K. 191, 10.

1238, 21   *Schlutup* – Im »Westen« gelegener Stadtteil Lübecks, unmittelbar an der Zonengrenze.

1238, 24 f.   *Ratzeburger Sees* – Langgestreckter See in Nord–Süd Richtung mit einer Fläche von 14 km², an dessen Südspitze die Stadt Ratzeburg liegt. Der See selbst gehörte gänzlich zum Westen, das Ostufer im nördlichen Teil war identisch mit der Zonengrenze.

1238, 25   *Dassower See* – s. K. 191, 10.

1238, 25 f.   *Wismarer Bucht* – s. K. 858, 26.

1238, 27   *Du hest dat wußt* – (nd.) Du hast das gewußt!

29. 5. 1968

1239, 6–36   *Index der Lebenshaltungskosten . . . wir hier durchkommen* – Die Statistik ist der NYT vom 29. 5. 1968, S. 1 und 15, entnommen. »Eigene Leistungen« heißt dort »Personal care«, also Körperpflege; vgl. Kokol (1998); s. K. 84, 14.

1240, 16   *Gran Turismo-Wagen* – Eigentlich Sportwagen einer bestimmten Rennklasse mit mindestens zwei Sitzplätzen. Die Abkürzung GT wird häufig auch für Serien-Autos verwendet.

1240, 19   *Kiel* – Landeshauptstadt des Bundeslandes Schleswig-Holstein (zu dem Jerichow gehört hätte); s. K. 294, 28.

1240, 20   *C. D. U.* – s. K. 173, 6.

1240, 25   *Rügen Radio* – Rügen: s. K. 936, 21.

1240, 30   *keine Jeeps angesteckt* – Anspielung auf Heinrich Bölls Erzählung »Ende einer Dienstfahrt« (1966), einem Bericht über einen Prozeß gegen zwei Handwerker, Vater und Sohn, die einen Bundeswehr-Jeep in Brand gesteckt hatten; eine ironisch verkleidete Kritik an Praktiken staatlicher Instanzen; vgl. BU, S. 404.

1240, 38   *Travemünde* – s. K. 33, 22.

1241, 11   *Bäk* – s. K. 31, 10.

1241, 16   *Gelsenkirchener Barock* – Ironische Bezeichnung für Möbel, die barocke Stilformen imitieren.

1241, 18   *Gräfinnenwald* – s. K. 34, 8.

1241, 33   *Ratzeburg* – s. K. 32, 27.

1242, 4 f.   *Hotel Erbgroßherzog* – s. K. 32, 5.

1242, 24   *Radarhorchplatz* – Radar: s. K. 42, 16.

1242, 26   *Knicks* – s. K. 880, 9.

1242, 37–
1243, 2   *Militärischer Sicherheitsbereich, unbefugtes . . . §§ 100 Absatz 2, 109g* – § 100 Abs. 2 Strafgesetzbuch in der Fassung des Strafrechtsänderungsgesetzes vom 30. 8. 1951 (BGBl. I, S. 739) lautete: »Wer sich ein Staatsgeheimnis verschafft, um es zu verraten, wird wegen Ausspähung von Staatsgeheimnissen mit Zuchthaus bis zu zehn Jahren bestraft.« § 109g mit der Überschrift »Sicherheitsgefährdendes Abbilden« lautet in der seit dem Vierten Strafrechtsänderungsgesetz vom 11. 6. 1957 (BGBl. I, S. 597) unveränderten Fassung: »(1) Wer von einem Wehrmittel, einer militärischen Einrichtung oder Anlage oder einem militärischen Vorgang eine Abbildung oder Beschreibung anfertigt oder eine solche Abbildung oder Beschreibung an einen anderen gelangen läßt und dadurch wissentlich die Sicherheit der Bundesrepublik Deutschland oder die Schlagkraft der Truppe gefährdet, wird mit Freiheitsstrafe bis zu fünf Jahren oder mit Geldstrafe bestraft.« Abs. 2 bezieht sich auf Aufnahmen aus der Luft.

1243, 3 f.   *die Jerichower als wären sie Klützer* – s. K. 7, 27.

1243, 9   *Arbeitsdienst* – s. K. 571, 31.

1243, 34   *Freunde in Wismar . . . über 65 sein* – Nach dem Mauerbau am 13. 8. 1961 durften nur Dienstreisende aus der DDR ins westliche Ausland ausreisen, seit Ende 1964 konnten Rentner Verwandte in der BRD besuchen, seit dem Verkehrsvertrag von 1972 mehrmals im Jahr für insgesamt 30 Tage.

1243, 35   *Bad Kleinen* – s. K. 102, 25.

1243, 36   *Schönberg* – s. K. 71, 5.

30. 5. 1968

1244, 1   *Memorial Day* – (engl.) Gedenktag. Seit 1868 für die Toten des amerik. Bürgerkrieges, später für alle im Krieg gefallenen Soldaten.

1244, 2–16   *Am 30. Mai . . . und Pfeifen hing* – Unter der Überschrift »Ceremonies Here Pay Homage to U. S. War Dead« schreibt die NYT vom 31. 5. 1968: »Tenants who went to their vibrating windows looked down on a formation of Sea Scouts who, with drums, trumpets and glockenspiels, were holding a two-hour rehearsal preceding their parade, up Riverside Drive in the 101st annual Memorial Day parade. [. . .] The first such services were held on May 30, 1868, when Gen. John A. Logan, commander in chief of the Grand Army of the Republic, ordered that the day be set aside ›for the purpose of strewing flowers or otherwise decorating the graves of comrades who died in defense of the country in the late rebellion‹ [. . .]. The Manhattan parade ended with the placing of wreaths and garlands at the Soldiers and Sailors Memorial at Riverside Drive and 89th Street.«

1244, 2   *John A. Logan* – John Alexander Logan (9. 2. 1826–26. 12. 1886), amerik. Rechtsanwalt, Politiker und General; diente unter Ulysses Grant im Bürgerkrieg, 1864 General der Armee von Tennessee, wurde mit dem Vorwurf, die Logistik vernachlässigt zu haben, abgelöst; zum Senator gewählt, nachdem er zu den Republikanern gewechselt hatte. Er gründete 1865 die Grand Army of the Republic, GAR, die Organisation der Kriegsveteranen der Union, die 1868 den Memorial oder Decoration Day einführte, da an diesem Tag die Gräber der Kriegsgefallenen geschmückt (decorated) werden sollten.

1244, 11–13   *Denkmal der Soldaten . . . in Athen nachempfunden* – »A marble memorial of the Civil War dead modeled on the choragic Monument of Lysicrates in Athens«, AIA Guide (1968), S. 380. Choregen wurden die wohlhabenden Bürger Athens genannt, die gesetzlich verpflichtet wurden, einen Chor für Staatsfeste aufzustellen. Zur Darbietung der Weihgeschenke und Wettkampfpreise ließen sie gelegentlich eigens Bauwerke errichten. Der kleine marmorne Rundbau des Lysikrates blieb als einziges davon erhalten, 335 v. Chr.; s. K. 54, 1 f.

1244, 21   *Koreakrieg* – 1945 hatten die Sowjetunion und die USA Korea von Japan gelöst und es entlang des 38. Breitengrads geteilt und besetzt. Südkorea gab sich im Juli 1948 eine Verfassung, der Norden rief im September 1948 die Volksdemokratische Republik Korea aus. Im Januar 1950 erklärten die USA Korea nicht mehr zu ihrem Verteidigungsbereich zugehörig, darauf marschierten am 26. 6. 1950 nordkoreanische Soldaten im Süden ein. Auf Druck der USA entsandte UNO-Truppen drangen bis zur koreanisch-chin. Grenze vor, woraufhin China Nordkorea mit Freiwilligen unterstützte. Nach einem Stellungskrieg am 38. Breitengrad und zweijährigen Verhandlungen um Gefangenenrückführung wurde am 27. 7. 1953 der Waffenstillstand von Panmunjon geschlossen und beide Länder getrennt; s. K. 1719, 36–1720, 10; s. 1281, 6; 1683, 31–33; 1704, 3 f.

1244, 32   *Börse* – s. K. 272, 10.

1245, 6   *den japanischen Krieg* – Teil des 2. Weltkrieges, der mit dem japanischen Überfall auf die amerik. Pazifikflotte in Pearl Harbour am 7. 12. 1941 begann und mit der japanischen Kapitulation am 2. 9. 1945 endete.

1245, 24   *Bratenparty* – (engl. wörtl. übersetzt) grill party.

1246, 1   *You-see, don't you* – (engl.) Sie verstehen, nicht wahr?

1246, 20   *wohltätige Ferien* – (engl. wörtl. übersetzt) beneficial holidays; im Sinne von: wohltuend.

31. 5. 1968

1246, 24   *Ein westdeutscher Ausflug* – Johnson war im Juni 1965 mit seiner Tochter Katharina durch die Holsteinische Schweiz gereist. Zu diesem Ausflug: vgl. Mecklenburg (1990a), S. 237–243; Mecklenburg (1997), S. 372–380.

1246, 25   *Grömitz* – Kleiner Ort an der Lübecker Bucht, in dessen Nähe sich Johnsons wiederholt aufgesuchtes Ferienquartier Dahmeshöved befindet.

1247, 23 f.   *weiße Industrie* – Tourismus.

1247, 29   *Lübecker Bucht* – s. K. 579, 39.

1247, 37   *Lensahn* – Kleiner Ort auf der Halbinsel zwischen Lübecker und Hohwachter Bucht, Ostholstein.

1247, 38 f.   *Erbgroßherzogs von Oldenburg, – aber in Oldenburch* – Oldenburg wurde bis 1918 von einem Erbgroßherzog regiert, war bis 1946 ein selbständiger Staat und wurde dann Niedersachsen eingegliedert. Um Verwechslungen mit dem gleichnamigen Ort in Schleswig-Holstein zu vermeiden, betont der Busfahrer Oldenburg »in Oldenburch«. Der erwähnte Nachkomme der Herrscherfamilie des Großherzogtums Oldenburg, zu dem Landesteile von Ostholstein gehörten, war Nikolaus Erbgroßherzog von Oldenburg (10. 8. 1897–3. 4. 1970), der auf Schloß Rastede in Oldenburg wohnte.

1248, 10   *Film gedreht wordn, Hochzeit auf Immnhof* – »Hochzeit auf Immenhof«, zwei-
                 ter einer Serie von drei erfolgreichen dt. Heimatfilmen, Uraufführung
                 11. 9. 1956; Regie Volker v. Collander, mit Heidi Brühl, Paul Klinger, Paul
                 Henckels; mit Kindern, Pferden und einer idyllischen Liebesgeschichte. Der
                 Film wurde auf dem Hof Rothensande gedreht, der östlich von Malente am
                 Kellersee liegt.

1248, 12   *Kasseedorfer Tannen* – Kasseedorf ist ein kleiner Ort nordöstlich von Eutin an
                 der Straße nach Schönwalde.

1248, 14   *Carl Maria von Weber* – 18. 11. 1786 (Eutin)-5. 6. 1826, dt. Komponist; das 2.
                 Bild des 2. Aktes der Oper »Der Freischütz«, 1821, spielt in der Wolfsschlucht.

1248, 17 f. *Rosenstadt Eutin* – Kreisstadt in Schleswig-Holstein am Eutiner See, ca. 30 km
                 nördlich von Lübeck. Zur Goethezeit wirkten hier H. Voß, L. v. Stolberg, L.
                 Nocolovius, J. G. Schlosser, F. H. Jacobi und J. H. W. Tischbein. Herder und
                 Matthias Claudius hielten sich einige Zeit hier auf. Die Gegend um Eutin ist
                 für Rosenzüchtungen bekannt.

1248, 19   *Voss* – Johann Heinrich Voß (20. 2. 1751–29. 3. 1826), 1792–1802 Rektor in
                 Eutin, Altertumswissenschaftler, Hg. des »Göttinger Musenalmanachs«,
                 Schriftsteller, Homer-Übersetzer, Republikaner.

1248, 20   *Eutiner Schloß* – Das Schloß der Fürstbischöfe von Gottorf stammt aus dem
                 17. Jh.

1248, 21 f. *zwischen Keller- und Ukleisee* – Seen nördlich von Eutin in der Holsteinischen
                 Schweiz.

1248, 29   *des Ferienlagers Castle Hill* – Eine Broschüre des Castle Hill Day Camp, 2 Castle
                 Hill Ave., Bronx NY 10473, adressiert an Mrs. E. Johnson, befindet sich in
                 Johnsons Bibliothek. Castle Hill ist eine im Südosten der Bronx gelegene
                 Halbinsel zwischen Westchester Creek, East River und Pugsley's Creek; s. K.
                 1406, 37–1407, 9.

1248, 34 f. *Vi forstår desværre ikke tysk* – (dän.) Wir verstehen leider kein Deutsch; s. K.
                 1841, 27.

1249, 2   *Malente* – Kurort nordwestlich von Eutin am Kellersee.

1249, 7   *auseinanderklamüsert* – (ugs.) erklärt; s. 1329, 38; 1552, 20.

1249, 12   *Plön* – Schleswig-holsteinische Kreisstadt westlich von Eutin, am Nordufer
                 des Großen Plöner Sees; s. K. 1249, 25 f.

1249, 15   *Fegetasche* – Damals Gaststätte, früher Zollstation, südöstlich von Plön, wo den
                 Passanten die Taschen »gefegt« wurden.

1249, 25 f. *das Schloß und . . . ganz berühmte Internat* – Das in Plön 1636 erbaute Schloß
                 war bis 1761 herzogliche Residenz. Im Barockschlößchen des Schloßgartens
                 befand sich seit 1868 eine Kadettenanstalt, die »Prinzenschule«, in der u. a. die

Söhne des letzten dt. Kaisers erzogen wurden; in der Nazizeit »Napola« (s. K. 1722, 19–22), später private Internatsschule.

1249, 37   *Das kann doch . . . Seemann nicht erschüttern* – Lied aus dem Film »Paradies der Junggesellen«, 1939, mit Heinz Rühmann; Musik: Michael Jary, Text: Bruno Balz. Das Lied wurde während des Krieges für die Durchhalte-Propaganda genutzt. Refrain:

> Das kann doch einen Seemann nicht erschüttern,
> keine Angst, keine Angst, Rosmarie!
> Wir lassen uns das Leben nicht verbittern,
> keine Angst, keine Angst, Rosmarie!
> Und wenn die ganze Erde bebt
> und die Welt sich aus den Angeln hebt:
> Das kann doch einen Seemann nicht erschüttern,
> keine Angst, keine Angst, Rosmarie!

1249, 39   *Schwarzbraun ist die Haselnuß* – Soldatenlied, Text und Melodie anonym; war bei der HJ und Wehrmacht als Marschlied sehr beliebt; Refrain:

> Schwarzbraun ist die Haselnuß,
> schwarzbraun bin auch ich, ja bin auch ich,
> schwarzbraun muß mein Mädel sein,
> gerade so wie ich! . . .

Vgl. BU, S. 27: »War in Hitlers Sinne die Darstellung von Fröhlichkeit angesetzt, so hatte man die Farbe der Haselnuss als schwarzbraun zu bestimmen, hierauf bei einer unbekannten zweiten Person Einzahl den selben Farbton aufzufinden und hieraus zu folgern, dies beweise das Recht auf Eigentum an einem Mädchen, von dem lediglich die Haar- und Augenfarbe in Erfahrung zu bringen war.«

1250, 1   *Das ist die Liebe der Matrosen* – Refrain eines Schlagers aus dem Film »Bomben auf Monte Carlo«, 1931, Text: Robert Gilbert, Musik: W. R. Heymann; Refrain:

> Das ist die Liebe der Matrosen!
> Auf die Dauer, lieber Schatz,
> ist mein Herz kein Ankerplatz.
> Es blüh'n an allen Küsten Rosen,
> und für jede gibt es tausendfach Ersatz.
> Man kann so süß im Hafen schlafen,
> doch heißt es bald auf Wiederseh'n!
> Das ist die Liebe der Matrosen,
> von dem kleinsten und gemeinsten Mann
> bis rauf zum Kapitän.

1250, 2   *In einem Polenstädtchen* – Altes Soldatenlied, im 2. Weltkrieg verboten:

> In einem Polenstädtchen
> da lebte einst ein Mädchen,
> sie war so schön.

Sie war das allerschönste Kind,
das man in Polen find't,
aber nein, aber nein, sprach sie,
ich küsse nie.

Ich führte sie zum Tanze,
da fiel aus ihrem Kranze,
ein Röslein rot.
Ich hob es auf von ihrem Fuß,
bat sie um einen Kuß,
aber nein, aber nein sprach sie...

Und als der Tanz zu Ende,
da nahm sie meine Hände
zum ersten Mal.
Sie lag in meinem, meinem Arm,
mir schlug das Herz so warm,
aber nein...

Und in der Trennungsstunde,
da kam aus ihrem Munde
das schönste Wort:
So nimm, du stolzer Grenadier,
den ersten Kuß von mir,
vergiß Maruschka nicht,
das Polenkind.

Und als ich kam nach Polen
und wollt' Maruschka holen,
fand ich sie nicht.
Ich suchte hier und suchte dort,
ich sucht' an jedem Ort,
aber fand Maruschka nicht,
das Polenkind.

In einem tiefen Teiche,
da fand man ihre Leiche,
die war so schön.
Sie trug 'nen Zettel in der Hand,
darauf geschrieben stand:
Ich hab einmal geküßt
und schwer gebüßt.

1250, 3   *Ganz ohne Weiber... die Chose nicht* – Aus der Operette »Die Csárdásfürstin«, 1915; von Emmerich Kalmán, Text: Leo Stein und Béla Jenbach.

1250, 7   *Neustadt* – s. K. 1113, 27.

1250, 10–13   *7300 Häftlingen der... solchem Dienst untergingen* – s. K. 948, 11–17.

1250, 14   *das Ehrenmal am Strand bei Pelzerhaken* – s. K. 1116, 8–11; Pelzerhaken: s. K. 1114, 14–18.

1250, 23   *Bornholm* – Dän. Insel in der Ostsee, vor der Südspitze Schwedens.

1. 6. 1968

1251, 6–12   *Leber, Herz, Magen ... zwei Unzen Butter* – Vgl. Dorn (1922), S. 323: »Leber, Herz, Magen und 30 g Speck wiege man mit einer Zwiebel recht fein und mische ein Ei, 1 Prise Pfeffer, Salz, ein in Wasser oder in Brühe geweichtes, gut ausgedrücktes Weißbrötchen oder einige gekochte, geriebene Kartoffeln darunter. Alsdann nähe man die Öffnungen oben und unten zu, lege die Ente in die Bratpfanne, salze sie, übergieße sie mit der erhitzten Butter und brate sie unter häufigem Begießen gar und braun«; s. K. 122, 37–39; 1689, 28–30.

1251, 15–26   *der Neuen Schule ... aus Jerichow wegdürfen* – Gesine ist 1943 auf das Lyzeum (Höhere Mädchenschule) nach Gneez gekommen, nach der neuen Regelung hätte sie eigentlich acht Jahre in Jerichow zur Schule gehen müssen. In die Oberschule nach der neuen Bedeutung des Wortes kommt sie 1948 (s. 1536, 27 f.); s. K. 778, 29 f.; s. 1429, 19 f.

1251, 17   *Lyzeum* – s. K. 895, 27.

1251, 34   *des Kulturbunds* – Am 3. 7. 1945 auf Initiative des SMAD als »Kulturbund zur demokratischen Erneuerung Deutschlands« mit Johannes R. Becher als Leiter gegr. Die anfangs überparteiliche und allgemein humanistisch ausgerichtete Arbeit stieß auf Kritik der SED. 1958 als Massenorganisation, die zur Annäherung der Intelligenz an die Arbeiterklasse beitragen sollte, mit neuen Führungsgremien in »Deutscher Kulturbund« umbenannt; vgl. Naimark (1997), S. 504–513.

1251, 37   *Karten für Schwerarbeiter* – s. K. 1196, 11.

1252, 26   *Friedrich Schiller* – Johann Christoph Friedrich von Schiller (10. 11. 1759–9. 5. 1805), dt. Dichter; s. K. 1832, 14 f. In den JT wird aus folgenden Werken Schillers zitiert oder auf sie angespielt: »Maria Stuart« (s. K. 25, 35); »Die Glocke« (s. K. 488, 1 f. und 1702, 8); »Elegie« (s. K. 517, 24 und s. 1429, 19 f.); »Don Carlos« (s. K. 1374, 2–18 und 1415, 34–36); »Die Bürgschaft« (s. K. 1420, 4 f.); »Ode an die Freude« (s. K. 1562, 5); »Wilhelm Tell« (s. K. 1601, 1 f.); Prolog zu »Wallenstein« (s. K. 1739, 8 f.); s. K. 1891, 16 f; vgl. BU, S. 39 f., 154; MJ, S. 156.

1252, 34   *wie herrlich leuchtet / mir die Natur* – Anfangsverse von Goethes »Maifest«, das 1771 entstand und 1775 erstmals gedruckt wurde und seit dem 1789 erschienenen Bd. 8 von »Goethes Schriften« mit dem Titel »Mailied« geführt wird.

1253, 14   *Pall* – (nd.) In der nächsten Zeile von Marie engl. ausgesprochen, bedeutet es sowohl Mantel, Sargtuch als auch schal, fade; im Niederdeutschen als seemännischer Begriff: Sperrklinken an Drehwerken; im Text erklärt 1253, 16 f.

1253, 30 f.   *aus Stargard, aus Insterburg, aus Breslau* – Städte, die jetzt zu Polen bzw. zu Russland gehören: Stargard: s. K. 1186, 13 f.; Insterburg, heute: Černachovsk, 70 km östlich von Kaliningrad; Breslau: s. K. 676, 18.

1254, 26   *Neustadt / Glewe* – s. K. 36, 12; 919, 14.

1254, 34–   *vom Osterwasser erzählt . . . durch die Tür* – Die erste Erzählung in KP heißt
1255, 2   »Osterwasser« und handelt von der hier mitgeteilten Episode; s. K. 34, 8; 1568, 2–5; s. 1254, 37 f.

2. 6. 1968

1255, 15   *Stamford* – Stadt am Long Island Sound, Conn., an der Grenze zu New York.

1255, 36   *Bugs Bunny* – s. K. 315, 27.

1256, 1   *Lil' Abner* – Richtig: Li'l Abner; ugs. für Little Abner; Comic-Figur des Amerikaners Al Capp. Die erste Folge erschien am 13. 8. 1934, die Serie wurde bis 1977 fortgeführt und diente als Vorlage zweier Filme unter demselben Titel (1940 mit Buster Keaton in einer Nebenrolle und 1959 mit Jerry Lewis). Li'l Abner ist der typische brave Junge des amerik. Südens, etwas unbedarft, aber muskelbepackt.

1256, 15   *yours truly* – (engl.) Schlußformel in Briefen: Ihre ergebene.

1256, 16   *Dschi-sain* – Engl. Aussprache von Gesine.

1257, 20   *Main Street* – (engl.) Hauptstraße.

1257, 24   *Neuengland* – s. K. 43, 28.

1257, 24 f.   *Vassar College* – s. K. 660, 1 f.

1257, 26–29   *Was zahlst du . . . $ 1,600.00 im Jahr* – Vgl. Kokol (1998); s. K. 84, 14; 100, 18–37.

1258, 35   *Filiale von der National* – First National Bank, ging später in der City Bank auf.

1259, 16   *dowes* – (nd.) doofes, blödes.

1259, 39   *Thou* – (engl., poetisch, biblisch) du; heute archaisierend gebraucht.

1260, 8   *Office* – (engl.) Büro.

1260, 11   *Kanal Sieben* – Kanal der ABC, Anfang der sechziger Jahre gegr.; s. 1261, 33.

1261, 22   *East Side Comedy* – Kurze Fernsehfilme, die vorwiegend im Gangstermilieu der Ostseite von Manhattan spielten, sog. »Our Gang Comedies«. Der auf Sidney Kingsleys Theaterstück basierende Film »Dead End« (1937) zog mehrere ähnliche Filme und ab 1946 schließlich Fernsehserien nach sich, die ganz ohne den sozialen Realismus der Vorlage auskamen: »Bowery Boys«, »Dead End Kids« und »East Side Kids«.

1261, 32–38   *Die New York . . . zu sehr störten* – Vgl. den Artikel »Kennedy Disputes M'Carthy On War In TV Discussion« der NYT vom 2. 6. 1968: »Senator McCarthy had been pressing for a ›debate‹ for many weeks. Senator Kennedy had refused to appear jointly until he was upset by Mr. McCarthy in last Tuesday's Oregon primary election. [. . .] Last night, Senator Kennedy gestured with his right hand throughout the discussion in a manner associated with his brother.«

1261, 38   *Vorwahl von Oregon* – s. K. 1127, 34.

1262, 1–4   *Die Times hat . . . in fragende Punkte* – Ethel Kennedy (s. K. 1132, 1 f.) äußerte über ihren Ehemann: »I always think he wins.«
R. Kennedy war in einer Anzeige beschuldigt worden, für Einsätze in Vietnam und in der Dominikanischen Republik verantwortlich zu sein, obwohl er zu diesem Zeitpunkt nicht in der Regierung war. Darauf angesprochen, konnte E. McCarthy nur in abgebrochenen Sätzen entgegnen: »That ad ran only one day and I . . . Well I think that they did, I . . . «; vgl. NYT 2. 6. 1968.

1262, 6–31   *haben die Kommunisten . . . native of Leipzig* – Vgl. den Artikel »A Historic Church In Leipzig Is Razed In Spite of Protest« der NYT vom 31. 5. 1968, S. 7: »Berlin, May 30 – The East German Communists today demolished the Leipzig University church [. . .].
At 10 A. M. the church was blown up as citizens watched from a distance in resignation and anger. [. . .]
A report by the German Catholic News Agency said that in the last four days four theology students at the seminary had been arrested and 10 university students removed from their classes for having voiced their opposition.
The Leipzig City Assembly adopted a resolution warning that legal measures would be taken against those ›who are seeking to whip up emotions against the authorities‹ in the wake of developments in Czechoslovakia [. . .].
The Leipzig University church, a Gothic edifice, completed in 1518, survived World War II without major damage. It had been in use until last week for both Protestant and Roman Catholic services. [. . .]
A team of architects sought to preserve the Leipzig church and include it in the university building project, but they are reported to have been overruled by Walter Ulbricht, the East German leader, on the ground that ›old teeth‹ had to be extracted for Socialist reconstruction. Mr. Ulbricht is a native of Leipzig. [. . .]
The church, a relic of a monastery built in the 13th century, was consecrated as a Protestant church by Martin Luther in 1545.«
Die gut erhaltene gotische Kirche des Paulinerklosters wurde am 30. 5. 1968 auf ausdrückliche Weisung Walter Ulbrichts (s. K. 993, 8) unter dem Vorwand gesprengt, daß Platz für den Universitätsneubau (1968–75) gebraucht werde und die Mauern nach der Sprengung der Universitätsruine nicht mehr stabil genug wären. Der Abriß von Kirche und Augusteum war seit langem von Paul Fröhlich, dem SED-Sekretär des Bezirks Leipzig, gefordert, ursprünglich von der Regierung aber abgelehnt worden.

1262, 11   *Augusteum* – Hauptgebäude der Universität, benannt nach König Friedrich August I. von Sachsen, 1831–35 im neoklassizistischen Stil erbaut, 1893–97 erweitert, im 2. Weltkrieg schwer beschädigt.

1262, 11   *Café Felsche* – Eckgebäude am Augustus- bzw. Karl-Marx-Platz und Grimmaischer Straße, im 2. Weltkrieg zerstört.

1262, 13   *Martin Luther* – s. K. 806, 31.

1262, 20   *Fledermausfenster* – s. K. 787, 39–788, 1.

1262, 23 f.   *das Wendische Kreuz* – Ein auf einem Kreis bzw. einer Kugel stehendes Kreuz, Kennzeichen der Jungen Gemeinde; s. K. 1729, 26 f; vgl. BU, S. 65.

1262, 28 f.   *da Architekten gegeben . . . Neubau der Universität* – Von den fünf Varianten, die im Frühjahr 1968 zur Bebauung der Westseite des Karl-Marx-Platzes vorlagen, zog nur der Plan einer Rostocker Architektengruppe die Universitätskirche in die Bebauung mit ein; vgl. Fritzsch (1990), S. 58.

1262, 31   *Mr. U. is a native of Leipzig* – (engl.) Herr U. stammt aus Leipzig (wörtl.: ist ein Eingeborener). Johnson isoliert den Satz aus der NYT und macht so auf die leicht ironische Formulierung aufmerksam. »To be a native of« ist im Zusammenhang mit Städten ungebräuchlich; s. K. 993, 8.

1262, 37–   *Auf der gleichen . . . die Bundesrepublik souverän* – Vgl. den Artikel »Bonn House
1263, 21   On Emergency Law« der NYT vom 31. 5. 1968, S. 7: »The Bundestag, or lower house, of the West German Parliament approved today the third and final reading of the controversial and long-pending emergency laws. [. . .] Even as the legislation was being adopted by the surprising wide margin of 384 votes to 100 with one abstention, students and some workers in all parts of the country continued to hold strikes and other protest demonstrations.« Der Artikel geht auf einzelne Protestaktionen ein, nicht auf den Inhalt der Gesetze; s. K. 1138, 22.

1263, 14–21   *aus dem Deutschlandvertrag . . . die Bundesrepublik souverän* – Der am 26. 5. 1952 abgeschlossene »Vertrag über die Beziehungen zwischen der Bundesrepublik und den drei Mächten« (BGBl. 1955 II, S. 305) regelte die Beziehungen zwischen der BRD und den drei westlichen Besatzungsmächten. Damit wurde das Besatzungsrecht abgelöst und die BRD ein souveräner Staat, eingeschränkt durch alliierte Sonderrechte über Truppenstationierung und Notstand, »in bezug auf Berlin und auf Deutschland als Ganzes einschließlich der Wiedervereinigung Deutschlands und einer friedensvertraglichen Regelung«. Die BRD verpflichtete sich zu einem Militärbeitrag im Rahmen der NATO, der sie 1954 beitrat. Als Reaktion auf den Vertrag begannen die DDR-Behörden, die bis dahin noch durchlässige innerdt. Grenze und West-Berlin abzuriegeln. Die Übergänge zwischen Ost- und West-Berlin wurden stark reduziert.

1263, 24–30   *Am 4. Mai . . . bequemste Grenze ein* – Am 30. 5. 1968 überschritten sowj. Truppen die tschechos. Grenze zu »Stabsmanövern« und besetzten Schlüsselpositionen. Das eigentliche Manöver dauerte vom 20.–30. 6. 1968, der Rückzug der sowj. Truppen war erst Anfang August beendet.

1263, 26   *Warschauer Vertrages* – s. K. 913, 26.

1263, 26   *General Dzúr* – Martin Dzúr (12. 7. 1919–15. 1. 1985), 1943–45 Dienst bei den tschechos. Einheiten in der ČSSR, 1952 Mitarbeiter des Ministeriums für Nationale Verteidigung, 1952 aus der KPČ und der tschechos. Volksarmee ausgeschlossen, 1953 rehabilitiert, 1958–68 stellv. Minister für Nationale Verteidigung, 1968 tschechos. Verteidigungsminister und Mitglied des ZK der KPČ.

1263, 34   *East River* – s. K. 20, 29 f.

1264, 6   *Bourbons* – s. K. 162, 14.

1264, 12   *Have some tea* – (engl.) Trinkt einen Tee.

1264, 24   *Bahnhof Pennsylvania* – s. K. 10, 26.

1264, 28   *Leroy Wright* – Der Taxifahrer Leroy Wright war am 25. 5. 1968 an Schußwunden gestorben, die er drei Tage zuvor bei einem Überfall von drei Männern in Bedford-Stuyvesant, Brooklyn, erlitten hatte. Hunderte von Taxis folgten dem Leichenwagen in einer Prozession über die Brooklyn Bridge zur City Hall und zurück zum Evergreen Cemetery; vgl. NYT 1. 6. 1968.

1264, 29–31   *der Demonstration über . . . Trennscheibe aus Panzerglas* – Die Taxifahrer hatten dagegen protestiert, daß nicht, wie versprochen, 15 Polizisten als angebliche Taxifahrer arbeiteten, sondern nur eine Vorschrift erlassen wurde, auf Kosten der Taxifahrer eine durchsichtige Plastiktrennwand zwischen Vorder- und Rücksitzen einzubauen; vgl. NYT 1. 6. 1968.

3. 6. 1968

1265, 6–21   *Gestern ging der . . . Begriff der Heimatfront* – Saigons Polizeichef Nguyen Van Lusan und sieben hochrangige Polizeibeamte wurden während des Besuchs einer militärischen Kommandostelle in einer Schule durch einen Raketenangriff getötet, der Bürgermeister von Saigon Col. Van Van Cua schwer verletzt. Alle Getöteten und Verwundeten standen politisch dem Vizepräsidenten Ky nahe, einem Rivalen Van Thieus. Die amerik. Gesandtschaft hielt es für sehr wahrscheinlich, daß der Angriff von einem US-Kampfhubschrauber gekommen sei und äußerte »deepest regrets and condolences«. Später wurde abgestritten, daß sich Kampfhubschrauber in der Nähe aufgehalten hätten; vgl. NYT 3. 6. 1968; s. K. 13, 14 f.

1265, 8   *Vizepräsidenten Ky* – s. K. 13, 14 f.

1265, 17   *Nguyen Van Thieu* – s. K. 13, 14 f.

1265, 22–30　　*Die neuen Kommunisten ... ja zu schonen* – Vgl. den Artikel »Prague Skirting Scrutiny Of 50's« der NYT vom 3. 6. 1968: Nach der Rehabilitierung der Opfer politischer Prozesse wurde jetzt eine Bestrafung der Täter verlangt: »Faced with the more delicate problem of punishing officials guilty of having rugged the purge trials of the nineteen-fifties, party spokesmen have dodged the questions whether actual court proceedings against the suspended men had been considered. [...]
Part of the diversionary effort is believed to be based on the reluctance of the leadership, headed by Alexander Dubcek, the First Secretary of the party, to inherit its predecessors' reputation for vindictiveness.
But Stefan Sadovsky, a secretary of the Central Committee, reflected another view when he told the committee last week that he was ›against settling accounts within the party in public.‹ This cautionary note was believed to have been dictated by the new leadership's fears that pressures for righting past abuses would lead to public probing of those responsible and, in turn, to exposure of Soviet involvement.«

1266, 26　　*Walnußbaum* – s. K. 415, 3.

1266, 29 f.　　*warnemünder* – Warnemünde: s. K. 785, 23.

1266, 38 f.　　*Er war nicht ... Vorstand des Haushalts* – s. K. 1234, 23 f.

1267, 15　　*Lisbeths Box* – Eine Box (auch Boxkamera oder Agfa-Box) war eine beliebte und weit verbreitete Kamera einfachster Bauart für Rollfilm; vgl. Brecht (1994), S. 122 f.; s. 1274, 18 f.

1267, 19　　*ein Care-Paket* – CARE: Cooperative for American remittances to Europe; in der Abk. klingt die Bedeutung des Verbs »to care for«, sich sorgen um, an. 1946 in New York von 22 verschiedenen privaten und kirchlichen Hilfswerken gegründete Vereinigung für Hilfssendungen nach Europa (bis 1960 in die BRD, bis 1963 nach Westberlin). CARE kaufte 2, 5 Mio. Lebensmittelpakete mit Restbeständen amerik. Truppen auf. Seit 1958 steht die Abk. für »Cooperative for American relief to Everywhere«; s. 1554, 17.

1267, 23　　*Waterman* – Frz. Hersteller von hochwertigen Füllern und Kugelschreibern; s. 1267, 37.

1267, 26　　*Hasenbrot* – Ein wetterauisches Wort für Brot, das der Jäger nicht auf der Jagd verzehrt, sondern in seiner Jagdtasche wieder mit nach Hause bringt und als vom Hasen herrührend den Kindern gibt; hier ugs. für nicht aufgegessenes, wieder zurückgebrachtes, ausgetrocknetes Frühstücksbrot.

1267, 28–30　　*Fotografie dreier strammer ... Dr. Semigs Rex* – s. K. 431, 15.

1267, 29 f.　　*Grunewald* – s. K. 665, 37.

1267, 34　　*Nylonstrümpfen* – s. K. 139, 10.

1268, 12　　*Fritz* – s. 867, 31.

1269, 9 f.   *»Volkspolizei«* – Deutsche Volkspolizei, DVP oder VP, Polizei der SBZ/DDR. Am 1. 6. 1945 wurde die Aufstellung von zunächst unmilitärischen Polizeikräften von der SMAD angeordnet; die Bezeichnung »Deutsche Volkspolizei« wurde am 2. 6. 1946 erstmals im »Neuen Deutschland« verwendet. Am 28. 11. 1946 ließ die SMAD eine Deutsche Grenzpolizei aufstellen, die seit dem 3. 7. 1948 als kasernierte, bewaffnete Bereitschaftsverbände der Polizei (KVP) geführt wurde. Sie unterstand als Teil der DVP von der Gründung der DDR bis zum 15. 5. 1952 dem Ministerium des Innern. Vom 7. 10. 1952 an hießen die Streitkräfte Kasernierte Volkspolizei und erhielten neue Uniformen und Dienstgrade. Sie umfaßten sieben Divisionen mit etwa 100 000 Mann, die am 18. 1. 1956 alle in die Nationale Volksarmee übernommen wurden; s. K. 1717, 21 f.; 1719, 22 f.; 1763, 31–34; 1822, 17–20; 1836, 26–33.

1269, 10   *»Neues Deutschland«* – s. K. 73, 28 f.

1269, 30 f.   *Aber am 30. . . . zu den Alliierten* – s. K. 998, 19–24.

1270, 4   *die marienwerdersche Lehrerin* – s. 1195, 20.

1270, 13 f.   *vom niedersächsischen Ständertyp* – Dreiständerhaus, mit drei senkrechten Trägern an der Fassade oder Längsseite errichtet; s. K. 1489, 28; s. 1494, 29.

1270, 20   *Karabiner* – s. K. 1063, 25.

1271, 2   *Schütte-Lanz* – Markenname für Traktoren, »Bulldogs« und landwirtschaftliche Maschinen. Johann Schütte (26. 2. 1873–10. 5. 1940), dt. Ingenieur, Professor in Danzig und Berlin, konstruierte zusammen mit K. Lanz ein Luftschiff und produzierte Landmaschinen; s. 1274, 9.

1272, 12–15   *»min Fründ Cresspahl . . . nau tau'n Hoff«* – (nd.) »meinem Freund Cresspahl« . . . »einem guten Menschen aus Wendisch Burg« . . . »gute Mecklenburger Kinder und unserem Jakob anbefohlen«, »die gehören nun zum Hof«.

1272, 14   *Wendisch Burch* – Wendisch Burg: s. K. 9, 29 f.

1272, 24   *Dat findt sick* – (nd.) Das findet sich.

1272, 34   *Full Mât in de Aust* – (nd.) Volles Maß (an Arbeit) in der Ernte.

1273, 18   *Katasterblatt* – Seite des von Kataster- oder Vermessungsämtern geführten Grundstücksverzeichnisses; s. 1527, 19; 1804, 3.

1273, 20   *Gut Beckhorst* – s. K. 172, 6.

1273, 30   *British Broadcasting* – s. K. 860, 20–22.

1273, 31 f.   *mußte der Österreicher . . . auf der Erde* – Rede Hitlers am 8. 11. 1941 im Münchener Löwenbräukeller anläßlich der Gedenkfeier für den 9. 11. 1923: »Wenn unsere Gegner sagen: ›Ja, dann dauert eben der Krieg bis 1942!‹ – Er kann dauern, so lange er will – das letzte Bataillon aber auf diesem Feld wird ein deutsches sein!« Zu diesem Zeitpunkt zeichnete sich das Scheitern des geplanten »Blitzkrie-

ges« in Rußland ab, man sah sich mit der Notwendigkeit eines Winterfeld-
zugs konfrontiert, für den man nicht gerüstet war; vgl. Domarus (1965),
S. 563 f. Domarus weist darauf hin, daß Hitler diese Wendung schon in einer
Rede am 5. 12. 1932 verwendet hatte.

1273, 38   *Triticum vulgare* – (lat.) Gemeiner Weizen.

1274, 13   *Johnny sin Olsch* – (nd.) Johnnys Alte.

1274, 16   *Häuneken* – (nd.) Hühnchen.

1274, 17   *Inglischminsch* – (nd.) Engländer.

1274, 25   *Teksen* – (nd.) Kleine hölzerne oder metallene Stifte zum Befestigen der
Schuhsohlen.

1275, 11   *Döns* – (nd.) Heizbare Stube im alten Bauernhaus.

1275, 13   *Schleeten* – s. K. 953, 23.

1275, 13 f.   *auf Schmoogs Hof . . . Oma gestorben war* – s. 279, 22–282, 11.

1275, 14   *uns' lütt Oma* – (nd.) unsere kleine Großmutter.

1276, 5–9   *So lagen wir . . . tropisch erklären mochte* – Vgl. Hurtig (1957), S. 138: »Die Re-
genfälle können sich bis zu ›tropischen Regengüssen‹ steigern. Ein solches Ereignis trat Ende August 1946 im nordwestlichen Mecklenburg ein. In Wismar
und Bad Wendorf betrug das ungewöhnliche absolute Tagesmaximum am 27.
August 192 mm (REINHARD 1947). Der normale mittlere Jahresdurch-
schnitt der Niederschläge beträgt dort im Monat August 66 mm.«

1277, 7–21   *Wenn dei jungen . . . nich na ut* – (nd.) Wenn die jungen Burschen mit euch reden, so antwortet ihnen nicht und seht sie nicht an und dreht euch nicht um.
Wenn sie trotzdem nicht aufhören wollen, so fertigt sie hübsch kurz ab: Ja.
Nein. Das mag wohl sein. Weiß ich nicht. So.
      Wenn ein junger Bursche einen Apfel oder eine Birne geschält hat und
euch geben will, so laßt sie ja liegen und eßt sie nicht.
      Wenn die jungen Burschen bei euch sitzen und mit euch zu tun haben
wollen und wollen euch bei der Hand nehmen, so zieht die Hand zurück und
steckt sie unter die Schürze, und wenn sie dann noch nicht aufhören wollen,
so dreht ihnen den Rücken zu und antwortet überhaupt nicht.
      Wenn dann bei Nacht die jungen Burschen die Musikanten bringen
oder sonst es toll treiben/toll herumspringen, wie sie wohl tun, und auch vor
eure Kammer kommen, so sagt: Meint ihr, daß ich euretwegen hier bin? Nein,
bewahre mich, danach seht ihr nicht aus.
      Zitat aus »Ut ein olles Testament von dei Fru von . . . vör ehre Döchter as Hof-
jungfern«, das geringfügig verändert in H. F. W. Raabes Sammlung plattdeut-
schen Volksguts steht: »Wenn dei jungen Gesellen mit juch schnacken, so antwurt't sei nich un seiht sei nich an un rögt jugen Kopp nich un wenn sei
glikwoll nich uphüren willen, so anwurt't sei hübsch kort: ja – ne dat mag
woll sin – ik weit nich – un dergliken.«

Wenn juch ein jung Gesell einen Appel orer Ber schellt un sei juch geben will, so lat't sei jo liggen un ät't seo nich [...].

Wenn dei jungen Gesellen bi juch sitten un willen mit juch tau daun hebben un willen juch bei dei Hand nehmen, so treckt dei Hand taurügg un stekt sei ünner dei Schört un wenn sei denn noch nich willen uphüren, so staht op un gaht bi jug Fru sitten; wenn sei denn ok dahen kamen, so dreiht sei den Rüggen tau un antwurt't dörchut nich.

Wenn jug Fru up steiht un tau Berr gahn will, so staht ok glik up un gaht mit ehr.

Wenn denn des Nachts dei jungen Gesellen dei Spellüd bringen orer sünst dull lopen, as sei tau daun plegen un ok vör jug' Kamer kamen so seggt: Latet mi in Gottes Namen in Freren. Meinen ji, dat ick jugen wegen hier bün? Ne bewahr mi, da seiht mi nich na ut«, Raabe (1854), S. 144 f.

1277, 22   *Nawers Kinner sünt immer de bös'ten* – (nd.) Nachbars Kinder sind immer die schlimmsten; vgl. Raabe (1854), S. 24.

1277, 37   *Gräfinnenwald* – s. K. 34, 8.

1278, 22   *Rehbergen* – s. K. 87, 35.

1278, 24   *Kinnings, ne* – (nd.) Kinder, nein.

1278, 24–31   *Die Russen dürfen ... der Truppe mehr* – Im Juli 1946 sicherte Marschall Sokolowskij Walter Ulbricht (s. K. 993, 8) zu, daß die sowj. Streitkräfte in der SBZ schrittweise kaserniert werden würden. Im Sommer 1946 gab es erste sporadische Fraternisierungsverbote, und im Frühjahr und Sommer 1947 wurden die sowj. Truppen zunehmend von der dt. Bevölkerung isoliert; vgl. Naimark (1997), S. 119 f.

1278, 26   *Sokolowskij* – s. K. 1148, 8–14.

1278, 27 f.   *Mein Vater is ... is inne Partei* –
        Mein Vater war in der Partei,
        meine Mutter war in der Partei,
        mein Bruder war in der Partei,
        meine Schwester war in der Partei.
        Und ich war auch in der Partei,
        in der Partei, in der Partei, in der Partei.
Aus einem Kabarett der ersten Nachkriegsjahre, wurde im Rhythmus und nach Melodie eines Militärmarschs gesungen.

1278, 37   *n büschn hüpsch machn* – (nd.) ein bißchen hübsch machen.

1279, 1   *Sünt wi nich hübsch nauch* – (nd.) Sind wir nicht hübsch genug?

1279, 3 f.   *Kümmt allns bi ... Ossen de Melk* – (nd.) Kommt alles nach und nach – Wie beim Ochsen die Milch.

1279, 10–13   *Inzwischen hatte die ... sondern dreihundert Gramm* – Vgl. Weber (1966), S. 25: »gab die Alliierte Kommandantur im Februar 1946 den Befehl, an Kinder

vom 9. bis 13. Lebensjahr (Gruppe IVC) pro Tag an Lebensmitteln auszuge-
ben: 300 g Brot, 400 g Kartoffeln, 40 g Nährmittel, 20 g Fleisch, 25 g Fett und
50 g Zucker.« Seit November 1945 gab es für Kinder bis zu 15 Jahren eine
Tagesration von 200g Brot; vgl. Krüger/Finn (1991), S. 46.

1279, 19   *A. K. Pontij* – Druckfehler in allen Ausgaben, richtig: K. A. Pontij.

1279, 24   *Mäten* – (nd.) Mädchen.

1279, 30   *Demwiesschen Zwillinge* – s. 1126, 3 f.; Gut Alt Demwies: s. K. 1125, 11.

1279, 38   *N. K. W. D.* – (russ.) Abk. für: Narodnij Komissariat Wjnutrennich Djel –
Volkskommissariat für Innere Angelegenheiten; Name seit 1934, zuständig
u. a. für politische Überwachung und Justiz, Verwaltung der Straflager, Nach-
richtendienst; Hauptinstrument des stalinistischen Terrors. Dem NKWD unterstanden bis 1946 (danach dem MWD) auch die »Speziallager« genannten
Straflager in der SBZ, in denen sich im Sommer 1945 annähernd 200 000
Häftlinge befanden. Als Legitimation galten das Kontrollratsgesetz Nr. 10 und
die Kontrollratsdirektive Nr. 38, wonach Personen, die eine Gefahr für die
Sicherheit der Besatzungsmacht oder für den friedlichen Aufbau einer neuen
Ordnung darstellten, verhaftet werden konnten. Sie basierten auf der Übereinkunft der Alliierten (vgl. Amtliche Verlautbarung über die Konferenz von
Potsdam vom 2. 8. 1945, II., A., 5. Satz 2), wonach nazistische Parteiführer, einflußreiche Nazianhänger und die Leiter der nazistischen Ämter und Organisationen und alle anderen Personen, die für die Alliierten und ihre Ziele gefährlich waren, zu verhaften und zu internieren waren. Während zunächst
vorwiegend Funktionsträger und Mitglieder der NSDAP, ihrer Organisationen, der SS und Wehrmachtsangehörige, Jugendliche unter »Werwolf«-Ver-
dacht, Beamte, Richter und Unternehmer in die Lager eingeliefert wurden,
inhaftierte man später auch tatsächliche und vermeintliche Gegner der sowj.
Besatzungsmacht, darunter ab 1947 christliche und liberale Politiker, Sozialdemokraten und nicht linientreue Kommunisten, aber auch von Deutschen
Denunzierte oder zufällig Aufgegriffene. Es gab weder Haftbefehle noch
Anklageschriften, man bemühte sich nicht um Umerziehung, die Häftlinge
wurden bei dürftigster Unterbringung und Kost verwahrt, die Existenz der
Lager nach außen verschwiegen. Man schätzt, daß etwa 96 000 verstorben
und 37 000 in die UdSSR deportiert worden sind. Am 16. 2. 1950 wurden die
letzten Lager durch die Sowj. Kontrollkommission (Nachfolgerin der SMAD)
aufgelöst und die Häftlinge entlassen oder in DDR-Gefängnisse überführt. Zu
den Lagern gehörten Bautzen: s. K. 1297, 36 f.; Berlin-Hohenschönhausen:
»Nr. 3«, durchschnittlich etwa 5000 Häftlinge, 31 000 Tote zwischen Mai 1945
und Oktober 1946; Buchenwald: s. K. 49, 8; Fünfeichen bei Neubrandenburg:
s. K. 1287, 25; Jamlitz bei Lieberose: »Nr. 6«, September 1945 – April 1947,
ehemaliges KZ, durchschnittlich 5000 Häftlinge, etwa 4000 Tote; Ketschen-
dorf bei Fürstenwalde: »Nr. 5«, Mai 1945–17. 2. 1947, durchschnittlich mehr
als 6000 Insassen, 5300 Tote; Mühlberg (Elbe): s. K. 1297, 36 f.; Torgau:
»Nr. 10«, 8. 9. 1945–25. 5. 1946 in der Strafanstalt Fort Zinna, bis zu 7000

Häftlinge; »Nr. 8«, 12. 5. 1946–24. 3. 1947 in der Seydlitz-Kaserne. Im Januar
wurden 4000 Häftlinge aus Sachsenhausen von der Volkspolizei in Fort Zinna übernommen. Sachsenhausen: s. K. 645, 38; Weesow bei Werneuchen
(Mark): Mai 1945–16. 8. 1945, Durchgangslager: s. K. 1285, 31 f.; s. K. 521, 11;
1290, 38–1291, 1.

1280, 10 f.   *Konzentrationslager Neubrandenburg* – s. K. 36, 12; 633, 29; 1287, 25.

1280, 21 f.   *Warnemünde* – s. K. 785, 23.

1280, 32 f.   *de Huuk heißt . . . 59°2'4" nördlicher Breite* – Huuk: (nd.) Ecke, Winkel; Land-
spitze südöstlich von Boltenhagen; die Längenangabe träfe zu, nach der Brei-
tenangabe müßte sich die Huuk kurz vor der Mündung des Oslo-Fjords befunden haben. In der Taschenbuchausgabe korrigiert in 54°2'4" nördlicher
Breite.

4. 6. 1968

1281, 6   *jenem koreanischen Krieg* – s. K. 1244, 21.

1281, 7–9   *heute werden die . . . Eignung zum Präsidenten* – Vgl. den Artikel »Candidates End
California Drive; Primary Is Today« der NYT vom 4. 6. 1968 über die Vor-
wahlen zur Präsidentschaftskandidatur; s. K. 1127, 34.

1281, 9 f.   *der fällige Raubüberfall . . . 71 West 35th Street* – Vgl. den Artikel »Silver-Bill
Thugs Get Over $50,000« der NYT vom 4. 6. 1968 über einen Überfall auf
einen Münzenhändler in einer als relativ sicher geltenden Gegend (Macy's
liegt in unmittelbarer Nähe): »The holdup took place shortly before noon in
the fifth floor offices of Value Promotions, Inc., of 71 West 35th Street.«

1281, 10–14   *mit Erlaubnis der . . . 1957 und 1963* – Vgl. den Artikel »Dubcek Says Novotny Lied in Concealing Role in Czechoslovak Purges« der NYT vom 4. 6.
1968 über eine Rede Dubčeks in Brno: »Novotny was not honest when he
spoke, because we have facts about his attitudes and his work as a party secretary in 1952, and since he became First Secretary. He also played an important role in 1954. He was not only concerned with the trials of the political
representatives of our party at that time, but also in 1955, 1957 and 1963.«
Seit März 1968 wurde in den tschechos. Medien verstärkt die Rolle A.
Novotnýs während der »Säuberungen« der fünfziger Jahre und auch seine
Verantwortung für die späteren Justizmorde bzw. Verurteilungen publik gemacht.

1281, 15–20   *die ostdeutschen Kommunisten . . . done with mirrors* – (engl.) übersetzt im Text
1281, 24. Ronald Wiedenhoeft war im September 1967 als angeblicher Spion
verhaftet worden, als er für seine Dissertation über Berliner Architektur Fotos
in Ostberlin gemacht hatte. Sein New Yorker Rechtsanwalt M. Raab, der die
Freilassung erwirkte, kommentierte: »This is the first time the East Germans

released an American accused of espionage without trying him first. [...] You could say it was done with mirrors. We gave nothing in return except goodwill«; vgl. NYT 4. 6. 1968; s. K. 128, 10.

1281, 31 f.   *Das Lager an . . . Westgrenze von Sowjetmecklenburg* – Das einzige Lager in dieser Gegend war das Haftarbeitslager für Männer bei dem Dorf Malliß, das etwa 6 km südwestlich von Eldena und nördlich der Elde-Müritz-Wasserstraße liegt. Die Häftlinge arbeiteten in einer Ziegelei; vgl. Ammer (1969), S. 93.

1282, 5   *in Schick* – (norddt.) in Ordnung; s. K. 855, 2 f.

1282, 17–29   *Koffer aus Holz . . . zu Befehl, Geheimfach* – s. 1515, 37; 1529, 27–33.

1282, 33   *Krüll* – s. K. 1220, 15.

1283, 2   *Röbel oder Lauenburg* – Röbel: kleiner Ort am Südufer der Müritz; Lauenburg: 25 km südlich von Lübeck, s. K. 507, 1.

1283, 3   *der Massen* – Diese Schreibweise auch im Manuskript.

1283, 7   *Elde* – Fluß in Mecklenburg, der durch Müritz und Plauer See fließt und bei Dömitz in die Elbe mündet; s. K. 1192, 39; s. 1436, 8.

1283, 10   *Arsenal in Schwerin* – Nach Entwürfen Georg Alfred Demmlers 1840–44 im Tudorstil erbaut; als Zeughaus und Kaserne genutzt, dann Sitz der Bezirksbehörde der Volkspolizei.

1283, 11   *schweriner Pfaffenteich* – s. K. 1018, 39.

1283, 25 f.   *und seiner Frau . . . Berta geb. Niemann* – s. K. 273, 13 f.

1283, 26–28   *zu Ostern 1900 . . . die Lehre gegeben* – s. 85, 29–86, 4.

1283, 29   *von Haases* – s. K. 280, 2.

1283, 30–32   *dem einunddreißigjährigen Mitglied . . . Kapp ausgegraben hatte* – s. I, 24–28.

1283, 32   *Putsch des Landschaftsdirektors Kapp* – s. K. 17, 19.

1284, 3   *M. G. B.* – (russ.) Abkürzung für: Ministerstwo Gosudarstwennoi Besopasnosti (Ministerium für Staatssicherheit). Die Geheimpolizei wurde 1941 aus dem NKWD herausgelöst und 1946 in ein eigenes Ministerium umgewandelt; s. K. 1279, 38.

1284, 16   *Kontrassjedka* – (russ.) richtig: Kontraswjedka: Spionage-Abwehr. Die Abteilung Kontraswjedka unterstand dem Innenministerium, gefürchtet war ihre Sonderinstanz Smersch (Abk. für smert schpionam: [russ.] Tod den Spionen); s. K. 521, 11; s. 1606, 38.

1284, 16   *S. M. T.* – s. K. 1218, 26.

1284, 37   *Bristol* – s. K. 381, 10 f.

1285, 1 f.	*an der Fella, in Chiusaforte* – Fluß und Ort in den Karnischen Alpen, Italien, unweit der österr. Grenze; vgl. HNJ, S. 30: »Der Lebenslauf aus dem Gefängnis nennt Chiusaforte einen Arbeitsplatz.«
1285, 18 f.	*Ministerstwo Gossudarstwennoi Besopastnosti* – Gosudarstwennoi wird im Russ. nur mit einem »s« geschrieben; s. K. 1284, 3.
1285, 21–24	*und die dumme . . . Fragen zu warten* – s. K. 46, 23–47, 4.
1285, 31 f.	*Er wurde »mit . . . auf Transport gerufen* – Am 16. 8. 1945 mußten die letzten Häftlinge des Lagers Weesow in der Mark, etwa 2000, zu Fuß nach Sachsenhausen laufen.
1286, 3	*Ick w-weit't nich . . .* – (nd.) Ich w-weiß nicht . . .
1286, 5	*Ick bün achtnföfftich* – (nd.) Ich bin achtundfünfzig!
1286, 12	*Rabensteinfeld* – Kleiner Ort am Südufer des Schweriner Sees, 7 km südöstlich von Schwerin.
1286, 15–17	*der Weg durch . . . fand es nicht* – Könnte sich auf 1193, 20–30 beziehen; Crivitz: s. K. 525, 24.
1286, 17	*Mestlin* – Dorf, 20 km östlich von Crivitz.
1286, 19	*Sternberg* – s. K. 263, 9 f.
1286, 20	*Karow* – s. K. 725, 31.
1286, 23	*Alt Schwerin* – Dorf am Nordostufer des Plauer Sees.
1286, 24	*Krebssee* – Kleiner See zwischen Malchow und Alt-Schwerin.
1286, 25	*flügellosen Mühle* – An der Straße von Malchow nach Nossentiner Hütte.
1286, 29–1287, 9	*Liedern des Seecorsos . . . Bootsstegen und Giebeln* – »Nun erst lacht unser Herz, vor unserm Auge ist der ›Gierathschen‹, das Wasser zwischen Insel und Neustadt, und um ihn herum Gärten und Blumen [. . .]. Farbenprächtige Bootshäuser öffnen sich, und bald umgibt uns eine Menge von geschmückten Kähnen und Booten. Wir leben in Venedig. Eine Korsofahrt machen wir mit. Immer am Vorabend zum Malchower Volksfest trifft man sich in hübsch illuminierten Kähnen und Booten auf dem See zum Lachen und Fröhlichsein. [. . .] Wir feiern dieses Fest auf unserem Kinderplatz«, Dahnke (1935), S. 254.
1286, 31 f.	*Parchimer Dragoner* – Parchim: s. K. 58, 34.
1286, 32 f.	*und ritten drei . . . zum Tore hinaus* – Anspielung auf das Volkslied

> Es ritten drei Reiter zum Tore hinaus, ade!
> Feinsliebchen, das schaute zum Fenster heraus, ade!
> Und wenn es denn soll geschieden sein,
> so reich mir dein goldenes Ringelein, ade!
> Ja Scheiden und Meiden tut weh!

1286, 36 f.   *dat du min . . . Höltentüffel un Schauh* – (nd.) daß du mein Liebster bist und hast man kein Geld, Holzpantinen und Schuhe. Der erste Teil spielt auf ein nd. Volkslied an:
> Dat du min Leevsten büst,
> dat du wull weest.
> Kumm bi de Nacht, kumm bi de Nacht,
> segg, wo du heest.

Vgl. das Zitat in: HNJ, S. 24.

1286, 38 f.   *Baron Stephan le Fort* – s. K. 56, 23.

1287, 2   *denn die Kierls scheitn jo* – (nd.) denn die Kerle schießen ja.

1287, 4   *bambüdeln* – (nd.) jemanden (der nicht sehr klug ist) übers Ohr hauen, betrügen.

1287, 5–7   *Mit'n Stock, de . . . dat mütt vergahn* – (nd. Redewendung) Mit einem Stock, der abgeschält ist, darf Einer nicht Menschen oder Vieh schlagen, denn was damit geschlagen wird, das muß vergehen. Vgl. Raabe (1854), S. 37.

1287, 8   *Olden Malchow* – Die auf einer Insel gelegene Altstadt von Malchow war seit dem 15. Jh. durch eine Brücke, später eine Drehbrücke, seit 1846 durch einen Damm mit dem Festland verbunden; s. K. 17, 7.

1287, 8   *der Gierathschen* – Das Wasser zwischen der Insel Malchow und der Neustadt am Nordufer.

1287, 9   *de Möhlenbarg* – (nd.) der Mühlenberg. Erhebung hinter der Mühlenstraße, die am nördlichen Ufer des Malchower Sees verläuft.

1287, 9–11   *das geringfügige Stück . . . vor hundertfünfzig Jahren* – Die Malchower Pfarrkirche auf der Insel brannte am 23. 4. 1697 mit allen Häusern der Stadt ab. Ob das große Feuer von 1721 auch die Kirche erfaßt hat, ist unbekannt, aber nach dem Sturm am 13. 11. 1811 mußte das Gebäude abgerissen werden. Der Turm der neuen, 1817 geweihten Kirche war 1868 so baufällig, daß eine neue Kirche auf dem Festland errichtet wurde; vgl. Rathke (1935), S. 259 f.

1287, 11 f.   *de Ünnerierdschen* – (nd.) die Unterirdischen.

1287, 15 f.   *zum Burgwall der Wenden, dem Wiwerbarg* – »Wiwerbarg« werden die Reste eines Burgwalls auf einem Vorsprung am See bei Laschendorp genannt, der zur Werleburg gehörte; unter Nikolaus Werle gebaut und im 12. Jh. zerstört. Der Wall ist als einer der Wohnsitze der »Ünnerierdschen« in Mecklenburg bekannt. Die Sagengestalten sind hier manchmal häßliche Weiblein, öfter Zwerge. Ein unterirdischer Gang führt vom Wall nach Malchow, wohin sie nachts zum Backen, Braten und Vergnügen kommen. Es gibt eine Vielzahl von Geschichten über Mißgeschick und Schabernack, wenn ein Mensch willentlich oder versehentlich eine Tarnkappe der Zwerge aufsetzte.
Nach traditioneller Vorstellung waren in der Johannisnacht gute und böse Geister anzutreffen. Die Abwandlung in »Wiwer« wird auf heidnische Frucht-

barkeitsriten zurückgeführt oder mit der Ansiedlung des Ordens der »Büßen-
den Schwestern der heiligen Maria Magdalena« am Südufer des Sees im
13. Jh. erklärt; vgl. Schmidt (1925), S. 230–233; Wienck (1935).

1287, 17–24   *die Unterirdischen ließen . . . Musik måkt hebben* – »De Ünnerierdischen hebben
sik von de Minschen nich seihn laten, wenn se na'n Laaschendörper Hof gahn
sünd un dor Middach äten häbben. En Scheperknecht ut Laschendörp, dee
dor höddt hett bi den Wiwerbarg, hürrt dat middags een ropen: Hoot her,
Hoot her! Dor röppt he: Mi ok'n Hoot. Dor kümmt ok richtig 'n Hoot rut
ut den Barg. As he sik den 'n uppsett't, süht he mit 'n Mal de Ünnerierdschen
vör sik stahn. Dar sünd se tosprungen un hebben em de Ogen utrakt. [Der
Hut ist die Tarnkappe, die unsichtbar macht, aber zugleich dem Träger die
Fähigkeit verleiht, alles zu sehen.]
De Zwerchen in den Wiwerbarg soelen so ›ne schöne Musik maakt hebben.
[...] De oll Fährmann Hahn hett dar ropen hüürt: Haal oewer. As he
henkümmt, süht he luter Kierls mit dreetimpig Höd‹, twee Kahns vull hett he
oewersett't von de lütten Mönchen«, Wossidlo (1935), S. 261.

1287, 18   *Laschendörper Hoff* – (nd.) Laschendorfer Hof. Das Dorf Laschendorf liegt unweit Malchows, südlich des Fleesensees.

1287, 19   *Hoot her, Hoot her* – (nd.) Hut her, Hut her!

1287, 21–24   *lute lütt Mönchen . . . Musik måkt hebben* – (nd.) lauter kleine Männchen mit
dreieckigen Hüten, da sind sie auf ihn losgesprungen und haben ihm die
Augen ausgekratzt [. . .]. Die Zwerge in dem Weiberberg sollen so eine schöne
Musik gemacht haben.

1287, 25–   *Hier liegt Fünfeichen . . . lassen zu dürfen* – Anspielung auf die ersten beiden
1288, 6   Absätze von Thomas Manns Erzählung »Tristan«: »Hier ist ›Einfried‹, das
Sanatorium! Weiß und geradlinig liegt es mit seinem langgestreckten Hauptgebäude und seinem Seitenflügel inmitten des weißen Gartens, der mit Grot-
ten, Laubengängen und kleinen Pavillons aus Baumrinde ergötzlich ausgestattet ist, und hinter seinen Schieferdächern ragen tannengrün, massig und
weich zerklüftet die Berge himmelan.
Nach wie vor leitet Doktor Leander die Anstalt. Mit seinem zweispitzigen
schwarzen Bart, der hart und kraus ist wie das Roßhaar, mit dem man die
Möbel stopft, seinen dicken, funkelnden Brillengläsern und diesem Aspekt
eines Mannes, den die Wissenschaft gekältet, gehärtet und mit stillem, nach-
sichtigem Pessimismus erfüllt hat, hält er auf kurz angebundene und ver-
schlossene Art die Leidenden in seinem Bann, – alle diese Individuen, die, zu
schwach, sich selbst Gesetze zu geben und sie zu halten, ihm ihr Vermögen
ausliefern, um sich von seiner Strenge stützen lassen zu dürfen«, Mann (1974),
Bd. VIII, S. 216; vgl. Johnson, Lübeck habe ich ständig beobachtet, S. 83 f.;
Neumann, U. (1992), S. 449 f.

1287, 25   *Fünfeichen* – 4 km südlich von Neubrandenburg gelegen, ehemals ein Gutshof, der dem Kunsthändler Cassirer gehört hatte; von den Nazis vorwiegend

als Lager für sowj. Kriegsgefangene genutzt, die Anzahl der Toten ist unbekannt. Von Juni 1945 bis November 1948 »Speziallager Nr. 9« des NKWD für dt. Soldaten und Zivilisten. Durchschnittlich mit etwa 8000 Häftlingen belegt. Im Juli und August 1948 wurden 4500 entlassen, etwa 3000 wurden am 2. 3. und 10. 9. 1948 nach Buchenwald, 160 Gefangene am 30. 11. 1948 nach Sachsenhausen gebracht. Mindestens 1000 arbeitsfähige Häftlinge wurden in die Sowjetunion deportiert. Das 1996 dem Roten Kreuz übergebene »Lagerjournal« verzeichnet 4786 Tote. Sie wurden in Massengräbern im »Mühlenholz« am Sandberg, auch Fuchsberg genannt, begraben. 1950 Militärstandort der NVA, 1979 zum totalen Sperrgebiet erklärt, seit 1989 Mahn- und Gedenkstätte; vgl. Fricke (1979), S. 75 f.; Fernengel-Pflug (1993), S. 185–208; Finn (1958), S. 43; s. 1280, 10; 1330, 28.

Es wird vermutet, daß Johnson Informationen von seinem Onkel Milding aus Recknitz bekommen hat, der als Ortsgruppenleiter der NSDAP in Fünfeichen inhaftiert war; vgl. Nöldechen (1991), S. 65 f. Zu den Verhältnissen im Lager: vgl. Krüger/Finn (1991), S. 51–111; Schultz-Naumann (1989), S. 296–314. Nicht zu verwechseln mit dem Zwangsarbeitslager Fünfteichen in Schlesien.

1287, 31 *Tollense-See* – Langgestreckter See, an dessen Nordende Neubrandenburg liegt; s. 1297, 26.

1287, 35–39 *Angetan mit ordensgeschmücktem . . . die Lagerstraße voran* – Nach einem Foto aus dem Lager Sachsenhausen, in: Finn (1958), S. 38; vgl. Gerstenberg (1994) S. 51.

1288, 12 *Kloster Malchow* – Am Südufer des Fleesensees, Malchow gegenüber, lag das Nonnenkloster, 1298 als Büßerinnenkloster gegr., von den Zisterzienserinnen übernommen, seit 1572 Damenstift für Adlige.

1288, 17 *Penzlin* – Kleiner Ort 6 km westlich des Tollense-Sees.

1288, 22 *Lager Neubrandenburg* – s. K. 633, 29; 1287, 25.

1288, 23 f. *Stargarder Tor* – Gotisches Backsteintor von Neubrandenburg, durch das die alte Landstraße nach Südosten, also auch nach Fünfeichen führte; Stargard: s. K. 1186, 13 f.

1288, 25 *Trollenhagen* – Dorf nördlich von Neubrandenburg.

1288, 27–31 *im alten Südlager . . . Werkstätten und Kammern* – Entspricht dem Lageplan von Fünfeichen in: Finn (1958), S. 17.

1288, 29 *Burg Stargard* – Ort 10 km südöstlich von Neubrandenburg. Der Name geht zurück auf eine von brandenburgischen Markgrafen im 13. Jh. auf wendischen Wällen errichtete Burg. Sie gab der Herrschaft Stargard, dem südöstlichen Gebietsteil des Großherzogtums Mecklenburg-Strelitz, den Namen; s. K. (471, 35); (1144, 25 f.); 1186, 13 f.

1289, 1 *Kapos* – Kapo, in der Soldatensprache für Unteroffizier, Korporal; in den KZ Abk. für Häftling mit Aufseherfunktion.

1289, 38 f.   *Als alter Nazischeißer... ich ins Scheißegrab* – Konnte nicht nachgewiesen werden.

1290, 25   *Reichsstatthalters Hildebrandt* – s. K. 360, 31.

1290, 38–   *Haager Landkriegsordnung und ... in einem Kriegsgefangenenlager* – Als ein Kriegs-
1291, 1   gefangenenlager hätte Fünfeichen nach der Haager Landkriegsordnung auf-
                    gelöst werden müssen, als ein Speziallager der sowj. Besatzungsmacht konnte
                    es nach der Beendigung des Krieges weitergeführt werden. Zur völkerrecht-
                    lichen Grundlage der Straflager des NKWD: s. K. 1279, 38.

1291, 30–32   *daß die Sowjets... die Große Wollenweberstraße* – Neubrandenburg, das außer
                    einer vollständig erhaltenen Ringmauer mehrere gotische Kirchen besaß,
                    wurde weitgehend zerstört. Die Große Wollenweberstraße liegt im Südwe-
                    sten der Altstadt innerhalb der Stadtmauern.

1291, 33 f.   *der verweigerten Kapitulation* – In Neubrandenburg wurden sowj. Truppen am
                    29. 4. 1945 von SS-Angehörigen und Werwolfgruppen angegriffen. SS-Offi-
                    ziere ließen u. a. die Getreidelager in Brand stecken, deren Feuer um sich griff;
                    vgl. Mai (1955), S. 42 f.

1291, 35 f.   *des abgeräumten Rathauses... in der Dachmitte* – Das Rathaus war ein massiver,
                    schmuckloser dreigeschossiger Bau mit einem hohen Mansardendach und
                    schlankem, barockem Dachreiter samt Zwiebel, Laterne und Wetterhahn. Es
                    wurde nach dem 2. Weltkrieg nicht wieder aufgebaut.

1291, 37–   *indem da sine... mit spelen will* – (nd.) indem da seine Bauart aussah, als wenn
1292, 1   das vor langen Jahren aus einer Weihnachtspuppenschachtel genommen wor-
                    den war und war auf den Markt von der Vorderstadt Neubrandenburg hin-
                    gestellt worden, daß Magistrat und Bürgerschaft damit ein bißchen spielen
                    wollen.
                    Fast wörtliches Zitat aus Fritz Reuters »Dörchläuchting«, über Herzog Adolf
                    Friedrich IV. von Mecklenburg Strelitz (1753–94), der den Neubrandenbur-
                    ger Marktplatz, wo er sich einen Palast bauen will, begutachtet: »Un hei be-
                    sach sick dat Rathus von hinnen un vörn, un dat Rathus let sick ok beseihn,
                    denn't kunn sick allenthalben seihn laten, indem dat in sine Buort utsach, as
                    wenn dat vör langen Johren ut 'ne Wihnachtspoppenschachtel namen wir, un
                    wir up den Mark von der Vödderstadt Nigen-Bramborg henstellt, dat Magi-
                    strat un Börgerschaft dor en beten mit spelen wull«; Reuter, Bd. 7, S. 208.

1291, 39   *Vödderstadt* – (nd.) Vorderstadt; s. K. 1032, 38.

1292, 13   *Plörre* – (norddt.) Dünnes, wässriges, fades Getränk.

1292, 39–   *Dumm Tüch. Dumm Jungs ji* – (nd.) Dummes Zeug. Dumme Jungs ihr; s. K.
1293, 1   299, 13.

1293, 2   *Dat litt de Ridderschaft nich* – (nd.) Das erlaubt die Ritterschaft nicht. In Meck-
                    lenburg sprichwörtliche Redewendung, die auf den ständigen Widerspruch
                    des Adels auf den Landtagen gegen alle Neuerungen zurückgeht. Auch zu

finden in John Brinckmans (s. K. 490, 7 f.) »Uns' Herrgott up Reisen«, in: Brinckman (1903), Bd. 3, S. 40, und in Reuters »Urgeschicht von Meckelnborg«, Reuter (1994), S. 74; vgl. Scheuermann (1998), S. 176 f. und 315 f.; s. K. 913, 23.

1293, 10–17   *Die wollten unter . . . ein Fahrweg verlief* – Entspricht dem Plan des Lagers Neubrandenburg in: Finn (1958), S. 71.

1293, 26   *Forst Rowa* – Dorf und Wald südlich von Fünfeichen.

1293, 27   *Nonnenhof* – Siedlung in den Sumpfwiesen zwischen Tollense- und Liepssee; s. 1293, 39.

1293, 28   *Neustrelitz* – s. K. 271, 32.

1294, 1   *Liepskanal* – Zwischen Tollense- und Liepssee.

1294, 16   *anderhalb* – Druckfehler in allen Ausgaben, richtig: anderthalb.

1294, 20 f.   *abseitigen Lage des Bahnhofs Malchow* – Der Bahnhof liegt am nördlichen Stadtrand.

1295, 19   *Ick möcht de nich* – (nd.) übersetzt im Text.

1295, 36   *Friedhof am Fuchsberg* – Zur Schilderung des Ortes vgl. Schoeller (1992), S. 34–36; s. K. 1287, 25.

1296, 10 f.   *Lager Sachsenhausen* – s. K. 36, 12; 645, 38.

1296, 16   *die Ziffer 8,500* – s. K. 1287, 25.

1296, 25   *Goldberg* – s. K. 263, 9 f.

1296, 30–32   *Die Szene mochte . . . einen Zivilisten mit* – In Max Frischs »Tagebuch 1946–1949« wird ein ähnlicher Vorgang in Berlin erzählt; vgl. Frisch (1958), S. 63.

1296, 35   *Läuschen* – (nd.) Läu-schen gesprochen, Anekdote, lustige, meist unwahre Geschichte. »Läuschen und Rimels – Plattdeutsche Gedichte heitern Inhalts in mecklenburgischer-vorpommerscher Mundart«, 1853, ist ein Titel von Fritz Reuter; s. K. 1018, 10 f.

1296, 39   *N 22* – Baracke 22 des Nordlagers, in der Mitte des Lagers gelegen; Fünfeichen war in ein Nord- und ein Südlager von je 24 Baracken unterteilt. Die Häftlinge des Nordlagers durften nicht zu Arbeitseinsätzen außerhalb des Lagers geschickt werden; vgl. Lageplan in: Finn (1958); S. 71.

1297, 5 f.   *Das Stück Land . . . Sowjets eingetauscht hatten* – s. K. 1238, 3–16.

1297, 5   *Ratzeburg* – s. K. 32, 27.

1297, 8   *von Dassow über . . . bis zum Schaalsee* – Dassow: s. K. 691, 8; Schönberg: s. K. 71, 5; Schaalsee: s. K. 1238, 13.

1297, 33 f.   *Fünfeichen war die . . . kam nicht herein* – Der ehemalige Häftling Terran berichtet, daß Fahrer ihre Versorgungsfahrzeuge in einer »Schleuse« am Haupt-
portal verlassen mußten und Lagerpersonal den Transport übernahm: »Somit
war perfekt die völlige Isolation der Lagerinsassen gewährleistet, denn der
oberste Grundsatz der Lagerordnung war, jegliche Verbindung mit der
Außenwelt zu unterbinden. Es gab keine Gerichtsverhandlung, kein Urteil,
keine Mitteilung über die Dauer der Haft und keine Erklärung für irgendwelche Vorkommnisse drinnen und draußen«, Schultz-Naumann (1989),
S. 305.

1297, 36 f.   *Mühlberg, Buchenwald, Sachsenhausen, Bautzen* – Mühlberg an der Elbe, nörd-
lich von Riesa, war das Kriegsgefangenenlager Stammlager (Stalag) IV B; von
September 1945 bis November 1948 »Speziallager Nr. 1« des NKWD; im
Sommer 1948 etwa 12 000 Häftlinge, 3000 wurden in die SU verschleppt,
7000 sind vermutlich im Lager gestorben.
Buchenwald: s. K. 49, 8;
Sachsenhausen: s. K. 645, 38;
Bautzen: 1. 10. 1944– 30. 4. 1945 Außenkommando des KZs Groß-Rosen zur
Arbeit in Industrieunternehmen. Juni 1945–15. 2. 1950 »Speziallager Nr. 4«,
die Belegung schwankte zwischen 4000 und 7000 Häftlingen, insgesamt wa-
ren etwa 30 000 Menschen interniert, es werden 4100 Tote geschätzt. Bei der
Übernahme des Lagers 1950 durch die Volkspolizei blieben 5400 Strafgefangene interniert, 700 kamen zur Verurteilung nach Waldheim. Im März 1950
kam es wegen der unmenschlichen Haftbedingungen zu Revolten. 1956
wurden die letzten SMT-Verurteilten entlassen bzw. verlegt; s. K. 36, 12.

1298, 1   *Ontologien* – Ontologie: Lehre vom Sein; die philosophische Grunddisziplin
der allgemeinen Metaphysik.

5. 6. 1968

1298, 5   *vor sechs p. m.* – (dt./engl.) vor sechs Uhr abends; p. m.: post meridiem (lat.)
nachmittags.

1298, 27–29   *Durch den Park . . . 107. Straße und* – s. K. 100, 18–27.

1299, 1   *Gedächtnisbrunnen für die Feuerwehrleute* – s. K. 1107, 36 f.

1299, 4   *Crew cut* – (engl.) Bürstenschnitt.

1299, 9   *Shot* – (engl.) Geschossen, auch: erschossen.

1299, 12   *He was shot . . . . was not dead* – (engl.) Er wurde angeschossen. Er war nicht tot.

1299, 19–26   *Senator Kennedy von . . . Bewußtlos im Krankenhaus* –Vgl. den Artikel »Kennedy
Claims Victory, And Then Shots Ring Out« der NYT vom 5. 6. 1968: »Sena-
tor Robert F. Kennedy had just completed a statement claiming victory in the
California primary. Amid cheers and flashing V-for Victory signs from the

several hundred persons gathered in the Embassy Room of the Hotel Ambassador, the Senator started to work his way off the podium [...].

Moments after the shots were fired, the New York Senator lay on the cement floor of a kitchen corridor outside the ballroom of the Ambassador Hotel. [...] He was described as breathing but not apparently conscious. [...] Mr. Mankiewicz [ein Arzt] said that the Senator had been shot twice in the head – once in the forehead and once near the right ear. [...] The Rev. Thomas Peacha said he had administered the last rites of the Roman Catholic Church in the hospital emergency room [...].

Senator Kennedy lay on the floor, blood running from his back. His right eye was open but the other was partly closed as his wife, Ethel, kneeled at his side. His shirt was pulled open and a rosary could be seen on his chest. [...] a voice from the crowd shouted: ›Someone pray!‹ At that, Mr. Kennedy took his rosary beads and tightened his hand about them.«

1299, 19 f.   *Vorwahl in Kalifornien* – s. K. 1127, 34.

1299, 20–22   *Siegesrede im Ambassador ... den Kopf geschossen* – Robert Kennedy hatte in diesem Hotel während der Vorwahlen in Süd-Dakota und Kalifornien sein Hauptquartier. Nach der Auszählung gab er die Siegeserklärung ab, auf dem Weg zur Pressekonferenz wählte er den Umweg durch die Hotelküche, wo ihn Sirhan Bishara Sirhan (s. K. 1305, 4), einer der anwesenden Arbeiter, erschoß; s. K. 1305, 4–1306, 26.

1299, 37   *Shame* – (engl.) übersetzt im Text.

1300, 26   *After you, brother* – (engl.) Nach Dir, Bruder; übersetzt im Text 1300, 24 f.

1300, 31   *Herald Square* – s. K. 139, 19.

1300, 37 f.   *Martin Luther King* – s. K. 928, 12.

1301, 5   *Daily News* – s. K. 107, 5.

1302, 2–12   *Und was trugen ... noch einer Vereinbarung* – In Johnsons Bibliothek befindet sich eine von Martha Wolfenstein und Gilbert Kliman herausgegebene Untersuchung: »Children and the Death of a President. Multi-disciplinary Studies«, New York 1965; s. 220, 16.

1302, 10   *$ 19.50 bezahlte sie selbst* – s. K. 84, 14.

6. 6. 1968

1302, 24–   *Biographie / 1925 geboren ... von New York* – Die Einzelheiten hat Johnson aus
1305, 3   Jacobs/Witker (1968) übernommen.

1302, 25   *Vater* – Joseph Patrick Kennedy (6. 9. 1888–18. 11. 1969), amerik. Bankier, Unternehmer und Diplomat; wurde im Filmgeschäft der zwanziger Jahre zum Millionär; seit 1930 enger Mitarbeiter F. D. Roosevelts, 1937–40 Botschafter in London; geriet über die sog. Neutralitätspolitik in Gegensatz zum Präsidenten; Vorwürfe des Isolationismus und Antisemitismus zwangen ihn zum Rücktritt.

1302, 26   *Isolationist* – Vertreter einer Politik, die dem nationalen Eigeninteresse Priorität vor außenpolitischem Engagement einräumt; im konkreten Fall bedeutete das Ablehnung eines Eingreifens in den europäischen Konflikt; bis 1941 in den USA vorherrschende Haltung.

1302, 27 f. *Privates Gymnasium bei Boston* – Milton Academy, angesehene Preparatory School (Vorbereitungsschule für private Gymnasien).

1302, 28–32 *K schlecht im ... zu klein dafür* – »no good at small talk [...] no good at social amenities [...] very active on the football field [...] too small and too slow«; Jacobs/Witker (1968), S. 46.

1302, 29   *small talk* – (engl.) oberflächliche Konversation.

1302, 30   *Harvard* – s. K. 20, 15; 100, 33 f.; 101, 15.

1302, 32   *Football* – American Football, dem Rugby nachgebildetes Kampfspiel von zwei Mannschaften mit je elf Spielern.

1303, 1   *B. A.* – Bachelor of Arts, der erste akademische Abschluß, gewöhnlich nach drei Jahren Studium; hier an der philosophischen Fakultät; s. 1303, 10.

1303, 1 f. *Korrespondent der Boston ... im Arabisch-Jüdischen Krieg* – »Immediately after his graduation, Bobby Kennedy left for Palestine, where he spent the summer of 1948 covering the Arab-Jewish hostilities as a correspondent for the Boston Post«, Jacobs/Witker (1969), S. 50. Kennedy schrieb vier Berichte, die eine proisraelische Einstellung erkennen lassen.

1303, 2   *Arabisch-Jüdischen Krieg* – Nach einem von der UNO empfohlenen Teilungsplan für Palästina wurde am 15. 5. 1948 der unabhängige Staat Israel ausgerufen, der 77 % der Fläche Palästinas einschloß. Arabischer Widerstand führte zum 1. Israelisch-Arabischen Krieg, der 1949 mit vier Waffenstillstandsvereinbarungen endete. Sirhans Vater verlor durch diesen Krieg seine privilegierte Beamtenstellung.

1303, 4   *Ethel Skakel* – s. K. 1132, 1 f.

1303, 4 f. *Großen Seen* – s. K. 51, 27.

1303, 5 f. *Manhattanville College vom Heiligen Herzen* – Manhattanville College of the Sacred Heart, 1841 gegr. als Schule und Kloster im Norden Manhattans, 133. Straße West/Convent Ave., mit dem Verkauf an die Stadt 1952 in City College South Campus umbenannt.

1303, 6–8   *Kinder: Kathleen Hartington ... Christopher, Matthew, Douglas* – Kathleen Hartington, geb. 1951; Joseph Patrick, geb. 1952; Robert Francis Jr., geb. 1954; David Anthony (1955–1. 5. 1984); Mary Courtney, geb. 1956; Michael Le-

Moyne (1958–31. 12. 1997); Mary Kerry, geb. 1959; Christopher George, geb. 1963; Matthew Maxwell Taylor, geb. 1965; Douglas Harriman, geb. 1967.

1303, 9 *Freckles* – (engl.) Sommersprossen.

1303, 10 *Bakkalaureus der Rechte* – Amerik. Universitätsabschluß; R. F. Kennedy legte den L. L. B. (Legem Baccalaureus, Bachelor of Laws) an der Universität von Virginia ab; s. K. 1303, 1.

1303, 10 *Job im Justizministerium* – Attorney for the Criminal Division of the Department of Justice.

1303, 14 *Truman* – s. K. 1133, 36.

1303, 16 f. *in McCarthys Ausschuß gegen unamerikanische Umtriebe* – R. F. Kennedy war Berater (assistant counsel) im »Senate parachute«; vgl. Jacobs/Witker (1968), S. 71.

1303, 24 *Hoffa* – James Riddle Hoffa (14. 2. 1912–30. 7. 1975), Präsident der International Brotherhood of Teamsters, einer amerik. Gewerkschaft für LKW-Fahrer; 1967 wegen Unterschlagung, Betrug und Verschwörung zu 13 Jahren Gefängnis verurteilt, vorzeitig freigelassen; am 30. 7. 1975 bei Detroit unter ungeklärten Umständen verschwunden, am 8. 12. 1982 für tot erklärt.

1303, 29 f. *»Jack arbeitet so . . . ein wenig weiter.«* – »Much of the credit for that job was Robert Kennedy's.›Jack works as hard as any mortal man can,‹ Old Joe [Vater von J. F. und R. F. Kennedy] remarked on another occasion. ›Bobby goes a little further.«‹, Jacobs/Witker (1968), S. 78.

1303, 30 f. *Stimmenkauf in West Virginia* – Der Vorwurf kam von Hoffa und einem Zeitungsherausgeber; John F. Kennedy gewann die Wahl gegen Humphrey.

1303, 33 *Bürgerrechte für Neger* – Civil Rights Act: Aufhebung der vor allem in den Südstaaten gesetzlich verankerten rassischen Diskriminierung. Die entsprechenden Gesetze und Verfassungsänderungen für ein Verbot der Rassentrennung im öffentlichen Leben wurden zwischen 1964 und 1968 durchgesetzt. Als Attorney General 1961–64 arbeitete R. F. Kennedy mit am Civil Rights Act von 1963, der die Wahlrechte der Farbigen stärkte. Er unterstützte die Zulassung des Schwarzen James Meredith (s. K. 1308, 6) an der Universität von Mississippi und an der Aufhebung der Rassentrennung des zwischenstaatlichen Transports.

1303, 33 f. *Überfall auf die Republik Cuba* – Invasionsversuch von Exilkubanern in der Schweinebucht an der Südküste Kubas 1961, von der CIA unterstützt; wurde abgewehrt.

1303, 35–38 *Stand in Berlin . . . ostdeutschen Wächtern zu* – Vgl. das Foto mit der Unterschrift »Bobby stood at Checkpoint Charlie and waved at East German guards« in Jacobs/Witker (1968), S. 91, wo allerdings seine Ehefrau Ethel den Blumenstrauß hält. Die Checkpoint Charlie genannte Übergangsstelle vom amerik.

zum sowj. Sektor von Berlin konnte 1961–89 nur von Ausländern benutzt werden.

1303, 39– *Streit mit Lyndon Johnson* – Ihr Verhältnis war nie freundschaftlich. Kennedy
1304, 1 war über Johnsons schnelle Machtübernahme verärgert, nach 1963 spitzte sich der Streit zu.

1304, 5 f. *Fordert Verhandlungen mit der südvietnamesischen Befreiungsfront* – »It should be clear by now,‹ he said on March 2, 1967, ›that the bombing of the North cannot bring an end to the war in the South, rather that it may well be prolonging the war««, Jacobs/Witker (1968), S. 111.

1304, 7 f. *»Ich werde unter . . . Lyndon Johnson antreten«* – Laut TIME vom 2. 2. 1968, S. 19, hatte R. F. Kennedy zu diesem Zeitpunkt noch nicht entschieden, ob er kandidieren würde.

1304, 9 f. *»Ich erkläre heute . . . der Vereinigten Staaten.«* – »I am announcing today my candidacy for the presidency of the United States.« John F. Kennedy hatte vor acht Jahren mit den gleichen Worten ebenfalls im Caucus Room des Old Senate Office Buildings seine Wahlkampagne eröffnet; vgl. TIME 22. 3. 1968, S. 11; s. K. 1131, 31 f.

1304, 13 *Vorwahl von Kalifornien* – s. K. 1127, 34.

1304, 20–28 *Doktorhüte von: Assumption . . . Free University, 1964* – Diese Universitäten verliehen ihm Ehrendoktortitel: Assumption College – Worcester, Mass., gegr. 1904; Mount St. Mary's College – Los Angeles, Calif., gegr. 1925; Tufts University – Medford, Mass., gegr. 1852; Fordham University – römisch-kath. Universität, 1841 als St. John's College im Nordwesten der Bronx gegr.; Nihon University – Universität in Tokio, Japan, gegr. 1889, Name seit 1903; Manhattan College – 1853 als private Kunsthochschule gegr., seit dem Umzug in die Bronx 1923 auch Fakultäten für Ingenieurwesen und Wirtschaft; Philippinen – University of Philippines, Manila; Marquette University – Milwaukee, Wis., gegr. 1881; Berlin Free University – Freie Universität Berlin, gegr. 1948 in Westberlin.

1304, 28 *Berlin Free University* – Freie Universität Berlin, Harnackstraße 3, 1948 während der Blockade in Dahlem gegr., u. a. aus Mitteln der Henry-Ford-Stiftung; s. 1621, 1; 1795, 21; 1853, 27.

1304, 29–33 *Selbst geschriebene Bücher . . . 1.? / 3.* – Von R. Kennedy erschienen bis zu seinem Tode: »The Enemy Within«, 1960 (dt. »Gangster drängen zur Macht«, 1964); »Just Friends and Brave Enemies«, 1962; »Rights for Americans«, 1964 (dt. »Freiheit und Verantwortung in der Demokratie«, 1967); »Pursuit of Justice«, 1964 (dt. »Bekenntnis zur Gerechtigkeit«, 1966); »To Seek a Newer World«, 1967 (dt. »Suche nach einer neuen Welt«, 1968). DER SPIEGEL veröffentlichte aus letzterem unter der Überschrift »Auf der Suche nach der Neueren Welt« Auszüge in den folgenden Ausgaben: 8. 4. 1968, S. 124–132; 15. 4. 1968, S. 98–114; 22. 4. 1968, S. 110–123.

1304, 31   *DER SPIEGEL* – s. K. 167, 17–20.

1304, 36   *Mögliche Zukunft und all das* – s. K. XIII, 38.

1305, 4–   *SIRHAN BISHARA SIRHAN ... und Freunde leer* – Die Einzelheiten stammen vor-
1306, 26   wiegend aus einem Artikel der TIME vom 14. 6. 1968, S. 12 und 14: »By then
the snub-nosed Iver Johnson eight shot revolver model 55 SA – a relatively
cheap weapon that retails for $ 31.95 – was yielding information. The serial
number had been registered with the State Criminal Identifica-tion and Investigation Bureau. Within minutes the bureau's computer system came up
with the pistol's original purchaser: Albert L. Hertz [sic] of Alhambra.
He had bought the gun for protection in August 1965, after the Watts riots. He
informed the police that he had subsequently given it to his daughter,
Mrs. Robert Westlake, then a resident of Pasadena. Mrs. Westlake became un-
easy about having a gun in the same house with her small children. She gave
it to a Pasadena neighbour, George Erhard, 18. Last December Erhard sold it
to someone namend Joe. [. . .] With that lead, the police quickly found Mu-
nir (»Joe«) Sirhan, 20, in Nash's Department Store. [. . .] He and Adel Sirhan,
29, identified the prisoner as their brother; Sirhan Bishara Sirhan, 24, who
goes by the nickname Sol. The identification was confirmed by a check of
fingerprints taken when Sirhan applied for a state racetrack job in 1965. [. . .]
The middle-class Christian Arab family had lived in Jerusalem while Palestine
was under Bristish mandate, and the father, Bishara Salameh Sirhan, now 52,
was a waterworks employee. The first Arab-Israeli war cost the elder Sirhan
his job. Family life was contentious, but young Sirhan Sirhan did well at the
Lutheran Evangelical School. (The family was Greek Orthodox, but also associated with other religious groups.)
The family, which had Jordanian nationality, qualified nonetheless for ex-
pense-free passage to the U. S. under a limited refugee-admission program
sponsored by the United Nations relief and Welfare Agency and the World
Council of Churches. Soon after reaching the U. S. in January 1957, the parents separated. The father returned to Jordan, settled alone in his ancestral village of Taiyiba and became prosperous enough from his olive groves to revis-
it the U. S. twice. His five sons and their mother Mary all live now in the Los
Angeles area.
In Arab headgear and Western jacket and tie, Bishara Sirhan received a TIME
correspondent and observed that Sirhan had been the best-behaved of his
children. [. . .]
Mary Sirhan, who has worked in a church nursery for the past nine years, lives
with her sons in an old white frame house. The neighbors in the ethnically
mixed, lower-middle-class Pasadena neighborhood describe Sol as ›nice,
thoughtful, helpful.‹ He liked to talk about books and tend the garden; he
played Chinese checkers with a couple of elderly neighbors, one of them a
Jewish lady. Sol was no swinger, was rarely seen with girls. His brothers told
police that Sol liked to hoard his money – perhaps explaining the $ 409 he
had on him despite his being unemployed recently. He did well enough at

John Muir High School to gain admission to Pasadena City College, but he dropped out. He wanted to be a jockey, but could qualify only as a ›hot walker,‹ a low-ranking track factotum who cools down horses after the run. [. . .] Later he worked for a time as a $ 2-an-hour foodstore clerk. His former employer, John Weidner, like several others who knew him, remembers his frequently expressed hatred for Israel and his strident Jordanian loyalty. Sol liked to boast that he was not an Amerian citizen (as a resident alien, Sirhan could not legally own a concealable firearm in California). A Dutch underground agent who assisted Jews during World War II, Weidner, says of Sol: ›Over and over he told me that the Jews had everything, but they still used violence to get pieces of Jordanian land.‹«

1305, 4   Sɪʀʜᴀɴ Bɪsʜᴀʀᴀ Sɪʀʜᴀɴ – Sirhan Bishara Sirhan, geb. 19. 3. 1944; wegen des Mordes an Robert F. Kennedy zunächst zum Tode verurteilt; 1972 wurde die Strafe in lebenslange Haft umgewandelt.

1305, 6   *Jerusalem, unter britischem Mandat* – Von 1922 bis 1947 übte Großbritannien im Auftrag des Völkerbundes die Mandatsherrschaft über Palästina aus, die nach wiederholten Auseinandersetzungen zwischen zionistischen Einwanderern, palästinensischer Bevölkerung und Briten in den UNO-Beschluß zur Teilung Palästinas in einen jüd. und einen arabischen Staat bei Internationalisierung Jerusalems mündete.

1305, 11   *Abzug der Briten* – Das Mandat endete am 15. Mai 1948 mit der Prokolamation des Staates Israel.

1305, 19   *1956 Suezkrieg* – Wegen der Verstaatlichung des Suezkanals durch Ägypten und des anhaltenden arabischen Wirtschaftsboykotts marschierte Israel 1956 auf der Sinaihalbinsel ein, während brit.-frz. Truppen den Kanal besetzten, um eine Internationalisierung des Schiffahrtsweges zu erzwingen; die UNO veranlaßte den Rückzug der Angreifer.

1305, 20   *U. N.* – (Abk. für engl.: United Nations) Vereinte Nationen; s. K. 20, 30 f.

1305, 22   *Sonderquote* – Die zu der Zeit gültige Einwanderungsverordnung von 1924 limitierte unter dem Slogan »Amerika den Amerikanern« die Zuwanderung aus jedem Land auf 2 % der bereits in den USA lebenden Immigranten.

1305, 26 f.   *Muir High School von Pasadena* – Die Schule wurde benannt nach John Muir (21. 4. 1838–24. 12. 1914), schottisch-amerik. Naturschützer, auf dessen Verlangen der Kongreß 1890 beschloß, den Yosemite-Nationalpark einzurichten. Pasadena ist ein Stadtteil im Nordosten von Los Angeles.

1306, 1   *den Negeraufständen von Watts* – Watts, Stadtteil in South Central Los Angeles mit vorwiegend schwarzer Bevölkerung, wo es im August 1965 zu schweren Rassenunruhen mit 34 Toten und 1032 Verwundeten kam.

1306, 2   *Alhambra* – Stadtteil von Los Angeles, südlich an Pasadena angrenzend.

1306, 5   *Ranch Granja Vista del Rio* – (engl./span.) Gutshof »Zum Flußblick«.

1306, 9   *1967 Krieg der Israelis gegen Araber* – s. K. 88, 30 f.

1306, 32–   *Amerikanischer Tod (Robinson . . . 25. Aug. 1967* – Vgl. den Artikel »Was für ein
1308, 7   Land« in DER SPIEGEL vom 10. 6. 1968, S. 73 f.: »1966 ermordete Richard
Speck, 25, acht Schwesternschülerinnen in Chicago; erschoß Charles Whitman, 25, vom Turm der Texas-Uni in Austin 16 Menschen und verletzte 31;
killte Arthur Davis, 37, fünf Opfer mit dem Karabiner, tötete Robert Smith,
18, in einem Frisiersalon vier Frauen und ein kleines Kind. [. . .] ›Wir leben
immer noch in der Legende des Wilden Westens, wo die Tat die einfachste
Lösung war. Schießfreudigkeit ist ein amerikanischer Charakterzug.‹ [Aus-
sage des amerik. Psychologen Abrahamson . . .] Hier setzt sich die amerikanische Ideologie grenzenloser Freiheit in Gewalt um. Sie konnte entstehen
unter historisch einzigartigen Bedingungen: der Neugründung einer Gesellschaft. Deren Mitglieder waren aus allen Ländern und Nationen nach Amerika gekommen. [. . .]
Die erste Aggression war wohl die blutigste: Die Indianer wurden fast ganz
ausgerottet, die Reste in Reservationen verbannt. Was sich auf Indianerboden
entwickelte, war eine Filiale der europäischen bürgerlichen Gesellschaft.
Doch unbelastet von Traditionen konnte Amerika einen hemmungslosen Kapitalismus entfalten: die Freiheit der Bereicherung. Der Tüchtigste stieß den
minder Tüchtigen, der Starke den Schwachen beiseite, um sein Glück zu machen – nach den Gesetzen des Sozial-Darwinismus, der härtesten Auswahl,
des größten Nutzens. [. . .]
Gewerkschaften und Geheimorganisationen wie die ›Molly Maguires‹ der
Bergarbeiter von Pennsylvania ermordeten Arbeiter und Unternehmer im
Kampf um höhere Löhne und bessere Arbeitsbedingungen. [. . .]
1865 fiel Volksvater Abraham Lincoln einem Revolver-Attentat zum Opfer.
1881 starb US-Präsident James A. Garfield durch eine Kugel, 1901 William
McKinley, 1963 John F. Kennedy. Auf vier weitere Präsidenten wurden Anschläge verübt: Andrew Jackson, Theodore Roosevelt, Franklin D. Roosevelt
und Harry S. Truman. [. . .]
Politiker, Negerführer, Gewalttätige und Gewaltlose stehen ständig an der
Meuchel-Front: 1965 wurde der Negerführer Malcolm X mit einer Salve von
30 Pistolenschüssen getötet, 1966 der Negerführer James H. Meredith verwundet, 1967 erlag Amerikas Naziführer Georg L. Rockwell einem Attentat.
Durch Schußwaffen kommen jährlich in den USA 21 000 Menschen ums Leben.«

1306, 37   *Darwinismus* – Theorie des Überlebens der am besten an die Umwelt angepaßten Individuen; auf die Gesellschaft übertragen: Ideologie der Rechtfertigung für soziale Ungleichheit, Ungerechtigkeit und Rassismus.
Charles Robert Darwin (12. 2. 1809–19. 4. 1882), brit. Naturforscher. In »On
the origin of species by means of natural selection, or preservation of favoured
races in the struggle for life«, 1859, entwickelte er die Hypothese der gemeinsamen Abstammung und der allmählichen Veränderung der Arten.

1307, 2   *Mexikaner 1846–1848* – Nach der Aufnahme von Texas als neuem Bundesstaat (1845) marschierten am 25. 4. 1846 mexikanische Truppen ein. In dem Krieg eroberten die USA alle Nordprovinzen des Nachbarlandes: das Gebiet der späteren Staaten New Mexico, Arizona, Colorado, Utah, Nevada und California. Der Friede von Guadalupe Hidalgo vom 2. 2. 1848 beendete den Krieg.

1307, 3   *Spanier 1898* – Im Amerikanisch-Spanischen Krieg, der mit der Blockade Kubas am 22. 4. 1898 begann (Kriegserklärung Spaniens am 24. 4. 1898, die erste Kampfhandlung war am 1. 5. 1898 die Vernichtung des span. Geschwaders in der Bucht von Manila durch Admiral George Dewey; s. K. 1468, 9–11), fielen den USA nach Spaniens Niederlage durch den Frieden von Paris am 10. 12. 1898 die span. Kolonien Kuba, Puerto Rico und die Philippinen zu, wie auch Guam, Wake und Hawaii. Die Inbesitznahme fremder Territorien widersprach der antikolonialistischen Tradition und war heftig umstritten.

1307, 4   *Bürgerkrieg 1861–1865* – Geführt zwischen den 23 Staaten der Union (Nordstaaten) und den elf Staaten der Konföderation (Südstaaten); begann mit dem Überfall auf das von Bundestruppen besetzte Fort Sumter im Hafen von South Carolina am 12. 4. 1861 und endete am 9. 4. 1865 mit der Kapitulation der Hauptarmee der Konföderierten unter General Robert E. Lee in Appomattox bei Lynchburg, Virginia; s. K. 548, 18 f.

1307, 7   *die Molly Maguires* – Nach einer irischen Aufstandsführerin benannter Geheimbund von Bergleuten, der seit 1862 in den Anthrazitminen im östlichen Pennsylvanien in Arbeitskämpfe, besonders mit der Philadelphia & Reading Railroad Co., verwickelt war und der Verschwörung und terroristischen Tätigkeit beschuldigt wurde. Wegen Morden und Racheakten gegen Minenbesitzer, Vorarbeiter und Arbeitswillige wurden 1875 24 Mitglieder verurteilt, davon zehn hingerichtet; vgl. Blake (1952), S. 429; Sautter (1997).

1307, 9 f.   *Rouge-Werken von Dearborn, Mich.* – s. K. 62, 10–15.

1307, 11 f.   *Das Recht des ... Spielzeug. Ernest Hemingway* – Vgl. TIME vom 21. 6. 1968, S. 14 f., unter der Überschrift »The Toll«: »The U. S. suffered more than 20,000 gun fatalities last year, including 7,000 murders and homicides. [...] a New York Freelance Author Carl Bakal published his celebrated antigun tract, The Right to Bear Arms.«
Auf S. 8 wird Robert Kennedy im Gespräch mit dem frz. Schriftsteller Romain Gary zitiert: »I like Hemingway very much as a writer,‹ said Kennedy, ›but he was the founder of a ridiculous and dangerous myth: that of the firearm and the virile beauty of the act of killing.‹«

1307, 12   *Ernest Hemingway* – Zu Hemingways Lieblingsbeschäftigungen gehörte die Jagd, er besaß eine Waffensammlung. Am 2. 7. 1961 erschoß er sich mit einem Gewehr; s. K. 210, 13.

1307, 16 f.   *Richard Speck, 25 ... Schwesternschülerinnen in Chicago* – Richard Franklin Speck (1941–1991), ein obdachloser ehemaliger Strafgefangener, der für die

Morde vom 14. 7. 1966 kein offensichtliches Motiv zu haben schien; vgl. NYT 2. 8. 1966; DER SPIEGEL 10. 6. 1968, S. 73. Der Fall war Gegenstand einer größeren Studie, Johnson besaß ein Exemplar von Jack Altman/Marvin Ziporyn: »Born to Raise Hell. The untold story of Richard Speck, the man, the crime, the trial«, New York 1967; s. 1884, 9.

1307, 18   *Charles Whitman* – Charles Joseph Whitman (1941–1966), Bauingenieur-Student; hatte in der Nacht zum 1. 8. 1966, ehe er mit mehreren Waffen vom Universitätsturm schoß, seine Frau erstochen und seine Mutter erschossen; vgl. NYT 2. 8. 1966; DER SPIEGEL 10. 6. 1968, S. 73; s. 1884, 10 f.

1307, 21–24   *Robert Benjamin Smith . . . planmäßig, zwei überleben* – Vgl. DER SPIEGEL 10. 6. 1968, S. 73: »tötete Robert Smith, 18, in einem Frisiersalon vier Frauen und ein kleines Kind«.

1307, 29   *Abraham Lincoln* – s. K. 218, 19.

1307, 30   *William Seward, Außenminister* – William Henry Seward (16. 5. 1801–10. 10. 1872), amerik. Politiker; Gegner der Sklaverei und Berater Lincolns; 1839–43 Gouverneur von New York, 1849–61 Senator, setzte in seiner Zeit als Außenminister (1861–69) den Kauf Alaskas von Rußland durch. Seward sollte in der gleichen Nacht wie Lincoln von den gleichen Verschwörern ermordet werden. Sie drangen in sein Haus ein, verletzten ihn und seinen Sohn schwer, Seward sen. starb an den Folgen der Stichwunden.

1307, 31   *James Garfield* – James Abraham Garfield (19. 11. 1831–19. 9. 1881), 1863–80 Mitglied des Repräsentantenhauses, 1880 Senator für Ohio, 1881 20. Präsident der USA. Am 2. 7. 1881 schoß Charles J. Guiteau, dem man Verbindungen zum Vizepräsidenten Chester A. Arthur nachsagte, im Pennsylvania-Bahnhof von Washington auf Garfield, der sein Amt gerade erst angetreten hatte; Garfield starb an den Folgen des Attentats, Arthur wurde sein Nachfolger.

1307, 32   *William McKinley* – 29. 10. 1843–14. 9. 1901; 1897–1901 25. Präsident der USA; starb an den Folgen eines am 6. 9. 1901 von dem Anarchisten Leon Czolgosz auf der Pan-American-Exposition in Buffalo, New York, verübten Attentats.

1307, 33   *Theodore Roosevelt* – 27. 10. 1858–6. 1. 1919; Republikaner; nach städtischen Ämtern in New York City 1897/98 Unterstaatssekretär für die Marine, 1899/1900 Gouverneur von New York, 1901 Vizepräsident unter William McKinley; nach dessen Ermordung 1901–09 26. Präsident der USA; während seiner Amtszeit wurde der Panama-Kanal gebaut; für seine Vermittlung im Russisch-Japanischen Krieg erhielt er 1906 den Friedensnobelpreis. Zum Attentat: s. K. 1307, 37.

1307, 35   *Franklin D. Roosevelt* – s. K. 230, 29.

1307, 37   *Anton Cermak* – Anton Joseph Cermak (9. 5. 1873–6. 3. 1933), kam 1874 aus Böhmen mit seinen Eltern in die USA; zunächst im Kohlenbergbau, dann im Kohlen- und Stahlhandel tätig, später Bankdirektor; von 1931 bis zu seinem Tod Bürgermeister von Chicago; setzte sich für Roosevelt als Präsidentschaftskandidaten ein.

Auf einer Wahlkampfveranstaltung in Florida am 15. 2. 1933 wurde auf Cermak geschossen, er starb an den Folgen der Verletzung. Als Attentäter wurde Joseph Zangara zum Tode verurteilt und hingerichtet: Er habe Roosevelt treffen wollen, aber eine Frau habe nach der Waffe gegriffen und so die Kugel abgelenkt. Später wurde bekannt, daß das Kaliber der Waffe Zangaras und das der Kugel, die Cermak getroffen hatte, nicht übereinstimmten. Das führte zu der These, daß der Bürgermeister im Auftrag von Chicagoer Gangstern von einem Unbekannten ermordet wurde, nach dem man wegen des gleichzeitigen Attentatsversuchs Zangaras nie gesucht hat.

1307, 39   *HUEY P. LONG* – Huey Pierce Long (30. 8. 1893–10. 9. 1935), Rechtsanwalt, radikaler Reformer, 1928–31 Gouverneur für Louisiana; 1931–35 Senator; obwohl selbst Demokrat, scharfer Gegner von Franklin D. Roosevelt; wegen seines Machtstrebens und seiner brutalen Methoden warf man ihm vor, ein Faschist zu sein; wurde von Carl A. Weiss, dem Schwiegersohn eines politischen Gegners, ermordet.

1308, 1   *HARRY S. TRUMAN* – Zwei puertorikanische Nationalisten, Callazo und Torresola, planten Anfang November 1950 ein Attentat, weil Truman sein Versprechen eines unabhängigen Puerto Rico nicht gehalten hatte. Sie wurden aufgestört und schossen ziellos, wobei Torresola getötet und Truman aus dem Mittagsschlaf aufgeschreckt wurde; Truman: s. K. 1133, 36; Truman-Doktrin: s. K. 1552, 19.

1308, 4   *MALCOLM X, Negerführer* – Eigentlich Malcolm Little (19. 5. 1925–21. 2. 1965), amerik. Politiker und Religionsführer. 1946 wegen Einbruchdiebstahls zu einer Gefängnisstrafe verurteilt, kam er in der Haft in Kontakt mit den Ideen der Black Muslims (s. K. 92, 25) und änderte seinen Namen, wobei das »X« für den verlorenen Namen seiner afrikanischen Vorfahren stehen sollte. Nach seiner Entlassung aus der Haft 1952 erhielten die Black Muslims durch seine Predigten starken Zulauf. Er bezeichnete Weiße als Teufel und trat für Selbstverteidigung der Schwarzen gegen rassistische Gewalt ein. Nach einer Pilgerfahrt nach Mekka gründete er 1964 seine eigene Organisation für Afro-Amerikanische Einheit. Er wurde auf einer Versammlung im Audubon Ballroom in Manhattan von schwarzen Fanatikern ermordet.

1308, 6   *JAMES MEREDITH, Negerführer* – James Howard Meredith, geb. 25. 6. 1933, 1962 als erster Farbiger an der Universität Oxford, Mississippi, immatrikuliert; mußte aufgrund von rassistischen Protesten polizeilich bewacht werden und wurde zum teuersten Studenten der USA; psychologischer Terror zwang ihn, an die Columbia University in New York zu wechseln. Meredith wurde während eines Ein-Mann-Protestmarsches bei Hernando von Aubrey James Norvell, einem arbeitslosen Weißen angeschossen. In dem Buch »Three Years in Mississippi«, 1966, beschrieb er seine Erfahrungen in den Südstaaten. Er hielt Vorlesungen über die schwarze Rasse und Afrika an Universitäten und Colleges; vgl. DER SPIEGEL 13. 6. 1966, S. 113.

1308, 7 *George Lincoln Rockwell* – s. K. 26, 5–7.

1308, 8 *Martin Luther King* – s. K. 928, 12.

1308, 10 *ante meridiem* – (lat./engl.) a. m.: vormittags.

1308, 14–22 *Anlaß (nach Notizbüchern . . . das sagen konnte* – »Journalists quickly recalled that Kennedy, in his campaigning on the West Coast, had restated his position that the U. S. had a firm commitment to Israel's security. [. . .] Mayor Yorty [Bürgermeister von Los Angeles] went before a news conference to divulge what he described as the contents of Sirhan's private notebooks, found in the Sirhan home.
According to Yorty, Sirhan wrote that Kennedy must be killed before June 5, the first anniversary of the last Arab-Israeli war«, TIME 14. 6. 1968, S. 14.

1308, 30– *Dann trat die . . . die rechte Hemisphäre* – Johnson übersetzt die Erklärungen
1309, 1 Henry Cuneos, des Neurochirurgen am Guten-Samariter-Krankenhaus und der Universität von Südkalifornien, vgl. TIME vom 14. 6. 1968, S. 34: »One had penetrated his right armpit, then burrowed upward through fat and muscle, lodging just under the skin of his neck, two centimeters from his spine. The other had penetrated Kennedy's head just behind his right ear [. . .]. If the bullet had hit one centimeter to the rear, the Senator would have been in fairly good condition [. . .]. But it hit the mastoid, which is a spongy, honeycomb bone. By hitting the mastoid, it sent bone fragments shooting all over the Senator's brain.«

1309, 4–11 *Balance und Bewegungskontrolle . . . Stammhirn, »altes Gehirn«* – »The cerebellum, located to the rear of the underside of the brain, controls motor coordination. The occipital lobe, that part of the cerebrum directly above and extending past the right ear of the cerebellum affects vision [. . .]. The midbrain area, directly beneath the juncture of the cerebellar hemispheres, is related to eye reflexes and both eye and body movements. It also serves as a pathway for nerve tracts running to and from the cerebellum and other parts of the brain. A bit lower and most vital is the brain stem, the ›old brain,‹ which man has shared with other creatures since the earliest stages of evolution: A passageway for nerve impulses, it monitors breathing, heartbeat, blood pressure, digestion and muscle reflexes, mediates emotion«, TIME 14. 6. 1968, S. 35.

1309, 13 f. *Zum Sterben brauchte . . . als fünfundzwanzig Stunden* – »Robert Kennedy lived for 25 hours and 27 minutes after being shot on a cruelly elongated Wednesday that the nation is likely to remember in the context of that Friday in 1963«, TIME 14. 6. 1968, S. 14.

1309, 21 *Die Boeing 707* – Vierstrahliges, 1958–84 in verschiedenen Versionen gebautes Langstrecken-Verkehrsflugzeug, das 110–189 Passagiere faßte; insgesamt wurden 834 zivile Maschinen gebaut, daneben zahlreiche weitere für militärische Zwecke; s. K. 137, 36; s. 1827, 32.

1309, 25–30   *In Fremont, Karlifornien . . . diese Kennedys sind* ——————— *–* Die Leerstelle für das Schimpfwort wurde aus der NYT übernommen; vgl. NYT 7. 6. 1968.

1309, 26   *General Motors* – s. K. 144, 34 f.

1309, 35 f.   *Webster's International Dictionary . . . English Language, 1902* – Johnson besaß die hier genannte zweibändige Ausgabe, London and Springfield, 1902, sowie eine einbändige: Webster's Third New International Dictionary, Springfield, Mass.; 1971.
Noah Webster (16. 10. 1758–18. 5. 1843), amerik. Philologe und Lexikograph; veröffentlichte 1828 die erste Ausgabe seines Wörterbuchs »An American Dictionary of the English Language«.

1309, 37   *Brodcasting* – Druckfehler in allen Ausgaben, richtig: Broadcasting; s. K. 601, 14.

1309, 37 f.   *National Broadcasting System* – National Broadcasting Company, älteste und größte amerik. Rundfunk- und Fernsehgesellschaft (Abk.: NBC), gegr. 1926 in New York; gehört zur Radio Corporation of America (RCA); s. K. 240, 32; 601, 14.

1310, 4   *WQXR* – s. K. 581, 6.

1310, 11   *General Telephone & Electronics* – 1935 gegr. Telefongesellschaft mit Fernsprechnetz in den USA und im Ausland, zahlreiche Tochtergesellschaften.

1310, 13   *kaufmännische Durchsagen* – Anspielung auf das engl. Wort »commercials« für Werbesendungen.

1310, 14   *Michael Haydn* – 14. 9. 1737–10. 8. 1806; österr. Komponist, Bruder Joseph Haydns; bedeutend als Kirchenmusiker, schrieb u. a. 40 Messen.

1310, 15   *WCBS* – Abk. für Wire Columbia Broadcasting Service, Radiostation auf FM 101.1 und AM 880, »Flaggschiff« des Radionetzes der CBS (s. K. 601, 14); sendet ausschließlich Nachrichten; 1924 als WABC gegr., vier Jahre vor CBS; seit 1941 FM-Sender (880), führt die jetzige Bezeichnung seit 1943.

1310, 17   *Triboro Bridge* – s. K. 1150, 38.

1310, 20 f.   *St. Patrick-Kathedrale* – s. K. 43, 31.

7. 6. 1968

1311, 4 f.   *nun werden sie bald Fuffzehn machen* – s. K. 1177, 29 f.

1311, 5   *Dave Brubeck, Take Five* – David Warren (»Dave«) Brubeck, geb. 6. 12. 1920, amerik. Jazzpianist; Vertreter des Cool Jazz, gründete 1951 und 1968 eigene Combos, für seine Experimente mit bisher im Jazz ungewöhnlichen Taktarten berühmt. Der Titel eines seiner bekanntesten Stücke, »Take Five«, nimmt die engl. ugs. Formulierung für »Mach mal Pause« spielerisch wörtlich: es ist im 5/4 Takt komponiert.

1311, 11–28　　*Am Kiosk sind . . . von ganz neuen* – s. 11, 4–10.

1311, 12 f.　　*um das abgebrannte Haus* – s. 178, 27–179, 22.

1312, 5　　*Bloomingdale* – Bloomingdale's; von den Brüdern Lyman und Joseph Bloomingdale am 17. 4. 1872 eröffnetes Einzelhandelsgeschäft; heute exklusives Kaufhaus, Ecke Lexington Ave./59. Straße; s. K. 11, 16.

1312, 35–　　*die Überschrift ein . . . für morgen ausmißt* – Unter der Überschrift »White House
1313, 4　　Plane Flies Body From Los Angeles« heißt es in der NYT vom 7. 6. 1968: »A blue hearse carrying the Senator's body left Good Samaritan at 12:37 P.M. followed by limousines carrying members of the funeral party. [. . .] Mrs. John F. Kennedy was the first to board.« Ein Foto von der Kennedy-Grabstelle trägt die Unterschrift: »Planning Graveside: Personnel at Arlington National Cemetery yesterday taking measurements at the grave of President Kennedy and his two infant children. Their task was to determine the exact spot where the body of Senator Robert F. Kennedy would be interred.«

1312, 38　　*Mrs. John F. Kennedy* – s. K. 53, 11 f.

1313, 3　　*Arlington* – Größter Ehrenfriedhof der USA, 1864 in einem Park bei Washington angelegt.

1313, 11　　*Daily News* – s. K. 107, 5.

1313, 19–32　　*auf dem Titelblatt . . . Hemdenknopf zerren dürfen* – Das Titelblatt der »Daily News« (Untertitel »New York's Picture Newspaper«) zeigte am 6. 6. 1968 nur das beschriebene Foto unter der Zeile »RFK DEAD«. (Der Schlips auf dem Foto sitzt korrekt.) Das links vom Zeitungskopf stehende Kästchen mit dem Wort »FINAL« kennzeichnet die letzte Ausgabe des Tages. Rechts vom Zeitungskopf steht der Preis von 8 Cents in New York und 10 Cents außerhalb der Stadt und in den Vororten. Darunter das Wetter: »Sunny and warm.«

1313, 20　　*Picture Newspaper* – (engl.) Bilderzeitung.

1313, 20　　*»Final«* – (engl.) übersetzt im Text.

1313, 24　　*RFK DEAD* – (engl.) R(obert) F(rancis) K(ennedy) TOT.

1313, 25　　*zwei Zoll. Warum nicht fünf Zoll* – 5, 8 bzw. 12, 7 cm.

1313, 36–　　*Alle Zeitungen müssen . . . Tod noch wuchs* – Vorlage dazu war der Artikel »Death
1314, 4　　of a Warrior« der NYT vom 6. 6. 1968: »His great fault was his indifference to procedural safeguards in his eagerness to expose those he considered to be wrong-doers. [. . .] He was a man of many talents, of high resolve and of unfolding and everlasting promise. He was a big man who at his death is still growing. [. . .]

He was not [...] a happy warrior, he was a driving, committed, unyielding warrior. If he sometimes, particularly when young, fought more recklessly than wisely, he never fought for a low or merely personal triumph. He will be remembered for the ideas he tried to advance.«

Vgl. auch den Artikel »Washington: The Qualities of Robert Kennedy« der NYT vom 7. 6. 1968, wo es für die Zeit nach dem Tod seines Bruders heißt: »He went through a couple of bad years, when he seemed stunned, and stumbled into a couple of silly and unnecessary conflicts. [...] Many men succeed in politics by using their worst qualities, and this applied to Robert Kennedy at the beginning of his legislative career; but in the end he failed while using his best qualities. It is all very strange, and for the moment, repulsive.«

1313, 37	*Ruthless* – (engl.) übersetzt im Text.
1314, 6	*Bugs Bunny* – s. K. 25, 4; 315, 27.
1314, 9 f.	*Richard Milhous Nixon* – s. K. 423, 25.
1314, 11–16	*Es haben ja ... 70 t erleichtert werden* – Unter der Überschrift »A Soviet Army Convoy Rolls Casually Through the Czech Countryside« schreibt die NYT vom 6. 6. 1968 über einen Armeetransport als Teil der Manöver: »the permanent signs, for example, limited the weight to 30 tons, the new signs allowed the passage of vehicles weighing 70 tons. [...] The drivers, mostly young men, smiled and waved to adults and children, who watched them with curiosity. In most cases the Czechoslovaks waved and smiled back.«
1314, 16–21	*hätte der Innenminister... Bürger eingesperrt hat* – General Josef Pavel berichtete vor einer Parlamentskommission für Verteidigung und Sicherheit, »that 25, 000 to 30, 000 cases would be investigated in which internal security officers provided trumped-up charges for the prosecution of innocent persons during the purges«; vgl. NYT 7. 6. 1968.
1314, 19	*Schreib das auf* – Anspielung auf Egon Erwin Kischs Kriegstagebuch »Schreib das auf, Kisch!«; vgl. Kaiser (1995b), S. 131.
1314, 29	*St. Patrick-Kathedrale* – s. K. 43, 31.
1314, 36–1317, 7	*Um diese Zeit... in predigendem Ton* – In dieser Passage ist der Artikel »Thousands Wait Hours to Enter« der NYT vom 8. 6. 1968 verarbeitet: »Outside Fifty-first Street was choked with huge mobile television vans used for remoted color pick ups. [...] The people who waited in a line twenty-five blocks long, eight abreast at many points, were neither shattered nor awed for the most part. [...] It was steam heat, mixed with choking exhaust fumes, in which the people waited for periods up to five hours. Many of them fainted. [...] Five blocks from the cathedral the line moved with agonizing slowness. At times it took an hour to move a single block. [...] The crowds were banteringly good-humored, even about the line cutters, but not by any means gay. They waited with patience, fainted and returned to the line, took what sustenance the soft-drink vendors could manage to offer against the opposi-

tion of the police lines and littered Park Avenue with soft-drink tins and food wrappers.«

1314, 36 f.   *Lexington Avenue, an der 47. Straße* – Die Schlange zieht sich drei Blocks nach Süden und dann die 47. Straße nach Osten; s. K. 11, 16.

1314, 39   *eckigen Glasschichtkeks der Chemical Bank* – 277 Park Ave., zwischen 47. und 48. Straße, Park und Lexington Avenue befindet sich der 1962–64 von Emery Roth & Sons erbaute Büroblock von 50 Stockwerken der Chemical Bank New York Trust Company; s. K. 772, 22 f.

1315, 2   *Barclay-Hotel* – 111 East 48. Street; 15stöckiges Hotel.

1315, 3   *Waldorf-Astoria* – s. K. 84, 24 f.

1315, 4 f.   *Haus der General... einer löcherigen Krone* – 570 Lexington Ave., Ecke 51. Street. Das 1930/31 von der Firma Cross & Cross im Art-Deco-Stil für die RCA Victor Corp. erbaute Haus trägt auf dem schlanken Turm eine vielfach durchbrochene, goldschimmernde Krone aus glasierter Terrakotta. Das gelb-bräunliche Gebäude von 50 Stockwerken ist eines der auffallendsten Büro-häuser dieser Straße.

1315, 12   *I. R. T.* – s. K. 369, 28.

1315, 23 f.   *Seagram-Hauses* – 375 Park Avenue, zwischen 52. und 53. Street; ein schma-ler, hoher Büroturm mit einer Bronzefassade, 1955–58 nach Entwürfen von Ludwig Mies van der Rohe und Philip Johnson (Inneneinrichtung) errich-tet; eines der bedeutendsten Büro-Hochhäuser New Yorks und das einzige van der Rohe-Gebäude der Stadt; Sitz der Firma The Seagram Company Ltd. Seagram: 1857 als Joseph E. Seagram & Sons gegr. Destille; nach zahlreichen Fusionen 1968 unter dem Namen Distillers Corporation-Seagrams Limited ein Getränkekonzern mit Beteiligung im Ölgeschäft.

1315, 30   *Embassy Club* – (engl.) Botschaftsklub; konnte nicht nachgewiesen werden.

1315, 39–
1316, 3   *Denn andere New... mit eingeschalteten Scheinwerfern* – Unter der Überschrift »Varied Pattern for City in Grief; Business is Mixed With Tributes« heißt es in der NYT vom 8. 6. 1968: »In some boroughs, families went to the beaches, many with their automobile lights on in memory of Senator Kennedy.«

1316–1317   Die Seiten 1316 und 1317 sind in der zweibändigen Ausgabe vertauscht, d. h. in verkehrter Reihenfolge gedruckt.

1316, 9–13   *Änderung am Schußwaffengesetz... Gewehre und Schrotflinten* – Im Mai 1968 waren im Senat mehrere Gesetze zur Bekämpfung der Kriminalität verab-schiedet worden, darunter ein Gesetz, das den Verkauf von Gewehren über die Bundesstaatsgrenzen kontrollieren sollte und am 6. 6. 1968 vom Kongreß angenommen wurde; vgl. NYT 6. und 7. 6. 1968; s. K. 21, 30 f.

1316, 14   *Bankers Trust* – 280 Park Ave., zwischen 48. und 49. Straße; Zentrale der Ban-kers Trust Company von 1962–74; 1903 von Henry P. Davison und J. P. Morgan (s. K. 1051, 7) gegr. Bankfirma, die zunächst nicht mit anderen Banken konkurrierte, sondern finanzielle Transaktionen für kommerzielle Banken durchführte; später auch im eigentlichen Bankgeschäft tätig, kaufte eine Vielzahl Banken und Firmen anderer Branchen auf.

1316, 15   *Colgate und Palmolive* – Seit 1956 liegt der Sitz der Zentrale 300 Park Ave.; 1806 von dem Seifenmacher William Colgate (25. 1. 1783–25. 3. 1857) unter dem Namen Colgate and Company gegr. Firma, die 1922 mit der Palmolive Peet Company of Chicago fusionierte; firmiert unter dem Namen Colgate-Palmolive seit 1953; bekannt vor allem für Zahnpasta und Seife.

1316, 16   *International Telephone & Telegraph* – Von 1961–90 lag die Zentrale in 320 Park Ave., zwischen 50. und 51. Straße. 1920 von Sosthenes Behn als Holding für mehrere karibische Telefonfirmen gegr., sollte ITT ein Gegengewicht zu American Telephone and Telegraph bilden; nach Ankauf mehrerer lateinamerik. und europäischer Telefonsysteme konzentrierte die Firma nach dem 2. Weltkrieg ihr Geschäft auf die Akquisition von Elektronik-Firmen.

1316, 18 f.   *Haus der PanAmerican* – s. K. 324, 25.

1316, 20   *Madison Avenue* – s. K. 76, 8 f.

1316, 24   *Kardinals Spellman* – s. K. 402, 30.

1317, 19   *Marie hat das Haus nicht verlassen* – Aus Anlaß der Beerdigung R. F. Kennedys war der 7. 6. 1968 schulfrei.

8. 6. 1968

1318, 11   *acht Unzen Tabak* – Etwa 140 g.

1318, 37–
1319, 2   *die Witwe vom . . . nachlässig: Der Raster* – Eine von gewellten Linien gestörte Großaufnahme in der NYT vom 9. 6. 1968 mit der Unterschrift »Mrs. Robert F. Kennedy seen on TV during mass« zeigt ein sehr helles Gesicht, das sich vom dunklen Schleier abhebt. Auf einem Foto in der NYT vom 8. 6. 1968 bekreuzigt sich Ethel Kennedy; Ethel Kennedy: s. K. 1132, 1 f.

1319, 6 f.   *Martin Luther King* – s. K. 928, 12.

1319, 16–29   *WQXR, die Stimme . . . auch keiner was* – Die NYT vom 9. 6. 1968 schreibt unter der Überschrift »TV: A Long Vigil Kept« über die Berichterstattung einzelner Medien zum Kennedy-Begräbnis. Dort heißt es auch: »WQXR, the radio station of the New York Times, at first included plugs for a bank and even for features in today's issue of the Times. Later the Times management cancelled such discordant intrusions and with many other stations followed a formal of subdued music and news.« Dem selbstkritischen Absatz folgt ein Tadel für andere Radiosender wegen ihrer Ausstrahlung von Popmusik und Reklame. WQXR: s. K. 581, 6.

1319, 38– *Gleich lagen sie . . . der obersten Treppenstufe* – Was die Fernsehübertragung zeigte,
1321, 22 konnte unter der Überschrift »Thousands in Last Tribute to Kennedy, Service
at Arlington is Held at Night« auch in der NYT vom 9. 6. 1968 nachgelesen
werden: »But there were also others like Secretary General Thant of the United Nations; John Kenneth Galbraith, professor of economics at Harvard and
former Ambassador to India; W. Averell Harriman, the chief United States negotiator at the Paris peace talks; Walter Reuther, president of the United Auto
Workers; Robert Lowell, the poet; Harry Belafonte, Lauren Bacall, Sidney
Poitier, Jack Paar and Cary Grant. [. . .] Others who shifted quickly back and
forth around the coffin were [. . .] John McCone, former head of the Central
Intelligence Agency. [. . .]
At 9:55 A. M. the mass began as the clerical procession moved up the 400-
foot central aisle. It was led by a crucifer carrying a tall golden cross. He was
followed by white-clad seminarians, monks in brown habits, military chap-
lains, purple-vested monsignori, bishops in long violet robes and archbishops
in purple and cardinals in bright scarlet. [. . .]
A high point of the mass was the offertory procession by eight Kennedy children who marched in two's up the sanctuary behind the two candle bearers
to present the hosts and the wine used in the consecration of the mass.
Another unusual feature was the playing of the slow movement from Gustav
Mahler's ›Fifth Symphony‹ by 30 members of the New York Philharmonic
Orchestra under the direction of Leonard Bernstein. [. . .]
The mass ended with Cardinal Cushing performing the blessing of the body
and the commendation of the soul. [. . .] The cardinal circling the coffin,
sprinkling it with holy water – an ancient rite calling down God's purifying
mercy. Then he circled it again swinging a thurible, a metal container on
chains filled with burning charcoal and incense – a ceremony symbolic of the
prayers of the faithful rising to God. [. . .]
The ceremony ended with Mr. Williams singing ›The Battle Hymn of the
Republic‹, the choir's Hallalujah chorus and the traditional funeral hymn ›For
all the Saints‹.
The coffin, still covered by the flag, was carried out of the cathedral by 13 pall
bearers. [. . .]
There was an unexplained delay in forming the cavalcade outside. For what
seemed like five minutes, Mrs. John F. Kennedy stood in the bright sunlight
on the top step, holding tight the hand of her son, John Jr. She stared rigidly
across the avenue, but John looked around with interest, once gazing up to
watch a plane pass overhead in the deep blue sky.«

1319, 39 *Generalsekretär der Vereinten Nationen* – Sithu U Thant (22. 1. 1909–25. 11.
1974), birmanischer Politiker, seit 1949 Informationsminister, 1957 Vertreter
Birmas bei der UNO, 1961–71 Generalsekretär der UNO; Vereinte Nationen:
s. K. 20, 30 f.

1319, 39– *dem Präsidenten der Automobilarbeitergewerkschaft* – Walter Philip Reuther (1. 9.
1320, 1 1907–9. 5. 1970), Werkzeugmacher, Gewerkschaftsfunktionär; arbeitete bei

General Motors und Ford, seit 1935 in der Gewerkschaftsbewegung, 1946 Präsident der United Automobile, Aircraft and Agricultural Workers of America, paktierte erfolgreich gegen prokomm. Gewerkschaftsfunktionäre; seit 1952 Präsident der Congress Industrial Organisation; führte erfolgreich den Streik der Automobilarbeiter von November 1945 bis März 1946 für höhere Löhne und bessere Arbeitsbedingungen; schlug zur Sicherung der Arbeitsplätze vor, Teile für Verteidigungsflugzeuge nach den Methoden der Serienproduktion in den Automobilfabriken herzustellen.

1320, 2   *dem ehemaligen Chef der C. I. A.* – John Alex McCone (4. 1. 1902–14. 2. 1991), CIA-Direktor 1961–65.

1320, 2   *C. I. A.* – s. K. 536, 30.

1320, 4   *Robert Lowell* – s. K. 1130, 36–38.

1320, 5   *Lauren Bacall* – Geb. 16. 9. 1924; eigentlich Betty Jean Weinstein Perske; amerik. Film- und Theaterschauspielerin, Ehefrau Humphrey Bogarts.

1320, 18–26   *wenn dem überlebenden . . . das nicht sein* – Die NYT vom 9. 6. 1967 zitiert in ihrem Artikel Edward Kennedy: »As he said many times, in many parts of this nation, to those he touched and who sought to touch him: ›Some men see things as they are and say why. I dream things that never were and say, why not.‹
But even as he quoted George Bernard Shaw's hopeful words, Edward Kennedy's voice was choked with grief so deep he clearly had difficulty keeping back the tears.« Vgl. auch TIME vom 14. 6. 1968, S. 16.
Johnson übersetzt das Shaw-Zitat entsprechend der Artikel aus TIME oder NYT. Bei Shaw heißt es in »Back to Methuselah« (1922 uraufgeführt in New York) im ersten Akt: »You see things; and you say: ›Why?‹ But I dream things that never were; and I say ›Why not?‹«. Die Worte werden im Paradies von der Schlange zu Eva gesprochen, um Erneuerung und Geburt dem Tod gegenüberzustellen; vgl. Shaw (1931), S. 7.

1320, 18   *dem überlebenden Bruder* – Edward Moore Kennedy, geb. 22. 2. 1932, Politiker der Demokraten; seit 1962 Senator für Massachusetts; lehnte es nach dem Tod seines Bruders Robert ab, für die Präsidentschaft zu kandidieren.

1320, 28   *G. B. Shaw* – George Bernard Shaw (26. 7. 1856–2. 11. 1950), irischer Dramatiker und Schriftsteller; schloß sich 1884 der Fabian Society an und veröffentlichte seine soz. Ansichten in diversen Schriften (Fabian Essays). Auf erste sozialkritische Dramen folgten satirische Gesellschaftskomödien, in denen er Heuchelei und religiöse Intoleranz anprangerte. Seine moralistische Tendenz verbirgt sich hinter geistvollem Witz und Sprachspielereien.

1320, 28   *Fabianismus* – Benannt nach dem römischen Feldherren Quintus Fabius Maximus Verrucosus, genannt Cunctator, der für sein taktisches Abwarten im Krieg gegen Hannibal berühmt geworden war. 1883/84 entstand die Fabian Society, eine von brit. Intellektuellen begründete soz. Vereinigung, die im Gegensatz zum Marxismus und seinem Klassenkampfgedanken den Sozialismus evolutionär verwirklichen wollte. Die Fabian Society war an der Gründung der Labour Party beteiligt und bekannte sich 1918 zu deren Programm. Zu ihr gehörten neben G. B. Shaw Sidney Webb, H. G. Wells und Ramsay McDonald.

1321, 1　*des langsamen Satzes aus Mahlers Fünfter* – Gemeint ist der 4. Satz von Gustav Mahlers (7. 7. 1860–18. 5. 1911) 5. Sinfonie, in cis-Moll, ein Adagietto für Streicher und Harfe.

1321, 1 f.　*New Yorker Philharmoniker* – The New York Philharmonic Orchestra, eines der besten Sinfonieorchester der Welt, 1842 als »New York Philharmonic Society« gegr., wurde 1959–69 von Leonard Bernstein geleitet; bis 1962 in der Carnegie Hall, danach in der Avery Fisher Hall im Lincoln Center ansässig.

1321, 5　*Schlachtchoral der Republik* – (engl., wörtlich übersetzt) »Battle Hymn of the Republic«; 1861 von Julia Ward Howe (27. 5. 1819–17. 10. 1910) geschrieben, die bei einem Besuch in einem Lager der Unionsarmee um einen patriotischen Text zur Melodie von »John Brown's Body« gebeten worden war. Howe war an der Herausgabe des Anti-Sklaverei Journals »Boston Commonwealth« beteiligt, gab später selbst das »Woman's Journal« heraus und setzte sich u. a. für Gefängnisreformen ein.

The Battle Hymn of the Republic

Mine eyes have seen the glory of the coming of the Lord:
He is trampling out the vintage where the grapes of wrath are stored;
He hath loosed the fatal lightning of His terrible swift sword:
　　His truth is marching on.

I have seen Him in the watch-fires of a hundred circling camps,
They have builded Him an altar in the evening dews and damps;
I can read His righteous sentence by the dim and flaring lamps:
　　His day is marching on.

I have read a fiery gospel writ in burnished rows of steel:
›As ye deal with my contemners, so with you my grace shall deal;
Let the Hero, born of woman, crush the serpent with his heel,
　　Since God is marching on.‹

He has sounded forth the trumpet that shall never call retreat;
He is sifting out the hearts of men before His judgement seat:
Oh, be swift, my soul, to answer Him! Be jubilant, my feet!
　　Our God is marching on.

In the beauty of the lilies Christ was born across the sea,
With a glory in his bosom that transfigures you and me:
As he died to make men holy, let us die to make men free,
　　While God is marching on.

1321, 9   *John Brown's Body . . . in His Grave* – (engl.) John Browns Leiche liegt modernd in seinem Grab; sehr bekannter Marsch aus dem amerik. Bürgerkrieg.

1321, 10 f.   *von dem Überfall . . . Ferry in Virginia* – John Brown (9. 5. 1800–2. 12. 1859), ein fanatischer Gegner der Sklaverei in den Südstaaten der USA; bemächtigte sich 1859 des Unionsarsenals in Harper's Ferry, um das Zeichen zu einem allgemeinen Aufstand zu geben. Er wurde gefangengenommen und gehenkt.

1321, 20   *der anderen Mrs. Kennedy* – s. K. 53, 11 f.

1321, 22   *as sühst mi woll* – (nd.) siehst du mich wohl.

1321, 29   *ein Mann festgenommen* – Auf dem Londoner Flughafen Heathrow wurde James Earl Ray (1928–23. 4. 1998) verhaftet, der später für den Mord an Martin Luther King (s. K. 928, 12) zu 99 Jahren Gefängnis verurteilt wurde, da man auf der Mordwaffe seine Fingerabdrücke fand. Der mehrfach vorbestrafte Gelegenheitsarbeiter hatte in Kreisen militanter Befürworter der Rassentrennung verkehrt, aber es konnte nicht geklärt werden, ob Ray, der sich erst schuldig bekannte und das Bekenntnis später widerrief, Hintermänner und Geldgeber für seine zweimonatige Flucht gehabt hatte. Seine Anträge für ein neues Verfahren wurden von der King-Familie und Jesse Jackson unterstützt, aber von den Behörden abgelehnt; vgl. NYT 8./9./10. 6. 1968.

1322, 5–8   *der Zug mit . . . Abe Lincoln beförderte* – Vgl. den Artikel »Victim's Standing in Express's Way« der NYT vom 9. 6. 1968: »The Kennedy train had begun its sombre journey from the depth of New York cavernous Pennsylvania Station without any ceremony.« Unter der Überschrift »They Line the Tracks to Say Good-by« heißt es: »The train cortege has been part of the American legend since Walt Whitman immortalized Abraham Lincoln's funeral track to Illinois in ›When Lilacs last in the Dooryard Bloomed.‹«

1322, 6 f.   *Pennsylvania-Bahnhof* – s. K. 10, 26.

1322, 8   *Abe Lincoln* – s. K. 218, 19.

1322, 10   *Umbenennung Idlewilds* – s. K. 21, 17 f.

1322, 11   *Which I undertook . . . New York clean* – (engl.) Was ich nur gemacht habe, um New York sauber zu halten; s. K. 453, 23 f.

1322, 20–22   *Noch oft wird . . . sechs Stühlen liegt* – Vgl. den Artikel »They Line the Tracks to Say Good-by« der NYT vom 9. 6. 1968: »Senator Kennedy's coffin rested on chairs at window level in the last of 21 cars. It was a private car with an old fashioned observation platform at the rear end.«

1322, 26   *»dummy train«* – (engl.) ein leerer Zug als Attrappe.

1322, 27   *»pilot train«* – (engl.) Leitzug.

1322, 30–33   *von den Zuschauern . . . erfaßt und getötet* – Vgl. den Artikel »Victim's Standing in Express's Way« der NYT vom 9. 6. 1968: »A man and a woman were killed at the Elizabeth, N. J., railroad station yesterday by a New York-bound express train when the crowd waiting for the Kennedy funeral train spilled out onto the tracks.«

1322, 31   *Elizabeth, New Jersey* – s. K. 327, 7 f.

1322, 39   *Olympic Swimming Club des Hotels Marseille* – (engl.) Olympischer Schwimm-klub; s. K. 189, 38 f.; 487, 20.

1323, 11   *Strand's Bar* – Konnte nicht nachgewiesen werden.

1323, 24   *Delikatessen* – s. K. 344, 35.

1323, 33–   *die Menschenmengen auf . . . um Stunden hinterher* – Vgl. den Artikel »They Line
1324, 1   the Tracks to Say Good-by« der NYT vom 9.6. 1968: »In the loneliest sec-tions, family groups clustered around cars parked in the woods to hold up flags, to wave, or to salute. [...] The journey, slowed by accidents along the way and great crowds that often forced the train to slow almost to a stop, lasted from 1:02 P.M. to 9:08 P.M. – more than twice as long as had been expect-ed.«

1323, 36   *des jüngsten Bruders* – s. K. 1320, 18.

1324, 3 f.   *der kaputte Bremsschuh am letzen Wagen* – Vgl. den Artikel »2 Klled [sic] and 5 Hurt as Crowds Press In on the Funeral Train« der NYT vom 8.6. 1968: »There was a further delay because of a brake-shoe difficulty on the last coach which carried the Kennedy family and the coffin of Senator Robert F. Ken-nedy.«

1324, 4   *tormosnoi bašmak* – (russ.) Bremsschuh, Bremsklotz.

1324, 4   *tormosnaja kolodka* – (russ.) Bremsklotz.

1324, 31 f.   *Glöw mi man . . . Glöw'ck di so* – (nd.)
       Glaub mir mal so.
       Glaub ich dir so.

1324, 36–   *Die Regie der . . . nicht heller machen* – Vgl. den Artikel »President Joins Kenne-
1325, 10   dys In Tribute at Graveside« der NYT vom 9.6. 1968: »As the cars moved past the newer of these [zwei Bürogebäude des Senats], where Senator Kennedy had had his offices, a ripple moved through the onlookers, and someone start-ed a cheer which quickly died away.
Heavy security was visible in this area, with policemen stationed on nearby roofs. National Guardsmen lined the street, facing the passing cars; other po-licemen stood by them, facing the crowds on the sidewalk. Secret Service and other plainclothesmen moved about. [...]
The hearse bearing Mr. Kennedy's body stopped precisely in front of the great statue of Lincoln by Daniel Chester French. [...]
While the procession stopped for four minutes beneath the huge, softly lit form of Lincoln, two local choirs and a Marine Corps brass band played and sang ›The Battle Hymn of the Republic‹. [...] As the motorcade moved off, with President Johnson's limousine immediately behind the hearse, other cars

were formed into double lines to make up time. Secret Servicemen jogged by the fenders of the Presidential and Vice-Presidential limousines. [...] Flashbulbs, contantly [sic] popping from the crowds, helped the moon light the bridge, which crosses into Virginia, and the dark waters of the Potomac River beneath it.«

1325, 10   *Potomac* – Fluß durch Washington, der die Grenze zwischen Virginia und Maryland bildet.

1325, 12–14   *Die Träger irren... die Anhöhe abschwenken* – Vgl. den Artikel »President Joins Kennedys In Tribute at Graveside« der NYT vom 9. 6. 1968: »A few minutes later, the 13 pallbearers removed the casket, momentarily started in the wrong direction, then headed up the hill in the glare of the hastily installed lights.«

1325, 13   *das ewige Licht* – Öllampe, die in kath. Kirchen vor der im Tabernakel aufbewahrten geweihten Hostie ständig brennt.

1325, 14–16   *Nach dem letzten... Chef der Kennedys* – Vgl. den Artikel »President Joins Kennedys In Tribute at Graveside« der NYT vom 9. 6. 1968: »With President and Mrs. Johnson looking on, the flag that draped the murdered Senator's coffin was removed and folded and then handed by John H. Glenn Jr., the former astronaut, to Senator Edward M. Kennedy, now the head of the nation's most prominent family.« Nach dem Bericht der NYT geschah dies bei der Ankunft auf dem Arlingtoner Friedhof.

1325, 15   *John Glenn* – John Herschel Glenn, geb. 18. 7. 1921, amerik. Astronaut und Politiker der Demokraten; umrundete 1962 als erster Amerikaner mit der Raumkapsel »Mercury« die Erde; 1964 Senator für Ohio.

1325, 16–18   *Eine Staatskarosse hat... in eigener Person* – Vgl. den Artikel »President Joins Kennedys In Tribute at Graveside« der NYT vom 9. 6. 1968, der endet: »one limousine, arriving from Robert Kennedy's home, Hickory Hill, in nearby McLean, Va., brought his cocker spaniel, Freckles – a pet familiar to thousands who saw him accompany Mr. Kennedy during his recent primary campaign in Indiana, Nebraska, Oregon and California.«

1325, 16   *neuen Chef der Kennedys* – Edward M. Kennedy; s. K. 1320, 18.

1325, 18   *Freckles* – (engl.) Sommersprossen.

1325, 18–25   *Die Witwe von... den Lippen, beten* – Vgl. den Artikel »President Joins Kennedys In Tribute at Graveside« der NYT vom 9. 6. 1968: »Then Mrs. Ethel Kennedy, Edward Kennedy and Joseph Kennedy 3rd knelt by the coffin, prayed briefly, and leaned forward to kiss the dark wood, gleaming in the floodlights. [...]
Last of all came Mrs. John F. Kennedy and her two children, Carolyn and John Fitzgerald Kennedy Jr.
Later, the widow and children of President Kennedy laid small wreaths on his nearby grave, before which the eternal flame was burning brilliantly, and on the graves of two other Kennedy children [...].

As the funeral party departed, thousands of those who had waited through a long afternoon and into the night crowded closely round the coffin«; Jacqueline Kennedy: s. K. 53, 11 f.

1326, 15	*THE GREAT GREAT SHOW* – (engl.) Die Große Große Show; konnte nicht nachgewiesen werden.
1326, 28–35	*über den Hudson . . . nach New Jersey* – s. 42, 35 f.
1326, 34 f.	*Tunnel nach New Jersey* – Lincoln-Tunnel, s. K. 268, 11.
1326, 37	*Thank you for . . . me have this* – (engl.) Danke, daß ich das sehen durfte.

9. 6. 1968

1327, 6	*Ehrenfriedhof Arlington* – s. K. 1313, 3.
1327, 8 f.	*Culvers und Owassa* – Seen in Orange Rockland, an der Südgrenze des Staates New York.
1327, 9	*Delaware* – s. K. 267, 29.
1327, 10	*Little Swartswood* – See südwestlich von Butler, New Jersey.
1327, 12	*R. F. K.* – R(obert) F(rancis) K(ennedy): s. K. 25, 4.
1327, 25	*»Granny«* – (engl.) Oma.
1328, 5–21	*Der ging im . . . die Politiker mögen* – Jewtuschenko, der sich auf einer Lesereise in den USA befand, traf sich durch private Vermittlung mit R. F. Kennedy. »The last of his campaign obligations over, Senator Robert F. Kennedy returned home after casting his vote yesterday and sat down for more than three hours of talk about young people and literature with Yevgeny Yevtushenko, the visiting Russian poet. [. . .] Mr. Yevtushenko stretched his long frame over a creamcolored sofa in the Senator's 14th-floor apartment at the United Nations Plaza building, First Avenue and 49th Street. [. . .] Olga Carlyle, a translator of Russian literature, who was their interpretor, told the Senator: ›Yevtushenko has faith only in the importance of those politicians who understand the importance of poetry.‹ The Senator replied: ›I like poets who like politicians‹«, NYT 9. 11. 1966.
1328, 8–11	*Zur Zeit der . . . fear. Die Angstwahl* – In der Zusammenfassung auf der Titelseite schreibt die NYT vom 9. 11. 1966 (allerdings mit vertauschten Zeilen): »Voters overwhelmingly rejected the Police Department's Civilian Complaint Review Board in what was probably the campaign's most bitterly fought issue. Mayor Lindsay said he thought the question was decided by ›emotion, misunderstanding and fear.‹«
1328, 11	*The vote of fear* – (engl.) übersetzt im Text.
1328, 24	*Eugen* – Jewgenij ist die russ. Form dieses Namens.

1328,25   *Jevgenij Jevtushenko* – Jewgenij Alexandrowitsch Jewtuschenko, eigentlich Jewgenij Alexandrowitsch Gangnus, geb. 18. 7. 1933, russ. Lyriker und Prosaiker; wurde als wichtiger Repräsentant der Tauwetterpolitik von der Jugend gefeiert; politische Gedichte gegen Stalinismus und Antisemitismus; später widersprüchliche Haltungen zwischen Konformismus und Nonkonformismus.

1328,30–   *Der Preis für . . . mit Füßen treten* – Unter der Überschrift »Yevtushenko: ›You
1329,8   shoot at Yourself, America‹« druckte die NYT vom 8. 6. 1968 Jewtuschenkos Gedicht »Freedom to Kill«, geschrieben anläßlich der Ermordung Kennedys, aus der »Prawda« vom 7. 6. 1968 (»Svoboda ubivat«) nach.

> The price of revolver lubricant rises
> And the price of human life falls?
> [. . .]
> Perhaps the only help is shame.
> History cannot be cleansed in a laundry.
> There are no such washing machines.
> Blood can never be washed away!
> [. . .]
> Lincoln basks in his marble chair,
> wounded.
> [. . .]
> But without wiping the splashes of blood from your forehead
> You, Statue of Liberty, have raised up
> Your green, drowned woman's face,
> Appealing to the heavens against being trodden under foot.

Johnson übersetzt diese Version, hob sich aber in seiner Sammlung einen Ausschnitt aus der NYT vom 14. 6. 1968 auf, in dem »basks« als ein Druckfehler, statt richtig »rasps« (keucht), eingestanden wird; s. K. 1359, 8–13; Lincoln: s. K. 218, 19; Lincoln-Memorial: s. K. 1189, 27 f.

1329,3–8   *Aber ohne dir . . . mit Füßen treten* – Freiheitsstatue: s. K. 311, 28 f.

1329,15   *Plessens* – s. K. 164, 24.

1329,38   *ausklamüsert* – s. K. 1249, 7.

1330,6   *djewushki* – (russ.) Mädchen (Plural); s. 1064, 33 f.

1330,7   *idi sjuda* – (russ.) komm hierher.

1330,15   *Format A 2 der Deutschen Industrienormen* – s. K. 930, 37.

1330,19 f.   *vier Fälle von Krasnaja Armija* – Es gibt im Russischen sechs Fälle, allerdings hat die weibliche Deklination für Armija nur vier verschiedene Endungen, da der Genitiv, Dativ und Präpositiv gleich lauten.

1330,20   *Krasnaja Armija* – (russ.) Rote Armee; s. K. 1142, 19.

1330,23   *Rehbergen* – s. K. 87, 35.

1330, 25   *Tschaikowski* – Pjotr Iljitsch Tschaikowskij (7. 5. 1840–6. 11. 1863), russ. Komponist, Musikkritiker und Dirigent; s. K. 1631, 30.

1330, 25   *Mussorgski* – Modest Petrowitsch Mussorgskij (21. 3. 1839–28. 3. 1881), russ. Komponist; »Boris Gudonow«, 1874, wurde zur russ. Nationaloper.

1330, 26   *Glinka* – Michail Iwanowitsch Glinka (1. 6. 1804–15. 2. 1857), russ. Komponist.

1330, 26   *Brahms* – Johannes Brahms (7. 5. 1833–3. 4. 1897), dt. Komponist, Pianist und Dirigent; s. K. 971, 3.

1330, 28   *Fünfeichen* – s. K. 1287, 25.

1330, 29   *Sing Sing* – s. K. 243, 14.

1331, 30   *Jossif Vissarionovič* – Stalin; s. K. 63, 10.

1331, 36   *Im Kreml Ist Noch Licht* – Titel eines Gedichts von Erich Weinert, 1940 in Moskau geschrieben.

IM KREML IST NOCH LICHT

> Wenn du die Augen schließt und jedes Glied
> Und jede Faser deines Leibes ruht –
> Dein Herz bleibt wach, dein Herz wird niemals müd;
> Und auch im tiefsten Schlafe rauscht dein Blut.
>
> Ich schau aus meinem Fenster in die Nacht;
> Zum nahen Kreml wend ich mein Gesicht.
> Die Stadt hat alle Augen zugemacht.
> Und nur im Kreml drüben ist noch Licht.
>
> Und wieder schau ich, weit nach Mitternacht,
> Zum Kreml hin. Es schläft die ganze Welt.
> Und Licht um Licht wird drüben ausgemacht.
> Ein einziges Fenster nur ist noch erhellt.
>
> Spät leg ich meine Feder aus der Hand,
> Also schon die Dämmerung aus den Wolken bricht.
> Ich schau zum Kreml. Ruhig schläft das Land.
> Sein Herz blieb wach. Im Kreml ist noch Licht.

Vgl. BU, S. 50: »Vielleicht ist es Tatsachenlyrik, wenn die Neue Dichtung beruhigend verlauten lässt, im Kreml brenne noch Licht, jedoch es ist auch eine Erinnerung an einen anderen Nachtarbeiter und das Faktum, dass er ihm einst in Freundschaft verbunden war. Das heisst doch, die Frage nach seinem Schlaf einladen. Ist die Menschheit dann jeglichen Schutzes bar?«

1331, 36   *Kreml* – s. K. 138, 39.

1331, 37 f.   *Mit dem Garanten stimmt etwas nicht* – »Garant« war sowohl in der Propaganda der Nazis wie in der Sprache der DDR-Funktionäre ein beliebter Ausdruck; vgl. Klemperer (1996), S. 15, 267; s. 1651, 39.

1332, 2	*piel* – (nd.) schräg; s. 1602, 30.
1332, 2 f.	*als wär da . . . oder hätte geniest* – Anspielung auf die in MJ, S. 195, erzählte Episode: »Kommandeur meldet Genosse Stalin Regiment angetreten. Plötzlich: Hatschi. Niesen. Genosse Stalin fragt: Wer war das. Melden. Keine Antwort. Ersten Block: ERSCHIESSEN! Legt an Feuer erschossen. Wer hat geniest. Keine Antwort. Zweiten Block: ERSCHIESSEN! Legt an. Wer hat geniest. Niemand. Legt an. Dritten Block: ERSCHIESSEN, ERSCHIESSEN. Flach am Boden drei Blocks erschossen. Vierter Block ragt noch. Genosse Stalin dreht sich um, sieht vierten Block noch ragen. Nun, wer hat geniest. Flügelmann tritt drei Schritt vor, reisst sich zusammen zum Denkmal. Ich, zu Befehl, Väterchen, habe geniest. Stalin nickt heftig freundlich sagt: Na sdorowje, towarischtsch! Gesundheit, Genosse!«
1332, 7	*Woshd* – (russ.) Führer; Beiname Stalins.
1332, 14	*Drais* – Karl Freiherr von Drais (29. 4. 1785–10. 2. 1851), Forstmeister im badischen Sauerbronn, erfand 1817 eine Laufmaschine, die Draisine, ein Vorläufer des Fahrrads.
1332, 19	*Marconi* – Guglielmo Marconi (25. 4. 1874–20. 7. 1937), ital. Erfinder; ihm gelang 1895 mit Hilfe einer geerdeten Sendeantenne die erste drahtlose Telegrafieverbindung; gründete 1897 die Marconi Wireless Telegraph Co., stellte 1901 die 1. Funkverbindung über den Atlantik her, erhielt 1909 den Nobelpreis.
1332, 21 f.	*Kuntze-Knorr-Bremse* – Schnellbremse für Eisenbahnen, benannt nach dem Erfinder Georg Knorr (15. 10. 1859–15. 4. 1911).
1332, 29	*Minsk* – 1968 Hauptstadt der Belorussischen SSR.
1332, 29	*Tula* – 1968 Gebietshauptstadt der Russischen Sozialistischen Föderativen Sowjetrepublik, der größten Unionsrepublik der UdSSR, ältestes Zentrum der Metallindustrie in der UdSSR.
1332, 30	*caran d'ache* – s. K. 167, 33.
1332, 31 f.	*von der Stanzija . . . und Potschtowy Wagon* – (russ.) Station . . . Personen- und Postwagen.
1332, 35	*Du hast das Penicillin vergessen* – Penicillin wurde 1928 von dem Amerikaner Alexander Fleming entdeckt, konnte aber erst ab 1940 erfolgreich als Medikament eingesetzt werden; s. K. 167, 34 f.; s. 1863, 29 f.
1332, 37	*»Ich sehe aus dem Fenster«* – s. K. 178, 27–179, 22; 1311, 12 f.
1333, 5	*krasnyj* – (russ.) rot.
1333, 13–17	*einer russischen Novelle . . . ihm zusammen einsperrt* – Anspielung auf Alexander Puschkins Erzählung »Dubrowskij«, 1832–33, die auf mehreren realen Vorkommnissen beruht. Nachdem der Adlige Trojekurow seinen ärmeren Nachbarn Dubrowskij mit Hilfe eines bestochenen Beamten in einem Prozeß um

sein Gut betrogen hat, führt Dubrowskijs Sohn ein Räuberleben im Wald. Trojekurow engagiert einen »Franzosen« als Hauslehrer, in den sich seine Tochter verliebt. Der »Franzose« Dubrowskij entwendet einem Mittäter des Betrugs Geld und gibt sich zu erkennen, kann aber die Hochzeit von Trojekurows Tochter Mascha mit einem anderen nicht mehr verhindern. Seine Räuber überfallen ihre Kutsche, aber da sie schon getraut ist, will sie nicht mit ihm fliehen. Dubrowskij soll ins Ausland gegangen sein.
Trojekurow wird als ungebildet, trinkfest, selbstherrlich und brutal geschildert. Er macht sich einen Spaß daraus, Bären zu quälen wie auch Gäste mit einem hungrigen, aber angeketteten Bären in ein Zimmer zu sperren, in dem sie nur in einer Ecke vor den Angriffen des Tieres sicher sind. Nur der frz. Hauslehrer hatte es gewagt, den Bären zu erschießen.

1333, 34–36   *seiner Frau waren . . . den Leib gegangen* – s. K. 140, 713.

1334, 2   *Neue Schule* – s. K. 778, 29 f.

1334, 2   *Puschkin* – Alexander Sergejewitsch Puschkin (6. 6. 1799–10. 2. 1837), russ. Dichter; wurde wegen satirischer und politischer Gedichte strafversetzt, später verbannt; gilt als Begründer der modernen russ. Literatur- und Dichtungssprache.

1334, 8 f.   *Dat's all so . . . Einer dorbi daun* – (nd.)
– Das ist alles so, wie das Leder ist. (übertragen: Es ist wie es ist.)
– Ja, was soll einer dabei tun?
Zitat aus Fritz Reuters »Ut mine Stromtid«; Reuter (1905), Bd. 2, S. 41; vgl. Mecklenburg (1992b), S. 359; s. 65, 11.

1334, 12   *Avkaat* – (nd.) Advokat, Rechtsanwalt.

1334, 18–21   *Ursprünglich habe er . . . wieder zu erwähnen* – s. 40, 28 f.

10. 6. 1968

1334, 27 f.   *George und Martha Washingtons Brücke* – »Seit eine zweite Ebene über die ursprüngliche Fahrbahn gelegt wurde, geben weniger ehrerbietige Anwohner der Brücke zwei Namen: George und Martha«, Johnson, Notizheft, S. 306; s. K. 13, 2 f.

1334, 29   *Hoboken* – s. K. 558, 18.

1334, 30   *P. A. T. H.* – s. K. 396, 28.

1334, 31   *Bentley* – s. K. 327, 5.

1335, 10–19   *Aus London wird . . . noch einmal bekräftigt* – Unter der Überschrift »Soviet Intimidation Denied« heißt es in der NYT vom 10. 6. 1968: »London, Monday, June 10 – An article by a Soviet political commentator published by The Times of London today denied that the exercises of Warsaw Pact staff officers being conducted on Czechoslovak soil were planned ›for the sake of a certain ›intimidation.«

The article was signed by Vadim Ardatovsky, commentator of the Novosti press agency [. . .].

He wrote that staff exercises of this kind were conducted regularly and that there was no reason why they should not be held in Czechoslovakia, ›the leaders of which have time and again confirmed their loyalty to the Warsaw Treaty defense system.‹

He said that the exercises were scheduled six months ago and postponed«; s. K. 1222, 24–28.

1335, 16	*Agentur Novosti* – (tschech.) wörtl.: Neuigkeiten; tschech. staatliche Nachrichtenagentur.
1335, 18	*Warschauer Vertrag* – s. K. 913, 26.
1335, 19–28	*Zu Besuch kommt . . . Gelde ausmachen würde* – Vgl. den Artikel »Czech Officials to Open Economic Talks in Moscow« der NYT vom 10. 6. 1968: »A high-level Czechoslovak Government delegation will arrive in Moscow tomorrow for economic discussions [. . .].

Czechoslovak officials concede that they receive from the Soviet Union largely raw materials that Moscow could sell in the West for convertible currencies, while delivering to the Soviet Union manufactured goods that fall short of world market quality and are not favorable for convertible currencies.

Thus, the Russians were reported as saying, the current blateral [sic] trade pattern was tantamount to a Soviet hard-currency credit for Czechoslovakia.«

1337, 7	*Abfallzerkleinerer* – Waste disposal; in den Abfluß des Küchenausgusses eingebautes Schneidewerk, das Küchenabfälle zerkleinert; s. 1337, 15 f.
1337, 16	*do you have . . . home at all* – (engl.) haben Sie überhaupt ein Schwein zu Hause!
1337, 27	*episkopalischen* – Die anglikanische Kirche betreffend.
1337, 27	*Voodooh* – Aus Westafrika stammender mit Dämonen- und Geisterglauben verbundener religiöser Kult der Schwarzen in Süd- und Mittelamerika.
1338, 7 f.	*Daily News* – s. K. 107, 5.
1338, 9	*New York Post* – s. K. 513, 36.

11. 6. 1968

1338, 23–32	*Den SPIEGEL laß . . . im Besitze desselben* – s. 11, 4–10.
1338, 23	*SPIEGEL* – s. K. 167, 17–20.
1338, 34	*Ihre Modellautos* – s. K. 520, 28.
1338, 34 f.	*Herald Square* – s. K. 139, 19.

1339, 1	*Bentley* – s. K. 327, 5.
1339, 2 f.	*T-Hemden* – (engl. wörtl. übersetzt) T-shirts; s. 1487, 27.
1339, 8	*koscherer* – s. K. 254, 2.
1339, 12	*97. Straße* – s. K. 27, 18.
1339, 12 f.	*Heißen Hunde* – (engl. wörtl. übersetzt) hot dogs: Bockwurst im Brötchen; s. K. 588, 5.
1339, 17 f.	*saying something stupid like* – (engl.) etwas Dummes wie . . . zu sagen.
1339, 19	*Ethel Kennedy* – s. K. 1132, 1 f.
1340, 8 f.	*Witwe von Martin Luther King* – s. K. 928, 12; 961, 2.
1340, 12 f.	*Notstandsgesetze* – s. K. 1138, 22.

1340, 14–17   *Was meint der . . . er sich wünscht* – Am 28. 5. 1968 trafen sich 22 Wissenschaftler, Schriftsteller und Publizisten (darunter Rudolf Augstein, Heinrich Böll,
Rolf Hochhuth, Alexander Mitscherlich), um die Notstandsgesetze zu dis-
kutieren. Die Veranstaltung wurde von linken Studenten so gestört, daß die
Fernsehübertragung unterbrochen wurde. Enzensberger warf den Intellektuellen vor, hinter verschlossenen Türen zu debattieren, statt sich mit den Studenten und Arbeitern zu solidarisieren. »Offenbar soll hier ein Unterschied
gemacht werden zwischen dem sogenannten Druck der Straße und dem Protest, der sich im Sperrsitz ein gutes Gewissen macht.« Auf die Studentenbewegung in Paris anspielend, schloß er: »Unser Ziel muß sein: Schaffen wir
endlich, auch in Deutschland, französische Zustände«; vgl. DER SPIEGEL
10. 6. 1968, S. 30–34; s. K. 737, 30; 795, 3–803, 20.

12. 6. 1968

1340, 24–
1341, 8   *Die Sowjetunion hat . . . gleich davon schreiben* – Vgl. den Artikel »Prague Cau-
tions Allies On Press« der NYT vom 12.6. 1968: »Moscow protested yester-
day against a report in Lidova Democracie, based on an article in The New
York Times, that a Soviet general had approved the issuance of a diplomatic
passport to Maj. Gen. Jan Sejna, which made possible the Czechoslovak general's defection to the United States last February.« In der NYT vom 2. 6.
und in »Lidova Demokracie« vom 5. 6. 1968 wurde berichtet, daß der tschechos. General Jan Šejna, enger Freund Novotnýs und bedeutender Geheimnisträger, am 25. 2. 1968 mit einem Diplomatenpaß, bewilligt vom sowj. General Aleksej Schdanow, in den USA um politisches Asyl gebeten habe. Die
UdSSR sandte einen diplomatischen Protest an die Moskauer tschechos. Botschaft, solche Veröffentlichungen zu unterlassen, da sie den tschechos.-sowj.
Beziehungen schadeten; s. K. 831, 1–11.

1340, 28   *Heiligen Novotný* – Anspielung auf Novotnýs (s. K. 523, 9 f.) Vornamen und
den Heiligen Antonius (um 250–356).

1341, 2   *Lidova Demokracie* – (tschech.) Volksdemokratie, tschechos. Tageszeitung, hg. von der Tschechoslowakischen Volkspartei.

1341, 2   *es geht übers Bohnenlied* – s. K. 944, 24.

1341, 12   *der hält die Wahrheit für konkret* – Anspielung auf die oft wiederholte Formulierung Lenins aus seiner Schrift »Ein Schritt vorwärts, zwei Schritte zurück«: »Eine abstrakte Wahrheit gibt es nicht, die Wahrheit ist immer konkret.« Lenin bezeichnete den Satz als »Hauptgrundsatz der Dialektik«, Brecht hatte ihn als Wandspruch in seinem Arbeitszimmer angebracht; vgl. Lenin (1970), Bd. 7, S. 417; auch: ebd., S. 484.

1342, 14   *Wassertonnengeschichte* – s. 62, 15 f.

1343, 3 f.   *N. S.-Sonderführer* – Sonderführer übten eine Funktion in der Wehrmacht aus, nicht in der Partei; s. K. 910, 32.

1343, 24   *Kasernenviertel Barbarastraße* – Güstrow war Garnisonsstadt, hier lag das Holsteinische Feldartillerie-Regiment Nr. 24, Cresspahls Regiment. Die Kasernen befanden sich beiderseits der Barbarastraße, der späteren Neukruger Straße, die nach Osten aus der Stadt führt. Die Heilige Barbara ist die Schutzheilige der Artillerie. Vgl. HNJ, S. 26: »Die Kasernen in Güstrow habe ich ohne Absicht, ohne Ahnung gesehen, tiefrot glänzende Ziegelblocks hinter niedrigen Mauern mit Zierkronen, ein Karree zwischen Friedhof und Barbarastrasse«; s. K. 200, 33 f.; 1723, 8; s. 1434, 38 f.; 1570, 26; 1616, 11; 1728, 38 f.

1343, 26 f.   *Hotel Stadt Hamburg* – s. K. 32, 5.

1344, 6 f.   *Even if I say so myself* – (engl.) Wenn selbst ich das sage.

1345, 37 f.   *Wo büssu denn . . . denn, min Häuneken* – (nd.) Wo bist du denn, wo bist du denn, mein Hühnchen?; s. 1868, 32–34.

1346, 11   *Erbgroßherzog* – s. K. 32, 5.

1346, 13   *Gymnasium* – s. K. 413, 27.

1346, 18   *mecklenburgischen Reichsstatthalters* – s. K. 360, 31.

1346, 39   *faux pas* – (frz.) Fehltritt, Verstoß gegen Sitten und Gebräuche im gesellschaftlichen Umgang.

1347, 13   *Dom Offizerov* – (russ.) Haus der Offiziere; im Roman das frühere Hotel »Erbgroßherzog«; s. K. 32, 5.

1348, 2   *Demontage* – Obwohl der Umfang der Reparationen erst mit dem Industriebeschränkungsplan vom März 1946 von den Alliierten festgelegt wurde, führte die UdSSR bereits vorher in ihrer Zone umfangreiche Demontagen durch, über deren Abrechnung nichts bekannt ist. Nach Schätzung westlicher Experten wurden von 1945–53, dem Ende der offiziellen Reparationsleistungen an die UdSSR, folgende Werte entnommen:
1. Beuteaktionen: Sach- und Kunstwerte aus öffentlichem und Privatbesitz, Banknoten: 8 Mrd. Mark.

2. Demontagen von Industriebetrieben der Kriegs- und Friedenswirtschaft (u. a. 82 % der Walzwerke, 80 % der eisenschaffenden Industrie, 45 % der Zementindustrie im Vergleich zu 1936). Der Abbau der zweiten Gleise auf sämtlichen Eisenbahnstrecken begann im Juli 1945, einzelne Nebenstrecken wurden gänzlich abgebaut. Gesamtwert: 5 Mrd. Mark.
3. Ausgabe von Besatzungsgeld: Mit etwa 9 Mrd. Mark wurden vor allem sowj. Handelsgesellschaften und der Uranbergbau finanziert.
4. Beschlagnahme als SAG-Betriebe: 213 Betriebe wurden 1946 als Sowj. Aktiengesellschaften beschlagnahmt, deren Ausrüstung teilweise vor dem späteren Rückkauf durch die DDR demontiert wurde. Rückkaufspreis: 2, 55 Mrd. Mark.
5. Lieferungen aus der laufenden Produktion (im Widerspruch zum Potsdamer Abkommen): als direkte Reparationen und als Lieferungen an SAG-Betriebe, die Rote Armee und sowj. Handelsgesellschaften sowie Exporte, die zu den Preisen von 1944 bezahlt wurden. Geschätzter Warenwert: 34, 7 Mrd. Mark.
6. Subventionen für direkte und indirekte Reparationslieferungen und Nebenkosten (Transport, Versicherungen): 6, 15 Mrd. Mark.
Insgesamt wird die erbrachte Leistung auf 66, 4 Mrd. Mark geschätzt, ungerechnet der 16 Mrd. Mark Besatzungskosten bis 1953. Bei einem Dollarkurs von 4, 20 Mark betrugen die Gesamtkosten $ 15, 8 Mrd. – $ 10 Mrd. hatte die UdSSR auf der Konferenz von Jalta gefordert, der Geschichtsschreibung der DDR zufolge wurden davon $ 5, 7 Mrd. erlassen; s. K. 1211, 26; 1353, 11–14; 1398, 14; 1429, 13–17; s. 1372, 6; 1377, 20–33; 1381, 16–21 f.; 1398, 12; 1416, 31–36; 1417, 9–17; 1418, 7.

1349, 4   *schwanke Leiter* – Druckfehler in allen Ausgaben, richtig: schwankende Leiter.

1349, 30–
1350, 4   *Die ostdeutschen Kommunisten … sie nicht angehen* – Vgl. den Artikel »East Germans Set Near Berlin Curbs« der NYT vom 12. 6. 1968: »East Germany introduced a set of traffic regulations today requiring West Germans traveling to and from West Berlin to obtain transit visas to cross East German territory. In addition, effectively July 1, special transport taxes for trucks, buses and barges on the Berlin run will be increased. All travelers will have to pay fees for their visas.
East German officials said the new regulations were in retaliation for emergency laws recently passed by the West German parliament. […] The East German regulations are the latest move by the regime to stress its sovereignty and underline its contention that Berlin is not part of West Germany. The moves against the city's lifeline were seen in part as an attempt by the East Germans to increase revenues. East Germany has been reported to be in need of considerable hard currency to buy macinery [sic] and equipment.« Bislang hatten Bundesbürger nur ihre Ausweise vorzeigen müssen. Die Gebühren für private PKW lagen zwischen 5 und 20 DM, die für LKW und Schiffe begannen bei 800 DM. Notstandsgesetze: s. K. 1138, 22.

13. 6. 1968

1350, 9–18   *Die tschechoslowakischen Kommunisten... bei der Rückkehr* – Vgl. den Artikel »Czechs Spur Law To Ease Travel« der NYT vom 13. 6. 1968: »The measure, improved in principle today by the Foreign Affairs Committee of the National Assembly, guarantees citizens the right to a passport valid for all countries and removes the requirement for an exit visa. [...]
The measure guarantees the right to a passport except for persons facing judicial proceedings, those who have been convicted of damaging Czechoslovak interests on previous trips abroad, persons on active military service or about to be drafted, bearers of state secrets and experts of especially high qualifications.
The last category caused some opposition today [...]. The committee sent the measure to the floor of Parliament with the recommendation for more precise wording.
The draft law states that passports will be valid for longterm or permanent residence abroad without the loss of citizenship.«

1350, 20   *Freiheit* – Tageszeitung, Organ der SED des Bezirks Halle.

1350, 22 f.   *Das Wetter. Wolkenlos... in der Nacht* – Vgl. »Today's Forecast« der NYT vom 13. 6. 1968: »Fair today, high in the 70's [...] clear tonight, low in the mid-50's.«

1350, 28   *Mary Fenimore Cooper Cresspahl* – s. K. 24, 18.

1350, 29   *Henriette* – s. 217, 5.

1350, 34   *die Macht; auch bei der Herrlichkeit* – s. K. VI, 25.

1351, 19   *Areboes Handbuch der Landwirtschaft* – Druckfehler in allen Ausgaben, richtig: Aereboes; s. K. 570, 37.

1352, 2 f.   *Schusterstadt* – Kröpelin: s. K. 159, 25.

1352, 13   *Plessens* – s. K. 164, 24.

1352, 22 f.   *von Haase* – s. K. 280, 2.

1352, 23 f.   *aus dem Südmecklenburgischen... dreißig vorgeschriebenen Kilometer* – Enteignete Gutsbesitzer mußten ihr Heimatgebiet verlassen und durften erst in gehöriger Entfernung eine neue Existenz aufbauen. Die Betroffenen mußten sich bis zum 18. 11. 1945 an Sammelpunkten einfinden, pro Familie waren 10 Zentner Gepäck erlaubt. Ein Großteil von ihnen wurde auf der Bauanlage Prora auf Rügen untergebracht; vgl. Schreiben des Präsidenten des Landes Mecklenburg-Vorpommern an Landräte und Oberbürgermeister vom 11. 11. 1945, in: Krüger/Finn (1991), S. 30 f.; s. K. 1353, 11–14; s. 1452, 2–5.

1352, 30   *Bothmer* – s. K. 114, 19.

1353, 5 f.   *kleine Steine mußten . . . ins adlige Brett* – Anspielung auf die Redewendung »bei jemandem einen Stein im Brett haben«, beliebt sein.

1353, 8–33   *Die Sowjets, höchst . . . Kommunismus für sich* – In der »Antifaschistisch-demokratischen Phase« der Entwicklung der SBZ/DDR, gerechnet vom Sieg über den Faschismus 1945 bis zum Beginn des Aufbaus des Sozialismus 1952, sollten alle antifaschistischen Kräfte, auch die bürgerlichen, gesammelt werden. Statt des sowj. Einparteiensystems wurde ein Mehrparteiensystem zugelassen, in dem allerdings die Vorherrschaft der KPD/SED gesichert war. Auch wirtschaftlich war das Vorbild der Sowjetunion nicht bindend: Weder wurden langfristige Jahrespläne für die Industrie aufgestellt noch Kolchosen gegründet; s. K. 1451, 32.

1353, 11–14   *Treu hielten die . . . reformierten das Land* – Nur in der SBZ wurde 1945 Grundbesitz über 100 ha und der gesamte Besitz »politisch Belasteter« entschädigungslos enteignet und an Flüchtlinge, Landarbeiter und Kleinbauern aufgeteilt, ein Teil blieb in Staatsbesitz; s. K. 1197, 15; Potsdamer Abkommen: s. K. 1211, 26.

1353, 17   *Bodenfonds* – Die beschlagnahmten Güter und der zur Aufteilung bestimmte Landbesitz wurden in sog. Bodenfonds zusammengefaßt. Sie wurden von den Bodenreformkommissionen verwaltet; s. K. 1197, 15.

1353, 18   *Büdner* – s. K. 590, 8.

1353, 22   *Gräfinnenwald* – s. K. 34, 8.

1353, 37   *Tägliche Rundschau* – s. K. 518, 35.

1354, 1   *hatte einmal ein christliches Blatt firmiert* – Die »Tägliche Rundschau«, eine protestantisch-nationale Berliner Zeitung, erschien von 1881–1933.

1354, 17   *Fraktur* – s. K. 76, 10 f.

1354, 19–23   *Die Hitler / kommen . . . deutsche Staat / bleibt* – Im Befehl des Volkskommissars für Verteidigung, Nr. 55, Moskau, vom 23. 2. 1942 an die Rote Armee erklärte Stalin: »Es wäre aber lächerlich, die Hitlerclique mit dem deutschen Volk, mit dem deutschen Staat gleichzusetzen. Die Erfahrungen der Geschichte besagen, daß die Hitler kommen und gehen, aber das deutsche Volk, der deutsche Staat bleibt«; vgl. Stalin (1946), S. 50.
G. F. Alexandrow, der Chef der Propagandaabteilung des ZK, leitete mit diesem Zitat in einem Artikel der »Prawda« vom 14. 4. 1945 einen abrupten Wandel in der offiziellen sowj. Haltung gegenüber den Deutschen ein: vom bis dahin propagierten Vernichtungskrieg zu dem Versuch, mit Antifaschisten und anderen »fortschrittlichen« Teilen der dt. Gesellschaft ins Gespräch zu kommen. Er ging ausdrücklich gegen Ilja Ehrenburgs Standpunkt vor, daß es in diesem Krieg um die Ausrottung der Deutschen ginge; vgl. Naimark (1997), S. 99 f. Das Stalinzitat stand ursprünglich im Mitgliedsausweis der Gesellschaft für Deutsch-Sowjetische Freundschaft (s. K. 1559, 28–30), wahrscheinlich in der auch von Stephan Hermlin in seinem Gedicht »Stalin« ge-

brauchten Fassung: »Die Hitler kommen und gehn,/ Aber das deutsche Volk, der/Deutsche Staat bleibt bestehn«; vgl. Eggert (1967), S. 183; Du Welt im Licht (1954), S. 25; s. 1587, 31.

1354, 24   *auf Mittelachse geordnet* – s. 934, 34.

1354, 26 f.   *et . . . atque* – (lat.) und . . . und doch.

1354, 27 f.   *weise wie der . . . nachts im Kreml* – s. K. 1331, 36.

1354, 28   *Kreml* – s. K. 138, 39.

1354, 29 f.   *von seinen Kunststücken in der Dialektik* – Anspielung auf Stalins Schriften, z. B.: »Über dialektischen und historischen Materialismus«, 1938; s. K. 463, 30 f.; s. 1814, 36–39.

1355, 1   *Slusuhrigkeit* – (nd.) Schlitzohrigkeit, Gerissenheit.

1355, 29–35   *Gründung / einer Ortsgruppe . . . der Demokratie / Deutschlands* – Am 5. 7. 1945 wurde als vierte Partei die Liberal-Demokratische Partei Deutschlands (LDPD) in Berlin gegr. Sie forderte ursprünglich die Beseitigung von Faschismus und Militarismus, den Erhalt des Privateigentums, eine freie Wirtschaft, ungehinderten Zusammenschluß in gewerkschaftlichen und berufsständischen Vereinigungen und ein unabhängiges Richtertum; s. K. 1793, 13.

1356, 3   *wi sünt doch man bloß Frugnslüd* – (nd.) wir sind doch mal bloß Frauensleute.

1356, 12 f.   *laissez faire, laissez aller* – (frz.) Duldung; Treibenlassen, Nachlässigkeit. Schlagwort der frz. Physiokraten: die Wirtschaft gedeihe am besten, wenn der Staat sich nicht einmische.

1357, 1   *L. D. P. D.* – Liberal-Demokratische Partei Deutschlands: s. K. 1355, 29–35.

1357, 1   *D. N. V. P.* – s. K. 164, 12.

1357, 4   *O. d. F., Opfer des Faschismus* – s. K. 1597, 29 f.

1357, 13 f.   *Schuster Schneider Leineweber Kaufmann Doktor Totengräber* – Aus dem Kinderabzählreim:
　　　　Kaiser, König, Edelmann,
　　　　Bürger, Bauer, Bettelmann,
　　　　Schuster, Schneider, Leineweber,
　　　　Doktor, Kaufmann, Totengräber.

1357, 14 f.   *Nachtwächterstaat* – Satirische Bezeichnung für den Staat, der in der Theorie des klassischen Liberalismus auf die Funktion des Schutzes von Personen und Eigentum reduziert wird; s. 1457, 37.

1357, 19 f.   *der konservativen Partei . . . nannte sich Union* – s. K. 1162, 28 f.

1358, 1   *der Gegenseitigen Bauernhilfe* – Die Vereinigung der gegenseitigen Bauernhilfe (VdgB), gegr. am 9./10. 5. 1946, sollte Neubauern finanziell und mit Betriebsmitteln unterstützen. Aus ihren Maschinenhöfen gingen 1953 die Maschinen-Traktoren-Stationen hervor.

1358, 4   *Fonds der Bodenreform* – s. K. 1197, 15.

1358, 5 f.   *In alter Frische saust der Frack* – Zusammenziehung zweier ugs. Redewendungen; Fracksausen steht für: Angst haben.

1358, 20   *Double cross* – (engl.) übersetzt im Text; eigentlich: falsches Spiel, Betrug.

1358, 22 f. *Herbert H. Hayes . . . für Ostern 1938* – s. 631, 5–27.

14. 6. 1968

1358, 30–   *Die tschechoslowakische Wirtschaftsdelegation . . . 350 Millionen Dollar* – Unter der
1359, 3   Überschrift »Czechs Sign Accord On Soviet Exports« schreibt die NYT vom
                14. 6. 1968: »A Czechoslovak Government delegation headed by Deputy Premier Lubomir Strougal returned from Moscow yesterday with an agreement for deliveries of iron ore and natural gas from the Soviet Union. But informed sources said the Czechoslovaks had failed to obtain a requested Soviet hard-currency loan of $ 350 million.
                Under the new agreement the Soviet Union will increase annual natural gas shipments to Czechoslovakia to 3 billion cubic meters (100 billion cubic feet). The East Slovak steelworks at Kosice will receive 2 million tons of iron-ore pellets each year from the Soviet Union beginning in 1972.«

1358, 33   *Košice* – (Kaschau) Stadt im Südosten der Slowakei, unweit von Čierna.

1359, 8–13 *Die Times, die . . . marmorne Lincoln krächzt* –Vgl. die Notiz »A Correction« in der NYT vom 14. 6. 1968: »Through a typographical error the text of ›Freedom to Kill‹, a poem by Yevgeny Yevtushenko, published in The New York Times of June 8, on the death of Senator Robert F. Kennedy, said, ›Lincoln basks in his marble chair.‹ The verb should have been ›rasps.‹« Johnson wählt von den möglichen Übersetzungen die ungebräuchlichste; to bask: sich sonnen; to rasp: rasseln (im Sinne von: rasselnder Atem), keuchen, sich räuspern, krächzen; s. K. 1328, 30–1329, 8.

1359, 11   *Abraham Lincoln* – s. K. 218, 19.

1359, 24   *einen Fehler eingestehen mußte* – s. K. 1360, 15–19.

1359, 31 f. *Der war doch . . . Form ausgeschlossen worden* –Vermutlich ist Warning gemeint; s. 1363, 17–25.

1359, 35   *P. war Plath und schrieb sich Plath* – Anspielung auf Lion Feuchtwangers Roman »Erfolg«: »Klenk ist Klenk und schreibt sich Klenk«, 3. Buch, Kapitelüberschrift des 5. Kapitels; vgl. Feuchtwanger (1954), S. 328; s. 413, 6 f.

1359, 37   *So eine Ortsgruppensitzung . . . noch nicht belebt* – Vermutlich Anspielung auf Heinrich von Kleists »Anekdote aus dem letzten preußischen Kriege«, deren letzter Satz lautet: »So einen Kerl, sprach der Wirt, habe ich Zeit meines Lebens nicht gesehen!«; vgl. Kleist (1990), S. 356 f.; Spaeth (1997), S. 75.

1360, 15–19   *Die Partei gibt . . . Das war falsch* – »Das Ziel der KPD, die Sozialdemokraten für sich zu vereinnahmen, ging vielfach auf. [. . .] In Hoppenwalde, Kreis Randow, bildeten SPD-Angehörige eine KPD-Ortsgruppe. Auch in Kühlungsborn traten Sozialdemokraten sofort in die KPD ein. In Mecklenburg-Vorpommern schlossen sich so Mitte August 1945 ca. 600 Sozialdemokraten der KPD an«, Finn/Krüger (1991), S. 33 f.; s. 1395, 11 f.

1360, 20   *K.* – Kliefoth.

1360, 20   *As in de Schaul* – (nd.) Wie in der Schule! s. 921, 14.

1360, 26   *Krakow* – s. K. 50, 17.

1361, 10 f.   *Vereinigung mit der K. P.* – Einige Mitglieder der KPD-Führung, wie Pieck (s. K. 1458, 26–28), Ulbricht (s. K. 993, 8) und Dahlem, lehnten anfangs eine einheitliche Arbeiterpartei ab, um vorrangig ihren Parteiapparat auf der Basis der marxistischen Ideologie auszubauen. In der SPD trat nur der Berliner Zentralausschuß für eine Vereinigung der Arbeiterparteien ein, wofür sich überraschend auch die KPD vom Spätherbst 1945 an einsetzte, um ihre Isolierung zu überwinden. Auf dem 15. Parteitag der KPD und dem 40. der SPD wurde am 19./20. 4. 1946 ihre Vereinigung zur SED beschlossen; s. K. XII, 43; s. 1380, 4 f.; 1394, 27–38; 1574, 11; SPD: s. K. 170, 10.

1361, 23   *Kinnings* – (nd.) Kinder; s. 1278, 24.

1361, 23   *Ludwigslust* – s. K. 544, 23.

1361, 28   *Sozialfaschisten* – s. K. 198, 8.

1362, 2   *am 25. November in Österreich* – Bei den ersten Nationalratswahlen am 25. 11. 1945 gewann die Österreichische Volkspartei die Mehrheit und ging eine Koalition mit den Sozialisten und bis 1947 auch mit den Kommunisten ein.

1362, 29   *Ackerbürgerei* – s. K. 31, 20.

1362, 38   *Strafanstalt Dreibergen* – s. K. 615, 2.

1363, 9   *Narodnyj Kommissariat Wnutrennych Djel* – s. K. 1279, 38.

1363, 10 f.   *der Sache mit uns' Lisbeth* – s. 602, 30–605, 12.

1363, 31   *Juch passiert niks* – (nd.) Euch passiert nichts.

15. 6. 1968

1364, 11   *Tag der Public Library* – (dt. und engl.) Tag der Leihbücherei; New York Public Library, 1895 durch Vereinigung der Astor- und Lenox Libraries und des Tilden Trusts entstanden; zunächst verschiedene Standorte. Das Hauptgebäude 42. Straße und 5. Ave. wurde am 23. 5. 1911 eröffnet. Zeitweise unterhielt sie bis zu 80 Zweigstellen; mit 49, 5 Mio. Medien, davon 17, 9 Mio. Büchern, ist sie eine der fünf größten Bibliotheken der Welt.

1364, 12–15 *Du mußt es ... frühere Siege, etc.* – Anspielung auf die Boxkampfszene in Bertolt Brechts (s. K. 211, 33) »Aufstieg und Fall der Stadt Mahagonny«, 15. Szene: »Dreieinigkeitsmoses zweihundert Pfund/Alaskawolf-Joe hundertsiebzig.« In den Anmerkungen zu dieser Oper entwickelt Brecht in der Gegenüberstellung der dramatischen und der epischen Form des Theaters seine »wissenschaftliche« Sicht.

1364, 12– *Du mußt es ... einmal wissenschaftlich besehen* – Císař hielt am 5. 5. 1968 in Prag
1366, 36 zum 150. Geburtstag von Karl Marx eine Rede, die von dem Moskauer Akademiemitglied F. Konstantinow als »revisionistisch« gebrandmarkt wurde. Er verglich Císař in einem »Prawda«-Artikel mit Bernstein, Kautsky und »rechtsgerichteten« Sozialdemokraten. Johnsons Gegenüberstellung der von Císař zu Marx Geburtstag gehaltenen Rede und des von Konstantinow zu Stalins zweitem Todestag verfaßten Artikels verweist auf die Bedeutung öffentlich begangener und ideologisch nutzbar gemachter Jahrestage; vgl. Schmidt (1998), S. 157.

1364, 17 *ČESTMIR CISAŘ* – Geb. 2. 1. 1920, tschech. Parteifunktionär und Journalist, 1946–57 verschiedene Parteifunktionen in Prag und Plzeň, 1958 stellv. Chefredakteur von Rudé Právo, 1961 Chefredakteur von Nová Mysl; 1963 Sekretär des ZK der KPČ und kurz darauf – bis 1965 – Kultusminister, 1965–68 Botschafter in Bukarest, 1968 Sekretär des ZK der KPČ, Mitglied des ZK-Sekretariats und Präsident des Tschechischen Nationalrates, 1969 seiner Funktionen enthoben, 1970 aus der KPČ ausgeschlossen.

1364, 23 *Rudé Právo* – s. K. 1003, 20.

1364, 24 *Nová Mysl* – (tschech.) übersetzt im Text 1364, 25. Monatszeitschrift der KPČ. Erschien seit dem 1. 5. 1947 sechsmal jährlich unter dem Namen »Revue des sozialistischen Humanismus«, hg. von der Sozialistischen Akademie; seit 1950 als Monatszeitschrift »Revue des Marxismus-Leninismus«, seit 1954 als theoretische und politische Zeitschrift des ZK der KPČ. 1966/67 erschien die Zeitschrift vierzehntäglich.

1364, 35 *Hl. Novotný* – s. K. 523, 9 f.; 1340, 28.

1365, 9 *FJODOR VASSILJEVIČ KONSTANTINOV* – Fjodor Wassiljewitsch Konstantinow, geb. 8. 2. 1901, sowj. Parteifunktionär, Journalist, Philosoph; Mitglied der komm. Partei seit 1918; 1936–41 Abteilungsleiter bei der »Prawda«; 1945–51 Sektionsleiter am Philosophischen Institut der Akademie der Wissenschaften; 1952–54 Chefredakteur der Zeitschrift »Voprossy filosofii«, 1954–55 Direktor der Akademie der Wissenschaften; 1955–58 Chef der Abteilung für Propaganda und Agitation; 1958–62 Chefredakteur der Zeitschrift »Kommunist«, 1962–67 Direktor des Instituts für Philosophie der Akademie der Wissenschaften der UdSSR; s. K. 1365, 25–1366, 32.

1365, 11–18 *Autor des Lehrbuches ... (Voprossy Filosofii, 2/1955)* – Wolfgang Leonhard über den Wandel der »Prawda«-Berichterstattung zu Stalins Jahrestagen: »5. März 1955: Der zweite Jahrestag des Todes von Stalin wird bedeutend zurückhal-

tender begangen als ein Jahr zuvor. Auf der Titelseite wird Stalin nicht erwähnt. Die ›Prawda‹ veröffentlicht lediglich im Innern des Blattes einen recht
zurückhaltenden Artikel Konstantinows ›J. W. Stalin und die Fragen des kommunistischen [sic] Aufbaus‹‹; vgl. Leonhard (1959), S. 182.
»Der bekannte Sowjetideologe und Autor des Lehrbuchs ›Historischer Materialismus‹ Fjodor Konstantinow lehnte die vereinfachende Darstellung ab,
die kapitalistischen Produktionsbeziehungen seien ein Hemmschuh der Entwicklung. ›Die Produktivkräfte fahren fort, sich auch unter den Verhältnissen
des Imperialismus zu entwickeln.‹ Es sei nicht zu übersehen, daß sich auch
im Imperialismus die Technik entwickele. (›Woprossy Filosofii‹, Nr. 2, 1955.)«,
ebd., S. 189.

1365, 12   *»Historischer Materialismus«* – Das Buch erschien 1954 im Moskauer Staats-
verlag für Politische Literatur; eine dt. Übersetzung konnte nicht nachgewiesen werden; s. K. 76, 33 f.; 1814, 36 f.

1365, 15 f.   *Zeitung Pravda, Kennern . . . bekannt als Wahrheit* – s. K. 190, 29.

1365, 18   *Voprossy Filosofii* – (russ.) Fragen der Philosophie, Zeitschrift des Instituts für
Philosophie der Akademie der Wissenschaften der UdSSR.

1365, 25–   *Cisař geht in . . . weiterhin stärken wird* – Vgl. den Artikel »Soviet Denounces A
1366, 32   Czech Official« der NYT vom 15. 6. 1968: »A leading Soviet philosopher of
Marxism, Prof. Fyodor V. Konstantinov, denounced Mr. Cisar for having complained that Leninism [. . .] represented a monopolistic interpretation of
Marx's views.
Writing in Pravda, the Soviet Communist party organ, Professor Konstantinov also assailed Mr. Cisar for having echoed the opinions of Western specialists on Marxism that Leninism was a ›Russian phenomenon‹ and alien to
Western Europe. [Die NYT beschreibt die sowj. Politik als widersprüchlich,
da einerseits Prag kritisiert werde, andererseits nach außen harmonische Beziehungen gezeigt würden.] This was illustrated today by a cordial meeting of
members of the Czechoslovak National Assembly with Leonid I. Brezhnev,
chief of the Soviet Communist party. The delegation is headed by Josef
Smrkovsky [. . .].
Tass, the Soviet press agency, reported that the Czechoslovaks and Mr. Brezhnev had a ›warm and friendly talk.‹ Mr. Brezhnev and Mr. Smrkovsky were
said to have expressed confidence that the visit ›will help further strengthen
the fraternal friendship and cooperation between our countries.‹
The critical remarks about Leninism that drew the wrath of Professor Konstantinov were made by Mr. Cisar at a meeting in Prague commemorating
the 150th anniversary of the birth of Marx. [. . .]
Professor Konstantinov charged that Mr. Cisar's criticism on Leninism put
him into the ranks of L. Martov and Fyodor Don, Russian Mensheviks who,
fearing a tyranny, opposed Lenin's insistence on iron discipline and tight organization in a party headed by professional revolutionaries.
›Attempts to give a different non-Leninist interpretation of Marxism, Marxist

philosophy, Marxist political economy and scientific Communism have become fashionable among contemporary revisionists,‹ Professor Konstantinov protested.

Citing the industrial and economic successes of the Soviet Union under Leninism, he asserted that Leninism had become ›the banner of the world's Communist movement.‹

He accused ›revisionist exponents of reform‹ of seeking to discredit Leninism and of ›demagogically preaching a ›rebirth‹ of Marxism without Leninism.‹

Defending the Soviet adaptation of Marxism as applicable to all countries, Professor Konstantinov said: ›Communists have always considered, and still consider, Leninism as not a purely Russan [sic], but rather an international Marxist doctrine. And this is the reason that Marxist parties of all countries have originated and developed on its basis‹«; vgl. auch DER SPIEGEL 24. 6. 1968, S. 66.

1365, 28   *Leninismus* – Weiterentwicklung und Abwandlung des Marxismus durch Lenin auf Grund der nach dem 1. Weltkrieg entstandenen neuen historischen Situation. Er wurde 1920 für alle komm. Parteien für verbindlich erklärt: u. a. Rechtfertigung des Beginns der proletarischen Weltrevolution in dem rückständigen Rußland (nach Marx hätte die Revolution im technisch fortgeschrittensten Land ausbrechen müssen); Lehre von der »Kaderpartei« als Vorhut der Arbeiterklasse; zentralistische Ausübung der Macht, Verbot von Fraktionsbildungen; scharfer Kampf gegen alle »revisionistischen« Bestrebungen; s. K. 1165, 23; s. 1366, 2–8.

1365, 34   *Julij Ossipovič Martov (Zederbaum)* – Julij Ossipowitsch Martow, Pseudonym: Zederbaum (24. 11. 1873–4. 4. 1923), neben Kautsky und Luxemburg wichtiger Kritiker der bolschewistischen Ideologie. Er gründete 1885 mit Lenin den »Kampfbund zur Befreiung«, wurde später zum Führer des linken Flügels der Menschewiki, der sich 1903 von Lenins Bolschewiki abtrennte; gehörte 1905 dem Petersburger Arbeiterrat an, mußte 1907 emigrieren; Rückkehr 1917 und abermalige Emigration 1920 als entschiedener Gegner Lenins.

1365, 35   *»Iskra«* – (russ.) Funke; von Lenin, Plechanow, Martow u. a. im Dezember 1900 in München gegr. Zeitung, die nach Rußland geschmuggelt wurde.

1365, 36   *Revisionisten* – Bezeichnung für politische Gegner der Kommunisten »aus den eigenen Reihen«, die die marxistische Theorie abwandelten und einer veränderten gesellschaftlichen Wirklichkeit anpassen wollten, z. B. die Veränderung der Gesellschaft auf friedlichem reformerischem Weg. Revisionisten galten als »vom Imperialismus bzw. dem Kleinbürgertum korrumpierte« Opportunisten; s. K. 1456, 14 f.; s. 1366, 4; 1522, 22.

1366, 13   *Lenken Sie Ihr . . . auf das Finish* – Anspielung auf den Prolog zu Bertolt Brechts »Im Dickicht der Städte«: »und lenken Sie Ihr Interesse auf das Finish«; Finish: (engl.) Ende, Ziel (Linie).

1366, 15–20   *Denn wo befinden... mit der Sowjetunion* –Vgl. den Artikel »Dubcek and Kadar Stress Solidarity with Soviet« der NYT vom 15. 6. 1968: »The leaders of
Czechoslovakia and Hungary, Alexander Dubcek and Janos Kadar, declared
their solidarity with the Soviet Union today while committing themselves to
continuing the democratization of their governments.
The two leaders also signed a 20-year friendship pact, which both hinted
could serve as a model for wider European cooperation. [...]
Mr. Dubcek emphasized the importance of Czechoslovakia's alliance with the
Soviet Union as he has done ever since he took office in January«; Dubček:
s. K. 554, 36.

1366, 24   *Präsidenten Smrkovský* – Josef Smrkovský (26. 2. 1911–14. 1. 1974), tschechos.
Politiker, einer der führenden Reformpolitiker des Prager Frühlings, 1952
wegen »staatsfeindlicher« Tätigkeit zu lebenslänglicher Haft verurteilt, 1963
rehabilitiert, 1966–69 Mitglied des ZK, 1968–69 Mitglied des Parteipräsidi-
ums und Präsident der Nationalversammlung, 1969 aller Ämter enthoben
und aus der Partei ausgeschlossen. Vom 4.–15. 6. 1968 befand sich eine Delegation der Nationalversammlung, geleitet von Josef Smrkovský, in Moskau.
Die dort betonte herzliche Atmosphäre stand im Kontrast zu den polemi-
schen Angriffen Konstantinows; s. K. 1510, 2–16; 1522, 16–32.

1366, 25 f.   *Leonid I. Breshnev* – s. K. 541, 2.

16. 6. 1968

1367, 1   *Father's Day* – (engl.) Vatertag. Wird in den USA und in Großbritannien am
3. Sonntag im Juni begangen. Anspielung auf James Joyces Roman »Ulysses«,
in dem das Thema der Vaterschaft eine bedeutende Rolle spielt. Der 16. Juni
ist Bloomsday (1904). »Ganz vernarrt in seinen Sohn... kann man weiterge-
ben. Wäre der kleine Rudy nicht gestorben. Sehe ihn aufwachsen. Höre seine Stimme im Hause... Mein Sohn. Mir aus dem Gesicht geschnitten. Wäre
ein seltsames Gefühl. Von mir. Der reinste Zufall... Ich hätte ihm im Leben
voranhelfen können«, Joyce (1966), S. 104. Nach Aussage von Eberhard Fahlke bevorzugte Uwe Johnson die Übersetzung von Georg Goyert. Er besaß
von »Ulysses« außer der Übersetzung von Goyert die Frankfurter Ausgabe,
hg. von Klaus Reichert, 1969–81 (Bd. 3 Ulysses, übersetzt von Hans Wollschläger) und eine engl. Ausgabe: Ulysses, New York 1946.
Das Thema erscheint folgerichtig bereits in der Eintragung zum Himmelfahrtstag am 23. 5. 1968, dem dt. Vatertag (s. 1209, 14–34) sowie in jener vom
9. 8. 1968, wenn von Anitas Besuch in Jerichow am Himmelfahrtstag erzählt
wird, insbesondere von den Gräbern (s. 1770, 18–1776, 33); vgl. Schmidt
(1998), S. 185 f.; Spaeth (1998), S. 78 f.

1367, 2   *The third Sunday... honor of fathers* – (engl.) übersetzt im Text 1367, 3.

1367, 21   *Beobachtet sterben* – s. 1871, 14 f.

17. 6. 1968

1368, 16–25   *Die U. S. A. wollen . . . der Č.S. S. R. sagen* – Vgl. den Artikel »U. S. Offers To Pay 5-Million Owed To Czechoslovaks« der NYT vom 17. 6. 1968: »The major issue is the question of returning $20-million of Czechoslovak gold bullion seized by the Allies at the end of World War II.

[. . .] successive administrations have refused to hand it back without something in return, specifically compensation for American property nationalized by the Communists after they took power in 1948. [. . .]

The annuities involved in the newest United States offer include Social Security, railroad retirement and veterans benefits to which Czechoslovak residents are entitled by virtue of contributions they had made while residing in this country. Though they subsequently returned to Czechoslovakia, on reaching the age of 65 they were legally entitled to receive accrued benefits. The United States Government blocked the annuity payments [. . .] on the ground that there was no ›reasonable assurance‹ that the checks would be actually received by the people or that they could be converted into local currency at a fair rate of exchange.

Assurances on these points have been requested from Czechoslovak authorities as a condition for freeing the blocked funds«; s. K. 932, 27–33.

1368, 26–   *Schon wieder ein . . . Sergej Yessenin überfallen* – Vgl. den Artikel »Voznesensky
1369, 6   Writes of Anguish at Kennedy Death« der NYT vom 17. 6. 1968: »The poem titled ›June-68‹ was printed today in Komsomolskaya Pravda [. . .]. It begins:

> Wild swans. Wild swans. Wild swans.
> Northward. Northward. Northward.
> Kennedy . . . Kennedy . . .
> My heart is torn with grief.
> Perhaps I don't understand
> The politics of others.
> But I do understand
> A helpless cheek covered with blood!
> An idol of the television public
> In funeral limousines . . .
> Madmen debate
> With bullets, bullets, bullets! [. . .]

The poet recalled that during his dinner with the Kennedys he had been struck by the Senator's resemblance, because of a similar shock of hair, to Sergei Yesenin, a Soviet poet who committed suicide.

Deploring the defenselessness of a ›leader and artist‹ shot before the eyes of television viewers, Mr. Voznesensky wrote:

> O how lonely are the roots
> Of apple trees on the balcony,
> On the thirtieth floor,
> Far from their orchard

Apple trees. Apple trees. Apple trees.
Doomed to hell...
The Apple trees of skyscrapers –
Are for tombstones.
Mr. Voznesensky used poetic licence in putting the apple trees on the 30th
floor because he was unable to remember that Mrs. Kennedy's apartment is
on the 15th floor of her building, which is on the corner of 85th Street.«

1368, 27   *Vosnessenskij* – Andrej Andrejewitsch Wossnessenskij, geb. 12. 5. 1933, russ. Lyriker, wandte sich gegen die Massenkultur und eine Enthumanisierung durch
die Technik, wegen seiner sprachlichen und typographischen Experimente als
»Formalist« angegriffen; s. K. 1368, 26–1369, 6.

1369, 4   *Mrs. Kennedy* – Ethel Kennedy: s. K. 1132, 1 f.

1369, 6   *Sergej Yessenin* – Sergej Alexandrowitsch Jessenin (3. 10. 1895–28. 12. 1925),
russ. Lyriker; religiöse und der bäuerlichen Tradition verbundene Motivik;
Schilderung des Dorflebens als Gegenentwurf zum Stadtleben, sowohl Anerkennung der Revolution als auch Pessimismus in den späten Gedichten; beging Selbstmord; s. K. 1368, 26–1369, 6; 1615, 31–37.

1369, 9   *Vesógelike. Entschuldige, mein ich* – s. K. 495, 4.

1369, 11   *I. R. T.* – s. K. 369, 28.

1369, 17 f.   *Martin Luther King* – s. K. 928, 12.

1370, 24   *Union* – s. K. 1162, 28 f.

1371, 1–14   *die Neue Zeit... Partei austauschen dürfe* – Auf Anordnung Tulpanows wurden
am 19. 12. 1945 Dr. Andreas Hermes und Dr. Walther Schreiber im Vorstand
der CDU gegen Jakob Kaiser und Ernst Lemmer ausgetauscht. Hermes und
Schreiber hatten sich gegen die entschädigungslose Enteignung des Groß-
bauerntums und gegen die Schulreform und die Oder-Neisse-Linie ausgesprochen. Die »Neue Zeit« berichtete am 21. 12. 1945 darüber; vgl. SBZ
(1956), S. 27 f.
Tulpanow ließ am 19. 12. 1947 auch Lemmer und Kaiser absetzen, weil sie
sich gegen die Oder-Neisse-Grenze ausgesprochen hatten und die Mitwirkung der CDU im Volkskongreß ablehnten bzw. (Kaiser) die Einbeziehung
der SBZ in den Marshall-Plan forderten; vgl. Koch (1984), S. 343.

1371, 1   *Neue Zeit* – Tageszeitung der CDU, erschien seit dem 22. 7. 1945.

1371, 12 f.   *Obersten Tulpanov* – Sergej Iwanowitsch Tulpanow (3. 10. 1901–16. 2. 1984),
Offizier der Roten Armee; Studium der Gesellschaftswissenschaft, Professor
an der Universität Leningrad, ab 1941 in der 7. Abteilung der Politischen
Hauptverwaltung der Armee, einer Spezialeinheit für Propagandaarbeit gegen die Deutschen. Im Rang eines Obersts ab Juli 1945 bis 1949 Chef der
Verwaltung Propaganda (später Verwaltung für Information) der SMAD, die
unter Tulpanow mit zehn Abteilungen und 1500 sowj. Mitarbeitern zur um-

fangreichsten und einflußreichsten Einzelverwaltung der SMAD wurde. Als Leiter des »Parteiaktivs« in der SMAD war er vielleicht der einflußreichste KPdSU-Funktionär in der SBZ, der mehrere kritische Berichte von ZK-Ausschüssen über die Arbeit seiner Abteilung unbeschadet überstand. Er gilt als »Taufpate« der SED und war maßgeblich beteiligt an der Gründung der »Gesellschaft zum Studium der Kultur der Sowjetunion«, der späteren DSF. Im Mai 1949 zum Generalmajor befördert, wurde er Ende September 1949 zur Rückkehr nach Moskau gezwungen. Von 1950–56 lehrte er an der Leningrader Militärakademie, später bis 1979 als Professor für Volkswirtschaft an der Leningrader Schdanow-Universität; vgl. Koch (1984); Naimark (1997), S. 403–443.

1371, 26 *von Haases* – s. K. 280, 2.

1371, 38 *L. D. P. D.* – s. K. 1355, 29–35.

1372, 4 *Gutshäusern, »die die Landschaft verschandeln«* – Zitat konnte nicht nachgewiesen werden.

1372, 6 *Schienendemontage* – s. K. 1348, 2.

1372, 17 *Antifa-Frauenausschuß* – Eine der Organisationen der am 14. 7. 1945 gegr. Einheitsfront der antifaschistisch-demokratischen Parteien (Antifa-Block). Ehrenamtliche Kommissionen in Betrieben und LPG, die einerseits die sozialen Interessen der berufstätigen Frauen vertreten, andererseits ihre politisch-ideologische Erziehung und ihre volle Einbeziehung in Wirtschaft und Gesellschaft garantieren sollten; zeitweise der Partei, meist den Gewerkschaften untergeordnet. Sie traten im Rahmen der Nationalen Front bei Wahlen mit eigenen Kandidatinnen auf; s. 1399, 14.

1372, 33 f. *gescheest* – (nd. ugs.) gejagt.

1372, 38–39 *Duvenspeck is n . . . Glas vull, vull* – (nd.) Duvenspeck ist ein bißchen betrunken, das steht ihm ganz vergnüglich, nun gieß mir doch das Glas voll, voll.

1373, 23 *vorstellen kann ich mir* – s. K. 12, 4.

18. 6. 1968

1374, 2–18 *Breshnev hatte Tränen . . . Iljič hat geweint* – Die NYT vom 18. 6. 1968 bezieht sich auf die tschechos. Zeitung »Lidova Demokracie« vom 17. 6. 1968, in der Josef Zednik, Delegierter der Volkspartei und stellv. Sprecher der tschechos. Nationalversammlung berichtete, Breshnew habe bei einem Gespräch mit Tränen in den Augen abgestritten, daß die UdSSR den Demokratisierungsprozeß aufhalten wollte. Durch Rudolf Augsteins Artikel »Breschnews Tränen« in DER SPIEGEL vom 26. 8. 1968, S. 20 f., wurde die Kenntnis von den Tränen weiterverbreitet. Augstein urteilte, daß der russ. Einmarsch in der ČSSR nur mit Hitlers Besetzung von Böhmen verglichen werden könne, daß aber, anders als in Ungarn, schwerlich eine überzeugende moskautreue Regierung gefunden werden könne. »Nun ist klargestellt, daß die Sowjets keinem Land ihrer Einflußsphäre gestatten werden, sich vom Bewußtseinsstand der russischen Revolution wesentlich zu entfernen. Eher werden sie unter Breschnews Schluchzern – ein ganzes Volk absetzen und seine Repräsentanten nach Moskau verfrachten.«

Die Passage enthält mehrere literarische Anspielungen. Zum einen auf Schillers Drama »Don Carlos«, IV, 2 dessen Kernsatz: »Der König hat / Geweint.« in Thomas Manns »Tonio Kröger«, vgl. Mann (1974), Bd. VIII, S. 277, und seinem »Versuch über Schiller. Seinem Andenken zum 150. Todestag in Liebe gewidmet«, vgl. ebd., Bd. IX, S. 894, wieder aufgenommen wird.

Heinrich Heine hat in »Lutezia«, 1. Teil, XXVI, denselben Satz aus Schillers Drama genutzt, um den frz. König Louis-Philippe zu charakterisieren: »Der König hat geweint. Er weinte öffentlich, auf dem Throne, umgeben von allen Würdenträgern des Reichs, Angesichts seines ganzen Volks, dessen erwählte Vertreter ihm gegenüber standen, und Zeugen dieses kummervollen Anblicks waren alle Fürsten des Auslandes, repräsentirt in der Person ihrer Gesandten und Abgeordneten. Der König weinte! Dieses ist ein betrübendes Ereigniß. Viele verdächtigen diese Thränen des Königs und vergleichen sie mit denen des Reineke. Aber ist es nicht schon hinlänglich tragisch, wenn ein König so sehr bedrängt und geängstet worden, daß er zu dem feuchten Hülfsmittel des Weinens seine Zuflucht genommen? Nein, Ludwig Philip, der königliche Dulder, braucht nicht eben seinen Thränendrüsen Gewalt anzuthun, wenn er an die Schrecknisse denkt, wovon er, sein Volk und die ganze Welt bedroht ist«, Heine (1975), Bd. 13.1, S. 102; s. K. 1415, 34–36; s. 1579, 30.

1374, 4 *Professor Konstantinov* – s. K. 1365, 9.

1374, 6 *Volkspartei* – Die »Christliche Bauernpartei«, eine kleine, der römisch-kath. Kirche nahestehende politische Gruppierung, die mit der von den Kommunisten dominierten Nationalen Front zusammenarbeitete.

1374, 7 f. *Nationalen Front* – Vereinigung von KPČ, nichtkomm. Parteien und gesellschaftlichen Organisationen (wie Gewerkschaften, Frauen-, Jugendverband), die auch eine zu große Eigenständigkeit dieser Gruppen außerhalb der KPČ verhindern sollte.

1374, 9 *Lidova Demokracie* – s. K. 1341, 2.

1374, 15 *Leonid Iljitsch* – Breschnew; s. K. 541, 2.

1374, 26 *Anton Ackermann* – Eigentlich Eugen Hanisch (25. 12. 1905–4. 5. 1973), Strumpfwirker, seit 1926 Mitglied der KPD, seit 1935 im ZK der KPD, nahm am Spanischen Bürgerkrieg teil, emigrierte in die UdSSR, seit 1946 Mitglied des ZK der SED. Er entwickelte im ersten Heft der »Einheit« vom 9. 2. 1946 die These vom besonderen deutschen Weg zum Sozialismus, der durch die militärische Besetzung, die Durchführung der Potsdamer Beschlüsse und den auf demokratischem Wege neu geschaffenen Staats- und Wirtschaftsapparat geprägt sei. Seit 1950 Kandidat des Politbüros und Mitglied der Volkskammer, 1953 wegen parteifeindlicher Fraktionsbildung aller Ämter enthoben, 1956 rehabilitiert, ohne politischen Einfluß wiederzugewinnen, beging Selbstmord; s. K. XII, 43; 1394, 31–36.

1375, 20   *Hotel Stadt Hamburg* – s. K. 32, 5.

1375, 35–37   *Du bist einer . . . 6. Mai in Stettin* – Herbert Mühlstadt berichtet von den »guten Nachrichten«, die der Schriftsteller Willi Bredel dem Bürgermeister von Güstrow, Hans Warnke, bringt: »Das Zentralkomitee hat drei Initiativgruppen unter Leitung des Genossen Walter Ulbricht nach Deutschland gesandt. Die Nordgruppe unter Gustav Sobottka ist am 6. Mai in Stettin eingetroffen, um in Vorpommern und Mecklenburg die Kommunisten zu sammeln, ihnen die politische Lage und die nächsten Aufgaben zu erklären sowie die Zusammenarbeit mit Sozialdemokraten und bürgerlichen Hitlergegnern in die Wege zu leiten«; vgl. Mühlstadt (1972), S. 148 f.; s. K. 198, 2.

1375, 37   *Genossen Sobottka* – Gustav Sobottka (12. 7. 1866–6. 3. 1953), 1901–05 Arbeiter im Ruhrbergbau; 1910 SPD, 1918 USPD, 1920 KPD; 1921–32 Mitglied des preußischen Landtags; Exil in der Sowjetunion; landete am 31. 4. 1945 bei Stargard als Leiter einer Initiativgruppe des ZK der KPD für Mecklenburg-Vorpommern, um wie die Gruppen Ulbricht (s. K. 993, 9) und Ackermann (s. K. 1374, 26) im besetzten Deutschland eine zivile Verwaltung unter komm. Einfluß aufzubauen; Mitunterzeichner des Gründungsaufrufs der KPD am 11. 6. 1945 in Berlin; 1945–47 Vizepräsident, 1947/48 Präsident der Zentralverwaltung für Brennstoffindustrie; 1948/49 Leiter der Hauptverwaltung Kohle bei der Deutschen Wirtschaftskommission; 1949–51 im Ministerium für Schwerindustrie.

1375, 38   *Stargard* – s. K. 1186, 13 f.

1375, 38–
1376, 1   *mit in Waren . . . Mecklenburg und Vorpommern* – »Die Initiativgruppe Nord des Zentralkomitees, die sich in Waren/Müritz zur provisorischen Landesleitung der KPD für Mecklenburg und Vorpommern konstituiert, geht zum planmäßigen Aufbau kommunistischer Parteiorganisationen über«, Mühlstadt (1972), S. 150 f.

1375, 39   *Müritz* – s. K. 56, 25.

1376, 6–18   *52 Prozent sind . . . elf fahrplanmäßige Omnibuslinien* – Mühlstadt (1972), S. 175 f., zitiert aus einem Artikel Hans Warnkes (s. K. 198, 2) in der »Volkszeitung« (ohne Datum): »Über 2300 Junker und Gutsbesitzer und einige hundert aktive Faschisten sind enteignet und ihr Boden den Landarbeitern, landarmen Bauern und Umsiedlern gegeben. 62 Prozent der landwirtschaftlichen Nutzfläche Mecklenburgs, die bisher Großgrundbesitz waren, werden von 64 783 Neubauern bewirtschaftet. Außer ihnen gibt es noch 46 000 Altbauern im Land [. . .].
Sehr wichtig für uns war die Ingangsetzung des Transportwesens. 26 Großbrücken und viele kleine zerstörte Übergänge wurden wieder herge-

stellt. Wir haben die Brückentrümmer beseitigt und die Schiffahrtswege bis auf eine Stelle freigemacht. Autotrümmer des geschlagenen Hitlerheeres wurden gesammelt und in 280 Werkstätten zu brauchbaren Fahrzeugen montiert. Dadurch laufen heute im Land 539 LKWs, 243 Zugmaschinen, 89 Spezialfahrzeuge, 14 Omnibusse, 437 PKWs und 281 Motorräder. Neben den Eisenbahnstrecken haben wir elf fahrplanmäßige Autobuslinien in Betrieb genommen [...].

52 Prozent unserer Einwohner sind im Lauf des letzten Jahres als Umsiedler in unser Land gekommen. Es gilt für uns, diese Menschen nicht nur unterzubringen, sondern sie einzureihen ins wirtschaftliche und gesellschaftliche Leben.«

1376, 15 *Bolter Schleuse* – s. K. 977, 22 f.

1376, 27 *eine Ackernahrung* – Die Ackerfläche, die eine Familie allein bewirtschaften kann und die ihr ausreichenden Lebensunterhalt gibt, meist 7, 5 ha; s. 1376, 37.

1376, 29 *in Ruten* – Altes dt. Längenmaß zwischen 2, 8 und 5, 3 m, in Oldenburg maß sie 5, 326 m; von Johnson durchgängig falsch, nämlich als Flächenmaß, verwendet; s. 1401, 26; 1635, 1.

1376, 33 *Einer hat in Schweden abgewartet* – Aus der Gruppe Sobottka waren drei Mitglieder in Schweden im Exil gewesen: Karl Mewis (22. 11. 1907–16. 6. 1987) war 1940–42 Vorsitzender der Auslandsleitung der KPD in Schweden, 1942/43 dort interniert. Erich Glückauf (12. 9. 1903–23. 4. 1977) war von 1939–45 im schwed. Exil, seit 1940 interniert. Herbert Warnke (24. 2. 1902–26. 3. 1975) hatte seit 1936 im Widerstand in Dänemark und Schweden gearbeitet und war 1939–43 in Schweden interniert.

1376, 35–39 *dich haben die . . . der Linie hatte* – »Die Genossen finden die beabsichtigte Bodenzuteilung von durchschnittlich fünf Hektar zu gering. ›Haben wir nicht früher die Meinung vertreten, zu einer Ackernahrung gehörten zwölf bis fünfzehn Hektar?‹ wird Hans Warnke eines Tages gefragt.
›So habe ich damals diskutiert‹, gibt er offen zu. ›Heute geht es jedoch darum, Hunderttausenden von Umsiedlern eine Existenz zu geben. Wie werden sie denn wirtschaften müssen? Mit ihrer Familie, mit einfachsten Geräten, mit Ochsengespannen, bestenfalls mit einem oder zwei Pferden! Ihr Land werden sie wie ihren Garten pflegen müssen, wenn sie gute Erträge erzielen wollen! Überlegt doch einmal richtig: Mehr als fünf Hektar sind auf diese Weise gar nicht zu bestellen!«, Mühlstadt (1972), S. 170, s. K. 198, 2.

1377, 9–12 *mit landwirtschaftlicher Großproduktion . . . Agrarkapitalisten gedient haben* – In der Biographie Hans Warnkes (s. K. 198, 2) werden Einwände von KPD-Mitgliedern angeführt: »›Warum überhaupt die großen Güter aufteilen? Sozialistische Produktion ist doch Großproduktion.‹
›Und wer soll sie leiten, die großen Güter? Etwa die Inspektoren der Junker?‹ hält Hans Warnke solchen Fragern entgegen«; vgl. Mühlstadt (1972), S. 171; s. K. 198, 2.

1377, 15–17 *Sie verlangen von . . . durch die Arbeiterklasse* – Hans Warnke wird auf der ersten Parteiversammlung der KPD am 19. 6. 1945 in Güstrow gefragt:»Warum kein Wort von der Diktatur des Proletariats und Sowjetmacht in Deutschland? Was ist das für ein Sozialismus?«; vgl. Mühlstadt (1972), S. 149; s. K. 198, 2.

1377, 20–25 *dazu eben hat . . . und Wismar verliert* – s. K. 1211, 26; 1348, 2; 1353, 11–14.

1377, 23–29 *Anderen will es . . . moralisch, dann politisch* – Bei Hans Warnke erschienen Vertreter eines Arbeiterrats der Neptun-Werft Rostock, wo seit Ende Mai unter Aufsicht sowj. Ingenieuroffiziere demontiert wurde. Auf ihre Bitte, sich für die Beendigung der Demontage und den Wiederaufbau der Werft einzusetzen, reagierte er wie folgt:»Habt ihr schon vergessen, daß der deutsche Faschismus den Krieg heraufbeschworen und unser Volk ihn nicht verhindert hat?‹ fragte er streng. ›Dieser Schuld kann sich kein Deutscher entziehen, sagt unsere Partei. [. . .] Die Neptun-Werft steht auf der Demontageliste der Alliierten, weil sie Kriegsschiffe und Zubehör für V2-Raketen produzierte!‹ Es ist eine harte, bittere, unpopuläre Wahrheit, die er unverblümt ausspricht. Zugleich imponiert ihm, was die Rostocker schreiben, und alles stimmt aufs Haar: ohne Neptun-Werft hätte Mecklenburg kein proletarisches Zentrum mehr«; vgl. Mühlstadt (1972), S. 164–166; Warnke unterbreitete die Pläne der SMAD, einige Wochen später wurde die Demontage eingestellt; s. K. 198, 2; 1398, 12–14.

1377, 26 *bei Heinkel und Arado* – Heinkel: s. K. 703, 14; Arado: s. K. 935, 31.

1377, 27 *bei Neptun* – Werft, 1850 gegr., als VEB Schiffswerft »Neptun« in Rostock mit 7000 Beschäftigten die größte Seeschiffswerft der DDR, spezialisiert auf Mehrzweckfracht-, Tiefkühl-, Hebe- und Fährschiffe.

1377, 27 f. *bei Dornier Flugboote* – Dornier hatte zur Zeit des 2. Weltkriegs eine führende Position im Bau von Flugbooten; berühmt wurden die »Wal« genannten Typen in verschiedenen Versionen sowie die Do-Typenreihe; s. K. 833, 14 f.

1377, 34–37 *die Läden von . . . zum exakten Schwarzmarktpreis* – Rasno (russ.): verschieden. Seit 1946 waren mehrere sowj. Handelsgesellschaften, z. T. Filialen Moskauer Unternehmen, in den Binnen- und Außenhandel der SBZ eingeschaltet, die Waren der SAG-Betriebe vertrieben und den Export in Länder des Sowjetblocks und ins westliche Ausland verwalteten. Maschinoimport, Sojuspuschtschina, Export-Import-Holz, Export-Lyon, Jenapra und Derunapht gehörten neben den genannten dazu, alle spielten bis 1953 eine bedeutende Rolle. »Techno-Export‹ kaufte Näh-, Rechen-, Schreibmaschinen und Autos auf und verkaufte sie ins Ausland. [. . .] Die bekannteste und bei der Bevölkerung bestgehaßte wurde die ›Rasno-Export‹. Sie nutzte die Not der Bevölkerung nach Kräften aus und holte aus ihr heraus, was herauszuholen war. Sie übernahm Gold und Silber, jeden Schmuck bis zu Trauringen, alte Gemälde und wertvolles Porzellan. Sie bezahlte in Zigaretten zu Schwarzmarktpreisen. In verschiedenen Städten wurden Läden eröffnet. Sie waren plötzlich da. Niemand wußte, wer die Genehmigung hierzu gegeben hatte. Als die Polizei eingreifen wollte, wurde ihr bedeutet: Nix eingreifen! Ulbricht zuckte mit den Schultern: ›Ich weiß von nichts!‹«, Gniffke (1966), S. 201.

1377, 39–   *Emigranten, die nicht wiedergekommen sind* – s. K. 819, 5.
1378, 1

1378, 12   *Hitlergrußes* – s. K. 896, 1.

1378, 13–16 *Der Präsident der . . . erst noch lernen* – Wilhelm Höcker und Hans Warnke (s. K. 198, 2) hatten auf Aufforderung General Skossyrews als Direktor der zu eröffnenden Landesbank einen Bürgerlichen vorgeschlagen, da sie keinen Kommunisten oder Sozialdemokraten mit Bankerfahrung kannten. Skossyrew schlug daraufhin zwei Direktoren vor: »Der eine Direktor lernt von dem anderen marxistische Wirtschaftspolitik; der andere lernt, wie man eine Bank leitet.‹ Er sah uns ins Gesicht. ›Gut für beide. Nützlich für die Gesellschaft! Wir brauchen proletarische Bankexperten. Einverstanden?‹ [. . .]
Am 2. August 1945 wurde die ›Landesbank Mecklenburg-Vorpommern‹ unter dem Präsidenten Dr. Wiebering, einem bürgerlichen Antifaschisten, und dem Vizepräsidenten Erhard Forgbert, einem Kommunisten, eröffnet«; vgl. Mühlstadt (1972), S. 161 f.

1378, 14   *Dr. Wiebering* – Paul Wiebering (4. 1. 1881–20. 7. 1966), vor 1933 Direktor der Mecklenburgischen Hypothekenbank; nach 1933 entlassen; ab 1946 Mitglied der SED; 1945–49(?) Direktor der Landesbank Mecklenburg.

1378, 15   *Vizepräsident ist Forgbert* – Im Handbuch Mecklenburgischer Landtag, S. 75, findet sich folgender Lebenslauf für Erhard Forgbert (30. 9. 1898–1968): »Lebensgang: Volksschule, kaufmännische Fachschule, technische Abendschule, Kaufmännischer Angestellter, arbeitslos, Mitarbeiter der UdSSR, Sekretär der IAH, Versicherungsvertreter, kaufmännischer Leiter in Niederschlesien. Seit August 1945 stellv. Leiter der Landesbank Mecklenburg. Tätigkeit im öffentlichen Leben: Mit 27 Jahren Mitglied des ZdA – Freigewerkschaft –. Mit 20 Jahren politisch organisiert bei der KPD-SED. In der Hitlerzeit wegen laufender illegaler Tätigkeit wiederholt zu mehrjährigem Gefängnis verurteilt. Mitglied der SED. Vorstandsmitglied in politischen, gewerkschaftlichen und kulturellen Organisationen. Mitglied der Landesversammlung und der SED-Fraktion des Landtags von Mecklenburg.«
Forgbert war seit 1945 1. stellv. bzw. 2. Direktor der Landesbank Mecklenburg; 1946–50 im Landesvorstand des FDGB; 1946–52 im Landesvorstand der SED und Mitglied des Landtages von Mecklenburg; ab 1949 Leiter des Amtes für Volkseigene Betriebe im Ministerium für Wirtschaft des Landes Mecklenburg; bis 1956 Prorektor für Studentenangelegenheiten an der Universität Halle; seit 1958 Direktor des Instituts für Marxismus-Leninismus an der Humboldt-Universität in Ostberlin.

1378, 20   *Dr. Dr. Heinrich Grimm* – Konnte nicht nachgewiesen werden.

1378, 33–35 *Kåmen sei, so . . . un nich kåmen* – (nd.) Kommen sie, so kommen sie nicht; kommen sie nicht, so kommen sie; besser ist es, sie kommen nicht und kommen doch, als daß sie kommen, und nicht kommen.

1378, 38 f. *Duven un Arwten* – (nd.) übersetzt im Text.

1378, 39 *Du mußte* – Druckfehler in allen Ausgaben, richtig: Du mußt.

1379, 1 f. *Mannheim* – Stadt an der Mündung des Neckars in den Rhein; s. K. 1859, 35.

1379, 20 *Dom Offizerov* – (russ.) Haus der Offiziere; s. K. 1347, 13.

1379, 23–35 *da ruft das . . . zu Nachtdienst verpflichten* – »Im Rathaus bei Hans Warnke erscheint der Kommandant.
›Sie waren am Bahnhof?‹
›Nein! Dazu war bisher keine Zeit.‹
›Dann sofort hingehen!‹
Genosse Warnke geht und sieht: Auf allen Gleisen Flüchtlingszüge. An Weitertransport ist nicht zu denken, denn auf den Schienen liegen Trümmer, und vor ihrem Abzug haben die Faschisten mehrere Brücken gesprengt. Die Frauen, Kinder und Greise aus Pommern und Ostpreußen, die von den Nazis zur Flucht gezwungen wurden, sind seit Tagen ohne Lebensmittel und ärztliche Hilfe. Es fehlen vor allem sanitäre Anlagen auf dem Bahnhofsgelände. Sogar an Wasser mangelt es. Entkräftet, verdreckt, verlaust, verzweifelt hausen die Menschen in den Waggons. Schwerkranke sind unter ihnen. Wer stirbt, und das sind nicht wenige, wird einfach aus dem Waggon geworfen.
Hans Warnke überläuft es siedendheiß: Seuchengefahr – das Leben von 40 000 Menschen ist bedroht!«
[Der Architekt Rudolf Weise, der Maler Ernst Fuchs und der Eisenbahner Henning bieten sich als Helfer an.]
»Sie organisieren die Bestattung der Toten und den Bau sanitärer Anlagen, die medizinische Betreuung und die Ernährung, die Aufräumungsarbeiten und die Inbetriebnahme der Stellwerke und Signalanlagen. Und sie leiten die Unterbringung der Flüchtlinge aus den Eisenbahnwaggons in die Stadt ein.
Nach sechs Tagen ist die Seuchengefahr gebannt«, Mühlstadt (1972), S. 146; s. 1434, 8 f., wo die Einwohnerzahl von Gneez für 1946 mit 38 000 angegeben wird.

1379, 33 *Volkssolidarität* – Im Oktober 1945 von allen Parteien und dem Freien Deutschen Gewerkschaftsbund als Hilfsorganisation für die Notlagen der Nachkriegszeit gegr., entwickelte sich zur Massenorganisation für alte und kranke Menschen.

1380, 4 f. *die Vereinigung mit den sozialdemokratischen Heinis* – s. K. 1361, 10 f.; s. 1395, 11 f.

1380, 6 *Volksfront* – s. K. 811, 36.

1380, 9–13 *Du bringst den . . . und einen dahinter* – »An vielen Gutsaufteilungen nimmt Hans Warnke im Auftrag der KPD teil, so auch in Divitz-Frauendorf bei Stralsund. In seiner Ansprache rechnet er gründlich mit der Vergangenheit ab, die in diesem Ort durch das Geschlecht der Grafen von Gröbern bestimmt wurde. Als der gegenwärtige Graf noch preußischer Landtagsabgeordneter war, bestritt er den Landarbeitern jedes Recht auf Bildung und höhnte: ›Vor dem Pflug zwei Ochsen und einer dahinter! Wozu brauche ich gebildete Ackerknechte!‹ Daran erinnert Genosse Warnke. Jetzt sei jedoch eine neue Zeit angebrochen, in der die Unwissenheit und Armut im Dorf beseitigt werde! Und er zeichnet das Bild einer künftigen gebildeten und wohlhabenden Bauerngeneration«, Mühlstadt (1972), S. 173 f.; s. K. 198, 2.

1380, 10 *Grafen von Gröbern* – Vermutlich ist Karl Graf von der Groeben (17. 9. 1788–13. 7. 1876) gemeint; preußischer Offizier und Politiker; trat 1806 in die preußische Armee ein; nahm 1812 seinen Abschied, um auf russ. Seite weiter gegen Napoleon zu kämpfen; an den Befreiungskriegen wieder als preußischer Offizier beteiligt; 1842 Generalleutnant; 1843 Generaladjutant Friedrich Wilhelms IV.; seit 1854 Mitglied des preußischen Herrenhauses; 1858 als General der Kavallerie in den Ruhestand getreten.

1380, 14 *Wehrlich* – s. K. 570, 9.

1380, 15 *Verlosung* – Um Ungerechtigkeiten bei der Landverteilung auszuschließen, wurden während der ersten Phase der Bodenreform die einzelnen Anteile in vielen Fällen verlost; vgl. Bernitt (1954), S. 305; Mühlstadt (1972), Fotoanhang; Quandt (1978), S. 49; s. K. 1197, 15; 1198, 2–6.

1380, 19–35 *Dann schickt dir ... Augen gespielt wurde* – »In einer Sitzung der Landes-Bodenkommission erscheint Herr Dr. Kramer aus Berlin, ein Vizepräsident der Zentralverwaltung für Landwirtschaft. Er kommt mit einem Stab von Agrarexperten, um den Mecklenburgern ›mit guten Taten beizustehen‹, wie er sagt. Die Experten meinen, nach den klimatischen und sonstigen Bedingungen sei Mecklenburg das ideale Gebiet für die Züchtung und Vermehrung von Saatkartoffeln. Der Pflanzgutbedarf der gesamten sowjetischen Besatzungszone, ja ganz Deutschlands lasse sich in Mecklenburg-Vorpommern erzeugen – beste, ertragreiche Sorten. Allerdings – aber das sei den verehrten Herren Kollegen von der Landes-Bodenkommission gewiß bekannt – erfordere der Anbau von Saatkartoffeln große Flächen! Nachtigall, ich hör dich trapsen, denkt Herr Warnke. Laut fragt er: ›Was folgern Sie daraus?‹
Von der Aufteilung müßten in Mecklenburg-Vorpommern mindestens 500 000 bis 600 000 Hektar Gutsland ausgenommen werden, erwidert Dr. Krause, das geböten Weitsicht und Vernunft.
Die Landes-Bodenkommission läßt sich mit solchen Beschützern des Großgrundbesitzes, die sich in die antifaschistisch-demokratische Zentralverwaltung der Landwirtschaft eingeschlichen haben, nicht beeindrucken«, Mühlstadt (1972), S. 172 f.; s. K. 198, 2.

1380, 33 *tiftelst* – (ugs.) zu: tüfteln, sich den Kopf zerbrechen.

1380, 39 *Hausvertrauensmanns* – Nicht unähnlich dem Blockwart der Nazizeit war er für die Durchführung städtischer Anordnungen verantwortlich, vor allem für die Führung des Hausbuches, in das alle über Nacht bleibenden Besucher sich einzutragen hatten; s. 1783, 31.

1381, 14–18   *In Rostock tritt . . . als Kriegsverbrecher betrachten* – »Die bestraften Faschisten, die fast ausnahmslos außerhalb der sowjetischen Besatzungszone leben, schicken vergebens ihre Juristen vor, um den Lauf der Gerechtigkeit aufzuhalten. Auch einige angebliche Antifaschisten, die sich in demokratische Ämter eingeschlichen haben, gehören zu diesen Kreaturen. So versucht in Rostock Dr. Kaltenborn die Enteignung der Ernst-Heinkel-Aktiengesellschaft zu hintertreiben, indem er den Betrieb des hitlertreuen Flugzeuglieferanten und Monopolkapitalisten Heinkel der Sequester-Kommission nicht meldet. Mit geheuchelter Naivität vertritt er die Ansicht, über Heinkels Enteignung könne nicht befunden werden. Die englischen Militärbehörden, bei denen er sich befinde, hätten ihn nicht zum Kriegsverbrecher erklärt! Jedoch durch solche Winkelzüge läßt sich die Partei der Arbeiterklasse nicht täuschen. Genosse Warnke wird beauftragt, das Heinkelvermögen bis zur endgültigen Entscheidung dem Innenministerium und damit der staatlichen Kontrolle zu unterstellen«, Mühlstadt (1972), S. 185 f.; s. K. 198, 2.

1381, 15   *Dr. Kaltenborn* – Dr. jur. Karl Heinz Kaltenborn, geb. 12. 5. 1906, Wirtschaftsjurist; 1935–37 Syndikus bei der Deutschen Rentenbank-Kreditanstalt Berlin, »wegen Nichtzugehörigkeit zur Nazipartei Beförderung zum Direktor abgelehnt und entlassen« (Handbuch Mecklenburgischer Landtag, S. 85), 1937 Leiter der Rechtsabteilung bei der Wirtschaftsgruppe Ambulante Gewerbe, seit August 1940 Referent beim Heeres-Waffenamt in Berlin; seit Dezember 1945 Mitglied der CDU und stellvertretender Fraktionsführer, vom 31. 7. 1945 bis Dezember 1948 Leiter der Rechts- und Finanzierungsabteilung bei der Landesverwaltung bzw. im Ministerium für Wirtschaft des Landes Mecklenburg; ab 1946 auch Leiter des Bereichs Industrie in der Abteilung Industrie, Handel und Versorgung; von Oktober 1946 bis Januar 1950 Mitglied des Landtages Mecklenburg; im Januar 1950 aus der Partei ausgeschlossen und in die Bundesrepublik geflüchtet; Mitglied der Exil-CDU; vgl. Broszat/Weber (1990).

1381, 18–24   *nach Bützow, wo . . . wo sie sind* – Um die vor der Küste gesunkenen Schiffe zu heben und aufzurüsten, fehlten Werftkapazitäten. Nach der Darstellung von Mühlstadt habe Fedjuninski Wilhelm Höcker und Hans Warnke geraten, von der SMAD Teile der in Stettin für die SU bestimmten Demontagen zu erbitten. (Stettin gehörte nach dem Krieg nicht zu Polen, sondern unterstand direkt sowj. Verwaltung.) Im Februar 1946 traf in Wismar ein Schiff aus Stettin ein. »Es fehlt jedoch an Sauerstoff. Wieder hilft die Sowjetische Militäradministration. In Peenemünde, wo die faschistischen V-Raketen produziert wurden, gibt es eine Sauerstoffabrik, die zur Demontage vorgesehen ist. Ihre Anlage überläßt die Sowjetunion der deutschen Arbeiterklasse, damit sie in Bützow ein Sauerstoffwerk errichten kann.
›Eines Tages‹, so erzählt Hans Warnke, ›kamen Vertreter eines Konzerns aus den

Westzonen in die Landesverwaltung. Sie hatten vom Bau der Fabrik in Bützow erfahren und meinten, was wir da machten, sei ja schön und gut, aber wir
verstünden doch nichts von der Sauerstoffgewinnung.
Wir hätten keine Spezialisten, keine Kesselwagen, keine Flaschen, und juri-
stisch betrachtet, gehöre die gesamte Fabrik ihrem Konzern. Dann unter-
breiteten sie mit gewinnendem Lächeln ihren Vorschlag: Ihr Konzern sei bereit, das Werk in Bützow aufzubauen und zu betreiben. Natürlich brauche das
gewisse Sicherheiten. ›Sie verstehen: Schutz vor Einmischung der Behörden
und vor Enteignung!‹
Wir verstanden sehr gut. Das Konzernangebot lehnten wir selbstverständlich
ab. Wären wir auf die Vorschläge des Monopolkapitals eingegangen, hätten
diese Leute unsere Wirtschaft bald wieder unter ihrer Kontrolle gehabt.‹«; vgl.
Mühlstadt (1972), S. 168; s. K. 198, 2; s. 1398, 15.

1381, 18	*Bützow* – s. K. 102, 25.
1381, 18	*Peenemünde* – s. K. 671, 37.
1381, 26 f.	*in Mittelachse* – s. 934, 34.
1381, 36	*Es ist nicht reinlich* – Anspielung auf Goethes »Faust. Der Tragödie zweiter Teil«, 5. Akt, Verse 11954–11957:

Die vollendeteren Engel:
> Uns bleibt ein Erdenrest
> Zu tragen peinlich,
> Und wär' er von Asbest,
> Er ist nicht reinlich.

1382, 8–11	*Er hatte ein . . . einzige nicht lächelnd* – Der Fototeil in Mühlstadts Biographie von Hans Warnke enthält ein Bild von ihm als Oberbürgermeister von Gü-strow neben dem sowj. Kommandanten Swornarjew. Hinter ihnen steht eine hochgewachsene, hübsche junge Frau mit hochgebundenem Kopftuch. Sie lächelt als einzige. Der Bildtext benennt sie nicht, aber es ist bekannt, daß Sla-ta Kriwussjawa (s. K. 910, 32–911, 6) dem Kommandanten als Dolmetscherin diente. Ein ähnliches Foto findet sich auch bei Quandt (1978), S. 55; s. K. 198, 2.

19. 6. 1968

1382, 25	*Der blinde Bettler* – s. 11, 24; 1391, 30 f.
1382, 35	*Ubahnjetons* – s. K. 368, 2.

BAND 4

20. 6. 1968

1391, 5–13 *Unser Stand an . . . Anstand gegenüber . . . wem* – s. 11, 4–10.

1391, 12 *Geschlossen aus Anstand* – (engl.) wörtl. übertragen: closed out of respect; »closed in respect to/for the memory of« hieß es in mehreren Anzeigen in der NYT, die Johnson anläßlich der Ermordung Martin Luther Kings aus der NYT ausgeschnitten hatte.

1391, 14 f. *Schädelkappe* – s. K. 1059, 11.

1391, 19–25 *Heinz Adolf Beckerle . . . Frankfurt am Main* – Begleittext des Fotos in der NYT vom 20. 6. 1968: »On Trial For War Acts: Adolf Heinz Beckerle, former Ambassador to Bulgaria, is carried into Frankfurt courthouse, where he is being tried for complicity in the 1943 deportation of 11,000 Jews from Bulgaria to Treblinka death camp in Poland. Beckerle is taken to court from hospital where he is being treated for sciatica«; s. K. 275, 14.

1391, 21 f. *Todeslager Treblinka* – s. K. 36, 12; 256, 27.

1391, 27 *Graybar-Haus* – s. K. 127, 31.

1391, 30 f. *Der Bettler vor . . . für seinen Hund* – s. 11, 24.

1392, 11 *Signora, uccidere per due dollari? Ma* – (ital.) Für zwei Dollar töten? Also wirklich! – Helen Wolff berichtet über Johnsons Arbeitsweise: »Ich habe ihm manchmal etwas aus meinem Leben erzählt, das hat er verwendet. Ich weiß nicht, ob sie sich an die Friseuse erinnern. Sie ist Italienerin und verläßt New York. Amerika wäre doch nicht das Wahre, hat sie zu mir gesagt; sie hat das italienisch ausgedrückt: ›Da noi si ruba ma non si uccide per due dollari.‹ – In unserem Land stiehlt man, aber man bringt nicht für 2 Dollar um. – Er hat sich sehr oft solche kleinen Anekdoten oder Geschichten gemerkt«; Wolff (1995), S. 30.

1392, 12 *Madison Avenue* – s. K. 76, 8 f.

1392, 22 *Support Our Servicemen* – (engl.) übersetzt im Text 1392, 24 f.

1392, 22 f. *S. O. S. in Morseschrift* – Buchstabenfolge nach dem Morsealphabet (. . .--- . . .); seit 1912 internationales Seenotzeichen; die wegen ihres eindringlichen Rhythmus gewählte Folge wurde nachträglich gedeutet als »Save our souls« oder »Save our ship«.
Das Alphabet wurde von dem amerik. Maler und Erfinder Samuel Morse (27. 4. 1791–2. 4. 1872) entwickelt, der seinen Morsetelegraf 1837 zum Patent anmeldete.

1392, 32–39	*Auf dem Broadway . . . den Brauen hervor* – s. 1427, 15–18.
1392, 33	*Delikatessenladen* – s. K. 344, 35.
1393, 4	*But they don't last, child* – (engl.) übersetzt im Text.
1393, 6 f.	*Talk to me* – (engl.) übersetzt im Text.
1393, 12–14	*In der Post . . . Jubelfeste. Auf Bestellung* – Nachträglich ins Manuskript einge-fügte Stelle; s. K. 1636, 10–1642, 19.

21. 6. 1968

1393, 16–21 *Gestern begannen von . . . ist nichts gesagt* – Vgl. den Artikel »Soviet Bloc Exercises Open in Czechoslovakia« der NYT vom 21. 6. 1968: »Prague, June 20 [. . .] Military exercises involving the armies of five countries began today, the Czechoslovak Defense Ministry announced. [. . .]
But Marshal Ivan I. Yokubovsky [sic] of the Soviet Union, head of the Warsaw Pact forces, said this week that only command staff, signal and transport and auxiliary units would be involved.
The exercises will involve Czechoslovak, Soviet, Hungarian, East German and Polish units, according to the Marshal. There was no immediate indication how long they would last«; s. K. 1222, 24–28.

1393, 18 *Ivan I. Yakubowsky* – Iwan Ignatjewitsch Jakubowskij (7. 1. 1912–30. 11. 1976), sowj. General; 1960/61 und 1962–65 Oberkommandierender der sowj. Streitkräfte in der DDR; seit 1967 Oberkommandierender der Vereinigten Streitkräfte des Warschauer Paktes; leitete die Besetzung der ČSSR 1968.

1394, 5 *die Grenzen zu . . . 30. Juni 1946* – s. K. 998, 19–24.

1394, 9 *die Forderung des täglichen Tags* – Anspielung auf Goethes »Wilhelm Meisters Wanderjahre«, 2. Buch, Betrachtungen im Sinne der Wanderer: Kunst, Ethisches, Natur, Nr. 2 und 3: »Wie kann man sich selbst kennen lernen? Durch Betrachten niemals, wohl aber durch Handeln. Versuche deine Pflicht zu tun, und du weißt gleich, was an dir ist. Was aber ist deine Pflicht? Die Forderung des Tages.« Wortgleich in »Maximen und Reflexionen«: Erfahrung und Leben, Nr. 1087 und 1088. Sowohl Thomas Mann (»Die Forderung des Tages. Reden und Aufsätze aus den Jahren 1925–1929«, 1930) als auch Carlo Schmid (»Die Forderung des Tages«, 1946) griffen darauf zurück. Johnson spielte bereits im DBA mit der Formulierung; vgl. DBA, S. 115, 116: »Strudel des täglichen Tags«.

1394, 10 *Gemeindewahlen* – In der Provinz Brandenburg und im Land Mecklenburg wurden vom 1.–15. 9. 1946 Stadtverordnete und Gemeindevertretungen gewählt; s. K. 1399, 11–15.

1394, 22 *den hessischen Gemeindewahlen vom Januar* – Gegen den Wunsch der dt. Parteien, die für einen späteren Zeitpunkt plädierten, fanden auf Anordnung der amerik. Besatzungsmacht am 20. und 27. 1. 1946 in Hessen Gemeindewahlen statt: SPD 44,4 %, CDU 31,0 %, KPD 5,7 %, LDP 2,5 %.

1394, 27   *von unten aufsteigenden Vereinigung* – s. K. XII,43; 1361, 10 f.

1394, 30   *jieperten* – (nd.) gierten.

1394, 31–36   *nicht jedes Wort . . . besiegelt mit Protokoll* – Lenin (s. K. 1165, 23) hatte die KPdSU als eine zentralistisch geleitete Kaderpartei aufgebaut. Um den sozialdem. Vorstellungen entgegenzukommen, hatte Anton Ackermann (s. K. 1374, 26) im Frühjahr 1946 mit Billigung der komm. Führung die These vom »besonderen deutschen Weg zum Sozialismus« entwickelt: Organisation der Arbeiterklasse in einer Massenpartei, Erringung der Macht auf friedlichem Wege mit gesetzlichen Mitteln, Beachtung politischer und nationaler Eigenheiten, d. h. keine sklavische Nachahmung des sowj. Vorbildes. Unter der Nachwirkung von Stalins Konflikt mit Titos »eigenem Weg« (s. K. 1556, 1; 1556, 20) rückte die SED im September 1948 offiziell von dieser These ab, Ackermann übte Selbstkritik. Auf der 1. Parteikonferenz vom 25.–28. 1. 1949 wurde die Umstrukturierung in eine »Partei neuen Typus« nach dem Vorbild der Leninschen Kaderpartei beschlossen: mit der Bildung eines Zentralsekretariats (seit 1949 auch Politbüro genannt) wurde die zentralistische Leitung gesichert; Fraktionsbildung innerhalb der Partei war nicht gestattet; Spitzenpositionen wurden nicht mehr mit Sozialdemokraten paritätisch besetzt; eine Parteisäuberung wurde angeordnet; die führende Rolle der UdSSR und der KPdSU wurde zum verbindlichen Grundsatz erhoben, als Voraussetzung zum Parteibeitritt eine Kandidatenzeit von zwei Jahren eingeführt. Kandidatur: s. K. 1649, 4; 1651, 17; s. 1586, 2 f.

1394, 31   *Lenin* – s. K. 1165, 23.

1394, 37   *Kröpelin* – s. K. 159, 25.

1395, 1   *Schausterstadt* – (nd.) Schusterstadt.

1395, 9–11   *Titel Deutsche Volkszeitung . . . ein »Neues Deutschland«* – »Deutsche Volkszeitung, Zentralorgan der KPD«, erschien vom 13. 6. 1945 bis 22. 4. 1946; wurde nach der Gründung der SED durch das »Neue Deutschland« abgelöst. Chefredakteur war zunächst Paul Wandel (Juni bis Juli 1945), danach Hans Teubner; vgl. zur ersten Ausgabe der »Deutschen Volkszeitung«: DIE ZEIT Nr. 25 vom 16. 6. 1995, S. 42; s. K. 73, 28 f.

1395, 11 f.   *mehr als die . . . in der Einheitspartei* – s. K. 1360, 15–19; 1361, 10 f.

1395, 33 f.   *Hotel Stadt Hamburg* – s. K. 32, 5.

1396, 20   *Alt Demwies* – s. K. 1125, 11.

1396, 22–25   *In Mecklenburg gab . . . sie 237 durchkriegen* – Nach Weber (1966), S. 33, waren zu der Zeit in 2402 Orten 593 CDU-Ortsgruppen zugelassen.

1396, 27   *Tägliche Rundschau* – s. K. 518, 35.

1396, 29   *Neue Zeit* – s. K. 1371, 1.

1396, 29   *Der Morgen* – Zentralorgan der LDP, erschien ab 3. 8. 1945.

1396, 32 f.   *während der C. D. U. . . . Tonnen zugeteilt werden* – Weber (1966), S. 33, berichtet, daß bei den Gemeindewahlen 1946 die SED bei der Papierzuteilung bevorzugt wurde; CDU.: s. K. 1162, 28 f.

1396, 32   *L. D. P. D.* – s. K. 1355, 29–35.

1397, 5   *Beidendorf* – s. K. 586, 28.

1397, 12   *Rockefeller* – John Davison Rockefeller (8. 7. 1839–23. 5. 1937), Gründer einer Erdölfirma, aus der 1882 die Standard Oil Company hervorging. Auch durch seine philanthropischen Stiftungen wurde sein Reichtum sprichwörtlich. Sein Sohn und Nachfolger John Davison Rockefeller Jr. (28. 1. 1874 – 12. 5. 1960) stiftete ebenfalls große Beträge für wissenschaftliche und soziale Zwecke. Die Rockefeller Foundation, 1913 gegr., ermöglichte Johnsons Aufenthalt in New York 1967/68; s. K. 99, 15 f.; 424, 1 f.

1397, 19 f. *wie der Flunder . . . es Zwölf schlug* – Bezieht sich auf die volkstümliche Erklärung des schiefen Mauls der Flunder: »Worüm hett de Flunner een scheif Mul? Se hett raupen: Is de Hiering uk n Fi-i-i-sch? Dunn schlööch de Klock twölbm, un dat Mul bleef ehr scheif stahn«; vgl. Hermann-Winter (1986), S. 90.

1397, 28   *Goethes* – Johann Wolfgang von Goethe (28. 8. 1749–22. 3. 1832), dt. Dichter. In den JT wird aus folgenden Werken Goethes zitiert oder auf sie angespielt: »Wilhelm Meisters Lehrjahre« (s. K. 76, 19); »Torquato Tasso« (s. K. 256, 22); »Faust I« (s. K. 522, 1 f.; 636, 1 f.; 1467, 37 f.; 1547, 5; 1690, 22 f.; 1871, 2); »Maifest« (s. K. 1252, 34); »Faust II« (s. K. 1381, 36); »Wilhelm Meisters Wanderjahre« bzw. »Maximen und Reflexionen« (s. K. 1394, 9); »Dichtung und Wahrheit« (s. K. 1723, 34 –39); »An den Mond« (s. K. 1772, 10); »Gespräche mit Eckermann« (s. K. 1860, 38–1861, 2).

1398, 10–12 *Die erste Ernte . . . bestellt als 1945* – »So konnte die Herbstbestellung [1946], wenn auch unter größten Schwierigkeiten, in Angriff genommen werden. 120 000 Hektar mehr als im vorigen Jahr wurden bestellt«, Mühlstadt (1972), S. 175.

1398, 12–14 *Rote Armee stoppt . . . Einrichtung einer S. A. G.* – Hans Warnke hatte sich auf Drängen des Arbeiterrats der Werft für eine Beendigung der Demontage eingesetzt: »Anfang 1946 wird die Werft umgewandelt in eine Sowjetische Aktiengesellschaft (SAG), damit sie der deutschen Arbeiterklasse erhalten bleibt«; vgl. Mühlstadt (1972), S. 166; s. K. 1377, 23–29.

1398, 12   *Demontage* – s. K. 1348, 2.

1398, 13   *Neptunwerft in Rostock* – s. K. 1377, 27.

1398, 14   *S. A. G.* – Sowjetische Aktiengesellschaft. Der SMAD-Befehl Nr. 124 über die »Beschlagnahme und provisorische Übernahme einiger Eigentumskategorien« vom 30. 10. 1945 legte die Grundlage, und Befehl Nr. 167 regelte die Ausführung zur Überführung von etwa 25 % der Industriekapazität (213 Betriebe) der SBZ in SAG–Betriebe, deren Verwaltung dem sowj. Außenhandelsministerium unterstand. Sie wurden vor der Übernahme mit Finanzmitteln aus öffentlichen Haushalten ausgestattet. Geschätzter Wert: 2, 5 Mrd. Mark. 1953 kaufte die DDR den größten Teil für 2, 55 Mrd. Mark zurück, nachdem ein Teil der Vorräte und Ausrüstungen in die Sowjetunion abtransportiert worden war; s. K. 1348, 2.

1398, 15 *Dornierwerke* – s. K. 833, 14 f.

1398, 15 *mit Werftausrüstungen aus Szczecin* – s. K. 1381, 18–24.

1398, 15 *Szczecin* – Stettin: s. K. 32, 14.

1398, 16–21 *seit jeher hat . . . Eisenbahnfähre nach Dänemark* – In dem extrem kalten Winter 1929 forderte die Reichsregierung die sowj. Eisbrecher »Krassin« und »Jermak« an. Sie halfen, den Fährbetrieb Warnemünde-Gedser aufrechtzuerhalten, als das Fährschiff »Mecklenburg« vor Warnemünde eingefroren war; andere Schiffe steckten im Nord-Ostsee-Kanal fest; vgl. Mühlstadt (1972), Fotoanhang; Wentzel (1979); s. 1413, 25 f.

1398, 17 *Eisbrecher Krassin* – Das Schiff wurde durch die Rettung der ital. Polarexpedition Nobile 1928 bekannt; benannt nach Leonid Borrisowitsch Krassin (15. 7. 1870–24. 11. 1926), Ingenieur, bolschewistischer Revolutionär, Diplomat; 1912 Repräsentant für Siemens & Schuckert in Moskau, ab 1913 für ganz Rußland; 1919 Volkskommissar für Handel und Industrie und Minister für Eisenbahnen; 1920 Botschafter in England, 1924 in Frankreich und ab 1925 wieder in England, wo er auch starb; s. 1413, 22–24.

1398, 17–19 *der im Sommer . . . bei Spitzbergen rettete* – Der ital. General, Luftschiffkonstrukteur und Polarforscher Umberto Nobile (21. 1. 1885–30. 7. 1978) leitete 1928 die mißglückte Polarexpedition mit dem Luftschiff Italia; weil er für das Unglück verantwortlich gemacht wurde, schied Nobile aus dem ital. Heer aus. Nobile war 1932–36 Berater des sowj. Luftfahrtministeriums. Spitzbergen: norwegische Inselgruppe im Nordpolarmeer, zu ca. 60 % von Eis bedeckt.

1398, 20 f. *Warnemünde eingefrorene Schiffe . . . Eisenbahnfähre nach Dänemark* – s. K. 785, 23.

1398, 22 *Diktatur des Proletariats* – Form der politischen Herrschaft der Arbeiterklasse nach der siegreichen Revolution, Übergangsperiode bis zum Erreichen des Kommunismus. Der Begriff geht auf Marx' »Kritik des Gothaer Programms« zurück; s. K. 1476, 8.

1398, 26 *Nazis in der Verwaltung* – »In Schwerin waren zum Beispiel von 381 Verwaltungsangestellten 302 Mitglieder der NSDAP [. . .]. Dieser Apparat wurde gänzlich zerschlagen«, Mühlstadt (1972), S. 175.

1398, 26 *Schutzpolizei* – Abgekürzt: Schupo; s. 1819, 5; 1851, 19.

1398, 34   *Do as the Romans do* – (engl.) Sprichwort, vollständig: When in Rome, do as
                the Romans do: Passe dich in der Fremde den örtlichen Gepflogenheiten an.

1399, 11–15 *In den Gemeindewahlen . . . vom Hundert gewählt* – In Mecklenburg gewannen
                 die SED 63,2 %, LDP 9,5 %, CDU 15,2 %, VdgB (Vereinigung der gegenseiti-
                 gen Bauernhilfe) 1,7 % und die Frauenausschüsse 1,1 % der Stimmen. Bei die-
                 ser Wahl waren von den Massenorganisationen nur die Vereinigung der ge-
                 genseitigen Bauernhilfe und die Frauenausschüsse zugelassen, in Sachsen
                 noch der Kulturbund; später konnten auch andere Massenorganisationen mit
                 eigenen Kandidaten antreten; s. K. 1394, 10; s. 1395, 15.

1399, 14   *Bauernhilfe* – s. K. 1358, 1.

1399, 14   *Frauenausschüssen* – s. K. 1372, 17.

22. 6. 1968

1399, 26–   *In České Budějovice . . . in der Č. S. S. R.* – Der römisch-kath. Bischof von Süd-
1400, 4   böhmen, Jozef Hlouch, war im März 1952 im Zuge einer Anti-Kirchen-
                Kampagne mit anderen Klerikern unter Hausarrest gestellt worden und hat-
                te die 16 Jahre fast ohne Kontakt zur Außenwelt an verschiedenen Orten fern
                seiner Diözese verbringen müssen. »There was a most unfortunate man at the
                police station, the officer said, who had been counting his money at an open
                window on a train. It had all blown away. The policeman thought that the
                Bishop might give the disconsolate man the kind of help the police could not.
                Could he bring him over? The little incident, Bishop Hlouch said [. . .] was
                the most heartening symbol of the future«; vgl. den Artikel »16-Year Exile
                Ends for Czech Bishop« in der NYT vom 22. 6. 1968.

1400, 23   *Nücken* – (nd.) Launen, Schrullen, Eigenarten, Flausen; s. 1405, 28.

1400, 24 f. *Jakob war nicht . . . Vorstand des Haushalts* – s. 1234, 23 f.

1400, 27   *Volkszählung* – Am 29. 10. 1946 durchgeführt; s. 1419, 21; 1420, 33.

1400, 29   *N. K. W. D.* – s. K. 1279, 38.

1400, 32   *die marienwerdersche Lehrerin* – s. 1195, 20.

1400, 33   *Wehrlich* – s. K. 570, 9.

1400, 37   *sudetendeutscher* – s. K. 663, 1 f.

1401, 18   *Bodenlotterie* – s. K. 1380, 15.

1401, 26   *Ruten* – s. K. 1376, 29.

1401, 28   *Warten auf den Mann* – s. 1192, 15–23.

1402, 35   *Altlutherischen* – Die Altlutheraner, auch ev.-lutherische Freikirchen genannt,
                waren Gegner der 1817 in Preußen von Friedrich Wilhelm III. verordneten

Vereinigung von Lutheranern und Reformierten zur »Evangelischen Kirche der Union«; seit 1954 unter dem Namen Evangelisch-Lutherische (altlutherische) Kirche. Sie wendeten sich von Moral und Rationalismus der Aufklärung ab und standen unter dem Einfluß der Erweckungsbewegung; Bekenntnisgrundlage ist das Konkordienbuch von 1580. Beim Abendmahl wird die Gegenwart des Leibes und Blutes Christi betont. Johnsons Großmutter Berta Augusta Emilia Sträde gehörte der Altlutherischen Kirche an; vgl. Johnson, Rede zum Bußtag, S. 46 f.; Paasch-Beeck (1999), S. 171; s. K. 1605, 3–5; s. 1601, 12; 1605, 3–8. Luther: s. K. 806, 31.

1403, 15   *Treu und Glauben* – s. K. 1043, 21.

1403, 36   *Mandel* – Altes Mengenmaß; kleine Mandel: 15 Stück, große: 16 Stück.

1404, 19   *Vilami na vodje* – (russ.) Redewendung, eigentlich: Vilkami na vodje pisatj. Übersetzt im Text, richtig: mit Gabeln auf Wasser geschrieben.

1404, 22   *Landtagswahlen* – Am 20. 10. 1946 wurden in der SBZ die Land- und Kreistage gewählt. Die SED gewann bei den Wahlen zu den Kreistagen 50,3 % und zu den Landtagen 47,5 % der Stimmen. Bei den Landtagswahlen erhielten in Mecklenburg: SED 49,5 % (547 663 Stimmen), CDU 34,1 % (377 808), LDP 12,5 % (138 572), Vereinigung der gegenseitigen Bauernhilfe 3,9 % (43 260); vgl. SBZ (1956), S. 44; Weber (1966), S. 34; s. K. 1409, 10 f.; 1414, 33 f.; s. 1408, 2–7; 1514, 18.

1405, 4   *Rasno-Export* – s. K. 1377, 34–37.

1405, 10   *N. Ö. P.* – Neue Ökonomische Politik; 1921 von Lenin (s. K. 1165, 23) zur Konsolidierung der Wirtschaft aufgestelltes Programm, das private Initiativen in Landwirtschaft und Kleinindustrie erlaubte; von Stalin 1928 aufgegeben. Zur Vermeidung einer Wirtschaftskatastrophe in der DDR wurde am 9. 6. 1953 mit dem Neuen Kurs ein vergleichbares Programm verkündet; s. K. 1847, 21 f.; s. 1408, 35; 1452, 18; 1861, 15 f.

1405, 12 f.   *So geriet Jakob . . . zum Herbst 1956* – Jakob ist am 8. 11. 1956 gestorben; vgl. MJ; Jöche: s. K. 23, 28.

1405, 17   *Schulspeisung* – Warmes Mittagessen für Schüler in fast allen Schulen der DDR, für das anfangs Lebensmittelmarken abgegeben werden mußten; s. 1588, 20; 1671, 7 f.

23. 6. 1968

1405, 32–35   *der längste in . . . den zweiten Tag* – Die USA hatten Vietnam nie offiziell den Krieg erklärt. Unter der Überschrift »Vietnam War Longest U. S. Has Ever Fought« heißt es in der NYT vom 23. 6. 1968: »At midnight last night the war has lasted six years, six months and one day, dated from the death of the first American serviceman killed by the Vietcong. Specialist 4 James

Davis of Livingston, Tenn., was killed on Dec. 22, 1961 [...]. The Revolutionary War lasted six years and six months, if its conclusion is considered, as it generally is, the surrender of Cornwallis at Yorktown Oct. 19, 1781. But the peace treaty was not signed for two years and some fighting continued in that period.«

Im amerik. Unabhängigkeitskrieg fanden die ersten Gefechte zwischen amerik. und brit. Truppen am 19. 4. 1775 bei Lexington und Concord statt. Bis zum 19. 10. 1781 waren es sechs Jahre, sechs Monate, ein Tag (Schaltjahr 1776); s. K. 1055, 24 f.

1405, 33 f. *Revolution hörte auf... 19. Oktober 1781* – Die brit. Südarmee unter General Lord Cornwallis hatte 1781 bei Yorktown (Philadelphia) eine feste Stellung bezogen, wo die frz. Flotte unter Admiral François de Grasse sie blockierte und die verspätet eingetroffene brit. Flotte schlug. Die frz. Landstreitkräfte vereinigten sich mit Washingtons Heer und belagerten Yorktown, das schließlich fünf Wochen später, am 19. 10. 1781, kapitulierte. Dies veranlaßte den brit. Oberbefehlshaber Sir Guy Carleton keineswegs, den Krieg zu beenden, da er nach wie vor New York und Kanada besetzt hielt. Erst am 3. 9. 1783 schlossen die Großmächte den Frieden von Versailles, in dem Großbritannien die Unabhängigkeit der 13 amerik. Kolonien anerkannte; der Kongreß ratifizierte den Friedensvertrag drei Monate später; s. K. 67, 6 f.; 1225, 36.

1405, 36–
1406, 12 *Gestern kamen in... jedoch ohne Brücke* – Unter der Überschrift »Wounded Children from South Vietnam Arrive Here« berichtet die NYT vom 23. 6. 1968: »A small girl in pajamas emerged from a military aircraft at La Guardia Airport yesterday. She smiled and waved at the crowd. Eight-year old Le Thi Thum's eagerness could have been that of any other passenger debarking at the airport for the first time. It was only when she came down the staircase into the sunlight that one noticed her nose lacked a bridge and was flattened under a scar across her face. Le Thi Thum and four boys on stretchers who proceeded her down the staircase and into the ambulances were the first warwounded South Vietnamese children brought into New York-area hospitals by the Committee of Responsibility. [...] The boys who arrived were Nguyen Bien, 10, who was hit by a bullet that went through his back on Jan. 8 in Quangnam Province; Doan Van Yen, 12, from Hue area, struck in the left leg by rocket fire on March 4; Le Sam, 11, from Hue, third-degree burns on his legs by napalm on March 31, and Nguyen Lau, 9, paralyzed below the waist by a gunshot wound in the spine about nine months ago in Quangnam Province.« Die Verletzung des Mädchens ist auf dem Foto zu erkennen.

1405, 36 *La Guardia* – s. K. 79, 35 f.

1406, 5 *Napalm* – s. K. 230, 2.

1406, 12 *ohne Brücke. Ohne Steg* – (engl. wörtl. übersetzt) Nasensteg: bridge of the nose.

1406, 25 *In New Rochelle, in Mamaroneck* – s. K. 150, 24.

1406, 26 *Peekskill* – Ort am Hudson River, nördlich von New York.

1406, 29–33   *Mit ernsthaften Verhandlungen . . . schöpferische Beschäftigung. Kreative* – In Johnsons Bibliothek befindet sich ein Prospekt für eine »country day school« in Westchester, 250 Sprain Road, Yonkers, mit dem Namen »Creative«. Vier Wochen kosteten bei wöchentlich fünftägigem Besuch $ 205.

1406, 37–
1407, 9   *Lager am Sund . . . Dollar pro Woche* – In Johnsons Bibliothek befindet sich ein Prospekt für ein Tagesferienlager: »Castle Hill Day Camp«, 2 Castle Hill Ave., Bronx NY 10473, am Long Island Sound, in dem es heißt: »38th year of day camp experience [. . .] completely supervised swimming activity.« Er zeigt u. a. ein Foto mit einem Maschendrahtzaun. Hissen und Einholen der Flagge gehörten zum täglichen Programm. Das Lager am Sund von Long Island lag La Guardia direkt gegenüber; s. K. 1248, 29.

1407, 8 f.   *fünfunddreißig Dollar pro Woche* – s. K. 84, 14.

1407, 19   *Yonkers* – Stadt nördlich von New York City am östlichen Ufer des Hudson; s. 1407, 23.

24. 6. 1968

1408, 2–7   *Der Ausgang der. . . genug Stimmen abgefallen* – s. K. 1404, 22.

1408, 4 f.   *Gegenseitige Bauernhilfe* – s. K. 1358, 1.

1408, 6 f.   *Kulturbund zur demokratischen Erneuerung Deutschlands* – s. K. 1251, 34.

1408, 35   *N. Ö. P.* – s. K. 1405, 10.

1409, 4   *Comptoir* – s. K. 203, 6.

1409, 10 f.   *hatte die S. M. A. . . . keine Kandidatenliste genehmigt* – Wegen der für sie ungünstigen Ergebnisse der Gemeindewahlen vom 1.–15. 9. 1945, bei der die SED in Mecklenburg 125 000 Stimmen verlor, ließ die SMAD zahlreiche mißliebige Kandidaten verhaften, in 15 Landkreisen wurden keine CDU-Kandidaten und in 31 keine LDPD-Kandidaten zugelassen. Wahlvorschläge der LDPD und CDU wurden abgelehnt, wo die SMAD ihre Ortsgruppen noch nicht registriert hatte; vgl. SBZ (1956), S. 43; SMA: s. K. 1059, 18 f.

1409, 25–28   *Element der bürgerlichen . . . Kriegsverbrechers Blumen schickt* – Konnte nicht nachgewiesen werden.

1409, 34 f.   *mit Papier nicht gespart* – 1945 waren alle Papierfabriken und Druckereien von der SMAD beschlagnahmt worden. CDU und LDPD wurden bei der Papierzuteilung für ihre Wahlkampagne benachteiligt; vgl. SBZ (1956), S. 43.

1410, 5   *Nationalkomitee Freies Deutschland* – s. K. 1186, 11 f.

1410, 7 f.   *steht der Stadtstraße . . . ihr Name angeschrieben* – Sie hieß zwischenzeitlich Adolf-Hitler-Straße; s. 412, 18–20.

1410, 11   *Fraktur* – s. K. 76, 10 f.

1410, 17 f.   »an dem müssen . . . am Tag vorbei« – Selbstzitat, s. 1141, 33–35.

1410, 24   nun gerade nicht in Mittelachse – s. 934, 34.

1410, 36   wählt SED! Für Gebildete: ABER – Wortspiel; sed: (lat.) aber.

1411, 1 f.   Min Jünging, wistu . . . tau de Soowjetunioon – (nd.) Mein Jungchen, willst du das nicht? Willst du denn nicht zur Sowjetunion?

1411, 5   Wi hem nich . . . Wi hem twei – (nd.) Wir haben nicht einen. Wir haben zwei.

1411, 7 f.   Doe döerf ick . . . Dat isn Besatzungsbefæl – (nd.) Da darf ich gar nicht hin ohne diesen Jeep. Das ist ein Besatzungsbefehl.

1411, 10   Nee, gewiß nich . . . de Dürd all – (nd.) Nein, gewiß nicht. Ich bin schon der Dritte.

1411, 15   S. P. D. in Gneez . . . Verbot von 1933 – s. K. 366, 6–10; SPD: s. K. 170, 10.

1411, 17   Mussolinibesuchs – s. K. 198, 30; 271, 21 f.

1411, 17   Bützow-Dreibergen – s. K. 615, 2.

1411, 18   Sachsenhausen – s. K. 36, 12; 645, 38.

1411, 18   wehrunwürdig – s. K. 1032, 20.

1411, 25 f.   »uns Peting is . . . hei sick bannig« – (nd.) unser Peterle ist ein guter Kerl, bloß manchmal vergißt er sich gewaltig.

1411, 30   Rot Front heit't – (nd.) Rot Front, heißt es. – Gruß des Roten Frontkämpfer-bundes, wobei der rechte Unterarm angehoben und die Faust mit nach vorn zeigenden Fingern geballt wurde. Der Rote Frontkämpferbund wurde 1924 als Kampfbund der KPD gegr., als Pendant zu Stahlhelm und Reichsbanner; seit Februar 1925 von Ernst Thälmann geführt, 1929 nach blutigen Ausein-andersetzungen verboten und illegal weitergeführt; seine Mitglieder wurden seit 1933 schonungslos verfolgt; s. 1637, 12; 1673, 33 f.; 1841, 22 f.

1411, 32   Bün din Genosse nich – (nd.) Ich bin dein Genosse nicht.

1411, 34   Waest – (nd.) Gewesen.

1411, 36   Dor mæt ick mi beråden – (nd.) Da muß ich mich beraten.

1411, 38   Nee. Bring mi man Cresspahl – (nd.) Nein. Bring mir mal Cresspahl.

1412, 1   Unsn Boergermeister – (nd.) Unseren Bürgermeister.

1412, 4 f.   Cresspahl is dee . . . kannst inne Kommandantur – (nd.) Cresspahl ist der, den wir gewollt haben. Nun habt ihr ihn. Bring ihn mal. Fragen kannst du in der Kommandantur.

1412, 7   Orre gå tau . . . weit dat ook – (nd.) Oder geh zu deiner Slata, die weiß das auch!

1412, 9–11   mit einem possessiven . . . Grammatik zu setzen – Der possessive Singular »deine Slata« zielt auf Schumanns persönliche Gefühle, das »auch« im Anschluß an das Plattdeutsche beinhaltet ihre Zugehörigkeit zur Gruppe der Russen, der »Freunde« des Landrats, zu denen auch der Funktionär gerechnet wird. Was Wulff nicht sagt ist: *eurer* Slata.

1413, 5 *Dat geit nich* – (nd.) Das geht nicht.

1413, 7 *Drœben sünt de Russen* – (nd.) übersetzt im Text 1413, 9.

1413, 22–24 *Leonid Borissovič Krassin . . . London und Paris* – s. K. 1398, 17.

1413, 25 f. *als Eisbrecher im . . . Eis befreit hatte* – s. K. 1398, 16–21.

1413, 26 *Warnemünde* – s. K. 785, 23.

1413, 30–32 *Wahlruf vom 7. . . . Arbeit erworbenen Eigentums* – »Sie [die SED] distanzierte sich von der Oder-Neiße-Grenze und trat in ihrem Wahlaufruf ›für den Schutz des rechtmäßig und durch eigene Arbeit erworbenen Eigentums‹ ein«, Weber (1966), S. 34.

1413, 35–39 *die Worte direkt . . . Außenpolitik macht Molotov* – Die SED hatte sich ursprünglich gegen jede Verkleinerung des dt. Gebietes ausgesprochen, sie gab die Oder-Neiße-Grenze als provisorisch aus und erwartete eine Änderung auf der Friedenskonferenz. Otto Grotewohl erklärte am 18. 9. 1946 zu Molotows Behauptung vom 16. 9., daß die Westgrenze Polens im August 1945 festgelegt worden sei und auf der Friedenskonferenz nur formell bestätigt werden müsse: »Zwar liegt die Entscheidung über die Frage nicht bei uns, aber unser Standpunkt muß von deutschen Interessen bestimmt sein.« Der Parteivorstand der SED erklärte am 19. 9.: Die SED »wird alles tun, damit auch in den Fragen der künftigen Grenzen Deutschlands die Stimme des deutschen Volkes auf der Friedenskonferenz Gehör findet«; vgl. SBZ (1956), S. 42 f. Noch im März 1947 sprachen sich Grotewohl und Pieck gegen jede Grenzänderung aus; s. K. 1458, 26–28.

1413, 39 *Molotov* – s. K. 54, 22.

1414, 15 f. *sogar der Schwede . . . jawohl, Herr Duvenspeck* – s. 1034, 26.

1414, 21 *Holl doch din Muul du* – (nd.) Halt doch dein Maul du!; s. 226, 13.

1414, 29–31 *Ditt hev ick . . . hat kein ein* – (nd.) Dies habe ich nicht gesagt von der Partei aus, dies sage ich als Bürgermeister. Seid ruhig! Hier hat niemand . . .

1414, 33 f. *125 583 Stimmen weniger . . . Probe vom September* – Bei den Wahlen zum Landtag gewann die SED mit 547 663 Stimmen 49,5 %; vgl. Doernberg (1969), S. 101. Das waren 125 583 Stimmen weniger als bei den Gemeindewahlen vom 15. 9. 1946, bei denen die SED 63,2 % gewonnen hatte; vgl. Weber (1966), S. 34; s. K. 1399, 11–15; 1404, 22.

1415, 5–13 *Heutzutage, wenn ein . . . in der Schule* – Der anonyme Brief war an Dr. Edward Goldstucker, Präsident des tschechos. Schriftstellerverbandes, gerichtet. Es hieß darin, die jetzige Demokratisierung sei das Werk von Juden wie ihm, aber die komm. Partei sei eine Arbeiterpartei und seine Tage seien gezählt.

Goldstucker erklärte in seiner Antwort, daß der Staatssicherheitsdienst in den fünfziger Jahren die gleiche Sprache verwendet habe; vgl. NYT 24. 6. 1968; K. P. Č.: s. K. 523, 12 f.

1415, 8 das »Rote Recht« – Wörtl. Übersetzung von (tschech.) Rudé Právo; s. K. 1003, 20.

1415, 11 f. *Rudolf Slánský* – Eigentlich Rudolf Salzmann (31. 7. 1901–3. 12. 1952), tschech. jüd. Kommunist, seit 1929 Mitglied des Politbüros der tschech. KP, 1945–51 Generalsekretär, führender tschech. Parteitheoretiker; verantwortlich für die Aussiedlung der Deutschen aus der Tschechoslowakei; erhielt am 6. 9. 1951 den eigens für ihn geschaffenen »Orden des Sozialismus«; am 14. 11. 1952 wegen Hochverrats, Spionage, Sabotage und Militärverrats angeklagt; wegen titoistisch-zionistisch-nationalistischer Verschwörung verurteilt und hingerichtet; 1968 rehabilitiert. Mit diesem letzten großen Schauprozeß vom 20.–27. 11. 1952 gegen 14 hohe Funktionäre, von denen elf zum Tode und drei zu lebenslänglicher Haft verurteilt wurden, sollten jeder mögliche Widerstand gegen eine Bindung der osteuropäischen Staaten an die UdSSR ausgeschaltet und Sündenböcke für die Wirtschaftsmisere gefunden werden. Neu war die antisemitische Tendenz des Prozesses: von den 14 Angeklagten waren elf Juden. Es wird vermutet, daß Stalin damit der arabisch-islamischen Welt ein Zeichen geben wollte, da Slánský, der im Frühjahr 1948 noch auf Moskaus Befehl Israel mit Waffen unterstützt hatte, als proisraelisch galt; vgl. DER SPIEGEL 12. 12. 1956, S. 43–51; 19. 12. 1956, S. 36–43; 26. 12. 1956, S. 36–41; s. K. 1075, 31–34; 1075, 32; 1684, 4 f.

25. 6. 1968

1415, 15–34 *Die Delegation der... angehört mit Begeisterung* – Unter der Überschrift »Russian Doubts Found By Czechs« zitiert die NYT vom 25. 6. 1968 aus einem Bericht einer tschechos. parlamentarischen Delegation über ihren Besuch in Moskau: »›We explained [...] that the conditions under which we began to build our socialist country after February, 1948, have changed and that the qualitative changes that have taken place in the economy as well as the socialist structure of our country called for rectification of mistakes, shortcomings and deformations of the past and a modernization of the economy that has fallen shamefully behind.

But the new realities require a great deal more. They require a transition to a democratic, humanitarian and popular concept of socialism not only in the economy but also, and primarily, in public and political life, where socialism must provide new, wide-ranging concepts of rights and freedoms for the individual as well as society as a whole.‹ [...]

›To be truthful,‹ the group reported, ›it must be said that the Soviet comrades showed considerable tolerance for our explanations.‹

The lack of enthusiasm indicated by the word ›tolerance‹ was encountered by the delegation at its arrival at Vnukovo Airport in Moscow. [...] the report [...] described the welcome as no warmer than strictly necessary under protocol.«

1415, 34–36   *Der Erste unter . . . in den Augen* – Anspielung auf Breschnews Tränen, auf Schillers »Don Carlos« und Thomas Manns »Tonio Kröger«; s. K. 1374, 2–18; Breschnew: s. K. 541, 2.

1416, 4–   *In der Nacht . . . leerer Wahn sei* – Schon nach dem Waffenstillstand wurden Wissenschaftler und Techniker vor allem militärischer Forschungseinrichtungen von den russ. und amerik. Besatzungsmächten dienstverpflichtet oder angeworben. Direkt nach den Landtagswahlen, in der Nacht vom 21. zum 22. 10. 1946, wurden unter Berufung auf das Gesetz Nr. 3 des Kontrollrats, »viele Facharbeiter und Wissenschaftler rüstungswichtiger Industrieunternehmen zusammen mit den Werkseinrichtungen nach der SU deportiert. Sie müssen einen Arbeitsvertrag auf fünf Jahre abschließen. Sie sollen in der SU die gleichen Rechte genießen wie sowjetische Spezialisten. Zu den verlagerten Betrieben gehören u. a. Carl-Zeiss-Werke, Jena; Glaswerke, Jena; Siebel-Flugzeugwerke, Halle; Hentschel, Staßfurt, und das AEG-Werk Oberspree, Berlin«; vgl. SBZ (1956), S. 45.

»Im Zuge der ›Arbeitsverpflichtungen‹ kam es zu weiteren Demontagen von Maschinen und Apparaten. [...] Wir kamen zu der Ansicht, daß die Sowjets besonders an den Fachleuten interessiert waren, die während des Krieges Geräte für Fernsteuerung, Funkmessung, Düsen- und Rückstoßmotoren, Flugzeuge und V-Waffen hergestellt hatten«, Gniffke (1966), S. 217.

Von den Deportationen waren 200 Spezialisten des Mittelwerkes in Bleicherode im Harz betroffen, die auf Befehl der sowj. Besatzungsmacht 1945 mit der Rekonstruktion der V-2-Rakete begonnen hatten; ebenso Mitarbeiter der Junkers-Werke Dessau, von BMW in Staßfurt, der Leunawerke in Bitterfeld, von Telefunken in Berlin, etwa 280 Spezialisten der Zeiss- und Schott-Werke in Jena, die nach Krasnogorsk bei Moskau gebracht wurden, sowie Mitarbeiter der AGFA-Werke in Wolfen. Etwa 2000–3000 Spezialisten, zusammen mit ihren Familien etwa 7000 Menschen, mußten im Oktober 1946 in die Sowjetunion übersiedeln. Sie waren weder Kriegsgefangene noch Zivilinternierte. Man versuchte, ihnen gute Lebensbedingungen mit einem vielstufigen Privilegiensystem zu bieten. Aufgrund ihrer völligen Isolierung verloren sie den Anschluß an den technischen Fortschritt und wurden nach einer »Abkühlungsphase« zwischen 1950 und 1954 nach Deutschland entlassen. Atomforscher blieben bis 1955, die letzten kehrten 1958 zurück.

Andere Schätzungen gehen von 2000 bis zu 40000 Personen aus. Nach Naimark (1997), S. 286, Anm. 92, bezieht sich die einzige bis heute bekannte sowj. Schätzung auf die Zahl der Eisenbahnwaggons für den Transport der »Spezialisten«. Im SMAD-Plan für das 1. Quartal 1947 waren 341 Waggons für diesen Zweck enthalten; vgl. Gröttrup (1958); Seiler (1988), S. 106; FAZ vom 26. 10. 1996; Naimark (1997), S. 277–287.

Neuere Forschungsergebnisse widersprechen der damals von westlichen Beobachtern geäußerten Ansicht, die Deportationen seien eine Art Racheakt für das Wahlverhalten der Deutschen gewesen, denn schon seit dem Sommer 1946 wurden in den Industriebetrieben auf Veranlassung der sowj. Behörden Listen von Spezialisten angelegt. »Aller Wahrscheinlichkeit nach warteten die Sowjets mit den Deportationen bis nach den Wahlen – vergeblich, wie sich herausstellen sollte –, weil sie die Chancen für einen Sieg der Kommunisten nicht aufs Spiel setzen wollten«, Naimark (1997), S. 283.

1416, 25   *Arado-Werken* – s. K. 935, 31.

1416, 28   *Heeresversuchsanstalt Peenemünde* – Das Fischerdorf Peenemünde an der Nordspitze der Insel Usedom war seit 1936 Standort der Raketenversuchsanstalt des Heeres. Hier wurde die V 2 als erste ballistische Fernrakete der Welt erprobt. Nach dem Waffenstillstand wurden Techniker und Wissenschaftler besonders von den russ. und amerik. Besatzungsmächten dienstverpflichtet oder angeworben; s. K. 671, 37.

1416, 29 f.   *Strahlbomber Ar 234 . . . Düsenmotoren B. M. V. 003* – Der erste Strahlbomber der Welt, seit 1944 im Einsatz. Er wurde von Arado nie im Warnemünder Werk gebaut, sondern erst in Berlin, wegen der Luftangriffe später in Landshut. Der Motor war ein BMW [sic] 003. Die C-Reihe mit vier Strahlturbinen war bei Kriegsende erst im Versuchsstadium.

1416, 31   *Demontage* – s. K. 1348, 2.

1416, 34 f.   *von den peenemünder Raketen geschädigten Großbritannien* – Von Juni 1944 bis März 1945 kam insbesondere London unter den Beschuß dt. Fernraketen der Typen V 1 und V 2; s. K. 963, 9.

1417, 6 f.   *ihr mecklenburgisches Territorium . . . auszutauschen gezwungen war* – s. K. 998, 19–24.

1417, 9 f.   *Befehls Nr. 3 . . . vom 25. Juni 1945* – Der Befehl Nr. 3 der SMAD vom 15. 6. 1945 [sic] ordnete an, vom 17. bis 23. 6. 1945 den Militärkommandanten zu übergeben: »a) alle Waffen und Munition, b) Luftwaffen- und Flugabwehranlagen und -einrichtungen, c) Pläne aller militärischen Anlagen, Flughäfen und Marinestützpunkte, d) Werkstätten, Forschungsinstitute, Laboratorien, Versuchsstationen, technische Unterlagen, Patente, Pläne; Zeichnungen und Erfindungen, die für die Herstellung oder die Verwendung der in den Punkten a, b, c, d genannten Waffen sowie Kriegs- und Handelsschiffe aller Klassen bestimmt sind«; vgl. Krüger/Finn (1991), S. 18; Eggert (1967), S. 226 f.; s. K. 1059, 18 f.

1418, 4 f.   *Herr Dr. Bruchmüller* – Konnte nicht nachgewiesen werden.

1418, 5   *C. D. U.* – s. K. 1162, 28 f.

1418, 13–22   *Schon insofern könnte . . . Durchführung von Verlagerungen* – »Ossawakim [. . .]. Dieser Name soll eine Zusammenziehung aus russischen Wörtern sein – sinngemäß ›Sonderverwaltung zur Durchführung von Verlagerungen‹ bedeuten.

Der planmäßige Abtransport deutscher Techniker und Spezialisten in die Sowjetunion hatte begonnen.« Den Betroffenen wurde von Dolmetschern folgender Befehl vorgelesen: »Da der Betrieb in dem Sie arbeiten, in die UdSSR verlegt wird, haben Sie mit ihrer gesamten Familie auf der Bahn Personenwagen zu besteigen. Für den Abtransport des Hausrats stehen Ihnen Güterwagen zur Verfügung. Der neue Vertrag wird mit Ihnen nach der Ankunft in der UdSSR abgeschlossen werden. Die vertraglichen Verhältnisse werden die gleichen sein, wie sie für Facharbeiter in Rußland gelten. Sie werden zunächst für die Dauer von 3 bzw. 5 Jahren in die Sowjetunion verpflichtet. Für die Fahrt werden Ihnen Lebensmittel und Bekleidung zur Verfügung gestellt. Sie haben mit einer Fahrtdauer von drei bis vier Wochen zu rechnen«; vgl. Gniffke (1966), S. 215, in Johnsons Exemplar angestrichen. »Am 22. Oktober kam das äußerst erfolgreiche System der Raketen-, Flugzeug- und Waffenproduktion zu einem abrupten Ende. In einer sorgfältig geplanten und sauber durchgeführten Operation, die simultan in den Zentren der Rüstungsproduktion der gesamten sowjetischen Besatzungszone stattfand, trieben NKWD und Sowjetarmee Tausende deutscher Wissenschaftler und Ingenieure [...] in die Sowjetunion. [...] Die Operation stand unter Leitung von Generaloberst Serow, Berijas Hauptvertreter in der Besatzungszone, und lief unter dem Codenamen ›Osoawjachim‹ – nicht ohne eine gewisse Ironie seitens der Sowjets, denn ›Osoawjachim‹ war das Akronym für die freiwillige paramilitärische sowjetische Jugendorganisation zur Unterstützung der Streitkräfte, die später unter dem Namen DOSAAF bekannt wurde«, Naimark (1997), S. 277; s. K. 1418, 25; s. 1419, 22, 38.

1418, 17 f.   *Mißachtung der faschistischen Kapitulationsbedingungen* – Nach Naimark (1997), S. 283, »war der Hauptgrund für die dramatische Aktion der Sowjets die Furcht davor, wegen Nichterfüllung der Vereinbarungen des Alliierten Kontrollrats über die Liquidation des deutschen Kriegspotentials verurteilt zu werden«; s. K. 1348, 2.

1418, 25   *Ossoaviachim* – Richtig: Osoaviachim; Abk. für (russ.) Obschtschestwo sodejstvija oborone i aviacionno-chimitscheskomu stroitelstvu SSSR: Gesellschaft zur Förderung der Verteidigung, des Flugwesens und der Chemie in der UdSSR. Es handelte sich um eine paramilitärische Massenorganisation, die das Ziel hatte, ihre Mitglieder im Geist »kämpferischer Bereitschaft zur Verteidigung der sozialistischen Heimat« und »selbstloser Hingabe an Partei und Regierung« zu erziehen. Die Organisation entstand im Januar 1927 aus der Vereinigung der »Gesellschaft für die Unterstützung der Verteidigung« (Oso) und der »Gesellschaft der Freunde der flugtechnischen und chemischen Verteidigung und Industrie« (Aviachim). Sie wandte sich an Kinder, Jugendliche und Erwachsene, organisierte Aero-, Segelflieger-, Marine-, Kavallerie- sowie Schützenschulen und -klubs und verband die paramilitärische Ausbildung mit entsprechenden sportlichen Wettkämpfen. Aus der Osoaviachim entstanden 1948 zunächst drei selbständige Gesellschaften für die Armee, die Luftwaffe und die Flotte (DOSARM, DOSAV und DOSFLOT), die sich 1951 zum

DOSAAF (Freiwillige Gesellschaft zur Unterstützung der Armee, der Luftwaffe und der Flotte) zusammenschlossen; vgl. Torke (1993).

1418, 31–37   *Anfragen des Freien . . . Arbeitsverträge nachgereicht werden* – Vgl. Gniffke (1966), S. 215–217: Vermutlich war Walter Ulbricht (s. K. 993, 8), aber nicht das ZK der SED vorher von der SMAD über die Transporte unterrichtet worden. »Das zuverlässigste Material über die Durchführung dieser Aktion hatte der FDGB zusammengetragen«, ebd. S. 216. Nachdem diese Befunde der Partei vorgetragen worden waren, faßte das ZK einen Beschluß: »Das Zentralkomitee der SED bedauert, daß Arbeitsverpflichtungen vorgenommen worden sind, die nicht im Einklang stehen mit unseren gewerkschaftlichen Grundsätzen. Das Zentralkomitee der SED legt Wert darauf festzustellen, daß nach diesen Grundsätzen Arbeitsverpflichtungen nur auf freiwilliger Grundlage durchgeführt werden sollten. Es empfiehlt sich, wegen der zu vereinbarenden Bedingungen den FDGB einzuschalten.« (ebd.). Wie das bei dem kurzfristigen Abtransport zu bewerkstelligen sei, wird nicht angesprochen; vgl. Naimark (1997), S. 285.

1418, 32   *Freien Deutschen Gewerkschaftsbundes* – Im Februar 1946 gegr.; einheitliche gewerkschaftliche Organisation aller Arbeiter, Angestellten und Angehörigen der Intelligenz in der DDR, die zahlenmäßig stärkste Massenorganisation. Die rechtliche Grundlage für seine Monopolstellung wurde erst in Art. 44 Abs. 1 der Verfassung vom 7. 10. 1974 (GBl. I. S. 432) und im Arbeitsgesetzbuch verankert. In der Satzung des FDGB wurden der Führungsanspruch der SED und der Marxismus-Leninismus als ideologische Grundlage gewerkschaftlichen Handelns anerkannt.

1419, 3–7   *den Berliner Auszählungen . . . 26 Sitze erringen konnten* – Die Wahlen für ganz Berlin fanden gleichzeitig mit den Gemeinde- und Landtagswahlen der SBZ am 20. 10. 1946 statt. Die SED mußte sich hier mit der selbständig geblienen SPD messen: SPD 1 015 609 Stimmen (48,7 %, 63 Sitze), CDU 462 425 Stimmen (22,2 %, 29 Sitze), SED 412 582 Stimmen (19,8 %, 26 Sitze), LDPD 194 722 Stimmen (9,3 %, 12 Sitze). Die Ergebnisse von Mecklenburg-Vorpommern: SED 49,5 %, CDU 34,1 %, LDPD 12,5 %, Vereinigung der gegenseitigen Bauernhilfe 3,9 %.

1419, 21   *Volkszählung vom Oktober 1946* – s. K. 1400, 27.

1419, 25 f.   *bei Carl Zeiss . . . Glaswerken in Jena* – Carl Zeiss (11. 9. 1816–3. 12. 1888), dt. Feinmechaniker und Industrieller; gründete am 19. 11. 1846 eine feinmechanisch-optische Werkstätte zur Herstellung von Mikroskopen, aus der die Zeiss-Werke für hochoptische Geräte hervorgingen; 1891 vom Besitzer Ernst Abbé auf eine gemeinnützige Stiftung übertragen. Nach dem 2. Weltkrieg wurden die Zeiss-Werke z. T. demontiert, 1948 verstaatlicht und als VEB Carl Zeiss weitergeführt.
Das JENAer Glaswerk Schott & Gen. wurde 1884 von Carl Zeiss, Ernst Abbé und Otto Schott gegr.; spezialisiert auf das chemisch widerstandsfähige und temperaturwechselbeständige Alumo-Boro-Silikatglas, wurde es zum größ-

ten europäischen Spezialglashersteller; 1919 an die Carl–Zeiss-Stiftung angeschlossen, 1945 enteignet und als VEB weitergeführt.
»Dem technischen Personal der Jenaer Firmen Schott und Zeiss war ein ähnliches Schicksal beschieden. Rund 270 Wissenschaftler, Ingenieure und Facharbeiter, die an Spezialoptiken oder an Selbststeuer- und Stabilisierungsanlagen – darunter auch an Gyroskopen – gearbeitet hatten, wurden am Arbeitsplatz und zu Hause abgeholt. [...] Einsprüche bei der sowjetischen Militärregierung waren völlig nutzlos, die SMAD hatte keinerlei Einfluß auf die Operation. Vergeblich suchten zum Beispiel die sowjetischen Militärbehörden in Thüringen die Demontage der Carl Zeiss AG und der Schott-Werke sowie die Deportation so vieler wertvoller Fachleute zu verhindern. Der US-Militärgeheimdienst berichtete, daß der Gehilfe des Obersten Chefs der SMAD für ökonomische Fragen, General Kowal, von der Operation nicht einmal wußte, bevor sie begonnen hatte«, Naimark (1997), S. 279, 281.

1419, 26 *Siebel-Flugzeugwerken in Halle* – Anfang der dreißiger Jahre unter Einbeziehung der Klemmschen Flugzeugwerke am nördlichen Stadtrand von Halle errichtet; hergestellt wurde die zivile Flugmaschinenserie »Hallore«, seit Kriegsbeginn die Ju 52, nach anderen Angaben auch Ju 88, und Teile für die Me 109. Was nach den schweren Bombardierungen noch erhalten war, wurde vollständig demontiert und abtransportiert. Vgl. Naimark (1997), S. 286: »Bei Junkers in Dessau und Siebel in Halle wurde fast alles mitgenommen, was irgendwie dem Flugzeugbau diente, und größtenteils nach Kuibyschew verfrachtet, dem Zentrum der sowjetischen Flugzeugindustrie. Sogar die vier größten Windkanäle wurden demontiert und weggeschafft«; vgl. ebd., S. 280.

1419, 27 *Henschel in Staßfurt* – Henschel Flugzeugwerke GmbH, 1933 von Oskar R. Henschel gegr.; Hauptwerk mit Flugplatz in Schönefeld bei Berlin. Staßfurt liegt südlich von Magdeburg.

1419, 27 *A. E. G.-Werk Oberspree* – 1883 gegr., seit 1887 unter dem Namen Allgemeine Electricitäts-Gesellschaft, bedeutendes Unternehmen der elektrotechnischen Industrie, Sitz und Hauptfabriken in Berlin, 1939 mit 70 Niederlassungen im Inland.
Im AEG-Kabelwerk Oberspree wurden Funkgeräte hergestellt. »Dann, am 22. Oktober, frühmorgens um drei Uhr dreißig, wurde der Hirschgarten von Truppen der Roten Armee abgeriegelt, und zweihundertzwanzig Fachleute vom Oberspreewerk wurden samt ihren Familien abgeholt und zu bereits wartenden Zügen gebracht«, Naimark (1997), S. 280.

1419, 27 f. *Askania Friedrichshafen in Berlin* – Bei Askania Friedrichshagen [sic] wurden nach Naimark (1997), S. 280, Radar und Autopilotsysteme entwickelt. Er berichtet auch von einem »Experimentellen Konstruktionsbüro 4« in Friedrichshagen, das ebenfalls Autopilotsysteme entwickelte.

1419, 35 *GEMA Köpenick* – Nach Naimark (1997), S. 280, stellte die GEMA Entfernungsmesser und Visiereinrichtungen her.

1420, 4 f.   *kein leerer Wahn sei* – Anspielung auf Schillers Ballade »Die Bürgschaft«, Vers 137: »Und die Treue, sie ist doch kein leerer Wahn.«

1420, 10 f.   *Wenn'ck man bloß . . . mi meldn kann* – (nd.) Wenn ich mal bloß wüßte, wo ich mich melden kann!

1421, 7–9   *89 Grad Fahrenheit . . . in Celsius gewesen* – Ca. 32° Celsius; s. K. 22, 39–23, 1.

26. 6. 1968

1421, 18–   *Die tschechoslowakische Nationalversammlung . . . zu Novotnýs Tagen* – Vgl. den
1422, 2   Artikel »Law Sets Redress For Czech Purges« der NYT vom 26. 6. 1968: »Two laws unusual in any Communist-ruled country were put before the Czechoslovak National Assembly today. [. . .]
The measure that was voted today provides for rehabilitation of those who were unjustly persecuted, jailed and tortured on political grounds since the Communist takeover in 1948. The other bill would abolish censorship. [. . .] the composition of the National Assembly [. . .] has not been changed since the days of the deposed leader, Antonin Novotny [. . .].
Under the rehabilitation law, special tribunals will hear the cases of those unjustly sentenced and provide for monetary retribution. The victims themselves or their survivors or prosecutors are authorized to introduce the actions.
The tribunal may squash the sentences or reduce them if it finds that laws and the rights of the defendants were violated. There are provisions also for compensation for physical harm suffered during imprisonment, for court costs and for material loss, such as confiscation of property.
Officials responsible for violations of legality face the loss of their posts and possible further punishment. [. . .]
The law does not provide for action against political leaders who ordered the purges and persecutions.«
Auszahlungen an Hinterbliebene und neue Parteibücher werden hier nicht erwähnt. Haftschäden körperlicher Art: s. K. 46, 39; KPČ: s. K. 523, 12 f.

1422, 3–6   *In Palermo sind . . . mit Währungen jongliert* – Nach fünfjähriger Beweisaufnahme wurden die Angeklagten mangels Beweisen freigesprochen, obwohl sie zu den einflußreichsten Mafiamitgliedern gehörten und von der ital. Presse zu »Patriarchen der Cosa Nostra« erklärt wurden. Unter den Freigesprochenen war Giuseppe »Joe Banana« Bonanno aus New York (s. K. 156, 35); vgl. NYT 26. 6. 1968.

1422, 7–9   *Mindestens ein halbes . . . nicht so sein* – s. 1657, 16 f.

1422, 15   *fünf Fuß vier Zoll* – 1,62 m.

1422, 16   *Sieben und ein Viertel* – Schuhgröße 39.

1423, 4   *Anselm Kristlein* – s. K. 331, 29.

1423, 27	*Highballs* – (engl.) Mit Soda, Tonic oder Wasser verlängerter Drink aus Whisky oder Gin, der in einem großen Glas serviert wird.
1423, 30	*Nationalgarde* – s. K. 734, 9.
1424, 6 f.	*International Affairs* – (engl.) Internationale Beziehungen. 1922 gegr. Zeitschrift des Royal Institute of International Affairs, die weitreichende außenpolitische Analysen enthält.
1424, 8	*Cosmopolitan* – Amerik. Monatszeitschrift für Frauen (Mode, Kosmetik, Kultur); gegr. 1887 in Rochester, New York; seit 1888 Sitz in New York; ursprünglich ein Magazin für Innen- und Außenpolitik. Nach dem Erwerb durch William Randolph Hearst (s. K. 52, 16–21) im Jahre 1905 wurde zunehmend Literatur veröffentlicht; nach Auflagenrückgang um 1965 versuchte die Herausgeberin Helen Gurley Brown, vorwiegend junge, alleinstehende, berufstätige Frauen zu erreichen.
1424, 8	*Newsweek* – s. K. 852, 20.
1424, 8	*Saturday Review* – New Yorker Wochenzeitschrift für Literatur, 1924 gegr. als Saturday Review of Literature; erscheint seit 1951 unter diesem Namen.
1424, 9	*Playboy* – Amerik. Herrenmagazin, 1953 gegr., Verlagsort Chicago.
1424, 13	*Alleghenies* – Teil des Gebirgssystems der Appalachen zwischen Mississippi und Maine.
1424, 23 f.	*Gouverneur Rockefeller* – s. K. 115, 33.
1424, 36	*Ostseite* – s. K. 52, 26 f.
1426, 4	*Lord & Taylor* – s. K. 440, 4.
1426, 9	*koscher* – s. K. 254, 2.
1426, 12	*Kings* – Kings County, ältere Bezeichnung für Brooklyn, einen der fünf Stadtteile New Yorks. Ursprünglich (1683) bestand Kings County aus fünf Siedlungen, deren größte Brooklyn war. Die Stadt Brooklyn dehnte sich so aus, daß sie sich die anderen Siedlungen einverleibte; am 1. 1. 1898 wurde sie zum Borough of Brooklyn erklärt, der Kings County entsprach. – Hier wegen des Wortspiels gewählt; s. K. 54, 14.
1426, 13	*Richmond* – s. K. 1027, 9.
1426, 15	*Brownstones* – s. K. 842, 12.
1426, 20	*button down-Kragen* – (engl.) Kragen, dessen Spitzen am Hemd festgeknöpft sind.
1426, 32–1428, 12	*Ich will dir . . . gelacht. So? Nie* – »wir«: s. K. 46, 26; 230, 27 f.
1427, 4	*Jones Beach* – Beliebter Strand im Jones Beach State Park im Süden von Long Island; ca. 4 km südlich von Oceanside.

1427, 15–18	*Es ist wie . . . und Sexualphantasien austoben* – s. 1392, 32–39.
1427, 33	*Quantität und Qualität* – Anspielung auf das Grundgesetz der materialistischen Dialektik vom Umschlagen quantitativer Veränderungen in qualitative. Johnson führt im nächsten Satz eine vulgäre Übertragung vor; s. K. 1676, 26–28; s. 1729, 3,6–8; 1854, 1 f.
1428, 6	*Cressphal* – Richtig: Cresspahl; der Druckfehler ist in der zweibändigen Taschenbuchausgabe berichtigt.

27. 6. 1968

1428, 17 f.	*Lebensmittelkarten (Gruppe IV)* – Für Kinder vom 9.–13. Lebensjahr gab es Gruppe IV C, auf die im Februar 1946 pro Tag 300g Brot, 400g Kartoffeln, 40g Nährmittel, 20g Fleisch, 25g Fett, 50g Zucker zustanden; vgl. Weber (1966), S. 25; s. K. 1196, 11.
1428, 27– 1434, 17	*Gneez war eine . . . Bad Kleinen, Herrnburg, Jerichow* – Für viele Einzelheiten – aber durchaus nicht alle – der Schilderung von Gneez hat Güstrow als reale Vorlage gedient; s. K. 9, 17; 10, 9 f.
1428, 32– 1429, 31	*die Stichstrecke Jerichow-Gneez . . . hatte vier Bahnsteige* – s. K. 9, 17; 10, 9 f.
1429, 11	*Karabiner 98k* – s. K. 1063, 25.
1429, 13–17	*Hätte das Landratsamt . . . in ihrem Besatzungsgebiet* – Ab Juli 1945 wurden auf sämtlichen Eisenbahnstrecken der SBZ die zweiten (Parallel-)Gleise, in einigen Fällen auch alle Gleise abgebaut, so zwischen Havelberg und Glövem und zwischen Wittenberg und Dömitz; s. K. 1348, 2.
1429, 19 f.	*wie das Gesetz . . . Unterrichts es befahl* – s. K. 1251, 15–26. Auch Anspielung auf Schillers Gedicht »Der Spaziergang«; s. K. 517, 24.
1429, 36	*das Fürstenhaus* – Am Markt von Güstrow stand unweit des Hotels »Erbgroßherzog« der Fürstenhof, ein großes klassizistisches Haus von 1804, Am Markt 32, Ecke Hageböcker Straße; s. 1431, 9; 1453, 34.
1429, 38	*Bad Kleinen* – s. K. 102, 25.
1430, 1–37	*In der Mitte . . . zivile Herrschaft eingerichtet* – Vor dem Güstrower Bahnhof befand sich eine Grünanlage mit seltenen Bäumen. Die Straße vom Bahnhof zur Eisenbahnstraße läuft auf einen repräsentativen Bau zu, das Reichsbahnamt. Das 1911 erbaute Hotel »Erbgroßherzog« (s. K. 32, 5), für das die Beschreibung weitgehend zutrifft, befindet sich am Markt. Hier wohnten zeitweise sowj. Offiziere, das »Dom Offizerov« aber befand sich in Güstrow in der Schule am Goetheplatz, dem späteren »Haus der Kultur«.
1430, 11	*Rosengarten* – s. K. 447, 17.

1430, 14 f.   *Renaissance-Lichtspielen* – Das erwähnte Kino hieß »Capitol« und existierte bis in die sechziger Jahre; s. K. 1497, 27 f.; s. 1536, 22; 1572, 20 f.; 1585, 36; 1630, 5 f.; 1729, 36; 1782, 23; 1854, 20.

1430, 16–19   *von der Eisenbahnstraße . . . Österreicher geheißen hatte* – s. K. 470, 18.

1430, 22   *Antiqua* – s. K. 76, 10.

1431, 5   *deutsche Fraktur* – Wortspiel mit der übertragenen Bedeutung: mit jemandem Fraktur reden, ugs. für: sehr direkt, unverblümt sein; s. K. 76, 10 f.

1431, 6   *Dom Offizerov* – (russ.) Haus der Offiziere; s. K. 1347, 13.

1431, 14–31   *bis die S. P. D. . . . Schwanz der Eisenbahnstraße* – Die Beschreibung dieses Wohnviertels enthält Merkmale verschiedener Güstrower Wohngebiete. Vieles trifft auf das Goldberger Viertel zu, wo in den dreißiger Jahren sog. »Volkswohnungen«, zweistöckige Mehrfamilienhäuser in rotem Klinker, auf kleinen Gartengrundstücken entstanden sind. Eigentümer bzw. Mieter waren u. a. Geschäftsleute, Beamte, Ärzte. An der Goldberger Straße befand sich das Landeskinderheim. Teile dieses Viertels waren bis 1951 von der Roten Armee beschlagnahmt. Es gab dort aber keine »Asphaltwege«, keine Musiker-Straßennamen, und der Stadtteil grenzte nicht an die Eisenbahnstraße; vgl. Richter (1936).

1431, 23–25   *Herrn Mendelssohn-Bartholdy . . . dem üblichen Emailschild* – Felix Mendelssohn-Bartholdy (3. 2. 1809–4. 11. 1847), dt. Komponist und Pianist, Enkel von Moses Mendelssohn. Er war schon in Jugendjahren als Pianist und Komponist berühmt; Leiter der Gewandhauskonzerte und Mitbegründer des Konservatoriums in Leipzig.
Nach jüd. Persönlichkeiten benannte Straßen waren nach 1933 umbenannt worden, was in vielen Fällen nach Kriegsende wieder rückgängig gemacht wurde.

1431, 32   *das Lübische Tor* – Name eines der Stadttore von Grevesmühlen.

1431, 33   *die bei Lisch nicht erwähnten Wachhäuser* – G. C. F. Lisch, Meklenburg in Bildern, Jg. 1–4, Rostock 1842–45, von denen Johnson die Jahrgänge 1843 und 1844 besaß. »Wachhäuser« werden in Güstrow »Torhäuser« genannt; erhalten sind nur noch eins an der Nordost- und zwei an der Südostecke der früheren Stadtmauer. Der Band von 1843 enthält Beiträge über Güstrow im Jahre 1632 und das Schloß von 1842, der Band von 1844 solche über den Dom und den Marktplatz von Güstrow.
Friedrich Lisch (29. 3. 1801–22. 9. 1883), Regionalgeschichtsforscher, seit 1834 Archivar am Geheimen und Hauptarchiv Schwerin; gilt als Begründer der mecklenburgischen Vorgeschichtsforschung; veröffentlichte über 400 Aufsätze.

1431, 33 f.   *scherzhafte Nachbildung jenes . . . seine Spitznamen verdankt* – Güstrow soll auf das wendische Wort für Krähennest zurückgehen. Grevesmühlen aber trägt den Spitznamen Kreiendorp (Krähendorf) nach einer von vielen Orten berichteten Sage. Ein Wandergesell klärte die Einwohner auf, daß sie viel mehr Heu auf ihre Wagen laden könnten, wenn sie die Fuhre mit einem Ladebaum zusammendrücken würden. Die Grevesmühlener legten den Stamm quer auf, kamen nicht durchs Stadttor und begannen es abzureißen, bis sie eine Krähe mit einem Halm längs durch eine Öffnung fliegen sahen.Vgl. SV, S. 15 f.: »einem Feldzug gegen einen Bildhauer, der der Stadt Gneez angeboten hatte, ihr possierliches Wappentier in einer Bronze zu verewigen«; vgl. Sonderheft (1934), S. 268; Meyer-Scharffenberg (1962), S. 115 f.; s. K. 1459, 5; s. 1452, 31–33.

1432, 2   *Stalinstraße* – In Güstrow führten die Gelviner und die Plauer Straße, die vom Markt in südöstlicher Richtung verlaufen, zeitweise diesen Namen. Die Güstrower Schweriner Straße, die nach Westen aus der Stadt führt, würde der beschriebenen Lage entsprechen; s. 1432, 21, 23; 1530, 19, 34; 1533, 39; 1588, 22; 1606, 15; 1733, 15; 1861, 17.

1432, 6 f.   *Franzosenzeiten* – Zeit der frz. Besetzung, für Mecklenburg 1806–12; s. 1433, 15; 1447, 19.

1432, 11   *Ackerbürgereien* – s. K. 31, 20.

1432, 14   *Dänschenhagen* – In Güstrow nicht bekannt; s. 1461, 39; 1684, 39; 1761, 7.

1432, 27   *Bullenwinkel* – In Güstrow nicht bekannt.

1432, 27   *Bleicherstraße* – Die gleichnamige Güstrower Straße verläuft parallel zur nördlichen ehemaligen Stadtmauer.

1432, 27   *Reiferbahn* – Eine Reiferbahn ist in Güstrow nicht bekannt, aber als früheres Quartier der Seiler in mehreren mecklenburgischen Städten anzutreffen, z. B. trägt die heutige Grünanlage im Süden der Rostocker Innenstadt diese Bezeichnung.

1432, 31   *Heiligblutkapelle* – In Güstrow würde die Lage auf die Gertrudenkapelle zutreffen; s. K. 1216, 33–38.

1433, 2   *Tüschen* – s. K. 913, 9.

1433, 11 f.   *Hof- und Raths-Apotheke* – Hofapotheke in Güstrow seit 1530, 1584 von der Stadt erworben, 1622 ins Rathaus verlegt, seit 1791 am Markt.

1433, 12–19   *Da sind Häuser . . . Grafen von Harkensee* –Vgl. Münster (1928), S. 38, über den Marktplatz:»1571 versammelten sich dort Grevesmühlener, als sie zusammen mit den Rehnaern kühn und kurz entschlossen nächtlich Gut und Schloß Harkensee überfielen, um sich so ihr Recht zu holen. Dann sah er im Dreißigjährigen Krieg die kaiserlich-schwedischen Völker, die raubend und plündernd durch das Land zogen. Im Siebenjährigen Krieg lagerten auf ihm ›Kerls‹ vom Alten Fritz, um eine Kontribution einzufordern. Und als während der Franzosenzeit Grevesmühlen eine Zeitlang Hauptquartier der Division Vegesack war, machten sich auf ihm die Söldner Napoleons breit.«

1433, 14 f.   *Kontribution zum Kriege ... Fritzen 1756–1763* – Der Siebenjährige oder 3. Schlesische Krieg zwischen dem mit Großbritannien verbündeten Preußen und einer Allianz von Österreich, Frankreich und Rußland, der für Friedrich II. erfolgreich endete. Die in Mecklenburg operierenden preußischen Truppen fingen Rekruten ein und erpreßten durch Androhung von Brandschatzung Unterhaltszahlungen und Naturalien. Mecklenburgs Kontributionen beliefen sich insgesamt auf 15 Mio. Taler. »In Güstrow wurde jedes Haus zu 100, wohlhabende Bürger außerdem noch zu 200 bis 300 Talern angesetzt«; vgl. Vitense (1920), S. 320; s. K. 667, 3.

1433, 15 f.   *Brandschatzung durch die Division Vegesack* – Auch die »Schwedische Division« genannt, die unter Generalleutnant von Vegesack als Teil des Corps Wallmoden 1813 in Mecklenburg gegen Napoleon eingesetzt war. Die 7000 Mann waren in je eine schwed., mecklenburgische und hanseatische Brigade unterteilt. Die Mecklenburger waren als Vorposten zwischen Lübeck und dem Ratzeburger See eingesetzt. Während sich im August Vegesack erst nach Wismar, dann nach Rostock zurückziehen mußte (und sich am 19. 8. 1813 bei Grevesmühlen aufhielt), wurden in der Offensive nach dem Sieg der Preußen bei Groß-Beeren die Franzosen am 11./12. 9. 1813 bis nach Holstein zurückgetrieben.

Mecklenburg hatte im preußisch-frz. Krieg 1806/07 besonders unter den frz. Truppen gelitten, z. B. wurde Schwerin geplündert, die Bewohner mißhandelt und Häuser angezündet. Brandschatzungen durch die eigenen Truppen sind nicht überliefert und auch unwahrscheinlich; s. K. 34, 4.

In Wilhelm Raabes »Mecklenburgische Vaterlandskunde« heißt es zu Grevesmühlen: »Im September 1813 bezog die Division Vegesack ein Lager bei der Stadt«, Raabe (1894), S. 382.

1433, 16 f.   *Hier nächtigte Friedrich IV. ... 20. Dezember 1712* – Friedrich IV. von Dänemark (11. 10. 1671–12. 10. 1730) war im Nordischen Krieg 1700–21 Verbündeter Rußlands und Polens und erlitt im Dezember 1712 bei Gadebusch eine Niederlage durch ein schwed. Heer. Am 20. 12. 1712 hielt sich der König in Gadebusch auf.

1433, 22 f.   *nach dem Goldenen Schnitt* – Sectio aurea, Maßverhältnis, nach dem eine Strecke so in zwei Abschnitte geteilt wird, daß sich die ganze Strecke zum größeren Abschnitt wie dieser zum kleineren verhält.

1433, 36 f.   *südlich des Marktes ... das herzogliche genannt* – Das südöstliche Viertel der Güstrower Innenstadt liegt zwischen Markt und Schloß.

1434, 1   *Landratsamt* – Befand sich in Güstrow im früheren herzöglichen Kanzleigebäude, später Sitz der SED-Kreisleitung.

1434, 1   *Land- und Amtsgericht* – Beide Behörden befanden sich in Güstrow im Justizgebäude, einem Bau der Neorenaissance von 1877, Franz-Parr-Platz 2a, zwischen Schloß und Dom im Süden der Innenstadt. Das Amtsgericht war in der DDR-Zeit Sitz der Polizei.

1434, 1   *Schloßtheater* – Der klassizistische Güstrower Theaterbau von Franz Parr, 1828, heute Ernst-Barlach-Theater, steht gegenüber dem Schloß.

1434, 1   *Domhof* – Straße am Güstrower Dom, im südlichen Teil der Innenstadt; s. 1434, 5; 1625, 36; 1654, 25; 1655, 18; 1685, 3.

1434, 2   *das zum Sowjetlazarett umgewandelte Gymnasium* – Die Schule wurde nach 1945 als Krankenhaus genutzt, das ganze Gebiet um den Dom war bis 1948 sowj. Sperrgebiet; vgl. IB, S. 16; Nöldechen (1991), S. 46; Klug (1995), S. 68; s. K. 413, 27.

1434, 4   *Klein Berlin am Stadtsee* – In Güstrow nicht bekannt; s. 1500, 4 f.

1434, 5   *Alma Wittes Hotel* – Auch Hotel Stadt Hamburg; s. K. 32, 5.

1434, 7   *Stadt Gneez. 1235 . . . ersten Mal erwähnt* – Das Gründungsjahr 1235 ist u. a. das der Stadt Malchow am See. Grevesmühlen wird 1230 erstmals als Siedlung Gnewesmulne im Ratzeburger Zehntenregister genannt; s. K. 9, 17; 23, 29.

1434, 10   *Arado* – s. K. 935, 31.

1434, 13 f.   *bewaldet unter der . . . Sophie von Mecklenburg* – Sophie von Mecklenburg (gest. 6. 2. 1591), Tochter Herzog Albrechts von Preußen, heiratete am 24. 2. 1555 Herzog Johann Albrecht I. von Mecklenburg, der bis 1555 in Güstrow residierte. Johann Albrecht I. beherrschte das Amt Schwerin, sein Bruder Herzog Ulrich I. das Amt Güstrow. Von dessen erster Frau Elisabeth wird berichtet, daß sie den Heidberg bei Güstrow bepflanzen ließ.

1434, 15   *1676 die letzte Hexenverbrennung* – In Güstrow wurde am 17. 5. 1664 die Kätnerfrau Tillsche Schellwegen aus Wustrow als letzte Hexe verbrannt, sie war von einem Küster angezeigt worden. Noch 1681 wurde ein gesonderter Hexengerichtshof im Kanzleigericht eingesetzt. Obwohl seit 1683 in ganz Mecklenburg Hexenprozesse verboten waren, fand 1697 die letzte bekannte Hexenverbrennung in Hasdorf bei Doberan statt; vgl. Pentz (1880), S. 89; Enking (1935); Blaschke (1978), S. 13.

1434, 16   *Smœkbarg* – (nd.) Rauchberg. Nordöstlich von Güstrow liegt der Schmookberg, auch Schmocksberg (128 m), der der Überlieferung nach im Mittelalter ein Verbrennungsplatz für Juden und Hexen war.

1434, 16   *Warnowsee* – Warnower See: größerer See bei dem Dorf Warnow nördlich von Grevesmühlen.

1434, 16   *Rexin* – Nordwestlich von Grevesmühlen liegt ein Dorf Roxin; nicht am Warnower See.

1434, 17   *Bad Kleinen* – s. K. 102, 25.

1434, 17   *Herrnburg* – Dorf und Bahnstation an der Strecke Rostock–Lübeck, bis zum Ende der dt. Teilung Grenzübergang; s. K. 1819, 2.

1434, 18–21   *in die Brückenschule . . . der lübischen Vorstadt* – s. K. 1221, 30.

1434, 19 f.   *Speicherstraße* – Eine gleichnamige Güstrower Straße liegt südlich des Bahnhofs.

1434, 30   *Arri Kern* – s. K. 120, 25.

1434, 38 f.   *Kasernenviertel Barbarastraße* – s. K. 1343, 24.

1435, 10 f.   *Krasnaja Armija* – (russ.) Roten Armee, hier wohl im übertragenen Sinne gemeint; die Tageszeitung der sowj. Armee hieß »Krasnaja Swjesda«: Roter Stern; s. K. 263, 26; 1142, 19.

1435, 13   *tutig* – (norddt. ugs.) heikel, wählerisch.

1435, 21   *Rasno-Export* – s. K. 1377, 34–37.

1435, 30–37   *Der Dom brannte . . . für den Turm* – 1659 zerstörte ein Brand Grevesmühlen, allerdings brannte die ganze Stadt ab, nur die Mauern der Kirche blieben stehen. Der vorher angeblich 92 m hohe Turm, somit durchaus zur Orientierung geeignet, stürzte ein; vgl. Redersborg (1995), S. 9.
Um 1870–72 wurde die Hallenkirche erweitert und ein neuer Chor angebaut; vgl. Gloede (1978), S. 136.

1435, 31–33   *Nach Berechnungen des . . . feucht, zu kühl* – »this June has been colder and wetter than usual. According to the Weather Bureau, the daily temperatures have averaged 1.63 degrees below normal«, NYT 1. 7. 1968.

1435, 34–36   *Die Stadt hatte . . . Kriegsgewalt annehmen müssen* – Johann Albrecht I. hatte 1549 den lutherischen Glauben in Mecklenburg eingeführt, deshalb unterstützten die mecklenburgischen Fürsten im Dreißigjährigen Krieg den dän. König Christian IV. Nach der Vertreibung der Dänen durch die kaiserlichen Truppen wurde Güstrow 1627 von Wallensteins Soldaten besetzt, Wallenstein residierte vom 27. 7. 1628 an für fast ein Jahr in Güstrow. Damit war die Stadt durch Einquartierung, Geld- und Verpflegungsabgaben sowie Fuhr- und Schanzarbeiten auf Jahrzehnte verschuldet. 1629 wütete die Pest besonders stark in der Stadt. 1631 folgten die Schweden als Besatzung, 1637 wieder die Kaiserlichen.

1436, 6–10   *über den Wasserlauf . . . ein fauliger Graben* – Der Wasserlauf vom Schweriner See (zwischen Schwedenschanze und Hohen Viecheln) zur Wismarer Ostseebucht heißt im Volksmund »Wallenstein-Graben«. Unter den Herzögen Johann Albrecht I. und Ulrich wurde Mitte des 16. Jh.s die Elde reguliert und dabei diese, auch »Viechelsche Fahrt« genannte, Verbindung gegraben, doch blieb das Projekt eines Schiffahrtsweges mit einem Schleusensystem von der Ostsee zur Elbe unvollendet. Auch Wallenstein kam über einen Plan zur Fortführung des Projekts nicht hinaus.

1436, 7   *Johann Albrecht I. von Mecklenburg* – 23. 12. 1525–12. 2. 1576, Herzog von Mecklenburg (1547–76). Er erhob die Rostocker Universität zur Landesuniversität und gründete 1552 die Güstrower Domschule.

1436, 8   *wismarsche Bucht* – s. K. 858, 26.

1436, 8   *Elde* – s. K. 1192, 39; 1283, 7.

1436, 9   *Wallenstein* – s. K. 102, 13 f.

1436, 12–15   *Der Stadtsee war . . . war das gewesen* – Südlich von Grevesmühlen lag eine Ort-
                   schaft, die allerdings Wotenitz heißt; heute Ortsteil von Grevesmühlen.

1436, 32–34   *der Kontrollratsdirektive 63 . . . die westlichen Zonen* – Die Kontrollratsdirektive
                   vom 29. 10. 1946 erleichterte den amtlich bislang fast gesperrten Verkehr zwi-
                   schen der SBZ und den westlichen Zonen, sie führte den »Interzonenpaß« ein
                   und ließ den Grenzübertritt auch aus geschäftlichen und familiären Gründen
                   zu; s. 1500, 30; 1688, 21 f.

1437, 4   *Uelzen* – Kreisstadt in der Lüneburger Heide.

1437, 14   *Ratzeburg* – s. K. 32, 27.

1437, 15   *durch den See geschwommen* – Ratzeburger See: s. K. 1238, 24 f.

28. 6. 1968

1437, 31   *27. června* – (tschech.) 27. Juni.

1437, 32   *Literární Listy* – (tschech.) Literarische Blätter. Ursprünglich: Literární novíný,
                   Zeitschrift des Schriftstellerverbands, unter Novotný verboten. Ihre Wieder-
                   zulassung zum 1. 3. 1968 bedeutete de facto die Abschaffung der Zensur.

1437, 35–   *dělníkům, / zemědělcům, / úředníkům . . . umělcům, / a všem* – (tschech.) An die
1438, 4   Arbeiter, Bauern, Beamten, Wissenschaftler, Künstler und alle (anderen).

1438, 7–   *Dva Tisíce Slov . . . Anregung der Wissenschaftler* – (tschech.) übersetzt im Text.
1446, 2   Das »Manifest der 2000 Worte« wurde am Vorabend der Kreiskonferenz der
                   KPČ, die die Delegierten zum Parteitag wählen sollte, veröffentlicht. Obwohl
                   es nach Einschätzung der Partei wenig Neues bot – bis auf die Bildung von
                   Bürgerausschüssen und -kommissionen –, wurde der Text zum beherrschen-
                   den Thema der innerparteilichen Diskussion.
                   Die Forderungen des Manifests, die politische mit moralischen Positionen
                   verbinden, waren radikaldemokratisch. Sie blieben aber auf dem Boden des
                   Sozialismus und hielten an der Bedeutung der Kommunistischen Partei fest.
                   Die Bevölkerung wurde aufgefordert, wachsam zu sein und genau zu über-
                   legen, welche Delegierten sie für den Parteitag wählen wolle. Es wurden eine
                   effizientere Wirtschaft und mehr Mitwirkungsrechte der Arbeiter in den Be-
                   trieben gefordert.
                   Außenpolitisch betont das Manifest den Willen zur Einhaltung eingegange-
                   ner Verpflichtungen.
                   Der Idee zu dem Aufruf war auf einem Treffen von Wissenschaftlern entstan-
                   den: Das Volk sollte aufgerüttelt und die Gefahr einer Rückkehr zu konser-
                   vativen Positionen deutlich gemacht werden. Ludvík Vaculík wurde mit der
                   Formulierung beauftragt. Die Reaktion der Reformer in der politischen

Führung war zunächst zwiespältig, weil sie fürchteten, daß das Manifest im Kreml als Zeugnis einer Radikalisierung gelesen werden könnte.

Die KPČ fürchtete – neben einer sowj. Invasion –, daß das Manifest ihr Aktionsprogramm vom 5. 4. 1968 verdrängen könnte, und reagierte mit einer Resolution, um ihre Anhänger auf ihr Aktionsprogramm festzulegen; vgl. FAZ 6. 7. 1968; Skvorecký (1968);Vaculík (1968a);Vaculík (1968b).

Johnson hat eine andere Übersetzung verwendet; vgl. Fries (1990a), S. 172–174; Fischer (1994).

1439, 10   *Bewertung eines Menschen nach seinen Fähigkeiten* – Anspielung auf Marx' Ziel für das Leben im Kommunismus:»Jeder nach seinen Fähigkeiten, jedem nach seinen Bedürfnissen«; vgl. Marx, Kritik des Gothaer Programms, MEW, Bd. 19, S. 21. In Anlehnung daran hieß die Parole für das Leben im Sozialismus: »Jeder nach seinen Fähigkeiten, jedem nach seinen Leistungen«; vgl. Lehrgang (1946), S. 419; s. 1670, 32 f.; 1802, 33 f.; 1826, 25.

1439, 16   *Chrakter* – Druckfehler; richtig: Charakter; in der zweibändigen Taschenbuchausgabe korrigiert.

1442, 29   *K. P. Č.* – s. K. 523, 12 f.

1443, 12   *nolens volens* – (lat.) Redensart: man mag wollen oder nicht; wohl oder übel.

1444, 13   *Nationalen Front* – s. K. 1374, 7 f.

1444, 39–   *eine neue Regelung… Frage zu lösen* – Bei der Neugründung der tschechos.
1445, 3   Republik 1945 wurde der Slowakei Autonomie zugestanden, die nach dem komm. Staatsstreich 1948 (s. K. 46, 35) zugunsten der Stärkung der Zentralgewalt nach sowj. Muster wieder zurückgenommen wurde. Die Reformer versprachen den Slowaken und anderen Minderheiten mehr Rechte und leiteten die Föderalisierung des Staates ein, wonach ein slow. und ein aus Böhmen und Mähren bestehender tschech. Teilstaat vorgesehen waren. Die Föderalisierung wurde am 1. 1. 1969 verwirklicht, beschränkte sich aber auf den kulturellen Bereich.

1446, 16–18   *Ma abbiamo quattro… Literární Listy! Signora* – (ital./tschech.) Aber wir haben vier Ausgaben dieses Manifests! »Die Arbeit«, »Die Zeitung der Landwirte« und die »Junge Front«! Dazu noch ihre »Literarischen Blätter«! Meine Dame. Im Italienischen müßte statt »del« »di« stehen.
Práce:Tageszeitung der tschechos. Gewerkschaften.
Zemědělské Noviny:Tageszeitung der Landwirte.
Mladá Fronta:Tageszeitung des Jugendverbandes.

1446, 20   *Signor Karresh* – Karsch: s. K. 118, 23.

1446, 21   *Dr. Pompa* – s. K. 282, 24.

1446, 23   *Facciamo così, Signora* – (ital.) Machen wir das so, meine Dame? Richtig: così.

1446, 39–   *Kommunistická strana, která… zdraví a charakter* – (tschech.) Die Kommunisti-
1447, 4   sche Partei genoß nach dem Krieg das große Vertrauen des Volkes. Sie hat es

nach und nach gegen Posten eingetauscht, bis sie endlich alle besetzt hielt und sonst gar nichts mehr besaß. Wir müssen das so sagen [...] Ereignisse, die seine seelische Gesundheit und seinen Charakter gefährdeten; vgl. Fischer (1994), S. 58.

1447, 8–14   *Ministerpräsident Oldřich Černík ... der Regierung gefährdet* – Černík vertrat die Staatsführung, deren Positionen aber mit denen der Partei konform gingen; vgl. Mlynar (1978), S. 174 f.; Oldřich Černík: s. K. 1048, 33–1049, 11.

29. 6. 1968

1447, 18   *ff.* – Entstellende Schreibweise des griechischen Buchstaben »ρ« als Abkürzung für »Pandekten«; bedeutet im Zusammenhang mit Waren: von bester Qualität.

1447, 19   *Franzosenzeit* – s. K. 1432, 6 f.

1447, 20 f.   *den berühmten Ravens von Wismar* – Eine Familie dieses Namens existierte in den 30er und 40er Jahren in Wismar nicht. Das aus der Uckermark stammende Adelsgeschlecht von Raven war seit Mitte des 18. Jh.s in Mecklenburg ansässig und unterhielt Beziehungen nach Bad Doberan und Kröpelin.

1448, 3   *Entwarnungsfrisur* – Volkstümlicher Ausdruck für hochgesteckte Haare; am Ende eines Luftangriffs, nach der Entwarnung, verließen die Menschen die Luftschutzkeller und gingen nach oben.

1448, 13   *Pli* – (frz.) Falte, hier: Schick.

1448, 13 f.   *Alle kennen das ... denken in Gneez* – (missingsch) Alle kennen das als eine Arbeit von uns, was sollen die Leute denken in Gneez!

1448, 29   *Tüsche* – s. K. 913, 9.

1448, 36   *Charkow* – Großstadt in der Ukraine, um die im Februar und März 1943 schwere, verlustreiche Kämpfe geführt wurden.

1449, 13–18   *Frag die Gräfin ... in seiner Welt* – Ein Bezug zu einem Werk Hannah Arendts (s. K. 53, 14) konnte nicht nachgewiesen werden.

1449, 19–25   *Marie Luise Kaschnitz ... beschrieben durch sie* – Marie Luise Freifrau v. Kaschnitz-Weinberg (31. 1. 1901–10. 10. 1974), dt. Schriftstellerin. In »Orte«, zuerst 1973 erschienen, heißt es: »Die größte Sünde, die ich an meinem Kind begangen habe, war die Liebe zu meinem Mann, das Ein-Herz-und-eine-Seele-Sein. Dies ist der Grund, warum ich immer behaupte, eine schlechte Ehe sei für Kinder, besonders für Einzelkinder, vorzuziehen«, Kaschnitz (1982), S. 503. In den Texten aus dem Nachlaß, die während der Arbeit am 4. Band der »Jahrestage« erschienen, findet sich an zwei Stellen dieselbe Beobachtung: »Der Egoismus à deux, den manche Ehepaare praktizieren, hat mich immer abgestoßen, unter dem Deckmantel der ehelichen Liebe, aber viel-

leicht auch unter der Gewohnheit schützt der eine den anderen, die beque-
me Sicherheit des häuslichen Friedens weist dem (fremden) Bettler die Tür.
Erst als ich allein geblieben, die 33 Jahre meiner Ehe überdachte, wurde mir
klar, daß wir nicht anders empfunden, nicht anders gehandelt hatten, daß wir
trotz aller Gastfreundschaft und Hilfsbereitschaft niemanden haben eindrin-
gen lassen in unser Alleinsein zu zweit. Auch nicht das Kind? Nein, und ich
erfuhr es mit Entsetzen, auch nicht das Kind«, ebd., S. 770. »Eine glückliche
Ehe, das habe ich schon einmal gesagt, ist für ein Einzelkind ein weiterer Haufen von Backsteinen. Ihr haltet auch immer zusammen, sagte unsere Tochter
vierjährig und stellte sich mit geballten Fäusten mit dem Gesicht zur Wand«,
ebd. S. 850. Vgl. Reiß (1998).

1449, 28   *de hett Nœgel ünner de Schauh* – (nd.) der hat Nägel unter den Schuhen; vgl.
MJ, S. 165 f.:»Jakob ist mein grosser Bruder (de hett Nögel ünne de Schauh)«;
HNJ, S. 126: »Der Mann war er im Haus, und ich wollte ihn denken als
einen Bruder. *Töw man, ick raup min Brauder, de hett Nägel ünne de Schauh.*«;
s. K. 1834, 27 f.

1450, 2   *Insel Wollin* – s. K. 1192, 25.

1450, 2 f. *Mutter für alle Zeit* – s. 1192, 2–10.

1450, 13 f. *železnodorožnych terminov* – (russ.) der Eisenbahnbegriffe.

1450, 29   *Das Kind das ich war* – s. K. 8, 35.

1451, 2   *sudetischen* – s. K. 663, 1 f.

1451, 3 f. *Lyzeum von Gneez* – s. K. 895, 27.

1451, 11   *Brückenschule von Gneez* – s. K. 1221, 30.

1451, 28   *»John Maynard«* – Ballade von Theodor Fontane (s. K. 1694, 38 f.).

1451, 32   *Aufbau der anti-faschistisch-demokratischen Grundordnung* – Terminus der DDR-
Ideologie für die Staatsform von 1945–52 (Ende der fünfziger Jahre wurde
das Ende dieser Etappe auf 1949 rückdatiert), wonach nicht sofort die Verwirklichung des Sozialismus angestrebt, sondern erst die bürgerlich-demo-
kratische Revolution von 1848 vollendet werden sollte. Die Arbeiter und
Bauern sollten aber als die wichtigsten Klassen unter Beteiligung der anderen Schichten, sofern sie nicht faschistisch korrumpiert waren, demokratisch
die Macht ausüben. Diese Übergangsphase zwischen Kapitalismus und Sozialismus wurde als Grundlage der späteren Arbeiter- und Bauernmacht angesehen, in deren Verlauf die Voraussetzungen für einen soz. Staat geschaffen
werden sollten (dessen Ausbau auf der 2. Parteikonferenz am 12. 7. 1952 beschlossen wurde); sie sei gekennzeichnet durch einen verschärften Klassenkampf nach innen und definiert durch die »revolutionär-demokratische Diktatur der Arbeiter und Bauern unter Beteiligung anderer Schichten des
Volkes«; vgl. DDR-Handbuch (1985), S. 49; s. K. 1353, 8–33; s. 1476, 7 f.

1451, 35 f.   *Herrschaftsform, deren Symbol . . . im alten Rom* – Als Zeichen der höchsten Amtsgewalt trugen zwölf Diener, lictores genannt, den Konsuln bzw. Kaisern Rutenbündel, in denen ein Beil steckte, voraus, Symbole der Unterdrückung von Aufruhr und der Blutgerichtsbarkeit. Nach der Bezeichnung der Rutenbündel (lat. fascis) nannte sich die von Mussolini (s. K. 198, 30) geführte Bewegung »Fascismo«. Später wurde daraus die allgemeine Bezeichnung Faschismus; s. K. 384, 31; 1477, 36.

1452, 2–5   *wie die Ausbeuter . . . und arbeiten müssen* – s. K. 1352, 23 f.

1452, 11   *Alexandr Stepanovič Popov* – Alexandr Stepanowitsch Popov (17. 3. 1859– 13. 1. 1906), russ. Physiker, machte Entdeckungen auf dem Gebiet der drahtlosen Telegraphie.

1452, 18   *N. Ö. P.* – s. K. 1405, 10.

1452, 22   *Alexander Graham Bell* – 3. 3. 1847–1. 8. 1922, amerik. Physiker und Erfinder schott. Herkunft, Professor für Physiologie der Sprachwerkzeuge in Boston, führte 1876 [sic] auf der Weltausstellung in Philadelphia sein Telephon vor, das im gleichen Jahr patentiert wurde. Nach Meyers (1889) »bemühte [er] sich seit 1872 um die Erfindung eines Telephons und konstruierte 1875 das erste Telephon, welches keiner Batterie bedarf«.

1452, 26   *im dritten Jahr Russisch* – Seit dem 1. 10. 1945 war Russisch an den Schulen in der SBZ die erste Fremdsprache.

1452, 31–33   *etwas über Gneez . . . nicht wahr? Gnezdo* – s. K. 1431, 33 f.

1453, 1–5   *Händchen falten, Köpfchen . . . Einheitspartei Deutschlands wohl* – Vorlage war vermutlich ein Spruch, der im »Dritten Reich« in den Kindergärten gebetet wurde und auf ein Kindergebet aus dem 19. Jh. zurückgeht; vgl. Stresau (1948), S. 185; vgl. auch Arno Schmidt, »Aus dem Leben eines Fauns«: »Händä falltänn. Köpfchänn sänkänn:/ Imma an dehn Führa dänkänn!/ Dea uns giebt unsa Täglischbrot.:/ Unt uns befrait: aus Allanoht!«, Schmidt (1973), Bd. I.1, S. 371.
Bei Gniffke (1966), S. 191, findet sich ein Vers zum gleichen Thema, aber nach anderer Vorlage:

> Komm, Wilhelm Pieck, sei unser Gast,
> Und gib, was du versprochen hast,
> Nicht nur Rüben, Kraut und Kohl,
> Sondern was du ißt und Herr Grotewohl.

Untergrundgruppen der SPD verteilten in den Jahren 1946 und 1947 in der SBZ Flugblätter mit Parodien auf das Deutschlandlied und andere nationalistische Hymnen.

> Deutschland, Deutschland ohne alles
> ohne Butter, ohne Fett,
> und das bißchen Marmelade
> frißt uns die Verwaltung weg.

Hände falten, Köpfe senken,
immer an die Einheit denken.

Die Preise hoch,
die Läden dicht geschlossen,
die Not marschiert mit ruhig festem Schritt.
Es hungern nur die kleinen Volksgenossen,
die großen hungern nur im Geiste mit.
Komm, Wilhelm Pieck, sei unser Gast
und gib, was du uns versprochen hast.
Nicht nur Rüben, Kraut und Kohl,
sondern was du ißt und Herr Grotewohl.
Vgl. Naimark (1997), S. 489.

1453, 7 *frierend in ihren . . . 12 Grad Celsius* – Der Winter 1946/47 war besonders hart,
die Ostsee im Küstenbereich bis in den März hinein zugefroren; vgl. Hurtig
(1957), S. 185.

1453, 10–13 *Zucker sparen? / Ganz . . . essen! / Zucker nährt* – Der Spruch war schon um
1930 bekannt.

1453, 18–32 *neue mecklenburgische Verfassung . . . ihre Freiheitsentziehung vorzubringen* – Am
14. 1. 1947 beschloß der Landtag von Mecklenburg-Vorpommern die neue
Landesverfassung. Sie ist im Wortlaut demokratisch-parlamentarisch, enthält
eine Reihe von Grundrechten und folgt dem Verfassungsentwurf für die
DDR.
Artikel 8: »Die Freiheit der Person ist unverletzlich. Eine Beeinträchtigung
oder Entziehung der persönlichen Freiheit durch die öffentliche Gewalt ist
nur auf Grund von Gesetzen zulässig. Personen, denen Freiheit entzogen
wird, sind spätestens am darauffolgenden Tage in Kenntnis zu setzen, von
welcher Behörde und aus welchen Gründen die Entziehung der Freiheit
angeordnet worden ist; unverzüglich ist ihnen Gelegenheit zu geben, Einwendungen gegen ihre Freiheitsentziehung vorzubringen«, Handbuch
Mecklenburgischer Landtag, S. 8.

1453, 34 *Fürstenhof* – s. K. 1429, 36.

1454, 11 *Neulehrer* – 1945 stand die sowj. Besatzungsmacht in der SBZ vor dem Problem, daß rund 85 % der Lehrer an Schulen Mitglieder der NSDAP gewesen
waren (72 % der Lehrer an Volksschulen, in Thüringen rund 90 %). Daher richteten sie im August und September 1945 Kurse ein, in denen vor allem Arbeiter, Bauern und andere »Antifaschisten« zu »Neulehrern« gemacht werden
sollten. Die Kurse dauerten zunächst nur drei Wochen. Dennoch konnten bis
zum Schulbeginn am 1. 10. 1945 nur rund 15 000 Neulehrer ausgebildet werden, deren Kenntnisse zwangsläufig oft sehr unzureichend waren. 1946 wurde die Kursdauer auf acht Monate verlängert. Obwohl die meisten Kandidaten Frauen waren, die entweder der KPD oder der SPD angehörten, stellten
die Neulehrer sich nicht als das beabsichtigte »sozialistische Bollwerk im Bil-

dungssystem« heraus, das sie hatten bilden sollen, sondern tendierten mehrheitlich zur CDU. Erst nachdem die Abteilung Volksbildung der SMAD den
Befehl Nr. 201 vom August 1947 über die Entnazifizierung in ihren Anwei-
sungen vom 20. 9. 1947 so interpretierte, als autorisiere er die Rückkehr von
ehemaligen NSDAP-Mitgliedern in die Schulverwaltung, konnte die Situation an den Schulen, die unter akutem Lehrermangel litten, verbessert werden;
vgl. Naimark (1997), S. 570–572; s. 1575, 35; 1629, 9; 1652, 6; 1657, 4; 1658, 8.

1454, 27–37   *Recuerdo / by Edna . . . our subway fares* – (span. u. engl.)
Erinnerung
von Edna St. Vincent Millay
1892 geboren

AUSWENDIG GESPROCHEN

Wir waren sehr müde, wir waren sehr fröhlich –
Wir sind die ganze Nacht auf der Fähre hin- und hergefahren.
. . .
Wir grüßten einen schalbedeckten Kopf ›Guten Morgen, Mutter‹,
Und kauften eine Morgenzeitung, die keiner von uns las;
Und sie weinte, ›Gott segne euch‹ für die Äpfel und Birnen,
Und wir gaben ihr unser ganzes Geld außer den Cents für die U-Bahn.
Der zitierte Text ist die letzte Strophe des Gedichts, die Überschrift »TOLD
BY HEART« gehört nicht dazu; s. K. 93, 16 f.; 588, 25.

1455, 7–9   *Das Lied vom . . . fürs liebe Brot* – Thomas Hood (23. 5. 1799–3. 5. 1845), engl.
Schriftsteller; schrieb neben humoristischen Gedichten auch sozialkritische
Lyrik, die von Ferdinand Freiligrath ins Deutsche übertragen wurde. So auch
»The Song of the Shirt«, 1843, über das Leben der armen Londoner Nähe-
rinnen. Die zitierten Zeilen gehören zu Freiligraths Nachdichtung der Stro-
phe, die das Gedicht einrahmt; vgl. Freiligrath (1967), S. 107–109, hier: 107:

With fingers weary and worn,
With eyelids heavy and red,
A woman sat, in unwomanly rags,
Plying her needle and thread –
Stitch! stitch! stitch!
In poverty, hunger, and dirt,
An still with a voice of dolorous pitch
She sang the ›Song of the Shirt‹.

1455, 13   *Abwehr* – s. K. 777, 32.

1455, 13 f.   *»Some Figs From Thistles« von 1922* – Richtig: »A Few Figs From Thistles«,
1920, (Ein paar Feigen von Disteln), zweiter Gedichtband von Edna St. Vincent Millay (s. K. 588, 25); s. K. 93, 16 f.

1455, 16   *der systemreformistischen Botschaft* – Nach marxistischer Ansicht hätte, statt
Almosen zu geben, eine Veränderung der Elendsverhältnisse angestrebt wer-
den müssen.

1455, 21–27	*Wann hest du't . . . Dat wier'n Russn –* (nd.)
	Wann hast du es gemerkt, Gesine?
	Oh Cresspahl. Das kannst du mir nicht vergessen.
	Ich vergeß (und vergebe) dir das. Sag an.
	Zuerst habe ich ihn nicht gesehen. Dann wußte ich, er hatte die ganze Zeit nicht geredet. Er sah so stumm aus. Als ich fertig war, sagte er was in Englisch zu der Weidling. Nun wußte ich: Das war ein Russe.
1455, 22 f.	*Dat kannst mi . . . vergæt di dat –* s. K. 695, 5.
1455, 31	*Lager Fünfeichen –* s. K. 1287, 25.
1456, 4	*Mi tau Leiw, Gesine –* (nd.) Mir zuliebe, Gesine.

30. 6. 1968

1456, 6–34	*Der Oberst Emil . . . auch: Emil Zátopek –* Als Ende September 1968 vor der Londoner sowj. Botschaft gegen eine drohende Verhaftung von Emil Zátopek demonstriert wurde, schrieb DER SPIEGEL vom 23. 9. 1968, S. 80 f.: »Agenten des sowjetischen Geheimdienstes KGB fahndeten nach Oberst Zatopek in seiner Wohnung U pujčavny 8, in seinem Büro im Armee-Ministerium und bei seinem Sportklub Dukla – vergebens. [. . .]

Früher hatte das SED-Pflichtblatt ›Neues Deutschland‹ den Tschechen als ›Vorbild der jungen Generation‹ gepriesen. Denn Zatopek galt als Modellfall einer Muster-Karriere im Ostblock. Der Tischlersproß arbeitete in der Schuhfabrik Bata in Zlin. [. . .] Die üblichen Trainingsmethoden änderte er radikal. Statt fünf oder zehn Kilometer im Dauerlauf zu traben, spurtete er bis zu 60mal 400 Meter in kurzen Pausen, zeitweilig sogar in Militärstiefeln. Bei den Olympischen Spielen 1948 in London erkämpfte er auf den Langstrecken eine Gold- und eine Silbermedaille. [. . .] Sowjetische Sportlehrer flogen nach Prag, um Zatopeks Training auszuspähen. Dann holten sie ihn sogar in das Schulungslager ihrer Langstreckenläufer auf die Krim. [. . .] Ihr ČSSR-Muster selbst stampfte mit verzerrtem Gesicht, heraushängender Zunge und linksgeknicktem Oberkörper fauchend wie eine Dampflokomotive von Sieg zu Sieg. Zu Ehren der Oktober-Revolution verpflichtete sich Zatopek, zwei Weltrekorde zu brechen. Er übererfüllte sein Sport-Soll, stellte insgesamt 19 [sic] Weltrekorde auf und siegte 1952 auf allen drei olympischen Langstrecken (5000, 10 000 Meter, Marathon). [. . .] 1958 beendete er seine Laufbahn und leitete seither im Range eines Obersten den Militärsport in der ČSSR. [. . .] Zatopeks Popularität überdauerte seine Karriere. [. . .] Die Tschechoslowaken wählten ihn noch 1966 zum Sportler des Jahres.« Zátopek hatte sich schon, ehe er die »2000 Worte« unterschrieb, für die Reformbewegung engagiert, er hatte für die illegale Zeitschrift »Stadion« geschrieben und Flugblätter verteilt.

1456, 6   *Emil Zátopek* – Geb. 19. 6. 1922; tschech. Langstreckenläufer; stellte 18 (im
                  Text 19) Weltrekorde auf, gewann bei den Olympischen Spielen 1948 vier
                  Goldmedaillen. Zátopek hatte den Brief »2000 Worte« mit unterschrieben;
                  vgl. NYT 29. 6. 1968; DER SPIEGEL 8. 7. 1968, S. 75.

1456, 11–20   *Emil Zátopek, der... der ganzen Č.S. S.Republik* – Unter der Überschrift »Pa-
                  pers in Prague Defend Purge Bid« heißt es in der NYT vom 30. 6. 1968: »In
                  defending the appeal for mass action, an editorial of the newspaper Zeme-
                  delske Noviny said ›not a single voice was raised in opposition to what the
                  Communist party was striving for.‹
                  Emil Zatopek, the long-distance runner, who was one of the originators of
                  the appeal, said it had nothing at all in common with anti-Communist pro-
                  paganda.
                  ›I see nothing counterrevolutionary in it,‹ Mr. Zatopek said. ›All those who
                  signed the statement are concerned with the fast construction of democratic
                  socialism and human freedom.‹
                  Miroslav Jelinek, editor of the Communist youth paper, Mlada Fronta, said: ›I
                  am afraid that this is another tragic misunderstanding caused by an entirely
                  different form of a political document than we were used to in the past.
                  I understand the 2,000 words as a support of the new leadership [...]‹«

1456, 14 f.   *Konterrevolutionäres* – Formelhafte Bezeichnung für die politischen Gegner
                  der Kommunisten. Im Unterschied zu den Revisionisten (s. K. 1365, 36) gal-
                  ten Konterrevolutionäre als Angehörige »reaktionärer Klassen«; s. 1522, 23;
                  1524, 1; 1528, 20; 1579, 36; 1657, 28 f.; 1738, 4 f.; 1795, 27.

1456, 18   *Zemědělské Noviny* – (tschech.) übersetzt im Text; s. K. 1446, 16–18.

1456, 19   *Mladá Fronta* – (tschech.) Junge Front; s. K. 1446, 16–18.

1456, 25   *Überflüssigen Spielen 1952 zu Helsinki* – Bedeutung ungeklärt.

1457, 2   *gneezer Hotel Sonne* – Das Güstrower Hotel Sonne lag an der Baustraße 1.

1457, 27   *Sudetendeutschen* – s. K. 663, 1 f.

1457, 32   *Rasno-Export* – s. K. 1377, 34–37.

1457, 34   *Bleyle-Anzug* – s. K. 1145, 4.

1457, 37   *Nachtwächterstaat* – s. K. 1357, 14 f.

1457, 38 f.   *künftigen Anschluß an ein skandinavisches Land* – s. 1034, 26.

1458, 1 f.   *der störende Zusatz »-Vorpommern«* – Vorpommern ist der westlich der Oder
                  gelegene Teil der preußischen Provinz Pommern. 1945 wurde Hinterpom-
                  mern unter poln.Verwaltung gestellt und seine dt. Bevölkerung ausgewiesen,
                  während Vorpommern als Teil des Landes Mecklenburg-Vorpommern zur
                  sowj. Besatzungszone kam.
                  Der Plan einer separaten Abteilung der Landesverwaltung in Greifswald
                  wurde fallengelassen und die amtliche Verwaltungsbezeichnung durch Be-

kanntmachung am 1. 3. 1947 in »Land Mecklenburg« geändert; vgl. Hamann (1962), S. 188.

1458, 5 f. *Im Artikel I. 1 Absatz 3 . . . Blau / Gelb / Rot* – Artikel I 1. Abs. 3 der Verfassung für das Land Mecklenburg von 1946: »Die Landesfarben sind blau-gelb-rot«; s. K. 1547, 38.

1458, 20 *Vergesseneit* – Druckfehler in allen Ausgaben, richtig: Vergessenheit.

1458, 23 *moskauer Außenministerkonferenz* – Auf der Außenministerkonferenz der UdSSR, der USA, Großbritanniens und Frankreichs in Moskau vom 10.3.–24. 4. 1947 (wie auch auf der folgenden vom 25.11.–15. 12. 1947 in London) ging es um die Bildung einer dt. Zentralinstanz, wobei Marshall und Bevin einen Bundesstaat wünschten, Frankreich für einen Staatenbund und Molotow für einen zentralistischen Staat stimmte.

Die USA und Großbritannien erkannten die Oder-Neiße-Linie nicht an. Die UdSSR stellte Reparationsforderungen von 10 Mrd. Dollar. Eine Einigung konnte nicht erzielt werden. Der negative Ausgang der Moskauer Konferenz war Anlaß für Marshalls Forderung nach sofortigen Hilfsmaßnahmen zum wirtschaftlichen Aufbau Europas und führte zu einer Änderung der amerik. Deutschlandpolitik. Andererseits berücksichtigte nun die SED die Zusagen an die Sozialdemokraten nicht mehr und wandelte sich zu einer »Partei neuen Typus«; s. K. 1394, 31–36.

1458, 26–28 *Ausspruch des dienstältesten . . . der Grenzen ablehnen* – Wilhelm Pieck (3. 1. 1876–7. 9. 1960), Tischler, 1895 Mitglied der SPD, seit 1906 hauptamtlicher Parteifunktionär, Mitglied der Spartakusgruppe, Mitbegründer der KPD, für die KPD im Preußischen Landtag 1921–33, Mitglied des Reichstags 1928–33, emigrierte 1933 nach Frankreich, dann in die Sowjetunion, nach der Verhaftung Ernst Thälmanns 1933 Vorsitzender der KPD, unterschrieb 1945 als erster den Gründungsaufruf der KPD, 1946–56 mit Otto Grotewohl Vorsitzender der SED, 1949–60 erster Präsident der DDR.

Zur Frage der Einstellung der SED zu den Ost-West-Grenzen dementierte Pieck auf einer Münchener Pressekonferenz am 13. 3. 1947 die »angebliche« Äußerung Anton Ackermanns (s. K. 1374, 26), der am 2. 3. 1947 in Berlin-Neukölln erklärt hatte, Deutschland könne ohne die Gebiete ostwärts der Oder leben. Pieck fügte die Oder-Neiße-Grenze betreffend hinzu, »wenn sie aber Deutschland auferlegt werde, so liege das nicht an der SED, sondern an den Machtverhältnissen und den Machtansprüchen der Alliierten«; vgl. SBZ (1956), S. 52. Am 6. 6. 1950 unterzeichnete die DDR in Warschau eine Erklärung, in der die Oder-Neiße-Grenze als unantastbar bezeichnet wurde; s. K. 1413, 35–39.

1458, 35 f. *Kulturbundes (z. d. E. D.)* – Kulturbund zur demokratischen Erneuerung Deutschlands; s. K. 1251, 34.

1458, 37 *Friedrich Hölderlin* – Johann Christian Friedrich Hölderlin (20. 3. 1770–7. 6. 1843), dt. Dichter.

Hölderlin verkündete in seiner Dichtung ein neues, besseres Zeitalter, dessen Vorbild er in Griechenland sah. Die Nationalsozialisten mißbräuchten diese Vision zu Propagandazwecken.

1458, 39   *fünf Bände Lisch* – s. K. 1431, 33.

1458, 39   *das Jahrbuch* – s. K. 1176, 18 f.

1459, 2 f.   *vor dem unerklärlichen . . . vom Sommer 1659* – s. K. 1435, 30–37.

1459, 4 f.   *Ernst Barlach* – s. K. 712, 29.

1459, 5   *genierliches Wappentier* – s. K. 1431, 33 f.

1459, 10   *dernier cri* – (frz.) letzter Schrei, modern.

1459, 14   *Alt Demwies* – s. K. 1125, 11.

1459, 20   *Wilhelm Gustloff-Straße* – s. K. 496, 31 f.

1459, 21   *Joachim de Catt* – vgl. SV; BU; s. 1459, 32; 1548, 35; 1670, 22 f.; 1775, 29.

1459, 22   *Nu vot* – (russ. ugs.) Nun ja; siehste.

1459, 24   *Počemu njet? Možno. Imejem vozmožuostj* – (russ.) Warum nicht? Es geht. Wir haben die Möglichkeit.

1459, 24–29   *Zwar hatte »unser . . . ärgerlich gewesen war* – Die Umstände erinnern an das Verhältnis der Lübecker zu Thomas Mann, dem sie die Darstellung etlicher Mitbürger in den »Buddenbrooks« nachtrugen. Er besuchte sie erst 1955 wieder, wenige Monate vor seinem Tod, zur Verleihung der Ehrenbürgerwürde.

1460, 4 f.   *Im Hungerwinter 1946* – Die ungewöhnliche Kälte des Winters 1946/47 vergrößerte die Versorgungsschwierigkeiten in der SBZ.

1460, 5–7   *Wenn Herrn Dr. Kliefoth . . . mal sein Pech* – s. K. 1178, 3–5.

1460, 9   *zwei Chroniken* – Von Güstrow erschien 1706 eine Chronik von Friedrich Thomas, Subrektor des Gymnasiums, in lat. Sprache, eine weitere schrieb 1824 Johann Friedrich Besser.

1460, 13 f.   *Låt em. Murrjahn . . . sick doch gewn* – (nd.) Laß ihn. Murrjahn war ein böser Hund, aber zuletzt mußte er sich doch fügen. Anspielung auf einen Spruch aus John Brinckmans »Schaulmeister Bors«, in: Brinckman (1903), Bd. 1, S. 66:
> Man nich so ängstlich, dreig di ründ,
> Dat geit di nich an't Läben;
> Szü, Murjan wir'n steinol'n Hund
> Un mößt sich doch noch gäwen.

Vgl. Scheuermann (1998), S. 310 f.; s. 1626, 6 f.; 1634, 17; Brinckman: s. K. 490, 7 f.

1460, 27 f.   *Sprichwort von den . . . Einer angefaßt hat* – Anspielung auf das Sprichwort: Wer mit dem Teufel geht/spielt, kriegt schwarze Finger.

1460, 35	*comme il faut –* (frz.) wie es sich gehört; s. 1617, 33 f.
1461, 26–28	*wenn Ein'n so'n . . . so schlecht angemessen –* (nd. ugs.) wenn man ein bißchen genauer drüber nachdenkt, ist es vielleicht gar nicht so unpassend.
1461, 39	*Dänschenhagen –* s. K. 1432, 14.
1462, 6	*Kinnings –* (nd.) Kinder; s. 1278, 24.
1462, 17– 1463, 1	*Den Unterricht erteilte . . . einer anderen tanzen –* Zitate aus und Anspielungen auf Thomas Manns »Tonio Kröger«, Anfang des 2. Kapitels: »François Knaak war sein Name, und was für ein Mann war das! [. . .] Wie wunderbar der seidig schwarze Gehrock sich an seine fetten Hüften schmiegte! [. . .] und seine braunen Augen blickten mit einem müden Glück über ihre eigene Schönheit umher . . .
	Jedermann ward erdrückt durch das Übermaß seiner Sicherheit und Wohlanständigkeit. [. . .]
	Man stand nicht da, indem man die Hände auf dem Bauch faltete und die Zunge in den Mundwinkel schob; tat man es dennoch, so hatte Herr Knaak eine Art, es ebenso zu machen, daß man für den Rest seines Lebens einen Ekel vor dieser Haltung bewahrte . . .
	[. . .] in der anstoßenden Stube, saßen auf Plüschstühlen die Mütter und Tanten und betrachteten durch ihre Lorgnetten Herrn Knaak, wie er, in gebückter Haltung, den Saum seines Gehrockes mit je zwei Fingern erfaßt hielt und mit federnden Beinen die einzelnen Teile der Mazurka demonstrierte. [. . .]
	Was für ein unbegreiflicher Affe, dachte Tonio Kröger in seinem Sinn. Aber er sah wohl, daß Inge Holm, die lustige Inge, oft mit einem selbstvergessenen Lächeln Herrn Knaaks Bewegungen verfolgte«, Mann (1974), Bd. VIII, S. 216. Vgl. auch »Wie Jappe und Do Escobar sich prügelten«, in ebd., S. 435 f.; Neumann, U. (1992), S. 448 f.

1. 7. 1968

1464, 35–37	*wenn die Staatsbank . . . Mrs. Paula Ford –* Konnte nicht nachgewiesen werden.
1465, 17	*Hi. Hi –* (engl., ugs.) 'n Morgn. – Saloppe Begrüßung.
1465, 18	*It is a pleasure –* (engl.) Es ist mir ein Vergnügen.
1465, 18 f.	*sie sitzt nun . . . Hand de Rosnys –* Anspielung auf das lutherische Glaubensbekenntnis: »sitzend zur Rechten Gottes«.
1465, 24	*95 Grad –* 35° Celsius; s. K. 22, 39–23, 1.
1465, 25	*Avenuen Lexington und Madison –* Lexington: s. K. 11, 16; Madison: s. K. 76, 8 f.
1466, 38	*Brussels –* s. K. 683, 7.

1466,39   *Quo Vadis* – (lat.) Wohin gehst du? Hier: Eins der bekanntesten Restaurants in New York, 26 East 63. Street.

1467,2   *die böse Sache mit seiner Frau* – s. 462, 19–21.

1467,14   *Ripsseidenen* – Rips: Gewebe mit geripptem Aussehen für Bekleidung, Wäsche und Dekorationen; s. K. 1468, 39; 1468, 39–1469, 1; s. 1475, 14; 1476, 24.

1467,14   *Bergdorf & Goodman* – Seit 1928 in 754 5. Ave./58. Straße (am Rockefeller Center); Kaufhaus für Qualitätskleidung für Damen und Herren, 1894 von Herman Bergdorf und Hermann Voight als Textilfirma gegr., spätere Beteiligung von Edwin Goodman.

1467,20   *Dor hett ne Uul sætn* – (nd.) Da hat eine Eule gesessen. Übertragene Bedeutung: Da ist etwas schiefgegangen; s. K. 295, 24.

1467,32   *Open Door Acts* – (engl.) Noten der Offenen Tür, 1899 und 1900, mit denen die Grundlagen der amerik. Außenpolitik festgelegt wurden. Die USA traten darin für die territoriale Integrität Chinas ein, nachdem Japan und die europäischen Mächte China unter sich in Einflußgebiete aufgeteilt hatten. Ziele waren die Gewinnung neuer Märkte und die Ausdehnung des eigenen Interessenbereichs; s. K. 1469, 7–9.

1467,37f.   *genau so hat... mit anderen Worten* – Anspielung auf Goethes »Faust I«, Vers 3460 f.:
    Ungefähr sagt das der Pfarrer auch,
    Nur mit ein bißchen andern Worten.

1467,39–   *des dialektischen Materialismus* – s. K. 76, 33 f.
1468,1

1468,9–11   *Auslaufen der Truppen... im nächsten Jahr* – Die erwähnten Ereignisse beziehen sich auf den Spanisch-Amerikanischen Krieg von 1898 (s. K. 1307, 3), als dessen Ergebnis Kuba unabhängig wurde und die Philippinen an die USA verkauft wurden. Die span. Pazifikflotte wurde vor Manila von Admiral George Dewey (26. 12. 1837–16. 1. 1917) am 1. 5. 1898 [sic] vernichtet, amerik. Truppen und aufständische Philippinos eroberten Manila. Einer der Anlässe des Krieges war die Explosion des amerik. Kriegsschiffs »Maine« am 15. 2. 1898 bei einem Flottenbesuch vor Havanna, deren Ursache ungeklärt blieb.

1468,13   *John Jacob Astor* – Eigentlich Johann Jakob Ashdour (17. 7. 1763–29. 3. 1848), amerik. Großkaufmann dt. Herkunft, der 1784 von Walldorf bei Heidelberg nach New York ausgewandert war und als Pelzhändler und Bodenspekulant zu einem der reichsten Männer des Landes wurde, »landlord of Manhattan« genannt. Die Waldorf-Astoria-Hotels wurden von seinen Nachkommen gegr.; s. K. 84, 24 f.

1468,14   *unsere Missionare in China* – Auch in der amerik. Geschichte ging christliche Missionstätigkeit vielfach Hand in Hand mit wirtschaftlicher Expansion und politischer Einflußnahme.

1468, 33 f.   *Streik der Eisenbahn von Long Island* – s. K. 84, 17 f.

1468, 39   *Rips barré* – (frz.) seidiger Längsrips für Krawatten; s. K. 1467, 14.

1468, 39   *Rips ottomane* – (frz.) Damenkleiderstoff mit dickem Schuß in Tuchbindung; s. K. 1467, 14.

1468, 39–   *Rips ondé* – (frz.) Kleiderstoff mit welliger Rippenlage für Spiralzwirn im
1469, 1   Schuß; s. K. 1467, 14.

1469, 2 f.   *auf der Montauk-Linie . . . aus Babylon ausfielen* – Montauk liegt an der Ostspitze
von Long Island, Babylon am Südufer.

1469, 5   *den spätägyptischen Beweisen* – Ripsartige Effekte wurden als Gewebeverzie-
rung bereits in spätantiken Geweben aus Ägypten verwendet.

1469, 6 f.   *Harvard Business School* – 1908 gegr., der Harvard University in Cambridge
bei Boston zugehörig; Fachbereich Wirtschaftswissenschaften, Fortbildung
für Führungskräfte; s. K. 101, 15.

1469, 7–9   *wie die Politik . . . McKinley, Roosevelt, Wilson* – Die »Politik der offenen Tür«
wurde 1899 von Staatssekretär Hay in China verkündet. Entgegen dem
Kolonialismus Europas erstrebten die USA eine wirtschaftliche Expansion
und forderten freien Handel unter gleichen Bedingungen für alle Länder. Präsident Roosevelt vermittelte 1905 im Russisch-Japanischen Krieg, um die
Machtbalance zu halten und die Open-Door-Politik zu schützen. Präsident
Woodrow Wilson intervenierte 1915, als Japan China zu einem Protektorat
erklären wollte, und schützte aus Eigeninteresse Chinas Unabhängigkeit; s. K.
1467, 32; Roosevelt: s. K. 230, 29; Wilson: s. K. 12, 27 f.; McKinley: s. K.
1307, 32.

1469, 9   *Konferenz von Algeciras* – 16.1.–7. 4. 1906; Frankreich wurde autorisiert, in
Marokko zu intervenieren, dessen Unabhängigkeit aber Deutschland auf-
rechterhalten wollte. Roosevelt nahm an der Konferenz teil, da er in Deutschland eine drohende Gefahr sah und eine dt. Einmischung in der Karibik befürchtete. Algeciras: span. Hafenstadt in der Bucht von Gibraltar.

1469, 9 f.   *Erlassen Webb-Pomerance und Edge* – Der Webb-Pomerance Act (amtl. Bezeich-
nung: Export Trade Act; 40 United States Statues at Large 516; 15 United States
Code 61 et seq.) von 1918 befreite die Exportkartelle von dem allgemeinen
Kartellverbot der Antitrustgesetze, sofern sie den Wettbewerb auf dem In-
landmarkt nicht beeinflußten. Danach konnten sich amerik. Industrielle und
Landwirte zu Kartellen vereinigen, um den Export ihrer Waren zu fördern.
Der Edge Act vom 24. 12. 1919 (41 United States Statues at Large 378) fügte dem Federal Reserve Act einen Abschnitt 25(a) »Banking Corporations
Authorized to Do Foreign Banking Business« an. Als Edge Act Corporation
wird die Tochterbank einer inländischen oder ausländischen Bank bezeichnet, deren Zweck auf internationale oder ausländische Bank- und Finanzge-
schäfte beschränkt ist.

1469, 11 f. *des Weißen Mannes Bürde* – Titel eines Gedichts von Rudyard Kipling (30. 12.
1865–18. 1. 1936), der im engl. Sprachraum sprichwörtlich bekannt war:
The White Man's Burden
(The United States and the Philippine Islands)

Take up the White Man's burden –
  Send forth the best ye breed –
Go bind your sons to exile
  To serve your captives' need;
To wait in heavy harness
  On fluttered folk and wild –
Your new-caught, sullen peoples,
  Half-devil and half-child.

Take up the White Man's burden –
  In patience to abide,
To veil the threat of terror
  And check the show of pride;
By open speech and simple,
  An hundred times made plain,
To seek another's profit,
  And work another's gain.

Take up the White Man's burden –
  The savage wars of peace –
Fill full the mouth of Famine
  And bid the sickness cease;
And when your goal is nearest
  The end for others sought,
Watch Sloth and heathen Folly
  Bring all your hope to nought.

Take up the White Man's burden –
  No tawdry rule of kings,
But toil of serf and sweeper –
  The tale of common things.

Ergreift die Bürde des Weißen Mannes –
  schickt die Besten aus, die ihr erzieht –
bannt eure Söhne ins Exil,
  den Bedürfnissen eurer Gefangenen zu dienen;
in schwerem Geschirre aufzuwarten
  verschreckten wilden Leuten –
euren neugefangenen verdrossenen Völkern,
  halb Teufel und halb Kind.
(dt. Gisbert Haefs) Erstveröffentlichung 18. 2. 1899 auf einem Flugblatt der
Anti Imperial League.

1469, 15–23   *It is the . . . are that nation* – (engl.) Es ist die unumgängliche Pflicht aller Nationen dieser Erde [. . .] zu wissen, daß er, der HERR, Gott ist, und ihm aufrichtig und demütig Dank und Preis darzubringen. Wenn es aber eine Nation unter dem Himmel gibt, die ganz besondere und stärkere Gründe als andere hat, Herz und Stimme zu einem Dankopfer für ihn zu vereinen, dann sind die Vereinigten Staaten von Amerika diese Nation.
Quelle konnte nicht nachgewiesen werden.

1469, 36–38   *das Flugzeug erwähnt . . . Kurilen gezwungen wurde* – Die Kurilen bilden einen Inselbogen von ca. 1200 km Länge zwischen Kamtschatka und Japan, größtenteils zu Rußland, die südlichen Inseln zu Japan gehörig. Russ. Kampfflugzeuge fingen am 30. 5. 1968 eine amerik. DC-8 Super 63 mit 214 Soldaten und 17 Besatzungsmitgliedern ab und zwangen sie zur Landung. Die Maschine war auf dem Weg von New York nach Südvietnam vom Kurs abgekommen; vgl. NYT 1. 7. 1968; s. K. 1482, 2–12.

1470, 1 f.   *de Rosny ist . . . im Weißen Haus* – Am 16./17. 3. 1968 trafen führende Bankiers aus Europa Schatzmeister Fowler und den Vorsitzenden der Federal Reserve Bank McChesney Martin in Washington, um die Finanzkrise zu besprechen. Die Europäer empfahlen, die Truppenkontingente in Vietnam nicht aufzustocken; vgl. NYT 17. 3. 1968.

1470, 4–6   *Eins ist ihm . . . Vogel heißt es* – Konnte nicht nachgewiesen werden.

1470, 11   *Dorrius* – Restaurant in Amsterdam, Nieuwe Zijds Voorburgwall 338, bekannt für holländische Spezialitäten; s. 1473, 2 f.

1470, 15   *alle Dinge zum Guten dienen* – Anspielung auf die Nationalhymne der DDR: s. K. 1628, 36.

1470, 20   *Drei Ausgänge hat es* – s. K. 449, 37 f.

1470, 35 f.   *die am 26. . . . einem Festessen begingen* – Konnte nicht nachgewiesen werden.

1470, 36   *Waldorf-Astoria* – s. K. 84, 24 f.

1472, 15   *Neuengland* – s. K. 43, 28.

1472, 19   *young lady* – (engl.) junge Frau.

1472, 36   *LIBO-Rate* – (engl.) eigentlich LIBOR: London Interbank Offered Rate; Zinssatz, zu dem sich Banken untereinander im Europäischen Markt Geld leihen.

1473, 14   *Graybar Building* – s. K. 127, 31.

2. 7. 1968

1473, 19–36   *Das amerikanische Militär . . . Monaten blutiger Verteidigung* – Carroll hatte für die »Baltimore Sun« über den Rückzug von Khe Sanh berichtet. Alle Nachrichten über Truppenbewegungen mußten aber von den Militärbehörden genehmigt werden. Carroll verteidigte sich: Was er gesehen habe, habe auch der Feind sehen können. Ein höherer Offizier gestand ein, daß Carroll zu 90 % recht habe, aber wenn die geringste Chance bestehe, daß es der Feind nicht wisse, sei es besser, es ihm nicht zu erzählen; vgl. NYT 2. 7. 1968.

1473, 24 *Khesanh* – s. K. 627, 11.

1474, 1–10 *In Hessen, westdeutsche . . . Jahre alt, gestorben* – Vgl. den Artikel »Dr. Fritz Bauer; Prosecuted Nazis« der NYT vom 2. 7. 1968: »Dr. Fritz Bauer, Chief Prosecutor of the State of Hesse and one of West Germany's top Nazi hunters, died of a heart attack in his Frankfurt home yesterday. He was 64 years old. [. . .]
›The actual murderers never dirtied their own hands, and now they are trying to use this as proof of their innocence,‹ he once said in an interview. [. . .]
He prepared numerous war crime trials and actively contributed to the worldwide hunt for such Nazi war criminals as Martin Bormann and Adolf Eichmann and a number of concentration camp doctors.
Dr. Bauer's probably most significant contribution to the prosecution of Nazi killers was the arranging of the marathon Auschwitz trial of former camp officials in Frankfurt.«

1474, 1 *Dr. Fritz Bauer* – 16. 7. 1903–30. 6. 1968, dt. Jurist, wegen seiner jüd. Herkunft 1933 aus dem Dienst entlassen; 1933–36 KZ-Häftling, 1936 nach Dänemark, später nach Schweden emigriert; nach seiner Rückkehr 1949 Richter und Staatsanwalt in Braunschweig, seit 1956 Generalstaatsanwalt für Hessen; zahlreiche publizistische Stellungnahmen zu politischen und rechtspolitischen Fragen, maßgeblich an der Vorbereitung des Auschwitz-Prozesses und nachfolgender Verfahren beteiligt.

1474, 6 *Eichmann* – Adolf Eichmann (19. 3. 1906–31. 5. 1962), SS-Obersturmbannführer, seit Oktober 1939 Leiter des Judenreferats im Reichssicherheitshauptamt; organisierte die Transporte in die Vernichtungslager; 1960 aus Argentinien vom israelischen Geheimdienst entführt und 1962 in Jerusalem verurteilt und hingerichtet.

1474, 7 *Prozeß über Auschwitz* – In dem Verfahren gegen »Robert Mulka und andere« vom 20. 12. 1963–20. 8. 1965 in Frankfurt am Main waren 24 Angehörige des Lagerpersonals vom SS-Sturmbannführer abwärts angeklagt. Der Prozeß gilt als eine der gründlichsten Untersuchungen der NS-Verbrechen; s. K. 36, 12; 256, 28; 814, 26.

1474, 9 *das Kind das ich war* – s. K. 8, 35.

1474, 13–16 *Es war nicht . . . den täglichen Tag* – s. K. 46, 26; 230, 27 f.

1474, 23 f. *Büchners Wirtschaftsgeographie von Mecklenburg-Schwerin* – Karl Büchners Dissertation ist als Heft 12 der Veröffentlichungen des Geographischen Seminars der Universität Leipzig, hg. von Wilhelm Volz, 1936 in Berlin und Leipzig erschienen. Der Verfasser hat das 96seitige Heft seinen Eltern gewidmet. Johnson besaß ein Exemplar.

1474, 36　　*Ja kolokoičik* – (russ.) Ich bin ein Glöckchen; s. 1475, 4, 7.

1474, 36　　*Packard* – Eine der ältesten amerik. Autofirmen mit Sitz in Detroit; angesehen als Hersteller von Luxusautos; fusionierte 1954 mit Studebaker; die Produktion unter dem Namen Packard wurde 1959 eingestellt.

1474, 37　　*Buick* – Auto der Buick Motor Car Company. David Dunbar Buick (17. 9. 1854–5. 3. 1929) entwickelte 1902 einen Motor mit obenliegender Nockenwelle und gründete 1903 eine eigene Firma, die später von General Motors übernommen wurde.

1475, 18　　*gneezer Brückenschule* – s. K. 1221, 30.

1475, 25　　*Alma Wittes Hotel* – Auch Hotel Stadt Hamburg; s. K. 32, 5.

1475, 32–34　　*Film nach Hemingway . . . dunkelbraun gewesen sein* – »For Whom the Bell Tolls«; USA 1943; dt. »Wem die Stunde schlägt«, Uraufführung der dt. Fassung: 12. 1. 1951; Regie: Sam Wood; Drehbuch: Dudley Nichols, nach Hemingways (s. K. 210, 13) gleichnamigem Roman; Darsteller: Ingrid Bergman, Gary Cooper, Akin Tamiroff, Vladimir Solokoff, Arturo de Cordova. Der Film handelt von der Liebe einer Spanierin und eines 1937 in Spanien auf seiten der Antifaschisten kämpfenden amerik. Lehrers, der als Freiwilliger eine Brücke sprengen soll.

1476, 1　　*Kinnings* – (nd.) Kinder; s. 1278, 24.

1476, 5　　*Ludwigslust* – s. K. 544, 23.

1476, 7 f.　　*antifaschistisch-demokratische Grundordnung* – s. K. 1451, 32.

1476, 8　　*führende Rolle der Partei der Arbeiterklasse* – Von Lenin (s. K. 1165, 23) entwickelte Theorie (Bolschewiki als erste »Partei neuen Typus«), nach der die Partei der Arbeiterklasse deren höchste Organisationsform ist. Die Partei hat die Arbeiterklasse und ihre Verbündeten zur Errichtung der »Diktatur des Proletariats« (s. K. 1398, 22) und zum Aufbau des Sozialismus und Kommunismus zu führen.

1476, 25　　*Škola* – (russ.) übersetzt im Text.

1477, 5　　*Jettaugen* – Jett: zu Schmuck verarbeiteter Gagat (dichte, pechschwarze, polierbare Kohle); s. 1509, 11.

1477, 28　　*»Antif.«* – Am 14. 7. 1945 schlossen sich die KPD, SPD (s. K. 170, 10), CDU (s. K. 1162, 28 f.) und LDPD (s. K. 1355, 29–35) zum »Block der antifaschistisch-demokratischen Parteien« zusammen, in dem ursprünglich jede Partei mit fünf Mitgliedern vertreten war und Beschlüsse nur einstimmig gefaßt werden konnten. Der als Parlamentsersatz betrachtete Ausschuß tagte ursprünglich zweimal im Monat. Das Kurzwort »antif.«, auch »Antifa«, für

»antifaschistisch« zeigt den formelhaften Gebrauch in der DDR. »Antifaschistisch-demokratische Ordnung« (s. K. 1451, 32) war die offizielle Bezeichnung für die Periode von 1945 bis zur Verkündung des Aufbaus des Sozialismus. Ziel während dieser Phase war es, faschistische Kräfte, Monopolherren und Junker politisch und ökonomisch zu entmachten und die Hegemonie der Arbeiter- und Bauernklasse zu festigen, aber auch andere Schichten an der Macht zu beteiligen; s. 1477, 35; 1478, 27; 1599, 13; 1614, 38.

1477, 36   *Faschismus sei doch etwas Italienisches gewesen* – s. K. 384, 31; 1451, 35 f.

1478, 8 f.   *Wenn einem bei . . . Pelz gefällt, dann . . .* – Sprichwort konnte nicht nachgewiesen werden.

1478, 20   *Schietwort für eine Schietsache* – (nd.) Scheißwort für eine Scheißsache.

1478, 24   *Vegæt din Bett nich* – (nd.) Vergiß dein Bett nicht.

1478, 25 f.   *Walnußbäumen* – s. K. 415, 3.

1478, 31–33   *und ohne jede . . . im gemeinsamen Fieber* – s. 994, 23–995, 2.

1479, 4   *Podejuch* – s. K. 531, 10.

1479, 5   *im April vor . . . Jahren gestorben waren* – s. 973, 28–34.

1479, 13   *R. P.* – Robert Papenbrock; s. 1479, 23; 1481, 29.

1479, 14   *Requiescat In Pace* – (lat.) Ruhe in Frieden (R. I. P.); Gebetsformel zu Begräbnissen und auf Grabsteinen; s. 1481, 30.

1479, 27   *der Junge von der Apotheke* – s. 1018, 17 f.

1479, 38   *Kiek* – (nd.) Sieh.

1480, 17   *Du sast rut hier* – (nd.) Du sollst raus hier!

1481, 6   *Lisbeth vor Gericht gebracht* – s. 571, 16–39.

1481, 6   *dat wier min Varres Fru* – (nd.) das war meines Vaters Frau.

1481, 8   *Sonderführer S. S.* – s. K. 910, 32.

1481, 9 f.   *Voss in Rande* – s. 246, 3 f.; Robert Papenbrock kam erst 1935 nach Deutschland zurück.

1481, 11   *Ick harr dat nich anners måkt* – (nd.) Ich hätte das nicht anders gemacht.

1481, 15–23   *Angst brauchte sie . . . ich dich denn* – s. 1675, 19.

1481, 17   *Dassower See* – s. K. 191, 10.

1481, 30   *R. I. P.* – s. K. 1479, 14.

3. 7. 1968

1482, 2–12 *Die Union der . . . eines sowjetischen Bürgers* – Vgl. den Artikel »Soviet Releases Plane Carrying G. I.'s To Vietnam« der NYT vom 3. 7. 1968: »The White House, in announcing the release order, said that the United States had expressed regret to the Soviet Union over the violation of Soviet air space, which was attributed to a navigational error. [. . .] After a short stopover and a crew change, the plane was to proceed with the servicemen to South Vietnam.« Am gleichen Tag heißt es unter der Überschrift »Americans Were Weary« über den Zwischenaufenthalt in Yokota, Japan: »Some of the 214 servicemen aboard the DC-8 airliner displayed red-covered tins of Russian-made cigarettes as they proceeded from the plane to the passenger terminal«; s. K. 1469, 36–38.

1482, 14 f. *Rettung der Verhandlungen über wechselseitige Abrüstung* – Am 1. 7. 1968 unterzeichneten Großbritannien, die Sowjetunion und die USA in London, Moskau und Washington den Atomwaffensperrvertrag, der aber erst am 5. 3. 1970 in Kraft trat. Anläßlich der Unterzeichnung erklärten die USA und die UdSSR, sie wollten in nächster Zukunft Gespräche über Begrenzung und Reduzierung offensiver Nuklearwaffen und defensiver Antiraketensysteme aufnehmen; vgl. NYT 2. 7. 1968.

1482, 18–
1488, 11 *Sseidamono. / Cydamonoe, die . . . eine der anderen* – Im Manuskript mit der Datierung 15 468 nyhb findet sich:
    Cydamonoe
    keine Jungen
    keine Strassen, keine Autos
    zur Zeit der Nacht ist dort Tag
    wo die Katze grüne Frechheiten mit einem Lächeln vergilt,
    allerdings isst sie dann den Fisch mit Gräten.
    Keywordish heisst die Sprache
    Helikopter, minutenschnelle Züge
    Bruchlandungen werden dort von Bändern verhindert.
Vgl. Schulz, B. (1995), S. 132–150.

1482, 22 *Kapotthut* – s. K. 19, 15.

1483, 15–31 *sagte David Williams . . . des Hauses Cresspahl* – s. 25, 1.

1483, 19 *den Gartenweg hinaufführen* – (engl. wörtl. übersetzt) to lead someone up the garden path: jemanden hinters Licht führen.

1484, 15 f. *ging sie frühsten . . . ihr englisch, »brokling«* – Anklang an engl. to break (broke, broken): brechen, das in breakfast enthalten ist.

1484, 29 f. *Känga und ihr . . . ihr Sohn Ruh* – Känga und Ruh sind Figuren aus Alan Alexanders Milnes Kinderbuch »Winnie-The-Pooh«, 1926, Mutter Känga, deren Kind Ruh und ein Tiger (s. 1487, 12), der einfach Tiger heißt; s. K. 455, 15–456, 18; 455, 16 f.; Milne: 455, 28.

1484, 35 f. *Die Wache läßt . . . der Stempel beweist* – Anspielung auf Arno Schmidts »Die Gelehrtenrepublik«: »die achtfach (also von sämtlichen Weltmächten) gestempelte Erlaubnis zum Besuch der Gelehrtenrepublik«; vgl. Schmidt (1973), Bd. I.2, S. 226; Sangmeister (1992), S. 9.

1485, 6 *Im Paß müssen . . . Schutzimpfungen eingetragen sein* – Anspielung auf Arno Schmidts »Die Gelehrtenrepublik«, deren Besucher medizinisch genaustens untersucht wird, entsprechende Papiere vorlegen muß und »Injektionen aller Art« erhält; vgl. Schmidt (1973), Bd. I.2, S. 227.

1485, 29 *Wand von Berlin* – s. K. 74, 12.

1486, 7 *Mr. CoffeeCan* – (engl. Wortspiel) übersetzt im Text 1486, 9–11, phonetische Assoziation an das dt. »Kaffeekanne«; s. 1486, 17.

1486, 17–19 *so knifflige Sache . . . ihn nicht heran* – Anspielung auf Arno Schmidts »Die Gelehrtenrepublik«, die sich auf einer künstlichen, durch Schrauben angetriebenen und gesteuerten Insel befindet. Da die Machtkämpfe der Weltmächte auch in dieser Welt der Gelehrten und Künstler fortgesetzt werden, treibt die Insel zum Schluß im Kreis, weil die zwei Steuerschrauben der Insel sich gegeneinander drehen; vgl. Schmidt (1973), Bd. I.2, S. 221–351.

1486, 28 f. *Jumping up and . . . around the town* – (engl.)
                    Hüpfe her und hüpfe fort,
                    Känga-Ruh spukt ’rum im Ort.

1487, 8 *Want and Will* – (engl.) übersetzt im Text.

1487, 27 *T-Hemd* – s. K. 1339, 2 f.

1487, 31 f. *Die Besten Jungs von New York* – (engl. wörtl. übersetzt) In Werbeaktionen wird die Polizei »New York's Finest« genannt; s. K. 13, 17; s. 1664, 39.

1488, 9 *Third of July* – (engl.) 3. Juli, Vorabend des amerik. Unabhängigkeitstages. Der folgende Tag ist Nationalfeiertag, der Freitag wird freigegeben; vgl. Schmidt (1998), S. 28–36; s. K. 108, 13; 1166, 6–8.

4. 7. 1968

1488, 15–31 *Gestern ging ein . . . was im Fernsehen* – Vgl. den Artikel »Gunman Terrorizes Central Park; 2 Dead, 3 Shot« der NYT vom 4. 7. 1968: »The stocky, blackhaired assailant, apparently in his late forties, wore a white undershirt, heavy dark trousers and dark socks. His fusillade from the roof of a public lavatory between 84th and 85th Streets, about 150 feet west of Fifth Avenue, brought an hour of terror to the park's quiet lawns and playgrounds. [. . .]
As he fired, two other police officers [. . .] who were among the more than

100 men who rushed to the scene, climbed ladders against the wall of the building. [. . .]
Lieutenant Deutcsh [sic], carrying two revolvers and wearing a bulletproof vest, said: ›I emptied both of them. I think I hit him 10 times.‹
The police tentatively identified the assailant as Angelo Angelof [. . .].
Miss Kistler [das Opfer] [. . .] was in the women's section of the lavatory when Angelof shot her through the back of the head. The bullet passed downward out her throat and into her chest. [. . .]
Residents of the expensive apartment buildings that line the avenue had a bird's-eye view of the battle.
›The police were absolutely great,‹ said Mrs. David Williams of 1035 Fifth Avenue. ›It was as thrilling as anything you could see on television.‹
The residence of Mrs. John F. Kennedy in the apartment building at No. 1040 faces the park almost directly opposite the scene of the gunfight. [. . .]
[Ein Augenzeuge:] ›The man up there was so calm. He just held out his arm and aimed [. . .].‹
With capriciousness, Angelof shot some and spared others.«
Vgl. auch den Artikel »Slayer's Identity Is Still In Doubt« der NYT vom 4. 7. 1968: [Über die Wohnung des Täters] »The first surprise the detectives encountered, after climbing the creaky stairs in the dingy hall to the fifth floor, rear, was the pictures of Hitler, Goering and Goebbels on the walls of the apartment. [. . .]
After hours of investigation they [die Polizei] learned that the killer had come to the United States on Feb. 18, 1966, with a Greek passport and that before he reached here he had lived in the Soviet Union, Bulgaria and Yugoslavia«; s. K. 1508, 21–27.

1488, 22 f.   *Jack Kennedys Witwe* – s. K. 53, 11 f.; John F. Kennedy: s. K. 24, 36.

1488, 27   *Göring* – s. K. 895, 17 f.

1488, 28   *Goebbels* – s. K. 602, 27.

1488, 29   *Mrs. David Williams* – Nicht identisch mit der fiktiven Mrs. David Williams (Amanda).

1488, 30   *Hausnummer 1035* – 1035 Fifth Ave. liegt auf der Höhe des Central Parks, etwa gegenüber dem Metropolitan Museum of Arts.

1489, 1 f.   *die fingen einen . . . Sack voll Salz* – Redensart: einen Hasen fangen, indem man ihm Salz auf den Schwanz streut, d. h. etwas Unmögliches tun.

1489, 21   *am Kiel* – Der »Weg zum Kiel« beginnt an der Bushaltestelle in Niehagen, einem Dorf auf dem Fischland und wie Althagen nach 1945 Ortsteil von Ahrenshoop; s. K. 9, 25.

1489, 21   *Fulge* – Ortsteil und Straße in Niehagen.

1489, 26   *Ostseehotel* – s. K. 882, 4.

1489, 26 f.   *Malchen Saatmanns Ecke* – s. K. 882, 26 f.

1489, 27   *Norderende* – Weg in Althagen.

1489, 28   *Bauer Niemann* – Besitzer eines stattlichen Hofes in Althagen, das Gebäude war ein beliebtes Motiv für Ansichtskarten und Aquarelle; s. 1490, 33; 1494, 29.

1489, 29 f.   *ganz roten Katen . . . und üppigen Bäumen* – s. K. 880, 12–16.

1489, 33 f.   *ins Eigentum geschrieben* – s. 885, 28–32.

1489, 36   *Büdnerei* – s. K. 590, 8.

1489, 38 f.   *zu puken* – (nd.) zu zupfen; s. K. 954, 28.

1490, 5   *ahrenshooper Post* – s. K. 884, 33; Ahrenshoop: s. K. 9, 25.

1490, 10   *streng der englischen Sitte zuliebe* – Eine Dame grüßt zuerst, um anzuzeigen, daß sie die Bekanntschaft anerkennt.

1490, 12   *Ille* – s. 883, 34–884, 6.

1490, 15   *Snackdœr* – (nd.) horizontal geteilte Tür, deren oberer Flügel zu einem Schwatz mit den Vorübergehenden geöffnet werden kann, während der untere die Hühner draußen hält.

1490, 22   *ihren Kapitän doch noch geheiratet* – s. 883, 34 f.

1490, 25   *Du bist utrœtn* – (nd.) Du bist ausgerissen.

1490, 29   *œwe den Pahl* – (nd.) wörtl.: über den Pfahl; hier: über die Grenze, nach Pommern.

1490, 31   *brachte Ille in Schick* – (ugs./norddt.) brachte Ille in Ordnung, regelte; s. K. 855, 2 f.

1490, 35   *Inge Niemann* – s. 884, 13–15.

1491, 27 f.   *aus dem britischen . . . Sektor von Berlin* – s. K. 998, 19–24.

1491, 28   *der Landeshauptstadt* – Schwerin.

1492, 27 f.   *ein Schnacken werden oder ein Klönen* – (nd. und ugs.) schwatzen; gemütlich, zwanglos plaudern. Verglichen mit »klönen« ist »ein Schnack« die kürzere Unterhaltung.

1492, 37–   *Hier hatte der . . . für die Intellektuellen* – Schon 1945 beauftragte die SMA in
1493, 2   Schwerin den Kulturbund, Ahrenshoop als Erholungsort für »Kulturschaffende« zu entwickeln, d. h. nur sie wurden dorthin geschickt.

1492, 37 f.   *Kulturbund zur demokratischen Erneuerung Deutschlands* – s. K. 1251, 34.

1493, 3   *Hotel Bogeslav* – An der Dorfstraße gelegen, später Kurhaus und -hotel; 1891 von dem Rostocker Schiffshändler Carl Molchin als »Haus Bogeslav« erbaut; s. 1493, 8.

1493, 15	*Darss* – s. K. 954, 19.
1493, 17–19	*Jagdhaus des Reichsjägermeisters . . . man nicht heran* – Lag im Westdarß, etwa 50 m landeinwärts, 1945 abgebrannt; s. K. 895, 17 f.
1493, 21 f.	*im Kleinen Darss* – Vermutlich identisch mit dem Ahrenshooper Holz oder Vordarß genannten Gebiet zwischen Ahrenshoop und der eigentlichen Halbinsel Darß, einem seit dem 16. Jh. bestehenden Forst.
1493, 22	*Alfred Partikel* – 7. 10. 1888–1945 oder 1946, verschollen; dt. Figuren- und Landschaftsmaler; er ließ sich nach dem 1. Weltkrieg in Ahrenshoop, Dorfstraße 32, ein Haus bauen, das er behielt, als er 1929 an die Staatliche Kunstakademie Königsberg berufen wurde. Partikel hatte sich im Spätsommer 1945 oder 1946 vormittags von seiner Familie zu einem Spaziergang im Darß verabschiedet, von dem er nicht zurückkehrte. Auch ein Suchtrupp der Roten Armee fand keine Spur von ihm; vgl. Glander (1967), S. 16; Schulz, F. (1996), S. 18.
1493, 27	*Wirtschaftskommission* – Die Deutsche Wirtschaftskommission für die sowj. Besatzungszone war die zentrale dt. Verwaltungsinstanz in der SBZ. Auf Befehl Nr. 138 der SMAD vom 4. 6. 1947 am 11. 6. 1947 gegr., bestand sie bis zur Bildung der DDR am 7. 10. 1949. Sie wurde gebildet aus den fünf Präsidenten der Zentralverwaltungen für Industrie, Verkehr, Handel und Versorgung, Land- und Forstwirtschaft, Brennstoff und Energie sowie den Vorsitzenden des Freien Deutschen Gewerkschaftsbundes und der Vereinigung der gegenseitigen Bauernhilfe. Sie erhielt erst am 12. 2. 1948 Kompetenzen zum Erlaß von Gesetzen und Verordnungen; bis dahin bestand ihre Arbeit vorwiegend in der Koordinierung der Verwaltung und Sicherstellung der Reparationsleistungen an die Sowjetunion. Erster Vorsitzender war Heinrich Rau (SED); s. K. 1531, 19 f.
1493, 28 f.	*Kategorie »Selbstversorger«* – Ihnen standen keine Lebensmittelkarten zu; s. K. 1196, 11.
1493, 31	*Haus mit der Sonnenuhr* – s. K. 881, 17–19.
1493, 38– **1495, 4**	*Die Erinnerung blieb . . . in Worten aufbewahrt* – Die Passage bezieht sich auf die Behandlung der Erinnerungsproblematik in Prousts »Auf der Suche nach der verlorenen Zeit«, wie durch die wörtl. Anspielung (s. 1494, 15) und die Erwähnung weiterer Motive signalisiert wird; s. K. 8, 38–9, 2.
1494, 4	*Falster und Möen* – Große dän. Inseln, nördlich vom Darß gelegen.
1494, 23	*Zeesenboote* – s. K. 881, 11.
1494, 29	*Dreiständerhaus* – s. K. 1270, 13 f.; 1489, 28.
1494, 36	*angedüdelt* – (nd.) angetrunken.
1495, 15	*Fisimatenten* – s. K. 14, 20.
1495, 38	*Boddens* – s. K. 9, 22.

5. 7. 1968

1496, 19 *Fritz Gebhardt von Hahn* – s. K. 275, 19.

1496, 22–26 *Für die Verteidigung... bekannt. Beruf: Bundeskanzler* – Kurt Georg Kiesinger (s. K. 173, 5 f.) war während der Nazizeit stellv. Leiter des Radioabhördienstes beim Außenministerium. Die Verteidigung hoffte durch Kiesingers Zeugenaussage zu bestätigen, daß von Hahn nichts über das weitere Schicksal der von ihm organisierten Transporte für bulgarische und griech. Juden gewußt haben könne: »because foreign reports about the murder of Jews were not passed on to the rest of the Foreign Ministry by the service maintained by the radio monitoring department [...]. At the beginning of the session the spectators burst into laughing when the presiding judge, who appeared overawed by the presence of the Chancellor asked Mr. Kiesinger to state his first name and profession«; vgl. NYT 5. 7. 1968.

1496, 30 *»Nicht aus Überzeugung... nicht aus Opportunismus.«* – »but not out of conviction or opportunism«, NYT 5. 7. 1968.

1496, 31 *Das wurde er nicht gefragt* – s. K. 46, 23–47, 4.

1497, 1–3 *Wenn die feindlichen... für seine Vorgesetzten* – Dem Artikel der NYT vom 5. 7. 1968 ist nicht zu entnehmen, daß Kiesinger Informationen nicht weitergegeben hat. »The defense had contended that the department did not relay the reports of mass murders monitored from foreign broadcasts because the reports were regarded as propaganda lies [...]. However, Mr. Kiesinger testified that he could not recall having seen any foreign reports about the treatments of Jews by the Nazis. Nor did the daily digest of foreign radio news, prepared by a radio department affiliate ever publish a report of the murder of Jews that he could remember, he said.«

1497, 3 *Funkspiegel* – Zusammenfassung der am Tage abgehörten Nachrichten zwecks Auswertung.

1497, 6–12 *Desgleichen war dem... Something very ugly* – »he could not recall ever having heard the term ›final solution‹[...]. Only gradually after hearing stories from soldiers returning from the fronts and seeing neighbors who wore the yellow Star of David disappear, did he gradually come to believe that ›something very ugly‹ was happening to the Jews, he asserted«, NYT 5. 7. 1968.

1497, 9 *Trägern des Gelben Sterns* – Juden, s. K. 1146, 20.

1497, 12 *Something very ugly* – (engl.) Etwas sehr Häßliches.

1497, 14–22 *In Sowjetdeutschland, in... ehrliche Arbeit sühnen* – Der Befehl Nr. 35 der SMAD vom 26. 2. 1948 beendete die Entnazifizierung bis zum 10. 4. 1948. »Nur ›Verfahren gegen Kriegs- und faschistische Verbrecher‹ sind durch deutsche Stellen weiterzuführen. Ehemalige Nationalsozialisten, die ›durch ehrliche Arbeit sühnen‹, sollen am ›demokratischen und wirtschaftlichen Aufbau‹ mitwirken«; vgl. SBZ (1956), S. 68 f.

Die Entnazifizierung war von den Siegermächten 1945 auf den Konferenzen von Jalta und Potsdam beschlossen worden und sollte nach dem Sieg über Deutschland zur möglichst raschen Zerstörung aller nationalsoz. Organisationen und zur Entfernung von Nationalsozialisten aus allen staatlichen, wirtschaftlichen und kulturellen Schlüsselstellungen führen. Sie wurde in den einzelnen Besatzungszonen mit unterschiedlicher Intensität durchgeführt; am stärksten in der amerik. Besatzungszone; s. 1527, 27; 1627, 22; 1861, 30 f.; 1873, 5; SMAD: s. K. 1059, 18 f.

1497, 26   *Aradowerke* – s. K. 935, 31.

1497, 27 f.   *seine Renaissance-Lichtspiele . . . gesetzlichem Wege eingebüßt* – Am 18. 9. 1947 beendete das »Gesetz über eine Entschädigung für enteignete Lichtspieltheater-Unternehmer« in Mecklenburg die Enteignung der Kinos; s. K. 1430, 14 f.

1497, 29   *Ufa-Beutefilme* – Universum Film AG; 1917 gegr. dt. Filmunternehmen in Babelsberg; nach 1933 verstaatlicht. Die von der sowj. Besatzungsmacht erbeuteten Filme wurden, wenn politisch nicht zu beanstanden, wieder eingesetzt; s. K. 1572, 21; s. 1585, 14–16.

1497, 33 f.   *außerhalb der Gesetze . . . von F. Zwo* – Friedrich II., König von Preußen (s. K. 667, 3). Er gilt einerseits als Schöpfer des »Allgemeinen Landrechts für die Preußischen Staaten« von 1794, das einen deutlichen Schritt hin zum Rechtsstaat, zur Gewaltenteilung und Konstitutionalisierung bedeutete, geriet andererseits aber immer wieder in Konflikt mit seinen eigenen rechtspolitischen Normen, wenn er den Souveränitätsanspruch des absoluten Herrschers durchsetzte.

Bekannt geworden ist der Rechtsstreit des Müllers von Sanssouci (Müller-Arnold-Prozeß): 1779 wandte sich der Müller Johann Arnold in Pommerzig (Neumark) mit einer Bittschrift an den König und behauptete, ihm sei durch das Königliche Kammergericht Unrecht geschehen. Der Urteilsspruch hatte einem adeligen Nachbarn gestattet, oberhalb der Mühle des Müllers Fischteiche so anzulegen, daß die Mühle nicht mehr ausreichend Wasser erhielt. Der König ergriff ohne nähere Prüfung des Sachverhaltes sofort Partei für Arnold und setzte an Stelle des Kammergerichtsurteils seinen »Machtspruch«. Die mit diesem Fall befaßten Richter wurden ihres Amtes enthoben und zu Schadensersatz verpflichtet, der Großkanzler Freiherr von Fürst und Kupferberg wurde entlassen; vgl. Schlosser (1979), S. 54 f.

1497, 35   *Nach der Vorschrift* – s. K. 887, 36–888, 3.

1497, 36–38 *mit stillem Glanz . . . bringe ich euch* – Die stabreimende Formel »mit Glanz und Gloria« war als Redewendung von »Preußens Glanz und Gloria« geläufig. Johnson greift das »Gloria« aus der Weihnachtsgeschichte (Luk 2, 1–10) in 1497, 38 auf, um die Wirkung Emil Knoops ironisch zu beschreiben: Luk 2, 10: »Fürchtet euch nicht! Siehe, ich verkündige euch große Freude, die allem Volk widerfahren wird«; s. 1637, 22.

1498, 9   *Deutschnationalen* – s. K. 164, 12.

1498, 16 f.   *Arbeitsdienst* – s. K. 571, 31.

1498, 24   *R. O. A.* – Reserveoffizier-Anwärter.

1498, 27   *Kiel* – s. K. 294, 28.

1498, 28 f.   *er habe mit . . . Offiziersgehalt abbuchen ließ* – Nach 1945 häufig gebrauchte
                Rechtfertigung: man sei nach der Einberufung zur Wehrmacht automatisch
                von der HJ in die Partei übernommen, und der Mitgliedsbeitrag sei ohne ei-
                genes Zutun einbehalten worden.

1498, 39   *lag auf Auge wie Hand* – Anspielung auf die Redensarten »ins Auge fallen« und
                »auf der Hand liegen«.

1499, 7   *Café Borwin* – Gleichnamiges Café im ehemaligen Hotel »Erbgroßherzog« in
                Güstrow, Markt 2.

1499, 8   *bit to't Pierd . . . de Kopp steiht* – (nd.) bis zum Pferd, ich weiß gar nicht, wo mir
                der Kopf steht!

1499, 11   *Karlshorst* – Ortsteil von Ostberlin, Sitz der sowj. Militärverwaltung.

1499, 23   *Pöseldorf* – Vornehmes Wohnviertel an der Außenalster in Hamburg.

1499, 24   *Binnenalster* – Die Alster, ein rechter Nebenfluß der Elbe, ist im Hamburger
                Stadtgebiet zu Binnen- und Außenalster aufgestaut. An der Binnenalster lie-
                gen Jungfernstieg und Ballindamm, sehr gute Geschäftsadressen.

1499, 28   *Sowjetzone* – Kurz und abwertend für Sowjetische Besatzungszone Deutsch-
                lands. Da die DDR aus der Sicht westdt. Politiker nicht durch demokratische
                Wahlen legitimiert war, erkannten sie den Staat nicht an und weigerten sich,
                den Begriff DDR zu gebrauchen; s. 1500, 14; 1615, 1; 1854, 16.

1499, 29 f.   *sowjetischen Sektor von Berlin* – s. K. 998, 19–24.

1499, 38   *leben wie Louis . . . bei den Belgiern* – Konnte nicht nachgewiesen werden.

1500, 4 f.   *berliner Viertel von Gneez* – s. K. 1434, 4.

1500, 10   *wie'n Kint* – (nd.) wie ein Kind.

1500, 11 f.   *Propusk* – (russ.) Passierschein; s. K. 1103, 25.

1500, 22   *zwei Viscounts* – Am 4. 9. 1939 griffen brit. Bomber vom Typ Vickers Welling-
                ton [sic] dt. Kriegsschiffe vor dem Jadebusen und der Elbemündung an. Von
                den zwölf angreifenden Flugzeugen wurden fünf abgeschossen. Die viermo-
                torige Vickers Viscount ist ein Verkehrsflugzeug, dessen erste Serie 1950 in den
                Verkehr kam, eine Weiterentwicklung der zweimotorigen Wellington.

1500, 24   *Brückenkopf Weichselmündung* – Nach dem letzten Bericht des Oberkomman-
                dos der Wehrmacht vom 9. 5. 1945 wurden die Weichselmündung und der
                westliche Teil der Frischen Nehrung am Vortag noch bis Mitternacht »bis zum
                Äußersten« verteidigt, so daß die am 8. 5. eingeschifften Flüchtlinge und Ver-
                wundeten am 9. 5. noch auf See waren.

1500, 25   *Konzentrationslager namens Stutthoff* – Östlich von Danzig gelegen, war Stutthof [sic] seit 1939 ein SS-Sonderlager vor allem für poln. Zivilinternierte, ab März 1942 ein KZ, in dem von insgesamt 120 000 Häftlingen etwa 85 000 ermordet wurden. Vor der Befreiung durch die Rote Armee am 1. 5. 1945 wurden Gruppen von Häftlingen evakuiert, zum Teil in offenen Booten. Einige gelangten nach Kiel, andere in die Lübecker Bucht und wurden dort, weil die »Cap Arcona«, »Thielbeck« und »Athen« überfüllt waren, von Marineangehörigen erschossen oder ins Meer geworfen; s. K. 36, 12; 948, 11–17; 1111, 36–1114, 19.

1500, 30   *Hans im Glück* – Ugs. für: Glückspilz; geht zurück auf Grimms gleichnamiges Märchen.

1500, 30   *Interzonenpaß* – s. K. 1436, 32–34.

1500, 32   *D. W. K.* – s. K. 1493, 27.

1501, 8 f.   *chinesische Bettlerkrankheit* – Konnte nicht nachgewiesen werden.

1501, 9   *Melde-Essen* – s. K. 1226, 9.

1501, 11   *Scabies* – Krätze, durch Milben verursachte ansteckende Hautkrankheit.

1501, 17 f.   *ook'n goden Minschen* – (nd.) auch ein guter Mensch.

1501, 21   *Dom Offizeróv* – (russ.) Haus der Offiziere; vermutlich ein Druckfehler, im Russ. auf der dritten Silbe betont; in der zweibändigen Taschenbuchausgabe ohne Akzent; s. K. 1347, 13.

1501, 29   *zehn Schafe mit Schachtelhalm im Bauch* – Verschiedene Arten des Schachtelhalms (z. B. Equisetum silvaticum und palustre) sind giftig und im Viehfutter schädlich.

1502, 1 f.   *National-Zeitung* – Erschien ab 22. 3. 1948 in Ostberlin mit sowj. Förderung und sollte ehemalige Mitglieder der NSDAP für die Ziele der SED gewinnen; bereitete anfangs die Gründung der NDP (s. K. 1634, 8) vor, deren Tageszeitung sie wurde.

1502, 4–6   *wenn ihre Volkspolizei . . . Vertrieb lahm legte* – Am 16. 4. 1948 wurden den Zeitungshändlern im sowj. besetzten Sektor Berlins alle westlich lizensierten Zeitungen beschlagnahmt und der Weiterbezug untersagt; vgl. SBZ (1956), S. 72.

1502, 7 f.   *Tagesspiegel* – Am 27. 9. 1945 gegr. Westberliner Tageszeitung mit intellektuellem Anspruch. Obwohl der Chefredakteur jener Zeit, Walter Karsch, parteilos war, identifizierte sich das Blatt eindeutig mit der Position der Westmächte.

1502, 11   *Hollywoodschaukel* – Die bankartigen, überdachten Schaukeln waren Anfang der fünfziger Jahre in Deutschland noch unbekannt; vgl. Johnsons Brief an Friedrich Ernst Schult vom 20. 1. 1984, in: Fahlke (1994), S. 311 f.

6. 7. 1968

1502, 19 *Saturday* – (engl.) Samstag, Sonnabend; s. K. 601, 1.

1502, 21–
1506, 7
Sonderkorrespondent Bernhard Weintraub . . . Student‹, erwiderte er – »American Impact on Vietnam's Economy, Politics and Culture Is Profound By Bernhard Weinraub [sic] Special to The NewYorkTimes – Saigon, South Vietnam, June 27 – Ten years ago fewer than 1,000 American servicemen were stationed in Vietnam, and their presence was scarcely noticed.

Today, 530,000 American troops and 12,000 civilians are swarming through this tortured country, and their presence is affecting the very roots of South Vietnamese life.

[. . .] Lambrettas and cars. In 30,000 to 40,000 homes and in the village squares throughout the country, South Vietnamese families watch in fascination ›The Addams Family,‹ and ›Perry Mason‹ on armed forces television. In college classrooms students read John Updike and J. D. Salinger. In coffee shops, young men who work for United States agencies and girls in miniskirts sip Coca-Cola and complain that the Americans have taken over.

The American presence has also contributed to a tangle of more profound changes that remain, with a war on, contradictory and complex. Students, teachers, Government employes and businessmen insist, for example, that the influx of American soldiers, civilians and dollars is tearing the family apart and creating social havoc.

[. . .] ›An impossible situation has been created,‹ said an American-educated lawyer. ›The poor families come to Saigon from the countryside because of the war. The father has few skills, so he becomes a day laborer or drives a pedicab. Before he was respected by the children. He knew about the farm. He knew about the land. Now he knows nothing.

›The young boys wash cars for the Americans or shine shoes or sell papers or work as pickpockets,‹ the lawyer went on. ›They may earn 500 or 600 piasters [$5 oder $6] a day. Their fathers earn 200 piasters a day. Here is a 10-year-old boy earning three times as much as his father. It is unheard of.‹

Beyond the impact of the Americans and the American dollars, of course, there is the over-all shattering impact of the war itself. Virtually every young farmer or peasant is forced to join the Government forces or the Vietcong; more than a million people have become refugees; the disruptions of farms and villages has led an additional two million to flee to the cities. [. . .] This traumatic break for many farmers – and the social problems that await them in the cities – has stirred anger among many Vietnamese, especially since thousands of families in rural areas are physically moved out of their farms by allied troops to create free-strike zones.

›Want to Die There‹

›The Vietnamese never wants to leave his village,‹ said a professor at Saigon University. ›They want to be born there and they want to die there.

›That is not easy for you Americans to understand, since you can move from village to village in your country,‹ he went on. ›But here it is very painful for a Vietnamese to leave his village, and when they are forced to move they hate you. It is as simple as that – they hate you.‹

[…] ›This country is going from a kind of Victorianism to a plastic imitation of the teenybopper in the matter of a few years,‹ said a junior American official. Another declared:

›It's easy to blame everything wrong here on the Americans – the Vietnamese love doing it. But, look, this society was damned rotten when we got here and what we're getting now is an exaggeration of the rottenness, the corruption, the national hangups.‹«

[Es folgen Ausführungen über den relativ geringen Einfluß der buddhistischen und kath. Religion, während zeitgenössische amerik. Autoren wie Hemingway, Faulkner und Salinger viel gelesen und ihre Lebens- und Denkweise bewundert werden.]

»Ironically the strongest American cultural influence has touched folk singing in the antiwar ballads of the most famous college singer in Vietnam, Trinh [sic] Cong Son.

The broadest social – and, by extension, cultural – impact of the Americans has fallen on the powerful middle class, who exclusively ran the Government's bureaucracy, taught in primary schools and colleges and served as lawyers, doctors and businessmen. This socially conscious class, to all indications, had little link to or sympathy for the peasants, or even the army.

American officials say privately that the disruption within this entrenched class is welcome. Middleclass Vietnamese are naturally bitter. Especially at their decline in status.

›A university professor may earn 18,000 piasters a month [$150], while a bar girl can earn 100,000 piasters [$850],‹ said 58-year-old Ho Huu Tuong, a lower-house representative who was a prominent intellectual in the nineteen forties. ›The intelligentsia are the disinherited, the lost, because of the American impact. We have lost our position.‹

›Money has become the idol,‹ said Mr. Thien, the Information Minister. ›Money, money, money.‹

The theme is echoed by poorer Vietnamese – the pedicab drivers, the small businessmen, the maids, the cooks – but for them the problem of status is irrelevant and the flow of American dollars is hardly unwelcome. ›How can I hate the Americans?‹ asked a grinning woman who sells black-market cigarettes at a stand on Tu Do, in the heart of Saigon. ›They have so much money in their pockets.‹

Taxation a Problem

At the official level, only enormous American assistance – $600-million this fiscal year – keeps Vietnam afloat. The figure is exclusive of American military expenditures of more than $2-billion [hier ist Johnson ein Übersetzungsfehler unterlaufen: 1505, 7 f. »Millionen«, richtig: Milliarden] a month.

[…] Only 6 per cent of last year's budget was met by direct taxes on income and business profits in comparison with about 80 per cent in the United States.

This results on Government reliance on levies on foodstuffs, tobacco, alcohol, matches and other items that fall with heavy weight on the poor. And, through bribes and bureaucracy, the rich often pay no taxes at all.

[...] Since 1962, land distribution in South Vietnam has been at a virtual standstill and the bulk of the land remains in the hands of absentee landlords.

[...] There is a general feeling that Mr. Thieu, Mr. Ky or any other Vietnamese leader would have enormous political difficulties, even if they agreed to every possible reform that the Americans have urged.

For the heart of the Government or ›system‹ is an unwieldy, Kafkaesque bureaucracy that hampers progress at every turn. And in that area, the American impact has been minimal.

Paperwork, documents, stamps, bored officials, bribes are everywhere. Officials work four-hour-days.

›It will take at least a generation to change the system,‹ said one of the highest American officials at the United States mission. ›Maybe more than a generation.‹

[...] A South Vietnamese publisher told an American recently: ›You are our guests in this country and Vietnamese have been very friendly to you. Do not outlive our hospitality.‹

[...] ›Smugness of so many of them is appalling,‹ said a junior American official. ›If we were not at war it would be funny.‹

But a student at La Pagode, a coffee shop on Tu Do, observed: ›Americans must fight for us so we can live in peace.‹ Had the student volunteered to join the army? ›No, I must study, I am a student,‹ he replied«; NYT 6. 7. 1968.

1502, 32   ... *Lambrettas und Autos* – Johnson ist beim Ausschneiden des Artikels ein Teil verlorengegangen, denn vor diesem Teilsatz hat er handschriftlich »missing« notiert.

                         Lambretta ist der Markenname eines ital. Motorrollers der fünfziger Jahre.

1502, 35   *»The Addams Family«* – Cartoon-Serie aus den vierziger Jahren von Charles Addams (1912–1988) über eine Familie netter Monster mit oft makabren Pointen; s. 1507, 28 f.

1502, 35   *»Perry Mason«* – Rechtsanwalt in vielen Kriminalromanen Erle Stanley Gardners (17. 7. 1889–11. 3. 1970), der durch scharfsinnige, logische Plädoyers seinen Mandanten aus aussichtsloser Lage zum Freispruch verhilft; s. 1507, 29.

1502, 36   *John Updike* – Geb. 18. 3. 1932, amerik. Schriftsteller; satirische, gesellschaftskritische Romane; »Ehepaare«, 1968, »Rabbit«-Tetralogie, 1960–90.

1502, 36   *J. D. Salinger* – s. K. 466, 36–467, 1.

1504, 12 f.   *Trin Cong Son* – Trinh [sic] Cong Son, vietnamesischer Studentensänger, schrieb, nachdem er die Kämpfe um Hue während der Tet-Offensive überlebt hatte, die ironische und makabre Ballade:

                         I saw, I saw, I saw holes and trenches

Full of the corpses of my brothers and sisters.
Mothers, clap for joy over war.
Sisters, clap and cheer for peace.
Everyone clap for vengeance.
Everyone clap instead of repentance.
Vgl. Karnow (1983), S. 531.

1505,2   *Tu Do, im Herzen Saigons* – Die Flanier- und Ausgehstraße der frz. Kolonialzeit, die Rue Catinat (zwischen Saigon-Fluß und der Kathedrale Notre Dame), wurde während der »amerikanischen Zeit« Saigons zur Amüsiermeile Tu Do (Freiheit) mit unzähligen Tanzbars und Stundenhotels; heute heißt die Straße Dong Khoi (Straße der Volkserhebung).

1505,21   *Mr. Thieu* – s. K. 13, 14 f.

1505,21   *Mr. Ky* – s. K. 13, 14 f.

1505,26   *kafkaeske* – Kafka: s. K. 1860, 9–12.

1506,8   © *by the . . . York Times Company* – s. K. 116, 25.

1506,10–34   *Lynn Tinkel. / Lynn . . . Zuges, oder Fahrgäste* – Die NYT vom 6.7.1968 berichtet unter der Überschrift »Woman Who Took Snapshot in Subway Acquitted in Court«: »A 22-year-old Bronx schoolteacher went into Criminal Court yesterday to fight a summons she received last month for taking a picture of a friend on a subway platform. She won her case.
The teacher, Lynn Tinkel, pleaded not guilty to violating a Transit Authority rule that requires written permission for anyone to take a photograph in a subway or any other Transit Authority facility.
›It's the principle of the thing,‹ Miss Tinkel said when she left the courtroom. ›I did not see anything wrong in taking a picture of my friend on the subway platform.‹
Judge Arthur Goldberg agreed and dismissed the charge.
Miss Tinkel received the summons after snapping a picture of James Lunenfeld, 24, also a teacher, at 2:30 A.M. on June 19 on the platform of the IND line's 59th Street station.
A Transit Authority's spokesman said later that the rule was in the interest of safety, but that now ›a new look at the situation might be necessary.‹
He added: ›The rule gives us a chance to tell photographers they can't use tripods – people might trip over them; or that flashbulbs might blind a motorman or passengers. When people with cameras show up, crowds form and then you can't be too careful.‹«

1506,14   *INDependent* – s. K. 369, 28.

1506,24 f.   *Kriminalgericht an der Centre Street 100* – s. K. 16, 10.

1506,35 f.   *82 Grad Fahrenheit . . . von 73 Prozent* – Wettervorhersage der NYT vom 6.7.1968: »Temp. range: today 82–63 [. . .] Temp. Hum. Index 73«. 82° Fahrenheit entsprechen fast 27° Celsius; s. K. 22, 39–23, 1.

7. 7. 1968

1507,22– *ihrer Vorlesung über . . . Times still übergangen* – Johnson paraphrasiert den 1502,
1508,11 21–1506,7 von ihm teilweise übersetzten Artikel aus der NYT vom 6.7.
1968. Am Ende des Ausschnittes hat er handschriftlich angemerkt: »no mention of veneral diseases, of course«.

1507,28f. *»The Adams Family« . . . wie »Perry Mason«* – s. K. 1502, 35; Druckfehler in allen Ausgaben, richtig: Addams.

1507,30 *Neuengland* – s. K. 43, 28.

1508,13–20 *gut 800 Zeilen . . . Untersuchung nicht vorsieht* –Vgl. den Artikel »Police Violence.
A Changing Pattern« der NYT vom 7.7.1968. Die hier angegebenen Gründe
für den Einsatz von Gewalt decken sich wörtl. nur begrenzt mit dem Text:
»Third, the violence used by those policemen who enjoy hurting people.
Fourth, the violence that erupts when policemen become afraid or are under
great physical or mental stress.«

1508,21–27 *es ein Polizist . . . Central Park erschoß* – Vgl. den Artikel »Illegal Sale of Gun
Used by Park Killer« der NYT vom 7.7. 1968: »The revolver used by Angel
Angelof in Wednesday's gun battle in Central Park has been traced to two
New Jersey policemen who reportedly sold it illegally. [. . .]
Kyril Dimitrov, had purchased it without the permit required by New Jersey
law from a patrolman in Jackson-Township where he lives.
The patrolman had previously bought the weapon from another member of
the force in a transaction that was also illegal [. . .].
Angelof killed a young woman and wounded an elderly man and two patrolmen [. . .].
The .45-caliber Smith & Wesson revolver, which had a five-inch barrel and
bone grips, was manufactured about 40 years ago«; s. K. 1488, 15–31.

1508,23 *Smith & Wesson* – Bedeutendstes Werk für Präzisionsrevolver in den USA, 1857
als Fabrik für Faustfeuerwaffen in Springfield, Mass., gegr.; bekannt für seine
Revolververschlüsse und die seitlich ausschwenkbaren Trommeln.

1508,33 *edle Einfalt, stille Größe* – Zitat aus »Gedanken über die Nachahmung der griechischen Werke in der Mahlerey und Bildhauerkunst«, 1755, von Johann Joachim Winckelmann: »Das allgemeine vorzügliche Kennzeichen der griechischen Meisterwerke ist eine edle Einfalt und stille Größe, sowohl in der
Stellung als im Ausdruck«; vgl. Winckelmann (1969), S. 27.

1508,36f. *Friedhof Woodlawn* – Woodlawn Cemetery, nicht konfessionsgebundener
Friedhof von etwa 160 ha in der Bronx (s. K. 18,31) zwischen East 233.
Street, Webster Ave., East 211. Street, Bainbridge Ave. und Jerome Ave.; 1863
eröffnet, wurde er schnell zu einem »Prominentenfriedhof«; einer der eindrucksvollsten Friedhöfe der USA.

1509, 3–36 *Einer der nettesten... ihr selbst gezeigt* – Eine Werbung für die NYT zeigt mit
dem Text »One of the nicest things of the New York Times is that you can
have it delivered« die beschriebene Karikatur einer älteren Frau, auf die Johnson handschriftlich notierte:

> Berg aus grossen Locken, denen
> die Rolle noch anzusehen ist.
> Klemmer mit viereckigen Gläsern
> Umhang aus schwarzer Wolle
> der aufreppelt
> weites Kleid mit geometrischem Muster
> und breiter Schmuckbordüre in der Mitte
> altersmagere spillrige Gliedmassen
> Krückstock
> knöchellanges Kleid, fransiger Saum
> Stiefeletten

Vgl. NYT 7. 7. 1968; die Karikatur ist enthalten in: Fahlke (1991), S. 129.

1509, 9 *Eine kurze Person* – (engl. wörtl. übersetzt) A short person.

1509, 11 *Jettschwarze Punktaugen* – s. K. 1477, 5.

1509, 29 *spillrig* – (nd.) mager, dürr; s. K. 120, 16.

8. 7. 1968

1510, 2–16 *Seit einer Woche... ist es nicht* – Vgl. den Artikel »Czech Program Scored in
Soviet« der NYT vom 8. 7. 1968: »A disclosure in Czechoslovakia last night
that the Communist party's governing Presidium would be summoned to
discuss messages from the Soviet Union, Poland and East Germany came amid
a nationwide campaign here to harden sentiment against Czechoslovakia's
program of democratization. [...]
Workers at thousands of Soviet factories, farms and other enterprises have
been holding rallies for more than a week to condemn ›anti-Socialist and anti-
Soviet elements in Czechoslovakia.‹ [...]
The Soviet rallies have stirred apprehension among Czechoslovak liberals,
among them the editors of Mlada Fronta, the country's youth newspaper and
an outspoken advocate of the democratic reforms.
Pravda, the Soviet Communist party paper, denounced Mlada Fronta today
for having questioned the motivation behind the rallies. [...]
The Prague paper's ›bewilderment‹ over the meetings, Pravda said, demonstrated that its staff members were among the ›irresponsible journalists‹ [...].
The contents of the Soviet, Polish and East German messages to Prague were
not known here [...].
It was noted that Josef Smrkovsky, chairman of the National Assembly, in reporting the messages, declared that Czechoslovakia would not tolerate inter-
ference by other countries in her internal affairs.«

1510, 7	*Wahrheit* – s. K. 190, 29.
1510, 8	*Mladá Fronta* – (tschech.) übersetzt im Text 1510, 6; s. K. 1446, 16–18.
1510, 11	*Josef Smrkovský* – s. K. 1366, 24.
1510, 17	*Im Mai 1948* – Im Sommer 1948 kam es zu größeren Entlassungen in den meisten NKWD-Lagern; vgl. Fricke (1979), S. 95 f.
1510, 17– **1516, 17**	*Im Mai 1948 . . . rohren künnt, Gesine* – Vgl. Brecht (1994), S. 122–125, der diese Szene als Gegenstück zur »Wassertonnengeschichte« interpretiert.
1511, 4–14	*Ja, von Jerichow . . . weiten weiten Welt* – Quelle der Geschichte konnte nicht nachgewiesen werden.
1511, 4 f.	*Ja, von Jerichow tau'm Damshäger Krog* – (nd.) Ja, von Jerichow zum Damshäger Krug; Damshagen: Dorf, 4, 8 km südlich von Klütz, an der Straße nach Grevesmühlen.
1511, 6 f.	*als die Leute . . . Schiff gescheitert war* – Meyer-Scharffenberg berichtet von der Plünderung eines bei Rethwisch gestrandeten Schiffs, beladen mit Branntwein, Wein und Häuten; vgl. Meyer-Scharffenberg (1962), S. 149 f.
1511, 8	*Grems* – Ugs. für Grevesmühlen.
1511, 19	*Wohlenberger Wiek* – s. K. 1114, 14–18.
1511, 20	*Klütz* – s. K. 7, 27.
1511, 22	*De seggn ümmer . . . wat se seggn* – (nd.) Die sagen immer noch, was sie sagen.
1511, 25–31	*Schår is, wåhr . . . Gnå-den, Gnå-den, Gnå-den* – (nd.) Klar ist, wahr ist, daß der Lehrjunge tot ist, der im Sophienteich [oder: Ferkelteich] liegt. Er hat nicht gelogen, er hat nicht gestohlen, nicht betrogen! Unser Herrgott nehme ihn an in Gna-den, Gna-den, Gna-den!
1512, 23	*Orre vleich ne Ziehgar* – (nd.) Oder vielleicht eine Zigarre?
1512, 35	*Döns* – s. K. 1275, 11.
1513, 38	*Friedrich Aereboe* – s. K. 570, 37.
1514, 1 f.	*bei der Errechnung des Solls* – Die für landwirtschaftliche Betriebe festgelegte Menge an Erzeugnissen, die abgeliefert werden mußte und zu amtlichen Niedrigpreisen abgenommen wurde.
1514, 5	*sin Voss* – (nd.) seinem Fuchs.
1514, 7	*Kindting* – (nd.) Kindchen.

1514, 17	*Soujetischen Aktiengesellschaften* – s. K. 1398, 14.
1514, 18	*Landtagswahlen* – s. K. 1404, 22.
1514, 18–24	*jenem Gneezer Studienrat... die Fänge getrieben* – Konnte nicht nachgewiesen werden.
1514, 26	*Putsch der Kommunisten in Prag* – s. K. 46, 35.
1514, 28	*Jan Masaryk* – s. K. 852, 31 f.
1514, 32	*»Freie Spitzen«* – Mit der Neuregelung der Lebensmittelrationen durch die SMAD vom 21. 10. 1945 wurde auch den Bauern ein bestimmtes Ablieferungskontingent vorgeschrieben. Was sie darüber hinaus erzeugten, konnten sie als »Freie Spitzen« verkaufen.
1514, 34 f.	*Wirtschaftskommission* – s. K. 1493, 27.
1514, 38	*Oberst Golubinin* – Konnte nicht nachgewiesen werden.
1514, 39– 1515, 3	*die V. K. A. auf... und des Warenverbleibs* – Volkskontrollausschüsse, seit Herbst 1947 nicht nur zu Kontrollen, sondern auch zur Unterstützung von Enteignungen eingesetzt. Ihre außerordentlichen Vollmachten luden zu Mißbrauch ein. Die »Neue Zeit« schrieb, sie »sollen in den Betrieben, Gemeinden und Kreisen auf Vorschlag des Antifablocks bestimmt werden. Ihre Aufgabe ist Überwachung der Produktion und des Warenverbleibs [...] Bekämpfung von Schiebungen«; vgl. SBZ (1956), S. 69.
1515, 3	*setztem* – Druckfehler in allen Ausgaben, richtig: setzten.
1515, 4 f.	*mit Triticum vulgare... von Triticum aestivum* – Zwei Bezeichnungen für den in Mitteleuropa überwiegend gebrauchten Saatweizen.
1515, 10	*moest du doch seggn* – (nd.) mußt du doch sagen.
1515, 12	*De Minsch wart... as ne Kauh* – (nd.) Der Mensch wird älter als eine Kuh... (unn liernt ümme noch dortau: und lernt immer noch dazu).
1515, 14	*Liggt dat Bauk gaud* – (nd.) Liegt das Buch gut?
1515, 20	*Dor hest du din' Seehunt* – (nd.) Da hast du deinen Seehund!
1515, 27	*Hei bitt di nich* – (nd.) Er beißt dich nicht.
1515, 37	*Ick hev di wat mitbröcht* – (nd.) Ich hab dir was mitgebracht; s. 1282, 17–29; 1529, 27–33.
1516, 16 f.	*Du hest nich... rohren künnt, Gesine* – (nd.) Du hast nicht geweint, Cresspahl. Wenn ich man hätte weinen gekonnt, Gesine.

9. 7. 1968

1516, 30   *Lederitsessel* – Da sich Lederit als Werkstoff nicht nachweisen ließ, handelt es sich vermutlich um eine Johnsonsche Parallelbildung zu Namen wie Bakelit oder Igilit.

1519, 2   *Am 28. April 1961* – s. K. 278, 16.

1519, 27 f.   *noch einmal heiraten? / Antwort Ja* – s. 40, 28 f.

1520, 37   *Eisernen Vorhangs* – Ein Schlagwort, das zum Synonym für die Teilung der Welt in der Zeit des »Kalten Krieges« wurde; von Winston Churchill in einem Telegramm an Präsident Truman vom 12. 5. 1945 im Hinblick auf die Besetzung Osteuropas durch die Russen geprägt: »An iron curtain is drawn down upon their front«; vgl. Churchill (1948), Bd. 6, S. 573. Bekannt wurde es durch seine Rede am 5. 3. 1946 im Westminster College in Fulton, Missouri: »Von Stettin an der Ostsee bis hinunter nach Triest an der Adria ist ein ›Eiserner Vorhang‹ über den Kontinent gezogen«; vgl. Keesings Archiv der Gegenwart, Bd. 1946–47, S. 669 f. Erstmals gebraucht wurde der Ausdruck von Josef Goebbels in einer Radiorede im Februar 1942.
Vgl. HNJ, S. 126: »*An Iron Curtain has descended across the continent.*«

1521, 35   *zu 90 Prozent wahrheitsgetreu* – Die Beurteilung könnte zutreffen, wenn Gesine auf alle Fragen, die ihre Privatsphäre betreffen, nicht die Wahrheit sagt.

10. 7. 1968

1522, 16–32   *Nun haben noch . . . Eisenbahn: klagen sie* – Vgl. den Artikel »Prague Bars Call For Bloc Parley« der NYT vom 10. 7. 1968: Die Prager Regierung war in separaten Schreiben von der Sowjetunion, Bulgarien, der DDR, Polen und Ungarn zu einem kurzfristigen Treffen der Parteiführer aufgefordert worden, erklärte sich aber nicht bereit, daran teilzunehmen. »The letters, similar in content, charged that the Czechoslovak Central Committee had not been sufficiently firm in dealing with the enemies of Communism in Czechoslovakia. ›Counterrevolutionaries‹ outside the party as well as ›revisionists‹ within were mentioned.
The letters also condemned the working of press freedom in Czechoslovakia and asserted that the ›counterrevolutionaries‹ and ›revisionists‹ were using the press, radio and television for their purposes. [. . .]
Progressive Czechoslovak officials consider the rejection of the more moderate leadership represented by Alexander Dubcek, First Secretary, and Josepf [sic] Smrkovsky, president of the National Assembly, a significant victory. [. . .]
Czechoslovakia was quick and grateful to note Rumania's abstention from the demand for a meeting. Rumania believes firmly in the principle of non-interference [. . .].
Some Czechoslovaks are nervous over the continued presence of Soviet

troops after the Warsaw Pact maneuvers, that ended June 30. The Soviet command was said to have advanced technical reasons to explain their slow departure. Among them were absence of repair facilities for their vehicles and a shortage of rail transport«; Manöver: s. K. 1222, 24–28.

1522, 18 f.   *begreift das Prinzip . . . in Anspruch nimmt* – Die Sowjetunion pflegte Proteste gegen Menschenrechtsverletzungen regelmäßig als Verstöße gegen das Prinzip der Nichteinmischung in ihre inneren Angelegenheiten zurückzuweisen.

1522, 22   *»Revisionisten«* – s. K. 1365, 36.

1522, 23   *»Konterrevolutionäre«* – s. K. 1456, 14 f.

1522, 26   *Josef Smrkovsky* – s. K. 1366, 24.

1523, 12   *Absätze 6, 7 . . . des Paragraphen 58* – Juristische Grundlage für alle Verurteilungen durch SMT (s. K. 1218, 26) war der § 58 des sowj. Strafkodex vom 6. 6. 1927, seltener § 17 (Definition des Versuchs) und § 19 (Vorbereitung zu einem Delikt); s. 1795, 23–27.

1523, 19 f.   *Nach Absatz 6 . . . zu drei Jahren* – § 58 Abs. 6 (Spionage): »Die Übergabe, Aneignung oder das Sammeln mit dem Ziel der Weitergabe von Nachrichten, die ihrem Inhalt nach speziell bewahrte Staatsgeheimnisse darstellen, an ausländische Staaten, konterrevolutionäre Organisationen oder Privatpersonen, wird bestraft mit Freiheitsentzug für eine Zeit von nicht kürzer als drei Jahren mit Einbeziehung des ganzen oder eines Teils des Vermögens. In denjenigen Fällen jedoch, in denen die Spionage besonders schwere Folgen hervorrufen kann, wird sie mit der höchsten Form des sozialen Schutzes – der Erschießung – oder mit der Erklärung zum Feind der Werktätigen, mit dem Verlust der Staatsangehörigkeit einer verbündeten Republik und damit gleichzeitig der UdSSR für alle Zeiten sowie mit Enteignung des gesamten Vermögens geahndet«; vgl. Finn (1958), S. 28 f.; s. 1524, 14 f.; 1795, 23–27.

1523, 24 f.   *wie ein – Filmschauspieler* – In der zweibändigen Taschenbuchausgabe fehlt der Bindestrich; s. K. 1002, 20 f.

1523, 27   *Krassnogorsk* – Stadt etwa 25 km westlich von Moskau. Es ist kein Zwangsarbeitslager dort bekannt, während es im Gebiet Krasnojarsk im nördlichen Zentralasien mehrere große Lager gab.

1523, 34 f.   *Absatz zwölf bestraft . . . Sowjets eingesperrt ist* – § 58 Abs. 12 (Nichtanzeige von konterrevolutionären Verbrechen): »Nichtanzeige von einem sicher bekannten, sich in Vorbereitung befindenden oder vollendeten konterrevolutionären Verbrechen wird bestraft mit Freiheitsentzug für die Zeit von nicht weniger als sechs Monaten«; vgl. Finn (1958), S. 29; s. 1524, 15; 1795, 23–27.

1523, 36   *Absatz 10* – § 58 Abs. 10 (Antisowjetische Propaganda und Agitation): »Propaganda und Agitation, die den Aufruf enthalten, die Sowjetmacht zu stürzen, zu untergraben oder zu schwächen oder einzelne konterrevolutionäre Verbrechen zu begehen, ebenso die Verbreitung oder Herstellung oder Aufbewahrung von Literatur diesen Inhalts, wird bestraft mit Freiheitsentzug für die Zeit von nicht weniger als sechs Monaten. Werden dieselben Handlungen ausgeführt während Massenunruhen oder unter Ausnutzung von religiösen oder nationalen Vorurteilen der Massen oder während eines Krieges, oder in Ortschaften, in denen der Kriegszustand erklärt worden ist, wird bestraft mit Maßnahmen des sozialen Schutzes, die im § 58 Abs. 2 dieses Kodex aufgezählt sind«; vgl. Finn (1958), S. 28; s. 1795, 23–27.

1524, 4   *Emil Plath* – Druckfehler in allen Ausgaben, richtig: Erwin Plath.

1524, 19 f. *im Juni 1947 . . . die Todesurteile abgeschafft* – Am 26. 5. 1947 [sic] beschloß der Oberste Sowjet die Abschaffung der Todesstrafe; Höchststrafe sollte die Einweisung in ein Besserungslager für 25 Jahre sein. Am 12. 1. 1950 wurde sie für eine Reihe politischer Delikte (»Vaterlandsverräter, Spione, Saboteure«) wieder eingeführt. Sie galt auch für die sowj. Militärtribunale in der DDR; vgl. Finn (1958), S. 24; Fricke (1979), S. 578; Torke (1993); s. K. 1716, 8–10; s. 1790–1797.

1524, 19   *Väterchen Stalin* – s. K. 29, 26 f.

1524, 20 f. *die »höchste Norm des sozialen Schutzes«* – Vermutlich ein Abschreibfehler (tritt in allen Ausgaben auf), es hieß – z. B. für § 58 Abs. 14 Konterrevolutionäre Spionage – »in besonders schweren Fällen, bis zur höchsten Form des sozialen Schutzes – der Erschießung mit Einbeziehung des gesamten Vermögens«; vgl. Finn (1958), S. 31; s. K. 1796, 39–1797, 2; s. 1716, 8–10.

1524, 21   *S. M. T.* – s. K. 1218, 26.

1524, 24–26 *Gustav Cub und . . . 185 Jahren Arbeitslager* – »4. August 1948. Das SMT Schwerin verurteilt einen Gustav Cub und acht andere Einwohner Rostocks wegen angeblicher Verbindung zu einem nicht bekannten Nachrichtendienst zu insgesamt 185 Jahren Arbeitslager«, Finn (1958), S. 203.

1525, 20 f. *als sei die . . . Recht gesetzt war* – Anspielung auf Röm 13, 1–2: »Jedermann sei untertan der Obrigkeit, die Gewalt über ihn hat. Denn es ist keine Obrigkeit ohne von Gott; wo aber Obrigkeit ist, die ist von Gott verordnet«; s. K. 365, 3 f.

1525, 22   *Haftfolgen* – s. K. 46, 39.

1526, 28   *Olsch* – (nd.) Alte.

1526, 38   *diese würdige Greisin* – s. K. 608, 33.

1527, 2–8   *Broschüre des Handbuchs . . . Westdeutschland, ein Selbstmord* – In Johnsons Bibliothek befindet sich ein »Handbuch für den Mecklenburgischen Landtag, 1. Wahlperiode«, hg. vom Büro des Landtags, Schwerin o. J. Im Anhang mit den Lebensläufen der Parlamentarier finden sich die erwähnten Anmerkungen oder Striche – nicht in Johnsons Handschrift.

1527, 7   *N. K. W. D.* – s. K. 1279, 38.

1527, 19	*Katasterblatt* – s. K. 1273, 18.
1527, 22	*»Neubrandenburg«* – Gemeint ist das Lager; s. K. 1287, 25.
1527, 26	*Persilbrief* – s. K. 424, 5.
1527, 27	*Entnazifizierung* – s. K. 1497, 14–22.
1527, 29–31	*kein Arthur Salomon . . . von Burse & Dunaway* – s. K. 94, 25.
1527, 33–36	*Zwar im englischen . . . vorzüglichen Papieren verkauft* – s. K. 431, 15.
1527, 34	*englischen Sektor von Berlin* – s. K. 998, 19–24.
1527, 37	*Ahrenshoop* – s. K. 9, 25.
1528, 7–9	*Nun hatte die . . . zu Fuß gesperrt* – s. K. 1148, 11 f.

11. 7. 1968

1528, 11–20	*Alexander Dubček hat . . . Es sei konterrevolutionär* – Vgl. den Artikel »Soviet Assails Manifesto« der NYT vom 11. 7. 1968: »The Soviet weekly Literaturnaya Gazeta denounced today as ›counterrevolutionary‹ a recent manifesto of Czechoslovak liberal intellectuals demanding a mass purge of conservative Communist followers of the ousted regime of Antonin Novotny. [. . .] The manifesto called for ›public criticism, demonstrations, resolutions, strikes and boycotts to bring down people who have misused power and caused public harm.‹ Charging this activity was directed against overthrowing a Communist party, the Soviet weekly said: ›This, in straight language, is a provocative, inflammatory program of action. It is an anti-Communist program. It is counterrevolutionary.‹ The Czechoslovak document has been repudiated as disruptive by the reformist leadership, which is looking to the party congress scheduled for September to eliminate conservatives from public life«; Dubček: s. K. 554, 36.
1528, 11 f.	*Zweitausend tschechoslowakischen Worte* – s. K. 1438, 7–1446, 2.
1528, 14	*Literaturnaja Gazjeta* – s. K. 395, 26; so nur hier, sonst »Gasjeta« geschrieben.
1528, 20	*konterrevolutionär* – s. K. 1456, 14 f.
1528, 21	*Literaturka* – (russ. ugs.) ironische Verkleinerungsform zu Literatur.
1528, 25	*Gneezer Brückenschule* – s. K. 1221, 30.
1529, 2	*Titbits* – (engl.) Leckerbissen; auch Titel einer 1881 gegr. engl. Wochenzeitung; s. 1529, 22, 36.
1529, 6	*usually* – (engl.) gewöhnlich, normalerweise; s. 1529, 11, 12.
1529, 17	*Nu seggn Sei . . . bloß eins an* – (nd.) Nun sagen Sie doch bloß mal.

1529, 23	*British Broadcasting* – s. K. 860, 20–22.
1529, 27–33	*Sie fand nichts ... Händen machen konnte* – s. 1282, 17–29; 1515, 37.
1530, 15–23	*für das Volksbegehren ... es »gerechten Frieden«* – Das auf dem 2. Volkskongreß am 17./18. 3. 1948 beschlossene »Volksbegehren für Einheit und gerechten Frieden« zur Einheit Deutschlands als »unteilbare demokratische Republik« wurde in der SBZ und in Teilen der Westzone vom 23. 5.–13. 6. 1948 durchgeführt. Man zeichnete sich – eine Verletzung des Wahlrechts – in öffentliche Listen ein. In der SBZ beteiligten sich 91 %, in den sowj. Sektoren von Berlin 81, 6 %; vgl. SBZ (1956), S. 77.
1530, 19	*Stalinstraße* – s. K. 1432, 2.
1530, 38	*Schulgeld* – Erst am 1. 2. 1957 schaffte eine »Anordnung über die Durchführung der vollen Schulgeldfreiheit an Ober- und Mittelschulen« die (allerdings geringen) Gebühren ab; vgl. GBl. I, S. 168. In der BRD wurde bis 1952 Schulgeld erhoben.
1531, 16	*S. M. T.* – s. K. 1218, 26.
1531, 19 f.	*Ende Mai 1948 Fahnder der Wirtschaftskommission* – Am 17. 4. 1948 war ein »Ausschuß zum Schutze des Volkseigentums« auf Befehl der SMAD gebildet worden, am 12. 5. 1948 ordnete die Deutsche Wirtschaftskommission die Bildung von Verwaltungsdienststellen in den Ländern an, um den Verbleib von wirtschaftlichen Werten zu überwachen; Wirtschaftskommission: s. K. 1493, 27.
1531, 21	*Bützow* – s. K. 102, 25.
1531, 22	*Kröpelin* – s. K. 159, 25.
1531, 31	*Da wollte er es zufrieden sein* – s. K. 124, 17.
1532, 10	*Volkszeitung* – Vom 13. 7. 1945 bis zum 9. 4. 1946 wurde in Schwerin die »Volkszeitung« als Organ der KPD für Mecklenburg-Vorpommern hg. Seit dem 13. 9. 1945 erschien als Organ der SPD für Mecklenburg-Vorpommern die »Volksstimme«. Nach der Vereinigung der Parteien nannte man das seit dem 10. 4. 1946 erscheinende Organ der SED »Landes-Zeitung«, und nach der Gebietsreform von 1952 erschien die Tageszeitung seit dem 15. 8. als »Schweriner Volkszeitung« (Organ der Bezirksleitung der SED).
1532, 13	*Cresspahls Erfahrung im ... seit November 1938* – s. 738, 10–744, 37.
1532, 38– 1533, 7	*betrachtete ein Amselküken ... Jammergeschrei der Amsel* – Amselmotiv: s. K. 274, 36.
1533, 17	*von den Künsten die brotlosen* – Anspielung auf Bertolt Brechts Gedicht »Orges Wunschliste«, Vers 11, aus der »Hauspostille«: »Von den Künsten die unverwertlichen.«

1533, 21–25   *die westdeutsche Währungsreform . . . Wirtschaft zu retten* – In den Westzonen wurde vom 18.–20. 6. 1948 die »Deutsche Mark« eingeführt, in Westberlin am 23. 6. 1948. Aktien wurden im Wert 1:1 umgetauscht.

1533, 27–36   *Währungsreform in der . . . Zehntel wert waren* – Auf SMAD-Befehl 111 wurden ab 24. 6. 1948 Reichs- und Rentenmarkscheine mit aufgeklebten Spezialkupons in Umlauf gesetzt, die ab dem 28. 6. allein gültig waren. Der Umtausch erfolgte im Verhältnis 1:10, Beträge bis zu 70 RM wurden 1:1 getauscht. Sparguthaben bis zu 100 RM wurden 1:1, bis zu 1000 RM 1:5 und darüber hinaus 1:10 umgetauscht, Lebensversicherungspolicen wurden begünstigt, Guthaben der Behörden, der im Eigentum des Volkes, der Länder und Gemeinden stehenden Betriebe, der Parteien und Organisationen wurden 1:1 umgewertet. Ab 25. 7. 1948 begann die Ausgabe der neuen Geldscheine: Mark der Deutschen Notenbank. An Bargeld wurden pro Kopf 70 DM ausgegeben, zusätzlich erhielt jeder Arbeitnehmer 10 DM, alle restlichen Beträge wurden zunächst auf Sperrkonten festgeschrieben; vgl. SBZ (1956), S. 78.

1534, 7   *Lindstetter* – Druckfehler in allen Ausgaben, richtig: Lindsetter.

1534, 18   *Duwenspeck* – Druckfehler in allen Ausgaben, richtig: Duvenspeck.

1535, 10   *wurden die Kredite . . . zu Fünf abgewertet* – Bei der Währungsreform wurden als Geschenk an die Neubauern die bei der Bodenreform gewährten Kredite im Verhältnis 5:1 umgetauscht; vgl. SBZ von A bis Z (1969), S. 698.

1536, 8 f.   *Kopfüber und Koppheister* – Mecklenburgische Redensart: Drunter und drüber.

1536, 14–16   *den westlichen Sektoren . . . von den Wasserstraßen* – s. K. 1148, 11 f.

1536, 20   *dunnemals* – (nd.) damals.

1536, 22   *Renaissance-Lichtspiele* – s. K. 1430, 14 f.

1536, 33   *Mittelmeerischen Schwimmclub* – s. K. 487, 20.

1537, 1 f.   *Aufstellung deutscher Truppen . . . dem Namen Kaserniert* – s. K. 1269, 9 f.

1537, 8 f.   *Johnny Schlegels Weizen* – s. K. 1089, 10.

1537, 12 f.   *Die Beständigkeit des Glücks* – Vermutlich Anspielung auf Hobbes, »Leviathan, oder der kirchliche und bürgerliche Staat«, I, 6. Kapitel: »Ständigen Erfolg im Erlangen der Dinge, die man von Zeit zu Zeit begehrt, das heißt ständiges Wohlergehen, nennt man Glückseligkeit. Ich meine dabei die Glückseligkeit in diesem Leben. Denn solange wir hienieden leben, gibt es sowas wie beständigen Seelenfrieden nicht, da das Leben selbst nichts anderes als Bewegung ist und deshalb nie ohne Verlangen und Furcht sein kann, ebensowenig wie ohne Empfindung«; vgl. Hobbes (1976), S. 48. Vgl. auch ebd., S. 70, aus dem 10. Kapitel: »Glück, falls beständig, ist ehrenhaft, da es ein Zeichen der Gunst Gottes ist. Unglück und Verluste sind unehrenhaft.« In seinem Referat über Thomas Otways »Venice Preserved« zitiert Johnson aus dem »Leviathan«; vgl. Johnson, Thomas Otway, S. 34; s. 1541, 30.

12. 7. 1968

1537, 15   *Friday* – (engl.) Freitag.

1537, 18 f.   *Kümmere dich um . . . der Threadneedle Street* –Vgl. den Artikel »Britain Narrows Trade Gap At Last« der NYT vom 12. 7. 1968 über die Verminderung des engl. Handelsdefizits im letzten Monat, dessen Bekanntgabe zu einem Anstieg des Pfundkurses führte.

1537, 19   *alten Dame an der Threadneedle Street* – Bank of England in der Londoner City, auch nach ihrer Lage The Old Lady of Threadneedle Street genannt.

1537, 21–25   *Da ist auch . . . um sechs Prozent* –Vgl. den Artikel »Major Crimes Here Rose 32 % In May« der NYT vom 12. 7. 1968: »Thirty-two per cent more major crimes were reported to the New York Police Department in May 1968, than in the same month of 1967 [. . .].
The greatest increase was for reported car theft, up 64,3 per cent [. . .]. The second largest increase was reported in robberies. They rose 59,7 per cent. [. . .] murder went up 20,3 per cent [. . .] while rape declined 6 per cent.«

1537, 25–28   *Gestern trat ein . . . der Jericho Turnpike* –Vgl. den Artikel »L. I. Bank Robbed« der NYT vom 12. 7. 1968: »A bandit used a small vial filled with greenish liquid to keep a bankmanager and five tellers at bay this morning before fleeing with $15,000 from the Woodbury branch of the Chemical Bank, New York Trust Company. [. . .] the bank at 8243 Jericho Turnpike.« Woodbury liegt in Nassau County, N.Y.

1537, 27   *Chemical Bank* – s. K. 772, 22 f.

1537, 29–
1538, 1   *Die Kommunistische Partei . . . Mißkredit zu bringen* –Vgl. den Artikel »Anti-Red Threat Seen By Pravda In Czech Appeal« der NYT vom 12. 7. 1968: »Pravda's accusation of counterrevolutionary activities centered on a manifesto signed by Czechoslovak intellectuals last month. [. . .]
The paper suggested that the Soviet Union had no quarrel with the original objectives of the Czechoslovak reformers. Pravda said, the overthrow of Mr. Novotny had been a reaction to ›errors and shortcomings‹ in economic policy and ›violations of Leninist principles of building socialism,‹ an allusion to the Novotny regime's arbitrary rule.
The efforts of the reformers have come under the threat of ›subversive activities from right-wing and anti-socialist forces,‹ Pravda asserted.
›Forces in Czechoslovakia hostile to socialism are striving to blacken and discredit the Communist party as the vanguard of the working class and the leading force of society,‹ it added.«

1537, 30   *Wahrheit* – s. K. 190, 29.

1537, 31   *Zweitausend Worte* – s. K. 1438, 7–1446, 2.

1538, 1 f.   *vor zwölf Jahren, in Ungarn* – s. K. 1108, 7.

1538, 9 f.	*»für wenn du tot bist«* – s. 151, 15.
1538, 14 f.	*Obchodný Banka* – (tschech.) Handelsbank.
1538, 28–	*Sehr geehrter Herr . . . mir geschützt werden* – s. K. 1856, 8–1857, 10; 1857, 10.
1541, 16	Johnson besaß von Alexander Mitscherlich u. a. »Kampf um die Erinnerung. Psychoanalyse für fortgeschrittene Anfänger«, München 1975.
1538, 31	*Schädelschrumpfer* – s. K. 561, 33 f.
1538, 39–	*große ungebrochen runde . . . Tulpenschrift genannt hat* – Identisch mit der Be-
1539, 2	schreibung der Schrift in MJ, S. 33: »in ihren grossen ungebrochen runden scharf unten ausfahrenden Zügen (in einer Tulpenschrift)«.
1539, 14	*ich höre Stimmen* – Eine Parallele zu Ernst Barlachs Romanfragment »Der ge-

stohlene Mond«: »Ihm kamen dann, nicht als Visionen, aber als Gegenwärtig-
keiten [. . .] die Reihe seiner toten Vorfahren und Familienmitglieder in den
Sinn, soweit er an ihrem Leben teilgehabt, den Verlauf ihres Daseins verfolgt,
ihren Ausgang miterlebt oder doch genaustens mit allen seinen Umständen
erfahren hatte. Alle waren schwer gestorben. Der Tod war ihnen gleichsam ein
wütiger, mindestens kaltgrausamer Vollstrecker eines unbarmherzigen Urteils
aus lautlosem Richtermunde gewesen. Waus Ergriffenheit, wenn er dieses
oder jenes Nahegestandenen Ende, des Vaters, der Mutter, der Brüder und
Andrer, vor der schauenden Erinnerung wiederum miterlebte, überdrang ihn
tagelang, und da solche Perioden [. . .] nicht häufiger, aber auch nicht seltener wurden, so war am Ende der Tod in all diesen unversöhnlichen Gestalten
ein Begleiter seines Lebens geworden, und er hatte sich des Gedankens an die
Möglichkeit lange entschlagen, daß sein eignes Dahinfahren dereinst ein ge-
linderes Geschehen sein würde als das der Früheren«; vgl. Barlach (1987),
S. 27. Johnson hat 1956 bei Hans Mayer seine Diplomarbeit über Barlachs
Fragment geschrieben.
Vgl. ebenfalls Musils »Mann ohne Eigenschaften«: [Ulrich] »erinnerte sich
jetzt so lebhaft, als würde er diese Stimmen hören. Er hatte noch nie in seinem Leben ›Stimmen gehört‹ [. . .] aber er fand es gar nicht so übel, Stimmen
zu hören«; vgl. Musil (1970), S. 119. [Moosbrugger] »so hörte er dann Stimmen [. . .]. Wenn er arbeitete, so sprachen die Stimmen meist in sehr abgeris-
senen Worten und kurzen Sätzen auf ihn ein, sie beschimpften und kritisier-
ten ihn, und wenn er etwas dachte, so sprachen sie es aus, ehe er selbst dazu
kam oder sagten boshaft das Gegenteil von dem, was er wollte«, ebd., S. 239.
Das 30. Kapitel des Romans ist zudem überschrieben: »Ulrich hört Stimmen«; s. 1856, 19.

1539, 39	*Wordtwurzeln* – Verbindung aus engl. word und dt. Wort.
1540, 1–9	*Diese Fetzen genügen . . . die von heute* – s. 57, 25–59, 29.
1541, 18	*Wo siet ji afblewn* – (nd.) Wo seid ihr abgelieben?
1541, 20 f.	*Ihr Toten seid . . . dem Maul voraus* – s. K. 45, 33.

1541, 24–31   *Sagt ihr es . . . beständig? / Wir* – Vgl. die Manuskriptfassung TS JT 4, 1. Fassung, S. 438:

> »Ihr macht Spass.
> Hilft es?
> Ja. Jakob.
> Binde dich ein Shaaool um dein Halls.
> Cresspahl!
> Wi sünt all dår. Nu kümmt Jakob.
> Nimm das Kind da raus. Dublin.
> Ich hab geschrieben nach Irland. Sie haben da nicht Arbeit für mich, Jakob.
> Kopenhagen.
> Die Dänen haben keine englischsprachige Schule in ihrem Land. Sehr höflich, auf Gesandtschaftspapier.
> Danke, du.
> Jakob, sprich mit mir. Ich hör dich nicht.
> Fräulein Cresspahl.
> Herr Kliefoth, sind Sie nun doch tot?
> Meines Wissens hatte ich Ihnen einen späteren Termin genannt. Das tut nichts. Sie hören richtig ich denke mich längst dazu. Die Hausaufgabe für Mittwoch besteht in der Übersetzung des Satzes ›Tu ne cede malis, sed contra audentior ito.‹
> Nu is't nauch.
> Hör bloss nich auch Kliefoth. Das gilt nicht.«

Das lat. Zitat (Weiche dem Unheil nicht, noch mutiger geh ihm entgegen.) entstammt Vergils Aenide VI, 95; s. K. 315, 8–10.

1541, 26   *Wi sünt all dår* – (nd.) Wir sind schon da. Anspielung auf Grimms Märchen von Hase und Igel.

1541, 30   *Was ist . . . beständig* – s. K. 1537, 12 f.

13. 7. 1968

1541, 32   *Saturday* – (engl.) Samstag, Sonnabend; s. K. 601, 1.

1541, 33   *Anita Rodet Stütz* – (nd.) Anita Roter (Pferde-)Schwanz; s. K. 89, 38 f.

1541, 34   *Gruß zuvor* – s. K. 166, 30.

1542, 4 f.   *jenseits des Hudson auf dem flacheren Lande* – s. 42, 35 f.

1542, 12 f.   *wenn dieser eine . . . er was gefunden* – Anspielung auf den Anfang von Matthias Claudius' »Urians Reise um die Welt«:

> Wenn jemand eine Reise tut,
> So kann er was verzählen.

1542, 16   *Fahrenheit* – s. K. 22, 39–23, 1.

1542, 36	*Vertell, vertell* – (nd.) Erzähl, erzähl!
1542, 38	*Du lüchst so schön* – (nd.) Du lügst so schön! Vgl. Neumann, B. (1994), S. 753; s. 1548, 36 f.; 1651, 16.
1543, 2	*Underground* – (engl.) hier: Londoner Untergrundbahn.
1543, 3 f.	*Johnny, I hardly knew ye* – (engl.) hier: Johnny, ich hab' dich kaum wiedererkannt.

Titel eines Songs nach einer irischen Volksweise, der in der Widerstandsbewegung gegen den Vietnamkrieg gesungen wurde. 1960 von Bud Dashiell und Travis Edmonson auf »Bud & Travis In Concert« veröffentlicht.

Johnny, I hardly knew you

With your guns and drums and drums and guns
Huroo, huroo
With your guns and drums and drums and guns
The enemy nearly slew you
Oh, my darling dear you looked so queer
And Johnny I hardly knew you.

Where are your legs that used to run ...
When first you went to carry a gun
I fear your dancing days are done ...

You haven't an arm, you haven't a leg ...
You'r an eyeless, boneless, chickenless egg
You'll have to be put with a bowl to beg ...

They are rolling out the guns again ...
But they'll never take out our sons again
No they'll never take out our sons again
Yes, Johnny I'm swearing to you.

1543, 8	*Olsch* – (nd.) Alte.
1543, 16	*imparfait von connaître* – (frz./dt.) Imperfekt von kennen.
1543, 17 f.	*den Buchstaben anschreiben ... für Ausgezeichnet steht* – An engl. und amerik. Schulen wird die Leistung in Buchstaben benotet, wobei ein »A« der »1« entspricht.
1543, 34	*Märchen vom unfremden Leben* – Anspielung auf die marxistische Vorstellung, die für die zukünftige Gesellschaft die Aufhebung der Entfremdung zwischen Mensch und Arbeit verspricht.

Vgl. Marx, Die deutsche Ideologie, in: MEW, Bd. 3, S. 33: »Sowie nämlich die Arbeit verteilt zu werden anfängt, hat Jeder einen bestimmten ausschließlichen Kreis der Tätigkeit, der ihm aufgedrängt wird, aus dem er nicht heraus kann; er ist Jäger, Fischer oder Hirt oder kritischer Kritiker, und er muß es bleiben, wenn er nicht die Mittel zum Leben verlieren will – während in der kommunistischen Gesellschaft, wo Jeder nicht einen ausschließlichen Kreis der Tätigkeit hat, sondern sich in jedem beliebigen Zweige ausbilden kann, die Gesellschaft die allgemeine Produktion regelt und mir eben dadurch möglich macht, heute dies, morgen jenes zu tun, morgens zu jagen, mittags zu fischen, abends Viehzucht zu treiben, nach dem Essen zu kritisieren, wie ich gerade Lust habe; ohne je Jäger, Fischer, Hirt oder Kritiker zu werden.« Ernst Bloch hat antike Sozialutopien wiederholt als »hellenistische Staatsmärchen« (Schiffermärchen, Aufklärungsmärchen) bezeichnet; vgl. Bloch (1969), Bd. 5, S. 566–569.

1544, 5 f.   *Moorfields Eye Hospital* – (engl.) Moorfields Augenklinik; Moorfields Eye Hospital, 162 City Road, High Holborn, WC 1, London.

1544, 24 f.   *von Nummer 243* – s. K. 145, 27 f.

1544, 29   *der Generalstaaten* – Historische Bezeichnung für die Republik der Niederlande, an die der aus der Kolonisationsgeschichte New Yorks erhalten gebliebene Name Staten Island (s. K. 72, 1) erinnert. Staten Island ist das Ziel der South Ferry; s. K. 1225, 24; s. 1855, 35.

1544, 33 f.   *fliegen haben sie . . . mich als Passagier* – s. 24, 34 f.

1544, 38   *Schnack* – (nd.) hier: feststehende Redensart.

1544, 39–
1545, 1   *God knows* – (engl.) Gott weiß es.

1545, 2   *But he won't tell* – (engl.) Aber er wird es nicht verraten.

1545, 9   *im Größeren New York* – s. K. 1134, 12.

1545, 16–22   *allem Mrs. Bouton . . . der Kerl gelaufen* – Unter der Überschrift »Woman With Broom Fails Armed Holdup« heißt es in der NYT vom 13. 7. 1968: »The clerk, Miss Thelma Bouton, reported to the police that the man entered the DuBarry Jewelry Box, 19 West 42d Street, at 9:15 P. M. with a shoe box under his arm. As he closed and locked the door, the woman, who was alone, demanded: ›What do you want?‹
The man took out a bread knife and asked for money. Miss Bouton picked up a broom and began whacking the man over the head as she screamed for help. A crowd began to gather outside the shop. The man [. . .] opened the door and ran.«

1545, 18   *42. Straße Ecke Fünfte Avenue* – Die 5. Ave. zwischen 42. und 57. Straße ist für ihre luxuriösen Geschäfte bekannt, darunter die Juweliere Cartier und Tiffany; Fünfte Ave.: s. K. 52, 8.

1545, 23   *furtsens worüm* – (nd.) sofort warum.

1545, 30   *»Omawagen«* – (engl. wörtl. übersetzt) granny buggy.

1545, 31   *Charlies Gutes Eß Geschäft* – s. K. 176, 11.

1545, 33–35   *Unterschied zwischen koscherem . . . Mose XI, 9, 10* – »Dies dürft ihr essen von dem, was im Wasser lebt: alles, was Flossen und Schuppen hat im Wasser, im Meer und in den Bächen, dürft ihr essen. Alles aber, was nicht Flossen und Schuppen hat im Meer und in den Bächen von allem, was sich regt im Wasser, und allem, was lebt im Wasser, soll euch ein Greuel sein«; s. K. 254, 2.

1545, 39–   *Ein alter Mann . . . Übelbefinden mich überkommen* – Vgl. die Darstellung der Epi-
1546, 7   sode in: Johnson, Büchner-Preis-Rede, S. 59; SV, S. 7 f.

1546, 2   *A victim* – (engl.) Ein Opfer.

1546, 3   *to victimize* – (engl.) zum Opfer machen; auch: betrügen, täuschen, ungerecht behandeln, schikanieren.

1546, 15   *Governors Island* – s. K. 93, 3 f.

1546, 16   *verbumfeite* – (nd.) verdorben, verhunzt.

1546, 19   *sokratisch* – Der Methode des griech. Philosophen Sokrates (um 470–399 v. Chr.) folgend, den Gesprächspartner durch Fragen zur richtigen Erkenntnis zu führen.

1546, 30   *Bay Street* – Straße entlang der Nordostküste von Richmond, Staten Island; s. 1546, 33.

1546, 31   *75 Grad Fahrenheit . . . fast neunzig sein* – 24° Celsius bzw. 32° Celsius; s. K. 22, 39–23, 1.

1547, 2 f.   *Brücke über die Verrazano-Enge* – s. K. 118, 38.

1547, 5   *Mit euch, Herr Doktor, zu spazieren* – Anspielung auf Goethes »Faust«, I, Vers 941 f.: Wagner:
> Mit Euch, Herr Doktor, zu spazieren,
> Ist ehrenvoll und ist Gewinn.

1547, 7   *Stapleton* – Stadtteil im nordöstlichen Staten Island (s. K. 72, 1) zwischen Grant Street, Upper Bay, Vanderbilt Ave., St. Pauls Ave. und Van Duzer Street; von Mitte des 19. Jh.s bis 1963 befanden sich dort etliche dt.-amerik. Brauereien, später auch mehrerer Hospitäler; von den zwanziger bis in die siebziger Jahre wurden hier einige städtische Piers betrieben.

1547, 8   *Chestnut Street* – Richtig Chestnut Ave.

1547, 10–13   *Ecke mit der . . . italienischen Revolution abwartete* – Das Garibaldi-Meucci Memorial Museum befindet sich 420 Tompkins Ave. Ecke Chestnut Ave. in Rosebank, Staten Island.
Giuseppe Garibaldi (4. 7. 1807–2. 6. 1882), ital. Freiheitskämpfer. Nach der Teilnahme an einem Aufstand floh er 1834 nach Frankreich, dann am 30. 7. 1850 nach New York, das er im November 1853 wieder verließ. Er führte 1848 den Kampf gegen die Österreicher an und 1849 die Verteidigung der Republik gegen die Franzosen, half 1860 die Herrschaft der Bourbonen zu stürzen, vertrat im ital. Parlament die äußerste Linke; s. K. 1547, 18–20.

1547, 10 f.   *Tompkins Avenue* – Straße in Rosebank, Staten Island; benannt nach Daniel D.
Tompkins (21. 6. 1774–11. 6. 1825), ab 1807 für fast zehn Jahre Gouverneur
des Staates New York und 1817–25 Vizepräsident der USA unter James Monroe; engagierte sich für die Entwicklung von Staten Island.

1547, 14 f.   *Antonio Meucci* – 13. 4. 1808–18. 10. 1889, ital. Erfinder, Kerzenfabrikant; kam
1850 von Havanna, wo er 1841 die Übermittlung von Ton durch elektrischen
Draht beobachtet hatte, nach Staten Island, um für Garibaldi eine Unterkunft
zu beschaffen. Er entwickelte 1857 ein Gerät, das er telettrophono nannte. Als
er 1876 las, daß Alexander Graham Bell das Telefon erfunden habe, suchte er
juristische Wiedergutmachung, was jedoch an seiner Armut und seinen
schlechten Sprachkenntnissen scheiterte.

1547, 16   *Alexander Graham Bell* – s. K. 1452, 22.

1547, 18–20   *den Garibaldi gekannt . . . in der Scheide* – Denkmal Garibaldis auf dem Washington Square, von Giovanni Turini entworfen, 1888 von ital. Einwanderern
errichtet; Washington Square: s. K. 1075, 23.

1547, 19   *verdigris* – (amerik. Engl.) übersetzt im Text.

1547, 38   *das »Gelb-und-Blau-Roh-Seidene«* – Anspielung auf die mecklenburgischen
Landesfarben: Ultramarinblau, Gelb, Zinnoberrot, die 1813 Herzog Franz I.
für Mecklenburg-Schwerin festlegte. 1882 wurden Blau und Weiß für Vorpommern eingeführt; s. K. 1458, 5 f.; 1837, 25–30; s. 1548, 11; 1592, 11 f.

1548, 2   *B. M. T.-Gebiet* – s. K. 369, 28.

1548, 7   *»che bella signorina«, »carina«* – (ital.) »was für ein schönes Fräulein«, »hübsch«.

1548, 18 f.   *Von South Beach . . . nach Bay Ridge* – South Beach, Gebiet im nordöstlichen
Teil von Staten Island (s. K. 72, 1) zwischen Staten Island Expressway, der
Lower Bay im Süden und Osten und Dongan Hills; bis in die zwanziger Jahre ein bekannter Badestrand; früher vorwiegend von Italienern bewohnt; nach
1960 zogen vor allem Schwarze und Lateinamerikaner zu.
Bay Ridge: Wohngebiet im Südwesten Brooklyns zwischen 61. Straße, Go-
wanus Expressway, 86. Straße und der Upper Bay; mit hohen Wohnblocks,
aber auch Reihenhäusern bebaut; ursprünglich vorwiegend von Italienern
und Skandinaviern besiedelt, nach dem 2. Weltkrieg auch von Iren, Griechen
und Arabern. South Beach bzw. Arrochar und Bay Ridge sind durch die
Verrazano Narrows Bridge miteinander verbunden.

1548, 23   *was ein Feigenbaum . . . Staten Island anzeigt* – Hier könnten mehrere Anspielungen versteckt sein. Über Matth 24, 32 ist eine Anspielung auf den Prager Frühling denkbar: »An dem Feigenbaum lernt ein Gleichnis: wenn seine
Zweige jetzt saftig werden und Blätter treiben, so wißt ihr, daß der Sommer
nahe ist. [. . .] Himmel und Erde werden vergehen, aber meine Worte werden
nicht vergehen«; s. K. 1107, 33–35.
Der Hinweis auf die verödende Wildnis (s. 1548, 21) könnte auf das Gleichnis vom verdorrten Feigenbaum anspielen; vgl. z. B. Matth 21, 18–22.

1548, 35	*de Catt* – s. K. 1459, 21.
1549, 22	*Bentley* – s. K. 327, 5.

1549, 24 f. *Králs Reiseführer* – Jiří Král (30. 10. 1893–24. 1. 1975), tschech. Geograph, Begründer der tschech. Anthropogeographie, Gymnasiallehrer; 1920–29 Dozent, 1938–39 und 1945–48 Professor an der Prager Karlsuniversität; erhielt 1948 Berufsverbot. Sein Forschungsgebiet war neben der Anthropogeographie die Siedlungs-, Flug- und Medizingeographie. 1946 erschien sein »Geographischer Führer durch Prag«; s. 1549, 28.

1549, 27 *wohlaufgemerkt nun denn also* – Anspielung auf die Manierismen von Prof. Raat in Heinrich Manns »Professor Unrat«, z. B.: »aufgemerkt nun also«, Mann (1962), S. 8.

1549, 29 *Karls-Universität in Prag* – Am 7. 4. 1348 durch Karl IV. gegr.; gegen Ende des 18. Jh.s ersetzte Deutsch die Lehrsprache Latein; 1882 in eine tschech. und eine dt. Institution geteilt. 1939 wurde die tschech., an der u. a. Masaryk (s. K. 852, 31 f.) und Beneš (s. K. 1810, 3–6) studiert hatten, durch die Nazis geschlossen, die dt. zur Reichsuniversität erklärt. Ab 1945 tschechos. Universität.

14. 7. 1968

1549, 36 *Gedenkt der Bedürftigen* – s. 434, 2.

1550, 1–25 *»Der blumenreiche Juli . . . Blumen öffnen dürfen.«* – Unter der Überschrift »Flowery July« heißt es in der NYT vom 14. 7. 1968: »May is violets, and June is roses, but offhand we don't think of July as a flowery month at all. But it is, and perhaps we tend to forget because there are so many roadside blossoms. The mints come to blossom now, from inconspicuous bugle-weed to royal bee balm that is such a lure for hummingbirds and bumblebees. Jewel-weed opens its pouchy yellow flowers and the spotted species is a favorite nectary for hummingbirds momentarily sated with bergamot. Hawkweed flourishes in unkempt pastures, deep orange and pale yellow, and black-eyed Susans add vivid accents to every patch of daisies.
Tall spires of great mullein open little yellow blossoms a few at a time, deliberate in bloom as they are in growth. Butter-and-eggs, the little wild snapdragons, are deep orange and clear yellow, and their big cousins, the turtle heads, open grotesque mouths, white and pink and cream-pale yellow. The deep blue of harebells and great lobelia fade to lavender in tiny spiked lobelia and Indian tobacco.
July is so full of blossoms that the days can't hold them all. Evening primroses have to wait for late afternoon to open their brilliant yellow flowers.«

1550, 22 *Indian Tobacco* – (engl.) hier: lobelia inflata, amerik. Lobelie, ein Glockenblumengewächs; s. 1551, 11.

1550, 26   © *by the . . . York Times Company* – s. K. 116, 25.

1550, 29–36   *Johnny Schlegels Feldern . . . Schlehe und Brombeeren* – »Die Feldfluren sind von Hecken eingefaßt (die schleswig-holsteinische Hecken- oder Knicklandschaft findet hier eine Fortsetzung). Sie unterteilen die Kulturlandschaft in große und kleine ›Stuben‹, wie die ›Wände‹ des Hauses. [. . .] Holunder und Heckenrose, Schlehdorn und Weißdorn, Hasel und Hainbuche und einzelne Eichen sind dort als Lebensgemeinschaft zu finden. Sie geben mit den dornenbesetzten Ranken der Brombeere einen undurchdringlichen Wall selbst für das Vieh. [. . .] Unendlich eindrucksvoll ist der Aspektwechsel der Hecken im Lauf des Jahresganges. [. . .] Dann beginnt das große Blühen. In verschwenderischer Fülle geschieht dies bei Schlehdorn und Weißdorn. Wie große ›Wasserfälle‹ wirken dann die Heckenreihen. Holunder und Heckenrose folgen. Der Spätsommer bringt eine besondere Farbtönung durch die reifen Früchte: Das Schwarz der Holunderbeeren, das Rot der Früchte der Heckenrosen und das Blauschwarz der Schlehe und Brombeere«, Hurtig (1957), S. 10; vgl. Mecklenburg (1997), S. 357 f.

1551, 1–7   *auf die gleißende . . . der Ecke Dahmeshöved* – Hurtig (1957) zitiert auf S. 7 f. aus seinem Tagebuch vom 22. 7. 1954: »Jenseits ihres [der Lübecker Bucht] Südwestendes wird die alte Hansestadt mit ihren Türmen und Schornsteinen gerade noch sichtbar. Der Dunstschleier davor rührt von den Abgasen des Hochofenwerkes Schlutup. Dort, wo die Trave, auf einer kurzen Strecke wieder Fluß geworden, mündet, leuchten die weißen Bauwerke des Badeortes Travemünde auf. Das Brodtener Ufer mit seinem lebenden Kliff liegt zur Rechten. Die Küstenlinie mit ihrem hellen Strandsaum biegt dann westwärts in die Neustädter Bucht ein. Timmendorf und Scharbeutz sind jedoch nicht erkennbar. Neustadt hebt sich etwas versteckt heraus, klarer treten die auf der Karte 1 nicht mehr vorhandenen Konturen der Küstenteile um Grömitz, Kellenhusen und um Dames Höved mit seinem Leuchtturm in Erscheinung.«

1551, 2   *Lübecker Bucht* – s. K. 579, 39.

1551, 2   *Knicks* – s. K. 880, 9.

1551, 4   *Schlutup* – s. K. 1238, 21.

1551, 5   *Travemündes* – s. K. 33, 22.

1551, 6 f.   *Dahmeshöved* – Ort bei Grömitz an der Lübecker Bucht, wo die Familie Johnson mehrmals Ferien machte.

1551, 34 f.   *Neustadt* – s. K. 1113, 27.

1552, 7–10   *Mit der Liebe . . . als einem Trauerfall* – Vermutlich Anspielung auf ein Gedicht von Heinrich Heine aus »Lyrisches Intermezzo«:

> Ein Jüngling liebt ein Mädchen,
> Die hat einen andern erwählt;

Der andre liebt eine andre
Und hat sich mit dieser vermählt.

Das Mädchen heiratet aus Ärger
Den ersten besten Mann,
Der ihr in den Weg gelaufen;
Der Jüngling ist übel dran.

Es ist eine alte Geschichte,
Doch bleibt sie immer neu;
Und wem sie just passieret,
Dem bricht das Herz entzwei.

Vgl. Johnson, Wenn Sie mich fragen, S. 57: »Ben Akiba sagt ein Gedicht von Heinrich Heine auf [...] gibt Ben Akiba den Wortlaut zu: Es ist eine alte Geschichte / und immer wieder neu.
Im Protokoll haben wir: Und wem sie heut passieret, dem bricht nicht gerade das Herz dabei.«

1552, 14   *mit der sowjetischen Blockade* – s. K. 1148, 11 f.

1552, 17 f. *den griechischen Bürgerkrieg* – Der griech. Widerstand gegen die ital., dt. und bulgarischen Besatzungstruppen wurde von den Kommunisten angeführt, die nach dem dt. Abzug in einem bis 1949 dauernden Bürgerkrieg versuchten, die Macht zu gewinnen, wobei sie aus den komm. Nachbarländern unterstützt wurden. Das wirtschaftliche und militärpolitische Eingreifen der USA führte schließlich zu ihrer Niederlage.

1552, 19   *Truman-Doktrin und Containment* – Ab 1946/47 widersetzten sich die USA unter Präsident Harry S. Truman (s. K. 1133, 36) der sowj. Expansionspolitik, mit dem Ziel, den Status quo in Europa und Asien aufrechtzuerhalten. Durch die Beantwortung jeden Drucks mit Gegendruck sollte der sowj. Einflußbereich »eingedämmt« (engl.: contained) werden. Trumans Politik sah vor: militärische und wirtschaftliche Hilfe für die Türkei und Griechenland, um sie dem komm. Einfluß zu entziehen, Förderung des Wiederaufbaus in West-Europa durch den Marshall-Plan (s. K. 1212, 32), den kollektiven Sicherheitspakt der NATO (1949; s. K. 42, 16 f.) und ein System globaler Stützpunkte.

1552, 20   *auseinanderklamüsern* – s. K. 1249, 7.

1552, 27   *Gräfinnenwald* – s. K. 34, 8.

1552, 34   *Wohlenberger Wiek* – s. K. 1114, 14–18.

1552, 35   *Wismarbucht* – s. K. 858, 26.

1552, 35   *Turm der Marienkirche* – St. Marien in Wismar; von der durch Bomben zerstörten Kirche blieb nur der gotische Turm erhalten.

1552, 36   *Kirchsees* – Tiefe Einbuchtung im Süden der Insel Poel.

1552, 36   *Insel Poel* – s. K. 886, 4 f.

1553, 32	*Hauptabteilung Grenzpolizei* – s. K. 1269, 9 f.
1554, 1 f.	*evangelischen Inneren Mission* – Auf J. H. Wichern zurückgehende Bezeichnung für die karitative Arbeit der Kirche, seit 1848 im »Centralausschuß für Innere Mission«, seit 1957 im Diakonischen Werk der Evangelischen Kirche Deutschlands zusammengefaßt.
1554, 10	*Melde* – s. K. 1226, 9.
1554, 17	*Care-Pakete* – s. K. 1267, 19.
1554, 34 f.	*Richmond Bank of Surrey* – s. K. 69, 28; dort Surrey Bank of Richmond.
1554, 35	*ration card* – (engl.) Lebensmittelkarte, am 3. 7. 1954 in England abgeschafft, in der Bundesrepublik am 1. 1. 1949; s. K. 1196, 11.
1555, 3	*Cricketgewimmel* – Cricket: Typisch engl. Ballspiel, ähnlich dem amerik. Baseball, mit für Kontinentaleuropäer unverständlichen Regeln.

15. 7. 1968

1555, 21–28	*Die Sowjetunion läßt... ist demnach gesund* – Vgl. den Artikel »Pravda Says NATO Pries Into Warsaw Pact Exercise« der NYT vom 15. 7. 1968: »The Soviet Communist party newspaper Pravda accused the North Atlantic Treaty Organization today of showing a ›morbid interest‹ in Warsaw Pact naval maneuvers in the North Atlantic. Ships from the Soviet Union, Poland and East Germany are carrying out joint exercises in the area for the first time. Pravda said that planes of the Western alliance were circling Soviet ships and that the British destroyer Chichester turned up in the exercise area.«
1555, 24	*Nordatlantischen Vertrages* – s. K. 42, 16 f.
1555, 29–34	*Den Abzug ihrer... für lebenswichtig erklärt* – An der Tagung am 14./15. 7. 1968 nahm die Tschechoslowakei, angeblich wegen eines Terminmißverständnisses, nicht teil. Die NYT vom 15. 7. 1968 zitiert als »offizielle Presse« die poln. »Trybuna Ludu« vom 14. 7. 1968: »A decided rebuff to the forces of reaction and imperialist maneuvers in Czechoslovakia is of vital interest to all fraternal nations.« Zum Hergang: Die tschechos. Parteiführung hatte sich geweigert, an einem Treffen am 22. 7. 1968 in Moskau teilzunehmen, u. a. weil die sowj. Truppen, obwohl besagte Manöver am 30. 6. 1968 beendet waren, die Tschechoslowakei noch nicht verlassen hatten. Ungewöhnlicherweise war die Einladung veröffentlicht worden, ehe sie angenommen worden war. Vom 4.–6. 7. 1968 schrieben die komm. Parteien der Sowjetunion, der DDR, Polens, Ungarns und Bulgariens Briefe an die KPČ, in denen sie die Demokratisierung kritisierten und ein Sechs-Nationen-Treffen in Warschau forderten. Statt des Treffens schlug Prag vor, man solle sich dort über die Veränderungen informie-

ren. Von dem Warschauer Treffen, das ohne die Tschechoslowaken stattfand, kam die erneute Forderung an die KPČ, nach Moskau (später auch Kiew oder Lwow) zu kommen (s. K. 1572, 31 f.; 1572, 34–1573, 11), man einigte sich schließlich auf Čierna (s. K. 1668, 35–1669, 9) an der tschechos.-sowj. Grenze; vgl. NYT 21. 7. 1968, s. K. 1616, 29–32.

1556, 1   *Tito* – Jossip Broz Tito (25. 5. 1892–4. 5. 1980), seit 1937 Generalsekretär der komm. Partei Jugoslawiens, organisierte mit sowj. und brit. Hilfe 1941 den Widerstand gegen die dt. Truppen; seit 1945 Ministerpräsident; 1948 Bruch mit Stalin, da Tito den Kommunismus an die nationalen Besonderheiten Jugoslawiens anzupassen versuchte (Titoismus; s. K. 1556, 20). Er strebte Selbstverwaltung und Dezentralisierung an und propagierte für jedes Land einen eigenen Weg zum Sozialismus.

1556, 1–3   *Tito, nach dessen . . . und Slowaken anwendet* – Die NYT vom 15. 7. 1968 bezieht sich auf ein Interview mit Tito in der ägyptischen Zeitung »Al Ahram« vom 14. 7. 1968: »Tito said [. . .] he did not believe anybody in the Soviet Union would be so ›short-sighted‹ as to use force to halt the liberation movement in Czechoslovakia.«

1556, 9–12   *sangen von Spaniens . . . dem Wort Spanien* – Lied der Internationalen Brigaden im Spanischen Bürgerkrieg, Text: Gudrun Kabisch, Melodie: Paul Dessau.
Spaniens Himmel breitet seine Sterne
über unsre Schützengräben aus.
Und der Morgen leuchtet in der Ferne,
bald geht es zu neuem Kampf hinaus.
Die Heimat ist weit,
doch wir sind bereit,
zu kämpfen und siegen für dich,
Freiheit!

Dem Faschisten werden wir nicht weichen,
schickt er auch die Kugeln hageldicht.
Mit uns stehn Kameraden ohnegleichen,
und ein Rückwärts gibt es für uns nicht.

Rührt die Trommeln, fällt die Bajonette!
Vorwärts! Marsch! Der Sieg ist unser Lohn!
Mit der Freiheitsfahne brecht die eine Kette!
Auf zum Kampf, das Thälmann-Bataillon!

1556, 19   *Gegenwartskunde* – Seit 1951 Schulfach in der DDR für politisch-ideologische Kenntnisse (marxistische Theorien und aktuelle Politik), seit dem Schuljahr 1957/58 in Staatsbürgerkunde umbenannt; galt als Kernstück der soz. Bildung und Erziehung; s. K. 1586, 4.

1556, 20   *die fünf Ärgernisse . . . Stalin mit Tito* – Tito hatte Stalin bzw. den Stalinismus in fünf Punkten kritisiert:

1. Die Sowjetunion sei unter Stalin ein imperialistischer Staat geworden und treibe eine unsozialistische Außenpolitik.
2. In der Sowjetunion herrsche Ungleichheit und Unterdrückung zwischen den Nationen, da die Großrussen sich als »führende Nation« verstünden.
3. Die Sowjetunion habe sich zu einem Klassenstaat mit einer bürokratischen Oberschicht entwickelt.
4. Statt soz. Demokratie herrsche ein zentralistischer Bürokratismus, der sich in der Wirtschaft als Staatskapitalismus, in der Politik als Herrschaft der Verwaltung und der politischen Polizei beweise.
5. Die Ideologie verdiene den Namen Marxismus–Leninismus nicht mehr, da sie dogmatisch erstarrt und wirklichkeitsfremd sei und den Machthabern zur Verschleierung der wirklichen Verhältnisse diene.
Vgl. Fetscher (1973), S. 147.
Das Informationsbüro der Kommunistischen Parteien veröffentlichte am 30. 6. 1948 eine Resolution, die den jugoslawischen Kommunisten (1.) »bürgerlichen Nationalismus«, (2.) »Unterstützung der kapitalistischen Elemente auf dem Dorf«, (3.) »sowjetfeindliche Einstellung«, (4.) »ein militaristisch-bürokratisches System« und, noch einmal die Landwirtschaftspolitik betreffend, (5.) »abenteuerliche Linksabweichungen« vorwarf.
Eine weitere gegen Tito gerichtete Kominform-Resolution wurde im November 1949 verabschiedet; vgl. Halperin (1957), S. 372–386.

1556, 37   *Kreml* – s. K. 138, 39.

1556, 38   *lügen taten wir alle* – Anspielung auf Margret Boveris Buch »Wir lügen alle. Eine Hauptstadtzeitung unter Hitler. Texte und Dokumente zur Zeitgeschichte«, Freiburg im Breisgau 1965. Das Exemplar in Johnsons Bibliothek enthält eine Widmung M. Boveris.

1557, 24   *Schülerselbstverwaltung* – Die Schülerselbstverwaltungen wurden am 19. 12. 1948 vom Volksbildungsminister aufgelöst, weil sie gegen § 6 des Schulgesetzes vom 3. 6. 1946 gebildet wurden. Die Vertretung der Schüler sollte allein durch die FDJ (s. K. 1559, 13 f.) erfolgen; s. 1559, 12 f.; 1719, 4.

1557, 34 f.   *Dieter Lockenvitz* – Die Darstellung von Lockenvitz enthält autobiographische Elemente; vgl. Neumann, B. (1994), S. 20, 32, 56, 70, 74, 76–81, 85–87, 117, 178, 479, 799; Stübe (1997); vgl. Register.

1557, 39   *dem guten Tachir . . . Suchra zu holen* – »Tachir und Suchra« (Tachir i Suchra), sowj. Film, Studio Taschkent, 1945; Regie: N. Ganijew, Drehbuch: A. Speschnew, Kamera: D. Demuzki.

1558, 2 f.   *die in Kolberg . . . den Endsieg vorspielten* – Kolberg: heute poln. Hafenstadt an der Mündung der Persante in die Ostsee; wurde im 2. Weltkrieg nahezu vollständig zerstört.
Veit Harlan drehte 1943/44 mit großem Aufwand im Auftrag Goebbels' den Durchhaltefilm »Kolberg«, der in tendenziös verfälschender Weise den Widerstand der Kolberger Bürger unter Gneisenau und Nettelbeck gegen die

Truppen Napoleons 1806/07 schilderte. Regie: Veit Harlan, Buch: Veit Harlan, Alfred Braun; Darsteller: Kristina Söderbaum (s. K. 686, 22), Heinrich George, Paul Wegener; Erstaufführung: 30.1.1945. Der Atlas-Filmverleih fügte 1965 eine Dokumentation bei, die den Film in die Zeit der Entstehung einordnete und die tatsächlichen Begebenheiten erläuterte, beides wurde unter dem Titel »30. Januar 1945« gezeigt.

1558, 4 f.   *Barlachs »Sündflut«* – 1924 erschienenes und im selben Jahr in Stuttgart uraufgeführtes Drama von Ernst Barlach. Dem biblischen Noah wird das verkörperte Böse gegenübergestellt, das sich fern von Kirchenglauben und frommer Naivität einen wandelbaren Gott sucht, der »schafft und vom Geschaffenen neu geschaffen wird«. Das Stadttheater Güstrow inszenierte das Stück 1948; nach den Erinnerungen Hans-Jürgen Klugs führten auch Schüler der John-Brinckman-Schule in Güstrow am 26.8.1948 dieses Drama auf; vgl. Klug (1995), S. 72; Barlach: s. K. 712, 29.

1558, 12   *Endmoräne* – Eine oft wellenförmige Aufhäufung von Gesteinsmaterial, die während der Eiszeit an der Stirnseite der Gletscher entstand; vgl. MJ, S. 184 f.: »Endmoränen nennt man die Ablagerungen am Eisrand, Grundmoränen die der Eisfläche«; s. 1770, 24 f.

1558, 20   *spillriger* – (nd.) mager, dürr; s. K. 120, 16.

1558, 22 f.   *Anfang November die neuen Personalausweise* – Laut Befehl Nr. 172 der SMAD vom 4.11.1948 hatte jeder über 15 Jahre alte Einwohner der SBZ sich einen »Deutschen Personalausweis« mit Lichtbild ausstellen zu lassen und ihn stets bei sich zu tragen; s. 1654, 37; 1713, 34; 1849, 3 f.

1559, 13 f.   *Freien Deutschen Jugend (F. D. J.)* – Einzige Jugendorganisation der DDR für Jugendliche vom 14. bis zum 24. (Funktionäre und Studenten bis zum 28.) Lebensjahr; am 7.3.1946 unter dem Vorsitz Erich Honeckers als überparteiliche Organisation gegr. Auf dem 1. Kongreß vom 8.–10.6.1946 wurden noch demokratische Forderungen wie Herabsetzung des Wahlalters und Recht auf Bildung erhoben, 1949 wurden die geheimen Verbandswahlen abgeschafft und ein straffes Schulungssystem eingeführt. Die Aufnahme der FDJ in den Demokratischen Block am 6.7.1950 bedeutete ihre Umformung in eine Massenorganisation. Das IV. FDJ-Parlament im Juli 1952 bekannte sich zur führenden Rolle der SED, zu den Lehren von Marx, Engels, Lenin und Stalin und dem »Demokratischen Zentralismus«; so mußten die Sekretariate der Kreise und Länder von der Zentrale bestätigt werden. Kennzeichen waren das »Blauhemd« und eine blaue Fahne mit dem Symbol der aufgehenden Sonne. Schüler der Klassenstufen 8–12 wurden geschlossen aus der Pionierorganisation in die FDJ übernommen und gehörten fast ausnahmslos der FDJ an, Nichtmitgliedschaft zog Repressalien nach sich.

1559, 16 f.   *Zentralen Schulgruppenleitung (Z. S. G. L.)* – Jede Oberschule stellte eine Grundorganisation dar, die unterste Organisationseinheit der FDJ. Ihre Leitung, die ZSGL, wurde meist in nicht geheimer Wahl gewählt; s. 1611, 26;

1652, 39; 1653, 2; 1654, 11; 1682, 18, 27; 1683, 2; 1719, 13, 36; 1728, 22; 1731, 30; 1761, 15; 1800, 28 f.; 1802, 8; 1823, 3.

1559, 26 *Jugendfreund* – Offizielle Anrede innerhalb der FDJ.

1559, 26 f. *er liebe alle . . . blond, ob braun* – Anspielung auf den Schlager »Ob blond oder braun, ich liebe alle Frau'n« aus dem Film »Ich liebe alle Frauen«, 1935, Text: Ernst Marischka, Musik: Robert Stolz, gesungen von Jan Kiepura. Refrain:

> Ob blond oder braun,
> ich liebe alle Frau'n!
> Mein Herz ist groß!
> Doch was ich tu',
> ich denke immerzu
> An eine bloß.
> Und diese eine, diese Kleine,
> die hat Beine!
> Und einen Mund hat die Kleine,
> ja, das eine ist mir sonnenklar:
> Ob blond oder braun,
> ich liebe alle Frau'n!
> Mein Herz ist groß!
> Und doch gehört's nur einer offenbar!
> Denn die eine, die ich meine
> küßt ja famos!

1559, 28–30 *Gesellschaft zum Studium . . . für die Freundschaft* – Anknüpfend an die »Gesellschaft der Freunde des neuen Rußland in Deutschland« von 1923 wurde am 30. 6. 1947 die »Gesellschaft zum Studium der Kultur der Sowjetunion« gegr. Sie sollte Kenntnisse über die sowj. und russ. Kultur sowie die als vorbildlich propagierten Neuerermethoden verbreiten. Sie wurde am 2. 7. 1949 in »Gesellschaft für Deutsch-Sowjetische Freundschaft« (DSF) umbenannt und zu einer politischen Massenorganisation ausgebaut; s. K. 1586, 30; 1823, 13 f.

1559, 31 *»gesellschaftlicher Betätigung«* – Das hieß im DDR-Sprachgebrauch: aktive Mitarbeit in einer der Massenorganisationen oder anderweitiger öffentlicher Einsatz; s. 1574, 29; 1587, 5, 24 f.; 1588, 29; 1759, 32; 1824, 15; 1830, 38.

1559, 34 *L. D. P. D.* – s. K. 1355, 29–35.

1559, 37–39 *in unserer Gegend . . . schönberger Krankenhaus lagen* – Vgl. Berlin (1962), S. 231: »10.5.[1949]: Ein viermotoriges britisches Luftbrückenflugzeug vom Typ Lancaster wird bei einer Notlandung in der Nähe von Schwerin in der sowjetischen Besatzungszone zerstört. Die vier Besatzungsmitglieder werden schwerverletzt in ein Krankenhaus eingeliefert.« Bei der Versorgung Westberlins auf dem Luftwege stürzten mehrere Flugzeuge ab; allein 48 amerik. und brit. Piloten starben bei Unfällen, daneben auch Bodenpersonal und Zivilisten; Schönberg: s. K. 71, 5; Blockade Berlins: s. K. 1148, 11 f.

1560, 9 *neuen Staatsläden* – Auf Anordnung der Deutschen Wirtschaftskommission eröffnete ab 3. 11. 1948 das staatliche Unternehmen »Handelsorganisation« (HO) sog. »Freie Läden«. Damit sollte zum Beginn des Zweijahresplanes am 1. 1. 1949 die Warenverteilung entsprechend des planwirtschaftlichen Systems erfolgen. Anfangs waren dies die einzigen Verkaufsstellen, die knappe markenfreie Waren zu erhöhten Preisen verkaufen durften, während in den übrigen Geschäften (dem bislang genossenschaftlichen »Konsum« und privaten) nur rationierte Waren mit Preisbindung verkauft wurden. Diese Preispolitik wurde 1958 aufgehoben; s. K. 1863, 5 f.; s. 1574, 31 f.; 1586, 19; 1606, 14 f.; 1861, 17.

1560, 29 f. *»Du HAST ja . . . dich nicht irrst . . . «* – Titel eines FDJ-Liedes; Text und Musik: Louis Fürnberg, 1936:

> Du hast ja ein Ziel vor den Augen,
> damit du in der Welt dich nicht irrst,
> damit du weißt, was du machen sollst,
> damit du einmal besser leben wirst.

> Denn die Welt braucht dich genau wie du sie,
> die Welt kann ohne dich nicht sein.
> Das Leben ist eine schöne Melodie,
> Kamerad, Kamerad stimm ein.

> Allen die Welt und jedem die Sonne,
> fröhliche Herzen, strahlender Blick.
> Fassen die Hände Hammer und Spaten,
> wir sind Kameraden, Kämpfer fürs Glück.

1560, 31 *gegen die griechische Regierung* – s. K. 1552, 17 f.

1560, 32 *Maos Sieg bei Sütschou* – Die Rote Armee unter Mao Tse-tung (s. K. 161, 25) errang 1948 in vier Kesselschlachten bei Djinan, Shenyang, Peking und Sütschou Siege über die Kuomintang-Truppen.

1560, 35 *Organza* – Zartes, aber steifes Gewebe; ursprünglich aus Naturseide, später aus Chemiefasern hergestellt.

16. 7. 1968

1561, 29 *paraphieren* – s. K. 420, 26.

1561, 39–
1562, 9 *sie hat ihn . . . Riegel vorgeschoben wird* – Von ihrer Konferenz in Warschau richteten die bulgarische, ung., ostdt., poln. und sowj. komm. Partei den »Warschauer Brief« an die Regierung in Prag. Er beschwor die Gefahr einer Konterrevolution und der Abtrennung der ČSSR von der soz. Gemeinschaft, was die »Lebensinteressen der anderen sozialistischen Staaten« gefährde; vgl. NYT 19. 7. 1968; s. K. 1579, 16–1582, 25.

1562, 5   *einen Mut vor Bruderthronen* – Anspielung auf Schiller (s. K. 1252, 26), Ode an
die Freude, Vers 89–92:
Männerstolz vor Königsthronen –
Bruder, gält es Gut und Blut:
Dem Verdienste seine Kronen
Untergang der Lügenbrut!
s. 1653, 34.

1562, 7   *Warschauer Vertrag* – s. K. 913, 26.

1562, 37   *Tito* – s. K. 1556, 1; 1556, 1–3; 1556, 20.

1563, 29   *»den Schild auf . . . ohne ihn abzulegen«* – Vermutlich Ausspruch nach einem der
von Plutarchus in den »Moralia« versammelten Apophthegmata Laconica
(»Sprüche der Spartanerinnen«), der sich auf die Verabschiedung vor der
Schlacht bezieht. Dt. sinngemäß: Eine Mutter gab ihrem Sohn den Schild und
befahl: Kind, entweder bringst du diesen oder du wirst auf diesem gebracht.
Vgl. Plutarchus (1971), S. 221 f.

1563, 37   *weiße Pumps* – s. 717, 23 f.

1564, 30   *schwülen Hitzeböen* – s. K. 1694, 11–14.

1566, 2   *Sakuska* – (russ.) Imbiß, kalte Vorspeise.

1566, 4   *Versógelieke* – s. K. 495, 4.

1566, 9   *97. Straße* – s. K. 27, 18.

1566, 12   *Fünfstrichsymbol* – s. K. 55, 3 f.

1566, 15   *verabredet zum Heiraten* – s. 40, 28 f.

17. 7. 1968

1567, 15   *geketscht* – (ugs.) geschnappt, Anlehnung an engl. catch: fangen.

1567, 21   *Seele vom Buttergeschäft* – Redewendung: die Hauptsache.

1567, 26   *neuen Haftlager* – s. K. 1279, 38.

1567, 27   *Ptitschniki* – (russ.) Taubenhaus, hier: ironische Bezeichnung für Wachttürme;
vgl. Fotos in Finn (1958), S. 44, 48.

1567, 32   *Stulpschalung* – Verschalung, bei der sich die Bretter überlappen.

1568, 2   *Kalaschnikow* – Russ. Maschinenpistole.

1568, 2–5   *Wie erlöst aus . . . war bei mir* – Anspielung auf die in der Erzählung »Osterwasser« beschriebenen Ereignisse und den 23. Psalm Davids, »Der Herr ist
mein Hirte«:
Und ob ich schon wanderte im finstern Tal,

fürchte ich kein Unglück;
denn du bist bei mir,
dein Stecken und Stab trösten mich.
Vgl. Johnson, Osterwasser; s. K. 1254, 34.

1568, 4 *Gräfinnenwald* – s. K. 34, 8.

1568, 7–10 *Harrst du de . . . wierst, Böttcher. Ihrlich* – (nd.) Hättest du die Dinger nicht gebaut für die Russen, Cresspahl? Ehrlich? / Nicht, wenn du dazwischen ein-
gesperrt wärst, Böttcher. Ehrlich.

1568, 19 f. *Lebensmittelkarten für Schwerarbeiter* – s. K. 1196, 11.

1568, 20 *die Lattenzäune für Heringsdorf* – Heringsdorf ist das älteste Seebad der Halbinsel Usedom, unweit der poln. Grenze; vermutlich hat es sich um den Grenz-
zaun gehandelt.

1568, 29 f. *»Basars«* – Bezeichnung für die sog. »duty free shops«, in denen die Seeleute
mit ihrer während der Fahrten verdienten westlichen Währung einkaufen
konnten.

1569, 2 *Stralsund* – s. K. 878, 29.

1569, 5 f. *Dormit hev'ck mi avfunn'* – (nd.) Damit habe ich mich abgefunden.

1569, 9 *Richtenberger* – s. K. 214, 35.

1569, 10 *könn' Sie sich vedien'* – (nd.) können Sie sich verdienen.

1569, 20 *De Olsch! Dat Wief* – (nd.) Die Alte! Dieses Weib!

1569, 26 *Lager Fünfeichen* – s. K. 1287, 25.

1569, 33 *Goethe* – s. K. 1397, 28.

1569, 33 *gneezer Gymnasium* – s. K. 413, 27.

1569, 37 *Oostende* – Belgische Hafenstadt.

1570, 1 *Rosengartenstraße* – In Güstrow gibt es einen Rosengarten, aber keine danach
benannte Straße; s. K. 447, 17.

1570, 11 *auf der Dickten* – Hier: Hobelmaschine; s. K. 416, 17.

1570, 19 *Er suchte lieber einen anderen Reim* – Von der Redensart »sich einen Reim darauf machen«.

1570, 20 *Macht und Herrlichkeit* – s. K. VI, 25.

1570, 21 *Nirgnss nich* – (nd.) Nirgendwo.

1570, 26 *gneezer Barbarastraße* – s. K. 1343, 24.

1570, 34 *So mussu das machn! Kuck eins* – (missingsch) So mußt du das machen. Sieh
her:

1571, 2 f. *Den kriegssu nich zu fassn* – (missingsch) Den bekommst du nicht zu fassen.

1571, 5–31 *Den'n wull ick... din Muul, Willi* – (nd., Zeile 29 engl.)
Den wollte ich wohl zu fassen kriegen.
Der hat genug doppelte Quittungen beim Finanzamt, meine sind Schafsköttel für ihn!
Willi, wenn er dir nun helfen müßte?
Nimm mir das nicht übel, Cresspahl. Du bist einmal lange weg gewesen.
Er hat doch einen Freund.
Freunde hat er.
Einen Freund: Klaus. Dein Klaus.
Ja Klaus. Wir denken den ganzen Tag an ihn. Was die Alte barmt! Wenn er noch bei den Russen ist, ist er da tot? Lebt er? Wenn er nicht wäre, würde ich hinschmeißen.
Dann denk doch mal an ihn!
Cresspahl, du...
Er hat einen Freund in Gneez, der ist gut zuwege mit den Russen, nun fährt er zu Besuch...
Emil. Emil Knoop!
Wenn er seinen Freund nicht mitbringen kann aus Moskau –
Cresspahl, das vergeß ich dir nicht. Komm du bei Tag, komm bei Nacht, du sollst haben, was du sagst. Was du sagst, Heinrich!
Wenn er das nicht zustande bringt, taugt er nichts. Dann ist er abgemeldet in Gneez.
Verdient hab ich das nicht um dich. Vergessen werd ich dir das nicht.
Mir wäre es lieber, du würdest es sofort vergessen.
Was?
Du weißt von nichts. Du hältst dein Maul, Willi.

1572, 20 f. *Renaissance-Lichtspielen* – s. K. 1430, 14 f.

1572, 21 *aus sowjetischem Beutegut »Die Fledermaus«* – Dt. Film, Uraufführung: 30. 8. 1935; Regie: Paul Verhoeven; Musik: Alois Melichar nach Melodien von Johann Strauß, mit Lida Baarova, Hans Söhnker, Harald Paulsen, Hans Moser. Beutegut: s. K. 1497, 29.

1572, 31 f. *Immer noch bloß... an die Tschechoslowakei* – Vgl. den Artikel »Soviet And Allies Are Said To Insist On Czech Parley« der NYT vom 17. 7. 1968: »Reliable sources reported tonight that the Soviet Union and its allies had insisted that Czechoslovakia yielded to demands to meet them in two weeks to justify her democratic reforms.
The demand was contained in a letter sent to the Czechoslovak Communist party [...]. Its contents have not been made public«; s. K. 1555, 29–34; 1572, 34–1573, 11.

18. 7. 1968

1572, 34– *Die New York . . . der sozialistischen Gesetzlichkeit* – Vgl. den Artikel »Czechs Re-
1573, 11 port a Demand by Russians for Meeting Tomorrow« der NYT vom 19. 7.
1968, in dem Forderungen aus einem Brief von der Tagung der Ostblockstaaten am 14./15. 7. 1968 in Warschau zitiert werden: »›We do not appear
before you as spokesmen of yesterday who would like to hamper you in recti-
fying your mistakes and shortcomings, including violations of Socialist legality,‹ the letter said. [. . .]
– Decisive action against right-wing or other anti-Socialist forces [. . .].‹
– Party control of the press, radio and television. The Warsaw Pact allies
charged that Czechoslovakia's uncontrolled information media had made
›groundless charges‹ that Soviet troops in Czechoslovakia for joint maneuvers
represented a threat to the nation's sovereignty«; s. K. 1555, 29–34;
s. 1594, 8–10; Manöver: s. K. 1222, 24–28.

1573, 2 *Is ja jut* – (Berliner Dialekt) Ist ja gut.

1573, 13 f. *Die Neue Schule . . . nach unseren Vätern* – Die Bevölkerung der DDR wurde in
Arbeiter, Bauern, Angestellte, Intelligenz und Selbständige, auch Mittelstand
genannt, aufgeteilt, wobei die Zugehörigkeit mancher Berufsgruppen im
Laufe der Jahre schwankte. Ganz allgemein galten Arbeiter und Bauern als
fortschrittlich, der Mittelstand als rückschrittlich, die Intelligenz konnte je
nach Umständen unter die eine oder die andere Kategorie fallen. Es gab Quo-
tenregelungen, z. B. für den Besuch von Oberschulen und Universitäten, deshalb konnte die »Kastenzugehörigkeit« durchaus wichtig sein; s. K. 778, 29 f.;
Rückständiger, rückschrittlicher Mittelstand: s. 1573, 18; 1576, 18 f.; 1782, 7;
1829, 30 f.; fortschrittliche Intelligenz: 1573, 18 f.; 1578, 9 f.; 1588, 2.

1574, 5 *Schutzhaft* – s. 805, 11.

1574, 6 *Mussolini-Besuchs in Mecklenburg* – s. K. 198, 30; 271, 21 f.

1574, 11 *die Vereinigung mit den Kommunisten* – s. K. XII, 43; 1361, 10 f.

1574, 18 f. *die Partei Neuen Typus'* – Auf der 13. Tagung des Parteivorstandes der SED vom
15.–16. 9. 1948 wurde die Umwandlung in eine »Partei Neuen Typus« beschlossen. Als marxistisch-leninistische Partei sollte sie die bewußte und organisierte Vorhut der Arbeiterklasse sein, die höchste Form ihrer Klassen-
organisation, auf der theoretischen Grundlage des Marxismus-Leninismus
stehen und die Überreste des Sozialdemokratismus bekämpfen. Das bedeutete die Abkehr vom besonderen dt. Weg zum Sozialismus und die Übernahme
des sowj. Vorbilds.
»Partei Neuen Typus« wurde nie mit Apostroph gebraucht (auch in den politischen Wörterbüchern nicht), Johnsons Verwendung des Zeichens ist ein
ironischer Hinweis auf die sprachlichen Machenschaften dieser Partei; s. K.
1374, 26.

1574,19   *die jugoslawische Verschwörung* – s. K. 1556, 1.

1574,29   *»gesellschaftliche Betätigung«* – s. K. 1559, 31.

1574,31f.   *neuen Staatsläden H. O.* – s. K. 1560, 9.

1574,32f.   *das Stück zu hundert Mark* –Vgl.Weber (1966), S. 155: Preisliste für Ende 1948, Herrensporthemd 100,– Mark.

1575,12   *Dobri djen* – (russ.) Guten Tag.

1575,13   *Kak djela, gospodin* – (russ.) Wie geht es, Bürger?

1575,14   *ssaditjes* – (russ.) setz dich.

1575,14   *na raswod* – (russ.) übersetzt im Text.

1575,18f.   *Ach du meine weite Heimat* – Anspielung auf das auch in der DDR in den fünfziger und sechziger Jahren viel gesungene sowj. »Lied der Heimat«: »Schiroka strana moja rodnaja« – (russ.) Weites Land meiner Heimat. Der Anfang lautet:

> Schiroka strana moja rodnaja
> mnogo wnje lesow, poljei i rek ...

> Weites Land meiner Heimat,
> in dem es viele Wälder, Felder und Flüsse gibt.
> Ich kenne kein andres Land,
> wo der Mensch so frei atmet.

In der Übersetzung wurde gesungen:
> Vaterland, kein Feind soll dich gefährden,
> teures Land, das unsre Liebe trägt,
> denn es gibt kein andres Land auf Erden,
> wo das Herz so frei dem Menschen schlägt.

Text: Was. Lebedewa-Kumatscha, s. 1655, 12, 19; 1780, 8.

1575,32   *Breslau* – s. K. 676, 18.

1575,35   *Neulehrerin* – s. K. 1454, 11.

1576,13f.   *Gerade du ... in ... ihr Spitzname geworden* – Konnte nicht geklärt werden.

1576,24f.   *Saitschik* – (russ.) Häschen, von sajaz: Hase.

1577,11f.   *die erste Arbeitsgemeinschaft ... der amtlichen Einführung* – Schulklassen wurden in den fünfziger Jahren in kleine Gruppen von jeweils leistungsstarken und -schwachen Schülern eingeteilt, die sich – besonders bei den Hausaufgaben – gegenseitig fördern und kontrollieren sollten; s. 1610, 24f.; 1659, 25f.; 1661, 20f.; 1694, 20; 1705, 32f.

1577,28   *»Angelina, du mußt warten ... «* – Johnsons Freund und Schulkamerad Heinz Lehmbäcker kann sich an keinen Schlager mit diesem Text erinnern, aber an andere Texte auf Angelina, die damals gesungen wurden: »Auf dem Wege nach

Sorrent sah ich dich und im Moment, Angelina«, wozu es auch mehr oder weniger zweideutige Versionen gab. Ebenso gesungen wurde in diesem Kreise »Angelina, the waitress at the pizzeria«, ein Schlager von Allan Robert und Doris Fischer, der 1944 durch Louis Prima und sein Orchester zum Hit wurde; s. 1589, 34–36.

1578, 1   *Brief aus E. A. Poe's »Goldkäfer«* – Der Brief aus »Gold Bug«:
»My Dear __
Why have I not seen you for so long a time? I hope you have not been so foolish as to take offence at any little brusquerie of mine; but no, that is improbable. Since I saw you I had great cause for anxiety. I have something to tell you, yet scarcely know how to tell it, or whether I should tell it at all« in: Poe (1961), S. 470. Johnson benutzt den engl. Genitiv: Poe's; s. K. 778, 14 f.

19. 7. 1968

1579, 2–15   *Heute kommt alles . . . doch alles runterkäme* – Vgl. NYT 19. 7. 1968: »Yesterday afternoon signaled the end of New York's current heat wave.
A band of thunder showers sweeping across the city from the west as a prelude to the arrival of cooler, drier air sent the temperatures plummeting a dozen degrees.«

1579, 4   *Mrs. Eileen Bradley* – Fehler in allen Ausgaben; die Besitzerin des Tabakkiosks ist Eileen O'Brady.

1579, 16–   *Was also liegt . . . Demokratie des Sozialismus* – Die fünf komm. Parteien der
1582, 25   Warschauer Konferenz richteten am 15. 7. 1968 den »Warschauer Brief« an die Regierung der ČSSR (s. K. 1561, 39–1562, 9). Die Entgegnung »Stellungnahme des Präsidiums des ZK der KPČ zum gemeinsamen Brief von fünf kommunistischen und Arbeiterparteien« erschien auf deutsch in der »Prager Volkszeitung« vom 26. 7. 1968. Johnson benutzte die Übersetzung der NYT vom 19. 7. 1968 »Reply by Prague Rejects Criticisms Leveled by Others in Eastern European Bloc«; hier heißt es u. a.: »The Presidium of the Central Committee of the Communist party of Czechoslovakia has thoroughly studied the letter it received addressed [sic] the Central Committee of our party from the meeting of the representatives of the parties of five socialist countries in Warsaw. [. . .]
The number of fears explained in the letter were also expressed in the resolution of our May plenary session of the Central Committee of the Communist party of Czechoslovakia.
However, we see the causes of the conflicting situation mainly in the fact that these conflicts accumulated over the years preceding the January plenary session of the Central Committee of the Communist party of Czechoslovakia. These conflicts cannot be satisfactorily solved suddenly in a short time. In the process of the realization of the political line of the action program of

our party it is, therefore, unavoidable that the wide mass stream of healthy socialist activities is accompanied by extremist tendencies, that the remnants of antisocialist forces in our society are also trying to go along and that at the same time the dogmatic-sectarian forces connected with the faulty policy of the pre-January period are also spreading their activities. [...]

Not even the party itself can remain untouched by internal disputes which accompany this process of unification on the line of the action program.

One of the negative aspects of this process is also the violation of the principles of democratic centralism in the dealings of some Communists, which is mainly one of the results of the fact that for many long years the old party leadership applied bureaucratic centralism and suppressed internal party democracy. [...]

We do not wish to hide these facts and we do not hide them either from our own party and people. [...]

We do not, however, see any realistic reasons permitting our present situation to be called counterrevolutionary, statements on the immediate endangering of the basis of the socialist system or statements that Czechoslovakia is preparing a change in the orientation of our socialist foreign policy and that there is a concrete danger of separating our country from the socialist society. [...] The liberation from Nazi occupation and the entry onto the path of a new life if [sic] forever connected in the consciousness of our people with the historical victory of the U.S.S.R. in the Second World War, with respect to the heroes who laid down their lives in this battle. [...]

We shall strive for the friendly relations between our allies – the countries of the world socialist system – to deepen on the basis of mutual respect, sovereignty and equality, mutual esteem and international solidarity. In these senses we shall contribute more actively and with a worked-out concept to the common activities of the Council of Mutual Economic Assistance and the Warsaw Treaty. [...]

As regards our relations with the G.F.R., it is universally known that although Czechoslovakia is the immediate neighbor of the G.F.R., it was the last to take definite steps toward the partial regulation of mutual relations, particularly in the economic field, while other socialist countries adapted their relations to one or another extent much earlier without it causing any fears.

At the same time, we thoroughly respect and protect the interests of the C.D.R. [sic], our socialist ally, and do all in our power to strengthen its international position and authority. This is definitely proved by all the speeches of the leading representatives of our party and state in the entire period after January 1968.

Commitments Are Respected

The agreements and treaties which connect the socialist countries are an important factor of mutual cooperation, peace and collective security. Czechoslovakia fully respects its contractual commitments and further develops the system of treaties with socialist countries, which is proved by the new friendship treaties which we recently concluded with the Bulgarian People's Re-

public and the Hungarian People's Republic, and also the prepared treaty on friendship and cooperation with the Rumanian Socialist Republic. [...]
The staff exercise of the allied forces of the Warsaw Treaty on the territory of Czechoslovakia are a concrete proof of our faithful fulfillment of our alliance commitments.

In order to insure its smooth course we took the necessary measures on our side. Our people and the members of the army gave a friendly welcome to the Soviet and the other allied soldiers on the territory of Czechoslovakia, the top representatives of the party and Government by their participation proved what importance we attach to it and the interest we have in it.

The obscurities and some doubts in the minds of our public occurred only after the repeated changes of the time of the departure of the allies' armies from the territory of Czechoslovakia at the end of the exercise. [...]
We do not doubt that the undermining of the leading role of the Communist party would threaten the liquidation of socialist society. Just for this reason it is essential that we should understand each other on the question of what is the condition for the strength of the Socialist system and the strengthening role of the Communist party. [...]
The Communist party depends on the voluntary support of the people. It is not implementing its leading role by ruling over the society but by faithfully serving its free, progressive socialist development. It cannot impel its authority, but must constantly acquire it by its actions. [...]
Any indication of a return to these methods would evoke the resistance of the overwhelming majority of party members, the resistance of the working class, the workers, cooperative farmers and intelligentsia.

The party would by such a step imperil its political leading role and would create a situation in which a power conflict would really arise. This would truly threaten the socialist advantages of the people and also our common interests in the anti-imperialist front of the socialist community. [...]
Our party has worked out its tactical political plan and is solving the problems according to it. [...]
Our party has laid down the following main aims and stages of political work.
1. To consistently separate the party as a whole from the distortions of the past for which specific persons of the old party leadership are responsible: These specific people are justifiably being called to task.
2. To prepare the fourteenth extraordinary congress of the party which will evaluate the development and political situation during the January plenum and in accordance with the principles of democratic centralism will lay down the compulstory [sic] line for the entire party, will adopt an attitude to the federal arrangement of Czechoslovakia, will approve the new party statue [sic] and elect a new Central Committee so that it has the full authority and confidence of the party and the entire society.
3. After the fourteenth congress to launch the offensive for the solution of all the fundamental internal political questions: toward the construction of a political system based on the socialist platform of the National Front and social

self government, the solution of the federal constitutional arrangement, the elections to the representative bodies of the state, federal, national and local) [sic] and the preparation of a new constitution. [...]

At present we are at the stage of the political fight to implement the line of the May plenum of the Central Committee of the Communist party of Czechoslovakia. It is a real fight and, therefore, we both win but also suffer drawbacks.

According to the results of the individual battles, however, it would not be correct to judge the outcome of the whole war. Despite this we think that we have managed to consolidate the political situation since the May plenum. [...]

Delegates have been elected to the congress, and their composition is a guarantee that the future fate of the party will not be decided by representatives of extremist opinions, but the democratically-appointed progressive core of our party. [...]

The Presidium of the Central Committee of the Communist party of Czechoslovakia, the Government and the National Front clearly rejected the appeal of the statement of ›2,000 Words,‹ which urges people to engage in anachist [sic] acts, and to violate the constitutional character of our political reform. It should be noted that, following these negative positions, similar campaigns in fact did not occur in our country and that the consequences of the appeal ›2,000 Words‹ did not threaten the party, the National Front and the socialist state. [...]

We know that this situation is facilitated by the abolition of censorship in our country and the enactment of freedom of expression and of the press. What had been spread in form of ›whispered propaganda‹ etc. before can now be expressed openly.

By the law of judiciary rehabilitation we basically solved the painful problem of the illegal reprisals against innocent people which took place in the past years. This step has so clearly helped that the attention of the wide public and the mass communications media no longer concentrate on these questions.

In September – immediately after the party congress – other new important laws will be discussed: the constitutional law on the National Front, which is to confirm the permanent existence of the system of political parties on the ground of the National Front, and, further, a law on the right for assembly and association which sets forth the legal regulations for the birth and activities of various voluntary organisations, associations, clubs, etc.

This will give the opportunity to effectively face attempts of anti-Communist forces to gain an organizational basis for public activities. [...]

We, therefore, consider all pressure directed at forcing the party onto another path, that is to settle basic questions of its policy elsewhere and at another time than at the fourteenth congress, the principal danger to the successful consolidation of the leading role of the party in the Czechoslovak Socialist Republic. [...]

It is not our fault that the meeting in Warsaw was held without us. We discussed the proposals of the five parties for holding this meeting at the Presidium of the Central Committee of the Communist party of Czechoslovakia twice – on July 8 and 12 – and each time we immediately conveyed our view on the method this meeting was to be prepared as we believed to be most correct.

Unfortunately, our meeting of July 12 was already superfluous because, notwithstanding its outcome, the meeting had already been convened for July 14, a fact we learned only through Ceteka in the afternoon of July 13, at the time when the representatives of the five parties were already on their way to Warsay [sic]. [...]

This is in the interest of our common fight against imperialism, for peace and the security of nations, for democracy and socialism«; vgl. »Prawda« vom 18. 7. 1968; Fischer (1994), S. 71–83.

1579, 20	*Gruß zuvor* – s. K. 166, 30.
1579, 28	*Fronde* – (frz.) Schleuder. Ursprünglich Bezeichnung einer gegen Kardinal Mazarin und den absolutistischen frz. König gerichteten Adelsbewegung, 1648–53; übertragen: oppositionelle Gruppe innerhalb der herrschenden Schicht; »dogmatic-sectarian forces« in der engl. Übersetzung der NYT.
1579, 30	*jedes Auge trocken bleiben* – s. K. 1374, 2–18.
1579, 36	*konterrevolutionär* – s. K. 1456, 14 f.
1581, 15 f.	*Nationalen Front* – s. K. 1374, 7 f.
1581, 18	*bannig* – (nd.) besonders.
1581, 23	*»Zweitausend Worte«* – s. K. 1438, 7–1446, 2.
1583, 17	*Guten Eß Geschäft* – s. K. 176, 11.
1584, 5 f.	*Gray Bar-Hauses* – s. K. 127, 31.

20. 7. 1968

1584, 24	*Saturday South Ferry Day* – (engl.) Samstag Tag der South Ferry; s. K. 601, 1.
1584, 28–35	*Es sind unter ... überhaupt ansagen konnte* –Vgl. den Artikel »Moscow Demands Meeting In Soviet With the Czechs« der NYT vom 20. 7. 1968, der sich auf die »Prawda« vom 19. 7. 1968 bezieht: »Pravda said that a secret cache of arms made in the United States had been discovered between Cheb and Karlovy Vary in Czechoslovakia. [...]

The weapons – pistols, automatic rifles and machine guns – were intended for resurrectionous groups, Pravda, the Communist party newspaper, said.« Der Artikel »Plots Charged in Moscow« der NYT vom 22. 7. 1968 verweist auf die sowj. Zeitung »Krasnaja Swjesda«: »It said three bags of American-made rifles and cartridges had been found near Cheb, close to the West German border. It said 10 United States made rifles and several dozens German-made Walther pistols also had been found near Cheb.

Friday, Pravda reported discovery of arms and ammunition under a bridge between Cheb and Karlovy Vary.«

Die Waffen, ein dritter Fund wurde von Ostrau nahe der poln. Grenze gemeldet, und ein Operationsplan der CIA seien für von Sudetendeutschen geführte Untergrundbewegungen bestimmt gewesen; s. K. 1595, 26–28.

1584, 29   *Cheb und Karlovy Vary* – (tschech.) Franzensbad, Kurort im Nordwesten Tschechiens; Karlovy Vary: Karlsbad s. K. 1200, 6.

1585, 2 f.   *mit sudetendeutschen Aufständen* – s. K. 663, 1 f.

1585, 6   *gemalen* – Eigentlich: gemalt; inkorrekte Flexion eines schwachen Verbs.

1585, 13 f.   *Kann denn Liebe... Schauspielerin der Nazis* – Schlager aus dem UFA-Film »Der Blaufuchs«, 1938, Uraufführung: 14. 12. 1938, Text: Bruno Balz, Musik: Lothar Brühne. Das Lied sang Zarah Leander (s. K. 710, 14):

> Jeder kleine Spießer macht das Leben mir zur Qual,
> denn er spricht nur immer von Moral.
> Und was er auch denkt und tut, man merkt ihm leider an,
> daß er niemand glücklich sehen kann.
> Sagt er dann: Zu meiner Zeit
> gab es sowas nicht!
> Frag' ich voll Bescheidenheit
> mit lächelndem Gesicht:
>
> Kann denn Liebe Sünde sein?
> Darf es niemand wissen,
> wenn man sich küßt,
> wenn man einmal alles vergißt vor Glück?
> Kann das wirklich Sünde sein,
> wenn man immerzu an einen nur denkt,
> wenn man einmal alles ihm schenkt, vor Glück?
> Niemals werde ich bereuen,
> was ich tat, und was aus Liebe geschah,
> das müßt ihr mir schon verzeihen,
> dazu ist sie ja da!
> Liebe kann nicht Sünde sein,
> doch wenn sie es wär', dann wär's mir egal –,
> lieber will ich sündigen mal
> als ohne Liebe sein.
>
> Was die Welt auch spricht von mir, das ist mir einerlei.
> Ich bleib' immer nur der Liebe treu!
> Ach, die Frau'n, die so viel spotten, tun mir höchstens leid;
> meine Damen, bitte, nur kein Neid!
> Keine Frau bleibt doch immun,

> wenn ein Mann sie küßt;
> jede würd' es gerne tun,
> wenn's auch verboten ist!

Vgl. Neumann, B. (1994), S. 105, 109; Lehmbäcker (1998), S. 37, 41.

1585, 14–16   *wiederum eingesetzt zur . . . die Firma Sovexport* – s. K. 1497, 29.

1585, 16   *Sovexport* – s. K. 1377, 34–37.

1585, 35–39   *als daß sie . . . den Seitentüren drängten* – Es war bis in die Anfänge der fünfziger Jahre üblich, im Kino vor der Filmvorführung politische Ansprachen zu halten oder vorbildliche Arbeiter vorzustellen.

1585, 36   *Renaissance-Lichtspielen* – s. K. 1430, 14 f.

1586, 1   *Schweriner Volkszeitung* – s. K. 1532, 10.

1586, 2 f.   *S. E. D. nach der ersten Parteikonferenz* – s. K. XII, 43; 1394, 31–36.

1586, 4   *Ge-Wi* – Gesellschaftswissenschaften; Bezeichnung für alle Wissenschaften, die sich auf der Grundlage des Marxismus-Leninismus mit der Entwicklung und den Strukturen von Gesellschaften sowie dem Menschen als gesellschaftlichem Wesen befassen. Seit Februar 1951 war das gesellschaftswissenschaftliche Grundstudium Pflicht für alle Studiengänge. Nach Anweisung Nr. 57 des Staatssekretariats für Hochschulwesen vom 1. 10. 1954 umfaßte es: Entstehung und Entwicklung des Marxismus-Leninismus, den dialektischen und historischen Materialismus, die Grundlagen der politischen Ökonomie; s. K. 76, 33 f.; 463, 30 f.; s. 1830, 16.

1586, 7   *»din Gesin«* – (nd.) deine Gesine.

1586, 10   *Röbbertin sin Gesin* – (nd.) Robertchens Gesine; s. K. 1766, 10 f.; s. 1611, 28; 1763, 13.

1586, 11   *Harthörigkeit* – Veraltet für Schwerhörigkeit.

1586, 18   *Pagenkopfs drei Karten* – Am 4. 2. 1949 wurde die Lebensmittelversorgung für Industriearbeiter etwas verbessert, gleichzeitig wurden in drei Versorgungsgruppen unterteilte »Intelligenzkarten« für zusätzliche Lebensmittel an etwa 30 000 Personen verteilt.

1586, 18 f.   *fünfundfünfzig Mark für das Pfund Margarine* – DER SPIEGEL vom 6. 4. 1950, S. 28 f., druckte eine Preisliste anläßlich der Senkung der HO-Preise ab, das Pfund Margarine kostete bis zum 27. 3. 1950 55 Mark, danach 9 Mark.

1586, 19   *H. O.* – s. K. 1560, 9.

1586, 22   *Wonnen der herrschenden Klasse* – Anspielung auf Thomas Manns Formulierung »Wonnen der Gewöhnlichkeit«; s. K. 1664, 7.

1586, 30   *Straße der D. S. F.* – Eine gleichnamige Straße gab es in der Güstrower Südstadt; s. K. 1559, 28–30.

1587, 4	*S. V. –* Schwimmverein.
1587, 5	*›gesellschaftliche‹ Betätigung* – s. K. 1559, 31.
1587, 26	*Buch mit der aufgehenden Sonne* – FDJ-Ausweis mit dem Emblem der FDJ; s. K. 1559, 13 f.
1587, 28 f.	*eine schwarz/rot/goldene Fahne . . . Kreis gesteckt ist* – Emblem der DSF; s. K. 1559, 28–30.
1587, 30	*Gesellschaft für Deutsch-Sowjetische Freundschaft* – s. K. 1559, 28–30.
1587, 31	*das Stalin-Telegramm* – s. K. 1354, 19–23.
1588, 1	*Wille Böttcher* – Druckfehler in allen Ausgaben, richtig: Willi Böttcher.
1588, 2	*Fortschrittliche Intelligenz* – s. K. 1573, 13 f.
1588, 18	*Ernte-Einsatz* – Ein Ernte-Einsatz von mehreren Wochen war bis in die sechziger Jahre für Schüler und Studenten, gelegentlich auch für Industriearbeiter, Pflicht.
1588, 20	*Schulspeisung* – s. K. 1405, 17.
1588, 22	*Stalinstraße* – s. K. 1432, 2.
1588, 38	*»Berlin«* – Der Begriff »Ostberlin« war in der DDR unerwünscht, es hieß offiziell »Berlin, Hauptstadt der DDR«.
1588, 38 f.	*nach Dresden fuhr . . . zuliebe über Wittenberg* – Auf der Strecke Schwerin–Magdeburg–Wittenberg wird Berlin umgangen.
1589, 4	*man mau* – (nd.) mäßig.
1589, 5	*Grevesmühlen* – s. K. 9, 17; 946, 38.
1589, 14	*Benzolreihen* – Die aromatischen Verbindungen, die Benzol als einfachsten aromatischen Kohlenwasserstoff zum Grundkörper haben.
1589, 15	*Lady Macbeth* – Figur aus Shakespeares (s. K. 876, 29) Tragödie »Macbeth«.
1589, 18	*»Träumerei« von Schumann* – Robert Schumann (8. 6. 1810–29. 7. 1856), Komponist, Pianist. Die »Träumerei« gehört zu op. 15 »Kinderszenen«, einem seiner Klavier-Zyklen.
1589, 26	*halten mußten, Obendrein* – Druckfehler in allen Ausgaben, im Manuskript steht ein Punkt nach »mußten«.
1589, 27–29	*vom Typhustod seiner . . . von Alexandra Paepcke* – s. K. 994, 24.
1589, 34–36	*die abgewandelte zweite . . . noch warten muß* – s. K. 1577, 28.
1589, 39	*Cramoner See, schräg . . . dem Dorf Drieberg* – s. K. 1018, 22 f.
1590, 11	*Schönberg* – s. K. 71, 5.
1590, 11	*Rehna* – s. K. 524, 2.

21. 7. 1968

1590, 15–   *»Marie H. Cresspahl . . . Uhr von dir.«* – s. K. 89, 38 f.
1595, 10

1590, 15   *New York, N. Y. July 21, 1968* – Die Datierung folgt einer im Englischen üblichen Form in Briefen.

1590, 26   *Sister* – (engl.) Schwester.

1591, 2   *Auf der anderen Hand* – (engl. wörtl. übersetzt) on the other hand: andererseits; s. K. 1784, 37.

1591, 3   *Fünferbus* – s. K. 24, 28 f.

1591, 4 f.   *Nehmen Sie keinen . . . andere anständige Mensch* – Hier könnte eine Warnung einer Busgesellschaft vor dem Schwarzfahren wörtlich übersetzt sein, die mit einer doppelten Bedeutung des engl. Verbs »take« spielt: 1. to take a bus: mit dem Bus fahren, 2. to take something: etwas nehmen (auch unerlaubt).

1591, 6   *Die Wahrheit zu sagen* – (engl. wörtl. übersetzt) to tell the truth: um die Wahrheit zu sagen; ehrlich gesagt.

1591, 10 f.   *Von D. E., du . . . will ihn heiraten* – s. 40, 28 f.

1591, 12   *en petit comité* – (frz.) im kleinen Kreis.

1591, 28–30   *das Lied singen . . . du geboren bist* – Bezieht sich möglicherweise auf das Lied für die Geburtstagskinder der sonntäglichen Kinderstunde im Berliner Rundfunk der dreißiger und vierziger Jahre: »Ich freue mich, daß ich geboren bin und hab' Geburtstag heut« oder auf das Kinderlied:
Wie gut, daß du geboren bist,
wir hätten dich sonst sehr vermißt.
Wie schön, daß wir beisammen sind.
Wir gratulieren dir, Geburtstagskind.

1591, 32   *mit dem Damasttuch* – Übernahme eines Details aus Werken Thomas Manns. Vgl. »Buddenbrooks«, Mann, Werke, Bd. I, S. 198; »Vision«, ebd., Bd. VIII, S. 10, und »Wälsungenblut«, ebd., S. 38. – In einem Brief an H. Popp hat Johnson das Damasttischtuch aus MJ, S. 212 als »Requisit für Familienfeste« bezeichnet. Vgl. Johnson, Brief an H. Popp vom 26. 2. 1968, in: Neumann, B. (1989), S. 21; s. 1888, 4.

1592, 5 f.   *ein Modell des englischen Vorkriegsdaimler* – Daimler ist die älteste noch existierende engl. Automarke, am 14.1. 1896 mit Sitz in Coventry gegr.; die Firma produzierte auf der Grundlage gekaufter Patente und erwarb sich einen Ruf als Nobelmarke. 1960 wurde Daimler von dem Autohersteller Jaguar aufgekauft, die Spitzenmodelle trugen weiter den Namen Daimler. Vermutlich ist hier der »Englisch-Daimler« von 1910 gemeint, der, wie auch das Modell von 1905, an seinem sog. »Wellblech«-Kühler zu erkennen war.

Gottlieb Daimler (17. 3. 1834–6. 3. 1900), erprobte 1886 als erster einen Verbrennungsmotor in einem Automobil, gründete 1890 die Daimler-Motorengesellschaft in Cannstatt; s. K. 520, 28.

1592, 11   *zwei Yards Shawl* – Etwa 1,80 m.

1592, 11 f.   *in den mecklenburgischen Farben* – Blau-gelb-rot; s. K. 1547, 38.

1592, 14 f.   *ein Gesicht, als . . . in seinem Mund* – (engl. wörtl. übersetzt) (He looks) as if butter would not melt in his mouth: Er sieht aus, als könnte er kein Wässerchen trüben.

1592, 15 f.   *Traue niemandem über Vierzig* – Abwandlung eines Slogans der Studentenbewegung von 1968; s. K. 208, 28.

1592, 19   *Riverside Park* – s. K. 47, 16.

1592, 37 f.   *identification bracelet* – (engl.) erklärt im Text.

1593, 1 f. A_2 *cde* cD^uE – A_2: seltene Untergruppe der Blutgruppe A; cde: ein Elternteil ist rhesusnegativ, cD^uE: ein Elternteil ist rhesuspositiv.

1593, 8–11   *der Memorial Fountain . . . duty‹ (»im Dienst«)* – (engl.) Gedenkbrunnen; s. K. 1107, 36 f.

1593, 14   *Radix* – (engl.) mathematische Wurzel.

1593, 22–
1594, 20   *eine Wohnung für . . . ausgehen als gut* – s. 338, 19–22.

1593, 27   *»berliner«* – Durchgangszimmer mit Eckfenster zum Hof im abgeschrägten Winkel zwischen Vorder- und Seitengebäude; häufig in Berliner Mietshäusern aus der 2. Hälfte des 19. Jh.s; vgl. Johnson, Mir bleibt nur, S. 75: »wie kann man denn in New York leben und kein Berliner Zimmer haben«.

1593, 34   *Washington Bridge* – s. K. 13, 2 f.

1593, 34   *Palisades Amusement Park* – s. K. 10, 21; 1150, 33.

1593, 38 f.   *Rhein/Main Air Base* – (dt./engl.) amerik. Luftwaffenstützpunkt auf dem Flughafen Frankfurt am Main.

1594, 6   *statements* – (engl.) Darlegungen, Erklärungen.

1594, 8–10   *Die sowjetische Armee . . . auch noch unterschrieben* – In der Moskauer Presse wurde an den sowj. Beitrag zur Befreiung der Tschechoslowakei im 2. Weltkrieg erinnert, und die Armee erklärte, auch sie stimme einem Treffen zu; s. K. 1572, 34–1573, 11.

1594, 12   *Nicht nach Ungarn* – Hinweis auf den ung. Aufstand vom Herbst 1956, bei dem es, ähnlich wie beim Prager Frühling von 1968, um den Abbau totalitärer Strukturen gegangen war; auch war wie in der ČSSR die Mitgliedschaft im Warschauer Vertrag in Frage gestellt worden; s. K. 1108, 7.

1594, 14–16	*objektiv vergleichbare Funktionen . . . dem Begriff Masse* – Anspielung auf Elias Canetti, »Masse und Macht«, 1960.
1594, 22	*Reisebüro* – s. 187, 31–189, 27; 991, 30.
1594, 23	*Friedenau* – s. K. 472, 34 f.
1594, 27–29	*das Atelier genommen . . . Niebuhrs, auch tot* – Zu Johnsons Atelierwohnung in Friedenau: s. K. 15, 13–17; 594, 6 f.
1594, 39	*La Marqueta* – (span. Anglizismus) Der Markt; er befindet sich unter der Bahnüberführung an der Park Avenue von der 111. zur 116. Straße.
1595, 1	*von habichuela blanca bis aji dulce* – (dt./span.) von weißen Bohnen bis zu süßem Paprika.
1595, 3	*Spanish Harlem* – s. K. 23, 17.
1595, 5 f.	*Be my guest* – (engl.) Sei mein Gast.

22. 7. 1968

1595, 12–17	*Was ist es . . . die wissenschaftliche Reue* – Die NYT vom 22. 7. 1968 veröffentlichte den vollen Wortlaut von Andrej Sacharows Essay »Thoughts on Progress, Peaceful Coexistence and Intellectual Freedom«, in dem er zwei Thesen aufstellte: 1. Die Teilung der Menschheit in zwei Lager bedrohe sie mit Zerstörung, und 2. intellektuelle Freiheit sei unabdingbar für die menschliche Gesellschaft.
	Andrej Dmitrijewitsch Sacharow (21. 5. 1921–14. 12. 1989), russ. Physiker und Bürgerrechtskämpfer, half, die sowj. Wasserstoffbombe zu entwickeln. Mehrfach als »Held der sozialistischen Arbeit« ausgezeichnet, verlor er wegen seines Engagements für die Rechte politischer Gefangener alle Ämter und Stellungen. 1975 wurde ihm der Friedensnobelpreis verliehen.
1595, 13–16	*auf der Erde . . . auf diesem Felde* – Anspielung auf die ersten Strophen von Bertolt Brechts (s. K. 211, 33) »Friedenslied«:

> Friede auf unserer Erde!
> Friede auf unserem Feld!
> Daß es auch immer gehöre
> Dem, der es gut bestellt!
>
> Friede in unserem Lande!
> Friede in unserer Stadt!
> Daß sie den gut behause
> Der sie gebauet hat!

| 1595, 18–23 | *Ein anderer, ausgewiesen . . . Diese Ungewißheiten immer* – Bertrand Russell (s. K. 397, 16), der auch gegen die amerik. Intervention in Vietnam protestiert hatte, warnte Alexej Kossygin in einem Telegramm vor einem militärischen Ein- |

greifen der Sowjetunion in der Tschechoslowakei: »that military action against Czechoslovakia would provoke the opposition of Communists and Socialists in five continents. [...] I urge you to state publicly that the Soviet Union has no intention of using military force in Czechoslovakia«; vgl. NYT 21. 7. 1968.

1595, 26–28 *Ihre Armeezeitung berichtet ... sie drei gefunden* – Die »Krasnaja Swesda« vom 21. 7. 1968 berichtete von einem Fund von drei Säcken mit 20 amerik. Gewehren und Munition und mehreren Dutzend dt. Walther-Pistolen bei Cheb und einem weiteren bei Ostrava nahe der poln. Grenze, wo ein Gewehr und elf Pistolen versteckt waren; vgl. NYT 22. 7. 1968; s. K. 1584, 28–35.

1595, 26 *Armeezeitung* – s. K. 263, 26.

1596, 9 *Cresspahl war es zufrieden* – s. K. 124, 17.

1596, 35 *Grabow* – s. K. 949, 3.

1596, 38 f. *Sachsenhausen und Dachau* – Das KZ Dachau wurde am 22. 3. 1933 als Lager für männliche Häftlinge errichtet. Von den etwa 200 000 registrierten Häftlingen sind über 30 000 umgekommen. In 197 Außenkommandos wurde in der Industrie, beim Bau, bei Sprengarbeiten und der Bombensuche gearbeitet. Sachsenhausen: s. K. 36, 12; 645, 38.

1596, 39 *sich ein P davor geschrieben* – Etwas verhindern wollen; nd. Redewendung von ungeklärter Herkunft. Das P wird als Buchstabe, der in der Pest- oder Pockenzeit ein verseuchtes Haus kennzeichnete, erklärt, für das Wort Pfahl stehend, als Abk. für poena (lat. Strafe) oder als der griech. Buchstabe π, der einem Galgen ähnelt; vgl. Johnson, Lübeck habe ich ständig beobachtet, S. 85: »Davor hat die Wirklichkeit des 20. August 1968 dem Verfasser ein anderes Ende auferlegt, en P hett se em vörschrewn, ein Pal hem se em vörbugt«; s. 1889, 30.

1597, 2 *Kommissariat 5* – Abk.: K 5; erste dt. politische Polizei, die nach dem Krieg in der SBZ ihre Tätigkeit aufnahm; im Spätsommer 1945 in Sachsen gegr.; ursprünglich mit der Aufgabe, Polizeikräfte und Angehörige der Justiz zu überwachen; später auch außerhalb Sachsens aktiv. Bis März 1947 war es der »Deutschen Verwaltung des Inneren« gelungen, die Tätigkeit der Kriminalpolizei in Berlin zu zentralisieren. Der Befehl 201 der SMAD vom 16. 8. 1947 zur restlichen Entnazifizierung stärkte die Entwicklung des K 5 erheblich. Nach dem Organisationsplan vom 8. 1. 1948 war das K 5 in fünf Abteilungen gegliedert: 1. Untersuchung von Verbrechen und Verstößen gegen SMAD-Befehle, 2. Verstöße gegen Kontrollratsbefehle, 3. Sabotage des Wiederaufbaus, 4. Antidemokratische Betätigung, 5. Technische Abteilung (Überwachungsmethoden, Datensammlung, Kontrolle der Post); später in Dezernat D umbenannt; vgl. Naimark (1997), S. 453–459; s. K. 1615, 24 f.

1597, 9 *Kriminaloberobermeister* – Das zweite »ober« wurde nachträglich ins Manuskript eingefügt.

1597, 12 f. *»Weil ich ein aufrichtiger Nationalsozialist bin!«* – s. 756, 20 f.

1597,17	*Neubrandenburg* – s. K. 633,29.
1597,22f.	*als Deutscher wie als Antifaschistischer Christ* – s. K. 426,4f.
1597,29f.	*Ausweis als »Kämpfer... Faschismus« (Richtlinie 4)* – Am 23.2.1947 wurde die »Vereinigung der Verfolgten des Naziregimes« (VVN) gegr. Die Mitgliederausweise trugen den Stempel »Kämpfer gegen den Faschismus« oder »Opfer des Faschismus«. Nach den Richtlinien für die Anerkennung galten als »Kämpfer gegen den Faschismus«: »diejenigen, die aus demokratischen Beweggründen [...] 4. als Mitglieder religiöser Widerstandbewegungen infolge ihres Kampfes zu Freiheitsstrafen verurteilt, in Konzentrationslagern festgehalten wurden oder ohne Verhaftung mutig den Kampf gegen die nationalsozialistische Irrlehre geführt haben«; vgl. Eggert (1967), S. 266; s. 1357,4; 1689,4.

1598,1	*window breast* – (engl.) übersetzt im Text; ungebräuchlich, meist: window ledge.
1598,22	*I'll have to... botch of it* – (engl.) übersetzt im Text 1598,24f.
1598,34	*Trumm* – s. K. 43,15.
1599,6f.	*Staatsverfassung, deren Artikel... weltlichen Schulklassen gewährleistet* – Mit der Konstituierung der DDR am 7.10.1949 trat die erste Verfassung in Kraft, die bis zum 6.4.1968 gültig war. Sie wies Elemente eines parlamentarisch-demokratischen Systems mit föderalistischen und rechtsstaatlichen Zügen auf, bekannte sich aber schon zum Prinzip der Gewaltkonzentration, indem sie die Volkskammer zum höchsten Organ erklärte. Artikel 41 garantierte Glaubens- und Gewissensfreiheit. Artikel 44: »Das Recht der Kirche auf Erteilung von Religionsunterricht in den Räumen der Schule ist gewährleistet. Der Religionsunterricht wird von den durch die Kirche ausgewählten Kräften erteilt. Niemand darf gezwungen oder gehindert werden, Religionsunterricht zu erteilen. Über die Teilnahme am Religionsunterricht bestimmen die Erziehungsberechtigten.« Der »Christenlehre« genannte Unterricht mußte im allgemeinen in den Räumen der Kirchgemeinde abgehalten werden.
1599,13	*Antifaschismus* – s. K. 1477,28.
1599,17	*it'll do your... lots of good* – (engl.) das wird deiner Figur sehr gut tun.
1599,19	*Dat sünt so Sprück* – (nd.) Das sind so Sprüche.
1599,25	*Schwedenspeisung* – Es gab 1946/47 an verschiedenen Orten Hilfsaktionen von schwed. Organisationen, bei denen kostenlose Mittagessen verteilt wurden.
1599,27	*staatl. gepr.* – Staatlich geprüfte; s. 1689,21.
1599,32	*Da bin ich... die Nächste zu* – s. K. 1623,1.
1599,35	*als lese sie ihm die Leviten* – s. K. 187,26–29; 843,39.

1600, 5 »*deutsche Ärzte*« – Anspielung auf die medizinischen Versuche, die in den KZ an Häftlingen ausgeführt worden sind.

1600, 7 *Say* »*sixpence*« – (engl.) Sage »sixpence« s. K. 123, 9 f.

1600, 13 *jung Fru* – (nd.) junge Frau.

1600, 22–25 *an das Gebet . . . bewohnten Land abwarf* – Zum Schutz der Besatzung des Bombenflugzeuges wurde folgendes Gebet gesprochen: »Allmächtiger Vater, der Du die Gebete jener erhörst, die Dich lieben, wir bitten Dich, denen beizustehen, die sich in die Höhen Deines Himmels wagen und den Kampf zu unseren Feinden vortragen. [. . .] Wir werden im Vertrauen auf Dich weiter unseren Weg gehen«; vgl. Deschner (1996), S. 260 f.; s. K. 515, 8–11.

1600, 31 *Neuen Zeit* – s. K. 1371, 1.

1601, 1 f. *Es kann die . . . Heiden das mißfällt* – Anspielung auf Schiller, Wilhelm Tell, IV, 3, Verse 2682 f.: »Es kann der Frömmste nicht im Frieden bleiben / Wenn es dem bösen Nachbar nicht gefällt.« Geht auf ein Sprichwort zurück: Einer hat von außen so lang Fried, als lang sein Nachbar will; Schiller: s. K. 1252, 26.

1601, 4–7 *Naß wie ein . . . biblischen Walfischen ab* – Sächsische Redewendung: sehr naß sein; vgl. BU, S. 121: »Nass wie ein Jonas‹ sagt man im Sächsischen von jemanden, der unter einer Traufe hervortritt. Das war der zweite biblische Name«; vgl. Jona 1–2; Johnson, Jonas zum Beispiel.

1601, 9 *Don't preach to the converted* – (engl. Redewendung) Renne keine offenen Türen ein.

1601, 9 *Don't mock the afflicted* – (engl. Redewendung) Verspotte nicht die Bedrückten!

1601, 11 *Luther* – s. K. 806, 31.

1601, 12 *altlutherischen Extrawurst* – s. K. 1402, 35.

1601, 18– 1603, 27 *Unterricht zur Konfirmation . . . hast du's, Gesine* – Günther Stübe erinnert sich, daß Johnson im Konfirmandenunterricht der einzige war, der den Katechismus auswendig wußte; vgl. Stübe (1997), S. 44.

1601, 23 *Gräfinnenwald* – s. K. 34, 8.

1601, 30 »*Schicksalsgemeinschaft*« – Schlagwort aus der Nazizeit.

1601, 32 *Lurwig* – Druckfehler in allen Ausgaben, richtig: Ludwig.

1602, 30 *piel* – (nd.) schräg; s. 1332, 2.

1602, 36 *katechetisch* – Katechese: Unterweisung in Glaubensdingen; s. 1729, 18.

1603, 2 *in Oranienburg und bei Weimar* – Die KZ Oranienburg (s. K. 1146, 24) und Buchenwald (s. K. 49, 8).

1603, 8	*Ubiquität* – Allgegenwart (Gottes). Vgl. Martin Luthers (s. K. 806, 31) »Kleiner Katechismus«: Das Vaterunser. Kommentar zur Anrede »Vater unser, der du bist im Himmel«: »Warum heißt er unser Vater, der im Himmel ist? Uns zu erinnern und zu trösten, daß er in himmlischer Herrlichkeit und Seligkeit wohnt und in Macht und Gnade über seinen Kindern an allen Orten waltet«; s. 1604, 33.
1603, 26 f.	*You gave him a chance* – (engl.) Du hast ihm eine Chance gegeben.
1603, 39	*mit einer Dupuytrenschen Kontraktur* – Nach Baron Guillaume Dupuytren (5. 10. 1777–8. 2. 1831) benannte Schrumpfung der Sehnenplatte der Handfläche, die zur Verkrümmung der Finger führt.
1604, 24	*Am Sonntag nach Palmarum* – D. h. zu Ostern; s. K. 644, 36.
1605, 3–5	*war das Altlutherische . . . ein vereinsrechtlicher Streit* – 1948 gab es in den genannten Punkten keine Unterschiede zwischen der Altlutherischen und der Ev.-lutherischen Landeskirche Mecklenburgs, auch bestand eine Kirchengemeinschaft zwischen der Altlutherischen Kirche und den Lutherischen Landeskirchen, nicht aber mit der reformierten und unierten Kirche Preußens; vgl. Paasch-Beeck (1999), S. 171; s. K. 1402, 35.

23. 7. 1968

1605, 23	*»kleine Anita«* – In den Taschenbuchausgaben korrigiert zu: »kleine Anna«. Anita ist die Koseform von span. Ana.
1605, 25	*Wehrlich* – s. K. 570, 9.
1605, 33 f.	*auf barften Beinen* – barft: (nd.) barfuß; s. K. 840, 2.
1606, 9	*Reussen* – Veraltet für Russen.
1606, 14	*ein Fahrrad, schwedische Importware* – s. 1619, 11–19; 1723, 18–21; 1803, 7 f.
1606, 14 f.	*im staatlichen Laden* – s. K. 1560, 9.
1606, 15	*Stalinstraße von Gneez* – s. K. 1432, 2.
1606, 25 f.	*TRELLEBORG* – Südschwed. Hafenstadt; später als Name eines DDR-Fährschiffes von Saßnitz nach Trelleborg ein Begriff für unerreichbare Ausreise.
1606, 30	*Kulturbundes (z. D. E. Deutschlands)* – Zur demokratischen Erneuerung; s. K. 1251, 34.
1606, 31 f.	*wir verzichten auf den Namen* – s. K. 913, 1.
1606, 38	*Kontrassjedka* – s. K. 1284, 16.
1606, 39	*Mann in schwarzer Uniform* – Dr. Weidling, s. 777, 30–32. Die Abwehr (s. K. 777, 32) gehörte zur Wehrmacht, die Angehörigen trugen die Uniformen der

entsprechenden Waffengattungen, im Falle Dr. Weidlings die schwarze Uniform der Panzertruppe.

1607, 11 *London-Vauxhall* – Zentraler Stadtteil am Südufer der Themse. Der Name geht auf Lady Jane Vaux zurück, die 1615 in ihrem Park eine Halle für musikalische Darbietungen hatte bauen lassen. Die Vauxhall Gardens waren im 17. und 18. Jh. beliebter Ort für Promenaden, Konzerte, Feuerwerke, Maskenspiele.

1607, 11–13 *wie auch der... Pawlowsk, Rayon Woronesh* – 1837 nahm die Zarskoje-Selo-Eisenbahn, die erste Eisenbahn Rußlands, ihren Betrieb zwischen St. Petersburg und dem etwa 35 km südlich davon gelegenen Pawlowsk auf. Nicht der Zar, sondern die private Bahngesellschaft ließ am Endbahnhof Pawlowsk – in der Nähe der Zarenschlösser – nach dem Londoner Vorbild einen Park mit einem riesigen Konzertpavillon, Galerien und Springbrunnen anlegen und verpflichtete bekannte Musiker wie Johann Strauß Sohn.
Die Angabe des Bezirks beruht auf einer Verwechslung: Der Bezirk Woronesch liegt südlich von Moskau und Pawlowsk am Don etwa 150 km südlich von Woronesch.

1607, 11 f. *Zar Alexander der Zweite Nikolajewitsch* – 29. 4. 1818–13. 3. 1881, begann seine Herrschaft mit liberalen Reformen und der Aufhebung der Leibeigenschaft; im Zuge einer panslawistischen Bewegung unterdrückte er den poln. Aufstand, führte 1877/78 erfolgreich gegen die Türkei Krieg und gewann Gebiete im Kaukasus und Kleinasien dazu. Alexander II. fiel einem Bombenattentat zum Opfer.

1607, 16–21 *wie Anita das... die moskauer Üblichkeit* – Es gibt keinen besonderen Moskauer Akzent, aber in ganz Rußland, mit Ausnahme des Nordwestens um Archangelsk, wird das unbetonte o offen, fast wie ein a gesprochen; s. 1764, 37.

1607, 20 *native speakers* – (engl.) Muttersprachler.

1608, 11 *blühte sein Weizen* – s. K. 1089, 10.

1608, 16 *Wünschenswert* – Zu Johnsons Verwendung des Wortes vgl. MJ, S. 139, 162, 182, 193, 262.

1608, 23–34 *ich hieß ganz... Gantlik der Stummel* – Erlaß des Reichsministers des Innern zum »Erwerb der deutschen Staatsangehörigkeit durch ehemalige polnische und Danziger Staatsangehörige« vom 13. 3. 1941: »Tragen Personen, die in die Deutsche Volksliste aufgenommen werden, nichtdeutsche Namen, so werden sie regelmäßig einen deutschen Namen annehmen müssen«; s. 1609, 13 f.

1608, 25 *Utinam* – (lat.) Wenn doch! Daß doch!

1608, 25 f. *Daß er ein... Recht auf mich* – Zu der Einteilung in die Deutsche Volksliste (s. K. 1608, 23–34) heißt es: »Im übrigen werden Kinder unter 18 Jahren regelmäßig in die gleiche Abteilung eingetragen wie ihr Vater«.

1608, 33   *an der Memel ... auch Njemen heißt* – s. K. 1183, 18.

1608, 35–37   *den blauen Ausweis ... Personen deutscher Staatsangehörigkeit* – Der Reichsminister des Innern zum »Erwerb der deutschen Staatsangehörigkeit durch ehemalige polnische und Danziger Staatsangehörige« am 13. 3. 1941:»Den in die Deutsche Volksliste eingetragenen Deutschen ist hierüber ein Ausweis [...] auszustellen. Die in die Abt. 1 oder 2 Eingetragenen erhalten einen blauen, die in Abt. 3 Eingetragenen einen grünen, die in Abt. 4 Eingetragenen einen roten Ausweis. [...] Eine Kennzeichnung der blauen Ausweise, die nach außen erkennen läßt, ob der Inhaber in der Abteilung 1 oder die Abteilung 2 eingetragen ist, darf in keiner Form stattfinden.« Die einzelnen Abteilungen werden im gleichen Schreiben definiert: »In Abteilung 1 der Deutschen Volksliste werden diejenigen Volksdeutschen [...] eingetragen, die sich vor dem 1. September 1939 im Volkstumskampf aktiv für das Deutschtum eingesetzt haben. [...] In Abteilung 2 der Deutschen Volksliste gehören diejenigen [...], die sich in der polnischen Zeit zwar nicht aktiv für das Deutschtum eingesetzt haben, die sich aber gleichwohl ihr Deutschtum nachweislich bewahrt haben.«

1609, 10   *»Die Stadtmaus und die Feldmaus.«* – Vermutlich ein Film nach der Kindergeschichte, in der beide Tiere, da sie das jeweils andere um seine Lebensweise beneiden, ihre Rollen tauschen, aber nach kurzer Zeit einsehen, daß sie doch ihre gewohnte Umgebung vorziehen.

1609, 10   *»Hitlerjunge Quex.«* – Dt. Film, Untertitel: Ein Film vom Opfergeist der dt. Jugend; Uraufführung: 12. 9. 1933; Regie: Hans Steinhoff; Buch: Karl Aloys Schenzinger, Bobby E. Lüthge, nach dem gleichnamigen Roman von K. A. Schenzinger; mit Heinrich George, Berta Drews, Jürgen Ohlsen. Ein Junge steht zwischen komm. Vater und HJ; beim Verteilen von Flugblättern erstochen, stirbt er mit dem Fahnenlied der HJ auf den Lippen. Schenzingers Roman basiert auf dem Schicksal des Hitlerjungen Herbert Norkus, der bei einem Zusammenstoß von Nationalsozialisten und Kommunisten ums Leben kam; Hitlerjugend: s. K. 164, 33.

1609, 15   *Elbing* – Poln. Elbląg, Stadt westlich von Danzig unweit des Frischen Haffs.

1609, 34   *Pius wier 'n gauden Minschn* – (nd.) Pius war ein guter Mensch.

1609, 37 f.   *»Volksdeutsche« hinter meinem Rücken. Oder »Beutegermanin«* – s. K. 898, 34 f.

1610, 7 f.   *Abtrennung der westlichen ... von der sowjetischen* – Nachdem auf der Außenministerkonferenz vom 15. 6.–12. 7. 1946 keine Einigung in der Deutschlandfrage erzielt werden konnte, begannen seit September 1946 die Vertreter der amerik. und engl. Besatzungszone mit der Planung einer gemeinsamen Verwaltung. Vom 1. 1. 1947 galt diese Bi-Zone als einheitliches Wirtschaftsgebiet. Die frz. Zone wurde nicht formell angeschlossen, da es aber schrittweise zu einer Zusammenarbeit kam, wurde seit Herbst 1948 von einer Tri-Zone gesprochen.

1610, 21	*Warnow-Werft in Rostock* – s. K. 450, 33.
1610, 24 f.	*Arbeitsgemeinschaft Cresspahl/Pagenkopf* – s. K. 1577, 11 f.
1610, 31	*Halbkreislinieal* – Druckfehler; richtig: Halbkreislineal; in der zweibändigen Taschenbuchausgabe korrigiert.
1611, 1 f.	*die böhmakelnden Auskünfte* – Wie ein Böhme sprechend, d. h. Deutsch radebrechend oder mit tschech. Tonfall redend.
1611, 15–17	*Schöne Beine: sagte . . . gelernt ist gelernt* – s. 837, 33–37.
1611, 26	*Z. S. G. L.* – s. K. 1559, 16 f.
1611, 28	*Röbbertin sin Gesin* – (nd.) Robertchens Gesine; s. K. 1586, 10.
1611, 30	*Zigarette aus Dresden* – Das Dresdner Tabakwerk Yenidze, gegr. 1909, produzierte auch nach 1945 die Marke »Salem Aleikum«, die ein Minarett auf der gelblichen Verpackung zeigte, Stückpreis 12 Pfennig; s. K. 1671, 1.
1611, 31 f.	*»Lucky Strike«* – Amerik. Zigarettenmarke; s. 1624, 5 f.
1612, 14–16	*der anwesend ist . . . vom Dache schießt* – Vgl. Matth 10, 29: s. K. 775, 25 f.; 1603, 8; s. 243, 22 f.
1612, 18	*Dompfarrer von Gneez* – s. 1729, 24 f.; 1805, 15 f.
1612, 18 f.	*Landespastor Schwartze (Ludwigslust)* – Geb. 22. 9. 1903, trat 1928 der SPD bei, seit 1933 im mecklenburgischen Kirchendienst, 1941 kommissarischer Leiter des Stiftes Bethlehem in Ludwigslust, 1942 von der Gestapo ausgewiesen; 1943 als Kraftfahrer eingezogen; 1945 Leiter des Stiftes Bethlehem; 1947 Mitglied des mecklenburgischen Landtags. Pastor Schwartze war durch ein kirchliches Disziplinarverfahren seines Amtes enthoben worden. Während des 3. Parteikongresses der SED (s. K. 1626, 10 f.) trat er als Sprecher einer kleinen Gruppe Pfarrer auf, die die Politik der SED unterstützte. Bischof Dibelius wurde in der Zeit besonders heftig kritisiert und als Führer der kirchlichen Reaktion bezeichnet, der den Frieden in Deutschland hintertreibe; vgl. Solberg (1962), S. 100 f.
1612, 19	*Ludwigslust* – s. K. 544, 23.
1612, 20	*Bischof Dibelius* – Friedrich Karl Otto Dibelius (15. 5. 1880–31. 1. 1967), ev. Theologe, verlor 1933 sein Amt als Generalsuperintendent der Kurmark, führend in der Bekennenden Kirche, 1945–66 Bischof von Berlin-Brandenburg, 1949–61 Vorsitzender des Rates der Evangelischen Kirche Deutschlands. Dibelius hatte sich wiederholt öffentlich gegen die Methoden der DDR-Regierung und Behinderungen der Kirchenarbeit ausgesprochen und wurde deshalb besonders intensiv angegriffen. Anläßlich der Weltkirchenkonferenz in Toronto war er mit Truman zusammengetroffen, woraufhin Grotewohl sich weigerte, mit ihm zu verhandeln, da er Richtlinien vom amerik. Präsidenten empfangen habe; vgl. SBZ (1956), S. 131.

1612, 22 »*Atom-Dibelius«* – Zu der Zeit von der DDR-Propaganda häufig gebrauchte Formulierung. DER SPIEGEL vom 19. 11. 1958, S. 37, berichtet von auf der Straße auftretenden Agitpropgruppen zur Vorbereitung der Volkskammerwahlen am 16. 11. 1958: »Es treten auf Pappe gemalt und von einem Spieler gehalten Hindenburg, Hitler, Adenauer, Strauß und Atom-Dibelius auf.«

1612, 22–28 *Dibelius hatte von ... das christliche Evangelium* – In Dibelius' Hirtenbrief zu Pfingsten 1949 hieß es: »Gegenwärtig betrübt uns mehr als alles andere die Sorge, daß das Staatsgebilde, das um uns her entsteht, so viel von den Zügen zeigt, denen in der nationalsozialistischen Zeit unser Widerstand um Gottes willen gegolten hat: Gewalt, die über alles Recht hinweggeht, innere Unwahrhaftigkeit und Feindschaft gegen das christliche Evangelium.« Die Abteilung K 5 der Volkspolizei hatte er »wiederauferstandene Gestapo« genannt; vgl. Solberg (1962), S. 74.

1612, 23 *K 5* – s. K. 1597, 2.

1612, 29–33 *seinem Martin Niemöller ... am Frieden halten* – Martin Niemöller (s. K. 426, 15 f.), zu der Zeit Präsident der ev. Kirche in Hessen-Nassau, kritisierte in einem Interview mit Mary Higgins in der »New York Tribune« vom 14. 12. 1949 die Politik der westlichen Alliierten, sie hätten bei den Verhandlungen über einen dt. Friedensvertrag versagt und getrennte Regierungen für West- und Ostdeutschland vorbereitet. Das Interview erregte großes Aufsehen, da Mary Higgins behauptete, Niemöller ziehe ein einheitliches komm. Deutschland einem geteilten vor: »Pastor Martin Niemöller sagte heute, die meisten Deutschen würden die Einigung ihres Landes unter dem Kommunismus einer Fortdauer seiner gegenwärtigen Aufspaltung in Ost und West vorziehen.« Niemöller verteidigte sich, die Äußerungen seien aus dem Zusammenhang gerissen. Es hieß weiter, daß Niemöller die dt. Spaltung der Gefahr eines neuen Krieges vorziehe. Er schlug vor: »Abzug der westlichen und russischen Besatzungsmächte und Überwachung eines neutralen und entmilitarisierten Deutschlands durch die Vereinten Nationen«; vgl. Solberg (1962), S. 79 f.

1612, 30 *E. K. i. D.* – Evangelische Kirche in Deutschland.

1612, 30 f. *Schulderklärung von Stuttgart* – In dem »Stuttgarter Schuldbekenntnis« vom 19. 10. 1945 erklärte der Rat der Evangelischen Kirche in Deutschland eine »Solidarität der Schuld« mit dem dt. Volk und klagte sich an, nicht nachhaltig genug gegen die NS-Herrschaft protestiert zu haben. Vgl. Johnson, Rede zum Bußtag, S. 48.

1612, 34 *im blauen Hemd* – s. K. 1559, 13 f.

1612, 36 *Mitschurin-Garten* – Bezeichnung für Schulgärten in der DDR, nach Iwan Wladimirowitsch Mitschurin (27. 10. 1855–7. 6. 1935), russ. Obstzüchter, der durch Artenkreuzung frostresistente Sorten erzielte, die neuen Eigenschaften irrtümlich für erblich hielt und deshalb die Mendelschen Gesetze ablehnte. Seine Theorien waren eine Zeitlang Grundlage der parteiamtlich anerkannten Vererbungslehre der UdSSR. Lyssenko baute seine Arbeiten darauf auf; s. K. 1816, 15 f.

1613, 21–25   *Poliklinik von Gneez . . . von Weinranken eingefaßt* – In Güstrow lag die Poliklinik an der Ecke Eisenbahnstraße/Grabenstraße. Das Haus war üppig mit Blauregen (Glyzine) bewachsen.

1613, 21   *Eisenbahnstraße* – s. K. 470, 18.

1613, 25 f.   *der gonorrhœ cervicis . . . ihr gestiftet hatte* – Infektion der Gebärmutterschleimhäute, deren Erreger vorwiegend durch Geschlechtsverkehr übertragen werden; s. K. 140, 7–13; 1615, 25.

1613, 27   *»vajassn«* – (ostpreußisch) vergessen. (Anita kommt aus dem Memelland.)

1614, 2 f.   *Untersuchung auf Geschlechtskrankheiten* – s. K. 1208, 1–4.

1614, 5   *cavum uteri* – (lat.) Gebärmutterhöhle.

1614, 5 f.   *endometritis specifica* – (lat.) Entzündung der Gebärmutterschleimhäute.

1614, 11   *Sulfonamid* – Gruppe chem. Arzneimittel gegen Infektionen.

1614, 14   *Gräfinnenwald* – s. K. 34, 8.

1614, 15   *griese Gegend* – s. K. 544, 22.

1614, 26   *Dom Offizerov* – (russ.) Haus der Offiziere; s. K. 1347, 13.

1614, 27   *»nach Gewicht, Jurij, nach Gewicht!«* – Die übliche russ. Maßeinheit für Wodka ist »sto gram«: 100 g.

1614, 28 f.   *Bremerhaven* – Stadt an der Unterweser, die mit Bremen das Bundesland Bremen bildet; wichtiger Nachschubhafen für die amerik. Besatzungs- bzw. NATO-Truppen.

1614, 31 f.   *hörte unter Stalins . . . ostdeutschen Staat heranwachsen* – Auf der Außenministerkonferenz vom 23. 5.–20. 6. 1949 in Paris hatte die Sowjetunion einen gesamtdt. Staatsrat und einen baldigen Friedensvertrag mit Deutschland gefordert, wohl wissend, daß eine Übereinkunft zu einer gesamtdt. Regierung unrealistisch war. Der undemokratisch gewählte III. Deutsche Volkskongreß hatte am 29./30. 5. 1949 einen aus 400 Funktionären der Parteien und Massenorganisationen gebildeten Volksrat bestimmt, der den Entwurf einer Verfassung für eine »Deutsche Demokratische Republik« billigte; s. K. 1686, 38–1687, 3.

1614, 36–39   *aus den Gesetzen . . . des angloamerikanischen Imperialismus* – Die Deutsche Wirtschaftskommission erließ am 22. 6. 1949 eine Verordnung gegen »Spekulationsverbrechen«, die Zuchthausstrafen nicht unter drei Jahren vorsah.

1614, 38   *antifaschistischen deutschen Volksbewegung* – s. K. 1477, 28.

1615, 1   *Sowjetzone* – s. K. 1499, 28.

1615, 1 f.   *einer VolksEigenen Pharmafirma* – V. E. B. Pharmazeutisches Kombinat Germed, Dresden.
Volkseigene Betriebe (V. E. B.) waren durch Befehl Nr. 124 der SMAD vom 30. 10. 1945 beschlagnahmte Betriebe (etwa 10 000) und nach 1945 neu errichtete staatliche Firmen. Rechtsträger der VE-Betriebe waren die Vereinigung Volkseigener Betriebe (VVB), Kreis- und Kommunalbehörden und die Vereinigung der gegenseitigen Bauernhilfe. Bis 1951 waren die VEB unselbständige Filialen der VVB, seit dem 1. 1. 1952 wurden die größeren Unternehmen in selbständige wirtschaftliche Einheiten umgewandelt und Industrieministerien unterstellt, die Plandaten vorgaben. Bis 1954 wurde der gesamte Gewinn an den Staat abgeführt. Seit 1955 konnte ein Teil des Gewinns für Investitionen und Reparaturen verwendet werden. 1958 wurden die größeren VEB erneut dem VVB unterstellt, die anderen den Bezirkswirtschaftsräten der örtlichen Staatsorgane. Wirtschaftliches Denken wurde 1963 mit dem Neuen Ökonomischen System erstmals gefordert; s. K. 1679, 33 f.; 1804, 1–6; 1839, 32; 1840, 39–1841, 1; s. 1637, 2; 1651, 4; 1674, 27 f.; 1725, 20; 1781, 8; 1831, 31, 36 f.; 1838, 16 f.

1615, 12   *Alexandr Blok* – Alexandr Alexandrowitsch Blok (28. 11. 1880–7. 8. 1921), russ. Lyriker, Dramatiker und Literaturkritiker, begrüßte die Oktoberrevolution. Seine vom Symbolismus beeinflußten Werke wurden in der UdSSR als avantgardistisch unterdrückt.

1615, 14   *Zystitis* – (lat.) Blasenentzündung.

1615, 22   *moshno* – (russ.) es ist möglich.

1615, 24 f.   *drei Jungen in . . . der Roten Armee* – Vgl. Naimark (1997), S. 133 f.: »Sogar in den Berichten von K 5, der ersten deutschen Geheimpolizei in der Besatzungszone, in denen die Sexualverbrechen detailliert aufgelistet waren, wurden der oder die Täter immer als ›ein Mann in Uniform der Roten Armee‹, ›Leute in russischer Uniform‹ oder ›eine Person in der Uniform eines Soldaten der Roten Armee‹ bezeichnet. Davon wurde auch nicht abgewichen, wenn die Verbrecher gefaßt und dem örtlichen Kommandanten ausgeliefert worden waren, wenn also alles darauf hindeutete, daß es sich tatsächlich um Angehörige der Roten Armee handelte. Diese Sprachregelung wurde auch von der SED und der Staatsbürokratie übernommen«; s. K. 140, 7–13.

1615, 25   *Gonokokken* – Bezeichnung für Bakterien der Art Neisseria gonorrhoeae, Erreger der gonnorrhoe; s. K. 1613, 25 f.

1615, 30   *Pyosalpinx* – (lat.) Vereiterung der Eileiter.

1615, 31–37   *Nado / wirrwatj / radostj . . . pomeretj / ne trudno* – (russ.) Mittelteil der folgenden Strophe (»Aus der Zukunft . . .«):
(Unser Erdball
                ist für Freude
                              noch zu wenig uns gegeben.)

Aus der Zukunft

      reißen

          muß man

             Lust und Spiel

Sterben

      ist nicht schwer

            in diesem Leben.

(Leben schaffen,

      schwerer ist das viel.)

Schluß des Gedichts »An Sergej Jessenin«, 1926, von Wladimir Majakowskij. Vgl. Majakowskij, Aus vollem Halse, S. 115–120, dt. von Johannes von Guenther.
Johnson hatte neben dieser Ausgabe auch die Insel Werkausgabe Majakowskijs in seiner Bibliothek, in der das Gedicht in der Übersetzung von Hugo Huppert enthalten ist (»Jede Freude muß/dem Kommenden/entrissen werden./ Sterben/ist hienieden/keine Kunst.«) Majakowskij bezieht sich auf eine Zeile aus jenem Gedicht, das Jessenin (s. K. 1369, 6) angeblich mit dem Blut aus seinen Pulsadern vor seinem Selbstmord geschrieben hatte: »In diesem Leben ist das Sterben nichts Neues,/aber das Leben bedeutet auch nichts Neueres.« (Oder, dt. von P. Celan: »Sterben –, nun, ich weiß, das hat es schon gegeben;/doch: auch das Leben gabs ja schon einmal.«) Majakowskij wirft Jessenin seinen Selbstmord vor, er hätte lieber versuchen sollen, die Welt durch seine Werke umzugestalten. Auch Majakowskij nahm sich später das Leben. Vgl. Fischer (1994), S. 104.

1616, 11   *Barbaraviertel* – s. K. 1343, 24.

1616, 14   *Jungen Welt* – s. K. 518, 36.

1616, 16   *Krasnaja Swesda* – s. K. 263, 26.

1616, 23 f.   *Tschaikowskij* – s. K. 1330, 25.

1616, 24 f.   *Radio Wolga, schwach ... von Potsdam vernehmbar* – Die Befehlszentrale der Roten Armee lag in Wildpark bei Potsdam, dem früheren Hauptquartier Hermann Görings.

1616, 29–32   *Die Führung der ... auf eigenem angenommen* – Vgl. den Artikel »Soviet Politburo Yields To Prague On A Parley Site« der NYT vom 23.7.1968: »The Soviet Union disclosed tonight that it had compromised on the terms of a meeting with the Czechoslovak Communist leadership, agreeing that the Soviet party's entire Politburo would go to Czechoslovakia.«
Die sowj. Führung hatte Moskau, Kiew oder Lwow als Verhandlungsort vorgeschlagen; s. K. 1555, 29–34.

1616, 34   *K. P. Č.* – s. K. 523, 12 f.

1616, 36 f.   *Und Truppen wollen . . . Grenze mit Westdeutschland* – Vgl. den Artikel »Moscow Presses Czechs on Troops« der NYT vom 23. 7. 1968: »The Soviet Union has revived its demand that Czechoslovakia consent to stationing of Warsaw Pact troops along her frontiers with West Germany according to informed Czechoslovak sources.«

1617, 1–8   *In Polen, drei . . . verreist? / Eine Funkleitstelle* – Vgl. den Artikel »Russians Encamp In Polish Woods« der NYT vom 23. 7. 1968: »Some of the Soviet troops that have been withdrawn from Czechoslovakia are stationed in woods less than three miles north of this Polish city [Cieszyn] on the Czechoslovak border. Soviet troops, easily identifiable by their shoulder straps and high boots, can be seen putting camouflage netting on half a dozen trucks and vans equipped with high aerials.
The Russians have made no effort to hide what looks like a major communications center. [. . .] The sources said that possibly as many as two regiments of combat troops were in the woods. [. . .] Cieszyn, a city lying on both sides of the frontier in the Olza River valley, is the most accessible gateway to central Czechoslovakia, which is otherwise protected by mountains along the Polish border.«

1617, 33 f.   *comme il faut* – (frz.) wie es sich gehört; s. K. 1460, 35.

1618, 10 f.   *»Bitterer Reis« nachgerufen . . . Films aus Italien* – »Bitterer Reis«, dt. Titel des ital. Films »Riso Amaro«, 1949; Regie: Giuseppe De Santis; mit Silvana Mangano, Vittorio Gassman, Raf Vallone; neorealistisch; Frauen aus der Stadt helfen bei der Reisernte in der Poebene, eine verliebt sich in einen Gangster, der die Ernte stehlen will. Der Film erregte Aufsehen wegen der Liebesszenen mit Silvana Mangano.

1618, 13   *solche aus Nylon, ohne Naht* – Nahtlose Strümpfe waren bis in die sechziger Jahre Mangelware in der DDR; Nylon: s. K. 139, 10.

1618, 14   *»De rode Stütz«* – s. K. 1541, 33.

24. 7. 1968

1618, 23–   *Am Sonntag sahen . . . als die Polizei* – Vgl. Text zu Szene 5 des Fernsehfilms
1619, 2   »Summer in the City« (gesendet vom SFB am 6. 2. 1969): »Alter Mann im Riverside Park/ 69 Jahre alt, Alkoholiker. Er stammt aus Alabama, er hat viele Staaten der USA durchwandert, blieb an der Upper West Side von Manhattan hängen, an der fast dörflichen Szene des Broadways. Dort sitzt er auf einer Ladenstufe, die Flaschen in einer braunen Tüte neben sich und spricht Passanten an in einem sehr eleganten höflichen Englisch. [Gestrichen: Es geht ihm um Bekanntschaften. An diesem Tag hat er zwölf gemacht.] Das Gefühl von Offenheit [gestrichen: unter] hohen Bäumen. Es erinnert ihn an etwas Vergangenes, er nennt es Natur. Er trinkt eigentlich vorsichtig, [gestrichen:

wenig in Abständen] denn manchmal glaubt er, er könne sich noch retten. In einen IBM-Lehrgang zum Beispiel. Ein Altersheim könnte er nicht bezahlen, und so hält er dies Wandern zwischen Park und Broadway für eine erträgliche Art, auf den Tod zu warten«; vgl. Typoskript im Johnson-Archiv; s. K. 576, 2–13.

1618, 24 f.   *eine Knickerbocker-Ambulanz* – Vermutlich vom New Yorker Knickerbocker Hospital, 70 Convent Street, auf der Höhe 130./131. Straße. Knickerbocker war der Spitzname für die holländischen Einwanderer, später für die New Yorker im allgemeinen.

1618, 36   *Manhattan and Bronx Transit Authority* – Eigentlich: Manhattan and Bronx Surface Transport Operating Authority, MABSTOA, städtische Busgesellschaft; Bronx: s. K. 18, 31.

1619, 5   *von Cresspahl un sine Dochter* – (nd.) von Cresspahl und seiner Tochter.

1619, 11–19   *ein skandinavisches Fahrrad . . . doch kein Geld* – s. 1606, 14.

1619, 21   *5Mo4.40 – A. B.* – 5. Mose 4, 39–40: »So sollst du nun heute wissen und zu Herzen nehmen, daß der Herr Gott ist oben im Himmel und unten auf Erden und sonst keiner, und sollst halten seine Rechte und Gebote, die ich dir heute gebiete; so wird's dir und deinen Kindern nach dir wohlgehen und dein Leben lange währen in dem Lande, das dir der Herr, dein Gott, gibt für immer«; A. B.: Alexander Brüshaver.

1619, 27 $f = dp/dt$ – Wirkt eine äußere Kraft auf einen Massenpunkt, so ändert sich sein Impuls. F = Kraft, p = Impuls, t = Zeit, d = Änderung.

1619, 27 f.   *Isaac Newton* – 4. 1. 1643–31. 3. 1727, engl. Mathematiker und Physiker; entdeckte 1666 die gegenseitige Anziehung der Massen (Gravitation); wandte als erster die irdische Mechanik auf die Himmelskörper an und legte damit die Grundlage für eine einheitliche Naturwissenschaft; fand unabhängig von Leibniz die Grundlagen der Differential- und Integralrechnung, was zu einem Prioritätsstreit führte; entdeckte in der Optik u. a. die Dispersion und das Sonnenspektrum.

1619, 29 f.   *IL FAUT travailler – TOUJOURS TRAVAILLER* – (frz.) Man muß arbeiten – immer arbeiten. Von Rainer Maria Rilke Auguste Rodin zugeschrieben; vgl. den Brief Rilkes an Clara Westhoff vom 5. 9. 1902: »Ich glaube, mir ist jetzt manches offenbar geworden neulich bei Rodin. [. . .] Er sprach von der Kunst, von den Händlern mit der Kunst, von seiner einsamen Stellung, und sagte sehr viel Schönes, das ich mehr empfand als verstand [. . .] wunderbar ernst sagte er das: . . . il faut travailler, rien que travailler«; sowie an Lou Andreas Salomé vom 12. 5. 1904: »›Il faut toujours travailler‹, sagte mir Rodin jedesmal sooft ich ihm von des täglichen Lebens Zwiespalt zu klagen versuchte; eine andere Lösung wußte er nicht und es war ja auch seine gewesen.«

1619, 33   *Karl Marx-Straße in Neukölln* – Neukölln ist der bevölkerungsreichste Stadtbezirk Westberlins, südlich des Zentrums. 1737 entstanden durch Ansiedlung böhmischer Emigranten die Dörfer Deutsch- und Böhmisch-Rixdorf, 1912 in Neukölln umbenannt. Traditioneller Arbeiterwohnbezirk mit engen Mietskasernen, der durch die Grenzlage zu Ostberlin nach 1961 besonders herunterkam; sicherlich die billigste Wohngegend für Anita. Die Karl-Marx-Straße ist eine nordsüdlich verlaufende Durchgangsstraße.

1620, 9   *Baumschulenweg* – S-Bahnstation im Bezirk Treptow, östlich Neuköllns, der erste bzw. letzte Bahnhof in Ostberlin.

1620, 11   *»demokratischen« Sektor* – Offizielle Bezeichnung in der DDR für den sowj. besetzten Teil Berlins; s. K. 998, 19–24; s. 1659, 5 f.; 1789, 30.

1620, 22   *Vadding Brüshaver is dot* – (nd.) Vater Brüshaver ist tot; Vadding: (nd.) Koseform zu Vater.

1620, 32   *Volk und Wissen V. E. V.* – Volk und Wissen Volkseigener Verlag war der Schulbuchverlag der DDR.

1620, 33–36   *Heute sind die . . . rufen die anderen* – Text aus der Fibel »Wir lernen für morgen« des Verlags Volk und Wissen, Berlin 1960, in: Lücke (1962), S. 89.
Die Uniform der Jung- und Thälmannpioniere, die nicht alle besaßen, bestand aus weißem Hemd oder Bluse und dunkler Hose oder Rock, aber jedes Mitglied besaß das blaue Pioniertuch.

1620, 33   *Jungen Pioniere* – Die Pionierorganisation »Ernst Thälmann« war die soz. Massenorganisation der Kinder, gegr. am 13. 12. 1948 in Anlehnung an das Vorbild der sowj. Pioniere; seit dem 19. 8. 1952 unter dem Namen »Ernst Thälmann«; bis 1973 trugen alle ein blaues Dreieckhalstuch zu weißen Hemden und Blusen. Schüler der Klassen 1–3 wurden Jungpioniere, die der Klassen 4–8 Thälmann-Pioniere genannt.

1620, 35 f.   *»Seid bereit!« rufen . . . rufen die anderen* – Offizieller Gruß der Jungen Pioniere.

1621, 1   *Universität* – s. K. 1304, 28.

1621, 5 f.   *Hand an der . . . Finger himmelwärts gekrallt* – Bei Meldungen und Fahnenappellen der Jungen Pioniere und Thälmannpioniere wurde die rechte Hand mit gerade ausgestreckten Fingern an oder über die rechte Schläfe gehalten. Es hat in den Anfangsjahren die bei Johnson beschriebene Grußform vereinzelt gegeben, um sich von militärischen Meldeformen zu unterscheiden. Es ist aber auch möglich, daß Johnson die vorschriftsmäßige Grußform persifliert.

1621, 14   *Faktionen* – Besonders aktive und radikale Parteigruppen, deren Ansichten und Ziele nicht mit der Parteilinie übereinstimmen; s. 1776, 30.

1621, 21 f.   *die Geschenkdienst G. m. b. H. . . . in der Schweiz* – Früher Geschenkdienst und Kleinexport GmbH; 1957 war Genex offiziell zur »Vermittlung von Aufträgen aus Staaten des westlichen Auslandes oder aus Westberlin für zollfreie Geschenksendungen an Empfänger in der DDR« gegr. worden; damit sollte eine zusätzliche Devisenquelle erschlossen werden. Qualitätswaren aus volkseigener und westlicher Produktion wurden von westlichen Auftraggebern in konvertibler Währung beglichen und an Adressaten in der DDR geliefert. Die meist deutsch-deutschen Transaktionen wurden über die Vertragsfirmen Jauerfood in Kopenhagen und Palatinus GmbH in Zürich abgewickelt.

1621, 32 f.   »*im Westen*« – s. K. 1021, 10.

1622, 5   *der ostdeutsche Sachwalter* – s. K. 993, 8; 1138, 30.

1622, 7–10   *Vom Frieden träumen . . . bin ich Soldat* – Vermutlich Persiflage auf einen Vierzeiler Bertolt Brechts, den dieser über einen Zeitungsausschnitt geschrieben hat. »Der Ausschnitt zeigt ein Foto von chinesischen Soldaten vor einem Panzer; es ist unterschrieben mit: ›Die Besatzungen einer Panzereinheit der chinesischen Volksbefreiungsarmee unterschreiben den Wiener Appell des Weltfriedensrates zur Ächtung eines Atomkrieges‹«; vgl. Brecht (1988), Bd. 15, S. 494. Johnson kannte das Blatt vermutlich aus dem Bertolt-Brecht-Archiv.

> Panzereinheit, ich freue mich, dich schreibend
> Und für den Frieden werbend zu sehen
> Und ich freue mich, daß ihr schreibend
> Und für den Frieden werbend, gepanzert seid.

1622, 14   *Aufbaulied* – Text und Musik: Reinhold Limberg:

> Jugend, erwach, erhebe dich jetzt,
> die grausame Nacht hat ein End.
> Und die Sonne schickt wieder
> die Strahlen hernieder
> vom blauen Himmelsgezelt.
> Die Lerche singt frohe Lieder ins Tal
> das Bächlein ermuntert uns all.
> Und der Bauer bestellt wieder Acker und Feld,
> bald blüht es allüberall.
>
> Bau auf, bau auf, bau auf, bau auf!
> Freie Deutsche Jugend, bau auf!
> Für eine beß're Zukunft richten wir die Heimat auf.
>
> Allüberall der Hammer ertönt,
> die werkende Hand zu uns spricht:
> Deutsche Jugend, pack an,
> brich dir selber die Bahn
> für Frieden, Freiheit und Recht.
> Kein Zwang und kein Drill,
> der eigene Will'
> bestimme dein Leben fortan.
> Blicke frei in das Licht,
> das dir niemals gebricht.
> Deutsche Jugend, steh deinen Mann.
>
> Bau auf, bau auf . . .

1622, 16   *Rosengarten* – s. K. 447, 17.

1622, 19 f.   *eine gesetzliche Vorschrift* – Besuchsreisen zu Verwandten in der DDR waren für Deutsche aus dem Bundesgebiet, z. T. unter erschwerten Bedingungen, immer möglich, für Einwohner Westberlins seit 1952 praktisch unmöglich, seit dem 23. 8. 1961 konnten sie auch Ostberlin nicht mehr besuchen. Erst seit dem Passierscheinabkommen vom 17. 12. 1963 konnten Westberliner zu Feiertagen und in Härtefällen Besuche für je einen Tag beantragen.

1622, 25   *karelischen Landen* – Gebiet zwischen Ladogasee und Finnischem Meerbusen; in der Geschichte vielfach geteilt und unter schwed., finn. und russ. Herrschaft. Seit Finnland 1945 Westkarelien abtreten mußte, ganz zur Sowjetunion gehörig; damals emigrierte fast die gesamte Bevölkerung Westkareliens nach Finnland.

1622, 34   *berliner Wäldern bei Schulzendorf* – Dorf bei Schönefeld, südöstlich von Berlin. Östlich davon befinden sich die Waldgebiete um Müggel- und Seddinsee.

1622, 35   *Alten Krugs von Dahlem* – Dahlem: s. K. 253, 24. An der Dorfaue steht der Alte Krug von 1830 (Königin-Luise-Straße), der zur Domäne Dahlem, einem städtischen Gut, gehörte.

1622, 37   *Le vent* – (frz.) Der Wind.

1622, 37 f.   *vous comprenez* – (frz.) verstehen Sie/versteht ihr?

1623, 1   *die Neegste* – (nd.) die Nächste; Anspielung auf Fritz Reuters »Ut mine Stromtid«, 1. Teil, 3. Kapitel: »Die Frau Pastorin hat an der Wand ihrer Stube Bilder ihrer Familie unter einem segnenden Christus angebracht, so daß sie sich als die Nächsten zum Segen anbieten: ›Herr Christus hadd de Hänn tau'n Segen upböhrt, un nu hadd de Fru Pastorin em ehre ganze Verwandtschaft unnerschowen, dat sei dat Best von den Segen afkregen, weil sei sei for de Neg'sten dartau höll.‹«; vgl. Reuter, Werke, Bd. 5, S. 42; s. K. 1632, 8; 1632, 14 f; 1632, 22; 1632, 31–36; 1633, 32 f.

1623, 10   *Mauer durch Berlin* – s. K. 74, 12.

1623, 11 f.   *mit den Füßen abzustimmen* – Anspielung auf ein Lenin (s. K. 1165, 23) zugeschriebenes Wort, das eine Form des Protests bezeichnet, wenn Struktur und Handhabung der Macht verhindern, sich anders politisch zu artikulieren. Die Fluchtbewegung aus der DDR erreichte 1953 nach dem Beschluß zum Aufbau des Sozialismus mit 331 390 Flüchtlingen einen Höhepunkt, schwächte sich nach Einführung des Neuen Kurses (s. K. 1847, 21 f.) ab und nahm seit 1956 wieder zu. Mit dem Beginn der Zwangskollektivierung der Landwirtschaft im Frühjahr 1960 flohen fast 200 000 Menschen in den Westen. Im Sommer 1961 ließen Gerüchte über eine bevorstehende Sperrung der Grenzen die Zahlen dramatisch steigen: Allein vom 1.–13. 8. 1961 kamen 47 433 Flüchtlinge in die BRD.

1623, 12   *Henriettenplatz* – Vor dem Bahnhof Halensee, fast am westlichen Ende des Kurfürstendamms gelegen.

1623, 19–23   *Wie dem sei . . . Anita das erbat* – s. 12, 24–31.

1623, 21   *Warnemünde* – s. K. 785, 23.

1623, 21   *Trelleborg* – s. K. 1606, 25 f.

1623, 24–26   *1962 hatten die . . . Instrument kapitalistischer Ausbeutung* – Die Kybernetik galt den SED-Ideologen anfänglich als »kapitalistische Pseudowissenschaft«, da sie sie als Konkurrenz zum Marxismus-Leninismus ansahen. Seit 1960/61 hoffte man, mit Hilfe der Kybernetik das wirtschaftliche Planungssystem zu verbessern. Vor allem der Systemtheoretiker G. Klaus versuchte, Lehrsätze der Kybernetik mit dem marxistischen Weltbild zu vereinen. Im April 1961 wurde die »Kybernetik-Philosophie-Gesellschaft« gegründet, im Oktober 1962 fand jene Konferenz mit dem Thema »Die Bedeutung der Kybernetik für Wissenschaft, Technik und Wirtschaft in der DDR« statt.

1623, 28 f.   *wer das Telefon . . . Tat erfunden hat* – s. K. 1452, 22.

1623, 35   *die amerikanischen Goldgräberhosen* – Eine Zeitlang durften in den Schulen der DDR keine Jeans getragen werden. Da sie anfangs nicht im Lande hergestellt wurden, wurde ihr Besitz mit »Westverbindungen« gleichgesetzt. »Nieten in Nietenhosen unerwünscht« hieß es am Eingang der Kulturhäuser. Als der Trend nicht mehr aufzuhalten war, wurden sie zur Kleidung der amerik. Arbeiter und Schwarzen erklärt.

1624, 2   *Intershops* – 1962 gegr. Geschäfte, in denen Waren meist westlicher Herkunft gegen frei konvertierbare Währung verkauft wurden. Anfangs befanden sich die wenigen Intershops nur in Interhotels und großen Bahnhöfen; s. 1775, 36–38.

1624, 5 f.   *»Lucky Strikes« aus . . . es doch Dresden* – s. K. 1611, 30; 1611, 31 f.

1624, 16 f.   *verweigerte ihm, Sohn . . . Zulassung zum Studium* – Im allgemeinen wurden Kinder von Pfarrern nicht zum Studium zugelassen, später auch nicht auf die zum Abitur führenden Erweiterten Oberschulen.

1624, 18   *Wehrdienst* – Bis zum Wehrpflichtgesetz vom 24. 1. 1962 (GBl. I, S. 2) war der Wehrdienst freiwillig, dann betrug der Grund-Wehrdienst in der Nationalen Volksarmee für alle männlichen Bürger vom 18. bis zum 50. Lebensjahr 18 Monate. Entsprechend dem grundsätzlichen Verständnis der Wehrpflicht (als »Recht und Ehrenpflicht« eines jeden wehrfähigen Bürgers) war eine Wehrdienstverweigerung als Alternative nicht vorgesehen. Seit dem 7. 9. 1964 konnte in den neugeschaffenen Baueinheiten ein waffenloser Militärdienst von 18 Monaten abgeleistet werden; s. K. 1758, 29; s. 1822, 36.

1624, 26   *geheiratest* – Druckfehler in allen Ausgaben, richtig: geheiratet.

1624, 33 f. *Gefängnis in Sachsen* – Die sächsischen Strafanstalten für Männer befanden sich in Leipzig, Torgau, Waldheim und Bautzen; letztere war wegen der besonders harten Haftbedingungen berüchtigt.

25. 7. 1968

1625, 7–10 *Damit die sowjetischen . . . Hunden und Stacheldraht* – Vgl. den Artikel »Czech Official Sees Room for Compromise, but Not on Policy« der NYT vom 25. 7. 1968: »In a diplomatic note earlier this week, the Soviet Union was reported to have renewed a demand for the stationing of Warsaw Pact troops on the border. [...]
The note set off a campaign of Czechoslovakia's press, television and radio to demonstrate the vigilance with which she guards her frontiers.
The state television network showed films of tanks, dogs and barbed wire fences while an announcer reported dryly that 40 percent [sic] of persons apprehended for illegal border crossings had come from East Germany.«

1625, 10–15 *Die westdeutsche Regierung . . . in östlicher Richtung* – Vgl. den Artikel »Bonn Shifts Maneuvers Away From Czech Line« der NYT vom 25. 7. 1968: »The West German Defense Ministry has agreed to shift its controversial maneuvers away from the Czechoslovak border [...].
The maneuvers will be moved about 100 to 150 miles southwest from their original sites in the military reservations of Grafenwöhr and Hohenfels in eastern Bavaria.
The newly selected training grounds are in the state of Baden-Württemberg near the town of Münsingen and in a mountain ridge known as the Heuberg. [...] It was a diplomatic move intended to ease the pressure on the Czechoslovaks by giving the Soviet Union one less excuse for intervention.«

1625, 12 *Grafenwöhr* – s. K. 107, 27.

1625, 12 *Hohenfels* – Kleiner Ort in der Oberpfalz, nordwestlich von Regensburg.

1625, 13 *Münsingen und des Heuberges* – Stadt und Berg auf der Schwäbischen Alb mit großen Truppenübungsplätzen in der Umgebung.

1625, 25 f. *im März 1949* – In der zweibändigen Taschenbuchausgabe fälschlich verändert in 1948.

1625, 25–36 *im März 1949 . . . für ihn allein* – Nach der »Verordnung über die Erhaltung und die Entwicklung der deutschen Wissenschaft und Kultur«, von der Deutschen Wirtschaftskommission im Auftrag der SMAD und im Einvernehmen mit der Deutschen Verwaltung für Volksbildung am 31. 3. 1949 hg., sollten der Intelligenz u. a. Leistungszuschläge, Sonderzuwendungen und Verpflegungszulagen gewährt werden. »Zugleich wird ›bevorzugte Gewährung von Krediten für den Bau von Eigenheimen der Wissenschaftler [...] Ärzte und Lehrer‹ angeordnet.« Steuererleichterungen, bevorzugte Versorgung mit

Wohnraum und Sonderpensionen wurden vorgesehen; vgl. SBZ (1956), S. 100 f.

1625, 35   *Feldstraße* – s. K. 87, 32.

1625, 36   *Domhof* – s. K. 1434, 1.

1626, 6 f.   *Kliefoth wier 'n . . . sick doch gewen* – (nd.) Kliefoth war ein störrischer Mensch, am Ende mußte er doch nachgeben; s. 1460, 13 f.

1626, 10 f.   *den dritten Deutschen Volkskongreß* – Vom 15.–16. 5. 1949 fanden Wahlen zum 3. Deutschen Volkskongreß statt. Die Kandidaten der SED, CDU, LDP, NDP, DBD (Demokratische Bauernpartei Deutschlands), FDGB (s. K. 1418, 32), FDJ und DFD (Demokratischer Frauenbund Deutschlands) standen auf einer Einheitsliste, dem »Demokratischen Block«, zu dem sich die Wähler nur mit »Ja« oder »Nein« entscheiden konnten. Die Stimmzettel trugen den Zusatz: »Ich bin für die Einheit Deutschlands und einen gerechten Friedensvertrag. Ich stimme darum für die nachstehende Kandidatenliste zum Dritten Deutschen Volkskongreß.« Die Wahl war vor allem in ländlichen Gebieten nicht geheim. Bei einer Wahlbeteiligung von 95,2 % stimmten 66,1 % mit »Ja«. Der 3. Deutsche Volkskongreß tagte vom 29.–30. 5. 1949 und nahm einen Verfassungsentwurf der DDR an, verabschiedete ein Manifest an das dt. Volk und nahm zur Pariser Außenministerkonferenz Stellung. Die Delegierten des Kongresses wählten den 2. Deutschen Volksrat, der sich am 2. 10. 1949 zur provisorischen Volkskammer der DDR erklärte und die Deutsche Demokratische Republik gründete; vgl. SBZ (1956), S. 102; Fricke (1979), S. 155; s. 1628, 9.

1626, 17–21   *der Abschnürung Westberlins . . . jene Stadt ließ* – s. K. 1148, 11 f.

1626, 21   *Kulturbund* – s. K. 1251, 34.

1626, 24 f.   *wo unsn Julius . . . disse studierte Respektsperson* – (nd. ugs.) wo unser Julius . . . diese studierte Respektsperson.

1627, 2 f.   *Warnke, Innenminister* – s. K. 198, 2.

1627, 3 f.   *solche Stimmzettel als . . . Urne aufgefunden wurden* – Dies wurde allgemein Wahlpraxis in der DDR. Der Wahlzettel sollte unbeschrieben in das Kuvert oder direkt in die Urne geworfen werden, so machte sich jeder, der zum Ankreuzen eine Kabine aufsuchte, einer Gegenstimme verdächtig.

1627, 10 f.   *so viel Einverständnis . . . Zetteln so angestellt* – Für die Wahlen zum Volkskongreß am 15./16. 5. 1949 wurden in Mecklenburg 351 906 Nein-Stimmen und 58 932 ungültige Stimmen gezählt; vgl. Wahlen (1964), S. 19. Johnson hatte in seinem Exemplar die ablehnenden Stimmen in der Tabelle handschriftlich addiert.

1627, 22   *Befehl Nr. 35 die »Entnazifizierung«* – s. K. 1497, 14–22.

1627, 31 f.   *im Kessel von Demjansk* – Die eingeschlossenen dt. Truppen wurden am 28. 4.
1942 bei Demjansk durch einen Heeresverband unter dem Kommando von
Walther v. Seydlitz-Kurzbach entsetzt (einem direkten Nachfahren jenes
preußischen Generals Seydlitz, auf den sich der Name der Gräfin Seydlitz
bezieht, s. K. 53, 14), der dafür zum Kommandierenden General ernannt
wurde. Entgegen ausdrücklichen Befehlen kapitulierte er mit den ihm un-
terstehenden Truppen in Stalingrad bereits im Januar 1943; in sowj. Kriegsgefangenschaft war er Präsident des »Bundes Deutscher Offiziere« und Vizepräsident des »Nationalkomitees Freies Deutschland« (s. K. 1186, 11 f.), lehnte
es nach Kriegsende jedoch ab, sich für die politischen Ziele der SU einspan-
nen zu lassen, wurde danach als »Kriegsverbrecher« verurteilt und blieb bis
1955 in sowj. Haft.

1627, 34–37   *1948 im Mai . . . Volkspolizei, einer Neugründung* – Auf Weisung der SMAD wurde ab 3. 6. 1948 eine »Hauptabteilung Grenzpolizei-Bereitschaften« gebildet,
deren Aufgabe es war, Ausbildungseinheiten für Truppen bereitzustellen.

1627, 38   *D. V. I.* – Deutsche Verwaltung des Inneren, auf SMAD-Befehl seit dem 1. 8.
1946 tätig, vorwiegend mit Polizeiaufgaben betraut, arbeitete unmittelbar mit
den Ministerien der Länder zusammen; s. 1627, 35.

1628, 10   *Deutscher Volksrat* – Er konstituierte sich am 2. 10. 1949 zur Provisorischen
Volkskammer und setzte den vom 3. Deutschen Volkskongreß bestätigten
Entwurf einer Verfassung der DDR durch Gesetz in Kraft, die mit mehreren
Änderungen bis zum 8. 4. 1968 gültig blieb.

1628, 11–15   *Volkskammer, die erklärte . . . Adler auf Schwarz / Rot / Gold* – Am 18. 5. 1948 wur-
de im Volksrat der Antrag Friedrich Eberts, die Farben Schwarz-Rot-Gold als
Fahne der DDR in die Verfassung aufzunehmen, gebilligt. 1950 wurde der
Adler im Wappen durch einen Hammer im Ährenkranz ersetzt, um den
Arbeiter- und Bauernstaat zu symbolisieren. 1953 wurde dem Hammer ein
Zirkel beigefügt, um die »technische Intelligenz« sinnbildlich einzuschließen.
Nach Artikel 1 der Verfassung und dem Gesetz vom 29. 9. 1955 bestand die
Staatsflagge der DDR aus drei gleich breiten Streifen in den Farben Schwarz-
Rot-Gold mit dem Staatswappen der DDR: Hammer und Zirkel, umgeben
von einem Ährenkranz, der im unteren Teil von einem schwarz-rot-goldenen
Band umwunden ist; s. 1687, 1; 1715, 2–4; 1838, 32–35.

1628, 21 f.   *Augenmerk auf China* – Im September 1949 besiegten Mao Tse-Tungs Truppen die Nationalchinesen und riefen die Volksrepublik China aus.

1628, 31 f.   *die Krallen der . . . Picasso-Taube im Genick* – Von Picasso stammt eine Reihe von
Entwürfen von Tauben, der früheste, vom 5. 11. 1942, zeigt einen schlanken,
in großzügigen Linien gemalten Vogel, der nie in der DDR als Motiv verwendet wurde. Zwei Lithographien von einer Taube entstanden am 2. 2. 1947
(Pigeon au Fond gris, M. 64, und Le Gros Pigeon, M. 66), eine weitere Lithographie (Pigeon blanc Fond noir, M. 65) entstand am 4. 2. 1947. Die auf
den 9. 1. 1949 datierte Lithographie La Colombe (M. 141), die einzige Ver-

sion neben der Fassung von 1942, auf der die Taube nach rechts blickt, wurde als Plakat für den im April 1949 in Paris abgehaltenen Weltfriedenskongress gewählt und ging als »Friedenstaube« in die Geschichte ein. Sowohl die Fassung vom 2. 2. 1947 wie auch die vom 4. 2. 1947, im Text wohl als zweite bezeichnet, wurden vielfach in der DDR, besonders von der FDJ, als Dekoration bei Massenveranstaltungen genutzt. Häufig war die Ausführung aber so vereinfacht, daß eine genaue Zuordnung zu einer dieser zwei Fassungen nicht möglich ist. Der Entwurf vom 4. 2. 1947 war bis in die sechziger Jahre auf dem Bühnenvorhang von Brechts Theater am Schiffbauerdamm zu finden. Auf keiner der Lithographien sind Krallen zu erkennen, vielmehr scheinen sie durch großzügig geschwungene Federn verdeckt. Von 1950 stammt eine weitere Fassung, die eine nach links fliegende Taube zeigt. Die der Universität Halle geschenkte Fahne (s. K. 1830, 21–26) zeigte wahrscheinlich diese letzte Version des Vogels, ein in der DDR ebenfalls häufig verwendetes Motiv; s. K. 1704, 1 f., s. 1682, 22 f.; 1715, 8; 1717, 27–29.
Pablo Ruiz y Picasso (25. 10. 1881–8. 4. 1973), span. Maler, Graphiker und Bildhauer.

1628, 36   *die neue Nationalhymne* – Text: Johannes R. Becher, Melodie: Hanns Eisler:
    Auferstanden aus Ruinen
    Und der Zukunft zugewandt,
    Laß es dir zum Guten dienen,
    Deutschland, einig Vaterland.
    Alte Not gilt es zu zwingen,
    Und wir zwingen sie vereint,
    Denn es muß uns doch gelingen,
    Daß die Sonne schön wie nie
    Über Deutschland scheint.

    Glück und Friede sei beschieden
    Deutschland, unserm Vaterland!
    Alle Welt sehnt sich nach Frieden!
    Reicht den Völkern eure Hand,
    Wenn wir brüderlich uns einen,
    Schlagen wir des Volkes Feind.
    Laßt das Licht des Friedens scheinen,
    Daß nie eine Mutter mehr
    Ihren Sohn beweint!

    Laßt uns pflügen, laßt uns bauen,
    Lernt und schafft wie nie zuvor,
    Und der eignen Kraft vertrauend,
    Steigt ein frei Geschlecht empor.
    Deutsche Jugend, bestes Streben
    Unsres Volks in dir vereint,
    Wirst du Deutschlands neues Leben.

Und die Sonne schön wie nie
Über Deutschland scheint.
Uraufführung am 7. 11. 1949 zum 32. Jahrestag der Oktoberrevolution. Bechers Text greift auf ein Gedicht aus der Emigration zurück, das als Gegenhymne zum Deutschlandlied verfaßt worden war, deshalb war sein Text auch auf die Haydn-Melodie singbar. Der Plagiatsvorwurf bezieht sich auf den 8. Walzer von Zuschneids Klavierschule. Die ersten zehn Töne sind identisch mit dem Schlager Peter Kreuders, der, erfolglos, in mehreren Instanzen und vor der Urheberrechtskommission der UNO klagte. Ein absichtliches Zitieren des letzten Refrains von »Good bye, Johnny«: »Mags im Himmel sein, mags beim Teufel sein, eines Tages sind wir wiedervereint!« läßt sich nicht ausschließen, zumal Hanns Eisler – nach Wolf Biermann – ein Eigenzitat aus seiner Vertonung von Brechts Kinderhymne, die ebenfalls als Nationalhymne vorgeschlagen war, eingearbeitet habe. Seit den siebziger Jahren wurde die Hymne nur noch gespielt, nicht mehr gesungen, weil »Deutschland, einig Vaterland« mit dem Dogma der »sozialistischen Nation« unvereinbar war; vgl. DBA, S. 273–288; Helbig (1996b), S. 191–194; s. K. 1470, 15.

1629, 9   *Neuen Lehrers* – s. K. 1454, 11.

1629, 12–15   *die Umrahmung amtlicher . . . Mecklenburgische Monatshefte, 1926–1938* – Mecklenburgische Monatshefte. Zeitschrift zur Pflege heimatlicher Art und Kunst, hg. (bzw. begründet) von Johannes Gillhoff, Rostock. Johnson besaß die Jahrgänge 1925–36. Von der »700-Jahrfeier der Festung Dömitz« berichtet die Sondernummer vom Juni 1935, die mit einer Huldigung an den Reichsstatthalter Hildebrandt eröffnet wird. Eine Vorlage für den »schönen Joachim« konnte nicht ausgemacht werden.

1629, 14   *Reichsstatthalter Hildebrandt* – s. K. 360, 31.

1629, 24–26   *Übungswalzer aus der . . . Zuschneid (1854–1926)* – Karl Zuschneid, Theoretisch-praktische Klavierschule. Ein systematischer Lehrgang des Klavierspiels mit methodischem Leitfaden für den Elementar-Klavierunterricht, Mainz-Berlin-Lichterfelde 1903 (Edition Schott 4680).

1629, 33 f.   *Film von 1936, »Wasser für Canitoga«* – Dt. Film, Uraufführung: 10. 3. 1939 [sic]; Regie: Herbert Selpin; Buch: Emil Burri, Peter Francke, Walter Zerlett-Olfenius nach einem Schauspiel von Hans José Rehfisch; mit Hans Albers, Charlotte Susa, Hilde Sessak, Peter Voß; in Kanada spielender Abenteuerfilm, in dem Hans Albers einen Tramp verkörpert, der sich für eine gute Sache opfert.

1629, 34   *Hans Albers* – 22. 9. 1891–24. 7. 1960, dt. Schauspieler und Sänger, seit 1929 Filmarbeit, populär in Draufgänger- und Abenteurerrollen; bekannt sind vor allem »Große Freiheit Nr. 7«, 1944, »Auf der Reeperbahn nachts um halb eins«, 1956.

1629, 34   *René Deltgen* – 30. 4. 1909–29. 1. 1979, dt. Schauspieler luxemburgischer Herkunft, wirkte neben seiner Bühnentätigkeit in zahlreichen Filmen mit.

1629, 35   *Peter Kreuder* – Peter Paul Kreuder (18. 8. 1905–28. 6. 1981), dt.-österr. Komponist, der vorwiegend Filmmusik, aber auch Opern schrieb; übersiedelte 1939 nach Schweden, kehrte 1942 nach Deutschland zurück; nahm 1945 die österr. Staatsbürgerschaft an; ab 1946 Leiter der Radiostationen Sao Paulo, Rio de Janeiro und Buenos Aires; 1955 kehrte er nach Europa zurück; s. 1630, 10.

1630, 5 f.   *Renaissance-Lichtspielen* – s. K. 1430, 14 f.

1630, 6 f.   *Kriminalpolizei/Dezernat D (Nachfolger von K 5)* – s. K. 1597, 2.

1630, 11   *Hanns Eisler* – Eigentlich Johannes Eisler (6. 7. 1898–6. 9. 1962), dt. Komponist; Schüler von Schönberg und von von Webern, seit 1926 Mitglied der KPD, emigrierte 1933 in die USA, kehrte 1949 nach Berlin zurück. Gründungsmitglied der Deutschen Akademie der Künste, Vertonungen von Brecht-Gedichten und Musik zu seinen Stücken, Filmmusiken (»Kuhle Wampe«, 1932; »Rat der Götter«, 1950; »Nacht und Nebel«, 1956; s. K. 851, 23), Chöre, Oper »Johannes Faustus«.

1630, 14   *Artikel 6, »Boykotthetze«* – Artikel 6 der Verfassung der DDR vom 7. 10. 1949 (der erste des Abschnitts »Rechte des Bürgers«) lautet: »Alle Bürger sind vor dem Gesetz gleichberechtigt. Boykotthetze gegen demokratische Einrichtungen und Organisationen, Mordhetze gegen demokratische Politiker, Bekundung von Glaubens-, Rassen-, Völkerhaß, militaristische Propaganda sowie Kriegshetze und alle sonstigen Handlungen, die sich gegen die Gleichberechtigung richten, sind Verbrechen im Sinne des Strafgesetzbuches. Ausübung demokratischer Rechte im Sinne der Verfassung ist keine Boykotthetze. Wer wegen Begehung dieser Verbrechen bestraft ist, kann weder im öffentlichen Dienst noch in leitenden Stellen im wirtschaftlichen und im kulturellen Leben tätig sein. Er verliert das Recht, zu wählen und gewählt zu werden.« Aufgrund dieses Artikels wurden bis zum Inkrafttreten des Ersten Strafrechtsergänzungsgesetzes am 1. 2. 1958 schwerste Strafen, einschließlich der Todesstrafe, verhängt; vgl. Hildebrandt (1970), S. 189 f.; s. K. 1716, 32 f.; 1843, 6; s. 1729, 32–1730, 1; 1794, 29–31; 1843, 3.

1630, 15   *Lüneburg* – Stadt in Niedersachsen, nördlich der Lüneburger Heide.

1630, 19 f.   *»O Ewigkeit, du Donnerwort«* – Text: Johannes Rist (1607–1667), Melodie: Johan Schop, 1642, Johann Crüger, 1653.
O Ewigkeit, du Donnerwort!
O Schwert, das durch die Seele bohrt!
O Anfang sonder Ende!
Ich weiß vor großer Traurigkeit
Nicht, wo ich mich hin wende . . .

1630, 20   *»Die Himmel rühmen«* – Auch als »Die Ehre Gottes aus der Natur« bekannt, Text: Christian Fürchtegott Gellert, 1757, Melodie: Ludwig van Beethoven.
Die Himmel rühmen des Ewigen Ehre,
Ihr Schall pflanzt seinen Namen fort.

Ihn rühmt der Erdkreis, ihn preisen die Meere;
Vernimm, o Mensch, ihr göttlich Wort!
Wer lenkt der Himmel unzählbare Sterne?
Wer führt die Sonn aus ihrem Zelt?
Sie kommt und leuchtet und lacht uns von ferne
Und läuft den Weg gleich als ein Held.

Beide (recht wuchtigen) Lieder gehörten zum Standardrepertoire von Kirchenchören.

1630, 24 f.   *Staatssicherheitsdienst* – s. K. 684, 8.

1630, 26   *Wat för dumm Tüch* – (nd.) Was für dummes Zeug; s. K. 299, 13.

1630, 31   *Principiis obsta* – (lat.) Wehre den Anfängen. Nach Ovid, 91. Vers der »Remedia Amoris«: »Principiis obsta, sero medicina paratur.« – Sträube dich gleich zu Beginn, zu spät wird der Heiltrunk bereitet.

1630, 32 f.   *Juvenal und schrie: . . . debetur puero reverentia* – (lat.): Die höchste Achtung sind wir dem (zu erziehenden) Knaben schuldig. Juvenal, Satire, 14, 47.
Decimus Junius Juvenalis (etwa 58–140 n. Chr.), römischer Dichter. Seine Gedichte beeinflußten den modernen Begriff der Satire, viele seiner Verse sind geflügelte Worte geworden; s. 1634, 34.

1631, 3 f.   *»genialen Steuermann der . . . des deutschen Volkes«* – Aus dem Glückwunschschreiben des Parteivorstands der SED: »Treuer Freund Josef Wissarionowitsch! Im Namen der Mitglieder unserer Sozialistischen Einheitspartei Deutschlands, aller klassenbewußten deutschen Arbeiter und aller friedliebenden Deutschen sprechen wir Ihnen, dem genialen Steuermann der Sowjetunion, dem großen Führer der Weltfriedensfront und dem besten Freund des deutschen Volkes unsere herzlichsten, brüderlichen Glückwünsche zu Ihrem 70. Geburtstag aus.«; vgl. Weber (1963), S. 483.

1631, 5–7   *die dreißig Güterwagen . . . Stalins eigene Stadt* – Vgl. Berlin (1962), S. 527: »16.12. [1949]: Nach einer mit großem Aufwand geführten Propagandaaktion im gesamten sowjetischen Besatzungsgebiet, Generalissimus Stalin zu seinem 70. Geburtstag durch Geschenke zu ehren [. . .], verläßt ein aus 32 mit Geschenken gefüllten Waggons bestehender Güterzug den Bahnhof Lichtenberg im sowjetischen Sektor in Richtung Moskau. Das Hauptgeschenk, ein von der Firma Zeiß in Jena gebautes und für Stalingrad bestimmtes Planetarium, befindet sich wegen verzögerter Fertigstellung noch nicht darunter.«

1631, 7   *Stalins eigene Stadt* – Stalingrad; s. K. 271, 28.

1631, 13   *Olsch* – (nd.) Alte.

1631, 18   *Suliko* – Volkslied aus dem Kaukasus (in einer Moll-Tonart), angeblich Stalins Lieblingslied; vgl. BU, S. 50: »Man schämt sich, im Schlaf sagen zu können, welches Lied nun wieder diesem Führer das liebst [sic] ist, unabdingbar gehört es zum Grundwissen«.

Suchte ich das Grab meiner Liebsten
überall, o widrig Geschick.
Weinend klagt ich oft mein Herzeleid:
Wo bist du entschwundenes Glück?

Blühte in den Büschen ein Röslein
morgensonnenschön, wonniglich,
fragt ich sehnsuchtsvoll das Blümelein:
Sag bist du mein Liebchen, o sprich!

Sang die Nachtigall in den Zweigen,
fragt ich bang das Glücksvögelein:
Bitte sag mir doch du Sängerin,
Bist du gar die Herzliebste mein?

Neigt die Nachtigall drauf ihr Köpfchen,
aus dem Rosenlaub klingt's zurück,
lieb und innig, weich wie Streicheln zart:
Ja, ich bin's, ich bin es, dein Glück.
Dt. von Alexander Ott.

1631, 25–27   *an den Baumeister ... Agenten der Volksfeinde* – Aus den Losungen des Zentralkomitees der SED zum 70. Geburtstag Stalins:»6. Es lebe Stalin, der Baumeister des Sozialismus und Wegbereiter des Kommunismus! [...] 12. Stalin ist
der Lenin unserer Tage. [...] 14. Stalin lehrt uns höchste Wachsamkeit gegenüber allen Agenten der Volksfeinde!« vgl. Deuerlein (1971), S. 105 f.

1631, 26   *Lenin* – s. K. 1165, 23.

1631, 28 f.   *Tagespresse von Stalins Partei in Deutschland* – Tägliche Rundschau: s. K. 518, 35.

1631, 30   *P. Tschaikowskijs* – s. K. 1330, 25.

1632, 8   *Fritz Reuters »Ut mine Stromtid«* – Der in Mecklenburg in der Mitte des
19. Jh.s spielende Roman erzählt das Schicksal des Pächters Hawermann, der
nach dem Tod seiner Frau vom Gutsbesitzer Pomuchelskopp aus seiner Pacht
vertrieben wird. Vermittelt durch Inspektor Bräsig wird er Verwalter eines
Hofs, der zum Gut Gürlitz des Kammerrats von Rambow gehört. Seine Tochter Lowise wird von der kinderlosen Pastorin Behrens in Pflege genommen.
Pomuchelskopp, dem von Rambow Geld schuldet, versucht mit allen Mitteln, Gürlitz aufzukaufen. Nach des Kammerrats Tod wirtschaftet sein Neffe
das Gut mit realitätsfernen Reformen herunter, so daß Hawermann, der der
Mißwirtschaft und des Diebstahls bezichtigt wird, sich gezwungen sieht zu
kündigen. Sein guter Ruf kann wiederhergestellt werden. In der Folge des
Revolutionsjahrs 1848 vertreiben die erbitterten Dienstleute Pomuchelskopp. Hawermann und Bräsig übernehmen die Leitung des verschuldeten
Guts, so daß nun Lowise einen Neffen des Herrn von Rambow heiraten
kann. Zur Charakterisierung der Romanfiguren durch die Zitate aus Reuters Werken vgl. Scheuermann (1998), S. 307–318; s. K. 1018, 10 f.; 1623, 1.

1632, 13   *Fru* – (nd.) Frau.

1632, 14 f.   *allens was rund . . . un de Lippen* – (nd.) alles war rund an ihr, die Arme und die Hände und die Finger, der Kopf und die Backen und die Lippen. Zitat aus Fritz Reuters »Ut mine Stromtid«, 1. Theil, 3. Kapitel; vgl. Reuter, Werke, Bd. 5, S. 40; s. K. 1623, 1.

1632, 21   *as Quicksülwer* – (nd.) wie Quecksilber.

1632, 22   *die Neegste dortau* – (nd.) die Nächste dazu; s. K. 1623, 1.

1632, 23 f.   *'n goden Minschn was se* – (nd.) ein guter Mensch war sie.

1632, 25   *Lowise* – (nd.) Luise; s. 561, 25.

1632, 25   *mit ehre lude Stimm* – (nd.) mit ihrer lauten Stimme.

1632, 27   *Julklapp* – Skandinavischer und norddt. Brauch, am Weihnachtsfest (Julfest) Geschenke ins Zimmer zu werfen und dabei »Julklapp« zu rufen. »Julklapp« kann aber auch nur »Weihnachtsgeschenk« bedeuten.

1632, 31–36   *dem Gesang ut . . . dorup stellen künnen* – (nd.) dem Gesang aus den kleinen armen Tagelöhnerkaten, und oben hatte unser Herrgott seinen großen Tannenbaum mit den tausend Kerzen angesteckt, und darunter lag die Welt wie ein Weihnachtstisch, den der Winter mit seinem weißen Schneelaken so sauber gedeckt hatte, damit Frühjahr, Sommer und Herbst ihre Bescherung darauf stellen können. Zitat aus Fritz Reuters »Ut mine Stromtid«, Kapitel 7: »ut de lütten, armen Daglöhnerkathen tau den stillen Hewen up, un baben hadd' uns' Herrgott sinen groten Dannenbaum mit de dusend Lichter anstickt, un de Welt lagg daronner as en Wihnachtsdisch«; Reuter, Werke, Bd. 5, S. 108, s. K. 1623, 1.

1632, 38–   *war der Strohhalm . . . welchem Tropfen zuviel* – Engl. Sprichwort wörtl. übersetzt:
1633, 13   (It's) the (last) straw that breaks the camel's back: Der letzte Tropfen bringt das Faß zum Überlaufen.

1633, 3   *das Soli-Männchen* – »Eine Regierungsverfügung von 1949 verbot Weihnachtsfeiern in den Schulen und empfahl, lieber den Geburtstag Josef Stalins am 21. Dezember feierlich zu begehen. Die Weihnachtsferien wurden in Winterferien umbenannt und das ›Soli-Männchen‹ (›Solidaritätskind‹) sollte anstelle des Christkindes Mittelpunkt der Feierlichkeiten sein«, Solberg (1962), S. 88.

1633, 9 f.   *mit Hemd in . . . in der Hand* – Das Bild erinnert an das Darmol-Männchen, eine in den fünfziger und sechziger Jahren bekannte Reklamefigur für ein Abführmittel.

1633, 11   *Kohlenklau* – Plakatfigur aus der Zeit des 2. Weltkrieges, eine dicke Figur mit Schiebermütze und Augenklappe, die einen schweren Sack schleppt; vgl. Klemperer (1996), S. 93.

1633, 20   *So wier dat* – (nd.) So war das!

1633, 29   *Nigen Bramborg* – (nd.) Neubrandenburg; s. K. 633, 29.

1633, 32 f.   *Schriwböker un Tafeln . . . Katekismen, jung Fru* – (nd.) Schreibbücher und Tafeln und Fibeln und . . . Und Katechismen, junge Frau!
Zitat aus Fritz Reuters »Ut mine Stromtid«, 7. Kapitel: »Nu kamm de Herr Paster mit Bäuker unner den Arm, un wat nu Päten wiren, de all äwer Winter bi em taum Beden gungen, de kregen ein jeder ein Gesangbauk, un de annern kregen Schriwbäuker un Tafeln un Fibeln un Katekismen, je nahdem hei't insach; un jeder von de Gören säd: ›Ick bedank mi ok, Pät!‹, äwer de en Gesangbauk kregen hadden, säden: ›Ick bedank mi ok velmal, Herr Paster!‹ Dat was en Herkamen von öltlingsher«; Reuter, Werke, Bd. 5, S. 107; s. K. 1623, 1.

1633, 34 f.   *so heit' dat! Propaganda wier dat* – (nd.) so heißt das! Propaganda war das!

1633, 36   *»Quosque tandem!«* – Richtig: Quousque tandem? (lat.): Wie lange noch? Quousque tandem, Catilina, abutere patientia nostra? – Wie lange noch, Catilina, willst du unsere Geduld mißbrauchen? Anfangsworte der ersten Rede Ciceros gegen Catilina. Cicero, In Catilinam I, 2; Cicero: s. K. 1634, 34.

1633, 37   *»Videant consules«: hew ick seggt* – (lat. und nd.) »Die Konsulen mögen dafür sorgen«: habe ich gesagt.
Eigentlich: Videant consules ne quid res publica detrimenti capiat. – Die Konsuln mögen dafür sorgen, daß die Republik keinen Schaden leide. So bei Cicero, Sallust, Caesar.

1634, 1 f.   *Dunn kem dat . . . Schaul kem kein* – (nd.) Dann kam das dicke Ende raus. Überall in Mecklenburg mußte ein Aufsatz geschrieben werden, und von meiner Schule kam keiner.

1634, 5   *Nich in min Schaul* – (nd.) Nicht in meiner Schule.

1634, 8   *nationaldemokratische Partei* – Am 25. 5. 1948 wurde die National-Demokratische Partei Deutschlands (NDPD) gegr., am 16. 6. 1948 zugelassen. Die Partei sollte vor allem bürgerliche Kreise, ehemalige Offiziere und NSDAP-Mitglieder einbinden, da letztere nicht in CDU und LDPD aufgenommen wurden und 1948 jene Parteien sich noch nicht dem Führungsanspruch der SED untergeordnet hatten. Dazu wurden der Partei taktische Freiheiten gestattet, ihr Gründungsplakat verkündete: »Gegen den Marxismus – für die Demokratie.« Am 7. 9. 1948 trat die NDPD dem Antifa-Block bei; s. K. 1502, 1 f.

1634, 9   *Schurrmurr* – (nd.) Abfall, Gerümpel; s. K. 911, 29.

1634, 13   *Söken Se sick dat ut* – (nd.) Suchen Sie sich das aus.

1634, 17   *Murrjahn* – s. K. 1460, 13 f.

1634, 34   *Juvenal und Cicero und Seneca* – Juvenal: s. K. 1630, 32 f.
Cicero: Marcus Tullius Cicero (3. 1. 106–7. 12. 43 v. Chr.), römischer Philosoph, Jurist und Politiker. Seine Leistung als Philosoph besteht in der

Vermittlung der griech. Überlieferung für den römischen Kulturraum und damit für das christliche Mittelalter. Den altrömischen Idealen folgend, unterstützte er politisch die Senatspartei und bekleidete wichtige Ämter. Er vereitelte 63 die Verschwörung des Catilina und wurde auf Betreiben des Antonius ermordet. Er gilt als der künstlerische Vollender des klassischen Latein; s. K. 1813, 35 f.
Seneca: s. K. 305, 6.

1635, 1   *Ruten* – s. K. 1376, 29.

26. 7. 1968

1635, 5   *Friday July 26, 1968* – (engl.) Freitag, der 26. Juli 1968; s. K. 601, 1.

1635, 6–12   *Wenn ein tschechischer... zurück zur Armee* – Vgl. den Artikel »A Prague General Irked Soviet Loses Party Post« der NYT vom 26.7.1968: »The ruling Presidium of the Czechoslovak Communist party tonight removed from a high party post a general who had aroused the anger of the Soviet Union by demanding revision of the Warsaw Pact [...]. The removal of the officer, Lieut. Gen. Vaclav Prchlik, who was reassigned to army duties, was regarded as a concession to Moscow. [...]
[Prchlik] has been shifted in connection with the abolition of the Central Committee's Department for State Administration, which he headed. [...]
[This] followed a Soviet note, delivered Sunday, that accused him of having divulged military secrets. [...]
The Czechoslovaks are understood to seek a rotation in command, which has been held traditionally by a Soviet officer«.
Da Prchlik Dubčeks enger Vertrauter gewesen war, fürchtete man, daß Dubček die Kontrolle über das Präsidium verlieren könnte; vgl. NYT 26. 7. 1968.

1635, 7   *Warschauer Paktes* – s. K. 913, 26.

1635, 12–14   *Das sowjetische Kommando... der tschechoslowakischen Grenze* – Vgl. den Artikel »Delay Indicated For Czech Talks« der NYT vom 26.7.1968: »The armed forces newspaper Krasnaya Zvezda disclosed that exercises of the nation's air defense command, including antiaircraft and rocket units, were under way in an operation called Sky Shield.
On Tuesday the Soviet Union announced that support and supply troops were concluding maneuvers in the western region, including areas bordering Czechoslovakia.«
Am 23. 7. 1968 begannen Manöver in der westlichen Sowjetunion, die am 30. 7. 1968 auf Polen und die DDR ausgedehnt wurden.

1635, 14–18   *und nun getrauen... sie bedroht seien* – Vgl. den Artikel »Poland Assails Czechs« der NYT vom 26.7.1968: »An unsigned editorial in the party newspaper

Trybuna Ludu said the Prague authorities lacked ›the will to fight against the forces of reaction threatening socialist Czechoslovakia.‹«

1635, 18–21 *Dazu von Associated . . . beiden Rotarmisten daneben* –Vgl. das Foto in der NYT vom 26.7.1968 mit dem Text: »Soviet Troops On Czech Frontier: Soldiers guard camouflaged vehicle stationed at East German soil about 100 yards from border at Cinovec, Czechoslovakia. Troop action also reported on northern part of East Germany.«
Der Grenzort Cinovec (dt.: Zinnwald) im Erzgebirge liegt etwa 40 km südlich von Dresden.

1635, 18 *Associated Press* – s. K. 101, 28.

1635, 22–27 *Ein Staatsanwalt in . . . das Urteil, vielleicht* –Vgl. den Artikel »Life Term for Nazi Asked For Murder of Greek Jews« der NYT vom 26. 7. 1968: »The state prosecutor demanded a life prison term today for Fritz von Hahn, on trial accused of having aided and abetted the murder of at least 31, 343 Greek Jews. [. . .]
His alleged victims included 11,343 Jews from Greek territories annexed by Bulgaria after Greece's defeat in 1941. They were shipped to the gas chambers of Treblinka. Twenty thousand Greek Jews were rounded up at Salonika and sent to Auschwitz. The court will pronounce the sentence next month«; s. K. 275, 19.

1635, 24 *Treblinka* – s. K. 36, 12; 256, 27.

1635, 25 *Saloniki* – Auch: Thessaloniki, nordgriech. Hafenstadt in Makedonien.

1635, 25 f. *Auschwitz* – s. K. 36, 12; 256, 28.

1635, 33 f. *With company equipment . . . on company time* – (engl.) Mit Geschäftsmaterialien . . . während der Geschäftszeit.

1636, 5–
1642, 21 *Anrede. / Entfällt. Könnte . . . einer Unterschrift vortäuschen* – s. K. 46, 26; 230, 27 f.

1636, 10–
1642, 19 *(Lieber) (J. B; streichen) . . . Niemals und Aus* – Die Passage läßt sich im Zusammenhang des Romans nicht vollständig erklären; sie bezieht sich (auch) auf die Geschichte von Johnsons Festschriftbeitrag »Twenty-five years with Jake«. Schlüssel für die doppelte Lesart sind die Initialen J. B., die sowohl für Jonas Blach als auch für Jake Bierwisch stehen. Johnson war 1980 um einen Beitrag – die Einführung – für eine Festschrift anläßlich Manfred Bierwischs 50. Geburtstags gebeten worden, um dessen Rücknahme Bierwisch, Repressalien der DDR-Behörden befürchtend, die Herausgeber bat. Die Festschrift wurde von Wolfgang Klein von der Universität Nijmegen organisiert, da die Akademie der Wissenschaft der DDR sie abgelehnt hatte (s. 1637, 31–38). Vgl. Johnson, Twenty-five years; Bierwisch (1992); Fahlke (1993), S. 69–79; Neumann, B. (1994), S. 773–778; Schmidt (1998), S. 188 f. weist darauf hin, daß der Brief zwei Tage vor Manfred Bierwischs Geburtstag verfaßt wird; s. K. 1393, 12–14; s. 1657, 19.

1636, 16	*Röver Tannen* – Rövertannen, Straße in Güstrow, im östlichen Stadtteil Dettmannsdorf.
1636, 16	*Christinenfeld* – Dorf westlich von Klütz.
1636, 16 f.	*Markkleeberg Ost* – Stadtteil im Südosten von Leipzig.
1636, 20	*D. S. F.* – Deutsch-Sowjetischen-Freundschaft: s. K. 1559, 28–30.

1636, 20 f.   *à la Stalin . . . Frankfurter oder MarxundEngels* – Anspielung auf die Umbenennung der Berliner Stalinallee, deren westlicher Teil erst im November 1961 in Frankfurter Allee, der östliche in Karl-Marx-Allee umbenannt wurde. Die Personifizierung Dr. Frankfurter wurde erstmals wohl von dem Kabarettisten Wolfgang Neuss verwendet, mit dem Johnson in den sechziger Jahren befreundet war; s. 1838, 23 f.
In der zweibändigen Taschenbuchausgabe wird »Marx und Engels« getrennt in drei Worten geschrieben.

1636, 21 f.   *Anonyme aller Länder vereinigt euch* – Anspielung auf den Schlußsatz des »Kommunistischen Manifests« von Karl Marx: »Proletarier aller Länder vereinigt Euch!«

1636, 39   *»Stelle 12«* – Im April 1950 wurde die Einstellung der sowj. Briefzensur in der DDR als Fortschritt gewürdigt. Nicht erwähnt wurde, daß neue Kontrollstellen, erst als AFAS (»Auffangstellen für antidemokratischen Briefverkehr«) später als »Stelle 12« geführt, die Aufgabe übernahmen. Das Ministerium für Staatssicherheit verfügte schließlich über ein Netz von Kontrollstellen, die theoretisch jede Briefsendung öffnen konnten. Gesucht wurde u. a. nach antisowj. und antidemokratischen Äußerungen, Spionage- und Agententätigkeit, Einstellung zur Regierung und einzelnen Funktionären; vgl. Staatssicherheitsdienst, S. 50; Fricke (1979), S. 181–184; s. 649, 20; 1869, 28.

1637, 2   *V. E. B. »Blütenweiß«* – s. K. 1615, 1 f.

1637, 2   *P. G. H.* – Produktionsgenossenschaft Handwerk. Soz. Genossenschaften, gegr. nach einem Musterstatut von 1955, aus dem Zusammenschluß von Handwerksbetrieben und Kleinindustrie und ihren Beschäftigten, die als Mitglieder alle den gleichen Status hatten. In Stufe I arbeitete man mit den eigenen Produktionsmitteln, die der Genossenschaft zur Verfügung gestellt wurden, in den eigenen Werkstätten, in Stufe II ging das Eigentum an Maschinen, Werkzeugen und Räumlichkeiten an die PGH über. 1950–60 wurde mit direkten und indirekten Mitteln versucht, die Handwerker in die PGH und damit die Planwirtschaft einzubeziehen, Mitglieder wurden bei der Materialversorgung bevorzugt und arbeiteten bis 1967 fast völlig steuerfrei.

1637, 12   *zu grüßen hatten mit geballter Faust* – s. K. 1411, 30.

1637, 13   *»Freundschaft!«* – Offizieller Gruß der FDJ; s. K. 1559, 13 f.; 1801, 30; s. 1823, 20.

1637, 15   *Figur in grauem Flanell* – »Men in grey flannels« ist eine engl. ugs. Redewendung für einflußreiche Personen im Hintergrund, abgeleitet von den »grey flannel trousers« oder »greyers«, früher der Sportbekleidung der Public Schools bzw. von deren Absolventen; möglicherweise auch Anspielung auf den Film »The Man in the Grey Flannel Suit«, 1956, Regie: Nunnally Johnson, mit Gregory Peck und Jennifer Jones.

1637, 17   *nie im Leben ein Kupferstecher* – Anspielung auf die Redewendung: mein alter Freund und Kupferstecher, eine halb ironische, halb vertrauliche Anrede an jemanden, mit dem man sich auseinandersetzt. Herkunft unbekannt.

1637, 22   *ohne Glanz und Gloria* – s. K. 1497, 36–38.

1638, 1   *Our lips are sealed* – (engl.) Unsere Lippen sind verschlossen.

1638, 8 f.   *For your comfort and safety* – (engl.) Zu deiner Bequemlichkeit und Sicherheit.

1638, 9   *damitte* – (ugs. Berliner Dialekt) damit du.

1638, 19   *Genossen Schriftsteller* – s. K. 230, 27 f.

1638, 23   *assets and liabilities* – (engl.) Guthaben und Schulden.

1638, 29   *zu ihrem Spaß und ihrer Belehrung* – Anspielung auf Horaz' »Aut prodesse volunt aut delectare poetae« (Ars poetica, Vers 333): Entweder wollen die Dichter uns nützen oder erfreuen.

1638, 36   *Staatssicherheitsdienst* – s. K. 684, 8.

1638, 38   *gegangen* – Druckfehler in der vierbändigen Taschenbuchausgabe: dort steht »gegegangen«.

1638, 38   *Männlich* – In den Taschenbuchausgaben korrigiert in: männlich.

1639, 33   *Verdienter Arzt der Republik* – Einer der vielen Ehrentitel der DDR, seit 1949 an bis zu 30 Personen pro Jahr mit einer Geldprämie bis zu 8000 Mark verliehen.

1639, 35   *Nicht Sozialistische Wirtschaftsgebiet* – Auch NSW, DDR-Formulierung für Länder mit kapitalistischem Wirtschaftssystem; s. 1644, 5.

1639, 38   *Pasadena* – s. K. 1305, 26 f.

1640, 3   *Endikrinologie* – Richtig: Endokrinologie, die Lehre von den Funktionen der Hormondrüsen.

1640, 10–15   *Denn wenn wir... mit Gefängnis bestrafte* – Am 10. 7. 1959 hatte Johnson die DDR verlassen und war nach Westberlin übergesiedelt. Als »Republikflüchtling« hatte er sich nach DDR-Recht strafbar gemacht. Im April 1965 erhielt er mit einem bundesrepublikanischen Paß eine Einreisegenehmigung in die »Hauptstadt der DDR«, wo er im Brecht-Archiv die Herausgabe von Brechts »Me-ti« vorbereitete. Es folgten weitere – von der Staatssicherheit beobachtete – Einreisen, bis im Dezember 1965 eine Einreisesperre gegen ihn verhängt wurde. Seit 1972 durfte er wieder besuchsweise einreisen; vgl. Neumann, B. (1994), S. 351.

1640, 17–19   *wir müssen nur . . . höchsteigenen Staatlichen Bank* – Reisende aus dem westlichen Ausland mußten seit November 1964 pro Aufenthaltstag in der DDR eine bestimmte Summe ihrer Devisen in DDR-Mark umtauschen. Was davon nicht ausgegeben wurde, mußte auf ein anzulegendes Konto der Deutschen Notenbank der DDR eingezahlt werden. Der »Mindestumtausch« wurde 1968 von fünf auf zehn DM erhöht.

1640, 23   *outlandish* – (engl. poetisch) übersetzt im Text; auch: unkultiviert.

1640, 35   *Sachwalter* – s. K. 993, 8; 1138, 30.

1641, 28–32   *Und den Ginster . . . dir das Eigentum* – Anspielung auf Siegfried Kracauers Roman »Ginster. Von ihm selbst geschrieben«, 1928. Johnson nimmt mit seiner Frage »So wie der, der das Buch geschrieben hat, von ihm selbst?« den Untertitel und die ursprüngliche Publikationslage ernst. Der Roman erschien, der Absicht des Verfassers entsprechend, ohne Nennung des Autorennamens. Vgl. Johnson, Twenty-five years, S. 102: »This is the German broom? you mean the plant one reads about in books?«

1641, 34   *Schnack* – (nd.) hier: feststehende Redensart.

1641, 35   *blue as blue can be* – (engl.) So blau wie es nur möglich ist; vgl. Johnson, Twenty-five years, S. 102: »And for moments the sea had the civility to be as blue as blue can be.«

1641, 37–39   *Und daß ich . . . für dessen Zuverlässigkeit* – Hier wird auf J. B. als Jonas Blach angespielt, vgl. MJ; s. K. 1636, 10–1642, 19.

1642, 4 f.   *If I have . . . betray my country* – (engl.) Vor die Wahl gestellt, meinen Freund oder mein Land zu verraten, werde ich hoffentlich den Mut haben, mein Land zu verraten. Der Ausspruch stammt aus E. M. Forsters »What I Believe«, 1938. Der Satz lautet im Original: »I hate the idea of causes, and if I had to choose between betraying my country and betraying my friend I hope I should have the guts to betray my country«, Forster (1972), S. 66. Johnson zitiert nach dem Oxford Dictionary of Quotations, das Zitat findet sich allerdings nicht in der Ausgabe seiner Bibliothek.

1642, 6   *E. M. FORSTER* – Edward Morgan Forster (1. 1. 1879–7. 6. 1970), engl. Schriftsteller, Romane, Kurzgeschichten und Essays; besonders bekannt wurden: »A Room with a View«, 1908, und »Passage to India«, 1924.

1642, 7   *Det mista dialektisch sehn, wa* – (ugs. Berliner Dialekt) Das müßt ihr dialektisch sehen, nicht wahr?

1642, 13   *identity* – (engl.) Identität.

1642, 17 f.   *Take care oder . . . where you go* – (engl./dt.) Alles Gute oder Paß auf dich auf; s. 478, 6.

1642, 18	*À Dieu* – (frz.) ursprünglich: Gott befohlen; s. K. 1748, 7 f.
1642, 27	*Madison Avenue* – s. K. 76, 8 f.
1642, 38	*Stafford Hotel, London* – 16 St. James's Place, St. James's, 1967/68 Hotel in der Luxuskategorie, bekannt für seine sehr traditionelle engl. Ausstattung und Atmosphäre.
1643, 3	*meine gute Frau Cresspahl* – (engl. wörtl. übersetzt) my dear Mrs. Cresspahl, was im Engl. nicht so herablassend klingt.
1643, 5 f.	*KönnSe ma sehn . . . anner Strippe habe* – (ugs. Berliner Dialekt) Können Sie mal sehen, wie ich meine Leute an der Leine habe.
1643, 9 f.	*Intonation der Public Schools* – Hier sind nicht die amerik. (staatlichen) Public Schools, sondern die engl. Privatschulen gemeint; s. K. 14, 7 f.
1643, 12	*nicha* – (ugs. Berliner Dialekt) nicht wahr.
1643, 17 f.	*Zwar sitzt sie . . . gegen die Schläfen* – (nd.) Ochsenkopf, das Mecklenburger Wappentier; Anspielung auf Wilhelm Raabe: s. K. 143, 34–144, 2.
1643, 18–20	*Reißt die Mutter . . . Stück vom Auge* – Anspielung auf die Bergpredigt, Matth 5, 29 oder Mark 9, 47: »Wenn dir aber dein rechtes Auge Ärgernis schafft, so reiß es aus und wirf's von dir.«
1643, 29	*»Marmor, Stein und Eisen bricht«* – Refrain des Schlagers »Warte nicht, bis der Regen fällt«; Text: Günter Loose, Musik: Christian Bruhn/Drafi Deutscher; wurde mit dem Interpreten Drafi Deutscher um 1965 ein Hit in Deutschland und in der engl. Fassung »Marble Breaks And Iron Bends« der erste dt. Schlager in den amerik. Charts.

Weine nicht, wenn der Regen fällt,
dam dam, dam dam.
Es gibt einen, der zu dir hält
dam dam, dam dam.

Marmor, Stein und Eisen bricht,
aber unsere Liebe nicht!
Alles, alles geht vorbei,
doch wir sind uns treu!

Kann ich einmal nicht bei dir sein . . .
Denk daran, du bist nicht allein . . .

Marmor, Stein und Eisen bricht . . .

Nimm den goldnen Ring von mir . . .
Bist du traurig, dann sag ich dir . . .

Marmor, Stein und Eisen bricht . . .

1643, 33	*Which you did . . . New York clean* – (engl.) Was du allein getan hast, um New York sauberzuhalten; s. K. 453, 23 f.

1643, 34   *»Aber unsere Lie-hie-be nicht«* – s. K. 1643, 29.

1643, 35   *Da hatte er . . . eine Einbildung, 1955* – Hier wird auf J. B. als Jonas Blach ange-spielt, vgl. MJ.

1644, 5   *N. S. W.* – Nicht Sozialistisches Wirtschaftsgebiet: s. K. 1639, 35.

27. 7. 1968

1644, 33   *hickories* – (engl.) übersetzt im Text; nordamerik. Walnußart; s. K. 415, 3.

1645, 13–16   *»Unrecht der Vergangenheit«. . . inneren Schwierigkeiten angehen.«* – Die brit. Kommunisten erklärten sich mit der tschechos. Reformbewegung solida-risch. »They welcomed its ›positive steps taken to tackle the wrong of the past‹ [. . .]. ›Only the Czech people and Communist party can decide how to deal with their internal problems‹ the statement said.« Enthaltungen werden nicht erwähnt; vgl. NYT 27. 7. 1968.

1645, 19   *Antonio (Tony Duckdich) Corallo* – s. K. 475, 15 f.

1645, 20   *Bundesgerichtshof am Foley Square* – s. K. 16, 10.

1645, 24–30   *Ein vierunddreißigjähriger Mann . . . aus der Tschechoslowakei* – Vgl. NYT 27. 7. 1968; s. 1736, 5 f.

1645, 24   *Astoria* – Nordwestlicher Teil von Queens (s. K. 20, 28 f.) am Ufer des East River; vorwiegend von Nachkommen griech. Einwanderer bewohnt; nach John Jacob Astor (s. K. 1468, 13) benannt.

1645, 26   *Abercrombie und Fitch* – Exklusives Kaufhaus, spezialisiert auf qualitativ hoch-wertige Sportartikel, Madison Avenue / 45. Street. Ende des 19. Jh.s als Ge-schäft für Freiluft-Aktivitäten- und Safari-Bedarf von David T. Abercrombie gegr., später zusammen mit Ezra H. Fitch geführt.

1645, 34   *Gindegant* – Elegant! Vermutlich Kindersprache; s. 1754, 5.

1646, 11   *die Saucenpfanne* – (engl. wörtl. übersetzt) saucepan: Stieltopf.

1646, 18 f.   *Vesógelieke* – s. K. 495, 4.

1646, 32   *brunch* – (engl.) erklärt im Text 1646, 37 f.

1646, 34   *posito* – Anspielung auf die Redensart »Positus, ich setz den Fall« aus dem Lust-spiel »Fest der Handwerker«, 1830, von Louis Angely. Es handelt sich weder um eine korrekte ital. noch lat. Form.

1646, 35   *Wildernis* – Wortschöpfung aus (dt.) Wildnis und (engl.) wilderness.

1647, 2 f.   *insalata di pomodori . . . cipolle. Puoi condirla* – (ital.) Tomatensalat und Zwiebeln. Kannst du ihn anmachen?

1647, 4   *Coming up* – (engl.) Sofort!; s. 1680, 18.

1647, 28 f.   *das Blauhemd der . . . Schild am Ärmel* – s. K. 1559, 13 f.

1647, 33   *Lenzburg in der Schweiz* – Stadt westlich von Zürich, Sitz der Konserven- und Konfitürenfirma »Hero«.

1648, 7 f.   *das is unse . . . fesslichn Anlässen an* – (nd. ugs.) das ist unser Ehrenkleid. Das ziehen wir bloß zu festlichen Anlässen an.

1648, 12 f.   *Unt denn hat . . . füe alle Tage* – (nd. ugs.) Und dann hat einer ja selten einen schwarzen Rock für alle Tage.

1648, 32   *Unsere blauen Hemden . . . schwarz vom Schweiß* – Zitat nicht nachgewiesen.

1649, 4   *Kandidatur in der Partei* – Seit dem 1. 3. 1949 war vor dem vollen Eintritt in die SED eine Kandidatenzeit abzuleisten, die für Arbeiter ein Jahr, für alle anderen zwei Jahre dauerte, seit 1963 auf ein Jahr vereinheitlicht; s. K. 1394, 31–36; s. 1681, 30; 1783, 39–1784, 1; 1814, 26 f.; 1815, 12.

1649, 26 f.   *Wenn Österreich seinen Friedensvertrag bekommen sollte* – Der seit 1945 angestrebte Staatsvertrag kam erst am 15. 5. 1955 zustande, damit erhielt Österreich seine volle Souveränität.

1649, 27 f.   *Indonesien eine Unabhängigkeit* – Nach dem Abzug der japanischen Besetzer 1945 forderte Sukarno die Unabhängigkeit. Gegen die intervenierenden brit. und niederländischen Truppen begann ein bewaffneter Kampf, den am 17. 1. 1948 ein Waffenstillstand beendete. Im November 1949 wurde die Republik »Vereinigte Staaten von Indonesien« gebildet.

1649, 31   *Traicho Kostoff* – 17. 6. 1897–17. 12. 1949, im 2. Weltkrieg führend in der komm. Widerstandsbewegung; seit 1947 stellv. Ministerpräsident; wurde 1949 wegen nationalistischer Abweichung zum Tode verurteilt und hingerichtet; vgl. DER SPIEGEL 28. 11. 1956, S. 42–50.

1649, 31 f.   *Dimitrow* – Georgi Dimitrow (18. 6. 1882–2. 7. 1949), bulgarischer Politiker, 1919 Mitbegründer der Kommunistischen Partei Bulgariens, floh nach Niederwerfung eines Aufstands ins Ausland, 1933 der Brandstiftung am Reichstag angeklagt, verteidigte sich selbst und wurde freigesprochen, 1935 Generalsekretär der Komintern, 1937–45 im Obersten Sowjet, seit 1945 Führer der bulgarischen KP, 1946–49 Ministerpräsident.

1649, 36 f.   *Trifft es zu . . . staatsrechtlich anerkannt hat* – Am 1. 10. 1949 wurde die Volksrepublik China proklamiert. »Als erstes erkannte die Sowjetunion die chinesische Volksrepublik an und brach die Beziehungen zur Nationalregierung ab. Die anderen Oststaaten folgten. Großbritannien versprach, die Anerkennung Rotchinas ›mit anderen interessierten Mächten‹ zu beraten«; vgl. DER SPIEGEL 6. 10. 1949, S. 3.

1650, 3   *Départements* – (frz.) Verwaltungsbezirke.

1650, 4   *Counties* – (engl.) Grafschaften, 53 auf historischer Gebietsaufteilung beruhende engl. Verwaltungsbezirke.

1650, 7–9   *auf den Besitz . . . auf Vorzeigen Gefängnis* – Die Verbreitung westlicher Presseerzeugnisse galt als »Hetze gegen die sozialistische Ordnung« und konnte mit
Zuchthaus bestraft werden. Da westdt. Tageszeitungen auch unter »Schund-
und Schmutzliteratur« fielen, konnte ebenso die »Verordnung zum Schutz der
Jugend« herangezogen werden, die deren Verbreitung verbot.

1650, 11   *St. Andrews* – Universitätsstadt im Nordosten Schottlands.

1650, 12   *Birmingham* – s. K. 93, 26.

1650, 12   *jet* – (engl.) übersetzt im Text 1650, 10 und 12.

1650, 13   *fighter* – (engl.) übersetzt im Text.

1650, 24 f.   *an mehr als zwei Millionen Arbeitslosen* – In der »Deutschen Geschichte« der
DDR heißt es: »Die Arbeitslosigkeit überschritt im Februar 1950 erstmalig die
2-Millionen-Grenze«; vgl. Streisand (1968), S. 528.

1650, 37   *Lebensmittelkarten abgeschafft* – Am 1. 1. 1950 wurden in der BRD die Lebensmittelkarten abgeschafft; s. K. 1196, 11.

1651, 1   *Betriebskollektivvertrag* – Jährlich abzuschließender Vertrag zwischen dem
Direktor eines Betriebes und der Betriebsgewerkschaftsleitung (BGL) zur
Erfüllung der Betriebspläne gemäß dem Gesetz der Arbeit vom April 1950
(GBl. I, S. 349) und der Verordnung über Kollektivverträge vom 8. 6. 1950
(GBl. I, S. 493). Der Vertrag enthielt keine arbeitsrechtlichen Verpflichtungen,
da Arbeits- und Lohnbedingungen bis auf geringe Ausnahmen gesetzlich geregelt waren. Bis 1957 wurden die Verträge von einem vorgeschriebenen Muster übernommen. Die Umfunktionierung der Gewerkschaftsarbeit wurde
auf der Bitterfelder Konferenz des FDGB am 25./26. 11. 1948 eingeleitet, die
Steigerung der Arbeitsproduktivität durch Wettbewerbs- und Aktivistenbewegung wurde zur vordringlichsten Aufgabe; s. K. 1839, 2–8.

1651, 4   *V. E. B. »Frischkonserve«* – Druckfehler in allen Ausgaben, richtig: Fischkonserve; s. K. 1615, 1 f.

1651, 16   *Vertell. Du lüchst so schön* – (nd.) Erzähl. Du lügst so schön!; s. K. 1542, 38.

1651, 17   *»Jetzt kommt die Zeit der Erfolge«* – Von Walter Ulbricht (s. K. 993, 8) verkün-
deter Wahlspruch; vgl. »Neues Deutschland« vom 26. 4. 1949. Der Wahlspruch
steht im Zusammenhang mit der Umformung der SED in eine »Partei neuen
Typus« auf der 1. Parteikonferenz vom 25./28. 1. 1949 (s. K. 1394, 31–36) und
erhofften guten Ernteerträgen.

1651, 24   *Chaperone* – Nach dem frz. chaperon: Anstandsdame.

1651, 39   *Garanten des Weltfriedenslagers* – s. K. 1331, 37 f.

1652, 6   *Neulehrerin* – s. K. 1454, 11.

1652, 25   *dich* – Druckfehler, richtig: dicht. In der zweibändigen Taschenbuchausgabe
korrigiert.

1652, 39   *Z. S. G. L. der F. D. J.* – s. K. 1559, 13 f.; 1559, 16 f.

1653, 4   *komm.* – kommissarisch.

1653, 34   *Schülermut vor Rektorsthronen* – s. K. 1562, 5.

1654, 10 f. *Org.-Sekretär der Z. S. G. L.-F. D. J.* – Organisations-Sekretär, Vorsitzender der ZSGL. Die unterste Organisationseinheit der FDJ hieß »Grundorganisation«; vgl. BU, S. 51 f.; s. K. 1559, 13 f.; 1559, 16 f.; s. 1655, 13; 1728, 22; 1731, 24.

1654, 12 f. *dat's ne Såk . . . Mudder ehrn Sœhn* – (nd.) das ist eine Sache für meiner Mutter Sohn.

1654, 21   *Wassertonnengeschichte* – s. 62, 15 f.

1654, 25   *Domhof* – s. K. 1434, 1.

1654, 31   *Lokführerschule von Güstrow* – s. K. 23, 29.

1654, 32   *Jöche* – s. K. 23, 28.

1654, 37   *Personalausweis* – s. K. 1558, 22 f.

1654, 39   *Ludwiglust* – Druckfehler in allen Ausgaben, richtig: Ludwigslust: s. K. 544, 23.

1655, 10   *Faden der Ariadne* – Nach der griech. Sage gab Ariadne, Tochter des Königs Minos, Theseus ein Garnknäuel, damit er nach der Tötung des Minotaurus wieder aus dem Labyrinth heraus fand.

1655, 12   *Ach du meine weite Heimat* – s. K. 1575, 18 f.

1655, 13–18 *Der Org.-Sekretär an . . . zu nächtlicher Zeit* – s. 1719, 27 f.

1656, 13 f. *jeder westdeutsche Berufstätige . . . Kosten der Militärbesatzung* – Bis zum 1. 4. 1950 waren die Länder, dann die Bundesverwaltung für die Regelung der Besatzungskosten verantwortlich. In der 1. Hälfte des Jahres 1949 zahlte z. B. Südbaden pro Einwohner 157,55 DM (47% des Steueraufkommens), Württemberg-Hohenzollern pro Einwohner 100, 79 DM (31,6%); vgl. DER SPIEGEL 16. 2. 1950, S. 12 f. 1950 wurden insgesamt 4,55 Milliarden DM gezahlt; vgl. DER SPIEGEL 18. 10. 1950, S. 3.

1656, 18   *Pakt zwischen Stalin und Mao* – Der am 16. 2. 1950 in Moskau abgeschlossene Vertrag über »Freundschaft, Bündnis und gegenseitige Hilfe« sah vor: gegenseitige Hilfe, auch mit Waffen, gegen japanische Aggressoren, Isolierung gegen den Westen, gemeinsame Aussprache über Außenpolitik, Kulturaustausch. Ein Zusatzabkommen sicherte Lieferungen im Wert von $ 60 Mio., vor allem Stahl und Waffen an China. China hatte ursprünglich einen Warenkredit von 1 Mrd. Dollar und 1000 Flugzeugen gefordert. Die geforderten Garantien seiner Rechte an der Mandschurei, Sinkiang und der Inneren Mongolei wurden in einem zweiten Zusatzabkommen nach dem Abschluß eines Friedensvertrags oder bis Ende 1952 versprochen; vgl. DER SPIEGEL 23. 2. 1950, S. 14 f.; Stalin: s. K. 63, 10; Mao: s. K. 161, 25.

1656, 22 f.　　*Befreiung Indiens* – Am 26. 1. 1950 wurde Indien bei Verbleib im Commonwealth zur Republik erklärt und eine neue Verfassung in Kraft gesetzt.

1656, 23 f.　　*der britischen Flugzeuge . . . Westberlin entsetzen halfen* – s. K. 1148, 11 f.

1656, 25 f.　　*das sowjetische Geschenk . . . Arbeitseinheiten oder Zeitnorm* – Seit dem 1. 5. 1950 galt das »Gesetz der Arbeit«, das die Arbeits- und Lohnprinzipien der Sowjetunion auf die DDR übertrug. Danach gab es ein »Recht auf Arbeit«, Frauen erhielten den gleichen Lohn für gleiche Arbeit, das Verbot für Nacht- und Untertagearbeit für Frauen und Jugendliche wurde aufgehoben, nach ständig heraufzusetzenden Technischen Arbeitsnormen (TAN; s. K. 1839, 19 f.) wurde Stücklohn vorgeschrieben.

1656, 28–30　　*Prozeß gegen zehn . . . bis zu Lebenslänglich* – Im Zuge des »Kirchenkampfes« wurden am 4. 4. 1950 zehn führende tschechos. Ordensgeistliche wegen Spionage und Verschwörung zu lebenslanger Haft verurteilt; am 18. 4. 1950 wurde aller Klosterbesitz konfisziert, und die Geistlichen brachte man in sog. »Konzentrations-Klöster«; s. K. 1810, 3; 1810, 10–12.

1656, 31 f.　　*Anstände, die Pastor . . . Herbert Vicks Vermächtnis* – s. 1597, 7–26.

1656, 34 f.　　*die Briten haben . . . Helgoland unterbrechen müssen* – Die dt. Nordseeinsel Helgoland wurde 1945 von Großbritannien besetzt, die Bevölkerung 1947 ausgewiesen, die Felseninsel 1947/48 durch Sprengungen der Befestigungsanlagen und als Bombentestgelände der Royal Air Force stark zerstört. Unterstützt durch die Bundesregierung und die Landesregierung Schleswig-Holsteins, protestierte vor allem in Norddeutschland die Bevölkerung gegen die Bombardierungen. Am 13. 2. 1952 besetzten René Leudesdorf und Georg von Hatzfeld symbolisch die Insel und hißten die Deutschland- und die Europaflagge. Am 21. 2. 1952 erfolgte die letzte Bombardierung, und am 28. 2. 1952 wurde die Insel gegen die Bereitstellung eines anderen Übungsgebietes an die BRD übergeben; s. 1657, 2.

1656, 38　　*Seneca* – s. K. 305, 6.

1656, 39　　*Non vitae, sed scholae discimus* – (lat.) Nicht für das Leben, sondern für die Schule lernen wir.
　　　　　　　Umkehrung von Senecas: »Non scholae, sed vitae discimus.« (Epistulae morales ad Lucilium, C VI, 12.)

1657, 14　　*Yours, truly* – (engl.) Immer Deine.

28. 7. 1968

1657, 16 f.　　*Redigieren an Karschs Buch* – s. K. 118, 23; s. 1422, 7–9.

1657, 19　　*J. B.* – s. K. 1636, 10–1642, 19.

1657, 20   *Genosse Schriftsteller* – s. K. 230, 27 f.

1657, 25–30   *»mag ja das . . . in Ungarn waren.«* – Die NYT vom 28. 7. 1968 zitiert das »Neue Deutschland« vom 27. 7. 1968 in dem Artikel »East Germans Charge a Czech Counterrevolution«: »life may appear quiet and normal in the streets of Prague these days,‹ yet behind that facade a ›creeping counterrevolution‹ was taking place threatening Communism's vital interests [. . .]. ›The methods of counterrevolution do not always have to be the same‹ the newspaper said. ›The counterrevolutionary tactics employed in Czechoslovakia are more refined than they were in Hungary‹«; s. K. 1680, 32–1681, 2.

1657, 28 f.   *konterrevolutionären* – s. K. 1456, 14 f.

1658, 2–12   *Pfingsttreffen der F. D. J . . . . Jugend stürmt Berlin!«* – Zum Deutschlandtreffen der FDJ in Ostberlin vom 27.–30. 5. 1950 kamen etwa 500 000 Kinder und Jugendliche zu Massenaufmärschen und Kultur- und Sportveranstaltungen zusammen. Zu einem Aufmarsch der FDJ am 7. 2. 1950 in Ostberlin zur Vorbereitung des Deutschlandtreffens veröffentlichte die FDJ-Zeitung »Junge Welt« ein Lied Kubas (Kurt Bartel): »Was kümmert uns die Grenze und der Grenzgendarm [. . .]. Heut wird aus Deutschland wieder eins gemacht, die Freie Deutsche Jugend stürmt Berlin«, was sich nur auf Westberlin beziehen konnte. Am 10. 5. 1950, nach der Rückkehr Walter Ulbrichts von einem Besuch in Moskau, gab die FDJ bekannt, daß Westberlin nicht betreten werden solle, die Losung heiße »Die FDJ grüßt Berlin«, nicht »FDJ stürmt Berlin«; vgl. SBZ (1956), S. 120–129; DER SPIEGEL 16. 2. 1950, S. 3; 11. 5. 1950, S. 33; 18. 5. 1950, S. 4; 25. 5. 1950, S. 5–7; 1. 6. 1950, S. 9; s. K. 1819, 2–11; s. 1672, 5 f.; 1678, 15; 1726, 14, 33; 1819, 3.

1658, 4   *westlichen Sektoren der Stadt* – s. K. 998, 19–24.

1658, 8   *Neulehrerin* – s. K. 1454, 11.

1658, 14   *Neuen Schule* – s. K. 778, 29 f.

1659, 5 f.   *im »demokratischen« Sektor* – s. K. 1620, 11.

1659, 6–11   *Dieter Lockenvitz setzte . . . die marxistische Sprachwissenschaft* – In der sowj. Sprachwissenschaft herrschte bis etwa 1950 die Ansicht, daß die Sprachen an die jeweilige Klassengesellschaft gebunden seien. Dagegen schreibt Stalin in seinen sprachwissenschaftlichen Thesen, daß die Sprache nicht zum Überbau gehöre. Das Volk sei Schöpfer und Träger der Sprache. Deshalb bleibe die Sprache über längere Zeiträume trotz aller politischer Veränderungen identisch. So habe die russ. Sprache die Revolution unverändert überstanden, die Sprache sei Symbol der Kontinuität eines Volkes. Zur »relativen Eigenständigkeit des Überbaus« könnte Lockenvitz zitiert haben: »Der Überbau wird von der Basis hervorgebracht, aber das bedeutet keineswegs, daß er die Basis lediglich widerspiegelt, daß er passiv, neutral, gleichgültig ist gegenüber dem Schicksal seiner Basis, dem Schicksal der Klassen, dem Charakter der Gesellschaftsordnung. Im Gegenteil, einmal auf die Welt gekommen, [. . .] trägt er aktiv dazu bei, daß seine Basis ihre bestimmte Form annimmt und sich festigt, trifft er alle Maßnahmen, um der neuen Gesellschaftsordnung zu helfen, der alten Basis und den alten Klassen den Rest zu geben und sie zu beseitigen«; vgl. Stalin (1955), S. 7; vgl. auch BU, S. 40:»Jener Führer, Lehrer, Freund und Feldherr brauchte im Sommer 1950 nur einige Leserbriefe zu Fragen der Sprachwissenschaft an die unabhängige Zeitung ›Prawda‹ zu schreiben, schon Ende Juni 1951 tagte die Abteilung Propaganda beim Zentralkomitee der S.E.D. über die Bedeutung seiner Arbeiten, tagte Mitte November des selben Jahres in Jena die ›Philosophische Konferenz über Fragen der Logik‹, und wer noch bis 1952 auf der Oberschule war, erlebte dies als Bestandteil des Lehrplans: Somit a) kann ein Marxist die Sprache nicht zum Überbau der Basis zählen; b) die Sprache mit dem Überbau zu verwechseln, heisst einen ernsten Fehler begehen«; s. K. 1683, 9 f.; s. 1815, 1 f.

1659, 25 f.   *Arbeitsgemeinschaft Pagenkopf/Cresspahl* – s. K. 1577, 11 f.

1659, 28–30   *Holzauge: sagte Stellmann . . . Sei wachsam: entgegnete* – Soldatische Redewendung: Paß auf, daß man dich nicht hintergeht. Angeblich abgeleitet vom Blick durch ein Astloch im Bretterzaun. Holzaugen hießen im 2. Weltkrieg auch die runden Hoheitszeichen auf brit. Flugzeugen.

1659, 32   *Leica* – Kleinbildkamera der Firma Ernst Leitz, seit 1924 in Serienproduktion hergestellt, begründete mit dem Format 24x36 mm die moderne Kleinbildfotografie.

1659, 35   *Nauen* – Stadt nordwestlich von Berlin, an der Bahnstrecke Wittenberg–Schwerin.

1659, 35 f.   *Oranienburg* – s. K. 1146, 24; Stadt an der Bahnstrecke Neustrelitz–Rostock.

1660, 7–21   *Unterbringung in einer . . . Dichter Stephan Hermlin* –Vgl. Berlin (1962), S. 676 f.: »27./30. [1950]: Das ›Deutschlandtreffen‹ steht im Zeichen der kommunistischen Friedenspropaganda. Verbunden damit sind Kundgebungen mit heftigen Angriffen gegen die Bundesrepublik und die drei Westmächte, die ihren Höhepunkt in der vom Amt für Information der sowjetischen Besatzungszone verbreiteten Meldung findet, amerikanische Flugzeuge hätten über der sowjetischen Besatzungszone große Massen von Kartoffelkäfern abgeworfen, um die Ernte zu vernichten.
[. . .] Notquartiere in Schulen, öffentlichen Gebäuden und Fabriken [. . .] Hauptveranstaltungen am offiziellen Eröffnungstag des Treffens, dem 27. Mai, sind [. . .] die Veranstaltung des ›Kongresses der jungen Friedenskämpfer‹ mit 10 000 Teilnehmern in der Werner-Seelenbinder-Halle am Ringbahnhof Landsberger Allee. Auf dem Kongreß, der von dem kommunistischen Dichter Stephan Hermlin eröffnet wird, hält der stellvertretende Ministerpräsident der sowjetischen Besatzungszone, Walter Ulbricht, die Hauptrede zum Thema ›Die deutsche Jugend und der Kampf um den Frieden‹.
Im Mittelpunkt des zweiten Veranstaltungstages, des Pfingstsonntags, steht ein achtstündiger Vorbeimarsch von – nach kommunistischen Angaben – 700 000

Jugendlichen vor der mit Funktionären der sowjetischen Besatzungszone und ausländischen Delegierten besetzten Ehrentribüne im Lustgarten.
[...] Obwohl die FDJ ihren Mitgliedern die Fahrt in die Westsektoren wegen angeblich drohender Verhaftung untersagt hatte und während der Veranstaltungstage ein großes Aufgebot von Volkspolizei die Sektorengrenze besetzt und kontrolliert, [...] gelingt Tausenden von FDJ-Mitgliedern ein Besuch in Westberlin.«
Heinersdorf liegt im Bezirk Weißensee im Norden Ostberlins. Die gelegentlichen Schlafgelegenheiten auf Stroh wurden in Herrnburg zum Vorwand genommen, an der Grenze für westdt. Teilnehmer eine ärztliche Untersuchung anzuordnen; vgl. DER SPIEGEL 8. 6. 1950, S. 13; s. K. 1819, 2–11.

1660, 10		*Sachwalter* – s. K. 993, 8; 1138, 30.

1660, 11		*Ersten von der . . . Honecker hieß der* – Erich Honecker (25. 8. 1912–29. 5. 1994), Dachdecker, Politiker, seit 1926 im Kommunistischen Jugendverband Deutschlands, seit 1929 in der KPD, Funktionär im Kommunistischen Jugendverband, 1930 auf der Schule der Jugendinternationale in Moskau, 1935 verhaftet und 1937 wegen »Vorbereitung zum Hochverrat« zu 10 Jahren Haft verurteilt, bis Kriegsende im Zuchthaus Brandenburg-Görden. 1946 Mitbegründer der FDJ und ihr Vorsitzender bis 1955, 1950–58 Kandidat, seit 1958 Mitglied des Politbüros des ZK der SED, 1958–71 Sekretär im ZK (zuständig für Sicherheitsfragen, leitete er die Vorbereitungen für den Mauerbau am 13. 8. 1961); 1960 Sekretär des nationalen Verteidigungsrates; 1971 maßgeblich am Rücktritt Walter Ulbrichts (s. K. 993, 8) beteiligt, wurde im Mai dessen Nachfolger; seit Oktober 1976 Staatsoberhaupt. Am 18. 10. 1989 aller seiner Funktionen enthoben und am 4. 12. 1989 aus der SED ausgeschlossen. Ein gegen ihn wegen Hochverrat, Amtsmißbrauch, Korruption, Strafvereitelung, Totschlag, Vertrauensmißbrauch und Untreue eingeleitetes Strafverfahren wurde wegen seiner Krebserkrankung eingestellt. Bis zu seinem Tode lebte er in Chile; FDJ: s. K. 1559, 13 f.

1660, 15		*Kartoffelkäfer* – Am 16. 6. 1950 gab eine Außerordentliche Untersuchungskommission der Regierung der DDR bekannt, amerik. Flugzeuge hätten über Sachsen, Thüringen und Mecklenburg große Mengen Kartoffelkäfer abgeworfen. Daraufhin wurden Schulkinder zum Aufsammeln auf die Felder geschickt; vgl. SBZ (1956), S. 128; vgl. auch BU, S. 51: »die Suche nach den Kartoffelkäfern, die Flugzeuge der U. S. A. auf Beschluss der Regierung der D. D. R. seit dem Frühjahr 1950 auch über Mecklenburg abgeworfen haben«; s. K. 1726, 20 f.; 1782, 13 f.; s. 1726, 17–1727, 34; 1731, 27; 1782, 11–24.

1660, 18		*Messehallen am Funkturm* – Großes Ausstellungsgelände im Westberliner Bezirk Charlottenburg.

1660, 19 f.		*»Kongreß junger Friedenskämpfer«* – Nach dem Deutschlandtreffen der FDJ wurde am 1. 6. 1950 ein ständiges »Komitee der jungen Friedenskämpfer« gebildet.

1660, 20	*Ringbahnhof Landsberger Allee* – Bahnhof Ecke Storkower Straße/Landsberger Allee, hieß zeitweise Bahnhof Leninallee. Die Landsberger Allee führt vom Alexanderplatz in nordöstlicher Richtung aus der Stadt; s. 1728, 2.
1660, 21	*Stephan Hermlin* – Eigentlich Rudolf Leder (13. 4. 1915–7. 4. 1997), dt.-jüd. Schriftsteller, Gedichte und Erzählungen, trat 1931 dem komm. Jugendverband bei, emigrierte 1936 nach Palästina, Ägypten und England; behauptete, im KZ inhaftiert gewesen zu sein und am Spanischen Bürgerkrieg teilgenommen zu haben; seit 1947 in Ostdeutschland, Vizepräsident des Deutschen Schriftstellerverbandes, Redner auf zahlreichen Kongressen, bekannte öffentlich seine »Fehler«, nachdem er 1963 von verschiedenen Funktionen abberufen wurde; setzte sich für Veröffentlichungen von Huchel und Kunert ein. 1996 wurde bekannt, daß er Teile seiner Biographie erfunden hatte. Vgl. Hermlin (1992).
1660, 26– **1661, 10**	*Pius hatte sie . . . der wirtschaftlichen Natur* – s. 1782, 33 f.
1660, 34 f.	*Schloßstraße, Berlin Steglitz* – Bekannte Einkaufsstraße nördlich des Bahnhofs Steglitz, im Bezirk Zehlendorf; s. 1662, 4.
1661, 11	*To be safe . . . better than sorry* – (engl. Sprichwort) eigentlich: Better to be safe than sorry: Vorsicht ist die Mutter der Weisheit.
1661, 15	*Stecke* – Druckfehler in allen Ausgaben, richtig: Strecke.
1661, 26 f.	*may be* – (engl.) kann sein. In der zweibändigen Taschenbuchausgabe ist das Wort »may« statt kursiv (wie in den anderen Ausgaben) recte gesetzt.
1661, 28 f.	*ihren Schick noch hatte* – Hier: ihre Lebensart, ihr Auftreten noch hatte; s. K. 855, 2 f.
1661, 33	*Verrazano-Brücke* – s. K. 118, 38.
1661, 37	*Zwickau* – Sächsische Industriestadt im nördlichen Erzgebirge, d. h. am anderen Ende des Landes.
1662, 5	*Ecke Muthesius* – Kleinere Straße, die von der Schloßstraße nach Nordwesten abbiegt.
1662, 10	*Osmose* – Begriff aus der Biochemie: einseitig verlaufende Diffusion durch eine semipermeable Membran; s. 1816, 8.
1662, 12 f.	*Das Blonde Gift, D. B. G.* – Nach Aussage von Johnsons Schulkameraden Spitzname der Güstrower Lehrerin Liselotte Prey; vgl. IB; Grambow (1997), S. 47; Lehmbäcker (1998), S. 36; s. 1662, 18; 1667, 32; 1669, 30; 1671, 36; 1674, 35.
1662, 23	*our lil' Kraut* – (engl. Slang) unsere kleine Deutsche. ›Krauts‹ ist ein engl. Schimpfwort für Deutsche.
1662, 29	*Ostseite* – s. K. 52, 26 f.

1662, 32   *Svatého Václava* − (tschech.) Heiliger Wenzel, New Yorker Restaurant; s. K. 134, 23 f.

1663, 1   *Inselsee von Güstrow* − Großer See im Süden der Stadt mit einem Freibad am nordöstlichen Ufer.

29. 7. 1968

1663, 8   *Monday dirty Monday* − (engl.) Montag dreckiger Montag; s. K. 601, 1.

1663, 25   *Anselm Kristlein* − s. K. 331, 29.

1663, 29 f.   *Der statistische Durchschnitt . . . Bezirken New Yorks* − s. 89, 23.

1663, 30   *den fünf Bezirken New Yorks* − s. K. 18, 31; 20, 28; 20, 28 f.; 54, 14; 72, 1.

1663, 31 f.   *Mrs. Seydlitz* − s. K. 53, 14.

1664, 7–   *Der Wonnen der . . . sie zu sehen* − s. 1734, 2–9.
1668, 33

1664, 7   *Wonnen der Gewöhnlichkeit* − Anspielung auf Thomas Mann, »Tonio Kröger«: »Die Bürger sind dumm; ihr Anbeter der Schönheit aber, die ihr mich phlegmatisch und ohne Sehnsucht heißt, sollet bedenken, daß es ein Künstlertum gibt, so tief, so von Anbeginn und Schicksals wegen, daß keine Sehnsucht ihm süßer und empfindungswerter erscheint als die nach den Wonnen der Gewöhnlichkeit«, vgl. Mann (1974), Bd. VIII, S. 337; vgl. auch ebd., S. 303 und »Die Hungernden«, ebd., S. 267; s. K. 1586, 22.

1664, 22   *N. Y. P. D.* − (engl.) übersetzt im Text.

1664, 39   *Prächtigsten Jungen New Yorks* − s. K. 13, 17; 1487, 31 f.

1665, 5   *Nummer 243* − s. K. 145, 27 f.

1665, 38–   *Leere Bücher verärgern . . . inveniri. Ja, denkste* − s. 1092, 37 f.
1666, 9

1666, 1–3   *Uebersicht der Mecklenburgischen . . . im Jahre 1804* − Paschen Heinrich Hane (16. 10. 1749–26. 9. 1815), Theologiestudium in Rostock, seit 1792 Prediger in Gadebusch, zuletzt Kirchenrat und Präpositus; schrieb die »Uebersicht der Mecklenburgischen Geschichte«, o. O. 1804, in Johnsons Bibliothek vorhanden; Aufsätze über die Schlacht bei Gadebusch, die Schulgeschichte Gadebuschs, über mecklenburgische Gesangbücher.

1666, 2   *Gadebusch* − s. K. 163, 25.

1666, 3   *ADB, NDB* − Alte deutsche Biographie und Neue deutsche Biographie, mehrbändige bibliothekarische Nachschlagewerke.

1666, 3   *Brunet* − Pierre Gustave Brunet (18. 11. 1807–21. 1. 1896), frz. Verfasser zahlreicher Bibliographien, Abhandlungen und Übersetzungen.

1666, 3   *Kraesse* – Vermutlich Johann Georg Theodor Grässe (31. 1. 1814–27. 8. 1885), Lehrer an der Dresdener Kreuzschule, 1843 Privatbibliothekar Friedrich August II. von Sachsen, wurde Direktor der Münzsammlung (1848), der Porzellansammlung (1852) und des Grünen Gewölbes (1864); gab von 1859–69 eine siebenbändige Bibliographie heraus: »Trésor de livres rares et précieux au noveau dictionnaire bibliographique«.

1666, 3 f.   *Kat. Schl. Holst. Landesbib.* – Katalog der Schleswig-Holsteinischen Landesbibliothek, die sich im Kieler Schloß befindet.

1666, 5–7   *Geschichte von Meklenburg . . . Herzoglichen Hofbuchdrukker, 1791* – Als Herkunft des Mottos ist vermerkt: Helm. Chr. Slav. Der Autor des dreibändigen Werkes, 1791–98, F. J. Aepinus wird im Titel nicht genannt; Johnson besaß ein Exemplar; Neubrandenburg: s. K. 633, 29.

1666, 8 f.   *Moribus et hospitalitate . . . benignior potuit inveniri* – (lat.) In Sitten und Gastfreundschaft hat kein ehrlicheres und freigebigeres Geschlecht gefunden werden können.

1666, 10   *Dänin* – s. K. 28, 4–31.

1666, 20   *Ab trumeau* – (Verballhorntes Frz.) Los geht's!

1666, 26   *je t'en prie* – (frz.) ich bitte dich!

1667, 1 f.   *Al ladro! Al ladro! Fermateli* – (ital.) Diebe! Diebe! Haltet sie!

1667, 17   *ma'am* – (engl. ugs.) madam.

1667, 32   *ein blondes Gift* – s. K. 1662, 12 f.

1668, 7   *Eugene, Oregon* – Hauptstadt des Bundesstaates Oregon, in den Cascade Ranges, etwa 80 km vom Pazifik entfernt.

1668, 9   *Ne quittez pas* – (frz.) übersetzt im Text.

1668, 29   *Henry Hudsons Autobahn* – s. K. 10, 22; 21, 35.

1668, 30–33   *Marjorie. (Wenn jemals . . . sie zu sehen* – s. 266, 33–36.

30. 7. 1968

1668, 35–
1669, 9   *Das sowjetische Politbüro . . . in ihrem Eisenbahnzug* – Vom 29. 7.–2. 8. 1968 trafen sich auf dem tschechos.-sowj. Grenzbahnhof Čierna im äußersten Südosten der Slowakei Politiker der zwei Länder, darunter Breschnew, Dubček, Smrkovský, die ihre Meinungsverschiedenheiten nicht beilegen konnten. Pressekonferenz, Bankett und Kommuniqué, geplant für den 2. 8., wurden abgesagt. Chop liegt Čierna gegenüber auf der sowj. Seite. Vgl. den Artikel »Russians Meet Czech Leaders; Apply Pressure/Security Is Tight« der NYT vom 30. 7. 1968: »At 9:50 this morning, a red, yellow and green diesel engine pull-

ing 15 green sleeping cars chugged across the damp wheat fields from Chop, a Soviet border town, into Cierna, on the Czechoslovak side. [...]
Nine of the 11 members of the Soviet Politburo, led by the party chief, Leonid I. Brezhnev, Premier Aleksei N. Kosygin and President Nikolai V. Podgorny, descended at the brick station. They were greeted solemnly and without effusiveness by 16 members of the Czechoslovak hierarchy, led by the party chief, Alexander Dubcek. [...]
The meeting began shortly after 10 o'clock [...].
When the two sides adjourned for lunch at 3:45 P. M., they did not issue any preliminary announcement. Each side ate separately; the Soviet delegates on their train, the Czechoslovaks on the train on which they had arrived the night before. [...]
Villagers in this placid wheat and beet country seemed fascinated by the comings and goings of army trucks and black limousines«; s. K. 1555, 29–34; 1616, 29–32; 1680, 25–31; 1694, 2–10; 1707, 26–36.

1669, 5   *Leonid I. Breschnew* – s. K. 541, 2.

1669, 10–17   *Kein Communiqué, außer . . . und mit Unterschieden* – Vgl. den Artikel »Russians Meet Czech Leaders; Apply Pressure/Pravda Emphatic« der NYT vom 30. 7. 1968: »Pravda [...] noted that the Soviet Union supplied Czechoslovak industry with virtually all its petroleum, 80 per cent of its iron-ore imports, 63 per cent of its synthetic rubber and 42 per cent of its nonferrous metals. [...] Pravda's report declared that Soviet prices were set to the advantage of Czechoslovakia and warned that the country, like others in Eastern Europe, was subjected to discriminatory trade practices in Western markets.«

1669, 21–24 *Sie beweist aber . . . als Fälschung erwiesen* – »Perhaps the best commentary on this preposterous propaganda is the fact that Czechoslovakia has been inviting journalists, writers, teachers and workers of all descriptions [...] to come and see for themselves what is really going on in Czechoslovakia. Moscow's counter has been to announce the temporary cutting off of Soviet tourist visits to Czechoslovakia, a move clearly indicating that the whole frenzied newspaper campaign is a fabrication«, NYT 30.7.1968.
Ein Verbot für sowj. Journalisten wird nicht speziell erwähnt.

1669, 30   *dBG* – das Blonde Gift; s. K. 1662, 12 f.

1670, 15 f. *Kriminalpolizei (Dezernat D)* – s. K. 1597, 2.

1670, 20   *Schnäcke* – (nd.) hier: Geschichten.

1670, 21   *Wie es zuging . . . Universität von Leipzig* – Eine größere Gruppe von Studenten war am 11. 11. 1948 in Leipzig verhaftet worden, unter ihnen der Philosophiestudent Wolfgang Natonek, mehrfach gewählter Vorsitzender des Studentenrats und Mitglied des LDP-Bezirksvorstands. Ihm wurde vorgeworfen, mit Flugblättern zu Widerstand und Streik aufgerufen zu haben. Er wurde zu 25 Jahren Arbeitslager verurteilt und 1956 entlassen. Eine Verhaftungswelle

besonders der liberalen Studenten in Leipzig folgte, die LDP-Hochschul-
gruppe war für mehrere Jahre verboten; vgl. DER SPIEGEL 28. 1. 1949, S. 5;
Fricke (1964), S. 73; Fricke (1979), S. 574.
Johnson wußte um diese Vorgänge, weil während seiner Leipziger Studien-
zeit ein Mitglied jener LDP-Studentengruppe Assistent im Germanistischen
Seminar war; vgl. Scheithauer (1997).

1670, 22 f.   *Joachim de Catt... der als Pseudonym* – s. K. 1459, 21.

1670, 32 f.   *kommunistische Verteilung... statt nach Verdienst* – s. K. 1439, 10.

1670, 34   *Turf* – Filterlose Zigarette, sehr populäre Marke, die im VEB Jasmatzi Dresden
hergestellt wurde.

1670, 35   *Tausende Unter Russischer Führung* – Nach Michael Naumann übersetzte der
Volksmund »Turf« auch mit »Tausend Unterdrückte rufen Freiheit«; vgl.
Naumann (1998).

1671, 1   *die nachgemachten Glückszufälle à la U. S. A.* – Umschreibung der Zigaretten-
marke »Lucky Strike«; s. K. 1611, 30; 1611, 31 f.

1671, 7 f.   *Schulspeisung* – s. K. 1405, 17.

1671, 36   *D-B-G* – Das Blonde Gift; s. K. 1662, 12 f.

1672, 2 f.   *Fünfeichen un all den Meß* – Plattdt. Variation des engl. »1066 and all that«; s. K.
860, 35–38.

1672, 2   *Fünfeichen* – s. K. 1287, 25.

1672, 3   *un all den Meß* – (nd.) und all den Mist.

1672, 5 f.   *Deutschlandtreffen* – s. K. 1658, 2–12.

1672, 8   *Wo ich bloß einen Schäferhund kannte* – s. K. 431, 15.

1672, 33   *Es sünt ädenste ... sehr ädenste Dingge* – (missingsch) Es sind ernste Dinge, sehr
ernste Dinge.

**1672, 37–
1673, 1**   *Dassie man gleich... all dissn Schåpschiet* – (missingsch) Daß Sie mal gleich klar
sehen, wir gehen hier mit einem Respekt vor. Zehnte Klasse, all diese Schaf-
scheiße.

**1672, 39–
1673, 1**   *Zehnte Klasse, all dissn Schåpschiet* – Plattdt. Variation des engl. »1066 and all
that«; s. K. 860, 35–38.

1673, 1 f.   *Straße ist von ... Scholl in Schweri-en* – Straße zwischen Goethestraße und Graf-
Schack-Straße am Burgsee, hier befand sich das Gebäude des Staatssicherheitsdienstes; s. 1674, 15; 1679, 31 f.; 1798, 9.
Die Geschwister Hans und Sophie Scholl (22. 8. 1918 bzw. 9. 5. 1921–22. 2.
1943) studierten in München Medizin bzw. Biologie und Philosophie;
führende Mitglieder der Widerstandsgruppe »Weiße Rose«, am 18. 2. 1943
verhaftet, am 22. 2. zum Tode verurteilt und hingerichtet.

1673, 4   *Wismarsche Straße* – Verläuft in nordsüdlicher Richtung parallel zwischen Bahnlinie und Pfaffenteich bzw. Ziegelsee.

1673, 5   *Stalinstraße* – Heute südlicher Teil der Wismarschen Straße.

1673, 6   *Marienplatz, heute Leninplatz* – An der Kreuzung von Wismarscher und Wittenburger Straße, nördlich des Rathauses.

1673, 6   *Dom Offizerov* – (russ.) Haus der Offiziere; s. K. 1347, 13.

1673, 7   *die landesweit beschwärmte Passage* – Schloßstraße, die direkt zum Inselschloß führt.

1673, 8–10 *Kaiser Wilhelm-Straße . . . der Nationalen Einheit* – Frühere Namen der Geschwister-Scholl-Straße, die auf die Graf-Schack-Straße führt; s. K. 1673, 1 f.

1673, 10   *Graf Schack-Straße* – Führt am West- und Nordufer des Burgsees entlang; benannt nach Adolf Friedrich Graf von Schack (2. 8. 1815–14. 4. 1894), epigonaler, klassisch-romantischer Schriftsteller, übersetzte aus dem Spanischen, Portugiesischen, Persischen und Arabischen; Versromane, Epos »Lothar«, 1872; s. 1673, 11, 18.

1673, 15–17 *Pastor Niklot Beste . . . Landeskirche von Mecklenburg* – Niklot Beste (30. 6. 1901–24. 5. 1988), ev. Theologe, 1932–33 Pastor der Volkskommission in Schwerin; 1933–45 Pastor in Neubukow; ab 1934 Vorsitzender des Bruderrates der Bekennenden Kirche; 1946 [sic] -71 Landesbischof von Mecklenburg; 1969–73 leitender Bischof der Vereinigten Evangelisch-Lutherischen Kirche der DDR. Sein Buch »Der Kirchenkampf in Mecklenburg 1933–1945«, Göttingen 1975, befindet sich in Johnsons Bibliothek.

1673, 19   *Brüsewitz bei Schwerin* – Etwa 12 km nordwestlich von Schwerin gelegen.

1673, 22–26 *Wie glücklich ich! . . . Unendlichkeit / Umleuchtet dich* – Zitat aus Adolf Friedrich von Schacks Versepos »Lothar. Ein Gedicht in zehn Gesängen«, 1. Gesang, 4. Bild; Johnson beendet das Zitat im Vers durch das Ausrufezeichen, die Fortsetzung lautet:
                Umleuchtet dich; gleich einer großen Blume
                Erschließt sich Blatt an Blatt mit Maienduft
                Die Welt vor dir; mit reinrer Luft,
                Wie in der Menschheit Frühlingstume,
                Scheint über dir der Himmel noch zu lachen,
                Und du vernimmst im Traum und Wachen
                Noch Melodien, die unserm Ohr verhallt!
                Vgl. Schack (1897), S. 166.

1673, 33 f. *mit einer einzigen Faust, diese erhoben* – s. K. 1411, 30.

1674, 9   *münchner Universität* – Durch Ludwig den Reichen 1472 in Ingolstadt gegr., 1802 nach Landshut, 1826 nach München verlegt. 1942–43 war hier die studentische Widerstandsgruppe »Weiße Rose« aktiv.

| 1674, 11 | *Sowjetnik* – Die Verwendung der russ. Endung »-nik« gibt dem Wort eine pejorative Bedeutung; s. 1677, 37; 1689, 14. |

1674, 11 *Sowjetnik* – Die Verwendung der russ. Endung »-nik« gibt dem Wort eine pejorative Bedeutung; s. 1677, 37; 1689, 14.

1674, 14 *M. f. S.* – Ministerium für Staatssicherheit: s. K. 684, 8.

1674, 20 *heute würde ich sagen: Squash* – Schnelles Ballspiel für zwei Spieler auf kleinem Feld, das von vier Wänden begrenzt wird, gegen die mit einem Schläger ein Weichgummiball geschlagen wird; zu der Zeit in der DDR unbekannt.

1674, 24 *wie Achill die Schildkröte* – Anspielung auf das berühmte Paradoxon des Zenon von Elea (um 490–430 v. Chr.): Achill könne eine Schildkröte nie einholen, denn im gleichen Zeitpunkt, zu dem er den Ablaufpunkt der Schildkröte erreiche, habe sie einen – wenn auch stets kleiner werdenden – Vorsprung.

1674, 27 f. *V. E. B. Rundfunktechnik* – s. K. 1615, 1 f.

1674, 32 f. *Das historische Datum . . . vom 8. Februar 1950* – s. K. 684, 8.

1674, 34 *Friedensfahrt nach Berlin* – Die »Internationale Radfernfahrt für den Frieden« begann im Juni 1948 auf der Strecke Prag-Warschau-Prag. Seit 1952 stand sie unter der Schirmherrschaft der Parteizeitungen »Trybuna Ludu«, »Rudé Právo« und »Das Neue Deutschland«. Im selben Jahr (30.4.–13.5.) führte das Rennen erstmals durch die DDR und startete in Berlin (Ost). 1950, in dem Jahr, das Johnson erwähnt, nahm zum ersten Mal eine dt. Mannschaft, die ausschließlich aus DDR-Fahrern bestand, an dem Rennen teil. Es galt mit einer Streckenlänge von 1800–1900 km als eines der schwierigsten Straßenrennen des Amateurradsports; der erfolgreichste Radfahrer der DDR, Gustav Adolf »Täve« Schur, diente als Anregung zu »Das dritte Buch über Achim.« Vgl. Ullrich (1960), S. 48 f; Huhn (1992), S. 36.

1674, 35 *Das bl-* – Das blonde Gift; s. K. 1662, 12 f.

1675, 17 *L. D. P. D.* – s. K. 1355, 29–35.

1675, 17 f. *Der Großvater im . . . der sowjetischen Freunde* – s. 1123, 17–1127, 24.

1675, 19 *Schwager Cresspahls im . . . bei der Ministrialbürokratie* – Robert Papenbrock; s. 1481, 15–23.

1675, 22 *Vertrauen ist gut, Kontrolle ist besser* – Häufig Lenin zugeschrieben, obwohl in diesem Wortlaut in keiner seiner Reden und Schriften belegt. Lenin benutzte häufig das russ. Sprichwort »Dowerjai, no prowerjai« (Vertraue, aber prüfe nach!). Vermutlich wurde das Sprichwort in Übersetzungen abgewandelt, die neue Formulierung dann als Leninsche Prägung angesehen.

1675, 22 *LENIN* – s. K. 1165, 23.

1675, 23–25 *»Niemals in der . . . auch nicht geben.«* – Bildunterschrift, ohne Quellenangabe Stalin zugeschrieben, in: Rubel (1975), S. 83.

1675, 26 *Cressphal* – Druckfehler in allen Ausgaben, richtig: Cresspahl.

1675, 38   *Die roten Radler von München* – Münchener Transportfirma.

1676, 4   *neuen Stils* – Der Gregorianische Kalender wurde erst nach der Oktoberrevolution in der Sowjetunion eingeführt, vorher galt der Julianische (Umstellung am 1. 2. 1918).

1676, 5   *wieso Rom, Italien* – Gesine weist bei Stalins Geburtsdatum darauf hin, daß bis zur Revolution in Rußland der Julianische Kalender galt. Vermutlich muß sie erklären, daß der Gregorianische Kalender, 1582 von dem in Rom residierenden Papst Gregor XIII. eingeführt, erst durch Lenin durchgesetzt wurde – Die Stelle bleibt trotzdem dunkel.

1676, 5   *ein Rom gibt bei Parchim* – Dorf, 8 km östlich von Parchim; Parchim: s. K. 58, 34.

1676, 5 f.   *an die vierhundert Seelen, Herr Revisor* – Anspielung auf Nikolai Gogols Komödie »Der Revisor«, 1836, und den Roman »Die toten Seelen«.
Vermutlich auch Anspielung auf eine Bemerkung Trotzkijs in »Bulletin Opposizii«: »›Wie Gogols Revisor sammelt Stalin tote Seelen, weil er keine lebenden finden kann‹, schrieb Trotzki im Hinblick auf die neuen Unterwerfungen«; vgl. Deutscher (1961), S. 374. Die »neuen Unterwerfungen« beziehen sich auf Sinowjew und Kamenew, die aus der sibirischen Verbannung zurückkehren durften, nachdem sie angeblichen Verbindungen zur linken Opposition erneut abgeschworen hatten.

1676, 19   *Preußisch Pommern* – s. K. 235, 5.

1676, 25 f.   *Lokomotivführerschule Güstrow* – s. K. 23, 29.

1676, 26–28   *Grundlagen der materialistischen . . . Lehre? Der Umschlag* – In der auf Karl Marx und Friedrich Engels zurückgehenden materialistischen Dialektik werden drei Grundgesetze unterschieden, die in verschiedenen Quellen verschieden numeriert werden:
a) Das Gesetz von Einheit und Kampf der Gegensätze,
b) Das Gesetz vom Umschlagen quantitativer Veränderungen in qualitative,
c) Das Gesetz von der Negation der Negation.
Auf welche Quelle sich Johnson bezieht, konnte nicht ermittelt werden. Mit »dritter Grundsatz« ist aber hier eindeutig das unter b) angeführte Gesetz gemeint: »der Umschlag«; s. K. 76, 33 f.; 463, 30 f.; 1427, 33; 1814, 36–39.

1676, 33   *Petticoat* – (engl.) übersetzt im Text; hier: versteifter, auch mit Volants voluminös gearbeiteter Halbunterrock, Kennzeichen der Teenagermode Mitte der fünfziger bis Anfang der sechziger Jahre; s. 1703, 38.

1676, 39   *Max Planck* – Max Karl Ernst Ludwig Planck (23. 4. 1858–4. 10. 1947), dt. Physiker, entwickelte die Quantentheorie. Während des Nationalsozialismus taktierte Planck vorsichtig, er widersetzte sich einigen Maßnahmen Hitlers, besonders der Judenverfolgung, ganz offen, so verteidigte er Einstein, konnte aber die Entlassungspolitik der Nazis durch hinhaltende Behandlung einzelner Fälle nicht unterlaufen. Sein Sohn Erwin Planck wurde im Zusammenhang mit dem 20. Juli 1944 hingerichtet. Planck, unter dessen Vorfahren väterlicherseits sich mehrere Theologen befanden, versuchte, seine religiösen Überzeugungen mit seinen physikalischen Ansichten in Einklang zu bringen (»Religion und Naturwissenschaft«, 1938).

1677, 4   *kein Stein; kein Bein* – s. K. 205, 35 f.

1677, 22 f.   *British Broadcasting* – s. K. 860, 20–22.

1677, 23   *barbed wire* – (engl.) übersetzt im Text 1677, 19 f.

1677, 29–   *Kurt Müller. »Kutschi«. . . Mauer und Draht* – Kurt Müller (13. 12. 1903–21. 8.
1678, 1   1990), Werkzeugmacher; KPD-Funktionär, 1933 in Moskau, 1933–39 im Kasseler Zuchthaus; nach dem Krieg Mitglied des Bundestages für die KPD. Als der Parteivorsitzende Max Reimann erfuhr, daß Müller über ihn Berichte an Walter Ulbricht (s. K. 993, 8) lieferte, schloß er ihn im April 1950 aus der Partei aus und kündigte sein Bundestagsmandat. »Am 22. März 1950 wurde er nach einer Dienstfahrt in die DDR als ›verschollen‹ gemeldet. Nach zweimonatigem Schweigen ließ das Ministerium für Staatssicherheit der DDR mitteilen, daß Kurt Müller am 22. März 1950 festgenommen war. In einem Prozeß über die Lehren des Slansky-Prozesses vom 20. Dezember 1952 beschuldigten ihn das Zentralkomitee und die Zentrale Parteikontrollkommission der SED, ›Trotzkist‹ sowie ›Agent des englischen und amerikanischen Geheimdienstes‹ gewesen zu sein. Zu dieser Zeit befand sich Kurt Müller längst in sowjetischem Gewahrsam: Nach dreijähriger Untersuchungshaft wurde er durch ein sogenanntes Fernurteil einer Sonderkommission des MWD, also statt einer Gerichtsverhandlung durch ein administratives Verfahren, zu 25 Jahren Zwangsarbeit verurteilt und in das Gefängnis Wladimir überführt. Von hier ist er am 13. Oktober 1955 in die Bundesrepublik entlassen worden«; vgl. Fricke (1982), S. 41. Die Einzelheiten seines Lebenslaufs im Text sind weitgehend einem Artikel aus DER SPIEGEL vom 18. 5. 1950, S. 5 f., entnommen; vgl. auch SBZ (1956), S. 126.
Müllers Entlassung ging auf die Verhandlungen Adenauers zurück, der mit der diplomatischen Anerkennung der Sowjetunion die Rückkehr dt. Kriegsgefangener und anderer Inhaftierter erreichte. Müller arbeitete seit 1960 für die Friedrich-Ebert-Stiftung und gab die Schriftenreihe »Außenpolitik kommunistischer Länder und Dritte Welt« und den »DDR-Report« heraus.

1677, 32   *Konzentrationslager Sachsenhausen* – s. K. 36, 12; 645, 38.

1678, 7 f.   *»Wenn bei Capri . . . im Meer versinkt.«* – Anfangszeile des dt. Schlagers »Die Capri-Fischer«, 1943; Komponist: Gerhard Winkler; Text: Ralph Maria Siegel; zunächst von Magda Hain (1943) gesungen, wurde er mit Rudi Schuricke (1945) als Interpret einer der größten Schlagererfolge der Nachkriegszeit.

> Wenn auf Capri die rote Sonne im Meer versinkt
> und vom Himmel die bleiche Sichel des Mondes blinkt,

zieh'n die Fischer mit ihren Booten aufs Meer hinaus,
und sie legen im weiten Bogen die Netze aus.

Nur die Sterne sie zeigen ihnen am Firmament
ihren Weg mit den Bildern, die jeder Fischer kennt.
Und von Boot zu Boot das alte Lied erklingt,
hör' von fern, wie es singt:

Bella, bella bella Mari,
bleib mir treu, ich komm zurück morgen früh!
Bella, bella bella Mari,
vergiß mich nie!

Sieh den Lichterschein draußen auf dem Meer,
ruhelos und klein, was kann das sein,
was irrt dort spät nachts umher?
Weißt du, was da fährt? Was die Flut durchquert?
Ungezählte Fischer, deren Lied von fern man hört.

Bella, bella bella Mari . . .
s. 1703, 2.

1678, 36   *Was slushaju* – (russ. ugs.) übersetzt im Text; s. 1815, 2.

1679, 2   *Do swidanie* – (russ.) übersetzt im Text.

1679, 15   *ein Fetzchen* – s. 1671, 25–33.

1679, 33 f.   *V. E. B. Eisenacher statt Bayerische Motorenwerke A. G.* – Eisenacher Motorenwerke, die Fahrräder und Kraftfahrzeuge herstellten; früher Zweigwerk der
Bayerischen Motoren Werke AG, als Dixi-Werke gegr.; s. K. 1615, 1 f.

1680, 18   *Coming up* – (engl.) Sofort!; s. K. 1647, 4.

31. 7. 1968

1680, 20–24   *Die New York . . . eines Nachrichtenwertes entbehrend* – Das Foto aus der NYT
vom 31. 7. 1968 zeigt einen Hubschrauber von unten, an dem ein paar Kisten
baumeln, die Bildunterschrift lautet: »A helicopter near the DMZ in South
Vietnam getting started on a supply run to Marine hilltop outposts. Little activity in the area was reported yesterday.« Johnson hatte über seinen Ausschnitt
geschrieben: »P. K.-Foto ohne Nachrichtenwert«.

1680, 25–31   *Die Herren des . . . Sowjets, blau lackiert* – Vgl. den Artikel »Two Sides at Cierna
Talks Keep Their Distance« der NYT vom 31. 7. 1968: »After a long day of
discussion with their Czechoslovak counterparts, the leaders of the Soviet
Union were reported to have stamped out of the two-story [sic] Junction
Club in Cierna at 10:30 last night and boarded their train.
They looked angry [. . .].
The leaders of the two countries thus far have failed to take a single meal

together. At meal breaks, each delegation has gone its separate way – the Russians to their green train pulled up in the Cierna station across from the railwaymen's social center – the Junction Club – and the Czechoslovaks to their blue train nearby«; s. K. 1668, 35–1669, 9.

1680, 25   *Kreml* – s. K. 138, 39.

1680, 25   *Hradschin* – s. K. 938, 2.

1680, 25   *Kosice* – s. K. 1358, 33.

1680, 32–
1681, 2   *Die Pravda, das . . . Verweilen im Lande* – Der Auszug aus dem »Neuen Deutschland« stand nicht in der »Prawda«, sondern in der »Iswestija« (russ. Neuigkeit). Aus dem Artikel »Letter Attributed to Prague Workers Backs Soviet« der NYT vom 31. 7. 1968 ist nicht ersichtlich, ob es sich bei dem Bericht des »Neuen Deutschlands« um den schon am 28. 7. 1968 erwähnten Text (s. K. 1657, 25–30) handelt: »A letter attributed to Czechoslovak workers urging that Soviet troops be stationed in their country was printed today by Pravda, the Soviet Communist party newspaper.
The letter, bearing 98 signatures, criticized widespread demands in Czechoslovakia that Soviet soldiers, lingering after Warsaw Pact Maneuvers, leave the country. [. . .]
In an effort to underline the letter's authenticity, the paper published a photographic reproduction of the signatures, by workers at the Auto-Praha factory in a Prague suburb. [. . .]
Izvestia [. . .] reprinted a dispatch from the East German party organ Neues Deutschland. It said that counterrevolution need not take the form of street fighting and public execution of Communists, as in Hungary in 1956.
›To an observer walking along the streets, life might seem quiet and normal,‹ the dispatch said. ›In the ideological and political background, there are events and even changes in the points of view of the leadership revealing counterrevolutionary tendencies. The methods of counterrevolution need not always be the same. They can change.‹«; s. K. 1876, 23–28; Pravda: s. K. 190, 29.

1681, 2   *einen Verweilen* – Druckfehler in allen Ausgaben (diesmal nicht aus der NYT übernommen), richtig: ein Verweilen.

1681, 3–7   *Und ein Stadtrat . . . und Lexington aushalten* – Vgl. den Artikel »Low Lives the Life of a Slum Tenant« der NYT vom 31. 7. 1968: »City Councilman Robert A. Low, who masquerades in various roles to learn at first-hand about jobs and living conditions, disclosed yesterday that he had been living in East Harlem tenements for a week ›to learn about life in the slums.‹
Mr. Low, a Manhattan Democrat who represents the Upper East Side [. . .] posed as a writer named Bob Lowell while living at 111 East 119th Street, between Park and Lexington Avenue. [. . .]
Mr. Low [. . .] said he had seen no rats in the building in which he lived at 111 East 119th Street, but he had observed many roaches.
›I don't think the rats could stand the building,‹ he said.«

1681, 13 f.   *der emaillierten Darstellung verschlungener Hände* – Das ovale Abzeichen der SED; die Hände vor einer roten Fahne sollten die Vereinigung von KPD und SDP versinnbildlichen; s. K. 1361, 10 f.; s. 1715, 35; 1823, 15 f.; 1844, 31 f.

1681, 30   *Wartestand als Kandidatin* – s. K. 1649, 4.

1682, 11 f.   *wenn man die . . . an ihr vorbeitrage* – Anspielung auf die Gralssage.

1682, 18   *Zentrale Schulgruppenleitung* – s. K. 1559, 16 f.

1682, 22 f.   *Unter den Krallen . . . Picassos gesträubter Taube* – s. K. 1628, 31 f.

1682, 24 f.   *Universität Rostock* – 1419 gegr., älteste Universität im Ostseeraum. Johnson studierte hier 1952–54 Germanistik.

1683, 2–   *Als erstes Mitglied . . . von Canterbury* – Es war in der DDR der fünfziger Jahre
1683, 20   üblich, bei Versammlungen ein Ehrenpräsidium zu wählen, in dem nicht anwesende (und z. T. auch verstorbene) Personen ›saßen‹.

1683, 6 f.   *die Erschließung des Großen Nördlichen Seeweges* – Der zeitweilig nach Stalin benannte Weißmeer-Ostseekanal von Bjelomorsk durch den Wyg- und Onegasee nach Leningrad ist 227 km lang, hat 19 Schleusen und ist sechs Monate im Jahr vereist. Er wurde 1931–33 hauptsächlich von Strafgefangenen gebaut, von denen mehrere Hunderttausend bei den Arbeiten starben. Der Kanal wurde am 2. 8. 1933 eröffnet.

1683, 8   *Kolchis* – Antiker Name für das Gebiet nördlich des Schwarzen Meers.

1683, 9 f.   *des genialen Werkes . . . Fragen der Sprachwissenschaft* – Johnson besaß zwei Ausgaben des 1950 zuerst auf dt. erschienenen Werkes: Josef Stalin: Der Marxismus und die Fragen der Sprachwissenschaft, Berlin (Ost) [6]1955 sowie Josef Stalin: Marxismus und die Fragen der Sprachwissenschaft und N. Marr: Über die Entstehung der Sprache, München 1972. »Genial« und »weise« waren stereotyp gebrauchte Attribute für Stalin; s. K. 1659, 6–11; s. 1815, 1 f.

1683, 11   *Boleslaw Bierut* – 18. 4. 1892–12. 3. 1956, Drucker, poln. Politiker; seit 1918 Mitglied der KP, seit 1921 für die Komintern tätig; 1933 in Polen zu sieben Jahren Gefängnis verurteilt; nach der dt. Besetzung im sowj. Exil, 1943 Mitbegründer der Polnischen Kommunistischen Arbeiterpartei, 1944 Vorsitzender des Nationalrates, 1947–52 Staatspräsident, 1952–54 Ministerpräsident, seit 1948 Vorsitzender und seit 1954 1. Sekretär der Polnischen Vereinigten Arbeiterpartei.

1683, 13 f.   *Den Genossen Mao . . . des Genossen Stalin* – s. K. 161, 25.

1683, 14–18   *Schriftsteller Thomas Mann . . . den Knopflöchern scheint* – Thomas Mann (6. 6. 1875–12. 8. 1955) hielt Gedenkreden zu Goethes 200. Geburtstag am 25. 7. 1949 in Frankfurt am Main (»Ansprache im Goethejahr«) und am 1. 8. 1949 in Weimar (»Goethe und die Demokratie«). Letztere wurde von vielen kritisiert, darunter auch von Eugen Kogon mit einem »Offenen Brief«, angesichts der Tatsache, daß Buchenwald wieder zum Lager geworden war und Mann

darüber bei seinem Weimar-Aufenthalt geschwiegen hatte. Der Goethe-Nationalpreis der DDR und die Ehrenbürgerwürde wurden ihm 1949 in Weimar verliehen, die dazugehörige Geldprämie spendete Mann für den Wiederaufbau der Weimarer Herderkirche. Johannes R. Becher feierte ihn als einen Bekämpfer des »Antibolschewismus«; vgl. SBZ (1956), S. 107; vgl. auch: Johnson, Lübeck habe ich ständig beobachtet; s. K. 1685, 7–21.
In JT finden sich Zitate und Anspielungen aus folgenden Werken Thomas Manns: »Buddenbrooks« (s. K. 16, 20–18, 20; 305, 3–310, 37; 415, 3; 504, 10 f.; 691, 22; 1591, 32); »Zauberberg« (s. K. 124, 17; 897, 16–19); »Königliche Hoheit« (s. K. 124, 17; 137, 2); »Tonio Kröger« (s. K. 415, 3; 1374, 2–18; 1415, 34–36; 1462, 17–1463, 1; 1664, 7); »Kleiner Herr Friedemann« (s. K. 415, 3); »Tristan« (s. K. 1287, 25–1288, 6); »Versuch über Schiller« (s. K. 1374, 2–18); »Die Forderung des Tages« (s. K. 1394, 9); »Vision« (s. K. 1591, 32); »Wälsungenblut« (s. K. 1591, 32); »Bilse und ich« (s. K. 1705, 24).

1683, 15   *seinen verstorbenen Bruder* – Heinrich Mann (27. 3. 1871–12. 3. 1950), dt. Schriftsteller; emigrierte 1933, erhielt 1949 den ersten Nationalpreis der DDR für sein Gesamtwerk und wurde zum Präsidenten der Akademie der Künste (Ostberlin) ernannt, starb vor seiner geplanten Übersiedlung in die DDR.

1683, 16   *Goethe-Nationalpreises* – Goethe: s. K. 1397, 28; Nationalpreis: Höchste Auszeichnung in der DDR für Einzelpersonen und Kollektive, die für wissenschaftliche wie für »hervorragende Leistungen auf den Gebieten der Kunst und Literatur« verliehen wurde; 1949 gestiftet, Geldprämie je nach Klasse 100 000, 50 000 oder 25 000 DM. (»Das Geld ist ja ganz schön, aber die Schande«, Volksmund); s. K. 1819, 39; s. 1816, 26.
Später nie mit dem Zusatz »Goethe« nachweisbar; vermutlich anläßlich des 200. Geburtstags Goethes einmalig so benannt.

1683, 18–20   *Den Verfasser des . . . Dekan« von Canterbury* – Hewlett Johnson (25. 1. 1874–22. 10. 1966), engl. Theologe; Studium der Naturwissenschaften (und Dissertation über Wasserbau), später der Theologie; 1905 Priesterweihe; Hg. der für radikale Ideen bekannten Zeitschrift »The Interpreter«; 1924 Domdechant von Manchester, 1931 von Canterbury. Obwohl er wegen seines Talents als Prediger und seines sozialen Engagements angesehen war, wurde er wegen seiner politisch linken Einstellung (er wurde »Red Dean« genannt) von der Kirche kritisiert. Er wandte sich trotz der Berichte über Terror und Schauprozesse nicht von der KPdSU ab, saß im Vorstand der komm. Zeitung »Daily Worker«. Sein weit verbreitetes Buch »The Socialist Sixth of the World«, 1939, berichtet begeistert über sowj. Errungenschaften. Er wurde 1951 mit dem Stalin-Friedenspreis ausgezeichnet; mußte 1963 als Dekan zurücktreten.

1683, 31–33   *Der verbrecherische Einmarsch . . . die nördliche Republik* – s. K. 1244, 21.

1683, 37–39   *dem neugewählten Generalsekretär . . . Einheitspartei W. Ulbricht* – Auf dem III. Parteitag (20.–24. 7. 1950) gewählt; s. K. 993, 8.

1684, 1   *Sachwalter* – s. K. 993, 8; 1138, 30.

1684, 4   *Kreikemeyer und Konsorten* – Willi Kreikemeyer (11. 1. 1894–31. 8. 1950), Maschinenschlosser; 1918 USPD, 1919 Spartakusbund, 1919 KPD, seit 1924 KPD-Funktionär, Teilnahme am Spanischen Bürgerkrieg. Kreikemeyer und seine frz. Frau Marthe hatten im unbesetzten Teil Frankreichs eng mit Noel H. Field zusammengearbeitet und vor allem Kommunisten mit Geld und Lebensmitteln unterstützt (u. a. auch den späteren Leiter des Ministeriums für Staatssicherheit Erich Mielke). Vielen halfen sie bei der Ausreise nach Mexiko und in die USA. Ende Januar 1946 nach Berlin zurückgekehrt, stieg Kreikemeyer schnell bei der Deutschen Reichsbahn auf: seit dem 21. 2. 1946 persönlicher Referent des stellv. Generaldirektors der Deutschen Reichsbahn, 21. 5. 1946 Oberreichsbahnrat und Personaldezernent der Reichsbahndirektion Berlin, 1. 10. 1946 Vizepräsident, 1. 3. 1947 Präsident der Reichsbahndirektion Berlin, 20. 1. 1949 Generaldirektor der Deutschen Reichsbahn für die SBZ/DDR. Im Zusammenhang mit der Noel-Field-Affäre wurde er auf Beschluß des ZK aus der SED ausgeschlossen. Der vermutlich auf den 24. 8. 1950 rückdatierte Beschluß wurde am 1. 9. 1950 im »Neuen Deutschland« veröffentlicht. Am 25. 8. 1950 verhaftet, beging Kreikemeyer angeblich am 31. 8. 1950 Selbstmord in der Untersuchungshaftanstalt des Ministeriums für Staatssicherheit Berlin-Hohenschönhausen; nach anderen Zeugenaussagen war er 1951 noch am Leben; vgl. Kießling (1998), der das spurlose Verschwinden darin begründet sieht, daß er Erich Mielke hätte gefährlich werden können. Mielke gab in seiner offiziellen Biographie stets an, während des Krieges auf der Seite der Roten Armee im Osten gekämpft zu haben, obwohl er sich tatsächlich in Frankreich aufgehalten und dort u. a. für die Organisation Todt gearbeitet hatte.
Zeitgleich mit Kreikemeyer waren die Funktionäre Paul Merker, Bruno Goldhammer, Lex Ende, Leo Bauer und Maria Weiterer aus der SED ausgeschlossen worden. Bruno Fuhrmann, Hans Teubner, Walter Beling und Wolfgang Langhoff wurden aller ihrer Funktionen enthoben.
Bauer, Mitglied der KPD seit 1928, war nach dem Krieg Vorsitzender der hessischen Landtagsfraktion und Chefredakteur des Deutschlandsenders gewesen. Er hatte mit Hilfe Erica Glasers Hans Mayer aus der Schweiz zurückgeholt und ihm in Frankfurt a. M. eine Anstellung verschafft. Bauer wurde als US-Agent und »Renegat« zum Tode verurteilt, zu Arbeitslager begnadigt, am 20. 10. 1955 in den Westen abgeschoben, er starb an den Folgen seiner Haft in Sibirien. Vgl. Fricke (1982), S. 94 f.; DER SPIEGEL 6. 7. 1950, S. 7–8; 6. 9. 1950, S. 5 f.; s. K. 1684, 4 f.; 1685, 27–32; 1685, 32 f.; 1685, 34 f.; 1685, 36–1686, 2; 1686, 4–7.

1684, 4 f.   *amerikanischen Provokateurs Noel H. Field* – Noel Haviland Field (23. 1. 1904–15. 9. 1970), Jurist, Quäker; gründete als Student einen Weltfriedensbund, Kriegsbeobachter des amerik. State Department im Spanischen Bürgerkrieg; rettete als Leiter des Unitarian Service Committee (USC) der Unitarischen Kirche beim Genfer Völkerbund einer Vielzahl von Flüchtlingen das Leben;

hatte Kontakte zum amerik. Geheimdienst Office of Strategic Services (OSS) und dessen Chef Alan Welsh Dulles (7.4.1893–29.1.1969), einem Studienfreund, zum Zwecke der Information und Unterstützung des dt. Widerstandes gegen die Nazis. Er verteilte die Gelder des »Antifaschistischen Flüchtlingskomitees«. Nach Kriegsende halfen er und seine Pflegetochter Erica Glaser, die beim OSS als Übersetzerin angestellt gewesen war, mit Unterstützung der amerik. Behörden, komm. und sozialdem. Emigranten nach Deutschland zurückzuholen (»Koordinationsstelle für Nachkriegshilfe«), und organisierten medizinische Hilfe für Ostblockländer. Field, der sich Kommunist nannte, ohne Parteimitglied zu sein, fürchtete, vor dem Senatsausschuß zur Untersuchung »unamerikanischer Umtriebe« (s. K. 1129, 25) angeklagt zu werden. Ob er nach Prag flüchtete oder gelockt wurde, ist unbekannt, er wurde dort Ende April 1949 verhaftet, ebenso seine dt. Frau Herta am 26.8. Sein Bruder Hermann wurde in Polen verhaftet, wo er bis 1954 gefangen blieb. Seine Pflegetochter wurde am 26.8.1950 in Ostberlin verhaftet, zum Tode verurteilt und zu lebenslanger Strafarbeit begnadigt; bis zu ihrer Freilassung 1956 verlegte sie in Workuta Eisenbahnschienen. Field wurde am 11.5.1949 nach Budapest gebracht. Um seine Unschuld zu beweisen, stellte er eine Liste mit 562 Namen auf, viele davon Kommunisten, was im Juni/Juli 1949 eine Verhaftungswelle auslöste. Er gestand nach Verhören und Folterungen, ein amerik. Spion zu sein. Nach dem Vorbild der Schauprozesse gegen Laszlo Rajk, Tibor Szönyi und Rudolf Slánský, den komm. Führern in Budapest, Sofia und Prag, wurde er angeklagt, eine Verschwörung gegen die UdSSR angezettelt zu haben. Field und seine Frau wurden fünf Jahre getrennt in Zellen im Keller einer Budapester Villa gefangengehalten und am 17.11. 1954 mit der Erklärung freigelassen, die gegen sie erhobenen Beschuldigungen seien nicht zu rechtfertigen gewesen. (Allein Kontakt zu den Fields war für Dutzende ein für eine Verurteilung ausreichender Beweis für Spionage und Verschwörung gewesen.) Sie erhielten eine großzügige Entschädigung und baten in Ungarn um politisches Asyl. Field verurteilte den Aufstand von 1956 als Konterrevolution und wurde 1957 Mitglied der ungar. komm. Partei, zahlte aber seit August 1968 keinen Beitrag mehr. Vgl. Fricke (1979), S.586; DER SPIEGEL 6.9.1950, S.5f.; 1.11.1950, S.5f.; 26.12.1956, S.36–41; »Das Neue Deutschland« vom 24.8.1950; »Noel Field – der erfundene Spion«, Dokumentarfilm von Werner Schweizer, in Zusammenarbeit mit René A. Zumbühl und Thomas Grimm, Susi Koltai und Kathrin Plüss, Schweiz 1996.

1684, 8–10   *Interview des westdeutschen ... neuen deutschen Truppe* – Das Interview mit Jack Raymond, dem Deutschlandkorrespondenten der NYT, erschien am 18.8. 1950, in dem »Adenauer von der ›Notwendigkeit [...] einer starken deutschen Verteidigungskraft‹ sprach, um die Volkspolizei-Einheiten, die ›offensichtlich die Grundlage für eine echte Angriffsmacht‹ seien, erfolgreich abwehren zu können. Doch einige Stunden später wurde er ganz konkret: er bat die drei Hochkommissare, ihm den Aufbau einer ›Abwehrtruppe‹, einer

›Verteidigungsmacht‹, zu gestatten, die er ›bis zum Frühjahr 1951 [...] in Form einer freiwilligen Formation bis zu einer Gesamtstärke von 150 000 Mann‹ zu errichten gedenke«; vgl. Baring (1982), S. 145; Adenauer: s. K. 116, 12; Wiederbewaffnung: s. K. 1731, 1–5.

1684, 11 f. *Wir sind die Junge Garde* – Text: Heinrich Arnolf, Melodie: Zu Mantua in Banden, 1844.
Dem Morgenrot entgegen, ihr Kampfgenossen all,
bald siegt ihr allerwegen, bald weicht der Feinde Wall.
Mit Macht heran und haltet Schritt!
Arbeiterjugend will sie mit?
Wir sind die junge Garde des Proletariats.
(und so noch sechs weitere Strophen)

1684, 20 f. *diversija* – (russ.) 1. Ablenkungsmanöver, 2. Sabotage; lat. diversitas: Verschiedenheit, Unterschied, Widerspruch; diversus: u. a. feindlich, abweichend.

1684, 37 *Smoekbarg* – s. K. 1434, 16.

1684, 39 *Dänschenhagen* – s. K. 1432, 14.

1685, 3 *Domhof* – s. K. 1434, 1.

1685, 4 f. *über die Pfarrwiesen . . . Pappelreihen vorm Stadtsee* – Mit den Pfarrwiesen könnten die Domwiesen zwischen Stadt und Sumpfsee gemeint sein. Von einer oberen Wohnung konnte man in den sechziger Jahren bis zum Sumpfsee sehen.

1685, 7–21 *Thomas Manns Unterschrift . . . Stockholmer Aufruf gesetzt* – Das Zitat 1685, 11–21 entstammt einem Brief Thomas Manns vom 3. 4. 1951 an die Redaktion des »Aufbau«; vgl. Mann (1974), Bd. 3, S. 198. In einem Brief an den Verlagsunternehmer Arnoldo Mondadori vom 19. 5. 1950 hatte Thomas Mann geschrieben: »Wenn ich den Stockholmer Antrag gegen die Atombombe unterzeichnete, so geschah es, weil er mir nicht als kommunistisch, sondern als eine rein humanitäre Aktion dargestellt wurde«; vgl. ebd., S. 151. Der letztere Brief trägt folgende Anmerkung: »Gedächtnisfehler; de facto hatte T. M. es abgelehnt, den Antrag zu unterzeichnen. Siehe auch Brief vom 3.IV.1951«; vgl. ebd., S. 527. Johnson hatte beide Briefe, aber nicht die Anmerkung angestrichen. Vgl. auch Thomas Mann, »Ich stelle fest«, in: Mann (1974), Bd. XI, S. 796 f.

1685, 7 f. *Stockholmer Appell* – Vom Ständigen Komitee des Weltfriedenskongresses wurde am 19. 3. 1950 der als »Stockholmer Appell« bezeichnete Aufruf aufgesetzt, Atomwaffen zu bannen. Hintergrund war das beginnende atomare Wettrüsten: Am 23. 8. 1949 hatte die Sowjetunion ihre erste Atombombe gezündet, im Januar 1950 der amerik. Präsident den Bau einer Wasserstoffbombe angeordnet. Im Juni 1950 sollten schon über 100 Mio. Unterschriften gesammelt worden sein, obwohl, nachdem die »Prawda« erläutert hatte, wie sie den Appell interpretierte, einige ihre Unterschrift zurückzogen (s. K.

1724, 34–1725, 13); vgl. DER SPIEGEL 27. 7. 1950, S. 13 f.; s. 1685, 13, 21; 1822, 36.

1685, 21   © *Katja Mann* – s. K. 116, 25.

1685, 21   *Katja Mann* – Katharina Mann, geb. Pringsheim (24. 7. 1883–25. 4. 1980), Tochter des Mathematikprofessors Alfred Pringsheim, jüd. Herkunft; heiratete Thomas Mann am 11. 2. 1905; sie hatten sechs Kinder. Katja Mann war schon zu Thomas Manns Lebzeiten für Verlagskontrakte, Interviews, Manuskript- und Bücherbegutachtung zuständig; »Meine ungeschriebenen Memoiren«, 1974.

1685, 24   *Unitarier* – Besonders in den USA verbreitete Sekte, die das Trinitätsdogma ablehnt und nur Gott als Vater anerkennt, ihre Anhänger vertreten ein liberales, rationales Christentum.

1685, 27–32   *Im Mai 1949 . . . seine Zusage zurück* – Am 21. 5. 1949 begann ein Streik der in Westberlin lebenden Eisenbahner, da SMAD und Reichsbahn es ablehnten, ihren Lohn in Westmark zu zahlen. Am 2. 6. 1949 lehnten die Eisenbahner das Angebot von 60 % des Lohnes in Westmark ab, der Streik endete am 28. 6. 1949 mit der Zusicherung von 60 % in Westmark und Nichtmaßregelung der Streikenden. Für mehrere Monate zahlte der Westberliner Magistrat 40 % des Lohnes in Westmark; vgl. DER SPIEGEL 6. 9. 1950, S. 6 f.; SBZ (1956), S. 103–105; Berlin (1962), Mai bis Juni 1949; s. K. 1685, 34 f.

1685, 32 f.   *Ein Toter bei . . . auf seine Kappe* – In Berlin (1962) ist mehrmals von Verletzten die Rede, z. B. S. 251: »22.5.[1949]: Am Bahnhof Charlottenburg kommt es zu Auseinandersetzungen zwischen Bahnpolizei, streikenden Eisenbahnern und der Bevölkerung, bei denen sieben Personen zum Teil lebensgefährlich verletzt werden.« Am 23. 5. 1949 kam es zu Zusammenstößen am Bahnhof Zoo: »Gegen Abend kommt es zu schweren Auseinandersetzungen, bei denen der fünfzehnjährige Bernhard Neumann aus Charlottenburg durch einen Kopfschuß getötet wird«, ebd., S. 255.

1685, 34 f.   *Am 28. Mai . . . Rache zu unterlassen* – Vgl. Berlin (1962), S. 262 f.: »28.5.[1949]: Der Generaldirektor der Reichsbahn in der sowjetischen Besatzungszone, Willi Kreikemeyer (SED), teilt in seiner Antwort an Oberbürgermeister Prof. Reuter mit, daß vom 1. Juni 1949 an für alle Leistungen der Reichsbahn in den westlichen Sektoren ausschließlich DM (West) entgegengenommen werde. [. . .] Zugleich werde die Reichsbahn ab 1. Juni 1949 bis zur ›endgültigen Klärung der Berliner Währungsverhältnisse‹ den Westberliner Eisenbahnern mindestens 60 % ihrer Bezüge in DM (West) auszahlen.« Zum 31. 5. 1949, S. 266, heißt es: »Die Reichsbahndirektion Berlin wird außerdem gegen die streikenden Arbeiter und Angestellten keine Repressalien ergreifen«; s. K. 1685, 27–32.

1685, 36–   *Ende Juni brach . . . sie verschmäht hatten* – Vgl. Berlin (1962), S. 312:
1686, 2   »29.6.[1949]: Die Reichsbahndirektion Berlin (RBD) entläßt fristlos einen

Tag nach Wiederaufnahme der Arbeit entgegen den eigenen und sowjetischen Zusagen 380 Angestellte und Arbeiter oder versetzt sie in Dienststellen der sowjetischen Besatzungszone. [...] Sie begründet diese Maßnahme mit der bereits während des Streiks durchgeführten anderweitigen Besetzung dieser Berliner Arbeitsplätze. Außerdem teilt sie 800 Arbeitern und Angestellten mit, daß sie Löhne und Gehälter in Zukunft nur in DM (Ost) erhalten werden, da die RBD während des Streiks ihren Sitz aus der amerikanischen in den sowjetischen Sektor verlegt habe, Willi Kreikemeyer (SED) streitet gegenüber Bürgermeister D. Friedensburg jede Kenntnis von diesen Vorgängen ab, will jedoch diese Angelegenheit überprüfen.«

1686, 3 f.   *Verfassung, die ein ... zu achten vorgab* – Artikel 41 der Verfassung der DDR vom 7. 10. 1949: »Jeder Bürger genießt volle Glaubens- und Gewissensfreiheit. Die ungestörte Religionsausübung steht unter dem Schutz der Republik«; s. 1848, 21 f.

1686, 4–7   *er versprach den ... die Fahrten ab* – Am 31. 7. 1949 trafen sich 18 000 Zeugen Jehovas aus der SBZ und Berlin zu einer Bezirksversammlung in der Berliner Waldbühne. Vgl. Berlin (1962), S. 353: »31.7.[1949]: In einer Entschließung protestierten die Zeugen Jehovas gegen die Verbote und Einschränkungen ihrer Gottesdienste, gegen die religiöse Hetze und die Diffamierung ihres Glaubens in der sowjetischen Besatzungszone sowie gegen die Willkürmaßnahmen des Generaldirektors der Reichsbahn in der sowjetischen Besatzungszone, Willi Kreikemeyer (SED), der die seit langem versprochenen und bereits vollbezahlten zwölf Sonderzüge für die Fahrt nach Berlin im letzten Augenblick absagte.«

1686, 5   *Zeugen Jehovas* – 1878/79 als »Ernste Bibelforscher« von Charles Russell gegr. apokalyptische Sekte, die für 1914 den Anbruch von Gottes 1000jährigem Reich voraussagte. Joseph F. Rutherford reorganisierte seit 1917 die Sekte, gab ihr den Namen »Zeugen Jehovas« und verpflichtete alle Mitglieder zum missionarischen Felddienst. Zukünftiges Heil ist von unbedingtem Gehorsam und propagandistischem Eifer abhängig. Die Zeugen Jehovas lehnen alle christlichen Kirchen, aber auch Militärdienst und Wahlbeteiligung ab. Im August 1950 begann in der DDR eine Hetzkampagne gegen die Glaubensgemeinschaft, da sie die Wahlen als Schiebung oder Diktatur bezeichneten, und eine Verhaftungsaktion setzte ein. Am 4. 9. 1950 verbot das Oberste Gericht die Sekte, da ihre Tätigkeit Kriegs- und Boykotthetze (s. K. 1630, 14) sei. Am 4. 10. 1950 begann ein Schauprozeß gegen Sektenmitglieder vor dem Obersten Gericht in Berlin mit lebenslänglichen Strafen in mehreren Fällen. Die Zeugen Jehovas blieben bis zum 30. 4. 1960 verboten, in dieser Zeit waren 3159 »Bibelforscher« verhaftet und verurteilt worden, nach 1960 noch etliche wegen »Wehrdienstverweigerung«; vgl. Fricke (1964); S. 97 f.; Fricke (1979), S. 241–243, 580; s. K. 1793, 34–38; s. 1793, 35.

1686, 8   *O. S. S.* – Office of Strategic Services, amerik. Geheimdienst, aus dem später die C. I. A. (s. K. 536, 30) hervorging.

1686, 9	*bedripst* – (nd. ugs.) bedrückt.
1686, 14	*Club der Carola Neher* – s. K. 340, 29; 340, 32 f.
1686, 16	*die drei Gelehrten* – s. 340, 34 f.
1686, 19–23	*Was den westdeutschen . . . 1950. Eisenhower – Adenower* – s. K. 116, 12.
1686, 22	*nordatlantischen Vertrag* – s. K. 42, 16 f.
1686, 22 f.	*Eisenhower* – s. K. 386, 3–5.

1686, 24–30   *Was den Präsidenten . . . für seine Minderwertigkeit* – DER SPIEGEL vom 6. 11. 1948, S. 9 f., berichtet über Truman: »Ueber den zweiten Vornamen konnten sich Trumans Eltern nicht einigen. Der Vater war für Shippe (der Name des Großvaters väterlicherseits), die Mutter für Salomon (Großvater mütterlicherseits). Keiner der beiden Elternteile wollte nachgeben. So wurde schließlich S. daraus.« Über seine vielen Jobs heißt es: »Der Farmerssohn aus dem Mittelwesten, der nach dem Besuch der höheren Schule und mancherlei Gelegenheitsarbeiten (u. a. Laufbursche, Zeitungspacker, Buchhalter und Eisenbahnkontrolleur) zehn Jahre lang die väterliche Farm bewirtschaftete«; Truman: s. K. 1133, 36.

1686, 32   *»Tag der Aktivisten«* – Nachdem der Bergmann Adolf Hennecke (25. 5. 1905–22. 2. 1975) eine Parteihochschule besucht hatte, wurde er von Oberst Tulpanow (s. K. 1371, 12 f.) ausgewählt, der dt. »Stachanow« zu werden. Durch eine sorgfältige technische Vorbereitung und Auswahl eines besonders günstigen Stollens konnte Hennecke am 13. 10. 1948 in der Grube »Karl Liebknecht« (des früheren Steinkohlenwerkes »Gottes Segen«) bei Zwickau sein Tagessoll mit 24,4 m³ Kohle um 387 % übererfüllen. Das gab den Anstoß zur Aktivistenbewegung. Die Konzeption dieser Wettbewerbsbewegung wurde im Gesetz der Arbeit vom 19. 4. 1950 festgelegt. Der Titel »Verdienter Aktivist« konnte im Jahr an bis zu 600 Personen verliehen werden und war mit einer Prämie von 1000 Mark verbunden.

1686, 35 f.   *Die Verwaltung von . . . der Einheitspartei übergeben* – Die Verwaltungsfunktion der SMAD (s. K. 1059, 18 f.) wurde schon am 10. 10. 1949 aufgelöst und auf die Provisorische Regierung der DDR übertragen.

1686, 38–
1687, 3   *Am 15. August . . . Hundert noch dazu* – Die Wahlen zur Volkskammer, zu den Land- und Kreistagen und den Gemeindevertretungen fanden nach einer Nationalen Einheitsliste nicht im August, sondern am 15. Oktober 1950 statt. Beteiligung: 98,44 %, Ja-Stimmen: 99,7 %. Die Wähler wurden aufgefordert, ihre Wahlzettel offen zu übergeben, in einigen Wahllokalen fehlten Umschläge bzw. Wahlkabinen; vgl. SBZ (1956), S. 140.

1687, 1   *Volkskammer* – s. K. 1628, 11–15.

1687, 4   *die Prozesse in Waldheim* – Bei der Auflösung der sowj. Straflager Anfang 1950 wurden die Häftlinge entlassen oder an die DDR-Justiz übergeben. Vom 21.

April bis Anfang Juli 1950 fanden vor dem Landgericht Chemnitz in Waldheim (Sachsen) für 3500 von ihnen Gerichtsverhandlungen statt. Grundlage der Verfahren war die dt. Übersetzung der in russ. Sprache verfaßten Protokolle, Zeugen waren nicht zugelassen, nur bei Anklage auf Todesstrafe wurden Offizialverteidiger hinzugezogen. Wahrscheinlich wurden nur zehn Verhandlungen öffentlich als Schauprozesse im Waldheimer Rathaus abgehalten. Von den 32 (nach anderen Quellen auch 36) Todesurteilen für angebliche Kriegs- und Naziverbrecher wurden 24 am 4. 11. 1950 vollstreckt, sechs wurden in Freiheitsstrafen umgewandelt. Die Gefängnisstrafen lagen zwischen sechs Jahren und lebenslänglich (für 16 Angeklagte). 3308 Personen wurden verurteilt; vgl. Fricke (1979), S. 205–215; s. 1687, 31.

1687, 15–17 *Thomas Manns Familie . . . Sachverwalter im Juli* – Dieser Brief befindet sich nicht in der Briefausgabe des Fischer-Verlags.

1687, 18–34 *Zehn Verhandlungen etwa . . . Sie Ihre Macht . . .* – Der Brief Thomas Manns an den stellvertretenden Ministerpräsidenten Walter Ulbricht (s. K. 993, 8) ist undatiert und entstand Ende Juni oder Anfang Juli 1951. Er wurde vollständig erstmals in der »Neuen Rundschau« 2/1990 veröffentlicht. In einer längeren Einleitung erklärt Thomas Mann, daß er eher einen Rat geben als bitten wolle und um des Friedens in der Welt willen schreibe. Er sei kein Kommunist, aber auch kein Anti-Kommunist und überzeugt, daß der Kommunismus den Frieden wolle und deshalb dem Humanismus Vorschub leisten sollte. Da der Kommunismus mit dem Faschismus die Idee eines totalitären Staates teile, müsse er, um »jede Möglichkeit der Gleichsetzung und geflissentlichen Verwechselung auszuschließen [, . . .] formlose Grausamkeiten meiden, die ihn äußerlich, für das Auge, aber das heißt: praktisch, auf das Niveau des Faschismus herabsetzen«. Er kommt dann auf die Waldheimer Prozesse zu sprechen, auf die sich der erste Teil des Zitats bezieht. Thomas Mann bittet anschließend namentlich für sechs Verurteilte um Gnade, deren Angehörige ihn angesprochen hatten und deren Vergehen er als unwahrscheinlich, Mitläufertum oder zu hart bestraft darstellt. Er endet, an seinen Ausgangspunkt anknüpfend, mit der Mahnung, daß in einer Zeit der Angst und Spannung zwischen zwei Machtblöcken alles getan werden müsse, um »Haß und Furcht zu mindern« und so den Frieden zu erhalten. Hier folgt der zweite Teil des Zitats – ohne die an anderer Stelle mehrfach gesetzte Anrede, mit dem Schluß: »um diesen Gnadenakt herbeizuführen! Darum bittet, das rät Ihnen ein alter Mann, in dessen Denken und Dichten die Idee der Gnade längst bestimmend hineinwirkt. Das deutsche Wort ›gnadenlos‹ hat einen eigentümlich doppelten Sinn. Es bedeutet zugleich ›unbarmherzig‹ und ›unbegnadet‹. Unbegnadet ist der starre Wahn, allein die ganze Wahrheit und das Recht auf unerbittliche Grausamkeit zu besitzen. Wer aber Gnade übt, der wird Gnade finden. Ihr sehr ergebener (gez.) Thomas Mann«; vgl. Neue Rundschau 2/1990, S. 5–11. Die im Roman zitierten Ausschnitte finden sich auch bei Deuerlein (1971), S. 118 f.

1687, 35– 1688, 1	*Aber der Sachwalter . . . und der Tschechoslowakei* – Die prominentesten Opfer der Schauprozesse waren in Bulgarien Laszlo Rajk, in Ungarn Tibor Szönyi und in der Tschechoslowakei Rudolf Slánský (s. K. 1415, 11 f.); Ulbricht: s. K. 993, 8; Sachwalter: s. K. 1138, 30.
1688, 6	*Vadding* – (nd.) Koseform zu Vater.
1688, 8	*schwaazn Anzügn* – (missingsch) schwarzen Anzügen.
1688, 12	*Krakow* – s. K. 50, 17.
1688, 17	*Dœmelklaas* – (nd.) Dummkopf.
1688, 19 f.	*Woans sall de . . . kein Voss is* – (nd. Redewendung) Wie soll der Hase beweisen, daß er kein Fuchs ist?; s. 1797, 30; zur Funktion der Redewendung im Text vgl. Scheuermann (1998), S. 221, 337.
1688, 21 f.	*Interzonenpaß* – s. K. 1436, 32–34.
1689, 4	*O. d. F.* – Opfer des Faschismus: s. K. 1597, 29 f.
1689, 5	*C. D. U.* – s. K. 1162, 28 f.
1689, 14	*Sowjetnik* – s. K. 1674, 11.
1689, 21	*staatl. gepr. dipl.* – Staatlich geprüfte diplomierte; s. 1599, 27.
1689, 28–30	*Zwar sei der . . . Stütze der Hausfrau* – Hedwig Dorn: Zur Stütze der Hausfrau. Lehrbuch für angehende und Nachschlagebuch für erfahrene Hausfrauen unter Berücksichtigung ländlicher Verhältnisse, Berlin [10]1922, S. 348: »Der Krebs ist in den Monaten, die kein R haben, am schmackhaftesten.« Johnson besaß ein Exemplar; s. K. 1251, 6–12.
1689, 30–35	*auch Frieda Ihlefeld . . . in kaltem Wasser* – Vgl. Ihlefeld (1920), S. 83: »Krebse und Krabben sollen in den Monaten ohne ›r‹ am besten sein.« S. 96: »Lebendige Krebse werden in kaltem Wasser mit einem Reisbesen gereinigt und in reichlich kochendem Wasser, in das man etwas Salz, einen Stich Butter sowie ein Bund Petersilie getan hat, 12–15 Minuten stark gekocht, bis sie rot sind«; Ihlefeld: s. K. 122, 37–39.
1690, 6	*Richtenberger* – s. K. 214, 35.
1690, 8–11	*Jesu, laß mich . . . die Welt verlassen* – Siebte und letzte Strophe des Liedes »Hilf, Herr Jesu, laß gelingen, hilf, das neue Jahr geht an«; Text: Johannes Rist, 1607–67; Melodie: Unser Herrscher, unser König.
1690, 12–15	*Bliwen Se man . . . Niejår ji all* – (nd.) Bleiben Sie mal bei uns, Frau Abs. Ich schmeiß das hin. Diese Loks, diese ausgeleierten Strecken, dieser Signalsalat, da fahre der Teufel. Gutes Neujahr, Gesine! Gutes Neujahr Ihr alle. s. 513, 12.

1. 8. 1968

1690, 17   *Wer viel fragt* – s. 1693, 39.

1690, 19–21   *es ist eine . . . schicken an Familien* – Es handelte sich um Nachbildungen der Freiheitsglocke, die als Zeichen des Dankes für die amerik. Unterstützung der Westberliner Bevölkerung während der sowj. Blockade der Stadt vom 24. 6. 1948–12. 5. 1949 (s. K. 1148, 11 f.) verschickt werden sollten. Außerdem riefen die Berliner Tageszeitungen zu Geldspenden für amerik. Familien auf, die durch den Vietnamkrieg besonders betroffen waren.

1690, 22 f.   *das ist noch hinter der Türkei* – Anspielung auf die Philister-Karikatur in Goethes Faust I, V, Vers 860–867:
> Nichts Bessers weiß ich mir an Sonn- und Feiertagen
> Als ein Gespräch von Krieg und Kriegsgeschrei,
> Wenn hinten, weit, in der Türkei,
> Die Völker auf einander schlagen.
> Man steht am Fenster, trinkt sein Gläschen aus
> Und sieht den Fluß hinab die bunten Schiffe gleiten;
> Dann kehrt man abends froh nach Haus,
> Und segnet Fried' und Friedenszeiten.

s. 1693, 10; vgl. MJ, S. 124: »für mich war es ja nun überhaupt nicht Kriegslärm in der Türkei«.

1690, 24–30   *Gelb, zum Beispiel . . . wie Webster sagt* – In keinem der drei in Johnsons Besitz befindlichen Webster's (s. K. 1309, 35 f.) findet sich diese Definition. Vgl. Johnson, Ein Brief aus New York; A Letter from Abroad.

1690, 24   *Gelb ist hier anders wo* – Vermutlich auch Bezug zum Judenstern; vgl. Klemperer (1996), S. 177: »der Lappen in der gelben Farbe, die heute noch Pest und Quarantäne bedeutet und die im Mittelalter die Kennfarbe der Juden war, die Farbe des Neides und der ins Blut getretenen Galle, die Farbe des zu meidenden Bösen; der gelbe Lappen mit dem schwarzen Aufdruck ›Jude‹«; s. K. 1146, 20.

1690, 27–30   *any of the . . . as a stimulus* – (amerik. Engl.) alle Farben, die man normalerweise sieht, wenn der Anteil des physikalischen Spektrums der Wellenlängen von 571.5 bis 578.5 Millimicron, spezifisch 574.5 Millimicron, als ein Stimulus angewendet wird.
Diese Definition ist in keiner Ausgabe des Webster's in Johnsons Bibliothek enthalten.

1690, 30   *Webster* – s. K. 1309, 35 f.

1690, 35–
1691, 1   *Als ein Gelber . . . Verräter, ein Abtrünniger* – Vgl. Webster's (1971): »2 archaic: affected with envy: jaundiced, jealous. [. . .] 3 b: mean, dishonorable, cowardly [. . .] a yellow dog: a contemptible, worthless, or yellow person«.

1691, 1f. *einer wie Brutus . . . eines Ehrenwerts ermangelte* – Anspielung auf das refrainartige Zitat aus der Totenrede des Antonius aus Shakespeares (s. K. 876, 29) »Julius Cäsar«, III,2: »Denn Brutus ist ein ehrenwerter Mann.«
Decimus Junius Brutus Albinus (um 81–43 v. Chr.), römischer Offizier, der sich vom Vertrauten Cäsars zu einem der Verschwörer gegen ihn wandelte.

1691, 3 *gelb heißen die Boulevardblätter* – Yellow press bzw. journalism ist die Bezeichnung für den Journalismus, der vorwiegend über Sensationen und Trivialitäten berichtet. Sie ist abgeleitet vom Titel der ersten amerik. Comic-Serie von Richard Outcault, »The Yellow Kid« (ein Dreikäsehoch in gelbem Nachthemd), die in den New Yorker Zeitungen »The World« (ab 1894) und »New York Journal« (ab 1896) erschien.
Vgl. Webster's (1971): »3 a: gaining or holding interest by printing or handling sensational or scandalous items or ordinary news sensationally distorted«.

1691, 4 *Gelbeichen* – (engl. wörtl. übersetzt) yellow oak wird im amerik. Englisch sowohl für black oak (quercus velutina) als auch für chin'quapin oak verwendet.

1691, 4 *Gelbe Barsche* – Yellow bass (morone interrupta), nordamerik. Flußbarsch.

1691, 5–7 *Die Gelben, das . . . als einer gelben* – Vgl. Webster's (1971): »yellow dog: of or relating to opposition to trade unionism or a labor union. Yellow-dog contract: a contract of employment in which a worker disavows membership in and agrees not to join a labor union during the period of his employment«.

1691, 8 *Wenn einer hier gelbt* – to have a yellow streak: (amerik. Engl.) charakterlich feige, verräterisch und gemein sein.

1691, 10f. *manche Eingeborene im . . . gelb wie Schwefel* – Yellowbelly: 1. (engl. Slang) Feigling; 2. (amerik. Slang) besonders im Südwesten der USA abfällig für Mexikaner; vgl. Webster's (1971).

1691, 20f. *Verkehrsampeln, die des Sprechens unkundig sind* – Manche Fußgängerampeln in New York geben auch akustische Signale.

1691, 32f. *amerikanischen Militärbahnhof in Lichterfelde* – Lichterfelde ist ein Stadtteil im Südwesten Westberlins; der US-Militärbahnhof Lichterfelde befand sich auf dem Gelände der heutigen S-Bahnstation Lichterfelde West; der Militärbahnhof lag etwa 150 m südlich der heutigen Station; s. K. 998, 19–24.

1692, 15–17 *Ernst blicken die . . . das Metropolitan Museum* – Dokumente über die »Köpfe berühmter Damen« am Zentralbau des Metropolitan Museum of Art (s. K. 440, 12) lassen sich nicht finden. Weder das Archiv des Museums noch die New York Historical Society verfügen über entsprechende Unterlagen. Von dem Architekten Richard Morris Hunt (31. 10. 1827–31. 7. 1895) in Zusammenarbeit mit seinem Sohn Richard Howland Hunt stammt der Plan (1895) des Hauptgebäudes, dem später weitere Flügel nach Plänen der Architekten McKim, Mead & White angegliedert wurden. Die Köpfe könnten Bestandteil des Entwurfs gewesen sein; da Hunt an anderen Stellen des Gebäudes

(z. B. als Schlußsteine in Rundbögen) Skulpturen vorgesehen hatte, die den Kopf der Göttin Athene darstellen, vermutet man, daß auch die Skulpturen am oberen Rand der Gebäudefassade den Kopf der Athene darstellen. Ebenso ist nicht sicher, wer die Skulpturen ausführte; das Archiv des Museums nimmt an, daß es der (von Richard Morris Hunt geförderte) Bildhauer Karl (Theodore Francis) Bitter (6. 12. 1867–9. 4. 1915) war.

1692, 17 f.   *Metropolitan Museum; bei . . .ganz selten zu* – Nach Johnsons AIA-Guide, S. 177: »Free, Monday through Saturday 10 AM – 5 PM, Sundays and legal holidays 1–5 PM«; s. K. 440, 12.

1692, 20 f.   *Telegraphengesellschaft Western Union* – s. K. 146, 12.

1692, 23   *Great Society* – (engl.) Große Gesellschaft; Bezeichnung für das innenpolitische Programm Lyndon B. Johnsons, das er in seiner State-of-the-Union-Ansprache 1965 ankündigte; vgl. Sautter (1997).

1692, 24 f.   *Frau eines Staatsbesuchers von den Philippinen* – Imelda Marcos, Ehefrau des von 1965 bis 1986 mit diktatorischen Mitteln herrschenden Präsidenten Ferdinando Edralin Marcos; bekannt für ihre verschwenderische Garderobe.

1693, 5   *Briefumschläge, die Manila heißen* – Manila envelopes (engl.): Umschläge aus braunem Papier.

1693, 5   *Gelbe Seiten* – (engl. wörtl. übersetzt) Yellow Pages, übersetzt im Text.

1693, 9   *in Erwägung daß* – Anspielung auf die refrainartig variierte Zeile aus der Resolution der Kommunarden aus Bertolt Brechts (s. K. 211, 33) »Tage der Commune«: »In Erwägung, daß wir hungrig bleiben [. . .]«.

1693, 22   *ein Neffe des ersten Präsidenten* – Konnte nicht nachgewiesen werden; George Washington: s. K. 67, 6 f.

1693, 25–33   *Zwar ist es . . . Ende des Zitats* – Konnte nicht nachgewiesen werden.

2. 8. 1968

1694, 2–10   *Die Times würde . . . hat unterzeichnen mögen* – Vgl. den Wortlaut des »Soviet-Czech Communique« in der NYT vom 2. 8. 1968: »The meeting of the Political Bureau of the Soviet Communist party's Central Committee and the Presidium of the Central Committee of the Communist party of Czechoslovakia was held in an atmosphere of complete frankness, sincerity and mutual understanding [. . .].
The meeting of representatives of the Bulgarian Communist party, the Hungarian Socialist Workers party, the Socialist Unity party of Germany, the Polish United Workers party, the Communist party of the Soviet Union and the Communist party of Czechoslovakia will be held in Bratislava on Aug. 3.«; s. K. 1668, 35–1669, 9.

1694, 4   *das Brot gebrochen* – Anspielung auf das letzte Abendmahl von Jesus und seinen Jüngern, von dem Matthäus, Markus und Lukas berichten.

1694, 7   *morgen in Bratislava* – s. K. 1707, 26–36; Bratislava: s. K. 593, 19; 651, 38.

1694, 11–14   *Und wie war . . . erbärmlich gegangen sein* – Nach der Tabelle zu Temperatur und Luftfeuchtigkeit in der NYT vom 2. 8. 1968 wurden Anfang und Mitte Juli fast 100° Fahrenheit (s. K. 22, 39–23, 1) erreicht; s. 1564, 30.

1694, 14 f.   *Jenen Dienstag, wir . . . zur Hälfte entbehren* – s. 1561, 1–1564, 27.

1694, 15   *Don't wish your life away* – Engl. Redewendung: »Verschwende deine Zeit nicht mit Träumen«. Hier eher im Sinne von »Bekenne dich zu deinem Leben« zu verstehen.

1694, 17 f.   *Schach! Schach* – »Schach von Wuthenow«, Erzählung Theodor Fontanes, erschienen 1882. Dem Stoff liegt eine wahre Begebenheit aus dem Jahr 1815 zugrunde: Otto Friedrich Ludwig von Schack, Major beim Regiment Gensdarmes, knüpfte mit Victoire von Crayen, die einer begüterten Hugenottenfamilie entstammte, ein Verhältnis an. Von Schuldnern bedrängt, schien er sie heiraten zu wollen. Den Spott seiner Kameraden über die Mesalliance mit der durch Krankheit entstellten über Dreißigjährigen fürchtend, erschoß er sich noch vor der Bekanntgabe der Verlobung.
Fontanes Erzählung spielt 1805/06 in Berlin. Der Rittmeister Schach von Wuthenow verkehrt bei der schönen Frau Josephine von Carayon und deren Tochter Victoire, sein Interesse scheint vor allem der Mutter zu gelten und von ihr erwidert zu werden. Ein zufälliges Zusammensein bringt Schach und Victoire näher, sein Widerwille gegen Victoires von Blatternarben entstelltes Gesicht scheint überwunden. Die Mutter dringt auf eine Heirat, wozu sich Schach bereiterklärt, obwohl er, der sehr vom Urteil anderer Menschen abhängt, den Spott seiner Kameraden fürchtet. Als anonyme Karikaturen über den Wechsel der Hinwendung von Mutter zu Tochter erscheinen, flieht Schach am Verlobungstag ohne Abschied auf sein Gut. Frau von Carayon muß sich an den König wenden, der die Heirat befiehlt. Am Tag nach der Hochzeit erschießt sich der Rittmeister, Victoire reist nach Italien, wo sie einem Kind das Leben schenkt.

1694, 20   *Arbeitsgemeinschaft Cresspahl/Pagenkopf* – s. K. 1577, 11 f.

1694, 38   *vom 5. Mai 1789 an* – Eröffnungsversammlung der Generalstände in Versailles, in der auch der Dritte Stand, entgegen der Konvention, sich den Kopf bedeckte und so den Auftakt zur Französischen Revolution gab.

1694, 38 f.   *Theodor Fontanes* – Henri Theodor Fontane (30. 12. 1819–20. 9. 1898), dt. Erzähler, Lyriker, Journalist und Kritiker. Mit seinen im Alter entstandenen Romanen hat er die Entwicklung des realistisch-kritischen Gesellschaftsromans in Deutschland beeinflußt. Johnsons Erzählen steht den formbewußt angelegten und historisch detaillierten Romanen Fontanes nahe. In den JT wird aus folgenden Werken Fontanes zitiert oder auf sie angespielt: »Frau Jenny

Treibel« (s. K. 112, 9–24; 1706, 20; 1706, 34); »Von der schönen Rosamunde«
(s. K. 839, 25 f.); »Arthur Schopenhauer« (s. K. 839, 28–35); »Archibald
Douglas« (s. K. 840, 5–8; 985, 26); »John Maynard« (s. K. 1451, 28). Weiterhin
wird aus Fontanes Briefen zitiert: s. K. 1695, 4; 1696, 34–1697, 3; 1700, 10 f.;
1705, 19–21; 1751, 29–31; 1853, 7. Erwähnt werden außerdem »Schach«
(s. K. 1694, 17 f.); »Effi Briest« (s. K. 1695, 14; 1751, 29–31); »Unterm Birnbaum« (s. K. 1698, 18); »Graf Petöfy« (s. K. 1698, 19). Zur Kritik von Lukács
an Fontane: s. K. 1706, 5–7.

1694, 39 *Mirabeau* – Honoré Gabriel de Riqueti, Graf von Mirabeau (9. 3. 1749–2. 4.
1791), frz. Publizist und Politiker; von 1785–87 verschiedene Aufenthalte in
Berlin, schrieb ein kritisches Werk über den preußischen Staat »De la monarchie prussienne sous Frédéric le Grand«, 1788; 1789 vom Dritten Stand in
die Generalstände gewählt. Er trat für eine konstitutionelle Monarchie ein,
bemühte sich, da ihm beide Seiten mißtrauten, vergeblich um Versöhnung
zwischen König und Volksvertretung. 1790 Präsident des Jakobinerklubs,
starb kurz nach Ernennung zum Präsidenten der Nationalversammlung. Sein
Tod begünstigte die radikale Entwicklung der Französischen Revolution. Mirabeau war wie die fiktive Victoire von Blatternarben entstellt; s. 1699, 38;
1706, 28.

1695, 4 *car tel est notre plaisir* – (frz.) denn so gefällt es uns/denn dies ist unser Wille;
Schlußformel in den Erlassen frz. Könige. »Mein Vater sprach: ›Car tel est notre
plaisir‹; zudem war er selbst Apotheker«, Brief Fontanes vom 18. 4. 1850 an
Gustav Schwab, in: Fontane (1968), Bd. 1, S. 42.

1695, 13 *des Kulturbunds* – s. K. 1251, 34.

1695, 14 *»Effie Briest«* – Richtig: Effi Briest, Roman Theodor Fontanes, 1895/96 erschienen. Effi, die eine Konventionsehe mit einem wesentlich älteren Mann
geschlossen hat, verfällt aus Langeweile und Unerfülltheit einem leichtsinni-
gen Liebhaber. Ihr Mann entdeckt den Fehltritt erst nach Jahren. Nicht aus
Leidenschaft, sondern weil er meint, daß es von ihm erwartet werde, fordert
er den Liebhaber zum Duell und tötet ihn. Effi stirbt frühzeitig an Gram und
Einsamkeit. Ähnlich wie im »Schach« geht es um einen rein äußerlich ver-
standenen Ehrbegriff; auch hier liegt dem Roman eine wahre Begebenheit
zugrunde; s. K. 1751, 29–31.

1695, 23 f. *Du sollst dem . . . der da drischt . . .* – . . . nicht das Maul verbinden; Redewendung nach 5. Mose 25, 4.

1695, 31 *ne olle Kamelle* – (ugs.) eine alte Geschichte. Vermutlich abgeleitet von Ka-
mille, die nach langer Lagerung Duft und Heilkraft verliert; s. 1704, 38.

1695, 31 f. *Wer schwängert, der soll auch schwören* – s. 164, 37 f.

1695, 35 *Ackerbürgerei* – s. K. 31, 20.

1696, 4 *vleich heirådn* – (nd.) vielleicht heiraten.

1696,7	*Der König* – Friedrich Wilhelm III. (3. 8. 1770–7. 6. 1840), seit 1797 König von Preußen.
1696,24–26	*»In dem Salon . . . einige Freunde versammelt . . . «* – Anfang des »Schach von Wuthenow«; s. 1834, 12 f.
1696,30	*Dreikaiserschlacht* – Napoleons Sieg über die österr. und russ. Truppen unter Kaiser Franz II. und Zar Alexander I. am 2. 12. 1805 bei Austerlitz.
1696,34– **1697,3**	*daß die Behrenstraße . . . verbrieften Berliner wohlvertraut* – Neben der sozialen Einordnung des Schauplatzes auch eine Anspielung auf eine Briefstelle Fontanes (vom 12. 8. 1882 an seine Frau), in der er seine Verärgerung über eine Bekannte mitteilt, die die »Schach«-Lektüre deshalb so spannend fand, weil sie alle Straßennamen wiedererkannt hatte; vgl. Fontane (1968), Bd. 2, S. 72; Bond (1993a), S. 225; Behrenstraße: s. 1834, 13.
1696,36	*Charlottenstraße* – Kreuzt als östliche Parallelstraße der Friedrichstraße in nordsüdlicher Richtung Unter den Linden und Behrenstraße; s. 1698, 34.
1697,1	*Johann Heinrich Beer* – Johann Heinrich Behr [sic] (1647–1717), Mathematiker, Ingenieur und Baumeister; nahm in kurbrandenburgischen Diensten an mehreren Kriegen teil, seit 1685 Mathematiklehrer für das Berliner Cadettencorps. Er wurde 1691 zum Entwurf der östlich des Brandenburger Tors gelegenen Friedrichsstadt herangezogen, deren Bau er später leitete. Unter ihm wurden 1696 die Französische, Leipziger, Jerusalemer und die Behrenstraße gebaut. Er war Mitglied der Königlichen Societät der Wissenschaften und gab ein Buch über Kriegskunst heraus. Die Behrenstraße war eine bevorzugte Wohngegend der höheren Stände.
1697,2	*Französische Straße* – Berliner Straße parallel zu Unter den Linden, südlich der Behrenstraße.
1697,2	*Jerusalemer* – Berliner Straße in nordsüdlicher Richtung, südöstlich des Deutschen Doms.
1697,3	*Leipziger* – Berliner Straße, verläuft vom Potsdamer Tor nach Osten, kreuzt die Jerusalemer Straße.
1697,13	*Regiments Gensdarmes* – Das Regiment Gensdarmes war ein traditionsreiches, preußisches Reiterregiment, das 1691 nach frz. Vorbild geschaffen und 1807 nach dem Frieden von Tilsit aufgelöst wurde; s. K. 1697, 18 f.; s. 1701, 8, 33; 1703, 14; 1704, 35.
1697,17	*Karls IV. von Frankreich* – Karl IV., der Schöne (1294–31. 1. 1328), Sohn Philipps IV.; letzter König der Kapetinger.
1697,18 f.	*Gens d'armes, au . . . cavaliers du roi* – (frz.) Bewaffnete, im Mittelalter, Soldaten, Reiter des Königs? Zunächst adlige Leibgardisten am Königshof, dann die im Heer dienenden Ritter, seit Ludwig XIV. königliche Haustruppe, schließlich Korps der schweren Reiterei.

1697, 19   *Mayon Âge* — Druckfehler, richtig: Moyen Âge; in der zweibändigen Taschenbuchausgabe korrigiert.

1697, 30 f.   *Herrn Bülow, Adam Heinrich Dietrich v. B.* — Dietrich Adam Heinrich Freiherr von Bülow (1757–1807, nach anderen Quellen 1808), preußischer Offizier, Schauspieldirektor, Militärschriftsteller; absolvierte die Berliner École militaire, nahm 1790 seinen Abschied von der Kavallerie, besuchte 1792 und 1795 Nordamerika, wo er als Unternehmer sein Vermögen verlor, kam in London ins Schuldgefängnis, wurde 1804 aus Paris ausgewiesen. Eine wichtige Quelle Fontanes war v. Bülows mit beißender Satire geschriebenes Werk »Der Feldzug von 1805, militärisch-politisch betrachtet«, 2 Bde., Leipzig 1806, für das er auf Forderung des russ. Gesandten in Berlin und Kolberg gefangengesetzt und 1807 nach Riga gebracht wurde, wo er im Elend gestorben sein soll. Seine mathematisch orientierten militärischen Schriften, vor allem sein Hauptwerk »Der Geist des neuen Kriegssystems«, 1799, beeinflußten die Kriegswissenschaft.

1697, 38   *hic haeret* — (lat.) hier stockt es, hier bin ich in Verlegenheit. Cicero, De officiis, III, 33, 117: »sed aqua haeret, ut aiunt«. Zitiert im VI. Kapitel des »Schach von Wuthenow«; vgl. Fontane (1962), Bd. 1, S. 598.

1698, 4   *Schulreform* — s. K. 1429, 19 f.

1698, 9 f.   *Embonpoint* — (frz.) Wohlbeleibtheit, Leibesfülle.

1698, 10   *Nonchalance* — (frz.) Spielerisch elegante Leichtigkeit; Ungezwungenheit.

1698, 10   *Gourmand* — (frz.) Vielfraß.

1698, 11   *Gourmet* — (frz.) Feinschmecker.

1698, 12   *Sinumbralampe* — (lat.) sine umbra: ohne Schatten.

1698, 18   *»Unterm Birnbaum«* — Erzählung von Theodor Fontane, 1885 erschienen. Ein Reisender wird in einem Gasthaus ermordet, aber dem Wirt ist nichts nachzuweisen. Als er später die Leiche fortbringen will, ereilt ihn ein Herzschlag. Die Furcht der Gastwirtsfrau vor drohender Armut liefert ein Motiv für das Verbrechen des Mannes, dessen Mitwisserin sie wird. Ihre Gewissensqualen führen zu ihrem frühzeitigen Tod.

1698, 19   *»Graf Petöfy«* — Roman Theodor Fontanes, 1884 erschienen, über eine auf Illusionen gegr. und deshalb scheiternde Ehe zwischen einem 70jährigen kath. ung. Aristokraten und einer 32jährigen Schauspielerin aus dem protestantischen Norddeutschland.

1698, 24   *Sala Tarone* — »Bei Sala Tarone«, Überschrift des III. Kapitels, ital. Wein- und Delikatessenhandlung, Unter den Linden 32; vgl. Fontane (1962), Bd. 1, S. 567; s. 1698, 33 f.

1698, 24   *Tempelhof* — »In Tempelhof«, Überschrift des IV. Kapitels; ehemals ein Dorf südlich von Potsdam, ursprünglich im Besitz des Templerordens, für dessen

	Lebensweise Schach Sympathie bekundet; vgl. Fontane (1962), Bd. 1, S. 574; s. K. 988, 7 f.; s. 1700, 14, 17, 20; 1701, 9.
1698, 24	*Wuthenow* – »In Wuthenow am See«, Überschrift des XIV. Kapitels; Schloß Wuthenow ist eine Erfindung Fontanes, vermutlich dem Herrenhaus Wustrau am Ruppiner See nachgebildet. Der Ort Wuthenow an der Ostseite des Sees besitzt weder Schloß noch Rittergut; vgl. Fontane (1962), Bd. 1, S. 640.
1698, 27 f.	*Wanderer, nach neunzehn . . . du nach Jerichow* – s. K. 517, 24.
1698, 29	*»Gneez i. M.«* – Gneez in Mecklenburg; s. K. 9, 17.
1698, 36 f.	*Is hier allens . . . Pinnen und Nägel* – (nd.) Hier ist alles voller Stifte und Nägel. (Eine Pinne war ursprünglich ein kleiner Holznagel, später auch eine Reißzwecke.) Zitat aus dem III. Kapitel des »Schach von Wuthenow«; vgl. Fontane (1962), Bd. 1, S. 567; s. 1699, 3 f.; 1781, 2.
1699, 5	*Flensburg* – s. K. 631, 8.
1699, 8 f.	*Geschichte von Klein . . . Pietät und Takt* – »Klein Erna ihr Opa ischa nun tot geblieben. Und wie Mamma ihn aufbahrt, will sie ihm auch das klein Käppi aufsetzen, damit er auch aussieht wie in Leben. Und sie fummelt und fummelt, aber das klein Käppi rutscht immer wieder runter von die Glatze . . . Da kommt denn endlich der Herr von ›Pietät und Takt‹! Und da sagt Mamma denn zu ihm: ›Ach Herr Pietät und Takt, ich fummel und fummel, aber das klein Käppi will immer nich sitzen, und Opa soll doch aussehen wie in Leben!‹ Herr Pietät und Takt: ›Das wolln wir gleich haben, lassen Sie mir mal'n Augenblick mit die Leiche allein!‹ Und schon nach zwei Minuten holt er Mamma wieder rein und sagt: ›Sieh' so, werte Frau!‹ Und richtig, Opa hat klein Käppi auf, akkerat wie in Leben! Mamma ischa ganz platt und sagt: ›Ach, Herr Pietät und Takt, wie haben Sie das bloß gemacht???‹ Herr Pietät und Takt: ›Das will ich Sie gern verraten . . . Klein Tapeziernagel!!!«, Möller (1950), Bd. 2, S. 28 ff.
1699, 9	*verkasematuckelt* – (ugs.) erklärt.
1699, 12 f.	*de oll Zick . . . ihre Wehdage hat* – (nd.) die alte Ziege immer Mutter Kreepsch dahin stößt, wo sie ihre Schmerzen hat. »Se jloben joar nich, junge Herr, wie schabernacksch so'n oll Zick is. De weet, as ob se ne Uhr in'n Kopp hätt, ob et feif is o'r söss'. Und wenn't söss is, denn wohrd se falsch. Un kumm ick denn un will ehr melken, joa, wat jloben se woll, wat se dann deiht? Denn stött se mi. Un ümmer hier in't Krüz, dicht bi de Hüft. Un worümm? Wiel se weet, dat ick doa miene Wehdage hebben deih«; Zitat aus dem XIV. Kapitel des »Schach von Wuthenow«; vgl. Fontane (1962), Bd. 1, S. 647 f.
1699, 16	*Tante Marguerite* – Figur aus »Schach von Wuthenow«, Schwägerin der Frau von Carayon; s. 1700, 12 f.; 1703, 5.
1699, 17 f.	*»die das damalige . . . geprüntem Munde sprach«* – Prünen (nd.): mit gespitztem Munde (sprechen); Zitat aus dem IV. Kapitel des »Schach von Wuthenow«; vgl. Fontane (1962), Bd. 1, S. 577; s. 1699, 23; 1753, 26, 27.

1699, 25 f.   *We curtseyed* – (engl.) Wir knicksten; übersetzt im Text 1699, 24.

1699, 27 f.   *Kapitel 14* – »In Wuthenow am See«; vgl. Fontane (1962), Bd. 1, S. 640–651.

1699, 29 f.   *die Bootsfahrt auf dem See verdarb* – Schach, von Unentschiedenheit getrieben, findet keinen Schlaf und rudert auf den See beim Schloß hinaus, wo er schließlich im Boot einschläft.

1699, 34 f.   *die letzte Zeile . . . vorkommt, auch namenlos* – »Von den Offizieren des Regiments Gensdarmes, die selten an einem dieser Abende fehlten, war nur einer erschienen, ein Herr von Alvensleben, und hatte neben der schönen Frau vom Hause Platz genommen unter gleichzeitigem scherzhaftem Bedauern darüber, daß gerade *der* fehle, dem dieser Platz in Wahrheit gebühre«; Zitat aus dem I. Kapitel des »Schach von Wuthenow«; vgl. Fontane (1962), Bd. 1, S. 555.

1699, 36   *Sander* – Figur aus »Schach von Wuthenow«; nach dem historischen Johann Daniel Sander (1759–25. 1. 1825), Buchhändler, Schriftsteller, Übersetzer von Perraults Märchen. Sander war mit dem jüngeren Voß befreundet und übernahm nach dessen Tod die Vossische Buchhandlung. Er korrigierte die erste Druckfassung von Goethes »Hermann und Dorothea« und verlegte Kotzebue, wofür er von Goethe verspottet wurde. Die Schriften Bülows aber hat er nicht verlegt.

1699, 36   *von Alvensleben* – Alte adlige Familie, aus der im 19. Jh. eine Reihe preußischer Generäle und Diplomaten hervorging.

1699, 37–   *zitiert seinen Mirabeau . . . noch reif geworden* – »und Mirabeau hatte recht, den
1700, 1   gepriesenen Staat Friedrichs des Großen mit einer Frucht zu vergleichen, die schon faul sei, bevor sie noch reif geworden«. Zitat aus dem I. Kapitel des »Schach von Wuthenow«; vgl. Fontane (1962), Bd. 1, S. 557. Der Satz stammt aus der »Histoire secrète de la cour de Berlin« (Geheime Geschichte des Berliner Hofes, 3 Bde., 1789) und lautet wörtlich: »Pourriture avant maturité, j'ai grand peur que telle ne soit la devise de la monarchie prussienne.« – (frz.) Fäulnis vor der Reife, ich fürchte sehr, daß dies die Devise der preußischen Monarchie ist; Bd. 2, S. 87; vgl. Wagner (1988).

1699, 38 f.   *Friedrichs des Großen* – s. K. 667, 3.

1700, 2   *nomen et omen* – (lat.) Name und Vorbedeutung; aus dem Persa IV, 4, 73 des römischen Komödiendichters Plautus (um 254–184 v. Chr.). Hier Zitat aus dem I. Kapitel des »Schach von Wuthenow«. Bülow bezieht es auf das Königshaus der Hannoveraner und führt die Lüneburger Heide an als einen »Sitz der Stagnation, eine Brutstätte der Vorurteile«. Die in Hannover und England regierende Dynastie stammte aus dem welfischen Haus Neu-Lüneburg; vgl. Fontane (1962), Bd. 1, S. 557.

1700, 5–7   *»Europa hätt' ein . . . großen Schaden ertragen . . . «* – Zitat aus dem I. Kapitel des »Schach von Wuthenow«. Bülow spielt auf die Befreiung des von den Türken

belagerten Wien durch Herzog Karl V. von Lothringen und Johann III. von
Polen in der Schlacht am Kahlenberg am 12. 9. 1683 an; vgl. Fontane (1962),
Bd. 1, S. 558.

1700, 8   *Schah* − (persisch) König, Titel der persischen Herrscher seit dem 3. Jh. Von
diesem persischen Wort wurde das dt. »Schach« abgeleitet.

1700, 10 f. *Fontane und die ... Kunst, jemanden einzuführen* − Fontane schrieb am 18. 3.
1890 an Hauptmann Lehnert: »weshalb ich, wie gewöhnlich beim Beginn ei-
nes Romans, auf die Namenssuche ging. Den richtigen, brauchbaren zu finden, ist oft recht schwer und dauert wochenlang, weil man die schon akzep-
tierten immer wieder verwirft. So bin ich schließlich bei Lehnert angelangt
[...]. Sein guter Klang war für mich entscheidend«; vgl. Fontane (1968), Bd. 2,
S. 266 f.

1700, 13   *seine vielbeseufzte Luise* − Luise von Mecklenburg-Strelitz, Königin von
Preußen (10. 3. 1776−19. 7. 1810), Mutter von Friedrich Wilhelm IV. und
Wilhelm I.; »vielbeseufzt« bezieht sich auf die Zeit nach der Romanhand-
lung: Nach der preußischen Niederlage von Jena und Auerstedt mußte sie mit
ihren Kindern nach Memel flüchten und versuchte vergeblich, 1807 von
Napoleon bessere Friedensbedingungen zu erreichen. Wegen ihrer Schlicht-
heit und der Unterstützung der preußischen Reformer war sie sehr beliebt
und wurde nach ihrem Tode idealisiert (Mausoleum im Charlottenburger
Park mit einem Marmorsarkophag Christian Daniel Rauchs).

1700, 13   *Prinz Louis* − Louis Ferdinand, Prinz von Preußen (18. 11. 1772−10. 10.
1806), Neffe Friedrichs des Großen, preußischer General, bekannt für seine
musischen Neigungen; fiel 1806 bei Saalfeld als Kommandeur der preußischen Vorhut. Fontane hat ihm die Ballade »Prinz Louis Ferdinand«, 1857, gewidmet; s. 1700, 31.

1700, 13 f. *General Köckritz* − Karl Leopold von Köckritz (1744−1821), bis 1810
Generaladjutant Friedrich Wilhelms III. Frau von Carayon nutzt ihre Bekanntschaft mit Köckritz für eine Audienz beim König.

1700, 14   *der Wirt in Tempelhof* − Nebenfigur aus »Schach von Wuthenow«.

1700, 16 f. *die (erfundene) Kirche in Tempelhof* − Die Dorfkirche von Tempelhof war ursprünglich die Templerkirche St. Katharina, eine der ältesten Kirchen Berlins. Erfunden ist das Grabmal des Templers in der Kirche; IV. Kapitel des
»Schach von Wuthenow«; vgl. Fontane (1962), Bd. 1, S. 586; s. 1701, 9.

1700, 17 f. *die Villa an ... Westlisière des Tiergartens* − Schauplatz des VI. und VII. Kapitels
in »Schach von Wuthenow«. Die prinzliche Villa lag etwa in der Mitte zwi-
schen dem Charlottenburger Schloß und dem Stadtzentrum. Moabit war zur
Zeit der Handlung eine frz. Kolonie, nordwestlich Berlins, am rechten Ufer
der Spree gelegen. Westlisière: Westgrenze; Lisière: (frz. veraltet) Waldsaum,
Rand, Kante.

1700, 21   *Schloß und Park Paretz* – Dorf und königliches Schatullgut bei Potsdam, Lieblingsaufenthalt der Königin Luise; Schauplatz des XVI. Kapitels in »Schach von Wuthenow«.

1700, 21 f.   *Tod in der Wilhelmstraße* – Die Wilhelmstraße, benannt nach Friedrich Wilhelm I., verläuft von Unter den Linden zum Halleschen Tor. Hier befindet sich Schachs Wohnung. Schach erschießt sich direkt nach der Hochzeit, als seine Kutsche in die Wilhelmstraße einbiegt; XIX. Kapitel des »Schach von Wuthenow«.

1700, 24   *Njemen* – s. K. 1183, 18.

1700, 26–28   *das liebste Bild . . . her angeschwommen kamen* – Die Abendgesellschaft beim Prinzen (VI. und VII. Kapitel des »Schach von Wuthenow«) endet mit einem Ausblick auf eine Gruppe Schwäne, deren Defilee als Gegendarstellung zur – letzten – Truppenparade der friderizianischen Armee gesehen wird.

1700, 27 f.   *Charlottenburger Park* – Schauplatz des XVII. Kapitels. Charlottenburger Schloß: 1696–99 von Andreas Schlüter erbaut, die Kuppel von 1705 stammt von Eosander von Göthe. Der nördlich anschließende Park wurde 1701 von Eosander von Göthe und Siméon Godeau als barocke Anlage gestaltet, dahinter liegt ein später von Peter Josef Lenné angelegter engl. Landschaftsgarten; Charlottenburg: s. K. 595, 7.

1700, 30 f.   *de tout mon cœur* – (frz.) von ganzem Herzen; Zitat aus dem I. und VIII. Kapitel des »Schach von Wuthenow«; vgl. Fontane (1962), Bd. 1, S. 557, 615.

1700, 32 f.   *»Licht, das mit einem Räuber brennt«* – Zitat aus dem VII. Kapitel des »Schach von Wuthenow«; vgl. Fontane (1962), Bd. 1, S. 615.

1701, 9 f.   *Hagenbuttensträucher* – Druckfehler in allen Ausgaben, richtig: Hagebuttensträucher.

1701, 12   *»Le choix du Schach«* – (frz.) Die Wahl Schachs; Überschrift des XIII. Kapitels des »Schach von Wuthenow«; vgl. Fontane (1962), Bd. 1, S. 633.

1701, 12–14   *nach Festsetzungen wie . . . der Grammatik vorgefallen* – Es scheint ein Grammatikfehler zu sein, aber das zu entscheiden, überlassen wir der Fontaneforschung.

1701, 15   *aigrierte* – Von frz. aigrir: verbittern, sich ärgern; s. 1706, 13.

1702, 8   *und treibet mit Entsetzen Scherz* – Anspielung auf Schiller (s. K. 1252, 26), »Die Glocke«, Vers 365:
> Da werden Weiber zu Hyänen
> und treiben mit Entsetzen Scherz.

1702, 18 f.   *zweimalige Verwendung des . . . der zweiten Person* – Schachs Anrede an Victoire im VIII. Kapitel des »Schach von Wuthenow«; vgl. Fontane (1962), Bd. 1, S. 617.

1702, 21 f.   *der auktoriale Erzähler* – Ein »allwissender« Erzähler; von F. K. Stanzel erst 1955 geprägter Begriff; Weserich hat ihn 1951 noch nicht kennen können; vgl. Fries (1990a), S. 51; s. 1705, 10.

1702, 26 f.   *»Aufpasser und Kellner die Kehle zuschnürten«* – Zitat aus dem III. Kapitel des »Schach von Wuthenow«; vgl. Fontane (1962), Bd. 1, S. 567.

1702, 31 f.   *der unausweichlichen Ehe . . . und der Kirche* – »Die Zusammenhänge zwischen Staat und Kirche werden nicht genugsam gewürdigt; jeder Staat ist in gewissem Sinne zugleich auch ein *Kirchenstaat*; er schließt eine Ehe mit der Kirche, und soll diese Ehe glücklich sein, so müssen beide zueinander passen. In Preußen passen sie zueinander. Und warum? Weil beide gleich dürftig angelegt, gleich eng geraten sind«; Zitat aus dem II. Kapitel des »Schach von Wuthenow«; vgl. Fontane (1962), Bd. 1, S. 564.

1702, 34   *Lisette* – Figur aus »Schach von Wuthenow«, Freundin von Victoire; s. K. 1718, 18 f.

1702, 34 f.   *»Deine neue masurische Heimat«* – Zitat aus dem V. Kapitel des »Schach von Wuthenow«; Masuren ist eine Landschaft der ostpreußischen Seenplatte, seit 1945 Polen zugehörig; vgl. Fontane (1962), Bd. 1, S. 590.

1702, 39   *»auf ein bloßes . . . des Glücks gesetzte«* – Zitat aus dem V. Kapitel des »Schach von Wuthenow«, Schluß von Victoires Brief an Lisette, sie spielt hier auf ihre Verunstaltung durch die Blattern an; vgl. Fontane (1962), Bd. 1, S. 593.

1703, 2   *»Möllendorf«* – Traditionsreiches preußisches Regiment, benannt nach Richard Joachim Heinrich Graf von Möllendorf (7. 1. 1724–28. 1. 1816), preußischer Feldmarschall; s. 1678, 4–13.

1703, 3–6   *Wenn wir als . . . Mittelpunkt gesetzt haben* – Vgl. Johnson, Wenn Sie mich fragen, S. 57: »Zu zählen wären die Beziehungen zwischen den Personen, Vorfällen, Schauplätzen, Zeiteinheiten, Motiven, Techniken der Substruktur und, abermals, den Personen.«

1703, 7   *Neuen Schule* – s. K. 778.29 f.

1703, 14 f.   *Erzählung Salz geliefert . . . den Linden veranstaltet* – Bezug auf das XI. Kapitel des »Schach von Wuthenow«: Als Jux organisieren Angehörige des Regiments im Juli auf einer Lage Salz eine Fahrt von mehreren Schlitten, auf denen sie ein Theaterstück über Luthers Beziehung zu Katharina von Bora als unzüchtig parodieren. Abgestoßen durch die Darstellung und persönlich betroffen, gesteht Victoire ihrer Mutter, daß sie ein Kind erwartet.

1703, 19   *pour les domestiques* – (frz.) für die Dienstboten. Zitat aus dem X. Kapitel des »Schach von Wuthenow«; vgl. Fontane (1962), Bd. 1, S. 626.

1703, 20   *Et pour la canaille* – (frz.) übersetzt im Text. Zitat aus dem X. Kapitel des »Schach von Wuthenow«; vgl. Fontane (1962), Bd. 1, S. 626.

1703, 21   *Kornett* – Fähnrich bei der Kavallerie.

1703, 23   *Inzwischen gingen die Israeliten ins Land* – England, die vomVölkerbund einge-
setzte Mandatsmacht in Palästina, hatte 1939 angesichts der immer stärker
werdenden jüd. Einwanderung eine Immigrationssperre verhängt. Seit 1945
versuchten die dem Holocaust entkommenen Juden gewaltsam die Einreise
nach Palästina zu erzwingen, wobei sie von zionistischen Organisationen unterstützt wurden. Nach der Mandatsniederlegung der Engländer 1948 und
der Gründung des Staates Israel brach der jüd.-arabische Krieg aus; nach dem
Waffenstillstand 1949 konnten Juden ungehindert einwandern.

1703, 24   *»Tiny Tim«* – (engl.) Winziger Tim.

1703, 27 f.   *Axel Ohr wurde . . . fünf Jahren Zet* – Zet: Zuchthaus; s. 1678, 14–28.

1703, 28 f.   *Jakob hatte in . . . paar Lokomotiven bewegt* – s. 1660, 5–7.

1703, 30   *Ludwigslust* – s. K. 544, 23.

1703, 31   *Dresden, an der Verkehrstechnischen Hochschule* – Hochschule für Verkehrswesen
»Friedrich List«, Dresden, 1952 gegr., mit Sektionen für Verkehrs- und Betriebswirtschaft und Technische Verkehrskybernetik.

1703, 32 f.   *Jakobs Mutter bekam . . . westdeutsche Reise verweigert* – s. 1688, 21 f.

1703, 36   *sideboards* – (engl.) Anrichten, Kommoden.

1703, 38   *»Petticoat«* – s. K. 1676, 33.

1703, 39   *Paddington* – s. K. 95, 14.

1704, 1 f.   *im Rathaus Richmond . . . in zweiter Fassung* – Es handelt sich hier sehr wahrscheinlich um einen Aushang für den »Second World Congress of the De-
fenders of Peace« im November 1950 in Sheffield, für dessen Plakat die Lithographie Picassos »La colombe en vol, IV« vom 9. 7. 1950 benutzt wurde;
s. K. 1628, 31 f.

1704, 3 f.   *die Amerikaner wurden . . . die Nase geschlagen* – s. K. 1244, 21.

1704, 11   *»konsistorialrätlich Feierliches«* – Zitat aus dem V. Kapitel des »Schach von Wuthenow«, in einem Brief Victoires an ihre Freundin; vgl. Fontane (1962),
Bd. 1, S. 591.

1704, 17   *Obotritenadel* – s. K. 925, 18.

1704, 39–   *beauté diable, coquette . . . du vrai sentiment* – (frz.) die teuflische, kokette, alltäg-
1705, 2   liche, himmlische Schönheit . . . Schönheit, die allein wahres Gefühl erregt.
Leicht verändertes Zitat aus dem VI. Kapitel des »Schach von Wuthenow«, als
Bülow den russ. Zar Alexander I. zitiert, der die Schönen des Berliner Hofes
in diese Kategorien eingeteilt hatte. Bülow möchte dieVerehrung für den Zar
relativieren, der statt des politischen Bündnisses anderes im Kopf gehabt habe; vgl. Fontane (1962), Bd. 1, S. 601.

1705, 3   *Alexanderplatz* – s. K. 976, 11.

1705, 7   *Und spricht jener . . . Urteil des Autors* – Bülow in einem Brief an Sander im XX. Kapitel des »Schach von Wuthenow«: »daß mich dieser Schach-Fall, der nur ein Symptom ist, um eben seiner symptomatischen Bedeutung willen aufs ernsteste beschäftigt. Er ist durchaus Zeiterscheinung, aber, wohlverstanden, mit lokaler Begrenzung, ein in seinen Ursachen ganz abnormer Fall, der sich in dieser Art und Weise nur in Seiner Königlichen Majestät von Preußen Haupt- und Residenzstadt, oder, wenn über diese hinaus, immer nur in den Reihen unserer nachgeborenen fridericianischen Armee zutragen konnte, einer Armee, die statt der Ehre nur noch den Dünkel, und statt der Seele nur noch ein Uhrwerk hat – ein Uhrwerk, das bald genug abgelaufen sein wird«; vgl. Fontane (1962), Bd. 1, S. 678.

1705, 12 f.   *feinsten weißen Wäsche . . . Bülow keineswegs exzellierte* – Zitat aus dem I. Kapitel des »Schach von Wuthenow«, aus der Beschreibung Sanders; vgl. Fontane (1962), Bd. 1, S. 556.

1705, 19–21   *»1806; Vor Jena . . . Niedergang (Fall, Sturz).«* – Aus einem Brief Fontanes an seinen Verleger Wilhelm Friedrich vom 5. 11. 1882: »die jetzt vorherrschende Mode, statt Namen oder Ort eine Sachbezeichnung eintreten und dadurch den Inhalt erraten zu lassen, find ich nicht glücklich. Aber ich unterwerfe mich und stelle folgende zur Auswahl: 1806; Vor Jena; Et dissipati sunt, Gezählt, gewogen und hinweggetan; Vor dem Niedergang (Fall, Sturz). Als zweiter Titel würde immer folgen: Erzählung aus den Tagen des Regiments Gensdarmes«; vgl. Fontane (1968), Bd. 2, S. 87 f.

1705, 20   *Et dissipati sunt* – (lat.) Und sie sind zerstreut worden. Aus der Aufschrift einer engl. Münze, nachdem die span. Armada vom Sturm zerstört worden war: Afflavit deus et dissipati sunt: Gott blies, und sie wurden (in alle Winde) zerstreut.

1705, 24   *Weil ein Personenname . . . ehrlichste Ankündigung ist* – Vermutlich Anspielung auf Thomas Manns Essay »Bilse und ich«, in dem dieser in einem »Gespräch über Büchertitel« mit einem »jungen deutschen Schriftsteller von Ruf« sagt: »Wissen Sie – eigentlich sind doch alle Titel, außer den Eigennamen, kolportagehaft«; vgl. Mann (1974), Bd. X, S. 14.

1705, 25   *Th. Mann* – s. K. 1683, 14–18.

1705, 37 f.   *den Schluckauf, den . . . Partizip des Präsens* – »In dem Salon der in der Behrenstraße wohnenden Frau von Carayon«, Anfang des I. Kapitels des »Schach von Wuthenow«; vgl. Fontane (1962), Bd. 1, S. 555.

1706, 1 f.   *Zeitschrift aus der . . . sie, oder Sinn* – »Sinn und Form«, Beiträge zur Literatur, begründet von Johannes R. Becher und Paul Wiegler, hg. von der Deutschen Akademie der Künste, erscheint zweimonatlich seit 1949. Diese bedeutendste Literaturzeitschrift der DDR war für ihr weltoffenes Programm bekannt und aufgrund der begrenzten Auflage oft »Mangelware«. Die Hefte trugen in der Mitte einen farbigen Papierstreifen mit der Inhaltsangabe. Der erste Chefredakteur war Peter Huchel.

1706, 4   *Fachmann für sozialistische . . . in der Literatur* – Georg Lukács (13. 4. 1885–4. 6.
1971), ung. Philosoph und Literaturwissenschaftler; trat 1918 der Kommuni-
stischen Partei bei, 1919 Volkskommissar für Unterrichtswesen in der Räte-
republik, emigrierte in die Sowjetunion, wo er sich dem orthodoxen Marxismus zuwandte; 1946 Prof. für Kulturphilosophie und Ästhetik in Budapest.
Da er 1956 Kulturminister der Regierung Imre Nagy war, wurde er nach der
Niederwerfung des Aufstands aus der Partei ausgeschlossen und nach Rumänien deportiert, später begnadigt. Lukács nahm bis 1956 eine Monopolstellung in Fragen der Literatur und Ästhetik ein. Seine Realismusauffassung, die
er, von Hegel ausgehend, aus den ästhetischen Normen der Klassik und des
bürgerlichen Realismus entwickelte, wurde als überzeitlich gültige Theorie
des soz. Realismus gesetzt. Ein Kunstwerk sollte das »Allgemeine«, das »Gesetzliche« der Wirklichkeit in der Form des »Besonderen« widerspiegeln, es
sollte formal organisch und geschlossen sein. Abweichungen von diesen Prinzipien galten als Sakrileg, als Formalismus; s. 1706, 27.

1706, 5–7   *die Erzählung sei . . . »absichtslos«, sei »unbewußt«* – Lockenvitz' Zusammenfassung gibt die Ansichten Lukács' wieder, die zitierte Passage findet sich allerdings nicht in »Sinn und Form«. In einer späteren Fassung des Aufsatzes findet sich die Formulierung »Geschenk des Zufalls«: »In einem Brief an seinen
Verleger, in dem er die Frage des Titels behandelt, schreibt er über die Periode unmittelbar vor Jena: ›Denn schließlich war die Zeit lange nicht so
schlecht wie sie gemacht wird [. . .].‹ Hier sieht man, wie wenig bewußt, wie
spontan, Zufällen preisgegeben ein so bewußter Schriftsteller wie Fontane in
dieser Frage der Thematik, des einem Thema innewohnenden Gehalts war.
›Schach von Wuthenow‹ ist ein Geschenk des Zufalls«; vgl. Lukács (1964),
S. 452–498. In der Version des Aufsatzes in »Sinn und Form« 3, 1951,
Heft 2, S. 44–93, fehlt der Absatz (auf S. 88); vgl. Bond (1993a), S. 223 f.
Vom Widerspruch zwischen der bewußten politischen Haltung Fontanes
und dem kritischen Gehalt seiner Kunst ist allerdings in Lukács' Schrift
»Deutsche Literatur im Zeitalter des Imperialismus« die Rede; vgl. Lukács
(1946), S. 16 f.

1706, 14 f.   *jenen Vers ausgesprochen . . . Knie, sonst nichts* – Anspielung auf Christian Mor-
gensterns »Das Knie« (aus den »Galgenliedern«):
Ein Knie geht einsam durch die Welt.
Es ist ein Knie, sonst nichts!
Es ist kein Baum! Es ist kein Zelt!
Es ist ein Knie, sonst nichts.

Im Kriege ward einmal ein Mann
erschossen um und um.
Das Knie allein blieb unverletzt –
als wärs ein Heiligtum.

Seitdem gehts einsam durch die Welt.
Es ist ein Knie, sonst nichts.

Es ist kein Baum, es ist kein Zelt.
Es ist ein Knie, sonst nichts.

1706, 20   »*Frau Jenny Treibel*« – Roman Theodor Fontanes, 1892 erschienen. Jenny, aus kleinbürgerlichen Verhältnissen stammend, hält sich für eine Idealistin, aber widersetzt sich der Heirat ihres Sohnes mit einem mittellosen Mädchen; s. 1706, 34.

1706, 31   *französichen* – Richtig: französischen; der Druckfehler ist in der zweibändigen Taschenbuchausgabe berichtigt.

1706, 32   *Panthéon* – (frz., griech.) ursprünglich Bezeichnung für die Gesamtheit der Götter bzw. ein ihnen geweihtes Heiligtum; hier: Ehrentempel in Paris; als Kirche Sainte-Geneviève 1764–90 erbaut, ab 1791 zur Gedächtnis- und Begräbnisstätte nationaler Persönlichkeiten umgebaut.

1706, 33   *Dein Herwegh* – Georg Herwegh (31. 5. 1817–7. 4. 1875), dt. Journalist und Schriftsteller, seine »Gedichte eines Lebendigen«, 1841 und 1844, die die Machtstrukturen und Ungerechtigkeiten in Deutschland angriffen, machten ihn in ganz Deutschland bekannt. Nachdem er König Friedrich Wilhelm IV. in einem Brief beleidigt hatte, wurde er aus Preußen ausgewiesen. Im April 1848 führte er eine Truppe dt. und frz. Arbeiter im Badischen Aufstand an, die bei Schopfheim eine schwere Niederlage erlitt. Herwegh floh in die Schweiz, wo er bis zu seiner Amnestie 1866 verblieb.

1706, 34 f.   *Herwegh wird an . . . ohne Erbarmen behandelt* – Herwegh wird als »Hauptsünder« jener Autoren hingestellt, die den alten Werten keinen aufrichtigen Respekt zollen, woraufhin Jenny Treibel erzählt, daß sie sich als junges Mädchen für ihn begeistert habe. Sie zitiert die Anfangszeile des Gedichts »Aufruf« und fügt die Überlegung an, daß seine »patriotischen Grundsätze« doch »sehr anfechtbar« seien. Schließlich lobt sie ihn, wo er kein Politiker, sondern nur Dichter ist. Vogelsang erwähnt seine unrühmliche Rolle im Badischen Aufstand: »Aber wer sich, als es galt, durchaus nicht verbluten wollte, das war der Dichter selbst. Und so wird es immer sein. Das kommt von den hohlen, leeren Worten und der Reimsucherei. Glauben Sie mir, Frau Rätin, das sind überwundene Standpunkte. Der Prosa gehört die Welt«; vgl. Fontane (1962), Bd. 4, S. 318 f.

3. 8. 1968

1707, 26–36   *Immer noch kann . . . Anblick zum Wegsehen* – Am 3./4. 8. 1968 trafen sich die Delegationen von sechs komm. Parteien in Bratislava, dazu kamen Gäste aus Polen, der DDR, Ungarn und Bulgarien; das Abschlußkommuniqué wurde doppelzüngig genannt, denn es bestätigte zwar die Zusammenarbeit aller soz. Staaten, war aber auch ein indirektes Eingeständnis, den Liberalisierungs- und Demokratisierungsprozeß der ČSSR nicht unterbinden zu können. Die in der ČSSR stationierten sowj. Truppen wurden nicht erwähnt.

Ein Foto auf der Titelseite der NYT vom 3. 8. 1968 zeigt einen lachenden Leonid Breschnew, der zwischen Ludvík Svoboda und Alexander Dubček steht und einen Blumenstrauß schwenkt. In dem nebenstehenden Artikel »Czechs Maintain Moscow Yielded On Chief Issues« heißt es: »The turning point in the negotiations between the Presidium of the Czechoslovak party and most of the Soviet Politburo came Wednesday night. Then, according to informed sources, Leonid I. Brezhnev, General Secretary of the Soviet party, received letters from three important Communist leaders condemning Moscow's pressure on Czechoslovakia. [...]
The letters were written by President Tito of Yugoslavia, Waldeck Rochet, leader of the French party, and Luigi Longo, head of the Italian party.
[...] even today, after the agreement to stop propaganda campaigns between Czechoslovakia and her distrustful friends, the East German party newspaper Neues Deutschland, and their radio continued to attack the Czechoslovaks«; s. K. 1713, 12–17; 1713, 17–23; 1714, 29–31; 1721, 20–24; 1738, 3–8; 1755, 6–12; s. 1694, 7.

1707, 27   *Leonid Breshnev* – s. K. 541, 2.

1707, 30   *Bratislava* – s. K. 593, 19; 651, 38.

1707, 34–36   *Wie aber die... Anblick zum Wegsehen* – Die Regierung der DDR klagte Prag der Konterrevolution an, betonte die Vorherrschaft der sowj. militärischen Position und drohte, den Tschechen werde nicht erlaubt werden, aus dem östlichen Block auszubrechen; vgl. den Artikel »German Reds Warn Regime in Prague« der NYT vom 3. 8. 1968.

1708, 3   *Douglas-Clipper vom Typ acht* – DC-8; die Abk. DC steht für Douglas Commercial; Clipper waren früher schnelle Segelschiffe, im amerik. Engl. damals schnelle Verkehrsflugzeuge; s. K. 168, 23; 336, 33.

1708, 4   *Wir fliegen auch bald* – s. 1721, 33; 1755, 17; 1769, 3; 1777, 9 f.; 1785, 20 f.

1708, 5   *Guten Eß Geschäft* – s. K. 176, 11.

1708, 14   *Klops in der Jacke* – (engl. wörtl. übersetzt) jacket burger: Bulette in Teighülle.

1708, 15 f.   *Burger takes slice!... special lady, mind* – (engl.) Die Bulette kriegt 'ne Scheibe [Zwiebel]. Mach es speziell für meine spezielle Dame, hörst du!

1708, 19 f.   *√RADICAL / is a state of mind* – (engl.) Radikal ist ein Zustand des Bewußtseins. – Wortspiel: (engl.) radix: mathematische Wurzel.

1708, 21   *ein Einbruch* – s. 1663, 8–1668, 33.

1708, 23   *Jones Beach* – s. K. 1427, 4.

1708, 27 f.   *There is a reason for everything* – (engl.) übersetzt im Text 1708, 29.

1708, 39– 1709, 4   *Erst nach einer... Mannes zu übersehen* – s. 488, 32–36.

1709, 10	*Karpaten* – Gebirge im südöstlichen Mitteleuropa.
1709, 24	*»I am fussy, nervous.«* – (engl.) Ich bin aufgeregt, nervös.
1710, 14	*Günter Eich* – 1. 2. 1907–20. 12. 1972, dt. Dichter; Gedichte, Prosa und Hörspiele; Johnson kannte ihn von den Treffen der Gruppe 47. Eich widmete Johnson seinen »Exkurs über die Milz«, der in der Sammlung »Ein Tibeter in meinem Büro«, 1970, enthalten ist; vgl. Johnson, Einatmen und hinterlegen; den Kommentar von Fahlke in PE, S. 152–155; Neumann, P. H. (1995), S. 243–247.
1710, 15	*Ingeborg Bachmann* – 25. 6. 1926–17. 10. 1973, österr. Schriftstellerin; vor allem als Lyrikerin bekannt geworden, wandte sie sich nach 1956 der Prosa zu. Ingeborg Bachmann hatte ihre römische Wohnung der Familie Johnson im Sommer 1970 zur Verfügung gestellt; vgl. RK; Johnson, Good Morning, Mrs. Bachmann; Richter (1986), S. 45–48 u. 176; Neumann, P. H. (1995).
1710, 22– 1712, 38	*Herrn Anselm Kristlein . . . in einem Jahr* – s. K. 331, 29.
1710, 33	*Tête-à-tête* – (frz.) eigentlich: Kopf an Kopf, Gespräch unter vier Augen, vertrauliche Zusammenkunft.
1710, 33	*Souper à deux* – (frz.) Abendessen zu zweit.
1710, 35 f.	*In der Mayo-Klinik . . . er Goldene Worte* – 1889 von dem Arzt William Worrall Mayo (1819–1911) und seinen beiden Söhnen, den Chirurgen William James Mayo (1861–1939) und Charles Horace Mayo (1865–1939) gegr. Klinik in Rochester, Minnesota, die später in eine gemeinnützige Stiftung überführt wurde. Bei Diagnose und Behandlung wurde vom Menschen als einer Einheit ausgegangen. Bekannt als Zentrum für hochspezialisierte Diagnostik – und auch für kostspielige Behandlung.
1710, 39– 1711, 1	*Madison* – Madison Ave.: s. K. 76, 8 f.
1711, 22	*Drea* – Figur aus Martin Walsers »Anselm Kristlein Trilogie«; s. K. 331, 29.
1711, 33	*She did not . . . doesn't understand English* – (engl.) Sie hat Sie nicht verstanden. Sie versteht kein Englisch.
1712, 22–26	*aber Mrs. Cresspahl . . . hinter einem stehen* – s. 12, 9 f.

4. 8. 1968

1713, 1	*Sunday South Ferry Day* – (engl.) Sonntag Tag der South Ferry; s. K. 601, 1.
1713, 2 f.	*Variationen für den Schüler Goldberg* – Johann Sebastian Bach schrieb 1742 im Auftrag des Grafen Kayserlingk für Johann Gottlieb Goldberg (14. 3. 1727–13. 4. 1756), den Cembalisten des Grafen, die »Aria mit verschiedenen Verän-

derungen vors Clavicimbel mit zwei Manualen«. »Dieses Modell [...] haben wir der Veranlassung des ehemaligen Russischen Gesandten am Chursächsischen Hofe, des Grafen Kaiserling zu danken, welcher sich oft in Leipzig aufhielt, und den schon genannten Goldberg mit dahin brachte, um ihn von Bach in der Musik unterrichten zu lassen. Der Graf kränkelte viel und hatte dann schlaflose Nächte. Goldberg, der bey ihm im Hause wohnte, musste in solchen Zeiten in einem Nebenzimmer die Nacht zubringen, um ihm während der Schlaflosigkeit etwas vorzuspielen. Einst äusserte der Graf gegen Bach, dass er gern einige Clavierstücke für seinen Goldberg haben möchte, die so sanften und etwas muntern Charakters wären, dass er dadurch in seinen schlaflosen Nächten ein wenig aufgeheitert werden möchte«; vgl. Forkel (1925), S. 73 f.

1713, 3   *Quodlibet* – (lat.) Wie's beliebt. In einem Quodlibet werden verschiedene Melodien kontrapunktisch zu einem mehrstimmigen Satz verknüpft. Das Quodlibet ist die letzte der 30 Goldberg-Variationen, es besteht aus den gegeneinander geführten Melodien von zwei alten thüringischen Volksliedern, deren ursprünglicher Text lautet: »Ich bin so lang nicht bei Dir gewes'n, ruck her, ruck her, ruck her!« und »Kraut und Rüben haben mich vertrieben; hätt' mir mein Mutter Fleisch gekocht, wär ich bei ihr geblieben«. In dieser letzten der Variationen sind mehrere Abschiedsmomente zu finden: »Die erste Liedmelodie war im 17. und 18. Jh. zudem verbreitet als instrumentaler ›Kehraus‹. Der Kehraus signalisiert das Ende eines Tanzvergnügens. Sollte Bach die Melodie unter dem Gesichtspunkt des ›Kehraus‹ in sein Quodlibet aufgenommen haben, so wäre der Zusammenhang mit dem Lied ›Kraut und Rüben haben mich vertrieben‹ zwingend. Denn beide Liedweisen thematisieren Abschied. Mithin ergäbe sich ein weiteres Sinnimplikat für den unverkennbar wehmütigen Charakter des Quodlibets«; vgl. Dammann (1968), S. 235 f.; Klaus (1999), S. 66 f.; s. 1755, 5.

1713, 5   *Vesógelieke* – s. K. 495, 4.

1713, 12–17   *Das Communiqué der... Tschechoslowakei zu erwähnen* – Vgl. z. B. die Auszüge aus dem Text des »Joint Communist Communique at Bratislava« in der NYT vom 4. 8. 1968: »In the years that have passed since the rout of fascism and the advent to power of the working class, the peoples of the European countries which have taken the road of Socialism scored victories in all spheres of public life. In these years, the parties overcoming difficulties and permanently improving their work insures [sic] the creation of powerful industry in every Socialist country and reorganization of the life in the countryside; achieved steady growth of people's welfare and the flourishing of the national culture. [...]
The participants in the conference discussed the situation in Europe and point out that the growing activity of the forces of revanchism, militarism and neo-Nazism in Western Germany directly affect the security of Socialist states and create a threat to the cause of world peace. [...]

The parties participating in the Bratislava conference make this statement being deeply convinced that the positions and views expressed therein are in line with the interests of all fraternal countries and parties, the cause of the unbreakable friendship of the peoples of our countries, the interests of peace, democracy, national independence and Socialism«; s. K. 1707, 26–36.

1713, 13 *Bratislava* – s. K. 593, 19; 651, 38.

1713, 17–23 *Die Sowjets versprechen . . . Tatsachen scheinen erlaubt* – Vgl. den Artikel »Prague Victory Appears Secure as 6-Nation Red-Bloc Talks End« der NYT vom 4. 8. 1968: »The [Prague] officials categorically denied that censorship would be restored, that foreign troops would be stationed in Czechoslovakia or that Czechoslovak organizations that the Russians and their friends consider the breeding ground for possible opposition parties would be outlawed.
The only concession that has become known is that the Czechoslovak leadership has asked editors to refrain from printing polemical articles against other Communist countries«; s. K. 1707, 26–36.

1713, 24– *Am vorletzten Tag . . . du. Lernst du* – In Güstrow, im Saal des Hotels Zachow
1721, 16 (vormals »Erbgroßherzog«), fand am 27. 9. 1950 ein Schauprozeß vor der Großen Strafkammer des Landgerichts Schwerin gegen acht junge Männer statt, sechs davon Schüler einer elften Klasse der John-Brinckman-Oberschule. Sie wurden als »Agententruppe der anglo-amerikanischen Spionagezentrale in Westberlin« (Landeszeitung vom 29. 9. 1950) angeklagt. Sie hatten Kontakt zur »Kampfgruppe gegen Unmenschlichkeit« und Flugblätter verteilt, die freie Wahlen forderten und hinter Stacheldraht marschierende FDJler im Blauhemd mit dem Text »Quo vadis?« zeigten. Verurteilt wurden: Enno Henke (17) zehn Jahre Jugendgefängnis, Peter Moeller (19) und Fritz Gutschmidt (19) 15 Jahre Zuchthaus, Horst Rieder (26) zwölf Jahre Zuchthaus, Günther Heyer (22) zehn Jahre Zuchthaus, Wolf-Heinrich Dieterich und Horst Nehring (19) fünf Jahre Zuchthaus. Mehrere Schulklassen protestierten gegen diese Urteile. Der Angeklagte Rolf Beuster erinnerte in seinem Schlußwort an seinen im NKWD-Lager Fünfeichen umgekommenen Vater; vgl. Moeller (1995), S. 28–31; Klug (1995), S. 70 f.; s. K. 1792, 4–21.

1713, 34 *den »P. A.« sehen, den Personalausweis* – s. K. 1558, 22 f.

1714, 2 *Lumberjack* – (amerik. Engl.) eigentlich: lumber jacket (s. 1714, 20): Kurze Männerjacke aus Leder oder Tuch mit gestricktem Bund an Taille und Ärmeln; s. 1733, 20.

1714, 12 *Ein lumber jack* – (amerik. Engl.) übersetzt im Text 1714, 14.

1714, 14 *Every man jack* – (amerik. engl.) Jeder(mann), alle.

1714, 26 *Elementary, my dear Watson* – (engl.) etwa: Grundschulstoff, lieber Watson. Standardwendung, mit der in den Kriminalromanen Arthur Conan Doyles (22. 5. 1859–7. 7. 1930) der Meisterdetektiv Sherlock Holmes seinen Gehilfen auf – vermeintlich – offenliegende Schlußfolgerungen hinweist; s. 1718, 32.

1714,29–31 *Wo die Leute... verspottet und ausgepfiffen* – Die NYT vom 4.8.1968 berichtet vom Ende des Treffens in Bratislava: »Mr. Ulbricht, considered by Czechs to be the principal villain of the piece, was jeered and whistled when he arrived for a closing reception at the City Hall here«; s. K. 1707, 26–36; 1755, 6–12; Sachwalter: s. K. 993, 8; 1138, 30.

1714,33– *Die Aula stand... Angeklagten zu würdigen* – Vgl. IB; Foto in: Güstrow (1995),
1720,24 S. 71; Klug (1995), S. 71.

1715,2–4 *die Staatsflagge SchwarzRotGold... Arbeiter, einem Hammer* – s. K. 1628, 11–15.

1715,8 *Picassos Friedenstaube in der zweiten Fassung* – s. K. 1628, 31 f.

1715,35 *Knopf der Staatspartei* – s. K. 1681, 13 f.

1716,8 *Väterchen Stalin* – s. K. 29, 26 f.

1716,8–10 *die Todesstrafe wieder... des sozialen Schutzes* – Die Todesstrafe wurde am 12.1. 1950 [sic] wieder eingeführt; s. K. 1524, 19 f.; 1524, 20 f.

1716,18 *Abteilung D* – s. K. 1597, 2.

1716,31 *Ostbüro der S.P.D.* – Auf Initiative Kurt Schumachers im April 1946 beim Parteivorstand in Hannover eingerichtet, später in Bonn mit Zweigstelle in Westberlin. Das Büro sollte eine zentralisierte, »illegale« SPD-Organisation schaffen und unterstützen und Kontakte zwischen den Sozialdemokraten in Ost und West festigen, aber auch politische und ökonomische Nachrichten sammeln und für deren Verbreitung in westlichen Medien sorgen. Das Ostbüro verweigerte nachrichtendienstliche Aufträge, gab aber von sich aus Informationen weiter, seit 1948 an die amerik. und brit. Geheimdienste, die es auch finanziell unterstützten, und nach 1949 an Verfassungsschutz und Bundesnachrichtendienst; vgl. Fricke (1979), S. 220; Merseburger (1995), S. 338 ff.; s. K. 1791, 39–1792, 3; SPD: s. K. 170, 10.

1716,31 f. *Untersuchungsausschuß Freiheitlicher Juristen* – 1949 in der BRD von Theodor Friedenau gegr., um die Rechtsentwicklung und -anwendung in der DDR zu beobachten und zu analysieren, juristisches Unrecht zu erfassen und eigene Ermittlungen darüber anzustellen, so z. B. über die Waldheim-Prozesse von 1950. Mitglieder waren ehemalige Richter und Rechtsanwälte der SBZ.

1716,32 f. *die Kampfgruppe Gegen Unmenschlichkeit* – Von Rainer Hildebrandt am 24.8. 1948 in Westberlin gegr. Organisation von Freiwilligen zur Unterstützung von Opfern der sowj. und komm. Herrschaft und zur Aufklärung von Unrechtstaten in der SBZ. Regelmäßige Radiosendungen im RIAS (s. K. 1725, 22) warnten namentlich vor Spitzeln. Anfangs im Eintreten für die Menschenrechte sehr erfolgreich, wurde sie während des Kalten Krieges zunehmend für Zwecke der Spionage und auch der Sabotage eingesetzt, wie das Anzünden einer Brücke und das Umleiten von Zügen. Die Unterwanderung durch Agenten der Gegenseite führte zu zahlreichen Verhaftungen von Informanten und Sympathisanten in der SBZ und DDR. Nach DDR-Recht galt die Zugehörigkeit zu dieser Organisation als Verbrechen nach Artikel 6 der Verfassung (Boykotthetze; s. K. 1630, 14). Margret Boveri beschreibt als eine Wirkung:»Gymnasiasten reisten mit Flugblättern in die sowjetische Zone«; Boveri (1958), Bd. 2, S. 138. Die Vereinigung wurde auf Betreiben des regierenden Bürgermeisters von Westberlin Willy Brandt 1959 aufgelöst.

1717, 18 f.   *seit die Sowjetunion . . . nämlich durch Diebstahl* – s. K. 340, 7.

1717, 21 f.   *durch Werbung unter . . . die getarnte Armee* – 1950 wurden Wehrparteiaktivs der FDJ gegr., 142 Jugendbereitschaften gingen aus der FDJ hervor; s. K. 1269, 9 f.; 1822, 17–20.

1717, 23 f.   *Berufung eines ihrer . . . die Hauptverwaltung Volkspolizei* – Heinz Keßler, geb. 20. 1. 1920, Maschinenschlosser; lief 1941 zur Roten Armee über und wurde Gründungsmitglied des Nationalkomitees Freies Deutschland (s. K. 1186, 11 f.); kehrte 1945 nach Deutschland zurück. Er war seit Gründung des Hauptjugendausschusses am 20. 6. 1945, dem Vorläufer der FDJ, dessen Leiter, danach Mitbegründer der FDJ und Vorsitzender des Landesverbandes Berlin, seit Mai 1947 im Zentralrat der FDJ und seit 1949 dort Sekretär; seit 1946 im ZK der SED; 1950 2. Vorsitzender der FDJ; 1950–89 Abgeordneter der Volkskammer.»1950 Chefinspekteur in der Hauptverwaltung der Deutschen Volkspolizei, 1952 Generalmajor und Chef der KVP-Luft und der Aeroklubs der KVP«, SBZ von A bis Z (1969); studierte und promovierte 1955–56 an der sowj. Luftkriegsakademie; 1957–67 stellv. Minister für Nationale Verteidigung und Chef der Luftstreitkräfte; 1967–78 Chef des Hauptstabs der NVA.

1717, 27–29   *in französischen Zeitungen . . . Hammer und Sichel* – Konnte nicht nachgewiesen werden; s. K. 1628, 31 f.

1717, 30   *»the dove that . . . with a bang«* – (engl.) übersetzt im Text 1717, 32.

1718, 7 f.   *British Broadcasting* – s. K. 860, 20–22.

1718, 18 f.   *Lisette von Probandt* – Anspielung auf eine Figur aus Fontanes »Schach von Wuthenow«: Lisette von Perbandt (dort: V., VIII. und XXI. Kapitel); s. K. 1702, 34; s. 1721, 1, 12.

1718, 29–31   *Diese vermaledeite Freiheitsstatue . . . Besucherverkehr, wegen Baufälligkeit* – s. K. 311, 28 f.

1719, 3–19   *Versuch der Erhaltung . . . Friedensbewegung / der Republik* – Zitat nicht nachgewiesen.

1719, 4   *Schülerselbstverwaltung* – s. K. 1557, 24.

1719, 13   *Zentralen Schulgruppenleitung* – s. K. 1559, 16 f.

1719, 22 f.   *das Wehrministerium* – Die Deutsche Volkspolizei und ihre bewaffneten Verbände unterstanden dem Ministerium des Innern; s. K. 1269, 9 f.

1719, 27 f.   *in der Erinnerung die nächtlichen Besuche* – s. 1655, 13–18.

1719, 36–   *Protest gegen das . . . zu bedienen wußten* – Der Koreakrieg begann mit dem Ein-
1720, 10   fall nordkoreanischer Soldaten in Südkorea; s. K. 1244, 21.

1720, 2   *»John F. Kennedy«* – Eines der sechs Fährschiffe der South Ferry Line; John F.
                     Kennedy: s. K. 24, 36.

1721, 3 f.   *dann kam ein . . . in der Sowjetunion* – Vom 8.–14. 9. 1955 verhandelte Adenau-
                     er (s. K. 116, 12) in Moskau über die Normalisierung der Beziehungen zwi-
                     schen der BRD und der UdSSR. Es wurde vereinbart, diplomatische Bezie-
                     hungen aufzunehmen. Die Sowjetunion sicherte die Heimkehr der letzten dt.
                     Kriegsgefangenen und Zivilinternierten zu.

5. 8. 1968

1721, 20–24   *Im Fernsehen der . . . Partei zu verbergen* – Vgl. den Artikel »Dubcek Confirms A
                     Prague Victory In 6-Nations Talks« der NYT vom 5. 8. 1968: »In a subdued
                     victory announcement to the Czechoslovak people today, Alexander Dub-
                     cek, the Czechoslovak party leader, said that the week's East European confer-
                     ence had provided ›new scope‹ for the country's liberalization.
                     The First Secretary reported on television on the results of the meeting with
                     the Soviet leadership [. . .].
                     Mr. Dubcek declared that yesterday's conference in Bratislava had been suc-
                     cessful and ›fulfilled our expectations‹«; s. K. 1707, 26–36.

1721, 21   *Bratislava* – s. K. 593, 19; 651, 38.

1721, 25–28   *Gestern in Florida . . . mußte nach Cuba* – Vgl. den Artikel »Hijacker Over Flo-
                     rida Forces Plane to Cuba« der NYT vom 5. 8. 1968: »A gunman hijacked a
                     Cessna 182 sightseeing plane over Florida today and forced the pilot to fly it
                     to Cuba, the Federal Aviation Authority reported.
                     The pilot, James Vach notified the FAA that the hijacker, brandishing a revo-
                     ler, was a ›darkskinned‹ man, accompanied by a girl about two or three years
                     old.«

1721, 26   *eine Cessna 182* – »Skylane«, viersitziges, einmotoriges, propellergetriebenes
                     Flugzeug der Cessna Aircraft Company, Wichita, Kansas; s. 1740, 30.

1721, 29–32   *Gestern über dem . . . bis zur Landung* – »A North Central Airlines Convair 580
                     with 11 persons aboard collided with a private plane over southeastern Wis-
                     consin today, then flew 20 miles to a safe landing with the smaller plane and
                     its three dead passengers embedded in the airline's forward compartment«,
                     NYT 5. 8. 1968.

1721, 29   *Convair 580* – Verkehrsflugzeug der Consolidated Vultee Aircraft Corpora-
                     tion, abgekürzt: Convair; 1923 durch Zusammenschluß der Deyton Wright
                     Company und Gallaudet Aircraft Corporation als Consolidated Vultee gegr.
                     Flugzeugwerk; in den vierziger Jahren vereinigt mit Vultee Aircraft Incorpo-
                     rated.

1721, 33	*Wir fliegen auch bald* – s. 1708, 4.
1722, 5 f.	*Eundem Germaniae sinum . . . sed gloria ingens* – (lat.) Dieselbe Bucht Germaniens besiedelten als die nächsten am Meer die Kimbern, jetzt ein kleines Volk, aber außerordentlich durch ihren Ruhm. – Zitat aus: Tacitus, Germania 37, 1.
1722, 7	*Obotritenadel* – s. K. 925, 18.
1722, 10 f.	*Ich verschweige den Namen* – s. K. 913, 1.
1722, 10–14	*Ich verschweige den . . . im heutigen Volkspolen* – Johnson ist in Kamien Pomorski (dt. Kammin) geboren; s. 1814, 24.
1722, 16	*D. N. V. P.* – s. K. 164, 12.
1722, 19	*NaPolA* – National-Politische Erziehungsanstalt, 1933 geschaffene staatliche höhere Lehranstalten (Internate), die einen nationalsoz. Führungsnachwuchs heranziehen sollten. Neben der wissenschaftlichen Ausbildung auf der Grundlage der nationalsoz. Weltanschauung spielte die körperliche Ertüchtigung eine große Rolle. Die Heimerziehung förderte die politische und soldatische Ausbildung, in den – mit einer Ausnahme – Jungenschulen. Aufnahmekriterien waren arische Abstammung, Zugehörigkeit zur HJ sowie ein politisches Gutachten des Kreisleiters der NSDAP. Die Ausbildungskosten wurden nach dem Einkommen der Eltern gestaffelt.
	Uwe Johnson war vom Sommer 1944 bis zum Januar 1945 auf der »Deutschen Heimschule« Kosten (Koscian) bei Posen (Poznan). Die Deutschen Heimschulen galten als weniger elitäre Form der Nationalpolitischen Erziehungsanstalten.
1722, 22	*Ordensburgen* – s. K. 1146, 10.
1723, 5	*gegenüber dem Friedhof* – Nach der Erinnerung Günter Stübes wohnte die Familie Johnson im August 1947 in Güstrow an der Ecke Rostocker Platz/Neukruger Straße, westlich davon liegt der Friedhof; Anfang 1948 zog sie in die Rostocker Chaussee, die am Friedhof entlang läuft; vgl. Stübe (1997).
1723, 6 f.	*Seit 1949 zwei . . . an der Molkerei* – Eine der Wohnungen der Johnsons, Ulrichstraße 7, lag schräg gegenüber der Molkerei.
1723, 8	*Barbara-Viertel* – Die Neukruger Straße (s. K. 1723, 5) hieß früher Barbarastraße.
1723, 13	*Dassow am See* – s. K. 191, 10; 691, 8.
1723, 15	*Straße der D. S. F.* – s. K. 1559, 28–30.
1723, 16 f.	*Die Stadtbibliothek schloß um halb sechs* – Güstrower Volksbücherei, Goetheplatz 1; vgl. Klug (1995), S. 71 f.
1723, 18	*Eilzusteller der Deutschen Post* – Johnson hat als Schüler als Eilzusteller gearbeitet.

1723, 18–21   *dafür hatte Anita . . . bei ihrem Preis* – s. 1606, 14.

1723, 23 f.   *Alt Demwies* – s. K. 1125, 11.

1723, 33   *GOETHE* – s. K. 1397, 28.

1723, 34–39   *Denn der Eigenname . . . selbst zu verletzen* – Zitat aus Johann W. Goethes »Dichtung und Wahrheit«, II. Teil, 10. Buch; Goethe (1988), Bd. 9, S. 407.

1724, 19   *eingepichtem Sacksband* – Derbes, mit Pech eingeschmiertes Band; s. K. 1108, 37.

1724, 34–   *die sieben Gebote . . . Pravda, erste Juliwoche* – Vgl. DER SPIEGEL vom 13. 7.
1725, 13   1950, S. 4: »Die ›Prawda‹ erläuterte den Zweck der Uebung. Die Naiven in aller Welt, die dem ›Stockholmer Appell‹ Folge leisteten, ahnen nicht, welchen sieben Geboten sie sich mit ihrer Unterschrift für die Aechtung der Atombombe – nach Moskauer Lesart – unterworfen haben: ›Ich will Eisenbahnzüge aufhalten, mich weigern, Waffenladungen zu löschen, den Flugzeugen Treibstoff vorenthalten, den (West-) Söldnern die Waffen entwenden, meinem Sohn oder Ehemann verbieten, mit den Streitkräften seines Landes zu kämpfen, mich weigern, der Regierung Lebensmittel zu liefern, in Telephonzentralen oder beim Verkehrswesen zu arbeiten, – um einen neuen Krieg zu verhindern.‹«; s. K. 1685, 7 f.; Prawda: s. K. 190, 29.

1725, 20   *V. E. B. R. F. T.* – Volkseigener Betrieb Rundfunk- und Fernseh-Technik Staßfurt; V. E. B.: s. K. 1615, 1 f.

1725, 22   *Rundfunk Im Amerikanischen Sektor* – 1946 von den Amerikanern in Berlin gegr. Radiosender mit Sendern in Berlin und Hof; bekannt unter der Abk. RIAS. Zwei seiner Programme waren weitgehend für Hörer in der SBZ/DDR gemacht; s. K. 998, 19–24.

1725, 23   *Bully Buhlan* – Bully Buhlan, eigentlich Karl-Joachim Buhlan (3. 2. 1924–7. 11. 1982), Schlagersänger und Filmschauspieler.

1725, 31   *Mr. Adenower* – s. K. 116, 12; s. 1686, 19–23.

1725, 36   *aus Berlin-Schöneberg* – Der RIAS hatte seinen Sitz in der Winterfeldtstraße in Schöneberg; s. K. 942, 4.

1726, 8–11   *der amerikanische Jazz . . . offen betriebenen Sklaverei* – Ursprünglich galt Jazz in der DDR als »imperialistisch-dekadente Ausbeutermusik«, seit 1953 tolerierte die SED jene Jazz-Musik, »die sie als ›musikalisch verdichtete Klage und Anklage des amerikanischen Negerproletariats‹ anspricht«; vgl. SBZ von A bis Z (1969), S. 307.

1726, 14   *Deutschlandtreffen* – s. K. 1658, 2–12.

1726, 17   *Kartoffelkäfer* – s. K. 1660, 15.

1726, 20 f.   *doryphora decemlineata* – (griech. und lat.) Selten gebrauchte Bezeichnung für den zehnstreifigen Kartoffelkäfer; s. 1782, 13 f.

1726, 21	*Butter auf dem Kopf* – Nd. Redewendung: Wer Butter auf dem Kopf trägt, soll nicht in der Sonne gehen.
1726, 26	*infinitesimal* – Auf einen nie zu erreichenden Grenzwert zugehend; hier falsch gebraucht.
1726, 38	*Kinnings* – (nd.) Kinder!; s. 1278, 24.
1727, 2	*Bodenreform* – s. K. 1197, 15.
1727, 2	*Knicks* – s. K. 880, 9.
1727, 18 f.	*Lend-lease, das . . . Leih-Abkommen von 1941* – s. K. 419, 10 f.
1727, 29	*Literaturnaja Gasjeta* – s. K. 395, 26.
1727, 36	*Fangliste* – s. K. 1636, 39.
1727, 37	*Stasi (Staatssicherheit)* – s. K. 684, 8.
1728, 2	*Dichter Hermlin* – s. K. 1660, 21.
1728, 2	*Landsberger Allee* – s. K. 1660, 20.
1728, 4	*nach Grünau verirrt bis nach Schmöckwitz* – Grünau liegt im Südosten Berlins am Nordufer des Langen Sees, Schmöckwitz noch weiter südöstlich am Südufer des gleichen Sees.
1728, 6	*Bildhauer Barlach* – s. K. 712, 29.
1728, 15	*Dobbertin bei Goldberg* – Kleiner Ort am Goldberger See; s. K. 263, 9 f.
1728, 22	*Als Organisationssekretär der Z. S. G. L.* – s. K. 1559, 16 f.; 1654, 10 f.
1729, 3	*das dritte Grundgesetz der Dialektik* – s. K. 463, 30 f.; 1427, 33; 1676, 26–28.
1729, 4 f.	*»Abzeichens für Gutes Wissen«* – Dieses Abzeichen wurde seit dem 1. 12. 1949 in den Kategorien Bronze, Silber und Gold nach einer Prüfung für Kenntnisse im Marxismus-Leninismus verliehen. Die Bronze-Version wurde großzügig verteilt, für das Abzeichen in Silber bereitete man sich in speziellen Lehrgängen vor, das Abzeichen in Gold wurde vorwiegend auf Parteihochschulen abgenommen. Johnson besaß das Abzeichen in Bronze. Es zeigte vor einem Eichenkranz die Fahne der FDJ und ein aufgeschlagenes Buch mit der Aufschrift »Für gutes Wissen«; vgl. BU, S. 52; s. K. 1824, 10–19; s. 1823, 15.
1729, 6–8	*wenn die Quantität . . . in eine Qualität* – s. K. 1427, 33; 1676, 26–28.
1729, 9	*Turgeniews* – Iwan Sergejewitsch Turgenjew (9. 11. 1818–3. 9. 1883), russ. Erzähler und Dramatiker, lebte vorwiegend in Deutschland und Frankreich; »Ein Adelsnest«, 1854; »Väter und Söhne«, 1862.
1729, 16	*bin na de Wißmer* – (nd. ugs.) bin zu den Wismarern (gegangen).
1729, 18	*Katechetin* – s. K. 1602, 36.

1729, 24 f. *Domprediger von Gneez ... dem Genossen Pastor* – s. 1612, 18.

1729, 26 f. *der Jungen Gemeinde* – Jugendgruppen der ev. Kirche ohne Mitgliedslisten oder -beiträge, nach ihrem Abzeichen auch Kugelkreuzler (s. K. 1262, 23 f.) genannt. Anfängliche Kontakte zwischen ihnen und der FDJ wurden nach dem 3. FDJ-Parlament 1949 abgebrochen. Im Herbst 1952 setzte eine Hetz-kampagne gegen sie ein; wegen »Boykotthetze« nach Artikel 6 der DDR-Ver-fassung (s. K. 1630, 14) wurden Mitglieder zu Zuchthausstrafen verurteilt. Am 28. 4. 1953 wurden sie als »illegale Organisation« und wegen staatsfeindlicher Tätigkeit verboten und kirchliche Mitarbeiter verhaftet. Obwohl sie am 10. 6. 1953, nach einem Gespräch zwischen Grotewohl, einigen Bischöfen, darun-ter Dibelius, und dem Chef des Staatssicherheitsdienstes Wilhelm Zaisser, er-neut zugelassen wurden, waren Mitglieder weiterhin Repressalien ausgesetzt. Im Herbst 1953 wurde die Jugendweihe als Gegenmaßnahme zu Konfirma-tion und Kommunion eingeführt; vgl. IB und BU, S. 62–67; s. K. 1848, 16–23.

1729, 32–
1730, 1 *der 12. Januar 1951 ... fünfzehn Jahre Gefängnis* – Am 10. 1. 1951 wurde der 18jährige Oberschüler Hermann Josef Flade vom Landgericht in Dresden wegen »Boykotthetze und versuchten Mordes« zum Tode verurteilt. Er hatte am 15. 10. 1949 selbstgefertigte Flugblätter verteilt und, von zwei Volks-polizisten gestellt, einen leicht mit einem Taschenmesser verletzt. Er entkam zunächst, wurde am nächsten Tag verhaftet. Das Urteil wurde am 7. 2. 1951 vom Oberlandesgericht Dresden in 15 Jahre Zuchthaus umgewandelt; vgl. Finn (1958) S. 209; Fricke (1979), S. 245–250, 581; Boykotthetze: s. K. 1630, 14.

1729, 36 *Renaissance-Lichtspiele* – s. K. 1430, 14 f.

1729, 38 *der südlich artikulierende Sachwalter* – Anspielung auf Walter Ulbrichts sächsi-sche Aussprache; s. K. 993, 8; 1138, 30.

1730, 2 *Kommanditistin* – Ein Kommanditist haftet in einer Kommandit-Gesellschaft (KG) nur mit seiner Einlage, im Gegensatz zum Komplementär, der mit sei-nem ganzen Vermögen (unbeschränkt) haftet.

1730, 25 *free-for-all* – (engl.) frei für alle.

1730, 35 *Und darum bleibt ... wie es ist* – s. K. 913, 23.

1731, 1–5 *war der Januar ... Bewaffnung von Deutschen* – Der Petersberg im Siebengebir-ge bei Bonn war der Amtssitz der Alliierten Hohen Kommission, die dort am 9. 1. 1951 mit Vertretern der Bundesregierung Besprechungen über einen dt. Verteidigungsbeitrag (Pleven-Plan) aufnahm, in deren Folge die BRD im Mai 1952 der Europäischen Verteidigungsgemeinschaft beitrat. Die dt. militäri-schen Sachverständigen waren – damals beide Generalleutnant a. D. – Dr. Hans Speidel, als Stabschef Rommels am 20. Juli beteiligt und deswegen im KZ inhaftiert, und Adolf Heusinger, ehemals Stellvertreter des Generalstabs-chefs Halder. Beide hatten zusammen mit dem Journalisten Klaus Mehnert und General Foertsch am 7. 8. 1950 eine Denkschrift, »Eifeldenkschrift« genannt, über ein langfristig angelegtes Konzept der militärischen Eingliederung der BRD in ein westliches Bündnis vorgelegt (vgl. BU, S. 53). Weiteres Mitglied der Kommission war Theodor Blank, CDU, seit Oktober 1950 Verteidigungsminister, allerdings unter dem Pseudonym »Beauftragter für die mit der Vermehrung der alliierten Truppen zusammenhängenden Fragen«; s. K. 1684, 8–10; Bundeskanzler (Adenauer): s. K. 116, 12 f.

1731, 12 f. *Kurpfuscherdamm von Gneez* – So nannte man in Güstrow die Hafenstraße, weil hier viele Ärzte und Zahnärzte in villenartigen Jugendstilhäusern wohnten und praktizierten.

1731, 14 f. *vegetative Dystonie* – Bezeichnung für eine Störung des sympathischen und parasympathischen Anteils des vegetativen Nervensystems, hervorgerufen z. B. durch Streß; vgl. BU, S. 72, 109; s. 1733, 24.

1731, 28 f. *Zentralrat der Jugend* – Verbandsleitung der FDJ im Zeitraum zwischen den Parlamentssitzungen, die in den fünfziger Jahren alle vier Jahre stattfanden. Das eigentliche politische Führungsgremium war das Büro des Zentralrats; s. 1823, 3 f.

1731, 31 *Junge Welt* – s. K. 518, 36.

1732, 8 f. *der ostdeutschen Lufthansa . . . der PanAmerican lernen* – Die Fluglinie der DDR hieß Interflug. Ob sie jemals Stewardessen bei der PanAmerican hat ausbilden lassen, war nicht festzustellen.

1732, 9 *PanAmerican* – s. K. 324, 25.

1732, 10 f. *Berliner Neuen Illustrierten* – Anspielung auf die Ostberliner Zeitschrift »Neue Berliner Illustrierte«.

1732, 27–30 *Zwischen die Begebenheiten . . . gemäß sein soll* – Zitat konnte nicht nachgewiesen werden; eine inhaltlich ähnliche Aussage findet sich in Hegels Schriften zur Gesellschaftsphilosophie, 3. Teil B Rechtsphilosophie; vgl. Hegel (1927), S. 467 f.

1732, 34 *G. W. F. Hegel* – Georg Wilhelm Friedrich Hegel (27. 8. 1770–14. 11. 1831), dt. Philosoph.

1733, 6 *Wolverhampton* – Engl. Industriestadt in den West Midlands.

1733, 11 f. *»unser schöner junger Mann«* – s. 1799, 33 f.

1733, 15 *Stalinstraße* – s. K. 1432, 2.

1733, 20 *Jackett nach canadischem Vorbild* – s. K. 1714, 2.

1733, 31 *Matthäus XVI. 26* – »Was hülfe es dem Menschen, wenn er die ganze Welt gewönne und nähme doch Schaden an seiner Seele? Oder was kann der Mensch geben, damit er seine Seele wieder löse?« Vgl. Gansel (1995), S. 47; Paasch-Beeck (1997), S. 96.

1733, 31 *Schiet* – (nd.) Scheiße.

6. 8. 1968

1733, 34   *Tuesday* – (engl.) Dienstag; s. K. 601, 1.

1734, 2–9   *Wenn einer in . . . Manhattan bis Leningrad* – s. 1664, 7–1668, 33.

1734, 9   *Leningrad* – s. K. 857, 29 f.

1734, 14   *Fünfstrichsymbol* – s. K. 55, 3 f.; 151, 7.

1734, 23–30   *Karikatur zeigen, die . . . mit einem Lächeln* – Das Bild ist zu sehen in: The New Yorker, 3. 8. 1968, S. 30.
The New Yorker, 1925 gegr. liberales Wochenmagazin, das sich an ein urbanes, literaturinteressiertes Publikum wendete, immer noch bekannt für seine Karikaturen.

1734, 25   *»Service with a Smile«* – (engl.) übersetzt im Text.

1735, 4 f.   *I am ever . . . madam! My apologies* – (engl.) Es tut mir wirklich sehr leid, gnädige Frau. Ich bitte um Entschuldigung.

1735, 10   *Waidhaus* – Kleines Dorf auf der Strecke Nürnberg-Pilsen.

1735, 12   *Scandinavian* – s. K. 325, 22.

1735, 13   *PanAmerican* – s. K. 324, 25.

1735, 13 f.   *København* – (dän.) Kopenhagen; s. 710, 2.

1735, 15   *Kastrup* – s. K. 167, 9.

1735, 24   *Ruzyně* – s. K. 1075, 32.

1735, 27   *Schönefeld bei Berlin* – Damals DDR-Flughafen im Südosten von Berlin.

1735, 30 f.   *as the actress . . . to the bishop* – (engl. Redewendung) wie die Schauspielerin zum Bischof sagte (Zusatz zu einer unpassenden oder anzüglichen Bemerkung).

1735, 33   *who try harder* – (engl.) übersetzt im Text. Die Autoverleihfirma Avis warb mit dem Slogan »We try harder«.

1735, 37   *75 Grad Fahrenheit* – 24° Celsius; s. K. 22, 39–23, 1.

1735, 39   *Bloomingdale* – s. K. 1312, 5.

1736, 4 f.   *Abercrombie & Fitch* – s. K. 1645, 26.

1736, 5 f.   *aber da hat . . . der vorvorigen Woche* – s. K. 1645, 24–30.

1736, 26   *I think I . . . what you mean* – (engl.) Ich glaube, ich verstehe jetzt, was Sie meinen.

1736, 30   *I see I see* – (engl.) Jetzt begreife ich!

1737, 16   *Astoria, Queens* – s. K. 20, 28 f.; 1645, 24.

1737, 35– 1738, 2	*Die N. Y. Times . . . Rippenstück im Restaurant* – In der NYT vom 6. 8. 1968 wurden die Kosten für eine Sonntagsmahlzeit zu Hause verglichen und festgestellt, daß ein Rinderbraten drei Cents mehr kostete als vor einem Jahr, aber der Preis für Hühnchen sich nicht geändert hatte.
1738, 3–8	*Die Beratung in . . . so einer Aussprache* –Vgl. den Artikel »Bratislava Conference Put Soviet in an Awkward Spot« der NYT vom 6. 8. 1968: »The specter of ›counterrevolution‹ in Czechoslovakia that evoked cries of outrage and alarm from the Soviet Union seems in Moscow to have disappeared abruptly into the mists of unhistory. [. . .] Pravda suggested that the dispute had been instigated largely by imperialist ›enemies of Socialism‹ and charged that Western newspapers had sought to inflame the situation«; s. K. 1616, 29–32; 1707, 26–36; Konterrevolution: s. K. 1456, 14 f.; Prawda: s. K. 190, 29.
1738, 9 f.	*Auf dem Flugplatz . . . Take-Off and Landing* –Vgl. den Artikel »STOL Runway Opens at La Guardia« der NYT vom 6. 8. 1968 über die erste Startbahn von nur etwa 300 m; La Guardia: s. K. 79, 35 f.
1738, 10	*Short Take-Off and Landing* – (engl.) Verkürzte Start- und Landebahn.
1738, 20 f.	*That a watch . . . kept on her* – (engl.) übersetzt im Text.
1738, 23–29	*das Wort hrozný . . . sind nur Schreckschüsse* – (tschech.) übersetzt im Text.
1738, 25	*Hrozná doba, die Schreckenszeit* – s. K. 1746, 23.
1739, 4 f.	*Gräfin Albert Seydlitz* – s. K. 53, 14.
1739, 6	*Tucholsky* – Kurt Tucholsky (9. 1. 1890–21. 12. 1935), dt. jüd. Journalist und Schriftsteller, schrieb auch unter den Pseudonymen Kaspar Hauser, Peter Panter, Theobald Tiger, Ignaz Wrobel; mit Jacobssohn, später mit Ossietzky Hg. der »Schaubühne« (später »Weltbühne«), lebte in Berlin und Paris, emigrierte 1929 nach Schweden; beging Selbstmord. Vertreter eines linksorientierten, pazifistischen Humanismus; seine satirische Prosa und die Chansons richteten sich gegen Spießertum, Nationalismus und Militarismus. Auf Kurt Tucholskys »Schloß Gripsholm« wird angespielt: s. K. 1770, 2.
1739, 7	*Tilla Durieux* – Eigentlich Ottilie Godefroy (18. 8. 1880–21. 2. 1971), österr. Schauspielerin, von Max Reinhardt nach Berlin geholt, emigrierte 1933; 1952 Rückkehr nach Westberlin. Sie war mit dem Maler Eugen Spiro, dem Verleger und Kunsthändler Paul Cassirer, der Ernst Barlach förderte (Cassirer erschoß sich 1926 wenige Stunden vor der Scheidung), und seit 1930 mit dem Bankier Katzenellenbogen verheiratet; ihr Lebensgefährte Agram starb 1943 im KZ Oranienburg; s. K. 1820, 31.
1739, 8 f.	*Den Mimen, die . . . flechtet ihnen Kränze* – Anspielung auf Schillers (s. K. 1252, 26) Prolog zu »Wallenstein«, Vers 41: »Dem Mimen flicht die Nachwelt keine Kränze.«

1739, 15	*Postamtes Grand Central* – s. K. 453, 3.
1739, 15	*is it ready now* – (engl.) übersetzt im Text 1739, 14.
1739, 16	*Mr. Josephberg requests your presence urgently* – (engl.) Herr Josephberg erwartet Sie dringend.
1739, 39	*Berlin-Friedenau* – s. K. 472, 34 f.
1740, 27	*Vantaa* – Flughafen und Ort nördlich Helsinkis.
1740, 30	*Cessna* – s. K. 1721, 26.
1741, 38	*Flirt am Jones Beach* – An D. E.s Todestag: s. 1708, 29–1709, 6; Jones Beach: s. K. 1427, 4.
1742, 2 f.	*Wir waren so . . . Durchsuchen von Minneapolis* – s. 25. 9. 1967.
1742, 3	*Minneapolis* – s. K. 118, 9.
1742, 5	*der berühmte Fluß* – Mississippi.
1742, 8 f.	*Nach protestantischem Glauben . . . Flugzeugen geschrieben steht* – Bedeutung ungeklärt.
1742, 25 f.	*D. E. hœgt sich* – (nd.) D. E. freut sich.
1742, 28–30	*Grot Marie is . . . em ein smetn* – (nd.) Die große Marie ist tot, die kleine Marie wartet auf D. E. ›Mein Töchterchen‹; einmal. – Noch einen, Herr Apotheker, sagte der. Hat sie ihm einen geschmissen.
1742, 39– 1743, 2	*D. E. flog nach . . . einer unumgrenzten Wasserfläche* – s. 168, 27 f.
1743, 8 f.	*»Jan Hus und . . . für die Utraquisten.«* – Die Hussitenkriege (1419–35) begannen als ein Aufstand gegen die Deutschen, da König Sigismund für den Mord an Hus verantwortlich gemacht wurde. Die Hussiten mußten das Land verlassen, ihr Besitz wurde konfisziert. Sie hatten Armut des Klerus, Freiheit der Predigt, die Austeilung von Brot und Wein in der Messe auch an Laien und einen tschech. Nationalstaat gefordert. Während die Aufständischen von Ungarn bis Brandenburg durch die Lande zogen, spalteten sich bei den Verhandlungen die Tschechen in zwei Lager, die gemäßigten Utraquisten und die radikalen bäuerlichen Taboriten. Die Utraquisten wollten das Abendmahl mit Kelch und Hostie (unter beiderlei Gestalt – sub utraque specie) feiern. 1433 wurde ihnen in den »Prager Kompaktaten« der Laienkelch zugestanden, womit ihr Gegensatz zum Katholizismus weitgehend aufgehoben war. Ihre volle Anerkennung in den »Basler Kompaktaten« 1435 beendete die Hussitenkriege; Hus: s. K. 1107, 4 f. Der Titel konnte nicht nachgewiesen werden. Für die Prager Reformer wurde wiederholt der Vergleich mit den Hussiten herangezogen; vgl. den Artikel »The Ferrent Czech Reformer« der NYT vom 11. 5. 1968: »our radio television and press are Hussite«.

1743, 10	*das Kind das ich war* – s. K. 8, 35.
1743, 10–12	*I expect to . . . of the child* – (engl.) Ich glaube, daß ich sehr bald sterben werde; würdest du mir erlauben, für euch Vorsorge zu treffen? Zumindest des Kindes wegen?
1743, 20–22	*MACHT DIE LUFT . . . UNGLÜCKLICH? UNS DOPPELT* – Konnte nicht nachgewiesen werden.
1743, 24 f.	*Variationen für den Schüler Goldberg* – s. K. 1713, 2 f.
1744, 5 f.	*zu verbrennen am . . . Predigt Musik whatsoever* – Vgl. Johnsons Testament vom 22. 3. 1983, Sheerness: »I DESIRE that I shall be cremated and that the cremation shall be carried out at the place or location that I shall die and I REQUEST that there shall be no music speeches flowers or any religious or other service whatsoever«; vgl. Public Record Office, London; Lübbert (1998), S. 38.
1744, 10	*Ty snajesh* – (russ. ugs.) wörtl.: Du weißt; sinngemäß: Das weißt du doch. / Versprochen; s. 1749, 18; 1755, 36.
1744, 17–28	*Well, Mrs. Erickssen! . . . taxi, Mrs. Erickssen* – (engl.) – Nun, Frau Erickssen! – 'n Abend, Wes. – Wie geht's Herrn Erickssen? – Gut. Ist leider nicht da. Aber gut. – Was darf's sein, Frau Erickssen? – Ein Drink. – Aber sicher. Doch was für ein Drink. Das ist die Frage. – Etwas, um mich aufzumuntern, Wes. – Frau Erickssen, bei allem schuldigen Respekt, könnte es sein, daß Sie etwas anderes brauchen, um auf die Beine zu kommen? – Irgendetwas. – Ich ruf Ihnen ein Taxi, Frau Erickssen.« (to pick somebody up – doppeldeutig: 1. jemand abholen, 2. sich stärken.)
1744, 23	*that is the question* – Zitat aus Shakespeares (s. K. 876, 29) »Hamlet«, III, 1: »To be, or not be, that is the question«.
1744, 31– **1745, 2**	*Meklenburg Ducatus, Auctore . . . Wahrheit: Oost Zee* – (lat.) Herzogtum Mecklenburg, von Johannes Blaeuw ausgeführt. Auf der holl. Karte heißt es: »Auctore Ioanne Laurenbergio« und »Amstelodami, Guiljelmus Blaeuw excudit«. Die Karte wurde ca. 1640 gestochen und ist 48,7 x 36,7 cm groß; sie befand sich in Johnsons Besitz; Abbildung in: Michaelis (1983); S. 300 f.; vgl. MJ, 174: »Neben der Tür [. . .] hing eine Landkarte aus dem siebzehnten Jahrhundert, die die Küste bis Lübeck darstellte.«
1744, 33	*Muritz Lacus gleich . . . dem Calpin Lacus* – (lat.) Müritzsee . . . Kölpinsee. Der Kölpinsee liegt nordwestlich der Müritz (s. K. 56, 25).

1744, 34 f.   *Fleesensee* – Der Fleesensee liegt zwischen dem Plauer See und dem Kölpinsee.

1744, 35 f.   *Ossenkopp* – s. K. 143, 34–144, 2.

1744, 36   *Mare Balticum* – (lat.) Ostsee.

1745, 1   *Wißmerbucht* – (nd.) Wismarer Bucht; s. K. 858, 26.

1745, 2   *Oost Zee* – (holl.) Ostsee.

1745, 7 f.   *WRVR, 106.7 Kilohertz, beginnt Just Jazz* – WRVR, Sender der Riverside Church, der die Bürgerrechts- und Antikriegsbewegungen unterstützte. »Just Jazz« war der Slogan des Senders; sendete auf FM 106,7; s. K. 1877, 1 f.

7. 8. 1968

1745, 10   *Wednesday* – (engl.) Mittwoch; s. K. 601, 1.

1745, 17 f.   *Walk, do not . . . is no fun* – (engl.) Gehe lieber, renn nicht so, sonst fällst du noch auf deinen Po; s. K. 370, 24–28.

1745, 20   *Suomi* – (finn.) Finnland.

1745, 23 f.   *Wendell, Milo, Gelliston* – In der zweibändigen Taschenbuchausgabe steht: »Wendell, Milo, nach Gelliston«.

1745, 33   *have a good time* – (engl.) viel Spaß.

1746, 4   *Hrozebný, hrozivý* – (tschech.) übersetzt im Text.

1746, 5   *hrozící* – (tschech.) übersetzt im Text.

1746, 5 f.   *Hrozím se toho . . . Hrozba trestem* – (tschech.) übersetzt im Text.

1746, 12 f.   *Dům hrozí sesutím* – (tschech.) übersetzt im Text 1746, 13 f.

1746, 17   *Hroznýš . . . Hrozitánský* – (tschech.) übersetzt im Text.

1746, 23   *Hrozná doba* – (tschech.) Schreckenszeit, s. 1738, 25.

1746, 32   *A sweet man* – (engl.) Ein liebenswerter Mann.

1746, 34   *Attjé* – s. K. 212, 14.

1746, 34   *Thank you kindly* – (engl.) Ganz herzlichen Dank.

1747, 7–12   *Bis einem die . . . von D. E.s ILoNa* – Bedeutung ungeklärt.

1747, 15   *Ruzyně* – s. K. 1075, 32.

1747, 19   *Czernin-Palast* – Riesiger Barockpalast gegenüber der Wallfahrtsstätte Maria-Loreto auf dem Hradschin gelegen; vom böhmischen Statthalter Jan Humprecht Graf Czernín von Chudenitz 1668 begonnen, 1851 vom Staat übernommen; unter Jan Masaryk umfassend restauriert und seitdem als Außenministerium genutzt; s. 1747, 27.

1747, 27 f.   *u Loretu* – (tschech.) »Bei Loreto«, nach der Wallfahrtsstätte Maria-Loreto auf dem Hradschin; 1626 gestiftet. Die Anlage enthält eine Casa Santa nach dem Vorbild derjenigen von Loreto in Italien, wohin Engel der Legende zufolge das Haus der Heiligen Familie getragen haben.

1747, 34   *Pariser Straße* – Die Pawřížská mit ihren zahlreichen prächtigen Häusern im Gründerzeit- und Jugendstil verläuft vom Altstädter Ring nach Norden zur Čechův Brücke; s. K. 1809, 11–16.

1747, 35 f.   *Öffnung des Landes . . . kapitalistischen Tourismus 1963* – Nach einer Richtlinie des ZK der KPČ, um u. a. durch einen Zwangsumtausch westliche Devisen ins Land zu bringen.

1748, 6 f.   *damit ich dich besser fressen kann* – Anspielung auf Grimms Märchen »Rotkäppchen«; s. K. 229, 32 f.

1748, 7 f.   *À dieu, yours, truly* – (frz. u. engl.) Lebe wohl, immer Dein; s. K. 1642, 18.

1748, 18   *SPIEGEL* – s. K. 167, 17–20.

1748, 20 f.   *Daß wie in . . . die Glocken schlagen* – Zitat aus dem zweiten Teil von Theodor Storms Gedicht »Einer Toten«, das er 1847 nach dem Tod seiner ältesten Schwester schrieb.

>   Das aber kann ich nicht ertragen,
>   Daß so wie sonst die Sonne lacht;
>   Daß wie in deinen Lebenstagen
>   Die Uhren gehn, die Glocken schlagen,
>   Einförmig wechseln Tag und Nacht;
>
>   Daß, wenn des Tages Lichter schwanden,
>   Wie sonst der Abend uns vereint;
>   Und daß, wo sonst dein Stuhl gestanden,
>   Schon Andre ihre Plätze fanden,
>   Und nichts dich zu vermissen scheint;
>
>   Indessen von den Gitterstäben
>   Die Mondesstreifen schmal und karg
>   In deine Gruft hinunterweben,
>   Und mit gespenstig trübem Leben
>   Hinwandeln über deinen Sarg.

1748, 23   *WKCR* – Amerik. Radiostation, die auf FM 89,9 in frz., dt., span., russ. und hebräischer Sprache sendete.

1748, 24 f.   *Eaton, Monk, Tristana, Taylor* – Eaton: Vermutlich John Charles Eaton, geb. 30. 3. 1935, amerik. Komponist und Jazzpianist, der bei seinen Konzerten häufig zusammen mit dem Klarinettisten und Komponisten William O. Smith auftrat; begann bereits in den frühen sechziger Jahren die ganze Palette elektronischer Instrumente mit Originalität und Virtuosität zu nutzen. Monk: Thelonius Monk, genannt Sphere (10. 10. 1917–17. 2. 1982), amerik.

Jazzpianist und Komponist; Mitbegründer des Bebop-Stils in den vierziger Jahren.
Tristana: Leonard Joseph (Lennie) Tristano [sic] (19. 3. 1919–18. 11. 1978), amerik. Jazzpianist, Klarinettist, Tenor-Saxophonist; einer der bedeutendsten Vertreter des Cool Jazz in den sechziger und siebziger Jahren.
Taylor: Cecil Percival Taylor, geb. 15. 3. 1933, afroamerik. Jazzpianist; Vertreter des Free Jazz, zunächst von Monk beeinflußt.

1749, 18	*Ty snajesh* – s. K. 1744, 10.
1749, 25	*Astoria, Queens* – s. K. 20, 28 f.; 1645, 24.
1749, 28	*indoors* – (engl.) übersetzt im Text 1749, 30.
1750, 4–12	*Mir schwant, das . . . vor dem Gesetz* – s. 9, 27–10, 3.
1750, 7–12	*Im Juli machte . . . vor dem Gesetz* – s. 1832, 34 f.
1750, 7	*Staatssicherheit* – s. K. 684, 8.
1750, 17	*Scandinavian* – s. K. 325, 22.
1750, 18	*Finnair* – 1923 gegr., staatliche finn. Luftverkehrsgesellschaft mit Sitz in Helsinki.
1750, 22	*mucksch* – (nd.) mürrisch; s. K. 505, 1.
1750, 24	*Olsch* – (nd.) Alte.
1750, 27	*Lüneburg* – s. K. 1630, 15.
1751, 4–8	*»Nicht, daß Gesine . . . zu sehen war.«* – Konnte nicht nachgewiesen werden.
1751, 11–16	*bei unseren Kochbüchern . . . die? / »Gesine Lemcke«* – Gesine Lemcke: European and American Cuisine, New York 1901; Johnson besaß ein Exemplar. Appleton and Company, ein 1831 von Daniel Appleton gegr. Verlag; gab wissenschaftliche Werke, medizinische Literatur, aber auch die Romane Edith Whartons heraus.
1751, 14 f.	*Brooklyn Cooking College* – (engl.) Brooklyner Haushaltsschule.
1751, 19 f.	*weil Cresspahl einmal . . . Redebrecht aus Malchow* – s. 85, 29–86, 4.
1751, 29–31	*»›Effi Briest‹, für . . . feinen Vokale.« Fontane* – Fontane in einem Brief an Rodenberg vom 9. 11. 1893. Vgl. Fontane (1969), S. 62; Effi Briest: s. K. 1695, 14.
1751, 31	*Fontane* – s. K. 1694, 38 f.
1751, 34	*seinen Namen zu verschweigen* – s. K. 913, 1.
1752, 4	*noch keine Mauer* – s. K. 74, 12.
1752, 11	*Bornholm* – s. K. 1250, 23.
1752, 16	*Da wohnte ein . . . über der Apotheke* – s. 1018, 17 f.

1753, 3–14	*am nächsten Morgen . . . Gneez, wegen Körperverletzung* – s. 9, 27–10, 3.
1753, 6	*H-Jolle* – s. K. 728, 27.
1753, 7 f.	*Tochter von den . . . Die andere Ingrid* –Vgl. IB.
1753, 9	*Bøtersen* – s. K. 28, 4–31.
1753, 26	*»Prünen«* – s. K. 1699, 17 f.
1753, 31 f.	*führte mich auf . . . Welt und sprach* – Anspielung auf Luk 4, 5 (vgl. auch Matth 4, 8): »Und der Teufel führte ihn hinauf (auf einen hohen Berg) und zeigte ihm alle Reiche der ganzen Welt in einem Augenblick und sprach zu ihm: [. . .]«.
1753, 39– 1754, 1	*Wald bei Mönchengladbach* – s. K. 464, 18 f.
1754, 5	*gindeganten* – s. K. 1645, 34.
1754, 11	*him-self* – (engl.) ihm selbst (eigentlich ohne Bindestrich, hier zur Betonung gesetzt).
1754, 25	*Wunstorf* – Niedersächsische Stadt westlich von Hannover, alte Garnisonsstadt. Hier befand sich ein Fliegerhorst der Royal Air Force (Germany); Startplatz für Flüge während der Berliner Blockade.
1754, 27–32	*fragen nach Taormina . . . in getrennten Zimmern* – Stadt an der Ostküste Siziliens. Vgl. MJ, S. 33, 124, 210, wo von einer Reise Gesines mit Jonas Blach die Rede ist.
1755, 4	*Variationen für den Schüler Goldberg* – s. K. 1713, 2 f.
1755, 5	*Quodlibet* – s. K. 1713, 3.
1755, 6–12	*In Ostdeutschland hören . . . nette Grüße zu* – Die NYT vom 7. 8. 1968 bezieht sich in ihrem Artikel »German Reds End Attack on Prague« auf das »Neue Deutschland« vomVortag: »Ignoring reports that Mr. Ulbricht was booed and told to ›go home‹ by crowds of Slovaks and some East Germans in Bratislava, Neues Deutschland said that he had taken a pleasant Sunday tour of the city, during which ›passers-by waved and called out friendly greetings again and again‹«; s. K. 1707, 26–36; 1714, 29–31; Sachwalter: s. K. 993, 8; 1138, 30; Bratislava: s. K. 593, 19; 651, 38.
1755, 10	*Damoi* – (russ.) übersetzt im Text.
1755, 13–16	*Gestern abend ist . . . Luft, Landung verwehrt* –Vgl. den Artikel »Radar Failure Causes Delays Of 2 Hours At 3 Airports Here« der NYT vom 7. 8. 1968: »a short in a power transformer had knocked out the Air Route Surveillance Radar at Islip, L.I. The A.R.S.R. is a component of the New York Center Longe Range Radar System, which controls planes from the time they leave adjoining radar areas

to the time they are ›handed off‹ to La Guardia, Kennedy and Newark control towers. [...]
Arrivals at Kennedy were an hour and 45 minutes to two hours late.«

1755, 13   *Radar* – s. K. 42, 16.

1755, 13   *Islip* – Ort im Süden von Long Island zwischen Bay Shore und East Islip nahe der Great South Bay.

1755, 17   *Wir fliegen auch bald* – s. 1708, 4.

1755, 20 f.   *What kind of... time number first* – (engl.) Was für ein Anrufer sind Sie? Können Sie sich nicht zuerst bei der Zeitansage erkundigen?

8. 8. 1968

1756, 3   *New Jersey* – s. K. 7, 13 f.

1756, 6–8   *Oh, you can't... of them, either* – (engl.) Oh, du kannst Erinnerungen nicht kaufen! [...] Und loswerden kannst du sie auch nicht.

1756, 9   *Hoboken* – s. K. 558, 18.

1756, 16   *to keep our city clean* – (engl.) um unsere Stadt sauberzuhalten; s. K. 453, 22 f.

1756, 20   *Newark* – s. K. 327, 35.

1756, 23–26   *Statue auf der... Frances Xavier Cabrini* – Frances Xavier Maria Francesca Cabrini (15. 7. 1850–22. 12. 1917), erste kath. Heilige der USA; gründete 1880 in Italien die »Missionsschwestern des Heiligen Herzens«; ging in die USA, wo sie vorwiegend für ital. Einwanderer wirkte; gründete 1892 das Columbus Hospital (später Cabrini Medical Center); 1946 heiliggesprochen.

1756, 27   *Broadstreet* – (engl.) wörtl.: Breite Straße, ähnlich gebräuchlich wie dt. »Hauptstraße«.

1756, 28 f.   *Downtown (zu singen)* – (engl.) Innenstadt. Anspielung auf den gleichnamigen Schlager aus dem Jahre 1964, mit dem die engl. Sängerin Petula Clark, geb. 15. 11. 1934, international bekannt wurde.

1756, 29 f.   *Parade, die polnische Bauernkleidung karikiert* – Vermutlich eine Veranstaltung ähnlich der Pulaski Day Parade, die am 5.10. oder dem folgenden Sonntag in Manhattan (5. Ave./26.–52. Street) stattfindet und die für ihre poln. Volkstrachten bekannt ist; s. 1756, 36.

1756, 30   *P. A. T. H.* – s. K. 396, 28.

1756, 31   *Van Cortland Straat* – Van Cortlandt [sic] Straat, Straße in Newark, New Jersey; benannt nach Stephanus Van Cortlandt (7. 5. 1643–25. 11. 1700), 1677 der erste im Land geborene Bürgermeister von New York City.

1756, 31   *Yours, truly* – (engl.) Immer Dein.

1757, 30– **1758, 22**	*Glöwst du dat . . . gå ick ridn –* (nd.) – Glaubst du das, Gesine? – Ich soll. Ich muß. – Verbrannt und vergraben und nun nichts mehr? – Er wollte das so. – Nun kannst du mich auch unter die Erde bringen. – Du lebst noch lange. Warst unterwegs und wolltest ein Pferd das Fürchten lehren. Du mußt auf seine Sachen aufpassen. – Ich hab doch Post von ihm, geschrieben am Sonntag. – Gestempelt. – Geschrieben, siehst du? – Ich sehe es. Aber es ist der Rechtsanwalt deines Sohnes, der sagt – – Hast du den Erbschein dabei, Gesine? – Nun laß das doch. – Du wirst einer alten Frau das Haus lassen. – Du kannst es behalten allezeit. – Gesine, bist du schwanger? – Bin ich nicht. – Tut dir das leid? – Wie kann ich noch einmal ein Kind aufziehen ohne ihn. – Die kleine Marie, wie hält sie es aus? – Ich habe Angst, ihr das zu – – Könnt ihr bei mir leben kommen? – Wir müssen nach Prag. – Er ist gerade erst gestorben. – Er hätte es so gewollt: erst die Sache fertig machen. – Ja. So ist er. Und wenn ihr Prag durch habt? – Marie muß in die Schule. Komm du doch nach New York. – Das ist so weit weg von ihm. Was, du gehst? – Draußen wartet das Taxi. Ich muß den Bus kriegen. Zu Hause wartet Marie. Du kannst doch mitkommen. – Nein. Dann gehe ich reiten.
1758, 24	*Aero-Club* – Zeitweilige Tarnbezeichnung für die im Dezember 1951 aufgestellten ersten Verbände der Luftwaffe der DDR; die 9000 Mann gehörten zur Kasernierten Volkspolizei und wurden im Januar 1956 in die Nationale Volksarmee eingegliedert. Seit 1960 Dachorganisation aller Flugsportsektionen, z. B. der Gesellschaft für Sport und Technik (GST) und Sportklubs.
1758, 24	*Cottbus* – Stadt in der Niederlausitz, im Osten der DDR.
1758, 29	*Wehrpflicht* – Mit dem durch Gesetz vom 19. 3. 1956 (BGBl. I, S. 111) in das Grundgesetz eingefügten Art. 17a wurde die Wehrhoheit des Bundes in der Verfassung der BRD verankert. Das »Wehrpflichtgesetz« vom 21. 7. 1956 (BGBl. I, S. 651) führte eine Wehrpflicht vom 18. bis zum vollendeten 45. Lebensjahr ein, wobei der Grundwehrdienst in der Regel in dem Kalenderjahr beginnen sollte, in dem der Wehrpflichtige das 20. Lebensjahr vollendete. Mit

dem »Gesetz über die Dauer des Grundwehrdienstes und die Gesamtdauer der Wehrübungen« vom 24. 12. 1956 (BGBl. I, S. 1017) wurde die Dauer des Grundwehrdienstes auf zwölf Monate festgelegt; Kriegsdienstverweigerer leisteten zu dieser Zeit einen zivilen Ersatzdienst von der Dauer des Wehrdienstes; s. K. 1624, 18.

1758, 33–37   *Ick wull allein . . . Is doch gaud* – (nd.)
Ich wollte allein sein, Gesine.
Pius, wenn ich je deine Ruhe gestört habe –
Laß mal Gesine. Du warst richtig für mich.
Pius, ich hatte –
Ist doch gut.

1759, 3   *Hest mi allein . . . an unsn Tisch* – (nd.) Hast mich allein sitzen lassen, an unserem Tisch.

1759, 8   *alln dissn Schiet* – (nd.) all diese Scheiße.

1759, 32   *»gesellschaftliche Betätigung«* – s. K. 1559, 31.

1760, 12   *Neuen Schule* – s. K. 778, 29 f.

1760, 15   *Lässigkeit und Pius* – Anspielung auf eine der wörtl. Bedeutungen des Namens: pflichtgetreu; s. K. 419, 8.

1760, 21   *Jungen Welt* – s. K. 518, 36.

1760, 23   *Straße der nationalen Einheit* – Die »Hageböcker Straße« in Güstrow wurde 1955 in »Straße der Nationalen Einheit«, später zusammen mit der anschließenden »Schweriner Straße« in »Wilhelm-Pieck-Straße« umbenannt; s. 1775, 30–33.

1760, 34 f.   *weil er die Wahrheit gesagt hat* – s. K. 644, 2–4.

1761, 7   *Dänschenhagen* – s. 1432, 14.

1761, 13   *Lindenkrug* – Gleichnamige Güstrower Wirtschaft am Brunnenplatz, in der Schweriner Vorstadt, unweit des Bahnhofs; s. 1833, 38.

1761, 15   *Schulgruppe der F. D. J.* – s. K. 1559, 13 f.; 1559, 16 f.

1761, 37   *Barras* – Soldatensprache: Kommiß, Militär; Herkunft unsicher; s. 1762, 9.

1762, 4 f.   *das russische Wort für »kleine Schwester«* – sestriza.

1762, 17   *beiden* – Druckfehler in allen Ausgaben; richtig: beide.

1763, 1   *»Tempel der großen Freude«* – s. 1801, 1.

1763, 1   *Esquadrille* – Veraltet für Staffel, bei der sowj. Luftwaffe zwölf Flugzeuge.

1763, 11   *Luise Pagenkopf* – Falsch im Manuskript, in den Taschenbuchausgaben korrigiert in: Helene Pagenkopf.

1763, 13   *Röbbertin sin Gesin* – (nd.) Röbbertin seine Gesine, Robertchens Gesine; s. K. 1586, 10.

1763, 17 f.   *Grunzochsen* – Yak (poephagos (bos) mutus); Art der Wildrinder, die heute nur
                noch im zentralasiatischen Hochland verbreitet ist; als Grunzochsen oder
                Haus-Yaks werden die kleineren, aus dem Yak gezüchteten Haustiere be-
                zeichnet.

1763, 18 f.   *YAK 18 zum . . . 11 zum Können* – Sowj. Flugzeuge, benannt nach dem sowj.
                Flugzeugkonstrukteur Aleksandr Sergejewitsch Yakowlew (1. 4. 1906–22. 8.
                1989), die zu ihrer Zeit zahlreiche Flugrekorde aufstellten. Die Yak 18 war ein
                1945–71 in 6760 Exemplaren verschiedener Versionen gebautes zweisitziges
                Schul- und Sportflugzeug mit Propellerantrieb. Die Yak 11 war ein ab 1946
                in einer Stückzahl von 3859 (UdSSR) und 700 (ČSSR; in Lizenz) gebautes,
                zweisitziges Übungs-Jagdflugzeug für Fortgeschrittene mit Propellerantrieb,
                bis Ende der fünziger Jahre im Einsatz.

1763, 20   *Drewitz* – Südlicher Ortsteil von Potsdam. Der Flugplatz befand sich am Au-
                tobahndreieck von E 51 und E 30 bei Drewitz.

1763, 23   *MIG 15* – Sowj. Abfangjäger mit großer Steiggeschwindigkeit und Einsatz-
                höhe; benannt nach den Konstrukteuren Artjom Iwanowitsch Mikojan
                (5. 8. 1905–9. 12. 1970) und Michail Jossipowitsch Gurjewitsch (12. 1.
                1893–1976); war im Koreakrieg den amerik. Flugzeugtypen zunächst weit
                überlegen. Unter der Bezeichnung MIG wurde eine lange Reihe von Flug-
                zeugen gebaut und in eine Vielzahl komm. Staaten exportiert.

1763, 25   *»gegroundet«* – (dt. und engl.) hier: ihm war die Flugerlaubnis entzogen wor-
                den; (engl.): to be grounded.

1763, 29   *Großen Zern-See* – Westlich von Potsdam gelegen, wird von der Autobahn-
                brücke der E 55 überquert.

1763, 30   *Merseburg* – Industriestadt an der Saale, südlich von Halle.

1763, 31–34   *Im Januar 1956 . . . einer Nationalen Volksarmee* – Am 18. 1. 1956 beschloß die
                Volkskammer das Gesetz über die Schaffung der Nationalen Volksarmee
                (NVA) und des Ministeriums für Nationale Verteidigung, eine Entwicklung,
                die durch den Abschluß des Warschauer Pakts im Mai 1955 ermöglicht wor-
                den war. Die ersten Einheiten wurden aus den Bereitschaften der Kasernier-
                ten Volkspolizei am 1. 3. 1956 aufgestellt; vgl. BU, S. 105, 374 f.; s. K. 1269, 9 f.;
                1822, 17–20; 1836, 26 f.; Sachwalter: s. K. 993, 8; 1138, 30.

1764, 4   *den »begehrtesten Paß der Welt«* – Anspielung auf den Schluß von Majakowskis
                Gedicht »Verse vom Sowjetpaß«, 1929:
                Da lest,
                                    beneidet mich,
                                                      seht,
                                                          wer ich bin;
                Bürger der Sowjetunion.
                Dt. von Hugo Huppert; s. 1770, 10 f.

1764, 8   *öffen* – Druckfehler in allen Ausgaben, richtig: öffnen.

1764, 10–12 *MIG 21 A, B . . . der N. A. T. O.: »Fishbed«* – Die MIG 21 ist das nach dem 2. Weltkrieg meistgebaute und in den meisten Versionen verbreitete (Jagd-) Kampfflugzeug der Welt. Sie stand von allen je gebauten Kampfflugzeugen am längsten im aktiven Dienst, nahm an den meisten Kriegen teil und wurde von der größten Zahl von Ländern genutzt. Bei den hier als MIG 21 A und B bezeichneten Typen dürfte es sich um die MIG 21 »Mongol A und B« handeln, beides zweisitzige Trainerversionen; eine als MIG 21 C bezeichnete Version ist nicht bekannt; die als »Fishbed-D« (engl.: Fischbett) bezeichneten Serienversionen der MIG 21 PF und PF-13 wurden ab Ende der fünfziger, Anfang der sechziger Jahre gebaut; s. 1764, 21.

1764, 12   *N. A. T. O.* – s. K. 42, 16 f.

1764, 14 f. *SU-7 (»Fitter«), einem schweren Jagdbomber* – Su-7B, NATO-Bezeichnung: »Fitter« (engl.: Schlosser, Monteur); von Pawel Ossipowitsch Suchoi (10. 7. 1895–15. 9. 1975) entwickeltes, 1958–76 in ca. 1500 Exemplaren gebautes, einsitziges, einstrahliges Jagd- und Erdkampfflugzeug mit Tragflächen extrem großer Pfeilung.

1764, 22 f. *der Kaukasus weise . . . Göring behauptet habe* – Eine entsprechende Äußerung Görings (s. K. 895, 17 f.) konnte nicht nachgewiesen werden.

1764, 23   *Grunewald* – s. K. 665, 37.

1764, 26   *Stalingrad* – s. K. 271, 28.

1764, 37   *das o sprechen wie ein Moskauer* – s. K. 1607, 16–21.

1764, 37 f. *Gesine flog aus . . . Knall und Fall* – s. 1872, 16; 1878, 12–33. Brooklyn: s. K. 54, 14.

1764, 39   *SU-9 (»Fishpot«), einem Jäger* – Su-9B, NATO-Bezeichnung: »Fishpot« (engl.: Fischtopf); von Pawel Ossipowitsch Suchoi ab 1955/56 entwickelter einsitziger, einstrahliger Allwetterjäger mit Deltaflügeln.

1765, 1   *Mach 2* – Zweifache Schallgeschwindigkeit, etwa 2400 km/h; die Mach-Zahl gibt das Verhältnis der Geschwindigkeit v eines Körpers im umgebenden Medium zur Schallgeschwindigkeit c des Mediums an: Ma=v/c; benannt nach Ernst Mach (18. 2. 1838–19. 2. 1916), österr. Physiker und Philosoph, Verfasser wichtiger experimenteller Beiträge, u. a. zur Physik der Schallwellen.

1765, 4 f.   *Als der Präsident Kennedy ermordet war* – John F. Kennedy wurde am 22. 11. 1963 ermordet; s. K. 24, 36.

1765, 10–12 *TU-28, einem . . . Spannweite von 19.8 Metern* – Tu-28, NATO-Bezeichnung: »Fiddler« (engl.: Fiedler); von Andrej Nikolajewitsch Tupolew (10. 11. 1888– 23. 12. 1972), sowj. Flugzeugkonstrukteur, 1961 zum Abfangen der amerik. B-52 (s. K. 137, 36) entworfenes zweistrahliges, zweisitziges Langstrecken-Jagdflugzeug; galt als größtes Jagdflugzeug der Welt.

1765, 12	*halten* – Druckfehler, richtig: halben; in den Taschenbuchausgaben korrigiert.
1765, 25	*einem Herrn B.* – Oberstleutnant Jörg Bahnemann von der Führungsakademie der Luftwaffe in Hamburg gab Johnson detaillierte Auskunft über militärische Flughafenanlagen; vgl. Neumann, B. (1994), S. 657 f.
1765, 36	*»Wegzehrung«* – Das Viaticum, in der kath. Kirche das dem Sterbenden gereichte heilige Abendmahl.
1765, 37	*»dies mein Leib, dies mein Blut«* – »dies ist mein Leib, dies ist mein Blut«: Worte, die in der kath. Messe bei der Wandlung gesprochen werden.

1766, 3 *»In das Paradies . . . Engel ihn geleiten.«* – Anfang eines kath. Kirchenliedes, das auf dem Weg zum Grab gesungen wird:

Zum Paradies mögen Engel dich geleiten,
die heiligen Märtyrer dich begrüßen
und dich führen in die heilige Stadt Jerusalem.
Die Chöre der Engel mögen dich empfangen,
und durch Christus, der für dich gestorben,
soll ewiges Leben dich erfreuen.

Vgl. Gotteslob (1975), S. 175.

1766, 10 f.	*Røbbing sin Gesin . . . Dativ zu denken* – (nd.) Der Genitiv würde eine nicht zutreffende Zugehörigkeit bezeichnen, hier als Dativ im Sinne von: (Dem toten) Röbbing (gewidmet) von seiner Gesine. Die nd. Formulierung ist mehrdeutig; Robbertin und Röbbing sind beides im Niederdeutschen mögliche Diminutive von Robert; s. K. 1586, 10.
1766, 11	*Nu seggn Se doch eins an* – (nd.) Nun sagen Sie doch mal.
1766, 17	*Bin schon da* – Anspielung auf das Grimmsche Märchen vom Hasen und Igel; s. K. 880, 36 f.

9. 8. 1968

1766, 28	*Friday* – (engl.) Freitag; s. K. 601, 1.
1766, 29	*Gelernt ist gelernt* – s. 1867, 37; 1868, 37.
1766, 29	*Flugplatz LaGuardia* – s. K. 79, 35 f.
1766, 30	*Flushingbahn* – Flushing: s. K. 10, 27.
1767, 6	*Fiorello LaGuardia* – s. K. 79, 35 f.
1767, 11	*gelben* – s. 1690, 24–1693, 38.
1767, 28 f.	*Lincoln Center* – s. K. 573, 28–30.
1768, 16–19	*über die Leichensäcke . . . solcher blutfesten Säcke* – s. K. 640, 24 f.

1768, 18   »*goon*« – (amerik. Engl.) angeheuerter Schläger, Streikbrecher; im Vietnamkrieg übliche abfällige Bezeichnung für Vietnamesen.

1768, 22 f.   *So äße sie . . . dem Brot Verantwortung* – Parallele Bildung zu einem Vers aus Shakespeares (s. K. 876, 29) Richard II., III, 2: »Eating the bitter bread of banishment«: das bittre Brot der Verbannung essen.

1768, 27   *En jaksa enää* – (finn.) Ich kann nicht mehr.

1768, 30   *Mohawks* – Hier ist die Fluglinie Mohawk's Airline gemeint, die vorwiegend Neuengland bediente. Sitz: Oneida County Airport, Utica NY 13503. Ein Flugplan von 1971 und Tickets von New York nach Lebanon, New Hampshire, befinden sich in Johnsons Bibliothek. Die Fluglinie trägt den Namen des östlichsten Indianerstamms des Irokesenbundes, der vorwiegend im Gebiet des heutigen Vermont lebte.

1768, 31   *Vista Jet* – Von der Canadian Vickers Ltd. (seit 1944 Canadair Ltd.) gebaute Flugzeuge.

1769, 3   *Wir fliegen auch bald* – s. 1708, 4.

1769, 23   *Super-8-Brot* – Ungeklärt.

1769, 26   *der Universität* – Die »University of Vermont« befindet sich in Burlington im Nordwesten des Landes.

1769, 27   *Keine barften Beine* – (nd.) hier: bloßen; s. K. 840, 2.

1769, 33   *Gentleman-Farmer* – (engl.) Gutsbesitzer.

1770, 2   *Martje Flohrs* – Richtig: Martje Flor. Anspielung auf eine mehrfach tradierte Episode aus dem Dreißigjährigen Krieg. So bei Detlev von Liliencron in dem Gedicht »Martje Flors Trinkspruch«:

            Da tritt ein kleines Mädchen herein,
            Steht mitten im wüsten Quartiere.
            Martje Flor ists, des Wirtes Töchterlein,
            Zehn Jahr nach dem Taufpapiere.

            Sie nimmt das erste beste Glas
            Und hebt sich auf die Zehe:
            »Auf daß es im Alter, ich trink euch das,
            Im Alter uns wohlergehe.«

            Mit weit offnem Munde, mit bleichem Gesicht
            Steht die ganze besoffne Bande
            Und starrt entsetzt und rührt sich nicht,
            Steht wie am Abgrundsrande . . .

            In Schleswig denken sie heut noch erbost
            An die schwedschen Klauen und Klingen
            Und denken dankbar an Martjes Toast,
            Wenn sie die Becher schwingen.

In Prosa aufgenommen am Ende von Kurt Tucholskys (s. K. 1739, 6) »Schloß Gripsholm«:

»»Das sind alles keine Trinksprüche, Daddy. Weißt du keinen andern? [...]‹ ›Martje Flor‹, sagte ich. ›Martje Flor!‹

Das war jene friesische Bauerntochter gewesen, die im Dreißigjährigen Kriege von den Landsknechten an den Tisch gezerrt wurde; sie hatten alles ausgeräubert, den Weinkeller und die Räucherkammer, die Obstbretter und den Wäscheschrank, und der Bauer stand daneben und rang die Hände. Roh hatten sie das Mädchen herbeigeholt – he! da stand sie, trotzig und gar nicht verängstigt. Sie sollte einen Trinkspruch ausbringen! Und warfen dem Bauern eine Flasche an den Kopf und drückten ihr ein volles Glas in die Hand.

Da hob Martje Flor Stimme und Glas, und es wurde ganz still in dem kleinen Zimmer, als sie ihre Worte sagte, und alle Niederdeutschen kennen sie. ›Up dat es uns wohl goh up unsre ohlen Tage –!‹ sagte sie.«

Vgl. MJ, S. 205: »*Und wir haben es nicht gesagt. Dass es uns wohl ergehe in unseren alten Tagen.*«

1770, 10 f.   *ihren sowjetischen Paß . . . begehrtesten der Welt* – s. K. 1764, 4.

1770, 12–15   *Sie haben es . . . beinah los gegangen* – Nach einem Bericht der NYT vom 9. 8. 1968 hatten Mitte Juli die Sowjetunion und die DDR ernsthaft eine Invasion erwogen, die Teilmobilmachung sei nur nicht bekanntgegeben worden, die Grenze zur Tschechoslowakei so gut wie geschlossen gewesen und Hunderte von Touristen seien zurückgerufen worden.

1770, 14   *N. V. A.-Reserve* – s. K. 1763, 31–34.

1770, 16–
1776, 34   *Es war ein . . . aus der Ferne* – Vgl. Brief Johnsons an Lotte Köhler vom 24. 6. 1972 über seine Osterreise nach Mecklenburg: »Neulich wurde meiner Tochter und mir eine Reise nach Mecklenburg erlaubt, ich dachte da etwas Gegenwärtiges für das Buch zu finden, es war aber meist Vergangenes sichtbar. So sahen Landstrassen um 1925 aus, bestätigen mir sachkundige Zeugen. Die kleinen Städte sind bestens im damaligen Stil erhalten, wenn auch in verwittertem Zustand; und mag das Fensterkreuz und die Fassade noch so verrottet sein, innen finden Sie makellose Stores, das abgeschirmte Innenleben der Familie. Wie meist anderwärts in der D. D. R., wäre es jetzt in Mecklenburg an der Zeit, die Substanz der Stadtkerne zu erhalten, nein in Ordnung zu bringen, und es wäre da mit neuem Aussenputz beileibe nicht getan. Es ist mir wissenschaftlich erklärt worden, wieso dem Staat das Geld dazu fehlt, und dass aus verwandtem Grunde auch die neuen Wohnhochbauten nach vier Jahren etwas defekt aussehen müssen; es ist schade, dass an diesem Sektor des Lebens gespart wird. In England wären sogar noch die vergammelten Bürgerhäuser von 1880 polierte Schmuckstücke, aber den Besitzern reicht die Stoppmiete aus Kriegszeiten nicht für Reparaturen, und von einem weiss ich, der will sein Haus an die Universität Rostock verschenken, und wird es nicht los, und muss seinen Kindern solche Plage vererben. Immer wieder angenehme Antworten, so wenn Sie in Crivitz einen Stadtplan erwerben möchten: wozu denn, dies

sei die eine Strasse der Stadt, und wenn man nun noch die parallele abgehe, so habe man doch Crivitz vollständig gesehen. Am meisten aber beunruhigten mich die Steine in den Äckern, kalbskopfgross, in der frischen Saat! die zu meiner Zeit noch von Hand abgesammelt werden mussten wie ein Schicksal, das die Endmoräne ja vielleicht war, und heute eggen und pflügen sie darum herum, motorisiert eben. Müsste einer ja vom Traktor steigen!«; vgl. Köhler (1993), S. 139 f.

1770, 18   *Sie fuhr zu . . . im Monat Mai* – Anspielung auf den Schlager: »Es war in Schöneberg im Monat Mai«, Musik: Walter Kollo.

1770, 18–   *Sie fuhr zu . . . war zu Himmelfahrt* – s. K. 1367, 1.
1776, 33

1770, 20   *Brassköppe* – (nd.) streitsüchtige Menschen.

1770, 24 f.   *Endmoräne* – s. K. 1558, 12.

1770, 25 f.   *ElPeGees. Landwirtschaftliche Produktionsgenossenschaften* – Auf der 1. Konferenz der LPG-Vorsitzenden mit Vertretern des ZK der SED und der Regierung vom 5.–6. 12. 1952 wurden Bildung und Ausbau der LPG beschlossen. Danach konnte zwischen drei Typen von LPG gewählt werden: Typ I umfaßte die gemeinsame Nutzung des eigenen und des gepachteten Ackerlandes. Die Bezahlung erfolgte zu 80% nach Wert und Fläche des eingebrachten Bodens und zu 20% nach den geleisteten Arbeitseinheiten. Im Typ II wurden außer dem Ackerland auch die motorischen und tierischen Zugkräfte sowie Maschinen und Geräte zur gemeinsamen Nutzung eingebracht, aber Typ II spielte in der gesamten Kollektivierungsphase kaum eine Rolle. Im Typ III wurde der gesamte Grund und Boden, nicht nur das Ackerland, sowie alle Maschinen, Geräte, Vieh und Wirtschaftsgebäude zur gemeinsamen Bewirtschaftung eingebracht. Zur privaten Nutzung durften 0,5 ha bearbeitet werden. Die Verteilung der Einkünfte erfolgte zu 20% nach den eingebrachten Bodenanteilen, zu 80% nach den Arbeitseinheiten; s. 1840, 10; 1841, 5 f.

1770, 38 f.   *war ja man . . . uns den wechgenomm* – Mit der Einführung der fünftägigen Arbeitswoche 1967 wurden Ostermontag, Himmelfahrt und Bußtag wie auch der 8. Mai, der »Tag der Befreiung«, zu Werktagen. An den drei kirchlichen Feiertagen konnte auf Wunsch zum Besuch des Gottesdienstes unbezahlte Freizeit gewährt werden.

1771, 4   *v. d. Z.* – vor der Zeit.

1771, 15   *klönte* – (nd.) schwatzte; s. 1492, 27 f.

1771, 20   *Kommunaler Zweckverband* – Eine Form interkommunaler Zusammenarbeit, bei der sich Gemeinden (und Gemeindeverbände) zu einer Körperschaft des öffentlichen Rechts zusammenschließen, um bestimmte Aufgaben gemeinsam zu erfüllen.

1771, 22–24   *Windmühlen ohne Flügel . . . Himmel, die See* – Nordwestlich von Klütz steht auf einem kleinen Hügel eine 1904 erbaute holl. Galeriemühle, die erst 1981 vor dem völligen Verfall durch Restaurierung bewahrt und als Konsum-Gaststätte eingerichtet wurde. Der Hügel ist die einzige Stelle in Klütz, von der aus die Ostsee zu sehen ist; an seinem Fuß beginnt der 13, 7–9 beschriebene Weg an den Strand.

1771, 32   *Papyrossy* – (russ.) Zigaretten.

1772, 3   *»K. W. V.«* – Kommunale Wohnungsverwaltung, 1958 gegr.; verwaltete staatliche Wohnbauten, enteignete Häuser und Grundstücke (Erträge wurden auf ein Sperrkonto überwiesen) und den Grundbesitz von Personen, die nach dem 17. 6. 1953 die DDR »illegal« verlassen hatten (Erträge von der KWV in Treuhänderschaft übernommen). Dazu kamen die Häuser älterer Menschen, denen der Unterhalt ihres Besitzes wegen der Knappheit des Materials und der Handwerker zu schwierig wurde und die ihn deshalb dem Staat schenkten. Die KWV waren auch Träger der Arbeiterwohnungsbaugenossenschaften.

1772, 8 f.   *Dederon-Gardinen* – Dederon: DDR-Name für Perlon, eine Polyamidkunstfaser, der die Herkunft anzeigen sollte.

1772, 10   *Selig, wer sich . . . / Ohne Haß verschließt . . .* – Beginn der zweitletzten Strophe von Goethes Gedicht »An den Mond«:
>Selig, wer sich vor der Welt
>Ohne Haß verschließt,
>Einen Freund am Busen hält
>Und mit dem genießt

Goethe: s. K. 1397, 28.

1772, 11–13   *Antenne für den . . . westlichen Himmelsrichtung zugewendet* – Da die DDR-Bürger ausnutzten, daß – abgesehen von einigen Gebieten im nordöstlichen Mecklenburg und um Dresden – westliches Fernsehen in der DDR empfangen werden konnte, hatte die SED vor allem in den sechziger Jahren versucht, durch Abrißaktionen der FDJ, Vorschriften für Gemeinschaftsantennen und öffentliche Kritik an den Hausbewohnern, westlich ausgerichtete Antennen zu entfernen.

1772, 17   *Karstadts Landkaufhaus nun ein »Magnet«* – Der Werbespruch des Kaufhauses lautete: Leistung zieht an; Karstadt: s. K. 495, 17 f.

1772, 20   *Schuko-Zubehör* – Schuko: Abkürzung für Schutzkontakt; eingetragenes Warenzeichen für Stecker und Steckdosen mit besonderen Schutzkontakten.

1772, 22   *Wruken* – (nd.) Rüben; auch Wrukken geschrieben: s. 528, 14.

1772, 28   *Nylonmantel* – Im Gegensatz zu den Dederon-Gardinen (1772, 8 f.) nicht in der DDR hergestellt; dunkle Nylon-Regenmäntel wurden in den sechziger Jahren in der DDR wie eine Mode-Uniform getragen; Nylon: s. K. 139, 10.

1772, 30–32   *Haus mit der . . . gestrichenen Igel trüge* – Ein Haus mit dem dt. Sprichwort als Inschrift steht in der Güstrower Hirtenstraße. Der geschnitzte Igel ist dort noch nicht entdeckt worden.

1772, 38 f.   *Das Militärpolitische Kabinett* – Seit dem Frühjahr 1967 als Stützpunkte der Wehrerziehung in den Jugendklubs und Heimen der FDJ und Jungen Pioniere eingerichtet; Jugendliche lernten hier u. a. schießen, funken und Geländekunde.

1773, 7–17   *darin die Abbildung . . . nicht mehr lernen* – Die Bronzeplastik von 1957 trägt den Titel »Schmieden wir die Schwerter zu Pflügen um«.

1773, 10 f.   *Jevgenij Wutschetitsch* – Jewgenij Wiktorowitsch Wutschetitsch (28. 12. 1908– 12. 4. 1974), russ. Bildhauer, mit fünf Stalin-Preisen ausgezeichnet. Von ihm stammt auch das Ehrenmal für die Rote Armee in Berlin, das Kriegs-Mahnmal in Wolgograd, die Dserschinskij-Statue in Moskau (bis September 1991).

1773, 11   *Pendant in der Tretjakov-Galerie von Moskau* – Wutschetitschs Skulptur war eine Zeitlang vor der Tretjakow-Galerie ausgestellt. Die Galerie hat neben dem Russischen Museum von Petersburg die größte Sammlung russ. Kunst vom 11. Jh. bis zur Gegenwart und ist besonders für ihre Ikonensammlung bekannt. Sie entstand aus der Sammlung Pawel Michailowitsch Tretjakows (27. 12. 1832–16. 12. 1898), der sie 1892 der Stadt Moskau schenkte. Seit 1902 befindet sie sich in einem im altruss. Stil errichteten Bau am Südufer der Moskwa.

1773, 14 f.   *WE SHALL BEAT . . . INTO PLOWSHARES (Jesaja 2;4)* – (engl.) Da werden sie ihre Schwerter zu Pflugscharen machen.
Der Bibelvers, allerdings auf den gleichen Wortlaut bei Micha 4, 3 zurückgeführt, wurde seit 1981 zum Motto der Friedensbewegung der DDR, deren Anhänger mit Repressalien und Sanktionen verfolgt wurden.

1773, 15–17   *Kein Volk wird . . . nicht mehr lernen* – Jes 2, 4 in der Version der Zürcher Bibel.

1773, 36   *Volkssolidarität* – s. K. 1379, 33.

1774, 2   *Eternit* – Handelsname für Erzeugnisse aus Asbestzement.

1774, 15   *Bowie-Messer* – bowie knife (engl.) langes Jagdmesser.

1774, 16   *R. F. T.-Säule* – Großer Lautsprecher; s. K. 1725, 20.

1774, 24   *Treu und Glauben* – s. K. 1043, 21.

1774, 26   *Ölandinsel* – Schwed. Ostseeinsel, durch den Kalmarsund vom Festland getrennt.

1775, 6 f.   *Rostock (Fährverbindung nach Dänemark)* – s. K. 785, 23.

1775, 7 f.   *Hotel zum fröhlichen Transit* – Es gab an den Transitstrecken nach Berlin Gaststätten, seltener Hotels, die nur Transitreisende besuchen durften und in denen mit westlicher Währung bezahlt werden mußte. Transitreisende durften nicht von der direkten Verbindungstrecke abweichen. An der Autobahn nach Rostock und der Transitstraße von Lübeck nach Saßnitz sind keine »Valuta-Raststätten« bekannt.

1775, 29   *Joachim de Catt-Straße* – s. K. 1459, 21.

1775, 30–33   *Straße der nationalen . . . noch nach Schwerin* – s. K. 1760, 23.

1775, 32   *ersten Staatspräsidenten* – Wilhelm Pieck: s. K. 1458, 26–28.

1775, 36–38   *wo westliche Waschmittel . . . Theke gewischt wurden* – s. K. 1624, 2.

1776, 12   *Humboldt* – s. K. 467, 6.

1776, 12   *Goethe* – s. K. 1397, 28.

1776, 22   *Neustrelitz* – s. K. 271, 32.

1776, 30   *Faktionen* – s. K. 1621, 14.

1776, 33 f.   *das schwingende Land . . . aus der Ferne* – Anspielung auf Eduard Mörikes Gedicht »Gesang Weylas«:
> Du bist Orplid, mein Land,
> Das ferne leuchtet;
> Vom Meere dampfet dein besonnter Strand
> Den Nebel, so der Götter Wange feuchtet.

Vgl. MJ, S. 186: »auf der Suche nach einem Land, das ferne leuchtet wie man hört«; s. 1822, 1–5.
Nach Grambow (1997), S. 66, auch Anspielung auf Ehm Welks Erinnerungsbuch »Mein Land, das ferne leuchtet«, das Johnson besaß.

10. 8. 1968

1777, 2–6   *Ein Stadtstreicher, nur . . . gibt die Belichtungszeiten* – Die NYT vom 10. 8. 1968 zeigt auf der 1. Seite des Lokalteils vier große Fotos mit dem Text »A derelict known only as Red jumped to his death yesterday from the top of the mast of the old lightship Scotland at the foot of Fulton Street« und den technischen Daten »Photographs for The New York Times by Jack Manning, (33-mm, Trixfilm exposed 1–1, 000 second at 1/8).«

1777, 3   *Fulton Street* – Straße in Lower Manhattan zwischen Church Street und South Street; benannt nach Robert Fulton (14. 11. 1765–24. 2. 1815), Erfinder, Ingenieur und Maler, der 1807 das erste Passagier-Dampfschiff auf dem Hudson betrieb.

1777, 8 f.   *Ein britisches Passagierflugzeug . . . Bord, alle tot* – Vgl. den Artikel »48 Are Killed as British Airliner Crashes in Germany« der NYT vom 10. 8. 1968: »A Viscount airliner of British Eagle Airlines bound for Innsbruck, Austria, from London crashed today beside the autobahn at Pfaffenhofen, north of Munich.«

1777, 9 f.   *Wir fliegen auch bald* – s. 1708, 4.

1777, 11–13   *dem abgebrochenen Schatten... Feind hört mit* – Mit diesem Spruch als Aufkle-
                       ber auf Telefonen und auf Plakaten wurde während des 2. Weltkriegs vor
                       Spionen gewarnt. Unter einem Plutokratenhut verstand man einen Herren-
                       hut mit halbrunder Kopfform und flacher Krempe.

1777, 13   *Neuen Schule* – s. K. 778, 29 f.

1777, 22 f.   *dazu brauchte es einen Menschen* – Anspielung auf ein Gedicht aus Brechts
                       »Deutsche Kriegsfibel«:
                       GENERAL, DEIN TANK IST EIN STARKER WAGEN.
                       Er bricht einen Wald nieder und zermalmt hundert Menschen.
                       Aber er hat einen Fehler:
                       Er braucht einen Fahrer.

1777, 24   *Kunde von der Gegenwart* – Gegenwartskunde: s. K. 1556, 19.

1777, 26   *»Untermensch«* – s. K. 230, 30.

1777, 27 f.   *Wenn'ck je ein... dat Fiete Hildebrandt* – (nd.) Wenn ich je einen gesehen habe,
                       dann war das Friedrich Hildebrandt.

1777, 28–33   *Fiete Hildebrandt. Das...Wismar erschossen worden* – Das Gerücht existierte und
                       könnte auf die Familie Hildebrandts zurückgehen, die behauptete, er sei 1945
                       auf der Flucht erschossen worden; s. K. 360, 31.

1777, 29   *»landwirtschaftliche Nachtschutzbeamte«* – »Friedrich Hildebrandt war einer der
                       wenigen Reichsstatthalter beziehungsweise Gauleiter, der aus dem Arbeiter-
                       stande hervorgegangen war. Er war ›Nachtschutzbeamter‹, auf gut Deutsch
                       Nachtwächter, auf einem mecklenburgischen Gut gewesen«, Schwerin
                       (1961), S. 135.

1777, 30   *Gauleiter* – s. K. 361, 39.

1777, 35   *Landsberg am Lech* – s. K. 50, 32 f.

1777, 37   *Goldfasane* – s. K. 525, 4.

1778, 17 f.   *Niklot-Grundschule* – Die Schule Distelberg im gleichnamigen nordöstlichen
                       Stadtteil von Güstrow liegt in der Niklotstraße. Der obotritische Fürst Niklot,
                       gest. im August 1160 im Kampf gegen Heinrich den Löwen, gilt als Begrün-
                       der des mecklenburgischen Fürstenhauses.

1778, 34   *Schweriner Volkszeitung* – s. K. 1532, 10.

1779, 6   *Mitschurin* – s. K. 1612, 36.

1779, 21   *res publica* – (lat.) öffentliche Sache.

1779, 22   *Tautologie* – Inhaltsleere Wiederholung bedeutungsgleicher Wörter.

1779, 28   *»Ich wählte die Freiheit«* – Dt. Titel eines Buchs von Viktor Krawtschenko, Un-
                       tertitel: »Das private und politische Leben eines Sowjetbeamten«, Hamburg

o. J., Originaltitel: »I Chose Freedom«, New York 1946; Johnson besaß die deutsche Ausgabe.

1779, 29 f.   *Washington D. C.* – s. K. 194, 17.

1779, 33–37   *Dieser Viktor Kravtschenko . . . Wahrheitsbeweisen recht gegeben* – Viktor Andrejewitsch Krawtschenko (11. 10. 1905–25. 2. 1966), Ingenieur; in den dreißiger Jahren führend in der metallurgischen Industrie tätig; spionierte im 2. Weltkrieg als Hauptmann der sowj. Armee für die USA; im April 1944 entdeckt und untergetaucht; lebte später in den USA; wurde unter nie ganz aufgeklärten Umständen erschossen in seiner Wohnung aufgefunden; offiziell Selbstmord. Sein Buch »Ich wählte die Freiheit« verursachte wegen der Darstellung der SU als totalitärer Staat großes Aufsehen, es wurde in 22 Sprachen übersetzt.

In der Zeitschrift »Les Lettres Françaises« (s. K. 1783, 15 f.) erschien im November 1947 der mit dem Pseudonym Sim Thomas gezeichnete Artikel »Wie Krawtschenko fabriziert wurde«, in dem Krawtschenko als Betrüger und Trinker dargestellt wurde, der unfähig sei, ein Buch zu verfassen. Es sei im Auftrag des amerik. Geheimdienstes OSS von russ. Emigranten geschrieben worden. Krawtschenko verklagte daraufhin den Hg. und den Chefredakteur der Zeitschrift sowie den unbekannten Verfasser des Artikels. In dem Pariser Prozeß vom 24. 1.–4. 4. 1949 bestritten prominente Intellektuelle, u. a. auch der Erzbischof von Canterbury Dr. Johnson (s. K. 1683, 18–20), als Zeugen der Verteidigung die Existenz von Straflagern in der SU. Als Zeugen der Anklage traten ehemalige Lagerinsassen auf, die über die Ausmaße der Lager und die Lebensbedingungen in ihnen berichteten. Die Beklagten wurden der Verleumdung schuldig befunden. Erst 1979 gestand der Hg. Claude Morgan ein, daß Krawtschenko recht gehabt und der komm. Autor André Ulmann den Artikel verfaßt habe; vgl. FAZ vom 3. 4. 1999, S. 12.

1780, 8   *schirokaja natura* – (russ.) weite Natur, Anspielung auf das sowj. »Lied der Heimat«; s. K. 1575, 18 f.

1780, 12 f.   *Trumeau-Lautsprecher* – Über große pfeilerartige Lautsprecher, auch Tonsäulen genannt, wurden auf öffentlichen Plätzen Musik und Reden übertragen; von trumeau (frz.) Wandpfeiler, Spiegelsäule.

1780, 33 f.   *ausländischen General und Marschall* – Fedjuninski, s. K. 1059, 21.

1780, 38–   *Hünemörder kam zurück . . . der Hauptstadt verhandelt* – s. K. 413, 32.
1781, 30

1780, 38 f.   *Lüneburgischen* – s. K. 1630, 15.

1781, 2   *Pinnen und Nägel* – s. K. 1698, 36 f.

1781, 8   *V. E. B. Fischkonserve* – s. K. 1615, 1 f.

1781, 12   *C. D. U.* – s. K. 1162, 28 f.

1781, 14   *Neue Union* – Die Zeitung der CDU hieß »Neue Zeit« (s. K. 1371, 1), eine
Zeitung »Neue Union« ist nicht bekannt.

1781, 15   *Bückware* – Begehrte, nicht ausreichend vorhandene Artikel wurden »unter
dem Ladentisch« aufbewahrt und bevorzugt an Freunde oder Bekannte verkauft.

1781, 31   *zu Schiff nach Belgien* – s. K. 25, 34.

1781, 36 f.   *in Schick hatte* – (norddt.) in Ordnung hatte; s. K. 855, 2 f.

1782, 7   *rückständigen Mittelstands* – s. K. 1573, 13 f.

1782, 11   *Kartoffelkäfer-Aufstand* – s. K. 1660, 15.

1782, 13   *coccinellidae* – (lat.) Familie der Marienkäfer.

1782, 13   *rodolia cardinalis* – (lat.) Marienkäferart.

1782, 13 f.   *leptinotarsa decemlineata* – (lat.) Zehnstreifiger Kartoffel- oder Coloradokäfer,
etwa 1 cm großer, gefürchteter Kartoffelschädling; s. K. 1660, 15; 1726, 20 f.

1782, 16   *Smoekbarg* – s. K. 1434, 16.

1782, 23   *»Renaissance-Lichtspiele«* – s. K. 1430, 14 f.

1782, 25   *Consilium abeundi* – (lat.) Der Rat, abzugehen. An höheren Schulen vor 1945
die letzte Verwarnung, ehe ein Schüler der Schule verwiesen wurde.

1782, 28–31   *Es gibt ein ... gerade peinlich gehenkt* – Vgl. das Foto in: Johnson, Entwöhnung,
S. 141.

1782, 33 f.   *der hatte Bettina in Westberlin fotografiert* – s. 1660, 26–1661, 10.

1782, 35   *»Rat der Götter«* – DEFA-Film 1949/50, Regie: Kurt Metzig, Drehbuch:
Friedrich Wolf, Musik: Hanns Eisler. Der Film zeigt nach der Vorlage der
Protokolle des IG-Farben-Prozesses, daß Hitler von der Unterstützung der
Industrie abhängig war. Der Chef-Chemiker Hans Scholz versucht, als Wissenschaftler politisch neutral zu bleiben, bis ihm die Leitung einer Spreng-
stoff-Fabrik übertragen wird. Nach dem Krieg bekennt er sich schuldig,
durch seine Forschungen zum Tod in den Gaskammern beigetragen zu haben. Der Film behauptet auch, daß die Manager der Chemieindustrie von den
Zusammenhängen wußten, aber nichts aus der Geschichte lernen wollten. Er
wurde nicht in der BRD gespielt.

1783, 15 f.   *Seitdem gedenken wir ... einer offenbarten Wahrheit* – Hier wird auf Viktor
Krawtschenkos Prozeß gegen die Zeitschrift angespielt; s. K. 1779, 33–37.
»Les Lettres Françaises« (dt.: Die französische Literatur): Eine literarisch-po-
litische Zeitschrift des Widerstands, die 1942 von Jean Paulhan und Jacques
Decour gegr. wurde und mit Ausnahme der Nummer 1 seit September 1942
im Untergrund erschien. Nach der Befreiung hatte sie eine Auflage von
100 000. 1947 wurde sie von der KP Frankreichs übernommen und galt als

extrem dogmatisch. Mit Louis Aragon als Hg. erfolgte eine Liberalisierung zunächst des Kulturteils, in den sechziger Jahren auch des politischen Teils, so daß das Blatt zu einem Forum nichtkonformistischer Intellektueller wurde. Daß die KP Frankreichs 1972 die Einstellung der Zeitschrift durchsetzte, war u. a. auf deren Protest gegen den Einmarsch der Warschauer-Pakt-Truppen in die ČSSR zurückzuführen; s. K. 1770, 33–37.

1783, 22–27   *Die Partei, die . . . wir durch sie* – s. K. 927, 24.

1783, 28–30   *was ein Gericht . . . sondern eine Berufsbeschreibung* – »Es gab Zeiten, da wurde die Spitzelei zu den gesellschaftlichen Verpflichtungen erhoben. [. . .] Nur bei solcher Anschauung der Dinge konnte ein Jurist im Staat der SED die Spitzelei rechtfertigen wollen mit dem Argument: ›Mit voller Berechtigung prägten die Werktätigen im Kapitalismus den Satz: ›Der Denunziant ist der größte Lump im ganzen Land!‹ In der Deutschen Demokratischen Republik hat dieser Satz seine Bedeutung verloren.«, Fricke (1982), S. 99.

1783, 31   *Hausvertrauensmannes* – s. K. 1380, 39.

1783, 39–
1784, 1   *Aufnahme in ihren Kandidatenstand* – s. K. 1649, 4.

1784, 2   *Humboldt-Universität* – s. K. 467, 6.

1784, 5 f.   *British Centre von Westberlin* – Institution in den großen Städten der brit. Besatzungszone mit der Aufgabe, durch kulturelle Veranstaltungen, Diskussionen und Sprachkurse für Großbritannien zu werben und zur Verständigung beizutragen. Das British Centre in Berlin befand sich in Charlottenburg, Lietzenburger Straße 3a.

1784, 7   *Büdners* – s. K. 590, 8.

1784, 9–11   *Versammlungen am Werderschen . . . Innen und Außen* – Dort tagte das Politbüro des ZK der SED jeden Dienstag.

1784, 18   *Müggelsee* – Berlins größter See im Südosten, östlich von Köpenick, von Wald umgeben und von der Spree durchflossen.

1784, 37   *Auf der anderen Pfote* – (freie Rückübersetzung aus dem Engl.) On the other hand: andererseits; s. K. 1591, 2.

11. 8. 1968

1785, 12–15   *In Vietnam, bei . . . Tote, fünfzig Verwundete* – Vgl. den Artikel »8 G. I.'s Killed and 50 Wounded In Strafing Error by U. S. Jet« der NYT vom 11. 8. 1968: »A United States Air Force fighter bomber accidentally strafed American troops in the Ashau valley yesterday, killing 8 men and wounding 50 with rockets and cannon fire, the military command reported yesterday.
The plane, a F-100 Super Sabre jet supporting units of the 101st Air Cavalry

Division, fired its cannon and four rocket rounds ›in the vicinity of a U. S. unit‹ near Tabat, an abandoned outpost 375 miles northeast of Saigon.« Der Pilot hatte den Auftrag, Nachschublinien des Vietcong zu unterbrechen. Es war in den letzten Wochen wiederholt zu solchen Zwischenfällen gekommen.

1785, 12   *Tabat* – Außenposten, etwa 50 km südwestlich von Hue an der Grenze zu Laos.

1785, 12   *Ashau-Tal* – Im A Shau-Tal südwestlich von Hue nahe der Grenze zu Laos hatten Vietcong und nordvietnamesische Truppen im Vorfeld der Tet-Offensive ein logistisches Zentrum eingerichtet; dort fand im Frühjahr 1968 eine der schwersten Schlachten des Vietnamkriegs statt.

1785, 13   *F-100 Sabre (Säbel)* – Zusammen mit der MIG 19 war die von der North American Aviation Inc. (gegr. 1928) gebaute einsitzige F-100 Super Sabre das erste Jagdflugzeug, das Überschallgeschwindigkeit im Horizontalflug fliegen konnte. Als Tagjäger spielte sie im Vietnamkrieg eine große Rolle.

1785, 16–20   *Über West Virginia . . . dem Leben davon* – Vgl. den Artikel »32 Die In Plane In West Virginia« der NYT vom 11. 8. 1968: »A twin-engine Piedmont Airlines plane crashed today just short of a mile-long runway at Charleston's mountain-top airport, killing 32 of the 37 persons aboard.
Piedmont officials said the plane, a Fairchild turbo-prop FH-227, was making an instrument approach to the 982-foot high airport when it crashed and burned.«

1785, 18   *Charleston* – Hauptstadt des US-Bundesstaates West Virginia.

1785, 20 f.   *Wir fliegen auch bald* – s. 1708, 4.

1785, 23–25   *meine besten Freunde . . . und Rebecca Ferwalter* – s. 24, 37.

1785, 27   *Koschere* – s. K. 254, 2.

1785, 30   *Catskills* – s. K. 1153, 3.

1785, 31   *Fleishman* – Richtig: Fleischmanns; Ort in den Catskills ca. 15 km östlich des Pepacton Reservoirs.

1786, 4   *die Nazipartei in Deutschland* – s. K. 136, 26 f.

1786, 11   *Passovergebäck* – Passover (engl.): Passahfest; s. K. 981, 13.

1786, 20 f.   *was sind Schwaben . . . Provinz, dächten wir* – In der Slowakei gab es verschiedene dt. Volksinseln (Zips, Preßburg, Deutsch-Proben, Kremnitz). Manche auslandsdt. Gruppen führten zu Unrecht den Namen Schwaben, wie die Banater Schwaben, die vorwiegend aus der Pfalz und Lothringen kamen.

1786, 25   *Siebenbürger* – Im 12. und 13. Jh. wurden unter ung. Herrschaft im nordwestrum. Transsilvanien (dt.: Siebenbürgen) Deutsche, vorwiegend Sachsen, angesiedelt. Das Gebiet kam 1691 zum Habsburger Reich, 1920 zu Rumä-

nien. Viele Siebenbürger Sachsen wurden 1944 nach Österreich und Westdeutschland evakuiert oder nach Rußland deportiert.

1786,27– 1789,18	*Wir kamen nach... in New York* – Die Kursivsetzung der einzelnen Worte kennzeichnet »die Perspektive der befremdeten Zuhörerin Gesine«; vgl. Mecklenburg (1997), S. 306–309.
1786,27	*Auschwitz* – s. K. 36, 12; 256, 28.
1786,30	*Mengele* – Dr. Josef Mengele (16. 3. 1911–7. 2. 1979), SS-Arzt in Auschwitz, als Leiter der medizinischen Experimente und Selektionen wesentlich an den Massenmorden beteiligt; lebte nach 1945 unerkannt in Argentinien, Paraguay und Brasilien. Seine Leiche wurde erst 1985 identifiziert.
1786,35	*Dort war eine... Frau meine Chefin* – Mrs. Ferwalter berichtet auch von Mauthausen (s. 46, 28).
1786,35 f.	*Frau Stiebitz* – Konnte nicht nachgewiesen werden.
1786,38	*Do ti* – Diese alle Welt irritierenden zwei Silben wurden in der zweibändigen Taschenbuchausgabe korrigiert in: Do it: (engl.) Mach's.
1787,4	*Kapo* – s. K. 1289, 1.
1787,10	*Frau Gräser* – Konnte nicht nachgewiesen werden.
1787,20	*fed up* – (engl.) übersetzt im Text.
1787,23	*animals, statt beasts* – (engl. und dt.) Tiere statt Bestien.
1787,24 f.	*you know, some kind of disinfection* – (engl.) wissen Sie, eine Art Desinfektion.
1787,36	*Help, help* – (engl.) Hilfe, Hilfe!
1788,2	*Geh-len-au* – Als Kriegsgefangenenlager nicht nachgewiesen. Es gibt einen Ort Gelenau [sic], südwestlich von Zschopau im Erzgebirge und ein Gelenau, Lichersdorf bei Kamenz nordöstlich von Dresden; beide Orte hätten auf einer Strecke westlich von Auschwitz liegen können. Ein Nebenlager des KZs Groß-Rosen hieß Gellenau [sic]: vom 2. 3. 1943–31. 3. 1945, ursprünglich ein Zwangsarbeitslager für Juden, bis 1944 dem Sonderbeauftragten des Reichsführers SS für fremdvölkischen Arbeitseinsatz in Oberschlesien Albrecht Schmeldt unterstellt; s. K. 36, 12.
1788,7	*Mauthausen* – s. K. 36, 12.
1789,3 f.	*My child, I... long, eighteen years* – (engl.) Mein Kind, ich habe so lange auf dich gewartet, achtzehn Jahre lang!
1789,15	*Preßburg* – s. K. 593, 19; 651, 38.

12. 8. 1968

1789, 22–34 *Die New York ... etwa 14 000 Bewaffneten* – Die NYT vom 12. 8. 1968 berichtet unter der Überschrift »The Berlin Wall 7 Years Later: A Grim and Effective Barrier«: »West Berliners are still prohibited from visiting relatives in the East, except for a limited numer [sic] of hardship cases, such as a death or severe illness of a family member. [...]
Moreover, the Germans in the last four years have allowed elderly people no longer in the labor force, to go and make a four-week visit once a year to their relatives in the West. ›When I had my birthday I felt happy getting older,‹ an East Berlin woman wrote to her daughter in the West. ›Now it is only five years until I can embrace you.‹ [...] The East Germans man the other side with 10 times as many border guards. According to official statistics, two East German brigades and three training regiments are stationed along the boundary, totaling about 14,000 soldiers«; s. K. 74, 12.

1789, 30 *demokratischen Berlin* – s. K. 1620, 11.

1789, 31 *noch fünf Jahre* – Die Frau ist 55 Jahre alt. Mit 60 wird sie Rentnerin und darf in den Westen reisen.

1789, 35 *7. Oktober* – 1949, Gründung der DDR.

1790, 2 *Papier im Format D. I. N. A 5* – s. K. 930, 37.

1790, 10 *Justiz in Mecklenburg* – s. 945, 34.

1790, 13 *SMT* – s. K. 1218, 26.

1790, 14 *FT für Fern-Tribunal* – Die Häftlinge wurden vernommen und inhaftiert, nach Wochen oder Monaten erfuhren sie ihr Urteil, das das »Ferntribunal Moskau« – drei Angehörige des sowj. Innenministeriums – nur anhand der Aktenunterlagen gefällt hatte. Diese Art der Gerichtsbarkeit wurde vor allem angewandt, wenn das »Belastungsmaterial« geheimgehalten werden sollte, in der Regel bei Verbindungen zu sowj. Abwehrorganen, wenn der Verurteilte von einer Person belastet wurde, deren Aussagen nicht zur Kenntnis gebracht werden sollten, oder wenn der Verurteilte Kenntnisse von militärischen Interna besaß. Die Strafe war häufig zehn Jahre Arbeitslager. Nach Stalins Tod wurden die Ferntribunale abgeschafft; s. 1791, 15; 1792, 23, 27.

1790, 21– *Prof. Dr. jur. Tartarin-Tarnheyden ... Dezember 1951; verschwunden* – Fast alle
1795, 31 Namen, Daten und zusätzlichen Angaben zu den Verurteilten finden sich, z. T. wörtlich, z. T. mit Abweichungen, in: Ammer (1969). Die im Roman aufgeführten Namen sind in Johnsons Exemplar in der Liste (S. 169–173) der 77 nach 1945 verhafteten Studenten, Professoren und Studienbewerber angestrichen. Die nach Fakultäten geordnete Liste geht auf eine Dokumentation des Verbands Deutscher Studentenschaften zurück: Namen und Schicksale (1955). Weitere Namen und Fakten sind entnommen aus: Finn (1958), Fricke (1979); vgl. auch VERS (1994).

1790, 21–23   *Prof. Dr. jur. Tartarin-Tarnheyden . . . zehn Jahren ZAL* – Edgar Tatarin [sic] –
Tarnheyden, geb. 4. 2. 1882, verhaftet in Bad Doberan, wegen »Verunglimpfung der UdSSR und deren Verbündeter« verurteilt; inhaftiert in der Strafvollzugsanstalt Untermaßfeld; am 28. 12. 1953 aus der Haft entlassen; vgl.
Ammer (1969), S. 169; VERS (1994), S. 152.

1790, 24–26   *Prof. Dr. Ernst Lübcke . . . Sowjetunion verbracht, verschwunden* – Prof. Dr. phil.
Ernst Lübcke, geb. 16. 12. 1890, Direktor des Physikalischen Instituts; verhaftet in Berlin; soll gezwungen worden sein, sich am 8. 9. 1946 schriftlich zur
wissenschaftlichen Arbeit in der Sowjetunion zu verpflichten, in der Nähe
Leningrads gearbeitet haben und 1955 entlassen worden sein; vgl. Ammer
(1969), S. 30, 170; VERS (1994), S. 149.

1790, 27–29   *Fred Leddin, geb. . . . fünfundzwanzig Jahren ZAL* – Geb. 21. 6. 1925, verhaftet in
Rostock, verurteilt wegen angeblicher Spionage; inhaftiert in der Strafvollzugsanstalt Bautzen; Entlassungsdatum unbekannt; vgl. Ammer (1969), S. 170;
VERS (1994), S. 148.

1790, 30 f.   *Hans-Joachim Simon . . . 27. September 1947; verschwunden* – Datum und Inhalt
des Urteils unbekannt; in einer Strafvollzugsanstalt verstorben; vgl. Ammer
(1969), S. 171; VERS (1994), S. 152.

1790, 32–35   *Herbert Schönborn, geb. . . . fünfundzwanzig Jahren ZAL* – Geb. 21. 5. 1927, verhaftet in Rostock, wegen antisowj. Hetze und Propaganda verurteilt; in das
sowj. Lager Workuta deportiert; am 28. 12. 1953 entlassen; vgl. Ammer (1969),
S. 169; VERS (1994), S. 152.

1790, 33   *M. W. D.* – s. K. 521, 11; 1279, 38.

1790, 36–38   *Erich-Otto Paepke, geb. . . . fünfundzwanzig Jahren ZAL* – Geb. 9. 9. 1927, verhaftet in Rostock, wegen Spionage verurteilt; in der NKWD-Haftanstalt Potsdam und den Strafvollzugsanstalten Brandenburg und Bautzen inhaftiert; am
10. 9. 1956 entlassen; vgl. Ammer (1969), S. 171; VERS (1994), S. 150.

1790, 39–
1791, 2   *Gerd-Manfred Ahrenholz, geb. . . . fünfundzwanzig Jahren ZAL* – Geb. 27. 1. 1926,
verhaftet in Rostock, wegen Spionage verurteilt; in das sowj. Lager Karaganda deportiert; am 28. 10. 1953 in das Untersuchungsgefängnis Kaliningrad,
dann in das sowj. Lager Potma gebracht; am 11. 10. 1955 entlassen; vgl. Ammer (1969), S. 170; VERS (1994), S. 145.

1791, 3–5   *Hans Lücht, geb. . . . fünfundzwanzig Jahren ZAL* – Geb. 31. 1. 1926, verhaftet in
Freiberg, wegen Spionage verurteilt; in den Strafvollzugsanstalten Bautzen,
Waldheim und Torgau inhaftiert; am 14. 8. 1956 entlassen; vgl. Ammer (1969),
S. 171; VERS (1994), S. 149.

1791, 6 f.   *Joachim Reincke, geb. . . . fünfundzwanzig Jahren ZAL* – Wegen Spionage verurteilt; in den Strafvollzugsanstalten Bautzen und Bützow-Dreibergen inhaftiert; am 8. 3. 1956 entlassen; vgl. Ammer (1969), S. 171; VERS (1994), S. 151.

1791, 8–10   *Hermann Jansen, geb. . . . fünfundzwanzig Jahren ZAL* – Jansen wurde zusammen mit der kath. Kirche nahestehenden Bürgern und Lehrern der Goethe-Oberschule Rostock festgenommen, wegen Spionage verurteilt; etwa neun Jahre in Bautzen und Bützow-Dreibergen inhaftiert; 1957 entlassen; vgl. Ammer (1969), S. 47, 173; VERS (1994), S. 147.

1791, 11–13   *Wolfgang Hildebrandt, geb. . . . fünfundzwanzig Jahren ZAL* – Geb. 16. 1. 1924, wegen Spionage verurteilt; in das sowj. Lager Tajschet deportiert; 1955 entlassen; vgl. Ammer (1969), S. 169; VERS (1994), S. 147.

1791, 14 f.   *Rudolf Haaker, geb. . . . fünfundzwanzig Jahren ZAL* – Geb. 18. 4. 1921, wegen Spionage verurteilt; in das sowj. Lager Inta deportiert, Januar 1956 entlassen; vgl. Ammer (1969), S. 169; VERS (1994), S. 147.

1791, 16 f.   *Gerhard Schultz, geb. . . . zehn Jahren ZAL* – Geb. 30. 6. 1921, in Ostberlin verhaftet, wegen Spionage verurteilt; in den NKWD-Untersuchungshaftanstalten Berlin-Hohenschönhausen, Berlin-Lichtenberg und in Sachsenhausen inhaftiert, dann in das sowj. Lager Workuta deportiert; am 28. 12. 1953 entlassen; vgl. Ammer (1969), S. 169; VERS (1994), S. 152.

1791, 18–20   *Hildegard Näther, geb. . . . fünfundzwanzig Jahren ZAL* – Geb. 9. 12. 1923, in Rostock verhaftet, wegen Spionage verurteilt; in Sachsenhausen und den Strafvollzugsanstalten Bützow-Dreibergen und Halle I inhaftiert; am 23. 10. 1956 entlassen; vgl. Ammer (1969), S. 172; VERS (1994), S. 150.

1791, 21–23   *Jürgen Rubach, geb. . . . fünfundzwanzig Jahren ZAL* – Geb. 27. 10. 1920, in Rostock verhaftet, wegen Spionage verurteilt; in der Strafvollzugsanstalt Bautzen inhaftiert; am 18. 1. 1954 entlassen; vgl. Ammer (1969), S. 172; VERS (1994), S. 151.

1791, 24–26   *Ulrich Haase, geb. . . . fünfundzwanzig Jahren ZAL* – Geb. 2. 2. 1928, in den Strafvollzugsanstalten Halle und Bautzen inhaftiert; am 16. 1. 1954 entlassen; vgl. Ammer (1969), S. 170; VERS (1994), S. 147.

1791, 27–29   *Alexandra Wiese, geb. . . . fünfundzwanzig Jahren ZAL* – Geb. 15. 4. 1923, verhaftet in Parchim, wegen illegaler Gruppenbildung verurteilt; in den Strafvollzugsanstalten Schwerin, Hoheneck und Brandenburg inhaftiert; 1956 entlassen; vgl. Ammer (1969), S. 173; VERS (1994), S. 153.

1791, 30–32   *Ingrid Broecker, geb. . . . fünfzehn Jahren ZAL* – Geb. 8. 11. 1925, in Berlin verhaftet, wegen Spionagemitwisserschaft verurteilt; in den Strafvollzugsanstalten Berlin, Schwerin, Bautzen, Hoheneck und Brandenburg inhaftiert; am 20. 1. 1954 entlassen; vgl. Ammer (1969), S. 170; VERS (1994), S. 146.

1791, 33–35   *Am 17. Dezember . . . fünfundzwanzig Jahren ZAL* – »17. Dezember [1949]: Ein sowjetisches Militärtribunal in Schwerin verurteilt acht Angeklagte, darunter zwei Frauen, zu Zwangsarbeit bis zu 25 Jahren«, Fricke (1979), S. 577.

1791, 36–38   *Jürgen Broecker, geb. . . . fünfundzwanzig Jahren ZAL* – Geb. 27. 3. 1927, am 31. [sic] 10. 1949 in Berlin verhaftet, wegen Spionage verurteilt; im Untersuchungsgefängnis Schwerin und in der Strafvollzugsanstalt Bautzen inhaftiert; am 31. 8. 1956 entlassen; vgl. Ammer (1969), S. 173; VERS (1994), S. 146.

1791, 39–
1792, 3   *Am 17. Februar . . . dreihundertfünfundsiebzig Jahren ZAL* – »Das SMT Schwerin verurteilt einen Helmut Hiller und acht andere wegen angeblicher Verbindung zum Ostbüro der SPD zu insgesamt 210 [sic] Jahren Arbeitslager«, Finn (1958), S. 206; Ostbüro der SPD: s. K. 1716, 31.

1792, 4–21   *Am 16. April . . . Hans-Jürgen Jennerzahn* – »Die bereits im Sommer vergangenen Jahres wegen Verteilung antikommunistischer Flugblätter verhafteten Oberschüler der Goethe-Oberschule in Schwerin: Wolfgang Strauß, Eduard Lindhammer, Dieter Schopen, Winfried Wagner, Senf, Klein, Sahlow, Haase, Ohland, Erika Blutschun, Karl-August Schantien und der Vorsitzende des Landesjugendbeirats der LDP Mecklenburg, Hans-Jürgen Jennerzahn, wurden jetzt von einem sowjetischen Militärtribunal abgeurteilt. Winfried Wagner und der außerdem verhaftete Bruder von Wolfgang Strauß, Olaf Strauß, wurden zu Zuchthausstrafen von 20 und 25 Jahren verurteilt. Wolfgang Strauß soll zum Tode verurteilt worden sein«, Finn (1958), S. 98 f.
»16. April [1950]: Ein sowjetisches Militärgericht in Schwerin verurteilt eine Gruppe von Oberschülern, unter ihnen Wolfgang Strauß, wegen politischer Widerstandsaktivität zu Strafen bis zu 25 Jahren Zwangsarbeit«, Fricke (1979), S. 578; s. K. 1713, 24–1721, 16.

1792, 18   *dreihundert Jahren ZAL* – In der amerik. Übersetzung korrigiert zu »a total of 375 years«, Anniversaries, Bd. II, S. 570.

1792, 20   *Liberaldemokratischen Partei* – s. K. 1335, 29–35.

1792, 22–24   *Horst-Karl Pinnow, geb. . . . fünfundzwanzig Jahren ZAL* – Geb. 17. 12. 1919, in Rostock verhaftet, wegen Spionage verurteilt; in das sowj. Lager Workuta deportiert; am 13. 1. 1956 entlassen; vgl. Ammer (1969), S. 171; VERS (1994), S. 150.

1792, 25–27   *Susanne Dethloff, geb. . . . zehn Jahren ZAL* – Geb. 2. 6. 1929, in Rostock verhaftet, wegen Spionage verurteilt; in das sowj. Lager Workuta deportiert; am 16. 10. 1955 entlassen; vgl. Ammer (1969), S. 173; VERS (1994), S. 146.

1792, 28 f.   *Günter Mittag, geb. . . . Strafe unbekannt* – In Schwerin verhaftet, in der Strafvollzugsanstalt Bautzen inhaftiert; am 5. 1. 1954 entlassen; vgl. Ammer (1969), S. 171; VERS (1994), S. 150.

1792, 30–37   *Am 18. Juni . . . Folgen Ende Juni* – »Der berüchtigte Karzer-Kommandant Hauptwachtmeister Gustav Werner, der StVA Torgau Werner saß während der Nazizeit im KZ ein, war 1947 Feldhüter und trat 1948 in die VP ein. Weil er in Neuendorf, Kreis Bernburg, Jugendliche bei Ausweiskontrollen geschlagen hatte, wurde er 1950 in die StVA Torgau strafversetzt! Dort übernahm er das Amt des Karzer-Kommandanten und wurde unter dem Spitznamen ›Eiserner Gustav‹ als brutaler Schläger bekannt. Im Juli 1950 wurde er abgelöst und später wieder als Straßenposten in Staßfurt eingesetzt. [. . .] Ebenso wurde der

Häftling Dr. Hermann Priester, Studienrat aus Rostock, verurteilt zu 10 Jahren Zuchthaus, am 18. Juni 1950 so zusammengeschlagen, daß er einen Oberschenkelbruch erlitt. Als er nicht wieder aufstehen konnte, stellte ihn Werner als Simulanten hin und zertrat ihm die Beckenknochen. Priester wurde in den Rundbau geschleppt und starb Ende Juni an den Folgen dieser Mißhandlung«, Finn (1958), S. 177 f.

1792, 32   *V. P.-Meister* – Volkspolizei-Meister; s. K. 1269, 9 f.

1792, 38 f.   *Gerhard Koch, geb. . . . Juli 1950; verschwunden* – Datum und Inhalt des Urteils sowie Entlassung unbekannt; vgl. Ammer (1969), S. 171; VERS (1994), S. 148.

1793, 1–9   *Am 15. Juli . . . fünfzehn Jahre Z* – »Güstrows Hotel Zachow hatte fünf Tage lang dasselbe Gericht, das Mecklenburgische Volksgericht auf der rotdrapierten Bühne des großen Saales.
Am sechsten Tag fiel der Urteilsspruch: 37 Jahre Zuchthaus für die sechs Hauptangeklagten. Darunter [. . .] SED-Mitglied Professor Dr. Lehmitz, ehemaliger Geschäftsführer des Verbandes landwirtschaftlicher Genossenschaften in Mecklenburg und Bankfachmann Arthur Hermes, aus Stettin geflüchteter Vorsitzender der Pommernkasse. [. . .] Der ebenfalls zu Zuchthaus verurteilte 71jährige Dr. jur. Hans Hoffmann zeigte sich eben so gelassen: ›Ich war seit 1933 Direktor der Pommerschen Spiritusverwertung und habe als solcher meine Schuldigkeit getan.‹
Was Hoffmann für seine Schuldigkeit hielt, gilt in der Ostzonen-Republik als Sabotage. Seine Genossenschaft – sie war zu 90 Prozent in den Händen des pommerschen Adels gewesen – hatte aus Stettin Werte in Höhe von 2 ½ Millionen D-Mark nach Mecklenburg verlagert.
›Hoffmann war der Verbindungsmann in der Deutschen Demokratischen Republik und bemühte sich, alle Werte des Unternehmens nach Göttingen zu verschieben. Das ist ihm leider auch gelungen.‹ Zwei Tankkähne und fünf der in der Ostzone so raren Kesselwagen ›entzog Junkerknecht Hoffmann dem Volk‹«, DER SPIEGEL 20. 7. 1950, S. 5.
»15. Juli [1950]: Nach mehrtägigem Schauprozeß verurteilt das Landgericht Güstrow neun leitende Angestellte der Raiffeisen-Genossenschaft und des Verbandes landwirtschaftlicher Genossenschaften wegen angeblicher Sabotage nach Befehl Nr. 160 des SMAD. Es ergehen Zuchthausstrafen von insgesamt 84 Jahren«, Fricke (1979), S. 579.
»[14. Juli 1950] Sogenannter Raiffeisen-Prozeß des Landgerichts Güstrow gegen Direktor Georg Leo und neun andere führende Mitarbeiter der Landwirtschaftlichen Genossenschaft und der Landwirtschaftlichen Genossenschaftsbank. Die Angeklagten Lehmitz und Möke erhielten je 15 Jahre, der Angeklagte Leo 12 Jahre, die übrigen 2 bis 8 Jahre Zuchthaus«, Finn (1958), S. 207; vgl. auch SBZ (1956) S. 130 f.
Im Universitätsarchiv Rostock befindet sich in der Personalakte von Prof. Hans Lehmitz ein mit »17. 7. 50« datierter Zeitungsausschnitt aus einer nicht zu identifizierenden Zeitung, dem unter der Überschrift »Das Urteil gegen

die Junkeragenten. Hohe Zuchthausstrafen gegen die Hauptangeklagten« folgendes zu entnehmen ist: »Am Sonnabend abend fällte die Große Strafkammer des Landgerichts Güstrow das Urteil gegen die bauernfeindlichen Saboteure und Junker-Agenten. [...] Landgerichtspräsident Dr. Werner gab folgende Urteile bekannt: Die Angeklagten Lehmitz und Mörke [sic] je 15 Jahre Zuchthaus, der Angeklagte Leo 12 Jahre Zuchthaus, die Angeklagten Schmidt und Hoffmann je acht Jahre Gefängnis, Angeklagter Röding sechs Jahre Gefängnis, Angeklagter Bleeck drei Jahre Gefängnis, Angeklagter Hermes zwei Jahre Gefängnis. Der Haftbefehl gegen Hermes wurde aufgehoben. Der Angeklagte Grünewald wurde in Abwesenheit zu 15 Jahren Zuchthaus verurteilt. Gegen den ebenfalls geflüchteten Angeklagten Dube wurde das Verfahren vorläufig eingestellt. [...] sabotierten sie den Aufbau einer demokratischen Genossenschaftsbewegung, verschoben sie Millionenwerte, die entweder Eigentum des Landes Mecklenburg oder der bäuerlichen Genossenschaften waren, nach dem Westen. Durch betrügerische Manipulationen schädigten sie den Staatshaushalt und die werktätigen Bauern, betrogen sie bei der Pflichtablieferung um tausende Tonnen Getreide und Kartoffeln.«

1793, 1f. *Hotel Zachow* – s. K. 32, 5.

1793, 2f. *Raiffeisen-Genossenschaft* – s. K. 31, 7 f.

1793, 8f. *Prof. Dr. Hans Lehmitz... fünfzehn Jahre Z* – Geb. 21. 8. 1903, Prof. für Betriebswirtschaft und Genossenschaftswesen in Rostock; seit 1. 3. 1946 Verbandsgeschäftsführer des Raiffeisen-Verbands Mecklenburg e. V.; seit Sommersemester 1947 Lehrbeauftragter für Betriebswirtschaftslehre und Genossenschaftswesen an der Universität Rostock; am 26. 11. 1949 in Ostberlin verhaftet, wegen Sabotage des Genossenschaftswesens verurteilt; in der Strafvollzugsanstalt Waldheim inhaftiert; am 26. 3. 1959 entlassen; vgl. Ammer (1969), S. 172; VERS (1994), S. 149.

1793, 10f. *Am 18. Juli... Genossenschaft zu Z* – »18. Juli [1950]: Nach mehrtägigem Schauprozeß verurteilt das Landgericht Greifswald weitere Angestellte der Raiffeisen-Genossenschaft zu hohen Zuchthausstrafen«, Fricke (1979); S. 579; vgl. SBZ (1956); S. 131.

1793, 10 *Greifswald* – s. K. 778, 1.

1793, 12–16 *Friedrich-Franz Wiese, geb. ... Berlin-Lichtenberg zum Tode* – Geb. 29. 6. 1929, in Rostock verhaftet; zu 25 Jahren ZAL vom Obersten Sowjet begnadigt; in den Untersuchungsgefängnissen Rostock und Schwerin inhaftiert; in die sowj. Lager Omsk und Karaganda deportiert; am 15. 12. 1955 entlassen; vgl. Finn (1958), S. 207; Ammer (1969), S. 171; Fricke (1979), S. 125 f., 579; Köpke/Wiese (1992); VERS (1994), S. 153.

1793, 13 *L. P. D.* – In den Anfangsjahren der DDR gebrauchte Abk. für die LDPD; s. K. 1355, 29–35.

1793, 17–30   *Arno Esch, geb. . . . 24. Juni 1951* – Arno Esch (6. 2. 1928–24. 7. [sic] 1951), Student der Rechtswissenschaft und Gründer der LDP-Betriebsgruppe an der Universität Rostock; zunächst Landeshochschulreferent, ab Herbst 1947 Landesjugendreferent der LDP; Mitglied der Kommission zur Vorbereitung des Parteiprogramms der LDP; 1949 Beisitzer im Zonenvorstand und im Landesvorstand der LDP. Im ersten Prozeß am 20. 7. 1950 wurden neben Esch drei, nach anderen Angaben vier (vgl. Fricke (1979), S. 123–126; 579) weitere Angeklagte zum Tode verurteilt, zehn weitere erhielten je 25 Jahre Zwangsarbeitslager. Ein erneuter Prozeß am 23. 11. 1950 gegen die gleichen Angeklagten vor dem SMT in Berlin-Lichtenberg ergab drei weitere Todesurteile. »Alle diese Urteile waren auf Art. 58 Absatz 2 des Strafgesetzbuchs der Russischen Sowjetrepublik (RSFSR) – Vorbereitung des bewaffneten Aufstands – gestützt, obgleich Esch noch in der Untersuchungshaft von der Wachmannschaft wegen seiner pazifistischen Haltung verhöhnt worden war. Festzuhalten ist schließlich, daß die Todesstrafe in der Sowjetunion erst 1950 wieder eingeführt wurde, als sich alle Angeklagten schon seit Monaten in Haft befanden. Von den nunmehr sieben Todeskandidaten wurde nur einer begnadigt. Esch kam in der Sowjetunion am 24. 7. 1951 ums Leben, es besteht kaum ein Zweifel, daß er hingerichtet wurde«, Fricke (1979) S. 126; vgl. auch Ammer (1969), S. 47–53, 173; Köpke/ Wiese (1992).
»Das SMT Schwerin verurteilt einen Arno Esch (LDP) und vier andere zum Tode. Näheres nicht bekannt«, Finn (1958), S. 207.
Das Verfahren wurde am 19. 6. 1990 neu verhandelt und das Urteil vom Militärkollegium des Obersten Gerichtshofes der UdSSR am 30. 5. 1991 aufgehoben und Esch voll rehabilitiert; vgl. Krüger/Finn (1991), S. 40.

1793, 20 f.   *»Ein liberaler Chinese . . . ein deutscher Kommunist.«* – Aus Eschs Aufsatz »Nationalität und Weltanschauung«; vgl. Fricke (1979), S. 125.

1793, 22 f.   *»Dann stelle ich . . . ins Protokoll aufzunehmen.«* – Entgegnung Eschs auf einer Landesvorstandssitzung der LDP, als ein besonderes Ausschlußverfahren, gegen das er sich ausgesprochen hatte, angenommen wurde. Der Landesvorsitzende hatte darauf verwiesen, daß die Besatzungsmacht dies angeordnet habe; vgl. Fricke (1979), S. 125.

1793, 25   *R. S. F. R.* – Eigentlich: R. F. S. S. R. – Russische Föderative Sozialistische Sowjetrepublik.

1793, 28   *Todesstrafe* – s. K. 1524, 19 f.

1793, 31–33   *Elsbeth Wraske, geb. . . . zwanzig Jahren ZAL* – Geb. 30. 3. 1925, in Kühlungsborn verhaftet, wegen Spionage verurteilt; in den Untersuchungsgefängnissen Schwerin und Rostock und in der Strafvollzugsanstalt Waldheim inhaftiert; am 17. 1. 1954 entlassen; vgl. Ammer (1969), S. 170; VERS (1994), S. 154.

1793, 34–38   *Am 8. August . . . fünfundzwanzig Jahren ZAL* – Zeugen Jehovas wurden nach Artikel 6 »Boykotthetze« (s. K. 1630, 14) verurteilt, da sie die Wahlen als Schiebungen oder Diktatur bezeichneten. Der Prediger Paul Schwarz war nach acht Jahren im KZ schwerkrank zurückgekommen. Er wurde zusammen mit seiner Frau verhaftet und kam nach Bautzen. Sein Glaubensbruder und KZ-Genosse Gerhard Schneider lag mit mehrfacher Tuberkulose in einem Heim für »Opfer des Faschismus«, als ein örtliches Friedenskomitee ihn mit »Kriegsverbrecher, verrecke« beschimpfte und aus dem Heim verweisen wollte, was nur durch die Versicherung des Chefarztes, daß er nur noch wenige Stunden zu leben habe, verhindert wurde. Wie alle Zeugen Jehovas hatte er die Unterschrift zur Atombombenächtung abgelehnt; vgl. DER SPIEGEL 13. 9. 1950, S. 10 f.

1793, 35 *Zeugen Jehovas* – s. K. 1686, 5.

1793, 39– *Siegfried Winter, geb. . . . fünfundzwanzig Jahren ZAL* – Geb. 15. 11. 1927, in
1794, 2 Rostock verhaftet, wegen Spionage verurteilt; im Untersuchungsgefängnis Schwerin und in der Strafvollzugsanstalt Bautzen inhaftiert; am 18. 1. 1954 entlassen; vgl. Ammer (1969), S. 172; VERS (1994), S. 153.

1794, 3–5 *Karl-Heinz Lindenberg, geb. . . . fünfzehn Jahren Z* – Geb. 26. 10. 1924, in Ostberlin verhaftet, wegen Spionage verurteilt; in den Strafvollzugsanstalten Bützow-Dreibergen und Brandenburg inhaftiert; am 20. 5. 1957 entlassen; vgl. Ammer (1969), S. 171; VERS (1994), S. 149.

1794, 6–8 *Am 28. September. . . zu fünfzehn Jahren* – »28. September [1950]: Nach mehrtägiger Verhandlung verurteilte das Landgericht Schwerin eine aus acht Mitgliedern bestehende Widerstandsgruppe unter Leitung des Oberschülers Enno Henke [sic] zu Zuchthausstrafen bis zu 15 Jahren. Die Mitglieder wurden beschuldigt, Flugblätter verteilt und die LPD sowie andere Organisationen in der DDR ›unterwandert‹ zu haben«, Fricke (1979), S. 580.

1794, 9–11 *Alfred Loup, geb. . . . fünfundzwanzig Jahren ZAL* – In Ostberlin verhaftet, in das sowj. Lager Workuta deportiert; Ende 1955 entlassen; vgl. Ammer (1969), S. 172; VERS (1994), S. 149.

1794, 12–15 *Gerhard Popp, geb. . . . fünfundzwanzig Jahren ZAL* – Geb. 5. 9. 1924, in Rostock verhaftet, wegen Spionage verurteilt; in den Untersuchungshaftanstalten Rostock und Schwerin und in den Strafvollzugsanstalten Waldheim und Bautzen inhaftiert; am 17. 1. 1954 entlassen; vgl. Ammer (1969), S. 86 f.; 171; VERS (1994), S. 151.

1794, 13 *C. D. U.* – s. K. 1162, 28 f.

1794, 16–19 *Roland Bude, geb. . . . fünfundzwanzig Jahren ZAL* – Geb. 22. 3. 1926, in Rostock verhaftet, wegen Spionage verurteilt; in den Strafvollzugsanstalten Rostock und Schwerin inhaftiert und in das sowj. Lager Workuta deportiert; am 16. 10. 1955 entlassen; vgl. Ammer (1969), S. 170; VERS (1994), S. 146.

1794, 20–22 *Lothar Prenk, geb. . . . fünfundzwanzig Jahren ZAL* – Geb. 23. 7. 1924, in Rostock verhaftet, in das sowj. Lager Tajschet deportiert; am 20. 10. 1955 entlassen; vgl. Ammer (1969), S. 172; VERS (1994), S. 151.

1794, 23–25   *Hans-Joachim Klett, geb. . . . zwanzig Jahren ZAL* – Geb. 4. 6. 1923, in Rostock verhaftet, wegen Spionage verurteilt; in das sowj. Lager Workuta deportiert; am 17. 10. 1955 entlassen; vgl. Ammer (1969), S. 171; VERS (1994), S. 148.

1794, 26–28   *Am 18. Dezember . . . Gruppenbildung« zum Tode* – »20. [sic] Dezember 1950: Das SMT Schwerin verurteilt 14 ehemalige Volkspolizisten wegen ›Antisowjethetze und illegaler Gruppenbildung‹ zum Tode. [. . .]
18. Dezember 1950: Das SMT Schwerin verurteilt vier Angehörige der Grenzpolizei wegen versuchter Desertation zu 100 Jahren Arbeitslager«, Finn (1958), S. 209.

1794, 29–31   *Am 27. April . . . zu lebenslänglichem Z* – »27. April [1951]: Wie die ›Landeszeitung‹ meldet, verurteilt das Landgericht Schwerin den Angeklagten Horst Paschen wegen ›Boykotthetze in Tateinheit mit Mord an einem Seepolizisten‹ zu lebenslänglichem Zuchthaus. Zwei Mitangeklagte werden zu 8 bzw. 15 Jahren Zuchthaus verurteilt«, Fricke (1979), S. 582; Boykotthetze: s. K. 1630, 14.

1794, 32 f.   *Joachim Liedke, geb. . . . fünf Jahren Z* – In Großenhain verhaftet, wegen Boykotthetze (s. K. 1630, 14) verurteilt; in den Strafvollzugsanstalten Dresden, Bautzen I und II, Waldheim und im Lager Rothenburg inhaftiert; am 1. 12. 1955 entlassen; vgl. Ammer (1969), S. 169; VERS (1994), S. 149.

1794, 34–36   *Gerhard Schönbeck, geb. . . . acht Jahren Z* – Geb. 13. 7. 1927, in den Strafvollzugsanstalten Bützow-Dreibergen und Magdeburg inhaftiert; am 15. 11. 1954 entlassen; vgl. Ammer (1969), S. 170; VERS (1994), S. 152.

1794, 37–39   *Franz Ball, geb. . . . zehn Jahren Z* – Franz Bail [sic], geb. 20. 4. 1927, in Rostock verhaftet; verurteilt; in der Strafvollzugsanstalt Bützow-Dreibergen inhaftiert; am 5. 9. 1956 entlassen; vgl. Ammer (1969), S. 170; VERS (1994), S. 145.

1795, 1–3   *Hartwig Bernitt, geb. . . . fünfundzwanzig Jahren Z* – Geb. 23. 11. 1927, in Rostock mit sechs anderen Kommilitonen verhaftet, zu 25 Jahren Zwangsarbeitslager [sic] verurteilt; in das sowj. Lager Workuta deportiert; am 12. 12. 1955 entlassen; später Vorsitzender des Verbandes ehemaliger Rostocker Studenten (VERS); vgl. Ammer (1969), S. 170; VERS (1994), S. 145.

1795, 4–6   *Karl-Alfred Gedowski, stud. . . . Schwerin zum Tode* – Geb. 31. 1. 1927, in Rostock verhaftet; in der Strafvollzugsanstalt Bautzen inhaftiert und in ein sowj. Lager deportiert; wahrscheinlich 1952 in der Sowjetunion hingerichtet; vgl. Ammer (1969), S. 172; VERS (1994), S. 147.

1795, 8 f.   *Brunhilde Albrecht, geb. . . . fünfzehn Jahre ZAL* – Geb. 23. 10. 1928, in Rostock mit sechs anderen Kommilitonen verhaftet; in das sowj. Lager Tajschet deportiert; am 20. 10. 1955 entlassen; vgl. Ammer (1969), S. 172; VERS (1994), S. 149.

1795, 10 f.   *Otto Mehl, geb. . . . fünfundzwanzig Jahre ZAL* – Geb. 25. 2. 1929, in Rostock verhaftet; in das sowj. Lager Workuta deportiert; am 12. 12. 1955 entlassen; vgl. Ammer (1969), S. 172; VERS (1994), S. 149.

1795, 12 f.   *Gerald Joram, geb. . . . fünfundzwanzig Jahre ZAL* – Geb. 28. 9. 1930, in Rostock
verhaftet, wegen Spionage verurteilt; in das sowj. Lager Workuta deportiert;
am 16. 10. 1955 entlassen; vgl. Ammer (1969), S. 171; VERS (1994), S. 148.

1795, 14 f.   *Alfred Gerlach, geb. . . . 1951; zum Tode* – Geb. 17. 6. 1929, in Rostock verhaftet, zu 25 Jahren Zwangsarbeitslager begnadigt; in die sowj. Lager Tajschet und
Omsk deportiert; am 15. 12. 1955 entlassen; vgl. Ammer (1969), S. 85; 88 f.;
171; Fricke (1979), S. 583; VERS (1994), S. 147.

1795, 16–29   *Über dem Eingang . . . die andere kennen* – »Bericht eines Verurteilten aus dem
Sowjetischen Militärtribunal Schwerin vom 3. bis 6. 12. 1951. [. . .] Wir wurden in einen großen Saal geführt, über dessen Eingang ich die Worte ›Recht
muß doch Recht bleiben‹ las. Auf einer Tribüne saß das Gericht, bestehend
aus drei Offizieren, außerdem war ein Dolmetscher anwesend. Die Tische und
Wände waren mit roten Fahnen behängt. Bilder von Stalin und Lenin [sic] in
übernatürlicher Größe starrten uns an. Außer einigen Posten und uns befand
sich sonst niemand im Gerichtssaal. Die Personalien von jedem von uns wurden festgestellt und ausführlich erörtert. Danach wurden die ›sogenannten‹
Verbrechen verlesen. Folgende Vorwürfe wurden gegen uns erhoben: ›Gründung einer Widerstandsgruppe‹, ›Verbindung mit der Freien Universität Berlin‹, ›Herstellung und Verbreitung von Flugblättern‹ sowie ›Besitz und Verbreitung antidemokratischer Literatur.‹ [. . .] Die Urteile gründeten sich auf
Art. 58 des Strafgesetzbuches der RSFSR (Russische Föderative Sozialistische
Sowjetrepublik), und zwar auf die Absätze 6 (Spionage), 10 (Antisowjetpro-
paganda), 11 (illegale Gruppenbildung) und 12 (Nichtanzeige konterrevolutionärer Verbrechen). [. . .] ›Wir wollten den Studenten zeigen‹, so hatte Alfred Gedowski in seinem Schlußwort erklärt, ›daß es neben dem historischen
und dialektischen Materialismus noch eine andere Weltanschauung gibt. Um
sich für eine Weltanschauung zu entscheiden, muß man auch die andere kennen‹«, Ammer (1969), S. 137.

1795, 17 f.   *»Recht muß doch Recht bleiben«* – Schlußsatz von Ch. F. Gellerts Erzählung »Der
Prozeß«, der auf den 94. Psalm, Vers 15, zurückgeht: »Denn Recht muß doch
Recht bleiben.«

1795, 20   *Mao* – s. K. 161, 25.

1795, 21   *Freien Universität Berlin* – s. K. 1304, 28.

1795, 23–27   *Artikel 58 des . . . Nichtanzeige konterrevolutionärer Verbrechen* – s. K. 1523, 12;
Absatz 6: s. K. 1523, 19 f.; Absatz 10: s. K. 1523, 36; Absatz 12: s. K. 1523, 34.

1795, 27   *konterrevolutionärer* – s. K. 1456, 14 f.

1795, 30 f.   *Gerhard Dunker, geb. . . . Dezember 1951; verschwunden . . .* – Geb. 5. 8. 1929, in
Parchim verhaftet; wegen Spionage am 17. 6. 1952 vom Landgericht Güstrow
zu acht Jahren Zuchthaus verurteilt; in der Strafvollzugsanstalt Bützow-Dreibergen inhaftiert; am 27. 6. 1956 entlassen; vgl. Ammer (1969), S. 170; VERS
(1994), S. 146; s. 1803, 33–35.

1795, 34	*Stralsund* – s. K. 878, 29.
1795, 35	*Malchin* – s. K. 633, 24.
1795, 35	*Neubrandenburg* – s. K. 633, 29.
1795, 36– **1796, 4**	*daß Peter Wulff . . . drei Monaten Gefängnis* – »Der Angeklagte ist Gastwirt und Fleischermeister in K. – Obermeisterinnung – und Eigentümer von 2 Grundstücken. Am 2. Mai 1950 führte das Finanzamt in S. bei dem Angeklagten eine Betriebsprüfung durch und stellte fest, daß er in den Jahren 1946, 1947 und 1948 an Einkommen-, Gewerbe- und Umsatzsteuer den Staat um insgesamt 8643.- DM geschädigt hat. Der Angeklagte erklärte sich daraufhin in einer Unterwerfungsverhandlung vor dem Finanzamt zunächst am 15. Mai 1950 zur Zahlung einer Geldstrafe von 8500.- DM bereit, brach aber die Verhandlung ab, als er von der Veröffentlichung der Bestrafung erfuhr. Das Finanzamt erließ daraufhin gegen ihn am 16. Mai 1950 den Steuerstrafbescheid in Höhe von 8500.- DM. Hiergegen stellte der Angeklagte Antrag auf gerichtliche Entscheidung. Das Schöffengericht in S. hat den Angeklagten am 28. Juli 1950 wegen fortgesetzter Steuerhinterziehung gemäß § 396 der Abgabenordnung zu 3 Monaten Gefängnis und 7000,– DM Geldstrafe verurteilt. Gegen das Urteil haben die Staatsanwaltschaft und der Angeklagte Berufung eingelegt«, Entscheidungen (1952), S. 296.
1796, 6–20	*daß der Bauer . . . zwei – Jahre Zuchthaus* – »In der Strafsache gegen den Großbauern Franz Schlottmann, geb. am 12. März 1880 in Peeselin, wohnhaft in Völschow, Kreis Demmin, wegen Wirtschaftsvergehens, hat das Kreisgericht Demmin in der Strafkammer-Sitzung vom 24. Februar 1953 [...] für Recht erkannt: Der Angeklagte wird wegen Wirtschaftsverbrechens gem. § 1 Abs. 1 Ziff. 1 der WStrVO. zu 2-zwei-Jahren Zuchthaus verurteilt. Das Vermögen wird eingezogen. [...] Gründe: Der Angeklagte ist ein großbäuerliches Element. [...] Im Jahre 1952 hat der Angeklagte sein Ablieferungssoll in wichtigen Positionen nicht mehr erfüllt. Das Ablieferungssoll an Rindfleisch wurde bis zum Termin der Einleitung eines Ermittlungsverfahrens nicht erfüllt. Es war ein Rückstand von 7,50 dz zu verzeichnen. Auch das Schweinefleischsoll ist nicht erfüllt. Der Angeklagte blieb hier mit einem Rest von 30,02 dz sitzen. Auch am Milchablieferungssoll fehlt eine Menge von 1827 kg. Außerdem ist das Soll an Wolle nicht erfüllt. Das Kartoffelablieferungssoll ist ebenfalls in einem wesentlichen Umfang unerfüllt geblieben. Es ist ein Rest von 420,20 dz vorhanden. Der Rest an Ölsaaten beträgt 24,49 dz. [...] Schon im Jahre 1945 sei ihm durch Soldaten der Roten Armee fast das gesamte Vieh abgetrieben worden. Auch später, im Jahre 1947, sei ihm eine Menge Vieh krepiert, ohne daß die Ursache des Krepierens hätte festgestellt werden können. Durch die Aussage des Zeugen Lewerenz und auch die Aussagen des Zeugen Mann kann als bewiesen angesehen werden, daß der Angeklagte in der Tat mit diesen objektiven Schwierigkeiten zu kämpfen hatte. [...] Es kann als festgestellt angesehen werden, daß das angelieferte Saatgut nicht von der notwendigen Qualität war. [...] Es steht fest, daß der Ange-

klagte eine Wirtschaft mit einem Einheitswert von 53000.– DM besitzt. Die Wirtschaft ist mit Krediten und sonstigen Verpflichtungen nur wenig belastet. Trotzdem ist es dem Angeklagten in der Vergangenheit niemals eingefallen, die Wirtschaft mit Krediten zu belasten und sich mit denselben Vieh anzuschaffen. [...] Der Angeklagte war bisher unbestraft und befindet sich bereits im Alter von 73 Jahren. Dies machte der Angeklagte besonders zu seiner Entlastung geltend. Das Alter kann nach der Auffassung der Strafkammer den Angeklagten aber nicht vor Strafe und Verantwortung schützen. Es ist keine Gesetzesbestimmung bekannt, welche etwa eine mildere Bestrafung bei hohem Alter vorsieht«, Fricke (1979), S. 270–272; s. K. 1848, 9–12; s. 1796, 20; 1840, 15.

1796, 6   *Alt Demwies* – s. K. 1125, 11.

1796, 19   *§ 1 Abs. 1 Ziff. 1 der WStrVO* – § 1 Abs. 1 Ziff. 1 der Verordnung über die Bestrafung von Verstößen gegen die Wirtschaftsordnung (Wirtschaftsstrafverordnung) vom 23. 9. 1948 (ZVOBl. S. 439) lautete: »Wer die Durchführung der Wirtschaftsplanung oder die Versorgung der Bevölkerung dadurch gefährdet, daß er vorsätzlich 1. entgegen einer für ihn verbindlichen Anordnung einer Dienststelle der Wirtschaftsverwaltung die Herstellung, Gewinnung, Verarbeitung, Bearbeitung, Beförderung oder Lagerung von Rohstoffen oder Erzeugnissen ganz oder teilweise unterläßt oder fehlerhaft vornimmt, [...] wird mit Zuchthaus und mit Vermögenseinziehung bestraft.«
Die Wirtschaftsstrafverordnung wurde Anfang der fünfziger Jahre vor allem gegen selbständige Bauern angewandt, um sie zum Eintritt in die Landwirtschaftlichen Produktionsgenossenschaften zu nötigen.

1796, 36 f. *»Aktion Rosa«* – Eigentlich: Aktion Rose. Unter dieser Bezeichnung wurden im Frühjahr 1953 nahezu alle Pensionen und Hotels an der Ostseeküste ohne gesetzliche Grundlage enteignet, um sie für den Feriendienst des Gewerkschaftsbundes der DDR (FDGB) nutzen zu können. 620 Hotels und Gaststätten wurden bei einer Großrazzia gegen angebliche »Agentennester, Schieber und Spekulanten« untersucht und viele ihrer Besitzer verhaftet und verurteilt; vgl. Fricke (1979), S. 273.

1796, 39– *die Verlautbarung der... zutiefst humanistischen Charakter* – Im Lehrkommentar
1797, 2   zum Strafgesetzbuch der Deutschen Demokratischen Republik, Berlin 1969, S. 230, wird die Beibehaltung der Todesstrafe nach der Strafrechtsreform vom 21. 1. 1968 verteidigt: »Indem die Todesstrafe der Sicherung und dem zuverlässigen Schutz unseres souveränen sozialistischen Staates, der Erhaltung des Friedens und dem Leben der Bürger dient, trägt sie einen humanistischen Charakter«; zit. n. Fricke (1979), S. 522; s. K. 1524, 19 f.; 1524, 20 f.

1797, 1   *T. A. S. S.* – (russ.) Telegrafnoje Agenstwo Sowjetskowo Sojusa: die staatliche sowj. Nachrichtenagentur.

1797, 6–9 *die Staatssicherheit von... in zwei Stockwerken* – »Die Verhaftungen nahmen Mitarbeiter des im Februar 1950 entstandenen Ministeriums für Staatssicherheit vor. Sie brachten die Studenten zunächst in das Rostocker Gebäude des Staatssicherheitsdienstes, das ehemalige ›Volkshaus‹ schräg gegenüber dem Universitätshauptgebäude am damaligen Stalinplatz (heute Universitätsplatz), das in zwei Etagen und im Keller Zellen für Häftlinge hatte«, Ammer (1969), S. 86.

1797, 6   *Staatssicherheit* – s. K. 684, 8.

1797, 12 f.   *»Bützow-Dreibergen«* – s. K. 102, 25; 615, 2.

1797, 15–18   *ersten Leiter der ... Zelle erhängen mußte* – »Erster Anstaltsleiter wurde der Schlossergeselle Harry Frank aus Bützow, der sich als Oberregierungsrat ausgab, 1949 selbst verhaftet wurde und sich im Juni 1949 in einer Zelle der Anstalt erhängte«, Finn (1958), S. 166.

1797, 18 f.   *von den Schlägertrupps ... V. P.-Leutnant Oskar Böttcher* – »Dieser Zug, unter der Leitung des Leutnants Oskar Böttcher, schlug rücksichtslos alle Häftlinge zusammen«, Finn (1958), S. 166; V. P.: Volkspolizei s. K. 1269, 9 f.

1797, 22 f.   *Wruken* – (nd.) Rüben; auch Wrukken geschrieben: s. K. 528, 14.

1797, 30   *Woans sall de ... kein Voss is* – (nd. Redewendung) Wie soll der Hase beweisen, daß er kein Fuchs ist; s. K. 1688, 19 f.

1798, 7   *Villa im Komponistenviertel* – Der Sitz der Landesverwaltung des Ministeriums für Staatssicherheit für Mecklenburg, später Bezirksverwaltung Schwerin (einschließlich eines Gefängnisses) befand sich am Demmlerplatz 1–2, der am Rand des dortigen Komponistenviertels liegt.

1798, 9   *die Straße der Geschwister Scholl* – s. K. 1673, 1 f.

1798, 12   *der freien deutschen Jugend* – s. K. 1559, 13 f.

1798, 13   *D. S. F.* – s. K. 1559, 28–30.

1799, 8   *Wehrlich* – s. K. 570, 9.

1799, 9   *E. M. W.* – s. K. 1679, 33 f.

1799, 14   *Rudolf Slánský* – s. K. 1415, 11 f.

1799, 26   *Dr. Grimm* – Konnte nicht nachgewiesen werden.

1799, 33 f.   *»unseres schönen jungen Mannes«* – s. 1733, 11 f.

1800, 6 f.   *Dor wier ne olle Fru* – (nd.) Da war eine alte Frau.

1800, 22   *Gräfinnenwald* – s. K. 34, 8.

1800, 28 f.   *Zentralen SchulGruppenLeitung* – s. K. 1559, 16 f.

1800, 37 f.   *Schau mich bitte ... dann nicht widerstehen* – Schlager, konnte nicht nachgewiesen werden.

1800, 39   *Cottbus* – s. K. 1758, 24.

1801, 1	*» Tempel der Großen Freude«* – s. 1763, 1.
1801, 21– **1805, 12**	*Der Prozeß gegen . . . Dunkeln aufgescheuchte Vögel* – s. 1824, 8.
1801, 26	*Nomenscio Sednondico* – (lat.) Nomen scio, sed non dico: Ich weiß den Namen, sage ihn aber nicht.

1801, 30   *Freundschaft siegt* – Viel gebrauchter Slogan der FDJ, auch Schlußzeile im Refrain des häufig gesungenen »Lied der Weltjugend«; Text: Lew Oschanin (dt.: Walter Dehmel), Musik: Anatoli Nowikow.

> Jugend aller Nationen,
> uns vereint gleicher Sinn, gleicher Mut!
> Wo auch immer wir wohnen,
> unser Glück auf dem Frieden beruht.
> In den düsteren Jahren
> haben wir es erfahren:
> Arm ward das Leben!
> Wir aber geben Hoffnung der müden Welt!
>
> Unser Lied die Ländergrenzen überfliegt:
> Freundschaft siegt! Freundschaft siegt!
> Über Klüfte, die des Krieges Hader schuf
> springt der Ruf, springt der Ruf:
> Freund, reih dich ein, daß vom Grauen wir die Welt befrein!
> Unser Lied die Ozeane überfliegt:
> Freundschaft siegt! Freundschaft siegt!
> s. K. 1637, 13.

1802, 16	*Kulturbundes* – s. K. 1251, 34.
1802, 25	*gneezer Rosengarten* – s. K. 447, 17.
1802, 33 f.	*nach seinen Fähigkeiten* – s. K. 1439, 10.
1803, 7 f.	*ein Fahrrad schwedischer . . . des Staates eingezogen* – s. 1606, 14.

1803, 12   *18. Juni und . . . 6. Dezember 1951* – 18. 6. 1950: Mißhandlungen mit Todesfolgen an Hermann Priester (s. K. 1792, 30–37);
20. 7. 1950: Todesurteil für Arno Esch und 25 Jahre Zwangsarbeitslager für Friedrich-Franz Wiese (s. K. 1793, 12–16; 1793, 17–30);
6. 12. 1951: Todesurteile für Karl-Alfred Gedowski (s. K. 1795, 4–6) und Alfred Gerlach (s. K. 1795, 14 f.), 15 bzw. 25 Jahre Zwangsarbeitslager für Brunhilde Albrecht (s. K. 1795, 8 f.), Otto Mehl (s. K. 1795, 10 f.), Gerald Joram (s. K. 1795, 12 f.).

1803, 20 f.	*Eindeutigkeit des deutschen und angelsächsischen Genitivs* – s. 1779, 17–20.

1803, 23–27   *Und weil die . . . Holzfällerei zu erlernen* – »Die übrigen Studenten, wie die meisten der seit 1947 aus politischen Gründen verhafteten Rostocker, wurden im damals sowjetischen Zentralgefängnis in Berlin-Lichtenberg gesammelt, dann in Eisenbahnwaggons verladen, die als Postwagen getarnt waren (was von den deutschen Eisenbahnern allerdings durchschaut wurde). Diese Wagen wurden an den zwischen Berlin und Moskau verkehrenden ›Blauen Expreß‹ angehängt und bis Brest-Litowsk mitgeführt. Eingereiht in den Strom der Häftlinge aus allen Ländern und Völkern des sowjetischen Herrschaftsbereichs, führte sie der Weg über Moskau und Gorki in die Verbannungsgebiete, teils nach Workuta nördlich des Polarkreises, teils nach Tajschet in Mittelsibirien. Dort arbeiteten sie im Bergbau oder als Holzfäller, hatten aber 1955 das Glück, zusammen mit den noch in der Sowjetunion befindlichen deutschen Kriegsgefangenen Gegenstand der Verhandlungen des Bundeskanzlers Adenauer in Moskau über die Herstellung diplomatischer Beziehungen zwischen der Sowjetunion und der Bundesrepublik zu werden«, Ammer (1969), S. 89.

1803, 24 f.   *dem Blauen Expreß nach Moskau* – Transportgeneral Kwaschnin beschlagnahmte 1949 den früheren Rheingold-Expreß und ließ ihn himmelblau spritzen. Der Zug pendelte für die sowj. Offiziere zwischen Moskau und der dt. Befehlszentrale in Wildpark bei Potsdam; vgl. DER SPIEGEL 6. 7. 1950, S. 7 f.

1803, 26 f.   *in Workuta den Bergbau* – Stadt im nördlichen Ural in der Autonomen Sozialistischen Sowjetrepublik Komi; von Strafgefangenen aufgebaut. Im Umkreis von 40 km gab es 30 bis 35 Straflager, als Lagergebiet für dt. Gefangene bekannt. Die Häftlinge arbeiteten im Eisen- und Kohleabbau, in der Metallindustrie, beim Holzfällen in Steinbrüchen und Sägewerken. Für die Region werden von 1950–55 100 000 bis 130 000 Häftlinge geschätzt.

1803, 27   *in Tajschet* – Stadt im südlichen Sibirien, Endstation der Baikal-Amur-Eisenbahn; bekannt wegen des Zwangsarbeitslagers, dessen Häftlinge im Berg-, Straßen- und Eisenbahnbau eingesetzt wurden. Ebenfalls als Lagergebiet für dt. Häftlinge bekannt.

1803, 28   *sowjetische Amnestie von 1954* – Am 16. 1. 1954 wurden 6143 politische Häftlinge der Sowjetunion, die nach dem 9. 5. 1945 verurteilt worden waren, »vorfristig« entlassen; vgl. Fricke (1979), S. 593.

1803, 29   *Militärtribunale* – s. K. 1218, 26.

1803, 33–35   *Gerhard Dunker, geb. . . . acht Jahren Z. . . .* – s. K. 1795, 30 f.

1804, 1–6   *V. E. B. Schiffskombinat Rostock . . . und Schacht, Bützow* – Über die Strafvollzuganstalt Bützow-Dreibergen heißt es bei Finn (1958), S. 167: »In der Anstalt lassen folgende volkseigene Betriebe arbeiten:
V. E. B.- Schiffskombinat Rostock;
V. E. B. Kleiderwerke Güstrow;
V. E. B. Einheit Kataster, Schwerin;
V. E. B. (K) Wiko, Korbwarenfabrikation Wittenberge, Stalinallee 14;
V. E. B. Starkstrom-Anlagenbau Rostock, Max-Eyth-Straße 8;

und die Privatfirma Wiehr & Schacht, Bützow, Stalinstraße 38.«
V. E. B.: s. K. 1615, 1 f.

1804, 3   *Kataster* – s. K. 1273, 18.

1804, 8–12   *einen Stundenlohn von . . . vier Glas Marmelade* – »Das kaufmännische Referat der Abteilung P rechnet mit dem VEB die Löhne ab. Der VEB bezahlt die Häftlinge wie normale Arbeiter: Der Lohn kommt jedoch nur zu einem Bruchteil dem Häftling und seinen Angehörigen zugute. [. . .] Angenommen, der Häftling ist als Bandarbeiter für einen Stundenlohn von 0,94 DM eingestuft.«
In dem Beispiel zahlt der VEB bei Zuschlägen für Sonder- und Sonntagsarbeit und nach Abzügen für Lohnsteuer und Sozialversicherung der Anstalt 175,27 DM. Nach Abzügen für Haftkosten und Rücklagen (Fahrgeld nach der Entlassung und Entlassungsgeld) bleibt ein Monatslohn von 15 DM und 12,60 DM Unterstützung für die Angehörigen.
»Für die 15,– DM darf sich der Häftling in einer HO-Zweigstelle in der Anstalt Lebensmittel und Rauchwaren kaufen. Die Lebensmittel sind z. T. sehr schlecht, die Auswahl ist äußerst gering, sofern überhaupt vorhanden. Der Häftling muß folgende Preise zahlen für:

1 Pfund Butter	4,90 bis 5.– DM
1 Pfund Schmalz	2,50 DM
1 Pfund Margarine	1,35 bis 2.– DM
1 kg Dauerwurst	11,50 bis 11,80 DM
1 Pfund Käse	4,– bis 4,40 DM
1 Glas Marmelade	1,40 bis 1,80 DM
40 Zigaretten	3,20 DM.«

vgl. Finn (1958), S. 142 f.

1804, 12–24   *Inhalt eines Paketes . . . sein mit ihm* – Finn (1958), S. 137, druckt einen »Erlaubnisschein für ein Paket« aus der Strafvollzugsanstalt Bautzen ab: »Aufgrund der Führung des Gefangenen wird die Zusendung eines Monatspakets gestattet.
Das Paket kann enthalten:
500 g Fett (Butter, Schmalz oder Margarine), 250 g Käse, 250 g Speck, 250 g Wurst, 500 g Kristall- od. Würfelzucker, für den Rest: Obst, Zwiebeln, Markenkeks in Originalverpackung. – Das Gewicht der Lebensmittel darf 3 kg netto nicht übersteigen.«
Aus dem Text geht hervor, daß nur Angehörigen erlaubt ist, Pakete zu schicken.

1804, 26–31   *einem Haarschnitt von . . . Marschieren im Gleichschritt* – »Ihm [dem politischen Häftling] wird das Haar auf etwa drei Zentimeter Länge geschnitten; er bekommt seine Häftlingsnummer und die übliche Häftlingskleidung (altes Drillichzeug und Uniformen der VP) [. . .]. Seine neuen Mithäftlinge bringen ihm das erste Reglement des sozialistischen Strafvollzugs bei: Grüßen jeden Wachtmeisters durch Abnehmen der Mütze und Blickwendung zwei Meter vor und einen Meter hinter dem Wachtmeister; das ›Achtung‹-Brüllen und ›Haltung‹-Annehmen, wenn ein Wachtmeister die Zelle oder den Arbeitssaal betritt; das Marschieren im Gleichschritt«; Finn (1958), S. 135.

1804, 36 f.   *Ji möt dat . . . liehrn, dat Inspunntsien –* (nd.) Ihr müßt das noch lernen, das Eingesperrtsein!

1805, 15 f.   *jener Domprediger –* s. 1612, 18.

1805, 18–20   *wie die Bibel . . . dürfen nach Lockenvitz –* Manuskriptfragment »Vorfassung JT4, TS1 (JT4, S. 1804), S. 675–677«: »[. . .] wie die Bibel sie anbietet für das Verjagen von Unwürdigen. In Gneez blieb Lockenvitz allein.
Der V. E. B. Landschaftsgestaltung erlaubte ihm, als Nachfolger von Budniak zu arbeiten, als Totengräber. Die Gruben mussten damals noch mit dem Spaten ausgehoben werden.
Eine Haussuchung in dem möblierten Zimmer im Dänschenhagen förderte ein Manuskript ins Augenlicht der Staatssicherheit, das befasste sich mit der Sprache des ostdeutschen Zuchthauses (›tote Oma‹ für Blutwurst) und deren Grammatik (Verlust eines Akkusativs, ein transitives Verbum wird intransitiv: ›Wenn an der Tür geschlossen wird, hat der Häftling sich zu erheben‹.)
Verwarnt, aber entlassen aus der Untersuchungshaft, liess Lockenvitz 1963 sich betreffen bei dem Versuch, im Dassower See zu baden; im späten September. Von ostdeutscher Grenzpolizei abgeführt als ›Sperrbrecher‹, wurde er vom Landgericht Gneez verurteilt zu vier Jahren Zuchthaus wegen ›Republikflucht‹. Üblich waren drei. Lockenvitz bekam ein zusätzliches aus der geharnischten Enttäuschung der Strafkammer, dass die Vorstrafe sollte so ungenügend gewesen sein in der Erziehung zu einem Gehorsam.
1964 begannen die heimlichen Verhandlungen zwischen dem ostdeutschen Sachverhalter und der westdeutschen Regierung über die Leute, deren Arbeit nutzt zwar im Gefängnis; sie in der freien Wildbahn der sozialistischen Menschengemeinschaft zu wissen ist lästig. Für geschätzte vierzigtausend Mark wurde der ehemalige Oberschüler Lockenvitz freigekauft und abgeschoben. Er blieb fast ein Jahr in Hamburg; vielleicht in der Hoffnung, sich eine Heimat zu verdienen an der nördlichen Sprechweise. Seine Mutter besuchte er erst auf einen ärztlichen Bescheid, der einen Tod binnen Wochen in Aussicht stellte. Eine Versöhnung; Frau Lockenvitz wurde bereits durch Schläuche ernährt. Bitte des Sohnes um nochmalige Bestätigung, der Vater habe der Partei der Nazis sich fern gehalten. Die Mutter: Um jeden Preis. Für das Begräbnis gab der Sohn zwei Drittel seiner Ersparnisse her.
Nach Berlin kam er mit einem Zeugnis über die Befähigung zum Studium, in Hamburg an Abendoberschulen erworben; Studium der Sprachwissenschaft. Ein dreiunddreißigster Geburtstag bescherte ihm den Einfall, nach seinem Vater selber zu suchen. Lockenvitz konnte eine Dienststelle der Universität in West Technischen Hochschule [sic] bewegen, für ihn vorstellig zu werden bei den Amerikanern am Wasserkäfersteig in Zehlendorf, wo sie die Dokumente der Hitlerpartei verwalten. Die Auskunft: Für Otto Lockenvitz, geb. 1906 ist der Eintritt in die N. S. D. A. P. verzeichnet für das Frühjahr 1940.

Lockenvitz gab es auf, das Grab im Bayerischen. Die Aufforderungen der Friedhofsverwaltung, weiterhin zu zahlen für die Betreuerung [sic] der gärtnerischen Anlage, schickte er zurück mit dem Vermerk: Adressat unbekannt verzogen.

Denn wohin er nun soll, nachdem die Mutter ihn belogen hat bis zum letzten Atemzug, es ist ihm ein wenig unerfindlich.

Mit dem Andenken eines Vaters leben, dem er er [sic] einen Beitritt zu Hitlers Partei im März 1933, zur Sicherung eines Beamtenvertrags, hätte nachsehen wollen; es ist eine Aufgabe.

Einen Vater verlieren, der«.

13. 8. 1968

1805, 29   *Karlovy Vary* – s. K. 1200, 6.

1805, 36–   *»Walter Ernst Karl«* ... *längliches Fragezeichen gehängt* – Anläßlich Ulbrichts Zu-
1806, 6   sammentreffen mit Dubček erschien in der NYT vom 13. 8. 1968 ein Lebenslauf unter der Überschrift »East Germany's Hardy Leader/Walter Ernst Karl Ulbricht«. Über die Auseinandersetzung mit Ziller heißt es: »In 1957 Gerhard Ziller, then the East German Secretary for Economic Affairs, gave vent to these feelings during an angry debate. ›While we were in concentration camps, Comrade Ulbricht‹, he is reported to have said, ›you were making speeches in Russia. You have always been safe.‹
Mr. Ulbricht was said to have told Mr. Ziller with typical composure that what he had said ›I will never forget‹ and suggested to discuss the matter later.
The discussion never took place. Mr. Ziller went home and shot himself.« An diesen Ausschnitt der NYT hat Johnson ein sehr langgezogenes Fragezeichen gesetzt.
Die Vornamen Ernst Karl werden in den Biographien Ulbrichts nicht erwähnt; s. K. 993, 8; 1138, 30.

1805, 36–   *Gerhard Ziller* – Gerhart [sic] Ziller (19. 4. 1912–14. 12. 1957), Elektromon-
1806, 1   teur und technischer Zeichner; seit 1930 Mitglied der KPD, Redakteur der KPD-Zeitung »Arbeiterstimme«; nach 1933 mehrmals inhaftiert, Mitglied der Widerstandsgruppe Saefkow, 1944/45 im KZ Sachsenhausen und Gefängnis Leipzig; trat 1946 der SED bei, setzte sich als Industrieminister seit 1949 für den Aufbau in Sachsen ein, 1950–53 Minister für Maschinenbau, 1953 Sekretär für Wirtschaft des ZK der SED, seit 1954 Vorsitzender des Wirtschaftsausschusses; wurde beschuldigt, der Gruppe Schirdewan-Wollweber anzugehören (die im Februar 1958 wegen »Fraktionstätigkeit« gemaßregelt wurde); beging Selbstmord. Auf der 30. Tagung des ZK der SED vom 30.1.–1. 2. 1957 waren Mitglieder des Instituts für Wirtschaftswissenschaften von Ulbricht wegen reformistischer Auffassungen angeklagt worden und neue Direktiven für die Staatliche Plankommission erteilt worden. Außer der

Kritik an Ulbricht scheinen Auseinandersetzungen über die Wirtschaftspolitik zu Zillers Freitod geführt zu haben.

1806, 23 f.   *auf der Schleife* – s. K. 1050, 22.

1806, 26   *Marina City* – Ein als Beispiel gelungener moderner Architektur bekannter 61stöckiger Büro- und Appartmentkomplex am Chicago River; 1963/64 nach Plänen von Bertrand Goldberg errichtet, mit Theater, Eisbahn und Jachthafen, dessen 179 m hohe Zwillingstürme von weither zu sehen sind; Chicago: s. K. 14, 34.

1806, 33   *Rockaway* – s. K. 372, 27.

1807, 1   *bottnischen Ostsee* – s. K. 154, 2 f.

1807, 3 f.   *Olmütz, Olomouc* – (dt. und tschech.) Ehemalige Hauptstadt Mährens, 1055 erstmals urkundlich erwähnt, Bischofssitz seit dem 11. Jh., Zentrum des Katholizismus; s. K. 1809, 4 f.

1807, 4   *hl. n.* – (tschech.) Abk. für hlavní nádraží: Hauptbahnhof; s. K. 12, 27 f.

1807, 22   *en famille* – (frz.) zur Familie zugehörig.

1808, 9 f.   *neulich ist ihm . . . Ja. Am-seln* – Amseln leben normalerweise nicht in Schwärmen; Amselmotiv: s. K. 274, 36.

1808, 20   *Protože nádraží je velmi daleko* – (tschech. ugs.) übersetzt im Text. Richtig: Weil der Bahnhof sehr weit weg ist.

1808, 22 f.   *Ne, jejich manželky . . . Ještě dělám chyby* – (tschech.) übersetzt im Text. »Vorsicht doch!« ist ein dt. Zusatz; s. K. 1134, 31.

1808, 29–31   *So do I . . . later. / Will do* – (engl.)
– Ich dich auch.
– Dann bis später.
– Gut so.

1809, 3   *Morava* – Tschech. Name der March; mündet bei Bratislava in die Donau.

1809, 4   *bei lüttem* – (nd.) demnächst, bald.

1809, 4 f.   *die Olmützer Punktuation* – Nach der Olmützer Punktation [sic] vom 29. 11. 1850, geschlossen zwischen Preußen und Österreich, mußte Preußen die Interventionspolitik in Kurhessen und Holstein dem Deutschen Bund, in dem Österreich die Vormacht hatte, überlassen. Sie bedeutete das Ende der Versuche Friedrich Wilhelms IV., die Einheit Deutschlands unter preußischer Führung ohne Österreich zu erreichen, und führte zur Rückkehr Preußens zur Frankfurter Bundesversammlung; s. K. 1141, 28 f.; 1150, 5 f.

1809, 6   *Wenzelsdom* – Auf dem Fürstenberg an der March gelegen, 1107 als romanische Basilika auf den Resten einer slawischen Burg begonnen, im 13.–16. Jh. gotisch, im 19. neogotisch erweitert; mittelalterliche Bischofsgräber und Wandmalereien, Domschatz.

1809, 6 f.   *In der Mauritiuskirche . . . größte Orgel Mährens* – Hauptkirche der Bürgerschaft aus dem 14.–16. Jh., dreischiffiger Hallenbau, mehrmals durch Brände beschädigt; Barockorgel von 1740–45 mit 2311 Pfeifen von Michael Engler aus Breslau.

1809, 7   *Der Heilige Berg* – Svatý Kopeček, 412 m hoher Berg 7 km nordöstlich von Olomouc mit weithin sichtbarer großer barocker Wallfahrtskirche.

1809, 7   *Ölmützer Sprachinsel* – Heinrich Zdik, von 1126 bis 1150 Bischof, rief den Kolonisierungsorden der Prämonstratenser nach Mähren. Die Könige Ottokar I. und II. Přemysl ließen, besonders nach Niederschlagung der Mongolen 1241, hier Deutsche ansiedeln. Bruno von Schaumburg, von 1246–81 Bischof, zog weitere dt. Handwerker und Bauern ins Land und verlieh Olmütz das Magdeburger Stadtrecht.

1809, 11–16   *Kaprova und Maislova . . . zu Dlouhá třída* – Jakobs Weg beschränkt sich auf die Altstadt, insbesondere die Josephsstadt, das ehemalige jüd. Viertel, und folgt wichtigen Stationen in Franz Kafkas Leben.
Das Eckhaus neben der St.-Nikolaus-Kirche, wo Kaprova ulice (Karpfengasse), Maislova ulice (Enge Gasse) und U radnice zusammentreffen, trägt seit 1966 eine Gedenktafel für Franz Kafka, der im Vorgängerbau dieses Hauses »Zum Turm« (damals Jáchymova ulice Nr. 4) am 3. 7. 1883 geboren wurde. Das Haus lag am Rand des jüd. Ghettos.
Die Dušní ulice (Heilig-Geist-Gasse) führt nördlich des Altstädter Rings an der Spanischen Synagoge vorbei bis zur Moldau. Kafkas Familie lebte von 1885–87 in Nr. 187.
In Nr. 6 der Mikulášska (früher Enge Gasse, Niklasstraße, heute Pařížská ulice) wohnte die Familie Kafka 1887–88, in Nr. 36 (heute Pařížská třída) von 1907 an. Das inzwischen abgerissene Haus war das letzte vor der Moldau mit Aussicht auf die in Bau befindliche Svatopluka-Čecha-Brücke; dieses Milieu bildet den Hintergrund der Erzählung »Das Urteil«.
Die Celetná ulice (Zeltnergasse) führt vom Altstädter Ring in östlicher Richtung zum Pulverturm, in Nr. 2 (Sixt-Haus) an der Einmündung zum Altstädter Ring wohnte Kafka 1888–89. In derselben Straße hatte Kafkas Vater 1882 in Nr. 12 sein erstes Galanteriewarengeschäft eröffnet, das er später nach Nr. 3 (Zu den drei Königen) verlegte. Im selben Haus, das an die Teinkirche angrenzte, wohnte auch die Familie von 1896–1907.
Das Altstädter Rathaus ist ein gotischer Bau aus dem 14./15. Jh. mit berühmter astronomischer Uhr am Altstädter Ring, der neogotische Anbau brannte bei Kämpfen im Mai 1945 ab. An das Rathaus mit der Rückseite angrenzend steht das mit Renaissance-Sgraffiti geschmückte Haus U minuty (Zur Minute), Altstädter Ring 2, in dem Kafkas Familie 1889–96 wohnte, bis das Haus in den Rathauskomplex einbezogen wurde.
Der Fleischmarkt (Masná ulice) liegt nordöstlich des Altstädter Rings. In Nr. 16–28 befand sich die dt. Knabenschule, Kafkas erste Schule.
Das Kinský Palais ist ein Rokoko-Stadthaus am Altstädter Ring, 1755–65

nach Plänen von Dientzenhofer erbaut; von 1893 bis Juli 1901 besuchte Kafka (wie auch Franz Werfel, Max Brod, Karl Kraus) hier das »k. k. Staatsgymnasium mit deutscher Unterrichtssprache in Prag-Altstadt«. Kafkas Vater hatte in demselben Gebäude seit 1912 sein Geschäft. (In dem Haus wuchs auch Bertha von Suttner, geb. Gräfin Kinsky [1843–1914] auf.)

Das Karolinum, ein gotischer Bau am Obstmarkt (Železná ulice Nr. 9) südlich des Altstädter Rings, ist das Hauptgebäude der damals »k. k. Carl-Ferdinands-Universität«, die 1348 von Karl IV. gestiftet wurde und die älteste Mitteleuropas ist. Hier war die juristische Fakultät, an der Kafka von 1901–03 studierte und am 18. 6. 1906 zum Dr. jur. promovierte.

Bei der privaten Versicherungsanstalt Assicurazioni Generali, deren Prager Filiale sich im Eckhaus Wenzelsplatz Nr. 19/Jindřišská (Heinrichsgasse) befand, arbeitete Kafka von Oktober 1907 bis Juli 1908, anschließend nahm er einen Posten bei der »Arbeiter-Unfallversicherung für das Königreich Böhmen«, Proic 7, an, wo er bis zu seiner vorzeitigen Pensionierung aus gesundheitlichen Gründen 1922 blieb. Der neobarocke Gründerzeitbau der Arbeiter-Unfallversicherung steht in der Nähe des Wenzelsplatzes, Na příkopě Nr. 7 (Am Graben).

Die Bílkova ulice (Bilekgasse) ist eine Querstraße zur Pařížká, etwa zwischen Altstädter Ring und Moldau. Kafka wohnte im August und September 1914 und im Februar 1915 in Nr. 10 bei seiner Schwester Valerie und begann dort mit der Niederschrift des »Prozeß«. Vom März 1915 an blieb Kafka für zwei Jahre in einer kleinen Wohnung in der Dlouhá třída (Lange Gasse) Nr. 18 (Zum Goldenen Hecht, heute Nr. 16), die vom Altstädter Ring nach Nordosten führt.

1955, zur Zeit von Jakobs Besuch, galt Kafka in den soz. Ländern als dekadenter Nihilist, da die von ihm beschriebene Entfremdung der Menschen im Sozialismus beseitigt sei; seine Werke wurden nicht gedruckt. Vergeblich wurde 1963 eine »Rehabilitierung« bei einer Kafka-Konferenz in Liblice versucht; erst die Anbringung einer Gedenktafel am Geburtshaus markierte 1966 eine Wende.

1955 schrieb Johnson ein »Referat für das Seminar zu der Vorlesung von Herrn Prof. Dr. Mayer ›Deutsche Literatur im Kaiser-Reich‹« unter dem Titel »Das Leben Franz Kafkas«; vgl. Johnson, Entwöhnung, S. 62–66; Kafka: s. 1505, 26; s. K. 1860, 9–12.

1809, 38   *Kükendraht* – s. K. 500, 27.

1810, 2   *Luther* – s. K. 806, 31.

1810, 3   *Erzbischof Josef Beran* – 29. 12. 1888–17. 5. 1969, tschech. Priester; 1942–45 im KZ Dachau, 1946 Erzbischof von Prag, anfangs wegen seiner KZ-Haft und einfachen Herkunft von der KPČ geduldet; zelebrierte nach Gottwalds Wahl zum Staatspräsidenten am 14. 6. 1948 im Prager Veitsdom ein Te Deum. Als jedoch die Kurie eine gewünschte Loyalitätserklärung gegenüber dem Staat verweigerte, kam es 1949 zum offenen Kirchenkampf, der in dem Kirchengesetz vom 14. 10. 1949 gipfelte: Alles Kirchenvermögen wurde dem Staat übereignet, der die Besoldung der Geistlichen übernahm und einen Treueeid von ihnen verlangte, den der niedere Klerus aufgrund der finanziellen Abhängigkeit leisten mußte. Der Widerstand des höheren Klerus wurde in einer Reihe von Prozessen gebrochen (s. K. 1656, 28–30; 1810, 10–12). 1951–65 stand Beran in verschiedenen Klöstern als »Staatsfeind« unter einer Art Hausarrest; nach seiner Ernennung zum Kurienkardinal erhielt er 1965 eine Ausreiseerlaubnis.

1810, 3–6   *Am 7. Juni . . . sich geweigert hatte* – s. K. 46, 35. Die Verfassunggebende Nationalversammlung hatte am 9. 5. 1948 eine Verfassung gebilligt, in der die Prinzipien des soz. Systems verankert waren, weshalb sich Präsident Beneš weigerte, sie zu unterschreiben, und zurücktrat. Sie wurde danach vom Ministerpräsidenten Gottwald unterzeichnet, womit sie de facto, aber nicht de jure in Kraft trat. Dieser Zustand hielt bis zur Einführung der Verfassung von 1960 an.
Klement Gottwald [sic; in der zweibändigen Taschenbuchausgabe berichtigt] (23. 11. 1896–14. 3. 1953), Tischler, Politiker; 1929 Generalsekretär der tschechos. KP, seit 1939 im Exil in der UdSSR, 1946 Ministerpräsident, nach dem komm. Staatsstreich im Februar 1948 Staatspräsident.
Eduard Beneš (28. 5. 1884–3. 9. 1948), Nationalökonom, Mitbegründer der Tschechoslowakei, 1918–35 Außenminister. Beneš war nicht Präsident auf Lebenszeit: 1935 als Staatspräsident gewählt, trat er 1938 zurück und lebte als Privatperson in den USA und Großbritannien. Nach der Aufnahme seiner politischen Arbeit im Exil 1939 wurde er rückwirkend von 1938 bis zu seiner Neuwahl 1946 als Präsident anerkannt. Er stand 1940–45 der Exilregierung in London vor. Von den Kommunisten überrumpelt und gesundheitlich schwer angeschlagen, trat er am 6. 6. 1948 zurück.

1810, 10–12   *Titularbischof von Olmütz . . . fünfundzwanzig Jahren Gefängnis* – Ein Titularoder Weihbischof ist nur der Weihe nach Bischof, leitet aber keine Diözese.
Um den Widerstand des Klerus zu brechen, fanden von Mai 1950 bis Januar 1951 mehrere »Kirchenprozesse« in der ČSR statt, in denen allein Kontakte zum Vatikan, der »Spionagezentrale der USA«, zur Verurteilung führen konnten. Der Weihbischof von Olmütz Stanislav Zela wurde am 18. 7. 1950 verhaftet, für den Prozeßtermin gegen ihn und acht andere Kirchenmitarbeiter werden sowohl der 27. 11.–2. 12. 1950 wie auch der 10. 1.–15. 1. 1951 angegeben. In dem offiziell »Prozeß gegen die Agenten des Vatikans in der Tschechoslowakei«, inoffiziell meistens »Prozeß gegen Zela, Opasek und Konsorten« genannten Gerichtsverfahren wurde Zela zu 25 Jahren Gefängnis verurteilt; vgl. Kaplan (1986a), S. 149–153, 213.
Im Vorschlag an das Präsidium des ZK der KPČ zur Einleitung politischer Prozesse gegen die Kirchenführung vom 12. 9. 1950 heißt es: »Der zweite Prozeß würde gegen eine Gruppe von 21 höheren kirchlichen Würdenträgern geführt werden, die sogenannten Handlanger der Bischöfe. Unter diesen befindet sich auch Dr. Stanislav Zela, der Olmützer Weihbischof, dem verschie-

dene Delikte aus der Zeit der Okkupation und enge Zusammenarbeit mit den Organen der Gestapo zur Last gelegt werden. In dieser Hinsicht soll er sehr kompromittiert sein«; vgl. Kaplan (1990), S. 268.

1810, 16–
1811, 6
Die Parfümkisten-Verschwörung . . . auf versuchte Meuchelmörderei – Die Koalition der »Volksfronten« zwischen Kommunisten und Sozialdemokraten litt seit der Zurückweisung der Marshall-Plan-Hilfe unter Spannungen, der Sieg des rechten Flügels der Sozialdemokratie auf dem Parteitag am 16. 11. 1947 zwang Gottwald zur Regierungsumbildung. In diese Krisensituation fällt der erwähnte Zwischenfall: »Am 10. September 1947 erhielten die Minister Peter Zenkl, Prokop Drtina und Jan Masaryk Sprengstoffpakete von mysteriöser Herkunft. [. . .] Obwohl die gerichtliche Untersuchung eine heiße Spur ermitteln konnte, die in ein Kreissekretariat der KPTsch in Olmütz führte, wurden weitere Ermittlungen eingestellt, und erst nach der Machtübernahme über die ganze Angelegenheit, allerdings unter anderen Vorzeichen entschieden. Der neue Justizminister Alexej Čepička erklärte im Mai 1948, die Affäre mit den Paketen sei ›von den führenden Funktionären der Volkssozialistischen Partei unter der Führung von Generalsekretär Vladimir Krajina fabriziert worden‹. Eine Woche später strebte das Innenministerium allerdings einen Prozeß gegen 13 Personen an, die angeblich mit der Affäre zu tun hatten, und sah als Hauptangeklagten den ehemaligen Justizminister Drtina vor, der seinerzeit gegen das KPTsch-Parteisekretariat in Olmütz Anklage erheben wollte. Drtina versuchte unmittelbar nach der Machtübernahme Selbstmord zu begehen«, Kaplan (1986a), S. 108; vgl. Hoensch (1978), S. 123 f. Drtina hatte am 21. 11. 1947 sechs Mitglieder der Olmützer KPČ verhaften lassen.
»Vansittart [brit. Diplomat] berichtet auch von einem – noch durch andere Informationen bestätigten – Sprengstoffanschlag auf Masaryk am 11. September 1947. Der Anschlag wurde mittels eines Päckchens gemacht, das als persönliche Geschenksendung mit der Aufschrift ›Parfüm‹ an Masaryk ›persönlich‹ adressiert war. Aber gerade diese Aufschrift erregte Verdacht. Beim sachgemäßen Aufmachen kam eine Bombe zum Vorschein, die beim Aufreißen eines Fadens explodiert wäre«, DER SPIEGEL 12. 12. 1956, S. 46.

1810, 18 f.
Vorsitzenden der Nationalsozialisten Peter Zenkl – 13. 6. 1884–2. 11. 1975, Gymnasiallehrer für tschech. Sprache, Autor mehrerer Lehrbücher, Politiker der Volkssozialistischen Partei; 1937–39 Oberbürgermeister (Primator) von Prag, 1938–39 Minister für Soziales, Gesundheit und Sport, März 1939–45 im KZ Buchenwald; 1945–48 Vorsitzender der Volkssozialistischen Partei, 1946–48 Stellvertreter des Ministerpräsidenten. Mit den übrigen bürgerlichen Mitgliedern der Regierung reichte er aus Protest gegen die Hegemonialbestrebungen der Kommunisten seine Demission ein; emigrierte nach dem komm. Putsch in die USA. – Die Národný socialistická Partei (národ: Volk, Nation) wird, um falsche Assoziationen zu vermeiden, heute mit Volkssozialisten übersetzt. Sie stand politisch links von der Mitte und regierte 1945–48 mit den

drei anderen verbliebenen demokratischen Parteien in der »Nationalen Front« mit den Kommunisten zusammen.

1810, 19 *Justizminister Prokop Drtina* – 13. 4. 1900–16. 10. 1980, Jurist und Politiker; 1929–38 Mitarbeiter der Präsidentenkanzlei der Republik, persönlicher Sekretär des Präsidenten, seit 1928 Mitglied derVolkssozialistischen Partei; 1939 im Widerstand tätig und nach London geflohen. 1940–45 politischer Referent der Exilregierung, 1945–48 Parlamentsabgeordneter derVolkssozialisten. Als Justizminister der ČSR vom November 1945 bis Februar 1948 versuchte er, radikale Tendenzen und Willkür zu verhindern, und führte mit Innenminister Nossek einen Kompetenzstreit. Er beschuldigte nach einer 1947 inszenierten »Verschwörung« in Böhmen die Kommunisten, die Sicherheitsorgane zu mißbrauchen; unternahm deshalb nach dem komm. Putsch einen Selbstmordversuch. Er wurde 1953 zu 15 Jahren Gefängnis verurteilt und 1960 aus der Haft entlassen. Memoiren: »Tschechoslowakei mein Schicksal«, 4 Bde., 1982.

1810, 20 *Jan Masaryk* – s. K. 852, 31 f.

1810, 39 *Alexej Čepička* – 18. 8. 1910–30. 9. 1990, Jurist; heiratete 1948 die Tochter Klement Gottwalds; löste am 25. 4. 1950 Svoboda als Verteidigungsminister ab und baute die Armee nach sowj. Vorbild auf; im April 1956 seiner Ämter in Regierung und Partei enthoben.

1811, 1 *Klement Gottwalt* – Richtig: Gottwald; in der zweibändigen Taschenbuchausgabe berichtigt; s. K. 1810, 3–6.

1811, 1 f. *die Sache mit dem Erzbischof* – Das kann sich auf Erzbischof Beran (s. K. 1810, 3) beziehen oder auf den Erzbischof von Olmütz Josef Karel Matocha. Matocha war seit Ostern 1950 jegliche seelsorgerische Tätigkeit in seiner Diözese verboten, von Juni 1954 bis zu seinem Tod am 2. 11. 1961 lebte er in seiner Residenz in strenger Haft.

1811, 12 *Brno* – s. K. 1028, 1.

1811, 20 f. *Was sagen denn deine Italiener dazu* – Beim Niesen würden sie »salute« sagen, also »Gesundheit«, aber ob das gemeint ist?

1811, 34 f. *»gefärbte« Arbeiter* – (engl. wörtl. übersetzt) coloured workers; s. K. 218, 13.

1811, 37 *Alles neu macht der Mai* – Melodie des Lieds nach einer volkstümlichen Weise aus dem 18. Jh., Text: Hermann Adam von Kamp, 1829:

> Alles neu macht der Mai,
> macht die Seele frisch und frei.
> Laßt das Haus, kommt hinaus,
> windet einen Strauß!
> Rings erglänzet Sonnenschein,
> duftend prangen Flur und Hain;
> Vogelsang, Hörnerklang tönt den Wald entlang.

1812, 4 f.   *All the bungalow . . . kiss my dick* – (engl.) Alle Leute aus den Bungalows küssen meinen Schwanz.

1812, 26 f.   *einstöckige Wüstenei* – s. K. 20, 33 f.

1812, 28 f.   *»Die Einsamkeit des . . . modernen amerikanischen Gesellschaft«* – Vermutlich David Riesman: The Lonely Crowd, New Haven 1950 (dt. »Die einsame Masse«, 1958).

14. 8. 1968

1812, 33–   *In die Bank . . . Fache der Bankräuberei* – Vgl. den Artikel »2 Bank Suspects Find
1813, 6   Cabs Scarce« der NYT vom 14. 8. 1968: »Two bumbling bank robbery suspects were arrested yesterday after they failed to halt taxicabs during the morning rush hour on Park Avenue.
                    The pair – one armed with a pistol, the other with a machete or meat cleaver – held up the Union Dime Savings Bank at Park Avenue and 50th Street and then tried twice to hail a cab to make their getaway, the police said.
                    Twice, bank employes who were following them shouted to the drivers: ›It's a stickup. Don't take them.‹ And the cabs sped away. [. . .]
                    The pair entered the bank at about 9:05 A. M., a few minutes after it opened. They were dressed neither very well nor very badly – ›about what a police lieutenant would wear,‹ Police Lieut. Dominick Sacco said later at the 17th Precinct station, where the captives were brought. [. . .]
                    The police said that Varuches [der Bankräuber mit der Pistole] had been released in June from Sing Sing, where he had been serving time for another bank robbery.«

1812, 33   *Bank Union Dime Savings* – s. K. 371, 11.

1813, 5   *Sing Sing* – s. K. 243, 14.

1813, 7–11   *Der ostdeutsche Sachwalter . . . für siebenundzwanzig Stunden* – Vgl. den Artikel »Ulbricht Setback In Dubcek Parley Is Seen By Czechs« der NYT vom 14. 8. 1968: »Czechoslovak Communist sources said today Ulbricht's meeting with Alexander Dubcek [. . .] had brought entirely negative results for the visiting East German party chief.
                    Mr. Ulbricht and his delegation left today Karlovy Vary, the site of the conference.«
                    Unter der Überschrift »Offer to Bonn Noted« heißt es am selben Tag: »On his return to Berlin a few hours later, the East German leader maintained silence about his 27-hour visit to Czechoslovakia.«
                    Sachwalter: s. K. 993, 8; 1138, 30; Karlovy Vary: s. K. 1200, 6.

1813, 12–21   *Die Bürger der . . . Arbeiten sich lohnt* – Vgl. den Artikel »Prague Appeals For Harder Work« der NYT vom 14. 8. 1968: »Czechoslovaks are voluntarily donating gold and money to the Communist party to strengthen it in its

struggle for liberalization, but the regime wants people to work harder and more efficiently. [...]
So far, 40 pounds of gold and the equivalent of nearly $20-million have been given to the fund. But there are few signs yet that Czechoslovak workers are shortening their frequent breaks for coffee or beer or have begun the drive to raise output, cut waste and improve the quality of products. Some of them ask, in effect, why they should be better. [...]
›Machinery in our factories is obsolete,‹ Vaclav Kosvann, a Prague mechanical worker, has just written in a letter to Prace, the labor newspaper. ›Young workers must wait for 10 years to get an apartment, and still have to pay 40,000 crowns.‹ The money, the equivalent of $2,500, goes to housing cooperatives.« Als Ausnahme unter den industriellen Ländern wies die Tschechoslowakei in jenen Jahren eine negative Wachstumsrate auf.

1813, 17   *Prace* – (tschech.) richtig: Práce: Arbeit; s. K. 1446, 16–18.

1813, 26   *bückichten* – (nd.) gebückt; s. K. 81, 8.

1813, 29   *Famulus* – (lat.) Schüler.

1813, 35 f.   *Marcus Tullius Cicero ... Korruption im Staat* – Cicero vertrat im Prozeß gegen Verres, der als Proprätor Siziliens widerrechtlich beträchtliche Gelder und Kunstschätze angehäuft hatte, erfolgreich die Anklage. Seine veröffentlichten Plädoyers führten 70 v. Chr. zur Lex Aurelia, nach der die Richtergewalt fast ausschließlich den Bürgern übertragen wurde; s. K. 1634, 34.

1814, 7 f.   *Schelfkirche zu Schwerin* – 1705 wurde auf der Schelfe (flache Insel) mit dem Bau einer Neustadt begonnen, deren Marktplatz die Kirche St. Nikolai, meist Schelfkirche genannt, dominiert. 1708–13 von Jakob Reutz und Christoph Leonhard Sturm erbaut; sie gilt als die bedeutendste Barockkirche Mecklenburgs. In der Gruft befinden sich die Grabstätten der herzoglichen Familie.

1814, 8 f.   *ablativus absolutus* – (lat.) Partizipialkonstruktion im Ablativ, einem konjunktionalen Nebensatz mit eigenem Subjekt gleichwertig.

1814, 14 f.   *Weltfestspielen der Jugend und Studenten 1951* – Zu den III. »Weltfestspielen der Jugend und Studenten für den Frieden« vom 5.–19. 8. 1951 in Ostberlin kamen Delegationen aus allen soz. Ländern und komm. Gruppen aus der ganzen Welt zu Massenveranstaltungen und Demonstrationen zusammen; s. 1819, 20.

1814, 18   *Th. Dreisers »Sister Carrie«* – Theodore Herman Albert Dreiser (27. 8. 1871– 28. 12. 1945), amerik. naturalistischer Schriftsteller; kam aus einfachen Verhältnissen, lebte 1895–1938 in New York und trat 1945 der Komm. Partei bei. Sein Roman »Sister Carrie«, 1900, erzählt die Geschichte eines Mädchens vom Land, das in Chicago schwer Fuß faßt, einen Geschäftsmann kennenlernt, der Geld entwendet und mit ihr nach New York flieht. Ehrgeizig und unzufrieden mit ihrer Existenz als Fabrikmädchen, ist sie bereit, sich anzupassen. Während ihr Freund mehr und mehr absteigt, beginnt ihr Aufstieg als Star einer Revue. Der Roman führte wegen der trotz ihrer Amoralität erfolgreichen Protagonistin zu einer öffentlichen Auseinandersetzung und wurde von seinem Verleger Frank Doubleday (s. K. 611, 33 f.) unterdrückt, was bei Dreiser einen Nervenzusammenbruch verursachte.

1814, 18 f.   *conductor statt des . . . für den Schaffner* – »Conductor« ist im amerik. Engl. ein »Zugschaffner«, im brit. Engl. ein »Dirigent«, während ein »guard« in England ein »Zugschaffner« ist.

1814, 23   *des freien deutschen Jungen* – s. K. 1559, 13 f.

1814, 24   *aus der verlorenen Heimat* – Pommern: s. K. 235, 5; s. 1722, 10–14.

1814, 26 f.   *von der Einheitspartei . . . werden als Kandidat* – s. K. 1649, 4.

1814, 36–39   *Stalins Versuch »Über . . . Also muß . . . Ferner . . .* – »Über dialektischen und historischen Materialismus« ist Teil des IV. Kapitels »1908–1921« der »Geschichte der Kommunistischen Partei der Sowjetunion (Bolschewiki). Kurzer Lehrgang«, unter Redaktion einer Kommission des Zentralkomitees der KPdSU (B), Berlin 1946, S. 126–160. Dem Autorenkollektiv, darunter Knorin (vor Beendigung verhaftet), Pospelew und Jaroslawski, lag ein von Stalin vorgegebenes Schema zur Periodisierung der Parteigeschichte vor, das sie als eine Folge innerparteilicher Kämpfe darstellte. Stalin redigierte den »Lehrgang« mehrfach. Der von ihm geschriebene Aufsatz »Über dialektischen und historischen Materialismus« vom September 1938 soll den Zusammenhang zwischen der Philosophie des Marxismus-Leninismus und der praktischen revolutionären Tätigkeit der bolschewistischen Partei nachweisen. Er zeigt auch Stalins typische Stilmerkmale wie schlichte, leicht verständliche Sprache, rhetorische Fragen, der Einprägsamkeit dienende Formelhaftigkeit und insbesondere die Anwendung logischer Formen des Schließens für Postulate, die statt aus wissenschaftlich überprüfbaren Voraussetzungen aus Überzeugungen abgeleitet sind. Die von Johnson zitierten Einleitungen sind zuhauf auffindbar. Der »Kurze Lehrgang« war bis 1954 als einziges offizielles Lehrbuch zur Parteigeschichte Pflichtlektüre, mit 43 Mio. Exemplaren wurde es zum meistverkauften Buch nach der Bibel; s. K. 76, 33 f.; 463, 30 f.; s. 1354, 29 f.; Stalin: s. K. 63, 10.

1815, 1 f.   *»Marxismus und Fragen der Sprachwissenschaft«* – s. K. 1659, 6–11.

1815, 2   *Was slushaju* – (russ.) Ich verstehe Sie; s. 1678, 36.

1815, 3 f.   *Kiew oder Minsk* – s. K. 139, 33 und 1332, 29.

1815, 7 f.   *die Schülerin Cresspahl es zufrieden war* – s. K. 124, 17.

1815, 13   *dumm Tüch* – (nd.) dummes Zeug; s. K. 299, 13.

1815, 14–17   *das Lied vom . . . ruhig schlafen dürfen* – Anspielung auf die 7. und letzte Strophe von »Der Mond ist aufgegangen« von Matthias Claudius, 1778, Melodie: Johann Abraham Peter Schulz, 1790:

> So legt euch denn ihr Brüder
> In Gottes Namen nieder;
> Kalt ist der Abendhauch.
> Verschon uns, Gott, mit Strafen
> Und laß uns ruhig schlafen,
> Und unsern kranken Nachbarn auch.

1815, 24   *Paderewsky* – Ignacy Jan Paderewsky (18. 11. 1860–29. 6. 1941), poln. Pianist, Komponist und Politiker; zog 1913 in die USA; 1919 Ministerpräsident und Außenminister Polens, 1919–21 poln. Vertreter bei der Pariser Konferenz und beim Völkerbund; 1940/41 Vorsitzender des Exilparlaments. Von Tschaikowskij beeinflußt, komponierte er außer zwei Opern vor allem Klaviermusik.

1815, 24 f.   *Toscanini* – Arturo Toscanini (25. 3. 1867–16. 1. 1957), ital. Dirigent; Direktor der Mailänder Scala, 1908–15 der Metropolitan Opera, bekannt für die Werktreue seiner Interpretationen von Verdi und Wagner.

1815, 25   *Strawinsky* – Igor Fjodorowitsch Strawinskij (17. 6. 1882–6. 4. 1971), russ. Komponist; lebte in der Schweiz, Frankreich, seit 1939 in den USA und seit 1945 US-amerik. Bürger; Schüler Rimskij-Korsakows; objektivierende, antiromantische Tonsprache, Einflüsse des Jazz, in der Altersperiode Zuwendung zur Reihentechnik Anton von Weberns; Ballettmusiken, Opern, Klavier- und Orchesterwerke.

1815, 38–   *Wenn man bedenkt . . . mirs://(»Heinrich Heine«)* –Volksmund, nach in Form und
1816, 6   Inhalt ähnlichen Versen Heines.
Heinrich Heine (13. 12. 1797–17. 2. 1856), dt. Dichter. An folgenden Stellen wird aus Heines Werken zitiert oder auf sie angespielt: »Lutezia« (s. K. 1374, 2–18); »Lyrisches Intermezzo« (s. K. 1552, 7–10); »Belsazar« (s. K. 1834, 1); »Deutschland, ein Wintermärchen« und »Reisebilder. Das Buch Le Grand« (s. K. 1872, 10); s. K. 1872, 11 f.

1816, 8   *Osmose* – s. K. 1662, 10.

1816, 11–13   *das Märchen auf . . . Kindern von 1937* – s. 857, 35 f.

1816, 15 f.   *Trofim Denissowitsch Lyssenko* – 29. 9. 1898–20. 11. 1976, russ. Biologe; trat 1928 erstmals mit Thesen zur Ertragssteigerung von Getreide auf, entwickelte die Jarowisation (Keimstimmung), stützte sich auf Mitschurins (s. K. 1612, 36) Ergebnisse und erklärte die Entstehung neuer Erbeigenschaften als durch die Umwelt gesteuert. Damit fügte sich seine Lehre nahtlos in den dialektischen Materialismus ein, der keine Zufälle wie die von der westlichen Biologie gelehrten spontanen Mutationen anerkannte. Er zögerte nicht, seine wissenschaftlichen Kritiker als »Schädlinge« darzustellen und den international anerkannten Genetiker N. I. Wawilow (1887–1943) zu verleumden. Dieser wurde 1940 als angeblicher brit. Spion zum Tode verurteilt, seinen Platz als Präsident der Landwirtschaftsakademie übernahm Lyssenko. In der

Schdanow-Ära wurden seine Theorien als verbindlich für die sowj. Biologie erklärt. Er wurde von Stalin und anfangs von Chruschtschow gefördert, obwohl oft die Erfolge in der Praxis ausblieben. Erst nach 1964 setzte sich in der Sowjetunion die Erkenntnis durch, daß er der sowj. Genetik und Biologie großen Schaden zugefügt hatte. Ironischerweise wurde später in der westlichen Genetik entdeckt, daß bei den Erbvorgängen nicht nur der Zellkern, sondern auch das Plasma eine Rolle spielt und daß im letzteren durch Umwelteinflüsse erworbene Eigenschaften vererbt werden können; vgl. Torke (1993); BU, S. 39.

1816, 18   *Universität Heidelberg* – Älteste Universität Deutschlands, von Ruprecht I. 1386 eröffnet; 1556 in eine ev. Landeshochschule umgewandelt; galt in der Weimarer Republik als Stätte des demokratischen Geistes; später wurden dort radikale nationale Positionen vertreten.

1816, 22 f.   *Saatzuchtgut* – Von den drei Saatzuchtgütern der DDR lag nur das ehemalige Rittergut Groß Lüsewitz in Mecklenburg. Es wurde nach der Enteignung der Familie Thyssen Volkseigenes Gut und seit 1949 Institut für Pflanzenzüchtung, spezialisiert auf Kartoffeln, Ölpflanzen und Gräser- und Kleearten. Begründer und Leiter war Prof. Dr. Schick, Nationalpreisträger. Über Groß Lüsewitz heißt es bei Bernitt (1954), S. 362: »Die gesamte Arbeit, die auf den Ergebnissen der modernen naturwissenschaftlichen Forschung, nicht zum wenigsten der sowjetischen, beruht, muß mit äußerster Sorgfalt und Genauigkeit ausgeführt werden.«

1816, 23 f.   *Mitschurin* – s. K. 1612, 36.

1816, 26   *Träger des Nationalpreises* – s. K. 1683, 16.

1816, 33   *somatischem* – Körperlich, den Körper betreffend; s. 1854, 2.

1817, 4   *Bonitierung* – Beobachtung und Beurteilung von Einzelpflanzen als Grundlage für die Auslese zur Züchtung neuer Sorten.

1817, 8   *Brabbeln* – (nd.) Murmeln; s. K. 569, 25.

1817, 18 f.   *Zuordnungsvorschrift Funktion* – Im Mathematikunterricht der DDR-Schulen wurde für begrenzte Zeit der Begriff Funktion durch Zuordnungsvorschrift ersetzt, als die Eulersche Definition »Eine Funktion ist eine veränderliche Größe, die von einer anderen veränderlichen Größe abhängt« durch eine neue ersetzt wurde: »Nicht die Abgängigkeit der Größe ist der wesentliche Inhalt des Funktionsbegriffes, sondern die Tatsache der Zuordnung selbst, auf Grund deren bestimmte Objekte bestimmten anderen Objekten als zugehörig erklärt werden«; vgl. Gellert/Küstner/Hellwich (1971).

1817, 22 f.   *die annern habn ... getrunkn; es gipt* – (missingsch) die andern haben ja immer getrunken; es gibt ...

1817, 31   *Rassenschande* – s. K. 920, 22.

1817, 33 f.   *privat anmutende Photographien... General der S. S.* – Jürgen Stroop (26. 9.
1895–8. 9.1951, hingerichtet), SS-Brigadeführer und Generalmajor der Poli-
zei im Distrikt Warschau, beauftragt mit der Niederschlagung des Aufstandes
im Warschauer Ghetto im April und Mai 1943, zerstörte das Viertel und ließ
alle Bewohner deportieren oder töten. Seine täglichen Lageberichte und die
Fotos von der Liquidierung ließ Stroop als Geschenk für Himmler binden,
der Bericht wurde in dreifacher Ausführung angefertigt und trägt die Aufschrift: »Es gibt keinen jüdischen Wohnbezirk in Warschau mehr«. Der erste
Teil enthält Tagesrapporte und eine Sammlung von Fotos, der zweite 31 Ab-
schriften detaillierter Meldungen vom 20. 4. bis 16. 5. 1943, der letzte Teil
nochmals 54 Fotos. Johnson besaß die Faksimile-Wiedergabe: Es gibt keinen
jüdischen Wohnbezirk (1960); vgl. Schnabel (1957), S. 432–440.

1817, 34   *Heinrich Himmler* – s. K. 391, 6.

1818, 4   *Präsident der Sowjetunion* – Stalins wichtigste Funktion war die Parteileitung,
der Titel »Generalsekretär der KPdSU« wurde 1922 eigens für ihn geschaf-
fen. Seit 1941 war er Vorsitzender des Amts der Volkskommissare, seit 1945
umbenannt in Vorsitzender des Ministerrats der UdSSR. 1945 erhielt er
den Ehrentitel »Generalissimus« der Roten Armee. Die Amtsbezeichnung
Präsident impliziert einen demokratisch gewählten Vorsitzenden einer Körperschaft, bzw. im Staatsrecht das Staatsoberhaupt einer Republik; s. K.
63, 10.

1818, 10–22   *»Die Erziehung der... was sie stört* – Gedicht von Bertolt Brecht (s. K. 211, 33),
u. 34–37   das zuerst unter dem Titel »Tschaganak Bersijew oder Die Erziehung der Hirse« in Heft 5/1950 der Zeitschrift »Sinn und Form« veröffentlicht wurde;
1951 erschien im Aufbau-Verlag das Buch mit dem Titel »Die Erziehung der
Hirse«. Das Gedicht trägt den Vermerk »Nach dem Bericht von G. Fisch ›Der
Mann, der das Unmögliche wahrgemacht hat‹«, ein Kapitel aus Gennadi
Fischs Buch »Die Volksakademie«, Moskau 1949. Diesem Buch ist auch das
Motto entnommen, ein Zitat Mitschurins über das Wesen des Kolchosbau-
ern. Im Buch wird geschildert, wie im Auftrag von Stalin (s. K. 63, 10) und
unter Leitung von Lyssenko die Erträge der Hirse gesteigert werden.
Die Verse 1818, 36 f. sind der Anfang, die Verse 1818, 12–22 stammen aus dem
Mittelteil des 52strophigen Gedichts. In vier- und achtzeiligen Strophen wird
von dem kasachischen Nomaden Bersijew erzählt, der, seßhaft geworden,
mühsam Hirse anbaut. Als 50jähriger tritt er dem Kolchos bei, erbittet und
erhält von der Sowjetmacht eine Pumpe zur Bewässerung, die er im Gegensatz zu anderen nur bei wirklichem Bedarf einsetzt: »So wie die Erde ist/Muß
die Erde nicht bleiben./Sie anzutreiben/Forscht, bis ihr wißt!«. Durch Auslese des Saatguts erhöht er den Ertrag. Anlaß für Stalins Einmischung in die
Belange der Hirse ist die große Dürre 1939, er schickt Agronomen aufs Land,
um die Bauern über spezielle Anbaubedingungen zu informieren und sie zum
Wettbewerb aufzufordern. Bersijew denkt über weitere Verbesserungen nach:
»Träume! Goldnes Wenn!/Sieh die schöne Flut der Ähren steigen/Säer,

nenn/Was du morgen schaffst, schon heut dein eigen!«. Als es ihm gelingt, die Ernte von 25 auf 87 dz pro ha zu steigern, wird ihm der Leninorden verliehen. Die Notwendigkeit, die Rote Armee während des Krieges gegen Hitler zu ernähren, spornt Bersijew und die Hirse zu einem Rekordergebnis von 201 dz an.
Brechts Gedicht wurde von Paul Dessau 1952 vertont. Brecht legte Wert darauf, daß die Musik Kindern »Spaß mache«; das Gedicht wurde als Beitrag zum Aufbau des Sozialismus gewürdigt und in den Schulunterricht übernommen. Einzelne Verse waren in der DDR sprichwörtlich bekannt.

1818, 30 f.   *Milieu-Theorien von Marx' Zeitgenossen* – Nach den Milieutheorien hängt die Entwicklung des einzelnen von der Erziehung und den äußeren Umständen ab, wobei unter Milieu die natürliche wie auch die soziale Umgebung verstanden wurde. In der marxistischen Philosophie wurden sie als Vorläufer des marxistischen Humanismus interpretiert, allerdings habe erst der Marxismus die metaphysische Gegenüberstellung von Mensch und Umwelt überwunden, da der Mensch im Prozeß der Veränderung der Umwelt sich selbst verändere. Die bekanntesten Vertreter der Milieutheorien wie Montesquieu, Buckle, Helvétius und Holbach sind keine Zeitgenossen von Marx. Der frz. Philosoph und Historiker Hippolyte Taine (21. 4. 1828–5. 3. 1893) entwickelte eine Milieutheorie mit den bestimmenden Faktoren Rasse, Umgebung, Zeitumstände, aus denen er jede Einzelerscheinung ableitete.

1818, 31–33   *des Terminus Soziologie . . . Ausdruck imperialistischer Afterwissenschaft* – Da die marxistische Philosophie für sich beanspruchte, alle gesellschaftlichen Fragen zu erklären und zu lösen, konnte daneben keine andere Gesellschaftswissenschaft anerkannt werden.

1819, 2   *»Herrnburger Bericht«* – Text: Bertolt Brecht; Musik: Paul Dessau; am 5. 8. 1951 bei den III. Weltfestspielen in Ostberlin unter der Regie von Egon Monk uraufgeführt; s. K. 1819, 12–19; 1819, 24–29.

1819, 2–11   *an den Empfang . . . oder »In Ordnung«* – Vgl. DER SPIEGEL vom 8. 6. 1950: »›Freundschaft siegt‹ sangen die vom Berliner FDJ-Treffen heimkehrenden Blauhemd-Kolonnen beim Anmarsch auf die Zonengrenzstation von Lübeck-Herrnburg. Die Schupokette riß unter dem ersten Druck der Heimkehrer. Aber Schlagbaum und quergestellte Autos blockierten die Straße. ›Weil die Jugendlichen auf Stroh transportiert wurden und darauf übernachteten‹, hatte Schleswig-Holsteins Innenminister Käber Sperrung, ärztliche Untersuchung und Registrierung von ›Vor- und Zuname, Wohnort, Straße, Geburtsdatum und -ort, Beruf und Arbeitsplatz‹ angeordnet. Zur Untersuchung von zehntausend jungen Marschierern standen fünf gesundheitsamtlich beorderte Ärzte bereit. [. . .] Als es bei Querfeldeindurchbrüchen zum Einsatz von Gummiknüppeln und Wimpelspeer gekommen war, brachte Hamburg eine gegen Steinwürfe vergitterte und auf eine grüne Minna montierte Wasserkanone als Verstärkung an. Mit vier Atü Höchstdruck hätte sie längstens neun Minuten spritzen können. Sie wurde deshalb nicht eingesetzt.

580 Beamte hielten die Demonstranten ohne Wasser in Schach. Nach anderthalb Nächten Biwak kapitulierten die Blauhemden vor Nässe und Kälte und ließen sich ›Erledigt‹ oder ›In Ordnung‹ in den Ausweis stempeln«; s. K. 1660, 7–21.

1819, 3 *Deutschlandtreffens* – s. K. 1658, 2–12.

1819, 5 *Schupo* – s. K. 1398, 26.

1819, 12–19 *sie hätten die… du unser Land* – Die zitierten Zeilen bilden den Refrain des »Spottliedes« aus dem »Herrnburger Bericht«, auf das die Behauptung über das ›Aufpflanzen‹ der Fahne folgt:

Spottlied
Hoch zu Bonn am Rheine sitzen zwei kleine
Böse alte Männer, die die Welt nicht mehr verstehn.
Zwei böse Greise, listig und leise
Möchten gern das Rad der Zeit nochmals nach rückwärts drehn.
Schuhmacher, Schuhmacher, dein Schuh ist zu klein
In den kommt ja Deutschland gar nicht hinein.
Adenauer, Adenauer, zeig deine Hand
Um dreißig Silberlinge verkaufst du unser Land.

Hoch zu Bonn am Rheine träumen zwei kleine
Böse alte Männer einen Traum von Blut und Stahl
Zwei böse Greise, listig und leise
Kochten gern ihr Süpplein am Weltbrand noch einmal.
Schuhmacher, Schuhmacher, dein Schuh ist zu klein
In den kommt ja Deutschland gar nicht hinein.
Adenauer, Adenauer, zeig deine Hand
Um dreißig Silberlinge verkaufst du unser Land.

Donnerstag früh um sechs Uhr zogen die Zehntausend durch Lübeck. Sie sangen laut ihre Lieder und pflanzten ihre FDJ-Fahne auf das Dach des Bahnhofsgebäudes. Sie hatten gesiegt.

1819, 16 *Schuhmacher* – Kurt Schumacher [sic] (13. 10. 1895–20. 8. 1952), Nationalökonom, Politiker; seit 1918 Mitglied der SPD, 1930–33 Reichstagsabgeordneter, 1933–44 in mehreren KZ inhaftiert, nach 1945 Vorsitzender der SPD, widersetzte sich strikt der Zusammenarbeit mit der KPD; Gegner Adenauers, da er für einen einheitlichen Nationalstaat und gegen einen westlichen Teilstaat eintrat; SPD: s. K. 170, 10.

1819, 18 *Adenauer* – s. K. 116, 12 f.

1819, 19 *dreißig Silberlinge* – Anspielung auf den Lohn des Judas für seinen Verrat von Jesu Aufenthaltsort an die Hohen Priester; vgl. Matth 26, 14–27, 6. Brecht spielt damit auf Adenauers Politik der Westintegration an; s. 1870, 10 f.

1819, 23 *awful* – (engl.) fürchterlich.

1819, 24–29   *Deutsche wurden von... tanzen/Drüber hinweg* – Der »Herrnburger Bericht«
beginnt mit dem Rezitativ

Deutsche
wurden von Deutschen
gefangen
weil sie von Deutschland
nach Deutschland
gegangen.

Daran angeschlossen steht bei Johnson der Refrain des »Tanzliedes« aus dem
»Herrnburger Bericht«:

Tanzlied
Es läuft irgendwo eine Grenze.
Und sie läuft durch Flur und Wald
Und sie muß ja wohl mitten in Deutschland sein.
Denn da steht das deutsche Wort »Halt«.
Schlagbaum und Schanzen.
Hat das denn Zweck?
Seht doch, wir tanzen
Drüber hinweg.

Kühn gingen wir über die Grenze
In der Nacht, durch Sumpf und Watt
Und wohin wir auch kamen des Morgens früh
Wurde blau das Dorf und die Stadt.
Schlagbaum und Schanzen.
Hat das denn Zweck?
Seht doch, wir tanzen
Drüber hinweg.

Und was ihr auch anstellt, der Himmel
Ist blau über Schanze und Verhau
Und die Fahne, die hüben und drüben weht
Die Fahne der Jugend ist blau.
Schlagbaum und Schanzen.
Hat das denn Zweck?
Seht doch, wir tanzen
Drüber hinweg.

1819, 38   *Nationalpreis* – Am 7. 10. 1951, dem Staatsfeiertag der DDR, wurde Brecht mit
dem Nationalpreis 1. Klasse ausgezeichnet; s. K. 1683, 16.

1820, 1   *»Hundert Gedichte«* – In der DDR erschien eine von Wieland Herzfelde zu-
sammengestellte Auswahl von Brechts Gedichten unter dem Titel »Hundert
Gedichte. 1918–1950« erstmals 1951 im Ostberliner Aufbau-Verlag.

1820, 3 f.   *Wer ein Exemplar... mit dem Schutzumschlag* – Die Ausgabe von Brechts »Hundert Gedichte« ist in der 1. und 3. Auflage mit einem einfachen grauen

Schutzumschlag erschienen; die 2. und alle Auflagen ab der 4. tragen auf dem Titelblatt das Bild eines chinesischen Teewurzellöwen. Auf der hinteren Umschlagseite ist Brechts dazugehöriges Gedicht abgedruckt:

AUF EINEN CHINESISCHEN THEEWURZELLÖWEN
Die Schlechten fürchten deine Klaue.
Die Guten freuen sich deiner Grazie.
Derlei
Hörte ich gern
Von meinem Vers

Dem Text ist folgende Anm. nachgestellt: »Figur aus den Wurzeln des Thee-strauches, im alten China als Glückstier betrachtet und um so höher bewer-tet, je weniger Schnitzarbeit sie aufwies.« – Beide Umschlagvarianten tragen die Kennzeichnung: »Ausstattung Brüder Heartfield Herzfelde«.
Unter den zahlreichen Gedichtbänden von Brecht in Johnsons Bibliothek ist keine Ausgabe der »Hundert Gedichte«, es handelt sich auch um eine ›Such-anzeige in eigener Sache‹.

1820, 6 f.   *c/o Státní Banka Ceskoslovenská, Praha 1* – (engl./tschech.) z. H. der Staatlichen Tschechischen Bank, Prag 1.

1820, 9   *Rainer Maria Rilke* – 4. 12. 1875–29. 12. 1926; österr. Dichter; zeitweise Se-kretär Rodins, verheiratet mit der Bildhauerin Clara Westhoff. Rilkes Lyrik entwickelte sich von impressionistischer Stimmungslyrik zu objektivierenden »Dinggedichten«, in denen das Wesen der Dinge als Abbild Gottes gesehen wird, bis zu einer um Stiftung einer neuen Mythologie bemühten Dichtung; s. K. 138, 38; 1297, 33; 1619, 29 f.

1820, 10 f.   *Stefan George nannte sie einen Säulenheiligen* – Stefan George (12. 7. 1868–1. 12. 1933), dt. Dichter; gehörte in Paris zum Kreis um Mallarmé; gründete die »Blätter für die Kunst« (1892–1919), in denen er mit Sendungsbewußtsein eine neuantike Sicht der Welt entwarf; ging 1933 aus Protest gegen nazisti-sche Umdeutung seiner Werke in die Schweiz. In einem exklusiven »Geor-ge-Kreis« wurden seine Person und sein Werk abgöttisch verehrt. Verband ari-stokratisches Lebensgefühl, Schönheitskult, Formstrenge und Ablehnung von allem Konventionellen.
Anspielung auf ein Zitat von Bertolt Brecht: »Die Säule, die sich dieser Hei-lige ausgesucht hat, ist mit zuviel Schlauheit ausgesucht, sie steht an einer zu volkreichen Stelle, sie bietet einen zu malerischen Anblick«; vgl. Brecht, Über Stefan George, in: Brecht (1988), Bd. 21, S. 247.

1820, 11   *Jean-Paul Sartre* – Als Sympathisant, später Mitglied der KP Frankreichs (1952–56) und häufiger Kritiker der westlichen Politik, war er im Ostblock hoch angesehen, während die von ihm entwickelte Philosophie des Existen-zialismus als schädlich und bekämpfenswert galt; s. K. 397, 23.

1820, 13   *»L'Être et le Néant«* – (frz.) »Das Sein und das Nichts«, Sartres theoretisches Hauptwerk mit dem Untertitel »Essai d'ontologie phénoménologique«, 1943 (dt. »Das Sein und das Nichts. Versuch einer phänomenologischen Ontologie«, Hg. Justus Streller, Hamburg 1952), einflußreichstes Werk des frz. Existenzialismus. Von Hegel, Husserl und Heidegger ausgehend, entwickelt Sartre eine pessimistische, alle transzendentalen Gehalte leugnende Philosophie. Der Mensch ist danach ein vom Alpdruck des Seienden bedrängtes Wesen, das sich nur zur Existenz und Freiheit erheben kann, indem es auf die Absurdität des Daseins mit der Idee des Nichts antwortet. In Johnsons Bibliothek befindet sich eine ebenfalls von Justus Streller herausgegebene Neuausgabe von 1962; s. K. 397, 23; 1834, 16 f.

1820, 16–34 *der Betriebsbesichtigung Barlach ... im September unternommen* – »Betriebsbesichtigungen« von Produktionsstätten waren ein regelmäßiges Ritual der Schulausbildung. Ein Besuch in Güstrow bedeutete normalerweise Besichtigung des Doms und der Gertrudenkapelle, letztere war erst seit 1953 als Gedenkstätte zugänglich, das Atelierhaus am Heidberg seit 1948; s. K. 712, 29.

1820, 20 *Fiete Hildebrandt* – s. K. 360, 31.

1820, 22 *Ratzeburg* – s. K. 32, 27.

1820, 22 f. *den schwebenden Engel* – Bronzefigur Ernst Barlachs, auch »Der Schwebende« genannt, mit den Gesichtszügen von Käthe Kollwitz. 1926/27 als Ehrenmal für die Gefallenen des 1. Weltkriegs geschaffen und im Güstrower Dom angebracht. Anlaß war die 700-Jahr-Feier der Stadt, der Barlach nur die Materialkosten berechnet hatte. Die Skulptur wurde am 24. 8. 1937 als »entartete Kunst« von den Nazis entfernt, zuerst im Turm des Doms versteckt, dann im Schweriner Gemeindehaus, danach in der Garage des Bischofs. Ehe die Skulptur von dort von einer Schrottfirma gegen eine Quittung für 6 Zentner Schrott abgeholt und zu Rüstungszwecken eingeschmolzen wurde, konnte ein Abdruck hergestellt werden. Die wenigen hundert Mark für den Schrottwert wurden einer Nazi-Ehrenhalle überwiesen. Ein Zweitguß, 1942 nach dem Gipsmodell angefertigt, das ein Freund Barlachs auf einem Hof in der Lüneburger Heide versteckt hatte, hängt seit 1952 in der Antoniterkirche in Köln. Die Kölner Gemeinde machte der Güstrower Domgemeinde einen weiteren Abguß zum Geschenk, der sich an wechselnden Plätzen seit dem 4. 6. 1952 wieder im Dom befindet (seit 1985 im westlichen Joch des südlichen Seitenschiffs). Gesine und Anita können die Plastik im September 1951 nicht im Dom gesehen haben; vgl. Gehrig (1927); Schult (1927), S. 365; Klug (1995), S. 74 f.; s. K. 712, 29.

1820, 23 *die Figur des Zweiflers* – Holzplastik (1937). Ein bärtiger knieender Mann, der die Hände ringt. Seit 1953 als Leihgabe in der Güstrower Gertrudenkapelle; s. K. 712, 29.

1820, 23 f. *die junge Frau ... schlimmen Jahr 1937* – »Das schlimme Jahr 1937«, Gipsplastik von 1938; seit 1953 in der Güstrower Gertrudenkapelle. Brecht schrieb in Heft 1/1952 von »Sinn und Form« unter dem Titel »Notizen zur Barlach-Ausstellung« zu dieser Statue: »Ich kann nicht viel anfangen mit Symbolik, aber Barlachs ›Das schlimme Jahr 1937‹ (in Gips) möchte ich gelten lassen. Es ist eine aufrechtstehende, abgemagerte junge Frau, in einen Schal gehüllt. Es könnte die Sitzende Alte jung sein. Sie blickt sorgenvoll in die Zukunft, aber ihre Sorge bezeugt den Optimismus des Bildhauers. Das Bildwerk bedeutet eine leidenschaftliche Ablehnung des Naziregimes, des Goebbels-Optimismus. Diese junge Frau kann ich mir gut als Aktivistin von 1951 vorstellen«, vgl. Brecht (1988), Bd. 23, S. 201; Jansen (1999), S. 327; s. K. 712, 29.

1820, 27   *»Gefesselten Hexe«* – Holzplastik (1926). Eine langhaarige, sitzende Frauenfigur mit eingefallenem Gesicht, mit dem leeren Blick und den heruntergezogenen Mundwinkeln einer Schicksalsergebenen. Ihre Handgelenke sind über kreuz gefesselt. Als Leihgabe in der Güstrower Gertrudenkapelle; s. K. 712, 29.

1820, 29   *en face* – (frz.) von vorn.

1820, 31   *»Fries der Lauschenden«* – Neun Skulpturen aus Eichenholz (Der Empfindsame, Die Träumende, Die Pilgerin, Der Begnadete, Die Tänzerin, Der Wanderer, Der blinde Bettler, Der Gläubige, Die Erwartende), die auf Entwürfe für ein Beethovendenkmal zurückgehen und einen runden Sockel umgeben sollten. Der Magistrat von Berlin hatte zum 100. Geburtstag des Komponisten einen Wettbewerb ausgeschrieben, aber keinen der Entwürfe angenommen. 1930 wurden für Tilla Durieux (s. K. 1739, 7) drei Figuren in Holz ausgeführt, aber erst der Auftrag Hermann F. Reemtsmas erlaubte die Vollendung der Figuren. Nach Barlachs Entwurf, der aber nicht mehr ausgeführt wurde, sollten die schlanken Holzfiguren in Nischen unter gotischen Baldachinbögen stehen. Der seit 1935 bekannte Name der Skulpturenreihe wurde von Barlach als zu lyrisch erachtet. Von 1935 bis 1960 befanden sich die neun Figuren in der Privatsammlung Reemtsmas, seitdem stehen sie im Hamburger Barlach-Haus im Jenischpark. Die Figur des blinden Bettlers wurde in veränderter Form aus dem für die Lübecker Katharinenkirche bestimmten Zyklus »Gemeinschaft der Heiligen« (s. K. 712, 34 f.) übernommen; Bronzegüsse dieser Plastik stehen im Klosterhof des Ratzeburger Doms und im Rostocker Kloster zum Heiligen Kreuz. Im Güstrower Atelierhaus Barlachs waren die kleineren Gips-Originale bzw. -Entwürfe des »Fries der Lauschenden« ausgestellt. 1934/35 hatte Berthold Kegebein die Holzoriginale in Barlachs Atelier fotografiert; Mappen mit Originalabzügen der Serie, hg. vom Kunstverlag H. C. Schmiedicke, Leipzig, waren in der DDR sehr verbreitet. Es gab die Schwarz-Weiß-Aufnahmen in zwei verschiedenen Formaten, eine Ausgabe war zusammengestellt von Friedrich Schult; vgl. Jansen (1986), S. 47–68; s. K. 712, 29.

1820, 36   *der Deutschen Akademie . . . Berlin NW 7* – Als Deutsche Akademie der Künste am 24. 3. 1950 gegr., später mit dem Zusatz »zu Berlin« versehen; Sitz: am Robert-Koch-Platz 7, der zur Zeit der Gründung im Postbezirk NW 7 lag (im Ostsektor, unweit der Grenze), später zu N 4 gehörig. Die Akademie verstand sich als Rechtsnachfolgerin der Preußischen Akademie der Künste; sie unterstand dem Ministerrat. Ihre vier Sektionen (Bildende Kunst, Darstellen-

de Kunst, Literatur und Sprachpflege, Musik) sollten »an der Entwicklung und
Verbreitung einer parteilichen und volksverbundenen Kunst des sozialistischen Realismus« mithelfen. Die Akademie veranstaltete regelmäßig Ausstel-
lungen, veröffentlichte in »Sinn und Form«, seit 1963 in eigenen Publikatio-
nen und verlieh Preise. Arnold Zweig war der 1. Präsident (1950–53), gefolgt
von Johannes R. Becher; s. 1821, 6 f.

1821, 1–4   *Und in welchen* . . . *»des ›Neuen Deutschlands‹«* – »Zur Beugung der Namen
[. . .] Im Wesfall der Einzahl steht -s, wenn der Name nicht schon durch ein
zugehöriges, vorangehendes Wort als Wesfall kenntlich ist. [. . .] Mehrteilige
Eigennamen sind zu beugen. Tritt ein Geschlechtswort hinzu, so wird auch
dieses gebeugt«, Duden (1962), S. 856 ff.; s. 1803, 20 f.; Neues Deutschland:
s. K. 73, 28 f.

1821, 5–20   *Die S. E. D. hatte* . . . *seiner selbstgewählten Vereinsamung* – Vgl. den mit »Gi.« unterzeichneten Artikel »Ernst-Barlach-Ausstellung« im »Neuen Deutschland«
vom 4. 1. 1952: »Den Nazis, die im Deutschen den Herrendünkel, den Ras-
senwahn züchten wollten, mißfiel Barlach, weil er nicht die ›blonde Bestie‹
verherrlichte.
Aber die neuerliche Betrachtung seines Werkes zeigt doch so deutlich wie
noch nie, daß Barlach ein auf verlorenem Posten stehender, in seinem Grund-
zug rückwärts gewandter Künstler war. [. . .] Mit Vorliebe sucht Barlach seine
Typen in Bettlern, Vagabunden, Landstreichern, jenen passiven Schichten des
Lumpenproletariats, die ohne jede Hoffnung leben.
Barlach ist 1906 in Rußland gewesen. Aber der Hauch der russischen Revolution, die damals noch tobte, hat ihn nicht berührt. Er hat Rußland so gesehen, wie es die westliche Dekadenz zu sehen beliebte, [sic] und wie es der mit
der Reaktion liebäugelnde Mystizismus gewisser russischer Intellektuellen-
gruppen (›Gottsucher‹) zu verhimmeln liebte: die Welt der Deklassierten, die
Welt der ›Barfüßler‹. Es wurde damals in den Salons große Mode, Bettler und
Vagabunden ›interessant‹ zu finden. Eben diese Welt der ›Barfüßler‹ umklei-
det Barlach mit einem Glorienschein. [. . .]
Stalin hat in seinem Werk ›Anarchismus oder Sozialismus‹ über diese Welt der
›Barfüßler‹ gesagt: ›In den achtziger Jahren des vorigen Jahrhunderts entstand
unter der russischen revolutionären Intelligenz ein großer Streit. Die Volks-
tümler behaupteten, der Hauptfaktor, der die ›Befreiung Rußlands‹ bewerkstelligen könne, sei die Kleinbourgeoisie in Dorf und Stadt. Wieso? fragten
die Marxisten sie. Weil die Kleinbourgeoisie in Dorf und Stadt, sagten die
Volkstümler, jetzt die Mehrheit bildet und außerdem, weil sie arm ist und im
Elend lebt.
Die Marxisten erwiderten: Richtig ist, daß die Kleinbourgeoisie in Dorf und
Stadt heute die Mehrheit bildet und daß sie tatsächlich arm ist, aber kommt
es denn darauf an? Die Kleinbourgeoisie bildet schon lange die Mehrheit,
doch hat sie bis jetzt ohne die Hilfe des Proletariats keinerlei Initiative im
Kampf für die ›Freiheit‹ an den Tag gelegt. Und warum? Weil die Klein-
bourgeoisie als Klasse nicht wächst, sondern sich im Gegenteil von Tag zu

Tag zersetzt und in Bourgeois und Proletarier zerfällt. Auf der anderen Seite kommt selbstverständlich auch der Armut hier nicht die entscheidende Bedeutung zu: die ›Barfüßler‹ sind noch ärmer als die Kleinbourgeoisie, doch wird niemand behaupten, daß sie die ›Befreiung Rußlands‹ bewerkstelligen können.

Es kommt, wie man sieht, nicht darauf an, welche Klasse heute die Mehrheit bildet, [sic] oder welche Klasse ärmer ist, sondern darauf, welche Klasse erstarkt und welche sich zersetzt.‹ [...]
Barlachs Werk enthält nichts Zukunftsweisendes. Deshalb kann er für uns nicht als Lehrmeister gelten. [...]
Seine Orientierung auf eine verfaulende Gesellschaftsschicht hat ihm den Zugang zu den [sic] großen progressiven Strom des deutschen Volkes verschlossen. Er hat sich von ihm isoliert. Das ist das ganze Geheimnis seiner selbstgewählten Vereinsamung.«
Der letzte Satz bezieht sich auf einen Satz aus Stalins »Anarchismus oder Sozialismus« (s. K. 1821, 19). Der fehlerhafte Dativ im Romantext (»dem Zugang«, s. 1821, 17) spielt auf den falschen Kasus im gleichen Satz der dt. Übersetzung des Stalinsatzes an; vgl. Jansen (1999), S. 321 f.; s. K. 712, 29.

1821, 7   *Girnus* – Wilhelm Girnus (27. 1. 1906–10. 7. 1985), Gymnasiallehrer, Politiker; 1935–45 als Kommunist in Zuchthaus und KZ, promovierte bei Hans Mayer, 1957–62 Staatssekretär für das Hoch- und Fachschulwesen der DDR, Kulturredakteur des »Neuen Deutschlands«, seit dem 31. 9. 1951 hauptverantwortliches Mitglied der für ihre Zensurtätigkeit berüchtigten »Staatlichen Kunstkommission«, 1964–81 Nachfolger Peter Huchels als Chefredakteur der Zeitschrift »Sinn und Form«. Im Zuge der Formalismus-Debatte wurde die Berliner Barlach-Ausstellung 1951 als »volksfremd« bezeichnet; vgl. BU, S. 103–107.

1821, 8   *Formalismus* – Seit den dreißiger Jahren in der sowj. Ästhetik ein negatives Urteil für Werke, die den realistischen Inhalt vernachlässigen und die Form verabsolutieren. In der DDR gegen westliche Kunstrichtungen angewandt, die die Inhaltsleere der kapitalistischen Gesellschaft zeigen, ohne ihre Ursachen aufzudecken, und gegen Künstler im eigenen Land, die westliche Stilelemente übernahmen oder den Kriterien des soz. Realismus nicht genügten. Damit konnten alle neueren Kunstströmungen und jede Kritik an der eigenen Kulturpolitik verurteilt werden. Auf der 5. Tagung des ZK der SED vom 15.–17. 3. 1951 wurde ein Beschluß über den »Kampf gegen den Formalismus in Kunst und Literatur« gefaßt; seitdem galt Formalismus als Gegenbegriff zum soz. Realismus. Vgl. BU, S. 107: »Unter seiner [Girnus'] Ägide, als er der Staatlichen Kommission für Kunstangelegenheiten vorsaß, hatte ein Oberschüler lernen müssen für die Reifeprüfung, was ein Girnus unter Formalismus verstand, nämlich eine typische Verfallserscheinung der bürgerlichen Kunst, der als einer Mode-Erscheinung auch fortschrittliche Künstler verfallen können«; s. 1821, 26.

1821, 12   *der russischen Revolution von 1906* – 1861 wurde die Leibeigenschaft aufgehoben, ohne daß die Bauern Land zugeteilt bekamen; die Industrialisierung verschärfte die sozialen Gegensätze, so daß es wiederholt zu Streiks kam. Der
»Blutige Sonntag«, als am 9.(22.)1. 1905 in Petersburg auf unbewaffnete Demonstranten geschossen wurde, leitete den Aufstand ein. In Petersburg konstituierte sich im Oktober 1905 ein Rat der Arbeiterdeputierten (»Sowjet«).
Streiks, Bauernkämpfe und bewaffnete Erhebungen veranlaßten Nikolaus II.,
am 17. 10. 1905 politische Grundrechte und Wahlen zu versprechen. Im Sommer 1906 brachen Aufstände in den Garnisonen von Sveaborg und Kronstadt
und bei der Schwarzmeerflotte aus. Durch einen Staatsstreich (Änderung des
Wahlrechts am 3. 6. 1907) gelang es Nikolaus II., sich die Macht zu erhalten.

1821, 12 f. *Bekleidete eine Welt … mit einem Glorienschein* – Die Eindrücke der Steppen-
landschaft und der einfachen Menschen, die Barlach im Sommer und Herbst
1906 auf einer Reise zu seinem Bruder im Donezgebiet gewonnen hatte, haben sein weiteres Schaffen beeinflußt. Seine Bettlergestalten in Holz, Bronze
und Porzellan begründeten seinen Ruhm als Bildhauer.
Die russ. Sozialbewegungen des 19. Jh.s hofften mit einem fast mystischen
Glauben auf die Kräfte des einfachen russ. Volkes. In der bäuerlichen Dorf-
gemeinschaft sahen sie die Urzelle einer kommenden soz. Gesellschaft.

1821, 13–16 *Was hingegen hat … Richtig ist, daß …* – Stalins »Anarchismus oder Sozialismus?« (Stalin [1952], Bd. 1, S. 257–323) erschien zuerst 1906/07 als mehrteilige Serie in der Zeitung »Achali Zchowreba«. Der als Entgegnung auf eine
Ende 1905/Anfang 1906 gegr. georgische Anarchistengruppe geschriebene
Aufsatz verwahrt sich gegen Vorwürfe, daß Anarchisten und Marxisten die
gleichen Prinzipien hätten.
Den im »Neuen Deutschland« zitierten Passus hat Stalin als direkt an-
schließendes Beispiel für seine Argumentation im Abschnitt »I. Die dialektische Methode« genutzt: »Daher auch der bekannte dialektische Leitsatz: Alles, was wirklich ist, d. h. alles, was von Tag zu Tag wächst, ist vernünftig, und
alles das, was sich von Tag zu Tag zersetzt, ist unvernünftig und wird daher der
Niederlage nicht entgehen.« Ein Beispiel. In den achtziger Jahren des vorigen Jahrhunderts entstand unter der russischen revolutionären Intelligenz ein
großer Streit. Die Volkstümler behaupteten, der Hauptfaktor, der die ›Befreiung Rußlands‹ bewerkstelligen könne, sei die Kleinbourgeoisie in Dorf und
Stadt. Wieso? fragten die Marxisten sie. Weil die Kleinbourgeoisie in Dorf und
Stadt, sagten die Volkstümler, jetzt die Mehrheit bildet und außerdem, weil sie
arm ist und im Elend lebt.
Die Marxisten erwiderten: Richtig ist, daß die Kleinbourgeoisie in Dorf und
Stadt heute die Mehrheit bildet und daß sie tatsächlich arm ist, aber kommt
es denn darauf an? Die Kleinbourgeoisie bildet schon lange die Mehrheit,
doch hat sie bis jetzt ohne die Hilfe des Proletariats keinerlei Initiative im
Kampf für die Freiheit an den Tag gelegt. Und warum? Weil die Kleinbourgeoisie als Klasse nicht wächst, sondern sich im Gegenteil von Tag zu Tag zersetzt und in Bourgeoisie und Proletarier zerfällt. Auf der anderen Seite kommt

selbstverständlich auch der Armut hier nicht die entscheidende Bedeutung zu: die ›Barfüßler‹ sind noch ärmer als die Kleinbourgeoisie, doch wird niemand behaupten, daß sie die ›Befreiung Rußlands‹ bewerkstelligen können; vgl. Stalin (1952), Bd. 1, S. 261 f.; Stalin: s. K. 63, 10.

1821, 19   *Das das ganze Geheimnis* – Zitat aus J. W. Stalins »Anarchismus oder Sozialismus?«: »Das ist das ganze Geheimnis! [. . .] das sind im großen und ganzen die Ansichten der Anarchisten über die dialektische Methode«; vgl. Stalin (1952), Bd. 1, S. 271.

Das doppelte »das« entstand durch einen Lesefehler bei der Korrektur. In Johnsons Manuskript stand ursprünglich: »Das ist das ganze Geheimnis«, »ist« wurde deutlich durchgestrichen, das zweite »das« nur schwach; Stalin: s. K. 63, 10.

1821, 22–29   *den Äußerungen eines . . . Holzes, fester Stoffe* – In der »Täglichen Rundschau« vom 20./21. 1. 1951 wurden in dem mit »Orlow« unterzeichneten Artikel »Wege und Irrwege der modernen Kunst« Bildhauer und Graphiker der DDR kritisiert: »Die unter den Bildhauern (und Graphikern) der DDR verbreitete formalistische Theorie von der ›Offenbarung des Materials‹ hält der Kritik noch weniger stand als der von Plechanow so erbarmungslos kritisierte Impressionismus. Die Anhänger dieser Theorie behaupten, die Hauptaufgabe des Bildhauers sei nicht die Schaffung einer künstlerischen Gestalt, sondern die Offenbarung des Steins als Stein, des Holzes als Holz usw., d. h. die Demonstrierung des Materials, aus dem das Bildwerk gemacht ist.«
Orlow bezieht sich, ohne Barlach zu nennen, auf eine seiner Aussagen, aus der Johnson hier zitiert:
»Die Gedankenwelt des Plastischen ist an die solidesten Begriffe des Materials, des Steins, des Metalls, des Holzes, fester Stoffe gebunden. Das Gebirge, der Baum haben die Gefühlswelten in sich, die herausgearbeitet werden können. Die absolute Bestimmtheit, die Umgrenztheit des Gefühls sind ihr Reich, das in Ruhe und Majestät Himmelsstürmerische, der Trotz der Titanen, die Schroffheit, Weltabgeschiedenheit des innigst vertieften Weltgefühls. Keine Wolke, kein Wind, kein Licht und kein Dämmer geben ihm Nahrung. Es gestattet kein Schwanken und kein Schillern, kein Zittern und kein fürchtendes Hoffen. Es will. Im Plastischen findet die Menschenseele den Ausdruck ihrer Urgestalt, wie sie das Gebirge dem Denkenden darbietet. Die Möglichkeit, das Letzte herauszustoßen. Das schlechthin Erhabene der Überzeugung zu predigen, das Bewußtsein des absoluten Ichs zu entblößen, nicht zu verhüllen.
Aus dem Charakter des Steins, der Bronze heraus ist die Formgebung des Bildhauers abzuleiten. Material-Begriffe werden zu Anschauungs-Normen; nach den Maßen von Erz und Stein wird die darstellbare Welt gemessen, auf Eigenschaften, die Stein und Erz entsprechen, geprüft. Die bildhauerische Anschauung reißt wie ein Sturm alle krause Sinnlichkeit und alles Zufallsspiel, allen Überfluß und Ornamentluxus vom Knochenbau der Welt«; vgl. Barlach (1951), S. 125; Jansen (1999), S. 323–325.

1821, 23   *N. Orlow* – Dieser häufige russ. Name steht vermutlich für ein nie gänzlich aufgedecktes Kollektivpseudonym oder für einen der führenden Kulturideologen der UdSSR: Wladimir Nikolajewitsch Orlow, geb. 22. 6. 1908, 1941–45 TASS-Korrespondent an der Front; 1956–70 Herausgeber der Serie »Biblioteka poeta«; spezialisiert auf die Interpretation russ. Klassiker aus marxistischer Sicht.

1821, 24   *Tägliche Rundschau* – s. K. 518, 35.

1821, 31–35   *Barlachs Haus am . . . Kamm des Heidberges* – Barlach mietete 1926 ein Zimmer im Haus des Ehepaars Böhmer am Ostufer des Güstrower Inselsees, am Fuß des Heidbergs. Marga Böhmer lebte nach ihrer Scheidung als Barlachs Lebensgefährtin mit ihm in diesem Haus. Nebenan ließ sich Barlach ein Atelierhaus bauen, das 1932 fertiggestellt wurde und heute etwa 400 Plastiken und seinen Nachlaß beherbergt.

1821, 31   *Inselsee von Güstrow* – s. K. 1663, 1.

1822, 1–5   *auch dem Auge . . . hat verdrängen können* – Den Güstrowern ist dieser Blick auch von dem Gemälde des einheimischen Malers Georg Friedrich Kersting (1785–1847) vom Anfang des 19. Jh.s bekannt; Abbildung in Woese (1991); s. K. 1776, 33 f.

1822, 17–20   *Beschluß des IV. . . . eine ehrenhafte Verpflichtung* – Auf dem IV. Parlament der FDJ vom 27.–30. 5. 1952 in Leipzig erklärte sich der Verband zur komm. Parteijugend, außerdem wurde Schießen als neue Sportart propagiert. Das Manifest des IV. Parlaments forderte die Jugendlichen auf, sich zur »Verteidigung der demokratischen Errungenschaften« zu melden, d. h. zur Kasernierten Volkspolizei. Aus der Rede Walter Ulbrichts: »Wir begrüßen es deshalb, daß der Zentralrat der FDJ alles tut, was möglich ist, um alle militärischen Fähigkeiten in unserer Jugend zu entwickeln, damit sie ihre Aufgabe, den Schutz und die Verteidigung unseres Vaterlandes, in Ehren durchführen kann. Ich spreche den Wunsch aus, daß aus der FDJ recht viele Jugendliche hervorgehen, die die Auszeichnung als tüchtige Scharfschützen erhalten werden«; vgl. Weber (1966), S. 64. In Artikel 4 der Ergänzungen zur Verfassung der FDJ hieß es: »Der Dienst in der Deutschen Volkspolizei ist für die Mitglieder der Freien Deutschen Jugend Ehrendienst«; vgl. SBZ (1958), S. 193; BU, S. 53.
Im Juli 1952 schuf die FDJ die Organisation »Dienst für Deutschland«, einen halbjährigen Arbeitsdienst mit vormilitärischer Ausbildung, der sich nicht lange hielt; vgl. Neues Deutschland vom 26. 7. 1952; s. K. 1269, 9 f.; 1717, 21 f.

1822, 22–24   *zu marschieren wie . . . mit geschultertem Gewehr* – DER SPIEGEL vom 11. 6. 1952 zeigt auf der hinteren Umschlagseite zwei Fotos von aus Anlaß des IV. FDJ-Parlamentes marschierenden FDJlern. Auf dem oberen tragen die Jungen die Gewehre im Präsentiergriff vor sich, den Kolben in die linke Hand gestützt, die Mädchen auf dem unteren Bild tragen ihre Gewehre umgehängt.

1822, 25–27	*das Scharfschützen-Abzeichen . . . die Stufe Eins* – Vgl. DER SPIEGEL vom 18. 6. 1952, S. 4: »In sämtlichen volkseigenen Betrieben der DDR werden Schießzirkel eingerichtet. Das volkseigene Kalk- und Zementwerk Rüdersdorf bei Berlin meldet bereits 1000 Scharf- und Schlumpschützen für den Erwerb des zum Ansporn gestifteten Scharfschützen-Abzeichens. Über den Erwerb des Abzeichens schreibt FDJ-Scharfschütze Horst Pehnert im FDJ-Zentralorgan ›Junge Welt‹: ›Das Gewehr ist mit einem Sechsschuß-Magazin geladen. Die Bedingung für Stufe I des Schießabzeichens der FDJ ist, mit 3 Schuß 21 Ringe zu schießen.‹«
1822, 36	*Stockholmer Appell* – s. K. 1685, 7 f.
1822, 36	*Wehrpflicht* – s. K. 1624, 18.
1823, 3	*Schulgruppe* – s. K. 1559, 16 f.
1823, 3 f.	*Zentralrat der F. D. J.* – s. K. 1731, 28 f.
1823, 11	*Teltow* – Ort in der DDR, an den Südwesten Westberlins angrenzend.
1823, 13 f.	*Abzeichen der Gesellschaft für Deutsch-Sowjetische Freundschaft* – Das Abzeichen zeigte aus einem Ring aufsteigend die Fahne der DDR vor der der Sowjetunion; s. K. 1559, 28–30.
1823, 15	*das Abzeichen »Für Gutes Wissen«* – s. K. 1729, 4 f.
1823, 15 f.	*das Mitgliedsabzeichen der Sozialistischen Einheitspartei Deutschlands* – s. K. 1361, 10 f.; 1681, 13 f. In der zweibändigen Taschenbuchausgabe steht: »sozialistischen einheitspartei«.
1823, 20	*»Freundschaft«* – s. K. 1637, 13.
1823, 31	*Spandau* – Stadtbezirk am Westrand Westberlins.
1824, 8	*der letzte Besuch* – s. 1801, 21–1805, 12.
1824, 10–19	*Das zweite war . . . 59-FZ 501* – Johnson benutzt sein eigenes »Abschluß-Zeugnis der Oberschule« als Vorlage. Es ist auf Güstrow, den 25. 6. 1952 datiert und trägt die im Text angegebene Druckgenehmigungsnummer. (Sie war in der DDR für jedes bedruckte Papier erforderlich.) Unter »1. Allgemeine Beurteilung« steht: »J. ist ein gewissenhafter, zuverlässiger Schüler gewesen, der mit großer Selbständigkeit und Gründlichkeit gearbeitet hat. Seine Initiative hat in jeder Hinsicht vorbildlich auf seine Klassengefährten gewirkt.« Unter »2. Gesellschaftliche Tätigkeit« steht: »J. ist seit dem 10. 9. 1949 Mitglied der FDJ. Er erwarb das Abzeichen ›Für gutes Wissen‹ in Bronze und leistete gute organisatorische Arbeit. Mit Umsicht und Energie arbeitete U. an verschiedenen Aufgaben mit. Er bemühte sich durchaus mit Erfolg in weltanschaulichen Fragen Klarheit zu gewinnen.« Vgl. Fahlke (1994), S. 40; Klug (1995), S. 69; Helbig/Müller (1998), S. 68 f.
1824, 15	*gesellschaftlichen Tätigkeit* – s. K. 1559, 31.

1824, 16	*G. C. ist seit . . . Mitglied der F. D. J.* – Johnson nimmt auch hier seinen eigenen Beitritt zur FDJ als Vorlage; vgl. BU, S. 52.
1824, 22	*Neue Schule* – s. K. 778, 29 f.
1824, 31	*Birmingham* – s. K. 93, 26.
1825, 13	*Iam scies, patrem tuum mercedes perdidisses* – (lat.) Richtig: perdidisse; übersetzt im Text 1825, 15.
1825, 23–26	*It may be . . . 1949, p. 49* – (engl.) Man kann sehr wohl sagen, daß Englisch zu den Sprachen gehört, die man sehr leicht schlecht sprechen kann, aber daß es keine Sprache gibt, die so schwer richtig anzuwenden ist; vgl. C. Wrenn, Die englische Sprache, Oxford 1949, S. 49.
1825, 27	*die Universität* – s. K. 778, 26.
1825, 29–31	*Gustav Kirchner, Die . . . Halle (Saale) 1952* – Gustav Kirchner: Die zehn Hauptverben des Englischen im Britischen und Amerikanischen. Eine semasiologisch-syntaktische Darstellung ihrer gegenwärtigen Funktionen mit sprachgeschichtlichen Rückblicken, Halle 1952; Johnson besaß ein Exemplar.
1825, 39	*1898 in Malchow am See* – Gesines Vater ist 1888 geboren, Malchow: s. K. 17, 7.
1826, 4	*post numerando* – Eigentlich: nachträglich zahlbar, im Gegensatz zur Vorleistungspflicht; hier: zurück.
1826, 7	›*Mählspich*‹ – (nd.) auch »Mählspies«: 1. Mehlspeise, 2. hoher, steifer Kragen.
1826, 11 f.	›*Hest all hürt . . . n'Norsvull kraegen?*‹ – (nd.) Hast du schon gehört, Heinrich, Fritz A. hat heut morgen wieder den Arsch vollgekriegt?
1826, 18	*Petersdorf, Göhren, Nossentin* – Kleine Ortschaften um Malchow, Petersdorf im Westen, Göhren am Südufer, Nossentin am Nordufer des Fleesensees.
1826, 22	*Robert Burns* – 25. 1. 1759–21. 7. 1796, schottischer Lyriker; volksliedhafte Natur- und Liebeslieder, in Schottland als Nationaldichter verehrt.
1826, 25	*nach seinem Bedürfnis und Verdienst* – s. K. 1439, 10.
1826, 25–27	*so wie Brecht . . . wollen in Ostdeutschland* – Brecht soll auf die Frage, warum er Hans Mayer schätze, entgegnet haben: »Aber er bringt etwas Leben und Farbe in diese märkische Sandwüste. Sie werden nicht überrascht sein, zu hören, daß ich kein Anhänger von Oscar Wilde bin. Lebte er jedoch bei uns [. . .] so würde ich es übernehmen, dafür zu sorgen, daß er jeden Tag eine frische Chrysantheme für sein Knopfloch kriegte«; vgl. Müller/Semmer (1968), S. 96. Oscar Fingal O'Flahertie Wills Wilde (16. 10. 1854–30. 11. 1900), irischer Schriftsteller; Ästhetizist des späten 19. Jh.s, spottete in seinen Dramen über die leeren Formen der höheren Klassen (und alle anderen Dummheiten auch).

15. 8. 1968

1827, 2   *N. Podgorni* – Anspielung auf Nikolai Wiktorowitsch Podgornij (18. 2. 1903–11. 1. 1983), sowj. Politiker; 1960–77 Mitglied des Präsidiums bzw. des Politbüros des ZK der KPdSU, 1965–77 Vorsitzender des Obersten Sowjet, d. h. Staatsoberhaupt; s. 1827, 11.
In der zweibändigen Taschenbuchausgabe steht: »J.F.K.N.« ohne Leerstelle.

1827, 11   *mit Zitronen gehandelt* – Redewendung: Pech haben, reingefallen sein.

1827, 14   *Bucht des Goldenen Tores* – s. K. 558, 9; 1051, 16 f.

1827, 20 f. *You are a . . . that's for sure* – (engl.) Sie sind eine richtige Dame, das ist sicher.

1827, 21   *Fischerswerft* – Fishermen's Wharf, wegen seiner vielen Restaurants Touristenattraktion in San Francisco; s. 1846, 15.

1827, 32   *707* – s. K. 1309, 21.

1828, 16   »*Dumm sein und . . . haben / das ist . . .*« – Zitat aus Gottfried Benns Gedicht »Eure Etüden«:
Eure Etüden,
Arpeggios, Dankchoral
sind zum Ermüden
und bleiben rein lokal.

Das Krächzen der Raben
ist auch ein Stück –
dumm sein und Arbeit haben:
das ist das Glück.
s. K. 713, 16 f.

1828, 19–21 *Wärst du geblieben . . . das genierliche Singen* – s. 111, 15–25.

1828, 33–35 *D. E. kann kochen . . . him, Gesine. Rumpelstiltskin* – Anspielung auf das Grimmsche Märchen »Rumpelstilzchen«; s. K. 751, 30–33.

1828, 34 f. *And there will . . . him, Gesine. Rumpelstiltskin* – (engl.) Und das wird mein Ende sein. Seines, Gesine. Rumpelstilzchen; s. K. 751, 31–33.

1828, 38   *Binde dich ein . . . um dein Hals* – (missingsch) Binde dir einen Schal um den Hals; vgl. MJ, S. 38, 201, 224; MHC, S. 90; s. 1866, 38.

1828, 39   *Gustav Adolf-Lyzeum in Gneez* – s. K. 895, 27.

1829, 1   *Martin Luther-Universität* – s. K. 778, 26.

1829, 1 f. *Blot dat he . . . lüttn Mann backt* – (nd.) Bloß daß er rauchte wie ein kleiner Mann bäckt.

1829, 10   *Amtsgraben* – Einen Amtsgraben hat es in Halle nie gegeben, aber einen Park Amtsgarten bei der Burg Giebichenstein, von dem ein Fußweg zur Saale führt; s. 1831, 5.

1829, 14   *i. R.* – Im Ruhestand.

1829, 16   *Rawehn* – s. 1448, 7–37.

1829, 18–21   *FEHR, Die englische . . . bis zur Aufklärung* – Handbuch der Literaturwissenschaft, hg. von Oskar Walzel, Band I: Bernhard Fehr/Wolfgang Keller: Die englische Literatur von der Renaissance bis zur Aufklärung; Band II: Bernhard Fehr: Die englische Literatur des 19. und 20. Jahrhunderts, Berlin, Akademische Verlagsanstalt Athenaion 1923–28; Johnson besaß beide Titel.

1829, 21 f.   *WÜLKER, Geschichte der . . . bis zur Gegenwart* – Richard Wülker: Geschichte der englischen Literatur von den ältesten Zeiten bis zur Gegenwart, Leipzig, Verlag des Bibliographischen Instituts 1906–07; Johnson besaß ein Exemplar.

1829, 23   *Columbia Encyclopedia von 1950* – In Johnsons Bibliothek befindet sich eine Ausgabe von 1956: The Columbia Encyclopedia, 2nd edition by William Bridgwater and Elizabeth J. Sherwood, with supplement of illustrations and a record of events 1950–56, New York 1956.

1829, 23 f.   *MURET SANDERS von 1933* – Bekanntes zweisprachiges Wörterbuch. Gustav Langenscheidt, der Verlagsgründer, beauftragte 1869 Eduard Muret, ein engl.-dt. Wörterbuch zusammenzustellen, während Daniel Sanders den dt.-engl. Teil bearbeitete. Das vierbändige Werk erschien zuerst 1901 und ist seitdem in verschiedenen »großen« bzw. »kleinen« Ausgaben erschienen. Johnson besaß die 8. Auflage in zwei Bänden von 1933.

1829, 30 f.   *rückschrittlichen Mittelstand* – s. K. 1573, 13 f.

1830, 16   *Gesellschaftswissenschaften* – s. K. 1586, 4.

1830, 17   *Trotzki* – s. K. 77, 7.

1830, 21–26   *Picassos Friedenstaube (dritte . . . mit Nistplätzen angreifen* – Vgl. dazu Grass, »Die Blechtrommel«: »Der Ausdruck Friedenstaube will mir nur als Paradox stimmen. Eher würde ich einem Habicht oder Aasgeier eine Friedensbotschaft anvertrauen als der Taube, der streitsüchtigsten Mieterin unter dem Himmel«, Grass (1987), Bd. 2, S. 119; s. K. 1628, 31 f.

1830, 32–34   *von J. L. Steffens . . . und sie funktioniert* – Joseph Lincoln Steffens (6. 4. 1866–9. 8. 1936), amerik. Journalist; führende Persönlichkeit der »Muckracker« (Dreckaufwirbler), schrieb gegen Korruption in Wirtschaft und Regierung, besuchte 1918 und 1923 die Sowjetunion. Die angeführte Stelle wurde in der DDR häufig zitiert: »I have been over into the future, and it works«, vgl. Steffens (1958), Bd. 2, S. 794.

1830, 35–37   *was die Engländer . . . eine Kommode meinen* – Ein typischer Fehler für dt. Sprecher, die Übersetzung ist »chest of drawers« oder »sideboard«; »commode« bedeutet Nachtstuhl oder Waschkommode.

1830, 38   *gesellschaftliche Betätigung* – s. K. 1559, 31.

1831, 8	*den jungen deutschen Freien* – Anspielung auf die FDJ; s. K. 1559, 13 f.
1831, 11–13	*für einen Verein . . . das Schießen lernen* – »Gesellschaft für Sport und Technik«, am 7. 8. 1952 zur vormilitärischen und wehrsportlichen Ausbildung der Jugendlichen ab 14 Jahren gegr.; s. 1845, 17–22.
1831, 14	*du lüchst* – (nd.) du lügst.
1831, 23	*my dear Mary* – (engl.) meine liebe Marie.
1831, 24	*Although bankers have human feelings, too* – (engl.) Obwohl Banker auch menschliche Gefühle haben; s. K. 465, 34 f.
1831, 31	*VolksEigenen Betriebes* – s. K. 1615, 1 f.
1832, 4	*Reilsberges* – Erhebung nördlich der Innenstadt, auf der sich der Zoologische Garten befindet.
1832, 5	*Gertraudenfriedhof von Halle* – Großer Friedhof im Nordosten der Stadt, der wegen seiner neoklassizistischen Anlage bekannt ist.
1832, 6 f.	*Das Schild im . . . eine »Frohe Zukunft«* – Straßenname an der Endhaltestelle der Linie 1 im Nordosten Halles.
1832, 14 f.	*»Schillers Sterbezimmer«* – Schiller wurde in den letzten Wochen seiner Krankheit in sein Arbeitszimmer umgebettet, ein mittelgroßes Zimmer im obersten Stock seines Hauses Ecke Schillerstraße/Neugasse in Weimar. Dort, wo auch heute noch ein Bett steht, starb er. Vorher hatte er nebenan in einem Mansardengelaß von etwa 2 x 5 m mit einer Dachschräge geschlafen; Schiller: s. K. 1252, 26.
1832, 15	*Lavoir* – (frz.) Waschbecken; s. K. 59, 16 f.
1832, 18	*Thank you ever so kindly* – (engl.) Allerherzlichsten Dank.
1832, 23	*A tua disposizione, Fanta Giro* – (ital.) Ich stehe zu deiner Verfügung, Fanta Giro; s. K. 397, 13.
1832, 26	*If you please* – (engl.) Bitte sehr.
1832, 31 f.	*was denn die . . . im Innersten zusammenhält* – Anspielung auf Fausts Monolog in der 1. Szene von Faust I, Vers 382–385:
	Daß ich erkenne, was die Welt
	Im Innersten zusammenhält,
	Schau' alle Wirkenskraft und Samen,
	Und tu' nicht mehr in Worten kramen.
	s. 1841, 32 f.
1832, 34	*Konzentrationslager Fünfeichen* – s. K. 36, 12; 1287, 25.
1832, 34 f.	*wegen der verunglückten Haussuchung* – s. 1750, 7–12.
1832, 37 f.	*der Peißnitz-Insel . . . und Schiffs-Saale* – Große Insel zwischen zwei Saalearmen westlich der Innenstadt mit Parkanlagen und Freilichtbühne, Naturschutzgebiet.

1832, 39	*Brücke der Freundschaft* – Kleine Brücke, die von einer östlich gelegenen Insel auf die Peißnitz-Insel führt.
1833, 7	*»Nachtigallen-Insel«* – Eine heute fast unbekannte Bezeichnung der Peißnitz-Insel, die unter den Studenten des 18. und 19. Jh.s gebräuchlich war.
1833, 8	*Cui bono* – (lat.) übersetzt im Text. Auf Cicero zurückgehende Frage nach dem Motiv einer Handlung. In der DDR Standardformel der Agitation: Wem nützt es? Vgl. MJ, S. 100: »Bei jeder Entscheidung muss die Frage gestellt werden Cui bono, wem nützt es. Nützt es dem Staat der Arbeiter und Bauern?«
1833, 15	*Fünferbus* – s. K. 24, 28 f.
1833, 17	*Grazie tanto* – (ital.) Vielen Dank.
1833, 20 f.	*Reptilienfonds* – Geht zurück auf einen Ausspruch Bismarcks, der die geheimen Staatsfeinde, die er mit Mitteln aus einem ihm zur Verfügung stehenden Fonds und mit Hilfe staatsfreundlicher Zeitungen bekämpfte, 1869 als »bösartige Reptilien« bezeichnete; seither Bezeichnung für einen Fonds hoher Regierungsstellen, über dessen Verwendung sie keine Rechenschaft ablegen müssen.
1833, 22	*Thälmannplatz* – Ehemals und später wieder der Riebeckplatz, ein großer Platz vor dem Hauptbahnhof; Thälmann: s. K. 198, 4.
1833, 22	*»Tusculum«* – Alte latinische Stadt nahe Frascati im Albanergebirge, später bevorzugter Platz für Villen reicher Römer, z. B. Ciceros Tusculanum; auch (lat.): etwas Weihrauch. Hier: Hallenser Tanzbar, die wie andere DDR-Etablissements trotz relativ später Öffnungszeiten und höherer Preise nicht mit westlichen Nachtbars gleichzusetzen war.
1833, 24	*»Goldene Rose« in der Rannischen Straße* – Ursprünglich ein mittelalterlicher Ausspannhof, in den fünfziger Jahren eine beliebte Gaststätte, die in den siebziger Jahren wegen Baufälligkeit geschlossen wurde. Die Rannische Straße führt im Süden der Innenstadt auf den Waisenhausring.
1833, 24–26	*alte Café Zorn . . . wegen der Geographie* – Das »Café Zorn«, Leipziger Straße 93, hieß offiziell schon in den fünfziger Jahren »Hallorencafé«, der alte Name aber blieb bei den Hallensern bis heute erhalten. Die Leipziger Straße führt vom Marktplatz in südöstlicher Richtung zum Hansering und hieß von Anfang der fünfziger bis Anfang der neunziger Jahre nach Klement Gottwald.
1833, 25 f.	*Klement Gottwald* – s. K. 1810, 3–6.
1833, 34	*Grüns Weinstuben am Rathaus* – »Grün's Weinstuben«, Rathausstraße 7, Gaststätte und Weinhandlung, unweit des Rathauses, einem Stahlbetonbau von 1928–30 am Markt von Halle; s. 1836, 14.
1833, 35	*Beaujolais* – s. K. 341, 14.
1833, 36 f.	*Richtenberger* – s. K. 214, 35.

1833, 38	*Lindenkrug* – s. K. 1761, 13.
1834, 1	*in selbiger Nacht* – Anspielung auf den Schluß von Heinrich Heines Ballade »Belsazar«: Belsazar ward aber in selbiger Nacht Von seinen Knechten umgebracht. Heine: s. K. 1815, 38–1816, 6.
1834, 3 f.	*Niederlassungen seines Vereins im Gräfinnenwald* – s. K. 34, 8; 140, 7–13.
1834, 4	*iswinitje paschalsta* – (russ.) entschuldigen Sie, bitte!
1834, 9 f.	*er verdient keinen Namen* – s. K. 913, 1.
1834, 12 f.	*Salon der Frau . . . an der Behrenstraße* – s. K. 1696, 24–26.
1834, 13	*Behrenstraße* – s. K. 1696, 34–1697, 3.
1834, 13	*Ludwig Wucherer-Straße* – Große Straße nördlich der Innenstadt, an deren südlichem Ende Universitätsgebäude liegen; s. 1836, 18.
1834, 15 f.	*am Diamat, dem dialektischen Materialismus* – s. K. 76, 33 f.; 463, 30 f.
1834, 16 f.	*Jean-Paul Sartre über . . . Nichts«, Hamburg 1952* – Uwe Johnson besaß diese erste dt. Übersetzung; s. K. 397, 23; 1820, 13.
1834, 27 f.	*Wat min grotn . . . ünne de Schauh* – (nd.) Was mein großer Bruder ist, der hat Nägel unter den Schuhn; s. K. 1449, 28.
1834, 31	*sin lütt Süster* – (nd.) seine kleine Schwester.
1834, 36	*Pottel & Broskowsky am Waisenhausring* – Ein sehr bekanntes Restaurant am Waisenhausring, dem südöstlichen Teil des Ringes um die Innenstadt, unweit der Kreuzung mit der Leipziger Straße; s. 1835, 22; 1867, 27.
1835, 8 f.	*Keine Neugier. Bloß . . . gern wissen möchte* – Anspielung auf die nd. Redensart: Ik bün ja nich nieglich, blot weiten mach ik doch allens ganz giern.
1835, 23–31	*jenen Professor Ertzenberger . . . verweigert worden war* – s. K. 232, 35.
1835, 27 f.	*eine Verschwörung jüdischer Ärzte* – s. K. 233, 1.
1836, 7	*was für Türme . . . am liebsten sind* – Die Hallenser sind stolz darauf, daß man vom Markt aus fünf Türme sehen kann: den »Roter Turm« genannten Glockenturm der Marienkirche und die vier Türme der Marktkirche Unser Lieben Frauen, wohl auch darauf, daß die Türme von Caspar David Friedrich, Lyonel Feininger und Ernst Ludwig Kirchner gemalt worden sind.
1836, 8	*Reileck* – Das Reileck ist insofern einzigartig, als es eine Straßenkreuzung ist (Schnittpunkt der Wagner-, Wucherer-, Leipziger und Reilstraße nördlich der Innenstadt). Als für zwei dicht an der Kreuzung liegende Straßenbahnhaltestellen ein Name gesucht wurde, wurde der Begriff »Reileck« geschaffen, für Hallenser inzwischen ein terminus technicus.

1836, 10–12   *Robert Franz-Ring . . . Staatssicherheit in Sachsen/Anhalt* – Im ehemaligen AOK-Gebäude, einer Art Rundbau im Bauhausstil, Robert-Franz-Ring 16, hatte erst die Gesellschaft für Sport und Technik, dann die Staatssicherheit ihren Sitz.

1836, 11 f.   *Ministeriums für Staatssicherheit* – s. K. 684, 8.

1836, 12 f.   *Am Kirchtor 20 . . . der »Rote Ochse«* – Spitzname des Gefängnisses aus rotem Backstein, damals bekannt für seine schlechten hygienischen Verhältnisse; s. K. 1851, 27–1852, 15; s. 1851, 36 f.

1836, 14–16   *StVA Halle II . . . der Kleinen Steinstraße* – Das ehemalige Frauengefängnis, Strafvollzugsanstalt Halle II in der Kleinen Steinstraße 7, wurde bei einem zweiten Versuch am 17. 6. 1953 von Demonstranten gestürmt. Bei der Befreiung der Häftlinge wurde eine Wachtmeisterin getötet. Die DDR-Version dieses Vorgangs diente Stefan Hermlin zur Vorlage seiner Erzählung »Die Kommandeuse«, 1954, eine Darstellung, die er später in »Ein Mord in Salzburg«, 1983, zurücknahm; s. K. 1851, 27–1852, 15; 1851, 27.

1836, 16   *Hauptpostamt* – Am Hauptbahnhof südlich der Innenstadt; s. 1852, 1.

1836, 17   *Paulus-Viertel* – Um die Pauluskirche nördlich der Wucherer-Straße gelegen.

1836, 22   *Vigilante* – Von lat. vigil: wachend, schlaflos; veraltet für Polizeispitzel.

1836, 24   *Omaha, Nebraska* – Stadt am Missouri an der Ostgrenze von Nebraska, einem Bundesstaat im mittleren Westen.

1836, 25   *Sachwalter* – s. K. 933, 8; 1138, 30.

1836, 26–33   *Grenztruppen der Staatssicherheit . . . Steuerkrieg und Ordnungsstrafe* – Die DDR nahm die Unterzeichnung des Vertrags der Europäischen Verteidigungsgemeinschaft durch die Bundesrepublik zum Anlaß, die Grenzen vollständig abzuriegeln. In der »Polizeiverordnung über die Einführung einer besonderen Ordnung an der Demarkationslinie« vom 26. 5. 1952 heißt es in § 1: »Die entlang der Demarkationslinie zwischen der Deutschen Demokratischen Republik und Westdeutschland festgelegte Sperrzone umfaßt einen 10 m breiten Kontrollstreifen unmittelbar an der Demarkationslinie, anschließend einen etwa 500 m breiten Schutzstreifen unmittelbar an der Demarkationslinie und dann eine etwa 5 km breite Sperrzone«; vgl. Weber (1966), S. 290. Anfang Juni 1952 befahl die Regierung die Evakuierung von Kaufleuten, Unternehmern, Großbauern, Handwerkern, Gastwirten, Personen mit engen Beziehungen zum Westen und ehemaligen Berufssoldaten aus dem Sperrgebiet. Die Grenztruppen wurden am 16. 5. 1952 dem Ministerium für Staatssicherheit unterstellt; s. K. 684, 8; 1269, 9 f.

1837, 10–14   *Land Mecklenburg aufgelöst . . . in den Ländern* – Die Volkskammer beschloß am 23. 7. 1952 die Aufteilung der DDR in 14 Bezirke. Durch die neue zentralistische Struktur verloren die fünf Länder an Bedeutung, blieben aber vorläufig noch bestehen.

1837, 17   *Neubrandenburg* – s. K. 633, 29.

1837, 18   *Westprignitz* – Gebiet um Wittenberge, kam vom Land Brandenburg zum Bezirk Schwerin.

1837, 19   *Uckermark* – Gebiet um den Fluß Uecker, kam von Brandenburg zum Bezirk Neubrandenburg.

1837, 25–30   *die Farben Blau-Gelb-Rot? . . . unkenntlich gemacht worden* – Mecklenburgische Landesfarben: s. K. 1547, 38. Das Wappen ist viergeteilt und zeigt links oben und rechts unten einen gekrönten schwarzen Stier, der die Zunge herausstreckt. Der Stier oder Ochse geht auf slawische Zeit zurück: Das alte slawische Land hieß Ture (slawisch: Auerochs). Ihr heiliges Zeichen sollen die Slawen nach dem Schlachtroß Bukephalos (griech.: Ochsenkopf) Alexander des Großen gewählt haben. Im rechten oberen Feld findet sich der Rostocker gelbe Greif auf blauem Grund, im linken unteren ein Adler. (Das Schweriner Wappen zeigt ein Reiterbild des Herzogs Heinrich des Löwen, gelb auf blauem Grund, nur sein Schild ist rot.); s. K. 143, 34–144, 2.

1837, 31–33   *Und weil später . . . weggegangen aus Mecklenburg* – s. K. 41, 18.

1837, 38   *Aufständen der Neger . . . Watts bis Newark* – s. K. 9, 6 f.; nach der Ermordung Martin Luther Kings am 4. 4. 1968 kam es zu weiteren Aufständen und Zerstörungen.

1838, 1   *Vesógelieke* – s. K. 495, 4.

1838, 7 f.   *bloß bis Schkeuditz . . . auf am Autobahnkreuz* – Autobahnkreuz zwischen Leipzig und Halle.

1838, 23 f.   *der Frankfurter Allee . . . Großen Genossen Stalin* – s. K. 1636, 20 f.

1838, 32–35   *Zwar wurde gerade . . . der »technischen Intelligenz«* – s. K. 1628, 11–15.

1839, 2–8   *Veränderungen der Betriebskollektivverträge . . . an höheren Löhnen* – Im Januar 1953 hatte die Staatliche Plankommission auf »alarmierende Mängel« in den VEB hingewiesen und sie bei Androhung von Strafe aufgefordert, sofort die Betriebskollektivverträge für 1953 abzuschließen. Sie sollten »»ernsthaft die TAN, die wirtschaftliche Rechnungsführung und die Nutzung der vorhandenen Kapazitäten‹ verwirklichen«; vgl. SBZ (1958), S. 226 f.; (TAN: s. K. 1839, 19 f.). Am 14. 2. 1953 faßte der Ministerrat einen Beschluß zur Preispolitik; danach sollten, um die Konsumgüterpreise senken zu können, die Industriepreise durch erhöhte Arbeitsproduktivität verbilligt werden. Das ZK der SED faßte einen Beschluß über einen Feldzug für strengste Sparsamkeit. Am 9. 4. wurde die Rationierung von Textilien und Schuhen aufgehoben und eine Neuregelung der Lebensmittelkarten beschlossen, es folgte am 20. 4. eine Preiserhöhung für rationierte Lebensmittel, und ab 1. 5. wurden an etwa 2 Mio. Bürger (Freiberufliche, Unternehmer, Handwerker) keine Lebensmittelkarten mehr ausgegeben. Diese Maßnahme wurde am 11. 6. zurückgenommen. Ein Beschluß des Ministerrats erhöhte am 28. 5. 1953 die Arbeits-

normen um mindestens 10 %, die im Ergebnis eine Lohnminderung bei erhöhten Arbeitsanforderungen bedeutete und den Streik der Bauarbeiter der
Stalinallee am 16. 6. 1953 zur Folge hatte. An diesem Tag noch wurde die
Normerhöhung wieder zurückgenommen (s. K. 1853, 9). Betriebskollektivvertrag: s. K. 1651, 1.

1839, 12 f.   *weil die Partei . . . hat immer recht* – Anspielung auf Louis Fürnbergs Gedicht
»Die Partei« (s. K. 927, 24) und auf den Anfang von Bertolt Brechts »Ein-
heitsfrontlied«:
Und weil der Mensch ein Mensch ist
Drum will er was zu essen, bitte sehr!
Es macht ihn ein Geschwätz nicht satt
Das schafft kein Essen her.

1839, 19 f.   *der Technischen Arbeitsnormen . . . Gnaden der Sowjetunion* – Die Bemessungs-
grundlage von Stücklohn war nach sowj. Vorbild eingeführt worden. Man unterschied zwischen der wissenschaftlich begründeten Technischen Arbeitsnorm (TAN) und der nicht wissenschaftlich begründeten Vorläufigen
Arbeitsnorm (VAN). Die TAN sollte zwischen der Leistung eines Aktivisten
und der Durchschnittsleistung liegen. Beide Normen waren ständig zu überprüfen und zu erhöhen; vgl. SBZ von A bis Z (1958); s. K. 1656, 25 f.

1839, 22 f.   *»weil er die Wahrheit gesagt hat«* – s. K. 644, 2–4.

1839, 32   *V. E.-Gut* – Volkseigenes Gut. Diese Güter entstanden 1945 mit der Bodenreform als Mustergüter und waren erst den Ländern unterstellt, seit 1949 in
der Vereinigung Volkseigener Güter (VVG) zusammengefaßt, seit 1952 selbst
rechtsfähig. Sie sollten die Landwirtschaft mit Saat- und Pflanzengut sowie
mit Zuchtvieh versorgen. Vereinzelt waren sie Versuchsgüter für Hochschu-
len und Universitäten.

1839, 35   *dunnemals* – (nd.) damals.

1840, 6   *Pötenitz und Alt Demwies* – Pötenitz: s. K. 18, 16; Alt Demwies: s. K. 1125, 11.

1840, 10   *Landwirtschaftliche Produktionsgenossenschaften* – s. K. 1770, 25 f.

1840, 11   *Wi weit't dat nu* – (nd.) Wir wissen es jetzt!

1840, 15   *Georg Utpathel* – s. K. 1796, 6–20.

1840, 28 f.   *Hitlers/Darrés landwirtschaftlicher Gesetzgebung* – Nach dem Reichserbhofgesetz durfte ein Hof nicht geteilt werden: s. K. 399, 34; Hitler: s. K. 49, 23;
Darré: s. K. 607, 30 f.

1840, 39–   *VolksEigenen Erfassungs- und Aufkaufsbetrieben* – Vereinigung Volkseigener Er-
1841, 1   fassungs- und Aufkaufbetriebe, VVEAB, die seit 1949 über die Bäuerlichen
Handelsgenossenschaften den Aufkauf von Agrarerzeugnissen organisierte.

1841, 5 f.   *den sozialistischen Typ III* – s. K. 1770, 25 f.

1841, 16–18   *Als Mittelbauern veranlagt... Kleinbauern auferlegt war* – Nach der 1. Durch-
führungsbestimmung zur Verordnung über die Pflichtablieferung und den
Aufkauf landwirtschaftlicher Erzeugnisse vom 1. 12. 1953 (GBl. I, S. 1191)
wurden Höfe in acht Betriebsgrößen von 1–2 ha bis zu über 50 ha eingeteilt,
die gestaffelte Durchschnittsnormen zu erfüllen hatten. So wurden von einem 1–2 ha-Hof 4, 5 dz je ha, von 10–15 ha 13, 2 dz, von 35–50 ha je 19,6
dz verlangt. Die Norm der LPGs wurden auch nach Bezirken unterschiedlich
veranschlagt.

1841, 22 f.   *den Unterarm anwinkeln... eine Faust machen* – s. K. 1411, 30.

1841, 24   *Io sono di Ierico* – (ital.) Ich komme aus Jerichow.

1841, 27   *Vi forstår desværre... amerikansk, kære frøken* – (dän.) Wir verstehen leider kein
Amerikanisch, liebes Fräulein; s. 1248, 34.

1841, 29 f.   *That socialist rulers... human feelings, too* – (engl.) Daß sozialistische Herrscher
auch menschliche Gefühle haben?; s. K. 465, 34 f.

1841, 32 f.   *was denn Johnnys... im Innersten zusammenhält* – s. K. 1832, 31 f.

1842, 37   *»in den Westen gemacht«* – s. K. 1021, 10.

1843, 3   *Boykotthetze* – s. K. 1630, 14.

1843, 5   *Krasnaja Armija* – (russ.) Rote Armee; s. K. 1142, 19.

1843, 6   *Gesetz zum Schutz des Friedens* – Auf Vorschlag des Deutschen Friedensko-
mitees am 15. 12. 1950 erlassen (GBl. I, S. 1199); entsprach inhaltlich dem Artikel 6 der Verfassung der DDR vom 7. 10. 1949 über Boykotthetze (s. K.
1630, 14), wurde auch nicht aufgehoben, als das neue Strafgesetzbuch den
Passus »Verbrechen gegen den Frieden« aufnahm.

1843, 7   *They threw the book at him* – (engl. Slang) Sie machten ihn (fix und) fertig.

1843, 11   *Flüchtlingslager von Westberlin* – s. K. 41, 28.

1843, 18 f.   *Jakob sin Voss* – (nd.) Jakobs Fuchs.

1843, 19 f.   *Es ist eine... eine Wassertonne fallen* – s. 62, 15 f.

1844, 3   *dwatschen* – (nd.) albern, töricht, dumm.

1844, 4–14   *Das Pferd ging... den hallenden Boden* – Szenische Anspielung auf und Verar-
beitung von Brechts (s. K. 211, 33) Ballade »O Falladah, die du hangest«. Das
Gedicht ist in zwei Fassungen überliefert, die erste ist dialogisch angelegt, die
zweite enthält nur den Sprechteil des Pferdes und wurde in den »Hundert
Gedichten« veröffentlicht. Vgl. Brecht (1988), Bd. 15, S. 142–145, 533 f. Der
Text der kurzen Fassung ab der 2. Strophe lautet:
> Kaum war ich da nämlich zusammengebrochen
> Der Kutscher lief zum Telefon
> Da stürzten aus den Häusern schon
> Hungrige Menschen, um ein Pfund Fleisch zu erben!

Rissen mit Messern mir das Fleisch von den Knochen
Und ich lebte überhaupt noch und war gar nicht fertig
Mit dem Sterben! –

Aber die kannte ich doch von früher, die Leute
Die brachten mir Säcke gegen die Fliegen doch
Schenkten mir altes Brot und ermahnten meinen Kutscher
Sanft mit mir umzugehn!
Einst so freundlich und mir so feindlich heute!
Plötzlich waren sie wie ausgewechselt!

Ach, was war mit ihnen geschehen? –
Da fragte ich mich:
Was für eine Kälte
Muß über die Leute gekommen sein!
Wer schlägt da so auf sie ein, daß sie jetzt
So durch und durch erkaltet?
So helft ihnen doch und tut das in Bälde –
Sonst passiert Euch etwas
Was ihr nicht für möglich haltet!

1844, 31 f.   *das Abzeichen der Einheitspartei* – s. K. 1681, 13 f.

1844, 36 f.   *volljährig? / Nach ostdeutschem Gesetz* – Mit dem Gesetz vom 17. 5. 1950 (GBl.
I, S. 437) wurde der Eintritt der Volljährigkeit auf das 18. Lebensjahr herab-
gesetzt, in der BRD wurde man zu dem Zeitpunkt mit 21 volljährig.

1845, 5 f.   *statt über Stendal . . . Güstrow-Pritzwalk-Berlin* – Die direkte Strecke von Grevesmühlen (Gneez) nach Halle führt über Stendal, nicht über Berlin; Stendal:
s. K. 834, 2; Pritzwalk: Kreisstadt in der Ostprignitz, Bezirk Potsdam; Güstrow:
s. K. 23, 29.

1845, 10 f.   *Seen blinken bei Krakow und Plau* – Krakower See: s. 600, 15; Plauer See: s. K.
1018, 26; Krakow: s. K. 50, 17; Plau: Kleine Stadt am Westufer des Plauer Sees,
etwa 30 km östlich von Parchim.

1845, 15   *Welcome to San Francisco, Gesine* – (engl.) Willkommen in San Francisco, Gesine!; s. K. 169, 2–17; San Francisco: s. K. 110, 10.

1845, 16–23   *Und was machen . . . S. F. die Chinesen* – s. K. 18, 24–27.

1845, 17–22   *Einige stehen entgeistert . . . verdient, den Hauptpreis* – s. K. 1831, 11–13.

16. 8. 1968

1845, 24   *Friday* – (engl.) Freitag; s. K. 601, 1.

1845, 26   *chercher une aiguille . . . botte de foin* – (frz.) eine Nadel im Heuhaufen suchen.

1845, 27   *Canal Street* – s. K. 558, 3.

1845, 30–33   *in New York . . . Park kahl gefressen* – In der NYT vom 16. 8. 1968 erschien ein Foto des zerstörten Bahnsteigs mit dem Text: »Brooklyn Station Destroyed By Fire. The 500-foot long Rockaway Parkway subway platform after it was raised by a two-alarm fire shortly after noon yesterday.«

1845, 32   *Rockaway Park* – s. K. 372, 27.

1845, 33 f.   *mit Jakobs Brief aus Olomouc* – s. 1807, 17–1811, 28; Olomouc: s. K. 1807, 3 f.

1846, 9   *Sonntagsspaziergang im Juli . . . mit D. E.* – s. 1592, 19.

1846, 15   *Fischerswerft* – s. K. 1827, 21.

1846, 33   *Folks* – (amerik. Engl.) Leute.

1847, 1   *Vieux Carré* – (frz.) Alter Platz; parkartig angelegter Platz im danach benannten Altstadtviertel von New Orleans.

1847, 19   *doppelstöckiges Sandwich* – (engl. wörtl. übersetzt) doubledecker sandwich; s. K. 176, 15 f.

1847, 21–23   *Am 9. Juni 1953 . . . seine Fuchtel betreffend* – s. 349, 13–15.

1847, 21 f.   *Am 9. Juni 1953 . . . Cresspahl einige Vorschläge* – Am 9. 6. 1953 gab das Politbüro des ZK der SED ein Kommuniqué heraus, das von der Einleitung der Politik des Neuen Kurses sprach. Es war ein taktischer Zug, um die wachsende Unzufriedenheit der Bevölkerung mit den wirtschaftlichen Verhältnissen zu beschwichtigen. Damit sollte der Beschluß der 2. Parteikonferenz vom Juli 1952, den Sozialismus aufzubauen, verlangsamt werden. Im einzelnen wurde beschlossen:
1. Weniger Aufwendungen für die Schwerindustrie
2. Anregung der Privatinitiative für den Mittelstand
3. Herabsetzung des landwirtschaftlichen Ablieferungssolls
4. Lebensmittelkarten auch für den gewerblichen Mittelstand
5. Rücknahme der Erhöhung der Arbeitsnormen
6. Erleichterung der Rückkehr Republikflüchtiger.
s. K. 1196, 11; 1839, 2–8; 1853, 9; 1863, 5 f.; s. 1861, 15 f.; Sachwalter: s. K. 993, 8; 1138, 30.

1847, 24–26   *Seine Partei gedenke . . . Tat Fehler begangen* – »Das Politbüro gibt zu, ›daß seitens der SED und der Regierung der Deutschen Demokratischen Republik in der Vergangenheit eine Reihe von Fehlern begangen wurde. [. . .] Die Interessen solcher Bevölkerungsteile wie der Einzelbauern, der Einzelhändler, der Handwerker, der Intelligenz wurden vernachlässigt. [. . .] Eine Folge war, daß zahlreiche Personen die Republik verlassen haben‹«, SBZ (1958), S. 252 f.; s. K. 927, 24.

1847, 28–35   *Da die Partei . . . mit den Zwangsmaßnahmen* – »Die Zwangsmaßnahmen zur Beitreibung von Rückständen an Steuern und Sozialversicherungsbeiträgen, die bis zum Ende des Jahres 1951 entstanden sind, sollen für Klein-, Mittel- und Großbauern‹ und alle privaten Wirtschaftsbetriebe ausgesetzt werden. Es dürfen ›Geschäftseigentümer, die in der letzten Zeit ihre Geschäfte geschlossen oder abgegeben haben, diese wieder eröffnen‹«, SBZ (1958), S. 252 f.

1847, 38– *Bestrebt, uns treu . . . Krediten wie Inventar –* »Das Politbüro wünscht ferner, ›daß
1848, 7 die Verordnungen über die Übernahme devastierter landwirtschaftlicher Betriebe aufgehoben werden und die Einsetzung von Treuhändern wegen Nichterfüllung der Ablieferungspflichten oder wegen Steuerrückständen untersagt wird.‹ Die Bauern ›sollen die Möglichkeit erhalten, auf ihre Bauernhöfe zurückzukehren [...]. Es soll ihnen mit Krediten und landwirtschaftlichem Inventar geholfen werden‹«, SBZ (1958), S. 253.

1848, 1–39 *stierten«, so daß . . . nur; wir werden –* In einem Teil der zweibändigen Taschenbuchausgabe fehlt die Seite 1848; die Seite 1849 ist doppelt abgedruckt.

1848, 9–12 *Wir haben im . . . Jahren verurteilt sind –* »Alle Verurteilten sind sofort zu entlassen, die nach dem Gesetz zum Schutz des Volkseigentums mit den Mindeststrafen bis zu drei Jahren Haft verurteilt wurden«, SBZ (1958), S. 252 f.
Utpathel war wegen Vergehen gegen die Wirtschaftsstrafordnung verurteilt worden; s. K. 1796, 6–20.

1848, 10 f. *Gesetz zum Schutz des Volkseigentums –* »Gesetz zum Schutze des staatlichen und genossenschaftlichen Eigentums, das die ökonomische Basis des Aufbaus des Sozialismus in der DDR darstellt, und zum Schutze des Eigentums gesellschaftlicher Organisationen« (später ›Gesetz zum Schutz des Volkseigentums‹) vom 2. 10. 1952: ›Diebstahl, Unterschlagung oder ein sonstiges Beiseiteschaffen von staatlichem oder genossenschaftlichem Eigentum oder von Eigentum gesellschaftlicher Organisationen werden mit Zuchthaus von einem bis fünf Jahren bestraft. Mit hohen bzw. höchsten Zuchthausstrafen werden bedroht: Betrug, Urkundenfälschung oder Untreue. Nichtanzeigen solcher Verbrechen oder Vorbereitung eines solchen sollen mit Gefängnis bis zu drei Jahren bestraft werden.‹«; SBZ (1958), S. 211 f.

1848, 13 f. *diesen berüchtigten Atheisten und Adelsfeind –* Anspielung auf Arno Schmidts »Gelehrtenrepublik«, 1957, wo über den Schriftsteller Bob Singleton als »den berüchtigten Prosaisten & Freidenker« berichtet wird; vgl. Schmidt (1973), Bd. I.2, S. 305.

1848, 16–23 *Sie waren ergrimmt . . . werden zum Unterricht –* »Das Politbüro der SED fordert in seinem Beschluß ferner, ›alle im Zusammenhang mit der Überprüfung der Oberschüler und der [...] Jungen Gemeinde aus den Oberschulen entfernten Schüler sofort wieder zum Unterricht zuzulassen‹«, SBZ (1958), S. 252; s. K. 1729, 26 f.

1848, 17–20 *Mädchen namens E. Rehfelde . . . seine Ingrid Babendererde –* Figuren aus IB; s. K. 9, 32–36; s. 1853, 34.

1848, 21 f. *eine Gleichheit bewahrt . . . vor der Verfassung –* s. K. 1686, 3 f.

1848, 23–26 *Wenn die Schüler . . . zur Reife nachzuholen –* Am 9. 6. 1953 gab das Presseamt beim Ministerpräsidenten bekannt: »›Täglich erhöht sich die Zahl derjenigen, die in die Deutsche Demokratische Republik zurückkehren. Um eine sofortige und reibungslose Rückführung republikflüchtiger Personen in ihren Heimatort zu gewährleisten, ist angeordnet, die Durchgangslager zu schließen‹‹; vgl. SBZ (1958), S. 252.

1848, 27–30 *Was nun Sie . . . aus den Mittelschichten –* »An den ›Universitäten‹ dürfen befähigte Jugendliche aus den Mittelschichten nicht benachteiligt werden«, SBZ (1958), S. 252.

1848, 34 f. *im April draufgelegt . . . ab 15. Juni –* Am 20. 4. 1953 waren die Preise für einige rationierte Lebensmittel erhöht worden; s. K. 1196, 11; 1839, 2–8.

1848, 36–38 *Auch werden wir . . . bewirtschaftete Waren zustehen –* »Aufzuheben ist die Verfügung vom 9. April, die den Angehörigen freier Berufe, Kleingewerbetreibenden und in Westberlin Arbeitenden die Lebensmittelkarten entzieht«, SBZ (1958), S. 252.

1849, 1 f. *Sollten wir schon . . . geben es zurück –* »Es soll jedem zurückkehrenden ›Republikflüchtigen‹, der auf Grund der ›Verordnung zur Sicherung von Vermögenswerten‹ beschlagnahmte Besitz zurückgegeben werden««; SBZ (1958), S. 253.

1849, 3 f. *Deutscher Personalausweis –* s. K. 1558, 22 f.

1849, 6–8 *Dies waren einige . . . Fall ihrer Rückkehr –* s. 349, 13–15.

1849, 10 *Stadtbezirk Grunewald –* s. K. 665, 37.

1849, 19–32 *Ein Hund namens . . . Hund auf Familienfotos –* Als Arthur Semig im Dezember 1937 ins Ausland geht, bleibt sein Schäferhund Rex unter dem Namen King bei Cresspahl. Rex (lat.), king (engl.), woshd (russ.; s. K. 1332, 7) bedeuten alle: König, Führer; s. 431, 15.

1849, 25 *126 Jahre –* Rex wurde 18 Jahre alt. Nach landläufiger Vorstellung zählt ein Hundejahr soviel wie sieben Menschenjahre; s. 431, 15.

1850, 11 f. *am Stadtbahnhof Nikolassee . . . das Strandbad Wannsee –* Nikolassee ist ein Stadtteil im Südwesten Westberlins in der Nähe des Wannsees (s. K. 1019, 8).

1850, 15 *Neukölln –* s. K. 1619, 33.

1850, 19 *Martin Luther-Universität –* s. K. 778, 26.

1850, 20–23 *alle jüdischen Ärzte . . . und staatsbürgerliche Unbescholtenheit –* s. K. 233, 1.

1850, 27 *Kogan und Etlinger –* Michail Borissowitsch Kogan (1901–1952), Arzt; einer der besten Spezialisten im Kreml. Heute wird allgemein angenommen, daß Kogan erhängt in seiner Zelle aufgefunden wurde und daß Prof. J. G. Etinger [sic] während des Verhörs starb. Dagegen schreibt Wolfgang Leonhard, auf dessen Buch Johnson anderweitig zurückgegriffen hat (s. K. 233, 1; 1365, 11–18), über die Tatsache, daß diese zwei nicht unter den am 4. 4. 1953 freigelassenen Medizinern waren: »Es bleibt offen, ob diese Ärzte in der Zwischenzeit unter der Folter gestorben waren, oder ob sie im April deshalb nicht rehabilitiert wurden, weil sie im Januar, also vor Stalins Tod, den ehemaligen Organen des Staatssicherheitsdienstes bei der Vorbereitung des Prozesses geholfen hatten und von der nachstalinistischen Führung als Mitschuldige angesehn wurden«, Leonhard (1959), S. 79, vgl. auch S. 261 f.; s. K. 233, 1; s. 1835, 27.

1850, 27–29 *den jüdischen Schriftstellern . . . im vorigen Sommer* – Im April 1952 wurden zahlreiche Schriftsteller, die in jidd. Sprache schrieben, unter ihnen David Bergelson, Lew Kwitko, Peretz Markisch, Itzig Fefer und David Hofstein, vom Obersten Gericht der UdSSR zunächst zu 25 Jahren Zuchthaus und, nachdem Stalin die Todesstrafe forderte, im Juli 1952 zum Tode verurteilt und am 12. 8. 1952 hingerichtet.

1850, 30 *Stalin sei doch . . . am 6. März* – Als Todesdatum gilt der 5. 3. 1953; s. K. 63, 10.

1850, 35 *untröstlicher Musik* – Anspielung auf das stets bei offiziellen Traueranlässen gespielte Stück »Unsterbliche Opfer« mit einer sehr langsamen, getragenen Melodie in Moll, nach einem russ. Volkslied.

Unsterbliche Opfer, ihr sanket dahin,
wir stehen und weinen, voll Schmerz Herz und Sinn.

Ihr kämpftet und starbet um kommendes Recht,
wir aber, wir trauern, der Zukunft Geschlecht.

Einst aber, wenn Freiheit den Menschen erstand
und all euer Sehnen Erfüllung fand,
dann werden wir künden, wie ihr einst gelebt,
zum Höchsten der Menschheit empor nur gestrebt.

1851, 1–5 *das Ableben Stalins . . . Treue wahren? Stets* – Aus dem Telegramm des ZK der SED an das ZK der KPdSU vom 6. 3. 1953: »So ist das Ableben J. W. Stalins, das die ganze fortschrittliche Menschheit mit tiefem Schmerz erfüllt, ein besonders schwerer Verlust für die deutsche Nation, die um die Neugestaltung ihres Lebens ringt. Die Sozialistische Einheitspartei wird der siegreichen Lehre J. W. Stalins stets die Treue wahren«; vgl. Deuerlein (1971), S. 130.

1851, 12 f. *die Freiheit eines Christenmenschen* – Anspielung auf Martin Luthers (s. K. 806, 31) »Von der Freiheit des Christenmenschen« vom November 1520, eine seiner drei wichtigen Programmschriften, durch die er große Teile des dt. Volkes für sich gewann – besonders die aufständischen Bauern verstanden sie als Rechtfertigung ihrer Forderungen –, und für die er von Papst Leo X. 1521 exkommuniziert und mit der Reichsacht belegt wurde. Er schreibt hier, daß ein Christ freier Herr aller Dinge und niemand untertan sei, nur in der Liebe zum Nächsten solle er allen untertan sein.

1851, 15 *am 17. die . . . von einem Aufstand* – s. K. 1211, 20.

1851, 17 *Lützowstraße* – Hier die Lützowstraße südlich des Tiergartens; s. K. 202, 2–7.

1851, 18	*Potsdamer* – Die Potsdamer Straße verläuft vom Potsdamer Platz an der Sektorengrenze nach Süden und kreuzt die Lützowstraße.
1851, 19	*Kreuzberg* – Stadtbezirk in Westberlin, südlich der Ostberliner Stadtmitte.
1851, 19	*Schupo* – s. K. 1398, 26.
1851, 26	*Flüchtlingslager von Westberlin* – s. K. 41, 28.
1851, 27–	*Vor der Strafvollzugsanstalt . . . der Waffe androht* – Vgl. Brant (1954), S. 179–
1852, 15	183:»In Halle stehen, es ist Mittag, vor der Haftanstalt in der Steinstraße zweihundert oder dreihundert Frauen. Sie schreien: ›Gebt unsere Männer frei!‹ und sie weinen. Die Kolonne der Arbeiter schiebt sich heran, die Männer sehen die erschütternde Szene. Sie stürmen, die Jungen voraus. Schüsse – sie scheinen vom Dach zu kommen. Das Tor wird aufgebrochen, die Zellen werden gesprengt. Die Arbeiter ziehen die Gefangenen heraus, zumeist Frauen, elend und schwach, sie müssen geführt, sie müssen gestützt werden. Die Männer stürmen weiter zum Gerichtsgebäude, räumen es leer. Sie erwischen einen Vopomajor, vermuten, daß er den Feuerbefehl gegeben habe, prügeln ihn durch, erwischen auch eine Wachtmeisterin, die mit der Pistole fuchtelte und vielleicht schoß, sie reißen ihr die Kleider vom Leib, schlagen sie halbtot. [. . .] Die Bezirksverwaltung in der Willi-Lohmann-Straße (früher residierte dort die Landesregierung Sachsen-Anhalt), die SED-Bezirksleitung am Steintor, die Kreisleitung am Marktplatz und am Riebekplatz sind gestürmt. Die Tore des Zuchthauses am Kirchtor sind doppelt und dreifach verriegelt, die Vopos warten mit entsichertem Karabiner und Pistolen. Aber immer drohender, immer drängender ballt sich ein Menschenhaufe zusammen, schiebt sich an die Mauern und die Türen, fordert in immer neuen Rufen und Sprechchören die Freilassung der Gefangenen: ›Gebt sie heraus!‹ Plötzlich ist das Haupttor, ist ein Nebentor eingedrückt. Die Menge stürmt in den Hof – und prescht entsetzt wieder zurück. Die Vopos feuern, die Schüsse kommen vom Dach. Ein Zeuge erzählt: ›Mit Horst und ein paar von unseren Mädels kauere ich in dem Tor gegenüber hinter einem Pfeiler, und die Splitter der Einschläge spritzen uns ins Haar. Vor meinen Augen wälzt sich ein getroffener Mann im Blut, andere stürzen und werden fortgeschleppt.‹ [. . .] Gegen 13 Uhr stauten sich auf dem Hallmarkt 30 000 oder 40 000 Menschen. Um diese Stunde berieten einige entschlossene Männer auf dem Dach eines Umformerhäuschens zwischen Hallmarkt und Obermarkt, was nun zu tun sei. Die Betriebe, die Straßen, die Verwaltungszentren waren erobert. (Nur das Hauptpostamt war schon am frühen Morgen von der Polizei gesichert worden.) [. . .] 18 Uhr. 30 000 Menschen warten auf dem Hallmarkt. Fünf Minuten später sind es 40 000, dann 50 000, schließlich 60 000 oder mehr [. . .]. Der Kaufmann geht ans Mikrofon. [. . .] Er klagt die Unterdrückung an, geißelt das Spitzelsystem. Sofort bricht der Haß durch. Sprechchöre: Hängt die Regierung auf! Der Redner klagt die Ausbeutung der Arbeiter an, die Vernichtung des privaten Geschäftslebens und des Handwerks [. . .], und er ruft zum Generalstreik

auf. Er verlangt kluge Loyalität gegenüber den Sowjets. Er verlangt Disziplin. Er warnt vor Hamsterkäufen, vor Plünderungen, vor Raub, Mord und Totschlag. Der Besatzungsmacht dürfe keine Handhabe zum Eingreifen gegeben werden. Und er fordert: Rücktritt der Regierung. Freilassung der Gefangenen. Freie Wahlen. Wiedervereinigung mit Westdeutschland. [...] Gegen 19 Uhr rollen vom Obermarkt langsam russische Panzer auf den Platz. [...] Flugblätter regnen herab. Auf dem Papier steht zu lesen, daß ab 17 Uhr der Ausnahmezustand verkündet sei. Die Menschen zerstreuen sich.« Das erwähnte Flugblatt ist auf S. 183 abgedruckt. Der Aufstand hatte in Halle zwölf Tote und über 100 Verletzte gefordert; vgl. Hagen (1958), S. 193–198; s. K. 41, 18; 1836, 12 f.; 1836, 14–16.

1851, 27   *Steinstraße* – Eigentlich: Kleine Steinstraße; s. K. 1836, 14–16.

1851, 30   *Buna* – Chemiekombinat in Schkopau bei Merseburg, 1939 gegr.; benannt nach dem künstlichen Kautschuk, der dort zuerst von der IG-Farben hergestellt wurde, Produktion von Synthetikkautschuk, Calciumcarbid, Kunststoffen. 1945 enteignet, bis 1954 Sowjetische Aktiengesellschaft, danach VEB.

1851, 30   *Leuna* – 1916 als Ammoniakwerk Merseburg von der BASF in Leuna bei Merseburg gegr.; seit 1925 im Besitz der IG-Farben, 1945 enteignet, dann Sowjetische Aktiengesellschaft, seit 1951 VEB, trug 1951–89 den Namen »Walter Ulbricht«; größter Chemiebetrieb der DDR, in dem Düngemittel, Methanol, Kunststoffe, Wachse, Ammoniak und künstliches Benzin durch Braunkohleverflüssigung hergestellt wurden.

1851, 35   *Willi Lohmann-Straße* – Nördlich der Innenstadt, noch im Zentrum Halles, führt auf den Rathenauplatz zu.
Willy [sic] Lohmann (1881–21. 9. 1945), Lehrer; vor 1933 Studiendirektor an der Oberschule und am Lehrerseminar Köthen; Mitglied der DDP/DSP; Mitglied des Landtages Anhalt; nach der nationalsoz. Machtergreifung in Anhalt 1932 entlassen und strafversetzt; 1945 Stadtschulrat in Dessau; ab Juli 1945 4. Vizepräsident der Provinzialverwaltung Sachsen.

1851, 35   *am Steintor* – Früheres Stadttor nach Osten.

1851, 36 f.   *des »Roten Ochsen«, am Kirchtor* – s. K. 1836, 12 f.

1852, 1   *Hauptpostamt* – s. K. 1836, 16.

1852, 3   *Hallmarkt* – Am Westrand der Innenstadt gelegen. Die Straßennamen zeigen, daß der Aufstand sich über weite Teile der Stadt ausdehnte.

1852, 16–23   *Von dem Einmarsch . . . Fahrräder zu sehen* – Foto in: Brant (1954), S. 189.

1852, 26–28   *Am 21. Juni . . . Fall ihrer Rückkehr* – s. 349, 13–15.

1852, 26–36   *Am 21. Juni . . . Autobahn Leipzig-Berlin . . .* – Die 14. Tagung des ZK der SED faßte am 21. 6. 1953 den Beschluß »Über die Lage und die unmittelbaren Aufgaben der Partei«, auf dessen Anfang sich Johnson hier bezieht: »Die Ereignisse in der Deutschen Demokratischen Republik hängen unmittelbar mit der Entwicklung der internationalen und nationalen Lage zusammen. Das entscheidende Merkmal der internationalen Lage besteht in dem gewaltigen Anwachsen der Kräfte des Weltfriedenslagers in den letzten Monaten. In Korea steht der Waffenstillstand bevor. In Italien hat das Volk einen großen Sieg über die Reaktion errungen. In England und Frankreich wächst der Widerstand gegen die Teilnahme an der amerikanischen Kriegspolitik. [...] Dadurch sind die amerikanischen und westdeutschen Kriegstreiber in eine schwere Lage geraten. Sie sehen ihre Pläne scheitern. Der dritte Weltkrieg, den sie möglichst rasch entfesseln wollen, rückt in die Ferne.

In ihrer Beunruhigung greifen sie zu abenteuerlichen Maßnahmen. Eine von ihnen ist die Ansetzung des Tages X, an dem sie von Berlin aus die Deutsche Demokratische Republik aufrollen wollten, auf den 17. Juni 1953. Das ist der Versuch, den Kriegsbrand, den die Völker der Welt in Korea eben austreten, mit der Hilfe des Brückenkopfes Westberlin nach Deutschland hinüberzuwerfen. Er wird mißlingen. [...] Ausländische Flugzeuge setzen, wie bereits in den vergangenen Tagen, über Thüringen, Sachsen-Anhalt usw. mit Fallschirmen Gruppen von Banditen mit Waffen und Geheimsendern ab. Lastwagen mit Waffen für noch nicht entdeckte Gruppen wurden an der Autobahn Leipzig – Berlin abgefangen«; vgl. Baring (1965), S. 176–179.

1852, 37–39   *Aus Gneez wurde... unseren Ausbeuter wiederhaben* – »In Güstrow zogen die Arbeiter der Holzfabrik Bruchhäuser vor das Gerichtsgebäude und verlangten die Freilassung ihres verhafteten Chefs«, Brant (1954), S. 245.

1853, 3–6   *Rücknahme der Verkürzungen... auf den Jahresurlaub* – Aus dem Beschluß der ZK der SED vom 21. 6. 1953 »Über die Lage und die unmittelbaren Aufgaben der Partei«: »2. Die Fahrpreisermäßigung für Arbeiterrückfahrkarten beträgt ab 1. Juli 1953 für die Arbeiter und Angestellte, die Monatseinkommen bis 500 DM brutto haben, entsprechend der früheren Regelung 75 Prozent.
3. Die Mindestrenten für Alters-, Invaliden- und Unfallrenten werden von 65 DM auf 75 DM pro Monat erhöht.
4. Die Anrechnung des Jahresurlaubs bei Heil- und Genesungskuren der Sozialversicherung wird aufgehoben«; vgl. Baring (1965), S. 183.

1853, 7   *travailler pour le Roi de Russie* – (frz.) für den König Rußlands arbeiten. Über die frz. Redewendung »travailler pour le roi de Prusse«, dt. sinngemäß: etwas umsonst tun, wird hier angespielt auf die Reparationsforderungen der Sowjetunion (s. K. 1348, 2), die dann im August 1953 erlassen wurden.

1853, 9   *Erhöhung der Normen* – Die Arbeitsnormen waren durch einen Ministerratsbeschluß am 28. 5. 1953 erhöht worden. Am 16. 6. 1953 tagte das Berliner Parteiaktiv der SED, Ulbricht (s. K. 993, 8) und Grotewohl nahmen zu den Fehlern der Staats- und Parteiführung Stellung, das führte zur Aufhebung des Ministerratsbeschlusses vom 28. 5. 1953 über Normenerhöhungen; s. K. 1839, 2–8; 1847, 21 f.

1853, 17–20   *Flüchtlingslager Berlin-Marienfelde . . . dem 4. März* – Nachdem Berlin in das Bundesnotaufnahmegesetz einbezogen worden war und die täglich 200–300 neuen Flüchtlinge in den 13 städtischen und 31 privaten Heimen nicht mehr untergebracht werden konnten, wurde am 6. 5. 1952 der Bau des Bundesnotaufnahmelagers Marienfelde im Bezirk Tempelhof beschlossen. Das 15 Gebäude umfassende Lager für 2000 Personen wurde am 13./16. 4. 1953 eröffnet; vgl. Berlin (1968); Marienfelde: s. K. 41, 28.

1853, 18   *Der dies schreibt* – s. K. 230, 27 f.

1853, 19 f.   *Das Gedächtnis will . . . dem 4. März* – Mit dem Bau wurde schon 1952 begonnen, aber am 4. 3. 1953 erschien unter der Überschrift »Dienste« ein kurzer Artikel in DER SPIEGEL, S. 3 f.: »Das zur Zeit in Bau befindliche Bundes-Notaufnahmelager für Zonenflüchtlinge in Berlin-Marienfelde wird den besonderen Ansprüchen der sortierten westalliierten Geheimdienste voll entsprechen: Die Beamten der drei Alliierten werden über 28 eigene Räume verfügen, die über den Bürozimmern, in denen die Notaufnahme künftig zentral abgewickelt werden soll, isoliert und über einen besonderen Treppenaufgang zu erreichen sein werden. Entsprechende Wünsche mußten bereits auf den Zeichentischen der Bauplaner berücksichtigt werden.
Als Bestätigung für die erfolgte geheimdienstliche Durchleuchtung des Fluchtfalles gelten sinnigerweise kleine Handzeichen in der Rubrik für den Stempel der Gesundheitsbehörde, die die Röntgendurchleuchtung vornimmt und beglaubigt. Sind Handzeichen oder Stempel nicht vorhanden, so kann dem Flüchtling keine Sozialunterstützung gewährt werden.«

1853, 21   *Kuno Fischer-Straße* – Straße in Charlottenburg, unweit des Lietzensees.

1853, 21 f.   *Karolinger Platz* – Westlich des Funkturms in Charlottenburg.

1853, 22–
1854, 6   *sie traf da . . . Verfahren der Notaufnahme* – s. 41, 28–36.

1853, 25 f.   *den Fischer- und den Lehrer-Babendererdes* – D. E. ist über seine Mutter mit den Fischer-Babendererdes verwandt. Ingrid Babendererde, Hauptfigur aus IB, gehört zu den Lehrer-Babendererdes; s. K. 9, 32–36; s. 271, 29–31.

1853, 27   *Viertel von Dahlem, der westberliner Universität* – Dahlem: s. K. 253, 24; Freie Universität: s. K. 1304, 28.

1854, 1 f.   *vom dritten Grundsatz . . . Menge in Qualität* – s. K. 1427, 33; 1676, 26–28.

1854, 2   *somatisch* – s. K. 1816, 33.

1854, 6   *Notaufnahme* – Die Aufnahme von Deutschen in der BRD, die wegen einer unmittelbaren Gefahr für Leib und Leben, für die persönliche Freiheit, wegen eines schweren Gewissenskonflikts oder aus zwingenden wirtschaftlichen Gründen die SBZ bzw. DDR verlassen haben; geregelt im Gesetz über die Notaufnahme von Deutschen in das Bundesgebiet vom 22. 8. 1950 (BGBl. I, S. 367), später im Bundesvertriebenengesetz vom 19. 5. 1953 (BGBl. I, S. 201).

Das Notaufnahmeverfahren wurde in besonderen Notaufnahmelagern, z. B. Berlin-Marienfelde oder Gießen, durchgeführt; s. K. 41, 28.

1854, 7 f. *Die amtliche Befragung . . . (»Stelle«) zu Büro* – Flüchtlinge aus der DDR wurden in den Notaufnahmelagern in einem »Rundlauf« von den bundesdt., amerik., engl. und frz. Nachrichtendiensten befragt.

1854, 11 f. *Kampfgruppe gegen Unmenschlichkeit* – s. K. 1716, 32 f.

1854, 13 *Untersuchungsausschuß Freiheitlicher Juristen* – s. K. 1716, 31 f.

1854, 14 f. *Urteil gegen Sieboldt und Gollantz* – s. 1713–1721.

1854, 16–20 *Appelle wie den . . . Gneez aufgesucht habe* – Der Leiter der Kampfgruppe gegen die Unmenschlichkeit »proklamierte ›Tage des Schweigens‹, an denen die Ostbewohner demonstrativ in kein Theater gehen sollten, was zur Folge hatte, daß gerade jene, die sich überwacht fühlten, nun erst recht ins Kino gehen mußten«; vgl. Boveri (1958), S. 138; s. K. 1716, 32 f.

1854, 16 *»Sowjetzone«* – s. K. 1499, 28.

1854, 20 *Renaissance-Lichtspiele* – s. K. 1430, 14 f.

1854, 25–31 *Haftarbeitslager in Glowe . . . für sowjetische Strategie* – Bei Glowe an der Nordostküste von Rügen wurde vom 19. 7. 1952 bis zum Juli 1953 ein Lager für etwa 4000 Häftlinge unterhalten. Vor der Bevölkerung wurde es als Fischkombinat getarnt. (Es wurde später als Ferienlager von der Gewerkschaft Unterricht und Erziehung genutzt.)
DER SPIEGEL vom 13. 5. 1953, S. 19 f. berichtete unter der Überschrift: »Befestigungen. Lügen auf Rügen«, daß 6000 Bauarbeiter einen Kriegshafen zwischen Tromper Wiek und dem Großen Jasmunder Bodden bis zum Frühjahr 1954 fertigstellen sollten, der als Teil der westlichsten von vier großen Verteidigungslinien der Sowjetunion geplant war. »Es soll eine moderne Seefestung mit U-Boot-Bunkern, Ablegeplätzen, Kasernen, Werften und Wohnstätten für rund 100 000 ›rüstungswichtige Einwohner‹ werden. [. . .] Aber neben den gutverdienenden Betongießern schuften auch mehrere tausend Zwangsarbeiter des Haftlagers Glowe für Margarinestullen und Kartoffelsuppe. [. . .] Die Sowjets haben inzwischen bei Glowe, rechts und links von den ›Friedensbauten‹, ebenfalls auf zwei Flugplätzen Düsenjäger stationiert.« Vgl. auch DER SPIEGEL vom 23. 12. 1953, S. 3: »Auch die vor Monaten eingestellten Arbeiten an dem neuen Kriegshafen bei Glowe auf Rügen und an den neuen Startbahnen für Düsenjäger wurden wieder aufgenommen.«

1854, 26 *Rügen* – s. K. 936, 21.

1854, 31–33 *die Roten Ecken . . . übel, Stalins Ikonenwinkel* – In russ. Häusern wurde der Tür gegenüber in der Roten Ecke die Ikone aufgestellt; darunter sitzen zu dürfen, galt als besondere Ehre; hier übertragen auf die meist mit rotem Fahnentuch ausgeschlagene Wand mit Bildern Stalins bzw. der Parteifunktionäre, Rote oder Friedensecke genannt.

1854, 33   *am 17.* – Aufstand vom 17. 6. 1953; s. K. 1211, 20.

1854, 36–   *Leider war das . . . wollte zum Flüchtlingsausweis* – Geheimdienste der westlichen
1855, 3   Alliierten hatten keinen Einfluß auf die Anerkennung als »politischer Flücht-
                   ling« nach § 3 des Bundesvertriebenengesetzes, d. h. auf die Zuteilung des
                   »Ausweises für Vertriebene und Flüchtlinge«, der bestimmte Vergünstigungen
                   mit sich brachte. Ausweis A oder B erhielten Personen aus Ländern des östli-
                   chen Blocks, C aus der SBZ bzw. DDR, wenn sie sich einer »durch die poli-
                   tischen Verhältnisse bedingten Zwangslage zu entziehen« hatten; vgl. Zonen-
                   flüchtling (1962), S. 16.

1855, 8   *sich einen weißen Fuß machen können* – s. K. 150, 18.

1855, 20   *Lietzenburger Straße* – Südliche Parallelstraße zum Ostende des Kurfürsten-
                   damms, gute Wohngegend; s. 1869, 33 f.

1855, 30   *Douglas-Clipper vom Typ 3* – DC-3, zweimotoriges, 1935–47 gebautes, pro-
                   pellergetriebenes Verkehrsflugzeug der Douglas Aircraft Co. Inc.; erster frei-
                   tragender Tiefdecker, für 21–32 Passagiere; in der gesamten Welt als »Dakota«
                   bekannt; erfolgreichstes Verkehrsflugzeug seiner Zeit, mit dem 1939 etwa
                   90 % des zivilen Flugverkehrs abgewickelt wurde; s. K. 168, 23.

1855, 31   *DC 10* – Ab März 1966 entwickeltes, ab 1968 in Serie gebautes dreistrahliges
                   Verkehrsflugzeug der Douglas Aircraft Co. Inc. für maximal 380 Passagiere;
                   Erstflug am 29. 8. 1970; ab 5. 8. 1971 von American Airlines auf der Strecke
                   Los Angeles – Chicago eingesetzt. Gesine und Marie haben nicht mit einem
                   Flugzeug dieses Typs fliegen können; s. K. 168, 23.

1855, 35   *die Inseln der Generalstaaten* – s. K. 1225, 24; 1544, 29.

1855, 37   *Welcome home, Gesine* – (engl.) Willkommen daheim, Gesine! s. K. 169, 2–17.

17. 8. 1968

1856, 1   *Saturday* – (engl.) Samstag; s. K. 601, 1.

1856, 8–   *Mit der gewöhnlichen . . . Gruß Ihr A. M.* – Antwort auf Gesines Brief vom 12. 7.
1857, 10   1968; s. K. 1538, 28–1541, 16.

1856, 30 f.   *die erste Verstoßung . . . zweite, die dritte* – Lisbeths Selbstmordversuch: s. 579 f.;
                   Lisbeths unterlassener Rettungsversuch: s. 617–19; Lisbeths Tod: s. 738–44.

1856, 36 f.   *ein Wort für illegale Betätigung* – Ausspionieren; s. 1540, 17.

1857, 4   *»head shrinkers«* – s. K. 561, 33 f.

1857, 10   *A. M.* – Anspielung auf Alexander Mitscherlich (20. 9. 1908–26. 6. 1982),
                   Mediziner und Psychoanalytiker; 1952 Professor für psychosomatische Me-
                   dizin in Heidelberg, 1960 Professor für Psychoanalyse und Leiter des »Sig-
                   mund-Freud-Instituts« in Frankfurt am Main; Arbeiten über den Zusam-

menhang von Krankheiten und gesellschaftlichen Umständen; durch sozialkritische Arbeiten und als einer der Initiatoren der Friedensforschung bekannt geworden. Die Lesart der Initialen wird durch die nachfolgende Anspielung auf Mitscherlichs wichtigste Schrift nahegelegt.

1857, 11 f.   *Unfähigkeit zur Arbeit* – Anspielung auf Alexander und Margarete Mitscher-
lisch-Nielsens Buch »Die Unfähigkeit zu trauern«, 1967, in dem sie das Verhältnis der Deutschen zur Vergangenheit des Nationalsozialismus und des
2. Weltkriegs untersuchten und zu zeigen versuchten, warum ein Großteil der
Nachkriegsgesellschaft Trauer und Scham nicht zuließ, sondern kollektiv ver-
drängte. Der Begriff »Arbeit« kann hier auch im Sinne von »Trauerarbeit« verstanden werden.

1857, 19–25   *wegen des Vertrags... Anfang an ungültig* – Vgl. den Artikel »Bonn Is Willing to
Void Munich Pact as of 1938« der NYT vom 17. 8. 1968: »A senior Govern-
ment official said today that West Germany was prepared to declare the 1938
Munich Pact ›null from the outset.‹ Such formula has been demanded by
Prague as a condition for diplomatic relations with Bonn. [...]
The treaty, concluded Sept. 29, 1938, by Neville Chamberlain of Britain,
Edouard Daladier of France, Mussolini and Hitler, opened the way for Hit-
ler's occupation of the Sudetenland, a Czechoslovak border region then in-
habited by ethnic Germans. [...]
The Kiesinger Government has repeatedly stated that it regards the Munich
Pact as ›no longer valid.‹«; s. K. 663, 1 f.

1857, 21   *Chamberlain* – Arthur Neville Chamberlain (18. 3. 1869–9. 11. 1940), brit. Politiker, 1923–29 Führer der Konservativen, 1931–37 Schatzkanzler, 1937–40
Premier. Er suchte den Machtansprüchen Deutschlands durch eine Politik der
Beschwichtigung (appeasement) zu begegnen und den Frieden in der Sudetenkrise 1938 durch das Münchener Abkommen (s. K. 663, 1 f.) zu retten,
ordnete jedoch gleichzeitig die Wiederaufrüstung an. Im Herbst 1939 gab er
die Appeasementpolitik auf, übernahm mit Frankreich Garantieerklärungen
für Polen und führte die Wehrpflicht ein; erklärte am 3. 9. 1939 Deutschland
den Krieg; mußte 1940 zurücktreten; s. K. 657, 21 f.; 856, 28.

1857, 21   *Daladier* – Édouard Daladier (18. 6. 1884–10. 10. 1970), frz. Politiker; seit 1919
Abgeordneter der Radikalsozialisten; seit 1924 mehrfach Minister; schloß
1938 als Premierminister das Münchener Abkommen (s. K. 663, 1 f.) und erklärte Deutschland am 3. 9. 1939 den Krieg, der durch das Abkommen ver-
mieden werden sollte; 1943–45 in Deutschland interniert; 1946–58 wiederum Abgeordneter der Radikalsozialisten, seit 1956 als Fraktionsvorsitzender;
1953–58 Bürgermeister von Avignon; s. K. 856, 28.

1857, 21   *Mussolini* – s. K. 198, 30.

1857, 21   *Sudetenland* – s. K. 663, 1 f.

1857, 26   *nach dem Marschall Tito* – Tito hielt sich vom 9.–11. 8. 1968 in Prag auf; s. K.
1556, 1; 1556, 1–3; 1556, 20.

1857, 27–30 *Nicolae Ceausescu beschreibt... konvertierbarer Währung begehren* – Vgl. den Artikel »Ceausescu Gives Lesson« der NYT vom 17. 8. 1968: »At a televised news conference at the Hradcany palace, the visitor [Ceausescu] said he favored the continued existence of the Warsaw Pact as long as the North Atlantic alliance remained in force. The Rumanian leader said it was possible for a small Communist country to accept credits from a capitalist nation without political strings«; Kredite in konvertierbarer Währung: s. K. 1159, 33–1160, 2.
Nicolae Ceauşescu (26. 1. 1918–25. 12. 1989, hingerichtet), Schuhmacher, rum. Politiker; seit 1965 Generalsekretär der KP, seit 1967 Staatsoberhaupt. Unter seiner Herrschaft gestaltete Rumänien bei fester Einbindung in den Ostblock eine relativ unabhängige Außenpolitik; er wandte sich gegen den Einmarsch der Warschauer-Pakt-Truppen in die ČSSR, dadurch wurde Rumänien vom Westen unterstützt und erhielt u. a. die Meistbegünstigungsklausel von den USA.

1857, 37 f. *Eine war benannt... Frankfurt am Main* – 1914 von Wilhelm II. als Stiftungsuniversität eröffnet; führt seit 1932 den Namen Johann-Wolfgang-Goethe-Universität. 1967 wurde aus der Stiftungsuniversität eine Landesuniversität. Goethe: s. K. 1397, 28.

1858, 2–4 *Anitas Abitur galt... und gar »nachmachen«* – In der BRD wurde das nach zwölf Schuljahren abgelegte DDR-Abitur anerkannt, wenn man mindestens zwei Semester studiert hatte.

1858, 6 *Surrey Bank of Richmond* – s. K. 69, 28.

1858, 35 *Frisco* – (ugs.) San Francisco; s. K. 110, 10.

1858, 36 f. *eine Dolmetscherschule, und... Ufer des Rheins* – Die Dolmetscherhochschule in Germersheim, An der Hochschule 2, wurde 1947 als Internatshochschule gegr. und 1949 der Johannes-Gutenberg-Universität Mainz angeschlossen. Germersheim liegt linksrheinisch zwischen Speyer und Karlsruhe; vgl. MJ, S. 10.; s. K. 1859, 26; s. 1137, 28 f.

1859, 5 f. *Hitlers Abwehr* – s. K. 777, 32.

1859, 6 *Leningrad* – s. K. 857, 29 f.

1859, 15 *remedial teaching* – (engl.) Nachhilfeunterricht.

1859, 22 f. *Association Internationale des Interprétes de Conférences* – (frz.) Internationale Vereinigung der Konferenzdolmetscher; richtig: Interprètes.

1859, 26 *am Rhein bei Schifferstadt* – Schifferstadt liegt linksrheinisch zwischen Speyer und Ludwigshafen, etwa 20 km nördlich von Germersheim.

1859, 35 *Mannheim* – Mannheim liegt 30 km nordöstlich von Germersheim; s. K. 1379, 1 f.

1859, 38 *die Rheintöchter* – Vermutlich Anspielung auf die Rheintöchter Floßhilde, Welgunde und Woglinde aus Richard Wagners Oper »Das Rheingold«.

1860, 2   *I don't have it necessary* – (engl.) Ich habe es nicht nötig; wörtl. und falsch aus dem Deutschen ins Englische übersetzt, richtig: I don't have to do that. (I don't have to stand for that: Ich habe es nicht nötig, mich so behandeln zu lassen.)

1860, 7   *Studenlohn* – Druckfehler in allen Ausgaben, richtig: Stundenlohn.

1860, 9–12 *jenem nördlichen Viertel . . . der amerikanischen Besatzer* – Die genannten Straßen liegen alle dicht beieinander in Ginnheim, einem Stadtbezirk im Nordwesten Frankfurts, der Wohngebiet der US-Army war. An der Platenstraße lag eine der Amerikanischen Schulen. (Wenn als Studienort die Dolmetscherschule Germersheim angenommen wird, wäre der Anfahrtsweg nur zum Babysitten ein bißchen weit gewesen.)
Franz Kafka: 3. 7. 1883–3. 6. 1924, jüd. österr. Schriftsteller; s. K. 1809, 11–16.
Franz Werfel: 10. 9. 1890–26. 8. 1945, jüd. österr. Schriftsteller; befreundet mit Kafka und Max Brod, geprägt von Judentum und Katholizismus; emigrierte 1940 in die USA; begann mit expressionistischer Lyrik und Dramen, internationaler Erfolg durch seine Romane mit historischen und religiösen Stoffen. 1957 fertigte Johnson für den Aufbau-Verlag ein »Herausgabe-Exposé« zu einer Franz Werfel-Ausgabe an; vgl. Johnson, Entwöhnung, S. 24–80.
Stefan Zweig: 28. 11. 1881–23. 2. 1942 (Selbstmord), jüd. österr. Schriftsteller; emigrierte 1939 nach England, 1941 nach Brasilien; begann mit Lyrik, Dramen, Novellen; entwickelte sich zu einem von Freud beeinflußten biographischen Essayisten.
August Graf von Platen-Hallermünde: 24. 10. 1796–5. 12. 1835, dt. Schriftsteller; Lyrik und Literaturkomödien, beharrte gegenüber der Romantik auf einem klassizistisch strengen Form- und Sprachstil; seine romanzenhaften Balladen waren weit verbreitet.

1860, 27–34 *In Gneez hatte . . . sagen können: Geh-düdü-Äh* – Die Demonstration zum 1. Mai, dem »Kampf- und Feiertag der Werktätigen«, an der in komm. Staaten alle Arbeiter, Schüler und Studenten teilnehmen mußten, führte stets an einer Tribüne mit Funktionären vorbei und wurde vielerorts durch bewaffnete Formationen eröffnet.

1860, 29   *Neuen Markt* – Als Straßenname in Güstrow nicht bekannt.

1860, 38–   *MIR IST NICHT . . . IN LIEBE UNTEREINANDER . . .* – Goethe zu Eckermann am
1861, 2   23. 10. 1828.

1861, 3   *auf Mittelachse geordnet* – s. 934, 34.

1861, 7   *Voltaire* – Eigentlich: François-Marie Arouet (21. 11. 1694–30. 5. 1778), frz. Philosoph und Schriftsteller; herausragender Vertreter der frz. Aufklärung, Mitarbeit an der »Encyclopédie«.

1861, 7 f. *bei Voltaire zum . . . römisch noch heilig* – Vgl. Voltaires »Essai sur les mœurs et l'esprit des nations«, 1756 (dt.: Über den Geist und die Sitten der Nationen), Kapitel LXX: »Ce corps qui s'appelait et qui s'appelle encore le saint empire romain n'était en aucune manière ni saint, ni romain, ni empire«; Voltaire (1877), Bd. 11, S. 542.

1861, 11   *Fahrradstand* – s. 1606, 14 f.

1861, 15   *Bützow* – s. K. 102, 25.

1861, 15   *einhäusig* – Hier: im Gefängnis.

1861, 15 f.   *Neuen Ökonomischen Politik* – s. K. 1405, 10.

1861, 17   *H. O. Industriewaren* – s. K. 1560, 9.

1861, 17   *Straße des Großen Genossen Stalin* – s. K. 1432, 2.

1861, 19 f.   *Gartenhäuser auf dem Großen Werder* – Entlang der Güstrower Straße »Am Werder« liegen Kleingartenanlagen.

1861, 30 f.   *Entnazifizierter der Ersten Stunde* – s. K. 1497, 14–22.

1862, 1 f.   *am Großen und Kleinen Höved* – Höved: (nd.) Kopf; nördlichste Punkte des Klützer Winkels.

1862, 10–32   *Kommt die Eiche . . . unser Wetter gekriegt* – Dialog mit einem Vetter Cresspahls im Holsteinischen (s. 17, 9).

1862, 17   *Hantschn* – (nd.) Handschuhe.

1862, 19   *Knicks* – s. K. 880, 9.

1862, 22 f.   *Am Erssn Mai . . . Krähe verstecken können* – (missingsch) vom nd. Spruch »Maidag möt sick 'ne Kreih in 'n Roggen verstäken koenen«; vgl. Wossidlo (1982), S. 55.

1862, 23   *Jetzt sühst noch de Mus lopn* – (nd.) Jetzt siehst du noch die Maus laufen!

1862, 29 f.   *Hast di dacht! . . . Meckelnbörg so klår* – (nd.)
Hast du dir gedacht! – Du sagst ja nichts, Gesine.
– Warum sieht man Mecklenburg so klar?

1862, 35 f.   *Daughters have human feelings, too* – (engl.) Auch Töchter haben menschliche Gefühle; s. K. 465, 34 f.

1862, 37   *Right* – (engl.) Richtig.

1862, 37–
1863, 5   *Wenn die See- und Handelsstadt . . . viel berichtigter Geschichte* – Johnson hatte die »Festschrift zur 725-Jahrfeier der Stadt Wismar an der Ostsee vom 18. bis 22. August 1954«, hg. vom Rat der Stadt Wismar, Wismar 1954, in seiner Bibliothek.
Die »berichtigte Geschichte« könnte sich auf das Vorwort des Oberbürgermeisters Herbert Kolm beziehen, der über die Zeit nach dem 2. Weltkrieg schreibt: »Erst das Beispiel und die Hilfe der Sowjetsoldaten weckten die Initiative der Bevölkerung. Der lastende Alpdruck der faschistischen Unterdrückung löste sich erst allmählich und die ständig wachsende Erkenntnis der

Befreiung vom Faschismus befähigte die Menschen, ihren Platz in der neuen Gesellschaft zu finden«.

1863, 5 f. *H. O.-Anzeigen zum Ruhm des Neuen Kursus* – Vgl. Anzeige der HO-Industriewaren Wismar in: Festschrift 725, S. XIII: »In Auswirkung des neuen Kurses unserer Regierung erhalten wir laufend Zusatzkontingente aus eigener Produktion und Importe.«
H. O.: s. K. 1560, 9; Neuer Kurs: s. K. 1847, 21.

1863, 6–8 *und dem Schnack . . . seinen Enkelkindern zieht* – Das letzte der plattdt. Gedichte am Ende der Wismarer Festschrift lautet:
De falsche Smäd'
Bi'n Wohnungsamt, dar kloppt dat an.
Rin kömmt en öllerhaftig Mann.
›Was woll'n Sie?‹ fröggt de Sekretär.
›Ja‹, seggt de Mann, ›ik kam hierher,
ik will mi nu mit Sei verglieken,
Sei kön'n mi ut de Listen striken.

Ik lop hier nu siet välen Johren
un heff bi Sei väl Tid verloren.
Ik heff dat Andrägstellen satt,
heff nicks as Mäuh un Arger hatt.
Von Wohnungkriegen 's kein Räd',
dit is hier nich de richtig Smäd'.

Dar kümmt de Dümmste endlich hinner.
Ik treck nu tau mien Enkelkinner.‹
Vgl. Festschrift 725, S. 94.

1863, 6 *Schnack* – (nd.) hier: feststehende Redensart.

1863, 9–23 *1954 wurdest du . . . Aus dem Grab* – s. 891, 29 f.

1863, 11 *RA* – Abk. für Rechtsanwalt.

1863, 25 f. *Als ob ich . . . von mir gesagt* – s. 40, 28 f.

1863, 29 f. *»Die Sowjetunion hat das Penicillin erfunden.«* – s. K. 167, 34 f.; s. 1452, 11–22; Penicillin: s. K. 1332, 35.

1863, 31 *Ein Amerikaner in Paris* – Orchesterwerk, 1928, von George Gershwin (26. 9. 1898–11. 7. 1937), 1951 von Vincente Minelli mit Gene Kelly und Leslie Caron verfilmt.

1863, 35 *Ahlbeck* – Ostseebad auf der Insel Usedom, unweit der poln. Grenze.

1863, 36 *den Himmel zu teilen* – Anspielung auf Christa Wolfs Roman »Der geteilte Himmel«, 1962, der seinerseits als Reaktion auf Johnsons »Mutmassungen über Jakob« gelesen wird. In Wolfs Roman zerbricht eine Liebesbeziehung, als der Mann nach beruflichen Widrigkeiten »in den Westen geht« und das

Mädchen ihm dahin nicht folgen will. Vgl. BU, S. 248: »Lasst euch fragen, Genossen: Warum lügt ihr? Glaubt ihr im Ernst, der Himmel lasse sich teilen?«

1863, 39–   *Die Sozialdemokraten erklärten . . . militärischen Maßnahmen teilzunehmen* – The-
1864, 4   men des SPD-Parteitages vom 20.–24. 7. 1954 in Berlin waren die Einheit
Deutschlands und die Einigung Europas sowie die soziale Gestaltung von Staat und Gesellschaft. Über den Streitpunkt der Remilitarisierung sollte auf einem außerordentlichen Parteitag entschieden werden. Ein Aktionsprogramm befürwortete ein kollektives Sicherheitssystem für Europa, forderte Entspannung zwischen den beiden dt. Staaten, lehnte aber direkte Verhandlungen mit der DDR ab. SPD: s. K. 170, 10.
Vgl. Berlin (1968), S. 1108: »Für den Fall, daß wirksame Vereinbarungen zwischen Ost und West nicht zu erzielen sind, die Gefahren für die Freiheit und den Frieden der Völker fortbestehen und die Einheit Deutschlands in einem umfassenden System kollektiver Sicherheit trotz aller Bemühungen nicht erreicht werden kann, erklärt sich die Sozialdemokratie bereit, an gemeinsamen Anstrengungen zur Sicherung des Friedens und der Verteidigung auch mit militärischen Mitteln teilzunehmen.« Die Konditionen umfaßten Bemühungen um die Wiedervereinigung; ein europäisches Sicherheitssystem im Rahmen der UNO; Kündigung militärischer Verpflichtungen, falls sie die Wiedervereinigung behindern; Gleichberechtigung der Teilnehmer des Bündnisses; demokratisch-parlamentarische Kontrolle der Streitkräfte.

1864, 6–9   *Der Staatspräsident war . . . die Ecke brachte* – Theodor Heuss (31. 1. 1884–
12. 12. 1963), Publizist, Politiker; 1924–28 und 1930–33 für die Deutsche Demokratische Partei im Reichstag, mit der er am 24. 3. 1933 dem Ermächtigungsgesetz (s. K. 348, 39), das die parlamentarische Gesetzgebung beseitigte, zustimmte. Heuss, obwohl kein Mann des aktiven Widerstandes, hatte 1932 in einer Schrift vor Hitler gewarnt und verlor eine Woche nach der faschistischen Machtergreifung sein Reichstagsmandat und seinen Lehrstuhl an der Deutschen Hochschule für Politik in Berlin. Er war seit 1948 Vorsitzender der FDP und arbeitete maßgeblich am Grundgesetz mit; Bundespräsident 1949–59, 1954 ohne Gegenstimmen wiedergewählt; s. K. 1872, 7 f.

1864, 9–13   *Nun empfahl er . . . für seine Person* – Heuss wandte sich gegen den Begriff »Kollektivschuld« und sprach stattdessen von einer »Kollektivscham«. In einer am 18. 3. 1946 auf Einladung Johannes R. Bechers vor dem Kulturbund gehaltenen Rede heißt es: »Mit kalter Klarheit muß ausgesprochen werden, daß dieser Krieg von Deutschland verursacht und in seiner Führerschicht gewollt worden ist; ohne dieses deutliche Aussprechen verlieren wir die Basis unter uns selber«; vgl. Heuss (1966), S. 186; vgl. auch seine Rede zur Einweihung des Mahnmals in Bergen-Belsen 1952, in: Peter (1968), S. 155–160.

1864, 11   *To accomplish. To master* – (engl.) Zu vollenden/zu leisten. Zu meistern.

1864, 13 f.   *Der Kanzler war von den Christdemokraten* – Adenauer: s. K. 116, 12 f.

1864, 15–17 *hielt sich ein . . . am 17. Juni* – In der Regierungserklärung Konrad Adenauers vom 17. 6. 1953 vor dem Bundestag hieß es: »Eine wirkliche Änderung des Lebens der Deutschen in der Sowjetzone und in Berlin kann nur durch die Wiederherstellung der deutschen Einheit in Freiheit erreicht werden. (Abg. Dr. von Brentano: Sehr richtig!)«; vgl. Baring (1965), S. 172.
Heinrich von Brentano (20. 6. 1904–14. 11. 1964), Nachfahre von Clemens Brentano; Rechtsanwalt, Mitbegründer der CDU; 1949–64 Bundestagsabgeordneter, 1961–64 Vorsitzender der Fraktion der CDU/CSU; 1955–61 Außenminister. Briefwechsel mit Konrad Adenauer »Sehr verehrter Herr Bundeskanzler«, 1974.
Er wird in seiner Stellung zu Konrad Adenauer von DER SPIEGEL wie folgt beschrieben:»Träger eines großen Namens und der Aktentasche des Bundeskanzlers«; vgl. Koch (1985), S. 269.
Heinrich von Brentano hatte am 6. 12. 1961 vor dem Bundestag verlangt, Uwe Johnson das Stipendium der Deutschen Akademie Villa Massimo in Rom abzuerkennen. Sein Urteil basierte auf einem Artikel Hermann Kestens in der »WELT« vom 25. 11. 1961, der Johnson fälschlicherweise bezichtigte, bei einer Podiumsdiskussion die Mauer »keineswegs unmoralisch« genannt zu haben. Der Tonbandmitschnitt bewies, daß Kestens Behauptung nicht stimmte. Im Januar 1962 gestand Brentano gegenüber Siegfried Unseld ein, falsch unterrichtet worden zu sein, eine versprochene Entschuldigung an Johnson traf nie ein; vgl. BU, S. 193–205, 208–237; Neumann, B. (1994), S. 431–443.

1864, 19 *Montan-Union* – Kurzbezeichnung für »Europäische Gemeinschaft für Kohle und Stahl«; 1951 nach dem Schuman-Plan vereinbarter Zusammenschluß der Stahl- u. Kohleproduzenten Frankreich, Italien, BRD u. Benelux-Staaten; erstes europäisches Bündnis; vgl. BU, S. 353 f., wo Johnson Adenauer zitiert:»Den Schuman-Plan jetzt wollen, heisst die deutsche Einheit nicht wollen«.

1864, 20 *militärischen Verein, der . . . nach dem Nordatlantik* – s. K. 42, 16 f.

1864, 21–31 *Auf den gab . . . er prächtig anzuschaun* – Am 16. 5. 1950 wurde im Münchener Theater am Gärtnertor die musikalische Komödie »Feuerwerk« uraufgeführt, Musik: Paul Burkhard; Text: Erik Charell, Jürg Amstein nach dem Lustspiel »Der schwarze Hecht« von Emil Sautter; Liedtexte: Jürg Amstein und Robert Gilbert; Regie: Erik Charell. In dem Stück wird dem biederen Wohlstandsleben eines Fabrikanten und seiner Familie die quirlige Zirkuswelt gegenübergestellt, als ein Zirkus um 1900 mit dem jüngsten Bruder des Fabrikanten als Zirkusdirektor in eine dt. Kleinstadt kommt.
Das Stück und das Lied »Oh mein Papa« wurden durch den Film von Kurt Hoffmann (Premiere 17. 9. 1954) und die Interpretation von Lys Assia in ganz Deutschland sehr bekannt; der Refrain lautet:
O mein Papa war eine wunderbare Clown!
O mein Papa war eine große Kinstler.
Hoch auf die Seil, wie war er herrlich anzuschaun.

O mein Papa war eine schöne Mann!
Ei, wie er lacht,
sein Mund, sie sein so breit und rot,
und seine Aug' wie Diamanten strahlen.
O mein Papa war eine wunderbare Clown!
O mein Papa war eine große Kinstler.
Hoch auf die Seil, wie war er herrlich anzuschaun.
O mein Papa war eine schöne Mann!

Theodor Heuss wurde auch »Papa Heuss« und einer der »Väter des Grundgesetzes« genannt; mit dem Lied wurde aber weder auf ihn noch auf Adenauer angespielt; s. 1864, 21.

1864, 29   *Get to your . . . Get set – GO –* (engl.) übersetzt im Text 1860, 15 f.

1864, 38 f.   *am Postamt Flingern-Nord* – Flingern: Ortsteil von Düsseldorf, westlich der
Stadtmitte, ehemals Arbeiterwohnbezirk. Die Post liegt in der Lindenstraße,
Nähe Hermannplatz.

1865, 5   *Zentralbad in der Grünstraße* – Großes Schwimm- und Wellenbad in der Stadtmitte, östlich der Altstadt.

1865, 5 f.   *Landesbibliothek am Grabbe-Platz* – Der Grabbeplatz liegt zwischen Hofgarten
und Altstadt. Die Landesbibliothek lag an der Stelle des späteren Ausstel-
lungsgebäudes des Kunstvereins.
Christian Dietrich Grabbe (11. 12. 1801–12. 9. 1836), gilt nach Büchner als
bedeutendster dt. Dramatiker des Vormärz.

1865, 11 f. *am 10. November . . . den Heiligen Martin* – 316/317–8. 11. 397, Bischof von
Tours; nach der Legende teilte er als Soldat seinen Mantel mit einem Bettler
in Amiens, verließ nach seiner Taufe die römische Armee und lebte als Ere-
mit. Er gründete 361 das erste Kloster in Gallien und wurde 371 zum Bischof
ernannt. Martinstag ist der 11.11., am Vorabend ziehen singende Kinder mit
Laternen durch die Städte und Dörfer des Rheinlands.

1865, 14   *Radschlägern* – Nach der Legende begrüßten Radschläger im Dorf an der
Düssel den siegreichen Grafen Adolf VII. von Berg nach der Schlacht bei Wor-
ringen am 5. 6. 1288, der Düsseldorf daraufhin am 14. 8. 1288 die Stadtrech-
te verlieh. Noch heute schlagen Düsseldorfer Kinder auf den Straßen das Rad
und bitten um »eene Penning«.

1865, 15   *Jan Wellem* – Johann Wilhelm II., Kurfürst von der Pfalz (19. 4. 1658–18. 6.
1716), kunstsinnig und prunkliebend, gründete 1699 eine südliche Neustadt
(»Neue Extension«) und baute die Stadt, die 1614–1716 Haupt- und Residenzstadt war, und ihre Befestigungen aus.

1865, 15   *Immermann* – Karl Leberecht Immermann (24. 4. 1796–25. 8. 1840), Schriftsteller, Theaterleiter in Düsseldorf; Romane und Dramen zwischen Romantik und Realismus.

1865, 16	*» Willkommen im Neuen Heim«* – Ein Buch über Düsseldorf, vermutlich vom Verkehrsverein der Stadt herausgegeben, ohne Angaben zu Autor und Erscheinungszeit; Johnson besaß ein Exemplar.
1865, 17	*Kaiserswerth* – Ehemalige Insel im Rhein mit Stiftskirche und Ruine einer Barbarossapfalz; nördlich der Düsseldorfer Innenstadt gelegen; wegen des dörflichen Charakters und des schönen Blicks auf den Rhein ein beliebtes Ausflugsziel.
1866, 3–5	*Die vereinigten britischen . . . Wald bei Mönchengladbach* – s. K. 464, 18 f.
1866, 9	*Düsseldorf-Bilk* – Wohn- und Geschäftsviertel in der südlichen Düsseldorfer Innenstadt.
1866, 9–11	*in einer Kneifzange . . . Krefeld und Köln* – Der Düsseldorfer Stadtteil Bilk liegt südlich der Bahnlinie nach Krefeld (s. K. 1019, 10) und (der später abzweigenden linksrheinischen Strecke) nach Köln. Die der Kirche Alt St. Martin [sic] nächstgelegene Straßenbahnlinie führt durch die Volmerswerther Straße, eine andere, weiter entfernt liegende, durch die Aachener Straße.
1866, 11	*Alt St. Marien* – Alt St. Martin [sic] in Bilk an der Ecke Martin- und Bachstraße, ältestes Bauwerk Düsseldorfs, mit karolingischen und romanischen Grundmauern, der Sage nach eine merowingische Stiftung; bis 1812 kath. Pfarrkirche von Bilk. Druckfehler in allen Ausgaben.
1866, 12–14	*Tafel zur Erinnerung . . . auf Mittelachse geordnet* – In der Grünanlage an der Kirche Alt St. Martin [sic] steht auf einem hohen Steinsockel ein ausgeglühtes Fernrohr der ehemaligen Sternwarte, die 1843 von Johann Friedrich Benzenberg gegr. und unter Robert und Wilhelm Luther zu einer bekannten astronomischen Forschungsstätte wurde. Sie brannte Pfingsten 1943 bei einem Bombenangriff ab. Der Steinpfeiler trägt außer einer Bronzeplatte zwei auf Mittelachse geordnete eingemeißelte Inschriften, eine zum Gedenken an die Astronomen, die zweite lautet: »Zur bleibenden Erinnerung an die in der Nacht vom 11. zum 12. Juni 1943 untergegangene Bilker Sternwarte wurde dieser alte Sockel mit seinem zertrümmerten Fernrohr 1952 wieder errichtet.«
1866, 14	*auf Mittelachse geordnet* – s. 934, 34.
1866, 17	*Südfriedhof* – Am Südwestende von Bilk; s. 1868, 25.
1866, 18	*Stadtbad in der Konkordia-Straße* – Diese Straße verläuft in Unterbilk von der Bilker Allee in nordöstlicher Richtung bis zur Reichsstraße. Ein Schwimmbad hat es dort nie gegeben.
1866, 18– 1868, 3	*Was der Wohnung . . . der Erde war* – Gesine erzählt von den in MJ dargestellten Ereignissen; s. K. 386, 19–21; vgl. MJ, S. 273–296.
1866, 32	*Grunewald* – s. K. 665, 37.
1866, 38	*Einen Shawl* – s. K. 1828, 38.

1867, 4   *Graf Adolf-Straße* – Große, mehrspurige Geschäftsstraße zwischen dem Graf-Adolf-Platz und dem Düsseldorfer Hauptbahnhof.

1867, 13   *Olsch* – (nd.) Alte.

1867, 16 f.   *Humphrey Bogart in ... wie jedem anderen* – (engl.) Die verzweifelten Stunden. US-amerik. Film, Uraufführung: 2. 3. 1956; dt. Titel »An einem Tag wie jeder andere«, Regie: William Wyler, mit Humphrey Bogart (25. 12. 1899–14. 1. 1957), Martha Scott, Fredric March; Thriller: Widerstand einer amerik. Bürgerfamilie, die von drei flüchtigen Gewaltverbrechern terrorisiert wird.

1867, 17–19   *Der Text zum ... die Gébühr bézahlt* – Das Pausenzeichen des 1955 gegr. Norddeutschen Rundfunks wurde nach einer Melodie von Robert Schumann (efgeag) und dem Text »Ist der Rúndfúnk bézahlt?« gespielt. (In der zweibändigen Taschenbuchausgabe fehlen die Akzente.)

1867, 22–25   *eines ausgewiesenen Charakterschauspielers ... fürs liebe Geld* – Konnte nicht nachgewiesen werden.

1867, 27   *Pottel & Broskowsky am Waisenhausring* – s. K. 1834, 36.

1867, 28   *Park-Hotel am Corneliusplatz* – Zwischen Hofgarten und dem Nordende der Königsallee gelegen, war es in den fünfziger Jahren wohl das beste Hotel Düsseldorfs.

1867, 32   *bis 1983* – Vermutlich Anspielung auf den Abschluß der Arbeit an Band IV der »Jahrestage«.

1867, 34–36   *Geschichten wie die ... und rettet sie* – s. 62, 15 f.

1867, 37   *Gelernt ist gelernt* – s. 1766, 29.

1868, 25   *Hofgarten* – s. K. 1021, 11.

1868, 32–34   *Sünt je dumm ... denn, min Häuneken* – (nd.) Sind ja dumme Leute, solche Mütter, halten ihr Kind auf der Hüfte und rufen: Wo bist du denn, wo bist du denn, mein Hühnchen?; s. 1345, 37 f.

1869, 11   *Caterpillars* – (engl.) Raupen, Planierraupen; »Caterpillar« ist seit 1910 Warenzeichen der amerik. Baumaschinenfirma »The Caterpillar Tractor Company« und wird synonym für die von der Firma hergestellten Planierraupen (Bulldozer) verwendet.

1869, 28   *Stelle 12* – s. K. 1636, 39.

1869, 30   *Sachwalters* – s. K. 993, 8; 1138, 30.

1869, 33 f.   *Lietzenburger Straße* – s. K. 1855, 20.

1869, 38 f.   *bankers have human ... believe you me* – (engl.) auch Bankiers haben menschliche Gefühle, glaub mir das!; s. K. 465, 34 f.

1870, 7 f.   *half penny, Prägejahr 1940* – s. K. 810, 13–16.

1870, 8 f.   *GEORGIVS VI, deo gratia . . . et fidei defensor* – (lat.) Georg VI., von Gottes Gnaden König Aller und Verteidiger des Glaubens. Seit dem 6. Jh. von weltlichen Fürsten benutzte Formel. Auf der Rückseite der Münze steht die Abk. D. G. O. REX F. D., die Johnson hier ausschreibt – und dabei einen Fehler macht: Es muß »dei gratia« heißen; s. K. 656, 12–16.

1870, 9 f.   *Treu und Glauben bekamen ihren Wert* – Anspielung auf die Münzinschrift und Wiederaufnahme einer Wendung aus MJ, mit der Rohlfs Jakob für die Staatssicherheit gewinnen will: »Treu und Glauben sind ihren Lohn wert«; vgl. MJ, S. 56 f., 67; s. K. 1043, 21.

1870, 10 f.   *dreißig Schillinge* – s. K. 1819, 19.

1870, 23 f.   *solchem schwarzen Mantel . . . die samtenen Aufschläge* – Ein Chesterfield, seit etwa 1880 meistgetragener engl. langer Herrenmantel, leicht tailliert, im allgemeinen mit Samtkragen und Brusttasche.

1870, 32 f.   *als der Teufel . . . für seine Großmutter* – Konnte nicht nachgewiesen werden.

1870, 35–   *Frau Abs fürchtete . . . Schloß in Hannover* – Faßt die Ereignisse aus MJ zusam-
1871, 4   men; vgl. ebd., S. 34–58; s. 1021, 3 f.

1870, 36   *Abzeichen der Staatssicherheit* – Das Abzeichen wurde im allgemeinen nicht getragen, statt dessen wies man sich durch Klappkarten aus; vgl. MJ, S. 10; Staatssicherheit: s. K. 684, 8.

1871, 2   *die Augen gingen ihr über* – Anspielung auf Goethes Gedicht »Der König in Thule«, Faust I, Verse 2759 ff.

              Es war ein König in Thule
              Gar treu bis an das Grab,
              Dem sterbend seine Buhle
              Einen goldnen Becher gab.

              Es ging ihm nichts darüber,
              Er leert' ihn jeden Schmaus;
              Die Augen gingen ihm über,
              So oft er trank daraus.

1871, 9   *Bi't Starben sünt . . . Meisters un Lihrjungs* – (nd. Redewendung) Beim Sterben sind wir alle Meister und Lehrjungen; vgl. Raabe (1854), S. 24.

1871, 13   *Jöche* – s. K. 23, 28.

1871, 13   *Muschi Altmann* – Figur aus MJ, vgl. ebd., S. 62 und BU, S. 151.

1871, 14 f.   *Dat ick hier . . . in de Fiern* – (nd.) Daß ich hier totbleibe und keiner sieht mich sitzen / die alten Leute sehen am weitesten in die Ferne; s. 1367, 21.

1871, 23   *in Dutt schlägt* – (nd.) zerstört.

1871, 24 f.   *Er richtete eine . . . am Lohauser Deich* – s. 19, 38 f.

1871, 25   *Lohauser Deich* – Fußweg, der am Ostufer des Rheins von Kaiserswerth bis nach Stockum durch Wiesen führt, ländliche Umgebung.

1871, 29 f.   *war es mehr zufrieden* – s. K. 124, 17.

1871, 31   *dem Zeichen der (zweiten) Hand* – (engl. wörtl. übersetzt) second hand: gebraucht.

1872, 5   *die Niebuhrs es von Stuttgart denken* – s. K. 9, 32–36.

1872, 7 f.   *Wenn eine Brücke . . . nach einem Bundespräsidenten* – 1954 wurde die neuerbaute Düsseldorfer Rheinbrücke zwischen den Ortsteilen Niederkassel und Golzheim »Theodor-Heuss-Brücke« genannt; s. K. 1864, 6–9.

1872, 10   *Was Heinrich Heine . . . Düsseldorf geschrieben hat* – Vgl. Heinrich Heine: »Deutschland, ein Wintermärchen« und »Reisebilder. Zweiter Teil. Ideen. Das Buch Le Grand«, 1826, Kapitel VI-X. Der Stadtführer von Düsseldorf »Willkommen im neuen Heim« (s. K. 1865, 16) zitiert als Motto aus dem Buch »Le Grand«: »Die Stadt Düsseldorf ist sehr schön und wenn man in der Ferne an sie denkt, und zufällig dort geboren ist, wird Einem wunderbar zu Mute. Ich bin dort geboren, und es ist mir, als müsste ich gleich nach Hause gehen. Und wenn ich sage nach Hause gehen, so meine ich die Bolkerstrasse und das Haus, worin ich geboren bin usw.«; s. K. 1815, 38–1816, 6.

1872, 11 f.   *wenn sie diesen Heine verleugnet* – Aufgrund einer Hetzkampagne antijüd. nationalistischer Bürger wurde das Angebot der Kaiserin Elisabeth von Österreich, der Stadt ein Heine-Denkmal zu schenken, 1893 zurückgewiesen. (Daraufhin errichtete ein Düsseldorfer Kaufmann im Kongo ein Heine-Denkmal, weil die Befugnisse des Stadtrates nicht bis dorthin reichten.) Ein Denkmal-Ausschuß beriet das Problem ergebnislos bis 1932. Zum 100. Geburtstag Heines wurde die Plastik »Harmonie« des Hitler-Verehrers Maillol als Alibi-Monument aufgestellt. Seit Gründung der Universität 1966 zog sich ein Streit über die Namensgebung hin. Sie wurde von Studenten und Dozenten längst Heine-Universität genannt, ehe sie am 20. 12. 1988 auch offiziell den Namen erhielt. Vgl. Johnson, Ihrem grossen Dichter; s. K. 1815, 38–1816, 6.

1872, 16   *Bank in Brooklyn* – s. 1764, 37 f.

1872, 22   *Crédit Lyonnais* – Eines der größten frz. Kreditinstitute, 1863 gegr., 1946 verstaatlicht, Sitz in Lyon, Niederlassungen und Tochtergesellschaften in vielen Ländern.

1872, 24–26   *Am Weihnachtsabend 1959 . . . fordern Juden raus* – An der Synagoge in der Kölner Roonstraße waren am Sockel die Kalkschrift »Deutsche fordern Juden raus« und am Eingang Hakenkreuze und weitere Schmähungen geschmiert worden. Die Täter, Mitglieder der Deutschen Reichspartei, wurden am Tag darauf gefaßt und gestanden die Tat, die zum wichtigsten innenpolitischen Thema der Weihnachtswoche wurde, zumal der Innenminister von Nordrhein-Westfalen eine Belohnung für die Ergreifung der Täter aussetzte, als diese längst gefaßt und geständig waren; vgl. DER SPIEGEL 6. 1. 1960, S. 19.

1872, 31–
1874, 25
Karriere eines Politikers . . . er sich macht – Franz Joseph Strauß (6. 9. 1915–3. 10. 1988), Altphilologe, Politiker; Mitbegründer der CSU 1945, seit 1961 Vorsitzender; 1953–55 Bundesminister für besondere Aufgaben, 1955–56 Minister für Atomfragen, 1956–62 Verteidigungsminister, 1966–69 Finanzminister, in den siebziger Jahren Gegner der sozialliberalen Koalition und besonders ihrer Ostpolitik.

1873, 5
Entnazifizieren – s. K. 1497, 14–22.

1873, 6–8
»Wer noch einmal . . . die Hand abfallen.« – Strauß soll dies 1949 auf einer Versammlung geäußert haben, 1957 erstmals in DER SPIEGEL zitiert und von Strauß bei Vorlage anerkannt, später aber dementiert; vgl. DER SPIEGEL 5. 4. 1961, S. 20.

1873, 10–12
Als im April . . . atomaren Waffen auszustatten – Das Manifest »Erklärung der Göttinger Achtzehn« vom 12. 4. 1957, in Anlehnung an den Protest der »Göttinger Sieben« von 1837, rief zum freiwilligen Verzicht auf Atomwaffen aller Art auf, es wurde u. a. von C. F. v. Weizsäcker und den Nobelpreisträgern Max Born, Otto Hahn, Werner Heisenberg, Max von Laue unterzeichnet und trug zum Entstehen der Anti-Atombewegung in der BRD bei.

1873, 12
»weltfremden Menschen« – Vgl. DER SPIEGEL 5. 4. 1961, S. 16.

1873, 14
Otto Hahn – 8. 3. 1879–28. 7. 1968, Chemiker; entdeckte 1938 mit Lise Meitner und Friedrich Wilhelm Straßmann die Atomkernspaltung des Urans, die die technische Nutzung der Kernenergie ermöglichte; 1944 Nobelpreis.

1873, 15 f.
»einen alten Trottel . . . an Hiroshima denkt« – Vgl. Der Stern vom 26. 3. 1975; Hiroshima: s. K. 515, 8–11.

1873, 16–22
Im Juni 1957 . . . die Opfer fern – Der Verteidigungsminister und Oberste Befehlshaber der Bundeswehr hatte an seinem Polterabend die Unglücksstelle inspiziert und die Ursache für die in der reißenden Strömung Ertrunkenen als eine Verquickung tragischer Umstände erklärt. »Die anläßlich seiner Hochzeit am nächsten Tag geplante dienstliche Verwendung von Bundeswehrtruppen [. . .] blies der Minister ab. Er beschied sich damit, den Hochzeitszug mit einem fast kriegsstarken Zug stahlhelmbewehrter, mit weißem Lederzeug geschmückter Feldjäger eskortieren zu lassen«; vgl. DER SPIEGEL 12. 6. 1957, S. 19.

1873, 24–34
Im folgenden Jahr . . . er von »Geheimnisverrat« – Vgl. DER SPIEGEL vom 20. 1. 1960, S. 27: »Der Fall erhielt seinen Namen von dem Bonner Verkehrspolizisten Hahlbohm, der am 29. April 1958 an der Kreuzung vor dem Bundeskanzleramt zu Bonn Dienst tat, als Straußens mausgraue BMW-Karosse diesen Verkehrsknotenpunkt überfuhr, obgleich Hahlbohm die Durchfahrt nicht freigegeben hatte.

Eine Straßenbahn mußte abrupt bremsen, und Hahlbohm erstattete Anzeige gegen den Ministerfahrer Kaiser, der schließlich auch wegen fahrlässiger Übertretung der Verkehrsregeln zu 1000 Mark Geldstraße verurteilt wurde.« Strauß reichte gegen Hahlbohm, der Mitglied der SPD war, eine Dienstaufsichtsbeschwerde ein; vgl. auch DER SPIEGEL 26. 10. 1960, S. 61–63.

1873, 37–   1961 *verunglimpfte er... Jahren drinnen gemacht* – Zitat aus DER SPIEGEL vom
1874, 2   5. 4. 1961, S. 16. Willy Brandt, der 1933 nach Norwegen, 1940 nach Schweden emigrierte, war 1940–48 norwegischer Staatsbürger, da er 1938 von Deutschland ausgebürgert worden war. 1961 wurde er von der SPD als Kanzlerkandidat aufgestellt; s. K. 173, 4.

1874, 3–7   *Im Jahr darauf... Recht und Freiheit* – 1962 gab der Bundespräsident Heinrich Lübke nach längerem Widerstand dem Begehren nach, die Bundeswehruniformen farbenfroher zu gestalten. Vgl. DER SPIEGEL vom 6. 6. 1962, S. 41: »Alle Soldaten werden mit einem schweren Lederkoppel ausgerüstet, dessen Schloß der Bundesadler und die Inschrift ›Einigkeit und Recht und Freiheit‹ zieren. [...] Vom Unteroffizier aufwärts kann sich jeder Bundeswehrangehörige auf eigene Rechnung eine Extra-Uniform bauen lassen. [...] Bei feierlichen Anlässen dürfen Offiziere wieder die silberne Fangschnur (›Affenschaukel‹) anlegen.«
In der Umgangssprache hieß schon die Führerschnur bei Nazi-Jugendorganisationen »Affenschaukel«, auch die Fangschnur der Adjutanten der Wehrmacht; 1962–73 Bestandteil des Gesellschaftsanzugs der Bundeswehr-Offiziere, seitdem nur noch von Militärattachés getragen.

1874, 7–13   *Danach versuchte er... ein wenig ausscheiden* – Anspielung auf die »Spiegel-Affäre«: Nach der Veröffentlichung einer kritischen Analyse einer NATO-Übung am 10. 10. 1962 wurden wegen des Verdachts auf Landesverrat Redakteure und Journalisten verhaftet und deren Büros durchsucht. »Fast zwei Wochen lang hatte Franz-Joseph Strauß jegliche Beteiligung an der SPIEGEL-Aktion geleugnet. Er habe, hatte er am Anfang gesagt, damit ›im wahrsten Sinne des Wortes‹ nichts zu tun«; vgl. DER SPIEGEL 14. 11. 1962, S. 54. Strauß mußte später zugeben, daß er Oberst Osten am Telefon Weisung zur widerrechtlichen Verhaftung des SPIEGEL-Redakteurs Ahlers in Spanien gegeben hatte. Sein persönliches Eingreifen und die Nichtunterrichtung des Justizministeriums führten zu einer Regierungskrise, das Verfahren wurde eingestellt. Strauß mußte sein Amt als Verteidigungsminister aufgeben; vgl. Grosser/Seifert (1966).

1874, 7 f.   *westdeutsches Nachrichtenmagazin* – s. K. 167, 17–20.

1874, 15 f. *Der kann keinen... abginge mit Schummelei* – Strauß hatte seinen Jagdschein am 15. 11. 1963 in Neuhaus an der Aller, Niedersachsen, abgelegt, anstatt wie vorgeschrieben in seinem Wohnsitz Rott am Inn. Auch sei die Prüfung von einer zu geringen Anzahl von Prüfern und nicht in einer Gruppe erfolgt; vgl. DER SPIEGEL 22. 7. 1964, S. 50 f.

1874, 24 f.	*Der kriegt keinen . . . er sich macht* – s. K. 913, 1.
1875, 1	*der Roten, der . . . der Krassnija Armija* – (russ.) Rote Armee; krassnij bedeutet im Russischen sowohl rot als auch schön; s. K. 1142, 19.
1875, 5	*France* – s. K. 19, 7.
1875, 12	*Welcome home* – (engl.) Willkommen daheim!; s. K. 169, 2–17.

18. 8. 1968

1875, 13	*Sunday* – (engl.) Sonntag; s. K. 601, 1.
1875, 15 f.	*Amerika ist mir . . . Fœundsœbentich is nauch* – (dt./nd.) Vierundsiebzig ist genug; s. K. 121, 12; 121, 20.
1875, 35– **1876, 3**	*Eingang des Tunnels . . . Friedhöfen angekommen war* – s. K. 79, 19–35.
1876, 2	*Totmannsknopf* – Sicherheitsfahrschaltung der Eisenbahn; Knopf oder Pedal müssen vom Fahrzeugführer regelmäßig betätigt werden.
1876, 11	*WNBC* – Wire National Broadcasting Corporation; amerik. Radiosender, der auf FM 97,1 und AM 660 Pop, Folk und klassische Musik wie auch Kommentare sendete; »Flaggschiff« der NBC, 1927 gegr., in den dreißiger Jahren populärster Radiosender in New York.
1876, 12	*Mozart* – Wolfgang Amadeus Mozart (27. 1. 1756–5. 12. 1791), österr. Komponist.
1876, 12	*Haydn* – Joseph Haydn (31. 3. 1732–31. 5. 1809), österr. Komponist.
1876, 13	*WNYC* – Wire New York Broadcasting Corporation, New Yorker Radiosender; 1924 gegr.; erster städtischer nicht-kommerzieller Radiosender der USA, der ursprünglich für Notfall-Benachrichtigung gedacht war; sendet klassische Musik, Nachrichten, Kommentare auf FM 93,9 und AM 830; seit 1949 auch mit eigenem Fernsehprogramm.
1876, 13	*Brahms, Requiem* – s. K. 971, 3; 1330, 26.
1876, 13	*Schubert* – Franz Peter Seraph Schubert (31. 1. 1797–19. 11. 1828), österr. Komponist.

19. 8. 1968

1876, 18	*Nachrichten aus Bogotá* – Papst Paul VI. besuchte anläßlich des 39. Eucharistischen Kongresses Bogotá. Die NYT vom 19. 8. 1968 kommentierte, daß der Pomp seines Besuchs für die Armen Bogotás eine unverständliche Welt darstelle. In der zweibändigen Taschenbuchausgabe fehlt der Akzent auf Bogotá.

1876, 18   *Jerusalem* – Nach fünf von arabischen Terroristen verursachten Explosionen in Jerusalem kam es zu Aufruhr und Zerstörungen im jordanischen Sektor der Stadt durch israelische Jugendliche; vgl. NYT 19. 8. 1968.

1876, 18   *dem Irak* – Der Artikel der NYT vom 19. 8. 1968 war überschrieben: »Iraqi-Kurdish relations said to worsen«.

1876, 18   *Cairo* – Der schwed. Sonderbeauftragte der UNO, Jarring, erklärte in Kairo, daß Israel auf der Fortführung von Gesprächen bestehe; vgl. NYT 19. 8. 1968.

1876, 18   *La Paz* – Der frühere Innenminister Boliviens Antonia Mendietta erklärte, die CIA habe ihn als Kommunisten verdächtigt und gezwungen, seinen Posten aufzugeben, sowie gedroht, jegliche amerik. Hilfe für Bolivien zu stoppen; vgl. NYT 19. 8. 1968; La Paz: s. K. 166, 12.

1876, 19   *Peking* – Der Artikel der NYT vom 19. 8. 1968 war überschrieben: »Peking bid Red Guards learn from workers«.

1876, 19   *Biafra* – Vor dem UNO-Gebäude in New York beteten über 1000 Menschen für die Kinder aus Biafra. 1967–70 wurde in einem Bürgerkrieg vergeblich versucht, die Region Biafra aus Nigeria herauszulösen und zu einem eigenen Staat zu machen; vgl. NYT 19. 8. 1968.

1876, 19   *London* – Der Artikel der NYT vom 19. 8. 1968 war überschrieben: »British concerned on safety of skyscrapers«.

1876, 20–22   *Gestern morgen wurde . . . ein anderer verwundet* – Ein Sechzehnjähriger, der von Bekannten als bislang völlig unauffällig beschrieben wurde, hatte auf einen durch Queens fahrenden Zug geschossen; vgl. NYT 19. 8. 1968.

1876, 23–28   *Die Pravda hat . . . klar ist, ja* – Die NYT vom 19. 8. 1968 bezog sich auf die »Prawda« vom 18. 8. 1968: »Subversive activities by antisocialist forces‹ have resumed in Prague, Pravda, the Soviet Party's newspaper asserted. It suggested that the Czechoslovakian leaders« were unable to cope with the threatening situation. The paper voiced alarm over street demonstrations in Prague by defiant youths and charged that loyal Communists were being subjected to ›slanderous attacks‹, ›vicious persecution‹ and ›moral terror‹«; vgl. Fischer (1994), S. 70, 99; s. K. 1680, 32–1681, 2; Prawda: s. K. 190, 29.

1876, 29–31   *Am westdeutschen Kanzler . . . Dackel vorm Ertrinken* – Die Urlauber Kurt Georg Kiesinger (s. K. 173, 5 f.) und Rainer Barzel, Fraktionsvorsitzender der CDU, hörten beim Rudern einen Hund bellen und retteten ihn von einem gekenterten Boot; vgl. NYT 19. 8. 1968.

1876, 32–36   *In Süd Viet Nam . . . Solche runden Zahlen* – Die NYT vom 19. 8. 1968 berichtete von 60 verwundeten und 30 toten Verbündeten, unter den Toten ⅓ Amerikaner, und 300 [sic] toten Feinden bei einem Angriff nordwestlich von Saigon an der kambodschanischen Grenze.

1877, 1 f.   *Heute abend um . . . mit Ed Beach* – Vgl. das Radioprogramm in der NYT vom 19. 8. 1968: »6–8 WRVR: Just Jazz with Ed Beach. Pianist, Jimmy Rowles.«

»Just Jazz« – (engl.) Nur Jazz. Der Sender WRVR [sic] (s. K. 1745, 7 f.) sendete neben Jazz auch klassische und Pop-Musik und Kommentare.

1877, 5–14 *da führte ein . . . wußte nur: Voran* – Refrain von Pete Seegers Song »Waist deep in the big muddy« (s. K. 63, 13–15): »but the big fool said to push on.« Seegers Lied bezieht sich auf einen anderen, wenn auch ähnlichen Vorfall.

1877, 18–23 *1964 behaupteten die . . . geben vom Kongreß* – s. K. 491, 15–30.

1877, 25–27 *Die einheimische Guerilla . . . des Nordens begann* – s. K. 30, 31.

1877, 28 *Bombern vom Typ B-52* – s. K. 137, 36.

1877, 29 *chemischen Entlauben der Wälder* – s. K. 10, 33–11, 1.

1877, 30 *Damit ich dich besser bomben kann* – Anspielung auf den Spruch des Wolfes aus dem Grimmschen Märchen »Rotkäppchen«: Damit ich dich besser sehen/ hören/fressen kann; s. K. 229, 32 f.

1877, 30–32 *Einen Luftwaffengeneral haben . . . Vorbild Adolf Hitler* – General Ky; s. K. 13, 14 f.

1877, 32 f. *Tet-Offensive* – s. K. 697, 15.

1877, 34 *L. B. J.* – s. K. 24, 17; 212, 23–39.

1877, 34 f. *verzichtete auf eine neue Kandidatur* – s. K. 940, 1–5.

1877, 35 f. *ein Nixon werden . . . on with him* – (engl./dt.) durchtriebener Dickie, nix los mit ihm. Den Zusatz Tricky Dick(ie) (kurz für Richard) hatte Nixon für unfaires Verhalten in Wahlkampagnen erhalten: 1945 beschimpfte er einen demokratischen Gegner als Kommunistenfreund, verdächtigte als Mitglied des Kongreßausschusses für Unamerikanische Umtriebe Alger Hiss fälschlich als Spion, verhöhnte 1950 Helen Douglas als Pink Lady und nutzte eine Namensgleichheit bewußt zu einer Schmutzkampagne aus; s. K. 423, 25.

1877, 38 f. *»wie wir noch . . . Sieg ausüben können«* – Zitat konnte nicht nachgewiesen werden.
Nixon betonte in seinem Wahlkampf, daß eine Lösung nicht allein mit militärischen Mitteln gefunden werden könne. Er hatte sich einerseits gegen Bombenstops ausgesprochen, wollte Bodentruppen reduzieren und stattdessen Luft – und Seestreitkräfte verstärken, andererseits sollte die Auseinandersetzung mehr und mehr von der südvietnamesischen Armee übernommen werden (Vietnamisierung).

1878, 1 f. *den schmutzigen Algerienkrieg . . . 1954 bis 1962* – Am 1. 11. 1954 begann unter der Führung der Nationalen Befreiungsfront für die Selbständigkeit Algeriens (FNL) ein Aufstand gegen die frz. Kolonialherrschaft, den Frankreich auf brutale Weise niederzuschlagen versuchte. Eine Putschdrohung europäischer Siedler und frz. Offiziere am 13. 5. 1958 stürzte die IV. Republik und brachte de Gaulle an die Macht, der Verhandlungen mit der FNL einleitete. Im September 1958 bildete sich in Kairo eine Exilregierung. Am 18. 3. 1962 wurde in Evian ein Waffenstillstand geschlossen und am 3. 7. 1962 die unabhängige Republik Algerien ausgerufen, deren 1. Präsident Ahmed Ben Bella wurde.

1878, 5–7   *da überfielen Truppen . . . Schweinebucht von Cuba* – Gescheiterte Invasion von Exilkubanern unter Führung des früheren kubanischen Ministerpräsidenten José Miró Cardona im April 1961, die von der CIA geplant und unterstützt worden war.

1878, 8 f.   *mauerte jene Partei . . . Stadt Berlin ein* – s. K. 74, 12; 927, 24.

1878, 10 f.   *ob es Tote . . . den nächsten Jahren* – »Am 25. August [1961] wurde der erste Flüchtling von Volkspolizisten in Berlin erschossen, er hatte versucht, durch den Humboldt-Hafen nach West-Berlin zu schwimmen. Bis zur Öffnung der Mauer am 9. November 1989 waren im Westen 79, nach anderen Angaben 102 Maueropfer bekannt, davon 60 von DDR-Grenzorganen erschossen. Erste Überprüfungen der inzwischen zugänglichen DDR-Archive haben gezeigt, daß von einer viel höheren Zahl ausgegangen werden muß«, Weidenfeld/Korte (1993), S. 457.

1878, 12–33   *Im Dezember verlor . . . Gewinn zu vermasseln* – s. 1764, 37 f.

1878, 13   *East River* – s. K. 20, 29 f.

1878, 25   *Londoner Schuldenabkommen 1952* – Das Abkommen vom 27. 2. 1953 [sic] regelte die dt. Auslandsschulden nach dem 2. Weltkrieg, bezog sich auf private und öffentliche Verbindlichkeiten, die vor und während des Krieges eingegangen worden waren; Schuldbeträge wurden in voller Höhe gefordert, die Zinsbeträge gesenkt.

1878, 27   *Miss . . . Crespel* – s. 631, 6 f., 22, 28.

1878, 36   *braunen Stränden von Oregon* – Bekannt ist die Dünenlandschaft (Nationalpark) mit bis 150 m hohen Sanddünen zwischen Florence und Coos Bay.

1879, 8   *Corvallis* – Stadt in Oregon, ca. 125 km südwestlich von Portland.

1879, 12   *R x R* – Schild für Railroad Crossing: Bahnübergang.

1879, 13   *NO XING* – Amerik. Straßenschild: no crossing: Fahrbahn nicht überqueren.

1879, 23–28   *Dann kam Anita . . . Kronen einzuwechseln sucht* – s. 12, 24–31.

1879, 25 f.   *Wilson-Bahnhof . . . ist in Střed* – Prager Hauptbahnhof; s. K. 12, 25 f.; 12, 27 f. In der zweibändigen Taschenbuchausgabe fehlt der Akzent auf »Střed«.

1880, 4–6   *eines Bürohauses, zusammengesetzt . . . der Vereinigten Staaten* – U. S. Plywood Building, 777 Third Ave. zwischen East 48. und 49. Street; 1963 nach einem Entwurf von William Lescaze erbaut; ein Foto des Gebäudes befindet sich in: Stern/Mellins/Fishman (1997), S. 427; vgl. Johnson, Büchner-Preis-Rede, S. 67: »Der Anblick des Gebäudes ›Sperrholz von Amerika und Papiere von Champion‹, dennoch erbaut aus Stahl und Glas und Beton«.

1880, 13 f.   *Sozialen Sicherheit* – (engl. wörtl. übersetzt) Social Security, das amerik. Sozial-amt.

1880, 16   *groß wie ein Schlagballfeld* – Das Spielfeld für Baseball ist ein Quadrat von 27,45 m Seitenlänge.

1880, 26 f.   *social security number* – (engl.) Sozialversicherungsnummer. In den USA neben dem Führerschein eine wichtige Ausweismöglichkeit, da weder Registrie-rung noch Personalausweis vorgeschrieben sind.

1880, 36 f.   *Book of the Times* – In der Sonntagsausgabe der NYT wird jeweils ein Werk als »Book of the Times« vorgeschlagen.

1880, 38   *gekascht* – s. K. 1125, 33.

1881, 1   *Wegen Bescheidwissen über günstige Wetterschwankungen* – Anspielung auf die Sprache der Mafia; ähnlich der Verwendung des »Wetters« in dem Film »Breakfast at Tiffany's«, wo ein inhaftierter Mafioso als Wetterberichte ge-tarnte »Geschäftsnachrichten« erhält und weitergibt.

1881, 6   *Ballantine* – Ballantine's; schottische Whiskymarke.

1881, 19 f.   *auf eine Insel getan haben* – Vermutlich die Gefängnisinsel Rikers Island; s. K. 1127, 31.

1881, 22   *Bundeskriminalamt* – s. K. 300, 29.

1881, 29 f.   *ein öffentlicher Feiertag... ein legaler ist* – Öffentlicher Feiertag: (brit. Engl.) public holiday, (amerik. Engl.) legal holiday.

1882, 1   *Klingeljunge* – (engl. wörtl. übersetzt) bellboy: Hotelpage.

1882, 21–28   *Im Juli 1964... Holzknüppeln, Revolvern, Tränengas* – »Polizeileutnant Thomas Gilligan, 36 Jahre alt, 1,83 Meter groß, zwei Zentner schwer, hatte dienstfrei und schlenderte in Zivil durch New Yorks Deutschamerikaner-Viertel York-ville. Plötzlich hörte er hinter sich Geschrei und Gelärme; eine Rotte farbi-ger Halbwüchsiger schleuderte Flaschen und Mülltonnendeckel auf den weißen Mann. Vornübergebeugt, die Arme schützend um den Kopf ge-schlungen, flüchtete der Weiße in den nächsten Hauseingang. Drei flaschen-schwingende Negerjungen folgten ihm [...]. ›Stehenbleiben!‹ befahl der hü-nenhafte Gilligan dem schmächtigen Burschen. James Powell ging weiter. Sekunden später lag er tot auf der Straße [...]. Eine Eliteeinheit von 400 mit Stahlhelmen, Holzknüppeln, Revolvern und Tränengas ausgerüsteten Polizi-sten [...] raste in nachtblauen Mannschaftswagen der New Yorker Polizei nach Harlem. [...] Ein Hagel von Pflastersteinen, Eisenträgern und Molo-tow-Cocktails warf sie zurück. [...] Vier Nächte und drei Tage tobte die Schlacht von Harlem«, DER SPIEGEL 3.8.1964, S.48 f.; Harlem: s. K. 23, 17.

1882, 25   *Cocktails à la Molotow* – s. K. 54, 22.

1882, 26 f.   *Blauen Jungs von New York* – s. K. 13, 17.

1882, 30 f.   *1965 im März . . . Viet Nam, Napalm* – Am 6. 2. 1965 begannen die intensiven Luftangriffe der USA gegen Nordvietnam mit großen Opfern unter der Zivilbevölkerung; Napalm: s. K. 230, 2.

1882, 35 f.   *Als am 9. November . . . Norden der U. S. A.* – Acht US-Staaten im Nordosten und die kanadische Provinz Ontario waren von dem Zusammenbruch des Stromverbundnetzes CANUSE am 9. 11. 1965 betroffen. In Manhattan fiel der Strom genau 12 Stunden aus.

1882, 38–   *den August 1959 . . . zur 110. Straße* – Der Stromausfall dauerte zwischen acht
1883, 2   und 14 Stunden und betraf ein Gebiet von 13 Quadratkilometern im oberen Manhattan.

1883, 5 f.   *Für die Verdunkelung . . . seine ureigene Geschichte* – Z. B. diese: »After trimming the ends of some loose wires in readiness for the house-painters next day, a Manhattan housewife saw the whole city go black and gasped: ›What have I done now?‹«, TIME 19. 11. 1965, S. 21.

1883, 9–11   *erzählt sie von . . . Detroit aufgeschwatzt habe* – »Some 80,000 stranded commuters slept in cavernous railroad stations. At Grand Central, one man was determined to get something more comfortable than a marble bench. ›Kind of jokingly, I suggested he take a sleeper to Detroit on our Wolverine Express,‹ said Ticket Seller Fred Hopkins. ›So what does he do but buy a ticket!‹«, TIME 19. 11. 1965, S. 23.

1883, 13 f.   *Niagara-Kraftwerke* – Niagara-Fälle: s. K. 89, 15.

1883, 15 f.   *hängt einer fest . . . den Bürgerkrieg veranstaltet* – »Many clung stubbornly to the belief it was all a Government-ordered test to see if Americans could stand up to an air raid«, TIME 19. 11. 1965, S. 21.

1883, 21 f.   *Copter-Club* – s. K. 324, 29–31.

1883, 22   *Hochhauses, das die PanAmerican* – s. K. 324, 25.

1883, 31   *Eisenbahnen New Haven und Grand Central* – Hier im Sinne von »von den Bahnhöfen«; New Haven: s. K. 9, 6 f.; Grand Central: s. K. 10, 28 f.

1883, 33   *Newsweek-Hauses* – s. K. 852, 20.

1883, 34   *77°* – Fahrenheit, 25° Celsius; s. K. 22, 39–23, 1.

1884, 5–9   *Every body here . . . against small nations* – (engl.) Jeder lebt hier am Rande des Verbrechens. Und ein Verbrechen zieht das nächste nach sich [. . .] (Gewalttätigkeit der Polizei, Verherrlichung von Missetaten, Gewalt gegenüber kleinen Ländern).

1884, 9   *Morde wie den von Chicago* – s. K. 1307, 16.

1884, 10 f.   *Der nächste Mord . . . bevor in Austin* – s. K. 1307, 18.

1884, 20   *Grahambrot* – Weizenschrotvollkornbrot in Kastenform, ursprünglich ohne Hefe oder Sauerteig gebacken; genannt nach dem amerik. Arzt S. Graham (1794–1851).

1884, 33 f.   *Krankenhaus des Heiligen Lukas* – s. K. 573, 26 f.

1885, 3 f.   *bei der Polizei . . . Broadway im Süden* – Beim Immigration and Naturalization Service (District No. 3), 20 West Broadway, New York, N. Y. 10 007 zwischen Exchange Place und Wall Street. Ein Foto des Gebäudes befindet sich in Stern/Mellins/Fishman (1997), S. 171.

1885, 7   *in that wonderful country, Germany* – (engl.) in diesem wunderbaren Land, Deutschland.

1885, 11   *København* – (dän.) Kopenhagen; s. K. 710, 2.

1885, 17 f.   *Sandgrau, die Löwenfarbe New Yorks* – Anspielung auf die grauen Steinlöwen, die sich in der Stadt finden, z. B. vor der Public Library.

1885, 19–24   *1968 haben wir . . . Ambulanz und Polizei* – s. 705, 6–11.

1885, 27   *Yes Ma'am* – (engl.) Ja, gnä' Frau.

1886, 11   *Platze Ruzyně* – Am späten Abend des 20. 8. 1968 landeten die ersten Truppen der Invasionsarmee auf dem Prager Flughafen Ruzyně; s. K. 1075, 31–34; 1075, 32.

1886, 17   *Morningside Heights* – s. K. 573, 21 f.

1887, 4   *All the way down* – (engl.) Bis ganz nach unten.

1887, 6 f.   *Make room for . . . for the child* – (engl.) Lassen Sie die Dame durch! Lassen Sie das Kind durch!

1887, 12   *PanAmerican-Anbau* – s. K. 324, 25.

1887, 18   *Madison Avenue* – s. K. 76, 8 f.

1887, 23   *Graybar Building* – s. K. 127, 31.

1887, 24   *unter das Tonnengewölbe* – s. K. 10, 28 f.

1887, 29   *die Strecke zwischen den Friedhöfen* – s. K. 79, 19–35.

1887, 33 f.   *der letzte, der endgültige Aufruf* – s. K. 1888, 1.

1887, 34 f.   *Passagererne bedes begive . . . the gate now* – (dän., engl.) übersetzt im Text.

20. 8. 1968

1888, 1   *Last and Final* – (engl.) Zuletzt und endgültig; s. 1887, 33 f.; vgl. BU, S. 426; Helbig (1996a).

1888, 4   *Damasttischtuch* – s. K. 1591, 32.

1888, 9 f.   *Klampenborg* – s. K. 787, 10.

1888, 12 f.   *De har vist . . . en stor teneste* – (dän.) Sie haben mir einen großen Dienst erwiesen (richtig: tjeneste).

1888, 14   *Ingen årsag* – (dän.) Keine Ursache.

1888, 20   *Nein! Nein! So . . . Leute aus Mecklenburg* – s. 268, 5–19.

1888, 23 f.   *I am very . . . of your stories* – (engl.) Ich freue mich sehr, Sie kennenzulernen, Dr. Kliefoth. Meine Mutter hat mir einige Ihrer Geschichten erzählt.

1888, 27   *D'accord, mine leewe Fru Cresspahl* – (frz. und nd.) Einverstanden, meine liebe Frau Cresspahl.

1888, 30   *schickt sie ihm einen Ausweis* – Nach dem 13. 8. 1961 war im Regelfall eine Reise ins westliche Ausland für DDR-Bürger unmöglich. Als seit dem 2. 11. 1964 Rentnern Besuchsreisen gestattet wurden, stellten die Behörden der BRD Besuchern aus der DDR »Personaldokumente« zur Weiterreise in benachbartes westliches Ausland aus und verstießen damit gegen das DDR-Paßgesetz. Seit dem 15. 10. 1965 konnten Rentner der DDR Besuchsreisen zu im Ausland lebenden Verwandten beantragen, bis zu vier Wochen in europäische, bis zu drei Monaten in außereuropäische Länder. Ohne den Nachweis naher Verwandtschaft in Dänemark wäre Kliefoth die Ausreise nicht genehmigt worden.

1888, 31   *nüms nich* – (nd.) niemals nichts.

1889, 5   *N goden Minschen . . . seggt wi sülbn* – (nd.) Ein guter Mensch ist sie; das sagen wir selber (auch).

1889, 10 f.   *wunnert ein' sick . . . Jerichow orre Gneez* – (nd.) wundert man sich. Es gibt keinen geräucherten Aal in Jerichow oder in Gneez.
Neben Klopapier und Südfrüchten war Räucheraal sprichwörtliche Mangelware in der DDR.

1889, 12   *jo wat vertelln bi her* – (nd.) ja was erzählen nebenher.

1889, 13   *Hvad ønsker herskabet* – (dän.) Was wünscht die Herrschaft?

1889, 15 f.   *hvilken vin vil . . . os til det* – (dän.) welchen Wein wollen Sie uns dazu empfehlen?

1889, 26   *wie ein Toter* – s. K. 1177, 11–38.

1889, 28   *Was ist gesprochen . . . meines Vaters Grab* – Vgl. Manuskriptfragment 195, im Johnson-Archiv: »Ein treuer Diener der Republik: habt ihr gesagt./In den Kasten haben sie reingeschmissen was gerade so kam glaubssu nich?/Ihr habt gesagt: Er ist einer der wenigen, die den Sozialismus begriffen haben: das war der Bürgermeister, dem die Bürger das nicht gesagt hatten, und der vergessen wird, dass er das meisterte./Am Grabe wurde sonst nichts gesprochen. Ausgenommen, dass einer der Altbürgermeister einem Freunde gegenüber zu verstehen gab: wenn die Leiche noch einen Arsch gehabt hätte, dann hätten sie angeleckt. Es ist am Grabe übrigens viel gesprochen worden./Nun macht ihn lebendig! Die Idee ist unbesieglich, wenn sie die Massen ergreift. Es war bloss Einer. Nun macht ihn lebendig!« Manuskriptfragment 294/203–64, im Johnson-Archiv:»Gesine: Es sollte aber am Grabe nicht gesprochen werden. Die sollten sich alleine ihr Letztes denken über C«.

1889, 30 *Hev ick ein P voerschræun* – (nd.) Habe ich ein P davorgeschrieben; s. K. 1596, 39.

1889, 37 *Dolmetscherschulen* – s. K. 1858, 36 f.; s. 1137, 28 f.

1890, 6 f. *barften Beinen* – barft: (nd.) barfuß, bloß; s. K. 840, 2.

1890, 17 f. *Einfahrt nach Rostock... dem Alten Strom* – Der Neue Strom war die Einfahrt zu dem in den fünfziger Jahren stark erweiterten Rostocker Hafen, die auch von den Fährschiffen genutzt wurde. Der Alte Strom war Segel- und Fischereibooten mit geringem Tiefgang vorbehalten.

1890, 18 *Doberaner Wald* – In den Taschenbuchausgaben korrigiert in: Doberaner Forst. Bad Doberan, 12 km westlich von Rostock gelegen, der Wald erstreckt sich von Doberan bis zur Küste bei Heiligendamm.

1890, 20 *Neustrelitz* – s. K. 271, 32.

1890, 20 *Malchin* – s. K. 633, 24.

1890, 23 f. *aber Herr Rohlfs... an der Majorsecke* –Vgl. MJ; BU, S. 407:»Der Mann, der sich Mesewinkel nannte oder auch Rohlfs, in einem dienstlichen Auftrag hätte er auftreten können in New York, aber der war an der Majorsecke auf seine Art gescheitert, in Ungnade seit Februar 1962«.

1890, 24 *Majorsecke* – Berufsoffiziere, die sich nicht als Stabsoffiziere qualifizieren konnten, mußten bis zu ihrem Ausscheiden aus dem Dienst auf der Rangstufe eines Hauptmanns bleiben.

1890, 24–29 *Nur auf Durchreise... Åpen un ihrlich* – Textvariante der (letzten?) Umbruchkorrektur:»Auf dem Bahnhof Friedrichstraße hat man mir mitgeteilt: Sie sind in der Deutschen Demokratischen Republik unerwünscht. – Heute würde es heißen, Fru Cresspahl: So sind wir richtig, Sie sind so richtig; bleiben Sie wo Sie sind und helfen Sie der Weltrevolution von New York aus«; vgl. Johnson, RE, S. 1890.

1890, 29 *Åpen un ihrlich* – (nd.) Offen und ehrlich!

1890, 30 *Dem alten Mann... an die Brustwarzen* – s. K. 176, 4 f.

1891, 3–7 *Einmal hatt ich... ein einziges Mal* – s. 1018, 30–33.

1891, 8–11 *Må jeg bede... er til Dem* – (dän.) Richtig: Der er nok...: – Darf ich um Ihren Paß bitten? Da wäre noch Ihre Unterschrift, den Rest regle ich. – Sie sind sehr liebenswürdig. Wieviel macht das alles in allem? Der Rest ist für Sie.

1891, 16 f.   *Gesetze des Werdens . . . diesem Gesetze vergehen* – Vgl. undatiertes Manuskriptfragment, im Johnson-Archiv: »Im Grunde wissen wir vom Leben gar nichts,
als dass, wie die Buddhisten schon erkannten, alles, was dem Gesetze des Werdens unterliegt, dem der Vernichtung untersteht. Ob dann einer die menschliche Grösse Friedrich Schillers hatte oder am anderen Ende der möglichen
Reihe stand, ist dann belanglos.«
Die Vorlage dieser Stelle ist ein Brief des Orientalisten Friedrich Weller, des
Leipziger Lehrers von Elisabeth Johnson, vom 18. 8. 1969. Dort heißt es: »Im
Grunde wissen wir vom Leben gar nichts, als dass, wie die Buddhisten schon
erkannten, alles, was dem Gesetze des Werdens unterliegt, dem der Vernichtung untersteht. [. . .] Das Leben ist eine seltsame Angelegenheit, dem der
Mensch gegenübersteht, wie der Jüngling dem verhängten Bilde von Sais. Es
geht mir soweit gut. Ich muss dem Geschicke dankbar dafür sein, mich so gnä-
dig behandelt zu haben. Aber das kann sich jeden Tag ändern.«
Vgl. auch den Satz »Es hat ein Ende mit dem Werden [. . .]«, Johnson, Mir
bleibt nur, S. 77; Auerochs (1994), S. 241; Mecklenburg (1997), S. 331 f.

1891, 21   *mine leeve Fru Cresspahl* – (nd.) meine liebe Frau Cresspahl.

1891, 24   *Geschichte ist ein Entwurf* – Vgl. Manuskriptfragment 203–64, im Johnson-Archiv: »Gesine: Es sollte aber am Grab nicht gesprochen werden. Die sollten
sich alleine ihr Letztes denken über C
Jakob: Weisst du das nicht? Creutz hat sich das Grab gerichtet als Ausstellung,
und führt die Kunden immer dahin, und jedesmal sagt er: So schön möcht
ich mal liegen. [. . .]
Klaus B.: Die ganze Geschichte ist ein Entwurf.«
B. steht vermutlich für Baumgärtner, einen Studienfreund Johnsons.
U. Neumann deutet den Satz als Anspielung auf Max Frischs »Unsere Gier
nach Geschichten«; B. Scheuermann interpretiert den Satz im Zusammenhang mit zwei Äußerungen Jean-Paul Sartres; vgl. Neumann, U. (1992),
S. 126; vgl. Helbig (1995), S. 132 f.; Helbig (1996a), S. 117; Scheuermann
(1998), S. 429–431.

1891, 25–27   *Wie es uns . . . es Ihnen überreichen* – Zur Manuskriptübergabe vgl. Butzer
(1995), S. 150; Helbig (1996a), S. 100 f., Schmidt (1998), S. 311 f.

1891, 26   *1875 Seiten* – In den Fahnen stehen statt der Zahl drei Punkte, und Uwe
Johnson hat handschriftlich hinzugefügt: »Nummer der Seite, auf der die
Punkte erscheinen«. Das wäre 1891 gewesen. In einer letzten Korrektur, die
wir nicht rekonstruieren konnten, hat sich Johnson dagegen entschieden und
verweist nun auf den ›Anfang vom Ende‹ des Romans; vgl. Helbig (1995),
S. 131 f.; Helbig (1996a), S. 100 ff.

1891, 28–31   *Was soll uns . . . an aus Prag* – Vgl. 1. Fassung, JT 4 (1. Fassg./1) (100), im Johnson-Archiv: »Was soll uns geschehen mit einer Fluglinie, die hat als internationales Kennzeichen die Buchstaben O und K. O. K.?«

1891, 30   *den Buchstaben O . . . gebucht sind, O. K.* – Wortspiel mit der Abk. der tschechos. Fluggesellschaft Czech Airlines (ČSA) im internationalen Flugverkehr
und O. K. (engl.) Einverstanden.

1891, 31   *Heute abend rufen . . . an aus Prag* – Am Abend des 20. 8. 1968 besetzte eine
sowj. Luftlandedivision den Prager Flughafen Ruzyně, der daraufhin für
einige Zeit geschlossen war. Gleichzeitig marschierten Truppen der Warschauer Pakt-Staaten, die sich seit den Manövern noch auf tschechos. Territorium befanden, nach Prag und besetzten es. Die Regierung der ČSSR protestierte, setzte sich aber nicht zur Wehr und rief die Bevölkerung auf, Ruhe zu
bewahren. Es wurde im wesentlichen nur passiver Widerstand geleistet. Die
politische Führung um Dubček und Svoboda wurde zwangsweise nach Moskau gebracht und genötigt, eine Erklärung zu unterschreiben, die die politischen und gesellschaftlichen Veränderungen der letzten Monate rückgängig
machte. Nach Prag zurückgekehrt, wurden sie schrittweise entmachtet und
durch moskautreue Politiker ersetzt; vgl. NYT 21. 8. 1968.
Nach einer Erklärung der sowj. Nachrichtenagentur TASS vom 21. 8. 1968
hätten »Persönlichkeiten der Partei und des Staates« die Sowjetunion um
Hilfe, einschließlich Hilfe durch bewaffnete Kräfte, gebeten, um die sozialistische Staatsordnung nicht durch konterrevolutionäre Kräfte zu gefährden.
Es wird angenommen, daß hinter dem »Hilferuf«, wenn es ihn gegeben hat,
die Gruppe um die orthodoxen Politiker Bilak, Indra und Kolder stand. Den
Beschluß zum Einmarsch in die ČSSR traf das Politbüro der KPdSU am 17.
und 18. 8. 1968; vgl. Kugler (1976), S. 54–61.

1891, 32 f.   *Will you take . . . and Mrs. Cresspahl* – (engl.) Wirst du gut auf meine Freundin
aufpassen, die deine Mutter ist und Frau Cresspahl? – Ähnliche Wendungen
finden sich am Ende von Bd. 1 und Bd. 2: s. K. 478, 6; 1008, 32 f.

1891, 36–39   *Beim Gehen an . . . das ich war* – s. K. 7, 1–12; das Kind, das ich war: s. K. 8, 35.

1892, 1 f.   *[29. Januar 1968, New York, N. Y. – 17. April 1983, Sheerness, Kent]* – Zur Datierung von Schreibbeginn und -ende vgl. BU, S. 406, 425 f.; MHC, S. 108:
»Am 20. August 1967 war Gesine an der See, in New Jersey. Diesen Tag hat
der Schriftsteller als ersten genommen. Und weil er ein Buch aus Jahrestagen
machen wollte, hörte er genau ein Jahr später auf. Das ist das Ende.«

Quellen- und Siglenverzeichnis zu Texten
Uwe Johnsons

A Letter – A Letter from Abroad, in: Dimension 2., hg. von Ingo R. Stoehr, Vol. 1, No. 2, 1994, S. 273–280.

Anniversaries – Anniversaries. From the Life of Gesine Cresspahl, Volume I and II, New York 1975, 1987.

Auskünfte für eine Übersetzerin – Auskünfte für eine Übersetzerin. Zum Briefwechsel zwischen Uwe Johnson und Leila Vennewitz. Bearbeitet von Eberhard Fahlke und Jeremy Gaines, in: Fahlke (1988a), S. 315–351.

Beauftragt – Barbara Bronnen: »Beauftragt, Eindrücke festzustellen.«, in: Fahlke (1988a), S. 257–262.

Bengel (1985) – Bengel, Michael (Hg.): Johnsons »Jahrestage«, Frankfurt am Main 1985.

Berliner Stadtbahn – Berliner Stadtbahn (veraltet), in: BS, S. 7–21.

BS – Berliner Sachen, Frankfurt am Main 1975.

BU – Begleitumstände. Frankfurter Vorlesungen, Frankfurt am Main 1980.

Büchner-Preis-Rede – Rede anläßlich der Entgegennahme des Georg-Büchner-Preises 1971, in: Bengel (1985), S. 53–72.

DBA – Das dritte Buch über Achim, Frankfurt am Main 1973.

Dead Author's Identity – Dead Author's Identity In Doubt; Publishers Defiant, in: PE, S. 28–37.

Ein Brief aus New York – Ein Brief aus New York (1967), in: Bengel (1985), S. 30–34.

Ein Teil von New York – Ein Teil von New York, in: Bengel (1985), S. 35–52.

Ein unergründliches Schiff – Ein unergründliches Schiff, in: Insel-Geschichten, S. 19–40.

Ein verkannter Humorist – »Ein verkannter Humorist«. Gespräch mit A. Leslie Willson, in: Fahlke (1988a), S. 281–299.

Einatmen und hinterlegen – Einatmen und hinterlegen, in: PE, S. 58–61.

Eine Kneipe geht verloren – Eine Kneipe geht verloren, in: BS, S. 64–94.

Eine Reise wegwohin – Eine Reise wegwohin, 1960, in: KP, S. 29–81.

Einer meiner Lehrer – Einer meiner Lehrer, in: PE, S. 13–22.

Entwöhnung – »Entwöhnung von einem Arbeitsplatz«. Klausuren und frühe Prosatexte, hg. von Bernd Neumann, Frankfurt am Main 1992 (Schriften des Uwe Johnson-Archivs Bd. 3).

Erzähler – »Wo ist der Erzähler auffindbar?« Gutachten für Verlage 1956–1958, hg. von Bernd Neumann, Frankfurt am Main 1992 (Schriften des Uwe Johnson-Archivs Bd. 4).

Fahlke (1988a) – Fahlke, Eberhard (Hg.): »Ich überlege mir die Geschichte . . .«. Uwe Johnson im Gespräch, Frankfurt am Main 1988.

Fahlke (1999) – Fahlke, Eberhard (Hg.): Der Briefwechsel Max Frisch/Uwe Johnson 1964–1983, Frankfurt am Main 1999.

Geschenksendung, keine Handelsware – Geschenksendung, keine Handelsware, in: KP, S. 23–28.

Good Morning, Mrs. Bachmann – Good Morning, Mrs. Bachmann. Uwe Johnson schreibt Ingeborg Bachmann, in: du. Die Zeitschrift der Kultur, 1994, Heft 9: Ingeborg Bachmann. Das Lächeln der Sphinx, S. 56–62.

Hoffentlich habe ich Sie überzeugen können – »Hoffentlich habe ich Sie überzeugen können von der Wahrheit«, in: Fahlke (1988a), S. 143–146.

HNJ – Heute Neunzig Jahr. Aus dem Nachlaß hg. von Norbert Mecklenburg, Frankfurt am Main 1996.

IB – Ingrid Babendererde. Reifeprüfung 1953, Frankfurt am Main 1985.

Ich fabriziere keinen Text – Harald Gröhler: »Ich fabriziere keinen Text, ich schreibe ihn.«, Fahlke (1988a), S. 250–252.

Ich über mich – Ich über mich (Rede zur Aufnahme in die Deutsche Akademie für Sprache und Dichtung), in: Gerlach/Richter (1984), S. 16–21.

Ihrem grossen Dichter – »Ihrem grossen Dichter – die Deutschen in Amerika«, in: Fahlke (1988a), S. 147 f.

Insel-Geschichten – Insel-Geschichten, hg. von Eberhard Fahlke, Frankfurt am Main 1995 (Schriften des Uwe Johnson-Archivs Bd. 5).

Jonas zum Beispiel – Jonas zum Beispiel, in: KP, S. 82–84.

KP – Karsch und andere Prosa, mit einem Nachwort von Walter Maria Guggenheimer, Frankfurt am Main 1964.

Lübeck habe ich ständig beobachtet – Lübeck habe ich ständig beobachtet, in: Fahlke (1988a); S. 79–85.

Marthas Ferien – Marthas Ferien, in: Versuch, einen Vater zu finden. Marthas Ferien, hg. von Norbert Mecklenburg, Frankfurt am Main 1988, S. 35–50.

MHC – MARIE H. CRESSPAHL, 2.–3. Januar 1972, in: Fahlke (1988a), S. 90–110.

Mir bleibt nur – »Mir bleibt nur, ihr zu danken.« Zum Tod von Hannah Arendt, in: PE, S. 74–77.

MJ – Mutmassungen über Jakob, Frankfurt am Main 1959.

Notizheft – Notizheft: »Three in One«, in: Dimension^2, hg. von Ingo R. Stoehr, Vol. 1, No. 2, 1994, S. 292–309.

Osterwasser, in: KP, S. 7–17.

PE – Portraits und Erinnerungen, hg. von Eberhard Fahlke, Frankfurt am Main 1988.

RE – Jahrestage. Aus dem Leben von Gesine Cresspahl, Bd. 4, Frankfurt am Main, Rezensionsexemplar.

Rede zum Bußtag – Rede zum Bußtag. 19. November 1969, in: BS, S. 44–51.

RK – Eine Reise nach Klagenfurt, Frankfurt am Main 1974.

Schultafel – »Schultafel« – Hann Trier zum vierundsechzigsten Geburtstag, in: PE, S. 83–86.

SV – Skizze eines Verunglückten, Frankfurt am Main 1982.

Thomas Otway – Thomas Otway: »Venice Preserved« & Literatur im Englischen XVII. [Jahrhundert], in: Entwöhnung, S. 31–61.

Tonio Kröger las ich als erstes – »*Tonio Kröger* las ich als erstes.«, in: Fahlke (1988a), S. 77 f.

Twenty-five years – Twenty-five years with Jake, a. k. a. Bierwisch, in: PE, S. 95–108.

Über eine Haltung – Über eine Haltung des Protestierens, in: BS, 95 f.

VV – Versuch, einen Vater zu finden, in: Versuch, einen Vater zu finden. Marthas Ferien, hg. von Norbert Mecklenburg, Frankfurt am Main 1988, S. 7–33.

Wenn sie mich fragen – Wenn Sie mich fragen... (Ein Vortrag), in: Fahlke (1988a), S. 51–64.

Wie es zu den *Jahrestagen* gekommen ist – Wie es zu den *Jahrestagen* gekommen ist, in: Fahlke (1988a), S. 65–71.

ZA – Zwei Ansichten, Frankfurt am Main 1965.

Zimmer (1985) – Zimmer, Dieter E.: Eine Bewußtseinsinventur (1971), in: Bengel (1985), S. 99–105.

Zurück in die Heimat – Zurück in die Heimat und weg aus ihr, in: du. Die Zeitschrift der Kultur, 1992, Heft 10: Uwe Johnson. Jahrestage in Mecklenburg, S. 68–71.

Quellen- und Siglenverzeichnis

ADAC Special Nr. 10: New York, München September 1992.

Adams, Willi Paul u. a. (Hg.): Länderbericht USA, Bonn ²1992.

AdG – Keesings Archiv der Gegenwart, Bonn 1931 ff.

Adorno (1969) – Adorno, Theodor W.: Reflexionen aus dem beschädigten Leben, Frankfurt am Main 1969 (in Johnsons Bibliothek).

Adorno, Theodor W.: Gesammelte Schriften, Frankfurt am Main 1973 ff.

Aepinus, F. J.: Die Geschichte von Meklenburg für Jedermann, in einer Folge von Briefen, Neubrandenburg 1791–98.

Afanasjew (1985) – Afanasjew, Alexander N.: Russische Volksmärchen, Gesamtausgabe in zwei Bänden, München 1985.

Agricola, Erhard unter Mitwirkung von Görner, Herbert und Küfner, Ruth (Hg.): Wörter und Wendungen, Leipzig 1970.

AIA Guide (1968) – White, Narval/Willensky, Elliot: AIA Guide to New York, New York 1968 (in Johnsons Bibliothek).

AIA Guide (1988) – White, Narval/Willensky, Elliot: AIA Guide to New York, New York ³1988.

Alber (1990) – Alber, Martin: Gesine Cresspahl und die New York Times. Zeitungstexte in Uwe Johnsons Roman Jahrestage, Diss. Münster 1990.

Aleff, Eberhard (Hg.): Das Dritte Reich, Hannover ¹⁰1979.

Allgemeine Deutsche Biographie (ADB), hg. durch die Historische Commission bei der Königlichen Akademie der Wissenschaften, Leipzig 1875–1912.

Altman, Jack/Ziporyn, Marvin: Born to Raise Hell. The untold story of Richard Speck, the man, the crime, the trial, New York 1967 (in Johnsons Bibliothek).

Aly, Götz/Heim, Susanne: Vordenker der Vernichtung. Auschwitz und die deutschen Pläne für eine neue europäische Ordnung, Hamburg 1991.

American Law (1984) – The Guide to American Law. Everyone's Legal Encyclopedia, Bd. 1–12, St. Paul 1984.

Ammer (1969) – Ammer, Thomas: Universität zwischen Demokratie und Diktatur. Ein Beitrag zur Nachkriegsgeschichte der Universität Rostock, Köln 1969 (in Johnsons Bibliothek).

Amrose (1989) – Amrose, Stephen E.: Nixon, Bd. 2: The Triumph of a Politician 1962–1972, New York 1989.

Amtsblatt der Militärregierung Deutschland Britisches Kontrollgebiet.

Andersch (1961) – Andersch, Alfred: Sansibar oder der letzte Grund, Olden 1961.

Andersen, Hans Christian: Sämtliche Märchen und Geschichten, 2 Bde., Leipzig 1982.

Anderson, Edith: Der Beobachter sieht nichts. Ein Tagebuch zweier Welten, Berlin (Ost) 1972 (in Johnsons Bibliothek).

Arndt (1997) – Arndt, Gudrun: Spaziergänge durch das literarische New York, Zürich 1997.

Arnim, Achim von/Brentano, Clemens: Des Knaben Wunderhorn. Alte deutsche Lieder, gesammelt von L. Achim von Arnim und Clemens Brentano, in: Clemens Brentano: Sämtliche Werke und Briefe, Bd. 6–8, hg. von Heinz Rölleke, Stuttgart 1975 ff.

Arnim, Gabriele von/Mayor, Bruni: New York, Köln ⁹1988.

Auerochs (1994) – Auerochs, Bernd: Erzählte Gesellschaft. Theorie und Praxis des Gesellschaftsromans bei Balzac, Brecht und Uwe Johnson, München 1994.

Auerochs (1997) – Auerochs, Bernd: »Alles das brachte die verlorene Zeit nur wieder als einen Gedanken«. Proustbezüge und Proustkritik in Uwe Johnsons Jahrestagen, in: Germanisch-Romanische Monatsschrift 47, 1997, S. 431–448.

Bachmann, Ingeborg: Werke, hg. von Christine Koschel, Inge von Weidenbaum, Clemens Münster, München 1978 (in Johnsons Bibliothek).

Bächthold-Stäubli (1987) – Handwörterbuch des deutschen Aberglaubens, hg. von Hanns Bächthold-Stäubli unter Mitwirkung von Eduard Hoffmann-Krayer, mit einem Vorwort von Christoph Daxelmüller, Berlin 1927–42, unveränderter photomechanischer Nachdruck, Berlin 1987.

Baedekers (1922) – Baedekers Die Deutsche Ostseeküste. Ein Handbuch für Reisende, Leipzig 1922.

Baedekers Allianz Reiseführer: New York (1988), Ostfildern-Kemnat bei Stuttgart ³1988.

Baedekers Norddeutschland (1936) – Baedekers Norddeutschland. Reisehandbuch für Bahn und Auto, Leipzig 1936 (in Johnsons Bibliothek).

Bagrow, Leo: Die Geschichte der Kartographie, Berlin 1951.

Bahlow (1972) – Bahlow, Hans: Deutsches Namenlexikon, Frankfurt am Main 1972 (in Johnsons Bibliothek).

Bahlow, Hans: Mecklenburgisches Namenbüchlein. Ein Führer durch Mecklenburgs Familiennamen, Rostock 1932 (in Johnsons Bibliothek).

Baily, Eric and Ruth: New York (Thomas Cook Reiseführer), München ²1996.

Baker (1993a) – Baker, Gary Lee: (Anti-) Utopian Elements in Uwe Johnson's Jahrestage: Traces of Ernst Bloch, in: The Germanic Review 68, 1993, S. 32–45.

Baker (1993b) – Baker, Gary Lee: The Influence of Walter Benjamin's Notion of Allegory on Uwe Johnson's Jahrestage: Form and Approach to History, in: The German Quarterly 66, 1993, S. 318–329.

Baker (1995) – Baker, Gary Lee: Die Poetisierung der Geschichte in Uwe Johnsons »Jahrestage«, in: Carsten Gansel/Nicolai Riedel (Hg.): Uwe Johnson zwischen Vormoderne und Postmoderne. Internationales Uwe-Johnson-Symposium, 22.–24. 9. 1994, Berlin 1995, S. 143–151.

Baran/Sweezy (1967) – Baran, Paul/Sweezy, Paul: Monopolkapital, Frankfurt am Main 1967 (in Johnsons Bibliothek).

Bardong, Matthias/Demmler, Hermann/Pfarr, Christian: Das Lexikon des deutschen Schlagers, München ²1993.

Baring (1965) – Baring, Arnulf: Der 17. Juni 1953, Köln 1965 (in Johnsons Bibliothek).

Baring (1982) – Baring, Arnulf: Im Anfang war Adenauer. Die Entstehung der Kanzlerdemokratie, München 1982 (in Johnsons Bibliothek).

Barlach, Ernst: Fries der Lauschenden. Abbildungen und Zeichnungen und Plastiken. Ausstellung im Graphischen Kabinett 1948, Halle 1948 (in Johnsons Bibliothek).

Barlach (1951) – Barlach, Ernst: Aufzeichnungen aus einem Taschenbuche von 1906, mitgeteilt von Friedrich Schult, in: Sinn und Form 3, 1951, S. 125 f.

Barlach (1987) – Barlach, Ernst: Der gestohlene Mond, Frankfurt am Main 1987.

Barnow, Erik: A History of Broadcasting in the United States, Bd. 1–3, New York 1966–1970.

Barth, Bernd-Rainer/Links, Christoph/Müller-Ensbergs, Helmut/ Wielgohs, Jan (Hg.): DDR: Wer war wer? 2146 Biographien zur DDR-Geschichte. Ein elektronisches Lexikon unter Windows, Berlin 1994.

Bartsch, Volker: Manhattan: ein Reisebuch, Hamburg 1987.

Bauer, Elvira: Trau keinem Fuchs auf grüner Heid und keinem Jud bei seinem Eid! Ein Bilderbuch für Groß und Klein, Nürnberg 1936.

Bawden, Liz-Anne: rororo Filmlexikon, Reinbek bei Hamburg 1978.

Becher, Johannes R.: Tränen des Vaterlandes, Berlin 1963.

Becher-Lesebuch, hg. von Uwe Berger, Weimar 1961.

Becker, Josef/Stammen, Theo/Waldmann, Peter (Hg.): Vorgeschichte der Bundesrepublik Deutschland. Zwischen Kapitulation und Grundgesetz, München 1979.

Befehle des Obersten Chefs der Sowjetischen Militärverwaltung in Deutschland. Aus dem Stab der Sowjetischen Militärverwaltung in Deutschland, Sammelheft 1, 1945; Sammelheft 2, 1946 (Januar – Juni 1946), hg. vom Verlag der Sowjetischen Militärverwaltung in Deutschland 1946.

Bei der Wieden, Helge: Die mecklenburgischen Regierungen und Minister 1918–1952. Schriften zur mecklenburgischen Geschichte, Kultur und Landeskunde, Köln und Wien 1978.

Beltz (1971) – Beltz, Wilhelm: Die Besetzung der Stadt Güstrow durch die Rote Armee am Abend des 23. Mai 1945, in: Unser Mecklenburg, 6/1971, S. 13–21 (in Johnsons Bibliothek).

Bender, Ernst/Braun, G. (Hg.): Deutsche Dichtung der Neuzeit, Karlsruhe 1957.

Bengel (1985a) – Bengel, Michael (Hg.): Johnsons ›Jahrestage‹, Frankfurt am Main 1985.

Bengel (1985b) – Bengel, Michael: Johnsons *Jahrestage* und einige ihrer Voraussetzungen, in: ders. (Hg.): Johnsons ›Jahrestage‹, Frankfurt am Main 1985, S. 303–339.

Benn (1966) – Benn, Gottfried: Gesammelte Werke, hg. von Dieter Wellershoff, Wiesbaden 1966 (in Johnsons Bibliothek).

Benz/Graml/Weiß (1997) – Benz, Wolfgang/Graml, Hermann/Weiß, Hermann: Enzyklopädie des Nationalsozialismus, München 1997.

Berber (1967) – Berber, Friedrich: Bericht über die Krimkonferenz vom 11. 2. 1945 (Konferenz von Jalta), in: ders. (Hg.): Völkerrecht. Dokumentensammlung, Bd. 2: Konfliktsrecht, München 1967, S. 2275–2282.

Berbig, Roland: »Als sei er süchtig, im Zustand einer Folter zu verharren!«, in: Wirkendes Wort 42, 1992, S. 283–294.

Berbig/Wizisla (1993) – Berbig, Roland/Wizisla, Erdmut (Hg.): »Wo ich her bin . . .«. Uwe Johnson in der D. D. R., Berlin 1993.

Berbig, Roland: Eine Bürgerin der »D. D. R.« namens Gesine Cresspahl erzählt. Beobachtungen zu der DDR in Uwe Johnsons *Jahrestage*, in: Roland Berbig/Erdmut Wizisla (Hg.): »Wo ich her bin . . . «. Uwe Johnson in der D. D. R., Berlin 1993, S. 320–351.

Berenholtz, Richard: Manhattan. Die Architektur einer Metropole, Hamburg 1989.

Berger (1951) – Berger, Meyer: The Story of the New York Times 1851–1951, New York 1951 (in Johnsons Bibliothek).

Berlin (1962) – Berlin. Ringen um Einheit und Wiederaufbau. Bd. 2: 1948–1951, hg. im Auftrag des Senats von Berlin, 4 Bde., Berlin 1962 (in Johnsons Bibliothek).

Berlin (1968) – Berlin. Chronik der Jahre 1951–1954, hg. im Auftrag des Senats von Berlin, Berlin 1968 (in Johnsons Bibliothek).

Bernitt (1954) – Bernitt, Hans: Vom alten und vom neuen Mecklenburg, Schwerin 1954 (in Johnsons Bibliothek).

Bertinetti, Marcello/White Bertinetti, Angela: New York, Stuttgart 1987.

Best, Otto F. (Hg.): Handbuch literarischer Fachbegriffe. Definitionen und Beispiele, Frankfurt am Main [8]1991.

Beste (1975) – Beste, Niklot: Der Kirchenkampf in Mecklenburg 1933–1945, Göttingen 1975 (in Johnsons Bibliothek).

BGBl. I – Bundesgesetzblatt Teil I, hg. vom Bundesministerium der Justiz.

Bierbach wie es singt und lacht. Ein Liederheft für Unterwegs, auf Fahrten, zum Wandern und zum gemütlichen Beisammensein, hg. von der Mannesmann Demag Baumaschinen Ersatzteile und Kundendienst, Bierbach o. J.

Bierwisch (1992) – Bierwisch, Manfred: Erinnerungen Uwe Johnson betreffend, in: Raimund Fellinger (Hg.), Über Uwe Johnson, Frankfurt am Main 1992, S. 286–295.

Biographisches Lexikon für Schleswig-Holstein und Lübeck, hg. im Auftrag der Gesellschaft für Schleswig-Holsteinische Geschichte und des Vereins für Lübeckische Geschichte und Altertumskunde, Bd. 10, Neumünster 1994.

Blake (1952) – Blake, Nelson Manfred: A Short History of American Life, New York 1952.

Blaschke (1965) – Blaschke, Bernhard: Versuch einer Darstellung der kampflosen Übergabe der Stadt Güstrow an die Rote Armee am 2. Mai 1945, in: Aus Güstrows Vergangenheit, Güstrow 1965, S. 58–66.

Blaschke (1978) – Blaschke, Bärbel: Aus der Geschichte der Stadt – Von ihrer Gründung bis zum Jahre 1848, in: 1228 Güstrow 1978. Beiträge zur Geschichte der Stadt, hg. vom Rat der Stadt Güstrow, Güstrow 1978, S. 6–21 (in Johnsons Bibliothek).

Bloch, Ernst: Verfremdungen I, Frankfurt am Main 1962.

Bloch (1969) – Bloch, Ernst: Werke, Frankfurt am Main 1969.

Boelcke, Willi A. (Hg.): Wollt ihr den totalen Krieg? Die geheimen Goebbels-Konferenzen, München 1969 (in Johnsons Bibliothek).

Böll (1963) – Böll, Heinrich: 1947 bis 1951, Köln [4]1963 (in Johnsons Bibliothek).

Boer/Driessen/Verhaar (1982) – Boer, S. P. de/Driessen, E. J./Verhaar, H. L.: Biographical Dictionary of Dissidents in the Soviet Union, 1956–1975, Den Haag 1982.

Bolschaja Sowjetskaja Enzyklopedia, hg. von B. A. Wwedinskij, o. O. [2]1947–1957.

Bonacker, Wilhelm: Kartenmacher aller Länder und Zeiten, Stuttgart 1966.

Bond (1991) – Bond, Greg D.: Two Ships: Correspondences Between Uwe Johnson and Johann Peter Hebel, in: The German Quarterly 64, 1991, S. 313–324.

Bond (1993a) – Bond, Greg: Die Klassengesellschaft und die Dialektik der Gerechtigkeit. Uwe Johnsons DDR-Erfahrung und seine Lukács-Lektüre, in: Roland Berbig/Erdmut Wizisla: »Wo ich her bin... «. Uwe Johnson in der D.D.R., Berlin 1993, S. 217–239.

Bond (1993b) – Bond, Greg D.: German History and German Identity: Uwe Johnson's *Jahrestage*, Amsterdam 1993.

Bond (1996) – Bond, Greg D.: »weil es ein Haus ist, das fährt.« Rauminszenierungen in Uwe Johnsons Werk, in: Johnson-Jahrbuch Bd. 3, Göttingen 1996, S. 72–96.

Bond (1999) – Bond, Greg D.: ›Der Brunnen der Vergangenheit‹: Historical narration in Uwe Johnson's Heute Neunzig Jahr and Thomas Mann's Joseph und seine Brüder, in: German Life and Letters 52, 1999, S. 67–84.

Böttcher, Kurt/Berger, Karl Heinz/Krolop, Karl/Zimmermann, Christa (Hg.): Geflügelte Worte, Leipzig 1981.

Boveri (1958) – Boveri, Margret: Der Verrat im 20. Jahrhundert, Hamburg 1958–64 (in Johnsons Bibliothek).

Boveri (1977) – Boveri, Margret: Verzweigungen. Eine Autobiographie, hg. von Uwe Johnson, München 1977 (in Johnsons Bibliothek).

Bracher/Schulz/Sauer (1962) – Bracher, Karl Dietrich/Schulz, Gerhard/Sauer, Wolfgang: Die nationalsozialistische Machtergreifung. Studien zur Errichtung des totalitären Machtsystems in Deutschland, Köln [2]1962.

Bracher (1978) – Bracher, Karl Dietrich: Die Auflösung der Weimarer Republik. Eine Studie zum Problem des Machtverfalls in der Demokratie, unveränderter, mit einer Einleitung zum Taschenbuch und einer Ergänzung zur Bibliographie versehener Nachdruck der 5. Auflage (1971), Königstein/Ts. 1978.

Bracher, Karl Dietrich: Stufen der Machtergreifung, Frankfurt am Main 1979.

Bracher, Karl Dietrich: Die deutsche Diktatur: Entstehung, Struktur, Folgen des Nationalsozialismus, Frankfurt am Main [6]1979.

Bracher/Funke/Jacobsen (1986) – Bracher, Karl Dietrich/Funke, Manfred/Jacobsen, Hans-Adolf: Nationalsozialistische Diktatur 1933–1945. Eine Bilanz, Bonn 1986.

Bracher, Karl Dietrich/Funke, Manfred/Jacobsen, Hans-Adolf (Hg.): Die Weimarer Republik 1918–1933. Politik, Wirtschaft, Gesellschaft, Bonn [2]1988.

Bracher, Karl Dietrich/Funke, Manfred/Jacobsen, Hans-Adolf (Hg.): Deutschland 1933–1945. Neue Studien zur nationalsozialistischen Herrschaft, Bonn 1992.

Brant (1954) – Brant, Stefan: Der Aufstand, Stuttgart 1954 (in Johnsons Bibliothek).

Brecht (1961) – Brecht, Bertolt: Hundert Gedichte 1918–1950, Berlin 1961.

Brecht (1977) – Brecht, Bertolt: Arbeitsjournal 1938–1955, hg. von Werner Hecht, Berlin 1977.

Brecht (1983) – Brecht, Bertolt: Briefe 1913–1956, hg. von Günter Glaeser, Berlin 1983.

Brecht (1988) – Brecht, Bertolt: Werke. Große kommentierte Berliner und Frankfurter Ausgabe, hg. von Werner Hecht, Jan Knopf, Werner Mittenzwei, Klaus-Detlef Müller, Frankfurt am Main 1988 ff.

Brecht (1994) – Brecht, Christoph: »You could say it was done with mirrors«. Erzählen und Erzähltes in Uwe Johnsons *Jahrestagen*, in: Johnson-Jahrbuch Bd. 1, Göttingen 1994, S. 95–126.

Brenken, Anna: Hamburg, Hamburg 1993.

Brinckman (1903) – Brinckman, John: Sämtliche Werke in fünf Bänden. Mit Einleitung und Anmerkungen herausgegeben von Otto Weltzien, Leipzig 1903 (in Johnsons Bibliothek).

Bringmann (1981) – Bringmann, Fritz: KZ Neuengamme, Berichte, Erinnerungen, Dokumente, Frankfurt am Main 1981.

Brockhaus (1938) – Der Neue Brockhaus, vier Bände, Leipzig 1938.

Brockhaus (1941) – Der Neue Brockhaus, vier Bände, Leipzig [2]1941–1942.

Brockhaus Enzyklopädie in 24 Bänden, Mannheim 1966 ff. (in Johnsons Bibliothek).

Brockhaus (1972) – Brockhaus Enzyklopädie in 20 Bänden, Wiesbaden 1972 (in Johnsons Bibliothek).

Brockhaus Enzyklopädie in 24 Bänden, Mannheim [19]1986 ff.

Bronnen (1988) – Bronnen, Barbara: »Beauftragt, Eindrücke festzustellen.« Ein Gespräch mit dem Schriftsteller und Büchner-Preisträger Uwe Johnson, in: Eberhard Fahlke (Hg.): »Ich überlege mir die Geschichte . . .«. Uwe Johnson im Gespräch, Frankfurt am Main 1988, S. 257–262.

Brooke, Marcus (Hg.): Boston. Insight City Guides, Boston 1991.

Broszat/Weber (1990) – Broszat, Martin/Weber, Hermann (Hg.): SBZ-Handbuch. Staatliche Verwaltungen, Parteien, gesellschaftliche Organisationen und ihre Führungskräfte in der Sowjetischen Besatzungszone Deutschlands 1945–1949, München 1990.

Buber-Neumann, Margarete: Als Gefangene bei Stalin und Hitler, Berlin [3]1982 (in Johnsons Bibliothek).

Buch, Hans Christoph: Tatanka Yotanka oder Was geschah wirklich in Wounded Knee?, Berlin 1979 (in Johnsons Bibliothek).

Bucher's New York, München 1989.

Büchmann, Georg: Geflügelte Worte, Berlin [23]1907.

Büchner, Karl: Wirtschaftsgeographie von Mecklenburg-Schwerin, Langensalza 1936 (Veröffentlichungen des geographischen Seminars der Universität Leipzig Heft 12, Beltz: Berlin, Leipzig 1936) (in Johnsons Bibliothek).

Bühler, Wolf-Eckart/Kothmann, Hella: Vietnam-Handbuch, Bielefeld [3]1996.

Buhr/Klaus (1971) – Buhr, Manfred/Klaus, Georg (Hg.): Philosophisches Wörterbuch, Berlin [8]1971.

Buhr/Kosing (1982) – Buhr, Manfred/Kosing, Alfred: Kleines Wörterbuch der marxistisch-leninistischen Theorie, Berlin [6]1982.

Bürger, Christa: Uwe Johnson: der Erzähler, in: Peter Bürger (Hg.): Prosa der Moderne, Frankfurt am Main 1988, S. 353–382.

Busch, Wilhelm: Werke. Historisch-kritische Gesamtausgabe, hg. von Friedrich Bohne, Wiesbaden 1960.

Butzer (1997) – Butzer, Günter: »Ja. Nein.« Paradoxes Eingedenken in Uwe Johnsons Roman *Jahrestage*, in: Johnson-Jahrbuch Bd. 4, Göttingen 1997, S. 130–157.

Calder (1969) – Calder, Angus: The People's War. Britain 1939–45, London 1969.

Campbell, Luisa (Hg.): New York (Apa Guides), München ⁴1988.

Canetti, Elias: Masse und Macht, Hamburg 1960.

Carell, Paul/Bödekker, Günter: Die Gefangenen – Leben und Überleben deutscher Soldaten hinter Stacheldraht, Frankfurt am Main ²1980.

Carroll (1954) – Carroll, Lewis: Alice in Wonderland & Through the Looking Glass, London 1954 (in Johnsons Bibliothek).

Carroll, Lewis: Alice im Wunderland. Alice hinter den Spiegeln, Frankfurt am Main 1963 (in Johnsons Bibliothek).

Celan, Paul: Gesammelte Werke, Frankfurt am Main 1983 (in Johnsons Bibliothek).

Černý, Jochen (Hg.): Wer war wer – DDR. Ein biographisches Lexikon, Berlin ²1992.

Chester, Carole: New York, London 1984.

Chicago Street Guide, Chicago 1967 (in Johnsons Bibliothek).

Choosing the President, hg. von The League of Women Voters of the United States, o. O. 1972 (in Johnsons Bibliothek).

Churchill (1948) – Churchill, Winston S.: The Second World War, 6 Bde., Boston 1948–1953 (in Johnsons Bibliothek).

Clare County – Clare County, Treoran do conndae an cláir, Dublin o. J. (in Johnsons Bibliothek).

Claudius, Matthias: Sämtliche Werke, München 1968.

Corsten, Severin/Pflug, Günther/Schmidt-Künsemüller, Friedrich Adolf (Hg.): Lexikon des gesamten Buchwesens, Stuttgart 1987 ff.

Courlander (1953) – Courlander, Kathleen: From Kew Green to Ham Common, London 1953 (in Johnsons Bibliothek).

Creeley, Robert: The Collected Poems of Robert Creeley, Berkeley 1982.

Crowley, Edward L./Lebed, Andrew I./Schulz, Heinrich E.: Prominent Personalities in the USSR, New Jersey 1968.

Current Biography Yearbook, New York, ab 1940 jahrgangsweise fortlaufend, benutzte Ausgaben: 1967–1997.

Dahms, Hellmuth Günther: Grundzüge der Geschichte der Vereinigten Staaten, Darmstadt ³1991.

Dahn, Felix: Ein Kampf um Rom, München o. J.

Dahnke (1935) – Dahnke, Hans: Unser schönes Malchow, in: Mecklenburgische Monatshefte, Mai 1935, S. 253–256 (in Johnsons Bibliothek).

Dammann (1968) – Dammann, Rolf: J. S. Bachs Goldberg-Variationen, Mainz 1968.

Davis (1993) – Davis, Liselotte M.: Diachronie und Synchronie: Das Faulknersche Element im Prolog zu Uwe Johnsons »Jahrestage«, in: Carsten Gansel/Bernd Neumann/Nicolai Riedel (Hg.), Internationales Uwe-Johnson-Forum. Beiträge zum Werkverständnis und Materialien zur Rezeptionsgeschichte, Bd. 3 (1993), Frankfurt am Main 1994, S. 105–120.

DDR Handbuch, hg. vom Bundesministerium für innerdeutsche Beziehungen, Köln ²1979.

DDR Handbuch, 2 Bde., hg. vom Bundesministerium für innerdeutsche Beziehungen, wissenschaftliche Leitung: Hartmut Zimmermann, Köln ³1985.

DDR. Werden und Wachsen. Zur Geschichte der Deutschen Demokratischen Republik, Berlin ²1975.

Deicke, Günter/Berger, Uwe (Hg.): Deutsches Gedichtbuch, Berlin 1959.

Der antifaschistische Widerstand (1970) – Der antifaschistische Widerstand unter Führung der KPD in Mecklenburg, hg. von den Bezirkskommissionen bei den Bezirksleitungen Rostock, Schwerin und Neubrandenburg der Sozialistischen Einheitspartei Deutschlands, Schwerin 1970 (in Johnsons Bibliothek).

Deschner (1996) – Deschner, Karlheinz: Der Moloch. »Sprecht sanft und tragt immer einen Knüppel bei euch!«. Eine kritische Geschichte der USA, München [3]1996.

Deuerlein (1971) – Deuerlein, Ernst: DDR 1945–1970. Geschichte und Bestandsaufnahme, München 1971 (in Johnsons Bibliothek).

Deuerlein (1972) – Deuerlein, Ernst: Deutschland 1963–1970, Hannover [7]1972.

Deutsche Biographische Enzyklopädie (DBE), hg. von Walter Killy/Rudolf Vierhaus, München 1995 ff. (unvollständig).

Deutscher (1961) – Deutscher, Isaac: Stalin. Eine politische Biographie, Stuttgart 1961 (in Johnsons Bibliothek).

Deutsches Wörterbuch von Jakob und Wilhelm Grimm, München 1984.

Dictionary of American Biography, hg. von Allen Johnson, Dumas Malone, New York 1930.

Dictionary of American Biography, hg. von Dumas Malone, New York 1935 ff.

Dictionary of National Biography, hg. von L. G. Wickham Legg, E. T. Williams, Oxford 1917–59.

Die Bibel nach der Übersetzung Martin Luthers. Text des Alten Testaments in der revidierten Fassung von 1964. Text des Neuen Testaments in der revidierten Fassung von 1984, Berlin 1989.

Die Bibel oder die ganze Heilige Schrift des Alten und Neuen Testaments nach der Übersetzung Martin Luthers, Stuttgart 1967.

Die Ostsee. Führer durch die Badeorte, hg. vom Verband Deutsche Ostsee-Bäder e. V., Berlin 1930.

Die Wahlen in der Sowjetzone. Dokumente und Materialien, hg. vom Bundesministerium für gesamtdeutsche Fragen, Bonn [6]1964 (in Johnsons Bibliothek).

Doernberg (1969) – Doernberg, Stefan: Kurze Geschichte der DDR, Berlin [4]1969.

Dokumente der deutschen Politik und Geschichte, hg. von J. Hohlfeld, Berlin o. J. (mehrere Bände).

Dokumente des geteilten Deutschland, hg. von Ingo von Münch, München [2]1976.

Domarus (1965) – Domarus, Max: Hitler, Reden und Proklamationen, München 1965.

Domarus (1973) – Domarus, Max: Hitler, Reden und Proklamationen, Wiesbaden 1973.

Donnison (1961) – Donnison, F. S. V.: Civil Affairs and Military Government North-West Europe 1944–1946, London 1961.

Dorling Kindersley Ltd.: New York (vis à vis), Berlin 1994.

Dorn (1922) – Dorn, Hedwig: Zur Stütze der Hausfrau. Lehrbuch für angehende und Nachschlagebuch für erfahrene Hausfrauen unter Berücksichtigung ländlicher Verhältnisse, Berlin [10]1922 (in Johnsons Bibliothek).

Drescher, Horst: Zu Uwe Johnson, in: Sinn und Form 42, 1990, S. 346–353.

Drescher, Horst: Meissnische Dankrede, in: Sinn und Form 44, 1992, S. 158–163.

Drewniak, Boguslaw: Der Deutsche Film 1938–1945. Ein Gesamtüberblick, Düsseldorf 1987.

Du Welt im Licht (1954) – Du Welt im Licht. J. W. Stalin im Werk deutscher Schriftsteller, Berlin 1954.

Duden (1962) – Duden, Mannheim 1962.

Duden. Rechtschreibung der deutschen Sprache, Mannheim 1991.

Dürrenmatt, Friedrich: Werkausgabe in 30 Bänden, hg. in Zusammenarbeit mit dem Autor, Zürich 1985.

Durzak (1973) – Durzak, Manfred: Wirklichkeitserkundung und Utopie. Die Romane

Uwe Johnsons, in: ders., Der deutsche Roman der Gegenwart, Stuttgart 1973, S. 194–269.

Durzak (1976a) – Durzak, Manfred: Dieser langsame Weg zu einer größeren Genauigkeit. Gespräch mit Uwe Johnson, in: ders.: Gespräche über den Roman mit Joseph Breitbach, Elias Canetti, Heinrich Böll, Siegfried Lenz, Hermann Lenz, Wolfgang Hildesheimer, Peter Handke, Hans Erich Nossack, Uwe Johnson, Walter Höllerer. Formbestimmungen und Analysen, Frankfurt am Main 1976, S. 428–460.

Durzak, Manfred: Mimesis und Wahrheitsfindung. Probleme des realistischen Romans. Uwe Johnsons »Jahrestage«, in: ders.: Gespräche über den Roman mit Joseph Breitbach, Elias Canetti, Heinrich Böll, Siegfried Lenz, Hermann Lenz, Wolfgang Hildesheimer, Peter Handke, Hans Erich Nossack, Uwe Johnson, Walter Höllerer. Formbestimmungen und Analysen, Frankfurt am Main 1976, S. 461–481.

Durzak (1995) – Durzak, Manfred: New York – doppelt belichtet. Zur literarischen Wahrnehmung New Yorks bei Uwe Johnson und Jürg Federspiel, in: Carsten Gansel/Nicolai Riedel (Hg.): Uwe Johnson zwischen Vormoderne und Postmoderne. Internationales Uwe-Johnson-Symposium, 22.–24. 9. 1994, Berlin 1995, S. 95–109.

Eckermann (1963) – Eckermann, Johann Peter: Gespräche mit Goethe in den letzten Jahren seines Lebens, Wiesbaden 1963 (in Johnsons Bibliothek).

Eggert (1967) – Eggert, Oskar: Das Ende des Krieges und die Besatzungszeit in Stralsund und Umgebung 1945–1946, Hamburg 1967 (in Johnsons Bibliothek).

Eich (1991) – Eich, Günter: Gesammelte Werke, hg. von Axel Vieregg, Frankfurt am Main 1991.

Eine andere Geschichte. Einblicke in Widerstand und Verfolgung in Lübeck 1933–1945 und alternativer Stadtführer zu den Stätten der Lübecker Arbeiterbewegung, des Widerstandes und der nationalsozialistischen Verfolgung, hg. vom ZENTRUM-Jugendamt der Hansestadt Lübeck, Lübeck 1986.

Eitner (1991) – Eitner, Hans-Jürgen: Hitlers Deutsche: Das Ende eines Tabus, Gernsbach ²1991.

Elfenbein, Stefan W.: The New York Times. Macht und Mythos eines Mediums, Frankfurt am Main 1996.

Emmerich, Wolfgang: Kleine Literaturgeschichte der DDR, Darmstadt ⁴1987.

Encyclopedia Americana. International Edition, New York 1972.

Encyclopedia Judaica, Jerusalem 1971 ff.

Encyclopedia of American Biography, ed. John A. Garraty, Jerome C. Sternstein, New York 1974.

Enking (1935) – Enking, Ottomar: Die Tragödie der Tilsche Schälweggen, in: Mecklenburgische Monatshefte, Februar 1935, S. 69–72 (in Johnsons Bibliothek).

Enns (1969) – Enns, A. B. (Hg.): Lübeck. Ein Führer durch die Bau- und Kunstdenkmäler der Hansestadt, Lübeck ⁵1969 (in Johnsons Bibliothek).

Ensberg (1995) – Ensberg, Peter: Die englische Version von Uwe Johnsons »Jahrestage«, in: Carsten Gansel/Nicolai Riedel (Hg.): Uwe Johnson zwischen Vormoderne und Postmoderne. Internationales Uwe-Johnson-Symposium, 22.–24. 9. 1994, Berlin 1995, S. 111–141.

Entscheidungen – Entscheidungen des Obersten Gerichts der Deutschen Demokratischen Republik, hg. vom Obersten Gericht. Entscheidungen in Strafsachen, Bd. 2., Berlin (Ost) 1952 (in Johnsons Bibliothek).

Enzensberger (1964) – Enzensberger, Hans Magnus: Politik und Verbrechen, Frankfurt 1964.

Enzensberger, Hans Magnus (Hg.): Allerleirauh. Viele schöne Kinderreime, Frankfurt am Main 1968 (in Johnsons Bibliothek).

Erk, Ludwig (Hg.): Deutscher Liederhort, Leipzig 1925.

Es gibt keinen jüdischen Wohnbezirk (1960) – Es gibt keinen jüdischen Wohnbezirk in Warschau mehr, Neuwied 1960, Faksimile-Wiedergabe, ohne Herausgeber (in Johnsons Bibliothek).

Eschwege (1966) – Eschwege, Helmut (Hg.): Kennzeichen, Bilder, Dokumente, Berichte zur Geschichte der Verbrechen des Hitlerfaschismus an den deutschen Juden 1933–1945, Berlin 1966 (in Johnsons Bibliothek).

Ewiges Deutschland (1939) – Ewiges Deutschland. Ein deutsches Hausbuch. Weihnachtsgabe des Winterhilfswerks des Deutschen Volkes, Braunschweig 1939 (in Johnsons Bibliothek).

Fahlke (1988a) – Fahlke, Eberhard (Hg.): »Ich überlege mir die Geschichte . . . «. Uwe Johnson im Gespräch, Frankfurt am Main 1988.

Fahlke, Eberhard: Bücher: gesammelt und geschrieben, um die Geschichte aufzuheben. Uwe Johnsons Bibliothek, in: Horst Dieter Schlosser/Hans Dieter Zimmermann (Hg.): Poetik, Frankfurt am Main 1988, S. 110–132.

Fahlke (1989) – Fahlke, Eberhard: Die Katze auf den Schultern des Riesen. Uwe Johnsons Serendip-Suche, in: Sprache im technischen Zeitalter 27, 1989, S. 315–331.

Fahlke (1991) – Fahlke, Eberhard: »Erinnerung umgesetzt in Wissen«. Spurensuche im Uwe Johnson-Archiv, in: Siegfried Unseld/Eberhard Fahlke (Hg.): Uwe Johnson: »Für wenn ich tot bin«, Frankfurt am Main 1991 (Schriften des Uwe Johnson-Archivs Bd. 1), S. 73–143.

Fahlke (1992) – Fahlke, Eberhard: Heimat als geistige Landschaft: Uwe Johnson und Mecklenburg, in: Raimund Fellinger (Hg.): Über Uwe Johnson, Frankfurt am Main 1992, S. 311–333.

Fahlke (1993) – Fahlke, Eberhard: »Wenn man einem Freund eine Festschrift macht . . . «. Zum Festschriftenbeitrag Uwe Johnsons, in: Roland Berbig/Erdmut Wizisla (Hg.): »Wo ich her bin . . . «. Uwe Johnson in der D. D. R., Berlin 1993, S. 68–79.

Fahlke (1994) – »Die Katze Erinnerung«. Uwe Johnson – Eine Chronik in Briefen und Bildern, zusammengestellt von Eberhard Fahlke, Frankfurt am Main 1994.

Federspiel, Jürg: Museum des Hasses. Tage in Manhattan, München 1969 (in Johnsons Bibliothek).

Fellinger, Raimund (Hg.): Über Uwe Johnson, Frankfurt am Main 1992.

Fernengel-Pflug (1993) – Fernengel-Pflug, Birgit: Cresspahls Haftzeit im Konzentrationslager Fünfeichen und ihr realgeschichtlicher Hintergrund. Anmerkungen zu einem Kapitel in Uwe Johnsons »Jahrestagen«, in: Carsten Gansel/Bernd Neumann/Nicolai Riedel (Hg.), Internationales Uwe-Johnson-Forum. Beiträge zum Werkverständnis und Materialien zur Rezeptionsgeschichte, Bd. 2 (1992), Frankfurt am Main 1993, S. 185–208.

Fest (1973) – Fest, Joachim C.: Hitler. Eine Biographie, Frankfurt am Main 1973.

Festschrift 725 – Festschrift zur 725-Jahrfeier der Stadt Wismar an der Ostsee vom 18. bis 22. August 1954, hg. vom Rat der Stadt Wismar, Wismar 1954 (in Johnsons Bibliothek).

Fetscher (1973) – Fetscher, Iring: Von Marx zur Sowjetideologie. Darstellung, Kritik und Dokumentation des sowjetischen, jugoslawischen und chinesischen Marxismus, Frankfurt am Main [17]1973.

Feuchtwanger (1954) – Feuchtwanger, Lion: Erfolg, Berlin 1954 (in Johnsons Bibliothek).

Finn (1958) – Finn, Gerhard: Die politischen Häftlinge der Sowjetzone 1945–1958, Berlin 1958 (in Johnsons Bibliothek).

Fischer (1966) – Fischer, Heinz-Dietrich: Die grossen Zeitungen. Porträts der Weltpresse, München 1966 (in Johnsons Bibliothek).

Fischer (1994) – Fischer, Sabine: Der Prager Frühling als »Entwurf«. Politische Diskurse in Uwe Johnsons »Jahrestagen«, in: Carsten Gansel/Bernd Neumann/Nicolai Riedel (Hg.), Internationales Uwe-Johnson-Forum. Beiträge zum Werkverständnis und Materialien zur Rezeptionsgeschichte, Bd. 3 (1993), Frankfurt am Main 1994, S. 53–104.

Fletcher Jones, Pamela: Richmond Park. Portrait of a Royal Playground, London 1972.

Foitzik (1995) – Foitzik, Jan: Inventar der Befehle des Obersten Chefs der sowjetischen Militäradministration in Deutschland (SMAD) 1945–1949, Offene Serie, München 1995.

Fontana, Paolo: Faszinierende Städte. New York, Frankfurt am Main 1991.

Fontane (1962) – Fontane, Theodor: Sämtliche Werke, hg. von Walter Keitel, München 1962–68 (in Johnsons Bibliothek).

Fontane (1968) – Fontane, Theodor: Fontanes Briefe in zwei Bänden, hg. von Gotthard Erler, Berlin 1968 (in Johnsons Bibliothek).

Fontane (1969) – Fontane, Theodor: Briefe an Julius Rodenberg. Eine Dokumentation, Berlin 1969 (in Johnsons Bibliothek).

Fontane (1974) – Fontane, Theodor: Werke, hg. von K. Schreinert und H. Kunisch, München 1974.

Fontane (1980) – Fontane, Theodor: Werke, Schriften und Briefe, Abteilung IV (Briefe), München 1980.

Forell, Fritz v.: Mölders und seine Männer, Graz 1941 (in Johnsons Bibliothek).

Forkel (1925) – Forkel, Johann Nikolaus: Über Johann Bachs Leben, Kunst und Kunstwerke, Augsburg 1925.

Forster (1972) – Forster, Edward Morgan: Two Cheers for Democracy, London 1972.

Freiligrath (1967) – Freiligrath, Ferdinand: Freiligraths Werke in einem Band, hg. von den Nationalen Forschungs- und Gedenkstätten der Klassischen Deutschen Literatur in Weimar, Berlin 1967 (in Johnsons Bibliothek).

Freisinger, Gisela/Haubrock, Ruth: dtv Merian Reiseführer: New York, München [3]1989.

Fremantle, Richard: New York Reiseführer, Florenz 1992.

Frey (1999) – Frey, Marc: Geschichte des Vietnamkriegs. Die Tragödie in Asien und das Ende des amerikanischen Traums, München [2]1999.

Fricke (1964) – Fricke, Karl Wilhelm: Selbstbehauptung und Widerstand in der Sowjetischen Besatzungszone Deutschlands, in der Reihe: Bonner Berichte aus Mittel- und Ostdeutschland, hg. vom Bundesministerium für gesamtdeutsche Fragen, Bonn 1964 (in Johnsons Bibliothek).

Fricke (1979) – Fricke, Karl Wilhelm: Politik und Justiz in der DDR. Zur Geschichte der politischen Verfolgung 1945–1968. Bericht und Dokumentation, Köln 1979 (in Johnsons Bibliothek).

Fricke (1982) – Fricke, Karl Wilhelm: Die DDR-Staatssicherheit, Köln 1982 (in Johnsons Bibliothek).

Fries (1990a) – Fries, Ulrich: Uwe Johnsons »Jahrestage«. Erzählstruktur und Politische Subjektivität, Göttingen 1990.

Fries, Ulrich: Riverside Drive Revisited. Utopische ›Randmuster‹ gegen die Hoffnungslosigkeit in der Geschichte. Eine allegorische Dimension in Uwe Johnsons »Jahrestagen«, in: Nicolai Riedel (Hg.), Internationales Uwe-Johnson-Forum. Beiträge zum Werkverständnis und Materialien zur Rezeptionsgeschichte, Bd. 1 (1989), Frankfurt am Main 1990, S. 46–71.

Frisch (1958) – Frisch, Max: Tagebuch 1946–1949, Frankfurt am Main 1958 (in Johnsons Bibliothek: [2]1962).

Frisch (1986) – Gesammelte Werke in zeitlicher Folge. Hg. von Hans Mayer unter Mitwirkung von Walter Schmitz, Frankfurt am Main 1986.

Fritzsch (1990) – Fritzsch, Harald: Flucht aus Leipzig, München 1990.

Fürnberg (1963) – Fürnberg-Lesebuch, hg. von Hans Böhm, Weimar 1963.

Gaertringen (1968) – Gaertringen, Friedrich Freiherr Hiller von: Das Ende der Deutschnationalen Volkspartei im Frühjahr 1933, in: Gotthard Jasper (Hg.): Von Weimar zu Hitler. 1930–1933, Köln 1968, S. 246–278.

Gaines (1992) – Gaines, Jeremy: Richmond in Literature: On Three Themes in Uwe Johnson's Jahrestage, in: German Life and Letters 45, 1992, S. 74–93.

Gansel, Carsten (Hg.): Wenigstens in Kenntnis leben. Notate zum Werk Uwe Johnsons, Neubrandenburg 1991.

Gansel, Carsten/Grambow, Jürgen (Hg.): ... Biographie ist unwiderruflich ... Materialien des Kolloquiums zum Werk Uwe Johnsons im Dezember 1990 in Neubrandenburg, Frankfurt am Main 1992.

Gansel, Carsten: Uwe Johnsons Frühwerk, der IV. Schriftstellerkongreß 1956 und die Tradition des deutschen Schulromans um 1900, in: Carsten Gansel/Bernd Neumann/Nicolai Riedel (Hg.), Internationales Uwe-Johnson-Forum. Beiträge zum Werkverständnis und Materialien zur Rezeptionsgeschichte, Bd. 2 (1992), Frankfurt am Main 1993, S. 75–129.

Gansel (1995) – Gansel, Carsten: Zwischen Aufbau und Demission der Helden – Uwe Johnson, das Gedächtnis und die DDR, in: Carsten Gansel/Nicolai Riedel (Hg.): Zwischen Vormoderne und Postmoderne. Internationales Uwe Johnson-Symposium, 22.–24. 9. 1994, Berlin 1995, S. 31–54.

Garbe, Detlef (Hg.): Die vergessenen KZs? Gedenkstätten für die Opfer des NS-Terrors in der Bundesrepublik, Bornheim-Merten 1983.

GBl. I – Gesetzblatt der Deutschen Demokratischen Republik, Teil I, hg. vom Amt des Ministerpräsidenten.

Gebhardt, Bruno: Handbuch der deutschen Geschichte, Bd. IV.1, Stuttgart ⁹1973.

Gehrig (1927) – Gehrig, Oscar: Bei Ernst Barlach, in: Mecklenburgische Monatshefte, März 1927, S. 133–139 (in Johnsons Bibliothek).

Gehrig (1928) – Gehrig, Oscar: Güstrow, Berlin 1928 (in Johnsons Bibliothek).

Gellert, Christian F.: Fabeln und Erzählungen, München 1981.

Gellert/Küstner/Hellwich (1971) – Gellert, W./Küstner, H./Hellwich M. (Hg.): Kleine Enzyklopädie der Mathematik, Leipzig ⁶1971.

Genealogisches Handbuch des Adels. Adelige Häuser Bd. II, Glücksburg 1956.

Genealogisches Taschenbuch der Briefadeligen Häuser, Gotha 1908.

Geo Special: New York, Hamburg 1993.

Gerlach (1980) – Gerlach, Ingeborg: Auf der Suche nach der verlorenen Identität. Studien zu Uwe Johnsons »Jahrestagen«, Königstein 1980.

Gerlach, Ingeborg: Aus der Sicht des vierten Bandes: Individuum und Gesellschaft in Uwe Johnsons *Jahrestagen*, in: Michael Bengel (Hg.): Johnsons »Jahrestage«, Frankfurt am Main 1985, S. 251–262.

Gerlach (1998) – Gerlach, Ingeborg: Hünemörder und andere. Rundgespräch und Kollektivsubjekt in Jerichow und anderswo, in: Johnson-Jahrbuch Bd. 5, Göttingen 1998, S. 103–125.

Gerlach, Rainer/Richter, Matthias (Hg.): Uwe Johnson, Frankfurt am Main 1984.

Gerstenberg (1994) – Gerstenberg, Rudolf: Wie Uwe Johnson die Staatssicherheit verfolgte. Eine Absichtserklärung, in: Johnson-Jahrbuch Bd. 1, Göttingen 1994, S. 45–57.

Geschichte der deutschen Arbeiterbewegung (1969) – Geschichte der deutschen Arbeiterbewegung. Periode von Januar 1933 bis August 1939, hg. vom Institut für Marxismus-Leninismus beim Zentralkomitee der Sozialistischen Einheitspartei Deutschlands, Berlin (Ost) 1966–1969 (in Johnsons Bibliothek).

Geschichte in 15 Kapiteln (1969) – Geschichte der deutschen Arbeiterbewegung in 15 Kapiteln, hg. vom Institut für Marxismus-Leninismus beim Zentralkomitee der SED, Berlin 1969 (in Johnsons Bibliothek).

Gettleman, Marvin E./Franklin, Jane/Young, Marilyn B./Franklin, H. Bruce (Hg.): Vietnam and America. A documented history, 2nd ed., revised and enlarged, New York 1995.

Giebel, F. W. (Hg.): Unser Mecklenburg. Heimatblatt für Mecklenburger und Vorpommern, Bremen 1972–83 (in Johnsons Bibliothek).

Gillessem (1986) – Gillessem, Günther: Auf verlorenem Posten. Die Frankfurter Zeitung im Dritten Reich, Berlin 1986.

Glander (1967) – Glander, Hermann: Ahrenshoop. Maler entdecken ein Dorf, Schwerin 1967.

Gloede (1978) – Gloede, Günter: Kirchen im Küstenwind. Kirchen in und um Wismar, Bd. 2, Berlin 1978 (in Johnsons Bibliothek).

Gniffke (1966) – Gniffke, Erich W.: Jahre mit Ulbricht, Köln 1966 (Reprint der Ausgabe von 1960) (in Johnsons Bibliothek).

Goebbels (1971) – Goebbels, Joseph: Goebbels-Reden, hg. von Helmut Heiber, Bd. 1: 1932–1939, Düsseldorf 1971.

Goethe (1988) – Goethe, Johann Wolfgang von: Werke. Hamburger Ausgabe in 14 Bänden. Textkritisch durchgesehen und kommentiert von Erich Trunz, München 1988.

Goguel (1972) – Goguel, Rudi: »Cap Arcona«. Report über den Untergang der Häftlingsflotte in der Lübecker Bucht am 3. Mai, Frankfurt am Main 1972 (in Johnsons Bibliothek).

Golisch, Stefanie: Uwe Johnson zur Einführung, Hamburg 1994.

Gotteslob. Katholisches Gebet- und Gesangbuch mit dem Diözesanteil Passau, hg. von den Bischöfen Deutschlands und Österreichs und der Bistümer Bozen, Brixen und Lüttich, Stuttgart 1975.

Gottfried-Hirsch, Marianne: Confrontation of Cultures: Perception and Communication in the Novels of Henry James, Uwe Johnson and Michel Butor, Providence 1975.

Grambow (1997) – Grambow, Jürgen: Uwe Johnson, Reinbek bei Hamburg 1997.

Grass (1987) – Grass, Günter: Werkausgabe in zehn Bänden, München 1987.

Grass, Günter: Distanz, heftige Nähe, Fremdwerden und Fremdbleiben. Gespräch über Uwe Johnson, in: Roland Berbig/Erdmut Wizisla (Hg.): »Wo ich her bin... «. Uwe Johnson in der D. D. R., Berlin 1993, S. 99–121.

Grawe, Christian: Literarisch aktualisierte Bibel: Uwe Johnsons Kurzgeschichte *Jonas zum Beispiel*, in: Rainer Gerlach/Matthias Richter (Hg.): Uwe Johnson, Frankfurt am Main 1984, S. 205–211.

Great Soviet Encyclopedia, hg. von Prokhorov, Übersetzung der 3. Auflage, New York 1973–1983.

Grewolls (1995) – Grewolls, Grete: Wer war wer in Mecklenburg-Vorpommern? Bremen 1995.

Grieben (1931) – Grieben Mecklenburg. Reiseführer mit Angaben für Automobilisten und Anhang für Wassersportler, Berlin 1931 (in Johnsons Bibliothek).

Grieben (1934) – Grieben Mecklenburg. Reiseführer mit Angaben für Automobilisten und Anhang für Wassersportler, Berlin 1934 (in Johnsons Bibliothek).

Grieben (1938) – Grieben Mecklenburg mit Angaben für Autofahrer und Anhang für Wassersportler, Berlin 1938 (in Johnsons Bibliothek).

Griebens (1922) – Griebens Mecklenburg. Praktischer Reiseführer, Berlin [7]1922.

Griebens (1931) – Griebens Reiseführer. London, Oxford, Cambridge und Insel Wight, Berlin 1931 (in Johnsons Bibliothek).

Grimal, Pierre (Hg.): Der Aufbau des Römischen Reiches. Die Mittelmeerwelt im Altertum III, Fischer-Weltgeschichte Bd. 7, Frankfurt am Main 1966.

Grimm (1985) – Kinder- und Hausmärchen gesammelt durch die Brüder Grimm, hg. von Heinz Rölleke, Frankfurt am Main 1985.

Gritzbach, Erich: Hermann Göring. Werk und Mensch, München 1938.

Grosser/Seifert (1966) – Grosser, Alfred/Seifert, Jürgen: Die Spiegel-Affaire. Die Staatsmacht und ihre Kontrolle. Texte und Dokumente zur Zeitgeschichte, 2 Bde., Olten 1966 (in Johnsons Bibliothek).

Grossman, Viktor (Hg.): If I had a song. Lieder und Sänger der USA, Berlin ²1990.

Gröttrup (1958) – Gröttrup, Irmgard: Die Besessenen und die Mächtigen, Stuttgart 1958.

Gude Hohensinner (1998) – Gude Hohensinner, Hannelore: Die Genoveses. Eine Familie, die Angst zu Geld gemacht hat, München 1998.

Güstrow (1995) – Uwe Johnson. Die Güstrower Jahre (1948–1952), hg. von der Bibliothek des Landkreises Güstrow, Güstrow 1995.

Gutman (1995) – Gutman, Israel (Hg.): Enzyklopädie des Holocaust, München 1995.

Halperin (1957) – Halperin, Ernst: Der siegreiche Ketzer. Titos Kampf gegen Stalin, Köln 1957.

Hamann (1962) – Hamann, Manfred: Das staatliche Werden Mecklenburgs, Köln 1962 (in Johnsons Bibliothek).

Hamburger (1985) – Hamburger, Michael: Uwe Johnson – eine Freundschaft, in: Sprache im technischen Zeitalter 23, 1985, S. 2–12.

Handbuch Mecklenburgischer Landtag – Handbuch für den Mecklenburgischen Landtag. 1. Wahlperiode, hg. vom Büro des Landtags, Schwerin o. J. (in Johnsons Bibliothek).

Hane, Paschen Heinrich: Uebersicht der Mecklenburgischen Geschichte, o. O. 1804 (in Johnsons Bibliothek).

Harenberg City Guide New York, Dortmund 1992.

Harenbergs Personenlexikon 20. Jahrhundert. Daten und Leistungen, Dortmund 1992.

Harris, Bill: New York. Entdeckung einer Weltstadt, Darmstadt 1990.

Hartmann, Hugo (Hg.): Lieder – Volks-, Kommers- und Vaterlandslieder, Leipzig o. J.

Haslé, Maurice: L'Appréhension de la Réalité dans l'œuvre de Uwe Johnson. Etude de sa première manière, Diss. Rennes 1978 (Université de haute-Bretagne).

Hauschild (1983) – Hauschild, Wolf-Dieter: Erinnerung an den Märtyrertod Lübecker Geistlicher, in: Lübeckische Blätter 143 vom 3. 12. 1983, S. 317–320.

Häußermann, Hartmut/Siebel, Walter (Hg.): New York. Strukturen einer Metropole, Frankfurt am Main 1993.

HB Bildatlas Special: New York, Hamburg 1991.

Hechinger (1968) – Hechinger, Fred M. und Grace (Hg.): The New York Times Guide to New York City Private Schools, New York 1968 (in Johnsons Bibliothek).

Heer, Hannes: Thälmann in Selbstzeugnissen und Bilddokumenten, Hamburg 1975.

Hegel (1927) – Hegels Schriften zur Gesellschaftsphilosophie, 3. Teil B Rechtsphilosophie, hg. von A. Baeumler, Jena 1927.

Heilige Schrifft Deudsch – Die gantze Heilige Schrifft Deudsch, Wittenberg 1545. Letzte zu Luthers Lebzeiten erschienene Ausgabe, hg. von Hans Volz, München 1972 (in Johnsons Bibliothek).

Heine (1975) – Heine, Heinrich: Historisch-kritische Gesamtausgabe der Werke, hg. von Manfred Windfuhr, Hamburg 1975 ff.

Helbig (1995) – Helbig, Holger: In einem anderen Sinn Geschichte. Erzählen und Historie in Uwe Johnsons *Jahrestagen*, in: Johnson-Jahrbuch Bd. 2, Göttingen 1995, S. 119–133.

Helbig (1996a) – Helbig, Holger: Last and Final. Über das Ende der *Jahrestage*, in: Johnson-Jahrbuch Bd. 3, Göttingen 1996, S. 97–122.

Helbig (1996b) – Helbig, Holger: Beschreibung einer Beschreibung. Untersuchungen zu Uwe Johnsons Roman »Das dritte Buch über Achim«, Göttingen 1996.

Helbig/Müller (1998) – Helbig, Holger/Müller, Irmgard: *Kummerliste* und *Abiturzeugnis*. Über den Stand der *Jahrestage*-Kommentierung, in: Johnson-Jahrbuch Bd. 5, Göttingen 1998, S. 60–70.

Helbig, Holger: Über die ästhetische Erziehung der Staatssicherheit in einer Reihe von Thesen. Johnson liest Schiller, in: Johnson-Jahrbuch Bd. 6, Göttingen 1999, S. 57–84.

Held, Hans Peter (Hg.): Irland. Illustriertes Touristen-Handbuch für Reisen und Ferien in Irland, Zürich 1966 (in Johnsons Bibliothek).

Henke (1996) – Henke, Klaus-Dietmar: Die amerikanische Besetzung Deutschlands, München 1996.

Hensel (1933) – Hensel, Walther (Hg.): Das Aufrecht Fähnlein. Liederbuch für Studenten und Volk insonderheit für unsere volkstümlichen Männerchöre, Kassel 1933.

Hepburn (1966) – Hepburn, Andrew: Complete Guide to New York City, Garden City 1966 (in Johnsons Bibliothek).

Hermann-Winter (1986) – Hermann-Winter, Renate: Kleines plattdeutsches Wörterbuch für den mecklenburgisch-vorpommerschen Sprachraum, Neumünster 1986.

Hermes Handlexikon. Daten der Geschichte, Düsseldorf 1983.

Hermlin (1992) – Gespräch mit Stephan Hermlin, in: Uwe Johnson: Vergebliche Verabredung, hg. von Jürgen Grambow, Leipzig 1992, S. 129–141.

Herodot: Die Bücher der Geschichte, hg. von Walther Sontheimer, Stuttgart 1984 ff.

Herr, Michael: Dispatches, New York 1978.

Herrick (1956) – Herrick, Robert: The Poetical Works of Robert Herrick, hg. von L. C. Martin, Oxford 1956.

Heuss (1966) – Heuss, Theodor: Aufzeichnungen 1945–1947, hg. von Eberhard Pikart, Tübingen 1966.

Heydecker, Joe J.: Das Warschauer Getto, München 1983.

Hilberg (1990) – Hilberg, Raul: Die Vernichtung der europäischen Juden, 3 Bde., Frankfurt am Main 1990.

Hildebrand, Karl Friedrich: Die Generale der deutschen Luftwaffe 1935–1945, Bd. 3, Osnabrück 1992.

Hildebrandt, Horst (Hg.): Die deutschen Verfassungen des 19. und 20. Jahrhunderts, Paderborn [7]1970.

Hinz, Margund/Berbig, Roland: »Ich sehe nicht ein, daß die Mauer in Berlin ein literarisches Datum gesetzt haben sollte . . . «. Uwe Johnson im politischen Diskurs 1961, in: Roland Berbig/Erdmut Wizisla: »Wo ich her bin . . . «. Uwe Johnson in der D. D. R., Berlin 1993, S. 240–269.

Hitler, Adolf: Mein Kampf, München [33]1933.

Hobbes (1976) – Hobbes, Thomas: Leviathan oder Stoff, Form und Gewalt eines bürgerlichen und kirchlichen Staates, hg. und eingeleitet von Iring Fetscher, übersetzt von Walter Euchner, Frankfurt am Main 1976.

Höchel, Lothar (Hg.): Liederbuch für die Klassen 5 bis 10, Berlin 1989.

Hoensch (1978) – Hoensch, Jörg H.: Geschichte der Tschechoslowakischen Republik, Stuttgart 1978.

Hoernle (1946) – Hoernle, Edwin: Die Bodenreform: ein Weg zu Demokratie und Frieden, Berlin 1946.

Hofer, Walther (Hg.): Die nationalsozialistischen Dokumente 1933–1945, Frankfurt am Main 1975 (in Johnsons Bibliothek).

Höhn (1913) – Höhn, H.: Sitte und Brauch bei Tod und Begräbnis. Mitteilungen über volkstümliche Überlieferungen in Württemberg Nr. 7, Stuttgart 1913.

Hood, Thomas: The Works of Thomas Hood, ed. with notes, by his Son and Daughter, London o. J.

Horativs: Opera, edidit D. R. Shackleton Bailey, Stvtgardiae MCMXCV.

Horzen (1996) – Horzen, Deborah L.: »Weiter durch die Zeit«. Past Meets Present in Uwe Johnson's *Jahrestage* and The New York Times, Diss. University of Florida 1996.

Hübschmann, Werner (Hg.): Kein schöner Land. Volksliederbuch für Klavier, Leipzig 1965.

an Huef (1994) – an Huef, Elke: »Wer war Uwe? Wer ist Johnson?«, in: Die Zeit vom 5. 8. 1994, S. 42.

Huhn (1992) – Huhn, Klaus: Das vierte Buch über Täve, Berlin 1992.

Hurtig (1957) – Hurtig, Theodor: Physische Geographie von Mecklenburg, Berlin 1957 (in Johnsons Bibliothek).

Hye (1978) – Hye, Roberta T.: Uwe Johnsons *Jahrestage*: Die Gegenwart als variierende Wiederholung der Vergangenheit, Frankfurt am Main 1978.

Ibsen, Henrik: Sämtliche Werke, hg. von Julius Elias und Paul Schlenther, Berlin 1917.

Ihlefeld (1920) – Ihlefeld, Frieda (Hg.): Hauskochbuch. Eine Sammlung erprobter Kochrezepte für gute und zugleich sparsame Küche, mit besonderer Berücksichtigung der Resteverwertung, Schwerin ⁹1920 (in Johnsons Bibliothek).

Ireland. Official Guide to Hotels, Guesthouses, Holiday Camps, Hostels, Dublin 1971.

Irmisch (1960) – Irmisch, Rudolf: Geschichte der Stadt Itzehoe, Itzehoe 1960.

Jackson, Kenneth T. (Hg.): The Encyclopedia of New York, New Haven 1995.

Jacobs/Witker (1968) – Jacobs, Jay/Witker, Kristi N.: RFK. His Life and Death, New York 1968 (in Johnsons Bibliothek).

Jahrbücher des Vereins für meklenburgische Geschichte und Alterthumskunde, aus den Arbeiten des Vereins, herausgegeben von G. C. F. Lisch, Schwerin. In Johnsons Bibliothek befinden sich die Jahrgänge 1843, 1849–53, 1855–56, 1862–64, 1866–67, 1871, 1877, 1879, 1881, 1886, 1896, 1917, 1925–30. Seit 1931 unter dem Titel »Mecklenburgische Jahrbücher«; in Johnsons Bibliothek befinden sich die Bände 1931–37.

Jansen (1986) – Jansen, Elmar: Vom Beethoven-Denkmal zur Gemeinschaft der Heiligen. Ernst Barlachs Wendung zur Monumentalkunst 1926–1932, in: Der Wagen. Ein Lübeckisches Jahrbuch, Lübeck 1986, S. 47–68.

Jansen (1999) – Jansen, Elmar: Der unselige Barlach, in: Sinn und Form 51, 1999, S. 313–334.

Jessenin, Sergej: Gedichte, russisch und deutsch, Leipzig 1981.

Johann, Ernst (Hg.): Reden des Kaisers. Ansprachen, Predigten und Trinksprüche Wilhelm II., München 1966.

Joyce, James: Ulysses, New York 1946 (in Johnsons Bibliothek).

Joyce (1966) – Joyce, James: Ulysses, dt. von Georg Goyert, München 1966 (in Johnsons Bibliothek).

Joyce, James: Ulysses, dt. von Hans Wollschläger, Frankfurt am Main 1975 (in Johnsons Bibliothek).

Jückstock (1999) – Jückstock, Nathali: Unter Realisten. Uwe Johnsons *Rede zur Verleihung des Raabe-Preises*, in: Johnson-Jahrbuch Bd. 6, Göttingen 1999, S. 146–162.

Jurgensen, Manfred (Hg.): Johnson. Ansichten – Einsichten – Aussichten, Bern 1989.

Kahn (1985) – Kahn, E. J.: Die tropische Perle. Reisenotizen von einer strahlenden Insel, in: Sri Lanka. Ceylon, Merian 2/85, S. 6–9.

Kaiser (1995a) – Kaiser, Alfons: Der 16. Januar 1967 oder Können wir uns auf Johnson verlassen? in: Johnson-Jahrbuch Bd. 2, Göttingen 1995, S. 256–258.

Kaiser (1995b) – Kaiser, Alfons: Für die Geschichte. Medien in Uwe Johnsons Romanen, St. Ingbert 1995.

Kaiser, Hermann/Ottenjann, Helmut: Der Bauernhausgiebel, Museumsdorf Cloppenburg o. J.

Kaplan (1986) – Kaplan, Karel: Die politischen Prozesse in der Tschechoslowakei 1948–1954, München 1986.

Kaplan (1990) – Kaplan, Karel: Staat und Kirche in der Tschechoslowakei. Die kommunistische Kirchenpolitik in den Jahren 1948–1952, München 1990 (Veröffentlichung des Collegium Carolinum, Bd. 64).

Kaplan, Peter B.: High on New York, New York 1986.

Karnow (1983) – Karnow, Stanley: Vietnam. A History, New York 1983.

Kaschnitz (1982) – Kaschnitz, Marie Luise: Gesammelte Werke, Bd. 3, Die autobiographische Prosa II, hg. von Christian Büttrich und Norbert Miller, Frankfurt am Main 1982.

Kasten, Erwin (Hg.): Heimatbuch des Kreises Neustrelitz. Einzeldarstellungen aus der Geschichte unseres Kreises, Neustrelitz 1954 (in Johnsons Bibliothek).

Kästner (1951) – Kästner, Erhart: Zeltbuch von Tumilad, Wiesbaden 1951.

Kdo je Kdo, 91/92 Ceská Republika, Federálni Orgány CSFR, Prag 1991.

Kempowski, Walter: Tadellöser und Wolff, München 1971.

Kießling (1998) – Kießling, Wolfgang: Leistner ist Mielke. Schatten einer gefälschten Biographie, Berlin 1998.

Kilian, Achim: Einzuweisen zur völligen Isolierung. NKWD-Speziallager Mühlberg/Elbe 1945–1948, Leipzig 1993.

Kindlers Literaturlexikon, München 1974.

Kinzel (1998) – Kinzel, Ulrich: Seneca in Jerichow. *Jahrestage*, 17. November 1967, in: Johnson-Jahrbuch Bd. 5, Göttingen 1998, S. 144–166.

Kipling, Rudyard: Die Ballade von Ost und West. Selected Poems. Ausgewählte Gedichte, Zürich 1992.

Kirchner, Gustav: Die zehn Hauptverben des Englischen im Britischen und Amerikanischen. Eine semasiologisch-syntaktische Darstellung ihrer gegenwärtigen Funktionen mit sprachgeschichtlichen Rückblicken, Halle 1952 (in Johnsons Bibliothek).

Klaus (1999) – Klaus, Annekatrin: »Sie haben ein Gedächtnis wie ein Mann, Mrs. Cresspahl!« Weibliche Hauptfiguren im Werk Uwe Johnsons, Göttingen 1999.

Kleinmann, Hans-Otto: Geschichte der CDU. 1945–1982, Stuttgart 1993.

Kleist (1990) – Kleist, Heinrich von: Sämtliche Werke und Briefe, Bd. 3., hg. von Klaus Müller-Salget, Frankfurt am Main 1990.

Klemperer, Viktor: LTI. Tagebuch eines Philologen, Berlin 1947 (in Johnsons Bibliothek).

Klemperer (1996) – Klemperer, Viktor: LTI. Aus dem Notizbuch eines Philologen, Leipzig 1996.

Kleßmann (1988) – Kleßmann, Christoph: Zwei Staaten, eine Nation. Deutsche Geschichte 1955–1970, Bonn 1988.

Kleßmann, Christoph: Die doppelte Staatsgründung. Deutsche Geschichte 1945–1955, Bonn [5]1991.

Kliman, Gilbert/Wolfenstein, Martha (Hg.): Children and the Death of a President. Multidisciplinary Studies, New York 1965 (in Johnsons Bibliothek).

Klotz, Heinrich (Hg.) in Zusammenarbeit mit Sabau, Luminita: New York Architektur. 1970–1990, München 1989.

Klug (1995) – Klug, Hans-Jürgen: Uwe Johnson. Ein Güstrower auf Zeit, in: Johnson-Jahrbuch Bd. 2, Göttingen 1995, S. 67–77.

Klusen, Ernst (Hg.): Deutsche Lieder, Frankfurt am Main 1980.

Knaurs Stadtführer: Manhattan, München 1992.

Koch (1984) – Koch, Manfred: Zum Tode von Sergej I. Tjulpanov, in: Deutschland Archiv Nr. 17, 1984, S. 341–343.

Koch (1985) – Koch, Peter: Konrad Adenauer. Eine politische Biographie, Hamburg 1985.

Kogon, Eugen: Der SS-Staat. Das System der deutschen Konzentrationslager, Berlin 1947 (in Johnsons Bibliothek).

Köhler (1993) – Köhler, Lotte: Aus dem Briefwechsel mit Uwe Johnson, in: Roland Berbig/ Erdmut Wizisla (Hg.): »Wo ich her bin . . .«. Uwe Johnson in der D. D. R., Berlin 1993, S. 139–145.

Kokol (1995) – Kokol, Klaus: Die Angebote der deutschen Reichsregierung an Herrn Heinrich Cresspahl im Jahre 1933. Einige Anmerkungen aus juristischer Sicht, in: Carsten Gansel/Nicolai Riedel (Hg.): Uwe Johnson zwischen Vormoderne und Postmoderne. Internationales Uwe-Johnson-Symposium, 22.–24. 9. 1994, Berlin 1995, S. 299–332.

Kokol (1998) – Kokol, Klaus: »Vielleicht schaffen wir es hier doch nicht. Werden wir hier durchkommen?« Zur finanziellen Dimension der Lebensverhältnisse der Familie Cresspahl in New York City, in: Johnson-Jahrbuch Bd. 5, Göttingen 1998, S. 126–143.

Константинов, Фодор В.: Исторический Материализм, Москва 1954.

Kopenhagen, Wilfried: Das große Flugzeugtypenbuch, Stuttgart [7]1996.

Köpke/Wiese (1992) – Köpke, Horst/Wiese, Friedrich-Franz: Mein Vaterland ist die Freiheit. Das Schicksal des Studenten Arno Esch, Rostock 1992.

Koszyk, Kurt: Geschichte der Presse, Bd. 4: Pressepolitik für Deutsche 1945–1949, Berlin 1986.

Kracauer, Siegfried: Ginster. Von ihm selbst geschrieben, Frankfurt am Main 1973 (in Johnsons Bibliothek).

Kravtschenko, Viktor: Ich wählte die Freiheit. Das private und politische Leben eines Sowjetbeamten, Hamburg o. J. (in Johnsons Bibliothek).

Kreisleitung Güstrow des Kulturbundes zur demokratischen Erneuerung Deutschlands (Hg.): 725 Jahre Güstrow. 1228/1953, Güstrow 1953 (in Johnsons Bibliothek).

Krüger/Finn (1991) – Krüger, Dieter/Finn, Gerhard: Mecklenburg-Vorpommern 1945–1948 und das Lager Fünfeichen, Berlin 1991.

Krummacher/Lange (1970) – Krummacher, F. A./Lange, Helmut: Krieg und Frieden. Geschichte der deutsch-sowjetischen Beziehungen von Brest-Litowsk zum Unternehmen Barbarossa, München 1970 (in Johnsons Bibliothek).

Kugler (1976) – Kugler, Walter: Was war der Prager Frühling? Hintergründe, Ziele und Auswirkungen der tschechoslowakischen Reformbewegung von 1968, Achberg 1976.

Kühn, Maria (Hg.): Alte deutsche Kinderlieder, Königstein, 1965.

Kühn, Volker: Neuss Testament. Eine satirische Zeitbombe und ihre Folgen, in: die horen 177, 1995, S. 127–137.

Kunst und Geschichts=Denkmäler des Grossherzogthums Mecklenburg-Schwerin, hg. von der Commission zur Erhaltung der Denkmäler, bearbeitet von Friedrich Schlie, Bd. 1–5, Schwerin 1896–1902 (in Johnsons Bibliothek).

Küpper, Heinz: Illustriertes Lexikon der deutschen Umgangssprache, Stuttgart 1982–84.

Kürschners Deutscher Gelehrten-Kalender 1970, Berlin 1970.

Kürschners Deutscher Gelehrten-Kalender 1976, Berlin 1976.

Kurstadt Waren. Einst und jetzt. Studie zur Chronik und heutigen Bedeutung einer mecklenburgischen Stadt, hg. von einem Verfasserkollektiv Warener Bürger, Waren 1963 (in Johnsons Bibliothek).

Lammel, Inge (Hg.): Mit Gesang wird gekämpft. Lieder der Arbeiterbewegung, Berlin 1968.

Lampel/Mahrhold: Waffen-Lexikon, München [10]1994.

Langenscheidt (1963) – Langenscheidts Enzyklopädisches Wörterbuch der englischen und der deutschen Sprache, 2 Bde., Berlin-Schöneberg [2]1963 (in Johnsons Bibliothek).

Langenscheidts Taschenwörterbuch Lateinisch, Berlin [23]1960.

Laqueur, Walter: Stalin. Abrechnung im Zeichen von Glasnost, München 1990.

Lasker, Toy/George, Jean: New York in Maps. An Instant Guide to Every Place in Town. Restaurants, Museums, Theatres, Subways & Busses, Hotels, Emergency Numbers, New York 1970 (in Johnsons Bibliothek).

Lasky (1968) – Lasky, Victor: Robert F. Kennedy. The Myth and the Man, New York 1968 (in Johnsons Bibliothek).

Leben. Singen. Kämpfen. Liederbuch der deutschen Jugend, hg. vom Zentralrat der Freien Deutschen Jugend, Berlin 1958.

Leber/Brandt/Bracher (1959) – Leber, Annedore/Brandt, Willy/Bracher, Karl Dietrich (Hg.): Das Gewissen steht auf. 64 Lebensbilder aus dem deutschen Widerstand 1933–1945, Berlin 1959 (in Johnsons Bibliothek).

Leffingwell, Randy: Caterpillar, Stuttgart 1996.

Lehmann, Hans Georg: Chronik der Bundesrepublik Deutschland. 1945/49 bis heute, München ³1989.

Lehner (1985) – Lehner, Horst: Die letzten 123 Tage im Leben der Gesine Cresspahl, in: Michael Bengel (Hg.): Johnsons »Jahrestage«, Frankfurt am Main 1985, S. 106–119.

Lehrgang (1946) – Geschichte der kommunistischen Partei der Sowjetunion (Bolschewiki). Kurzer Lehrgang, Berlin 1946 (in Johnsons Bibliothek).

Lemcke, Gesine: European and American Cuisine, New York 1901 (in Johnsons Bibliothek).

Lenin (1970) – Lenin, Wladimir I.: Werke, hg. vom Institut für Marxismus-Leninismus beim ZK der KPdSU, Berlin 1970 ff.

Lennox, Sara Jane King: The Fiction of William Faulkner and Uwe Johnson. A Comparative Study, Diss. Ann Arbour (Michigan) 1973.

Lennox, Sara: History in Uwe Johnson's »Jahrestage«, in: Nicolai Riedel (Hg.), Internationales Uwe-Johnson-Forum. Beiträge zum Werkverständnis und Materialien zur Rezeptionsgeschichte, Bd. 1 (1989), Frankfurt am Main 1990, S. 72–95.

Lenski (1936) – Lenski, Franz von: Güstrow als Garnison, in: Mecklenburgische Monatshefte, Juni 1936, S. 323–327 (in Johnsons Bibliothek).

Leonhard, Susanne: Gestohlenes Leben. Schicksal einer politischen Emigrantin in der Sowjetunion, Herford ⁵1968 (in Johnsons Bibliothek).

Leonhard (1959) – Leonhard, Wolfgang: Kreml ohne Stalin, Köln 1959 (in Johnsons Bibliothek).

Lewytzkyj, Borys/Stroynowski, Julius: Who's Who in the Socialist Countries, München 1978.

Lexikon des Internationalen Films, hg. vom Katholischen Institut für Medieninformation (KIM) und der Katholischen Filmkommission für Deutschland, Reinbek bei Hamburg 1995.

LGA – Lübecker Generalanzeiger.

Lietzmann, Sabina: New York. Die wunderbare Katastrophe, München 1979 (in Johnsons Bibliothek).

Lilge (1978) – Lilge, Herbert: Deutschland 1945–1963, Hannover ¹⁰1978.

Lisch (1842) – Lisch, G. C. F.: Meklenburg in Bildern, Jhg. 1–4, Rostock 1842–45 (in Johnsons Bibliothek).

Liska (1997) – Liska, Vivian: ›Johnson, kennt einer Johnson?‹. Erzählreflexion und Wirklichkeitssuche in Johnsons »Mutmassungen über Jakob«, in: Carsten Gansel/Nicolai Riedel (Hg.), Internationales Uwe-Johnson-Forum. Beiträge zum Werkverständnis und Materialien zur Rezeptionsgeschichte, Bd. 6 (1997), Frankfurt am Main 1997, S. 13–29.

Lübbert (1998) – Lübbert, Heinrich: Der Streit um das Erbe des Schriftstellers Uwe Johnson, Frankfurt am Main 1998 (Schriften des Uwe Johnson-Archivs Bd. 7).

Lücke (1962) – Das Schulbuch in der Sowjetzone. Lehrbücher im Dienst totalitärer Propaganda, hg. vom Bundesministerium für gesamtdeutsche Fragen, zusammengestellt von Peter Lücke, Bonn 1962 (in Johnsons Bibliothek).

Lukács (1946) – Lukács, Georg: Deutsche Literatur im Zeitalter des Imperialismus, Berlin 1946.

Lukács (1947) – Lukács, Georg: Fortschritt und Reaktion in der deutschen Literatur, Berlin 1947.

Lukács (1964) – Lukács, Georg: Deutsche Literatur in zwei Jahrhunderten, in: ders.: Werke, Bd. 7, Neuwied 1964.

Luther, Martin: Der kleine Katechismus Dr. Martin Luthers, München ²⁷1964.

MacBean, J. P.: New York. Im Herzen der City, Erlangen 1991.

MacPherson, Myra: Long Time Passing. Vietnam and the Haunted Generation, New York 1984.

Mai, J. (Hg.): Vom Narew bis an die Elbe, Berlin 1955.

Mailer, Norman: Why we are in Vietnam, New York 1968 (in Johnsons Bibliothek).

Majakowski, Aus vollem Halse – Majakowski, Wladimir: Aus vollem Halse, Berlin o. J. (in Johnsons Bibliothek).

Majakowski, Wladimir: Werke, Frankfurt am Main o. J. (in Johnsons Bibliothek).

Mala Encyklopedia Zurnalistiky, Hg. L'udovít Jacz, Bratislava 1982.

Mandelstam (1971) – Mandelstam, Nadeshda: Das Jahrhundert der Wölfe, Frankfurt am Main 1971.

Manhattan Telephone Directory 1968/69 (in Johnsons Bibliothek).

Mann (1961) – Mann, Thomas: Briefe 1889–1955, hg. von Erika Mann, Frankfurt 1961 ff. (in Johnsons Bibliothek).

Mann (1962) – Mann, Heinrich: Professor Unrat, Berlin 1962.

Mann (1974) – Mann, Thomas: Gesammelte Werke in 13 Bänden, Frankfurt 1974 (in Johnsons Bibliothek).

Mann (1979) – Mann, Thomas: Tagebücher, Frankfurt am Main 1979–1995.

Mansfield, Alan/Cunnington, Phillis: Handbook of English Costume in the 20th Century 1906–1950, London 1973.

Manthey, Dirk/Altendorf, Jörg/Loderhose, Willy (Hg.): Das große TV-Spielfilm Film-Lexikon, Hamburg, 2. Aufl. o. J.

Marx/Engels (1966) – Marx, Karl/Engels, Friedrich: Werke. Studienausgabe in 4 Bänden, Frankfurt 1966 (in Johnsons Bibliothek).

McKinney's Consolidated Laws (1989) – McKinney's Consolidated Laws of New York Annotated, Book 39, Penal Law, Sections 1.00 to 139.end, St. Paul, Minn., ²1989, S. 582.

McNamara, Robert S./VanDeMark, Brian: Vietnam. Das Trauma einer Weltmacht, Hamburg 1996.

Matthiesen, F. O. (Hg.): Oxford Book of American Verse, New York 1950 (in Johnsons Bibliothek).

Mayer, Hans: Ein Deutscher auf Widerruf, Frankfurt am Main 1984.

Mayor, Bruni: New York. Ein Führer für Stadtbummler, München ²1988.

Mecklenburg (1982) – Mecklenburg, Norbert: Erzählte Provinz. Regionalismus und Moderne im Roman, Königstein 1982.

Mecklenburg, Norbert: Zeitroman oder Heimatroman? Uwe Johnsons »Ingrid Babendererde«, in: Wirkendes Wort 36, 1986, S. 172–189.

Mecklenburg, Norbert: *Ergänzung, Variante, Vorstufe?* Uwe Johnsons unveröffentlichter Nachlaßtext *Heute Neunzig Jahr* in seinem Verhältnis zu *Jahrestage*, in: Manfred Jurgensen (Hg.): Johnson. Ansichten – Einsichten – Aussichten, Bern 1989, S. 91–120.

Mecklenburg (1990a) – Mecklenburg, Norbert: Nachbarschaft als Fremde. Ansichten von Schleswig-Holstein im erzählerischen Werk Uwe Johnsons. Erster Teil: Ost- und Westholsteinisches, in: Wirkendes Wort 40, 1990, S. 234–247.

Mecklenburg (1990b) – Mecklenburg, Norbert: Nachbarschaft als Fremde. Ansichten von Schleswig-Holstein im erzählerischen Werk Uwe Johnsons. Zweiter Teil: Lübeck – ständig beobachtet, in: Wirkendes Wort 40, 1990, S. 376–394.

Mecklenburg, Norbert: Ein Junge aus dem ›Dreikaiserjahr‹. Uwe Johnson als Historiker. Zur postum veröffentlichten Erzählung »Versuch, einen Vater zu finden«, in: Nicolai Riedel (Hg.), Internationales Uwe-Johnson-Forum. Beiträge zum Werkverständnis und Materialien zur Rezeptionsgeschichte, Bd. 1 (1989), Frankfurt am Main 1990, S. 96–113.

Mecklenburg, Norbert: Uwe Johnson als Autor einiger deutscher Literaturen, in: Literatur für Leser, Heft 1, 1991, S. 1–7.

Mecklenburg (1992a) – Mecklenburg, Norbert: »Märchen vom unfremden Leben.« Uwe Johnson und der Sozialismus, in: Das Argument 34, 1992, S. 219–233.

Mecklenburg, Norbert: Ein Land, das ferne leuchtet. Uwe Johnsons Heimatkonzept im

Früh- und Spätwerk, in: Raimund Fellinger: Über Uwe Johnson, Frankfurt am Main 1992, S. 334–371.

Mecklenburg (1996) – Mecklenburg, Norbert: Nachwort zu: Uwe Johnson. Heute Neunzig Jahr, Frankfurt am Main 1996, S. 129–142.

Mecklenburg (1997) – Mecklenburg, Norbert: Die Erzählkunst Uwe Johnsons. *Jahrestage* und andere Prosa, Frankfurt am Main 1997.

Mecklenburg. Zeitschrift des Heimatbundes Mecklenburg, Schwerin. Die Jahrgänge 1906–11, 1926–28 und die Hefte 1913, 4; 1917, 1; 1919, 2; 1933, 2 und 1938, 3/4 befinden sich in Johnsons Bibliothek.

Mecklenburgisch Christlicher Hauskalender von 1937, hg. vom Mecklenburgischen Landesverein für Innere Mission e. V., Schwerin 1937 (in Johnsons Bibliothek).

Mecklenburgische Monatshefte. Zeitschrift zur Pflege heimatlicher Art und Kunst, begründet von Johannes Gillhof, Rostock, Jahrgänge 1925–35 (in Johnsons Bibliothek).

Mecklenburgische Monatshefte, begründet von Johannes Gillhoff, hg. von Friedrich Griese. Amtliche Mitteilungen zur Kultur- und Heimatpflege der Gauleitung Mecklenburg-Lübeck der N. S. D. A. P., des Heimatdienstes Gau Mecklenburg-Lübeck e. V. in der N. S.-Kulturgemeinde Gau Mecklenburg-Lübeck, der Landesstelle Mecklenburg-Lübeck des Reichsministeriums für Volksaufklärung und Propaganda, des Mecklenburgischen Staatsministeriums, des Deutschen Gemeindetages Landesdienststelle Mecklenburg-Lübeck und des Senats der Freien und Hansestadt Lübeck, Jahrgang 1936 (in Johnsons Bibliothek).

Mecklenburgischer Voss un Haas-Kalender, 76. Jahrgang, Wismar 1939 (in Johnsons Bibliothek).

Mecklenburgisches-Kirchen-Gesangbuch, mit Herzogl. gnädigsten Special-Privilegio, Schwerin 1791 (in Johnsons Bibliothek).

Mensing, Otto: Schleswig-Holsteinisches Wörterbuch, 5 Bde., Neumünster 1935.

Meray, Tibor: Dreizehn Tage, die den Kreml erschütterten, München o. J.

Merkel (1980) – Merkel, Friedemann: Theologische Realenzyklopädie, Bd. 5, Berlin 1980.

Merseburger (1995) – Merseburger, Peter: Der schwierige Deutsche. Kurt Schumacher, Stuttgart 1995.

MEW – Marx, Karl/Engels, Friedrich: Werke, Berlin 1959 ff.

Meyer-Gosau, Frauke: Weibliche Perspektive des männlichen Erzählers? Uwe Johnsons *Jahrestage* der Gesine Cresspahl, in: Manfred Jurgensen (Hg.): Johnson. Ansichten – Einsichten – Aussichten, Bern 1989, S. 121–139.

Meyer-Scharffenberg (1962) – Meyer-Scharffenberg, Fritz: Die Insel Poel und der Klützer Winkel. Ein Heimatbuch, unter Mitarbeit von Hertha Schlesinger, Rostock 1962 (in Johnsons Bibliothek).

Meyers (1889) – Meyers Konversations-Lexikon. Eine Encyklopädie des allgemeinen Wissens, 18 Bde., Leipzig ⁴1889–1891 (in Johnsons Bibliothek).

Meyers Enzyklopädisches Lexikon in 25 Bänden, Mannheim ⁹1971 ff.

Meyers Grosses Personenlexikon, Mannheim 1968.

Meyers Grosses Taschenlexikon in 24 Bänden, Mannheim ²1987.

Meyers Reisebücher (1931) – Meyers Reisebücher. Mecklenburg, Ost-Schleswig-Holstein, Hamburg, Lübeck, Leipzig 1931 (in Johnsons Bibliothek).

Meyers Reisebücher (1934) – Meyers Reisebücher. Mecklenburg, Lübeck, Hamburg, Schleswig-Holsteinische Ostseeküste, Leipzig 1934 (in Johnsons Bibliothek).

Michaelis (1983) – Michaelis, Rolf: Kleines Adreßbuch für Jerichow und New York. Ein Register zu Uwe Johnsons Roman »Jahrestage«, Frankfurt am Main 1983.

Michaelis (1985) – Michaelis, Rolf: Eines langen Jahres Reise in den Tag. Rede zur Verleihung des Literaturpreises der Stadt Köln an Uwe Johnson, in: Michael Bengel (Hg.): Johnsons »Jahrestage«, Frankfurt am Main 1985, S. 219–226.

Miller, Susanne/Pothoff, Heinrich: Kleine Geschichte der SPD. Darstellung und Dokumentation 1848–1990, Bonn [7]1991.

Miller/Miller (1996) – Miller, Willard E./Miller, Ruby M. (Hg.): United States Immigration. A Reference Handbook, Santa Barbara 1996.

Milne (1939) – Milne, Alan A.: Winnie-The-Pooh, Leipzig 1939 (in Johnsons Bibliothek).

Mitscherlich, Alexander: Kampf um die Erinnerung. Psychoanalyse für fortgeschrittene Anfänger, München 1975 (in Johnsons Bibliothek).

Mlynar (1978) – Mlynar, Zdenek: Nachtfrost. Erfahrungen auf dem Weg vom realen zum menschlichen Sozialismus, Köln 1978.

Moeller (1995) – Moeller, Peter: Der Güstrower Schauprozeß, in: Uwe Johnson. Die Güstrower Jahre (1948–1952), hg. von der Bibliothek des Landkreises Güstrow, Güstrow 1995, S. 28–31.

Möller (1950) – Möller, Vera: Klein Erna. Ganz dumme Hamburger Geschichten, nacherzählt von Vera Möller, Hamburg 1950.

Möller (1995) – Möller, Kathrin: Von Fokker bis Heinkel – Die Mecklenburgische Flugzeugindustrie von ihren Anfängen bis 1945, in: Wolf Karge/Peter-Joachim Rakow/Ralf Wendt (Hg.): Ein Jahrtausend. Mecklenburg und Vorpommern. Biographie einer norddeutschen Region in Einzeldarstellungen, Rostock 1995, S. 320–324.

Morgenstern, Christian: Alle Galgenlieder, Leipzig 1944 (in Johnsons Bibliothek).

Morgenstern, Christian: Gedichte, Berlin 1961.

Morgenstern, Christian: Heimlich träumen Mensch und Erde, Berlin 1971.

Mühlstadt (1972) – Mühlstadt, Herbert: Hans Warnke. Ein Kommunist, Rostock 1972 (in Johnsons Bibliothek).

Müller, Helmut M.: Schlaglichter der deutschen Geschichte, Bonn [2]1990.

Müller (1988) – Müller, Irmgard: Lokaltermin Richmond. Eine Untersuchung der örtlichen Begebenheiten in Richmond, Surrey, in Uwe Johnsons *Jahrestage*, in: German Life and Letters 41, 1988, S. 248–270.

Müller (1995) – Müller, Irmgard: Anniversaries – Das kürzere Jahr. Zur amerikanischen Übersetzung der *Jahrestage*, in: Johnson-Jahrbuch Bd. 2, Göttingen 1995, S. 78–108.

Müller (1997) – Müller, Irmgard: Der Tischler als Oberbürgermeister. Über eine Vorlage für Heinrich Cresspahls Amtszeit als Bürgermeister von Anfang Juli 1945 bis zum 22. Oktober 1945, in: Johnson-Jahrbuch Bd. 4, Göttingen 1997, S. 158–176.

Müller/Semmer (1968) – Müller, André/Semmer, Gerd: Geschichten vom Herrn B., München 1968 (in Johnsons Bibliothek).

Münch, Ingo von (Hg.): Gesetze des NS-Staates. Dokumente eines Unrechtssystems, Paderborn [3]1994.

Münster (1928) – Münster, Hans: Grevesmühlen, in: Zeitschrift des Heimatbundes »Mecklenburg«, Mai 1928, S. 38.

Münzenberg, Willi (Hg.): Braunbuch II. Dimitroff contra Goering. Enthüllungen über die wahren Brandstifter, Paris 1934.

Munzinger-Archiv: Internationales Biographisches Archiv, Loseblattsammlung.

Muret-Sanders enzyclopädisches englisch-deutsches und deutsch-englisches Wörterbuch. Muret Sanders Encyclopaedic English-German and German-English Dictionary, 2 Bde., Berlin 1901/2 (in Johnsons Bibliothek).

Muret-Sanders enzyklopädisches englisch-deutsches und deutsch-englisches Wörterbuch. Muret Sanders Encyclopaedic English-German and German-English Dictionary, 2 Bde., Berlin-Schöneberg [17]1910 (in Johnsons Bibliothek).

Musil (1970) – Musil, Robert: Der Mann ohne Eigenschaften, Reinbek bei Hamburg 1970.

Myers (1923) – Myers, Gustavus: Die Geschichte der grossen amerikanischen Vermögen, 2 Bde., Berlin 1923 (in Johnsons Bibliothek).

Naimark (1997) – Naimark, Norman M.: Die Russen in Deutschland. Die Sowjetische Besatzungszone 1945 bis 1949, Berlin 1997.

Namen und Schicksale (1955) – Namen und Schicksale der nach 1945 in der Sowjetischen Besatzungszone verhafteten und verschleppten Professoren und Studenten, hg. vom Amt für gesamtdeutsche Studentenfragen, [4]1955 (in Johnsons Bibliothek).

Naumann (1968) – Naumann, Bernd: Bericht über die Strafsache gegen Mulka u. a. vor dem Schwurgericht Frankfurt, Frankfurt am Main 1968 (in Johnsons Bibliothek).

Naumann (1998) – Naumann, Michael: Darf ich Ihnen eine Zigarette anbieten?, Hier raucht der Chef, in: DIE ZEIT Nr. 5 vom 22. 1. 1998, S. 57.

Nelles, Günter: New York und New York State (Nelles Guides), München [2]1994.

Neue russische Bibliothek, Heft 5: Pjesjennik, Berlin 1948.

Neumann, Bernd: Utopie und Mimesis. Zum Verhältnis von Ästhetik, Gesellschaftsphilosophie und Politik in den Romanen Uwe Johnsons, Kronberg/Ts. 1978.

Neumann, B. (1985) – Neumann, Bernd: »Heimweh ist eine schlimme Tugend.« Über Uwe Johnsons Gedächtnis-Roman *Jahrestage. Aus dem Leben von Gesine Cresspahl*, von seinem vierten Band her gesehen, in: Michael Bengel (Hg.): Johnsons »Jahrestage«, Frankfurt am Main 1985, S. 263–280.

Neumann, B. (1989) – Neumann, Bernd (Hg.): Mutmassungen über Jakob. Erläuterungen und Dokumente, Stuttgart 1989.

Neumann, Bernd: Korrespondenzen. Uwe Johnson und Hannah Arendt, in: du. Die Zeitschrift der Kultur, Heft 10: Uwe Johnson. Jahrestage in Mecklenburg, 1992, S. 62–66.

Neumann, B. (1994) – Neumann, Bernd: Uwe Johnson, Hamburg 1994.

Neumann, Gisela und Siegfried (Hg.): Geduld, Vernunft un Hawergrütt. Volksweisheit in Sprichwörtern, Rostock 1971 (in Johnsons Bibliothek).

Neumann, P. H. (1995) – Neumann, Peter Horst: Trauer als Text. *Eine Reise nach Klagenfurt* und Uwe Johnsons Nekrologe auf Günter Eich und Hannah Arendt, in: Johnson-Jahrbuch Bd. 2, Göttingen 1995, S. 240–252.

Neumann, U. (1992) – Neumann, Uwe: Uwe Johnson und der *Nouveau Roman*. Komparatistische Untersuchungen zur Stellung von Uwe Johnsons Erzählwerk zur Theorie und Praxis des *Nouveau Roman*, Frankfurt am Main 1992.

Neumann, U. (1996) – Neumann, Uwe: »Behandeln Sie den Anfang so unnachsichtig wie möglich«. Vorläufiges zu Romananfängen bei Uwe Johnson, in: Johnson-Jahrbuch Bd. 3, Göttingen 1996, S. 19–49.

New York, Merian 11/40, Hamburg 1987.

New York, Marco Polo, Ostfildern [2]1992.

New York, DuMont Reiseführer Visuell, Köln 1994.

New York Times Obituary Index.

Niemöller (1934) – Niemöller, Martin: Vom U-Boot zur Kanzel, Berlin 1934.

Nöldechen (1991) – Nöldechen, Peter: Bilderbuch von Johnsons Jerichow und Umgebung. Spurensuche im Mecklenburg der Cresspahls, Frankfurt am Main 1991 (Schriften des Uwe Johnson-Archivs Bd. 2).

Nöldechen (1997) – Nöldechen, Peter: Spurensuche in Mecklenburg, in: Carsten Gansel/Nicolai Riedel (Hg.), Internationales Uwe-Johnson-Forum. Beiträge zum Werkverständnis und Materialien zur Rezeptionsgeschichte, Bd. 6 (1997), Frankfurt am Main 1997, S. 191–199.

Overesch (1991) – Overesch, Manfred unter Mitarbeit von Herda, Wolfgang und Artelt, Jork: Das III. Reich 1939–1945. Eine Tageschronik der Politik, Wirtschaft, Kultur, Augsburg 1991.

Overesch/Saal (1991) – Overesch, Manfred/Saal, Friedrich W. (Hg.): Das III. Reich 1933–1939. Eine Tageschronik der Politik, Wirtschaft, Kultur, Augsburg 1991.

Paasch-Beeck (1997) – Paasch-Beeck, Rainer: Bißchen viel Kirche, Marie? Bibelrezeption in Uwe Johnsons *Jahrestage*, in: Johnson-Jahrbuch Bd. 4, Göttingen 1997, S. 72–114.

Payne, Robert: Stalin. Aufstieg und Fall, Stuttgart 1967.

Pechel (1928) – Pechel, Rudolf: Kniesenack, in: Mecklenburgische Monatshefte, November 1928, S. 598–602 (in Johnsons Bibliothek).

Pentz (1880) – Pentz, Adolf (Hg.): Erzählungen aus der meklenburgischen Geschichte. Für Schule und Haus, Wismar 1880 (in Johnsons Bibliothek).

Peter (1968) – Peter, Karl Heinrich: Berühmte politische Reden des zwanzigsten Jahrhunderts, München 1968.

Philosophisches Wörterbuch, begründet von Heinrich Schmidt, 18. Auflage neu bearbeitet von Professor Dr. Georgi Schischkoff, Stuttgart 1969.

Pilgrim, Volker Elis: Du kannst mich ruhig »Frau Hitler« nennen. Frauen als Schmuck und Tarnung der NS-Herrschaft, Reinbek bei Hamburg 1994.

Poe (1961) – Poe, Edgar Allan: The Portable E. A. Poe, hg. von Philip van Doren Stern, New York 1961 (in Johnsons Bibliothek).

Poe, Edgar Allan: Tales of Mystery and Imagination, T. Nelson & Sons Ltd., o. J.

Pokay (1983) – Pokay, Peter: Vergangenheit und Gegenwart in Uwe Johnsons »Jahrestage«, Diss. Salzburg 1983.

Pokay, Peter: Die Erzählsituation der *Jahrestage*, in: Michael Bengel (Hg.): Johnsons »Jahrestage«, Frankfurt am Main 1985, S. 281–302.

Poliakov, Léon/Wulf, Josef: Das Dritte Reich und seine Diener. Auswärtiges Amt, Justiz und Wehrmacht. Dokumente und Berichte, Wiesbaden 1989.

Polzin (1966) – Polzin, Martin: Kapp-Putsch in Mecklenburg. Junkertum und Landproletariat in der revolutionären Krise nach dem 1. Weltkrieg, Rostock 1966 (in Johnsons Bibliothek).

Proust (1953) – Proust, Marcel: Auf der Suche nach der verlorenen Zeit, 7 Bde., Deutsch von Eva Rechel-Mertens, Frankfurt am Main 1953 ff. (in Johnsons Bibliothek).

Quandt (1978) – Quandt, Bernhard: Der Wiederaufbau der KPD und die demokratische Bodenreform 1945. Aus meiner Tätigkeit als 1. Sekretär der KPD und als Landrat in Güstrow, in: 1228 Güstrow 1978. Beiträge zur Geschichte der Stadt, hg. vom Rat der Stadt Güstrow, Güstrow 1978, S. 39–51 (in Johnsons Bibliothek).

Raabe (1854) – Raabe, H. F. W. (Hg.): Allgemeines plattdeutsches Volksbuch. Sammlung von Dichtungen, Sagen, Märchen, Schwanks, Volks- und Kinderreimen, Sprichwörtern, Räthseln u. s. w., Wismar und Ludwigslust 1854 (in Johnsons Bibliothek).

Raabe (1894) – Raabe, Wilhelm: Mecklenburgische Vaterlandskunde, 4 Bde., Wismar 1894–96 (in Johnsons Bibliothek).

Raabe (1966) – Raabe, Wilhelm: Sämtliche Werke (Braunschweiger Ausgabe), hg. von Jost Schillemeit, Bd. 1–20, Ergbd. 1–4, Göttingen 1966–83 (in Johnsons Bibliothek).

Rabbow, Arnold: dtv-Lexikon politischer Symbole, München 1970.

Ramler (1783) – Ramler, Karl Wilhelm: Fabellese, 4 Bde., Berlin 1783–97.

Rathke (1935) – Pastor Rathke: Die Stadtkirche zu Malchow, in: Mecklenburgische Monatshefte, Mai 1935, S. 259–260 (in Johnsons Bibliothek).

Rauch (1977) – Rauch, Georg von: Geschichte der Sowjetunion, Stuttgart [6]1977.

Redersborg (1995) – Redersborg, Eckart: Chronik der Stadt Grevesmühlen, Bd. 2, Grevesmühlen 1995.

Reiß, Anne-Grete: Intertextuelle Entdeckungen zu Uwe Johnsons »Jahrestagen« und Marie Luise Kaschnitz' »Tage, Tage, Jahre«, in: Carsten Gansel/Nicolai Riedel (Hg.), Internationales Uwe-Johnson-Forum. Beiträge zum Werkverständnis und Materialien zur Rezeptionsgeschichte, Bd. 7 (1998), Frankfurt am Main 1998, S. 175–185.

Reitlinger, Gerald: Die Endlösung. Hitlers Versuch der Ausrottung der Juden Europas 1939–1945, Berlin [5]1979.

Reuter, Werke – Reuter, Fritz: Sämtliche Werke, Bd. 1–8 in 4 Bänden, Berlin o. J. (in Johnsons Bibliothek).

Reuter (1905) – Reuter, Fritz: Werke, hg. von W. Seelmann, Leipzig 1905–06.

Reuter (1990) – Reuter, Fritz: Gesammelte Werke und Briefe, hg. von Kurt Batt u. a., Rostock 1990.

Reuter (1994) – Reuter, Fritz: »De Urgeschicht von Meckelnborg«, Rostock 1994.

Reuth, Ralf Georg: Goebbels, München 1990.

RGBl. I – Reichsgesetzblatt Teil I, hg. vom Reichsministerium des Innern.

Richter, Ernst: Agitation und Propaganda, Berlin 1958.

Richter (1936) – Stadtbaurat Richter: Güstrows Stadtplanung, in: Mecklenburgische Monatshefte, Juni 1936, S. 280–282 (in Johnsons Bibliothek).

Richter (1986) – Richter, Hans Werner: Im Etablissement der Schmetterlinge, München 1986.

Riedel, Ingrid: Wahrheitsfindung als epische Technik. Analytische Studien zu Uwe Johnsons Texten, München 1971.

Rilke, Rainer Maria: Sämtliche Werke, hg. vom Rilke-Archiv, besorgt durch Ernst Zinn, Frankfurt am Main 1955 ff.

Rilke, Rainer Maria/Andreas-Salomé, Lou: Briefwechsel, hg. von Ernst Pfeiffer, Frankfurt am Main 1975.

Riordan (1989) – Riordan, Colin: The Ethics of Narration. Uwe Johnson's Novels from »Ingrid Babendererde« to »Jahrestage«, London 1989.

Riordan, Colin: »Die Fähigkeit zu trauern«. Die »Toten« und die Vergangenheit in Uwe Johnsons »Jahrestage«, in: Carsten Gansel (Hg.): Wenigstens in Kenntnis leben. Notate zum Werk Uwe Johnsons, Neubrandenburg 1991, S. 62–76.

Riordan (1995) – Riordan, Colin: »... was ich im Gedächtnis ertrage«. Die Metaphorik der Jahrestage, in: Johnson-Jahrbuch Bd. 2, Göttingen 1995, S. 155–175.

Röhrich, Lutz: Lexikon der sprichwörtlichen Redensarten, Freiburg 1973 ff.

Rosenzweig (1988) – Rosenzweig, Franz: Der Stern der Erlösung, Frankfurt am Main 1988.

Rossberg (1985)- Rossberg, Ralf Roman: Neubeginn in Trümmern. Die Folgen von Zusammenbruch und deutscher Teilung für die Eisenbahn, in: Eisenbahnjahr Ausstellungsgesellschaft mbH, Nürnberg (Hg.): Zug der Zeit. Zeit der Züge. Deutsche Eisenbahn 1835–1985, 2 Bde., Berlin 1985, Bd. 2, S. 738–745.

Roth (1934) – Roth, Karl Aug.[ust]: Ein vorbildlicher Industriebau in Mecklenburg. Gang durch das neue Sudhaus der Brauerei Mahn & Ohlerich, Rostock, in: Mecklenburgische Monatshefte, August 1934, S. 390–394 (in Johnsons Bibliothek).

Rubel (1975) – Rubel, Maximilian: Stalin, Hamburg 1975 (in Johnsons Bibliothek).

Rundstedt (1929) – Rundstedt, U. von: Die Garnisontruppen des Herzogtums Lauenburg. II. Mölln während der lübischen Pfandherrschaft, in: Lauenburgische Heimat, Zeitschrift des Heimatbundes Herzogtum Lauenburg, 4/1929, S. 151–155.

Rüppel (1969) – Rüppel, Erich Günther: Gemeinschaftbewegung im Dritten Reich. Ein Beitrag zur Geschichte des Kirchenkampfes, Göttingen 1969.

Sammlung aller für das Großherzogthum Mecklenburg-Schwerin gültigen Landes-Gesetze von den ältesten Zeiten bis zum Ende des Jahres 1834, Bd. 4, Kirchen- und Schulgesetze, Wismar 1836 (in Johnsons Bibliothek).

Sangmeister (1992) – Sangmeister, Dirk: Schmidt und einer seiner Bewunderer. Mutmaßungen über Uwe Johnson und die »Jahrestage«, in: Bargfelder Bote 162/163, München 1992, S. 3–10.

Sartre; Jean-Paul: Das Sein und das Nichts. Versuch einer phänomenologischen Ontologie, aus dem Französischen von Justus Streller, Hamburg 1962 (in Johnsons Bibliothek).

Sartre (1973) – Sartre, Jean-Paul: Bewußtsein und Selbsterkenntnis. Die Seinsdimension des Subjekts, Reinbek bei Hamburg 1973.

Sautter, Udo: Geschichte der Vereinigten Staaten von Amerika, Stuttgart [4]1991.

Sautter (1997) – Sautter, Udo: Lexikon der amerikanischen Geschichte, München 1997.

SBZ (1956) – Die sowjetische Besatzungszone Deutschlands in den Jahren 1945 bis 1954, hg. vom Bundesministerium für gesamtdeutsche Fragen, Bonn 1956 (in Johnsons Bibliothek).

SBZ (1958) – Die Sowjetische Besatzungszone Deutschlands in den Jahren 1955 bis 1956, hg. vom Bundesministerium für gesamtdeutsche Fragen, Bonn [4]1958 (in Johnsons Bibliothek).

SBZ-Biographie. Ein biographisches Nachschlagewerk über die sowjetische Besatzungszone Deutschlands, hg. vom Bundesministerium für gesamtdeutsche Fragen, Bonn 1961 (in Johnsons Bibliothek).

SBZ-Biographie. Ein biographisches Nachschlagewerk über die sowjetische Besatzungszone Deutschlands, zusammengestellt vom Untersuchungsausschuß Freiheitlicher Juristen Berlin, hg. vom Bundesministerium für gesamtdeutsche Fragen, Bonn [3]1964.

SBZ von A bis Z (1958) – SBZ von A bis Z. Ein Taschen- und Nachschlagebuch über die Sowjetische Besatzungszone Deutschlands, hg. vom Bundesministerium für gesamtdeutsche Fragen, Bonn [4]1958 (in Johnsons Bibliothek).

SBZ von A bis Z (1969) – SBZ von A bis Z. Ein Taschen- und Nachschlagebuch über den anderen Teil Deutschlands, hg. vom Bundesministerium für gesamtdeutsche Fragen, Bonn [11]1969 (in Johnsons Bibliothek).

Schack (1897) – Schack, Graf Adolf Friedrich von: Gesammelte Werke des Grafen Adolf Friedrich von Schack, Bd. 3, Stuttgart [3]1897.

Scheithauer (1997) – Scheithauer, Lothar: Die Jahre in Leipzig. Ein Gespräch, in: Johnson-Jahrbuch Bd. 4, Göttingen 1997, S. 17–38.

Scheuermann (1998) – Scheuermann, Barbara: Zur Funktion des Niederdeutschen im Werk Uwe Johnsons.»in all de annin Saokn büssu hie nich me-i to Hus«, Göttingen 1998.

Schiller, Friedrich: Nationalausgabe, hg. von Julius Petersen und Friedrich Beißner, Weimar 1943 ff.

Schindler, Peter: Datenhandbuch zur Geschichte des Deutschen Bundestages 1949 bis 1982, verf. u. bearb. von Peter Schindler, Hg.: Presse- und Informationszentrum des Deutschen Bundestages, Baden-Baden [3]1984.

Schindler, Peter: Datenhandbuch zur Geschichte des Deutschen Bundestages 1980 bis 1984. Fortschreibungs- und Ergänzungsband zum Datenhandbuch Bundestag 1949 bis 1982, Hg.: Verwaltung des Deutschen Bundestages, Abteilung Wissenschaftliche Dokumentation, Baden-Baden 1986.

Schliack, Amos: N. Y. – New York, Hamburg [2]1989.

Schlicht, Adolf/Angolia, John R.: Die deutsche Wehrmacht. Uniformierung und Ausrüstung 1933–1945, Bd. 1: Das Heer, Stuttgart 1992.

Schlosser (1979) – Schlosser, Hans: Grundzüge der Neueren Privatrechtsgeschichte, Heidelberg [3]1979.

Schmidt (1925) – Schmidt, Otto (Hg.): Mecklenburg. Ein Heimatbuch, Wismar 1925 (in Johnsons Bibliothek).

Schmidt (1926) – Sch[midt], W[ilhelm]: Mahn & Ohlerich, Bierbrauerei A. G., in: Mecklenburgische Monatshefte, November 1926, S. 555 f. (in Johnsons Bibliothek).

Schmidt (1973) – Schmidt, Arno: Werke. Bargfelder Ausgabe, Zürich 1973 ff.

Schmidt (1994) – Schmidt, Thomas: »Es ist unser Haus, Marie.« Zur Doppelbedeutung des Romantitels *Jahrestage*, in: Johnson-Jahrbuch Bd. 1, Göttingen 1994, S. 143–160.

Schmidt (1998) – Schmidt, Thomas: Der Kalender und die Folgen. Uwe Johnsons Roman

»Jahrestage«. Ein Beitrag zum Problem des kollektiven Gedächtnisses, Diss. Göttingen 1998.

Schmitz (1984) – Schmitz, Walter: Uwe Johnson, München 1984.

Schnabel (1957) – Schnabel, Reimund: Macht ohne Moral. Eine Dokumentation über die SS, Frankfurt am Main 1957, S. 432–440.

Schoeller (1992) – Schoeller, Wilfried F.: Eine Täuschung wie Heimat, in: du. Die Zeitschrift der Kultur, Heft 10: Uwe Johnson. Jahrestage in Mecklenburg, 1992, S. 34–36.

Schoenberner (1961) – Schoenberner, Gerhard: Der Gelbe Stern, Hamburg 1961 (in Johnsons Bibliothek).

Scholl, Joachim: In der Gemeinschaft des Erzählers, Heidelberg 1990.

Schreiber, Albrecht: Zwischen Hakenkreuz und Holstentor. Lübeck 1925 bis 1939 – von der Krise bis zum Krieg. Stadtgeschichte in Presseberichten – der Weg der Hansestadt in das »Tausendjährige Reich«, Lübeck 1983.

Schult (1927) – Schult, Friedrich: Ernst Barlach/Das Denkmal für die Gefallenen im Güstrower Dom, in: Mecklenburgische Monatshefte, Juli 1927, S. 365 (in Johnsons Bibliothek).

Schultheis, Carlo: Dienstkleidung und Abzeichen der Sonderformationen der HJ, Teil 2, in: Orden-Militaria-Magazin 27, 2/1988, S. 29–41.

Schultz-Naumann (1989) – Schultz-Naumann, Joachim: Mecklenburg 1945, München 1989.

Schulz, B. (1995) – Schulz, Beatrice: Lektüren von Jahrestagen. Studien zu einer Poetik der »Jahrestage« von Uwe Johnson, Tübingen 1995.

Schulz, B. (1996) – Schulz, Beatrice: »Derelict«, der 25. Februar, 1968. Eine Art, Uwe Johnsons »Jahrestage« zu lesen, in: Carsten Gansel/Bernd Neumann/Nicolai Riedel (Hg.): Internationales Uwe-Johnson-Forum. Beiträge zum Werkverständnis und Materialien zur Rezeptionsgeschichte, Bd. 5 (1996), Frankfurt am Main 1996, S. 77–90.

Schulz, F. (1992) – Schulz, Friedrich: Ahrenshoop, Fischerhude 1992.

Schulz, F. (1996) – Schulz, Friedrich: Unterwegs in Ahrenshoop, Ahrenshoop 1996.

Schulz-Torge, Ulrich-Joachim (Hg): Who was Who in the Soviet Union, München 1992.

Schulz-Torge, Ulrich-Joachim (Hg.): Who's Who in Russia Today, München 1994.

Schulze, Herbert (Hg.): Das ist die Zeitenwende. Zeitgenössische Oratorien- und Kantatentexte, Leipzig 1960.

Schulzki, Fritz: Güstrow und Barlach, in: 1228 Güstrow 1978, hg. vom Rat der Stadt Güstrow, Güstrow 1978, S. 95 (in Johnsons Bibliothek).

Schwarz, Gudrun: Die nationalsozialistischen Lager, Frankfurt 1990.

Schwarz, Max: MdR. Biographisches Handbuch der Reichstage, Hannover 1965.

Schwarz, Wilhelm J.: Gespräche mit Uwe Johnson, in: Eberhard Fahlke (Hg.): »Ich überlege mir die Geschichte … «. Uwe Johnson im Gespräch, Frankfurt am Main 1988, S. 234–247.

Schweikle, Günther und Irmgard (Hg.): Metzler Literatur Lexikon. Stichwörter zur Weltliteratur, Stuttgart 1984.

Schwerin (1961) – Schwerin, Georg Graf von: Zettemin. Leben und Wirken auf dem Lande, Hamburg 1961 (in Johnsons Bibliothek).

Seiler (1988) – Seiler, Bernd W.: Von Wendisch Burg nach Jerichow. Anmerkungen zu Uwe Johnsons imaginärer Topographie, in: Wirkendes Wort 38, 1988, S. 88–111.

Sellar/Yeatman (1985) – Sellar, Walter Carruthers/Yeatman, Robert Julian: 1066 and all that, London 1985.

Seneca: Philosophische Schriften, 5 Bde., Darmstadt ⁴1995.

Seth (1965) – Seth, Ronald: Unmasked! The story of Soviet espionage, New York 1965 (in Johnsons Bibliothek).

Shafer, Michael D. (Hg.): The Legacy. The Vietnam War in the American Imagination, Boston 1990.

Shakespeare, William: Sämtliche Werke, hg. von Anselm Schlösser, Berlin 1964 (in Johnsons Bibliothek).

Shakespeares dramatische Werke nach d. Übersetzung Schlegel, Kaufmann und Voß neu durchg. teilweise umgearbeitet und mit einer Einleitung hrsg. von Max Koch, Bd. 1–12, Stuttgart und Berlin: Cotta o. J. (in Johnsons Bibliothek).

Shaw (1931) – Shaw, Bernard: Back to Methuselah. A Metabiological Pentateuch, London 1931.

Sheehan (1990) – Sheehan, Neil: A Bright Shining Lie. John Paul Vann and America in Vietnam, London 1990.

Shirer (1959) – Shirer, William L.: The Rise and Fall of the Third Reich, London 1959.

Siblewski, Klaus: Alltag und Geschichte. Anmerkungen zum Frühwerk Uwe Johnsons, in: Heinz Ludwig Arnold (Hg.): Text + Kritik 65/66, 1980, S. 96–111.

Skinner, Thomas (Hg.): Thomas Skinner Directories: The Bankers' Almanac 1989, 2 Bde., Grinstead 1989.

Skrentny, Werner (Hg.): Hamburg zu Fuß. 20 Stadtteilrundgänge, Hamburg 1986.

Skvorecký (1968) – Skvorecký, Josef: Nachrichten aus der ČSSR, Dokumentation der Wochenzeitung ›Literární listy‹ des Tschechoslowakischen Schriftstellerverbandes Prag, Feb.-Aug. 1968, Frankfurt am Main 1968 (in Johnsons Bibliothek).

Smelser, Ronald/Zitelmann, Rainer (Hg.): Die Braune Elite I. 22 Biographische Skizzen, Darmstadt ³1993.

Smelser, Ronald/Syring, Enrico/Zitelmann, Rainer (Hg.): Die Braune Elite II. 21 weitere Biographische Skizzen, Darmstadt 1993.

Solberg (1962) – Solberg, Richard W.: Kirche in der Anfechtung, Berlin 1962 (in Johnsons Bibliothek).

Sonderheft (1934) – Mecklenburgische Monatshefte, Juni 1934, Sonderheft: Land Mecklenburg. Ein A-B-C der Heimat (in Johnsons Bibliothek).

Sorensen (1966) – Sorensen, Theodore C.: Kennedy, New York ⁶1966.

Spaeth (1990) – Spaeth, Dietrich: »Ich stelle mir vor«. Eine Leerstelle in Uwe Johnsons Roman »Jahrestage«, in: die horen 35, Heft 159, 1990, S. 151–160.

Spaeth, Dietrich: Johnson lesen. Zu einigen kürzlich erschienenen Arbeiten über den 1984 verstorbenen Schriftsteller, in: die horen 37, Heft 166, 1992, S. 139–149.

Spaeth (1994) – Spaeth, Dietrich: Jahrestag mit Vexierbild oder Warum Marjorie rote Wangen bekam. Eine Lesart zur Eintragung »5. November, 1967 Sonntag« in Uwe Johnsons Jahrestage, in: Johnson-Jahrbuch Bd. 1, Göttingen 1994, S. 127–142.

Spaeth (1998) – Spaeth, Dietrich: ITX – literarische Bezüge in Uwe Johnsons Jahrestage. Ein Werkstattbericht, in: Johnson-Jahrbuch Bd. 5, Göttingen 1998, S. 71–102.

Sperr, Monika (Hg.): Das große Schlager-Buch. Deutsche Schlager 1800 – Heute, München 1978.

Staatssicherheitsdienst – Der Staatssicherheitsdienst. Terror als System, hg. vom Untersuchungsausschuß Freiheitlicher Juristen, Berlin o. J.

Staemmler, Martin: Rassenpflege im völkischen Staat, München 1933.

Stalin (1946) – Stalin, Josef Wissarionowitsch: Über den Großen Vaterländischen Krieg der Sowjetunion, Moskau 1946 (in Johnsons Bibliothek).

Stalin (1952) – Stalin, Josef Wissarionowitsch: Werke in 13 Bänden, Berlin 1952.

Stalin (1955) – Stalin, Josef: Der Marxismus und die Fragen der Sprachwissenschaft, Berlin (Ost) 1955 (in Johnsons Bibliothek).

Stalin, Josef Wissarionowitsch: Marxismus und Fragen der Sprachwissenschaft/Marr, N.: Über die Entstehung der Sprache, München 1972 (in Johnsons Bibliothek).

Stanzel, Franz K.: Typische Formen des Romans, Göttingen 1964.

Steffens (1958) – Steffens, J. L.: The Autobiography of Lincoln Steffens, Bd. 2, New York 1958 (in Johnsons Bibliothek).

Stern, Annemarie (Hg.): Lieder – Lieder gegen den Tritt. Politische Lieder aus fünf Jahrhunderten, Oberhausen o. J.

Stern/Mellins/Fishman (1997) – Stern, Robert A. M./ Mellins, Thomas/ Fishman, David: New York 1960. Architecture and Urbanism Between the Second World War and the Bicentennial, Köln 1997.

Sternberger/Storz/Süskind (1962) – Sternberger, Dolf/ Storz, Gerhard/ Süskind, W. E.: Aus dem Wörterbuch des Unmenschen, München 1962.

Stockhorst (1967) – Stockhorst, Erich: Fünftausend Köpfe. Wer war was im Dritten Reich, Kiel 1967.

Storm, Theodor: Sämtliche Werke. Bd. 1: Gedichte und Novellen 1848–1867, hg. von Dieter Lohmeier, Frankfurt am Main 1987.

Storz-Sahl (1988) – Storz-Sahl, Sigrun: Erinnerung und Erfahrung. Geschichtsphilosophie und ästhetische Erfahrung in Uwe Johnsons Jahrestagen, Frankfurt am Main 1988.

Strehlow (1992) – Strehlow, Wolfgang: Erfahrungen mit der dialektischen Schreibweise bei William Faulkner und Uwe Johnson, in: Carsten Gansel/Bernd Neumann/Nicolai Riedel (Hg.): Internationales Uwe-Johnson-Forum. Beiträge zum Werkverständnis und Materialien zur Rezeptionsgeschichte, Bd. 2 (1992), Frankfurt am Main 1993, S. 131–172.

Strehlow, Wolfgang: Ästhetik des Widerspruchs. Versuche über Uwe Johnsons dialektische Schreibweise, Berlin 1993.

Streisand (1968) – Streisand, Joachim u. a. (Hg.): Deutsche Geschichte, Bd. 3: Von 1917 bis zur Gegenwart, Berlin 1968 (in Johnsons Bibliothek).

Stresau (1948) – Stresau, Hermann: Von Jahr zu Jahr, Berlin 1948.

Strohmeyer, Curt: Stukas! Erlebnis eines Fliegerkorps, hg. von Freiherr von Richthofen, Berlin 1941 (in Johnsons Bibliothek).

Stübe (1997) – Stübe, Günther: Johnson in Güstrow. Berührungen, in: Johnson-Jahrbuch 4, Göttingen 1997, S. 39–47.

Szurda, Ute: Heimatkunde. Lehrbuch für die Klasse 3, Berlin 1984.

Tacitus, Publius Cornelius: Germania, übertragen und erläutert von Arno Mauersberger, Bremen 1957 (in Johnsons Bibliothek).

Tenbruck/Keller/Jaspers (1990) – Tenbruck, Angela/ Keller, Irene/ Jaspers, Michael: Des Kaisers neue Bäder. Ein Jahrhundert Hallenbäder im Rheinland, in: neues rheinland 1990, S. 47–49.

Terzibaschitsch (1978) – Terzibaschitsch, Stefan: Flugzeugträger der U. S. Navy. Flottenflugzeugträger, Koblenz 1978.

The Book of Common Prayer, Dublin 1966.

The Holy Bible, Oxford 1865 (King James Bible aus Johnsons Bibliothek).

The Holy Bible containing the Old and New Testaments, commonly known as the Authorized (King James) Version, The Gideons International, Chicago 1958.

The New Encyclopaedia Britannica, Chicago ^{15}1986.

The Oxford Dictionary of Nursery Rhymes, hg. von Iona Opie, Oxford 1952.

The Oxford Dictionary of Quotations, 2nd revised ed. Oxford 1959 (in Johnsons Bibliothek).

Thierfelder, Frank (Hg.): Nationalhymnen. Texte und Melodien, Stuttgart 1960.

Thompson (1991) – Thompson, Paul: The Work of William Morris, Oxford 1991.

Tobias (1962) – Tobias, Fritz: Der Reichstagsbrand. Legende und Wirklichkeit, Rastatt 1962.

Torke (1993) – Torke, Hans-Joachim (Hg.): Historisches Lexikon der Sowjetunion 1917/22 bis 1991, München 1993.

Tormin (1973) – Tormin, Walter: Die Weimarer Republik, Hannover ^{13}1973.

Tucholsky (1956) – Tucholsky, Kurt: Schloß Gripsholm und anderswo, Berlin 1956 (in Johnsons Bibliothek).

Tucholsky, Kurt: Gesammelte Werke, hg. von Mary Gerold Tucholsky und Fritz Raddatz, Reinbek 1993.

Udet (1935) – Udet, Ernst: Mein Fliegerleben, Berlin 1935 (in Johnsons Bibliothek).

Ueberschär, Gerd R. (Hg.): Hitlers militärische Elite. Von den Anfängen des Regimes bis Kriegsbeginn, Darmstadt 1998.

Ueberschär, Gerd R. (Hg.): Hitlers militärische Elite, Bd. 2. Vom Kriegsbeginn bis zum Weltkriegsende, Darmstadt 1998.

Ullrich, Gisela: Probleme des Erzählens bei Johnson, Walser, Frisch und Fichte, Stuttgart 1977.

Ullrich (1960) – Ullrich, Klaus: Unser Täve, Berlin 1960.

Unseld (1991) – Unseld, Siegfried: Uwe Johnson: »Für wenn ich tot bin«, in: Siegfried Unseld/Eberhard Fahlke (Hg.): Uwe Johnson: »Für wenn ich tot bin«, Frankfurt am Main 1991 (Schriften des Uwe Johnson-Archivs Bd. 1), S. 9–71.

Uthmann, Jörg von: New York für Fortgeschrittene, Hamburg ²1994.

Vaculík (1968a) – Vaculík, Ludvik: Dva Tisíce Slov, in: Literární listy 18, 27. 6. 1968.

Vaculík (1968b) – Vaculík, Ludvik: 2000 Worte, in: Nachrichten aus der CSSR, Frankfurt am Main 1968, S. 170–178.

Vane-Tempest-Stewart, Charles Stewart Henry: Ourselves and Germany, London 1938.

Vasko, Václav: Neumlčená, Kronska katoliché cirkre v Československu, Prag 1990.

VERS (1994) – Namen und Schicksale der von 1945 bis 1962 in der SBZ/DDR verhafteten und verschleppten Professoren und Studenten, erweiterter, ergänzter und überarbeiteter Reprint der VDS-Dokumentation ⁵1962, hg. vom Verband ehemaliger Rostocker Studenten e. V. (VERS), Dannenberg (Elbe) 1994.

Vitense (1920) – Vitense, Otto: Geschichte von Mecklenburg, Gotha 1820.

Volker, Hagen: Sibirien liegt in Deutschland, Berlin 1958 (in Johnsons Bibliothek).

Voltaire (1877) – Œvres complètes de Voltaire, hg. von L. Moland, Paris 1877–1885.

de Vries (1994) – Vries, S. Ph. de: Jüdische Riten und Symbole, Wiesbaden ⁷1994.

Vronskaya, Jeanne/Chuguev, Vladimir: The Biographical Dictionary of the former Soviet Union, London 1992.

Wagenbach, Klaus: Franz Kafka. Bilder aus seinem Leben, Berlin 1983.

Wagner (1986) – Wagner, Fred: Ein Jahrestag. Der 15. Oktober 1967 in Uwe Johnsons *Jahrestage*, in: London German Studies III, 1986, S. 144–161.

Wagner (1988) – Wagner, Walter (Hg.): Theodor Fontane. Schach von Wuthenow. Erläuterungen und Dokumente, Stuttgart 1988.

Wahrig, Gerhard: Deutsches Wörterbuch, München 1986.

Walser (1966) – Walser, Martin: Das Einhorn, Frankfurt am Main 1966.

Walser (1985) – Walser, Martin: Brandung, Frankfurt 1985.

Walser, Martin: Werke, hg. von Helmuth Kiesel in Zusammenarbeit mit Frank Barsch, Frankfurt am Main 1997.

Walzel, Oskar (Hg.): Handbuch der Literaturwissenschaft, Bd. 1: Fehr, Bernhard/Keller, Wolfgang: Die englische Literatur von der Renaissance bis zur Aufklärung, Bd. 2: Fehr, Bernhard: Die englische Literatur des 19. und 20. Jahrhunderts, Berlin 1923–28 (in Johnsons Bibliothek).

Weber (1963) – Weber, Hermann (Hg.): Die KPD-SED an der Macht, Köln 1963 (in Johnsons Bibliothek).

Weber, Hermann (Hg.): Die KPD-SED an der Macht. Dokumente, Köln 1964 (in Johnsons Bibliothek).

Weber (1966) – Weber, Hermann: Von der SBZ zur ›DDR‹. 1945–1955, Hannover 1966 (in Johnsons Bibliothek).

Weber (1976) – Weber, Hermann: DDR. Grundriß der Geschichte 1945–1976, Hannover 1976.

Weber (1982) – Weber, Hermann: DDR. Grundriß der Geschichte 1945–1981, 3. überarbeitete und ergänzte Auflage, Hannover 1982.

Webster, Charles: The Strategic Air Offensive Against Germany, London 1956–1961.

Webster's International Dictionary of the English Language, 2 Bde., London and Springfield 1902 (in Johnsons Bibliothek).

Webster's Seventh New Collegiate Dictionary, Springfield, Mass., 1963 (in Johnsons Bibliothek).

Webster's (1971) – Webster's Third New International Dictionary of the English Language, Springfield, Mass., 1971 (in Johnsons Bibliothek).

Weidenfeld/Korte (1993) – Weidenfeld, Werner/Korte, Karl-Rudolf (Hg.): Handbuch zur deutschen Einheit, Bonn 1993.

Weiß, Hermann (Hg.): Biographisches Lexikon zum Dritten Reich, Frankfurt am Main 1998.

Welk, Ehm: Mein Land, das ferne leuchtet, Berlin [2]1953 (in Johnsons Bibliothek).

Wentzel (1979) – Wentzel, Hans Günther: Vor 50 Jahren. Erinnerung an den Eiswinter 1928/29, in: Unser Mecklenburg, 1/1979, S. 22 f. (in Johnsons Bibliothek).

Wentzel (1981) – Wentzel, Hans Günther: Bomben auf die Flakartillerieschule Rerik, in: Unser Mecklenburg, 1/1981, S. 20–28 (in Johnsons Bibliothek).

Wentzel (1982) – Wentzel, Hans Günther: Bomben auf die Flakartillerieschule Rerik, in: Unser Mecklenburg, 3/1982, S. 21–26 (in Johnsons Bibliothek).

Wer ist's?, Berlin [10]1935.

Wer ist Wer?, Berlin–Grunewald [11]1951.

Wersich, Rüdiger B. (Hg.): USA-Lexikon. Schlüsselbegriffe zu Politik, Wirtschaft, Gesellschaft, Kultur, Geschichte und zu den deutsch-amerikanischen Beziehungen, Berlin 1996.

Who Was Who. An Annual Biographical Dictionary 1929–1940, London [2]1967.

Who was Who in America, Historical Volume 1607–1896, Revised Edition, Chicago 1967.

Who was Who in America, Volume 1 1897–1942, Chicago 1968.

Who was Who in America, Volume 2 1943–1950, Chicago 1975.

Who was Who in America, Volume 3 1951–1960, Chicago [5]1974.

Who was Who in America with World Notables, Chicago 1963–85.

Who's Who in America, Vol. 34 1966–1967, Chicago o. J.

Who's Who in America, Vol. 35 1968–1969, Chicago o. J.

Who's Who in America, 47th Edition 1992–1993, New Providence, New Jersey o. J.

Wiegenstein/Raddatz (1964) – Wiegenstein, Roland H./Raddatz, Fritz J. (Hg.): Interview mit der Presse. 12 internationale Zeitungen stellen sich, Hamburg 1964.

Wienck (1935) – Wienck, Paul: Geschichte und Entwicklung der Stadt Malchow, in: Mecklenburgische Monatshefte, Mai 1935, S. 246–252 (in Johnsons Bibliothek).

Wille, Werner W.: New York (rororo Anders reisen), Reinbek bei Hamburg 1995.

Willkommen im neuen Heim. Ein Stadtführer von Düsseldorf, ohne Angaben von Verfasser und Erscheinungsjahr (in Johnsons Bibliothek).

Winckelmann (1969) – Winckelmanns Werke in einem Band, hg. von Helmut Holtzhauer, Berlin 1969.

Winz (1964) – Winz, Helmut: Es war in Schöneberg. Aus 700 Jahren Schöneberger Geschichte, Berlin 1964 (in Johnsons Bibliothek).

Wir Mädel singen. Liederbuch des Bundes deutscher Mädel, hg. von der Reichsjugendführung, Wolfenbüttel [2]1943.

Wittgenstein, Ludwig: Philosophische Untersuchungen, in: ders.: Werkausgabe, Bd. 1, Frankfurt am Main 1984.

Wizisla, Erdmut: »Aus jenem Fach bin ich weggelaufen«. Uwe Johnson im Bertolt-Brecht-Archiv – die Edition von Me-ti. Buch der Wendungen, in: Roland Berbig/Erdmut Wizisla (Hg.): »Wo ich her bin... «. Uwe Johnson in der D. D. R.,Berlin 1993, S. 301–319.

Woese (1991) – Woese, Günther: Güstrow. Das Herz Mecklenburgs, Rostock 1991.

Wolf, Christa: Der geteilte Himmel, Berlin 1962.

Wolf, Markus: Die Troika, Düsseldorf 1990.

Wolf, Reinhart: New York, Hamburg 1980.

Wolfe (1994) – Wolfe, Gerard R.: New York. A Guide to the Metropolis. Walking Tours of Architecture and History, New York ²1994.

Wolff, Helen: Gegenwärtige Erinnerungen, in: du. Die Zeitschrift der Kultur, Heft 10: Uwe Johnson. Jahrestage in Mecklenburg, 1992, S. 54 f.

Wolff (1995) – Wolff, Helen: Ich war für ihn »die alte Dame«. Ulrich Fries und Holger Helbig sprachen mit Helen Wolff über Uwe Johnson, in: Johnson-Jahrbuch Bd. 2, Göttingen 1995, S. 19–49.

Wolkogonow (1989) – Wolkogonow, Dimitri: Stalin. Triumph und Tragödie, Düsseldorf 1989.

Wörterbuch der Antike mit Berücksichtigung ihres Fortwirkens. Begründet von Hans Lammer, fortgeführt von Paul Kroh, Stuttgart ¹⁰1995.

Wossidlo, Richard: Die Tiere im Munde des Volkes, Teil 2, Rostock 1899 (in Johnsons Bibliothek).

Wossidlo (1931) – Wossidlo, Richard: Mecklenburgische Volksüberlieferungen, Rostock 1931.

Wossidlo (1935) – Wossidlo, Richard: Volkssagen um Malchow, in: Mecklenburgische Monatshefte, Mai 1935, S. 261–263 (in Johnsons Bibliothek).

Wossidlow (1982) – Geschichten, Riemels un Lüüd'snack. Mecklenburgische Volksüberlieferungen, gesammelt von Richard Wossidlo, neu hg. von Ulrich Bentzien, Rostock ³1982.

Wossidlo, Richard/Teuchert, Hermann: Mecklenburgisches Wörterbuch, Neumünster 1938 ff. (in Johnsons Bibliothek).

Wulf (1983) – Wulf, Joseph: Presse und Funk im Dritten Reich. Eine Dokumentation, Frankfurt am Main 1983 (in Johnsons Bibliothek).

Zalman, Jan: Filmprofile der tschechoslowakischen Gegenwart, Prag 1968.

Zenfell, Martha Ellen (Hg.): New York City (Apa City Guides), Berlin 1992.

Zentner (1983) – Zentner, Kurt: Illustrierte Geschichte des Widerstandes in Deutschland und Europa, 1933–1945, München ²1983.

Zentner, Christian/Bedürftig, Friedemann (Hg.): Das große Lexikon des Zweiten Weltkriegs, Augsburg 1993.

Zetzsche, Jürgen: »... ich meine die Grenze: die Entfernung: den Unterschied.« Uwe Johnsons Mecklenburg, in: Carsten Gansel/Jürgen Grambow (Hg.): ... Biographie ist unwiderruflich... Materialien des Kolloquiums zum Werk Uwe Johnsons im Dezember 1990 in Neubrandenburg, Frankfurt am Main 1992, S. 21–34.

Zetzsche (1994) – Zetzsche, Jürgen: Die Erfindung photographischer Bilder im zeitgenössischen Erzählen. Zum Werk von Uwe Johnson und Jürgen Becker, Heidelberg 1994.

Zipfel (1965) – Zipfel, Friedrich: Kirchenkampf in Deutschland 1933–1945, Berlin 1965.

Zonenflüchtling (1962) – Was der Zonenflüchtling wissen muß, hg. von Bundesministerium für Vertriebene, Flüchtlinge und Kriegsgeschädigte, Bonn 1962 (in Johnsons Bibliothek).

Zoozman, Richard: Zitatenschatz der Weltliteratur, neubearbeitet von Otto A. Kielmeyer, 8. Auflage, Berlin o. J.

ZVOBl. – Zentralverordnungsblatt. Amtliches Organ der Deutschen Wirtschaftskommission und ihrer Hauptverwaltungen sowie der Deutschen Verwaltungen für Gesundheitswesen, Inneres, Justiz und Volksbildung, hg. von der Deutschen Justizverwaltung der sowjetischen Besatzungszone in Deutschland.

Personen- und Sachregister

(Natürliche und juristische Personen, Organisationen, Zeitungen etc.)

ABC vgl. American Broadcasting Corporation
Abercrombie und Fitch 1645, 26; 1736, 4 f.
Abteilung D vgl. Kommissariat 5
Ackermann, Anton 1374, 25 f.
ADB 1666, 3
Adenauer, Konrad (Bundeskanzler/Kanzler) 116, 12 f.; 1684, 8; 1686, 19, 23; 1721, 4; 1725, 31; 1731, 3; 1819, 18; 1864, 14
A. E. G.-Werk Oberspree 1419, 27
Aereboe, Friedrich 570, 37 f.; 1351, 19; 1513, 38
Aer Lingus 907, 2
Aero-Club, Cottbus 1758, 24
Aeroflot 93, 23
Afro-Amerikanischer Bund 1093, 13
Agentur Novosti 1335, 16
Agnelli, Giovanni 521, 23 f.
Ahrenholz, Gerd-Manfred 1790, 39–1791, 2
Ahrnt, Erich XIII, 23
A. I. I. C. vgl. Association . . .
Air Force (U. S.) 534, 29; 671, 32 f.
A. J. J. D. C. vgl. JOINT
Akademie der Wissenschaften der Union der Sozialistischen Sowjetrepubliken 1365, 22 f.
Aksionow, Wassilij Pawlowitsch 731, 28
Albers, Hans 1629, 34
Albrecht, Brunhilde 1795, 8 f.
Alexander der Zweite Nikolajewitsch 1607, 11 f.
Altman, B. 440, 11
Amer (Amir), Muhammad Abd Al Hakim 92, 33 f.
American Airlines 1153, 31
American Broadcasting Corporation 240, 32; 243, 1; 611, 33
American Express 1151, 30; 1152, 9
Americans for Democratic Action 1130, 35

Anglo-German Circle, Richmond 180, 39–181, 1; 191, 15
Antifa-Frauenausschuß/Frauenausschüsse 1372, 17; 1399, 14
Antiochus der Vierte 501, 18
AP vgl. Associated Press
A & P 353, 24
Apple 1310, 7 f.
Appleton and Company 1751, 12
Aptheker, Herbert 19, 1 f.
Arado/Arado-Werke 935, 31; 1377, 26; 1416, 25, 26; 1417, 2, 12, 30; 1418, 6; 1434, 10; 1436, 11; 1497, 26
Arbeiter-Unfall-Versicherungs-Anstalt 1809, 15
Arbeitsdienst vgl. Reichsarbeitsdienst
Arbeitsfront vgl. Deutsche Arbeitsfront
Ardito, John 784, 7, 9
Arendt, Hannah 467, 19
A. R. V. N. 674, 18
Askania Friedrichshagen, Berlin 1419, 27 f.
Assicurazioni Generali 1809, 14
Associated Press/AP 101, 28; 737, 29; 745, 12 f.; 1635, 18
Association Internationale des Interprètes de Conférences/A. I. I. C. 1859, 22 f.
Assumption College 1304, 20
Astor, John Jacob 1468, 13

Babel, Isaak Jemmanuilowitsch, Tochter von 601, 20
Bacall, Lauren 1320, 5
Bachmann, Ingeborg 1710, 15
Bacilek, Karol Josef 1089, 29 f.
Bacon, Francis, Viscount Saint Albans 1137, 32
Bacon, Henry 1189, 27
Bahn, Friedrich, Verlag, Schwerin i. M. 122, 38 f.
Bail [sic: Ball], Franz 1794, 37–39
Baltic Timber Company 334, 30 f.

Ortsregister

(einschließlich Gewässer und anderer geographischer Begriffe)

Hagenow 1193, 22
Haiphong, Viet Nam 201, 17; 405, 25
Halle (Saale) 232, 34; 1018, 28; 1350, 21;
    1419, 26; 1825, 30; 1829, 10, 27; 1831,
    28; 1832, 5, 27; 1834, 13, 29; 1835, 30;
    1836, 5, 13, 15; 1838, 32; 1845, 5; 1850,
    33; 1851, 10, 23, 25; 1852, 12, 17; 1853,
    11; 1855, 7; 1858, 1; 1859, 11; 1863,
    27 f.; 1867, 27
Hamburg 18, 17; 32, 5, 14; 33, 7; 59, 5, 6;
    87, 13; 93, 15; 96, 4; 102, 31; 113, 3, 19;
    115, 13; 165, 8; 182, 36 f.; 194, 36; 196,
    6; 205, 19; 217, 20; 239, 3 f.; 284, 18;
    299, 39–300, 1; 321, 3; 366, 31 f.; 391, 5;
    469, 5; 496, 11 f.; 497, 17; 544, 17; 556,
    14; 567, 7; 597, 10; 598, 26; 632, 9, 22,
    31; 644, 8; 650, 14; 676, 27; 684, 31;
    745, 30; 750, 31; 751, 10; 754, 38; 784,
    25, 26; 800, 37; 810, 35, 38; 811, 10;
    885, 19, 19 f.; 891, 17; 893, 5; 900, 3;
    912, 33; 918, 6; 935, 37; 936, 1, 2; 944,
    38; 948, 38; 964, 21; 967, 20; 976, 34;
    984, 12; 998, 28; 1000, 8; VI, 2; X, 43;
    1112, 1, 19; 1113, 1 f., 6; 1149, 31; 1193,
    16, 22; 1240, 26; 1243, 36; 1343, 27;
    1344, 26 f.; 1375, 20; 1382, 18; 1395, 34;
    1429, 28; 1499, 23; 1501, 35; 1527, 14,
    24, 26; 1742, 23; 1754, 22; 1815, 4;
    1834, 17; 1861, 14; 1872, 27
Hamburg-Altona 912, 33
Hankau 711, 26
Hannover 41, 39; 140, 28; 517, 13; 965, 5;
    1213, 8; 1240, 27; 1241, 5; 1437, 11;
    1487, 6; 1570, 39; 1870, 38; 1871, 4
Hanoi, Viet Nam 10, 34; 16, 1; 40, 22;
    51, 19; 122, 4; 125, 27; 145, 17; 229, 35;
    230, 5; 405, 10, 12, 20, 21; 427, 19; 453,
    8; 460, 3; 467, 11; 951, 10, 11, 12;
    1226, 25
Harlem, Manhattan 23, 17; 52, 24 f.; 60,
    5; 121, 30; 122, 2; (151, 17); 218, 11;
    353, 17; 372, 39; 434, 26; 436, 23;
    437, 19; 439, 10; 517, 26; 573, 22;
    575, 15, 16; 671, 29; 769, 38; 842, 38;
    843, 11; 875, 29; 959, 25; 960, 28; 972,
    7; 1005, 28; 1070, 3; 1094, 1 f., 2, 6, 9, 16,
    18; 1341, 24; 1594, 38; 1595, 3; 1681, 3;
    1882, 25
Harlemfluß 151, 17
Harpers Ferry, Virginia 1321, 10 f.
Harwich 787, 2

Havel 362, 19; 729, 35; 976, 19; 1616, 2;
    1850, 14; 1851, 14; X, 8
Hawaii 36, 26; 118, 22
Heidelberg 1721, 6; 1816, 18
Heinersdorf, Berlin 1660, 8
Helgoland 1656, 35; 1657, 2
Helsinki 154, 4; 567, 7; 1456, 25; 1639, 38;
    1741, 13; 1743, 35; 1744, 1; 1747, 5;
    1749, 14; 1785, 9; 1806, 10; 1827, 28;
    1856, 3, 6; 1886, 29
Heringsdorf 1568, 20
Herrnburg 1434, 17; 1819, 4, 32
Hessen 27, 10; 273, 5; 1474, 1; 1820, 32
Hinterpommern 995, 28
Hiroshima 515, 9; 1600, 28; 1873, 16
Hirschenhausen 353, 11
Hoboken, New Jersey 558, 18; 559, 33;
    560, 2, 5, 13; 1334, 29; 1756, 9
Hohenfels 1625, 12
Hohenhorn XIII, 23
Hoian, Viet Nam 30, 30
Holland 544, 17; 955, 4; I, 7; (vgl. Nieder-
    lande)
Holländisch-Pennsylvanien 1110, 9
Hollis, Queens 588, 34
Hollywood 1052, 8
Holstein 998, 27; 1551, 39
Holsteinische Schweiz 1246, 26 f.
Hongkong 1637, 39
Honolulu 81, 26
Hudson/Fluß 10, 22; 12, 36; 16, 14; 21, 35;
    26, 10, 12 f., 21; 44, 24; 51, 32; 52, 7, 12;
    54, 6; 65, 35; 67, 9; 85, 5; 89, (32), 34, 37;
    99, 18; 117, 10; 134, 14; 176, 28; 240, 30;
    266, 19; 268, 10; 323, 28; 338, 21;
    342, 24; 371, 26; 372, 4; 374, 7; 419, 18;
    441, 11; 475, 34; 492, 34; 548, 4; 559,
    21, 24, 26; 560, 9; 563, (23 f.), 33; 574, 34;
    575, 38; 577, 6; 803, 37; 836, 2; 875, 29;
    937, 26, 29; 951, 23; 992, 5; 1008, 4;
    1022, 37; 1026, 2; 1029, 2; 1035, 10;
    1040, 1, 10; 1048, 29; 1095, 31; 1168,
    28 f.; 1188, 10, 14, 23, 32; 1190, 9, 26,
    33, 37, 38; 1191, 10; 1264, 11; 1324, 13;
    1326, 28; 1334, 27, 28; 1341, 24; 1383,
    4; 1421, 4; 1423, 27; 1424, 39; 1466, 3 f.;
    1496, 5; 1517, 25; 1542, 5; 1584, 17;
    1593, 33; 1594, 18; 1668, 28; 1756, 34;
    1883, 1; 1618, 35
Hue, Viet Nam 30, 30; 690, 36; 691, 4;
    732, 27; 735, 2, 4, 7; 736, 36, 38

Fiktive Orte (Auswahl)

Studien zu Uwe Johnsons Leben und Werk bei Vandenhoeck & Ruprecht

Johnson-Studien

Herausgegeben von Eberhard Fahlke, Ulrich Fries, Holger Helbig und Norbert Mecklenburg

Die Reihe „Johnson-Studien" versammelt ausgewählte monographische Darstellungen zum Werk Uwe Johnsons. Die Bände beschäftigen sich mit für Johnson wesentlichen Themen oder sind Einzeldarstellungen zu seinen Romanen vorbehalten. Damit wird sowohl den Bedürfnissen der zunehmend differenzierter arbeitenden Forschung als auch dem Anspruch der an Johnsons Werk interessierten Leser Rechnung getragen.

Die Untersuchungen behandeln sämtliche Aspekte des Werks, deren Bedeutung unbestritten ist und häufig hevorgehoben wurde, ohne dass bisher eine monographische Darstellung erfolgt wäre.

In diesem Sinne versteht sich die Reihe als Sammelplatz der Johnson-Forschung und möchte Impulse zur Beschäftigung mit seinem Œuvre geben.

Johnson-Jahrbuch

Herausgegeben von Ulrich Fries und Holger Helbig

Uwe Johnson ist einst der Dichter der beiden Deutschland genannt worden. Er hat das zurückgewiesen, Probleme der Teilung Deutschlands und der deutsch-deutschen Grenze hat er jedoch vielfältig dargestellt. Erst seit es diese Grenze nicht mehr gibt, kann sein Werk auch in der früheren DDR ungehindert gelesen werden und entfaltet dort eine intensive Wirkung. In der ‚alten Bundesrepublik' wird es zunehmend neu gesehen.

Diese produktive Situation ist die kreative und wissenschaftliche Basis für das „Johnson-Jahrbuch". Es erscheint seit 1994 und ist Leben, Werk und Wirkung Johnsons gewidmet. Indem es Gespräche mit Freunden Johnsons und Äußerungen von Zeitgenossen veröffentlicht, trägt es zur Aufhellung und zum Verständnis der Biographie und des Werks auf besondere Weise bei. Zentrale Aufgaben sind darüber hinaus die wissenschaftliche Analyse und Interpretation des Werks.

Vandenhoeck
& Ruprecht